dtv

Wer einen treffenden, angemessenen, passenden Ausdruck sucht, findet in diesem Nachschlagewerk rund 32 000 Stichwörter mit ihren einzelnen Bedeutungsvarianten. Wörter und Wendungen, die sich aufgrund ihrer Bedeutungsähnlichkeit oder -identität in Texten austauschen lassen, sind übersichtlich zusammengefasst, Synonymgruppen mehrdeutiger Stichwörter in ihren Bedeutungen erklärt. Hilfreich für den richtigen Gebrauch der einzelnen Synonyme sind die Gliederung nach Stilebenen und zahlreiche Hinweise auf die verschiedenen Anwendungsbereiche.

Dr. Günter Kempcke, geb. 1931, arbeitete von 1956–1992 als Redakteur am Zentralinstitut für Sprachwissenschaft in Berlin. Unter seiner Leitung wurde das 1985 erschienene ›Handwörterbuch der deutschen Gegenwartssprache‹ erarbeitet.
Herbert Görner, 1930–2001, war von 1955–1990 Redakteur am Bibliographischen Institut in Leipzig, davon acht Jahre lang Leiter der Leipziger Dudenredaktion.

Wörterbuch Synonyme

Herausgegeben von
Herbert Görner und Günter Kempcke

Deutscher Taschenbuch Verlag

Originalausgabe
Februar 1999
3., überarbeitete Auflage Mai 2003
4. Auflage Februar 2005
© Deutscher Taschenbuch Verlag GmbH & Co. KG, München
www.dtv.de
Das Werk ist urheberrechtlich geschützt.
Sämtliche, auch auszugsweise Verwertungen bleiben vorbehalten.
Umschlagkonzept: Balk & Brumshagen
Gesetzt aus der 7,5/8 p Times (WinWord 6.0)
Gesamtherstellung: Druckerei C. H. Beck, Nördlingen
Gedruckt auf säurefreiem, chlorfrei gebleichtem Papier
Printed in Germany · ISBN 3-423-34006-1

Vorbemerkung

Das hier vorliegende Werk ist erstmals im Jahre 1973 in Leipzig unter dem Titel ›Synonymwörterbuch‹ herausgegeben worden. An dieser Ausgabe haben als Autoren mitgewirkt:

Marie-Elisabeth Fritze †, Dieter Herberg, Günter Kramer †, Johannes Kraus †, Klaus-Dieter Ludwig und Karl Wunsch.

Es versteht sich bei der schnellen Entwicklung des Wortschatzes in den letzten 25 Jahren und vor allem bei den durch die Wiedervereinigung Deutschlands bedingten Veränderungen von selbst, dass ein Neuerscheinen des Buches nur nach einer entsprechenden Bearbeitung in Betracht kommen konnte. Diese wurde uns dankenswerterweise durch den Deutschen Taschenbuch Verlag, München, ermöglicht.

Für viele wertvolle Hinweise zur Neubearbeitung danken wir unserer Lektorin Katharina Festner sehr herzlich.

Leipzig / Berlin, im Herbst 1998   Die Herausgeber

Vorwort

Wir erleben es oft, dass wir beispielsweise beim Schreiben eines Briefes oder beim Ausarbeiten eines Berichtes lange nach einem passenden Wort oder einem angemessenen Ausdruck suchen müssen, weil wir uns nicht ständig wiederholen möchten oder uns das verfügbare Wort nicht treffend genug erscheint. Aber trotz angestrengten Nachdenkens fällt uns nichts ein. Dabei hält unsere Sprache eine Vielzahl von Wörtern bereit, die einander inhaltlich mehr oder weniger nahe stehen; nur befinden sich diese eben nicht im Vordergrund unseres Bewusstseins oder wir kennen sie nicht. Wir müssen sie also wieder aktivieren oder sie uns zu Eigen machen. Dafür gibt es seit etwa 200 Jahren Synonymwörterbücher. In ihnen werden inhaltlich identische oder ähnliche Wörter – Synonyme – den Benutzern für ihre Wortwahl zur Verfügung gestellt.

Synonyme sind Wörter und Wendungen, die hinsichtlich ihrer Bedeutungsmerkmale weitgehend übereinstimmen und deshalb in der Regel im Text austauschbar sind. Doch ist mit der inhaltlichen Übereinstimmung nicht generell auch die Austauschbarkeit gewährleistet. Wörter gehen unterschiedlich typische Kombinationen mit anderen Wörtern ein, und erst der Kontext zeigt, ob ein Ausdruck durch einen anderen ersetzt werden kann, ohne dass der Sinnzusammenhang gestört wird. Häufig müssen wir den Text in seiner Struktur etwas ändern, um den Ausdruck wechseln zu können. Hinzu kommt, dass Wörter auch spezifischen Anwendungsbedingungen unterliegen, was uns beispielsweise durch das Nebeneinander von *Gesicht, Antlitz, Fresse, Visage* verdeutlicht wird: Ein neutraler (normalsprachlicher) Kontext verwendet *Gesicht,* in der Umgangssprache wird unter Umständen *Fresse* gebraucht, ein Wort, das im neutralen Kontext verletzend wirken könnte.

So schwierig die Definition der Synonymie ist, so schwierig ist ihre Klassifizierung. Gewöhnlich unterscheidet man **begriffliche** und **stilistische** Synonyme; während die begrifflichen auf einer neutralen (normalsprachlichen) Ebene anzusiedeln sind und sich durch eine weitgehende Identität ihrer Bedeutungsmerkmale oder durch feine inhaltliche Unterschiede charakterisieren lassen, sind die stilistischen trotz ihrer begrifflichen Übereinstimmung oder Nähe an soziale oder situative Faktoren gebunden.

Bei der Erarbeitung eines Synonymwörterbuches sind diese Kriterien in der Darstellung zu berücksichtigen. Und je nachdem, wie differenziert die

Darstellung der Synonyme in einem solchen Werk angelegt ist, unterscheidet man **kumulative** und **distinktive** Synonymwörterbücher; kumulative beschränken sich auf eine bloße Zusammenstellung synonymischer Wörter und Wendungen, distinktive beschreiben auch ihre inhaltlichen Unterschiede und die Bedingungen für ihre Austauschbarkeit im Kontext. Da die letztgenannte Variante einen immensen Aufwand an Kommentierung verlangt und im Hinblick auf den Umfang eines Buches natürlich die Anzahl der Stichwörter beträchtlich einschränkt, ist sie in der deutschen Wörterbuchlandschaft so gut wie nicht vertreten; es dominieren verschiedene Darstellungsformen des kumulativen Synonymwörterbuchs. Allerdings setzt der Gebrauch dieses Wörterbuchtyps eine hohe muttersprachliche Kompetenz des Benutzers voraus. Wir haben deshalb versucht, die Raum sparende Form des kumulativen Wörterbuchs mit Erläuterungen und Gebrauchshinweisen so zu verbinden, dass wir gewisse Kriterien eines distinktiven Wörterbuchs einbeziehen konnten. Ein Grundanliegen war es auch zu demonstrieren, wie Polysemie (Mehrdeutigkeit) und Synonymie miteinander verquickt sind: In der Regel sind nicht Wörter schlechthin untereinander synonym – sie sind es immer in einer ihrer Bedeutungen, so dass polyseme Wörter ein kompliziertes Geflecht von Bedeutungsbeziehungen in unserem Wortschatz ergeben. Jedes Stichwort wird daher in seiner polysemen Gliederung vorgeführt, soweit seine Bedeutungen synonymieträchtig sind. Vom Einzelwort wird auf die Synonymgruppe verwiesen, in der die Glieder dieses Sinnbereichs dargestellt sind. Die Synonymgruppen werden in diesem Wörterbuch – entgegen der Tradition kumulativer Synonymwörterbücher – inhaltlich durch die Bedeutungsangabe beim Leitwort der Gruppe, dem Grundsynonym, charakterisiert. Als Grundsynonym dient jeweils das Wort oder die Wendung mit dem größten Gebrauchsradius und einer stilistisch neutralen (normalsprachlichen) Gebrauchsnorm.

Bei der Auswahl der Stichwörter haben wir den heute aktuellen Bereich des Wortschatzes zugrunde gelegt. Er umfasst Schriftsprachliches und Umgangssprachliches, Regionales und Fachsprachliches sowie Gruppensprachliches (z. B. Jugendsprachliches). Stichwörter und Synonyme sind entsprechend gekennzeichnet. Dabei sind wir uns bewusst, dass die Grenzen zwischen ihnen fließend sind. Die Auswahl enthält auch Wörter, die sich – obwohl ursprünglich als Warenzeichen geprägt – im Laufe der Zeit zur Bezeichnung eines bestimmten Typs entwickelt haben (z. B. *Knirps*). Sie werden im Wörterbuch als Warenzeichen (*Wz*) ausgewiesen. Etwaiges Fehlen dieser Angabe bei einem solchen Wort bedeutet aber nicht, dass dieses von jedermann frei verwendet werden darf.

Im Ganzen haben wir uns um eine engere Synonymieauffassung bemüht, um die Grenzen zwischen Synonymie und Wortfeld nicht zu verwischen, doch schien es uns wichtig, den Benutzern weiterführende Informationen anzubieten, Informationen, die von einer Synonymgruppe zu anderen, inhaltlich benachbarten Gruppen führen und so das Verhältnis von Synonymie und Wortfeld verdeutlichen.

Sicherlich wird der eine oder andere auf manche Fragen keine Antwort finden, doch hoffen wir, mit unserem ›Wörterbuch Synonyme‹ die Bemühungen der Benutzer um einen angemessenen Sprachgebrauch wirksam unterstützen zu können.

Vorwort zur 3., überarbeiteten Auflage

Die Globalisierung und Computerisierung des Alltags und die damit verbundenen wirtschaftlichen und sozialen Veränderungen, die wissenschaftlichen und technischen Neuerungen, haben die jüngste Entwicklung des Alltagswortschatzes in starkem Maße geprägt, so dass wir uns veranlasst sahen, unser Stichwortinventar auf dem Laufenden zu halten. Wir haben die Tagespresse ein Jahr lang nach Wortschatzzugängen durchforstet und dabei besonderes Gewicht auf die Bereiche Wirtschaft, Computertechnik, Soziales und Freizeit gelegt. Das Ergebnis dieser Ermittlung sind 1500 neue synonymische Wörter und Wendungen, die es dem Benutzer ermöglichen, im modernen Alltagsleben seinen Ausdruck zu variieren.

Günter Kempcke

Hinweise für den Benutzer

0. Bemerkungen zur Wortfindung

0.1. Für die Wortfindung schicken wir zwei wichtige Hinweise voraus.

0.1.1. Wir haben darauf verzichtet, von allen im vorliegenden Buch enthaltenen männlichen Personenbezeichnungen (wie etwa »Radfahrer«) die weiblichen Entsprechungen (»Radfahrerin«) aufzunehmen, wenn diese im Hinblick auf Bedeutungen und Synonyme keine Abweichungen aufweisen und deshalb alle notwendigen Informationen ohne Schwierigkeit aus den maskulinen Formen ableitbar sind. Eine Berücksichtigung aller dieser Feminina hätte zu einer Aufschwellung des Wörterverzeichnisses und zum Verzicht auf anderes wichtiges Wortmaterial geführt. Bei Abweichungen sind selbstverständlich die weiblichen Formen berücksichtigt und als selbständige Grundsynonyme angesetzt worden.

0.1.2. Durch die Rechtschreibreform bedingt, erscheinen jetzt viele ehedem zusammengeschriebene Wörter oft nicht mehr als Zusammensetzungen im Wörterverzeichnis, sondern als Fügungen unter dem jeweiligen Bestimmungswort, also an ganz anderer alphabetischer Stelle. Da es uns aus Raumgründen nicht möglich war, auch die alten Schreibweisen aufzunehmen und von dort auf die neuen zu verweisen, ist der Benutzer aufgefordert, besonders bei nicht im Wörterverzeichnis zu findenden Zusammensetzungen aus Adjektiv / Adverb / Substantiv + Verb / Partizip unter den Fügungen beim jeweiligen Bestimmungswort nachzuschlagen. So erscheint zum Beispiel das bisher zusammengesetzte Verb »schwerfallen« jetzt im Buch als Fügung beim Adjektiv »schwer« unter Punkt 5:

> **schwer:** ... **5.** s. fallen: *<erhebl. Anstrengungen erfordern>* Mühe machen ...

1. Anordnung der Stichwörter (Grundsynonyme) und der zugeordneten Synonyme

1.1. Die Stichwörter sind halbfett gedruckt und alphabetisch angeordnet.

1.2. Formal gleiche Wörter verschiedener Wortart (z. B. Adjektiv und Verb) werden als verschiedene Bedeutungspunkte eines Stichwortes angesetzt.

1.3. Bei gleich lautenden Stichwörtern verschiedener Schreibung stehen die kleingeschriebenen vor den großgeschriebenen.

1.4. Umlaute werden wie einfache Laute behandelt.

1.5. Homonyme werden durch Indizes unterschieden:

[1]**kehren: I.** kehren: . . . – **II.** kehren, sich: . . .
[2]**kehren:** → fegen (1)
[1]**Laster, das:** . . .
[2]**Laster, der:** . . .

1.6. Stichwörter, die in zwei Formen vorkommen, werden in folgender Weise angesetzt:

abnutzen / abnützen: . . .
Wille[n], der: . . .

2. Aufbau der Stichwortartikel

2.1. Es sind zwei Grundprinzipien der Gliederung verwendet.

2.1.1. Die formale Gliederung nach äußeren Unterschieden des Stichwortes, z. B. nach dem Genus, nach reflexivem und nicht reflexivem Gebrauch oder nach der Betonung, wird mithilfe römischer Ziffern vorgenommen:

Alte: I. Alte, der: **1.** ⟨*als alt angesehene männl. Person*⟩ . . . Oldtimer . . . – **2.** → Vater (1) – **3.** → Ehemann – **4.** → Greis – **5.** → Vorgesetzte, [1]Leiter – **II.** Alte, die: **1.** → Mutter (1) – **2.** → Ehefrau – **3.** → Greisin – **4.** → Muttertier – **III.** Alte (*Pl*): die Alten: **1.** → Eltern (1) – **2.** → Vorfahr[e] (II)
durchquetschen: I. durchquetschen: → durchdrücken (1) – **II.** durchquetschen, sich: → durchdrängen, sich
durchrieseln: I. d̲u̲rchrieseln: → durchsickern (1) – **II.** durchri̲e̲seln: → erfüllen (I, 1)

2.1.1.1. Tritt der Fall ein, dass zwei Kriterien in einem Stichwort zusammentreffen, so wird römisch und arabisch gegliedert:

durchschlagen: I. 1. d̲u̲rchschlagen: **a)** ⟨*durch Schlagen mit einem Werkzeug in zwei Teile trennen*⟩ kappen . . . – **b)** → durchdringen (I, 1). . . – **2.** durchschlagen, sich: ⟨*allen Widerständen zum Trotz sein Ziel erreichen*⟩ sich durchbringen · sich durchkämpfen . . . – **II.** durchschlagen: → durchbohren (II, 1)

2.1.1.2. Als Folge der durch die Rechtschreibreform bedingten Trennung mancher früher zusammengeschriebener Verben ergeben sich Sonderfälle:

wund: 1. a) sich (*Dativ*) w. laufen: . . . – **b)** sich (*Akkusativ*) w. laufen: . . . – **2.** sich w. liegen: . . .

2.1.2. Die Gliederung nach rein semantischen Unterschieden geschieht durch arabische Ziffern und – bei weiterer Differenzierung einer Grundbedeutung nach verschiedenen Nuancen und bei Fügungen unterschiedlicher Bedeutungen – durch Kleinbuchstaben:

überlesen: 1. → überfliegen – **2.** → übersehen (I, 2)
klar: 1. ⟨*keine Trübung aufweisend*⟩ **a)** ⟨*Flüssigkeit od. Glas*⟩ rein . . . – **b)** ⟨*Himmel*⟩ wolkenlos . . . – **2.** → verständlich (1) . . .
Sack, der: . . . – **6.** . . . in den S. stecken: **a)** → überflügeln – **b)** → betrügen (1) . . .
satt: . . . – **4.** s. sein: **a)** ⟨*keinen Hunger mehr verspüren*⟩ *umg:* nicht mehr [papp sagen] können – **b)** → betrunken (2) . . .

2.1.3. Partizipien sind als selbständige Stichwörter aufgeführt, wenn sie synonym zu anderen Wörtern verwendet werden; kommen sie nur in Fügungen vor, werden sie unter dem Verb verzeichnet.

2.1.4. Substantivische Ableitungen von Verben oder Adjektiven werden, wenn sie inhaltlich mit dem jeweils zugrunde liegenden Stichwort übereinstimmen, oft nicht gesondert aufgeführt.

2.1.5. Stichwörter mit mehr als 2 Buchstaben werden abgekürzt, wenn sie in Verweisfügungen stehen, formal mit dem Stichwort übereinstimmen und gleichen Numerus haben:

Gala, die: **1.** → Festkleidung – **2.** sich in G. werfen: → herausputzen (II)

2.1.6. In Fügungen, die als Grundsynonyme fungieren, ist das Stichwort unter den gleichen Bedingungen ebenfalls abgekürzt:

haltlos: . . . – **3.** h. sein: ⟨*ohne charakterliche Festigkeit sein*⟩ *umg:* kein Rückgrat haben

2.2. Bedeutungsangaben

Bei polysemen (mehrdeutigen) Wörtern sind den einzelnen Synonymreihen in Winkelklammern kurze Bedeutungsangaben vorangestellt, um dem Benutzer einen schnellen Überblick zu ermöglichen. (Vgl. Beispiele unter 2.1.1.1. und 2.1.2.)

2.3. Gliederung der Synonymreihe

2.3.1. Die Synonyme werden dem Grundsynonym (bzw. der als Grundsynonym geltenden Bedeutung) in Gruppen nachgeordnet und dabei nach den verschiedenen stilistischen Bereichen wie *gehoben, umgangssprachlich, salopp, derb* gegliedert. Der normalsprachliche (neutrale) Bereich bleibt unbezeichnet, wenn das Stichwort selbst normalsprachlich ist:

> **satt: 1.** ⟨*nicht mehr hungrig*⟩ gesättigt ... ♦ *umg*: wie genudelt ... ♦ *salopp*: dick und voll ♦ *derb*: voll gefressen – **2.** ...

2.3.2. Innerhalb dieser Untergruppen werden je nach Notwendigkeit weitere Untergliederungen mit den erforderlichen Kennzeichnungen vorgenommen. (Vgl. unter 4.2.3.)

2.3.3. Betrifft eine Kennzeichnung nur einen Bedeutungspunkt, so steht sie unmittelbar hinter der Gliederungsziffer bzw. dem Gliederungsbuchstaben:

> **zuspielen: 1.** *Sport* ⟨*einen anderen Spieler in den Besitz des Balles bzw. Pucks bringen*⟩ anspielen ... – **2.** ⟨*wie unbeabsichtigt zukommen lassen*⟩ in die Hand spielen ...

2.3.4. Erscheint in der Synonymreihe eines im Singular stehenden Grundsynonyms ein pluralisches Synonym, bei dem Plural und Singular gleich lauten, so ist dieses Synonym mit nachgestelltem »(*Pl*)« gekennzeichnet. Der umgekehrte Fall wird sinngemäß behandelt.

2.4. Wendungen und die wie solche behandelten Dativ-Reflexiva werden,

2.4.1. wenn sie als Grundsynonyme fungieren müssen, hinter den Bedeutungspunkten des einfachen Stichwortes angeordnet. (Vgl. Beispiel unter 2.1.6.)

2.4.2. wenn sie Verweise darstellen, im letzten Punkt der Gliederung mit arabischen Ziffern zusammengefasst:

> **Gebühr,** die: **1.** → Abgabe (2) – **2.** nach G.: → gebührend (1); über G.: → übertrieben
> **anschaffen: 1.** → erwerben (2) – **2.** → beauftragen – **3.** → bestellen (1) ... – **6.** sich a.: → erwerben (2) ...

3. Verwendete Abkürzungen

abwert	abwertend	*Kochk*	Kochkunst
amtsspr	amtssprachlich	*Kosef*	Koseform
Arch	Architektur	*landsch*	landschaftlich
Archäol	Archäologie	*Landw*	Landwirtschaft
Astron	Astronomie	*Math*	Mathematik
Bankw	Bankwesen	*med*	medizinisch
bergm	bergmännisch	*Met*	Meteorologie
berlin	berlinisch	*milit*	militärisch
bes.	besonders, besonder	*Mus*	Musik
		nazist	nazistisch
best.	bestimmt	*norddt*	norddeutsch
Biol	Biologie	*normalspr*	normalsprachlich
Börsenw	Börsenwesen	*od./od.*	oder
Boxsp	Boxsport	*österr*	österreichisch
Buchw	Buchwesen	*pharm*	pharmazeutisch
bzw./bzw.	beziehungsweise	*Philos*	Philosophie
Chem	Chemie	*Phon*	Phonetik
dgl./dgl.	dergleichen	*Phys*	Physik
dicht	dichterisch	*Pl*	Plural
Diplom	Diplomatie	*Polit*	Politik
EDV	elektronische Datenverarbeitung	*Psych*	Psychologie
		Raumf	Raumfahrt
ehem.	ehemalig	*Rechtsw*	Rechtswesen
etw./etw.	etwas	*Rel*	Religion
evang	evangelisch	*scherzh*	scherzhaft
fachspr	fachsprachlich	*schülerspr*	schülersprachlich
Finanzw	Finanzwesen		
fliegerspr	fliegersprachlich	*Schulw*	Schulwesen
Flugw	Flugwesen	*schweiz*	schweizerisch
Forstw	Forstwesen	*seem*	seemännisch
Geol	Geologie	*soldatenspr*	soldatensprachlich
hist	historisch		
iron	ironisch	*spött*	spöttisch
jmd./jmd.	jemand	*studentenspr*	studentensprachlich
jmdm./jmdm.	jemandem		
jmdn./jmdn.	jemanden	*süddt*	süddeutsch
jmds./jmds.	jemandes	*Techn*	Technik
jugendspr	jugendsprachlich	*Theat*	Theaterwesen
kathol	katholisch	*u./u.*	und
kaufm	kaufmännisch	*umg*	umgangssprachlich
kinderspr	kindersprachlich	*usw.*	und so weiter

verhüll	verhüllend	*weidm*	weidmännisch
vertraul	vertraulich	*Wirtsch*	Wirtschaft
vgl./*vgl.*	vergleiche	*Wz*	Warenzeichen

Bei den Kennzeichnungen und Bedeutungsangaben sind Adjektive auf »-lich« und »-isch« in den flektierten Formen oft abgekürzt.

4. Zeichen

4.1. Eckige Klammern [ ]

Die in eckigen Klammern eingeschlossenen Elemente können verwendet oder weggelassen werden.

4.1.1. Beim Stichwort oder bei den Synonymen hat dies keinen Einfluss auf die Bedeutung:

> **geisteskrank: 1.** ⟨*an einer schweren geistigen Störung leidend*⟩ geistesgestört · [geistig] umnachtet · irr[e] · wahnsinnig . . .

4.1.2. Eckige Klammern bei den Bedeutungsangaben innerhalb der Winkelklammern (vgl. 4.3.) signalisieren jedoch eine Einschränkung des Bedeutungsumfanges:

> **zurückbleiben: 1.** ⟨*nicht mehr Schritt halten [können]*⟩ . . .

4.2. Runde Klammern ( )

In runde Klammern sind verschiedene Kennzeichnungen der Stichwörter und vor allem der Synonyme gesetzt.

4.2.1. Angaben in runden Klammern sind immer nachgestellt, sie gelten also für das Vorhergehende.

4.2.2. beim Stichwort:

> **aufgeputzt** (*umg*): geschniegelt und gebügelt ♦ *salopp*: aufgedonnert . . .
> **aufbekommen** (*umg*): **1.** ⟨*Hausaufgaben gestellt bekommen*⟩ aufkriegen – **2.** . . .

In diesen Fällen gilt die Kennzeichnung auch für alle folgenden Synonyme bis zum Bereich der nächstfolgenden Kennzeichnung.

4.2.3. Bei einem Synonym oder bei einer Synonymgruppe gilt die in runde Klammern eingeschlossene Angabe bis zum vorhergehenden Semikolon:

> **Schnuller,** der: Sauger; Luller (*süddt österr schweiz*) ♦ *umg*: Lutscher; Nuckel . . . Zulp (*landsch*); Zuzel (*österr*)

4.3. Winkelklammern ⟨ ⟩

In Winkelklammern stehen die Bedeutungsangaben. (Vgl. Beispiele unter 2.1.1.1. und 2.1.2.)

4.4. Rhombus ♦

Der Rhombus dient der deutlichen Gruppierung der Synonyme nach den so genannten Stilebenen:

> **Schurke,** der (*abwert*): Schuft · Lump . . . ♦ *umg*: Lumpenkerl · Lumpenhund . . . ♦ *salopp*: Dreckskerl · Drecksack . . . ♦ *derb*: Schwein · Schweinehund . . .

4.5. Pluszeichen +

Hinter dem Pluszeichen folgen periphere Synonyme oder zum Grundsynonym im Verhältnis »Oberbegriff – Unterbegriff« bzw. »Gattung – Art« stehende Wörter:

> **überlisten:** übertölpeln · in die Falle / in einen Hinterhalt locken + fangen . . .

4.6. Schrägstrich /

4.6.1. Der Schrägstrich wird zur Zusammenfassung von Fügungen gleicher Bedeutung verwendet. Er steht also zwischen austauschbaren Wörtern oder Wortgruppen. (Vgl. Beispiel unter 4.7.)

4.6.2. In wenigen Fällen steht der Schrägstrich zwischen gleichberechtigten Formen eines Stichworts. (Vgl. Beispiel unter 1.6.)

4.7. Senkrechte Striche ⏐. . .⏐

In senkrechte Striche sind Präpositionen (oder Kasus) eingeschlossen, die mit dem jeweiligen Verb verwendet werden müssen, jedoch syntaktisch nicht in der angegebenen Reihung üblich sind:

> **mögen:** angetan / eingenommen sein ⏐von⏐ · etw. / viel übrig haben ⏐für⏐ . . . Geschmack finden / gewinnen ⏐an⏐ · einen Reiz abgewinnen ⏐einer Sache⏐ . . .

4.8. Halbhoch gestellter Punkt ·

Der halbhoch gestellte Punkt trennt die Synonyme in der Reihe voneinander ab. (Vgl. Beispiel unter 4.1.1.)

4.9. Semikolon

4.9.1. Das Semikolon trennt verschieden gekennzeichnete Synonyme oder Untergruppen der Synonymreihe voneinander. (Vgl. Beispiel unter 4.2.3.)

4.9.2. Das Semikolon steht vor Verweisen von einer Synonymreihe auf verwandte Grundsynonyme:

> **Raumstation,** die: Weltraumstation · Orbitalstation; → *auch* Raumlabor

4.9.3. Das Semikolon trennt die Verweisfügungen eines Stichwortes bzw. Unterstichwortes:

> **spät:** . . . – **3.** früh und s.: → immer (1); von früh bis s.: → ununterbrochen; spätes Mädchen: → Jungfer (3)

4.9.4. Das Semikolon steht auch zwischen manchen Kennzeichnungen innerhalb ein und derselben Parenthese:

> **Lauferei,** die (*umg; meist abwert*): Gerenne . . .

4.10. Komma

Das Komma trennt verschiedene Fügungen, von denen auf dasselbe Stichwort verwiesen wird:

> **Andeutung,** die: . . . – **3.** in Andeutungen: → andeutungsweise; in Andeutungen reden, Andeutungen machen: → andeuten (I, 1)

Im Übrigen wird es in der üblichen Weise als Satzzeichen verwendet.

4.11. Doppelpunkt

4.11.1. Der Doppelpunkt trennt das Stichwort bzw. Unterstichwort von den folgenden Angaben bzw. Synonymen ab:

> **mokant:** → spöttisch
> **Mole,** die: → Hafendamm
> **Moment: I.** Moment, der: **1.** → Augenblick (1) – **2.** im M.: → jetzt (1); im letzten M.: → Augenblick (2) . . .

4.11.2. Bei den Verweisfügungen steht er jeweils vor dem Verweispfeil. (Vgl. letztes Beispiel unter 4.11.1.)

4.12. Verweispfeil →

4.12.1. Mit bloßem Verweispfeil wird von den Verweisstichwörtern auf das Grundsynonym verwiesen:

> **nett:** → freundlich (1)
> **Ober,** der: → Kellner

4.12.2. Auch von zu verweisenden Wendungen wird mit dem bloßen Verweispfeil auf das in Frage kommende Grundsynonym verwiesen. (Vgl. letztes Beispiel unter 4.11.1.)

4.12.3. In der Kombination mit »*auch*« verweist der Pfeil auf bedeutungsverwandte Grundsynonyme. (Vgl. Beispiel unter 4.9.2.)

4.13. Trennungsstrich –

4.13.1. Der Trennungsstrich unterstützt die Gliederung und erscheint stets vor den gliedernden Ziffern und Kleinbuchstaben. (Vgl. Beispiele unter 2.1.1. und 2.1.2.)

4.13.2. Der Trennungsstrich wird auch vor Verweisen gesetzt, die sich auf eine grammatische Variante des Stichworts beziehen, die an anderer alphabetischer Stelle zu finden ist:

> **erst: 1.** → zuerst – **2.** e. einmal: → zuerst; e. vor einer Weile: → eben (2) – *vgl. auch* erste u. Erste

4.14. Betonungsstrich (z. B. u̱, i̱e)

Der Betonungsstrich dient der Kennzeichnung der unterschiedlichen Betonung bei formal gleichen Stichwortformen. (Vgl. Beispiel unter 2.1.1.1.) Gelegentlich sind Betonungsstriche auch zur Verdeutlichung in den Synonymreihen verwendet worden.

A

A, das: von A bis Z: → ganz (1); von A bis Z erlogen: → unwahr (1); das A und O: **a)** → Hauptsache – **b)** → Entscheidende
à: → ¹zu (2)
Aa, das: **1.** → Kot (1) – **2.** → Schmutz (1) – **3.** Aa machen: → austreten (2)
aalartig: → glatt (3)
aalen, sich: → ausstrecken (II, 1)
aalglatt: → glatt (3)
Aar, der: → Adler
Aas, das: **1.** ⟨*Körper eines toten Tieres*⟩ Kadaver · Tierleiche; Luder (*weidm*); → *auch* Leiche (1) – **2.** → Luder (1) – **3.** → Tausendsasa – **4.** → Schlaukopf – **5.** kein A.: → niemand; ein A. auf der Bassgeige: → Tausendsasa
aasen: → verschwenden
Aaserei, die: → Verschwendung
Aasgeier, der: → Ausbeuter
Aasgeruch, der: → Gestank
Aasgestank, der: → Gestank
aasig: 1. → faulig (1), faul (1) – **2.** → ekelhaft (1) – **3.** → sehr
ab: 1. ⟨*Ort od. Richtung*⟩ von ... an/ab – **2.** ⟨*Zeit*⟩ von ... an; mit Wirkung vom (*amtsspr*) – **3.** ab und an, ab und zu: → manchmal; weit ab: → fern (1); ab durch die Mitte: → fort (1); von ... ab: → 1
abändern: [um]ändern · abwandeln · modifizieren · variieren · modulieren; → *auch* umgestalten
Abänderung, die: Änderung · Umänderung · Abwandlung · Modifikation · Modifizierung · Variation · Variierung · Modulation; → *auch* Umgestaltung, Veränderung (1)
abängstigen, sich: → sorgen (II)
abarbeiten: I. abarbeiten: → tilgen (1) – **II.** abarbeiten, sich: → abmühen, sich
Abart, die: Spielart · Varietät · Variante + Abweichung · Ausnahme
abartig: 1. → abnorm (1) – **2.** → widernatürlich
Abartigkeit, die: → Abnormität

abäschern, sich: → abmühen, sich
abäsen: → abfressen
abasten, sich: → abmühen, sich
abätzen: wegätzen
abbalgen: → abhäuten
Abbau, der: **1.** → Förderung (2) – **2.** → Abbruch (1) – **3.** → Entlassung (2) – **4.** → Degradierung – **5.** → Preissenkung – **6.** → Verringerung
abbauen: 1. → fördern (2) – **2.** → abbrechen (2) – **3.** → entlassen (2), absetzen (I, 2) – **4.** → degradieren – **5.** → senken (I, 1) – **6.** → nachlassen (1)
abbauwürdig: → ergiebig
abbeeren: → pflücken
abbeißen: 1. ⟨*mit den Zähnen abtrennen*⟩ abnagen ♦ *umg:* abkauen · abknabbern – **2.** einen a.: → trinken (1); sich lieber die Zunge a.: → schweigen (2); da beißt die Maus keinen Faden ab: → unabänderlich (2)
abbeizen: → beizen (1 *u.* 2)
abbekommen (*umg*): **1.** ⟨*einen Teil von etw. erhalten*⟩ abkriegen · abhaben · abfallen |für| ; → *auch* erhalten (I, 1), zufallen (2) – **2.** nichts a.: → leer (4); keinen a.: → sitzen (6, b)
abberufen: 1. ⟨*von einem Posten entfernen*⟩ abrufen · zurück[be]rufen · zurückbeordern · zurückziehen ♦ *salopp:* zurückpfeifen; → *auch* absetzen (I, 2), entlassen (2) – **2.** a. werden: → sterben (1)
Abberufung, die: **1.** ⟨*das Entfernen von einem Posten*⟩ Zurückberufung · Rückberufung · Abruf; → *auch* Absetzung (1), Entlassung (2) – **2.** → Tod (1)
abbestellen: stornieren · abmelden · zurücktreten |von| · zurücknehmen · rückgängig machen + annullieren; → *auch* absagen (2)
Abbestellung, die: Storno · Stornierung
abbeten (*umg abwert*): **1.** ⟨*Gebete aufsagen*⟩ herunterbeten ♦ *salopp:* ableiern · her[unter]leiern – **2.** → aufsagen (1)

21

abbetteln

abbetteln: abschmeicheln ♦ *umg:* abschwatzen + ausspannen ♦ *salopp:* aus dem Kreuz leiern; → *auch* ablisten (1)
abbezahlen: → abzahlen
abbiegen: 1. ⟨*die bisher eingehaltene Richtung verlassen*⟩ abschwenken · abdrehen · abzweigen · abgehen + den Kurs ändern · den Weg verlassen; → *auch* ablenken (I, 1), ²abweichen (1, b), einbiegen (1) – **2.** → abbrechen (1) – **3.** → verhindern
Abbiegung, die: **1.** → Abzweigung – **2.** → Biegung (1)
Abbild, das: Spiegelbild · Ebenbild; → *auch* Spiegelbild (1), Ähnlichkeit
abbilden: → abzeichnen (I, 1), nachbilden
Abbildung, die: Illustration · Bild
abbinden: 1. ⟨*die Blutzufuhr unterbrechen, vom Körper ablösen*⟩ abschnüren; abklemmen · abnabeln (*med*) – **2.** → losbinden – **3.** → entwöhnen (1, b) – **4.** → erhärten (1)
Abbitte, die: A. tun / leisten: → entschuldigen (II)
abbitten: → entschuldigen (II)
abblasen: 1. ⟨*durch Blasen entfernen*⟩ herunterblasen · wegblasen · fortblasen ♦ *umg:* abpusten – **2.** → absagen (1)
abblassen: → verblassen
abblättern: 1. → ablösen (II, 1) – **2.** → entblättern (1)
abbleiben: → befinden (II, 1)
abblenden: → verdunkeln (I, 2)
abblitzen (*umg*): **1.** ⟨*bei einer Bewerbung usw. Misserfolg haben*⟩ *normalspr:* abgewiesen werden · eine Abfuhr erhalten / erleiden · an den Unrechten/Falschen kommen / geraten · keine Gegenliebe finden · kein Glück haben |bei| · einen Korb erhalten / bekommen ♦ *umg:* nicht landen können · sich eine Abfuhr holen · übel / schlecht / nicht ankommen · an die falsche / verkehrte Adresse kommen / geraten ♦ *salopp:* abfahren · mit hängender Nase / hängenden Ohren abziehen – **2.** a. lassen: → abweisen (1)
abblocken: → abwehren (1, b)
abblühen: → verblühen (1)
abbrauchen, sich: → abnutzen (II)
abbrausen: I. abbrausen: **1.** → abfahren (1, a *u.* b) – **2.** → duschen (I) – **II.** abbrausen, sich: → duschen (II)
abbrechen: 1. ⟨*durch Brechen lostrennen*⟩ losbrechen · wegbrechen · abknicken + abbiegen ♦ *umg:* abknack[s]en; → *auch* ab-

trennen (1), ablösen (I, 1) – **2.** ⟨*etw. Aufgebautes auseinander nehmen* [*u. beseitigen*]⟩ abreißen · einreißen · niederreißen · abbauen · abschlagen · abtragen · niederlegen · demontieren · schleifen; zurückbauen (*fachspr*) ♦ *umg:* wegreißen; → *auch* zerlegen (1) – **3.** → aufhören (1) – **4.** seine Zelte a.: → aufbrechen (3); die Spitze a.: → entschärfen (1); sich keine Verzierung a.: → vergeben (6); sich einen a.: → bemühen (II, 1)
abbremsen: 1. → bremsen (1) – **2.** → hemmen (1)
abbrennen: 1. ⟨*einen Teil von etw. wegbrennen*⟩ absengen + abschwenden – **2.** ⟨*zu Ende brennen*⟩ niederbrennen + ausglühen – **3.** → niederbrennen (1)
Abbreviation, die: → Abkürzung (2)
Abbreviatur, die: → Abkürzung (2)
abbringen: 1. ⟨*von Schiffen gesagt: wieder zum Schwimmen bringen*⟩ flottmachen (*seem*) – **2.** → ablenken (I, 1 *u.* 2) – **3.** a. |von|: → ausreden (I, 1) – **4.** sich nicht a. lassen: → festbleiben (1), beharren (1)
abbröckeln: → ablösen (II, 1)
Abbruch, der: **1.** ⟨*das Auseinandernehmen* [*u. Beseitigen*] *von etw. Aufgebautem*⟩ Abriss · Abbau · Abtragung · Niederreißung · Demontage · Demontierung + Zerlegung – **2.** → Beendigung – **3.** → Beeinträchtigung (1) – **4.** A. tun: → beeinträchtigen (1); A. erleiden: → Schaden (5)
abbrühen: blanchieren (*Kochk*)
abbrummen: → verbüßen
abbuchen: 1. → abschreiben (I, 3) – **2.** → aufgeben (4) – **3.** → abheben (I, 1)
abbummeln: → abfeiern
abbürsten: 1. → bürsten (1) – **2.** → abstauben (1) – **3.** → tadeln (1)
abbüßen: → verbüßen
Abc, das: **1.** → Alphabet – **2.** → Anfangsgründe
Abc-Buch, das: → ¹Fibel
abchecken: → überprüfen, kontrollieren (1)
Abc-Schütze, der: → Schulanfänger
abdachen: → abschrägen
Abdachung, die: → Abschrägung
abdämmen: → stauen
Abdämmung, die: → Damm (1)
abdampfen: 1. → weggehen (1) – **2.** → abfahren (1, a *u.* b)
abdämpfen: 1. → mildern (1) – **2.** → dünsten (1)

22

abdanken: → zurücktreten (1)
Abdankung, die: → Rücktritt (1)
abdarben: [sich] a.: → absparen
abdecken: 1. ⟨*das Geschirr vom Tisch nehmen*⟩ abräumen · abtragen; abtischen (*schweiz*) + hinaustragen ♦ *gehoben*: abservieren ♦ *umg*: wegräumen – **2.** → bedecken (I, 1) – **3.** → bewachen (1) – **4.** → tilgen (1)
Abdecker, der: Schinder (*veraltet*); Wasenmeister (*süddt*); Kafiller (*landsch*)
Abdeckung, die: **1.** → Bedeckung (1) – **2.** → Tilgung
abdengeln: → dengeln
abdichten: dichten · zustopfen · verstopfen · isolieren · verfugen; kalfatern (*seem*)
Abdichtung, die: Isolierung · Isolation · Isolierschicht
abdicken: → andicken
abdienen: → ableisten
abdizieren: → zurücktreten (1)
Abdomen, das: → Bauch (1)
abdrängen: → verdrängen (1)
abdrehen: 1. → abstellen – **2.** → unterdrücken (3)
abdriften: → abtreiben (1)
abdrosseln: 1. → drosseln (1) – **2.** → hemmen (1)
Abdruck, der: **1.** → Veröffentlichung (1) – **2.** → Spur
abdrucken: → veröffentlichen
abdrücken: I. abdrücken: **1.** ⟨*einen Schuss an einer Handfeuerwaffe auslösen*⟩ abschießen · abfeuern · abziehen · losdrücken + durchreißen ♦ *salopp*: losknallen · losballern; → *auch* schießen (1) – **2.** → nachbilden – **3.** → liebkosen – **4.** das Herz a.: → bedrücken (1) – **II.** abdrücken, sich: **1.** → einprägen (II) – **2.** → abstoßen (II)
abdunkeln: → verdunkeln (I, 1)
Abdunkelung, die: → Verdunkelung (1)
abduschen: I. abduschen: → duschen (I) – **II.** abduschen, sich: → duschen (II)
abebben: → nachlassen (1)
abebnen: → andicken
Abend, der: **1.** ⟨*Tageszeit*⟩ Tagesende; → *auch* Abenddämmerung – **2.** → Abendgesellschaft – **3.** → Abendland – **4.** zu A. essen: ⟨*die letzte Mahlzeit des Tages zu sich nehmen*⟩ das Abendbrot einnehmen · zu[r] Nacht essen; nachtmahlen (*österr*) ♦ *gehoben*: soupieren · zur Nacht speisen; → *auch* Kaffee (3, a), Mahlzeit (3) – **5.** A. aller Tage: → Ende (1, b); A. des Lebens: → Alter

(1); feuchter A.: → Gelage (b); jeden A., A. für A.: → allabendlich; vom Morgen bis zum A.: → ununterbrochen
Abendbrot, das: **1.** ⟨*die letzte Mahlzeit des Tages*⟩ Abendessen · Abendmahl[zeit] · Nachtessen; Nachtmahl (*österr*) ♦ *gehoben*: Souper; → *auch* Nachmittagskaffee – **2.** das A. einnehmen: → Abend (4)
Abenddämmerung, die: Dämmerung · Dämmerstunde ♦ *umg*: die blaue Stunde; Schummer[stunde] · Eulenflucht (*norddt*) + Zwielicht · Dämmerlicht; → *auch* Abend (1), Halbdunkel, Dunkelheit
Abendessen, das: → Abendbrot (1)
Abendgesellschaft, die: Abend · Soiree; → *auch* Abendveranstaltung, Fest (1)
Abendkurs, der: → Abendschule
Abendland, das: Okzident · Europa · Westen ♦ *gehoben*: Abend
Abendmahl, das: **1.** ⟨*religiöse Feier*⟩ Kommunion · Altarsakrament · Eucharistie; → *auch* Gottesdienst – **2.** → Abendbrot (1)
Abendmahlzeit, die: → Abendbrot (1)
abends: am Abend · spät[abends]; → *auch* nachts
Abendschule, die: Abendunterricht · Abendkurs
Abendstern, der: → Venus (1)
Abendunterricht, der: → Abendschule
Abendveranstaltung, die: Soiree · Festabend; → *auch* Abendgesellschaft
Abenteuer, das: **1.** ⟨*das Erleben eines aufregenden [u. gefährl.] Geschehnisses*⟩ Erlebnis ♦ *salopp*: Mordsgeschichte – **2.** → Wagnis – **3.** → Liebeserlebnis
Abenteuerdrang, der: → Abenteuerlust
Abenteuerdurst, der: → Abenteuerlust
abenteuerdurstig: → abenteuerlustig
Abenteuergeschichte, die: + Robinsonade
Abenteuerhunger, der: → Abenteuerlust
abenteuerhungrig: → abenteuerlustig
abenteuerlich: 1. → leichtfertig – **2.** → gewagt (1) – **3.** → ereignisreich
Abenteuerlust, die: Abenteuerdrang · Abenteuerdurst · Abenteuerhunger · Abenteuersucht + Erlebnishunger; → *auch* Unternehmungslust
abenteuerlustig: abenteuerdurstig · abenteuerhungrig · abenteuersüchtig + erlebnishungrig; → *auch* unternehmungslustig
Abenteuerspielplatz, der: → Spielplatz (1)
Abenteuersucht, die: → Abenteuerlust
abenteuersüchtig: → abenteuerlustig

Abenteurer

Abenteurer, der: → Glücksritter
Abenteurernatur, die: → Glücksritter
aber: 1. → dagegen (2) – **2.** → freilich (1)
Aber, das: **1.** → Einwand (1) – **2.** das Wenn und A.: → Zweifel (1)
Aberglaube[n], der: Hühnerglaube[n] (*norddt*) + Volksglaube[n] · Gespensterseherei; → *auch* Unsinn (1, a), Irrglaube[n]
aberkennen: absprechen; abjudizieren (*Rechtsw*)
abermalig: → wiederholt (1)
abermals: → wieder (1)
abernten: 1. ⟨*das Feld von Früchten leeren*⟩ räumen – **2.** → ernten (1)
Aberration, die: → Abweichung (1)
Aberwitz, der: → Unsinn (1, a)
aberziehen: → abgewöhnen (1)
Abessinien: → Nacktbadestrand
abfahrbereit: + unter Dampf; → *auch* fertig (1)
abfahren: 1. ⟨*sich fahrend zu entfernen beginnen*⟩ **a)** ⟨*Fahrzeuge*⟩ fortfahren · wegfahren · abgehen · sich in Bewegung setzen ♦ *gehoben*: davonfahren ♦ *umg*: abrollen · losfahren · losdampfen · abdampfen ♦ *salopp*: abbrausen · losbrausen · absausen · abzischen · loszischen – **b)** ⟨*Menschen*⟩ fortfahren · wegfahren ♦ *gehoben*: davonfahren ♦ *umg*: losfahren · losdampfen · abdampfen ♦ *salopp*: abbrausen · losbrausen · absausen · abzischen · loszischen · losgondeln + losstrampeln; → *auch* abreisen – **2.** → weggehen (1) – **3.** → wegräumen (1) – **4.** → abtrennen (2) – **5.** → abblitzen (1) – **6.** → sterben (1) – **7.** a. lassen: → abweisen (1); a. ⎪auf⎪: → begeistert (2)
Abfahrt, die: **1.** ⟨*der Beginn der Fahrt*⟩ **a)** ⟨*Fahrzeuge*⟩ Fahrtbeginn · Abgang – **b)** ⟨*Menschen*⟩ Abreise – **2.** ⟨*das Zutalfahren [beim Wintersport]*⟩ Talfahrt · Skiabfahrt · Schussfahrt – **3.** → Abfahrtsstrecke – **4.** → Ausfahrt (2) – **5.** → Start (1)
Abfahrtshang, der: → Abfahrtsstrecke
Abfahrtspiste, die: → Abfahrtsstrecke
Abfahrtsstrecke, die: Abfahrt[spiste] · Piste · Abfahrtshang · Hang; → *auch* Rodelbahn
Abfall: I. Abfall, der: **1.** ⟨*unverwertbarer Rest*⟩ Abfälle · Abfallstoff[e] · Abfallmaterial · Abfallprodukt[e]; Nachraum (*Forstw*) + Schlacke · Unrat · Abraum ♦ *umg*: Mosch · Schrutz (*landsch*); Abschnitzel (*süddt österr*); → *auch* Müll, Rest (I, 1), Schrott (1) – **2.** → Müll – **3.** Lossagung – **4.** → Ab-

hang (1) – **5.** → Gefälle (1) – **II.** Abfälle (*Pl*): → I, 1
Abfallbehälter, der: → Mülltonne, Mülleimer
Abfalleimer, der: → Mülleimer
abfallen: 1. ⟨*von Flugkörpern gesagt*: [*plötzlich*] *an Höhe verlieren*⟩ *umg*: absacken · [nach unten] wegsacken – **2.** ⟨*einen* [*steilen*] *Abhang bilden*⟩ abstürzen; → *auch* senken (II) – **3.** → ablösen (II, 1) – **4.** → lossagen, sich – **5.** → übrig (3, b) – **6.** → zurückbleiben (1) – **7.** → abmagern – **8.** a. ⎪für⎪: → abbekommen (1); a. ⎤gegen⎪: → zurückstehen (2)
abfallend: → steil (2)
Abfallerzeugnis, das: → Nebenprodukt
Abfallfass, das: → Mülltonne
abfällig: 1. ⟨*negativ bewertend*⟩ abschätzig · abwertend · wegwerfend · pejorativ · missfällig · absprechend + ablehnend; → *auch* geringschätzig – **2.** a. reden ⎪von / über⎪: → verleumden (1)
Abfallkübel, der: → Mülltonne
Abfallmaterial, das: → Abfall (I, 1)
Abfallprodukt: I. Abfallprodukt, das: **1.** → Nebenprodukt – **2.** → Abfall (I, 1) – **II.** Abfallprodukte (*Pl*): → Abfall (I, 1)
Abfallstoff: I. Abfallstoff, der: → Abfall (I, 1) – **II.** Abfallstoffe (*Pl*): → Abfall (I, 1)
Abfalltonne, die: → Mülltonne
abfälschen: → ablenken (I, 1)
abfangen: 1. ⟨*unterwegs hindern, zum Ziel zu gelangen*⟩ auffangen · abpassen · abfassen ♦ *salopp*: kaschen · abschnappen; → *auch* fangen (I, 1), erwischen (1), aufhalten (I, 1) – **2.** → abstützen – **3.** → überholen (I, 1) – **4.** → töten (I, 2)
abfärben: 1. → färben (I, 1) – **2.** → verblassen
abfasen: → abschrägen
abfassen: 1. → verfassen – **2.** → ertappen (1) – **3.** → abfangen (1)
Abfassung, die: Formulierung · Aufzeichnung · Niederschrift · Anfertigung
abfaulen: → ablösen (II, 1)
abfedern: → federn (2)
abfegen: abkehren
abfeiern (*umg*): → abbummeln
abfeilen: → glätten (1)
abfeilschen: → abhandeln (1)
abfertigen: 1. → erledigen (1) – **2.** → bedienen (I, 2) – **3.** → abweisen (1) – **4.** → abfinden (I, 1)

24

Abfertigung, die: **1.** → Erledigung (1) – **2.** → Bedienung (2) – **3.** → Zurechtweisung

Abfertigungsschalter, der: → Schalter (1)

abfeuern: 1. → abdrücken (I, 1) – **2.** einen Schuss a., Schüsse a.: → schießen (1); abgefeuert werden: → abgehen (3)

abfinden: I. abfinden: **1.** ⟨[zu] *Geringfügiges geben*⟩ abspeisen · abfertigen + auszahlen ♦ *umg:* ein paar Brocken hinwerfen – **2.** → entschädigen (I) – **II.** abfinden, sich: **1.** → vergelten (2) – **2.** sich a. |mit| : ⟨*nicht mehr gegen etw. angehen*⟩ sich fügen |in| · sich ergeben |in| · sich schicken |in| · sich finden |in| · sich gewöhnen |an| + sich zufrieden geben · sich begnügen · sich beruhigen · zufrieden sein · in Kauf nehmen ♦ *gehoben:* das Joch/sein Kreuz tragen/auf sich nehmen ♦ *umg:* in den sauren Apfel beißen; → *auch* nachgeben (1), hinnehmen (1), dulden (1), resignieren

Abfindung, die: Abfindungssumme · Abstandsgeld · Abstandszahlung · Abstandssumme · Abgeltung ♦ *umg:* Abstand; Ablöse (*süddt*); → *auch* Entschädigung

Abfindungssumme, die: → Abfindung

abflachen: → nachlassen (1)

abflauen: → nachlassen (1)

abfliegen: → wegfliegen

abfließen: 1. ⟨*von Flüssigkeiten gesagt: von einer Stelle verschwinden*⟩ ablaufen · abströmen · abrinnen + absickern · abtropfen · entwässern – **2.** ⟨*von Geldmitteln gesagt: in andere Länder gelangen*⟩ außer Landes gehen · ins Ausland gehen – **3.** a. lassen: → ablassen (1)

abfluchten: → ausrichten (1)

Abflug, der: **1.** ⟨*das Abfliegen eines Luftfahrzeugs*⟩ Start · Flugbeginn · Take-off – **2.** → Abzug (1) – **3.** den A. machen: → weggehen (1)

Abfluss, der: **1.** ⟨*das Abfließen*⟩ Ablauf · Abströmung – **2.** ⟨*Öffnung zum Abfließen*⟩ Ablauf · Auslauf · Abflussloch · Abflussrohr · Abflussrinne · Ablaufloch · Ablaufrohr · Ablaufrinne · Ablass · Auslass · Ausfluss · Ablassrohr · Ausgussrohr; Abguss (*landsch*) + Kloake; → *auch* Abzug (4), Ausguss (1)

Abflussbecken, das: → Ausguss (1)

Abflussgraben, der: Abflusskanal · Drän; → *auch* Graben

Abflusskanal, der: → Abflussgraben

Abflussloch, das: → Abfluss (2)

Abflussrinne, die: → Abfluss (2)

Abflussrohr, das: → Abfluss (2)

Abfolge, die: → Reihenfolge

abfordern: abverlangen; → *auch* fordern (1), zumuten (1)

abformen: → nachbilden

abfragen: ⟨*durch Fragen jmds. Kenntnisse ermitteln*⟩ abhören; → *auch* prüfen (2)

abfressen: abgrasen · abweiden · kahl fressen; abäsen (*weidm*) + beweiden

abfrieren: sich den Arsch a.: → frieren (1)

abfrottieren: I. abfrottieren: **1.** → abtrocknen (I, 1) – **2.** → abreiben (I, 1) – **II.** abfrottieren, sich: **1.** → abtrocknen (II) – **2.** → abreiben (II, 1)

Abfuhr, die: **1.** → Zurechtweisung – **2.** → Niederlage (1) – **3.** → Abtransport – **4.** eine A. erhalten/erleiden, sich eine A. holen: → abblitzen (1); eine A. erteilen/zuteil werden lassen: → abweisen (1)

abführen: 1. ⟨*die Darmtätigkeit fördern*⟩ purgieren · laxieren (*med*) ♦ *umg:* durchschlagen – **2.** → verhaften – **3.** → abliefern (1) – **4.** → ablenken (I, 2) – **5.** → dressieren (1)

Abführmittel, das: Purgativ · Purgans · Laxativ[um] · Laxans · Laxiermittel (*med*)

Abführung, die: **1.** → Verhaftung – **2.** → Abgabe (1)

abfüllen: abfüllen |in| · abziehen; eintüten (*fachspr*); → *auch* abziehen (1, b), füllen (I, 1)

abfüttern: 1. → füttern (a) – **2.** → verpflegen (1)

Abgabe, die: **1.** ⟨*das [pflichtgemäße] Übergeben*⟩ Ablieferung · Abführung; → *auch* Aufgabe (1) – **2.** ⟨*zu entrichtende Summe*⟩ Gebühr; Gebührnis (*amtsspr*); Tribut (*scherzh*) – **3.** → Verkauf (1) – **4.** → ¹Steuer – **5.** → Zuspiel – **6.** zur A. bringen: → abgeben (I, 1)

Abgabepreis, der: → Einzelhandelspreis

Abgang, der: **1.** ⟨*das Weggehen*⟩ Aufbruch · Weggang; → *auch* Abzug (1) – **2.** ⟨*das Verlassen der Bühne*⟩ Abtritt – **3.** → Abfahrt (1, a) – **4.** → Austritt (1) – **5.** → Ausscheidung (2) – **6.** → Ausgang (2, a) – **7.** → Verlust (1) – **8.** → Tod (1) – **9.** in A. kommen: → verloren (4); sich einen guten A. verschaffen: → herauswinden, sich

abgängig: → verschwunden (1)

Abgängigkeitsanzeige, die: → Vermisstenanzeige

Abgangszeugnis, das: → Zeugnis (1)

Abgas

Abgas, das: + Auspuffabgas · Industrieabgas

abgaunern: → ablisten (1)

abgearbeitet: → verbraucht (1)

abgeben: I. abgeben: **1.** ⟨*einem bestimmten Empfänger geben*⟩ einhändigen · aushändigen · abliefern · übergeben · überreichen · verabfolgen; zur Abgabe/Ablieferung bringen (*amtsspr*); ausfolgen (*österr amtsspr*); → *auch* geben (I, 1) – **2.** ⟨*[einen Teil] zur Verfügung stellen*⟩ [ab]lassen · überlassen · abtreten · zukommen lassen ♦ *umg*: lockermachen · herausrücken; → *auch* schenken (1), verschenken (1) – **3.** → verkaufen (I, 1) – **4.** → vermieten – **5.** → aufgeben (1) – **6.** → überschreiben – **7.** → zuspielen (1) – **8.** → ausscheiden (1) – **9.** → bilden (I, 1) – **10.** einen Schuss a., Schüsse a.: → schießen (1); den Löffel a.: → sterben (1); das Versprechen a.: → versprechen (I, 1); die Versicherung a.: → versichern (I); die/seine Stimme a.: → abstimmen (1); eine gute Figur a.: → wirken (2) – **II.** abgeben, sich: sich a. |mit|: → beschäftigen (II, 2)

abgebrannt: → zahlungsunfähig (1)

abgebraucht: 1. → abgenutzt – **2.** → abgedroschen (1)

abgebrochen: abgebrochener Riese: → Zwerg (2)

abgebrüht: → gefühllos (1)

Abgebrühtheit, die: → Gefühllosigkeit

abgedankt: → ausgedient (1)

abgedroschen: 1. ⟨*durch häufigen Gebrauch ohne Aussagekraft*⟩ abgegriffen · verbraucht · abgebraucht · phrasenhaft + inhaltsarm · inhaltslos ♦ *salopp*: abgeklappert · abgeleiert; → *auch* abgenutzt, geistlos – **2.** ⟨*von Schlagern, Schallplatten gesagt: durch zu häufiges Spielen langweilig geworden*⟩ abgespielt ♦ *salopp*: abgeklappert · abgeleiert

abgefallen: → abtrünnig

abgefeimt: → raffiniert (1)

abgegriffen: → abgedroschen (1)

abgehackt: → stockend

abgehärtet: → widerstandsfähig (1, b)

abgehen: 1. ⟨*eine Strecke, ein Gebiet gehend prüfen*⟩ begehen · abschreiten · ablaufen · abpatrouillieren ♦ *umg*: belaufen ♦ *salopp*: ablatschen; → *auch* ablaufen (1), absuchen (2) – **2.** ⟨*die Schule verlassen*⟩ ausscheiden – **3.** ⟨*von einem Schuss gesagt: [unbeabsichtigt] abgegeben werden*⟩ losgehen · sich lösen · abgefeuert/ausgelöst wer

den – **4.** → weggehen (1) – **5.** → abfahren (1, a) – **6.** → abbiegen (1) – **7.** → abschweifen (1) – **8.** → ablösen (II, 1) – **9.** → verlaufen (I, 2) – **10.** → sterben (1) – **11.** → fehlen (2) – **12.** a. lassen: **a)** → abschicken – **b)** → ablassen (1); einen a. lassen: → Wind (I, 3); einen Schuss a. lassen: → schießen (1); gut a.: → gelingen (1); schlecht a.: → misslingen; nicht a. |von|: **a)** → beibehalten (1) – **b)** → beharren (1); nicht um ein Haar a. |von|: → beharren (1); reißend a., a. wie warme Semmeln: → begehrt (2)

abgeholt: wie bestellt und nicht a.: → niedergeschlagen (1)

abgekämpft: → erschöpft (1)

abgeklappert: 1. → abgedroschen (1 *u.* 2) – **2.** → erschöpft (1)

abgeklärt: 1. → besonnen (1) – **2.** → gereift – **3.** → abgelagert

Abgeklärtheit, die: → Besonnenheit

abgelagert: alt · abgeklärt

abgelatscht: 1. → abgelaufen (1) – **2.** → abgetreten (1)

abgelaufen: 1. ⟨*von Schuhen gesagt: stark abgenutzt*⟩ abgetreten · abgerissen ♦ *umg*: abgeledert (*landsch*) ♦ *salopp*: abgelatscht; → *auch* abgenutzt – **2.** → abgetreten (1) – **3.** a. sein: ⟨*von der Zeit gesagt: bis zu einem bestimmten Punkt vergangen sein*⟩ vorüber/vorbei/herum sein ♦ *umg*: um sein; *vgl. auch* ablaufen

abgelebt: 1. → veraltet (1) – **2.** → verbraucht (1)

abgeledert: → abgelaufen (1)

abgelegen: entlegen · abgeschieden · entfernt · einsam · verlassen; einschichtig (*südd österr*) + unzugänglich · unerreichbar ♦ *umg*: am Ende der Welt · weit[ab] vom Schuss · gottverlassen ♦ *derb*: am Arsch der Welt; → *auch* fern (1), abseits (1)

abgeleiert: → abgedroschen (1 *u.* 2)

abgelten: 1. → tilgen (1) – **2.** → ableisten

Abgeltung, die: **1.** → Abfindung – **2.** → Entschädigung

abgelumpt: → abgerissen (1)

abgemacht: → beschlossen

abgemagert: abgemergelt · ausgemergelt · abgezehrt · ausgezehrt; kachektisch · atrophisch (*med*) ♦ *umg*: spitz · spack · heruntergekommen · nur noch Haut und Knochen; → *auch* mager (1), elend (1)

abgemeldet: a. sein: → gelten (7)

abgemergelt: → abgemagert

abgemessen: → beherrscht (1)
abgeneigt: 1. ⟨*ablehnend eingestellt*⟩ nicht geneigt · feindlich ♦ *gehoben:* abhold – **2.** nicht a. sein: → mögen
abgenutzt/abgenützt: abgebraucht · ausgedient ♦ *umg:* altersschwach (*scherzh*); → *auch* alt (2), abgetragen, abgelaufen (1), abgetreten (1), abgedroschen (1)
Abgeordnete, der: Volksvertreter · der Deputierte · Repräsentant; Parlamentarier · Parlamentsmitglied; Mandatar (*österr*) + der Bundestagsabgeordnete; → *auch* Abgesandte
Abgeordnetensitz, der: Sitz · Mandat
abgerechnet: → abzüglich
abgerissen: 1. ⟨*von der Kleidung gesagt: durch vieles Tragen zum Teil zerrissen*⟩ zerlumpt · zerrissen · in Lumpen ♦ *umg:* zerfetzt · abgelumpt · kodderig (*landsch*); → *auch* abgetragen – **2.** → abgelaufen (1)
Abgesandte, der: der Delegierte · Emissär · der Gesandte; → *auch* Abgeordnete
abgeschabt: → abgetragen
abgeschieden: 1. → einsam (1) – **2.** → abgelegen – **3.** → tot (1)
Abgeschiedene, der: → Verstorbene
Abgeschiedenheit, die: → Einsamkeit (1)
abgeschlossen: 1. → verschlossen (1) – **2.** → erledigt (1, a)
abgeschmackt: → geschmacklos (1)
Abgeschmacktheit, die: → Geschmacklosigkeit (1)
abgesehen: a. |von|: → außer (1); a. sein |auf|: → abzielen; es a. haben |auf|: → ausgehen (8)
abgesondert: 1. → einzeln – **2.** → einsam (1) – **3.** → isoliert
abgespannt: → erschöpft (1)
Abgespanntheit, die: → Erschöpfung
abgesperrt: → verschlossen (1)
abgespielt: → abgedroschen (2)
abgestanden: → schal (1)
abgestorben: → unempfindlich (1)
abgestoßen: → abgetragen
abgestumpft: 1. → stumpf (1) – **2.** → gefühllos (1) – **3.** → stumpfsinnig (1)
abgetakelt: → ausgedient (1)
abgetan: → erledigt (1, a)
abgetragen: schäbig · abgeschabt · abgewetzt · abgestoßen · verschlissen · zerschlissen · fadenscheinig · altersblank; schleißig (*süddt*); übertragen (*österr*) + glänzend · blank · dünn; → *auch* abgerissen (1), abgenutzt

abgetreten: 1. ⟨*durch Betreten abgenutzt*⟩ abgelaufen · ausgetreten · abgewetzt ♦ *salopp:* abgelatscht; → *auch* abgenutzt – **2.** → abgelaufen (1)
abgetrieben: → erschöpft (1)
abgewetzt: 1. → abgetragen – **2.** → abgetreten (1)
abgewinnen: 1. ⟨*durch Spielen Geld von jmdm. erlangen*⟩ abnehmen ♦ *umg:* erleichtern |um| ♦ *salopp:* abknöpfen · abzapfen – **2.** → abzwingen (1) – **3.** → ablisten (1) – **4.** Geschmack/Gefallen/einen Reiz a. |einer Sache|: → mögen
abgewöhnen: 1. ⟨*durch erzieher. Einwirkung beseitigen*⟩ aberziehen + entwöhnen ♦ *umg:* austreiben – **2.** sich a.: ⟨*bei sich beseitigen*⟩ aufgeben · aufhören · ablassen |von|; → *auch* verzichten
abgewohnt: → verwohnt
Abgewöhnung, die: → Entwöhnung
abgezählt: passend
abgezehrt: → abgemagert
abgezogen: → abstrakt
¹abgieren: → ablisten (1)
²abgieren: → ²abweichen (1, b)
abgießen: 1. ⟨*einen Teil weggießen*⟩ abschütten – **2.** → weggießen – **3.** → nachbilden – **4.** das Kartoffelwasser a.: → austreten (1)
Abglanz, der: → Widerschein
abgleichen: → einebnen
abgleiten: 1. ⟨*aus der Bahn kommen*⟩ [ab]rutschen – **2.** ⟨*sich gleitend nach unten bewegen*⟩ hinuntergleiten · hinabgleiten · hinunterrutschen · hinabrutschen – **3.** → verkommen (1) – **4.** → abschweifen (1)
Abgott, der: **1.** ⟨*als falsch aufgefasster Gott*⟩ Götze · Idol; → *auch* Götzenbild – **2.** ⟨*überschwänglich verehrter Mensch*⟩ Idol · Gott · Halbgott · Lichtgestalt ♦ *umg:* Schwarm
Abgötterei, die: → Götzendienst
abgöttisch: → sehr
abgraben: das Wasser a.: → ruinieren (I, 1)
abgrämen, sich: → sorgen (II)
abgrasen: 1. → abfressen – **2.** → absuchen (2)
abgrenzen: I. abgrenzen: → begrenzen (1) – **II.** abgrenzen, sich: → distanzieren (II)
Abgrenzung, die: → Grenze (1, a)
Abgrund, der: **1.** → Schlucht – **2.** → Verderben (1) – **3.** in den A. führen: → ruinieren (I, 1); in den A. reißen: → Unglück (3)

abgründig

abgründig: 1. → abgrundtief – **2.** → geheimnisvoll (1)
abgrundtief: grundlos · bodenlos · abgründig · [klafter]tief
abgucken: 1. → absehen (1) – **2.** → abschreiben (I, 2)
Abguss, der: **1.** → Abfluss (2) – **2.** → Nachbildung (1 *u.* 2)
abhaben: → abbekommen (1)
abhacken: 1. → abschlagen (I, 1) – **2.** die Rübe a.: → enthaupten
abhagern: → abmagern
abhaken: 1. → anhaken (1) – **2.** → vergessen (3)
abhalftern: 1. → abzäumen – **2.** → kaltstellen
abhalten: 1. → abstrecken – **2.** → hindern – **3.** → fern (5) – **4.** → abwehren (1, b) – **5.** → verhindern – **6.** → veranstalten (1)
Abhaltung, die: **1.** → Verhinderung – **2.** → Veranstaltung (1)
abhandeln: 1. *abwert* ⟨*zu einem niedrigeren Preis kaufen* [*wollen*]⟩ abfeilschen · abschachern · abmarkten; → *auch* feilschen, kaufen (1) – **2.** → darlegen
abhanden: a. kommen: → verloren (4)
Abhandlung, die: **1.** ⟨*schriftl. Darlegung*⟩ Aufsatz · Artikel · Essay · Traktat · Beitrag · Arbeit + Feuilleton · Dissertation · Monographie; → *auch* Bericht (1) – **2.** → Untersuchung (1)
Abhang, der: **1.** ⟨*schräge Fläche im Gelände*⟩ Hang · Halde · Berg[ab]hang · Talhang · Abfall · Bergabfall · Steilhang · Absturz · Bergabsturz · Bergwand; Lehne · Berglehne (*landsch*); Rain (*süddt schweiz*); Gehänge (*österr*) ♦ *dicht*: Bergeshang · Bergeshalde; → *auch* Böschung, Gefälle (1) – **2.** → Böschung
¹abhängen: 1. ⟨*eine Verbindung unterbrechen*⟩ abkoppeln · abkuppeln – **2.** ⟨*von der Wand usw. entfernen*⟩ abnehmen · herunternehmen · abheben – **3.** → ablagern (1) – **4.** → auflegen (I, 2) – **5.** → faulenzen (1)
²abhängen: a. |von|: **1.** ⟨*durch etw. bestimmt sein*⟩ abhängig sein |von| · ankommen |auf| + untergeordnet sein – **2.** ⟨*ständig jmds. Unterstützung brauchen*⟩ angewiesen sein |auf| · am Tropf hängen
abhängig: 1. → unfrei (1) – **2.** a. |von|: ⟨*Bedingtheit aufweisend*⟩ bedingt |durch| · bestimmt |durch| – **3.** a. sein |von|: → ²abhängen (1)

Abhängigkeit, die: **1.** → Unfreiheit – **2.** → Bedingtheit
abhärmen, sich: → sorgen (II)
abhärten, sich: sich stählen · sich widerstandsfähig machen; → *auch* anpassen (II, 1)
abhaspeln: 1. → abrollen (1) – **2.** → aufsagen (1)
abhasten, sich: → abhetzen (II)
abhauen: 1. → abschlagen (I, 1), fällen (1) – **2.** → weggehen (1) – **3.** → entfliehen (1)
abhäuten: [ent]häuten · abziehen; abbalgen · [ab]schwarten (*fachspr*); [ab]streifen (*weidm*); ausbälgen (*süddt*) ♦ *umg:* [ab]pellen
abheben: I. abheben: **1.** ⟨*sich vom Konto auszahlen lassen*⟩ abholen; beheben (*österr*) + abbuchen – **2.** → ¹abhängen (2) + abbuchen – **3.** → eingebildet (3) – **4.** a. |von|: → unterscheiden (I) – **II.** abheben, sich: → abzeichnen (II, 1)
abheften: → ablegen (1)
abheilen: → verheilen
abhelfen: a. |einer Sache|: → bereinigen (1)
abhetzen: I. abhetzen: → ermüden (1) – **II.** abhetzen, sich: ⟨*sich bis zur Erschöpfung beeilen*⟩ sich abhasten · sich abjagen; → *auch* erschöpfen (II, 1), abmühen, sich, beeilen, sich
abheuern: 1. → ausscheiden (4) – **2.** → entlassen (2)
Abhilfe, die: A. schaffen: → helfen (2)
Abhitze, die: → Abwärme
abhobeln: abziehen; → *auch* glätten (1)
abhold: 1. → abgeneigt (1) – **2.** nicht a. sein: → mögen
abholen: 1. → holen (1) – **2.** → verhaften – **3.** → abheben (I, 1)
Abholpreis, der: Mitnahmepreis · Mitnehmepreis
abholzen: kahl schlagen · entwalden; abtreiben (*Forstw*); → *auch* fällen (1)
Abhöraktion, die: Lauschangriff · Horchaktion
abhorchen: 1. ⟨*durch Horchen erfahren od. lernen*⟩ abhören · erlauschen · erhorchen ♦ *gehoben*: ablauschen; → *auch* erlernen – **2.** → abhören (1)
abhören: 1. ⟨*mit dem Gehör ärztlich untersuchen*⟩ abhorchen; auskultieren (*med*) ♦ *umg*: behorchen; → *auch* untersuchen (2) – **2.** → abhorchen (1) – **3.** → abfragen
Abhub, der: → Abschaum

Ablage

abirren: 1. → ²abweichen (1, a) – **2.** → abschweifen (1) – **3.** → vergehen (II, 1)
Abirrung, die: → Abweichung (1)
Abitur, das: Reifeprüfung · Abiturprüfung · Maturitätsprüfung; Matur[um] · Matura (*österr schweiz*); Maturität (*schweiz*)
Abiturient, der: Maturant (*österr*); Maturand (*schweiz*)
Abiturprüfung, die: → Abitur
abjagen: I. abjagen: **1.** → ermüden (1) – **2.** → entreißen (1) – **II.** abjagen, sich: → abhetzen (II)
abjudizieren: → aberkennen
abkämmen: → absuchen (2)
abkanten: 1. → abschrägen – **2.** → abrunden (1)
Abkantung, die: → Abschrägung
abkanzeln: → zurechtweisen
Abkanzelung, die: → Zurechtweisung
abkapseln, sich: → absondern (II)
abkarten: → vereinbaren (1)
abkassieren: 1. → ¹kassieren – **2.** → abschöpfen (2)
abkauen: → abbeißen (1)
abkaufen: 1. ⟨*durch Kauf von jmdm. übernehmen*⟩ abnehmen; → *auch* kaufen (1) – **2.** → glauben (1)
Abkehr, die: → Abwendung (1)
¹abkehren: → abfegen
²abkehren: I. abkehren: → abwenden (I, 1) – **II.** abkehren, sich: **1.** → abwenden (II, 1) – **2.** sich a. |von|: → abwenden (II, 2)
abklappern: → ablaufen (1)
Abklatsch, der: → Nachbildung (2)
abklatschen: → nachbilden
abklavieren: sich an den [fünf] Fingern/sich am Arsch a.: → voraussehen
abklemmen: 1. → abtrennen (2) – **2.** → abbinden (1) – **3.** sich a.: → abquetschen (3, a)
abklieren: → abschreiben (I, 2)
abklingen: 1. → verklingen – **2.** → nachlassen (1)
abklopfen: 1. ⟨*durch Klopfen untersuchen*⟩ beklopfen; perkutieren (*med*) – **2.** → ausklopfen (1) – **3.** → ablösen (I, 1) – **4.** → ablaufen (1)
abknabbern: → abbeißen (1)
abknack[s]en: → abbrechen (1)
abknallen: 1. → erschießen (I), schießen (2) – **2.** → kampfunfähig (2)
abknappen: [sich] a.: → absparen
abknapsen: [sich] a.: → absparen
abkneifen: → abtrennen (1)

abknicken: → abbrechen (1), knicken (1)
abknipsen: → abtrennen (1)
abknöpfen: 1. → ablisten (1) – **2.** → abgewinnen (1)
abknutschen: → abküssen
abkochen: → entkeimen (1)
Abkochung, die: → Sud
abkommandieren: abziehen · abstellen
♦ *umg*: abschieben
Abkomme, der: → Nachkomme (1)
abkommen: 1. → ²abweichen (1, a) – **2.** → abtreiben (1) – **3.** → loskommen – **4.** → veralten – **5.** → abmagern – **6.** → abschweifen (1) – **7.** vom Kurs a.: **a)** → ²abweichen (1, a) – **b)** → abtreiben (1)
Abkommen, das: → Vertrag (1)
abkömmlich: → entbehrlich
Abkömmling, der: → Nachkomme (1)
abkoppeln: → ¹abhängen (1)
abkrageln: → ermorden
abkratzen: 1. → ablösen (I, 1) – **2.** → entfliehen (1) – **3.** → sterben (1)
Abkratzer, der: → Fußabtreter
abkriegen: 1. → abbekommen (1) – **2.** nichts a.: → leer (4); keinen a.: → sitzen (6, b)
abkühlen: I. abkühlen: **1.** → kühlen – **2.** → erkalten (1) – **II.** abkühlen, sich: **1.** ⟨*vom Wetter gesagt: einen Temperaturrückgang zeigen*⟩ kälter/kühler werden – **2.** → beruhigen (II, 1, a) – **3.** → verschlechtern (II)
abkündigen: → bekannt (5)
Abkündigung, die: → Bekanntmachung (1)
Abkunft, die: **1.** → Abstammung – **2.** von hoher A.: → adlig (1)
abkupfern: → abschreiben (I, 2)
abkuppeln: → ¹abhängen (1)
abkürzen: → verkürzen
Abkürzung, die: **1.** ⟨*das Kurzmachen*⟩ Verkürzung · Kürzung – **2.** ⟨*sprachl. Kürzung*⟩ Abbreviatur · Abbreviation + Kurzwort · Telegrammwort · Buchstabenwort
Abkürzungszeichen, das: → Sigel
abküssen: *umg*: abschmatzen (*landsch*) ♦ *salopp*: abknutschen; ablecken (*landsch*); → *auch* küssen
abladen: 1. ⟨*von einem Fahrzeug herunternehmen*⟩ ausladen – **2.** → entladen (I, 1) – **3.** a. |auf|: → aufbürden (1 u. 2)
Ablage, die: **1.** ⟨*Fach für Briefe, Dokumente*⟩ Ablagekorb; → *auch* Ordner (1) – **2.** → Garderobe (1) – **3.** → Zweigstelle

ablagern

ablagern: I. ablagern: **1.** ⟨*durch Liegen besser werden*⟩ abliegen (*landsch*) + abhängen; → *auch* reifen (1) – **2.** → anschwemmen – **II.** ablagern, sich: → niederschlagen (II)
Ablagerung, die: **1.** → Bodensatz – **2.** → Lagerung (1)
ablaktieren: → entwöhnen (1, a)
ablandig: → seewärts
¹Ablass, der: → Absolution (1)
²Ablass, der: → Abfluss (2)
ablassen: 1. ⟨*aus etw. herausfließen lassen*⟩ [her]auslassen · ablaufen/abfließen/entweichen/abgehen lassen – **2.** → abgeben (I, 2) – **3.** → verkaufen (I, 1) – **4.** → senken (I, 1) – **5.** a. |von|: **a)** → aufgeben (3) – **b)** → abgewöhnen (2) – **6.** nicht a. |von|: → festbleiben (1); Luft/Dampf a.: → aussprechen (II, 1)
Ablassrohr, das: → Abfluss (2)
ablatschen: 1. → ablaufen (2) – **2.** → abgehen (1) – **3.** an den Schuhsohlen abgelatscht haben: → wissen (1)
Ablauf, der: **1.** → Verlauf (2) – **2.** → Programm (1, a) – **3.** → Abfluss (1 *u.* 2) – **4.** → Start (1)
ablaufen: 1. ⟨*eine Gegend, Geschäfte absuchen*⟩ *umg*: belaufen ♦ *salopp*: abrennen · abklappern; abklopfen (*landsch*); → *auch* abgehen (1), absuchen (2) – **2.** ⟨*durch Laufen abnutzen*⟩ abtreten · durchtreten ♦ *salopp*: ablatschen; → *auch* abnutzen (I) – **3.** → verlaufen (I, 2) – **4.** → abfließen (1) – **5.** → abrollen (2) – **6.** → enden (1, b) – **7.** → verfallen (2) – **8.** → abgehen (1) – **9.** sich die Beine/Schuhsohlen/Hacken/Absätze a. |nach|: → suchen (1); sich die Beine/Schuhsohlen/Hacken/Absätze a.: → bemühen (II, 1); an den Schuhsohlen abgelaufen haben: → wissen (1); gut a.: → gelingen (1); schlecht a.: → misslingen; a. lassen: **a)** → ablassen (1) – **b)** → abweisen (1); den Rang a.: → überflügeln; – *vgl. auch* abgelaufen
Ablaufloch, das: → Abfluss (2)
Ablaufrinne, die: → Abfluss (2)
Ablaufrohr, das: → Abfluss (2)
ablauschen: → abhorchen (1)
ableben: → sterben (1)
Ableben, das: → Tod (1)
ablecken: 1. ⟨*durch Lecken aufnehmen*⟩ ablutschen; abschlecken (*landsch*) – **2.** → abküssen
Ablegemappe, die: → Ordner (1)

ablegen: 1. ⟨*zur Aufbewahrung in einem Ordner unterbringen*⟩ abheften · weglegen · zu den Akten legen – **2.** ⟨*sich einer Prüfung unterziehen*⟩ absolvieren ♦ *umg*: bauen · machen; → *auch* bestehen (2) – **3.** ⟨*nicht mehr anziehen*⟩ *umg*: ausrangieren – **4.** ⟨*vom Körper ziehen*⟩ abstreifen · abnehmen + abschnallen ♦ *umg*: abtun – **5.** ⟨*vom Ufer losmachen u. abfahren*⟩ abstoßen · absetzen; → *auch* hinausfahren (2) – **6.** → ausziehen (I, 4 *u.* II) – **7.** → absetzen (I, 1) – **8.** es a. |auf|: → ausgehen (8); Rechenschaft a.: → verantworten (II); die Beichte a.: → beichten (1); eine Beichte/ein Geständnis a.: → gestehen (1); ein Bekenntnis a.: → bekennen (I, 1); einen Beweis a. |für|: → beweisen (2); einen Eid/Schwur a.: → schwören (1); das Versprechen/ein Gelübde a.: → versprechen (I, 1); die sterbliche Hülle a.: → sterben (1); den alten Adam a.: → bessern (II, 1)
Ableger, der: → Senker, Schössling
Ablegung, die: Absolvierung; → *auch* Erledigung (1)
ablehnen: 1. ⟨*seine Nichtzustimmung ausdrücken*⟩ abschlagen · abschlägig bescheiden · zurückweisen · Nein sagen · mit Nein [be]antworten · verneinen · verwerfen · dagegen sein · sich verschließen |vor| · sich weigern ♦ *umg*: sauer reagieren |auf| · nichts wissen wollen |von| · abschmettern ♦ *salopp*: was pfeifen/pusten/prusten/blasen/husten ♦ *derb*: was scheißen; → *auch* abweichen (1), auspfeifen, verweigern (1), protestieren, missbilligen – **2.** ⟨*nicht haben wollen*⟩ ausschlagen · verschmähen · nicht annehmen · zurückweisen · von sich weisen; danken (*auch iron*) ♦ *umg*: keinen Geschmack finden |an| · sich nichts machen |aus| · jmdm. gestohlen bleiben können
ablehnend: 1. ⟨*eine Absage enthaltend od. erteilend*⟩ abschlägig · negativ – **2.** → abfällig (1)
Ablehnung, die: Absage · Nein · Weigerung · Verweigerung · Zurückweisung · Abweisung · Abwehr; Bestemm (*österr*); → *auch* Missbilligung (1), Einspruch (1)
ableiern: 1. → aufsagen (1) – **2.** → abbeten (1)
ableisten: absolvieren · abdienen (*veraltend*) ♦ *gehoben*: abgelten; → *auch* erledigen (1)

30

ableiten: I. ableiten: **1.** → ablenken (I, 1) – **2.** a. |von/aus|: → herleiten (I) – **II.** ableiten, sich: sich a. |von|: → abstammen
Ableitung, die: **1.** → Folgerung (1) – **2.** → Herleitung
ablenken: I. ablenken: **1.** ⟨*in eine andere Richtung bringen*⟩ ableiten · abbringen; brechen · beugen (*Phys*); abfälschen (*Sport*); → *auch* abbiegen (1), ²abweichen (1, b) – **2.** ⟨*jmds. Gedanken in andere Bahnen lenken*⟩ abbringen · abziehen · abführen · zerstreuen · auf andere Gedanken bringen – **3.** → verwirren (2) – **4.** → abwehren (1, b) – **II.** ablenken, sich: **1.** ⟨*seinen Kummer durch etw. zu unterdrücken suchen*⟩ sich betäuben |mit| – **2.** ⟨*sich zur Erholung mit etw. anderem beschäftigen*⟩ sich zerstreuen + sich die Zeit vertreiben
Ablenkung, die: **1.** → Brechung – **2.** → Zeitvertreib (1)
ablernen: → absehen (1)
ablesen: 1. → absuchen (1) – **2.** → vorlesen – **3.** von den Augen/Lippen/vom Gesicht a.: → erraten (1)
ableuchten: → absuchen (3)
ableugnen: → leugnen (1), bestreiten (1)
ablichten: → kopieren (1)
Ablichtung, die: → Fotokopie
abliefern: 1. ⟨*in Bezug auf Geldbeträge: an die zuständige Stelle od. Person übergeben*⟩ abführen + einzahlen – **2.** → abgeben (I, 1)
Ablieferung, die: **1.** → Abgabe (1) – **2.** zur A. bringen: → abgeben (I, 1)
abliegen: → ablagern (I, 1)
ablisten: 1. ⟨*durch List in Besitz bringen*⟩ erlisten · abschwindeln · ablocken ♦ *gehoben*: abgewinnen ♦ *umg*: abgaunern · abluchsen · abknöpfen · ablotsen ♦ *salopp*: abgieren (*landsch*); → *auch* abbetteln – **2.** → abzwingen (1)
ablocken: → ablisten (1)
ablöschen: → tilgen (3)
Ablöse, die: → Abfindung
ablösen: I. ablösen: **1.** ⟨*von einer Unterlage trennen*⟩ loslösen · abstreifen + abweichen · abkratzen · abschaben · abklopfen · absprengen ♦ *umg*: abmachen · losmachen; → *auch* abbrechen (1), abschlagen (I, 1), abschütteln (1) – **2.** → tilgen (1) – **II.** ablösen, sich: **1.** ⟨*sich von etw. lösen*⟩ sich lösen · abgehen · abfallen · abplatzen · abspringen · abbröckeln · bröckeln |von| · abblättern · blättern |von| · absplittern · sich abschälen ·

sich abschuppen · schuppen |von| · abschelfern · schelfern |von| · abschilfern · schilfern |von| · schiefern |von| ♦ *umg*: losgehen + abfaulen · abweichen; → *auch* loslösen (II) – **2.** ⟨*eine Tätigkeit wechselweise ausführen*⟩ alternieren · sich abwechseln · miteinander wechseln
Ablösung, die: **1.** ⟨*das Entfernen von einer Unterlage*⟩ Loslösung · Abtrennung · Lostrennung · Abspaltung – **2.** ⟨*Wechsel zwischen zweien*⟩ Alternation · Alternanz · Wechsel · Abwechslung – **3.** → Tilgung
ablotsen: → ablisten (1)
abluchsen: 1. → absehen (1) – **2.** → ablisten (1)
ablutschen: → ablecken (1)
abmachen: 1. → ablösen (I, 1) – **2.** → losbinden – **3.** → abmontieren – **4.** → entfernen (I, 1) – **5.** → erledigen (1) – **6.** → vereinbaren (1)
Abmachung, die: **1.** → Vereinbarung (1) – **2.** eine A. treffen: → vereinbaren (1)
abmagern: abnehmen · abzehren · auszehren · dünner/mager werden · vom Fleische fallen; atrophieren (*med*); zusammenfallen · abhagern · abfallen · abkommen (*landsch*) + einfallen
Abmagerung, die: Abzehrung · Auszehrung; Kachexie · Atrophie · Konsum[p]tion (*med*); → *auch* Magerkeit
Abmagerungskur, die: → Entfettungskur
abmähen: → ¹mähen (1)
abmahnen: 1. → abraten – **2.** → mahnen (1)
Abmahnung, die: → Mahnung (1)
abmalen: → abzeichnen (I, 1)
abmarachen, sich: → abmühen, sich
abmarkten: → abhandeln (1)
Abmarsch, der: → Abzug (1)
abmarschieren: abrücken · abziehen · wegmarschieren · wegziehen · fortziehen · davonziehen · fortmarschieren · losmarschieren · sich in Marsch setzen
abmartern, sich: → abmühen, sich
abmatten: → ermüden (1)
abmeißeln: → abschlagen (I, 1)
abmelden: I. abmelden: → abbestellen – **II.** abmelden, sich: → ausscheiden (3)
Abmelkbetrieb, der: → Milchwirtschaft (1)
Abmelkwirtschaft, die: → Milchwirtschaft (1)
abmerken: 1. → anmerken (1) – **2.** → absehen (1)

abmessen

abmessen: messen; dimensionieren · abschnüren (*fachspr*); abzollen (*landsch*) + abschreiten ♦ *umg*: abzirkeln; → *auch* ausmessen

Abmessung, die: → Maß (1)

abmieten: → ²mieten

abmildern: 1. → mildern (1) – **2.** → entschärfen (1)

abmindern: → vermindern (I)

abmontieren: abschrauben ♦ *umg*: abmachen

abmüden: I. abmüden: → ermüden (1) – **II.** abmüden, sich: → abmühen, sich

abmühen, sich: sich mühen · sich abarbeiten · sich [ab]plagen · sich [ab]quälen · sich abmartern · sich zerarbeiten · sich müde arbeiten · Schweiß vergießen; sich abschaffen (*landsch*) ♦ *gehoben*: sich abmüden ♦ *umg*: sich abschleppen · es sich sauer werden lassen · herumkrebsen · an einem harten Brocken kauen · sich [ab]placken · sich abrackern; sich abäschern (*landsch*) ♦ *salopp*: knüppeln · ackern · asten · sich abasten · sich abstrampeln · sich [ab]schinden · sich abschuften; sich abmarachen (*landsch*); → *auch* anstrengen (II, 1), erschöpfen (II, 1), abhetzen (II), schuften, bemühen (II, 1)

abmurksen: → töten (I, 1)

abmustern: 1. → ausscheiden (4) – **2.** → entlassen (2)

abnabeln: → abbinden (1)

abnagen: → abbeißen (1)

Abnahme, die: **1.** → Verringerung – **2.** → Kauf (1) – **3.** → Amputation

abnehmen: 1. ⟨*in Bezug auf die Kopfbedeckung: vom Kopf nehmen*⟩ absetzen · ziehen ♦ *umg*: abziehen – **2.** → ¹abhängen (2) – **3.** → ablegen (4) – **4.** → abmagern – **5.** → vermindern (II) – **6.** → nachlassen (1) – **7.** → beschlagnahmen – **8.** → abgewinnen (1) – **9.** → rauben (1) – **10.** → abkaufen (1) – **11.** → pflücken – **12.** → amputieren – **13.** → glauben (1) – **14.** Blut a.: → schröpfen (1); Arbeit a.: → entlasten (1)

abnehmend: → schwindend

Abnehmer, der: → Käufer

Abneigung, die: Antipathie · Aversion + Ressentiment; → *auch* Abscheu (1), Widerwille

abnibbeln: → sterben (1)

abnicken: 1. → töten (I, 2) – **2.** → billigen (1)

abnorm: 1. ⟨*[krankhaft] vom Normalen abweichend*⟩ ano[r]mal · unnormal · abartig;

abnormal (*bes. österr schweiz*); → *auch* widernatürlich, verrückt (1) – **2.** → ungewöhnlich

abnormal: 1. → abnorm (1) – **2.** → ungewöhnlich

Abnormität, die: Anomalie · Abartigkeit

abnötigen: → abzwingen (1)

abnutzen / abnützen: I. abnutzen / abnützen: ⟨*durch Benutzung allmählich verbrauchen*⟩ verschleißen · abschleißen · zerschleißen · durchscheuern · abscheuern · abstoßen · durchstoßen · durchsitzen + abfahren ♦ *umg*: strapazieren; abwetzen · durchwetzen (*landsch*); → *auch* ablaufen (2), abtragen (1) – **II.** abnutzen / abnützen, sich: ⟨*sich durch Benutzung allmählich verbrauchen*⟩ sich abbrauchen · sich abreiben / sich abscheuern · sich durchscheuern + sich abschreiben ♦ *umg*: ausdienen

Abnutzung / Abnützung, die: Verschleiß · Abrieb

Abonnement, das: → Anrecht (1)

Abonnent, der: → Bezieher

abonnieren: 1. → bestellen (1) – **2.** abonniert haben / sein | auf |: → beziehen (I, 1)

abordnen: → delegieren

Abordnung, die: **1.** → Delegierung – **2.** → Delegation

¹Abort, der: → Toilette (1)

²Abort, der: **1.** → Fehlgeburt (1) – **2.** einen A. haben: → Fehlgeburt (2)

abortieren: → Fehlgeburt (2)

Abortus, der: → Fehlgeburt (1)

abpacken: → verpacken (1)

abpassen: 1. → abwarten (1) – **2.** → abfangen (1)

abpatrouillieren: → abgehen (1)

abpausen: → durchzeichnen

abpellen: 1. → abhäuten – **2.** → schälen (I)

abpfählen: → begrenzen (1)

abpflöcken: → begrenzen (1)

abpflücken: → pflücken

abpinnen: → abschreiben (I, 2)

abplacken, sich: → abmühen, sich

abplagen, sich: → abmühen, sich

abplatzen: → ablösen (II, 1)

abprallen: → zurückprallen (1)

abpressen: 1. → abzwingen (1) – **2.** das Herz a.: → bedrücken (1)

abprotzen: → austreten (2)

abpusten: → abblasen (1)

abputzen: 1. → reinigen (1) – **2.** → verputzen (1) – **3.** → zurechtweisen

abrunden

Abputzer, der: → Tadel (1), Zurechtweisung

abquälen: I. abquälen: sich a.: → abzwingen (2) – **II.** abquälen, sich: → abmühen, sich

abquetschen: 1. → abtrennen (2) – **2.** → abzwingen (1) – **3.** sich a.: **a)** ⟨*bei einem Unfall durch Druckeinwirkung einen Körperteil einbüßen*⟩ sich abklemmen – **b)** → abzwingen (2)

abquirlen: → verrühren

abrackern, sich: → abmühen, sich

abradieren: → ausradieren (1)

Abraham: wie in Abrahams Schoß: → geborgen (1)

abrahmen: 1. → absahnen (1) – **2.** → abschöpfen (2)

abraten: abreden · widerraten ♦ *gehoben*: abmahnen

Abraum, der: → Abfall (I, 1)

abräumen: 1. ⟨*eine Fläche von Dingen leeren*⟩ frei machen · räumen; beräumen (*fachspr*); → *auch* wegräumen (1) – **2.** → abdecken (1)

abrauschen: → weggehen (1)

abreagieren: I. abreagieren: a. ⎢an⎢: → auslassen (I, 4) – **II.** abreagieren, sich: → beruhigen (II, 1, a)

abrechnen: 1. ⟨*rechnerisch abschließen*⟩ die Rechnung aufmachen · die Schlussrechnung/Rechnung aufstellen · die Bilanz aufstellen/ziehen · Bilanz machen · bilanzieren – **2.** → abziehen (2) – **3.** → absehen (4, a) – **4.** a. ⎢mit⎢: → belangen (1)

Abrechnung, die: **1.** → Bilanz (1) – **2.** → Abzug (2) – **3.** → Vergeltung (1) – **4.** in A. bringen: → abziehen (2); A. halten ⎢mit⎢: → belangen (1)

Abrede, die: **1.** → Vereinbarung (1) – **2.** in A. stellen: → leugnen (1)

abreden: 1. → abraten – **2.** → vereinbaren (1)

abregen, sich: → beruhigen (II, 1, a)

abreiben: I. abreiben: **1.** ⟨*massierend bearbeiten*⟩ [ab]frottieren · reiben ♦ *umg*: [ab]schrubben · abrubbeln · abrumpeln (*landsch*); → *auch* massieren – **2.** → abtrocknen (I, 1) – **3.** → abwischen (1) – **4.** → reinigen (1) – **5.** → verrühren – **II.** abreiben, sich: **1.** ⟨*sich massierend bearbeiten*⟩ [ab]frottieren · sich [ab]rubbeln ♦ *umg*: sich [ab]rubbeln · sich abrumpeln (*landsch*) – **2.** → abnutzen (II)

Abreibung, die: **1.** → Zurechtweisung – **2.** → Prügel (II, 1)

Abreise, die: → Abfahrt (1, b)

abreisen: wegreisen · wegfahren · auf Reisen/die Reise gehen · die Koffer packen ♦ *gehoben*: sich auf die Reise/den Weg begeben · scheiden ♦ *umg*: sich auf den Weg/die Reise machen · sein Bündel schnüren/packen; → *auch* abfahren (1, b)

abreißen: 1. ⟨*durch Reißen von etw. trennen*⟩ losreißen · wegreißen · abzupfen + abtreten ♦ *umg*: abrupfen; → *auch* abtrennen (1) – **2.** → pflücken – **3.** → abbrechen (2) – **4.** → enden (1, b) – **5.** → verbüßen – **6.** die Maske a.: → entlarven (I)

abreiten: → wegreiten

abrennen: → ablaufen (1)

abrichten: → dressieren (1)

Abrichter, der: → Dresseur

Abrichtung, die: → Dressur

Abrieb, der: → Abnutzung

abriegeln: 1. → abschließen (I, 1) – **2.** → sperren (I, 1)

Abriegelung, die: → Absperrung (1)

abringen: 1. → abzwingen (1) – **2.** sich a.: → abzwingen (2)

abrinnen: → abfließen (1)

¹Abriss, der: → Abbruch (1)

²Abriss, der: **1.** → Überblick (1) – **2.** → Leitfaden (1)

abrollen: 1. ⟨*von einer Rolle usw. herunterrollen*⟩ abwickeln · abhaspeln · abspulen; → *auch* aufrollen (1) – **2.** ⟨*von selbst von einer Rolle usw. herunterrollen*⟩ ablaufen · abschnurren – **3.** → verlaufen (I, 2) – **4.** → abfahren (1, a)

abrubbeln: I. abrubbeln: **1.** → abtrocknen (I, 1) – **2.** → abreiben (I, 1) – **II.** abrubbeln, sich: **1.** → abtrocknen (II) – **2.** → abreiben (II, 1)

abrücken: 1. ⟨*ein wenig von der Stelle schieben*⟩ [beiseite] rücken · [beiseite] schieben · zur Seite schieben/rücken · wegrücken · wegschieben · abschieben – **2.** → abmarschieren – **3.** → weggehen (1) – **4.** → entfliehen (1) – **5.** → distanzieren (II)

Abruf, der: → Abberufung (1)

abrufen: 1. → wegrufen – **2.** → abberufen (1)

abrühren: → verrühren

abrumpeln: I. abrumpeln: **1.** → abtrocknen (I, 1) – **2.** → abreiben (I, 1) – **II.** abrumpeln, sich: **1.** → abtrocknen (II) – **2.** → abreiben (II, 1)

abrunden: 1. ⟨*Kanten beseitigen*⟩ runden ·

33

abrupfen

rund machen · abkanten; → *auch* abschrägen, glätten (1) – **2.** ⟨*auf die nächstniedere Zehner- od. Fünferzahl bringen*⟩ runden; → *auch* aufrunden – **3.** ⟨*Terrain durch Erweiterung vereinheitlichen*⟩ arrondieren · zusammenlegen; kommassieren (*fachspr*) – **4.** → vervollkommnen (I) – **5.** nach oben a.: → aufrunden
abrupfen: 1. → abreißen (1) – **2.** → pflücken
abrupt: → plötzlich (1)
abrüsten: 1. ⟨*die Streitkräfte u. ihre Ausrüstung verringern*⟩ demilitarisieren + demobilisieren · entmilitarisieren – **2.** ⟨*die Masten usw. eines Schiffes entfernen*⟩ abtakeln
Abrüstung, die: + Demobilisierung · Demobilisation · Demobilmachung · Entmilitarisierung
abrutschen: → abgleiten (1)
absäbeln: → abschneiden (1)
absacken: 1. → abfallen (1) – **2.** → sinken (1) – **3.** → senken (II)
Absage, die: → Ablehnung
absagen: 1. ⟨*nicht stattfinden lassen*⟩ *umg*: abblasen – **2.** ⟨*eine Zusage, Einladung rückgängig machen*⟩ abschreiben · abtelefonieren + canceln; → *auch* abbestellen – **3.** → lossagen, sich
absägen: 1. ⟨*mit einer Säge abtrennen*⟩ abschneiden (*fachspr*); → *auch* abtrennen (1) – **2.** → absetzen (I, 2), degradieren – **3.** den Ast a., auf dem man sitzt: → schaden (3)
absahnen: 1. ⟨*Sahne abnehmen*⟩ entrahmen · entsahnen · abrahmen · den Rahm / die Sahne abschöpfen; → *auch* abschöpfen (1) – **2.** → abschöpfen (2)
absämen: → andicken
absammeln: → absuchen (1)
Absatz, der: **1.** ⟨*Teil des Schuhs*⟩ Hacke[n] + Stöckel · Keilabsatz · Blockabsatz · Pfennigabsatz – **2.** ⟨*hervorstehende Fläche an einem Berg*⟩ Vorsprung – **3.** → Treppenabsatz – **4.** → Abschnitt (2) – **5.** → Verkauf (1) – **6.** → Bodensatz – **7.** sich die Absätze ablaufen / schief laufen: → bemühen (II, 1); sich die Absätze ablaufen ⌐nach⌐: → suchen (1); in Absätzen: → stockend; auf dem A. kehrtmachen: → umdrehen (II)
Absatzflaute, die: → Umsatzrückgang
Absatzforschung, die: → Marktforschung
Absatzgebiet, das: → Markt (2)
Absatzgestein, das: → Sedimentgestein
Absatzmarkt, der: → Markt (2)

absaufen: → sinken (1)
absausen: → abfahren (1, a u. b)
abschaben: → ablösen (I, 1)
abschachern: → abhandeln (1)
abschaffen: I. abschaffen: → beseitigen (1) – **II.** abschaffen, sich: → abmühen, sich
Abschaffung, die: → Beseitigung
abschälen: I. abschälen: → schälen (I) – **II.** abschälen, sich: → ablösen (II, 1)
abschalten: 1. → abstellen (1), ausschalten (1) – **2.** → entspannen (II, 1)
abschatten: → abschattieren
abschattieren: abschatten · abtönen · abstufen · schattieren · nuancieren
Abschattierung, die: Abschattung · Abtönung · Abstufung · Schattierung · Nuancierung
Abschattung, die: → Abschattierung
abschätzen: → schätzen (1)
abschätzig: → geringschätzig, abfällig (1)
Abschätzung, die: → Schätzung (1)
abschauen: → absehen (1)
Abschaum, der: Auswurf · Abhub; → *auch* Gesindel
abschäumen: → abschöpfen (1)
abscheiden: 1. → ausscheiden (1) – **2.** → sterben (1)
Abscheidung, die: → Ausscheidung (1)
abschelfern: → ablösen (II, 1)
abscheren: → abschneiden (1)
Abscheu, der: **1.** ⟨*starker Widerwille*⟩ Grauen · Gräuel · Schauder · Horror · Schauer; → *auch* Abneigung, Widerwille – **2.** → Widerwille – **3.** A. erregen: → anwidern; A. empfinden / hegen, von A. ergriffen sein: → verabscheuen; A. erregend: **a)** → abscheulich (1) – **b)** → verwerflich – **c)** → ekelhaft (1)
abscheuern: I. abscheuern: → abnutzen (I) – **II.** abscheuern, sich: → abnutzen (II)
abscheulich: 1. ⟨*durch sein Tun bzw. Wesen Widerwillen erregend*⟩ Abscheu erregend · widerwärtig · gräulich · grässlich · scheußlich · schauderhaft · schandbar · ekelhaft · widerlich; schauderbar (*scherzh*) ♦ *umg*: schauderös (*scherzh*); fies (*abwert*) → *auch* gemein (1), Entsetzen (2) – **2.** → verwerflich – **3.** → ekelhaft (1) – **4.** → sehr – **5.** → unfreundlich (1)
Abscheulichkeit, die: **1.** ⟨*etw. Abscheu Erregendes*⟩ Grässlichkeit · Fratzenhaftigkeit – **2.** → Gemeinheit
abschicken: absenden · wegschicken · fort-

schicken · fortsenden · expedieren · abgehen lassen; → *auch* schicken (I, 1), aufgeben (1)

Abschiebehäftling, der: → Schübling

abschieben: 1. → abrücken (1) – **2.** → kaltstellen – **3.** → ausweisen (I, 1) – **4.** → abkommandieren – **5.** → weggehen (1) – **6.** → abwälzen (2)

Abschiebung, die: → Ausweisung

Abschied, der: **1.** ⟨*das Auseinandergehen*⟩ Weggang · Trennung ◆ *gehoben*: Lebewohl · das Scheiden – **2.** → Entlassung (2) – **3.** A. nehmen: → verabschieden (II, 1); den/ seinen A. nehmen: → zurücktreten (1); den A. geben: → entlassen (2)

Abschiedsessen, das: Abschiedsmahl; Henkersmahl[zeit] (*scherzh*)

Abschiedsmahl, das: → Abschiedsessen

abschießen: 1. ⟨*durch einen Schuss von etw. abtrennen*⟩ wegschießen – **2.** ⟨*einen fliegenden Flugkörper zerstören*⟩ *umg*: herunterholen – **3.** → kampfunfähig (2) – **4.** → abdrücken (1) – **5.** → schießen (2) – **6.** → kaltstellen – **7.** → weggehen (1) – **8.** den Vogel a.: → überflügeln; zum Abschießen: → unsympathisch

abschilfern: → ablösen (II, 1)

abschinden: I. abschinden, sich: → abschürfen – **II.** abschinden, sich: → abmühen, sich

abschirmen: 1. → verdunkeln (I, 2) – **2.** → schützen (I, 1) – **3.** → mildern (1)

Abschirmung, die: → Schutz (1)

abschirren: → abzäumen

abschlachten: 1. → schlachten – **2.** → töten (I, 1)

Abschlachtung, die: **1.** → Tötung – **2.** → Blutbad

Abschlag, der: **1.** → Teilzahlung (1) – **2.** → Preissenkung – **3.** → Abstoß – **4.** auf A. kaufen: → Teilzahlung (2)

abschlagen: I. abschlagen: **1.** ⟨*durch Schlagen abtrennen*⟩ abhauen · abhacken; abschroten (*fachspr*) + abspalten · abstoßen · abmeißeln · abstemmen; → *auch* abtrennen (1), ablösen (I, 1), fällen (1) – **2.** → fällen (1) – **3.** → abwehren (1, a) – **4.** → abbrechen (2) – **5.** → ablehnen (1) – **6.** das Wasser a.: → austreten (1); den Kopf a.: → enthaupten – **II.** abschlagen, sich: → niederschlagen (II)

abschlägig: 1. ablehnend (1) – **2.** a. bescheiden: → ablehnen (1)

Abschlagszahlung, die: → Teilzahlung (1)

abschlecken: → ablecken (1)

abschleißen: → abnutzen (I)

abschleppen: I. abschleppen: → wegbringen – **II.** abschleppen, sich: → abmühen, sich

abschleudern: → abwerfen (1)

abschließen: I. abschließen: **1.** ⟨*den Verschluss einer Tür betätigen*⟩ [zu]schließen · verschließen · abriegeln · verriegeln · zuriegeln · den Riegel/das Schloss vorlegen · den Riegel vorschieben; absperren · zusperren · versperren (*landsch*) ◆ *umg*: zumachen · den Riegel/das Schloss vormachen – **2.** → wegschließen – **3.** → beenden (1), vollenden (I, 1) – **4.** → absondern (I, 1) – **5.** → sperren (I, 1) – **6.** → enden (1, a u. b) – **7.** → vereinbaren (1) – **8.** gut/erfolgreich a.: → bestehen (2); eine Wette a.: → wetten – **II.** abschließen, sich: → absondern (II)

abschließend: zum Abschluss/Schluss

Abschließung, die: **1.** → Absonderung (1) – **2.** → Absperrung (1)

Abschluss, der: **1.** → Ende (1, a u. b) – **2.** → Vereinbarung (1) – **3.** zum A.: → abschließend; zum A. bringen: → beenden (1); seinen A. finden, zum A. kommen/ gelangen: → enden (1, b)

Abschlusszeugnis, das: → Zeugnis (1)

abschmatzen: → abküssen

abschmecken: vorkosten

abschmeicheln: → abbetteln

abschmeißen: → abwerfen (1)

abschmelzen: → auftauen (1 u. 2)

abschmettern: → ablehnen (1)

abschmieren: 1. → ölen (1), einfetten (1) – **2.** → abschreiben (I, 1) – **3.** → abstürzen (1, b)

abschminken: sich a. können: → hoffnungslos (2)

abschnallen: 1. → losbinden – **2.** → ablegen (4)

abschnappen: 1. → abfangen (1) – **2.** → enden (1, b) – **3.** → sterben (1)

abschneiden: 1. ⟨*mit dem Messer od. dgl. abtrennen*⟩ schneiden · kupieren + abscheren ◆ *umg*: abschnippeln · abschnipseln; abschnitzeln · bitzeln (*landsch*) ◆ *salopp*: absäbeln · säbeln ∣ von ; → *auch* abtrennen (1), beschneiden (1) – **2.** → absägen (1) – **3.** → kürzen, verkürzen – **4.** → absondern (I, 1) – **5.** gut/erfolgreich a.: → bestehen (2); den Hals a.: → ruinieren (I, 1); den Lebensfaden a.: → töten (I, 1); das Wort a.: →

abschnippeln

unterbrechen (1); den Weg a.: → Weg (4); die Ehre a.: → verleumden (1); sich eine Scheibe a. können |von|: → Vorbild (2)
abschnippeln: → abschneiden (1)
abschnipseln: → abschneiden (1)
Abschnitt, der: **1.** ⟨*abtrennbarer Teil eines Papiers*⟩ Kupon · Talon + Zinsabschnitt – **2.** ⟨*Teil eines Textes*⟩ Absatz · Passus · Passage · Rubrik · Punkt + Artikel; → *auch* Kapitel (1), Spalte (1) – **3.** → Gegend (1) – **4.** → Segment – **5.** → Zeitraum – **6.** → Teil (1)
Abschnitzel, das: → Abfall (I, 1)
abschnitzeln: → abschneiden (1)
abschnüren: 1. → abbinden (1) – **2.** → abmessen – **3.** das Herz a.: → bedrücken (1)
abschnurren: 1. → abrollen (2) – **2.** → aufsagen (1)
abschöpfen: 1. ⟨*das Oberste einer Flüssigkeit entnehmen*⟩ abschäumen; → *auch* absahnen (1) – **2.** *umg* ⟨*sich das Beste selbst nehmen*⟩ das Fett / den Rahm / die Sahne abschöpfen ♦ *salopp*: absahnen · abrahmen · abkassieren – **3.** das Fett a.: → 2; den Rahm / die Sahne a.: **a)** → 2 – **b)** → absahnen (1)
abschotten: I. → absondern (I, 1) – **II.** abschotten, sich: → absondern (II)
abschrägen: schrägen · abdachen · abkanten; [ab]fasen (*fachspr*); → *auch* abrunden (1)
Abschrägung, die: Abdachung · Abkantung; Fase (*fachspr*)
abschrammen: 1. → weggehen (1) – **2.** → sterben (1) – **3.** sich a. → abschürfen
abschrauben: → abmontieren
abschrecken: 1. ⟨*durch Aufzeigen der Gefahr von etw. abhalten*⟩ zurückschrecken + ein Exempel statuieren; → *auch* hindern – **2.** → kühlen
abschreckend: 1. → hässlich (1) – **2.** → warnend
abschreiben: I. abschreiben: **1.** ⟨*eine Zweitschrift anfertigen*⟩ kopieren · ins Reine schreiben; abschmieren (*abwert*) + abtippen – **2.** ⟨[*in der Schule*] *unerlaubt von einem andern übernehmen*⟩ absehen ♦ *umg*: abgucken · abkupfern; [ab]spicken · abpinnen (*schülerspr*); abklieren (*landsch schülerspr*) – **3.** ⟨*von einer Summe abziehen*⟩ abbuchen · absetzen; → *auch* abziehen (2) – **4.** → absagen (2) – **5.** → aufgeben (3 u. 4) – **II.** abschreiben, sich: → abnutzen (II)

Abschreiber, der: → Nachahmer (1)
Abschreibung, die: → Tilgung
abschreiten: 1. → abgehen (1) – **2.** → abmessen
Abschrift, die: Kopie · Doppel · Zweitschrift · Duplikat · Duplum + Reinschrift · Mundum · Umschrift; → *auch* Durchschlag (1)
abschroten: → abschlagen (I, 1)
abschrubben: 1. → abreiben (I, 1) – **2.** → bürsten
Abschübling, der: → Schübling
abschuften, sich: → abmühen, sich
abschuppen, sich: → ablösen (II, 1)
abschürfen: sich a.: sich abstoßen ♦ *umg*: sich abschinden · sich abschrammen; → *auch* verletzen (1)
abschüssig: → steil (2)
Abschussliste, die: auf der A. stehen: → entlassen (3)
abschütteln: 1. ⟨*durch Schütteln ablösen*⟩ herunterschütteln · schütteln |von|; → *auch* ablösen (I, 1) – **2.** ⟨*sich von etw. Lästigem freimachen*⟩ *umg*: loswerden · sich vom Halse schaffen; → *auch* loskommen, entkommen (1) – **3.** die Fesseln / Ketten / die Knechtschaft / das Joch a.: → befreien (II, 2)
abschütten: 1. → abgießen (1) – **2.** das Kartoffelwasser a.: → austreten (1)
abschwächen: I. abschwächen: → mildern (1) – **II.** abschwächen, sich: → nachlassen (1)
abschwarten: → abhäuten
abschwatzen: → abbetteln
abschweifen: 1. ⟨*sich nicht auf etw. konzentrieren* [*können*]⟩ abkommen · abgleiten · abirren · abgehen · auf Abwege geraten / kommen · sich ins Weite verlieren · vom Hundertsten ins Tausendste kommen – **2.** nicht a.: ⟨*den Kern der Sache nicht aus den Augen verlieren*⟩ bei der Sache / beim Thema bleiben – **3.** → ²abweichen (1, a)
Abschweifung, die: → Exkurs
abschwellen: → nachlassen (1)
abschwemmen: abspülen · abtragen
abschwenden: → abbrennen (1)
abschwenken: → abbiegen (1)
abschwindeln: → ablisten (1)
abschwirren: 1. → wegfliegen – **2.** → weggehen (1)
abschwören: → lossagen, sich
Abschwung, der: → Rezession
absegeln: 1. → wegfliegen – **2.** → weggehen (1)

36

absegnen: → genehmigen (1), billigen (1)
absehbar: 1. → überschaubar (1) – **2.** in absehbarer Zeit: → bald (1)
absehen: 1. ⟨*durch Beobachten lernen*⟩ ablernen; abschauen (*landsch*) ♦ *gehoben:* abmerken ♦ *umg:* abgucken ♦ *salopp:* abluchsen – **2.** → abschreiben (I, 2) – **3.** → voraussehen – **4.** a. |von|: **a)** ⟨*bei einer Überlegung nicht berücksichtigen*⟩ außer Acht/unberücksichtigt lassen · vernachlässigen · hinwegsehen |über| · außen vor lassen · abstrahieren |von| · abrechnen; → *auch* auslassen (I, 1) – **b)** → unterlassen – **5.** es a. |auf|: → ausgehen (8); an der Nase/am Gesicht a.: → erraten (1)
Absehen, das: → Berechnung (2)
abseifen: I. abseifen: → reinigen (1) – **II.** abseifen, sich: → waschen (II)
abseihen: → durchsieben (I)
abseilen, sich: → entfliehen (1)
abseitig: → ausgefallen (1)
abseits: 1. ⟨*ein wenig entfernt von etw.*⟩ beiseite · seitab; → *auch* fern (1), abgelegen – **2.** a. stehen: → ausschließen (II, 1)
Abseits, das: ins A. stellen: → kaltstellen
absenden: → abschicken
Absender, der: ohne Angabe des Absenders: → anonym
absengen: → abbrennen (1)
absenken: I. absenken: → senken (I, 1) – **II.** absenken, sich: → senken (II)
Absenker, der: → Senker
absent: → abwesend (1)
abserbeln: → krank (2)
abservieren: 1. → abdecken (1) – **2.** → kaltstellen – **3.** → absetzen (I, 2) – **4.** → töten (I, 1), ermorden
absetzbar: → verkäuflich
Absetzbetrag, der: → Freibetrag
absetzen: I. absetzen: **1.** ⟨*auf eine Unterlage, den Boden stellen*⟩ abstellen · hinstellen · hinsetzen · niedersetzen · niederlegen · ablegen · auf den/zu Boden setzen – **2.** ⟨*aus einem Amt entfernen*⟩ von seinem Amt/seiner Funktion suspendieren/entbinden; stürzen (*Polit*) ♦ *gehoben:* seines/des Postens entheben · seines/des Amtes suspendieren/entheben/entsetzen/entbinden/entkleiden ♦ *umg:* kippen · abbauen ♦ *salopp:* absägen · abservieren; → *auch* abberufen (1), entlassen (2), entmachten, degradieren – **3.** → degradieren – **4.** → abnehmen (1) – **5.** → abwerfen (1) – **6.** →

anschwemmen – **7.** → ablegen (5) – **8.** → streichen (4) – **9.** → abschreiben (I, 3) – **10.** → verkaufen (I, 1) – **11.** → entwöhnen (1, b) – **12.** → amputieren – **II.** absetzen, sich: **1.** → fliehen (1), entfliehen (1) – **2.** → niederschlagen (II)
Absetzung, die: **1.** ⟨*Entlassung aus dem Amt*⟩ Dienstentlassung · Amtsentsetzung · Amtsenthebung; Sturz (*Polit*); → *auch* Abberufung (1), Entlassung (2), Degradierung – **2.** → Degradierung – **3.** → Amputation
absicheln: → ¹mähen
absichern: I. absichern: → schützen (I, 1) – **II.** absichern, sich: → schützen (II)
Absicht, die: **1.** ⟨*das Wollen*⟩ Vorsatz · Bestreben · Bestrebung · das Sichvornehmen · Intention; → *auch* Zweck (1), Ziel (3), ²Plan (1) – **2.** mit A.: → absichtlich; ohne A.: → absichtslos; die A. haben/hegen, sich mit der A. tragen: → beabsichtigen
absichtlich: vorsätzlich · beabsichtigt · intentional · intentionell · absichtsvoll · gezielt · willentlich · mutwillig · wissentlich · beflissen[tlich], geflissentlich · bewusst · bei [vollem] Verstand · mit Fleiß/Absicht/[vollem] Bewusstsein/[Wissen und] Willen ♦ *gehoben:* weislich ♦ *umg:* zufleiß (*süddt österr*); → *auch* bewusst (1)
absichtslos: vorsatzlos · ohne Absicht/Vorsatz/Vorbedacht; → *auch* versehentlich
absichtsvoll: → absichtlich
absickern: → abfließen (1)
absinken: 1. → sinken (1) – **2.** → senken (II) – **3.** → nachlassen (1)
absitzen: 1. → absteigen (2) – **2.** → verbüßen
absocken: → weggehen (1)
absolut: 1. ⟨*ohne Einschränkung herrschend*⟩ absolutistisch · autoritär · uneingeschränkt · unbeschränkt · unumschränkt · diktatorisch + totalitär · allgewaltig – **2.** → unbedingt (1) – **3.** → völlig (1)
Absolution, die (*Rel*): **1.** ⟨*Befreiung von Sünden*⟩ Sündenerlass · Lossprechung · Freisprechung · Ablass · Vergebung – **2.** A. erteilen: → absolvieren (1)
Absolutismus, der: → Alleinherrschaft
Absolutist, der: → Alleinherrscher
absolutistisch: → absolut (1)
Absolvent, der: → Prüfling
absolvieren: 1. Rel ⟨*von Sünden befreien*⟩ lossprechen · freisprechen · Absolution er-

37

Absolvierung

teilen · vergeben – **2.** → ableisten – **3.** → ablegen (2) – **4.** → erledigen (1)
Absolvierung, die: 1. → Ablegung – **2.** → Erledigung (1)
absonderlich: 1. → merkwürdig – **2.** → ungewöhnlich
Absonderlichkeit, die: 1. → Merkwürdigkeit – **2.** → Schrulle (1)
absondern: I. absondern: **1.** ⟨*von etw., jmdm. trennen*⟩ abschließen · isolieren · separieren · absperren · abschotten · abschneiden · abspalten · abteilen; sezernieren (*med*); → *auch* trennen (I, 1) – **2.** → ausscheiden (1) – **II.** absondern, sich: ⟨*sich von anderen getrennt halten*⟩ sich abschließen · sich isolieren · sich separieren · sich zurückziehen · sich verschließen · sich abschotten · sich mit einer Mauer umgeben · eine Mauer um sich errichten + im Elfenbeinturm leben · sich entziehen ◆ *umg:* sich abkapseln · sich einkapseln · sich einpuppen · sich einspinnen · sich einigeln · sich verbunkern · sich in sein Schneckenhaus/sich ins stille Kämmerchen/Kämmerlein zurückziehen + ausscheren; → *auch* ausschließen (II, 1), lossagen, sich
Absonderung, die: 1. ⟨*die Trennung von anderen*⟩ Abschließung · Isolierung · Isolation · Separation · Absperrung · Abtrennung – **2.** → Trennung (1) – **3.** → Ausscheidung (1)
absorbieren: 1. → aufsaugen (1) – **2.** → beanspruchen (2)
Absorption, die: → Aufsaugung
abspalten: I. abspalten: **1.** → abschlagen (I, 1) – **2.** → absondern (I, 1) – **II.** abspalten, sich: → loslösen (II)
Abspaltung, die: → Ablösung (1)
abspänen: → entwöhnen (1, b)
Abspann, der (*Fernsehen, Film*): Nachspann
abspannen: I. abspannen: **1.** → ausspannen (I, 1) – **2.** → entspannen (I, 1) – **II.** abspannen, sich: → entspannen (II, 1)
Abspannung, die: → Erschöpfung
absparen: [sich] a.: ersparen · [sich] abdarben · erübrigen · ergeizen · erhungern ◆ *umg:* [sich] abknappen · [sich] abknapsen · [sich] abzwacken; → *auch* sparen (1)
abspazieren: → weggehen (1)
abspecken: 1. → Entfettungskur (2) – **2.** → einschränken (II)
abspeisen: 1. → verpflegen (1) – **2.** → abfinden (I, 1)

abspenstig: a. machen: → weglocken
absperren: 1. → sperren (I, 1) – **2.** → abschließen (I, 1) – **3.** → absondern (I, 1) – **4.** → abstellen (1)
Absperrung, die: 1. ⟨*Verhinderung des Zugangs zu einer Örtlichkeit*⟩ Abschließung · Abriegelung · Blockierung + Blockade; → *auch* Einkreisung – **2.** ⟨*den Zutritt verhindernde Mannschaft*⟩ Kordon · Postenkette – **3.** → Sperre (1) – **4.** → Absonderung (1)
abspicken: → abschreiben (I, 2)
abspiegeln: → widerspiegeln (I)
Abspiel, das: → Zuspiel
abspielen: I. abspielen: → zuspielen (1) – **II.** abspielen, sich: → geschehen (1)
absplittern: I. absplittern: → ablösen (II, 1) – **II.** absplittern, sich: → loslösen (II)
Absprache, die: 1. → Vereinbarung (1) – **2.** eine A. treffen: → vereinbaren (1)
absprachegemäß: → verabredetermaßen
absprechen: 1. → vereinbaren (1) – **2.** → aberkennen
absprechend: → abfällig (1)
abspreizen: 1. → abstrecken – **2.** → abstützen
absprengen: → ablösen (I, 1)
abspringen: 1. ⟨*aus der Höhe springen*⟩ herabspringen · herunterspringen; aussteigen (*fliegerspr*) – **2.** → ablösen (II, 1). → ausscheiden (3) – **4.** → aufgeben (3) – **5.** → lossagen, sich
abspritzen: absprühen; → *auch* reinigen (1)
absprühen: → abspritzen
abspulen: 1. → abrollen (1) – **2.** → aufsagen (1)
abspülen: 1. → ausspülen (1) – **2.** → abschwemmen
abspüren: → anmerken (1)
abstammen: a. |von|: entstammen [her]stammen |von| · sich herleiten |von| · sich ableiten |von|
Abstammung, die: Abkunft · Herkunft · Geburt; Deszendenz (*fachspr*)
Abstammungstafel, die: → Stammbaum
Abstand, der: 1. ⟨*zeitliches Entferntsein*⟩ Zwischenzeit · Intervall · Pause · Zwischenraum · Distanz – **2.** → Entfernung (1) – **3.** → Abfindung – **4.** A. halten/wahren: → zurückhalten (II, 1); A. nehmen |von|: **a)** → unterlassen – **b)** → verzichten; mit A.: → weitaus; in gleichen Abständen auftretend: → periodisch
Abstandsgeld, das: → Abfindung

38

Abstandssumme, die: → Abfindung
Abstandszahlung, die: → Abfindung
abstatten: seinen Dank a.: → danken (1); [einen] Bericht a.: → berichten; seinen Glückwunsch/seine Glückwünsche a.: → beglückwünschen; einen Besuch a.: → besuchen
abstauben: 1. ⟨*Staub beseitigen*⟩ abbürsten · entstauben; abstäuben · fledern (*landsch*); → *auch* reinigen (1), abwischen (1) – **2.** → ausschimpfen – **3.** → stehlen (1)
abstäuben: 1. → abstauben (1) – **2.** → ausschimpfen
abstauen: → stauen
abstechen: 1. → schlachten – **2.** → abtrennen (1) – **3.** → abzeichnen (II, 1)
Abstecher, der: **1.** ⟨*kleinere Fahrt nach einem bestimmten Ziel*⟩ Trip ♦ *umg*: Spritztour · Spritzfahrt; Rutscher (*österr*) ♦ *salopp*: Rutsch; → *auch* Reise (1), Ausflug – **2.** → Exkurs
abstecken: 1. → begrenzen (1) – **2.** → markieren (1) – **3.** → festlegen (I, 1)
abstehen: a. |von|: → unterlassen
absteifen: → abstützen
Absteige, die: → Unterkunft (1)
absteigen: 1. ⟨*sich* [*kletternd*] *von einem Berg herunterbegeben*⟩ heruntersteigen · herabsteigen · hinuntersteigen · hinabsteigen · hinabklettern – **2.** ⟨*sich vom Pferd usw. herunterbegeben*⟩ absitzen – **3.** → aussteigen (2) – **4.** → einkehren (1)
Absteigequartier, das: → Unterkunft (1)
abstellen: 1. ⟨*die Zufuhr unterbrechen*⟩ abschalten · abdrehen · [ab]sperren · unterbrechen + ausdrehen; → *auch* ausschalten (1) – **2.** → ausschalten (1) – **3.** → absetzen (I, 1) – **4.** → unterstellen (I) – **5.** → parken – **6.** → abkommandieren – **7.** → beseitigen (1) – **8.** a. |auf|: → abstimmen (2)
Abstellgleis, das: aufs A. schieben: → kaltstellen
Abstellkammer, die: → Abstellraum
Abstellplatz, der: → Parkplatz
Abstellraum, der: Abstellkammer · Rumpelkammer + Besenkammer · Nebenraum
Abstellung, die: → Beseitigung
abstemmen: I. abstemmen: → abschlagen (I, 1) – **II.** abstemmen, sich: → abstoßen (II)
abstempeln: a. |als/zu|: → stempeln (1)
absterben: 1. ⟨*bes. von Gliedmaßen gesagt: gefühllos werden*⟩ einschlafen – **2.** → untergehen (2)

Abstieg, der: → Verfall (1)
abstillen: → entwöhnen (1, a)
abstimmen: 1. ⟨*durch Stimmabgabe seinen Willen bekunden*⟩ die/seine Stimme abgeben · votieren; → *auch* wählen (1), beschließen (1) – **2.** a. |auf/mit|: ⟨*einander anpassen*⟩ |mit| · in Einklang bringen |mit| · einstellen |auf| + abstellen |auf| · abtönen; → *auch* anpassen (I, 1) – **3.** zeitlich a.: ⟨*zeitlich aufeinander abstimmen*⟩ timen
Abstimmung, die: **1.** ⟨*Willensbekundung durch Abgabe der Stimme*⟩ Stimmabgabe · Votum · Wahlakt · Wahlgang; → *auch* Wahl (1) – **2.** → Anpassung – **3.** zeitliche A.: ⟨*zeitl. Koordinierung*⟩ Timing
abstinent: → enthaltsam (1)
Abstinent, der: → Abstinenzler
Abstinenz, die: → Enthaltsamkeit
Abstinenzler, der: enthaltsamer Mensch · Abstinent · Antialkoholiker · Alkoholgegner ♦ *umg*: Enthaltsamkeitsapostel (*scherzh*)
abstinken: → weggehen (1)
abstöbern: → absuchen (2)
abstoppen: → anhalten (I, 1 u. 2)
Abstoß, der (*Sport*): Abschlag + Abwurf
abstoßen: I. abstoßen: **1.** → ekeln (I), missfallen (2) – **2.** → ablegen (5) – **3.** → wegstoßen – **4.** → tilgen (1) – **5.** → verkaufen (I, 1), verschleudern (1) – **6.** → abnutzen (1) – **7.** → abschlagen (I, 1) – **8.** sich a.: → abschürfen – **II.** abstoßen, sich: ⟨*sich durch Stoßen entfernen*⟩ sich abdrücken · sich abstemmen
abstoßend: 1. → ekelhaft (1) – **2.** → hässlich (1)
abstottern: → abzahlen
abstrafen: → bestrafen
Abstrafung, die: → Bestrafung (1)
abstrahieren: a. |von|: → absehen (4, a)
abstrakt: gegenstandslos · abgezogen
Abstraktionsfähigkeit, die: → Denkvermögen
Abstraktionsvermögen, das: → Denkvermögen
abstrampeln, sich: → abmühen, sich
absträngen: → ausspannen (I, 1)
abstrecken: abspreizen · abhalten; → *auch* ausstrecken (I, 1)
abstreichen: 1. → abwischen (1) – **2.** → abtreten (1) – **3.** → absuchen (3) – **4.** → abziehen (2) – **5.** → wegfliegen
Abstreicher, der: → Fußabtreter

39

Abstreichgitter

Abstreichgitter, das: → Fußabtreter
abstreifen: 1. → ablösen (I, 1) – **2.** → abtreten (1) – **3.** → ablegen (4) – **4.** → absuchen (2) – **5.** → pflücken – **6.** → abhäuten – **7.** die Fesseln/Ketten/die Knechtschaft/das Joch a.: → befreien (II, 2)
abstreiten: 1. → bestreiten (1) – **2.** → leugnen (1)
Abstrich, der: **1.** → Abzug (2) – **2.** Abstriche machen: → nachgeben
abströmen: → abfließen (1)
abstrus: → verworren (1)
abstufen: 1. ⟨graduell unterscheiden⟩ nuancieren · staffeln; → auch einteilen (1) – **2.** → abschattieren
Abstufung, die: **1.** ⟨stufenweises Ineinanderübergehen⟩ Nuance · Übergang; Gradation (fachspr) – **2.** → Abschattierung
abstumpfen: 1. ⟨die Schneidfähigkeit verlieren⟩ stumpf werden – **2.** ⟨alle Feinfühligkeit verlieren⟩ gefühllos/gleichgültig werden
Abstumpfung, die: → Gefühllosigkeit (1)
Absturz, der: **1.** ⟨das Abstürzen eines Flugzeugs⟩ Crash – **2.** → Abhang (1) – **3.** → ¹Fall (1)
abstürzen: 1. ⟨aus der Höhe zur Erde fallen⟩ **a)** ⟨Personen⟩ herunterfallen · herunterstürzen ♦ gehoben: herabfallen · herabstürzen ♦ umg: herunterpurzeln (scherzh) ♦ salopp: herunterfliegen · heruntersausen; → auch fallen (1) – **b)** ⟨Flugzeuge⟩ herunterstürzen · niedergehen; abtrudeln · abschmieren · ins Trudeln kommen (fliegerspr) ♦ gehoben: herabstürzen ♦ salopp: heruntersausen – **2.** → abfallen (2)
abstutzen: → beschneiden (1)
abstützen: abfangen · verstreben · absteifen · versteifen; aussteifen; abspreizen (bergm)
absuchen: 1. ⟨suchend u. einsammelnd abnehmen⟩ ablesen · absammeln; → auch aufsammeln (1) – **2.** ⟨suchend abgehen⟩ auskämmen · abstreifen ♦ umg: abgrasen · abkämmen ♦ salopp: abstöbern; → auch durchsuchen, abgehen (1), ablaufen (1) – **3.** ⟨mit einer Lampe od. dgl. suchen⟩ ableuchten · abtasten · abstreichen
absühnen: → verbüßen (1)
absurd: → widersinnig (1)
Absurdität, die: → Widersinn (1)
Abszess, der: → Geschwür
abtakeln: → abrüsten (2)
abtanzen: → weggehen (1)

abtasten: 1. → befühlen – **2.** → absuchen (3)
abtauchen: → verschwinden (2)
abtauen: → auftauen (1 u. 2)
abtaxieren: → schätzen (1)
Abtei, die: → Kloster (1)
Abteil, das: Eisenbahnabteil · Zugabteil; Eisenbahncoupé · Coupé · Kupee (noch österr)
abteilen: 1. ⟨Wörter am Zeilenende trennen⟩ abtrennen – **2.** → aufteilen (1) – **3.** → absondern (I, 1)
Abteilkoffer, der: → Koffer (1)
Abteilung, die: **I.** Abteilung: **1.** ⟨die Trennung der Wörter am Zeilenende⟩ Abtrennung · Trennung · Silbentrennung – **2.** → Verschlag (1) – **II.** Abteilung: **1.** ⟨militärische Gruppe⟩ Kolonne · Verband · Einheit · Kommando · Peloton · Zug · Schar; → auch Gruppe (1) – **2.** ⟨Gruppe von Fahrzeugen⟩ Pulk · Kolonne · Verband – **3.** ⟨Teilbereich⟩ Sektion · Sparte · Rayon + Arbeitsstelle
Abteilungswand, die: → Scheidewand
abtelefonieren: → absagen (2)
abtippen: → abschreiben (I, 1)
abtischen: → abdecken (1)
abtönen: 1. → abschattieren – **2.** → abstimmen (2)
Abtönung, die: → Abschattierung
abtöten: 1. → vernichten (1, c) – **2.** → unterdrücken (2)
Abtötung, die: → Tötung
Abtrag, der: **1.** → Beeinträchtigung (1) – **2.** A. tun: → beeinträchtigen (1)
abtragen: 1. ⟨bis zur völligen Abnutzung tragen⟩ auftragen ♦ umg : aufschleppen (landsch); → auch abnutzen (I) – **2.** → einebnen – **3.** → abbrechen (2) – **4.** → abschwemmen – **5.** → abdecken (1) – **6.** → abzahlen – **7.** seinen Dank a.: → danken (1)
abträglich: 1. → schädlich (1 u. 2), ungünstig – **2.** a. sein: → beeinträchtigen (1)
Abtragung, die: **1.** → Einebnung – **2.** → Abbruch (1) – **3.** → Tilgung
Abtransport, der: Abfuhr
abtransportieren: → wegräumen (1)
abtreiben: 1. ⟨aus der Richtung treiben⟩ [vom Kurs] abkommen · aus der Bahn/dem Kurs kommen/geraten · abdriften · wegtreiben; → auch ²abweichen (1, a) – **2.** ⟨den Fötus entfernen und die Schwangerschaft unterbrechen⟩ eine Schwangerschaft abbrechen · eine Abtreibung machen – **3.** → er-

40

müden (1) – **4.** → abholzen – **5.** ein Würmchen a.: → belästigen (1)

Abtreibung, die: **1.** ⟨*[strafbare] Herbeiführung einer Fehlgeburt*⟩ + Schwangerschaftsabbruch · Schwangerschaftsunterbrechung; verbotener Eingriff (*veraltend*); → *auch* Fehlgeburt (1) – **2.** eine A. machen: → abtreiben (2)

abtrennen: 1. ⟨*mit einem Werkzeug von etw. trennen*⟩ lostrennen · abkneifen · abstechen ♦ *umg:* abzwicken · abknipsen; → *auch* abbrechen (1), absägen (1), abreißen (1), abschlagen (I, 1), abschneiden (1) – **2.** ⟨*durch Unfall vom Körper trennen*⟩ abquetschen · abklemmen · abfahren – **3.** → amputieren – **4.** → absondern (I, 1) – **5.** → abteilen (1)

Abtrennung, die: **1.** → Ablösung (1) – **2.** → Absonderung (1) – **3.** → Abteilung (I, 1) – **4.** → Amputation

abtreten: 1. ⟨*durch Hin- u. Herstreichen der Füße reinigen*⟩ abstreichen · abstreifen; → *auch* reinigen (1) – **2.** → weggehen (1) – **3.** → zurücktreten (1) – **4.** → abgeben (I, 2) – **5.** → ablaufen (2) – **6.** → begrenzen (1) – **7.** von der Bühne a.: → zurücktreten (1); von der Bühne des Lebens a.: → sterben (1)

Abtreter, der: → Fußabtreter

Abtretung, die: → Verzicht (1)

Abtrift, die: → Abweichung (1)

Abtritt, der: **1.** → Abgang (2) – **2.** → Toilette (1)

abtrocknen: I. abtrocknen: **1.** ⟨*jmdn. trocken machen*⟩ trocken reiben · [ab]frottieren · abreiben · abtupfen ♦ *umg:* abrubbeln · abrumpeln (*landsch*) – **2.** ⟨*Geschirr trocken machen*⟩ trocknen – **II.** abtrocknen, sich: ⟨*sich trocken machen*⟩ sich trocken reiben · sich [ab]frottieren ♦ *umg:* sich abrubbeln · sich abrumpeln (*landsch*)

abtropfen: → abfließen (1)

abtrotten: → weggehen (1)

abtrotzen: → abzwingen (1)

abtrudeln: → abstürzen (1, b)

abtrünnig: abgefallen; ketzerisch · irrgläubig (*Rel*) + untreu · sektiererisch · verräterisch

Abtrünnige, der: Renegat · Dissident · Abweichler; Ketzer · der Irrgläubige · Häretiker · Schismatiker (*Rel*) + Sektierer; → *auch* Verräter (2)

abtun: 1. → ablegen (4) – **2.** → erledigen (1) – **3.** → schlachten – **4.** → als unwichtig a.: → unwichtig (2)

abtupfen: 1. → abtrocknen (I, 1) – **2.** → abwischen (1)

aburteilen: → verurteilen (1)

abverlangen: → abfordern

abvermieten: → vermieten

abwägen: 1. → schätzen (1) – **2.** → überlegen (I, 1)

Abwägung, die: → Überlegung (1)

abwälzen: 1. ⟨*durch Wälzen wegbewegen*⟩ wegwälzen · herunterwälzen – **2.** ⟨*sich von etw. Unangenehmem freimachen*⟩ beiseite schieben ♦ *umg:* abwimmeln · abschieben · sich vom Halse schaffen

abwandeln: 1. → abändern – **2.** → beugen (I, 1)

abwandern: → weggehen (1)

Abwanderung, die: Wegzug

Abwandlung, die: **1.** → Abänderung – **2.** → Beugung (2)

Abwärme, die: Abhitze

Abwart, der: → Hausmeister (1)

abwarten: 1. ⟨*warten, bis etw. geschieht*⟩ die Dinge auf sich zukommen / an sich herankommen lassen · abpassen; → *auch* warten (1) – **2.** → gedulden, sich – **3.** a. und Tee trinken: → gedulden, sich

abwärts: → hinunter

Abwasch, der: **1.** ⟨*das Reinigen des Geschirrs*⟩ Aufwasch · das Geschirrspülen – **2.** ⟨*das zu reinigende Geschirr*⟩ Aufwasch · schmutziges Geschirr – **3.** → Abwaschbecken

Abwaschbecken, das: Aufwaschbecken; Abwasch (*österr*)

abwaschen: 1. ⟨*das Geschirr reinigen*⟩ aufwaschen · [das] Geschirr spülen – **2.** → reinigen (1) – **3.** → tilgen (2)

Abwaschwasser, das: → Spülwasser

Abwasser, das: → Schmutzwasser

abwatschen: → ohrfeigen

abwechseln: I. abwechseln: ⟨*wechselweise geschehen*⟩ aufeinander folgen · [miteinander] wechseln + die Rollen tauschen – **II.** abwechseln, sich: → ablösen (II, 2)

abwechselnd: → wechselseitig

Abwechslung, die: **1.** → Zeitvertreib (1) – **2.** → Ablösung (2) – **3.** ohne A.: → einförmig

abwechslungslos: → einförmig

abwechslungsreich: → mannigfaltig

Abweg, der: **1.** → Irrweg (2) – **2.** auf Abwege geraten / kommen: **a)** → abschweifen (1) – **b)** → verkommen (1); auf Abwege bringen / führen: → verführen

abwegig

abwegig: 1. → irrig – **2.** → ausgefallen (1)
Abwehr, die: **1.** → Verteidigung – **2.** → Verhinderung – **3.** → Geheimdienst
Abwehrdienst, der: → Geheimdienst
abwehren: 1. ⟨*erfolgreich Widerstand leisten*⟩ **a)** ⟨*bei einem militär. Angriff*⟩ abschlagen · zurückschlagen · abweisen · zurückweisen · aufhalten · auffangen + standhalten; → *auch* verteidigen (II) – **b)** ⟨*bei einem Angriff im zivilen Leben*⟩ parieren · abwenden · abhalten · abweisen · ablenken · aufhalten · auffangen; [ab]blocken (*Sport*) ♦ *gehoben:* sich erwehren; → *auch* verteidigen (II) – **2.** → verhindern – **3.** → fern (5) – **4.** → abweisen (1)
Abwehrstellung, die: Igelstellung (*milit*)
¹abweichen: → ablösen (I, 1 *u.* II, 1)
²abweichen: 1. ⟨*die Richtung verlassen*⟩ **a)** ⟨*ungewollt*⟩ abirren · abschweifen · [vom Kurs] abkommen · aus der Richtung kommen; → *auch* abtreiben (1) – **b)** ⟨*absichtlich*⟩ die Richtung ändern; abgieren (*seem*); → *auch* ablenken (I, 1), abbiegen (1) – **2.** ⟨*anders sein*⟩ differieren · divergieren · variieren · sich unterscheiden · nicht ins Bild passen · aus dem Rahmen fallen ♦ *umg:* aus der Reihe fallen · auseinander driften ♦ *salopp:* aus der Reihe tanzen – **3.** a. |von|: → verstoßen (3, a)
Abweichen, das: → Durchfall (1)
abweichend: → verschiedenartig
Abweichler, der: → Abtrünnige
Abweichung, die: **1.** ⟨*Richtungsänderung*⟩ Abirrung; Abtrift (*seem u. fliegerspr*); Deklination · Aberration (*fachspr*) – **2.** → Abart – **3.** → Unterschied (1)
abweiden: → abfressen
abweisen: 1. ⟨*einer Bitte nicht entsprechen*⟩ zurückweisen · fortweisen · wegschicken · fortschicken · abwehren · den Rücken zeigen · eine Abfuhr erteilen/zuteil werden lassen · einen Korb geben ♦ *umg:* abfertigen · abwimmeln · abfahren/abblitzen/anlaufen/ablaufen lassen · die kalte Schulter zeigen; → *auch* ablehnen (1), auspfeifen – **2.** → abwehren (1, a *u.* b) – **3.** abgewiesen werden: → abblitzen (1); sich nicht a. lassen: → aufdrängen (II, 1)
abweisend: → verschlossen (2)
Abweiser, der: **1.** → Eckstein (1) – **2.** → Buhne
Abweisung, die: → Ablehnung

abwelken: → welken (1)
abwenden: I. abwenden: **1.** ⟨*in eine andere Richtung wenden*⟩ wegwenden · abkehren – **2.** → abwehren (1, b) – **3.** → verhindern – **II.** abwenden, sich: **1.** ⟨*sich zur Seite wenden*⟩ sich [weg]wenden · sich abkehren · den Rücken [zu]kehren/zudrehen/zuwenden/zeigen; → *auch* umdrehen (II) – **2.** sich a. |von|: ⟨*nicht mehr mit jmdm. verkehren*⟩ sich abkehren |von| · sich zurückziehen |von| · sich wenden |von|
Abwendung, die: **1.** ⟨*das Aufgeben der alten Richtung*⟩ Abkehr – **2.** → Verhinderung
abwerben: → weglocken
Abwerber, der: Headhunter
abwerfen: 1. ⟨*von etw. herab zu Boden werfen*⟩ absetzen · abschleudern (*fachspr*) ♦ *salopp:* abschmeißen – **2.** → einbringen (2) – **3.** die Maske a.: → entlarven (II); Bomben a. |auf|: → bombardieren (1); die Fesseln/Ketten/die Knechtschaft/das Joch a.: → befreien (II, 2)
abwertend: → abfällig (1)
abwesend: 1. ⟨*an einem anderen Ort*⟩ nicht anwesend · nicht da · absent · fehlend ♦ *gehoben:* nicht zugegen ♦ *umg:* fort · weg · ausgeflogen; → *auch* wegbleiben, verschwunden (1) – **2.** → geistesabwesend (1) – **3.** a. sein: → fehlen (1)
Abwesenheit, die: **1.** ⟨*das Woanderssein*⟩ das Fehlen – **2.** → Zerstreutheit – **3.** durch A. glänzen: → fehlen (1)
Abwesenheitsnachweis, der: → Alibi
abwetzen: → abnutzen (I)
abwickeln: I. abwickeln: **1.** → abrollen (1) – **2.** → erledigen (1) – **II.** abwickeln, sich: → verlaufen (I, 2)
Abwicklung, die: → Veranstaltung (1)
abwiegeln: → beruhigen (I)
abwiegen: einwiegen · auswiegen; → *auch* ²wiegen (1)
abwimmeln: 1. → abwälzen (2) – **2.** → abweisen (1)
abwinkeln: → beugen (I, 1)
abwinken: bis zum Abwinken: → Überdruss
abwirtschaften: → ruinieren (II), heruntwirtschaften
abwischen: 1. ⟨*durch Wischen beseitigen*⟩ wegwischen · auswischen · abstreichen · abreiben · ablöschen · abtupfen; → *auch* abstauben (1) – **2.** → reinigen (1)

42

abzwingen

abwohnen: verwohnen
abwracken: → verschrotten
Abwurf, der: → Abstoß
abwürgen: 1. → erwürgen – 2. → unterdrücken (3)
abzahlen: abbezahlen · in Raten [be]zahlen · abtragen ♦ *salopp*: abstottern; → *auch* tilgen (1)
abzählen: 1. → zählen (1) – 2. → abziehen (2) – 3. sich an den [fünf] Fingern a.: → voraussehen
Abzählreim, der: Abzählvers · Zählreim
Abzahlung, die: 1. → Teilzahlung (1) – 2. → Tilgung
Abzählvers, der: → Abzählreim
abzapfen: 1. → abziehen (1) – 2. → abgewinnen (1) – 3. Blut a.: → schröpfen (1)
abzappeln, sich: → bemühen (II, 1)
abzäumen: abschirren · abhalftern; → *auch* ausspannen (I, 1)
abzäunen: 1. → begrenzen (1) – 2. → umzäunen
Abzäunung, die: → Umzäunung
abzehren: → abmagern
Abzehrung, die: → Abmagerung
Abzeichen, das: 1. ⟨*meist am Rockaufschlag getragenes Täfelchen*⟩ Plakette · Button · Anstecknadel + Ehrenzeichen · Kokarde · Insignien – 2. ⟨*Farbfleck im Fell von Tieren*⟩ Mal + Blesse
abzeichnen: I. abzeichnen: 1. ⟨*zeichnerisch wiedergeben*⟩ nachzeichnen · abbilden ♦ *umg*: abmalen; → *auch* durchzeichnen – 2. → unterschreiben – **II.** abzeichnen, sich: 1. ⟨*vor einem Hintergrund im Umriss sichtbar sein*⟩ sich abheben · Gestalt annehmen · sich andeuten · kontrastieren · abstechen – 2. → ankündigen (II) – 3. → einprägen (II)
abziehen: 1. **a)** ⟨*einem Behälter Flüssigkeit entnehmen*⟩ [ab]zapfen + herausziehen – **b)** ⟨*Flüssigkeit aus einem Behälter auf Flaschen verteilen*⟩ auf Flaschen ziehen · abfüllen · in Flaschen füllen; → *auch* abfüllen, füllen (I, 1) – 2. ⟨*einen Teil von einer Summe rechnerisch wegnehmen*⟩ abrechnen · subtrahieren · abzählen · abstreichen; in Abzug / Abrechnung bringen (*amtsspr*); → *auch* abschreiben (I, 3) – 3. → abhäuten – 4. → abnehmen (1) – 5. → abmarschieren – 6. → weggehen (1) – 7. → wegfliegen – 8. → abkommandieren – 9. → ablenken (I, 2) – 10. → weglocken – 11. → abdrücken (1) – 12. → abfüllen – 13. → schärfen – 14. →

abhobeln – 15. → vervielfältigen (1) – 16. → verrühren – 17. eine Schau / Nummer a.: → angeben (1); mit hängender Nase / hängenden Ohren a.: → abblitzen (1)
Abziehstein, der: → Schleifstein
abzielen: a. | auf |: [hin]zielen | auf | · abzwecken | auf | · gerichtet / abgesehen sein | auf |; → *auch* ausgehen (8), beabsichtigen
abzirkeln: 1. → abmessen – 2. → überlegen (I, 1)
abzischen: → abfahren (1, a *u.* b)
abzittern: → weggehen (1)
abzocken: → schröpfen (2)
Abzocker, der: → Geschäftemacher
abzollen: → abmessen
abzotteln: → weggehen (1)
Abzug, der: 1. ⟨*das Verlassen eines Ortes*⟩ Abmarsch · Wegzug + Abflug; → *auch* Abgang (1), Rückzug (1) – 2. ⟨*Verminderung einer Menge*⟩ Abrechnung · Abstrich; → *auch* Rabatt – 3. ⟨*Auslösungsvorrichtung an Schusswaffen*⟩ Abzugsbügel · Abzugshebel · Abzugshahn – 4. ⟨*Öffnung zum Entweichen der Luft usw.*⟩ Abzugsloch · Abzugsschacht · Abzugsrohr · Abzugskamin + Auspuff; → *auch* Abfluss (2), Entlüfter – 5. ⟨*fotografisches Bild*⟩ Positiv – 6. → Fahne (2) – 7. → ²Bogen (1) – 8. → ¹Steuer – 9. unter A.: → abzüglich; in A. bringen → abziehen (2)
abzüglich: abgerechnet · weniger · minus · uneingerechnet · nicht inbegriffen; unter Abzug (*amtsspr*)
Abzugsbügel, der: → Abzug (3)
Abzugshahn, der: → Abzug (3)
Abzugshebel, der: → Abzug (3)
Abzugskamin, der: → Abzug (4)
Abzugsloch, das: → Abzug (4)
Abzugsrohr, das: → Abzug (4)
Abzugsschacht, der: → Abzug (4)
abzupfen: 1. → abreißen (1) – 2. → pflücken
abzwacken: 1. → absparen – 2. sich a.: → absparen
abzwecken: a. | auf |: → abzielen
Abzweigdose, die: → Verteilerdose
abzweigen: 1. → abbiegen (1) – 2. → sparen (1) – 3. → gabeln (II)
Abzweigung, die: Abbiegung + Weggabelung · Gabelung · Arm · Ast; → *auch* Kreuzung (2)
abzwicken: → abtrennen (1)
abzwingen: 1. ⟨*mit großer Mühe, mit Zwang in Besitz bringen*⟩ abringen · abpres-

43

abzwitschern

sen · abnötigen · abtrotzen · abdringen + ablisten ♦ *gehoben:* abgewinnen ♦ *salopp:* abquetschen – **2.** sich a.: ⟨*sich durchringen, etw. zu tun*⟩ sich abringen · sich abquälen ♦ *salopp:* sich abquetschen
abzwitschern: → weggehen (1)
Accessoires (*Pl*): → Zubehör (1)
ach: 1. ⟨*Ausruf des Erschreckens, Staunens*⟩ *umg:* oje[mine] · herrje[mine] ♦ *salopp:* du grüne Neune – **2.** ach wo[her]/was: → keineswegs
Ach, das: mit A. und Krach: → Mühe (3)
Achel, die: → Granne
acheln: → essen (1)
Achillesferse, die: der wunde/dunkle/neuralgische Punkt · die empfindliche Stelle; → *auch* Blöße (1)
Achse, die: **1.** → Straße (1) – **2.** → Bündnis (1) – **3.** auf [der] A.: → unterwegs
Achsel, die: **1.** → Schulter (1) – **2.** über die A. ansehen: → verachten (1)
Achselgrube, die: → Achselhöhle
Achselhöhle, die: → Achselgrube
Achselklappe, die: → Schulterklappe
Achselstück, das: → Schulterklappe
¹Acht, die: **1.** A. geben ⎪auf⎪: **a)** ⟨*einer Sache besondere Bedeutung beimessen*⟩ achten ⎪auf⎪ · halten ⎪auf⎪ · Gewicht/Wert legen ⎪auf⎪ · Acht haben ⎪auf⎪ – **b)** → beachten – **2.** A. haben/geben: → aufpassen (1) – **3.** außer A. lassen: **a)** → absehen (4, a) – **b)** → übersehen (I, 2); sich in A. nehmen: → vorsehen (II)
²Acht, die: **1.** → Ächtung (1) – **2.** die A. verhängen/aussprechen/erklären ⎪über⎪, in die A. erklären/tun/bringen, in A. und Bann erklären/tun: → ächten (1)
achtbar: 1. ⟨*durch sittliches Verhalten eine anerkennende Einstellung anderer erfordernd*⟩ ehrenwert · honett · ehrenhaft · anständig · hochachtbar · ehrbar; ehrsam · reputierlich (*veraltend*) ♦ *umg:* ehrpusselig (*iron*); → *auch* angesehen (1), rechtschaffen – **2.** → beachtlich (1)
Achtbarkeit, die: Ehrenhaftigkeit · Ehrbarkeit; Ehrsamkeit (*veraltend*) + Anständigkeit ♦ *umg:* Ehrpusseligkeit (*iron*)
achten: 1. ⟨*die Persönlichkeit od. eine Leistung anerkennen*⟩ hoch achten · [wert]schätzen · hoch schätzen · eine hohe Meinung haben ⎪von⎪ · den Hut ziehen ⎪vor⎪ · viel geben ⎪auf⎪ ♦ *gehoben:* ästimieren · Achtung erweisen/zollen · Tribut zollen

♦ *umg:* große Stücke halten ⎪auf⎪; → *auch* anerkennen (1), respektieren, ehren, verehren (1) – **2.** a. ⎪auf⎪: **a)** → ¹Acht (1, a) – **b)** → beachten – **c)** → aufpassen (1); a. ⎪für⎪: → halten (I, 7); nicht a.: → verachten (1); auf Ordnung achtend: → ordentlich (1, b)
ächten: 1. *hist* ⟨*aus einer Gemeinschaft ausschließen*⟩ verfemen · bannen · proskribieren · für vogelfrei erklären · die Acht verhängen/aussprechen/erklären ⎪über⎪ · in die Acht erklären/tun/bringen · in Acht und Bann erklären/tun; → *auch* verstoßen (1) – **2.** ⟨*Maßnahmen gegen jmdn. od. etw. ergreifen*⟩ boykottieren
achtenswert: → lobenswert
achteraus: → hinten (1, a)
Achterbahn, die: Hochschaubahn (*österr*)
Achterdeck, das: → Hinterdeck
achtern: → hinten (1, a)
Achtern, der: → Gesäß
Achtersteven, der: → Gesäß
Achtgroschenjunge, der: → Spitzel
achtlos: 1. → unaufmerksam (1) – **2.** → gleichgültig (1)
achtsam: → aufmerksam (1), vorsichtig (1)
Achtsamkeit, die: → Aufmerksamkeit (1), Vorsicht
Achtung, die: **1.** ⟨*Anerkennung der Persönlichkeit*⟩ Wertschätzung · Hochschätzung · Hochachtung · Respekt · Schätzung · Ehrerbietung · Reverenz; Anwert (*süddt*) ♦ *gehoben:* Ästimation; → *auch* Anerkennung (1), Ansehen (1), Ruf (1), Ruhm (1), Verehrung – **2.** A. genießen: → angesehen (2); A. erweisen/zollen: → achten (1); A. gebietend: → beachtlich (1), Respekt (2)
Ächtung, die: **1.** *hist* ⟨*Ausschluss aus einer Gemeinschaft*⟩ Verfemung · Acht · Bann; → *auch* Ausschluss (1) – **2.** ⟨*das Ergreifen von Maßnahmen gegen jmdn. od. etw.*⟩ Boykott · Verrufserklärung
achtungsvoll: → respektvoll
achtzig: auf a. sein: → wütend (2); mit a. Sachen: → schnell (1, a)
ächzen: 1. → stöhnen – **2.** → knarren
Ächzer, der: → Seufzer (1)
Acker, der: Feld · Ackerland + landwirtschaftliche Nutzfläche; → *auch* Ackerboden
Ackerbau, der: Feldbau · Feldarbeit · Feldwirtschaft · Feldbestellung · Bodenbearbeitung · Landbebauung; → *auch* Landwirtschaft (1)

Ackerbauer, der: → [1]Bauer
Ackerboden, der: Ackererde · Boden · Erde + Ackerkrume; → *auch* Acker, Erdscholle
Ackererde, die: → Ackerboden
Ackergrenze, die: → Feldrain
Ackerkrume, die: → Ackerboden
Ackerland, das: → Acker
ackern: 1. → pflügen – **2.** → abmühen, sich
Ackerscholle, die: → Erdscholle
Ackersmann, der: → [1]Bauer
Action, die: → Handlung
ad absurdum: ad a. führen: → widerlegen
Adam, der: den alten A. ablegen: → bessern (II, 1); nach A. Riese: → bekanntlich
Adamsapfel, der: → Kehlkopf
Adamskostüm, das: im A.: → nackt
adäquat: → passend (1, a)
addieren: → zusammenzählen
Addition, die: → Zusammenzählung
ade: → Wiedersehen (1)
Adebar, der: → Storch
Adel, der: **1.** ⟨*Gesellschaftsklasse*⟩ Aristokratie; Nobilität (*veraltend*) + Feudaladel · Hochadel · Hofadel · Landadel · Junkertum · Adelsstand; → *auch* Feudalismus – **2.** den A. verleihen: → adeln (1); von A.: → adlig (1)
adeln: 1. ⟨*einen Adelstitel verleihen*⟩ den Adel verleihen · in den Adelsstand erheben; nobilitieren (*veraltend*) – **2.** → verbessern (I, 3)
Adelsherrschaft, die: → Feudalismus
Adelsstand, der: **1.** → Adel (1) – **2.** in den A. erheben: → adeln (1)
Adept, der: → Schüler (2)
Ader, die: **1.** ⟨*Teil des Blutgefäßsystems*⟩ Blutgefäß · Gefäß; → *auch* Blutader, Schlagader – **2.** → Rippe (1) – **3.** → Erzader – **4.** → Begabung (1) – **5.** zur A. lassen: → schröpfen (1 *u.* 2)
Aderlass, der: → Verlust (1)
Äderung, die: → Maserung
Adhäsion, die: → Anziehung (1)
Adhäsionskraft, die: → Anziehung (1)
adieu: → Wiedersehen (1)
ad infinitum: → endlos (b)
Adjunkt, der: → Gehilfe
Adlatus, der: → Gehilfe
Adler, der: *gehoben:* Aar · König der Lüfte
Adlerflügel, der: wie auf Adlerflügeln: → schnell (1, a)
ad libitum: → beliebig (1)
adlig: 1. ⟨*dem Adel angehörig*⟩ aristokratisch · von Adel; hoch[wohl]geboren · blau-

blütig · von blauem Blut · von hoher Abkunft · von erlauchter Geburt (*veraltend od. iron*) + feudal · junkerlich – **2.** → vornehm (1)
Administration, die: → Behörde
administrativ: 1. → amtlich (1) – **2.** → bürokratisch (1)
administrieren: → anordnen (2)
Adnex, der: → Anhang (1)
ad oculos: ad o. demonstrieren: **a)** → zeigen (I, 2) – **b)** → veranschaulichen
Adoleszenz, die: → Entwicklungsjahre
adoptieren: an Kindes statt annehmen
Adressat, der: → Empfänger (1)
Adresse, die: **1.** ⟨*Angabe des genauen Aufenthaltsortes*⟩ Anschrift · Wohnungsangabe · Wohnanschrift + Aufschrift; → *auch* Deckadresse – **2.** an die falsche/verkehrte A. kommen/geraten: → abblitzen (1)
adrett: 1. → ordentlich (1, a) – **2.** → sauber (1)
Advent, der: **1.** ⟨*Zeit vor Weihnachten*⟩ Vorweihnachtszeit – **2.** ⟨*Sonntag in der Vorweihnachtszeit*⟩ Adventssonntag
Adventssonntag, der: → Advent (2)
adversativ: → gegensätzlich
Advertising, das: → Werbung (1)
Advokat, der: **1.** → Rechtsanwalt – **2.** → Fürsprecher
aerodynamisch: → windschlüpfig
Affäre, die: **1.** → Angelegenheit – **2.** → Ereignis (1) – **3.** → Liebeserlebnis – **4.** sich aus der A. ziehen: → herauswinden, sich
Affe, der: **1.** → Dummkopf (2) – **2.** → Geck (1) – **3.** → Rausch (1) – **4.** → Tornister – **5.** einen Affen haben: → betrunken (2); wie ein vergifteter A.: → schnell (1, a); vom wilden Affen gebissen: → verrückt (1); sich einen Affen kaufen/antrinken: → betrinken, sich; einen Affen gefressen haben |an|: → lieben (1); angeben wie eine Lore [nackter] Affen: → angeben (1); denken, der A. laust/kratzt einen: → staunen (1)
Affekt, der: → Erregung (1)
affektiert: → geziert
Affektiertheit, die: → Ziererei
äffen: 1. → nachahmen – **2.** → narren
Affenarsch, der: → Dummkopf (2)
affenartig: 1. ⟨*den Affen entsprechend*⟩ *gehoben:* äffisch – **2.** mit affenartiger Geschwindigkeit: → schnell (1, b)
affengeil: → großartig (1)

Affenhitze, die: → Hitze (1)

Affenkomödie, die: → Gehabe[n] (1)

Affenliebe, die: → Liebe (1)

Affenschande, die: das ist eine A.: → unerhört (2)

Affenspektakel, der: → Lärm (1)

Affentanz, der: → Gehabe[n] (1)

Affentheater, das: → Gehabe[n] (1)

Affenzahn, der: mit einem A.: → schnell (1, a)

Affiche, die: → Anschlag (1)

affig: → geziert

Affigkeit, die: → Ziererei

Affirmation, die: → Zustimmung (1)

äffisch: → affenartig (1)

affizieren: → anstecken (I, 3)

Affront, der: → Beleidigung (1)

Afrikaner, der: der Farbige ♦ *umg:* Neger · der Schwarze (*oft abwert*); Mohr (*veraltet*) ♦ *salopp:* Nigger (*abwert*); → *auch* Afroamerikaner, Farbige (1)

Afroamerikaner, der: der Farbige; Neger (*oft abwert*) ♦ *umg:* der Schwarze (*oft abwert*) ♦ *salopp:* Nigger (*abwert*); → *auch* Afrikaner, Farbige (1)

After, der: Anus · Darmausgang; Weidloch (*weidm*) ♦ *derb:* Arschloch; → *auch* Gesäß

Afterrede, die: → Verleumdung

Aftersausen, das: A. haben: → ängstigen (II, 1)

Aftershave, das: → Rasierwasser

Aftershavelotion, die: → Rasierwasser

Agens, das: → Triebkraft

Agent, der: 1. ⟨*Geheimaufträge Ausführender*⟩ Spion · Geheimagent · Geheimdienstler + Sleeper · Schläfer · Späher; → *auch* Spitzel, Saboteur – **2.** → Handelsvertreter – **3.** als A. tätig sein: → Spionage (2)

Agententätigkeit, die: → Spionage (1)

Agentur, die: 1. → Vertretung (1) – **2.** → Zweigstelle

Agglomeration, die: → Anhäufung (1)

agglomerieren: → ansammeln (I)

Aggregat, das: Maschinensatz

aggregieren: → ansammeln (I)

Aggression, die: → Überfall (1)

Aggressionskrieg, der: → Angriffskrieg

aggressiv: 1. ⟨*einen Angriffskrieg planend*⟩ kriegslüstern · kriegstreiberisch · kriegshetzerisch · angriffslustig · militant · gewaltbereit · eroberungsdurstig · eroberungssüchtig · eroberungslustig; → *auch* kämpferisch – **2.** → streitsüchtig

Aggressivität, die: Angriffslust · Eroberungsgelüste · Eroberungsgier · Eroberungsdurst · Eroberungssucht · Eroberungsdrang

Aggressor, der: Angreifer · Eroberer; → *auch* Kriegstreiber

Ägide, die: 1. → Schutz (2, a) – **2.** → Leitung (1)

agieren: 1. → handeln (I, 3) – **2.** → darstellen (I, 1, b)

agil: → lebhaft (1)

Agio, das: → Aufschlag (2)

Agitation, die: → Propaganda (1)

Agitator, der: → Propagandist

agitieren: → einreden (2)

agnoszieren: → wiedererkennen (1)

à gogo: → reichlich

Agonie, die: 1. → Todeskampf – **2.** in A. liegen: → Sterben

Agrarier, der: → Großgrundbesitzer

agrarisch: → landwirtschaftlich (1)

Agrarreform, die: → Bodenreform

Agrarwissenschaft, die: → Agronomie

Agreement, das: → Vereinbarung (1)

Agrikultur, die: › Landwirtschaft (1)

Agronom, der: › Landwirt (1)

Agronomie, die: Landwirtschaftswissenschaft · Agrarwissenschaft · Landwirtschaft

aha: soso

Ahle, die: Pfriem; Ort (*landsch*)

Ahn, der: 1. → Vorfahr[e] (I) – **2.** → Großvater (1)

ahnden: → bestrafen

Ahndung, die: → Bestrafung (1)

Ahne: I. Ahne, der: **1.** → Vorfahr[e] (I) – **2.** → Großvater (1) – **II.** Ahne, die: **1.** → Vorfahrin – **2.** → Großmutter (1)

ähneln: ähnlich sein · ähnlich [aus]sehen · gleichsehen · erinnern |an| · aussehen |wie| · anklingen |an| + sich berühren; → *auch* geraten (4), gleichen (1)

ahnen: 1. ⟨*das Kommende unbewusst erwarten*⟩ vorausahnen · erahnen · [im Voraus] fühlen · undeutlich fühlen · eine Ahnung haben ♦ *umg:* schwanen; → *auch* voraussehen, vermuten, befürchten, spüren (1) – **2.** nichts a.: → ahnungslos (3); nichts ahnend: → ahnungslos (1)

Ahnentafel, die: → Stammbaum

Ahnfrau, die: → Vorfahrin

Ahnherr, der: → Vorfahr[e] (I)

Ahnin, die: → Vorfahrin

ähnlich: 1. ⟨*im Aussehen [mehr od. weniger] übereinstimmend*⟩ entsprechend · ver-

Aktion

wandt · gleich · zum Verwechseln [ähnlich] + wie aus dem Gesicht geschnitten; → *auch* vergleichbar – **2.** ä. sein/[aus]sehen: → ähneln; zum Verwechseln ä.: → 1

Ähnlichkeit, die: Analogie · Entsprechung · Anklang · Verwandtschaft + Parallelität; → *auch* Abbild

Ahnung, die: **1.** ⟨*das Erfühlen von etw. Kommendem*⟩ Vorahnung · Vorgefühl · innere Stimme ♦ *umg*: Animus (*scherzh*) – **2.** eine A. haben: → ahnen (1); keine [blasse] A. haben: → ahnungslos (3); eine A. haben |von|: → beherrschen (I, 4)

ahnungslos: 1. ⟨*ohne eine Ahnung zu haben*⟩ nichts ahnend ♦ *salopp*: schimmerlos – **2.** → unschuldig (2) – **3.** a. sein: ⟨*von etw. nichts wissen*⟩ nichts ahnen · keine [blasse] Ahnung haben ♦ *salopp*: aus dem Mustopf kommen · keinen [blassen] Schimmer haben · wenig beleckt sein |von|

Air, das: **1.** → Aussehen (1) – **2.** → Atmosphäre (1)

Airbag, der: Luftsack · Prallsack + Frontairbag; → *auch* Seitenaufprallschutz

Airconditioner, der: → Klimaanlage

Airconditioning, das: → Klimaanlage

Airline, die: → Fluggesellschaft

Airport, der: → Flughafen

Akademiemitglied, das: Akademiker (*selten*)

Akademiker, der: **1.** ⟨*Person mit Hochschulbildung*⟩ Hochschulabsolvent ♦ *umg*: der Studierte · studierter Mann; → *auch* Wissenschaftler – **2.** → Akademiemitglied

akademisch: 1. → gelehrt (1) – **2.** → gebildet – **3.** → weltfremd

Akklamation, die: **1.** → Beifall (1) – **2.** → Zustimmung (1)

akklamieren: 1. → klatschen (1) – **2.** → zustimmen (1)

Akklimatisation, die: → Anpassung

akklimatisieren, sich: → anpassen (II, 1)

Akklimatisierung, die: → Anpassung

Akkord, der: **1.** ⟨*das Zusammenklingen von Tönen*⟩ Zusammenklang; → *auch* Wohlklang – **2.** ⟨*Arbeit für Stücklohn*⟩ Akkordarbeit; Gedinge (*bergm*) + Stückarbeit

Akkordarbeit, die: → Akkord (2)

Akkordeon, das: Schifferklavier ♦ *salopp*: Quetschkommode (*meist scherzh*); → *auch* Ziehharmonika

akkordieren: → vereinbaren (1)

Akkordlohn, der: Stücklohn

akkreditieren: → beglaubigen (1)

Akkreditierung, die: → Bestätigung (1)

Akkreditiv, das: → Beglaubigungsschreiben

Akku, der: → Akkumulator

Akkumulation, die: → Anhäufung (1)

Akkumulator, der: Akku + Batterie · Element · Stromsammler

akkumulieren: → ansammeln (I)

akkurat: 1. → ordentlich (1, a *u.* b) – **2.** → sorgfältig (1) – **3.** → genau (1)

Akkuratesse, die: **1.** → Sorgfalt (1) – **2.** → Genauigkeit (1)

Akontozahlung, die: → Teilzahlung (1)

akquirieren: → werben (1)

Akquisiteur, der: → Werbefachmann

Akquisition, die: **1.** → Werbung (1) – **2.** → Anschaffung (1)

Akribie, die: → Genauigkeit (1)

akribisch: → genau (2)

Akrobat, der: → Artist

Akrobatik, die: → Artistik

akrobatisch: → artistisch

äks: → pfui (1)

Akt, der: **1.** → Handlung (1) – **2.** → Zeremonie – **3.** → Koitus – **4.** → Darbietung (1) – **5.** → Aufzug (1)

Akte, die: **1.** ⟨*Sammlung zusammengehöriger Schriftstücke*⟩ Aktensammlung · Aktenheft · Aktenbündel · Dossier; Faszikel (*veraltend*) – **2.** → Schriftstück – **3.** → Urkunde – **4.** zu den Akten legen: → ablegen (1)

Aktenbündel, das: → Akte (1)

Aktenheft, das: → Akte (1)

Aktenhengst, der: → Bürokrat

Aktenkrämer, der: → Bürokrat

aktenkundig: amtsbekannt (*österr amtsspr*) + gerichtskundig · gerichtsnotorisch

Aktenmappe, die: → Aktentasche

Aktenmensch, der: → Bürokrat

Aktennotiz, die: → Notiz (1)

Aktensammlung, die: → Akte (1)

Aktenstück, das: → Schriftstück

Aktentasche, die: Aktenmappe · Mappe; Portefeuille (*veraltet*)

Aktenvermerk, der: → Notiz (1)

Akteur, der: → Schauspieler

Aktie, die: Anteilschein · Share + Dividendenschein · Shareholder-Value · Kupon · Zinsschein · Zinsabschnitt; → *auch* Wertpapier (I)

Aktion, die: **1.** → Unternehmung (1) – **2.** → Kampagne (1) – **3.** in A. sein: → tätig (1, a)

47

Aktionär

Aktionär, der: Anteilbesitzer · Anteilseigner · Shareholder · Gesellschafter + Kupon[ab]schneider
Aktionsbereich, der: → Einflussbereich (1)
Aktionsprogramm, das: → ²Plan (1)
Aktionsradius, der: → Reichweite (1)
aktiv: 1. → eifrig (1) – **2.** a. sein: → wirken (1)
aktivieren: 1. → beleben (I, 2) – **2.** → verstärken (I, 1)
Aktivierung, die: **1.** → Belebung – **2.** → Verstärkung (1)
Aktivität, die: **1.** → Eifer (1) – **2.** → Tatkraft (1)
Aktrice, die: → Schauspielerin
Aktualität, die: → Gegenwartsnähe
aktuell: → gegenwartsnah[e]
Akustik, die: → Klang (I, 1)
akustisch: → klanglich
akut: → wichtig (1)
AKW, das: → Kernkraftwerk
Akzent, der: **1.** → Aussprache (1) – **2.** → Betonung (2) – **3.** → Tonzeichen
Akzentuation, die: › Betonung (1)
akzentuieren: → betonen (1)
Akzentuierung, die: → Betonung (1)
akzeptabel: → annehmbar
Akzeptanz, die: → Billigung (1)
akzeptieren: → billigen (1)
akzessorisch: → nebensächlich
akzident[i]ell: 1. → unwichtig (1) – **2.** → zufällig
Akzise, die: → ¹Steuer
Alarm, der: **1.** ⟨Ruf zum Einsatz⟩ + Einsatzsignal · Warnsignal · Warnruf · Rettungssignal – **2.** A. geben / schlagen: → alarmieren (1)
Alarmanlage, die: Alarmvorrichtung · Warnanlage + Alarmglocke
Alarmglocke, die: → Alarmanlage
alarmieren: 1. ⟨zum Einsatz rufen⟩ Alarm geben / schlagen · Lärm schlagen – **2.** → warnen (1) – **3.** → beunruhigen (I)
Alarmkamera, die: → Überwachungskamera
Alarmvorrichtung, die: → Alarmanlage
Alb, der: **1.** → Gespenst (1) – **2.** → Angsttraum
Albdruck, der: → Angsttraum
Albdrücken, das: → Angsttraum
Alberei, die: → Albernheit
albern: 1. ⟨ein unernstdummes Benehmen zeigend⟩ kindisch · närrisch · hanswurstig ·

läppisch; gansig (landsch) ♦ umg: kalberig · kälberig · quatschig – **2.** → herumalbern
Albernheit, die: Kinderei ♦ umg: Alberei · Firlefanz · Quatsch · Kalberei · Kälberei · Lapperei
Albtraum, der: → Angsttraum
alert: 1. → munter (1) – **2.** → aufgeweckt
alias: anders · außerdem · oder · auch · sonst · eigentlich
Alibi, das: Abwesenheitsnachweis
Alien, der: → Außerirdische
Alimente (Pl): Unterhaltsgeld · Unterhaltszahlung · Unterhaltsbeitrag; Ziehgeld (landsch)
alimentieren: → unterstützen (2)
Alimentierung, die: → Unterstützung (2)
alkalisch: → basisch
Alkohol, der: **1.** ⟨Bestandteil alkohol. Getränke⟩ Spiritus · Weingeist; Äthylalkohol · Äthanol (Chem) ♦ umg: Sprit; → auch Branntwein – **2.** unter A. stehen: → betrunken (2); im A. ersäufen / ertränken: → unterdrücken (2)
Alkoholgegner, der: → Abstinenzler
alkoholhaltig: → alkoholisch
Alkoholiker, der: → Trinker
alkoholisch: 1. ⟨Alkohol enthaltend⟩ alkoholhaltig · geistig – **2.** alkoholische Getränke: → Spirituosen
alkoholisiert: → betrunken (1)
Alkoholismus, der: → Trunksucht
alkoholkrank: → trunksüchtig (1)
Alkoholkranke, der: → Trinker
Alkoholmissbrauch, der: → Trunksucht
alkoholsüchtig: → trunksüchtig (1)
Alkoholsüchtige, der: → Trinker
All, das: → Weltall
allabendlich: jeden Abend · Abend für Abend
allda: → dort (1)
¹alle: 1. ⟨die Gesamtheit⟩ jeder · allesamt · sämtlich · samt und sonders · Mann für Mann + allerseits; → auch vollzählig (1), jedermann, ganz (1) – **2.** a. beide: → beide (1); ein für a. Mal: → endgültig; a. nase[n]lang / fingerlang: → oft; über a. Berge: → fort (1); unter allen Umständen, auf a. Fälle: → unbedingt (1); nicht a. beisammen / im Kasten haben: → verrückt (5); mit allen Hunden gehetzt, mit allen Wassern gewaschen: → raffiniert (1); an allen Orten, an allen Kanten, an allen Ecken und

Allgemeinbildung

Enden: → überall (1); a. viere von sich strecken: → ausstrecken (II, 1); a. Welt: → jedermann

²**alle: 1.** → aufgebraucht, ausverkauft – **2.** ganz a.: → begeistert; a. machen: → ermorden

Allee, die: Baumstraße · Baumallee; → *auch* Straße (1)

Allegorie, die: → Bild (3)

allegorisch: → bildlich (1)

allein: 1. ⟨*getrennt von anderen*⟩ für sich [allein] · mutterseelenallein ♦ *umg:* solo · allein auf weiter Flur; → *auch* einsam (1), ledig (1) – **2.** ⟨*ohne Beteiligung anderer*⟩ von sich aus · ohne [fremde] Hilfe · im Alleingang – **3.** → dagegen (2) – **4.** → einzig (1) – **5.** a. stehend: ⟨*ohne familiäre Bindung*⟩ ohne Familie / Anhang · einzeln stehend; → *auch* ledig (1) – **6.** a. auf weiter Flur: → 1; für sich a.: **a)** → besonders (1) – **b)** → 1; a. lassen: → verlassen (I, 2); von a.: → unaufgefordert (1)

Alleinbesitzer, der: → Besitzer (1)

Alleineigentümer, der: → Besitzer (1)

Alleinerbe, der: Universalerbe · Gesamterbe + Anerbe (*Rechtsw*)

Alleingang, der: im A.: → allein (2)

Alleinherrschaft, die: Absolutismus · Autokratie · Selbstherrschaft + Monarchie; → *auch* Gewaltherrschaft

Alleinherrscher, der: Souverän · Autokrat · Selbstherrscher · Absolutist + Monarch; → *auch* Diktator, Herrscher

alleinig: → ausschließlich (1)

Alleinrecht, das: → Monopol

Alleinsein, das: → Einsamkeit (1)

Alleinstehende, der: Single · der Ledige

Alleinunterhalter, der: → Unterhalter

Alleinvertretung, die: → Generalvertretung

allemal: → immer (1)

allenfalls: 1. ⟨*bei Wahrnehmung der letzten Möglichkeit*⟩ aufs Äußerste · im günstigsten Falle · äußerstenfalls · günstigstenfalls · höchstens · im Höchstfall · wenn's hoch kommt · bestenfalls + gerade noch – **2.** → möglicherweise

allenthalben: → überall (1)

allerart: → allerlei

allerdings: 1. → freilich (1) – **2.** → selbstverständlich (1)

allererste: 1. → erste (1) – **2.** a. Sahne: → hervorragend (1)

allergisch: → empfindlich (1)

allerhand: 1. → allerlei – **2.** das ist wirklich a.: → unerhört (2)

allerlei: allerhand · mancherlei · verschiedenerlei · vielerlei · mehrerlei · hunderterlei · alles Mögliche · dieses und jenes · dies und das; allerart (*veraltend*); Diverses (*kaufm*)

Allerlei, das: Varia (*Pl*) · Potpourri · Kunterbunt + Quodlibet (*veraltet*)

Allerletzte, das: → uninteressant (1)

allerliebst: → reizend (1)

Allerliebste, die: → Geliebte (II)

allerorten: → überall (1)

allerorts: → überall (1)

allerseits: → ¹alle (1)

Allerweltsgeschmack, der: → Durchschnittsgeschmack

Allerweltskerl, der: → Tausendsassa

Allerwerteste, der: **1.** → Gesäß – **2.** sich auf seinen Allerwertesten setzen: **a)** → hinfallen – **b)** → setzen (II, 1)

alles: 1. ⟨*die Gesamtheit umfassend*⟩ das Ganze · das Gesamte · das Erste und das Letzte ♦ *umg:* der ganze Segen ♦ *salopp:* die ganze Schmiere / Pastete – **2.** a. Mögliche: → allerlei; vor allem: **a)** → besonders (2) – **b)** → zuerst; a. in allem: → insgesamt; Mädchen für a.: → Hausangestellte (I *u.* II); a., was Beine hat: → jedermann

allesamt: → ¹alle (1)

Alles[besser]wisser, der: → Rechthaber

Alles-inklusive-Reise, die: → All-inclusive-Reise

Alleskönner, der: → Multitalent

All-inclusive-Reise, die: Alles-inklusive-Reise + Pauschalreise

alleweil: → immer (1)

allezeit: → immer (1)

allfällig: → möglicherweise

allgemein: 1. ⟨*überall gleichermaßen vorhanden*⟩ gemein · universal · universell · allumfassend · allseitig · allgemein gültig – **2.** → durchweg – **3.** ⟨*ohne Beachtung kleiner Unterschiede*⟩ im Großen und Ganzen · generell – **4.** allgemeine Redensart: → Phrase (1); a. gültig: → 1; a. verständlich: → verständlich (1)

Allgemeinbefinden, das: → Gesundheitszustand

Allgemeinbesitz, der: → Allgemeingut

Allgemeinbildung, die: Allgemeinwissen; → *auch* Bildung (1)

Allgemeingut, das: Allgemeinbesitz
Allgemeinheit: I. Allgemeinheit, die: **1.** →
Gesamtheit (1) – **2.** → Öffentlichkeit (1) –
II. Allgemeinheiten (*Pl*): → Gemeinplatz
Allgemeinplatz, der: → Gemeinplatz
Allgemeinwissen, das: → Allgemeinbildung
Allgemeinwohl, das: → Gemeinwohl
Allgewalt, die: → Allmacht
allgewaltig: 1. → absolut (1) – **2.** → all-
mächtig
Allheilmittel, das: → Universalmittel
Allheit, die: → Gesamtheit (1)
allhier: → hier (1)
Allianz, die: → Bündnis (1)
Alligator, der: → Krokodil
alliieren, sich: → verbünden, sich (1)
Alliierte, der: → Verbündete
alljährlich: → jährlich (1)
Allmacht, die: Allgewalt · Omnipotenz
allmächtig: allgewaltig · omnipotent; →
auch mächtig (1)
Allmächtige, der: → Gott (1, a)
allmählich: schrittweise · stufenweise ·
gradweise · graduell · nach und nach · stadial ·
sukzessiv · in Etappen · Schritt für/um
Schritt · Stück für/um Stück · mit der Zeit ·
im Laufe der Zeit · peu à peu + zögernd ·
sacht ♦ *dicht:* mählich ♦ *umg:* langsam,
aber sicher; → *auch* langsam (1), unmerk-
lich
allmonatlich: → monatlich
Allotria (*Pl*): → Unfug (1)
Allrounder, der: → Multitalent
Allroundman, der: → Multitalent
Allroundtalent, das: → Multitalent
allseitig: 1. → vielseitig (1) – **2.** → all-
gemein (1)
Alltag, der: 1. 〈*die stetige Wiederholung des
Gleichen*〉 grauer Alltag · graues Einerlei –
2. → Werktag – **3.** grauer A.: → 1
alltäglich: 1. → mittelmäßig – **2.** → ge-
wöhnlich (1), vertraut (1)
alltags: → werktags
Alltagsmensch, der: → Durchschnitts-
mensch
allüberall: → überall (1)
allumfassend: 1. → umfangreich (1) – **2.**
→ allgemein (1)
Allüren (*Pl*): → Verhalten
Allvater, der: → Gott (1, a)
allwöchentlich: → wöchentlich
allzeit: 1. → immer (1) – **2.** → ewig (1)
allzu: [gar] zu

Alm, die: Bergwiese · Bergweide · Alm-
wiese · Alp; Stafel (*schweiz*); Senne (*süddt
österr*); → *auch* Weide (1)
Alma Mater, die: → Universität
Almanach, der: → Auswahl (3)
Almer, der: → Senner
Almosen, das: 1. 〈*kleine Gabe für Bedürfti-
ge*〉 milde Gabe · Gnadengeschenk; Bettel-
suppe (*abwert*) – **2.** → Spende (1)
Almwiese, die: → Alm
Alp, die: → Alm
Alphabet, das: Abc
Alpinismus, der: → Alpinistik
Alpinist, der: → Bergsteiger
Alpinistik, die: Bergsport · Alpinismus +
Hoch[gebirgs]touristik ♦ *umg:* Bergsteige-
rei
als: 1. 〈*in der Eigenschaft*〉 in Form/Gestalt
von – **2.** 〈*Ungleiches vergleichend*〉 geho-
ben: denn ♦ *umg:* wie – **3.** 〈*zeitlich*〉 geho-
ben: da ♦ *umg:* wie – **4.** als ob: 〈*gleichset-
zend*〉 wie wenn
alsbald: 1. → bald (1) – **2.** → sofort
alsbaldig: → sofortig
alsdann: → danach (1), dazu (2)
also: 1. 〈*eine Zusammenfassung ankündi-
gend*〉 kurz und gut – **2.** → folglich (1)
alt: 1. 〈*von hohem Lebensalter*〉 [hoch]be-
jahrt + grau · greis · greisenhaft · steinalt ·
uralt · ergraut · in hohem/gesegnetem/bib-
lischem Alter; senil (*auch abwert*) ♦ *geho-
ben:* [hoch]betagt ♦ *umg:* alt wie Methusa-
lem/wie die Berge; verblüht · bemoost
(*scherzh*); → *auch* ältlich, verbraucht (1) –
2. 〈*von Sachen gesagt:* hohes Alter aufwei-
send〉 uralt ♦ *salopp:* klapperig · oll; →
auch abgenutzt, gebraucht – **3.** 〈*seit langer
Zeit vorhanden*〉 [alt]hergebracht · [alt]her-
kömmlich · altüberliefert · altüberkommen ·
alteingeführt · traditionell · überkommen ·
überliefert · konventionell; → *auch* be-
währt, gewohnt (2), ehrwürdig – **4.** → ehe-
malig – **5.** → abgelagert – **6.** → hässlich (1)
– **7.** → antik (1) – **8.** → altertümlich – **9.** Alt
und Jung: → jedermann; a. wir-
kend/geworden: → ältlich; a. wie Methu-
salem/wie die Berge: → 1; a. werden, [in
Ehren] a. und grau werden: → altern (1); a.
machen: → altern (2); die alten Tage: →
Alter (1); alte Dame: **a)** → Mutter (1) – **b)**
→ Greisin; alte Frau/Tante: → Greisin;
Alter Herr: → Vater (I, 1); alter Mann/
Knabe/Knacker, altes Semester: → Greis;

Alterssichtigkeit

die alte Welt: → Altertum (I); aus alter Zeit stammend: → altertümlich; ein alter Hut: **a)** → Gemeinplatz – **b)** → Bart (2); ein alter Bart/Witz: → Bart (2); der alte Trott: → dasselbe (2); das Alte Testament: → Bibel; altes Mädchen, alte Jungfer: → Jungfer (2); eine alte Jungfer bleiben: → sitzen (6, b); alte Schachtel/Schraube: → Frau (I, 1); alter Fuchs/Hase: → Routinier; von altem Schrot und Korn: → rechtschaffen; für den alten Fritzen: → umsonst (1); zum alten Eisen gehörend: → verbraucht (1); zum alten Eisen werfen: → wegwerfen (I, 1); aus Alt Neu machen: → ändern (I, 1); den alten Adam ablegen: → bessern (II, 1); nicht a. werden: → aushalten (3)

Altan, der: → Balkon (1)

altangesehen: → angesehen (1)

altangesessen: 1. → ansässig (1) – **2.** → bodenständig

Altar, der: **1.** ⟨erhöhter Aufbau in christl. Kirchen⟩ Gottestisch · Opfertisch · Gnadentisch · Tisch des Herrn (Rel) – **2.** mit jmdm. vor den A. treten: → heiraten (1); zum A. führen: → heiraten (2)

Altarchor, der: → Altarraum

Altardiener, der: → Ministrant

Altarraum, der: Altarchor · Chor

Altarsakrament, das: → Abendmahl (1)

altbacken: → altmodisch (1)

Altbauwohnung, die: Altwohnung (schweiz)

altbekannt: → bekannt (1)

altbewährt: → bewährt

Alte: I. Alte, der: **1.** ⟨als alt angesehene männl. Person⟩ umg: Oldtimer · Oldie · Veteran · Grufti (scherzh) – **2.** → Vater (1) – **3.** → Ehemann – **4.** → Greis – **5.** → Vorgesetzte (1), ¹Leiter – **II.** Alte, die: **1.** → Mutter (1) – **2.** → Ehefrau – **3.** → Greisin – **4.** → Muttertier – **III.** Alte (Pl): die Alten: **1.** → Eltern (1) – **2.** → Vorfahr[e] (II)

altehrwürdig: 1. → ehrwürdig – **2.** → altertümlich

alteingeführt: → alt (3)

alteingesessen: 1. → ansässig (1) – **2.** → bodenständig

alteingewurzelt: → gewohnt (2)

Alteisen, das: → Schrott (1)

Altenappartments (Pl): → Seniorenresidenz

Altenheim, das: Seniorenheim · Altersheim; Feierabendheim (ehem. DDR) + Stift; → auch Pflegeheim, Seniorenresidenz

Altenteil, das: **1.** ⟨den Eltern verbleibender Besitz nach der Hofübergabe an den Sohn, die Tochter⟩ Ausgedinge · Altgedinge (landsch); Ausnahme · Auszug · Austrag (süddt österr); Stöckli (schweiz) + Austragsstube – **2.** sich aufs A. setzen: → zurückziehen (II, 1)

Alter, das: **1.** ⟨der letzte Lebensabschnitt des Menschen⟩ Lebensabend · die alten Tage · Greisenalter ♦ gehoben: Lebensneige · Abend/Herbst des Lebens – **2.** ⟨Zeit des Lebens od. Bestehens⟩ Lebensalter – **3.** ⟨das Altsein⟩ **a)** ⟨von Menschen⟩ Bejahrtheit – **b)** ⟨von Sachen⟩ Altertümlichkeit – **4.** das gefährliche/kritische A.: → Wechseljahre; in hohem/gesegnetem/biblischem A.: → alt (1)

alterieren: I. alterieren: → aufregen (I, 1) – **II.** alterieren, sich: → aufregen (II)

alteriert: → aufgeregt (1)

altern: 1. ⟨an Lebensjahren zunehmen⟩ alt/grau werden · in die Jahre kommen · [in Ehren] alt und grau werden · ergrauen · vergreisen; Patina ansetzen (scherzh); verknöchern · senil werden · verkalken (abwert) ♦ gehoben: ergreisen · hinaltern · welken + reifen – **2.** ⟨früh alt werden lassen⟩ alt machen

Alternanz, die: → Ablösung (2)

Alternation, die: → Ablösung (2)

Alternative, die: → Entscheidung (1)

alternieren: → ablösen (II, 2)

Alternsforschung, die: Gerontologie

alterprobt: 1. → bewährt – **2.** → erfahren (2)

Altersabstand, der: → Altersunterschied

Altersbezüge (Pl): → Rente (1)

altersblank: → abgetragen

Altersdomizil, das: → Alterssitz

Altersfürsorge, die: → Altersversorgung

altersgrau: → grauhaarig

Altersgruppe, die: → Jahrgang (1)

Altersheilkunde, die: → Geriatrie

Altersheim, das: → Altenheim

Altersjahr, das: → Lebensjahr

Altersklasse, die: → Jahrgang (1)

Alterspfennig, der: → Ersparnis (1)

Altersrente, die: → Rente (1)

Altersring, der: → Jahresring

Altersruhegeld, das: → Rente (1)

altersschwach: 1. → gebrechlich – **2.** → abgenutzt

Alterssichtigkeit, die: Altersweitsichtigkeit

51

Alterssitz, der: Ruhesitz · Altersdomizil
Altersstufe, die: → Jahrgang (1)
Altersunterschied, der: Altersabstand
Altersversorgung, die: 1. ⟨*Fürsorge für alte Menschen*⟩ Altersfürsorge + Rentnerfürsorge · Veteranenbetreuung; → *auch* Fürsorge (1) – 2. → Rente (1)
Altersweitsichtigkeit, die: → Alterssichtigkeit
Altertum: I. Altertum, das: ⟨*Zeitalter*⟩ Antike · das klassische Altertum · die alte Welt – **II.** Altertümer (*Pl*): → Antiquitäten
altertümelnd: archaisierend; zopfig (*abwert*) + veraltet; → *auch* altertümlich, altmodisch (1)
altertümlich: alt · altehrwürdig · archaisch · antik · aus alter Zeit stammend + uralt · veraltet; → *auch* altmodisch (1), altertümelnd
Altertümlichkeit, die: → Alter (3, b)
Altertumsforscher, der: → Archäologe
Altertumsforschung, die: → Archäologie
Altertumskunde, die: → Archäologie
Altertumswissenschaft, die: → Archäologie
Altertumswissenschaftler, der: → Archäologe
Alterung, die: → Altwerden
Alterungsprozess, der: → Altwerden
altfränkisch: → altmodisch (1)
Altgedinge, das: → Altenteil (1)
Altgeige, die: → Bratsche
altgewohnt: → gewohnt (2)
Altgut, das: → Altstoff
Althändler, der: 1. → Altstoffhändler – 2. → Trödler
Althandlung, die: → Altwarenhandlung
althergebracht: → alt (3)
altherkömmlich: → alt (3)
Altjahrsabend, der: → Silvester
Altjahrstag, der: → Silvester
altjüngferlich: jüngferlich · gouvernantenhaft · tantenhaft ♦ *umg*: tuntenhaft · tuntig (*landsch*); → *auch* prüde (1)
altklug: frühklug + kleiner Vati · kleine Mutti; → *auch* vorlaut
Altkunst, die: → Antiquitäten
ältlich: gealtert · angegraut · angejahrt · alt wirkend / geworden · angealtert; → *auch* alt (1)
Altmaterial, das: → Altstoff
Altmeister, der: Nestor · Senior; → *auch* Meister (1)
Altmetall, das: → Schrott (1)

altmodisch: 1. ⟨*nicht mehr in Mode*⟩ unmodern · altväterisch · antiquiert · altbacken · verstaubt · angestaubt; vorsintflutlich (*scherzh*); altfränkisch (*veraltend*); → *auch* altertümlich, veraltet (1), altertümelnd – **2.** a. sein: ⟨*nicht mehr in Mode sein*⟩ out sein
Altpapier, das: → Altstoff
Altruismus, der: → Selbstlosigkeit
altruistisch: → selbstlos
Altstoff, der: Altmaterial · Altgut · Sekundärrohstoff + Altpapier · Makulatur; → *auch* Schrott (1)
Altstoffhändler, der: Alt[waren]händler · Lumpenhändler · Lumpensammler; Produktenhändler (*veraltet*); → *auch* Trödler
Altstoffsammlung, die: Wertstoffsammlung
Altstoffwiederverwertung, die: → Recycling
Alttier, das: → Muttertier
altüberkommen: → alt (3)
altüberliefert: → alt (3)
altväterisch: → altmodisch (1)
altväterlich: → ehrwürdig
altvertraut: → vertraut (1)
Altvordern (*Pl*): → Vorfahr[e] (II)
Altwaren (*Pl*): → Antiquitäten
Altwarenhändler, der: 1. → Trödler – 2. → Altstoffhändler
Altwarenhandlung, die: Althandlung (*veraltend*) ♦ *umg*: Trödelladen
Altweibergeschwätz, das: → Gerede (1)
Altweibersommer, der: 1. ⟨*durch die Luft fliegende Spinnenfäden*⟩ Indianersommer; der fliegende Sommer (*landsch*); Unser Lieben Frau Gespinst (*süddt*) – 2. → Herbst (1)
Altwerden, das: Alterung[sprozess]; Seneszenz (*fachspr*)
Altwohnung, die: → Altbauwohnung
Alumnat, das: → Erziehungsinstitut
Amateur, der: Liebhaber; → *auch* Laie
Amazone, die: → Mannweib
Ambiance, die: → Atmosphäre (1)
Ambiente, die: → Atmosphäre (1)
ambig: → zweideutig (1)
Ambiguität, die: → Zweideutigkeit (1)
Ambition, die: → Ehrgeiz
ambitioniert: → ehrgeizig
ambitiös: → ehrgeizig
ambivalent: → zwiespältig
Ambivalenz, die: → Zwiespalt (1)
ambrosisch: → herrlich (1)

an

Ambulanz, die: **1.** → Krankenhaus (1) – **2.** → Krankenwagen
Ambulanzwagen, der: → Krankenwagen
Ambulatorium, das: → Krankenhaus (1)
Ameisenkribbeln, das: → Hautjucken
Ameisenlaufen, das: → Hautjucken
Amelioration, die: → Bodenverbesserung
Amen, das: sein A. geben: → zustimmen (1); Ja und A. sagen: → zustimmen (1)
Amerikaner, der: Yankee (*spött*) ♦ *umg*: Ami
Ami, der: → Amerikaner
Ammann, der: → Bürgermeister (a)
Amme, die: Nährmutter
Ammenmärchen, das: → Lügengeschichte
Amnesie, die: → Gedächtnisschwäche (1)
Amnestie, die: → Straferlass
amnestieren: → begnadigen
Amnestierung, die: → Straferlass
Amoklaufen, das: → Mordgier
amoralisch: → unsittlich
Amoralität, die: → Unsittlichkeit
Amorette, die: Putte
amorph: → formlos (1)
amortisabel: → tilgbar
Amortisation, die: → Tilgung
amortisierbar: → tilgbar
amortisieren: → tilgen (1)
Amouren (*Pl*): → Liebeserlebnis
Ampel, die: **1.** → ²Lampe (1) – **2.** → Blumentopf
Amphibolie, die: → Zweideutigkeit (1)
amphibolisch: → zweideutig (1)
Amphitheater, das: → Freilichtbühne
Amputation, die: Abnahme · Abtrennung; Absetzung (*med*)
amputieren: abnehmen · abtrennen; absetzen (*med*)
Amt, das: **1.** ⟨*die amtl. Tätigkeit u. ihr Bereich*⟩ Amtsgeschäfte · Funktion · Charge; → *auch* Aufgabe (2), Arbeitsgebiet – **2.** → Aufgabe (2) – **3.** → Behörde (1) – **4.** → Fernsprechamt, Fernmeldeamt – **5.** → Gottesdienst – **6.** Fräulein vom A.: → Telefonistin; von Amts wegen: → amtlich (1); sein A. niederlegen/zur Verfügung stellen, von seinem A. zurücktreten: → zurücktreten (1); seines/des Amtes suspendieren/entheben/entsetzen/entbinden/entkleiden, von seinem A. suspendieren/entbinden: **a)** → absetzen (I, 2) – **b)** → entlassen (2); seines Amtes walten: → ausführen (3)
amtieren: a. ⎮als⎮: → wirken (6)

amtlich: 1. ⟨*von einem Amt ausgehend*⟩ offiziell · behördlich · dienstlich · administrativ · amtshalber · von Amts wegen ♦ *gehoben*: ex officio · ex professo; → *auch* bestätigt, beweiskräftig – **2.** → bekannt (1) – **3.** → beweiskräftig – **4.** → förmlich (1)
Amtsabtretung, die: → Rücktritt (1)
Amtsalter, das: → Dienstalter
amtsbekannt: → aktenkundig
Amtsbereich, der: Ressort · Dezernat · Geschäftsbereich
Amtsbruder, der: → Kollege
Amtseinführung, die: Inauguration; Ordination (*Rel*)
Amtsenthebung, die: → Absetzung (1)
Amtsenthebungsverfahren, das: Impeachment
Amtsentsetzung, die: → Absetzung (1)
Amtsgeheimnis, das: Dienstgeheimnis
Amtsgehilfe, der: → Assistent
Amtsgenosse, der: → Kollege
Amtsgeschäfte (*Pl*): → Arbeitsgebiet, Amt (1)
amtshalber: → amtlich (1)
Amtskleidung, die: → Amtstracht
Amtsleitung, die: → Fernsprechamt
Amtsnachfolger, der: → Nachfolger
Amtsniederlegung, die: → Rücktritt (1)
Amtsschimmel, der: **1.** → Bürokratie – **2.** den A. reiten: → bürokratisch (2)
Amtsschreiben, das: Dienstsache
Amtssiegel, das: → Siegel (1)
Amtsstube, die: → Dienstraum
Amtsstunden (*Pl*): → Dienststunden
Amtstracht, die: Amtskleidung + Robe · Ornat · Talar · Habit
Amtsweg, der: → Dienstweg
Amtswohnung, die: → Dienstwohnung
Amtszimmer, das: → Dienstraum
Amulett, das: **1.** → Talisman – **2.** → Anhänger (1)
amüsant: → unterhaltsam
Amüsement, das: → Belustigung (1)
Amüsierbetrieb, der: → Amüsierlokal
amüsieren: I. amüsieren: → belustigen (I) – **II.** amüsieren, sich: → vergnügen (II)
Amüsierlokal, das: Amüsierbetrieb · Vergnügungsstätte; Tingeltangel (*abwert*) ♦ *umg*: Bumslokal (*abwert*); → *auch* Tanzlokal, Nachtlokal
amusisch: → nüchtern (3)
an: 1. ⟨*Ort*⟩ bei – **2.** ⟨*Richtung*⟩ bis · [bis] zu · nach – **3.** → ¹zu (1) – **4.** → ungefähr (1) –

53

Anachoret

5. von … an: → ab (1 *u.* 2); bis an: → ¹zu (4); ab und an: → manchmal; von jetzt/nun an: → künftig; von Stund an: → seitdem (1); an [und für] sich: → eigentlich (1); Haus an Haus, Tür an Tür, Wand an Wand wohnen: → benachbart (2)
Anachoret, der: → Einsiedler
Anachronismus, der: Atavismus
anachronistisch: atavistisch
Analeptikum, das: → Anregungsmittel
analog: 1. → sinngemäß – **2.** → vergleichbar
Analogie, die: → Ähnlichkeit
Analogieschluss, der: → Folgerung (1)
Analogismus, der: → Folgerung (1)
Analyse, die: **1.** → Zerlegung – **2.** → Untersuchung (1)
analysieren: 1. → zerlegen (1) – **2.** → untersuchen (1)
analytisch: zerlegend · zergliedernd
Anämie, die: → Blutarmut
anämisch: → ¹blutarm
Anarchie, die: → Gesetzlosigkeit
anarchisch: → gesetzlos
Anarchismus, der: → Gesetzlosigkeit
Anarchist, der: + Anarcho; → *auch* Chaot (1)
Anarcho, der: → Anarchist, Chaot (1)
Anästhesie, die: **1.** → Betäubung (1) – **2.** → Narkose
anästhe[ti]sieren: → betäuben (I, 1)
Anathema, das: → Ausschluss (1)
anatmen: → anblasen (1)
anbacken: 1. → ankleben (2) – **2.** → anbrennen (2)
anbaggern: → anbändeln (a)
anbahnen: I. anbahnen: ⟨*erste Schritte in etw. unternehmen*⟩ einleiten · die Weichen stellen │für│ · in die Wege leiten · anknüpfen · einfädeln · anspinnen · entrieren; → *auch* vorbereiten (I), anfangen (1, a) – **II.** anbahnen, sich: ⟨*allmählich beginnen*⟩ sich anspinnen; → *auch* anfangen (1, b), ankündigen (II)
anbandeln: a. │mit│: **a)** → anbändeln (a) – **b)** → anlegen (II)
anbändeln: a. │mit│: **a)** ⟨*eine Liebschaft anzuknüpfen suchen*⟩ anbinden │mit│ · äugeln │mit│; anbandeln │mit│ (süddt österr) ♦ *umg:* anbaggern · anmachen + Anschluss suchen; → *auch* anschließen (II, 1), flirten – **b)** → anlegen (II)
Anbau, der: Vorbau · Zubau · Ausbau; → *auch* Nebengebäude

anbauen: I. anbauen: **1.** ⟨*baulich erweitern*⟩ zubauen – **2.** → pflanzen (I, 1) – **II.** anbauen, sich: → niederlassen (II, 1)
Anbaufolge, die: → Fruchtfolge
Anbauschrank, der: → Schrankwand
Anbauwand, die: → Schrankwand
anbefehlen: 1. → anordnen (2) – **2.** → anvertrauen (I, 1)
Anbeginn, der: → Beginn (1)
anbehalten: *umg:* anlassen
anbei: → beiliegend
anbeißen: 1. ⟨*das erste Mal hineinbeißen*⟩ anknabbern; → *auch* annagen – **2.** ⟨*von Fischen gesagt: in den Angelhaken beißen*⟩ an die Angel gehen – **3.** → hereinfallen – **4.** zum Anbeißen: → anziehend (1)
anbelangen: → betreffen (1)
anbelfern: → anfahren (3)
anbellen: 1. ⟨*von Hunden gesagt: sein Gebell gegen jmdn. od. etw. richten*⟩ ankläffen (*abwert*); anblaffen (*landsch*); → *auch* anknurren (1) – **2.** → anfahren (3)
anbequemen, sich: → anpassen (II, 2)
anberaumen: ansetzen · festsetzen; → *auch* festlegen (I, 1)
anbeten: anschwärmen · umschwärmen · schwärmen │für│ ♦ *umg:* anhimmeln · anschmachten; → *auch* bewundern, verehren (1)
Anbeter, der: → Verehrer (1)
Anbetracht, der: in A.: **1.** → angesichts – **2.** → hinsichtlich
anbetreffen: → betreffen (1)
anbetteln: 1. ⟨*wegen einer* [*zu leihenden*] *Geldsumme usw. ansprechen*⟩ anborgen ♦ *salopp:* anpumpen · anhauen · anzapfen · anbohren; ankrallen · anschnorren · ankriegen (*landsch*); → *auch* betteln (1) – **2.** a. │um│ → bitten (2)
Anbetung, die: → Verehrung
anbetungswürdig: verehrungswürdig
anbiedern, sich: → einschmeicheln, sich
anbieten: I. anbieten: **1.** ⟨*zum Nehmen entgegenhalten*⟩ hinhalten · [hin]reichen ♦ *gehoben:* bieten – **2.** ⟨*eine Erfrischung usw. vorsetzen*⟩ aufwarten │mit│ · kredenzen reichen ♦ *gehoben:* darbieten · darreichen; → *auch* auftischen (1) – **3.** ⟨*zum Kauf bieten*⟩ ausbieten · auf den Markt bringen/werfen · offerieren · [s]ein Angebot machen; andienen (*kaufm*); feilbieten · feilhalten (*veraltend*) + vermarkten; → *auch* verkaufen (I, 1), handeln (I, 1) – **4.** → vorschlagen – **5.** →

ander

bieten (I, 1) – **II.** anbieten, sich: ⟨*sich selbst vorschlagen*⟩ *gehoben*: sich anheischig machen • sich [an]erbieten; → *auch* bewerben, sich (1)
Anbieter, der: → Provider
anbinden: 1. ⟨*mit einer Leine, Schnur an etw. befestigen*⟩ binden |an| • anknüpfen • anseilen • anleinen • anschnüren + anschließen • sichern ♦ *umg*: anmachen; → *auch* befestigen (1), festbinden, anketten, anschnallen (I), fesseln (1) – **2.** a. |mit|: a) → anbändeln (a) – **b)** → anlegen (II)
anblaffen: 1. → anbellen (1) – **2.** → anfahren (3)
anblarren: 1. → anknurren (1) – **2.** → anfahren (3)
anblasen: 1. ⟨*in Richtung auf jmdn. od. etw. blasen*⟩ anatmen • anhauchen • behauchen ♦ *dicht*: anwehen ♦ *umg*: anpusten (*landsch*) – **2.** ⟨*einen Hochofen in Betrieb nehmen*⟩ anfahren (*fachspr*) – **3.** → anschüren (1) – **4.** → anfahren (3)
anblättern: → überfliegen
Anblick, der: **1.** → Bild (2) – **2.** → Aussehen (1) – **3.** → Betrachtung (1) – **4.** einen A. bieten: → aussehen (1)
anblicken: → ansehen (I, 1)
anblinzeln: 1. → ansehen (I, 1) – **2.** → zublinzeln
anblinzen: 1. → ansehen (I, 1) – **2.** → zublinzeln
anblitzen: → anfunkeln
anblöken: → anfahren (3)
anbohren: 1. → anbetteln (1) – **2.** → ausfragen – **3.** a. |um|: → bitten (2)
anborgen: → anbetteln (1)
Anbot, das: → Angebot
anbraten: → anbräunen
anbrauchen: → anbrechen (2)
anbräunen (*Kochk*): bräunen • anrösten • anschwitzen + anbraten
anbrausen: angebraust kommen: → anfahren (7, b)
anbrechen: 1. ⟨*nicht ganz durchbrechen*⟩ [an]knicken ♦ *umg*: anknack[s]en – **2.** ⟨*zu verbrauchen beginnen*⟩ angreifen • anreißen • anbrauchen • antasten – **3.** → anfangen (1, b)
anbrennen: 1. ⟨*zu brennen anfangen*⟩ sich entzünden • Feuer fangen ♦ *umg*: angehen; → *auch* brennen (1) – **2.** ⟨*beim Kochen am Gefäß hängen bleiben*⟩ anhängen • anbacken • ansetzen; anhacken (*landsch*) – **3.** → an-

zünden (1, a *u.* b) – **4.** nichts a. lassen: → entgehen (2)
anbringen: 1. → bringen (1) – **2.** → befestigen (1) – **3.** → aufhängen (I, 1) – **4.** → aufnähen – **5.** → unterbringen (1) – **6.** → verkaufen (I, 1) – **7.** → vorbringen – **8.** → anzeigen (2)
Anbringung, die: → Befestigung (1)
Anbruch, der: → Beginn (1)
anbrüllen: → anfahren (3)
anbrummen: → anfahren (3)
anbuffen: → schwängern
Anchor, der: **1.** → Moderator – **2.** → Nachrichtensprecher
Anchorman, der: **1.** → Moderator – **2.** → Nachrichtensprecher
Andacht, die: **1.** ⟨*Gedanken- u. Gefühlskonzentration*⟩ Versunkenheit; → *auch* Aufmerksamkeit (1) – **2.** → Gottesdienst
andächtig: versunken • andachtsvoll + feierlich; → *auch* aufmerksam (1)
andachtsvoll: → andächtig
andampfen: angedampft kommen: **a)** → anfahren (7, b) – **b)** → anlaufen (9)
andauern: anhalten • kein Ende haben/nehmen • ins Uferlose gehen • dauern • fortwähren ♦ *umg*: beibleiben (*norddt*); → *auch* weiter (6), ¹dauern (1)
andauernd: 1. → ununterbrochen – **2.** → dauernd (1)
Andenken, das: **1.** ⟨*Gegenstand der Erinnerung*⟩ Souvenir • Erinnerungsstück + Erbstück • Familienstück • Erinnerungszeichen • Denkzettel • Denkzettel – **3.** → Erinnerung – **2.** ⟨*sicht- od. fühlbares Zeichen einer Strafe*⟩ Denkzettel – **3.** → Erinnerung (I, 2) – **4.** zum A.: → Erinnerung (I, 5)
ander: ein anderer Mensch werden: → bessern (II, 1); in anderen Umständen sein: → schwanger (2); einer/eins nach dem anderen, ein nach dem anderen: → nacheinander; einer den anderen *bzw.* einer dem anderen: → einander; einmal übers/ums andere, ein um das andere Mal: → wiederholt (1); zum anderen Mal[e]: → wieder (1); auf die eine oder andere Art: → irgendwie; ein anderes Gesicht bekommen: → ändern (II); auf andere Gedanken bringen: → ablenken (I, 2); sich gleichen wie ein Ei dem anderen: → gleichen (1); keinen Stein auf dem andern lassen: → zerstören (2); sich eines anderen belehren [lassen]/besinnen: → bessern (II, 1); mit anderen Worten: → Wort (5); vom anderen Ufer: → homosexuell (a)

55

andererseits

andererseits: andernteils
ändern: I. ändern: **1.** ⟨*in eine andere Form bringen*⟩ umändern · umarbeiten · anders machen + wenden · aus Alt Neu machen – **2.** → abändern, umgestalten – **3.** die Richtung ä.: → ²abweichen (1, b) – **II.** ändern, sich: ⟨*anders auszusehen anfangen; ein anderes Verhalten usw. zu zeigen beginnen*⟩ sich verändern · sich wandeln · anders werden · mutieren |zu| · ein anderes Gesicht bekommen + sich verschieben · sich wenden
andernfalls: sonst · widrigenfalls · ansonsten; ansonst (*schweiz österr*) + gegebenenfalls
andernorts: → anderswo
andernteils: → andererseits
anders: 1. → verschiedenartig – **2.** → alias – **3.** a. machen: → ändern (I, 1); a. werden: → ändern (II); a. ausgedrückt: → Wort (5)
andersartig: → verschiedenartig
andersherum: → homosexuell (a)
anderswo: andernorts · anderwärts · woanders
Änderung, die: **1.** ⟨*das In-andere-Form-Bringen*⟩ Umänderung · Umarbeitung + Wendung – **2.** → Abänderung, Veränderung (1), Umgestaltung
anderwärts: → anderswo
anderweitig: → sonstig
andeuten: I. andeuten: **1.** ⟨*einen versteckten Hinweis geben*⟩ durchblicken/anklingen lassen · in Andeutungen reden · Andeutungen machen · durch die Blume sagen · anspielen |auf| · eine Anspielung machen |auf|; antönen (*schweiz*) ♦ *gehoben*: bedeuten ♦ *umg*: antippen; → *auch* beibringen (1) – **2.** → erwähnen (1) – **II.** andeuten, sich: **1.** → abzeichnen (II, 1) – **2.** → ankündigen (II)
andeutend: → andeutungsweise
Andeutung, die: **1.** → Hinweis – **2.** → Anflug (2) – **3.** in Andeutungen: → andeutungsweise; in Andeutungen reden, Andeutungen machen: → andeuten (I, 1)
andeutungsweise: andeutend · in Andeutungen · verblümt · durch die Blume + indirekt
andichten (*umg*): anhängen ♦ *salopp*: anflicken; → *auch* verleumden (1)
andicken (*Kochk*): abdicken · binden; sämig machen · abebnen (*landsch*)
andienen: → anbieten (I, 3)

andocken: → ¹anhängen (I, 1)
andonnern: 1. → anfahren (3) – **2.** angedonnert kommen: → anfahren (7, b)
Andrang, der: **1.** ⟨*das Herbeikommen vieler Menschen*⟩ Ansturm · Zustrom · Zulauf + Run · Hochflut – **2.** → Gedränge (1)
andrängen: herandrängen · andringen
andrehen: 1. → einschalten (I, 1) – **2.** → aufdrängen (I) – **3.** → anrichten (1) – **4.** ein Kind a.: → schwängern
andringen: → andrängen
androgyn: → zweigeschlechtig
Andromanie, die: → Mannstollheit
andrücken: I. andrücken: ⟨*mit Druck gegen etw. halten*⟩ anpressen · anstemmen · aneinander drücken · aneinander pressen – **II.** andrücken, sich: → anschmiegen, sich (1)
anecken: 1. → stoßen (II) – **2.** → anstoßen (2)
aneifern: → anregen (1)
aneignen: sich a.: **1.** ⟨*zu seinem Eigentum machen*⟩ [an] sich nehmen · an sich bringen · sich zu Eigen machen · in Besitz nehmen/bringen · Besitz ergreifen |von| · sich bemächtigen; [er]raffen · an sich reißen (*abwert*) ♦ *umg*: sich zu Gemüte führen (*scherzh*); einstreichen · einstecken (*auch abwert*) ♦ *salopp*: an Land ziehen · sich unter den Nagel reißen; einkassieren · einsacken · einsäckeln (*auch spött*); einheimschen (*landsch*); → *auch* einverleiben (2, a), erwerben (1), bereichern (II), wegnehmen (1) – **2.** ⟨*zu seinem geistigen Besitz machen*⟩ verinnerlichen · sich zu Eigen machen; internalisieren (*fachspr*) ♦ *gehoben*: sich anverwandeln – **3.** → angewöhnen (2) – **4.** → erlernen
Aneignung, die: **1.** → Erlernung – **2.** widerrechtliche A.: → Diebstahl (1)
aneinander: sich a. gewöhnen: → gewöhnen, sich (1); a. drücken/pressen: → andrücken (I); a. fügen: → verbinden (I, 1); a. geraten: → zusammenstoßen (2); a. halten: → zusammenhalten (1); a. hängen: → zusammenhängen (2); a. koppeln: → zusammenhängen (2); a. reihen: → aufreihen (2)
Aneinanderreihung, die: **1.** → Aufstellung (1) – **2.** → Reihenfolge
Anekdote, die: → Erzählung
anekeln: → anwidern
anempfehlen: → raten (1)
Anerbe, der: → Alleinerbe
anerbieten, sich: → anbieten (II)

Anerbieten, das: → Angebot (1)
anerkannt: → angesehen (1)
anerkanntermaßen: bekanntermaßen
anerkennen: 1. ⟨*die gebührende Geltung zubilligen*⟩ würdigen · Anerkennung / Beifall zollen · gelten lassen; → *auch* achten (1), loben (1), billigen (1) – **2.** → respektieren
anerkennend: → bejahend
anerkennenswert: 1. → lobenswert – **2.** → beachtlich (1)
Anerkenntnis, die: → Bestätigung (1)
Anerkennung, die: **1.** ⟨*positive Bewertung*⟩ Würdigung · Beifall · Billigung; → *auch* Zustimmung (1), Achtung (1), Lob (1) – **2.** → Bestätigung (1) – **3.** A. zollen: → anerkennen (1)
anerziehen: angewöhnen
anessen: sich a. (*umg*): sich dick [und rund] essen ♦ *salopp:* sich anfuttern · sich anmästen ♦ *derb:* sich anfressen; → *auch* satt (4)
anfachen: 1. → anschüren (1) – **2.** → anstacheln (1) – **3.** → auslösen (1, b)
anfahren: 1. ⟨*zu fahren beginnen*⟩ anrollen · anziehen · anrucken · anlaufen · sich in Bewegung setzen + starten – **2.** ⟨*mit einem Fahrzeug bringen*⟩ heranschaffen · heranbringen · herbeischaffen · antransportieren – **3.** ⟨*mit scharfen Worten ansprechen*⟩ anherrschen · anlassen · anschreien · anbrüllen · anschnauben ♦ *umg:* grob kommen / werden · ungemütlich werden · anblasen · anbrummen · anknurren · anmurren · anbellen · ankläffen · andonnern · schweres / grobes Geschütz auffahren; anblaffen · anblarren · anlappen · angrob[s]en (*landsch*) ♦ *salopp:* anschnauzen · anblöken · anrasseln · anranzen · angeifern · angiften · anfauchen · anpfeifen · anhauchen · anniesen · anzischen · anrotzen; anbelfern · anhusten (*landsch*) ♦ *derb:* anscheißen · ankotzen; → *auch* ausschimpfen – **4.** → vorfahren – **5.** → auftischen (1) – **6.** → anblasen (2) – **7.** angefahren kommen: ⟨*fahrend ankommen*⟩ ⟨*Personen*⟩ *umg:* angereist kommen – **b)** ⟨*Fahrzeuge*⟩ *umg:* angedampft / angerasselt / angebraust / angefegt kommen ♦ *salopp:* angeschnauft / angedonnert / angeflitzt / angerauscht / angerast kommen; → *auch* ankommen (1)
Anfahrt, die: **1.** ⟨*das Herbeifahren*⟩ Anreise · Hinweg – **2.** → Anfahrtsweg – **3.** → Zufahrtsstraße

Anfahrtsstrecke, die: → Anfahrtsweg
Anfahrtsweg, der: Anfahrt · Anfahrtsstrecke · Anmarsch[weg] · Strecke · Weg[strecke] · Route
Anfall, der: **1.** ⟨*plötzl. Auftreten einer Krankheit*⟩ Attacke; Insult · Paroxysmus (*med*); → *auch* Schwächeanfall (1) – **2.** ⟨*plötzl. Auftreten einer heftigen Gemütsbewegung*⟩ Anwandlung · Aufwallung · Koller · Raptus ♦ *umg:* Rappel; → *auch* Ausbruch (1) – **3.** → Angriff (1, b)
anfallen: → angreifen (I, 1, b)
anfällig: → empfindlich (1)
Anfang, der: **1.** → Beginn (1) – **2.** den A. machen: → anfangen (1, a); seinen A. nehmen: → anfangen (1, b); am / zu A.: → anfänglich; von A. bis [zu] Ende: → ganz (1)
anfangen: 1. a) ⟨*mit einer Tätigkeit einsetzen*⟩ beginnen · den Anfang machen · darangehen · sich daransetzen · [heran]gehen |an| · in Angriff nehmen · ans Werk gehen · sich ans Werk machen · die Initiative ergreifen · den ersten Schritt tun; den Reigen eröffnen (*scherzh*) ♦ *gehoben:* Hand ans Werk legen · anheben · sich begeben |an| · schreiten |zu| ♦ *umg:* anpacken · sich hermachen |über| · sich werfen / stürzen |auf| · sich daranmachen · sich darüber machen; sich beimachen · beikommen · beigehen (*norddt*) ♦ *salopp:* loslegen · losmachen · die Post geht ab · starten + losschießen; → *auch* anbahnen (I), ansetzen (2), Begriff (3), eröffnen (I, 1) – **b)** ⟨*zu geschehen ansetzen*⟩ einsetzen · beginnen · hereinbrechen · seinen Anfang nehmen · in Funktion treten · zum Ausbruch kommen · im Anzug sein ♦ *gehoben:* sich erheben · anheben · anbrechen ♦ *umg:* losgehen · anlaufen · angehen · sich anlassen · ins Rollen kommen; → *auch* anbahnen (II) – **2.** → bewerkstelligen – **3.** von vorn a.: → wiederholen (I, 1, a *u.* b); Streit / Händel a.: → anlegen (II)
Anfänger, der: **1.** ⟨*unerfahrene, mit etw. erst beginnende Person*⟩ Neuling · Debütant + Newcomer · Start-up · Neustarter · Neueinsteiger · Aufsteiger ♦ *umg:* blutiger Anfänger; → *auch* Grünschnabel – **2.** → Fahreinsteiger – **3.** blutiger A.: → 1
anfänglich: am / zu Anfang · anfangs; → *auch* zuerst
anfangs: → anfänglich
Anfangsbuchstabe, der: Initiale

Anfangsgründe

Anfangsgründe (*Pl*): Grundbegriffe · Elemente · Elementarkenntnisse · Initien · Abc · Einmaleins

Anfangsschwierigkeit, die: → Anlaufschwierigkeit

anfassen: I. anfassen: **1.** ⟨*mit der Hand berühren*⟩ angreifen · greifen |an|; anlangen (*süddt*) + in die Hand nehmen ♦ *umg*: anpacken ♦ *salopp*: befummeln · anpatschen · antatschen · betatschen (*landsch*); → *auch* berühren (I, 1), befühlen, ergreifen (1) – **2.** → behandeln (1) – **3.** → überkommen (1) – **4.** → zugreifen (1) – **II.** anfassen, sich: ⟨*beim Anfassen in den Fingern ein bestimmtes Gefühl hervorrufen*⟩ sich anfühlen · sich angreifen

anfauchen: → anfahren (3)

anfechtbar: → bestreitbar

anfechten: 1. → bestreiten (1) – **2.** → beunruhigen (I)

Anfechtung, die: **1.** → Einspruch (1) – **2.** → Versuchung (1)

anfegen: angefegt kommen: **a)** → anlaufen (9) – **b)** → anfahren (7, b)

anfeinden: 1. → angreifen (I, 2) – **2.** → bekämpfen (I, 2)

Anfeindung, die: → Angriff (2)

anfertigen: 1. ⟨*nicht in Serienproduktion herstellen*⟩ bauen ♦ *umg*: machen ♦ *salopp*: zusammenhauen (*abwert*); → *auch* herstellen (1) – **2.** → verfassen

Anfertigung, die: **1.** → Herstellung – **2.** → Abfassung

anfeuchten: 1. ⟨*ein wenig nass machen*⟩ befeuchten · benässen ♦ *gehoben*: [be]netzen · feuchten; → *auch* bespritzen (I, 1), belecken, durchfeuchten (I, 1) – **2.** die Kehle a.: → trinken (1, b)

anfeuern: 1. ⟨*zu heizen beginnen*⟩ anheizen · einheizen · Feuer anzünden ♦ *umg*: Feuer [an]machen; → *auch* heizen (1) – **2.** → anregen (1)

anfinden, sich: → zurückerhalten

anflammen: → anfunkeln

anflehen: → beschwören (2)

anflicken: 1. → annähen – **2.** → andichten

anfliegen: 1. ⟨*fliegend herbeikommen*⟩ **a)** ⟨*fliegende Tiere, bes. Vögel*⟩ heranfliegen · angeflogen kommen · anschwirren · angeschwirrt/angesegelt kommen – **b)** ⟨*Flugkörper, bes. Flugzeuge*⟩ heranfliegen · angeflogen kommen ♦ *umg*: angesegelt kommen – **2.** → überkommen (1) –

3. angeflogen kommen: **a)** → 1, a u. b – **b)** → anlaufen (9)

anflitzen: angeflitzt kommen: **a)** → anlaufen (9) – **b)** → anfahren (7, b)

Anflug, der: **1.** ⟨*das Anfliegen eines Zieles*⟩ Ansteuerung – **2.** ⟨*leichtes Sichtbarsein*⟩ Andeutung · Anklang · Hauch · Schimmer · Spur · Touch ♦ *dicht*: Anhauch – **3.** → Wildwuchs

Anflugwald, der: → Wildwuchs

anfordern: → bestellen (1)

Anforderung, die: → Bestellung (1)

Anfrage, die: Frage; → *auch* Antrag (1)

anfragen: *umg*: anklopfen · antippen; → *auch* fragen (I, 1)

anfressen: 1. → annagen – **2.** sich a.: → anessen

anfreunden, sich: → befreunden, sich (1), annähern (II, 1)

anfügen: I. anfügen: → beigeben (1) – **II.** anfügen, sich: → anschließen (II, 3)

Anfügung, die: → Anhang (1)

anfühlen: I. anfühlen: **1.** → befühlen – **2.** → anmerken (1) – **II.** anfühlen, sich: → anfassen (II)

Anfuhr, die: **1.** ⟨*das Heranfahren von Sachen*⟩ Antransport – **2.** → Tadel (1)

anführen: 1. ⟨*mündlich od. schriftlich mit Namen erwähnen*⟩ angeben · aufführen · aufzählen · erwähnen · nennen ♦ *gehoben*: beibringen · anziehen; → *auch* erwähnen (1) – **2.** ⟨*eine Quelle namhaft machen*⟩ zitieren + belegen – **3.** → führen (2) – **4.** → narren

Anführer, der: Führer · Hauptperson + Hauptmann · Häuptling · Rädelsführer ♦ *salopp*: Leithammel · Boss · King · Platzhirsch (*spött*)

Anführung, die: **1.** ⟨*das namentl. Erwähnen*⟩ Angabe · Aufführung · Aufzählung · Erwähnung · Zitierung; → *auch* Zitat – **2.** → Führung (1)

Anführungsstriche (*Pl*): → Anführungszeichen

Anführungszeichen (*Pl*): Anführungsstriche ♦ *umg*: Gänsefüßchen

anfüllen: → füllen (I, 1)

anfunkeln: anblitzen · anflammen

anfuttern: sich a.: → anessen

Angabe: I. Angabe, die: **1.** ⟨*den eigenen Wert zu sehr hervorkehrendes Benehmen*⟩ Angeberei · Wichtigtuerei · Imponiergehabe · Aufgeblasenheit · Effekthascherei ·

angehen

Schaumschlägerei; Protzerei · Protzentum · Windbeutelei (*abwert*) + Kraftmeierei ♦ *umg*: Effekthascherei · Dicktuerei · Mache; Pranz (*landsch*); → *auch* Überheblichkeit, Prahlerei – **2.** → Mitteilung (1) – **3.** → Anführung (1) – **4.** ohne A. des Namens/Absenders: → anonym – **II.** Angaben (*Pl*): → Datum (II)
angaffen: → anstarren
angaloppieren: angaloppiert kommen: **a)** → anreiten (1) – **b)** → anlaufen (9)
angängig: 1. → zulässig – **2.** a. sein: → angehen (1)
angealtert: → ältlich
angeben: 1. ⟨*sich in übertriebener Weise lobend erwähnen*⟩ sich spreizen · sich blähen · [sich] großtun · den [großen] Herrn spielen · sich in die Brust werfen; protzen (*abwert*) + prunken ♦ *umg*: [mächtig] ins Horn stoßen · sich wie ein Frosch aufblasen · Wind machen · eine Stange angeben · sich dick[e]tun · den dicken Wilhelm spielen; pranzen (*landsch*) ♦ *salopp*: eine Schau/Nummer abziehen · angeben wie eine Lore [nackter] Affen; → *auch* prahlen, aufspielen (II), eingebildet (3) – **2.** → anschlagen (1) – **3.** → anführen (1) – **4.** → anzeigen (2), verraten (1) – **5.** → ausspielen (1) – **6.** eine Stange a., a. wie eine Lore [nackter] Affen: → 1; den Ton a.: → bestimmen (2); wie angegeben wird: → angeblich
Angeber, der: **1.** ⟨*sich in übertriebener Weise lobend erwähnende Person*⟩ Wichtigtuer · Aufschneider · Wortheld · Großsprecher · Prahler · Prahlhans · Vornehmtuer · Poseur · Renommist · Bramarbas · Gernegroß · Möchtegern · Schwadroneur; Protz (*abwert*) + Klugredner · Bildungsprotz · Snob ♦ *umg*: Großmaul · Zampano; Pranzer (*landsch*) + Maulheld ♦ *salopp*: Großkotz (*abwert*) ♦ *derb*: Großschnauze + Klugscheißer · Revolverschnauze; → *auch* Blender – **2.** → Verräter (1)
Angeberei, die: → Angabe (I, 1)
angeberisch: wichtigtuerisch · aufschneiderisch · großtuerisch · großspurig · breitspurig; protzig · protzenhaft (*abwert*) + kraftmeierisch ♦ *umg*: wie der Hahn auf dem Mist; → *auch* eingebildet (1), prahlerisch
Angebetete, die: → Geliebte (II)
Angebinde, das: → Geschenk (1)
angeblich: vorgeblich · wie angegeben/behauptet wird

angeboren: angestammt · eingeboren · von Geburt [an] · kongenital · ererbt · erblich · im Blut liegend · von Haus aus · in die Wiege gelegt
Angebot, das: **1.** ⟨*Vorgang des Anbietens*⟩ Ausgebot · Offerte · Gebot · Anerbieten; Anbot (*österr*); → *auch* Vorschlag (1), Antrag (1) – **2.** ⟨*die zum Kauf auffordernde Mitteilung*⟩ Offerte; → *auch* Anzeige (1), Werbung (1) – **3.** → Warenangebot – **4.** [s]ein A. machen: **a)** → anbieten (I, 3) – **b)** → bieten (I, 2); ein A. machen/vorlegen/unterbreiten: → vorschlagen
angebracht: 1. → passend (1, a) – **2.** a. sein: → gehören (II)
angebrannt: → brenzlig (1)
angebraucht: → angebrochen (2)
angebrochen: 1. ⟨*mit Bruchschaden behaftet*⟩ angeschlagen · beschädigt – **2.** ⟨*bereits zum Teil verbraucht*⟩ angerissen · angebraucht
angebunden: kurz a.: → barsch
angedeihen: a. lassen: → zugute (1); Hilfe/Unterstützung a. lassen: → helfen (1); Pflege/Fürsorge a. lassen: → pflegen (I, 1); Förderung a. lassen: → fördern (1)
Angedenken, das: **1.** → Erinnerung (2) – **2.** seligen Angedenkens: → verstorben
angedudelt: → angeheitert
angeduselt: → angeheitert
angeerbt: → ererbt (1)
angefressen: 1. → ärgerlich (1) – **2.** → beleidigt (1)
angegangen: → verdorben (1)
angegilbt: → vergilbt
angegossen: wie a. sitzen: → passen (1, b)
angegraut: → ältlich
angegriffen: → erschöpft (1)
angehaucht: → gefärbt
angeheiratet: → verwandt (1)
angeheitert: beschwipst · angetrunken; beschickert (*landsch*) ♦ *umg*: angesäuselt · besäuselt · angedudelt · angeduselt · leicht angeschlagen; → *auch* betrunken (1)
angehen: 1. ⟨[*gerade*] *noch genügen od. erlaubt sein*⟩ vertretbar/möglich/angängig sein ♦ *umg*: hingehen – **2.** → angreifen (I, 1, b) – **3.** → anbrennen (1) – **4.** → betreffen (1) – **5.** → anfangen (1, b) – **6.** nichts a.: ⟨*nicht berechtigt sein, sich einzumischen*⟩ *salopp*: einen Dreck angehen · einen feuchten Kehricht/Schmutz angehen ♦ *derb*: einen Scheißdreck angehen – **7.** a. ⌈gegen⌉:

59

angehören

→ bekämpfen (I, 2) – **8.** a. |um|: → bitten (2)

angehören: → gehören (3, a)

Angehörige: I. Angehörige, der: → Verwandte (I) – **II.** Angehörige (*Pl*): die Angehörigen: → Verwandtschaft (1)

angeifern: → anfahren (3)

angejahrt: → ältlich

Angeklagte, der: der Beklagte · der Verklagte + der Beschuldigte · der Angeschuldigte

angekränkelt: → krank (1)

angekratzt: → beschädigt (1)

Angel, die: zwischen Tür und A.: → Vorübergehen (2); aus den Angeln heben: → umstürzen (1); an die A. gehen: → anbeißen (2)

angelangen: → ankommen (1)

angelaufen: → beschlagen (2)

Angelbissen, der: → Lockmittel (1)

Angeld, das: → Handgeld

angelegen: es sich a. sein lassen: → bemühen (II, 1)

Angelegenheit, die: Sache · Fall · Affäre · Punkt · Frage ♦ *umg:* Geschichte · Chose ♦ *derb:* · Mist · Scheiß · Scheiße (*abwert*); Schiet (*norddt*); → *auch* Problem (1)

angelegentlich: → ausführlich (1)

angeln: 1. ⟨mit der Angel Fische fangen⟩ + fischen ♦ *umg:* den Wurm baden (*landsch scherzh*) – **2.** a. |aus|: → herausholen (1)

angeloben: → versprechen (I, 1)

Angelpunkt, der: **1.** ⟨*Punkt im Zentrum einer Kreisbewegung*⟩ Pol · Drehpunkt – **2.** → Hauptsache – **3.** → Mittelpunkt

angemessen: 1. → gebührend (1) – **2.** → passend (1, a) – **3.** a. sein: → gehören (II)

angenehm: 1. → wohl (5) – **2.** → gefällig (2) – **3.** → reizend (1) – **4.** → gemütlich – **5.** → unterhaltsam – **6.** a. sein: → behagen (1); a. riechen: → duften (1)

angenommen: 1. ⟨*nur als fiktiv angesehen*⟩ hypothetisch · gesetzt den Fall – **2.** → gedacht

angepasst: systemkonform

Anger, der: → Wiese

angeraucht: → rauchgeschwärzt

angereichert: → konzentriert (1)

angerissen: → angebrochen (2)

angesagt: → notwendig (1)

angesäuert: → sauer (2)

angesäuselt: → angeheitert

angeschlagen: 1. → angebrochen (1) – **2.** → erschöpft (1) – **3.** → betrunken (1) – **4.**

leicht a.: → angeheitert – **5.** a. sein: → krank (2)

angeschmuddelt: → schmutzig (1)

angeschmutzt: → schmutzig (1)

angeschrieben: gut a. sein: → beliebt (2); schlecht / nicht gut a.: → unbeliebt (1)

Angeschuldigte, der: → Angeklagte

angesehen: 1. ⟨*Wertschätzung genießend*⟩ geachtet · geschätzt · schätzenswert · schätzenswürdig · hoch geschätzt · anerkannt · [best]renommiert · respektabel · altangesehen + wohlgelitten ♦ *dicht:* erlaucht; → *auch* achtbar (1), rechtschaffen, beliebt (1), berühmt (1) – **2.** a. sein: ⟨*Wertschätzung genießen*⟩ einen guten Namen / Ruf haben · Achtung genießen · Geltung haben ♦ *umg:* hoch im Kurs stehen

angesessen: → ansässig (1)

Angesicht, das: **1.** → Gesicht (1) – **2.** im A.: → angesichts; im Schweiße seines Angesichts: → angestrengt

angesichts: in Anbetracht · im Angesicht; in Ansehung (*veraltend*) + im Licht von / des

angespannt: 1. → angestrengt – **2.** → aufmerksam (1)

angestammt: → angeboren

angestaubt: 1. → staubig – **2.** → altmodisch (1)

angestellt: fest angestellt · beschäftigt; bedienstet (*süddt österr*) + wohlbestallt

Angestellte, der: Gehaltsempfänger · der Bedienstete · Bürolist (*schweiz veraltend*); → *auch* Arbeitskraft (1)

angestochen: wie a.: → schnell (1, a)

angestrengt: angespannt · unter / mit Aufgebot aller Kräfte · mit größter Anstrengung / Anspannung ♦ *gehoben:* im Schweiße seines Angesichts ♦ *umg:* was das Zeug hält ♦ *salopp:* stramm

angetan: a. sein |von|: → mögen; dazu a. sein: → geeignet (4)

angetrunken: → angeheitert

angewiesen: a. sein |auf|: → ²abhängen (2)

angewöhnen: 1. → anerziehen – **2.** sich a.: ⟨*sich eine Gewohnheit zulegen*⟩ sich aneignen · annehmen · sich zu Eigen machen

Angewohnheit, die: → Gewohnheit (2)

angewurzelt: wie a.: → regungslos

angezeigt: → passend (1, a)

angießen: → begießen (1)

angiften: → anfahren (3)

anglarren: → anstarren

angleichen: I. angleichen: → anpassen (I, 1) – **II.** angleichen, sich: → anpassen (II, 2)
Angleichung, die: **1.** → Anpassung – **2.** → Ausgleich (1)
angliedern: 1. ⟨als Teil anfügen⟩ anschließen – **2.** → einverleiben (1)
Angliederung, die: → Einverleibung
anglotzen: → anstarren
anglühen: → ansehen (I, 1)
anglupschen: → anstarren
angokeln: → anzünden (1, a)
angreifbar: → bestreitbar
angreifen: I. angreifen: **1.** ⟨mit Waffen bzw. gewaltsam vorzugehen beginnen⟩ **a)** ⟨[im Kriege] gegen die gegnerischen Streitkräfte⟩ anstürmen ⎸gegen⎸ · anrennen ⎸gegen⎸ · attackieren · berennen · vorwärts gehen · voran gehen · einen Angriff unternehmen / vortragen · zum Angriff übergehen / vorgehen · offensiv werden / vorgehen + die Feindseligkeiten eröffnen · bombardieren · den Frieden brechen ♦ umg: einen Angriff machen; → auch ausfallen (2), bekämpfen (I, 1), überfallen (1), stürmen (1) – **b)** ⟨gegen Einzelpersonen⟩ anfallen · angehen · anspringen · sich werfen / stürzen ⎸auf⎸ · vom Leder ziehen ♦ umg: ans Leder / an die Wäsche gehen · an den Kragen fahren ♦ salopp: an die Gurgel fahren; → auch überfallen (2) – **2.** ⟨gegen etw., jmdn. nachdrücklich aus Opposition zu wirken beginnen⟩ attackieren · auftreten ⎸gegen⎸ · Front machen ⎸gegen⎸ · auf Konfrontationskurs gehen · zu Felde ziehen ⎸gegen⎸ · ankämpfen ⎸gegen⎸ · anstürmen ⎸gegen⎸ · anrennen ⎸gegen⎸; anfeinden (abwert) + antasten ♦ salopp: + ausschmieren (abwert); → auch bekämpfen (I, 2), bestreiten (1) – **3.** → anfassen (I, 1) – **4.** → anbrechen (2) – **5.** → anstrengen (I, 2) – **II.** angreifen, sich: → anfassen (II)
Angreifer, der: → Aggressor
angrenzen: grenzen ⎸an⎸ · anstoßen · anschließen · anliegen; anrainen (südd)
angrenzend: → benachbart (1)
angrienen: → anlächeln
Angriff, der: **1.** ⟨gewaltsames Vorgehen⟩ **a)** ⟨[im Kriege] gegen die gegnerischen Streitkräfte⟩ Ansturm · Sturm[angriff] · Attacke · Vorstoß · Offensive; → auch Überfall (1), Militärschlag – **b)** ⟨gegen Einzelpersonen⟩ Anfall · Ansprung · Anlauf · Attacke; → auch Überfall (2) – **2.** ⟨das Wirksamwerden aus Opposition gegen etw., jmdn.⟩ Anfeindung; Ausfall (abwert); → auch Feindseligkeit (I, 1) – **3.** → Überfall (1) – **4.** räuberischer A.: → Raubüberfall; in A. nehmen: → anfangen (1, a); zum A. übergehen / vorgehen, einen A. unternehmen / vortragen / machen: → angreifen (I, 1, a)
Angriffskrieg, der: Aggressionskrieg
Angriffslust, die: → Aggressivität
angriffslustig: 1. → aggressiv (1) – **2.** → streitsüchtig
angrinsen: → anlächeln
angrob[s]en: → anfahren (3)
angst: a. [und bange] sein / werden; → ängstigen (II, 1)
Angst, die: **1.** ⟨banges Gefühl⟩ Furcht · Bange · Angstgefühl · Ängstlichkeit · Furchtsamkeit · Bangigkeit · Herzensangst · Grau[s]en ♦ umg: Heidenangst · Höllenangst · Zähneklappern ♦ salopp: Dampf; Bammel (landsch) ♦ derb: Schiss; → auch Schüchternheit (1), Sorge (1), Beklemmung, Schreck (1), Feigheit – **2.** → Feigheit – **3.** A. empfinden / haben, in A. sein, in A. geraten, [sich] vor A. [noch] in die Hosen machen: → ängstigen (II, 1); in A. versetzen, A. einjagen, A. [und Bange] machen: → ängstigen (I); die Ängste bedienen: → ängstigen (I)
angstbebend: → ängstlich (1)
angsterfüllt: → ängstlich (1)
angstfrei: → furchtlos
Angstgefühl, das: → Angst (1)
angstgepeitscht: → ängstlich (1)
angstgequält: → ängstlich (1)
angstgeschüttelt: → ängstlich (1)
angstgetrieben: → ängstlich (1)
Angsthase, der: → Feigling
ängstigen: I. ängstigen: ⟨in jmdm. Furcht hervorrufen⟩ verängstigen · beängstigen · Angst [und Bange] machen · Bange machen · in Angst / Furcht versetzen · Angst / Furcht einjagen · Furcht einflößen · jmdm. den Schweiß auf die Stirn treiben · die Ängste bedienen · jmdm. das Fürchten lehren + verschüchtern – **II.** ängstigen, sich: **1.** ⟨ein Furchtgefühl haben⟩ sich fürchten · Angst / Furcht empfinden / haben · in Angst / Furcht sein / geraten · angst [und bange] sein / werden · bang[e] sein / werden · bange [zumute] sein / werden · himmelangst sein · zittern · beben · weiche Knie haben ♦ gehoben: Furcht hegen ♦ umg: eine Heidenangst haben · Blut

ängstlich

[und Wasser] schwitzen · Manschetten/
Fracksausen/Gamaschen/einen Horror ha-
ben; Rekord haben (*landsch*) ♦ *salopp*: [sich]
vor Angst [noch] in die Hosen machen ·
Muffensausen haben · jmdm. geht die Muf-
fe; jmdm. saust/geht der Frack (*scherzh*) ♦
derb: die Hosen [gestrichen] voll haben ·
Schiss haben · jmdm. geht der Arsch mit
Grundeis; → *auch* schaudern (1), ²grauen,
sich (1) – 2. sich ä. |um|: → sorgen (II)
ängstlich: 1. ⟨*voller Angst*⟩ furchtsam ·
angstvoll · bang[e] · bänglich · verängstigt ·
mit Zittern und Zagen + schreckhaft ♦ *ge-
hoben*: angsterfüllt · angstbebend · angstge-
peitscht · angstgequält · angstgeschüttelt ·
angstgetrieben · angstverzerrt · furchterfüllt
+ beklommen ♦ *umg*: angstschlotternd; ha-
sig (*landsch*); → *auch* schüchtern, sorgen-
voll, unentschlossen (2), besorgt (1), feig[e]
– **2.** → feig[e] – **3.** → sorgfältig (1)
Ängstlichkeit, die: 1. → Angst (1) – **2.** →
Schüchternheit (1)
Angstmeier, der: → Feigling
Angstpeter, der: → Feigling
Angströhre, die: → Zylinder
angstschlotternd: → ängstlich (1)
Angsttraum, der: Alb[traum] · Albdruck ·
das Albdrücken · Nachtmahr
angstverzerrt: → ängstlich (1)
angstvoll: → ängstlich (1)
angucken: I. angucken: **1.** → ansehen
(I, 1 *u.* 3) – **2.** sich a.: → ansehen (I, 3) –
II. angucken, sich: → ansehen (II, 1)
angurten: I. angurten: → anschnallen (I) –
II. angurten, sich: → anschnallen (II)
anhaben: 1. → tragen (2) – **2.** die Hosen a.:
→ bestimmen (2); nichts a. können: →
schaden (3)
anhacken: 1. ⟨*durch einen Hieb beschädi-
gen*⟩ anhauen + behacken; → *auch* beschä-
digen – **2.** → anbrennen (2)
anhaften: 1. → ankleben (2) – **2.** → ²an-
hängen (1)
anhaken: 1. ⟨*durch Häkchen kennzeichnen*⟩
abhaken + ankreuzen; → *auch* anstreichen
(4) – **2.** → befestigen (1)
Anhalt, der: → Anhaltspunkt
Anhaltelager, das: → Internierungslager
anhalten: I. anhalten: **1.** ⟨*sich nicht mehr
fortbewegen*⟩ halten · stehen bleiben ·
[ab]stoppen · Halt machen · zum Halten/
Stehen/Stillstand kommen; → *auch* brem-
sen (1), parken – **2.** ⟨*die Fortbewegung ei-*

nes Fahrzeuges beenden⟩ [ab]stoppen · zum
Halten/Stehen/Stillstand bringen; → *auch*
aufhalten (I, 1) – **3.** ⟨*zur Probe neben etw.
halten*⟩ anlegen · daran halten · daneben
halten; → *auch* anprobieren – **4.** → stehen
(4, a) – **5.** → andauern – **6.** a. |zu|: → ver-
anlassen (1); a. |um|: **a)** → bewerben, sich
(1) – **b)** → werben (2, a); die Luft a.: →
schweigen (1); um jmds. Hand a.: → werben
(2, a) – **II.** anhalten, sich: → festhalten (II)
anhaltend: 1. → dauernd (1) – **2.** → ununt-
terbrochen
Anhalter, der (*umg*): per A.: per Daumen ·
als Tramper; per Autostop (*österr*)
Anhaltspunkt, der: Anhalt · Anknüpfungs-
punkt · Ausgangspunkt
anhand: 1. → mittels – **2.** a. von: → mittels
Anhang, der: **1.** ⟨*das Angefügte*⟩ Anfügung
· Zusatz · Beilage · Annex · Adnex; → *auch*
Ergänzung (2) – **2.** → Gefolgschaft (1) – **3.**
→ Familie (1) – **4.** ohne A.: → allein (5)
Anhängeadresse, die: → Anhänger (2)
¹anhängen: I. anhängen: **1.** ⟨*an etw. festma-
chen*⟩ ankuppeln · ankoppeln; andocken
(*Raumf*) ♦ *umg*: anmachen; → *auch* ver-
binden (I, 1) – **2.** → andichten – **II.** anhän-
gen, sich: **1.** → festhalten (II) – **2.** → an-
schließen (II, 1)
²anhängen: 1. ⟨*mit einer [früheren] Schuld
belastet sein*⟩ anhaften · belasten · lasten
|auf| – **2.** ⟨*sich geistig zugehörig fühlen [u.
danach handeln]*⟩ treu [ergeben] sein · ver-
bunden sein · sich verbunden fühlen – **3.** →
anbrennen (2)
Anhänger, der: **1.** ⟨*Schmuckstück*⟩ Anhäng-
sel · Amulett; → *auch* Schmuck (1) – **2.**
⟨*Namenskärtchen an Gepäckstücken*⟩ An-
hängeadresse · Anhängeschild – **3.** ⟨*von
jmdm., einer Sache begeisterte [u. entspre-
chend handelnde] Person*⟩ Gefolgsmann ·
Mitstreiter · Freak · Fan; Parteigänger
(*abwert*) + Groupie; Boxenluder (*abwert*) ♦
gehoben: Troupier · der Getreue; Jünger
(*veraltend*) + Trabant · Vasall; → *auch* Fa-
natiker, Freund (I, 1), Kamerad, Schüler (2),
Gefolgschaft (1) – **4.** ⟨*vom Triebwagen ge-
zogener Wagen*⟩ Hänger – **5.** → Aufhänger
(1) – **6.** → Schmerbauch
Anhängerschaft, die: **1.** → Gefolgschaft
(1) – **2.** → Freundeskreis
Anhängeschild, das: → Anhänger (2)
anhängig: 1. → schwebend (1) – **2.** einen
Prozess a. machen |gegen|: → verklagen

anhänglich: *umg:* klebrig, wie eine Klette (*abwert*); → *auch* treu (1), ergeben (I, 1)
Anhänglichkeit, die: → Treue (1)
Anhängsel, das: → Anhänger (1)
Anhauch, der: → Anflug (2)
anhauchen: 1. → anblasen (1) – **2.** → anfahren (3)
anhauen: 1. → anhacken (1) – **2.** → anbetteln (1) – **3.** → ansprechen (1)
anhäufen: I. anhäufen: → ansammeln (I) – **II.** anhäufen, sich: → ansammeln (II, a u. c)
Anhäufung, die: **1.** ⟨das Zusammenbringen bzw. eine Menge von Gegenständen⟩ Aufhäufung · Aufspeicherung · Ansammlung · Häufung · Speicherung · Sammlung · Ballung · Akkumulation · Kumulation · Agglomeration; → *auch* Menge (1), Haufen (1) – **2.** → Ansammlung (1) – **3.** → Hortung
¹anheben: hochheben · anlüften; anlupfen · anlüpfen (*landsch*); → *auch* heben (I, 1)
²anheben: → anfangen (1, a u. b)
anheften: 1. ⟨Papiere mit einer Klammer aneinander befestigen⟩ anklammern · festklammern · beiheften; → *auch* befestigen (1) – **2.** → annähen – **3.** → anstecken (I, 1 u. 2) – **4.** → beigeben (1)
anheim: a. fallen: → zufallen (2); a. gestellt sein: → freistehen; a. stellen: → überlassen (I, 1); a. geben: **a)** → überlassen (I, 1) – **b)** → anvertrauen (I, 1); sich a. geben: → anvertrauen (II, 1)
anheimelnd: → gemütlich
anheischig: sich a. machen: → anbieten (II)
anheizen: → anfeuern (1)
anherrschen: → anfahren (3)
anhetzen: 1. → antreiben (1) – **2.** angehetzt kommen: → anlaufen (9)
anheuern: 1. ⟨zum Dienst auf einem Schiff einstellen⟩ heuern · anmustern; → *auch* anwerben, anstellen (I, 2) – **2.** ⟨den Dienst auf einem Schiff antreten⟩ anmustern – **3.** → beauftragen
Anhieb, der: auf A.: → sofort
anhimmeln: → anbeten
anhin: bis a.: → bisher
Anhöhe, die: → Hügel
anhören: I. anhören: **1.** ⟨jmds. Forderung, Anliegen beachten⟩ Gehör schenken · eingehen ⌊auf⌋ · ein offenes Ohr haben ⌊für⌋ ♦ *gehoben:* sein Ohr leihen ∕ schenken · sein Ohr neigen (*oft scherzh*) – **2.** → anmerken (1) – **3.** angehört werden: ⟨Aufmerksamkeit für seine Forderung, sein Anliegen finden⟩

Gehör finden ⌊bei⌋ – **4.** sich a.: → zuhören (1) – **II.** anhören, sich: → klingen (2)
Anhörung, die: Hearing
anhosen: I. anhosen: → anziehen (I, 1) – **II.** anhosen, sich: → anziehen (II)
anhusten: → anfahren (3)
animalisch: 1. → tierisch (1) – **2.** → sinnlich (1)
Animateur, der: → Unterhalter
Animierdame, die: Animiermädchen
animieren: → anregen (1)
Animiermädchen, das: → Animierdame
Animosität, die: → Feindseligkeit (I, 1)
Animus, der: → Ahnung (1)
ankämpfen: a. ⌊gegen⌋: → bekämpfen (I, 2), angreifen (I, 2)
Ankauf, der: → Kauf (1)
ankaufen: I. ankaufen: → kaufen (1) – **II.** ankaufen, sich: → niederlassen (II, 1)
ankehrig: → geschickt (1)
Anker, der: A. werfen, den A. [aus]werfen, vor A. gehen: → ankern (1); vor A. liegen: → ankern (2); die Anker lichten: → hinausfahren (2)
ankern: 1. ⟨ein Schiff mit dem Anker festmachen⟩ Anker werfen · den Anker [aus]werfen · vor Anker gehen; → *auch* anlegen (I, 2) – **2.** ⟨von Schiffen gesagt: mit dem Anker festgemacht sein⟩ vor Anker liegen
Ankerplatz, der: Reede
anketten: an die Kette legen · anschließen · anlegen; → *auch* anbinden (1)
ankeuchen: angekeucht kommen: → anlaufen (9)
ankippen: → kippen (1)
ankirren: → anlocken (1)
ankläffen: 1. → anbellen (1) – **2.** → anfahren (3)
Anklage, die: **1.** → Beschuldigung (1) – **2.** → Klage (1) – **3.** unter A. stellen, A. erheben ⌊gegen⌋: → verklagen; unter A. stehen: → anklagen (3)
Anklagebank, die: auf die A. bringen: → verklagen; auf der A. sitzen: → anklagen (3)
anklagen: 1. → beschuldigen (1) – **2.** → verklagen – **3.** angeklagt sein: ⟨vor Gericht⟩ unter Anklage stehen · auf der Anklagebank sitzen
Ankläger, der: öffentlicher A.: → Staatsanwalt
Anklagevertreter, der: → Staatsanwalt

anklammern

anklammern: I. anklammern: → anheften (1) – **II.** anklammern, sich: → festhalten (II)
Anklang, der: **1.** → Ähnlichkeit – **2.** → Anflug (2) – **3.** → Gefallen (II, 1) – **4.** A. finden: → gefallen (1)
anklatschen: → ankleben (1)
ankleben: 1. ⟨*mit Klebstoff befestigen*⟩ festkleben · anleimen ♦ *umg*: anpappen (*landsch*) ♦ *salopp*: anklatschen – **2.** ⟨*an etw. kleben bleiben*⟩ anhaften · anbacken · festbacken ♦ *umg*: anpappen (*landsch*)
ankleckern: angekleckert kommen: **a)** → anschlendern – **b)** → stören (2)
Ankleidekabine, die: → Ankleideraum
ankleiden: I. ankleiden: → anziehen (I, 1) – **II.** ankleiden, sich: → anziehen (II)
Ankleideraum, der: Garderobe · Ankleidekabine · Ankleidezimmer
Ankleidezimmer, das: → Ankleideraum
anklingeln: → anrufen (2)
anklingen: 1. → erklingen (1) – **2.** a. |an|: → ähneln; a. lassen: → andeuten (I)
anklopfen: 1. ⟨*an die Tür klopfen*⟩ anpochen (*landsch*) – **2.** → anfragen
anknabbern: 1. → annagen – **2.** → anbeißen (1)
anknacken: → anbrechen (1)
anknacksen: → anbrechen (1)
anknicken: → anbrechen (1)
anknipsen: → einschalten (I, 1)
anknüpfen: 1. → anbinden (1) – **2.** → anschließen (I, 1) – **3.** → anbahnen (I)
Anknüpfung, die: → Aufnahme (3)
Anknüpfungspunkt, der: → Anhaltspunkt
anknurren: 1. ⟨*von Hunden usw. gesagt: drohende Laute gegen jmdn., etw. von sich geben*⟩ anblarren (*landsch*); → *auch* anbellen (1) – **2.** → anfahren (3)
anködern: → anlocken (1)
ankohlen: → belügen
ankokeln: → anzünden (1, a)
ankommen: 1. ⟨*nach Zurücklegung einer Wegstrecke an einem Ort erscheinen*⟩ eintreffen · anlangen · kommen; einlangen (*österr*) + landen · einlaufen ♦ *gehoben*: angelangen ♦ *umg*: auftauchen; anlanden (*scherzh*) ♦ *salopp*: eintrudeln; → *auch* nähern, sich (1), anfahren (7, b), anlaufen (9), anschlendern, erscheinen (1, a), kommen (1), eingehen (1) – **2.** → unterkommen (1) – **3.** → gefallen (1) – **4.** → überkommen (1) – **5.** a. |auf|: → ²abhängen (1); a. |gegen|: → aufkommen (2); nicht a.: → missfallen

(2); nicht a. |gegen|: → unterliegen (1); es a. lassen |auf|: → wagen (1); übel/ schlecht/nicht a.: → abblitzen (1)
ankönnen: → aufkommen (2)
ankoppeln: → ¹anhängen (I, 1)
ankotzen: 1. → anwidern – **2.** → anfahren (3)
ankrallen: I. ankrallen: → anbetteln (1) – **II.** ankrallen, sich: → festkrallen, sich
Ankratz, der: A. haben: → gefallen (2)
ankratzen: I. ankratzen: → beschädigen – **II.** ankratzen, sich: → einschmeicheln, sich
ankrausen: → anreihen (I, 1)
ankreiden: 1. → anschreiben (1) – **2.** → anrechnen (2), verübeln
ankreuzen: → anhaken (1)
ankriegen: → anbetteln (1)
ankünden: I. ankünden: → ankündigen (I) – **II.** ankünden, sich: → ankündigen (II)
ankündigen: I. ankündigen: ⟨*etw. Bevorstehendes bekannt geben*⟩ ansagen · anmelden · signalisieren; avisieren (*kaufm*) ♦ *gehoben*: ankünden; → *auch* bekannt (5), melden (I, 1) – **II.** ankündigen, sich: ⟨*von Ereignissen usw. gesagt: sein [baldiges] Eintreten erkennen lassen*⟩ sich andeuten · sich anmelden · sich ansagen · sich kundtun · sich abzeichnen · Profil gewinnen ♦ *gehoben*: sich ankünden ♦ *umg*: sich zusammenbrauen · seine Schatten vorauswerfen; → *auch* melden (II, 1), anbahnen (II)
Ankündigung, die: Anzeige · Anmeldung; Avis (*kaufm*); Aviso (*österr*); → *auch* Mitteilung (1), Bekanntmachung (1)
Ankunft, die: das Kommen · das Eintreffen · Anreise; Einlauf (*Sport*)
ankuppeln: → ¹anhängen (I, 1)
ankurbeln: 1. → anlassen (I, 1) – **2.** → beleben (I, 2)
anlächeln: zulächeln · anlachen · anschmunzeln · angrinsen · anstrahlen ♦ *umg*: angrienen
anlachen: → anlächeln
Anlage: I. Anlage, die: **1.** ⟨*techn. Ausrüstung*⟩ Einrichtung · Apparat[ur] – **2.** → Aufbau (1 u. 2), Gliederung (1) – **3.** → Beilage (1) – **4.** → Investition – **5.** in der/ als A.: → beiliegend – **II.** Anlagen (*Pl*): ⟨*Teile eines Betriebes*⟩ Fabrikanlage · Werkanlage; → *auch* Fabrik – **III.** Anlagen (*Pl*) od. Anlage, die: **1.** → Veranlagung – **2.** → Park (1)

anlanden: → ankommen (1)
Anlandung, die: → Anschwemmung
anlangen: 1. → ankommen (1) – **2.** → betreffen (1) – **3.** → anfassen (I, 1)
anlappen: → anfahren (3)
Anlass, der: **1.** → Veranlassung, Ursache – **2.** → Antrieb (1) – **3.** → Gelegenheit (1) – **4.** aus A.: → anlässlich
anlassen: I. anlassen: **1.** ⟨*einen Motor anlaufen lassen*⟩ in Betrieb/Gang setzen · in Bewegung/Schwung setzen · starten · anwerfen · antreten · ankurbeln · flottmachen ♦ *umg*: anschmeißen; → *auch* anstellen (I, 1) – **2.** → anbehalten – **3.** → anfahren (3) – **II.** anlassen, sich: → anfangen (1, b)
anlässlich: aus Anlass · gelegentlich · bei Gelegenheit; → *auch* wegen (1)
anlasten: → beschuldigen (1)
Anlauf, der: **1.** → Angriff (1, b) – **2.** [einen] A. nehmen, einen A. machen: → ansetzen (2)
anlaufen: 1. ⟨*zu laufen beginnen*⟩ starten · anspringen – **2.** → anfahren (1) – **3.** → anfangen (1, b) – **4.** → ansteuern (1) – **5.** → anwachsen (2) – **6.** → beschlagen (1) – **7.** → anstoßen (2) – **8.** → verfärben, sich (1) – **9.** angelaufen kommen: ⟨*laufend herankommen*⟩ angestürmt/angesprungen kommen + angeströmt kommen ♦ *umg*: angerannt/angesaust/angestürzt/angeprescht/angekeucht/angerast/angehetzt/angeflogen/angesetzt kommen ♦ *salopp*: angeflitzt/angespritzt/angewetzt/angeschossen/angeschest/angerauscht/angeschwirrt/angaloppiert/angetrabt/angedampft/angeschnauft/angesockt kommen; → *auch* herbeieilen, erscheinen (1, a), ankommen (1) – **10.** a. lassen: → abweisen (1)
Anlaufschwierigkeit, die: Anfangsschwierigkeit
anläuten: → anrufen (2)
anlecken: → belecken
Anlegebrücke, die: → Landungsbrücke
anlegen: 1. anlegen: **1.** ⟨*Geld bei etw. aufwenden*⟩ investieren · platzieren; festlegen (*kaufm*); veranlagen (*österr*) – **2.** ⟨*von Schiffen gesagt: an den Kai, die Pier fahren und dort bleiben, ankern*⟩ festmachen (*seem*); → *auch* ankern (1) – **3.** → anlehnen (I) – **4.** → auflegen (I, 3) – **5.** → ansetzen (1) – **6.** anhalten (I, 3) – **7.** → anordnen (1) – **8.** → anziehen (I, 12) – **9.** → anstecken (I, 2) – **10.** → anketten – **11.** → zielen (1) –

12. es a. |auf|: → ausgehen (8); Daumenschrauben a.: → zwingen (1); Ketten/Fesseln a.: → fesseln (1); einen Verband a.: → verbinden (I, 2); Hand a.: → zugreifen (1); mit Hand a.: → helfen (1); letzte Hand a.: → vollenden (I, 1); die letzte Feile a.: → überarbeiten (I, 1); den Zaum a.: → aufzäumen; Zügel/Zaum/die Kandare a.: → zügeln (I, 1); sich Zügel a.: → beherrschen (II); einen Hemmschuh a.: → behindern (1); den Gurt a.: → anschnallen (II) – **II.** anlegen, sich: sich a. |mit|: ⟨*zu streiten anfangen*⟩ Streit suchen/anfangen/heraufschwören/vom Zaune brechen · Händel suchen/anfangen · anbinden |mit| · anbändeln |mit|; anbandeln |mit| (*süddt österr*); sich auflegen |mit| (*landsch*); → *auch* streiten (II)
Anleger, der: → Investor
Anlegesteg, der: → Landungsbrücke
Anlegestelle, die: → Landungsbrücke
anlehnen: I. anlehnen: ⟨*gegen etw. stützen*⟩ anstellen · anlegen · ansetzen · stellen |gegen/an| · lehnen |gegen/an| – **II.** anlehnen, sich: **1.** ⟨*sich gegen etw., jmdn. stützen*⟩ sich stellen |gegen/an| · sich lehnen |an/gegen| + sich zurücklehnen – **2.** ⟨*in jmds. Art, nach jmds. Methode handeln*⟩ sich halten |an| · sich richten |nach| · sich zum Vorbild nehmen · sich stützen |auf|
anlehnungsbedürftig: 1. → unselbständig (1) – **2.** → liebebedürftig
anleiern: → beleben (I, 2)
Anleihe, die: **1.** ⟨*geliehene Geldsumme*⟩ Anleihen (*schweiz*) – **2.** eine A. machen/aufnehmen: **a)** → Kredit (2) – **b)** → entlehnen
Anleihen, das: → Anleihe (1)
anleimen: → ankleben (1)
anleinen: → anbinden (1)
anleiten: 1. ⟨*beim Lernen ständig beistehen*⟩ unterweisen · einweisen · anweisen · einführen · anlernen · instruieren · einarbeiten · an die Hand nehmen · Anleitung geben · vertraut machen |mit|; → *auch* lehren (1) – **2.** → leiten (1)
Anleitung, die: **1.** ⟨*das ständige Beistehen beim Lernen*⟩ Unterweisung · Einweisung · Instruktion · Anweisung · Einführung · Wegleitung (*schweiz*); → *auch* Beratung (1) – **2.** ⟨*anleitender Text*⟩ Gebrauchsanweisung · Wegweiser · Instruktion + Verhaltensmaßregel – **3.** A. geben: → anleiten (1)

anlernen

anlernen: 1. → anleiten (1) – **2.** sich a.: →
erlernen
anlesen: 1. → überfliegen – **2.** sich a.: →
erlernen
anleuchten: → beleuchten (1)
anliefern: → liefern (1)
anliegen: 1. ⟨*sich eng an den Körper anfü-
gen*⟩ sich anschmiegen · anschließen; →
auch passen (1, b) – **2.** → angrenzen
Anliegen, das: **1.** → Wunsch (1) – **2.** ein A.
haben: ⟨*etw. wollen*⟩ etwas auf dem Herzen
haben; → *auch* wünschen (1)
anliegend: 1. → beiliegend – **2.** → be-
nachbart (1)
Anlieger, der: Anwohner; Anrainer (*süddt
österr*)
anlocken: 1. ⟨*Tiere durch etw. zum Heran-
kommen veranlassen*⟩ locken; [an]ködern ·
ankirren · anludern · reizen (*weidm*); →
auch anziehen (I, 4) – **2.** → werben (1)
anlockend: → anziehend (1)
anludern: → anlocken (1)
anlüften: → ¹anheben
anlügen: → belügen
anlupfen: → ¹anheben
anlüpfen: → ¹anheben
anlustern: → ansehen (I, 1)
Anmache, die: → Belästigung (2)
anmachen: 1. → befestigen (1) – **2.** → an-
binden (1) – **3.** → ¹anhängen (I, 1) – **4.** →
anstellen (I, 1) – **5.** → zubereiten (1) – **6.** →
einschalten (I, 1) – **7.** → belästigen (2) – **8.**
→ anbändeln (a) – **9.** Feuer a.: → anfeuern
(1)
anmahnen: → mahnen (1)
Anmahnung, die: → Mahnung (1)
anmailen: → E-Mail (2)
anmalen: I. anmalen: **1.** → anzeichnen (1)
– **2.** → streichen (2) – **3.** → schmücken (I) –
II. anmalen, sich: → schminken (II)
Anmarsch, der: **1.** → Anfahrtsweg – **2.** im
A. sein: **a)** → anmarschieren (1) – **b)** →
kommen (1)
anmarschieren: 1. ⟨*marschierend heran-
kommen*⟩ anrücken · anmarschiert / ange-
rückt / angezogen kommen · im Anmarsch
sein · heranmarschieren · anziehen · im An-
zug sein; → *auch* kommen (1) – **2.** anmar-
schiert kommen: → 1
Anmarschweg, der: → Anfahrtsweg
anmaßen: sich a.: **1.** ⟨*sich unberechtigt ei-
nen Rang zueignen*⟩ sich zulegen · in An-
spruch nehmen – **2.** ⟨*unberechtigt etw. sa-

gen od. tun*⟩ sich herausnehmen; → *auch*
unterstehen (II)
anmaßend: vermessen · unbescheiden: →
auch überheblich
Anmaßung, die: Vermessenheit; → *auch*
Überheblichkeit
anmästen, sich: → anessen, sich
anmeckern: → tadeln (1)
anmeiern: → betrügen (1)
anmelden: I. anmelden: **1.** → ankündigen
(I) – **2.** einen Anspruch a. |auf|: → bean-
spruchen (1); eine Forderung a.: → fordern
(1) – **II.** anmelden, sich: **1.** → melden (II, 1)
– **2.** → ankündigen (II)
Anmelderaum, der: Anmeldung · Empfang
· Rezeption · Aufnahme; → *auch* Emp-
fangsraum
Anmeldung, die: **1.** → Meldung (1) – **2.** →
Anmelderaum – **3.** → Ankündigung
anmengen: → anrühren (1)
anmerken: 1. ⟨*etw. an jmdm. od. einer Sa-
che erkennen*⟩ anfühlen · anspüren · ab-
merken · abspüren + ansehen · anhören · an-
riechen ♦ *umg*: an der Nase[nspitze] anse-
hen – **2.** [sich] a.: **a)** → aufschreiben (4) –
b) → anstreichen (4); sich nichts a. lassen:
→ beherrschen (II)
Anmerkung, die: **1.** ⟨*erklärender Zusatz*⟩
Vermerk · Glosse · Zwischenbemerkung ·
Fußnote · Fußbemerkung · Randbemerkung
· Randglosse · Randvermerk · Randnotiz ·
Randanmerkung · Marginale · Marginalie;
→ *auch* Notiz (1), Erklärung (1) – **2.** →
Bemerkung (1)
anmessen: → anpeilen (1)
anmieten: → ²mieten
anmontieren: → befestigen (1)
anmotzen: → belästigen (2)
anmurren: → anfahren (3)
anmustern: → anheuern (1 *u.* 2)
Anmut, die: Grazie · Liebreiz · Lieblichkeit
· Süße · Holdseligkeit; → *auch* Schönheit
(1), Reiz (2)
anmuten: 1. → scheinen (1) – **2.** seltsam a.:
→ wundern (I)
anmutig: graziös · lieblich · anmutsvoll · ar-
tig · gefällig · mit Grazie ♦ *gehoben*: hold-
[selig]; → *auch* bezaubernd, reizend (1)
anmutsvoll: → anmutig
annadeln: → anstecken (I, 1)
annageln: aufnageln · festnageln · anschla-
gen · aufschlagen; spiekern (*norddt u.
seem*); → *auch* befestigen (1)

66

annagen: benagen · anknabbern · anfressen; → *auch* anbeißen (1)

annähen: + ansetzen · anheften · anstücke[l]n · anflicken; anstechen (*landsch*)

annähern: I. annähern: → anpassen (I, 1) – **II.** annähern, sich: **1.** ⟨*in ein* [*engeres*] *Verhältnis zu einander treten* [*wollen*]⟩ sich nahe kommen · sich näher kommen · Beziehungen aufnehmen · Fühlung bekommen · in Fühlung kommen · ins Gespräch kommen · sich anfreunden · das Eis brechen; → *auch* befreunden, sich (1), kontakten – **2.** → nähern, sich (1)

annähernd: → ungefähr (1)

Annäherung, die: **1.** ⟨*das Sichnähern*⟩ das Näherkommen · das Herannahen – **2.** ⟨*das Herstellen einer Verbindung zu jmdm.*⟩ Fühlungnahme · Kontaktaufnahme · Annäherungsversuch

Annäherungsversuch, der: → Annäherung (2)

annäherungsweise: → ungefähr (1)

Annahme, die: **1.** ⟨*wissenschaftlich begründete Vermutung*⟩ Hypothese – **2.** ⟨[*bewusste*] *Setzung von etw. Unwirklichem*⟩ Fiktion – **3.** → Vermutung (1) – **4.** → Empfang (1) – **5.** → Aufnahme (1) – **6.** → Annahmestelle

Annahmestelle, die: Annahme; Übernahmsstelle (*österr*)

Annalen (*Pl*): → Chronik

annehmbar: akzeptabel · vertretbar · hinnehmbar · zustimmungsfähig · vernünftig · zusagend · zufrieden stellend · befriedigend · passabel; annehmlich (*veraltend*) ♦ *umg*: nicht uneben; → *auch* passend (1, a)

annehmen: 1. ⟨*Angebotenes nehmen*⟩ entgegennehmen · hinnehmen – **2.** ⟨*als gegeben nehmen*⟩ voraussetzen ♦ *gehoben*: supponieren + unterstellen – **3.** → billigen (1) – **4.** → aufnehmen (2) – **5.** → anstellen (I, 2) – **6.** → angewöhnen (2) – **7.** → anziehen (I, 2) – **8.** → beilegen (3) – **9.** → beherzigen – **10.** → vermuten – **11.** ein Gesicht a.: ⟨*einen bestimmten Gesichtsausdruck zeigen*⟩ eine Miene / ein Gesicht ziehen / aufstecken / aufsetzen / machen – **12.** nicht a.: → ablehnen (2); an Kindes statt a.: → adoptieren; angenommen werden: → durchgehen (2); eine rote Färbung a.: → röten, sich; Gestalt a.: → abzeichnen (II, 1)

annehmlich: 1. → gefällig (2) – **2.** → annehmbar

Annehmlichkeit, die: → Bequemlichkeit (1)

annektieren: → einverleiben (2)

Annektierung, die: → Einverleibung

Annex, der: → Anhang (1)

Annexion, die: → Einverleibung

anniesen: → anfahren (3)

anno: a. dazumal / Tobak: → damals

Annonce, die: → Anzeige (1)

annoncieren: → anzeigen (1)

annullieren: 1. → tilgen (1) – **2.** → abbestellen

anöden: 1. → langweilen (I) – **2.** → belästigen (2)

anomal: 1. → ungewöhnlich – **2.** → abnorm (1)

Anomalie, die: **1.** → Abnormität – **2.** → Missbildung

anonym: ungenannt · namenlos · ohne Angabe des Namens / Absenders; → *auch* unbekannt (1), inkognito

Anonymus, der: → Ungenannte

Anorak, der: Windbluse · Windjacke + Outdoorjacke · Parka

anordnen: 1. ⟨*in bestimmter Weise ordnen*⟩ arrangieren · zusammenstellen · zusammensetzen · gruppieren · anlegen · aufstellen · aufbauen · komponieren; → *auch* ordnen (1) – **2.** ⟨*für das Handeln Unterstellter verbindlich entscheiden*⟩ verfügen · bestimmen · verordnen · erlassen · anweisen · veranlassen · dekretieren · diktieren · eine Verordnung erlassen · eine Verfügung treffen / erlassen · administrieren; schaffen (*süddt österr*) + vorschreiben · reglementieren ♦ *gehoben*: anbefehlen; → *auch* befehlen (I, 1)

Anordnung, die: **1.** ⟨*Art u. Weise, wie etw. geordnet ist*⟩ Arrangement · Zusammenstellung · Gruppierung · Aufstellung · Komposition; → *auch* Gliederung (1), Aufbau (2) – **2.** ⟨*für das Handeln Unterstellter verbindl. Entscheidung*⟩ Anweisung · Weisung · Bestimmung · Direktive; → *auch* Befehl (1), Aufforderung (2), Richtlinie – **3.** → Verordnung (1)

anormal: 1. → ungewöhnlich – **2.** → abnorm (1)

anpacken: 1. → anfassen (I, 1) – **2.** → zugreifen (1) – **3.** → bewerkstelligen – **4.** → anfangen (1, a) – **5.** → behandeln (1)

anpappen: → ankleben (1 u. 2)

anpassen: I. anpassen: **1.** ⟨*etw. anderem ähnlich machen*⟩ angleichen · annähern · ni-

Anpassung

vellieren · uniformieren · unifizieren · gleichmachen · gleichschalten; → *auch* abstimmen (2), ausgleichen (I, 1) – **2.** → anprobieren – **II.** anpassen, sich: **1.** ⟨*sich körperlich angleichen*⟩ sich gewöhnen |an| · sich akklimatisieren · sich assimilieren; → *auch* abhärten, sich, heimisch (4) – **2.** ⟨*seine ablehnende Haltung zu etw. mehr od. weniger aufgeben*⟩ sich angleichen · sich einfügen · sich einordnen · sich einpassen · sich befreunden |mit| · sich umstellen · sich unterordnen + sich gewöhnen |an| · sich richten |nach| ♦ *umg:* einschwenken · sich einschmiegen · mit dem Strom schwimmen · sich anbequemen · sich einrangieren · sich assimilieren; die Gesinnung / Farbe wechseln · den Mantel / sein Mäntelchen nach dem Wind hängen / drehen · die Fahne nach dem Wind hängen · mit den Wölfen heulen (*abwert*); → *auch* heimisch (4)

Anpassung, die: Angleichung · Abstimmung + Akklimatisation · Akklimatisierung · Assimilation

anpassungsfähig: flexibel · beweglich + anschmiegsam

Anpassungsfähigkeit, die: Anpassungsvermögen

Anpassungsvermögen, das: → Anpassungsfähigkeit

anpatschen: → anfassen (I, 1)

anpeilen: 1. ⟨*als Richtpunkt nehmen*⟩ anvisieren · anrichten · anmessen – **2.** → ansehen (I, 1)

anpfeifen: → anfahren (3)

Anpfiff, der: → Tadel (1)

anpflanzen: → pflanzen (I, 1)

Anpflanzung, die: → Pflanzung, Schonung (1)

anpflaumen: → necken

Anpflaumerei, die: → Neckerei

anpik[s]en: → anstechen (1)

anpinseln: → streichen (2)

anpirschen, sich: → anschleichen (II)

Anpöbelei, die: → Belästigung (2)

anpöbeln: → belästigen (2)

Anpöbelung, die: → Belästigung (2)

anpochen: → anklopfen (1)

Anprall, der: Anstoß · Anschlag + Stoß; → *auch* Aufschlag (1), Zusammenstoß (1)

anprallen: → anstoßen (1)

anprangern: 1. ⟨*öffentlich bloßstellen*⟩ an den Pranger stellen · brandmarken · geißeln – **2.** → bloßstellen (I, 1)

anpreisen: → empfehlen (I, 1)

anpreschen: angeprescht kommen: → anlaufen (9)

anpressen: → andrücken (I)

Anprobe, die: eine A. machen: → anprobieren

anprobieren: anpassen · eine Anprobe machen; → *auch* anhalten (I, 3)

anprosten: → zutrinken

anpummeln: → anziehen (I, 1)

anpumpen: → anbetteln (1)

anpusten: → anblasen (1)

anputzen: I. anputzen: → schmücken (I) – **II.** anputzen, sich: **1.** → anziehen (II) – **2.** → herausputzen (II)

anquasseln: → ansprechen (1)

anquatschen: → ansprechen (1)

anquirlen: → anrühren (1)

anrainen: → angrenzen

Anrainer, der: → Anlieger

anranzen: → anfahren (3)

Anranzer, der: → Tadel (1)

anrasen: angerast kommen: **a)** → anfahren (7, b) – **b)** → anlaufen (9)

anrasseln: 1. → anfahren (3) – **2.** angerasselt kommen: → anfahren (7, b)

anraten: → raten (1)

anräuchern: → räuchern (1)

anrauschen: angerauscht kommen: **a)** → anfahren (7, b) – **b)** → anlaufen (9)

anrechnen: 1. ⟨*zu jmds. Gunsten berücksichtigen*⟩ zugute halten · honorieren · bewerten; → *auch* gutschreiben – **2.** ⟨*zu jmds. Ungunsten werten*⟩ aufrechnen ♦ *umg:* ankreiden – **3.** → berechnen (I, 2), verrechnen (I)

Anrechnung, die: **1.** → Berücksichtigung (1) – **2.** in A. bringen: → berechnen (I, 2)

Anrecht, das: **1.** ⟨*fester Bezug von Eintrittskarten*⟩ Abonnement – **2.** → Anspruch (1) – **3.** ein A. haben |auf| : → zustehen

Anrede, die: Betitelung · Titulierung · Titulatur

anreden: 1. ⟨*in der Anrede bzw. mit bestimmtem Titel bezeichnen*⟩ ansprechen · betiteln · titulieren – **2.** → ansprechen (1) – **3.** a. |um| : → bitten (2); mit Du a.: → duzen (I, 1); einander / sich mit Du a.: → duzen (II)

anregen: 1. ⟨*Lust zu etw. machen*⟩ anspornen · anreizen · inspirieren · stimulieren · motivieren · anstoßen · einen Ansporn geben · befruchten · beflügeln · anfeuern ·

encouragieren; animieren (*auch abwert*); aneifern (*südd österr*) + erregen; → *auch* aufmuntern (1), anstacheln (1), beleben (I, 2), begeistern (I), ermutigen – **2.** → veranlassen (1) – **3.** → vorschlagen – **4.** → beleben (I, 3)

anregend: interessant · belebend · stimulierend · erfrischend; → *auch* unterhaltsam

Anregung, die: 1. → Antrieb (1) – **2.** → Vorschlag (1) – **3.** → Belebung – **4.** eine A. geben: → vorschlagen

Anregungsmittel, das: Reizmittel · Stimulans · Aufpulverungsmittel; Exzitans · Analeptikum (*med*); → *auch* Arzneimittel, Aufputschmittel

anreiben: 1. → anrühren (1) – **2.** → anzünden (1, b)

anreichern: 1. ⟨*den Gehalt erhöhen*⟩ sättigen; konzentrieren (*Chem*) – **2.** → bereichern (I)

Anreicherung, die: Sättigung; Konzentration (*Chem*)

anreihen: I. anreihen: **1.** ⟨*in Fältchen ansetzen*⟩ ankrausen – **2.** → einverleiben (1) – **3.** → beigeben (1) – **II.** anreihen, sich: **1.** → anschließen (II, 3) – **2.** → anstellen (II, 1)

Anreise, die: 1. → Anfahrt (1) – **2.** → Ankunft

anreisen: angereist kommen: → anfahren (7, a)

anreißen: 1. → anbrechen (2) – **2.** → anziehen (I, 3) – **3.** → anzünden (1, b) – **4.** → werben (1) – **5.** → ansprechen (2)

Anreißer, der: → Marktschreier

Anreißerei, die: → Werbung (1)

anreißerisch: → marktschreierisch

anreiten: 1. ⟨*zu Pferde ankommen*⟩ heranreiten · antraben · ansprengen · angeritten / angetrabt / angesprengt / angaloppiert kommen – **2.** angeritten kommen: → 1

Anreiz, der: 1. → Antrieb (1) – **2.** → Anziehung (2)

anreizen: → anregen (1)

Anrempelei, die: → Belästigung (2)

anrempeln: 1. → anstoßen (1) – **2.** → belästigen (2)

Anrempelung, die: → Belästigung (2)

anrennen: 1. → anstoßen (1) – **2.** a. |gegen| : → angreifen (I, 1, a *u.* 2); angerannt kommen: → anlaufen (9)

Anrichte, die: Büfett · Kredenz · Geschirrschrank + Serviertisch; → *auch* Anrichtetisch

anrichten: 1. ⟨*Schaden verursachen*⟩ *umg*: anstellen ♦ *salopp*: ausfressen · verbocken; andrehen (*landsch*); → *auch* anstiften (1), verursachen – **2.** → zubereiten (1) – **3.** → auftischen (1) – **4.** → anpeilen (1)

Anrichtetisch, der: Serviertisch · Servierwagen · stummer Diener; → *auch* Anrichte

anriechen: → anmerken (1)

anrollen: → anfahren (1)

anrösten: → anbräunen

anrotzen: 1. → anfahren (3) – **2.** → anspucken

anrüchig: → verrufen (1)

anrucken: → anfahren (1)

anrücken: 1. → anmarschieren (1) – **2.** → erscheinen (1, a) – **3.** angerückt kommen: **a)** → anmarschieren (1) – **b)** → erscheinen (1, a)

Anruf, der: 1. ⟨*an jmdn. gerichteter Ruf*⟩ Zuruf – **2.** → Telefongespräch

anrufen: 1. ⟨*sich durch Rufen bemerkbar machen*⟩ preien (*seem*) – **2.** ⟨*telefonisch Verbindung aufnehmen*⟩ anwählen; anläuten (*landsch*) ♦ *umg*: antelefonieren · anklingeln ♦ *salopp*: sich ans Telefon / an die Strippe hängen; → *auch* telefonieren – **3.** Gott a.: → beten

anrühmen: → empfehlen (I, 1)

anrühren: 1. ⟨*durch Rühren mit einer Flüssigkeit vermischen*⟩ einrühren · anquirlen · anreiben ♦ *umg*: anmengen; → *auch* mischen – **2.** → berühren (I, 1) – **3.** → ergreifen (I) – **4.** → ansprechen (2)

Ansage, die: 1. → Moderation – **2.** → Diktat (1)

ansagen: I. ansagen: **1.** → ankündigen (I) – **2.** → diktieren (1) – **II.** ansagen, sich: **1.** → ankündigen (II) – **2.** → melden (II, 1)

Ansager, der: 1. → Moderator – **2.** → Nachrichtensprecher

ansammeln: I. ansammeln: ⟨*eine Menge von etw. zusammenbringen*⟩ [an]häufen · aufhäufen; akkumulieren · aggregieren · kumulieren · agglomerieren (*fachspr*); → *auch* horten, sparen (1), zusammentragen – **II.** ansammeln, sich: ⟨*zu einer Menge werden*⟩ **a)** ⟨*Dinge*⟩ sich [an]häufen · sich aufhäufen · sich anstauen · sich aufstauen · zusammenkommen · sich aufspeichern · sich [zusammen]ballen – **b)** ⟨*Menschen*⟩ zusammenkommen · sich zusammenscharen; sich zusammenrotten (*abwert*); → *auch* versammeln (II, 1) – **c)** ⟨*Gefühlserregun-*

69

Ansammlung

gen⟩ sich anstauen · sich aufstauen · sich aufspeichern · sich [an]häufen · sich aufhäufen

Ansammlung, die: **1.** ⟨*das Zusammenströmen von Menschen*⟩ Auflauf · Menschenansammlung · Menschenauflauf · Massenansammlung · Volksauflauf · Zusammenlauf · Straßenauflauf · Ballung · Anhäufung; Zusammenrottung (*abwert*) ♦ *umg*: Versammlung (*scherzh*); → *auch* Menschenmenge – **2.** → Anhäufung (1)

Ansandung, die: → Anschwemmung

ansässig: 1. ⟨*einen Wohnsitz habend*⟩ ortsansässig · wohnhaft · beheimatet · [alt]eingesessen · [alt]angesessen + ortsfest · sesshaft ♦ *gehoben*: heimisch; → *auch* bodenständig, einheimisch – **2.** a. sein: → wohnen (1); a. machen: → ansiedeln (I); a. werden, sich a. machen: → niederlassen (II, 1)

Ansässige, der: → Einwohner (1)

Ansatz, der: **1.** → Belag (1) – **2.** → Veranschlagung – **3.** in A. bringen: → veranschlagen; einen A. machen: → ansetzen (2)

ansaufen: sich einen a.: → betrinken, sich

ansaugen, sich: → festsaugen, sich

ansäuseln: sich einen a.: → betrinken, sich

ansausen: angesaust kommen: → anlaufen (9)

Anschaffe, die: **1.** → Arbeit (2) – **2.** → Prostitution – **3.** auf A. gehen: → prostituieren, sich (1)

anschaffen: 1. → erwerben (2) – **2.** → beauftragen – **3.** → bestellen (1) – **4.** → stehlen (1) – **5.** prostituieren, sich (1) – **6.** sich a.: → erwerben (2); a. gehen: → prostituieren, sich (1)

Anschaffung, die: **1.** ⟨*durch Kauf erworbene Sache*⟩ Erwerbung · Erwerb · Akquisition ♦ *umg*: Errungenschaft (*scherzh*) – **2.** → Kauf (1)

anschalten: 1. → anstellen (I, 1) – **2.** → einschalten (I, 1)

anschauen: I. anschauen: **1.** → ansehen (I, 1) – **2.** sich a.: → ansehen (I, 3) – **II.** anschauen, sich: **1.** → ansehen (II, 1) – **2.** → aussehen (1)

anschaulich: bildhaft · bildlich · bildkräftig · lebendig · sinnfällig · plastisch; → *auch* verständlich (1)

Anschaulichkeit, die: Plastik · Plastizität · Bildhaftigkeit

Anschauung, die: **1.** → Meinung (1) – **2.** → Vorstellung (2) – **3.** → Betrachtung (1)

Anschauungsmaterial, das: Demonstrationsmaterial · Anschauungsmittel · Demonstrationsobjekt

Anschauungsmittel, das: → Anschauungsmaterial

Anschauungsweise, die: Auffassungsweise · Betrachtungsweise; → *auch* Denkweise, Weltanschauung

Anschein, der: **1.** → Schein (2) – **2.** dem / allem A. nach: → anscheinend; den A. haben: → scheinen (1); einen A. haben / erwecken: → aussehen (1); den A. haben / erwecken: → aussehen (1 *u.* 2, a); sich den A. geben |, als ob |: → benehmen (II, 3)

anscheinen: → beleuchten (1)

anscheinend: offensichtlich · offenbar · dem / allem Anschein nach · wie es scheint; → *auch* scheinbar, wahrscheinlich

anscheißen: 1. → betrügen (1) – **2.** → anfahren (3) – **3.** angeschissen kommen: → stören (1)

anschesen: angeschest kommen: → anlaufen (9)

anschicken, sich: → ansetzen (2)

anschieben: 1. → veranlassen (1) – **2.** angeschoben kommen: → anschlendern

anschielen: → ansehen (I, 1)

anschießen: angeschossen kommen: → anlaufen (9)

anschirren: → anspannen (1)

Anschiss, der: → Tadel (1)

Anschlag, der: **1.** ⟨*öffentlich ausgehängte Mitteilung*⟩ Aushang · Plakat · Affiche · Aufruf · Bekanntmachung; → *auch* Bekanntmachung (1) – **2.** ⟨*verbrecher. Vorgehen gegen jmdn. od. etw.*⟩ Attentat + Sprengstoffanschlag · Bombenanschlag · Mordanschlag; → *auch* Verbrechen (1), Überfall (2), Verschwörung (1) – **3.** → Anprall – **4.** → Veranschlagung – **5.** in A. bringen: **a)** → veranschlagen – **b)** → berechnen (I, 2) → berücksichtigen (1); in A. gehen: → zielen (1)

anschlagen: 1. ⟨*auf dem Klavier erklingen lassen*⟩ angeben – **2.** → aushängen (1) – **3.** → annageln – **4.** → anstoßen (1) – **5.** → beschädigen – **6.** → anstechen (2) – **7.** → anstimmen (1, a) – **8.** → veranschlagen – **9.** → wirken (3) – **10.** → bellen (1) – **11.** → zielen (1)

anschlägig: → schlau (1)

Anschlagsäule, die: Litfaßsäule · Plakatsäule

Anschlagtafel, die: das schwarze Brett

anschleichen: I. anschleichen: angeschlichen kommen: **a)** → anschlendern – **b)** → stören (2) – **II.** anschleichen, sich: ⟨*sich möglichst unbemerkt nähern*⟩ beschleichen; sich anpirschen (*weidm*) ♦ *umg*: sich anpirschen (*scherzh*)

anschleifen: → bringen (1)

anschlendern: angeschlendert kommen: *umg*: anspaziert kommen ♦ *salopp*: angewackelt/angezottelt kommen; angeschlichen/angeschlurft/angeschoben/angewalzt kommen (*abwert*) + angetanzt/angeschwänzelt/angekleckert kommen; → *auch* ankommen (1), erscheinen (1, a), anstapfen

anschleppen: → bringen (1)

Anschlick, der: → Anschwemmung

anschließen: I. anschließen: **1.** ⟨*von Vorhandenem, Bekanntem wieder ausgehen*⟩ anknüpfen · aufgreifen · aufnehmen – **2.** → beigeben (1) – **3.** → anbinden (1) – **4.** → anketten – **5.** → angliedern (1) – **6.** → einverleiben (1) – **7.** → angrenzen – **8.** → anliegen (1) – **II.** anschließen, sich: **1.** ⟨*in [engere] Beziehungen zu anderen Menschen treten*⟩ sich zugesellen · sich beigesellen · sich gesellen |zu| · sich anhängen · hinzustoßen · hinzuströmen · sich hinzudrängen; → *auch* befreunden, sich (1), begleiten, anbändeln (a), verbünden, sich (1), hinzukommen – **2.** → zustimmen (1) – **3.** sich a. |an|: ⟨*nacheinander geschehen*⟩ sich anfügen · sich anreihen; → *auch* folgen (1)

anschließend: → danach (1)

anschlurfen: angeschlurft kommen: → anschlendern

Anschluss, der: **1.** → Einverleibung – **2.** → Kontakt (1) – **3.** im A. an: → nach (1); im A. daran: → danach (1); den A. verpassen: → sitzen (6, b); A. suchen: → anbändeln (a)

Anschlussbuchse, die: → Steckdose

Anschlussdose, die: → Steckdose

Anschlusstor, das: Anschlusstreffer

Anschlusstreffer, der: → Anschlusstor

anschmachten: → anbeten

anschmeicheln, sich: → einschmeicheln, sich

anschmeißen: → anlassen (I, 1)

anschmiegen, sich: **1.** ⟨*sich zärtlich anlehnen*⟩ sich andrücken · sich schmiegen |an| · sich kuscheln |an/in| – **2.** → anliegen (1)

anschmiegsam: 1. → anpassungsfähig – **2.** → zutraulich (1)

anschmieren: I. anschmieren: **1.** → streichen (2) – **2.** → beschmutzen (I, 1) – **3.** → betrügen (1) – **II.** anschmieren, sich: **1.** → beschmutzen (II, 1) – **2.** → einschmeicheln, sich

anschmunzeln: → anlächeln

anschmusen, sich: → einschmeicheln, sich

anschnallen: I. anschnallen: ⟨*mittels Schnalle befestigen*⟩ festschnallen · angurten · schnallen |an|; → *auch* anbinden (1), befestigen (1) – **II.** anschnallen, sich: ⟨*sich mittels Schnalle fest mit etw. verbinden*⟩ sich festschnallen · sich angurten · den Gurt anlegen

anschnauben: → anfahren (3)

anschnaufen: angeschnauft kommen: **a)** → anfahren (7, b) – **b)** → anlaufen (9)

anschnauzen: → anfahren (3)

Anschnauzer, der: → Tadel (1)

anschneiden: 1. → ansprechen (2) – **2.** → freilegen

anschneien: angeschneit kommen: → erscheinen (1, a)

anschnorren: → anbetteln (1)

anschnüren: → anbinden (1)

anschrauben: festschrauben; → *auch* befestigen (1), einschrauben

anschreiben: 1. ⟨*auf jmds. Schuldkonto setzen*⟩ aufschreiben (*südd österr*) ♦ *umg*: ankreiden – **2.** → schreiben (2) – **3.** a. lassen: → Kredit (2)

anschreien: → anfahren (3)

Anschrift, die: → Adresse (1)

anschuldigen: → beschuldigen (1)

Anschuldigung, die: → Beschuldigung (1)

anschüren: **1.** ⟨*wieder zum Brennen bringen*⟩ schüren · anfachen · anblasen; fachen (*noch landsch*); → *auch* anzünden (1, a) – **2.** → anstacheln (1)

anschwänzeln: angeschwänzelt kommen: → anschlendern

anschwänzen: → antreiben (2)

anschwärmen: → anbeten

anschwärzen: → verleumden (1)

Anschwärzung, die: → Verleumdung

anschwatzen: → ansprechen (1)

anschwellen: 1. ⟨*größer bzw. stärker werden*⟩ **a)** ⟨*Umfang*⟩ [auf]quellen · sich ausdehnen · sich ausweiten · [auf]schwellen · auftreiben · sich verdicken; → *auch* zunehmen (1) – **b)** ⟨*Wassermenge*⟩ [an]steigen · über

Anschwellung

die Ufer treten – **c)** ⟨*Windstärke*⟩ auffrischen; aufbrisen (*seem*) – **2.** → ausweiten (II, 1)

Anschwellung, die: → Schwellung (1)

anschwemmen: anspülen · antreiben · ans Ufer/an Land spülen + ablagern · absetzen

Anschwemmung, die: Anlandung · Ansandung · Anschlick (*fachspr*)

anschwindeln: → belügen

anschwirren: 1. → anfliegen (1, a) – **2.** angeschwirrt kommen: **a)** → anfliegen (1, a) – **b)** → anlaufen (9)

anschwitzen: → anbräunen

ansegeln: 1. → ansteuern (1) – **2.** angesegelt kommen: → anfliegen (1, a u. b)

ansehen: I. ansehen: **1.** ⟨*die Augen auf etw. od. jmdn. richten*⟩ anblicken · anschauen · blicken |auf| · einen Blick werfen |auf| · einen Blick schenken + anglühen ♦ *umg:* angucken · anblinzeln · anschielen ♦ *salopp:* anpeilen; anlustern · anblinzen (*landsch*); → *auch* anstarren – **2.** · anmerken (1) – **3.** sich a.: ⟨*zur genaueren Besichtigung die Augen auf etw. od. jmdn. richten*⟩ betrachten · sich anschauen · [sich] beschauen · [sich] besehen · mustern · besichtigen · in Augenschein nehmen · ins Auge fassen · blicken |auf| · den Blick heften/richten |auf| · einen Blick werfen |auf| · beaugenscheinigen ♦ *umg:* [sich] begucken · [sich] angucken; beaugapfeln · beäuge[l]n (*scherzh*) ♦ *salopp:* beschnüffeln · beschnuppern; beschnarchen (*abwert*); → *auch* beobachten (1), zusehen (1), sehen (1) – **4.** an der Nase a.: → anmerken (1); mit a. [können]: → zulassen (1); über die Achsel/Schulter/von der Seite/von oben herab a.: → verachten (1); nicht für voll a.: **a)** → verachten (1) – **b)** → unterschätzen; anzusehen sein: → aussehen (1); angesehen werden |als|: → gelten (6); a. |für|: → halten (I, 7); das Geld nicht a.: → verschwenderisch (3) – **II.** ansehen, sich: **1.** ⟨*den Blick auf sich selbst richten*⟩ sich betrachten · sich anschauen · sich beschauen · sich besehen ♦ *umg:* sich begucken · sich angucken; sich beäuge[l]n (*scherzh*) – **2.** → aussehen (1)

Ansehen, das: **1.** ⟨*öffentl. Wertschätzung*⟩ Prestige · Geltung + Autorität; → *auch* Achtung (1), Ehre (1), Ruf (1), Ruhm (1) – **2.** → Aussehen (1) – **3.** ohne A. der Person:

→ unparteiisch; sich das A. geben|, als ob|: → benehmen (II, 2)

ansehenswert: → sehenswert

ansehnlich: 1. → beträchtlich (1) – **2.** → stattlich (1)

Ansehung, die: in A.: → angesichts; ohne A. der Person: → unparteiisch

anseilen: → anbinden (1)

ansengen: → versengen

ansetzen: 1. ⟨*an etw. stellen od. legen*⟩ anlegen · anstellen – **2.** ⟨*zu tun beginnen*⟩ [einen] Anlauf nehmen · Anstalten treffen/machen · einen Anlauf/Ansatz machen · Miene machen · sich anschicken; → *auch* anfangen (1, a) – **3.** → anlehnen (I) – **4.** → annähen – **5.** → anbrennen (2) – **6.** → anberaumen – **7.** → veranschlagen – **8.** Rost a.: → rosten; Schimmel a.: → schimmeln; Patina a.: → altern (1); Speck/Fett/einen Bauch a.: → zunehmen (2); angesetzt kommen: → anlaufen (9)

Ansicht, die: **1.** → Meinung (1) – **2.** → Bild (2) – **3.** vordere A.: → Vorderseite; meiner A. nach, nach meiner A.: → Erachten (1); der A. sein: → meinen

ansichtig: a. werden |jmds.|: → erblicken (1)

Ansichtssendung, die: → Muster (2)

ansiedeln: I. ansiedeln: ⟨*eine neue Wohnstätte geben*⟩ ansässig machen – **II.** ansiedeln, sich: → niederlassen (II, 1)

Ansiedler, der: → Siedler

Ansiedlung, die: → Siedlung

Ansinnen, das: **1.** → Zumutung – **2.** ein A. stellen/richten |an|: → zumuten (1)

Ansitz, der: **1.** → ²Anstand – **2.** → Gut (1)

ansocken: angesockt kommen: → anlaufen (9)

ansonst[en]: 1. → außerdem (1) – **2.** → andernfalls

anspannen: 1. ⟨*Zugtiere an einem Gefährt befestigen*⟩ einspannen · vorspannen · anschirren · einschirren · ansträngen · einjochen · vor den Wagen spannen – **2.** → spannen (I, 1) – **3.** → anstrengen (I, 1)

Anspannung, die: **1.** → Aufmerksamkeit (1) – **2.** → Anstrengung (1) – **3.** mit größter A.: → angestrengt

anspazieren: anspaziert kommen: → anschlendern

anspeien: → anspucken

anspielen: 1. → zuspielen (1) – **2.** → ausspielen (1) – **3.** a. |auf|: → andeuten (I, 1)

Anspielung, die: **1.** ⟨*boshafte Bemerkung*⟩ Spitze · Anzüglichkeiten · Stich[elei] · Gestichel · Häkelei · Hieb · Seitenhieb – **2.** → Hinweis – **3.** Anspielungen machen: ⟨*boshafte Bemerkungen machen*⟩ Spitzen austeilen · sticheln – **4.** eine A. machen ⎪auf⎪: → andeuten (I, 1)

anspießen: 1. → aufspießen (1) – **2.** → anzwecken

anspinnen: I. anspinnen: → anbahnen (I) – **II.** anspinnen, sich: → anbahnen (II)

anspitzen: 1. ⟨*eine Spitze an einem Gegenstand machen*⟩ [zu]spitzen; → *auch* schärfen – **2.** → antreiben (2)

Ansporn, der: **1.** → Antrieb (1) – **2.** einen A. geben: → anregen (1)

anspornen: → anregen (1)

Ansprache, die: **1.** → Rede (1) – **2.** → Beziehung (I, 1) – **3.** eine A. halten: → sprechen (2)

ansprechen: 1. ⟨*sich mit Worten an jmdn. wenden*⟩ anreden ♦ *salopp:* anhauen · anquasseln · anquatschen · anschwatzen – **2.** ⟨*ein Thema erwähnen*⟩ anschneiden · anreißen · aufwerfen · aufbringen · anrühren · zu sprechen kommen ⎪auf⎪ · in den Raum stellen · das Gespräch/die Sprache/Rede/Diskussion bringen ⎪auf⎪; → *auch* darlegen, vorbringen – **3.** → anreden (1) – **4.** → gefallen (1) – **5.** a. ⎪um⎪: → bitten (2); a. ⎪als⎪: → bezeichnen (3, a); a. ⎪auf⎪: → reagieren (2); nicht a.: → missfallen (2)

ansprechend: 1. → gefällig (2) – **2.** → reizend (1) – **3.** → hübsch (1)

ansprengen: 1. → anreiten (1) – **2.** angesprengt kommen: → anreiten (1)

anspringen: 1. → anlaufen (1) – **2.** → angreifen (I, 1, b) – **3.** angesprungen kommen: → anlaufen (9); a. ⎪auf⎪: → reagieren (2)

anspritzen: 1. → bespritzen (I, 1) – **2.** angespritzt kommen: → anlaufen (9)

Anspruch, der: **1.** ⟨*berechtigte Forderung*⟩ Recht · Anrecht · Berechtigung; → *auch* Forderung (1) – **2.** in A. nehmen: **a)** → beanspruchen (1) – **b)** → anmaßen (1); A. erheben ⎪auf⎪, einen A. geltend machen/anmelden ⎪auf⎪: → beanspruchen (1); einen A. haben ⎪auf⎪: → zustehen

anspruchslos: → bescheiden (I, 1)

Anspruchslosigkeit, die: → Bescheidenheit

anspruchsvoll: → wählerisch, verwöhnt

Ansprung, der: → Angriff (1, b)

anspucken: anspeien · bespeien ♦ *umg:* bespucken ♦ *salopp:* anrotzen

anspülen: → anschwemmen

anspüren: → anmerken (1)

anstacheln: 1. ⟨*ein Gefühl bei jmdm. verstärken*⟩ aufstacheln · anfachen · anschüren; → *auch* anregen (1) – **2.** → aufhetzen

Anstalt, die: **1.** → Einrichtung (3) – **2.** → Klinik (2) – **3.** → Schule (1) – **4.** → Erziehungsanstalt – **5.** → Strafvollzugsanstalt – **6.** Anstalten treffen/machen: → ansetzen (2)

anstaltsreif: → verrückt (1)

¹Anstand, der: **1.** ⟨*sittlich einwandfreie Charaktereigenschaften*⟩ Takt[gefühl] · Anstandsgefühl · Feingefühl · Zartgefühl · Sittlichkeit · Schicklichkeit; → *auch* Benehmen (1), Höflichkeit (1), Schein (3), Tugendhaftigkeit, Zartgefühl (1) – **2.** → Beanstandung – **3.** aus A.: → anstandshalber; A. nehmen ⎪an⎪: → beanstanden

²Anstand, der: Ansitz (*weidm*); → *auch* Hochsitz

anständig: 1. ⟨*der guten Sitte entsprechend*⟩ gebührend · fein · gut · grundanständig · hochanständig · wohlanständig · lauter · solid[e] · sauber · manierlich · wie es sich gehört; honorig · gebührlich · schicklich (*veraltend*) ♦ *umg:* salonfähig; → *auch* ehrlich (1), rechtschaffen, wohlerzogen, tugendhaft, sittenstreng – **2.** ⟨*auf die Interessen anderer Rücksicht nehmend*⟩ fair · fein · sauber – **3.** → achtbar (1) – **4.** → gehörig (1) – **5.** → beachtlich (1) – **6.** → beträchtlich (1)

Anständigkeit, die: **1.** ⟨*sittlich einwandfreies Verhalten*⟩ Lauterkeit · Sauberkeit – **2.** → Achtbarkeit – **3.** → Fairness

Anstandsbesuch, der: → Höflichkeitsbesuch

Anstandsgefühl, das: → ¹Anstand (1)

anstandshalber: aus Anstand · [nur] der Form halber/wegen; schande[n]halber (*noch scherzh*)

anstandslos: bedenkenlos · ohne Bedenken · ohne weiteres · glatt · ohne Umstände

Anstandsregeln (*Pl*): → Benehmen (1)

Anstandswauwau, der: → Begleiter (2)

anstänkern: → belästigen (2)

anstapfen: angestapft kommen; *umg:* angestiefelt/angestiegen kommen; → *auch* anschlendern

anstarren: fixieren · mit Blicken durchboh-

anstatt

ren + mustern ♦ *umg:* mit [den] Blicken / mit den Augen verschlingen ♦ *salopp:* anstieren; angaffen · begaffen · anglotzen · beglotzen (*abwert*); anglupschen · anglarren (*landsch*); → *auch* ansehen (I, 1)

anstatt: → statt

anstauen: I. anstauen: → stauen – **II.** anstauen, sich: → ansammeln (II, a *u.* c)

anstaunen: 1. → bestaunen (1) – **2.** → bewundern

anstechen: 1. ⟨*mit einem spitzen Gegenstand verletzen bzw. beschädigen*⟩ einen Stich versetzen ♦ *umg:* anpik[s]en (*landsch*) – **2.** ⟨*einen mit Flüssigkeit gefüllten Behälter öffnen*⟩ anzapfen · anschlagen ♦ *umg:* anstecken (*landsch*) – **3.** → aufspießen (1) – **4.** → annähen – **5.** → anzünden (1, a)

anstecken: I. anstecken: **1.** ⟨*mit einer Nadel befestigen*⟩ annadeln · anheften – **2.** ⟨*einen Orden usw. an der Kleidung befestigen*⟩ anlegen · anheften; antun (*landsch*) – **3.** ⟨*eine Krankheit übertragen*⟩ infizieren · übertragen + affizieren; → *auch* verseuchen – **4.** → anzünden (1, a) – **5.** → anstechen (2) – **II.** anstecken, sich: ⟨*sich durch Übertragung eine Krankheit zuziehen*⟩ sich infizieren ♦ *umg:* sich etwas holen; → *auch* zuziehen (I, 4)

ansteckend: übertragbar · infektiös; virulent (*med*)

Anstecknadel, die: **1.** → Abzeichen (1) – **2.** → Nadel (1)

Ansteckung, die: Infekt[ion] · Infizierung · Übertragung

anstehen: 1. ⟨*wartend in einer Reihe stehen*⟩ *umg:* Schlange stehen – **2.** → gehören (II) – **3.** → verzögern (II) – **4.** a. lassen: → verzögern (I)

ansteigen: 1. ⟨*ein allmähl. Höherwerden erkennen lassen*⟩ emporsteigen · aufsteigen · sich heben – **2.** → aufsteigen (1) – **3.** → zunehmen (1) – **4.** → anschwellen (1, b) – **5.** → steigen (1) – **6.** angestiegen kommen: → anstapfen

anstelle: 1. → statt – **2.** a. von: → statt

anstellen: I. anstellen: **1.** ⟨*den Mechanismus zur Inbetriebnahme betätigen*⟩ anschalten · in Betrieb / Gang setzen ♦ *umg:* anmachen; → *auch* einschalten (I, 1), anlassen (I, 1) – **2.** ⟨*in ein Beschäftigungsverhältnis nehmen*⟩ einstellen · engagieren · annehmen · verpflichten · in Arbeit nehmen · in Dienst stellen / nehmen; in Lohn und Brot nehmen

(*veraltend*); aufnehmen (*österr*); → *auch* beschäftigen (I, 1), anheuern (1) – **3.** → einschalten (I, 1) – **4.** → beauftragen – **5.** → anlehnen (I) – **6.** → ansetzen (1) – **7.** → tun (1) – **8.** → anrichten (1) – **9.** → bewerkstelligen – **10.** Überlegungen a.: → nachdenken (1); eine Berechnung a.: → berechnen (I, 1); Experimente / Versuche a.: → experimentieren; Vergleiche a.: → vergleichen (I, 1); Vermutungen a. ⎮über⎮: → Vermutung (2); ein Verhör a. ⎮mit⎮: → verhören (I); Ermittlungen / Nachforschungen / Recherchen a.: → nachforschen – **II.** anstellen, sich: **1.** ⟨*sich einer Reihe wartender Menschen anschließen*⟩ sich anreihen – **2.** → verhalten (II, 1) – **3.** → zieren (II, 2)

anstellig: → geschickt (1)

Anstellung, die: **1.** ⟨*Aufnahme in ein Arbeitsverhältnis*⟩ Einstellung · Indienststellung; → *auch* Aufnahme (1) – **2.** → Arbeit (3) – **3.** befristete A.: → Zeitvertrag; eine A. finden: → unterkommen (1)

anstemmen: → andrücken (I)

ansteuern: 1. ⟨*sich zum Ziel nehmen*⟩ anlaufen · ansegeln · zusteuern ⎮auf⎮ – **2.** → aufsuchen (1)

Ansteuerung, die: → Anflug (1)

anstiefeln: angestiefelt kommen: → anstapfen

Anstieg, der: **1.** → Steigung – **2.** → Aufstieg (1) – **3.** → Aufgang (2) – **4.** → Zunahme

anstieren: → anstarren

anstiften: 1. ⟨*bewusst etw. für jmdn. Unangenehmes herbeiführen*⟩ *umg:* inszenieren · einfädeln · anzetteln; → *auch* anrichten (1), verursachen – **2.** → aufhetzen – **3.** a. ⎮zu⎮: → verleiten

Anstifter, der: **1.** ⟨*andere aufhetzende Person*⟩ Verführer · Anzettler – **2.** → Hintermann (1)

anstimmen: 1. ⟨*mit einer bestimmten Art von Äußerung beginnen*⟩ **a)** ⟨*menschl. Stimme allgemein*⟩ anschlagen; → *auch* ausstoßen (1) – **b)** ⟨*Gesang*⟩ intonieren – **2.** ein Loblied a. ⎮auf⎮: → loben (1); ein Klagelied a.: → jammern (1)

anstinken: 1. → anwidern – **2.** a. ⎮gegen⎮: → aufkommen (2)

Anstoß, der: **1.** → Anprall – **2.** → Antrieb (1) – **3.** A. erregen: → anstoßen (2); den A. geben: → veranlassen (1); A. nehmen ⎮an⎮: **a)** → beanstanden – **b)** → missbilligen

Anteilnahme

anstoßen: 1. ⟨*gegen etw. od. jmdn. stoßen*⟩ anprallen · anrennen · prallen |gegen| · rennen |gegen| · prellen |gegen| · anschlagen + rammen · anrempeln; → *auch* aufschlagen (1), zusammenstoßen (1) – **2.** ⟨*Verärgerung hervorrufen*⟩ Anstoß / Missfallen / Missbilligung / Ärgernis erregen ♦ *umg*: anecken · ins Fettnäpfchen treten; anlaufen (*landsch*); → *auch* kränken – **3.** ⟨*einer Trinksitte nachkommen*⟩ die Gläser erklingen lassen · mit den Gläsern klingen – **4.** → beschädigen – **5.** → angrenzen – **6.** → anregen (1) – **7.** mit der Zunge a.: → lispeln (1)

anstoßend: → benachbart (1)

anstößig: 1. ⟨*gegen das gute Benehmen verstoßend*⟩ empörend · schockierend · shocking · gegen die guten Sitten; schockant (*veraltend*); → *auch* verwerflich – **2.** → unanständig (1)

Anstößigkeit, die: → Unanständigkeit (1)

anstrahlen: 1. → beleuchten (1) – **2.** → anlächeln

ansträngen: → anspannen (1)

anstreben: 1. → erstreben – **2.** → aufragen – **3.** a. |gegen|: → bekämpfen (I, 2)

anstrebenswert: → erstrebenswert

anstreichen: 1. → streichen (2) – **2.** → vergelten (1) – **3.** → anfliegen (1, a) – **4.** [sich] a.: ⟨*mit einem Strich kenntlich machen*⟩ [sich] anmerken · [sich] anzeichnen; → *auch* anhaken (1)

Anstreicher, der: → Maler

anstreifen: → berühren (I, 1)

anstrengen: I. anstrengen: **1.** ⟨*die Kräfte in Spannung versetzen*⟩ anspannen; → *auch* aufwenden – **2.** ⟨*die Kräfte übermäßig beanspruchen*⟩ überanstrengen · strapazieren · angreifen · aufreiben; → *auch* beanspruchen (2) – **3.** einen Prozess a. |gegen|: → verklagen – **II.** anstrengen, sich: **1.** ⟨*seine Kräfte stark beanspruchen*⟩ sich Mühe geben · Anstrengungen machen · sein Bestes tun / geben ♦ *umg*: sein Letztes hergeben · aus sich das Äußerste / Letzte herausholen · für drei / wie ein Pferd arbeiten · sich dahinter setzen · sich zusammennehmen · sich zusammenraffen · sich aufraffen · sich zusammenreißen · sich dahinter knien · sich [tüchtig] in die Riemen / ins Geschirr legen · tüchtig ins Geschirr gehen · sich ins Zeug legen · ins Zeug legen ♦ *salopp*: sich dahinter klemmen · die Knochen zusammennehmen · in die Hände spucken; → *auch*

abmühen, sich, schuften, fleißig (2), arbeiten (1) – **2.** → bemühen (II, 1)

anstrengend: 1. ⟨*die Kräfte verbrauchend*⟩ aufreibend · ermüdend · strapazierend · strapaziös · kräftezehrend; streng (*bes. süddt schweiz*); → *auch* mühsam, nervenaufreibend – **2.** a. sein: ⟨*Kräfte verbrauchen*⟩ *umg*: ein Schlauch sein · schlauchen · über die Knochen gehen

Anstrengung, die: **1.** ⟨*Einsatz der eigenen Kräfte*⟩ Anspannung · Kraftaufwand · Aufwendung · Mühe · Intension ♦ *umg*: Hochdruck; → *auch* Bestrebung (1) – **2.** ⟨*starke Beanspruchung der eigenen Kräfte*⟩ Strapaze ♦ *salopp*: Mordsstrapaze · Schinderei; → *auch* Mühsal, Belastung (1) – **3.** Anstrengungen machen: → anstrengen (II, 1); mit größter A.: → angestrengt

anströmen: → heranströmen

anstücke[l]n: → annähen

Ansturm, der: **1.** → Andrang (1) – **2.** → Angriff (1, a)

anstürmen: a. |gegen|: → angreifen (I, 1, a *u.* 2); angestürmt kommen: → anlaufen (9)

anstürzen: angestürzt kommen: → anlaufen (9)

ansuchen: a. |um|: **1.** → bewerben, sich (1) – **2.** → bitten (2)

Ansuchen, das: **1.** → Bitte – **2.** → Aufforderung (1) – **3.** → Antrag (2)

Antagonismus, der: → Gegensatz (1)

Antagonist, der: → Gegner (2)

antagonistisch: → gegensätzlich

antanzen: 1. → erscheinen (1, a) – **2.** angetanzt kommen: **a)** → erscheinen (1, a) – **b)** → anschlendern

antasten: 1. → berühren (I, 1) – **2.** → bestreiten (1) – **3.** → anbrechen (2)

antatschen: → anfassen (I, 1)

Anteil, der: **1.** ⟨*der jmdm. zukommende Teil*⟩ Teil · Ration · Portion · Kontingent · Quote · Teilhabe · Part; Betreffnis (*schweiz*) – **2.** → Beitrag (1) – **3.** → Interesse (1) – **4.** → Mitgefühl (1) – **5.** A. haben |an|: → teilhaben (2); A. nehmen |an|: → mitfühlen; finanziellen A. geben |an|: → beteiligen (I)

Anteilbesitzer, der: → Aktionär

anteilig: anteilmäßig

anteilmäßig: 1. → anteilig

Anteilnahme, die: **1.** → Mitgefühl (1), Mitleid (1) – **2.** → Interesse (1) – **3.** seine A. aussprechen: → kondolieren

75

Anteilschein

Anteilschein, der: → Aktie
Anteilseigner, der: → Aktionär
antelefonieren: → anrufen (2)
Antenne, die: eine A. haben |für|: → spüren (1)
Anthologie, die: → Auswahl (3)
Anthropophage, der: → Kannibale (1)
Anthropophagie, die: → Kannibalismus (1)
anthropophob: → menschenscheu
Anti-aging, das: + Hautalterungsschutz
Antialkoholiker, der: → Abstinenzler
antiautoritär: unautoritär
Antibabypille, die: *umg*: Pille
antichambrieren: → kriechen (2)
Antichrist, der: → Teufel (1)
antik: 1. ⟨*das klassische Altertum betreffend*⟩ klassisch · alt – **2.** → altertümlich
Antike, die: → Altertum (1)
Antinomie, die: → Widerspruch (1)
Antipathie, die: → Abneigung
Antipersonenmine, die: → Tretmine
Antipode, der: → Gegner (2)
antippen: 1. → berühren (I, 1) – **2.** → andeuten (I, 1) – **3.** → anfragen
antiquarisch: → gebraucht
antiquiert: → altmodisch (1)
Antiquitäten (*Pl*): Altwaren · Altkunst · Altertümer
Antisemit, der: Judengegner · Judenfeind
antiseptisch: → desinfizierend
Antitextilstrand, der: → Nacktbadestrand
antithetisch: → gegensätzlich
Antizipation, die: → Vorwegnahme
antizipieren: → vorwegnehmen
Antlitz, das: → Gesicht (1)
antönen: 1. → erklingen (1) – **2.** → andeuten (I, 1)
antörnen: → begeistern (I)
antraben: 1. → anreiten (1) – **2.** angetrabt kommen: **a)** → anreiten (1) – **b)** → anlaufen (9)
Antrag, der: **1.** ⟨*zur Beschlussfassung eingebrachter Vorschlag*⟩ Vorlage · Initiativantrag; Motion (*schweiz*); → *auch* Angebot (1), Anfrage – **2.** ⟨*Schriftstück*⟩ Gesuch · Eingabe; Ansuchen (*österr*); → *auch* Bittschrift – **3.** ⟨*Frage um Einverständnis zur Eheschließung*⟩ Bewerbung · Heiratsantrag – **4.** einen A. stellen: → beantragen; einen A. machen: → werben (2, a)
antragen: 1. → vorschlagen – **2.** die Hand/Ehe a.: → werben (2, a)

Antragsteller, der: **1.** ⟨*einen Antrag stellende Person*⟩ Motionär (*schweiz*); → *auch* Bittsteller – **2.** → Bittsteller
Antransport, der: → Anfuhr (1)
antransportieren: → anfahren (2)
antrauen: → verheiraten (I)
antreffen: → vorfinden
antreiben: 1. ⟨*zu schnellerer Gangart treiben*⟩ [an]hetzen · vorwärts treiben – **2.** ⟨*Menschen motivieren, schneller zu agieren*⟩ *umg*: auf/in Trab/in Schwung/auf Touren bringen · scheuchen · einheizen · Beine machen ◆ *salopp*: puffen · Feuer unter den Frack/Schwanz/Hintern machen · Pfeffer in den Hintern blasen; anspitzen · aufschwänzen · anschwänzen (*landsch*) – **3.** ⟨*eine Maschine durch Betriebsstoff in Gang halten*⟩ betreiben + in Bewegung bringen – **4.** → veranlassen (1) – **5.** → anschwemmen
antreten: 1. → aufstellen (II) – **2.** → anlassen (I, 1) – **3.** → festtreten – **4.** den Beweis a. |für|: → beweisen (1); den Rückzug a.: → zurückziehen (II, 2); eine Reise a.: → aufbrechen (3); seinen letzten Gang/seine letzte Reise a.: → sterben (1); einen Kanossagang a.: → demütigen (II)
Antrieb, der: **1.** ⟨*das ein Handeln Bewirkende*⟩ Anregung · Impuls · Impetus · Anlass · Anstoß · Stimulus · Ansporn · Anreiz; → *auch* Veranlassung, Triebkraft – **2.** aus eigenem A.: → unaufgefordert (1)
Antriebslosigkeit, die: → Lustlosigkeit
antrinken: sich einen [Rausch/Affen/Schwips] a.: → betrinken, sich
Antrinket, der: → Willkommenstrunk
Antritt, der: **1.** → Beginn (2) – **2.** → Übernahme (1)
Antrittsbesuch, der: → Höflichkeitsbesuch
antun: 1. → zufügen (1) – **2.** → anziehen (I, 12) – **3.** → anstecken (I, 2) – **4.** nichts a.: → verschonen; es jmdm. angetan haben: → gefallen (1); Gewalt/Zwang a.: → zwingen (1); sich Gewalt/Zwang a.: → beherrschen (II); sich etw./ein Leid a.: → Selbstmord (2); ein Leid/Unrecht/einen Tort a.: → kränken
antupfen: → berühren (I, 1)
Antwort, die: **1.** ⟨*auf eine Frage folgende Rede*⟩ Erwiderung · Entgegnung · Gegenantwort · Gegenrede · Gegenbemerkung · Replik – **2.** ⟨*schriftl. Erwiderung*⟩ Antwortschreiben · Rückantwort – **3.** ⟨*die [unangenehme] Folge von etw.*⟩ Quittung – **4.** zur A.

76

geben: → antworten; Rede und A. stehen: → verantworten (II); um eine A. nicht verlegen sein: → schlagfertig (2); keiner A. für würdig halten: → ignorieren (1)

antworten: erwidern · entgegnen · zur Antwort geben · replizieren · versetzen · dagegenhalten · zurückgeben · kontern

Antwortschreiben; das: → Antwort (2)

anulken: 1. → narren – **2.** → necken

An- und Verkauf, der: → Gebrauchtwarenladen

Anus, der: → After

anvertrauen: I. anvertrauen: **1.** ⟨*zur Obhut überlassen*⟩ empfehlen · übertragen · zu treuen Händen übergeben · in die Hände legen ♦ *gehoben:* anheim geben · anbefehlen · überantworten – **2.** der Feder/dem Papier a.: → aufschreiben (1); [die sterblichen Überreste] der Erde a.: → begraben (1) – **II.** anvertrauen, sich: **1.** ⟨*sich in jmds. Obhut begeben*⟩ *gehoben:* sich anheim geben · sich befehlen – **2.** ⟨*vor jmdm. seine innersten Gedanken aussprechen*⟩ sich mitteilen · das/sein Herz/seine Seele ausschütten · in sein Herz blicken lassen ♦ *gehoben:* sich entdecken · seinen Busen öffnen (*veraltend*) ♦ *umg:* sich etw. von der Seele reden; → *auch* aussprechen (II, 1), offenbaren (II)

anverwandeln, sich: → aneignen, sich (2)

Anverwandte: I. Anverwandte, der: → Verwandte (I) – **II.** Anverwandte (*Pl*): die Anverwandten: → Verwandtschaft (1)

anvettermicheln, sich: → einschmeicheln, sich

anvettern, sich: → einschmeicheln, sich

anvisieren: 1. → anpeilen (1) – **2.** → zielen (1)

anwachsen: 1. ⟨*mit etw. fest verwachsen*⟩ festwachsen · einwachsen · einwurzeln · anwurzeln · Wurzel fassen + einheilen – **2.** ⟨*von Geldsummen, Schulden usw. gesagt:* *sich vergrößern*⟩ anlaufen · auflaufen · sich summieren – **3.** → zunehmen (1) – **4.** → ausweiten (II, 1)

anwackeln: angewackelt kommen: → anschlendern

anwählen: → anrufen (2)

Anwalt, der: **1.** → Rechtsanwalt – **2.** → Fürsprecher

anwalzen: angewalzt kommen: → anschlendern

anwandeln: → überkommen (1)

Anwandlung, die: **1.** → Laune (1) – **2.** → Anfall (2)

anwanzen, sich: → einschmeicheln, sich

anwärmen: → wärmen (1)

Anwärter, der: **1.** → Bewerber (1) – **2.** A. des Todes: → Todgeweihte

Anwartschaft, die: → Aussicht (3)

anwehen: 1. → anblasen (1) – **2.** → überkommen (1)

anweisen: 1. → anordnen (2) – **2.** → beauftragen – **3.** → überweisen – **4.** → anleiten (1)

Anweisung, die: **1.** → Anordnung (2) – **2.** → Überweisung – **3.** → Anleitung (1)

anwendbar: → verwendbar

anwenden: 1. ⟨*zu einem bestimmten Zweck einsetzen*⟩ gebrauchen · [be]nutzen · [be]nützen · in/zur Anwendung bringen · in Dienst nehmen · in Gebrauch/Benutzung nehmen · Gebrauch machen |von|; nießbrauchen · nießnutzen (*Rechtsw*); → *auch* bedienen (I, 4), verwenden (I, 1) – **2.** a. |auf|: → beziehen (I, 5); Gewalt a.: → zwingen (1)

Anwender, der: → Nutzer

Anwendung, die: **1.** ⟨*Einsatz zu einem bestimmten Zweck*⟩ Gebrauch · Benutzung · Benützung · Indienstnahme · Nutzung; Nießbrauch (*Rechtsw*); → *auch* Verwendung (1) – **2.** in/zur A. bringen: → anwenden (1)

anwerben: *umg:* heuern (*scherzh*); → *auch* anheuern (1)

anwerfen: → anlassen (I, 1)

Anwert, der: → Achtung (1)

Anwesen, das: Besitztum; → *auch* Haus (1), Grundstück (I), Grundbesitz, Bauernhof

anwesend: 1. ⟨*an einem Ort befindlich*⟩ zugegen · hier · da · dort · präsent – **2.** a. sein: ⟨*an einem Ort sein*⟩ da sein · zugegen sein · dabei sein · hier sein · dort sein · zur Stelle sein; → *auch* aufhalten (II, 1) – **3.** nicht a.: → abwesend (1); nicht a. sein: → fehlen (1)

Anwesende: I. Anwesende, der: **1.** → Teilnehmer – **2.** → Zeuge – **II.** Anwesende (*Pl*): die Anwesenden: ⟨*an etw. teilnehmende Personen*⟩ die Versammelten

Anwesenheit, die: **1.** ⟨*das Zugegensein*⟩ Gegenwart · Dasein · Präsenz – **2.** in A. von: ⟨*unter der Teilnahme von*⟩ in Gegenwart von · im Beisein von

anwetzen: angewetzt kommen: → anlaufen (9)

anwidern

anwidern: anekeln · zuwider sein · Abscheu erregen ♦ *salopp:* anstinken ♦ *derb:* ankotzen; → *auch* überdrüssig (1), ekeln (I)

anwinkeln: → anziehen (I, 3)

anwinseln: → beschwören (2)

Anwohner, der: → Anlieger

Anwurf, der: **1.** → Verputz – **2.** → Beschuldigung (1)

anwurzeln: → anwachsen (1)

Anzahl, die: → Menge (1)

anzahlen: beangaben (*österr*)

Anzahlung, die: → Handgeld

anzapfen: 1. → anstechen (2) – **2.** → anbetteln (1)

Anzeichen, das: → Vorzeichen

anzeichnen: 1. ⟨*etw. an etw. zeichnen*⟩ *umg:* anmalen; → *auch* zeichnen (1) – **2.** [sich] a.: → anstreichen (4)

Anzeige, die: **1.** ⟨*Bekanntgabe in einer Zeitung*⟩ Annonce · Inserat · Zeitungsanzeige; → *auch* Angebot (2) – **2.** ⟨*Bezichtigung einer Person bei einer Behörde*⟩ Gerichtsanzeige · Meldung; Denunziation (*abwert*); Verzeigung (*schweiz*) – **3.** → Ankündigung – **4.** eine A. aufgeben: → anzeigen (1); zur A. bringen, A. erstatten │gegen│: → anzeigen (2)

anzeigen: 1. ⟨*in einer Zeitung bekannt geben*⟩ annoncieren · inserieren · eine Anzeige/ein Inserat aufgeben; → *auch* bekannt (5) – **2.** ⟨*bei einer Behörde bezichtigen*⟩ melden · angeben · zur Anzeige/vor den Richter/vor Gericht bringen · Anzeige erstatten │gegen│; denunzieren (*abwert*); verzeigen (*schweiz*) ♦ *umg:* ans Messer liefern (*abwert*); anbringen (*landsch*); → *auch* verraten (1), verklagen

anzetteln: → anstiften (1)

Anzettler, der: → Anstifter

anziehen: I. anziehen: **1.** ⟨*jmdm. die Kleidung anlegen*⟩ ankleiden ♦ *umg:* anpummeln · anhosen (*landsch*) + aufputzen – **2.** ⟨*Feuchtigkeit, einen Geruch usw. an sich ziehen*⟩ annehmen – **3.** ⟨*Gliedmaßen an sich heranziehen*⟩ anwinkeln · anreißen – **4.** ⟨*für sich einnehmen od. begeistern*⟩ attraktiv sein; → *auch* anlocken (1) – **5.** → anführen (1) – **6.** → spannen (I, 1) – **7.** → fest (12) – **8.** → ziehen (1) – **9.** → anfahren (1) – **10.** → anmarschieren (1) – **11.** angezogen kommen: → anmarschieren (1) – **12.** [sich] a.: ⟨[*sich*] *mit einem Kleidungsstück be-*

kleiden⟩ [sich] überziehen, [sich] überstreifen ♦ *gehoben:* anlegen ♦ *umg:* antun (*landsch*); → *auch* umhängen – **13.** die Bremse a.: → bremsen (1); den Schmachtriemen a.: → einschränken (II) – **II.** anziehen, sich: ⟨*sich die Kleidung anlegen*⟩ sich [an]kleiden ♦ *umg:* in die Sachen/die Kleidung schlüpfen · in die Sachen/Kleider fahren; sich anputzen · sich anhosen (*landsch*) ♦ *salopp:* sich in die Kleider werfen · in den Anzug steigen

anziehend: 1. ⟨*für sich begeisternd*⟩ begehrenswert · attraktiv · einnehmend · anlockend · unwiderstehlich · appetitlich · zum Verlieben; zum Anbeißen/Fressen (*scherzh*); → *auch* bezaubernd, schön (1) – **2.** ⟨*als Magnet wirkend*⟩ magnetisch

Anziehung, die: **1.** ⟨*Molekularkraft*⟩ Anziehungskraft · Adhäsion[skraft] + Kohäsion; → *auch* Schwerkraft – **2.** ⟨*anziehende, für sich einnehmende Wirkung*⟩ Reiz · Anreiz · Zauber · Faszination · Poesie · Attraktivität · Appeal · Anziehungskraft + Zugkraft; → *auch* Verlockung, Reiz (2)

Anziehungskraft, die: **1.** → Anziehung (1 u. 2), Reiz (2) – **2.** → Schwerkraft

Anziehungspunkt, der: → Blickfang

anzischen: → anfahren (3)

anzittern: → kommen (1)

anzotteln: angezottelt kommen: → anschlendern

Anzug, der: **1.** ⟨*Herrenbekleidung*⟩ Gewand (*süddt österr*) + Kombination – **2.** in den A. steigen: → anziehen (II); im A. sein: **a)** → anmarschieren (1) – **b)** → aufziehen (1) – **c)** → nähern, sich (1) – **d)** → anfangen (1, b); aus dem A. boxen: → verprügeln; aus dem A. schütteln: → ausschimpfen

anzüglich: → beleidigend

Anzüglichkeiten (*Pl*): → Anspielung (1)

anzünden: 1. ⟨*zum Brennen bringen*⟩ **a)** ⟨*allgemein*⟩ entzünden · anbrennen · in Brand setzen/stecken · anstecken ♦ *gehoben:* entfachen ♦ *umg:* angokeln · ankokeln · anstechen; → *auch* anschüren (1) – **b)** ⟨*Streichhölzer*⟩ entzünden · anbrennen ♦ *umg:* anreißen; anreiben (*landsch*) – **2.** Feuer a.: → anfeuern (1)

anzwecken: anspießen · aufspießen

anzweifeln: → bezweifeln

anzwinkern: → zuzwinkern

Aorta, die: → Schlagader

Apache, der: → Verbrecher

Arbeit

Apanage, die: → Einkünfte (1)
apart: 1. → reizend (1) – **2.** → geschmackvoll – **3.** → einzeln (1)
Apathie, die: → Teilnahmslosigkeit
apathisch: → teilnahmslos
aper: → schneefrei
Aperçu, das: → Bonmot
Apfel, der: in den sauren A. beißen: → abfinden (II, 2); für 'nen Appel und ein Ei: → billig (1)
apfelig: → gefleckt
Apfelkoch, das: → Apfelmus
Apfelmus, das: **1.** ⟨*aus gekochten Äpfeln hergestelltes Mus*⟩ Apfelkoch (*österr*) – **2.** gerührt wie A.: → ergriffen
Apfelsine, die: Orange; Pomeranze (*landsch*) + Clementine
Aplomb, der: mit A.: → nachdrücklich
apodiktisch: → bestimmt (1)
apolitisch: → unpolitisch
Apologet, der: → Verteidiger (1)
Apoplexie, die: → Schlaganfall
apostolisch: → päpstlich (1)
apothekenpflichtig: → rezeptpflichtig
Apotheker, der: Pharmazeut ♦ *umg*: Pillendreher · Pflasterkocher (*scherzh*); Giftmischer (*abwert*)
Apparat, der: **1.** → Fotoapparat – **2.** → Telefon (1) – **3.** → Rundfunkgerät – **4.** → Fernsehapparat – **5.** → Anlage (I, 1) – **6.** → Werkzeug (1) – **7.** → Ding (1)
Apparatschik, der: → Funktionär
Apparatur, die: → Anlage (I, 1)
Appartement, das: → Wohnung (1)
Appeal, der: → Anziehung (2)
Appeasement, das: → Beschwichtigungspolitik
Äppelkahn, der: **1.** → Schleppkahn – **2.** → Boot
Appell, der: **1.** ⟨*Veranstaltung, meist mit Hissen der Fahne*⟩ Fahnenappell – **2.** → Aufruf (1)
appellieren: a. |an|: → aufrufen (1)
Appendix, der: → Blinddarm
Appetit, der: Esslust; Gusto (*österr*); → *auch* Hunger (1), Unersättlichkeit, Gefräßigkeit (1), Verlangen (1)
appetitanregend: → appetitlich (1)
Appetithappen, der: Gabelbissen
Appetithemmer, der: Appetitzügler
appetitlich: 1. ⟨*zum Essen anregend*⟩ appetitanregend · lecker; gustiös (*österr*) + knusprig ♦ *umg*: schnuckelig; schnuddelig

(*landsch*); → *auch* schmackhaft, aromatisch (1) – **2.** → anziehend (1)
Appetitzügler, der: → Appetithemmer
applanieren: → einebnen
applaudieren: → klatschen (1)
Applaus, der: **1.** → Beifall (1) – **2.** A. spenden: → klatschen (1)
applikabel: → verwendbar
Applikation, die: → Besatz (1)
applizieren: → aufnähen
apportieren: → bringen (1)
Approbation, die: → Zulassung
approbieren: → billigen (1)
approbiert: → zugelassen
April, der: in den A. schicken: → narren
Aprilscherz, der: einen A. machen |mit|: → narren
a priori: → grundsätzlich
apropos: → übrigens
Aquajogging, das: → Schwimmen
Aquanaut, der: → Unterwasserforscher
Aquarell, das: → Bild (I, 1)
Aquavit, der: → Branntwein
äquivalent: → gleichwertig (1)
Äquivalent, das: → Ersatz (1)
äquivok: 1. → mehrdeutig (1) – **2.** → zweideutig (1)
Äquivokation, die: → Zweideutigkeit (1)
Ära, die: → Zeitalter
Arabeske, die: → Verzierung (1)
Ärar, der: **1.** → Staatskasse – **2.** → Staatsvermögen
Arbeit, die: **1.** ⟨*produktive Tätigkeit*⟩ Arbeitstätigkeit · Arbeitsleistung · Arbeitsaufwand · Schaffen · Betätigung + Knochenjob · Dienst[leistung]; → *auch* Tätigkeit (2) – **2.** ⟨*Beschaffung des Lebensunterhalts*⟩ Erwerb[stätigkeit] · Erwerbsarbeit · Erwerbsmöglichkeit · Dienst · Beschäftigung; Anschaffe (*landsch*) + Lohnarbeit ♦ *umg*: Broterwerb · Brotarbeit; → *auch* Beruf (1) – **3.** ⟨*das Angestelltsein*⟩ Arbeitsverhältnis · Anstellung · Stellung · Arbeitsplatz · Arbeitsstelle · Posten · Position · Beschäftigung + Stuhl · Engagement · Broterwerb ♦ *umg*: Job – **4.** ⟨*Arbeitsergebnis*⟩ Werk – **5.** → Mühe (1) – **6.** → Abhandlung (1) – **7.** → Untersuchung (1) – **8.** → Erzeugnis – **9.** → Werk (1) – **10.** → Aufgabe (3) – **11.** → Arbeitszeit – **12.** A. leisten / verrichten / tun / machen: → arbeiten (1); die A. niederlegen / einstellen: → streiken (1); in A. sein: → arbeiten (2); A. nehmen: → verdingen,

79

arbeiten

sich; in A. nehmen: **a)** → bearbeiten (1) – **b)** → anstellen (I, 2); ohne A.: → arbeitslos (1); A. geben: → beschäftigen (I, 1); in A. haben: → bearbeiten (1); in A. ersticken, bis über die Ohren in A. stecken: → überlastet; A. abnehmen: → entlasten (1); die A. nicht erfunden haben, der A. aus dem Wege gehen: → faul (6); mitten in die A. platzen: → stören (2); A. suchen: → Stellungssuche **arbeiten: 1.** ⟨*produktiv tätig sein*⟩ Arbeit leisten / verrichten · tätig sein · sich betätigen · werken · sich rühren · die Hände / sich regen; sich beschäftigen (*scherzh*) + hantieren ♦ *umg*: jobben · Arbeit tun / machen; herumwirtschaften (*abwert*); wirtschaften (*schweiz*); schanzen · schaffen · werkeln · puddeln · malochen · ranklotzen (*landsch*); bulksen (*landsch abwert*) ♦ *salopp*: roboten; → *auch* anstrengen (II, 1), dienen (1), schuften – **2.** ⟨*einen Arbeitsplatz innehaben, angestellt sein*⟩ in Arbeit / erwerbstätig sein; in Lohn und Brot stehen (*veraltend*) – **3.** → wirken (1) – **4.** → herstellen (1) – **5.** → laufen (2) – **6.** → gären (1) – **7.** → ¹verziehen (II, 1) – **8.** a. ｜an｜: → beschäftigen (II, 2); für drei / wie ein Pferd a.: → anstrengen (II, 1); Hand in Hand a.: **a)** → zusammenarbeiten – **b)** → helfen (4); in die Hände a.: → helfen (1); zu Ende a.: → aufarbeiten (1); sich müde a.: → abmühen, sich; an sich [selbst] a.: → vervollkommnen (II, 1); in der Verlustzone a.: → Verlust (2)
Arbeiter, der: I. Arbeiter, der: ⟨*jmd., der bes. körperliche Arbeit leistet*⟩ Industriearbeiter · Fabrikarbeiter + Arbeitnehmer · der Werktätige · Landarbeiter · Kuli; Dienstnehmer (*österr*) ♦ *umg*: Malocher (*oft abwert*) – **II.** Arbeiter (*Pl*): die A.: → Arbeiterklasse
Arbeiterdenkmal, das: ein A. machen: → untätig (2)
Arbeiterklasse, die: Proletariat · die Arbeiter; → *auch* Gesellschaftsgruppe
Arbeitgeber, der: → Unternehmer (1)
Arbeitnehmer, der: → Arbeiter (I, 2)
arbeitsam: → fleißig (1)
Arbeitsamkeit, die: → Fleiß (1)
Arbeitsaufwand, der: → Arbeit (1)
Arbeitsbereich, der: → Arbeitsgebiet
Arbeitsdauer, die: → Arbeitszeit
Arbeitseifer, der: → Eifer (1), Fleiß (1)
Arbeitseinkommen, das: → Lohn (1)
Arbeitseinstellung, die: → Streik (1)
arbeitsfähig: erwerbsfähig

Arbeitsfeld, das: → Arbeitsgebiet
Arbeitsfreude, die: Arbeitslust
Arbeitsgebiet, das: Arbeitsbereich · Tätigkeitsbereich · Arbeitsfeld · Sachgebiet · Referat · Wirkungskreis · Amtsgeschäfte · Arbeitskreis; → *auch* Aufgabenbereich, Bereich (1), Fach (1, b), Beruf (1), Amt (1)
Arbeitsgemeinschaft, die: **1.** ⟨*auf einem Arbeitsgebiet sich einer gemeinsamen Aufgabe widmende Gruppe von Menschen*⟩ Arbeitskreis · Fachgruppe · Arbeitsstab; → *auch* Kreis (1) – **2.** → Team (1)
Arbeitsgerät, das: → Werkzeug (1)
Arbeitsgruppe, die: → Team (1)
Arbeitsinspektion, die: → Gewerbeaufsicht
Arbeitsinstrument, das: → Werkzeug (1)
Arbeitskollege, der: → Kollege
Arbeitskraft, die: **1.** ⟨*arbeitende Person*⟩ Mitarbeiter · der Beschäftigte; → *auch* Arbeiter (I), Angestellte – **2.** → Leistungsfähigkeit
Arbeitskreis, der: **1.** → Arbeitsgemeinschaft (1) – **2.** → Arbeitsgebiet
Arbeitsleistung, die: → Arbeit (1)
Arbeitslohn, der: → Lohn (1)
arbeitslos: 1. ⟨*mangels Erwerbsmöglichkeiten in keinem Arbeitsverhältnis*⟩ erwerbslos · beschäftigungslos · ohne Arbeit / Erwerb / Beschäftigung · stellenlos · stellungslos; brotlos · ohne Lohn und Brot (*veraltend*) – **2.** a. sein: ⟨*mangels Erwerbsmöglichkeiten keine Arbeit haben*⟩ stempeln gehen ♦ *umg*: auf der Straße liegen/sitzen – **3.** a. werden: ⟨*seine Arbeit verlieren*⟩ den Job verlieren
Arbeitslose, der: der Erwerbslose
Arbeitslosengeld, das: Arbeitslosenhilfe + Lohnersatzzahlung ♦ *salopp*: Stütze; → *auch* Sozialhilfe
Arbeitslosigkeit, die: Erwerbslosigkeit
Arbeitslust, die: → Arbeitsfreude
Arbeitsmaschine, die: → Arbeitspferd (1)
Arbeitsniederlegung, die: → Streik (1)
Arbeitspferd, das: **1.** ⟨*sehr viel bzw. schwer arbeitender Mensch*⟩ Arbeitstier · Arbeitsmaschine + Workaholic ♦ *umg*: Roboter – **2.** → Pferd (1)
Arbeitsplatz, der: → Arbeit (3)
Arbeitsplatzabbau, der: → Personalabbau
Arbeitsplatzteilung, die: Jobsharing
Arbeitsprodukt, das: → Erzeugnis
Arbeitsraum, der: Arbeitszimmer · Arbeitsstube · Arbeitsstätte; → *auch* Werkhalle
arbeitsscheu: → faul (2)

80

arm

Arbeitsschluss, der: → Dienstschluss
Arbeitsstab, der: → Team (1), Arbeitsgemeinschaft (1)
Arbeitsstätte, die: → Arbeitsraum
Arbeitsstelle, die: **1.** → Arbeit (3) – **2.** → Abteilung (II, 3)
Arbeitsstube, die: → Arbeitsraum
Arbeitssuche, die: Jobsuche
Arbeitssuchende, der: Jobsuchende
Arbeitstag, der: → Werktag
Arbeitstätigkeit, die: → Arbeit (1)
Arbeitsteam, das: → Team (1)
Arbeitstier, das: → Arbeitspferd (1)
arbeitsunfähig: 1. → dienstunfähig – **2.** → behindert, erwerbsunfähig (1)
Arbeitsverdienst, der: → Lohn (1)
Arbeitsverhältnis, das: → Arbeit (3)
Arbeitsvermittler, der: Jobmakler · Jobhändler · Jobvermittler · Personalvermittler
Arbeitsvermittlung, die: Jobmaschine
Arbeitswerkzeug, das: → Werkzeug (1)
Arbeitszeit, die: Dienstzeit · Arbeitsdauer + Schicht ♦ *umg:* Arbeit
Arbeitszeug, das: → Werkzeug (1)
Arbeitszimmer, das: → Arbeitsraum
archaisch: 1. → vorzeitlich – **2.** → altertümlich
archaisierend: → altertümelnd
Archäologe, der: Altertumsforscher · Altertumswissenschaftler
Archäologie, die: Altertumsforschung · Altertumskunde · Altertumswissenschaft
Archetyp, der: → Urbild
Architekt, der: → Baumeister
Architektur, die: **1.** → Baukunst – **2.** → Baustil
Areal, das: → Grundstück (I)
Arena, die: **1.** → Kampfplatz (2) – **2.** → Schauplatz (1)
arg: 1. → boshaft (1) – **2.** → böse (1) – **3.** → unangenehm (1) – **4.** → sehr – **5.** im Argen liegen: → schlecht (11)
Arg, das: **1.** → Bosheit – **2.** ohne A.: **a)** → unschuldig (2) – **b)** → ehrlich (1)
Ärger, der: **1.** → Missmut – **2.** → Unannehmlichkeit – **3.** Ä. bereiten/bringen: → ärgern (I); Ä. empfinden, vor Ä. bersten/platzen: → ärgern (II, 1)
ärgerlich: 1. ⟨*Missmut empfindend*⟩ verärgert · ungehalten · unwillig · gallig · erbost · erbittert · bitter ♦ *umg:* fuchsig · vergrätzt · vergnatzt · wirsch · nicht [sehr/sonderlich/gerade] erbaut · falsch (*landsch*);

fühnsch (*norddt*) ♦ *salopp:* angefressen · sauer · stinksauer · stocksauer · säuerlich; → *auch* entrüstet, missmutig – **2.** → unangenehm (1) – **3.** ä. machen: → verärgern
ärgern: I. ärgern: ⟨*in Missmut versetzen*⟩ Ärger/Verdruss bereiten/bringen ♦ *umg:* hochbringen · wurmen · fuchsen · sauer aufstoßen · die Galle aufregen · das Leben sauer machen · Verdruss machen · einen Schur/es zum Schur tun ♦ *salopp:* eine Laus in den Pelz setzen; → *auch* aufregen (I, 1), erzürnen (1) – **II.** ärgern, sich: **1.** ⟨*in Ärger versetzt sein*⟩ Ärger empfinden · vor Ärger bersten ♦ *umg:* vor Ärger platzen · sich giften · jmdm. ist eine Laus über die Leber gelaufen · sich Galle machen ♦ *salopp:* sich scheckig/schwarz/den Bauch voll ärgern · sich in den Hintern beißen können; sich die Platze ärgern · sich die Plauze voll ärgern (*landsch*); → *auch* aufregen (II), erzürnen (2), grollen (1) – **2.** sich scheckig/schwarz/den Bauch/die Plauze voll ä.: → II, 1
Ärgernis, das: **1.** → Unannehmlichkeit – **2.** Ä. erregen: → anstoßen (2)
Arglist, die: → Hinterlist
arglistig: → hinterlistig
arglos: 1. → unschuldig (2) – **2.** → zutraulich (1) – **3.** → gutgläubig
Argument, das: **1.** → Begründung (2) – **2.** → Beweis (1)
Argumentation, die: → Begründung (1)
argwillig: → boshaft (1)
Argwohn, der: **1.** → Misstrauen – **2.** → Verdacht – **3.** einen A. haben/hegen: → befürchten; A. hegen: → Verdacht (2); A. hegen |gegen|: → misstrauen
argwöhnen: 1. → befürchten – **2.** → Verdacht (2)
argwöhnisch: 1. → misstrauisch (1) – **2.** a. werden: → Verdacht (2)
Arie, die: → Lied (1)
Arioso, das: → Lied (1)
Aristokratie, die: → Adel (1)
aristokratisch: → adlig (1)
Arkade: I. Arkade, die: → ¹Bogen (1) – **II.** Arkaden (*Pl*): → Bogengang
arm: 1. ⟨*nichts od. wenig besitzend*⟩ mittellos · unbemittelt · besitzlos · vermögenslos · güterlos · unvermögend · bedürftig · elend · verelendet · Not leidend · bettelarm · blutarm · verarmt + minderbemittelt · minderbegütert · finanzschwach · einkommens-

Arm

schwach ♦ *umg*: mausearm · arm wie eine Kirchenmaus; → *auch* ärmlich (1), hilfsbedürftig – **2.** ⟨*den geringen Nutzgehalt von Sachen betreffend*⟩ dürftig · kärglich · geringwertig · armselig; → *auch* ertragsarm – **3.** → bedauernswert – **4.** a. sein: ⟨*nichts od. wenig besitzen*⟩ nicht das Salz zum Brot/zur/in die Suppe haben · sich jeden Bissen vom Mund absparen müssen · kein [ganzes] Hemd [mehr] auf dem/am Leib/nichts auf dem Leib haben · nicht auf Rosen gebettet sein; → *auch* darben – **5.** a. werden: → verarmen; armer Schlucker: → Arme; a. wie eine Kirchenmaus: → 1; Arm und Reich: → jedermann

Arm, der: **1.** → Abzweigung – **2.** → Ärmel (1) – **3.** A. in A.: **a)** → gemeinsam (1) – **b)** → eingehakt; jmds. A. nehmen, unter den A. fassen: → unterhaken; sich in die Arme fallen, sich in den Armen liegen: → umarmen (II); in die Arme nehmen/schließen, die Arme schlingen |um|: → umarmen (I); mit verschränkten Armen dastehen: → untätig (2); in den A. fallen: **a)** → aufhalten (I, 1) – **b)** → hindern; auf den A. nehmen: **a)** → necken – **b)** → narren; unter die Arme greifen: → helfen (1); mit offenen Armen empfangen/aufnehmen: → willkommen (2); in die Arme laufen/rennen: → begegnen (1); die Beine unter die Arme nehmen: → beeilen, sich; in die Arme treiben: → ausliefern (I, 1); sich in die Arme werfen |jmdm./einer Sache|: → hingeben (II, 1)

Armada, die: → Seestreitkräfte

Armaturenbrett, das: → Schalttafel

Armbinde, die: → Binde (1 *u.* 2)

Arme, der: Habenichts (*abwert*) ♦ *umg*: armer Schlucker; Hungerleider (*abwert*)

Armee, die: **1.** → Streitkräfte – **2.** → Menge (1) – **3.** bei der A. sein: → Soldat (1); zur A. gehen: → Soldat (2)

Ärmel, der: **1.** ⟨*Teil von Kleidungsstücken*⟩ *umg*: Arm – **2.** die Ärmel hochkrempeln: → zugreifen (1); im Ä. haben: → bereithaben

Ärmelbrett, das: → Bügelbrett

Armesündermiene, die: → Unschuldsmiene

armieren: → bewehren (1)

Armleuchter, der: **1.** → Leuchter – **2.** → Dummkopf (2)

ärmlich: 1. ⟨*von Mittellosigkeit zeugend*⟩ armselig · dürftig · kümmerlich · elend · power + gedrückt; → *auch* arm (1), karg (1), erbärmlich (1) – **2.** → unzureichend

Armloch, das: → Dummkopf (2)

armselig: 1. → ärmlich (1) – **2.** → arm (2) – **3.** → unzureichend

Armsessel, der: → Lehnstuhl

Armstuhl, der: → Lehnstuhl

Armut, die: **1.** ⟨*das Armsein*⟩ Mittellosigkeit · Besitzlosigkeit · Unbemitteltheit · Bedürftigkeit · Elend · Not; → *auch* Verarmung, ¹Mangel (1) – **2.** → Geistlosigkeit, Leere – **3.** in A. geraten: → verarmen

Armutsfalle, die: in die A. geraten: → verarmen

Armutszeugnis, das: → Blöße (1)

Aroma, das: **1.** ⟨*würziger Duft od. Geschmack*⟩ Blume · Bukett + Geschmack; → *auch* Duft (1) – **2.** → Würze

aromatisch: 1. ⟨*von angenehmem Aroma*⟩ blumig · duftig · balsamisch; → *auch* appetitlich (1), würzig (1) – **2.** → wohlriechend

aromatisieren: → würzen

Arrangement, das: → Anordnung (1)

Arrangeur, der: → Komponist

arrangieren: 1. → anordnen (1) – **2.** → veranstalten (1)

Arrest, der: **1.** → Haft (1) – **2.** → Freiheitsentzug (1) – **3.** → Beschlagnahme – **4.** in A. setzen: → einsperren (1); in A. sitzen, A. schieben: → gefangen (2); unter A. stellen, mit A. belegen: → beschlagnahmen

Arrestant, der: → Häftling

Arrestlokal, das: → Strafvollzugsanstalt

arretieren: 1. → verhaften – **2.** → blockieren (1)

Arretierung, die: → Verhaftung

arrivieren: → Erfolg (2)

Arrivierte, der: → Emporkömmling

arrogant: → überheblich

Arroganz, die: → Überheblichkeit

arrondieren: → abrunden (3)

Arsch, der: **1.** → Gesäß – **2.** → Dummkopf (2) – **3.** ein ganzer A. voll: → viel (1); im A.: → entzwei; im A. sein: → verloren (2); der A. der Welt: → Einöde (2); am A. der Welt: → abgelegen; in den A. kriechen: → einschmeicheln, sich; sich am A. abfingern/abklavieren: → voraussehen; sich den A. aufreißen/wegreißen: → übereifrig; jmdn. am/beim A. haben: → belangen (1); jmdm. den A. aufreißen: → drillen (1); den A. offen haben: → verrückt (5); etw. geht jmdm. am A. vorbei: → gleichgültig (4); jmdm. geht der A. mit Grundeis: → ängstigen (II, 1); den A. zukneifen, einen kalten

A. kriegen: → sterben (1); **einen kalten A. haben:** → tot (4); **seinen A. retten:** → herauswinden, sich; **Zucker in den A. blasen:** → verwöhnen; **sich den A. abfrieren:** → frieren (1); **Himmel, A. und Zwirn / Wolkenbruch:** → verflucht (1)

Arschficker, der: → Homosexuelle (I)

arschklar: → selbstverständlich (1), deutlich (3)

Arschkriecher, der: → Kriecher

Arschlecker, der: → Kriecher

Arschloch, das: **1.** → After – **2.** → Dummkopf (2)

Arschwisch, der: → Schriftstück

Arsenal, das: → Waffenlager

Art, die: **1.** ⟨*Verhalten; Methode des Handelns*⟩ [Art und] Weise · Modus – **2.** ⟨*Einteilungsbegriff*⟩ Sorte · Spezies + Gattung · Typ · Genre · Schlag · Klasse – **3.** → Benehmen (1) – **4.** → Beschaffenheit (1) – **5.** → Veranlagung – **6.** → Geschlecht (1) – **7.** **nach Art:** → wie (1); **in jmds. Art schlagen:** → geraten (4); **aus der Art schlagen:** → missraten (1); **die Art erhalten:** → vermehren (II, 1); **Erhaltung der Art:** → Vermehrung (1); **Art und Weise:** → 1; **auf diese Art und Weise:** → so (1); **auf welche Art, in welcher Art:** → wie (2); **auf die eine oder andere Art:** → irgendwie; **das ist keine Art und Weise:** → unerhört (2)

arteigen: 1. ⟨*einer bestimmten Art entsprechend*⟩ artverwandt · artgleich – **2.** → eigentümlich (1)

arten: a. |nach|: → geraten (4)

Arterie, die: → Schlagader

Arterienverkalkung, die: → Gefäßverkalkung

Arteriosklerose, die: → Gefäßverkalkung

artfremd: artverschieden

artgleich: → arteigen (1)

artifiziell: → künstlich

artig: 1. ⟨*gut erzogen*⟩ brav · lieb + lammfromm; → *auch* gehorsam (1) – **2.** → höflich – **3.** → anmutig

Artigkeit, die: → Schmeichelei

Artikel, der: **1.** → Erzeugnis – **2.** → Abhandlung (1) – **3.** → Abschnitt (2), Kapitel (1)

Artikulation, die: → Aussprache (1)

artikulieren: → aussprechen (I, 1)

Artist, der: Zirkuskünstler · Akrobat + Taschenspieler · Gaukler

Artistik, die: Zirkuskunst · Akrobatik

artistisch: akrobatisch

Artung, die: → Veranlagung

artverschieden: → artfremd

artverwandt: → arteigen (1)

Arznei, die: **1.** → Arzneimittel – **2.** bittere A.: → Lehre (3)

Arzneimittel, das: Arznei · Medikament · Heilmittel · Medizin · Pharmazeutikum · Remedium · Präparat · Mixtur · Droge; Heilbehelf (*österr*) + Pulver ♦ *umg*: Pülverchen; → *auch* Anregungsmittel

Arzneimittelwerk, das: → Pharmaziehersteller

Arzneiverordnung, die: → Rezept (1)

Arzt, der: Mediziner; Heilkünstler · Medizinmann (*scherzh*); Medikus · Physikus (*noch scherzh*) ♦ *umg*: Doktor; Onkel Doktor (*kinderspr*)

Ärztehopping, das: → Arztwechsel

Arzthelferin, die: Praxishelferin (*schweiz*) + Sprechstundenhilfe · Schwester

Arztvisite, die: → Krankenbesuch

Arztwechsel, der: Ärztehopping · Doktorhopping

Asch, der: → Schüssel (1)

Aschbecher, der: → Aschenbecher

aschblond: → blond (1)

Asche, die: **1.** ⟨*Überrest verbrannter Stoffe*⟩ Brandrückstand · Verbrennungsrückstand – **2.** **in A. verwandeln:** → verbrennen (I, 1); **in A. legen:** → niederbrennen (1); **in Schutt und A. legen: a)** → niederbrennen (1) – **b)** → zerstören (2); **wie ein Phönix aus der A. steigen:** → erstehen (1); **in Sack und A. gehen, sich A. aufs Haupt streuen:** → bereuen; **A. sein:** → sinnlos (3)

Aschenbahn, die: → Laufbahn (2)

Aschenbecher, der: Aschbecher · Aschenschale ♦ *umg*: Ascher

Aschenschale, die: → Aschenbecher

Ascher, der: → Aschenbecher

aschfahl: → blass (1)

aschfarben: aschig

aschgrau: 1. → grau (1) – **2.** → blass (1)

aschig: 1. → staubig – **2.** → aschfarben

Aschkuchen, der: → Napfkuchen

äsen: → grasen

aseptisch: → keimfrei (1)

Äser, der: → Maul (1)

Askese, die: → Enthaltsamkeit

asketisch: → enthaltsam (1)

asozial: gemeinschaftsfeindlich · gemeinschaftsschädlich · gemeinschaftsunfähig

Aspekt

Aspekt, der: → Gesichtspunkt (1)
Asphaltpresse, die: → Sensationspresse
Aspik, der *od.* das: → Gallert
Aspirant, der: → Bewerber (1)
aspirieren: 1. → behauchen (1) – **2.** a.
|auf|: → bewerben, sich (1)
Ass, das: **1.** ⟨*Spielkarte*⟩ Daus (*landsch*) – **2.**
→ Meister (1) – **3.** → Spitzensportler
Assimilation, die: → Anpassung
assimilieren, sich: → anpassen (II, 1 *u.* 2)
Assistent, der: Mitarbeiter + Famulus ·
Amtsgehilfe; → *auch* Gehilfe, Helfer (1)
Assistenz, die: → Hilfe (1)
assistieren: → helfen (1)
Associé, der: → Teilhaber
assoziabel: → vereinbar
Assoziation, die: **1.** → Gedankenverbin-
dung – **2.** → Vereinigung (1 *u.* 2)
assoziieren, sich: → vereinigen (II, 2)
Ast, der: **1.** ⟨*in Brettern usw. sichtbare An-
satzstelle eines großen Zweiges*⟩ Astansatz ·
Knorren · Astknorren – **2.** → Zweig (1) – **3.**
→ Rücken (1) – **4.** → Buckel (1) – **5.** →
Abzweigung – **6.** einen A. durchsägen: →
schnarchen; sich einen A. lachen; → lachen
(1); den A. absägen, auf dem man sitzt: →
schaden (3)
Astansatz, der: → Ast (1)
asten: 1. → abmühen, sich – **2.** → tragen
(I, 1)
Astewitz, der: → Bucklige
Asthenie, die: → Schwäche (1)
asthenisch: → schwach (1, a)
ästhetisch: 1. → schön (1) – **2.** → ge-
schmackvoll
Ästimation, die: → Achtung (1)
ästimieren: → achten (1)
Astknorren, der: → Ast (1)
astrein: → einwandfrei (1)
Astrologie, die: Sterndeutung ♦ *umg*: Stern-
deuterei (*abwert*)
Astronaut, der: Kosmonaut · Raumfahrer ·
Weltraumfahrer
Astronautik, die: → Raumfahrt
Astronomie, die: Sternenkunde · Himmels-
kunde
Astwerk, das: → Geäst
Äsung, die: → Futter (1)
Asyl, das: **1.** → Unterkunft (1) – **2.** → Zu-
flucht – **3.** A. gewähren/bieten: → beher-
bergen
Asylant, der: Asylbewerber; Asylwerber
(*österr*)

Asylbewerber, der: → Asylant
Asylwerber, der: → Asylant
asymmetrisch: → ungleichmäßig
Atavismus, der: →Anachronismus
atavistisch: → anachronistisch
Atelier, das: **1.** → Werkstatt – **2.** → Studio
Atem, der: **1.** ⟨*die in die Lungen eingezoge-
ne u. wieder ausgestoßene Luft*⟩ *dicht*:
Odem ♦ *gehoben*: Hauch ♦ *umg*: Puste – **2.**
außer A., mit fliegendem A.: → atemlos (1);
nach A. ringen: → Atemnot (2); A. holen:
→ atmen (1); A. schöpfen: **a)** → atmen (1)
– **b)** → aufatmen (1) – **c)** → ausruhen (I);
den letzten A. aushauchen: → sterben (1);
jmdm. geht der A. aus: **a)** → Konkurs (2) –
b) → zurückbleiben (1); jmdm. den A. ver-
schlagen:→überrascht (2); einen langen/den
längeren A. haben: → aushalten (1)
Atembeklemmung, die: → Atemnot (1)
atemberaubend: → spannend
Atembeschwerden (*Pl*): → Atemnot (1)
atemlos: 1. ⟨*durch Anstrengung nicht mehr
fähig, richtig zu atmen*⟩ außer Atem · mit
fliegendem Atem ♦ *umg*: außer Puste →
auch erschöpft (1) – **2.** → gespannt (1)
Atemnot, die: **1.** ⟨*Krankheit*⟩ Atembeklem-
mung · Kurzatmigkeit · Atembeschwerden –
2. an A. leiden: ⟨*nur schwer atmen können*⟩
keine Luft haben · nach Atem ringen
♦ *umg*: nach Luft schnappen · keine Luft
kriegen
Atempause, die: → ¹Pause (1)
a tempo: → sofort
Atemzug, der: **1.** ⟨*das Luftholen*⟩ Zug
♦ *umg*: Schnaufer – **2.** in einem/dem-
selben/im gleichen A.: → gleichzeitig (1)
Äthanol, das: → Alkohol (1)
Atheismus, der: Religionslosigkeit · Irreli-
giosität · Freigeisterei; Gottlosigkeit · Un-
glaube · Ungläubigkeit (*Rel*)
Atheist, der: Freidenker · Freigeist
atheistisch: freidenkerisch · freigeistig · re-
ligionslos · unreligiös · irreligiös; gottlos ·
ungläubig (*Rel*)
Äther, der: → Himmel (1)
ätherisch: 1. → zart (1) – **2.** → wohl-
riechend – **3.** → flüchtig (2)
Äthernarkose, die: → Narkose
Ätherrausch, der: → Narkose
Athlet, der: Kraftmensch · Herkules · Bär;
→ *auch* Muskelprotz
athletisch: 1. → kräftig (1) – **2.** → sportlich
(1)

Äthylalkohol, der: → Alkohol (1)

atmen: 1. ⟨*Luft in die Lunge ziehen u. wieder ausstoßen*⟩ Atem/Luft holen/schöpfen · frische Luft schöpfen + durchatmen ♦ *umg:* Luft schnappen + durchholen (*landsch*); → *auch* einatmen, ausatmen (1), schnauben (I, 1) – **2.** → ausströmen (1) – **3.** gesiebte Luft a.: → gefangen (2)

Atmosphäre, die: **1.** ⟨*von etw. ausgehende Wirkung*⟩ Ausstrahlung · Fluidum · Kolorit · Air · Klima · Ambiente · Stimmung; Ambiance (*schweiz*) ♦ *gehoben:* Dunstkreis · Flair; → *auch* Ausstrahlung (1) – **2.** → Luft (1)

Atomausstieg, der: Ausstieg

Atombombe, die: → Bombe (1)

Atombusen, der: → Brust (I, 2)

Atomenergie, die: → Kernenergie

atomisieren: → zerstören (2), vernichten (1, a)

Atomkraft, die: → Kernenergie

Atomkraftwerk, das: → Kernkraftwerk

Atommeiler, der: → Kernreaktor

Atommüll, der: Strahlenmüll

Atomphysik, die: + Kernphysik

Atomreaktor, der: → Kernreaktor

Atomwaffen (*Pl*): → Kernwaffen

Atout, das: → Trumpf

Attacke, die: **1.** → Angriff (1, a *u.* b) – **2.** → Anfall (1)

attackieren: → angreifen (I, 1, a *u.* 2)

Attentat, das: → Anschlag (2)

Attest, das: → Bescheinigung (1)

attestieren: → bescheinigen

Attitüde, die: → Haltung (1)

Attraktion, die: **1.** → Zugstück – **2.** → Hauptattraktion

attraktiv: 1. → anziehend (1) – **2.** a. sein: → anziehen (I, 4); attraktiver machen: → wirkungsvoll (2)

Attraktivität, die: → Anziehung (2)

Attrappe, die: Schaupackung

Attribut, das: → Merkmal

atypisch: → ungewöhnlich

atzen: 1. → füttern (b) – **2.** → verpflegen (1)

ätzen: → nörgeln

ätzend: 1. → beleidigend – **2.** → schlecht (1)

Atzung, die: **1.** → Futter (1) – **2.** → Nahrung – **3.** → Fütterung

auch: 1. → ebenfalls – **2.** → sogar (1) – **3.** → außerdem (1) – **4.** → alias – **5.** oder a.: → oder (1)

Audienz, die: → Empfang (2)

Audiobook, das: Hörbuch

Auditorium, das: **1.** → Hörsaal – **2.** → Zuhörerschaft

Aue, die: → Wiese

auf: 1. → offen (1) – **2.** auf einmal: **a)** → gleichzeitig (1) – **b)** → plötzlich (1); auf der Stelle: → sofort; auf sein: → wachen (1); auf Zeit: → zeitweilig; auf die Schnelle/einen Sprung: → kurz (3); aufs Haar: → völlig (1); auf ... hin: → wegen (1); auf und davon: → fort (1); bis auf: → außer (1)

aufächzen: → aufstöhnen

aufaddieren: → zusammenzählen

aufarbeiten: 1. ⟨*Rückstände durch Arbeit beseitigen*⟩ wegarbeiten · zu Ende arbeiten · fertig machen; → *auch* aufholen (1), erledigen (1) – **2.** ⟨*durch Bearbeitung wieder verwendungsfähig machen*⟩ auffrischen · überholen ♦ *umg:* aufpolieren – **3.** → verarbeiten (2)

aufatmen: 1. ⟨*sich von einer Anstrengung erholen*⟩ Atem schöpfen · tief Luft holen ♦ *umg:* aufschnaufen (*südd*) – **2.** ⟨*wieder ohne Sorgen sein*⟩ sich erlöst/befreit fühlen

aufbacken: → aufwärmen (I, 1)

aufbammeln: I. aufbammeln: → aufhängen (I, 1) – **II.** aufbammeln, sich: → erhängen (II)

Aufbau, der: **1.** ⟨*das Aufbauen*⟩ Bau · Erbauung · Errichtung · Aufstellung · Aufrichtung · Anlage · Aufführung – **2.** ⟨*die Anordnung der Teile eines Ganzen*⟩ Gliederung · Anlage · Struktur[plan] · Bau · Aufriss · Grundgerüst; → *auch* Gliederung (1), Anordnung (1) – **3.** ⟨*das auf etw. anderem Aufgebaute*⟩ Aufsatz – **4.** → Karosserie

aufbauen: I. aufbauen: **1.** → bauen (1) – **2.** → aufstellen (I, 1 *u.* 2) – **3.** → errichten (1) – **4.** → anordnen (1) – **II.** aufbauen, sich: **1.** → aufstellen (II) – **2.** → aufragen

aufbaumeln: I. aufbaumeln: → aufhängen (I, 1) – **II.** aufbaumeln, sich: → erhängen (II)

aufbäumen, sich: **1.** ⟨*sich mit heftiger Bewegung hoch aufrichten*⟩ sich emporbäumen; → *auch* aufrichten (II) – **2.** → aufbegehren

aufbauschen: I. aufbauschen: **1.** → aufblähen (I, 1) – **2.** → übertreiben (1) – **II.** aufbauschen, sich: **1.** → aufblähen (II, 1) – **2.** → ausweiten (II, 1)

aufbeben: → beben (1)

aufbegehren

aufbegehren: sich auflehnen · sich empören · sich erheben · aufstehen · auftrumpfen · meutern · revoltieren · rebellieren · den Gehorsam verweigern / versagen · an den Ketten rütteln · die Hände ballen · die Hand aufheben │gegen│ ♦ *gehoben:* sich [auf]bäumen ♦ *umg:* auf die Barrikaden gehen · aufmuck[s]en; → *auch* verschwören, sich (1), widersetzen, sich

aufbehalten: *umg:* auflassen

aufbeißen: → zerbeißen (1), knacken (1)

aufbekommen (*umg*): **1.** ⟨*Hausaufgaben gestellt bekommen*⟩ aufkriegen – **2.** ⟨*aufessen können*⟩ aufkriegen · schaffen · zwingen · bewältigen; → *auch* aufessen – **3.** → öffnen (I, 3) – **4.** → aufessen

aufbereiten: 1. ⟨*chemisch für eine Verwendung vorbereiten*⟩ aufschließen – **2.** → erschließen (I, 1) – **3.** → auswerten

aufbersten: → aufbrechen (2)

aufbessern: 1. ⟨*finanziell in eine bessere Lage versetzen*⟩ + sanieren – **2.** → verbessern (I, 2)

aufbewahren: verwahren · aufheben · in Verwahrung / Gewahrsam nehmen · an sich nehmen; bewahren (*veraltend*); → *auch* sicherstellen (1), zurücklegen (4)

Aufbewahrung, die: → Verwahrung (1)

aufbiegen: auseinander biegen

aufbieten: 1. → aufwenden – **2.** → aufrufen (1)

Aufbietung, die: 1. → Einsatz (1) – **2.** → Aufruf (1) – **3.** → Aufgebot (1)

aufbinden: 1. ⟨*etw. Zusammengebundenes öffnen*⟩ aufschnüren · aufknoten · entknoten · aufknüpfen · aufnesteln · aufschlingen · aufflechten ♦ *gehoben:* auflösen ♦ *umg:* aufmachen – **2.** ⟨*[mit einer Schnur] höher befestigen*⟩ hochbinden · hochstecken · aufstecken – **3.** → einreden (1) – **4.** einen Bären a.: → belügen

aufblähen: I. aufblähen: **1.** ⟨*durch Wind od. Gas prall machen*⟩ blähen · [auf]bauschen · [auf]schwellen · auftreiben · ausfüllen ♦ *umg:* aufplustern · pludern; → *auch* aufblasen (I) – **2.** → aufblasen (I) – **II.** aufblähen, sich: **1.** ⟨*durch Wind od. Gas prall werden*⟩ sich blähen · sich [auf]bauschen · sich ausfüllen ♦ *umg:* sich [auf]plustern; sich plaustern (*landsch*) – **2.** → aufspielen (II) – **3.** → ausweiten (II, 1)

aufblasen: I. aufblasen: ⟨*durch Blasen prall machen*⟩ aufblähen ♦ *umg:* aufpusten

(*landsch*); → *auch* aufblähen (I,1) – **II.** aufblasen, sich: **1.** → aufspielen (II) – **2.** sich wie ein Frosch a.: → angeben (1)

aufblättern: I. aufblättern: **1.** → aufschlagen (3) – **2.** → aufzählen (1) – **II.** aufblättern, sich: → aufblühen (1)

aufbleiben: 1. ⟨*nicht zu Bett gehen*⟩ aufsitzen (*landsch*) – **2.** → offen (6)

aufblenden: → aufleuchten

aufblicken: 1. → aufsehen (1) – **2.** a. │zu│: → verehren (1)

aufblinken: → aufleuchten

aufblitzen: 1. → aufleuchten – **2.** → auftauchen (4)

aufblühen: 1. ⟨*zu blühen beginnen*⟩ erblühen · aufgehen · sich aufblättern ♦ *dicht:* ersprießen; → *auch* aufbrechen (2) – **2.** → entwickeln (II, 2)

aufbranden: 1. → aufbrausen (1) – **2.** → ertönen

aufbraten: → aufwärmen (I, 1)

aufbrauchen: → verbrauchen (1)

aufbrausen: 1. ⟨*von Wasser gesagt: zischend emporsteigen*⟩ aufsteigen · aufbranden · aufschäumen · aufrauschen; → *auch* aufwallen (1) – **2.** ⟨*sehr zornig werden*⟩ auffahren · hochfahren · aufschäumen · aufflammen · sich vergessen · die Herrschaft über sich / die Beherrschung verlieren · jmdm. reißt die Geduld / der Geduldsfaden · aus der Fassung kommen / geraten ♦ *umg:* hochgehen · in die Höhe fahren / gehen + mit der Faust auf den Tisch schlagen ♦ *salopp:* [vor Wut] aus der Haut fahren · in die Luft / an die Decke gehen · explodieren; → *auch* aufregen (II), wüten, schimpfen (1) – **3.** → ertönen

aufbrausend: erregbar · unbeherrscht · reizbar · heftig · cholerisch · hitzköpfig · hitzig · entzündlich · poltrig + jähzornig · hysterisch ♦ *umg:* kollerig · bullerig (*landsch*); → *auch* wild (1)

aufbrechen: 1. ⟨*gewaltsam öffnen*⟩ [auf]sprengen + aufschlagen · aufhauen · aufhacken · aufklopfen · aufstemmen ♦ *gehoben:* erbrechen ♦ *umg:* [auf]knacken; → *auch* öffnen (I, 1) – **2.** ⟨*sich [plötzlich] öffnen*⟩ aufgehen · [auf]platzen · aufspringen ♦ *gehoben:* aufbersten; → *auch* aufblühen (1), öffnen (II) – **3.** ⟨*sich an einen anderen Ort begeben*⟩ sich auf den Weg machen · eine Reise antreten · im Aufbruch sein ♦ *gehoben:* sich auf den Weg begeben

aufdröseln

♦ *umg:* die Koffer/sein Bündel packen ·
sein Bündel/Ränzel schnüren · losgehen ·
sich aufmachen · sich auf die Beine/
Strümpfe/Socken/Sprünge machen · sich in
Trab setzen · sich in Bewegung setzen · seine Zelte abbrechen · sich den Staub von den
Füßen schütteln; lospilgern (*scherzh*); aufpacken (*landsch*) + auf dem Sprung sein ·
auf dem Sprunge stehen; → *auch* weggehen
(1) – **4.** → auftauchen (4) – **5.** → ausnehmen (I, 1, a)
aufbrennen: 1. → aufflammen (1) – **2.** →
auflodern (1) – **3.** eins a.: → schießen (7)
aufbrezeln: I. aufbrezeln: → schmücken (I)
– **II.** aufbrezeln, sich: → herausputzen (II)
aufbringen: 1. ⟨*Geld herbeischaffen*⟩ beschaffen · zusammenbringen · flüssig machen; erbringen (*veraltend*) ♦ *umg:* lockermachen · auftreiben · erschwingen; → *auch*
zusammenraffen (I, 2) – **2.** ⟨*von Schiffen gesagt: gewaltsam in Besitz nehmen*⟩ kapern
(*seem*) – **3.** → verbreiten (I, 2) – **4.** → aufregen (I, 1) – **5.** → erzürnen (1) – **6.** → öffnen (I, 3) – **7.** → auftragen (1) – **8.** → aufhängen (I, 1) – **9.** → aufziehen (3, b)
aufbrisen: → anschwellen (1, c)
aufbrodeln: 1. → aufwallen (1) – **2.** → ertönen
Aufbruch, der: **1.** → Abgang (1) – **2.** →
Eingeweide – **3.** im A. sein: → aufbrechen
(3)
aufbrühen: aufgießen · brühen + kochen
aufbrüllen: 1. → aufschreien – **2.** → aufheulen (1)
aufbrummen: 1. → aufheulen (1) – **2.** →
aufgeben (2) – **3.** → stranden (1) – **4.** eine
Strafe a.: → bestrafen, verurteilen (1)
aufbuckeln: → aufbürden (1)
aufbügeln: → bügeln (1)
aufbumsen: → aufschlagen (1 u. 2)
aufbürden: 1. ⟨*eine Last zu tragen geben*⟩
aufladen · abladen ⎸auf⎸ · auf die Schultern
laden · aufpacken · auflegen · auflasten
♦ *umg:* aufbuckeln; aufhucken (*landsch*)
♦ *salopp:* aufsacken (*landsch*) – **2.** ⟨*viel Arbeit, Pflichten usw. übertragen*⟩ auf[er]legen
· zudiktieren ♦ *umg:* aufladen · abladen ⎸auf⎸
· aufs Auge drücken · aufpacken; aufhucken
· aufpelzen (*landsch*) ♦ *salopp:* auf den
Hals laden/schicken; aufhängen · aufhalsen
(*abwert*); aufsacken (*landsch*); → *auch* belasten (I, 6) – **3.** die Schuld a.: → beschuldigen (2)

aufdämmern: 1. → dämmern (1) – **2.** →
auftauchen (4)
aufdampfen: → aufwallen (1)
aufdecken: I. aufdecken: **1.** ⟨*Verborgenes
finden u. bekannt geben*⟩ enthüllen · bloßlegen · aufzeigen · an den Tag/zutage/ans
Licht bringen; → *auch* aufklären (I, 1) – **2.**
→ auflegen (I, 1) – **3.** → freilegen – **4.**
die/seine Karten a.: → offenbaren (II) – **II.**
aufdecken, sich: ⟨*die Bettdecke wegschieben*⟩ salopp: sich bloßstrampeln
Aufdeckung, die: **1.** ⟨*das Entdecken u. Bekanntmachen eines Sachverhaltes*⟩ Enthüllung · Bloßlegung; → *auch* Aufklärung (1)
– **2.** → Freilegung
aufdonnern, sich: → herausputzen (II)
aufdrängeln: I. aufdrängeln: → aufdrängen
(I) – **II.** aufdrängeln, sich: → aufdrängen
(II, 1 u. 2)
aufdrängen: I. aufdrängen: ⟨*dringend zum
Nehmen veranlassen*⟩ aufnötigen · aufreden
♦ *gehoben:* aufdringen ♦ *umg:* aufdrängeln
· aufschwatzen · aufschwindeln; andrehen
(*abwert*) ♦ *salopp:* aufhängen (*abwert*); →
auch aufzwingen (I) – **II.** aufdrängen, sich:
1. ⟨*seine Gesellschaft immer wieder anbieten*⟩ zudringlich sein · sich nicht abweisen
lassen ♦ *gehoben:* sich aufdringen ♦ *umg:*
sich aufdrängeln · sich hängen ⎸an⎸ + sich
jmdm. an den Hals werfen (*abwert*)
♦ *salopp:* sich ranschmeißen · sich jmdm.
an den Hals schmeißen (*abwert*); → *auch*
belästigen (1) – **2.** ⟨*zwingend ins Bewusstsein treten*⟩ sich aufzwingen ♦ *salopp:*
sich aufnötigen ♦ *umg:* sich aufdrängeln
aufdrehen: 1. → beschleunigen – **2.** →
aufziehen (4) – **3.** → einschalten (I, 1) – **4.**
den Gashahn a.: → vergiften (II)
aufdringen: I. aufdringen: → aufdrängen
(I) – **II.** aufdringen, sich: → aufdrängen
(II, 1)
aufdringlich: 1. ⟨*immer wieder durch seine
Kontaktsuche störend*⟩ zudringlich · lästig;
sekkant (*österr*) + unverschämt · frech; →
auch taktlos – **2.** ⟨*durch Hervorkehrung einer bestimmten Seite usw. unangenehm wirkend*⟩ aufreizend · reklamehaft · indezent;
reißerisch · penetrant (*abwert*); → *auch* auffallend – **3.** a. werden/sein: → belästigen (1)
Aufdringlichkeit, die: Zudringlichkeit; Penetranz (*abwert*)
aufdröhnen: → aufheulen (1)
aufdröseln: → entflechten

87

Aufdruck

Aufdruck, der: **1.** → Prägung (1) – **2.** → Aufschrift (1)

aufdrücken: 1. ⟨*durch Druck auf eine Unterlage übertragen*⟩ aufpressen · aufprägen · aufstempeln – **2.** → aufklinken – **3.** jmdm. einen a.: → küssen

aufeinander: 1. → nacheinander – **2.** → übereinander – **3.** a. folgen: → abwechseln (I); a. prallen: → zusammenstoßen (1); a. stoßen: → zusammenstoßen (1)

Aufeinanderfolge, die: → Reihenfolge

aufentern: → hinaufklettern

Aufenthalt, der: **1.** → Verzögerung (1) – **2.** → Halt (1) – **3.** → Wohnsitz (1) – **4.** ohne A.: → sofort

Aufenthaltsbewilligung, die: → Aufenthaltserlaubnis

Aufenthaltserlaubnis, die: Aufenthaltsgenehmigung · Aufenthaltsbewilligung + Bleiberecht

Aufenthaltsgenehmigung, die: → Aufenthaltserlaubnis

Aufenthaltsort, der: → Wohnsitz (1)

auferlegen: 1. → aufbürden (2) – **2.** → belasten (I, 6) – **3.** sich Entbehrungen a.: → einschränken (II); sich Reserve / Zurückhaltung a.: → zurückhalten (II, 1); eine Strafe a.: **a)** → bestrafen – **b)** → verurteilen (1); die Pflicht a., als Verpflichtung a.: → verpflichten (I, 1)

auferziehen: → aufziehen (3, a)

aufessen: verzehren · verspeisen · verschmausen + auslöffeln ♦ *gehoben*: aufzehren ♦ *umg*: vertilgen · auffuttern · aufknabbern · verkonsumieren; aufschlingen · verschlingen (*abwert*); verspachteln · leer spachteln (*landsch*) + ausessen ♦ *salopp*: verputzen · wegputzen · verdrücken + ausputzen ♦ *derb*: auffressen + ausfressen; → *auch* essen (1), aufbekommen (2)

auffädeln: → aufreihen (1)

auffahren: 1. ⟨*sich erschreckt aufrichten*⟩ hochfahren · in die Höhe fahren · hochschnellen · aufschnellen · aufschrecken · aufspringen · aufzucken · auffliegen; aufjucken (*schweiz*) ♦ *umg*: wie von der Tarantel gestochen auffahren / aufspringen; → *auch* aufrichten (II) – **2.** → aufbrausen (2) – **3.** → vorfahren – **4.** → aufstellen (I, 3) – **5.** → auftischen (1) – **6.** → stranden (1) – **7.** → aufschließen (2) – **8.** aus dem Schlaf a.: → aufwachen (1); schweres / grobes Geschütz a.: → anfahren (3); wie von der Tarantel gestochen a.: → 1

Auffahrkollision, die: → Auffahrunfall

Auffahrt, die: Rampe · Zufahrt

Auffahrtsstraße, die: → Zufahrtsstraße

Auffahrunfall, der: Auffahrkollision (*schweiz*)

auffallen: 1. ⟨*bemerkt werden*⟩ ins Auge / in die Augen fallen · Aufmerksamkeit erregen · die Aufmerksamkeit / den Blick / die Blicke / die Augen auf sich ziehen + frappieren ♦ *umg*: aufstoßen – **2.** → aufschlagen (1)

auffallend: auffällig · augenfällig · markant · hervorstechend · in die Augen fallend · frappant · schreiend + krass · grell · schrill ♦ *umg*: poppig · knallig; → *auch* aufdringlich (2), aufgeputzt

auffällig: → auffallend

auffangen: 1. → fangen (I, 1) – **2.** → abfangen (1) – **3.** → sammeln (I, 1) – **4.** → erhaschen (1) – **5.** → abwehren (1, a *u.* b)

auffassen: 1. → verstehen (I, 2) – **2.** → auslegen (2) – **3.** a. |als|: → halten (I, 7); schwer / langsam a.: → begriffsstutzig (2); falsch a.: → missverstehen (1)

Auffassung, die: **1.** → Auffassungsgabe – **2.** → Meinung (1) – **3.** → Auslegung

Auffassungsgabe, die: Auffassung · Auffassungsvermögen · Auffassungskraft · Begriffsvermögen; → *auch* Begabung (1), Verstand (1), Aufnahmefähigkeit (1)

Auffassungskraft, die: → Auffassungsgabe

Auffassungsvermögen, das: → Auffassungsgabe

Auffassungsweise, die: → Anschauungsweise

auffegen: zusammenfegen · aufkehren · zusammenkehren

auffinden: 1. → finden (I, 1) – **2.** → aufspüren (1)

auffischen: 1. → herausholen (1 *u.* 2) – **2.** → kennen (3)

auffitzen: → entwirren

aufflackern: 1. → aufflammen (1) – **2.** → ausbrechen (1)

aufflammen: 1. ⟨*[stark] zu brennen anfangen*⟩ aufbrennen · auflodern · hochschlagen · aufschlagen · aufflackern · aufzüngeln ♦ *gehoben*: auflohen · auflecken · emporlodern ♦ *umg*: aufprasseln – **2.** → aufleuchten – **3.** → auflodern (1) – **4.** → aufbrausen (2) – **5.** → ausbrechen (1)

aufflattern: → emporfliegen

aufflechten: → aufbinden (1)
aufflicken: → aufnähen
auffliegen: 1. → emporfliegen – **2.** → auffahren (1) – **3.** → explodieren (1) – **4.** → scheitern (b) – **5.** → öffnen (II)
auffordern: 1. → aufrufen (1) – **2.** → ermahnen (1)
Aufforderung, die: **1.** ⟨*nachdrückl. Bitte*⟩ Ersuchen ♦ *gehoben:* Ruf · Ansuchen; → *auch* Anordnung (2), Bitte – **2.** ⟨*verbindl. Mitteilung*⟩ Geheiß · Gebot · Auftrag; → *auch* Anordnung (2), Befehl (1) – **3.** → Ermahnung (1)
aufforsten: aufholzen
auffressen: 1. → aufessen – **2.** → zermürben (2) – **3.** vor Liebe a. wollen: → lieben (1)
auffrischen: I. auffrischen: **1.** → beleben (I, 2 *u.* 3), erfrischen (I) – **2.** → aufmuntern (1) – **3.** → aufarbeiten (2) – **4.** → ergänzen (1) – **5.** → anschwellen (1, c) – **II.** auffrischen, sich: → erfrischen (II)
Auffrischung, die: **1.** → Belebung, Erfrischung – **2.** → Ergänzung (1)
aufführen: I. aufführen: **1.** ⟨*auf der Bühne zeigen*⟩ spielen; zur Aufführung bringen / kommen lassen / gelangen lassen · zur Darbietung bringen + inszenieren · in Szene setzen ♦ *umg:* geben · auf die Bühne bringen; über die Bretter gehen lassen (*scherzh*); → *auch* darbieten (I, 1) – **2.** → bauen (1) – **3.** → anführen (1) – **4.** einen Freudentanz a.: → freuen (II, 1); einen Eiertanz a.: → ausweichen (2) – **II.** aufführen, sich: → verhalten (II, 1)
Aufführung, die: **1.** → Darbietung (1) – **2.** → Benehmen (1) – **3.** → Aufbau (1) – **4.** → Anführung (1) – **5.** zur A. bringen / kommen lassen / gelangen lassen: → aufführen (I, 1)
auffüllen: 1. ⟨*wieder vollständig füllen*⟩ nachfüllen; → *auch* füllen (1) – **2.** → ergänzen (1) – **3.** → auflegen (I, 1)
Auffüllung, die: → Ergänzung (1)
auffunkeln: → aufleuchten
auffuttern: → aufessen
auffüttern: *umg:* aufpäppeln · hochpäppeln; → *auch* aufziehen (3, a *u.* b)
Aufgabe, die: **1.** ⟨*das Übergeben zur Weiterleitung*⟩ Auflieferung · Einlieferung; → *auch* Abgabe (1) – **2.** ⟨*zur Erledigung Übertragenes*⟩ Auftrag · Mission ♦ *gehoben:* Obliegenheit; → *auch* Pflicht (1), Amt (1), Bestimmung (2), Problem (1) – **3.** ⟨*von der*

Schule zur Erledigung übertragene Arbeit⟩ Schularbeit · Schulaufgabe · Hausaufgabe · Hausarbeit · Pensum · Exempel ♦ *umg:* Arbeit – **4.** ⟨*die Nichtweiterführung*⟩ Ausstieg + Auflösung; → *auch* Auflösung (1) – **5.** eine A. stellen / geben: → aufgeben (2)
aufgabeln: 1. → finden (I, 1) – **2.** → kennen (3)
Aufgabenbereich, der: Aufgabengebiet · Aufgabenkomplex · Aufgabenkreis; → *auch* Arbeitsgebiet
Aufgabengebiet, das: → Aufgabenbereich
Aufgabenkomplex, der: → Aufgabenbereich
Aufgabenkreis, der: → Aufgabenbereich
Aufgang, der: **1.** ⟨*nach oben führende Treppe*⟩ Treppenaufgang; → *auch* Treppe (1) – **2.** ⟨*Weg bergan*⟩ Aufstieg · Anstieg
aufgeben: 1. ⟨*zur Weiterleitung übergeben*⟩ aufliefern · einliefern · abgeben; → *auch* abschicken – **2.** ⟨*zur Erledigung übertragen*⟩ eine Aufgabe stellen / geben ♦ *salopp:* aufbrummen – **3.** ⟨*wegen Aussichtslosigkeit nicht mehr tun*⟩ aufhören · ablassen |von| · sich verabschieden |von| · zurücktreten |von| · kapitulieren; das Handtuch werfen + über Bord werfen ♦ *gehoben:* begraben · zu Grabe tragen · Valet sagen ♦ *umg:* aufstecken · fahren lassen · fallen lassen · abschreiben · passen · abspringen · an den Nagel hängen · einpacken können · kalte Füße bekommen · die Flinte ins Korn werfen · [den Kram / Laden] hinwerfen ♦ *salopp:* schmeißen · [den Kram / Laden] hinhauen / hinschmeißen; → *auch* verzichten, resignieren – **4.** ⟨*sich um jmdn. nicht weiter bemühen*⟩ *umg:* abschreiben · abbuchen · fallen lassen [wie eine heiße Kartoffel] – **5.** ⟨*die Wohnung usw. nicht weiterführen*⟩ auflösen; → *auch* aufgeben (I, 2) – **6.** → beabtragen – **7.** → auftischen – **8.** → abgewöhnen (2) – **9.** nicht a.: **a)** → beibehalten (1) – **b)** → festbleiben (1); die Wohnung a.: → ausziehen (I, 2); seinen Geist a.: **a)** → sterben (1) – **b)** → entzweigehen (1), versagen (2); eine Bestellung a.: → bestellen (1); eine Anzeige / ein Inserat a.: → anzeigen (1); die Hoffnung nicht a.: → aushalten (2)
aufgeblasen: → überheblich
Aufgeblasenheit, die: **1.** → Angabe (I, 1) – **2.** → Überheblichkeit
Aufgebot, das: **1.** ⟨*Bekanntmachung einer beabsichtigten Eheschließung*⟩ Aufbietung

aufgebracht

♦ *umg*: Kanzelsprung (*landsch*) – **2.** →
Aufruf (1) – **3.** unter/mit A. aller Kräfte:
→ angestrengt; großes A.: → Aufwand
(1)
aufgebracht: → wütend (1)
Aufgebrachtheit, die: → Wut (1)
aufgebraucht: verbraucht · ausgegangen ·
erschöpft + aufgegessen ♦ *umg*: alle; →
auch ausverkauft
aufgedonnert: → aufgeputzt
aufgedreht: wie a.: → lebhaft (1)
aufgedunsen: → aufgeschwemmt
aufgegessen: → aufgebraucht
aufgeheitert: → lustig
aufgehen: 1. ⟨*sich über den Horizont erhe-
ben*⟩ aufsteigen · emporsteigen · hervor-
kommen · heraufkommen – **2.** ⟨*beim Backen
in die Höhe gehen*⟩ [hoch]gehen – **3.** ⟨*im
Ergebnis richtig sein*⟩ stimmen – **4.** → öff-
nen (II) – **5.** → aufbrechen (2) – **6.** → auf-
blühen (1) – **7.** → aufkeimen (1) – **8.** a.
|in|: **a)** ⟨*sich in etw. auflösen*⟩ aufgesaugt
werden · verschmelzen |mit| – **b)** ⟨*sich in-
tensiv mit etw. beschäftigen*⟩ sich widmen ·
sich hingeben; → *auch* hingeben (II, 1) – **9.**
in Flammen/Feuer/Rauch a.: → ver-
brennen (2); in Flammen a. lassen: → nie-
derbrennen (1); a. wie ein Pfannkuchen: →
zunehmen (2); jmdm. geht ein Licht/ein
Seifensieder/ein Talglicht auf: → erkennen
(1); jmdm. geht das Herz auf: → freuen
(II, 1); bei jmdm. geht der Knopf auf: →
verstehen (I, 2); auf geht's: → los (1)
aufgehoben: gut a.: → geborgen (1)
aufgeklärt: 1. → freigeistig (1) – **2.** → klar
(1, b)
aufgeknöpft: → gut (11)
aufgekratzt: → gut (11)
Aufgeld, das: **1.** → Aufschlag (2) – **2.** →
Handgeld – **3.** ein A. verlangen: → zuschla-
gen (2)
aufgelegt: 1. → gestimmt – **2.** → offen-
kundig (1)
aufgellen: → ertönen
aufgelockert: → ungezwungen
aufgelöst: → aufgeregt (1)
aufgeplustert: → überheblich
aufgeputzt (*umg*): geschniegelt und gebü-
gelt ♦ *salopp*: aufgedonnert · aufgetakelt ·
[geputzt] wie ein Pfingstochse; → *auch* auf-
fallend
aufgeräumt: 1. → ordentlich (1, a) – **2.** →
gut (11) – **3.** → lustig

aufgeregt: 1. ⟨*in [großer] Erregung*⟩ erregt
· erhitzt · hektisch · aufgelöst; alteriert ·
exaltiert · echauffiert (*veraltend*); → *auch*
nervös, unruhig (1), entrüstet – **2.** a. sein: ⟨*in
Erregung sein*⟩ *umg*: Herzklopfen haben +
Lampenfieber haben
Aufgeregtheit, die: → Erregung (1)
aufgerichtet: → aufrecht (1)
aufgeschlossen: interessiert · empfänglich ·
zugänglich · aufnahmebereit · engagiert ·
aufnahmewillig ♦ *gehoben*: aufgetan
aufgeschmissen: a. sein: → Verlegenheit (2)
aufgeschwellt: → aufgeschwemmt
aufgeschwemmt: aufgeschwellt · aufge-
schwollen · aufgetrieben · [auf]gedunsen;
pastös (*med*) ♦ *umg*: schwammig (*abwert*);
bamstig (*österr*); → *auch* dick (1)
aufgeschwollen: → aufgeschwemmt
aufgesetzt: → gekünstelt
aufgetakelt: → aufgeputzt
aufgetan: → aufgeschlossen
aufgetrieben: → aufgeschwemmt
aufgeweckt: geweckt · alert · wach ♦ *umg*:
helle; → *auch* klug (1)
aufgezogen: wie a.: → lebhaft (1)
aufgießen: → aufbrühen
aufglänzen: → aufleuchten
aufgliedern: 1. ⟨*die Zentralisation beseiti-
gen*⟩ dezentralisieren – **2.** → einteilen (1) –
3. → aufteilen (2)
Aufgliederung, die: **1.** ⟨*die Beseitigung der
Zentralisation*⟩ Dezentralisierung · Dezent-
ralisation – **2.** → Einteilung (1)
aufglimmen: → aufleuchten
aufglitzern: → aufleuchten
aufglühen: → aufleuchten
aufgreifen: 1. → aufheben (I, 1) – **2.** → an-
schließen (I, 1) – **3.** → verhaften – **4.** wieder
a.: → zurückkommen (2)
aufgrund: 1. → wegen – **2.** a. dessen: →
deshalb
aufgucken: → aufsehen (1)
aufhaben: 1. → tragen (I, 3) – **2.** den Hut
a.: → bestimmen (2)
aufhacken: → aufbrechen (1)
aufhalsen: → aufbürden (2)
aufhalten: I. aufhalten: **1.** ⟨*am Weitergehen
hindern*⟩ zurückhalten · festhalten · in den
Arm fallen · hintanhalten ♦ *umg*: festnageln
+ bremsen; → *auch* abfangen (1), anhalten
(I, 2) – **2.** → abwehren (1, a u. b) – **3.** →
eindämmen (1) – **4.** → offen (7) – **5.** →
aufhören (1) – **6.** Augen und Ohren a.: **a)** →

aufhören

aufpassen (1) – **b)** → vorsehen (II) – **II.** aufhalten, sich: **1.** ⟨*vorübergehend irgendwo anwesend sein*⟩ sich befinden · sein · zubringen ♦ *gehoben:* weilen ♦ *umg:* stecken; die Gegend unsicher machen (*scherzh*); → *auch* anwesend (2), bleiben (1), wohnen (1) – **2.** sich a. |mit|: → beschäftigen (II, 2) – **3.** sich a. |über|: → durchhecheln

Aufhaltung, die: → Verzögerung (1)

aufhängen: I. aufhängen. **1.** ⟨*in der Höhe an etw. befestigen*⟩ hängen |an| · anbringen · aufstecken · aufbringen ♦ *umg:* aufmachen ♦ *salopp:* aufbaumeln · aufbammeln (*landsch*) – **2.** → erhängen (I) – **3.** → aufbürden (2) – **4.** → einreden (1) – **5.** → aufdrängen (I) – **II.** aufhängen, sich: → erhängen (II)

Aufhänger, der: **1.** ⟨*Bändchen an Kleidung zum Aufhängen*⟩ Anhänger ♦ *umg:* Hängsel · Henkel (*landsch*) – **2.** → Gelegenheit (1)

aufhaschen: → erhaschen (1)

aufhaspeln: → aufrollen (2)

aufhauen: → aufbrechen (1)

aufhäufeln: → aufhäufen (I, 1)

aufhäufen: I. aufhäufen. **1.** ⟨*zu einem Haufen schichten*⟩ aufwerfen · aufschütten · häufen · aufhäufeln · aufschaufeln; → *auch* schichten – **2.** → ansammeln (I), horten – **II.** aufhäufen, sich: → ansammeln (II, a u. c)

Aufhäufung, die: → Anhäufung (1)

aufheben: I. aufheben. **1.** ⟨*vom Boden in die Höhe bringen*⟩ aufnehmen · aufgreifen; → *auch* aufsammeln (1) – **2.** ⟨*nach oben strecken*⟩ hochheben · hochstrecken · emporstrecken · aufrecken · emporrecken – **3.** ⟨*die Gültigkeit beenden*⟩ außer Kraft / Kurs setzen · für ungültig / [null und] nichtig erklären; kassieren (*Rechtsw*) ♦ *umg:* ungültig machen – **4.** → beseitigen (1) – **5.** → beenden (1) – **6.** → aufbewahren – **7.** → zurücklegen (3 *u.* 4) – **8.** [sich] a.: → zurücklegen (3); die Hand a. |gegen|: → aufbegehren – **II.** aufheben, sich: **1.** → auflösen (II, 3) – **2.** → ausgleichen (II)

Aufheben, das: **1.** → Aufsehen (1) – **2.** zu viel Aufheben[s] machen |von|: → übertreiben (1); ohne großes A.: → unauffällig (1)

Aufhebung, die: **1.** ⟨*Beendigung der Gültigkeit*⟩ Kassation (*Rechtsw*) – **2.** → Beseitigung

aufheften: → aufnähen

aufheißen: → hissen

aufheitern: I. aufheitern: ⟨*in frohe Stimmung versetzen*⟩ aufmuntern · erheitern · heiter / froh stimmen · aufhellen + aufrichten ♦ *umg:* heiter / froh machen · die Grillen vertreiben ♦ *salopp:* aufkratzen; → *auch* erfreuen (I) – **II.** aufheitern, sich: → aufklären (II)

Aufheiterung, die: **1.** ⟨*Verbesserung der Stimmung*⟩ Aufmunterung · Erheiterung; → *auch* Belustigung (1), Trost (1) – **2.** ⟨*Wetterbesserung*⟩ Aufklärung · Aufhellung · Bewölkungsauflockerung

aufheizen: → erhitzen (I, 1)

aufhelfen: 1. ⟨*beim Aufstehen unterstützen*⟩ auf die Beine helfen · hochhelfen – **2.** → verbessern (I, 2)

aufhellen: I. aufhellen: **1.** ⟨*im Farbton heller machen*⟩ ♦ *gehoben:* aufhöhen; → *auch* bleichen (1) – **2.** → aufheitern (I) – **3.** → aufklären (I, 1) – **II.** aufhellen, sich: → aufklären (II)

Aufhellung, die: **1.** → Aufheiterung (2) – **2.** → Aufklärung (1)

aufhetzen: aufwiegeln · aufstacheln · anstacheln · anstiften · aufputschen · aufreizen · verhetzen · fanatisieren; aufhussen (*süddt österr*) + schüren ♦ *gehoben:* Zwietracht säen ♦ *umg:* scharfmachen; → *auch* hetzen (1)

Aufhetzer, der: Aufwiegler; → *auch* Hetzer

aufheulen: 1. ⟨*bei sich erhöhender Drehzahl lauter laufen*⟩ aufdröhnen · aufbrüllen · aufbrummen – **2.** → aufweinen

aufhissen: → hissen

¹aufhocken: → aufnehmen (1)

²aufhocken: → aufpuppen

aufhöhen: 1. → erhöhen (I, 1) – **2.** → aufhellen (I, 1)

aufholen: 1. ⟨*Versäumtes nachholen, einen Rückstand ausgleichen*⟩ gleichziehen · einholen · aufkommen · nachziehen · Boden gutmachen / wettmachen + die Scharte auswetzen; → *auch* aufarbeiten (1), nacharbeiten (1) – **2.** → hochziehen (1) – **3.** → lichten (1)

aufholzen: → aufforsten

aufhorchen: aufmerksam werden · hellhörig werden; auflauschen (*landsch*); → *auch* lauschen

aufhören: 1. ⟨*nicht weitermachen*⟩ abbrechen · aussetzen · stoppen · zum Schluss kommen · es genug sein lassen · ein Ende machen ♦ *umg:* Schluss / einen Punkt ma-

91

aufhucken

chen · Feierabend/Kehraus machen; einhalten (*landsch*); aufhalten (*norddt*); → *auch* beenden (1) – **2.** → enden (1, a) – **3.** → aufgeben (3), abgewöhnen (2) – **4.** → verklingen – **5.** → still (2)
aufhucken: 1. → aufnehmen (1) – **2.** → aufbürden (1 *u.* 2)
aufhussen: → aufhetzen
aufjagen: → aufscheuchen
aufjammern: → aufstöhnen
aufjucken: → auffahren (1)
aufkehren: → auffegen
aufkeimen: 1. ⟨*zu keimen beginnen*⟩ keimen · aufgehen · aufsprießen · aufsprossen; auflaufen (*fachspr*) + emporkommen · knospen; → *auch* sprießen (1) – **2.** → aufkommen (1)
Aufklang, der: → Auftakt (1)
aufklappen: 1. → aufschlagen (3, 4 *u.* 5) – **2.** → aufstellen (I, 1) – **3.** → öffnen (I, 1)
aufklaren: → aufklären (II)
aufklären: I. aufklären: **1.** ⟨*alle Unklarheiten beseitigen, Klarheit schaffen*⟩ klären · aufhellen · aufzeigen · auflösen · auflichten · erhellen · Licht bringen |in|; → *auch* aufdecken (I, 1) – **2.** ⟨*durch Mitteilung unbekannter Dinge über etw. informieren*⟩ orientieren · die Augen öffnen · Aufklärung/Aufschluss geben ♦ *umg:* den Star stechen · ein Licht aufstecken – **3.** → erkunden (1) – **II.** aufklären, sich: ⟨*durch Abzug der Wolken sonnig werden*⟩ sich aufheitern · sich auflichten · sich aufhellen · aufklaren · klar werden ♦ *gehoben:* sich entwölken; → *auch* bessern (II, 2)
Aufklärer, der: Aufklärungsflugzeug
aufklärerisch: → freigeistig (1)
Aufklärung, die: **1.** ⟨*Beseitigung aller Unklarheiten*⟩ Klärung · Aufhellung · Auflösung; → *auch* Aufdeckung (1) – **2.** ⟨*durch Mitteilung vermittelte Kenntnis*⟩ Aufschluss · Bescheid; → *auch* Auskunft (1), Einblick (1) – **3.** → Erkundung (1) – **4.** → Aufheiterung (2) – **5.** A. geben: → aufklären (I, 2)
Aufklärungsflugzeug, das: → Aufklärer
aufklatschen: → aufschlagen (1)
aufklauben: → aufsammeln (1)
aufkleben: aufziehen + aufleimen ♦ *umg:* aufpappen (*landsch*)
Aufkleber, der: Sticker
aufklinken: aufdrücken ♦ *umg:* aufmachen
aufklopfen: 1. → aufschlagen (2) – **2.** → aufbrechen (1)

aufknabbern: → aufessen
aufknacken: 1. → knacken (1) – **2.** → aufbrechen (1)
aufknallen: → aufschlagen (1)
aufknoten: → aufbinden (1)
aufknüpfen: I. aufknüpfen: **1.** → erhängen (I) – **2.** → aufbinden (1) – **II.** aufknüpfen, sich: → erhängen (II)
aufkochen: aufwallen
aufkommen: 1. ⟨*zu bestehen beginnen*⟩ in Mode kommen · Mode werden · Verbreitung finden; in Aufnahme kommen (*amtsspr*) + aufkeimen; → *auch* auftauchen (4), entstehen (1) – **2.** → aufziehen (1) – **3.** → nähern, sich (1) – **4.** → aufholen (1) – **5.** → auflodern (1) – **6.** → herauskommen (1) – **7.** → gesund (6) – **8.** a. |gegen|: ⟨*zu erwirken vermögen, durchsetzen können*⟩ ankommen |gegen| ♦ *umg:* ankönnen |gegen| ♦ *salopp:* anstinken |gegen| – **9.** a. |für|: **a)** → finanzieren – **b)** → haften (2, a); wieder a.: → aufleben (1); nicht a. lassen: → unterdrücken (2)
aufkorken: entkorken ♦ *umg:* aufmachen
aufkratzen: 1. → aufrauen – **2.** → aufheitern (I)
aufkreischen: → aufschreien
aufkrempeln: hochkrempeln · hochstreifen · aufstreifen · aufrollen · aufstülpen · umschlagen · umkrempeln
aufkreuzen: 1. → auftauchen (2) – **2.** → erscheinen (1, a)
aufkriegen: 1. → aufbekommen (1) – **2.** → öffnen (I, 3) – **3.** → aufbekommen (2)
aufkünden: → kündigen (1)
aufkündigen: 1. → kündigen (1) – **2.** die Mitarbeit a.: → Mitarbeit
Aufkündigung, die: → Kündigung (1)
aufladen: 1. ⟨*auf ein Transportmittel usw. heben*⟩ laden |auf| · aufpacken ♦ *salopp:* aufsacken (*landsch*); → *auch* beladen – **2.** → aufbürden (1 *u.* 2) – **3.** → ¹laden (1)
Auflage, die: **1.** → Ausgabe (3) – **2.** → Überzug (1, b)
auflassen: 1. → aufbehalten – **2.** → stilllegen
Auflassung, die: → Übereignung
auflasten: → aufbürden (1)
auflatschen: → auftreten (1)
Auflauf, der: → Ansammlung (1)
auflaufen: I. auflaufen: **1.** → stranden (1) – **2.** → aufkeimen (1) – **3.** → anwachsen (2) – **4.** sich a.: → wund (1, a) – **5.** zu großer

aufmerksam

Form a.: → verbessern (II, 1) – **II.** auflaufen, sich: → wund (1, b)
auflauschen: → aufhorchen
aufleben: 1. ⟨*erneut zur Geltung kommen*⟩ wieder aufkommen · wieder auftauchen · sich wieder beleben; fröhliche Urständ feiern (*noch scherzh*); → *auch* erstehen (1) – **2.** → erholen, sich (1)
auflecken: → aufflammen (1)
auflegen: I. auflegen: **1.** ⟨*ein Tischtuch auf den Tisch legen*⟩ aufdecken ♦ *umg:* auftun – **2.** ⟨*den Telefonhörer*⟩ abhängen · einhängen – **3.** ⟨*Heizmaterial auf das Feuer legen*⟩ anlegen – **4.** ⟨*auf etw. stützen*⟩ auflehnen · aufstützen · aufstemmen – **5.** → aufbürden (1 *u.* 2) – **6.** → belasten (I, 6) – **7.** → ausschreiben (1) – **8.** → ausbreiten (I, 2) – **9.** Rouge / Schminke a.: → schminken (I *u.* II) – **II.** auflegen, sich: **1.** ⟨*etw. als Stütze benutzen*⟩ sich auflehnen · sich lehnen |auf| · sich aufstützen · sich stützen |auf| · sich aufstemmen – **2.** sich a. |mit| : → anlegen (II)
auflehnen: I. auflehnen: → auflegen (I, 4) – **II.** auflehnen, sich: **1.** → aufbegehren – **2.** → auflegen (II, 1)
aufleimen: → aufkleben
auflesen: 1. → aufsammeln (1) – **2.** → finden (I, 1)
aufleuchten: aufstrahlen · aufflammen · aufglühen · aufglimmen · aufblinken · aufblitzen · aufblenden · auffunkeln · aufglänzen · aufglitzern · aufzucken ♦ *gehoben:* aufschimmern · erstrahlen · erglänzen · erglühen · erglimmen
auflichten: I. auflichten: **1.** → aufhellen (I, 1) – **2.** → aufklären (I, 1) – **II.** auflichten, sich: → aufklären (II)
aufliefern: → aufgeben (1)
Auflieferung, die: → Aufgabe (1)
aufliegen: I. aufliegen: **1.** → bedrücken (1) – **2.** → ausliegen – **II.** aufliegen, sich: → wund (1, b)
auflockern: → lockern (1)
auflodern: 1. ⟨*sich plötzlich in starker gefühlsmäßiger Erregung bemerkbar machen*⟩ ausbrechen · aufflammen · aufwallen · aufsteigen · aufkommen · aufschlagen ♦ *gehoben:* aufbrennen · auflohen – **2.** → aufflammen (1) – **3.** → ausbrechen (1)
auflohen: 1. → aufflammen (1) – **2.** → auflodern (1)
auflösen: I. auflösen: **1.** ⟨*in Flüssigkeit aufgehen lassen*⟩ lösen · zergehen lassen + ver-

flüssigen · flüssig machen; → *auch* schmelzen (1) – **2.** ⟨*schließen u. beseitigen*⟩ liquidieren ♦ *umg:* platt machen; → *auch* aufgeben (5) – **3.** → aufgeben (5) – **4.** → aufbinden (1) – **5.** → aufklären (I, 1) – **6.** → lösen (I, 1), entwirren, entschlüsseln (1) – **7.** → zersetzen (I, 1) – **8.** → zerstreuen (I, 2) – **II.** auflösen, sich: **1.** ⟨*in Flüssigkeit aufgehen*⟩ sich lösen – **2.** ⟨*von Menschenansammlungen gesagt: nicht beisammen bleiben*⟩ auseinander gehen · sich zerstreuen · sich verlaufen · sich verteilen ♦ *umg:* sich verkrümeln – **3.** ⟨*die Widersprüchlichkeit verlieren*⟩ sich aufheben – **4.** → zerfallen (2) – **5.** sich a. |in| : → verflüchtigen, sich; sich in seine Bestandteile / in Wohlgefallen a.: → zerfallen (1)
Auflösung, die: 1. ⟨*Schließung u. Beseitigung*⟩ Liquidation; → *auch* Aufgabe (4) – **2.** → Aufgabe (4) – **3.** → Aufklärung (1) – **4.** → Zerfall (1 *u.* 2) – **5.** → Verwirrung (1) – **6.** in [voller] A. begriffen sein: → zerfallen (2)
aufmachen: I. aufmachen: **1.** → öffnen (I, 1), aufklinken, aufschließen (1), aufbinden (1), aufkorken – **2.** → eröffnen (I, 2) – **3.** → aufhängen (I, 1) – **4.** → ausstatten (I, 1) – **5.** den Gashahn a.: → vergiften (II); die Augen / die Ohren / Augen und Ohren a.: **a)** → aufpassen (1) – **b)** → vorsehen (1); die Rechnung a.: → abrechnen (1) – **II.** aufmachen, sich: **1.** → aufbrechen (3) – **2.** → weggehen (1)
Aufmachung, die: → Ausstattung (1)
aufmalen: aufstreichen ♦ *umg:* aufpinseln ♦ *salopp:* aufschmieren; → *auch* auftragen (1)
Aufmarsch, der: → Vorbeimarsch
aufmarschieren: 1. → vorbeimarschieren – **2.** a. lassen: → auftischen (1)
aufmerken: 1. ⟨*plötzlich aufmerksam werden*⟩ stutzen · stutzig werden + hellhörig werden – **2.** → aufpassen (1)
aufmerksam: 1. ⟨*geistig angespannt*⟩ konzentriert · angespannt · gesammelt · achtsam · umsichtig · wachsam · hellhörig · mit offenen Augen · mit Luchsaugen; → *auch* andächtig – **2.** ⟨*sich liebenswürdig-hilfsbereit verhaltend*⟩ zuvorkommend · entgegenkommend; → *auch* höflich, gefällig (1) – **3.** a. sein: → aufpassen (1); a. werden |auf| : → bemerken (1), aufhorchen; a. machen |auf| : → hinweisen

93

Aufmerksamkeit

Aufmerksamkeit, die: **1.** ⟨*geistige Gespanntheit*⟩ Konzentration · Anspannung · Achtsamkeit · Umsicht · Wachsamkeit + Sammlung; → *auch* Andacht (1), Beachtung (1), Interesse (1) – **2.** → Gefälligkeit (1) – **3.** → Geschenk (1) – **4.** die A. auf sich ziehen: → auffallen (1); A. erregen: **a)** → auffallen (1) – **b)** → Aufsehen (2); die A. auf sich lenken: → Aufsehen (2); A. schenken/zollen: → beachten

aufmessen: eins a.: → züchtigen (1)

aufmischen: 1. → aufrütteln (2) – **2.** → verprügeln

aufmöbeln: I. aufmöbeln: **1.** → aufpeitschen (I) – **2.** → beleben (I, 3) – **II.** aufmöbeln, sich: → aufpeitschen (II)

aufmotzen: → wirkungsvoll (2)

aufmuck[s]en: → aufbegehren

aufmuntern: 1. ⟨*neuen Schwung geben*⟩ ermuntern · auffrischen; → *auch* anregen (1) – **2.** → aufheitern (I) – **3.** → beleben (I, 3)

Aufmunterung, die: **1.** → Aufheiterung (1) – **2.** → Ermutigung

aufmüpfig: → ungehorsam

aufmutzen: → vorhalten

aufnageln: → annageln

aufnähen: aufsetzen · applizieren · anbringen + aufheften · aufflicken · aufsteppen

Aufnahme, die: **1.** ⟨*das Aufnehmen in eine Gemeinschaft*⟩ Annahme; → *auch* Anstellung (1) – **2.** ⟨*das Verarbeiten im Organismus*⟩ Resorption (*fachspr*) – **3.** ⟨*das Herstellen von Kontakten, Beziehungen*⟩ Anknüpfung – **4.** ⟨*kartograf. Fixierung eines Gebietes*⟩ Aufzeichnung – **5.** → Erfassung – **6.** → Empfang (1) – **7.** → Anmelderaum – **8.** → Beginn (2) – **9.** → Fotografie – **10.** in A. kommen: → aufkommen (1); A. finden: → gefallen (1); A. gewähren: **a)** → aufnehmen (2) – **b)** → beherbergen; A. bieten: → beherbergen; eine A. machen |von|: → fotografieren

aufnahmebereit: → aufgeschlossen

aufnahmefähig: rezeptiv (*fachspr*)

Aufnahmefähigkeit, die: **1.** ⟨*geistiges Vermögen*⟩ Aufnahmevermögen · Fassungsvermögen · Fassungskraft · geistige Kapazität; Rezeptivität (*fachspr*); → *auch* Auffassungsgabe – **2.** ⟨*räuml. Größe*⟩ Fassungsvermögen · Kapazität · Aufnahmevermögen

Aufnahmevermögen, das: → Aufnahmefähigkeit (1 *u.* 2)

aufnahmewillig: → aufgeschlossen

aufnehmen: 1. ⟨*in die Höhe u. auf den Rücken nehmen*⟩ umg: aufhocken · aufhucken (*landsch*) – **2.** ⟨*zum Mitglied einer Gemeinschaft machen*⟩ annehmen · zulassen · Aufnahme gewähren – **3.** ⟨*im Organismus verarbeiten*⟩ resorbieren (*fachspr*) – **4.** ⟨*geistig übernehmen*⟩ rezipieren ♦ *gehoben*: empfangen – **5.** ⟨*Raum, Platz bieten*⟩ fassen · gehen |in| · hineingehen · hineinpassen – **6.** → aufheben (I, 1) – **7.** → hochheben (1) – **8.** → anstellen (I, 2) – **9.** → empfangen (1) – **10.** → beherbergen – **11.** → fotografieren – **12.** → anschließen (I, 1) – **13.** wieder a.: → weiterführen; es a. |mit|: → gewachsen (2); in Gnaden a.: → verzeihen; mit offenen Armen a.: → willkommen (2); ein Darlehen/einen Pump a.: → Kredit (2); eine Anleihe a.: **a)** → Kredit (2) – **b)** → entlehnen; Verbindung/Fühlung/Kontakt a. |zu|: → kontakten; Beziehungen a.: → annähern (II, 1); ein Protokoll a.: → protokollieren

Aufnehmer, der: → Kehrichtschaufel

äufnen: → vermehren (I, 1)

aufnesteln: → aufbinden (1)

aufnotieren: [sich] a.: → aufschreiben (4)

aufnötigen: I. aufnötigen: → aufdrängen (I) – **II.** aufnötigen, sich: → aufdrängen (II, 2)

aufoktroyieren: → aufzwingen (I)

aufopfern: I. aufopfern: → opfern (I, 1, b) – **II.** aufopfern, sich: → hingeben (II, 1)

aufopfernd: → entsagungsvoll

Aufopferung, die: → Hingabe (1)

aufopferungsvoll: → entsagungsvoll

aufpacken: 1. → aufladen (1) – **2.** → aufbürden (1 *u.* 2) – **3.** → aufbrechen (3)

aufpäppeln: → auffüttern

aufpappen: → aufkleben

aufpassen: 1. ⟨*seine Aufmerksamkeit auf etw. richten*⟩ [1]Acht geben · [1]Acht haben · achten |auf| · aufmerksam sein · das/sein Augenmerk richten |auf| · die Augen/Ohren offen halten · Augen und Ohren offen halten · aufpassen wie ein Luchs · wachen + zuhören · zuhorchen ♦ *gehoben*: aufmerken ♦ *umg*: dabei sein · spannen · spähen · luchsen · linsen · die Ohren spitzen/auf Empfang stellen · auf dem Kien sein · die Augen überall haben · die Augen/Ohren aufmachen/aufsperren · Augen und Ohren aufmachen/aufhalten · aufpas-

aufregen

sen wie ein Heftelmacher/Schießhund + Schmiere stehen; → *auch* konzentrieren (II) – **2.** → aufprobieren – **3.** a. wie ein Luchs/Heftelmacher/Schießhund: → 1; nicht a.: → unaufmerksam (2)

Aufpasser, der: **1.** → Aufseher – **2.** → Bewachung (1) – **3.** → Spitzel – **4.** → Begleiter (2)

aufpeitschen: I. aufpeitschen: ⟨*durch anregende Mittel leistungsfähiger machen*⟩ dopen (*Sport*) ♦ *umg:* aufputschen · aufpulvern ♦ *salopp:* aufmöbeln; → *auch* beleben (I, 3) – **II.** aufpeitschen, sich: ⟨*sich durch anregende Mittel leistungsfähiger machen*⟩ *umg:* sich aufputschen · sich aufpulvern ♦ *salopp:* sich aufmöbeln

aufpeitschend: → erregend

aufpelzen: → aufbürden (2)

aufpeppen: → wirkungsvoll (2)

aufpflanzen: I. aufpflanzen: **1.** ⟨*vom Seitengewehr gesagt: auf das Gewehr stecken*⟩ aufstecken – **2.** → aufstellen (I, 2) – **II.** aufpflanzen, sich: → aufstellen (II)

aufpinseln: → aufmalen

aufplatzen: 1. → aufbrechen (2) – **2.** → aufspringen (1)

aufplustern: I. aufplustern: → aufblähen (I, 1) – **II.** aufplustern, sich: **1.** → aufspielen (II) – **2.** → aufblähen (II, 1)

aufpolieren: 1. → aufarbeiten (2) – **2.** → wirkungsvoll (2)

aufprägen: → aufdrücken (1)

Aufprall, der: → Aufschlag (1)

aufprallen: → aufschlagen (1)

aufprasseln: → aufflammen (1)

Aufpreis, der: → Aufschlag (2)

aufpressen: → aufdrücken (1)

aufprobieren: aufpassen

aufpulvern: I. aufpulvern: **1.** → aufpeitschen (I) – **2.** → beleben (I, 3) – **II.** aufpulvern, sich: → aufpeitschen (II)

Aufpulverungsmittel, das: → Anregungsmittel, Aufputschmittel

aufpuppen (*landsch*): aufhocken

aufpusten: I. aufpusten: → aufblasen (I) – **II.** aufpusten, sich: → aufspielen (II)

aufputschen: I. aufputschen: **1.** → aufpeitschen (I) – **2.** → beleben (I, 3) – **3.** → aufhetzen – **II.** aufputschen, sich: → aufpeitschen (II)

Aufputschmittel, das: Aufpulverungsmittel · Designerdroge · Ecstasy ♦ *umg:* Pepmittel · Peppille · Speed; → *auch* Rauschgift (1)

Aufputz, der: → Ausstattung (1)

aufputzen: 1. → anziehen (I, 1) – **2.** → schmücken (I)

aufquellen: 1. → anschwellen (1, a) – **2.** → aufwallen (1)

aufraffen: I. aufraffen: → aufsammeln (1) – **II.** aufraffen, sich: **1.** → aufstehen (1) – **2.** → anstrengen (II, 1) – **3.** → entschließen, sich – **4.** → ermannen, sich

aufragen: sich erheben · sich auftürmen · emporragen · sich aufbauen ♦ *gehoben:* anstreben · aufstreben · aufstarren · gen Himmel starren

aufragend: → steil (1)

aufrappeln, sich: **1.** → aufstehen (1) – **2. a)** → ermannen, sich – **b)** → erholen, sich (1)

aufrauen: aufkratzen · rauen

aufräumen: 1. ⟨*die Unordentlichkeit beseitigen*⟩ Ordnung machen/schaffen · ordnen · mit dem eisernen Besen auskehren + enttrümmern ♦ *umg:* Kehraus/reinen Tisch/reine Wirtschaft machen · in Schuss bringen ♦ *salopp:* ausmisten · entmisten; → *auch* wegräumen (1) – **2.** a. |mit| : → beseitigen (1)

aufrauschen: 1. → aufbrausen (1) – **2.** → ertönen

aufrechnen: 1. → anrechnen (2) – **2.** → verrechnen (I)

aufrecht: 1. ⟨*in aufgerichteter Haltung*⟩ aufgerichtet · [kerzen]gerade; → *auch* straff (1) – **2.** → ehrlich (1) – **3.** sich a. setzen: → aufrichten (II)

aufrechterhalten: → beibehalten

Aufrechterhaltung, die: → Beibehaltung

aufrecken: I. aufrecken: → aufheben (I, 2) – **II.** aufrecken, sich: → aufrichten (II)

aufreden: → aufdrängen (I)

aufregen: I. aufregen: **1.** ⟨*in starke Erregung versetzen*⟩ aufreizen · aufbringen · aufwühlen · aufrühren · erregen · erhitzen · das Blut in Wallung bringen; alterieren (*veraltend*) ♦ *umg:* aus dem Häuschen bringen · verrückt machen · zur Siedehitze treiben · in Fahrt bringen + mitnehmen · an die Nieren gehen; → *auch* ärgern (I), beunruhigen (I) – **2.** → erzürnen (I) – **3.** die Galle a.: → ärgern (I) – **II.** aufregen, sich: ⟨*in starke Erregung geraten*⟩ sich beunruhigen · sich erregen · sich erhitzen · sich ereifern · sich aufregen · sich alterieren · sich echauffieren (*veraltend*) + grollen · toben ♦ *umg:* sich haben · aus dem Häuschen geraten · in

95

aufregend

Fahrt sein · einen Tanz aufführen · Zustände kriegen · in Fahrt kommen / geraten; → *auch* Beherrschung (2, a), ärgern (II, 1), aufbrausen (2), erzürnen (2), wüten

aufregend: 1. → spannend – **2.** → erregend

Aufregung, die: **1.** → Erregung (1) – **2.** → Verwirrung (1)

aufreiben: I. aufreiben: **1.** → zerreiben – **2.** → vernichten (1, a) – **3.** → zermürben (2) – **4.** → anstrengen (I, 2) – **5.** sich a.: → wund (3, a) – **II.** aufreiben, sich: **1.** → erschöpfen (II, 1) – **2.** → wund (3, b)

aufreibend: → anstrengend

Aufreibfetzen, der: → Scheuertuch

Aufreibtuch, das: → Scheuertuch

aufreihen: 1. ⟨*hintereinander auf einem Faden anordnen*⟩ aufziehen · ziehen |auf| · reihen |auf| · auf einen Faden ziehen ♦ *umg:* auffädeln · fädeln |auf| (*landsch*) – **2.** ⟨*eine Reihe bilden*⟩ [aneinander] reihen · hintereinander stellen; → *auch* aufstellen (I, 2)

¹aufreißen: I. aufreißen: **1.** ⟨*in Bezug auf die Augen bzw. eine Tür od. dgl.*⟩ umg: aufsperren – **2.** → öffnen (I, 1) – **3.** → hochzerren – **4.** → beschaffen (1), kennen (3) – **5.** den Mund / das Maul / die Schnauze [weit] a.: → aufspielen (II); Mund und Augen / Mund und Nase / das Maul a.: → staunen (1); sich den Arsch a.: → übereifrig – **II.** aufreißen, sich: → ritzen (II)

²aufreißen: → aufzeichnen (1)

aufreizen: 1. → aufregen (I, 1) – **2.** → erzürnen (1) – **3.** → aufhetzen – **4.** a. |zu|: → verleiten

aufreizend: → aufdringlich (2), erregend

aufrichten: I. aufrichten: **1.** ⟨*jmdn. in eine aufrechte Stellung bringen*⟩ aufsetzen · hochrichten · emporrichten; → *auch* hochzerren – **2.** ⟨*durch Zuspruch helfen*⟩ stärken · erheben · erbauen; → *auch* trösten – **3.** → aufheitern (I) – **4.** → aufstellen (I, 1) – **II.** aufrichten, sich: ⟨*eine aufrechte Stellung einnehmen*⟩ sich emporrichten · sich aufsetzen · sich aufrecht setzen · sich aufrecken · aufsitzen + sich aufstützen · sich ausstrecken; → *auch* aufbäumen, sich (1), auffahren (1)

aufrichtig: 1. → offen (3) – **2.** → ehrlich (1)

Aufrichtigkeit, die: → Ehrlichkeit

Aufrichtung, die: **1.** → Trost (1) – **2.** → Aufbau (1)

Aufriss, der: **1.** ⟨*Zeichnung der Vorderansicht od. eines senkrechten Schnittes von*⟩

etw.⟩ Profil – **2.** → Aufbau (2) – **3.** → Überblick (1)

aufritzen, sich: → ritzen (II)

aufrollen: 1. ⟨*Zusammengerolltes entfalten*⟩ aufwickeln · entrollen · auseinander rollen; → *auch* abrollen (1), auseinander (2, a) – **2.** ⟨*auf eine Rolle bringen*⟩ [zusammen]rollen · [auf]wickeln · aufspulen · aufwinden · [auf]haspeln; weifen (*fachspr*) – **3.** → aufkrempeln – **4.** → darlegen

aufrücken: 1. → aufschließen (2) – **2.** → aufsteigen (2) – **3.** a. lassen: → befördern (2)

Aufruf, der: **1.** ⟨*öffentl. Aufforderung*⟩ Appell · Ruf · Aufbietung · Proklamation; Aufgebot (*Rechtsw*) – **2.** → Anschlag (1)

aufrufen: 1. ⟨*sich an die Öffentlichkeit wenden*⟩ appellieren |an| · auffordern · aufbieten – **2.** ⟨*sich im Unterricht an einen Schüler wenden*⟩ umg: drannehmen

Aufruhr, der: **1.** ⟨*Aktionen eines Aufstandes*⟩ Empörung · Unruhen · Wirren · Tumult · Krawall · Bambule; → *auch* Aufstand, Revolution – **2.** → Erregung (1) – **3.** → Lärm (1) – **4.** A. der Elemente: → Unwetter

aufrühren: 1. ⟨*erneut zur Sprache bringen*⟩ umg: aufwärmen · auskramen – **2.** → aufregen (I, 1)

aufrührend: → erregend

Aufrührer, der: → Aufständische

aufrührerisch: empörerisch · aufständisch · rebellisch · aufsässig; → *auch* hetzerisch

aufrunden: [nach oben] abrunden · runden; → *auch* abrunden (2)

aufrüsten: → rüsten (1)

Aufrüstung, die: → Rüstung (1)

aufrütteln: 1. ⟨*durch Rütteln wecken*⟩ wachrütteln · aus dem Schlaf rütteln – **2.** ⟨*nachdrücklich zum Handeln veranlassen*⟩ wachrütteln · wachrufen; aufmischen (*landsch*)

aufsacken: 1. → aufladen (1) – **2.** → aufbürden (1 *u.* 2)

Aufsage, die: → Kündigung (1)

aufsagen: 1. ⟨*auswendig sprechen*⟩ umg: her[unter]sagen · her[unter]beten · abbeten · herunterhaspeln · abhaspeln · herunterschnurren · herunterrattern · abschnurren ♦ *salopp:* her[unter]leiern · ableiern · vorleiern · abspulen (*abwert*); → *auch* vortragen (1) – **2.** → kündigen (1) – **3.** die Mitarbeit a.: → Mitarbeit

Aufsagung, die: → Kündigung (1)

aufschreiben

aufsammeln: 1. ⟨*Umherliegendes aufnehmen*⟩ [auf]lesen · zusammenlesen; [auf]klauben · zusammennehmen · aufsuchen · zusammenraffen · aufraffen · zusammenklauben (*landsch*); → *auch* absuchen (1), aufheben (I, 1) – **2.** → finden (I, 1)
aufsässig: 1. → ungehorsam – **2.** → aufrührerisch
aufsatteln: → satteln (1)
Aufsatz, der: **1.** ⟨*Schularbeit*⟩ Niederschrift – **2.** → Abhandlung (1) – **3.** → Aufbau (3)
aufsaugen: 1. ⟨*saugend in sich aufnehmen*⟩ absorbieren – **2.** aufgesaugt werden: → aufgehen (8, a)
Aufsaugung, die: Absorption
aufschauen: 1. → aufsehen (1) – **2.** a. |zu|: → verehren (1)
aufschaufeln: 1. → aufhäufen (I, 1) – **2.** → freilegen
aufschäumen: → aufbrausen (1 *u.* 2)
aufscheinen: 1. → auftauchen (3) – **2.** → vorkommen (1)
aufscheuchen: aufjagen · hochscheuchen · aufstöbern · aufstören · aufschrecken
aufscheuern: I. aufscheuern: sich a.: → wund (3, a) – **II.** aufscheuern, sich: → wund (3, b)
aufschichten: aufstapeln · auftürmen ♦ *umg*: bansen (*landsch*); aufschlichten (*österr*); → *auch* schichten
aufschieben: verschieben · hinausschieben · vertagen · aussetzen; prolongieren (*fachspr*); → *auch* verzögern (I)
aufschießen: → heranwachsen
aufschimmern: → aufleuchten
Aufschlag, der: **1.** ⟨*das Aufschlagen, Fallen auf eine Fläche*⟩ Aufprall · Aufstoß ♦ *umg*: Staucher; → *auch* Anprall, Zusammenstoß (1) – **2.** ⟨*zusätzlicher Betrag, der den Preis erhöht*⟩ Aufpreis · Aufgeld · Zuschlag · Agio – **3.** ⟨*nach außen gewendeter Teil an Kleidungsstücken*⟩ Besatz · Revers · Spiegel; Fasson (*fachspr*)
aufschlagen: 1. ⟨*fallend auf eine Fläche treffen*⟩ aufprallen · aufstoßen · auftreffen · auffallen ♦ *umg*: aufknallen · aufklatschen · aufbumsen; → *auch* anstoßen (1), zusammenstoßen (1) – **2.** ⟨*mit der Hand, Faust auf etw. schlagen*⟩ aufstoßen · aufklopfen ♦ *umg*: aufbumsen – **3.** ⟨*durch Blättern ein Buch öffnen*⟩ aufklappen · aufblättern – **4.** ⟨*durch Anheben* [*u. Umlegen*] *öffnen*⟩ aufklappen – **5.** ⟨*den Kragen in die Höhe*

schlagen⟩ hochschlagen · hochklappen · aufklappen · aufstülpen · aufstellen – **6.** → aufstellen (I, 1) – **7.** → aufbrechen (1) – **8.** → ausbreiten (I, 1) – **9.** → aufflammen (1) – **10.** → auflodern (1) – **11.** → annageln – **12.** a. |auf|: → zuschlagen (2); die Augen a.: → aufwachen (1); die Augen a. |zu|: → aufsehen (1); seinen Wohnsitz/seine Zelte a.: → niederlassen (II, 1)
aufschleppen: → abtragen (1)
aufschlichten: → aufschichten
aufschließen: 1. ⟨*ein Schloss öffnen*⟩ aufsperren (*landsch*) ♦ *umg*: aufmachen; → *auch* öffnen (I, 1) – **2.** ⟨*dicht an seinen Vordermann herangehen*⟩ aufrücken · nachrücken + auffahren – **3.** → erklären (I, 1) – **4.** → erschließen (I, 1) – **5.** → aufbereiten (1)
aufschlingen: 1. → aufbinden (1) – **2.** → aufessen
aufschluchzen: → aufweinen
Aufschluss, der: **1.** → Aufklärung (2) – **2.** A. geben: → aufklären (I, 2)
aufschlüsseln: → aufteilen (2)
Aufschlüsselung, die: → Einteilung (1)
aufschlussreich: 1. → lehrreich – **2.** → viel (3, a)
aufschmelzen: 1. → auftauen (1 *u.* 2) – **2.** → schmelzen (1 *u.* 2)
aufschmieren: 1. → auftragen (1) – **2.** → aufmalen
aufschnappen: 1. → öffnen (II) – **2.** → fangen (I, 1) – **3.** → erhaschen (1)
aufschnaufen: → aufatmen (1)
aufschneiden: 1. ⟨*zum Essen in Stücke schneiden*⟩ in Scheiben schneiden – **2.** → prahlen
Aufschneider, der: → Angeber (1)
Aufschneiderei, die: → Prahlerei
aufschneiderisch: → angeberisch
aufschnellen: → auffahren (1)
aufschnüren: → aufbinden (1)
aufschrecken: 1. → auffahren (1) – **2.** → aufscheuchen – **3.** aus dem Schlaf a.: → aufwachen (1)
Aufschrei, der: → Schrei (1)
aufschreiben: 1. ⟨*schriftlich fixieren*⟩ [nieder]schreiben · aufzeichnen · zu Papier bringen · aufs Papier werfen ♦ *gehoben*: der Feder/dem Papier anvertrauen · niederlegen – **2.** → verschreiben (I) – **3.** → anschreiben (1) – **4.** [sich] a.: ⟨[*sich*] *zum Merken schriftlich festhalten*⟩ [sich] notieren · [sich]

97

aufschreien

aufnotieren · [sich] anmerken · vermerken · verzeichnen

aufschreien: aufbrüllen · aufkreischen

Aufschrift: die: **1.** ⟨*die schriftl. Angaben auf etw.*⟩ Beschriftung · Aufdruck · Etikett[e] · Label – **2.** → Adresse (1)

Aufschub, der: **1.** ⟨*Hinausschiebung eines Termins*⟩ Verschiebung · Vertagung – **2.** ⟨*Verlängerung eines zugebilligten Zeitraumes*⟩ Fristverlängerung · Fristung · Schonfrist · Gnadenfrist · Gnadenaufschub ♦ umg: Galgenfrist · Henkersfrist – **3.** → Verzögerung (1) – **4.** → Bedenkzeit – **5.** ohne A.: → sofort; keinen A. dulden/leiden/vertragen: → eilen (I, 2)

aufschürfen, sich: → ritzen (II)

aufschürzen: 1. → hochheben (1) – **2.** → aufwerfen (I, 1)

aufschütten: → aufhäufen (I, 1)

Aufschüttung, die: → Damm (1)

aufschwänzen: → antreiben (2)

aufschwatzen: → aufdrängen (I)

aufschwellen: 1. → anschwellen (1, a) – **2.** → aufblähen (I, 1)

aufschwindeln: → aufdrängen (I)

aufschwingen, sich: **1.** ⟨*sich schwingend nach oben bewegen*⟩ sich hochschwingen · sich emporschwingen · sich hinaufschwingen · sich nach oben schwingen – **2.** → emporfliegen – **3.** sich a. |zu|: **a)** → entschließen, sich – **b)** → aufwerfen (II)

Aufschwung, der: **1.** → Aufstieg (2), Hochkonjunktur – **2.** einen A. erleben/nehmen: → gedeihen (1)

aufsehen: 1. ⟨*die Augen in die Höhe richten*⟩ aufblicken · hochblicken · hochschauen · emporsehen · die Augen aufschlagen |zu|; aufschauen (*landsch*) ♦ gehoben: + sein Haupt erheben ♦ umg: aufgucken – **2.** a. |zu|: → verehren (I)

Aufsehen, das: **1.** ⟨*öffentl. Aufregung*⟩ Skandal · Eklat · Sensation + Stadtgespräch ♦ gehoben: Aufheben; → auch Ereignis (1) – **2.** A. erregen: ⟨*öffentl. Aufmerksamkeit verursachen*⟩ Aufmerksamkeit erregen · die Aufmerksamkeit auf sich lenken · Beachtung finden · Staunen erregen · Staub aufwirbeln · Wellen schlagen · Furore machen · Epoche machen; → auch beeindrucken – **3.** ohne A.: → unauffällig (1); A. erregend: → sensationell

Aufseher, der: Wärter · Bewacher · der Aufsichtführende · Aufsicht + Beschließer ·

Schließer · Ordner ♦ umg: Aufpasser; → auch Wächter

aufseiten: seitens

aufsetzen: I. aufsetzen: **1.** ⟨*zum Kochen auf den Herd stellen*⟩ aufstellen (*landsch*) – **2.** ⟨*auf den Kopf setzen*⟩ aufstülpen · auf den Kopf stülpen ♦ umg: überstülpen – **3.** → aufnähen – **4.** → auftragen (1) – **5.** → auftischen (1) – **6.** → verfassen – **7.** → aufrichten (I, 1) – **8.** → landen (1) – **9.** den Fuß/die Füße a.: → auftreten (1); ein Geweih/Hörner a.: → betrügen (2, b); eine Miene a.: → annehmen (11); ein Gesicht a.: **a)** → annehmen (11) – **b)** → schmollen; [s]einen Kopf/Dickkopf a.: → eigensinnig (2); einen Dämpfer a.: → zurechtweisen; das setzt allem die Krone auf: → unerhört (2) – **II.** aufsetzen, sich: → aufrichten (II)

aufseufzen: → aufstöhnen

Aufsicht, die: **1.** ⟨*kontrollierende Beobachtung*⟩ Beaufsichtigung · Überwachung · Kontrolle · Bewachung · Supervision + Zensur · Dienstaufsicht – **2.** ⟨*Sicht von oben*⟩ Draufsicht – **3.** → Aufseher

Aufsichtführende, der: → Aufseher

aufsichtslos: → unbeaufsichtigt

aufsitzen: 1. ⟨*sich auf ein Tier od. Fahrzeug setzen*⟩ besteigen · aufsteigen · sich in den Sattel schwingen; sich hinaufschwingen (*scherzh*) – **2.** → aufbleiben (1) – **3.** → aufrichten (II) – **4.** → stranden (1) – **5.** → hereinfallen – **6.** a. lassen: → verlassen (I, 2)

Aufsitzer, der: → Enttäuschung (1)

aufspalten: → spalten (1)

aufspannen: → aufziehen (2)

aufsparen: 1. → sparen (1) – **2.** [sich] a.: → zurücklegen (3)

aufspeichern: I. aufspeichern: → horten – **II.** aufspeichern, sich: → ansammeln (II, a u. c)

Aufspeicherung, die: → Anhäufung (1)

Aufsperrdienst, der: → Schlüsseldienst

aufsperren: 1. → aufschließen (1) – **2.** → ¹aufreißen (I, 1) – **3.** die Löffel a.: → lauschen; die Augen/Ohren a.: **a)** → aufpassen (1) – **b)** → vorsehen (II); Mund und Augen/Mund und Nase/das Maul a.: → staunen (1)

aufspielen: I. aufspielen: → musizieren – **II.** aufspielen, sich: ⟨*sich in den Vordergrund stellen*⟩ wichtig tun · sich wichtig

98

machen · das große Wort führen · große
Worte reden; sich aufblähen (*abwert*)
♦ *umg*: sich herausstreichen · das große
Wort/die große Klappe schwingen · Wind
machen · große Töne reden · den Mund
[weit] aufreißen; sich aufblasen (*abwert*)
♦ *salopp*: große Töne spucken · große/
dicke Töne schwingen · große Bogen/einen
großen Bogen spucken · sich mausig ma-
chen · sich aufplustern · sich aufpusten
♦ *derb*: das Maul [weit] aufreißen · die
große Schnauze haben/schwingen · die
Schnauze [weit] aufreißen; → *auch* angeben
(1), prahlen
aufspießen: 1. ⟨*mit etw. Spitzem hochneh-
men*⟩ anspießen · anstechen + gabeln – **2.** →
anzwecken
aufsprengen: → aufbrechen (1)
aufsprießen: → aufkeimen (1)
aufspringen: 1. ⟨*[an mehreren Stellen] Öff-
nungen bekommen*⟩ aufplatzen · rau/rissig
werden · Risse bekommen – **2.** → aufbre-
chen (2) – **3.** → öffnen (II) – **4.** → auffahren
(1) – **5.** → einsteigen (2) – **6.** wie von der
Tarantel gestochen a.: → auffahren (1)
aufsprossen: → aufkeimen (1)
aufsprudeln: → aufwallen (1)
aufspulen: → aufrollen (2)
aufspüren: 1. ⟨*nach längerem Suchen ent-
decken*⟩ aufstöbern · auffinden · ausfindig
machen; ausspüren (*veraltend*); ausforschen
(*österr*) – **2.** → entdecken (I, 1)
aufstacheln: 1. → aufhetzen – **2.** → an-
stacheln (1)
Aufstand, der: Erhebung · Empörung · Re-
bellion · Revolte · Putsch · Insurrektion +
Volksaufstand · Volkserhebung · Meuterei;
→ *auch* Aufruhr (1), Revolution, Freiheits-
kampf
aufständisch: → aufrührerisch
Aufständische, der: Empörer · Rebell · Auf-
rührer · Putschist · Insurgent; Revoluzzer
(*abwert*) + Meuterer
aufstapeln: → aufschichten
aufstarren: → aufragen
aufstauen: I. aufstauen: → stauen – **II.** auf-
stauen, sich: → ansammeln (II, a *u.* c)
aufstecken: 1. → aufbinden (2) – **2.** → auf-
hängen (I, 1) – **3.** → aufpflanzen (I, 1) – **4.**
→ aufgeben (3) – **5.** ein Licht a.: → aufklä-
ren (I, 2); eine Miene a.: → annehmen (11);
ein Gesicht a.: **a)** → annehmen (11) – **b)** →
schmollen

aufstehen: 1. ⟨*sich in die Höhe bewegen, so
dass man steht*⟩ sich [vom Lager] erheben
♦ *umg*: sich aufraffen · sich aufrappeln – **2.**
→ aufbegehren
aufsteigen: 1. ⟨*nach oben steigen*⟩ hoch-
steigen · ansteigen · emporsteigen ♦ *umg*:
hochgehen; → *auch* hinaufklettern – **2.** ⟨*im
Beruf usw. erfolgreich sein*⟩ aufrücken · be-
fördert werden · vorwärts kommen · avan-
cieren ♦ *umg*: etwas werden; die Treppe hi-
nauffallen (*spött*) – **3.** → emporfliegen – **4.**
→ aufgehen (1) – **5.** → aufsitzen (1) – **6.** →
einsteigen (2) – **7.** → auftauchen (4) – **8.** →
ansteigen (1) – **9.** → auflodern (1) – **10.** →
aufbrausen (1) – **11.** → aufwallen (1) – **12.**
→ ertönen
Aufsteiger, der: → Anfänger (1)
aufstellen: I. aufstellen: **1.** ⟨*in bestimmter
Weise errichten*⟩ aufschlagen · aufrichten ·
aufbauen + aufklappen – **2.** ⟨*an einen Ort
stellen*⟩ hinstellen · postieren · platzieren +
ausstellen ♦ *umg*: aufpflanzen · aufbauen; →
auch aufreihen (2) – **3.** ⟨*Geschütze od dgl. in
Kampfposition bringen*⟩ auffahren · in Stel-
lung bringen – **4.** ⟨*zusammenkommen lassen,
zusammentreten lassen*⟩ zusammenstellen ·
formieren ♦ *umg*: auf die Beine bringen/
stellen – **5.** ⟨*auf die Wahlliste setzen*⟩ nomi-
nieren + namhaft machen – **6.** → anordnen
(1) – **7.** → aufschlagen (5) – **8.** → aufsetzen
(I, 1) – **9.** eine Forderung a.: → fordern (1);
die Behauptung a.: → behaupten (I, 1); die
Vermutung a.: → vermuten; die Bilanz/
Schlussrechnung/Rechnung a.: → abrech-
nen (1) – **II.** aufstellen, sich: ⟨*sich an einen
Ort stellen*⟩ antreten · sich postieren · Auf-
stellung nehmen; Posto fassen (*veraltend*)
♦ *umg*: sich aufpflanzen · sich aufbauen
Aufstellung, die: **1.** ⟨*das Hinstellen an ei-
nen Ort*⟩ Platzierung · Postierung + Anein-
anderreihung – **2.** ⟨*das Zusammentretenlas-
sen*⟩ Zusammenstellung · Formierung · Bil-
dung – **3.** ⟨*Nennung für die Wahlliste*⟩
Nominierung – **4.** → Anordnung (1) – **5.** →
Aufbau (1) – **6.** Tabelle – **7.** A. nehmen: →
aufstellen (II)
aufstemmen: I. aufstemmen: **1.** → auf-
brechen (1) – **2.** → auflegen (I, 4) – **II.** auf-
stemmen, sich: → aufstützen (II, 1)
aufstempeln: → aufdrücken (1)
aufsteppen: → aufnähen
aufstieben: 1. → emporfliegen – **2.** → auf-
wirbeln (1)

Aufstieg

Aufstieg, der: **1.** ⟨*das Emporsteigen auf einen Berg*⟩ Anstieg – **2.** ⟨*Entwicklung zum wirtschaftlichen Erfolg*⟩ Aufschwung · Auftrieb · Aufwärtsentwicklung · Aufwärtsbewegung; → *auch* Entwicklung (1), Fortschritt (1) – **3.** → Aufgang (2) – **4.** einen A. erleben: → gedeihen (1)

aufstöbern: 1. → aufscheuchen – **2.** → aufspüren (1)

aufstöhnen: aufächzen · aufseufzen · aufjammern; → *auch* stöhnen, seufzen (1)

aufstören: → aufscheuchen

Aufstoß, der: → Aufschlag (1)

aufstoßen: 1. ⟨*aus dem Magen aufsteigende Luft ausstoßen*⟩ Bäuerchen/Prösterchen machen (*kinderspr*) ♦ *umg*: rülpsen – **2.** → öffnen (I, 1) – **3.** → aufschlagen (1 *u.* 2) – **4.** → auffallen (1) – **5.** sauer a.: → ärgern (I)

aufstrahlen: → aufleuchten

aufstreben: → aufragen

aufstrebend: → strebsam

aufstreichen: 1. → aufmalen – **2.** → auftragen (1)

aufstreifen: → aufkrempeln

Aufstrich, der: Belag

aufstülpen: 1. → aufsetzen (I, 2) – **2.** → aufschlagen (5) – **3.** → aufkrempeln – **4.** → aufwerfen (I, 1)

aufstützen: I. aufstützen: → auflegen (I, 4) – **II.** aufstützen, sich: **1.** → aufrichten (II) – **2.** → auflegen (II, 1)

aufsuchen: 1. ⟨*zu jmdm. hingehen mit einem bestimmten Anliegen*⟩ *umg*: ansteuern (*scherzh*) ♦ *salopp*: auf die Bude rücken · in die Bude schneien; → *auch* besuchen – **2.** → gehen (8) – **3.** → aufsammeln (1)

auftafeln: → auftischen (1)

auftakeln: I. auftakeln: ⟨*mit Takelwerk ausstatten*⟩ betakeln – **II.** auftakeln, sich: → herausputzen (II)

Auftakt, der: **1.** ⟨*Einleitung eines Ereignisses*⟩ Aufklang – **2.** → Beginn (1)

auftanken: [voll] tanken · betanken

auftauchen: 1. ⟨*über der Wasseroberfläche erscheinen*⟩ emportauchen – **2.** ⟨*am Seehorizont erscheinen*⟩ aufkreuzen (*seem*) – **3.** ⟨*plötzlich sichtbar werden*⟩ aufwachsen; aufscheinen (*süddt österr*); → *auch* erscheinen (1, a *u.* b) – **4.** ⟨*im Bereich des Geistigen entstehen*⟩ aufsteigen · aufdämmern · aufblitzen · bewusst werden + aufwachen · aufbrechen; → *auch* aufkommen (1) – **5.** →

ankommen (1) – **6.** → erscheinen (1, a) – **7.** wieder a.: → aufleben (1)

auftauen: 1. ⟨*Eis zum Schmelzen bringen*⟩ [ab]tauen · wegtauen · [weg]schmelzen · zerschmelzen · abschmelzen · aufschmelzen; entfrosten · enteisen (*fachspr*); → *auch* schmelzen (1) – **2.** ⟨*vom Eis befreit werden*⟩ [ab]tauen · wegtauen · [ab]schmelzen · aufschmelzen · wegschmelzen · zerschmelzen; → *auch* schmelzen (2) – **3.** → Schüchternheit (2)

aufteilen: 1. ⟨*in Teile gliedern*⟩ + abteilen · parzellieren; → *auch* verteilen (I, 1), ausgeben (I, 1) – **2.** ⟨*nach Gruppen ordnen*⟩ aufgliedern · aufschlüsseln; → *auch* einteilen (1), verteilen (I, 1) – **3.** → verteilen (I, 1)

Aufteilung, die: **1.** → Einteilung (1) – **2.** → Verteilung (1)

auftischen: 1. ⟨*Speisen zum Essen auf den Tisch stellen*⟩ auftragen · anrichten · servieren · vorsetzen · vorlegen; aufsetzen (*veraltend*) ♦ *gehoben*: auftafeln ♦ *umg*: anfahren · auffahren · auftun · aufmarschieren lassen; → *auch* anbieten (I, 2), bewirten (1), bedienen (I, 3), spendieren (1) – **2.** → einreden (1)

Auftrag, der: **1.** → Aufgabe (2) – **2.** → Befehl (1) – **3.** → Aufforderung (2) – **4.** → Bestellung (1) – **5.** in A. geben: → bestellen (1); einen A. geben/erteilen: → beauftragen

auftragen: 1. ⟨*mit einer Schicht versehen*⟩ aufbringen · aufstreichen · aufsetzen + verstreichen · verreiben; ausstreichen (*med*) ♦ *umg*: aufschmieren + verschmieren; → *auch* aufmalen – **2.** → beauftragen – **3.** → auftischen (1) – **4.** → abtragen (1) – **5.** [faust]dick a.: → übertreiben (1); Rouge/Schminke a.: → schminken (I *u.* II)

Auftraggeber, der: **1.** ⟨*Aufträge erteilende Person*⟩ Besteller · Kommittent; Mandant · Klient (*Rechtsw*); → *auch* Käufer – **2.** → Hintermann (1)

Auftragsbestand, der: Auftragslage

Auftragslage, die: → Auftragsbestand

auftrampeln: → auftreten (1)

auftreffen: 1. ⟨*[plötzlich] im Fallen berühren*⟩ fallen |auf| · fallen |in| – **2.** → aufschlagen (1)

auftreiben: 1. → aufblähen (I, 1) – **2.** → anschwellen (1, a) – **3.** → aufbringen (1) – **4.** → beschaffen (1)

auftrennen: → zertrennen

auftreten: 1. ⟨*den Fuß auf den Boden setzen* [*u. mit dem Körpergewicht belasten*]⟩ den Fuß aufsetzen · die Füße aufsetzen ♦ *salopp:* auflatschen · auftrampeln – **2.** → verhalten (II, 1) – **3.** → vorkommen (1) – **4.** a. |gegen|: → angreifen (I, 2)

Auftreten, das: → Benehmen (1)

Auftrieb, der: **1.** ⟨*Druck nach oben*⟩ Auftriebskraft – **2.** → Aufstieg (2)

Auftriebskraft, die: → Auftrieb (1)

Auftritt, der: **1.** ⟨*Abschnitt eines Theaterstückes*⟩ Szene + Nummer – **2.** → Streit (1)

auftrocknen: 1. → aufwischen (1) – **2.** → trocknen (1)

auftrumpfen: 1. → aufbegehren – **2.** → prahlen

auftun: I. auftun: **1.** → öffnen (I, 1) – **2.** → eröffnen (I, 2) – **3.** → auflegen (I, 1), auftischen (1) – **4.** den Mund/das Maul a.: → sprechen (1) – **II.** auftun, sich: **1.** → öffnen (II) – **2.** → entstehen (1)

auftürmen: I. auftürmen: → aufschichten – **II.** auftürmen, sich: → aufragen

aufwachen: 1. ⟨*den Schlaf beenden*⟩ erwachen · wach/munter werden · die Augen aufschlagen + aus dem Schlaf auffahren/aufschrecken · [sich] den Schlaf aus den Augen reiben – **2.** → auftauchen (4)

aufwachsen: 1. → heranwachsen – **2.** → auftauchen (3)

aufwallen: 1. ⟨*wallend emporsteigen*⟩ emporwallen · aufsprudeln · aufbrodeln · aufquellen · aufsieden · aufdampfen · aufsteigen; → *auch* aufbrausen (1) – **2.** → auflodern (1) – **3.** → aufkochen

Aufwallung, die: **1.** → Erregung (1) – **2.** → Anfall (2)

Aufwand, der: **1.** ⟨*das Aufgewendete*⟩ großes Aufgebot + Ausstattung · Repräsentation ♦ *salopp:* Brimborium · Tamtam · Sums · Klimbim (*oft scherzh*); → *auch* Prunk (1) – **2.** → Einsatz (1) – **3.** → Ausgabe (2) – **4.** → Verschwendung

aufwändig: → kostspielig

Aufwandsentschädigung, die: → Tagegeld

aufwärmen: I. aufwärmen: **1.** ⟨*erneut wärmen*⟩ + aufbacken · aufbraten – **2.** → aufrühren (1) – **3.** aufgewärmter Kohl: → Bart (2) – **II.** aufwärmen, sich: ⟨[*vorübergehend*] *Wärme auf sich einwirken lassen*⟩ sich durchwärmen; sich auswärmen (*landsch*)

Aufwartefrau, die: → Putzfrau

aufwarten: 1. → bedienen (I, 1 *u.* 3) – **2.** a. |mit|: **a)** → anbieten (I, 2) – **b)** → darbieten (I, 1)

aufwärts: → hinauf

Aufwärtsbewegung, die: → Aufstieg (2), Fortschritt (1)

Aufwärtsentwicklung, die: → Aufstieg (2), Fortschritt (1)

Aufwartung, die: **1.** → Putzfrau – **2.** → Bedienung (1 *u.* 3) – **3.** → Höflichkeitsbesuch – **4.** seine A. machen: → besuchen

Aufwasch, der: → Abwasch (1)

Aufwaschbecken, das: → Abwaschbecken

aufwaschen: → abwaschen (1)

Aufwaschwasser, das: → Spülwasser

aufwecken: → wecken (1)

aufweichen: 1. ⟨*durch Anfeuchten weich machen*⟩ durchweichen · durchfeuchten – **2.** → untergraben (I)

aufweinen: aufschluchzen ♦ *umg:* aufheulen

aufweisen: 1. → zeigen (I, 4) – **2.** aufzuweisen haben: → besitzen (1)

aufwenden: aufbieten · einsetzen · mobilisieren · daransetzen · hineinstecken ♦ *gehoben:* daranwenden ♦ *umg:* dransetzen · reinstecken · reinbuttern · buttern |in|; → *auch* anstrengen (1)

Aufwendung, die: **1.** → Einsatz (1) – **2.** → Anstrengung (1) – **3.** → Ausgabe (2)

aufwerfen: I. aufwerfen: **1.** ⟨*von den Lippen gesagt: nach vorn schieben*⟩ [auf]schürzen · aufstülpen – **2.** → aufhäufen (I, 1) – **3.** → ansprechen (2) – **II.** aufwerfen, sich: sich a. |zu|: ⟨*sich eigenmächtig zu etw. machen*⟩ sich aufschwingen |zu| · sich erheben |zu|

aufwickeln: 1. → aufrollen (1 u. 2) – **2.** → auspacken (1)

aufwiegeln: → aufhetzen

aufwiegen: → ausgleichen (I, 2)

Aufwiegler, der: → Aufhetzer

aufwieglerisch: → hetzerisch

Aufwind, der: im A. sein: → gedeihen (1)

aufwinden: 1. → hochziehen (1) – **2.** → aufrollen (2)

aufwirbeln: 1. ⟨*in die Höhe wirbeln*⟩ aufstieben – **2.** Staub a.: **a)** → stauben – **b)** → Aufsehen (2)

aufwischen: 1. ⟨*durch Wischen trocknen*⟩ auftrocknen – **2.** → reinigen (2)

Aufwischlappen, der: → Scheuertuch

Aufwischtuch, das: → Scheuertuch

aufwühlen

aufwühlen: → aufregen (I, 1)
aufwühlend: → erregend
Aufwurf, der: → Damm (1)
aufzählen: 1. ⟨*Geld zählend hinlegen*⟩ herzählen · [auf]blättern · hinblättern – **2.** → anführen (1) – **3.** Hiebe a.: → schlagen (I, 1)
Aufzählung, die: → Anführung (1)
aufzäumen: den Zaum anlegen · zäumen
aufzehren: I. aufzehren: **1.** → aufessen, verbrauchen (1) – **2.** → zermürben (2) – **II.** aufzehren, sich: → verbraucht (4)
aufzeichnen: 1. ⟨*zeichnend fixieren*⟩ aufreißen *(fachspr)* – **2.** → aufschreiben (1)
Aufzeichnung, die: **1.** → Niederschrift (1) – **2.** → Aufnahme (4)
aufzeigen: 1. → aufdecken (I, 1) – **2.** → aufklären (I, 1), zeigen (I, 4) – **3.** → beweisen (1) – **4.** aufzuzeigen haben: → besitzen (1)
aufzerren: → hochzerren
aufziehen: 1. ⟨*von einem Unwetter gesagt: sich entwickeln, sich nähern*⟩ heraufziehen · heraufkommen · aufkommen · sich zusammenziehen · sich zusammenballen · sich zusammenbrauen · herankommen · hochziehen · im Anzug/Verzug sein ♦ *gehoben:* nahen; → *auch* nähern, sich (1) – **2.** ⟨*auf einer Unterlage befestigen*⟩ beziehen · bespannen · aufspannen – **3.** ⟨*ein Lebewesen bis zum Erwachsensein betreuen*⟩ **a)** ⟨*Menschen*⟩ großziehen · heranziehen ♦ *gehoben:* auferziehen; → *auch* auffüttern – **b)** ⟨*Tiere*⟩ großziehen · aufzüchten · hochbringen · aufbringen; → *auch* auffüttern – **4.** ⟨*durch Spannen der Feder in Gang setzen*⟩ aufdrehen – **5.** → hochziehen (1) – **6.** → aufreihen (1) – **7.** → aufkleben – **8.** → gestalten (1) – **9.** → öffnen (I, 1) – **10.** → necken
Aufzucht, die: → Zucht (1)
aufzüchten: → aufziehen (3, b)
aufzucken: 1. → aufleuchten – **2.** → auffahren (1)
Aufzug, der: **1.** ⟨*Abschnitt eines Theaterstückes*⟩ Akt – **2.** → Fahrstuhl (1) – **3.** → Umzug (2) – **4.** → Ausstattung (1) – **5.** → Kleidung (1)
aufzüngeln: 1. → aufflammen (1) – **2.** → ausbrechen (1)
aufzwingen: I. aufzwingen: ⟨*mit Gewalt aufdrängen*⟩ oktroyieren · diktieren · aufoktroyieren + überstülpen; → *auch* aufdrängen (I) – **II.** aufzwingen, sich: → aufdrängen (II, 2)

Augapfel, der: **1.** → Auge (I, 1) – **2.** wie seinen A. hüten: → schützen (I, 1)
Auge, das: **1.** ⟨*Sinnesorgan*⟩ Sehorgan · Augapfel ♦ *umg:* Guckäuglein (*kinderspr*) · ♦ *derb:* Glotzauge – **2.** → Blick (1) – **3.** → Fettauge – **4.** → Knospe – **5.** die Augen aufschlagen, [sich] den Schlaf aus den Augen reiben: → aufwachen (1); kein A. zutun können: → wachen (1); feuchte Augen bekommen, sich die Augen rot/aus dem Kopf weinen: → weinen (1); die Augen ausbohren/ausstechen/ausdrücken/ausstoßen/ausbrennen: → blenden (1); die Augen [für immer] schließen/zumachen: → sterben (1); ins A. fassen: **a)** → ansehen (I, 3) – **b)** → beobachten (1) – **c)** → vornehmen (2); ein wachsames A. haben ⌈auf⌉: → überwachen (1); ein A. riskieren: → Blick (4); nicht aus den Augen lassen: **a)** → beobachten (1) – **b)** → bewachen (1); im A. behalten: **a)** → bewachen (1) – **b)** → berücksichtigen (1); im A. haben: **a)** → beabsichtigen – **b)** → berücksichtigen (1); die Augen überall haben: **a)** → aufpassen (1) – **b)** → vorsehen (II); die Augen aufmachen: **a)** → aufpassen (1) – **b)** → vorsehen (II) – **c)** → staunen (1); die Augen offen halten/aufsperren, Augen und Ohren offen halten/aufmachen/aufhalten: **a)** → aufpassen (1) – **b)** → vorsehen (II); große Augen machen, seinen Augen nicht trauen: → staunen (1); mit offenen Augen: → aufmerksam (1); das A. des Gesetzes: **a)** → Polizei (1) – **b)** → Polizist; ein A. werfen ⌈auf⌉: → interessieren (II); ein A. riskieren: → zusehen (1); ganz A. sein: → konzentrieren (II); ins A. fallen, in die Augen fallen, die Augen auf sich ziehen: → auffallen (1); in die Augen fallend: → auffallend; die Augen aufschlagen ⌈zu⌉: → aufsehen (1); mit den Augen verschlingen: → anstarren; schöne Augen machen, mit den Augen klappern: → flirten; scheele Augen machen, nicht das Weiße im A. gönnen: → neidisch (2); in die Augen stechen: → gefallen (1); ein Dorn im A. sein: → missfallen (1); vor Augen führen: **a)** → zeigen (I, 2) – **b)** → veranschaulichen; Sand in die Augen streuen: → täuschen (I); von den Augen [ab]lesen: → erraten (1); die Augen gehen auf, die Binde fällt/es fällt wie Schuppen von den Augen: → erkennen (1); jmdm. wird [es] schwarz vor [den] Augen: → be-

ausbeuten

wusstlos (2); die Augen verschließen |vor|: → übersehen (I, 1); die Augen öffnen: → aufklären (I, 2); ein A./beide Augen zudrücken: → nachsehen (2); mit einem blauen A. davonkommen: **a)** → glimpflich (2) – **b)** → straffrei; den Daumen aufs A. setzen: → zwingen (1); aufs A. drücken: → aufbürden (1); aus den Augen schaffen: → wegräumen (1)

äugeln: 1. → blicken (1) – **2.** ä. |mit|: → anbändeln (a)

äugen: 1. → blicken (1) – **2.** → spähen (1)

Augenausdruck, der: → Blick (2)

Augenblick, der: **1.** ⟨*kurzer Zeitraum*⟩ Moment · Sekunde · Minute · Weile · Weilchen – **2.** im letzten A.: ⟨*kurz bevor es zu spät ist*⟩ im letzten Moment · in allerletzter Minute · [kurz] vor Toresschluss ♦ *umg*: auf den letzten Drücker – **3.** alle Augenblicke: → ununterbrochen; auf einen A.: → kurz (3); im A.: **a)** → sofort – **b)** → jetzt (1) – **c)** → bald (1); vor einem A.: → eben (2); in wenigen Augenblicken: → bald (1)

augenblicklich: 1. → jetzt (1), jetzig – **2.** → sofort, sofortig – **3.** → vorübergehend

augenblicks: → sofort

Augendeckel, der: **1.** → Lid (1) – **2.** mit den Augendeckeln klappern: → flirten

augenfällig: → auffallend

Augengläser (*Pl*): → Brille (1)

Augenhöhe, die: in gleicher A.: → gleichberechtigt

Augenlicht, das: **1.** → Sehvermögen – **2.** das A. verlieren: → erblinden

Augenlid, das: → Lid (1)

Augenmaß, das: mit A.: → vernünftig (1)

Augenmerk, das: das/sein A. richten |auf|: → aufpassen (1)

Augenreiben, das: → Verwunderung (1)

Augenschein, der: in A. nehmen: → ansehen (I, 3)

augenscheinlich: → offenkundig (1)

Augenschmaus, der: ein A.: → Bild (2); ein A. sein: → schön (7)

Augenwischerei, die: → Betrug (1)

Augenzeuge, der: → Zeuge (1)

Augenzeugenbericht, der: → Reportage

August, der: dummer A.: → Spaßmacher

Auktion, die: → Versteigerung

Aule, die: → Auswurf (1)

Aura, die: → Ausstrahlung (1)

Aureole, die: → Heiligenschein

aus: von sich aus: → allein (2); von mir aus: → meinetwegen (2); aus sein |auf|: → erstreben; aus [die Maus]!: → Schluss (4)

Aus, das: → Zusammenbruch (1)

Ausarbeitung, die: Bearbeitung · Ausführung

ausarten: sich auswachsen · ausufern · auswuchern · überborden; → *auch* entwickeln (II, 2)

ausästen: → ausholzen

ausatmen: 1. ⟨*die in die Lungen eingezogene Luft wieder ausstoßen*⟩ den Atem ausstoßen ♦ *gehoben*: aushauchen ♦ *umg*: auspusten; → *auch* atmen (1) – **2.** → ausströmen

ausbaden: → büßen (1)

ausbaggern: → ausheben (1)

ausbalancieren: 1. → ausgleichen (I, 1) – **2.** → bereinigen (1)

ausbaldowern: → auskundschaften (1)

ausbälgen: 1. → abhäuten – **2.** → ausstopfen

Ausbau, der: **1.** ⟨*verbessernde bauliche Tätigkeit*⟩ Vergrößerung · Erweiterung · Ausdehnung – **2.** ⟨*im Hinblick auf Beziehungen od. dgl.: das Erweitern, Verbessern*⟩ Festigung · Vertiefung · Erweiterung; → *auch* Entwicklung (3) – **3.** → Anbau – **4.** → Erker (1)

ausbauchen: → wölben (I)

ausbauen: 1. ⟨*ein technisches Teil entfernen*⟩ ausmontieren – **2.** ⟨*baulich verbessern*⟩ erweitern · vergrößern – **3.** ⟨*Beziehungen od. dgl. erweitern*⟩ entwickeln · festigen · vertiefen · erweitern

ausbedingen, sich: **1.** → fordern (1) – **2.** → vorbehalten, sich – **3.** → vereinbaren (1)

ausbeißen: sich die Zähne a.: → Misserfolg (2)

ausbeizen: 1. → beizen (2) – **2.** → desinfizieren

ausbessern: 1. ⟨*auf Kleidung bezogen: Schadhaftes ausbessern*⟩ stopfen · [aus]flicken; wiebeln (*landsch*) – **2.** → reparieren

Ausbesserung, die: *umg*: Flickerei; → *auch* Reparatur

ausbetten: → ausgraben (1)

ausbeulen: *umg*: ausbeuteln; → *auch* ausweiten (I, 1)

Ausbeute, die: → Ertrag

ausbeuteln: 1. → ausbeulen – **2.** → ausschütteln – **3.** → schröpfen (2)

ausbeuten: 1. (*abwert*) ⟨*Leistungen anderer ohne angemessene Vergütung nutzen*⟩ aus-

Ausbeuter

nutzen · ausnützen · ausplündern · auspressen · auspowern · aussaugen · das Mark aus den Knochen saugen – **2.** → ausnutzen (1) – **3.** → auswerten

Ausbeuter, der (*abwert*): Profitmacher · Profiteur · Blutsauger ♦ *umg*: Aasgeier; → *auch* Wucherer

Ausbeutung, die: → Ausnutzung (1)

ausbezahlen: → auszahlen (I, 1)

ausbiegen: → ausweichen (1)

ausbieten: 1. → anbieten (I, 3) – **2.** → aussetzen (1)

ausbilden: 1. ⟨*auf eine Tätigkeit, einen Beruf vorbereiten*⟩ schulen + exerzieren; → *auch* befähigen, erziehen, drillen (1), unterrichten (2) – **2.** → entwickeln (I, 2)

Ausbildung, die: **1.** ⟨*Vorbereitung auf eine Tätigkeit, einen Beruf*⟩ Schulung · Berufsausbildung; → *auch* Erziehung (1), Lehre (2) – **2.** → Entwicklung (3)

ausbimsen: → entfliehen (1)

ausbitten, sich: **1.** ⟨*durch Bitten erlangen*⟩ erbitten · erbetteln ♦ *gehoben*: erflehen; → *auch* bitten (2) – **2.** → fordern (1)

ausblasen: 1. ⟨*durch Blasen leeren, z. B. rohes Ei*⟩ leer blasen ♦ *umg*: auspusten (*landsch*) – **2.** → löschen (1) – **3.** das Lebenslicht a.: → töten (I, 1)

ausblassen: → verblassen

ausbleiben: 1. → wegbleiben – **2.** nicht a.: → eintreffen (1)

ausbleichen: 1. → verblassen – **2.** → bleichen (1)

Ausblick, der: **1.** ⟨*Blick durch eine Öffnung*⟩ Durchblick · Durchsicht – **2.** → Aussicht (1) – **3.** → Ausguck (1)

ausblicken: a. |nach|: → ausschauen (1)

ausblühen: → verblühen (1)

ausbohren: die Augen a.: → blenden (2)

ausbooten: → verdrängen (2)

ausborgen: 1. → leihen (1 *u*. 2) – **2.** sich a.: → leihen (2)

ausboxen: → besiegen (I)

ausbrechen: 1. ⟨*von Konflikten gesagt: plötzlich auftreten*⟩ losbrechen · aufflammen · aufflackern ♦ *gehoben*: entbrennen · auflodern · aufzüngeln · entflammen – **2.** ⟨*von Schadenfeuern gesagt: plötzlich entstehen*⟩ auskommen (*landsch*) – **3.** → auflodern (1) – **4.** → ausfallen (1) – **5.** → entkommen (2) – **6.** in ein Gelächter a.: → Lachen (3)

Ausbrecher, der: → Flüchtling (1)

ausbreiten: I. ausbreiten: **1.** ⟨*breit hinlegen*⟩ hinbreiten · aufschlagen + verstreuen ♦ *dicht*: ausgießen – **2.** ⟨*zur Kenntnisnahme nebeneinander hinlegen*⟩ auslegen · auflegen – **3.** ⟨*nach beiden Seiten legen od. halten*⟩ breiten · ausstrecken – **4.** → auseinander (2, a) – **5.** → darlegen – **6.** → vergrößern (I, 1) – **7.** → verbreiten (I, 1) – **II.** ausbreiten, sich: **1.** ⟨*beim Sitzen usw. viel Raum einnehmen*⟩ *umg*: sich breit machen · sich dick machen – **2.** → vergrößern (II, 1), verbreiten (II), durchsetzen (I, 2, b) – **3.** → ausschwärmen (1) – **4.** → äußern (II, 1) – **5.** sich a. |bis|: → erstrecken, sich (1)

Ausbreitung, die: **1.** → Ausdehnung (1) – **2.** → Vergrößerung (1)

ausbremsen: → vereiteln

ausbrennen: 1. ⟨*im Inneren leer brennen*⟩ ausglühen – **2.** → abbrennen (2) – **3.** → ausräuchern – **4.** die Augen a.: → blenden (2)

Ausbruch, der: **1.** ⟨*Gefühlsäußerung*⟩ Entladung; → *auch* Anfall (2) – **2.** ⟨*Vulkantätigkeit*⟩ Eruption – **3.** → Beginn (1) – **4.** zum A. kommen: → anfangen (1, b)

ausbuchten: → wölben (I)

Ausbuchtung, die: → Wölbung (1)

ausbuddeln: 1. → roden (2) – **2.** → ausgraben (1)

ausbügeln: → bereinigen (1)

ausbuhen: → auspfeifen

Ausbund, der: → Inbegriff

ausbürgern: → ausweisen (I, 1)

ausbürsten: 1. → bürsten (1) – **2.** → ausschimpfen

ausbüxen: → fliehen (1), entfliehen (1)

Ausdauer, die: **1.** → Beharrlichkeit – **2.** → Geduld (1)

ausdauernd: → beharrlich (1)

ausdehnen: I. ausdehnen: **1.** ⟨*bes. zeitlich in die Länge ziehen*⟩ ausweiten – **2.** → verzögern (I) – **3.** → vergrößern (I, 1) – **4.** → ausweiten (I, 1), dehnen (I) – **II.** ausdehnen, sich: **1.** → dehnen (II, 1) – **2.** → vergrößern (II, 1) – **3.** → zunehmen (1) – **4.** → ausweiten (II, 1 *u*. 2) – **5.** → anschwellen (1, a) – **6.** sich a. |bis|: → erstrecken, sich (1 *u*. 2)

Ausdehnung, die: **1.** ⟨*Wachsen des Wirkungsbereiches*⟩ Ausweitung · Erweiterung · Ausbreitung · Expansion – **2.** ⟨*Größenbezeichnung*⟩ Dimension · Erstreckung – **3.** → Verlängerung (1), Vergrößerung (1) – **4.** → Ausbau (1) – **5.** → Ausmaß – **6.** an A. gewinnen: → zunehmen (1)

104

ausdenkbar: → vorstellbar
ausdenken: **1.** [sich] a.: ⟨*gedanklich konstruieren*⟩ erdenken · ersinnen · aussinnen · ausklügeln · erklügeln · erfinden · sich zurechtlegen + [er]dichten ♦ *umg:* [sich] austüfteln · ertüfteln · ausknobeln ♦ *salopp:* sich aus den Fingern saugen · ausklamüsern – **2.** nicht auszudenken sein: → unvorstellbar
ausdeuten: → auslegen (2)
Ausdeutung, die: → Auslegung
ausdienen: → abnutzen (II)
ausdiskutieren: → erörtern
ausdorren: → trocknen (1)
ausdörren: → dörren
ausdrehen: → abstellen (1)
Ausdruck, der: **1.** → Wort (1) – **2.** → Redewendung (1) – **3.** → Stil (1) – **4.** → Beweis (2) – **5.** → Miene (1) – **6.** mit A.: → ausdrucksvoll (1); ohne A.: → ausdruckslos; A. verleihen, zum A. bringen: → ausdrücken (I, 2); zum A. kommen |in|: → ausdrücken (II, 2); seine Meinung zum A. bringen: → äußern (II, 1); seinem Dank A. verleihen, seinen Dank zum A. bringen: → danken (1)
ausdrücken: **I.** ausdrücken: **1.** ⟨*durch Druck aus etw. entfernen*⟩ herausdrücken · [her]auspressen · [her]ausquetschen + pressen · entsaften; → *auch* ausringen – **2.** ⟨*in sprachl. Form bringen*⟩ formulieren · äußern · Ausdruck verleihen · zum Ausdruck bringen · in Worte fassen; verbalisieren (*fachspr*) – **3.** ⟨*seine Anteilnahme vermitteln*⟩ aussprechen · bezeigen · bekunden · bezeugen – **4.** ⟨*erkennbar machen*⟩ zeigen · offenbaren · verraten · besagen; → *auch* aussagen (2), bedeuten (1) – **5.** → löschen (1) – **6.** → äußern (I, 1) – **7.** die Augen a.: → blenden (2); seinen Dank a.: → danken (1); sein Beileid a.: → kondolieren; anders ausgedrückt: → Wort (5) – **II.** ausdrücken, sich: **1.** ⟨*sich sprachlich mitteilen*⟩ sich äußern ♦ *salopp:* sich ausquetschen (*landsch*) – **2.** sich a. |in|: ⟨*in etw. deutlich werden*⟩ sich zeigen |an| · sich äußern |in| · sich ausprägen |in| · zum Ausdruck kommen |in| · sich aussprechen |in|
ausdrücklich: **1.** ⟨*genau in Worten ausgedrückt*⟩ explizit[e] · expressis verbis · erklärtermaßen – **2.** → bestimmt (1)
Ausdrucksform, die: → Stil (1)
ausdrucksleer: → ausdruckslos

ausdruckslos: ausdrucksleer · ohne Ausdruck
ausdrucksvoll: **1.** ⟨*mit besonderer Betonung vorgetragen*⟩ expressiv · mit Ausdruck · deklamatorisch · pathetisch + sprechend – **2.** → bedeutungsvoll (1)
Ausdrucksweise, die: **1.** ⟨*Art des Sprechens*⟩ Sprechweise · Redeweise · Diktion – **2.** → Stil (1)
ausdünnen: → ¹verziehen (I, 1)
Ausdünstung, die: **1.** ⟨*Absonderung unangenehmen Geruches*⟩ Dunst – **2.** → Ausscheidung (1)
auseinander: **1.** → getrennt – **2.** a. legen: **a)** ⟨*Zusammengelegtes auseinander bringen*⟩ ausbreiten · auseinander breiten · auseinander falten · entfalten; → *auch* aufrollen (1) – **b)** → erklären (I, 1) – **c)** → zerlegen (1) – **3.** a. bekommen: → entwirren; a. biegen: → aufbiegen; a. breiten/falten: → 2, a; a. bringen: → entzweien (I); a. fallen: → zerfallen (1 *u.* 2); a. falten: → 2, a; a. fitzen: → entwirren; a. fliegen: → explodieren (1); a. fließen: → schmelzen (2); a. gehen: **a)** → auflösen (II, 2) – **b)** → zunehmen (2); a. halten: → unterscheiden (I); a. jagen/treiben: → zerstreuen (I, 2); a. klamüsern/posamentieren: → erklären (I, 1); a. laufen: → trennen (II); a. nehmen: → zerlegen (1), verreißen; a. reißen: → durchreißen (1); a. rollen: → aufrollen (1); a. setzen: → erklären (I, 1), darlegen; a. trennen: → zertrennen; sich a. ziehen: → ausschwärmen (1)
Auseinandersetzung, die: **1.** → Streit (1) – **2.** → Kampf (1)
auserkoren: → auserlesen (1)
auserlesen: **1.** ⟨*als Bestes allem anderen vorgezogen*⟩ ausgesucht · ausgewählt ♦ *gehoben:* auserwählt · auserkoren ♦ *umg:* handverlesen – **2.** → erstklassig (1)
ausersehen: a. |für|: → bestimmen (1, b)
auserwählen: a. |für|: → bestimmen (1, b)
auserwählt: → auserlesen (1)
Auserwählte: **I.** Auserwählte, der: → Geliebte (I) – **II.** Auserwählte, die: → Geliebte (II)
aussessen: → aufessen
ausfahrend: → fahrig
Ausfahrt, die: **1.** ⟨*Fahrt zum Vergnügen*⟩ Spazierfahrt; → *auch* Ausflug – **2.** ⟨*Straßenabzweigung*⟩ Abfahrt – **3.** → Ausgang (2, a)
Ausfall, der: **1.** → Wegfall (1) – **2.** → Verlust (1) – **3.** → Angriff (2) – **4.** → Beleidi-

ausfallen

gung (1) – **5.** einen A. machen: → ausfallen (2)

ausfallen: 1. ⟨*unerwartet unterbleiben*⟩ wegfallen · nicht stattfinden ♦ *umg:* ins Wasser fallen; → *auch* wegfallen (1) – **2.** ⟨*zum Angriff übergehen*⟩ einen Ausfall machen · ausbrechen; → *auch* angreifen (I, 1, a) – **3.** → aussetzen (3) – **4.** → ausgehen (3) – **5.** gut a.: → gelingen (1); schlecht a.: → misslingen

ausfallend: → beleidigend

ausfällig: → beleidigend

Ausfallzeit, die: → Fehlzeit

ausfechten: → austragen (2)

ausfegen: → auskehren (1)

ausfeilen: → überarbeiten (I, 1)

ausfertigen: → ausstellen (1)

ausfilzen: → polstern (2)

ausfindig: a. machen: → aufspüren (1), entdecken (I, 1)

ausflicken: → ausbessern (1)

ausfliegen: [aus]schwärmen

ausfliesen: → fliesen

ausflippen: → Beherrschung (2, a)

Ausflucht, die: 1. → Ausrede – **2.** Ausflüchte machen: → herausreden, sich

Ausflug, der: Tour · Trip · Partie · Landpartie · Vergnügungsfahrt · Lustfahrt · Lustreise · Fahrt ins Grüne / Blaue; → *auch* Ausfahrt (1), Abstecher (1), Reise (1), Spaziergang (1), Wanderung

Ausfluss, der: 1. → Abfluss (2) – **2.** → Ausscheidung (1) – **3.** → Ergebnis

ausfolgen: → abgeben (I, 1)

ausformen: → formen (1)

Ausformung, die: → Gestaltung, Entwicklung (3)

ausforschen: 1. → ausfragen – **2.** → auskundschaften (1) – **3.** → aufspüren (1)

ausfragen: aushorchen · ausforschen + auspressen ♦ *umg:* auf den Busch klopfen · auf den Zahn / die Naht fühlen; ausholen · ausnehmen (*landsch*) ♦ *salopp:* ausquetschen [wie eine Zitrone] · anbohren · ein Loch in den Bauch fragen · die Würmer aus der Nase ziehen; → *auch* interviewen, fragen (I, 1)

ausfressen: 1. → aufessen – **2.** → anrichten (1)

Ausfuhr, die: Export

ausführbar: → durchführbar

ausführen: 1. ⟨*zum Vergnügen umherführen*⟩ spazieren führen – **2.** ⟨*ins Ausland verkaufen*⟩ exportieren – **3.** ⟨*in die Tat umsetzen*⟩ handhaben · durchführen · vollziehen; zur Durchführung bringen (*amtsspr*) + seines Amtes walten · vollstrecken ♦ *salopp:* hinfetzen; → *auch* verwirklichen – **4.** → erledigen (1) – **5.** → herstellen (1)

ausführlich: 1. ⟨*in vielen Worten*⟩ wortreich · eingehend · weitläufig · angelegentlich · breit · in extenso; weitschweifig · langatmig · lang und breit · des Langen und [des] Breiten (*abwert*); langfädig (*schweiz*) – **2.** → eingehend (1)

Ausfuhrsperre, die: → Ausfuhrverbot

Ausführung, die: 1. ⟨*das In-die-Tat-Umsetzen*⟩ Durchführung · Vollzug · Vollziehung + Vollstreckung; → *auch* Verwirklichung, Veranstaltung (1) – **2.** → Erledigung (1) – **3.** → Herstellungsart – **4.** → Ausarbeitung

Ausfuhrverbot, das: Embargo · Ausfuhrsperre · Handelsembargo + Handelsbeschränkung

ausfüllen: I. ausfüllen: **1.** → beherrschen (I, 3) – **2.** → aufblähen (I, 1) – **3.** → überbrücken – **II.** ausfüllen, sich: → aufblähen (II, 1)

Ausgabe, die: 1. ⟨*das Geben an mehrere Personen*⟩ Austeilung · Verteilung · Vergabe · Aushändigung · Verabfolgung – **2.** ⟨*das für etw. erforderl. Geld*⟩ Aufwand · Aufwendung · Geldaufwand · Auslage · Unkosten – **3.** ⟨*Herausgabe eines Buches*⟩ Edition · Auflage + Bearbeitung – **4.** ⟨*Angebot an Aktien*⟩ Emission

Ausgabenbeleg, der: → Quittung (1)

Ausgang, der: 1. ⟨*das Verlassen der Wohnung*⟩ Weggang – **2. a)** ⟨*Öffnung zum Hinausgehen*⟩ Ausstieg (*fachspr*) + Ausfahrt · Abgang – **b)** → Tür (1) – **3.** → Ende (1, b) – **4.** seinen A. nehmen | von | : → ausgehen (9, b)

Ausgangsmaterial, das: → Grundstoff

Ausgangspunkt, der: 1. → Ursprung (1) – **2.** → Anhaltspunkt – **3.** zum A. nehmen: → ausgehen (9, a)

Ausgangsstoff, der: → Grundstoff

ausgasen: → ausräuchern

ausgeben: I. ausgeben: **1.** ⟨*an mehrere Personen geben*⟩ austeilen · verteilen · vergeben · aushändigen · verabfolgen + übergeben · verschenken; → *auch* austeilen (1), zuteilen – **2.** ⟨*Wertpapiere einführen*⟩ in Umlauf setzen / bringen · in Verkehr bringen · emittieren · aussetzen; begeben (*Bankw*) – **3.** ⟨*Geld aufbrauchen*⟩ verbrauchen · verausgaben

106

(*amtsspr*) + ausschütten; → *auch* bezahlen (2), verschwenden – **4.** → spendieren (1) – **5.** das / sein Geld mit vollen Händen a.: → verschwenderisch (3) – **II.** ausgeben, sich: **1.** → erschöpfen (II, 1) – **2.** sich a. │für / als│: → bezeichnen (II)

Ausgebot, das: → Angebot (1)

ausgebucht: → ausverkauft

ausgebufft: → raffiniert (1)

ausgedehnt: 1. ⟨*groß in der räuml. Erstreckung*⟩ weit · breit · ausgestreckt · lang gestreckt · weitläufig · weitschichtig; → *auch* geräumig, groß (1) – **2.** → lange (1)

ausgedient: 1. ⟨*durch lange Verwendung wertlos geworden*⟩ *umg*: abgedankt · ausrangiert ♦ *salopp*: abgetakelt – **2.** → abgenutzt – **3.** a. haben: ⟨*nicht mehr benötigt, benutzt werden*⟩ seine Schuldigkeit getan haben

Ausgedinge, das: → Altenteil (1)

ausgedörrt: → trocken (1)

ausgefahren: → gewohnt (1)

ausgefallen: 1. ⟨*vom Normalen stark abweichend*⟩ abseitig · abwegig · verstiegen ♦ *gehoben*: entlegen ♦ *salopp*: flippig · verrückt – **2.** → ungewöhnlich

ausgeflogen: 1. → abwesend (1) – **2.** a. sein: → fehlen (1)

ausgefuchst: → raffiniert (1)

ausgegangen: → aufgebraucht

ausgeglichen: 1. → harmonisch (1) – **2.** → gereift

Ausgeglichenheit, die: → Harmonie (1)

ausgehen: 1. ⟨*zu Vergnügungen das Haus verlassen*⟩ *umg*: weggehen – **2.** ⟨*aufgebraucht werden*⟩ schwinden · zur Neige gehen · sich erschöpfen – **3.** ⟨*bes. von Haaren gesagt: durch Lösen vom Körper verloren gehen*⟩ ausfallen – **4.** → spazieren (2) – **5.** → enden (1, b) – **6.** → erlöschen (1) – **7.** → verblassen – **8.** a. │auf│: ⟨*etw. [heimlich] als Ziel anstreben*⟩ es anlegen / absehen / ablegen │auf│ · hinsteuern / hinarbeiten │auf│ · zusteuern │auf│ · hinauswollen │auf│ · es abgesehen haben │auf│; → *auch* abzielen, beabsichtigen – **9.** a. │von│: **a)** ⟨*mit etw. beginnen*⟩ zum Ausgangspunkt nehmen – **b)** ⟨*veranlasst werden*⟩ seinen Ausgang nehmen │von│ · seine Wurzeln haben │in│ – **c)** → ausströmen – **10.** leer a.: → leer (4); gut a.: → gelingen (1); schlecht a.: → misslingen; a. wie das Hornberger Schießen: → ergebnislos (2); spitz a.: → verjün-

gen (II); jmdm. geht der Atem / die Puste aus: **a)** → Konkurs (2) – **b)** → zurückbleiben (1)

ausgehöhlt: → hohl (1)

ausgehungert: → hungrig (1)

ausgeklügelt: → spitzfindig (1)

ausgekocht: → raffiniert (1)

ausgelassen: → übermütig (1)

Ausgelassenheit, die: → Übermut

ausgelatscht: → ausgetreten (1)

ausgelaufen: 1. → ausgetreten (1) – **2.** → gewohnt (1)

ausgelaugt: 1. → erschöpft (1) – **2.** → ertragsarm

ausgelitten: a. haben: → tot (4)

ausgemacht: 1. → beschlossen – **2.** sicher (4) – **3.** → offenkundig (1)

ausgemergelt: → abgemagert

ausgenommen: 1. → außer (1 *u.* 3) – **2.** a., wenn / dass: → außer (3); a. von: → außer (1)

ausgepicht: → raffiniert (1)

ausgepumpt: → erschöpft (1)

ausgerechnet: gerade · unbedingt

ausgereift: → vollendet (1)

ausgeruht: → frisch (2)

ausgesaugt: → erschöpft (1)

ausgeschamt: → unverschämt

ausgeschlafen: → schlau (1)

ausgeschlossen: 1. → unmöglich (1) – **2.** nicht a.: → möglich (1)

ausgesogen: → erschöpft (1)

ausgesprochen: 1. ⟨*verstärkend*⟩ geradezu · nachgerade · direkt · förmlich · regelrecht – **2.** ⟨*mit festem Standpunkt gegenüber einer Sache*⟩ entschieden · erklärt; → *auch* entschlossen (1)

ausgestalten: 1. → gestalten (1) – **2.** → ausschmücken (1), einrichten (I, 1)

Ausgestaltung, die: → Ausschmückung, Einrichtung (1)

ausgestorben: → menschenleer

Ausgestoßene, der: → Geächtete

ausgestreckt: → ausgedehnt (1)

ausgesucht: 1. → auserlesen (1) – **2.** → erstklassig (1) – **3.** → betont

ausgetreten: 1. ⟨*von Schuhen gesagt: durch Gehen geweitet*⟩ ausgelaufen ♦ *umg*: verhatscht (*österr*) ♦ *salopp*: ausgelatscht – **2.** → abgetreten (1) – **3.** → gewohnt (1)

ausgetrocknet: → trocken (1)

ausgewachsen: 1. → erwachsen (1) – **2.** → vollkommen (1) – **3.** → bucklig (1)

Ausgewachsene

Ausgewachsene, der: → Bucklige
ausgewählt: 1. → auserlesen (1) – **2.** →
erstklassig (1)
ausgewogen: → harmonisch (1)
Ausgewogenheit, die: → Harmonie (1)
ausgezehrt: → abgemagert
ausgezeichnet: → hervorragend (1), groß-
artig (1)
ausgiebig: → reichlich
ausgießen: 1. ⟨*ein Gefäß leeren*⟩ ausschüt-
ten · ausleeren ♦ *umg:* auskippen; → *auch*
leeren (1) – **2.** → weggießen – **3.** → aus-
breiten (I, 1) – **4.** → löschen (1) – **5.** Kübel
von Schmutz a. |über| : → verleumden (1)
Ausgießer, der: → Tülle
Ausgleich, der: **1.** ⟨*das Gleichmachen von
Ungleichem*⟩ Angleichung – **2.** → Bereini-
gung (1) – **3.** einen A. schaffen/her-
beiführen/bewirken/finden: → ausgleichen
(I, 1)
ausgleichen: I. ausgleichen: **1.** ⟨*durch An-
gleichen Unterschiede beseitigen*⟩ egali-
sieren · einen Ausgleich schaffen/herbei-
führen/bewirken/finden · ins Gleichgewicht
bringen + ausbalancieren · auswägen · glät-
ten · neutralisieren; → *auch* anpassen (I, 1)
– **2.** ⟨*durch anderes ersetzen*⟩ aufwiegen ·
kompensieren · wettmachen ♦ *umg:* heraus-
reißen – **3.** → bereinigen (1) – **4.** → tilgen
(1) – **II.** ausgleichen, sich: ⟨*durch Besei-
tigung der Unterschiede zu einem Aus-
gleich kommen*⟩ sich aufheben + sich ein-
pendeln
ausgleiten: → ausrutschen (1)
ausgliedern: → aussondern (1)
Ausgliederung, die: → Aussonderung (1)
ausglitschen: → ausrutschen (1)
ausglühen: 1. → ausbrennen (1) – **2.** → ab-
brennen (2) – **3.** → dörren
ausgraben: 1. ⟨*von Leichen gesagt: wie-
der aus der Erde befördern*⟩ exhumie-
ren · ausbetten ♦ *salopp:* ausbuddeln; →
auch ausheben (1), freilegen – **2.** → freile-
gen
Ausgrabung, die: → Freilegung
ausgrenzen: 1. → ausklammern – **2.** →
ausschließen (3)
Ausgriff, der: → Exkurs
Ausguck, der: **1.** ⟨*Beobachtungsplatz*⟩ Aus-
blick · Warte · Aussichtspunkt; Lug[aus] ·
Guckinsland · Luginsland (*landsch veral-
tend*) – **2.** A. halten: → ausschauen (1)
ausgucken: a. |nach| : → ausschauen (1)

Ausguss, der: **1.** ⟨*Einrichtung zum Abflie-
ßen*⟩ Ausgussbecken · Abflussbecken ·
Spülbecken; Spülstein (*veraltend*); Schütt-
stein · Spültrog (*schweiz*); → *auch* Abfluss
(2) – **2.** → Tülle
Ausgussbecken, das: → Ausguss (1)
Ausgussrohr, das: → Abfluss (2)
aushacken: → ausholzen
aushallen: → verklingen
aushalten: 1. ⟨*bei Belastung nicht Schaden
nehmen*⟩ standhalten · durchstehen · vertra-
gen · ertragen · verkraften · ausstehen ♦ *umg:*
einen Puff aushalten/vertragen – **2.** ⟨*nicht
schwach werden*⟩ durchhalten · nicht [wan-
ken und] weichen · nicht nachgeben · bestän-
dig/beharrlich sein · [hart] bleiben · die Zäh-
ne zusammenbeißen · die Hoffnung nicht
aufgeben + auf seinem Posten bleiben/aus-
harren/aushalten; einen langen Atem/den
längeren Atem haben ♦ *gehoben:* ausharren
♦ *umg:* die Fahne hochhalten · die Ohren/
den Nacken steifhalten; durchhauen (*land-
sch*); → *auch* beharren (1), standhalten (2) –
3. es nicht lange a.: ⟨*nicht länger mitmachen*⟩
nicht alt werden – **4.** einen Puff a.: → 1; auf
seinem Posten a.: → 2; nicht zum Aushalten:
→ unerträglich (1)
aushandeln: → vereinbaren (1)
aushändigen: 1. → abgeben (I, 1), überge-
ben (I, 1) – **2.** → ausgeben (I, 1)
Aushändigung, die: **1.** → Übergabe (1) – **2.**
→ Ausgabe (1)
Aushang, der: → Anschlag (1)
aushängen: 1. ⟨*durch Anschlag bekannt
machen*⟩ anschlagen · plakatieren – **2.**
⟨*durch Heben aus der Haltevorrichtung lö-
sen*⟩ [her]ausheben
ausharren: 1. → aushalten (2) – **2.** auf sei-
nem Posten a.: → aushalten (2)
aushauchen: 1. → ausatmen (1) – **2.** sein
Leben/seine Seele/den letzten Atem a.: →
sterben (1)
aushauen: 1. → züchtigen (1) – **2.** → aus-
holzen
aushäusig: → auswärts (1)
ausheben: → vereiteln
ausheben: 1. ⟨*durch Graben herstellen*⟩
ausschachten · ausschaufeln · auswerfen ·
[aus]baggern; → *auch* ausgraben (1), freile-
gen – **2.** → ausnehmen (I, 1, b) – **3.** → aus-
hängen (2) – **4.** → einberufen (2) – **5.** →
unschädlich (2)
aushebern: → auspumpen

Ausländer

Aushebung, die: **1.** ⟨*Erdbewegung*⟩ Ausschachtung · Aushub – **2.** → Entleerung (1) – **3.** → Einberufung (1)

ausheilen: → heilen (1)

aushelfen: einspringen · in die Bresche springen / treten; → *auch* helfen (1)

ausheulen, sich: → ausweinen, sich

Aushilfe, die: **1.** → Ersatzmann – **2.** → Vertretung (2)

Aushilfskraft, die: → Ersatzmann

aushöhlen: 1. ⟨*einen Hohlraum schaffen*⟩ hohl machen · ausrunden · ausschaben ♦ *gehoben*: höhlen – **2.** → untergraben (I) – **3.** → auswaschen (2)

aushöhnen: → verhöhnen

ausholen: 1. ⟨*den Arm nach hinten bewegen, um zum Werfen od. dgl. anzusetzen*⟩ *umg*: auslangen – **2.** → ausfragen

ausholzen: ausästen · auslichten · ausschneiden + beschneiden ♦ *umg*: ausputzen · aushauen · aushacken (*landsch*)

aushorchen: → ausfragen

aushosen: I. aushosen: → ausziehen (I, 3) – **II.** aushosen, sich: → ausziehen (II)

Aushub, der: → Aushebung (1)

aushülsen: enthülsen; ausschoten · auspellen (*landsch*); [aus]palen (*norddt*); schlauben (*landsch*)

ausixen: → durchstreichen (I, 1)

ausjäten: → jäten

ausjochen: → ausspannen (I, 1)

auskämmen: → absuchen (2)

auskämpfen: → austragen (2)

auskäsen, sich: → ausreden (I, 1)

auskehren: 1. ⟨*mit einem Besen den Schmutz aus einem Raum entfernen*⟩ ausfegen; → *auch* sauber (1, a) – **2.** mit dem eisernen Besen a.: → aufräumen (1)

auskeimen: → keimen (1)

auskennen, sich: Bescheid wissen ♦ *umg*: merken / wissen, woher der Wind weht · die / alle Schliche / Kniffe kennen ♦ *salopp*: den Rummel kennen; → *auch* kennen (1), durchschauen (I)

auskippen: 1. → ausgießen (1) – **2.** → austrinken

ausklagen: → ausquartieren

ausklammern: ausgrenzen

ausklamüsern: → ausdenken (1)

Ausklang, der: → Ende (1, b)

ausklauben: → aussuchen (1)

auskleiden: I. auskleiden: **1.** → ausziehen (I, 3) – **2.** → auslegen (1) – **3.** → beziehen

(I, 2) – **II.** auskleiden, sich: → ausziehen (II)

ausklingeln: → bekannt (5)

ausklingen: 1. → verklingen – **2.** → enden (1, b)

ausklinken: → auslösen (1, a)

ausklopfen: abklopfen; → *auch* reinigen (1)

ausklügeln: → ausdenken (1)

auskneifen: → entfliehen (1)

ausknipsen: → ausschalten (1)

ausknobeln: → ausdenken (1)

ausknocken: → besiegen (I)

auskochen: → entkeimen (1)

auskommen: 1. → ausschlüpfen – **2.** → entkommen (1) – **3.** → ausbrechen (2) – **4.** → herauskommen (1) – **5.** a. |mit|: **a)** ⟨*genug haben*⟩ zurechtkommen |mit| · [aus]reichen |mit| ♦ *umg*: auslangen |mit| · hinkommen |mit| · langen; → *auch* ausreichen (1) – **b)** → vertragen (II, 1) – **6.** gut a. |mit|: → verstehen (II, 2)

auskosten: → genießen (1)

auskotzen, sich: → ausreden (I, 1)

auskramen: 1. → hervorholen – **2.** → aufrühren (1)

auskratzen: → entfliehen (1)

auskriechen: → ausschlüpfen

auskugeln: → ausrenken (1)

auskühlen: → erkalten (1)

auskundschaften: 1. ⟨*durch Beobachtungen od. Ermittlungen feststellen*⟩ erkunden · ausloten · in die Karten gucken · ausforschen · ausspähen · ausspionieren + erfragen ♦ *umg*: ausschnüffeln (*abwert*) ♦ *salopp*: ausbaldowern; → *auch* nachforschen, orientieren (II, 2) – **2.** → spionieren (1) – **3.** → Spionage (2)

Auskunft, die: **1.** ⟨*Mitteilung auf eine Frage*⟩ Information · Bescheid; → *auch* Aufklärung (2), Mitteilung (1) – **2.** → Ausweg

Auskunftschalter, der: → Schalter (1)

auskurieren: → heilen (1)

auslachen: → verlachen

ausladen: 1. → entladen (I, 1) – **2.** → abladen (1)

Auslage, die: **1.** → Ausgabe (2) – **2.** → Schaufenster (1)

Auslagerung, die: Outsourcing

Ausland, das: **1.** ⟨*das nicht zum eigenen Staat gehörende Territorium*⟩ Fremde (*veraltend*) – **2.** ins A. gehen: **a)** → auswandern – **b)** → abfließen (2)

Ausländer, der: Fremde

Ausländerfeindlichkeit

Ausländerfeindlichkeit, die: → Fremdenfeindlichkeit

Ausländerhass, der: → Fremdenfeindlichkeit

ausländisch: 1. ⟨*sich auf das Ausland beziehend*⟩ auswärtig; welsch (*veraltet abwert*) – **2.** → fremd (2)

auslangen: 1. → ausholen (1) – **2.** → ausreichen (1) – **3.** a. |mit|: → auskommen (5, a)

Auslass, der: **1.** → Öffnung – **2.** → Abfluss (2)

auslassen: I. auslassen: **1.** ⟨*nicht berücksichtigen*⟩ weglassen · fortlassen · beiseite lassen · unter den Tisch kehren/fallen lassen · übergehen · überspringen · überschlagen · aussparen · hintanlassen; → *auch* absehen (4, a) – **2.** ⟨*zum Schmelzen bringen*⟩ zerlassen · ausschmelzen – **3.** ⟨*um den eingeschlagenen Saum vergrößern*⟩ verlängern · länger machen – **4.** a. |an|: ⟨*zu fühlen geben, merken lassen*⟩ abreagieren |an| · entladen |über| – **5.** → ablassen (1) – **6.** → loslassen – **II.** auslassen, sich: → äußern (II, 1)

Auslassung, die: **1.** ⟨*Nichtberücksichtigung*⟩ Weglassung + Ausscheidung – **2.** → Äußerung (1)

auslasten: → ausnutzen (2)

Auslastung, die: → Ausnutzung (2)

auslatschen: → ausweiten (I, 1)

Auslauf, der: **1.** → Abfluss (2) – **2.** → Bewegungsfreiheit

auslaufen: 1. → enden (1, a *u.* b) – **2.** gut a.: → gelingen (1); schlecht a.: → misslingen; spitz a.: → verjüngen (II); a. |in|: → münden

Ausläufer, der: → Bote (1)

Auslaufmodell, das: → Restant (I)

auslaugen: → ausmergeln

ausläuten: → bekannt (5)

ausleben, sich: → austoben, sich (2)

ausleeren: I. ausleeren: → ausgießen (1), leeren (1) – **II.** ausleeren, sich: → austreten (1 *u.* 2)

auslegen: 1. ⟨*einen Raum, eine Fläche flächenmäßig bedecken*⟩ auskleiden · ausschlagen + auspolstern; → *auch* beziehen (I, 2), verschalen, täfeln – **2.** ⟨*zu erklären versuchen*⟩ [aus]deuten · interpretieren · auffassen · herauslesen; deuteln (*abwert*) ◆ *umg*: drehen und deuteln (*abwert*); → *auch* erklären (I, 1) – **3.** ⟨*leihweise für jmdn. bezahlen*⟩

verauslagen – **4.** → ausbreiten (I, 2) – **5.** → vorlegen (1) – **6.** → zunehmen (2)

Ausleger, der: → Erklärer

Auslegung, die: Deutung · Ausdeutung · Interpretation · Auffassung; Deutelei (*abwert*); Exegese (*Rel*) ◆ *umg*: Deuterei (*abwert*); → *auch* Erklärung (1)

Auslegware, die: → Teppichboden

Ausleihe, die: → Verleih

ausleihen: 1. → leihen (1 *u.* 2) – **2.** sich a.: → leihen (2)

Auslese, die: **1.** ⟨*Anzahl von Individuen mit den hervorragendsten Eigenschaften*⟩ Auswahl · Elite · die Besten · das Beste ◆ *gehoben*: Blüte – **2.** → Auswahl (1) – **3.** → Blütenlese

auslesen: 1. → durchlesen (1) – **2.** → aussuchen (1), aussondern (1)

ausleuchten: → erhellen (1)

auslichten: → ausholzen

ausliefern: I. ausliefern: **1.** ⟨*in jmds. Gewalt geben*⟩ überantworten · preisgeben + in die Arme treiben · opfern – **2.** → liefern (1) – **II.** ausliefern: ⟨*sich in jmds. Gewalt begeben*⟩ sich stellen + sich verkaufen

Auslieferung, die: **1.** ⟨*das Übergeben in jmds. Gewalt*⟩ Übergabe · Preisgabe + Überführung – **2.** → Lieferung (1)

ausliegen: auffliegen

auslöffeln: 1. → aufessen – **2.** die Suppe a.: → büßen (1)

auslöschen: 1. → erlöschen (1) – **2.** → löschen (1) – **3.** → ausschalten (1) – **4.** → beseitigen (1) – **5.** → vernichten (1, a) – **6.** das Lebenslicht a.: → töten (I, 1)

auslösen: 1. ⟨*in Gang bringen*⟩ **a)** ⟨*Mechanismus*⟩ ziehen · ausklinken; → *auch* bedienen (I, 4) – **b)** ⟨*Geschehen, Vorgang*⟩ anfachen · entfachen · [den Stein] ins Rollen bringen + entfesseln ◆ *umg*: lostreten; → *auch* veranlassen (1), verursachen – **2.** → verursachen – **3.** → herauslösen – **4.** → loskaufen – **5.** ausgelöst werden: → abgehen (3); einen Schuss a.: → schießen (1)

Auslöser, der: → Ursache

Auslosung, die: → Auswahl (1), Verlosung

ausloten: → auskundschaften (1)

auslüften: → lüften (1)

Auslug, der: → Ausguck (1)

auslutschen: → aussaugen (1)

ausmachen: 1. → ausschalten (1) – **2.** → löschen (1) – **3.** → vereinbaren (1) – **4.** →

110

Auspuffabgas

erledigen (1) – **5.** → betragen (I) – **6.** → erspähen – **7.** → roden (2); nichts a.: → wichtig (4); etw. a.: → wichtig (3)

ausmalen: 1. ⟨*mit Farben ausfüllen*⟩ kolorieren · austuschen; illuminieren (*fachspr*); → *auch* bebildern – **2.** → ausschmücken (1 *u.* 2) – **3.** sich a.: → vorstellen (I, 3)

ausmanövrieren: an die Wand spielen

ausmarschieren: → auszieren (I, 1)

Ausmaß, das: Ausdehnung · Dimension · Umfang + Weite · Höhe · Tiefe; → *auch* Größe (1)

ausmergeln: auszehren · aussaugen · auslaugen; → *auch* entkräften (1)

ausmerzen: 1. → vernichten (1, b) – **2.** → beseitigen (1)

ausmessen: + auspeilen · auszirkeln · ausschreiten; → *auch* abmessen

ausmieten: → vermieten

ausmisten: → aufräumen (1)

ausmontieren: → ausbauen (1)

ausmünden: a. |in|: → münden

ausmünzen: → auswerten

ausmustern: 1. → aussondern (1) – **2.** → auswählen

Ausmusterung, die: → Aussonderung (1)

Ausnahme, die: **1.** ⟨*Abweichung von der Regel*⟩ Sonderfall · Einzelfall · Ausnahmefall · Ausnahmeerscheinung · Ausnahmezustand · Einzelerscheinung – **2.** → Altenteil (1) – **3.** ohne A.: **a)** → vollzählig (1) – **b)** → durchweg; mit A. von: → außer (1)

Ausnahmeerscheinung, die: → Ausnahme (1)

Ausnahmefall, der: → Ausnahme (1)

Ausnahmezustand, der: → Ausnahme (1)

ausnahmslos: 1. → durchweg – **2.** → vollzählig (1)

ausnehmen: I. ausnehmen: **1.** ⟨*den Inhalt entnehmen*⟩ **a)** ⟨*Eingeweide von Tieren*⟩ ausschlachten; ausweiden · aufbrechen (*weidm*) – **b)** ⟨*Nest*⟩ ausheben (*österr*) – **2.** → schröpfen (2) – **3.** → bestehlen – **4.** → ausfragen – **5.** → ausschließen (I, 2) – **6.** → ausnutzen (1) · – **7.** → erkennen (2) – **II.** ausnehmen, sich: **1.** → aussehen (1) – **2.** → ausschließen (II, 1)

ausnehmend: 1. → außergewöhnlich (1) – **2.** → sehr

ausnutzen/ausnützen: 1. ⟨*aus jmdm., etw. Vorteil ziehen*⟩ ausbeuten · sich zunutze machen · Kapital schlagen |aus| · Nutzen ziehen |aus| · Vorteil ziehen |aus| ♦ *umg:* auf

der Tasche liegen · das Geld aus der Tasche ziehen · ausnehmen · als melkende Kuh betrachten ♦ *salopp:* melken; → *auch* auswerten – **2.** ⟨*die Leistungsfähigkeit in Anspruch nehmen*⟩ auslasten – **3.** → ausbeuten (1)

Ausnutzung/Ausnützung, die: **1.** ⟨*Vorteil bringende Verwendung*⟩ Nutzung · Ausbeutung · Ausschöpfung + Raubbau – **2.** ⟨*Inanspruchnahme der Leistungsfähigkeit*⟩ Auslastung

auspacken: 1. ⟨*aus der Verpackung nehmen*⟩ auswickeln · wickeln |aus|; aufwickeln (*landsch*) – **2.** → berichten – **3.** → ausplaudern

auspalen: → aushülsen

auspeilen: → ausmessen

auspeitschen: → züchtigen (1)

auspellen: I. auspellen: **1.** → aushülsen – **2.** → auszieren (I, 3) – **II.** auspellen, sich: → auszieren (II)

auspennen: → ausschlafen

auspfeifen: + auszischen · ausbuhen; → *auch* ablehnen (1), abweisen (1)

auspflanzen: → verpflanzen (1)

ausplappern: → ausplaudern

ausplatzen: → ausreißen (3)

ausplaudern: weitersagen · weitererzählen · wiedererzählen · wiedersagen · [aus]schwatzen · preisgeben · plaudern; [aus]schwätzen (*landsch*) + ausschreien ♦ *umg:* ausplappern · die Katze aus dem Sack lassen · aus dem Nähkästchen plaudern · aus der Schule plaudern/schwatzen; ausplauschen · ausratschen (*österr landsch*) ♦ *salopp:* [hin]ausposaunen · singen · [aus]quatschen + auspacken

ausplauschen: I. ausplauschen: → ausplaudern – **II.** ausplauschen, sich: → aussprechen (II, 2)

ausplündern: 1. → ausrauben – **2.** → ausbeuten (1)

auspolstern: 1. → auslegen (1) – **2.** → polstern (2)

ausposaunen: 1. → bekannt (5) – **2.** → ausplaudern

auspowern: → ausbeuten (1)

ausprägen, sich: **1.** → entstehen (1) – **2.** sich a. |in|: → ausdrücken (II, 2)

auspreisen: → auszeichnen (1)

auspressen: 1. → ausdrücken (I, 1) – **2.** → ausbeuten (1) – **3.** → ausfragen

ausprobieren: → versuchen (I, 1)

Auspuffabgas, das: → Abgas

111

auspumpen

auspumpen: 1. ⟨*durch Pumpen entleeren*⟩ leer pumpen – **2.** den Magen a.: ⟨*den Mageninhalt entnehmen*⟩ aushebern (*med*)
auspusten: 1. → ausblasen (1) – **2.** → ausatmen (1) – **3.** das Lebenslicht a.: → töten (I, 1)
Ausputz, der: → Verzierung (1)
ausputzen: 1. → aufessen – **2.** → ausholzen – **3.** → schröpfen (2) – **4.** → ausschmücken (1)
ausquartieren: exmittieren · heraussetzen; delogieren (*österr*) + ausweisen · ausklagen
ausquatschen: I. ausquatschen: → ausplaudern – **II.** ausquatschen, sich: **1.** → ausreden (I, 1) – **2.** → aussprechen (II, 1)
ausquetschen: I. ausquetschen: **1.** → ausdrücken (I, 1) – **2.** a. [wie eine Zitrone]: → ausfragen – **II.** ausquetschen, sich: → ausdrücken (II, 1)
ausradieren: 1. ⟨*durch Radieren beseitigen*⟩ wegradieren · abradieren – **2.** → zerstören (2)
ausrangieren: 1. → wegwerfen (I, 1) – **2.** → ablegen (3)
ausrangiert: → ausgedient (1)
ausrasten: I. ausrasten: **1.** → rasten, ausruhen (I) – **2.** → Beherrschung (2, a) – **II.** ausrasten, sich: → rasten, ausruhen (I)
ausratschen: I. ausratschen: → ausplaudern – **II.** ausratschen, sich: → aussprechen (II, 2)
ausrauben: ausplündern ♦ *umg*: ausräubern · bis aufs Hemd ausziehen ♦ *salopp*: ausräumen (*verhüll*); → *auch* bestehlen, brandschatzen
ausräubern: 1. → ausrauben – **2.** → schröpfen (2)
ausräuchern: ausschwefeln · ausgasen; entwesen (*fachspr*); ausbrennen (*landsch*); → *auch* desinfizieren
ausraufen: → ausreißen (1)
ausräumen: 1. → ausrauben – **2.** → beseitigen (1)
ausrechnen: 1. → berechnen (I, 1) – **2.** → lösen (I, 1) – **3.** sich a.: → erhoffen (1); sich selbst a.: → voraussehen
Ausrechnung, die: → Berechnung (1)
ausrecken: I. ausrecken: **1.** → ausstrecken (I, 1) – **2.** sich den Hals a.: → ausschauen (1) – **II.** ausrecken, sich: → ausstrecken (II, 1)
Ausrede, die: Ausflucht · Notlüge · Ausweichmanöver ♦ *umg*: faule Ausrede · faule

Fische · Fickfack[erei]; → *auch* Vorwand, Entschuldigung (1)
ausreden: I. ausreden: **1.** ⟨*zu Ende sprechen*⟩ aussprechen ♦ *salopp*: sich ausquatschen; sich auskäsen · sich ausschleimen · sich aussülzen (*landsch*) ♦ *derb*: sich auskotzen · sich ausscheißen – **2.** ⟨*durch Zureden bewirken, dass jmd. vom Vorhaben ablässt*⟩ abbringen ⌉von⌈ · umstimmen – **3.** nicht a. lassen: → unterbrechen (1) – **II.** ausreden, sich: **1.** → aussprechen (II, 1) – **2.** → herausreden, sich
Ausreibefetzen, der: → Scheuertuch
ausreiben: → scheuern (1)
Ausreibetuch, das: → Scheuertuch
ausreichen: 1. ⟨*in erforderl. Menge vorhanden sein*⟩ [zu]reichen · hinreichen · genügen ♦ *umg*: auslangen · [zu]langen · hinlangen · hinkommen; → *auch* auskommen (5, a) – **2.** a. ⌉mit⌈: → auskommen (5, a)
ausreichend: → genug (1)
ausreifen: 1. → reifen (1) – **2.** → vollenden (II)
ausreißen: 1. ⟨*durch Reißen entfernen*⟩ herausreißen · [her]ausziehen · [her]auszupfen · [her]ausrupfen · rupfen; [aus]raufen (*landsch*) – **2.** ⟨*durch Reißen beschädigt werden*⟩ einreißen ♦ *umg*: ausplatzen – **3.** → entfliehen (1) – **4.** a. wie Schafleder: → fliehen (1)
Ausreißer, der: → Flüchtling (1)
ausreiten: → ausziehen (I, 1)
ausrenken: 1. ⟨*aus dem Gelenk drehen*⟩ auskugeln – **2.** sich den Hals a.: → ausschauen (1)
ausrichten: 1. ⟨*eine gerade Linie bilden [lassen]*⟩ [gerade] richten; abfluchten (*fachspr*) – **2.** → veranstalten (1) – **3.** → bestellen (3) – **4.** → erreichen (2) – **5.** → verleumden (1) – **6.** → erschließen (I, 1) – **7.** nichts a. können ⌉gegen⌈: → schaden (4)
ausringen (*landsch*): auswinden · auswringen; → *auch* ausdrücken (I, 1)
ausröcheln: → sterben (1)
ausroden: → roden (1 u. 2)
ausrollen: auswalzen · rollen; austreiben · auswalken (*österr*); auswallen (*schweiz*)
ausrotten: → vernichten (1, b)
ausrücken: 1. → ausziehen (I, 1) – **2.** → entfliehen (1)
ausrufen: 1. ⟨*offiziell verkünden*⟩ proklamieren – **2.** → bekannt (5)
Ausrufer, der: → Marktschreier

ausruhen: I. ausruhen: ⟨*sich von einer Anstrengung erholen wollen*⟩ ruhen · sich ausruhen · sich entspannen · verschnaufen · relaxen · Atem schöpfen · sich niedersetzen; [sich] ausrasten (*süddt österr*) + faulenzen ♦ *umg:* [sich] verpusten (*norddt*); [sich] ausschnaufen (*süddt österr*); → *auch* ausspannen (I, 2), rasten, sitzen (1) – **II.** ausruhen, sich: → I

ausrunden: → aushöhlen (1)

ausrupfen: → ausreißen (1)

ausrüsten: I. ausrüsten: **1.** → bewaffnen (I) – **2.** a. |mit|: → ausstatten (I, 3) – **II.** ausrüsten, sich: **1.** → bewaffnen (II) – **2.** sich a. |mit|: → ausstatten (II)

Ausrüstung, die: 1. → Bewaffnung – **2.** → Ausstattung (2), Einrichtung (2, a)

ausrutschen: 1. ⟨*ins Rutschen kommen* [*u. stürzen*]⟩ ausgleiten ♦ *umg:* ausglitschen (*landsch*) – **2.** jmdm. rutscht die Hand aus: → schlagen (I, 1)

Ausrutscher, der: → Versprecher

Aussaat, die: Saat · Einsaat

aussäen: → säen (1)

Aussage, die: 1. ⟨*Mitteilung vor einer amtl. Stelle*⟩ Erklärung; → *auch* Bericht (1) – **2.** die A. verweigern: ⟨*sich zu einer Sache selbst auf Verlangen nicht äußern*⟩ sich in Schweigen hüllen ♦ *umg:* mauern – **3.** zur A. bringen: → aussagen (1)

aussagen: 1. ⟨*vor einer amtl. Stelle mitteilen*⟩ erklären; zur Aussage bringen (*amtsspr*); → *auch* berichten, bezeugen (1) – **2.** ⟨*zum Inhalt haben*⟩ besagen; → *auch* ausdrücken (I, 4)

aussaufen: → austrinken

aussaugen: 1. ⟨*saugend herausziehen*⟩ auslutschen – **2.** → ausbeuten (1) – **3.** → ausmergeln

ausschaben: → aushöhlen (1)

ausschachten: → ausheben (1)

Ausschachtung, die: → Aushebung (1)

ausschälen: I. ausschälen: → herauslösen – **II.** ausschälen, sich: → ausziehen (II)

ausschalten: 1. ⟨*den Stromkreis unterbrechen*⟩ abstellen · ausstellen · abschalten + auslöschen ♦ *umg:* ausdrehen · ausmachen · abdrehen · ausknipsen; → *auch* abstellen (1) – **2.** → ausschließen (I, 2), unterbinden

Ausschaltung, die: 1. → Beseitigung – **2.** → Ausschließung (1)

Ausschank, der: → Theke

Ausschau, die: A. halten: → ausschauen (1)

ausschauen: 1. ⟨*erwartungsvoll hinaussehen*⟩ Ausschau / Ausguck halten · aussehen |nach| · ausspähen ♦ *gehoben:* ausblicken |nach| ♦ *umg:* ausgucken |nach| · sich die Augen aussehen · sich den Hals ausrecken / ausrenken; → *auch* warten (1) – **2.** → aussehen (1)

ausschaufeln: 1. → ausheben (1) – **2.** → freilegen

Ausscheid, der: → Ausscheidung (3)

ausscheiden: 1. ⟨*vom Körper gesagt: von sich geben*⟩ absondern · abscheiden · aussondern; sekretieren (*med*) + abgeben – **2.** ⟨*nicht zugelassen sein, werden*⟩ außer Betracht stehen / bleiben · nicht infrage / in Betracht kommen ♦ *umg:* nicht in die Tüte / auf die Platte kommen – **3.** ⟨*eine Gemeinschaft, Organisation verlassen*⟩ austreten + sich abmelden ♦ *umg:* gehen · aussteigen · abspringen – **4.** ⟨*eine Tätigkeit, Position, Stellung aufgeben*⟩ den Dienst quittieren · ausscheren · aussteigen; ausstehen (*süddt österr veraltend*); abmustern · abheuern (*seem*); → *auch* kündigen (1), zurücktreten (1) – **5.** → aussondern (1) – **6.** → abgehen (2) – **7.** → ausschließen (I, 3)

Ausscheidung, die: 1. ⟨*Vorgang des Ausscheidens*⟩ Absonderung · Abscheidung · Aussonderung; Sekretion · Exkretion (*med*) + Ausdünstung · Ausfluss; → *auch* Auswurf (1) – **2.** ⟨*das Ausscheiden von Körpersteinen*⟩ Abgang – **3.** ⟨*Ermittlung der Besten*⟩ Ausscheid[ungskampf] + Ausscheidungsspiel – **4.** → Aussonderung (1) – **5.** → Sekret – **6.** → Auslassung (1)

Ausscheidungskampf, der: → Ausscheidung (3)

Ausscheidungsspiel, das: → Ausscheidung (3)

ausscheißen, sich: → ausreden (I, 1)

ausschellen: → bekannt (5)

ausschelten: → ausschimpfen

ausschießen: → verblassen

ausschiffen: → entladen (I, 1)

ausschildern: → markieren (1)

ausschimpfen: [aus]schelten · auszanken ♦ *umg:* heruntermachen · herunterputzen · abputzen · abkanzeln; ausbürsten · die Paten sagen · kapiteln (*landsch*) ♦ *salopp:* aus dem Lumpen / dem Anzug schütteln · zur Minna machen · Schlitten fahren |mit|; abstauben · abstäuben (*landsch*) ♦ *derb:* zur Sau ma-

ausschirren

chen; → *auch* anfahren (3), zurechtweisen, tadeln (1), schimpfen (1)
ausschirren: → ausspannen (I, 1)
ausschlachten: 1. → ausnehmen (I, 1, a) – **2.** → auswerten – **3.** → verwerten (1)
ausschlafen: *salopp:* auspennen
Ausschlag, der: **1.** → Hautausschlag – **2.** den A. geben: → entscheiden (I, 2)
ausschlagen: 1. → löschen (1) – **2.** → sprießen (1) – **3.** → auslegen (1) – **4.** → ablehnen (2) – **5.** zum Guten a.: → gelingen (1); zum Schlechten a.: → misslingen; das schlägt dem Fass den Boden aus: → unerhört (2)
ausschlaggebend: → entscheidend (1)
ausschleimen, sich: → ausreden (I, 1)
ausschleudern: → auswerfen (1)
ausschließen: I. ausschließen: **1.** ⟨*durch Zuschließen nicht hereinlassen*⟩ aussperren – **2.** ⟨*das Mitwirken verhindern*⟩ ausschalten · ausnehmen · eliminieren; exzipieren (*veraltend*) – **3.** ⟨*jmdn. nicht [mehr] teilnehmen lassen*⟩ ausscheiden · ausgrenzen · eliminieren; disqualifizieren · sperren (*Sport*); relegieren (*Schulw*); exkommunizieren (*kathol. Kirche*); → *auch* verstoßen (1) – **II.** ausschließen, sich: **1.** ⟨*nicht teilnehmen*⟩ sich ausnehmen · sich fernhalten · für sich bleiben · abseits stehen; → *auch* absondern (II) – **2.** ⟨*von unvereinbaren Dingen gesagt: nicht zusammen passen*⟩ *umg:* sich beißen
ausschließlich: 1. ⟨*nur eines betreffend*⟩ alleinig – **2.** → nur
Ausschließung, die: **1.** ⟨*das Unmöglichmachen*⟩ Ausschaltung – **2.** → Ausschluss (1)
ausschlüpfen: [heraus]schlüpfen · [her]auskriechen; auskommen (*landsch*)
ausschlürfen: → austrinken
Ausschluss, der: **1.** ⟨*Entfernung aus einer Gemeinschaft*⟩ Ausschließung · Ausstoßung · Elimination · Eliminierung; Disqualifikation · Disqualifizierung (*Sport*); Relegation (*Schulw*); Exkommunikation · Kirchenbann · Anathema (*kathol Kirche*); → *auch* Ächtung (1) – **2.** mit A. von: → außer (1)
ausschmelzen: → auslassen (I, 2)
ausschmieren: → angreifen (I, 2)
ausschmücken: 1. ⟨*durch Schmücken [der Wände usw.] verschönern*⟩ ausgestalten · dekorieren · ausputzen · ausstaffieren + ausmalen; → *auch* schmücken (I) – **2.** ⟨*im Text erweitern*⟩ ausmalen · ausspinnen

Ausschmückung, die: Ausgestaltung · Dekoration · Dekorierung · Festschmuck · Verschönerung · Verzierung; → *auch* Ausstattung (1)
ausschnauben, sich: → schnäuzen, sich
ausschnaufen: I. ausschnaufen: → ausruhen (I) – **II.** ausschnaufen, sich: → ausruhen (I)
ausschnäuzen, sich: → schnäuzen, sich
ausschneiden: → ausholzen
Ausschnitt, der: **1.** ⟨*Halsöffnung an Kleidungsstücken, bes. der Frauen*⟩ Dekolletee · Halsausschnitt ♦ *salopp:* Schaufenster · Briefkasten – **2.** ⟨*Teil eines Kreises, einer Kugel*⟩ Sektor – **3.** → Teil (1)
ausschnüffeln: → auskundschaften (1)
ausschöpfen: → auswerten
Ausschöpfung, die: → Ausnutzung (1)
ausschoten: → aushülsen
ausschreiben: 1. ⟨*in Bezug auf Wertpapiere: öffentlich zum Kauf anbieten*⟩ auflegen – **2.** → aussetzen (1) – **3.** → ausstellen (1)
ausschreien: → ausplaudern
Ausschreier, der: → Marktschreier
ausschreiten: → ausmessen
Ausschreitung, die: **1.** → Gewalttätigkeit (1) – **2.** → Ausschweifung (1)
ausschroten: → auswerten
Ausschuss, der: **1.** ⟨*gewählte Körperschaft*⟩ Kommission · Komitee · Beirat · Rat · Gremium + Sektion · Kuratorium – **2.** *abwert* ⟨*mangelhafte Ware*⟩ Schluderarbeit · Pfuscharbeit · Flickwerk · Stückarbeit · Geschluder · Gehudel · Gesudel · Geschlampe ♦ *umg:* Bruch · Pfusch · Murks · Bafel; Pofel (*süddt österr*); → *auch* Schund (1), Pfuscherei
ausschütteln: ausstauben; ausstäuben (*landsch*) ♦ *umg:* ausbeuteln (*süddt österr*)
ausschütten: I. ausschütten: **1.** → ausgießen (1) – **2.** → ausgeben (I, 3) – **3.** das/sein Herz/seine Seele a.: **a)** → anvertrauen (II, 2) – **b)** → aussprechen (II, 1); das Kind mit dem Bade a.: → weit (4) – **II.** ausschütten, sich: sich vor Lachen a.: → lachen (1)
Ausschüttung, die: → Gewinnanteil
ausschwärmen: 1. ⟨*sich aus einer geschlossenen Formation im Gelände verteilen*⟩ schwärmen · sich auseinander ziehen · sich ausbreiten · sich entwickeln – **2.** → ausfliegen
ausschwatzen: → ausplaudern

äußern

ausschwätzen: → ausplaudern
ausschwefeln: → ausräuchern
ausschweifen: → austoben, sich (2)
ausschweifend: 1. → maßlos – **2.** → zügellos (1) – **3.** → unzüchtig
Ausschweifung, die: 1. ⟨durch Maßlosigkeit gekennzeichnete Handlung⟩ Ausschreitung · Exzess + Übertreibung – **2.** → Unzucht
ausschweigen, sich: → schweigen (2)
ausschwemmen: 1. → ausspülen (1) – **2.** → auswaschen (2)
ausschwenken: → ausspülen (1)
aussehen: 1. ⟨auf den Beschauer wirken⟩ sich ansehen · anzusehen sein · einen Anblick bieten · sich ausnehmen · einen/den Anschein/Eindruck erwecken · einen/den Anschein haben · einen/den Eindruck machen; ein/das Aussehen haben (veraltend); ausschauen · sich anschauen (landsch); → auch wirken (2) – **2.** a. |nach|: **a)** ⟨nach seinem Aussehen etw. erwarten lassen⟩ den Eindruck machen/erwecken · den Anschein haben/erwecken ♦ umg: riechen |nach| – **b)** → ausschauen (1) – **3.** sich die Augen a.: → ausschauen (1); a. |wie|: → ähneln; gut/günstig a. |mit|: → gut (10); schlecht/übel/mies/miserabel a. |mit|: → schlecht (11); schön a.: → schön (7)
Aussehen, das: 1. ⟨der äußere Eindruck⟩ Erscheinung[sbild] · das Äußere · Anblick · Look · Outfit · Ansehen · Typ · Habitus; Air (veraltend) – **2.** ein/das A. haben: → aussehen (1)
ausseihen: → durchsieben (I)
außen: 1. ⟨jenseits einer räuml. Begrenzung⟩ außerhalb · an/auf der Außenseite; auswendig (landsch); → auch auswärts (1) – **2.** → draußen (1) – **3.** nach a. hin, von a. gesehen: → äußerlich (1); a. vor bleiben: → unberücksichtigt (1); a. vor lassen: → absehen (4, a)
Außenbezirk, der: → Randbezirk
Außendienstmitarbeiter, der: → Handelsvertreter
Außenhandel, der: zwischenstaatlicher Handel · Außenwirtschaft · Exporthandel
Außenhandelskaufmann, der: Außenhändler
Außenhändler, der: → Außenhandelskaufmann
Außenseite, die: 1. → Äußere (1) – **2.** an/auf der A.: → außen (1)
Außenseiter, der: Outsider · Freak

Außenstände (Pl): → Geldforderung
Außenstelle, die: → Zweigstelle
Außenwelt, die: → Umwelt
Außenwirtschaft, die: → Außenhandel
außer: 1. ⟨ausschließend⟩ abgesehen |von| · ausgenommen [von] · bis auf · mit Ausnahme von; mit Ausschluss von (veraltend); → auch ohne (1) – **2.** → außerhalb (1) – **3.** a. [wenn/dass]: ⟨einschränkend⟩ ausgenommen [,wenn/dass] · es sei denn [, dass] – **4.** a. sich: **a)** → entrüstet – **b)** → bestürzt; a. Fassung: → bestürzt (1). Kraft treten: → verfallen (2); a. Dienst: → pensioniert; a. Rand und Band: → übermütig (1); a. Acht lassen: → absehen (4, a); a. Zweifel: → sicher (4); a. Haus: → auswärts (1); a. Landes gehen: **a)** → auswandern – **b)** → abfließen (2)
außerdem: 1. ⟨noch hinzukommend, noch anzufügend⟩ darüber hinaus · weiter · zusätzlich · sonst · überdies · im Übrigen · fern[hin] · ansonsten · daneben · hierneben · auch · und · noch · zudem · extra · zugleich · obendrein · zu allem Unglück · zu allem Überfluss; ansonst (schweiz österr amtsspr) + unter anderem ♦ umg: obendrauf (landsch); auch daneben (2), dazu (2) – **2.** → daneben (2) – **3.** → alias
außerdienstlich: → privat (1)
Äußere, das: 1. ⟨das von außen Sichtbare⟩ Außenseite · Exterieur + Oberfläche · Oberseite – **2.** → Aussehen (1) – **3.** → Form (1)
außerehelich: → nichtehelich
außergewöhnlich: 1. ⟨über das Normale hinausgehend⟩ außerordentlich · beispiellos · extraordinär · säkular · exzeptionell · ausnehmend · besonder · ohne Beispiel; → auch ungewöhnlich (1) – **2.** → sehr – **3.** → auffallend
außerhalb: 1. ⟨nicht [mehr] innerhalb eines bestimmten Bereiches⟩ außer – **2.** → außen (1) – **3.** → auswärts (1)
außerirdisch: extraterrestrisch
Außerirdische, der: Alien
äußerlich: 1. ⟨nach der äußeren Erscheinung⟩ nach außen hin · von außen gesehen; → auch förmlich (1) – **2.** → formal – **3.** → oberflächlich (1)
äußern: I. äußern: **1.** ⟨sprachlich formuliert hören lassen⟩ aussprechen · sagen · bemerken · ausdrücken · von sich geben · feststellen; → auch erzählen (1) – **2.** → ausdrücken (I, 2) – **II.** äußern, sich: **1.** ⟨seine Gedanken

115

außerordentlich

bekannt geben⟩ Stellung nehmen; die Feststellung treffen · seine Meinung zum Ausdruck bringen · sich outen ♦ *umg:* sich auslassen; sich ausbreiten *(abwert)* – **2.** → ausdrücken (II, 1) – **3.** sich nicht ä. ⎢zu⎢: ⟨*seine Ansicht zu etw. nicht deutlich machen*⟩ sich bedeckt halten – **4.** sich ä. ⎢in⎢: → ausdrücken (II, 2)

außerordentlich: 1. → außergewöhnlich (1) – **2.** → auffallend – **3.** → sehr

äußerst: 1. → letztmöglich – **2.** → sehr

außerstande: a. sein: nicht in der Lage sein · nicht können; → *auch* unfähig (3)

Äußerste, das: **1.** ⟨*was man gerade noch ertragen kann*⟩ Schmerzgrenze – **2.** aufs Äußerste: → allenfalls (1); aus sich das Äußerste herausholen: → anstrengen (II, 1)

äußerstenfalls: → allenfalls (1)

Äußerung, die: **1.** ⟨*Bekanntgabe seiner Gedanken*⟩ Feststellung; Auslassung *(abwert)* – **2.** → Bemerkung (1) – **3.** → Bekundung

aussetzen: 1. ⟨*als Belohnung, Preis festsetzen*⟩ ausschreiben · ausbieten; → *auch* bieten (I, 1) – **2.** ⟨*vorübergehend unterbrechen*⟩ innehalten · pausieren · ruhen ♦ *umg:* feiern *(scherzh)* ♦ *salopp:* eine Fuffzehn machen; → *auch* rasten – **3.** ⟨*durch einen Defekt usw. nicht weiterlaufen*⟩ stehen bleiben · stillstehen · ausfallen ♦ *salopp:* bocken – **4.** → aufhören (1) – **5.** → aufschieben – **6.** → ausgeben (I, 2) – **7.** → verpflanzen (1) – **8.** a. ⎢an⎢: → beanstanden

Aussetzer, der: → Erinnerungslücke

Aussicht, die: **1.** ⟨*das von einem [erhöhten] Ort aus zu Sehende*⟩ Ausblick · Blick · Überblick + Fernsicht · Fernblick; → *auch* Rundblick – **2.** ⟨*Hoffnung auf eine künftige Verbesserung*⟩ Lichtblick · Lichtpunkt · Perspektive · Zukunftsaussicht + Zukunft – **3.** ⟨*berechtigte Hoffnung, etw. zu erhalten*⟩ Anwartschaft – **4.** ohne A. auf Erfolg: → hoffnungslos (1); mit A. auf Erfolg: → Erfolg (3); in A. nehmen: → vorsehen (I); in A. stellen: → versprechen (I, 1), bieten (I, 1)

aussichtslos: → hoffnungslos (1)

Aussichtslosigkeit, die: → Hoffnungslosigkeit (1)

Aussichtspunkt, der: → Ausguck (1)

aussichtsreich: → Erfolg (3)

aussieben: 1. → aussondern (1) – **2.** → auswählen

aussiedeln: → umsiedeln

aussinnen: → ausdenken (1)

aussöhnen: I. aussöhnen: → versöhnen (I) – **II.** aussöhnen, sich: → versöhnen (II)

Aussöhnung, die: → Versöhnung

aussondern: 1. ⟨*nach bestimmten Gesichtspunkten aus etw. entfernen*⟩ ausscheiden · aussortieren · ausgliedern · [aus]lesen · eliminieren; ausmustern *(milit)* ♦ *umg:* [aus]sieben; → *auch* aussuchen (1), auswählen – **2.** → ausscheiden (1)

Aussonderung, die: **1.** ⟨*das Entfernen aus etw. nach bestimmten Gesichtspunkten*⟩ Ausscheidung · Ausgliederung · Eliminierung · Elimination; Ausmusterung *(milit);* → *auch* Auswahl (1) – **2.** → Ausscheidung (1)

aussortieren: → aussondern (1), aussuchen (1)

ausspähen: 1. → ausschauen (1) – **2.** → auskundschaften (1)

ausspannen: I. ausspannen: **1.** ⟨*Zugtiere vom Wagen lösen*⟩ abspannen · ausschirren · ausjochen · absträngen; → *auch* abzäumen – **2.** ⟨*sich eine Zeit lang erholen*⟩ Ferien / Urlaub machen ♦ *umg:* urlauben; → *auch* ausruhen (I) – **3.** → abbetteln – **4.** → weglocken – **II.** ausspannen, sich: → erstrecken, sich (1)

aussparen: 1. ⟨*eine bestimmte Fläche usw. freihalten*⟩ frei lassen · Platz lassen – **2.** → auslassen (I, 1)

ausspeien: 1. → ausspucken (1) – **2.** → erbrechen (I, 1) – **3.** → auswerfen (1)

aussperren: → ausschließen (I, 1)

ausspielen: 1. ⟨*beim Kartenspiel: die erste Karte auf den Tisch legen*⟩ anspielen · angeben – **2.** ausgespielt haben: → gelten (7)

ausspinnen: → ausschmücken (2)

ausspionieren: → auskundschaften (1)

ausspotten: → verspotten

Aussprache, die: **1.** ⟨*Art des Aussprechens*⟩ Artikulation · Lautung · Akzent · Betonung · Tonfall – **2.** ⟨*Klärung von Fragen*⟩ Meinungsaustausch · Gedankenaustausch · Diskussion · Debatte · Forum; → *auch* Beratung (1), Erörterung, Gespräch (1), Kolloquium (1), Plauderei

aussprechen: I. aussprechen: **1.** ⟨*Sprachlaute bilden*⟩ artikulieren + modulieren; → *auch* betonen (1) – **2.** → äußern (I, 1) – **3.** → ausdrücken (I, 3) – **4.** → ausreden (I, 1) – **5.** etw. offen a.: ⟨*ohne Hemmungen seine Gedanken äußern*⟩ offen sprechen · freihe-

116

raus/rundheraus/offen sagen · kein[en] Hehl machen [aus] · die/seine Meinung sagen + Flagge zeigen ♦ *umg:* kein Blatt vor den Mund nehmen · sagen, was Sache ist · nicht hinter dem Berg halten |mit|; nicht an Herzdrücken sterben (*landsch*) – **6.** die Acht a. |über|: → ächten (1); seinen Dank a.: → danken (1); seine Glückwünsche a.: → beglückwünschen; sein Beileid a.: → kondolieren – **II.** aussprechen, sich: **1.** ⟨*seinen ganzen Kummer mitteilen*⟩ das/sein Herz/seine Seele ausschütten · das/sein Herz/sich erleichtern; sich ausreden (*süddt österr*) ♦ *umg:* seinem Herzen Luft machen · sich alles von der Seele reden · Luft/Dampf ablassen ♦ *salopp:* sich ausquatschen; → *auch* anvertrauen (II, 2) – **2.** ⟨*ausgiebig miteinander sprechen [u. Unklarheiten beseitigen]*⟩ sich ausplauschen (*österr*) ♦ *umg:* sich ausratschen (*süddt österr landsch*) – **3.** sich a. |in|: → ausdrücken (II, 2)

aussprengen: → verbreiten (I, 1)

Ausspruch, der: Satz · Wort · Sentenz; → *auch* Bemerkung (1), Zitat

ausspucken: 1. ⟨*Speichel von sich geben*⟩ ausspeien – **2.** → auswerfen (1)

ausspülen: 1. ⟨*durch Spülen aus etw. entfernen*⟩ herausspülen · [her]ausschwemmen · ausschwenken + abspülen – **2.** → auswaschen (1 *u.* 2)

ausspüren: → aufspüren (1)

ausstaffieren: I. ausstaffieren: **1.** → ausschmücken (1) – **2.** a. |mit|: → ausstatten (I, 3) – **II.** ausstaffieren, sich: **1.** → herausputzen (II) – **2.** sich a. |mit|: → ausstatten (II)

Ausstaffierung, die: → Ausstattung (2)

Ausstand: I. Ausstand, der: sich im A. befinden, im A. stehen, in den A. treten: → streiken (1) – **II.** Ausstände (*Pl*): → Geldforderung

ausstatten: I. ausstatten: **1.** ⟨*einer Sache ein gutes Aussehen geben*⟩ *umg:* aufmachen – **2.** → einrichten (I, 1) – **3.** a. |mit|: ⟨*mit notwendigen Dingen versorgen*⟩ ausrüsten |mit| · versehen |mit| · ausstaffieren |mit| + begaben |mit| · dotieren |mit| · aussteuern ♦ *umg:* spicken |mit| – **II.** ausstatten, sich: sich a. |mit|: ⟨*sich mit notwendigen Dingen versorgen*⟩ sich versehen |mit| · sich ausrüsten |mit| ♦ *umg:* sich ausstaffieren |mit|

Ausstattung, die: **1.** ⟨*äußere Gestaltung*⟩ Aufmachung · Aufputz; Aufzug (*abwert*); Dekor (*Theat*); → *auch* Ausschmückung – **2.** ⟨*Versorgung mit Notwendigem*⟩ Ausrüstung · Ausstaffierung + Equipment – **3.** → Einrichtung (1 *u.* 2, a) – **4.** → Aufwand (1)

ausstauben/ausstäuben: → ausschütteln

ausstechen: 1. → überflügeln – **2.** → verdrängen (2) – **3.** die Augen a.: → blenden (2)

ausstecken: → markieren (1)

ausstehen: 1. ⟨*zum Verkauf im Schaufenster stehen*⟩ ausgestellt sein – **2.** → aushalten (1) – **3.** → ausscheiden (4) – **4.** nicht a. können: → hassen

aussteifen: → abstützen

aussteigen: 1. ⟨*sich steigend aus etw. herausbegeben*⟩ heraussteigen · herausklettern – **2.** ⟨*ein Fahrzeug verlassen*⟩ absteigen – **3.** ⟨*ein Schiff bzw. Flugzeug verlassen*⟩ von Bord gehen – **4.** → abspringen (1) – **5.** → ausscheiden (3 *u.* 4)

ausstellen: 1. ⟨*ein amtl. Schriftstück anfertigen u. übergeben*⟩ ausschreiben; ausfertigen (*amtsspr*) – **2.** ⟨*sichtbar aufstellen*⟩ zur Schau stellen – **3.** → ausschalten (1) – **4.** a. |an|: → beanstanden; ausgestellt sein: → ausstehen (1)

Ausstellung, die: **1.** ⟨*Einrichtung zur Besichtigung von Gegenständen*⟩ Schau · Exposition; → *auch* Messe (1) – **2.** → Einwand (1) – **3.** Ausstellungen machen |an|: → beanstanden

Ausstellungsgegenstand, der: → Ausstellungsstück

Ausstellungsobjekt, das: → Ausstellungsstück

Ausstellungsstück, das: Exponat · Ausstellungsgegenstand · Ausstellungsobjekt · Schaustück + Dekorationsstück · Messemuster; → *auch* Muster (2)

Aussterbeetat, der: auf dem A. stehen, sich auf dem A. befinden: **a)** → verschlechtern (II) – **b)** → aussterben; auf den A. stellen: → kaltstellen

aussterben: vergehen · verschwinden · erlöschen ♦ *umg:* auf dem Aussterbeetat stehen · sich auf dem Aussterbeetat befinden; → *auch* untergehen (2)

Aussteuer, die: → Mitgift

aussteuern: → ausstatten (I, 3)

Ausstieg, der: **1.** → Ausgang (2, a) – **2.** → Atomausstieg – **3.** → Aufgabe (4)

ausstopfen

ausstopfen: ausbälgen · den Balg füllen
Ausstoß, der: **1.** → Emission – **2.** → Produktionsmenge
ausstoßen: 1. ⟨etw. stimmlich äußern⟩ hervorstoßen · hören lassen; → auch anstimmen (1, a) – **2.** → verstoßen (1) – **3.** → auswerfen (1) – **4.** → herstellen (1) – **5.** einen Fluch/Flüche/Verwünschungen a.: → fluchen (1); Drohungen/eine Drohung a.: → drohen (1); Beschuldigungen a.: → beschuldigen (1); den Atem a.: → ausatmen (1); die Augen a.: → blenden (2); einen Seufzer a.: → seufzen (1)
Ausstoßung, die: → Ausschluss (1)
ausstrahlen: 1. ⟨durch Strahlung verbreiten⟩ strahlen; emittieren (Phys) + spenden – **2.** → ausströmen – **3.** → senden (1)
Ausstrahlung, die: **1.** ⟨Wirkung, die von jmds. Erscheinung ausgeht⟩ Aura · Charisma; → auch Atmosphäre (1) – **2.** → Atmosphäre (1)
ausstrecken: I. ausstrecken: 1. ⟨völlig strecken⟩ ausrecken; → auch abstrecken – **2.** → ausbreiten (I, 3) – **3.** seine Fühler a.: → vorfühlen – **II. ausstrecken, sich: 1.** ⟨sich im Liegen strecken⟩ sich ausrecken · sich rekeln · sich dehnen ♦ umg: + sich aalen · sich langmachen ♦ salopp: alle viere von sich strecken – **2.** → aufrichten (II)
ausstreichen: 1. → durchstreichen (I, 1) – **2.** → auftragen (1)
ausstreuen: → verbreiten (I, 1)
ausströmen: ausstrahlen · ausgehen |von| ♦ gehoben: [aus]atmen
aussuchen: 1. ⟨suchend auswählen⟩ auslesen · aussortieren · selektieren · selegieren · selektionieren + verlesen ♦ umg: ausklauben (landsch); → auch aussondern (1), auswählen – **2.** → durchsuchen
aussülzen, sich: → ausreden (I, 1)
austäfeln: → täfeln
Austausch, der: **1.** → Wechsel (1) – **2.** im A. dafür: → ersatzweise
austauschbar: → auswechselbar
austauschen: → auswechseln (1), ersetzen (1)
austeilen: 1. → verteilen (I, 1) – **2.** → ausgeben (I, 1) – **3.** Spitzen a.: → sticheln (1); Prügel a.: → schlagen (I, 1)
Austeilung, die: **1.** → Ausgabe (1) – **2.** → Verteilung (1)
austesten: → versuchen (I, 1)
austilgen: → vernichten (1, c)

austoben, sich: 1. ⟨lärmen u. lustig sein⟩ sich austollen ♦ salopp: die Sau rauslassen – **2.** ⟨das Leben richtig auskosten⟩ sich ausleben · sich nichts versagen · ausschweifen
austollen, sich: → austoben (1)
Austrag, der: **1.** → Austragung (1) – **2.** → Altenteil (1) – **3.** zum A. bringen/kommen lassen/gelangen lassen: → austragen (2)
austragen: 1. ⟨zu den Empfängern schaffen⟩ zustellen · bestellen; vertragen (schweiz) – **2.** ⟨zur Entscheidung bringen⟩ ausfechten · durchfechten · durchkämpfen · auskämpfen · zum Austrag/zur Austragung bringen · zum Austrag kommen lassen/gelangen lassen
Austragung, die: **1.** ⟨das Ausfechten eines Streites⟩ Austrag – **2.** zur A. bringen: → austragen (2)
austreiben: 1. → sprießen (1) – **2.** → abgewöhnen (1) – **3.** → ausrollen – **4.** die Grillen/Mucken a.: → zurechtweisen
austreten: 1. ⟨die Harnblase entleeren⟩ harnen · urinieren · Wasser/Urin lassen · seine Notdurft/[s]ein Bedürfnis verrichten · sich entleeren · sich ausleeren; sich erleichtern · sein Geschäft erledigen · ein kleines Geschäft verrichten/machen (verhüll); feuchten (weidm) + unter sich machen ♦ umg: das Wasser abschlagen; klein/einen Bach machen · Pipi/ein Bächlein machen (kinderspr); pullern · lullern (landsch kinderspr) ♦ salopp: pinkeln · pullen; eine Stange Wasser in die Ecke stellen · das Kartoffelwasser abgießen/abschütten (scherzh); pischen · puschen · strunzen · strulle[r]n (landsch) ♦ derb: pissen · schiffen · seichen · brunzen – **2.** ⟨den Darm entleeren⟩ seine Notdurft/[s]ein Bedürfnis verrichten · sich entleeren · sich ausleeren; sich erleichtern · sein Geschäft erledigen · ein großes Geschäft verrichten/machen (verhüll) + unter sich machen ♦ umg: groß machen; sich verewigen (scherzh); Aa machen (kinderspr) ♦ salopp: einen Kaktus pflanzen · ein Ei/Eier legen (scherzh) ♦ derb: kacken · scheißen · abprotzen · einen Haufen hinsetzen/machen – **3.** → ausscheiden (3) – **4.** → löschen (1) – **5.** → austreten (I, 1)
austricksen: → überlisten
austrinken: leeren · ausschlürfen ♦ umg: ex trinken ♦ salopp: auskippen ♦ derb: aussaufen

Austritt, der: **1.** ⟨*das Verlassen einer Gemeinschaft*⟩ Abgang – **2.** → Balkon (1)
austrocknen: 1. → trocknen (1) – **2.** → dörren – **3.** → versiegen (1)
austrommeln: → bekannt (5)
austrompeten: → bekannt (5)
austüfteln: [sich] a.: → ausdenken (1)
austuschen: → ausmalen (1)
ausüben: 1. ⟨*berufsmäßig tun*⟩ betreiben · versehen · praktizieren – **2.** die Macht a.: **a)** → regieren (1) – **b)** → herrschen (1); den Beischlaf a.: → koitieren; die Herrschaft a.: → herrschen (1); Druck a.: → zwingen (1); einen Einfluss / eine Wirkung a.: → beeinflussen (1, a)
ausufern: → ausarten
Ausverkauf, der: Inventurausverkauf · Schlussverkauf + Räumungsverkauf · Saisonschlussverkauf · Sommerschlussverkauf · Winterschlussverkauf
ausverkauft: + ausgebucht ♦ *umg*: alle; → *auch* aufgebraucht
ausverschämt: → frech (1)
auswachsen, sich: → ausarten
auswägen: → ausgleichen (I, 1)
Auswahl, die: **1.** ⟨*Vorgang des Auswählens*⟩ Wahl · Selektion · Auslese + Auslosung; → *auch* Aussonderung (1) – **2.** ⟨*zum Auswählen angebotene Ware*⟩ Kollektion · Mustersammlung · Zusammenstellung · Palette + Spektrum; → *auch* Warenangebot, Muster (2) – **3.** ⟨*Zusammenstellung aus literarischen Werken*⟩ Auswahlband · Chrestomathie · Brevier · Anthologie + Almanach; → *auch* Blütenlese – **4.** ⟨*Mannschaft ausgewählter Sportler*⟩ Auswahlmannschaft · Besetzung; Equipe (*österr*) + Nationalmannschaft · Ländermannschaft; → *auch* Mannschaft (1) – **5.** → Auslese (1)
Auswahlband, der: → Auswahl (3)
auswählen: wählen; ausmustern (*milit*) ♦ *gehoben*: erwählen · [er]küren · erlesen ♦ *umg*: [her]aussieben + herausfischen · herausgreifen; → *auch* aussondern (1), aussuchen (1), bestimmen (1, b)
Auswahlmannschaft, die: → Auswahl (4)
auswalken: → ausrollen
auswallen: → ausrollen
auswalzen: → ausrollen
Auswanderer, der: Emigrant
auswandern: emigrieren · ins Ausland / außer Landes gehen + ins Exil gehen
Auswanderung, die: Emigration

auswärmen, sich: → aufwärmen (II)
auswärtig: 1. ⟨*nicht aus demselben Ort stammend*⟩ von auswärts – **2.** → ausländisch (1) – **3.** → fremd (2)
auswärts: 1. ⟨*an einem anderen Ort befindlich*⟩ außerhalb · draußen · nicht am Ort + aushäusig · außer Haus; → *auch* außen (1) – **2.** von a.: → auswärtig (1)
auswaschen: 1. ⟨*durch Waschen aus etw. entfernen*⟩ + ausspülen; → *auch* waschen (I, 1) – **2.** ⟨*durch Einwirkung von Wasser hohl machen*⟩ ausspülen · aushöhlen · ausschwemmen
auswechselbar: austauschbar · permutabel
auswechseln: 1. ⟨*gegen anderes tauschen*⟩ austauschen · wechseln – **2.** → ersetzen (1)
Ausweg, der: die [letzte] Rettung · der rettende Strohhalm · Rettungsanker · Hilfe; Hintertür (*oft abwert*) ♦ *umg*: Dreh; Auskunft (*landsch*)
ausweglos: → hoffnungslos (1)
Ausweglosigkeit, die: → Hoffnungslosigkeit (1)
ausweichen: 1. ⟨*im Verkehr zur Seite weichen*⟩ ausbiegen · Platz machen + herumgehen |um| – **2.** ⟨*etw. vermeiden wollen*⟩ sich entziehen ♦ *umg*: sich herumdrücken |um| · sich vorbeimogeln |an| · sich winden · sich drehen und wenden · einen Eiertanz aufführen; sich drücken (*abwert*) ♦ *salopp*: kneifen (*abwert*); → *auch* meiden, entkommen (1)
Ausweichmanöver, das: → Ausrede
ausweiden: → ausnehmen (I, 1, a)
ausweinen, sich: *umg*: sich ausheulen
Ausweis, der: **1.** ⟨*Urkunde, durch die etw. beglaubigt wird*⟩ Legitimation · Ausweiskarte · Ausweispapiere · Papiere · Kennkarte ♦ *umg*: Flebbe + Bescheinigung; → *auch* Personalausweis, Reisepass – **2.** → Beweis (1)
ausweisen: I. ausweisen: **1.** ⟨*den Aufenthalt im Land verbieten*⟩ verweisen |aus| · des Landes verweisen · aus dem Land weisen · expatriieren · ausbürgern · denaturalisieren · entnationalisieren · vertreiben · verstoßen · fortjagen · abschieben ♦ *umg*: hinauswerfen; → *auch* verbannen (1) – **2.** → ausquartieren – **II.** ausweisen, sich: **1.** ⟨*seine Identität nachweisen*⟩ sich legitimieren · seine Papiere / den Pass vorzeigen – **2.** → herausstellen (II)
Ausweiskarte, die: → Ausweis (1)
Ausweispapiere (*Pl*): → Ausweis (1)

Ausweisung

Ausweisung, die: Verweisung · Land[es]-verweisung · Abschiebung; → *auch* Verbannung (1)

ausweiten: I. ausweiten: 1. ⟨*in Bezug auf Schuhe: durch Gebrauch weiter machen*⟩ ausdehnen · weiten · austreten ♦ *salopp*: auslatschen; → *auch* ausbeulen – 2. → ausdehnen (I, 1), dehnen (I) – 3. → vergrößern (I, 1) – II. ausweiten, sich: 1. ⟨*an Umfang, Intensität usw. zunehmen*⟩ anwachsen · anschwellen · sich ausdehnen · sich aufbauschen; sich aufblähen (*abwert*); → *auch* zunehmen (1) – 2. ⟨*bes. von Schuhen gesagt: durch Gebrauch weiter werden*⟩ sich ausdehnen · sich weiten – 3. → anschwellen (1, a) – 4. → vergrößern (II, 1)

Ausweitung, die: 1. → Ausdehnung (1) – 2. → Vergrößerung (1)

auswendig: 1. ⟨*ohne eine Vorlage zu benutzen*⟩ aus dem Kopf / Gedächtnis – 2. → außen (1)

auswerfen: 1. ⟨*bes. von Maschinen gesagt: selbsttätig nach außen befördern*⟩ ausschleudern · ausstoßen · [aus]speien ♦ *umg*: ausspucken – 2. → ausheben (1) – 3. → herstellen (1) – 4. den Anker a.: → ankern (1)

auswerten: ausschöpfen · aufbereiten · erschöpfen · ausbeuten · ausmünzen ♦ *umg*: ausschlachten (*abwert*); ausschroten (*landsch*); → *auch* ausnutzen (1)

Auswertung, die: → Nutzung (1)

auswetzen: 1. → entfliehen (1) – 2. die Scharte a.: → aufholen (1)

auswichsen: → entfliehen (1)

auswickeln: → auspacken (1)

auswiegen: → abwiegen

auswinden: → ausringen

auswirken, sich: zum Tragen kommen; → *auch* wirken (3)

auswischen: 1. → abwischen (1) – 2. → entfliehen (1) – 3. eins a.: → schaden (1)

auswringen: → ausringen

auswuchern: → ausarten

Auswuchs, der: → Geschwulst

Auswurf, der: 1. ⟨*Absonderung der Luftwege*⟩ Sputum (*med*) ♦ *salopp*: Qualle; Seemannspudding (*scherzh*); Aule · Qualster (*landsch*); → *auch* Ausscheidung (1) – 2. → Abschaum

auszahlen: I. auszahlen: 1. ⟨*eine bestimmte Summe zahlen*⟩ [aus]bezahlen – 2. → abfinden (I, 1) – 3. → entlohnen – II. auszahlen, sich: → lohnen (II)

auszanken: → ausschimpfen

auszehren: 1. → ausmergeln – 2. → abmagern

Auszehrung, die: 1. → Tuberkulose – 2. → Abmagerung

auszeichnen: I. auszeichnen: 1. ⟨*mit Preisschild versehen*⟩ auspreisen – 2. ⟨*durch eine Auszeichnung würdigen*⟩ präm[i]ieren · einen Orden / eine Auszeichnung verleihen; dekorieren (*auch spött*) – 3. ⟨*vor anderen ehrend herausstellen*⟩ mit Auszeichnung behandeln · erhöhen – II. auszeichnen, sich: → hervortun, sich

Auszeichnung, die: 1. ⟨*die ehrende Handlung des Auszeichnens*⟩ Präm[i]ierung · Verleihung; Dekorierung · Dekoration (*auch spött*) + Belohnung – 2. ⟨*an der Kleidung befestigtes sichtbares Zeichen der Ehrung*⟩ Ehrenzeichen · Orden · Medaille; → *auch* Preis (2) – 3. eine A. verleihen: → auszeichnen (I, 2); mit A. behandeln: → auszeichnen (I, 3)

Auszeit, die: → Unterbrechung (1), ¹Pause (1)

ausziehen: I. ausziehen: 1. ⟨*einen Ort verlassen*⟩ ausrücken + ausmarschieren · ausreiten – 2. ⟨*die Wohnung für immer verlassen*⟩ wegziehen · fortziehen · die Wohnung aufgeben ♦ *umg*: ziehen; → *auch* umziehen (I) – 3. ⟨*die Kleidung von jmds. Körper entfernen*⟩ auskleiden · entkleiden; entblättern (*scherzh*) ♦ *salopp*: auspellen · aushosen; → *auch* entblößen (I) – 4. ⟨*ein Kleidungsstück vom Körper legen*⟩ ablegen – 5. → ausreißen (1) – 6. → extrahieren – 7. → dehnen (I) – 8. → verblassen – 9. bis aufs Hemd a.: a) → ausrauben – b) → schröpfen (2) – II. ausziehen, sich: ⟨*die Kleidung von seinem Körper entfernen*⟩ sich auskleiden · sich entkleiden · die Kleider ablegen · sich freimachen ♦ *gehoben*: sich entblößen · sich enthüllen · sich ausschälen · sich aus den Kleidern schälen ♦ *umg*: sich erleichtern · die Kleider von sich werfen · aus der Kleidung / den Sachen schlüpfen ♦ *salopp*: sich auspellen · sich aushosen (*landsch*)

auszirkeln: → ausmessen

auszischen: → auspfeifen

Auszubildende, der: → Lehrling

Auszug, der: 1. → Extrakt (1) – 2. → Altenteil (1) – 3. im A., in Auszügen: → auszugsweise

azurn

auszugsweise: im Auszug · in Auszügen
auszupfen: → ausreißen (1)
autark: → unabhängig (1)
Autarkie, die: → Unabhängigkeit
authentisch: 1. → sicher (3) – **2.** → rechtsgültig
Auto, das: **1.** ⟨*Motorfahrzeug*⟩ Wagen · Kraftfahrzeug · Personenwagen · Pkw · Fahrzeug; Gefährt · fahrbarer Untersatz (*scherzh*); Automobil (*veraltend*) + Limousine · Kabrio[lett] ♦ *umg*: Vehikel · Karre[te] · Kutsche (*abwert*); Töfftöff · Benzindroschke · Benzinkutsche · Chausseewanze · Chausseefloh · Moppel (*scherzh*) ♦ *salopp*: Schlitten · Kiste; Ofen · Klapperkiste · Klapperkasten · Nuckelpinne (*abwert*) + Straßenkreuzer; → *auch* Lastkraftwagen, Kabrio[lett] – **2.** gucken wie ein A.: → staunen
Autobahn, die: → Fernverkehrsstraße
Autobahnraststätte, die: Raststätte · Rasthof
Autobauer, der: → Automobilhersteller
Autobiografie, die: Selbstbiografie; → *auch* Lebensbeschreibung, Lebenserinnerungen
Autobus, der: Omnibus · Bus; Autocar · Car (*schweiz*)
Autocar, das: → Autobus
autochthon: → bodenständig
Autodieb, der: Automarder ♦ *umg*: Autoknacker
Autodiebstahl, der: Carjacking · Carnapping ♦ *umg*: Autoklau
Autodroschke, die: → Taxi
Autofahrer, der: → Fahrer
Autogramm, das: → Unterschrift (1)
Autohersteller, der: → Automobilhersteller
Autoklau, der: → Autodiebstahl
Autoknacker, der: → Autodieb
Autokrat, der: → Alleinherrscher
Autokratie, die: → Alleinherrschaft
autokratisch: → herrschsüchtig (1)
Autolenker, der: → Fahrer
Automat, der: wie ein A.: → seelenlos (1)
automatenhaft: → seelenlos (1)
Automatik, die: → Automatikgetriebe
Automatikgetriebe, das: Automatik
Automatisation, die: → Automatisierung

automatisch: 1. → selbsttätig – **2.** → mechanisch
automatisieren: → mechanisieren
Automatisierung, die: Automatisation
Automobil, das: → Auto (1)
Automobilhersteller, der: Autohersteller
♦ *umg*: Autobauer
Automobilist, der: → Fahrer
autonom: → souverän (1)
Autonomie, die: **1.** → Selbstbestimmungsrecht – **2.** → Souveränität (1)
Autonummer, die: polizeiliches Kennzeichen · Kraftfahrzeugnummer
Autopneu, der: → Autoreifen
Autopsie, die: → Obduktion
Autor, der: → Verfasser
Autoreifen, der: Autopneu (*schweiz*); → *auch* Reifen (2)
autorisieren: → bevollmächtigen
autorisiert: → berechtigt
autoritär: → absolut (1)
Autorität, die: **1.** → Ansehen (1) – **2.** → Fachmann (1)
autoritativ: → maßgebend
Autospengler, der: → Kraftfahrzeugschlosser
Autostop, der: per A.: → Anhalter
Autoteilen, das: → Carsharing
Autoteiler, der: → Carsharer
Autotelefon, das: → Handy
Autounfall, der: → Verkehrsunfall
Autounglück, das: → Verkehrsunfall
Avancen (*Pl*): A. machen: → flirten
avancieren: → aufsteigen (2)
Avantgardist, der: → Vorkämpfer
avanti: → vorwärts (1)
Aversion, die: → Abneigung
Avis, der *od.* das: → Ankündigung
avisieren: → ankündigen (I)
Aviso, das: **1.** → Ankündigung – **2.** → Hinweis
Axt, die: wie die A. im Walde: → flegelhaft (1)
Azubi, der: → Lehrling
Azur, der: → Himmel (1)
azurblau: → blau (1)
azurfarben: → blau (1)
azurn: → blau (1)

B

Baalsdienst, der: → Götzendienst
babbeln: → schwatzen (1)
Bäbe, die: → Napfkuchen
Baby, das: **1.** → Säugling – **2.** ein B. erwarten: → schwanger (2)
Bacchanal, das: → Gelage (b)
bacchantisch: → zügellos (1)
Bacchusbruder, der: → Trinkbruder
Bach, der: **1.** ⟨*kleines fließendes Gewässer*⟩ Wasserlauf; Fließ (*landsch*) + Wildbach ♦ *gehoben*: Quell; → *auch* Fluss (1), Rinnsal – **2.** einen B. machen: → austreten (1); den B. hinuntergehen: → scheitern (b)
bachab: b. gehen: → scheitern (b)
Bächlein, das: **1.** → Rinnsal – **2.** ein B. machen: → austreten (1)
Back, der: → Verteidiger
Backe, die: **1.** → Wange – **2.** die beiden Backen: → Gesäß
backen: 1. → braten – **2.** → dörren – **3.** → kleben (1) – **4.** → ballen (II, 1) – **5.** Schliff b.: → Fehler (2)
Backen, der: → Wange
Backenbart, der: → Bart (1)
Backenstreich, der: → Ohrfeige (1)
Backfisch, der: → Mädchen (2)
Background, der: **1.** → Hintergrund (1) – **2.** → Erfahrung (1)
Backhefe, die: → Hefe
Back-Packer-Hotel, das: → Jugendherberge
Backpfeife, die: **1.** → Ohrfeige (1) – **2.** eine B. geben: → ohrfeigen
backpfeifen: → ohrfeigen
Backstein, der: → Ziegelstein
Backwerk, das: → Gebäck
Bad, das: **1.** ⟨*Raum mit Badeeinrichtung*⟩ Badezimmer · Baderaum; Badstube (*veraltend*) + Whirlpool – **2.** ⟨*Ort für Kuraufenthalte*⟩ Heilbad · Badeort + Kurort – **3.** ⟨*das Baden*⟩ Vollbad – **4.** → Badeanstalt – **5.** ein B. nehmen, ins B. gehen/steigen: → baden (1); das Kind mit dem Bade ausschütten: → weit (4)

Badeanstalt, die: Bad · Schwimmbad · Freibad
Badeanzug, der: Badkleid (*schweiz*) + Bikini · Minibikini · Tanga · Ganzteiler · Einteiler · Zweiteiler
baden: 1. ⟨*den Körper zum Reinigen od. Erfrischen ins Wasser tauchen*⟩ ein Bad nehmen · baden gehen · ins Bad/in die Wanne gehen ♦ *umg*: ins Bad/in die Wanne steigen – **2.** b. gehen: **a)** → 1 – **b)** → scheitern (a); den Wurm b.: → angeln (1); zu heiß gebadet: → verrückt (1)
Badeort, der: → Bad (2)
Baderaum, der: → Bad (1)
Badestube, die: → Bad (1)
Badezimmer, das: → Bad (1)
Bad-Job, der: → Niedriglohnjob
Badkleid, das: → Badeanzug
Bafel, der: → Ausschuss (2)
baff: b. sein: → überrascht (2)
bäffen: → bellen (1)
Bafög, das: → Stipendium
Bagage, die: **1.** → Gesindel – **2.** → Gepäck
Bagatelle, die: → Kleinigkeit (1)
bagatellisieren: → verharmlosen
baggern: → ausheben (1)
Baguette[brot], das: Stangenbrot; Pariserbrot (*schweiz*)
bähen: → rösten (1)
Bahn, die: **1.** → Eisenbahn (1) – **2.** → Straßenbahn, Zug (1) – **3.** → Schienenweg – **4.** → Rennstrecke – **5.** die B. ebnen: → fördern (1); sich B. brechen: → durchsetzen (I, 2, a); B. brechen: → durchsetzen (I, 1); auf die schiefe B. geraten/kommen: → verkommen (1); aus der B. kommen/geraten: → abtreiben (1)
bahnbrechend: → umwälzend
Bahnbrecher, der: → Wegbereiter
bahnen: den Weg b.: → fördern (1); sich einen Weg b. |durch|: → durchdrängen, sich
Bahner, der: → Eisenbahner

Bahnsteig, der: Perron (*schweiz*)
Bahnstrecke, die: → Schienenweg
Bahnwärter, der: Schrankenwärter · Streckenwärter
Bahre, die: Tragbahre · Krankenbahre · Trage
Bähschaf, das: → Dummkopf (2)
Bai, die: → ¹Bucht (1)
Baisse, die: → Kursrückgang
Bajazzo, der: → Spaßmacher
Bajonett, das: → Seitengewehr
Bakken, der: → Sprungschanze
Bakschisch, das: → Trinkgeld
Bakterie, die: **1.** ⟨*einzelliges pflanzl. Lebewesen*⟩ Spaltpilz · Bazillus · Bakterium ♦ *umg*: Bazille – **2.** → Krankheitserreger
Bakterium, das: → Bakterie (1)
Balance, die: → Gleichgewicht (1)
Balbier, der: → Friseur
balbieren: 1. → rasieren – **2.** über den Löffel b.: → betrügen (1)
bald: 1. ⟨*in kurzer Zeit*⟩ in Kürze · in Bälde · alsbald · baldigst · demnächst · nächstens · binnen kurzem · in nächster/absehbarer Zeit · dieser Tage · über ein Kleines · im Augenblick · in wenigen Augenblicken; ehebaldigst (*süddt österr amtsspr*); → *auch* früh (1) – **2.** → beinahe – **3.** b. hier, b. dort: → überall (1); bis b.: → Wiedersehen (1)
Bälde: in B.: → bald (1)
baldigst: → bald (1)
baldowern: → nachforschen
Balg: I. Balg, der: **1.** → Fell (1) – **2.** den B. füllen: → ausstopfen; auf den B. rücken: → bedrängen (1) – **II.** Balg, der *od.* das: → Kind (1)
balgen, sich: → raufen (II, 1)
Balgerei, die: → Rauferei
Balken, der: Bohle; Tramen (*süddt*); Tram (*österr*) + Kantholz · Riegel · Sparren; → *auch* Gebälk
Balkenwerk, das: → Gebälk
Balkon, der: **1.** ⟨[*vorspringender*] durch *Brüstung od. dgl. gesicherter Gebäudeteil zum Hinaustreten*⟩ Vorbau · Altan · Söller · Loggia; Austritt (*veraltend*) – **2.** → Brust (I, 2)
¹Ball, der: **1.** ⟨*kugelförmiges Sport- od. Spielgerät*⟩ **a)** ⟨*allgemein*⟩ Spielball – **b)** ⟨*für Ballspiele*⟩ Leder · Kugel (*Sport*) + Fußball – **2.** sich [gegenseitig] die Bälle zuwerfen/zuspielen: → zusammenarbeiten

²Ball, der: → Tanzveranstaltung
Ballast, der: → Fracht
ballen: I. ballen: **1.** ⟨*zu einer Kugel formen*⟩ zusammenballen · zusammenpressen; → *auch* zerknüllen – **2.** die Hände b.: → aufbegehren; die Faust b.: → drohen (1) – **II.** ballen, sich: **1.** ⟨*Klumpen bilden*⟩ sich zusammenballen · [zusammen]backen · sich klumpen – **2.** → ansammeln (II, a)
Ballen, der: → Bündel (1)
Ballerina, die: → Tänzerin
Ballermann, der: **1.** → Pistole (1) – **2.** → Revolver
ballern: 1. → klopfen (1) – **2.** → schießen (1) – **3.** eine b.: → ohrfeigen
Ballesterer, der: → Fußballspieler
Ballett, das: → Tanzgruppe
Balletteuse, die: → Tänzerin
Ballettratte, die: → Tänzerin
Balletttänzerin, die: → Tänzerin
Balletttruppe, die: → Tanzgruppe
Ballon, der: **1.** ⟨*gas- od. luftgefüllter ballartiger Körper*⟩ Luftballon + Freiballon · Fesselballon – **2.** → Kopf (1) – **3.** einen B. kriegen: → erröten (1)
Ballung, die: **1.** → Ansammlung (1) – **2.** → Anhäufung (1)
Balsam, der: → Trost (1)
balsamieren: → einreiben
balsamisch: → aromatisch (1)
Balustrade, die: → Geländer
balzen: → flirten
Bambule, die: → Aufruhr (1)
Bammel, der: → Angst (1)
bammeln: 1. → hängen (I, 1) – **2.** → schlottern (1) – **3.** → schwingen (I, 1)
bamstig: → aufgeschwemmt
banal: → geistlos
Banalität, die: **1.** → Geistlosigkeit – **2.** → Plattheit – **3.** → Geschwätz (1)
Banause, der: **1.** → Spießbürger – **2.** → Kulturbanause
Banausentum, das: → Kulturbarbarei
¹Band: I. Band, das: **1.** → Bindfaden – **2.** → Tonband – **3.** → Beschlag (1) – **4.** → Banderole – **5.** → Bindung (1) – **6.** am laufenden B.: → ununterbrochen; außer Rand und B. sein: → übermütig (2) – **II.** Band, der: **1.** ⟨*Teil eines größeren Druckwerkes*⟩ Buch; Volumen (*fachspr*) – **2.** → Buch (1)
²Band, die: → ¹Kapelle

Bandage

Bandage, die: 1. → Verband (1) – 2. mit harten Bandagen kämpfen: → rücksichtslos (2)

bandagieren: → verbinden (I, 2)

Bande, die: Horde · Meute · Rotte · Rudel · Teufelsbrut (*abwert*) ♦ *umg*: Korona · Gang; Schwefelbande (*abwert*) + Räuberbande ♦ *salopp*: Blase (*abwert*); → *auch* Clique, Gruppe (1)

Bändel, der *od.* das: am B. haben: → beherrschen (I, 1)

Banderole, die: Verschlussstreifen · Band

Bandgerät, das: → Tonbandgerät

bändigen: I. bändigen: 1. → zähmen (I, 1) – 2. → beherrschen (I, 2) – 3. → zügeln (I, 1) – 4. → eindämmen (1) – **II.** bändigen, sich: → beherrschen (II)

Bändigung, die: → Zähmung

Bandit, der: → Verbrecher

Bandoneon, das: → Ziehharmonika

bang: 1. → ängstlich (1) – 2. b. sein/werden: → ängstigen (II, 1)

Bangbüx[e], die: → Feigling

bange: 1. → ängstlich (1) – 2. [angst und] b. sein/werden, b. [zumute] sein/werden: → ängstigen (II, 1)

Bange, die: 1. → Angst (1) – 2. Angst und B. machen: → ängstigen (I)

bangen: b. |um|: → sorgen (II); mit Hangen und Bangen: → Mühe (3)

Bangigkeit, die: → Angst (1)

bänglich: → ängstlich (1)

¹Bank, die: 1. → Sandbank – 2. durch die B.: → durchweg; auf die lange B. schieben: → verzögern (I); auf der B. sitzen: → Reservespieler

²Bank, die: Geldinstitut · Geldhaus · Kreditanstalt · Kreditinstitut + Sparkasse · Gläubigerbank ♦ *umg*: Kasse

Bankbürgschaft, die: → Bürgschaft (1)

Bankeinzug, der: Lastschrifteinzugsverfahren

Banker, der: → Bankfachmann

Bankett, das: → Festessen

Bankfachmann, der: Banker

Bankkonto, das: Konto

Bankmagnat, der: → Geldmann

Banknote, die: Geldschein · Note · Schein ♦ *salopp*: Lappen

Bankomat, der: → Geldautomat

bankrott: → ruiniert (1)

Bankrott, der: 1. ⟨*finanzieller Zusammenbruch*⟩ Unternehmenskonkurs · Konkurs + Gesamtvollstreckung ♦ *salopp*: Firmenpleite · Pleite; → *auch* Zahlungsunfähigkeit – 2. → Zusammenbruch (1) – 3. B. machen/gehen: → Konkurs (2)

Bankrotteur, der: *umg:* Pleitier (*abwert*)

bankrottieren: → Konkurs (2)

Bankschließfach, das: Safe · Schließfach

Bann, der: 1. → Ächtung (1) – 2. in Acht und B. erklären/tun: → ächten (1); in seinen B. ziehen: → interessieren (I)

bannen: 1. → ächten (1) – 2. → beseitigen (1) – 3. → beschwören (1) – 4. auf die Platte/den Film b.: → fotografieren

Banner, das: → Fahne (1)

Bannerträger, der: → Vorkämpfer

bannig: → sehr

Bannkreis, der: → Einflussbereich (2)

Bannware, die: → Schmuggelware

bansen: → aufschichten

bar: 1. ⟨*in Bargeld*⟩ cash – 2. → bloß (1) – 3. → ohne (1) – 4. für bare Münze nehmen: → glauben (1)

Bär, der: 1. → Athlet – 2. einen Bären aufbinden: → belügen

Baracke, die: → Bude (1, a)

Barbar, der: 1. → Gewaltmensch (1) – 2. → Kulturbanause

Barbarei, die: → Kulturbarbarei

barbarisch: → unmenschlich

bärbeißig: → mürrisch

Barbier, der: → Friseur

barbieren: 1. → rasieren – 2. über den Löffel b.: → betrügen (1)

barbusig: → busenfrei

Barde, der: → Dichter (a)

Bärendienst, der: einen B. erweisen: → schaden (1)

Bärenhaut, die: auf die [faulen] B. liegen: → faulenzen (1)

Bärenhäuter, der: → Faulenzer (1)

Bärenhunger, der: → Hunger (1)

bärenstark: → kräftig (1)

barfuß: 1. ⟨*an den Füßen unbekleidet*⟩ barfüßig · bloßfüßig – 2. b. bis an den Hals: → nackt

barfüßig: → barfuß (1)

Bargeld, das: Barmittel (*Pl*) · Barschaft; Kontanten (*kaufm*) ♦ *umg*: + bares Geld · flüssige Gelder · flüssiges Kapital (*kaufm*); → *auch* Geld (1)

bargeldlos: mit/per/durch Scheck · mit Karte · durch Überweisung · unbar

Bargeldraub, der: → Diebstahl (1)

Bauch

barhaupt: → barhäuptig
barhäuptig: ohne Kopfbedeckung / Hut / Mütze ♦ *gehoben:* barhaupt · entblößten Hauptes
Barke, die: → Boot
Barkeeper, der: → Barmann
Barmann, der: → Barkeeper
barmen: 1. → jammern (1) – **2.** → Leid (2)
barmherzig: 1. → mitleidig – **2.** → wohltätig – **3.** → mild[e] (1)
Barmherzigkeit, die: **1.** → Mitleid (1) – **2.** → Wohltätigkeit
Barmittel (*Pl*): → Bargeld
Barras, der: beim B. sein: → Soldat (1)
Barre, die: → Sandbank
Barriere, die: **1.** → Schranke (1) – **2.** → Sperre (1)
Barrikade, die: auf die Barrikaden gehen: → aufbegehren
barsch: schroff · grob · brüsk · harsch · rau · rüde · herrisch · kurz angebunden · raubeinig; hantig (*süddt österr*) ♦ *umg:* [rau]borstig · grobklotzig · raubauzig · massiv · sackgrob ♦ *salopp:* schnauzig ♦ *derb:* saugrob; → *auch* unfreundlich, derb (1)
Barschaft, die: → Bargeld
Barsumme, die: → Betrag
Bart, der: **1.** ⟨*Haarwuchs im Gesicht*⟩ Stoppelbart · Flaum + Schnurrbart · Schnauzbart · Backenbart · Vollbart · Dreitagebart ♦ *umg:* + Schnauzer – **2.** ein langer B.: ⟨*längst Bekanntes*⟩ ein alter Hut / Bart / Witz · aufgewärmter Kohl · 'ne alte / olle Kamelle · alte / olle Kamellen ♦ *umg:* kalter Kaffee; → *auch* Gemeinplatz – **3.** mit B.: → bärtig; in den B. brummen: → murmeln; den B. schaben / scheren: → rasieren; beim B. des Propheten schwören: → schwören (2); sich eins in den B. lachen: → lächeln; einen B. haben: → bekannt (3); um den B. gehen, Honig um den B. schmieren: → schmeicheln (1)
bärtig: bebartet · mit Bart + borstig
Bartkratzer, der: → Friseur
Bartscherer, der: → Friseur
Bartwisch, der: → Handfeger
Barzahlung, die: Cash
Base, die: Cousine · Kusine
Baseballcap, die: → Baseballmütze
Baseballmütze, die: Basecap · Baseballcap
Basecap, die: → Baseballmütze
basieren: b. |auf|: **1.** → beruhen (1, a) – **2.** → herrühren

Basis, die: **1.** → Grundlage (1) – **2.** → Stützpunkt
basisch (*Chem*): alkalisch · laugenhaft · laugenartig
Baskenmütze, die: → Mütze
bass: → sehr
Bass, der: → Bassgeige (1)
Bassgeige, die: **1.** ⟨*Musikinstrument*⟩ Kontrabass · Bass; → *auch* Bratsche, Geige (1) – **2.** ein Aas auf der B.: → Tausendsasa
Bassin, das: → Becken (1)
basta: → genug (2)
Bastard, der: → Mischling
bastardieren: → kreuzen (I, 1)
Bastardierung, die: → Kreuzung (1)
Bastei, die: → Befestigung (2)
Bastion, die: → Befestigung (2)
Bastler, der: Heimwerker · Hobbywerker · Hobbybastler · Hobbyhandwerker ♦ *umg:* Handyman
Bataillon, das: → Truppeneinheit
Batterie, die: → Akkumulator
Batzen, der: **1.** → ¹Klumpen – **2.** → Menge (1)
Bau, der: **1.** ⟨*Ort des Bauens*⟩ Baustelle · Bauplatz ♦ *gehoben:* Baustätte – **2.** ⟨*geplantes Bauwerk*⟩ Bauvorhaben · Bauprojekt · Bauunternehmen · Bauplan – **3.** ⟨*Tierbehausung*⟩ Höhle · Loch; Röhre (*weidm*) – **4.** → Gebäude (1) – **5.** → Wohnung (1) – **6.** → Strafvollzugsanstalt – **7.** → Herstellung – **8.** → Aufbau (1 *u.* 2) – **9.** → Gliederung (1) – **10.** Mann vom B.: → Fachmann (1); vom B. sein: → Fachmann (2); zu B. fahren: → einfahren (1)
Bauart, die: → Baustil
Baubaracke, die: → Bude (1, a)
Baubeginn, der: der erste Spatenstich
Baubude, die: → Bude (1, a)
Bauch, der: **1.** ⟨*Teil des Körpers*⟩ Leib + Unterleib; Abdomen (*med*) ♦ *salopp:* Ranzen; Blunze (*landsch*) ♦ *derb:* Wanst – **2.** → Schmerbauch – **3.** → Magen (1) – **4.** aus dem [hohlen] B.: → frei (3); sich den B. füllen / voll schlagen / voll hauen: → satt (4); einen B. ansetzen / kriegen: → zunehmen (2); auf dem B. liegen / kriechen / rutschen: → kriechen (2); Wut im B. haben: → wütend (3); sich den B. voll ärgern: → ärgern (II, 1); ein Loch in den B. fragen: → ausfragen; auf den B. fallen |mit|: → scheitern (a); einen dicken B. haben: → schwanger (2)

125

bauchen

bauchen, sich: → wölben (II)
Bauchgrimmen, das: → Bauchschmerz (II)
bauchig: I. ⟨*von bauchiger Form*⟩ gebaucht · gewölbt · hochrund – **2.** → dick (1)
Bauchkneipen, das: → Bauchschmerz (II)
Bauchmeinung, die: → Einfall (1)
Bauchschmerz: I. Bauchschmerz, der: → II – **II.** Bauchschmerzen (*Pl*): ⟨[*starke*] *Schmerzen in den Eingeweiden*⟩ Leibschmerz[en] · Bauchschmerz; Leibschneiden · Bauchschneiden · Bauchgrimmen · das Grimmen (*landsch*) ♦ *umg*: Bauchweh · Bauchkneipen · Bauchzwicken · Magenweh ♦ *derb*: Wanstrammeln
Bauchschneiden, das: → Bauchschmerz (II)
Bauchung, die: → Wölbung (1)
Bauchweh, das: → Bauchschmerz (II)
Bauchzwicken, das: → Bauchschmerz (II)
bauen: 1. ⟨*ein Gebäude herstellen*⟩ erbauen · errichten · aufbauen · hochziehen · aufführen · fertig stellen; erstellen (*amtsspr*); → *auch* errichten (1) – **2.** → anfertigen (1), herstellen (1) – **3.** → pflanzen (I, 1) – **4.** → bestellen (4) – **5.** → ablegen (2) – **6.** b. |auf|: → vertrauen; Hütten b.: → bleiben (1); goldene Brücken b.: → entgegenkommen; Häuser b. können |auf|: → zuverlässig (3); eine Sülze b.: → hinfallen; Scheiße / Mist b.: → Fehler (2)
¹Bauer, der: Landwirt; Genossenschaftsbauer (*bes. ehem. DDR*); Landmann · Ackerbauer (*veraltet*) ♦ *dicht*: Ackersmann · Bauersmann ♦ *umg*: Klutenpedder (*norddt scherzh*); → *auch* Farmer, Landwirt (1), Landarbeiter
²Bauer, der *od.* das: → Vogelkäfig
Bäuerchen, das: B. machen: → aufstoßen (1)
Bauerndorf, das: → Dorf (1)
Bauernfang, der: → Betrug (1)
Bauernfängerei, die: → Betrug (1)
Bauerngehöft, das: → Bauernhof
Bauerngut, das: → Bauernhof
Bauernhof, der: Gehöft · Bauerngehöft · Bauerngut · Hof · Wirtschaft · Landwirtschaft ♦ *salopp*: Klitsche (*abwert*); → *auch* Anwesen, Gut (1)
Bauernpfiffigkeit, die: → Schlauheit
bauernschlau: → schlau (1)
Bauernschläue, die: → Schlauheit
Bauernschlauheit, die: → Schlauheit

Bauersmann, der: → ¹Bauer
Bauform, die: → Baustil
Baugerüst, das: → Gerüst (1)
Bauherr, der: + Eigenheimbauer ♦ *umg*: Häuslebauer
Bauhütte, die: → Bude (1, a)
Bauklotz, der: Bauklötze staunen: → staunen (1)
Baukunst, die: Architektur
Baulichkeit, die: → Gebäude (1)
Baum, der: **1.** → Weihnachtsbaum – **2.** gegen den B. fahren: → verderben (2); es ist um auf die Bäume zu klettern: → verzweifeln (2); dafür sorgen, dass die Bäume nicht in den Himmel wachsen: → beschränken
Baumallee, die: → Allee
Baumaterial, das: → Baustoff
Baumeister, der: Architekt
baumeln: 1. → hängen (I, 1) – **2.** → schlottern (1) – **3.** → schwingen (I, 1)
bäumen, sich: → aufbegehren
Baumkrone, die: → Wipfel
baumlang: → groß (2)
Baumring, der: → Jahresring
Baumschule, die: Pflanzschule · Pflanzgarten; Kamp (*Forstw*); → *auch* Pflanzung, Forstgarten
baumstark: → kräftig (1)
Baumstraße, die: → Allee
Baumstrunk, der: → Baumstumpf
Baumstubben, der: → Baumstumpf
Baumstumpf, der: Baumstrunk · Stumpf; Stubben · Baumstubben (*norddt*); Stumpen (*landsch*)
Baumwipfel, der: → Wipfel
Baumwolle, die: Cotton
Bauplan, der: **1.** → Bauzeichnung – **2.** → Bau (2)
Bauplatz, der: → Bau (1)
Bauprojekt, das: → Bau (2)
bäurisch: → ungeschliffen
Bausch, der: in B. und Bogen: **1.** → insgesamt – **2.** → ungefähr (1)
bauschen: I. bauschen: → aufblähen (I, 1) – **II.** bauschen, sich: → aufblähen (II, 1)
Baustätte, die: → Bau (1)
Baustein, der: → Ziegelstein
Baustelle, die: → Bau (1)
Baustil, der: Bauart · Architektur · Bautyp · Bauweise · Bauform
Baustoff, der: Baumaterial
Bautyp, der: → Baustil

beaugapfeln

Bauunternehmen, das: → Bau (2)
Bauvorhaben, das: → Bau (2)
Bauweise, die: → Baustil
Bauwerk, das: → Gebäude (1)
Bauzeichnung, die: Bauplan
bauzen: → bellen (1)
Bazi, der: → Kerl (1)
Bazille, die: → Bakterie (1)
Bazillus, der: 1. → Bakterie – 2. → Krankheitserreger
beabsichtigen: vorhaben · wollen · planen · intendieren · bezwecken · gedenken · zu tun [ge]denken · gewillt sein · die Absicht haben/hegen · sich mit der Absicht/dem Gedanken tragen · mit dem Gedanken umgehen · im Sinn/im Auge haben · im Visier haben · im Schilde führen ♦ *gehoben:* sinnen |auf|; → *auch* ausgehen (8), abzielen, vornehmen (2)
beabsichtigt: → absichtlich
beachten: achten |auf| · Acht geben |auf| · Acht haben |auf| · Aufmerksamkeit/Beachtung schenken/zollen + hören |auf| · zur Kenntnis nehmen; → *auch* berücksichtigen (1), befolgen, beherzigen
beachtenswert: 1. → beachtlich (1) – 2. → erwähnenswert (1)
beachtlich: 1. ⟨*Beachtung fordernd*⟩ beachtenswert · bemerkenswert · anerkennenswert · Achtung gebietend · achtbar ♦ *umg:* anständig · nicht von Pappe · nicht von schlechten Eltern · nicht ohne – 2. → wichtig (1) – 3. → beträchtlich (1) – 4. → sehr – 5. b. sein: ⟨*Beachtung fordern*⟩ ♦ *umg:* [große] Klasse sein · Spitze sein · sich sehen/hören lassen können
Beachtung, die: 1. ⟨*das Auf-etwas-Achten*⟩ Berücksichtigung; → *auch* Aufmerksamkeit (1) – 2. ⟨*das Befolgen*⟩ Einhaltung · Befolgung · Beherzigung ♦ *gehoben:* Beobachtung; → *auch* Erfüllung (1) – 3. B. schenken/zollen: → beachten; keine B. schenken: → ignorieren (1); B. finden: → Aufsehen (2)
Beachvolleyball, der: Strandvolleyball
beackern: 1. → bestellen (4) – 2. → bearbeiten (1 *u.* 2) – 3. → durchforschen (1)
Beamte, der: Staatsdiener · Staatsbedienstete
beamtenhaft: → bürokratisch (1)
Beamtenherrschaft, die: → Bürokratie
beangaben: → anzahlen
beängstigen: → ängstigen (I)

beängstigend: [herz]beklemmend · Furcht einflößend · Furcht erregend + schwül
beanspruchen: 1. ⟨*[zu Recht] haben wollen*⟩ Anspruch erheben |auf| einen Anspruch geltend machen/anmelden |auf| · in Anspruch nehmen · für sich reklamieren + mit Beschlag belegen; → *auch* bestehen (5, a), fordern (1) – 2. ⟨*dem Leistungsvermögen viel abverlangen*⟩ belasten · beschäftigen · herannehmen · mit Beschlag belegen · absorbieren; → *auch* anstrengen (I, 2)
Beanspruchung, die: → Belastung (1)
beanstanden: bemängeln · reklamieren · monieren · aussetzen |an| · Anstoß nehmen |an| · Kritik üben |an|; ausstellen |an| · Ausstellungen machen |an| (*landsch*); beanständen (*österr*) ♦ *gehoben:* Anstand nehmen |an|; → *auch* kritisieren, missbilligen
beanständen: → beanstanden
Beanstandung, die: Bemängelung · Monitum · Reklamation; Anstand (*süddt österr*)
beantragen: einen Antrag stellen; einkommen |um| (*amtsspr*)
bearbeiten: 1. ⟨*durch Arbeit verändern*⟩ behandeln · zurichten · in Arbeit nehmen · in Arbeit haben ♦ *salopp:* beackern – 2. ⟨*jmdn.* [*mit Druckmitteln*] *zu einem bestimmten Zweck zu beeinflussen suchen*⟩ zusetzen · unter Druck setzen · in die Zange nehmen ♦ *umg:* bereden · weich machen · in die Mangel nehmen ♦ *salopp:* beackern · in die Mache nehmen · in der Mache haben; → *auch* bedrängen (1), zwingen (1) – 3. → durchforschen (1) – 4. → einreden (2) – 5. → bestellen (4) – 6. → quälen (I, 1)
Bearbeitung, die: 1. ⟨*Veränderung eines Gegenstandes durch Arbeit*⟩ Behandlung – 2. ⟨*bearbeitetes literar. Werk*⟩ Fassung – 3. → Ausarbeitung
beargwöhnen: → misstrauen
beaufsichtigen: → bewachen (1)
Beaufsichtigung, die: → Aufsicht (1)
beauftragen: anweisen · auftragen · aufgeben · einen Auftrag geben/erteilen · beordern |mit|; kommittieren (*kaufm*); anschaffen (*süddt österr*) ♦ *gehoben:* heißen · verpflichten ♦ *umg:* anheuern · vergattern · verdonnern · anstellen; → *auch* befehlen (I, 1), bevollmächtigen
Beauftragte, der: 1. → Bevollmächtigte – 2. → Funktionär
beaugapfeln: → ansehen (I, 3)

127

beäuge[l]n

beäuge[l]n: I. beäuge[l]n: → ansehen (I, 3)
– **II.** beäuge[l]n, sich: → ansehen (II, 1)
beaugenscheinigen: → ansehen (I, 3)
Beauty-Case, der: → Kosmetikkoffer
Beautyfarm, die: → Schönheitsfarm
beballern: → beschießen
beballert: → verrückt (1)
bebartet: → bärtig
bebauen: → bestellen (4)
Bebauung, die: → Bestellung (2)
Bébé, das: → Kind (1)
beben: 1. ⟨*Erschütterungen wie bei einem
Erdbeben zeigen*⟩ erzittern ♦ *dicht*: aufbe-
ben ♦ *gehoben*: erbeben · schüttern – **2.** →
zittern (1) – **3.** → ängstigen (II, 1) – **4.** b.
|um|: → sorgen (II)
Beben, das: → Erdbeben
bebildern: illustrieren · illuminieren; →
auch ausmalen (1)
Bebilderung, die: Illustration · Bild-
schmuck
bebust: üppig b.: → vollbusig (1)
bechern: → zechen
Becken, das: **1.** ⟨[*großer*] *Wasserbehälter*⟩
Bassin – **2.** → Tal (1)
Beckmesser, der: → Kritiker
Beckmesserei, die: → Kritik (1)
beckmessern: → kritisieren
bedacht: 1. → besonnen (1) – **2.** → wohl
(7) – **3.** b. sein |auf|: → berücksichtigen (1)
Bedacht, der: **1.** → Besonnenheit – **2.**
mit/voll B.: → wohl (7); ohne B.: → un-
überlegt (1); B. nehmen/haben |auf|: →
berücksichtigen (1)
bedächtig: 1. → langsam (1) – **2.** → vor-
sichtig (1) – **3.** → besonnen (1)
Bedächtigkeit, die: → Besonnenheit
bedachtsam: → besonnen (1)
Bedachtsamkeit, die: → Besonnenheit
Bedachung, die: → Dach (1)
bedanken, sich: → danken (1)
Bedarf, der: **1.** ⟨*Notwendigkeit zur Be-
schaffung*⟩ Bedürfnis; → *auch* Kaufinteres-
se – **2.** B. haben |an|: → brauchen (1)
Bedarfsermittlung, die: → Marktforschung
Bedarfsforschung, die: → Marktforschung
Bedarfsgegenstand, der: → Gebrauchs-
gegenstand
Bedarfsgüter (*Pl*): → Gebrauchsgüter
bedauerlich: 1. ⟨*im Verlauf, Ergebnis nicht
günstig*⟩ [jammer]schade – **2.** → bedau-
ernswert – **3.** → unangenehm (1)
bedauerlicherweise: → leider

bedauern: 1. → bemitleiden – **2.** → be-
reuen
Bedauern, das: zu meinem/mit B.: → lei-
der
bedauernswert: arm · beklagenswert · be-
mitleidenswert · bejammernswert · bewei-
nenswert · unglücklich · glücklos · unglück-
selig · bedauerlich · deplorabel
bedecken: I. bedecken: **1.** ⟨*durch eine Hülle
den Blicken entziehen*⟩ zudecken · [ab]de-
cken · überdecken · verdecken · verhängen ·
verhüllen · behängen · überhängen; → *auch*
einhüllen (1), verbergen (I, 1) – **2.** ⟨*mit vie-
len Gegenständen versehen*⟩ belegen ·
bestellen · voll stellen · eindecken ♦ *salopp*:
bepflastern – **3.** → beziehen (I, 2) – **II.** be-
decken, sich: → eintrüben, sich
bedeckt: 1. → bewölkt – **2.** → bewachsen –
3. sich b. halten: → äußern (II, 3)
Bedeckung, die: **1.** ⟨*das Bedecken*⟩ Abde-
ckung · Zudeckung – **2.** → Schutz (2, b) –
3. → Bewachung (1) – **4.** → Dach (1)
bedenken: I. bedenken: **1.** ⟨*einen Teil zu-
kommen lassen*⟩ berücksichtigen · denken
|an| – **2.** → überlegen (I, 1) – **3.** → berück-
sichtigen (1) – **4.** → beschenken – **5.** mit
Ratschlägen b.: → beraten (I, 1); mit Lob b.:
→ loben (1); mit Beifall b.: → beklatschen
(1); zu b. geben: → einwenden – **II.** beden-
ken, sich: **1.** → besinnen, sich – **2.** → be-
unentschlossen (3)
Bedenken, das: **1.** → Sorge (1) – **2.** →
Zweifel (1) – **3.** → Vorbehalt (1) – **4.** ohne
B.: **a)** → anstandslos – **b)** → gewissenlos,
rücksichtslos (1); moralische Bedenken: →
Gewissensbisse (1); Bedenken haben/
tragen: → befürchten
bedenkenlos: 1. → anstandslos – **2.** → ge-
wissenlos, rücksichtslos (1)
Bedenkenlosigkeit, die: → Rücksichtslo-
sigkeit
Bedenkjahr, das: → Gedenkjahr
bedenklich: 1. ⟨*Befürchtungen erweckend*⟩
kritisch · brisant · heikel · zweischneidig ·
nicht geheuer; heiklig (*veraltend*) ♦ *umg*:
brenzlig · mulmig · nicht ganz koscher
♦ *salopp*: [ober]faul (*abwert*); → *auch* Be-
sorgnis (2), ernst (1), gefährlich (1), ver-
dächtig (1) – **2.** → sorgenvoll (1) – **3.** b.
sein: ⟨*zu Befürchtungen Anlass geben*⟩ zu
denken geben; → *auch* unsicher (5, b)
Bedenkzeit, die: + Aufschub; → *auch* Frist
(1)

bedeppert: 1. → hilflos (1) – **2.** → betreten (2)

bedeuten: 1. ⟨einen bestimmten Sinn haben⟩ heißen · die Bedeutung haben · besagen · sagen; → auch ausdrücken (I, 4) – **2.** → andeuten (I, 1) – **3.** etwas b.: → wichtig (3)

bedeutend: 1. → wichtig (1) – **2.** → bedeutungsvoll (1) – **3.** → berühmt (1) – **4.** → beträchtlich (1) – **5.** → umfangreich (1) – **6.** → sehr

bedeutsam: 1. ⟨von ziemlicher Wichtigkeit⟩ bedeutungsvoll · gewichtig · groß · epochal · Epoche machend ♦ gehoben: bedeutungsschwer; → auch wichtig (1), wesentlich, erwähnenswert (1), sensationell – **2.** → bedeutungsvoll (1)

Bedeutsamkeit, die: → Bedeutung (1)

Bedeutung, die: 1. ⟨das Bedeutsamsein⟩ Bedeutsamkeit · Wichtigkeit · Erheblichkeit · Relevanz · Gewicht · Gewichtigkeit · Belang · Wert · Rang · Größe · Würde · Ernst · Schwere · Tiefe · Tragweite – **2.** → Sinn (1) – **3.** von B.: → wichtig (1); von B. sein: → wichtig (3); ohne B.: → bedeutungslos (1); die B. haben: → bedeuten (1); B. beimessen: → betonen (2); ohne / nicht von B. sein: → wichtig (4)

bedeutungsähnlich: → synonym

bedeutungsgleich: → synonym

bedeutungslos: 1. ⟨ohne ersichtl. Sinn⟩ ohne Bedeutung; leerer Schall · Schall und Rauch (abwert) – **2.** → unwichtig (1)

bedeutungsschwer: → bedeutsam (1)

bedeutungsverwandt: → synonym

bedeutungsvoll: 1. ⟨einen besonderen Sinn habend⟩ viel sagend · bedeutsam · bedeutend · inhaltsreich · inhaltsschwer + ausdrucksvoll – **2.** → bedeutsam (1)

bedienen: I. bedienen: **1.** ⟨Handreichungen leisten⟩ besorgen · aufwarten – **2.** ⟨Kunden versorgen⟩ abfertigen (auch abwert); → auch behandeln (2) – **3.** ⟨Gäste in einem Lokal versorgen⟩ bewirten; aufwarten (veraltend); → auch auftischen (1), bewirten (1) – **4.** ⟨den Lauf einer Maschine regeln u. überwachen⟩ handhaben · betätigen · regulieren · steuern · führen; → auch anwenden (1), auslösen (1, a) – **5.** → beliefern (1) – **6.** → beschaffen (1) – **7.** → zuspielen (1) – **8.** die Ängste b.: → ängstigen (I) – **II.** bedienen, sich: **1.** ⟨sich bei Tische versorgen⟩ zulangen · zugreifen · zusprechen · sich nehmen – **2.** → gebrauchen (1)

Bedienerin, die: → Putzfrau

bedienstet: → angestellt

Bedienstete, der: 1. → Angestellte – **2.** → Diener (1)

bedient: b. sein: → überdrüssig (1)

Bedienung, die: 1. ⟨Leistung von Handreichungen⟩ Besorgung · Aufwartung – **2.** ⟨Versorgung der Kunden⟩ Behandlung; Abfertigung (auch abwert) – **3.** ⟨Versorgung der Gäste⟩ Bewirtung; Aufwartung (veraltend); Service (schweiz) – **4.** ⟨Regelung u. Überwachung des Laufes einer Maschine⟩ Handhabung · Betätigung · Regulierung · Steuerung · Führung – **5.** → Kundendienst – **6.** → Kellner – **7.** → Putzfrau – **8.** → Diener (1) – **9.** → Kellnerin

bedingen: 1. → verursachen – **2.** → voraussetzen (1)

bedingt: 1. ⟨nur teilweise zutreffend⟩ beschränkt · relativ · mit Vorbehalt / Einschränkung; → auch verhältnismäßig – **2.** b. |durch|: → abhängig (2)

Bedingtheit, die: Abhängigkeit · Relativität · Determiniertheit

Bedingung: I. Bedingung, die: **1.** → Voraussetzung – **2.** ohne B.: → bedingungslos – **II.** Bedingungen (Pl): → Verhältnis (II, 1)

bedingungslos: vorbehaltlos · uneingeschränkt · unbedingt · ohne Vorbehalt / Einschränkung / Bedingung + auf Gedeih und Verderb

bedrängen: 1. ⟨immer wieder [dringend] um etw. angehen⟩ bestürmen · zusetzen · dringen |in| · einstürmen |auf| · eindringen |auf| · nicht in Ruhe lassen · keine Ruhe geben / lassen + in die Enge treiben · verfolgen ♦ umg: schwer zu schaffen machen · die Hölle heiß machen · auf der Seele / den Nähten knien · auf den Leib rücken · an die Naht gehen · auf dem / im Nacken sitzen · das Haus einlaufen; dremmeln (landsch); benzen · penzen (österr) ♦ salopp: das Haus einrennen · die Bude einlaufen / einrennen · auf die Bude / den Pelz / die Pelle / den Balg rücken; → auch bearbeiten (2), drängen (1), quälen (I, 2), belästigen (1) – **2.** → beschwören (2)

Bedrängnis, die: 1. → Not (1) – **2.** in B. geraten: → Schwierigkeit (2)

bedrängt: → besorgt (1)

bedrecken: I. bedrecken: → beschmutzen (I, 1) – **II.** bedrecken, sich: → beschmutzen (II, 1)

bedripst

bedripst: 1. → niedergeschlagen (1) – **2.** → betreten (2)
bedrohen: 1. ⟨*durch Gewaltankündigung gefügig machen wollen*⟩ terrorisieren + erpressen; → *auch* drohen (1) – **2.** → gefährden (I)
bedrohlich: → gefährlich (1)
bedroht: → unsicher (2)
Bedrohung, die: → Gefahr (1)
bedrücken: 1. ⟨*die innere Unbeschwertheit beeinträchtigen*⟩ belasten · beklemmen · plagen · quälen · drücken · peinigen · beschweren · schmerzen · traurig machen · das Herz abdrücken / abschnüren / abpressen / brechen / zerreißen / schwer machen · auf der Seele brennen; aufliegen (*landsch*) ♦ *umg*: im Magen liegen · an die Nieren gehen – **2.** → Sorge (4)
bedrückend: belastend · deprimierend · niederdrückend · entmutigend · lähmend · niederschmetternd
bedrückt: → besorgt (1)
Bedrücktheit, die: → Niedergeschlagenheit
Bedrückung, die: → Niedergeschlagenheit
bedürfen: → brauchen (1)
Bedürfnis, das: **1.** → Bedarf (1) – **2.** → Verlangen (1) – **3.** [s]ein B. verrichten: → austreten (1 *u.* 2)
bedürfnislos: → bescheiden (I, 1)
Bedürfnislosigkeit, die: → Bescheidenheit
bedürftig: 1. → arm (1) – **2.** b. sein |jmds. / einer Sache|: → brauchen (1)
Bedürftigkeit, die: → Armut (1)
beduseln, sich: → betrinken, sich
beduselt: → benommen (1)
beehren: I. beehren: **1.** → ehren – **2.** → besuchen – **II.** beehren, sich: → erlauben (3)
beeid[ig]en: → schwören (1)
beeilen, sich: eilen · sich sputen · einen Schritt zulegen; sich tummeln (*landsch*) + sich überstürzen ♦ *umg*: sich eilen · sich dazuhalten · sich [d]ranhalten · hinmachen · zumachen · schnell / rasch / fix machen · die Beine unter die Arme nehmen · eine schnellere Gangart einlegen · Gas geben ♦ *salopp*: hinhauen · einen Zahn zulegen; → *auch* abhetzen (II), beschleunigen
beeindrucken: imponieren · wirken · brillieren · glänzen · bestechen · Eindruck machen · Bewunderung hervorrufen; → *auch* wirken (2), ergreifen (3), bezaubern, Aufsehen (2)
beeindruckend: → eindrucksvoll

beeinflussen: 1. ⟨*durch eine bestimmte Aktivität eine Veränderung bewirken*⟩ **a)** ⟨*allgemein*⟩ einwirken · einen Einfluss / eine Wirkung ausüben · Einfluss nehmen |auf| ♦ *gehoben*: indoktrinieren – **b)** → einreden (2) – **2.** ⟨*eine negative Einstellung hervorrufen*⟩ einnehmen |gegen|
Beeinflussung, die: Einwirkung · Suggestion; Einflussnahme (*amtsspr*); → *auch* Einfluss (1)
beeinträchtigen: 1. ⟨*negativ einwirken*⟩ mindern · abträglich sein · Abbruch tun; Abtrag / Eintrag tun (*amtsspr*) – **2.** → herabwürdigen (I)
Beeinträchtigung, die: **1.** ⟨*negative Einwirkung*⟩ Minderung · Schmälerung · Schädigung · Abbruch ♦ *gehoben*: Abtrag; → *auch* Schaden (1) – **2.** → Behinderung (1)
Beelzebub, der: → Teufel (1)
beenden: 1. ⟨*nicht weitermachen, -führen*⟩ [ab]schließen · beschließen · beendigen · einstellen · zu Ende führen / bringen · zum Abschluss bringen · einen Schlusspunkt setzen · einen Schlussstrich ziehen · einen Strich darunter machen · ein Ende herbeiführen / bereiten + aufheben ♦ *gehoben*: vollführen ♦ *umg*: ein Kreuz darunter machen; → *auch* aufhören (1), enden (1, b), erledigen (1) – **2.** → vollenden (I, 1)
beendet: → vollendet (1)
beendigen: → beenden (1)
Beendigung, die: Einstellung · Beendung · Abbruch
Beendung, die: → Beendigung
beengen: 1. ⟨*die [körperliche] Bewegungsfreiheit beeinträchtigen*⟩ einschnüren ♦ *gehoben*: engen – **2.** → beschränken
Beengtheit, die: → Enge (1)
beerdigen: → begraben (1)
Beerdigung, die: → Begräbnis
Beerenlese, die: → Weinlese
befähigen: fähig machen · in die Lage versetzen + vorbereiten · ertüchtigen; → *auch* ausbilden (1)
befähigt: 1. → begabt – **2.** → geeignet (1)
Befähigung, die: **1.** → Begabung (1) – **2.** → Eignung (1)
befahren: 1. ⟨*auf dem Wasser fahren*⟩ durchschiffen ♦ *dicht*: durchpflügen · durchfurchen – **2.** → benutzen (1) – **3.** → erfahren (2)
befallen: → überkommen (1)

befangen: 1. ⟨*von einem Vorurteil beeinflusst sein*⟩ parteiisch · voreingenommen + unsachlich; → *auch* einseitig (1) – 2. → schüchtern

Befangenheit, die: 1. ⟨*Abhängigkeit von einem Vorurteil*⟩ Voreingenommenheit · Eingenommenheit; → *auch* Vorurteil – 2. → Schüchternheit (1)

befassen, sich: sich b. |mit|: → beschäftigen (II, 2)

befehden: I. befehden: 1. → bekämpfen (I, 1 *u.* 2) – 2. einander b.: → bekämpfen (II, 1 *u.* 2) – **II.** befehden, sich: → bekämpfen (II, 1 *u.* 2)

Befehl, der: 1. ⟨*zu befolgende Aufforderung im militär. Bereich*⟩ Auftrag · Weisung; Order (*veraltet*) + Kommando ♦ *gehoben:* Gebot; → *auch* Anordnung (2), Aufforderung (2) – 2. → Befehlsgewalt (1) – 3. den B. haben/führen |über|: → befehligen; [einen] B. geben: → befehlen (I, 1)

befehlen: I. befehlen: 1. ⟨*im militär. Bereich verbindlich auffordern*⟩ [einen] Befehl geben; Order geben/erteilen (*veraltet*) + kommandieren ♦ *gehoben:* gebieten; → *auch* anordnen (2), beauftragen – 2. ⟨*verbindlich an einen Ort rufen*⟩ beordern · bestellen · bescheiden · berufen · zitieren; → *auch* bestellen (2), schicken (I, 2) – 3. → befehligen – 4. → bestimmen (2) – **II.** befehlen, sich: → anvertrauen (II, 1)

befehlerisch: → herrisch (1)

befehligen: kommandieren · befehlen · den Befehl/die Befehlsgewalt haben/führen |über|

Befehlsgewalt, die: 1. ⟨*das Recht zu befehlen*⟩ Befehl · Kommando[gewalt] · Gewalt + Herrschergewalt; → *auch* Herrschaft (1) – 2. die B. haben/führen |über|: → befehligen

Befehlshaber, der: Kommandant · Kommandeur

befeinden: → bekämpfen (I, 2)

befestigen: 1. ⟨*fest mit etw. verbinden*⟩ anbringen · festmachen + anhaken ♦ *umg:* anmontieren · anmachen; → *auch* anbinden (1), anheften (1), annageln, anschnallen (I), anschrauben – 2. → ermutigen

Befestigung, die: 1. ⟨*das Befestigen*⟩ Anbringung – 2. ⟨*zur Verteidigung angelegter Bau*⟩ Befestigungsanlage · Verteidigungsanlage · Bollwerk · Bastion · Bastei · Verschanzung + Schanze · Kastell · Zita-

delle ♦ *gehoben:* Wehr; → *auch* Festung (1)

Befestigungsanlage, die: → Befestigung (2)

befeuchten: → anfeuchten (1)

befeuern: 1. → heizen (1) – 2. → beschießen – 3. → bewerfen (1)

befinden: I. befinden: b. |über|: **a)** → beurteilen (1) – **b)** → Urteil (4); für gut b.: → billigen (1), gutheißen; für schuldig b.: → verurteilen (2) – **II.** befinden, sich: 1. ⟨*von Dingen gesagt: irgendwo seinen Aufenthaltsort haben*⟩ sein · liegen · stehen ♦ *umg:* stecken; abbleiben (*norddt*) – 2. → aufhalten (II, 1) – 3. → fühlen (II, 1) – 4. sich gut b.: → gesund (5); sich auf dem Aussterbeetat b.: → aussterben

Befinden, das: 1. → Gesundheitszustand – 2. nach meinem B.: → Erachten (1)

befingern: → befühlen

beflecken: I. beflecken: 1. → beschmutzen (I, 1) – 2. → entehren (I, 1) – 3. seine Hände mit Blut b.: → morden (1) – **II.** beflecken, sich: → beschmutzen (II, 1)

befleckt: 1. → fleckig (1) – 2. mit Blut b.: → blutig (1)

befleißigen, sich: → bemühen (II, 1)

beflicken: → ausbessern

beflissen: 1. → eifrig (1) – 2. → absichtlich – 3. b. sein: → bemühen (II, 1)

Beflissenheit, die: → Eifer (1)

beflissentlich: 1. → eifrig (1) – 2. → absichtlich

beflügeln: → anregen (1)

befolgen: einhalten · sich halten |an| · sich richten |nach|; → *auch* beachten

Befolgung, die: → Beachtung (2)

befördern: 1. ⟨*an einen Ort bringen*⟩ transportieren · spedieren · frachten · expedieren · schaffen · fahren; verbringen (*amtsspr*) + überführen · fortbringen ♦ *umg:* rollen; verfrachten (*scherzh*) – 2. ⟨*in eine höhere Stellung versetzen*⟩ aufrücken lassen + graduieren ♦ *gehoben:* erheben · erhöhen – 3. befördert werden: → aufsteigen (2); ins Jenseits b.: → töten (I, 1); ins Freie b.: → hinauswerfen (1); vom Leben zum Tode b.: → hinrichten (1)

Beförderung, die: 1. ⟨*das An-einen-Ort-Bringen*⟩ Transport – 2. ⟨*das Versetzen in eine höhere Stellung*⟩ Rangerhöhung ♦ *gehoben:* Erhebung

befrachten: → beladen

befragen

befragen: 1. ⟨*Fragen an mehrere Personen stellen*⟩ umfragen · eine Umfrage halten / veranstalten – **2.** → interviewen – **3.** → fragen (I, 2) – **4.** → verhören (I)
Befragung, die: → Interview (1)
befreien: I. befreien: **1.** ⟨*aus einer Zwangslage retten*⟩ freibekommen · freikämpfen; entsetzen (*milit*) ♦ *umg:* heraushauen · herausholen; → *auch* retten (1) – **2.** ⟨*den Zwang zur Teilnahme aufheben*⟩ freistellen · zurückstellen · dispensieren · entbinden · [seiner Verpflichtung] entheben ♦ *gehoben:* entpflichten; → *auch* beurlauben – **3.** b. |von|: **a)** ⟨*etw. Unangenehmes entfernen*⟩ frei machen |von| · säubern |von| – **b)** → erlassen (1) – **II.** befreien, sich: **1.** ⟨*sich aus einer Zwangslage retten*⟩ sich freikämpfen · [sich] die Freiheit erkämpfen / erobern – **2.** ⟨*sich der geistigen bzw. gesellschaftl. Unterdrückung, Abhängigkeit entledigen*⟩ sich emanzipieren · die Fesseln / Ketten abschütteln / abstreifen / abwerfen / sprengen / zerbrechen / zerreißen · das Joch abschütteln / abstreifen / abwerfen / sprengen / zerbrechen · die Knechtschaft abschütteln / abstreifen / abwerfen – **3.** sich b. |von|: ⟨*sich von etw. Lästigem lösen*⟩ sich frei machen · abschütteln · sich entledigen ♦ *gehoben:* sich entringen · sich entwinden ♦ *umg:* sich loseisen
Befreier, der: → Retter
befreit: 1. → frei (2) – **2.** → froh (1) – **3.** sich b. fühlen: → aufatmen (2)
Befreiung, die: **1.** ⟨*Rettung aus einer Zwangslage*⟩ Errettung · Erlösung; Entsatz (*milit*) – **2.** ⟨*Erringung der geistigen bzw. gesellschaftl. Freiheit*⟩ Emanzipation – **3.** ⟨*Aufhebung der Teilnahmeverpflichtung*⟩ Entbindung · Beurlaubung · Dispens[ation] · Dispensierung · Suspension
Befreiungskampf, der: → Freiheitskampf
befremden: → wundern (I)
Befremden, das: → Verwunderung (1)
befremdend: → merkwürdig
befremdlich: → merkwürdig
befreunden, sich: **1.** ⟨*sich freundschaftlich verbinden*⟩ sich anfreunden · Freundschaft schließen · [gut] Freund werden |mit| · sich kennen lernen · bekannt werden |mit|; → *auch* annähern (II, 1), anschließen (II, 1) – **2.** sich b. |mit|: → anpassen (II, 2)
befreundet: b. sein: ein Herz und eine Seele sein · in Freundschaft verbunden sein

· Freundschaft halten · auf gutem Fuße miteinander stehen; → *auch* kennen (1)
befriedend: → friedensstiftend
befriedigen: I. befriedigen: ⟨*jmds. Erwartungen erfüllen*⟩ zufrieden stellen · Genüge tun / leisten · Genugtuung leisten; genugtun (*veraltend*) ♦ *salopp:* das Maul / den Rachen stopfen – **II.** befriedigen, sich: sich selbst b.: → masturbieren
befriedigend: → annehmbar
befriedigt: → zufrieden (1)
Befriedigung, die: **1.** ⟨*das Befriedigen*⟩ Zufriedenstellung · Genugtuung · Genügen – **2.** → Zufriedenheit
Befriedung, die: → Versöhnung
befristen: terminieren · zeitlich begrenzen · eine Frist setzen
befristet: → befristeter Vertrag / befristete Anstellung: → Zeitvertrag
befruchten: 1. ⟨*Samen- u. Eizelle vereinigen*⟩ besamen – **2.** → anregen (1)
Befruchtung, die: ⟨*Vereinigung von Samen- u. Eizelle*⟩ **a)** ⟨*Tiere*⟩ Besamung – **b)** ⟨*Menschen*⟩ Empfängnis; Konzeption (*med*); → *auch* Begattung (1)
befugen: 1. → bevollmächtigen – **2.** → berechtigen
Befugnis, die: **1.** → Vollmacht (1) – **2.** → Recht (1) – **3.** die B. geben / erteilen: → berechtigen
befugt: → berechtigt
befühlen: anfühlen · betasten · abtasten ♦ *umg:* befingern; → *auch* anfassen (I, 1), tasten (I)
befummeln: 1. → sorgen (I, 1, a) – **2.** → bewerkstelligen – **3.** → anfassen (I, 1)
befürchten: fürchten · Bedenken haben / tragen · Besorgnis hegen · argwöhnen · einen Argwohn haben / hegen; → *auch* ahnen
Befürchtung, die: **1.** → Verdacht (1) – **2.** → Sorge (1)
befürsorgen: → pflegen (I, 1, a)
befürworten: → gutheißen
begaben: b. |mit|: → ausstatten (I, 3)
begabt: hochbegabt · talentiert · talentvoll · befähigt · fähig · intelligent ♦ *gehoben:* [gott]begnadet + vielseitig · kunstfertig; → *auch* genial (1), klug (1)
Begabung, die: **1.** ⟨*geistige od. körperl. Anlage*⟩ Talent · Gabe · Befähigung · Fähigkeit · Eignung + Vielseitigkeit · Kunstfertigkeit ♦ *gehoben:* Begnadung ♦ *umg:* Zeug · Ader; → *auch* Veranlagung, Verstand (1), Auffas-

132

sungsgabe, Klugheit – **2.** ⟨*begabter Mensch*⟩ Talent; → *auch* Genie (1)

begaffen: → anstarren

Begängnis, das: → Begräbnis

begatten: 1. ⟨*von männl. Tieren gesagt: die geschlechtl. Vereinigung vollziehen*⟩ decken · belegen · bespringen · treten · kappen · besamen; beschälen · beschlagen (*fachspr*) – **2.** sich b.: ⟨*die geschlechtl. Vereinigung vollziehen*⟩ **a)** ⟨*Tiere*⟩ sich paaren; kopulieren (*fachspr*); hecken (*landsch*); rammeln · ranzen (*weidm*) – **b)** → koitieren

Begattung, die: **1.** ⟨*von Tieren gesagt: die geschlechtl. Vereinigung*⟩ Paarung; Kopulation · Deckung · Beschälung · Beschlag (*fachspr*) + Zeugung; → *auch* Befruchtung (b) – **2.** → Koitus

begaunern: → betrügen (1)

begeben: I. begeben: → ausgeben (I, 2) – **II.** begeben, sich: **1.** → geschehen (1) – **2.** sich b. |nach / in| : → gehen (8); sich b. |an| : → anfangen (1, a); sich auf den Weg b.: **a)** → weggehen (1) – **b)** → aufbrechen (3) – **c)** → abreisen; sich auf die Reise b.: → abreisen; sich nach Hause / auf den Heimweg b.: → heimgehen (1); sich in Gefahr / in die Höhle des Löwen b.: → gefährden (II)

Begebenheit, die: → Ereignis (1)

Begebnis, das: → Ereignis (1)

begegnen: 1. ⟨*mit jmdm. zusammentreffen*⟩ treffen · jmds. Weg kreuzen ♦ *umg:* in die Arme / den Weg laufen · über den Weg laufen ♦ *salopp:* in die Arme / den Weg rennen – **2.** → vorfinden – **3.** → vorkommen (1) – **4.** → zustoßen (1) – **5.** sich b.: → treffen (II, 1)

Begegnung, die: **1.** → Zusammenkunft – **2.** → Wettkampf

begehen: 1. → betreten (1) – **2.** → abgehen (1) – **3.** → benutzen (1) – **4.** → verüben (1) – **5.** Selbstmord / Suizid b.: → Selbstmord (2); einen Mord b.: → morden (1); einen Diebstahl b.: → stehlen (1); Ehebruch b.: → betrügen (2, a)

Begehr, das: → Verlangen (1)

begehren: → Verlangen (4), fordern (1)

Begehren, das: → Verlangen (1)

begehrenswert: 1. → anziehend (1) – **2.** → erstrebenswert

begehrlich: → lüstern (1)

Begehrlichkeit, die: → Verlangen (1)

begehrt: 1. → beliebt (1) – **2.** b. sein: ⟨*sehr gern gekauft werden*⟩ *umg:* reißend abgehen · abgehen / weggehen wie warme Semmeln

begeifern: → verleumden (1), durchhecheln

begeistern: I. begeistern: ⟨*emotional sehr für etw., jmdn. einnehmen*⟩ mitreißen · hinreißen · fortreißen · entflammen · berauschen · entzünden · entzücken · in Begeisterung bringen / versetzen · antörnen · mit Begeisterung erfüllen · das Blut in Wallung bringen ♦ *gehoben:* enthusiasmieren + trunken machen; → *auch* anregen (1) – **II.** begeistern, sich: ⟨*emotional sehr für etw., jmdn. eingenommen werden*⟩ Begeisterung fühlen / empfinden · in Begeisterung geraten · Feuer fangen ♦ *gehoben:* erglühen ♦ *umg:* sich erwärmen |für|

begeistert: 1. ⟨*emotional sehr für etw., jmdn. eingenommen*⟩ hingerissen · entflammt · berauscht · enthusiastisch · ekstatisch · euphorisch · entzückt · verzückt ♦ *gehoben:* dithyrambisch + trunken; → *auch* schwärmerisch (1), schwungvoll – **2.** b. sein: ⟨*emotional sehr für etw., jmdn. eingenommen sein*⟩ Feuer und Flamme sein · ♦ *umg:* ganz alle sein · abfahren |auf| · ganz weg sein · hin sein

Begeisterung, die: **1.** ⟨*starkes emotionales Eingenommensein*⟩ Entzücken · Verzücktheit · Verzückung · Entzückung · Enthusiasmus · Ekstase · Rausch · Glut · Feuer · Elan; Hurrastimmung (*abwert*); → *auch* Freude (1), Schwärmerei (1), Schwung (1), Leidenschaft – **2.** in B. bringen / versetzen, mit B. erfüllen: → begeistern (I); B. fühlen / empfinden, in B. geraten: → begeistern (II)

Begier, die: **1.** → Verlangen (1) – **2.** → Lüsternheit

Begierde, die: **1.** → Verlangen (1) – **2.** → Lüsternheit

begierig: 1. → neugierig (1) – **2.** → lüstern (1)

begießen: 1. ⟨*durch Gießen mit Flüssigkeit versehen*⟩ gießen · sprengen · übergießen · überschütten + angießen; wässern (*veraltend*) – **2.** sich die Nase b.: → betrinken, sich

Beginn, der: **1.** ⟨*das Einsetzen eines Zustandes, eines Geschehens*⟩ Anfang · Anbruch · Auftakt · Eintritt · Startschuss · Ausbruch; Einsatz (*Mus*) + Eingang · Einzug · das Herannahen ♦ *gehoben:* Anbeginn; → *auch* Start (2), Ursprung (1) – **2.** ⟨*erstes Einsetzen mit einem Tun*⟩ Aufnahme · Inangriffnahme + Antritt; → *auch* Eröffnung (1)

beginnen: 1. → anfangen (1, a u. b) – **2.** → tun (1) – **3.** ein neues Leben b.: → bessern (II, 1)

Beginnen

Beginnen, das: → Unternehmung (1)
beglänzen: → beleuchten (1)
beglaubigen: 1. ⟨*amtl. bestätigen*⟩ bestätigen · legitimieren · legalisieren; konsignieren (*Wirtsch*) + zulassen · akkreditieren – **2.** → bescheinigen
beglaubigt: → bestätigt
Beglaubigung, die: **1.** → Bestätigung (1) – **2.** → Bescheinigung (1)
Beglaubigungsschreiben, das: Akkreditiv
begleichen: 1. → tilgen (1) – **2.** → bereinigen (1) – **3.** → bezahlen (2) – **4.** eine alte Rechnung b.: → vergelten (1)
Begleichung, die: **1.** → Bezahlung (1) – **2.** → Bereinigung (1)
begleiten: geleiten · das Geleit geben · mitgehen · mitkommen + Gesellschaft leisten · heimbringen · heimbegleiten · nach Hause bringen ♦ *umg*: bringen + heimschaffen; → *auch* anschließen (II, 1), führen (1)
Begleiter, der: **1.** ⟨*mitgehende Person*⟩ Weggenosse · Weggefährte · Begleitung; Trabant (*veraltend*); Satellit (*abwert*) ♦ *gehoben*: Geleiter ♦ *umg*: [ständiger] Schatten; → *auch* Leibwächter – **2.** ⟨*mit einem Liebespaar gehende Person*⟩ Tugendwächter (*scherzh*) ♦ *umg*: Aufpasser; Elefant (*scherzh*) ♦ *salopp*: Anstandswauwau (*scherzh*)
Begleiterin, die: → Flugbegleiterin
Begleitung, die: **1.** ⟨*mitgehende Personen*⟩ Gefolge · Geleit · Eskorte · Entourage · Gefolgschaft; Suite (*veraltet*) + Gesellschaft – **2.** → Begleiter (1)
beglotzen: → anstarren
beglücken: 1. → erfreuen (I) – **2.** → beschenken
Beglückung, die: → Freude (1)
beglückwünschen: gratulieren · Glück wünschen · seinen Glückwunsch/seine Glückwünsche abstatten/aussprechen/darbringen/überbringen
begnadet: → begabt
begnadigen: amnestieren · die Strafe erlassen; → *auch* verzeihen
Begnadigung, die: → Straferlass
Begnadung, die: → Begabung (1)
begnügen, sich: **1.** ⟨*mit wenig genug haben*⟩ sich zufrieden geben · sich bescheiden · zufrieden sein · vorlieb nehmen · fürlieb nehmen – **2.** → abfinden (II, 2)
begönnern: → bevorzugen
begossen: wie ein begossener Pudel: **a)** → beschämt – **b)** → betreten (2)

begraben: 1. ⟨*einen Toten ins Grab legen*⟩ beerdigen · bestatten · beisetzen · unter die Erde bringen · zu Grabe tragen ♦ *gehoben*: der Erde übergeben · zur letzten Ruhe betten · [die sterblichen Überreste] der Erde anvertrauen – **2.** → verschütten (1) – **3.** → aufgeben (3) – **4.** → vergessen (I, 3) – **5.** → bewahren (1) – **6.** das Kriegsbeil b.: → versöhnen (II)
Begräbnis, das: Beerdigung · Bestattung · Beisetzung ♦ *gehoben*: Leichenbegängnis · Begängnis; → *auch* Trauerfeier, Einäscherung
begreifen: 1. → verstehen (I, 2) – **2.** schwer/langsam b.: → begriffsstutzig (2); nicht b.: → erklären (I, 4)
begreiflich: 1. → verständlich (2) – **2.** b. machen: → erklären (I, 1)
begrenzen: 1. ⟨*mit einer Grenze versehen*⟩ abgrenzen · abstecken · abzäunen · abpfählen · abpflöcken + lokalisieren · abtreten – **2.** → beschränken – **3.** zeitlich b.: → befristen
begrenzt: → beschränkt (1)
Begrenztheit, die: → Beschränktheit (1)
Begrenzung, die: **1.** → Grenze (1, a) – **2.** → Beschränkung (1)
Begriff, der: **1.** ⟨*gedankl. Widerspiegelung*⟩ + Kategorie · Größe – **2.** → Vorstellung (2) – **3.** → Wort (1) – **4.** im B. sein: ⟨*zu tun beginnen*⟩ *umg*: drauf und dran sein; → *auch* anfangen (1, a) – **5.** schwer/langsam von B.: → begriffsstutzig (1); sich einen B. machen |von|: → vorstellen (I, 3)
begriffen: b. sein |in|: → beschäftigen (II, 2); im Wachstum b. sein: → wachsen (1); in [voller] Auflösung b. sein: → zerfallen (2); im Rückgang b. sein: → nachlassen (1)
begrifflich: begriffsmäßig · ideell
begriffsmäßig: → begrifflich
begriffsstutzig: 1. ⟨[*zu*] *langsam begreifend*⟩ *umg*: schwer/langsam von Begriff ♦ *salopp*: schwer von Kapee; → *auch* schwerfällig (2) – **2.** b. sein: ⟨*nicht schnell* [*genug*] *begreifen können*⟩ schwer/langsam begreifen/auffassen/verstehen ♦ *umg*: langsam schalten · eine lange Leitung haben ♦ *salopp*: schwer mitkriegen · Fehlzündung haben · auf der Leitung/auf dem Schlauch stehen · einen Knoten in der Leitung haben · Ladehemmung haben
Begriffsvermögen, das: → Auffassungsgabe

begründen: 1. ⟨*Gründe anführen*⟩ motivieren; → *auch* beweisen (1) – **2.** → gründen (I, 1) – **3.** begründet sein |in| : → herrühren
Begründer, der: → Gründer
begründet: → durchdacht
begründeterweise: → Recht (6)
Begründung, die: **1.** ⟨*Anführung von Gründen*⟩ Argumentation · Beweisführung + Fundierung; → *auch* Beweis (1) – **2.** ⟨*angeführter Grund*⟩ Argument · Beweisgrund – **3.** → Gründung (1)
begrüßen: 1. → willkommen (2) – **2.** → gutheißen
begrüßenswert: → willkommen (1)
begucken: I. [sich] b.: → ansehen (I, 3) – **II.** begucken, sich: **1.** → ansehen (II, 1) – **2.** sich von innen b.: → schlafen (1, a)
begünstigen: 1. → fördern (1) – **2.** → bevorzugen
begutachten: → beurteilen (1)
Begutachtung, die: → Beurteilung
begütert: 1. → reich (5) – **2.** reich b.: → reich (5)
begütigen: → beruhigen (1)
Begütigung, die: → Beruhigung (1)
Behaarung, die: → Haarwuchs
behäbig: 1. → langsam (1) – **2.** → reich (1)
behacken: 1. → anhacken (1) – **2.** → betrügen (1)
behaften: → belangen (1)
behagen: 1. ⟨*als zusagend empfinden*⟩ zusagen · angenehm / sympathisch / recht sein; → *auch* gelegen (2) – **2.** → gefallen (1)
Behagen, das: → Zufriedenheit
behaglich: → gemütlich
Behaglichkeit, die: **1.** → Bequemlichkeit (1) – **2.** → Gemütlichkeit (1)
behalten: 1. ⟨*nicht auf sein Besitzrecht verzichten*⟩ zurück[be]halten · einbehalten · nicht aus der Hand geben – **2.** → bewahren (1) – **3.** → merken (4) – **4.** → beibehalten (1) – **5.** bei sich / hier b.: → zurückhalten (I, 1); für sich b.: → verschweigen; die Oberhand b.: → siegen; im Auge b.: → bewachen (1); die Zügel in der Hand b.: → behaupten (II, 1); die Nerven / seine Fassung / den Verstand / einen kühlen / klaren Kopf / kaltes / ruhig Blut / die fünf Sinne beieinander / die Selbstbeherrschung / die Herrschaft über sich [selbst] b.: → beherrschen (II)
behämmert: 1. → dumm (1) – **2.** → verrückt (1)
behände: 1. → flink (1) – **2.** → gewandt (1)

behandeln: 1. ⟨*im Umgang mit anderen ein bestimmtes Verhalten zeigen*⟩ umgehen |mit| · verfahren |mit| ♦ *umg:* anpacken · umspringen |mit| – **2.** ⟨*ärztl. Hilfe angedeihen lassen*⟩ beistehen · betreuen ♦ *umg:* verarzten; → *auch* bedienen (I, 2) – **3.** ⟨*auf eine Krankheit einwirken*⟩ bekämpfen; → *auch* heilen (1) – **4.** ⟨*ein Thema haben*⟩ handeln |von| · handeln |über| · zum Gegenstand / Inhalt haben – **5.** ⟨*einen Stoff darlegen u. darüber sprechen*⟩ besprechen · durchnehmen · durchsprechen ♦ *umg:* drannehmen (*schülerspr*) ♦ *salopp:* durchkauen (*abwert*); → *auch* erörtern – **6.** → bearbeiten (1) – **7.** → darlegen – **8.** wie Luft b.: → ignorieren (1); mit Auszeichnung b.: → auszeichnen (I, 3)
Behändigkeit, die: → Flinkheit (1)
Behandlung, die: **1.** ⟨*ärztl. Einwirken auf einen Kranken*⟩ Therapie · Behandlungsmethode · Heilbehandlung · Betreuung – **2.** ⟨*ärztl. Einwirken auf eine Krankheit*⟩ Bekämpfung · Heilbehandlung · Heilung – **3.** ⟨*Darlegung im Unterricht*⟩ Durchnahme – **4.** → Bearbeitung (1) – **5.** → Darlegung (1) – **6.** → Bedienung (2)
Behandlungsmethode, die: → Behandlung (1)
behängen: → bedecken (I, 1)
beharken: I. beharken: → beschießen – **II.** beharken, sich: → bekämpfen (II, 2)
beharren: 1. beharren |auf / bei| : ⟨*sich durch nichts ins Schwanken bringen lassen*⟩ festbleiben · standhaft bleiben · nicht nachgeben · nicht [um ein Haar] abgehen |von| · sich nicht abbringen / beirren / irremachen lassen; → *auch* aushalten (2), festbleiben (1) – **2.** b. |auf| : **a)** → behaupten (I, 1) – **b)** → bestehen (5, a) – **c)** → 1
beharrlich: 1. ⟨*nicht nachgebend*⟩ ausdauernd · geduldig · zäh · hartnäckig · geradlinig · stetig · unentwegt · unermüdlich · unverdrossen · unbeirrbar · unbeirrt · konsequent · insistent · persistent ♦ *umg:* stur (*abwert*); → *auch* strebsam, zielstrebig, verbissen – **2.** b. sein: → aushalten (2)
Beharrlichkeit, die: Ausdauer · Geduld · Zähheit · Hartnäckigkeit · Geradlinigkeit · Stetigkeit · Unermüdlichkeit · Beharrung · Konsequenz · Insistenz · Persistenz + Zielstrebigkeit ♦ *umg:* Sturheit (*abwert*); → *auch* Beständigkeit (2)
Beharrung, die: → Beharrlichkeit

behauchen

behauchen: 1. ⟨*mit Hauchlaut aussprechen*⟩ aspirieren (*Phon*) – **2.** → anblasen (1)
behaupten: I. behaupten: **1.** ⟨*eine Meinung unerschütterlich vertreten*⟩ beteuern · sagen · die Behauptung aufstellen · beharren │auf│ · bestehen │auf│ · dabei bleiben; → *auch* betonen (2), versichern (I) – **2.** wie behauptet wird: → angeblich – **II.** behaupten, sich: **1.** ⟨*in schwieriger Lage nicht versagen od. nachgeben*⟩ bestehen · sich [im Sattel] halten · sich oben halten · die Zügel in der Hand behalten; → *auch* bewähren, sich – **2.** → durchsetzen (I, 2, a)
Behauptung, die: **1.** → Lehre (1) – **2.** die B. aufstellen: → behaupten (I, 1)
behausen: → beherbergen
Behausung, die: **1.** → Unterkunft (1) – **2.** → Wohnung (1)
beheben: 1. → beseitigen (1) – **2.** → abheben (I, 1) – **3.** den Schaden b.: → reparieren
Behebung, die: → Beseitigung
beheimatet: 1. → ansässig (1) – **2.** b. sein: → wohnen (1)
beheizen: → heizen (1)
Behelf, der: **1.** ⟨*vorläufige Hilfe, notdürftiger Ersatz*⟩ Notbehelf · Notlösung · Verlegenheitslösung · Provisorium; → *auch* Übergangslösung – **2.** → Vorwand
behelfen, sich: → zurechtkommen (2)
behelfsmäßig: provisorisch · notdürftig · recht und schlecht · subsidiär ♦ *umg*: auf die Schnelle
behelligen: → belästigen (1)
Behelligung, die: → Belästigung (1)
beherbergen: aufnehmen · unterbringen · Aufnahme/Unterkunft/Obdach/Asyl gewähren/bieten · Obdach/Quartier geben; logieren (*schweiz*) ♦ *gehoben*: behausen
beherrschen: I. beherrschen: **1.** ⟨*über jmdn., etw. seine Macht ausüben*⟩ in der Gewalt/Hand haben · Gewalt haben │über│ · dominieren ♦ *umg*: am Gängelband haben/führen · unter der/seiner Fuchtel haben · am Bändel haben + unter dem Pantoffel haben ♦ *salopp*: an der Leine haben; → *auch* bestimmmen (2) – **2.** ⟨*die Gefühle, sein Tun unter Kontrolle behalten*⟩ zügeln · bezähmen · beherrschen · bändigen – **3.** ⟨*jmds. Psyche völlig beeinflussen*⟩ erfüllen · ausfüllen + beherrscht sein │von│ ♦ *gehoben*: durchwalten – **4.** ⟨*erlernt ha-*

ben⟩ [gut] können · verstehen · meistern · sich verstehen │auf│ · seine Sache/sein Handwerk verstehen · im Griff haben · mächtig sein │einer Sache│ · firm sein │in│ · eine Ahnung haben │von│ · etw. verstehen │von│ ♦ *umg*: draufhaben · den/seinen Handel verstehen · auf der Latte haben · den richtigen Griff heraushaben ♦ *salopp*: den Pfiff kennen · den Bogen/Dreh/Pfiff heraushaben – **II.** beherrschen, sich: ⟨*sich trotz entgegenwirkender Einflüsse diszipliniert zeigen*⟩ sich zusammennehmen · sich [be]zähmen · sich bezwingen · sich zügeln · sich zurückhalten · an sich halten · sich bändigen · sich überwinden · sich mäßigen · sich nichts anmerken lassen · sich Zügel anlegen · sich im Zaum halten · sich in der Gewalt haben · keine Miene verziehen · kalt/gefasst/gelassen bleiben · sich Gewalt/Zwang antun · das/sein Gesicht wahren · Herr seiner selbst/über sich selbst sein/bleiben · sich in Schranken halten · die Nerven/seine Fassung behalten · Nerven zeigen · cool bleiben · einen kühlen/klaren Kopf/kaltes/ruhig Blut/die Selbstbeherrschung/die Herrschaft über sich [selbst] behalten/bewahren ♦ *umg*: sich zusammenreißen · sich zusammenraffen · die fünf Sinne zusammen[be]halten/beieinander behalten · den Verstand behalten; → *auch* fassen (II, 1)
beherrscht: 1. ⟨*sich selbst in der Gewalt habend*⟩ diszipliniert · besonnen · gefasst + [ab]gemessen, gehalten (*veraltend*); → *auch* besonnen (1), gelassen (1) – **2.** b. sein │von│: → beherrschen (I, 3)
Beherrschtheit, die: → Beherrschung (1)
Beherrschung, die: **1.** ⟨*das Sich-in-der-Gewalt-Haben*⟩ Beherrschtheit · Gefasstheit · Haltung · Fassung · Ruhe · Mäßigung; → *auch* Besonnenheit, Gelassenheit, Selbstbeherrschung (1) – **2.** die B. verlieren: **a)** ⟨*nicht mehr zu überlegtem Handeln fähig sein*⟩ die Selbstbeherrschung/Fassung/die Nerven verlieren · die Nerven liegen blank · sich selbst nicht mehr kennen · nicht mehr Herr seiner Sinne sein · jmdm. gehen die Pferde durch · die Herrschaft über sich verlieren · seiner nicht mehr mächtig sein ♦ *umg*: den Kopf verlieren ♦ *salopp*: ausflippen · ausrasten · durchdrehen · durchknallen · einen Rappel kriegen; → *auch* aufregen (II) – **b)** → aufbrausen (2)

136

beherzigen: annehmen · sich zu Herzen nehmen; → *auch* beachten

Beherzigung, die: → Beachtung (2)

beherzt: → mutig (1)

Beherztheit, die: → Mut (1)

behilflich: b. sein: → helfen (1)

behindern: 1. ⟨*beeinträchtigend einwirken*⟩ hinderlich sein · einen Hemmschuh anlegen · Schwierigkeiten machen/bereiten · Steine/Hindernisse/Schwierigkeiten in den Weg legen ♦ *umg:* einen Knüppel zwischen die Beine werfen; → *auch* erschweren – **2.** → hemmen (1)

behindert: schwer b.: körperbehindert · versehrt; invalid[e] · schwer beschädigt (*veraltend*); → *auch* gebrechlich, verkrüppelt, erwerbsunfähig, dienstunfähig

Behinderung, die: **1.** ⟨*beeinträchtigende Einwirkung*⟩ Hinderung · Beeinträchtigung · Handikap; → *auch* Hemmschuh (2) – **2.** → Hindernis (1)

behorchen: → abhören (1)

Behörde, die: **1.** ⟨*kommunale bzw. staatl. Dienststelle*⟩ Administration · Amt · Dienststelle + Instanz – **2.** → Dienststelle (1)

Behördendschungel, der: → Bürokratie

Behördenweg, der: → Dienstweg

Behördenwillkür, die: Satrapenwirtschaft; → *auch* Bürokratie

behördlich: → amtlich (1)

Behuf, der: zu diesem/dem B.: → zwecks

behum[p]sen: → betrügen (1)

behüten: 1. → schützen (I, 1) – **2.** → bewahren (1) – **3.** behüt dich Gott: → Wiedersehen (1)

behutsam: vorsichtig · sacht[e] · schonungsvoll · doucement; → *auch* sanft, schonend (1)

bei: 1. → an (1) – **2.** → neben (1) – **3.** bei weitem: → weitaus; bei sich haben/führen: → mit (4)

beibehalten: 1. ⟨*weiter in gleicher Weise verfahren*⟩ aufrechterhalten · bewahren · behalten · nicht aufgeben · bleiben |bei| · beibleiben · festhalten |an| · nicht abgehen |von| + einhalten – **2.** → bewahren (2)

Beibehaltung, die: Aufrechterhaltung · Bewahrung

beibiegen: → beibringen (1)

Beiblatt, das: → Beilage (1)

beibleiben: 1. → fortfahren (1), beibehalten (1) – **2.** → andauern

beibringen: 1. ⟨*vorsichtig mitteilen*⟩ zu verstehen geben · durch die Blume sagen ♦ *salopp:* beibiegen; → *auch* raten (1), mitteilen (I), andeuten (I, 1) – **2.** → unterrichten (2) – **3.** → zufügen (1) – **4.** → anführen (1) – **5.** → beschaffen (1) – **6.** eine Verletzung/Wunde b.: → verletzen (I, 1); die Flötentöne b.: → zurechtweisen; Schliff b.: → erziehen

Beichte, die: **1.** → Geständnis (1) – **2.** die B. ablegen: → beichten (1); eine B. ablegen: → gestehen (1)

beichten: 1. ⟨*in der kathol. Kirche: dem Geistlichen seine Sünden nennen*⟩ die Beichte ablegen · seine Schuld/seine Sünden bekennen/gestehen – **2.** → gestehen (1)

beide: 1. ⟨*für Substantive*⟩ alle beide · alle zwei · die beiden · die zwei – **2.** ⟨*in Verbindung mit Substantiven*⟩ zwei – **3.** alle b., die beiden: → 1; die beiden Backen: → Gesäß; auf beiden Seiten: → beiderseits

beiderseits: auf beiden Seiten · hüben und/wie drüben; beidseits (*schweiz*)

beidseits: → beiderseits

beieinander: beisammen · zusammen · nebeneinander

Beifahrer, der: Sozius[fahrer]

Beifall, der: **1.** ⟨*zustimmende Gefühlsäußerung*⟩ Applaus · das Klatschen · das Beifallklatschen · das Händeklatschen · Ovation · Standingovations (*Pl*) · Akklamation ♦ *umg:* Geklatsche + Getrampel; → *auch* Jubel – **2.** → Anerkennung (1) – **3.** B. klatschen/spenden/bekunden: → klatschen (1); B. zollen: → anerkennen (1); B. finden: → gefallen (1); mit B. bedenken: → beklatschen (1)

beifällig: → bejahend

Beifallklatschen, das: → Beifall (1)

beifallswürdig: → lobenswert

beifügen: 1. → beigeben (1) – **2.** → beimischen

Beigabe, die: → Zugabe

beige: → gelb (1)

beigeben: 1. ⟨*ein Schriftstück als Anlage zufügen*⟩ beifügen · beilegen · anfügen · anschließen · anreihen · dazutun · hinzufügen · zulegen · beiordnen · anheften · beiheften; beischließen · beistellen (*österr*) – **2.** → beimischen – **3.** → beigesellen (I) – **4.** klein b.: → nachgeben (1)

beigefügt: → beiliegend

beigehen: → anfangen (1, a)

beigelegt: → beiliegend

beigen

beigen: → schichten
beigeschlossen: → beiliegend
beigesellen: I. beigesellen: ⟨jmdn. [als Hilfe] zur Verfügung stellen⟩ beigeben · zugesellen · zuordnen · beiordnen; beistellen (österr) – **II.** beigesellen, sich: → anschließen (II, 1)
Beiheft, das: → Beilage (1)
beiheften: 1. → anheften (1) – **2.** → beigeben (1)
Beihilfe, die: **1.** → Unterstützung (2) – **2.** → Hilfe (1) – **3.** → Subvention
Beiköchin, die: → Köchin
beikommen: 1. → meistern – **2.** → anfangen (1, a) – **3.** nicht b. können: → schaden (4)
Beil, das: durch das B. hinrichten: → enthaupten
Beilage, die: **1.** ⟨beigelegtes Druckerzeugnis od. Schriftstück⟩ Beiblatt · Beiheft · das Inliegende · Anlage · Einlage; Beischluss (kaufm) – **2.** → Anhang (1) – **3.** → Zugabe – **4.** in der/als B.: → beiliegend
beiläufig: 1. ⟨als nebensächlich bzw. unwichtig geltend⟩ nebenbei · nebenher · am Rande · en passant · parenthetisch · in Parenthese – **2.** → ungefähr (1)
beilegen: 1. → bereinigen (1) – **2.** → beigeben (1) – **3.** sich b.: ⟨einen Namen usw. für sich [unberechtigt] in Anspruch nehmen⟩ annehmen · sich zuschreiben ♦ umg: sich zulegen
Beilegung, die: → Bereinigung (1)
beileibe: 1. → wahrhaftig – **2.** b. nicht: → keineswegs
Beileid, das: sein B. ausdrücken/aussprechen/bezeigen/bekunden: kondolieren
beiliegend: anliegend · beigelegt · beigefügt · beigeschlossen · anbei · in der/als Beilage/Anlage; einliegend · inliegend (amtsspr)
beimachen, sich: → anfangen (1, a)
Beimann, der: → Gehilfe
beimengen: → beimischen
beimessen: 1. → zuschreiben (1) – **2.** Wert/Bedeutung/Wichtigkeit b.: → betonen (2)
beimischen: beimengen · beigeben · beifügen · zusetzen · einmischen + einrühren
Bein: I. Bein, das: **1.** → Hosenbein – **2.** Klotz am B.: → Hemmschuh (2); von einem B. aufs andere treten: → ungeduldig (1); ein B. stellen: → hereinlegen (1), schaden (1);

ans B. pinkeln: → kränken; ans B. binden: → verlieren (I, 2); mit einem B. im Grabe stehen: → todkrank (2); durch Mark und B. gehen: **a)** → schmerzen (1) – **b)** → ergreifen (3); Stein und B. schwören: → schwören (2); Stein und B. frieren: → frieren (2) – **II.** Beine (Pl): **1.** ⟨menschl. Gliedmaßen⟩ umg: Fahrgestell · Untergestell · Spazierhölzer (scherzh) ♦ salopp: Stelzen · Krücken · Gräten ♦ derb: Kackstelzen – **2.** → Fuß (II, 1) – **3.** mit gespreizten/gegrätschten Beinen: → breitbeinig; auf die B. helfen: → aufhelfen (1); auf den Beinen: → unterwegs; auf den Beinen sein: → tätig (1, a); sich auf die B. machen: → aufbrechen (3); sich die B. vertreten: → spazieren (2); lange B. machen: → fliehen (1); B. machen: **a)** → antreiben (2) – **b)** → vertreiben (1); sich die B. ablaufen |nach|: → suchen (1); sich die B. ablaufen: → bemühen (II, 1); die B. unter die Arme nehmen: → beeilen, sich; [wieder] auf die B. kommen: → erholen, sich (1), gesund (6); wieder auf die B. bringen/helfen: → heilen (1); sich nicht mehr auf den Beinen halten können: → müde (2); auf wackligen Beinen stehen: → unsicher (5, b); mit beiden Beinen im Leben stehen: → tüchtig (3); auf eigenen Beinen stehen: → selbständig (4); einen Knüppel zwischen die B. werfen: → behindern (1); die B. unter den Tisch stecken: → faulenzen (1); auf die B. bringen/stellen: → aufstellen (I, 4); alles, was B. hat: → jedermann; B. kriegen/bekommen: → verloren (4)
beinahe: fast · nahezu · bald · um Haaresbreite · um ein Haar · es fehlt[e] nicht viel; schier (landsch) ♦ umg: halb; → auch ungefähr (1)
Beiname, der: → Spitzname
Beinbruch, der: kein B. sein: → schlimm (3)
beinhalten: → enthalten (I)
beinhart: → hart (1)
Beinkleid, das: → Hose (I, 1)
Beinling, der: → Hosenbein
beiordnen: 1. → beigesellen (I) – **2.** → beigeben (1)
beipflichten: 1. → zustimmen (1) – **2.** → billigen (1)
Beirat, der: → Ausschuss (1)
beirren: 1. → verwirren (2) – **2.** sich nicht b. lassen: → beharren (1)
beisammen: → beieinander

bekämpfen

beisammenhaben: seine Gedanken/fünf Sinne nicht b.: → unaufmerksam (2); nicht alle b.: **a)** → verrückt (5) – **b)** → geisteskrank (2)

Beisammensein, das: geselliges B.: → Gesellschaft (1)

beischaffen: → bringen (1)

Beischlaf, der: **1.** → Geschlechtsverkehr – **2.** den B. vollziehen/ausüben: → koitieren

Beischläferin, die: Gespielin · Mätresse (*abwert*); Konkubine · Kebse · Kebsweib · Buhle[rin] (*veraltet*) ♦ *umg:* Betthase · Betthäschen (*scherzh*); → *auch* Geliebte (II), Prostituierte

beischließen: → beigeben (1)

Beischluss, der: → Beilage (1)

Beisein, das: im B. von: → Anwesenheit (2)

beiseite: 1. → abseits (1) – **2.** b. räumen/schaffen: → wegräumen (1); b. rücken: → abrücken (1); b. schieben: **a)** → abrücken (1) – **b)** → abwälzen (2) – **c)** → verdrängen (1) – **d)** → unwichtig (2); b. drängen/stoßen: → verdrängen (1); b. stehen müssen: → leer (4); b. bringen: → stehlen (1); b. legen: **a)** → weglegen (1) – **b)** → sparen (1) – **c)** → zurücklegen (3); b. stellen: → zurücklegen (3); b. lassen: **a)** → auslassen (I, 1) – **b)** → unterlassen

Beisel, das: → Gaststätte (1, a)

beisetzen: → begraben (1)

Beisetzung, die: → Begräbnis

Beispiel, das: **1.** ⟨*zur Verdeutlichung angeführtes Muster*⟩ Exempel · Paradigma; → *auch* Veranschaulichung – **2.** → Vorbild (1) – **3.** zum B.: → beispielsweise; ohne B.: → außergewöhnlich (1)

beispielgebend: → vorbildlich

beispielhaft: → vorbildlich

beispiellos: 1. → außergewöhnlich (1) – **2.** → hervorragend (1) – **3.** → unerhört (1)

beispielshalber: → beispielsweise

beispielsweise: zum Beispiel/Exempel; beispielshalber (*süddt österr*); als da sind (*veraltend od. scherzh*)

beispringen: → helfen (1)

beißen: I. beißen: **1.** ⟨*mit den Zähnen zupacken*⟩ zubeißen · [zu]schnappen + knabbern ♦ *umg:* [zu]happen · hapsen (*landsch*) – **2.** → schmerzen (1) – **3.** sich [lieber] auf die Zunge b.: → schweigen (2); sich in den Hintern b. können: → ärgern (II, 1); nichts zu b. haben: → hungern (1); ins Gras b.: → sterben (1), fallen (3); in den sauren Apfel

b.: → abfinden (II, 2); auf Granit b.: → Misserfolg (2); vom wilden Affen gebissen: → verrückt (1) – **II.** beißen, sich: → ausschließen (II, 2)

Beißerchen, das: → Zahn (I, 1)

Beistand, der: **1.** → Hilfe (1) – **2.** → Rechtsbeistand – **3.** B. leisten: → helfen (1)

beistehen: 1. → helfen (1) – **2.** → behandeln (2)

beistellen: 1. → beigesellen (I) – **2.** → beigeben (1)

beisteuern: 1. ⟨*einen Beitrag zu etw. leisten*⟩ beitragen · dazugeben · zusteuern · zugeben · zulegen · zuschießen · mithalten + investieren; → *auch* unterstützen (I, 1) – **2.** → beteiligen (II)

beistimmen: 1. → zustimmen (1) – **2.** → billigen (1)

Beitrag, der: **1.** ⟨*Teil der Mitwirkung*⟩ Anteil – **2.** → Abhandlung (1) – **3.** → Spende (1)

beitragen: → beisteuern (1)

beitreiben: → einziehen (3)

beitreten: → eintreten (1)

Beitritt, der: → Eintritt (1)

Beiwagen, der: Seitenwagen

Beiwerk, das: → Nebensache

beiwohnen: 1. → teilnehmen (1) – **2.** → koitieren

beizeiten: → rechtzeitig

beizen: 1. ⟨*Beize auftragen*⟩ abbeizen – **2.** ⟨*mittels Beize beseitigen*⟩ abbeizen · ausbeizen – **3.** → jagen (1)

beiziehen: → heranziehen (1)

bejahen: 1. ⟨*eine positive Antwort geben*⟩ mit Ja [be]antworten · Ja sagen; → *auch* zustimmen (1) – **2.** → billigen (1)

bejahend: positiv · zustimmend · beifällig · anerkennend

bejahrt: → alt (1)

Bejahrtheit, die: → Alter (3, a)

Bejahung, die: **1.** → Zustimmung (1) – **2.** → Billigung (1)

bejammern: → beklagen (I, 1)

bejammernswert: → bedauernswert

bejubeln: → beklatschen (1)

bekakeln: → erörtern

bekämpfen: I. bekämpfen: **1.** ⟨*mit Waffen bzw. gewaltsam gegen etw., jmdn. vorgehen*⟩ bekriegen · bekämpfen ⎥ gegen⎥; → *auch* angreifen (I, 1, a) – **2.** ⟨*bewusst gegen etw., jmdn. wirken*⟩ den Kampf ansagen · befehden · entgegenwirken · ent-

139

Bekämpfung

gegentreten · angehen |gehen| · [an]kämpfen |gegen| · vorgehen |gegen| · anfeinden · befeinden ♦ *gehoben:* anstreben |gegen|; → *auch* angreifen (I, 2) – **3.** → behandeln (3) – **4.** einander b.: → II, 1 *u.* 2. – **II.** bekämpfen, sich: **1.** ⟨*mit Waffen bzw. gewaltsam gegeneinander vorgehen*⟩ einander bekämpfen · sich/einander bekriegen · sich/einander befehden – **2.** ⟨*bewusst gegeneinander wirken*⟩ einander bekämpfen · sich/einander bekriegen · sich/einander befehden ♦ *umg:* sich beharken
Bekämpfung, die: → Behandlung (2)
bekannt: 1. ⟨*von vielen Menschen gekannt*⟩ altbekannt · weltläufig · publik; kund[bar] (*landsch*) ♦ *umg:* amtlich · nicht neu; → *auch* beliebt (1), berühmt (1), öffentlich (1) – **2.** → bewusst (2) – **3.** b. sein: ⟨*von vielen Menschen gekannt werden*⟩ *umg:* herum sein · die Spatzen pfeifen es von den/allen Dächern · in aller Munde sein ♦ *salopp:* einen Bart haben – **4.** b. werden: **a)** ⟨*vielen Menschen zur Kenntnis kommen*⟩ sich herumsprechen · von Mund zu Mund gehen · kundwerden · lautwerden ♦ *umg:* unter die Leute kommen + Schlagzeilen machen; → *auch* herauskommen (1) – **b)** ⟨[*in der Öffentlichkeit*] *hervorzutreten beginnen*⟩ in den Gesichtskreis treten · vordringen · [an] Boden gewinnen · von sich reden machen ♦ *umg:* auf dem Vormarsch sein · im Kommen sein – **5.** b. geben: ⟨*dafür sorgen, dass etw. bekannt wird*⟩ bekannt machen · verlautbaren · kundtun · kundmachen · kundgeben · verkünden · zur Kenntnis bringen · Kenntnis geben |von| · ausrufen; abkündigen (*Kirche*); verlauten (*schweiz*); ausschellen · ausläuten (*landsch veraltend*) ♦ *gehoben:* verkündigen · künden |von| ♦ *umg:* ausklingeln · austrommeln; kund und zu wissen tun (*noch scherzh*) ♦ *salopp:* ausposaunen · austrompeten; → *auch* ankündigen (I), anzeigen (1), öffentlich (2), verbreiten (I, 1), erklären (2), erzählen (1), mitteilen (I) – **6.** b. werden |mit|: → befreunden, sich (1); b. sein |mit|: → kennen (1); b. machen: **a)** → vorstellen (I, 1) – **b)** → 5; sich b. machen: → vorstellen (II); miteinander b. machen: → zusammenbringen (1); b. sein wie ein bunter/scheckiger Hund: → verrufen (3)
Bekannte: I. Bekannte, der: → Geliebte (I) – **II.** Bekannte, die: → Geliebte (II)

bekanntermaßen: 1. → bekanntlich – **2.** → anerkanntermaßen
Bekanntgabe, die: → Bekanntmachung (1)
bekanntlich: erfahrungsgemäß · bekanntermaßen ♦ *umg:* wie man weiß; nach Adam Riese (*scherzh*)
Bekanntmachung, die: **1.** ⟨*das Bekanntgeben*⟩ Bekanntgabe · Verkündung · Verlautbarung · Kommuniqué · Publikation · Proklamation · Veröffentlichung · Kundgabe; Abkündigung (*Rel*); Vernehmlassung (*schweiz*) ♦ *gehoben:* Verkündigung; → *auch* Ankündigung, Erlass (1), Rundschreiben, Anschlag (1) – **2.** → Anschlag (1)
Bekanntschaft, die: B. gemacht haben |mit|: → kennen (1)
bekaspern: → erörtern
bekehren: → überzeugen (I)
bekennen: I. bekennen: **1.** ⟨*sich offen für etw. entscheiden*⟩ ein Bekenntnis ablegen – **2.** ⟨*etw. freimütig äußern*⟩ [offen] gestehen · offen/unverblümt sagen · ins Gesicht [hinein] sagen – **3.** → gestehen (1) – **4.** seine Schuld/seine Sünden b.: → beichten (1); Farbe b.: → gestehen (1) – **II.** bekennen, sich: sich b. |zu|: **a)** → gestehen (1) – **b)** → eintreten (7, a); sich b. |für|: → eintreten (7, a)
Bekenntnis, das: **1.** ⟨*Lehre einer Religionsgemeinschaft*⟩ Konfession · Glaube[n] · Glaubensbekenntnis + Glaubensrichtung – **2.** → Geständnis (1) – **3.** ein B. ablegen: → bekennen (I, 1)
beklagen: I. beklagen: **1.** ⟨*den Schmerz eines Verlustes empfinden u. ausdrücken*⟩ klagen |um| · betrauern · trauern |um| · beweinen · weinen |um| · bejammern · jammern |um| – **2.** → bemitleiden – **II.** beklagen, sich: → beschweren (II)
beklagenswert: → bedauernswert
Beklagte, der: → Angeklagte
beklatschen: 1. ⟨*seine Zustimmung durch Klatschen ausdrücken*⟩ mit Beifall bedenken · bejubeln – **2.** → durchhecheln
beklauen: → bestehlen
bekleben: überkleben; kaschieren (*fachspr*) ♦ *salopp:* bepflastern
bekleckern: I. bekleckern: → beschmutzen (I, 1) – **II.** bekleckern, sich: **1.** → beschmutzen (II, 1) – **2.** sich nicht [gerade] mit Ruhm b.: → versagen (1)
beklecksen: I. beklecksen: → beschmutzen (I, 1) – **II.** beklecksen, sich: → beschmutzen (II, I)

belästigen

bekleiden: 1. → innehaben (1) – **2.** → beziehen (I, 2) – **3.** bekleidet sein ⎪mit⎪: → tragen (2)
Bekleidung, die: → Kleidung (1)
beklemmen: → bedrücken (1)
beklemmend: → beängstigend
Beklemmung, die: Beklommenheit · Herzbeklemmung · Platzangst + Schwüle; → *auch* Angst (1)
beklieren: → beschreiben (2)
beklommen: 1. → ängstlich (1) – **2.** → besorgt (1)
Beklommenheit, die: → Beklemmung
bekloppt: → dumm (1)
beknackt: → dumm (1)
bekneipt: → betrunken (1)
beknien: → bitten (2)
bekochen: → verpflegen (1)
bekommen: 1. → erhalten (I, 1) – **2.** → zuziehen (I, 4) – **3.** Zuwachs b.: → schwanger (2); ein Kind/Baby/etwas Kleines b.: **a)** → schwanger (2) – **b)** → gebären; Junge b.: → werfen (I, 2); Risse b.: → aufspringen (1); Kenntnis/Wind b. ⎪von⎪: → erfahren (1); zu Gesicht/zu sehen b.: → erblicken (1); Fühlung b.: → annähern (II, 1); eine Stelle b.: → unterkommen (1); ein anderes Gesicht b.: → ändern (II); Beine b.: → verloren (4); einen Korb b.: → abblitzen (1); zu b. sein: → käuflich (2)
bekömmlich: zuträglich · verträglich · verdaulich · leicht [verdaulich]; → *auch* essbar
beköstigen: → verpflegen (1)
Beköstigung, die: → Verpflegung (1)
bekräftigen: 1. → bestätigen (I, 1) – **2.** → ermutigen
Bekräftigung, die: **1.** → Bestätigung (1) – **2.** → Ermutigung
bekriegen: I. bekriegen: **1.** → bekämpfen (I, 1) – **2.** einander b.: → bekämpfen (II, 1 *u.* 2) – **II.** bekriegen, sich: → bekämpfen (II, 1 *u.* 2)
bekritteln: → kritisieren
bekritzeln: → beschreiben (2)
bekümmern: I. bekümmern: → betrüben (1) – **II.** bekümmern, sich: **1.** → sorgen (II) – **2.** → traurig (2, a) – **3.** sich b. ⎪um⎪: → sorgen (I, 1, a)
Bekümmernis, die: → Sorge (1)
bekümmert: → traurig (1)
bekunden: 1. → ausdrücken (I, 3) – **2.** Beifall b.: → klatschen (1); sein Beileid b.:

→ kondolieren; seinen Dank b.: → danken (1)
Bekundung, die: Demonstration · Äußerung · Bezeigung · Bezeugung + Beteuerung
belächeln: → verlachen
belachen: → verlachen
beladen: bepacken · befrachten · voll laden · voll packen + laden; → *auch* aufladen (1), belasten (I, 1)
Belag, der: **1.** ⟨*eine Fläche bedeckende Schicht*⟩ Überzug · Ansatz + Kruste; → *auch* Schicht (2) – **2.** → Aufstrich
belagern: → umgeben (1)
Belami, der: → Frauenheld
belämmern: → belästigen (1)
belämmert: 1. → schlecht (1) – **2.** b. gehen: → schlecht (10, a *u.* b)
Belang, der: **1.** → Bedeutung (1) – **2.** von B.: → wichtig (1); ohne B./nicht von B. sein: → wichtig (4); ohne/nicht von B.: → unwichtig (1)
belangen: 1. ⟨*zur Wiedergutmachung zwingen*⟩ abrechnen ⎪mit⎪ · zur Verantwortung/Rechenschaft ziehen · verantwortlich machen · Abrechnung halten ⎪mit⎪; behaften (*schweiz*) + zur Rede stellen ♦ *umg*: ein Hühnchen rupfen ⎪mit⎪ ♦ *derb*: jmdn. am/beim Arsch haben – **2.** → betreffen (1) – **3.** → verklagen
belanglos: → unwichtig (1)
Belanglosigkeit, die: → Nichtigkeit (1)
belangreich: → wichtig (1)
belangvoll: → wichtig (1)
belassen: 1. ⟨*auf eine Weiterführung usw. verzichten*⟩ [auf sich beruhen] lassen · es bewenden lassen ⎪mit/bei⎪; → *auch* unterlassen – **2.** bei sich b.: → zurückhalten (I, 1)
belastbar: → widerstandsfähig (1, a)
belasten: I. belasten: **1.** ⟨*eine Last auf etw. laden*⟩ beschweren; → *auch* beladen – **2.** → beanspruchen (2) – **3.** → bedrücken (1) – **4.** → ²anhängen (1) – **5.** → beschuldigen (1) – **6.** b. ⎪mit⎪: ⟨*mit finanziellen Verbindlichkeiten belegen*⟩ auf[er]legen; → *auch* aufbürden (2) – **II.** belasten, sich: → schuldig (3, a)
belastend: 1. → erschwerend – **2.** → bedrückend
belästigen: 1. ⟨*[durch ständiges Stören usw.] unangenehm werden*⟩ behelligen · lästig fallen/werden/sein · zur Last fallen · aufdringlich werden/sein; inkommodieren (*veraltet*) ♦ *umg*: auf die Nerven ge-

141

Belästigung

hen/fallen · den letzten Nerv töten/rauben · nerven · nicht von den Fersen gehen · ein Würmchen abtreiben ♦ *salopp*: auf der Pelle sitzen · nicht von der Pelle gehen · auf den Wecker fallen · auf den Wecker/Senkel/Geist/Keks gehen; belämmern *(landsch)* ♦ *derb*: auf den Sack gehen; → *auch* bedrängen (1), aufdrängen (II, 1), quälen (I, 2), stören (2) – **2.** ⟨*mit ausfälligen Worten behelligen*⟩ anpöbeln · anrempeln ♦ *umg*: anöden · anmachen · anmotzen ♦ *salopp*: anstänkern *(abwert)*; → *auch* beleidigen, beschimpfen

Belästigung, die: **1.** ⟨*durch Stören bedingtes Unangenehmwerden*⟩ Behelligung · Störung – **2.** ⟨*das Behelligen mit ausfälligen Worten*⟩ Anpöbelung · Anrempelung ♦ *umg*: Anpöbelei · Anrempelei · Anmache

Belastung, die: **1.** ⟨*Forderung des Leistungsvermögens*⟩ Beanspruchung · Inanspruchnahme; → *auch* Anstrengung (2) – **2.** → Last (1) – **3.** → Beschuldigung (1)

Belastungsprobe, die: → Zerreißprobe

belatschern: 1. → überreden – **2.** → erörtern

belauern: → beobachten (1)

belaufen: I. belaufen: **1.** → abgehen (1) – **2.** → ablaufen (1) – **3.** → beschlagen (1) – **II.** belaufen, sich: sich b. |auf|: → betragen (I)

belauschen: → beobachten (1)

beleben: I. beleben: **1.** ⟨*wieder ins Leben zurückrufen*⟩ zu sich/zur Besinnung bringen – **2.** ⟨*etw. in lebhaftere Tätigkeit versetzen*⟩ aktivieren · ankurbeln · auffrischen · pushen ♦ *gehoben*: beschwingen ♦ *umg*: in Schwung bringen ♦ *salopp*: anleiern + Leben in die Bude bringen; → *auch* anregen (1) – **3.** ⟨*durch anregende Mittel lebhafter machen*⟩ anregen · vitalisieren · aufmuntern · auffrischen ♦ *umg*: aufpulvern · aufputschen + ins Blut gehen ♦ *salopp*: aufmöbeln; → *auch* aufpeitschen (I) – **4.** → bevölkern – **II.** beleben, sich: sich wieder b.: → aufleben (1)

belebend: → anregend

Belebung, die: Auffrischung · Anregung · Aktivierung

belecken: anlecken ♦ *umg*: beschlecken; → *auch* anfeuchten (1)

beleckt: wenig b. sein |von|: → ahnungslos (3)

Beleg, der: **1.** → Beweis (1) – **2.** → Bescheinigung (1)

belegen: 1. ⟨*durch Vorlegen von Beweismaterial bestätigen*⟩ dokumentieren; → *auch* beweisen (1) – **2.** → anführen (2) – **3.** → bedecken (I, 2) – **4.** → besetzen (1) – **5.** → begatten (1) – **6.** mit Beschlag b.: → beanspruchen (1 *u.* 2); mit Strafe b.: → verurteilen (1); mit Bomben b.: → bombardieren (1)

Belegschaft, die: Personal · die Betriebsangehörigen

belegt: eine belegte Stimme haben: → heiser (2)

belehren: 1. ⟨*in lehrhaftem Ton sprechen*⟩ schulmeistern · dozieren *(abwert)* – **2.** → überzeugen (I) – **3.** sich eines Besseren/anderen b. [lassen]: → bessern (II, 1)

belehrend: 1. → lehrreich – **2.** → lehrhaft

beleibt: → dick (1)

Beleibtheit, die: → Dicke (II, 2)

beleidigen: insultieren · eine Beleidigung zufügen · persönlich werden; → *auch* kränken, beschimpfen, belästigen (2)

beleidigend: verletzend · auffallend · ausfällig · injuriös · anzüglich · ätzend + persönlich

beleidigt: 1. ⟨*sich herabgesetzt fühlend*⟩ gekränkt · verletzt · pikiert ♦ *umg*: verschnupft · eingeschnappt · angefressen – **2.** b. tun, die beleidigte Leberwurst spielen: → schmollen

Beleidigung, die: **1.** ⟨*das Ehrgefühl verletzende Herabsetzung*⟩ Kränkung · Ehrenkränkung · Verletzung · Ehrverletzung · Ehrenbeleidigung · Ausfall · Affront · Invektive · Insult[ation]; Injurie · Verbalinjurie *(Rechtsw)*; → *auch* Beschimpfung, Verleumdung – **2.** eine B. zufügen: → beleidigen

belesen: 1. → gebildet – **2.** → beschlagen (3)

Belesenheit, die: → Bildung (1)

beleuchten: 1. ⟨*durch Licht erhellen*⟩ bescheinen · anleuchten · anstrahlen · bestrahlen · anscheinen · illuminieren + anblinken ♦ *dicht*: beglänzen; → *auch* erhellen (1) – **2.** → veranschaulichen, darlegen

Beleuchtung, die: **1.** → Erklärung (1) – **2.** → Darlegung (1)

Beleuchtungskörper, der: → ²Lampe (1)

beleumdet: übel/schlecht b.: → verrufen (1)

belfern: 1. → bellen (1) – **2.** → schnauzen

Belieben: nach B.: → beliebig (1)

beliebig: 1. 〈*durch keinerlei Festlegungen eingeschränkt*〉 wahllos · willkürlich · wunschgemäß · nach Belieben/Gutdünken/Wahl/Wunsch · so oder so ♦ *gehoben*: ad libitum – **2.** jeder Beliebige: → irgendeiner (1)

beliebt: 1. 〈*gern gesehen bzw. verwendet*〉 begehrt · geschätzt · en vogue + populär; → *auch* bekannt (1), angesehen (1), volkstümlich – **2. b.** sein: **a)** 〈*als Person sich besonderer Wertschätzung erfreuen*〉 geschätzt/populär sein ♦ *umg*: gut angeschrieben sein · eine Nummer haben |bei| · einen guten Stand haben |bei| · einen Stein im Brett haben |bei| – **b)** → gefallen (1)

Beliebtheit, die: 1. 〈*das Geschätztwerden*〉 Popularität; → *auch* Volkstümlichkeit – **2.** sich großer B. erfreuen: → gefallen (1)

beliefern: 1. 〈*mit Waren versorgen*〉 liefern |an| · bedienen + beschicken; → *auch* liefern (1) – **2.** beliefert werden: 〈*mit Waren versorgt werden*〉 geliefert bekommen · hereinbekommen

bellen: 1. 〈*von Hunden gesagt: seine Stimme ertönen lassen*〉 anschlagen; kläffen (*abwert*); melden · Laut/Hals geben (*weidm*); blaffen · bläffen (*landsch abwert*) ♦ *umg*: bäffen · belfern (*landsch*); bauzen (*schweiz*) – **2.** → schnauzen – **3.** → husten (1)

Belletristik, die: die schöne/schöngeistige Literatur; → *auch* Dichtung (1, a)

beloben: → loben (1)

belobigen: → loben (1)

Belobigung, die: → Lob (1)

Belobung, die: → Lob (1)

belohnen: → vergelten (2)

Belohnung, die: → Auszeichnung (1)

belüften: → lüften (1)

belügen: anlügen · vorlügen · beschwindeln · anschwindeln · vorschwindeln ♦ *umg*: ankohlen · verkohlen · einen Bären aufbinden ♦ *salopp*: die Jacke/Hucke voll lügen; → *auch* betrügen (1), täuschen (I)

belustigen: I. belustigen: 〈*in heitere Stimmung bringen*〉 erheitern · vergnügen · ergötzen · unterhalten · amüsieren · zerstreuen ♦ *umg*: den Pausenclown machen; → *auch* erfreuen (I) – **II.** belustigen, sich: → vergnügen (II)

Belustigung, die: 1. 〈*erheiternde Ablenkung*〉 Erheiterung · Ergötzung · Vergnügung · Unterhaltung · Amüsement · Zerstreuung · Zeitvertreib; → *auch* Vergnügen (1), Aufheiterung (1) – **2.** → Fest (1)

bemachen: I. bemachen: → beschmutzen (I, 1) – **II.** bemachen, sich: → beschmutzen (II, 1)

bemächtigen, sich: 1. → aneignen, sich (1) – **2.** → überkommen (1)

bemäkeln: → kritisieren

bemalen: I. bemalen: → streichen (2) – **II.** bemalen, sich: → schminken (II)

bemängeln: → beanstanden

Bemängelung, die: → Beanstandung

bemannt: → verheiratet (3)

bemänteln: → beschönigen

bemausen: → bestehlen

bemerkbar: → merklich

bemerken: 1. 〈*durch seine Sinne aufnehmen*〉 wahrnehmen · gewahren · gewahr werden · entdecken · Notiz nehmen |von| · aufmerksam werden |auf| · die Beobachtung machen + sehen · sichten · hören ♦ *gehoben*: innewerden ♦ *umg*: wegbekommen · wegkriegen; → *auch* erblicken (1), merken (I) – **2.** → äußern (I, 1)

bemerkenswert: 1. → beträchtlich (1) – **2.** → beachtlich (1) – **3.** → erwähnenswert (1)

Bemerkung, die: 1. 〈*kurze Mitteilung seiner Meinung*〉 Äußerung · Einlassung · Meinungsäußerung; Anmerkung (*veraltend*) ♦ *umg*: Glosse; → *auch* Ausspruch – **2.** → Hinweis

bemessen: → berechnen (I, 1)

Bemessung, die: → Berechnung (1)

bemitleiden: bedauern · beklagen

bemitleidenswert: → bedauernswert

bemittelt: → reich (1)

Bemme, die: → Schnitte

bemogeln: → betrügen (1)

bemoost: 1. → alt (1) – **2.** bemoostes Haupt: → Greis

bemühen: I. bemühen: → heranziehen (1) – **II.** bemühen, sich: **1.** 〈*sich einsetzen, um etw. zu erreichen*〉 sich anstrengen · sich Mühe geben · bemüht/bestrebt sein · sich befleißigen · es sich angelegen sein lassen · sein Bestes tun/geben ♦ *gehoben*: sich bestreben · beflissen sein ♦ *umg*: sich überschlagen · sich die Beine/Schuhsohlen ablaufen · sich die Absätze/Hacken ablaufen/schief laufen · sich reinhängen ♦ *salopp*: sich abzappeln · sich einen abbrechen; → *auch* abmühen, versuchen (I, 4) – **2.** sich b. |um|: **a)** → bewerben, sich (1) –

Bemühen

b) → werben (2, a) – **c)** → sorgen (I, 1, a) –
3. sich b. |nach/in|: → gehen (8)
Bemühen, das: → Bestrebung (1)
bemüht: b. sein: → bemühen (II, 1)
Bemühung, die: → Bestrebung (1)
bemüßigt: sich b. sehen/fühlen: → müssen
(1)
bemuttern: → sorgen (I, 1, a)
benachbart: 1. ⟨*in unmittelbarer Nähe be-
findlich*⟩ angrenzend · anstoßend · anliegend
· umliegend + umwohnend – **2.** b. sein: ⟨*in
unmittelbarer Nähe wohnen*⟩ nebenan/Haus
an Haus/Tür an Tür/Wand an Wand woh-
nen
benachrichtigen: → unterrichten (1)
Benachrichtigung, die: → Mitteilung (1)
benachteiligen: zurücksetzen · hint[en]-
ansetzen · zurückstellen · hint[en]anstellen ·
vernachlässigen · übergehen; → *auch* scha-
den (1)
Benachteiligte, der: → Unterprivilegierte
benagen: → annagen
benähen (*umg*): beflicken; → *auch* sorgen
(I, 1, a)
benamsen: → nennen (1)
benässen: → anfeuchten (1)
benebeln: → betäuben (I, 2)
benebelt: → betrunken (1)
benedeien: → segnen (1)
Benediktion, die: → Segen (1)
Benefizveranstaltung, die: → Wohltätig-
keitsveranstaltung
benehmen: I. benehmen: → betäuben (I, 2)
– **II.** benehmen, sich: **1.** ⟨*sittlich einwand-
frei auftreten*⟩ Lebensart zeigen ♦ *umg*:
Schliff haben – **2.** → verhalten (II, 1) – **3.**
sich b., als ob . . .: ⟨*einen bestimmten Ein-
druck von sich erwecken [wollen]*⟩ so tun,
als ob … · sich den Anschein geben, als ob
… ♦ *gehoben*: sich das Ansehen geben, als
ob …; → *auch* heucheln (1), verstellen (II)
– **4.** sich b. wie . . .: → II, 3; sich unanstän-
dig b.: → Wind (I, 3)
Benehmen, das: **1.** ⟨*sittlich einwandfreies
Verhalten*⟩ Betragen · Auftreten · Umgangs-
formen · Manieren · Haltung · Lebensart ·
Sitte · Art · Form · Etikette + Aufführung ·
Anstandsregeln ♦ *umg*: Schliff · Benimm ·
Benehmität · Politur; Pli (*landsch*); → *auch*
¹Anstand (1), Bildung (1) – **2.** → Verhalten
– **3.** sich ins B. setzen |mit|: → verständi-
gen (II, 1)
Benehmität, die: → Benehmen (1)

beneiden: → neiden, neidisch (2)
benennen: 1. → bezeichnen (I, 2) – **2.** →
nennen (1)
Benennung, die: → Bezeichnung (2)
benetzen: → anfeuchten (1)
Bengel, der: **1.** → Bursche (1) – **2.** → Junge
(I, 1) – **3.** → Frechdachs
beniesen: → bestätigen (I, 1)
Benimm, das: → Benehmen (1)
benommen: 1. ⟨*im Bewusstsein getrübt*⟩
dumpf · leicht betäubt ♦ *umg*: umnebelt ·
duselig · beduselt · im Dusel ♦ *salopp*:
rammdösig · im Tran; → *auch* schwindlig
(1), unaufmerksam (1) – **2.** b. sein: *salopp*:
Mattscheibe haben – **3.** b. machen: → be-
täuben (I, 2)
Benommenheit, die: Dumpfheit · Betäu-
bung ♦ *umg*: Dusel
benoten: → zensieren (1)
benötigen: → brauchen (1)
benummern: → nummerieren
benutzen/benützen: 1. ⟨*einen bestimmten
Weg wählen*⟩ begehen · befahren ♦ *geho-
ben*: beschreiten – **2.** → anwenden (1)
Benutzung/Benützung, die: **1.** → Anwen-
dung (1) – **2.** in B. nehmen: → anwenden (1)
benzen: → bedrängen (1)
Benzin, das: → Kraftstoff
Benzindroschke, die: → Auto (1)
Benzinkutsche, die: → Auto (1)
beobachten: 1. ⟨*aufmerksam [heimlich]
betrachten*⟩ belauschen · belauern · umlau-
ern · ins Auge fassen · verfolgen · observie-
ren · nicht aus den Augen lassen ♦ *geho-
ben*: bespähen ♦ *umg*: aufs Korn nehmen ·
auf den Dienst passen; → *auch* überwachen
(2), ansehen (I, 3) – **2.** Zurückhaltung b.: →
zurückhalten (II, 1)
Beobachter, der: Beobachtungsposten ·
Späher; → *auch* Schaulustige
Beobachtung, die: **1.** → Untersuchung (1)
– **2.** → Beachtung (2) – **3.** die B. machen:
→ bemerken (1)
Beobachtungsposten, der: → Beobachter
beordern: 1. → schicken (I, 2) – **2.** →
bestellen (2), befehlen (I, 2)
bepacken: → beladen
bepflanzen: → bestellen (4)
bepflastern: 1. → bedecken (I, 2) – **2.** →
bekleben – **3.** → beschießen – **4.** → pflas-
tern (1)
bepinseln: 1. → streichen (2) – **2.** → be-
streichen (1, a)

144

bequatschen: 1. → überreden – **2.** → erörtern

bequem: 1. ⟨*von Sachen gesagt: der eigenen Bequemlichkeit entgegenkommend*⟩ kommod (*veraltend*) – **2.** → gemütlich – **3.** → mühelos (1) – **4.** → passend (1, b) – **5.** → faul (2), träge – **6.** es sich b. machen: → setzen (II, 1)

bequemen, sich: 1. → herbeilassen, sich – **2.** → gehorchen (1)

Bequemlichkeit, die: 1. ⟨*die Möglichkeit, angenehm zu leben*⟩ Annehmlichkeit · Behaglichkeit – **2.** → Faulheit, Trägheit

berappeln, sich: → erholen, sich (1 *u.* 2)

berappen: → bezahlen (2)

beraten: I. beraten: 1. ⟨*durch seinen Rat beistehen*⟩ [gute] Ratschläge geben/erteilen · mit Ratschlägen bedenken; → *auch* raten (1) – **2.** → erörtern – **II. beraten, sich:** ⟨*miteinander über etw. sprechen*⟩ [be]ratschlagen · sich besprechen · sich bereden · sich unterreden · konferieren · Rat halten; → *auch* tagen (1)

Berater, der: Ratgeber · Mentor

beratschlagen: → beraten (II)

Beratung, die: 1. ⟨*beratende Unterredung*⟩ Konsultation · Konsilium; → *auch* Sitzung (1), Anleitung (1), Aussprache (2), Erörterung, Kolloquium (1), Tagung – **2.** → Erörterung

beratungsresistent: → unbelehrbar (1)

berauben: → bestehlen

beräumen: → abräumen (1)

berauschen: I. berauschen: 1. → betäuben (I, 2) – **2.** → begeistern (I) – **II. berauschen, sich:** → betrinken, sich

berauschend: 1. ⟨*wie Alkohol od. starker Duft wirkend*⟩ betäubend · schwer · sinnverwirrend · narkotisch – **2.** → bezaubernd – **3.** nicht b.: → mittelmäßig

berauscht: 1. → betrunken (1) – **2.** → begeistert (1)

Berber, der: → Obdachlose

berechenbar: → voraussehbar

berechnen: I. berechnen: 1. ⟨*durch Rechnen bestimmen*⟩ ausrechnen · errechnen · kalkulieren · überschlagen · einen Überschlag machen · eine Berechnung anstellen; fakturieren (*kaufm*) + vorausberechnen · bewerten · bemessen – **2.** ⟨*in einer Rechnung bzw. bei einer Überlegung berücksichtigen*⟩ anrechnen · einkalkulieren · in Rechnung stellen; in Anrechnung/Anschlag bringen (*kaufm bzw. amtsspr*); → *auch* veranschlagen – **II.** berechnen, sich: sich b. |auf|: → betragen (I)

berechnend: → eigennützig (1)

Berechnung, die: 1. ⟨*rechnerische Bestimmung*⟩ Ausrechnung · Kalkulation · Überschlag + Vorausberechnung · Bewertung · Bemessung – **2.** ⟨*vorausschauende Überlegung*⟩ Voraussicht · Rechnung ♦ gehoben: Vorhersicht · Absehen; → *auch* Überlegung (1) – **3.** ⟨*eigennützige Überlegung*⟩ Spekulation · Kalkulation · Kalkül · Taktik · Politik – **4.** eine B. anstellen: → berechnen (I, 1)

berechtigen: befugen · die Befugnis geben/erteilen; → *auch* bevollmächtigen

berechtigt: befugt · bevollmächtigt · autorisiert

berechtigterweise: → Recht (6)

Berechtigung, die: 1. → Recht (1) – **2.** → Anspruch (1)

bereden: I. bereden: 1. → erörtern – **2.** → durchhecheln – **3.** → überreden – **4.** → einreden (2) – **5.** → bearbeiten (2) – **II.** bereden, sich: → beraten (II)

beredsam: → redegewandt

Beredsamkeit, die: → Rhetorik

beredt: 1. → redegewandt – **2.** → viel (I, 3, a)

beregnen: → bewässern

Bereich, der: **1.** ⟨*Ausschnitt der Begriffswelt*⟩ Gebiet · Bezirk · Sektor · Sphäre · Feld · Raum · Region · Reich · Revier ♦ gehoben: Gefilde; → *auch* Arbeitsgebiet – **2.** → Landschaftsgebiet – **3.** alles ist im grünen B.: → Ordnung (4)

bereichern: I. bereichern: ⟨*durch etw. verbessern*⟩ reicher machen; anreichern (*fachspr*) – **II.** bereichern, sich: ⟨*sich in unredl. Weise Besitz verschaffen*⟩ umg: sich gesundstoßen · sich den Beutel/die eigenen Taschen füllen; → *auch* aneignen, sich (1)

bereinigen: 1. ⟨*Missverhältnisse beseitigen*⟩ schlichten · beilegen · ausgleichen · begleichen · ausbalancieren · abhelfen |einer Sache| in Ordnung/ins rechte Gleis/ins Reine bringen · [im Guten] regeln; [wieder] einrenken · zurechtrücken · wieder gutmachen · ins Lot bringen ♦ salopp: hinbiegen · geradebiegen · ausbügeln · wegbügeln · geradebügeln · zurechtbiegen; → *auch* regeln (1), vermitteln (1) – **2.** → tilgen (1)

Bereinigung, die: 1. ⟨*Beseitigung von Missverhältnissen*⟩ Schlichtung · Beilegung ·

bereit

Ausgleich · Begleichung · Vergleich – **2.** →
Bezahlung (1)
bereit: 1. ⟨*wollend*⟩ [bereit]willig · geneigt ·
erbötig; → *auch* gewillt (1) – **2.** → fertig (1)
– **3.** sich b. erklären: → zustimmen (1)
bereiten: 1. → bereitmachen (I), vorberei-
ten (I) – **2.** → zufügen (1) – **3.** Freude b.: →
erfreuen (I); Ärger/Verdruss b.: → ärgern
(I); ein Ende b.: → beenden (1); Kopfzer-
brechen b.: → schwer (5); Schwierigkeiten
b.: → behindern (1)
Bereiter, der: → Dresseur
bereithaben: in petto/parat haben ♦ *umg*:
auf der Pfanne haben · im Köcher/Ärmel
haben
bereithalten: I. bereithalten ⟨*zum Ge-
brauch vorbereitet haben*⟩ zur Verfü-
gung/in Bereitschaft halten/haben + bereit-
stellen – **II.** bereithalten, sich: ⟨*auf den Ein-
satz vorbereitet sein*⟩ sich zur Verfügung
halten · in Bereitschaft sein · Bereitschaft
haben ♦ *umg*: auf der Matte stehen
bereitlegen: → bereitmachen (I)
bereitmachen: I. bereitmachen ⟨*zum Ge-
brauch vorbereiten*⟩ herrichten · zurüsten ·
bereitlegen ♦ *gehoben*: bereiten ♦ *umg*: zu-
rechtmachen; → *auch* vorbereiten (I) – **II.**
bereitmachen, sich: → vorbereiten (II)
bereits: → schon (1)
Bereitschaft, die: **1.** ⟨*das Bereitsein*⟩ Be-
reitwilligkeit · Willigkeit ♦ *gehoben*: Erbö-
tigkeit (*auch iron*) – **2.** in B. halten/haben:
→ bereithalten (I); in B. sein/B. haben: →
bereithalten (II)
bereitstellen: → bereithalten (I)
bereitwillig: → bereit (1)
Bereitwilligkeit, die: → Bereitschaft (1)
berennen: → angreifen (I, 1, a)
bereuen: bedauern · reuen · Reue empfin-
den · in sich gehen · sich Gewissensbisse
machen · Gewissensbisse haben; sich an die
Brust schlagen · in Sack und Asche gehen ·
sich Asche aufs Haupt streuen (*noch
scherzh*) ♦ *gehoben*: gereuen; → *auch* bes-
sern (II, 1)
Berg: I. Berg, der: **1.** ⟨*höhere Erhebung in
der Landschaft*⟩ Höhe · Bergkegel · Berg-
kuppe + Vulkan; → *auch* Hügel, Bodener-
hebung, Gebirge – **2.** → Menge (1), Haufen
(1) – **3.** zu Berge: → bergauf (1); zu Berge
stehen: → sträuben, sich (1); ein B. von: →
viel (I, 1); über den B. bringen: → heilen
(1); nicht hinter dem B. halten |mit|: →

aussprechen (I, 5) – **II.** Berge (*Pl*): **1.** →
Gebirge – **2.** B. von: → viel (I, 1); über alle
B.: → fort (1); alt wie die B.: → alt (1)
bergab: 1. ⟨*vom Berg hinab*⟩ bergabwärts ·
talwärts · zu Tal; → *auch* hinunter – **2.** es
geht b.: → verschlechtern (II)
Bergabfall, der: → Abhang (1)
Bergabhang, der: → Abhang (1)
Bergabsturz, der: → Abhang (1)
bergabwärts: → bergab (1)
bergan: 1. → bergauf (1) – **2.** es geht b.: →
verbessern (II, 2)
bergauf: 1. ⟨*den Berg hinauf*⟩ berg-
[auf]wärts · bergan · zu Berge; → *auch* hi-
nauf – **2.** es geht b.: → verbessern (II, 2)
bergaufwärts: → bergauf (1)
Bergeinschnitt, der: → Tal (1)
bergen: 1. → retten (1) – **2.** → herausholen
(2) – **3.** → einbringen (2) – **4.** → einziehen
(2) – **5.** → bewahren (1) – **6.** → enthalten (I)
Bergesgipfel, der: → Gipfel (1)
Bergeshalde, die: → Abhang (1)
Bergeshang, der: → Abhang (1)
bergeweise: → massenhaft
Bergfex, der: → Bergsteiger
Berggipfel, der: → Gipfel (1)
Berghang, der: → Abhang (1)
bergig: gebirgig; → *auch* hügelig
Bergkamm, der: → Bergrücken
Bergkegel, der: → Berg (I, 1)
Bergkletterer, der: → Bergsteiger
Bergkoppe, die: → Gipfel (1)
Bergkraxler, der: → Bergsteiger
Bergkuppe, die: **1.** → Gipfel (1) – **2.** →
Berg (I, 1)
Berglehne, die: → Abhang (1)
Bergrücken, der: Kamm · Bergkamm · Ge-
birgskamm · Rücken · Grat
Bergrutsch, der: → Erdrutsch (1)
Bergsattel, der: Gebirgssattel · Sattel · Joch;
Einsattelung (*fachspr*) + Pass
Bergspitze, die: → Gipfel (1)
Bergsport, der: → Alpinistik
Bergsteiger, der: Alpinist · Hochtourist ·
Kletterer; Gipfelstürmer · Bergfex (*scherzh*)
♦ *umg*: Bergkletterer (*landsch*); Gletscher-
floh (*scherzh*); Bergkraxler · Kraxler (*bes.
süddt österr*)
Bergsteigerei, die: → Alpinistik
Bergung, die: → Rettung (1)
Bergwand, die: → Abhang (1)
bergwärts: → bergauf (1)
Bergweide, die: → Alm

beruhigen

Bergwerk, das: Zeche · Grube · Mine
Bergwiese, die: → Alm
Bericht, der: **1.** ⟨*mündl. od. schriftl. Wiedergabe eines Sachverhalts*⟩ Berichterstattung · Report · Story · Rapport · Bulletin · Erzählung · Schilderung · Referat; → *auch* Mitteilung (1), Aussage (1), Abhandlung (1), Darlegung (1) – **2.** → Reportage – **3.** B. erstatten, [einen] B. abstatten / geben: → berichten
berichten: referieren · Bericht erstatten · [einen] Bericht abstatten / geben · vortragen · schildern · wiedergeben ♦ *salopp:* auspacken; → *auch* mitteilen (I), aussagen (1), darlegen, beschreiben (1), erzählen (2), vorbringen
Berichterstatter, der: Reporter · Korrespondent + Referent; → *auch* Journalist
Berichterstattung, die: **1.** → Bericht (1) – **2.** → Reportage
berichtigen: I. berichtigen: **1.** ⟨*das Richtige bekannt geben*⟩ korrigieren · richtig stellen · klarstellen · klarlegen · klären · dementieren + ins rechte Licht rücken / setzen – **2.** → verbessern (I, 1) – **II.** berichtigen, sich: ⟨*eigene Fehler richtig stellen*⟩ sich verbessern · sich korrigieren · sich revidieren
Berichtigung, die: **1.** ⟨*Bekanntgabe des Richtigen*⟩ Richtigstellung · Korrektur · Klärung · Dementi – **2.** → Verbesserung (1)
beriechen: → beschnuppern (1)
berieseln: 1. → bewässern – **2.** → einreden (2)
Berserker, der: **1.** → Wüterich – **2.** wie ein B.: → wütend (1)
Berserkerwut, die: → Raserei
bersten: 1. → explodieren (1) – **2.** → platzen (1) – **3.** → zerbrechen (2) – **4.** vor Neid b.: → neidisch (2); vor Ärger b.: → ärgern (II, 1); vor Wut b.: → wütend (2)
berüchtigt: → verrufen (1)
berücken: → bezaubern
berückend: → bezaubernd
berücksichtigen: 1. ⟨*in sein Planen bzw. Handeln einbeziehen*⟩ [vor]bedenken · einkalkulieren · Rücksicht nehmen |auf| · bedacht sein |auf| · Bedacht nehmen / haben |auf| · Rechnung tragen · in Rechnung stellen / ziehen · in Anschlag bringen · in Betracht / Erwägung ziehen · im Auge haben; → *auch* beachten, einbeziehen – **2.** → bedenken (I, 1)

Berücksichtigung, die: **1.** ⟨*Einbeziehung in die Planung bzw. ins Handeln*⟩ Anrechnung · Rücksicht[nahme] – **2.** → Beachtung (1)
Beruf, der: **1.** ⟨*erlernte bzw. ständig ausgeübte Tätigkeit*⟩ Beschäftigung · Betätigung · Dienst; Profession · Stand (*veraltend*) ♦ *umg:* Metier; → *auch* Arbeit (2), Arbeitsgebiet – **2.** → Bestimmung (2) – **3.** von B.: ⟨*den Beruf ausübend*⟩ seines Zeichens (*scherzh*)
berufen: I. berufen: **1.** ⟨*mit einem Amt betrauen*⟩ einsetzen · ernennen · bestellen · bestallen ♦ *gehoben:* designieren – **2.** *scherzh* ⟨*durch Nennen beschwören*⟩ beschreien · verreden · verrufen · den Teufel an die Wand malen – **3.** → schicken (I, 2) – **4.** → Berufung (5) – **5.** → befehlen (I, 2) – **6.** → geeignet (1) – **II.** berufen, sich b. |auf|: ⟨*als Beweis, Zeugnis anführen*⟩ sich beziehen |auf| · verweisen |auf| · Bezug / Beziehung nehmen |auf|
beruflich: → berufsmäßig
Berufsausbildung, die: → Ausbildung (1)
Berufskollege, der: → Kollege
berufsmäßig: gewerbsmäßig · professionell · professionsmäßig · professioniert · beruflich
Berufssportler, der: Profi · Professional; → *auch* Sportler
berufstätig: werktätig
berufsunfähig: → behindert, erwerbsunfähig (1)
Berufszweig, der: → Fach (1, b)
Berufung, die: **1.** ⟨*das Betrauen mit einem Amt*⟩ Ernennung · Einsetzung · Bestellung · Bestallung ♦ *gehoben:* Designation · Vokation – **2.** → Einspruch (1) – **3.** → Bestimmung (2) – **4.** B. einlegen: ⟨*Revision eines Urteils verlangen*⟩ berufen (*Rechtsw österr*)
beruhen: 1. b. |auf|: **a)** ⟨*zur Grundlage haben*⟩ sich stützen |auf| · sich gründen |auf| · fußen |auf| · basieren |auf| – **b)** → herrühren – **2.** auf sich b. lassen: → belassen (1)
beruhigen: I. beruhigen: ⟨*ruhig machen*⟩ beschwichtigen · besänftigen · begütigen · zur Ruhe / Besinnung bringen · die Wogen glätten · Öl auf die Wogen gießen · abwiegeln + einwiegen · zufrieden stellen ♦ *gehoben:* kalmieren ♦ *dicht:* sänftigen; → *auch* versöhnen (1), ruhig (6, a) – **II.** beruhigen, sich: **1.** ⟨*ruhig werden*⟩ **a)** ⟨*Menschen*⟩ sich besänftigen · sich abkühlen

147

beruhigt

♦ *umg*: sich abreagieren · sich abregen · sich einkriegen – **b)** ⟨*Lage*⟩ sich entspannen ♦ *umg*: sich setzen · sich wieder geben – **2.** → abfinden (II, 2)
beruhigt: 1. → zufrieden (1) – **2.** → froh (1)
Beruhigung, die: **1.** ⟨*das Beruhigen*⟩ Beschwichtigung · Besänftigung · Begütigung – **2.** → Trost (1)
Beruhigungsmittel, das: Sedativ[um] · Quietiv[um] · Tranquilizer (*med*)
berühmt: 1. ⟨*allgemein sehr anerkannt u. angesehen*⟩ gefeiert · weltbekannt · weltberühmt · prominent · groß · bedeutend · namhaft · renommiert · hochkarätig · von Weltruf/Weltgeltung/Weltruhm/Weltrang; illuster (*meist iron*); → *auch* angesehen (1), bekannt (1) – **2.** nicht gerade b.: → mittelmäßig
berühren: I. berühren: **1.** ⟨*einen Teil des Körpers mit etw. in Berührung bringen*⟩ antasten · anrühren · antupfen · antippen · [an]streifen · rühren |an| · tippen |an| · streifen |an| · in Berührung kommen/geraten |mit|; touchieren (*Sport*); → *auch* anfassen (I, 1) – **2.** ⟨*an etw. grenzen, heranreichen*⟩ streifen · tangieren – **3.** → erwähnen (1) – **4.** → ergreifen (3) – **5.** → betreffen (1) – **II.** berühren, sich: → zusammentreffen (1)
berührt: peinlich b.: → betreten (2)
Berührung, die: **1.** ⟨*das Berühren*⟩ Kontakt · Fühlung · Hautkontakt – **2.** in B. kommen/geraten |mit| → berühren (I, 1)
besabbern: I. besabbern: → beschmutzen (I, 1) – **II.** besabbern, sich: → beschmutzen (II, 1)
besäen: → bestreuen
besagen: 1. → aussagen (2) – **2.** → ausdrücken (I, 4), bedeuten (1)
besagt: → bewusst (2)
besamen: 1. → begatten (1) – **2.** → befruchten (1)
besammeln: I. besammeln: → zusammenziehen (I, 1) – **II.** besammeln, sich: → versammeln (II, 1)
Besamung, die: → Befruchtung (a)
besänftigen: I. besänftigen: → beruhigen (I) – **II.** besänftigen, sich: → beruhigen (II, 1, a)
Besänftigung, die: → Beruhigung (1)
Besatz, der: **1.** ⟨*aufgenähter Stoffstreifen*⟩ Blende · Borte · Bordüre · Kante + Rüsche ·

Falbel · Volant · Applikation · Paspel – **2.** → Aufschlag (3)
Besatzung, die: **1.** ⟨*Personal eines Schiffes*⟩ Mannschaft · Schiffsbesatzung · Schiffsmannschaft; Crew (*seem*) – **2.** ⟨*die ein Land besetzt haltenden Truppen*⟩ Besatzungsmacht · Besatzungstruppen · Besatzungsarmee; → *auch* Besetzung (1) – **3.** ⟨*Personal eines Flugzeugs*⟩ Crew · Flugzeugbesatzung – **4.** ⟨*das Besetztsein*⟩ Fremdherrschaft
Besatzungsarmee, die: → Besatzung (2)
Besatzungsmacht, die: → Besatzung (2)
Besatzungstruppen (*Pl*): → Besatzung (2)
besaufen, sich: → betrinken, sich
Besäufnis, das: → Gelage (b)
besäuselt: → angeheitert
beschädigen: lädieren · anschlagen · anstoßen · bestoßen · in Mitleidenschaft ziehen + ruinieren ♦ *umg*: ramponieren · ankratzen · zurichten; → *auch* anhacken (1), verwüsten
beschädigt: 1. ⟨*durch Gewalteinwirkung verursacht*⟩ lädiert · havariert; wrack (*seem*) ♦ *umg*: angekratzt; → *auch* schadhaft – **2.** → angebrochen (1) – **3.** schwer b.: → behindert
Beschädigung, die: **1.** ⟨*das Beschädigen*⟩ Lädierung – **2.** ⟨*das Beschädigtsein*⟩ Sachschaden · Sachbeschädigung · Lädierung
beschaffen: 1. ⟨*für den Erhalt von etw. sorgen, das man benötigt*⟩ besorgen · verschaffen · herbeischaffen · heranschaffen · versorgen · vermitteln · verhelfen |zu| · sorgen |für| · heranholen · herbeiholen; beibringen (*südd österr schweiz*) + bedienen ♦ *umg*: auftreiben ♦ *salopp*: aufreißen · organisieren; → *auch* holen (1) – **2.** → aufbringen (1) – **3.** → veranlagt
Beschaffenheit, die: **1.** ⟨*das Beschaffensein*⟩ Art · Qualität; → *auch* Güte (2), Zustand (1) – **2.** → Veranlagung
beschäftigen: I. beschäftigen: **1.** ⟨*zur Arbeit anstellen*⟩ Arbeit geben; → *auch* anstellen (I, 2) – **2.** ⟨*die Gedanken auf etw. lenken*⟩ zu denken geben · bewegen ♦ *gehoben*: beseelen – **3.** → beanspruchen (2) – **II.** beschäftigen, sich: **1.** → arbeiten (1) – **2.** sich b. |mit|: ⟨*etw. mit Überlegung betreiben*⟩ sich befassen |mit| · sich widmen · sich verlegen |auf| · beschäftigt sein |mit| · begriffen sein |in| · arbeiten |an| · sich abgeben |mit| · dabei sein · sich aufhalten |mit| + sich zuwenden ♦ *gehoben*: umgehen

148

Beschlagnahme

|mit| ♦ *umg*: zugange sein |mit| + schwanger gehen |mit|; → *auch* versenken (II)

beschäftigt: 1. → angestellt – **2.** b. sein |mit|: → beschäftigen (II, 2)

Beschäftigung, die: 1. → Tätigkeit (1) – **2.** → Arbeit (2 *u.* 3) – **3.** → Beruf (1) – **4.** → Zeitvertreib (1) – **5.** ohne B.: → arbeitslos (1)

Beschäftigungsabbau, der: → Personalabbau

beschäftigungslos: → arbeitslos (1)

beschälen: → begatten (1)

Beschäler, der: → Zuchthengst

Beschälung, die: → Begattung (1)

beschämen: → demütigen (I)

beschämend: demütigend · blamabel · kläglich; → *auch* erbärmlich (1)

beschämt: voll[er] Scham · mit Beschämung ♦ *umg*: wie ein begossener Pudel; → *auch* schamrot (1), betreten (2)

Beschämung, die: 1. → Scham (2) – **2.** mit B.: → beschämt

beschatten: 1. → trüben (I, 1) – **2.** → überwachen (2)

beschauen: I. beschauen: [sich] b.: → ansehen (I, 3) – **II.** beschauen, sich: → ansehen (II, 1)

beschaulich: 1. ⟨*in Betrachtungen versunken*⟩ besinnlich · betrachtsam · kontemplativ – **2.** → idyllisch (1)

Beschauung, die: → Betrachtung (1)

Bescheid, der: 1. → Mitteilung (1) – **2.** → Auskunft (1) – **3.** → Aufklärung (2) – **4.** B. sagen/geben/stoßen: → zurechtweisen; B. wissen: → auskennen, sich; B. wissen |über|: → wissen (1); B. tun: → zutrinken

bescheiden: I. bescheiden: **1.** ⟨*mit wenig zufrieden*⟩ anspruchslos · genügsam · bedürfnislos + zurückhaltend · unprätentiös; → *auch* einfach (1), schlicht – **2.** → schicken (I, 2) – **3.** → befehlen (I, 2) – **4.** → bestellen (2) – **5.** → schenken (1) – **6.** → einfach (1) – **7.** → schlecht (1) – **8.** b. sein: ⟨*sich nicht in den Vordergrund drängen*⟩ zur Seite treten ♦ *umg*: sein Licht unter den Scheffel stellen – **9.** b. gehen: → schlecht (10, a *u.* b); abschlägig b.: → ablehnen (1) – **II.** bescheiden, sich: **1.** → begnügen, sich (1) – **2.** → einschränken (II)

Bescheidenheit, die: Anspruchslosigkeit · Genügsamkeit · Bedürfnislosigkeit + Zurückhaltung

Bescheidung, die: → Verzicht (1)

bescheinen: → beleuchten (1)

bescheinigen: schriftlich geben · beglaubigen · quittieren; [at]testieren · zertifizieren (*fachspr*); beurkunden (*Rechtsw*); → *auch* bestätigen (I, 1)

Bescheinigung, die: 1. ⟨*schriftl. Bestätigung*⟩ Beglaubigung · Nachweis · Zeugnis · Zertifikat · Schein · Beleg · Quittung; Attest · Testat (*fachspr*); Beurkundung (*Rechtsw*); → *auch* Bestätigung (1) – **2.** → Ausweis (1)

bescheißen: → betrügen (1)

beschenken: bescheren · bedenken · beglücken

bescheren: → beschenken

Bescherung, die: 1. → Weihnachtsbescherung – **2.** → Überraschung (3)

bescheuert: → dumm (1)

beschicken: → beliefern (1)

beschickert: → angeheitert

beschießen: befeuern · bestreichen · unter Beschuss/Feuer nehmen + bombardieren ♦ *umg*: beballern, beharken (*soldatenspr*) ♦ *salopp*: bepflastern; → *auch* schießen (1)

Beschießung, die: → Beschuss (1)

beschimpfen: insultieren · schmähen; betiteln (*abwert*) ♦ *umg*: mit Dreck bewerfen; → *auch* beleidigen, belästigen (2)

Beschimpfung, die: Schmähung · Schmährede; Lästerung (*Rel*); Betitelung (*abwert*) ♦ *umg*: Verlästerung; → *auch* Beleidigung (1)

beschirmen: → schützen (I, 1)

Beschiss, der: → Betrug (1)

beschissen: 1. → schlecht (1) – **2.** b. gehen: → schlecht (10, a *u.* b)

beschlafen: 1. → überlegen (I, 1) – **2.** → koitieren

Beschlag, der: 1. ⟨*zusammenhaltender Metallteil an Türen usw.*⟩ Band; Beschläg (*schweiz*) – **2.** → Begattung (1) – **3.** mit B. belegen: → beanspruchen (1 *u.* 2)

Beschläg, das: → Beschlag (1)

beschlagen: 1. ⟨*sich mit einem feuchten Niederschlag bedecken*⟩ anlaufen · schwitzen · belaufen ♦ *gehoben*: betauen – **2.** ⟨*von Glas gesagt: mit einem Belag überzogen*⟩ angelaufen · trüb[e] · blind – **3.** ⟨*umfassende Kenntnisse besitzend*⟩ kundig · belesen ♦ *umg*: sattelfest – **4.** → gebildet – **5.** → erfahren (2) – **6.** → begatten (1) – **7.** → trächtig – **8.** → festbinden

Beschlagnahme, die: Einziehung · Konfiskation + Sperrung

beschlagnahmen

beschlagnahmen: einziehen · konfiszieren · abnehmen · die Hand legen |auf|; unter Arrest stellen · mit Arrest belegen (*Rechtsw*); requirieren (*milit*); → *auch* pfänden

beschlecken: → belecken

beschleichen: 1. → anschleichen (II) – **2.** → überkommen (1)

beschleunigen: vorantreiben · forcieren · pushen + nachhelfen ♦ *umg*: Tempo machen · aufs Tempo drücken · Gas geben · es kurz machen ♦ *salopp*: aufdrehen · auf die Tube drücken · einen Zahn zulegen · Dampf/Druck dahinter setzen/dahinter machen · Feuer dahinter machen; → *auch* beeilen, sich

beschließen: 1. ⟨*durch Abstimmung festlegen*⟩ einen Beschluss/eine Entschließung/Resolution fassen; → *auch* abstimmen (1), vereinbaren (1) – **2.** → beenden (1) – **3.** seine Tage/sein Leben/Dasein b.: → sterben (1)

Beschließer, der: → Aufseher

beschlossen: abgemacht · ausgemacht · entschieden

Beschluss, der: **1.** ⟨*durch Abstimmung erzielte Festlegung*⟩ Ratschluss · Entschließung · Resolution – **2.** einen B. fassen: → beschließen (1)

beschmeißen: → bewerfen (1)

beschmieren: I. beschmieren: **1.** → bestreichen (1, a) – **2.** → streichen (1) – **3.** → beschmutzen (I, 1) – **4.** → beschreiben (2) – **II.** beschmieren, sich: → beschmutzen (II, 1)

beschmutzen: I. beschmutzen: **1.** ⟨*Schmutz an etw. bringen*⟩ verunreinigen · verschmutzen · einschmutzen · schmutzig machen · besudeln + verschmieren · anschmieren · beschmieren · beflecken · bespritzen ♦ *umg*: voll machen · dreckig machen · eindrecken · bemachen · bedrecken · verdrecken + voll schmieren · verklecksen · bekleckern · beklecksen · besabbern ♦ *derb*: einsauen · versauen – **2.** → entehren (I, 1) – **II.** beschmutzen, sich: **1.** ⟨*sich durch Schmutz unsauber machen*⟩ sich besudeln · sich schmutzig machen + sich beflecken · sich beschmieren · sich bespritzen ♦ *umg*: sich schwarz machen · sich anschmieren · sich einschmieren · sich bekleckern · sich beklecksen · sich besabbern ♦ *salopp*: sich bemachen · sich bedrecken · sich dreckig machen · schweinigeln; dreckern (*landsch*)

♦ *derb*: sauigeln · schweinern · sauen · sich einsauen – **2.** → entehren (II)

beschmutzt: → schmutzig (1)

beschnapst: → betrunken (1)

beschnarchen: 1. → überlegen (I, 1) – **2.** → ansehen (I, 3)

beschneiden: 1. ⟨*kürzer schneiden*⟩ [ver]schneiden · [ab]stutzen · zurechtstutzen · kappen + kupieren · scheren · trimmen ♦ *umg*: beschnippeln; beschnitzeln (*landsch*); → *auch* abschneiden (1), ¹scheren (1) – **2.** → ausholzen – **3.** → beschränken – **4.** die Flügel b.: → beschränken

beschnippeln: → beschneiden (1)

beschnitzeln: → beschneiden (1)

beschnüffeln: 1. → beschnuppern (1) – **2.** → ansehen (I, 3)

beschnuppern: 1. ⟨*von Tieren gesagt: durch Riechen prüfen*⟩ beschnüffeln · beriechen – **2.** → ansehen (I, 3)

beschönigen: bemänteln · schönfärben · schönreden · schönen · idealisieren; → *auch* verharmlosen

beschränken: einschränken · einengen · eingrenzen · restringieren · limitieren · deckeln · begrenzen · beengen · beschneiden · Grenzen ziehen/setzen · Schranken setzen · dafür sorgen, dass die Bäume nicht in den Himmel wachsen ♦ *umg*: die Flügel beschneiden/stutzen; → *auch* eindämmen (1), verklausulieren

beschränkt: 1. ⟨*einen nur engen geistigen Gesichtskreis besitzend*⟩ engstirnig · borniert · philiströs · philisterhaft · stupid[e] · kurzsichtig · [eng] begrenzt · eng ♦ *umg*: [geistig] minderbemittelt/unterbelichtet · verbohrt · besengt · vernagelt; → *auch* dumm (1), einfältig (1 *u.* 2), spießbürgerlich, unvernünftig – **2.** → bedingt (1) – **3.** → knapp (1) – **4.** b. sein: ⟨*einen nur engen geistigen Gesichtskreis besitzen*⟩ einen beschränkten Horizont haben ♦ *umg*: Scheuklappen haben (*spött*) – **5.** einen beschränkten Horizont haben: → 4

Beschränktheit, die: **1.** ⟨*enger geistiger Gesichtskreis*⟩ Engstirnigkeit · Stupidität · Borniertheit · Begrenztheit; → *auch* Dummheit (1), Einfalt – **2.** → Geistlosigkeit – **3.** → ¹Mangel (1)

Beschränkung, die: **1.** ⟨*das Festlegen auf einen eng[er]en Bereich*⟩ Einschränkung · Einengung · Begrenzung · Restriktion – **2.** → Erschwerung

Beseitigung

beschreiben: 1. ⟨*durch umfassende Angaben eine genaue Vorstellung von etw. vermitteln*⟩ eine Beschreibung geben + schildern · darstellen; → *auch* berichten, erzählen (2) – **2.** ⟨*mit Schrift versehen*⟩ beschriften; bekritzeln · beschmieren · besudeln (*abwert*); beklieren (*landsch abwert*)
beschreibend: deskriptiv
Beschreibung, die: **1.** ⟨*Vermittlung einer genauen Vorstellung durch Angabe von Einzelheiten*⟩ Deskription + Schilderung · Darstellung – **2.** → Darlegung (1) – **3.** eine B. geben: → beschreiben (1); das spottet jeder B.: → unerhört (2)
beschreien: → berufen (I, 2)
beschreiten: 1. → betreten (1) – **2.** → benutzen (1)
beschriften: → beschreiben (2)
Beschriftung, die: → Aufschrift (1)
Beschub, der: → Betrug (1)
beschuldigen: 1. ⟨*für den Schuldigen halten u. als solchen bezeichnen*⟩ die Schuld geben · anschuldigen · bezichtigen · belasten · anklagen · zur Last legen · Beschuldigungen vorbringen/ausstoßen; inkriminieren (*bes. Rechtsw*); anlasten (*österr Rechtsw*) ♦ *gehoben*: zeihen ♦ *umg*: etw. am Zeug flicken; → *auch* vorhalten, verklagen – **2.** ⟨*wider besseres Wissen als Schuldigen erklären*⟩ die Schuld aufbürden/geben · die Schuld schieben |auf| ♦ *umg*: die Schuld in die Schuhe schieben · den schwarzen Peter zuschieben ♦ *salopp*: etw. unter die Weste schieben/jubeln
Beschuldigte, der: → Angeklagte
Beschuldigung, die: **1.** ⟨*beschuldigende Äußerung*⟩ Anschuldigung · Schuldzuweisung · Bezichtigung · Anwurf · Belastung · Anklage · Klage – **2.** Beschuldigungen vorbringen/ausstoßen: → beschuldigen (1)
beschummeln: → betrügen (1)
beschuppen: → betrügen (1)
beschupsen: → betrügen (1)
Beschuss, der: **1.** ⟨*das ständige Beschießen*⟩ Beschießung · Feuer; Bombardement · Bombardierung (*veraltend*) + Kanonade · Granatfeuer · Kugelregen · Kugelhagel ♦ *umg*: Zunder · Dunst · Kattun – **2.** unter B. nehmen: → beschießen
beschützen: → schützen (I, 1)
Beschützer, der: Schützer · Protektor ♦ *dicht*: Hirte; → *auch* Schirmherr, Schutzpatron

beschwatzen/beschwätzen: 1. → überreden – **2.** → erörtern
Beschwer, die: → Mühe (1)
Beschwerde: I. Beschwerde, die: **1.** → Mühe (1) – **2.** → Klage (1) – **3.** B. einlegen, eine B. vorbringen: → beschweren (II); ohne B.: → beschwerdefrei – **II.** Beschwerden (*Pl*): → Krankheit
beschwerdefrei: ohne Beschwerde · schmerzfrei; → *auch* gesund (1)
beschweren: I. beschweren: **1.** → belasten (I, 1) – **2.** → bedrücken (1) – **II.** beschweren, sich: ⟨*jmdm. gegenüber seine Unzufriedenheit über jmdn. od. etw. ausdrücken*⟩ sich beklagen · vorstellig werden · Beschwerde einlegen · eine Beschwerde vorbringen · Klage führen ♦ *umg*: Krach schlagen/machen ♦ *salopp*: Stunk machen
beschwerlich: → mühsam
Beschwerlichkeit, die: → Mühe (1)
Beschwernis, die: → Mühe (1)
beschwichtigen: → beruhigen (I)
Beschwichtigung, die: → Beruhigung (1)
Beschwichtigungspolitik, die: Appeasement
beschwiemelt: → betrunken (1)
beschwindeln: → belügen
beschwingen: → beleben (I, 2)
beschwingt: 1. → schwungvoll – **2.** → freudig (1)
beschwipsen, sich: → betrinken, sich
beschwipst: → angeheitert
beschwören: 1. ⟨*durch Zauberkraft beherrschen*⟩ bannen · besprechen – **2.** ⟨*sehr dringend bitten*⟩ anflehen · bedrängen · bestürmen · kniefällig bitten · jmdm. zu Füßen fallen ♦ *umg*: zusetzen ♦ *salopp*: anwinseln (*abwert*); → *auch* bitten (2) – **3.** → schwören (1)
beseelen: → beschäftigen (I, 2)
beseelt: → gefühlvoll (1), seelenvoll
besehen: I. besehen: **1.** → ansehen (I, 3) – **2.** → erhalten (I, 1) – **3.** sich b.: → ansehen (I, 3) – **II.** besehen, sich: → ansehen (II, 1)
beseitigen: 1. ⟨*Störendes zum Verschwinden bringen*⟩ entfernen · aus der Welt schaffen · auslöschen · abschaffen · abstellen · ausräumen · ausmerzen · aufheben · beheben ♦ *gehoben*: bannen ♦ *umg*: wegbekommen · aufräumen |mit| – **2.** → entfernen (I, 1)
Beseitigung, die: Entfernung · Abschaffung · Aufhebung · Behebung; Ausschaltung · Abstellung (*amtsspr*)

beseligen

beseligen: → erfreuen (1)
beseligt: → freudig (1)
Besen, der: **1.** ⟨*Kehrgerät*⟩ Feger – **2.** → Xanthippe – **3.** mit dem eisernen B. auskehren: → aufräumen (1); auf den B. laden: → narren
besengt: → beschränkt (1)
Besenkammer, die: → Abstellraum
besessen: → leidenschaftlich
Besessenheit, die: Obsession
besetzen: 1. ⟨*sich einen Platz sichern*⟩ belegen · freihalten · reservieren – **2.** ⟨*mit Truppen belegen*⟩ okkupieren
Besetzung, die: **1.** ⟨*Belegung mit Truppen*⟩ Okkupation · Inbesitznahme; → *auch* Besatzung (2) – **2.** → Auswahl (4)
besichtigen: → ansehen (I, 3)
Besichtigung, die: **1.** → Betrachtung (1) – **2.** → Überprüfung
Besichtigungsfahrt, die: Sightseeingtour + Stadtrundfahrt
besiegelt: → endgültig
besiegen: I. besiegen: ⟨*über jmdn. den Sieg erringen*⟩ bezwingen · schlagen · überwinden · überwältigen · niederringen · niederzwingen · niederkämpfen · niederwerfen · auf / in die Knie zwingen; [auf die Matte] legen · ausknocken · ausboxen (*Sport*) ♦ *umg*: unterkriegen · matt / außer Gefecht setzen ♦ *salopp*: in die Pfanne hauen; → *auch* siegen, unterwerfen (1), kampfunfähig (2) – **II. besiegen, sich:** sich [selbst] b.: → überwinden (II, 1)
Besieger, der: → Sieger (1)
besiegt: 1. ⟨*vom Gegner überwunden*⟩ geschlagen · unterlegen; [schach]matt · knockout · k. o. (*Sport*) ♦ *salopp*: matsch – **2.** b. sein: ⟨*vom Gegner überwunden sein*⟩ am Boden liegen
besinnen, sich: **1.** ⟨*in Ruhe nachdenken*⟩ sich bedenken · mit sich zu Rate gehen; → *auch* unentschlossen (3) – **2.** → überlegen (I, 1) – **3.** → erinnern (II) – **4.** sich eines Besseren / anderen b.: → bessern (II, 1)
besinnlich: 1. → beschaulich (1) – **2.** → nachdenklich
Besinnung, die: **1.** → Bewusstsein (1) – **2.** ohne B.: → bewusstlos (1); die B. verlieren: → bewusstlos (2); zur B. bringen: **a)** → beleben (I, 1) – **b)** → beruhigen (I); zur B. kommen: → vernünftig (5)
besinnungslos: 1. → bewusstlos (1) – **2.** b. werden: → bewusstlos (2)

Besinnungslosigkeit, die: → Bewusstlosigkeit
Besitz, der: **1.** ⟨*das jmdm. Gehörende*⟩ Eigentum · Besitztum · Habe · Habseligkeit[en] · [Hab und] Gut · Geld und Gut · das Sein[ig]e · die Sachen; Habschaft · Effekten (*veraltend*) ♦ *gehoben*: das Eigen ♦ *umg*: Siebensachen; die sieben Zwetschgen (*landsch*); → *auch* Vermögen (1) – **2.** → Grundbesitz – **3.** seinen B. sichern: ⟨*die Verfügungsgewalt über etw. sichern*⟩ seine Claims abstecken – **4.** in [seinem] B. haben, in jmds. B. sein, sich in jmds. B. befinden: → besitzen (1); in B. nehmen / bringen, B. ergreifen |von|: **a)** → aneignen (1) – **b)** → einverleiben (2)
besitzen: 1. ⟨*die Verfügungsgewalt über etw. haben*⟩ [inne]haben · verfügen |über| · sein Eigen nennen · in [seinem] Besitz haben · in jmds. Besitz sein · sich in jmds. Besitz befinden · aufzuweisen / aufzuzeigen haben · zur Verfügung haben · gebieten |über| · disponieren |über| ♦ *gehoben*: eignen · sein Eigen sein; → *auch* gehören (I, 1) – **2.** die Macht b.: **a)** → regieren (1) – **b)** → herrschen (1)
Besitzer, der: **1.** ⟨*innehabende Person*⟩ Eigentümer · Inhaber; Eigner (*veraltend*) + Betreiber · Herr · Alleinbesitzer · Alleineigentümer – **2.** → Hausbesitzer
Besitzergreifung, die: **1.** ⟨*die Aneignung von Besitz*⟩ Besitznahme · Inbesitznahme; → *auch* Einverleibung – **2.** → Einverleibung
Besitzgier, die: → Habgier
besitzlos: → arm (1)
Besitzlosigkeit, die: → Armut (1)
Besitznahme, die: **1.** → Besitzergreifung (1) – **2.** → Einverleibung
Besitzstand, der: → Errungenschaft (1)
Besitztum, das: **1.** → Grundbesitz – **2.** → Anwesen
Besitzung, die: → Grundbesitz
besoffen: → betrunken (1)
besohlen: sohlen; doppeln (*österr*)
besolden: → entlohnen
Besoldung, die: → Gehalt (I)
besonder: 1. → außergewöhnlich (1) – **2.** → eigentümlich (1) – **3.** im Besonderen: → besonders (2)
Besonderheit, die: **1.** → Eigenart – **2.** → Eigentümlichkeit (1)
besonders: 1. ⟨*von anderem getrennt*⟩ gesondert · separat · individuell · für sich

152

[allein] ♦ *umg:* extra – **2.** ⟨*vor anderem hervorgehoben*⟩ hauptsächlich · vorzugsweise · namentlich · vorwiegend · vornehmlich · eigens · speziell · insbesondere · zumal · im Besonderen · sonderlich · vor allem · vor allen Dingen · in erster Linie; in Sonderheit (*veraltend*) – **3.** nicht b.: → mittelmäßig

besonnen: 1. ⟨*ruhig überlegend*⟩ überlegt · umsichtig · bedächtig · bedacht[sam] + abgeklärt · kühl; → *auch* beherrscht (1), gelassen (1) – **2.** → beherrscht (1)

Besonnenheit, die: Überlegung · Umsicht · Bedacht · Bedächtigkeit · Bedachtsamkeit + Abgeklärtheit; → *auch* Beherrschung (1)

besorgen: 1. → sorgen (I, 1, a) – **2.** → bedienen (I, 1) – **3.** → erledigen (1) – **4.** → beschaffen (1), stehlen (1) – **5.** → vergelten (1)

besorglich: → besorgt (1)

Besorgnis, die: **1.** → Sorge (1) – **2.** B. erregend: ⟨*Sorge bewirkend*⟩ beunruhigend; → *auch* bedenklich (1) – **3.** B. hegen: → befürchten

besorgt: 1. ⟨*von Sorge erfüllt*⟩ beklommen · bedrückt · besorglich · bedrängt · unruhig; → *auch* ängstlich (1), sorgenvoll – **2.** → fürsorglich (1) – **3.** b. sein: → sorgen (II); b. machen/stimmen: → beunruhigen (I)

Besorgung, die: **1.** → Einkauf (1) – **2.** → Erledigung (1) – **3.** → Bedingung (1) – **4.** Besorgungen machen: → einkaufen (I, 1)

bespähen: → beobachten (1)

bespannen: 1. → überziehen (I) – **2.** → beziehen (I, 2) – **3.** → aufziehen (2)

bespeien: → anspucken

bespiegeln, sich: → spiegeln (II, 1)

bespitzeln: → überwachen (2)

Bespitzelung, die: → Spitzelei

bespötteln: → verspotten

bespotten: → verspotten

besprechen: I. besprechen: **1.** ⟨*kritisch würdigen*⟩ rezensieren · eine Rezension/Besprechung/Kritik schreiben ⌊über⌋ – **2.** → erörtern – **3.** → behandeln (5) – **4.** → beschwören (1) – **II.** besprechen, sich: → beraten (II)

Besprechung, die: **1.** ⟨*kritische Würdigung*⟩ Rezension · Kritik – **2.** → Sitzung (1) – **3.** → Erörterung – **4.** eine B. schreiben ⌊über⌋: → besprechen (I, 1)

besprengen: → bespritzen (I, 1)

besprenkeln: 1. → bespritzen (I, 1) – **2.** → bestreuen

bespringen: → begatten (1)

bespritzen: I. bespritzen: **1.** ⟨*durch Spritzen nass machen*⟩ anspritzen · [be]sprengen · besprühen · einsprengen · einspritzen + besprenkeln ♦ *umg:* voll spritzen; → *auch* bewässern, anfeuchten (1) – **2.** → beschmutzen (I, 1) – **II.** bespritzen, sich: → beschmutzen (II, 1)

besprühen: 1. → bespritzen (I, 1) – **2.** → sprayen

bespucken: → anspucken

besser: bessere Hälfte: **a)** → Ehefrau – **b)** → Ehemann; b. werden: **a)** → bessern (II, 2) – **b)** → verbessern (II, 1 *u.* 2); b. machen: → bessern (I, 1); sich eines Besseren belehren [lassen]/besinnen: → bessern (II, 1); b. gesagt: → Wort (5)

Bessergestellte, der: der Besserverdienende · Besserverdiener; → *auch* Großverdiener

bessern: I. bessern: **1.** ⟨*in einen besseren Zustand versetzen*⟩ besser machen – **2.** → verbessern (I, 2) – **II.** bessern, sich: ⟨*sich positiv verändern*⟩ **1.** ⟨*Menschen in ihrem moral. Verhalten*⟩ sich wandeln · sich eines Besseren/anderen belehren [lassen]/besinnen · ein anderer Mensch werden · ein neues Leben beginnen ♦ *gehoben:* sich läutern ♦ *umg:* den alten Adam ablegen ♦ *salopp:* Kreide fressen; → *auch* bereuen – **2.** ⟨*das Wetter*⟩ sich verbessern · besser/schön[er] werden; → *auch* aufklären (II) – **3.** → verbessern (II, 1 *u.* 2)

Besserung, die: **1.** ⟨*positive Veränderung im moral. Verhalten*⟩ *gehoben:* Läuterung – **2.** → Genesung (1) – **3.** → Verbesserung (2) – **4.** auf dem Wege der B. sein: → gesund (6)

Besserungsanstalt, die: → Erziehungsanstalt

Besserverdienende, der: → Bessergestellte

Besserverdiener, der: → Bessergestellte

Besserwisser, der: → Rechthaber

bestallen: → berufen (I, 1)

Bestallung, die: → Berufung (1)

Bestand, der: **1.** ⟨*die zur Zeit vorhandenen Dinge*⟩ Fundus · Inventar · Bestandsmasse · Ist-Bestand – **2.** ⟨*die zur Zeit vorhandenen Personen*⟩ Ist-Stärke – **3.** → Dauer (2) – **4.** → Pachtzins – **5.** von B.: → dauerhaft; von B. sein, B. haben: → weiter (6)

bestanden: → bewachsen

Bestandgeber, der: → Vermieter

Bestandgeld, das: → Pachtzins

beständig

beständig: 1. → widerstandsfähig (1, a) –
2. → ununterbrochen, dauernd (1) – **3.** →
dauerhaft, haltbar (1) – **4.** b. sein: → aus-
halten (2)
Beständigkeit, die: **1.** ⟨*das Beständigsein*⟩
Unwandelbarkeit · Stetigkeit · Kontinuität –
2. ⟨*das charakterl. Festbleiben*⟩ Standhaf-
tigkeit · Festigkeit · Charakterfestigkeit; →
auch Beharrlichkeit – **3.** → Dauer (2)
Bestandsaufnahme, die: Inventur · Lager-
aufnahme · Inventarisation
Bestandsmasse, die: → Bestand (1)
Bestandsvertrag, der: → Mietvertrag
Bestandteil, der: **1.** ⟨*Teil eines einheitl.
Ganzen*⟩ Element · Komponente · Zubehör +
Ingrediens – **2.** sich in seine Bestandteile
auflösen, in seine Bestandteile zerfallen: →
zerfallen (1)
Bestandzins, der: → Pachtzins, ²Miete
bestärken: → ermutigen
Bestärkung, die: → Ermutigung
bestätigen: I. bestätigen: **1.** ⟨*endgültig als
richtig erklären*⟩ bekräftigen · erhärten ·
sanktionieren · verifizieren; erwahren
(*schweiz*) ♦ *umg*: + beniesen (*scherzh*); →
auch bescheinigen, beweisen (2), bezeugen
(1) – **2.** → beglaubigen (1) – **II.** bestätigen,
sich: **1.** ⟨*sich als richtig herausstellen*⟩ sich
bewahrheiten · zutreffen; sich erwahren
(*schweiz*); → *auch* eintreffen (1) – **2.** →
eintreffen (1)
bestätigt: bezeugt · beglaubigt; → *auch*
amtlich (1), beweiskräftig
Bestätigung, die: **1.** ⟨*Richtigkeitserklärung*⟩
Bekräftigung · Anerkennung · Sanktion ·
Beglaubigung · Bezeugung; Anerkenntnis
(*Rechtsw*) + Akkreditierung; → *auch* Be-
scheinigung (1), Beweis (2) – **2.** ⟨*Mitteilung
über eingegangene Post*⟩ Empfangsbestäti-
gung · Eingangsmeldung
bestatten: → begraben (1)
Bestattung, die: → Begräbnis
bestaubt: → staubig
bestaunen: 1. ⟨*staunend ansehen*⟩ anstau-
nen – **2.** → bewundern
beste: 1. ⟨*Steigerungsform von »gut«*⟩ erste;
→ *auch* führend (1) – **2.** von bester Quali-
tät: → erstklassig (1)
Beste: I. Beste, das: **1.** → Auslese (1) – **2.**
das B. von etw.: ⟨*der beste Teil von etw.*⟩
Filetstück · Schokoladenstück – **3.** sein Bes-
tes tun / geben: **a)** → bemühen (II, 1) – **b)** →
anstrengen (II, I); nicht zum Besten stehen

|mit|: → unsicher (5, b); zum Besten ge-
ben: → erzählen (2), darbieten (I, 1); zum
Besten haben / halten: **a)** → narren – **b)** →
necken – **II.** Beste (*Pl*): die Besten: →
Auslese (1)
bestechbar: → bestechlich (1)
bestechen: 1. ⟨*durch Geschenke zu uner-
laubten Handlungen verleiten*⟩ korrumpie-
ren · [er]kaufen ♦ *umg*: spicken · die Hand
füllen ♦ *salopp*: schmieren – **2.** → beein-
drucken – **3.** → gefallen (1)
bestechend: 1. → gefällig (2) – **2.** → her-
vorragend (1) – **3.** → überzeugend
bestechlich: 1. ⟨*Bestechungen zugänglich*⟩
käuflich · korrupt · bestechbar – **2.** b. sein:
⟨*Bestechungen zugänglich sein*⟩ *umg*: eine
hohle Hand haben / machen · sich schmieren
lassen
Bestechung, die: Schmiergeldzahlung
Bestechungsgeld, das: Schweigegeld ·
Schmiergeld
bestehen: 1. ⟨*eine Gegebenheit sein*⟩ exis-
tieren · [vorhanden] sein · da sein – **2.** ⟨*eine
Prüfung erfolgreich beenden*⟩ gut / erfolg-
reich abschneiden / abschließen ♦ *umg*: hin-
ter sich bringen · durchkommen; → *auch* ab-
legen (2) – **3.** ⟨*eine Belastung bis zum Ende
aushalten*⟩ durchstehen · durchhalten – **4.** →
behaupten (II, 1) – **5.** b. |auf|: **a)** ⟨*von einem
Recht nicht abgehen*⟩ beharren |auf| · drin-
gen |auf| · sich versteifen |auf| · pochen
|auf| · insistieren |auf| ♦ *umg*: nicht locker-
lassen; → *auch* beanspruchen (1), fordern
(1) – **b)** → behaupten (I, 1) – **6.** b. |aus|: →
zusammensetzen (II, 2); nicht b.: → durch-
fallen; weiter b., b. bleiben: → weiter (6)
Bestehen, das: → Dasein (1)
bestehlen: berauben ♦ *umg*: erleichtern
(*scherzh*) ♦ *salopp*: ausnehmen · beklauen ·
bemausen; → *auch* ausrauben
besteigen: 1. → ersteigen – **2.** → aufsitzen
(1) – **3.** → einsteigen (2) – **4.** → koitieren
bestellen: 1. ⟨*die Lieferung verlangen*⟩ an-
fordern · in Auftrag geben · buchen · eine
Bestellung aufgeben; ordern (*kaufm*) · an-
schaffen (*süddt österr*) + abonnieren; →
auch vorbestellen – **2.** ⟨*das Erscheinen an
einem Ort verlangen*⟩ bescheiden · beordern
· kommen lassen · zu kommen bitten; ein-
bestellen (*amtsspr*); → *auch* befehlen (I, 2)
– **3.** ⟨*mitteilen lassen*⟩ ausrichten · übermit-
teln · überbringen – **4.** ⟨*den Ackerboden
bearbeiten*⟩ [be]bauen · bearbeiten · bea-

154

ckern + bepflanzen · kultivieren · bewirtschaften; → *auch* pflanzen (I, 1) – **5.** → befehlen (I, 2) – **6.** → berufen (I, 1) – **7.** → austragen (1) – **8.** → bedecken (I, 2)

Besteller, der: → Auftraggeber (1)

bestellt: wie b. und nicht abgeholt: → niedergeschlagen (1); b. sein |um|: → verhalten (II, 2)

Bestellung, die: **1.** ⟨*das Bestellen*⟩ Anforderung · Auftrag · Buchung; Order (*kaufm*) → *auch* Vorbestellung – **2.** ⟨*Bearbeitung des Ackerbodens*⟩ Bebauung – **3.** → Berufung (1) – **4.** → Erledigung (1) – **5.** eine B. aufgeben: → bestellen (1)

Bestemm, der: → Ablehnung

bestenfalls: → allenfalls (1)

bestens: → hervorragend (1)

Bestform, die: Topform

bestialisch: 1. → unmenschlich (1) – **2.** → brutal

Bestialität, die: **1.** → Unmenschlichkeit – **2.** → Brutalität

Bestie, die: **1.** → Tier (1) – **2.** → Unmensch (1)

bestimmen: 1. ⟨*für einen bestimmten Zweck vorsehen*⟩ **a)** ⟨*Sachen*⟩ zudenken; → *auch* vorsehen (I) – **b)** ⟨*Personen*⟩ ausersehen |für| ◆ *gehoben:* auserwählen |für|; → *auch* auswählen, vorsehen (I) – **2.** ⟨*die Befehlsgewalt bzw. das Entscheidungsrecht haben*⟩ befehlen · die Zügel in der Hand haben · den Ton/Takt angeben ◆ *umg:* das Regiment führen · das Sagen haben · am Drücker sein · den Hut aufhaben; die Hosen anhaben (*scherzh*) → *auch* beherrschen (I, 1) – **3.** ⟨*wissenschaftlich festlegen*⟩ + definieren · spezialisieren · determinieren; diagnostizieren (*med*) – **4.** → anordnen (2) – **5.** → veranlassen (1)

bestimmend: → entscheidend (1)

bestimmt: 1. ⟨*keinen Widerspruch zulassend*⟩ entschieden · kategorisch · apodiktisch · ausdrücklich; dezidiert (*österr*) + fest · gemessen; → *auch* nachdrücklich, knapp (2) – **2.** → gewiss (1 *u.* 2) – **3.** → tatsächlich (2) – **4.** → genau (1) – **5.** b. |durch|: → abhängig (2)

Bestimmtheit, die: **1.** → Nachdrücklichkeit – **2.** → Genauigkeit (1)

Bestimmung, die: **1.** ⟨*wissenschaftl. Festlegung*⟩ + Definition · Determination; Diagnose (*med*) – **2.** ⟨*das Sich-berufen-Fühlen*⟩ Sendung · Berufung; Beruf (*veraltend*); →

auch Aufgabe (2) – **3.** → Anordnung (2) – **4.** → Verordnung (1) – **5.** → Zweck (1) – **6.** → Schicksal (1)

Bestimmungsbahnhof, der: Zielbahnhof

Bestimmungsort, der: → Reiseziel

Bestleistung, die: → Spitzenleistung (1)

Bestmarke, die: → Rekord (1)

bestoßen: → beschädigen

bestrafen: [ab]strafen · ahnden · züchtigen · maßregeln · eine Strafe auferlegen · ins Gericht gehen |mit|; in Strafe nehmen (*Rechtsw*) ◆ *umg:* einen Denkzettel geben/erteilen/verabreichen · eine Strafe aufbrummen ◆ *salopp:* einen Denkzettel verpassen

Bestrafung, die: **1.** ⟨*das Bestrafen*⟩ Abstrafung · Ahndung + Maßregelung · Strafgericht – **2.** → Strafe (1)

bestrahlen: → beleuchten (1)

bestreben, sich: → bemühen (II, 1)

Bestreben, das: **1.** → Streben – **2.** → Absicht (1)

bestrebt: b. sein: → bemühen (II, 1)

Bestrebung, die: **1.** ⟨*intensiver Versuch*⟩ Bemühung · Bemühen; → *auch* Anstrengung (1) – **2.** → Absicht (1)

bestreichen: 1. ⟨*streichend auf etw. ausbreiten*⟩ **a)** ⟨*allgemein*⟩ beschmieren + betupfen · bepinseln – **b)** → beschmieren

bestreitbar: anfechtbar · angreifbar · strittig · streitig

bestreiten: 1. ⟨*für unrichtig erklären*⟩ anfechten · abstreiten · [ab]leugnen · kontestieren + antasten · verneinen; → *auch* angreifen (I, 2) – **2.** → aberkennen – **3.** → leugnen (1) – **4.** → finanzieren

bestrenommiert: → angesehen (1)

bestreuen: besäen · besprenkeln; → *auch* pudern (1)

bestricken: → umgarnen

bestrickend: → bezaubernd

Bestseller, der: **1.** → Buch (1) – **2.** → Verkaufsschlager

bestücken: → bewaffnen (I)

Bestückung, die: → Bewaffnung

bestürmen: 1. → bedrängen (1) – **2.** → beschwören (2)

bestürzt: entsetzt · verstört · fassungslos · betroffen · konsterniert · entgeistert · wie vom Blitz getroffen · wie vor den Kopf geschlagen · aus der/außer Fassung · außer sich ◆ *umg:* erschlagen · verdattert; → *auch* überrascht (1), betreten (2), verwirrt (1)

Bestürzung

Bestürzung, die: Betroffenheit; Konsternation (*veraltend*); → *auch* Schreck (1)
Besuch, der: **1.** ⟨*das Besuchen*⟩ das Kommen + Hospitation ♦ *umg*: Stippvisite; Überfall (*scherzh*); → *auch* Höflichkeitsbesuch – **2.** einen B. abstatten / machen, zu B. kommen: → besuchen
besuchen: einen Besuch abstatten / machen · zu Besuch kommen · seine Aufwartung machen · vorsprechen |bei| · sich sehen lassen |bei| + frequentieren ♦ *gehoben*: beehren ♦ *umg*: vorbeikommen · vorbeigehen · sich blicken lassen · auf einen Sprung / Husch kommen; überfallen (*scherzh*); → *auch* aufsuchen (1)
Besucher, der: **1.** → Gast (1) – **2.** → Teilnehmer
besudeln: I. besudeln: **1.** → beschmutzen (I, 1) – **2.** → beschreiben (2) – **3.** seine Hände mit Blut b.: → morden (1); mit Dreck b.: → verleumden (1) – **II.** besudeln, sich: → beschmutzen (II, 1)
besudelt: mit Blut b.: → blutig (1)
betagt: → alt (1)
Betagtheit, die: → Alter (3, a)
betakeln: 1. → auftakeln (1) – **2.** → betrügen (1)
betanken: → auftanken
betasten: → befühlen
betätigen: I. betätigen: → bedienen (I, 4) – **II.** betätigen, sich: → arbeiten (1)
Betätigung, die: **1.** → Tätigkeit (1) – **2.** → Arbeit (1) – **3.** → Beruf (1) – **4.** → Bedienung (4)
Betätigungsdrang, der: → Eifer (1)
betatschen: → anfassen (I, 1)
betäuben: I. betäuben: **1.** ⟨*gegen Schmerz unempfindlich machen*⟩ narkotisieren · anästhe[ti]sieren (*med*) · chloroformieren (*hist*) + einschläfern – **2.** ⟨*die Wahrnehmungsfähigkeit herabmindern*⟩ berauschen · benebeln · benehmen · benommen machen – **3.** → unterdrücken (2) – **II.** betäuben, sich: sich b. |mit|: → ablenken (II, 1)
betäubend: → berauschend (1)
betäubt: leicht b.: → benommen (1)
Betäubung, die: **1.** ⟨*Herbeiführung der Schmerzunempfindlichkeit*⟩ (*med*) + örtliche Betäubung · Lokalanästhesie · Einschläferung; → *auch* Narkose – **2.** Benommenheit – **3.** örtliche B.: → 1
betauen: → beschlagen (1)

Bete, die: Rote B.: Rande (*schweiz*)
beteiligen: I. beteiligen: ⟨*einen Teil abgeben*⟩ teilhaben lassen |an| · partizipieren lassen · finanziellen Anteil geben |an| – **II.** beteiligen, sich: ⟨*durch seine Aktivität zu etw. beitragen*⟩ Anteil haben · partizipieren · mitmachen · beisteuern ♦ *umg*: mit von der Partie sein; die Hand / die Finger [mit] im Spiel haben (*meist abwert*) ♦ *salopp*: seine Pfoten drinhaben (*abwert*); → *auch* mitwirken, teilnehmen (1)
beteiligt: b. sein: → teilhaben (2)
Beteiligte, der: → Teilnehmer
beten: Gott anrufen · flehen |zu| + bitten
beteuern: 1. → versichern (I) – **2.** → behaupten (I, 1)
Beteuerung, die: → Bekundung
Betise, die: → Dummheit (1)
betiteln: 1. → nennen (1) – **2.** → anreden (1) – **3.** → beschimpfen
Betitelung: 1. → Bezeichnung (2) – **2.** → Anrede – **3.** → Beschimpfung
Beton, der: + Eisenbeton · Stahlbeton
betonen: 1. ⟨*Silben mit Nachdruck sprechen*⟩ akzentuieren · den Ton legen |auf|; → *auch* aussprechen (I, 1) – **2.** ⟨*mit Nachdruck äußern*⟩ hervorheben · herauskehren · unterstreichen · herausheben · herausstellen · pointieren · Gewicht / Wert / den Ton legen |auf| · Wert / Bedeutung / Wichtigkeit beimessen; → *auch* behaupten (I, 1)
betonhart: → hart (1)
Betonkopf, der: → Hardliner
betonköpfig: → eigensinnig (1)
betont: demonstrativ · ostentativ · pointiert · prononciert · nachdrucksvoll · herausgehoben + ausgesucht
Betonung, die: **1.** ⟨*das Betonen*⟩ Akzentuation · Akzentuierung – **2.** ⟨*die den Akzent tragende Stelle*⟩ Akzent · Ton; → *auch* Tonzeichen – **3.** ⟨*nachdrückl. Äußerung*⟩ Hervorhebung · Unterstreichung – **4.** → Aussprache (1)
betören: 1. → bezaubern – **2.** → verwirren (2)
betörend: → bezaubernd
Betracht, der: **1.** → Gesichtspunkt (1) – **2.** in B. ziehen: → berücksichtigen (1); außer B. stehen / bleiben, nicht in B. kommen: → ausscheiden (2)
betrachten: I. betrachten: **1.** → ansehen (I, 3) – **2.** → darlegen – **3.** b. |als|: → halten (I, 7); als melkende Kuh b.: → ausnut-

zen (1) – **II.** betrachten, sich: → ansehen (II, 1)

beträchtlich: 1. ⟨*recht groß*⟩ beachtlich · stattlich · ansehnlich · erheblich · respektabel · respektierlich · erklecklich · bedeutend · bemerkenswert ♦ *umg:* ziemlich · anständig – **2.** → sehr

betrachtsam: → beschaulich (1)

Betrachtung, die: 1. ⟨*das Hinsehen*⟩ Besichtigung · Anblick; Beschauung (*landsch*) ♦ *gehoben:* Anschauung – **2.** ⟨*innerl. Versenkung*⟩ Kontemplation · Beschaulichkeit – **3.** → Darlegung (1)

Betrachtungsweise, die: → Anschauungsweise

Betrag, der: Geldsumme · Barsumme · Summe + Posten · Position · Quantum

betragen: I. betragen: ⟨*in der Summe ergeben*⟩ ausmachen · sich belaufen |auf| · sich berechnen |auf|; sich beziffern |auf| – **II.** betragen, sich: → verhalten (II, 1)

Betragen, das: 1. → Benehmen (1) – **2.** → Verhalten

betrauen: 1. b. |mit| : → beauftragen – **2.** betraut sein |mit| : → verwalten (1)

betrauern: → beklagen (I, 1)

Betreff: in B.: → hinsichtlich

betreffen: 1. ⟨*auf etw. od. jmdn. hinzielen*⟩ angehen · berühren · an[be]langen · anbetreffen · sich beziehen |auf|; belangen (*veraltend*) + gelten; → *auch* handeln (II) – **2.** → zustoßen (1) – **3.** → vorfinden

betreffend: → bewusst (2)

Betreffnis, das: → Anteil (1)

betreffs: → hinsichtlich

betreiben: 1. → ausüben (1) – **2.** → antreiben (3)

Betreiber, der: → Besitzer (1)

betretbar: → zugänglich (1)

betreten: 1. ⟨*die Füße auf etw. setzen*⟩ treten |auf| + beschreiten · begehen – **2.** ⟨*das Empfinden einer persönlich unangenehmen Situation im Gesichtsausdruck zeigend*⟩ betroffen · verlegen · peinlich berührt ♦ *umg:* wie ein begossener Pudel · als hätte man jmdm. die Butter vom Brot genommen ♦ *salopp:* bedeppert; bedripst (*landsch*); → *auch* bestürzt, beschämt – **3.** → hineingehen (1)

betreuen: 1. → sorgen (I, 1, a) – **2.** → pflegen (I, 1, a) – **3.** → behandeln (2)

Betreuer, der: + Promotor · Manager · Impresario

Betreuung, die: 1. → Pflege (1, a) – **2.** → Behandlung (1)

Betrieb, der: 1. → Fabrik – **2.** → Verhältnis (II, 1) – **3.** → Trubel (1) – **4.** in B. sein: → laufen (2); in B. setzen: **a)** → anstellen (I, 1) – **b)** → anlassen (I, 1); außer B. setzen: → stilllegen

betriebsam: → eifrig (1)

Betriebsamkeit, die: → Eifer (1)

Betriebsangehörige (*Pl*): die Betriebsangehörigen; → Belegschaft

betriebsbereit: → betriebsfertig

Betriebschef, der: → Firmenchef

Betriebsergebnis, das: → Gewinn (1)

betriebsfertig: einsatzbereit · betriebsbereit · einsatzfertig + gebrauchsfertig

Betriebsgeheimnis, das: Geschäftsgeheimnis · Fabrik[ations]geheimnis

Betriebsrente, die: → Rente

betrinken, sich: sich bezechen · sich einen Rausch antrinken ♦ *gehoben:* sich berauschen ♦ *umg:* sich beschwipsen · sich einen [Schwips] antrinken · einen über den Durst trinken · ein Gläschen zu viel trinken · zu tief ins Glas gucken ♦ *salopp:* einen verlöten · sich einen Affen antrinken/kaufen · einen auf die Lampe gießen · sich die Nase begießen · sich den Kanal/sich voll laufen lassen; sich kandideln · sich beduseln · sich einen ansäuseln (*landsch*); sich betütern (*berlin*) ♦ *derb:* sich besaufen · sich voll saufen · sich einen ansaufen; → *auch* trinken (1, b)

betroffen: 1. → betreten (2) – **2.** → bestürzt

Betroffene, der: → Opfer (3)

Betroffenheit, die: → Bestürzung

betrüben: I. betrüben: ⟨*Betrübnis zufügen*⟩ bekümmern · [ver]grämen · die Freude verderben · das Vergnügen rauben · etw. schlägt jmdm. aufs Gemüt ♦ *umg:* traurig machen ♦ *salopp:* die Freude versalzen; → *auch* kränken, verärgern – **II.** betrüben, sich: → traurig (2, a)

betrüblich: → traurig (1)

Betrübnis, die: → Kummer (1)

betrübt: 1. → traurig (1) – **2.** b. sein: → traurig (2, a), trauern (1)

Betrübtheit, die: → Kummer (1)

Betrug, der: 1. ⟨*das Täuschen anderer zur Erreichung eigenen Vorteils*⟩ Betrügerei · Gaunerei · Gaunerstreich · Gaunerstück · Schwindel · Schiebung · Bauernfang · Bauernfängerei · Spitzbüberei · Beutelschneide-

betrügen

rei · Gimpelfang · Durchstecherei · Nepp ♦ *umg:* Schwindelei · Mogelei · Schummel · Schummelei · Prellerei · Nepperei · krumme Sache · fauler Zauber · blauer Dunst · Augenwischerei + Etikettenschwindel ♦ *salopp:* Schmu · Beschub ♦ *derb:* Beschiss; → *auch* Täuschung (1) – **2.** frommer B.: → Selbstbetrug

betrügen: 1. ⟨*sich durch Täuschung anderer Vorteil verschaffen*⟩ prellen · gaunern · neppen · bringen |um| · corriger la fortune + übervorteilen ♦ *umg:* hereinlegen · hochnehmen · begaunern · [be]mogeln · [be]schummeln · übers Ohr hauen · über den Löffel balbieren/barbieren · das Fell über die Ohren ziehen · über den Tisch ziehen · krumme Wege gehen; betakeln (*österr*) ♦ *salopp:* leimen · lackieren · lackmeiern · anschmieren · behacken · einseifen · Schmu machen · in den Sack stecken · auf die krumme Tour reisen · aufs Kreuz legen; anmeiern · beschuppen · beschupsen · behumsen · behumpsen · salben (*landsch*) ♦ *derb:* bescheißen · anscheißen; → *auch* hereinlegen (1), hintergehen, täuschen (I), belügen – **2.** ⟨*die eheliche Treue brechen*⟩ **a)** ⟨*allgemein*⟩ untreu sein · ehebrechen · die Ehe brechen · Ehebruch begehen ♦ *umg:* fremdgehen – **b)** ⟨*dem [Ehe]mann nicht treu sein*⟩ Hörner/ein Geweih aufsetzen · zum Hahnrei machen

Betrüger, der: Gauner · Preller · Filou · Spitzbube · Schwindler + Scharlatan · Schieber · Hochstapler · Heiratsschwindler; → *auch* Geschäftemacher

Betrügerei, die: → Betrug (1)

betrügerisch: unredlich · unehrlich · unreell · gaunerhaft · schwindlerisch + link

betrunken: 1. ⟨*unter [starkem] Alkoholeinfluss stehend*⟩ stockbetrunken · [voll]trunken · berauscht · bezecht · sturzbetrunken · alkoholisiert ♦ *umg:* benebelt · beschnapst · bekneipt · angeschlagen · hinüber; illuminiert (*scherzh*) ♦ *salopp:* [sternhagel]voll · fertig · groggy · fett · knülle · knille · [veilchen]blau · blau wie ein Veilchen · voll wie ein Sack/eine Kanone/Haubitze; betütert · beschwiemelt (*landsch*); dun (*norddt*) ♦ *derb:* besoffen · stockbesoffen · stinkbesoffen · sturzbesoffen; → *auch* angeheitert – **2.** b. sein: ⟨*unter [starkem] Alkoholeinfluss stehen*⟩ unter Alkohol stehen · einen Rausch haben ♦ *umg:* einen intus

haben · einen [Zacken] weghaben · schief/schwer geladen haben · satt sein · Schlagseite haben + weiße Mäuse sehen ♦ *salopp:* einen Affen haben · einen sitzen haben · einen auf der Latte haben · einen in der Krone / im Kahn / im Tee haben · den Kanal/Laden voll haben

Betschwester, die: → Frömmlerin

Bett, das: **1.** ⟨*Möbelstück zum Schlafen*⟩ Liegestatt · Schlafstatt; Körbchen (*kinderspr*) + Pritsche ♦ *umg:* Klappe · Koje · Falle · Nest · die Federn; Liebesinsel (*scherzh*); Heia (*kinderspr*) ♦ *salopp:* Kahn; Plauze (*landsch*); → *auch* Lager (1), Schlafgelegenheit – **2.** → Federbett – **3.** → Flussbett – **4.** ins/zu B. gehen: → schlafen (5); aus dem B. holen/jagen: → wecken (1); das B. hüten, im/zu B. liegen, ans B. gefesselt sein: → krank (2); ins B. gehen |mit|: → koitieren

Bettanzug, der: → Bettbezug

Bettbank, die: → Sofa

Bettbezug, der: Bezug; Zieche (*süddt österr*); Bettanzug (*schweiz*)

Bettcouch, die: → Sofa

Bettdecke, die: → Federbett

Bettel, der: → Kram (1)

bettelarm: → arm (1)

Bettelbruder, der: → Bettler

betteln: 1. ⟨*um Almosen bitten*⟩ fechten (*veraltend*); prachern (*landsch*) + eine hohle Hand machen ♦ *umg:* schnorren · Klinken putzen; → *auch* anbetteln (1) – **2.** b. |um|: → bitten (2)

Bettelstab, der: an den B. kommen: → verarmen; an den B. bringen: → ruinieren (I, 1)

Bettelsuppe, die: → Almosen (1)

betten: 1. ⟨*zum Schlafen legen*⟩ niederlegen · hinlegen – **2.** zur letzten Ruhe b.: → begraben (1)

Bettflasche, die: → Wärmflasche

Bettgeschichte, die: → Liebesverhältnis

Betthäschen, das: → Beischläferin

Betthase, der: → Beischläferin

bettlägerig: → krank (1)

Bettlaken, das: → Betttuch

Bettler, der: *umg:* Fechtbruder · Bettelbruder; Fechter (*veraltend*); Pracher · Pracherjochen (*landsch*) ♦ *umg:* Schnorrer · Klinkenputzer

bettreif: → müde (1)

Bettschwere, die: → Müdigkeit (1)

Betttuch, das: Laken · Bettlaken

Bettzipfel, der: nach dem B. schielen: →
müde (2)

betucht: → reich (1)

betulich: 1. → fürsorglich (1) – **2.** → eifrig
(1)

betun, sich: → zieren (II, 2)

betupfen: → bestreichen (1, a)

betütern, sich: → betrinken, sich

betütert: → betrunken (1)

Beugehaft, die (*Rechtsw*): Erzwingungshaft
(*Rechtsw*)

beugen: I. beugen: **1.** 〈*nach unten biegen*〉
neigen + abwinkeln; → *auch* biegen
(I, 1) – **2.** 〈*grammatisch verändern*〉 ab-
wandeln · flektieren; biegen (*landsch*) + de-
klinieren · konjugieren – **3.** → ablen-
ken (I, 1) – **4.** → demütigen (I) – **5.** →
unterwerfen (1) – **6.** → verdrehen (1) –
7. den Nacken b.: → demütigen (I *u.*
II) – **II.** beugen, sich: **1.** → bücken, sich
(1) – **2.** → nachgeben (1) – **3.** sich b. |über|:
〈*sich mit dem Oberkörper über etw. neigen*〉
sich überneigen · sich lehnen |über|

Beugung, die: **1.** 〈*das Krummmachen*〉
Krümmung – **2.** 〈*grammatische Verände-
rung*〉 Abwandlung · Flexion; Biegung
(*landsch*) + Deklination · Konjugation – **3.**
→ Brechung – **4.** → Verdrehung

Beule, die: **1.** 〈*Wölbung auf der Haut*〉 umg:
Horn; Brausche (*landsch*) – **2.** 〈*durch Ein-
drücken entstandene Beschädigung*〉 umg:
Delle; Depscher (*österr*)

beunruhigen: I. beunruhigen: 〈*die Ruhe
nehmen*〉 in Unruhe versetzen · unru-
hig/besorgt machen/stimmen · alarmieren ·
schlaflose Nächte bereiten ♦ *gehoben*: an-
fechten; → *auch* aufregen (I, 1) – **II.** beun-
ruhigen, sich: → aufregen (II)

beunruhigend: → Besorgnis (2)

Beunruhigung, die: → Sorge (1)

beurkunden: → bescheinigen

Beurkundung, die: → Bescheinigung (1)

beurlauben: freigeben · suspendieren · Ur-
laub geben/gewähren; → *auch* befreien
(I, 2)

Beurlaubung, die: → Befreiung (3)

beurteilen: 1. 〈*eine Beurteilung vorneh-
men*〉 begutachten · [be]werten · evaluieren ·
einschätzen · befinden |über| + referieren
♦ *umg*: eintaxieren · sich lehnen |über| –
2. → urteilen (3) – **3.** b. |als|: → halten
(I, 7); falsch b.: → verkennen

Beurteiler, der: → Kritiker

Beurteilung, die: Begutachtung · Bewer-
tung · Wertung · Evaluierung · Einschätzung
· Urteil · Charakteristik

Beute, die: → Raub (1)

beutegierig: → räuberisch

Beutel, der: **1.** → Sack (1) – **2.** → Geld-
börse – **3.** den B. ziehen/zücken: → bezah-
len (2); sich den B. füllen: → bereichern (II)

beuteln: 1. → schütteln (I, 1) – **2.** →
schröpfen (2)

Beutelschneider, der: → Wucherer

Beutelschneiderei, die: → Wucher (1)

bevölkern: beleben

Bevölkerung, die: Bewohnerschaft · Ein-
wohnerschaft · Population · die Bewohner +
Volk

Bevölkerungsrückgang, der: Einwohner-
schwund + Abwanderung

bevollmächtigen: ermächtigen · befugen ·
autorisieren · [die] Vollmacht erteilen; →
auch beauftragen, berechtigen

bevollmächtigt: → berechtigt

Bevollmächtigte, der: der Beauftragte · der
Generalbevollmächtigte · Sachwalter ·
Kommissar · Prokurator; Kommissär (*österr
schweiz*) + Kommissionär; → *auch* Vertre-
ter (1)

Bevollmächtigung, die: → Vollmacht (1)

bevor: → ehe

bevormunden: gängeln

bevorrechtet: privilegiert · bevorrechtigt

bevorrechtigt: → bevorrechtet

bevorschussen: → vorauszahlen

bevorstehen: ins Haus stehen · vor der Tür
stehen + drohen

bevorzugen: vorziehen · begünstigen · fa-
vorisieren · präferieren · den Vorzug geben ·
über andere setzen · begönnern ♦ *umg*: eine
Extrawurst braten

bewachen: 1. 〈*scharf unter Beobachtung
halten*〉 beaufsichtigen · nicht aus den Au-
gen lassen · im Auge behalten · [ab]decken
(*Sport*) + hüten; → *auch* überwachen (1) –
2. → schützen (I, 1)

Bewacher, der: → Aufseher

bewachsen: bestanden · bedeckt

Bewachung, die: **1.** 〈*bewachende Person
bzw. Personen*〉 Bedeckung ♦ *umg*: Aufpas-
ser; → *auch* Wache (1) – **2.** → Aufsicht (1)
– **3.** → Schutz (2)

bewaffnen: I. bewaffnen: 〈*Waffen geben*〉
[aus]rüsten + bestücken ♦ *gehoben*: waff-
nen – **II.** bewaffnen, sich: 〈*sich mit Waffen*

Bewaffnung

versehen⟩ sich ausrüsten ♦ *gehoben:* sich wappnen

Bewaffnung, die: Ausrüstung + Bestückung

bewahren: 1. ⟨*in seinem Inneren festhalten*⟩ verwahren · behalten · behüten · verschließen · begraben ♦ *gehoben:* bergen; → *auch* verschweigen – **2.** ⟨*weiter in einem bestimmten Zustand bestehen lassen*⟩ wahren · beibehalten · erhalten – **3.** → beibehalten (1) – **4.** → schützen (I, 1) – **5.** → aufbewahren – **6.** → merken (4) – **7.** Stillschweigen b.: → schweigen (2); einen kühlen/klaren Kopf/kaltes/ruhig Blut/die Selbstbeherrschung/die Herrschaft über sich [selbst] b.: → beherrschen (II)

bewähren, sich: seinen Mann stehen; → *auch* behaupten (II, 1)

bewahrheiten, sich: → bestätigen (II, 1)

bewährt: altbewährt · [alt]erprobt · probat · altrenommiert; → *auch* alt (3), zuverlässig (1)

Bewahrung, die: → Beibehaltung

Bewährungshelfer, der: → Sozialarbeiter

Bewährungsprobe, die: Prüfstein · Feuerprobe · Feuertaufe · Härtetest

bewältigen: 1. → meistern – **2.** → aufbekommen (2) – **3.** → zurücklegen (1)

bewandert: → erfahren (2)

Bewandtnis, die: damit hat es folgende B.: → verhalten (II, 2)

bewässern: berieseln · überrieseln · beregnen; einschlämmen (*Landw*); → *auch* bespritzen (I, 1)

bewegen: I. bewegen: **1.** ⟨*mit einem Körperteil eine Orts- bzw. Lageveränderung vornehmen*⟩ rühren · regen – **2.** → ergreifen (3) – **3.** → beschäftigen (I, 2) – **4.** b. |zu|: → veranlassen (1) – **II.** bewegen, sich: **1.** ⟨*seine Lage ändern, seine Gliedmaßen betätigen*⟩ sich rühren · sich regen · eine Bewegung machen + sich Bewegung machen – **2.** → verhalten (II, 1) – **3.** → gehen (1) – **4.** → spazieren (2)

Beweggrund, der: → Veranlassung

beweglich: 1. ⟨*[leicht] von der Stelle zu bewegend*⟩ verrückbar · versetzbar · transportabel · transportierbar · mobil – **2.** → lebhaft (1) – **3.** → gewandt (1) – **4.** → anpassungsfähig

Beweglichkeit, die: → Gewandtheit (1)

bewegt: 1. → unruhig (1) – **2.** → ereignisreich – **3.** → ergriffen

Bewegung, die: **1.** ⟨*Orts- bzw. Lageveränderung*⟩ Regung · Schwung · Fortbewegung +

Fluss · Zug · Transport; → *auch* Schwingung – **2.** → Geste (1) – **3.** → Ergriffenheit – **4.** ohne B.: → regungslos; eine B. machen, sich B. machen: → bewegen (II, 1); sich B. verschaffen: → spazieren (2); alle Hebel/Himmel und Hölle in B. setzen: → versuchen (I, 4); sich in B. setzen: **a)** → anfahren (1) – **b)** → abfahren (1, a) – **c)** → aufbrechen (3); in B. setzen: → anlassen (I, 1); in B. bringen: → antreiben (3)

Bewegungsfreiheit, die: + Auslauf

bewegungslos: → regungslos

bewehren: 1. *fachspr* ⟨*durch Eiseneinlagen fester machen*⟩ armieren · verstärken – **2.** → bewaffnen (I)

beweiben, sich: → heiraten (2)

beweibt: → verheiratet (2)

beweiden: → abfressen

beweihräuchern: → verherrlichen

beweinen: → beklagen (I, 1)

beweinenswert: → bedauernswert

Beweis, der: **1.** ⟨*Richtigkeitserweis*⟩ Nachweis · Beleg · Zeugnis · Ausweis + Argument; → *auch* Begründung (1) – **2.** ⟨*das Kennzeichnende*⟩ Ausdruck · Probe · Dokumentation · Zeichen · Nachweis · Erweis · Kostprobe; → *auch* Bestätigung (1) – **3.** unter B. stellen, einen B. ablegen |für|: → beweisen (2); den B. führen/erbringen/antreten |für|: → beweisen (1)

beweisbar: erweisbar · nachweisbar · erweislich + unwiderlegbar · unwiderleglich

beweisen: 1. ⟨*die Richtigkeit erweisen*⟩ nachweisen · aufzeigen · dokumentieren · den Beweis führen/erbringen/antreten |für| · den Nachweis führen/erbringen |für| + erhärten · rechtfertigen; → *auch* belegen (1), begründen (1) – **2.** ⟨*als einem zugehörig od. innewohnend erkennen lassen*⟩ zeigen · nachweisen · unter Beweis stellen · einen Beweis ablegen |für| · den Nachweis führen |für|; → *auch* bestätigen (I, 1) – **3.** das Gegenteil b.: → widerlegen

Beweisführung, die: → Begründung (1)

Beweisgrund, der: → Begründung (2)

beweiskräftig: dokumentarisch · amtlich · urkundlich · diplomatisch; → *auch* überzeugend, bestätigt, amtlich (1)

Beweisstück, das: Dokument; Corpus delicti (*Rechtsw od. scherzh*)

bewenden: es b. lassen |mit/bei|: → belassen (1)

160

bewerben, sich: sich b. |um| : **1.** ⟨*durch Gesuch zu bekommen suchen*⟩ ansuchen · sich bemühen |um| · einkommen |um| · anhalten |um| · werben |um| · kandidieren |für| ; aspirieren |auf| (*österr*); → *auch* anbieten (II), bitten (2) – **2.** → werben (2, a)

Bewerber, der: **1.** ⟨*sich um etw. Bewerbender*⟩ Anwärter · Aspirant · Kandidat; → *auch* Bittsteller – **2.** ⟨*um ein Mädchen od. eine Frau Werbender*⟩ Freier; Freiersmann (*noch scherzh*)

Bewerbung, die: → Antrag (3)

bewerfen: 1. ⟨*auf etw. od. jmdn. werfen*⟩ *salopp*: beschmeißen · befeuern · bombardieren |mit| – **2.** → verputzen (1) – **3.** mit Schmutz b.: → verleumden (1)

bewerkstelligen: ermöglichen · zustande / zuwege bringen; fügen · richten (*landsch*) + steuern ♦ *umg*: anstellen · anpacken · anfangen · managen · einfädeln ♦ *salopp*: drehen · hinkriegen · hinschaukeln · hinbiegen · schmeißen · deichseln · befummeln · fingern · fädeln; → *auch* erreichen (2), meistern, zurechtkommen (2)

bewerten: 1. → beurteilen (1) – **2.** → anrechnen (1) – **3.** → berechnen (I, 1)

Bewertung, die: **1.** ⟨*Feststellung des Wertes*⟩ Wertung – **2.** → Berechnung (1) – **3.** → Beurteilung

bewickeln: → umwickeln

bewiesenermaßen: → nachweislich

bewilligen: 1. → gewähren (1) – **2.** → genehmigen (1) – **3.** bewilligt werden: → durchgehen (2)

bewillkommnen: → willkommen (2)

bewirken: 1. → verursachen – **2.** → erreichen (2)

bewirten: 1. ⟨*seinen Gästen Speisen u. Getränke vorsetzen*⟩ regalieren (*noch landsch*) ♦ *umg*: traktieren (*scherzh*); → *auch* auftischen (1), bedienen (I, 3) – **2.** → bedienen (I, 3) – **3.** → verpflegen (1)

bewirtschaften: 1. ⟨*die Verteilung von Gütern planmäßig regeln*⟩ rationieren · kontingentieren; → *auch* zuteilen – **2.** → verwalten (2) – **3.** → bestellen (4)

Bewirtung, die: → Bedienung (3)

bewitzeln: → verspotten

Bewohner: I. Bewohner, der: → Einwohner (1) – **II.** Bewohner (*Pl*): die B.: → Bevölkerung

Bewohnerschaft, die: → Bevölkerung

bewölken, sich: → eintrüben, sich

bewölkt: bedeckt · bezogen · wolkig + trüb[e] · verhangen

Bewölkungsauflockerung, die: → Aufheiterung (2)

Bewölkungszunahme, die: → Eintrübung

Bewunderer, der: → Verehrer (1)

bewundern: bestaunen · anstaunen; → *auch* anbeten

bewundernswert: → erstaunlich (1)

bewundernswürdig: → erstaunlich (1)

Bewunderung, die: **1.** → Verehrung – **2.** B. hervorrufen: → beeindrucken

bewunderungswürdig: → erstaunlich (1)

Bewurf, der: → Verputz

bewusst: 1. ⟨*wissend*⟩ wissentlich · mit Wissen · mit [vollem] Bewusstsein · mit klarem Verstand; → *auch* absichtlich – **2.** ⟨*einen gekannten Bezug ausdrückend*⟩ bekannt · besagt · erwähnt · betreffend; → *auch* oben (2) – **3.** ⟨*aus Überzeugung für etw. eintretend*⟩ überzeugt – **4.** → absichtlich – **5.** b. werden: **a)** → erkennen (1) – **b)** → auftauchen (4)

bewusstlos: 1. ⟨*nicht bei Bewusstsein*⟩ besinnungslos · ohnmächtig · ohne Bewusstsein / Besinnung · nicht bei sich – **2.** b. werden: ⟨*in den Zustand der Bewusstlosigkeit gelangen*⟩ ohnmächtig / besinnungslos werden · das Bewusstsein / die Besinnung verlieren · in Ohnmacht fallen / sinken · jmdm. wird [es] schwarz vor [den] Augen · umsinken ♦ *umg*: umkippen · zusammensacken · umklappen · umsacken · wegsacken · aus den Latschen / Pantinen kippen; → *auch* zusammenbrechen (1)

Bewusstlosigkeit, die: Ohnmacht · Besinnungslosigkeit; Koma · Sopor (*med*)

Bewusstsein, das: **1.** ⟨*der ungestörte Ablauf der geistigen Funktionen*⟩ Besinnung – **2.** zu[m] B. kommen: → erkennen (1); mit [vollem] B.: **a)** → bewusst (1) – **b)** → absichtlich; ohne B.: → bewusstlos (1); das B. verlieren: → bewusstlos (2)

Bewusstseinsspaltung, die: Spaltungsirresein; Schizophrenie (*med*); → *auch* Geisteskrankheit

bezahlen: 1. ⟨*den Gegenwert geben*⟩ vergüten · zahlen · geben |für| · honorieren; → *auch* entlohnen – **2.** ⟨*die Bezahlung vornehmen*⟩ zahlen · entrichten; erlegen (*süddt österr schweiz*) + begleichen ♦ *umg*: den Beutel ziehen / zücken (*scherzh*) ♦ *salopp*: hinblättern · berappen · blechen · bluten; →

Bezahlfernsehen

auch ausgeben (I, 3) – **3.** → tilgen (1) – **4.** → finanzieren – **5.** → auszahlen (I, 1) – **6.** → entlohnen – **7.** → büßen (1) – **8.** in Raten b.: → abzahlen; teuer/die Zeche b.: → büßen (1); sich bezahlt machen: → lohnen (II); nicht mit Geld zu b.: → wertvoll (1)
Bezahlfernsehen, das: Zahlfernsehen · Payfernsehen · Bezahl-TV · Pay-TV
Bezahl-TV, das: → Bezahlfernsehen
Bezahlung, die: **1.** ⟨*das Bezahlen einer Geldsumme*⟩ Zahlung · Entrichtung + Begleichung · Bereinigung; → *auch* Tilgung – **2.** → Lohn (1)
bezähmen: I. bezähmen: → beherrschen (I, 2) – **II.** bezähmen, sich: → beherrschen (II)
bezaubern: entzücken · berücken · hinreißen · faszinieren · verzaubern · betören + blenden; → *auch* beeindrucken, umgarnen
bezaubernd: bestrickend · berückend · hinreißend · faszinierend · betörend · berauschend · unwiderstehlich · verwirrend · verführerisch · herzbetörend + raffiniert; → *auch* anmutig, anziehend (1), reizend (1), verlockend
bezechen, sich: → betrinken, sich
bezecht: → betrunken (1)
bezeichnen: I. bezeichnen: **1.** ⟨*mit einem Zeichen versehen*⟩ kennzeichnen; → *auch* markieren (1) – **2.** ⟨*genau angeben*⟩ [be]nennen – **3.** b. |als|: **a)** ⟨*in bestimmter Weise charakterisieren*⟩ charakterisieren |als| · hinstellen |als| · ansprechen |als| · erklären |für|; → *auch* stempeln (1) – **b)** → nennen (1) – **II.** bezeichnen, sich b. |als|: ⟨*sich einen anderen Anschein geben*⟩ sich ausgeben |für/als|
bezeichnend: 1. ⟨*jmds. Gesinnung od. Handlungsweise verdeutlichend*⟩ typisch · charakteristisch; → *auch* eigentümlich (1), kennzeichnend – **2.** → kennzeichnend
Bezeichnung, die: **1.** ⟨*Kenntlichmachung durch ein Zeichen*⟩ Markierung · Kennzeichnung – **2.** ⟨*das Kennzeichnen mit sprachl. Mitteln*⟩ Benennung · Nennung · Betitelung – **3.** → Wort (1)
bezeigen: 1. → ausdrücken (I, 3) – **2.** → erweisen (I, 1) – **3.** sein Beileid b.: → kondolieren; Teilnahme b.: → mitfühlen; seinen Dank b.: → danken (1)
Bezeigung, die: → Bekundung
bezeugen: 1. ⟨*durch Zeugenaussage bestätigen*⟩ zeugen |für| · Zeugnis ablegen |für|; bekunden (*Rechtsw*); → *auch* aussagen

(1), bestätigen (I, 1) – **2.** → ausdrücken (I, 3) – **3.** seinen Dank b.: → danken (1); sein Beileid b.: → kondolieren
bezeugt: → bestätigt
Bezeugung, die: **1.** → Bestätigung (1) – **2.** → Bekundung – **3.** → Zeugenaussage
bezichtigen: → beschuldigen (1)
Bezichtigung, die: → Beschuldigung (1)
beziehbar: → bezugsfertig
beziehen: I. beziehen: **1.** ⟨*auf Bestellung regelmäßig bekommen*⟩ halten · abonniert haben ♦ *umg*: abonniert sein |auf| – **2.** ⟨*mit einem Bezug versehen*⟩ bespannen · bedecken · bekleiden + auskleiden; → *auch* auslegen (1) – **3.** ⟨*in eine Wohnung ziehen*⟩ einziehen; → *auch* ²einmieten, sich – **4.** → aufziehen (2) – **5.** b. |auf|: ⟨*in bestimmter Verbindung verstehen*⟩ anwenden |auf| – **II.** beziehen, sich: **1.** → eintrüben, sich – **2.** sich b. |auf|: **a)** → berufen (II) – **b)** → betreffen (1) – **c)** → zusammenhängen (1)
Bezieher, der: Abonnent · Leser; Bezüger (*schweiz*)
Beziehung: I. Beziehung, die: **1.** ⟨*Berührung mit anderen Personen*⟩ Verbindung · Konnex[ion] · Kontakt · Umgang · Verkehr; Ansprache (*landsch*); → *auch* Verhältnis (I, 1), Zusammenhang (1) – **2.** [intime] B.: → Liebesverhältnis; ohne B.: → beziehungslos; in jeder B.: → ganz (1); B. nehmen |auf|: → berufen (II); unter/mit B. |auf|: → hinsichtlich – **II.** Beziehungen (*Pl*): **1.** ⟨*zum persönl. Vorteil nutzbare Bekanntschaften*⟩ Verbindungen · Connections (*Pl*) + heißer Draht ♦ *umg*: Vitamin B (*scherzh*) – **2.** B. aufnehmen: → annähern (II, 1)
Beziehungskiste, die: → Liebesverhältnis
beziehungslos: zusammenhanglos · ohne Beziehung/Zusammenhang; → *auch* isoliert
beziehungsweise: 1. ⟨*auch eine andere Beziehung ausdrückend*⟩ respektive – **2.** → oder (1)
beziffern: I. beziffern: → nummerieren – **II.** beziffern, sich: sich b. |auf|: → betragen (I)
Bezirk, der: **1.** ⟨*territoriale Einheit*⟩ Verwaltungsbezirk; Kanton · Distrikt · Departement (*schweiz*); Gouvernement (*veraltend*) – **2.** → Bereich (1) – **3.** → Landschaftsgebiet
bezirzen: → umgarnen
bezogen: → bewölkt

162

Bild

Bezug: I. Bezug, der: **1.** → Kauf (1) – **2.** → Zusammenhang (1) – **3.** → Bettbezug – **4.** mit/in B. auf: → hinsichtlich; B. nehmen |auf|: → berufen (II); B. haben |auf|: → zusammenhängen (1) – **II.** Bezüge (*Pl*): → Gehalt (I)
Bezüger, der: → Bezieher
bezüglich: → hinsichtlich
Bezugnahme, die: unter/mit B. auf: → hinsichtlich
bezugsfertig: beziehbar · schlüsselfertig
bezwecken: → beabsichtigen
bezweifeln: anzweifeln · in Zweifel ziehen · infrage stellen
bezwingen: I. bezwingen: **1.** → besiegen (I) – **2.** → unterdrücken (2) – **3.** → beherrschen (I, 2) – **4.** → meistern – **5.** → ersteigen – **II.** bezwingen, sich: **1.** → beherrschen (II) – **2.** → überwinden (II, 1)
BH, der: → Büstenhalter
bibbern: → zittern (1), frieren (1)
Bibel, die: die [Heilige] Schrift · das Buch der Bücher · das Wort Gottes + das Alte Testament · das Neue Testament
Bibi, der: → Mütze (1)
Bibliophile, der: → Bücherfreund
Bibliothek, die: → Bücherei
Bibliothekskatalog, der: → Katalog (1)
biblisch: in biblischem Alter: → alt (1)
bieder: 1. → rechtschaffen – **2.** → einfältig (1)
Biederkeit, die: → Rechtschaffenheit
Biedermann, der: **1.** → Ehrenmann – **2.** → Spießbürger – **3.** → Heuchler
biegbar: → biegsam
biegen: I. biegen: **1.** ⟨in eine gekrümmte Form bringen⟩ einbiegen · zurechtbiegen · [ein]krümmen ♦ *umg*: krumm machen; → *auch* beugen (I, 1) – **2.** → beugen (I, 2) – **3.** auf Biegen oder Brechen: → unbedingt (1) – **II.** biegen, sich: **1.** → durchhängen – **2.** sich vor Lachen b.: → lachen (1)
biegsam: flexibel · biegbar + schwank; → *auch* elastisch (1), geschmeidig (1)
Biegung, die: **1.** ⟨Richtungsänderung⟩ Abbiegung · Krümmung · Bogen · Schleife · Kurve · Krümme · Knick · Knie; Rank (*schweiz*) + Kehre · Wende; → *auch* Windung (1), Wendung (1), Haarnadelkurve – **2.** → Beugung (2)
Biene, die: **1.** → Mädchen (2) – **2.** eine B. machen: → weglaufen
bienenfleißig: → fleißig (1)

Bienenvater, der: → Imker
Bienenzüchter, der: → Imker
Bier, das: ⟨alkohol. Getränk⟩ **a)** ⟨allgemein⟩ Gerstensaft; flüssiges Brot · Bölkstoff (*scherzh*) – **b)** ⟨ein Glas⟩ eine kühle Blonde · ein Blondes (*scherzh*) ♦ *umg*: Molle (*berlin*)
Bierarsch, der: → Gesäß
Bierbankpolitiker, der: → Politikaster
Bierbauch, der: → Schmerbauch
Bierkneipe, die: → Gaststätte (1, b)
Bierlokal, das: → Gaststätte (1, b)
Biertischpolitiker, der: → Politikaster
Biest, das: **1.** → Tier (1) – **2.** → Luder (1)
biestern: b. |durch|: → umherirren
biestig: → gemein (1)
bieten: I. bieten: **1.** ⟨einen Gegenwert versprechen⟩ anbieten · in Aussicht stellen; → *auch* aussetzen (1), versprechen (I, 1) – **2.** ⟨bei Versteigerungen eine Kaufsumme nennen⟩ [s]ein Angebot machen – **3.** → anbieten (I, 1) – **4.** → darbieten (I, 1) – **5.** → geben (I, 1) – **6.** → zumuten (1) – **7.** Garantie b.: → gewährleisten; einen Gruß b.: → grüßen (1); einen Anblick b.: → aussehen (1); die Freundeshand b.: → versöhnen (II); sich b. lassen: → hinnehmen (1) – **II.** bieten, sich: **1.** ⟨als Möglichkeit erkennbar werden⟩ sich zeigen · sich darbieten · sich eröffnen – **2.** → zeigen (II, 1)
Bieter, der: → Ersteiger
Bigamie, die: Doppelehe; → *auch* Ehe (1), Polygamie, Monogamie
Bigbusiness, das: → Geschäft (3)
bigott: → frömmelnd
Bijouterie, die: → Schmuck (1)
Biker, der: → Radfahrer (1)
Bikini, der: → Badeanzug
Bilanz, die: **1.** ⟨abschließende Gegenüberstellung von Einnahmen u. Ausgaben⟩ Schlussrechnung · Abrechnung · Rechnungslegung + Handelsbilanz; → *auch* Geschäftsbericht – **2.** → Ergebnis – **3.** B. machen, die B. aufstellen/ziehen: → abrechnen (1)
bilanzieren: → abrechnen (1)
bilateral (*bes. Polit*): zweiseitig; → *auch* multilateral
Bild: I. Bild, das: **1.** ⟨gemaltes Kunstwerk⟩ Gemälde + Aquarell ♦ *salopp*: Schinken (*abwert*); → *auch* Bildnis – **2.** ⟨sich dem Auge bietender Teil der Umwelt⟩ Anblick · Ansicht + ein Augenschmaus – **3.** ⟨bildhaf-

163

bilden

ter Ausdruck⟩ + Metapher · Allegorie · Tropus · Trope · Parabel · Sinnbild · Gleichnis · Symbol · Vergleich – **4.** ⟨*Art und Weise, wie man sich etw. vorstellt*⟩ Vorstellung · Szenario – **5.** → Abbildung – **6.** → Zeichnung (1) – **7.** → Fotografie – **8.** → Vorstellung (2), Einblick (1) – **9.** → Inbegriff – **10.** im Bilde: → bildlich (1); ein B. entwerfen |von|: → darlegen; sich ein B. machen |von|: → vorstellen (I, 3); nicht ins B. passen: → ²abweichen (2); ins B. setzen: → unterrichten (1); im Bilde sein: → wissen (1) – **II.** Bilder (*Pl*): → Sinnestäuschung

bilden: I. bilden: **1.** ⟨*sich durch seine Existenz ergeben*⟩ sein · darstellen + abgeben – **2.** ⟨*eine Gruppe herstellen*⟩ zusammenstellen · zusammensetzen – **3.** → formen (1) – **4.** → hervorbringen (1) – **5.** → entwickeln (I, 2) – **II.** bilden, sich: **1.** ⟨*sich [mehr] Bildung aneignen*⟩ sich heranbilden · sich qualifizieren · sich weiterbilden · sich fortbilden; → *auch* vervollkommnen (II, 1) – **2.** → entstehen (1)

Bilderbuch, das: wie aus dem / im B.: → schön (1)

Bildfläche, die: auf der B. erscheinen: → erscheinen (1, a); von der B. verschwinden: **a)** → verschwinden (2) – **b)** → weggehen (1)

bildhaft: → anschaulich

Bildhaftigkeit, die: → Anschaulichkeit

bildhübsch: → schön (1)

bildkräftig: → anschaulich

bildlich: 1. ⟨*durch einen bildhaften Ausdruck wiedergegeben*⟩ übertragen · metaphorisch · figürlich · sinnbildlich · allegorisch · symbolisch · gleichnishaft · als Gleichnis; blumig (*auch abwert*) ♦ *gehoben*: parabolisch · im Bilde – **2.** → anschaulich

Bildnis, das: Porträt; Konterfei (*noch scherzh*) + Brustbild · Hüftbild; → *auch* Bild (I, 1), Fotografie

Bildreporter, der: → Fotoreporter

Bildschirm, der: Monitor; Screen (*fachspr*) + Display

Bildschmuck, der: → Bebilderung

bildschön: → schön (1)

Bildung, die: **1.** ⟨*das Ergebnis allseitiger Erziehung*⟩ + Kultur · Belesenheit; → *auch* Allgemeinbildung, Benehmen (1) – **2.** → Erziehung (1) – **3.** → Aufstellung (2)

Bildungsanstalt, die: → Schule (1)

Bildungsgrad, der: → Bildungsstand

Bildungsprotz, der: → Angeber (1)

Bildungsstand, der: Bildungsgrad · Niveau · Level · Horizont; → *auch* Leistungsstand

Bildungsstätte, die: → Schule (1)

Bildwerfer, der: Projektor · Projektionsgerät · Projektionsapparat + Diaskop · Episkop · Epidiaskop · Heimkino

Bildwerk, das: → ¹Plastik (1)

bilingual: → zweisprachig

Billett, das: → Eintrittskarte, Fahrkarte (1)

billig: 1. ⟨*für verhältnismäßig wenig Geld erhältlich*⟩ preiswert · nicht teuer · preiswürdig · [preis]günstig · erschwinglich · spottbillig; wohlfeil (*veraltend*) + [weit] unter dem Preis · zum halben Preis ♦ *umg*: halb geschenkt · für ein Butterbrot · für 'nen Appel und ein Ei; → *auch* kostengünstig – **2.** → minderwertig – **3.** → geistlos – **4.** → gerecht (1) – **5.** → kostengünstig – **6.** billiger werden: ⟨*weniger Geld kosten*⟩ heruntergehen · sich verbilligen · [im Preis] sinken ♦ *umg*: in den Keller rutschen · purzeln – **7.** recht und b.: → gerecht (1)

Billiganbieter, der: Niedriglohn-Anbieter · Niedrigpreis-Anbieter + Dumpinganbieter

Billigcarrier, der: → Billigflieger

billigen: 1. ⟨*sein Einverständnis erklären bzw. erkennen lassen*⟩ beipflichten · beistimmen · zustimmen · seine Zustimmung geben |zu| · bejahen · annehmen · akzeptieren · absegnen · für gut befinden; goutieren; abnicken (*abwert*); → *auch* anerkennen (1), gutheißen, zustimmen (1) – **2.** → genehmigen (1)

Billigflieger, der: Billigcarrier

Billiglohn, der: → Niedriglohn

Billigung, die: **1.** ⟨*Erklärung des Einverständnisses*⟩ Zustimmung · Akzeptanz · Bejahung + Gutheißung; → *auch* Zustimmung (1) – **2.** → Anerkennung (1)

Billigware, die: → Schund (1)

Bimbes, der: → Geld (1)

Bimmel, die: → Klingel

Bimmelbahn, die: → Kleinbahn

bimmeln: → klingeln

Bimse, die: → Prügel (II, 1)

bimsen: 1. → lernen (1) – **2.** → drillen (1) – **3.** → verprügeln

Binde, die: **1.** ⟨*Stoffstreifen zum Halten eines verletzten Gliedes*⟩ Armbinde · Schlinge – **2.** ⟨*als Abzeichen um den Arm getragener Stoffstreifen*⟩ Armbinde – **3.** → Verband (1) – **4.** einen hinter die B. gießen: → trinken

164

(1, b); die B. fällt von den Augen: → erkennen (1)

Bindeband, das: → Bindfaden

Bindeglied, das: **1.** → Verbindungsglied – **2.** → Verbindungsmann

Bindemäher, der: → Binder (1)

binden: I. binden: **1.** ⟨*die Enden von Fäden od. dgl. aneinander befestigen*⟩ zusammenbinden · [zusammen]knoten · [zusammen]knüpfen + [zusammen]schnüren – **2.** ⟨*durch Fäden od. dgl. zusammenhalten*⟩ zusammenbinden · zusammenfügen ♦ gehoben: winden – **3.** → fesseln (1) – **4.** → zusammenhalten (3) – **5.** → einbinden (2) – **6.** → andicken – **7.** b. |an|: → anbinden (1); auf die Nase b.: → mitteilen (I); auf die Seele b.: → einschärfen (1) – **II.** binden, sich: **1.** → festlegen (II) – **2.** → heiraten (1)

bindend: → verbindlich (1)

Binder, der: **1.** ⟨*landwirtschaftl. Maschine*⟩ Bindemäher · Mähbinder – **2.** → Krawatte (1)

Bindfaden, der: Schnur; Spagat (*süddt österr*) ♦ umg: Strippe · Band · Bindeband (*landsch*); → auch Faden (I, 1)

Bindung, die: **1.** ⟨*die innere Verbundenheit*⟩ Fessel (*abwert*) ♦ gehoben: Band ♦ umg: Konnex – **2.** eine B. eingehen: → festlegen (II)

bingo: → Volltreffer (1)

binnen: 1. → innerhalb – **2.** b. kurzem: → bald (1)

Binnenmeer, das: → See (I)

Binnensee, der: → See (I)

Binse, die: in die Binsen gehen: **a)** → verloren (4) – **b)** → entzweigehen (1)

Binsenwahrheit, die: → Gemeinplatz

Binsenweisheit, die: → Gemeinplatz

Biodiesel, der: Biokraftstoff

Biografie, die: → Lebensbeschreibung

Biokost, die: → Biolebensmittel

Biokraftstoff, der: → Biodiesel

Bioladen, der: Ökoladen · Naturkostladen

Biolebensmittel (*Pl*): Biokost · Naturkost · Ökolebensmittel

Birne, die: **1.** → Glühlampe – **2.** → Kopf (1) – **3.** eine weiche B. haben: **a)** → schwachsinnig (3) – **b)** → verrückt (5)

bis: bis [zu]: → an (2); bis auf: → außer (1); bis jetzt/heute/dato/anhin: → bisher; bis an: → ¹zu (1)

bisexuell: 1. ⟨*sexuell auf beide Geschlechter fixiert*⟩ salopp: stereo – **2.** → zweigeschlechtig

bisher: bis jetzt/heute · bislang · seither; bis dato (*kaufm*); bis anhin (*schweiz*)

bislang: → bisher

Biss, der: **1.** ⟨*einmaliges Zufassen mit den Zähnen*⟩ umg: Schnapper – **2.** ⟨*durch Beißen verursachte Wunde*⟩ Bisswunde – **3.** ohne B.: ⟨*ohne Schärfe beim Agieren*⟩ zahnlos

bisschen: ein b.: **a)** → einiges (1) – **b)** → wenig (2); ein b. plötzlich: → schnell (2)

bissel: ein b.: **a)** → einiges (1) – **b)** → wenig (2)

Bissen, der: **1.** ⟨*mundgerechtes Stück*⟩ Brocken · Mundvoll ♦ umg: Happen; → auch Stück (1) – **2.** → Imbiss (1) – **3.** ein harter B.: → Schwierigkeit (1); sich jeden B. vom Mund absparen: → sparsam (3); sich jeden B. vom Mund absparen müssen: → arm (4)

bissig: 1. ⟨*bes. von Hunden gesagt: zum Beißen neigend*⟩ scharf – **2.** → gehässig – **3.** → boshaft (1)

Bisswunde, die: → Biss (2)

bisweilen: → manchmal

Bitte, die: Ersuchen ♦ gehoben: Ansuchen; → auch Aufforderung (1)

bitten: 1. → beten – **2.** b. |um|: ⟨*durch Bitten zu erlangen suchen*⟩ angehen |um| · ansprechen |um| · fragen |um| · sich wenden |an| · ersuchen |um| · flehen |um| · beknien · [an]betteln |um| · gute Worte geben |wegen| · ansuchen |um|; nachsuchen |um| (*amtsspr*) ♦ umg: anbohren |um| (*abwert*); anreden |um| (*landsch*); → auch beschwören (2), ausbitten, sich (1), bewerben, sich (1) – **3.** b. |für|: → verwenden (II); kniefällig b.: → beschwören (2); zu kommen b.: → bestellen (2); um Entschuldigung/Verzeihung b.: → entschuldigen (II)

bitter: 1. ⟨*wie Galle schmeckend*⟩ bitterlich · gallig · galle[n]bitter; hantig (*süddt österr*) + herb – **2.** → schmerzlich – **3.** → ärgerlich (1) – **4.** → sehr – **5.** eine bittere Pille: → unangenehm (1); die bittere Pille schlucken: → hinnehmen (1)

bitterböse: → böse (2)

bitterernst: → ernst (1)

bitterkalt: → kalt (1)

Bitterkeit, die: **1.** ⟨*das Bittersein*⟩ + Herbheit · Herbigkeit – **2.** → Groll (1)

bitterlich: 1. → bitter (1) – **2.** → schmerzlich – **3.** → sehr

Bitternis, die: → Groll (1)

Bittgänger, der: → Bittsteller

Bittschrift

Bittschrift, die: Petition; → *auch* Antrag (2)

Bittsteller, der: Bittgänger; Petent (*amtsspr*) + Antragsteller; → *auch* Bewerber (1), Antragsteller (1)

Bitzelwasser, das: → Limonade (1)

bitzeln: 1. → abschneiden (1) – **2.** → sprudeln (1)

Biwak, das: → Lager (2)

biwakieren: → zelten

bizarr: 1. → ungewöhnlich – **2.** → launisch, schrullig (1)

Blabla, das: → Geschwätz (1)

Blache, die: → Plane

Blackbox, die: → Flugschreiber

Blackout, der *od.* das: **1.** → Stromausfall – **2.** → Erinnerungslücke – **3.** ein[en] B. haben: → vergessen (I, 1)

blaffen: 1. → bellen (1) – **2.** → schnauzen

bläffen: 1. → bellen (1) – **2.** → schnauzen

Blaffer, der: → Hund (1)

Blag, das: → Kind (1)

Blahe, die: → Plane

blähen: I. blähen: → aufblähen (I, 1) – **II.** blähen, sich: **1.** → aufblähen (II, 1) – **2.** → angeben (1)

Blähung, die: → Wind (I, 2)

blaken: → rußen (1)

bläken: → schreien (1)

blamabel: → beschämend

Blamage, die: **1.** → Schande (1) – **2.** eine B. erleiden: → blamieren (II)

blamieren: I. blamieren: ⟨*eine Blamage bereiten*⟩ bloßstellen · lächerlich machen · zum Gespött [der Leute] machen – **II.** blamieren, sich: ⟨*sich eine Blamage bereiten*⟩ eine Blamage erleiden · sich lächerlich machen · sich zum Gespött [der Leute] machen · sich zum Gelächter/sich unmöglich machen · zum Gespött/Gelächter werden ⎮für⎮· Hohn und Spott ernten ♦ *umg:* sich zur Grölbacke machen; → *auch* bloßstellen (II)

blanchieren: → abbrühen

blank: 1. → glänzend (1) – **2.** → sauber (1) – **3.** → abgetragen – **4.** → bloß (1) – **5.** → zahlungsunfähig (1) – **6.** → offenkundig (1) – **7.** b. machen/reiben/putzen: → polieren (1)

blarren: → weinen (1)

Blase, die: **1.** ⟨*mit Luft gefüllter Hohlraum*⟩ Luftblase – **2.** → Blutblase – **3.** → Eiterblase – **4.** → Bande – **5.** → Clique

blasen: 1. ⟨*Luft ausstoßen*⟩ *umg:* pusten – **2.** ⟨*auf einem Blasinstrument spielen*⟩ schmettern (*oft scherzh*) + trompeten ♦ *umg:* tuten – **3.** → schnauben (I, 1) – **4.** → wehen (1) – **5.** leer b.: → ausblasen (1); was b.: → ablehnen (1); in dasselbe Horn b.: → übereinstimmen (1); Zucker in den Arsch/Hintern b.: → verwöhnen; den Marsch b.: → zurechtweisen; Trübsal b.: → Kummer (3)

Blaser, der: → Mütze (1)

blasiert: 1. → überheblich – **2.** → eingebildet (1)

Blasiertheit, die: → Überheblichkeit

Blasphemie, die: → Gotteslästerung

blasphemisch: → gotteslästerlich

blass: 1. ⟨[*unnatürl.*] *helle Hautfarbe zeigend*⟩ bleich · blässlich · blassgesichtig · blasswangig · kalkig · kalkfarben · kreidebleich · kreideweiß · kalkbleich · kalkweiß · weiß [wie die Wand] · käsig · käseweiß · käsebleich · wachsbleich · geisterbleich · todbleich · totenbleich · totenblass · leichenblass · bleichsüchtig · fahl[bleich] · aschfahl · [asch]grau · farblos · blutleer · blutlos ♦ *umg:* wie ein Gespenst · wie eine [wandelnde] Leiche – **2.** b. werden: → erblassen (1); keinen blassen Schimmer haben: **a)** → ahnungslos (3) – **b)** → dumm (6); keinen blassen Dunst haben: → dumm (6)

blassblau: → blau (1)

blassgesichtig: → blass (1)

blassgrün: → grün (1)

blässlich: → blass (1)

blassrot: → rot (1)

blasswangig: → blass (1)

Blatt: I. Blatt, das: **1.** ⟨*Stück Papier*⟩ Bogen · Zettel + Briefbogen – **2.** → Zeitung (I, 1) – **3.** → Spielkarte – **4.** ein unbeschriebenes B. sein: **a)** → unbekannt (2) – **b)** → unerfahren (2) ; kein B. vor den Mund nehmen: → aussprechen (I, 5); das B. wenden: → umstürzen (1) – **II.** Blätter (*Pl*): → Laub

Blattader, die: → Rippe (1)

Blättchen, das: → Zeitung (I, 1)

Blatter, die: → Eiterblase

Blätterkrone, die: → Wipfel

blättern: 1. → aufzählen (1) – **2.** b. ⎮von⎮: → ablösen (II, 1)

Blätterwald, der: → Zeitung (II)

Blattgrün, das: Chlorophyll · Pflanzengrün

Blattnerv, der: → Rippe (1)

Blattrippe, die: → Rippe (1)

Blattwerk, das: → Laub

blau: 1. ⟨*Farbe*⟩ + sattblau · hellblau · blassblau · himmelblau · dunkelblau · marineblau · azurblau · tintenblau · lasurblau · veilchenblau · enzianblau · kornblumenblau · bleu · azurn · azurfarben · ultramarin · bläulich – **2.** → blutunterlaufen – **3.** → betrunken (1) – **4.** der Blaue Planet: → Erde (2); blauer Dunst: → Betrug (1); blauen Dunst vormachen: → vorspiegeln (1); die blaue Stunde: → Abenddämmerung; blaue Jungs / Jungen: → Matrose (II); blaue Bohne: → Kugel (1); von blauem Blut: → adlig (1); Fahrt ins Blaue: → Ausflug; ins Blaue hinein: → planlos (1); b. wie ein Veilchen: → betrunken (1); sein blaues Wunder erleben: → staunen (1); blauen Montag machen: → faulenzen (1); mit einem blauen Auge davonkommen: **a)** → glimpflich (2) – **b)** → straffrei

blauäugig: → gutgläubig

blaublütig: → adlig (1)

Blaujacke, die: → Matrose (I, 1)

bläulich: → blau (1)

blaumachen: → faulenzen (1)

Blaumann, der: → Monteuranzug

Blaupapier, das: → Kohlepapier

Blazer, der: → Jacke (1)

Blech, das: **1.** → Geld (1) – **2.** → Unsinn (1, a) – **3.** B. reden: → schwafeln

blechen: → bezahlen (2)

Blechner, der: → Klempner

Blechschmied, der: → Klempner

Blei, das: **1.** → Lot (1) – **2.** wie B.: → schwer (1)

Bleibe, die: **1.** → Unterkunft (1) – **2.** ohne B.: → obdachlos (1)

bleiben: 1. ⟨*den Ort nicht verlassen*⟩ dableiben · hier bleiben · verweilen · verbleiben · verharren ♦ *gehoben:* weilen ♦ *umg:* Hütten bauen; → *auch* aufhalten (II, 1) – **2.** ⟨*als Rest zur Verfügung stehen*⟩ übrig bleiben · übrig sein · zurückbleiben · verbleiben – **3.** → aushalten (2) – **4.** → umkommen (1) – **5.** b. |bei|: → beibehalten (1); dabei b., treu b. |einer Sache|, bei der Stange b.: → festbleiben (1); standhaft b.: → beharren (1); hart / auf seinem Posten b.: → aushalten (2); am Leben b.: → davonkommen (2); auf der Strecke b.: **a)** → versagen (1) – **b)** → stecken (5, a); im Feld b.: → fallen (3); Sieger b.: → siegen (1); auf der Spur / Fährte / den Fersen b.: → verfolgen (1); für sich b.: → ausschließen (II, 1); im Hintergrund b.: → zurückhalten (II, 1); nicht bei der Wahrheit b.: → lügen (1); geöffnet b.: → offen (6); b.

lassen: → unterlassen; fern b.: → fern (4); hier b.: → 1

bleibend: → dauerhaft

Bleiberecht, das: → Aufenthaltserlaubnis

bleich: 1. → blass (1) – **2.** b. machen: → bleichen (1); b. werden: → erblassen (1)

bleichen: 1. ⟨[*wieder*] *weiß werden lassen*⟩ bleich machen · ausbleichen; → *auch* aufhellen (I, 1) – **2.** → blondieren – **3.** → verblassen

Bleichsucht, die: → Blutarmut

bleichsüchtig: 1. → ¹blutarm – **2.** → blass (1)

bleiern: → schwer (1)

Bleifuß: mit B. fahren: → Vollgas

bleischwer: → schwer (1)

Blende, die: → Besatz (1)

blenden: 1. ⟨*das Sehvermögen beeinträchtigen*⟩ *umg:* blind machen – **2.** ⟨*des Augenlichtes berauben*⟩ die Augen ausbohren / ausbrennen / ausstechen / ausstoßen / ausdrücken – **3.** → bezaubern – **4.** → vorspiegeln (1) – **5.** → leuchten (1)

blendend: 1. → schön (1) – **2.** → grell (1)

Blender, der (*abwert*): Schaumschläger · Effekthascher; → *auch* Angeber (1)

Blendwerk, das: → Vorspiegelung

Blesse, die: → Abzeichen (2)

blessieren: → verletzen (I, 1)

bleu: → blau (1)

Blick, der: **1.** ⟨*das* [*kurze*] *Hinblicken*⟩ *umg:* Auge – **2.** ⟨*in den Augen erkennbarer Ausdruck*⟩ Augenausdruck – **3.** → Aussicht (1) – **4.** einen B. riskieren (*umg*): ⟨*verstohlen hinsehen*⟩ ein Auge riskieren · linsen · schielen; schmulen · illern (*landsch*) – **5.** den B. / die Blicke auf sich ziehen: → auffallen (1); einen B. schenken: → ansehen (I, 1); einen B. werfen |auf|: → ansehen (I, 1 *u.* 3); den Blick heften / richten |auf|: → ansehen (I, 3); mit Blicken verschlingen / durchbohren: → anstarren; keines Blickes würdigen: → ignorieren (1)

blicken: 1. ⟨*die Augen geöffnet haben*⟩ schauen ♦ *umg:* gucken · äuge[l]n · linsen; → *auch* sehen (1), spähen (1) – **2.** ⟨*in bestimmter Weise schauen*⟩ dreinblicken · dreinsehen · dreinschauen – **3.** b. |auf|: → ansehen (I, 3); sich b. lassen: **a)** → besuchen – **b)** → erscheinen (1, a); in sein Herz b. lassen: → anvertrauen (II, 2); hinter die Kulissen b.: → durchschauen (I)

Blickfang, der: Anziehungspunkt · Magnet; → *auch* Hauptattraktion

Blickfeld

Blickfeld, das: **1.** → Gesichtskreis (1) – **2.** ins B. rücken: → hinweisen

Blickpunkt, der: → Gesichtspunkt (1), Standpunkt (1)

Blickwinkel, der: → Gesichtspunkt (1), Standpunkt (1)

blind: 1. ⟨*ohne Sehvermögen*⟩ stockblind – **2.** → unüberlegt (1) – **3.** → kritiklos – **4.** → beschlagen (2) – **5.** b. machen: → blenden (1); b. werden: → erblinden; blinder Passagier: → Schwarzfahrer

Blinddarm, der: Wurmfortsatz; Appendix (*med*)

Blindgänger, der: → Versager (1)

blindgläubig: 1. → kritiklos – **2.** → fanatisch

blindlings: 1. → unüberlegt (1) – **2.** → kritiklos

blindwütig: → wütend (1)

blinken: 1. → glänzen (1) – **2.** → signalisieren (1)

Blinker, der: → Blinkleuchte

blinkern: 1. → glänzen (1) – **2.** → zwinkern

Blinkfeuer, das: → Leuchtfeuer

Blinkleuchte, die: Blinker; Richtungsanzeiger (*schweiz*)

blinzeln: → zwinkern

blinzen: → zwinkern

Blitz, der: **1.** ⟨*Naturerscheinung*⟩ Blitzschlag · Blitzstrahl · Schlag ♦ *dicht*: Wetterstrahl – **2.** wie der/ein B.: → schnell (1, b); wie ein geölter B.: → schnell (1, a); wie vom B. getroffen: → bestürzt; wie der B. aus heiterem Himmel: → plötzlich (1)

Blitzableiter, der: → Prügelknabe

blitzartig: → schnell (1, b)

blitzblank: → sauber (1)

Blitzeis, das: → Glätte

blitzen: 1. ⟨*vom Blitz gesagt: plötzlich aufleuchten*⟩ + wetterleuchten ♦ *dicht*: flammen – **2.** → glänzen (1)

Blitzer, der: → Radarkontrolle

Blitzesschnelle, die: mit B.: → schnell (1, b)

blitzgescheit: → klug (1)

blitzsauber: → sauber (1)

Blitzschlag, der: → Blitz (1)

blitzschnell: → schnell (1, b)

Blitzstrahl, der: → Blitz (1)

Block, der: **1.** → Steinblock – **2.** → Häuserblock – **3.** → Gruppe (2) – **4.** → Zeichenblock – **5.** erratischer B.: → Findling (1)

Blockade, die: → Absperrung (1)

Blockbuster, der: → Bombe (1)

blocken: 1. → abwehren (1, b) – **2.** → bohnern

blockieren: 1. ⟨*einen Mechanismus außer Betrieb setzen*⟩ arretieren (*fachspr*) – **2.** → sperren (I, 1) – **3.** → verhindern

Blockierung, die: → Absperrung (1)

blöd[e]: 1. → schwachsinnig (1), dumm (1) – **2.** → sinnlos (1) – **3.** → unangenehm (1) – **4.** blöder Einfall: → Schnapsidee

Blödelei, die: → Spaß (1)

blödeln: → scherzen

Blödheit, die: **1.** → Schwachsinn (1) – **2.** → Unvernunft – **3.** → Dummheit (1)

Blödian, der: → Dummkopf (2)

Blödling, der: → Dummkopf (2)

Blödmann, der: → Dummkopf (2)

Blödsinn, der: → Unsinn (1, a)

blödsinnig: 1. → schwachsinnig (1), dumm (1) – **2.** → sinnlos (1)

Blödsinnigkeit, die: → Sinnlosigkeit

blöken: *umg*: mähen

blond: 1. ⟨*helles Haar besitzend*⟩ blondhaarig + hellblond · aschblond · semmelblond · flachsblond · strohgelb ♦ *umg*: + wasserstoffblond – **2.** blondes Gift: → Blondine; b. färben / machen: → blondieren

Blonde: I. Blonde, die: **1.** → Blondine – **2.** eine kühle B.: → Bier (b) – **II.** Blonde, das: ein Blondes: → Bier (b)

blondhaarig: → blond (1)

blondieren: bleichen · blond färben ♦ *umg*: blond machen

Blondine, die: Blonde ♦ *umg*: blondes Gift (*scherzh*)

bloß: 1. ⟨*durch nichts verdeckt*⟩ unbedeckt · unverhüllt + blank ♦ *gehoben*: bar – **2.** → nackt – **3.** → nur

Blöße, die: **1.** ⟨*schwache Stelle*⟩ Armutszeugnis; → *auch* Achillesferse – **2.** → Nacktheit – **3.** → Lichtung – **4.** sich eine B. geben: → bloßstellen (II)

bloßfüßig: → barfuß (1)

bloßlegen: 1. → freilegen – **2.** → aufdecken (I, 1)

Bloßlegung, die: **1.** → Freilegung – **2.** → Aufdeckung (1)

bloßstellen: I. bloßstellen: **1.** ⟨*öffentlich angreifen*⟩ anprangern · desavouieren · kompromittieren · vorführen – **2.** → blamieren (I) – **II.** bloßstellen, sich: ⟨*sich vor anderen selbst herabsetzen bzw. entwürdigen*⟩

blutleer

sich eine Blöße geben · sich kompromittieren · sich etw. vergeben · das Gesicht verlieren · sich prostituieren; → *auch* blamieren (II)

Bloßstellung, die: → Schande (1)

bloßstrampeln, sich: → aufdecken (II)

Blouson, das *od.* der: → Bluse, Jacke (1)

blubbern: → murmeln

Bluff, der: → Vorspiegelung

bluffen: → vorspiegeln (1)

blühen: 1. ⟨*Blüten tragen*⟩ in Blüte stehen · prangen – **2.** → gedeihen (1)

blühend: 1. → gesund (1) – **2.** → jung (1) – **3.** → schön (1)

Blume, die: **1.** → Aroma (1) – **2.** → Schwanz (1) – **3.** durch die B. sagen: **a)** → beibringen (1) – **b)** → andeuten (I, 1); durch die B.: → andeutungsweise

Blumenasch, der: → Blumentopf

Blumengewinde, das: → Blumenkranz

Blumengirlande, die: → Blumenkranz

Blumenkind, das: → Hippie

Blumenkranz, der: Blumengewinde · Blumengirlande · Gebinde

Blumenlese, die: → Blütenlese

Blumenstrauß, der: Strauß · Bukett; Busch (*landsch*); Buschen (*süddt österr*) ♦ *umg:* Gemüse (*scherzh*)

Blumentopf, der: Pflanzentopf + Ampel ♦ *umg:* Scherbel · Blumenasch (*landsch*); Scherben (*süddt veraltend*)

blümerant: → übel (1)

blumig: 1. → geblümt – **2.** → aromatisch (1) – **3.** → bildlich (1) – **4.** → schwülstig

Blunze, die: → Bauch (1)

Bluse, die: + Blouson · Hemdbluse · Kasack

Blust, der: → Blüte (I, 1)

Blut, das: **1.** ⟨*Körperflüssigkeit*⟩ Schweiß (*weidm*) ♦ *umg:* der rote Saft · Lebenssaft – **2.** B. abnehmen/abzapfen: → schröpfen (1); B. vergießen: → töten (I, 1); im B. ersticken: → niederschlagen (I, 2); seine Hände mit B. beflecken/besudeln: → morden (1); mit B. befleckt/besudelt: → blutig (1); im B. liegend: → angeboren; von blauem B.: → adlig (1); aus Fleisch und B.: → lebensecht; wie Milch und B.: → jung (1); aussehen wie Milch und B.: → schön (7); B. [und Wasser] schwitzen: → ängstigen (II, 1); wie mit B. übergossen: → err-oten (1); ins B. gehen: → beleben (I, 3); das B. in Wallung bringen: **a)** → aufregen (I, 1) – **b)** → begeistern (I); böses B. machen: →

entrüsten (I); heißes B.: → Hitzkopf; kaltes/ruhig B. behalten/bewahren: → beherrschen (II); das B. der Reben: → Wein (1)

Blutader, die: Vene; → *auch* Ader (1), Schlagader

¹blutarm: anämisch · bleichsüchtig

²blutarm: → arm (1)

Blutarmut, die: Anämie · Bleichsucht

Blutbad, das: Gemetzel · Metzelei · Massaker · Schlächterei · das Hinschlachten · Hinschlachtung · Abschlachtung · Massenmord · Genozid *umg:* Gemorde; → *auch* Schlacht, Tötung, Mord (1)

blutbefleckt: → blutig (1)

blutbespritzt: → blutig (1)

blutbesudelt: → blutig (1)

Blutblase, die: Blase; Quese (*norddt*)

Blutdurst, der: → Mordgier

blutdürstig: → mordgierig

Blüte: I. Blüte, die: **1.** ⟨*das Blühen*⟩ Blust (*schweiz*) – **2.** → Auslese (1) – **3.** → Blütezeit – **4.** → ²Pickel – **5.** → Original (1) – **6.** in B. stehen: → blühen (1) – **II.** Blüten (*Pl*): → Falschgeld

bluten: 1. ⟨*Blut verlieren*⟩ schweißen (*weidm*) – **2.** → bezahlen (2)

Blütenlese, die: Florilegium · Blumenlese · Auslese; → *auch* Auswahl (3)

Blütentraum, der: → Wunschvorstellung

blütenweiß: → weiß (1)

Bluterguss, der: Erguss; Hämatom (*med*)

Blütezeit, die: Blüte · Glanzzeit · Hochblüte

Blutflüssigkeit, die: → Blutserum

Blutgefäß, das: → Ader (1)

Blutgerinnsel, das: Blutpfropf; Thrombus (*med*)

Blutgerüst, das: → Schafott

Blutgier, die: → Mordgier

blutgierig: → mordgierig

Blutgruppe, die: nicht jmds. B. sein: → unsympathisch

Bluthochdruck, der: Hypertonie (*med*)

Bluthund, der: → Unmensch (1)

blutig: 1. ⟨*von Blut verschmutzt od. mit Blut bedeckt*⟩ blutbefleckt · blutbespritzt · blutbesudelt · blutüberströmt · bluttriefend · mit Blut befleckt/besudelt – **2.** → mörderisch (1) – **3.** blutiger Anfänger: → Anfänger (1)

blutjung: → jung (1)

Blutkrebs, der: → Leukämie

Blutkreislauf, der: → Kreislauf (1)

blutleer: 1. → blass (1) – **2.** → unschöpferisch

blutlos

blutlos: → blass (1)
Blutplasma, das: → Blutserum
blutrünstig: → mordgierig
Blutsauger, der: **1.** → Ausbeuter – **2.** →
Wucherer
Blutsbruder, der: → Freund (I, 1)
Blutsbrüderschaft, die: → Freundschaft (1)
Blutschande, die: Inzest
Blutserum, das: Blutplasma · Blutwasser ·
Blutflüssigkeit · Plasma · Serum
blutsverwandt: → verwandt (1)
Bluttat, die: → Mord (1)
Bluttransfusion, die: → Blutübertragung
bluttriefend: → blutig (1)
blutüberströmt: → blutig (1)
Blutübertragung, die: Bluttransfusion ·
Transfusion
blutunterlaufen: blau
Blutvergiftung, die: Sepsis (*med*)
Blutwäsche, die: Dialyse; Hämodialyse
(*med*)
Blutwasser, das: → Blutserum
blutwenig: → wenig (1)
Blutzirkulation, die: → Kreislauf (1)
Bö, die: → Windstoß
Boa, die: → Riesenschlange
Bobbahn, die: → Rodelbahn
Bock, der: **1.** → Pferd (1) – **2.** → Lüst-
ling – **3.** → Starrkopf – **4.** sturer B.: →
Starrkopf; geiler B.: → Lüstling; einen B.
haben: → trotzen (1); einen B. schießen: →
Fehler (2); keinen/null B. haben |auf|: →
Lust (3)
bockbeinig: 1. → widerspenstig – **2.** b.
sein: → trotzen (1)
Bockbeinigkeit, die: → Widerspenstigkeit
bocken: I. bocken: **1.** ⟨*von Tieren gesagt:
nicht gehorchen*⟩ störrisch/bockig sein – **2.**
→ trotzen (1) – **3.** → aussetzen (3) – **4.** →
brünstig (2) – **II.** bocken, sich: → langwei-
len (II)
bockig: 1. → widerspenstig – **2.** → lang-
weilig – **3.** b. sein: **a)** → bocken (I, 1) – **b)**
→ trotzen (1)
Bockigkeit, die: → Widerspenstigkeit
Bockmist, der: → Unsinn (1, a)
Bockshorn, das: ins B. jagen: → ent-
mutigen
bocksteif: → steif (1)
Boden, der: **1.** → Ackerboden – **2.** → Erd-
boden (1) – **3.** → Fußboden (1) – **4.** →
Dachboden – **5.** Grund und B.: → Grundbe-
sitz; aus dem B. stampfen: → hervorbringen

(1); am B. liegen: → besiegt (2); zu B. ge-
hen: → hinfallen; zu B. schlagen/strecken:
→ niederschlagen (I, 1); auf den/zu B.
setzen: → absetzen (I, 1); den B. unter den
Füßen wegziehen: → ruinieren (I, 1); in
Grund und B. wirtschaften: → herunterwirt-
schaften; in Grund und B. schießen: → zer-
schießen; sich in Grund und B. schämen,
jmd. würde vor Scham am liebsten im B.
versinken: → schämen, sich (1); den B. eb-
nen: → fördern (1); [an] B. gewinnen: **a)** →
vorankommen (1) – **b)** → verbreiten (II);
ein Fass ohne B.: **a)** → endlos (b) – **b)** →
unerschöpflich; das schlägt dem Fass den B.
aus: → unerhört (2); mit einem doppelten
B.: → zwielichtig (1); am B. zerstört sein:
a) → erschöpft (4) – **b)** → niedergeschlagen
(2)
Bodenbesitz, der: → Grundbesitz
Bodenerhebung, die: Erhebung · Erhöhung;
Schwelle (*fachspr*) ♦ *umg*: Holper
(*landsch*); → *auch* Berg (I, 1), Hügel
Bodengelass, das: → Dachkammer
Bodenkammer, die: → Dachkammer
Bodenkohlrabi, der: → Kohlrübe
Bodenkrume, die: → Erdscholle
bodenlos: 1. → abgrundtief – **2.** → unerhört
(1)
Bodenlosigkeit, die: → Frechheit
Bodenraum, der: → Dachkammer
Bodenreform, die: Agrarreform
Bodensatz, der: Niederschlag · Ablagerung
· Absatz; Sediment (*fachspr*)
Bodensenke, die: → Mulde (1)
bodenständig: alteingesessen · altangeses-
sen · autochthon; → *auch* ansässig (1)
Bodentruppen (*Pl*): → Landstreitkräfte
Bodenverbesserung, die: Melioration ·
Amelioration (*fachspr*)
Bodenvertiefung, die: → Mulde (1)
Body, der: → Körper
Bodybuilding, das: → Muskeltraining
Bodyguard, der: → Leibwächter
Bodypiercing, das: → Piercing
¹Bogen, der: **1.** ⟨*gekrümmter Teil*⟩ Rundung
· Wölbung + Arkade – **2.** → Biegung (1) –
3. den B. heraushaben: → beherrschen
(I, 4); den B. überspannen: → weit (4);
große Bogen/einen großen B. spucken:
→ aufspielen (II); einen B. machen |um|:
a) → umfahren – **b)** → meiden
²Bogen, der: **1.** ⟨*Abzug des umbrochenen
Satzes*⟩ Druckbogen + Korrekturbogen ·

Umbruchabzug · Abzug; → *auch* Fahne (2)
– **2.** → Blatt (I, 1) – **3.** → Formular – **4.** in Bausch und B.: **a)** → insgesamt – **b)** → ungefähr (1)

Bogengang, der: Arkaden · Laubengang · Loggia

Bohle, die: → Balken

böhmisch: böhmische Dörfer: → unverständlich (1)

Bohne, die: **1.** → Gartenbohne – **2.** blaue B.: → Kugel (1); nicht die B.: → nichts (1)

bohnen: → bohnern

Bohnenkaffee, der: → Kaffee (1)

Bohnenstange, die: **1.** → Dürre (II), Lange – **2.** wie eine B.: **a)** → mager (1) – **b)** → groß (2); lang wie eine B.: → groß (2)

Bohnenstroh: dumm wie B.: → dumm (1)

bohnern: bohnen (*landsch*); blocken (*süddt schweiz*); → *auch* polieren (1)

bohren: 1. ⟨*Bodenschätze für die Förderung feststellen*⟩ erbohren (*fachspr*) – **2.** → schmerzen (1) – **3.** → drängen (1) – **4.** in der Nase b.: ⟨*den Finger in die Nase stecken*⟩ *umg*: popeln; pulen (*norddt*) – **5.** in den Grund b.: → versenken (I, 2)

böig: → windig (1)

Boiler, der: Warmwasserspeicher · Heißwasserspeicher · Warmwasserbereiter + Durchlauferhitzer · Gastherme · Therme

Bölkstoff, der: → Bier (a)

Bolle, die: → Loch (1)

Böller, der: → Geschütz (1)

bollern: → dröhnen (1)

böllern: → schießen (1)

Bollerwagen, der: → Handwagen

Bollwerk, das: **1.** → Hafendamm – **2.** → Befestigung (2)

Bolzplatz, der: → Fußballplatz

Bombardement, das: **1.** → Bombardierung (1) – **2.** → Beschuss (1)

bombardieren: 1. ⟨*das Abwerfen von Bomben auf ein Ziel*⟩ mit Bomben belegen · Bomben abwerfen │auf│ – **2.** → beschießen – **3.** b. │mit│: → bewerfen (1); mit Fragen b.: → fragen (I, 1)

Bombardierung, die: **1.** ⟨*das Abwerfen von Bomben*⟩ Bombardement – **2.** → Beschuss (1)

Bombast, der: → Schwulst (1)

bombastisch: → schwülstig

Bombe, die: **1.** ⟨*Sprengkörper, der abgeworfen wird*⟩ Sprengbombe + Atombombe · Wasserstoffbombe · Blockbuster · Höllen-

maschine; → *auch* Sprengkörper – **2.** mit Bomben belegen, Bomben abwerfen │auf│: → bombardieren (1)

Bombenanschlag, der: → Anschlag (2)

Bombenerfolg, der: → Erfolg (1)

bombenfest: bombensicher

Bombenleger, der: → Terrorist

bombensicher: 1. → bombenfest – **2.** → sicher (4)

bombig: → hervorragend (1)

Bommel, die: → Troddel

Bon, der: **1.** → Gutschein – **2.** → Kassenzettel

Bonbon, der od. das: Zuckerl (*österr*)

Bonität, die: **1.** → Güte (2) – **2.** → Zahlungsfähigkeit

Bonmot, das: Aperçu

Bonus, der: Gutschrift · Sondervergütung

Bonus-Card, die: → Rabattkarte

Bonvivant, der: → Lebemann

Booklet, das: → Heft (1)

Bookmark, das: → Lesezeichen

Boom, der: **1.** → Hochkonjunktur – **2.** einen B. erleben: → gedeihen (1)

boomen: → gedeihen (1)

Boot, das: Kahn; Zille (*landsch*); Schelch (*landsch*) + Gondel · Schaluppe ♦ *dicht*: Barke · Nachen ♦ *umg*: Nussschale; Schinakel (*österr*) ♦ *salopp*: Äppelkahn (*landsch*); → *auch* Paddelboot (1), Schiff

Bord: I. Bord, das: **1.** → Wandbrett – **2.** → Rand (1) – **3.** → Ufer (1) – **II.** Bord: an B. gehen: → einsteigen (3); von B. gehen: → aussteigen (3); über B. werfen: → aufgeben (3)

Bordell, das: Freudenhaus · Eroscenter · öffentliches Haus · Etablissement (*verhüll*); Frauenhaus (*veraltet*) ♦ *salopp*: Hurenhaus ♦ *derb*: Puff

Bordkante, die: Bordstein[kante] · Bordschwelle; Kantstein (*norddt*)

Bordschwelle, die: → Bordkante

Bordstein, der: **1.** → Bordkante – **2.** → Eckstein (1)

Bordsteinkante, die: → Bordkante

Bordüre, die: → Besatz (1)

Borg, der: **1.** ⟨*das Borgen*⟩ *salopp*: Pump – **2.** auf B.: → leihweise; auf B. geben: → leihen (1)

borgen: 1. → leihen (1 *u.* 2) – **2.** sich b. → leihen (2)

Borke, die: **1.** → Rinde (1) – **2.** → Schorf

Born, der: **1.** → Brunnen (1) – **2.** → Quelle (1)

borniert

borniert: 1. → dumm (1) – **2.** → beschränkt (1)
Borniertheit, die: 1. → Dummheit (1) – **2.** → Beschränktheit (1)
Börse, die: → Geldbörse
Börsenjobber, der: → Börsenspekulant
Börsenmakler, der: → Börsenspekulant
Börsenspekulant, der: Börsenjobber + Börsenmakler · Broker · Börsianer
Börsianer, der: → Börsenspekulant
Borste: I. Borste, die: **1.** ⟨*dickes tier. Haar*⟩ Feder (*weidm*) – **2.** → Haar (I, 1) – **II.** Borsten (*Pl*): → Haar (I, 2)
Borstentier, das: → Schwein (1, a)
Borstenvieh, das: → Schwein (1, a)
borstig: 1. → struppig – **2.** → stachelig (1) – **3.** → bärtig – **4.** → barsch
Borte, die: → Besatz (1)
bösartig: 1. ⟨*unheilbar krank machend*⟩ destruktiv · maligne · perniziös (*med*) ♦ *umg*: böse; → *auch* gefährlich (1) – **2.** → boshaft (1) – **3.** → hinterlistig
Bösartigkeit, die: → Bosheit
Böschung, die: Prallhang · Abhang; → *auch* Abhang (1)
böse: 1. ⟨*einen sehr schlechten Charakter besitzend*⟩ schlecht · übel · schlimm · arg · ungut · grundböse + hassenswert ♦ *umg*: sauber (*iron*); → *auch* gemein (1), boshaft (1) – **2.** ⟨*über jmdn. sehr verärgert*⟩ bitterböse · gram · spinnefeind · voll[er] Groll; → *auch* grollen (1) – **3.** → wütend (1) – **4.** → streitsüchtig – **5.** → unangenehm (1) – **6.** → bösartig (1) – **7.** böser Wille: → Bosheit; b. Zungen: → Verleumder; b. Nachrede: Verleumdung; böses Blut machen: → entrüsten (I); Böses zufügen: → schaden (1); b. Überraschung: → Überraschung (3)
Böse, der: → Teufel (1)
Bösewicht, der: → Verbrecher
boshaft: 1. ⟨*auf anderer Schaden bedacht*⟩ böswillig · bösartig · arg[willig] · übel wollend · übel gesinnt · schikanös · infam · garstig · niederträchtig · tückisch · maliziös · meschant + bissig · spitz[züngig] ♦ *umg*: krötig (*landsch*); → *auch* böse (1), gehässig, hinterlistig, schadenfroh (1) – **2.** b. sein: ⟨*anderen Schaden zufügen wollen*⟩ voller Gift stecken · ein [kleiner] Teufel sein + eine spitze Zunge haben
Boshaftigkeit, die: → Bosheit
Bosheit, die: Böswilligkeit · Häme · Boshaftigkeit · Bösartigkeit · Garstigkeit · Niedertracht · Niederträchtigkeit · Gehässigkeit · Schlechtigkeit · Heimtücke · Tücke · Schikane · Infamie · Teufelei · böser Wille + Gift ♦ *gehoben*: Arg; → *auch* Gemeinheit, Hinterlist
Boss, der: 1. → ¹Leiter – **2.** → Vorgesetzte (1), Anführer
böswillig: → boshaft (1)
Böswilligkeit, die: 1. → Bosheit – **2.** → Gemeinheit
Bote, der: 1. ⟨*etw. überbringende Person*⟩ Kurier · Überbringer; Sendbote (*veraltet*); Laufbursche · Boy (*abwert*); Ausläufer (*schweiz*) + Botenjunge · Botenfrau · Botengänger · Stafette – **2.** → Vorzeichen
Botenfrau, die: → Bote (1)
Botengänger, der: → Bote (1)
Botenjunge, der: → Bote (1)
botmäßig: → gehorsam (1)
Botmäßigkeit, die: unter seine B. bringen: → unterwerfen (1)
Botschaft, die: → Nachricht (I)
Böttcher, der: Fassbinder (*österr*); Büttner · Küfer · Kübler · Schäffler (*landsch*)
Botten (*Pl*): → Schuhe (1)
Bottich, der: Kübel; Zuber · Bütte · Schaff (*landsch*); → *auch* Fass (1)
Bouillon, die: → Brühe (1)
Boulevard, der: → Hauptstraße
Boulevardblatt, das: → Zeitung (I, 1)
Boulevardisierung, die: → Verflachung
Boulevardpresse, die: → Sensationspresse
Boulevardzeitung, die: → Zeitung (I, 1)
bourgeois: großbürgerlich · bürgerlich; → *auch* mittelständisch
Bourgeois, der: Großbürger · Bürger; → *auch* Bürger (3)
Bourgeoisie, die: Großbürgertum · Bürgertum; → *auch* Mittelschicht
Bouteille, die: → Flasche (1)
Box, die: 1. → Schachtel (1) – **2.** → Fotoapparat
Boxenluder, das: → Anhänger (3)
Boxer, der: Faustkämpfer (*veraltend*) + Fighter
Boxkampf, der: Faustkampf (*veraltend*)
Boy, der: 1. → Diener (1) – **2.** → Bote (1)
Boyfriend, der: → Freund (2)
Boykott, der: → Ächtung (2)
boykottieren: → ächten (2)
brabbeln: → murmeln
brach: → unbestellt
Brache, die: → Ödland

brausen

Brachialgewalt, die: → Gewalt (1)
Brachland, das: → Ödland
brachliegen: → ungenutzt
brackig: → faulig (1)
Brainstorming, das: → Ideenkonferenz
Braintruster, der: → Unternehmensberater
Bramarbas, der: → Angeber (1)
bramarbasieren: → prahlen
Branche, die: → Fach (1, b), Wirtschaftszweig
Brand, der: **1.** ⟨*Absterben des Gewebes*⟩ Faulbrand · Gewebstod; Gangrän (*med*) – **2.** → Feuer (1), Feuersbrunst – **3.** → Hitze (1) – **4.** → Durst (1) – **5.** in B. setzen / stecken: **a)** → anzünden (1, a) – **b)** → Feuer (7); einen B. stiften / legen: → Feuer (7)
Brandbrief, der: → Mahnbrief
branden: **1.** ⟨*von den Meereswellen gesagt*: *sich an der Küste überschlagen*⟩ schlagen · fluten · wogen · sich brechen – **2.** → ertönen
brandgefährlich: → gefährlich (1)
brandig: **1.** ⟨*vom Gewebstod befallen*⟩ gangränös (*med*) – **2.** → brenzlig (1)
Brandleger, der: → Brandstifter
brandmarken: → anprangern (1)
brandneu: → neu (1)
Brandrückstand, der: → Asche (1)
brandschatzen: verheeren · sengen / morden und brennen; mit Feuer und Schwert wüten (*veraltend*); → *auch* ausrauben, vernichten (1, a), Feuer (7)
Brandstifter, der: Brandleger · Feuerleger · Feuerteufel
Brandung, die: Wogenprall · Wogenschlag
Brandungsreiten, das: → Surfing
Brandy, der: → Weinbrand, Branntwein
Branntwein, der: Trinkbranntwein · Schnaps ♦ *umg*: der Klare; Feuerwasser · Lebenswasser · Lebensbalsam · Rachenputzer (*scherzh*) ♦ *salopp*: Stoff; Fusel[schnaps] (*abwert*) + Korn · Brandy · Aquavit · Whisky · Wodka · Gin · Köm; → *auch* Weinbrand, Alkohol (1)
braten: + schmoren · grillen · garen; backen (*landsch*) ♦ *umg*: brotzeln · brutzeln · schmurgeln · rösten; → *auch* dünsten (1)
Braten, der: **1.** ⟨*gebratenes Fleisch*⟩ das Gebratene – **2.** den B. riechen: **a)** → merken (1) – **b)** → Verdacht (2)
Bratenrock, der: → Gehrock
Bräter, der: → Schmortopf
Bratfett, das: + Frittüre

Brathähnchen, das: Grillhähnchen; Broiler (*bes. ehem. DDR*) ♦ *umg*: Gummiadler · Flattermann (*scherzh*) + Backhendl (*österr*)
Bratkartoffeln (*Pl*): Röstkartoffeln · Röster (*landsch*); Rösti (*schweiz*); Geröstete (*süddt österr*) + Chips; → *auch* Pommes frites
Bratpfanne, die: → Pfanne (1)
Bratrost, der: Grill · Rost
Bratsche, die: Viola · Altgeige + Gambe; → *auch* Bassgeige (1), Geige (1)
Brauch, der: **1.** ⟨*in einer Gemeinschaft übliche Verhaltensweise*⟩ Sitte · Gebrauch · Konvention · Ritus · Herkommen; Übung (*bes. süddt österr schweiz*) + Landessitte · Ritual – **2.** → Gewohnheit (1)
brauchbar: → verwendbar
Brauchbarkeit, die: → Eignung (1)
brauchen: **1.** ⟨*nicht bzw. schlecht ohne etw. od. jmdn. auskommen*⟩ benötigen · nötig haben · Bedarf haben |an| · bedürfen · bedürftig sein |jmds. / einer Sache| · nicht entbehren können + verwenden können · Verwendung haben |für| · verlangen · begehren ♦ *gehoben*: nicht entraten können |einer Sache| (*veraltend*) ♦ *umg*: gebrauchen · nötig haben wie das liebe / tägliche Brot – **2.** → gebrauchen (1)
brauen: → ²wallen
braun: **1.** ⟨*Farbe*⟩ + rehbraun · nussbraun · schokolade[n]farben · schokoladenbraun · schokolade[n]farbig · rotbraun · cognac[farben] · sepia; → *auch* rostfarben – **2.** ⟨*von der Sonne gefärbt*⟩ sonnenverbrannt · sonnenbraun · gebräunt · sonnengebräunt · nussbraun · bronzefarben – **3.** → dunkelhaarig – **4.** b. werden: → bräunen (1)
bräunen: **1.** ⟨*durch Sonnenstrahlen braun werden*⟩ braun werden ♦ *umg*: sich färben · Farbe bekommen; einbrennen (*landsch*) – **2.** → anbräunen
braunhaarig: → dunkelhaarig
Braus, der: in Saus und B. leben: → schwelgen (1)
Brausche, die: → Beule (1)
Brause, die: **1.** → Dusche (1) – **2.** → Limonade (1)
Brausebad, das: → Dusche (1)
Brausekopf, der: → Hitzkopf
Brauselimonade, die: → Limonade (1)
brausen: **I.** brausen: **1.** ⟨*einen rauschenden Ton ergeben*⟩ rauschen · sausen · tosen + stürmen · dröhnen ♦ *gehoben*: erbrausen; → *auch* dröhnen (1), stürmen (1) – **2.** → stür-

173

Braut

men (1) – **3.** → ²wallen – **4.** → duschen (I) – **5.** → fahren (1) – **6.** einen unter das Jackett b.: → trinken (1, b) – **II.** brausen, sich: → duschen (II)

Braut, die: die Verlobte; Hochzeiterin (*landsch*) ♦ *umg*: die Zukünftige; Gespons (*scherzh*)

Bräuterich, der: → Bräutigam

Bräutigam, der: der Verlobte; Hochzeiter (*landsch*) ♦ *umg*: der Zukünftige; Gespons (*scherzh*) ♦ *salopp*: Bräuterich (*landsch scherzh*)

Brautschau, die: B. halten, auf B. gehen: → werben (2, a)

brav: 1. → artig (1) – **2.** → rechtschaffen

Bravour, die: mit B.: → tapfer

Break, der: → ¹Pause (1)

Breakdown, der *od.* das: → Zusammenbruch (1)

brechen: I. brechen: **1.** → durchbrechen (I, 1) – **2.** → brocken (1) – **3.** → pflücken – **4.** → falten – **5.** → ablenken (I, 1) – **6.** → übergeben (I), erbrechen (I, 1) – **7.** b. | aus | : → hervorkommen (1); eine Lanze b. | für | : → eintreten (7, a); den Stab b. | über | : → verurteilen (2); b. | mit | : → lossagen, sich; die Ehe b.: → betrügen (2, a); den Hals / das Rückgrat / Genick b.: → ruinieren (I, 1); sich den Hals / das Genick b.: **a)** → verunglücken (1) – **b)** → scheitern (a); nichts zu b. und zu beißen haben: → hungern (1); das Eis b.: → annähern (II, 1); den Stolz b.: → demütigen (I); das Herz b.: → bedrücken (1); die Herzen b.: → erobern (2); Bahn b.: → durchsetzen (I, 1); sich Bahn b.: → durchsetzen (I, 2, a); übers Knie b.: → überstürzen; zum Brechen: → ekelhaft (1); zum Brechen voll, brechend voll: → überfüllt; auf Biegen oder Brechen: → unbedingt (1) – **II.** brechen, sich: → branden (I)

Brecher, der: → Welle (I)

Brechreiz, der: → Übelkeit

Brechstange, die: mit der B.: → gewaltsam; mit der B. durchsetzen: → durchsetzen (I, 1)

Brechung, die (*Phys*): Ablenkung · Beugung · Refraktion

Bredouille, die: in der B. sein: → Verlegenheit (2)

Bregen, der: → Hirn (1)

Brei, der: **1.** ⟨*dickflüssige Speise*⟩ Mus · Püree; Kasch (*landsch*) ♦ *salopp*: Pamp[s] · Pampf · Papp[e] · Klitsch · Klumpatsch

(*landsch, meist abwert*); Koch (*landsch*) – **2.** → Schlamm – **3.** herumgehen wie die Katze um den heißen B.: → zögern; B. um den Mund schmieren: → schmeicheln (1); zu B. schlagen: → verprügeln

breiartig: → dickflüssig

breiig: → dickflüssig

breit: 1. → ausgedehnt (1) – **2.** → ausführlich (1) – **3.** → dick (1) – **4.** das breite Publikum: → Öffentlichkeit (1); einen breiten Rücken / Buckel haben: → dulden (1); weit und b.: → überall (1); groß und b.: → deutlich (1); lang und b., des Langen und [des] Breiten: → ausführlich (1)

breitbeinig: grätschbeinig · mit gespreizten / gegrätschten Beinen

breitdrücken: → zerdrücken

Breite: I. Breite, die: **1.** ⟨*Ausdehnung nach der Seite*⟩ Dicke + Spannweite; → *auch* Dicke (II, 2) – **2.** in die B. gehen: → zunehmen (2) – **II.** Breiten (*Pl*): → Gegend (1)

breiten: I. breiten: → ausbreiten (I, 3) – **II.** breiten, sich: → erstrecken, sich (1)

breitmachen, sich: → ausbreiten (II, 1)

breitquetschen: → zerdrücken

breitschlagen: 1. → zerdrücken – **2.** → überreden

breitspurig: → angeberisch

breittreten: → klatschen (2)

Bremse, die: **1.** ⟨*Vorrichtung zum Verlangsamen od. Beenden einer Bewegung*⟩ Bremsvorrichtung · Hemmvorrichtung; → *auch* Hemmschuh (1) – **2.** die B. anziehen / treten, auf die B. treten: → bremsen (1); in die Bremsen steigen: → verhindern

bremsen: 1. ⟨*das Tempo verringern*⟩ abbremsen · die Bremse anziehen / treten · auf die Bremse treten + vermindern · herabmindern; → *auch* anhalten (I, 1), hemmen (1) – **2.** → knapp (6) – **3.** → zügeln (I, 1)

Bremsklotz, der: → Hemmschuh (1)

Bremslicht, das: Stopplicht

Bremsvorrichtung, die: → Bremse (1)

brennbar: entflammbar · entzündbar · entzündlich · inflammabel

brennen: 1. ⟨*Flammen bilden*⟩ flammen · lodern · in Flammen stehen + glimmen ♦ *gehoben*: lohen; → *auch* anbrennen (1), flackern (I, 2), flackern – **2.** ⟨*Alkohol herstellen*⟩ destillieren – **3.** → schmerzen (1) – **4.** sengen / morden und b.: → brandschatzen; eins auf den Pelz / das Fell b.: →

schießen (7); auf der Seele b.: → bedrücken (1); auf den Nägeln b.: → eilen (I, 2)

brennend: → wichtig (1)

brennheiß: → heiß (1)

Brennmaterial, das: → Heizmaterial

Brennpunkt, der: → Mittelpunkt

Brennstoff, der: → Heizmaterial

brenzlig: 1. ⟨*nach Verbranntem riechend*⟩ brandig · angebrannt · verbrannt ♦ *umg:* sengerig (*landsch*) – **2.** → bedenklich (1)

Bresche, die: **1.** → Lücke (1) – **2.** → Durchbruch (1) – **3.** eine B. schlagen: → durchbrechen (I, 2); eine B. schlagen │für│: → fördern (1); in die B. springen/treten: → aushelfen; sich in die B. werfen: → eintreten (7, a)

bresthaft: → gebrechlich

Brett, das: **1.** ⟨*flach geschnittenes Holzstück*⟩ + Planke; → *auch* Diele (1) – **2.** → Ski (1) – **3.** das schwarze B.: → Anschlagtafel; die Bretter, die die Welt bedeuten: → Theater (1); über die Bretter gehen lassen: → aufführen (I, 1); ein B. vor dem Kopf haben: → dumm (6); einen Stein im B. haben │bei│: → beliebt (2, a); Bretter sägen: → schnarchen

brettern: → fahren (1)

Bretterverschlag, der: → Verschlag (1)

bretthart: → hart (1)

Brettl, das: **1.** → Ski (1) – **2.** → Kabarett

Brettldiva, die: → Chansonsängerin

Brettlkünstlerin, die: → Chansonsängerin

Brettlsängerin, die: → Chansonsängerin

Brettsegler, der: → Surfer

Brevier, das: **1.** → Auswahl (3) – **2.** → Gebetbuch

Brief, der: **1.** ⟨*schriftl. Mitteilung*⟩ Schreiben · Zuschrift · Zeilen; Wisch (*abwert*) ♦ *umg:* Schrieb[s]; Epistel (*noch iron*) + Kassiber · Mitteilung · Nachricht · Botschaft · Post; → *auch* Schriftstück – **2.** offener B.: ⟨*veröffentlichtes Schreiben*⟩ Sendbrief · Sendschreiben (*veraltet*) – **3.** B. und Siegel geben: → versichern (I)

Briefaustausch, der: → Briefverkehr (1)

Briefbogen, der: → Blatt (I, 1)

Briefbombe, die: → Sprengkörper

Briefeinwurf, der: → Briefkasten (1)

briefen: → unterrichten (1)

Briefhülle, die: → Briefumschlag

Briefing, das: → Unterrichtung

Briefkasten, der: **1.** ⟨*Behälter zum Einwerfen der Briefe*⟩ Postkasten + Briefeinwurf ·

Einwurf ♦ *umg:* Kasten – **2.** → Ausschnitt (1)

Briefkastenfirma, die: → Scheinfirma

Briefkontakt, der: → Briefverkehr (1)

Briefkuvert, das: → Briefumschlag

Briefmarke, die: Postwertzeichen (*amtsspr*) + Freimarke ♦ *umg:* Marke + Porto

Briefträger, der: Postbote; Zusteller (*amtsspr*)

Briefumschlag, der: Umschlag · Kuvert · Briefkuvert · Briefhülle

Briefverkehr, der: **1.** ⟨*das gegenseitige Verbindunghalten durch Briefe*⟩ Briefwechsel · Briefkontakt · Korrespondenz · Schriftverkehr · Schriftwechsel · Briefaustausch; → *auch* Notenwechsel – **2.** im B. stehen: → korrespondieren (1)

Briefwechsel, der: **1.** → Briefverkehr (1) – **2.** im B. stehen: → korrespondieren (1)

Brigant, der: → Räuber

brillant: 1. → geistreich – **2.** → hervorragend (1)

Brillant, der: → Edelstein

Brille, die: **1.** ⟨*Doppelglas für die Augen mit Ohrenbügeln*⟩ Augengläser · Gläser · Glas + Lorgnette ♦ *salopp:* Nasenfahrrad · Intelligenzprothese · Spekuliereisen (*scherzh*); → *auch* Kneifer (1), Einglas – **2.** alles durch eine rosa[rote] B. sehen: → optimistisch (2); durch eine schwarze B. [an]sehen/betrachten: → schwarz (6)

Brillenschlange, die: → Brillenträgerin

Brillenträgerin, die: Brillenschlange (*scherzh*)

brillieren: → beeindrucken

Brimborium, das: → Aufwand (1)

bringen: 1. ⟨*herkommen u. etw. übergeben*⟩ herbringen · herholen · herschaffen · hertragen · heranbringen · heranholen · heranschaffen · herantragen · herbeibringen · herbeiholen · herbeischaffen · herbeitragen · herzubringen · herzuholen · daherbringen + apportieren · befördern ♦ *umg:* hinzuholen · anbringen · beischaffen ♦ *salopp:* anschleifen · anschleppen; → *auch* holen (1), liefern (1), hinbringen (1) – **2.** → einbringen (2) – **3.** → darbieten (I, 1) – **4.** → begleiten – **5.** → senden (1) – **6.** von der Stelle/vom Fleck b.: → fortbewegen; sich an sich bringen: → aneignen, sich (I, 1), erwerben (1 *u.* 2); auf die/zur Seite b., beiseite b.: → stehlen (1); auf den Markt b.: → anbieten (I, 3); zum Verkauf b.: → verkaufen (I, 1); an den

brisant

Mann b.: **a)** → verkaufen (I, 1) – **b)** → verheiraten (I); unter die Haube b.: → verheiraten (I); in Erfahrung b.: → erfahren (1); in Umlauf/unter die Leute b.: → verbreiten (I, 1); in den Mund der Leute/ins Gerede/in Misskredit/in üblen Ruf/in schlechten Ruf/in Verruf b.: → verleumden (1); b. |um|: → betrügen (1); an den Bettelstab/auf den Hund b.: → ruinieren (I, 1); zu Fall b.: **a)** → vereiteln – **b)** → entmachten; unter den Hammer b.: → versteigern; in Sicherheit b., Rettung b. |für|: → retten (1); in Gefahr b.: → gefährden (I); hinter Schloss und Riegel b.: → einsperren (1); vor Gericht/vor den Richter b.: → anzeigen (2); an den Galgen b.: → erhängen (I); vom Leben zum Tode b.: → hinrichten (1); um die Ecke b.: → ermorden; sich ums Leben b.: → Selbstmord (2); ums Leben b.: → töten (I, 1); unter die Erde b.: **a)** → töten (I, 1) – **b)** → begraben (1); zur Strecke b.: → schießen (2); nicht über die Lippen b.: → verschweigen; in Vorschlag b.: → vorschlagen; aufs Tapet/zur Sprache b.: → vorbringen; das Gespräch/die Rede/Diskussion b. |auf|: → ansprechen (2); seinen Dank zum Ausdruck b.: → danken (1); dazu b.: → veranlassen; zur Durchführung b.: **a)** → veranstalten (1) – **b)** → ausführen (3) – **c)** → erledigen (1); ins Geschick/ins Gleiche b.: → regeln (1); in Ordnung/ins rechte Gleis b.: **a)** → regeln (1) – **b)** → bereinigen (1); ins Lot/ins Reine b.: → bereinigen (1); wieder in Ordnung b.: → reparieren; in Einklang b.: → abstimmen (2); unter einen Hut b.: → vereinen (2); auf die Beine b.: → aufstellen (I, 4); auf die Bühne b.: → aufführen (I, 1); unter Dach und Fach b.: → vollenden (I, 1); auf die/zur Welt b.: → gebären; zustande/zuwege b.: → erreichen (2); es b.: → können (1); es weit/zu etw. b.: → Erfolg (2); es zu nichts b.: → scheitern (a); hinter sich b.: **a)** → bestehen (2) – **b)** → überstehen (1); mit sich b.: **a)** → Folge (3) – **b)** → verursachen; auf/in Trab b.: → antreiben (2); in Schwung b.: **a)** → antreiben (2) – **b)** → beleben (I, 2); in Bewegung b.: → antreiben (3); zum Abschluss/zu Ende b.: → beenden (1); zum Erliegen b.: → stilllegen; Opfer b.: → opfern (I, 1); auf andere Gedanken b.: → ablenken (I, 2); das Blut in Wallung b.: **a)** → begeistern (I) – **b)** → aufregen (I, 1); in Fahrt b.: **a)** → aufregen (I, 1)

– **b)** → erzürnen (1); in [die] Wolle/in Rage/Harnisch/auf die Palme/zur Weißglut b.: → erzürnen (1); zur Ruhe/Besinnung b.: → beruhigen (I); zur Räson b.: → zurechtweisen

brisant: 1. → explosiv – **2.** → bedenklich (1) – **3.** → gefährlich (1)

Brise, die: → Wind (I, 1)

bröckelig: → krümelig

bröckeln: 1. → brocken (1) – **2.** b. |von|: → ablösen (II, 1)

brocken: 1. ⟨*zu [kleinen] Bröckchen zerbrechen*⟩ [zer]bröckeln · [zer]bröseln · [zer]krümeln · brechen; → *auch* zerkleinern (1) – **2.** → pflücken

Brocken, der: **1.** → Stück (1), Bissen (1) – **2.** → Wort (1) – **3.** in Brocken: → stückweise; ein [dicker/harter/schwerer] B.: → Schwierigkeit (1); an einem harten B. kauen: → abmühen, sich; ein paar Brocken hinwerfen: → abfinden (I, 1); ein paar Brocken können: → radebrechen; mit gelehrten Brocken um sich werfen: → prahlen

brockenweise: → stückweise

Brodel, der: → Dampf (1), Dunst (1)

brodeln: 1. → dampfen (1) – **2.** → ²wallen – **3.** → gären (2)

Brodem, der: → Dampf (1), Dunst (1)

Broiler, der: → Brathähnchen

Broker, der: → Börsenspekulant

Bronn[en], der: → Brunnen (1)

bronzefarben: → braun (2)

Brosame, die *od.* der: → Krume (1)

Brosche, die: → Nadel (1)

broschieren: → heften (2)

Broschüre, die: → Heft (1), Buch (1)

Brösel, der *od.* das: → Krume (1)

bröselig: → krümelig

bröseln: → brocken (1)

Brot, das: **1.** ⟨*Nahrungsmittel*⟩ Brotlaib · Laib Brot – **2.** → Schnitte – **3.** dunkles B.: → Roggenbrot; Scheibe B.: → Schnitte; flüssiges B.: → Bier (a); aufs B. streichen/schmieren: → vorhalten; als hätte man jmdm. die Butter vom B. genommen: → betreten (2); die Butter fällt jmdm. vom B.: → erschrecken (2); das tägliche B.: → Lebensunterhalt (1); nötig haben wie das liebe/tägliche B.: → brauchen (1); bei Wasser und B. sitzen: → gefangen (2); ohne Lohn und B.: → arbeitslos (1); in Lohn und B. nehmen: → anstellen (I, 2); in Lohn und B. stehen: → arbeiten (2); nicht das Salz

brummen

zum B. haben: → arm (4); Kampf ums B.:
→ Lebenskampf
Brotarbeit, die: → Arbeit (2)
Brötchen, das: Semmel; Schrippe (*berlin*);
Rundstück (*norddt*); Weggli (*schweiz*);
Wecken (*süddt*) + Kipfe[r]l (*süddt österr*);
→ *auch* Hörnchen
Brötchengeber, der: → Unternehmer (1)
Broterwerb, der: → Arbeit (2 *u.* 3)
Brotkanten, der: Kanten ♦ *umg*: Ranft ·
Ränftchen · Runks (*landsch*); Knust
(*norddt*); Scherz (*süddt österr*)
Brotkorb, der: den B. höher hängen: →
knapp (6)
Brotlaib, der: → Brot (1)
brotlos: → arbeitslos (1)
Brotneid, der: → Neid (1)
Brotrinde, die: Rinde ♦ *umg*: Ranft ·
Ränftchen (*landsch*)
Brotröster, der: → Toaster
Brotscheibe, die: → Schnitte
Brotschnitte, die: → Schnitte
Brotzeit, die: **1.** → Frühstück – **2.** → Imbiss
(1)
brotzeln: → braten
Browning, der: → Pistole (1)
¹Bruch, der: **1.** ⟨*gebrochene Stelle*⟩ **a)** ⟨*von
Gegenständen*⟩ Bruchstelle · Bruchfläche ·
Bruchkante · Bruchlinie – **b)** ⟨*von Knochen*⟩
Knochenbruch · Fraktur · Knochenfraktur; →
auch Riss (1) – **2.** ⟨*gebrochene Zahl*⟩ Bruch-
zahl – **3.** → Falte (1), Falz – **4.** → Ausschuss
(2) – **5.** → Trennung (1), Zerwürfnis (1) – **6.** zu
B. fahren: ⟨*ein Fahrzeug durch Havarie völlig
unbrauchbar machen*⟩ *umg*: Bruch machen ♦
salopp: in Klump fahren; → *auch* zusammen-
stoßen (1) – **7.** B. machen: → 6; zu B. gehen, in
die Brüche gehen: → zerbrechen (2); sich ei-
nen B. heben: → verheben, sich
²Bruch, der *od.* das: → Sumpf (1)
Bruchbude, die: → Haus (1)
bruchfest: → haltbar (1)
Bruchfläche, die: → ¹Bruch (1, a)
brüchig: 1. → zerbrechlich (1) – **2.** →
morsch – **3.** → schadhaft
Bruchkante, die: → ¹Bruch (1, a)
Bruchlinie, die: → ¹Bruch (1, a)
Bruchstelle, die: → ¹Bruch (1, a)
Bruchstück, das: **1.** ⟨*unvollendetes Werk*⟩
Torso · Fragment – **2.** → Teil (1) – **3.** → Stück
(1)
bruchstückhaft: fragmentarisch; → *auch*
unvollständig

Bruchteil, der: **1.** → Stück (1) – **2.** → Teil (1)
Bruchzahl, die: → ¹Bruch (2)
Brücke, die: **1.** ⟨*Bauwerk*⟩ Steg · Übergang ·
Viadukt · Überführung – **2.** ⟨*Kommando-
stand auf Schiffen*⟩ Kommandobrücke – **3.**
fliegende B.: → Fähre; goldene Brücke
bauen: → entgegenkommen (1); Brücken
schlagen: → verständigen (II, 1)
Brückenschlag, der: → Verständigung (1)
Bruder: I. Bruder, der: **1.** ⟨*männl. Kind
derselben Eltern*⟩ Bruderherz (*scherzh*) – **2.**
→ Freund (I, 1) – **3.** → Kamerad – **4.** B.
Leichtfuß/Leichtsinn: → Leichtfuß (1);
warmer B.: → Homosexuelle (I) – **II.** Brü-
der (*Pl*): ⟨*männl. Kinder derselben Eltern*⟩
gehoben: Gebrüder
Bruderbund, der: → Freundschaft (1)
Bruderherz, das: **1.** → Bruder (I, 1) – **2.** →
Freund (1)
Bruderkrieg, der: → Bürgerkrieg
brüderlich: freundschaftlich (1)
Bruderschaft, die: **1.** → Vereinigung (2) –
2. → Freundschaft (1)
Brüderschaft, die: **1.** → Freundschaft (1) –
2. → Vereinigung (2) – **3.** B. schließen: →
verbrüdern, sich
Brühe, die: **1.** ⟨*Speise*⟩ Fleischbrühe ·
Kraftbrühe · Bouillon · Brühsuppe; Rind-
suppe (*österr*) + Suppe; → *auch* Soße (1) –
2. *umg abwert* ⟨*minderwertiges Getränk*⟩
salopp: Gesöff · Jauche; Lorke · Plempe ·
Plörre (*landsch*); → *auch* Getränk (1) – **3.**
→ Schlamm – **4.** viel/große B.: → Um-
stand (II, 1)
brühen: → aufbrühen
brühheiß: → heiß (1)
Brühsuppe, die: → Brühe (1)
brüllen: 1. → schreien (1), weinen (1) – **2.**
→ schnauzen – **3.** → dröhnen (1) – **4.** vor
Dummheit b.: → dumm (6); zum Brüllen:
→ komisch (1); brüllend heiß: → heiß (1)
Brüller, der: → Lachen (1)
brüllheiß: → heiß (1)
Brummbär, der (*umg*): Brummbart; Murr-
kopf (*noch landsch*) ♦ *salopp*: Muffel ·
Knaster[bart] · Knasterer; → *auch* Gries-
gram
Brummbart, der: → Brummbär
brummeln: → brummen (1)
brümmeln: → brummen (1)
brummen: 1. ⟨*knurrende Laute von sich
geben*⟩ knurren + summen ♦ *umg*: grunzen ·
brummeln; brümmeln (*landsch*) + nuscheln;

Brummi

→ *auch* murmeln, sprechen (1) – **2.** → murren – **3.** → dröhnen (1) – **4.** → gefangen (2) – **5.** → gedeihen (1) – **6.** in den Bart b.: → murmeln

Brummi, der: → Lastkraftwagen
brummig: → mürrisch
Brummochse, der: → Dummkopf (2)
Brunch, der: → Frühstück
brünett: → dunkelhaarig
Brunft, die: → Brunstzeit
brunften: → brünstig (2)
brunftig: → brünstig (1)
Brunftzeit, die: → Brunstzeit
Brunnen, der: **1.** ⟨*Anlage zur Wasserversorgung*⟩ + Pumpe · Quelle · Sickerbrunnen ♦ *gehoben:* Born · Bronn[en] (*veraltend*); → *auch* Quelle (1) – **2.** → Mineralwasser
Brunnenvergifter, der: → Verleumder
Brunnenvergiftung, die: → Verleumdung
Brunst, die: → Brunstzeit
brünstig: 1. ⟨*sich in der Paarungszeit befindend*⟩ brünftig · rammelig (*weidm*) + läufig · stierig · rossig – **2.** b. sein: ⟨*sich in der Paarungszeit befinden*⟩ brunften · rauschen · ranzen (*weidm*) + stieren · rossen · bocken
Brunstzeit, die: Brunst · Paarungszeit · Läufigkeit; Brunft[zeit] · Rauschzeit · Ranzzeit (*weidm*)
Brunze, die: → Urin (1)
brunzen: → austreten (1)
brüsk: 1. → barsch – **2.** → plötzlich (1)
brüskieren: → kränken
Brust: I. Brust, die: **1.** ⟨*Körperteil*⟩ Brustkorb; Thorax (*med*) ♦ *dicht:* Busen ♦ *umg:* Brustkasten – **2.** ⟨*weibliches Organ*⟩ Busen · Büste · Brüste · Brustdrüsen; Mammae (*med*) ♦ *dicht:* Paradiesäpfel · Rosenhügel (*Pl*) · Lilienhügel (*Pl*) ♦ *salopp:* Atombusen · Vorbau · Vorgebirge · Veranda · Balkon · Milchladen · Milchwirtschaft (*scherzh*) ♦ *derb:* Titten – **3.** die B. geben / reichen: → stillen (1); die B. nehmen: → saugen (1); schwach auf der B.: → zahlungsunfähig (1); schwach auf der B. sein: → lungenkrank; aus voller B.: → laut (1, b); mit geschwellter B.: → stolz (1); die Pistole auf die B. setzen: → zwingen (1); sich an die B. schlagen: → bereuen; sich in die B. werfen: → angeben (1); [sich] zur B. nehmen: → vornehmen (1); einen zur B. nehmen: → trinken (1, b) – **II.** Brüste (*Pl*): → I, 2

Brustbild, das: → Bildnis
Brustdrüsen (*Pl*): → Brust (I, 2)
brüsten, sich: → prahlen
Brustkasten, der: → Brust (I, 1)
Brustkind, das: → Säugling
Brustkorb, der: → Brust (I, 1)
Brüstung, die: → Geländer
Brustwarze, die: *umg:* Nippel
Brustwehr, die: → Schutzwall (1)
Brut, die: **1.** ⟨*Nachkommenschaft bestimmter Tierarten*⟩ Gelege; Gezücht (*abwert*) – **2.** → Nachkommenschaft
brutal: gewalttätig · roh · rabiat · grausam · tierisch · bestialisch · entmenscht · viehisch + sadistisch; → *auch* rücksichtslos (1), unmenschlich
Brutalität, die: Gewalttätigkeit · Rohheit · Grausamkeit · Bestialität; → *auch* Rücksichtslosigkeit, Unmenschlichkeit, Gefühllosigkeit (1)
Brutalo, der: → Rambo
brüten: 1. ⟨*von Vögeln gesagt: die Eier bis zum Schlüpfen der Jungen wärmen*⟩ auf den Eiern sitzen + glucken – **2.** → grübeln
brütend: b. heiß: → heiß (1)
Brutherd, der: → Entstehungsherd
Bruthitze, die: → Hitze (1)
Brutofen, der: wie in einem B.: → heiß (1)
Brutstätte, die: → Entstehungsherd
Bruttosozialprodukt, das: → Volkseinkommen
Brutzelle, die: → Entstehungsherd
brutzeln: → braten
BSE, die: → Rinderwahnsinn
Bub, der: → Junge (I, 1)
bubbern: → schlagen (I, 3)
Bube, der: Unter · Wenzel · Scharwenzel
Bubenstreich, der: **1.** → Streich (1) – **2.** → Schurkerei
Bubenstück, das: → Schurkerei
Büberei, die: → Schurkerei
Bubi, der: → Junge (I, 1)
bübisch: → gemein (1)
Buch, das: **1.** ⟨*[dickes] Druckwerk*⟩ Band; Scharteke (*abwert*); Titel (*fachspr*) + Foliant · Broschüre · Schrift · Werk · Bestseller ♦ *umg:* Schmöker · Wälzer (*abwert*) ♦ *salopp:* Schinken · Schwarte (*abwert*); → *auch* Werk (1) – **2.** → ¹Band (II, 1) – **3.** das B. der Bücher: → Bibel; ein B. in die Hand / zur Hand nehmen: → lesen (1); über den Büchern sitzen, die Nase ins B. stecken: → lernen (1); wie ein B. reden: → schwat-

zen (1); wie es im B. steht: → vorbildlich; ein B. mit sieben Siegeln: → unverständlich (1); wie in einem aufgeschlagenen B. lesen [können]: → durchschauen (I); im B. der Geschichte eingetragen: → unsterblich; zu Buche schlagen: → wirken (3)

Buchausleihe, die: → Leihbücherei

Buchdecke, die: → Einband

Buchdeckel, der: → Einband

Buchdruck, der: Buchdruckerkunst · die schwarze Kunst + Typografie

Buchdruckerkunst, die: → Buchdruck

Bucheinband, der: → Einband

buchen: 1. → einschreiben (I) – **2.** → bestellen (1)

Bücherbord, das: → Wandbrett

Bücherbrett, das: → Wandbrett

Bücherei, die: Bibliothek + Stadtbücherei · Stadtbibliothek · Volksbücherei · Volksbibliothek; → *auch* Leihbücherei

Bücherfreund, der: Bücherliebhaber · Büchernarr · der Bibliophile; Büchermensch (*abwert*) ♦ *umg*: Bücherwurm · Leseratte (*scherzh*)

Bücherliebhaber, der: → Bücherfreund

Büchermensch, der: → Bücherfreund

Büchernarr, der: → Bücherfreund

Bücherregal, das: → Regal

Bücherrevisor, der: → Steuerprüfer

Bücherstube, die: → Buchhandlung

Bücherwand, die: → Schrankwand

Bücherwurm, der: → Bücherfreund

Buchhandlung, die: Bücherstube; Sortiment · Sortimentsbuchhandlung (*fachspr*) + Kiosk · Antiquariat ♦ *umg*: Buchladen

Buchladen, der: → Buchhandlung

Buchprüfer, der: → Steuerprüfer

Buchse, die: → Steckdose

Büchse, die: **1.** → Dose (1) – **2.** → Konservenbüchse – **3.** → Gewehr (1)

Büchsenmilch, die: → Kondensmilch

Büchsenöffner, der: Dosenöffner

Buchstabe, der: **1.** → Schriftzeichen – **2.** dem Buchstaben nach: → formal; bis auf den letzten Buchstaben: → vollständig (1); sich auf seine vier Buchstaben setzen: → setzen (II, 1)

Buchstabenmensch, der: → Bürokrat

Buchstabenwort, das: → Abkürzung (2)

buchstabieren: 1. → entziffern – **2.** → lesen (1)

buchstäblich: 1. → wörtlich – **2.** → tatsächlich (2)

¹Bucht, die: **1.** ⟨*ins Land hineinreichender Teil eines Gewässers*⟩ + Meerbusen · Meeresbucht · Bai · Golf · Fjord – **2.** → Verschlag (2)

²Bucht, die: → Gesindel

Buchung, die: → Bestellung (1)

Buchverleih, der: → Leihbücherei

Buckel, der: **1.** ⟨*starke Verkrümmung der Wirbelsäule*⟩ Höcker · krummer Rücken ♦ *salopp*: Ast · Ranzen (*landsch*); Knast (*norddt*) – **2.** → Rücken (1) – **3.** den B. voll hauen: → verprügeln; den B. hinhalten: → büßen (1); einen [krummen] B. machen: **a)** → bücken, sich (1) – **b)** → kriechen (2); auf seinen B. nehmen: → verantworten (I); einen breiten B. haben: → dulden (1)

Buckelinski, der: → Bucklige

buckeln: 1. → kriechen (2) – **2.** → tragen (I, 1)

Buckelpiste, die: → Holperstraße

bücken, sich: 1. ⟨*den Oberkörper weit nach vorn neigen*⟩ sich [nieder]beugen ♦ *umg*: einen [krummen] Buckel machen – **2.** → kriechen (2)

bucklig: 1. ⟨*mit einer Wirbelsäulenkrümmung behaftet*⟩ ausgewachsen · verwachsen · höckerig · krumm; → *auch* missgebildet, verkrüppelt – **2.** → hügelig

Bucklige, der: der Ausgewachsene · der Verwachsene · der Krumme ♦ *salopp*: Astewitz · Buckelinski (*scherzh*)

Bückling, der: **1.** → Verbeugung (1) – **2.** einen B. machen: → verbeugen, sich

Buddel, die: → Flasche (1)

Buddelkasten, der: → Spielplatz (1)

buddeln: 1. → graben (1) – **2.** → roden (2)

Buddy, der: → Kamerad

Bude, die: **1.** ⟨*aus Brettern gebautes Häuschen*⟩ **a)** ⟨*zum Wohnen bzw. als Aufenthaltsraum*⟩ Baracke · Laube + Baubude · Babaracke · Bauhütte · Hütte · Blockhaus; → *auch* Haus (1) – **b)** ⟨*zum Verkaufen*⟩ Marktstand · Stand · Marktbude · Kiosk + Schaubude – **2.** → Haus (1) – **3.** → Zimmer – **4.** die B. einlaufen/einrennen: → bedrängen (1); auf die B. rücken: **a)** → bedrängen (1) – **b)** → aufsuchen (1); in die B. schneien: → aufsuchen (1); Leben in die B. bringen: → beleben (I, 2); die B. auf den Kopf stellen: → toben (1)

Budel, die: → Verkaufstisch

Budenzauber, der: → Fest (1)

Budget

Budget, das: → Haushaltsplan
Budike, die: **1.** → Gaststätte (1, b) – **2.** → Geschäft (1)
Budiker, der: **1.** → Gastwirt – **2.** → Kaufmann (2)
Büdner, der: → Kleinbauer
Büfett, das: → Anrichte
büffeln: → lernen (1)
Buffke, der: → Flegel (1)
Bügel, der: **1.** → Kleiderbügel – **2.** → Steigbügel – **3.** → Griff (1)
Bügelbrett, das: Plättbrett (*landsch*); Bügelladen (*österr*) + Ärmelbrett
Bügeleisen, das: Plätteisen · Plätte (*landsch*); Glätteisen (*schweiz*) ♦ *umg:* Eisen
Bügelladen, der: → Bügelbrett
bügeln: 1. ⟨*mit dem Bügeleisen glatt machen*⟩ aufbügeln; plätten · glätten (*landsch*); → *auch* ²mangeln – **2.** gebügelt sein: → überrascht (2); geschniegelt und gebügelt: → aufgeputzt
Buggy, der: → Kinderwagen
bugsieren: → schleppen (I, 1), lenken (1)
Büh[e]l, der: → Hügel
Buhle: I. Buhle, der: → Geliebte (I) – **II.** Buhle, die: **1.** → Geliebte (II) – **2.** → Beischläferin
buhlen: 1. → liebkosen – **2.** b. |um|: → werben (2, a)
Buhlerei, die: → Unzucht
Buhlerin, die: **1.** → Geliebte (II) – **2.** → Beischläferin
buhlerisch: 1. → unterwürfig – **2.** → unzüchtig
Buhmann, der: → Prügelknabe
Buhne, die: Abweiser + Seebuhne · Schutzbuhne · Sperrbuhne
Bühne, die: **1.** ⟨*Fläche zum Theaterspielen*⟩ + Bühnenhaus – **2.** → Theater (1 *u.* 2) – **3.** → Schauplatz (1) – **4.** auf die B. bringen: → aufführen (I, 1); von der B. abtreten: → zurücktreten (1); von der B. des Lebens abtreten: → sterben (1); über die B. gehen: → verlaufen (I, 2)
Bühnenaussprache, die: → Hochlautung
Bühnenausstattung, die: → Bühnenbild
Bühnenautor, der: Theaterdichter · Bühnendichter · Dramatiker · Dramendichter · Theaterautor · Dramenautor · Stückeschreiber; → *auch* Dichter (a), Textdichter
Bühnenbild, das: Szenerie · Bühnenausstattung · Dekoration · Bühnendekoration · Theaterdekoration + Kulisse

Bühnendekoration, die: → Bühnenbild
Bühnendichter, der: → Bühnenautor
Bühnendichtung, die: → Theaterstück
Bühnenhaus, das: → Bühne (1)
Bühnenkünstler, der: → Schauspieler
Bühnenstück, das: → Theaterstück
Bühnenweih[fest]spiel, das: → Festspiel (I)
Bühnenwerk, das: → Theaterstück
Bukanier, der: → Seeräuber
Bukett, das: **1.** → Blumenstrauß – **2.** → Aroma (1), Duft (1)
bukolisch: → idyllisch (1)
Bulette, die: → Fleischkloß
Bulimie, die: → Magersucht
bulksen: → arbeiten (1)
Bullauge, das: → Fenster (1)
Bulldog, der: → Traktor
Bulldozer, der: → Planierraupe
¹Bulle, der: **1.** ⟨*männl. Rind*⟩ Stier + Farre[n] – **2.** → Riese – **3.** → Polizist, Kriminalist
²Bulle, die: → Erlass (1)
Bullenhitze, die: → Hitze (1)
bullerig: → aufbrausend
bullern: 1. → dröhnen (1) – **2.** → klopfen (1) – **3.** → schimpfen (1)
Bulletin, das: → Bericht (1)
bullig: 1. → untersetzt – **2.** → heiß (1)
¹Bummel, der (*umg*): **1.** ⟨*das Besuchen mehrerer Vergnügungs- bzw. Gaststätten*⟩ Vergnügungstour · Zechtour ♦ *salopp:* Kneiptour · Sauftour · Sause · Sauser – **2.** → Spaziergang (1)
²Bummel, der: → Troddel
Bummelant, der: → Faulenzer (1), Bummelstudent
Bummelei, die: → Trödelei
Bummelfritz[e], der: → Trödelfritz[e]
Bummelmeile, die: → Einkaufsstraße
bummeln: 1. → spazieren (2) – **2.** → trödeln (1) – **3.** → faulenzen (1)
Bummelstreik, der: → Streik (1)
Bummelstudent, der: Bummelant
Bummelzug, der: → Personenzug
bummern: → klopfen (1)
Bummler, der: → Faulenzer (1)
bummlig: → langsam (1)
Bums, der: **1.** → Knall (1) – **2.** → Tanzveranstaltung – **3.** → Koitus
bumsen: 1. → knallen (1) – **2.** → klopfen (1) – **3.** → dröhnen (1) – **4.** → koitieren
Bumser, der: → Knall (1)
Bumslokal, das: → Amüsierlokal

Bürgschaft

Bund: I. Bund, der: **1.** ⟨*[enger] Zusammenschluss*⟩ **a)** ⟨*von Menschen*⟩ Verbindung · Vereinigung · Bündnis – **b)** ⟨*von Staaten, Teilstaaten*⟩ + Bundesstaat · Föderation · Staatenbund · Konföderation – **c)** → Vereinigung (2), Organisation (1) – **2.** → Bündnis (1) – **3.** → Einfassung (b) – **4.** ewiger B., B. fürs Leben: → Ehe (1); den B. der Ehe eingehen, den B. fürs Leben schließen: → heiraten (1); einen B. eingehen, die Hand zum B. reichen: → verbünden, sich (1); zum B. gehen: → Soldat (2); beim B. sein: → Soldat (1) – **II.** Bund, das: ⟨*zusammengebundenes Stroh, Gemüse od. dgl.*⟩ Bündel · Büschel

Bündchen, das: → Einfassung (b)

Bündel, das: **1.** ⟨*zusammengepackte u. verschnürte Dinge*⟩ Pack[en] · Ballen · Paket · Päckchen + Konvolut · Stapel · Stoß – **2.** → Bund (II) – **3.** sein B. schnüren / packen: → aufbrechen (3), abreisen

bündeln: 1. ⟨*Verschiedenes zu einem Ganzen binden*⟩ zusammenschnüren · zusammenpacken · zusammenfügen – **2.** ⟨*Verschiedenes zusammenfassen*⟩ zusammenlegen · zusammenfassen

Bundesautobahn, die: → Fernverkehrsstraße

Bundesgenosse, der: → Verbündete

Bundeskanzler, der: → Regierungschef

Bundesland, das: die neuen Bundesländer: Neufünfland (*scherzh*)

Bundespräsident, der: → Staatsoberhaupt

Bundesstaat, der: → Bund (I, 1, b)

Bundesstraße, die: → Fernverkehrsstraße

Bundestagsabgeordnete, der: → Abgeordnete

bundesweit: republikweit

bündig: 1. → knapp (2) – **2.** → überzeugend – **3.** kurz und b.: → knapp (2)

Bündnis, das: **1.** ⟨*das Verbündetsein*⟩ Pakt · Bund · Zusammenschluss + Allianz · Entente · Achse · Liga · Koalition · Einheitsfront; → *auch* Vertrag (1) – **2.** → Bund (I, 1, a) – **3.** ein B. schließen: → verbünden, sich (1)

Bündnispartner, der: → Verbündete

Bungalow, der: → Sommerhaus

Bungee, das: Bungeespringen · Bungeejumping

Bungeejumping, das: → Bungee

Bungeespringen, das: → Bungee

Bunker, der: **1.** → Laderaum – **2.** → Strafvollzugsanstalt – **3.** → Wohnung (1)

bunkern: → verstecken (I)

bunt: 1. ⟨*viele Farben aufweisend*⟩ vielfarbig · farbenfroh · farbenfreudig · farbenprächtig · farbenprangend · farbenreich · [mehr]farbig · polychrom + regenbogenfarbig · koloristisch · kaleidoskopisch · schreiend ♦ *umg:* knallbunt · klatschbunt · poppig – **2.** → gemischt – **3.** → ungeordnet (2) – **4.** bekannt sein wie ein bunter Hund: → verrufen (3); b. gefleckt / gescheckt: → gefleckt

Buntfilm, der: → Farbfilm

Buntheit, die: → Farbenpracht

buntscheckig: → gefleckt

Buntstift, der: → Farbstift

Bürde, die: → Last (1)

Burg, die: → Schloss (1)

Bürge, der: Gewährsmann · Garant + Zeuge

bürgen: sich verbürgen |für| · gutsagen |für| · die Bürgschaft übernehmen |für| · Bürgschaft leisten |für| · eine Bürgschaft stellen |für| · eintreten |für| · einstehen |für| · die / seine Hand ins Feuer legen |für| · garantieren · Garantie leisten · die Garantie übernehmen · Sicherheit / Gewähr leisten |für|; dafürstehen (*veraltend*); → *auch* gewährleisten

Bürger, der: **1.** ⟨*Bewohner einer Stadt od. Gemeinde*⟩ Einwohner · Mitbürger; Seele (*veraltend*) – **2.** ⟨*zu einem Staat gehörende Person(en)*⟩ Staatsbürger · der Staatsangehörige · Landeskinder – **3.** ⟨*Angehöriger der Mittelschichten*⟩ Mittelständler · Mittelschichtler + Patrizier (*hist*); → *auch* Spießbürger, Bourgeois – **4.** → Bourgeois

Bürgerbeauftragte, der: → Ombudsmann

Bürgerkrieg, der: Bruderkrieg + Umsturz · Umwälzung

bürgerlich: 1. → zivil – **2.** → mittelständisch – **3.** → bourgeois – **4.** bürgerliche Demokratie: → Demokratie (1)

Bürgermeister, der: **a)** ⟨*Oberhaupt der Gemeindeverwaltung*⟩ Gemeindeoberhaupt · Gemeindevorsteher · Ortsvorsteher; Amman (*schweiz*); Schultheiß · Schulze · Dorfschulze · der Dorfälteste (*hist*) – **b)** ⟨*Vorsitzender der Stadtverwaltung*⟩ Stadtoberhaupt + Oberbürgermeister

bürgernah: volksnah

Bürgersteig, der: → Gehweg

Bürgertum, das: **1.** → Bourgeoisie – **2.** → Mittelschicht

Bürgschaft, die: **1.** ⟨*das Zusichern bzw. Übergeben ausreichenden Ersatzes*⟩ Bank-

181

burlesk

bürgschaft · Garantie[leistung] · Sicherheit-[sleistung] · Sicherung; Währschaft (*schweiz*) · Kaution (*Rechtsw*) + Pfand; → *auch* Gewähr (1) – **2.** B. leisten |für|, eine B. stellen |für|, die B. übernehmen |für| : → bürgen

burlesk: → komisch (1)

Burleske, die: → Lustspiel

Burn-out, das: → Erschöpfung

Büro, das: **1.** ⟨*Arbeitsraum der Verwaltung*⟩ Kontor (*veraltend*) + Sekretariat · Schreibstube · Office · Großraumbüro – **2.** → Dienststelle (1)

Bürokrat, der (*abwert*): Aktenmensch · Buchstabenmensch · Aktenkrämer; Paragraphenreiter (*scherzh*) ♦ *umg*: Aktenhengst; → *auch* Pedant

Bürokratie, die (*abwert*): Bürokratismus · Beamtenherrschaft · Amtsschimmel · Behördendschungel · Papierkrieg · Engstirnigkeit · Pedanterie; → *auch* Pedanterie, Behördenwillkür

bürokratisch: 1. ⟨*übertrieben streng nach Vorschriften entscheidend*⟩ beamtenhaft · administrativ; → *auch* formal, kleinlich – **2.** → formal – **3.** b. sein: ⟨*übertrieben streng nach Vorschriften entscheiden*⟩ den Amtsschimmel reiten

Bürokratismus, der: → Bürokratie

Bürolist, der: → Angestellte

burren: → surren

Bursche, der: **1.** ⟨*jüngerer Mensch männl. Geschlechts*⟩ der Halbwüchsige · der Jugendliche · junger Mann/Mensch · Teenager · Teen · Twen · Jüngling; Milchbart · Milchgesicht · der Halbstarke (*abwert*) ♦ *umg*: Bengel · Typ · Spund · junger Kerl; Schwengel (*landsch*); Schnaufer (*schweiz*); → *auch* Junge (I, 1), Mann (I, 1), Teenager – **2.** → Kerl (1) – **3.** → Mann (I, 1) – **4.** → Lehrling – **5.** → Diener (1)

burschikos: → ungezwungen

bürsten: 1. ⟨*mit einer Bürste reinigen*⟩ abbürsten · ausbürsten · durchbürsten + aufrauen · säubern · putzen · wichsen + striegeln ♦ *umg*: [ab]schrubben + wienern; → *auch* reinigen (1) – **2.** → koitieren

Bürstenbinder, der: saufen wie ein B.: → trunksüchtig (2)

Bus, der: → Autobus

Busch, der: **1.** ⟨*kleines baumartiges Gewächs*⟩ Strauch + Staude; → *auch* Buschwerk – **2.** → Urwald – **3.** → Blumenstrauß – **4.** auf den B. sklopfen: → ausfragen; sich

[seitwärts] in die Büsche schlagen: → wegschleichen (I)

Büschel, das: → Bund (II)

Buschen, der: → Blumenstrauß

buschig: → dicht (1)

Buschwerk, das: Gebüsch · Gesträuch · Strauchwerk · Gestrüpp · Dickicht + Jungholz; → *auch* Busch (1), Hecke, Unterholz

Busen, der: **1.** → Brust (I, 1 *u*.2) – **2.** am B. der Natur: → Natur (4); seinen B. öffnen: → anvertrauen (II, 2); im B. verschließen/bewahren: → verschweigen

busenfrei: topless · barbusig ♦ *umg*: oben ohne

Busennadel, die: → Nadel (1)

Business, das: → Geschäft (3)

Business-Mann, der: → Kaufmann (1)

Buße, die: **1.** → Sühne (1) – **2.** → Strafe (1) – **3.** B. tun: → sühnen

Bussel, das: → Kuss (1)

busseln: → küssen

büßen: 1. ⟨*für eine Schuld einstehen müssen*⟩ entgelten · wieder gutmachen · wettmachen · geradestehen |für| · teuer [be]zahlen · [be]zahlen ♦ *umg*: ausbaden · herhalten · die Zeche [be]zahlen · die Suppe auslöffeln · den Buckel hinhalten; → *auch* verbüßen – **2.** → sühnen

Busserl, das: → Kuss (1)

bußfertig: → reuevoll

Bußfertigkeit, die: → Reue (1)

Bußgeld, das: → Geldstrafe

Bußgeldbescheid, der: → Strafmandat

Büste, die: **1.** → Brust (I, 2) – **2.** → Puppe (3)

Büstenhalter, der: BH + Mieder · Wonderbra · Bustier · Push-up-BH ♦ *salopp*: Klößchenheber (*scherzh*); → *auch* Korsett

Bustier, das: → Büstenhalter

Butler, der: → Diener (1)

Butscher, der: → Junge (I, 1)

Bütte, die: → Bottich, Eimer (1)

Büttel, der: → Polizist

Butter, die: wie B.: → weich (1, a); die B. fällt jmdm. vom Brot: → erschrecken (2); als hätte man jmdm. die B. vom Brot genommen: → betreten (2)

Butterbemme, die: → Butterbrot (1)

Butterbrot, das: **1.** ⟨*mit Butter bestrichene Brotscheibe*⟩ Butterschnitte ♦ *umg*: Butterbemme · Butterstulle (*landsch*); → *auch* Schnitte – **2.** aufs B. streichen/schmieren: → vorhalten; für ein B.: → billig (1)

Byzantinismus

buttern: 1. → eitern – **2.** → vorange-
hen – **3.** b. |in|: → zuschießen (1), aufwen-
den
Butterschnitte, die: → Butterbrot (1)
Butterstulle, die: → Butterbrot (1)
butterweich: → weich (1, a)

Button, der: → Abzeichen (1)
Butz, der: → Knirps
Büx, die: → Hose (I, 1)
Buxe, die: → Hose (I, 1)
byzantinisch: → unterwürfig
Byzantinismus, der: → Unterwürfigkeit

C

Café, das: Kaffeehaus · Kaffeestube · Kaffeewirtschaft · Espresso · Cafeteria + Konditorei
Cafeteria, die: → Café
Callgirl, das: → Prostituierte
Calling Card, die: → Telefonkarte
Camion, der: → Lastkraftwagen
Camionnage, die: → Spedition
Camouflage, die: → Täuschung
campen: → zelten
Camper, der: Campierer (*österr*)
Campierer, der: → Camper
Camping, das: + Zeltlager · das Zelten
Campinganhänger, der: → Wohnwagen
Campingwagen, der: → Wohnwagen
canceln: → absagen (2)
Cañon, der: → Schlucht, Tal (1)
Cant, der: → Heuchelei
Canto, der: → Gesang (1)
Cantus, der: → Gesang (1)
Cape, das: → Umhang
Car, der: → Autobus
Caravan, der: → Wohnwagen
Carjacking, das: → Autodiebstahl
Carnapping, das: → Autodiebstahl
Carport, der: → Garage
Carsharer, der: Autoteiler
Carsharing, das: Autoteilen
Cartoon, der *od.* das: Karikatur (1)
Casanova, der: → Frauenheld (1), Verführer (1)
Cäsarenwahn, der: → Größenwahn
cäsarisch: → herrschsüchtig
cash: → bar (1)
Cash, das: → Barzahlung
Casual, der: → Freizeitanzug
Casualanzug, der: → Freizeitanzug
Casualwear, die: → Freizeitkleidung
Catwalk, der: → Laufsteg (2)
Causerie, die: → Plauderei
Causeur, der: → Plauderer (1)
CD, die: → Schallplatte
Cent, der: Eurocent

Center, das: → Einkaufszentrum (1)
Chaise, die: → Kutsche (1)
Chaiselongue, die *od.* das: → Sofa
Chalet, das: → Ferienhaus
chamois: → gelb (1)
Champagner, der: + Sekt · Schaumwein ♦ *umg:* Schampus; → *auch* Wein
Champion, der: → Spitzensportler
Championat, das: → Meisterschaft
Chance, die: **1.** → Möglichkeit (1) – **2.** Chancen haben: → gefallen (2)
changeant: → schillernd (1)
changieren: → schillern
Chanson, das: → Lied (1)
Chansonette, die: → Chansonsängerin
Chansonsängerin, die: Chansonette · Kabarettsängerin + Diseuse ♦ *umg:* Brettlsängerin · Brettlkünstlerin · Brettldiva (*abwert*)
Chaos, das: → Unordnung (1)
Chaot, der: **1.** ⟨*gewalttätiger politischer Radikaler ohne klare polit. Linie*⟩ Anarcho + Randalierer; → *auch* Anarchist – **2.** → Wirrkopf
chaotisch: → ungeordnet (1)
Chapeau claque, der: → Zylinder
Charakter, der: **1.** → Wesensart – **2.** → Persönlichkeit (I, 1) – **3.** → Eigenart – **4.** einen festen C. haben: → charakterfest (2)
charakterfest: 1. ⟨*in seinem Wesen bzw. Verhalten beständig*⟩ charakterstark · charaktervoll · entschieden; → *auch* unerschütterlich, entschlossen (1) – **2.** c. sein: ⟨*in seinem Wesen bzw. Verhalten kein Schwanken zeigen*⟩ einen festen Charakter haben ♦ *umg:* Rückgrat haben/zeigen · nicht umfallen · nicht weich werden
Charakterfestigkeit, die: → Beständigkeit (2)
Charakterfigur, die: → Persönlichkeit (I, 1)
Charaktergestalt, die: → Persönlichkeit (I, 1)
charakterisieren: 1. → darlegen – **2.** c. |als| : → bezeichnen (I, 3, a)

Charakterisierung, die: → Darlegung (1)
Charakteristik, die: → Beurteilung
Charakteristikum, das: → Haupteigenschaft, Merkmal
charakteristisch: → bezeichnend (1), kennzeichnend, eigentümlich (1)
charakterlos: → haltlos (1)
charakterschwach: → haltlos (1)
charakterstark: → charakterfest (1)
charaktervoll: → charakterfest (1)
Charakterzug, der: → Merkmal
Charge, die: **1.** → Rang (1) – **2.** → Amt (1) – **3.** → Rolle (2) – **4.** → Serie (1)
chargieren: → darstellen (I, 1, b)
Charisma, das: → Ausstrahlung (1)
Charlottenburger, der: einen C. machen: → schnäuzen, sich
charmant: → reizend (1)
Charme, der: → Reiz (2)
Charmeur, der: → Schmeichler
Charta, die: → Urkunde
Charterflugzeug, das: Chartermaschine
Chartermaschine, die: → Charterflugzeug
chartern: → ²mieten
Charts (*Pl*): → Hitliste
Chassis, das: → Fahrgestell (1)
chatten (EDV): kommunizieren · plaudern
Chauffeur, der: → Fahrer
chauffieren: → fahren (2)
Chaussee, die: → Landstraße
Chausseefloh, der: → Auto (1)
Chausseewanze, die: → Auto (1)
Chauvi, der: → Macho
Chauvinismus, der: → Nationalismus
Chauvinist, der: **1.** → Macho – **2.** → Nationalist
chauvinistisch: → nationalistisch
Check, der: → Vorsorgeuntersuchung
checken: 1. → kontrollieren (1), prüfen (1), überprüfen – **2.** → merken (1), verstehen (I, 2)
Chef, der: **1.** → ¹Leiter – **2.** → Vorgesetzte (1)
Chefarzt, der: Primararzt · Primar · Primarius (*österr*)
Chefsache, die: zur C. machen: → kümmern (2)
Chemie, die: die C. stimmt: → verstehen (II, 2)
Cherub, der: → Engel (1)
chevaleresk: → höflich
Chiffre, die: → Geheimzeichen
chiffrieren: → verschlüsseln

Chill-out-Raum, der: → Ruheraum
Chill-out-Room, der: → Ruheraum
Chipkarte, die: → Versichertenkarte, Telefonkarte
Chips (*Pl*): → Bratkartoffeln
chirurgisch: chirurgischer Eingriff: → Operation (1)
chloroformieren: → betäuben (I, 1)
Chlorophyll, das: → Blattgrün
Choleriker, der: → Hitzkopf
cholerisch: → aufbrausend
Chor: I. Chor, der: **1.** ⟨*Vereinigung von Sängern*⟩ Gesangverein · Sängerchor · Sängerkreis · Sängervereinigung · Singakademie · Singkreis; Liedertafel (*veraltet*) + Kirchenchor – **2.** im C.: → gemeinsam (1) – **II.** Chor, das: → Gesindel – **III.** Chor, der *od.* das: → Altarraum
Choral, der: → Lied (1)
Chorist, der: → Chorsänger
Chorknabe, der: → Chorsänger
Chörlein, das: → Erker (1)
Chorleiter, der: → Dirigent (1)
Chorsänger, der: Chorist + Chorknabe · Sänger ♦ *umg*: Sangesbruder; → *auch* Sänger (1)
Chose, die: → Angelegenheit
Chrestomathie, die: → Auswahl (3)
Christ, der: der Heilige C.: → Weihnachten (1)
Christbaum, der: → Weihnachtsbaum
Christfest, das: → Weihnachten (1)
Christgeschenk, das: → Weihnachtsgeschenk
Christkindl, das: → Weihnachtsgeschenk
christlich: → kirchlich
Christus, der: **1.** ⟨*Urheber der christl. Religion*⟩ Heiland · Erlöser · Jesus · Messias · der Gekreuzigte · Gottessohn · Gotteslamm (*Rel*) ♦ *dicht*: Seelenbräutigam (*Rel*); → *auch* Gott (1, a) – **2.** wie das Leiden Christi: → elend (1)
Chronik, die: Annalen
chronisch: → dauernd (1)
Chronometer, das: → Uhr (1)
Chuzpe, die: → Frechheit
Cicerone, der: → Fremdenführer
Cicisbeo, der: → Geliebte (I)
Circe, die: → Verführerin
Circulus vitiosus, der: **1.** → Fehlschluss – **2.** → Teufelskreis
City, die: → Innenstadt
City-Card, die: → Rabattkarte
Cityroller, der: → Roller

Claim

Claim, das: **1.** → Einflussbereich (2) – **2.** seine Claims abstecken: → Besitz (3)

Clan, der: → Clique

clever: → schlau (1), raffiniert

Cleverle, das: → Schlaukopf

Cleverness, die: → Schlauheit

Clinch, der: im C. liegen |mit| : → Streit (2)

Clique, die (*abwert*): Klüngel · Sippschaft · Kamarilla · Clan · Seilschaft ♦ *umg*: Mischpoke ♦ *salopp*: Blase; → *auch* Bande, Gruppe (1)

Cliquenwirtschaft, die: → Vetternwirtschaft

Clochard, der: → Stadtstreicher

Clou, der: → Hauptattraktion

Clown, der: → Spaßmacher

Clownerie, die: → Spaß (1)

Coach, der: → Trainer

coachen: → trainieren (1)

Cocktail, der: → Mischgetränk

Cocktailparty, die: → Fest (1)

cognac[farben]: → braun (1)

Coiffeur, der: → Friseur

Coiffeuse, die: → Friseuse

Coleopter, der: → Senkrechtstarter (1)

College, das: **1.** → Gymnasium – **2.** → Universität

Colorfilm, der: → Farbfilm

Colt, der: → Revolver

comme il faut: → vorbildlich

Computer, der: Personalcomputer · PC · EDV-Anlage · Datenverarbeitungsanlage; Elektronengehirn (*veraltend*) + Rechenautomat · Laptop · Rechner · Notebook

Concierge, der: → Pförtner

Conférence, die: → Moderation

Conférencier, der: → Moderator

Confiserie, die: → Konfekt

Connection, die: → Verbrecherorganisation

Connections (*Pl*): → Beziehung (II, 1)

Container, der: → Mülltonne

Contenance, die: → Haltung (1)

cool: 1. → ruhig (1), gelassen (1) – **2.** c. bleiben: → beherrschen (II)

Copyright, das: → Urheberrecht

coram publico: → öffentlich (1)

Corner, der: → Eckball

Cornerball, der: → Eckball

Corpus delicti, das: → Beweisstück

corriger la fortune: → betrügen (1)

Couch, die: → Sofa

Counter, der: → Schalter (1)

Coup, der: → Unternehmung (1)

Coupé, das: → Abteil

Cour, die: die C. machen / schneiden: → werben (2, a)

Courage, die: → Mut (1)

couragiert: → mutig (1)

Courmacher, der: → Frauenheld (1)

Courschneider, der: → Frauenheld (1)

Courtoisie, die: → Höflichkeit (1)

Cousin, der: → Vetter

Cousine, die: → Base

Couturier, der: **1.** → Modeschöpfer – **2.** Haute C.: → Modeschöpfer

Cover, das: → Schallplattenhülle

Cowboy, der: → Hirt

Crack, der: → Spitzensportler

Crash, der: **1.** → Zusammenstoß (1) – **2.** → Zusammenbruch (1)

Creme, die: **1.** → Süßspeise – **2.** → Salbe – **3.** → Paste – **4.** → Oberschicht

creme[farben]: → gelb (1)

Crescendo, das: → Steigerung (1)

Crew, die: **1.** → Besatzung (1) – **2.** → Mannschaft (1) – **3.** → Besatzung (3)

Croissant, das: → Hörnchen

Cruisemissile, das: → Marschflugkörper

Crux, die: **1.** → Leid (1) – **2.** → Last (1) – **3.** eine C.: → unangenehm (1)

Cup, der: → Preis (2)

Cutter, der: → Schnittmeister

D

da: 1. → dort (1) – **2.** → hier (1), daheim (1) – **3.** → anwesend (1) – **4.** → weil – **5.** → als (3) – **6.** → wo (1) – **7.** von da: → dorther; nach da: → dorthin; nicht da: → abwesend (1); wieder da: → zurückgekommen; nicht da sein: **a)** → fehlen (1) – **b)** → geistesabwesend (2); da und dort: → vereinzelt (1); hie[r] und da: **a)** → vereinzelt (1) – **b)** → manchmal; von da an: → seitdem (1); nichts da: → nein; als da sind: → beispielsweise; da sein: **a)** → anwesend (2) – **b)** → bestehen (1); noch nicht da gewesen: → unerhört (1)

dabei: 1. → daneben (1), daran (1) – **2.** → darunter (2) – **3.** → unterdessen – **4.** d. bleiben: **a)** → festbleiben (1) – **b)** → behaupten (I, 1); d. sein: **a)** → anwesend (2), teilnehmen (1) – **b)** → aufpassen (1) – **c)** → beschäftigen (II, 2)

dabeibleiben: → bleiben (1)

dableiben: 1. → bleiben (1) – **2.** → nachsitzen

dabeihaben: → mit (4)

Dach, das: 1. ⟨oberer Abschluss eines Hauses⟩ Bedachung · Überdachung · Bedeckung + Decke – **2.** schützendes D.: → Unterkunft (1); kein D. über dem Kopf haben: → obdachlos (2); den roten Hahn aufs D. setzen: → Feuer (7); die Spatzen pfeifen es von den / allen Dächern: → bekannt (3); unter D. und Fach: **a)** → geborgen (1) – **b)** → verheiratet (1); unter D. und Fach sein: → sicherstellen (4); unter D. und Fach bringen: → vollenden (I, 1); aufs D. steigen, eins aufs D. geben: → zurechtweisen; eins aufs D. bekommen / kriegen: → tadeln (2)

Dachboden, der: Boden; Dachstock · Söller ⟨landsch⟩; Estrich ⟨schweiz⟩

Dachgleiche, die: → Richtfest

Dachgleichenfeier, die: → Richtfest

Dachhase, der: → Katze (1)

Dachkammer, die: Bodenkammer · Mansarde · Bodenraum · Bodengelass · Dachstube · Dachzimmer

Dachkännel, der: → Dachrinne

Dachpfanne, die: → Dachziegel

Dachrinne, die: Regenrinne · Dachtraufe · Traufe; Kandel ⟨süddt⟩; Kännel · Dachkännel ⟨landsch⟩

Dachs, der: junger D.: → Grünschnabel

Dachschaden, der: einen D. haben : **a)** → verrückt (5) – **b)** → geisteskrank (2)

Dachschindel, die: → Dachziegel

Dachshund, der: → Dackel

Dachstock, der od. das: → Dachboden

Dachstube, die: → Dachkammer

Dachtel, die: → Ohrfeige (1)

dachteln: → ohrfeigen

Dachtraufe, die: → Dachrinne

Dachziegel, der: Dachpfanne · Dachschindel

Dachzimmer, das: → Dachkammer

Dackel, der: Dachshund; Teckel ⟨fachspr⟩

dadurch: 1. → deshalb – **2.** → davon (1) – **3.** → damit (2)

Daffke: aus D.: → [2]Scherz (2)

dafür: 1. ⟨für dieses⟩ hierfür – **2.** → dazu (1) – **3.** d. sein: → zustimmen (1)

dafürhalten: → meinen

Dafürhalten, das: 1. → Meinung (1) – **2.** nach meinem D.: → Erachten (1)

dafürstehen: → bürgen

dagegen: 1. ⟨vergleichend⟩ im Vergleich / Verhältnis dazu – **2.** ⟨entgegensetzend⟩ hingegen · wiederum · indes[sen] · [je]doch · freilich · aber ♦ gehoben: allein · hinwieder[um]; hiergegen · dawider · dementgegen ⟨veraltend⟩; → auch sondern (1) – **3.** d. sein: → ablehnen (1); d. halten: → zusammenhalten (1)

dagegenhalten: → antworten

dagegenreden: → einwenden

dagegenstellen, sich: → widersetzen, sich

dagegenstemmen, sich: → widersetzen, sich

daheim: 1. ⟨in der eigenen Wohnung⟩ zu Hause · im Kreis der Familie + da ♦ ge-

Daheim

hoben: im Schoß der Familie ♦ *umg*: in den eigenen vier Pfählen / Wänden ♦ *salopp*: bei Muttern (*landsch*) – **2.** d. sein: → wohnen (1)

Daheim, das: → Zuhause

daher: 1. → dorther – **2.** → deshalb

daherbringen: → bringen (1)

dahergelaufen: → unbekannt (1)

daherkommen: → kommen (1)

daherreden: → schwafeln

dahier: → hier (1)

dahin: 1. → dorthin – **2.** → vorbei (1) – **3.** → entzwei – **4.** → tot (1) – **5.** d. gehend: → so (1)

dahindämmern: → dahinleben

dahinfahren: → sterben (1)

dahingeben: → opfern (I, 1, a)

dahingehen: 1. → vergehen (I, 1) – **2.** → sterben (1)

dahingestellt: d. sein lassen: → offen (8)

dahinleben: sein Leben / Dasein fristen · hinfristen · dahindämmern; [dahin]vegetieren · hinvegetieren · gammeln (*abwert*) ♦ *umg*: dahinwursteln; herumgammeln (*abwert*); glucken · krebsen (*landsch*); → *auch* gammeln

dahinscheiden: → sterben (1)

dahinschleichen: → vergehen (I, 1)

dahinschmelzen: → vermindern (II)

dahinschwinden: 1. → vergehen (I, 1) – **2.** → untergehen (2)

dahinsiechen: → krank (2)

dahinsterben: → sterben (1)

dahinten: [dort] hinten

dahinter: 1. → hinten (1, b) – **2.** nichts d.: → unbedeutend (1); Dampf / Druck d. setzen / d. machen: → beschleunigen; nicht d. kommen / gucken: → erklären (I, 4); d. gucken: → durchschauen (I); sich d. klemmen: **a)** → anstrengen (II, 1) – **b)** → einsetzen (II); sich d. knien: → anstrengen (II, 1); d. kommen: → ergründen (1); sich d. setzen: **a)** → anstrengen (II, 1) – **b)** → einsetzen (II); d. stecken: → verbergen (II, 2); d. stehen: **a)** → verbergen (II, 2) – **b)** → unterstützen (I, 1)

dahinvegetieren: → dahinleben

dahinwelken: → welken (1)

dahinwursteln: → dahinleben

dahocken: 1. → sitzen (1) – **2.** → kauern (I)

Daily, das: → Dailysoap

Dailysoap, das: + Daily · Unterhaltungsserie

Daktylo, die: → Maschinenschreiberin

Daktylographin, die: → Maschinenschreiberin

dalassen: → zurücklassen (1)

dalbern: → herumalbern

Dalk, der: → Dummkopf (2)

Dalles, der: **1.** → Not (1) – **2.** den D. haben: → zahlungsunfähig (2)

dalli: → schnell (2)

damalig: → ehemalig

damals: seinerzeit · in / zu jener Zeit · in jenen / fernen / verflossenen Tagen · vor langem · vor Jahren · vor undenklichen Zeiten; zu Olims Zeiten (*scherzh*); dazumal (*veraltend*) ♦ *umg*: anno dazumal / Tobak; dunnemals (*landsch*); → *auch* früher (1)

Dämchen, das: → Modepuppe

Dame, die: **1.** ⟨Schachfigur⟩ Königin – **2.** → Frau (I, 1) – **3.** alte D.: **a)** → Mutter (1) – **b)** → Greisin; D. des Herzens: → Geliebte (II); ganz D.: → damenhaft

Dämel, der: → Dummkopf (2)

Dämelack, der: → Dummkopf (2)

damenhaft: ladylike · ganz Dame; → *auch* vornehm (1)

Damenwelt, die: → Frau (II)

damisch: → verrückt (1)

damit: 1. ⟨Konjunktion⟩ [so / auf] dass · um ... zu – **2.** ⟨mit diesem⟩ hiermit · hierdurch · dadurch

Dämlack, der: → Dummkopf (2)

dämlich: → dumm (1)

Dämlichkeit, die: → Dummheit (1)

Damm, der: **1.** ⟨Schutzbau aus Erde, Steinen⟩ Deich · Wall · Aufschüttung · Aufwurf · Schutzwall · Erdwall + Abdämmung · Eindämmung – **2.** → Fahrbahn – **3.** auf dem D. sein: → gesund (5); nicht auf dem D. sein: → krank (2); auf den D. bringen: → fördern (1); [wieder] auf den D. kommen: → erholen, sich (1), gesund (6)

dammeln: → herumalbern

dämmen: 1. → eindämmen (1) – **2.** → mildern (1) – **3.** → hemmen (1)

dämmerig: halbdunkel · zwielichtig; schummerig (*norddt*) + lichtarm · schattig; → *auch* dunkel (1)

Dämmerlicht, das: **1.** → Morgendämmerung – **2.** → Abenddämmerung

dämmern: 1. ⟨langsam in den hellen Tag übergehen⟩ grauen · tagen · aufdämmern · hell / Tag werden · schummern (*norddt*) – **2.** ⟨langsam in die Nacht übergehen⟩ dunkeln ·

dunkel / Nacht werden; schummern (*norddt*)
♦ *dicht*: nachten; → *auch* verfinstern (II) –
3. → schlafen (1, c) – **4.** es dämmert: → er-
kennen (1)
Dämmerschlaf, der: → Halbschlaf
Dämmerstündchen, das: → Feierabend (1)
Dämmerstunde, die: → Abenddämmerung
Dämmerung, die: **1.** → Morgendämmerung
– **2.** → Abenddämmerung
Dämmerzustand, der: → Halbschlaf
Dämon, der: → Gespenst (1)
dämonisch: 1. → teuflisch (1) – **2.** → un-
heimlich (1)
Dampf, der: **1.** ⟨*dichte feuchte Luft*⟩
Wasserdampf · Brodel · Nebel; Wrasen
(*norddt*) + Qualm · Wolke · Schwaden ·
Hauch · Atem ♦ *dicht*: Brodem; → *auch*
Dunst (1), Rauch (1) – **2.** → Angst (1) – **3.**
→ Hunger (1) – **4.** unter D.: → abfahrbereit;
D. ablassen: → aussprechen (II, 1);
D. dahinter setzen / dahinter machen: → be-
schleunigen; D. haben: → hungrig (2); Hans
D. in allen Gassen: → Tausendsasa; mit
D.: → eifrig (1); unter D. stehen: → Zeit-
druck
Dampfboot, das: → Dampfer (1)
dampfen: 1. ⟨*Dampf entwickeln*⟩ brodeln +
nebeln · [ver]dunsten · räuchern · qualmen ·
sieden · kochen; → *auch* rauchen (2) – **2.** →
schwitzen (1) – **3.** → fahren (1)
dämpfen: 1. → dünsten (1) – **2.** → mildern
(1) – **3.** die Stimme d.: → flüstern (1)
Dampfer, der: **1.** ⟨*mit Dampfkraft betriebe-
nes Schiff*⟩ Dampfschiff · Steamer (*seem*);
Dampfboot (*veraltet*); → *auch* Schiff – **2.**
auf dem falschen D. sein: → irren (II)
Dämpfer, der: einen D. aufsetzen: → zu-
rechtweisen
dampfig: → dunstig
Dampfnudel, die: aufgehen wie eine D.: →
zunehmen
Dampfross, das: → Lokomotive
Dampfschiff, das: → Dampfer (1)
danach: 1. ⟨*zeitlich folgend*⟩ darauf · als-
dann · [so]dann · nachher · hiernach · her-
nach · hinterher · hintennach · nachfolgend ·
[daran] anschließend · im Anschluss daran ·
post festum · nachdem · nachmals · später ·
in der Folge · im Nachhinein + schließlich ·
endlich · infolgedessen; → *auch* nach (1),
seitdem (1) – **2.** → folglich (1)
Dandy, der: → Geck (1)
dandyhaft: → eitel (1)

daneben: 1. ⟨*örtlich*⟩ nebenan · nahebei ·
dabei · daran · seitlich + seitwärts · nahe ·
nächst; → *auch* nahe (1), neben (1) – **2.**
⟨*das Nebeneinander im Geschehen od.
Handeln bezeichnend*⟩ außerdem · nebenher
· nebenbei; → *auch* außerdem (1) – **3.** →
außerdem (1) – d. halten: → zusammen-
halten (1), anhalten (I, 3); d. gehen / hauen /
schießen / treffen: → verfehlen (1)
danebenbenehmen, sich: → vorbeibe-
nehmen, sich
danebengehen: → misslingen, scheitern (b)
danebengelingen: → misslingen
danebengeraten: → misslingen
danebenglücken: → misslingen
danebengreifen: → irren (II)
danebenhauen: 1. → irren (II) – **2.** → Feh-
ler (2)
danebenliegen: → irren (II)
danebenschätzen: → verschätzen, sich
danebenschießen: → irren (II)
daniederliegen: → krank (2)
dank: kraft · infolge ♦ *dicht*: ob; → *auch*
wegen (1), durch (2)
Dank, der: **1.** ⟨*Ausdruck der Dankbarkeit*⟩
Dankeswort · Dankesbezeigung · Erkennt-
lichkeit · Vergeltung · Lohn + Danksagung;
→ *auch* Dankbarkeit (1) – **2.** mit / von D. er-
füllt, zu [großem] D. verpflichtet: → dankbar
(1); D. sagen/zollen, seinen D. aussprechen/
ausdrücken / bekunden / bezeigen / abstatten /
abtragen, seinen D. zum Ausdruck bringen,
seinem D. Ausdruck verleihen: → danken
(1); Gott sei D.: → glücklicherweise
dankbar: 1. ⟨*Dankbarkeit fühlend*⟩ danker-
füllt · erkenntlich · mit / von Dank erfüllt ·
zu [großem] Dank verpflichtet · verbunden
– **2.** → ergiebig, fruchtbar (1)
Dankbarkeit, die: **1.** ⟨*Gefühl des Verpflich-
tetseins*⟩ Dank[barkeits]gefühl + Verbun-
denheit; → *auch* Dank (1) – **2.** → Frucht-
barkeit
Dankbarkeitsgefühl, das: → Dankbarkeit
(1)
danken: 1. ⟨*seine Dankbarkeit [durch
Worte] bekunden*⟩ sich bedanken · danksa-
gen · seinen Dank aussprechen / ausdrü-
cken/bekunden/bezeigen/abstatten/abtragen
· Dank sagen / zollen · seinen Dank zum
Ausdruck bringen · seinem Dank Ausdruck
verleihen + die Hand drücken – **2.** → ver-
danken – **3.** → ablehnen (2) – **4.** → vergel-
ten (2)

dankenswert

dankenswert: → lobenswert
dankerfüllt: → dankbar (1)
Dankesbezeigung, die: → Dank (1)
Dankeswort, das: → Dank (1)
Dankgefühl, das: → Dankbarkeit (1)
danksagen: → danken (1)
Danksagung, die: → Dank (1)
dann: 1. ⟨*auf einen späteren Zeitpunkt hinweisend*⟩ dannzumal (*schweiz amtsspr*) – **2.** → danach (1) – **3.** → dazu (2) – **4.** d. und d.: → irgendwann (1); d. und wann: → manchmal
dannen: von d.: → fort (1); von d. gehen: **a)** → sterben (1) – **b)** → weggehen (1); sich von d. machen: → weggehen (1·)
dannzumal: → dann (1)
daran: 1. ⟨*örtlich*⟩ dabei ♦ *umg*: dran – **2.** → daneben (1) – **3.** d. anschließend, im Anschluss d.: → danach (1); d. halten: → anhalten (I, 3)
darangeben: → opfern (I, 1, b)
darangehen: → anfangen (1, a)
daranmachen, sich: → anfangen (1, a)
daransetzen: I. daransetzen: → aufwenden – **II.** daransetzen, sich: → anfangen (1, a)
daranwenden: → aufwenden
darauf: 1. ⟨*Reihenfolge*⟩ daraufhin · hieraufhin · hierauf ♦ *umg*: drauf – **2.** → danach (1) – **3.** d. folgend: → folgend (a); d. kannst du einen lassen: → versichert
daraufhin: → darauf (1)
daraus: 1. ⟨*örtlich u. herleitend*⟩ hieraus ♦ *umg*: draus – **2.** d. wird nichts: → hoffnungslos (2)
darben: vegetieren · Mangel/Not leiden · sein Leben/Dasein fristen ♦ *gehoben*: schmachten ♦ *salopp*: am Daumen lutschen; → *auch* arm (4), entbehren (1), hungern (1), dürsten (1)
darbieten: I. darbieten: **1.** ⟨*zur Unterhaltung usw. in künstler. Gestaltung bieten*⟩ bieten · bringen · vorführen · [zum Besten] geben; zur Darbietung bringen (*amtsspr*) + wiedergeben · aufwarten |mit| ♦ *gehoben*: darbringen; → *auch* aufführen (I, 1), darstellen (I, 1, b) – **2.** → anbieten (I, 2), geben (I, 1) – **II.** darbieten, sich: → bieten (II, 1)
Darbietung, die: **1.** ⟨*zur Unterhaltung usw. gebotene künstler. Leistung*⟩ Aufführung · Vorführung · Vorstellung · Präsentation · Spiel · Schau · Show · Darstellung · Performance + Tanz · Nummer · Akt · Schaustellung – **2.** → Vortrag (1) – **3.** zur D.

bringen: → aufführen (I, 1), darbieten (I, 1)
darbringen: 1. → opfern (I, 1, a) – **2.** → schenken (1) – **3.** → darbieten (I, 1) – **4.** seine Glückwünsche d.: → beglückwünschen
darein: → hinein (1)
dareinfinden, sich: → resignieren
dareingeben, sich → resignieren
dareinschicken, sich: → resignieren
darin: 1. ⟨*örtlich*⟩ d[a]rinnen ♦ *umg*: drin – **2.** ⟨*hinweisend*⟩ hierin · in diesem Punkt – **3.** → darunter (2) – **4.** mitten d.: → dazwischen (1)
darinnen: → darin (1)
darlegen: erläutern · auseinander setzen · aufrollen · entwickeln · behandeln · abhandeln · darstellen · manifestieren · charakterisieren · skizzieren · eine Darstellung geben |von| · ein Bild entwerfen |von| · eine Darlegung geben + schildern · erzählen · betrachten · beleuchten · ausdrücken · zusammenstellen ♦ *gehoben*: ausbreiten; → *auch* erklären (I, 1), ansprechen (2), berichten
Darlegung, die: **1.** ⟨*das sprachl. Darlegen*⟩ Erläuterung · Behandlung · Darstellung · Charakterisierung · Manifestation + Beschreibung · Betrachtung · Beleuchtung; → *auch* Bericht (1) – **2.** eine D. geben: → darlegen
Darlehen, das: **1.** → Kredit (1) – **2.** ein D. aufnehmen: → Kredit (2)
Darling, der: → Liebling (1)
Darm, der: sich in den D. stechen: → Wind (I, 3)
Darmausgang, der: → After
Darmentleerung, die: → Stuhlgang (1)
Darminfektion, die: → Durchfall (1)
Darmkatarrh, der: → Durchfall (1)
Darmspülung, die: → Einlauf (1)
Darmträgheit, die: → Stuhlverstopfung
Darmwind, der: → Wind (I, 2)
darreichen: 1. → geben (I, 1), anbieten (I, 2) – **2.** → schenken (1)
darren: → dörren
darstellen: I. darstellen: **1.** ⟨*künstler. Gestalt geben*⟩ **a)** ⟨*bildende Kunst*⟩ wiedergeben + hinstellen; → *auch* zeichnen (1), malen (1, b) – **b)** ⟨*Bühne od. Film*⟩ spielen · verkörpern · vorstellen · wiedergeben + agieren · mimen · chargieren; figurieren; → *auch* darbieten (I, 1) – **2.** → darlegen – **3.** → beschreiben (1) – **4.** → verkörpern (1) – **5.**

Daumendreher

→ bilden (I, 1) – **II.** darstellen, sich: → zeigen (II, 1)

Darsteller, der: → Schauspieler

darstellerisch: → schauspielerisch

Darstellung, die: **1.** ⟨*Gestaltung in der bildenden Kunst*⟩ Wiedergabe; → *auch* Denkmal (1) – **2.** → Darbietung (1) – **3.** → Darlegung (1) – **4.** → Beschreibung (1) – **5.** eine D. geben | von | : → darlegen

dartun: 1. → zeigen (I, 2) – **2.** → erklären (I, 2)

darüber: 1. ⟨*örtlich*⟩ *umg*: drüber; → *auch* oberhalb – **2.** ⟨*hinweisend*⟩ dazu · hierüber · davon · hiervon ♦ *umg*: drüber – **3.** d. hinaus: → außerdem (1), dazu (2); sich d. machen: → anfangen (1, a)

darum: → deshalb

darunter: 1. ⟨*örtlich*⟩ *umg*: drunter; → *auch* unterhalb – **2.** ⟨*mit anderen zusammen*⟩ dazwischen · dabei · darin

das: 1. ⟨*hinweisend*⟩ dies[es] · dasjenige · ebendas · ebendies[es] – **2.** ⟨*bezüglich*⟩ welches – **3.** dies und d.: → allerlei

Dasein, das: **1.** ⟨*das Existieren*⟩ Existenz · Sein · Bestehen · Vorhandensein – **2.** → Leben (1) – **3.** → Anwesenheit (1) – **4.** Kampf ums D.: → Lebenskampf; sein D. fristen: → darben, dahinleben; sein D. beschließen / vollenden: → sterben (1)

Daseinsangst, die: → Existenzangst

Daseinsberechtigung, die: Existenzberechtigung

Daseinsform, die: → Lebensform

Daseinsfreude, die: → Lebensfreude

daseinshungrig: → lebenshungrig

Daseinskampf, der: → Lebenskampf

Daseinslust, die: → Lebensfreude

daseinsmüde: → lebensüberdrüssig

Daseinsweise, die: → Lebensform

daselbst: → dort (1)

dasig: → verwirrt (1)

dasjenige: → das (1)

dass: 1. → damit (1) – **2.** kaum d.: → sobald; so / auf d.: → damit (1)

dasselbe: 1. ⟨*auf die Identität hinweisend*⟩ ebendas · ebendies[es] · einerlei ♦ *umg*: das Gleiche – **2.** immer d.: ⟨*keine Veränderung* [*in der Methode usw.*] *erkennen lassend*⟩ *umg*: das alte Lied · der alte / gleiche Trott ♦ *salopp*: die alte Leier · dieselbe Litanei – **3.** in demselben Maß: → ebenso

Date, das: → Verabredung

Daten (*Pl*): → Datum (II)

Datenautobahn, die (*EDV*): Datenhighway · Informationsverbund

Datenhighway, der: → Datenautobahn

Datenträger, der: → Diskette

Datenverarbeitungsanlage, die: → Computer

dato: bis d.: → bisher

Datsche, die: → Sommerhaus

Datschengrundstück, das: → Freizeitgrundstück

Datum: I. Datum, das: ⟨*Tagesbezeichnung*⟩ Tag – **II.** Daten (*Pl*): ⟨*als Unterlagen dienende Gegebenheiten*⟩ Angaben · Fakten · Einzelheiten + Zahlen · Maße

Dauer, die: **1.** ⟨*begrenztes Fortbestehen*⟩ Zeit · Zeitdauer + Frist · Verlauf – **2.** ⟨*unbegrenztes Fortbestehen*⟩ Fortdauer · Permanenz · Dauerhaftigkeit · Beständigkeit · Bestand · Fortbestand · Stetigkeit · Endlosigkeit · Unendlichkeit ♦ *umg*: Ewigkeit – **3.** von kurzer D.: → vergänglich; von D.: → dauerhaft; auf D.: → ununterbrochen; von D. sein: → weiter (6)

Dauerbrenner, der: **1.** → Kuss (1) – **2.** → Evergreen

dauerhaft: dauernd · bleibend · beständig · von Dauer / Bestand · fest · unverbrüchlich · unverrückbar · unzerstörbar · konsistent · unveränderlich; währschaft (*schweiz*) · immergrün · gleichmäßig · wertvoll · vortrefflich · vorzüglich · tadellos; → *auch* haltbar (1)

Dauerhaftigkeit, die: → Dauer (2)

¹dauern: 1. ⟨*eine begrenzte Zeit fortbestehen*⟩ währen; → *auch* erstrecken, sich (2) – **2.** → andauern – **3.** → hinziehen (II)

²dauern: → Leid (2)

dauernd: 1. ⟨*lange fortbestehend*⟩ andauernd · anhaltend · permanent · beständig + nachhaltig · chronisch; → *auch* ewig (1), endlos (b), ununterbrochen – **2.** → ununterbrochen – **3.** → immer (1) – **4.** → endlos (b) – **5.** → dauerhaft

Dauerseller, der: → Verkaufsschlager

Däumchen, das: D. drehen: → langweilen (II)

Daumen, der: per D.: → Anhalter; am D. lutschen: → darben; die Daumen drehen: **a)** → langweilen (II) – **b)** → faulenzen (1); über den D. peilen: → schätzen (1); den D. aufs Auge setzen: → zwingen (1); den D. draufhalten: → knapp (6)

Daumendreher, der: → Faulenzer (1)

191

Daumenschraube, die: Daumenschrauben anlegen: → zwingen (1)

Daune, die: Flaumfeder; Dune (*norddt*); → *auch* Feder (I, 1)

daunenweich: → weich (1, a)

¹Daus, das: → Ass (1)

²Daus, der: ei der D.: → Donnerwetter (II, 1)

davon: 1. ⟨*begründend*⟩ dadurch – **2.** → darüber (2) – **3.** → fort (1) – **4.** auf und d.: → fort (1); weit d.: → fern (1)

davonbleiben: → fern (4)

davoneilen: → weglaufen

davonfahren: → abfahren (1, a *u*. b)

davonfliegen: → wegfliegen

davongehen: 1. → weggehen (1) – **2.** → sterben (1)

davonhasten: → weglaufen

davonjagen: 1. → vertreiben (1) – **2.** → entlassen (2) – **3.** → weglaufen – **4.** mit Schimpf und Schande d.: → entlassen (2)

davonkommen: 1. ⟨*etw. nicht tun bzw. ertragen müssen*⟩ *umg*: herumkommen |um| · drum rumkommen ♦ *salopp*: so wegkommen – **2.** ⟨*das Leben nicht einbüßen*⟩ entkommen · mit heiler Haut davonkommen · [dem Tode] entrinnen · am Leben bleiben ♦ *umg*: durchkommen ♦ *salopp*: dem Tod von der Schippe springen – **3.** → entkommen (1) – **4.** → straffrei – **5.** mit heiler Haut d.: **a)** → 2 – **b)** → straffrei; mit einem blauen Auge d.: **a)** → glimpflich (2) – **b)** → straffrei

davonlassen: die Finger d.: → heraushalten, sich

davonlaufen: 1. → weglaufen – **2.** → fliehen (1), entfliehen (1) – **3.** zum Davonlaufen: → schlecht (1)

davonmachen, sich: **1.** → weggehen (1), wegschleichen (I) – **2.** → entfliehen (1) – **3.** → sterben (1)

davonreiten: → wegreiten

davonrennen: → weglaufen

davonsausen: → weglaufen

davonsprengen: → wegreiten

davonspringen: → weglaufen

davonspritzen: → weglaufen

davonstehlen, sich: → wegschleichen (I)

davonstieben: → weglaufen

davontragen: 1. → zuziehen (I, 4) – **2.** → erhalten (I, 1) – **3.** den Sieg/Preis d.: → siegen; Schaden d.: → Schaden (5)

davonziehen: → abmarschieren

davor: → vorher

dawider: → dagegen (2)

dawiderreden: → einwenden

dazu: 1. ⟨*hinweisend*⟩ dafür · hierzu · diesbezüglich – **2.** ⟨*hinzufügend*⟩ zudem · überdies · weiter[hin] · ferner[hin] · des Weiteren · darüber hinaus · [so]dann · alsdann; → *auch* außerdem (1) – **3.** → darüber (2) – **4.** d. bringen: → veranlassen (1); im Vergleich/Verhältnis d.: → dagegen (1)

dazugeben: 1. → beisteuern (1) – **2.** seinen Senf d.: → mitreden

dazugesellen, sich: → hinzukommen

dazuhalten, sich: → beeilen, sich

dazukommen: → hinzukommen

dazumal: [anno] d.: → damals

dazunehmen: → einbeziehen

dazurechnen: → einbeziehen

dazutun: → beigeben (1)

Dazutun, das: → Hilfe (1)

dazuzählen: → einbeziehen

dazwischen: 1. ⟨*Ort*⟩ mitten darin ♦ *umg*: zwischendrin · mittendrin; mittenmang (*landsch*) + eingekeilt · verkeilt · verklemmt; → *auch* inmitten – **2.** ⟨*Richtung*⟩ mitten hinein ♦ *umg*: zwischenhinein · zwischendrein · mittendrein; mang (*norddt*) – **3.** → unterdessen – **4.** → darunter (2)

dazwischenfahren: → eingreifen (1)

dazwischenfunken: → eingreifen (1)

dazwischengeraten: → hineingeraten (1)

dazwischenhaken: → eingreifen (1)

dazwischenhauen: → eingreifen (1)

dazwischenklemmen: → einklemmen

dazwischenkommen: → einmischen (II)

dazwischenmischen, sich: → einmischen (II)

dazwischenpfuschen: → einmischen (II)

dazwischenpressen: → einklemmen

dazwischenreden: 1. → unterbrechen (1) – **2.** → einmischen (II)

dazwischenrufen: → einwerfen (3)

dazwischenspringen: → eingreifen (1)

dazwischenstecken, sich: → einmischen (II)

dazwischentreten: → eingreifen (1)

dazwischenwerfen: → einwerfen (3)

Deadline, die: → Termin (2)

Deal, der *od*. das: → Geschäft (3)

dealen: → Rauschgift (2)

Dealer, der: → Rauschgifthändler

Debakel, das: **1.** → Zusammenbruch (1) – **2.** → Niederlage (1)

Debatte, die: **1.** → Aussprache (2) – **2.** → Erörterung – **3.** → zur D. stellen: → vorbringen

dehnen

debattieren: → erörtern
Debet, das: → Soll (2)
debil: → schwachsinnig (1)
Debilität, die: → Schwachsinn (1)
Debitor, der: → Schuldner
Debüt, das: → Start (2)
Debütant, der: → Anfänger (1)
Dechant, der: → Dekan (a)
dechiffrieren: → entschlüsseln (1)
Deck, das: nicht auf D. sein: → krank (2)
Deckadresse, die: Deckanschrift; → *auch* Adresse (1)
Deckanschrift, die: → Deckadresse
Deckbett, das: → Federbett
Decke, die: **1.** ⟨*Textilerzeugnis zum Zudecken*⟩ Plaid ◆ *umg:* Zudecke – **2.** ⟨*oberer Abschluss eines Raumes*⟩ Zimmerdecke; Plafond (*noch österr*) – **3.** → Tischtuch – **4.** → Einband – **5.** → Schicht (2) – **6.** → Fell (1) – **7.** → Reifen (2) – **8.** an die D. gehen: → aufbrausen (2); an die D. springen: → freuen (II, 1); auf die D. legen: → schießen (2); sich nach der D. strecken: → Haus (4); unter der D. halten: → verschweigen; unter einer D. stecken: → Sache (I, 6)
Deckel, der: **1.** ⟨*zum Zudecken verwendeter Teil eines Topfes*⟩ Topfdeckel; Stürze (*landsch*) ◆ *umg:* Stülpe (*landsch*) – **2.** → Einband – **3.** → ¹Hut (1), Mütze (1) – **4.** eins auf den D. geben: → zurechtweisen
deckeln: 1. → beschränken – **2.** → zurechtweisen
decken: I. decken: **1.** ⟨*Teller u. Bestecke auflegen*⟩ eindecken – **2.** → begatten (1) – **3.** → bedecken (I, 1) – **4.** → eindecken (I, 1) – **5.** → verbergen (I, 1) – **6.** → bewachen (1) – **7.** den Rücken d.: → schützen (I, 1); jmdn. deckt der grüne Rasen: → tot (4) – **II.** decken, sich: → übereinstimmen (2)
Deckenleuchte, die: → ²Lampe (1)
Deckmantel, der: → Vorwand
Deckname, der: Pseudonym · Tarnname · Scheinname + Künstlername · falscher Name; → *auch* Spitzname
Deckung, die: **1.** → Begattung (1) – **2.** → Schutz (1) – **3.** → Sicherheit (2) – **4.** → Übereinstimmung (1) – **5.** D. nehmen, in D. gehen: → ducken (II, 1)
deckungsgleich: → gleich (1)
Deckwort, das: → Geheimzeichen
Dedikation, die: **1.** → Widmung – **2.** → Geschenk (1)

dedizieren: 1. → widmen (I) – **2.** → schenken (1)
Deduktion, die: → Folgerung (1)
deduzieren: → folgern
Deepfreezer, der: → Tiefkühlschrank
de facto: → tatsächlich (1)
Defätismus, der: → Pessimismus
Defätist, der: → Pessimist
defätistisch: → pessimistisch (1)
defekt: → schadhaft
Defekt, der: **1.** → Schaden (3) – **2.** → ¹Mangel (2)
defektiv: → unvollständig
Defensive, die: → Verteidigung
Defilee, das: → Vorbeimarsch
defilieren: → vorbeimarschieren
definieren: → bestimmen (3)
Definition, die: → Bestimmung (1)
definitiv: → endgültig
Defizit, das: → Fehlbetrag
defizitär: → verlustreich
deflorieren: → entjungfern
Deformation, die: → Missbildung
deformieren: → verunstalten
Deformierung, die: → Missbildung
deftig: 1. → derb (2) – **2.** → gehörig (1) – **3.** → nahrhaft
Degeneration, die: **1.** → Rückbildung – **2.** → Entartung
degenerieren: 1. → zurückbilden, sich – **2.** → entarten
degeneriert: → entartet
Degout, der: → Widerwille
degoutant: → ekelhaft (1)
degoutieren: → ekeln (I)
Degradation, die: → Degradierung
degradieren: absetzen ◆ *umg:* abbauen ◆ *salopp:* absägen; → *auch* absetzen (I, 2)
Degradierung, die: Degradation · Absetzung ◆ *umg:* Abbau; → *auch* Absetzung (1)
degressiv: → schwindend
dehnbar: 1. → elastisch (1) – **2.** → vieldeutig
Dehnbarkeit, die: → Elastizität (1)
dehnen: I. dehnen: ⟨*durch Ziehen verlängern*⟩ ausdehnen · [aus]weiten · ausziehen · strecken · spannen · recken · längen · in die Länge ziehen/strecken – **II.** dehnen, sich: **1.** ⟨*in der Weite bzw. Länge größer werden*⟩ sich ausdehnen · sich ausweiten · sich strecken · sich recken · sich ziehen – **2.** → ausstrecken (II, 1) – **3.** sich d. |bis|: → erstrecken, sich (1 *u.* 2)

193

Dehors

Dehors (*Pl*): → Schein (3)
Deibel, der: **1.** → Teufel (1) – **2.** pfui D.: → pfui (1)
Deich, der: → Damm (1)
deichseln: → bewerkstelligen
dein: Mein und Dein verwechseln: → stehlen (1)
Deiwel, der: → Teufel (1)
Deixel, der: → Teufel (1)
Dejeuner, das: → Frühstück
de jure: → rechtlich (1)
dekadent: → entartet
Dekadenz, die: → Entartung, Verfall (1)
Dekan, der: ⟨*kirchl. Würdenträger*⟩ **a)** ⟨*kathol*⟩ Dechant · Erzpriester – **b)** → Superintendent
Deklamation, die: → Vortrag (1)
deklamatorisch: → ausdrucksvoll (1)
deklamieren: → vortragen (1)
Deklaration, die: → Erklärung (2)
deklarieren: → erklären (I, 2)
Deklination, die: **1.** → Beugung (2) – **2.** → Winkelabstand – **3.** → Abweichung (1)
deklinieren: → beugen (I, 2)
dekodieren: → entschlüsseln (1)
Dekokt, das: → Sud
Dekolletee, das: → Ausschnitt (1)
Dekor: I. Dekor, der: → Verzierung (1) – **II.** Dekor, das: → Ausstattung (1)
Dekoration, die: **1.** → Ausschmückung – **2.** → Bühnenbild – **3.** → Auszeichnung (1)
Dekorationsmaler, der: → Maler (1)
Dekorationsstück, das: → Ausstellungsstück
dekorativ: → wirkungsvoll (1)
dekorieren: 1. → ausschmücken (1) – **2.** → auszeichnen (I, 2)
Dekorierung, die: **1.** → Ausschmückung – **2.** → Auszeichnung (1)
Dekorum, das: → Schein (3)
Dekret, das: → Verordnung (1), Erlass (1)
dekretieren: → anordnen (2)
dekuvrieren: → entlarven (I)
Dekuvrierung, die: → Entlarvung
Delegation, die: Abordnung · Deputation · Vertretung
delegieren: abordnen · deputieren · entsenden; → *auch* schicken (I, 2)
Delegierte, der: → Abgesandte
Delegierung, die: Entsendung · Abordnung · Deputierung
delektieren: I. delektieren: → erfreuen (I) – **II.** delektieren, sich: → genießen (1)

delikat: 1. → schmackhaft – **2.** → heikel (1)
Delikatesse, die: **1.** → Leckerbissen – **2.** → Zartgefühl (1)
Delikt, das: → Vergehen (1)
Delinquent, der: → Verbrecher
delinquieren: → vergehen (II, 1)
delirieren: → irrereden
Delirium tremens, das: → Säuferwahn[sinn]
deliziös: → schmackhaft
Delle, die: **1.** → Beule (2) – **2.** → Mulde (1)
delogieren: → ausquartieren
Delogierung, die: → Zwangsräumung
delphisch: → geheimnisvoll (1)
dem: d. unerachtet / ungeachtet: → trotzdem (1)
Demagoge, der: → Volksverführer
Demagogie, die: → Volksverführung
Demarche, die: **1.** → Maßnahme – **2.** → Einspruch (1)
Demarkation[slinie], die: → Grenze (1, b)
demarkieren: → markieren (1)
demaskieren: I. demaskieren: → entlarven (I) – **II.** demaskieren, sich: → entlarven (II)
Demaskierung, die: → Entlarvung
dementgegen: → dagegen (2)
Dementi, das: **1.** → Widerruf (1) – **2.** → Berichtigung (1)
dementieren: 1. → widerrufen – **2.** → berichtigen (I, 1)
dementsprechend: 1. → so (1) – **2.** → solch (1)
demgemäß: → so (1)
demilitarisieren: → abrüsten (1)
Demimonde, die: → Halbwelt
Demission, die: → Rücktritt (1)
demissionieren: 1. → zurücktreten (1) – **2.** → kündigen (1)
demnach: → folglich (1)
demnächst: → bald (1)
Demo, die: **1.** → Kundgebung – **2.** eine D. machen, auf die D. gehen: → demonstrieren (1)
Demobilisation, die: → Abrüstung
demobilisieren: → abrüsten (1)
Demobilisierung, die: → Abrüstung
Demobilmachung, die: → Abrüstung
Demokratie, die: **1.** ⟨*Staatsform, bei der die Herrschaft vom Volk ausgeht*⟩ bürgerliche / parlamentarische Demokratie · Parlamentarismus – **2.** → Republik – **3.** bürgerliche / parlamentarische D.: → 1

194

demolieren: → zerstören (1)

Demonstration, die: **1.** → Kundgebung – **2.** → Veranschaulichung – **3.** → Bekundung

Demonstrationsmaterial, das: → Anschauungsmaterial

Demonstrationsobjekt, das: → Anschauungsmaterial

demonstrativ: → betont

demonstrieren: 1. ⟨*in der Öffentlichkeit seine Forderungen bekunden*⟩ auf die Straße gehen ♦ *umg:* eine Demo machen · auf die/zur Demo gehen – **2.** → veranschaulichen – **3.** → zeigen (I, 4) – **4.** ad oculos d.: **a)** → veranschaulichen – **b)** → zeigen (I, 2)

Demontage, die: → Abbruch (1)

demontieren: → abbrechen (2)

Demontierung, die: → Abbruch (1)

Demoralisation, die: **1.** → Zersetzung (1) – **2.** → Sittenverfall

demoralisieren: → zersetzen (I, 2)

Demoralisierung, die: **1.** → Zersetzung (1) – **2.** → Sittenverfall

Demoskopie, die: → Meinungsforschung

demsig: → schwül (1)

Demut, die: → Ergebenheit (1)

demütig: → ergeben (I, 1)

demütigen: I. demütigen: ⟨*jmdn. in einer die persönl. Würde verletzenden Weise behandeln*⟩ erniedrigen · beschämen · [den Nacken] beugen · den Stolz brechen · schmähen · schmälen · einen Schimpf antun/zufügen ♦ *umg:* ducken · den Dünkel austreiben ♦ *salopp:* wie einen Hund behandeln; → *auch* verleumden (I), herabwürdigen (I) – **II.** demütigen, sich: ⟨*in würdeloser Weise um etw. bitten*⟩ sich erniedrigen · sich herabwürdigen · sich herabsetzen · einen Fußfall/Kniefall machen/tun · jmdm. zu Füßen fallen · den Nacken beugen · einen Kanossagang antreten · Kotau machen + sich ergeben ♦ *umg:* sich ducken · sich klein machen · klein beigeben ♦ *salopp:* auf den Knien rutschen; → *auch* kriechen (2)

demütigend: → beschämend

Demütigkeit, die: → Ergebenheit (1)

Demütigung, die: → Herabwürdigung

demut[s]voll: → ergeben (I, 1)

demzufolge: → deshalb, folglich (1)

denaturalisieren: → ausweisen (I, 1)

denaturieren: → vergällen (1)

dengeln: abdengeln; → *auch* schärfen

Denkarbeit, die: **1.** → Denken – **2.** D. leisten: → denken (1)

Denkart, die: → Denkweise

Denkaufgabe, die: → Rätsel (1)

denkbar: 1. → möglich (1) – **2.** → sehr – **3.** → vorstellbar

denken: 1. ⟨*in bestimmter Weise geistig tätig sein*⟩ Denkarbeit leisten · den Verstand gebrauchen; → *auch* erkennen (1), überlegen (I, 1) – **2.** → nachdenken (1) – **3.** → beabsichtigen – **4.** → meinen – **5.** d. ⌈über⌉: → urteilen (3); d. ⌈an⌉: → erinnern (II), bedenken (I, 1); laut d.: → sprechen (1); gering d. ⌈von⌉: → verachten (1); d., der Affe laust/kratzt einen: → staunen (1); zu d. geben: **a)** → bedenklich (3) – **b)** → beschäftigen (I, 2); zu tun d.: → beabsichtigen

Denken, das: Denkarbeit · Denkleistung · Denktätigkeit · Denkprozess

Denkfabrik, die: Ideenmanufaktur · Gedankenwerkstatt

Denkfähigkeit, die: → Denkvermögen

Denkkraft, die: → Denkvermögen

Denkleistung, die: → Denken

Denkmal, das: **1.** ⟨*Bauwerk zur Erinnerung*⟩ Monument · Standbild + Denkstein · Gedenkstein · Denksäule · Mahnmal · Ehrenmal · Ehrensäule · Obelisk; → *auch* Darstellung (1) – **2.** → Werk (1)

Denkprozess, der: → Denken

Denksäule, die: → Denkmal (1)

Denkschrift, die: → Note · Memoire · Memorandum · Schrift

Denkspiel, das: → Rätsel (1)

Denksportaufgabe, die: → Rätsel (1)

Denkspruch, der: → Sinnspruch

denkste! (*umg*): **1.** ⟨*Antwort, die eine Äußerung als irrig charakterisiert*⟩ haste gedacht! – Pustekuchen! – **2.** typischer Fall von d.: → Irrtum (1)

Denkstein, der: → Denkmal (1)

Denktätigkeit, die: → Denken

Denkungsart, die: → Denkweise

Denkungsweise, die: → Denkweise

Denkvermögen, das: Denkfähigkeit · Geisteskraft · Denkkraft · Geistesstärke + Abstraktionsvermögen · Abstraktionsfähigkeit ♦ *umg:* die kleinen grauen Zellen (*scherzh*); → *auch* Klugheit, Verstand (1), Urteilsvermögen

Denkweise, die: Mentalität · Denk[ungs]art · Denkungsweise · Sinnesart · Einstellung +

denkwürdig

Gedankengang · Denkvorgang; → *auch* Anschauungsweise, Gesinnung (1), Meinung (1)

denkwürdig: → erwähnenswert (1)

Denkzeichen, das: → Andenken (1)

Denkzettel, der: **1.** → Andenken (2) – **2.** einen D. geben / erteilen / verpassen / verabreichen: → bestrafen

denn: 1. → als (2) – **2.** woher d.: → keineswegs; es sei d.[, dass]: → außer (3)

dennoch: → trotzdem (1)

Dentist, der: → Zahnarzt

Denudation, die: → Einebnung

Denunziant, der: → Verräter (1)

Denunziation, die: → Anzeige (2)

denunzieren: → anzeigen (2)

Deo, das: → Deodorant

Deodorant, das: Deo · Desodorant + Deoroller · Deospray

Deoroller, der: → Deodorant

Deospray, das: → Deodorant

Departement, das: → Bezirk (1)

Dependance, die: → Nebengebäude, Zweigstelle

Depesche, die: → Telegramm

depeschieren: → telegrafieren

deplatziert: → unangebracht

deplorabel: → bedauernswert

Deponie, die: → Mülldeponie

deponieren: → hinterlegen

Deportation, die: → Verbannung (1)

Deportee, der: →Schübling

deportieren: → verbannen (1)

Depot, das: **1.** → Lager (3) – **2.** → Speicher (1) – **3.** → Pfand (1)

Depp, der: **1.** → Dummkopf (2) – **2.** → Tollpatsch

deppert: → dumm (1)

Depression, die: **1.** → Niedergeschlagenheit – **2.** → Rezession – **3.** → Tief (1)

depressiv: → niedergeschlagen (1)

deprimieren: → entmutigen

deprimierend: → bedrückend

Depscher, der: → Beule (1)

Deputation, die: → Delegation

deputieren: → delegieren

Deputierte, der: → Abgeordnete

Deputierung, die: → Delegierung

der: 1. ⟨*hinweisend*⟩ dieser · derjenige · ebender · ebendieser; → *auch* jener (1) – **2.** ⟨*bezüglich*⟩ welcher – **3.** der dort: → jener (1)

derangieren: → verwirren (2)

derart: → so (1 u. 2)

derartig: 1. → so (1 *u.* 2) – **2.** → solch (1)

derb: 1. ⟨*nicht feinfühlig*⟩ grob[schlächtig] · grobschrötig · unfein · drastisch · rau · hart ♦ *umg:* handfest; → *auch* ungeschliffen, barsch – **2.** ⟨*in unschickl. Worte gefasst*⟩ unanständig · drastisch + vulgär ♦ *umg:* gepfeffert · saftig · nicht salonfähig; deftig (*norddt*); → *auch* unanständig (1) – **3.** → plump (1)

derbknochig: → kräftig (1)

dereinst: 1. → einst (1) – **2.** → früher (1)

dergestalt: → so (1)

dergleichen: 1. → solch (1) – **2.** nicht d. tun: → unterlassen; und d. mehr: → weiter (5)

derjenige: → der (1)

derlei: → solch (1)

dermaleinst: 1. → einst (1) – **2.** → früher (1)

dermaßen: → so (2)

Dernier Cri, der: → Neuheit

derselbe: ebender · ebendieser ♦ *umg:* der Gleiche

derweil: 1. → unterdessen – **2.** → während

derweile[n]: → unterdessen

derzeit: 1. → jetzt (1), gegenwärtig (1) – **2.** → früher (1)

derzeitig: 1. → jetzig – **2.** → ehemalig

Desaster, das: → Unglück (1)

desaströs: → verheerend

desavouieren: → bloßstellen (I, 1)

Deserteur, der: der Fahnenflüchtige + Überläufer

desertieren: fahnenflüchtig werden · fliehen + seinen Posten verlassen · überlaufen ♦ *umg:* stiften gehen + mit fliegenden Fahnen übergehen ⌐zu⌐

Desertion, die: → Fahnenflucht

desgleichen: → ebenfalls

deshalb: deswegen · darum · daher · dadurch · demzufolge · folglich · infolgedessen · somit · mithin · ebendeshalb · ebendaher · ebendarum · so · auf Grund dessen · aus diesem Grunde + demgemäß · insofern · daraufhin ♦ *gehoben:* dieserhalb · sonach ♦ *umg:* drum · aus diesem kühlen / dem einfachen Grunde

desiderabel: → erstrebenswert

Desiderat[um], das: → Erwünschte

Design, das: → Gestaltung

Designation, die: → Berufung (1)

Designer, der: → Formgestalter

196

Designerdroge, die: → Aufputschmittel, Rauschgift (1)

designieren: → berufen (I, 1)

Desillusion, die: → Ernüchterung

desillusionieren: → ernüchtern

Desillusionierung, die: → Ernüchterung

Desinfektion, die: → Desinfizierung

desinfizieren: entseuchen · ausbeizen; → *auch* entkeimen (1), ausräuchern

desinfizierend: antiseptisch (*med*)

Desinfizierung, die: Entseuchung · Desinfektion; → *auch* Entkeimung

Desinformation, die: → Falschmeldung

Desinteresse, das: → Interesselosigkeit

desinteressiert: → interesselos

Desinteressiertheit, die: → Interesselosigkeit

Deskription, die: → Beschreibung (1)

deskriptiv: → beschreibend

Desodorant, das: → Deodorant

desodorierend: geruchtilgend · geruchsbindend

desolat: → trostlos (1)

Desorganisation, die: → Unordnung (1)

desorganisieren: 1. → zerrütten (1) – 2. → sabotieren

desorientieren: → verwirren (2)

Desorientierung, die: → Verwirrung (1)

despektierlich: → geringschätzig

Desperado, der: → Terrorist

desperat: → verzweifelt

Despot, der: → Diktator

Despotie, die: → Gewaltherrschaft

despotisch: → herrschsüchtig

Despotismus, der: → Gewaltherrschaft

dessen: aufgrund d.: → deshalb; d. ungeachtet: → trotzdem (1)

Dessert, das: → Nachtisch

Dessin, das: → Muster (1)

Dessous, das: Reizwäsche

Destille, die: → Gaststätte (1, c)

destillieren: 1. → gewinnen (2) – 2. → brennen (2)

Destination, die: → Reiseziel

destruktiv: 1. → zersetzend – 2. → bösartig (1)

deswegen: → deshalb

Deszendenz, die: → Abstammung

Detail, das: → Einzelheit (I)

Detailgeschäft, das: → Geschäft (1)

Detailhandel, der: → Einzelhandel

detailliert: → einzeln (2)

Detektiv, der: → Kriminalist

Determination, die: → Bestimmung (1)

determinieren: → bestimmen (3)

Determiniertheit, die: → Bedingtheit

Detonation, die: → Explosion

detonieren: → explodieren (1)

detto: → ebenso, ebenfalls

Deubel, der: → Teufel (1)

Deut, der: keinen/nicht einen D.: → nichts (1)

Deutelei, die: → Auslegung

deuteln: 1. → auslegen (2) – 2. drehen und d.: → auslegen (2)

deuten: 1. → auslegen (2) – 2. → zeigen (I, 1) – 3. die Zukunft d.: → wahrsagen

Deuter, der: → Erklärer

Deuterei, die: → Auslegung

deutlich: 1. ⟨*mit den Augen genau zu erkennen*⟩ scharf · klar · erkennbar · sichtbar · plastisch · greifbar · handgreiflich · mit [den] Händen zu greifen + leserlich · hell ♦ *umg:* groß und breit – 2. ⟨*mit dem Gehör genau zu vernehmen*⟩ klar · verstehbar · verständlich – 3. ⟨*mit dem Verstand genau erfassbar*⟩ eindeutig · unzweideutig · glasklar · klar [ersichtlich] · unmissverständlich · manifest + einleuchtend ♦ *umg:* sonnenklar + klipp und klar ♦ *derb:* arschklar; → *auch* verständlich (1), offenkundig (1) – 4. → offen (3) – 5. d. machen: → veranschaulichen

Deutlichkeit, die: 1. ⟨*hoher Grad der Erkennbarkeit beim Ansehen*⟩ Schärfe · Klarheit – 2. ⟨*genaue Vernehmbarkeit*⟩ Verständlichkeit · Verstehbarkeit · Klarheit – 3. ⟨*genaue verstandesmäßige Erfassbarkeit*⟩ Unzweideutigkeit · Unmissverständlichkeit · Eindeutigkeit · Klarheit; → *auch* Verständlichkeit (1)

deutsch: auf [gut] Deutsch: → offen (3); d. reden │mit│: → zurechtweisen

Deutung, die: 1. → Auslegung – 2. → Erklärung (1)

Devise, die: → Wahlspruch

devot: → unterwürfig

Devotion, die: → Unterwürfigkeit

Dextrose, die: → Traubenzucker

Dez, der: → Kopf (1)

dezent: → unaufdringlich

Dezentralisation, die: → Aufgliederung (1)

dezentralisieren: → aufgliedern (1)

Dezentralisierung, die: → Aufgliederung (1)

Dezernat, das: → Amtsbereich

dezidiert

dezidiert: → bestimmt (1)
dezimieren: → vermindern (I)
Dezimierung, die: → Verminderung
Dia, das: → Diapositiv
Diabetes, der: 1. → Zuckerkrankheit – **2. D.**
mellitus: → Zuckerkrankheit
diabolisch: → teuflisch (1)
Diagnose, die: → Bestimmung
diagnostizieren: → bestimmen (3)
diagonal: d. lesen: → überfliegen
Diakonie, die: → Fürsorge (1)
Diakonisse, die: → Krankenschwester
Diakonissin, die: → Krankenschwester
Dialekt, der: → Mundart
dialektal: → mundartlich
dialektfrei: → hochsprachlich
dialektisch: → mundartlich
Dialog, der: → Gespräch (1)
Dialyse, die: → Blutwäsche
Diameter, der: → Durchmesser
diametral: → gegensätzlich
Diapositiv, das: Dia · Durchsichtsbild; →
auch Fotografie
Diarium, das: 1. → Tagebuch – **2.** → Kladde (1)
Diarrhö, die: → Durchfall (1)
Diaskop, das: → Bildwerfer
Diät, die: Krankenkost · Schonkost
Diäten (*Pl*): → Tagegeld
dibbeln: → säen (1)
dicht: 1. ⟨*mit sehr wenig Zwischenraum*⟩
undurchdringlich · dick · buschig; → *auch*
gedrängt (1), engmaschig, einheitlich (1) –
2. ⟨*keine Person durchlassend*⟩ hermetisch –
3. → undurchlässig – **4.** → unmittelbar (1) –
5. d. bei: → nahe (1); d. bei d., d. an d. gedrängt: → gedrängt (1); zu d. besiedelt/bevölkert: → übervölkert; nicht ganz d. sein:
→ verrückt (5)
dichtauf: → unmittelbar (1)
Dichte, die: Dichtigkeit · Dichtheit
¹dichten: → abdichten
²dichten: 1. ⟨*literar. Kunstwerke schaffen*⟩
a) ⟨*allgemein*⟩ schreiben · schriftstellern ·
fabulieren + nachdichten – **b)** ⟨*als Lyriker*⟩
reimen · Verse/Reime machen · in Verse/Reime bringen/setzen ♦ *dicht*: singen
♦ *umg*: Verse/Reime schmieden · den Pegasus satteln/reiten (*scherzh*) – **2.** → ausdenken (1) – **3.** Dichten und Trachten: →
Streben
Dichter, der: ⟨*Schöpfer literar. Kunstwerke*⟩
a) ⟨*allgemein*⟩ Schriftsteller · Literat ·

Schreiber · Mann der Feder · Fabulist;
Dichterling · Schreiberling · Federheld ·
Skribent · Skribifax · Skritzler (*abwert*); Poet · Barde · Skalde (*iron*); Musensohn (*noch
scherzh*); → *auch* Bühnenautor, Lyriker,
Prosaist – **b)** → Lyriker – **c)** → Prosaist
Dichterei, die: → Dichtung (1, a)
dichterisch: poetisch · literarisch · schriftstellerisch + erzählerisch · episch · lyrisch
Dichterling, der: → Dichter (a)
Dichterwort, das: → Zitat
dichthalten: → schweigen (2)
Dichtheit, die: → Dichte
Dichtigkeit, die: → Dichte
Dichtkunst, die: → Dichtung (1, a)
dichtmachen: → schließen (I, 1, a *u.* b;
I, 2 *u.* 3)
Dichtung, die: 1. a) ⟨*Gesamtheit des dichter. Schaffens*⟩ Dichtkunst · Poesie · Wortkunst · Literatur; Schrifttum (*veraltend*) +
Poetik ♦ *umg*: Dichterei (*abwert*); → *auch*
Epik, Dramatik (1), Lyrik, Belletristik – **b)**
⟨*Einzelwerk*⟩ Werk · Dichtwerk · Literaturdenkmal + Roman · Drama · Gedicht · Poem
· Epos – **c)** → Lyrik – **2.** epische/erzählende D.: → Epik; dramatische D.: → Dramatik (1); lyrische D.: → Lyrik
Dichtwerk, das: → Dichtung (1, b)
dick: 1. ⟨*vom menschl. Körper gesagt: großen Umfang bzw. starken Fettansatz aufweisend*⟩ korpulent · schwergewichtig ·
[wohl]beleibt · wohl genährt · feist · dickleibig · fett[leibig] · vollleibig · stark[leibig] ·
[dick]bauchig · dickbäuchig · schmerbäuchig · drall; voluminös (*scherzh*) + üppig ·
fleischig · speckig · pausbackig · pausbäckig
· breit · mächtig · massig · vierschrötig
♦ *umg*: fettbäuchig · rund · prall · mopsig ·
kugelig · quabb[e]lig · schwabbelig · umfangreich · nudeldick · [dick] wie ein Fass ·
gut bei Leibe/Bauche; gut im Futter
(*scherzh*); wampert (*süddt österr*) ♦ *salopp*:
dickwanstig · fettwanstig · dick und
fett/rund; → *auch* dicklich (1), plump, aufgeschwemmt – **2.** → geschwollen (1) – **3.**
→ schwanger (1) – **4.** → dickflüssig – **5.** →
dicht (1) – **6.** d. sein: ⟨*starken Fettansatz
aufweisen*⟩ ♦ *umg*: Speck auf den Rippen
haben · aus den/allen Nähten platzen · aus
den Fugen geraten ♦ *salopp*: im [eigenen]
Fett ersticken – **7.** d. und fett/rund, d. wie
ein Fass: → 1; d. werden: → zunehmen (2);
sich d. essen: → anessen; d. und voll: →

198

satt (1); sich d. machen: → ausbreiten (II, 1); einen dicken Kopf haben: → Sorge (3); dicker Schädel: → Eigensinn; einen dicken Schädel haben: → eigensinnig (2); einen dicken Bauch haben: → schwanger (2); ein dickes Fell haben: → unempfindlich (3); es herrscht dicke Luft: → Streit (2); ein dicker Brocken: → Schwierigkeit (1); d. auftragen: → übertreiben (1); einen dicken Strich machen |unter|: → vergessen (I, 3); dicke Töne schwingen: → aufspielen (II); den dicken Wilhelm spielen: → angeben (1); durch d. und dünn gehen |für|: → einsetzen (II); es d. hinter den Ohren haben: → listig (2); es d. haben: → überdrüssig (1)

Dickbauch, der: **1.** → Dicke (I) – **2.** → Schmerbauch

dickbauchig / dickbäuchig: → dick (1)

Dickchen, das: → Dicke (I u. II, 1)

Dicke: I. Dicke, der: ⟨*dicke männl. Person*⟩ Feistling + Falstaff ♦ *umg:* Dick[er]chen (*vertraul*); Dickbauch · Fettbauch (*meist abwert*); Kugel · Fass · Sack · Fettkloß · Kloß · Tonne · Mops (*oft scherzh*); Elefantenbaby · Elefantenküken (*scherzh*) + Pausback ♦ *salopp:* Fettsack · Dickwanst · Fettwanst · Dicksack (*abwert*) ♦ *derb:* Fettsau · Fettschwein – **II.** Dicke, die: **1.** ⟨*dicke weibl. Person*⟩ Juno ♦ *umg:* Dick[er]chen (*vertraul*); Kugel · Tonne · Nudel · Mops (*oft scherzh*); Elefantenbaby · Elefantenküken (*scherzh*) + Pummel[chen] · Posaunenengel ♦ *salopp:* Maschine ♦ *derb:* Fettschwein · Fettsau – **2.** ⟨*durch starken Fettansatz gekennzeichnete Körperform*⟩ Leibesfülle · Körperfülle · Korpulenz · Beleibtheit · Fülle · Dickleibigkeit · Stärke · Umfang · Embonpoint; Volumen (*scherzh*) + Breite; → *auch* Breite (I, 1), Schmerbauch

Dickerchen, das: → Dicke (I u. II, 1)

dicketun, sich: → angeben (1)

dickfellig: → unempfindlich (2)

dickfleischig: → saftig (1)

dickflüssig: zäh[flüssig] · schwerflüssig · viskos · viskös · seimig · sämig · dick[lich] · suppig · breiig · breiartig · teigig · musig · musartig · Faden ziehend · steif + quarkig · kloßig · gallertartig ♦ *umg:* quatschig · klitschig; → *auch* schleimig (1), schlammig

Dickhäuter, der: **1.** → Elefant (1) – **2.** → Phlegmatiker

dickhäutig: → gleichgültig

Dickicht, das: → Buschwerk

Dickkopf, der: **1.** → Starrkopf – **2.** seinen D. aufsetzen: → eigensinnig (2)

dickköpfig: → eigensinnig (1)

Dickköpfigkeit, die: → Eigensinn

dickleibig: → dick (1)

Dickleibigkeit, die: → Dicke (II, 2)

dicklich: 1. ⟨*ein wenig dick*⟩ füllig · rundlich · voll[schlank] ♦ *umg:* mollig · pummelig; → *auch* dick (1) – **2.** → dickflüssig

dickmachen: → schwängern

Dickmilch, die: → Sauermilch

Dicknischel, der: → Starrkopf

Dicksack, der: → Dicke (I)

Dickschädel, der: → Starrkopf

dickschädelig: → eigensinnig (1)

Dickschädeligkeit, die: → Eigensinn

Dicktuerei, die: → Angabe (I, 1)

dicktun, sich: → angeben (1)

Dickung, die: → Wald (1)

Dickwanst, der: → Dicke (I)

dickwanstig: → dick (1)

didaktisch: → lehrhaft

die: 1. ⟨*hinweisend*⟩ diese · diejenige · ebendie · ebendiese – **2.** ⟨*bezüglich*⟩ welche

Dieb, der: diebische Elster; Diebesgeselle (*veraltend*) + Taschendieb · Plünderer · Einbrecher · Kleptomane ♦ *umg:* Langfinger · Spitzbube; Fladerer (*österr*) + Ganove; → *auch* Räuber, Plünderer

Dieberei, die: → Diebstahl (1)

Diebesbeute, die: → Raub (1)

Diebesgeselle, der: → Dieb

Diebesgesindel, das: → Diebespack

Diebesgut, das: → Raub (1)

Diebespack, das (*abwert*): Diebesgesindel

diebessicher: → einbruchsicher

diebisch: 1. ⟨*zum Stehlen neigend*⟩ + räuberisch; kleptomanisch (*med*) ♦ *umg:* langfingrig; → *auch* räuberisch – **2.** → sehr – **3.** diebische Elster: → Dieb

Diebstahl, der: **1.** ⟨*das unrechtmäßige Ansichbringen*⟩ Entwendung · Wegnahme · widerrechtliche Aneignung; Eigentumsdelikt · Eigentumsvergehen (*Rechtsw*) + Bargelddraub · Straßenraub · Einbruch · Einbruchsdiebstahl · Raub · Plünderung ♦ *umg:* Dieberei ♦ *salopp:* Mauserei – **2.** einen D. begehen / verüben: → stehlen (1)

diejenige: → die (1)

Diele, die: **1.** ⟨*für den Fußboden bestimmtes Brett*⟩ Fußbodenbrett · Dielenbrett; → *auch* Brett (1) – **2.** → Flur (I) – **3.** → Tanzlokal

Dielenbrett, das: → Diele (1)

Dieme, die: → Schober
Diemen, der: → Schober
dienen: 1. ⟨*in einem Abhängigkeitsverhältnis für jmdn. die persönl. Dienstleistungen ausführen*⟩ im Dienst stehen/sein · Dienst tun · in Stellung sein; → *auch* arbeiten (1) – **2.** → nutzen (1) – **3.** d. ⎮mit⎮: → helfen (1)
Diener, der: **1.** ⟨*in einem Abhängigkeitsverhältnis für jmdn. die persönl. Dienstleistungen ausführender Mann*⟩ der Bedienstete · Bedienung; Domestik[e]; dienstbarer Geist (*scherzh*); Bursche (*soldatenspr*) + Hausdiener · Leibdiener · Kammerdiener · Page · Boy · Butler · Lakai · Gehilfe · Hilfskraft · Aufwartung · Stütze · Beistand · Knecht · Untergebener · Bote · Schließer · Besorger · Kuli; → *auch* Hausangestellte (I) – **2.** → Verbeugung (1) – **3.** D. Gottes, D. am Wort: → Geistliche; stummer D.: → Anrichtetisch; einen D. machen: → verbeugen, sich
Dienerei, die: → Unterwürfigkeit
dienern: 1. → verbeugen, sich – **2.** → kriechen (2)
Dienerschaft, die: → Dienstpersonal
dienlich: 1. → nützlich – **2.** d. sein: → nutzen (1)
Dienst, der: **1.** → Arbeit (1 *u.* 2) – **2.** → Beruf (1) – **3.** → Hilfe (1) – **4.** D. habend: ⟨*zum Dienst eingeteilt*⟩ Dienst tuend · vom Dienst – **5.** in D. stellen: → anstellen (I, 2); in D. nehmen: **a)** → anstellen (I, 2) – **b)** → anwenden (1); im D. stehen/sein, D. tun: → dienen (1); D. habend/tuend: → 4; den D. quittieren: **a)** → ausscheiden (4) – **b)** → kündigen (1); außer D.: → pensioniert; zu Diensten stehen: → verfügbar (5); einen D. erweisen: → gefällig (5); gute Dienste leisten/tun: → nutzen (1); D. am Kunden: → Kundendienst; den D. versagen: → erlahmen (1); auf den D. passen: → beobachten (1)
Dienstalter, das: Amtsalter
Dienstanweisung, die: → Dienstvorschrift
Dienstanzug, der: → Uniform
Dienstaufsicht, die: → Aufsicht (1)
dienstbar: 1. → dienstbereit – **2.** dienstbarer Geist: **a)** → Diener (1) – **b)** → Hausangestellte (II)
dienstbeflissen: → pflichtbewusst
dienstbereit: diensteifrig · dienstbar · einsatzbereit + verbindlich · aufmerksam
Dienstbezüge (*Pl*): → Gehalt (I)
Dienstbote, der: → Hausangestellte (I)

diensteifrig: → pflichtbewusst
Dienstentlassung, die: **1.** → Entlassung (2) – **2.** → Absetzung (1)
Dienstfahrt, die: → Dienstreise
dienstfertig: → dienstbereit
Dienstgeber, der: → Unternehmer (1)
Dienstgeheimnis, das: → Amtsgeheimnis
Dienstgrad, der: → Rang (1)
Dienstkleidung, die: → Uniform
Dienstleister, der: Dienstleistungsbetrieb · Dienstleistungsunternehmen
Dienstleistung, die: **1.** → Arbeit (1) – **2.** → Hilfe (1)
Dienstleistungsbetrieb, der: → Dienstleister
Dienstleistungsunternehmen, das: → Dienstleister
Dienstleute (*Pl*): → Dienstpersonal
dienstlich: 1. → amtlich (1) – **2.** → förmlich (1)
Dienstmädchen, das: → Hausangestellte (II)
Dienstmädel, das: → Hausangestellte (II)
Dienstmann, der: → Gepäckträger
Dienstnehmer, der: → Arbeiter (I)
Dienstordnung, die: → Dienstvorschrift
Dienstpersonal, das: Personal; Dienerschaft · Dienstleute · Dienerschar (*veraltend*) + Stab; → *auch* Gesinde
Dienstrang, der: → Rang (1)
Dienstraum, der: Dienstzimmer · Amtszimmer · Amtsstube + Geschäftsraum · Geschäftszimmer
Dienstreise, die: Dienstfahrt
Dienstsache, die: → Amtsschreiben
Dienstschluss, der: Feierabend · Arbeitsschluss ♦ *umg:* Schluss
Dienststelle, die: **1.** ⟨*Institution u. ihr Sitz*⟩ Behörde · Büro · Geschäftsstelle · Kanzlei + Office – **2.** → Behörde (1)
Dienststellenleiter, der: → ¹Leiter
Dienststellung, die: → Rang (1)
Dienststrafe, die: → Disziplinarstrafe
Dienststunden (*Pl*): Amtsstunden; Parteienverkehr (*österr*); → *auch* Öffnungszeiten
dienstunfähig: arbeitsunfähig · [dienst]untauglich · unbrauchbar; nicht verwendungsfähig (*amtsspr*); → *auch* behindert, erwerbsunfähig (1)
dienstuntauglich: → dienstunfähig
Dienstvergehen, das: → Pflichtverletzung
Dienstvorschrift, die: Dienstordnung · Dienstanweisung · Reglement

Dienstweg, der: Amtsweg · Instanzenweg + Behördenweg · Geschäftsgang

dienstwillig: → fleißig (1)

Dienstwohnung, die: Werkswohnung · Amtswohnung

Dienstzeit, die: **1.** → Arbeitszeit – **2.** seine D. ableisten: → Soldat (1)

Dienstzimmer, das: → Dienstraum

dies: 1. → das (1) – **2.** d. und das: → allerlei

diesbezüglich: → dazu (1)

diese: 1. → die (1) – **2.** aus dieser Richtung: → dorther; nach dieser/in d. Richtung: → dorthin; auf dieser Seite: → diesseits

dieselbe: ebendie[se] ♦ *umg:* die Gleiche

Diesel[kraftstoff], der: → Kraftstoff

dieser: 1. → der (1) – **2.** d. und jener: → einige (1); aus diesem [kühlen] Grunde: → deshalb

dieserart: → so (1)

dieserhalb: → deshalb

dieses: 1. → das (1) – **2.** d. und jenes: → allerlei

diesig: → dunstig

Diesigkeit, die: → Dunst (1)

diesmal: → jetzt (1)

diesmalig: → jetzig

diesseitig: → irdisch (1)

diesseits: auf dieser Seite · hier

Diesseits, das: → Welt (1)

Dietrich, der: → Nachschlüssel

Diffamation, die: → Verleumdung

diffamatorisch: → verleumderisch

Diffamie, die: → Verleumdung

diffamieren: → verleumden (1)

diffamierend: → verleumderisch

Diffamierung, die: → Verleumdung

different: → verschiedenartig

Differenz, die: **1.** → Unterschied (1) – **2.** → Fehlbetrag – **3.** → Meinungsverschiedenheit

Differenzbetrag, der: → Fehlbetrag

differenzieren: → unterscheiden (I)

differenziert: → vielschichtig

differieren: → abweichen (2)

diffizil: → schwierig (1)

difform: → missgebildet

Difformität, die: → Missgeburt, Missbildung

diffus: → verschwommen

digital: digitaler Kapitalismus: → Industriekapitalismus

Digitalfernsehen, das: Digital-TV

Dignität, die: → Würde (1)

Diktat, das: **1.** ⟨*das Sprechen zum Nachschreiben*⟩ Ansage – **2.** → Nachschrift (1) – **3.** → Zwang (1)

Diktator, der: Gewaltherrscher · Schreckensherrscher · Tyrann · Despot · Unterdrücker; → *auch* Alleinherrscher, Herrscher

diktatorisch: 1. → absolut (1) – **2.** → herrschsüchtig (1)

Diktatur, die: → Gewaltherrschaft

diktieren: 1. ⟨*zum Nachschreiben sprechen*⟩ ansagen – **2.** → aufzwingen (I) – **3.** → anordnen (2)

Diktion, die: → Ausdrucksweise (1), Stil (1)

Dilemma, das: → Zwangslage

Dilettant, der: **1.** → Laie – **2.** → Stümper

dilettantenhaft: 1. → laienhaft – **2.** → stümperhaft

dilettantisch: 1. → laienhaft – **2.** → stümperhaft

Dilettantismus, der: → Stümperei

dilettieren: → stümpern

Dimension, die: **1.** → Ausdehnung (2) – **2.** → Ausmaß

dimensionieren: → abmessen

diminuieren: → verringern (I, 1)

Diner, das: **1.** → Festessen – **2.** → Mittagessen

Ding, das: **1.** ⟨*etw. nicht namentlich Bezeichnetes*⟩ Sache · Etwas · Apparat + Objekt · Materie · Stoff · Substanz · Wesen · Gestalt · Element · das Geschaffene · Geschöpf · Sein ♦ *umg:* Dings[da] ♦ *salopp:* Dingsbums; → *auch* Gegenstand (1) – **2.** → Gegenstand (1) – **3.** den Dingen ihren Lauf lassen: → resignieren; die Dinge auf sich zukommen lassen: → abwarten (1); ein D. der Unmöglichkeit sein: → unmöglich (2); Lage/Stand der Dinge: → Sachverhalt; die letzten Dinge: → Geheimnis (1); Schöpfer aller Dinge: → Gott (1, a); vor allen Dingen: → besonders (2); guter Dinge: → fröhlich (1); ein D. verpassen: → schlagen (I, 1)

dingfest: d. machen: → verhaften

dinglich: → gegenständlich

Dings: I. Dings, der: **1.** → sowieso (2) – **2.** Herr D.: → sowieso (2) – **II.** Dings, das: **1.** → Ding (1) – **2.** → Dingsda (I, 1)

Dingsbums: I. Dingsbums, der: **1.** → sowieso (2) – **2.** Herr D.: → sowieso (2) – **II.** Dingsbums, das: → Ding (1)

Dingsda (*umg*): **I.** Dingsda, das: **1.** ⟨*nicht namentlich bezeichneter Ort*⟩ Dings[dorf] ·

Dingsdorf

Dingskirchen – **2.** → Ding (1) – **II.** Dingsda, der: **1.** → sowieso (2) – **2.** Herr D.: → sowieso (2)
Dingsdorf: → Dingsda (I, 1)
Dingskirchen: → Dingsda (I, 1)
dinieren: → Mahlzeit (3)
Dinkel, der: → Weizen
Dino, der: → Dinosaurier
Dinosaurier, der: *umg*: Dino
Dioskuren (*Pl*): → Freundespaar
Diplom, das: **1.** → Urkunde – **2.** → Zeugnis (1)
Diplomatie, die: → Gewandtheit (3)
diplomatisch: 1. → gewandt (3) – **2.** → beweiskräftig
dir: mir nichts, d. nichts: → plötzlich (1)
direkt: 1. ⟨*örtlich*⟩ geradenwegs · gerade[s]wegs · geradezu · [schnur]stracks + vorwärts · mittendurch · zielbewusst – **2.** → sofort, unmittelbar (1) – **3.** → offen (3) – **4.** → ausgesprochen (1); direkter Draht: → Direktverbindung
Direktbanking, das: Telebanking · Onlinebanking · Internetbanking · Homebanking · E-Banking + Handybanking
Direktion, die: **1.** → Leitung (1) – **2.** → Führung (2)
Direktive, die: **1.** → Anordnung (2) – **2.** → Richtlinie
Direktor, der: **1.** ⟨*Leiter einer Schule*⟩ Schulleiter + Rektor ♦ *umg*: Direx (*schülerspr*) – **2.** → ¹Leiter
Direktorat, das: → Leitung (1)
Direktsendung, die: → Livesendung
Direktübertragung, die: → Livesendung
Direktverbindung, die: direkter Draht
Direx, der: → Direktor (1)
Dirigent, der: **1.** ⟨*Leiter eines musikal. Klangkörpers*⟩ + Orchesterleiter · Kapellmeister · Chorleiter – **2.** → ¹Leiter
dirigieren: 1. ⟨*ein Orchester leiten*⟩ den Stab führen · am Pult stehen – **2.** → lenken (1)
Dirigismus, der: → Zwangswirtschaft
dirigistisch: → reglementierend
Dirn, die: → Mädchen (2) – **2.** → Magd
Dirndl, das: → Mädchen (2)
Dirne, die: → Prostituierte
Dirnenhaus, das: → Bordell
Dirnenmilieu, das: → Rotlichtmilieu
Discounter, der: → Geschäft (1)
Discountgeschäft, das: → Geschäft (1)
Disengagement, das: → Trennung (1)

Diseur, der: → Vortragskünstler
Diseuse, die: → Chansonsängerin
Disharmonie, die: → Missklang
disharmonisch: → unausgeglichen
disjunktiv: → gegensätzlich
Diskette, die: Datenträger
Disko, die: → Diskothek
Diskoroller, der: → Rollschuh
Disko[thek], die: → Tanzlokal
diskreditieren: → verleumden (1)
Diskreditierung, die: → Verleumdung
Diskrepanz, die: → Missverhältnis
diskret: 1. → rücksichtsvoll – **2.** → vertraulich (2)
Diskretion, die: **1.** → Rücksicht (1) – **2.** → Verschwiegenheit (1)
diskriminieren: → herabwürdigen (I)
Diskriminierung, die: → Herabwürdigung
Diskurs, der: → Erörterung
Diskussion, die: **1.** → Aussprache (2) – **2.** in die D. werfen, zur D. stellen: → vorbringen; die D. bringen |auf|: → ansprechen (2)
diskutabel: erörterungswert · verhandlungsfähig
diskutieren: → erörtern
disparat: 1. → verschiedenartig – **2.** → unvereinbar – **3.** → widerspruchsvoll
Disparität, die: **1.** → Unvereinbarkeit – **2.** → Verschiedenheit
Dispens, der: → Befreiung (3)
Dispensation, die: → Befreiung (3)
dispensieren: → befreien (I, 2)
Dispensierung, die: → Befreiung (3)
disponibel: → vorrätig (1), verfügbar (1)
disponieren: 1. → einteilen (2) – **2.** d. |über|: → besitzen (1)
disponiert: 1. → gestimmt – **2.** → veranlagt
Disposition, die: **1.** → Einteilung (2) – **2.** → Verfügung (1) – **3.** → Veranlagung – **4.** zur D. stehen: → verfügbar (5)
dispositionsfähig: → geschäftsfähig
Dispositionskredit, der (*Bankw*): Überziehungskredit
Disproportion, die: → Missverhältnis
Disproportionalität, die: → Missverhältnis
Disput, der: **1.** → Erörterung – **2.** → Streitgespräch
Disputation, die: → Streitgespräch
disputieren: → erörtern
Disqualifikation, die: → Ausschluss (1)
disqualifizieren: → ausschließen (I, 3)
Disqualifizierung, die: → Ausschluss (1)

Dissens, der: → Meinungsverschiedenheit
Dissertation, die: Doktorarbeit · Inauguraldissertation
dissertieren: → promovieren
Dissident, der: **1.** → Abtrünnige – **2.** → Regimegegner
dissonant: → misstönend
Dissonanz, die: → Missklang
Dissoziation, die: → Zerfall (1)
dissoziieren: → zerfallen (1)
Distanz, die: **1.** → Entfernung (1), Abstand (1) – **2.** → Strecke (1) – **3.** → Zurückhaltung (1) – **4.** auf D. gehen │zu│: → distanzieren (II)
distanzieren: I. distanzieren: → überflügeln – **II.** distanzieren, sich: ⟨*seine ablehnende Haltung zu etw. od. jmdm. zu erkennen geben*⟩ sich abgrenzen │von│ · abrücken │von│ · nichts zu tun haben wollen │mit│ · auf Distanz gehen │zu│ ♦ *umg:* nichts am Hut haben │mit│ · sich raushalten; → *auch* heraushalten, sich
distanziert: → zurückhaltend (1), kühl (2)
distinguiert: → vornehm (1)
Distinktion, die: → Vornehmheit
distinktiv: unterscheidend
distribuieren: → verteilen (I, 1)
Distribution, die: → Verteilung (1)
Distrikt, der: **1.** → Bezirk (1) – **2.** → Landschaftsgebiet
Disziplin, die: **1.** → Ordnung (1) – **2.** → Teilgebiet
disziplinarisch: → streng (1)
Disziplinarmaßnahme, die: → Disziplinarstrafe
Disziplinarstrafe, die: Dienststrafe · Disziplinarmaßnahme
disziplinieren: *umg:* auf Zack bringen
diszipliniert: → beherrscht (1)
disziplinlos: → zuchtlos (1)
disziplinwidrig: → zuchtlos (1)
Dithyrambe, die: → Loblied (1)
dithyrambisch: → begeistert (1)
Dithyrambus, der: → Loblied (1)
dito: → ebenso, ebenfalls
ditto: → ebenso, ebenfalls
Diva, die: → ¹Star
divergent: → gegensätzlich
Divergenz, die: **1.** → Unterschied (1) – **2.** → Meinungsverschiedenheit
divergieren: → ²abweichen (2)
divergierend: → verschiedenartig
Diversant, der: → Saboteur

diverse: → einige (1)
Diverses: → allerlei
Diversion, die: → Sabotage (1)
Diversionsakt, der: → Sabotage (1)
Diversionstätigkeit, die: → Sabotage (1)
Divertimento, das: → Suite (1)
Divertissement, das: → Suite (1)
Dividende, die: → Gewinnanteil
Dividendenausschüttung, die: → Gewinnanteil
Dividendenertrag, der: → Gewinnanteil
Dividendenschein, der: → Aktie
dividieren: teilen
Division, die: Teilung
Diwan, der: → Sofa
dobeln/döbeln: → dübeln
doch: 1. → dagegen (2) – **2.** → trotzdem (1) – **3.** → ja (1) – **4.** → tatsächlich (2) – **5.** nicht/nein d.: → nein
Docke, die: → Puppe (1)
Dodel, der: → Dummkopf (2)
Dogma, das: → Lehrmeinung
Dogmatik, die: → Starrheit (1)
dogmatisch: 1. → starr (1) – **2.** → lehrhaft
Dogmatismus, der: → Starrheit (1)
Dohle, die: → ¹Hut (1)
doktern: → herumdoktern (1)
Doktor, der: **1.** → Arzt – **2.** Onkel D.: → Arzt; den D. machen: → promovieren
Doktorarbeit, die: → Dissertation
Doktorgrad, der: den D. erwerben: → promovieren
Doktorhopping, das: → Arztwechsel
Doktorwürde, die: die D. erlangen: → promovieren
Doktrin, die: **1.** → Lehre (1) – **2.** → Grundsatz (1)
doktrinär: 1. → starr (1) – **2.** → lehrhaft
Dokument, das: **1.** → Urkunde – **2.** → Schriftstück – **3.** → Beweisstück
Dokumentarbericht, der: Feature
dokumentarisch: → beweiskräftig
Dokumentation, die: **1.** ⟨*das Sammeln u. Bereitstellen bzw. Auswerten von Text- bzw. Bildunterlagen*⟩ Dokumentensammlung (*veraltend*) – **2.** → Beweis (2)
Dokumentensammlung, die: → Dokumentation (1)
dokumentieren: 1. → zeigen (I, 4), beweisen (1) – **2.** → belegen (1)
Dolcefarniente, das: → Müßiggang
Dolce Vita, das *od.* die: → Leben (5), Müßiggang

Dolch

Dolch, der: + Stilett · Kris · Hirschfänger · Messer
doll: 1. → unerhört (1) – **2.** → sehr
Dolmetsch, der: **1.** → Sprachmittler – **2.** → Fürsprecher
dolmetschen: → übersetzen (I)
Dolmetscher, der: **1.** → Sprachmittler – **2.** den D. machen: → übersetzen (I)
Dom, der: → Kirche (1)
Domäne, die: **1.** → Spezialgebiet – **2.** → Gut (1)
Domestikation, die: **1.** → Zähmung – **2.** → Züchtung (1)
Domestik[e], der: → Diener (1)
domestizieren: 1. → zähmen (I, 1) – **2.** → züchten
dominant: → vorherrschend
Dominanz, die: → Vorherrschaft
dominieren: 1. → vorherrschen (1) – **2.** → beherrschen (I, 1)
Domizil, das: → Wohnsitz (1)
domizilieren: → wohnen (1)
Domkirche, die: → Kirche (1)
Dompteur, der: Tierbändiger · Raubtierbändiger (*veraltend*); → *auch* Dresseur
Donja, die: **1.** → Geliebte (II) – **2.** → Hausangestellte (II)
Don Juan, der: → Verführer (1)
Donner, der: **1.** ⟨*meteorolog. Erscheinung*⟩ Donnerschlag · Donnerrollen · Schlag · Grollen + Gewitter ♦ *umg:* Kracher – **2.** → Lärm (1) – **3.** wie vom D. gerührt: → erschrocken (1)
Donnerbüchse, die: → Gewehr (1)
Donnerlittchen: → Donnerwetter (II, 1)
donnern: 1. ⟨*beim Gewitter gesagt: das Geräusch des Donners entstehen lassen*⟩ gewittern · grollen · wettern; grummeln (*landsch*) ♦ *umg:* krachen; rumpeln (*landsch*); → *auch* dröhnen (1) – **2.** → dröhnen (1) – **3.** → lärmen – **4.** → schnauzen – **5.** gucken wie die Gans/Kuh, wenn's donnert: → überrascht (2)
Donnerrollen, das: → Donner (1)
Donnerschlag, der: **1.** → Donner (1) – **2.** aus einem Furz einen D. machen: → übertreiben (1)
Donnerwetter: I. Donnerwetter, das: **1.** → Gewitter (1) – **2.** → Strafpredigt – **II.** Donnerwetter (*umg*): **1.** ⟨*bewundernder Ausruf*⟩ Donnerlittchen · potztausend · ei der Daus · sapperment · sackerment · sapperlot · sa-

ckerlot (*veraltend*) – **2.** zum D. [noch einmal]: → verflucht (1)
Donquichotterie, die: → Narretei
doof: 1. → dumm (1) – **2.** → langweilig – **3.** ein Happen d.: → dumm (1)
Doofkopp, der: → Dummkopf (1)
Doofschote, die: → Ziege (2)
Doorman, der: → Portier
Dope, das: → Rauschgift (1)
dopen: → aufpeitschen (1)
Doppel, das: **1.** ⟨*zweites gleichartiges Stück*⟩ Dublette – **2.** → Abschrift – **3.** → Durchschlag (1)
doppelbödig: → zweideutig (1)
Doppelbüchse, die: → Gewehr (1)
doppeldeutig: → zweideutig (1)
Doppeldeutigkeit, die: → Zweideutigkeit (1)
Doppelehe, die: → Bigamie
Doppelflinte, die: → Gewehr (1)
doppelgeschlechtig: → zweigeschlechtig
doppelgesichtig: → zwielichtig (1)
doppelgleisig: 1. → zweigleisig – **2.** → zwielichtig (1)
Doppelheit, die: → Zweiheit
doppeln: → besohlen
Doppelrumpfboot, das: → Katamaran
Doppelsinn, der: → Zweideutigkeit (1)
doppelsinnig: → zweideutig (1)
Doppelsinnigkeit, die: → Zweideutigkeit (1)
doppelspurig: → zweigleisig
doppelt: 1. ⟨*in zwei Stücken vorhanden*⟩ zweifach · zwiefach · noch einmal – **2.** d. und dreifach: → oft; mit doppeltem Boden: → zwielichtig (1); ein doppeltes Spiel spielen: → hintergehen
Doppelzüngelei, die: → Heuchelei
doppelzüngig: → heuchlerisch
Doppelzüngigkeit, die: → Heuchelei
Doppelzünglerei, die: → Heuchelei
doppelzünglerisch: → heuchlerisch
Dorado, das: → Paradies (1, a)
Dorf, das: **1.** ⟨*ländl. Siedlung*⟩ Bauerndorf · Weiler · Flecken + Niederlassung · Örtlichkeit ♦ *umg:* Nest ♦ *salopp:* Kuhdorf · Kaff · Drecknest · Quetsche (*abwert*); Kuhbläke (*landsch abwert*); → *auch* Ort (2) – **2.** böhmische Dörfer: → unverständlich (1); potemkinsche Dörfer: → Vorspiegelung; das globale D.: → Globalvillage; die Kirche im D. lassen: → übertreiben (4); die Kirche ums D. tragen, mit der Kirche ums D. fahren: → umständlich (2)

Dorfälteste, der: → Bürgermeister (a)
Dorfeinwohner, der: Dörfler; Landei (*abwert*)
dörfisch: → ungeschliffen
Dörfler, der: → Dorfeinwohner
dörflich: → ländlich
Dorfschöne, die: → Landmädchen
Dorfschönheit, die: → Landmädchen
Dorfschulze, der: → Bürgermeister (a)
Dorn, der: **1.** ⟨*spitzer Pflanzenteil*⟩ Stachel · Spitze – **2.** voll[er] Dornen: → leidvoll
dornenreich: → leidvoll
dornenvoll: → leidvoll
Dornenweg, der: → Leidensweg
dornig: 1. → stachelig (1) – **2.** → schwierig (1) – **3.** → leidvoll
dorren: → trocknen (1)
dörren: ausdörren · [aus]trocknen · backen · rösten · darren + ausglühen; → *auch* trocknen (1)
Dorsch, der: Kabeljau + Schellfisch
dort: 1. ⟨*an jener Stelle*⟩ da · ebendort · ebenda; allda · dortselbst · daselbst (*veraltend*); dorten (*österr*) – **2.** → anwesend (1) – **3.** d. sein: → anwesend (2); da/hier und d.: → vereinzelt (1); bald hier, bald d.: → überall (1); von d.: → dorther; nach d.: → dorthin; d. hinten: → dahinten
dorten: → dort (1)
dorther: [eben]daher · von dort/da · aus dieser Richtung
dorthin: [eben]dahin · nach dort/da · nach dieser/in diese Richtung
dorthinaus: bis d.: → maßlos
dortselbst: → dort (1)
Dose, die: **1.** ⟨*kleines Gefäß*⟩ + Büchse · Kapsel; → *auch* Schachtel (1) – **2.** → Konservenbüchse – **3.** → Steckdose – **4.** → Dosis
dösen: 1. → geistesabwesend (2) – **2.** → schlafen (1, c)
Dosenmilch, die: → Kondensmilch
Dosenöffner, der: → Büchsenöffner
dosieren: → zuteilen
Dosierung, die: → Zuteilung (1)
dösig: 1. → geistesabwesend (1) – **2.** → verschlafen (2)
Dosis, die: Quantum · Gabe + Menge · Bruchteil ♦ *umg:* Dose; → *auch* Maß (1)
Döskopp, der: **1.** → Dummkopf (2) – **2.** → Schlafmütze (2)
Dossier, der *od.* das: → Akte (1)
Dotation, die: → Schenkung

dotieren: d. |mit|: → ausstatten (I, 3)
Dotter, der *od.* das: Eidotter · Eigelb
Douane, die: → Zoll
doucement: → behutsam
down: 1. → niedergeschlagen (1) – **2.** → erschöpft (1)
downloaden (*EDV*): herunterladen · runterladen
dozieren: 1. → lehren (1) – **2.** → belehren (1)
Drache, der: Lindwurm · Wurm + Ungeheuer; → *auch* Ungeheuer (1)
Drachen, der: → Xanthippe
Drachenbrut, die: → Gesindel
Drachenfliegen, das: das Hängegleiten · Drachensurfen + Kitesurfen · Paragliding
Drachenflieger, der: Skysurfer
Drachensaat, die: → Zwietracht (1)
Drachensurfen, das: → Drachenfliegen
Dragee, das: → Tablette
Dragoner, der: → Mannweib
Drahrer, der: → Nachtschwärmer
Draht, der: **1.** → Leitung (2) – **2.** → Geld (1) – **3.** heißer D.: → Beziehung (II, 1); auf D. sein: → tüchtig (3); direkter D.: → Direktverbindung
drahten: → telegrafieren
Drahtesel, der: → Fahrrad
Drahthindernis, das: Drahtverhau · Verhau · spanischer Reiter
drahtig: → kräftig (1)
Drahtkommode, die: → Klavier (1)
Drahtleitung, die: → Leitung (2)
Drahtnachricht, die: → Telegramm
Drahtseilakt, der: → Wagnis
Drahtseilbahn, die: Seilbahn · Schwebebahn · Hängebahn
Drahtstift, der: → Nagel (1)
Drahtverhau, der: → Drahthindernis
Drahtzieher, der: → Hintermann (1)
drakonisch: → streng (1)
drall: → dick (1)
Drall, der: → Trieb (2)
Drama, das: **1.** ⟨*Theaterstück*⟩ Schauspiel; → *auch* Theaterstück – **2.** → Gehabe[n] (1)
Dramatik, die: **1.** ⟨*eine Hauptgattung der Dichtung*⟩ dramatische Dichtung; → *auch* Dichtung (1, a) – **2.** → Spannung (2)
Dramatiker, der: → Bühnenautor
dramatisch: 1. → spannend – **2.** dramatische Dichtung: → Dramatik
dramatisieren: → übertreiben (1)
Dramenautor, der: → Bühnenautor
Dramendichter, der: → Bühnenautor

dran **dran: 1.** → daran (1) – **2.** → fällig (1) – **3.** alles d.: → hervorragend (1); nichts d.: → schlecht (1); drauf und d. sein: → Begriff (3); d. sein, am dransten sein: → Reihe (5); d. glauben müssen: → sterben (1)
Drän, der: → Abflussgraben
Dränage, die: → Entwässerung
dranbleiben: → festbleiben (1)
Drang, der: **1.** → Trieb (2) – **2.** → Sehnsucht (1)
drangeben: → opfern (I, 1, b)
drängeln: → drängen (1 u. 2)
drängen: 1. ⟨[*immer wieder*] *zur Eile auffordern*⟩ treiben · bohren · drängeln; urgieren (*österr*) + verlangen · begehren · fordern ♦ *umg*: quengeln · in den Ohren liegen; → *auch* bedrängen (1) – **2.** ⟨*sich in einer Menge schiebend bewegen*⟩ schieben · drücken · zwängen · stoßen ♦ *umg*: drängeln ♦ *salopp*: rammeln – **3.** → eilen (I, 2) – **4.** an die Wand d.: → verdrängen (2); beiseite/in den Hintergrund d.: → verdrängen (1)
Drangsal, die *od.* das: **1.** → Qual (1) – **2.** → Not (1)
drangsalieren: → quälen (I, 2)
dranhalten, sich: → beeilen, sich
dränieren: → entwässern (1)
Dränierung, die: → Entwässerung
drankommen: → Reihe (6)
drannehmen: 1. → behandeln (5) – **2.** → aufrufen (2)
dransetzen: → aufwenden
Dränung, die: → Entwässerung
drapieren: → schmücken (I)
Drasch, der: → Eile (1)
draschen: → eilen (I, 1)
drastisch: 1. → derb (1 u. 2) – **2.** → wirksam (1)
dräuen: → drohen (1)
drauf: 1. → darauf (1) – **2.** d. und dran sein: → Begriff (3); gut d.: → gut (11); gut d. sein: → Verfassung (5)
Draufgabe, die: **1.** → Handgeld – **2.** → Zugabe
Draufgänger, der: Haudegen · Teufelskerl · Teufelsbraten · Satanskerl ♦ *dicht*: Kämpe ♦ *salopp*: toller Hecht (*scherzh*); Malefizkerl (*landsch*); → *auch* Held, Kämpfer, Tausendsasa
draufgängerisch: → kühn
draufgeben: 1. → zuschießen (1) – **2.** ein paar/eins d.: → schlagen (I, 1)

draufgehen: 1. → verbraucht (4) – **2.** → verenden – **3.** → sterben (1)
Draufgeld, das: **1.** → Handgeld – **2.** → Zulage (1)
draufhaben: → beherrschen (I, 4)
draufhalten: den Daumen d.: → knapp (6)
draufhauen: ein paar/eins d.: → schlagen (I, 1)
drauflegen: → zuzahlen, zuschießen (1)
drauflos: → vorwärts (1)
draufmachen: einen d.: → feiern (1)
draufsetzen: eins d.: → nachlegen
Draufsicht, die: → Aufsicht (2)
draufzahlen: → zuzahlen, zuschießen (1)
draus: → daraus (1)
draußen: 1. ⟨*außerhalb einer Räumlichkeit*⟩ im Freien · unter freiem Himmel; außen (*österr veraltend*) ♦ *umg*: haußen (*landsch*); → *auch* Natur (4) – **2.** → auswärts (1) – **3.** → fern (1)
Drechselei, die: → Gehabe[n] (1)
drechseln: 1. ⟨*die Tätigkeit eines Drechslers ausüben*⟩ *umg*: drechslern – **2.** Phrasen d.: → schwafeln
drechslern: → drechseln (1)
Dreck, der: **1.** → Schmutz (1) – **2.** → Kot (1) – **3.** → Kram (1) – **4.** einen D.: → nichts (1); die Karre/den Karren in den D. fahren: → herunterwirtschaften; einen D. angehen: → angehen (6); einen D. fragen | nach |: → gleichgültig (5); aus dem D. helfen, die Karre aus dem D. ziehen: → heraushelfen; im D. stecken: → schlecht (10, a); mit D. bewerfen: **a)** → beschimpfen – **b)** → verleumden (1); mit D. besudeln, in den D. ziehen/treten, durch den D. ziehen: → verleumden (1); D. am Stecken haben: → Schuld (I, 2)
Dreckeimer, der: → Mülleimer
dreckern: → beschmutzen (II, 1)
Dreckfink, der: → Schmutzfink
Dreckfleck, der: → Fleck (I, 1)
dreckig: 1. → schmutzig (1) – **2.** → unanständig (1) – **3.** → gemein (1) – **4.** d. machen: → beschmutzen (I, 1); d. werden: → schmutzen; sich d. machen: → beschmutzen (II, 1); d. gehen: → schlecht (10, a u. b)
Drecknest, das: **1.** → Dorf (1) – **2.** → Kleinstadt
Drecksack, der: → Schurke
Drecksau, die: → Schmutzfink
Dreckschleuder, die: → Mundwerk
Dreckschwein, das: → Schmutzfink

drinnen

Dreckskerl, der: → Schurke
Dreckspatz, der: → Schmutzfink
Dreckstück, das: → Schurke, Luder (1)
Dreck[s]zeug, das: → Kram (1)
Dreckwetter, das: → Wetter (I, 2)
Dreh, der: **1.** → Trick – **2.** → Ausweg – **3.** den D. heraushaben: → beherrschen (I, 4); um den D.: → ungefähr (1)
Drehbuch, das: Filmmanuskript · Skript · Manuskript + Treatment · Szenarium · Szenario · Filmszenarium
Drehe, die: → Gegend (1)
drehen: I. drehen: **1.** ⟨*im Kreis bzw. um einen Mittelpunkt bewegen*⟩ kurbeln ♦ *umg*: leiern; → *auch* rollen (I, 1) – **2.** → wenden (I, 1) – **3.** → bewerkstelligen – **4.** → filmen – **5.** die Daumen d.: **a)** → langweilen (II) – **b)** → faulenzen (1); einen Strick d. |aus|: → schaden (1); eine Nase d.: → verlachen; den Mantel / sein Mäntelchen nach dem Wind d.: → anpassen (II, 2); durch den Wolf d.: **a)** → durchdrehen (1) – **b)** → verreißen; d. und deuteln: → auslegen (2) – **II.** drehen, sich: **1.** ⟨*sich um eine Achse bewegen*⟩ rotieren · umlaufen + sich rollen; → *auch* wälzen (II) – **2.** sich d. |um|: → handeln (II); sich d. und wenden: → ausweichen (2); sich im Tanze d.: → tanzen (1)
Drehorgel, die: → Leierkasten
Drehpunkt, der: → Angelpunkt (1)
Drehscheibe, die: → Verkehrsknotenpunkt
Drehung, die: **1.** ⟨*das Sichdrehen*⟩ Rotation · Umdrehung · Tour + Umlauf · Wirbel · Strudel – **2.** → Wendung (1)
Drehwurm, der: den D. haben: → schwindlig (3)
drei: ewig und d. Tage: → lange (1); für d. arbeiten: → anstrengen (II, 1); nicht bis d. zählen können: → dumm (6)
Dreiangel, der: → Riss (1)
Dreibein, das: → Hocker
Dreier, der: keinen D. wert: → wertlos (1)
dreifach: doppelt und d.: → oft
Dreigroschenheft, das: → Schundliteratur
Dreikäsehoch, der: → Knirps
dreinblicken: → blicken (2)
dreinfahren: → eingreifen (1)
dreinfinden, sich: → resignieren
Dreingabe, die: → Zugabe
dreingeben, sich: → resignieren
dreinhauen: → eingreifen (1)
dreinmengen, sich: → einmischen (II)
dreinmischen, sich: → einmischen (II)

dreinreden: → einmischen (II)
dreinschauen: 1. → blicken (2) – **2.** finster d.: → runzeln
dreinschicken, sich: → resignieren
dreinschlagen: → eingreifen (1)
dreinsehen: → blicken (2)
dreist: 1. → unverschämt (1) – **2.** → keck – **3.** → sogar (1)
Dreistigkeit, die: → Unverschämtheit
Dreizehnte, der: **1.** → Unglückstag – **2.** Freitag der D.: → Unglückstag
dremmeln: → bedrängen (1)
Dresche, die: → Prügel (II, 1)
dreschen: 1. → verprügeln – **2.** → schlagen (I, 1) – **3.** Phrasen / leeres Stroh d.: → schwafeln; Skat d.: → Skat
Dreschflegel, der: Flegel
Dress, der: → Sportkleidung
Dresseur, der: Tierlehrer · Abrichter + Zureiter · Bereiter; → *auch* Dompteur
dressieren: 1. ⟨*Tieren bestimmte Verhaltensweisen anlernen*⟩ abrichten; abführen (*weidm*) + schulen – **2.** → zubereiten (1)
Dressing, das: → Salatsoße
Dressman, der: männliches Model; → *auch* Model (2)
Dressur, die: Abrichtung + Schulung
Drift, die: → Strömung (1)
driften: 1. → treiben (1) – **2.** auseinander d.: → ²abweichen (2)
drillen: 1. ⟨*[zu] streng ausbilden*⟩ schinden; schleifen (*soldatenspr*) ♦ *umg*: zwiebeln · bimsen ♦ *derb*: jmdm. den Arsch aufreißen; → *auch* ausbilden (1) – **2.** → säen (1)
Drilling, der: → Gewehr (1)
drin: 1. → darin (1) – **2.** d. sein: → möglich (3, a); nicht d. sein: → unmöglich (2)
dringen: 1. ⟨*sich einen Weg bahnen*⟩ gelangen · kommen + brechen – **2.** d. |auf|: → bestehen (5, a) – **3.** d. |in|: → bedrängen (1)
dringend: 1. → eilig (2) – **2.** → wichtig (1) – **3.** → nachdrücklich
dringlich: 1. → eilig (2) – **2.** → wichtig (1) – **3.** → nachdrücklich
Dringlichkeit, die: → Nachdrücklichkeit
drinhaben: seine Pfoten d.: → beteiligen
Drink, der: → Mischgetränk
drinnen: 1. ⟨*innerhalb eines Körpers, einer Räumlichkeit*⟩ innen · inwendig · im Inneren + innerlich · intern – **2.** → darin (1) – **3.** nach d.: → hinein (1)

dritte

dritte: der d. Stand: → Mittelschicht; die dritten Zähne: → Zahnprothese; die Dritte Welt: → Entwicklungsländer

Drittel, das: *gehoben:* Drittteil

Drittteil, das: → Drittel

Drive, der: → Schwung (1)

Driver, der: → Fahrer

droben: → oben (1)

drög: → nüchtern (3)

Droge, die: **1.** → Arzneimittel – **2.** → Rauschgift (1) – **3.** unter Drogen stehen: → Rauschzustand (2)

drogenabhängig: → rauschgiftsüchtig (1)

Drogenabhängige, der: → Rauschgiftsüchtige

Drogenkonsum, der: → Drogenmissbrauch

Drogenkonsumraum, der: Fixerraum · Fixerstube

Drogenmissbrauch, der: Drogenkonsum

drogensüchtig: → rauschgiftsüchtig (1)

Drogensüchtige, der: → Rauschgiftsüchtige

Drogenszene, die: → Rauschgiftmilieu

Drohbrief, der: → Drohung (1)

drohen: 1. ⟨*Gewaltanwendung ankündigen*⟩ Drohungen/eine Drohung ausstoßen · die Faust schütteln/ballen/zeigen + mit dem Säbel rasseln ♦ *dicht:* dräuen ♦ *umg:* die Faust unter die Nase halten; → *auch* bedrohen (1) – **2.** → bevorstehen

Drohkulisse, die: → Warn[ungs]zeichen

Drohne, die: → Faulenzer (1)

dröhnen: 1. ⟨*dumpf hallend tönen*⟩ erdröhnen · donnern · brüllen · brummen + rauschen · sausen · widerhallen · krachen · knallen · trommeln · hämmern · pochen · prasseln ♦ *umg:* bumsen · wummern; pumpern (*landsch*) ♦ *salopp:* bullern; ballern · bollern (*landsch*); → *auch* lärmen, donnern (1), schallen, brausen (I, 1) – **2.** → schwatzen (1) – **3.** → Rauschgift (3)

Drohnendasein, das: → Faulenzerdasein

Drohnenleben, das: → Faulenzerdasein

Dröhnung, die: → Rausch (3)

Drohung, die: **1.** ⟨*Ankündigung von Gewaltanwendung*⟩ Drohbrief ♦ *umg:* Schreckschuss – **2.** Drohungen/eine D. ausstoßen: → drohen (1)

Drolerie, die: → Spaß (1)

drollig: 1. → spaßig (1) – **2.** → merkwürdig

Dromedar, das: → Kamel (1)

Drossel, die: → Hahn (2)

drosseln: 1. ⟨*die Drehzahl eines Motors verringern*⟩ abdrosseln · Gas wegnehmen – **2.** → hemmen (1) – **3.** → erwürgen

drüben: 1. ⟨*auf der anderen Seite*⟩ jenseits + entgegengesetzt – **2.** nach d.: → hinüber (1); hüben und/wie d.: → beiderseits

drüber: 1. → darüber (1 *u.* 2) – **2.** drunter und d.: → ungeordnet (1 *u.* 2)

Druck, der: **1.** ⟨[*senkrecht*] *auf etw. wirkende Kraft*⟩ Gewicht · Schwere · Last; Tension (*fachspr*) – **2.** → Wucht (1) – **3.** → Druckwerk – **4.** → Veröffentlichung (1) – **5.** → Not (1) – **6.** → Zwang (1) – **7.** D. dahinter setzen/dahinter machen: → beschleunigen; D. ausüben: **a)** → drücken (I, 1) – **b)** → zwingen (1); unter D. setzen: **a)** → bearbeiten (2) – **b)** → zwingen (1)

Druckbogen, der: → ²Bogen (1)

Druckbuchstabe, der: → Letter

Drückeberger, der: → Faulenzer (1)

drucken: → veröffentlichen

drücken: I. drücken: **1.** ⟨*durch Druck einwirken*⟩ pressen · quetschen · Druck ausüben; → *auch* kneten (1) – **2.** → umarmen (I) – **3.** → drängen (2) – **4.** → bedrücken (1) – **5.** ans Herz d.: → umarmen (I); die Flosse/Pfote d.: → Hand (2); die Hand d.: **a)** → Hand (2) – **b)** → danken (1); die Hand d.: **a)** → geben (I, 1) – **b)** → zustecken (1); die Schulbank d.: → Schule (5); an die Wand d.: → verdrängen (2); auf die Tube d.: → beschleunigen; auf die Tränendrüsen d.: → rührselig (3); den Preis d.: → unterbieten (2) – **II.** drücken, sich: → ausweichen (2)

drückend: 1. → schwül (1) – **2.** → schwer (1) – **3.** d. heiß: → schwül (1)

Drücker, der: **1.** → Klinke (1) – **2.** den letzten D.: → Augenblick (2); am D. sein: → bestimmen (2)

Drückerei, die: → Gedränge (1)

Druckerzeugnis, das: → Druckwerk

Drucklegung, die: → Veröffentlichung (1)

Druckletter, die: → Letter

Druckschrift, die: → Druckwerk

drucksen: → zögern

Druckspur, die: → Eindruck (2)

Drucktype, die: → Letter

Druckvorlage, die: → Satzvorlage

Druckwerk, das: Druck[erzeugnis] · Druckschrift · Schrift · Erscheinung + Reproduktion · Faksimile[druck]; → *auch* Veröffentlichung (1), Reprint

dumm

Drude, die: → Gespenst (1)
drum: 1. → deshalb – **2.** d. rumkommen:
→ davonkommen (1); d. rumreden: → Um-
schweife (1)
Drum und Dran, das: → Zubehör (1)
drunten: → unten (1)
drunter: 1. → darunter (1) – **2.** d. und drü-
ber: → ungeordnet (1 *u.* 2)
druseln: → schlafen (1, c)
Dschungel, der *od.* das: **1.** → Urwald – **2.**
→ Filzokratie
du: mit Du anreden, du sagen |zu|: → du-
zen (I, 1); du zueinander sagen, einan-
der/sich mit Du anreden, auf Du und Du
stehen: → duzen (II)
Dualismus, der: **1.** → Zweiheit – **2.** → Ge-
gensätzlichkeit
dualistisch: → gegensätzlich
dübeln: eindübeln; döbeln · dobeln
(*landsch*)
dubios: → zweifelhaft (1)
Dublette, die: → Doppel (1)
dublieren: → verdoppeln
ducken: I. ducken: → demütigen (I), unter-
drücken (1) – **II.** ducken, sich: **1.** ⟨seinen Kör-
per zusammenkrümmen⟩ sich klein machen
+ Deckung nehmen · in Deckung gehen; →
auch kauern (II) – **2.** → demütigen (II)
Duckmäuser, der (*abwert*): Mucker ♦ *umg:*
Schleicher · Leisetreter; → *auch* Kriecher,
Feigling, Weichling
duckmäuserisch (*abwert*): muckerisch ·
muckerhaft ♦ *umg:* leisetreterisch; → *auch*
unterwürfig
Dudelsack, der: Sackpfeife
Duell, das: → Zweikampf
Duett, das: Zwiegesang · Wechselgesang
duff: → glanzlos
Duft, der: **1.** ⟨sehr angenehmer Geruch⟩
Wohlgeruch · Odeur · Parfüm · Hauch;
Duftwolke (*scherzh*) + Bukett; → *auch*
Aroma (1), Geruch (1) – **2.** → Gestank – **3.**
→ Dunst (1) – **4.** → Reiz (2)
dufte: → großartig (1)
duften: 1. ⟨einen sehr angenehmen Geruch
verbreiten⟩ [gut] riechen · angenehm rie-
chen – **2.** → stinken (1)
düftereich: → duftreich
düfteschwer: → duftreich
duftig: 1. → zart (1) – **2.** → dunstig (1) – **3.**
→ aromatisch (1)
duftreich: duftschwer ♦ *gehoben:* düfte-
reich · düfteschwer; → *auch* wohlriechend

duftschwer: → duftreich
Duftwasser, das: → Parfüm (1)
Duftwolke, die: → Duft (1)
Dukatenesel, der: → Goldesel
Dukatenmännchen, das: → Goldesel
Dukatenscheißer, der: → Goldesel
Duktus, der: **1.** → Schriftzug – **2.** → Ei-
genart
dulden: 1. ⟨mit Ergebenheit auf sich neh-
men⟩ erdulden · [er]leiden · [er]tragen · mit
Geduld [er]tragen ♦ *gehoben:* durchleiden
♦ *umg:* mitmachen · durchmachen · ein-
stecken · über sich ergehen lassen · einen
breiten Rücken haben ♦ *salopp:* einen
breiten Buckel/ein Gemüt wie ein Schau-
kelpferd haben; → *auch* hinnehmen (1), ab-
finden (II, 2) – **2.** → zulassen (1) – **3.** kei-
nen Aufschub d.: → eilen (I, 2)
Duldermiene, die: → Leidensmiene
duldsam: → tolerant
Duldsamkeit, die: → Toleranz
Dulliäh, der: → Rausch (1)
Dulzinea, die: → Geliebte (II)
dumm: 1. ⟨von geringer Intelligenz *od. Ein-
sicht*⟩ unintelligent · schwachköpfig · un-
verständig · blöd[e] · blödsinnig · ohne
Verstand · hohlköpfig · dümmlich · mit
Dummheit geschlagen · borniert · stupid[e] ·
strohdumm · stockdumm + begriffsstutzig
♦ *umg:* hohl · hirnlos · simpel[haft] · kreuz-
dumm · mordsdumm · erzdumm · strohköp-
fig · idiotenhaft · schwach im Kopf
[geistig] minderbemittelt/unterbelichtet ·
auf den Kopf gefallen · aus/von Dumms-
dorf · dumm wie Bohnenstroh · dümmer als
die Polizei erlaubt · schafig; deppert · tep-
pert (*süddt österr*) ♦ *salopp:* ein Happen
doof · behämmert · bescheuert · dämlich ·
beknackt · duss[e]lig · doof · verblödet ·
idiotisch; bekloppt (*landsch*); geschert
(*süddt*) ♦ *derb:* strunzdumm · saudumm ·
saublöd[e]; → *auch* beschränkt (1),
schwachsinnig (1), geistlos, unfähig (1),
unbegabt – **2.** → verrückt (1) – **3.** → unan-
genehm (1) – **4.** → schwindlig (1) – **5.** →
gutgläubig – **6.** d. sein: ⟨mit wenig Intelli-
genz ausgestattet sein⟩ *umg:* das Pulver
nicht erfunden haben · nicht bis drei zählen
können · die Weisheit auch nicht mit Löf-
feln gegessen haben ♦ *salopp:* keinen
[blassen] Dunst/Schimmer haben · einen
hohlen Schädel haben · einen Hammer ha-
ben · Sülze/[Heu und] Stroh im Kopf haben

Dummbart[el]

• vor Dummheit brüllen/schreien • ein Brett vor dem Kopf haben • die Weisheit auch nicht mit Löffeln gefressen haben + dumm aus der Wäsche gucken/sehen – **7.** dummes Zeug: → Unsinn (1, a); dummes Zeug reden: → schwafeln; d. wie Bohnenstroh, dümmer als die Polizei erlaubt: → 1; d. aus der Wäsche gucken/sehen: → 6; d. tun: → grollen (1); dummer August: → Spaßmacher; für d. verkaufen: → täuschen (I); d. gelaufen sein: → misslingen

Dummbart[el], der: → Dummkopf (1)

Dummchen, das: → Dummkopf (2)

dummdreist: → frech (1)

Dummejungenstreich, der: → Streich (1)

Dummerchen, das: → Dummkopf (2)

Dummerjan, der: → Dummkopf (1)

dummerweise: → leider

dummfrech: → frech (1)

Dummheit, die: 1. ⟨Mangel an Intelligenz od. Einsicht⟩ Unverstand • Blödheit • Urteilslosigkeit • Borniertheit • Stupidität • Betise ♦ salopp: Dämlichkeit • Dussligkeit • Idiotie • Idiotismus; → auch Geistlosigkeit, Beschränktheit (1) – **2.** → Fehler (1) – **3.** → Streich (1) – **4.** mit D. geschlagen: → dumm (1); vor D. brüllen/schreien: → dumm (6); Dummheiten machen: → Unsinn (2)

Dummian, der: → Dummkopf (1)

Dummkopf, der (abwert.) **1.** ⟨Person von nur geringer Intelligenz od. Einsicht⟩ Ignorant • Nichtswisser • Schwachkopf • Hohlkopf • hohler Kopf • Tölpel • Stümper ♦ umg: Dummbart[el] • Dümmling • Dummerjan • Dummian • Flachkopf • Strohkopf • Spatzengehirn • keine große Leuchte • kein [großes] Kirchenlicht/großes Licht ♦ salopp: Wasserkopf • Holzkopf • Doofkopp • Knallkopp • Piefke • Schote • Nulpe • Dummlack – **2.** ⟨sich töricht Verhaltender⟩ Narr • Hanswurst + Kauz ♦ gehoben: Tor • Tropf ♦ umg: Kindskopf • Kohlkopf • Dösskopp • Blödmann • Einfaltspinsel • Hansnarr; Dummi • Dumm[er]chen (vertraul); Tepp • Depp • Dalk (süddt österr) • Pomuchelskopp • Klas (norddt); Dodel (österr) ♦ salopp: Hirni • Pflaume • Pflaumenaugust • Karnickel • Hampel • Hammel • Ross • Esel • Quadratesel • Kamel • Schaf • Bähschaf • Ochse • Brummochse • Affe • Schafskopf • Kalbskopf • Ochsenkopf • Grützkopf • Pfeifenkopf • Dussel[kopf] • Schafsnase • Dusseltier • Dämel • Däm[e]lack • Blödian •

Blödling • Pinsel • Trottel • Simpel • Pfeife • Idiot • Vollidiot • Volltrottel • Kamuffel • Stiesel • Armloch • Armleuchter; Dunsel (landsch) ♦ derb: Hornochse • Hornvieh • Rindvieh • Arsch[loch]; Affenarsch (landsch); → auch Grünschnabel, Tollpatsch, Versager (1)

Dummlack, der: → Dummkopf (1)

dümmlich: → dumm (1)

Dümmling, der: → Dummkopf (1)

Dummsdorf: aus/von D.: → dumm (1)

dummstolz: → überheblich

dümpeln: → schlingern

dumpf: 1. ⟨nach Fäulnis riechend bzw. schmeckend⟩ muffig • moderig • dumpfig • dumpf riechend + feucht • schwül; → auch feucht (1) – **2.** ⟨einen hohlen u. nicht sehr lauten Ton ergebend⟩ dumpf tönend/klingend • hohl [klingend] • dunkel • gedämpft + erstickt • ersterbend; → auch leise (1) – **3.** → stumpfsinnig (1) – **4.** → unbewusst – **5.** → benommen (1) – **6.** → glanzlos – **7.** d. riechend: → 1; d. tönend/klingend: → 2

Dumpfheit, die: 1. → Stumpfsinn (1) – **2.** → Benommenheit

dumpfig: → dumpf (1)

dun: → betrunken (1)

Dune, die: → Daune

Dung, der: → Dünger (1, b)

Düngemittel, das: → Dünger (1, c)

Dünger, der: 1. ⟨Mittel zur Bodenverbesserung u. Ertragssteigerung⟩ **a)** ⟨allgemein⟩ Düngung – **b)** ⟨natürlich⟩ Dung • Naturdünger • natürlicher Dünger + Kompost • Gülle • Mist; → auch Jauche (1) – **c)** ⟨künstlich⟩ Kunstdünger • Düngemittel • künstlicher Dünger + Kali – **2.** natürlicher D.: → 1, b; künstlicher D.: → 1, c

Düngung, die: → Dünger (1, a)

dunkel: 1. ⟨wenig od. gar nicht erhellt⟩ [stock]finster • stockdunkel • düster • schwarz • lichtlos + trübe ♦ gehoben: nächtig ♦ umg: [kohl]rabenschwarz • pech[raben]schwarz; pechfinster • duster • zappenduster (landsch); → auch dämmerig – **2.** ⟨einen dem Schwarz angenäherten Farbton aufweisend⟩ dunkelfarbig • dunkelfarben + schwarz – **3.** → dunkelhaarig – **4.** → dumpf (2) – **5.** → ungewiss (1), unklar (1) – **6.** → geheimnisvoll (1) – **7.** → verdächtig (1) – **8.** → trostlos (1) – **9.** d. werden: → dämmern (2); dunkles Brot: → Roggenbrot; im Dunkeln tappen: → Ungewisse (2); sich im

durchblättern

Dunkeln halten: → verstecken (II, 1); der dunkle Punkt: → Achillesferse
Dunkel, das: **1.** → Dunkelheit – **2.** → Ungewissheit – **3.** → Geheimnis (1)
Dünkel, der: **1.** → Überheblichkeit – **2.** den D. austreiben: → demütigen (I)
dunkelblau: → blau (1)
dunkelfarben: → dunkel (2)
dunkelfarbig: → dunkel (2)
dunkelgrün: → grün (1)
dunkelhaarig: schwarzhaarig · brünett · braunhaarig ♦ *umg:* dunkel · schwarz · braun
dünkelhaft: → überheblich, eingebildet (1)
Dünkelhaftigkeit, die: → Überheblichkeit
Dunkelheit, die: Dunkel · Düsternis · Düsterheit · Düsterkeit · [ägyptische] Finsternis · Finsterkeit · Nacht ♦ *dicht:* Grabesdunkel · Grabesnacht · Düster
dunkeln: → dämmern (2)
dunkelrot: → rot (1)
Dunkelziffer, die: + Grauzone
dünken: 1. → scheinen (1) – **2.** sich etwas Besseres d.: → überheben, sich (1)
dünn: 1. ⟨*von sehr geringer Stärke*⟩ schwach · schmal · [hauch]fein · haarfein · fadendünn · haardünn · hauchdünn; → *auch* schlank (1), zart (1) – **2.** → mager (1) – **3.** → durchsichtig (1), schwach (1, b) – **4.** → minderwertig – **5.** → wässrig (1) – **6.** → abgetragen – **7.** → spärlich (1) – **8.** durch dick und d. gehen |für|: → einsetzen (II); dünner werden: → abmagern; sich dünn[e] machen: → wegschleichen (I); d. gesät: **a)** → spärlich (1) – **b)** → selten (1)
dunnemals: → damals
dünnflüssig: 1. → wässrig (1) – **2.** → flüssig (1)
dünnhäutig: → empfindsam (1)
Dünnpfiff, der: → Durchfall (1)
Dünnschiss, der: → Durchfall (1)
Dunsel, der: → Dummkopf (2)
Dunst, der: **1.** ⟨*leicht getrübte Luft*⟩ Trübung · Diesigkeit; Wasen (*landsch*); Dust (*norddt*) + Dampf · Brodel · Wrasen · Rauch ♦ *dicht:* Duft · Brodem · Gedünste; → *auch* Nebel (1), Dampf (1), Rauch (1) – **2.** → Ausdünstung (1) – **3.** → Beschuss (1) – **4.** → Schrot (1) – **5.** blauer D.: → Betrug (1); blauen D. vormachen: → vorspiegeln (1); keinen [blassen] D. haben: → dumm (6)
Dunstabzugshaube, die: Entlüftungshaube
dunsten: → dampfen (1)

dünsten: 1. ⟨*durch Dampf gar machen*⟩ dämpfen; abdämpfen (*Kochk*) + schmoren; → *auch* braten – **2.** → stinken (1)
Dunstglocke, die: → Dunstschicht
dunstig: trüb[e] · diesig + nebelig · dampfig · wolkig ♦ *dicht:* duftig; → *auch* rauchig
Dunstkiepe, die: → ¹Hut (1)
Dunstkreis, der: → Atmosphäre (1)
Dunstschicht, die: Dunstglocke · Dunstschleier
Dunstschleier, der: → Dunstschicht
Dünung, die: → Seegang
düpieren: → täuschen (I)
duplieren: → verdoppeln
Duplikat, das: → Abschrift, Durchschlag (1)
duplizieren: → verdoppeln
Duplizität, die: → Zweiheit
Duplum, das: → Abschrift, Durchschlag (1)
durabel: → haltbar (1)
durch: 1. ⟨*örtlich*⟩ hindurch · mittendurch · querdurch – **2.** ⟨*begründend*⟩ vermöge · kraft ♦ *gehoben:* ob; → *auch* wegen (1), dank – **3.** → mittels – **4.** → entzwei – **5.** d. und d.: → völlig (1); d. die Bank: → durchweg; unten d. sein |bei|:→ Wohlwollen (2); unten d. sein: → erledigt (2, b); d. und d. gehen: → ergreifen (3); d. dick und dünn/durchs Feuer gehen |für|: → einsetzen (II)
durchackern: I. → durcharbeiten (I, 1) – **2.** → durchforschen (1)
durchädert: → geädert
durcharbeiten: I. durcharbeiten: **1.** ⟨*von Anfang bis Ende gründlich studieren*⟩ durchstudieren · durchlesen · durchpflügen · durchnehmen + lernen · vorbereiten · präparieren ♦ *umg:* durchackern ♦ *salopp:* durchpauken · durchwühlen – **2.** → durchforschen (1) – **3.** → kneten (1) – **II.** durcharbeiten, sich: → durchdrängen, sich
durchaus: 1. → unbedingt (1) – **2.** d. nicht: → keineswegs
durchbeben: → erfüllen (I, 1)
durchbeißen, sich: → durchschlagen (I, 2)
durchbetteln, sich: → schmarotzen (2)
durchbeuteln: → durchschütteln
durchbiegen: I. durchbiegen: → durchdrücken (2) – **II.** durchbiegen, sich: → durchhängen
durchbilden: → formen (1)
Durchbildung, die: → Formung (1)
durchblättern: durchgehen · durchschauen · durchfliegen · durchmustern ♦ *umg:*

211

durchbläuen

durchwälzen; → *auch* überfliegen, durchsehen (2)

durchbläuen: → verprügeln

Durchblick, der: **1.** → Ausblick (1) – **2.** keinen D. haben: → erkennen (5)

durchblicken: I. durchblicken: **1.** → durchsehen (1) – **2.** d. lassen: → andeuten (I, 1); nicht d.: → erkennen (5), erklären (I, 4) – **II.** durchblicken: → durchschauen (I)

durchblinken: → durchscheinen

durchblitzen: → durchzucken

durchbohren: I. durchbohren: ⟨*durch Bohren hindurchgelangen*⟩ durchstechen · durchstoßen · durchspießen – **II.** durchbohren: **1.** ⟨*bohrend durchdringen*⟩ durchlochen · durchschlagen · durchlöchern · durchsieben; → *auch* durchbrechen (II) – **2.** → erstechen – **3.** mit Blicken d.: → anstarren

durchboxen: I. durchboxen: → durchsetzen (I, 1) – **II.** durchboxen, sich: → durchsetzen (I, 2, a), durchschlagen (I, 2)

durchbrausen: I. durchbrausen: → durchfahren (I) – **II.** durchbrausen: → erfüllen (I, 1)

durchbrechen: I. durchbrechen: **1.** ⟨*durch Brechen in zwei Teile trennen*⟩ [in zwei Teile] brechen; → *auch* zerbrechen (1) – **2.** ⟨*sich gewaltsam einen Weg bahnen*⟩ durchstoßen · sich durchkämpfen · eine Bresche schlagen ♦ *umg:* sich durchhauen – **3.** → einbrechen (2) – **4.** → durchdringen (I, 1) – **II.** durchbrechen: ⟨*mit Löchern versehen*⟩ perforieren; → *auch* durchbohren (II, 1)

durchbrennen: 1. ⟨*durch Schmelzen entzweigehen*⟩ durchglühen · durchschmelzen ♦ *umg:* durchschmoren – **2.** ⟨*bis zum Glühen des gesamten Brennstoffes brennen*⟩ durchglühen – **3.** → entfliehen (1)

Durchbrenner, der: → Flüchtling (1)

durchbringen: I. durchbringen: **1.** → heilen (1) – **2.** → unterhalten (I, 1) – **3.** → durchsetzen (I, 1) – **4.** → verschwenden – **II.** durchbringen, sich: → durchschlagen (I, 2)

Durchbruch, der: **1.** ⟨*durchbrochene Stelle*⟩ Durchstich · Durchlass + Stollen · Bresche – **2.** ⟨*das Durchbrechen*⟩ Perforation (*med*) – **3.** → Einbruch (1) – **4.** zum D. kommen: → durchsetzen (I, 2, b); zum D. [ver]helfen/bringen: → durchsetzen (I, 1)

durchbrüllen: → durchgeben (1)

durchbummeln: → durchfeiern

durchbürsten: → bürsten (1)

durchchecken: → überprüfen

durchdacht: überlegt · begründet + vollendet · fertig; → *auch* wohl (7)

durchdampfen: → durchfahren (I)

durchdenken: → überlegen (I, 1)

durchdiskutieren: → erörtern

durchdrängeln, sich: → durchdrängen, sich

durchdrängen, sich: sich hindurchdrängen · sich durcharbeiten · sich durchzwängen · sich einen Weg bahnen ⌊durch⌋ ♦ *umg:* sich durchdrängeln · sich durchquetschen

durchdrehen: 1. ⟨*mittels eines Geräts zerkleinern*⟩ durchmahlen · durch den Wolf drehen; durchtreiben (*landsch*); faschieren (*österr*) ♦ *umg:* durchleiern ♦ *salopp:* durchjagen; → *auch* durchdrücken (1) – **2.** → Beherrschung (2, a)

durchdreschen: → verprügeln

durchdringen: I. durchdringen: **1.** ⟨*durch etw. dringen*⟩ durchkommen · durchgehen + durchbrechen · durchschlagen · durchtreten · durchnässen · durchweichen · durchfeuchten · durchlaufen · sich durchfressen; → *auch* durchsickern (1) – **2.** → durchsetzen (I, 2, b) – **II.** durchdringen: → erfüllen (I, 1)

durchdringend: → schrill (1)

durchdrücken: 1. ⟨*durch ein Sieb od. Tuch drücken*⟩ durchquetschen · durchpressen · durchschlagen · durchrühren · durchstreichen · [durch]passieren; → *auch* durchdrehen (1) – **2.** ⟨*von Körperteilen gesagt: zur völligen Streckung bringen*⟩ durchbiegen · strecken – **3.** → waschen (I, 1) – **4.** → durchsetzen (I, 1)

durcheilen: → durchgehen (1)

durcheinander: 1. → ungeordnet (2) – **2.** → verwirrt (1) – **3.** d. bringen: **a)** ⟨*in einen ungeordneten Zustand versetzen*⟩ durcheinander werfen · in Unordnung bringen ♦ *umg:* auf den Kopf stellen – **b)** → verwechseln (1) – **c)** → verwirren (2); d. werfen: **a)** → durcheinander (3, a) – **b)** → verwechseln (1)

Durcheinander, das: **1.** ⟨*regelloses Vorhandensein von Dingen*⟩ Wirrwarr · Gewirr · Wirrnis · Tohuwabohu · Wust · Knäuel · Kunterbunt · Pelemele; Schurrmurr (*norddt*); Hexenkessel + Gestrüpp · Geschlinge · Ragout ♦ *umg:* Sammelsurium · Mischmasch · Kuddelmuddel · Krimskrams · Kribskrabs · Gefitze; Menkenke (*landsch*); Pallawatsch (*österr*); → *auch* Unordnung (1) – **2.** ⟨*eine Vielzahl sich regellos bewegender Menschen*⟩ Getümmel · Gewimmel · Gebrodel · Hin und Her ♦ *umg*: Wirbel; → *auch* Gedränge (1) – **3.** → Unordnung (1)

durchessen, sich: *umg*: nassauern ♦ *salopp*: sich durchschlauchen ♦ *derb*: sich durchfressen; → *auch* schmarotzen (2)

durchexerzieren: → üben (1)

durchfahren: I. durchfahren: ⟨*durch einen Ort od. ein Gebiet fahren*⟩ hindurchfahren · durchreisen + durchbrausen · durchsausen · durchrasen · durchdampfen · durchrollen · durchrasseln · durchjagen · durchpreschen · durchfegen – **II.** durchfahren: **1.** → durchqueren (b *u.* c) – **2.** → durchzucken

Durchfahrt, die: **1.** ⟨*zum Durchfahren bestimmte od. geeignete Stelle*⟩ Durchlass · Durchgang – **2.** → Durchreise

Durchfall, der: **1.** ⟨*Darmerkrankung*⟩ Darminfektion · Darmkatarrh; Montezumas Rache (*scherzh*); Diarrhö (*med*); das Abweichen (*österr*) + Ruhr · Dysenterie ♦ *umg*: Durchmarsch ♦ *salopp*: Dünnpfiff; der flotte Otto/Heinrich · die schnelle Kathrine (*landsch*) ♦ *derb*: Dünnschiss · Scheißerei · Scheißeritis – **2.** → Misserfolg (1)

durchfallen: nicht bestehen ♦ *umg*: durchplumpsen · durchkrachen · durchfliegen · durch die Prüfung rasseln/rauschen · durchsausen · durchrasseln; durchrauschen (*landsch*); → *auch* versagen (1)

durchfaulen: → faulen

durchfechten: I. durchfechten: → durchsetzen (I, 1) – **II.** durchfechten, sich: **1.** → durchschlagen (I, 2) – **2.** → schmarotzen (2)

durchfegen: → durchfahren (I)

durchfeiern: durchschwärmen · durchzechen ♦ *umg*: durchmachen · durchbummeln · lange Nacht machen ♦ *salopp*: durchsumpfen

durchfeilen: → überarbeiten (I, 1)

durchfetzen: → durchreißen (1)

durchfeuchten: I. durchfeuchten: **1.** ⟨[*viel*] *Feuchtigkeit zuführen*⟩ durchtränken · durchnässen · einfeuchten · einwässern · feucht machen ♦ *gehoben*: durchnetzen · feuchten · nässen; → *auch* anfeuchten (1), einweichen – **2.** → aufweichen (1) – **II.** durchfeuchten: → durchdringen (I, 1)

durchfiltern: → durchsieben (I)

durchfinden, sich: → zurechtfinden, sich (1)

durchfliegen: I. durchfliegen: **1.** ⟨*von Vögeln gesagt: durch einen Ort fliegen*⟩ durchziehen – **2.** → durchfallen – **II.** durchfliegen: **1.** → durchqueren (d) – **2.** → durchblättern, überfliegen – **3.** → durchzucken

durchfließen: durchlaufen · durchströmen · durchrinnen · durchfluten · durchrauschen

Durchfluss, der: Durchstich

durchfluten: I. durchfluten: → durchfließen – **II.** durchfluten: → erfüllen (I, 1)

durchflutschen: → durchkommen (2)

durchformen: → formen (1)

durchforschen: 1. ⟨*nach allen Seiten forschend untersuchen*⟩ erforschen · bearbeiten · durcharbeiten · ergründen + beleuchten ♦ *umg*: durchackern · durchforsten · beackern; → *auch* untersuchen (1) – **2.** → durchsuchen

durchforsten: → durchforschen (1)

durchfressen, sich: **1.** → durchessen, sich – **2.** → durchdringen (I, 1)

durchfretten, sich: → durchschlagen (I, 2)

durchfrieren: → erkalten (1)

durchfühlen: → spüren (1)

Durchfuhr, die: Transit · Durchgang

durchführbar: ausführbar · realisierbar · machbar · möglich + erfüllbar

durchführen: 1. → veranstalten (1) – **2.** → erledigen (1), ausführen (3) – **3.** → durchstecken

Durchführung, die: **1.** → Veranstaltung (1) – **2.** → Erledigung (1) – **3.** → Ausführung (1) – **4.** zur D. bringen: **a)** → veranstalten (1) – **b)** → ausführen (3) – **c)** → erledigen (1)

durchfunken: → durchgeben (1)

durchfurchen: 1. → befahren (1) – **2.** → pflügen

durchfurcht: → runzelig

durchfüttern: → unterhalten (I, 1)

Durchgang, der: **1.** ⟨*hindurchführender Weg*⟩ Passage · Durchlass · Durchschlupf · Durchstieg · Gasse; Durchweg (*landsch*) + Durchhaus · Pass · Furt ♦ *umg*: Schlupfloch; Schlippe (*landsch*); → *auch* Einfahrt, Eingang (1) – **2.** ⟨*das Durchlaufen*⟩ Durchlauf (*fachspr*) – **3.** → Durchfahrt (1) **4.** → Durchfuhr – **5.** die Ohren auf D. stellen: → überhören

durchgängig: → durchweg

Durchgangsstadium, das: → Entwicklungsstufe

Durchgangsstation, die: → Entwicklungsstufe

durchgeben: 1. ⟨*durch Funk usw. übermitteln*⟩ durchfunken · durchsagen · senden · weitergeben · durchtelefonieren + durchrufen · durchbrüllen · durchschreien – **2.** → durchreichen

durchgedreht: → verwirrt (1)

durchgefroren: → verfroren

durchgehen: 1. ⟨*sich gehend hindurchbewegen*⟩ [hin]durchschreiten + durcheilen · durchstürmen · durchjagen · durchschlendern ♦ *umg:* durchlaufen · durchmarschieren ♦ *salopp:* durchrennen · durchrauschen · durchschießen – **2.** ⟨*jmds. Zustimmung finden*⟩ durchkommen · genehmigt/bewilligt/angenommen werden – **3.** ⟨*von Zugtieren gesagt: erschrecken u. fortlaufen*⟩ scheuen · scheu/wild werden – **4.** → durchdringen (I, 1) – **5.** → durchsehen (2), durchblättern – **6.** → entfliehen (1) – **7.** d. lassen: → nachsehen (2)

durchgehend: → durchweg

durchgeknallt: → wild (1)

durchgelangen: → durchkommen (2)

durchgerben: → züchtigen (1)

durchgießen: → durchsieben (I)

durchgliedern: → einteilen (1)

Durchgliederung, die: → Gliederung (1)

durchglühen: I. durchglühen: → durchbrennen (1 u. 2) – **II.** durchglühen: → erfüllen (I, 1)

durchgreifen: *umg:* nicht [lange] fackeln · nicht viel Federlesens/kurzen Prozess machen; → *auch* energisch (3)

durchgreifend: → wirksam (1)

durchgucken: 1. → durchsehen (1 u. 2) – **2.** → durchschauen (I)

durchhacken: → spalten (1)

durchhallen: → durchtönen

durchhalten: 1. → aushalten (2), bestehen (3)

Durchhaltevermögen, das: → Stehvermögen

durchhängen: sich [durch]biegen

durchhauen: I. durchhauen: **1.** → durchschlagen (I, 1, a) – **2.** → züchtigen (1) – **II.** durchhauen, sich: **1.** → durchschlagen (I, 2) – **2.** → durchbrechen (I, 2)

Durchhaus, das: → Durchgang (1)

durchhecheln: *umg:* bereden · beklatschen · durchnehmen · durchziehen · unter die Hechel nehmen · durch die Hechel ziehen · sich aufhalten ⌐über⌐ · herziehen ⌐über⌐ · hergehen ⌐über⌐ · begeifern ♦ *salopp:* sich das Maul zerreißen ⌐über⌐; → *auch* erörtern, klatschen (2)

durchhelfen: *umg:* durchschleppen · ins Schlepptau nehmen ♦ *salopp:* durchschleifen; → *auch* helfen (1)

Durchhieb, der: → Schneise (1)

durchholen: → atmen (1)

durchhungern, sich: → durchschlagen (I, 2)

durchhuschen: → durchkommen (2)

durchirren: → durchwandern

durchixen: → durchstreichen (I, 1)

durchjagen: I. durchjagen: **1.** → durchfahren (I) – **2.** → durchgehen (1) – **3.** → durchdrehen (1) – **II.** durchjagen: → durchzucken

durchkältet: → verfroren

durchkämmen: 1. → kämmen – **2.** → durchsuchen

durchkämpfen, sich: **1.** → durchbrechen (I, 2) – **2.** → durchschlagen (I, 2)

durchkauen: 1. → kauen (1) – **2.** → behandeln (5)

durchklettern: → durchsteigen (1)

durchklingen: → durchtönen

durchknallen: → Beherrschung (2, a)

durchkneten: 1. → kneten (1) – **2.** → massieren (1)

durchkommen: 1. ⟨*durch einen Ort od. ein Gebiet kommen*⟩ vorbeikommen · vorüberkommen · durchziehen – **2.** ⟨*sich mit Glück [schnell] durch etw. hindurchbegeben können*⟩ durchgelangen · durchschlüpfen · durchhuschen · durchrutschen ♦ *umg:* durchflutschen · durchwi[t]schen · durchwutschen (*landsch*); → *auch* durchwinden, sich (1) – **3.** → durchdringen (I, 1) – **4.** → überstehen (1), davonkommen (2) – **5.** → bestehen (2) – **6.** → durchgehen (2) – **7.** nicht d.: → scheitern (a)

durchkosten: 1. → versuchen (I, 1) – **2.** → genießen (1) – **3.** → durchmachen (1)

durchkrachen: 1. → einbrechen (2) – **2.** → durchfallen

durchkramen: → durchsuchen

durchkreuzen: I. durchkreuzen: → durchstreichen (I, 1) – **II.** durchkreuzen: **1.** → durchqueren (c) – **2.** → vereiteln

Durchkreuzung, die: → Vereitelung

durchkriechen: I. durchkriechen: **1.** ⟨*sich kriechend hindurchbewegen*⟩ hindurchkrie-

durchrasseln

chen · durchrobben + sich [hin]durchwinden
♦ *salopp*: + sich durchwürgen – **2.** →
durchwinden (1) – **II.** durchkriechen: → erfüllen (I, 1)
durchkriegen: 1. → heilen (1) – **2.** →
durchsetzen (I, 1)
durchladen: → ¹laden (2)
durchlangen: → durchreichen
Durchlass, der: **1.** → Durchgang (1),
Durchbruch (1) – **2.** → Durchfahrt (1)
durchlassen: → nachsehen (2)
durchlässig: porös · löcherig · porig ·
durchlöchert; → *auch* undicht
durchlauchtig: → fürstlich (1)
Durchlauf, der: → Durchgang (2)
durchlaufen: I. durchlaufen: **1.** → durchgehen (1) – **2.** → durchfließen, durchdringen (I, 1) – **II.** durchlaufen: **1.** → durchmachen (1) – **2.** → erfüllen (I, 1) – **3.** →
durchqueren (b)
Durchlauferhitzer, der: → Boiler
durchlavieren, sich: → durchwinden, sich
(1)
durchleben: → erleben (1)
durchlecken: → durchsickern (1)
durchleiden: → dulden (1)
durchleiern: → durchdrehen (1)
durchlesen: 1. ⟨*bis zum Ende lesen*⟩ auslesen · fertig lesen – **2.** → durcharbeiten (I, 1)
durchleuchten: I. durchleuchten: **1.** ⟨*durch Röntgenstrahlen sichtbar machen*⟩ röntgen; röntgenisieren (*österr*) – **2.** → untersuchen (1) – **II.** durchleuchten: → durchscheinen
Durchleuchtung, die: + Röntgenuntersuchung · Schirmbilduntersuchung
durchliegen: I. durchliegen: → durchziehen (I, 1) – **II.** durchliegen, sich: →
wund (2)
durchlochen: → durchbohren (II, 1)
durchlöchern: 1. → durchbohren (II, 1) –
2. → untergraben (I)
durchlöchert: → durchlässig
durchlüften: → lüften (1)
durchlügen, sich: sich durchschwindeln
♦ *umg*: sich durchmogeln
durchmachen (*umg*): **1.** ⟨*sich bis zum Schluss beteiligen* [*müssen*]⟩ *normalspr*:
durchlaufen · durchkosten · hinter sich bringen ♦ *umg*: mitmachen – **2.** → dulden (1) –
3. → durchfeiern
durchmahlen: → durchdrehen (1)
Durchmarsch, der: **1.** → Durchzug (1) – **2.**
→ Durchfall (1)

durchmarschieren: → durchgehen (1)
durchmengen: → mischen
durchmessen: → durchqueren (b)
Durchmesser, der: Diameter
durchmischen: → mischen
durchmogeln, sich: → durchlügen, sich
durchmustern: 1. → durchsehen (2) – **2.**
→ durchblättern
Durchnahme, die: → Behandlung (3)
durchnässen: I. durchnässen: → durchdringen (I, 1) – **II.** durchnässen: → durchfeuchten (I, 1)
durchnässt: → nass (1)
durchnehmen: 1. → behandeln (5) – **2.** →
durchhecheln, erörtern – **3.** → durcharbeiten
(I, 1)
durchnetzen: → durchfeuchten (I, 1)
durchnummerieren: → nummerieren
durchpaginieren: → nummerieren
durchpassieren: → durchdrücken (1)
durchpauken: 1. → durcharbeiten (I, 1) –
2. → durchsetzen (I, 1)
durchpausen: → durchzeichnen
durchpeitschen: 1. → züchtigen (1) – **2.** →
durchsetzen (I, 1)
durchpennen: → durchschlafen
durchpflügen: I. durchpflügen: → pflügen
– **II.** durchpflügen: **1.** → befahren (1) – **2.**
→ durcharbeiten (I, 1)
durchplumpsen: → durchfallen
durchpreschen: → durchfahren (I)
durchpressen: → durchdrücken (1)
durchproben: → proben (1)
durchprobieren: → versuchen (I, 1)
durchprüfen: 1. → überprüfen – **2.** → versuchen (I, 1)
durchprügeln: → verprügeln
durchpulsen: → erfüllen (I, 1)
durchquälen, sich: → durchschlagen (I, 2)
durchqueren: ⟨*sich quer durch etw. hindurchbewegen*⟩ **a)** ⟨*allgemein*⟩ durchsteuern
· durchziehen – **b)** ⟨*Land*⟩ durchfahren ·
durchrollen · durchlaufen ♦ *gehoben*:
durchmessen – **c)** ⟨*Wasser*⟩ durchschwimmen · durchfahren · durchschiffen · durchkreuzen · durchschneiden – **d)** ⟨*Luft*⟩ durchfliegen
durchquetschen: I. durchquetschen: →
durchdrücken (1) – **II.** durchquetschen,
sich: → durchdrängen, sich
durchrasen: → durchfahren (I)
durchrasseln: 1. → durchfahren (I) – **2.** →
durchfallen

durchrationalisieren

durchrationalisieren: → rationalisieren
durchräuchern: → räuchern (1)
durchrauschen: 1. → durchfließen – **2.** → durchgehen (1) – **3.** → durchfallen
durchreichen: durchgeben · durchlangen
Durchreise, die: Durchfahrt
durchreisen: → durchfahren (I)
durchreißen: 1. ⟨*durch Reißen in zwei Teile trennen*⟩ durchtrennen · entzweireißen · auseinander reißen ♦ *umg*: durchfetzen · entzweifetzen; → *auch* zerreißen (I, 1) – **2.** → abdrücken (I, 1)
durchrennen: → durchgehen (1)
durchrieseln: I. durchrieseln: → durchsickern (1) – **II.** durchrieseln: → erfüllen (I, 1)
durchringen, sich: → entscheiden (II)
durchrinnen: I. durchrinnen: → durchfließen – **II.** durchrinnen: → erfüllen (I, 1)
durchrobben: → durchkriechen (I, 1)
durchrollen: I. durchrollen: → durchfahren (I) – **II.** durchrollen: → durchqueren (b)
durchrufen: → durchgeben (1)
durchrühren: 1. → durchdrücken (1) – **2.** → umrühren
durchrutschen: 1. → durchkommen (2) – **2.** → unterlaufen (1)
durchrütteln: → durchschütteln
durchsäbeln: → durchschneiden (I)
durchsagen: → durchgeben (1)
durchsägen: einen Ast d.: → schnarchen
durchsausen: 1. → durchfahren (I) – **2.** → einbrechen (2) – **3.** → durchfallen
durchschallen: → durchtönen
durchschaubar: durchsichtig · vordergründig · fadenscheinig
durchschauen: I. durchschauen: ⟨*den wahren Sachverhalt bzw. die wahre Absicht erkennen*⟩ durchblicken · durchsehen · erkennen · hinter die Kulissen blicken · wie in einem aufgeschlagenen Buch lesen [können] ♦ *umg*: durchgucken · dahinter gucken · wissen, wie der Hase läuft · hinter/auf die Schliche/Sprünge kommen; → *auch* auskennen, sich – **II.** durchschauen: **1.** → durchsehen (1) – **2.** → durchsehen (2), durchblättern
durchschauern: → erfüllen (I, 1)
durchscheinen: durchschimmern · durchblinken · durchleuchten · durchstrahlen
durchscheinend: → durchsichtig (1)
durchscheuern: 1. → abnutzen (I) – **2.** sich d.: → wund (3, a)

durchschießen: I. durchschießen: → durchgehen (1) – **II.** durchschießen: → durchzucken
durchschiffen: 1. → durchqueren (c) – **2.** → befahren (1)
durchschimmern: → durchscheinen
durchschlafen: *umg*: durchpennen + schlafen bis in die Puppen
Durchschlag, der: **1.** ⟨*auf der Schreibmaschine gleichzeitig hergestelltes zweites Exemplar*⟩ Kopie · Durchschrift · Doppel · Duplikat · Duplum + Pause; → *auch* Abschrift – **2.** → Sieb (1)
durchschlagen: I. 1. durchschlagen: **a)** ⟨*durch Schlagen mit einem Werkzeug in zwei Teile trennen*⟩ kappen · durchhauen – **b)** → durchdringen (I, 1) – **c)** → durchdrücken (1) – **d)** → abführen (1) – **2.** durchschlagen, sich: ⟨*allen Widerständen zum Trotz sein Ziel erreichen*⟩ sich durchbringen · sich durchkämpfen · sich durchfechten · sich durchbeißen · sich durchquälen + sich durchhungern · durch die Welt kommen · sich durchs Leben schlagen ♦ *umg*: sich durchwursteln · sich durchboxen · sich durchhauen; sich durchfretten (*süddt österr*) – **II.** durchschlagen: → durchbohren (II, 1)
durchschlagend: → wirksam (1)
Durchschlagpapier, das: Durchschreib[e]papier + Pauspapier
Durchschlagskraft, die: → Wirksamkeit (1)
durchschlängeln, sich: → durchwinden, sich (1)
durchschlauchen, sich: → durchessen, sich
durchschleichen, sich: → durchwinden, sich (1)
durchschleifen: → durchhelfen
durchschlendern: → durchgehen (1)
durchschleppen: → durchhelfen
Durchschlupf, der: → Durchgang (1)
durchschlüpfen: → durchkommen (2)
durchschmelzen: → durchbrennen (1)
durchschmoren: → durchbrennen (1)
durchschneiden: I. durchschneiden *od.* durchschneiden: ⟨*durch Schneiden in zwei Teile trennen*⟩ [durch]teilen · durchtrennen · halbieren ♦ *salopp*: durchsäbeln; → *auch* zerschneiden, trennen (I, 1) – **II.** durchschneiden: → durchqueren (c)
Durchschnitt, der: **1.** ⟨*mittelmäßige Beschaffenheit*⟩ Mittelmaß · Mittelmäßigkeit –

216

2. → Durchschnittswert – **3.** im D.: → durchschnittlich (1)

durchschnittlich: 1. 〈*nach dem Mittelwert gerechnet*〉 im Durchschnitt ♦ *umg:* im Schnitt – **2.** → mittelmäßig

Durchschnittsgeschmack, der: Allerweltsgeschmack; Dutzendgeschmack (*abwert*)

Durchschnittsmensch, der: Alltagsmensch · Otto Normalverbraucher · der kleine Mann [auf der Straße] · ein gewöhnlicher Sterblicher; Dutzendmensch (*abwert*)

Durchschnittsverdiener, der: → Normalverdiener

Durchschnittsware, die: Dutzendware; Fabrikware (*veraltend*) + Massenware

Durchschnittswert, der: Mittelwert · Medianwert · Durchschnitt ♦ *umg:* Schnitt

durchschnüffeln: → durchsuchen

durchschreiben: → durchzeichnen

Durchschreib[e]papier, das: → Durchschlagpapier

durchschreien: → durchgeben (1)

durchschreiten: → durchgehen (1)

Durchschrift, die: → Durchschlag (1)

durchschütteln: durchrütteln · durchbeuteln · schütteln

durchschüttern: → ergreifen (3)

durchschwärmen: → durchfeiern

durchschweifen: → durchwandern

durchschwimmen: → durchqueren (c)

durchschwindeln, sich: → durchlügen, sich

durchseelt: → seelenvoll

durchsehen: 1. 〈*durch etw. sehen*〉 durchschauen · durchblicken · durchspähen ♦ *gehoben:* hindurchsehen · hindurchschauen · hindurchspähen ♦ *umg:* durchgucken – **2.** 〈*nach bestimmten Gesichtspunkten ansehen*〉 durchgehen · durchschauen · [durch]mustern · sichten ♦ *umg:* durchgucken; → *auch* durchblättern – **3.** → prüfen (1) – **4.** → durchschauen (I) – **5.** nicht d.: → erklären (I, 4)

durchseihen: → durchsieben (I)

durchsetzen: I. 1. durchsetzen: 〈*etw. trotz Widerständen erreichen*〉 erzwingen · erreichen · ertrotzen · durchbringen · durchfechten · mit der Brechstange durchsetzen · Bahn brechen · zum Durchbruch bringen · zum Durchbruch [ver]helfen + zur Geltung bringen · ein Machtwort sprechen ♦ *umg:* durchkriegen · durchdrücken · durchboxen · durchpauken · durchpeitschen; → *auch* erreichen (2) – **2.** durchsetzen, sich: **a)** 〈*alle Widerstände überwinden*〉 sich behaupten · sich Bahn brechen · ans Ziel kommen ♦ *umg:* sich durchboxen; → *auch* Erfolg (2) – **b)** 〈*allgemein üblich werden*〉 sich einbürgern · sich ausbreiten · durchdringen · zum Durchbruch/zur Geltung kommen · Schule machen · sich Geltung verschaffen ♦ *umg:* einreißen (*abwert*); → *auch* verbreiten (II) – **II.** durchsetzen: 〈*in etw. einstreuen bzw. eingestreut sein*〉 durchsprengen · durchwuchern · durchziehen

durchsetzt: durchwachsen · durchwuchert · durchzogen

durchseuchen: → verseuchen

Durchsicht, die: **1.** → Ausblick (1) – **2.** → Musterung – **3.** → Prüfung (1)

durchsichtig: 1. 〈*das Durchsehen gestattend*〉 durchscheinend · transparent · glasklar · glashell · lichtdurchlässig · gläsern; transluzent · transluzid (*fachspr*) + dünn; → *auch* klar (1, a) – **2.** → zart (1) – **3.** → durchschaubar

Durchsichtigkeit, die: Transparenz · Lichtdurchlässigkeit

Durchsichtsbild, das: → Diapositiv

durchsickern: 1. 〈*von Flüssigkeiten gesagt: langsam durch etw. hindurchdringen*〉 durchrieseln · durchtröpfeln · durchtropfen · durchlecken; → *auch* durchdringen (I, 1) – **2.** → herauskommen (1)

durchsieben: I. durchsieben: 〈*durch ein Sieb schütten*〉 sieben · durchgießen · [durch]seihen · abseihen · aussieben · passieren ♦ *umg:* durchfiltern; → *auch* filtern, klären (1) – **II.** durchsieben: → durchbohren (II, 1)

durchsitzen: → abnutzen (I)

durchsonnt: → sonnig (1)

durchspähen: → durchsehen (1)

durchspalten: → spalten (1)

durchspießen: → durchbohren (I)

durchsprechen: 1. → erörtern – **2.** → behandeln (5)

durchsprengen: → durchsetzen (II)

durchspülen: → spülen (1)

durchspüren: I. durchspüren: → spüren (1) – **II.** durchspüren: → durchsuchen

durchstechen: → durchbohren (I)

Durchstecherei, die: → Betrug (1)

durchstecken: durchziehen · einfädeln · einziehen · durchführen

durchstehen: → aushalten (1), bestehen (3), überstehen (1)

durchsteigen

durchsteigen: 1. ⟨*durch etw. steigen*⟩ [hin]durchklettern – **2.** → verstehen (I, 2)
durchsteuern: → durchqueren (a)
Durchstich, der: → Durchbruch (1), Durchfluss
Durchstieg, der: → Durchgang (1)
durchstöbern: → durchsuchen
durchstoßen: 1. → durchbrechen (I, 2) – **2.** → durchbohren (I) – **3.** → abnutzen (I)
durchstrahlen: → durchscheinen
durchstreichen: I. d̲u̲rchstreichen: **1.** ⟨*durch einen Strich od. Striche ungültig machen*⟩ durchkreuzen · ausstreichen ♦ *umg*: + durchixen · ausixen – **2.** → durchdrücken (1) – **II.** durchstr̲e̲ichen: → durchwandern
durchstreifen: → durchwandern
durchströmen: I. d̲u̲rchströmen: → durchfließen – **II.** durchstr̲ö̲men: → erfüllen (I, 1)
durchstudieren: → durcharbeiten (I, 1)
durchstürmen: I. d̲u̲rchstürmen: → durchgehen (1) – **II.** durchst̲ü̲rmen: → erfüllen (I, 1)
durchsuchen: durchstöbern · stöbern |in|; durchwühlen · das Unterste zuoberst kehren (*abwert*) + aussuchen · absuchen ♦ *gehoben*: durchforschen · durchspüren ♦ *umg*: durchkramen · durchkämmen; durchschnüffeln (*abwert*) ♦ *salopp*: filzen; → *auch* absuchen (2)
durchsumpfen: → durchfeiern
durchteilen: → durchschneiden (I)
durchtelefonieren: → durchgeben (1)
durchtönen: durchschallen · durchklingen · durchhallen · durchtosen
durchtosen: → durchtönen
durchtrainiert: → fit, sportlich (1)
durchtränken: → durchfeuchten (I, 1)
durchtreiben: 1. → einschlagen (1) – **2.** → durchdrehen (1)
durchtrennen: 1. → durchschneiden (I) – **2.** → durchreißen (1)
durchtreten: 1. → ablaufen (2) – **2.** → durchdringen (I, 1)
durchtrieben: → raffiniert (1)
durchtrocknen: → trocknen (1)
durchtröpfeln: → durchsickern (1)
durchtropfen: → durchsickern (1)
durchüben: → üben (1)
durchwachsen: 1. → durchsetzt – **2.** → mittelmäßig
durchwalken: 1. → verprügeln – **2.** → kneten (1)
durchwalten: → beherrschen (I, 3)
durchwälzen: → durchblättern

durchwamsen: → verprügeln
durchwandeln: → durchwandern
durchwandern: durchstreifen · streifen |durch| · durchschweifen · durchziehen + durchirren ♦ *gehoben*: durchwandeln · durchstreichen
durchwärmen: I. durchwärmen: → erwärmen (I) – **II.** durchwärmen, sich: → aufwärmen (II)
durchwaschen: → waschen (I, 1)
durchweg: durchgängig · durchgehend · allgemein · ausnahmslos · ohne Ausnahme · samt und sonders; durchwegs (*süddt österr*) + rundweg ♦ *umg*: durch die Bank
Durchweg, der: → Durchgang (1)
durchwegs: → durchweg
durchweichen: I. d̲u̲rchweichen: → durchdringen (I, 1) – **II.** durchw̲e̲ichen: → aufweichen (1)
durchwetzen: → abnutzen (I)
durchwichsen: → verprügeln
durchwinden, sich: 1. ⟨*sich mit Mühe durch etw. hindurchbegeben*⟩ sich hindurchwinden · sich durchschlängeln + [hin]durchkriechen ♦ *umg*: sich durchlavieren · [sich] durchschleichen ♦ *salopp*: sich durchwürgen; → *auch* durchkommen (2) – **2.** → durchkriechen (I, 1)
durchwintern: → überwintern (1)
durchwirken: → kneten (1)
durchwi[t]schen: → durchkommen (2)
durchwogen: → erfüllen (I, 1)
durchwuchern: → durchsetzen (II)
durchwuchert: → durchsetzt
durchwühlen: I. d̲u̲rchwühlen *od.* durchw̲ü̲hlen: → durchsuchen – **II.** d̲u̲rchwühlen: → durcharbeiten (I, 1)
durchwürgen, sich: → durchkriechen (I, 1), durchwinden, sich (1)
durchwursteln, sich: → durchschlagen (I, 2)
durchwutschen: → durchkommen (2)
durchzählen: → zählen (1)
durchzechen: → durchfeiern
durchzeichnen: [durch]pausen · abpausen + durchschreiben; → *auch* abzeichnen (I, 1)
durchziehen: I. d̲u̲rchziehen: **1.** ⟨*in einer Flüssigkeit liegen u. von ihr ganz durchdrungen werden*⟩ durchliegen (*norddt*) – **2.** → durchkommen (1) – **3.** → durchfliegen (I, 1) – **4.** → durchstecken – **5.** → durchhecheln – **6.** → waschen (I, 1) – **7.** → erledigen (1) – **II.** durchz̲i̲ehen: **1.** → durchqueren

218

(a) – **2.** → durchwandern – **3.** → durchsetzen (II) – **4.** → erfüllen (I, 1)
durchzittern: → erfüllen (I, 1)
durchzogen: → durchsetzt
durchzucken: durchfahren · durchblitzen · durchschießen ♦ *gehoben:* durchfliegen · durchjagen
Durchzug, der: **1.** ⟨*das Durchqueren*⟩ Durchmarsch – **2.** → Luftzug – **3.** D. machen: → lüften (1)
durchzwängen, sich: → durchdrängen, sich
dürfen: können · das Recht / die Erlaubnis / Einwilligung / Genehmigung haben · befugt / ermächtigt sein
dürftig: 1. → erbärmlich (1) – **2.** → unzureichend, arm (2), ärmlich (1)
dürr: 1. → trocken (2) – **2.** → ertragsarm – **3.** → mager (1) – **4.** → nüchtern (3) – **5.** in / mit dürren Worten: → knapp (2)
Dürre: I. Dürre, die: **1.** → Magerkeit – **2.** → Trockenheit – **3.** → Geistlosigkeit – **II.** Dürre, der u. die: ⟨*sehr hagere Person*⟩ *umg:* Dürrländer · Hänfling · Hering · [schmales] Handtuch + Bohnenstange · Stange ♦ *salopp:* Geripppe · Gestell
Dürrholz, das: → Reisig
Dürrländer, der: → Dürre (II)
Durst, der: **1.** ⟨*starkes Trinkbedürfnis*⟩ Durstgefühl · Durstigkeit · trockene Kehle ♦ *umg:* Brand · Riesendurst ♦ *salopp:* Mordsdurst · Höllendurst · Höllenbrand – **2.** → Verlangen (1) – **3.** D. haben / verspüren: → dürsten (1); einen über den D. trinken: → betrinken, sich
dursten: → dürsten (1)
dürsten: 1. ⟨*ein starkes Trinkbedürfnis haben*⟩ Durst haben · durstig sein · dursten · Durst verspüren + schmachten · lechzen ♦ *umg:* jmdm. klebt die Zunge am Gaumen · jmdm. hängt die Zunge zum Halse heraus; → *auch* darben – **2.** d. ⎤nach⎤: → Verlangen (4)
Durstgefühl, das: → Durst (1)
durstig: d. sein: → dürsten (1); d. sein ⎤nach⎤: → Verlangen (4)
Durstigkeit, die: → Durst (1)
Durststrecke, die: → Leidensweg
Dusche, die: **1.** ⟨*Bad mit in feinen Strahlen sprühendem Wasser*⟩ Brause[bad] – **2.** → Regenguss – **3.** → Ernüchterung – **4.** eine D. nehmen, unter die D. gehen: → duschen (II); kalte D.: → Ernüchterung
duschen: I. duschen: ⟨*jmdn. unter die Dusche stellen*⟩ abduschen · [ab]brausen – **II.**

duschen, sich: ⟨*sich unter die Dusche begeben*⟩ sich abduschen · sich [ab]brausen · eine Dusche nehmen · unter die Dusche gehen
Dusel, der: **1.** → Glück (1) – **2.** → Rausch (1) – **3.** → Halbschlaf – **4.** → Schwindel (1) – **5.** → Benommenheit – **6.** im D.: → benommen (1)
duselig: 1. → schwindlig (1) – **2.** → benommen (1)
duseln: → schlafen (1, c)
düsen: → fliegen (2)
Düsenflugzeug, das: Düsenmaschine · Düsenklipper · Jet; Strahlflugzeug (*fachspr*) + Propellerturbinenflugzeug · PTL-Flugzeug · Turbopropflugzeug · Überschallflugzeug; → *auch* Flugzeug
Düsenklipper, der: → Düsenflugzeug
Düsenmaschine, die: → Düsenflugzeug
Dussel, der: → Dummkopf (2)
Dusselei, die: → Unvernunft
dusselig: → dumm (1)
Dusselkopf, der: → Dummkopf (2)
Dusseltier, das: → Dummkopf (2)
dusslig: → dumm (1)
Dussligkeit, die: → Dummheit (1)
Dust, der: **1.** → Dunst (1) – **2.** → Staub (1)
duster: → dunkel (1)
düster: 1. → dunkel (1) – **2.** → unklar (1) – **3.** → unfreundlich (1) – **4.** → trostlos (1)
Düster, das: → Dunkelheit
Düsterheit, die: → Dunkelheit
Düsterkeit, die: → Dunkelheit
düstern: → dämmern (2)
Düsternis, die: → Dunkelheit
Dutt, der: → Haarknoten
dutzende (*Pl*): **1.** → viel (I, 1) – **2.** d. Mal[e]: → oft
dutzendfach: → oft
Dutzendgeschmack, der: → Durchschnittsgeschmack
Dutzendmensch, der: → Durchschnittsmensch
Dutzendware, die: → Durchschnittsware
dutzendweise: → massenhaft
duzen: I. duzen: **1.** ⟨*die vertraul. Anrede »du« verwenden*⟩ mit Du anreden · du sagen ⎤zu⎤ – **2.** einander d.: → II – **II.** duzen, sich: ⟨*gegenseitig die vertraul. Anrede »du« verwenden*⟩ einander duzen · einander / sich mit Du anreden · du zueinander sagen · auf Du und Du stehen ♦ *umg:* auf [dem] Duzfuß stehen; → *auch* verbrüdern, sich

Duzfuß

Duzfuß, der: auf [dem] D. stehen: → duzen (II)
Dynamik, die: **1.** → Triebkraft – **2.** → Schwung (1)
dynamisch: → energiegeladen

Dynamo, der: → Generator
Dynamomaschine, die: → Generator
Dysenterie, die: → Durchfall (1)
D-Zug, der: → Schnellzug

E

easy: → mühelos
Easyrider, der: → Motorrad
Eau de Cologne, das *od.* die: → Parfüm (1)
Ebbe, die: **1.** → Tiefstand (1) – **2.** E. und
Flut: → Gezeiten
eben: 1. ⟨*keine Erhebungen aufweisend*⟩
flach · glatt · platt · plan – **2.** ⟨*zum unmittel-
bar vergangenen Zeitpunkt*⟩ gerade · soeben
· vor einem Augenblick; just (*veraltend*) +
kaum ♦ *umg:* vor einem Moment · erst vor
einer Weile; → *auch* jetzt (1) – **3.** ⟨*so wie
die Sache steht*⟩ [nun] einmal · einfach · ja
♦ *umg:* halt – **4.** zu ebener Erde: → Erdge-
schoss (2); e. noch: → Mühe (3)
Ebenbild, das: → Abbild
ebenbürtig: 1. ⟨*die gleichen Fähigkeiten
besitzend bzw. in den Leistungen gleich-
kommend*⟩ gleichwertig · gleichrangig +
kongenial – **2.** *veraltend* ⟨*den gleichen Rang
besitzend*⟩ ranggleich · gleichrangig · von
gleichem Stand – **3.** e. sein: ⟨*jmds. Leistun-
gen erreichen*⟩ gleichkommen · nicht nach-
stehen · sich nicht verstecken müssen/zu
verstecken brauchen · heranreichen |an| ·
nichts nachgeben · mithalten können; →
auch mitkommen (1) – **4.** nicht e. sein: →
unterlegen (2)
ebenda: → dort (1)
ebendaher: 1. → dorther – **2.** → deshalb
ebendahin: → dorthin
ebendarum: → deshalb
ebendas: 1. → das (1) – **2.** → dasselbe (1)
ebender: 1. → der (1) – **2.** → derselbe
ebendeshalb: → deshalb
ebendie: 1. → die (1) – **2.** → dieselbe
ebendies: 1. → das (1) – **2.** → dasselbe (1)
ebendiese: 1. → die (1) – **2.** → dieselbe
ebendieser: 1. → der (1) – **2.** → derselbe
ebendieses: 1. → das (1) – **2.** → dasselbe (1)
ebendort: → dort (1)
Ebene, die: **1.** → Flachland – **2.** → Fläche –
3. auf die schiefe E. geraten/kommen: →
verkommen (1)

ebenerdig: → Erdgeschoss (2)
ebenfalls: gleichfalls · auch · desgleichen ·
gleichermaßen · dito; detto · ditto (*österr*);
→ *auch* ebenso
ebenjener: → jener (1)
Ebenmaß, das: → Gleichmaß
ebenmäßig: 1. → gleichmäßig (1) – **2.** →
wohlgestaltet
Ebenmäßigkeit, die: → Gleichmaß
ebenso: [gerade]so · genauso · gleicherma-
ßen · gleicherweise · in gleicher Weise · in
demselben Maße · dito; detto · ditto (*österr*);
→ *auch* ebenfalls
ebensolch: → solch (1)
ebnen: 1. → einebnen, glätten (1) – **2.** die
Bahn/den Boden/Weg e.: → fördern (1)
EC-Automat, der: → Geldautomat
echauffieren, sich: → aufregen (II)
echauffiert: → aufgeregt (1)
Echo, das: **1.** ⟨*akust. Erscheinung*⟩ Wider-
hall · Gegenhall · Nachhall · Widerschall ·
Gegenschall · Widerklang · Resonanz; Wi-
derruf (*schweiz*); → *auch* Schall (1) – **2.** →
Gefallen (II, 1) – **3.** → Nachbeter
echoen: → widerhallen
echt: 1. ⟨*durch keine Verfälschung im Wert
gemindert*⟩ unverfälscht · unvermischt · rein
· original · richtig + wirklich – **2.** → natür-
lich (1) – **3.** → wirklich (1) – **4.** von echtem
Schrot und Korn: → rechtschaffen
Eck, das: → Ecke (1, a)
Eckball (*Fußball*), der: Corner · Cornerball
(*österr schweiz*)
Ecke, die: **1.** ⟨*in einem Winkel aneinander
stoßende Flächen*⟩ **a)** ⟨*allgemein*⟩ Eck
(*süddt österr*) – **b)** ⟨*von innen gesehen*⟩
Winkel · Nische – **c)** → Kante (1) – **2.** →
Stück (1) – **3.** → Strecke (1) – **4.** → Gegend
(1) – **5.** ohne Ecken und Kanten: → ge-
schönt; an allen Ecken und Enden: → über-
all (1); um die E., um ein paar/sechs Ecken:
→ weitläufig (1); nicht um die E. trauen: →
misstrauen; um die E. bringen: → ermor-

Eckensteher

den; eine Stange Wasser in die E. stellen: →
austreten (1); einen Schirm in die E. stellen:
→ Wind (I, 3)
Eckensteher, der: → Faulenzer (1)
eckig: 1. ⟨*Ecken aufweisend*⟩ [scharf]kantig
· scharf – **2.** → ungeschickt (1)
Eckpfeiler, der: **1.** → Stütze (1) – **2.** →
Pfeiler (1)
Eckpunkt, der: → Merkmal
Eckstein, der: **1.** ⟨*Stein an der Straßenseite*⟩
Ortstein · Prellstein · Prallstein · Bord-
stein · Abweiser · Radabweiser – **2.** → Stüt-
ze (1)
Ecstasy, das: → Aufputschmittel, Rausch-
gift (1)
edel: 1. → hochherzig – **2.** → erstklassig
(1), wertvoll (1) – **3.** edles Nass: → Wein
(1); e. denkend: → hochherzig
edelherzig: → hochherzig
Edelkitsch, der: → Kitsch
Edelmut, der: → Hochherzigkeit
edelmütig: → hochherzig
Edelsinn, der: → Hochherzigkeit
edelsinnig: → hochherzig
Edelstein, der: Juwel + Schmuckstein ·
Brillant
Eden, das: **1.** → Paradies (1, b) – **2.** Garten
E.: → Paradies (1, b)
edieren: → herausgeben (1)
Edikt, das: → Erlass (1)
Edition, die: → Ausgabe (3)
Editor, der: → Herausgeber
EDV-Anlage, die: → Computer
Effekt, der: **1.** → Wirkung (1) – **2.** → Er-
gebnis – **3.** E. machen: → wirken (2)
Effekten (*Pl*): **1.** → Wertpapier (II) – **2.** →
Besitz (1)
Effektenbank, die: Emissionsbank
Effekthascher, der: → Blender
Effekthascherei, die: → Angabe (I, 1)
effektiv: 1. → tatsächlich (1) – **2.** → wirk-
sam (1) – **3.** → wirtschaftlich (2)
Effektivität, die: **1.** → Wirksamkeit (1) – **2.**
→ Wirtschaftlichkeit
Effektmacherei, die: → Angabe (I, 1)
effektvoll: 1. → wirkungsvoll (1) – **2.** ef-
fektvoller machen: → wirkungsvoll (2)
effizient: 1. → wirtschaftlich (1) – **2.** →
wirksam (1)
Effizienz, die: **1.** → Wirtschaftlichkeit – **2.**
→ Wirksamkeit (1)
egal: I. egal: **1.** → gleich (2) – **2.** e. sein: →
gleichgültig (4) – **II.** egal: → immer (1)

egalisieren: 1. ⟨*von Rekorden gesagt: wie-
der erreichen*⟩ einstellen – **2.** → ausgleichen
(I, 1)
Ego, das: → Ich (1)
Egoismus, der: → Selbstsucht
egoistisch: → selbstsüchtig
egoman: → ichbezogen (1)
Egomane, der: → Egozentriker
Egotrip, der: auf dem E. sein: → ich-
bezogen (2)
Egozentriker, der: + Narziss · Egomane
egozentrisch: → ichbezogen (1)
eh: → sowieso (1)
ehe: bevor
Ehe, die: **1.** ⟨*standesamtlich* [*u. kirchlich*]
*beurkundete Verbindung zwischen Mann u.
Frau*⟩ Ehestand · Ehebund · Konnubium ·
Lebensgemeinschaft + Gewissensehe ·
Vernunftehe · Mesalliance · Verbindung ·
Heirat ♦ *dicht*: Ehebande ♦ *gehoben*:
Eheband · ewiger Bund · Bund fürs Leben;
→ *auch* Monogamie, Bigamie, Polygamie –
2. freie E.: ⟨*Zusammenleben von Mann u.
Frau ohne Eheschließung*⟩ Lebensgemein-
schaft; wilde Ehe (*veraltend*); nicht eheli-
che Gemeinschaft (*amtsspr*); Konkubinat
(*Rechtsw*); → *auch* Liebesverhältnis – **3.**
wilde E.: → 2; die E. schließen, die E./den
Bund der E. eingehen, im Hafen der E. lan-
den, in den Hafen der E. einlaufen, in den
heiligen Stand der E. treten: → heiraten (1);
die E. antragen: → werben (2, a); die E.
brechen: → betrügen (2, a)
Eheanbahnung, die: → Heiratsvermittlung
ehebaldigst: → bald (1)
Eheband: I. Eheband, das: → Ehe (1) – **II.**
Ehebande (*Pl*): → Ehe (1)
ehebrechen: → betrügen (2, a)
ehebrecherisch: → untreu (2)
Ehebruch, der: **1.** → Untreue (2) – **2.** E.
begehen: → betrügen (2, a)
Ehebund, der: **1.** → Ehe (1) – **2.** den E.
schließen/eingehen: → heiraten (1)
ehedem: → früher (1)
Ehedrachen, der: → Xanthippe
Ehefrau, die: Frau · Gattin · Ehegattin ·
Ehepartnerin · Lebenspartnerin · Lebensge-
fährtin · Partnerin · Lebenskameradin; Weib
· Ehegemahl (*noch scherzh*) + Strohwitwe
♦ *gehoben*: Gemahlin · Ehegemahlin ·
Vermählte ♦ *umg*: Weib · Gespons · Ma-
dam · Ehegespons · Ehehälfte · Eheliebste ·
Eheweib · schönere/bessere Hälfte · Ehe-

kreuz · Hauskreuz (*scherzh*) ♦ *salopp*: Alte · Olle (*scherzh*); → *auch* Xanthippe, Hausfrau; → *auch* Lebensgefährtin (1)

Ehegatte, der: → Ehemann

Ehegattin, die: → Ehefrau

Ehegemahl: I. Ehegemahl, der: **1.** → Ehemann – **2.** → Ehefrau – **II.** Ehegemahl, das: → Ehefrau

Ehegemahlin, die: → Ehefrau

Ehegespann, das: → Ehepaar

Ehegespons, der *od.* das: **1.** → Ehemann – **2.** → Ehefrau

Ehehafen, der: im E. landen, in den E. einlaufen: → heiraten (1)

Ehehälfte, die: **1.** → Ehemann – **2.** → Ehefrau

Eheherr, der: → Ehemann

Ehekrach, der: → Ehestreit

Ehekreuz, das: → Ehefrau

Ehekrüppel, der: → Ehemann

Eheleute (*Pl*): → Ehepaar

ehelich: nicht e.: → unehelich; nicht eheliche Gemeinschaft: → Ehe (2); die ehelichen Pflichten erfüllen: → koitieren

ehelichen: → heiraten (2 *u.* 3)

Eheliebste: I. Eheliebste, der: → Ehemann – **II.** Eheliebste, die: → Ehefrau

ehelos: → ledig (1)

ehemalig: einstig · einstmalig · seinerzeitig · vormalig · damalig · früher · alt · vergangen · gewesen · sonstig · derzeitig ♦ *umg*: verflossen; → *auch* früher (1)

ehemals: → früher (1)

Ehemann, der: Mann · Gatte · Ehegatte · Ehepartner · Lebensgefährte · Lebenskamerad · Lebenspartner · Partner + Strohwitwer ♦ *gehoben*: Gemahl · Ehegemahl · der Vermählte ♦ *umg*: Ehehälfte · Ehegespons · Gespons · der Eheliebste · Eheherr · Göttergatte · bessere Hälfte · Herr und Meister/ Gebieter (*scherzh*); Ehekrüppel (*scherzh od. abwert*) ♦ *salopp*: der Alte · der Olle · Gatterich (*scherzh*); → *auch* Lebensgefährte (1)

Ehepaar, das: Eheleute · Mann und Frau · Paar ♦ *umg*: Ehegespann · Gespann (*scherzh*)

Ehepartner, der: → Ehemann

Ehepartnerin, die: → Ehefrau

eher: 1. 〈*in noch kürzerer Zeit*〉 früher – **2.** → lieber

ehern: 1. → eisern (1) – **2.** → standhaft (1)

Ehescheidung, die: Scheidung + Trennung

Eheschließung, die: → Heirat

Ehestand, der: **1.** → Ehe (1) – **2.** in den E. treten: → heiraten (1)

Ehestreit, der: Ehekrach + Ehetragödie

Ehevermittlung, die: → Heiratsvermittlung

Eheweib, das: → Ehefrau

Ehrabschneider, der: → Verleumder

ehrbar: → achtbar (1)

Ehrbarkeit, die: → Achtbarkeit

Ehrbegier[de], die: → Ehrgeiz

Ehre, die: **1.** 〈*das Bewusstsein des inneren Wertes*〉 Selbstachtung · Ehrgefühl · Wertgefühl · Selbstwertgefühl · Stolz + Würde · Anstand; → *auch* Ansehen (1) – **2.** → Ruf (1) – **3.** → Jungfräulichkeit – **4.** in Ehren halten: → ehren; auf E. [und Gewissen], bei meiner E.: → wahrhaftig; sich die E. geben: → erlauben (3); die E. abschneiden: → verleumden (1); habe die E.: → Wiedersehen (1)

ehren: feiern · hochhalten · in Ehren halten + hochleben lassen · preisen · ein Hoch ausbringen │auf│ · beehren · anerkennen · achten; → *auch* achten (1)

ehrenamtlich: freiwillig · unentgeltlich + umsonst

Ehrenbeleidigung, die: → Beleidigung (1)

Ehrenbezeigung, die: **1.** → Gruß (1) – **2.** die E. machen/erweisen: → grüßen (1)

ehrend: → ehrenvoll (1)

ehrenhaft: → achtbar (1)

Ehrenhaftigkeit, die: → Achtbarkeit

Ehrenkränkung, die: → Beleidigung (1), Verleumdung

Ehrenkranz, der: → Siegerkranz

Ehrenkrone, die: → Siegerkranz

Ehrenmal, das: → Denkmal (1)

Ehrenmann, der: Gentleman · Biedermann (*auch iron*); → *auch* Weltmann

Ehrenrettung, die: Rehabilitierung · Rehabilitation · Rechtfertigung · Entlastung

ehrenrührig: → verleumderisch

Ehrensache: → selbstverständlich (1)

Ehrensalut, der: Ehrensalve

Ehrensalve, die: → Ehrensalut

Ehrensäule, die: → Denkmal (1)

ehrenschänderisch: → verleumderisch

Ehrentag, der: **1.** → Festtag (I) – **2.** → Geburtstag

Ehrentitel, der: → Titel (1)

ehrenvoll: 1. 〈*Ehren bringend*〉 ehrend · schmeichelhaft; honorabel (*veraltend*) – **2.** → ruhmvoll

ehrenwert: → achtbar (1)

Ehrenwort

Ehrenwort, das: Wort · Manneswort + Handschlag · Schwur; → *auch* Versprechen (1), Eid (1)
Ehrenzeichen, das: → Auszeichnung (2)
ehrerbietig: → respektvoll
Ehrerbietung, die: → Achtung (1)
Ehrfurcht, die: Hochachtung · Pietät · Scheu · Furcht; → *auch* Verehrung
ehrfürchtig: 1. → ehrfurchtsvoll – **2.** → respektvoll
ehrfurchtsvoll: ehrfürchtig · pietätvoll + entblößten Hauptes; → *auch* respektvoll
Ehrgefühl, das: → Ehre (1)
Ehrgeiz, der: Strebsamkeit · Ambition; Ehrsucht · Ehrbegier[de] · Ruhmsucht · Ruhmbegier[de] (*abwert*); → *auch* Geltungsbedürfnis, Eifer (1), Streben
ehrgeizig: ambitioniert · streberisch; streberhaft · ehrsüchtig · ruhmsüchtig · ruhmbegierig · ambitiös · karrieregeil (*abwert*); → *auch* eifrig (1), strebsam, geltungsbedürftig
Ehrgeizling, der: → Streber
ehrlich: 1. ⟨*jeder Unwahrheit bzw. Falschheit abgeneigt*⟩ grundehrlich · aufrichtig · wahrheitsliebend · redlich · reell · aufrecht · ohne Arg / Falsch + mit offenem Visier · echt; → *auch* anständig (1), rechtschaffen, offen (3), offenherzig (1) – **2.** → wahrhaftig
Ehrlichkeit, die: Aufrichtigkeit · Redlichkeit · Wahrheitsliebe; → *auch* Rechtschaffenheit
ehrlos: unehrenhaft · ehrvergessen + verächtlich · verachtungswürdig · verabscheuungswürdig · verabscheuungswert · würdelos · unwürdig · gemein
ehrpusselig: → achtbar (1)
Ehrpusseligkeit, die: → Achtbarkeit
ehrsam: → achtbar (1)
Ehrsamkeit, die: → Achtbarkeit
Ehrsucht, die: → Ehrgeiz
ehrsüchtig: → ehrgeizig
Ehrung, die: Huldigung + Honneurs; → *auch* Feier (1)
ehrvergessen: → ehrlos
Ehrverletzung, die: → Beleidigung (1), Verleumdung
ehrwürdig: verehrungswürdig + alt[väterlich] · patriarchalisch · erhaben ♦ *gehoben:* altehrwürdig; → *auch* alt (3), würdig (1)
ei: [ei,] ei machen: → streicheln; ei der Daus: → Donnerwetter (II, 1)

Ei: I. Ei, das: **1.** ⟨*weibl. Fortpflanzungszelle*⟩ Eizelle · Ovum – **2.** Ei des Kolumbus: → Lösung (1); wie aus dem Ei gepellt: → sauber (1); sich gleichen wie ein Ei dem anderen: → gleichen (1); wie ein rohes Ei anfassen / behandeln: → schonen (I, 1); ein Ei legen: → austreten (2) – **II.** Eier (*Pl*): → Geld (1) – **2.** auf den Eiern sitzen: → brüten (1); E. legen: → austreten (2); ungelegte E.: → spruchreif
Eiapopeia, das: → Wiegenlied
Eichenkranz, der: → Siegerkranz
Eid, der: **1.** ⟨*feierl. Versicherung*⟩ Schwur · Eidschwur + eidesstattliche Versicherung / Erklärung · Versicherung an Eides statt; → *auch* Versicherung (1), Versprechen (1), Ehrenwort (1) – **2.** an Eides statt: → eidesstattlich (1); Versicherung an Eides statt: → 1; einen E. leisten / ablegen: → schwören (1)
eidesstattlich: 1. ⟨*für einen Eid*⟩ an Eides statt – **2.** eidesstattliche Versicherung / Erklärung: → Eid (1)
Eidgenosse, der: → Schweizer (1)
eidgenössisch: → schweizerisch
Eidotter, der *od.* das: → Dotter
Eidschwur, der: → Eid (1)
Eierfladen, der: → Eierkuchen
Eierklar, das: → Eiweiß
Eierkuchen, der: Omelett; Omelette (*österr*); Pfannkuchen · Eierfladen · Plinse (*landsch*) + Palatschinke (*österr*)
eiern: → herausreden, sich
Eierschwamm, der: → Pfifferling (1)
Eiersieder, der: → ¹Hut (1)
Eiertanz, der: einen E. aufführen: → ausweichen (2)
Eifer, der: **1.** ⟨*intensives Bemühen*⟩ Aktivität · Eifrigkeit · Rührigkeit · Geschäftigkeit · Betriebsamkeit · Regsamkeit · Emsigkeit · Beflissenheit · Geflissenheit · Energie · Betätigungsdrang · Feuereifer · Übereifer + Arbeitseifer · Ernst ♦ *umg:* Mordseifer; → *auch* Ehrgeiz, Fleiß (1), Hingabe (1) – **2.** → Eile (1)
Eiferer, der: → Fanatiker
eifern: e. |für|: → einsetzen (II)
Eifersucht, die: Eifersüchtigkeit · Eifersüchtelei + Argwohn · Misstrauen · Zweifel; → *auch* Neid (1)
Eifersüchtelei, die: → Eifersucht
Eifersüchtigkeit, die: → Eifersucht
eifervoll: → eifrig (1)

eiförmig: → oval

eifrig: 1. ⟨*sich intensiv bemühend*⟩ aktiv · rührig · geschäftig · betriebsam · umtriebig · betulich · regsam · beflissen[tlich] · emsig · hingebungsvoll · mit Hingabe ♦ *gehoben:* eifervoll ♦ *umg:* mit Dampf; → *auch* ehrgeizig – **2.** → fleißig (1)

Eifrigkeit, die: → Eifer (1)

Eigelb, das: → Dotter

eigen: 1. ⟨*jmdm. gehörend*⟩ persönlich · privat · [zu]gehörig · ureigen – **2.** → eigentümlich (1) – **3.** → merkwürdig – **4.** → eigensinnig (1) – **5.** in eigener Sache: ⟨*in einer den eigenen Belangen nützenden Weise*⟩ pro domo · zum eigenen Nutzen · für sich selbst – **6.** sein eigener Herr sein: → unabhängig (2); in eigener Person: → persönlich (1); aus eigenem Antrieb: → unaufgefordert (1); auf eigene Faust: → eigenmächtig; zum eigenen Nutzen: → 5; sich zu Eigen machen: → angewöhnen (2), aneignen, sich (1 *u.* 2); am eigenen Leibe erfahren/erleben: → erleben (1); sich sein eigenes Grab schaufeln, sich ins eigene Fleisch schneiden: → schaden (3)

Eigen, das: **1.** → Besitz (1) – **2.** sein E. nennen: → besitzen (1)

Eigenart, die: Charakter · Gepräge · Eigentümlichkeit · Eigenheit · Besonderheit · Spezialität · Spezifikum · Typ · Manier + Duktus; → *auch* Wesensart, Eigenschaft

eigenartig: 1. → merkwürdig – **2.** → schrullig (1)

Eigenbesitz, der: → Grundbesitz

Eigenbrötler, der: → Sonderling

eigenbrötlerisch: → schrullig (1)

Eigendünkel, der: → Überheblichkeit

Eigengeld, das: → Eigenkapital

eigenhändig: → persönlich (1)

Eigenheimbauer, der: → Bauherr

Eigenheit, die: **1.** → Eigentümlichkeit (1) – **2.** → Eigenart

Eigenhilfe, die: → Selbsthilfe

Eigeninitiative, die: → Selbsthilfe

Eigenkapital, das: Eigenmittel (*Pl*) · Eigengeld

Eigenliebe, die: → Selbstsucht

Eigenlob, das: Selbstlob · Selbstverherrlichung · Selbstvergötterung

eigenmächtig: unbefugt · unerlaubt · unberechtigt · auf eigene Faust · selbstherrlich; → *auch* selbständig (1)

Eigenmächtigkeit, die: → Übergriff

Eigenmittel (*Pl*): → Eigenkapital

Eigennutz, der: → Selbstsucht

eigennützig: 1. ⟨*auf persönl. Gewinn bedacht*⟩ berechnend + spekulativ – **2.** → selbstsüchtig

Eigennützigkeit, die: → Selbstsucht

Eigenregie, die: in E.: → selbständig (1)

eigens: → besonders (2)

Eigenschaft, die: Wesensmerkmal · Wesenszug · Kennzeichen · Seite + Qualität; → *auch* Eigenart, Merkmal

Eigensinn, der: Eigensinnigkeit · Starrsinn · Starrköpfigkeit · Dickköpfigkeit · Hartköpfigkeit · Halsstarrigkeit · Sturheit · Rechthaberei + Eigenwille · Eigenwilligkeit ♦ *umg:* Dickschädeligkeit · dicker Schädel; → *auch* Widerspenstigkeit

eigensinnig: 1. ⟨*sehr zum Eigensinn neigend*⟩ starrsinnig · starrköpfig · betonköpfig · dickköpfig · hartköpfig · halsstarrig · stur · obstinat · rechthaberisch · kapriziös + eigen[willig] · unlenksam · unangepasst ♦ *umg:* dickschädelig · stierköpfig; hartmäulig · hartleibig (*landsch*); → *auch* widerspenstig – **2.** e. sein: ⟨*Eigensinn zeigen*⟩ sich kaprizieren | auf | · sich nichts sagen lassen ♦ *umg:* seinen Dickkopf/Kopf aufsetzen · auf seinem Kopf bestehen · einen harten/dicken Schädel haben

Eigensinnigkeit, die: → Eigensinn

eigenstaatlich: → souverän (1)

Eigenstaatlichkeit, die: → Souveränität (1)

eigenständig: → selbständig (1)

Eigenständigkeit, die: → Selbständigkeit (1)

Eigensucht, die: → Selbstsucht

eigensüchtig: → selbstsüchtig

eigentlich: 1. ⟨*der Wirklichkeit entsprechend*⟩ im Grunde [genommen] · genau genommen · streng genommen · an [und für] sich · von Rechts wegen – **2.** → alias – **3.** → ursprünglich (1)

Eigentor, das: ein E. schießen: → schaden (3)

Eigentum, das: **1.** → Besitz (1) – **2.** sich an fremdem E. vergreifen/vergehen: → stehlen (1)

Eigentümer, der: **1.** → Besitzer (1) – **2.** → Hausbesitzer

eigentümlich: 1. ⟨*als auffallendes Merkmal zugehörig*⟩ eigen · charakteristisch · typisch · besonder · originell · wesenseigen · artei-

eigentümlicherweise

gen · wesenhaft · spezifisch; → *auch* bezeichnend (1), kennzeichnend – **2.** → merkwürdig

eigentümlicherweise: → merkwürdigerweise

Eigentümlichkeit, die: **1.** ⟨*auffallendes Merkmal*⟩ Eigenheit · Besonderheit · Eigenwilligkeit · Originalität · Singularität – **2.** → Eigenart – **3.** → Merkwürdigkeit

Eigentumsdelikt, das: → Diebstahl (1)

Eigentumsvergehen, das: → Diebstahl (1)

eigenverantwortlich: → selbständig (1)

Eigenverantwortlichkeit, die: → Selbständigkeit (1)

Eigenwille, der: → Eigensinn

eigenwillig: → eigensinnig (1)

Eigenwilligkeit, die: **1.** → Eigensinn – **2.** → Eigentümlichkeit (1)

eignen: I. eignen: → gehören (I, 1) – **II.** eignen, sich: **1.** → geeignet (4) – **2.** → passen (1, a)

Eigner, der: → Besitzer (1)

Eignung, die: **1.** ⟨*das Geeignetsein*⟩ Befähigung · Geeignetheit · Qualifikation · Qualifizierung · Brauchbarkeit · Tauglichkeit – **2.** → Begabung (1)

Eignungsprüfung, die: Eignungstest

Eignungstest, der: → Eignungsprüfung

Eiklar, das: → Eiweiß

Eiland, das: → Insel (1)

Eile, die: **1.** ⟨*Drang zu schnellem Handeln*⟩ Hast · Eiligkeit · Hektik + Beeilung · Übereilung · Eifer · Eiltempo · Tempo ♦ *umg:* Hetze · Hatz ♦ *salopp:* Gethere · Fitz; Drasch (*landsch*); → *auch* Geschwindigkeit (1) – **2.** in [großer/rasender/fliegender] E.: → eilig (1)

eilen: I. eilen: **1.** ⟨*sich schnell fortbewegen*⟩ hasten · stürmen + huschen ♦ *umg:* hetzen · jagen · preschen ♦ *salopp:* fegen · flitzen · fliegen · galoppieren; hurren · draschen (*landsch*); → *auch* laufen (1) – **2.** ⟨*schnell erledigt werden müssen*⟩ drängen · pressieren · keinen Aufschub dulden/leiden/vertragen ♦ *umg:* auf den Nägeln brennen; → *auch* eilig (2) – **3.** eilenden Fußes: → sofort; zu Hilfe e.: → helfen (1) – **II.** eilen, sich: → beeilen, sich

eilends: → eilig (1)

eilfertig: → übereilt

eilig: 1. ⟨*mit dem Drang zu schnellem Handeln*⟩ hastig · eilends · in Eile · überstürzt · fluchtartig · auf schnellstem Wege · in [großer/rasender/fliegender] Eile · in fliegender/wilder Hast · im Sturmschritt · im Eiltempo · Hals über Kopf; express (*veraltend*) + holterdiepolter · fieberhaft; → *auch* schnell (1, c), sofort – **2.** ⟨*Schnelligkeit erfordernd*⟩ dringend · dringlich · höchste Zeit; pressant (*veraltend*) ♦ *umg:* höchste Eisenbahn; → *auch* eilen (I, 2) – **3.** es e. haben: → Zeitdruck

Eiligkeit, die: → Eile (1)

Eilmarsch, der: Gewaltmarsch · Geschwindmarsch + Gewalttour

Eilschrift, die: → Kurzschrift

Eiltempo, das: im E.: → eilig (1)

Eimer, der: **1.** ⟨*Gefäß*⟩ Kübel (*landsch*) + Kufe · Bütte; → *auch* Schöpfeimer – **2.** im E.: → entzwei; im E. sein: → verloren (2); in den E. gucken: → leer (4); wie mit Eimern gießen: → gießen (2)

ein: ein für alle Mal: → endgültig; Ein und Alles: → Liebste (I); in einem fort/weg: → ununterbrochen; unter einem: → zugleich (1)

einander: sich [gegenseitig] · einer den anderen · einer dem anderen

einarbeiten: 1. → anleiten (1) – **2.** → einfügen (I)

einäschern: 1. ⟨*vor der Bestattung verbrennen*⟩ verbrennen · kremieren – **2.** → niederbrennen (1)

Einäscherung, die: Feuerbestattung · Verbrennung · Leichenverbrennung · Kremation; → *auch* Begräbnis, Trauerfeier

einatmen: einziehen · einsaugen · inhalieren ♦ *salopp:* einschnuppern; → *auch* atmen (1)

Einbahn, die: → Einbahnstraße

Einbahnstraße, die: Einbahn (*österr*)

einbalsamieren: 1. ⟨*Tote gegen Verwesung schützen*⟩ mumifizieren + konservieren – **2.** → parfümieren – **3.** → einreiben

Einbalsamierung, die: Mumifikation

Einband, der: Bucheinband + Einbanddecke[l] · Buchdecke[l] · Decke[l]

Einbanddecke, die: → Einband

Einbanddeckel, der: → Einband

Einbau, der: Installation

Einbauchung, die: → Einbuchtung

einbauen: 1. ⟨*in etw. hineinbauen*⟩ installieren · einmontieren · einsetzen; → *auch* einpassen (I) – **2.** → einfügen (I)

einbegreifen: → einbeziehen

einbegriffen: → einschließlich

einbehalten: → behalten (1)

einbekennen: → gestehen (1)

einberufen: 1. ⟨*das Zusammentreten eines Gremiums veranlassen*⟩ zusammenrufen – **2.** ⟨*zum Antreten des Wehrdienstes auffordern*⟩ zum Wehrdienst einberufen · [zum Wehrdienst] einziehen; rekrutieren · ausheben + mobilisieren · mobilmachen ♦ *gehoben*: zu den Waffen/zu den Fahnen rufen – **3.** zum Wehrdienst e.: → 2

Einberufung, die: **1.** ⟨*das Auffordern zum Antreten des Wehrdienstes*⟩ Einziehung; Rekrutierung · Aushebung + Mobilisierung · Mobilmachung – **2.** ⟨*zum Antreten des Wehrdienstes aufforderndes Schriftstück*⟩ Einberufungsbefehl · Gestellungsbefehl · Einberufungsorder · Einberufungsschreiben

Einberufungsbefehl, der: → Einberufung (2)

Einberufungsorder, die: → Einberufung (2)

Einberufungsschreiben, das: → Einberufung (2)

einbestellen: → bestellen (2)

einbetonieren: → einmauern (1)

einbeulen: → verbeulen

einbeziehen: einkalkulieren · einrechnen · einschließen · erfassen · [hin]zuzählen · dazuzählen · hinzunehmen · dazunehmen · hinzurechnen · dazurechnen · mitzählen · mitrechnen · implizieren · ins Kalkül ziehen ♦ *gehoben*: einbegreifen · inkludieren · subsumieren; → *auch* berücksichtigen (1)

Einbeziehung, die: Einschluss

einbiegen: 1. ⟨*eine neue Richtung einschlagen*⟩ einschwenken · einlenken; einkurven (*Flugw*); → *auch* abbiegen (1) – **2.** → biegen (I, 1)

Einbiegung, die: → Einbuchtung

einbilden: sich e.: **1.** ⟨*sich fälschl. vorstellen*⟩ sich einreden · sich vormachen · sich vorspiegeln – **2.** sich etwas e.: → überheben, sich (1); sich etwas e. ⌈auf⌉: → stolz (4); sich keine Schwachheiten e.: → Illusion (3)

Einbildung, die: **1.** ⟨*falsche Vorstellung*⟩ Hirngespinst · Wahn · Spekulation · Fiktion · Fantasiegebilde + Zwangsvorstellung · fixe Idee; → *auch* Sinnestäuschung, Wunschvorstellung – **2.** → Überheblichkeit

Einbildungskraft, die: Einbildungsvermögen · Fantasie · Erfindungsgabe · Imagination · Inspiration · Eingebung

Einbildungsvermögen, das: → Einbildungskraft

einbimsen: → einprägen (I, 1)

einbinden: 1. ⟨*durch Binden in etw. befestigen*⟩ hineinbinden · einschnüren · einknoten · einknüpfen · einflechten; → *auch* einwickeln (1) – **2.** ⟨*mit einem Einband versehen*⟩ binden

einblasen: → vorsagen

Einbläser, der: → Vorsager

einbläuen: → einprägen (I, 1)

einblenden: → einfügen (I)

Einblick, der: **1.** ⟨*das Vertrautsein durch eigenes Kennenlernen*⟩ Einsicht · Eindruck · Bild; → *auch* Aufklärung (2) – **2.** ⟨*das Einsichtnehmen*⟩ Einsicht[nahme] · Kenntnisnahme; Inaugenscheinnahme (*amtsspr*)

einbrechen: 1. ⟨*gewaltsam in etw. hineindringen, um zu stehlen*⟩ eindringen · einsteigen · einen Einbruch verüben; → *auch* stehlen (1), einschleichen, sich (1) – **2.** ⟨*durch eine Schicht hindurch nach unten brechen*⟩ [hin]durchbrechen ♦ *umg*: durchkrachen; einknacken (*landsch*) ♦ *salopp*: einsausen · durchsausen – **3.** → einstürzen – **4.** → Misserfolg (2) – **5.** e. ⌈in⌉: → überfallen (1)

Einbrecher, der: → Dieb

Einbrenne, die: → Mehlschwitze

einbrennen: → bräunen (1)

einbringen: 1. ⟨*die Ernte von den Feldern holen*⟩ hereinbringen · bergen · einfahren · einholen; → *auch* ernten (1) – **2.** ⟨*einen Nutzen bringen*⟩ eintragen · abwerfen · ergeben · [er]bringen – **3.** → fangen (I, 2) – **4.** → vorlegen (1)

einbringlich: → einträglich

einbrocken: → verursachen

Einbruch, der: **1.** ⟨*das Durchbrechen*⟩ Durchbruch – **2.** → Einsturz – **3.** → Diebstahl (1) – **4.** → Niederlage (1) – **5.** → Kursrückgang – **6.** einen E. verüben: → einbrechen (1)

Einbruchsdiebstahl, der: → Diebstahl (1)

einbruchssicher: diebessicher

einbuchten: 1. → verbeulen – **2.** → einsperren (1)

Einbuchtung, die: Einbiegung · Einbauchung; → *auch* Vertiefung (1)

einbuddeln: → eingraben (I, 1), vergraben (I, 1)

einbüffeln: → einprägen (I, 1)

einbunkern: → einsperren (1)

einbürgern

einbürgern: I. einbürgern: ⟨*die Staatsbür-gerschaft verleihen*⟩ naturalisieren; nostrifi-zieren (*Rechtsw*) + aufnehmen – II. einbür-gern, sich: → durchsetzen (I, 2, b)
Einbuße, die: → Verlust (1), Umsatzrück-gang
einbüßen: → verlieren (I, 2)
eincremen: → einreiben
eindämmen: 1. ⟨*an der Ausbreitung hin-dern*⟩ zu[rück]dämmen · dämmen · aufhal-ten · zähmen · bändigen · Halt gebieten · Einhalt gebieten/tun · unter Kontrolle be-kommen; → *auch* beschränken – 2. → hemmen (1)
eindämmern: → einschlafen (1)
Eindämmung, die: → Damm (1)
eindampfen: → verdampfen (1)
eindecken: I. eindecken: 1. ⟨*ein Dach an-bringen*⟩ decken – 2. → bedecken (I, 2) – 3. → decken (I, 1) – II. eindecken, sich: → versorgen (II)
eindellen: → verbeulen
eindeutig: → deutlich (3)
Eindeutigkeit, die: → Deutlichkeit (3)
eindicken: → verdampfen (1)
eindorren: → schrumpfen
eindosen: → einkochen
eindösen: → einschlafen (1)
eindrecken: → schmutzen
eindrehen: → einschrauben
eindressieren: → einüben
eindrillen: → einprägen (I, 1), einüben
eindringen: 1. → einbrechen (1) – 2. → he-reindringen – 3. e. ⎪auf⎪: → bedrängen (1); e. ⎪in⎪: → überfallen (1)
eindringlich: → nachdrücklich
Eindringlichkeit, die: → Nachdrücklich-keit
Eindruck, der: 1. ⟨*das über die Sinne Auf-genommene*⟩ Empfindung · Impression + Engramm · Vorstellung – 2. ⟨*Ergebnis des Eindrückens*⟩ Druckspur · Einprägung; → *auch* Spur (1) – 3. → Schein (2) – 4. → Einblick (1) – 5. E. machen: → beeindru-cken; einen E. machen/erwecken: → aus-sehen (1); den E. machen/erwecken: → aussehen (1 *u.* 2, a)
eindrücken: I. eindrücken: 1. ⟨*durch Druck in etw. hineinbringen bzw. eine Spur hin-terlassen*⟩ einprägen · einpressen + einstan-zen · prägen ⎪in⎪ · einstampfen – 2. → zer-drücken – 3. → verbeulen – II. eindrücken, sich: → einprägen (II)

eindrücklich: → eindrucksvoll
eindrucksvoll: beeindruckend · imponie-rend · imposant · eindrücklich · einprägsam · tief gehend · unauslöschlich · unauslösch-bar; steil (*jugendspr*); → *auch* sensationell, wirkungsvoll (1), stattlich (1)
einruseln: → einschlafen (1)
eindübeln: → dübeln
einduseln: → einschlafen (1)
eindusseln: → einschlafen (1)
eine: e. von der Straße: → Prostituierte; e. nach der anderen: → nacheinander
einebnen: ebnen · glätten · gleichmachen · applanieren · [ein]planieren · nivellieren · abtragen; abgleichen (*fachspr*)
Einebnung, die: Planierung · Nivellierung · Abtragung; Denudation (*fachspr*)
Einehe, die: → Monogamie
einen: → vereinen (I, 1)
einengen: → beschränken
Einengung, die: → Beschränkung (1)
einer: e. den anderen, e. dem anderen: → einander; e. nach dem anderen: → nach-einander
einerlei: 1. → gleich (2) – 2. → einförmig – 3. → dasselbe (1) – 4. e. sein: → gleichgül-tig (4)
Einerlei, das: 1. → Einförmigkeit – 2. graues E.: → Alltag (1)
Einerzimmer, das: → Einzelzimmer
einexerzieren: → einüben
einfach: 1. ⟨*ohne jeden Luxus*⟩ bescheiden · schlicht · spartanisch · puritanisch; primitiv (*abwert*) + frugal; → *auch* bescheiden (I, 1), schlicht (1), unscheinbar (1) – 2. → eben (3) – 3. → mühelos (1), unkompliziert – 4. aus dem einfachen Grunde: → deshalb
einfädeln: 1. → durchstecken – 2. → an-bahnen (I), anstiften (1), bewerkstelligen
Einfädler, der: → Hintermann (1)
einfahren: 1. *weidm* ⟨*in den Bau kriechen*⟩ einschliefen · schliefen ⎪in⎪ · zu Bau fahren – 2. → einbringen (1) – 3. Gewinne e.: → gewinnen (1)
Einfahrt, die: Einfahrtstor · Einfahrtsweg · Toreinfahrt · Torweg · Zufahrt; → *auch* Eingang (1), Durchgang (1), ¹Tor (1)
Einfahrtstor, das: → Einfahrt
Einfahrtsweg, der: → Einfahrt
Einfall, der: 1. ⟨*plötzl. Bewusstwerden von etw. Neuem*⟩ Idee · Gedanke[nblitz] · Er-leuchtung · Inspiration · Eingebung · Intuiti-on; Geistesblitz · Geistesfunke · Bauchmei-

nung (*scherzh*) + Gag; → *auch* Schnapsidee – **2.** → Laune (1) – **3.** → Überfall (1) – **4.** blöder / verrückter E.: → Schnapsidee
einfallen: 1. ⟨*plötzlich bewusst werden*⟩ auf die Idee / den Gedanken kommen · in den Sinn kommen ♦ *umg*: durch den Kopf schießen / fahren; einkommen (*landsch*); → *auch* erinnern (II) – **2.** ⟨*vom Federwild gesagt: sich niederlassen*⟩ einstreichen (*weidm*) – **3.** → hereindringen – **4.** → einstürzen – **5.** → abmagern – **6.** e. |in|: → überfallen (1)
einfallslos: → geistlos
Einfallslosigkeit, die: → Geistlosigkeit
einfallsreich: erfindungsreich · ideenreich · fantasiebegabt · fantasiereich · fantasievoll · findig + gedankenreich; → *auch* schöpferisch, geistreich
Einfalt, die: Einfältigkeit · Naivität · Treuherzigkeit · Harmlosigkeit · Biederkeit · Simplizität · Torheit ♦ *umg*: Tölpelei; → *auch* Beschränktheit (1), Unvernunft
einfältig: 1. ⟨*von einfacher Gemütsbeschaffenheit*⟩ naiv · treuherzig · treu · harmlos · simpel · bieder; → *auch* beschränkt (1), gutgläubig, schlicht (1) – **2.** ⟨*von langweilig-dummer Art*⟩ töricht · tölpelhaft · gimpelhaft ♦ *umg*: stieselig; → *auch* beschränkt (1), unvernünftig
Einfältigkeit, die: → Einfalt
Einfaltspinsel, der: 1. → Dummkopf (2) – **2.** → Grünschnabel
einfangen: 1. → fangen (I, 2) – **2.** → festhalten (I, 1, b) – **3.** sich etw. e.: → anstecken (II)
einfarbig: uni[farben] · eintönig
einfassen: [ein]säumen · eingrenzen · umgeben · umfassen; → *auch* umzäunen, umgeben (1), rahmen
Einfassung, die: ⟨*äußerer Abschluss*⟩ **a)** ⟨*allgemein*⟩ Umrandung · Umrahmung; → *auch* Rahmen (1) – **b)** ⟨*bei Kleidungsstücken*⟩ Rand · Saum + Bund · Bündchen
einfetten: 1. ⟨*Schmierfett zuführen*⟩ schmieren · fetten; abschmieren (*fachspr*); → *auch* ölen (1) – **2.** → einreiben
einfeuchten: → durchfeuchten (I, 1)
einfeuern: → heizen (1)
einfiltrieren: → einflößen (1)
einfinden, sich: → erscheinen (1, a)
einflechten: 1. → einbinden (1) – **2.** → erwähnen (1) – **3.** → einfügen (I)

einflicken: → einfügen (I)
einfließen: e. lassen: → erwähnen (1)
einflößen: 1. ⟨*jmdm. Flüssigkeit zuführen*⟩ infiltrieren · eintröpfeln · einträufeln · eingeben · eingießen · einfüllen ♦ *umg*: einfiltrieren ♦ *salopp*: eintrichtern – **2.** einen Schreck[en] e.: → erschrecken (1); Furcht e.: → ängstigen (I)
Einfluss, der: 1. ⟨*das Einwirken*⟩ Einwirkung · Wirkung; → *auch* Beeinflussung – **2.** ⟨*beherrschende Stellung*⟩ Macht · Gewicht · Geltung – **3.** einen E. ausüben/E. nehmen |auf|: → beeinflussen (1, a); keinen E. haben, ohne E. sein: → machtlos (2)
Einflussbereich, der *od.* **das: 1.** ⟨*Umkreis der [möglichen] Einwirkung*⟩ Wirkungsbereich · Aktionsbereich · Einwirkungsbereich · Einwirkungssphäre · Einflusszone · Einflusssphäre – **2.** ⟨*Gebiet mit spürbarer Machteinwirkung*⟩ Machtbereich · Claim · Einflusssphäre · Interessensphäre · Einflusszone · Geltungsbereich ♦ *gehoben*: Bannkreis; → *auch* Herrschaftsbereich
einflusslos: → machtlos (1)
Einflussnahme, die: → Beeinflussung
einflussreich: → mächtig (1)
Einflusssphäre, die: → Einflussbereich (1 *u.* 2)
Einflusszone, die: → Einflussbereich (1 *u.* 2)
einflüstern: 1. → einreden (1) – **2.** → vorsagen
einfordern: → einziehen (3)
einförmig: eintönig · gleichförmig · monoton · ermüdend · ereignislos · abwechslungslos · ohne Abwechslung + reizlos · fad[e] · grau ♦ *umg*: einerlei + egal; → *auch* langweilig, nüchtern (3)
Einförmigkeit, die: Eintönigkeit · Monotonie · Gleichförmigkeit · Einerlei + Fadheit
einfried[ig]en: → umzäunen
Einfried[ig]ung, die: → Umzäunung
einfrieren: → einfrosten
einfrosten: ein[ge]frieren · frosten + konservieren
einfugen: → einpassen (I)
einfügen: I. einfügen: ⟨*etw. Größerem ergänzend beigeben*⟩ einarbeiten · einbauen · einsetzen · eingliedern · einflechten · implementieren · einschieben · einrücken · einreihen + integrieren · einsprengen · einstreuen · einweben · einschachteln · einzwängen · einheften · einblenden · einlegen · einschalten ♦ *umg*: einflicken; → *auch* ein-

Einfügung

ordnen (I), einpassen (I) – **II. einfügen, sich:**
→ anpassen (II, 2)
Einfügung, die: 1. → Einschub – **2.** →
Einlage (1) – **3.** → Einordnung
einfühlen, sich: → hineinversetzen, sich
Einfühlung, die: → Einfühlungsvermögen
Einfühlungsgabe, die: → Einfühlungsvermögen
Einfühlungskraft, die: → Einfühlungsvermögen
Einfühlungsvermögen, das: Einfühlung[sgabe] · Einfühlungskraft · Feingefühl ·
Feeling · Empathie + Verständnis · Einsicht;
→ auch Verständnis (1), Zartgefühl (1)
Einfuhr, die: Import
Einfuhrartikel, der: → Einfuhrgut
Einfuhrbeschränkung, die: → Einfuhrverbot
einführen: I. einführen: 1. ⟨vom Ausland
kaufen u. ins eigene Land kommen lassen⟩
importieren – **2.** → hineinstecken (1),
durchstecken – **3.** → anleiten (1) – **4.** vorstellen (I, 1) – **5.** → verbreiten (I, 2) – **II.**
einführen, sich: → vorstellen (II)
einführend: → einleitend
Einfuhrgut, das: Importware · Einfuhrartikel · Importartikel · Importe
Einfuhrsperre, die: → Einfuhrverbot
Einführung, die: 1. ⟨das Bekanntmachen
mit etw. Neuem⟩ Einleitung · Erläuterung ·
Erklärung + Einführungsvortrag – **2.** →
Anleitung (1) – **3.** → Einleitung (1) – **4.** →
Vorstellung (1)
Einführungsvortrag, der: → Einführung
(1)
Einfuhrverbot, das: Einfuhrsperre + Einfuhrbeschränkung · Handelsbeschränkung
einfüllen: 1. ⟨in ein Gefäß geben⟩ [hin]eingießen · [hin]einschütten · schütten |in| ·
einschenken · einschöpfen; → auch einlassen (I, 2), gießen (1) – **2.** → einlassen (I, 2)
– **3.** → einflößen (1)
Eingabe, die: 1. → Antrag (2) – **2.** → Zuspiel
Eingang, der: 1. ⟨Öffnung zum Hineingehen⟩ Eingangstür · Eingangspforte · Eingangsportal · Zugang · Entree · Einlass ·
Eintritt; → auch Einfahrt, Flur (I), Durchgang (1) – **2.** ⟨angekommene Post⟩ Posteingang; Einlauf (fachspr) – **3.** → Zutritt – **4.**
→ Beginn (1)
eingängig: → verständlich (1)
eingangs: → einleitend

Eingangsmeldung, die: → Bestätigung (2)
Eingangspforte, die: → Eingang (1)
Eingangsportal, das: → Eingang (1)
Eingangstür, die: → Eingang (1)
eingeben: 1. → einflößen (1) – **2.** → hineinstecken (1) – **3.** → einreden (1) – **4.** →
vorschlagen
eingebildet: 1. ⟨sich selbst zu hoch einschätzend⟩ selbstgefällig · eitel · blasiert ·
dünkelhaft · snobistisch · elitär · von sich
eingenommen + angeberisch; → auch überheblich, eitel (1), angeberisch – **2.** →
scheinbar – **3. e. sein:** ⟨sich selbst zu hoch
einschätzen⟩ umg: abheben · die Nase
hoch tragen · hoch hinauswollen · [große]
Rosinen im Kopf haben; → auch angeben
(1)
Eingebildetheit, die: → Überheblichkeit
eingebogen: → hohl (1)
¹**eingeboren: 1.** → einheimisch – **2.** → angeboren
²**eingeboren:** → einzig (1)
Eingeborene, der: → Ureinwohner
Eingebung, die: 1. → Einfall (1) – **2.** →
Einbildungskraft
eingedenk: e. sein: → erinnern (II)
eingedreckt: → schmutzig (1)
eingeengt: → eingeklemmt
eingefahren: → gewohnt (2)
eingefallen: → elend (1)
eingefleischt: → gewohnt (2)
eingefrieren: → einfrosten
eingefuchst: → geübt
eingehakt: → untergehakt
eingehängt: → untergehakt
eingehen: 1. ⟨zugestellt bekommen⟩ einlaufen · eintreffen; einlangen (österr) ♦ salopp:
eintrudeln; → auch ankommen (1), einkommen – **2.** ⟨eine [vertragl.] Festlegung treffen⟩ schließen – **3.** → einkommen
(1) – **4.** → hineingehen (1) – **5.** → welken
(1) – **6.** → verenden – **7.** → sterben (1) – **8.**
→ schrumpfen – **9.** → verstehen (I, 2) – **10.**
e. |auf| : → anhören (I, 1); die Ehe/den
Bund der Ehe/den Ehebund e.: → heiraten
(1); eine Verbindung e.: **a)** → heiraten (1) –
b) → verbinden (II, 1); einen Bund e.: →
verbünden, sich (1); zur ewigen Ruhe/in
die Ewigkeit/in den ewigen Frieden/in die
ewigen Jagdgründe e.: → sterben (1); ein Risiko e.: → wagen (1)
eingehend: 1. ⟨alle Einzelheiten mit berücksichtigend⟩ ausführlich · gründlich · reiflich;

einlässlich (*schweiz*) + zuverlässig – **2.** →
ausführlich (1)
eingehenkelt: → untergehakt
eingekeilt: → eingeklemmt, dazwischen (1)
eingeklemmt: eingekeilt · eingezwängt ·
eingepresst · eingeschlossen · eingeengt
Eingemachte, das: ans E. gehen: → Substanz (4)
eingenommen: e. sein |von|: → mögen;
von sich e.: → eingebildet (1)
Eingenommenheit, die: → Befangenheit
(1)
eingepresst: → eingeklemmt
eingerechnet: → einschließlich
eingerostet: → steif (1)
eingeschlossen: 1. → einschließlich – **2.** →
eingeklemmt
eingeschnappt: 1. → beleidigt (1) – **2.** e.
sein: → schmollen
eingesessen: → ansässig (1)
eingespielt: → erfahren (2)
eingestandenermaßen: → zugegebenerma
ßen
Eingeständnis, das: → Geständnis (1)
eingestehen: → gestehen (1)
eingestellt: → gesinnt
eingewandert: → zugewandert
Eingeweide (*Pl*): Gedärm[e]; Gescheide ·
Aufbruch (*weidm*) ♦ *umg*: Innereien
(*scherzh*) ♦ *salopp*: Geschlinge · Kaldaunen; → *auch* Innereien (1)
Eingeweihte, der: → Insider
eingewöhnen, sich: → heimisch (4)
eingewohnt: → verwohnt
eingewurzelt: → gewohnt (2)
eingezwängt: → eingeklemmt
eingießen: 1. → einfüllen (1) – **2.** → einflößen (1)
eingittern: → umzäunen
Einglas, das: Monokel + Lorgnon; → *auch*
Brille (1), Kneifer (1)
eingliedern: 1. → einfügen (I), einordnen
(I) – **2.** → einverleiben (1) – **3.** wieder [in
die Gesellschaft / Gemeinschaft] e.: → resozialisieren
Eingliederung, die: **1.** → Einordnung – **2.**
→ Einverleibung
eingraben: I. eingraben: **1.** ⟨*durch Graben
teilweise in etw. hineinbringen*⟩ untergraben · versenken; eintiefen (*Archäol*) ♦ *umg*:
einscharren; einbuddeln (*landsch*); → *auch*
vergraben (I, 1) – **2.** → eingravieren – **3.** →
vergraben (I, 1) – **4.** → einprägen (I, 1) –

II. eingraben, sich: → verschanzen, sich
(1)
eingravieren: gravieren |in| · eingraben +
punz[ier]en; → *auch* einkerben, einhauen
(1), einritzen (1)
eingreifen: 1. ⟨*ein Geschehen bewusst bzw.
gewaltsam beeinflussen*⟩ einschreiten · sich
einschalten · tätig werden · dazwischentreten
· dazwischenspringen + einen harten Schnitt
machen ♦ *umg*: dazwischenfahren · dreinfahren · dreinschlagen · einhaken · dazwischenhaken ♦ *salopp*: dazwischenfunken ·
dazwischenhauen · dreinhauen; → *auch*
einmischen (II) – **2.** → mitwirken
eingreifend: → entscheidend (1)
eingrenzen: 1. → umzäunen, einfassen – **2.**
→ beschränken
Eingrenzung, die: → Umzäunung
Eingriff, der: **1.** → Operation (1) – **2.** →
Einmischung – **3.** chirurgischer E.: → Operation (1); verbotener E.: → Abtreibung (1)
eingruppieren: → einordnen (2)
einhacken: e. |auf|: → quälen (I, 2)
einhaken: I. einhaken: **1.** ⟨[*wie*] *mit einem
Haken festhängen*⟩ festhaken · einklinken +
einrasten – **2.** → eingreifen (1) – **II.** einhaken, sich: → unterhaken
Einhalt, der: E. gebieten: **a)** → eindämmen
(1) – **b)** → hindern – **c)** → protestieren; E.
tun: → eindämmen (1)
einhalten: 1. → befolgen – **2.** → aufhören
(1) – **3.** das [rechte] Maß e.: → Maß (2)
Einhaltung, die: → Beachtung (2)
einhämmern: → einprägen (1)
einhandeln: eintauschen · einkaufen · erhandeln · ertauschen; erfeilschen (*abwert*)
♦ *salopp*: erschachern (*abwert*); → *auch*
kaufen (1), tauschen (1)
einhändigen: → abgeben (I, 1)
einhängen: I. einhängen: → auflegen (I, 2)
– **II.** einhängen, sich: → unterhaken
einhauen: 1. ⟨*in Stein hauen*⟩ einmeißeln; →
auch eingravieren – **2.** → einschlagen (1) – **3.**
→ essen (1) – **4.** e. |auf|: → schlagen (I, 1)
einheben: → einziehen (3)
einheften: → einfügen (1)
einhegen: → umzäunen
Einhegung, die: → Umzäunung
einheimisch: eingeboren · heimisch · hiesig
+ inländisch ♦ *umg*: von hier; → *auch* ansässig (1)
einheimsen: 1. → gewinnen (1) – **2.** einen
Gewinn e.: → gewinnen (1)

Einheit

Einheit, die: 1. ⟨*ein Ganzes ergebendes Verbundensein*⟩ Unteilbarkeit · Einheitlichkeit · Unität · Geschlossenheit · Zusammengehörigkeit + Verbundenheit; → *auch* Einigkeit – **2.** ⟨*bestimmte Größe zum Messen*⟩ Maßeinheit · Größe – **3.** → Abteilung (II, 1) – **4.** → Truppeneinheit

einheitlich: 1. ⟨*sich als Ganzes darstellend*⟩ geschlossen · zusammenhängend · unteilbar · aus einem Guss · homogen; kohärent (*fachspr*) + verbunden; → *auch* einig (1), dicht (1) – **2.** ⟨*in der gleichen Art u. Weise*⟩ gleich[mäßig] · unterschiedslos; → *auch* gleichmäßig (1) – **3.** → einhellig

Einheitlichkeit, die: → Einheit (1)

Einheitsfront, die: → Bündnis (1)

Einheitskleidung, die: → Uniform

Einheitswährung, die: → Eurowährung

einheizen: 1. → anfeuern (1), heizen (1) – **2.** → antreiben (2) – **3.** → trinken (1, b)

einhelfen: → vorsagen

Einhelfer, der: → Vorsager

einhellig: einmütig · einstimmig · einheitlich · gleichstimmig · einvernehmlich + einträchtig

Einhelligkeit, die: → Einigkeit

einhenkeln, sich: → unterhaken

einholen: 1. → einkaufen (I, 1) – **2.** → einziehen (2) – **3.** → aufholen (1) – **4.** → erreichen (1) – **5.** → einbringen (1) – **6.** Erkundigungen e.: → erkundigen, sich

einhüllen: 1. ⟨*mit einer Hülle umgeben*⟩ umhüllen · hüllen |in| · vermummen · einmummen · einwickeln · einpacken ♦ *umg:* einmummeln · vermummeln; → *auch* bedecken (I, 1) – **2.** → umgeben (2)

einig: 1. ⟨*zu einer [festen] Einheit zusammengeschlossen*⟩ geeint · vereinigt + verbunden; → *auch* einheitlich (1) – **2.** ⟨*eines Sinnes geworden*⟩ handelseinig · handelseins – **3.** [sich] e. werden: → einigen (II); [sich] e. sein, e. gehen |mit|: → übereinstimmen (1)

einige: 1. ⟨*eine kleine Anzahl*⟩ [nur] wenige · etliche · ein paar · mehrere · einzelne · manche · dieser und jener + verschiedene · diverse · mehrerlei ♦ *umg:* welche · eine Handvoll – **2.** e. Mal[e]: → wiederholt (1)

einigeln, sich: → absondern (1)

einigen: I. einigen: **1.** → vereinen (I, 1) – **2.** → versöhnen (I) – **II.** einigen, sich: ⟨*zu einer einheitl. Auffassung kommen*⟩ [sich] einig werden · handelseins / handelseinig werden · sich verständigen · Verständigung erzielen · übereinkommen · ins Reine kommen · sich vergleichen · einen Vergleich schließen / zustande bringen · einen Kompromiss schließen · sich auf halbem Wege treffen · eine gemeinsame Formel finden; → *auch* versöhnen (II)

einigermaßen: → erträglich

einiges: 1. ⟨*eine kleine Menge*⟩ etwas · etliches · ein bisschen ♦ *umg:* ein bissel (*landsch*) – **2.** → Einzelnes

Einigkeit, die: Einmütigkeit · Einhelligkeit · Einvernehmen · Übereinstimmung · Gleichsinn + Einigung; → *auch* Einheit (1), Eintracht

Einigung, die: 1. → Vereinigung (1) – **2.** → Versöhnung – **3.** → Einigkeit

einimpfen: 1. → einspritzen (1) – **2.** → einprägen (I, 1)

einjagen: einen Schreck[en] e.: → erschrecken (1); Angst / Furcht e.: → ängstigen (I)

einjochen: → anspannen (1)

einkacheln: → heizen (1)

einkalkulieren: → einbeziehen, berücksichtigen (1), berechnen (I, 2)

einkapseln, sich: → absondern (II)

einkassieren: 1. → ¹kassieren – **2.** → einziehen (3) – **3.** → aneignen, sich (1) – **4.** → einsperren (1)

einkästeln: → umranden

Einkauf, der: 1. ⟨*das Erwerben des [täglich] Benötigten*⟩ Besorgung · Erledigung; → *auch* Kauf (1) – **2.** Einkäufe machen: → einkaufen (I, 1)

einkaufen: I. einkaufen: **1.** ⟨*das [täglich] Benötigte erwerben*⟩ Einkäufe / Besorgungen machen · Wege erledigen · shoppen + erwerben · holen ♦ *umg:* einholen · Wege machen; → *auch* kaufen (1) – **2.** → einhandeln – **II.** einkaufen, sich: → eintreten (1)

Einkaufsbummel, der: Shopping

Einkaufsmall, die: → Einkaufsstraße

Einkaufsparadies, das: Konsumtempel (*abwert*)

Einkaufsstraße, die: Mall · Einkaufsmall · Shoppingmall · Einkaufszentrum · Bummelmeile · Flaniermeile + Fußgängerzone

Einkaufszentrum, das: 1. ⟨*große Anlage zum Einkaufen*⟩ Center · Einkaufscenter · Shoppingcenter; → *auch* Geschäft (1) – **2.** → Einkaufsstraße

Einkehr, die: **1.** → Selbstbesinnung – **2.** E. halten: → einkehren

einkehren: Einkehr halten (*veraltend*) + absteigen

einkeilen: 1. → einschlagen (1) – **2.** → einklemmen

einkellern: → einlagern

einkerben: einritzen · einschnitzen · einschneiden; inzidieren (*med*) + einsägen; → *auch* eingravieren

Einkerbung, die: → Einschnitt (1)

einkerkern: → einsperren (1)

einkesseln: → umstellen (I)

Einkesselung, die: → Einkreisung

einklagen: → einziehen (3)

Einklang, der: **1.** → Eintracht – **2.** in E. bringen ⌐mit⌐: → abstimmen (2); in E. stehen/sein ⌐mit⌐: → übereinstimmen (1)

einklemmen: einquetschen · festklemmen · dazwischenklemmen · einkeilen · dazwischenpressen ♦ *umg:* einkneifen

einklinken: 1. → schließen (I, 1, a) – **2.** → einhaken (I, 1)

einklopfen: → einschlagen (1)

einknacken: → einbrechen (2)

einkneifen: → einklemmen

einknicken: 1. → knicken (1) – **2.** → nachgeben (1)

einknoten: → einbinden (1)

einknüpfen: → einbinden (1)

einknüppeln: e. ⌐auf⌐: → schlagen (I, 1)

einkochen: einmachen; einsetzen · einsieden (*landsch*); einrexen (*österr*) + einwecken · eindosen · konservieren

einkommen: 1. ⟨*von Geld gesagt: überwiesen bzw. zugestellt bekommen*⟩ eingehen · einlaufen; → *auch* eingehen (1) – **2.** → einfallen (1) – **3.** e. ⌐um⌐: → bewerben, sich (1), beantragen

Einkommen, das: **1.** → Gehalt (I) – **2.** → Lohn (1)

einkommensschwach: → arm (1)

einkommensstark: → reich (1)

einkrachen: 1. → einbrechen (2) – **2.** → einstürzen

einkrallen, sich: → festkrallen, sich

einkratzen: I. einkratzen: → einritzen (1) – **II.** einkratzen, sich: → einschmeicheln, sich

einkreisen: 1. → umstellen (I) – **2.** → umranden

Einkreisung, die: Umzingelung · Einschließung · Einkesselung · Umklammerung

· Einschluss · Einzingelung + Kessel; → *auch* Absperrung (1)

einkriegen: I. einkriegen: → erreichen (1) – **II.** einkriegen, sich: → beruhigen (II, 1)

einkritzeln: → einritzen (1)

einkrümmen: → biegen (I, 1)

einkugeln: → einrenken (1)

Einkünfte (*Pl*): **1.** ⟨[*regelmäßig*] *bezogene Gelder*⟩ Einnahmen + Revenue · Rendite · Apanage – **2.** → Gehalt (I) – **3.** → Lohn (1)

einkurven: → einbiegen (1)

¹einladen: → verladen (1)

²einladen: ⟨*jmdn. auffordern, Gast zu sein*⟩ **a)** ⟨*zu sich nach Hause*⟩ zu Gast/zu sich bitten · [zu sich] laden + herbitten – **b)** ⟨*bei einer Veranstaltung od. in einem Lokal für jmdn. bezahlen wollen*⟩ freihalten; → *auch* spendieren (1)

einladend: → verlockend

Einladung, die: Einladungsschreiben · Einladungskarte

Einladungskarte, die: → Einladung

Einladungsschreiben, das: → Einladung

Einlage, die: **1.** ⟨*das in etw. Hineingefügte*⟩ Einschluss · Einfügung · Einschaltung · Zwischenstück; → *auch* Einschub – **2.** → Füllung (1, b) – **3.** → Zugabe

einlagern: einkellern · [ein]speichern · [ein]mieten + einwintern

einlangen: 1. → eingehen (1) – **2.** → ankommen (1)

Einlass, der: **1.** → Zutritt (1) – **2.** → Eingang (1)

einlassen: I. einlassen: **1.** ⟨*in einen Raum usw. kommen lassen*⟩ hereinlassen · eintreten/hereinkommen lassen · hineinlassen – **2.** ⟨*eine Flüssigkeit in einen Behälter fließen lassen*⟩ [hin]einlaufen lassen · einfüllen; → *auch* einfüllen (1) – **II.** einlassen, sich: ⌐mit⌐: → verkehren (2); sich e. ⌐auf/zu⌐: → wagen (1)

Einlasskarte, die: → Eintrittskarte

einlässlich: → eingehend (1)

Einlassung, die: → Bemerkung (1)

Einlauf, der: **1.** ⟨*das Einfüllen von Flüssigkeit in den Mastdarm*⟩ Darmspülung · Klistier; Klysma (*med*) – **2.** → Ankunft – **3.** → Ziel (2) – **4.** → Eingang (2)

einlaufen: I. einlaufen: **1.** ⟨*in Bezug auf neue Schuhe: durch mehrmaliges Tragen den Füßen anpassen*⟩ eintragen · eintreten – **2.** → eingehen (1) – **3.** → ankommen (1) – **4.** → einkommen (1) – **5.** → schrumpfen –

einläuten

6. in den Hafen der Ehe / in den Ehehafen e.:
→ heiraten (1); die Bude / das Haus e.: →
bedrängen (1); e. lassen: → einlassen (I, 2)
– **II.** einlaufen, sich: ⟨*allmählich zu einem
normalen Ablauf kommen*⟩ sich einspielen
einläuten: → eröffnen (I, 1)
einleben, sich: 1. → heimisch (4) – **2.** sich
e. |in|: → hineinversetzen, sich
einlegen: 1. ⟨*Lebensmittel bzw. Futtermittel
in einer bestimmten Flüssigkeit haltbar ma-
chen*⟩ konservieren · einmachen · marinieren
· einsäuern · eintonnen ♦ *umg:* einmarinie-
ren (*landsch*) – **2.** → einfügen (I) – **3.** Pro-
test / Verwahrung e.: → protestieren; Be-
schwerde e.: → beschweren (II); Fürspra-
che / ein gutes Wort e. |für|: → verwenden
(II); eine Lanze e. |für|: → eintreten (7, a);
eine Pause / Ruhepause e.: → rasten; eine
schnellere Gangart e.: → beeilen, sich
einleiten: 1. → eröffnen (I, 1) – **2.** → an-
bahnen (I)
einleitend: einführend + initiatorisch · ein-
gangs
Einleitung, die: 1. ⟨*das mit dem Folgenden
bekannt Machende*⟩ Einführung · Introduk-
tion · Vorbemerkung · Vorspann + Prolog ·
Präambel · Präliminarien; → *auch* Eröff-
nung (1), Vorwort – **2.** → Einführung (1) –
3. → Eröffnung (1)
einlenken: 1. → einbiegen (1) – **2.** → nach-
geben (1)
einlernen: → lernen (1)
einlesen (*EDV*): einscannen
einleuchtend: 1. → überzeugend – **2.** →
deutlich (3)
einliefern: → aufgeben (1)
Einlieferung, die: → Aufgabe (1)
einliegend: → beiliegend
einlochen: → einsperren (1)
einlogieren, sich: → ²einmieten, sich
einlösen: → erfüllen (I, 2)
Einlösung, die: → Erfüllung (1)
einlullen: → einschläfern (1)
einmachen: 1. → einkochen – **2.** → ein-
legen (1) – **3.** → einnässen
Einmachglas, das: → Weckglas
einmahnen: → einziehen (3)
einmal: 1. ⟨*nicht mehrmals*⟩ ein einziges
Mal – **2.** → irgendwann (1) – **3.** → einst (1)
– **4.** → früher (1) – **5.** → eben (3) – **6.** auf e.:
a) → plötzlich (1) – **b)** → gleichzeitig (1);
erst e.: → zuerst; noch e.: **a)** → doppelt (1)
– **b)** → wieder (1); e. mehr, e. übers / ums

andere: → wiederholt (1); nun e.: → eben
(3)
Einmaleins, das: → Anfangsgründe
einmalig: → hervorragend (1)
einmarinieren: → einlegen (1)
Einmarsch, der: 1. → Einzug (1) – **2.** Über-
fall (1)
einmarschieren: 1. → einziehen (1) – **2.** e.
|in|: → überfallen (1)
einmauern: 1. ⟨*im Mauerwerk befestigen*⟩
vermauern · einbetonieren – **2.** → einschlie-
ßen (I, 1)
einmeißeln: → einhauen (1)
einmengen, sich: → einmischen (II)
Einmengung, die: → Einmischung
¹einmieten: → einlagern
²einmieten, sich: sich einlogieren · sich ein-
quartieren ♦ *gehoben:* Wohnung / Quartier
nehmen; → *auch* beziehen (I, 3), ²mieten
einmischen: I. einmischen: → beimischen
– **II.** einmischen, sich: ⟨*in fremden Angele-
genheiten gegen den Willen anderer aktiv
werden*⟩ intervenieren · sich dreinmischen ·
sich dreinmengen · sich dazwischenmischen
· dazwischenreden · sich einmengen · sich
mengen |in| + dazwischenkommen ♦ *umg:*
dreinreden · sich dazwischenstecken · sich
reinhängen · seine Nase in alles [hinein]-
stecken · ins Handwerk pfuschen ♦ *salopp:*
dazwischenpfuschen; → *auch* eingreifen (1)
Einmischung, die: Intervention · Eingriff ·
Einmengung
einmontieren: → einbauen (1)
einmumme[l]n: → einhüllen (1)
einmünden: → münden
einmütig: → einhellig
Einmütigkeit, die: → Einigkeit
einnageln: → einschlagen (1)
Einnahme: I. Einnahme, die: **1.** → Ertrag –
2. → Lohn (1), Gehalt (I) – **II.** Einnahmen
(*Pl*): **1.** → Ertrag – **2.** → Einkünfte (1)
Einnahmequelle, die: → Verdienstmöglich-
keit
einnässen: unter sich machen ♦ *umg:* ein-
machen ♦ *derb:* sich einpissen
einnebeln: → vernebeln (1)
einnehmen: 1. ⟨*sich Medizin zuführen*⟩
schlucken – **2.** → ¹kassieren, verdienen (1)
– **3.** → erobern (1) – **4.** → innehaben (1) –
5. e. |gegen|: → beeinflussen (2); für sich
e.: → gefallen (1); seinen Platz / die Plät-
ze / Sitze e.: → setzen (II, 1)
einnehmend: → anziehend (1)

234

einrenken

einnicken: → einschlafen (1)
einnisten, sich: 1. → nisten – **2.** → niederlassen (II, 1)
einochsen: → lernen (1)
Einöde, die: 1. ⟨*einsamer u. öder Landstrich*⟩ Öde · Wüste[nei] + Steppe · Wildnis; → *auch* Ödland – **2.** ⟨*von wenig od. keinen Menschen bewohnte bzw. besuchte Gegend*⟩ Einsamkeit; Einschicht (*süddt österr*) + Leere ♦ *derb*: der Arsch der Welt
einölen: 1. → ölen (1) – **2.** → einreiben
einoperieren: → implantieren
einordnen: I. einordnen: ⟨*an bestimmter Stelle in einer Ordnung unterbringen*⟩ einreihen · eingruppieren · eingliedern · einsortieren · einstufen · zuordnen · positionieren + einstellen · einrangieren · einscheren · rubrizieren; → *auch* einfügen (I), einstellen (1) – **II.** einordnen, sich: → anpassen (II, 2)
Einordnung, die: Einreihung · Eingliederung · Einfügung · Einstufung · Zuordnung
einpacken: 1. ⟨*in etw. packen*⟩ verpacken · hineinpacken · verstauen · packen |in| + zusammenpacken · wegpacken ♦ *salopp*: einsacken; → *auch* verpacken (1) – **2.** → einhüllen (1), einwickeln (1) – **3.** e. können: → aufgeben (3)
einpassen: I. einpassen: ⟨*präzise an vorgesehener Stelle einfügen*⟩ einfugen + einfügen; → *auch* einbauen (I), einfügen (I) – **II.** einpassen, sich: → anpassen (II, 2)
einpauken: → lernen (1)
einpendeln, sich: → ausgleichen (II)
einpennen: → einschlafen (1)
einpflanzen: 1. → pflanzen (I, 1) – **2.** → implantieren – **3.** → einprägen (I, 1)
einpissen, sich : → einnässen
einplanen: → vorsehen (I)
einplanieren: → einebnen
einplumpsen: → einstürzen
einpökeln: → pökeln
einprägen: I. einprägen: **1.** ⟨*im Gedächtnis fest verankern*⟩ beibringen · einschärfen · eingraben · einpflanzen · einimpfen · einhämmern; einschleifen (*Psych*) + lehren ♦ *umg*: einbüffeln · einbimsen · einbläuen · eindrillen · eintrommeln + einprügeln ♦ *salopp*: eintrichtern; → *auch* lernen (1), merken (4) – **2.** → eindrücken (I, 1) – **3.** sich e.: → merken (4) – **II.** einprägen, sich: ⟨*einen Abdruck hinterlassen*⟩ sich eindrücken · sich abdrücken + sich abzeichnen
einprägsam: → eindrucksvoll

Einprägung, die: → Eindruck (2)
einpressen: → eindrücken (I, 1)
einprügeln: 1. → einprägen (I, 1) – **2.** e. |auf| : → schlagen (I, 1)
einpudern: → pudern (1)
einpuppen, sich: 1. ⟨*sich in eine Puppe verwandeln*⟩ sich verpuppen + sich einspinnen – **2.** → absondern (II)
einquartieren, sich: → ²einmieten, sich
einquetschen: → einklemmen
einrahmen: 1. → rahmen – **2.** → umgeben (1)
Einrahmung, die: → Rahmen (1)
einrammen: → einschlagen (1)
einrändern: → umranden
einrangieren: I. einrangieren: → einordnen (I) – **II.** einrangieren, sich: → anpassen (II, 2)
einrasten: → einhaken (I, 1)
einräuchern: → vernebeln (1)
einräumen: 1. → zugestehen – **2.** → überlassen (I, 1), gewähren (1)
Einräumung, die: → Zugeständnis (1)
einrechnen: → einbeziehen
Einrede, die: → Einspruch (1)
einreden: 1. ⟨*durch eindringl. Sprechen glauben machen [wollen]*⟩ einflüstern · eingeben · suggerieren · glauben machen ♦ *umg*: weismachen · erzählen · aufhängen · aufbinden · auftischen · einen Floh ins Ohr / Flausen / Raupen in den Kopf setzen · ein Kind in den Bauch reden – **2.** e. |auf| : ⟨*durch eindringl. Sprechen zu etw. bewegen wollen*⟩ einsprechen |auf| · bereden · suggerieren · agitieren + beeinflussen ♦ *umg*: einschwatzen |auf| · totreden · bearbeiten · in den Ohren liegen · sich den Mund fusselig / fransig / in Fransen reden · sich die Seele aus dem Leib reden ♦ *salopp*: berieseln; → *auch* veranlassen (1) – **3.** sich e.: → einbilden (1)
einreiben: einfetten · eincremen · einölen · [ein]salben · [ein]balsamieren + einmassieren ♦ *umg*: einschmieren · schmieren |auf|
einreihen: 1. → einordnen (I) – **2.** → einfügen (I)
Einreihung, die: → Einordnung
einreißen: 1. → abbrechen (2) – **2.** → ausreißen (2) – **3.** → durchsetzen (I, 2, b) – **4.** sich e.: → einbilden (11)
einrenken: 1. ⟨*von Gliedmaßen gesagt: wieder in die richtige Lage bringen*⟩ einkugeln · [ein]richten – **2.** → bereinigen (1)

235

einrennen: **1.** → einstoßen – **2.** das Haus / die Bude e.: → bedrängen (1)

einrexen: → einkochen

einrichten: **I.** einrichten: **1.** ⟨*mit Einrichtungsgegenständen versehen*⟩ ausstatten · ausgestalten · möblieren – **2.** → einrenken (1) – **3.** → gestalten (1) – **4.** → einstellen (I, 1) – **II.** einrichten, sich: **1.** → einschränken (II) – **2.** sich e. |auf|: → vorbereiten (II)

Einrichtung, die: **1.** ⟨*das Einrichten*⟩ Ausstattung · Ausgestaltung – **2.** ⟨*Gesamtheit der Einrichtungsgegenstände*⟩ **a)** ⟨*allgemein*⟩ Ausstattung · Ausrüstung · Interieur + Zubehör – **b)** ⟨*der Wohnung*⟩ Mobiliar · Möbel · Wohnungseinrichtung – **3.** ⟨*zur Wahrnehmung bzw. Ausübung bestimmter Funktionen gegründete Stelle*⟩ Institut[ion] · Anstalt – **4.** → Anlage (I, 1)

einriegeln: → einschließen (I, 1)

einringeln: → umranden

Einriss, der: → Riss (1)

einritzen: **1.** ⟨*durch Ritzen eingraben*⟩ ritzen |in| · einkratzen · einkritzeln; → *auch* eingravieren – **2.** → einkerben

einrollen: → einwickeln (1)

einrosten: → rosten

einrücken: **1.** → Soldat (2) – **2.** → einziehen (1) – **3.** → einschalten (I, 1) – **4.** → einfügen (I)

einrühren: **1.** → anrühren (1) – **2.** → beimischen – **3.** → verursachen

eins: **1.** → gleich (2) – **2.** e., zwei, drei: → schnell (1, c); mit e.: → plötzlich (1); e. a (I ͣ): → hervorragend (1); e. versetzen / verpassen / überziehen / draufhauen / draufgeben: → schlagen (I, 1); e. sein: → übereinstimmen (1)

Einsaat, die: **1.** → Saatgut – **2.** → Aussaat

einsäckeln: → aneignen, sich (1)

einsacken: **1.** → einpacken (1) – **2.** → aneignen, sich (1) – **3.** → senken (II)

einsäen: → säen (1)

Einsage, die: → Einspruch (1)

einsagen: → vorsagen

einsägen: → einkerben

Einsager, der: → Vorsager

einsalben: → einreiben

einsalzen: → pökeln

einsam: **1.** ⟨*ohne Gesellschaft*⟩ abgesondert · abgeschieden · zurückgezogen · vereinsamt · verlassen · weltverloren · einsiedlerisch · klösterlich · eremitenhaft + einzeln;

→ *auch* allein (1), weltfremd – **2.** → abgelegen – **3.** → menschenleer

Einsamkeit, die: **1.** ⟨*das Einsamsein*⟩ Alleinsein · Abgeschiedenheit · Zurückgezogenheit · Verlassenheit + Verlorenheit – **2.** → Einöde (2)

einsammeln: sammeln; → *auch* einziehen (3)

Einsattelung, die: → Bergsattel

Einsatz, der: **1.** ⟨*das Zurwirkungbringen*⟩ Aufbietung · Aufwendung · Aufwand · Mobilisierung – **2.** → Beginn (1) – **3.** → Hingabe (1) – **4.** → Verwendung (1)

einsatzbereit: **1.** → dienstbereit – **2.** → kampfbereit – **3.** → betriebsfertig

Einsatzbereitschaft, die: → Hilfsbereitschaft, Hingabe (1)

einsatzfertig: → betriebsfertig

Einsatzsignal, das: → Alarm (1)

einsauen: **I.** einsauen → beschmutzen (I, 1) – **II.** einsauen, sich: → beschmutzen (II, 1)

einsäuern: → einlegen (1), silieren

einsaugen: **1.** ⟨*saugend aufnehmen*⟩ saugen · einziehen · einschlürfen – **2.** → einatmen

einsäumen: → einfassen

einsäuseln: → einschläfern (1)

einsausen: → einstürzen, einbrechen (2)

einscannen: → einlesen

einschachteln: → einfügen (I)

Einschachtelung, die: → Einschub, Einschaltung (1)

einschalen: → verschalen

einschalten: **I.** einschalten: **1.** ⟨*durch Schließen des elektr. Stromkreises in Gang bringen*⟩ anstellen · einstellen · anschalten; einrücken ⟨*fachspr*⟩; aufdrehen ⟨*österr*⟩ + schalten ♦ *umg:* anknipsen · andrehen · anmachen; → *auch* anstellen (I, 1) – **2.** → einfügen (I) – **II.** einschalten, sich: → eingreifen (I)

Einschaltung, die: **1.** ⟨*das in einen Satz Eingefügte*⟩ Einschachtelung · Parenthese – **2.** → Einlage (1)

einschärfen: **1.** ⟨*eindringlich ermahnen*⟩ ans Herz legen ♦ *umg:* auf die Seele binden; → *auch* raten (1) – **2.** → einprägen (I, 1)

einscharren: **1.** → eingraben (I, 1) – **2.** → vergraben (I, 1)

einschätzen: **1.** → beurteilen (1) – **2.** → veranschlagen – **3.** e. |als|: → halten (I, 7)

Einschätzung, die: → Beurteilung

einscheffeln: → zusammenraffen (I, 2)

einschöpfen

einschenken: → einfüllen (1)
einscheren: → einordnen (I)
Einschicht, die: → Einöde (2)
einschichtig: 1. → abgelegen – **2.** → ledig (1)
einschieben: 1. ⟨*in etw. hineinschieben*⟩ dazwischenschieben; einschießen (*landsch u. fachspr*) ♦ *umg*: zwischenschieben – **2.** → einfügen (I) – **3.** eine Pause/Ruhepause e.: → rasten
Einschiebsel, das: → Einschub
Einschiebung, die: → Einschub
einschießen: 1. → zerschießen – **2.** → einschieben (1)
einschiffen, sich: → einsteigen (3)
einschirren: → anspannen (1)
einschlafen: 1. ⟨*zu schlafen beginnen*⟩ einschlummern · einnicken · eindämmern · hinüberdämmern · in Schlaf sinken/fallen + vom Schlaf übermannt werden ♦ *gehoben*: entschlafen · entschlummern ♦ *umg*: einduseln · eindösen; eindusseln (*landsch*); eindruseln (*norddt*) ♦ *salopp*: einpennen – **2.** → sterben (1) – **3.** → absterben (1) – **4.** → enden (1, b)
einschläfern: 1. ⟨*zum Schlafen bringen*⟩ einwiegen · einlullen · einsingen; in den Schlaf wiegen/lullen/singen ♦ *umg*: einsäuseln – **2.** → betäuben (I, 1) – **3.** → töten (2)
Einschläferung, die: → Betäubung (1)
Einschlag, der: **1.** ⟨*Stelle des Einschlagens*⟩ Einschlagstelle + Einschuss · Einschussloch – **2.** → Tendenz (1)
einschlagen: 1. ⟨*durch Daraufschlagen in etw. eindringen lassen*⟩ hineinschlagen · schlagen |in| · einklopfen · [hin]eintreiben · einkeilen · einrammen · rammen |in| + einnageln · durchtreiben ♦ *umg*: einhauen – **2.** → einstoßen – **3.** → zerschlagen (I, 1) – **4.** → fällen (1) – **5.** → einwickeln (1) – **6.** → umschlagen (1) – **7.** → zustimmen (1) – **8.** → wirken (3) – **9.** e. |auf|: → schlagen (I, 1); den Schädel e.: → erschlagen (1)
Einschlagstelle, die: → Einschlag (1)
einschlämmen: → bewässern
einschleichen, sich: **1.** ⟨*unbemerkt eindringen*⟩ sich einstehlen; → *auch* einbrechen (1) – **2.** → unterlaufen (1)
einschleifen: → einprägen (I, 1)
einschleusen: → einschmuggeln
einschliefen: → einfahren (1)

einschließen: I. einschließen: **1.** ⟨*durch Verschließen der Tür in einem Raum festhalten*⟩ einsperren + einriegeln · einmauern – **2.** → wegschließen – **3.** → umgeben (1) – **4.** → umstellen (I) – **5.** → einbeziehen – **6.** → enthalten (I) – **II.** einschließen, sich: ⟨*durch Verschließen der Tür Außenstehenden den Zutritt verwehren*⟩ sich verbarrikadieren
einschließlich: inbegriffen · einbegriffen · inklusive · eingerechnet · eingeschlossen · implizit[e] · mit · samt; → *auch* zuzüglich
Einschließung, die: → Einkreisung
einschlummern: 1. → einschlafen (1) – **2.** → sterben (1) – **3.** → enden (1, b)
einschlürfen: → einsaugen (1)
Einschluss, der: **1.** → Einlage (1) – **2.** → Einkreisung – **3.** → Fremdkörper – **4.** → Einbeziehung
einschmeicheln, sich: sich anschmeicheln · sich anbiedern ♦ *umg*: sich anschmusen · herumscharwenzeln |um| · sich lieb Kind machen; sich ankratzen · sich einkratzen · sich anvettern · sich anvettermicheln (*landsch*) ♦ *salopp*: sich anschmieren · sich anwanzen · sich einschmieren · in den Hintern kriechen ♦ *derb*: in den Arsch kriechen; → *auch* kriechen (2)
einschmeichelnd: → wohltönend
einschmeißen: → einwerfen (2)
einschmettern: → einwerfen (2)
einschmiegen, sich: → anpassen (II, 2)
einschmieren: I. einschmieren: **1.** → einreiben – **II.** einschmieren, sich: **1.** → beschmutzen (II, 1) – **2.** → einschmeicheln, sich
einschmuggeln: einschleusen
einschmutzen: → beschmutzen (I, 1)
einschnappen: 1. → zufallen (1) – **2.** → schmollen
einschneiden: → einkerben
einschneidend: → empfindlich (2)
einschneien: → zuschneien
Einschnitt, der: **1.** ⟨*die Spur eines Schneidwerkzeugs zeigende Stelle*⟩ Einkerbung · Kerbe · Schnitt + Spalt; → *auch* Spalt (1) – **2.** ⟨*Zeitpunkt des Beginns von etw. Neuem*⟩ Zäsur – **3.** → Schnitt (1)
einschnitzen: → einkerben
einschnuppern: → einatmen
einschnüren: 1. → einbinden (1) – **2.** → beengen (1)
einschöpfen: → einfüllen (1)

237

einschränken

einschränken: I. einschränken: → beschränken – **II.** einschränken, sich: ⟨*bescheidener als vorher leben*⟩ sich bescheiden • sich einrichten • sparen • sich Entbehrungen auferlegen + sich verkleinern ♦ *umg:* den Gürtel/Riemen [ein Loch] enger schnallen • abspecken • auf Sparflamme schalten + sich klein machen ♦ *salopp:* den Schmachtriemen anziehen/enger schnallen • sich krumm legen; → *auch* Haus (4)
Einschränkung, die: 1. → Beschränkung (1) – **2.** → Vorbehalt (1) – **3.** mit E.: → bedingt (1); ohne E.: → bedingungslos
einschrauben: [hin]eindrehen; → *auch* anschrauben
einschreiben: I. einschreiben: ⟨*schriftlich in etw. festhalten*⟩ eintragen • verzeichnen + registrieren • inskribieren • [ver]buchen; → *auch* einzeichnen (I) – **II.** einschreiben, sich: ⟨*seinen Namen in etw. setzen*⟩ sich eintragen • sich einzeichnen
einschreiten: → eingreifen (1)
einschrumpeln: → schrumpfen
einschrumpfen: → schrumpfen
Einschub, der: Einschiebsel • Einschiebung • Einfügung • Einschachtelung; → *auch* Einlage (1)
einschüchtern: → entmutigen
Einschuss, der: → Einschlag (1)
Einschussloch, das: → Einschlag (1)
einschütten: → einfüllen (1)
einschwatzen: e. |auf|: → einreden (2)
einschwenken: 1. → einbiegen (1) – **2.** → anpassen (II, 2)
einschwören: → verpflichten (I, 1)
einsegnen: konfirmieren (*evang Kirche*); firmen (*kathol Kirche*)
Einsegnung, die: Konfirmation (*evang Kirche*); Firmung (*kathol Kirche*)
einsehen: 1. ⟨*das Innere in Augenschein nehmen*⟩ hineinsehen • hineinblicken – **2.** ⟨*seine Ansicht aus innerer Überzeugung revidieren*⟩ zur Einsicht kommen • ein Einsehen haben • Verständnis haben/aufbringen + verstehen; → *auch* vernünftig (5) – **3.** → prüfen (1)
Einsehen, das: 1. → Verständnis (1) – **2.** ein E. haben: → einsehen (2)
einseifen: → betrügen (1)
einseitig: 1. ⟨*nur eine Seite hervorhebend*⟩ parteiisch • tendenziös + subjektiv • verzerrt • schief • entstellt • frisiert • engherzig; → *auch* befangen (1) – **2.** ⟨*nur auf bzw. von*

der Seite einer Partei od. nur eine Seite berücksichtigend⟩ unilateral (*bes. Polit*)
Einsenkung, die: → Vertiefung (1)
einsetzen: I. einsetzen: **1.** → einfügen (I) – **2.** → einbauen (1) – **3.** → pflanzen (I, 1) – **4.** → einkochen – **5.** → berufen (I, 1) – **6.** → verwenden (I, 1) – **7.** → einspannen (1) – **8.** → aufwenden – **II.** einsetzen, sich: ⟨*bestimmte Belange nachdrücklich unterstützen*⟩ eifern |für| • sein Gewicht in die Waagschale werfen; in die Schranken treten |für| ♦ *umg:* sich dahinter setzen • durch dick und dünn/durchs Feuer gehen |für| • sich [tüchtig] in die Riemen legen ♦ *salopp:* sich dahinter klemmen; → *auch* eintreten (7, a), verwenden (II)
Einsetzung, die: → Berufung (1)
Einsicht, die: 1. → Einblick (1 *u.* 2) – **2.** → Erkenntnis (1) – **3.** → Verständnis (1) – **4.** zur E. kommen: → einsehen (2); zur E. bringen: → überzeugen (I)
einsichtig: 1. → verständnisvoll – **2.** → überzeugend
Einsichtnahme, die: → Einblick (2)
einsichtslos: → verständnislos (1)
einsichtsvoll: → verständnisvoll
einsickern: → versickern
Einsiedeglas, das: → Weckglas
Einsiedel, der: → Einsiedler
einsieden: → einkochen
Einsiedler, der: Eremit • Klausner • Einsiedel • Anachoret • Waldbruder; → *auch* Einzelgänger
einsiedlerisch: → einsam (1)
einsilbig: → wortkarg
einsilieren: → silieren
einsingen: → einschläfern (1)
einsinken: → senken (II)
einsitzen: → gefangen (2)
einsortieren: → einordnen (I)
einspannen: 1. ⟨*in etw. befestigen*⟩ einziehen • einsetzen • festspannen – **2.** → anspannen (1) – **3.** → heranziehen (1)
Einspänner, der: → Einzelgänger, Junggeselle
einsparen: den Rotstift ansetzen • Kürzungen vornehmen; → *auch* sparen (1)
Einsparungsmaßnahmen (*Pl*): Sparmaßnahmen; Streichkonzert (*scherzh*)
einspeichern: → einlagern
einsperren: 1. ⟨*in eine Haftanstalt bringen u. darin festhalten*⟩ einkerkern • in Gewahrsam nehmen • gefangen setzen • in Arrest

eintauchen

setzen + internieren · ins Gefängnis werfen · in den Kerker werfen ♦ *umg*: einstecken · festsetzen · hinter Schloss und Riegel bringen/setzen; aus dem Verkehr ziehen (*verhüll*) ♦ *salopp*: einbuchten · einlochen · einspunden · einkassieren · einbunkern · ins Loch stecken; → *auch* gefangen (3), verhaften – **2.** → einschließen (I, 1) – **3.** eingesperrt sein: → gefangen (2)

einspielen, sich: → einlaufen (II)

einspinnen, sich: **1.** → einpuppen, sich (1) – **2.** → absondern (II)

Einsprache, die: → Einspruch (1)

einsprachig: monolingual (*Sprachw*)

einsprechen: e. |auf|: → einreden (2)

einsprengen: 1. → bespritzen (I, 1) – **2.** → einfügen (I)

Einsprengsel, das: → Fremdkörper

einspringen: 1. → aushelfen – **2.** e. |für|: → vertreten (1)

einspritzen: 1. ⟨*eine Flüssigkeit mittels einer Spritze in etw. einführen*⟩ spritzen |in| · einimpfen; injizieren (*med*) – **2.** → bespritzen (I, 1)

Einspritzung, die: Injektion ♦ *umg*: Spritze

Einspruch, der: **1.** ⟨*Äußerung des Nichteinverstandenseins*⟩ Protest · Einwand · Einwurf · Widerspruch · Veto · Entgegnung · Einrede · Widerrede · Verwahrung · Anfechtung; Berufung · Interpellation · Rekurs · Rechtseinwendung (*Rechtsw*); Demarche (*Diplom*); Einsprache (*schweiz*); Einsage (*süddt österr*); → *auch* Einwand (1), Ablehnung – **2.** E. erheben: → protestieren

einspunden: → einsperren (1)

einst: 1. ⟨*in ferner Zukunft*⟩ der[mal]einst · einstens · einstmals · einmal · später[hin]; → *auch* künftig – **2.** → früher (1)

einstampfen: → eindrücken (I, 1)

einstanzen: → eindrücken (I, 1)

einstauben: → verstauben

einstäuben: → pudern (1)

einstecken: 1. → aneignen, sich (1) – **2.** → einsperren (1) – **3.** → einwerfen (1) – **4.** → dulden (1) – **5.** → überflügeln

einstehen: e. |für|: **1.** → verantworten (I) – **2.** → eintreten (7, a) – **3.** → bürgen

einstehlen, sich: → einschleichen, sich (1)

einsteigen: 1. ⟨*sich steigend in etw. hineinbegeben*⟩ hineinsteigen · hineinklettern – **2.** ⟨*sich in ein Fahrzeug begeben*⟩ besteigen · aufsteigen + aufspringen – **3.** ⟨*sich in ein Schiff bzw. Flugzeug begeben*⟩ an Bord gehen · sich einschiffen – **4.** → eintreten (1) – **5.** → einbrechen (1)

einstellen: I. einstellen: **1.** ⟨*ein Gerät auf die optimale Leistung bringen*⟩ einrichten · justieren · regulieren – **2.** → einschalten (I, 1) – **3.** → unterstellen (I) – **4.** → einordnen (I) – **5.** → anstellen (I, 2) – **6.** → beenden (1) – **7.** → egalisieren (1) – **8.** e. |auf|: abstimmen (2); die Arbeit e.: → streiken (1) – **II.** einstellen, sich: **1.** → erscheinen (1, a u. b) – **2.** sich e. |auf|: → vorbereiten (II)

Einstellplatz, der: → Parkplatz

Einstellung, die: **1.** ⟨*das Einstellen eines Gerätes*⟩ Justierung – **2.** → Anstellung (1) – **3.** → Beendigung – **4.** → Gesinnung (1) – **5.** → Denkweise

einstens: 1. → einst (1) – **2.** → früher (1)

Einstieg, der: → Öffnung

einstig: → ehemalig

einstimmen: I. einstimmen: → stimmen (2) – **II.** einstimmen, sich: sich e. |auf/für|: → vorbereiten (II)

einstimmig: 1. ⟨*mit einer Stimme*⟩ + gleichstimmig · homophon · unisono – **2.** → einhellig

Einstimmung, die: → Vorbereitung

einstippen: → eintauchen (1)

einstmalig: → ehemalig

einstmals: 1. → einst (1) – **2.** → früher (1)

einstoßen: einschlagen · einrennen; → *auch* einwerfen (2), zerschlagen (I, 1)

einstreichen: 1. → aneignen, sich (1) – **2.** → einfallen (2) – **3.** einen Gewinn e.: → gewinnen (1)

Einstreu, die: → Streu

einstreuen: → einfügen (1)

Einstrom, der: → Zugang (1)

einstudieren: → einüben

einstufen: → einordnen (I)

Einstufung, die: → Einordnung

einstürmen: e. |auf|: → bedrängen (1)

Einsturz, der: Zusammensturz · Einbruch · Zusammenbruch

einstürzen: zusammenstürzen · einfallen · zusammenfallen · zusammenbrechen · einbrechen · in Trümmer sinken ♦ *umg*: einplumpsen ♦ *salopp*: einsausen · zusammenkrachen · einkrachen

einstweilen: 1. → vorläufig – **2.** → unterdessen

einstweilig: → vorläufig

eintauchen: 1. ⟨*in eine Flüssigkeit drücken*⟩ tauchen |in|; eintunken · tunken |in|

239

eintauschen

(*landsch*) + untertauchen ♦ *umg*: eintitschen · titschen |in| · einstippen · stippen |in| (*landsch*) – **2.** → tauchen (1)
eintauschen: → einhandeln
eintaxieren: → beurteilen (1)
einteilen: 1. ⟨*nach einem bestimmten Prinzip in kleinere Einheiten teilen*⟩ [auf]gliedern · durchgliedern · klassifizieren · unterteilen · untergliedern + fächern · periodisieren · strukturieren · paragraphieren · [ein]ordnen; → *auch* ordnen (1), aufteilen (2) , abstufen (1), einordnen (I) – **2.** ⟨*planmäßig für bestimmte Zwecke verteilen*⟩ disponieren
Einteiler, der: → Badeanzug
Einteilung, die: **1.** ⟨*Teilung in kleinere Einheiten*⟩ Aufteilung · Aufgliederung · Gliederung · Aufschlüsselung · Klassifikation + Periodisierung · Ordnung – **2.** ⟨*planmäßige Verteilung*⟩ Disposition – **3.** → Gliederung (1)
eintiefen: → eingraben (I, 1)
eintitschen: → eintauchen (1)
eintönig: 1. → einförmig – **2.** → einfarbig
Eintönigkeit, die: → Einförmigkeit
eintonnen: → einlegen (1)
Eintopf, der: → Eintopfgericht
Eintopfessen, das: → Eintopfgericht
Eintopfgericht, das: Eintopf[essen] + Stammgericht ♦ *umg*: Quer durch den Garten · Durch den Garten (*scherzh*)
Eintracht, die: Harmonie · Gleichklang · Einklang · Einvernehmen + Hausfriede[n]; → *auch* Friede[n] (1), Einigkeit
einträchtig: 1. ⟨*in einem guten Verhältnis untereinander*⟩ harmonisch; → *auch* friedlich (1) – **2.** → einhellig
Eintrag, der: **1.** → Eintragung – **2.** E. tun: → beeinträchtigen (1)
eintragen: I. eintragen: **1.** → einschreiben (I) – **2.** → einzeichnen (I) – **3.** → einbringen (2) – **4.** → einlaufen (I, 1) – **II.** eintragen, sich: → einschreiben (II)
einträglich: einbringlich · lukrativ · lohnend · Gewinn bringend · rentabel · rentierlich · ertragreich · Profit bringend · profitabel + segensvoll · segensreich · günstig · vorteilhaft ♦ *umg*: + fett; → *auch* ergiebig
Eintragung, die: Eintrag · Einzeichnung + Bemerkung · Notiz
eintränken: → vergelten (1)
einträufeln: → einflößen (1)

eintreffen: 1. ⟨*entsprechend der Voraussage geschehen*⟩ eintreten · sich erfüllen · sich bestätigen · in Erfüllung gehen · nicht ausbleiben; → *auch* bestätigen (II, 1) – **2.** → ankommen (1) – **3.** → eingehen (1)
Eintreffen, das: → Ankunft
eintreiben: 1. → einschlagen (1) – **2.** → einziehen (3)
eintreten: 1. ⟨*die Mitgliedschaft erwerben*⟩ beitreten · Mitglied werden + sich einkaufen ♦ *umg*: gehen |in| + einsteigen – **2.** → hereinkommen (1) – **3.** → hineingehen (1) – **4.** → eintreffen (1) – **5.** → einlaufen (I, 1) – **6.** → zerschlagen (I, 1) – **7.** e. |für|: **a)** ⟨*sich öffentlich für etw. od. jmdn. aussprechen*⟩ vertreten · plädieren |für/auf| · sich erklären |für| · sich bekennen |für/zu| · einstehen/in die Schranken treten |für| · Partei nehmen/ergreifen |für| · jmdm. das Wort reden · eine Lanze brechen/einlegen |für| · sich stark machen |für| · sich in die Bresche werfen ♦ *umg*: jmdm. die Stange halten; → *auch* einsetzen (II), verwenden (II), verteidigen (I, 2), unterstützen (I, 1) – **b)** → bürgen – **8.** e. lassen: → einlassen (I, 1); sich e.: → einziehen (11)
einrichtern: 1. → einflößen (1) –**2.** → einprägen (I, 1)
Eintritt, der: **1.** ⟨*das Erwerben der Mitgliedschaft*⟩ Beitritt – **2.** → Zutritt – **3.** → Eingang (1) – **4.** → Beginn (1) – **5.** → Eintrittsgeld
Eintrittsbillett, das: → Eintrittskarte
Eintrittsgebühr, die: → Eintrittsgeld
Eintrittsgeld, das: Eintritt[sgebühr] · Eintrittspreis; Entree (*österr*)
Eintrittskarte, die: Einlasskarte · Karte · Ticket; Billett · Eintrittsbillet (*schweiz*)
Eintrittspreis, der: → Eintrittsgeld
eintrocknen: 1. → trocknen (1) – **2.** → schrumpfen – **3.** → versiegen (1)
eintrommeln: → einprägen (I, 1)
eintröpfeln: → einflößen (1)
eintrüben, sich: sich beziehen · sich bedecken · sich bewölken · sich einwölken · sich trüben · sich zuziehen
Eintrübung, die: Bewölkungszunahme
eintrudeln: → ankommen (1), eingehen (1)
eintunken: → eintauchen (1)
eintüten: → abfüllen
einüben: einstudieren · einexerzieren + lernen ♦ *umg*: eindrillen · eindressieren; → *auch* proben (1), lernen (1)

240

einwirken

einverleiben: 1. ⟨*mit einer größeren Einheit vereinigen*⟩ eingliedern · inkorporieren · angliedern · anreihen · anschließen + verschmelzen; → *auch* vereinigen (I, 1) – **2.** sich e.: **a)** ⟨*[gewaltsam] mit seinem Besitz vereinigen*⟩ annektieren · in Besitz nehmen/bringen · Besitz ergreifen |von| ♦ *umg*: schlucken; → *auch* aneignen, sich (1), erobern (1) – **b)** → essen (1)

Einverleibung, die: Eingliederung · Inkorporation · Anschluss · Angliederung · Besitzergreifung · Inbesitznahme · Besitznahme · Annexion · Annektierung; → *auch* Besitzergreifung

Einvernahme, die: → Verhör (1)

einvernahmsfähig: → vernehmungsfähig

einvernehmen: → verhören (I)

Einvernehmen, das: **1.** → Eintracht – **2.** → Einigkeit – **3.** sich ins E. setzen |mit|: → verständigen (II, 1)

einvernehmlich: 1. → einhellig – **2.** einvernehmliche Regelung: → Zugeständnis (1)

Einvernehmung, die: → Verhör (1)

einverstanden: 1. ⟨*Ausdruck der Zustimmung zu einem Vorschlag*⟩ *umg*: [geht] in Ordnung · geht klar · okay · o. k. · gemacht; → *auch* ja (1) – **2.** e. sein: → zustimmen (1)

Einverständnis, das: → Zustimmung (1)

einwachsen: → anwachsen (1)

Einwand, der: **1.** ⟨*Äußerung einer anderen Meinung*⟩ Einwendung · Entgegnung · Gegenbehauptung · Gegenargument · Gegenmeinung · Entgegnung · Ausstellung · Aber; → *auch* Einspruch (1), Zweifel (1) – **2.** → Einspruch (1) – **3.** einen E. [geltend] machen: → einwenden

Einwanderer, der: Immigrant; → *auch* Zuzügler

einwandern: immigrieren + sich niederlassen · sich ansiedeln

Einwanderung, die: Immigration; → *auch* Zuwanderung

einwandfrei: 1. ⟨*ohne jeden Mangel*⟩ tadellos · fehlerlos · fehlerfrei · makellos · untadelig · fleckenlos ♦ *umg*: tipptopp · astrein; → *auch* fehlerlos (1), richtig (1), vollkommen (1) – **2.** e. sein: ⟨*keinen Mangel aufweisen*⟩ Hand und Fuß haben; an etw. ist kein Untätchen (*landsch*)

einwärts: inwärts · nach innen; → *auch* hinein (1)

einwässern: → wässern (1), durchfeuchten (I, 1)

einweben: 1. ⟨*in etw. weben*⟩ hineinweben + einwirken – **2.** → einfügen (I)

einwechseln: → wechseln (1)

einwecken: → einkochen

Einweckglas, das: → Weckglas

Einwegflasche, die: Wegwerfflasche ♦ *umg*: Ex-und-hopp-Flasche; → *auch* Flasche (1)

einweichen: weichen; → *auch* durchfeuchten (I, 1)

einweihen: 1. ⟨*feierlich seiner Bestimmung übergeben*⟩ weihen · taufen · enthüllen · eröffnen; inaugurieren (*österr*) + initiieren – **2.** ⟨*mit etw. vertraut machen*⟩ ins Vertrauen ziehen; → *auch* unterrichten (1)

Einweihung, die: Weihe · Taufe · Enthüllung · Eröffnung

einweisen: 1. → anleiten (1) – **2.** → lotsen (1)

Einweisung, die: → Anleitung (1)

einwenden: entgegnen · entgegenhalten · dagegenreden · zu bedenken geben · einen Einwand [geltend] machen; dawiderreden (*veraltend*) + kontern; → *auch* einwerfen (3), protestieren

Einwendung, die: → Einwand (1)

einwerfen: 1. ⟨*von Postsendungen gesagt: in den Briefkasten stecken*⟩ einstecken · hineinwerfen + aufgeben – **2.** ⟨*von Glasscheiben gesagt: durch Werfen zerschlagen*⟩ *umg*: einschmettern ♦ *salopp*: einschmeißen; → *auch* zerschlagen (I, 1), einstoßen – **3.** ⟨*eine mündl. Zwischenbemerkung machen*⟩ dazwischenwerfen · dazwischenrufen; → *auch* einwenden

einwickeln: 1. ⟨*durch Darumwickeln einpacken*⟩ wickeln |in| · einrollen · rollen |in| · einschlagen · schlagen |in| + einpacken; → *auch* einbinden (1), verpacken (1) – **2.** → einhüllen (1) – **3.** → überreden – **4.** → überlisten

¹einwiegen: 1. → einschläfern (1) – **2.** → beruhigen (I)

²einwiegen: → abwiegen

einwilligen: → zustimmen (1)

Einwilligung, die: **1.** → Zustimmung (1) – **2.** die E. haben: → dürfen; die E. geben: → erlauben (1)

einwintern: → einlagern

einwirken: 1. → beeinflussen (1, a) – **2.** → einweben (1)

241

Einwirkung

Einwirkung, die: **1.** → Beeinflussung – **2.** → Einfluss (1)
Einwirkungsbereich, der *od.* das: → Einflussbereich (1)
Einwirkungssphäre, die: → Einflussbereich (1)
einwohnen: → wohnen (1)
Einwohner, der: **1.** ⟨*in einem Ort Wohnender*⟩ Bewohner · der Ansässige – **2.** → Bürger (1)
Einwohnerschaft, die: → Bevölkerung
Einwohnerschwund, der: → Bevölkerungsrückgang
einwölken, sich: → eintrüben, sich
Einwurf, der: **1.** ⟨*eingeworfene Bemerkung*⟩ Zwischenruf – **2.** → Briefkasten (1) – **3.** → Einspruch (1)
einwurzeln: → anwachsen (1)
einzahlen: → abliefern (1)
Einzahlungsschein, der: **1.** → Quittung (1) – **2.** → Zahlschein
einzäunen: → umzäunen
Einzäunung, die: → Umzäunung
einzeichnen: I. einzeichnen: ⟨*mit Zeichen od. zeichnerisch in etw. festhalten*⟩ hineinzeichnen · eintragen; → *auch* einschreiben (I) – **II.** einzeichnen, sich: → einschreiben (II)
Einzeichnung, die: → Eintragung
Einzelding, das: → Einzelheit (I)
Einzelerscheinung, die: → Ausnahme (1)
Einzelfall, der: → Ausnahme (1)
Einzelgänger, der: Individualist ♦ *umg:* Einspänner; → *auch* Einsiedler, Sonderling
Einzelhandel, der: Kleinhandel · Detailhandel (*veraltend*)
Einzelhandelsgeschäft, das: → Geschäft (1)
Einzelhandelspreis, der: Endverbraucherpreis · Verbraucherpreis · Ladenpreis · Endpreis · Verkaufspreis · Abgabepreis; → *auch* Preis (1)
Einzelheit: I. Einzelheit, die: ⟨*einzelner Teil bzw. einzelne Sache*⟩ Detail · Einzelding + Feinheit – **II.** Einzelheiten (*Pl*): **1.** → Einzelnes – **2.** → Datum (II)
Einzelmensch, der: → Individuum
einzeln: 1. ⟨*einer bzw. eines für sich allein*⟩ für sich · [ab]gesondert · separat · apart – **2.** ⟨*jedes für sich hervorhebend*⟩ detailliert · en détail · punktweise · Punkt für Punkt · punktuell · partikulär · partikular · speziell ·

genau – **3.** → einsam (1) – **4.** bis ins Einzelne: → genau (2); e. stehend: → allein (5)
einzelne: → einige (1)
Einzelnes: einiges · Einzelheiten
Einzelperson, die: → Individuum
Einzelzimmer, das: Einerzimmer (*schweiz*)
Einzelwesen, das: → Individuum
einziehen: 1. ⟨*in einen Ort od. ein Gebiet marschieren*⟩ einrücken · einmarschieren · Einzug halten – **2.** ⟨*in Bezug auf Flaggen bzw. Segel: wieder nach unten holen*⟩ streichen · niederholen · einholen · bergen; reffen (*seem*) – **3.** ⟨*Geldforderungen realisieren*⟩ einfordern · einmahnen · einklagen · eintreiben · einkassieren · zur Kasse bitten · erheben; einheben (*süddt österr*); beitreiben (*Rechtsw*); → *auch* ¹kassieren, einsammeln – **4.** → beziehen (I, 3) – **5.** → einberufen (2) – **6.** → einspannen (1) – **7.** → durchstecken – **8.** → einatmen – **9.** → einsaugen (1) – **10.** → beschlagnahmen, zurückziehen (I, 1) – **11.** sich e.: ⟨*in Bezug auf Splitter od. dgl.: in die bzw. unter die Haut bekommen*⟩ sich einreißen + sich eintreten – **12.** einen e.: → schlafen (1, a); zum Wehrdienst e.: → einberufen (2); Erkundigungen e.: → erkundigen, sich; den Schwanz e.: → nachgeben (1)
Einziehung, die: **1.** → Beschlagnahme – **2.** → Einberufung (1)
einzig: 1. ⟨*nur einmal vorhanden*⟩ allein + ausschließlich; eingeboren (*Rel*) – **2.** → hervorragend (1) – **3.** e. und allein: → nur; ein einziges Mal: → einmal (1)
einzigartig: → hervorragend (1)
Einzige: I. Einzige, der: → Geliebte (I) – **II.** Einzige, die: → Geliebte (II)
Einzigeine: I. Einzigeine, der: → Geliebte (I) – **II.** Einzigeine, die: → Geliebte (II)
einzingeln: → umstellen (1)
Einzingelung, die: → Einkreisung
einzuckern: → zuckern
Einzug, der: **1.** ⟨*das Hineinmarschieren*⟩ Einmarsch + Ankunft – **2.** → Beginn (1) – **3.** E. halten: → einziehen (1)
einzwängen: → einfügen (I)
eirund: → oval
Eis, das: **1.** → Speiseeis – **2.** das E. brechen: → annähern (II, 1); auf E. legen: → zurückstellen (1); die Kuh vom E. kriegen: → meistern
Eisbahn, die: → Schlitterbahn
Eisbar, die: → Eisdiele
Eisbein, das: Wädli (*schweiz*)

Eisbombe, die: → Speiseeis
Eiscafé, das: → Eisdiele
Eisdiele, die: Eiskonditorei · Eisbar · Eiscafé
Eisen, das: **1.** → Bügeleisen – **2.** → Fangeisen – **3.** → Fessel (1) – **4.** → Schwert (1) – **5.** kaltes E. hämmern: → reden (2); zum alten E. werfen: **a)** → wegwerfen (I, 1) – **b)** → kaltstellen; zum alten E. gehörend: → verbraucht (1); zwei/mehrere Eisen im Feuer haben: → vorsorgen; ein heißes E. sein: → gefährlich (2)
Eisenbahn, die: **1.** ⟨*Verkehrsbetrieb*⟩ Bahn – **2.** → Zug (1) – **3.** höchste E.: → eilig (2)
Eisenbahnabteil, das: → Abteil
Eisenbahncoupé, das: → Abteil
Eisenbahner, der: *umg:* Bahner
Eisenbahngleis, das: **1.** → Schienenweg – **2.** → Gleis (1)
Eisenbahnschienen (*Pl*): **1.** → Schienenweg – **2.** → Gleis (1)
Eisenbahnstrecke, die: → Schienenweg
Eisenbahnzug, der: → Zug (1)
Eisenbeton, der: → Beton
eisengrau: → grau (1)
eisenhart: 1. → hart (1) – **2.** → standhaft (1)
Eisenhütte, die: → Hüttenwerk
Eisenhüttenwerk, das: → Hüttenwerk
Eisenwerk, das: → Hüttenwerk
eisern: 1. ⟨*aus Eisen bestehend*⟩ stählern ♦ *dicht:* ehern – **2.** → unerschütterlich – **3.** → streng (2) – **4.** → selbstverständlich (1) – **5.** → hart (1) – **6.** eiserne Reserve: → Ersparnis (1); eiserne Ration: → Verpflegung (2); mit dem eisernen Besen auskehren: → aufräumen (1)
Eiseskälte, die: → Kälte
eisgekühlt: → gekühlt
eisglatt: → glatt (2)
Eisglätte, die: → Glätte (1)
eisgrau: → grau (1)
eisig: 1. → kalt (1) – **2.** e. kalt: → kalt (1)
eiskalt: 1. → kalt (1) – **2.** → gefühllos (1) – **3.** es läuft jmdm. e. über den Rücken/den Rücken herunter: → schaudern (1)
Eiskälte, die: → Kälte
Eiskonditorei, die: → Eisdiele
Eiskorn, das: → Hagelkorn
Eislauf, der: → Schlittschuhlauf
Eisschmelze, die: → Schneeschmelze
Eisschrank, der: → Kühlschrank
eitel: 1. ⟨*nach Bewunderung durch andere strebend*⟩ putzsüchtig · gefallsüchtig ·

selbstgefällig · dandyhaft · geckenhaft · stutzerhaft · geckenmäßig + kokett; → *auch* eingebildet (1), geziert – **2.** → eingebildet (1) – **3.** → rein (1)
Eitelkeit, die: **1.** ⟨*das Streben nach Bewunderung durch andere*⟩ Putzsucht · Gefallsucht · Selbstgefälligkeit · Geckenhaftigkeit · Stutzerhaftigkeit · Geckerei + Koketterie – **2.** → Nichtigkeit (2)
Eiterbeule, die: **1.** → Geschwür – **2.** → Eiterblase
Eiterbläschen, das: → ²Pickel
Eiterblase, die: + Eiterbeule · Eitergeschwür · Blatter · Blase; → *auch* ²Pickel
Eitergeschwür, das: **1.** → Geschwür – **2.** → Eiterblase
eitern: schwären ♦ *umg:* buttern · suppen (*landsch*)
eiternd: → eitrig
eitrig: schwärig · eiternd; purulent (*med*)
Eiweiß, das: Ei[er]klar (*südd österr*)
Eizelle, die: **1.** → Ei (I, 1) – **2.** Keimzelle (1)
Ejakulat, das: → Samen (2)
Ejakulation, die: → Samenerguss
ekel: 1. → ekelhaft (1) – **2.** → verwerflich
Ekel: I. 1. Ekel, der: → Widerwille – **2.** E. erregend: → ekelhaft (1) – **II.** Ekel, das (*umg*): ⟨*widerwärtiger Mensch*⟩ Scheusal; Fiesling · Widerling (*abwert*) ♦ *salopp:* Ekelpaket ♦ *derb:* Kotzbrocken
Ekelgefühl, das: → Widerwille
ekelhaft: 1. ⟨*von unangenehmer Wirkung auf die Sinne*⟩ ekel · eklig · abscheulich · Abscheu erregend · Ekel erregend · degoutant · scheußlich · aasig · widerlich · widerwärtig · abstoßend · übel · unangenehm · grässlich · wie die Pest + unappetitlich · böse ♦ *umg:* zum Brechen ♦ *derb:* zum Kotzen; → *auch* hässlich (1) – **2.** → abscheulich (1) – **3.** → verwerflich – **4.** → sehr
ekeln: I. ekeln: ⟨*Ekel erregen*⟩ abstoßen · zurückstoßen · degoutieren ♦ *umg:* + jagen können |mit|; → *auch* anwidern – **II.** ekeln, sich: ⟨*Ekel empfinden*⟩ sich schütteln · sich entsetzen ♦ *derb:* die Kotze kriegen; → *auch* schaudern (1)
Ekelname, der: → Spitzname
Ekelpaket, das: → Ekel (II)
Eklat, der: → Aufsehen (1)
eklatant: 1. → sensationell – **2.** → offenkundig (1)

eklektisch

eklektisch: → unschöpferisch
eklig: 1. → ekelhaft (1) – **2.** → wählerisch –
3. → unangenehm (1)
Ekstase, die: → Begeisterung (1)
ekstatisch: → begeistert (1)
Ekzem, das: → Hautausschlag
Elaborat, das: → Machwerk
Elan, der: **1.** → Begeisterung (1) – **2.** →
Schwung (1) – **3.** mit E.: → schwungvoll
elastisch: 1. ⟨*Elastizität aufweisend*⟩ dehn-
bar · zugfähig · federnd · fedrig · federhart;
→ *auch* biegsam, geschmeidig (1), weich
(1, a) – **2.** → gewandt (3)
Elastizität, die: **1.** ⟨*die Fähigkeit, Verfor-
mungen nach Aufhören der verursachenden
Kräfte rückgängig zu machen*⟩ Dehnbarkeit
· Spannkraft · Schnellkraft · Federkraft ·
Fedrigkeit – **2.** → Gewandtheit (1 *u.* 3)
Eldorado, das: → Paradies (1, a)
Elefant, der: **1.** ⟨*größtes Landsäugetier*⟩
Dickhäuter – **2.** → Begleiter (2) – **3.** wie ein
E. [im Porzellanladen]: → ungeschickt (1);
aus einer Mücke einen Elefanten machen:
→ übertreiben (1)
Elefantenbaby, das: → Dicke (I *u.* II, 1)
Elefantenhochzeit, die: → Vereinigung
(1)
Elefantenküken, das: → Dicke (I *u.* II, 1)
elegant: 1. ⟨*modisch u. geschmackvoll
gekleidet*⟩ schick · mondän · fashionable;
smart (*österr*) + schnittig · fein · auserlesen ·
ausgesucht · gewählt ♦ *umg:* flott · kess ·
todschick · piekfein · schneidig · rassig;
fesch (*österr*); schnieke (*norddt*); → *auch*
²modern (1) – **2.** → gewandt (3)
Elegant, der: → Geck (1)
Eleganz, die: **1.** ⟨*das Gut-Gekleidetsein*⟩
Schick – **2.** → Gewandtheit (3)
elegisch: → traurig (1)
Elektriker, der: Elektroinstallateur · Elek-
tromonteur · Elektrotechniker
Elektrische, die: → Straßenbahn
Elektrizität, die: Elektroenergie · Energie ·
Strom
Elektrizitätswerk, das: → Kraftwerk
Elektroenergie, die: → Elektrizität
Elektroinstallateur, der: → Elektriker
Elektromonteur, der: → Elektriker
Elektronengehirn, das: → Computer
Elektrotechniker, der: → Elektriker
Element: I. Element, das: **1.** → Akku-
mulator – **2.** → Bestandteil (1) – **3.** → Per-
son (1) – **4.** das feuchte E.: → Wasser (1) –

II. Elemente (*Pl*): **1.** → Anfangsgründe – **2.**
→ Naturgewalt – **3.** Aufruhr der E.: → Un-
wetter; asoziale E.: → Gesindel
elementar: 1. → naturhaft – **2.** → grund-
legend – **3.** → unkompliziert
Elementarbegriff, der: → Grundbegriff (I)
Elementargewalt, die: → Naturgewalt
elementarisch: → naturhaft
Elementarkenntnisse (*Pl*): → Anfangs-
gründe
Elementarkraft, die: → Naturgewalt
elend: 1. ⟨*von mangelhaftem körperl. Be-
finden*⟩ jämmerlich · schlecht · elendig ·
kränklich · eingefallen · unterernährt · nur
noch ein Schatten seiner selbst; kläterig
(*norddt*) ♦ *gehoben:* elendiglich ♦ *umg:*
wie ein Gespenst · wie das Leiden Christi
♦ *salopp:* hundeelend; → *auch* abgemagert,
erbärmlich (1), jämmerlich (1), unwohl (1)
– **2.** → unwohl (1) – **3.** → verwerflich – **4.**
→ minderwertig, erbärmlich (1) – **5.** → arm
(1), ärmlich (1)
Elend, das: **1.** → Unglück (1), Jammeran-
blick – **2.** → Armut (1) – **3.** → Leid (1) – **4.**
graues E.: → Niedergeschlagenheit; das
heulende / graue / große E. kriegen: → ver-
zweifeln (1); wie ein Häufchen E.: → jäm-
merlich (1); ins E. stoßen: → entlassen
(2)
elend[lich]: 1. → elend (1) – **2.** → ver-
werflich
Elendsviertel, das: → Slum
Eleve, der: **1.** → Lehrling – **2.** → Schüler (1)
Elf, der: → Kobold (1)
Elfenbeinturm, der: im E. leben: → ab-
sondern (II)
elfenhaft: → zart (1)
elfisch: → zart (1)
elfte: in elfter Stunde: → spät (1)
Elimination, die: **1.** → Aussonderung (1) –
2. → Ausschluss (1)
eliminieren: 1. → aussondern (1) – **2.** →
ausschließen (I, 2 *u.* 3)
Eliminierung, die: **1.** → Aussonderung (1)
– **2.** → Ausschluss (1)
elitär: → eingebildet (1)
Elite, die: → Auslese (1)
Elitetruppe, die: Kerntruppe · Garde
Elixier, das: **1.** → Heiltrank – **2.** → Extrakt
(1)
Ellbogen, der: seine Ellbogen gebrauchen:
→ rücksichtslos (2)
Ellbogenrecht, das: → Gewalt (1)

244

empfehlenswert

Elle, die: mit der gleichen E. messen: → gleichsetzen
Ellenbogen, der: seine Ellenbogen gebrauchen: → rücksichtslos (2)
Ellenbogenrecht, das: → Gewalt (1)
ellenlang: → lang (1)
ellipsenförmig: → oval
elliptisch: → oval
Eloge, die: → Lob (1)
eloquent: → redegewandt
Elster, die: diebische E.: → Dieb
Elter, der od. das: → Elternteil
Eltern (*Pl*): **1.** ⟨*Verwandte*⟩ Vater und Mutter · Elternpaar + Erziehungsberechtigte ♦ *salopp*: die Alten – **2.** nicht von schlechten E.: → beachtlich (1)
Elternpaar, das: → Eltern (1)
Elternteil, der od. das: Elter (*fachspr*)
elysisch: die elysischen Gefilde: → Jenseits (1, b)
Elysium, das: → Jenseits (1, b)
Email, das: → Glasur
E-Mail, die: **1.** ⟨*über Internet versandte Mitteilung*⟩ Mail – **2.** eine E. senden: mailen · emailen + anmailen
emailen: → E-Mail (2)
Emanze, die: → emanzipiert
Emanzipation, die: → Befreiung (2)
emanzipieren, sich: → befreien (II, 2)
emanzipiert: emanzipierte Frau: · Frauenrechtlerin · Feministin ♦ *umg*: Emanze (*abwert*)
Emballage, die: → Verpackung
emballieren: → verpacken (1)
Embargo, das: → Ausfuhrverbot
Embonpoint, das: → Schmerbauch, Dicke (II, 2)
Embryo, der od. das: Keimling · Leibesfrucht; Fetus · Fötus (*med*)
Emendation, die: → Verbesserung (1)
emendieren: → verbessern (I, 1)
emeritieren: → pensionieren
emeritiert: → pensioniert
Emigrant, der: → Auswanderer
Emigration, die: **1.** → Auswanderung – **2.** → Exil
emigrieren: → auswandern
eminent: 1. → hervorragend (1) – **2.** → sehr
Emissär, der: → Abgesandte
Emission, die: **1.** ⟨*das Ausströmen verschmutzter Luft*⟩ Ausstoß – **2.** → Ausgabe (4)

Emissionsbank, die: → Effektenbank
emittieren: 1. → ausstrahlen (1) – **2.** → ausgeben (3)
Emmchen, das: → Geld (1)
Emotion, die: → Gefühl (1)
emotional: → gefühlsmäßig
emotionell: → gefühlsmäßig
emotionsreich: → gefühlvoll (1)
Empathie, die: → Einfühlungsvermögen
Empfang, der: **1.** ⟨*das Entgegennehmen*⟩ Annahme · Übernahme · Entgegennahme · Aufnahme · Erhalt – **2.** ⟨*das Empfangenwerden bei einer bedeutenden Persönlichkeit*⟩ Audienz – **3.** → Fest (1) – **4.** → Anmelderaum – **5.** in E. nehmen: → empfangen (1)
empfangen: 1. ⟨*von jmdm. bekommen u. nehmen*⟩ annehmen · übernehmen · entgegennehmen · aufnehmen · in Empfang nehmen – **2.** ⟨*Rundfunk- od. Fernsehsendungen hören bzw. sehen können*⟩ *umg*: hereinbekommen · hereinkriegen; → *auch* fernsehen – **3.** → erhalten (I, 1) – **4.** → aufnehmen (4) – **5.** mit offenen Armen e.: → willkommen (2)
Empfänger, der: **1.** ⟨*jmd., dem etw. geschickt wird*⟩ Adressat – **2.** → Rundfunkgerät – **3.** → Fernsehapparat
empfänglich: → aufgeschlossen
Empfängnis, die: → Befruchtung (b)
Empfängnisverhütung, die: Verhütung; Kontrazeption (*med*)
Empfangsbescheinigung, die: → Quittung (1)
Empfangsbestätigung, die: **1.** → Quittung (1) – **2.** → Bestätigung (2)
Empfangsgerät, das: **1.** → Rundfunkgerät – **2.** → Fernsehapparat
Empfangshalle, die: → Hotelhalle
Empfangsraum, der: Empfangssaal · Empfangszimmer · Salon; → *auch* Anmelderaum
Empfangssaal, der: → Empfangsraum
Empfangsschein, der: → Quittung (1)
Empfangszimmer, das: → Empfangsraum
empfehlen: I. empfehlen: **1.** ⟨*als vorteilhaft od. gut schildern*⟩ *umg*: anpreisen · anrühmen – **2.** → anvertrauen (I, 1) – **3.** → raten (1) – **II.** empfehlen, sich: **1.** → verabschieden (II, 1) – **2.** → weggehen (1) – **3.** sich auf Französisch e.: → wegschleichen (1)
empfehlenswert: empfehlungswürdig · ratsam · rätlich · indiziert; → *auch* notwendig (1)

245

Empfehlung

Empfehlung, die: **1.** ⟨*Beurteilung zum Zweck einer Anstellung*⟩ Referenz + Zeugnis – **2.** → Rat (1)
empfehlungswürdig: → empfehlenswert
empfinden: 1. ⟨*eine Gemütsbewegung haben*⟩ fühlen – **2.** → fühlen (I, 1) – **3.** Abscheu e.: → verabscheuen; Angst e.: → ängstigen (II, 1)
Empfinden, das: → Gefühl (1)
empfindlich: 1. ⟨*in seinem Wohlbefinden leicht zu beeinträchtigend*⟩ anfällig · zart · von zarter Gesundheit · überempfindlich + allergisch – **2.** ⟨*sich sehr unangenehm auswirkend*⟩ spürbar · fühlbar · einschneidend · entscheidend · tief greifend; → *auch* merklich – **3.** → empfindsam (1) – **4.** → weichlich (1) – **5.** die empfindliche Stelle: → Achillesferse
empfindsam: 1. ⟨*von zartem Empfinden*⟩ feinfühlig · feinfühlend · zartfühlend · sensibel · empfindlich · sensitiv · feinnervig · feinsinnig · mimosenhaft · zartbesaitet · feinbesaitet · weich · verletzlich · verletzbar · verwundbar · übelnehmerisch ♦ *gehoben:* dünnhäutig; → *auch* weichlich (1), gefühlvoll (1) – **2.** → rührselig (1)
Empfindsamkeit, die: **1.** ⟨*Zartheit des Empfindens*⟩ Feinfühligkeit · Feingefühl · Sensibilität · Feinnervigkeit · Feinsinn[igkeit] – **2.** → Rührseligkeit
Empfindung, die: **1.** → Gefühl (1) – **2.** → Eindruck (1)
empfindungslos: → unempfindlich (1)
Emphase, die: → Nachdrücklichkeit
emphatisch: → nachdrücklich
Empirie, die: → Erfahrung (1)
empor: → hinauf
emporarbeiten, sich: sich heraufarbeiten · sich hinaufarbeiten · sich hocharbeiten; → *auch* Erfolg (2)
emporbäumen, sich: → aufbäumen, sich (1)
emporbringen: → fördern (1)
empören: I. empören: → entrüsten (I) – **II.** empören, sich: **1.** → aufbegehren – **2.** → entrüsten (II)
empörend: → unerhört (1), anstößig (1)
Empörer, der: → Aufständische
empörerisch: → aufrührerisch
emporfliegen: → hochfliegen · [auf]steigen · hochsteigen · sich erheben · sich aufschwingen · sich emporschwingen + aufstieben · aufflattern

emporheben: → heben (I, 1)
emporklettern: → hinaufklettern
emporkommen: → Erfolg (2)
Emporkömmling, der (*abwert*): Parvenü · der Neureiche · der Arrivierte
emporlodern: → aufflammen (1)
emporragen: → aufragen
emporranken, sich: → ranken, sich
emporrecken: → aufheben (I, 2)
emporrichten: I. emporrichten: → aufrichten (I, 1) – **II.** emporrichten, sich: → aufrichten (II)
emporschießen: → wachsen (1)
emporschwingen, sich: → emporfliegen, aufschwingen, sich (1)
emporsehen: → aufsehen (1)
emporsteigen: 1. → ansteigen (1) – **2.** → aufsteigen (1) – **3.** → aufgehen (1)
emporstrecken: → aufheben (I, 2)
empört: → entrüstet
emportauchen: → auftauchen (1)
Empörung, die: **1.** → Entrüstung – **2.** → Aufstand
emporwallen: → aufwallen (1)
emporwerfen: → hochwerfen
emporziehen: → hochziehen (1)
emsig: 1. → fleißig (1) – **2.** → eifrig (1)
Emsigkeit, die: **1.** → Fleiß (1) – **2.** → Eifer (1)
Emulsion, die: → Mischung (1)
en bloc: → insgesamt
encouragieren: → anregen (1)
Endabsicht, die: → Ziel (3)
Ende, das: **1.** ⟨*der letzte Teil*⟩ **a)** ⟨*räumlich*⟩ Abschluss · Endpunkt · Schlusspunkt · Schluss[teil] + Zipfel · Schwanz – **b)** ⟨*zeitlich*⟩ Abschluss · Schluss[teil] · Endpunkt · Schlusspunkt · Ausgang · Ausklang · Schluss · Finale + Kehraus · Torschluss ♦ *gehoben:* Herbst · Abend aller Tage – **2.** → Tod (1), Zusammenbruch (1) – **3.** → Stück (1) – **4.** → Strecke (1) – **5.** → Zacke – **6.** E.!: → Schluss (4); ohne E.: → endlos (a u. b); eine Schraube ohne E.: → endlos (b); am E.: **a)** → hinten (1, a) – **b)** → zuletzt (1) – **c)** → schließlich (1) – **d)** → erschöpft (1); letzten Endes: → schließlich (1); kein E. haben/nehmen: → andauern; ein E. haben/nehmen, zu E. gehen: → enden (1, b); E. herbeiführen/bereiten: → beenden (1); zu E. führen/bringen: **a)** → beenden (1) – **b)** → vollenden (I, 1); ein E. machen: → aufhören (1); von Anfang bis [zu] E.: →

engelgleich

ganz (1); an allen Ecken und Enden: → überall (1); am E. der Welt: → abgelegen; mit seinem Latein/seiner Kunst/seiner Weisheit am E. sein: → hilflos (4); das E. vom Lied: → Folge (1); zu welchem E.: → warum; seinem Leben ein E. machen: → Selbstmord (2); Licht am E. des Tunnels: → Hoffnung (1)
Endeffekt, der: im E.: → schließlich (1)
enden: 1. ⟨*das Ende erreichen*⟩ **a)** ⟨*räumlich*⟩ abschließen · aufhören · endigen · auslaufen – **b)** ⟨*zeitlich*⟩ aufhören · [ab]schließen · ausgehen · endigen · ein Ende haben/nehmen · zu Ende gehen · seinen Abschluss finden · zum Abschluss kommen/gelangen · ablaufen + ausklingen · stehen bleiben · auslaufen · einschlafen · einschlummern · erlöschen · erkalten · versiegen · verebben · abreißen · abschnappen ♦ *gehoben*: zur Neige/Rüste gehen; → *auch* beenden (1) – **2.** → sterben (1) – **3.** → umkommen (1) – **4.** e. wie das Hornberger Schießen: → ergebnislos (2); in der Gosse e.: → verkommen (1)
Endergebnis, das: → Ergebnis
Endesunterfertigte, der: → Unterzeichner
Endesunterzeichnete, der: → Unterzeichner
en détail: → einzeln (2)
endgültig: definitiv · unabänderlich · unwiderruflich · unumstößlich · besiegelt · für/auf immer · ein für alle Mal
endigen: 1. → enden (1, a u. b) – **2.** → sterben (1) – **3.** → umkommen (1)
Endkampf, der (*Sport*): Finale · Schlusskampf + Finish · Endrunde · Endspiel · Schlussrunde · letzte Runde
Endkonsequenz, die: in der E.: → schließlich (1)
endlich: 1. → schließlich (1) – **2.** → vergänglich – **3.** schließlich und e.: → schließlich (1)
Endlichkeit, die: → Vergänglichkeit
endlos: ⟨*niemals endend*⟩ **a)** ⟨*räumlich*⟩ ohne Ende · unendlich · unbegrenzt · unabsehbar · unermesslich · weit + uferlos – **b)** ⟨*zeitlich*⟩ ohne Ende · ad infinitum · immer während · dauernd · uferlos · eine Schraube ohne Ende · ein Fass ohne Boden; bis zum Erbrechen (*abwert*) ♦ *umg*: ewig; → *auch* dauernd (1), ununterbrochen, immer (1), ewig (1)
Endlosigkeit, die: → Dauer (2)

Endpreis, der: → Einzelhandelspreis
Endprodukt, das: → Ergebnis
Endpunkt, der: → Ende (1, a u. b)
Endresultat, das: → Ergebnis
Endrunde, die: → Endkampf
Endspiel, das: → Endkampf
Endspurt, der: → Spurt
Endstand, der: → Ergebnis
Endverbraucherpreis, der: → Einzelhandelspreis
Endziel, das: → Ziel (3)
Endzweck, der: → Ziel (3)
Energie, die: **1.** → Tatkraft (1), Eifer (1) – **2.** → Nachdrücklichkeit – **3.** → Elektrizität
Energieerzeugung, die: → Stromerzeugung
energiegeladen: dynamisch · kraftvoll + agil; → *auch* schwungvoll
Energiegewinnung, die: → Stromerzeugung
energielos: → kraftlos
energisch: 1. → nachdrücklich – **2.** → entschlossen (1) – **3.** e. werden: ⟨*in wirksamer Weise vorgehen*⟩ *umg*: andere Saiten aufziehen; → *auch* durchgreifen
enervieren: → entkräften (1)
eng: 1. ⟨*von geringer Ausdehnung nach den Seiten*⟩ schmal; klamm (*landsch*) + beengt – **2.** ⟨*von Kleidungsstücken gesagt:* [*fast*] *keinen Spielraum lassend*⟩ knapp · eng anliegend · hauteng ♦ *salopp*: knallig · knalleng – **3.** → beschränkt (1) – **4.** → innig (1) – **5.** den Gürtel/Riemen [ein Loch]/den Schmachtriemen enger schnallen: → einschränken (II); e. begrenzt: → beschränkt (1); e. anliegend: → 2
Engagement, das: **1.** → Arbeit (3) – **2.** → Hingabe (1)
engagieren: I. engagieren: → anstellen (I, 2) – **II.** engagieren, sich: → festlegen (II)
engagiert: → aufgeschlossen
engbrüstig: → schmalbrüstig (1)
Enge, die: **1.** ⟨*das Engsein*⟩ Engigkeit · Enheit · Beengtheit · Gedrängtheit; → *auch* Gedränge (1) – **2.** → Hohlweg, Durchbruch (1) – **3.** in die E. treiben: → bedrängen (1)
Engel, der: **1.** *Rel* ⟨*überird. Wesen*⟩ Cherub ♦ *dicht*: Himmelsbote · himmlisches Wesen · Lichtbote – **2.** rettender E.: → Retter; die Engel singen hören: → Schmerz (1)
engelgleich: → überirdisch (1)

engelhaft

engelhaft: → überirdisch (1)
engelrein: → unschuldig (2)
engelschön: → schön (1)
Engelsgeduld, die: → Geduld (1)
engelsgut: → gutmütig (1)
Engelsmiene, die: → Unschuldsmiene
engelsrein: → unschuldig (2)
engen: → beengen (1)
Engheit, die: → Enge (1)
engherzig: → kleinlich, einseitig (1)
Engigkeit, die: → Enge (1)
englisch: englische Krankheit: → Rachitis; englischer Garten: → Park (1)
engmaschig: fein[maschig]; → *auch* dicht (1)
Engpass, der: 1. → Hohlweg – **2.** → ¹Mangel (1)
Engramm, das: → Eindruck (1)
Engrossist, der: → Großhändler
engstirnig: → beschränkt (1), spießbürgerlich
Engstirnigkeit, die: 1. → Beschränktheit (1) – **2.** → Bürokratie
Enkel, der: 1. 〈*Kind des eigenen Kindes*〉 Enkelkind; Großkind (*schweiz*) – **2.** → Nachkomme (1)
Enkelkind, das: → Enkel (1)
enkodieren: → verschlüsseln
en masse: → massenhaft
ennuyant: → langweilig
enorm: 1. → gewaltig (1) – **2.** → groß (1)
en passant: 1. → vorübergehen (2) – **2.** → beiläufig (1)
Enquete, die: → Umfrage (1)
enragiert: → leidenschaftlich
Ensilage, die: → Gärfutter
entarten: degenerieren
entartet: degeneriert · dekadent
Entartung, die: Degeneration · Dekadenz; → *auch* Verfall (1)
entäußern, sich: 1. → verzichten – **2.** → verschenken (1)
Entäußerung, die: → Verzicht (1)
entbehren: 1. 〈*trotz Notwendigkeit nicht haben*〉 [ver]missen · ermangeln; entraten (*veraltend*) + verzichten; → *auch* darben, fehlen (2) – **2.** nicht e. können: → brauchen (1)
entbehrlich: 1. 〈*von Personen gesagt: nicht unbedingt benötigt*〉 abkömmlich – **2.** → unnötig – **3.** → übrig (1)
Entbehrung, die: 1. → ¹Mangel (1) – **2.** sich Entbehrungen auferlegen: → einschränken (II)

entbehrungsreich: → entsagungsvoll
entbehrungsvoll: → entsagungsvoll
entbieten: einen Gruß e.: → grüßen (1)
entbinden: 1. → befreien (I, 2) – **2.** e. |von|: → erlassen (1); seines/des Postens/Amtes e., von seiner Funktion/seinem Amt e.: **a)** → entlassen (2) – **b)** → absetzen (I, 2); von einem Kind entbunden werden: → gebären
Entbindung, die: 1. → Geburt (1) – **2.** → Befreiung (3)
entblättern: 1. 〈*die Blätter entfernen*〉 abblättern · entlauben – **2.** → ausziehen (I, 3)
entblättert: → kahl (2)
entblöden, sich: sich nicht e.: → unterstehen (II)
entblößen: I. entblößen: 〈*die Bekleidung [von einem Körperteil] entfernen*〉 frei machen · enthüllen + entschleiern; → *auch* ausziehen (I, 3) – **II.** entblößen, sich: → ausziehen (II)
entblößt: 1. → nackt – **2.** entblößten Hauptes: **a)** → barhäuptig – **b)** → ehrfurchtsvoll
entbrennen: 1. → ausbrechen (1) – **2.** entbrannt sein |für|: → lieben (1)
entdecken: I. entdecken: **1.** 〈*etw. Unbekanntes auffinden*〉 aufspüren · ausfindig machen · fündig werden · zutage fördern/bringen · ans Licht bringen; → *auch* finden (I, 1), ergründen (1) – **2.** → bemerken (1) – **3.** sein Herz e. |für|: → interessieren (II); entdeckt werden: → herauskommen (1) – **II.** entdecken, sich: → anvertrauen (II, 2), offenbaren (II)
Entdeckung, die: Fund
Ente, die: 1. → Falschmeldung – **2.** lahme E.: → Phlegmatiker
entehren: I. entehren: **1.** 〈*jmdn. seiner Ehre berauben*〉 entwürdigen · schänden · beflecken · beschmutzen; → *auch* herabwürdigen (I), verleumden (1) – **2.** → vergewaltigen (1) – **II.** entehren, sich: 〈*sich selbst seine Ehre zerstören*〉 sich entwürdigen · sich beschmutzen · sich beflecken + sich wegwerfen
entehrend: entwürdigend · schändlich · schimpflich · schmachvoll · verächtlich · verletzend
Entehrung, die: → Schande (1)
enteignen: expropriieren (*veraltend*)
enteilen: 1. → weglaufen – **2.** → vergehen (I, 1)

248

enteisen: → auftauen (1)
Entente, die: → Bündnis (1)
entern: → hinaufklettern
Entertainer, der: → Unterhalter
Entertainment, das: Unterhaltung
entfachen: 1. → anzünden (1, a) – **2.** → auslösen (1, b)
entfahren: → entschlüpfen (1)
entfallen: 1. → herunterfallen (1) – **2.** → vergessen (I, 1) – **3.** → wegfallen (1) – **4.** e. |auf|: ⟨*bei Aufteilung von einem Ganzen erhalten*⟩ fallen |auf| · kommen |auf|
entfalten: I. entfalten: **1.** → auseinander (2, a) – **2.** → entwickeln (I, 1) – **II.** entfalten, sich: → entwickeln (II, 1 *u.* 2)
Entfaltung, die: → Entwicklung (1)
entfärben, sich: → erblassen (1)
entfärbt: → farblos (1)
entfernen: I. entfernen: **1.** ⟨*zum Verschwinden bringen*⟩ beseitigen · entsorgen ♦ *umg:* wegmachen · abmachen – **2.** → beseitigen (1) – **3.** → wegräumen (1) – **II.** entfernen, sich: → weggehen (1)
entfernt: 1. → fern (1) – **2.** → abgelegen – **3.** → weitläufig (1) – **4.** nicht e., nicht im Entferntesten: → keineswegs
Entfernung, die: 1. ⟨*die kürzeste Verbindungslinie zwischen zwei Punkten*⟩ Distanz · Abstand · Zwischenraum · Weite; → *auch* Strecke (1), Ferne (1) – **2.** → Beseitigung
entfesseln: → auslösen (1, b)
Entfettungskur, die: 1. ⟨*Kur zum Abnehmen*⟩ Abmagerungskur · Schlankheitskur · Fastenkur · Hungerkur – **2.** eine E. machen: abspecken
entflammbar: → brennbar
entflammen: 1. → begeistern (I) – **2.** → ausbrechen (1) – **3.** e. |für|: → verlieben, sich
entflammt: → begeistert (1)
entflattern: → wegfliegen
entflechten: entknäueln · aufdröseln (*landsch*)
entfleuchen: 1. → wegfliegen – **2.** → entfliehen (1)
entfliegen: 1. → wegfliegen – **2.** → vergehen (I, 1)
entfliehen: 1. ⟨*sich schnell [heimlich] entfernen*⟩ entweichen · entspringen · entlaufen · flüchten · davonlaufen; entfleuchen (*scherzh*) ♦ *gehoben:* entrinnen ♦ *umg:* ausrücken · ausreißen · durchbrennen · auskneifen · ausbüxen · auskratzen · auswischen · sich abset-

zen · sich abseilen · sich davonmachen · sich aus dem Staub machen ♦ *salopp:* durchgehen · abhauen · abrücken · stiften gehen; ausbimsen · auswetzen · abkratzen · auswichsen (*landsch*); → *auch* entkommen (1), fliehen (1), wegschleichen (I), weggehen (1), weglaufen, verschwinden (2) – **2.** → vergehen (I, 1)
entfremden: → entzweien (I)
entfremdet: → fremd (1)
entfrosten: → auftauen (1)
entführen: 1. ⟨*gewaltsam anderswohin bringen*⟩ fortbringen · verschleppen · wegschleppen · rauben · kidnappen – **2.** → stehlen (1)
Entführung, die: Verschleppung · Freiheitsberaubung · Menschenraub · Raub · Kidnapping; → *auch* Kindesentführung
entgegen: → gegen (1)
entgegenarbeiten: → sabotieren
entgegenblicken: → erwarten (1)
entgegenbringen: → erweisen (I, 1)
entgegengesetzt: 1. → gegensätzlich – **2.** → drüben (1)
entgegenhalten: → einwenden
entgegenhandeln: → zuwiderhandeln
entgegenkommen: 1. ⟨*helfend auf etw. eingehen*⟩ goldene Brücken bauen · helfen · unterstützen ♦ *umg:* + den kleinen Finger reichen; → *auch* helfen (1) – **2.** → kommen (1)
Entgegenkommen, das: → Zugeständnis (1), Gefälligkeit (1), Hilfsbereitschaft
entgegenkommend: 1. → aufmerksam (2) – **2.** → gefällig (1)
Entgegennahme, die: → Empfang (1)
entgegennehmen: → annehmen (1), empfangen (1)
entgegensehen: 1. → erwarten (1) – **2.** Mutterfreuden e.: → schwanger (2)
entgegenstellen, sich: a) → widersetzen, sich – **b)** → hindern
entgegenstrecken: → hinstrecken (I, 1)
entgegentreten: → bekämpfen (I, 2), hindern
entgegenwirken: 1. ⟨*eine Entwicklung zu verhindern suchen*⟩ gegensteuern – **2.** → sabotieren – **3.** → bekämpfen (I, 2)
entgegenwirkend: → kontraproduktiv
entgegnen: 1. → einwenden – **2.** → antworten – **3.** → widersprechen (1)
Entgegnung, die: 1. → Einspruch (1) – **2.** → Einwand (1) – **3.** → Antwort (1)

entgehen

entgehen: 1. → entkommen (1) – **2.** sich nichts e. lassen: ⟨*alle Möglichkeiten nutzen, sich zu vergnügen*⟩ *umg*: nichts anbrennen lassen – **3.** sich e. lassen: → versäumen (1)
entgeistert: → bestürzt
Entgelt, das: → Lohn (1)
entgelten: 1. → büßen (1) – **2.** → entschädigen (I)
entgleisen: 1. ⟨*nicht im Gleis bleiben*⟩ aus den Schienen / aus dem Gleis springen – **2.** → vorbeibenehmen, sich
Entgleisung, die: **1.** → Taktlosigkeit – **2.** → Fehltritt (1)
entgleiten: → herunterfallen (1)
entgöttern: → entweihen
enthalten: I. enthalten: ⟨*in sich haben*⟩ zum Inhalt haben · umfassen · [in sich] fassen · bergen · umspannen · einschließen · umschließen · umgreifen · involvieren · beinhalten; → *auch* innewohnen – **II.** enthalten, sich: **1.** → verzichten – **2.** → unterlassen – **3.** sich nicht e. können: → müssen (1)
enthaltsam: 1. ⟨*Genüssen gegenüber sehr zurückhaltend*⟩ mäßig · abstinent · asketisch · keusch + anspruchslos · bedürfnislos · genügsam – **2.** e. sein: ⟨*ein Leben ohne besondere Genüsse führen*⟩ leben wie eine Nonne / ein Mönch – **3.** enthaltsamer Mensch: → Abstinenzler
Enthaltsamkeit, die: Mäßigkeit · Enthaltung · Abstinenz · Askese · Keuschheit; Temperenz (*veraltend*)
Enthaltsamkeitsapostel, der: → Abstinenzler
Enthaltung, die: → Enthaltsamkeit
enthaupten: köpfen · den Kopf abschlagen + durch das Beil hinrichten · guillotinieren ♦ *umg*: einen Kopf kürzer machen ♦ *derb*: die Rübe abhacken; → *auch* hinrichten (1), töten (I, 1)
enthäuten: → abhäuten
entheben: 1. → befreien (I, 2) – **2.** seines / des Postens e., seines / des Amtes e.: **a)** → entlassen (2) – **b)** → absetzen (I, 2); seiner Verpflichtung e.: → befreien (I, 2)
entheiligen: → entweihen
enthemmt: → hemmungslos (1)
enthüllen: I. enthüllen: **1.** → einweihen (1) – **2.** → entblößen (I) – **3.** → aufdecken (I, 1), entlarven (I) – **II.** enthüllen, sich: **1.** → offenbaren (II) – **2.** → ausziehen (II)

Enthüllung, die: **1.** → Einweihung – **2.** → Aufdeckung (1) – **3.** → Offenbarung
enthülsen: → aushülsen
enthusiasmieren: → begeistern (I)
Enthusiasmus, der: → Begeisterung (1)
enthusiastisch: → begeistert (1)
entjungfern: deflorieren; die Unschuld rauben (*veraltend*)
entkeimen: 1. ⟨*die Krankheitserreger abtöten*⟩ keimfrei / steril machen · sterilisieren · pasteurisieren · abkochen · auskochen; → *auch* desinfizieren – **2.** → hervorsprießen
Entkeimung, die: Sterilisierung · Sterilisation · Pasteurisierung · Pasteurisation; → *auch* Desinfizierung
entkernen: auskernen
entkleiden: I. entkleiden: **1.** → ausziehen (I, 3) – **2.** seines / des Amtes e.: **a)** → entlassen (2) – **b)** → absetzen (I, 2) – **II.** entkleiden, sich: → ausziehen (II)
Entkleidungskünstlerin, die: → Stripteasetänzerin
Entkleidungsnummer, die: → Striptease
entknäueln: → entflechten
entknospen: → hervorsprießen
entknoten: → aufbinden (1)
entkommen: 1. ⟨*sich einer Gefahr entziehen können*⟩ davonkommen · entschlüpfen · entgehen · entwischen; auskommen (*süddt österr*) ♦ *gehoben*: entrinnen ♦ *umg*: durch die Finger / Lücken / Maschen schlüpfen · durch die Lappen gehen; → *auch* entfliehen (1), fliehen (1), abschütteln (2), loskommen, weglaufen – **2.** ⟨*aus dem Gewahrsam fliehen*⟩ ausbrechen – **3.** → davonkommen (2)
entkorken: → aufkorken
entkräften: 1. ⟨*die Kraft entziehen*⟩ schwächen · zehren · erschöpfen · entnerven · enervieren · paralysieren + entmannen; → *auch* ausmergeln, ermüden (1) – **2.** → widerlegen
entkräftet: → erschöpft (1)
Entkräftung, die: **1.** → Erschöpfung, Schwäche (1) – **2.** → Widerlegung
entladen: I. entladen: **1.** ⟨*ein Transportmittel leer machen*⟩ abladen · ausladen · entleeren; löschen (*seem*) + ausschiffen – **2.** ⟨*die Munition herausnehmen*⟩ + entschärfen – **3.** e. ⌊über⌋: → auslassen (I, 4) – **II.** entladen, sich: → explodieren (1)
Entladung, die: **1.** → Explosion – **2.** → Ausbruch (1)
entlang: längs · an … hin + hindurch

entmutigend

entlarven: I. entlarven: ⟨*den wahren Charakter enthüllen*⟩ die Maske vom Gesicht reißen · die Maske herunterreißen/abreißen · demaskieren · dekuvrieren + enthüllen – **II.** entlarven, sich: ⟨*seinen wahren Charakter erkennen lassen*⟩ sein wahres Gesicht zeigen · sich demaskieren · die Maske fallen lassen/abwerfen ♦ *umg:* sich entpuppen; → *auch* offenbaren (II)
Entlarvung, die: Demaskierung · Dekuvrierung
entlassen: 1. ⟨*nicht länger in Gewahrsam behalten*⟩ freilassen · freigeben · auf freien Fuß setzen · in Freiheit setzen · die Freiheit schenken/geben · herauslassen + repatriieren ♦ *umg:* laufen lassen – **2.** ⟨*einseitig jmds. Arbeits- bzw. Dienstverhältnis lösen*⟩ kündigen · suspendieren · von seiner Funktion/seinem Amt suspendieren/entbinden · den Abschied geben · abbauen · ins Elend stoßen; abmustern · abheuern (*seem*) + fristlos entlassen · verabschieden · entpflichten · exmatrikulieren ♦ *gehoben:* seines/des Postens entheben · seines/des Amtes suspendieren/entheben/entsetzen/entbinden/entkleiden ♦ *umg:* hinauswerfen · rauswerfen · hinaussetzen · auf die Straße setzen/werfen · an die [frische] Luft/vor die Tür setzen · den Stuhl vor die Tür setzen · den Laufpass geben · in die Wüste schicken · gehen lassen · [mit Schimpf und Schande] davonjagen · fortjagen · zum Teufel jagen ♦ *salopp:* rausschmeißen · feuern · schassen; → *auch* absetzen (I, 2), abberufen (1), kaltstellen – **3.** e. werden: ⟨*das Arbeits- bzw. Dienstverhältnis gekündigt bekommen*⟩ *umg:* gehen/die Koffer packen müssen · auf der Abschussliste stehen · einen Tritt bekommen/kriegen · sich seine Papiere holen können; gegangen werden (*scherzh*) ♦ *salopp:* [raus]fliegen – **4.** fristlos e.: → 2
Entlassung, die: **1.** ⟨*das Entlassen aus dem Gewahrsam*⟩ Freilassung + Repatriierung – **2.** ⟨*einseitige Lösung von jmds. Arbeits- bzw. Dienstverhältnis*⟩ Kündigung · Suspension · Dienstentlassung · Abschied · Abbau + Exmatrikulation ♦ *salopp:* Rausschmiss · Rauswurf; → *auch* Absetzung (1), Abberufung (1), Personalabbau
entlasten: 1. ⟨*jmdn. bei der Erfüllung seiner Aufgaben unterstützen*⟩ Arbeit abnehmen; → *auch* helfen (1) – **2.** → rechtfertigen (I) – **3.** → entschuldigen (I, 1)

Entlastung, die: **1.** → Rechtfertigung (1) – **2.** → Ehrenrettung
entlauben: → entblättern (1)
entlaubt: → kahl (2)
entlaufen: → entfliehen (1)
entledigen, sich: → befreien (II, 3)
entleeren: I. entleeren: **1.** → leeren (1) – **2.** → entladen (I, 1) – **II.** entleeren, sich: → austreten (1 u. 2)
entleert: → leer (1)
Entleerung, die: **1.** ⟨*das Leermachen*⟩ Leerung; Aushebung (*österr*) – **2.** → Stuhlgang (1)
entlegen: 1. → abgelegen – **2.** → ausgefallen (1)
entlehnen: übernehmen; plagiieren (*abwert*) ♦ *umg:* eine Anleihe machen/aufnehmen
entleiben, sich: → Selbstmord (2)
entleihen: 1. → leihen (2) – **2.** sich e.: → leihen (2)
entlocken: hervorlocken · herauslocken
entlohnen: besolden · bezahlen · auszahlen; salarieren · entlöhnen (*schweiz*); → *auch* bezahlen (1)
entlöhnen: → entlohnen
Entlohnung, die: → Lohn (1)
entlüften: → lüften (1)
Entlüfter, der: Exhaustor · Entlüftung; → *auch* Klimaanlage, Ventilator, Abzug (4)
Entlüftung, die: → Entlüfter
Entlüftungshaube, die: → Dunstabzugshaube
entmachten: stürzen · entthronen · zu Fall bringen · das Heft aus der Hand nehmen; → *auch* absetzen (I, 2)
entmannen: 1. → sterilisieren (1, a) – **2.** → entkräften (1)
Entmannte, der: Kastrat · Eunuch · der Verschnittene · Haremswächter
entmenscht: → brutal
entmilitarisieren: → abrüsten (1)
Entmilitarisierung, die: → Abrüstung
entmisten: → aufräumen (1)
Entmoster, der: → Fruchtpresse
entmündigen: unter Vormundschaft stellen; unter Kuratel stellen (*veraltend*) + entrechten
entmutigen: deprimieren · den Schneid abkaufen · den Mut nehmen · einschüchtern · die Hoffnung nehmen/rauben/erschüttern/zunichte machen ♦ *umg:* knicken · ins Bockshorn jagen
entmutigend: → bedrückend

entmutigt

entmutigt: resigniert · ergeben; → *auch* mutlos
entnationalisieren: → ausweisen (I, 1)
entnehmen: → herausnehmen (1)
entnerven: → entkräften (1)
entnervt: → erschöpft (1)
Entnervung, die: → Erschöpfung
entopisch: → örtlich (1)
Entourage, die: → Begleitung (1)
entpflichten: 1. → befreien (I, 2) – 2. → entlassen (2)
entpuppen, sich: 1. → herausstellen (II) – 2. → entlarven (II)
entraffen: → entreißen (1)
entrahmen: → absahnen (1)
entraten: 1. → entbehren (1) – 2. nicht e. können |einer Sache|: → brauchen (1)
enträtseln: 1. ⟨*etw. Unverständliches bzw. den verborgenen Sinn erkennen*⟩ entschleiern · das Geheimnis/den Schleier lüften; → *auch* entschlüsseln (1), erraten (1), lösen (I, 1) – 2. → ergründen (1)
entrechten: → entmündigen
entrechtet: → rechtlos
Entree, das: 1. → Flur (I), Eingang (1) – 2. → Eintrittsgeld
entreißen: 1. ⟨*mit Gewalt wegnehmen*⟩ wegreißen · fortreißen · aus der Hand reißen ♦ *gehoben:* entringen · entwinden · entraffen · aus der Hand ringen/winden ♦ *umg:* aus den Zähnen/Fängen reißen + abjagen; → *auch* wegnehmen (1) – 2. → rauben (1)
entrichten: 1. → bezahlen (2) – 2. seinen Obolus e.: → spenden (1)
Entrichtung, die: → Bezahlung (1)
entrieren: → anbahnen (1)
entringen: I. entringen: → entreißen (1) – II. entringen, sich: → befreien (II, 3)
entrinnen: 1. → entfliehen (1) – 2. → vergehen (I, 1) – 3. → entkommen (1) – 4. [dem Tode] e.: → davonkommen (2)
entrollen: → aufrollen (1)
entrüsten: I. entrüsten: ⟨*in Entrüstung versetzen*⟩ empören · schockieren · indignieren · böses Blut machen · Unwillen erregen – II. entrüsten, sich: ⟨*seinen Unwillen äußern*⟩ sich empören · sich erregen · sich erbosen · sich ereifern · sich erbittern
entrüstet: empört · schockiert · indigniert · außer sich · erhitzt; → *auch* ärgerlich (1), aufgeregt (1), wütend (1)

Entrüstung, die: Empörung · Indignation · Erbitterung · Erregung · Unwille; → *auch* Wut (1)
entsaften: → ausdrücken (I, 1)
Entsafter, der: → Fruchtpresse
entsagen: 1. → verzichten – 2. → abgewöhnen (2)
Entsagung, die: → Verzicht (1)
entsagungsvoll: entbehrungsreich · entbehrungsvoll · aufopfernd · aufopferungsvoll; → *auch* selbstlos
entsahnen: → absahnen (1)
Entsatz, der: → Befreiung (1)
entschädigen: I. entschädigen: ⟨*einen Schaden ersetzen*⟩ abfinden · wieder gutmachen · ersetzen · Schadenersatz/Ersatz leisten · entgelten · [rück]vergüten; rekompensieren (*Wirtsch*); → *auch* zurückzahlen (1) – II. entschädigen, sich: ⟨*[eigenmächtig] einen erlittenen Schaden auf Kosten des Schuldigen ausgleichen*⟩ sich schadlos halten ♦ *umg:* sich gütlich tun |an|
Entschädigung, die: Schadenersatz · Ersatz · Abgeltung · Wiedergutmachung · Regress + Erkenntlichkeit ♦ *umg:* Pflaster; → *auch* Sühne, Rückzahlung, Abfindung, Reparationen
entschärfen: 1. ⟨*das Verletzende bzw. die Gefährlichkeit nehmen*⟩ [ab]mildern · entspannen · den Stachel nehmen · die Spitze abbrechen/nehmen – 2. → entladen (I, 2)
Entscheid, der: → Verordnung (1)
entscheiden: I. entscheiden: 1. ⟨*Endgültiges festlegen*⟩ verfügen · eine Entscheidung treffen/fällen – 2. ⟨*für die eine Seite bestimmend werden*⟩ den Ausschlag geben · das Zünglein an der Waage sein – 3. durch Los e.: → losen – II. entscheiden, sich: ⟨*eine von verschiedenen Möglichkeiten wählen*⟩ sich durchringen · wählen · [s]eine Wahl treffen + optieren · sich entschließen; → *auch* entschließen, sich
entscheidend: 1. ⟨*von größter Bedeutung*⟩ ausschlaggebend · bestimmend · eingreifend · lebenswichtig; → *auch* wichtig (1), grundlegend, maßgebend – 2. → empfindlich (2)
Entscheidende, das: das A und O ♦ *umg:* Knackpunkt · der springende Punkt
Entscheidung, die: 1. ⟨*das Sichentscheiden*⟩ Wahl · Votum + Option · Alternative – 2. → Verordnung (1) – 3. eine E. treffen/fällen: → entscheiden (I, 1)

entspannen

Entscheidungskampf, der: Entscheidungsschlacht · Show-down; → *auch* Kraftprobe
entschieden: 1. → beschlossen – **2.** → bestimmt (1) – **3.** → ausgesprochen (2) – **4.** → entschlossen (1) – **5.** → charakterfest (1)
Entschiedenheit, die: → Nachdrücklichkeit
entschlafen: 1. → sterben (1) – **2.** → einschlafen (1)
Entschlafene, der: → Verstorbene
entschlagen, sich: → verzichten
entschleiern: 1. → entblößen (I) – **2.** → enträtseln (1)
entschließen, sich: sich schlüssig werden · einen Entschluss fassen + sich entscheiden · sich überwinden ♦ *umg:* sich aufschwingen |zu| · sich aufraffen |zu|; → *auch* entscheiden (II)
Entschließung, die: **1.** → Beschluss (1) – **2.** eine E. fassen: → beschließen (1)
entschlossen: 1. ⟨*ohne Schwanken einem bestimmten Ziel zustrebend*⟩ entschieden · energisch · resolut · fest · zielbewusst · willensstark; → *auch* charakterfest (1), mutig (1), ausgesprochen (2) – **2.** → gewillt (1) – **3.** kurz e.: → kurzerhand
Entschlossenheit, die: → Entschlusskraft
entschlummern: 1. → einschlafen (1) – **2.** → sterben (1)
entschlüpfen: 1. ⟨*von Äußerungen gesagt: ungewollt ausgesprochen werden*⟩ entfahren ♦ *umg:* herausrutschen · herausfahren · herausplatzen – **2.** → entkommen (1)
Entschluss, der: einen E. fassen: → entschließen, sich
entschlüsseln: 1. ⟨*in verständl. Text umformen*⟩ dechiffrieren · dekodieren · auflösen + entziffern · enträtseln; → *auch* entziffern, enträtseln (1) – **2.** → ergründen (1)
Entschlussfähigkeit, die: → Entschlusskraft
Entschlussfreude, die: → Entschlusskraft
Entschlusskraft, die: Entschlussfreude · Entschlussfähigkeit · Entschlossenheit; → *auch* Initiative (1), Tatkraft (1), Wille[n] (1)
entschlusslos: → unentschlossen (2)
entschreiten: → weggehen (1)
entschuldbar: → verzeihlich
entschuldigen: I. entschuldigen: **1.** ⟨*auf eine negative Bewertung der Handlung einer negativen Person verzichten*⟩ entlasten; → *auch* rechtfertigen (I) – **2.** → verzeihen – **II.** entschuldigen, sich: ⟨*um den Verzicht auf eine negative Bewertung einer andere*

kränkenden bzw. schädigenden Handlung bitten⟩ abbitten · um Entschuldigung / Verzeihung bitten · Abbitte tun / leisten + Genugtuung geben ♦ *umg:* um gutes Wetter bitten
Entschuldigung, die: **1.** ⟨*das zum Vermeiden einer negativen Bewertung einer schuldhaften Handlung Vorgebrachte*⟩ Entschuldigungsgrund; → *auch* Ausrede, Rechtfertigung (1) – **2.** → Verzeihung (1) – **3.** um E. bitten: → entschuldigen (II)
Entschuldigungsgrund, der: → Entschuldigung (1)
entschweben: → wegfliegen
entschwinden: 1. → verschwinden (1) – **2.** → vergehen (I, 1)
entseelt: → tot (1)
entsenden: → schicken (I, 2), delegieren
Entsendung, die: → Delegierung
entsetzen: I. entsetzen: **1.** → befreien (I, 1) – **2.** seines / des Amtes e.: **a)** → entlassen (2) – **b)** → absetzen (I, 2) – **II.** entsetzen, sich: **1.** ⟨*große Furcht bekommen*⟩ erzittern · erbleichen · erschrecken ♦ *umg:* jmdm. sträuben sich die Haare · jmdm. stehen die Haare zu Berge ♦ *salopp:* vom Stuhl gehauen werden; → *auch* ²grauen, sich – **2.** → ekeln (II)
Entsetzen, das: **1.** → Schreck (1) – **2.** E. erregend: ⟨*Entsetzen bei jmdm. hervorrufend*⟩ entsetzlich · grauenvoll · grauenhaft · Grauen erregend · Schrecken erregend · grässlich · grauslich · scheußlich · grausig · schrecklich · gräulich · schaurig · schauerlich · schau[d]ervoll · Schauder erregend · furchtbar · fürchterlich · zum Fürchten ♦ *gehoben:* graus; → *auch* abscheulich (1)
Entsetzenstat, die: → Verbrechen (1)
entsetzlich: 1. → Entsetzen (2) – **2.** → verheerend
entsetzt: → bestürzt
Entsetzung, die: → Befreiung (1)
entseuchen: → desinfizieren
Entseuchung, die: → Desinfizierung
entsinken: → herunterfallen (1)
entsinnen, sich: → erinnern (II)
entsittlichen: → zersetzen (I, 2)
Entsittlichung, die: → Zersetzung (1)
entsorgen: → entfernen (I, 1)
entspannen: I. entspannen: **1.** ⟨*zur Entlastung die Spannung mindern od. beseitigen*⟩ abspannen · lockern · lösen – **2.** → entschärfen (1) – **II.** entspannen, sich: **1.** ⟨*sich von der Spannung befreien*⟩ sich abspannen ·

253

entspannt

relaxen · sich lösen – **2.** → ausruhen (I) – **3.** → beruhigen (II, 1, b)
entspannt: gelockert · gelöst · relaxed
Entspannung, die: **1.** ⟨*das Entspannen*⟩ Lockerung · Relaxing · Lösung + Erleichterung – **2.** → Erholung (1)
entspinnen, sich: → entstehen (1)
entsprechen: 1. ⟨*ebenso sein bzw. aussehen*⟩ gleichen · gleichkommen; → *auch* übereinstimmen (1) – **2.** → passen (1, a) – **3.** → erfüllen (I, 2) – **4.** jmds. Geschmack e.: → gefallen (1)
entsprechend: 1. → passend (1) – **2.** → ähnlich (1) – **3.** → sinngemäß – **4.** → gemäß (I) – **5.** den Verhältnissen e.: → erträglich
Entsprechung, die: **1.** → Ähnlichkeit – **2.** → Gegenstück (1)
entsprießen: → hervorsprießen
entspringen: 1. → herrühren – **2.** → entfliehen (1)
entstammen: → abstammen
entstauben: → abstauben (1)
entstehen: 1. ⟨*zu sein beginnen*⟩ werden · erwachsen · sich [heraus]bilden · hervorkommen · sich entwickeln · sich entspinnen · sich ausprägen · sich auftun + anfangen · beginnen · aufkommen; → *auch* aufkommen (1) – **2.** → Folge (3)
Entstehung, die: Genese · Geburt · Entwicklung + Genesis
Entstehungsherd, der: Brutherd · Brutstätte · Brutzelle · Herd
entstellen: 1. → verunstalten – **2.** → verdrehen (1)
entstellt: → einseitig (1)
Entstellung, die: → Verdrehung
entsühnen: → rechtfertigen (I)
entsumpfen: → entwässern (1)
enttäuschen: → ernüchtern
enttäuscht: frustriert
Enttäuschung, die: **1.** ⟨*enttäuschendes Ereignis*⟩ *umg:* Schlag · Reinfall; Aufsitzer (*süddt österr*) ♦ *salopp:* Pleite · der letzte Heuler – **2.** ⟨*das Enttäuschtsein*⟩ Frust · Frustration – **3.** → Misserfolg (1) – **4.** → Ernüchterung
entthronen: → entmachten
entvölkert: → menschenleer
entwachsen: → hervorsprießen
entwalden: → abholzen
entwässern: 1. ⟨*Wasser entziehen*⟩ trockenlegen; dränieren (*fachspr*) + entsumpfen · kanalisieren – **2.** → abfließen (1)

Entwässerung, die: Trockenlegung; Dränierung · Dränage · Dränung (*fachspr*) + Kanalisierung · Kanalisation
Entwässerungsgraben, der: Entwässerungskanal · Entwässerungsrinne · Sickergraben
Entwässerungskanal, der: → Entwässerungsgraben
Entwässerungsrinne, die: → Entwässerungsgraben
entweichen: 1. → verschwinden (1) – **2.** → entfliehen (1) – **3.** e. lassen: → ablassen (1)
entweihen: schänden · profanieren ♦ *gehoben:* entheiligen · entgöttern
Entweihung, die: Schändung · Profanation · Profanierung
entwenden: → stehlen (1)
Entwendung, die: → Diebstahl (1)
entwerfen: 1. ⟨*in großen Zügen darstellen*⟩ skizzieren · umreißen · projektieren · konzipieren · planen · einen Plan machen + konstruieren – **2.** ⟨*eine vorläufige Fassung anfertigen*⟩ skizzieren · einen Entwurf machen · ins Unreine schreiben · ins Konzept schreiben – **3.** ein Bild e. |von|: → darlegen
entwerten: → herabwürdigen (I)
Entwertung, die: → Geldentwertung
entwesen: → ausräuchern
entwickeln: I. entwickeln: **1.** ⟨*bei etw. Aktivität zeigen*⟩ entfalten · zeigen · an den Tag legen – **2.** ⟨*jmdn. in bestimmter Richtung voranbringen*⟩ [aus]bilden · heranbilden · fortbilden · qualifizieren · heranziehen – **3.** → hervorbringen (1), ausbauen (3) – **4.** → darlegen – **5.** e. |aus|: → herleiten (I) – **II.** entwickeln, sich: **1.** ⟨*sich in einem Prozess fortsetzen*⟩ voranschreiten · sich entfalten · im Fluss sein · sich im Fluss befinden · feste Formen annehmen · in der Entwicklung begriffen sein; → *auch* gedeihen (1) – **2.** ⟨*von einem Projekt usw. gesagt: zur Vollendung gelangen*⟩ werden · sich entfalten · gedeihen · geraten · aufblühen · erblühen · erwachen ♦ *umg:* sich mausern · sich [gut/schön] herausmachen · [noch] in der Mauser sein; → *auch* ausarten, wachsen (1) – **3.** → entstehen (1) – **4.** → heranwachsen
Entwicklung, die: **1.** ⟨*das [kontinuierl.] Sichfortsetzen eines Geschehens*⟩ Entwicklungsgang · Entwicklungsverlauf · Prozess · Entfaltung · Fortentwicklung · Werdegang ·

Evolution; → *auch* Aufstieg (2), Verlauf (2), Fortschritt (1) – **2.** ⟨*das Herausbilden*⟩ Ausbildung · Ausformung; → *auch* Ausbau (2) – **3.** → Entstehung – **4.** in der E. begriffen sein: → entwickeln (II, 1)

Entwicklungsabschnitt, der: → Entwicklungsstufe

Entwicklungsalter, das: → Entwicklungsjahre

Entwicklungsepoche, die: → Entwicklungsstufe

Entwicklungsetappe, die: → Entwicklungsstufe

Entwicklungsgang, der: → Entwicklung (1)

entwicklungshemmend: → kontraproduktiv

Entwicklungsjahre (*Pl*): Entwicklungsalter · Wachstumsjahre · Jünglingsjahre · Jugendjahre · Reifezeit · Pubertät; Adoleszenz (*fachspr*) + Flegeljahre; → *auch* Jugend (1)

Entwicklungsländer (*Pl*): die Dritte Welt + Schwellenländer

Entwicklungsperiode, die: → Entwicklungsstufe

Entwicklungsphase, die: → Entwicklungsstufe

Entwicklungsstadium, das: → Entwicklungsstufe

Entwicklungsstand, der: → Entwicklungsstufe

Entwicklungsstufe, die: Entwicklungsstadium · Entwicklungsstand · Entwicklungsperiode · Entwicklungsphase · Entwicklungsepoche · Entwicklungsetappe · Entwicklungsabschnitt · Stufe · Phase · Stadium · Station · Etappe · Durchgangsstadium · Durchgangsstation

Entwicklungsverlauf, der: → Entwicklung (1)

entwinden: I. entwinden: → entreißen (1) – **II.** entwinden, sich: → befreien (II, 3)

entwirren: [auf]lösen · auseinander bekommen ♦ *umg*: auffitzen · auseinander fitzen (*landsch*)

entwischen: → entkommen (1)

entwöhnen: 1. ⟨*die Muttermilch abgewöhnen*⟩ **a)** ⟨*Menschen*⟩ abstillen; ablaktieren (*med*) – **b)** ⟨*Tiere*⟩ absetzen · abbinden · abspänen – **2.** → abgewöhnen (1)

Entwöhnung, die: Abgewöhnung · Entziehung; → *auch* Entziehung (1)

entwölken, sich: → aufklären (II)

entwürdigen: I. entwürdigen: → entehren (I, 1) – **II.** entwürdigen, sich: → entehren (II)

entwürdigend: → entehrend

Entwurf, der: **1.** ⟨*in großen Zügen dargestelltes Vorhaben*⟩ Skizze · Projekt[ierung] · Konzept[ion] · Plan · Konstruktion; Exposé (*fachspr*); Layout (*Buchw*) – **2.** ⟨*vorläufige Fassung*⟩ Skizze · Konzept · Kladde; Sudel (*schweiz*) – **3.** einen E. machen: → entwerfen (2)

entzaubern: → ernüchtern

entziehen: I. entziehen: **1.** ⟨*die Verfügungs- bzw. Entscheidungsgewalt nicht länger zugestehen*⟩ sperren · aus der Hand nehmen – **2.** → verweigern (1) – **II.** entziehen, sich: **1.** → absondern (II) – **2.** → ausweichen (2)

Entziehung, die: **1.** ⟨*das Entziehen*⟩ Entzug; → *auch* Entwöhnung – **2.** → Entwöhnung

Entziehungserscheinung, die: Entzugserscheinung

Entziehungskur, die: eine E. machen: auf Entzug sein

entziffern: [heraus]buchstabieren + erschließen · entschlüsseln; → *auch* entschlüsseln (1)

entzücken: 1. → begeistern (I), bezaubern – **2.** → erfreuen (I)

Entzücken, das: **1.** → Begeisterung (1) – **2.** → Freude (I)

entzückend: → reizend (1)

entzückt: → begeistert (1)

Entzückung, die: → Begeisterung (1)

Entzug, der: **1.** → Entziehung (1) – **2.** auf E. sein: → Entziehungskur

Entzugserscheinung, die: → Entziehungserscheinung

entzündbar: → brennbar

entzünden: I. entzünden: **1.** → anzünden (1, a u. b) – **2.** → begeistern (I) – **II.** entzünden, sich: → anbrennen (1)

entzündlich: 1. → brennbar – **2.** → aufbrausend

Entzündungsherd, der: Herd

entzwei: dahin ♦ *umg*: kaputt · hin[über] + durch ♦ *salopp*: kapores · zum Teufel · im Eimer ♦ *derb*: im Arsch; → *auch* schadhaft

entzweibeißen: → zerbeißen (1)

entzweibrechen: → zerbrechen (1)

entzweien: I. entzweien: ⟨*zu Feinden machen*⟩ auseinander bringen · veruneinigen · uneins machen · einen Keil treiben ⌐zwischen⌐ + entfremden – **II.** entzweien, sich: → verfeinden, sich

entzweifetzen entzweifetzen: → durchreißen (1), zerreißen (I, 1)

entzweigehen: 1. ⟨*unbrauchbar werden*⟩ den Weg alles Irdischen gehen (*scherzh*) ♦ *umg*: kaputtgehen · seinen Geist aufgeben · aus dem Leim/den Fugen gehen/geraten · in die Binsen/Wicken gehen; das Zeitliche segnen (*scherzh*); → *auch* platzen (1) – 2. → zerbrechen (2)

entzweimachen: → zerbrechen (1)

entzweireißen: → durchreißen (1), zerreißen (I, 1)

entzweischlagen: → zerschlagen (I, 1)

entzweischneiden: → zerschneiden

entzweit: uneinig · uneins · verfeindet · zerfallen · zerstritten · über Kreuz

Entzweiung, die: → Zerwürfnis (1)

en vogue: 1. → beliebt (1) – 2. e. sein: → ²modern (2)

enzianblau: → blau (1)

Enzyklika, die: → Rundschreiben

Enzyklopädie, die: → Nachschlagewerk

enzyklopädisch: → umfangreich (1)

Epaulette, die: → Schulterklappe

ephemer: 1. → vorübergehend – 2. → nebensächlich

Epidemie, die: → Seuche

Epidermis, die: → Haut (1)

Epidiaskop, das: → Bildwerfer

epigonal: → unschöpferisch

Epigone, der: Nachahmer

epigonenhaft: → unschöpferisch

epigrammatisch: → treffend (1)

Epik, die: epische/erzählende Dichtung; → *auch* Dichtung (1, a)

Epiker, der: → Prosaist

Epikureer, der: → Genussmensch

epikureisch: → genusssüchtig (1)

Epilepsie, die: Fallsucht (*veraltet*)

Epilog, der: 1. → Nachwort – 2. → Nachspiel (1)

episch: 1. → dichterisch – 2. epische Dichtung: → Epik

Episkop, das: → Bildwerfer

Episode, die: → Ereignis (1)

episodisch: → vorübergehend

Epistel, die: 1. → Brief (1) – 2. → Strafpredigt

epochal: → bedeutsam (1)

Epoche, die: 1. → Zeitalter – 2. E. machen: → Aufsehen (2); E. machend: **a)** → bedeutsam (1) – **b)** → umwälzend

Epos, das: → Dichtung (1, b)

Equipage, die: → Kutsche (1)

Equipe, die: 1. → Mannschaft (1) – 2. → Auswahl (4)

Equipment, das: → Ausstattung (2)

Er: → Gott (1, a)

erachten: e. ⎪für⎪: → halten (I, 7)

Erachten, das: 1. meines Erachtens: ⟨*wie ich es beurteile*⟩ meiner Ansicht nach · nach meiner Ansicht · nach meinem Erachten · meinem Erachten nach · meiner Meinung [nach] · nach meinem Dafürhalten/Befinden – 2. nach meinem E./meinem E. nach: → 1

erahnen: → ahnen (1), erfühlen

erarbeiten: → erreichen (2)

eräugen: → erspähen

erbarmen: → Leid (2)

Erbarmen, das: 1. → Mitleid (1) – 2. zum E.: → schlecht (1)

erbarmenswert: → erbärmlich (1)

erbärmlich: 1. ⟨*sehr unvorteilhaft wirkend*⟩ erbarmenswert · erbarmungswürdig · kümmerlich · dürftig · jämmerlich · schäbig · elend · kläglich ♦ *salopp*: popelig; → *auch* jämmerlich (1), beschämend, ärmlich (1), elend (1), schlecht (1) – 2. → jämmerlich (1) – 3. → gemein (1) – 4. → verwerflich

erbarmungslos: → rücksichtslos (1)

Erbarmungslosigkeit, die: → Rücksichtslosigkeit

erbarmungsvoll: → mitleidig

erbarmungswürdig: → erbärmlich (1)

erbauen: 1. → bauen (1), errichten (1) – 2. → aufrichten (I, 2) – 3. nicht [sehr/sonderlich/gerade] erbaut: → ärgerlich (1)

Erbauer, der: → Gründer

Erbauung, die: 1. ⟨*innerl. Stärkung u. Bereicherung*⟩ Erhebung – 2. → Aufbau (1)

Erbe: I. Erbe, der: 1. ⟨*erbende Person*⟩ der Hinterbliebene – 2. → Nachkomme (1) – II. Erbe, das: 1. → Hinterlassenschaft – 2. → Überlieferung (1)

erbeben: → zittern (1), beben (1)

erben: eine Erbschaft machen/antreten ♦ *gehoben*: ererben

erbetteln: 1. ⟨*durch Betteln erwerben*⟩ *umg*: zusammenbetteln · erfechten – 2. → ausbitten (1)

erbeuten: erobern ♦ *umg*: ergattern + erringen; → *auch* erobern (1), wegnehmen (1)

erbieten, sich: → anbieten (II)

erbitten: → ausbitten (1)

erbittern: I. erbittern: **1.** → verärgern – **2.** → erzürnen (1) – **II.** erbittern, sich: → entrüsten (II)

erbittert: 1. → ärgerlich (1) – **2.** → unnachgiebig (1)

Erbitterung, die: **1.** → Groll (1) – **2.** → Entrüstung

erblassen: 1. ⟨*eine blasse Hautfarbe bekommen*⟩ erbleichen · blass / bleich werden · sich entfärben · die Farbe verlieren + sich verfärben · die Farbe wechseln – **2.** → sterben (1) – **3.** vor Neid e.: → neidisch (2)

Erblassenschaft, die: → Hinterlassenschaft

erbleichen: 1. → erblassen (1) – **2.** → sterben (1) – **3.** → entsetzen (II, 1)

erblich: → angeboren

erblicken: 1. ⟨*mit den Augen erfassen*⟩ sehen · ansichtig werden | jmds. / einer Sache | · zu Gesicht / zu sehen bekommen + wahrnehmen · bemerken ♦ *dicht:* [er]schauen; → *auch* bemerken (1), erspähen, erkennen (2) – **2.** das Licht der Welt e.: → geboren (2)

erblinden: blind werden · das Augenlicht verlieren

erblühen: 1. → aufblühen (1) – **2.** → entwickeln (II, 2)

erbohren: → bohren (1)

erbosen: I. erbosen: → erzürnen (1) – **II.** erbosen, sich: → entrüsten (II)

erbost: → ärgerlich (1)

erbötig: → bereit (1), gefällig (1)

Erbötigkeit, die: → Bereitschaft (1)

erbrausen: → brausen (I, 1)

erbrechen: I. erbrechen: **1.** ⟨*durch den Mund wieder von sich geben*⟩ [aus]speien · herausbringen · von sich geben ♦ *umg:* brechen; → *auch* übergeben (II) – **2.** → aufbrechen (1) – **3.** bis zum Erbrechen: → endlos (b) – **II.** erbrechen, sich: → übergeben (II)

erbringen: 1. → einbringen (2) – **2.** → aufbringen (1) – **3.** den Beweis / Nachweis e. | für | : → beweisen (1)

Erbrochene, das: *derb:* Kotze; → *auch* Speichel

Erbschaft, die: **1.** → Hinterlassenschaft – **2.** eine E. machen / antreten: → erben (1)

Erbsenzähler, der: → Pedant

Erbstück, das: → Andenken (1)

Erbteil, das: → Hinterlassenschaft

Erdanziehung, die: → Schwerkraft

Erdapfel, der: → Kartoffel (1)

Erdapfelknödel, der: → Kartoffelkloß

Erdatmosphäre, die: → Luft (1)

Erdball, der: → Erde (2)

Erdbeben, das: Beben · Erderschütterung · Erdstoß + Erschütterung · Stoß

Erdbevölkerung, die: → Menschheit

Erdbewohner, der: → Mensch (I, 1)

Erdboden, der: **1.** ⟨*die feste Erdoberfläche*⟩ Erde · Boden · Grund – **2.** dem E. gleichmachen: → zerstören (2); wie vom E. verschluckt: → verschwunden (1); jmd. würde vor Scham am liebsten im E. versinken: → schämen, sich (1)

Erdbrocken, der: → Erdscholle

Erde, die: **1.** ⟨*oberste Schicht der Erdoberfläche*⟩ Erdreich · Erdkrume + Staub – **2.** ⟨*Planet*⟩ Erdkugel · Erdball · der Blaue Planet; → *auch* Welt (1) – **3.** → Ackerboden – **4.** → Erdboden (1) – **5.** → Land (1) – **6.** → Welt (1) – **7.** der E. übergeben / anvertrauen: → begraben (1); unter die E. bringen: **a)** → begraben (1) – **b)** → töten (I, 1); unter der E. liegen: → tot (4); aus der E. stampfen: hervorbringen (1); wie Pilze aus der E. schießen: → wachsen (1); jmd. würde vor Scham am liebsten in die E. versinken: → schämen, sich (1); die Hölle auf Erden haben: → leiden (1); zu ebener E.: → Erdgeschoss (2)

Erdenbürger, der: **1.** → Mensch (I, 1) – **2.** kleiner E.: → Säugling

Erdengast, der: → Mensch (I, 1)

erdenkbar: → möglich (1)

erdenken: → ausdenken (1), erfinden (1)

Erdenkind, das: → Mensch (I, 1)

erdenklich: → möglich (1), vorstellbar

Erdenleben, das: → Leben (3)

Erdenrund, das: → Welt (1)

Erdensohn, der: → Mensch (I, 1)

Erdentage (*Pl*): → Leben (3)

Erdenwurm, der: → Mensch (I, 1)

Erderschütterung, die: → Erdbeben

erdfahl: → fahl (1)

erdfarben: → fahl (1)

erdgeboren: → irdisch (1)

erdgebunden: 1. → irdisch (1) – **2.** → naturhaft

Erdgeschoss, das: **1.** ⟨*ebenerdiges Stockwerk*⟩ Parterre; → *auch* Stockwerk, Untergeschoss – **2.** im E.: ⟨*in einem ebenerdigen Stockwerk*⟩ parterre · ebenerdig · zu ebener Erde

Erdglobus, der: → Globus (1)

erdgrau

erdgrau: → fahl (1)
Erdgravitation, die: → Schwerkraft
erdhaft: → naturhaft
erdichten: → ausdenken (1)
Erdichtung, die: → Erfindung (1)
Erdklumpen, der: → Erdscholle
Erdkreis, der: → Welt (1)
Erdkrume, die: → Erde (1)
Erdkugel, die: **1.** → Erde (2) – **2.** → Globus (1)
Erdkunde, die: → Geografie
Erdmännchen, das: → Zwerg (1)
Erdöl, das: Rohöl; Naphtha (*veraltet*); → *auch* Petroleum
erdolchen: → erstechen
Erdölförderung, die: Erdölproduktion
Erdölleitung, die: → Ölleitung
Erdölproduktion, die: → Erdölförderung
Erdreich, das: → Erde (1)
erdreisten, sich: → unterstehen (II)
erdröhnen: → dröhnen (1)
erdrosseln: → erwürgen
erdrücken: 1. ⟨*durch Drücken töten*⟩ totdrücken · totquetschen – **2.** → überwältigen (1)
erdrückend: → überwältigend (1)
Erdrutsch, der: **1.** ⟨*das Abwärtsrutschen von Erdmassen an einem Hang*⟩ Bergrutsch; Erdschlipf · Schlipf (*schweiz*) – **2.** → Umschwung (1)
Erdschlipf, der: → Erdrutsch (1)
Erdscholle, die: Ackerscholle · Scholle · Bodenkrume · Krume + Erdbrocken · Erdklumpen; Kluten (*norddt*); → *auch* Ackerboden
Erdstoß, der: → Erdbeben
Erdteil, der: Kontinent · Weltteil
Erdtrabant, der: → Mond (1)
erdulden: → dulden (1)
erdumspannend: → weltumfassend
erdverbunden: → naturhaft
Erdwall, der: → Damm (1)
erdwärts: → hinunter
ereifern, sich: → aufregen (II), entrüsten (II)
ereignen, sich: → geschehen (1)
Ereignis, das: **1.** ⟨*das zu einer bestimmten Zeit Stattfindende*⟩ Geschehnis · Begebenheit · Geschehen · Event · Vorkommnis · Vorfall · Affäre · Schauspiel · Spektakel · Geschichte · Episode · Zwischenfall; Begebnis (*veraltend*) + Vorgang · Hergang; → *auch* Aufsehen (1), Erlebnis (1) – **2.** freudiges E.: → Geburt (1)

ereignislos: → einförmig
ereignisreich: abenteuerlich · bewegt
Ereignistourismus, der: → Erlebnistourismus
ereilen: → erreichen (1)
Eremit, der: → Einsiedler
eremitenhaft: → einsam (1)
Eren, der: → Flur (I)
ererben: → erben
ererbt: 1. ⟨*als Erbschaft überkommen*⟩ [an]geerbt · vererbt – **2.** → angeboren
erfahren: 1. ⟨*zu wissen bekommen*⟩ hören · vernehmen · Kenntnis erhalten / bekommen ⎣von⎦ · zu Ohren kommen · in Erfahrung bringen ◆ *umg*: läuten hören · Wind bekommen ⎣von⎦ – **2.** ⟨*reich an Erfahrungen*⟩ bewandert · beschlagen · lebenserfahren · gestanden · welterfahren · weltklug · weltkundig · [lebens]kundig · erfahrungsreich · [alt]erprobt · routiniert · eingespielt · versiert · weltbefahren; befahren (*seem*); → *auch* geübt, weise (1) – **3.** [am eigenen Leibe] e.: → erleben (1)
Erfahrung, die: **1.** ⟨*auf erlangten Kenntnissen beruhende Einsichten*⟩ Empirie · Kenntnis · Background + Geübtheit · Praxis · Lebenserfahrung · Weisheit; → *auch* Erkenntnis (1) – 2. in E. bringen: → erfahren (1); die E. machen: → feststellen (1)
Erfahrungsaustausch, der: Workshop
erfahrungsgemäß: 1. ⟨*nach den Erfahrungen*⟩ erwiesenermaßen – **2.** → bekanntlich
erfahrungsreich: → erfahren (2)
erfassen: 1. ⟨*in Listen aufnehmen*⟩ registrieren · verzeichnen · festhalten – **2.** → ergreifen (1) – **3.** → überkommen (1) – **4.** → verstehen (I, 2) – **5.** → erkennen (1) – **6.** → einbeziehen
Erfassung, die: Registrierung · Aufnahme · Verzeichnung
erfechten: 1. → erkämpfen (1) – **2.** → erbetteln (1) – **3.** den Sieg e.: → siegen
erfeilschen: → einhandeln
erfinden: 1. ⟨*etw. Neues schaffen*⟩ ersinnen · erdenken · eine Erfindung machen + entwickeln – **2.** das Pulver nicht erfunden haben: → dumm (6); die Arbeit nicht erfunden haben: → faul (6)
Erfinder, der: + Tüftler[genie] · Knobler
Erfindergeist, der: → Erfindungsgabe (1)
erfinderisch: → schöpferisch
Erfindung, die: **1.** ⟨*etw. nur Ausgedachtes*⟩ Fiktion · Erdichtung · Fabel[ei] · Legende;

Hirngespinst (*abwert*); → *auch* Lügengeschichte – **2.** eine E. machen: → erfinden (1)

Erfindungsgabe, die: **1.** ⟨*schöpfer. Begabung*⟩ Erfindergeist · Erfindungskraft · Ingeniosität · Ingenium · Findigkeit + Fantasie · Gedankenreichtum – **2.** → Einbildungskraft

Erfindungskraft, die: → Erfindungsgabe (1)

erfindungsreich: → einfallsreich

erflehen: → ausbitten (1)

Erfolg, der: **1.** ⟨*positives Ergebnis*⟩ Triumph · Gelingen · [großer/glücklicher] Wurf ♦ *umg:* Bombenerfolg · Volltreffer – **2.** E. haben: ⟨*ein positives Ergebnis erzielen*⟩ erfolgreich sein · arrivieren · vorwärts kommen · weiterkommen · Fortschritte machen · reüssieren · punkten · Punkte machen + emporkommen · weit kommen · es weit/zu etw. bringen · sein Glück/seinen Weg/Karriere machen ♦ *umg:* fortkommen · groß herauskommen · auf einen grünen Zweig kommen · Furore machen + hochkommen; → *auch* durchsetzen (I, 2, a), emporarbeiten – **3.** E. versprechend: ⟨*Aussicht auf Erfolg habend*⟩ mit Aussicht auf Erfolg · verheißungsvoll · viel versprechend · aussichtsreich · Glück verheißend/bringend – **4.** mit Aussicht auf E.: → 3; ohne Aussicht auf E.: → hoffnungslos (1); zu keinem E. führen: → hoffnungslos (2)

erfolgen: 1. → geschehen (1) – **2.** → stattfinden

erfolggekrönt: → siegreich

erfolglos: → ergebnislos (1)

erfolgreich: 1. → siegreich – **2.** e. sein: → Erfolg (2); e. abschneiden/abschließen: → bestehen (1)

Erfolgsmensch, der: → Karrierist

erfolgssicher: → selbstbewusst

erforderlich: → notwendig (1)

erforderlichenfalls: → notfalls

erfordern: gebieten · notwendig machen · verlangen

erforschen: 1. → ergründen (1) – **2.** → durchforschen (1)

Erforschung, die: Ergründung · Erkundung + Untersuchung

erfragen: → auskundschaften (1)

erfrechen, sich: → unterstehen (II)

erfreuen: I. erfreuen: ⟨*ein Gefühl des Frohseins, der Beglückung in sich, jmdm. her-*

vorrufen⟩ freuen · beglücken · beseligen · entzücken · freudig stimmen · Freude/Vergnügen machen/bereiten · Freude spenden · glücklich machen + bei Laune halten ♦ *gehoben:* delektieren ♦ *umg:* Laune/Spaß machen; → *auch* aufheitern (I), belustigen (I) – **II.** erfreuen, sich: sich e. | an | : → freuen (II, 2); sich großer Beliebtheit e.: → gefallen (1)

erfreulich: 1. → glücklich (1) – **2.** → wohl (5)

erfreulicherweise: → glücklicherweise

erfrieren: → erstarren (1, a)

erfrischen: I. erfrischen: ⟨*[durch einen Trunk] neu beleben*⟩ erquicken · stärken · auffrischen ♦ *gehoben:* [er]laben – **II.** erfrischen sich: ⟨*sich neu beleben*⟩ sich erquicken · sich stärken · sich auffrischen · sich frisch machen ♦ *gehoben:* sich [er]laben

erfrischend: 1. ⟨*Erfrischung bringend*⟩ erquickend · erquicklich · wohl tuend ♦ *gehoben:* labend – **2.** → anregend

Erfrischung, die: **1.** ⟨*das Erfrischen*⟩ Erquickung · Auffrischung · Wohltat ♦ *gehoben:* Labung · Labe · Labsal · Labnis – **2.** → Erfrischungsgetränk

Erfrischungsgetränk, das: Erfrischung ♦ *gehoben:* Labetrunk

erfühlen: erspüren · ertasten · erahnen

erfüllbar: → durchführbar

erfüllen: I. erfüllen: **1.** ⟨*jmdn. innerlich ganz ausfüllen*⟩ durchdringen · durchströmen · durchfluten · durchrinnen · durchrieseln · durchlaufen · durchkriechen · durchziehen · durchpulsen · durchbeben · durchzittern · durchschauern · durchglühen · durchwogen · durchbrausen · durchstürmen; → *auch* überkommen (1) – **2.** ⟨*einer Erwartung od. Verpflichtung gerecht werden*⟩ entsprechen · halten · einlösen; → *auch* erledigen (1), verwirklichen – **3.** → beherrschen (I, 3) – **II.** erfüllen, sich: → eintreffen (1)

erfüllt: mit/von Dank e.: → dankbar (1)

Erfüllung, die: **1.** ⟨*vollständige Verwirklichung einer Erwartung od. Verpflichtung*⟩ Einlösung + Einhaltung; → *auch* Beachtung (2), Verwirklichung – **2.** in E. gehen: → eintreffen (1)

ergänzen: 1. ⟨*vollständig machen*⟩ vervollständigen · komplettieren · komplementieren · auffüllen · auffrischen · erweitern +

Ergänzung

nachtragen; → *auch* vervollkommnen (I) –
2. → hinzufügen (1)

Ergänzung, die: 1. ⟨*das Ergänzen*⟩ Vervoll-
ständigung · Komplettierung · Erweiterung ·
Auffüllung · Auffrischung + Nachtrag ·
Hinzufügung; → *auch* Vervollkommnung
(1) – **2.** ⟨*das Ergänzte*⟩ Korrelat · Komple-
ment + Nachtrag · Beischluss; → *auch* An-
hang (1), Zugabe

ergattern: → erbeuten

ergaunern: → erschwindeln

ergeben: I. ergeben: 1. ⟨*in Ergebenheit*⟩ er-
gebungsvoll · demütig · demut[s]voll +
gottergeben; → *auch* treu (1), anhänglich –
2. → unterwürfig, entmutigt – **3.** → ein-
bringen (2) – **4.** treu e. sein: → ²anhängen
(2); dem Trunk/Suff e. sein: → trunksüch-
tig (2) – **II.** ergeben, sich: **1.** ⟨*sich dem Geg-
ner ausliefern*⟩ kapitulieren · die Waffen
niederlegen/strecken · die weiße Fahne zei-
gen · die Hände heben · die Flagge/die Se-
gel streichen – **2.** ⟨*im Ergebnis herauskom-
men*⟩ resultieren |aus| · sich herausschälen ·
erhellen |aus| · folgen |aus| · hervorgehen
|aus| – **3.** → verschwören, sich (2) – **4.** →
hingeben (II, 1) – **5.** → demütigen (II) – **6.**
→ herausstellen (II) – **7.** sich e. |in|: → ab-
finden (II, 2)

Ergebenheit, die: 1. ⟨*das Sichfügen*⟩ Demut
· Demütigkeit · Ergebung – **2.** → Unterwür-
figkeit

Ergebnis, das: Resultat · Effekt · Produkt ·
Frucht · Fazit · Endergebnis · Endresultat ·
Endstand · Endprodukt · Quintessenz ·
Schlussergebnis + Wirkung · Summe · Bi-
lanz ♦ *gehoben:* Ausfluss; → *auch* Erzeug-
nis, Ertrag, Folge (1)

ergebnislos: 1. ⟨*ohne Erreichung des ge-
steckten Zieles*⟩ erfolglos · unverrichteter-
dinge · unverrichtetersache; → *auch* nutzlos
(1), umsonst (1) – **2.** e. sein: ⟨*ohne das ge-
wünschte Ergebnis bleiben*⟩ im Sande ver-
laufen · versanden · verpuffen ♦ *umg:* aus-
gehen/enden wie das Hornberger Schießen

Ergebung, die: → Ergebenheit (1)

ergebungsvoll: → ergeben (I, 1)

ergehen: I. ergehen: über sich e. lassen: →
dulden (1) – **II.** ergehen, sich: → spazieren (2)

Ergehen, das: → Gesundheitszustand

ergeizen: → absparen

ergiebig: lohnend · reich · dankbar · ren-
tierlich; abbauwürdig · fündig (*bergm*); →
auch einträglich

Ergiebigkeit, die: → Fruchtbarkeit

ergießen, sich: → strömen

erglänzen: → aufleuchten

erglimmen: → aufleuchten

erglühen: 1. → aufleuchten – **2.** → begeis-
tern (II) – **3.** vor Scham e.: → schämen,
sich (1)

ergo: → folglich (1)

ergötzen: I. ergötzen: → belustigen (I) –
II. ergötzen, sich: sich e. |an|: → freuen
(II, 2)

Ergötzen, das: → Vergnügen (1)

ergötzlich: → unterhaltsam

Ergötzung, die: → Belustigung (1)

ergrauen: → altern (1)

ergraut: 1. → grauhaarig – **2.** → alt (1)

ergreifen: 1. ⟨*nach etw. greifen u. es in
die Hand nehmen*⟩ [er]fassen · packen ·
nehmen; erraffen (*abwert*); → *auch* an-
fassen (I, 1) – **2.** ⟨*nach jmdm. greifen u. ihn
festhalten*⟩ fassen · greifen ♦ *umg:* krie-
gen · erwischen · beim Schopf fassen/
packen/nehmen · beim Schlips erwischen ·
beim/am Kragen nehmen/packen/kriegen ·
beim/am Schlafittchen/bei der/an der
Gurgel fassen/nehmen/packen/kriegen ·
beim/am Wickel kriegen/nehmen/fassen;
beim/am Griebs/Krips packen/fassen
(*landsch*) ♦ *salopp:* schnappen · kaschen ·
beim Kanthaken kriegen; → *auch* fangen
(I, 1), verhaften, unschädlich (2) – **3.**
⟨*stark auf das Gefühl wirken*⟩ [be]rühren ·
bewegen · nahe gehen · zu Herzen gehen ·
ans Herz greifen · durch und durch/durch
Mark und Bein gehen ♦ *gehoben:* durch-
schüttern · anrühren ♦ *umg:* unter die Haut/
an die Nieren gehen; durch Mark und
Pfennig gehen (*scherzh*); → *auch* beein-
drucken, erschüttern (1) – **4.** → über-
kommen (1) – **5.** das Wort e.: → sprechen
(2); die Flucht/das Hasenpanier e.: →
fliehen (1); die Initiative e.: → anfangen (1,
a); die Zügel e.: → Macht (4); Besitz e.
|von|: **a)** → aneignen (1) – **b)** → ein-
verleiben (2, a); Partei e. |für|: → eintreten
(7, a)

ergreifend: rührend · [herz]bewegend ·
herzergreifend · erschütternd; → *auch* Mit-
leid (2)

Ergreifung, die: → Verhaftung

ergreisen: → altern (1)

ergriffen: gerührt · bewegt · erschüttert ♦
umg: gerührt wie Apfelmus (*scherzh*)

Ergriffenheit, die: Rührung · Bewegung · Erschütterung

ergrimmen: → erzürnen (2)

ergründen: 1. ⟨*bis ins Letzte klären*⟩ erforschen · enträtseln · entschlüsseln · ermitteln · herausfinden · herausbekommen · herausbringen · feststellen · eruieren · auf den Grund gehen/kommen ♦ *umg:* herauskriegen · kommen |hinter| · dahinter kommen; erschnüffeln (*abwert*); → *auch* entdecken (I, 1) – **2.** → durchforschen (1)

Ergründung, die: → Erforschung

Erguss, der: **1.** → Bluterguss – **2.** → Redeschwall

erhaben: 1. ⟨*aus einer Fläche herausragend*⟩ reliefartig + konvex (*fachspr*) – **2.** → feierlich (1), würdevoll – **3.** → ehrwürdig – **4.** → überlegen (I, 2) – **5.** e. tun: → überheben, sich (1); über alles Lob e.: → hervorragend (1)

Erhabenheit, die: → Würde (1)

erhallen: → ertönen

Erhalt, der: → Empfang (1)

erhalten: I. erhalten: **1.** ⟨*in seinen Besitz bekommen*⟩ bekommen · empfangen · zuteil werden; erhältlich machen (*schweiz*) + davontragen ♦ *umg:* erwischen · kriegen; besehen (*landsch*); → *auch* abbekommen (1), zufallen (2) – **2.** → unterhalten (I, 1) – **3.** → bewahren (2) – **4.** die Art e.: → vermehren (II, 1); einen Korb e.: → abblitzen (1); Kenntnis e. |von|: → erfahren (1) – **II.** erhalten, sich: → weiter (6)

Erhalter, der: → Ernährer

erhältlich: e. machen: → erhalten (I, 1)

Erhaltung, die: **1.** → Versorgung – **2.** → Pflege (1, b) – **3.** E. der Art: → Vermehrung (1)

erhängen: I. erhängen: ⟨*durch Hängen töten*⟩ [auf]hängen · henken + an den Galgen bringen ♦ *umg:* aufknüpfen; → *auch* erwürgen, töten (I, 1), hinrichten (1) – **II.** erhängen, sich: ⟨*sich durch Hängen töten*⟩ sich [auf]hängen ♦ *umg:* sich aufknüpfen · den Strick nehmen ♦ *salopp:* sich aufbammeln · sich aufbaumeln; → *auch* Selbstmord (2)

erharren: → erwarten (1)

erhärten: 1. ⟨*von Beton od. dgl. gesagt: hart werden*⟩ abbinden · erstarren – **2.** → härten – **3.** → festigen (1) – **4.** → untermauern, bestätigen (I, 1)

Erhärtung, die: → Festigung (1)

erhaschen: 1. ⟨*jmds. Rede od. Blick gerade noch bemerken bzw. aufnehmen*⟩ auffangen ♦ *umg:* [auf]schnappen · erschnappen · aufhaschen (*landsch*) – **2.** → fangen (I, 2)

erheben: I. erheben: **1.** → heben (I, 1) – **2.** → befördern (2) – **3.** → aufrichten (I, 2) – **4.** → einziehen (3) – **5.** sein Haupt e.: → aufsehen (1); in den Adelsstand e.: → adeln (1); eine Forderung e.: → fordern (1); Anspruch e. |auf|: → beanspruchen (1); Protest/Einspruch e.: → protestieren; ein Geschrei e.: → schreien (1) – **II.** erheben, sich: **1.** → aufstehen (1), emporfliegen – **2.** → aufragen – **3.** → aufbegehren – **4.** → anfangen (1, b) – **5.** sich e. |über|: → überheben, sich (1); sich e. |zu|: → aufwerfen (II)

erhebend: → feierlich (1)

erheblich: → beträchtlich (1)

Erheblichkeit, die: → Bedeutung (1)

Erhebung, die: **1.** → Bodenerhebung, Hügel – **2.** → Beförderung (2) – **3.** → Erbauung (1) – **4.** → Aufstand – **5.** → Erkundung (1)

erheitern: → aufheitern (I), belustigen (I)

Erheiterung, die: → Aufheiterung (1), Belustigung (1)

erhellen: 1. ⟨*durch* [*mehr*] *Licht besser sichtbar machen*⟩ erleuchten · hell machen · ausleuchten; → *auch* beleuchten (1) – **2.** → aufklären (I, 1) – **3.** e. |aus|: → ergeben (II, 2)

erhitzen: I. erhitzen: **1.** ⟨*sehr warm machen*⟩ heiß machen · aufheizen; → *auch* erwärmen (I) – **2.** → aufregen (I, 1) – **II.** erhitzen, sich: → aufregen (II)

erhitzt: → aufgeregt (1)

Erhitzung, die: → Erregung (1)

erhoffen: 1. ⟨*hoffend erwarten*⟩ sich erwarten · sich versprechen |von| · sich errechnen · sich ausrechnen – **2.** → erwarten (1)

erhöhen: I. erhöhen: **1.** ⟨*in der Höhe vergrößern*⟩ aufhöhen · höher machen – **2.** ⟨*in Bezug auf Preise: nach oben verändern*⟩ heraufsetzen · anheben – **3.** → steigern (I, 2) – **4.** → auszeichnen (I, 3) – **5.** → befördern (2) – **6.** erhöhte Temperatur: → Fieber (1) – **II.** erhöhen, sich: → zunehmen (1)

Erhöhung, die: **1.** → Bodenerhebung – **2.** → Steigerung (2)

erholen, sich: **1.** ⟨*eine Krankheit völlig überwinden*⟩ aufleben · sich regenerieren · [wieder] zu Kräften kommen ♦ *umg:* sich

erholt

aufrappeln · sich restaurieren · sich berappeln · sich hochrappeln · sich herausmachen · [wieder] auf die Beine/auf den Damm kommen; → *auch* gesund (6) – **2.** ⟨*das seelische Gleichgewicht wiedergewinnen*⟩ zu sich kommen ♦ *umg:* sich berappeln; → *auch* fassen (II, 1)
erholt: → frisch (2)
Erholung, die: **1.** ⟨*das Sicherholen [nach der Arbeit]*⟩ Entspannung · Ruhe + Wellness · Urlaub; → *auch* Ferien (1) – **2.** → Genesung (1)
Erholungsaufenthalt, der: → Erholungsort
erholungsbedürftig: ruhebedürftig; → *auch* erschöpft (1)
Erholungsort, der: Urlaubsort · Ferienort · Ferienparadies · Erholungsstätte; Sommerfrische (*veraltend*) + Erholungsaufenthalt · Urlaubsaufenthalt · Sommeraufenthalt · Ferienaufenthalt
Erholungspause, die: → ¹Pause (1)
Erholungsstätte, die: → Erholungsort
Erholungsuchende, der: → Urlauber
Erholungszeit, die: → Ferien (1)
erhorchen: → abhorchen (1)
erhören: → gewähren (1)
erhungern: → absparen
erinnerlich: → gegenwärtig (2)
erinnern: I. erinnern: **1.** ⟨*durch nochmaliges Daraufhinweisen nicht in Vergessenheit geraten lassen*⟩ mahnen · ins Gedächtnis [zurück]rufen · in Erinnerung/ins Gedächtnis bringen ♦ *gehoben:* gemahnen ♦ *umg:* + auf die Sprünge helfen; → *auch* ermahnen (1), mahnen (1) – **2.** → II – **3.** e. |an| : → ähneln – **II.** erinnern, sich: ⟨*noch bzw. wieder im Gedächtnis haben*⟩ sich entsinnen · sich besinnen · denken |an| · sich zurückerinnern · sich wiedererinnern · wieder einfallen · wiedererkennen · sich ins Gedächtnis [zurück]rufen; erinnern (*norddt*) + zurückblicken · zurückdenken · zurückschauen · Rückschau halten · eingedenk sein; → *auch* einfallen (1)
Erinnerung: I. Erinnerung, die: **1.** ⟨*Objekt des Erinnerns*⟩ Reminiszenz; → *auch* Rückblick – **2.** ⟨*Denken an jmdn. od. etw.*⟩ Gedenken · Gedächtnis · An[ge]denken – **3.** → Gedächtnis (1) – **4.** → Mahnung (1) – **5.** zur E.: ⟨*um daran zu denken*⟩ zum Andenken/Gedenken/Gedächtnis · in memoriam – **6.** in E. bringen: → erinnern (I, 1); in der E. behalten: → merken (4) – **II.** Erinnerungen (*Pl*): → Lebenserinnerungen

Erinnerungsfeier, die: → Gedenkfeier
Erinnerungslücke, die: Blackout · Gedächtnislücke ♦ *umg:* Aussetzer · Filmriss
Erinnerungsstück, das: → Andenken (1)
Erinnerungsvermögen, das: → Gedächtnis (1)
Erinnerungszeichen, das: → Andenken (1)
Erinnye, die: → Rachegöttin
erjagen: → erwerben (1)
erkalten: 1. ⟨*an Wärme verlieren*⟩ abkühlen · auskühlen · kalt werden + durchfrieren; → *auch* erstarren (1, a) – **2.** → enden (1, b)
erkälten, sich: sich verkühlen
erkältet: 1. ⟨*an einer Erkältung leidend*⟩ verkühlt + fiebrig – **2.** e. sein: ⟨*an einer Erkältung leiden*⟩ salopp: es auf der Plauze haben (*landsch*)
Erkältung, die: Erkältungskrankheit · Katarrh
erkämpfen: 1. ⟨*durch Kämpfen erlangen*⟩ erfechten · erringen · erstreiten – **2.** den Sieg e.: → siegen
erkaufen: → bestechen (1)
erkecken, sich: → unterstehen (II)
erkennbar: 1. → sichtbar (1) – **2.** → deutlich (1)
erkennen: 1. ⟨*im Bewusstsein aufnehmen*⟩ erfassen · bewusst werden · zu[m] Bewusstsein kommen · realisieren · zu der Erkenntnis kommen/gelangen · die Augen gehen auf · die Binde fällt/es fällt wie Schuppen von den Augen ♦ *umg:* es dämmert · jmdm. geht ein Licht auf; jmdm. geht ein Talglicht/Seifensieder auf (*scherzh*); → *auch* denken (1), verstehen (I, 2) – **2.** ⟨*deutlich mit den Augen erfassen*⟩ sehen · wahrnehmen; ausnehmen (*österr*) ♦ *gehoben:* schauen; → *auch* erblicken (1), erspähen – **3.** → feststellen (1) – **4.** → durchschauen (I) – **5.** nicht e.: ⟨*Zusammenhänge nicht begreifen*⟩ nicht durchblicken · keinen Durchblick haben · nicht klar sehen; → *auch* erklären (I, 4) – **6.** e. lassen: → zeigen (I, 3)
erkenntlich: 1. → dankbar (1) – **2.** sich e. zeigen: → vergelten (2)
Erkenntlichkeit, die: **1.** → Dank (1) – **2.** → Entschädigung
Erkenntnis, die: **1.** ⟨*Ergebnis des Erkennens*⟩ Einsicht · Erleuchtung; → *auch* Erfahrung (1) – **2.** heilsame E.: → Lehre (3); zu der E. kommen/gelangen: → erkennen (1)
Erkennung, die: → Feststellung (1)

Erker, der: **1.** ⟨*vorspringender Teil des Hauses*⟩ Ausbau · Vorbau; Chörlein (*Arch*) – **2.** → Nase (1)

erklären: I. erklären: **1.** ⟨*durch Worte das Verstehen ermöglichen*⟩ erläutern · auseinander setzen · auseinander legen · explizieren · begreiflich/verständlich machen · klarmachen · klarlegen + exemplifizieren · interpretieren · kommentieren ♦ *gehoben:* aufschließen ♦ *umg:* verdeutschen (*süddt österr*); verklaren (*norddt*) ♦ *salopp:* auseinander posamentieren · verklickern · verkasematuckeln · auseinander klamüsern (*landsch*); → *auch* auslegen (2), darlegen – **2.** ⟨*öffentlich mitteilen*⟩ verkünden · deklarieren · eine Erklärung abgeben + dartun ♦ *gehoben:* verkündigen; → *auch* bekannt (5) – **3.** → aussagen (1) – **4.** sich nicht e. können: ⟨*die Ursachen von etw. nicht erkennen*⟩ nicht verstehen/begreifen · nicht klug werden |aus| ♦ *umg:* nicht durchsehen/durchblicken · nicht schlau werden |aus| · nicht dahinter kommen/gucken · sich keinen Reim/Vers machen können |auf|; → *auch* erkennen (5) – **5.** e. |für|: → bezeichnen (I, 3, a); für ungültig/[null und] nichtig e.: → aufheben (I, 3); seinen Rücktritt e.: → zurücktreten (1); für schuldig e.: → verurteilen (2); für vogelfrei/in die Acht/in Acht und Bann e., die Acht e. |über|: → ächten (1) – **II.** erklären, sich: sich e. |für|: → eintreten (7, a); sich bereit e.: → zustimmen (1)

Erklärer, der: + Interpret · Kommentator · Deuter · Ausleger · Illustrator · Exeget

erklärlich: → verständlich (2)

erklärt: → ausgesprochen (2)

erklärtermaßen: → ausdrücklich (1)

Erklärung, die: **1.** ⟨*das Erklären od. das Erklärte*⟩ Erläuterung · Explikation · Verdeutlichung · Beleuchtung + Exemplifikation · Interpretation · Kommentar · Deutung; → *auch* Auslegung, Anmerkung (1) – **2.** ⟨*öffentl. Mitteilung*⟩ Verkünd[ig]ung · Deklaration · Manifest · Statement – **3.** → Einführung (1) – **4.** → Liebeserklärung, Aussage (1) – **5.** eidesstattliche E.: → Eid (1); → eine E. abgeben: → erklären (I, 2)

erklecklich: → beträchtlich (1)

erklettern: → ersteigen

erklimmen: 1. → ersteigen – **2.** → erreichen (1)

erklingen: 1. ⟨*als Klang hörbar werden*⟩ anklingen ♦ *gehoben:* antönen; → *auch* ertönen, klingen (1) – **2.** die Gläser e. lassen: → anstoßen (3)

erklügeln: → ausdenken (1)

Erkrankung, die: → Krankheit

erkühnen, sich: → unterstehen (II)

erkunden: 1. ⟨*im Gelände festzustellen suchen*⟩ [das Terrain] sondieren · aufklären · auf Kundschaft ausgehen · [auf] Patrouille gehen – **2.** → auskundschaften (1)

erkundigen, sich: nachfragen · fragen |nach| · sich umhören · Erkundigungen einholen/einziehen ♦ *umg:* herumhorchen · sich umtun

Erkundigung, die: Erkundigungen einholen/einziehen: → erkundigen, sich

Erkundung, die: **1.** ⟨*das Erkunden*⟩ Aufklärung · Sondierung · Ermittlung · Feststellung – **2.** → Erforschung

erkünstelt: → geziert

erküren: → auswählen

erlaben: I. erlaben: → erfrischen (I) – **II.** erlaben, sich: → erfrischen (II)

Erlagschein, der: → Zahlschein

erlahmen: 1. ⟨*müde bzw. schwach werden*⟩ ermüden · ermatten · erschlaffen · den Dienst versagen ♦ *umg:* schlappmachen – **2.** → nachlassen (1)

erlangen: 1. → erwerben (1) – **2.** → erreichen (1) – **3.** den Sieg e.: → siegen; die Doktorwürde e.: → promovieren

Erlass, der: **1.** ⟨*behördl. Verfügung*⟩ Dekret · Edikt + Bulle · Runderlass · Rundverfügung · Zirkularerlass; → *auch* Verordnung (1), Bekanntmachung (1), Gesetz (2) – **2.** ⟨*das Entbinden von einer Verpflichtung*⟩ Erlassung

erlassen: 1. ⟨*nicht auf etw. bestehen*⟩ schenken · entbinden |von| · befreien |von| – **2.** → anordnen (2) – **3.** eine Verfügung/Verordnung e.: → anordnen (2); die Strafe e.: → begnadigen

Erlassung, die: → Erlass (2)

erlauben: 1. ⟨*seine Zustimmung geben*⟩ gestatten · stattgeben · die Erlaubnis geben/erteilen · die Einwilligung geben ♦ *gehoben:* permittieren; → *auch* gewähren (1), genehmigen (1), zulassen (1) – **2.** → ermöglichen (1) – **3.** sich e.: ⟨*sich etw. zu tun entschließen*⟩ sich die Freiheit nehmen + sich beehren · sich die Ehre geben; → *auch* unterste-

Erlaubnis

hen (II) – **4.** wenn Sie e.: ⟨*wenn Sie es mir erlauben*⟩ wenn Sie gestatten · mit Verlaub – **5.** dümmer als die Polizei erlaubt: → dumm (1)

Erlaubnis, die: **1.** ⟨*Zustimmung zu einem Tun*⟩ Gewährung · Plazet · Ermächtigung + Freibrief ♦ *gehoben*: Permission; → *auch* Genehmigung (1), Zulassung – **2.** die E. geben / erteilen: → erlauben (1); die E. haben: → dürfen

erlaubt: → zulässig

erlaucht: 1. → angesehen (1) – **2.** von erlauchter Geburt: → adlig (1)

erlauschen: → abhorchen (1)

erläutern: → erklären (I, 1), darlegen, veranschaulichen

Erläuterung, die: → Erklärung (1), Darlegung (1), Einführung (1)

erleben: 1. ⟨*die Wirkung von etw. bewusst in sich aufnehmen*⟩ durchleben · [am eigenen Leibe] erfahren · am eigenen Leibe erleben + erleiden – **2.** einen Aufstieg / Aufschwung e.: → gedeihen (1); am eigenen Leibe e.: → 1; sein blaues Wunder e.: → staunen (1)

Erleben, das: → Erlebnis (1)

Erlebnis, das: **1.** ⟨*bewusst in sich aufgenommenes Geschehnis*⟩ Erleben; → *auch* Ereignis (1) – **2.** → Abenteuer (1)

Erlebnishunger, der: → Abenteuerlust

erlebnishungrig: → abenteuerlustig

Erlebnistourismus, der: Eventtourismus · Ereignistourismus

erlechzen: → erwarten (1)

erledigen: 1. ⟨*zu einem positiven Abschluss bringen*⟩ abtun · abfertigen · abwickeln · besorgen · ausführen · durchführen · fertig machen · absolvieren · vom Tisch bringen; zur Durchführung bringen (*amtsspr*) ♦ *umg*: abmachen · durchziehen · Nägel mit Köpfen machen; ausmachen (*landsch*); → *auch* erfüllen (I, 2), ableisten, aufarbeiten (1), beenden (1) – **2.** → ruinieren (I, 1) – **3.** → ermorden, töten (I, 1) – **4.** sein Geschäft e.: → austreten (1 u. 2); Wege e.: → einkaufen (I, 1); mit einem Griff e.: → mühelos (2)

erledigt: 1. ⟨*zu einem positiven Abschluss gebracht*⟩ abgeschlossen · abgetan ♦ *umg*: fertig ist die Laube / Kiste – **2.** → erschöpft (1) – **3.** e. sein: **a)** ⟨*einen positiven Abschluss haben*⟩ *umg*: gegessen sein · vom Tisch sein · fertig ist die Laube / Kiste – **b)** ⟨*der Missachtung preisgegeben sein*⟩ *umg*:

geliefert sein · gestorben sein · ein toter Mann sein ♦ *salopp*: unten durch sein – **c)** → gelten (7)

Erledigung, die: **1.** ⟨*das Erledigen*⟩ Abfertigung · Besorgung · Bestellung · Regelung · Ausführung · Durchführung · Absolvierung; → *auch* Ablegung – **2.** → Einkauf (1)

erlegen: 1. → schießen (2) – **2.** → bezahlen (2)

erleichtern: I. erleichtern: **1.** ⟨*die Belastung od. Anspannung verringern*⟩ nachlassen · lockern – **2.** → bestehlen, schröpfen (2) – **3.** sein Herz e.: → aussprechen (II, 1) – **II.** erleichtern, sich: **1.** → ausziehen (II) – **2.** → übergeben (II) – **3.** → austreten (1 u. 2) – **4.** → aussprechen (II, 1)

erleichtert: → froh (1)

Erleichterung, die: → Entspannung (1)

erleiden: 1. → dulden (1) – **2.** → erleben (1) – **3.** den Tod e.: → sterben (1); Schiffbruch e.: → Misserfolg (2); Abbruch e.: → Schaden (5); eine Abfuhr e.: → abblitzen (1)

erlernen: lernen · sich aneignen · erwerben · sich anlernen · sich anlesen + studieren; → *auch* abhorchen (1), lernen (1)

Erlernung, die: Aneignung

erlesen: 1. → auswählen – **2.** → erstklassig (1)

erleuchten: → erhellen (1)

Erleuchtung, die: **1.** → Einfall (1) – **2.** → Erkenntnis (1)

erliegen: seinen Verletzungen / Wunden e.: → sterben (1); zum Erliegen bringen: → stilllegen; zum Erliegen kommen: → stillstehen

erlisten: → ablisten (1)

erlogen: 1. → unwahr (1) – **2.** von A bis Z e.: → unwahr (1)

Erlös, der: → Ertrag

erlöschen: 1. ⟨*zu leuchten bzw. zu brennen aufhören*⟩ verlöschen · auslöschen · ausgehen · verglimmen · verglühen + verflackern – **2.** → nachlassen (1) – **3.** → enden (1, b) – **4.** → sterben (1), aussterben

erlösen: erlöst werden: → sterben (1); sich erlöst fühlen: → aufatmen (2)

Erlöser, der: **1.** → Retter – **2.** → Christus (1)

Erlösung, die: **1.** → Befreiung (1) – **2.** → Tod (1)

erluchsen: → erspähen

erlügen: 1. → lügen (1) – **2.** → erschwindeln – **3.** [erstunken und] erlogen, von A bis Z erlogen: → unwahr

Erneuerung

ermächtigen: 1. → bevollmächtigen – 2. ermächtigt sein: → dürfen
Ermächtigung, die: → Vollmacht (1), Erlaubnis (1)
ermahnen: 1. ⟨[*mit Nachdruck*] *etw. zu tun verlangen*⟩ [ver]mahnen · auffordern · zur Ordnung rufen · ins Gewissen/Gemüt reden + tadeln · rügen ♦ *umg*: predigen; → *auch* erinnern (I, 1) – 2. ⟨[*mit Nachdruck*] *verlangen, etw. nicht zu tun*⟩ [ver]warnen
Ermahnung, die: 1. ⟨[*nachdrückl.*] *Forderung, etw. zu tun*⟩ Mahnung · Aufforderung – 2. ⟨[*nachdrückl.*] *Forderung, etw. nicht zu tun*⟩ Warnung · Verwarnung · Unkenruf
ermangeln: 1. → entbehren (1) – 2. → fehlen (2)
Ermangelung, die: in E.: → mangels
ermannen, sich: sich zusammennehmen · Mut fassen · sich ein Herz fassen · sein Herz in die Hand/in beide Hände nehmen + seinem Herzen einen Stoß geben ♦ *umg*: sich zusammenraffen · sich aufraffen · sich aufrappeln · sich zusammenreißen · sich einen Ruck geben ♦ *salopp*: sich am Riemen reißen
ermäßigen: → senken (I, 1)
Ermäßigung, die: → Preissenkung
ermatten: 1. → erlahmen (1) – 2. → ermüden (1) – 3. → nachlassen (1)
ermattet: → erschöpft (1)
Ermattung, die: → Erschöpfung
ermessen: 1. → überblicken – 2. → verstehen (I, 2)
Ermessen, das: in jmds. E. stellen: → überlassen (I, 1); nach menschlichem E.: → wahrscheinlich
ermitteln: 1. → nachforschen – 2. → ergründen (1)
Ermittler: verdeckter E.: Undercoveragent + V-Mann · Sleeper ♦ *umg*: Maulwurf · Undercover; → *auch* Kriminalist, Fahnder
Ermittlung, die: 1. → Erkundung (1) – 2. Ermittlungen anstellen: → nachforschen
ermöglichen: 1. ⟨*die Bedingungen für etw. bieten od. schaffen*⟩ erlauben · gestatten · möglich machen · die Möglichkeit/Gelegenheit bieten/geben · instand setzen · in den Stand setzen · in die Lage versetzen – 2. → bewerkstelligen
ermorden: umbringen · morden · meucheln ♦ *umg*: erledigen · aus der Welt/auf die Seite schaffen · aus dem Wege räumen ♦ *salopp*: den Kragen umdrehen · abservieren · stumm machen · killen · fertig machen · um die Ecke bringen ♦ *derb*: kaltmachen · alle machen · umlegen · abkrageln; → *auch* morden (1), erwürgen, erstechen, erschlagen (1), erschießen (I), töten (I, 1)
Ermordung, die: → Mord (1)
ermüden: 1. ⟨*kräftemäßig zu sehr beanspruchen*⟩ müde machen · abtreiben · abhetzen · abjagen · ermatten · abmatten · erschöpfen ♦ *gehoben*: abmüden ♦ *salopp*: schaffen · schlauchen · fertig machen; → *auch* entkräften (1) – 2. → erlahmen (1)
ermüdend: 1. → anstrengend – 2. → einförmig
ermüdet: → müde (1)
Ermüdung, die: 1. → Müdigkeit (1) – 2. → Erschöpfung
ermuntern: I. ermuntern: → aufmuntern (1) – II. ermuntern, sich: → ermannen, sich
ermutigen: ermuntern · befestigen · [be]stärken · bekräftigen · Mut machen · Kraft/Mut verleihen; → *auch* anregen (1), helfen (1)
ermutigend: → tröstlich
Ermutigung, die: Aufmunterung · Bestärkung · Bekräftigung + Trost
Ern, der: → Flur (I)
ernähren: I. ernähren: 1. → unterhalten (I, 1) – 2. → füttern (a) – II. ernähren, sich: sich e. |von|: → leben (3)
Ernährer, der: Erhalter · Verdiener · Versorger
Ernährung, die: 1. → Nahrung – 2. → Lebensunterhalt (1)
ernennen: → berufen (I, 1)
Ernennung, die: → Berufung (1)
erneuen: → erneuern (1)
erneuern: 1. ⟨*Altes wieder wie neu machen bzw. mit neuen Teilen versehen*⟩ überholen · generalüberholen · regenerieren · erneuen ♦ *umg*: auf Vordermann bringen + verjüngen · renovieren · wiederbeleben · modernisieren; → *auch* ersetzen (1), wiederherstellen (1), reparieren – 2. → wiederholen (I, 1, a)
erneuert: → neu (2)
Erneuerung, die: 1. ⟨*das Erneuern*⟩ Überholung · Regeneration · Innovation + Verjüngung · Renovierung · Wiederbelebung; → *auch* Reparatur, Wiederherstellung (1), Wiedergeburt – 2. → Wiederholung

265

erneuerungsbedürftig: → sanierungsbedürftig

erneut: → wieder (1)

erniedrigen: I. erniedrigen: → demütigen (I) – **II.** erniedrigen, sich: → demütigen (II)

Erniedrigung, die: → Herabwürdigung

ernst: 1. ⟨*nicht leicht zu nehmend*⟩ bitterernst · todernst; → *auch* bedenklich (1), gefährlich (1) – **2.** ⟨*nicht lustig od. leichtfertig*⟩ seriös · ernsthaft – **3.** → nachdrücklich – **4.** → wichtig (1) – **5.** → tierisch e.: → humorlos (1); e. nehmen: → respektieren; nicht e. nehmen: → unterschätzen

Ernst, der: **1.** ⟨*ernste Gesinnung, Haltung*⟩ Seriosität · Ernsthaftigkeit – **2.** → Bedeutung (1) – **3.** → Eifer (1) – **4.** → Feierlichkeit (1) – **5.** im E., allen Ernstes: → ernstlich (1); tierischer E.: → Humorlosigkeit; E. machen ⎮mit⎮ : → verwirklichen

ernsthaft: 1. → ernst (2) – **2.** → nachdrücklich – **3.** → wichtig (1) – **4.** → ernstlich (1)

Ernsthaftigkeit, die: → Ernst (1)

ernstlich: 1. ⟨*in ernster Absicht*⟩ ernsthaft · im Ernst · allen Ernstes ♦ *umg*: ohne Spaß + Spaß beiseite – **2.** → nachdrücklich – **3.** → wichtig (1)

Ernte, die: → Ernteertrag

Erntedankfest, das: → Erntefest

Erntedanktag, der: → Erntefest

Ernteergebnis, das: → Ernteertrag

Ernteertrag, der: Ernte[ergebnis] · Ernteresultat ♦ *gehoben*: Erntesegen; → *auch* Ertrag

Erntefest, das: Erntetag · Erntedankfest · Erntedanktag + Erntetanz

Erntejahr, das: → Jahrgang (2)

ernten: 1. ⟨*die Feld- bzw. Gartenfrüchte einbringen*⟩ abernten; fechsen (*österr*) + pflücken; → *auch* pflücken, einbringen (1) – **2.** → gewinnen (1) – **3.** Lorbeeren e.: → Ruhm (2)

erntereif: → reif (1)

Ernteresultat, das: → Ernteertrag

Erntesegen, der: → Ernteertrag

Erntetag, der: → Erntefest

Erntetanz, der: → Erntefest

ernüchtern: desillusionieren · enttäuschen · entzaubern · die Illusionen rauben/nehmen · aus seinen Illusionen reißen · Wasser in den Wein gießen · zu Verstand kommen lassen/bringen ♦ *umg*: den Zahn ziehen

Ernüchterung, die: Desillusion[ierung] · Enttäuschung ♦ *umg*: [kalte] Dusche · kalter Wasserstrahl

Eroberer, der: → Aggressor

erobern: 1. ⟨*gewaltsam bzw. durch Krieg in seinen Besitz bringen*⟩ [ein]nehmen · erringen; → *auch* einverleiben (2, a), erbeuten – **2.** ⟨*Gegenliebe wecken*⟩ jmds. Herz erobern/gewinnen · die Herzen brechen ♦ *umg*: eine Eroberung/Eroberungen machen – **3.** → erbeuten – **4.** jmds. Herz e.: → 2

Eroberung, die: **1.** → Unterwerfung (1) – **2.** → Raub (1) – **3.** eine E./Eroberungen machen: → erobern (2)

Eroberungsdrang, der: → Aggressivität

Eroberungsdurst, der: → Aggressivität

eroberungsdurstig: → aggressiv (1)

Eroberungsgelüste (*Pl*): → Aggressivität

Eroberungsgier, die: → Aggressivität

eroberungslustig: → aggressiv (1)

Eroberungssucht, die: → Aggressivität

eroberungssüchtig: → aggressiv (1)

eröffnen: I. eröffnen: **1.** ⟨*durch Worte od. Zeichen den Beginn bekannt geben*⟩ einleiten · starten + einläuten; → *auch* anfangen (1, a) – **2.** ⟨*zum ersten Mal zugänglich machen*⟩ der Öffentlichkeit übergeben/zugänglich machen ♦ *umg*: aufmachen; auftun (*landsch*); → *auch* gründen (I, 1) – **3.** → mitteilen (I) – **4.** → einweihen (1) – **5.** die Feindseligkeiten e.: → angreifen (I, 1, a); den Reigen e.: → anfangen (1, a) – **II.** eröffnen, sich: **1.** → offenbaren (II) – **2.** → bieten (II, 1)

Eröffnung, die: **1.** ⟨*das Eröffnen*⟩ Einleitung · Start; → *auch* Beginn (2), Einleitung (1) – **2.** → Mitteilung (1) – **3.** → Einweihung

erogen: [sexuell] reizbar/erregbar

erörtern: besprechen · beraten · bereden · durchsprechen · debattieren · [aus]diskutieren · durchdiskutieren · disputieren ♦ *umg*: beschwatzen · beschwätzen · durchnehmen · bekakeln · bekaspern · belatschern (*landsch*) ♦ *salopp*: bequatschen; → *auch* behandeln (5), durchhecheln

Erörterung, die: Besprechung · Beratung · Debatte · Disput · Diskurs; → *auch* Beratung (1), Aussprache (2), Streitgespräch

erörterungswert: → diskutabel

Eros, der: **1.** → Sinnlichkeit – **2.** → Liebe (1)

Eroscenter, das: → Bordell

erschallen

Erotik, die: → Sinnlichkeit
Erotikshop, der: → Sexshop
erotisch: → sinnlich (1)
erpicht: e. sein │auf│: → Verlangen (4)
erpressen: → zwingen (1)
erproben: → prüfen (1)
erprobt: 1. → erfahren (2) – **2.** → bewährt
Erprobung, die: → Prüfung (1)
erquicken: I. erquicken: → erfrischen (I) –
II. erquicken, sich: → erfrischen (II)
erquickend: → erfrischend (1)
erquicklich: → wohl (5), erfrischend (1)
Erquickung, die: → Erfrischung (1)
erraffen: 1. → ergreifen (1) – **2.** → aneignen, sich (1)
erramschen: → aneignen, sich (1)
erraten: 1. ⟨durch Raten finden⟩ raten · von den Augen/Lippen/vom Gesicht [ab]lesen + herausfinden · herauskriegen · herausbekommen ♦ umg: an der Nase/am Gesicht absehen; → auch enträtseln (1) – **2.** → lösen (I, 1)
erratisch: erratischer Block: → Findling (1)
errechnen: 1. → berechnen (I, 1) – **2.** sich e.: → erhoffen (1)
erregbar: 1. → aufbrausend – **2.** → erogen
erregen: I. erregen: **1.** → aufregen (I, 1) –
2. → verursachen – **3.** Anstoß/Missfallen/Missbilligung/Ärgernis e.: → anstoßen (2); Aufmerksamkeit e.: **a)** → auffallen (1) – **b)** → Aufsehen (2); Aufsehen/Staunen e.: → Aufsehen (2); Abscheu e.: → anwidern – **II.** erregen, sich: **1.** → aufregen (II) – **2.** → entrüsten (II)
erregend: aufregend · aufreizend · aufwühlend · aufpeitschend · aufrührend · prickelnd ♦ umg: nervenzerreißend; → auch spannend
Erreger, der: → Krankheitserreger
erregt: → aufgeregt (1)
Erregtheit, die: → Erregung (1)
Erregung, die: **1.** ⟨das Erregtsein⟩ Erregtheit · Erregungszustand · Aufregung · Aufgeregtheit · Exaltation · Exaltiertheit · Erhitzung · Affekt · Rausch + Taumel · Fieber · Hektik · Wallung · Aufruhr · Aufwallung; → auch Wut (1) – **2.** → Entrüstung
Erregungszustand, der: → Erregung (1)
erreichbar: → greifbar · verfügbar
erreichen: 1. ⟨zu etw. od. jmdm. gelangen⟩ ereilen · erlangen · einholen · hingelangen · erklimmen ♦ umg: [ein]kriegen; → auch gelangen (1, a) – **2.** ⟨zum gewünschten Er-

folg bringen⟩ erzielen · erarbeiten · erwirken · bewirken · ausrichten · vollbringen · zustande/zuwege/über die Runden bringen · leisten + erschaffen ♦ umg: schaffen · fertig bekommen · fertig kriegen · fertig bringen · durchziehen; → auch durchsetzen (I, 1), bewerkstelligen – **3.** → vorfinden – **4.** zu e. suchen: → erstreben
erretten: → retten (1)
Erretter, der: → Retter
Errettung, die: → Befreiung (1)
errichten: 1. ⟨etw. Großes bauen⟩ aufbauen · erbauen ♦ umg: hochziehen · hinklotzen; → auch bauen (1) – **2.** → gründen (I, 1) – **3.** eine Mauer um sich e.: → absondern (II)
erriechen: nicht e. können: → hassen
erringen: 1. → erkämpfen (1), erobern (1) – **2.** den Sieg e.: → siegen
erröten: 1. ⟨rote Gesichtsfarbe bekommen⟩ [puter]rot werden + sich verfärben · die Farbe wechseln ♦ umg: einen Ballon kriegen – **2.** → schämen, sich (1)
Errungenschaft, die: **1.** ⟨das durch eigene Leistung Erreichte⟩ Besitzstand – **2.** → Anschaffung (1)
Ersatz, der: **1.** ⟨das für etw. anderes bzw. Verlorenes Verwendete⟩ Ersatzmittel · Ersatzstoff · Äquivalent · Surrogat – **2.** → Entschädigung – **3.** E. leisten: → entschädigen (I); als E.: → ersatzweise
Ersatzbank, die: → Reservebank
Ersatzkaffee, der: → Kaffee (2)
Ersatzmann, der: Aushilfe · Aushilfskraft; Suppleant (schweiz) ♦ umg: Reservemann · Notnagel · Lückenbüßer; → auch Vertretung (2), Stellvertreter
Ersatzmittel, das: → Ersatz (1)
ersatzpflichtig: → haftbar (1)
Ersatzstoff, der: → Ersatz (1)
Ersatztruppe, die: + Reserve · Hilfsheer · Hilfstruppe
ersatzweise: als Ersatz · im Austausch dafür
ersaufen: → ertrinken
ersäufen: 1. → ertränken (I, 1) – **2.** im Wein/Alkohol e.: → unterdrücken (2)
erschachern: → einhandeln
erschaffen: 1. → hervorbringen (1) – **2.** → erreichen (2)
Erschaffung, die: **1.** ⟨das Hervorbringen durch Gott⟩ Schöpfung; Kreation (veraltend) – **2.** → Herstellung
erschallen: → ertönen

erschaudern

erschaudern: → schaudern (1)
erschauen: → erblicken (1)
erschauern: → schaudern (1)
erscheinen: 1. ⟨*plötzlich da sein*⟩ **a)** ⟨*Personen*⟩ sich einfinden · sich einstellen · auftauchen · in Erscheinung treten · auf der Bildfläche erscheinen ♦ *gehoben:* auf den Plan treten ♦ *umg:* sich blicken lassen · anrücken · angerückt kommen · auf der Matte stehen ♦ *salopp:* aufkreuzen · antanzen · angetanzt kommen · angeschneit kommen; → *auch* ankommen (1), auftauchen (3), anschlendern, anlaufen (9) – **b)** ⟨*Dinge, Erscheinungen*⟩ zutage/in Erscheinung treten · sich einstellen · zum Vorschein kommen; → *auch* auftauchen (3) – **2.** ⟨*von Druckerzeugnissen gesagt: in die Öffentlichkeit gelangen*⟩ herauskommen; → *auch* Markt (4) – **3.** → scheinen (1) – **4.** auf der Bildfläche e.: → 1, a
Erscheinung, die: **1.** ⟨*etw. der sinnl. Wahrnehmung sich Darbietendes*⟩ Phänomen – **2.** → Gestalt (1), Aussehen (1) – **3.** → Druckwerk – **4.** → Sinnestäuschung – **5.** in E. treten: → erscheinen (1, a u. b)
Erscheinungsbild, das: **1.** → Aussehen (1) – **2.** → Gestalt (1)
erschießen: I. erschießen: ⟨*mit einer Schusswaffe töten*⟩ niederschießen · niederstrecken · totschießen + füsilieren ♦ *umg:* an die Wand stellen ♦ *salopp:* abknallen · umlegen · über den Haufen schießen/knallen; → *auch* töten (I, 1), ermorden, niederschießen (1), schießen (2) – **II.** erschießen, sich: ⟨*mit einer Schusswaffe Selbstmord begehen*⟩ sich eine Kugel in/durch den Kopf schießen/jagen + die Waffe gegen sich kehren; → *auch* Selbstmord (2)
erschlaffen: → erlahmen (1)
erschlagen: 1. ⟨*durch Schläge töten*⟩ totschlagen · totprügeln + den Schädel einschlagen; → *auch* töten (I, 1), ermorden – **2.** → erschöpft (1) – **3.** → bestürzt
erschleichen: → erschwindeln
erschließen: I. erschließen: **1.** ⟨*zugänglich bzw. nutzbar machen*⟩ aufschließen · aufbereiten; ausrichten (*bergm*) – **2.** → entziffern – **II.** erschließen, sich: → offenbaren (II)
erschmeicheln: → erschwindeln
erschnappen: → erhaschen (1)
erschnüffeln: → ergründen (1)
erschöpfen: I. erschöpfen: **1.** → ermüden (1) – **2.** → entkräften (1) – **3.** → auswerten – **II.** erschöpfen, sich: **1.** ⟨*durch besonderen*

Einsatz seine Kräfte verschleißen⟩ sich verzehren · sich aufreiben · sich ausgeben · sich verausgaben; → *auch* abmühen, sich, abhetzen (II), überanstrengen (II) – **2.** → ausgehen (2)
erschöpfend: 1. → anstrengend – **2.** → gründlich (1), vollständig (1)
erschöpft: 1. ⟨*im Zustand körperl. Schwäche*⟩ ermattet · entkräftet · angegriffen · zerschlagen · abgespannt · entnervt · schlapp · schlaff ♦ *umg:* abgekämpft · abgetrieben · angeschlagen · ausgelaugt · ausgesaugt · ausgesogen · ausgepumpt · kaputt · marode · flügellahm · erledigt · k. o. · groggy · down · erschlagen · erschossen · [fix und] fertig · schachmatt · schlappig · wie gerädert · geschafft · halbtot · am Ende ♦ *salopp:* fix und foxi · matsch · abgeklappert · geerdet · herunter; knülle · knille (*landsch*); → *auch* atemlos (1), müde (1), schwach (1, a), erholungsbedürftig – **2.** → ertragsarm – **3.** → aufgebraucht – **4.** e. sein: ⟨*sich im Zustand körperl. Schwäche befinden*⟩ *salopp:* auf dem letzten Loch pfeifen · auf allen vieren/auf dem Zahnfleisch kriechen · am Boden zerstört sein · [völlig/total] platt sein · am Stock gehen · wie durch den Wolf gedreht sein · kein Mensch mehr sein
Erschöpftheit, die: → Erschöpfung
Erschöpfung, die: Erschöpfungszustand · Erschöpftheit · Ermattung · Entkräftung · Abspannung · Abgespanntheit · Burn-out · Ermüdung · Entnervung · Mattigkeit + Übermüdung; → *auch* Müdigkeit (1), Schwäche (1)
Erschöpfungszustand, der: → Erschöpfung
erschossen: → erschöpft (1)
erschrecken: 1. ⟨*plötzlich in Angst versetzen*⟩ schrecken · einen Schreck[en] einflößen/einjagen · in Schrecken versetzen ♦ *umg:* schocken – **2.** ⟨*plötzlich in Angst versetzt werden*⟩ zusammenschrecken · zusammenzucken · zusammenfahren · einen Schreck[en] bekommen ♦ *umg:* der Schreck fährt jmdm. in die Glieder · ein kalter Schauer läuft jmdm. über den Rücken · jmdm. fährt der Schreck in die Knochen/in die Glieder · die Butter fällt jmdm. vom Brot; → *auch* zurückschrecken (1) – **3.** → entsetzen (II, 1)
Erschrecken, das: → Schreck (1)
erschreckt: → erschrocken (1)
erschrocken: 1. ⟨*plötzlich in Angst versetzt*⟩ erschreckt · starr [vor Schreck] · zu Tode erschrocken · wie vom Schlag getroffen · wie vom Donner gerührt ♦ *umg:* geschockt – **2.** zu Tode e.: → 1

erschüttern: 1. ⟨*plötzlich tief ergreifen*⟩ niederschmettern + einen Schock versetzen; → *auch* ergreifen (3) – **2.** die Hoffnung e.: → entmutigen

erschütternd: → ergreifend

erschüttert: → ergriffen

Erschütterung, die: **1.** ⟨*durch Stöße hervorgerufene Bewegung*⟩ Vibration · Gerüttel ♦ *umg*: Holper; → *auch* Stoß – **2.** ⟨*plötzl. Erschüttertwerden*⟩ + Schock · Nervenschock; Trauma · Kommotion (*med*) – **3.** → Erdbeben – **4.** → Ergriffenheit

erschweren: komplizieren · die Latte hoch hängen; → *auch* behindern (1)

erschwerend: belastend

Erschwernis, die: → Erschwerung

Erschwerung, die: Erschwernis · Komplikation + Beschränkung

erschwindeln: erlügen · ergaunern · erschleichen + erschmeicheln

erschwingen: → aufbringen (1)

erschwinglich: → billig (1)

ersehen: 1. → folgern – **2.** sich nichts e. können |an|: → missfallen (2); nicht e. können: → hassen

ersehnen: → erwarten (1)

ersetzen: 1. ⟨*etw. Neues an die Stelle des Alten setzen*⟩ auswechseln · austauschen · substituieren; → *auch* erneuern (1) – **2.** → entschädigen (I)

ersichtlich: 1. → offenkundig (1) – **2.** klar e.: → deutlich (3)

ersinnen: 1. → ausdenken (1) – **2.** → erfinden (1)

erspähen: sichten · ausmachen ♦ *umg*: eräugen · erluchsen (*scherzh*); → *auch* erblicken (1), erkennen (2)

ersparen: 1. → absparen – **2.** sich e.: → unterlassen

Ersparnis, die: **1.** ⟨*das gesparte Geld*⟩ das Ersparte · Rücklage · Spargeld · Sparguthaben · Sparpfennig · Spargroschen + Alterspfennig · Notgroschen · Notpfennig · eiserne Reserve; → *auch* Glückspfennig – **2.** Ersparnisse machen: → sparen (1)

Ersparte, das: → Ersparnis (1)

ersprießen: → aufblühen (1)

ersprießlich: → nützlich

erspüren: → erfühlen

erst: 1. → zuerst – **2.** e. einmal: → zuerst; e. vor einer Weile: → eben (2) – *vgl. auch* erste *u.* Erste

erstarken: stark / kräftig werden · sich kräftigen + wachsen · gedeihen

erstarren: 1. ⟨*starr werden*⟩ **a)** ⟨*vor Kälte*⟩ gefrieren · erfrieren; → *auch* erkalten (1) – **b)** ⟨*vor Entsetzen*⟩ *umg*: zur Salzsäule erstarren – **2.** → erhärten (1) – **3.** zur Salzsäule e.: → 1, b

erstarrt: 1. ⟨*nicht mehr in weichem od. flüssigem Zustand*⟩ fest · hart · steif · starr + kristallisiert · kristallin – **2.** → regungslos

erstatten: 1. → zurückzahlen (1) – **2.** Bericht e.: → berichten; Meldung e.: → melden (I, 1); Anzeige e. |gegen|: → anzeigen (2)

Erstattung, die: → Rückzahlung

Erstaufführung, die: → Premiere

erstaunen: 1. → wundern (I) – **2.** → staunen (1)

Erstaunen, das: **1.** → Verwunderung (1) – **2.** in E. [ver]setzen: → wundern (I); in E. geraten: → staunen (1)

erstaunlich: 1. ⟨*Bewunderung abnötigend*⟩ bewunderungswürdig · bewundernswert · bewundernswürdig · staunenswert · stupend · phänomenal · unbeschreiblich · fabelhaft · verblüffend – **2.** → merkwürdig

erstaunlicherweise: → merkwürdigerweise

erstaunt: → überrascht (1)

Erstbesitz, der: aus E.: aus erster Hand

erste: 1. → beste (1) – **2.** e. Wahl: → erstklassig (1); das e. Mal, zum ersten Mal[e]: → erstmals; an erster Stelle: → zuerst; in erster Linie: → besonders (2); die e. Geige spielen: → führen (2); aus erster Hand: → Erstbesitz; e. Hilfe leisten: → verbinden (I, 2) – *vgl. auch* erst *u.* Erste

Erste: I. Erste, der *bzw.* die *bzw.* das: ⟨*der bzw. die bzw. das in der Reihenfolge ganz vorn Stehende*⟩ der *bzw.* die *bzw.* das Allererste – **II.** Erste, das: als Erstes: → zuerst, erstens; zum Ersten: **a)** → erstens – **b)** vorläufig; fürs E.: → vorläufig; das E. und das Letzte: → alles (1) – *vgl. auch* erst *u.* erste

erstechen: niederstechen · durchbohren + erdolchen; → *auch* ermorden, töten (I, 1)

erstehen: 1. ⟨*aufs Neue hervorkommen*⟩ wieder erstehen · wie ein Phönix aus der Asche steigen; → *auch* aufleben (1) – **2.** → erwerben (2) – **3.** wieder e.: → 1

Erstehung, die: → Kauf (1)

ersteigen: erklettern · erklimmen · besteigen · bezwingen

Ersteigerer

Ersteigerer, der: + Bieter
ersteigern: → erwerben (2)
erstellen: 1. → bauen (1) – **2.** → herstellen
(1)
erstens: als Erstes · zum Ersten; erstlich
(*veraltend*); → *auch* zuerst
ersterben: → verklingen
ersterbend: → dumpf (2)
erstere: → erstgenannt
ersterer: → jener (1)
ersterwähnt: → erstgenannt
erstgenannt: ersterwähnt · erstere
ersticken: 1. → erwürgen – **2.** → unter-
drücken (3) – **3.** → löschen (1) – **4.** in Ar-
beit e.: → überlastet; im Geld [fast] e.: →
reich (5); im [eigenen] Fett e.: → dick (6);
im Keim e.: **a)** → unterdrücken (3) – **b)** →
niederschlagen (I, 2); im Blut e.: → nieder-
schlagen (I, 2)
erstickt: → dumpf (2); im Blut e.: → nie-
derschlagen (I, 2)
Erstklässer, der: → Schulanfänger
erstklassig: 1. ⟨*beste Qualität aufweisend*⟩
exquisit · exzellent · extrafein · superb ·
[aus]erlesen · ausgewählt · ausgesucht · edel
· von bester Qualität; erste Wahl · ff · prima;
→ *auch* hervorragend (1), wertvoll (1) – **2.**
→ hervorragend (1)
Erstklassler, der: → Schulanfänger
Erstklässler, der: → Schulanfänger
erstlich: → erstens
erstmalig: → erstmals
erstmals: erstmalig · das erste Mal · zum
ersten Mal[e]
erstrahlen: → aufleuchten
erstrangig: 1. → hervorragend (1) – **2.** →
vorrangig
erstreben: wollen · anstreben · streben
|nach| · trachten |nach| · reflektieren |auf|
· zu erreichen suchen ♦ *umg:* heiß/scharf
sein |auf| · aus sein |auf| · haschen |nach|
· sich reißen |um|
erstrebenswert: begehrenswert · anstre-
benswert · wünschenswert · desiderabel
erstrecken, sich: sich e. |bis/über|: **1.** ⟨*ei-
ne bestimmte Fläche einnehmen*⟩ reichen
|bis| · sich strecken |bis| · sich spannen
|bis/über| · sich [aus]dehnen |bis| · sich
[aus]breiten |bis/über| – **2.** ⟨*eine Zeit dau-
ern*⟩ reichen |bis| · sich strecken |bis| ·
sich [aus]dehnen |bis|; → *auch* ¹dauern (1)
Erstreckung, die: → Ausdehnung (2)
erstreiten: → erkämpfen (1)

erstunken: e. und erlogen: → unwahr (1)
ersuchen: |um| : → bitten (2)
Ersuchen, das: → Bitte, Aufforderung (1)
ertappen: 1. ⟨*bei etw. Unerlaubtem antref-
fen*⟩ abfassen · überraschen · überführen ·
auf frischer Tat ertappen ♦ *umg:* erwischen
♦ *salopp:* schnappen · klappen – **2.** auf fri-
scher Tat e.: → 1
ertasten: → erfühlen
ertauben: taub werden · das Gehör verlieren
ertauschen: → einhandeln
erteilen: eine Abfuhr e.: → abweisen (1);
ein Lob e.: → loben (1); eine Rüge/einen
Tadel/Verweis e.: → tadeln (1); einen Rat
e.: → raten (1); [gute] Ratschläge e.: → be-
raten (I, 1); einen Auftrag e.: → beauftra-
gen; Order e.: → befehlen (I, 1); den Segen
e.: → segnen (1); Unterricht e.: → unter-
richten (2); die Befugnis e.: → berechtigen;
die Erlaubnis e.: → erlauben (1); die Voll-
macht e.: → bevollmächtigen; Absolution
e.: → absolvieren (1)
ertönen: erschallen · erhallen ♦ *gehoben:*
[auf]gellen · [auf]branden · aufbrausen · auf-
rauschen · aufsteigen · ertosen · aufbrodeln;
→ *auch* erklingen (1), klingen (1)
ertosen: → ertönen
Ertrag, der: Erlös · Gewinn · Ausbeute ·
Einnahme[n] · Nettoertrag · Rohertrag ·
Reinertrag · Reingewinn · Reinerlös · Rein-
einnahme · Reineinkünfte; Erträgnis (*ver-
altend*); → *auch* Ergebnis, Ernteertrag, Nut-
zen (1)
ertragbar: → erträglich
ertragen: 1. → dulden (1) – **2.** → aushalten
(1)
Ertragfähigkeit, die: → Fruchtbarkeit
erträglich: [er]tragbar · sich in Grenzen
haltend · passabel · leidlich · hinlänglich · den
Verhältnissen entsprechend ♦ *umg:* halb-
wegs · einigermaßen; → *auch* mittelmäßig
Erträgnis, das: → Ertrag
ertragreich: → einträglich, fruchtbar (1)
ertragsarm: unfruchtbar · unergiebig · er-
schöpft · ausgelaugt · karg · dürr; → *auch*
arm (2)
Ertragsfähigkeit, die: → Fruchtbarkeit
Ertragskraft, die: Produktivität
Ertragsrückgang, der: → Umsatzrückgang
ertränken: I. ertränken: **1.** ⟨*durch Ertrin-
kenlassen töten*⟩ ersäufen – **2.** im Wein/
Alkohol e.: → unterdrücken (2) – **II.** erträn-
ken, sich: ⟨*sich durch Ertrinken das Leben*

270

erwerbstätig

nehmen⟩ ins Wasser gehen; → *auch* Selbstmord (2)
erträumen: → wünschen (1)
ertrinken: untergehen · in den Fluten umkommen · ein feuchtes / nasses Grab finden · auf See bleiben · den Tod / sein Grab in den Wellen finden ♦ *derb:* ersaufen · versaufen
ertrotzen: → durchsetzen (I, 1)
ertüchtigen, sich: → stärken (II)
ertüfteln: → ausdenken (1)
erübrigen: I. erübrigen: → absparen – **II.** erübrigen, sich: → überflüssig (4)
eruieren: → ergründen (1)
Eruption, die: → Ausbruch (2)
erwachen: 1. → aufwachen (1) – **2.** → entwickeln (II, 2)
erwachsen: 1. ⟨*nicht mehr im Kindesalter*⟩ reif · herangewachsen · ausgewachsen + mannbar ♦ *umg:* fertig · groß · flügge; → *auch* mündig – **2.** → entstehen (1)
erwägen: → überlegen (I, 1)
Erwägung, die: 1. → Überlegung (1) – **2.** in E. ziehen: → berücksichtigen (1)
erwählen: → auswählen
erwähnen: 1. ⟨*nebenbei sagen*⟩ streifen · berühren · nennen · einflechten · einfließen lassen · fallen lassen + andeuten; → *auch* anführen (1) – **2.** → anführen (1)
erwähnenswert: 1. ⟨*ziemlich wichtig*⟩ nennenswert · beachtenswert · bemerkenswert + denkwürdig; → *auch* wichtig (1), bedeutsam (1) – **2.** nicht e.: → unwichtig (1)
erwähnt: → bewusst (2)
Erwähnung, die: → Anführung (1)
erwahren: I. erwahren: → bestätigen (I, 1) – **II.** erwahren, sich: → bestätigen (II, 1)
erwärmen: I. erwärmen: ⟨*Wärme zuführen*⟩ [durch]wärmen · warm machen; → *auch* erhitzen (I, 1), wärmen (1) – **II.** erwärmen, sich: **1.** ⟨*eine höhere Temperatur bekommen*⟩ warm werden – **2.** sich e. |für|: → begeistern (II)
erwarten: 1. ⟨*auf etw. od. jmdn. warten*⟩ warten |auf| · ersehnen · erhoffen · entgegensehen · entgegenblicken · herbeiwünschen · herbeisehnen · sich sehnen |nach|; erlechzen (*scherzh*) ♦ *gehoben:* erharren · harren |auf| – **2.** zu e.: → fällig (1); e. lassen: → verheißen (1); sich e.: → erhoffen (1); ein Kind / Baby / e., Zuwachs / etw. Kleines e.: → schwanger 2; wie erwartet: → erwartungsgemäß

Erwartung, die: → Hoffnung (1)
erwartungsgemäß: wie erwartet
erwartungsvoll: → gespannt (1)
erwecken: 1. → wecken (1) – **2.** → verursachen – **3.** einen Eindruck e.: → aussehen (1); den Eindruck e.: → aussehen (1 *u.* 2, a)
erwehren, sich: 1. → abwehren (1, b) – **2.** sich der Tränen nicht e. können: → weinen (1)
Erweis, der: → Beweis (2)
erweisbar: → beweisbar
erweisen: I. erweisen: **1.** ⟨*sich jmdm. gegenüber in einer bestimmten Sache entgegenkommend verhalten*⟩ leisten · entgegenbringen · bezeigen · erzeigen + angedeihen lassen · zuteil werden lassen – **2.** einen Gefallen / Dienst e.: → gefällig (5); Hilfe / Unterstützung e.: → helfen (1); Vertrauen e.: → vertrauen (1); seine Reverenz / die Ehrenbezeigung e.: → grüßen (1); Achtung e.: → achten (1) – **II.** erweisen, sich: → herausstellen (II)
erweislich: → beweisbar
erweitern: I. erweitern: **1.** → vergrößern (I, 1) – **2.** → ergänzen (1) – **3.** → ausbauen (2 *u.* 3) – **II.** erweitern, sich: → vergrößern (II, 1)
Erweiterung, die: 1. → Vergrößerung (1), Ausdehnung (1) – **2.** → Ergänzung (1) – **3.** → Ausbau (1 *u.* 2)
Erwerb, der: 1. → Kauf (1) – **2.** → Anschaffung (1) – **3.** → Arbeit (2) – **4.** → Lohn (1) – **5.** ohne E.: → arbeitslos (1)
erwerben: 1. ⟨*[durch Arbeit, Tätigkeit] in seinen Besitz bringen*⟩ erlangen · gewinnen · erjagen · an sich bringen · kommen |zu| · gelangen |zu| + erarbeiten; → *auch* aneignen, sich (1) – **2.** ⟨*durch Kauf bekommen*⟩ erstehen · [sich] anschaffen · sich zulegen · an sich bringen + ersteigern; → *auch* kaufen (1) – **3.** → erlernen – **4.** käuflich e.: → kaufen (1); den Doktorgrad e.: → promovieren
Erwerbsarbeit, die: → Arbeit (2)
erwerbsfähig: → arbeitsfähig
erwerbslos: → arbeitslos (1)
Erwerbslose, der: → Arbeitslose
Erwerbslosigkeit, die: → Arbeitslosigkeit
Erwerbsmöglichkeit, die: → Arbeit (2)
Erwerbsstreben, das: Gewinnstreben + Profitstreben
erwerbstätig: e. sein: → arbeiten (2)

Erwerbstätigkeit

Erwerbstätigkeit, die: → Arbeit (2)
erwerbsunfähig: 1. ⟨*gesundheitlich nicht in der Lage, seinen Lebensunterhalt zu verdienen*⟩ invalid[e] (*veraltend*) + arbeitsunfähig · berufsunfähig; → *auch* behindert – **2.** → behindert
Erwerbung, die: **1.** → Kauf (1) – **2.** → Anschaffung (1)
erwidern: 1. → antworten – **2.** → widersprechen (1)
Erwiderung, die: → Antwort (1)
erwiesen: → sicher (4)
erwiesenermaßen: 1. → erfahrungsgemäß (1) – **2.** → nachweislich
erwirken: → erreichen (2)
erwischen (*umg*): **1.** ⟨*zufällig bzw. gerade noch erreichen*⟩ *normalspr.* fassen; → *auch* abfangen (1) – **2.** → ertappen (1) – **3.** → erhalten (I, 1) – **4.** [beim Schlips] e.: → ergreifen (2)
erwünscht: → willkommen (1)
Erwünschte, das: Desiderat · Desideratum
erwürgen: erdrosseln · strangulieren ♦ *umg*: die Kehle/Gurgel zuschnüren/zudrücken + ersticken · [ab]würgen · drosseln; → *auch* ermorden, töten (I, 1), erhängen (I)
Erz, das: wie in/aus E. gegossen: → regungslos
Erzader, die: Erzgang · Ader · Gang
erzählen: 1. ⟨*in zwangloser Form [miteinander] sprechen*⟩ plaudern · plauschen ♦ *umg*: schnacken · klönen (*norddt*); → *auch* äußern (I, 1), schwatzen (1), schwafeln, unterhalten (II, 1) – **2.** ⟨*einen unterhaltsamen Bericht geben*⟩ schildern · zum Besten geben · sagen + fabeln · fabulieren · sein Garn/Seemannsgarn spinnen · mit Worten malen; → *auch* bekannt (5), berichten, beschreiben (1) – **3.** → einreden (1) – **4.** erzählende Dichtung: → Epik; Scheiße e.: → schwafeln
Erzähler, der: **1.** ⟨*erzählende Person*⟩ Schilderer – **2.** → Prosaist
erzählerisch: → dichterisch
Erzählung, die: **1.** ⟨*kürzere Prosadichtung*⟩ + Story · Geschichte · Skizze · Novelle · Märchen · Anekdote; Mär[e] (*noch scherzh*) – **2.** → Bericht (1)
erzdumm: → dumm (1)
erzeigen: → erweisen (I, 1)
erzeugen: → herstellen (1)
Erzeuger, der: **1.** → Hersteller – **2.** → Vater (I, 1)

Erzeugnis, das: Fabrikat · Artikel · Produkt · Arbeit[sprodukt]; Schöpfung (*scherzh*) + Gebilde; → *auch* Ergebnis, Ware (1)
Erzeugung, die: → Herstellung
Erzeugungskosten (*Pl*): → Herstellungskosten
erzfaul: → faul (2)
Erzgang, der: → Erzader
Erzgauner, der: → Schurke
Erzhalunke, der: → Schurke
erziehen: heranbilden · formen · in die Schule nehmen ♦ *umg*: Schliff beibringen; → *auch* ausbilden (1)
Erzieher, der: → Lehrer
Erzieherin, die: → Kindergärtnerin
erzieherisch: pädagogisch · erziehlich · schulisch
erziehlich: → erzieherisch
Erziehung, die: **1.** ⟨*das Erziehen*⟩ Bildung · Formung + Schulung · Unterricht; → *auch* Ausbildung (1) – **2.** ⟨*das Ergebnis des Erziehens*⟩ Zucht · Kinderstube ♦ *umg*: Schliff · Politur
Erziehungsanstalt, die: Anstalt · Jugendstrafanstalt · Erziehungsheim · Heim; Besserungsanstalt (*veraltet*)
Erziehungsberechtigte, der: **I.** Erziehungsberechtigte, der: → Vormund – **II.** Erziehungsberechtigte (*Pl*): → Eltern (1)
Erziehungsheim, das: **1.** → Erziehungsinstitut – **2.** → Erziehungsanstalt
Erziehungsinstitut, das: Pensionat · Internat · Alumnat · Erziehungsheim · Privatschule ♦ *umg*: Presse (*abwert veraltend*)
erzielen: 1. → erreichen (2) – **2.** Verständigung e.: → einigen (II); Gewinn e.: → gewinnen (1)
erzittern: 1. → zittern (1) – **2.** → entsetzen (II, 1) – **3.** → beben (1)
erzkonservativ: → konservativ
Erzlump, der: → Schurke
Erzlumperei, die: → Gemeinheit
Erzpriester, der: → Dekan (a)
erzreaktionär: → rückschrittlich
Erzspitzbube, der: → Schurke
erzürnen: 1. ⟨*bei jmdm. starken Unwillen hervorrufen*⟩ zornig machen · aufregen · erbittern · erbosen · wütend machen · [auf]reizen · aufbringen · in Zorn/Wut versetzen · in Harnisch bringen ♦ *gehoben*: in den Furor treiben ♦ *umg*: in [die] Wolle bringen · [bis] zur Weißglut reizen · zur Weißglut bringen · in Fahrt/Rage bringen

272

etwa

♦ *salopp*: auf die Palme bringen + Pfeffer geben; → *auch* ärgern (I) – **2.** ⟨*immer stärkeren Unwillen empfinden*⟩ zürnen · zornig/wütend werden · in Zorn/Wut geraten · in Harnisch kommen/geraten ♦ *gehoben*: ergrimmen ♦ *umg*: in Fahrt kommen/geraten · in Hitze geraten · in [die] Wolle geraten · giftig werden · die Galle läuft jmdm. über · jmdm. schwillt der Kamm ♦ *salopp*: die Platze kriegen; → *auch* aufregen (II), ärgern (II, 1)

erzürnt: → wütend (1)

erzwingen: → durchsetzen (I, 1)

Erzwingungshaft, die: → Beugehaft

erzwungenermaßen: → gewaltsam

Esel, der: 1. ⟨*Tier*⟩ Grautier; Grauchen · Langohr (*Kosef*) – **2.** → Dummkopf (2)

Eselei, die: → Fehler (1)

Eselsbrücke, die: → Gedächtnisstütze

Eselsohr, das: → Falz

Eskalation, die: → Verstärkung (1)

eskalieren: → verstärken (I, 1)

Eskamotage, die: → Zauberei

Eskamoteur, der: → Zauberkünstler

Eskapade, die: → Streich (1)

Eskorte, die: → Begleitung (1)

esoterisch: → geheim (1)

Espenlaub, das: zittern wie E.: → zittern (1)

Espresso: I. Espresso, der: → Kaffee (1) – **II.** Espresso, das: → Café

Esprit, der: → Verstand (1)

Essay, der *od.* **das:** → Abhandlung (1)

essbar: genießbar; → *auch* bekömmlich

Esse, die: 1. → Schornstein (1) – **2.** → Zylinder – **3.** in die E. schreiben: → verloren (3)

essen: 1. ⟨*[feste] Nahrung aufnehmen*⟩ zu sich nehmen · sich stärken · schmausen; speisen (*meist scherzh*); sich einverleiben · sich zu Gemüte führen (*scherzh*); schlingen · schmatzen (*abwert*) + den Hunger stillen · genießen ♦ *umg*: futtern · knabbern; schnabulieren (*scherzh*); pamp[f]en · spachteln · pappen · sich reinziehen · picke[r]n · knuspern · präpeln · acheln · einhauen (*landsch*) ♦ *derb*: fressen [wie ein Scheunendrescher]; → *auch* schlürfen (2), aufessen, Mahlzeit (3), satt (4) – **2.** nichts zu e. haben: → hungern (1); sich dick [und rund] e.: → anessen; sich satt e.: → satt (4)

Essen, das: 1. ⟨*der Essvorgang*⟩ *umg*: Geschmause · Schmauserei; Esserei · Geesse · Gegesse · Geschlinge (*abwert*) ♦ *derb*: Fresserei · Gefresse – **2.** → Mahlzeit (1) – **3.** → Gericht (1) – **4.** → Nahrung – **5.** → Festessen – **6.** das E. machen/zubereiten: → kochen (1); das E. einnehmen: → Mahlzeit (3)

Essenkehrer, der: → Schornsteinfeger

Essenz, die: 1. → Wesen (1) – **2.** → Extrakt (1)

essenziell: → wesentlich

Esserei, die: → Essen (1)

Essgier, die: → Unersättlichkeit (1)

Essig, der: E. sein ⏐mit⏐: → hoffnungslos (2)

essigsauer: → sauer (1)

Esslokal, das: → Gaststätte (1, e)

Esslust, die: → Appetit

Esssucht, die: → Unersättlichkeit (1)

Esswaren (*Pl*): → Lebensmittel

Establishment, das: → Oberschicht

Estrich, der: 1. → Fußboden (1) – **2.** → Dachboden

etablieren: I. etablieren: → gründen (I, 1) – **II.** etablieren, sich: → niederlassen (II, 1)

Etablissement, das: 1. → Gaststätte (1, a) – **2.** → Bordell

Etage, die: → Stockwerk

Etagere, die: → Regal

Etappe, die: 1. → Strecke (1) – **2.** → Hinterland – **3.** → Entwicklungsstufe – **4.** in Etappen: → allmählich

Etappengebiet, das: → Hinterland

Etat, der: 1. → Haushaltsplan – **2.** → Vermögensverhältnisse

Etatloch, das: → Haushaltsdefizit

et cetera: → weiter (5)

etepetete: → geziert

ethisch: → sittlich (1)

Ethnie, die: → Volksgruppe, Volksstamm

ethnisch: ethnische Gruppe: → Volksgruppe, Volksstamm

Ethos, das: → Gesinnung (1)

Etikett, das: 1. → Aufschrift (1) – **2.** → Preisschild

Etikette, die: 1. → Aufschrift (1) – **2.** → Preisschild – **3.** → Benehmen (1)

Etikettenschwindel, der: → Betrug (1)

etliche: 1. → einige (1) – **2.** e. Mal[e]: → wiederholt (1)

etliches: → einiges (1)

Etui, das: → Kassette (1)

etwa: 1. → ungefähr (1) – **2.** → manchmal – **3.** in e.: → ungefähr (1)

etwaig

etwaig: → möglich (1)
etwas: 1. ⟨*etw. nicht näher Bestimmbares*⟩ irgendetwas · gleichgültig was ♦ *umg:* [sonst] was – **2.** → wenig (2) – **3.** → einiges (1)
Etwas, das: 1. → Ding (1) – **2.** das gewisse E.: → Reiz (2)
Eucharistie, die: → Abendmahl (1)
Eule, die: 1. ⟨*Vogel*⟩ + Kauz · Uhu – **2.** → Handfeger
Eulenflucht, die: → Abenddämmerung
Eulenspiegel, der: → Spaßmacher
Eulenspiegelei, die: → Streich (1)
Eumenide, die: → Rachegöttin
Eunuch, der: → Entmannte
Euphonie, die: → Wohlklang
euphorisch: → begeistert (1)
Euro, der: + Euromünze · Eurogeld
Eurocent, der: → Cent
Eurocity, der: → Schnellzug
Eurogeld, das: → Euro
Euromünze, die: → Euro
Europa: → Abendland
Eurowährung, die: Einheitswährung
Eva, die: → Frau (I, 1)
Evaskostüm, das: im E.: → nackt
evakuieren: → umsiedeln
evaluieren: → beurteilen (1)
Evaluierung, die: → Beurteilung
Evangelisierung, die: → Missionierung
evaporieren: → verdampfen (1)
Evastochter, die: → Frau (I, 1)
Event, der *od.* **das:** → Ereignis, Fest (1)
Eventtourismus, der: → Erlebnistourismus
eventual: → möglicherweise
Eventualität, die: → Möglichkeit (1)
eventuell: 1. → möglicherweise – **2.** → möglich (1)
Evergreen, der *od.* **das:** Dauerbrenner
evident: → offenkundig (1)
Evokation, die: → Vorladung
Evolution, die: → Entwicklung (1)
evozieren: 1. → vorladen **2.** → verursachen
ewig: 1. ⟨*zeitlich niemals endend*⟩ immerwährend · allzeit · für alle Zeit; für und für (*veraltend*); ewiglich · von Ewigkeit zu Ewigkeit (*Rel*) + endlos ♦ *gehoben:* [jetzt und] immerdar (*veraltend*) ♦ *umg:* in alle Ewigkeit; → *auch* dauernd, endlos (b), lange (1), immer (1) – **2.** schon e., seit ewigen Zeiten: → lange (2); ewiger Bund: → Ehe (1); ewige Finsternis: → Hölle (1); e. gestrig: → rückschrittlich; e. und drei Tage:

→ lange (1); zur ewigen Ruhe / in den ewigen Frieden / in die ewigen Jagdgründe eingehen: → sterben (1)
Ewige, der: → Gott (1, a)
Ewigkeit, die: 1. → Dauer (2) – **2.** → Jenseits (1, a) – **3.** eine [halbe] E.: → lange (1); in die E. eingehen: → sterben (1); von E. zu E., in alle E.: → ewig (1)
ewiglich: → ewig (1)
ex: ex trinken: → austrinken
exakt: 1. → genau (1) – **2.** → pünktlich (1)
Exaktheit, die: → Genauigkeit (1)
Exaltation, die: 1. → Erregung (1) – **2.** → Überspanntheit
exaltiert: 1. → aufgeregt (1) – **2.** → überspannt
Exaltiertheit, die: 1. → Erregung (1) – **2.** → Überspanntheit
Examen, das: → Prüfung (2)
Examenskandidat, der: → Prüfling
Examinand, der: → Prüfling
Examinator, der: → Prüfer
examinieren: → prüfen (2)
Exanthem, das: → Hautausschlag
exanthropisch: → menschenscheu
Exegese, die: → Auslegung
Exeget, der: → Erklärer
exekutieren: 1. → hinrichten (1) – **2.** → pfänden
Exekution, die: → Hinrichtung
Exekutive, die: → Polizei (1)
Exekutor, der: → Gerichtsvollzieher
Exempel, das: 1. → Beispiel (1) – **2.** → Aufgabe (3) – **3.** zum E.: → beispielsweise; ein E. statuieren: → abschrecken (1)
Exemplar, das: → Stück (2)
exemplarisch: 1. → vorbildlich – **2.** → warnend
Exemplifikation, die: → Erklärung (1)
exemplifizieren: → erklären (I, 1)
exerzieren: 1. → ausbilden (1) – **2.** → üben (1)
exhaustiv: → vollständig (1)
Exhaustor, der: → Entlüfter
exhumieren: → ausgraben (1)
Exil, das: 1. ⟨*langer Aufenthalt im Ausland aufgrund politischer Verhältnisse usw.*⟩ Emigration – **2.** ins E. gehen: → auswandern
existent: → wirklich (1)
Existenz, die: 1. → Dasein (1) – **2.** → Leben (1) – **3.** → Lebensunterhalt (1)

274

Existenzangst, die: Lebensangst · Daseinsangst

Existenzberechtigung, die: → Daseinsberechtigung

existenzfähig: → lebensfähig

Existenzgründer, der: → Firmengründer

Existenzkampf, der: → Lebenskampf

existieren: 1. → bestehen (1) – 2. → leben (1)

Exitus, der: → Tod (1)

exklusiv: → vornehm (1)

exklusive: → ohne (1)

Exklusivmeldung, die: Scoop · Exklusivbericht

Exkommunikation, die: → Ausschluss (1)

exkommunizieren: → ausschließen (I, 3)

Exkremente (*Pl*): → Kot (1)

Exkretion, die: → Ausscheidung (1)

Exkurs, der: Ausgriff + Abschweifung · Abstecher

Exmatrikulation, die: → Entlassung (2)

exmatrikulieren: → entlassen (2)

Exmission, die: → Zwangsräumung

exmittieren: → ausquartieren

Exmittierung, die: → Zwangsräumung

ex officio: → amtlich (1)

exorbitant: 1. → übertrieben – 2. → gewaltig (1)

Exot[e], der: → Farbige (1)

exotisch: → fremd (2)

expandieren: → vergrößern (II, 1)

Expansion, die: → Ausdehnung (1)

Expansionismus, der: → Imperialismus

expansionistisch: → imperialistisch

Expansionspolitik, die: → Imperialismus

Expansionsstreben, das: → Imperialismus

expatriieren: → ausweisen (I, 1)

expedieren: 1. → befördern (1) – 2. → abschicken

Expedition, die: → Versand

Experiment, das: 1. → Versuch (1) – 2. → Wagnis – 3. Experimente anstellen / machen: → experimentieren

experimentieren: Experimente / Versuche anstellen / machen + probieren · versuchen

Experte, der: → Fachmann (1)

Explikation, die: → Erklärung (1)

explizieren: → erklären (I, 1)

explizit[e]: → ausdrücklich (1)

explodierbar: → explosiv

explodieren: 1. ⟨durch Drucksteigerung knallend auseinander springen⟩ zerspringen · [zer]platzen · [zer]bersten · detonieren;

krepieren (*fachspr*) + sich entladen · auffliegen ◆ *umg*: zerknallen · hochgehen · auseinander fliegen · in die Luft fliegen / gehen; → *auch* platzen (1) – 2. → aufbrausen (2)

explorieren: → untersuchen (2)

explosibel: → explosiv

Explosion, die: Detonation · Entladung + Schlag · Krach · Knall · Donner · Verpuffung

explosiv: brisant · explosibel · explodierbar · hochexplosiv + feuergefährlich

Exponat, das: → Ausstellungsstück

Exponent, der: → Vertreter (1)

exponieren, sich: sich zu weit aus dem Fenster lehnen

exponiert: → gefährdet (1)

Export, der: → Ausfuhr

Exporthandel, der: → Außenhandel

exportieren: → ausführen (2)

Exposé, das: → Entwurf (1)

Exposition, die: → Ausstellung (1)

Expositur, die: → Zweigstelle

Express, der: → Schnellzug

express: → eilig (1)

expressis verbis: → ausdrücklich (1)

expressiv: → ausdrucksvoll (1)

Expressreinigung, die: → Schnellreinigung

Express[zug], der: → Schnellzug

ex professo: → amtlich (1)

expropriieren: → enteignen

exquisit: → erstklassig (1)

Extemporale, das: → Prüfungsarbeit

extensiv: → lange (1)

Exterieur, das: → Äußere (1)

extra: 1. → besonders (1) – 2. → außerdem (1)

Extra, das: 1. → Zugabe – 2. → Zubehör (1)

extrafein: → erstklassig (1)

extrahieren: ausziehen

Extrakt, der: 1. ⟨durch Extrahieren gewonnene Lösung⟩ Auszug · Elixier · Tinktur · Absud · Essenz – 2. → Wesen (1)

extraordinär: → außergewöhnlich (1)

extraterrestrisch: → außerirdisch

extravagant: → überspannt

Extravaganz, die: → Überspanntheit

extravertiert: → weltoffen

Extrawurst, die: eine E. braten: → bevorzugen

extrem: 1. → übertrieben – 2. → radikal (1)

Extremismus, der: → Radikalismus (1)

Extremist

Extremist, der: → Radikalist
extremistisch: → radikal (1)
Extremitäten (*Pl*): → Gliedmaßen
extrovertiert: → weltoffen
Ex-und-hopp-Flasche, die: → Einwegflasche
exzellent: → erstklassig (1)
exzentrisch: → überspannt

Exzentrizität, die: → Überspanntheit
exzeptionell: → außergewöhnlich (1)
Exzess, der: **1.** → Ausschweifung (1) – **2.** bis zum E.: → maßlos
exzessiv: → maßlos, zügellos (1)
exzipieren: → ausschließen (I, 2)
Exzitans, das: → Anregungsmittel

F

F, das: nach Schema F: → gleichförmig (1)

Fabel, die: **1.** → Handlung (2) – **2.** → Erfindung (1) – **3.** → Lügengeschichte – **4.** ins Reich der F. gehören: → unwahr (2)

Fabelei, die: **1.** → Erfindung (1) – **2.** → Lügengeschichte

Fabelgeschöpf, das: → Fantasiegestalt

Fabelgestalt, die: → Fantasiegestalt

fabelhaft: 1. → großartig (1) – **2.** → erstaunlich (1)

Fabelhans, der: → Lügner

Fabelland, das: → Märchenland

fabeln: → erzählen (2)

Fabeltier, das: → Fantasiegestalt

Fabelwelt, die: → Märchenland

Fabelwesen, das: → Fantasiegestalt

Fabrik, die: Betrieb · Werk · Industriebetrieb · Produktionsbetrieb + Firma · Unternehmen; → *auch* Anlage (II), Werkstatt

Fabrikanlage, die: → Anlage (II)

Fabrikant, der: **1.** → Unternehmer (1) – **2.** → Hersteller

Fabrikarbeiter, der: → Arbeiter (I)

Fabrikat, das: **1.** → Erzeugnis – **2.** → Marke (1)

Fabrikation, die: → Herstellung

Fabrikationskosten (*Pl*): → Herstellungskosten

Fabrikbesitzer, der: → Unternehmer (1)

Fabrikhalle, die: → Werkhalle

Fabrikmarke, die: → Markenzeichen

fabrikneu: → neu (1)

Fabrikware, die: **1.** → Industrieerzeugnis – **2.** → Durchschnittsware

fabrizieren: → herstellen (1)

Fabulant, der: **1.** → Schwätzer (2) – **2.** → Lügner

fabulieren: 1. → ²dichten (1, a) – **2.** → erzählen (2)

Fabulist, der: → Dichter (a)

facettenreich: → vielgestaltig

Fach, das: **1.** ⟨*spezielles Gebiet*⟩ **a)** ⟨*in der Schule*⟩ Unterrichtsfach · Wissensgebiet; Gegenstand (*österr*) – **b)** ⟨*allgemein*⟩ Sachgebiet · Zweig · Fachgebiet · Gebiet · Berufszweig + Branche · Sparte; → *auch* Arbeitsgebiet, Spezialgebiet – **2.** ⟨*Unterteilung in Schränken*⟩ Schrankfach – **3.** unter Dach und F.: **a)** → geborgen (1) – **b)** → verheiratet (1); unter Dach und F. sein: → sicherstellen (4); unter Dach und F. bringen: → vollenden (I, 1); Mann vom F.: → Fachmann (1); vom F. sein: → Fachmann (2); zu Fache kommen: → zurechtkommen (2)

Facharbeiter, der: Spezialarbeiter; Professionist (*österr*)

Facharzt, der: Spezialist · Spezialarzt

Fachausdruck, der: Fachwort · Fachbegriff · Fachbezeichnung · Fachterminus · Terminus [technicus]; → *auch* Wort (1)

Fachbegriff, der: → Fachausdruck

Fachbezeichnung, die: → Fachausdruck

fächeln: 1. ⟨*Luft mit einem Gegenstand in Bewegung setzen*⟩ wedeln + wehen – **2.** → kühlen

fachen: → anschüren (1)

fächern: 1. → einteilen (1) – **2.** → kühlen

Fächerung, die: → Gliederung (1)

Fachgebiet, das: → Fach (1, b)

fachgemäß: → fachmännisch

fachgerecht: → fachmännisch

Fachgespräch, das: → Kolloquium (1)

Fachgruppe, die: → Arbeitsgemeinschaft (1)

Fachkenner, der: → Fachmann (1)

Fachkenntnisse (*Pl*): Fachwissen; → *auch* Wissen (1)

Fachkraft, die: → Fachmann (1)

fachkundig: → fachmännisch

Fachmann, der: **1.** ⟨*in einem Fach ausgebildeter kundiger Mensch*⟩ Experte · Spezialist · der Sachverständige · Sachkenner · Fachkenner · Fachkraft · Meister · Mann vom Fach; Professionist (*österr*) + Autorität

277

fachmännisch

· Kenner ♦ *umg:* Mann vom Bau · Profi; →
auch Meister (1), Routinier – **2.** F. sein: ⟨*in
einem Fach ausgebildet sein*⟩ vom Fach sein
♦ *umg:* vom Bau sein
fachmännisch: fachgemäß · fachgerecht ·
fachkundig · fachmäßig · sachgemäß · ge-
konnt · sachgerecht · zünftig · zunftgemäß +
richtig · werkgerecht · kunstgerecht; →
auch sachkundig
fachmäßig: → fachmännisch
Fachterminus, der: → Fachausdruck
Fachwissen, das: → Fachkenntnisse
Fachwort, das: → Fachausdruck
Fackel, die: → Symbol (1)
fackeln: 1. → zögern – **2.** nicht [lange] f.:
→ durchgreifen
Fackelträger, der: → Wegbereiter
Fädchen, das: Fussel; → *auch* Faser
fad[e]: 1. → schal (1) – **2.** → einförmig – **3.**
→ langweilig
fädeln: 1. → bewerkstelligen – **2.** f. |auf|:
→ aufreihen (1)
Faden: I. Faden, der: **1.** ⟨*sehr dünnes lan-
ges Gebilde*⟩ Zwirnsfaden; → *auch* Bindfa-
den, Faser – **2.** roter F.: → Leitgedanke; den
F. verlieren: → stecken (5, b); F. ziehend:
→ dickflüssig; den F. aufnehmen: → fort-
fahren; zu F. gehen: → gehen (9); nach
Strich und F.: → gehörig (1); auf einen F.
ziehen: → aufreihen (1); da beißt die Maus
keinen F. ab: → unabänderlich (2); keinen
guten F. lassen |an|: → verleumden (1);
keinen guten F. miteinander spinnen: →
streiten (II); keinen trockenen F. auf dem
Leibe haben: → nass (2) – **II.** Fäden (*Pl*): **1.**
→ Verbindung (I, 1) – **2.** die F. in der Hand
haben: **a)** → regieren (1) – **b)** → herrschen
(1)
fadendünn: → dünn (1)
fadenscheinig: 1. → abgetragen – **2.** →
durchschaubar
Fadheit, die: → Einförmigkeit
fähig: 1. → begabt – **2.** → geeignet (1) – **3.**
→ tüchtig (1) – **4.** f. sein |zu|: **a)** → im-
stande (1) – **b)** → können (1); f. machen: →
befähigen
Fähigkeit, die: **1.** ⟨*das Imstandesein*⟩ Ver-
mögen – **2.** → Begabung (1)
fahl: 1. ⟨*von heller graugelber Farbe*⟩ erd-
fahl · erdfarben · erdgrau · falb – **2.** → blass (1)
fahlbleich: → blass (1)
Fähnchen, das: → Kleid (I)
fahnden: f. |nach|: → suchen (1)

Fahnder, der: Spürhund; → *auch* Ermittler,
Kriminalist
Fahndung, die: → Suche (1)
Fahne, die: **1.** ⟨*an einer Stange befestigtes
Kennzeichen aus Stoff*⟩ Flagge · Banner +
Wimpel · Standarte · Stander – **2.** ⟨*Abzug
des noch nicht umbrochenen Satzes*⟩ Fah-
nenabzug · Korrekturabzug · Abzug; →
auch ²Bogen (1) – **3.** → Kleid (I) – **4.** →
Schwanz (1) – **5.** die F. aufziehen/hissen:
→ flaggen; die F. hochhalten: → aushalten
(2); zu den Fahnen rufen: → einberufen (2);
die weiße F. zeigen: → ergeben (II, 1); mit
fliegenden Fahnen übergehen |zu|: → de-
sertieren; die F. nach dem Wind hängen: →
anpassen (II, 2)
Fahnenabzug, der: → Fahne (2)
Fahnenappell, der: → Appell (1)
Fahnenflucht, die: Desertion
fahnenflüchtig: f. werden: → desertieren
Fahnenflüchtige, der: → Deserteur
Fahrausweis, der: **1.** → Fahrkarte (1) – **2.**
→ Führerschein
Fahrbahn, die: Fahrstraße · Fahrspur · Spur
· Fahrstreifen ♦ *umg:* Straße; Damm · Fahr-
damm (*landsch*); → *auch* Straße (1)
fahrbar: fahrbarer Untersatz: → Auto (1)
Fährboot, das: → Fähre
Fahrdamm, der: → Fahrbahn
Fähre, die: Fährboot · Fährkahn · Fährschiff
· Trajekt · fliegende Brücke; Überfuhr
(*österr*)
Fahreinsteiger, der: Anfänger
fahren: 1. ⟨*sich mit einem Fahrzeug fortbe-
wegen*⟩ + rasen ♦ *umg:* rollen ·
kutsch[ier]en ♦ *salopp:* karriolen · brettern ·
brausen · dampfen · gondeln – **2.** ⟨*ein Fahr-
zeug bedienen*⟩ + chauffieren · kutschieren ·
fuhrwerken – **3.** ⟨*mit einem Fahrzeug beför-
dern*⟩ **a)** ⟨*Kutsche*⟩ kutschieren ♦ *umg:* kut-
schen – **b)** ⟨*Kraftfahrzeug*⟩ *umg:* kut-
sch[ier]en – **4.** → befördern (1) – **5.** → steu-
ern (1) – **6.** ins Grüne f.: → hinausfahren
(1); f. |nach|: → reisen (2); über den Hau-
fen f.: → überfahren (1); zu Bruch/in
Klump f.: → ¹Bruch (6); an den Kragen/die
Gurgel f.: → angreifen (I, 1, b); in die Hö-
he/[vor Wut] aus der Haut f.: → aufbrausen
(2); durch den Kopf f.: → einfallen (1); in
die Knochen f.: → ergreifen (1); in die Pa-
rade f.: → hindern; in die Sachen/Kleider
f.: → anziehen (II); der Schreck fährt jmdm.
in die Glieder: → erschrecken (2); in die

Grube / zur Hölle f.: → sterben (1); mit der Kirche ums Dorf f.: → umständlich (2); über den Mund / übers Maul f.: → unterbrechen (1); zu Bau f.: → einfahren (1); f. lassen: **a)** → loslassen – **b)** → aufgeben (3); einen f. lassen: → Wind (I, 3)

Fahrensmann, der: → Seemann

Fahrer, der: Führer · Chauffeur · Autofahrer · Kraftfahrer · Lenker · Autolenker · Driver; Automobilist (*schweiz*) + Pilot · Fuhrmann

Fahrerhaus, das: Fahrerkabine · Führerhaus · Führerkabine

Fahrerkabine, die: → Fahrerhaus

Fahrerlaubnis, die: → Führerschein

Fahrgast, der: Passagier · der Reisende · der Mitfahrende · Insasse

Fahrgastzelle, die: → Innenraum

Fahrgestell, das: **1.** ⟨*Räderteil von Fahrzeugen*⟩ Chassis · Rahmen + Fahrwerk – **2.** → Bein (II, 1)

fahrig (*abwert*): ausfahrend · unstet · wuselig · haspelig · zappelig; zwatzelig (*landsch*) ♦ *umg*: fummelig; → *auch* nervös, unruhig (1)

Fährkahn, der: → Fähre

Fahrkarte, die: **1.** ⟨*die Entrichtung des Fahrgeldes beweisende Karte*⟩ Fahr[t]ausweis · Fahrschein · Ticket · Billett (*schweiz*) ♦ *umg*: Karte – **2.** → Fehlschuss

Fahrkartenausgabe, die: → Fahrkartenschalter

Fahrkartenschalter, der: Fahrkartenausgabe · Schalter; → *auch* Schalter (1)

Fahrküche, die: → Feldküche

fahrlässig: → leichtsinnig

Fahrlässigkeit, die: → Leichtsinn (1)

Fährnis, die: → Gefahr (1)

Fahrplan, der: **1.** ⟨*Zeitplan für den Fahrverkehr*⟩ + Kursbuch – **2.** → ²Plan (1)

fahrplanmäßig: → pünktlich (1)

Fahrrad, das: Rad; Velo (*schweiz*); Stahlross (*scherzh*) + Mountainbike · Bike · Highriser ♦ *umg*: Drahtesel (*scherzh*) ♦ *salopp*: Karre; Mühle · Schlitten · Karrete · Kaffeemühle (*abwert*)

Fahrradweg, der: → Radweg

Fahrschein, der: → Fahrkarte (1)

Fährschiff, das: → Fähre

Fahrspur, die: → Fahrbahn

Fahrstraße, die: **1.** → Straße (1) – **2.** → Fahrbahn

Fahrstreifen, der: → Fahrbahn

Fahrstuhl, der: **1.** ⟨*Einrichtung zum Befördern in die oberen Stockwerke*⟩ Aufzug · Lift + Personenaufzug · Paternoster – **2.** → Rollstuhl

Fahrt, die: **1.** → Reise (1) – **2.** → Wanderung – **3.** F. ins Blaue / Grüne: → Ausflug; auf F. gehen: → hinausfahren (2); in F. bringen: **a)** → aufregen (I, 1) – **b)** → erzürnen (1); in F. sein: **a)** → wütend (2) – **b)** → aufregen (II); in F. kommen / geraten: **a)** → Stimmung (5) – **b)** → aufregen (II) – **c)** → erzürnen (2); an F. gewinnen: → vorankommen (1)

fahrtauglich: → verkehrstüchtig

Fahrtausweis, der: → Fahrkarte (1)

Fahrtbeginn, der: → Abfahrt (1, a)

Fährte, die: **1.** *weidm* ⟨*die Fußabdrücke von Wildtieren*⟩ + Spur · Insiegel · Geläuf; → *auch* Spur (1) – **2.** auf der F. sein / bleiben: → verfolgen (1); auf der falschen F. sein: → irren (II)

Fährtenhund, der: → Spürhund (1)

Fahrtreppe, die: → Rolltreppe

Fahrtrichtung, die: → Richtung (1)

fahrtüchtig: → verkehrstüchtig

Fahrweg, der: → Straße (1)

Fahrwerk, das: → Fahrgestell (1)

Fahrzeug, das: **1.** ⟨*Mittel zur Fortbewegung*⟩ Gefährt · Verkehrsmittel ♦ *umg*: Vehikel ♦ *salopp*: Karre · Kiste · Klapperkiste · Klapperkasten (*abwert*); → *auch* Flugzeug – **2.** → Auto (1)

Faible, das: **1.** → Vorliebe (1) – **2.** ein F. haben ⌈für⌉: → Vorliebe (2)

fair: → anständig (2)

Fairness, die: Anständigkeit · Fairplay

Fairplay, das: → Fairness

Fäkalien (*Pl*): → Kot (1)

Faksimile, das: → Druckwerk

Faksimiledruck, der: → Druckwerk

Fakt: I. Fakt, der *od.* das: → Tatsache (1) – **II.** Fakten (*Pl*): → Datum (II)

Faktenwissen, das: → Wissen (1)

faktisch: → tatsächlich (1)

Faktor, der: → Umstand (1)

Faktorei, die: → Zweigstelle

Faktotum, das: → Hausangestellte (I u. II)

Faktum, das: → Tatsache (1)

Faktur[a], die: → Rechnung (1)

fakturieren: → berechnen (I, 1)

falb: → fahl (1)

Falbe, der: → Pferd (1)

Falbel, die: → Besatz (1)

falbeln

falbeln/fälbeln: → fälteln
¹Fall, der: **1.** ⟨*das Herunter- bzw. Auffallen*⟩ Sturz + Absturz ♦ *umg*: Platsch · Plumps · Plumpser – **2.** ⟨*Kategorie der Grammatik*⟩ Kasus – **3.** → Angelegenheit – **4.** → Rechtssache – **5.** → Fehltritt (1) – **6.** einen F. tun, zu F. kommen: → hinfallen; zu F. bringen: **a)** → vereiteln – **b)** → entmachten; klarer F.: → selbstverständlich (1); ein hoffnungsloser F. sein: → unverbesserlich (2); im äußersten/günstigsten Falle: → allenfalls (1); typischer F.: → Irrtum (1); gesetzt den F.: → angenommen (1); der F. sein: → stimmen (1); im F. der Fälle: → notfalls; auf jeden F./alle Fälle: **a)** → unbedingt (1) – **b)** → sowieso (1); auf [gar] keinen F.: → keineswegs; für den F./im Falle, dass: → wenn (1); in vielen Fällen: → oft; Knall und/auf F.: → plötzlich (1)
²Fall, das: → Seil (1)
Falle, die: **1.** ⟨*Vorrichtung zum Tierfang*⟩ Fanggerät + Schlinge · Garn · Netz · Leimrute; → *auch* Fallgrube, Fangeisen – **2.** → Bett (1) – **3.** in die F. locken: → überlisten; in die F. gehen: **a)** → hereinfallen – **b)** → schlafen (5); sich in die F. hauen: → schlafen (5)
fallen: 1. ⟨*sich durch das eigene Gewicht schnell nach unten bewegen*⟩ niederfallen · herabfallen · herunterfallen · hinunterstürzen + den Halt verlieren ♦ *umg*: purzeln · plumpsen · kegeln; → *auch* abstürzen (1, a), herunterfallen (1), hinfallen (1) – **2.** ⟨*einem niedrigeren Stand zustreben*⟩ sinken · heruntergehen – **3.** ⟨*als Soldat im Krieg den Tod finden*⟩ im Feld bleiben · nicht aus dem Krieg heimkehren ♦ *gehoben*: den Heldentod sterben ♦ *salopp*: ins Gras beißen; *auch* sterben (1) – **4.** → hinfallen – **5.** → verenden – **6.** f. |in|: → auftreffen (1); f. |auf|: **a)** → auftreffen (1) – **b)** → entfallen (4); f. lassen [wie eine heiße Kartoffel]: → aufgeben (4); aufs Knie/auf die Knie f.: → niederknien; auf die Schnauze/Fresse f.: → hinfallen; auf den Bauch f. |mit|: → scheitern (a); zu Füßen f.: → beschwören (2); auf die Nerven/den Wecker f.: → belästigen (1); nicht auf den Kopf gefallen sein: → schlau (2); bei jmdm. fällt der Groschen: → verstehen (I, 4); aus der Rolle f.: → vorbeibenehmen, sich; aus dem Rahmen f.: **a)** → vorbeibenehmen, sich – **b)** → ²abweichen

(2); aus der Reihe f.: → ²abweichen (2); aus allen/den Wolken/vom Stengel/Stuhl f.: → überrascht (2); um den Hals f.: → umarmen (I); sich in die Arme/um den Hals f.: → umarmen (II); in die Zügel f.: → hindern; in den Arm f.: **a)** → hindern – **b)** → aufhalten (I, 1); ins Schloss f.: → zufallen (1); in die Augen/ins Auge f.: → auffallen (1); ins Gewicht f.: **a)** → gelten (2) – **b)** → wichtig (3); ins Wort/in die Rede f.: → unterbrechen (1); in den Rücken f.: → verraten (2); in Ohnmacht f.: → bewusstlos (2); in den Schoß f.: → zufallen (3); jmdm. in die Hände f.: → finden (I, 1); in jmds. Hände f.: → geraten (3); unter den Tisch f. lassen: → auslassen (I, 1); zur Last/lästig f.: → belästigen (1); die Butter fällt jmdm. vom Brot: → erschrecken (2); in Schlaf f.: → einschlafen (1); die Binde fällt/es fällt wie Schuppen von den Augen: → erkennen (1)
fällen: 1. ⟨*Bäume mit der Axt od. Säge zum Umfallen bringen*⟩ [ab]schlagen · abhauen · umhauen; einschlagen (*Forstw*); → *auch* abschlagen (I, 1), abholzen – **2.** das Urteil/einen Spruch f.: → Urteil (4); eine Entscheidung f.: → entscheiden (I, 1)
Fallgrube, die: + Wolfsgrube; → *auch* Falle (1)
fallieren: → Konkurs (2)
fällig: 1. ⟨*an einem bestimmten Zeitpunkt geschehen sollend*⟩ an der Zeit · zu erwarten ♦ *umg*: dran – **2.** → zahlbar
Fallmasche, die: → Laufmasche
Fallreep, das: → Strickleiter
falls: → wenn (1)
Fallstudie, die: → Untersuchung (1)
Fallsucht, die: → Epilepsie
fallweise: → gelegentlich (1)
Falott, der: → Schurke
falsch: 1. ⟨*nicht dem Richtigen entsprechend*⟩ verkehrt · unrichtig · nicht richtig · unzutreffend · unrecht · fehlerhaft · inkorrekt · unkorrekt · grundfalsch · grundverkehrt · sinnwidrig + regelwidrig · regelmentwidrig · vorschriftswidrig · unhaltbar ♦ *umg*: schief; → *auch* irrig – **2.** → heuchlerisch, unaufrichtig (1) – **3.** → unecht (1) – **4.** → ärgerlich (1) – **5.** falscher Zungenschlag: → Versprecher; falsche Katze/Schlange: → Heuchlerin; falscher Hund/Fuffziger: → Heuchler; f. wie eine Schlange: → unaufrichtig (1); falscher Name: → Deckname; unter falschem Namen: → in-

280

Fangeisen

kognito; f. spielen, ein falsches Spiel treiben: → hintergehen; falsches Zeugnis ablegen: → lügen (1); auf dem falschen Dampfer/im falschen Film sein: → irren (II); an die falsche Adresse kommen/geraten: → abblitzen (1); in die falsche Kehle bekommen/kriegen: **a)** → verschlucken (II) – **b)** → missverstehen (1); in den falschen Hals bekommen/kriegen: → missverstehen (1); f. verstehen: **a)** → missverstehen (1) – **b)** → verhören (II)

Falsch, der od. das: **1.** → Heuchelei, Unaufrichtigkeit (1) – **2.** ohne F.: → ehrlich (1)

fälschen: nachmachen · falsifizieren · verfälschen

Falschgeld, das: *salopp:* Blüten

Falschheit, die: → Heuchelei, Unaufrichtigkeit (1)

falschherzig: → heuchlerisch

fälschlich: → irrtümlich

Falschmeldung, die: Desinformation ♦ *umg:* Ente · Zeitungsente

Falschmünzerei, die: → Fälschung (2)

Fälschung, die: **1.** ⟨*das Gefälschte*⟩ Nachahmung · Nachbildung · Falsifikat · Falsum – **2.** ⟨*das Fälschen*⟩ Falsifikation + Falschmünzerei

Falsifikat, das: → Fälschung (1)

Falsifikation, die: → Fälschung (2)

falsifizieren: → fälschen

Falstaff, der: → Dicke (I)

Falsum, das: → Fälschung (1)

Faltblatt, das: Folder; Falter (*süddt österr schweiz*)

Faltboot, das: → Paddelboot (1)

Falte, die: **1.** ⟨*durch Drücken scharf umgebogene Stelle in Stoff od. Papier*⟩ Knitter · Bruch · Knick · Kniff; → *auch* Falz – **2.** ⟨*vertiefte Stelle in der Haut*⟩ Runzel · Furche · Krähenfuß; Schrumpel (*landsch*) – **3.** Falten machen: → knittern (1); in Falten legen: **a)** → fälteln – **b)** → runzeln; in Falten ziehen: → runzeln

fälteln: in Falten legen · plissieren + falbeln · fälbeln; → *auch* falten

falten: [um]knicken · kniffen · falzen · brechen · umbiegen; → *auch* fälteln

faltenreich: → faltig

Falter, der: **1.** → Faltblatt – **2.** → Schmetterling

faltig: faltenreich · zerknittert · knitterig · kraus; krumpelig · krunkelig (*landsch*) +

versessen · runzelig ♦ *umg:* zerknautscht; → *auch* runzelig

Falz, der: Bruch + Eselsohr; → *auch* Falte (1)

falzen: → falten

Fama, die: → Gerücht

familiär: 1. → vertraulich (1) – **2.** → ungezwungen

Familie, die: **1.** ⟨*Organisationsform des menschl. Zusammenlebens*⟩ Familienkreis; Sippe (*oft scherzh*); Sippschaft (*abwert od. scherzh*) ♦ *umg:* Anhang (*scherzh*); Mischpoke (*abwert*); → *auch* Verwandtschaft (1) – **2.** → Geschlecht (2) – **3.** mit der ganzen F.: ⟨*mit allen Familienangehörigen*⟩ *umg:* mit Kind und Kegel – **4.** eine F. gründen: → heiraten (2); ohne F.: → allein (5); im Schoß/Kreise der F.: → daheim (1)

Familienbuch, das: Stammbuch

Familiengarten, der: → Kleingarten

Familienkreis, der: → Familie (1)

Familienname, der: Vater[s]name · Nachname · Zuname + Personenname

Familienoberhaupt, das: Familienvorstand · Haushaltungsvorstand + Familienvater; Hausherr · Hausvater (*veraltend*); → *auch* Vater (I, 1)

Familienstück, das: → Andenken (1)

Familienvater, der: → Familienoberhaupt

Familienvorstand, der: Familienoberhaupt

famos: 1. → großartig (1) – **2.** → tüchtig (1)

Famulus, der: → Assistent

Fan, der: → Anhänger (3)

Fanatiker, der: Eiferer + Zelot ♦ *umg:* Fex (*scherzh*); → *auch* Anhänger (3), Schwärmer (1)

fanatisch: blindgläubig · unbelehrbar · unbekehrbar; verrannt (*abwert*) ♦ *umg:* verbohrt · vernagelt (*abwert*)

fanatisieren: → aufhetzen

Fanatismus, der: Verbohrtheit · Verranntheit (*abwert*) + Glaubenseifer

Fang, der: **1.** → Fischfang – **2.** → Raub (1) – **3.** den F. geben: → töten (I, 2); in den Fängen halten: → festhalten (I, 1, a); aus den Fängen reißen: → entreißen (1)

Fangboot, das: → Fangschiff

Fangdampfer, der: → Fangschiff

Fangeisen, das: Eisen · Tellereisen + Fußangel; → *auch* Falle (1)

fangen

fangen: I. fangen **1.** ⟨*mit den Händen etw. Fliegendes fassen*⟩ auffangen ♦ *umg:* greifen + haschen · aufschnappen; → *auch* ergreifen (2), abfangen (1) – **2.** ⟨*in seine Gewalt bringen*⟩ einfangen · fassen · [er]haschen + einbringen · ködern – **3.** → überlisten – **4.** Grillen f.: → grübeln; Feuer f.: **a)** → anbrennen (1) – **b)** → begeistern (II) – **c)** → verlieben, sich; eine f.: → Ohrfeige (2) – **II.** fangen, sich: → fassen (II, 1)
Fanggebiet, das: Fanggründe
Fanggerät, das: → Falle (1)
Fanggründe (*Pl*): → Fanggebiet
Fangschiff, das: Fangdampfer · Fischdampfer · Fangboot + Trawler · Logger · Kutter
Fangschuss, der: den F. geben: → töten (I, 2)
Fangstoß, der: **1.** → Todesstoß (1) – **2.** den F. geben: → töten (I, 2)
Fantasie, die: **1.** → Einbildungskraft – **2.** → Erfindungsgabe (1) – **3.** → Improvisation
fantasiebegabt: → einfallsreich
Fantasiegebilde, das: → Einbildung (1)
Fantasiegestalt, die: Fabelwesen · Fabelgestalt · Fabelgeschöpf · Märchengestalt + Fabeltier
fantasielos: → nüchtern (3)
fantasiereich: → einfallsreich
fantasieren: 1. → irrereden – **2.** → schwärmen (1)
fantasievoll: 1. → einfallsreich – **2.** → schwärmerisch (1)
Fantast, der: → Schwärmer (1)
Fantasterei, die: → Schwärmerei (1)
fantastisch: 1. → überspannt – **2.** → großartig (1)
Farbe, die: **1.** ⟨*Mittel zum Färben*⟩ Farbstoff · Färbemittel – **2.** → Färbung (1) – **3.** → Gesichtsfarbe – **4.** → Symbol (1) – **5.** F. lassen: → färben (I, 1); F. geben: → färben (I, 2); F. bekommen: → bräunen (1); die F. verlieren: → erblassen (1); die F. wechseln: **a)** → erblassen (1) – **b)** → erröten (1) – **c)** → anpassen (II, 2); F. bekennen: **a)** → festlegen (II) – **b)** → gestehen (1)
farbecht: waschecht · lichtecht · lichtbeständig; indanthrenfarbig (*Wz*)
Färbemittel, das: → Farbe (1)
färben: I. färben **1.** ⟨*Farbstoff abgeben*⟩ abfärben · Farbe lassen – **2.** ⟨*mit Farbe versehen*⟩ tönen · Farbe geben + anstreichen · bemalen – **3.** blond f.: → blondieren – **II.** färben, sich: → bräunen (1)

farbenfreudig: → bunt (1)
farbenfroh: → bunt (1)
Farbengebung, die: → Farbgebung
Farbenpracht, die: Farbigkeit · Buntheit
farbenprächtig: → bunt (1)
farbenprangend: → bunt (1)
farbenreich: → bunt (1)
Farbfilm, der: Colorfilm ♦ *umg:* Buntfilm
Farbgebung, die: Farbengebung · Kolorit · Farbgestaltung
Farbgestaltung, die: → Farbgebung
farbig: 1. → bunt (1) – **2.** → wirkungsvoll (1)
Farbige, der: **1.** ⟨*dunkelhäutiger Mensch*⟩ Exot[e]; → *auch* Afrikaner, Afroamerikaner – **2.** → Afrikaner – **3.** → Afroamerikaner
Farbigkeit, die: → Farbenpracht
farblos: 1. ⟨*ohne Farbe*⟩ ungefärbt · entfärbt + naturfarben – **2.** → blass (1) – **3.** → unscheinbar (1)
Farbschmierer, der: → Graffitisprayer
Farbstift, der: Buntstift · Malstift
Farbstoff, der: → Farbe (1)
Farbton, der: → Färbung (1)
Färbung, die: **1.** ⟨*das Gefärbtsein*⟩ Farbe · Farbton · Tönung · Ton – **2.** → Tendenz (1) – **3.** eine rote F. annehmen: → röten, sich
Farce, die: **1.** → Lustspiel – **2.** → Täuschung (1) – **3.** → Füllung (1, b)
Farin, der: → Puderzucker
Farinade, die: → Puderzucker
Farinzucker, der: → Puderzucker
Farmer, der: Rancher + Pflanzer · Siedler; → *auch* Siedler, ¹Bauer
Farre[n], der: →¹Bulle (1)
Färse, die: → Kuh (1)
faschieren: → durchdrehen (1)
Faschiermaschine, die: → Fleischwolf
Faschierte, das: → Gehackte
Fasching, der: → Karneval
Faschingszeit, die: → Karneval
Faschismus, der: + Nazismus · Nationalsozialismus
Fase, die: → Abschrägung
Faselei, die: **1.** → Zerstreutheit – **2.** → Geschwätz (1)
Faseler, der: → Faselhans
Faselfehler, der: → Fehler (1)
Faselhans, der (*umg*): Fas[e]ler ♦ *salopp:* Spinner · Spintisierer
faselig: → zerstreut (1)
faseln (*umg*): **1.** ⟨*unüberlegt reden*⟩ *salopp:* spinnen · spintisieren; → *auch* schwafeln, schwatzen (1) – **2.** → zerstreut (2)

282

fasen: → abschrägen

Faser, die: Fäserchen · Fiber; Zasel · Zaser (*landsch*); Fibrille (*med*) + Fädchen; → *auch* Faden (I, 1), Fädchen

Fäserchen, das: → Faser

faserig: zaserig · filzig · pelzig (*landsch*); fibrös (*med*)

fasernackt: → nackt

fashionable: → elegant (1)

Fasler, der: → Faselhans

Fasnacht, die: → Karneval

Fasole, die: → Gartenbohne

Fass, das: 1. ⟨*bauchiges (Holz)gefäß*⟩ Tonne; → *auch* Bottich – 2. → Dicke (I) – 3. [dick] wie ein F.: → dick (1); ein F. ohne Boden: **a)** → endlos (b) – **b)** → unerschöpflich; das schlägt dem F. den Boden aus: → unerhört (2)

Fassade, die: 1. → Vorderseite – 2. → Gesicht (1)

fassbar: → verständlich (1)

Fassbinder, der: → Böttcher

Fassbrause, die: → Limonade (1)

fassen: **I.** fassen: 1. → ergreifen (1 *u.* 2) – 2. → fangen (I, 2) – 3. → erwischen (1) – 4. → aufnehmen (5) – 5. → enthalten (I) – 6. → rahmen – 7. → verstehen (I, 2) – 8. beim Schopf f., beim/am Schlafittchen/Wickel/Griebs/Krips f., bei/an der Gurgel f.: → ergreifen (2); unter den Arm f.: → unterhaken; Wurzel f.: → anwachsen (1); [festen] Fuß f.: → heimisch (4); ins Auge f.: **a)** → ansehen (I, 3) – **b)** → vornehmen (2); einen Vorsatz f.: → vornehmen (2); [einen] Verdacht f.: → Verdacht (2); einen Beschluss/eine Entschließung/Resolution f.: → beschließen (1); einen Entschluss f.: → entschließen, sich; Mut/sich ein Herz f.: → ermannen, sich; in Worte f.: → ausdrücken (I, 2); in sich f.: → enthalten (I) – **II.** fassen, sich: 1. ⟨*sich innerlich wieder beruhigen*⟩ sich fangen · die Fassung wiedergewinnen · [wieder] ins Gleichgewicht kommen; → *auch* beherrschen (II), erholen (2) – 2. sich in Geduld f.: → gedulden, sich

fasslich: → verständlich (1)

Fasslichkeit, die: → Verständlichkeit (1)

¹Fasson, die: 1. ⟨*Form eines Kleidungsstückes*⟩ Passform · Machart · Schnitt – 2. → Form (1) – 3. → Leben (2)

²Fasson, das: → Aufschlag (3)

Fassung, die: 1. → Beherrschung (1) – 2. → Rahmen (1) – 3. → Bearbeitung (2) – 4.

aus der/außer F.: → bestürzt; aus der F. bringen: → verwirren (2); aus der F. kommen/geraten: → aufbrausen (2); die F. wiedergewinnen: → fassen (II, 1); seine F. behalten: → beherrschen (II); die F. verlieren: → Beherrschung (2, a)

Fassungskraft, die: → Aufnahmefähigkeit (1)

fassungslos: → bestürzt

Fassungsvermögen, das: → Aufnahmefähigkeit (1 *u.* 2)

fast: 1. → beinahe – 2. f. nie: → selten (2); f. immer: → meist

Fastback, das: → Fließheck

fasten: → hungern (1)

Fastenkur, die: → Entfettungskur

Fastnacht, die: → Karneval

Faszikel, der: 1. → Akte (1) – 2. → Heft (1)

Faszination, die: → Anziehung (2)

faszinieren: → bezaubern

faszinierend: → bezaubernd

fatal: 1. → peinlich (1) – 2. → verhängnisvoll

fatalerweise: → leider

Fatalismus, der: Schicksalsglaube

fatalistisch: schicksalsgläubig

Fatalität, die: → Missgeschick, Peinlichkeit (1)

Fata Morgana, die: → Sinnestäuschung

Fatum, das: → Schicksal (1)

Fatzke, der: → Geck (1)

fauchen: 1. ⟨*von Katzen gesagt: drohend zischen*⟩ pfauchen (*landsch*) – 2. → schnauben (I, 1) – 3. → zischen (1) – 4. → schimpfen (1) – 5. → stürmen (1)

faul: 1. ⟨*durch Fäulnis verdorben*⟩ verfault · verwest · verrottet · vermodert + faulig · moderig · morsch · aasig · kernfaul ♦ *umg*: molsch (*landsch*) ♦ *salopp*: matsch · matschig; → *auch* verdorben (1) – 2. ⟨*nicht fleißig*⟩ arbeitsscheu · faulenzerisch · bequem ♦ *umg*: erzfaul · faul wie die Sünde ♦ *salopp*: stinkend faul · stinkfaul; → *auch* träge, untätig (1) – 3. → verdorben (1) – 4. → faulig (1) – 5. → bedenklich (1) – 6. f. sein: ⟨*nicht fleißig sein*⟩ die Arbeit nicht erfunden haben · der Arbeit aus dem Wege gehen – 7. fauler Strick/Sack/Hund: → Faulenzer (1); stinkend f., f. wie die Sünde: → 2; sich einen faulen Tag machen, sich auf die faule Haut legen, auf der faulen Haut liegen: → faulenzen (1); nicht f.: → flink (1); fauler Zauber: **a)** → Betrug (1) – **b)** → Unsinn (1, a); faule Ausrede, faule Fische: → Ausrede

Faulbett, das: auf dem F. liegen: → faulenzen (1)

Faulbrand, der: → Brand (1)

Fäule, die: → Fäulnis (1)

faulen: verfaulen · verwesen · [ver]rotten · [ver]modern · durchfaulen · in Fäulnis übergehen ♦ *umg*: molschen (*landsch*); → *auch* schimmeln, verderben (3)

faulenzen: 1. ⟨*nicht arbeiten mögen*⟩ nichts tun ♦ *umg*: bummeln · die Daumen drehen · abhängen · sich einen faulen Tag machen · sich einen sonnigen Lenz machen · auf dem Faulbett liegen · keinen Finger rühren/krumm machen · keinen Handgriff tun · krankfeiern · krankmachen · blaumachen · blauen Montag machen · auf den Händen sitzen · die Beine unter den Tisch stecken · sich auf die faule Haut legen · auf der [faulen] Bärenhaut/faulen Haut liegen · dem lieben Gott den Tag/die Zeit stehlen · den lieben Gott einen frommen Mann sein lassen; pelzen (*landsch*); tachinieren (*österr*) ♦ *salopp*: sich sielen; → *auch* müßig (3), untätig (2), gammeln – **2.** → ausruhen (I)

Faulenzer, der: **1.** ⟨*arbeitsscheuer Mensch*⟩ Nichtstuer · Bummelant · Müßiggänger · Bummler · Drückeberger · Bärenhäuter · Daumendreher · Tagedieb · Eckensteher · Drohne ♦ *umg*: Faulpelz · fauler Strick ♦ *salopp*: Faultier · fauler Sack ♦ *derb*: fauler Hund; → *auch* Schmarotzer (2), Taugenichts, Phlegmatiker, Gammler – **2.** → Liegestuhl

Faulenzerdasein, das: Faulenzerleben · Faulenzerei · Drohnenleben · Drohnendasein; → *auch* Müßiggang

Faulenzerei, die: → Faulenzerdasein

faulenzerisch: → faul (2)

Faulenzerleben, das: → Faulenzerdasein

Faulheit, die: + Müßigkeit · Bequemlichkeit; → *auch* Trägheit, Untätigkeit, Müßiggang

faulig: 1. ⟨*von faulem Geschmack od. Geruch*⟩ faul · aasig · stinkig · muffig + brackig – **2.** → faul (1)

Fäulnis, die: **1.** ⟨*Zersetzung organ. Stoffe*⟩ Fäule · Verwesung · Moder; → *auch* Zerfall (1) – **2.** → Verfall (1) – **3.** in F. übergehen: → faulen

Faulpelz, der: → Faulenzer (1)

Faultier, das: → Faulenzer (1)

Faun, der: → Lüstling

Fauna, die: → Tierwelt

faunisch: → lüstern (1)

Faust, die: die F. ballen/zeigen/schütteln/unter die Nase halten: → drohen (1); auf eigene F.: → eigenmächtig; mit der F. auf den Tisch schlagen: → aufbrausen (2)

Fäustchen, das: sich [eins] ins F. lachen: → schadenfroh (1)

faustdick: f. auftragen: → übertreiben (1); es f. hinter den Ohren haben: → listig (2)

Fäustel, der: → Hammer (1)

Faustkampf, der: → Boxkampf

Faustkämpfer, der: → Boxer

Faustrecht, das: → Selbsthilfe

Faustregel, die: → Regel (1)

Faustskizze, die: → Skizze (1)

Fauteuil, der: → Lehnstuhl

Fauxpas, der: **1.** → Fehler (1) – **2.** einen F. begehen: → vorbeibenehmen, sich

Favela, die: → Slum

favorisieren: → bevorzugen

Favorit, der: **1.** → Spitzensportler – **2.** → Günstling

Favoritin, die: → Geliebte (II)

Fax, das: **1.** ⟨*Gerät zum Kopieren über das Telefonnetz*⟩ Faxgerät · Telefax · Fernkopierer – **2.** ⟨*über das Telefonnetz übertragene Kopie*⟩ Fernkopie · Telefax

Faxe: **I.** Faxe, die: → Grimasse (1) – **II.** Faxen (*Pl*): **1.** → Unsinn (1, a) – **2.** F. machen: → Unsinn (2)

faxen: fernkopieren · telefaxen

Faxenmacher, der: → Spaßmacher

Faxgerät, das: → Fax (1)

Fäzes (*Pl*): → Kot (1)

Fazit, das: **1.** → Ergebnis – **2.** das F. ziehen: → zusammenfassen (2)

Feature, das: → Hörspiel, Dokumentarbericht

febril: → fieberhaft (1)

fechsen: → ernten (1)

Fechtbruder, der: → Bettler

fechten: 1. ⟨*mit Hieb- bzw. Stoßwaffen kämpfen*⟩ die Klingen kreuzen; sich schlagen; pauken (*studentenspr*) – **2.** → kämpfen (1) – **3.** → betteln (1)

Fechter, der: **1.** → Kämpfer – **2.** → Bettler

Feder: I. Feder, die: **1.** ⟨*Horngebilde der Vögel*⟩ Vogelfeder; → *auch* Daune – **2.** ⟨*Schreibgerät*⟩ Schreibfeder + Zeichenfeder – **3.** → Borste (I, 1) – **4.** Mann der F.: → Dichter (a); der F. anvertrauen: → aufschreiben (1); zur F. greifen: → schreiben

284

Fehltritt

(1) – **II.** Federn (*Pl*): **1.** → Bett (1) – **2.** → Füllung (1, a) – **3.** F. lassen [müssen]: → Schaden (5); in die F. gehen: → schlafen (5)

Federbett, das: Bett · Deckbett · Oberbett · Federdeckbett; Plumeau (*veraltend*); Tuchent (*österr*) + Bettdecke ♦ *umg*: + Zudecke

Federdeckbett, das: → Federbett

Federfuchser, der: → Pedant

federführend: → verantwortlich (2)

Federführung, die: → Verantwortung

federhart: → elastisch (1)

Federheld, der: → Dichter (a)

Federkissen, das: → Kissen

Federkleid, das: → Gefieder

Federkohl, der: → Grünkohl

Federkraft, die: → Elastizität (1)

federleicht: → leicht (1)

Federlesen, das: nicht viel Federlesens machen: → durchgreifen

Federmesser, das: → Taschenmesser

federn: 1. 〈unter Druck elastisch nachgeben〉 schwingen · zurückfedern – **2.** 〈mit Federung versehen〉 abfedern (*fachspr*) – **3.** → polstern (1)

federnd: → elastisch (1)

Federvieh, das: Hausgeflügel · Geflügel; Ziefer (*landsch*)

federweich: → weich (1)

federweiß: → weiß (1)

fedrig: → elastisch (1)

Fedrigkeit, die: → Elastizität (1)

Feeling, das: **1.** → Einfühlungsvermögen – **2.** → Gefühl (1)

Fegbürste, die: → Scheuerbürste

fegen: 1. 〈mit dem Besen säubern〉 kehren + moppen; → auch reinigen (1) – **2.** → scheuern – **3.** → eilen (I, 1) – **4.** → stürmen (1)

Feger, der: **1.** → Besen (1) – **2.** → Herumtreiberin

Fehde, die: → Streit (1)

Fehdehandschuh, der: den F. hinwerfen: → herausfordern

fehl: f. am Platz/Ort: → unangebracht

Fehl: ohne F.: → fehlerlos (1)

fehlbar: → schuldig (1)

Fehlbetrag, der: Defizit · Minus · Manko · Differenz[betrag] + Unterbilanz · Verlust; → auch Haushaltsdefizit

Fehldeutung, die: Fehlinterpretation

fehldisponieren: → fehlplanen

fehlen: 1. 〈sich nicht an einem bestimmten Ort aufhalten〉 abwesend/fort sein · nicht anwesend/da sein ♦ *umg*: weg/nicht vorhanden sein; durch Abwesenheit glänzen (*scherzh*) + ausgeflogen sein – **2.** 〈nicht ausreichend vorhanden sein〉 mangeln; ermangeln (*veraltend*) ♦ *gehoben*: es gebricht an ♦ *umg*: abgehen · hapern; → auch entbehren (1) – **3.** → vergehen (II, 1) – **4.** es fehlt[e] nicht viel: → beinahe; das fehlte gerade noch: → nein; weit gefehlt: → keineswegs

fehlend: → abwesend (1)

Fehler, der: **1.** 〈Abweichung vom Richtigen〉 Versehen · Inkorrektheit · Lapsus · Missgriff · Fauxpas; Fehlleistung (*Psych*) + Faselfehler · Kapitalfehler ♦ *umg*: Patzer · Schnitzer · Dummheit · Eselei; → auch Irrtum (1), Schuld (I, 1) – **2.** einen F. machen: 〈fehlerhaft arbeiten〉 sich vertun ♦ *umg*: einen Bock schießen · patzen; Schliff backen (*landsch*) ♦ *salopp*: sich verhauen · danebenhauen · Mist bauen ♦ *derb*: Scheiße bauen

fehlerfrei: → einwandfrei (1), fehlerlos (1), richtig (1)

fehlerhaft: → falsch (1)

fehlerlos: 1. 〈in seinem Verhalten keinen Fehler aufweisend〉 fehlerfrei · korrekt · tadellos · makellos · integer · ohne Fehl; → auch einwandfrei (1), richtig (1) – **2.** → einwandfrei (1), richtig (1)

Fehlgeburt, die: **1.** 〈Abgang der Leibesfrucht〉 Abort[us] (*med*); → auch Geburt (1), Abtreibung (1) – **2.** eine F. haben: einen Abort haben · abortieren (*med*)

fehlgehen: 1. → verirren, sich – **2.** → irren (II)

Fehlgriff, der: → Irrtum (1)

Fehlinterpretation, die: → Fehldeutung

Fehlleistung, die: → Fehler (1)

Fehllos, das: → Niete (1)

fehlplanen: fehldisponieren · sich verspekulieren · sich verrechnen + auf Sand bauen; → auch irren (II)

fehlschießen: → verfehlen (1)

Fehlschlag, der: **1.** → Misserfolg (1) – **2.** einen F. erleiden: → Misserfolg (2)

fehlschlagen: → misslingen, scheitern (b)

fehlschließen: → irren (II)

Fehlschluss, der: Trugschluss · Sophismus + Circulus vitiosus · Zirkelschluss

Fehlschuss, der: *umg*: Fahrkarte

Fehltritt, der: **1.** 〈Verstoß gegen die Sittlichkeit〉 Verfehlung · Fehlverhalten · Ent-

285

Fehlverhalten

gleisung · ein Schritt vom Wege; Fall · Sünde (*Rel*); Stolper (*landsch*); → *auch* Vergehen (1) – **2.** einen F. tun/begehen: → vergehen (II, 1)

Fehlverhalten, das: → Fehltritt (1)

Fehlzeit, die: Ausfallzeit

Fehlzündung, die: **1.** → Irrtum (1) – **2.** F. haben: → begriffsstutzig (2)

Feier, die: **1.** ⟨*festl. Veranstaltung*⟩ Feierstunde · Festveranstaltung · Festakt · Feierlichkeit + Festsitzung · Festversammlung; → *auch* Gedenkfeier, Ehrung, Fest (1) – **2.** → Fest (1)

Feierabend, der: **1.** ⟨*die Zeit zwischen Dienstschluss u. Nachtruhe*⟩ + Dämmerstündchen – **2.** → Dienstschluss – **3.** F. machen: **a)** → aufhören (1) – **b)** → schließen (I, 2)

Feierabendheim, das: → Altenheim

feierlich: 1. ⟨*von Feierlichkeit erfüllt*⟩ festlich · würdig · erhaben · gehoben · erhebend · solenn · zeremoniell · weihevoll · gravitätisch + in aller Form · ernst; → *auch* würdevoll – **2.** nicht mehr f.: → unerhört (1)

Feierlichkeit, die: **1.** ⟨*festl. Atmosphäre*⟩ Ernst · Würde · Weihe; → *auch* Würde (1) – **2.** → Feier (1)

feiern: 1. ⟨*ein Fest begehen*⟩ festen (*schweiz*); zelebrieren ♦ *salopp*: auf die Pauke hauen · einen draufmachen · eine Sause machen · die Puppen tanzen lassen – **2.** → verherrlichen, ehren – **3.** → aussetzen (2) – **4.** Hochzeit f.: → heiraten (1); fröhliche Urständ f.: → aufleben (1)

Feierstunde, die: → Feier (1)

Feiertag, der: → Festtag (I)

feiertäglich: → sonntäglich

feig[e]: ängstlich · furchtsam · feigherzig · schwachherzig ♦ pulverscheu ♦ *umg*: hasenherzig · hasenfüßig · hasenhaft; memmenhaft (*veraltend abwert*); hasig (*landsch*); → *auch* ängstlich (1), weichlich (1)

Feigenblatt, das: → Tarnung

Feigheit, die: Angst · Furcht · Schwachherzigkeit ♦ *umg*: Hasenherzigkeit ♦ *salopp*: Kneiferei; → *auch* Mutlosigkeit, Angst (1)

feigherzig: → feig[e]

Feigling, der: Wagenichts ♦ *umg*: Angsthase · Angstmeier · Angstpeter · Hasenherz · Hasenfuß · Hase; Memme (*veraltend abwert*); Jämmerling · [altes] Weib (*abwert*) ♦ *salopp*: Kneifer · Schisser; Bangbüx[e]

(*norddt scherzh*); Trauminet (*österr*) ♦ *derb*: Kacker · Scheißer · Scheißkerl · Hosenscheißer; → *auch* Duckmäuser, Weichling

feil: f. sein: → käuflich (2)

feilbieten: → anbieten (I, 3)

Feile, die: die letzte F. anlegen: → überarbeiten (I, 1)

feilen: f. |an|: → überarbeiten (I, 1)

feilhalten: 1. → anbieten (I, 3) – **2.** Maulaffen f.: → untätig (2)

feilschen (*abwert*): markten · schachern · handeln |um| · herunterhandeln · abhandeln; → *auch* abhandeln (1)

Feim, der: → Schober

Feime, die: → Schober

Feimen, der: → Schober

fein: 1. → zart (1), zierlich (1), zartgliedrig – **2.** → dünn (1), engmaschig – **3.** → hervorragend (1), schmackhaft – **4.** → anständig (1 *u.* 2) – **5.** → vornehm (1) – **6.** → elegant (1) – **7.** → feinsinnig (1) – **8.** f. heraus sein: → Glück (4); f. gegliedert/geschnitten: → zart (1)

Feinbäcker, der: → Konditor

feinbesaitet: → empfindsam (1)

Feind, der: **1.** ⟨*feindlich gesinnte Person*⟩ Gegner · Widersacher + Todfeind · Volksfeind; → *auch* Gegner (2) – **2.** → Teufel (1) – **3.** Freund und F.: → jedermann

feindlich: 1. ⟨*von bösen Absichten erfüllt*⟩ feindselig · feindschaftlich · hasserfüllt · übel wollend · gegnerisch – **2.** → abgeneigt (1)

Feindlichkeit, die: → Feindschaft

Feindschaft, die: Feindlichkeit · Frontstellung · Feindseligkeit · Gegnerschaft; Ranküne (*veraltend*) + Streit; → *auch* Feindseligkeit (I, 1), Hass (1)

feindschaftlich: → feindlich (1)

feindselig: → feindlich (1)

Feindseligkeit: I. Feindseligkeit, die: **1.** ⟨*feindl. Auftreten, feindl. Haltung*⟩ Animosität; → *auch* Angriff (2), Feindschaft – **2.** → Feindschaft – **II.** Feindseligkeiten (*Pl*): **1.** → Kampf (1) – **2.** die F. eröffnen: → angreifen (I, 1, a)

Feine, die: → Feinheit (1)

feinfühlend: → empfindsam (1)

feinfühlig: → empfindsam (1)

Feinfühligkeit, die: → Empfindsamkeit (1)

Feingefühl, das: **1.** → Empfindsamkeit (1) – **2.** → Einfühlungsvermögen, Zartgefühl (1) – **3.** → [1]Anstand (1)

feingliedrig: → zartgliedrig

Feinheit, die: 1. ⟨*zarte Beschaffenheit*⟩ Zartheit · Subtilität · Raffinement · Raffinesse · Finesse ♦ *gehoben:* Feine · Zärte (*veraltend*) – **2.** → Vornehmheit – **3.** → Einzelheit (I)

feinhörig: → hellhörig (1)

feinmachen, sich: → herausputzen (II)

feinmaschig: → engmaschig

feinnervig: → empfindsam (1)

Feinnervigkeit, die: → Empfindsamkeit (1)

Feinschmecker, der: Gourmet · Kulinarier · Genießer · Lukullus; Schmecker (*landsch*) + Gourmand; → *auch* Leckermaul

feinschmeckerisch: lukullisch · kulinarisch + gastronomisch

Feinsinn, der: → Empfindsamkeit (1)

feinsinnig: 1. ⟨*künstlerisch fein empfindend*⟩ fein · musisch · kunstsinnig · kunstempfänglich + ästhetisch – **2.** → empfindsam (1)

Feinsinnigkeit, die: → Empfindsamkeit (1)

Feinsliebchen, das: → Geliebte (II)

feist: → dick (1)

Feist, das: → Fett (2)

Feistling, der: → Dicke (I)

Feitel, der: → Taschenmesser

feixen: → lachen (1), lächeln

Feld, das: 1. ⟨*Bodenfläche*⟩ **a)** ⟨*allgemein*⟩ Flur ♦ *dicht:* Gebreit[e] · Gefilde – **b)** → Acker – **2.** → Spielfeld – **3.** → Front (1) – **4.** → Bereich (1) – **5.** F. und Wald: → Natur (1); das F. behaupten: → standhalten (1); zu Felde ziehen ⎮ gegen ⎮: → angreifen (I, 2); aus dem F. schlagen: → verdrängen (2); das F. räumen / überlassen: → zurückziehen (II, 2); ins F. führen: → vorbringen; im F. bleiben: → fallen (3)

Feldarbeit, die: → Ackerbau

Feldbau, der: → Ackerbau

Feldbestellung, die: → Ackerbau

feldein: → querfeldein

Feldflur, die: → Feldmark

Feldhase, der: → Hase (1)

Feldherr, der: → Heerführer

Feldküche, die: Fahrküche; Gulaschkanone (*scherzh*)

Feldlager, das: + Heerlager

Feldmark, die: Gemarkung · Flur · Feldflur

Feldrain, der: Rain · Ackergrenze · Gewende

Feldschlacht, die: → Schlacht

Feldstecher, der: → Fernglas

Feldstein, der: → Stein (1)

Feldwirtschaft, die: → Ackerbau

Feldzug, der: 1. ⟨*krieger. Unternehmung*⟩ Kriegszug; Kampagne · Heer[es]zug (*veraltet*) – **2.** → Kampagne (1)

Felge, die: Radkranz · Felgenkranz

Felgenkranz, der: → Felge

Fell, das: 1. ⟨*behaarte Haut der Tiere*⟩ Pelz · Haarkleid; Balg · Decke · Schwarte (*weidm*); → *auch* Haut (1) – **2.** → Haut (1) – **3.** jmdm. juckt das F.: → übermütig (2); ein dickes F. haben: → unempfindlich (3); eins auf das F. brennen: → schießen (7); das F. [ver]gerben: → verprügeln; das F. über die Ohren ziehen: → betrügen (1)

Fellowtraveller, der: → Sympathisant

Felonie, die: → Verrat (2)

Fels, der: 1. → Gestein – **2.** → Felsen – **3.** wie ein F. in der Brandung: → standhaft (1)

Felsblock, der: → Felsen

Felsbrocken, der: → Gestein

Felsen, der: Felsblock + Felsenkegel ♦ *gehoben:* Fels

felsenfest: 1. → unerschütterlich – **2.** → standhaft (1)

felsenhart: → hart (1)

Felsenkegel, der: → Felsen

Felsgestein, das: → Gestein

felsig: → steinig

Felsklippe, die: Klippe · Riff; Schrofen (*südd österr*)

Felsmassiv, das: → Gebirge

Felstrümmer (*Pl*): → Stein (1)

feminin: 1. → weiblich (1) – **2.** → weichlich (1)

Feministin, die: → emanzipiert

Fenn, das: → Sumpf (1)

Fenster, das: 1. ⟨*Öffnung in Gebäuden, Fahrzeugen*⟩ Fensteröffnung · Fensterhöhle · Fensterloch · Fensterluke · Luke; Bullauge (*seem*) ♦ *umg:* Guckfenster · Guckloch; → *auch* Fensterscheibe – **2.** das / sein Geld zum F. hinauswerfen / hinausschmeißen / hinausfeuern: → verschwenderisch (3); sich zu weit aus dem F. lehnen: → exponieren, sich; weg vom F. sein: → gelten (7); zum F. hinausreden: → reden (2)

Fensterbank, die: → Fensterbrett

Fensterbord, das: → Fensterbrett

Fensterbrett

Fensterbrett, das: Fensterbank · Fenstersims; Fensterbord (landsch) + Sohlbank
Fensterhöhle, die: → Fenster (1)
Fensterladen, der: Laden; → auch Jalousie
Fensterloch, das: → Fenster (1)
Fensterluke, die: → Fenster (1)
Fensteröffnung, die: → Fenster (1)
Fensterscheibe, die: Scheibe; → auch Fenster (1)
Fenstersims, der: → Fensterbrett
Ferien (Pl): **1.** ⟨längere arbeitsfreie Zeit zur Erholung⟩ Urlaub · Erholungszeit · Ferienpause; → auch ¹Pause (1), Erholung (1) – **2.** F. machen: → ausspannen (I, 2)
Ferienanlage, die: Feriendorf · Lodge + Ferienhotel
Ferienaufenthalt, der: → Erholungsort
Feriendorf, das: → Ferienanlage
Feriengast, der: → Urlauber
Ferienhaus, das: Chalet (schweiz)
Ferienhotel, das: → Ferienanlage
Ferienort, der: → Erholungsort
Ferienparadies, das: → Erholungsort
Ferienpause, die: → Ferien (1)
Ferkel, das: **1.** ⟨junges Schwein⟩ Spanferkel ♦ umg: Wutzelchen (landsch) – **2.** → Schmutzfink – **3.** → Zotenreißer
Ferkelei, die: → Zote (1)
ferkeln: 1. → werfen (I, 2) – **2.** → Zote (2)
fern: 1. ⟨sich in einer großen Entfernung befindend⟩ entfernt · weit[ab] · fern liegend · in der Ferne · weltenfern · weit davon + draußen ♦ umg: weit weg · weit vom Schuss ♦ salopp: j. w. d.; → auch abseits (1), abgelegen – **2.** → fremd (1) – **3.** → vergangen (1) – **4.** f. bleiben: ⟨nicht zu nahe herankommen⟩ sich fern halten · nicht zu nahe kommen · davonbleiben · vom Halse/Leibe bleiben – **5.** f. halten: ⟨das Näherkommen verhindern⟩ abhalten · abwehren · nicht herankommen lassen · nicht heranlassen · vom Halse/Leibe halten – **6.** sich f. halten: → 4; f. liegend: → 1; nah und f.: → überall (1); von/aus nah und f.: → überallher; das sei mir f., das sei f. von mir: → keineswegs; in fernen Tagen: → damals
fernab: → fern (1)
fernbedienen: fernlenken · fernsteuern
fernbleiben: → wegbleiben
Fernblick, der: → Aussicht (1)
Ferne, die: **1.** ⟨weit entferntes Gebiet⟩ Weite + die weite Welt; → auch Entfernung (1) – **2.** → Fremde (II, 1) – **3.** → Zukunft (1) – **4.**

→ Vergangenheit (1) – **5.** in der F.: → fern (1); in die F. gucken: → fernsehen
ferner: 1. → außerdem (1) – **2.** → dazu (2)
Ferner, der: → Gletscher
fernerhin: 1. → weiterhin (1) – **2.** → dazu (2)
Fernglas, das: Feldstecher · Prismenglas · Prismenfeldstecher · Glas + Opernglas · Fernrohr · Prismenfernrohr ♦ umg: Gucker · Guckglas + Operngucker ♦ salopp: Kieker (landsch) + Opernkieker
fernhalten, sich: → ausschließen (II, 1)
Fernkopie, die: → Fax (2)
fernkopieren: → faxen
Fernkopierer, der: → Fax (1)
fernlenken: → fernbedienen
Fernmeldeamt, das: → Amt
fernmündlich: → telefonisch
Fernrohr, das: → Fernglas
Fernruf, der: → Telefonnummer
Fernschreiben, das: **1.** ⟨durch Fernschreiber übermitteltes Schreiben⟩ Telex + Telexogramm; → auch Telegramm – **2.** ein F. übermitteln ⟨durch Fernschreiber eine Nachricht übermitteln⟩ telexen; → auch telegrafieren
Fernschreiber, der: Ticker
fernschriftlich: → telegrafisch
Fernsehapparat, der: Fernseher · Fernsehgerät · Fernsehempfänger · Apparat · Empfänger · Gerät · Empfangsgerät + Portable ♦ umg: Guckkasten · Mattscheibe; Pantoffelkino · Heimkino (scherzh) ♦ salopp: Flimmerkiste (scherzh od. abwert); Latschenkino · Filzlatschenkino · Glotze · Glotzkasten · Glotzkiste · Glotzophon (scherzh)
Fernsehempfänger, der: → Fernsehapparat
fernsehen: umg: in die Ferne/Röhre gucken (scherzh); → auch empfangen (2)
Fernsehen, das: Television ♦ umg: Pantoffelkino (scherzh)
Fernseher, der: → Fernsehapparat
Fernsehgerät, das: → Fernsehapparat
Fernsehkrimi, der: + Straßenfeger
Fernsehprogramm, das: → Programm (1, b)
Fernsehsender, der: → Sender
Fernsicht, die: → Aussicht (1)
Fernsprechamt, das: Amt · Amtsleitung
Fernsprechapparat, der: → Telefon (1)
Fernsprechbuch, das: → Telefonbuch
fernsprechen: → telefonieren

festbleiben

Fernsprecher, der: → Telefon (1)

Fernsprechnummer, die: → Telefonnummer

Fernsprechverzeichnis, das: → Telefonbuch

Fernsprechzelle, die: → Telefonzelle

Fernspruch, der: → Telegramm

fernsteuern: → fernbedienen

Fernstraße, die: → Fernverkehrsstraße

Fernverkehrsstraße, die: Bundesstraße · Fernstraße · Verkehrsachse + Bundesautobahn · Autobahn; → *auch* Straße (1)

Ferse, die: **1.** ⟨*Körperteil*⟩ Hacke[n] – **2.** die Fersen zeigen: → fliehen (1); auf den Fersen sein/bleiben, sich an jmds. Fersen hängen/heften: → verfolgen (1); nicht von den Fersen gehen: → belästigen (1)

Fersengeld: F. geben: → fliehen (1)

fertig: 1. ⟨*zum Handeln bzw. Eingesetztwerden in der Lage*⟩ bereit · gerüstet · parat · vorbereitet · so weit ♦ *umg:* fix und fertig; → *auch* abfahrbereit – **2.** → vollendet (1) – **3.** → vollkommen (1) – **4.** → erwachsen (1) – **5.** → tischfertig – **6.** → betrunken (1) – **7.** → ruiniert (1) – **8.** → erschöpft (1) – **9.** f. sein: → gelten (7); f. werden ⏐mit⏐: **a)** → meistern – **b)** → gewachsen (2); fix und f.: **a)** → 1 – **b)** → erschöpft (1); f. ist die Laube/Kiste: → erledigt (1 u. 3, a); f. bringen: → erreichen (2); f. gestellt: → vollendet (1); f. lesen: → durchlesen (1); f. machen: **a)** → vorbereiten (I, 1) – **b)** → vollenden (I, 1) – **c)** → erledigen (1) – **d)** → aufarbeiten (1) – **e)** → ruinieren (I, 1) – **f)** → ermüden (I, 1) – **g)** → ermorden, töten (I, 1); moralisch f. machen: → zurechtweisen; sich f. machen: → vorbereiten (II); f. stellen: **a)** → bauen (1) – **b)** → vollenden (I, 1)

Fertigbekleidung, die: → Konfektion

fertigen: 1. → herstellen (1) – **2.** → unterschreiben

Fertigkeit, die: **1.** ⟨*das Geübtsein beim Ausführen von Tätigkeiten*⟩ Übung · Routine · Technik – **2.** → Gewandtheit (1)

Fertigkleidung, die: → Konfektion

Fertigung, die: → Herstellung

Fertigungskosten (*Pl*): → Herstellungskosten

fertil: → fruchtbar (1)

Fertilität, die: → Fruchtbarkeit

fesch: 1. → elegant (1) – **2.** → reizend (1)

Fessel, die: **1.** ⟨*Gerät zum Handlungsunfähigmachen gefangener Personen*⟩ Eisen ·

Handschelle · Fußfessel ♦ *dicht:* Band ♦ *salopp:* Manschette – **2.** → Bindung (1) – **3.** → Zwang (1) – **4.** Fesseln anlegen: → fesseln (1); in Fesseln legen: → gefangen (3), fesseln (1); die Fesseln abschütteln/abstreifen/abwerfen/sprengen/zerbrechen/zerreißen: → befreien (II, 2)

Fesselballon, der: → Ballon (1)

fessellos: → frei (1)

fesseln: 1. ⟨*handlungsunfähig machen*⟩ binden · Fesseln/Ketten anlegen + knebeln ♦ *gehoben:* in Fesseln legen; → *auch* anbinden (1) – **2.** → interessieren (I)

fesselnd: → spannend

fest: 1. ⟨*nicht* [*leicht*] *von der Stelle entfernbar*⟩ unbeweglich · unlösbar · unverrückbar · sicher – **2.** ⟨*in der Höhe der Summe nicht veränderlich*⟩ fix · feststehend – **3.** → hart (1) – **4.** → erstarrt (1) – **5.** → haltbar (1) – **6.** → dauerhaft – **7.** → standhaft (1), unerschütterlich – **8.** → unnachgiebig (1) – **9.** → verbindlich (1) – **10.** → straff (1), entschlossen (1) – **11.** f. eingefahren: → gewohnt (2); f. verwurzelt: → unerschütterlich; f. angestellt: → angestellt; festes Land, fester Boden: → Land (1); in festen Händen: → verheiratet (1); festen Fuß fassen: → heimisch (4); einen festen Charakter haben: → charakterfest (2); f. im Sattel sitzen: → sicher (8, a); feste Wendung/Redewendung: → Phraseologismus

Fest, das: **1.** ⟨[*glanzvolle*] *unterhaltsame Veranstaltung*⟩ Festlichkeit · Feier · Freudenfeier · Freudenfest · Vergnügen · Vergnügung · Lustbarkeit · Belustigung · Party + Cocktailparty · Empfang · Hausball · Veranstaltung · Event ♦ *umg:* Fete · Festivität · Fidelitas ♦ *salopp:* Budenzauber + Ringelpiez; → *auch* Feier (1), Gesellschaft (1), Abendgesellschaft – **2.** → Festtag (1) – **3.** → Freude (1)

Festabend, der: → Abendveranstaltung

Festakt, der: → Feier (1)

festbacken: → ankleben (1)

Festbankett, das: → Festessen

festbannen: → festhalten (I, 1, b)

festbeißen, sich: sich f. ⏐an⏐: → verbeißen (II)

festbinden: vertäuen · [fest]zurren · beschlagen (*seem*); → *auch* anbinden (1)

festbleiben: 1. ⟨*etw. unbeirrt fortführen*⟩ dabei bleiben · weitermachen · nicht nachlassen · nicht ablassen ⏐von⏐ · nicht aufge-

feste

ben · treu bleiben │einer Sache│ · sich nicht abbringen lassen + sich widmen · sich hingeben ♦ *umg*: dranbleiben · bei der Stange bleiben; → *auch* beharren (1) – **2.** → beharren (1)

feste: → gehörig (1)

festen: → feiern (1)

Festessen, das: Festmahl · Essen · Gastmahl · Festbankett · Bankett; Festschmaus (*scherzh*) + Freudenmahl · Galaessen · Galadiner · Diner; Festgelage (*abwert*) ♦ *umg*: Göttermahl (*scherzh*); → *auch* Gelage (a), Gericht (1)

festfahren: I. festfahren: → stecken (5, a) – **II.** festfahren, sich: → stecken (5, a u. b)

Festgelage, das: → Festessen

Festgewand, das: → Festkleidung

festhaken: → einhaken (I, 1)

festhalten: I. festhalten: **1.** ⟨*nicht wieder loslassen*⟩ **a)** ⟨*eine Person*⟩ halten ♦ *umg*: nicht aus den Fingern lassen ♦ *salopp*: in den Fängen halten – **b)** ⟨*einen Eindruck*⟩ einfangen · fixieren · festbannen – **2.** → festlegen (I, 1) – **3.** → aufhalten (I, 1) – **4.** → erfassen (1) – **5.** f. │an│: → beibehalten (1); auf dem Film f.: → fotografieren – **II.** festhalten, sich: ⟨*sich durch einen festen Griff an etw. halten*⟩ sich anhalten · sich anhängen · sich anklammern · sich festklammern · sich klammern │an│; → *auch* festkrallen, sich

festigen: 1. ⟨*für größere Sicherheit, Beständigkeit sorgen*⟩ stärken · erhärten · konsolidieren · stabilisieren · zementieren – **2.** → ausbauen (3)

Festigkeit, die: **1.** ⟨*der Veränderung entgegengesetzter Widerstand*⟩ Härte · Zähheit · Zähigkeit · Stabilität + Widerstandsfähigkeit – **2.** → Beständigkeit (2)

Festigung, die: **1.** ⟨*das Sorgen für größere Sicherheit, Beständigkeit*⟩ Stärkung · Erhärtung · Konsolidierung · Konsolidation · Stabilisierung · Zementierung – **2.** → Ausbau (2)

Festival, das: → Festspiel (II)

Festivität, die: → Fest (1)

festklammern: I. festklammern: → anheften (1) – **II.** festklammern, sich: → festhalten (II)

festkleben: 1. → ankleben (1) – **2.** → kleben (1)

Festkleid, das: → Festkleidung

Festkleidung, die: Festtagskleidung · Gala · Festkleid ♦ *gehoben*: Festgewand

festklemmen: → einklemmen

festklopfen: → festlegen (I, 1)

festkrallen, sich: sich ankrallen · sich einkrallen; → *auch* festhalten (II)

Festland, das: → Land (1)

festlaufen: → stecken (5, a)

festlegen: I. festlegen: **1.** ⟨*endgültig bestimmen*⟩ vorgeben · festsetzen · festhalten · fixieren · verankern + abstecken ♦ *gehoben*: stipulieren ♦ *umg*: festzurren · festschreiben · festklopfen · festmachen; → *auch* anberaumen – **2.** ⟨*jmdn. an eine Äußerung, ein Versprechen erinnern*⟩ beim Wort nehmen / fassen ♦ *salopp*: festnageln – **3.** → anlegen (I, 1) – **II.** festlegen, sich: ⟨*eine Verpflichtung verbindlich übernehmen*⟩ sich binden · sich engagieren · sich einbringen · eine Bindung eingehen ♦ *umg*: Farbe bekennen

festlich: 1. ⟨*einem Fest gemäß*⟩ galamäßig – **2.** → feierlich (1)

Festlichkeit, die: → Fest (1)

festliegen: 1. → feststehen – **2.** → stecken (5, a)

Festlohn, der: → Mindestlohn

festmachen: 1. → befestigen (1) – **2.** → festlegen (I, 1) – **3.** → anlegen (I, 2)

Festmahl, das: → Festessen

festnageln: 1. → annageln – **2.** → festlegen (I, 2) – **3.** → aufhalten (I, 1)

Festnahme, die: → Verhaftung

festnehmen: → verhaften

Festordnung, die: → Programm (1, b)

Festplan, der: → Programm (1, b)

festrennen, sich: sich f. │in│: → verbeißen (II)

Festsaal, der: → Saal

festsaugen, sich: sich ansaugen + haften

Festschmaus, der: → Festessen

Festschmuck, der: → Ausschmückung

festschnallen: I. festschnallen: → anschnallen (I) – **II.** festschnallen, sich: → anschnallen (II)

festschrauben: → anschrauben

festschreiben: → festlegen (I, 1)

festsetzen: I. festsetzen: **1.** → einsperren (1) – **2.** → festlegen (I, 1) – **3.** → anberaumen – **II.** festsetzen, sich: → niederlassen (II, 1)

festsitzen: → stecken (5, a)

Festsitzung, die: → Feier (1)

festspannen: → einspannen (1)

Festspiel: I. Festspiel, das: ⟨*festl. Bühnenwerk*⟩ Bühnenweih[fest]spiel – **II.** Fest-

feucht

spiele (*Pl*): 〈*festl. Veranstaltungsreihe*〉 Festwoche[n] · Festtage · Festival
feststampfen: → festtreten
feststehen: festliegen · sicher/gewiss sein · außer Zweifel stehen · keinem Zweifel unterliegen · außer Frage stehen
feststehend: 1. → fest (2) – **2.** → wirklich (1)
feststellen: 1. 〈*über einen Tatbestand Klarheit bekommen*〉 sehen · erkennen · konstatieren · die Feststellung/Erfahrung machen ♦ *umg*: registrieren – **2.** → ergründen (1) – **3.** → äußern (I, 1)
Feststellung, die: 1. 〈*das Sichklarwerden*〉 Erkennung · Konstatierung ♦ *umg*: Registrierung – **2.** → Erkundung (1) – **3.** → Äußerung (1) – **4.** die F. machen: → feststellen (1); die F. treffen: → äußern (II, 1)
Festtag: I. Festtag, der: 〈*festl. Tag*〉 Feiertag · Ehrentag · Fest – **II.** Festtage (*Pl*): → Festspiel (II)
festtäglich: → sonntäglich
Festtagskleidung, die: → Festkleidung
festtrampeln: → festtreten
festtreten: antreten · [fest]stampfen ♦ *umg*: festtrampeln
Festung, die: 1. 〈*stark befestigter Ort*〉 Fort · Zitadelle + Kastell · Festungsbau · Festungs[boll]werk · Burg; → *auch* Befestigung (2) – **2.** → Festungshaft
Festungsarrest, der: → Festungshaft
Festungsbau, der: → Festung (1)
Festungsbollwerk, das: → Festung (1)
Festungshaft, die (*hist*): Festung[sarrest]
Festungswerk, das: → Festung (1)
Festveranstaltung, die: → Feier (1)
Festversammlung, die: → Feier (1)
festwachsen: → anwachsen (1)
Festwoche: I. Festwoche, die: → Festspiel (II) – **II.** Festwochen (*Pl*): → Festspiel (II)
festziehen: anziehen · nachziehen · zuziehen
Festzug, der: → Umzug (2)
festzurren: 1. → festbinden – **2.** → festlegen (I, 1)
Fete, die: → Fest (1)
Fetisch, der: → Götzenbild
Fetischismus, der: → Götzendienst
Fetischverehrung, die: → Götzendienst
fett: 1. → dick (1) – **2.** → fettig (1) – **3.** → gehaltvoll (1) – **4.** → einträglich – **5.** → fruchtbar (1) – **6.** → betrunken (1) – **7.** dick und f.: → dick (1); f. füttern: → mästen

Fett, das: 1. 〈*pflanzl. od. tier. Produkt*〉 Fettigkeiten – **2.** 〈*Anhäufung fettreichen Gewebes*〉 Fettpolster · Polster · Fettgewebe · Fettmasse; Fettdepot (*med*); Feist (*weidm*) + Speck · Schmer ♦ *umg*: + Kummerspeck – **3.** F. ansetzen: → zunehmen (2); im F. schwimmen/sitzen: **a)** → reich (5) – **b)** → schwelgen (1); das F. abschöpfen : → abschöpfen (2); im [eigenen] F. ersticken: → dick (6); sein F. kriegen: → tadeln (2)
Fettauge, das: Fetttropfen · Auge
Fettbauch, der: 1. → Schmerbauch – **2.** → Dicke (I)
fettbäuchig: → dick (1)
Fettdepot, das: → Fett (2)
fetten: → einfetten (1)
fettfleckig: → schmierig (1)
Fettgewebe, das: → Fett (2)
fetthaltig: → fettig (1)
fettig: 1. 〈*viel Fett enthaltend*〉 fett[haltig] · fettreich · fetttriefend + ölig · tranig · talgig · sahnig – **2.** → schmierig (1)
Fettigkeiten (*Pl*): → Fett (1)
Fettkloß, der: → Dicke (I)
Fettlebe, die: F. machen: → schwelgen (1)
fettleibig: → dick (1)
Fettleibigkeit, die: → Dicke (II, 2)
Fettmasse, die: → Fett (2)
Fettnäpfchen, das: ins F. treten: → anstoßen (2)
Fettpolster, das: 1. → Fett (2) – **2.** → Vorrat
fettreich: → fettig (1)
Fettsack, der: → Dicke (I)
Fettsau, die: → Dicke (I u. II, 1)
Fettschwein, das: → Dicke (I u. II, 1)
fetttriefend: → fettig (1)
Fetttropfen, der: → Fettauge
Fettwampe, die: → Schmerbauch
Fettwanst, der: → Dicke (I), Schmerbauch
fettwanstig: → dick (1)
Fetus, der: → Embryo
fetzen: das fetzt: → großartig (3)
Fetzen, der: 1. 〈*abgerissenes kleines Stück Papier od. Stoff*〉 *umg*: Schnippel · Schnipsel; → *auch* Stück (1) – **2.** → Scheuertuch, Staubtuch – **3.** → Kleid (I) – **4.** in Fetzen gehen: → zerfallen (1); in Fetzen reißen: → zerreißen (I, 1); nur ein F. Papier: → wertlos (1)
fetzig: → großartig (1)
feucht: 1. 〈*ein wenig nass*〉 nässlich · klamm; humid (*fachspr*); → *auch* nass (1),

291

Feuchte

dumpf (1) – **2.** → verschwitzt – **3.** f. machen: → durchfeuchten (I, 1); das feuchte Element: → Wasser (1); feuchter Abend: → Gelage (b); feuchte Augen bekommen: → weinen (1); noch f. hinter den Ohren: → unreif (2); ein feuchtes Grab finden: → ertrinken

Feuchte, die: → Feuchtigkeit

feuchten: 1. → anfeuchten (1), durchfeuchten (I, 1) – **2.** → austreten (1)

Feuchtigkeit, die: Feuchte · Nässe; Humidität (*fachspr*)

feudal: 1. → vornehm (1) – **2.** → adlig (1)

Feudaladel, der: → Adel (1)

Feudalherrschaft, die: → Feudalismus

Feudalismus, der: Feudalherrschaft · Feudalsystem · Feudalordnung · Feudalwesen · Adelsherrschaft; → *auch* Adel (1)

Feudalordnung, die: → Feudalismus

Feudalsystem, das: → Feudalismus

Feudalwesen, das: → Feudalismus

Feudel, der *od.* das: → Scheuertuch

feudeln: → reinigen (2)

Feuer, das: **1.** ⟨*Verbrennung mit Flammenentwicklung*⟩ Brand; → *auch* Flamme (1), Feuersbrunst – **2.** → Leuchtfeuer – **3.** → Beschuss (1) – **4.** → Leidenschaft – **5.** → Begeisterung (1) – **6.** → Glanz (1) – **7.** F. legen: ⟨*eine Feuersbrunst hervorrufen*⟩ in Brand setzen/stecken · einen Brand legen/stiften · in Flammen setzen · den roten Hahn aufs Dach setzen; → *auch* niederbrennen (1), brandschatzen – **8.** mit F. spielen: ⟨*leichtfertig mit Feuer umgehen*⟩ *umg*: zündeln (südd österr); gokeln · kokeln · zünseln (*landsch*) – **9.** F. anzünden/anmachen: → anfeuern (1); F. machen: → anfeuern (1), heizen (1); F. legen: → 7; dem F. übergeben: → verbrennen (I, 1); F. fangen: **a)** → anbrennen (1) – **b)** → begeistern (II) – **c)** → verlieben, sich; F. geben: → schießen (1); unter F. nehmen: → beschießen; das F. schüren, Öl ins F. gießen, ins F. blasen: → verschlimmern (I, 1); F. dahinter machen: → beschleunigen; F. unter den Frack/Schwanz/Hintern machen: → antreiben (2); F. und Flamme sein: → begeistert (2); wie F. und Wasser: → unversöhnlich (2); durchs F. gehen |für|: → einsetzen (II); die/seine Hand ins F. legen |für|: → bürgen; mit F. und Schwert wüten: → brandschatzen; ein Spiel mit dem F. sein: → gefährlich (2); mit [innerem] F.: → leidenschaftlich; zwei/mehrere Eisen im F. haben: → vorsorgen

feuerbeständig: → feuerfest

Feuerbestattung, die: → Einäscherung

Feuereifer, der: → Eifer (1)

Feueresse, die: → Schornstein (1)

feuerfarben: → rot (1)

feuerfest: un[ver]brennbar · feuerbeständig · feuersicher

Feuerflamme, die: → Flamme (1)

Feuerfunke[n], der: → Funke[n] (1)

Feuergarbe, die: **1.** → Flamme (1) – **2.** → Feuerstoß

feuergefährlich: → explosiv

Feuerhalle, die: → Krematorium

Feuerherd, der: → Herd (1)

Feuerholz, das: → Heizmaterial

Feuerkopf, der: → Hitzkopf

Feuerleger, der: → Brandstifter

Feuerleiter, die: → Notausgang

Feuerlinie, die: → Front (1)

Feuerlöschzug, der: Feuerwehrauto ♦ *umg*: Feuerwehr

feuern: 1. → heizen (1) – **2.** → schießen (1) – **3.** → werfen (I, 1) – **4.** → entlassen (2)

Feuerprobe, die: → Bewährungsprobe

feuerrot: → rot (1)

Feuersäule, die: → Flamme (1)

Feuersbrunst, die: Brand · Schadenfeuer · Riesenbrand + Feuersnot; → *auch* Feuer (1)

Feuerschein, der: → Schein (1)

feuersicher: → feuerfest

Feuersnot, die: → Feuersbrunst

Feuerstelle, die: → Krematorium

Feuerstoß, der (*milit*): Feuergarbe · Garbe

Feuerstuhl, der: → Motorrad

Feuertaufe, die: → Bewährungsprobe

Feuerteufel, der: → Brandstifter

Feuertreppe, die: → Notausgang

Feuertür, die: → Notausgang

Feuerung, die: → Heizmaterial

Feuerwasser, das: → Branntwein

Feuerwehr, die: **1.** → Feuerlöschzug – **2.** wie die F.: → schnell (1, a)

Feuerwehrauto, das: → Feuerlöschzug

Feuerwerkskörper, der: + Frosch · Schwärmer · Rakete · Kanonenschlag; → *auch* Knallkörper

Feuerzunge, die: → Flamme (1)

Feuilleton, das: → Abhandlung (1)

feurig: 1. → leidenschaftlich – **2.** → glühend (1) – **3.** → rot (1)

Fex, der: → Fanatiker

Fez, der: → Spaß (1)

ff: → erstklassig (1)

292

Filz

Fiaker, der: → Mietwagen
Fiasko, das: **1.** → Misserfolg (1) – **2.** →
Zusammenbruch (1) – **3.** F. machen: →
scheitern (a)
¹Fibel, die: Lesebuch · Abc-Buch
²Fibel, die: → Nadel (1)
Fiber, die: → Faser
Fibrille, die: → Faser
fibrös: → faserig
Fick, der: → Koitus
ficken: → koitieren
Fickfack, der: → Ausrede
fickfacken: → herausreden, sich
Fickfackerei, die: → Ausrede
fickrig: → unruhig (1)
fidel: 1. → lustig – **2.** fideles Haus/Huhn:
→ Spaßvogel
Fidelitas, die: **1.** → Vergnügen (1) – **2.** →
Fest (1)
Fidelität, die: → Vergnügen (1)
Fiduziar, der: → Treuhänder
Fieber, das: **1.** ⟨krankhafte Erhöhung der
Körperwärme⟩ [erhöhte] Temperatur – **2.** →
Erregung (1)
Fieberfantasie, die: → Sinnestäuschung
Fieberfrost, der: → Schüttelfrost
fieberhaft: 1. ⟨mit Fieber auftretend⟩ fieb-
rig; febril (med) – **2.** → eilig (1)
fieberheiß: → fiebrig (1)
fieberkrank: → fiebrig (1)
fiebern: f. ⌈nach⌉: → Verlangen (4)
Fieberschauer, der: → Schüttelfrost
fiebrig: 1. ⟨Fieber habend⟩ fieberkrank ·
fieberheiß – **2.** → erkältet (1)
Fiedel, die: → Geige (1)
fiedeln: → geigen (1)
Fiedler, der: → Geigenspieler
Fieldresearch, das: → Umfrage (1)
fiepen: → pfeifen (1)
fies: → abscheulich (1), gemein (1)
Fiesling, der: → Ekel (II)
fifty-fifty: 1. → gleichmäßig (2) – **2.** f. ma-
chen: → teilen (I, 1)
Figaro, der: → Friseur
Fighter, der: → Boxer
Figur, die: **1.** → Gestalt (1) – **2.** → Person
(1) – **3.** → ¹Plastik (1) – **4.** → Rolle (2) – **5.**
→ Redewendung (1) – **6.** eine gute F. abge-
ben/machen: → wirken (2); sich einen in
die F. schütten: → trinken (1, b)
Figurant, der: → Statist (1)
figurieren: → darstellen (I, 1, b)
Figurine, die: → ¹Plastik (1)

figürlich: → bildlich (1)
Fiktion, die: **1.** → Erfindung (1) – **2.** →
Annahme (2)
fiktiv: → gedacht
Filetstück, das: → Beste (2)
Filiale, die: → Zweigstelle
filigran: → zart (1)
Filius, der: → Sohn
Film, der: **1.** ⟨lichtempfindl. Material zum
Fotografieren od. Filmen⟩ Filmstreifen ·
Filmmaterial · Filmband · Filmrolle + Zel-
luloid – **2.** ⟨Werk der Filmkunst⟩ Streifen ·
Filmstreifen · Filmwerk ◆ salopp: Schmacht-
fetzen (abwert) – **3.** auf den F. bannen, auf
dem F. festhalten: → fotografieren; im fal-
schen F. sein: → irren (II)
Filmapparat, der: → Filmkamera
Filmatelier, das: → Studio
Filmband, das: → Film (1)
Filmbühne, die: → Kino (1)
Filmemacher, der: → Regisseur
filmen: drehen ◆ umg: kurbeln
Filmgröße, die: → ¹Star
Filmheld, der: → ¹Star
Filmkamera, die: Kamera · Filmapparat
Filmmanuskript, das: → Drehbuch
Filmmaterial, das: → Film (1)
Filmriss, der: → Erinnerungslücke
Filmrolle, die: → Film (1)
Filmstar, der: → ¹Star
Filmstreifen, der: → Film (1 u. 2)
Filmstudio, das: → Studio
Filmszenarium, das: → Drehbuch
Filmtheater, das: → Kino (1)
Filmveranstaltung, die: → Kino (2)
Filmwerk, das: → Film (2)
Filou, der: **1.** → Betrüger – **2.** → Schlau-
kopf
Filter, der od. das: Filterpapier · Filtrierpa-
pier · Filtertuch; Seihe[r] · Seihpapier ·
Seihtuch (landsch); → auch Sieb (1)
filtern: filtrieren; kolieren (pharm); → auch
durchsieben (I), klären (1)
Filterpapier, das: → Filter
Filtertuch, das: → Filter
Filterung, die: → Filtration
Filtrat, das: Kolatur (pharm)
Filtration, die: Filterung · Filtrierung
filtrieren: → filtern
Filtrierpapier, das: → Filter
Filtrierung, die: → Filtration
Filz, der: **1.** → ¹Hut (1) – **2.** → Geizhals – **3.**
→ Filzokratie

293

Filzdeckel, der: → ¹Hut (1)
filzen: 1. → durchsuchen – **2.** → geizig (2)
Filzhut, der: → ¹Hut (1)
filzig: 1. → faserig – **2.** → geizig (1)
Filzlatschen (*Pl*): → Hausschuhe
Filzlatschenkino, das: → Fernsehapparat
Filzokratie, die (*abwert*): Filz · Sumpf · Dschungel
Filzpantoffeln (*Pl*): → Pantoffeln (II)
Filzschuhe (*Pl*): → Hausschuhe
Fimmel, der: → Schrulle (1)
Finale, das: **1.** → Ende (1, b) – **2.** → Endkampf
Finanzaristokratie, die: → Finanzkapital
Finanzdienstleister, der: Geldmanager + Vermögensverwalter
Finanzen (*Pl*): **1.** → Haushaltsplan – **2.** → Vermögensverhältnisse – **3.** → Geld (1)
Finanzer, der: → Geldmann
Finanzgewaltige, der: → Geldmann
Finanzgröße, die: → Geldmann
Finanzhyäne, die: → Geldmann
finanziell: 1. → geldlich – **2.** f. unterstützen: → sponsern
Finanzier, der: → Geldmann
finanzieren: bezahlen · bestreiten · die Kosten tragen |für| · aufkommen |für|
Finanzkapital, das: Finanzaristokratie · Finanzoligarchie · Hochfinanz · Geldaristokratie · Geldadel + Plutokratie ♦ *umg*: Geldsäcke (*abwert*)
finanzkräftig: → reich (1)
Finanzlage, die: → Vermögensverhältnisse
Finanzmagnat, der: → Geldmann
Finanzmann, der: → Geldmann
Finanzminister, der: Kassenwart · Kassenhüter (*scherzh*)
Finanzoligarchie, die: → Finanzkapital
finanzschwach: → arm (1)
Finanzspritze, die: → Investition, Subvention
finanzstark: → reich (1)
Findelkind, das: Findling + Wechselbalg
finden: I. finden: **1.** ⟨*zufällig od. durch Suchen auf etw. oder jmdn. stoßen*⟩ auffinden · einen Fund machen · jmdm. in die Hände fallen + aufsammeln ♦ *salopp*: auflesen · aufgabeln; → *auch* entdecken (I, 1), vorfinden – **2.** → vorfinden – **3.** → meinen – **4.** eine Anstellung f.: → unterkommen (1); seinen Abschluss f.: → enden (1, b); Geschmack / Gefallen f. |an|: → mögen; keinen Gefallen f. |an|: → missfallen (2); kei-

nen Geschmack f. |an|: → ablehnen (2); keine Gegenliebe f.: → abblitzen (1); Beifall / Zuspruch / Anklang f.: → gefallen (1); immer ein Haar in der Suppe f.: → nörgeln; den Tod f.: → umkommen (1); ein feuchtes / nasses Grab f., den Tod / sein Grab in den Wellen f.: → ertrinken; ein gefundenes Fressen: → willkommen (1) – **II.** finden, sich: **1.** → treffen (II, 1) – **2.** → herausstellen (II) – **3.** → vorkommen (1) – **4.** sich f. |in|: → abfinden (II, 2)
Finderlohn, der: Fundgeld
findig: 1. → schlau (1) – **2.** → einfallsreich
Findigkeit, die: **1.** → Schlauheit – **2.** → Erfindungsgabe (1)
Findling, der: **1.** ⟨*durch Eiszeitgletscher verlagerter großer Stein*⟩ erratischer Block · Findlingsblock · Findlingsstein – **2.** → Findelkind
Findlingsblock, der: → Findling (1)
Findlingsstein, der: → Findling (1)
Finesse, die: **1.** → Feinheit (1) – **2.** → Spitzfindigkeit – **3.** → Schlauheit – **4.** → Trick
finessenreich: → trickreich
Finger, der: lange / krumme Finger machen, klebrige Finger haben: → stehlen (1); keinen F. rühren / krumm machen: → faulenzen (1); den kleinen F. reichen: → entgegenkommen (1); die Finger [mit] im Spiel haben: → beteiligen (II); [sich] alle zehn Finger lecken |nach|: → Verlangen (4); sich die Finger verbrennen: → schaden (3); sich in den F. schneiden: → irren (II); den Finger zeigen |auf|; den F. auf die Wunde legen: → hinweisen; die Finger lassen |von| / davonlassen, sich die Finger nicht schmutzig machen: → heraushalten, sich; sich an den [fünf] Fingern abzählen / abklavieren: → voraussehen; auf die Finger klopfen / schlagen: → zurechtweisen; nicht aus den Fingern lassen: → festhalten (I, 1, a); durch die Finger schlüpfen: → entkommen (1); sich aus den Fingern saugen: → ausdenken (1); auf die Finger sehen: → überwachen (1); durch die Finger sehen: → nachsehen (2); mit dem kleinen F. machen: → mühelos (2)
Fingerbreit, der: keinen F.: → nichts (1)
fingerfertig: → geschickt (1), gewandt (1)
Fingerfertigkeit, die: → Gewandtheit (1)
Fingerhut, der: ein F. voll: → wenig (1)
fingern: → bewerkstelligen
Fingerreif, der: → Fingerring

294

flachsblond

Fingerring, der: Ring ♦ *dicht:* Fingerreif ·
Reif
Fingerspitzengefühl, das: → Zartgefühl (1)
Fingerzeig, der: → Hinweis
fingieren: → vortäuschen
Finish, das: → Endkampf, Spurt
¹Finne, die: → ²Pickel
²Finne, die: → Flosse (1)
finnig: → pickelig
finster: 1. → dunkel (1) – **2.** → unklar (1) –
3. → verdächtig (1) – **4.** → unfreundlich (1)
– **5.** → unheilvoll (1) – **6.** f. dreinschauen:
→ runzeln
Finsterkeit, die: → Dunkelheit
Finsternis, die: **1.** → Dunkelheit – **2.** ägyp-
tische F.: → Dunkelheit; ewige F., Ort der
F.: → Hölle (1); Fürst der F.: → Teufel (1)
Finte, die: **1.** → Vorwand – **2.** → Täu-
schungsmanöver
fintenreich: → listig (1)
fipsig: → klein (1)
Firlefanz, der: **1.** → Tand (1) – **2.** → Un-
sinn (1, a) – **3.** → Albernheit
firm: gesellschaftlich f.: → wohlerzogen; f.
sein |in|: → beherrschen (I, 4)
Firma, die: → Geschäft (2), Fabrik
Firmament, das: → Himmel (1)
firmen: → einsegnen
Firmenchef, der: Betriebschef ♦ *gehoben:*
Firmenlenker
Firmenehe, die: → Vereinigung (1)
Firmengründer, der: Existenzgründer
Firmenlenker, der: → Firmenchef
Firmenpleite, die: → Bankrott (1)
Firmenzeichen, das: → Markenzeichen
Firmung, die: → Einsegnung
Firn, der: **1.** → Schnee (1) – **2.** → Gletscher
Firner, der: → Gletscher
Firnschnee, der: → Schnee (1)
Fisch, der: faule Fische: → Ausrede; kleine
Fische: → Kleinigkeit (1); die Fische füt-
tern, den Fischen opfern: → seekrank;
stumm wie ein F.: → schweigend; munter
wie ein F. im Wasser: → munter (1)
Fischbein, das: → Horn (1)
Fischblut, das: **1.** → Gefühlskälte (1) – **2.** F.
haben → leidenschaftslos (2)
fischblütig: → gefühlskalt (1)
Fischdampfer, der: → Fangschiff
fischen: 1. → angeln (1) – **2.** f. |aus|: →
herausholen (1)
Fischerei, die: → Fischfang
Fischfang, der: Fischerei · Fang

fischig: → gefühlskalt (1)
Fisel, die: → Gartenbohne
Fisimatenten *(Pl):* F. machen: → Umstand
(II, 2)
Fiskus, der: → Staatskasse
Fisole, die: → Gartenbohne
fispelig: → nervös
fispeln: → flüstern (1)
fispern: → flüstern (1)
fisseln: → nieseln
Fist, der: → Wind (I, 2)
fit: [gut] in Form · durchtrainiert ♦ *umg:*
topfit · fit wie ein Turnschuh
Fitness, die: → Leistungsfähigkeit
fitschen: → geigen (1)
Fittich, der: **1.** → Flügel (1) – **2.** unter seine
Fittiche nehmen: **a)** → schützen (I, 1) – **b)**
→ fördern (1)
Fitz, der: **1.** → Knäuel (1) – **2.** → Eile (1)
fix: 1. → fest (2) – **2.** → schnell (1, c) – **3.**
→ flink (1) – **4.** → gewandt (1 *u.* 2) – **5.** fixe
Idee: → Einbildung (1); an fixen Ideen lei-
den: → geisteskrank (2); f. machen: → beei-
len, sich; f. und fertig: **a)** → fertig (1) – **b)**
→ erschöpft (1); f. und foxi: → erschöpft
(1)
fixen: → Rauschgift (3)
Fixer, der: → Rauschgiftsüchtige
Fixerraum, der: → Drogenkonsumraum
Fixerstube, die: → Drogenkonsumraum
fixieren: 1. → festlegen (I, 1), festhalten
(I, 1, b) – **2.** → anstarren – **3.** → ruhig (6, b)
Fixigkeit, die: **1.** → Schnelligkeit – **2.** →
Flinkheit (1) – **3.** → Gewandtheit (1 *u.* 2)
Fixstern, der: → Stern (1)
Fixum, das: → Gehalt (I)
Fjord, der: → ¹Bucht (1)
FKK-Strand, der: → Nacktbadestrand
flach: 1. ⟨*von Gewässern gesagt:* nicht tief⟩
seicht · untief – **2.** → eben (1) – **3.** → nied-
rig (1) – **4.** → oberflächlich (1) – **5.** das fla-
che Land: **a)** → Land (2) – **b)** → Flachland
Flach, das: → Sandbank
Fläche, die: + Ebene · Tafel
flachfallen: → wegfallen (1)
Flachkopf, der: → Dummkopf (1)
flachköpfig: → geistlos
Flachland, das: Ebene · Tiefland · Tiefebe-
ne · Tafelland · Unterland · Niederung · das
platte/flache Land
Flachs, der: **1.** → Geld (1) – **2.** ohne F.: →
wahrhaftig; F. machen: → scherzen
flachsblond: → blond (1)

flachsen: → scherzen
flacken: → flackern
flackerig: → unbeständig
flackern: züngeln · zucken; flacken
(*landsch*); → *auch* brennen (1)
flackrig: → unbeständig (1)
Fladen, der: → Kot (1)
Flader, die: 1. → Maserung – 2. → Jahresring
Fladerer, der: → Dieb
fladern: → stehlen (1)
Flagge, die: 1. → Fahne (1) – 2. die F. hissen/heißen/setzen/aufziehen: → flaggen; die F. streichen: → ergeben (II, 1); F. zeigen: → aussprechen (I, 5)
flaggen: die Flagge/Fahne hissen/aufziehen · die Flagge heißen/setzen; → *auch* hissen
flagrant: → offenkundig (1)
Flair, das: 1. → Spürsinn – 2. → Atmosphäre (1)
Flakon, der: → Flasche (1)
Flamme, die: ⟨*Erscheinungsform des Feuers*⟩ Flammensäule · Feuersäule · Feuerzunge · Feuergarbe · Feuerflamme + Brand ♦ *gehoben*: Lohe; → *auch* Feuer (1) – 2. → Geliebte (II) – 3. in Flammen stehen: → brennen (1); in Flammen aufgehen, ein Raub der Flammen werden: → verbrennen (2); den Flammen übergeben: → verbrennen (1); in Flammen aufgehen lassen: → niederbrennen (1); in Flammen setzen: → Feuer (7); Feuer und F. sein: → begeistert (2)
flammen: 1. → brennen (1) – 2. → blitzen (1)
flammend: 1. ⟨*Flammen entwickelnd*⟩ lodernd · lichterloh ♦ *gehoben*: lohend – 2. → leidenschaftlich
Flammensäule, die: → Flamme (1)
Flammeri, der: → Süßspeise
flanieren: → schlendern (1)
Flaniermeile, die: → Einkaufsstraße
Flanke, die: 1. ⟨*seitl. Teil des Rumpfes*⟩ Weiche – 2. *milit* ⟨*Seite einer Truppeneinheit*⟩ Flügel – 3. → Zuspiel
Flappe, die: 1. → Mund (1) – 2. eine F. ziehen: → schmollen
Flaps, der: → Flegel (1)
flapsig: → flegelhaft (1)
Flasche, die: 1. ⟨*Gefäß für Flüssigkeiten*⟩ Bouteille (*veraltend*) + Kürbisflasche · Karaffe · Flakon ♦ *umg*: Buddel (*landsch*)

♦ *salopp*: Pulle; → *auch* Einwegflasche – 2. → Milchflasche – 3. → Versager (1) – 4. auf Flaschen ziehen: → abziehen (1, b)
Flaschendepot, das: → Flaschenpfand
Flaschenpfand, das: Flaschendepot (*schweiz*)
Flaschner, der: → Klempner
Flaser, die: → Maserung
Flatschen, der: → ¹Klumpen
Flatter, die: die F. machen: → wegschleichen (I)
flatterhaft: → unbeständig, leichtlebig
flatterig: 1. → unbeständig – 2. → unruhig (1)
Flattermann, der: 1. → Unruhe (I, 1) – 2. → Nervenbündel – 3. → Brathähnchen
flattern: 1. → fliegen (1) – 2. → wehen (2) – 3. → zittern (1)
flattieren: → schmeicheln (1)
Flatus, der: → Wind (I, 2)
flau: 1. → schal (1) – 2. → langweilig – 3. → übel (1) – 4. f. [im Magen] sein: → hungrig (2)
Flaum, der: → Bart (1)
Flaumfeder, die: → Daune
flaumig: → weich (1)
flauschig: → wollig
Flausen (*Pl*): 1. → Unsinn (1, a) – 2. F. in den Kopf setzen: → einreden (1)
Flausenmacher, der: → Spaßvogel
Flaute, die: 1. → Windstille – 2. → Tiefstand (1) – 3. → Rezession
Fläz, der: → Flegel (1)
fläzen, sich: → lümmeln, sich
fläzig: → flegelhaft (1)
Flebbe, die: → Ausweis (1), Personalausweis
Flechte, die: → Hautausschlag
flechten: aufs Rad f.: → foltern (1)
Flechtwerk, das: → Geflecht
Fleck: I. Fleck, der: 1. ⟨*schmutzige Stelle*⟩ Flecken · Klecks · Schmutzfleck ♦ *umg*: Dreckfleck; Klecker · Schmitz (*landsch*); Klacks (*norddt*) – 2. → Flicken – 3. → Ort (1) – 4. → Schandfleck – 5. vom F. bringen: → fortbewegen; vom F. kommen: → vorwärts (2, a); den Mund auf dem rechten F. haben: → schlagfertig (2) – **II.** Flecke (*Pl*): → Innereien (1)
flecken: → vorangehen
Flecken, der: 1. → Fleck (I, 1) – 2. → Ort (2)
fleckenlos: → sauber (1), einwandfrei (1)

fleckig: 1. ⟨*mit Schmutzflecken bedeckt*⟩ befleckt; → *auch* schmutzig (1) – **2.** → gefleckt

Fledderer, der: → Plünderer

fleddern: → plündern

fledern: → abstauben (1)

Fleet, das: → Kanal (1)

Flegel, der: **1.** ⟨*ungezogener, grober Mann*⟩ Lümmel · Rüpel · Rowdy · Rabauke; Lorbass (*landsch*) + Grobian ♦ *umg:* Fläz · Runks · Rollkutscher · Schnösel; Flaps · Pachulke (*landsch*) ♦ *salopp:* Rülps · Lackel · Ruppsack · Buffke (*landsch*) + Laps; → *auch* Grobian, Frechdachs, Range, Rabenaas, Junge (I, 1), Mann (I, 1) – **2.** → Dreschflegel

Flegelei, die: Flegelhaftigkeit · Rüpelei · Rüpelhaftigkeit · Pöbelei + Unart · Ungezogenheit

flegelhaft: 1. ⟨*nicht gesittet*⟩ flegelig · lümmelhaft · unhöflich · rüpelhaft · rüpelig · pöbelhaft + unreif ♦ *umg:* fläzig · ruppig · schnöselig · wie die Axt im Walde · flapsig (*landsch*); → *auch* frech (1) – **2.** sich f. benehmen: → vorbeibenehmen, sich

Flegelhaftigkeit, die: → Flegelei

flegelig: → flegelhaft (1)

Flegeljahre (*Pl*): → Entwicklungsjahre

flegeln, sich: → lümmeln, sich

flehen: 1. f. |zu|: → beten – **2.** f. |um|: → bitten (2)

flehentlich: → inständig

Fleisch, das: **1.** → Gewebe (2) – **2.** aus F. und Blut: → lebensecht; sich ins eigene F. schneiden: → schaden (3); den Weg allen Fleisches gehen: → sterben (1); in F. und Blut übergehen: → Gewohnheit (3); vom Fleische fallen: → abmagern

Fleischbrühe, die: → Brühe (1)

Fleischer, der: Schlächter · Schlachter (*norddt*); Metzger (*landsch*); Selcher (*süddt österr*); Fleischhauer · Fleischhacker (*österr*); Wurst[l]er (*süddt*)

Fleischeslust, die: → Lüsternheit, Sinnlichkeit

fleischfarben: → rosa (1)

Fleischhacker, der: → Fleischer

Fleischhauer, der: → Fleischer

fleischig: → dick (1)

Fleischkloß, der: Bulette · Klops + Frikadelle

fleischlich: → sinnlich (1)

Fleischlichkeit, die: → Sinnlichkeit

Fleischmaschine, die: → Fleischwolf

Fleischwolf, der: Wolf; Fleischmaschine (*süddt*); Faschiermaschine (*österr*)

Fleiß, der: **1.** ⟨*zielstrebiges, kontinuierliches Arbeiten*⟩ Arbeitseifer · Arbeitsamkeit · Schaffensfreude · Fleißigkeit · Emsigkeit · Tätigkeitsdrang; → *auch* Eifer (1), Hingabe (1), Initiative (1) – **2.** mit F.: **a)** → absichtlich – **b)** → fleißig (1)

fleißig: 1. ⟨*Fleiß zeigend*⟩ arbeitsam · eifrig · schaffensfreudig · mit Fleiß · rührig · emsig · tatkräftig · bienenfleißig; zugriffig · schaffig (*schweiz*) + dienstwillig · betulich; → *auch* strebsam, unermüdlich (1) – **2.** f. sein: ⟨*zielstrebig, kontinuierlich arbeiten*⟩ *umg:* sich [tüchtig] auf die Hosen / den Hosenboden setzen; → *auch* anstrengen (II, 1)

Fleißigkeit, die: → Fleiß (1)

flektieren: → beugen (I, 2)

flennen: → weinen (1)

flexibel: 1. → biegsam – **2.** → geschmeidig (1) – **3.** → anpassungsfähig

Flexion, die: → Beugung (2)

Flibustier, der: → Seeräuber

flicken: 1. ⟨*einen Flicken aufsetzen*⟩ *umg:* lappen – **2.** → ausbessern (1) – **3.** etw. am Zeug f.: → beschuldigen (1)

Flicken, der: Fleck · Flicklappen

Flickerei, die: → Ausbesserung

Flickflack, der: → Überschlag (1)

Flicklappen, der: → Flicken

Flickschuster, der: **1.** → Schuster (1) – **2.** → Stümper

Flickschusterei, die: → Pfuscherei, Stümperei

Flickwerk, das: → Ausschuss (2)

Flieder, der: → Holunder

fliederfarben: → lila

fliederfarbig: → lila

Fliege, die: **1.** → Krawatte (1) – **2.** wie die Fliegen: → massenhaft; die / eine F. machen: → wegschleichen (I)

fliegen: 1. ⟨*sich durch die Luft bewegen*⟩ segeln · gleiten · schweben + flattern · schwirren · durch die Luft schießen – **2.** ⟨*mit dem Flugzeug reisen*⟩ *umg:* jetten · düsen – **3.** → wehen (2) – **4.** → eilen (I, 1) – **5.** → entlassen (3) – **6.** f. |auf|: → Vorliebe (2); in die Luft f.: → explodieren (1); einen f. lassen: → Wind (I, 3)

fliegend: fliegende Brücke: → Fähre; in fliegender Eile / Hast: → eilig (1); der fliegende Sommer: → Altweibersommer (1); fliegende Untertasse: → UFO

Flieger, der: **1.** → Flugzeugführer – **2.** → Flugzeug

Fliegerei, die: → Flugwesen

fliehen: 1. ⟨*sich einer Gefahr entziehen wollen*⟩ davonlaufen · flüchten · die Flucht ergreifen · flüchtig sein/werden/gehen · sich zur Flucht wenden · sich absetzen + entkommen ♦ *umg:* Fersengeld geben · die Fersen zeigen · lange Beine machen · Reißaus nehmen · sich aus dem Staub machen · das Hasenpanier ergreifen; ausreißen wie Schafleder (*scherzh*); Pech kaufen (*landsch*) ♦ *salopp:* türmen · verduften · sich verdünnisieren · die Kurve kratzen; ausbüxen (*landsch*); → *auch* weglaufen, wegschleichen (I), entfliehen (1), entkommen (1) – **2.** → desertieren – **3.** → meiden

fliehend: → flüchtig (1)

Fliese, die: → Kachel

fliesen: ausfliesen

Fließ, das: → Bach (1)

fließen: 1. ⟨*von Flüssigkeiten gesagt: sich fortbewegen*⟩ laufen · rinnen · rieseln + sickern, spülen; → *auch* strömen, plätschern (1) – **2.** ⟨*an eine Flüssigkeit erinnernde Bewegungen zeigen*⟩ pulsen · pulsieren – **3.** → schwanken (3)

fließend: → flüssig (2)

Fließheck, das: Fastback (*fachspr*)

Flimmerkiste, die: **1.** → Kino (1) – **2.** → Fernsehapparat

flimmern: 1. → glänzen (1) – **2.** → polieren (1)

flink: 1. ⟨*schnell in den Bewegungen*⟩ behände · leichtfüßig · schnellfüßig · leichten Fußes ♦ *umg:* fix · nicht faul; → *auch* schnell (1, b), gewandt (1) – **2.** → gewandt (2) – **3.** → sofort – **4.** f. wie ein Hirsch: → schnell (1, a)

Flinkheit, die: **1.** ⟨*Schnelligkeit in den Bewegungen*⟩ Behändigkeit ♦ *umg:* Fixigkeit; → *auch* Gewandtheit (1) – **2.** → Gewandtheit (2) – **3.** → Schnelligkeit (1)

flinkzüngig: → schlagfertig (1)

Flinte, die: **1.** → Gewehr (1) – **2.** die F. ins Korn werfen: → aufgeben (3)

Flip, der: → Mischgetränk

flippig: → ausgefallen (1)

flirren: → glänzen (1)

Flirt, der: Liebelei · Spiel[erei] · Tändelei · Getändel · Schäkerei · Geschäker + Koketterie ♦ *umg:* Techtelmechtel

flirten: tändeln · kokettieren · liebäugeln · schöntun · schäkern · turteln · gurren · girren

· schöne Augen/den Hof/Avancen machen ♦ *umg:* balzen · poussieren · mit den Augen[deckeln] klappern; → *auch* anbändeln (a), werben (2, a)

Flittchen, das: → Herumtreiberin

Flitter, der: → Tand (1)

Flitterwochen (*Pl*): Honigwochen · Honigmonat · Honigmond

Flitz, der: einen F. haben: → verrückt (5)

flitzen: → eilen (I, 1)

Flockentanz, der: → Schneegestöber

Flockentreiben, das: → Schneegestöber

Flockenwirbel, der: → Schneegestöber

Floh: I. Floh, der: einen F. ins Ohr setzen: → einreden (1) – **II.** Flöhe (*Pl*): **1.** → Geld (1) – **2.** die F. husten hören: → überklug (2)

flöhen: → schröpfen (2)

Flohleiter, die: → Laufmasche

Flohmarkt, der: → Trödelmarkt

Flop, der: → Misserfolg

floppen: → misslingen

Flor, der: → Gewebe (1), Trauerflor

Flora, die: → Pflanzenwelt

Florband, das: → Trauerflor

florieren: → gedeihen (1)

florierend: → gut (12)

Florilegium, das: → Blütenlese

Floskel, die: → Redensart (1)

Flosse, die: **1.** ⟨*Bewegungsorgan der Fische, Wale u. Robben*⟩ + Finne – **2.** → Hand (1) – **3.** die F. drücken/schütteln: → Hand (2)

Flöte, die: nach jmds. F. tanzen: → gehorchen (1)

flöten: 1. → pfeifen (1) – **2.** f. gehen: → verloren (4)

Flötentöne (*Pl*): F. anstimmen: → nachgeben (1); die F. beibringen: → zurechtweisen

flott: 1. → schnell (1, c) – **2.** → leichtlebig – **3.** → elegant (1) – **4.** der flotte Otto/Heinrich: → Durchfall (1); f. sein: → schwimmen (2); f. gehen: → gedeihen (1); f. gehend: → gut (12)

Flott, das: → Sahne (1)

Flotte, die: **1.** → Seestreitkräfte – **2.** → Handelsflotte

flottmachen: 1. → anlassen (I, 1) – **2.** → abbringen (2)

Fluch, der: **1.** ⟨*derbe Missfallensäußerung*⟩ Verwünschung · Fluchwort · Kraftwort – **2.** ⟨*ständiges Unglück*⟩ Gottesstrafe · Verdammnis (*Rel*) – **3.** einen F./Flüche ausstoßen: → fluchen (1)

fluchen: 1. ⟨*derb sein Missfallen äußern*⟩ einen Fluch/Flüche/Verwünschungen ausstoßen; → *auch* schimpfen (1) – **2.** → verwünschen (1)

Flucht, die: die F. ergreifen, sich zur F. wenden: → fliehen (1); in die F. schlagen: → vertreiben (1)

fluchtartig: → eilig (1)

flüchten: → fliehen (1), entfliehen (1)

Fluchtgefahr, die: → Fluchtverdacht

Fluchthelfer, der: *umg:* Schlepper · Schleuser

flüchtig: 1. ⟨*auf der Flucht befindlich*⟩ fliehend – **2.** ⟨*vom Duft od. dgl. gesagt: sich verflüchtigend*⟩ ätherisch – **3.** → vergänglich – **4.** → ungenau (1) – **5.** f. sein/werden/gehen: → fliehen (1)

Flüchtige, der: → Flüchtling (1)

Flüchtigkeit, die: → Vergänglichkeit

Flüchtling, der: **1.** ⟨*aus dem Gewahrsam Entflohener*⟩ der Flüchtige · Ausbrecher ♦ *umg:* Ausreißer · Durchbrenner – **2.** → Heimatvertriebene

Fluchtverdacht, der: Fluchtgefahr

Fluchtweg, der: → Notausgang

Fluchwort, das: → Fluch (1)

fluchwürdig: → verwerflich

Flug, der: **1.** ⟨*Bewegung durch die Luft*⟩ **a)** ⟨*Menschen*⟩ Flugreise · Luftreise – **b)** ⟨*Vögel*⟩ + Zug – **2.** F. der Gedanken: → Gedankenflug; im Fluge: → schnell (1, d)

Flugbegleiterin, die: Begleiterin; Stewardess (*veraltend*) ♦ *salopp:* Saftschubse

Flugblatt, das: Flyer; Flugzettel (*österr*)

Flugdatenschreiber, der: → Flugschreiber

Flügel, der: **1.** ⟨*Flugorgan*⟩ Schwinge ♦ *dicht:* Fittich – **2.** ⟨*Flugzeugteil*⟩ Tragfläche · Tragflügel ♦ *gehoben:* [stählerne] Schwinge – **3.** → Flanke (2) – **4.** → Klavier (1) – **5.** die Flügel hängen lassen: → niedergeschlagen (2); die Flügel stutzen/beschneiden: → beschränken

flügellahm: 1. → erschöpft (1) – **2.** → kraftlos

flugfähig: → flügge (1)

Flugfeld, das: → Flughafen

Fluggast, der: Passagier · der Flugreisende · Flugpassagier + Luftpassagier

flügge: 1. ⟨*von Vögeln gesagt: fähig zum Ausfliegen*⟩ flugfähig – **2.** → erwachsen (1), selbständig (1)

Fluggesellschaft, die: Airline

Flughafen, der: Airport + Flugplatz · Flugfeld

Flugkapitän, der: → Flugzeugführer

Flugpassagier, der: → Fluggast

Flugplatz, der: → Flughafen

Flugreise, die: → Flug (1, a)

Flugreisende, der: → Fluggast

flugs: → sofort

Flugschreiber, der: Flugdatenschreiber · Blackbox

Flugsteig, der: Gate

Flugverkehr, der: Luftverkehr

Flugwesen, das: Luftfahrt + Flugsport ♦ *umg:* Fliegerei

Flugzettel, der: → Flugblatt

Flugzeug, das: Maschine + Luftfahrzeug ♦ *umg:* Flieger ♦ *salopp:* Kiste; → *auch* Düsenflugzeug, Jagdflugzeug, Fahrzeug (1)

Flugzeugbesatzung, die: → Besatzung (3)

Flugzeugentführer, der: → Luftpirat

Flugzeugführer, der: Flugkapitän · Pilot · Flieger + Kopilot

Flugzeughalle, die: Hangar · Flugzeugschuppen

Flugzeugmutterschiff, das: → Flugzeugträger

Flugzeugschuppen, der: → Flugzeughalle

Flugzeugträger, der: Flugzeugmutterschiff

Fluidum, das: → Atmosphäre (1)

fluktuieren: → schwanken (2)

Flunkerei, die: → Lüge (1)

Flunkerer, der: → Lügner

flunkern: → lügen (1)

Flunsch, der: einen F. ziehen: → schmollen

Flur: I. Flur, der: ⟨*Vorraum im Haus*⟩ Diele · Korridor · Hausflur · Gang · Entree; Er[e]n (*landsch*) + Foyer · Vorhalle · Vorzimmer; → *auch* Eingang (1) – **II.** Flur, die: **1.** → Feld (1, a) – **2.** → Feldmark – **3.** allein auf weiter F.: → allein (1)

Flurbuch, das: → Grundbuch

fluschen: → vorangehen

flusen: → Wind (I, 3)

Fluser, der: → Wind (I, 2)

Fluss, der: **1.** ⟨*größeres fließendes Gewässer*⟩ Strom · Wasserlauf · Gewässer + Wasserader; → *auch* Bach (1) – **2.** → Bewegung (1) – **3.** im F. sein, sich im F. befinden: → entwickeln (II, 1)

Flussbett, das: Strombett · Bett + Stromrinne

flüssig: 1. ⟨*weder fest noch gasförmig*⟩ liquid[e] (*fachspr*) + dünnflüssig · dickflüssig

Flussufer

– **2.** ⟨*mühelos u. schnell vonstatten gehend*⟩ zügig · fließend · glatt; speditiv (*schweiz*) ♦ *umg*: hintereinanderweg – **3.** → zahlungsfähig – **4.** f. machen: **a)** → verflüssigen (1) – **b)** aufbringen (1) – **c)** → auflösen (I, 1); flüssiges Brot: → Bier (a); flüssige Gelder, flüssiges Kapital: → Bargeld

Flussufer, das: → Ufer (1)

Flüsterei, die: → Geflüster

flüstern: 1. ⟨*ohne Stimme sprechen*⟩ wispern · wispeln · lispeln · zische[l]n · [hin]hauchen · säuseln; pispern · pispeln · fispeln · fispern (*landsch*) + tuscheln · raunen · brummen · murmeln · die Stimme dämpfen / senken · ins Ohr sagen; → *auch* sprechen (1) – **2.** das kann ich dir f.: → versichert

Flüsterpropaganda, die: → Gerücht

Flut, die: **1.** ⟨*Wasserhochstand des Meeres*⟩ Hochwasser · Hochflut + Springflut · Sturmflut – **2.** eine F. von: ⟨*plötzlich auftauchende Menge, bes. von Briefen od. Fragen*⟩ ein Schwall von · ein Guss von; → *auch* Menge (1) – **3.** den Fluten übergeben: → versenken (I, 1); in den Fluten verschwinden: → sinken (1); in den Fluten umkommen: → ertrinken

fluten: → strömen, branden (1)

flutschen: → vorangehen

Flyer, der: → Flugblatt, Reklamezettel, Informationsblatt

föderalisieren: → verbünden, sich (1)

Föderation, die: → Bund (I, 1, b)

Föderierte, der: → Verbündete

Fohlen, das: Füllen · Jungpferd; → *auch* Pferd (1)

Föhn, der: Haartrockner · Heißluftdusche

föhnen: → trocknen (2)

föhnig: → schwül (1)

Föhre, die: → Kiefer

Fokus, der: → Mittelpunkt

Folder, der: → Faltblatt

Folge, die: **1.** ⟨*das Nachfolgende*⟩ Nachwirkung · Wirkung · Konsequenz · Resultat · Frucht · Weiterung ♦ *umg*: das Ende vom Lied ♦ *salopp*: Rattenschwanz; → *auch* Ergebnis – **2.** → Reihenfolge – **3.** zur F. haben: ⟨*bestimmte Ergebnisse zeitigen*⟩ nach sich ziehen · mit sich bringen · im Gefolge haben · führen |zu| + entstehen; → *auch* verursachen – **4.** in der F.: → danach (1); in steter F.: → ununterbrochen; F. leisten: → gehorchen (1)

folgegemäß: → folgerichtig

folgen: 1. ⟨*sich hinter jmdm. od. etw. in gleicher Richtung bewegen*⟩ nachfolgen · nachkommen · nachlaufen · hinterhergehen · hinterherlaufen · hinterherziehen · hinterdrein kommen · hinterdrein laufen · gehen |hinter| · auf dem Fuß folgen + später kommen ♦ *umg*: hinterherzuckeln · hinterherzockeln + auf die Hacken treten; → *auch* nacheilen, verfolgen (1), anschließen (II, 3) – **2.** gehorchen (1) – **3.** → zustimmen (1) – **4.** wie folgt: → so (1); f. |aus|: → ergeben (II, 2); f. können: → mitkommen (1)

folgend: ⟨*dahinter befindlich*⟩ **a)** ⟨*zeitlich*⟩ nächst · nachfolgend · darauf folgend · hinterher – **b)** ⟨*örtlich*⟩ nachstehend

folgendergestalt: → so (1)

folgendermaßen: → so (1)

folgenderweise: → so (1)

folgenreich: weitreichend · weittragend; → *auch* wichtig (1)

folgenschwer: → verhängnisvoll

folgerecht: → folgerichtig

folgerichtig: folgerecht · folgegemäß · konsequent · logisch · stringent · schlüssig; → *auch* planmäßig (1)

Folgerichtigkeit, die: Konsequenz · Logik

folgern: schließen |aus| · schlussfolgern · einen Schluss / Schlüsse / eine Folgerung / Folgerungen ziehen; deduzieren · konkludieren · induzieren (*fachspr*) + entwickeln · ersehen; → *auch* herleiten (I)

Folgerung, die: **1.** ⟨*Ergebnis logischen Denkens*⟩ Schluss[folge] · Schlussfolgerung; Deduktion · Induktion · Konklusion (*fachspr*) + Analogismus · Analogieschluss · Syllogismus · Ableitung; → *auch* Herleitung – **2.** eine F. / Folgerungen ziehen: → folgern

folgewidrig: 1. → widersinnig (1) – **2.** → widerspruchsvoll

Folgezeit, die: → Zukunft (1)

folglich: 1. ⟨*sich aus dem logischen Denken ergebend*⟩ demnach · demzufolge · infolgedessen · danach · also · ergo · logischerweise · somit · sonach; sohin (*österr*) – **2.** → deshalb

folgsam: → gehorsam (1)

Folgsamkeit, die: → Gehorsam (1)

Foliant, der: → Buch (1)

Folter, die: **1.** ⟨*Werkzeug für die körperl. Misshandlung zum Erzwingen von Geständnissen*⟩ Folterwerkzeug; Folterbank ·

formenreich

Foltereisen (*hist*) + Prokrustesbett – **2.** ⟨*die Anwendung von Folterwerkzeugen*⟩ Folterung · Tortur · Marter[ung]; → *auch* Misshandlung, Qual (1) – **3.** → Qual (1) – **4.** auf die F. spannen: → neugierig (3)
Folterbank, die: → Folter (1)
Foltereisen, das: → Folter (1)
foltern: 1. ⟨*mit Folterwerkzeugen misshandeln*⟩ martern + rädern · aufs Rad flechten (*hist*); → *auch* quälen (I, 1) – **2.** → neugierig (3)
Folterung, die: → Folter (2)
Folterwerkzeug, das: → Folter (1)
Fon, das: → Telefon (1)
Fond, der: **1.** → Hintergrund (1) – **2.** → Rücksitz
Fondant, der *od.* das: → Konfekt
Fonds, der: → Geldvorrat
Fontäne, die: → Springbrunnen
föppeln: → necken
foppen: 1. → necken – **2.** → narren
Fopperei, die: → Neckerei
forcieren: → beschleunigen
Förderer, der: → Gönner
förderlich: 1. → nützlich – **2.** f. sein: → nutzen (1)
fordern: 1. ⟨*mit Nachdruck wünschen*⟩ verlangen · wollen · begehren · postulieren · eine Forderung anmelden/[auf]stellen/erheben/geltend machen · sich ausbitten · sich ausbedingen ♦ *gehoben:* heischen; → *auch* beanspruchen (1), bestehen (5, a), wünschen (1), abfordern – **2.** → herausfordern – **3.** vor Gericht f.: → verklagen; in die Schranken f.: → herausfordern
fördern: 1. ⟨*zum Nutzen einer Person od. Sache positiv einwirken*⟩ unterstützen · weiterhelfen · begünstigen · protegieren · lancieren · Vorschub leisten · emporbringen · vorwärts bringen · nach vorn[e] bringen · Förderung angedeihen lassen ♦ den Weg bahnen/ebnen/freimachen · voranbringen · den Boden/die Bahn ebnen · in den Sattel heben ♦ *umg:* auf die Sprünge helfen · voranpushen · hochpushen · hypen · auf den Damm bringen · eine Bresche schlagen |für| · unter seine Fittiche nehmen · hochbringen · in die Höhe bringen; → *auch* helfen (1) – **2.** ⟨*im Bergbau aus der Erde holen*⟩ abbauen · gewinnen + ausbeuten – **3.** gefördert werden: ⟨*Fördermittel erhalten*⟩ am Fördertropf hängen – **4.** zutage f.: → entdecken (I, 1)

fördernd: → nützlich
Fördertropf, der: am F. hängen: → fördern (3)
Forderung, die: **1.** ⟨*nachdrückl. Wunsch*⟩ Verlangen · Postulat + Bitte; → *auch* Wunsch (1), Anspruch (1), Verlangen (1) – **2.** → Geldforderung – **3.** → Herausforderung – **4.** eine F. anmelden/[auf]stellen/erheben/geltend machen: → fordern (1)
Förderung, die: **1.** ⟨*positives Einwirken zum Nutzen einer Person od. Sache*⟩ Unterstützung · Protektion + Sponsoring; → *auch* Hilfe (1) – **2.** ⟨*die Arbeit im Bergwerk*⟩ Abbau · Gewinnung – **3.** F. angedeihen lassen: → fördern (1)
Form, die: **1.** ⟨*das äußere Erscheinungsbild*⟩ Formung · Gestalt · Fasson · das Äußere + Zuschnitt – **2.** → Benehmen (1) – **3.** in F.: **a)** → fit – **b)** → gestimmt; gut in F.: → fit; in F. von: → als (1); in aller F.: → feierlich (1); [nur] der F. halber/wegen: → anstandshalber; F. geben/verleihen: → formen (1); feste Formen annehmen: → entwickeln (II, 1); zu großer F. auflaufen: → verbessern (II, 1)
formal: formell · äußerlich · dem Buchstaben nach; bürokratisch (*abwert*); → *auch* bürokratisch (1)
Formalie, die: → Formalität (1)
Formalität, die: **1.** ⟨*das nur von der Form her Erforderliche*⟩ Formsache · Förmlichkeit · Formalie – **2.** → Vorschrift (1)
Format, das: **1.** → Größe (1) – **2.** F. haben: → herausragen; kein F. haben: → unbedeutend (4)
Formation, die: → Truppeneinheit
formbar: → knetbar
formbeständig: formtreu; sanforisiert · schrumpffest · schrumpfecht · schrumpfbeständig · krumpfecht · krumpffest (*fachspr*)
Formblatt, das: → Formular
Formel, die: **1.** → Redensart (1) – **2.** auf eine F. bringen: → vereinheitlichen; eine gemeinsame F. finden: → einigen (II)
formell: 1. → formal – **2.** → förmlich (1)
formen: 1. ⟨*äußerlich Gestalt geben*⟩ gestalten · [durch]bilden · durchformen · ausformen · prägen · modellieren · stylen · Form geben/verleihen · ein Gepräge geben |einer Sache|; modeln (*fachspr*) + kneten; → *auch* gestalten (1) – **2.** → erziehen
formenreich: → vielgestaltig (1)

301

Formgebung

Formgebung, die: → Gestaltung
Formgestalter, der: Designer
formgewandt: → höflich
formhaft: → förmlich (1)
formieren: → aufstellen (I, 4)
Formierung, die: → Aufstellung (2)
Formkrise, die (*Sport*): Leistungstief · Formtief
förmlich: 1. ⟨*die vorgeschriebene Form beachtend*⟩ offiziell · amtlich · dienstlich · steif · unpersönlich · formell · formhaft · zeremoniös; → *auch* äußerlich (1) – **2.** → ausgesprochen (1)
Förmlichkeit, die: **1.** → Steifheit (2) – **2.** → Formalität (1)
formlos: 1. ⟨*keine bestimmte feste Form zeigend*⟩ gestaltlos · ungeformt · ungestaltet · amorph; → *auch* unförmig (1) – **2.** → ungezwungen
Formsache, die: → Formalität (1)
Formtief, das: → Formkrise
formtreu: → formbeständig
Formular, das: Vordruck · Formblatt + Fragebogen · Bogen
formulieren: 1. → ausdrücken (I, 2) – **2.** → verfassen
Formulierung, die: **1.** → Redewendung (1) – **2.** → Abfassung
Formung, die: **1.** ⟨*das Formen*⟩ Durchbildung; → *auch* Gestaltung – **2.** → Form (1) – **3.** → Erziehung (1)
formvollendet: → schön (1), stilvoll
forsch: 1. ⟨*resolut herangehend*⟩ schneidig ♦ *umg:* zackig – **2.** → kühn
Forsche, die: **1.** → Forschheit (1) – **2.** → Kühnheit
forschen: → nachforschen
Forscher, der: → Wissenschaftler
Forschheit, die: **1.** ⟨*resolutes Herangehen*⟩ Schneid ♦ *umg:* Forsche · Zackigkeit – **2.** → Kühnheit
Forst, der: → Wald (1)
Forstgarten, der: Kamp (*Forstw*); → *auch* Baumschule
fort: 1. ⟨*von einem Ort weg*⟩ auf und davon ♦ *dicht:* von hinnen · von dannen ♦ *umg:* weg · über alle Berge ♦ *salopp:* ab durch die Mitte · heidi – **2.** → abwesend (1) – **3.** f. sein: → fehlen (1); in einem f.: → ununterbrochen; f. und f.: → immer (1); und so f.: → weiter (5)
Fort, das: → Festung (1)
fortab: → künftig

fortan: → künftig
fortbegeben, sich: → weggehen (1)
Fortbestand, der: → Dauer (2)
fortbestehen: → weiter (6)
fortbewegen: vom Fleck / von der Stelle bringen
Fortbewegung, die: → Bewegung (1)
fortbilden: I. fortbilden: → entwickeln (I, 2) – **II.** fortbilden, sich: → lernen (2), bilden (II, 1)
Fortbildung, die: → Weiterbildung
fortblasen: → abblasen (1)
fortbleiben: → wegbleiben
fortbringen: 1. → wegbringen (1), entführen (1) – **2.** → wegräumen (1)
Fortdauer, die: → Dauer (2)
fortdauern: → weiter (6)
fortdauernd: → ununterbrochen
forteilen: → weglaufen
Fortentwicklung, die: **1.** → Entwicklung (1) – **2.** → Fortschritt (1)
fortfahren: 1. ⟨*nicht aufhören bzw. etw. nach kurzer Unterbrechung wieder aufnehmen*⟩ fortschreiten · weitermachen ♦ *umg:* fortmachen · den Faden aufnehmen · weitergehen; beibleiben (*norddt*); → *auch* weiterführen – **2.** → abfahren (1, a u. b) – **3.** f. │mit│: → weiterführen
Fortfall, der: in F. kommen: → wegfallen (1)
fortfallen: → wegfallen (1)
fortfliegen: → wegfliegen
fortführen: → weiterführen
Fortgang, der: **1.** ⟨*das Weitergehen*⟩ Fortlauf · Weitergang – **2.** → Verlauf (1)
fortgeben: → verschenken (1)
fortgehen: 1. → weggehen (1) – **2.** → weitergehen (1)
fortgesetzt: → ununterbrochen, immer (1)
fortgießen: → weggießen
forthin: → künftig
fortholen: → holen (1)
fortjagen: 1. → entlassen (2) – **2.** → hinauswerfen (1) – **3.** → verstoßen (1) – **4.** → verscheuchen – **5.** → vertreiben (1) – **6.** → ausweisen (I, 1) – **7.** → weglaufen
fortkehren: → wegkehren
fortkommen: 1. → verloren (4) – **2.** → Erfolg (2)
fortlassen: 1. → weglassen (1) – **2.** → auslassen (I, 1)
Fortlauf, der: → Fortgang (1)
fortlaufen: → weglaufen

Frachtschiff

fortlaufend: 1. ⟨*in stetigem Fortgang*⟩ kontinuierlich · stetig; → *auch* ununterbrochen – **2.** → ununterbrochen
fortleben: → weiter (6)
fortlegen: → weglegen (1)
fortmachen: I. fortmachen: → fortfahren (1) – **II.** fortmachen, sich: → weggehen (1)
fortmarschieren: → abmarschieren
fortnehmen: → wegräumen (1)
fortpflanzen, sich: → vermehren (II, 1)
Fortpflanzung, die: → Vermehrung (1)
forträumen: → wegräumen (1)
fortreißen: 1. → entreißen (1) – **2.** → begeistern (I)
fortreiten: → wegreiten
fortrennen: → weglaufen
fortsausen: → weglaufen
fortschaffen: → wegräumen (1), wegbringen (1)
fortscheuchen: 1. → vertreiben (1), verscheuchen – **2.** → hinauswerfen (1)
fortschicken: 1. → abschicken – **2.** → abweisen (1)
fortschleichen: I. fortschleichen: → wegschleichen (I) – **II.** fortschleichen, sich: → wegschleichen (I)
fortschleudern: → wegschleudern
fortschmeißen: → wegwerfen (I, 1), wegschleudern
fortschreiben: → weiterführen
fortschreiten: → fortfahren (1)
Fortschritt, der: 1. ⟨*Entwicklung zum Besseren u. Höheren*⟩ Aufwärtsentwicklung · Fortentwicklung · Weiterentwicklung · Progress · Aufwärtsbewegung + Wachstum · Zunahme; → *auch* Aufstieg (2), Entwicklung (1) – **2.** Fortschritte machen: → Erfolg (2)
fortschrittlich: progressiv · zukunftsgerichtet · zukunftsorientiert · zukunftsweisend + aufsteigend · revolutionär · entwickelt; → *auch* gegenwartsnah[e]
fortschrittsfeindlich: 1. → rückschrittlich – **2.** → konservativ
Fortschrittsglaube, der: → Optimismus
fortschrittsgläubig: → optimistisch
Fortschrittsgläubigkeit, die: → Optimismus
fortsenden: → abschicken
fortsetzen: 1. → weiterführen – **2.** → wegräumen (1)
fortsprengen: → wegreiten
fortstehlen, sich: → wegschleichen (I)

fortstürmen: → weglaufen
fortstürzen: → weglaufen
forttreiben: → vertreiben (1)
Fortuna, die: → Glück (2)
fortwähren: → andauern
fortwährend: 1. → ununterbrochen – **2.** → immer (1)
fortweisen: → abweisen (1)
fortwerfen: → wegwerfen (I, 1), wegschleudern
fortziehen: 1. → abmarschieren – **2.** → umziehen (I), ausziehen (I, 2)
Forum, das: 1. → Kreis (1) – **2.** → Aussprache (2)
Fose, die: → Prostituierte
fossil: 1. → versteinert – **2.** → veraltet (1)
Fossil, das: → Versteinerung
Foto, das: → Fotografie
Fotoapparat, der: Kamera · Apparat + Box ♦ *salopp*: Kasten · Fotokasten
Fotoatelier, das: → Studio
fotogen: → schön (1)
Fotografie, die: Lichtbild · Aufnahme · Foto · Bild; Konterfei (*noch scherzh*); → *auch* Diapositiv, Bildnis
fotografieren: aufnehmen · eine Aufnahme machen │von│ · auf dem Film festhalten + porträtieren · konterfeien (*noch scherzh*) ♦ *umg*: knipsen; auf die Platte/den Film bannen (*scherzh*) + einen Schnappschuss machen
Fotokasten, der: → Fotoapparat
Fotokopie, die: Kopie · Ablichtung
fotokopieren: → kopieren (1)
Fotomodell, das: → Model (1)
Fotoreporter, der: Bildreporter · Pressefotograf + Paparazzo
Fotoshooting, das: → Probeaufnahme
Fotostudio, das: → Studio
Fötus, der: → Embryo
Fotze, die: → Scheide (1), Vulva
Fötzel, der: → Schurke
Foul, das: → Regelwidrigkeit
Foyer, das: → Wandelhalle, Hotelhalle
Fracht, die: Frachtgut · Ladung · Ladegut · Versandgut + Frachtstück · Stückgut · Fuhre · Kargo · Transport · Last · Ballast
frachten: → befördern (1)
Frachter, der: Frachtschiff · Transporter; → *auch* Schiff
Frachtgut, das: → Fracht
Frachtraum, der: → Laderaum
Frachtschiff, das: → Frachter

303

Frachtstück, das: → Fracht

Frack, der: **1.** ⟨*festl. Herrenkleidung*⟩ Schoßrock (*veraltet*) ♦ umg: Schniepel · Schwalbenschwanz (*scherzh*); Schwenker (*landsch*); → *auch* Gehrock, Gesellschaftsanzug – **2.** jmdm. saust/geht der F.: → ängstigen (II, 1); Feuer unter den F. machen: → antreiben (2)

Fracksausen: F. haben: → ängstigen (II, 1)

Frage, die: **1.** → Anfrage – **2.** → Problem (1) – **3.** → Angelegenheit – **4.** ohne F.: **a)** → gewiss (1) – **b)** → selbstverständlich (1); eine F. stellen/vorbringen/vorlegen/richten |an|, mit Fragen überschütten/bombardieren: → fragen (I, 1); außer F. stehen: → feststehen; was für eine F.: → selbstverständlich (1); eine F. anschneiden/aufwerfen: → fragen (I, 3)

Fragebogen, der: → Formular

fragen: I. fragen: **1.** ⟨*eine Auskunft erbitten*⟩ eine Frage stellen/vorbringen/vorlegen/richten |an| · sich wenden |an| · mit Fragen überschütten ♦ umg: löchern · mit Fragen bombardieren; → *auch* ausfragen, anfragen, interviewen – **2.** ⟨*jmds. Meinung hören wollen*⟩ befragen · konsultieren · zu Rate ziehen · um Rat fragen; → *auch* befragen (2) – **3.** ⟨*eine Erörterung anstellen*⟩ eine Frage anschneiden/aufwerfen – **4.** f. |nach|: → erkundigen, sich; f. |um|: → bitten (2); ein Loch in den Bauch f.: → ausfragen; einen Dreck/[nicht] den Geier/den Henker/den Kuckuck/den Teufel f. |nach|: → gleichgültig (5) – **II.** fragen, sich: **1.** → überlegen (I, 1) – **2.** es fragt sich: → fraglich (2)

Frage-und-Antwort-Spiel, das: → Quiz

Fragezeichen, das: wie ein F.: → krumm (1)

fragil: → zart (1), zerbrechlich (1)

fraglich: 1. → zweifelhaft (1), ungewiss (1) – **2.** es ist f.: ⟨*es besteht keinerlei Gewissheit*⟩ es fragt sich

fraglos: → gewiss (1)

Fragment, das: → Bruchstück (1)

fragmentarisch: → bruchstückhaft

fragwürdig: → zweifelhaft (1)

frais[farben]: → rosa (1)

Fraktion, die: → Gruppe (2)

Fraktur, die: **1.** → ¹Bruch (1, b) – **2.** F. reden |mit|: → zurechtweisen

frank: f. und frei: → offen (3)

frankieren: → freimachen

franko: → portofrei

Franse, die: sich den Mund in Fransen reden: → einreden (2)

fransig: 1. ⟨*aus Fransen bestehend bzw. mit Fransen versehen*⟩ umg: fusselig – **2.** sich den Mund f. reden: → einreden (2)

Französisch: sich auf F. empfehlen: → wegschleichen (1)

frappant: 1. → überraschend (1) – **2.** → auffallend

frappieren: → überraschen (1)

frappierend: → überraschend (1)

Fraß, der: **1.** → Futter (1) – **2.** → Gericht (1)

Frater, der: → Mönch (1)

Fraternisation, die: → Verbrüderung

fraternisieren: → verbrüdern, sich

Fratz, der: **1.** → Kind (1), Range – **2.** → Geck (1)

Frätzchen, das: → Gesicht (1)

Fratze, die: **1.** → Gesicht (1) – **2.** → Grimasse (1)

fratzenhaft: 1. → verzerrt (1) – **2.** → hässlich (1)

Fratzenhaftigkeit, die: → Abscheulichkeit (1)

Fratzenspiel, das: → Grimasse (1)

Frau: I. Frau, die: **1.** ⟨*erwachsener Mensch weibl. Geschlechts*⟩ Dame; Krone der Schöpfung (*scherzh*); Frauenzimmer · Weibsperson (*abwert*) + Matrone ♦ umg: Eva[stochter] · Weibchen · weibliches Wesen (*scherzh*); Schickse · Lärvchen · Person · Persönchen · Weib[sbild] (*meist abwert*) ♦ salopp: Weibsen (*meist abwert*); Weibsstück · Schrulle · Scharteke · Spinatwachtel · Tunte · Urschel · Tussi · Schreckschraube · [alte] Schachtel · alte Schraube (*abwert*); → *auch* Mädchen (2), Jungfrau, Greisin, Schönheit (2), Vogelscheuche (2), Schlampe, Xanthippe – **2.** → Ehefrau – **3.** alte F.: → Greisin; Mann und F.: → Ehepaar; F. des Hauses → Gastgeberin; zur F. nehmen: → heiraten (2); die weise F.: → Hebamme; F. Luna: → Mond (1); Unser Lieben F. Gespinst: → Altweibersommer (1) – **II.** Frauen (*Pl*): die Frauen: ⟨*alle weibl. Erwachsenen*⟩ Damenwelt; das schwache/zarte Geschlecht · die holde Weiblichkeit (*scherzh*) ♦ salopp: Weibervolk

Frauenfeind, der: Frauenhasser; Misogyn (*fachspr*) ♦ umg: Weiberfeind · Weiberhasser

304

frauenhaft: → weiblich (1)

Frauenhasser, der: → Frauenfeind

Frauenhaus, das: **1.** ⟨*Aufenthaltsort der* [*mohammedan.*] *Ehefrauen*⟩ Harem – **2.** → Bordell

Frauenheld, der: **1.** ⟨[*stark auf Frauen wirkender*] *Mann mit vielen Liebschaften*⟩ Herzensbrecher · Casanova · Frauenliebling · Belami; Schürzenjäger (*abwert*); Ladykiller (*scherzh*); Courschneider · Courmacher (*veraltet*) ♦ *umg*: Poussierstängel · Schwerenöter; der Schlimme (*vertraul*) ♦ *salopp*: Weiberheld (*abwert*); → *auch* Verführer (1) – **2.** → Verführer (1)

Frauenliebling, der: → Frauenheld (1)

Frauenrechtlerin, die: → emanzipiert

Frauenzimmer, das: **1.** → Frau (I, 1) – **2.** liederliches F.: → Schlampe

Fräulein, das: **1.** → Kellnerin – **2.** F. vom Amt: → Telefonistin

fraulich: → weiblich (1)

Freak, der: **1.** → Anhänger (3) – **2.** → Außenseiter

frech: 1. ⟨*unhöflich-herausfordernd*⟩ impertinent · ausverschämt · dummfrech · dummdreist · patzig · schnippisch · nassforsch + lausbübisch ♦ *umg*: pampig; kiebig · kiewig (*landsch*) + schnodderig ♦ *derb*: rotzfrech · rotzig; → *auch* flegelhaft (1), unverschämt (1), keck, ungezogen – **2.** f. sein: ⟨*unhöflich-herausfordernd auftreten*⟩ salopp: ein loses/ungewaschenes Maul haben ♦ *derb*: eine kodderige Schnauze haben – **3.** freche Schnauze, freches Stück: → Frechdachs; f. wie Oskar: → keck

Frechdachs, der: Frechling · Lausejunge · Lausebengel · Bengel · Schlingel; Lausbub (*süddt*) + Engelchen · Schelm ♦ *umg*: Rabe · Räbchen (*landsch*); Racker · Strick · Himmelhund · Lausekerl · freches Stück; Striezel (*landsch*) ♦ *salopp*: Luder · Rübe ♦ *derb*: Rotzer · Rotzgöre · Rotzjunge · Rotzbengel · Rotzbube · Rotznase · Rotzlöffel · freche Schnauze; → *auch* Range, Flegel (1), Junge (I, 1)

Frechheit, die: Impertinenz · Bodenlosigkeit · Chuzpe ♦ *umg*: Schnodderigkeit; → *auch* Unverschämtheit, Zumutung, Ungezogenheit

Frechling, der: → Frechdachs

frei: 1. ⟨*nicht durch bestimmte Bindungen beeinträchtigt*⟩ ungebunden · unbeschränkt · unbehindert · fessellos · los[gebunden] · los

und ledig · ohne Zwang · wie der Vogel in der Luft; → *auch* unbeaufsichtigt – **2.** ⟨*nicht mehr der Unterdrückung ausgesetzt*⟩ befreit; → *auch* unabhängig (1) – **3.** ⟨*ohne abzulesen bzw. ohne jede Vorbereitung*⟩ improvisiert · unvorbereitet · aus dem Stegreif ♦ *salopp*: freihändig · aus dem [hohlen] Bauch · aus der Lamäng · aus dem Stand [heraus] – **4.** → hemmungslos (1) – **5.** → ungezwungen – **6.** → unbesetzt (1), offen (2) – **7.** → kostenlos – **8.** f. von: → ohne (1); frank und f., f. von der Leber weg: → offen (3); f. von Schuld: → unschuldig (1); freie Ehe: → Ehe (2); aus freien Stücken/freiem Willen: → freiwillig (1); unter freiem Himmel: → draußen (1); auf freien Fuß setzen: → entlassen (1); freies Spiel/freien Lauf lassen: → gewähren (2); freie Hand lassen: → überlassen (I, 1); f. lassen: → aussparen (1); f. machen: → abräumen (1); f. machen │von│: → befreien (I, 3); sich f. machen: → befreien (II, 3); den Weg f. machen: → fördern (1); f. bekommen: → befreien (I, 1)

Freibad, das: → Badeanstalt

Freiballon, der: → Ballon (1)

freibekommen: → befreien (I, 1)

Freibetrag, der: Absetzbetrag (*österr amtsspr*)

Freibeuter, der: → Seeräuber

Freibeuterei, die: → Seeräuberei

freibeuterisch: → räuberisch

Freibrief, der: → Erlaubnis (1), Recht (1)

Freidenker, der: → Atheist

freidenkerisch: → atheistisch

Freie, das: **1.** → Natur (1) – **2.** im Freien: **a)** → draußen (1) – **b)** → Natur (4); ins F. befördern: → hinauswerfen (1); ins F. lassen: → herauslassen (1)

freien: 1. → heiraten (2) – **2.** f. │um│: → werben (2, a)

Freier, der: **1.** ⟨*Kunde einer Prostituierten*⟩ Kunde ♦ *derb*: Nuttenkunde – **2.** → Bewerber (2)

Freiersfüße (*Pl*): auf Freiersfüßen gehen: → werben (2, a)

Freiersmann, der: → Bewerber (2)

freigeben: 1. ⟨*die Benutzung erlauben*⟩ zulassen – **2.** → beurlauben (2) → entlassen (1)

freigebig: 1. ⟨*bereitwillig u. viel schenkend*⟩ gebefreudig · großzügig · schenkfreudig · splendid · generös · nobel · spendabel; large (*schweiz*); → *auch* verschwenderisch (1) –

Freigebigkeit

2. f. sein: ⟨*oft u. viel schenken*⟩ eine offene Hand haben ♦ *umg:* sich nicht lumpen lassen + die Spendierhosen anhaben · in Spendierlaune sein

Freigebigkeit, die: Gebefreudigkeit · Großzügigkeit · Splendidität · Generosität; Largeheit (*schweiz*) + Mildtätigkeit · Wohltätigkeit

Freigeist, der: → Atheist

Freigeisterei, die: → Atheismus

freigeistig: 1. ⟨*nicht an engstirnige überkommene Anschauungen gebunden*⟩ freisinnig · freigesinnt · aufklärerisch · aufgeklärt + liberal – **2.** → atheistisch

freigemacht: → portofrei

freigesinnt: → freigeistig (1)

freihalten: 1. → ²einladen (b) – **2.** → besetzen (1)

freihändig: → frei (3)

Freiheit, die: **1.** ⟨*das Freisein von Bindungen*⟩ Ungebundenheit + Libertät; → *auch* Unabhängigkeit – **2.** → Vorrecht – **3.** [sich] die F. erkämpfen/erobern: → befreien (II, 1); die F. schenken, in F. setzen: → entlassen (1); die F. geben: **a)** → entlassen (1) – **b)** → gewähren (2); die F. lassen: → gewähren (2); sich die F. nehmen: **a)** → unterstehen (II) – **b)** → erlauben (3)

freiheitlich: 1. → freiheitsliebend – **2.** → frei (1)

Freiheitsberaubung, die: → Entführung

Freiheitsentzug, der: **1.** ⟨*das Entziehen der Bewegungsfreiheit*⟩ Arrest · Hausarrest – **2.** → Freiheitsstrafe

Freiheitskampf, der: [nationaler] Befreiungskampf + Illegalität · Résistance; → *auch* Aufstand, Widerstandskampf

Freiheitskämpfer, der: + Guerilla[kämpfer] · Freischärler; → *auch* Widerstandskämpfer

freiheitsliebend: freiheitlich

Freiheitsstrafe, die: Freiheitsentzug + Gefängnis. Zuchthaus (*veraltend*) ♦ *salopp:* Knast; → *auch* Haft (1)

freiheraus: 1. → offen (3) – **2.** f. sagen: → aussprechen (I, 5)

freikämpfen: I. freikämpfen: → befreien (I, 1) – **II.** freikämpfen, sich: → befreien (II, 1)

freikaufen: → loskaufen

freikommen: → loskommen

Freikörperkultur, die: Nacktkultur · Nudismus

freilassen: 1. → entlassen (1) – **2.** → herauslassen (1)

Freilassung, die: → Entlassung (1)

freilegen: bloßlegen · aufdecken · ausgraben + ausschaufeln · aufschaufeln · sichtbar machen; anschneiden (*fachspr*); → *auch* ausgraben (1), ausheben (1)

Freilegung, die: Bloßlegung · Aufdeckung · Ausgrabung

freilich: 1. ⟨*Ausdruck der Einschränkung*⟩ allerdings · immerhin · wohl · aber · zwar – **2.** → ja (1) – **3.** → selbstverständlich (1) – **4.** → dagegen (2)

Freilichtbühne, die: Freilichttheater · Naturtheater + Amphitheater · Bergtheater

Freilichtmalerei, die: → Pleinair

Freilichttheater, das: → Freilichtbühne

Freiluftveranstaltung, die: → Openair

freimachen: frankieren

Freimarke, die: → Briefmarke

Freimut, der: → Offenheit

freimütig: → offenherzig (1)

Freimütigkeit, die: → Offenheit

freisinnig: → freigeistig (1)

freisprechen: → absolvieren (1)

Freisprechung, die: **1.** → Freispruch – **2.** → Absolution (1)

Freispruch, der: Freisprechung + Lossprechung

Freistaat, der: → Republik

Freistatt, die: → Zuflucht

Freistätte, die: → Zuflucht

freistehen: offen stehen · anheim gestellt sein · überlassen/unbenommen/unverwehrt sein

freistellen: 1. → überlassen (I, 1) – **2.** → befreien (I, 2)

Freite, die: auf die F. gehen: → werben (2, a)

Freitod, der: **1.** → Selbstmord (1) – **2.** den F. wählen: → Selbstmord (2)

freiweg: → offen (3)

freiwillig: 1. ⟨*nicht durch Zwang*⟩ spontan · aus freien Stücken · aus/mit freiem Willen · ohne Not · ohne zwingenden Grund + unaufgefordert · ungeheißen – **2.** → ehrenamtlich – **3.** f. aus dem Leben/der Welt scheiden, f. aus der Welt gehen: → Selbstmord (2)

Freizeit, die: Muße[stunde] · Mußezeit · Zeit + Ferien · Urlaub · Entspannung · Erholung · Ruhe ♦ *umg:* Lenz; → *auch* Wochenende

Freizeitanlage, die: Freizeitpark

Freizeitanzug, der: Casualanzug · Casual + Straßenanzug; → *auch* Freizeitkleidung
Freizeitbad, das: Spaßbad + Wellnessoase
Freizeitbeschäftigung, die: → Liebhaberei
Freizeitgrundstück, das: Wochenendgrundstück; Datschengrundstück (*ehem DDR*)
Freizeitkleidung, die: Sportswear · Casualwear; → *auch* Freizeitanzug
Freizeitpark, der: → Freizeitanlage
fremd: 1. 〈*nicht vertraut*〉 fremdartig · entfremdet · fern; → *auch* unbekannt (1) – **2.** 〈*nicht einheimisch*〉 fremdländisch · ausländisch · auswärtig · wildfremd · ortsfremd · nicht von hier + exotisch; → *auch* zugewandert – **3.** sich an fremdem Eigentum vergehen / vergreifen, seine Hände in fremde Taschen stecken: → stehlen (1)
fremdartig: → fremd (1)
fremdbestimmt: → unterdrückt
Fremdbestimmung, die: → Unterdrückung
Fremde: I. Fremde, der: **1.** 〈*an einem Ort unbekannter Mann*〉 Fremdling · der Unbekannte; → *auch* sowieso (2) – **2.** → Ausländer – **II.** Fremde, die: **1.** 〈*unbekanntes weit entferntes Gebiet*〉 Ferne + Ausland – **2.** → Ausland (1)
Fremdenangst, die: Xenophobie (*fachspr*)
Fremdenfeindlichkeit, die: Fremdenhass · Ausländerhass · Ausländerfeindlichkeit
Fremdenführer, der: Guide; Cicerone (*scherzh*); → *auch* Reiseleiter
Fremdenhass, der: → Fremdenfeindlichkeit
Fremdenheim, das: → Hotel (1)
Fremdenherberge, die: → Hotel (1)
fremdgehen: → betrügen (2, a)
Fremdherrschaft, die: → Besatzung (4)
Fremdkörper, der: → Einschluss · Einsprengsel
fremdländisch: → fremd (2)
Fremdling, der: → Fremde (I, 1)
frenetisch: → rasend (1)
frequentieren: → besuchen
Fressalien (*Pl*): → Lebensmittel
Fressbegier, die: → Gefräßigkeit (1)
Fresse, die: **1.** → Mund (1) – **2.** → Gesicht (1) – **3.** die F. halten: → schweigen (1 *u.* 2); die F. polieren / voll hauen: → verprügeln; auf die F. fallen: → hinfallen
fressen: 1. 〈*von Tieren gesagt: Futter zu sich nehmen*〉 + grasen · weiden – **2.** → essen (1) – **3.** → verstehen (I, 2) – **4.** zu f. geben: → füttern (b); f. wie ein Scheunendre-

scher: → essen (1); zum Fressen: → anziehend (1); es gefressen haben: → verstehen (I, 4); jmdn. gefressen haben: → hassen; aus der Hand f.: → zahm (2); Kreide f.: → bessern (II, 1); einen Narren / Affen gefressen haben |an|: → lieben (1); die Weisheit mit Löffeln gefressen haben: → überklug (2)
Fressen, das: **1.** → Futter (1) – **2.** → Gericht (1) – **3.** ein gefundenes F.: → willkommen (1); ein gefundenes F. sein: → gelegen (2)
Fresser, der: → Vielfraß
Fresserei, die: **1.** → Lebensmittel – **2.** → Essen (1), Gelage (a)
Fressfest, das: → Gelage (a)
Fressgelage, das: → Gelage (a)
Fressgier, die: → Gefräßigkeit (1)
fressgierig: → gefräßig (1)
Fresssack, der: → Vielfraß
Fresssucht, die: → Gefräßigkeit (1)
fresssüchtig: → gefräßig (1)
Freude, die: **1.** 〈*Gefühl der Erhebung*〉 Beglückung · Entzücken · Freudigkeit · Hochgefühl · Herzensfreude · Wonne · Lust + Wollust · Wohlleben ♦ *umg*: Fest; → *auch* Begeisterung (1), Glück (3), Jubel, Vergnügen (1) – **2.** 〈*Gegenstand des Sichfreuens*〉 Genuss · Hochgenuss · Gaudium; Gaudi (*süddt*) + Spaß – **3.** → Vergnügen (1) – **4.** mit Freuden: → gern[e] (1); F. bereiten / spenden / machen: → erfreuen (I); herrlich und in Freuden leben: → schwelgen (1); F. empfinden, vor F. an die Decke springen, jmdn. hüpft das Herz vor F.: → freuen (II, 1); die F. verderben / versalzen: → betrüben (I); seine [helle] F. haben |an|: → freuen (II, 2)
freudenarm: → trostlos (1)
Freudenausbruch, der: → Jubel
Freudenbecher, der: → Glück (2)
Freudenfeier, die: → Fest (1)
Freudenfest, das: → Fest (1)
Freudengebrüll, das: → Jubel
Freudengeheul, das: → Jubel
Freudengeschrei, das: → Jubel
Freudenhaus, das: → Bordell
Freudenmädchen, das: → Prostituierte
Freudenmahl, das: → Festessen
freudenreich: → wohl (5)
Freudenruf, der: **1.** 〈*Ausruf der Freude*〉 Freudenschrei · Jauchzer ♦ *gehoben*: Hosianna ♦ *umg*: Juchzer · Holdrio – **2.** → Jubel
Freudenschrei, der: → Freudenruf (1)

Freudensprung: I. Freudensprung, der: → Luftsprung (1) – **II.** Freudensprünge (*Pl*): F. machen: → freuen (II, 1)
Freudensturm, der: → Jubel
Freudentanz, der: einen F. aufführen: → freuen (II, 1)
Freudentaumel, der: → Jubel
freudestrahlend: → freudig (1)
freudestrotzend: → freudig (1)
freudevoll: → freudig (1)
freudig: 1. ⟨*von Freude erfüllt*⟩ freudestrahlend · freudevoll · beschwingt · beseligt · himmelhoch jauchzend; freudestrotzend (*österr*) + heiter · lustig; → *auch* froh (1), glücklich (2) – **2.** → gern[e] (1) – **3.** freudiges Ereignis: → Geburt (1); f. stimmen: → erfreuen (I)
Freudigkeit, die: → Freude (1)
freudlos: → trostlos (1)
freuen: I. freuen: → erfreuen (I) – **II.** freuen, sich: **1.** ⟨*von Freude erfüllt sein*⟩ froh sein · Freude haben/empfinden · strahlen · Freudensprünge/einen Luftsprung machen · einen Freudentanz aufführen · jmdm. geht das Herz auf · jmdm. hüpft das Herz vor Freude · jmdm. lacht das Herz im Leibe ♦ *umg:* [vor Freude] an die Decke springen · sich freuen wie ein Schneekönig; sich freuen wie ein Stint (*norddt*); → *auch* genießen (1), glücklich (4), jubeln (1) – **2.** sich f. |über|: ⟨*Freude über etw. empfinden*⟩ sich erfreuen |an| · sich ergötzen |an| · seine helle Freude haben |an| · sein Wohlgefallen haben |an| – **3.** sich des Lebens f.: → fröhlich (3); sich f. wie ein Schneekönig/Stint: → II, 1
Freund: I. Freund, der: **1.** ⟨*jmdm. in herzl. Zuneigung verbundener Mensch*⟩ Herzensbruder · Intimus · der Vertraute · Bruder · der Getreue; Busenfreund (*auch abwert*); Bruderherz (*vertraul*); Gevatter (*noch landsch*) + Geselle · Blutsbruder · Schulfreund · Studienfreund ♦ *umg:* Kumpan · Kumpel; Haberer (*österr*); Spezi (*süddt österr schweiz*); → *auch* Anhänger (3), Kamerad, Spielkamerad – **2.** ⟨*Schwarm eines Mädchens*⟩ Boyfriend – **3.** → Liebhaber (1) – **4.** → Geliebte (I), Lebensgefährte (1), wohlgesinnt – **5.** [gut] F. werden |mit|: → befreunden, sich (1); ein F. sein |von|: → mögen; F. und Feind: → jedermann; F. Hein: → Tod (2) – **II.** Freunde (*Pl*): → Freundeskreis

Freundchen, das: → Junge (I, 1)
Freunderlwirtschaft, die: → Vetternwirtschaft
Freundesdienst, der: → Gefälligkeit (1)
Freundeshand, die: die F. bieten: → versöhnen (II)
Freundeskreis, der: Freunde · Anhängerschaft
Freundespaar, das: Dioskuren · Kastor und Pollux + Kleeblatt ♦ *umg:* Gespann
Freundin, die: **1.** ⟨*in herzl. Zuneigung verbundene Vertraute*⟩ Kameradin; Busenfreundin (*auch abwert*) – **2.** → Geliebte (II), Lebensgefährtin (1) – **3.** eine F. haben: ⟨*in intimen Beziehungen zu einer Frau stehen*⟩ ein Verhältnis haben · liiert sein |mit| ♦ *umg:* gehen |mit| · es haben |mit|
freundlich: 1. ⟨*gewinnend-entgegenkommend*⟩ liebenswürdig · herzlich · nett + freundschaftlich; → *auch* gefällig (1), gütig (1), heiter (1), wohlgesinnt, höflich – **2.** → sonnig (2) – **3.** ein freundliches Gesicht machen/aufsetzen: → lächeln
Freundlichkeit, die: **1.** ⟨*gewinnend-entgegenkommendes Wesen*⟩ Liebenswürdigkeit · Nettigkeit · Herzlichkeit + Wärme; → *auch* Güte (1), Wohlwollen (1), Höflichkeit (1) – **2.** → Gefälligkeit (1)
freundnachbarlich: → freundschaftlich
Freundschaft, die: **1.** ⟨*die herzl. Verbundenheit von Menschen*⟩ Herzensfreundschaft · Kameradschaft · Bruderschaft · Brüderschaft · Gesinnungsverwandtschaft · Vertrautheit + Blutsbrüderschaft ♦ *gehoben:* Bruderbund ♦ *umg:* Kumpanei (*meist abwert*); → *auch* Liebe (1) – **2.** F. schließen: → befreunden, sich (1); F. halten, in F. verbunden sein: → befreundet
freundschaftlich: 1. ⟨*wie unter Freunden*⟩ kameradschaftlich · brüderlich + freundnachbarlich · gutnachbarlich – **2.** → freundlich (1) – **3.** → wohlwollend (1)
Freundschaftsdienst, der: einen F. erweisen: → gefällig (5)
Frevel, der: **1.** → Verbrechen (1) – **2.** → Gotteslästerung
Frevelei, die: → Verbrechen (1)
frevelhaft: 1. → verbrecherisch – **2.** → sündig, gotteslästerlich
freveln: 1. → vergehen (II, 1) – **2.** → sündigen
Freveltat, die: → Verbrechen (1)
freventlich: → verbrecherisch

fröhlich

Frevler, der: → Verbrecher
frevlerisch: → verbrecherisch
Friede[n], der: **1.** ⟨*Zustand der Ordnung u. des Ungestörtseins*⟩ Ruhe; → *auch* Eintracht – **2.** → Ruhe (1) – **3.** in den ewigen Frieden eingehen: → sterben (1); dem Frieden nicht recht trauen: → Verdacht (2); in Frieden [miteinander] leben: → vertragen (II, 1); Frieden schließen/machen: → versöhnen (II)
Friedensfreund, der: → Pazifist
Friedenspfeife, die: die F. rauchen: → versöhnen (II)
friedensstiftend: befriedend
Friedensstifter, der: Troubleshooter
Friedensstörer, der: → Kriegstreiber
friedfertig: → friedlich (1)
Friedhof, der: Kirchhof; Gottesacker (*landsch*) + Gräberfeld ♦ *dicht*: Grabgefilde
friedlich: 1. ⟨*nicht aggressiv*⟩ friedliebend · friedfertig · friedvoll · friedsam · verträglich · gütlich + im Guten; → *auch* einträchtig (1), versöhnlich (1), gewaltlos – **2.** → idyllisch (1) – **3.** → gewaltlos
friedliebend: → friedlich (1)
friedlos: 1. → unruhig (1) – **2.** → geächtet
Friedrich Wilhelm, der: → Unterschrift (1)
friedsam: → friedlich (1)
friedvoll: 1. → friedlich (1) – **2.** → idyllisch (1)
frieren: 1. ⟨*Kälte empfinden*⟩ frösteln · kalt sein · schau[d]ern + verklammen ♦ *umg*: bibbern · frieren wie ein Schneider · mit den Zähnen klappern; schubbern · schuddern (*landsch*) ♦ *salopp*: frieren wie ein junger Hund · sich den Arsch abfrieren – **2.** ⟨*Frosttemperatur erreichen*⟩ Stein und Bein frieren · es herrscht Frost/Kälte · es ist unter null – **3.** f. wie ein Schneider/ein junger Hund: → 1
frigid[e]: → gefühlskalt (1)
Frigidität, die: → Gefühlskälte (1)
Frikadelle, die: → Fleischkloß
Frikassee, das: F. machen |aus|: → verprügeln
frikassieren: 1. → zerstückeln (1) – **2.** → verprügeln
Friktion, die: → Streit (1)
frisch: 1. ⟨*von Lebensmitteln gesagt: noch nicht alt*⟩ unverdorben · taufrisch + jung · unreif – **2.** ⟨*nicht [mehr] müde*⟩ erholt · ausgeruht · wie neugeboren · wie neu geschaffen – **3.** → frischbacken – **4.** → gesund (1)

– **5.** → munter (1) – **6.** → kühl (1) – **7.** → neu (1) – **8.** f. gebacken: → frischbacken; sich f. machen: → erfrischen (II); f. von der Leber weg: → offen (3); auf frischer Tat ertappen: → ertappen (1)
frischbacken: frisch [gebacken] · neubacken · von heute · knackfrisch
frischen: → werfen (2)
Frischkäse, der: → Quark (1)
Frischluftzufuhr, die: → Lüftung
Friseur, der: Hairstylist · Haarstylist · Haarschneider; Figaro · Haarkünstler (*scherzh*); Bartscherer · Barbier · Balbier (*landsch veraltend od. scherzh*); Coiffeur (*bes. schweiz*) ♦ *salopp*: Bartkratzer
Friseurin, die: → Friseuse
Friseuse, die: Friseurin, Coiffeuse (*bes. schweiz*)
frisieren: 1. ⟨*die Frisur in Ordnung bringen*⟩ die Haare machen + ondulieren; → *auch* kämmen – **2.** ⟨*die Leistungsfähigkeit eines Motors künstlich steigern*⟩ tunen – **3.** → verschleiern
frisiert: → einseitig (1)
Frist, die: **1.** ⟨*festgesetzter Zeitabschnitt für die Erfüllung einer Forderung*⟩ Zeit; → *auch* Bedenkzeit, Aufschub (2) – **2.** → Zeitpunkt – **3.** eine F. setzen: → befristen
fristen: sein Leben/Dasein f.: **a)** → dahinleben – **b)** → darben
fristgemäß: → pünktlich (1)
Fristung, die: → Aufschub (2)
Fristverlängerung, die: → Aufschub (2)
Frisur, die: Haarschnitt · Haartracht · Haarputz
Fritten (*Pl*): → Pommes frites
Frittenbude, die: → Imbissstube
Frittüre, die: → Bratfett
Fritz, der: für den alten Fritzen: → umsonst (1)
frivol: 1. → leichtfertig – **2.** → schlüpfrig (1)
Frivolität, die: → Schlüpfrigkeit
froh: 1. ⟨*von einem Gefühl der Erleichterung erfüllt*⟩ beruhigt · erleichtert · befreit · heilfroh; → *auch* freudig, glücklich (2), heiter (1) – **2.** → fröhlich (1) – **3.** f. sein: → freuen (II, 1); frohen Mutes, f. gestimmt: → fröhlich (1); f. machen/stimmen: → aufheitern (1)
frohgemut: 1. → fröhlich (1) – **2.** → heiter (1)
fröhlich: 1. ⟨*in Freudenstimmung*⟩ froh [gestimmt] · frohgemut · wohlgemut · froh-

frohlocken

mütig · hochgemut · frohen Mutes · guter Dinge / Laune + glücklich; → *auch* gut (11), heiter (1) – **2.** → heiter (1) – **3.** f. sein: ⟨*sich* [*meist*] *in froher Stimmung befinden*⟩ sich des Lebens freuen
frohlocken: 1. → jubeln (1) – **2.** → schadenfroh (2)
Frohlocken, das: → Jubel
frohmütig: 1. → fröhlich (1) – **2.** → heiter (1)
Frohsinn, der: → Heiterkeit (1)
fromm: 1. ⟨*aus religiösem Glauben lebend*⟩ religiös · kirchenfromm · [fromm]gläubig · glaubensstark · gottergeben · gottesfürchtig · gottgefällig · gottgläubig · gottselig · heilsgewiss · herzensrein; → *auch* geistlich (1), heilig (2), orthodox, frömmelnd – **2.** frommer Betrug: → Selbstbetrug
frömmelnd (*abwert*): frömmlerisch · bigott · scheinfromm · scheinheilig; → *auch* fromm (1), heuchlerisch
frommen: → nutzen (1)
frommgläubig: → fromm (1)
Frommheit, die: → Frömmigkeit
Frömmigkeit, die: Frommheit · Religiosität · Glaubenseifer; Gottesfurcht (*Rel*); → *auch* Glaube[n] (1), Orthodoxie
Frömmler, der: Frömmling (*abwert*)
Frömmlerin, die: Betschwester (*abwert*)
frömmlerisch: → frömmelnd
Frömmling, der: → Frömmler
Fron, die: → Mühsal
Fronarbeit, die: → Zwangsarbeit
Frondeur, der: → Regimegegner
Frondienst, der: **1.** hist ⟨*Dienstleistung für den Grundherrn*⟩ Spanndienst – **2.** → Zwangsarbeit
frönen: → hingeben (II, 3)
Front, die: **1.** ⟨*Gebiet der Kampfhandlungen*⟩ Kriegsschauplatz · Gefechtslinie · Kampflinie · Feuerlinie · Feld + Hauptkampflinie; → *auch* Kampfplatz (1) – **2.** → Vorderseite – **3.** F. machen ⎪gegen⎪: → angreifen (I, 2)
Frontairbag, der: → Airbag
Frontlader, der: → Waschmaschine
Frontseite, die: → Vorderseite
Frontstellung, die: → Feindschaft
Frontwand, die: → Vorderseite
Frontwechsel, der: → Gesinnungswandel
Frosch, der: **1.** → Feuerwerkskörper – **2.** einen F. im Hals haben: → heiser (2); sich wie ein F. aufblasen: → angeben (1)

Froschblut, das: F. haben: → leidenschaftslos (2)
Frost, der: **1.** ⟨*Temperatur unter null*⟩ Frostwetter · Winterkälte; → *auch* Kälte – **2.** es herrscht F.: → frieren (2)
frostanfällig: frostempfindlich · frostgefährdet
Frostbeule, die: → Fröstling
frösteln: → frieren (1)
frostempfindlich: → frostanfällig
frosten: → einfrosten
frostgefährdet: → frostanfällig
Frosthase, der: → Fröstling
frostig: 1. → kühl (2) – **2.** → kalt (1) – **3.** → verfroren
Frostköttel, das: → Fröstling
Fröstler, der: → Fröstling
Fröstling, der: Fröstler; Frostbeule · Frosthase (*scherzh*) ♦ umg: Frostköttel (*norddt scherzh*)
Frostwetter, das: → Frost (1)
frottieren: I. frottieren: **1.** → abreiben (I, 1) – **2.** → abtrocknen (I, 1) – **II.** frottieren, sich: **1.** → abreiben (II, 1) – **2.** → abtrocknen (II)
Frotzelei, die: → Neckerei
frotzeln: → necken
Frucht: I. Frucht, die **1.** → Ergebnis, Folge (1) – **2.** → Getreide – **II.** Früchte (*Pl*): → Obst
fruchtbar: 1. ⟨*Früchte hervorbringend*⟩ fertil · fruchtbringend · ertragreich + dankbar · fett – **2.** → nützlich
Fruchtbarkeit, die: Fertilität · Ertrag[s]fähigkeit · Ergiebigkeit + Dankbarkeit
fruchtbringend: 1. → fruchtbar (1) – **2.** → nützlich
Früchtchen, das: → Taugenichts
fruchten: 1. → nutzen (1) – **2.** → wirken (3)
Fruchtfolge, die: Anbaufolge · Fruchtwechsel; Rotation (*fachspr*)
fruchtlos: → nutzlos (1)
Fruchtpresse, die: Entsafter · Entmoster · Saftpresse · Moster · Obstpresse · Presse ♦ umg: Fruchtquetsche
Fruchtquetsche, die: → Fruchtpresse
Fruchtsaft, der: Saft · Most · Süßmost · Juice; Jus (*schweiz*)
Fruchtwechsel, der: → Fruchtfolge
Fruchtzucker, der: Fruktose
frugal: → einfach (1)
früh: 1. ⟨*zu Beginn eines Zeitabschnitts*⟩ [früh]zeitig; → *auch* bald (1) – **2.** → mor-

führen

gens – **3.** zu f.: → vorzeitig (1 *u.* 2); von f.
bis spät: → ununterbrochen; f. und spät: →
immer (1); von f. auf: → Jugend (4)
Frühbuchung, die: Vorausbuchung
Frühchen, das: → Frühgeburt
Frühe, die: **1.** → Morgen (1) – **2.** in aller F.:
→ morgens
früher: 1. ⟨*vor dieser Zeit*⟩ einst · einmal ·
ehemals · ehedem · weiland · vormals · vor-
dem · einstmals; derzeit (*landsch*) + bisher ·
sonst ♦ *gehoben*: vorzeiten · einstens;
der[mal]einst (*veraltend*); → *auch* damals,
ehemalig, vorher – **2.** → ehemalig – **3.** →
eher (1)
Frühgeborene, das: → Frühgeburt
Frühgeburt, die: das Frühgeborene ♦ *umg*:
Frühchen
Frühjahr, das: → Frühling (1)
frühklug: → altklug
Frühling, der: **1.** ⟨*Jahreszeit*⟩ Frühjahr +
Wonnemonat · Vorsaison ♦ *dicht*: Lenz ·
Maienzeit ♦ *umg*: Knospenknall (*scherzh*) –
2. F. des Lebens: → Jugend (1)
frühmorgens: → morgens
Frühpensionär, der: → Vorruheständler
Frühstück, das: Morgenimbiss · Dejeuner;
Znüni · Morgenessen (*schweiz*) + Brunch;
→ *auch* Imbiss (1)
frühstücken: Kaffee trinken; → *auch*
Mahlzeit (3)
frühzeitig: 1. → früh (1) – **2.** → morgens
frühzeitlich: → vorzeitlich
Fruktose, die: → Fruchtzucker
Frust, der: → Enttäuschung (2)
Frustration, die: → Enttäuschung (2)
frustriert: → enttäuscht
Fuchs, der: **1.** ⟨*das Fell eines Fuchses*⟩
Fuchspelz – **2.** → Schlaukopf – **3.** → Rot-
haarige – **4.** → Pferd (1) – **5.** alter F.: **a)** →
Routinier – **b)** → Schlaukopf; schlauer F.:
→ Schlaukopf
fuchsen: → ärgern (I)
fuchsig: 1. → rothaarig – **2.** → ärgerlich (1)
– **3.** → wütend (1)
Fuchspelz, der: → Fuchs (1)
fuchsteufelswild: → wütend (1)
Fuchtel, die: **1.** → Xanthippe – **2.** unter
der / seiner F. haben: → beherrschen (I, 1)
fuchteln: → gestikulieren
fuchtig: → wütend (1)
Fuder, das: → Wagenladung
Fuffzehn, die: eine F. machen: **a)** → aus-
setzen (2) – **b)** → rasten

Fuffziger, der: falscher F.: → Heuchler
Fug: mit F. und Recht: → Recht (6)
Fuge, die: **1.** → Spalt (1) – **2.** aus den Fugen
gehen: → entzweigehen (1); aus den Fugen
geraten: **a)** → entzweigehen (1) – **b)** → dick
(6)
fugen: → verbinden (I, 1)
fügen: I. fügen: **1.** → verbinden (I, 1) – **2.**
→ ermöglichen (1) – **II.** fügen, sich: **1.** →
nachgeben (1) – **2.** sich f. │in│, sich darein
f.: → abfinden (II, 2)
fugenlos: → sicher (4)
füglich: → Recht (6)
fügsam: → gehorsam (1)
Fügsamkeit, die: → Gehorsam (1)
Fügung, die: **1.** → Redewendung (1) – **2.**
→ Schicksalsfügung
fühlbar: 1. → empfindlich (2) – **2.** →
merklich
fühlen: I. fühlen: **1.** ⟨*mit den Sinnen wahr-
nehmen*⟩ [ver]spüren · merken · wahrneh-
men · empfinden – **2.** → ahnen (1), spüren
(1) – **3.** → tasten (1) – **4.** im Vo-
raus / undeutlich f.: → ahnen (1); sich hung-
rig f.: → hungrig (2); auf den Zahn f.: **a)** →
prüfen (1) – **b)** → ausfragen; auf die Naht
f.: → ausfragen; Begeisterung f.: → begeis-
tern (II); ein fühlend[es] Herz haben: →
gütig (3) – **II.** fühlen, sich: **1.** ⟨*die Auswir-
kungen bestimmter Einflüsse auf sich selbst
empfinden*⟩ zumute sein / werden · gehen ·
sich befinden – **2.** sich gut f.: → gesund (5);
sich heimisch f., sich wie zu Hause f.: →
wohl (4); sich erlöst / befreit f.: → aufatmen
(2); sich in seiner Haut nicht recht wohl f.:
→ unsicher (5, a); sich Mutter f.: →
schwanger (2); sich verbunden f.: →
²anhängen (2)
Fühler, der: seine Fühler ausstrecken: →
vorfühlen
fühllos: → unempfindlich (2)
Fühlung, die: **1.** → Berührung (1) – **2.** F.
bekommen, in F. kommen: → annähern
(II, 1); F. aufnehmen │zu│: → kontakten
Fühlungnahme, die: → Annäherung (2)
führnsch: → ärgerlich (1)
Fuhre, die: **1.** → Wagenladung – **2.** →
Fracht
führen: 1. ⟨*durch Mitgehen den Weg zei-
gen*⟩ geleiten; → *auch* begleiten – **2.** ⟨*den
ersten Platz innehaben*⟩ anführen · führend
sein · eine Führungsrolle haben / einnehmen
· die Führung innehaben · an der Spitze ste-

311

führend

hen ♦ *umg*: die Hauptrolle/die erste Geige spielen; → *auch* Spitzenleistung (2) – **3.** → leiten (1) – **4.** → steuern (1) – **5.** → bedienen (I, 4) – **6.** → vorrätig (2) – **7.** → Spitzenleistung (2) – **8.** f. |zu|: → Folge (3); ad absurdum f.: → widerlegen; auf Abwege/in Versuchung f.: → verführen; zum Altar/Traualtar f.: → heiraten (2); vor Augen f.: **a)** → zeigen (I, 2) – **b)** → veranschaulichen; den Nachweis f. |für|: → beweisen (1 *u.* 2); den Beweis f.: → beweisen (1); zu Ende f.: → beenden (1); ins Feld/Gefecht/Treffen f.: → vorbringen; zu keinem Erfolg f.: → hoffnungslos (2); sich zu Gemüte f.: **a)** → aneignen, sich (1) – **b)** → essen (1); sich einen zu Gemüte f.: → trinken (1, b); aufs Glatteis/hinters Licht f.: → täuschen (I); einen Prozess f.: → verklagen; Klage f.: **a)** → verklagen – **b)** → beschweren (II); das Regiment f.: **a)** → bestimmen (2) – **b)** → herrschen (1); das Ruder f.: → herrschen (1); den Vorsitz f.: → vorstehen; im Schilde f.: → beabsichtigen; eine Unterhaltung/ein Gespräch f.: → unterhalten (II, 1); eine Verhandlung/Verhandlungen f.: → verhandeln (1); das große Wort f.: → aufspielen (II)

führend: 1. ⟨*in einer Gesellschaft durch Leistung Maßstäbe setzend*⟩ tonangebend + maßgebend · bestimmend; → *auch* beste (1) – **2.** f. sein: **a)** → führen (2) – **b)** → Spitzenleistung (2); der führende Kopf: → Kraft (6)

Führende, der: → Spitzenreiter

Führer, der: **1.** → Anführer – **2.** → Herrscher – **3.** → Fahrer – **4.** → Reiseführer (1)

Führerausweis, der: → Führerschein

Führerhaus, das: → Fahrerhaus

Führerkabine, die: → Fahrerhaus

Führerschaft, die: → Führung (1 *u.* 2)

Führerschein, der: Fahrerlaubnis; Fahrausweis · Führerausweis (*schweiz*) ♦ *salopp*: Pappe · Lappen (*Pl*)

Fuhrmann, der (*veraltend*): **1.** ⟨*in Lohnarbeit stehender Kutscher eines Pferdelastwagens*⟩ Lohnfuhrmann · Mietfuhrmann · Rollkutscher; Kärrner (*noch landsch*) – **2.** → Kutscher

Fuhrpark, der: → Wagenpark

Führung, die: **1.** ⟨*das Führen*⟩ Anführung · Führerschaft; → *auch* Herrschaft (1), Leitung (1) – **2.** ⟨*die führenden Personen*⟩ Leitung · Direktion · Spitze · Führerschaft · Stab + Chefetage · Führungsstab · Führungs-

riege · Führungsspitze · Führungsgremium; → *auch* Vorstand – **3.** → Bedienung (4) – **4.** → Verhalten – **5.** die F. innehaben: → führen (2)

Führungsetage, die (*Wirtsch*): Top-Etage

Führungsfigur, die: → ¹Leiter

Führungskraft, die: → ¹Leiter

Führungsrolle, die: eine F. haben/einnehmen: → führen (2)

Führungsschicht, die: die politische Klasse ♦ *umg*: die da oben

Führungsspitze, die: → Führung (2)

Führungsstab, der: → Führung (2)

Fuhrunternehmen, das: → Spedition

Fuhrwerk, das: → Wagen (1)

fuhrwerken: → gestikulieren

Fülle, die: **1.** → Üppigkeit – **2.** → Füllung (1, b) – **3.** → Dicke (II, 2) – **4.** in Hülle und F.: → reichlich; eine F. von: → viel (I, 1)

füllen: I. füllen: **1.** ⟨*bis zum Gefülltsein hineintun*⟩ voll füllen · voll machen · voll schütten · voll gießen; schoppen (*südd österr schweiz*) · anfüllen ♦ *umg*: voll stopfen; → *auch* abfüllen, auffüllen (1), abziehen (1, b) – **2.** den Balg f.: → ausstopfen; die Hand f.: → bestechen (1); sich den Bauch f.: → satt (4) – **II.** füllen, sich: ⟨*bis zum Gefülltsein in sich aufnehmen*⟩ voll werden

Füllen, das: → Fohlen

Füllhorn, das: → Glück (2)

füllig: → dicklich (1)

Füllmasse, die: → Füllung (1, b)

Füllsel, das: → Füllung (1, b)

Fulltimejob, der: → Ganztagsbeschäftigung

Füllung, die: **1.** ⟨*Material zum Füllen*⟩ **a)** ⟨*für ein Bett*⟩ Federn – **b)** ⟨*für einen Hohlkörper*⟩ Einlage · Füllsel · Füllmasse; Fülle (*landsch*); Farce (*fachspr*) – **c)** ⟨*für einen Zahn*⟩ Zahnfüllung; Plombe (*veraltend*) + Inlay – **2.** → Inhalt (1)

fulminant: → großartig (1)

Fummel, der: → Kleid (I)

fummelig: → fahrig

fummeln: → herumbasteln

Fun, der: → Vergnügen (1)

Functional Food, die: → Funktionsnahrung

Fund, der: **1.** → Entdeckung – **2.** einen F. machen: → finden (I, 1)

Fundament, das: **1.** ⟨*unterster Teil eines Gebäudes*⟩ Grundmauer · Gründung · Grundfeste + Grundstein – **2.** → Grundlage (1) – **3.** das F. legen |zu|: → gründen (I, 2)

furios

fundamental: → grundlegend
fundamentieren: → gründen (I, 2)
Fundamt, das: → Fundbüro
Fundation, die: → Grundlegung (1)
Fundbüro, das: Fundstelle; Fundamt (*österr*)
Fundgeld, das: → Finderlohn
fundieren: 1. → untermauern – **2.** → gründen (I, 2)
fundiert: → sicher (4)
Fundierung, die: → Begründung (1)
fündig: 1. → ergiebig – **2.** f. werden: → entdecken (I, 1)
Fundraising, das: → Wohltätigkeitsveranstaltung
Fundstelle, die: → Fundbüro
Fundus, der: → Bestand (1)
fünf: fünf[e] gerade sein lassen: → nachsehen (2); seine f. Sinne zusammennehmen: → konzentrieren (II); die f. Sinne zusammen[be]halten / beieinander behalten: → beherrschen (II); seine f. Sinne woanders haben / nicht beisammenhaben: → unaufmerksam (2)
fünft: das fünfte Rad am Wagen sein: → überflüssig (4)
Fungesellschaft, die: → Spaßgesellschaft
fungieren: f. │als│: → wirken (6)
Fungizid, das: → Schädlingsbekämpfungsmittel
Funk, der: → Rundfunk (1)
Fünkchen, das: kein F.: → nichts (1)
funkeln: → glänzen (1)
funkelnagelneu: → neu (1)
funkelnd: → glänzend (1)
funken: 1. ⟨*drahtlos Nachrichten übermitteln*⟩ + morsen; → *auch* telegrafieren – **2.** → gehen (9) – **3.** es hat gefunkt: → verstehen (I, 4)
Funke[n], der: 1. ⟨*fliegendes glühendes Teilchen*⟩ Feuerfunke[n] – **2.** keinen Funken, kein Funke: → nichts (1); Funken sprühend: → geistreich
Funkmessgerät, das: → Radar
Funksprechgerät, das: → Handy
Funkstation, die: → Sender
Funktelefon, das: → Handy
Funktion, die: 1. → Amt (1) – **2.** in F. treten: → anfangen (1, b); in F. sein: → tätig (1, a); von seiner F. suspendieren / entbinden: **a)** → absetzen (I, 2) – **b)** → entlassen (2); von seiner F. zurücktreten: → zurücktreten (1)

Funktionär, der: der Beauftragte; Apparatschik (*abwert*); → *auch* ¹Leiter
funktionieren: 1. ⟨*von Maschinen u. Geräten gesagt: richtig arbeiten*⟩ gehen · laufen ♦ *umg:* + es noch / wieder tun – **2.** → gehen (9)
Funktionsnahrung, die (*fachspr*): Functional Food
Funzel, die: → ²Lampe (1)
für: 1. ⟨*zur Förderung od. zum Nutzen*⟩ pro · zugunsten · zuliebe – **2.** → statt – **3.** → gegen (2) – **4.** für sich: **a)** → einzeln (1) – **b)** → isoliert – **c)** → besonders (1) – **d)** → allein (1); für sich allein: **a)** → besonders (1) – **b)** → allein (1); für mich: → meinetwegen (1); fürs Erste: → vorläufig; für und für: → ewig (1); das Für und Wider: → Zweifel (1)
Furage, die: → Verpflegung (2)
furagieren: → verpflegen (1)
Fürbitte, die: 1. ⟨*Bitte für einen anderen*⟩ Fürsprache · Fürspruch – **2.** F. tun / einlegen │für│: → verwenden (II)
Furche, die: 1. → Vertiefung (1) – **2.** → Falte (2)
furchen: → pflügen
Furcht, die: 1. → Angst (1) – **2.** → Ehrfurcht – **3.** → Feigheit – **4.** F. haben: **a)** → ²grauen, sich – **b)** → ängstigen (II, 1); F. hegen / empfinden, in F. sein: → ängstigen (II, 1); F. einflößen / einjagen, in F. versetzen: → ängstigen (I); frei von F., ohne F.: → furchtlos; F. einflößend / erregend: → beängstigend
furchtbar: 1. → Entsetzen (2) – **2.** → verheerend – **3.** → sehr
fürchten: I. fürchten: **1.** → befürchten – **2.** f. │für│: → sorgen (II); zum Fürchten: → Entsetzen (2); jmdn. das Fürchten lehren: → ängstigen (I) – **II.** fürchten, sich: → ängstigen (II, 1)
furchterfüllt: → ängstlich (1)
fürchterlich: 1. → Entsetzen (2) – **2.** → sehr
furchtfrei: → furchtlos
furchtlos: ohne Furcht · furchtfrei · frei von Furcht · angstfrei; → *auch* tapfer, mutig (1)
Furchtlosigkeit, die: → Mut (1)
furchtsam: → ängstlich (1), feig[e]
Furchtsamkeit, die: → Angst (1)
fürder[hin]: → weiterhin (1), künftig
Furie, die: 1. → Rachegöttin – **2.** → Megäre – **3.** wie eine F.: → wütend (1)
furios: → wild (1)

fürlieb

fürlieb: f. nehmen: → begnügen, sich (1)
Furor, der: **1.** → Raserei – **2.** → Wut (1)
Furore: F. machen: **a)** → Erfolg (2) – **b)** →
Aufsehen (2)
Fürsorge, die: **1.** ⟨*staatlich organisierte
Betreuung als Einrichtung*⟩ Sozialamt +
Wohlfahrt (*veraltend*); Diakonie (*evang
Kirche*); → *auch* Altersversorgung (1) – **2.**
→ Sorge (2) – **3.** → Fürsorglichkeit – **4.** →
Sozialhilfe – **5.** → Pflege (1, a) – **6.** F. an-
gedeihen lassen: → pflegen (I, 1, a)
Fürsorgeunterstützung, die: → Sozialhilfe
fürsorglich: 1. ⟨*zum Wohl eines anderen
handelnd*⟩ besorgt · betulich + mütterlich –
2. → liebevoll (1)
Fürsorglichkeit, die: Fürsorge
Fürsprache, die: **1.** → Fürbitte (1) – **2.** F.
einlegen │für│: → verwenden (II)
Fürsprech, der: → Rechtsanwalt
Fürsprecher, der: *gehoben*: Anwalt · Dol-
metsch; Advokat (*veraltend*); → *auch*
Rechtsanwalt
Fürspruch, der: → Fürbitte (1)
Fürst, der: **1.** ⟨*Oberhaupt eines Fürstentums*⟩
Landesvater (*noch scherzh*) – **2.** → Herrscher
– **3.** F. der Hölle/Finsternis: → Teufel (1);
leben wie ein F.: → schwelgen (1)
fürstlich: 1. ⟨*einen Fürsten betreffend*⟩
durchlaucht (*noch scherzh*) – **2.** → prächtig
(1)
Furunkel, das: → Geschwür
fürwahr: → wahrhaftig
fürwitzig: → vorlaut
Furz, der: **1.** → Wind (I, 2) – **2.** aus einem
F. einen Donnerschlag machen: → übertrei-
ben (1); einen F. gefrühstückt haben: →
verrückt (5)
furzen: → Wind (I, 3)
furztrocken: → trocken (1)
Fusel, der: → Branntwein
Fuselschnaps, der: → Branntwein
füsilieren: → erschießen (I)
Fusion, die: → Vereinigung (1)
fusionieren: → vereinigen (II, 1)
Fuß: I. Fuß, der: **1.** → Sockel – **2.** zu F.
⟨*ohne Benutzung eines Fahrzeugs*⟩ *umg*: auf
Schusters Rappen · per pedes (*scherzh*) – **3.**
am F. des/von: → unterhalb; vom Kopf bis
F.: → oben (3); einen F. vor den anderen
setzen: → gehen (1); auf freien F. setzen: →
entlassen (1); [festen] F. fassen: → heimisch
(4); auf gespanntem F. stehen │mit│: →
Streit (2); auf gutem F. miteinander stehen:

→ befreundet; auf großem F. leben: → ver-
schwenderisch (3); leichten Fußes: **a)** →
gewandt (1) – **b)** → flink (1); stehenden Fu-
ßes: → sofort; auf dem F. folgen: → folgen
(1); mit einem F. im Grabe stehen: → tod-
krank (2); Hand und F. haben: → einwand-
frei (2) – **II.** Füße (*Pl*): **1.** ⟨*die untersten
Teile der Beine*⟩ *umg*: Beine · Käsebeine
(*landsch*) ♦ *salopp*: Quanten · Schweiß-
quanten · Käsemauken – **2.** kalte F. bekom-
men: → aufgeben (3); auf eigenen
Füßen stehen: → selbständig (4); sich auf
eigene F. stellen: → selbständig (5, a); auf
wackeligen/schwachen Füßen stehen: →
unsicher (5, b); jmdm. zu Füßen liegen: →
verehren (1); jmdm. zu Füßen fallen: → be-
schwören (2), demütigen (II); sich den
Staub von den Füßen schütteln: **a)** → auf-
brechen (3) – **b)** → weggehen (1); den Bo-
den unter den Füßen wegziehen: → ruinie-
ren (I, 1); mit Füßen treten: → verachten (1)
Fußabstreicher, der: → Fußabtreter
Fußabtreter, der: Fußabstreicher · Abstrei-
cher · Abtreter · Fußmatte · Matte + Ab-
streichgitter · Abkratzer
Fußangel, die: → Fangeisen
Fußball, der: → ¹Ball (1, b)
Fußballer, der: → Fußballspieler
Fußballplatz, der: Bolzplatz (*abwert*)
Fußballspieler, der: Kicker ♦ *umg*: Fuß-
baller; Ballesterer (*österr*)
Fußballtor, das: → ¹Tor (2)
Fußbank, die: Fußschemel + Schemel
♦ *umg*: Hitsche · Rutsche (*landsch*)
Fußbemerkung, die: → Anmerkung (1)
Fußboden, der: **1.** ⟨*Grundfläche eines
Raumes*⟩ Boden; Söller (*schweiz*) + Estrich
– **2.** den F. messen: → hinfallen
Fußbodenbrett, das: → Diele (1)
Fussel, die: → Fädchen
fusselig: 1. → fransig (1) – **2.** sich den
Mund f. reden: → einreden (2)
fusseln: → nieseln
fußen: f. │auf│: → beruhen (1, a)
Fußfall, der: **1.** → Kniefall (1) – **2.** einen F.
machen/tun: → demütigen (II)
fußfällig: → inständig
Fußfessel, die: → Fessel (1)
Fußgänger, der: Passant; Fußgeher (*österr*)
Fußgängerpfad, der: → Gehweg
Fußgängerschutzweg, der: Zebrastreifen;
Fußgängerstreifen (*schweiz*); Schutzweg
(*österr*) + Fußgängerüberweg

314

Fuzzi

Fußgängerstreifen, der: → Fußgängerschutzweg

Fußgängerüberweg, der: → Fußgängerschutzweg

Fußgängerweg, der: → Gehweg

Fußgängerzone, die: → Einkaufsstraße

Fußgeher, der: → Fußgänger

fußgerecht: → passend (1, b)

Fußhebel, der: → Pedal

fußlahm: → müde (1)

Fußmatte, die: → Fußabtreter

Fußnote, die: → Anmerkung (1)

Fußpfad, der: → Weg (1)

Fußpflege, die: Pediküre

Fußrücken, der: Rist · Spann

Fußschemel, der: → Fußbank

Fußsoldat, der: → Infanterist

Fußspur, die: → Spur (1)

Fußstapfen (*Pl*): → Spur (1)

Fußsteig, der: → Gehweg, Weg (1)

Fußtapfen (*Pl*): → Spur (1)

Fußweg, der: → Gehweg, Weg (1)

futsch: 1. → verschwunden (1) – **2.** → verloren (1)

futschikato: 1. → verschwunden (1) – **2.** → verloren (1)

Futter, das: **1.** ⟨*Tiernahrung*⟩ Fressen · Fraß; Atzung · Äsung · Geäse (*weidm*) – **2.** F. geben: → füttern (b); gut im F.: → dick (1)

Futterage, die: → Verpflegung (2)

Futteral, das: → Schutzhülle

Futterkrippe, die: Krippe · Raufe · Futterraufe

Futterluke, die: → Mund (1)

futtern: → essen (1)

füttern: ⟨*Nahrung geben*⟩ **a)** ⟨*Kindern*⟩ abfüttern + ernähren ♦ *umg*: pappeln · päppeln – **b)** ⟨*Tieren*⟩ Futter geben · zu fressen geben; atzen (*weidm*) + halten; → *auch* mästen – **c)** fett f.: → mästen

Futterneid, der: → Neid (1)

Futterraufe, die: → Futterkrippe

Fütterung, die: Atzung · Kröpfung (*weidm*)

Fuzzi, der: → lächerlich (4)

G

Gabe, die: **1.** → Begabung (1) – **2.** → Geschenk (1) – **3.** → Spende (1) – **4.** → Dosis – **5.** milde G.: **a)** → Almosen (1) – **b)** → Spende (1)
gäbe: gang und g.: → üblich (1)
gabeln: I. gabeln: → aufspießen (1) – **II.** gabeln, sich: ⟨*sich in zwei Arme aufspalten*⟩ sich teilen · abzweigen · sich verzweigen
Gabelung, die: → Abzweigung
gackeln: → gackern
gackern: gackeln · gacksen (*landsch*)
gacksen: → gackern
gaffen: 1. → starren (1) – **2.** → zusehen (1) – **3.** → neugierig (2)
Gaffer, der: → Schaulustige
Gag, der: → Einfall (1)
Gage, die: → Gehalt (I)
gähnen: → klaffen
Gähner, der: → Trauerkloß
Gala, die: **1.** → Festkleidung – **2.** sich in G. werfen: → herausputzen (II)
Galadiner, das: → Festessen
Galaessen, das: → Festessen
galaktisch: galaktisches System: → Milchstraße
galamäßig: → festlich (1)
Galan, der: → Geliebte (I)
galant: → höflich
Galanterie, die: → Höflichkeit (1)
Galanummer, die: → Zugstück
Galaxis, die: → Milchstraße
Galerist, der: → Kunsthändler
Galgen, der: **1.** ⟨*Balkengerüst für Hinrichtungen*⟩ Hochgericht – **2.** an den G. bringen: → erhängen (I)
Galgenfrist, die: → Aufschub (2)
Galgenstrick, der: → Taugenichts
Galgenvogel, der: → Taugenichts
Galle, die: Gift und G. speien/spucken: → wütend (2); die G. läuft jmdm. über: → erzürnen (2); sich G. machen: → ärgern (II, 1); die G. aufregen: → ärgern (I)
galle[n]bitter: → bitter (1)

Gallert, das: Gallerte · Gelatine + Gelee · Aspik ♦ *umg*: Glibber (*norddt*)
gallertartig: gallertig · gelatinös · gelatineartig ♦ *umg*: glibberig (*norddt*)
Gallerte, die: → Gallert
gallertig: → gallertartig
gallig: 1. → bitter (1) – **2.** → ärgerlich (1)
galoppieren: 1. → eilen (I, 1) – **2.** → reiten (1)
Galoschen (*Pl*): **1.** → Schuhe (1) – **2.** → Überschuhe
Gamasche, die: Gamaschen haben: → ängstigen (II, 1)
Gamet, der: → Keimzelle (1)
gammelig: 1. → verdorben (1) – **2.** g. werden: → verderben (3)
gammeln (*umg*): herumgammeln · rumgammeln · rumhängen · die Zeit totschlagen; → *auch* faulenzen (1), dahinleben
Gammler, der: + Herumtreiber · Provo; → *auch* Hippie, Faulenzer (1)
gang: g. und gäbe: → üblich (1)
¹Gang: der: **I.** Gang, der: **1.** → Flur (I) – **2.** → Spaziergang (1) – **3.** → Gangart (1), Schritt (1) – **4.** → Verlauf (1) – **5.** → Erzader – **6.** in G. kommen: → Schwung (5, a u. b); in G. sein: → laufen (2); in G. setzen → anlassen (I, 1), anstellen (I, 1); einen G. machen: → spazieren (2); G. nach Kanossa: → Unterwerfung (2); seinen G. gehen: → verlaufen (3); seinen letzten G. antreten: → sterben (1) – **II.** Gänge (*Pl*): in die G. kommen: → Schwung (5, b)
²Gang, die: → Bande
Gangart, die **1.** ⟨*die Art zu gehen*⟩: Gang · Trott – **2.** eine schnellere G. einlegen: → beeilen, sich
gangbar: → gewohnt (1)
Gängelband, das: am G. haben/führen: → beherrschen (I, 1)
gängeln: → bevormunden
gängig: → gewohnt (1)
Gangrän, das: → Brand (1)

316

gangränös: → brandig (1)

Gangster, der: → Verbrecher

Gangstertum, das: → Unterwelt (2)

Gangway, die: → Laufsteg

Ganove: I. Ganove, der: **1.** → Dieb – **2.** → Schurke – **II.** Ganoven (*Pl*): → Gesindel

Gans, die: **1.** → Ziege (2) – **2.** gucken wie die G., wenn's donnert: → überrascht (2)

Gänschen, das: → Mädchen (2)

Gänsefüßchen (*Pl*): → Anführungszeichen

Gänsehaut, die: eine G. bekommen: **a)** → ²grauen, sich – **b)** → schaudern (1)

Gänsemarsch, der: im G.: → hintereinander (1)

Gänsewein, der: → Wasser (1)

gansig: → albern (1)

Gant, die: → Versteigerung

ganten: → versteigern

Ganymed, der: → Kellner

ganz: 1. ⟨*die Gesamtheit einer Tätigkeit, eines Zustands bezeichnend*⟩ gesamt · total · hundertprozentig · in vollem Umfang · von vorn bis hinten · von A bis Z · von Anfang bis [zu] Ende · in jeder Hinsicht/Beziehung · mit Leib und Seele; → *auch* ¹alle (1), insgesamt, vollständig (1), völlig (1) – **2.** → völlig (1) – **3.** → unbeschädigt – **4.** → unverletzt – **5.** g. groß: → großartig (1); g. und gar: → völlig (1); g. und gar nicht: → keinesweg; voll und g.: **a)** → völlig (1) – **b)** → vollständig (1); nichts Halbes und nichts Ganzes: → unvollständig; in der ganzen Welt: → überall (1); der ganze Segen/die ganze Schmiere: → alles (1); im Großen [und] Ganzen: → allgemein (3); im Ganzen: → insgesamt; eine ganze Masse/Wucht, ein ganzer Sack voll: → viel (I, 1); g. machen: → reparieren; nicht g. gescheit/klug/bei Verstand: → verrückt (1); g. Gefühl sein: → gefühlvoll (2)

Ganze, das: **1.** → Gesamtheit (1) – **2.** → alles (1) – **3.** aufs Ganze gehen: → wagen (2)

Gänze, die: **1.** → Gesamtheit (1) – **2.** zur G.: → vollständig (1)

Ganzheit, die: → Gesamtheit (1)

gänzlich: 1. → völlig (1) – **2.** → schlechthin

ganztags: den ganzen Tag + von morgens bis abends · von früh bis spät; → *auch* Tag (2)

Ganztagsbeschäftigung, die: Vollzeitbeschäftigung ◆ *umg:* Fulltimejob

Ganzteiler, der: → Badeanzug

gar: 1. ⟨*fertig gekocht*⟩ weich + gekocht – **2.** → sehr – **3.** gar keiner: → niemand; ganz und gar: → völlig (1); ganz und gar nicht: → keinesweg; gar zu: → allzu

Garage, die: Carport + Tiefgarage · Parkhaus; → *auch* Parkplatz

garagieren: → unterstellen (I)

Garant, der: → Bürge

Garantie, die: **1.** → Bürgschaft (1), Gewähr (1) – **2.** die G. geben: → versprechen (I, 1); G. bieten: → gewährleisten; G. leisten: **a)** → gewährleisten – **b)** → bürgen; die G. übernehmen: → bürgen; unter G.: → sicher (4)

Garantieleistung, die: → Bürgschaft (1)

garantieren: 1. → versprechen (I, 1) – **2.** → gewährleisten

garantiert: → sicher (4)

Garaus, der: den G. machen: → töten (I, 1)

Garbe, die: → Feuerstoß

Garçon, der: → Kellner

Garde, die: **1.** → Elitetruppe – **2.** → Wache (1)

Garderobe, die: **1.** ⟨*Einrichtung zur Aufbewahrung von Kleidung*⟩ Kleiderablage · Ablage · Kleiderständer + Kleiderhaken – **2.** → Kleidung – **3.** → Ankleideraum

Gardine, die: **1.** ⟨*Fensterbehang*⟩ Store · Vorhang + Scheibengardine · Übergardine – **2.** hinter schwedischen Gardinen sitzen: → gefangen (2)

Gardinenpredigt, die: **1.** → Strafpredigt – **2.** eine G. halten: → zurechtweisen

garen: 1. → kochen (2) – **2.** → braten

gären: 1. ⟨*einen Gärprozess durchmachen*⟩ treiben · arbeiten; → *auch* aufgehen (2) – **2.** ⟨*zum Aufruhr neigen*⟩ brodeln · schwelen

Gärfutter, das: Silage · Ensilage · Silofutter (*Landw*)

Garn, das: **1.** ⟨*gesponnener Faden*⟩ Nähgarn · Zwirn – **2.** sein G. spinnen: → erzählen (2); ins G. locken: → überlisten; ins G. gehen: → hereinfallen

garnieren: → verzieren

Garnitur, die: → Serie (1)

Garnknäuel, das: → Knäuel (1)

garstig: → gemein (1), boshaft (1)

Garstigkeit, die: → Gemeinheit (1), Bosheit

Garten, der: englischer G.: → Park (1); G. Eden, G. Gottes: → Paradies (1, b); Quer durch den G., Durch den G.: → Eintopfgericht

Gartenbohne

Gartenbohne, die: Bohne; Fisole (*österr*); Fasole (*schweiz*) ♦ *umg:* Fisel (*süddt*)

Gartenfreund, der: → Kleingärtner

Gartenhäuschen, das: Laube · Pavillon; Salettl (*süddt österr*)

Gas, das: G. geben: **a)** → beschleunigen – **b)** → beeilen, sich; G. wegnehmen: → drosseln (1)

Gashahn, der: den G. aufdrehen / aufmachen: → vergiften (II)

gassaus: g., gassein: → überall (1)

Gasse, die: **1.** → Durchgang (1) – **2.** auf der G. liegen: → herumtreiben, sich; Hans Dampf in allen Gassen: → Tausendsasa

Gassenhauer, der: → Schlager (1)

Gassenkehrer, der: → Straßenkehrer

gassenmäßig: → gewöhnlich (2)

Gast, der: **1.** ⟨*besuchsweise anwesende Person*⟩ Besucher · der Geladene + Pensionär · Stammgast – **2.** ⟨*vorübergehend Teilnehmender*⟩ Hospitant – **3.** zu G. bitten: → ²einladen (a)

Gästehaus, das: Gästeheim · Heim; → *auch* Hotel (1)

Gästeheim, das: → Gästehaus

gastfrei: → gastfreundlich (1)

Gastfreiheit, der: → Gastfreundschaft

gastfreundlich: 1. ⟨*stets gern Gäste aufnehmend*⟩ gastlich · gastfrei · wirtlich – **2.** g. sein: ⟨*stets gern Gäste aufnehmen*⟩ ein offenes Haus haben

Gastfreundschaft, die: Gastlichkeit · Gastfreiheit

Gastgeber, der: Hausherr · Wirt · Herr des Hauses

Gastgeberin, die: Hausherrin · Frau des Hauses

Gasthaus, das: **1.** → Gaststätte (1, a) – **2.** → Hotel (1)

Gastherme, die: → Boiler

Gasthof, der: **1.** → Gaststätte (1, a) – **2.** → Hotel (1)

Gasthörer, der: + Hospitant

gastlich: → gastfreundlich (1)

Gastlichkeit, die: → Gastfreundschaft

Gastmahl, das: → Festessen

Gastronom, der: → Koch (1)

Gastronomie, die: → Kochkunst

gastronomisch: → feinschmeckerisch

Gaststätte, die: **1.** ⟨*Gebäude zur Bewirtung Fremder*⟩ **a)** ⟨*allgemein*⟩ Restaurant · Lokal · Gasthaus · Gasthof · Gastwirtschaft; Lokalität (*scherzh*); Wirtshaus · Krug · Restau-

ration · Schenke / Schänke · Kretscham (*landsch*); Beisel (*österr*) + Dorfkrug · Raststätte · Rasthaus · Hotel · Etablissement ♦ *umg:* Wirtschaft ♦ *salopp:* Kneipe; Kaschemme · Spelunke (*abwert*) – **b)** ⟨*vorwiegend mit Bierverkauf*⟩ Bierlokal · Pub; Schankstube · Schankwirtschaft · Schenkwirtschaft / Schänkwirtschaft · Schenkstube / Schänkstube · Schenke / Schänke · Stampe (*landsch*) · Stehbierhalle ♦ *umg:* Schwemme ♦ *salopp:* Bierkneipe · Budike – **c)** ⟨*vorwiegend mit Spirituosenverkauf*⟩ Probierstube; Pinte (*schweiz*) ♦ *umg:* Destille (*veraltend*) – **d)** ⟨*vorwiegend mit Weinverkauf*⟩ Weinstube · Weinkeller · Taverne – **e)** ⟨*vorwiegend mit Speisenverkauf*⟩ Speisegaststätte · Speisewirtschaft · Schnellgaststätte + Kantine · Werkkantine · Werkküche – **2.** ⟨*Aufenthaltsraum einer Gaststätte zur Bewirtung Fremder*⟩ Gaststube · Gastzimmer · Wirtsstube + Saal · Teestube · Tearoom

Gaststube, die: → Gaststätte (2)

Gastwirt, der: → Wirt; Schankwirt · Schenkwirt / Schänkwirt · Krüger · Schenk (*noch landsch*); Restaurateur (*schweiz*) + Hotelier ♦ *salopp:* Kneipier · Kneipenwirt · Kneiper · Budiker

Gastwirtschaft, die: → Gaststätte (1, a)

Gastzimmer, das: → Gaststätte (2)

Gate, das: → Flugsteig

Gatsch, der: → Schmutz (1)

gatschig: → schmutzig (1)

Gatte, der: → Ehemann

Gatter, das: **1.** → Gitter (1) – **2.** → Zaun (1) – **3.** → Käfig (1)

Gatterich, der: → Ehemann

Gattin, die: → Ehefrau

Gattung, die: → Art (2), Geschlecht (1)

GAU, der: → Störfall

Gaucho, der: → Hirt

Gaudi[um], das: **1.** → Freude (2) – **2.** → Vergnügen (1)

Gaukelei, die: → Vorspiegelung

Gaukelkunst, die: → Zauberei

Gaukelspiel, das: → Vorspiegelung

Gaukler, der: → Artist, Zauberkünstler

Gauklerei, die: → Vorspiegelung

Gaul, der: → Pferd (1)

Gaumen, der: jmdm. klebt die Zunge am G.: → dürsten (1)

Gaumenfreude, die: → Leckerbissen

Gaumenkitzel, der: → Leckerbissen

Gauner, der: **1.** → Betrüger – **2.** → Schurke

Gaunerei, die: → Betrug (1)
gaunerhaft: → betrügerisch
gaunern: → betrügen (1)
Gaunerstreich, der: → Betrug (1)
Gaunerstück, das: → Betrug (1)
Gayboy, der: → Homosexuelle (I)
Gazette, die: → Zeitung (I, 1)
Geaase, das: → Verschwendung
geachtet: → angesehen (1)
geächtet: vogelfrei · verfemt · friedlos; →
auch rechtlos
Geächtete, der: der Ausgestoßene · Outcast
· Paria
Geächze, das: → Stöhnen
geädert: durchädert + gebändert
gealtert: → ältlich
Geäse, das: → Futter (1)
Geäst, das: Astwerk · Gezweig
Geaste, das: → Schlepperei
geästelt: → verzweigt
Gebabbel, das: → Geschwätz (1)
Gebäck, das: Gebäckstück · Backwerk; Pa-
tisserie (*noch schweiz*) + Kuchen · Knusper-
chen ◆ *umg:* etwas zum Knabbern
Gebäckstück, das: → Gebäck
Gebalge, das: → Rauferei
Gebälk, das: Balkenwerk; → *auch* Balken
Gebärde, die: → Geste (1)
gebärden, sich: → verhalten (II, 1)
Gebärdenspiel, das: → Mimik
Gebärdung, die: → Geste (1)
gebaren, sich: → verhalten (II, 1)
Gebaren, das: → Verhalten
gebären: niederkommen · ein Kind/
Baby/etwas Kleines bekommen · auf die/
zur Welt bringen · ein Kind in die Welt
setzen · das Leben schenken · von einem
Kind entbunden werden; kreißen (*veraltet*)
◆ *gehoben:* eines Kindes genesen ◆ *umg:*
ein Kind kriegen
Gebarme, das: → Jammer (1)
Gebarung, die: → Verhalten
Gebarungsbericht, der: → Geschäftsbericht
gebauchkitzelt: sich g. fühlen: → ge-
schmeichelt
gebauchklatscht: sich g. fühlen: → ge-
schmeichelt
gebauchpinselt: sich g. fühlen: → ge-
schmeichelt
gebaucht: → bauchig (1)
Gebäude, das: **1.** ⟨*etw. Gebautes*⟩
Bau[werk] · Baulichkeit ◆ *umg:* Kasten; →
auch Haus (1) – **2.** → Gedankengebäude

Gebäudekomplex, der: Komplex · Trakt; →
auch Häuserblock
gebaut: 1. → gewachsen (1) – **2.** → ver-
anlagt
gebefreudig: 1. → freigebig (1) – **2.** → op-
ferbereit
Gebefreudigkeit, die: → Freigebigkeit
Gebein, das: → Skelett (1)
geben: I. geben: **1.** ⟨*zum Ergreifen hinhal-
ten*⟩ reichen · überreichen · zureichen · bie-
ten + präsentieren + in die Hand drücken
◆ *gehoben:* darreichen · darbieten ◆ *umg:*
langen; → *auch* abgeben (I, 1) – **2.** →
schenken (1) – **3.** → aufführen (I, 1) – **4.**
viel g. ⌊auf⌋: → achten (1); nichts geben
⌊auf⌋: → wichtig (4); zu denken g.: → be-
denklich (3); Unterricht g.: → unterrichten
(2); den Abschied/Laufpass g.: → entlassen
(2); zur Antwort g.: → antworten; zum Bes-
ten g.: → erzählen (2); sein Wort g.: → ver-
sprechen (I, 1); seinen Segen g.: → zu-
stimmen (1); seine Stimme g. ⌊für⌋: →
wählen (1); Brief und Siegel g.: → ver-
sichern (I); Kontra g.: → widersprechen (1);
einen Korb g.: → abweisen (1); eins aufs
Dach g., es jmdm. [gründlich] g.: → zu-
rechtweisen; [ordentlich/feste] g.,
Pfeffer g.: → schlagen (I, 1); eins hinter der
Löffel g.: → ohrfeigen; den Rest g.: → töten
(I, 1); den Fang[schuss]/Fangstoß/Genick-
fang/Gnadenschuss/Gnadenstoß g.: → tö-
ten (I, 2); Feuer g.: → schießen (1); Gift g.:
→ vergiften (I, 1); die Brust g.: → stillen
(1); die Hälfte g.: → teilen (I, 1); aus der
Hand g.: → weggeben (1); sich einen
Ruck/seinem Herzen einen Stoß g.: → er-
mannen, sich; sein Bestes g.: → bemühen
(II, 1); Laut/Hals g.: → bellen (1); in Ver-
wahrung g.: → hinterlegen; den Vorzug g.:
→ bevorzugen; sich eine Blöße g.: → bloß-
stellen (II); sich Mühe g.: **a)** → anstrengen
(II, 1) – **b)** → bemühen (II, 1); von sich g.:
a) → erbrechen (I, 1) – **b)** → äußern (I, 1);
den letzten Hauch von sich g.: → sterben
(1) – **II.** geben, sich: **1.** → verhalten (II, 1) –
2. sich [wieder] g.: → beruhigen (II, 1, b)
Geber, der: → Wohltäter
Gebet, das: **1.** ⟨*religiöse Anrufung Gottes*⟩ +
Litanei · Bittgebet · Dankgebet · Paternoster
· Vaterunser – **2.** ins G. nehmen: → zu-
rechtweisen
Gebetbuch, das: Brevier; Stundenbuch ·
Horarium (*hist*)

gebetsmühlenhaft

gebetsmühlenhaft: → gleichförmig (1)
Gebiet, das: 1. → Landschaftsgebiet – **2.** → Staatsgebiet – **3.** → Bereich (1) – **4.** → Fach (1, b)
gebieten: 1. → befehlen (I, 1) – **2.** → erfordern – **3.** g. ⌐über⌐: **a)** → herrschen (1) – **b)** → besitzen (1); Halt / Einhalt g.: **a)** → protestieren – **b)** → hindern – **c)** → eindämmen (1)
gebietend: → herrisch (1)
Gebieter, der: 1. → Herrscher – **2.** Herr und G.: → Ehemann
gebieterisch: → herrisch (1)
Gebietshoheit, die: → Territorialgewalt
gebietsweise: → landschaftlich (1)
gebildet: belesen · beschlagen · qualifiziert · kenntnisreich · hochgebildet + akademisch · urban · kultiviert · kulturvoll · niveauvoll · sprachgewandt; → *auch* gelehrt (1)
Gebinde, das: → Blumenkranz
Gebirge, das: Berge · Gebirgskette · Gebirgszug · Gebirgsmassiv + Felsmassiv · Gesteinsmassiv · Vorgebirge; → *auch* Hochebene, Berg (I, 1)
gebirgig: → bergig
Gebirgskamm, der: → Bergrücken
Gebirgskette, die: → Gebirge
Gebirgsmassiv, das: → Gebirge
Gebirgssattel, der: → Bergsattel
Gebirgszug, der: → Gebirge
Gebiss, das: 1. ⟨alle Zähne im Mund⟩ Zähne – **2.** → Zahnprothese – **3.** künstliches G.: → Zahnprothese
geblümt: blumig
Geblüt, das: → Geschlecht (2)
gebogen: gekrümmt · geschwungen · geschweift · halbrund; → *auch* krumm (1)
gebongt: ist g.: → einverstanden (1)
geboren: 1. ⟨stammend aus⟩ gebürtig – **2.** g. werden: ⟨zur Welt gebracht werden⟩ zur / auf die Welt kommen · das Licht der Welt erblicken – **3.** g. ⌐in⌐: → stammen (1)
geborgen: 1. ⟨an einem gut geschützten Ort⟩ in guten / sicheren Händen · gut aufgehoben · unter Dach und Fach; wie in Abrahams Schoß (*scherzh*); → *auch* sicher (1) – **2.** g. sein: ⟨dem Regen nicht mehr ausgesetzt sein⟩ im Trockenen sitzen
Geborgenheit, die: → Sicherheit (1)
Geborgensein, das: → Sicherheit (1)
Gebot, das: 1. → Aufforderung (2) – **2.** → Befehl (1) – **3.** → Angebot (1) – **4.** zu Gebote stehen: → verfügbar (5)

geboten: → notwendig (1)
Gebratene, das: → Braten (1)
Gebräu, das: → Getränk (1)
Gebrauch, der: 1. → Verwendung (1) – **2.** → Anwendung (1) – **3.** → Brauch (1) – **4.** aus dem G. kommen: → veralten; in G. haben: → gebrauchen (1); in G. nehmen, G. machen ⌐von⌐: → anwenden (1)
gebrauchen: 1. ⟨[dauernd] in bestimmter Weise einsetzen⟩ sich bedienen · in Gebrauch haben ♦ *umg*: brauchen; → *auch* verwenden (I, 1) – **2.** → anwenden (1) – **3.** → brauchen (1)
gebräuchlich: → üblich (1)
Gebrauchsanweisung, die: → Anleitung (2)
gebrauchsfertig: → betriebsfertig
Gebrauchsgegenstand, der: Bedarfsgegenstand · Utensil
Gebrauchsgüter (*Pl*): Gebrauchswaren · Bedarfsgüter · Konsumgüter
Gebrauchswaren (*Pl*): → Gebrauchsgüter
gebraucht: aus zweiter Hand · nicht neu; übertragen (*österr*) + antiquarisch; → *auch* alt (2)
Gebrauchtwarenladen, der: Secondhandshop · Secondhandladen · Secondhandgeschäft · An- und Verkauf
gebräunt: → braun (2)
Gebraus[e], das: → Lärm (1)
gebrechen: es gebricht an: → fehlen (2)
Gebrechen, das: 1. → Krankheit – **2.** → ¹Mangel (1)
gebrechlich: hinfällig · altersschwach; bresthaft (*noch schweiz*) + alt · schwächlich · [hoch]betagt · erholungsbedürftig ♦ *umg*: klapperig · taperig ♦ *salopp*: knackerig; → *auch* behindert
Gebreit[e], das: → Feld (1, a)
Gebresten, das: → Krankheit
gebrochen: → verzweifelt
Gebrodel, das: → Durcheinander (2)
Gebrüder (*Pl*): → Bruder (II)
Gebrüll, das: → Geschrei (1, a *u.* b)
Gebühr, die: 1. → Abgabe (2) – **2.** nach G.: → gebührend (1); über G.: → übertrieben
gebühren: I. gebühren: → verdienen (2) – **II.** gebühren, sich: → gehören (II)
gebührend: 1. ⟨der Notwendigkeit bzw. den Gegebenheiten entsprechend⟩ angemessen · gehörig · geziemend · schuldig · gemäß · zustehend · zukommend · gebührendermaßen · gebührenderweise · in gebührender Weise ·

Gedankenfülle

nach Gebühr / Verdienst · wie es sich gehört; → *auch* richtig (1), gerecht (1) – **2.** → anständig (1) – **3.** in gebührender Weise: → 1
gebührendermaßen: → gebührend (1)
gebührenderweise: → gebührend (1)
gebührenfrei: → portofrei, kostenlos
gebührlich: → anständig (1)
Gebührnis, die: → Abgabe (2)
gebumfiedelt: sich g. fühlen: → geschmeichelt
Gebumse, das: → Lärm (1)
gebunden: → unfrei (1)
Gebundenheit, die: → Unfreiheit
Geburt, die: 1. ⟨*Vorgang des Gebärens*⟩ Niederkunft · Entbindung · freudiges Ereignis · die schwere Stunde; → *auch* Schnittentbindung, Fehlgeburt – **2.** → Abstammung – **3.** → Entstehung – **4.** von erlauchter G.: → adlig (1); eine schwere G. sein: → schwierig (4); von G. [an]: → angeboren
Geburtenbeschränkung, die: Geburtenregelung + Geburtenkontrolle
Geburtenkontrolle, die: → Geburtenbeschränkung
Geburtenregelung, die: → Geburtenbeschränkung
gebürtig: 1. → geboren (1) – **2.** g. |aus|: → stammen (1)
Geburtshelferin, die: → Hebamme
Geburtsjahr, das: → Jahrgang (1)
Geburtstag, der: Wiegenfest + Ehrentag
Gebüsch, das: → Buschwerk
Geck, der (*abwert*)**: 1.** ⟨*eitler Mensch*⟩ Dandy · Gent · Laffe · Elegant · Schönling · Snob; Stutzer (*veraltend*); Fratz · Gigerl (*südd österr*) + Salontiroler ♦ *umg:* Fatzke · Stenz ♦ *salopp:* Affe · Lackaffe · Pomadenhengst – **2.** → Spaßmacher
geckenhaft: 1. ⟨*sich wie ein Geck betragend*⟩ geckenmäßig · snobistisch; gigerlhaft (*südd österr*) – **2.** → eitel (1)
Geckenhaftigkeit, die: 1. ⟨*das Geckenhaftsein*⟩ Snobismus · Geckerei – **2.** → Eitelkeit (1)
geckenmäßig: 1. → geckenhaft (1) – **2.** → eitel (1)
Geckerei, die: 1. → Geckenhaftigkeit (1) – **2.** → Eitelkeit (1)
gedacht: angenommen · fiktiv · virtuell · gedachtermaßen · vorgestellt · imaginär · ideell · gedanklich
gedachtermaßen: → gedacht

Gedächtnis, das: 1. ⟨*die Fähigkeit, sich zu erinnern*⟩ Erinnerung[svermögen] · Gedächtniskraft – **2.** → Erinnerung (I, 2) – **3.** zum G.: → Erinnerung (I, 5); ins G. bringen / [zurück]rufen: → erinnern (I, 1); sich ins G. [zurück]rufen: → erinnern (II); im G. behalten: → merken (4); nicht im G. behalten, aus dem G. verlieren, aus dem G. schwinden: → vergessen (I, 2); ein kurzes G. haben, ein G. wie ein Sieb haben: → vergesslich (2); aus dem G.: → auswendig (1)
Gedächtniskraft, die: → Gedächtnis (1)
Gedächtnislücke, die: → Erinnerungslücke
Gedächtnisrede, die: → Nachruf
gedächtnisschwach: → vergesslich (1)
Gedächtnisschwäche, die: 1. ⟨*krankhafte Erinnerungsunfähigkeit*⟩ Gedächtnisschwund · Gedächtnisverlust; Amnesie (*med*) + Geistesschwäche · Ideenflucht – **2.** → Vergesslichkeit
Gedächtnisschwund, der: → Gedächtnisschwäche (1)
Gedächtnisstütze, die: → Eselsbrücke
Gedächtnisverlust, der: → Gedächtnisschwäche (1)
gedämpft: → leise (1), dumpf (2)
Gedanke, der: 1. ⟨*das, was gedacht wird, bzw. Ergebnis des Denkens*⟩ Idee · Vorstellung; → *auch* Gedankengebäude – **2.** → Einfall (1) – **3.** auf den Gedanken kommen: → einfallen (1); auf andere Gedanken bringen: → ablenken (I, 2); Gedanken [er]raten / lesen: → hellsehen; sich keinen Gedanken machen: → sorgen (II); sich keine Gedanken machen: → sorglos (2); sich mit dem Gedanken tragen, mit dem Gedanken umgehen: → beabsichtigen; seine Gedanken zusammennehmen: → konzentrieren (II); [in Gedanken] verloren / versunken: → geistesabwesend (1); in Gedanken sein, seine Gedanken woanders haben / nicht beisammenhaben: → unaufmerksam (2); kein G.: → keineswegs
Gedankenarmut, die: → Geistlosigkeit
Gedankenaustausch, der: → Aussprache (2)
Gedankenblitz, der: → Einfall (1)
Gedankenflug, der: geistiger Höhenflug · Geistesflug → Flug der Gedanken; → *auch* Genialität
Gedankenfolge, die: → Gedankengang
Gedankenfülle, die: → Gedankenreichtum (1)

Gedankengang

Gedankengang, der: Gedankenfolge · Ideenfolge · Gedankenkette · Gedankenreihe · Ideenkette · Ideengang; → *auch* Überlegung (1)
Gedankengebäude, das: System · Lehrgebäude · Gebäude; → *auch* Gedanke (1), Lehre (1)
Gedankengehalt, der: Ideengehalt · Gehalt · Inhalt · Substanz · Kernsinn + Gedankentiefe · Geistesfülle; → *auch* Gedankenreichtum (1)
Gedankenkette, die: → Gedankengang
Gedankenleere, die: → Geistlosigkeit
gedankenlos: 1. → unüberlegt (1) – **2.** → mechanisch
gedankenreich: 1. → geistreich – **2.** → einfallsreich
Gedankenreichtum, der: **1.** ⟨*das Hervorbringen vieler schöpferischer Gedanken*⟩ Gedankenfülle · Ideenreichtum; → *auch* Gedankengehalt – **2.** → Erfindungsgabe (1)
Gedankenreihe, die: → Gedankengang
Gedankentiefe, die: → Gedankengehalt
Gedankenverbindung, die: Ideenassoziation · Ideenverknüpfung · Assoziation
gedankenverloren: → geistesabwesend (1)
gedankenvoll: → nachdenklich
Gedankenwerkstatt, die: → Denkfabrik
gedanklich: → gedacht
Gedärm: I. Gedärm, das: → Eingeweide – **II.** Gedärme (*Pl*): → Eingeweide
Gedeih: auf G. und Verderb: → bedingungslos
gedeihen: 1. ⟨*einen guten Fortgang zeigen*⟩ blühen · florieren · prosperieren · gut gehen · einen Aufschwung/Aufstieg/Boom erleben · boomen · im Aufwind sein · Konjunktur haben ♦ *umg:* flott gehen ♦ *salopp:* brummen · hinhauen; → *auch* entwickeln (II, 1) – **2.** → entwickeln (II, 2) – **3.** → erstarken
Gedeihen, das: → Wachstum (1)
gedeihlich: → nützlich
gedenken: 1. → beabsichtigen – **2.** zu tun g.: → beabsichtigen
Gedenken, das: **1.** → Erinnerung (I, 2) – **2.** zum G.: → Erinnerung (I, 5)
Gedenkfeier, die: Erinnerungsfeier · Gedenkstunde; → *auch* Feier (1)
Gedenkjahr, das: Bedenkjahr (*österr*)
Gedenkrede, die: → Nachruf
Gedenkstein, der: → Denkmal (1)
Gedenkstunde, die: → Gedenkfeier

Gedicht, das: **1.** ⟨*sprachl. Kunstwerk*⟩ Poem · Verse + Ballade · Romanze · Sonett · Ode · Spruch ♦ *dicht:* Gesang – **2.** ein G. sein: → großartig (3)
gediegen: 1. ⟨*von sehr guter Qualität*⟩ solid[e] – **2.** → rein (1) – **3.** → komisch (1) – **4.** → merkwürdig
Gedinge, das: → Akkord (2)
Gedöns, das: **1.** → Gehabe[n] (1) – **2.** → Geschwätz (1)
Gedränge, das: **1.** ⟨*das Drängen*⟩ Gewühl · Andrang · Gemenge · Getriebe ♦ *umg:* Geschiebe · Getreibe · Drückerei · Rammelei; Gewürge (*landsch*); → *auch* Durcheinander (2), Enge (1) – **2.** ins G. kommen/geraten: → Schwierigkeit (2)
gedrängt: 1. ⟨*ohne Zwischenräume stehend*⟩ dicht bei/an dicht · Kopf an Kopf · dicht gedrängt · Mann an Mann · Schulter an Schulter; → *auch* dicht (1) – **2.** → knapp (2)
Gedrängtheit, die: → Enge (1)
Gedröhn[e], das: → Geschwätz (1)
gedrückt: 1. → niedergeschlagen (1) – **2.** → ärmlich (1)
Gedrücktheit, die: → Niedergeschlagenheit
gedrungen: → untersetzt
geduckt: → schüchtern
Geduld, die: **1.** ⟨*friedfertiges Abwarten*⟩ Langmut · Ausdauer · Engelsgeduld + Ruhe ♦ *umg:* Lammsgeduld; → *auch* Gelassenheit, Toleranz – **2.** → Beharrlichkeit – **3.** G. üben, sich in G. fassen: → gedulden, sich; mit G. [er]tragen: → dulden (1); mit/voller G.: → geduldig (1); die G. verlieren: → ungeduldig (2); jmdm. reißt die G.: → aufbrausen (2), ungeduldig (2)
gedulden, sich: → [ab]warten · Geduld üben · sich in Geduld fassen ♦ *umg:* abwarten und Tee trinken; zuwarten (*landsch*)
geduldig: 1. ⟨*friedfertig abwartend*⟩ langmütig · mit/voller Geduld · geduldig wie ein Schaf/Lamm + ruhig; → *auch* tolerant – **2.** → beharrlich (1)
Geduldsfaden, der: jmdm. reißt der G.: → aufbrausen (2), ungeduldig (2)
gedunsen: → aufgeschwemmt
Gedünste, das: → Dunst (1)
geehrt: → verehrt
geeignet: 1. ⟨*die erforderl. Fähigkeiten besitzend*⟩ befähigt · fähig · tauglich · berufen · prädestiniert – **2.** → verwendbar – **3.** →

gelegen (1), ideal (1) – **4. g. sein:** ⟨*die erfor-derl. Fähigkeiten besitzen*⟩ sich eignen · passen · dazu angetan sein

Geeignetheit, die: → Eignung (1)

geerbt: → ererbt (1)

geerdet: → erschöpft (1)

Geesse, das: → Essen (1)

Gefahr, die: **1.** ⟨*drohendes Unheil*⟩ Gefähr-dung · Risiko · Sicherheitsrisiko · Bedro-hung + Bedrängnis · Gefahrenquelle · Ge-fahrenmoment ♦ *dicht:* Fährnis · Schlan-gengrube – **2.** in G.: → gefährdet (1); in G. schweben: → gefährdet (2); außer G.: → sicher (1); G. laufen, sich einer G. aus-setzen, sich in G. begeben: → gefährden (II); in G. bringen: → gefährden (I); G. bergend / bringend / drohend: → gefährlich (1)

gefährden: I. gefährden: ⟨*in eine gefährl. Lage bringen*⟩ in Gefahr bringen · bedrohen ♦ *umg:* hineinreiten – **II.** gefährden, sich: ⟨*sich in eine gefährl. Lage bringen*⟩ Gefahr laufen · sich einer Gefahr aussetzen · sich in Gefahr begeben ♦ *umg:* seine Haut zu Markte tragen · sich in die Höhle des Löwen begeben

gefährdet: 1. ⟨*einer Gefahr ausgesetzt*⟩ in Gefahr + exponiert – **2.** → unsicher (2) – **3. g. sein:** ⟨*einer Gefahr ausgesetzt sein*⟩ in Gefahr schweben · auf dem Spiel stehen

Gefährdung, die: → Gefahr (1)

Gefahrenmoment, das: → Gefahr (1)

Gefahrenquelle, die: → Gefahr (1)

gefährlich: 1. ⟨*eine Gefahr darstellend*⟩ Gefahr bringend · Gefahr bergend · Gefahr drohend · gefahrvoll · Unheil bringend · [hoch]brisant · brandgefährlich · unheilvoll · bedrohlich + gemeingefährlich · heimtü-ckisch · verfänglich · kritisch; → *auch* be-denklich (1), ernst (1), unheilvoll (1), bös-artig (1), gewagt, schädlich (1) – **2. g. sein:** ⟨*eine Gefahr darstellen*⟩ den Hals kosten [können] · ein Spiel mit dem Feuer sein · Sprengstoff bergen ♦ *umg:* ein heißes Eisen sein · ein [zu] heißes Pflaster sein – **3.** das gefährliche Alter: → Wechseljahre

gefahrlos: → ungefährlich

Gefährt, das: → Fahrzeug (1), Auto (1), Wagen (1)

Gefährte, der: → Kamerad

gefahrvoll: → gefährlich (1)

Gefälle, das: **1.** ⟨*Neigung in einem Gelände*⟩ Höhenunterschied · Senkung · Abfall · Nei-

gung + Gefällstrecke; → *auch* Abhang (1) – **2. ein gutes G. haben:** → trinkfest

gefallen: 1. ⟨*freudige Zustimmung hervor-rufen*⟩ ansprechen · für sich einnehmen · zu-sagen · behagen · bestechen · beliebt sein · Anklang / gute Aufnahme / Beifall finden · sich großer Beliebtheit erfreuen · jmds. Ge-schmack entsprechen / treffen · Zuspruch finden + entsprechen ♦ *umg:* ankommen · es jmdm. angetan haben · in die Augen ste-chen; schmecken (*landsch*) – **2.** ⟨*positiv auf das andere Geschlecht wirken*⟩ jmds. Typ sein · Chancen haben | bei | ♦ *umg:* Ankratz haben (*landsch*) – **3.** nicht g.: → missfallen (2); sich g. lassen: → hinnehmen (1); sich nichts g. lassen: → verteidigen (II)

Gefallen: I. Gefallen, der: **1.** → Gefälligkeit (1) – **2.** einen G. erweisen / tun: → gefällig (5) – **II.** Gefallen, das: **1.** ⟨*positives Empfin-den*⟩ Anklang · Resonanz · Zuspruch · Echo – **2.** G. haben / finden | an |, G. abgewinnen | einer Sache |: → mögen; zu G. reden: → schmeicheln (1); keinen G. finden | an |: → missfallen (2)

Gefallene, der: → Verstorbene

gefällig: 1. ⟨*immer zum Helfen bereit*⟩ zu-vorkommend · entgegenkommend · hilf-reich · hilfsbereit + erbötig · kulant; → *auch* freundlich (1), aufmerksam (2) – **2.** ⟨*dem Geschmack entgegenkommend*⟩ [an]genehm · ansprechend · wohlgefällig · zusagend · sympathisch · gewinnend · annehmlich · be-stechend – **3.** → anmutig – **4.** → hübsch (1) – **5. g. sein:** ⟨*jmdm. gern bei etw. helfen*⟩ einen Gefallen erweisen / tun · einen Dienst / Freundschaftsdienst erweisen

Gefälligkeit, die: **1.** ⟨*kleine Hilfeleistung*⟩ Gefallen · Freundlichkeit · Entgegenkom-men · Aufmerksamkeit · Freundesdienst · Liebesdienst + Ritterdienst · Kulanz – **2.** → Hilfsbereitschaft

Gefällstrecke, die: → Gefälle (1)

Gefallsucht, die: → Eitelkeit (1)

gefallsüchtig: → eitel (1)

gefälscht: → unecht (1)

gefangen: 1. → gefesselt – **2. g. sein:** ⟨*bes. wegen einer Straftat seiner Freiheit beraubt sein*⟩ inhaftiert sein · in Haft sitzen · einge-sperrt sein · in Arrest sitzen; im Gefäng-nis / Zuchthaus sitzen (*veraltend*); einsitzen (*fachspr*) + im Kerker sitzen · im Kerker sein ♦ *gehoben:* im Kerker schmachten ♦ *umg:* sitzen · auf Nummer Sicher / bei

Gefangene

Wasser und Brot / hinter Gittern / hinter Schloss und Riegel / hinter schwedischen Gardinen sitzen · Arrest schieben · brummen; gesiebte Luft atmen (*scherzh*) ♦ *salopp*: Knast schieben · Tüten kleben · im Knast sitzen – **3.** g. setzen: ⟨*der Freiheit berauben*⟩ in Ketten / Fesseln legen; → *auch* einsperren (1), verhaften – **4.** g. halten: ⟨*in Gefangenschaft halten*⟩ in Haft / Gewahrsam halten – **5.** g. nehmen: **a)** → verhaften – **b)** → interessieren (I)

Gefangene, der: → Häftling

Gefangenenzelle, die: → Zelle (2)

Gefangenschaft, die: → Haft (1)

Gefängnis, das: **1.** → Strafvollzugsanstalt – **2.** → Freiheitsstrafe – **3.** ins G. werfen: → einsperren (1); im G. sitzen: → gefangen (2)

Gefängniszelle, die: → Zelle (2)

gefärbt: tendenziös ♦ *umg*: angehaucht

Gefasel, das: → Geschwätz (1)

Gefäß, das: → Ader (1)

gefasst: 1. → gelassen (1) – **2.** → beherrscht (1) – **3.** g. sein |auf|: → vorbereitet (2); sich g. machen |auf|: → vorbereiten (II); g. bleiben: → beherrschen (II)

Gefasstheit, die: **1.** → Beherrschung (1) – **2.** → Gelassenheit

Gefäßverkalkung, die: Arteriosklerose · Arterienverkalkung

Gefecht, das: **1.** ⟨*[kleinere] Kampfhandlung*⟩ Geplänkel · Plänkelei · Schießerei · Treffen; Scharmützel (*veraltet*) ♦ *umg*: Geschieße; → *auch* Kampf (1), Schlacht – **2.** außer G.: → kampfunfähig (1); außer G. setzen: → kampfunfähig (2), besiegen (I); ins G. führen: → vorbringen; in der Hitze des Gefechts: → versehentlich

gefechtsbereit: → kampfbereit

Gefechtslinie, die: → Front (1)

gefeiert: → berühmt (1)

gefeilt: → sorgfältig (1)

gefeit: → immun (1)

Gefeixe, das: → Gelächter (1)

Gefels, das: → Gestein

gefesselt: gefangen · gepackt + ergriffen · begeistert; → *auch* gespannt (1)

Gefieder, das: Federkleid

Gefilde, das: **1.** → Landschaftsgebiet – **2.** → Feld (1, a) – **3.** → Bereich (1) – **4.** die Gefilde der Seligen, die elysischen Gefilde: → Jenseits (1, b)

gefinkelt: → schlau (1), raffiniert (1)

Gefitze, das: → Durcheinander (1)

Geflecht, das: Flechtwerk · Gewinde · Maschenwerk

gefleckt: scheckig · fleckig · apfelig + bunt gefleckt · buntscheckig · [bunt] gescheckt

Geflenne, das: → Weinen

Geflissenheit, die: → Eifer (1)

geflissentlich: → absichtlich

Geflügel, das: → Federvieh

Geflunker, das: → Lüge (1)

Geflüster, das: Gewisper · Gelispel · Lispelei · Gezischel ♦ *umg*: Flüsterei · Zischelei

Gefolge, das: **1.** → Begleitung (1), Gefolgschaft (1) – **2.** im G. haben: → Folge (3)

Gefolgschaft, die: **1.** ⟨*Parteigänger einer Person od. Gruppe*⟩ Anhang · Anhängerschaft · Gefolge + Jüngerschaft; → *auch* Anhänger (3) – **2.** → Begleitung (1) – **3.** G. leisten: → gehorchen (1)

Gefolgsmann, der: **1.** → Lehnsmann – **2.** → Anhänger (3)

gefräßig: 1. ⟨*von Tieren gesagt: viel fressend*⟩ fressgierig · fresssüchtig · unersättlich ♦ *umg*: verfressen; → *auch* unersättlich (1), hungrig (1) – **2.** → unersättlich (1)

Gefräßigkeit, die: **1.** ⟨*von Tieren gesagt: starkes Verlangen nach viel Nahrung*⟩ Fress[be]gier · Fresssucht · Unersättlichkeit ♦ *umg*: Verfressenheit; → *auch* Unersättlichkeit (1), Hunger (1), Appetit – **2.** → Unersättlichkeit (1)

Gefresse, das: → Essen (1)

Gefrett, das: → Unannehmlichkeit

Gefrieranlage, die: → Tiefkühlschrank

gefrieren: 1. → zufrieren – **2.** → erstarren (1, a)

Gefrierschrank, der: → Tiefkühlschrank

Gefriertruhe, die: → Tiefkühlschrank

Gefrieß, das: → Gesicht (1)

Gefrorene, das: → Speiseeis

gefuchst: → raffiniert (1)

gefüge: → gehorsam (1)

Gefüge, das: → Gliederung (1)

gefügig: 1. → gehorsam (1) – **2.** g. machen: → zwingen (1)

Gefügigkeit, die: → Gehorsam (1)

Gefühl, das: **1.** ⟨*psych. Regung*⟩ Empfinden · Empfindung· Emotion · Feeling + Stimmung – **2.** → Tastsinn – **3.** mit G.: → gefühlvoll (1); ohne G.: **a)** → gefühllos (1) – **b)** → unempfindlich (1); im G. haben: → spüren (1); jmds. Gefühle verletzen: → kränken; ganz G. sein: → gefühlvoll (2)

gefühlig: → gefühlvoll (1)
gefühllos: 1. ⟨*ohne innere Teilnahme am Leben bzw. Schicksal anderer*⟩ gefühlsarm · gefühlskalt · gefühlsleer · gefühlsroh · ohne Gefühl/Mitgefühl · gemütsarm · gemütslos · herzlos · kaltherzig · lieblos · liebeleer · eiskalt · stumpf · abgestumpft + seelenlos ♦ *umg:* abgebrüht · hart gesotten · kalt wie [eine] Hundeschnauze; → *auch* kühl (2), unempfindlich (2) – **2.** → unempfindlich (1 *u.* 2) – **3. g.** sein: ⟨*keiner inneren Regung fähig sein*⟩ kein Gemüt haben; → *auch* leidenschaftslos (2) – **4. g.** werden: → abstumpfen (2)
Gefühllosigkeit, die: 1. ⟨*Mangel an innerer Teilnahme am Leben bzw. Schicksal anderer*⟩ Abstumpfung · Gefühlskälte · Gefühlsmangel · Gefühlsrohheit · Herzlosigkeit ♦ *umg:* Abgebrühtheit; → *auch* Brutalität
gefühlsarm: → gefühllos (1)
Gefühlsausbruch, der: → Gefühlsregung
Gefühlsäußerung, die: → Gefühlsregung
gefühlsbetont: → gefühlvoll (1)
Gefühlsduselei, die: → Rührseligkeit
gefühlsduselig: → rührselig (1)
gefühlskalt: 1. ⟨*geschlechtlich gleichgültig*⟩ kalt · frigid[e] ♦ *umg:* fischblütig · fischig – **2.** → gefühllos (1)
Gefühlskälte, die: 1. ⟨*geschlechtl. Gleichgültigkeit*⟩ Frigidität ♦ *umg:* Fischblut – **2.** → Gefühllosigkeit
Gefühlslage, die: → Stimmung (1)
gefühlsleer: → gefühllos (1)
Gefühlsmangel, der: → Gefühllosigkeit
gefühlsmäßig: instinktiv · intuitiv · emotional · emotionell; → *auch* unbewusst
Gefühlsregung, die: Gefühlsäußerung · Gemütsbewegung · Regung · Gefühlsausbruch
gefühlsroh: → gefühllos (1)
Gefühlsrohheit, die: → Gefühllosigkeit
gefühlsselig: → rührselig (1), gefühlvoll (1)
Gefühlsseligkeit, die: → Rührseligkeit
gefühlsstark: → gefühlvoll (1)
Gefühlsüberschwang, der: → Rührseligkeit
gefühlvoll: 1. ⟨*starker Empfindungen fähig*⟩ gefühlsstark · gefühlsbetont · sensibel · gefühlig · gemütsreich · emotionsreich · gemütvoll · beseelt · mit Gefühl · mit Gemüt · gefühlsselig · sensitiv + romantisch; → *auch* seelenvoll, empfindsam (1), rührselig (1), weinerlich – **2. g.** sein: ⟨*starker Empfindungen fähig sein*⟩ Gemüt/ein warmes Herz haben · ganz Gefühl sein

gefüllt: → voll (1)
gegeben: 1. → ideal (1) – **2.** → jetzig
gegebenenfalls: 1. → andernfalls – **2.** → möglicherweise
Gegebenheit, die: → Tatsache (1)
gegen: 1. ⟨*gegensätzlich*⟩ kontra · versus · wider · entgegen – **2.** ⟨*austauschend*⟩ für · im Tausch gegen – **3.** → ungefähr (1) – **4. g.** die gute Sitte: → anstößig (1)
Gegenangriff, der: → Vergeltung (1)
Gegenantwort, die: → Antwort (1)
Gegenargument, das: → Einwand (1)
Gegenbehauptung, die: → Einwand (1)
Gegenbemerkung, die: → Antwort (1)
Gegenbeweis, der: → Widerlegung
Gegend, die: 1. ⟨*nicht genau bestimmtes Gebiet*⟩ Landstrich · Strich · Region · Himmelsstrich · Breiten · Abschnitt · Sektor + Geländeabschnitt ♦ *umg:* Ecke; Drehe (*landsch*); → *auch* Landschaftsgebiet – **2.** → Umgebung (1) – **3.** die G. unsicher machen: → aufhalten (II, 1)
Gegendienst, der: → Gegenleistung
Gegendruck, der: → Widerstand (1 *u.* 2)
gegeneinander: g. prallen: → zusammenstoßen (1)
Gegenerklärung, die: → Widerruf (1)
Gegenhall, der: → Echo (1)
gegenhalten: → widersetzen, sich
Gegenleistung, die: Gegendienst · Erkenntlichkeit
Gegenliebe, die: 1. → Zustimmung (1) – **2.** keine G. finden: → abblitzen (1)
Gegenmeinung, die: → Einwand (1)
Gegenpart, der: → Gegner (1)
Gegenrede, die: → Antwort (1)
Gegensatz, der: 1. ⟨*das extrem Verschiedene*⟩ Antagonismus · Kontrast · Kluft + Unterschied · Verschiedenheit · Ungleichheit · Trennung; → *auch* Gegensätzlichkeit, Widerspruch (1), Gegenteil (1) – **2.** im G. zu : → gegenüber (2); im G. sein/stehen zu : → widersprechen (2)
gegensätzlich: gegenteilig · entgegengesetzt · konträr · oppositionell · oppositär · oppositiv · kontrovers · disjunktiv · diametral · antagonistisch · antithetisch · polar + dualistisch · adversativ · divergent ♦ *umg:* quer; → *auch* widerspruchsvoll, verschiedenartig
Gegensätzlichkeit, die: Polarität + Dualismus; → *auch* Gegensatz (1), Verschiedenartigkeit
Gegenschall, der: → Echo (1)

Gegenschlag

Gegenschlag, der: → Vergeltung (1)
Gegenseite, die: → Gegner (1 *u.* 2)
gegenseitig: 1. → wechselseitig – **2.** sich g.:
→ einander
Gegenspieler, der: → Gegner (1 *u.* 2)
Gegenstand, der: **1.** *⟨räumlich umgrenzte
Größe⟩* Ding · Sache · Körper · Objekt; →
auch Ding (1) – **2.** → Thema (1) – **3.** →
Fach (1, a) – **4.** zum G. haben: → behandeln
(4)
gegenständlich: dinglich · konkret · ge-
stalthaft
gegenstandslos: 1. *⟨jede weitere Diskussion
erübrigend⟩* hinfällig · haltlos · aus der Luft
gegriffen; → *auch* grundlos (1) – **2.** → ab-
strakt
gegensteuern: → entgegenwirken (1)
Gegenstoß, der: → Vergeltung (1)
Gegenstück, das: **1.** *⟨Vergleichsgröße⟩* Ent-
sprechung · Pendant · Parallele – **2.** → Ge-
genteil (1)
Gegenteil, das: **1.** *⟨das Umgekehrte⟩* Ge-
genstück; → *auch* Gegensatz (1) – **2.** [ganz]
im G.: → keineswegs; das G. beweisen: →
widerlegen; ins G. verwandeln: → verdre-
hen (1)
gegenteilig: → gegensätzlich
gegenüber: 1. *⟨örtlich⟩* vis-a-vis + jen-
seits – **2.** *⟨vergleichend⟩* neben · verglichen
|mit| · im Vergleich mit/zu · im Gegensatz
zu
gegenüberliegend: → jenseitig (1)
gegenüberstellen: 1. *⟨direkt voreinander
stellen⟩* konfrontieren + vergleichen – **2.** →
vergleichen (I, 1)
Gegenüberstellung, die: → Vergleich (1)
Gegenwart, die: **1.** *⟨die Zeit, in der man
lebt⟩* das Heute · Jetztzeit · das Jetzt · unse-
re/die heutige Zeit – **2.** → Anwesenheit (1)
– **3.** in G. von: → Anwesenheit (2)
gegenwärtig: 1. *⟨in der Gegenwart⟩* jetzt ·
zurzeit · heute · derzeit · heutzutage · heuti-
gentags + heuer; → *auch* jetzig, zeitgenös-
sisch, neuerdings (1) – **2.** *⟨geistig verfügbar⟩*
erinnerlich · präsent · parat – **3.** → jetzt (1) –
4. → jetzig
gegenwartsbezogen: → gegenwartsnah[e]
gegenwartsnah[e]: aktuell · zeitnahe · zeit-
gemäß · up to date · im Trend liegend ·
trendig · trendy · hip · gegenwartsbezogen;
→ *auch* fortschrittlich
Gegenwartsnähe, die: Aktualität · Zeitbe-
zogenheit

Gegenwehr, die: **1.** → Verteidigung – **2.** →
Widerstand (1)
Gegenwert, der: → Preis (1)
Gegenwirkung: die: → Reaktion
gegenzeichnen: kontrasignieren; → *auch*
unterschreiben
Gegesse, das: → Essen (1)
gegessen: g. sein: → erledigt (3, a)
Gegner, der: **1.** *⟨Partner im sportl. Wett-
streit⟩* Gegenspieler · Gegenpart · Rivale ·
Konkurrent · Gegenseite – **2.** *⟨jmds. Zielen
entgegenwirkende Person[en]⟩* Kontrahent ·
Opponent · Gegenspieler · Widersacher ·
Widerpart · Antagonist · Antipode · Oppo-
sition · Gegenseite; → *auch* Feind (1) – **3.**
→ Feind (1)
gegnerisch: → feindlich (1)
Gegnerschaft, die: → Feindschaft
Gegröle, das: **1.** → Gesang (1) – **2.** → Ge-
schrei (1, a)
gehaben, sich: gehab dich wohl: → Wie-
dersehen (1)
Gehabe[n], das: **1.** abwert *⟨merkwürdiges
bzw. unsinniges Tun⟩* umg: Getue · Gewese ·
Getöse · Gesums · Geschrei · Gestürm ·
Krampf · Theater · Zirkus · Trara · Drama ·
Drechselei; Gedöns (*landsch*) ♦ *salopp:* Af-
fentheater · Affenkomödie · Affentanz – **2.**
→ Ziererei – **3.** → Verhalten
Gehackte, das: Hackfleisch · Hackepeter;
das Faschierte (*österr*) + Schabefleisch
Gehalt: I. Gehalt, das: *⟨Entlohnung für An-
gestellte⟩* Bezüge · Dienstbezüge · Einkom-
men · Einkünfte · Verdienst · Besoldung ·
Vergütung; Salär (*schweiz*) + Fixum · Gage
· Einnahme · Honorar; → *auch* Lohn (1) –
II. Gehalt, der: **1.** → Gedankengehalt – **2.**
→ Sinn (1)
gehaltarm: → gehaltlos (1)
gehalten: 1. → beherrscht (1) – **2.** g. sein:
→ verpflichtet (1)
gehaltlos: 1. *⟨von der Nahrung gesagt: kei-
ne wertvollen Bestandteile enthaltend⟩* ge-
haltarm · saft- und kraftlos · ohne Saft und
Kraft – **2.** → geistlos
gehaltreich: → gehaltvoll (1), inhaltsreich
(1)
Gehaltsempfänger, der: → Angestellte
gehaltvoll: 1. *⟨von der Nahrung gesagt:
wertvolle Bestandteile enthaltend⟩* gehalt-
reich · kräftig + fett – **2.** → inhaltsreich (1)
– **3.** → nahrhaft
Gehänge, das: → Abhang (1)

gehen

Gehänsel, das: → Neckerei
geharnischt: → wütend (1)
gehässig: bissig · hasserfüllt ♦ *umg:* giftig; → *auch* boshaft (1)
Gehässigkeit, die: → Bosheit
gehäuft: → wiederholt (1)
Gehäuse, das: 1. → Kapsel (1) – 2. → Kerngehäuse – 3. → ¹Tor (2)
gehaut: → raffiniert (1)
Gehbahn, die: → Gehweg
Gehege, das: 1. → Schonung (1), Käfig – 2. ins G. kommen: → stören (1)
geheiligt: → heilig (1 *u.* 2)
geheilt: → genesen (1)
geheim: 1. ⟨*nicht für andere bestimmt*⟩ nicht öffentlich · nichts für fremde Ohren · intra muros · esoterisch · topsecret; sekret (*veraltet*) + kryptisch · verborgen · verdeckt · hinter den Kulissen · hinter verschlossenen Türen; → *auch* heimlich (1), vertraulich (2) – 2. im Geheimen: → heimlich (1); g. halten: → verschweigen; g. tun: → heimlich (3)
Geheimagent, der: → Agent (1)
Geheimbündelei, die: → Verschwörung (1)
Geheimdienst, der: Nachrichtendienst · Abwehr[dienst]
Geheimdienstler, der: → Agent (1)
Geheimhaltung, die: → Verheimlichung
Geheimkonto, das: Schwarz[geld]konto ♦ *umg:* schwarze Kasse
Geheimnis, das: 1. ⟨*nur Eingeweihten Bekanntes*⟩ Rätsel · Dunkel · Mysterium + die letzten Dinge · Amtsgeheimnis · Dienstgeheimnis · Beichtgeheimnis – 2. das G. lüften: → enträtseln (1)
Geheimniskrämer, der: → Heimlichtuer
Geheimniskrämerei, die: → Heimlichtuerei
geheimnisreich: → geheimnisvoll (1)
Geheimnistuerei, die: → Heimlichtuerei
geheimnisumwittert: → geheimnisvoll (1)
geheimnisvoll: 1. ⟨*nicht erklärbar scheinend*⟩ dunkel · geheimnisreich · geheimnisumwittert · rätselhaft · rätselvoll · okkult · delphisch · sibyllinisch · orakelhaft · mystisch · mysteriös · pythisch · magisch · unergründlich · unerforschlich · undurchdringlich · hintergründig · abgründig + kabbalistisch · esoterisch; → *auch* unbegreiflich – 2. g. tun: → heimlich (3)
Geheimpolizist, der: → Kriminalist
Geheimtipp, der: → Hinweis
Geheimtuer, der: → Heimlichtuer

Geheimzeichen, das: Chiffre + Deckwort · Kode; → *auch* Symbol (1), Zeichen (1)
Geheiß, das: → Aufforderung (2)
gehemmt: gezwungen · verklemmt · verkrampft · unfrei + scheu; → *auch* schüchtern, steif (2)
Gehemmtheit, die: → Hemmung (1)
Gehemmtsein, das: → Hemmung (1)
gehen: 1. ⟨*sich aufrecht schrittweise vorwärts bewegen*⟩ laufen · schreiten; einen Fuß vor den anderen setzen (*scherzh*) + sich bewegen · stelzen · storchen · stolzieren · wandern ♦ *umg:* marschieren · tippeln; → *auch* trotten, stapfen, schlürfen (1), marschieren, wandern (1) – 2. → funktionieren (1) – 3. → fühlen (II, 1) – 4. → verlaufen (I, 1 *u.* 2) – 5. → weggehen (1) – 6. → ausscheiden (3) – 7. → kündigen (1) – 8. g. |nach/in|: ⟨*auf ein Ziel zugehen*⟩ aufsuchen · sich begeben |nach/in| · seine Schritte lenken/wenden |nach|; sich bemühen |nach/in| · sich verfügen |nach/in| (*oft scherzh*) ♦ *umg:* ziehen |nach/in| – 9. gut g.: ⟨*zur Zufriedenheit verlaufen*⟩ glatt gehen ♦ *umg:* funken · funktionieren · klappen · klargehen · schnurren · wie am Schnürchen gehen/klappen; schnurpsen · zu Faden gehen (*landsch*); → *auch* gelingen (1), vorangehen – 10. g. |an|: → anfangen (1, a); g. |um|: → handeln (II); g. |hinter|: → folgen (1); g. |mit|: → Freundin (3); g. |in|: **a)** → eintreten (1) – **b)** → aufnehmen (5); in die Irre g.: **a)** → verirren, sich – **b)** → irren (II); zu Boden g.: → hinfallen; durch die Lappen g.: → entkommen (1); aus dem Weg g.: → meiden; auf Fahrt/in See/unter Segel g.: → hinausfahren (2); vor Anker g.: → ankern (1); vor sich g.: **a)** → verlaufen (I, 2) – **b)** → geschehen (1); glatt g.: → 9; gut g.: **a)** → 9 – **b)** → gedeihen (1); flott g.: → gedeihen (1); schlecht g.: → schlecht (10); wie geschmiert g.: → funktionieren (1); konform g.: → übereinstimmen (1); auf Nummer Sicher g.: **a)** → versichern (II, 2) – **b)** → vergewissern, sich; auf Stelzen g.: → zieren (II); in die Lehre g.: → lernen (2); nach Wunsch g.: → gelingen (1); g. |gegen|: → verstoßen (3, a); g. müssen, gegangen werden: **a)** → entlassen (3); g. lassen: **a)** → entlassen (2) – **b)** → weglassen (1); ins Garn/Netz/auf den Leim g.: → hereinfallen; verlustig g. |einer Sache|: → verloren (4), verlieren (I, 2); in die Binsen/Wicken/

Gehen

in die Rapus[ch]e g.: → verloren (4); zum Teufel g.: **a)** → verloren (4) – **b)** → sterben (1); g. |von|, aus der Welt / dem Leben g., von hinnen / dannen g., den Weg allen Fleisches g.: → sterben (1); ins Wasser g.: → ertränken (II); vor die Hunde g.: → umkommen (1); es geht bergab: → verschlechtern (II); zugrunde g.: **a)** → sterben (1) – **b)** → untergehen (2); baden g.: → scheitern (a); in die Brüche / zu Bruch / in Stücke / Scherben g.: → zerbrechen (2); aus dem Leim / den Fugen g.: → entzweigehen (1); zur Rüste g.: **a)** → untergehen (1) – **b)** → enden (1, b); zur Neige g.: **a)** → ausgehen (2) – **b)** → enden (1, b); zu Ende g.: → enden (1, b); wider / gegen den Strich g.: → missfallen (1); jmdm. geht der Frack: → ängstigen (II, 1); zu Herzen g.: → ergreifen (3); durch und durch / durch Mark und Bein / durch Mark und Pfennig g.: → ergreifen (3); an die Nieren g.: **a)** → ergreifen (3) – **b)** → bedrücken (1); auf die Nerven g.: → belästigen (1); in sich g.: → bereuen; an die / zur Hand g.: → helfen (1); um den Bart g.: → schmeicheln (1); auf Brautschau / auf Freiersfüßen g.: → werben (2, a); ins Gericht g. |mit|: → bestrafen; aufs Ganze g.: → wagen (2); zu Leibe g.: → angreifen (I, 1, b); über Leichen g.: → rücksichtslos (2); das geht zu weit / über die Hutschnur: → unerhört (2); wo man geht und steht: → überall (1)

Gehen, das: 1. → Walking – **2.** hier herrscht ein ständiges Kommen und G.: → Kommen (3)

Gehetze, das: → Eile (1)

geheuer: nicht g.: **a)** → verdächtig (1) – **b)** → bedenklich (1)

Geheul, das: → Geschrei (1, b)

Geheule, das: → Weinen

Gehilfe, der: Hilfskraft; Adlatus (*scherzh*); Beimann (*schweiz*); Adjunkt (*veraltet*) + Kommis; → *auch* Assistent, Helfer (1)

Gehilfenschaft, die: → Hilfe (1)

Gehirn, das: → Hirn (1)

Gehirnblutung, die: → Schlaganfall

Gehirnschlag, der: → Schlaganfall

Gehirnschmalz, das: → Verstand (1)

gehoben: 1. → feierlich (1) – **2.** [in] gehobener Stimmung: → lustig

Gehöft, das: → Bauernhof

Gehölz, das: → Wäldchen

Gehör, das: 1. ⟨*Sinn für Schallwellen*⟩ Gehörsinn · Hörvermögen – **2.** G. finden |bei|:

→ anhören (I, 3); G. schenken: → anhören (I, 1); das G. verlieren: → ertauben; zu G. bringen: → vortragen (1)

gehorchen: 1. ⟨*jmds. Anordnungen bzw. Befehlen entsprechen*⟩ folgen · hören |auf| · gehorsam sein · Folge / Gehorsam leisten · sich bequemen · zu Willen sein · Gefolgschaft leisten + einwilligen · sich richten |nach| ♦ *gehoben:* willfahren ♦ *umg:* [aufs Wort] parieren · kuschen · spuren · nach jmds. Pfeife / Flöte / Geige tanzen · tanzen, wie jmd. pfeift + springen; → *auch* nachgeben (1) – **2.** → reagieren (2)

gehören: I. gehören: **1.** ⟨*jmds. Eigentum sein*⟩ *gehoben:* eignen; → *auch* besitzen (1) – **2.** → verdienen (2) – **3.** g. |zu|: **a)** ⟨*mit jmdm. verbunden sein*⟩ angehören · zugehören – **b)** ⟨*ein Teil von etw. sein*⟩ zählen |zu| · zugeordnet werden · gerechnet werden |zu| – **4.** wie es sich gehört: **a)** → anständig (1) – **b)** → gebührend (1); zum alten Eisen gehörend: → verbraucht (1); ins Reich der Fabel g.: → unwahr (2) – **II.** gehören, sich: ⟨*der guten Sitte entsprechen*⟩ sich [ge]ziemen · sich gebühren · sich schicken · angebracht / angemessen sein · anstehen

gehörgeschädigt: → schwerhörig

gehörig: 1. *umg:* ⟨*in hohem Maße*⟩ *normalspr:* kräftig · herzhaft · weidlich + nach Herzenslust ♦ *umg:* gründlich · ordentlich · tüchtig · anständig · zünftig · schön; deftig (*norddt*) ♦ *salopp:* feste · nach Strich und Faden · ebr (*bzw.* die *od.* das) sich gewaschen hat – **2.** → gebührend (1) – **3.** → eigen (1)

gehörlos: → taub (1)

Gehörlosigkeit, die: → Taubheit

Gehörn, das: Krone · Stangen (*weidm*); Gewicht (*süddt weidm*); → *auch* Geweih (1)

gehorsam: 1. ⟨*stets gehorchend*⟩ folgsam · fügsam · gefügig · willig; gefüge (*veraltend*) ♦ *gehoben:* willfährig · botmäßig; → *auch* artig (1), nachgiebig – **2.** g. sein: → gehorchen (1)

Gehorsam, der: 1. ⟨*das stete Gehorchen*⟩ Gehorsamkeit · Folgsamkeit · Fügsamkeit · Gefügigkeit · Unterordnung · Subordination + Kadavergehorsam ♦ *gehoben:* Willfährigkeit – **2.** G. leisten: → gehorchen (1); den G. versagen / verweigern: → aufbegehren

Gehorsamkeit, die: → Gehorsam (1)

Gehörsinn, der: → Gehör (1)

Gehrock, der (*noch scherzh*): schwarzer Rock; Leibrock · Bratenrock (*noch*

landsch); → *auch* Frack (1), Gesellschaftsanzug

Gehsteg, der: → Gehweg

Gehsteig, der: **1.** → Gehweg – **2.** → Weg (1)

Gehtnichtmehr: bis zum G.: → Überdruss

Gehudel, das: → Ausschuss (2)

Gehweg, der: Fuß[gänger]weg · Gehsteig · Bürgersteig · Fußgängerpfad · Fußsteig · Gehsteg · Gehbahn; Trottoir (*veraltend*); → *auch* Weg (1)

Geier, der: [nicht] den G. fragen |nach|: → gleichgültig (5)

Geifer, der: → Speichel

Geiferer, der: → Streitsüchtige

Geiferling, der: → Streitsüchtige

geifern: 1. ⟨*Speichel verlieren*⟩ speicheln ♦ *umg*: sabbern; sabbeln (*norddt*) – **2.** → schimpfen (1)

Geige, die: **1.** ⟨*Musikinstrument*⟩ Violine; Fiedel (*veraltend*) ♦ *umg*: Wimmerholz (*scherzh*); → *auch* Bratsche, Bassgeige (1) – **2.** G. spielen: → geigen (1); die erste G. spielen: → führen (2); nach jmds. G. tanzen: → gehorchen (1)

geigen: 1. ⟨*mit der Geige musizieren*⟩ Geige spielen ♦ *umg*: fiedeln ♦ *salopp*: fitscheln · schrubben – **2.** es jmdm. g., die Meinung/was g.: → zurechtweisen

Geigenspieler, der: Geiger · Violinist ♦ *umg*: Fiedler

Geiger, der: → Geigenspieler

geil: 1. → lüstern (1) – **2.** → üppig (2) – **3.** → großartig (1)

Geile, die: → Lüsternheit

geilen: → lüstern (2)

Geilheit, die: → Lüsternheit

Geiß, die: → Ziege (1)

Geißel, die: → Peitsche (1)

geißeln: 1. → anprangern (1) – **2.** → peitschen

Geist, der: **1.** → Verstand (1) – **2.** → Genie (1) – **3.** → Gespenst (1) – **4.** mit G.: geistreich; G. haben/besitzen: → klug (2); seinen G. aufgeben: **a)** → sterben (1) – **b)** → entzweigehen (2), versagen (2); seinen G. anstrengen: → nachdenken (1); von allen guten Geistern verlassen: → verrückt (1); dienstbarer G.: **a)** → Diener (1) – **b)** → Hausangestellte (II); unruhiger G.: → Quecksilber; auf den G. gehen: → belästigen (1)

geisterbleich: → blass (1)

geisterhaft: → unheimlich (1)

Geisterwelt, die: → Unterwelt (1)

geistesabwesend: 1. ⟨*seinen eigenen Gedanken nachhängend*⟩ abwesend · gedankenverloren · in Gedanken [verloren/versunken] · verträumt · träumerisch · traumverloren ♦ *umg*: dösig; → *auch* unaufmerksam (1), nachdenklich – **2.** g. sein: ⟨*seinen eigenen Gedanken nachhängen*⟩ träumen · seine Gedanken woanders haben ♦ *umg*: dösen · nicht da sein · [mit offenen Augen] schlafen · [geistig] völlig weggetreten sein; → *auch* unaufmerksam (1)

Geistesabwesenheit, die: → Zerstreutheit

Geistesarbeiter, der: → Wissenschaftler

geistesarm: → geistlos

Geistesarmut, die: → Geistlosigkeit

Geistesblitz, der: → Einfall (1)

Geistesflug, der: **1.** → Genialität – **2.** → Gedankenflug

Geistesfülle, die: → Gedankengehalt

Geistesfunke, der: → Einfall (1)

Geistesfürst, der: → Genie (1)

Geistesgaben (*Pl*): → Verstand (1)

Geistesgegenwart, die: Reaktionsvermögen · Reaktionsschnelligkeit · rasches Handeln

geistesgegenwärtig: reaktionsschnell

geistesgestört: → geisteskrank (1)

Geistesgestörtheit, die: → Geisteskrankheit

Geistesgröße, die: → Genie (1)

Geisteskraft, die: **1.** → Denkvermögen – **2.** → Verstand (1)

geisteskrank: 1. ⟨*an einer schweren geistigen Störung leidend*⟩ geistesgestört · [geistig] umnachtet · irr[e] · wahnsinnig · unzurechnungsfähig; irrsinnig (*veraltet*); phrenetisch (*med*) + gemütskrank · psychopathisch · paranoid · paranoisch ♦ *umg*: verrückt · plemplem · rappelig · nicht [ganz] richtig [im Kopf/Oberstübchen]; → *auch* schwachsinnig (1), verrückt (1) – **2.** g. sein: ⟨*an einer schweren geistigen Störung leiden*⟩ an fixen Ideen leiden ♦ *umg*: spinnen · nicht alle beisammenhaben · den Jagdschein haben ♦ *salopp*: einen Webfehler/Dachschaden haben · einen weghaben · einen Hau/Hieb [weg]haben · einen laufen haben · nicht ganz rund laufen; rappeln (*landsch*) – **3.** g. werden: ⟨*geistig schwer gestört werden*⟩ den Verstand verlieren · um den Verstand kommen ♦ *umg*: verrückt werden · überschnappen

Gechteskrankheit

Geisteskrankheit, die: Geistesstörung · Geistesgestörtheit · Geistesumnachtung · [geistige] Umnachtung · Irresein · Wahnsinn; Irrsinn (*veraltet*); Phrenesie (*med*) + Psychopathie · Paranoia · Blödsinn; → *auch* Bewusstseinsspaltung, Schwachsinn (1)
Geistesschaffende, der: → Wissenschaftler
geistesschwach: → schwachsinnig (1)
Geistesschwäche, die: **1.** → Schwachsinn (1) – **2.** → Gedächtnisschwäche (1)
Geistesstärke, die: → Denkvermögen
Geistesstörung, die: → Geisteskrankheit
Geistesumnachtung, die: → Geisteskrankheit
geistesverwandt: → gleich (6)
geistig: 1. ⟨*den Verstand betreffend*⟩ mental · verstandesmäßig · kopfgesteuert + spirituell · intellektuell – **2.** → unsinnlich – **3.** → alkoholisch – **4.** g. minderbemittelt / unterbelichtet: → beschränkt (1), dumm (1); g. umnachtet: → geisteskrank (1); geistige Umnachtung: → Geisteskrankheit; geistiger Höhenflug: → Gedankenflug
geistlich: 1. ⟨*die Religion betreffend*⟩ sakral · spiritual · theologisch · klerikal; pfäffisch (*abwert*); → *auch* kirchlich, fromm (1) – **2.** geistlicher Herr: → Geistliche
Geistliche, der: Pfarrer · Pastor · Prediger · Priester · Theologe; Pfaffe · Schwarzkittel · Schwarzrock (*abwert*); Seelsorger · geistlicher Herr · Seelenhirte · Hirte · Diener Gottes · Gottesdiener · Diener am Wort (*Rel*); Kleriker · Pater · Kaplan (*kathol*) + Kirchenmann · Mönch
Geistlichkeit, die: Klerus; Pfaffentum (*abwert*)
geistlos: einfallslos · ideenlos · witzlos · geistesarm · ideenarm · nichts sagend · gehaltlos · [inhalts]leer · inhaltslos · hohl · flachköpfig · stumpfsinnig · banal · trivial · schal · geisttötend · billig · platt · ohne Salz; → *auch* dumm (1), abgedroschen (1)
Geistlosigkeit, die: Einfallslosigkeit · Geistesarmut · Gedankenarmut · Armut · Gedankenleere · Hohlheit · Beschränktheit · Stumpfsinn · Banalität · Trivialität · Dürre · Leere; → *auch* Dummheit (1), Gemeinplatz, Plattheit
geistreich: brillant · geistvoll · gedankenreich · geistsprühend · ingeniös · Funken sprühend · witzsprühend · witzig · spritzig · launig · sprudelnd · mit Geist; → *auch* genial (1), klug (1), einfallsreich, inhaltsreich (1)

geistsprühend: → geistreich
geisttötend: 1. → geistlos – **2.** → langweilig
geistvoll: → geistreich
Geiz, der: Schäbigkeit ♦ *umg*: Knauserei · Knickerei
geizen: g. |mit|: kargen |mit| + sparen; → *auch* geizig (2), Haus (4), sparen (1)
Geizhals, der: der Geizige · Harpagon · Sparfanatiker; Rappenspalter (*schweiz*) ♦ *umg*: Pfennigfuchser · Knauser · Filz · Knicker · Geizkragen; → *auch* Habgierige
geizig: 1. ⟨*übertrieben sparsam*⟩ schäbig + raffgierig ♦ *umg*: knauserig · knickerig · knorzig · filzig · hartleibig; gnietschig · zach (*landsch*); → *auch* sparsam (1) – **2.** g. sein: ⟨*in übertriebener Weise sparen*⟩ *umg*: knickern · knausern · knorzen · filzen · knapsen · am Geld hängen · nichts herausrücken · auf dem / seinem Geld sitzen · die Hand auf die Tasche halten · den Pfennig [dreimal / zehnmal] umdrehen / herumdrehen; → *auch* geizen
Geizige, der: → Geizhals
Geizkragen, der: → Geizhals
Gejammer, das: → Jammer (1)
Gejauchze, das: → Jubel
Gejodel, das: → Lärm (1)
Gejohle, das: **1.** → Geschrei (1) – **2.** → Jubel
Gejubel, das: → Jubel
gekästelt: → kariert
Gekeife, das: → Schimpfen
Gekicher, das: → Gelächter (1)
Geklage, das: → Jammer (1)
Geklapper, das: → Lärm (1)
Geklatsche, das: **1.** → Beifall (1) – **2.** → Gerede (1)
Geklirr, das: → Lärm (1)
Geknatter, das: → Lärm (1)
geknebelt: → unterdrückt
geknechtet: → unterdrückt
geknickt: → niedergeschlagen (1)
Geknutsche, das: → Küssen
gekocht: → gar (1)
gekonnt: → fachmännisch
gekörnt: → körnig
Gekose, das: → Liebkosung
Gekrache, das: → Lärm (1)
Gekrächze, das: → Gesang (1)
Gekrakel, das: → Schmiererei
gekränkt: 1. → beleidigt (1) – **2.** die gekränkte Leberwurst spielen: → schmollen

Geld

gekräuselt: → lockig
Gekreisch[e], das: → Geschrei (1, a)
Gekreuzigte, der: → Christus (1)
Gekritzel, das: → Schmiererei
Gekröse, das: → Innereien (1)
gekrümmt: → gebogen
gekühlt: eisgekühlt; → *auch* kühl (1), kalt (1)
gekünstelt: unecht · manieriert · gesucht · theatralisch · aufgesetzt ♦ *umg:* gemacht; → *auch* geziert, schwülstig
Geküsse, das: → Küssen
Gelaber, das: → Geschwätz (1)
Gelache, das: → Gelächter (1)
Gelächter, das: **1.** ⟨*lautes Lachen*⟩ Lachen · Heiterkeit + Gekicher ♦ *umg:* Gelache ♦ *salopp:* Gewieher · Gefeixe · Lache – **2.** dem G. preisgeben: → verspotten; in ein G. ausbrechen: → Lachen (3); zum G. werden │für│, sich zum G. machen: → blamieren (II)
geladen: [schwer] g. sein: → wütend (2)
Geladene, der: → Gast (1)
Gelage, das: **a)** ⟨*Schwelgen im Essen*⟩ Orgie + Völlerei ♦ *derb:* Fresserei · Fressfest · Fressgelage; → *auch* Festessen – **b)** ⟨*Schwelgen im Trinken*⟩ Zecherei · Zechgelage · Bacchanal · Orgie; Kommers (*studenspr*) ♦ *umg:* Kneiperei · feuchter Abend; lange/schwere Sitzung (*scherzh*); Schwiemelei (*landsch*) ♦ *salopp:* Besäufnis ♦ *derb:* Sauferei · Saufgelage
gelähmt: → lahm (1)
gelehrt: → gelehrt (1)
Gelände, das: **1.** ⟨*Teil der Landschaft*⟩ Terrain – **2.** → Grundstück (I)
Geländeabschnitt, der: → Gegend (1)
Geländer, das: Balustrade · Brüstung · Treppengeländer + Reling · Handlauf
Geländesenkung, die: → Mulde (1)
Geländewagen, der: Jeep (*Wz*) · Landrover (*Wz*)
gelangen: 1. g. │zu│: **a)** ⟨*an ein Ziel kommen*⟩ hinkommen · kommen │zu│; → *auch* erreichen (1) – **b)** → erwerben (1) – **2.** ans Ruder/zur Herrschaft g.: → Macht (4); zum Abschluss g.: → enden (1, b)
Gelärme, das: **1.** → Geschrei (1, a) – **2.** → Lärm (1)
Gelass, das: → Zimmer
gelassen: 1. ⟨*nicht in Erregung geraten*⟩ gleichmütig · kühl · gefasst · stoisch · kaltblütig · kalten Blutes + überlegen ♦ *umg:*

cool · locker; → *auch* beherrscht (1), besonnen (1), ruhig (1) – **2.** g. bleiben: → beherrschen (II)
Gelassenheit, die: Gleichmut · Gefasstheit · Kaltblütigkeit · Stoizismus · [stoische] Ruhe + Überlegenheit; → *auch* Beherrschung (1), Geduld (1)
Geläster, das: → Verspottung
Gelatine, die: → Gallert
gelatineartig: → gallertartig
gelatinös: → gallertartig
Gelatsche, das: → Lauferei
Geläuf, das: → Fährte (1)
geläufig: 1. → vertraut (1) – **2.** → redegewandt
gelaunt: → gestimmt
gelb: 1. ⟨*Farbe*⟩ + goldgelb · sattgelb · quitte[n]gelb · kanariengelb · schwefelgelb · gelblich · cremefarben · beige · chamois; → *auch* orange[n]farben – **2.** gelbe Rübe: → Möhre; g. werden: → vergilben (1); vor Neid g. werden: → neidisch (2)
gelblich: → gelb (1)
Gelbschnabel, der: → Grünschnabel
Gelbsucht, die: → Hepatitis
Geld, das: **1.** ⟨*gesetzl. Zahlungsmittel*⟩ Nervus Rerum (*scherzh*); Mammon (*abwert*) + Finanzen · Kleingeld · Taschengeld · Münze ♦ *umg:* Emmchen (*Pl*) · Taler (*Pl*) · Gold · Puste · Marie · Pinke[pinke] · Pfennige · Pimperlinge · Märker (*scherzh*); Bimbes (*landsch*); Kreuzer (*Pl; landsch veraltend*) ♦ *salopp:* Moneten · Piepen · Pulver · Zaster · Kröten · Blech · Draht · Flachs · Moos · Heu · Koks · Kies · Zunder · Zwirn · Penunzen · Knöpfe · Kohle[n] · Lachs · [runde] Eier · Mäuse · Knete · Möpse · Flöhe · Mücken; → *auch* Bargeld, Reichtum (1), Geldmittel – **2.** kein G.: ⟨*ohne finanzielle Habe*⟩ *umg.*: keine müde Mark · nicht einen Pfennig – **3.** kleines G.: → Kleingeld; bares G., flüssige Gelder: → Bargeld; G. und Gut: → Besitz (1); G. machen: → verdienen (1); das G. aus der Tasche ziehen: → ausnutzen (1); am G. hängen/kleben, auf dem/seinem G. sitzen: → geizig (2); eine Stange G. kosten; ins G. gehen/laufen: → teuer (4); zu G. machen: → verkaufen (I, 1); im G. schwimmen, im G. [fast] ersticken, G. wie Heu haben, nach G. stinken: → reich (5); nicht mit G. zu bezahlen: → wertvoll (1); hinter dem G. her sein: → geldgierig (2); das G. nicht ansehen, mit G. um sich werfen, das/sein

331

Geldadel

G. mit vollen Händen ausgeben/[zum Fenster] hinauswerfen/hinausschmeißen: → verschwenderisch (3); sein G. auf die hohe Kante legen: → sparen (1); sein G. zusammenhalten: → Haus (4); vom Gelde leben: → privatisieren (2)

Geldadel, der: → Finanzkapital

Geldanlage, die: → Investition

Geldaristokratie, die: → Finanzkapital

Geldaufwand, der: → Ausgabe (2)

Geldautomat, der: EC-Automat; Bankomat (*österr*)

Geldbeutel, der: → Geldbörse

Geldbörse, die: Geldbeutel · Portmonee · Börse · Beutel; Sack (*süddt österr schweiz*); Säckel (*landsch*) + Geldtasche · Geldkatze ♦ *umg*: Portjuchhe (*scherzh*)

Geldentwertung, die: Inflation · Entwertung + Preissteigerung

Geldforderung, die: Forderung · Außenstände; Ausstände (*veraltend*)

Geldgeber, der: → Gläubiger

Geldgier, die: Geldhunger · Gewinnsucht; → *auch* Profitgier, Habgier

geldgierig: 1. ⟨*übermäßig nach dem Besitz von Geld strebend*⟩ geldhungrig · gewinnsüchtig; → *auch* habgierig (1) – **2.** g. sein: ⟨*übertrieben nach Geld streben*⟩ *umg*: hinter dem Geld her sein · auf den Pfennig aus sein; ein einnehmendes Wesen haben · vom Stamme Nimm sein (*scherzh*)

Geldhaus, das: → ²Bank

Geldhunger, der: → Geldgier

geldhungrig: → geldgierig (1)

geldig: → reich (1)

Geldinstitut, das: → ²Bank

Geldkapital, das: → Geldmittel

Geldkarte, die: Paycard · Chipkarte

Geldkatze, die: → Geldbörse

geldlich: finanziell · pekuniär · monetär · geldmäßig + wirtschaftlich

Geldmanager, der: → Finanzdienstleister

Geldmangel, der: → Zahlungsunfähigkeit

Geldmann, der: Millionär · Krösus · Nabob · Finanzier · Finanzer · Finanzmann · Finanzgröße · Finanzmagnat · Bankmagnat · Kapitaleigner · der Finanzgewaltige · Oligarch; Financier (*österr*) ♦ *umg*: Geldsack · Finanzhyäne (*abwert*)

geldmäßig: → geldlich

Geldmittel (*Pl*): Mittel (*Pl*) · Kapitalien · Geldkapital · Ressourcen; → *auch* Geld (1)

Geldnot, die: → Zahlungsunfähigkeit

Geldprämie, die: → Prämie (1)

Geldsack: I. Geldsack, der: → Geldmann – **II.** Geldsäcke (*Pl*): → Finanzkapital

Geldschein, der: → Banknote

Geldschneider, der: → Wucherer

Geldschneiderei, die: → Wucher (1)

Geldschrank, der: Kassenschrank · Panzerschrank + Tresor · Safe · Stahlfach

Geldschwierigkeiten (*Pl*): → Zahlungsunfähigkeit

Geldsorgen (*Pl*): → Zahlungsunfähigkeit

Geldstrafe, die: + Bußgeld · Ordnungsgeld · Geldbuße

Geldstück, das: → Münze (1)

Geldsumme, die: → Betrag

Geldtasche, die: → Geldbörse

Geldtransport, der: + Werttransport

Geldverlegenheit, die: → Zahlungsunfähigkeit

Geldvorrat, der: Fonds

Geldzulage, die: → Zulage (1)

Gelee, das: **1.** → Gallert – **2.** → Marmelade

Gelege, das: → Brut (1)

gelegen: 1. ⟨*zu einem günstigen Zeitpunkt*⟩ passend · geeignet · opportun – **2.** g. sein: ⟨*zu einem günstigen Zeitpunkt geschehen*⟩ passen · nicht unlieb sein · ins Konzept passen · zupass kommen ♦ *salopp*: ein gefundenes Fressen sein; → *auch* behagen (1)

Gelegenheit, die: **1.** ⟨*geeigneter Augenblick*⟩ Anlass · Handhabe + Aufhänger – **2.** bei G.: **a)** → gelegentlich (1) – **b)** → anlässlich; bei dieser G.: → hierbei; versäumte G.: → Versäumnis; G. bieten/geben: → ermöglichen (1)

gelegentlich: 1. ⟨*zu einer passenden Zeit*⟩ bei Gelegenheit; fallweise (*österr*) – **2.** → vereinzelt (1) – **3.** → manchmal – **4.** → anlässlich

gelehrig: → klug (1)

Gelehrigkeit, die: → Klugheit

Gelehrsamkeit, die: → Wissen (1)

gelehrt: 1. ⟨*wissenschaftlich gebildet*⟩ akademisch; [hoch]gelahrt (*scherzh*) + aufgeklärt · weise ♦ *umg*: studiert; → *auch* gebildet – **2.** gelehrtes Haus: → Wissenschaftler

Gelehrte, der: → Wissenschaftler

Gelehrtheit, die: → Wissen (1)

Geleise, das: → Gleis (1)

Geleit, das: **1.** → Begleitung (1) – **2.** → Schutz (2, b) – **3.** das G. geben: → begleiten

geleiten: 1. → begleiten – **2.** → führen (1)

Geleiter, der: → Begleiter (1)

Geleitwort, das: → Vorwort
gelenk[ig]: → gewandt (1)
Gelenkigkeit, die: → Gewandtheit (1)
Gelichter, das: → Gesindel
geliebt: teuer · heiß geliebt + vergöttert
Geliebte: I. Geliebte, der: ⟨*mit einer Frau od. einem Mann in intimen Beziehungen stehender Mann*⟩ Liebhaber · Lover · der Liebste · Freund · der Bekannte · Schatz; der Auserwählte · der Herzallerliebste · der Einzige[ne] · Herzensfreund · der Holde · Herzensdieb *(scherzh* od. *iron)*; Galan · Gespiele *(abwert)* + Papagallo · Latinlover · Hausfreund · Cicisbeo ♦ *dicht:* Buhle ♦ *umg:* Verhältnis; Gspusi *(scherzh)* ♦ *salopp:* Macker · Scheich; → *auch* Liebhaber (1), Liebling (1) – **II.** Geliebte, die: ⟨*mit einem Mann od. einer Frau in intimen Beziehungen stehende Frau*⟩ Freundin · Liebste · Bekannte · Liebhaberin · Schatz; Angebetete · Auserwählte · Herzblatt · Allerliebste · Herzallerliebste · Einzige[ne] · Herzensfreundin · Holde · Herzensdiebin · Dulzinea *(scherzh* od. *iron)*; Liebchen · Mätresse · Gespielin · Donja *(abwert)*; Favoritin *(veraltend)* ♦ *dicht:* Buhle[rin]; Feinsliebchen *(veraltet)* ♦ *gehoben:* Dame des Herzens · Herzensdame *(veraltend)* ♦ *umg:* Schickse · Puppe · Puppchen · Püppchen · Flamme · Liebschaft · Verhältnis; Gspusi *(scherzh)* ♦ *salopp:* Ische · Zahn · Tussi · Stammzahn; → *auch* Beischläferin, Liebling (1)
geliefert: g. sein: **a)** → erledigt (2, b) – **b)** → verloren (2)
gelinde: → sanft
gelingen: 1. ⟨*zu einem guten Ende kommen*⟩ glücken · gut ausgehen / abgehen / ablaufen / auslaufen · glücklich vonstatten gehen · nach Wunsch gehen · zum Guten ausschlagen · gut ausfallen · zustande kommen ♦ *umg:* klappen; → *auch* gehen (9) – **2.** → geraten (1)
Gelingen, das: → Erfolg (1)
Gelispel, das: → Geflüster
gell: → schrill (1)
gellen: → ertönen, schallen
gellend: → schrill (1)
geloben: 1. → versprechen (I, 1), schwören (1) – **2.** Treue g.: → huldigen (1)
Gelöbnis, das: → Versprechen (1)
gelockert: → entspannt
gelockt: → lockig

gelöst: → entspannt
Gelse, die: → Mücke (1)
gelten: 1. ⟨*von einem Brauch od. dgl. gesagt: in Geltung sein*⟩ herrschen – **2.** ⟨*von Bedeutung sein*⟩ zählen · schwer wiegen · Gewicht haben · ins Gewicht fallen – **3.** → gültig (2) – **4.** → betreffen (1) – **5.** → vergelten (1) – **6.** g. |als|: ⟨*eine bestimmte Vorstellung erweckt haben*⟩ angesehen werden |als| · gehalten werden |für| – **7.** nichts mehr g.: ⟨*seinen Einfluss nicht mehr ausüben können*⟩ ausgespielt haben · nichts mehr zu sagen haben · fertig sein · erledigt sein · weg vom Fenster sein · aus dem Geschäft sein ♦ *salopp:* abgemeldet sein ♦ *derb:* es verschissen haben – **8.** g. lassen: → anerkennen (1); etw. g.: → wichtig (3)
geltend: 1. → gültig (1) – **2.** eine Forderung g. machen: → fordern (1); einen Anspruch g. machen |auf|: → beanspruchen (1)
Geltung, die: **1.** → Ansehen (1), Einfluss (2) – **2.** → Gültigkeit (1) – **3.** in G. sein: → gültig (2); G. haben: → angesehen (2); sich G. verschaffen: → durchsetzen (I, 2, b); zur G. bringen: → durchsetzen (I, 1); zur G. kommen: → wirken (3), durchsetzen (I, 2, b)
Geltungsbedürfnis, das: Großmannssucht · Geltungsdrang · Geltungssucht; → *auch* Ehrgeiz
geltungsbedürftig: geltungssüchtig
Geltungsbereich, der: → Einflussbereich (2)
Geltungsdrang, der: → Geltungsbedürfnis
Geltungssucht, die: → Geltungsbedürfnis
geltungssüchtig: → geltungsbedürftig
Gelübde, das: **1.** → Versprechen (1) – **2.** ein G. ablegen / leisten / tun: → versprechen (I, 1)
Gelumpe, das: → Kram (1)
Gelüst[e], das: → Verlangen (1)
gelüsten: es gelüstet jmdn. |nach|: → Verlangen (4)
gelüstig: → lüstern (1)
gemach: → langsam (1)
Gemach, das: → Zimmer
gemächlich: 1. → langsam (1) – **2.** → ruhig (1)
Gemächlichkeit, die: → Ruhe (1)
gemacht: 1. → gekünstelt – **2.** → einverstanden (1)
Gemahl, der: → Ehemann
Gemahlin, die: → Ehefrau
gemahnen: → erinnern (I, 1)

Gemälde

Gemälde, das: → Bild (I, 1)

Gemarkung, die: → Feldmark

gemäß: 1. ⟨*in Entsprechung zu*⟩ entsprechend · nach · zufolge · laut · nach Maßgabe – **2.** → gebührend (1)

gemäßigt: moderat · maßvoll; → *auch* maßvoll (1)

Gemecker, das: → Nörgelei

gemein: 1. ⟨*einen üblen Charakter besitzend bzw. durch einen solchen verursacht*⟩ niederträchtig · infam · garstig · niedrig [gesinnt] · nichtswürdig · miserabel · schmutzig · erbärmlich · schäbig · schnöde · schuftig · schurkisch · teuflisch · ruchlos · perfid[e] · fies; verrucht · bübisch (*veraltend*) + nichtsnutzig ♦ *umg:* hundsgemein · schofel · schofelig · biestig; lumpig (*abwert*) ♦ *salopp:* dreckig · mistig; → *auch* abscheulich (1), böse (1), verwerflich, untreu (1) – **2.** → unanständig (1) – **3.** → allgemein (1) – **4.** ins Gemeine ziehen: → herabwürdigen (1); g. haben: → übereinstimmen (3)

Gemeinde, die: **1.** ⟨*kleinster staatl. Verwaltungsbezirk*⟩ Kommune + Dorf · Ort – **2.** → Gemeinschaft (1) – **3.** → Kirchengemeinde

Gemeindeoberhaupt, das: → Bürgermeister (a)

Gemeinderat, der: → Gemeindevertretung

Gemeindevertretung, die: Gemeinderat

Gemeindevorsteher, der: → Bürgermeister (a)

gemeineigen: gesellschaftlich · vergesellschaftet + verstaatlicht · staatlich

gemeinfasslich: → verständlich (1)

gemeingefährlich: → gefährlich (1)

Gemeinheit, die: Niedertracht · Abscheulichkeit · Infamie · Garstigkeit · Hässlichkeit · Nichtswürdigkeit · Niedrigkeit · Schäbigkeit · Böswilligkeit · Schlechtigkeit · Schmutzigkeit · Schuftigkeit · Teufelei · Ruchlosigkeit · Perfidie · Perfidität; Verruchtheit (*veraltend*) ♦ *umg:* Erzlumperei ♦ *salopp:* Mistigkeit · Schufterei · Schweinerei ♦ *derb:* Sauerei; → *auch* Bosheit, Schurkerei, Untreue (1)

gemeinhin: → meist

Gemeinnutz, der: → Gemeinwohl

gemeinnützig: sozial

Gemeinplatz, der: Selbstverständlichkeit · Allgemeinplatz · Allgemeinheiten · Binsenweisheit · Binsenwahrheit · Plattitüde · ein

alter Hut; → *auch* Phrase (1), Redensart (1), Geistlosigkeit, Plattheit, Bart (2)

gemeinsam: 1. ⟨*mit anderen zusammen*⟩ gemeinschaftlich · in [der] Gemeinschaft · kollektiv · miteinander · vereint · vereinigt · im Verein mit · im Team · zusammen [mit] · geschlossen · mitsammen · Seite an Seite · Hand in Hand · Schulter an Schulter · Arm in Arm + im Chor · alle ♦ *gehoben:* insgemein – **2.** eine gemeinsame Formel finden: → einigen (II)

Gemeinsamkeit, die: Gemeinschaft[lichkeit] · Kommunität + Kollegialität; → *auch* Solidarität

Gemeinschaft, die: **1.** ⟨*in bestimmten Belangen miteinander verbundene Menschen*⟩ Gemeinde + Gesamtheit · Einheit; → *auch* Gruppe (1), Team (1) – **2.** → Gemeinsamkeit – **3.** nicht eheliche G.: → Ehe (2); in [der] G.: → gemeinsam (1); wieder in die G. eingliedern: → resozialisieren

gemeinschaftlich: → gemeinsam (1)

Gemeinschaftlichkeit, die: → Gemeinsamkeit

Gemeinschaftsarbeit, die: → Teamarbeit

Gemeinschaftserziehung, die: Koedukation

gemeinschaftsfeindlich: → asozial

Gemeinschaftsgefühl, das: → Solidarität

Gemeinschaftsgeist, der: → Solidarität

gemeinschaftsschädlich: → asozial

gemeinschaftsunfähig: → asozial

Gemeinsprache, die: → Hochsprache

gemeinverständlich: → verständlich (1)

Gemeinwohl, das: Allgemeinwohl + Gemeinnutz

Gemenge, das: **1.** → Mischung (1) – **2.** → Gedränge (1)

Gemengsel, das: → Mischung (1)

gemessen: 1. → würdevoll, beherrscht (1) – **2.** → bestimmt (1)

Gemetzel, das: → Blutbad

Gemisch, das: → Mischung (1)

gemischt: [kunter]bunt; → *auch* zusammengesetzt

Gemorde, das: → Blutbad

Gemotze, das: → Nörgelei

Gemunkel, das: → Gerede (1)

Gemüse, das: **1.** ⟨*Gruppe von Nutzpflanzen*⟩ *umg:* Grünzeug (*landsch*) – **2.** → Blumenstrauß – **3.** junges G.: → Jugend (3)

Gemüt, das: **1.** ⟨*psychisch bedingte Art des Empfindens*⟩ Herz · Innerlichkeit; → *auch*

Genialität

Seele (1) – **2.** mit G.: → gefühlvoll (1); G. haben: → gefühlvoll (2); kein G. haben: → gefühlskalt (3); ins G. reden: → ermahnen (1); sich zu Gemüte führen: **a)** → aneignen, sich (1) – **b)** → essen (1); sich einen zu Gemüte führen: → trinken (1, b); etw. schlägt jmdm. aufs G.: → betrüben (I); ein G. wie ein Schaukelpferd haben: → dulden (1); ein sonniges G. haben: → sorglos (2)
gemütlich: anheimelnd · behaglich · heimelig · heimlich · intim · traulich · wohlig + lauschig · bequem · angenehm · harmonisch · häuslich · wohnlich · idyllisch ♦ *umg:* urgemütlich
Gemütlichkeit, die: **1.** ⟨*gemütl. Atmosphäre*⟩ Behaglichkeit · Trautheit – **2.** in aller G.: → langsam (1)
gemütsarm: 1. → gefühllos (1) – **2.** → nüchtern (3)
Gemütsart, die: → Wesensart
Gemütsbewegung, die: → Gefühlsregung
gemütskrank: → geisteskrank (1)
Gemütslage, die: → Stimmung (1)
gemütslos: → gefühllos (1)
gemütsreich: → gefühlvoll (1)
Gemütsrichtung, die: → Wesensart
Gemütsruhe, die: **1.** → Ruhe (1) – **2.** in aller G.: → ruhig (1)
Gemütsstimmung, die: → Stimmung (1)
Gemütsverfassung, die: → Stimmung (1)
Gemütszustand, der: → Stimmung (1)
gemütvoll: → gefühlvoll (1)
genant: → peinlich (1), schamhaft
genäschig: → naschhaft
genau: 1. ⟨*mit einem Richtwert völlig übereinstimmend*⟩ exakt · haargenau · aufs Haar genau · akribisch · präzis[e] · treffend · haarscharf · bestimmt · akkurat + scharf ♦ *umg:* nach der Schnur · säuberlich – **2.** ⟨*alle Details [bei einer Schilderung] berücksichtigend*⟩ minutiös · haarklein · gezirkelt · bis ins Einzelne – **3.** → gewissenhaft – **4.** → einzeln (2) – **5.** → ja (1) – **6.** auf die Minute/Sekunde g.: → pünktlich (1); g. genommen: → eigentlich (1); es nicht so g. nehmen: → nachlässig (2); [nur] mit genauer Not: → kaum (1)
Genauheit, die: → Genauigkeit (1)
Genauigkeit, die: **1.** ⟨*das Genausein*⟩ Exaktheit · Genauheit · Präzision · Prägnanz · Bestimmtheit · Akkuratesse · Akribie · Treue + Treffsicherheit; → *auch* Sorgfalt (1) – **2.** → Gewissenhaftigkeit

genauso: → ebenso
Gendarm, der: → Polizist
genehm: 1. → gefällig (2) – **2.** → willkommen (1)
genehmigen: 1. ⟨*[von behördl. Seite] die Zustimmung geben*⟩ b[ew]illigen · grünes Licht geben · die Genehmigung geben/erteilen; absegnen (*scherzh*) + lizenzieren; → *auch* erlauben (1) – **2.** genehmigt werden: → durchgehen (2); [sich] einen g.: → trinken (1, b)
Genehmigung, die: **1.** ⟨*[behördl.] Zugeständnis*⟩ Konzession · Lizenz · Recht; → *auch* Erlaubnis (1), Zulassung – **2.** die G. geben/erteilen: → genehmigen (1); die G. haben: → dürfen
geneigt: 1. → wohlgesinnt – **2.** → bereit (1) – **3.** → schief (1) – **4.** nicht g.: → abgeneigt (1)
Geneigtheit, die: → Wohlwollen (1)
Generalbeichte, die: → Geständnis (1)
Generalbevollmächtigte, der: → Bevollmächtigte
generalisieren: → verallgemeinern
Generalnenner, der: → Hauptnenner
Generalprobe, die: Hauptprobe
generalüberholen: → erneuern (1)
Generalvertretung, die: Alleinvertretung
Generalvollmacht, die: → Vollmacht (1)
Generation, die: *gehoben:* Glied
Generator, der: Dynamo[maschine]
generell: → allgemein (3)
generös: → freigebig (1)
Generosität, die: → Freigebigkeit
Genese, die: → Entstehung
genesen: 1. ⟨*wieder gesund geworden*⟩ geheilt · gesundet · wiederhergestellt – **2.** → gesund (6) – **3.** eines Kindes g.: → gebären
Genesis, die: → Entstehung
Genesung, die: **1.** ⟨*das Gesundwerden*⟩ Gesundung · Heilung · Rekonvaleszenz · Besserung · Erholung · Wiederherstellung + Gesundungsprozess – **2.** seiner G. entgegengehen: → gesund (6)
Genesungsheim, das: → Heilstätte
Genfood, das: → Genlebensmittel
genial: 1. ⟨*mit höchsten Geistesgaben ausgestattet*⟩ genialisch + überdurchschnittlich · überklug · hochbegabt · begnadet; → *auch* begabt, geistreich – **2.** → großartig (1)
genialisch: → genial (1)
Genialität, die: Genie · Genius + Geistesflug; → *auch* Gedankenflug

Genick

Genick, das: **1.** → Nacken (1) – **2.** sich das G. brechen: **a)** → verunglücken (1) – **b)** → scheitern (a); das G. brechen: → ruinieren (I, 1)

Genickfang, der: **1.** → Todesstoß – **2.** den G. geben: → töten (I, 2)

Genie, das: **1.** ⟨*in höchstem Maße begabter Mensch*⟩ Genius · Geist[esgröße] + Koryphäe · Kapazität · Phänomen ♦ *gehoben*: Geistesfürst; → *auch* Begabung (2) – **2.** → Genialität – **3.** verkrachtes G.: → Taugenichts

genieren, sich: → schämen, sich (1)

genierlich: 1. → peinlich (1) – **2.** → schamhaft

genießbar: 1. → essbar – **2.** → trinkbar – **3.** g. bleiben: → halten (II, I)

genießen: 1. ⟨*mit Genuss aufnehmen*⟩ auskosten · schwelgen · Genuss haben/empfinden |an| · sich delektieren; durchkosten (*landsch*); → *auch* freuen (II, 1) – **2.** → essen (1) – **3.** → trinken (1, a) – **4.** nicht zu g.: → ungenießbar (1); Achtung g.: → angesehen (2); das Leben g.: → vergnügen (II)

Genießen, das: → Genuss (1)

Genießer, der: **1.** → Genussmensch – **2.** → Feinschmecker

genießerisch: genusssüchtig · genussfreudig · genüsslich · schwelgerisch + begehrlich

Genital[e], das: → Geschlechtsteil

Genius, der: **1.** → Genie (1) – **2.** → Genialität

Genlebensmittel, das: Genfood

Genörgel, das: → Nörgelei

Genosse, der: **1.** → Kamerad – **2.** → Parteimitglied

Genossenschaftsbauer, der: → ¹Bauer

genötigt: g. sein, sich g. sehen: → müssen (1)

Genozid, der: → Blutbad

Genre, das: → Art (2)

Gent, der: → Geck (1)

Gentleman, der: → Ehrenmann, Weltmann

gentlemanlike: → höflich

genudelt: wie g.: → satt (1)

genug: 1. ⟨*das richtige Maß treffend*⟩ ausreichend · genügend · hinlänglich · hinreichend · zureichend · gut · zur Genüge; genugsam · sattsam (*abwert*) – **2.** [es ist] g.: ⟨*die Geduldsgrenze ist erreicht*⟩ [und damit] Punktum/Schluss · das Maß ist voll ♦ *umg*: es reicht ♦ *salopp*: [jetzt ist] Sense · basta –

3. mehr als g.: → reichlich; es g. sein lassen: → aufhören (1); g. haben: → überdrüssig (1)

Genüge, die: zur G.: → genug (1); G. tun/leisten: → befriedigen (I)

genügen: → ausreichen (1)

Genügen, das: → Befriedigung (1)

genügend: → genug (1)

genugsam: → genug (1)

genügsam: → bescheiden (I, 1)

Genügsamkeit, die: → Bescheidenheit

genugtun: → befriedigen (I)

Genugtuung, die: **1.** ⟨*das Genügeleisten*⟩ *gehoben*: Satisfaktion – **2.** → Befriedigung (1) – **3.** G. leisten: → befriedigen; G. geben: → entschuldigen (II)

genuin: → natürlich (1)

Genuss, der: **1.** ⟨*das Insichaufnehmen zum eigenen Vergnügen*⟩ das Genießen – **2.** → Freude (2) – **3.** G. haben/empfinden |an|: → genießen (1)

Genussfreude, die: → Sinnlichkeit

genussfreudig: → genießerisch, sinnlich (1)

genüsslich: → genießerisch

Genussmensch, der: Genießer · Schwelger · Schlemmer · Epikureer · Hedonist · Phäake; → *auch* Lebemann

genusssüchtig: 1. ⟨*nach Genuss strebend*⟩ epikureisch – **2.** → genießerisch

Geodät, der: Vermessungsingenieur; Land[ver]messer (*veraltend*)

geöffnet: 1. → offen (1) – **2.** g. bleiben: → offen (6)

Geografie, die: Erdkunde

geordnet: wohl g.: → ordentlich (1, a)

Gepäck, das: Bagage (*veraltet*) + Reisegepäck · Traglast ♦ *umg*: Siebensachen; die sieben Zwetschgen (*landsch*)

gepackt: → gefesselt

Gepäckträger, der: Träger · Lastenträger · Dienstmann; Porteur (*schweiz*)

gepeinigt: → geplagt

gepfeffert: 1. → derb (2), scharf (2) – **2.** → teuer (1)

gepflegt: kultiviert · kulturvoll · gewählt · soigniert + zivilisiert; → *auch* geschmackvoll, sauber (1)

Gepflogenheit, die: → Gewohnheit (1)

gepfropft: g. voll: → überfüllt

geplagt: gequält · gepeinigt · geprüft · heimgesucht + gestraft · gezüchtigt · leidgeprüft · leidvoll · unglücklich

Geplänkel, das: → Gefecht (1)

geplant: wie g.: → planmäßig (1)

Geplapper, das: → Geschwätz (1)

Geplärr[e], das: **1.** → Geschrei (1, b) – **2.** → Weinen

Geplätscher, das: → Geschwätz (1)

geplättet: g. sein: → überrascht (2)

Geplauder, das: → Plauderei

Gepolter, das: → Lärm (1)

Gepräge, das: **1.** → Eigenart – **2.** ein G. geben: → formen (1)

Geprahle, das: → Prahlerei

Gepränge, das: → Prunk (1)

geprüft: → geplagt

gepunktet: getüpfelt · getupft · gesprenkelt · tüpfelig · sprenkelig

Gequake, das: → Geschwätz (1)

Gequäke, das: → Weinen

gequält: → geplagt

Gequassel, das: **1.** → Gerede (1) – **2.** → Geschwätz (1)

Gequatsche, das: → Geschwätz (1)

Gequengel, das: → Nörgelei

gerade: 1. ⟨ohne Krümmung⟩ geradlinig · linear · in einer Linie · schnurgerade · pfeilgerade – **2.** → aufrecht (1) – **3.** → ausgerechnet – **4.** → eben (2), jetzt (1) – **5.** nun g.: → trotzdem (1); g. als: → sobald; fünf[e] g. sein lassen: → nachsehen (2); g. noch: → allenfalls (1), Mühe (3); g. richten: → ausrichten (1); g. stellen: → zurechtrücken (1)

geradeaus: umg: geradezu · der Nase nach

geradebiegen: → bereinigen (1)

geradebügeln: → bereinigen (1)

geradeheraus: → offen (3)

geradenwegs: → direkt (1)

geradeso: → ebenso

geradestehen: g. |für|: **a)** → verantworten (I) – **b)** → büßen (1)

gerade[s]wegs: → direkt (1)

geradezu: 1. → direkt (1) – **2.** → offen (3) – **3.** → geradeaus – **4.** → ausgesprochen (1)

Geradheit, die: → Offenheit

geradlinig: 1. → gerade (1) – **2.** → beharrlich (1)

Geradlinigkeit, die: → Beharrlichkeit

gerammelt: g. voll: → überfüllt

Gerangel, das: **1.** → Kampf (2) – **2.** → Rauferei

Gerassel, das: → Lärm (1)

Gerät, das: **1.** → Werkzeug (1) – **2.** → Rundfunkgerät, Fernsehapparat

geraten: 1. ⟨bes. vom Kuchen od. Essen gesagt: gut zustande kommen⟩ gelingen ♦ umg: werden (landsch) – **2.** → entwickeln (II, 2) – **3.** g. |an|: ⟨ungewollt mit jmdm. zusammenkommen od. in jmds. Gewalt gelangen⟩ in jmds. Hände fallen/geraten – **4.** g. |nach|: ⟨einem Vorfahren, Verwandten ähneln⟩ arten |nach| · schlagen |nach| · in jmds. Art schlagen; → auch ähneln – **5.** außer sich/aus dem Häuschen/in Fahrt g.: → aufregen (II); in Fahrt/Hitze/Harnisch g.: → erzürnen (2); in Streit/sich in die Haare g.: → streiten (II); in Erstaunen g.: → staunen (1); aus der Bahn/dem Kurs g.: → abtreiben (1); ins Gedränge g.: → Schwierigkeit (2); ins Hintertreffen g.: → leer (4); auf den Holzweg g.: → irren (II); auf die schiefe Bahn/Ebene g.: → verkommen (1); auf Abwege g.: **a)** → verkommen (1) – **b)** → abschweifen (1); in den Verdacht/Geruch g.: → verdächtig (2)

Geratewohl, das: aufs G.: → planlos (1)

Gerätschaften (Pl): → Werkzeug (1)

Geratter, das: → Lärm (1)

Geraufe, das: → Rauferei

geräumig: groß · großräumig; → auch ausgedehnt (1)

Geraune, das: → Gerede (1)

geräuschlos: 1. → still (1) – **2.** → lautlos

geräuschvoll: → laut (1, a)

gerben: das Fell/Leder g.: → verprügeln

gerecht: 1. ⟨dem Empfinden von Gerechtigkeit entsprechend⟩ gerechtfertigt · [recht und] billig; → auch gebührend (1) – **2.** ⟨dem geltenden Recht entsprechend handelnd⟩ rechtsliebend · gerechtigkeitsliebend; → auch unparteiisch – **3.** nicht g. werden: → verkennen; g. werden [einer Sache]: → meistern; in allen Sätteln g.: → geschickt (1)

gerechtfertigt: → gerecht (1)

gerechtigkeitsliebend: → gerecht (2)

Gerede, das: **1.** ⟨das Weitererzählen⟩ Klatsch · Gemunkel · Munkelei · Geschwätz · Getuschel · Tuschelei · Geraune + Altweibergeschwätz · Stadtklatsch · Klatschgeschichte · Lärm ♦ umg: Rederei · Geklatsche · Tratsch[erei] · Hintertreppengeflüster · Getratsche · Klatscherei · Kladderadatsch · Geschwatze · Kakelei ♦ salopp: Gequassel; → auch Geschwätz (1), Heimlichtuerei – **2.** → Geschwätz (1) – **3.** ins G. bringen: → verleumden (1); leeres G.: → Geschwätz (1)

gereichen

gereichen: zum Nutzen g.: → nutzen (1); zum Schaden g.: → schaden (2)
gereift: abgeklärt · ausgeglichen · reif
gereizt: → wütend (1)
Gerenne, das: → Lauferei
gereuen: → bereuen
Geriatrie, die: Altersheilkunde
Gericht, das: **1.** ⟨zubereitetes Essen⟩ Essen · Mahlzeit · Speise + Menü ♦ gehoben: Mahl ♦ salopp: Schlangenfraß ♦ derb: Fressen · Fraß · Schweinefraß · Saufraß; → auch Festessen – **2.** ⟨öffentliche Institution der Rechtsprechung⟩ + Gerichtshof ♦ gehoben: Tribunal – **3.** das Jüngste G.: → Weltgericht; vor G. fordern / vor G. ziehen ⎸gegen⎸: → verklagen; vor G. bringen: → anzeigen (2); G. halten / zu G. sitzen ⎸über⎸: → verhandeln (2); ins G. gehen ⎸mit⎸: → bestrafen
gerichtet: g. sein ⎸auf⎸: → abzielen
Gerichtsanzeige, die: → Anzeige (2)
Gerichtsbarkeit, die: → Rechtsprechung
Gerichtshof, der: → Gericht (2)
gerichtskundig: → aktenkundig
gerichtsnotorisch: → aktenkundig
Gerichtsverfahren, das: → Prozess (1)
Gerichtsverhandlung, die: → Prozess (1)
Gerichtsvollzieher, der: Exekutor (österr amtsspr)
gerieben: → raffiniert (1)
gerieren, sich: → verhalten (II, 1)
gering: 1. → karg (1), wenig (1) – **2.** → geringfügig – **3.** → geringschätzig – **4.** → niedrig (2) – **5.** nicht das Geringste: → nichts (1); nicht im Geringsten: → keineswegs; g. denken ⎸von⎸, g. achten / schätzen: → verachten (1)
Geringachtung, die: → Verachtung (1)
geringartig: → geringfügig
geringfügig: gering[artig] · unbedeutend · unbeträchtlich · unerheblich · leicht ♦ umg: lächerlich wenig · nicht / kaum der Rede wert + lumpig
geringschätzig: abschätzig · gering · verächtlich · despektierlich; → auch abfällig (1)
Geringschätzigkeit, die: → Verachtung (1)
Geringschätzung, die: → Verachtung (1)
geringstenfalls: → mindestens
Geringverdiener, der: → Kleinverdiener
geringwertig: → arm (2)
Gerinne, das: → Rinnsal
gerinnen: zusammenlaufen; koagulieren · laben (fachspr) ♦ umg: hackern (landsch)

Gerinnsel, das: → Rinnsal
Gerippe, das: **1.** → Skelett (1) – **2.** → Dürre (II) – **3.** → Gerüst (2)
gerissen: → raffiniert (1)
Gerissenheit, die: Raffinesse · Raffinement; → auch Schlauheit
Germ, der: → Hefe
gern[e]: 1. ⟨durch das Empfinden von Freude selbst wollend⟩ freudig · mit Freuden · mit Vorliebe · mit [dem größten] Vergnügen · herzlich / von Herzen gern ♦ umg: liebend gern · mit Handkuss · mit Kusshand; mit geschmatzten Händen (landsch) – **2.** g. gesehen: → willkommen (1); g. haben: → lieben (1); g. haben können: → gleichgültig (5)
Gernegroß, der: → Angeber (1)
Geröll, das: → Schutt (1)
Gerontologie, die: → Alternsforschung
Geröstete (Pl): → Bratkartoffeln
Gerstensaft, der: → Bier (a)
Gerte, die: **1.** → Peitsche (1) – **2.** → Rute (1)
gertenschlank: → schlank (1)
Geruch, der: **1.** ⟨riechbare Ausdünstung⟩ Witterung (weidm) ♦ dicht: Ruch; → auch Duft (1), Gestank – **2.** ⟨Riechfähigkeit⟩ Geruchssinn · Geruchsempfindung ♦ umg: Nase – **3.** in den G. geraten: → verdächtig (1)
geruchsbindend: → desodorierend
Geruchsempfindung, die: → Geruch (2)
Geruchsorgan, das: → Nase (1)
Geruchssinn, der: → Geruch (2)
Gerücht, das: Flüsterpropaganda ♦ gehoben: Ondit · Sage · Fama ♦ salopp: Latrinenparole · Latrinengerücht (abwert od. scherz) ♦ derb: Scheißhausparole
Gerüchteküche, die (scherz): Giftküche
geruchtilgend: → desodorierend
gerüchteweise: vom Hörensagen · dem Vernehmen nach
geruhen: → herbeilassen, sich
geruhig: → gemütlich
gerührt: 1. → ergriffen – **2.** g. wie Apfelmus: → ergriffen
geruhsam: → ruhig (1)
Gerümpel, das: Rumpel (landsch); Schurrmurr (norddt); Graffel (süddt österr) + Abfall · Schrott · Zeug; → auch Kram (1)
Gerüst, das: **1.** ⟨Hilfskonstruktion beim Bauen⟩ Baugerüst · Leitergerüst – **2.** ⟨zugrunde liegender Plan⟩ Gerippe · Skelett ·

338

Grundplan; → *auch* Leitgedanke, Gliederung (1)
gerüstet: → fertig (1)
Gerüttel, das: → Erschütterung (1)
gesalzen: → teuer (1)
gesammelt: → aufmerksam (1)
gesamt: → ganz (1)
Gesamte, das: → alles (1)
Gesamterbe, der: → Alleinerbe
gesamthaft: → insgesamt
Gesamtheit, die: **1.** ⟨*alle*[s] *umfassende Einheit*⟩ Allgemeinheit · das Ganze · Ganzheit · Totalität; Gänze (*landsch*); Allheit (*fachspr*) – **2.** → Gemeinschaft (1)
Gesamtvollstreckung, die: → Bankrott (1)
Gesandte, der: → Abgesandte
Gesang, der: **1.** ⟨*Vortrag eines Gesangstückes*⟩ Singsang (*abwert*) ♦ *gehoben:* Canto · Cantus ♦ *umg:* Gesinge; Gegröle · Gekrächze (*abwert*) – **2.** → Gedicht (1) – **3.** → Lied (1)
Gesangstück, das: → Lied (1)
Gesangverein, der: → Chor (I, 1)
Gesäß, das: verlängerter Rücken (*scherzh*); Nates (*med*) · Steiß ♦ *umg:* Hinterteil · Po[dex] · Popo; der Allerwerteste (*scherzh*) · Hintersteven (*landsch*); Achtersteven · Achtern (*norddt*) ♦ *salopp:* Hintern · der Hinter[st]e · Hinterbacken · Hinterviertel · die beiden Backen; Semmel (*scherzh*) ♦ *derb:* Arsch + Bierarsch; → *auch* After
gesättigt: **1.** → satt (1) – **2.** → konzentriert (1)
Geschädigte, der: → Opfer (3)
geschafft: → erschöpft (1)
Geschäft, das: **1.** ⟨*Räumlichkeit*[*en*] *zum Verkaufen*⟩ Einzelhandelsgeschäft · Laden · Budike (*abwert*); Kaufladen · Kramladen · Krämerladen; Detailgeschäft (*schweiz*) + Verkaufsstelle · Kaufhalle · Verkaufsraum · Kaufhaus · Warenhaus · Shop · Supermarkt · Discounter · Discountgeschäft ♦ *umg:* Ramschladen (*abwert*) ♦ *salopp:* Krämerbude · Quetsche (*abwert*) → *auch* Einkaufszentrum (1) – **2.** ⟨*meist kaufmänn. od. gewerbl. Institution*⟩ Unternehmen · Handelsunternehmen · Firma · Gesellschaft · Haus – **3.** ⟨*vertragl. Abschluss einer kaufmänn. Aktivität*⟩ Handel[sgeschäft] · Geschäftsabschluss · Unternehmung · Transaktion · Business · Bigbusiness · Deal + Spekulation – **4.** → Tätigkeit (2) – **5.** → Gewinn (1) – **6.** ein G. machen: **a)** → gewinnen (1), verdienen

(1) – **b)** → handeln (I, 2); ins G. kommen |mit|: → handeln (I, 2); Geschäfte machen: **a)** → verdienen (1) – **b)** → handeln (I, 2); ein großes G. verrichten / machen: → austreten (2); ein kleines G. verrichten / machen: → austreten (1); sein G. erledigen: → austreten (1 *u.* 2); aus dem G. sein: → gelten (7)
Geschäftemacher, der (*abwert*): Spekulant · Schieber · Jobber · Schacherer · Abzocker + Schwindler; → *auch* Wucherer, Betrüger
geschäftig: → eifrig (1)
Geschäftigkeit, die: → Eifer (1)
Geschäftsabschluss, der: → Geschäft (3)
Geschäftsbereich, der: → Amtsbereich
Geschäftsbericht, der: Gebarungsbericht (*österr*); → *auch* Bilanz (1)
Geschäftsbeziehungen (*Pl*): → Handel (1)
geschäftsfähig: dispositionsfähig
Geschäftsgang, der: → Dienstweg
Geschäftsgeheimnis, das: → Betriebsgeheimnis
Geschäftsinhaber, der: → Kaufmann (2)
Geschäftsleben, das: → Wirtschaft (1)
Geschäftsmann, der: → Kaufmann (1)
Geschäftspartner, der: → Teilhaber
Geschäftsraum, der: → Dienstraum
Geschäftsstelle, die: **1.** → Dienststelle (1) – **2.** → Vertretung (1)
Geschäftsstunden (*Pl*): → Öffnungszeiten
geschäftstüchtig: → raffiniert (1)
Geschäftszeit, die: → Öffnungszeiten
Geschäftszimmer, das: → Dienstraum
Geschäftszweig, der: → Wirtschaftszweig
Geschäker, das: → Flirt
geschätzt: **1.** → angesehen (1) – **2.** → beliebt (1) – **3.** g. sein: → beliebt (2, a)
gescheckt: → gefleckt
geschehen: **1.** ⟨*in einem Zeitraum bzw. zu einem Zeitpunkt ablaufen*⟩ sich zutragen · sich vollziehen · sich ereignen · passieren · vor sich gehen · vorfallen · sich abspielen · vorgehen · vorkommen · erfolgen · sein ♦ *gehoben:* sich begeben ♦ *umg:* los sein; → *auch* stattfinden, verlaufen (I, 2) – **2.** → zustoßen – **3.** g. lassen: → zulassen (1); es ist g. |um|: → verloren (2)
Geschehen, das: **1.** → Ereignis (1) – **2.** → Handlung (2)
Geschehnis, das: → Ereignis (1)
Gescheide, das: → Eingeweide
gescheit: **1.** → klug (1) – **2.** nicht ganz / recht g.: → verrückt (1)

Gescheitheit

Gescheitheit, die: → Klugheit

Geschenk, das: **1.** ⟨*das Geschenkte*⟩ Präsent · Gabe · Dedikation · Aufmerksamkeit ♦ *gehoben*: Angebinde ♦ *umg*: Mitbringsel; → *auch* Schenkung, Spende (1) – **2.** zum G. machen: → schenken (1), verschenken (1)

geschert: → dumm (1)

Geschichte, die: **1.** ⟨*Gesamtheit des Geschehens in der Gesellschaft*⟩ Vergangenheit; Historie (*veraltet*); → *auch* Vorgeschichte, Vorzeit (1) – **2.** ⟨*erzähltes Ereignis*⟩ Story ♦ *umg*: Schote – **3.** → Ereignis (1) – **4.** → Angelegenheit – **5.** → Erzählung (1) – **6.** Geschichten machen: → Unsinn (2); keine Geschichten machen: → vernünftig (5)

geschichtlich: 1. ⟨*die Geschichte betreffend*⟩ historisch + bezeugt · überliefert; → *auch* vorgeschichtlich – **2.** ⟨*für die Zukunft bedeutsam*⟩ geschichtsträchtig · zukunftsweisend + bedeutsam

geschichtsträchtig: → geschichtlich (2)

Geschick, das: **1.** → Schicksal (1) – **2.** günstiges G.: → Glück (2); die Geschicke des Landes bestimmen: **a)** → regieren (1) – **b)** → herrschen (1); ins G. bringen: → regeln (1); kein G. haben: **a)** → unfähig (3) – **b)** → ungeschickt (2)

geschicklich: → geschickt (1)

Geschicklichkeit, die: → Gewandtheit (3)

geschickt: 1. ⟨*praktische Fertigkeiten besitzend*⟩ anstellig · handfertig · fingerfertig · praktisch · geschicklich; ankehrig (*landsch*) + kundig ♦ *umg*: in allen Sätteln gerecht; → *auch* gewandt (1, 2 *u.* 3) – **2.** g. sein: eine geschickte / glückliche Hand haben; ein Händchen haben ⎸für⎸

Geschicktheit, die: → Gewandtheit (3)

Geschiebe, das: **1.** → Gedränge (1) – **2.** → Schutt (1)

Geschieße, das: → Gefecht (1)

Geschimpfe, das: → Schimpfen

Geschirr, das: **1.** ⟨*Haushaltsgefäße*⟩ Porzellan; → *auch* Tafelgeschirr – **2.** ⟨*Riemenwerk zum Einspannen der Zugtiere*⟩ Zuggeschirr · Riemenzeug + Kum[me]t · Joch – **3.** schmutziges G.: → Abwasch (2); [das] G. spülen: → abwaschen (1); sich [tüchtig] ins G. legen, tüchtig ins G. gehen: → anstrengen (II, 1)

Geschirrschrank, der: → Anrichte

Geschirrspülen, das: → Abwasch (1)

Geschirrspüler, der: → Geschirrspülmaschine

Geschirrspülmaschine, die: Spülmaschine · Spülautomat · Geschirrspüler; Geschirrwaschmaschine (*schweiz*)

Geschirrspülmittel, das: Spülmittel

Geschirrtuch, das: + Küchenhandtuch

Geschirrwaschmaschine, die: → Geschirrspülmaschine

geschlagen: → besiegt (1)

Geschlampe, das: → Ausschuss (2)

Geschlecht, das: **1.** ⟨*die Menschen als Gruppe von Lebewesen*⟩ Gattung · Art · Spezies – **2.** ⟨*alteingesessene Familie*⟩ Stamm · Familie · Haus ♦ *gehoben*: Geblüt – **3.** das schwache / zarte G.: → Frau (II); das starke G.: → Mann (II)

geschlechtlich: sexuell

Geschlechtlichkeit, die: → Sexualität

Geschlechtsakt, der: → Koitus

Geschlechtsleben, das: Sexualleben

Geschlechtsorgan, das: → Geschlechtsteil

Geschlechtsregister, das: → Stammbaum

Geschlechtsteil, das: Geschlechtsorgan · Genital[e] + Scham; → *auch* Penis, Scheide (1), Vulva

Geschlechtstrieb, der: Trieb · Sexualtrieb

Geschlechtsverkehr, der: Intimverkehr · Sexualverkehr · Verkehr · Beischlaf; Kohabitation (*fachspr*) ♦ *umg*: Sex; → *auch* Koitus

Geschlechtszelle, die: → Keimzelle (1)

Geschleppe, das: → Schlepperei

geschliffen: 1. → scharf (1) – **2.** → gewandt (3) – **3.** → sorgfältig (1)

Geschliffenheit, die: → Sorgfalt (1)

Geschlinge, das: **1.** → Essen (1) – **2.** → Durcheinander (1) – **3.** → Innereien (1) – **4.** → Eingeweide

geschlossen: 1. ⟨*nicht geöffnet*⟩ *umg*: zu – **2.** → einheitlich (1) – **3.** → gemeinsam (1)

Geschlossenheit, die: → Einheit (1)

Geschluchze, das: → Weinen

Geschluder, das: → Ausschuss (2)

Geschmack, der: **1.** ⟨*die Fähigkeit des Schmeckens*⟩ Geschmackssinn – **2.** ⟨*die Fähigkeit, in ästhet. Hinsicht zu urteilen*⟩ Geschmackssinn · Schönheitssinn · Gout; Gusto (*österr*) + Werturteil – **3.** → Aroma – **4.** G. abgewinnen ⎸einer Sache⎸, G. finden / gewinnen ⎸an⎸: → mögen; keinen G. finden ⎸an⎸: → ablehnen (2); jmds. G. treffen / entsprechen: → gefallen (1)

geschmackig: → schmackhaft

geschmacklos: 1. ⟨*von keinem guten Geschmack zeugend*⟩ abgeschmackt · unschön ·

340

kitschig · hässlich + überladen; → *auch* stillos – **2.** → schal (1)

Geschmacklosigkeit, die: **1.** ⟨*der Mangel an gutem Geschmack*⟩ Abgeschmacktheit · Geschmacksverirrung ♦ *umg*: Kuhgeschmack (*abwert*); → *auch* Stillosigkeit – **2.** → Taktlosigkeit

Geschmackssinn, der: → Geschmack (1 *u.* 2)

Geschmacksverirrung, die: → Geschmacklosigkeit (1)

geschmackvoll: schön · apart · ästhetisch + reizvoll; → *auch* stilvoll, gepflegt

Geschmause, das: → Essen (1)

Geschmeichel, das: → Schmeichelei

geschmeichelt: sich g. fühlen: *salopp*: sich gebauchpinselt fühlen · sich gebauchkitzelt fühlen · sich gebauchklatscht fühlen · sich gebumfiedelt fühlen

Geschmeide, das: → Schmuck (1)

geschmeidig: 1. ⟨*leicht formbar*⟩ schmiegsam · flexibel; → *auch* biegsam, elastisch (1) – **2.** → gewandt (1) – **3.** → schlau (1)

Geschmeiß, das: → Gesindel

Geschmiere, das: → Schmiererei

geschmiert: wie g.: → reibungslos

Geschmuse, das: → Schmeichelei

Geschnäbel, das: → Küssen

Geschnatter, das: → Geschwätz (1)

geschönt: kantenlos · ohne Ecken und Kanten

Geschöpf, das: **1.** → Lebewesen – **2.** → Person (1) – **3.** junges G.: → Mädchen (2)

Geschoss, das: **1.** → Kugel (1) – **2.** → Granate – **3.** → Stockwerk

geschraubt: → schwülstig

Geschrei, das: **1.** ⟨*das Schreien*⟩ **a)** ⟨*aus Freude*⟩ Hallo · Gebrüll · Gejohle · Gekreisch · Gelärme ♦ *umg*: Gekreische · Gegröle · Schreierei; → *auch* Lärm (1) – **b)** ⟨*aus Schmerz*⟩ Gebrüll · Geheul · Geplärr[e] ♦ *umg*: Konzert; → *auch* Weinen – **2.** → Gehabe[n] (1) – **3.** ein G. erheben: → schreien (1)

Geschreibsel, das: → Schmiererei

geschuldet: g. sein |einer Sache|: → verursacht

geschult: → geübt

Geschütz, das: **1.** ⟨*Gerät zum Abschießen schwerer Geschosse*⟩ Kanone + Granatwerfer · Raketenwerfer · Haubitze · Flak · Böller – **2.** schweres/grobes G. auffahren: → anfahren (3)

geschützt: 1. → immun (1) – **2.** → sicher (1)

geschwächt: → kraftlos

Geschwafel, das: → Geschwätz (1)

Geschwätz, das: **1.** ⟨*das Äußern inhaltsloser Worte*⟩ Gewäsch · [leeres] Gerede · leeres Stroh · Gefasel · Geplapper · Gedröhn · Banalität · [hohle] Phrase; Sermon (*veraltend*) ♦ *umg*: Palaver · Blabla · Rederei · Salbaderei · Geschnatter · Schwätzerei · Faselei · Plapperei · Geplätscher · Gedröhne · Wischiwaschi · Gickgack · Schnickschnack · Kakelei · Schmus · Schmonzes · Gesülze · Kikelkakel · Geschwafel · Schwafelei · Gelaber; Gebabbel · Schwabbelei · Schlabberei · Gedöns · Schnack (*landsch*) + Phrasendrescherei ♦ *salopp*: Gequatsche · Quatscherei · Gequassel · Quasselei · Schwatzerei · Gequake · Schnatterei · Schleim; Geseich[e] · Seich (*landsch*); → *auch* Plauderei, Gerede (1) – **2.** → Gerede (1) – **3.** → Unsinn (1, b)

Geschwatze, das: → Gerede (1)

geschwätzig: klatschhaft · schwatzhaft · klatschsüchtig · schwätzerisch · plapperhaft + wortreich ♦ *umg*: salbaderisch · tratschig · plapperig · schnatterig; → *auch* gesprächig (1)

geschweift: → gebogen

geschwind: → schnell (1, a)

Geschwindheit, die: → Geschwindigkeit (1), Schnelligkeit (1)

Geschwindigkeit, die: **1.** ⟨*das Verhältnis zwischen zurückgelegtem Weg und der dafür benötigten Zeit*⟩ Tempo · Schnelligkeit · Geschwindheit · Schnelle + Speed ♦ *umg*: Rasanz ♦ *salopp*: Zahn; → *auch* Eile (1) – **2.** → Schnelligkeit (1) – **3.** mit affenartiger G.: → schnell (1, b)

Geschwindmarsch, der: → Eilmarsch

geschwollen: 1. ⟨*eine Schwellung aufweisend*⟩ dick – **2.** → überheblich – **3.** → schwülstig

Geschwollenheit, die: **1.** → Überheblichkeit – **2.** → Schwulst (1)

Geschworene, der: → Schöffe

Geschwulst, die: Geschwulstbildung · Gewächs · Tumor · Gewebewucherung · Wucherung · Schwellung · Auswuchs; Schwulst (*noch landsch*); → *auch* Geschwür, Krebs (1)

Geschwulstbildung, die: → Geschwulst

geschwungen: → gebogen

Geschwür, das: Abszess · Eitergeschwür · Eiterbeule · Schwäre · Karbunkel · Furunkel; Ulkus (*med*); → *auch* Geschwulst

gesegnet: mit Glücksgütern g.: → reich (1); in gesegnetem Alter: → alt (1); gesegneten Leibes sein: → schwanger (2)

Geseich[e], das: → Geschwätz (1)

Geselchte, das: → Rauchfleisch

Geselle, der: **1.** → Freund (I, 1) – **2.** fahrender G.: → Wandergeselle; heimatloser G.: → Landstreicher

gesellen: sich g. |zu|: → anschließen (II, 1)

gesellig: 1. ⟨*sich gern in Gesellschaft aufhaltend*⟩ kontaktfreudig · soziabel + umgänglich; → *auch* weltoffen – **2.** → unterhaltsam – **3.** geselliges Beisammensein: → Gesellschaft (1)

Geselligkeit, die: → Gesellschaft (1)

Gesellschaft, die: **1.** ⟨*Kreis feiernder Menschen*⟩ Zusammensein · Gettogether · Gettogether-Party · geselliges Beisammensein · Geselligkeit · Gesellschaftsabend ♦ *umg*: Runde; → *auch* Fest (1) – **2.** → Gruppe (1) – **3.** → Geschäft (2) – **4.** → Begleitung (1) – **5.** → Oberschicht – **6.** wieder in die G. eingliedern: → resozialisieren; G. leisten: → begleiten; die Stützen der G.: → Prominenz; die gute G.: → Oberschicht

Gesellschafter, der: **1.** → Teilhaber – **2.** → Plauderer (1) – **3.** → Aktionär

gesellschaftlich: 1. ⟨*die Beziehungen der Menschen in der Gemeinschaft betreffend*⟩ sozial – **2.** → gemeineigen – **3.** g. firm: → wohlerzogen

Gesellschaftsabend, der: → Gesellschaft (1)

Gesellschaftsanzug, der: Smoking; → *auch* Frack (1), Gehrock

gesellschaftsfähig: → wohlerzogen

Gesellschaftsgruppe, die: Schicht · Gesellschaftsschicht; Kaste (*abwert*) + Gruppe · Klasse · Randgruppe · Volksgruppe; → *auch* Arbeiterklasse, Mittelschicht

Gesellschaftsordnung, die: → Gesellschaftssystem

Gesellschaftsschicht, die: → Gesellschaftsgruppe

Gesellschaftssystem, das: Gesellschaftsordnung

Gesenke, das: → Mulde (1)

Gesetz, das: **1.** ⟨*sich unter gleichen Bedingungen stets wiederholender wesentl. Zusammenhang zwischen Dingen u. Erscheinungen*⟩ Gesetzmäßigkeit + Naturgesetz – **2.** ⟨*von den gesetzgebenden Organen beschlossene Rechtsnorm*⟩ Recht; Lex (*fachspr*) + Gebot · Richtschnur ♦ *umg*: + Sollbestimmung; → *auch* Verordnung (1), Erlass (1) – **3.** Auge des Gesetzes: → Polizei (1); nach Recht und G.: → rechtlich (1); das G. brechen / verletzen: → vergehen (II)

Gesetzesbrecher, der: → Verbrecher

Gesetzeshüter, der: → Polizist

Gesetzeskraft, die: → Rechtsgültigkeit

gesetz[es]kundig: → rechtskundig

gesetzlich: 1. → rechtlich (1), rechtmäßig (1) – **2.** gesetzlicher Vertreter: → Vormund

gesetzlos: anarchisch; → *auch* ungeordnet (1)

Gesetzlosigkeit, die: Anarchie + Anarchismus; → *auch* Unordnung (1)

gesetzmäßig: → rechtmäßig (1)

Gesetzmäßigkeit, die: → Gesetz (1)

gesetzt: 1. → würdevoll – **2.** g. den Fall: → angenommen (1)

gesetzwidrig: → ungesetzlich

Gesetzwidrigkeit, die: → Ungesetzlichkeit

gesichert: → sicher (1)

Gesicht, das: **1.** ⟨*Vorderteil des menschl. Kopfes*⟩ Physiognomie (*scherzh od. abwert*) ♦ *dicht*: Antlitz ♦ *gehoben*: Angesicht ♦ *umg*: Frätzchen (*vertraul*) ♦ *salopp*: Fassade; Visage · Fratze (*abwert*) ♦ *derb*: Fresse · Schnauze – **2.** → Sehvermögen – **3.** → Sinnestäuschung – **4.** Gesichter schneiden: → Grimasse (2); wie aus dem G. geschnitten: → ähnlich (1); ein G. annehmen: → annehmen (11); ein G. ziehen / aufstecken / aufsetzen / machen: **a)** → annehmen (11) – **b)** → schmollen; ein freundliches G. machen: → lächeln; ins G. [hinein] sagen: → bekennen (I, 2); zu G. bekommen: → erblicken (1); den Fehdehandschuh / Handschuh ins G. werfen / schleudern: → herausfordern; das / sein G. wahren: → beherrschen (II); die Maske vom G. reißen: → entlarven (I); sein wahres G. zeigen: → entlarven (II); das G. verlieren: → bloßstellen (II); am G. absehen, vom G. [ab]lesen: → erraten (1); ein anderes G. bekommen: → ändern (II); ins G. schlagen: → widersprechen (2)

Gesichtsausdruck, der: → Miene (1)

Gesichtsfarbe, die: Farbe · Teint

Gesichtsfeld, das: → Gesichtskreis (1)

Gesichtskreis, der: **1.** ⟨*überblickbarer Bereich*⟩ Gesichtsfeld · Blickfeld · Horizont · Sehkreis – **2.** in den G. treten: → bekannt (4, b)

Gesichtspunkt, der: **1.** ⟨[*interessengebundene*] *Art der Betrachtung*⟩ Blickpunkt · Blickwinkel · Gesichtswinkel · Aspekt · Perspektive · Hinblick · Hinsicht · Betracht + Auffassung · Zusammenhang; → *auch* Hinsicht (1), Standpunkt (1) – **2.** → Standpunkt (1)

Gesichtssinn, der: → Sehvermögen

Gesichtswinkel, der: → Gesichtspunkt (1)

Gesichtszug, der: → Miene (1)

Gesinde, das (*hist*): Leute · Knechte und Mägde · Hofgesinde; → *auch* Dienstpersonal

Gesindel, das (*abwert*): Brut · Gelichter · Geschmeiß · Lumpengesindel · Lumpenpack · Mob · Pöbel · Plebs · Sippschaft · Chor · asoziale Elemente · Drachenbrut · Raubgesindel · Schlangenbrut · Schlangengezücht · Gezücht + Ganoven ♦ *umg:* Bagage · Pack; Bucht (*landsch*) ♦ *salopp:* Kroppzeug · Gesocks · Hundepack; → *auch* Abschaum

Gesinge, das: → Gesang (1)

gesinnt: gesonnen · eingestellt

Gesinnung, die: **1.** ⟨*die persönlich bestimmte Art des Denkens u. Verhaltens*⟩ Einstellung · Grundhaltung · Haltung · Sinnesart · Ethos + Stellungnahme · Parteilichkeit; → *auch* Denkweise – **2.** seine G. verbergen: → verstellen (II); die G. wechseln: → anpassen (II, 2)

Gesinnungslosigkeit, die: → Opportunismus

Gesinnungslump, der: → Opportunist

Gesinnungslumperei, die: → Opportunismus

Gesinnungsverwandtschaft, die: → Freundschaft (1)

Gesinnungswandel, der: Frontwechsel · Meinungsänderung ♦ *umg:* Umfall; → *auch* Opportunismus

gesittet: → wohlerzogen

Gesocks, das: → Gesindel

Gesöff, das: → Brühe (2)

gesondert: 1. → besonders (1) – **2.** → einzeln (1)

gesonnen: 1. → gesinnt – **2.** → gewillt (1)

gespalten: → zwiespältig

Gespann, das: **1.** ⟨*die zusammengespannten Zugtiere*⟩ Joch – **2.** → Wagen (1) – **3.** → Team (1) – **4.** → Ehepaar – **5.** → Freundespaar

gespannt: 1. ⟨*von Personen gesagt: voller Spannung*⟩ erwartungsvoll · atemlos ♦ *umg:* gespannt wie ein Regenschirm; → *auch* gefesselt, neugierig (1) – **2.** → straff (2) – **3.** auf gespanntem Fuß leben |mit|: → Streit (2)

Gespanntheit, die: → Spannung (1)

Gespenst, das: **1.** ⟨*Fabelwesen*⟩ Geist · Spukgestalt · Schemen + Höllenspuk · Dämon · Alb · Mahr · Drude · Lamie · Golem; → *auch* Kobold (1) – **2.** wie ein G.: **a)** → blass (1) – **b)** → elend (1)

Gespenstergeschichte, die: → Schauergeschichte

gespensterhaft: → unheimlich (1)

gespenstern: → umherirren

gespenstisch: schattenhaft · schemenhaft · spukhaft; → *auch* unheimlich (1)

Gespiele, der: **1.** → Spielkamerad – **2.** → Geliebte (I)

Gespielin, die: → Geliebte (II)

Gespinst, das: **1.** → Gewebe (1) – **2.** Unser Lieben Frau G.: → Altweibersommer (1)

Gespons: I. Gespons, der: **1.** → Ehemann – **2.** → Bräutigam – **II.** Gespons, das: **1.** → Ehefrau – **2.** → Braut

Gespött, das: sein G. treiben |mit|: → verspotten; zum G. [der Leute] machen: → blamieren (I); zum G. werden |für|, sich zum G. [der Leute] machen: → blamieren (II)

Gespräch, das: **1.** ⟨*Rede und Gegenrede*⟩ Unterhaltung · Konversation · Unterredung · Zwiegespräch · Dialog · Smalltalk + Aussprache · Rücksprache; → *auch* Plauderei, Aussprache (2) – **2.** → Interview (1) – **3.** → Telefongespräch – **4.** ein G. führen: → unterhalten (II, 1); das G. bringen |auf|: → ansprechen (2); ins G. kommen: → annähern (II, 1)

gesprächig: 1. ⟨*gern u. viel redend*⟩ redselig · redefreudig · redelustig · mitteilsam; → *auch* geschwätzig – **2.** g. sein: ⟨*gern u. viel reden*⟩ *umg:* Schlabberwasser getrunken haben – **3.** g. machen: → sprechen (3)

gesprächsbereit: → kompromissbereit (1)

Gesprächsbereitschaft, die: G zeigen: → kompromissbereit (2)

Gesprächspartner, der: Kommunikator (*fachspr*)

gespreizt: 1. → geziert – **2.** mit gespreizten Beinen: → breitbeinig

Gespreiztheit, die: → Ziererei

gesprenkelt: → gepunktet

Gespür, das: **1.** → Spürsinn – **2.** ein G. haben |für|: → spüren (1)

Gestade

Gestade, das: → Ufer (1)
Gestalt, die: **1.** ⟨*die äußere Form des menschl. Körpers*⟩ Körperform · Körperbau · Wuchs · Figur · Statur · Erscheinung[sbild] – **2.** → Form (1) – **3.** → Person (1), Persönlichkeit (I, 2) – **4.** traurige G.: → Weichling; G. annehmen: → abzeichnen (II, 1); G. geben: → gestalten (1); in G. von: → als (1)
gestalten: 1. ⟨*in bestimmter Weise verwirklichen*⟩ ausgestalten · arrangieren · einrichten · Gestalt geben ♦ *umg*: aufziehen; → *auch* formen (1) – **2.** → formen (1)
gestalterisch: → schöpferisch
gestalthaft: → gegenständlich
gestaltlos: → formlos (1)
Gestaltung, die: Formgebung · Design · Styling · Ausformung · Prägung · Konfiguration + Bau · Industriedesign; → *auch* Formung
gestanden: → erfahren (2)
geständig: g. sein: → gestehen (1)
Geständnis, das: **1.** ⟨*das Bekennen*⟩ Bekenntnis · Eingeständnis · Beichte · Generalbeichte; Herzensergießung (*veraltet, noch scherzh*) – **2.** ein G. ablegen / machen: → gestehen (1)
Gestank, der: Duft (*iron*) + Aasgeruch · Aasgestank ♦ *umg*: Stank · Muff (*landsch*) ♦ *salopp*: Mief; → *auch* Geruch (1)
gestärkt: steif
gestatten: 1. → erlauben (1), ermöglichen (1) – **2.** wenn Sie g.: → erlauben (5)
gestattet: 1. → zulässig – **2.** g. sein: → dürfen
Geste, die: **1.** ⟨*etw. ausdrückende Bewegung*⟩ Bewegung · Gebärde · Gebärdung – **2.** Gesten machen: → gestikulieren
gestehen: 1. ⟨*den wahren Sachverhalt sagen*⟩ eingestehen · geständig sein · ein Geständnis ablegen / machen · zugeben · bekennen · sich bekennen |zu| · beichten · eine Beichte ablegen; einbekennen (*österr*) ♦ *umg*: Farbe bekennen · mit der Sprache / Wahrheit herausrücken; → *auch* zusammenbrechen (2) – **2.** [offen] g.: → bekennen (I, 2); seine Schuld / seine Sünden g.: → beichten (1)
Gestehungskosten (*Pl*): → Herstellungskosten
Gestein, das: Fels[gestein] · Felsbrocken ♦ *dicht*: Gefels
Gesteinsmassiv, das: → Gebirge
Gestell, das: **1.** → Regal – **2.** → Dürre (II)
Gestellungsbefehl, der: → Einberufung (2)

gestelzt: → geziert
gestern: von g.: → rückständig; nicht von g. sein: → schlau (2)
Gestern, das: → Vergangenheit (1)
Gestichel, das: → Anspielung (1)
gestikulieren: Gesten machen · mit den Händen reden · [mit den Händen] fuchteln · fuhrwerken ♦ *umg*: herumfuchteln · herumfuhrwerken
gestimmt: gelaunt · aufgelegt · disponiert · in Form
Gestirn, das: → Stern (1)
Gestöber, das: → Schneegestöber
gestohlen: jmdm. g. bleiben können: → ablehnen (2)
Gestöhn[e], das: → Stöhnen
gestopft: g. voll: → überfüllt
gestorben: 1. → tot (1) – **2.** g. sein: → erledigt (2, b)
gestraft: g. sein |mit|: → Kummer (2)
Gesträuch, das: → Buschwerk
gestreift: → streifig
gestreng: → streng (2)
gestrichen: die Hosen g. voll haben: → ängstigen (II, 1)
Gestrick, das: → Strickerei
gestrig: [ewig] g.: → rückschrittlich
Gestrüpp, das: **1.** → Buschwerk – **2.** → Durcheinander (1)
Gestümper, das: → Stümperei
Gestürm, das: → Gehabe[n] (1)
Gesuch, das: → Antrag (2)
gesucht: 1. ⟨*nicht überzeugend*⟩ gewollt · weit hergeholt · an den Haaren herbeigezogen – **2.** → gekünstelt
Gesudel, das: → Ausschuss (2)
Gesülze, das: → Geschwätz (1)
Gesums, das: → Gehabe[n] (1)
gesund: 1. ⟨*nicht an einer Krankheit leidend*⟩ wohl[auf] · kerngesund · blühend · frisch · rüstig · stabil ♦ *umg*: pumperlgesund (*südd österr*); → *auch* beschwerdefrei – **2.** ⟨*der Gesundheit dienlich*⟩ gesundheitsfördernd · zuträglich · gut + nahrhaft · bekömmlich; → *auch* heilkräftig – **3.** → unverletzt – **4.** → normal (1) – **5.** g. sein: ⟨*nicht an einer Krankheit leiden*⟩ sich gut fühlen / befinden ♦ *umg*: auf dem Damm / Posten sein · gut bei Wege sein – **6.** g. werden: ⟨*eine Krankheit überwinden*⟩ gesunden · genesen · seiner Genesung entgegengehen · auf dem Wege der Besserung sein + heilen ♦ *umg*: aufkommen · wieder auf die Bei-

Gewährleistung

ne / auf den Damm kommen; → *auch* erholen, sich (1) – **7.** nicht g.: → krank (1); g. machen: → heilen (1); gesunder Menschenverstand: → Klugheit

gesunden: → gesund (6)

gesundet: → genesen (1)

Gesundheit, die: **1.** ⟨*das Gesundsein*⟩ Wohlbefinden + Kraft; → *auch* Gesundheitszustand – **2.** von zarter G.: → empfindlich (1); der G. leben: → schonen (II)

gesundheitlich: → sanitär

Gesundheitscheck, der: → Vorsorgeuntersuchung

gesundheitsfördernd: 1. → gesund (2) – **2.** → heilkräftig

gesundheitsgefährdend: → schädlich (1)

gesundheitsschädigend: → schädlich (1)

gesundheitsschädlich: → schädlich (1)

Gesundheitszustand, der: Allgemeinbefinden · Befinden · Verfassung · Zustand + Ergehen; → *auch* Gesundheit (1)

gesundstoßen, sich: → bereichern (II)

Gesundung, die: → Genesung (1)

Gesundungsprozess, der: → Genesung (1)

Getändel, das: → Flirt

Getobe, das: → Lärm (1)

Getöse, das: **1.** → Lärm (1) – **2.** → Gehabe[n] (1)

Getrampel, das: → Beifall (1)

Getränk, das: **1.** ⟨*zum Trinken bestimmte Flüssigkeit*⟩ Gebräu (*abwert*); Tranksame (*schweiz*) ♦ *gehoben*: Trunk · Trank; → *auch* Brühe (2) – **2.** alkoholische Getränke: → Spirituosen

Getränkekarton, der: Tetrapak (*Wz*)

Getratsche, das: → Gerede (1)

getrauen, sich: → wagen (1)

Getreibe, das: → Gedränge (1)

Getreide, das: Korn; Halmfrucht (*fachspr*); Frucht (*schweiz*)

Getreidediemen, der: → Schober

Getreidepuppe, die: → Puppe (3)

Getreideschober, der: → Schober

getrennt: unverbunden ♦ *umg*: auseinander

Getrenntsein, das: → Trennung (2)

getreu: → treu (1)

Getreue, der: **1.** → Freund (I, 1) – **2.** → Anhänger (3)

getreulich: → treu (1)

Getriebe, das: **1.** ⟨*Maschinenteile zur Bewegungsübertragung*⟩ Räderwerk · Maschinerie – **2.** → Gedränge (1) – **3.** Sand ins G. streuen: → sabotieren

getrost: → vertrauensvoll

getrösten, sich: → vertrauen

Gettogether, das: → Gesellschaft (1)

Get-together-Party, die: → Gesellschaft (1)

Getue, das: **1.** → Gehabe[n] (1) – **2.** → Ziererei – **3.** → Heuchelei

Getümmel, das: → Durcheinander (2)

getüpfelt: → gepunktet

getupft: → gepunktet

Getuschel, das: → Gerede (1)

geübt: geschult ♦ *umg*: zünftig · eingefuchst; → *auch* erfahren (2)

Gevatter, der: **1.** → Pate (I, 1) – **2.** → Freund (I, 1)

Gevatterin, die: → Pate (II)

Gevattersmann, der: → Pate (I, 1)

Geviert, das: → Viereck

Gewächs, das: **1.** → Pflanze (1) – **2.** → Geschwulst

gewachsen: 1. ⟨*vom Körper gesagt: in bestimmter Weise entwickelt*⟩ *umg*: gebaut – **2.** g. sein ⌊jmdm.⌋: ⟨*einen Vergleich od. Kampf mit jmdm. bestehen*⟩ es aufnehmen [können] ⌊mit⌋ · sich messen können ⌊mit⌋ ♦ *umg*: fertig werden ⌊mit⌋

Gewächshaus, das: → Treibhaus

Gewaff, das: → Hauer (1)

gewagt: riskant · halsbrecherisch · lebensgefährlich · risikoreich · abenteuerlich · heikel; → *auch* gefährlich (1)

gewählt: → gepflegt

gewahr: g. werden: → bemerken (1)

Gewähr, die: **1.** ⟨*garantierte Sicherheit*⟩ Gewährleistung · Garantie · Unterpfand; → *auch* Bürgschaft (1) – **2.** G. leisten: → bürgen; G. bieten: → gewährleisten; ohne G.: → unverbindlich

gewahren: → bemerken (1)

gewähren: 1. ⟨*einer Bitte entsprechen*⟩ bewilligen · einräumen ♦ *gehoben*: erhören; → *auch* erlauben (1), zugestehen – **2.** g. lassen: ⟨*nicht im Handeln einschränken*⟩ die Freiheit geben / lassen · den Willen lassen · freien Lauf / freies Spiel lassen · schalten und walten lassen – **3.** Hilfe / Unterstützung g.: → helfen (1); Aufnahme / Unterkunft / Obdach / Asyl g.: → beherbergen; Schutz g.: → schützen (I, 1)

gewährleisten: garantieren · Garantie bieten / leisten · Gewähr bieten · sichern · sicherstellen · sich verbürgen ⌊für⌋; → *auch* bürgen

Gewährleistung, die: → Gewähr (1)

345

Gewahrsam

Gewahrsam, der: **1.** → Haft (1) – **2.** → Verwahrung (1) – **3.** in G. nehmen: **a)** → einsperren (1) – **b)** → aufbewahren – **c)** → sicherstellen (1); in G. halten: → gefangen (4)

Gewährsmann, der: → Bürge

Gewährung, die: → Erlaubnis (1)

Gewalt, die: **1.** ⟨*jeden Widerstand überwindende Kraft*⟩ Gewaltsamkeit · Brachialgewalt · Ell[en]bogenrecht; → *auch* Zwang (1) – **2.** → Herrschaft (1) – **3.** → Wucht (1) – **4.** mit G.: → gewaltsam; G. antun: **a)** → vergewaltigen (1) – **b)** → zwingen (1); G. anwenden: → zwingen (1); in der G. haben, G. haben |über|: → beherrschen (I, 1); sich in der G. haben, sich G. antun: → beherrschen (II)

Gewaltakt, der: → Gewalttat, Gewalttätigkeit (1)

gewaltbereit: → aggressiv (1)

gewaltfrei: → gewaltlos

Gewalthaber, der: → Herrscher

Gewalthandlung, die: → Gewalttat

Gewaltherrschaft, die: Diktatur · Despotie · Despotismus · Terror[ismus] · Totalitarismus · Schreckensherrschaft · Tyrannei; → *auch* Alleinherrschaft, Herrschaft (1)

Gewaltherrscher, der: → Diktator

gewaltig: 1. ⟨*in seiner Ausdehnung sehr groß*⟩ mächtig · gigantisch · wuchtig · monumental · kolossal · exorbitant + monströs ♦ *umg:* riesig · riesenhaft · ungeheuer · unheimlich · enorm · pyramidal; → *auch* groß (1) – **2.** → heftig (1, a)

Gewaltkur, die: → Radikalkur

gewaltlos: gewaltfrei · friedlich; → *auch* friedlich (1)

Gewaltmarsch, der: → Eilmarsch

Gewaltmaßnahme, die: → Zwangsmaßnahme

Gewaltmensch, der: **1.** ⟨[*ständig*] *Gewalt anwendender Mensch*⟩ Rohling · Barbar + Wüstling; → *auch* Unmensch (1), Wüterich – **2.** → Verbrecher

gewaltsam: mit Gewalt · zwangsweise · erzwungenermaßen · unter Zwang · mit der Brechstange

Gewaltsamkeit, die: → Gewalt (1)

Gewaltstraftat, die: → Gewalttat

Gewaltstreich, der: → Überfall (1)

Gewalttat, die: Gewalthandlung · Gewaltakt + Gewaltstraftat; → *auch* Verbrechen (1)

Gewalttäter, der: → Verbrecher

gewalttätig: → brutal

Gewalttätigkeit, die: **1.** ⟨*das Anwenden von Gewalt gegenüber Menschen*⟩ Ausschreitung · Gewaltakt + Pogrom · Terror – **2.** → Brutalität

Gewalttour, die: → Eilmarsch

Gewaltverbrecher, der: → Verbrecher

Gewand, das: → Kleidung (1), Anzug (1)

gewandt: 1. ⟨*geschickt in den Bewegungen*⟩ behände · beweglich · gelenk[ig] · wendig · geschmeidig · leichtfüßig · leichten Fußes · katzenartig · schlangenartig · katzenhaft · schlangenhaft; handlich (*schweiz*) + fingerfertig · schnellfüßig ♦ *umg:* fix; → *auch* geschickt (1), flink (1) – **2.** ⟨*schnell im Denken*⟩ wendig · flink ♦ *umg:* fix; → *auch* geschickt (1) – **3.** ⟨*sicher im Auftreten*⟩ wendig · weltgewandt · weltläufig · weltmännisch · smart · elegant · geschliffen + diplomatisch · geübt · elastisch; → *auch* geschickt (1)

Gewandtheit, die: **1.** ⟨*Geschicktheit in den Bewegungen*⟩ Beweglichkeit · Gelenkigkeit · Wendigkeit · Elastizität · Fertigkeit + Fingerfertigkeit · Schnellfüßigkeit ♦ *umg:* Fixigkeit; → *auch* Flinkheit (1), Schnelligkeit (1) – **2.** ⟨*Schnelligkeit im Denken*⟩ Wendigkeit · Flinkheit ♦ *umg:* Fixigkeit – **3.** ⟨*Sicherheit im Auftreten*⟩ Wendigkeit · Eleganz · Routiniertheit · Geschicklichkeit · Geschicktheit + Elastizität · Diplomatie · Schick ♦ *umg:* Pli (*landsch*)

Gewandung, die: → Kleidung (1)

gewärtig: g. sein: → vorbereitet (2)

gewärtigen: → vorbereitet (2)

Gewäsch, das: → Geschwätz (1)

gewaschen: mit allen Wassern g.: → raffiniert (1); der (*bzw.* die *od.* das) sich g. hat: → gehörig (1)

Gewässer, das: **1.** → Fluss (1) – **2.** → See (I)

Gewebe, das: **1.** ⟨*durch Weben hergestelltes textiles Produkt*⟩ Stoff · Tuch + Flor · Gewirk · Gespinst – **2.** ⟨*Gefüge gleichartiger Zellen*⟩ Zellgewebe + Fleisch

Gewebewucherung, die: → Geschwulst

Gewebstod, der: → Brand (1)

geweckt: → aufgeweckt

Gewehr, das: **1.** ⟨*Handfeuerwaffe mit langem Lauf*⟩ Karabiner; Donnerbüchse · Knallbüchse (*scherzh*); Schießgewehr (*kinderspr*) + Büchse · Flinte · Jagdgewehr · Doppelflinte · Doppelbüchse · Drilling · Infanteriegewehr · Stutzen ♦ *umg:* Schießeisen · Schießprügel ♦ *salopp:* Wumme ·

gewiss

Knarre; → *auch* Schusswaffe – **2.** → Hauer (1)

Gewehrkugel, die: → Kugel (1)

Geweih, das: **1.** ⟨*Knochengebilde am Kopf der Hirsche*⟩ Stangen (*weidm*); → *auch* Gehörn – **2.** ein G. aufsetzen: → betrügen (2, b)

Geweine, das: → Weinen

gewellt: 1. → lockig – **2.** → hügelig

Gewende, das: → Feldrain

Gewerbe, das: **1.** → Handwerk (1) – **2.** → Tätigkeit (2) – **3.** das horizontale G., das älteste G. der Welt: → Prostitution

Gewerbeaufsicht, die: + Arbeitsinspektion

gewerbsmäßig: → berufsmäßig

Gewerk, das: → Handwerk (1)

Gewese, das: → Gehabe[n] (1)

gewesen: 1. → ehemalig – **2.** → vorbei (1)

Gewicht, das: **1.** ⟨*Druck eines Körpers*⟩ Schwere + Last · Masse – **2.** → Gehörn – **3.** → Druck (1) – **4.** → Bedeutung (1), Einfluss (2) – **5.** von G.: → wichtig (1); G. legen ⌐auf⌐: **a)** → betonen (2) – **b)** → ¹Acht (1, a); G. haben, ins G. fallen: **a)** → gelten (2) – **b)** → wichtig (3); nicht ins G. fallen: → wichtig (4); ohne G. sein: → unbedeutend (4); sein G. in die Waagschale werfen: → einsetzen (II)

gewichtig: 1. → wichtig (1) – **2.** → bedeutsam (1) – **3.** → schwer (1)

Gewichtigkeit, die: → Bedeutung (1)

gewichtslos: → leicht (1)

gewieft: → raffiniert (1)

gewiegt: → raffiniert (1)

Gewiegtheit, die: → Schlauheit

Gewieher, das: → Gelächter (1)

gewillt: 1. ⟨*die Absicht habend*⟩ willens · gesonnen · entschlossen + willig; → *auch* bereit (1) – **2.** g. sein: → beabsichtigen

Gewimmel, das: → Durcheinander (2)

Gewimmer, das: → Jammer (1)

Gewinde, das: → Geflecht

Gewinn, der: **1.** ⟨*finanzieller Ertrag*⟩ Ausbeute · Überschuss · Profit; Surplus (*Wirtsch*) + Betriebsergebnis · Mehrerlös · Mehrertrag · Mehreinnahme ♦ *umg:* Geschäft · Reibach; Goldregen (*scherzh*) + warmer Regen; → *auch* Umsatzsteigerung – **2.** → Nutzen (1), Ertrag – **3.** → Lotteriegewinn – **4.** G. abwerfen: ⟨*einen finanziellen Nutzen ergeben*⟩ Gewinn bringen ♦ *umg:* herausspringen, herausschauen (*landsch*) – **5.** G. machen: ⟨*so produzieren,*

wirtschaften, dass sich Gewinn ergibt⟩ schwarze Zahlen schreiben · in den schwarzen Zahlen sein – **6.** G. bringend: **a)** → einträglich – **b)** → nützlich; G. haben/erzielen/einfahren, G. schlagen/ziehen ⌐aus⌐, einen G. einheimsen/einstreichen/herausschlagen: → gewinnen (1); G. bringen: → 4

Gewinnanteil, der: Dividende · Dividendenertrag · Gewinnquote · Dividendenausschüttung · Ausschüttung

Gewinneinbruch, der: → Umsatzrückgang

gewinnen: 1. ⟨*zu einem [finanziellen] Ertrag kommen*⟩ Gewinn haben/erzielen/einfahren · Gewinn schlagen/ziehen ⌐aus⌐ · einen Gewinn herausschlagen/herauswirtschaften · profitieren + ernten · sich sanieren ♦ *umg:* einen Gewinn einstreichen · [einen Gewinn] einheimsen · seine Schäfchen ins Trockene bringen · herausholen · heimbringen · heimschaffen · ein Geschäft machen ♦ *salopp:* einen [guten/großen] Schnitt machen – **2.** ⟨*als Endprodukt erhalten*⟩ destillieren (*Chem*); → *auch* herstellen (1) – **3.** → fördern (2) – **4.** → erwerben (1) – **5.** → siegen – **6.** [an] Boden g.: **a)** → vorankommen – **b)** → verbreiten (II); jmds. Herz g.: → erobern (2); ihre Hand g.: → heiraten (2); Zeit g. wollen: → hinhalten (1); Geschmack g. ⌐an⌐: → mögen; Profil g.: → ankündigen (II)

gewinnend: → gefällig (2)

Gewinner, der: → Sieger (1)

Gewinnerstraße, die: auf der G. sein: → siegen

Gewinnquote, die: → Gewinnanteil

Gewinnspanne, die: → Verdienstspanne

Gewinnstreben, das: → Erwerbsstreben

Gewinnsucht, die: **1.** → Geldgier – **2.** → Habgier

gewinnsüchtig: 1. → geldgierig (1) – **2.** → habgierig (1)

Gewinnung, die: → Förderung (2)

Gewinsel, das: → Weinen

Gewirk, das: → Gewebe (1)

Gewirr, das: → Durcheinander (1)

Gewisper, das: → Geflüster

gewiss: 1. ⟨*nicht zu bezweifeln*⟩ bestimmt · gewisslich · sicherlich · zweifelsohne · zweifellos · ohne Zweifel/Frage · fraglos; → *auch* sicher (4) – **2.** ⟨*nicht näher genannt*⟩ bestimmt – **3.** das gewisse Etwas: → Reiz (2); g. sein: → feststehen

Gewissen

Gewissen, das: **1.** ⟨*moralisches Bewusstsein*⟩ das bessere Ich · innere Stimme – **2.** schlechtes G.: → Gewissensbisse (1); ohne G.: → gewissenlos; ins G. reden: → ermahnen (1); auf dem G. haben: → schuldig (3, a)

gewissenhaft: genau · gründlich · peinlich · penibel; skrupulös (*veraltend*) + aufrichtig; → *auch* pflichtbewusst, sorgfältig (1), zuverlässig (1)

Gewissenhaftigkeit, die: Genauigkeit · Gründlichkeit · Peinlichkeit; → *auch* Pflichtbewusstsein, Sorgfalt (1)

gewissenlos: skrupellos · kaltblütig · ohne Gewissen · ohne Skrupel · hemmungslos + bedenkenlos · ohne Bedenken · rücksichtslos · verantwortungslos

Gewissensbisse (*Pl*): **1.** ⟨*das Bewusstsein, unrecht gehandelt zu haben*⟩ Skrupel · Gewissensskrupel · Schuldgefühl · Schuldbewusstsein · schlechtes Gewissen · moralische Bedenken ♦ *umg:* Gewissenswurm; → *auch* Reue (1) – **2.** G. haben, sich G. machen: → bereuen

Gewissensehe, die: → Ehe (1)

Gewissensskrupel (*Pl*): → Gewissensbisse (1)

Gewissenswurm, der: → Gewissensbisse (1)

gewissermaßen: → gleichsam

Gewissheit, die: **1.** → Überzeugung (1) – **2.** → Glaube[n] (1) – **3.** sich G. verschaffen: → vergewissern, sich

gewisslich: → gewiss (1)

Gewitter, das: **1.** ⟨*Naturerscheinung mit Blitz u. Donner*⟩ Wetter; Donnerwetter (*veraltet*) – **2.** ein reinigendes G.: → Strafpredigt

Gewitterflinte, die: → Regenschirm (1)

gewittern: → donnern (1)

gewitterschwül: → schwül (1)

gewittrig: → schwül (1)

Gewitzel, das: → Spott (1)

gewitzigt: → schlau (1)

gewitzt: → schlau (1)

Gewitztheit, die: → Schlauheit

Gewoge, das: **1.** ⟨*wogende Bewegung*⟩ das Hin und Her – **2.** → Seegang

gewogen: 1. → wohlgesinnt – **2.** nicht g. sein: → hassen

Gewogenheit, die: → Wohlwollen (1)

gewöhnen, sich: **1.** sich aneinander g.: ⟨*ein besseres Zusammenleben erreichen*⟩ *umg:* sich zusammenraufen · sich zusammenbeißen – **2.** sich g. |an|: **a)** → heimisch (4), anpassen (II, 1), umstellen (II, 2) – **b)** → abfinden (II, 2)

Gewohnheit, die: **1.** ⟨*allgemein üblich gewordene Verhaltensweise*⟩ Gepflogenheit · Usus · Brauch · Sitte · Herkommen · Tradition; Usance (*kaufm*) + Übung – **2.** ⟨*routinehafte Handlung*⟩ Angewohnheit + Gepflogenheit – **3.** zur [festen] G. werden: ⟨*sich als Gewohnheit festigen*⟩ in Fleisch und Blut übergehen – **4.** Macht der G.: → Gewohnheitstrieb; aus G.: → gewohnheitsmäßig

gewohnheitsgemäß: → gewohnheitsmäßig

gewohnheitsmäßig: gewohnheitsgemäß · aus Gewohnheit · routinemäßig

Gewohnheitstrieb, der: Macht der Gewohnheit + Denkfaulheit · Willenlosigkeit

Gewohnheitstrinker, der: → Trinker

Gewohnheitsverbrecher, der: → Verbrecher

gewöhnlich: 1. ⟨*durchschnittl. Verhältnissen entsprechend u. nichts Besonderes aufweisend*⟩ alltäglich · normal · profan · trivial · regelmäßig · kommun · gewohntermaßen; → *auch* gewohnt (1), üblich (1) – **2.** ⟨*nicht von feiner Art*⟩ unfein · ordinär · gassenmäßig · vulgär · pöbelhaft · plebejisch · nieder ♦ *umg:* popelig (*landsch*) – **3.** → meist – **4.** für g.: → meist

gewohnt: 1. ⟨*immer wieder in dieser Weise gehandhabt*⟩ gangbar · gängig ♦ *umg:* ausgefahren · ausgelaufen · ausgetreten; → *auch* gewöhnlich (1), vertraut (1), üblich (1) – **2.** ⟨*mit der Zeit zur Gewohnheit geworden*⟩ altgewohnt · [alt]eingewurzelt · lang gewohnt ♦ *umg:* [fest] eingefahren · eingefleischt; → *auch* alt (3), üblich (1)

gewohntermaßen: → gewöhnlich (1)

gewölbt: → bauchig (1)

gewollt: → gesucht (1)

Gewühl, das: → Gedränge (1)

gewunden: schraubenförmig · spiralförmig · spiralig · schneckenförmig; schraubig · spiral (*fachspr*)

gewürfelt: → kariert

Gewürge, das: → Gedränge (1)

gewürzig: → würzig (1)

gewürzt: 1. → scharf (2) – **2.** → würzig (1) – **3.** gut g.: → würzig (1); stark g.: → scharf (2)

gezackt: zackig · gezahnt

gezähmt: → zahm (1)

gezahnt: → gezackt

348

Gipfel

Gezänk, das: → Streit (1)
Gezanke, das: → Streit (1)
Gezauder, das: → Unentschlossenheit
Gezeiten (*Pl*): Tiden · Ebbe und Flut
Gezerre, das: → Streit (1)
Gezeter, das: → Schimpfen
Geziefer, das: → Ungeziefer
gezielt: → absichtlich
geziemen, sich: → gehören (II)
geziemend: → gebührend (1)
Geziere, das: → Ziererei
geziert: affektiert · gespreizt · gestelzt · erkünstelt · unnatürlich · preziös ♦ *umg:* affig · etepetete; → *auch* gekünstelt, eitel (1)
gezirkelt: → genau (2)
Gezischel, das: → Geflüster
Gezücht, das: **1.** → Brut (1) – **2.** → Gesindel
Gezweig, das: → Geäst
gezwungen: 1. → gehemmt – **2.** → unfreiwillig (1) – **3.** g. sein, sich g. sehen: → müssen (1)
gezwungenermaßen: → unfreiwillig (1), notgedrungen
Gfrett, das: → Unannehmlichkeit
Gicht, die: *umg:* Zipperlein (*scherzh*)
gichtig: → gichtkrank
gichtisch: → gichtkrank
gichtkrank: gichtig · gichtisch
gickern: → lachen (1)
Gickgack, das: → Geschwätz (1)
Gieper, der: → Verlangen (1)
gieperig: → gierig (1)
giepern: g. |nach|: → Verlangen (4)
Gier, die: **1.** → Verlangen (1) – **2.** → Habgier – **3.** mit/voll G.: → gierig (1)
gieren: g. |nach|: → Verlangen (4)
giererfüllt: → gierig (1)
gierig: 1. ⟨*von starkem Verlangen erfüllt*⟩ giererfüllt · begehrlich · mit/voll Gier ♦ *umg:* wie ein Habicht; happig · gieperig · jieperig (*landsch*); → *auch* lüstern (1) – **2.** → habgierig (1) – **3.** g. sein |nach/auf|: → Verlangen (4)
Gierigkeit, die: → Verlangen (1)
Gierschlund, der: → Vielfraß
gießen: 1. ⟨*eine Flüssigkeit aus einem Gefäß rinnen lassen*⟩ schütten; → *auch* einfüllen (1) – **2.** ⟨*stark regnen*⟩ schauern · in Strömen regnen ♦ *umg:* schütten · pladdern · prasseln · wie mit Kannen/Eimern/Kübeln gießen; Schusterjungen/Strippen regnen (*scherzh*); wie mit Mollen gießen

(*berlin*); → *auch* regnen (1) – **3.** → begießen (1) – **4.** einen auf die Lampe g., einen hinter die Binde/Krawatte/den Schlips g.: → trinken (1, b), betrinken, sich; Öl auf die Wogen g.: → beruhigen (I); Öl ins Feuer g.: → verschlimmern (I, 1); wie in/aus Erz gegossen: → regungslos
Gift, das: **1.** ⟨*gesundheitsschädl. Substanz*⟩ Giftstoff + Toxikum · Toxin (*fachspr*) – **2.** → Bosheit – **3.** G. nehmen: → vergiften (II); G. geben: → vergiften (I, 1); darauf kannst du G. nehmen: **a)** → tatsächlich (2) – **b)** → versichert; G. sein |für|: → schaden (2); G. und Galle speien/spucken: → wütend (2); voller G. stecken: → boshaft (2); sein G. verspritzen: → sticheln (1); blondes G.: → Blondine
giften, sich: → ärgern (II, 1)
giftgrün: → grün (1)
gifthaltig: → giftig (1)
giftig: 1. ⟨*Gift enthaltend*⟩ gifthaltig + toxisch (*med*); → *auch* schädlich (1) – **2.** → gehässig – **3.** g. werden: → erzürnen (2)
Giftkröte, die: → Xanthippe
Giftküche, die: **1.** → Labor – **2.** → Gerüchteküche
Giftler, der: → Rauschgiftsüchtige
Giftmischer, der: **1.** → Apotheker – **2.** → Intrigant
Giftnudel, die: **1.** → Zigarre (1), Zigarette – **2.** → Xanthippe
Giftpfeil, der: Giftpfeile abschießen: → sticheln (1)
Giftspritze, die: → Xanthippe
Giftstäbchen, das: → Zigarette
Giftstängel, der: → Zigarette
Giftstoff, der: → Gift (1)
Giftzahn, der: → Xanthippe
Gigant, der: → Riese (1)
gigantisch: 1. → groß (1) – **2.** → gewaltig
Gigerl, der: → Geck (1)
gigerlhaft: → geckenhaft (1)
gilben: → vergilben (1)
Gilde, die: → Innung
Gildenschaft, die: → Innung
Gimpel, der: → Grünschnabel
Gimpelfang, der: → Betrug (1)
gimpelhaft: → einfältig (2)
Gin, der: → Branntwein
Gipfel, der: **1.** ⟨*oberster Teil eines Berges*⟩ Spitze · Berg[es]gipfel · Kuppe · Bergkoppe · Bergkuppe · Bergspitze · Horn + Grat – **2.** → Höhepunkt (1) – **3.** → Gipfeltreffen

349

Gipfelleistung

Gipfelleistung, die: → Spitzenleistung (1)
Gipfelpunkt, der: → Höhepunkt
Gipfelstürmer, der: → Bergsteiger
Gipfeltreffen, das: *umg*: Gipfel
Girl, das: **1.** → Tänzerin – **2.** → Mädchen (2)
Girlie, das: → Mädchen (2)
girren: 1. → gurren (1) – **2.** → flirten
gischen: → schäumen (1)
Gischt, der: → Schaum (1)
gischten: → schäumen (1)
Gitter, das: **1.** ⟨*netzartige Absperrung aus Metall*⟩ Gatter · Gitterwerk; → *auch* Umzäunung – **2.** hinter Gittern sitzen: → gefangen (2)
Gitterwerk, das: → Gitter (1)
Giveaway, das: → Werbegeschenk
Glace, das: **1.** → Speiseeis – **2.** → Zuckerguss
Glacéhandschuh, der: mit Glacéhandschuhen anfassen: → schonen (I, 1)
Glamour, der *od.* das: → Glanz (2)
glamourös: → glänzend (2)
Glanz, der: **1.** ⟨*Lichterscheinung, die von einer Oberfläche ausgeht*⟩ Licht · Schimmer · Feuer · Schmelz ♦ *dicht*: Glast · Silber – **2.** ⟨*besonders prächtiges Aussehen*⟩ Glorie · Glamour · Herrlichkeit; → *auch* Prunk (1) – **3.** ⟨*ganz glatte bzw. polierte Oberfläche*⟩ Hochglanz · Politur – **4.** → Ruhm (1) – **5.** mit G.: → hervorragend (1)
glänzen: 1. ⟨*Glanz zeigen*⟩ blinken · blinkern · blitzen · funkeln · glitzern · schimmern · leuchten · strahlen · flimmern · flirren · gleißen · glimmern · spiegeln; → *auch* leuchten (1) – **2.** → beeindrucken – **3.** durch Abwesenheit g.: → fehlen (1)
glänzend: 1. ⟨*Glanz zeigend*⟩ funkelnd · strahlend · gleißend · leuchtend · hell glänzend · hochglänzend · glitzernd · glitzerig · [spiegel]blank; → *auch* hell (1) – **2.** ⟨*besonders prächtig*⟩ glanzvoll · glamourös · illuster · splendid; → *auch* prächtig (1), großartig (1) – **3.** → ruhmvoll
glanzhell: → hell (1)
Glanzleistung, die: → Spitzenleistung (1)
glanzlos: stumpf · matt · dumpf; duff (*landsch*)
Glanznummer, die: → Zugstück
Glanzpunkt, der: **1.** → Höhepunkt – **2.** → Hauptattraktion
Glanzstück, das: **1.** ⟨*sehr wertvoller Gegenstand*⟩ Prachtstück · Prachtexemplar ·

Prunkstück · Schaustück; Kabinettstück · Schatz (*veraltend*) – **2.** *umg scherzh* ⟨*besonders wertvoller Mensch*⟩ Perle; → *auch* Prachtmensch – **3.** → Zugstück
glanzvoll: 1. → glänzend (2) – **2.** → prächtig (1) – **3.** → ruhmvoll
Glanzzeit, die: → Blütezeit
Glas: I. Glas, das: **1.** ⟨*gläsernes Trinkgefäß*⟩ Trinkglas + Pokal · Humpen · Römer · Kelch – **2.** → Brille (1) – **3.** → Fernglas – **4.** zu tief ins G. gucken: → betrinken, sich; ein G. kippen: → trinken (1, b) – **II.** Gläser (*Pl*): **1.** → Brille (1) – **2.** die G. erklingen lassen, mit den Gläsern klingen: → anstoßen (3)
Gläschen, das: ein G. zu viel trinken: → betrinken, sich
Gläser (*Pl*): → Glas (II)
gläsern: 1. → durchsichtig (1) – **2.** → stier
glashart: → hart (1)
Glashaus, das: → Treibhaus
glashell: → durchsichtig (1)
glasig: → stier
glasklar: 1. → durchsichtig (1) – **2.** → deutlich (3)
Glaskugel, die: → Murmel
Glast, der: → Glanz (1)
Glasur, die: Schmelz · Email
glatt: 1. ⟨*keine Unebenheit aufweisend*⟩ spiegelglatt + poliert – **2.** ⟨*durch Feuchtigkeit od. Eisfläche, Schnee in der Haftfähigkeit beeinträchtigt*⟩ glitsch[er]ig · rutschig · schlüpfrig · eisglatt · schlickerig · ölig – **3.** ⟨*infolge besonderer Schlauheit nicht od. nur schwer fassbar*⟩ aalglatt · schlangenhaft · aalartig · schlangenartig + ölig · glattzüngig; → *auch* raffiniert (1) – **4.** → flüssig (2) – **5.** → eben (1) – **6.** → reibungslos – **7.** → raffiniert (1) – **8.** → anstandslos – **9.** g. streichen: ⟨*mit der Hand über etw. streichen u. dadurch glätten*⟩ glätten · glatt legen · glatt ziehen · glatt machen · zurechtziehen · zurechtzupfen; → *auch* glätten (1) – **10.** g. machen: **a)** → 8 – **b)** → glätten (1); g. legen/ziehen: → 8; g. gehen → gehen (9)
Glätte, die: Glattheit + Eisglätte · Blitzeis · Schneeglätte
Glatteis, das: aufs G. führen: → täuschen (I)
Glätteisen, das: → Bügeleisen
glätten: 1. ⟨*durch bestimmte Bearbeitung die Unebenheiten beseitigen*⟩ glatt machen · ebnen · schleifen · schlichten · schmirgeln;

350

satinieren (*fachspr*) + abfeilen; → *auch* abhobeln, abrunden (1), glatt (8) – **2.** → glatt (4) – **3.** → bügeln (1) – **4.** → einebnen – **5.** → ausgleichen (I, 1)

glatterdings: → schlechthin

glattgehen: → gehen (9)

Glattheit, die: → Glätte

glattweg: → offen (3)

glattzüngig: 1. → glatt (3) – **2.** → heuchlerisch

Glatze, die: Kahlkopf · Glatzkopf + Tonsur ♦ *umg*: Platte; Mond (*scherzh*) ♦ *salopp*: Spielwiese · Kniescheibe · Landeplatz (*scherzh*); Lockenkopp (*landsch iron*)

Glatzkopf, der: **1.** → Kahlkopf (1) – **2.** → Glatze

glatzköpfig: → kahlköpfig

Glaube, der: → Glaube[n]

glauben: 1. ⟨*ohne Beweis als wahr ansehen*⟩ für wahr halten · Glauben schenken · schwören |auf| · für bare Münze nehmen ♦ *umg*: abnehmen · abkaufen – **2.** → vermuten, meinen – **3.** dran g. müssen: → sterben (1); g. machen: → einreden (1)

Glaube[n], der: **1.** ⟨*nicht auf Beweise gestützte Überzeugung*⟩ Gläubigkeit · Gewissheit – **2.** ⟨*religiöse Überzeugung*⟩ Gottvertrauen · Gläubigkeit; → *auch* Frömmigkeit – **3.** → Bekenntnis (1) – **4.** → Hoffnung (1) – **5.** Glauben schenken: → glauben (1); auf Treu und Glauben: → vertrauensvoll

Glaubensbekenntnis, das: **1.** ⟨*Äußerung einer Überzeugung*⟩ Kredo – **2.** → Bekenntnis (1)

Glaubenseifer, der: **1.** → Frömmigkeit – **2.** → Fanatismus

Glaubensrichtung, die: → Bekenntnis (1)

glaubensstark: → fromm (1)

glaubenswert: → glaubwürdig (1)

glaubhaft: → glaubwürdig (1)

gläubig: 1. → fromm (1) – **2.** → vertrauensvoll

Gläubiger, der: Geldgeber · Kreditgeber; Kreditor (*fachspr*)

Gläubigerbank, die: → ²Bank

Gläubigkeit, die: → Glaube[n] (1 *u.* 2)

glaublich: kaum g.: → zweifelhaft

glaubwürdig: 1. ⟨*einen hohen Grad von Wahrscheinlichkeit aufweisend*⟩ glaubhaft · glaubenswert; → *auch* überzeugend – **2.** → zuverlässig (1)

gleich: 1. ⟨*sich nicht unterscheidend*⟩ übereinstimmend · unterschiedslos · identisch ·

gleichartig · deckungsgleich · kongruent + konform; → *auch* dasselbe (1) – **2.** ⟨*keine unterschiedl. Bewertung zulassend*⟩ gleichbedeutend · einerlei · eins ♦ *umg*: egal · gehüpft wie gesprungen · Jacke/Rock wie Hose (*scherzh*) ♦ *salopp*: rum wie num (*landsch*) – **3.** → einheitlich (2) – **4.** → ähnlich (1) – **5.** → sofort – **6.** g. gesinnt: ⟨*die gleichen Ansichten habend*⟩ wesensgleich · geistesverwandt – **7.** g. sein: **a)** → gleichen (1) – **b)** → gleichgültig (3); in gleicher Weise: → ebenso; zu gleichen Teilen: → gleichmäßig (2); zur gleichen Zeit, im gleichen Atemzug: → gleichzeitig (1); am gleichen Strang/Seil ziehen: → zusammenarbeiten; Gleiches mit Gleichem vergelten, mit gleicher Münze heimzahlen: → rächen (II); von gleichem Stand: → ebenbürtig (2); g. bleibend: → unveränderlich

gleichartig: → gleich (1)

gleichauf: → wertungsgleich

gleichbedeutend: 1. → gleich (2) – **2.** → synonym

gleichberechtigt: gleichgestellt · paritätisch + in gleicher Augenhöhe

Gleichberechtigung, die: Gleichstellung · Gleichgestelltheit · Gleichheit · Parität

¹Gleiche, das: → dasselbe

²Gleiche, der: → derselbe

³Gleiche, die: → dieselbe

gleichen: 1. ⟨*keine Abweichungen im Aussehen zeigen*⟩ gleich sein · sich gleichen wie ein Ei dem anderen; → *auch* ähneln, übereinstimmen (2) – **2.** → entsprechen (1) – **3.** sich g. wie ein Ei dem anderen: → 1

gleichermaßen: → ebenfalls, ebenso

gleicherweise: → ebenso

gleichfalls: → ebenfalls

gleichförmig: 1. ⟨*in der Form keine Abwechslung zeigend*⟩ schematisch · uniform · schablonenhaft · gebetsmühlenhaft · nach der Schablone · schablonenmäßig + ermüdend ♦ *umg*: nach Schema F – **2.** → einförmig

Gleichförmigkeit, die: → Einförmigkeit

gleichgeschlechtlich: → homosexuell (a)

gleichgestellt: → gleichberechtigt

Gleichgestelltheit, die: → Gleichberechtigung

Gleichgewicht, das: **1.** ⟨*Zustand ausgeglichener entgegengesetzter Wirkungen*⟩ Waage · Balance – **2.** ins G. bringen: → ausglei-

gleichgültig

chen (I, 1); [wieder] ins G. kommen: → fassen (II, 1)

gleichgültig: 1. ⟨*nicht zu teilnehmender Aktivität fähig od. willens*⟩ indifferent · indolent · unbeteiligt · achtlos ♦ *umg:* wurstig · dickhäutig; → *auch* interesselos, teilnahmslos – **2.** ⟨*keine innere Anteilnahme erkennen lassend*⟩ unbeeindruckt · ungerührt – **3.** → unwichtig (1) – **4.** g. sein: ⟨*keine Bedeutung für jmdn. haben*⟩ gleich / einerlei sein ♦ *umg:* egal sein ♦ *salopp:* piepe[gal] sein · schnuppe / schnurz- [piepe] / schnurzpiepegal / Lebertran / Pomade / Wurscht sein ♦ *derb:* scheißegal sein · etw. geht jmdm. am Arsch vorbei – **5.** jmdm. g. sein: ⟨*jmdn. nicht in Ärger versetzen [können]*⟩ etw. lässt jmdn. kalt ♦ *umg:* [nicht] den Geier / [nicht] den Henker / [nicht] den Kuckuck / [nicht] den Teufel fragen | nach | · gern[e] haben können ♦ *salopp:* einen Dreck fragen | nach | – **6.** g. wer: → irgendeiner; g. was: → etwas (1); g. wann: → irgendwann (1); g. wie: → irgendwie; g. wo: → irgendwo; g. werden: → abstumpfen (2)

Gleichgültigkeit, die: Indifferenz · Indolenz · Uninteressiertheit; → *auch* Interesselosigkeit, Teilnahmslosigkeit

Gleichheit, die: → Gleichberechtigung

Gleichklang, der: 1. → Harmonie (1) – **2.** → Eintracht

gleichkommen: 1. → entsprechen (1) – **2.** → ebenbürtig (3)

gleichmachen: 1. → anpassen (I, 1) – **2.** → vereinheitlichen – **3.** → einebnen – **4.** dem Erdboden g.: → zerstören (2)

Gleichmacherei, die: Nivellierung · Gleichschaltung

Gleichmaß, das: Ebenmaß · Ebenmäßigkeit · Proportion · Symmetrie + Gleichlaut; → *auch* Harmonie (1)

gleichmäßig: 1. ⟨*die gleichen Maße aufweisend*⟩ ebenmäßig · symmetrisch + proportional; → *auch* einheitlich (2) – **2.** ⟨*genau in zwei Hälften*⟩ zu gleichen Teilen · halb und halb · halbpart ♦ *umg:* fifty-fifty · halbehalbe – **3.** → einheitlich (2)

Gleichmut, der: → Gelassenheit

gleichmütig: → gelassen (1)

Gleichnis, das: 1. → Bild (I, 3) – **2.** als G.: → bildlich (1)

gleichnishaft: → bildlich (1)

gleichrangig: → ebenbürtig (1 u. 2)

gleichsam: gewissermaßen · mehr oder minder / weniger · sozusagen · quasi; → *auch* wie (1)

gleichschalten: → anpassen (I, 1)

Gleichschaltung, die: → Gleichmacherei

gleichsehen: → ähneln

gleichsetzen: gleichstellen ♦ *umg:* zusammenwerfen · mit der gleichen Elle messen · über einen Kamm scheren · in einen Topf werfen · über einen Leisten schlagen

Gleichsinn, der: → Einigkeit

gleichstellen: → gleichsetzen

Gleichstellung, die: → Gleichberechtigung

gleichstimmig: 1. → einstimmig (1) – **2.** → einhellig

gleichtun: 1. → nachahmen – **2.** es g. wollen: → nacheifern

gleichwertig: 1. ⟨*in der Qualität usw. gleich*⟩ äquivalent · vollwertig – **2.** → ebenbürtig (1)

gleichwie: → wie (1)

gleichwohl: → trotzdem (1)

gleichzeitig: 1. ⟨*zugleich geschehend*⟩ zur selben / gleichen Zeit · synchron · zeitgleich · simultan · auf einmal · auf einen Schlag / Hieb · in einem / demselben / im gleichen Atem[zug] – **2.** → zugleich (1)

gleichziehen: → aufholen (1)

Gleis, das: 1. ⟨*Fahrspur aus stählernen Profilstäben*⟩ Schienen[strang] + Spur · Eisenbahnschienen · Eisenbahngleis ♦ *gehoben:* Geleise – **2.** aus dem G. springen: → entgleisen (1); ins rechte G. bringen: **a)** → bereinigen (1) – **b)** → regeln (1); aufs tote G. schieben: → kaltstellen; aus dem G. geworfen werden / kommen: → scheitern (a)

Gleiskette, die: → Raupenkette

Gleisner, der: → Heuchler

Gleisnerei, die: → Heuchelei

gleisnerisch: → heuchlerisch

gleißen: → glänzen (1)

gleißend: → glänzend (1)

Gleitboot, das: → Tragflächenboot

gleiten: 1. → fliegen (1) – **2.** aus der Hand g.: → Kontrolle (2)

Gletscher, der: Firner; Ferner (*süddt österr*); Firn (*schweiz*)

Gletscherfloh, der: → Bergsteiger

Glibber, der: → Gallert

glibberig: → gallertartig

Glied: I. Glied, das: **1.** ⟨*Teil einer angetretenen Mannschaft*⟩ Reihe – **2.** → Generation – **3.** → Penis – **4.** in Reih und G.: → hinter-

352

glücklicherweise

einander (1); männliches G.: → Penis – **II.** Glieder (*Pl*): **1.** → Gliedmaßen – **2.** der Schreck fährt jmdm. in die G.: → erschrecken (2)

gliedern: I. gliedern: → einteilen (1) – **II.** gliedern, sich: ⟨als System kleinerer Einheiten in Erscheinung treten⟩ sich unterteilen · sich untergliedern · zerfallen |in| + sich verästeln

Gliederreißen, das: → Rheumatismus

Gliederschmerzen (*Pl*): → Rheumatismus

Gliederung, die: **1.** ⟨Art u. Weise des Gegliedertseins⟩ Bau · Einteilung · Durchgliederung · Struktur[plan] · Organisation · Gruppierung · Zusammensetzung · Gefüge · Anlage · Fächerung · Staffelung + Rangordnung; → *auch* Aufbau (2), Anordnung (1), Gerüst (2) – **2.** → Einteilung (1) – **3.** → Aufbau (2)

Gliedmaßen (*Pl*): Glieder · Extremitäten

glimmen: schwelen

glimmern: → glänzen (1)

Glimmstängel, der: → Zigarette, Zigarre (1)

glimpflich: 1. → nachsichtig (1) – **2.** g. davonkommen: ⟨nicht für etw. belangt werden⟩ umg: mit einem blauen Auge/mit heiler Haut davonkommen; → *auch* davonkommen (2), straffrei

Glitschbahn, die: → Schlitterbahn

Glitsche, die: → Schlitterbahn

glitschen: → schlittern

glitsch[er]ig: → glatt (2)

glitzerig: → glänzend (1)

glitzern: → glänzen (1)

glitzernd: → glänzend (1)

global: → weltumfassend

Globalvillage, das: das globale Dorf

Globetrotter, der: → Weltreisende

Globus, der: **1.** ⟨der nachgestaltete Erdball⟩ Erdkugel · Erdglobus · Weltkugel – **2.** rund um den G.: → weltumfassend

Glocke, die: **1.** → Klingel – **2.** an die große G. hängen: → verbreiten (I, 1)

glockenklar: → hell (2)

glockenrein: → hell (2)

Glockenschlag, der: mit dem G.: → pünktlich (1)

Glorie, die: **1.** → Glanz (2) – **2.** → Ruhm (1) – **3.** → Heiligenschein

Glorienschein, der: → Heiligenschein

glorifizieren: → verherrlichen

Gloriole, die: → Heiligenschein

glorios: → ruhmvoll

glorreich: → ruhmvoll

Glosse, die: **1.** → Bemerkung (1) – **2.** → Anmerkung (1)

Glotzauge, das: → Auge (I, 1)

Glotze, die: → Fernsehapparat

glotzen: 1. → starren (1) – **2.** → staunen (1)

Glotzkasten, der: → Fernsehapparat

Glotzkiste, die: → Fernsehapparat

Glotzophon, das: → Fernsehapparat

Glück, das: **1.** ⟨besonders günstige Umstände bzw. günstiger Zufall⟩ Glücks[zu]fall + Segen · Glücksgriff · Glückswurf ♦ umg: Dusel ♦ salopp: Massel · Schwein – **2.** ⟨Verkörperung günstiger Gegebenheiten⟩ Glücksstern · Glücksfee · guter Stern · günstiges Geschick · Freudenbecher · Fortuna · Füllhorn – **3.** ⟨Gefühl höchster innerer Befriedigung⟩ Seligkeit · Glückseligkeit · Wonne + Sonnenschein; → *auch* Freude (1) – **4.** G. haben: ⟨aus besonders günstigen Umständen Nutzen ziehen können⟩ umg: in den Glückstopf gegriffen haben · das große Los gezogen haben · fein heraus sein · mehr Glück als Verstand haben + eine Glückssträhne haben ♦ salopp: Schwein haben – **5.** zum G.: → glücklicherweise; auf gut G.: → planlos (1); Hans im G.: → Glückskind; G. wünschen: → beglückwünschen; sein G. machen: → Erfolg (2); kein G. haben |bei|: → abblitzen (1), Misserfolg (2); G. bringend/verheißend: → Erfolg (3)

glucken: 1. → brüten (1) – **2.** → dahinleben

glücken: 1. → gelingen (1)

gluckern: 1. → gurgeln (1) – **2.** → trinken (1, a) – **3.** → plätschern

glückhaft: → glücklich (1)

glücklich: 1. ⟨den Wünschen entsprechend [verlaufend]⟩ günstig · erfreulich · vorteilhaft · positiv ♦ gehoben: glückhaft – **2.** ⟨höchste innere Befriedigung fühlend [und zeigend]⟩ überglücklich · glückstrahlend · [über]selig · glückselig · happy ♦ gehoben: wonnetrunken; → *auch* freudig (1), froh (1) – **3.** → schließlich (1) – **4.** g. sein: ⟨höchste innere Befriedigung fühlen⟩ sich wie im [siebenten] Himmel fühlen ♦ umg: auf Wolke sieben schweben; → *auch* freuen (II, 1) – **5.** eine glückliche Hand haben: → geschickt (2); g. vonstatten gehen: → gelingen (1); g. machen: → erfreuen (I)

glücklicherweise: erfreulicherweise · zum Glück · gottlob · Gott sei Dank

353

glücklos

glücklos: → bedauernswert
Glücksbringer, der: → Talisman
glückselig: → glücklich (2)
Glückseligkeit, die: → Glück (3)
glucksen: → plätschern
Glücksfall, der: → Glück (1)
Glücksfee, die: → Glück (2)
Glücksgriff, der: → Glück (1)
Glücksgüter (*Pl*): mit [allen] Glücksgütern gesegnet: → reich (1)
Glückshafen, der: → Verlosung
Glücksjäger, der: → Glücksritter
Glückskind, das: Glückspilz · Sonntagskind · Hans im Glück
Glückspfennig, der: Heckpfennig · Heck[e]männchen; → *auch* Ersparnis (1)
Glückspilz, der: → Glückskind
Glücksritter, der: Abenteurer[natur] · Glücksjäger; → *auch* Glücksspieler
Glücksspieler, der: Hasardeur · Spieler · Spielernatur · Hasardspieler ♦ *umg*: Zocker; → *auch* Glücksritter
Glücksstern, der: → Glück (2)
Glückssträhne, die: eine G. haben: → Glück (4)
Glückstopf, der: in den G. gegriffen haben: → Glück (4)
glückstrahlend: → glücklich (2)
Glückswurf, der: → Glück (1)
Glückszufall, der: → Glück (1)
Glückwunsch, der: **1.** ⟨*Ausdruck freudiger Anteilnahme bzw. der Hoffnung auf eine glückliche Zukunft*⟩ Gratulation · Wunsch – **2.** seinen G. / seine Glückwünsche abstatten / aussprechen / darbringen / überbringen: → beglückwünschen
gludern: → starren (1)
Glühbirne, die: → Glühlampe
glühend: 1. ⟨*durch Glut leuchtend*⟩ feurig – **2.** → heiß (1) – **3.** → leidenschaftlich
Glühlampe, die: Glühbirne ♦ *umg*: Birne
Glukose, die: → Traubenzucker
Glumse, die: → Quark (1)
glupen: → starren (1)
glupschen: → starren (1)
Glut, die: **1.** → Hitze (1) – **2.** → Begeisterung (1), Leidenschaft
Gluthauch, der: → Hitze (1)
glutheiß: → heiß (1)
Gluthitze, die: → Hitze (1)
Gnade, die: **1.** → Wohlwollen (1) – **2.** → Nachsicht (1) – **3.** G. vor Recht ergehen lassen: → nachsehen (2); in Gnaden aufnehmen: → verzeihen; die G. haben: → herbeilassen, sich
Gnadenaufschub, der: → Aufschub (2)
Gnadenfrist, die: → Aufschub (2)
Gnadengeschenk, das: → Almosen (1)
gnadenlos: → rücksichtslos (1)
gnadenreich: → heilig (2)
Gnadenschuss, der: den G. geben: → töten (I, 2)
Gnadenstoß, der: den G. geben / versetzen: → töten (I, 2)
Gnadentisch, der: → Altar (1)
gnädig: 1. → mild[e] (1) – **2.** → gönnerhaft
Gnatz, der: → Griesgram
gnatzen: → murren
gnatzig: → mürrisch
Gnatzkopf, der: → Griesgram
gnietschig: → geizig (1)
Gnom, der: **1.** → Zwerg (1) – **2.** → Kobold (1)
gnomenhaft: → zwerg[en]haft
Goal, das: → ¹Tor (3)
Goalgetter, der: → Torschütze
Goalkeeper, der: → Torwart
Goalmann, der: → Torwart
Gobelin, der: → Wandteppich
Gockel, der: → Hahn (1)
Gockelhahn, der: → Hahn (1)
Gof, der *u.* das: → Kind (1)
gokeln: → Feuer (8)
Gold, das: **1.** → Geld (1) – **2.** aus / von G.: → golden (1); Goldes wert, nicht mit G. bezahlbar: → unersetzlich; treu wie G.: → treu (1)
goldartig: → golden (1)
goldbraun: → braun (1)
golden: 1. ⟨*aus Gold bestehend*⟩ aus / von Gold + goldartig ♦ *dicht*: gülden – **2.** ⟨*wie Gold aussehen*⟩ goldfarben – **3.** ein goldenes Herz haben: → treu (3); goldene Brücken bauen: → entgegenkommen
Goldesel, der: *umg*: Dukatenesel · Dukatenmännchen ♦ *derb*: Dukatenscheißer
goldfarben: → golden (2)
goldgelb: → gelb (1)
goldig: → reizend (1)
Goldkind, das: → Liebling (1)
Goldregen, der: → Gewinn (1)
goldrichtig: → richtig (1)
Goldstück, das: → Liebling (1)
Golem, der: → Gespenst (1)
Golf, der: → ¹Bucht (1)
Golgathaweg, der: → Leidensweg

Goliath, der: → Riese (1)

gondeln: 1. → fahren (1) – **2.** → schlendern (1)

gönnen: 1. → zugestehen – **2.** sich g.: ⟨*sich etw. nicht versagen*⟩ sich leisten · sich zugute tun – **3.** nicht g.: → neiden; nicht das Salz in der Suppe/das Schwarze unterm Nagel g.: → neidisch (2)

Gönner, der: Förderer · Mäzen · Sponsor; → *auch* Helfer (1), Wohltäter

gönnerhaft: gnädig · herablassend · jovial · onkelhaft; → *auch* wohlgesinnt

Gör, das: → Kind (1)

Göre, die: → Kind (1)

Gorilla, der: → Leibwächter

Gosche, die: **1.** → Mund (1) – **2.** → Mundwerk

Gosse, die: **1.** → Rinnstein – **2.** durch die G. ziehen: → verleumden (1); in der G. umkommen/enden: → verkommen (1)

Gott, der: **1.** ⟨*in Religionen höchstes übernatürl. Wesen*⟩ **a)** ⟨*im christl. Sprachbrauch*⟩ der Herr · der Allmächtige · Allvater · Gottvater · Herrgott · der Ewige · der Himmlische · der himmlische Vater · Vater im Himmel · Er · Herr der himmlischen Heerscharen · der Höchste · der höchste Richter · Schöpfer [Himmels und der Erden/aller Dinge] · Weltenlenker + Jahve · Jehova · der Herr Zebaoth; → *auch* Christus (1) – **b)** ⟨*im nichtchristl. Sprachgebrauch*⟩ Gottheit · das höchste Wesen – **2.** → Abgott (2) – **3.** Garten Gottes: → Paradies (1, b); Diener Gottes: → Geistliche; das Wort Gottes: → Bibel; G. anrufen: → beten; bei G. schwören: → schwören (2); G. befohlen, behüt dich G.: → Wiedersehen (1); G. behüte/bewahre: → keineswegs; G. sei Dank: → glücklicherweise; G. verdamm mich [noch einmal]: → verflucht (1); in Gottes Namen: → meinetwegen (2); weiß G.: → wahrhaftig; G. sei's geklagt, leider Gottes: → leider; das wissen die Götter: → ungewiss (2); dem lieben G. den Tag stehlen, den lieben G. einen frommen Mann sein lassen: → faulenzen (1); leben wie G. in Frankreich: → schwelgen (1); wie G. jmdn. geschaffen hat: → nackt

gottähnlich: → göttlich (1)

gottbegnadet: → begabt

Gotterbarmen, das: zum G.: → jämmerlich (1)

Götterbild[nis], das: → Götzenbild

Göttergatte, der: → Ehemann

gottergeben: 1. → ergeben (1) – **2.** → fromm (1)

göttergleich: → göttlich (1)

götterhaft: → göttlich (1)

Göttermahl, das: → Festessen

Götterspeise, die: → Süßspeise

Gottesacker, der: → Friedhof

Gottesdiener, der: → Geistliche

Gottesdienst, der: Andacht; Amt · Messe (*kathol*) ♦ *umg:* Kirche; → *auch* Hochamt, Abendmahl (1)

Gottesfurcht, die: → Frömmigkeit

gottesfürchtig: → fromm (1)

Gotteshaus, das: → Kirche (1)

Gotteslamm, das: → Christus (1)

gotteslästerlich: sakrilegisch · frevelhaft · blasphemisch

Gotteslästerung, die: Sakrileg[ium] · Frevel · Blasphemie

Gotteslohn, der: um/für einen G.: → kostenlos

Gottesreich, das: → Jenseits (1, a)

Gottessohn, der: → Christus (1)

Gottesstrafe, die: → Fluch (2)

Gottestisch, der: → Altar (1)

gottgefällig: → fromm (1)

gottgegeben: → unvermeidlich

gottgläubig: → fromm (1)

gottgleich: → göttlich (1)

gotthaft: → göttlich (1)

Gottheit, die: → Gott (1, b)

göttlich: 1. ⟨*einem Gott gleich*⟩ gotthaft · göttergleich · gottgleich · gottähnlich · gotterhaft – **2.** → heilig (1) – **3.** → vollkommen (1) – **4.** → komisch (1)

gottlob: → glücklicherweise

gottlos: → atheistisch

Gottlosigkeit, die: → Atheismus

Gottseibeiuns, der: → Teufel (1)

gottselig: 1. → heilig (2) – **2.** → fromm (1)

gotterbärmlich: → jämmerlich (1)

gottsjämmerlich: → jämmerlich (1)

Gottvater, der: → Gott (1, a)

gottverlassen: → abgelegen

Gottvertrauen, das: → Glaube[n] (1)

gottvoll: → komisch (1)

Götze, der: **1.** → Abgott (1) – **2.** → Götzenbild

Götzenbild, das: Götterbild[nis] · Fetisch · Götze · Idol; → *auch* Abgott (1)

Götzendienerei, die: → Götzendienst

Götzendienst

Götzendienst, der: Abgötterei · Fetischismus · Fetischverehrung · Idolatrie · Götzerei · Götzendienerei · Baalsdienst
Götzerei, die: → Götzendienst
Gourmand, der: → Feinschmecker
Gourmet, der: → Feinschmecker
Gout, der: → Geschmack (2)
goutieren: → billigen (1)
gouvernantenhaft: → altjüngferlich
Gouvernement, das: → Bezirk (1)
Grab, das: **1.** ⟨*Beerdigungsplatz*⟩ Grabstätte · Grabstelle · [letzte] Ruhestatt/Ruhestätte + Grabhügel ♦ *dicht:* Grube; → *auch* Gruft – **2.** am Rande des Grabes/mit einem Fuß/Bein im Grabe stehen: → todkrank (2); ins G. sinken: → sterben (1); zu Grabe tragen: **a)** → begraben (1) – **b)** → aufgeben (3); ein feuchtes/nasses G. finden, sein G. in den Wellen finden: → ertrinken; sich sein eigenes G. schaufeln: → schaden (3); schweigen wie das/ein G.: → schweigen (2)
grabbeln: → tasten (1)
graben: 1. ⟨*Vertiefungen ausheben*⟩ + schürfen · schaufeln · schippen · baggern ♦ *umg:* buddeln (*landsch*) – **2.** jmdm. eine Grube g.: → hereinlegen (1)
Graben, der: **1.** ⟨*künstliche lange u. schmale Erdvertiefung*⟩ Rinne; → *auch* Abflussgraben – **2.** ⟨*Einbruch der Erdkruste*⟩ Grabenbruch · Grabensenke · Grabensenkung; → *auch* Mulde (1) – **3.** → Vertiefung (1) – **4.** → Schützengraben
Grabenbruch, der: → Graben (2)
Grabenkampf, der: → Streit (1)
Grabensenke, die: → Graben (2)
Grabensenkung, die: → Graben (2)
Gräberfeld, das: → Friedhof
Grabesdunkel, das: → Dunkelheit
Grabesnacht, die: → Dunkelheit
Grabesstille, die: → Stille
Grabgefilde, das: → Friedhof
Grabgewölbe, das: → Gruft
Grabhügel, der: → Grab (1)
Grabkammer, die: → Gruft
Grabscheit, das: → Spaten
Grabstätte, die: → Grab (1)
Grabstelle, die: → Grab (1)
Grad, der: **1.** → Stärke (3) – **2.** → Rang (1) – **3.** in höchstem/hohem Grade: → sehr
Gradation, die: → Abstufung (1)
graduell: → allmählich
graduieren: → befördern (2)
gradweise: → allmählich

Graf, der: wie G. Koks: → vornehm (1)
Graffel, das: → Gerümpel
Graffitisprayer, der: Farbschmierer (*abwert*)
Grafik, die: → Zeichnung (1)
gram: → böse (2)
Gram, der: → Kummer (1)
grämen: I. grämen: → betrüben (I) – **II.** grämen, sich: **1.** → sorgen (II) – **2.** → traurig (2, a)
gramerfüllt: → sorgenvoll
grämlich: → mürrisch
Gramm, das: mit jedem G. sparen: → Haus (4)
Granate, die: Geschoss + Kanonenkugel ♦ *salopp:* Koffer; → *auch* Kugel (1)
Granatfeuer, das: → Beschuss (1)
Granatwerfer, der: → Geschütz (1)
Grandezza, die: → Würde (1)
grandios: → großartig (1)
Granit, der: auf G. beißen: → Misserfolg (2)
Granne, die: Achel · Hachel (*landsch*)
Grant, der: → Griesgram
granteln: → murren
grantig: → mürrisch
Grantler, der: → Griesgram
granulieren: → zerkleinern (1)
granulös: → körnig
Grapefruit, die: → Pampelmuse
graps[ch]en: g. |nach|: → greifen (3)
Gras, das: das G. wachsen hören: → überklug (2); ins G. beißen: **a)** → fallen (3) – **b)** → sterben (1); G. wachsen lassen |über|: → vergessen (I, 3)
grasen: weiden · äsen (*weidm*)
Grasfläche, die: → Rasen (1)
Grasgarten, der: → Wiese
Grasplatz, der: → Rasen (1)
grassieren: → verbreiten (II)
grässlich: 1. → Entsetzen (2) – **2.** → ekelhaft (1), abscheulich (1)
Grässlichkeit, die: → Abscheulichkeit (1)
Grasstück, das: → Rasen (1)
Grat, der: → Bergrücken
Gräten (*Pl*): → Bein (II, 1)
Gratifikation, die: → Sonderzuwendung
grätig: 1. → wütend (1) – **2.** → mürrisch
gratinieren: → überbacken
gratis: → kostenlos
grätschbeinig: → breitbeinig
Grätsche, die: die (große) G. machen: → sterben (1)

grätschen: 1. → spreizen (I) – **2.** mit gegrätschten Beinen: → breitbeinig
Gratulation, die: → Glückwunsch (1)
gratulieren: → beglückwünschen
Gratwanderung, die: → Wagnis
grau: 1. ⟨*Farbe*⟩ graufarben + aschgrau · eisgrau · eisengrau · hechtgrau · rauchgrau · rauchfarben · rauchfarbig – **2.** → alt (1), grauhaarig – **3.** → einförmig – **4.** g. meliert: →grauhaarig; graues Haupt: → Greis; g. werden: → altern (1); sich keine grauen Haare wachsen lassen: → sorglos (2); grauer Alltag, graues Einerlei: → Alltag (1); graue Maus: → unscheinbar (2); graues Elend: → Niedergeschlagenheit; graue Vorzeit / Vergangenheit: → Vorzeit (1)
Grauchen, das: → Esel (1)
Gräuel, der: 1. ⟨*Grauen erregende Tat*⟩ Gräueltat · Grausamkeit · Scheußlichkeit; → *auch* Verbrechen (1) – **2.** → Abscheu
Gräuelhetze, die: → Hetze (1)
graueln, sich: → ²grauen, sich
Gräuelpropaganda, die: → Hetze (1)
Gräueltat, die: → Gräuel (1)
¹grauen: → dämmern (1)
²grauen, sich: sich grausen · schaudern · sich graulen · sich grau[s]eln · sich gruseln · gruselig werden · Grauen empfinden · Furcht haben · eine Gänsehaut bekommen · einen Horror haben ♦ *umg:* das [große / kalte] Grau[s]en kriegen; → *auch* ängstigen (II, 1), entsetzen (II, 1), schaudern (1)
Grauen, das: 1. → Abscheu (1) – **2.** → Angst (1) – **3.** G. empfinden, das [große / kalte] G. kriegen: → ²grauen, sich; G. erregend: → Entsetzen (2)
grauenhaft: → Entsetzen (2)
grauenvoll: → Entsetzen (2)
graufarben: → grau (1)
grauhaarig: grau[meliert] · ergraut · altersgrau + silberhaarig · weiß[haarig] · schlohweiß
graulen, sich: → ²grauen, sich
gräulich: → Entsetzen (2)
Graupel, die: → Hagelkorn
graupeln: → hageln (1)
graus: → Entsetzen (2)
grausam: → brutal
Grausamkeit, die: 1. → Brutalität – **2.** → Gräuel (1)
grauseln, sich: → ²grauen, sich
grausen, sich: → ²grauen, sich

Grausen, das: 1. → Angst (1) – **2.** das [große / kalte] G. kriegen: → ²grauen, sich
grausig: → Entsetzen (2)
grauslich: → Entsetzen (2)
Grautier, das: → Esel (1)
Grauzone, die: → Dunkelziffer
gravid: → schwanger (1)
Gravidität, die: → Schwangerschaft
gravieren: g. ⎸in⎸: → eingravieren
gravierend: → wichtig (1)
Gravität, die: → Würde (1)
Gravitation, die: → Schwerkraft
gravitätisch: 1. → würdevoll – **2.** → feierlich (1)
Grazie, die: 1. → Anmut – **2.** mit G.: → anmutig
grazil: → zartgliedrig, zierlich (1)
graziös: → anmutig
Greenhorn, das: → Grünschnabel
greifbar: 1. → verfügbar (1) – **2.** → deutlich (1), wirklich (1)
greifen: 1. → ergreifen (2), wirken (3) – **2.** → fangen (I, 1), verhaften – **3.** g. ⎸nach⎸: ⟨*die Hand ausstrecken, um etw. zu fassen*⟩ langen ⎸nach⎸ · hinlangen + haschen ♦ *umg:* graps[ch]en ⎸nach⎸ – **4.** g. ⎸an⎸: → anfassen (I, 1); um sich g.: → verbreiten (II); sich g.: → vornehmen (1); mit [den] Händen zu g.: → deutlich (1); unter die Arme g.: → helfen (1); ans Herz g.: → ergreifen (3); zu hoch *bzw.* zu niedrig g.: → verschätzen, sich; zum Greifen nahe: → nahe (1); aus der Luft gegriffen: → gegenstandslos (1)
greinen: → weinen (1)
greis: → alt (1)
Greis, der: der Alte · alter Mann / Herr · graues Haupt; bemoostes Haupt · Methusalem (*scherzh*) ♦ *umg:* Opa · Großvater (*auch abwert*); Mummelgreis · Tattergreis (*abwert*); altes Semester · alter Knabe (*scherzh*); Zausel (*landsch*) ♦ *salopp:* [alter] Knacker · Grufti (*meist abwert*); → *auch* Mann (I, 1)
Greisenalter, das: → Alter (1)
greisenhaft: → alt (1)
Greisin, die: die Alte · alte Frau / Dame; Weiblein (*auch scherzh*) ♦ *umg:* Oma · Großmutter (*auch abwert*) ♦ *salopp:* alte Tante (*abwert*); → *auch* Frau (I, 1)
Greißler, der: → Kaufmann (2)
grell: 1. ⟨*schmerzhaft hell*⟩ ungedämpft · blendend – **2.** ⟨*aufdringlich gefärbt*⟩ schrei-

grellfarben

end · grellfarben ♦ *umg*: knallig – **3.** → laut
(1, a), schrill (1) – **4.** → auffallend
grellfarben: → grell (2)
grellgrün: → grün (1)
Gremium, das: → Ausschuss (1)
Grenze, die: 1. ⟨*trennende Linie*⟩ **a)** ⟨*allge-
mein*⟩ Grenzlinie · Begrenzung · Abgrenzung
+ Schranke – **b)** ⟨*politisch*⟩ Staatsgrenze ·
Landesgrenze + Demarkation · Grenzlinie ·
Demarkationslinie – **c)** ⟨*zwischen Feldern*⟩
Markscheide · Grenzscheide · Scheide[linie]
+ Umgrenzung · Rand – **2.** ohne Grenzen: →
sehr; in Grenzen: → maßvoll (1); Grenzen
setzen / ziehen: → beschränken; sich in Gren-
zen haltend: → erträglich
grenzen: g. |an|: → angrenzen
grenzenlos: → sehr
Grenzer, der: → Grenzposten
Grenzlinie, die: → Grenze (1, a *u.* b)
Grenzpolizist, der: → Grenzposten
Grenzposten, der: Grenzer · Grenzpolizist ·
Grenzschützer
Grenzscheide, die: → Grenze (1, c)
Grenzschutz, der: → Grenzsicherung
Grenzschützer, der: → Grenzposten
Grenzsicherung, die: Grenzschutz · Grenz-
wacht
Grenzwacht, die: → Grenzsicherung
Griebs, der: 1. → Kerngehäuse – **2.** →
Kehlkopf – **3.** beim / am G. packen / fassen:
→ ergreifen (2)
grienen: → lächeln
Griesgram, der (*abwert*): Isegrim ♦ *umg*:
Miesepeter · Knurrhahn · Gnatz · Sauertopf;
Gnatzkopf · Grant · Grantler · Mucker ·
Grunzer (*landsch*) ♦ *salopp*: Stinkstiefel; →
auch Brummbär
griesgrämig: → mürrisch
griesgrämlich: → mürrisch
Griff, der: 1. ⟨*Haltevorrichtung*⟩ Handgriff
+ Henkel · Bügel · Schaft · Heft · Knauf; →
auch Stiel (2) – **2.** ⟨*Art des Zugreifens*⟩
Handgriff – **3.** → Klinke (1) – **4.** mit einem
G. erledigen: → mühelos (2); in den G. be-
kommen: → meistern; im G. haben: → be-
herrschen (I, 4)
griffig: → handlich (1)
griffrecht: → handlich (1)
Grill, der: → Bratrost
Grille, die: 1. → Laune (1) – **2.** Grillen fan-
gen: → grübeln; die Grillen austreiben: →
zurechtweisen; die Grillen vertreiben: →
aufheitern (I)

grillen: → braten
Grillenfängerei, die: → Schwermut
grillenfängerisch: → schwermütig
grillenhaft: → schrullig (1)
Grillhähnchen, das: → Brathähnchen
grillig: → schrullig (1)
Grimasse, die: 1. ⟨*stark verzerrtes Gesicht*⟩
Fratze · Faxe + Fratzenspiel – **2.** Grimassen
schneiden: ⟨*sein Gesicht in verschiedener
Weise stark verzerren*⟩ Gesichter schneiden ·
grimassieren
grimassieren: → Grimasse (2)
grimm: → wütend (1)
Grimm, der: → Wut (1)
Grimmen, das: → Bauchschmerz (II)
grimmig: 1. → wütend (1) – **2.** → heftig (1, c)
Grind, der: → Schorf
grinsen: → lächeln
grippal: grippaler Infekt: → Grippe
Grippe, die: grippaler Infekt; Influenza
(*veraltend*)
Grips, der: → Verstand (1)
grob: 1. ⟨*wenig zerkleinert*⟩ großkörnig ·
grob gemahlen – **2.** → unfreundlich (1) – **3.**
→ barsch – **4.** → derb (1) – **5.** grober Klotz:
→ Grobian; g. kommen / werden: → anfah-
ren (3); g. gemahlen: → 1; aus dem Gröbs-
ten heraus sein: → überstanden
Grobbrot, das: → Roggenbrot
grobgliedrig: → plump (1)
Grobian, der (*abwert*): grober Klotz + Flegel
· Rohling ♦ *umg*: Raubein (*nicht ab-
wert*); → *auch* Flegel (1)
grobklotzig: → barsch
grobschlächtig: 1. → derb (1) – **2.** →
plump (1)
grobschrötig: 1. → derb (1) – **2.** → plump
(1)
groggy: 1. → erschöpft (1) – **2.** → be-
trunken (1)
Grölbacke, die: sich zur G. machen: →
blamieren (II)
grölen: 1. → schreien (1) – **2.** → singen (1)
Groll, der: 1. ⟨*unterdrückter Ärger*⟩ Bitter-
keit · Erbitterung · Verbitterung · Bitternis +
Unzufriedenheit · Unbehagen; → *auch*
Missmut – **2.** → Hass (1) – **3.** voll[er] G.: →
böse (2); G. hegen / empfinden: → grollen
(1)
grollen: 1. ⟨*einen nicht offen gezeigten Är-
ger empfinden*⟩ zürnen · Groll he-
gen / empfinden + hadern ♦ *umg*: dumm
tun; tückschen (*landsch*); → *auch* ärgern

Großmut

(II, 1), hassen, schmollen, böse (2), wütend (2) – **2.** → donnern (1)

Grollen, das: → Donner (1)

Gros, das: → Mehrheit

Groschen, der: **1.** → Zehnpfennigstück – **2.** bei jmdm. fällt der G.: → verstehen (I, 2); bei jmdm. ist der G. gefallen: → verstehen (I, 4)

Groschenblatt, das: → Zeitung (1)

Groschenheft, das: → Schundliteratur

Groschenroman, der: → Schundliteratur

groß: 1. ⟨*eine sehr beträchtl. räuml. u. zeitl. Ausdehnung bzw. sehr beträchtl. Ausmaße aufweisend*⟩ mächtig · unermesslich · ungeheuer · enorm · gigantisch · immens · riesig · riesengroß · riesenhaft; → *auch* gewaltig (1), ausgedehnt (1) – **2.** ⟨*von beträchtl. Körpergröße*⟩ hoch aufgeschossen · hünenhaft · von hohem Wuchs ♦ *umg:* [baum]lang · riesig; [lang] wie eine Bohnenstange (*scherzh od. spött*); → *auch* stattlich (1), hoch (1) – **3.** → geräumig – **4.** → erwachsen (1) – **5.** → bedeutsam (1) – **6.** → umfangreich (1) – **7.** → berühmt (1) – **8.** zum größten Teil: → überwiegend; g. und breit: → deutlich (1); Groß und Klein: → jedermann; im Großen und Ganzen: → allgemein (3); große Worte: → Phrase (1); ganz g.: → großartig (1); große Klasse sein: **a)** → großartig (3) – **b)** → beachtlich (5); das große Los: → Hauptgewinn; großes Tier: → Hochgestellte; g. denkend, g. gesinnt: → hochherzig; g. machen, ein großes Geschäft verrichten / machen: → austreten (2); g. werden: → heranwachsen; große Augen machen: → staunen (1); den großen Herrn spielen: → angeben (1); große Rosinen im Kopf haben: → eingebildet (3); einen großen Bogen machen ⌐um⌐: → meiden; auf großem Fuße leben: → verschwenderisch (2); an die große Glocke hängen: → verbreiten (I, 1); die große Klappe / Schnauze schwingen, große Töne schwingen, das große Wort schwingen / führen, große Worte reden, große Töne / Bogen / einen großen Bogen spucken: → aufspielen (II); große Stücke halten ⌐auf⌐: → achten (1)

Großagrarier, der: → Großgrundbesitzer

großartig: 1. ⟨*besonders durch seine bedeutende u. ungewöhnl. Art beeindruckend*⟩ grandios · ausgezeichnet · hervorragend · klassisch · märchenhaft · fantastisch · wunderbar · wundervoll · prächtig · überwältigend · fulminant ♦ *umg:* genial · toll · ganz groß · famos · fabelhaft · dufte · pfundig · ideal · prima · zünftig ♦ *salopp:* [affen]geil · super · irre · urst · fetzig · schau; knorke (*veraltet*); stark · heiß · zombig (*jugendspr*); → *auch* glänzend (2), hervorragend (1) – **2.** → hervorragend (1) – **3.** g. sein: ⟨*besonders durch seine bedeutende u. ungewöhnl. Art beeindrucken*⟩ ♦ *umg:* ein Gedicht / [große] Klasse / ein Hammer / Spitze / mega sein ♦ *salopp:* 'ne tolle Sache sein · die Masse / 'ne Schau / 'ne Wolke / eine Wucht [in Tüten] sein · das fetzt · der letzte Heuler sein

Großbürger, der: → Bourgeois

großbürgerlich: → bourgeois

Großbürgertum, das: → Bourgeoisie

Größe, die: **1.** ⟨*[beträchtl.] räuml. u. zeitl. Ausdehnung*⟩ Unermesslichkeit · Mächtigkeit + Format · Kaliber; → *auch* Ausmaß – **2.** → Begriff (1) – **3.** → Bedeutung (1) – **4.** → Meister (1) – **5.** → Einheit (2)

großenteils: → überwiegend

Größenwahn, der: Cäsarenwahn · Selbstüberhebung

größerenteils: → überwiegend

Großgrundbesitzer, der: Gutsbesitzer; Großagrarier · Agrarier (*veraltend*); Junker · Krautjunker (*abwert*)

Großhändler, der: Großkaufmann · Grossist; Engrossist (*österr*)

großherzig: → hochherzig

Großindustrielle, der: → Großunternehmer

Grossist, der: → Großhändler

großjährig: → mündig

Großkapitalist, der: → Kapitalist

großkapitalistisch: → kapitalistisch

Großkaufmann, der: → Großhändler

Großkind, das: → Enkel (1)

Großkopfete, der: → Hochgestellte

großkörnig: → grob (1)

Großkotz, der: → Angeber (1)

großkotzig: → prahlerisch

Großkundgebung, die: → Kundgebung

Großmacht, die: Weltmacht · Supermacht + Hegemonialmacht; Weltreich · Großreich · Imperium (*meist hist*)

Großmama, die: → Großmutter (1)

Großmannssucht, die: → Geltungsbedürfnis

Großmaul, das: → Angeber (1)

großmäulig: → prahlerisch

Großmut, die: → Hochherzigkeit

359

großmütig

großmütig: → hochherzig
Großmütigkeit, die: → Hochherzigkeit
Großmutter, die: 1. ⟨*Frau in Bezug auf ihre Enkel*⟩ Ahne (*noch landsch*) ♦ *umg*: Großmama · Oma · Omi (*kinderspr*) – **2.** → Greisin
Großpapa, der: → Großvater (1)
Großputz, der: → Hausputz
großräumig: → geräumig
Großreich, das: → Großmacht
Großreinemachen, das: → Hausputz
Großschnauze, die: → Angeber (1)
großschnäuzig: → prahlerisch
Großsprecher, der: → Angeber (1)
Großsprecherei, die: → Prahlerei
großsprecherisch: → prahlerisch
großspurig: 1. → angeberisch – **2.** → überheblich
Großstadt, die: + Millionenstadt · Weltstadt; → *auch* Kleinstadt, Hauptstadt
Großtat, die: → Heldentat
Großteil, der: → Mehrheit
größtenteils: → überwiegend
größtmöglich: → höchst (1)
großtönend: → schwülstig
großtuerisch: 1. → angeberisch – **2.** → überheblich
großtun: 1. → angeben (1) – **2.** → überheben, sich (1)
Großunternehmen, das: → Konzern
Großunternehmer, der: der Großindustrielle · Industriekapitän · Industriemagnat · Magnat · Wirtschaftskapitän · Tycoon ♦ *umg*: Wirtschaftsboss (*oft abwert*); Schlotbaron (*veraltend abwert*); → *auch* Unternehmer (1)
Großvater, der: 1. ⟨*Mann in Bezug auf seine Enkel*⟩ Ahn[e] (*noch landsch*); Großpapa · Opa · Opi (*kinderspr*) – **2.** → Greis
Großvaterstuhl, der: → Lehnstuhl
Großverdiener, der: der Gutverdienende + der Besserverdienende ♦ *umg*: Vielverdiener; Moneymaker (*abwert*); → *auch* Bessergestellte
großziehen: → aufziehen (3, a *u.* b)
großzügig: 1. → tolerant – **2.** → freigebig (1), verschwenderisch (1)
Großzügigkeit, die: → Freigebigkeit
grotesk: → lächerlich (1), komisch (1)
Grotte, die: → Höhle (1)
grottenlangweilig: → langweilig
grottenschlecht: → schlecht (1)
Groupie, das: → Anhänger (3)

grubbern: → pflügen
Grube, die: 1. ⟨*Erdvertiefung*⟩ Loch; Kuhle · Kute (*norddt*); → *auch* Mulde (1), Vertiefung (1) – **2.** → Bergwerk – **3.** → Grab (1) – **4.** in die G. fahren: → sterben (1); jmdm. eine G. graben: → hereinlegen (1)
grübeln: rätseln · sinnieren · brüten ♦ *umg*: herumrätseln; spintisieren (*abwert*); simulieren (*landsch*); Grillen fangen (*scherzh*); → *auch* nachdenken (1), überlegen (I, 1)
grübelnd: → nachdenklich
Grübler, der: Sinnierer ♦ *umg*: Spintisierer · Spinner (*abwert*)
grüblerisch: → nachdenklich
Gruft, die: Grabgewölbe · Grabkammer + Krypta; → *auch* Grab (1)
Grufti, der: → Alte (I, 1), Greis
grummeln: → donnern (1)
grün: 1. ⟨*Farbe*⟩ + sattgrün · dunkelgrün · hellgrün · blassgrün · grellgrün · lindgrün · oliv[grün] · giftgrün · grünlich – **2.** → unreif (1) – **3.** → unerfahren (1) – **4.** bei Mutter Grün: → Natur (4); grüne Lunge: → Park (1); g. werden: → grünen; du grüne Neune: → ach; an jmds. grüner Seite: → links (1); jmdm. nicht g. sein: → hassen; vor Neid g. werden: → neidisch (2); über den grünen Klee loben: → loben (1); auf einen grünen Zweig kommen: → Erfolg (2); auf keinen grünen Zweig kommen: → Misserfolg (2); g. und blau schlagen: → verprügeln; alles ist im grünen Bereich: → Ordnung (4)
Grünanlage, die: → Park (1)
Grund, der: 1. → Veranlassung, Ursache – **2.** → Erdboden (1), Meeresboden – **3.** → Tal (1) – **4.** → Grundlage (1), Hintergrund (1) – **5.** → Grundstück (I) – **6.** → Kaffeesatz – **7.** aus diesem [kühlen]/dem einfachen Grunde: → deshalb; mit [gutem]/aus gutem G., aus guten Gründen: → Recht (6); ohne G.: → grundlos (1); ohne zwingenden G.: → freiwillig (1); aus welchem G.: → warum; im Grunde [genommen]: → eigentlich (1); auf den G. gehen: → untersuchen (1); G. und Boden: → Grundbesitz; von G. auf: → gründlich (2); den G. legen |zu|: → gründen (I, 2); auf den G. gehen/kommen: → ergründen (1); auf G. laufen/geraten: → stranden (1); in G. und Boden verdammen: → verurteilen (2); in G. und Boden wirtschaften: → herunterwirtschaften; sich in G. und Boden schämen: → schämen, sich (1)

Grüne

grundanständig: → anständig (1)
Grundbegriff: I. Grundbegriff, der: ⟨*wichtiger einfacher Begriff*⟩ Elementarbegriff – **II.** Grundbegriffe (*Pl*): → Anfangsgründe
Grundbesitz, der: Landbesitz · Bodenbesitz · Grundeigentum · Grund und Boden · Besitzung · Besitztum · Länderei · Liegenschaft[en]; Eigenbesitz (*Rechtsw*); → *auch* Grundstück (I), Anwesen
Grundbirne, die: → Kartoffel (1)
grundböse: → böse (1)
Grundbuch, das: Flurbuch · Grundstücksverzeichnis · Kataster
grundehrlich: → ehrlich (1)
Grundeigentum, das: → Grundbesitz
Grundeis, das: jmdm. geht der Arsch mit G.: → ängstigen (II, 1)
gründen: I. gründen: **1.** ⟨*bewirken, dass etw. Neues entsteht*⟩ begründen · konstituieren · errichten · etablieren · stiften · ins Leben rufen · aus der Taufe heben; → *auch* eröffnen (I, 2) – **2.** ⟨*die Grundlage für etw. schaffen*⟩ fund[ament]ieren · den Grund / das Fundament legen |zu| – **3.** eine Familie / einen Hausstand g.: → heiraten (1) – **II.** gründen, sich: sich g. |auf|: → beruhen (1, a)
Gründer, der: Begründer · Erbauer · Gründervater + Stifter
Gründerhilfe, die: Starthilfe + Existenzgründungskredit; → *auch* Subvention
Gründervater, der: → Gründer
grundfalsch: → falsch (1)
Grundfeste, die: **1.** → Fundament (1) – **2.** → Grundlage (1)
Grundgedanke, der: → Leitgedanke
Grundgerüst, das: → Aufbau (2)
Grundgesetz, das: → Verfassung (1)
grundgütig: → gütig (1)
Grundhaltung, die: → Gesinnung (1)
Grundidee, die: → Leitgedanke
Grundlage, die: **1.** ⟨*etw., von dem man ausgehen, auf das man sich stützen kann*⟩ Basis · Grund · Fundament · Unterbau · Unterlage · Grundfeste + Keimzelle – **2.** → Voraussetzung
grundlegend: fundamental · elementar · konstitutiv; → *auch* entscheidend (1)
Grundlegung, die: **1.** ⟨*Schaffung der Grundlage für etw.*⟩ Fundation – **2.** → Gründung (1)
gründlich: 1. ⟨*bes. bei einer Analyse bis auf den Grund gehend*⟩ profund · intensiv · tief

[schürfend] · erschöpfend · umfassend – **2.** ⟨*bei einer Beseitigung von etw. alles erfassend*⟩ radikal · von Grund auf · bis ins Kleinste / Letzte · bis ins / zum Tezett – **3.** → gewissenhaft – **4.** → gehörig (1) – **5.** → eingehend (1) – **6.** es jmdm. g. geben: → zurechtweisen
Gründlichkeit, die: → Gewissenhaftigkeit
grundlos: 1. ⟨*keinen [erkennbaren] Grund aufweisend*⟩ unbegründet · unmotiviert · ohne Grund; → *auch* gegenstandslos (1) – **2.** → abgrundtief
Grundmaterial, das: → Grundstoff
Grundmauer, die: → Fundament (1)
Grundmotiv, das: → Leitgedanke
Grundpfeiler, der: → Pfeiler (1)
Grundplan, der: → Gerüst (2)
Grundprinzip, das: Grundsatz
grundrichtig: → richtig (1)
Grundsatz, der: **1.** ⟨*jmds. feste Richtlinie im Denken od. Handeln*⟩ Prinzip · Maxime + Doktrin · Moralprinzip; → *auch* Regel (1) – **2.** → Grundprinzip
grundsätzlich: prinzipiell · im Prinzip + a priori
Grundschuld, die: → Hypothek
Grundschule, die: Grundstufe · Primarstufe
Grundstein, der: → Fundament (1)
Grundstoff, der: Ausgangsstoff · Grundmaterial · Ausgangsmaterial · Rohmaterial · Rohstoff
Grundstück: I. Grundstück, das: ⟨*jmdm. gehörendes Stück Land*⟩ [Stück] Land · Grund + Gelände · Immobilie · Areal; → *auch* Anwesen, Haus (1), Grundbesitz – **II.** Grundstücke (*Pl*): Realitäten (*südd österr*)
Grundstücksbelastung, die: → Hypothek
Grundstücksverzeichnis, das: → Grundbuch
Grundstufe, die: → Grundschule
Grundtext, der: → Urfassung
Gründung, die: **1.** ⟨*das Gründen*⟩ Stiftung · Begründung · Grundlegung – **2.** → Fundament (1)
grundverkehrt: → falsch (1)
grundverschieden: → verschiedenartig
Grundvorstellung, die: → Leitgedanke
Grundwahrheit, die: → Tatsache (1)
Grundzug, der: → Haupteigenschaft
Grüne: I. Grüne, der: **1.** → Polizist – **2.** → Umweltschützer – **II.** Grüne, das: ins G. fahren: → hinausfahren (1); Fahrt ins G.: → Ausflug; im Grünen: → Natur (4)

361

grünen grün werden + prangen; → *auch* wachsen (1)

Grünfläche, die: → Rasen (1)

Grünhag, der: → Hecke

Grünkohl, der: Federkohl (*schweiz*)

grünlich: → grün (1)

Grünling, der: → Grünschnabel

Grünrock, der: → Jäger (1)

Grünschnabel, der: Gelbschnabel · Gimpel · Greenhorn · Grünling · Naseweis · junger Dachs · Narr · Tor ♦ *umg:* Guck-in-die-Welt · Einfaltspinsel; Kiekindiewelt (*landsch*); → *auch* Anfänger (1), Dummkopf (2)

Grünstreifen, der: → Rasen (1)

Grunzer, der: → Griesgram

Grünzeug, das: → Gemüse (1)

Gruppe, die: 1. ⟨[kleine] Anzahl Menschen⟩ Schar · Gesellschaft · Pulk ♦ *umg:* Haufen + Clique; → *auch* Team (1), Kreis (1), Abteilung (II, 1), Gemeinschaft (1), Bande, Clique – 2. ⟨*polit. Gruppierung*⟩ Lager · Sektion · Fraktion · Block · Partei; → *auch* Organisation (1) – 3. → Gesellschaftsgruppe – 4. ethnische G.: → Volksgruppe, Volksstamm

Gruppensex, der: *umg:* Swinging (*verhüll*)

gruppieren: 1. → ordnen (1) – 2. → anordnen (1)

Gruppierung, die: 1. → Anordnung (1) – 2. → Gliederung (1)

Grus, der: → Schutt (1)

Gruselfilm, der: Horrorfilm · Monsterfilm

Gruselgeschichte, die: → Schauergeschichte

gruselig: 1. ⟨*Entsetzen hervorrufend*⟩ schauerlich · schaurig · schauervoll + makaber; → *auch* unheimlich (1) – 2. g. werden: → ²grauen, sich

gruseln, sich: → ²grauen, sich

grusig: → körnig

Gruß, der: 1. ⟨*Freundschafts- bzw. Höflichkeitsbezeigung*⟩ Ehrenbezeigung + Salut; → *auch* Verbeugung (1) – 2. einen G. [ent]bieten: → grüßen (1); einen G./Grüße senden/übermitteln: → grüßen (2)

grüßen: 1. ⟨*jmdm. seine Höflichkeitsbezeigung machen*⟩ Guten Tag sagen · den Hut ziehen/lüften · zunicken; salutieren · die Ehrenbezeigung machen/erweisen (*milit*) + sich verbeugen · sich verneigen ♦ *gehoben:* einen Gruß [ent]bieten · seine Reverenz erweisen – 2. ⟨*einem Abwesenden ein Wort freundl. Gedenkens zugehen lassen*⟩ einen Gruß/Grüße senden/übermitteln

Grütze, die: 1. → Verstand (1) – 2. G. im Kopf haben: → klug (2)

Grützkasten, der: → Kopf (1)

Grützkopf, der: → Dummkopf (2)

Gschaftlhuber, der: → Übereifrige

gschamig: 1. → schüchtern – 2. → schamhaft

Gspusi, das: 1. → Geliebte (II) – 2. → Liebesverhältnis

Guckäuglein, das: → Auge (1)

gucken: 1. → sehen (1) – 2. → blicken (1) – 3. nicht dahinter g.: → erklären (I, 4); in die Kanne g.: → trinken (1, b); zu tief ins Glas g.: → betrinken, sich; in den Mond/Eimer/die Röhre/durch die Röhre g.: → leer (4); g. wie ein Auto: → staunen (1); g. wie die Gans/Kuh, wenn's donnert: → überrascht (2); dumm aus der Wäsche g.: → dumm (6)

Gucker, der: 1. → Fernglas – 2. → Schaulustige

Guckfenster, das: → Fenster (1)

Guckglas, das: → Fernglas

Guckindiewelt, der: → Grünschnabel

Guckinsland, der: → Ausguck (1)

Guckkasten, der: → Fernsehapparat

Guckloch, das: → Fenster (1)

Gugelhopf, der: → Napfkuchen

Gugelhupf, der: → Napfkuchen

Guide, der: 1. → Fremdenführer – 2. → Reiseleiter – 3. → Reiseführer

guillotinieren: → enthaupten

Gulaschkanone, die: → Feldküche

gülden: → golden (1)

Gülle, die: → Jauche (1), Dünger (1, b)

Gully, der: Sinkkasten · Senkloch

gültig: 1. ⟨*Geltung habend*⟩ geltend · vollgültig + gesetzmäßig · unanfechtbar · unbestreitbar – 2. g. sein: ⟨*Geltung haben*⟩ gelten · Gültigkeit haben · in Geltung sein · verbindlich sein

Gültigkeit, die: 1. ⟨*das Gültigsein*⟩ Geltung · Verbindlichkeit – 2. → Rechtsgültigkeit – 3. G. haben: → gültig (2)

Gummi, der: 1. ⟨*elast. Substanz*⟩ + Kautschuk 2. → Radiergummi – 3. → Präservativ

Gummiadler, der: → Brathähnchen

Gummischuhe (*Pl*): → Überschuhe

Gummischutz, der: → Präservativ

Gunst, die: → Wohlwollen

Gunstgewerblerin, die: → Prostituierte

günstig: 1. → einträglich – 2. → glücklich (1) – 3. → billig (1) – 4. → wohlgesinnt – 5. günstiges Geschick: → Glück (2); im günstigsten Falle: → allenfalls (1); g. stehen/ aussehen |mit|: → gut (10); günstiger Kauf: → Kauf (2)

günstigstenfalls: → allenfalls (1)

Günstling, der: Liebling · Favorit · Protegé

Günstlingswirtschaft, die: → Vetternwirtschaft

Gurgel, die: 1. → Kehle (1), Hals (1) – 2. die G. spülen, einen durch die G. jagen: → trinken (1, b); durch die G. jagen: → vertrinken; die G. zudrücken/zuschnüren: → erwürgen; an die G. fahren: → angreifen (I, 1, b); bei/an der G. fassen/nehmen/ packen/kriegen: → ergreifen (2); die G. abdrehen: → ruinieren (I, 1); das Wasser steht jmdm. bis an die G.: → schlecht (10, a)

gurgeln: 1. ⟨die Rachenhöhle mit Flüssigkeit ausspülen⟩ den Mund spülen ♦ umg: gluckern – 2. mit Koks/Reißzwecken g.: → schnarchen

Gurke: I. Gurke, die: 1. → Nase (1) – 2. → Original (1) – 3. putzige G.: → Original (1) – II. Gurken (Pl): → Schuhe (1)

gurren: 1. ⟨wie eine Taube rufen⟩ girren · ruck[s]en – 2. → flirten

Gurt, der: 1. → Gürtel (1) – 2. den G. anlegen: → anschnallen (II)

Gürtel, der: 1. ⟨Band zum Halten der Kleidung⟩ Gurt · Riemen + Koppel ♦ umg: Schmachtriemen (scherzh) – 2. → Ring (2) – 3. den G. umbinden: ⟨seine Kleidung mit dem Gürtel festhalten⟩ den Gürtel umlegen/umschnallen ♦ gehoben: sich gürten – 4. den G. [ein Loch] enger schnallen: → einschränken (II)

gürten, sich: → Gürtel (3)

Gusche, die: 1. → Mund (1) – 2. → Mundwerk

Guss, der: 1. → Regenguss – 2. → Überzug (1, a) – 3. ein G. von: → Flut (2); aus einem G.: a) → einheitlich (1) – b) → vollkommen (1)

gustieren: → ¹kosten (1)

gustiös: → appetitlich (1)

Gusto, der: 1. → Geschmack (2) – 2. → Appetit

Gustostückerl, das: → Leckerbissen

gut: 1. ⟨eine positive Bewertung erfordernd⟩ trefflich · schön · nicht schlecht/übel · nicht zu verachten ♦ umg: nicht unflott · nicht uneben; → auch hervorragend (1) – 2. → nützlich – 3. → wohl (5) – 4. → glücklich (1) – 5. → anständig (1) – 6. → gütig (1) – 7. → gesund (2) – 8. → genug (1) – 9. → schmackhaft – 10. gut stehen |mit|: ⟨einen positiven Ausgang erkennen lassen⟩ gut aussehen |mit| · günstig stehen/aussehen |mit| – 11. [bei] guter Laune: ⟨in guter Stimmung⟩ wohlgemut · gut drauf · aufgekratzt · aufgeräumt · gut gelaunt · gutlaunig · bei Laune; → auch heiter (1), fröhlich (1) – 12. gut gehend: ⟨von einem Geschäft gesagt: Gewinn bringend⟩ flott gehend · florierend – 13. kurz und gut: → also (1); gute Laune: → Heiterkeit (1); guter Dinge: → fröhlich (1); guter Laune: a) → fröhlich (1) – b) → 11; bei guter Laune, gut drauf: → 11; guten Mutes: → optimistisch (1); g. gehend: → 12; gut drauf sein: → Verfassung (5); gute Worte geben |wegen|: → bitten (2); ein gutes Wort einlegen |für|: → verwenden (II); guter Hoffnung sein: → schwanger (2); in guten Händen: → geborgen (1); gute Dienste leisten: → nützen (1); auf gutem Fuße miteinander stehen: → befreundet; kein gutes Haar lassen |an|: → verleumden (1); auf gut Glück: → planlos (1); zu guter Letzt: → schließlich (1); im Guten: → friedlich (1); im Guten regeln: → bereinigen (1); gut abschneiden/abschließen: → bestehen (2); gut sein: → können (5); jmdm. gut sein: → lieben (1); für gut befinden: → billigen (1), gutheißen; gut gehen: → gedeihen (1); gut aussehen |mit|: → 10; gut stehen |mit|: → verhalten (II, 2); gut aufgehoben: → geborgen (1); sich gut befinden/fühlen, gut bei Wege sein: → gesund (5); gut riechen: → duften (1); gut können: → beherrschen (I, 4); gut situiert: → reich (1); gegen die gute Sitte: → anstößig (1); gut tun: → wohl (6); gut gemeint: → wohlwollend (1); gut gesinnt: → wohlgesinnt; gut können |mit|: → verstehen (II, 2)

Gut, das: 1. ⟨großer privater landwirtschaftl. Betrieb⟩ Gutshof; Domäne (veraltend); Ansitz (südd) ♦ salopp: Quetsche (abwert); → auch Bauernhof – 2. → Besitz (1), Vermögen (1) – 3. Hab und Gut, Geld und Gut: → Besitz (1)

Gutachter, der: Referent · der Sachverständige

gutartig: → harmlos (1)

gutbringen

gutbringen: → gutschreiben
Gutdünken, das: nach G.: → beliebig (1)
Güte, die: **1.** ⟨*freundlich-hilfreiches Wesen*⟩ Gütigkeit · Herzenswärme · Warmherzigkeit · Herzensgüte + Väterlichkeit · Selbstlosigkeit; → *auch* Freundlichkeit (1), Wohlwollen (1) – **2.** ⟨*gute Beschaffenheit*⟩ Wert · Qualität; Bonität (*Wirtsch*); → *auch* Beschaffenheit (1)
Güteklasse, die: → Sorte (1)
Güteraustausch, der: → Handel (1)
güterlos: → arm (1)
Güterverkehr, der: → Handel (1)
gutgläubig: arglos · leichtgläubig · vertrauensselig · naiv · treuherzig · blauäugig + dumm; → *auch* zutraulich (1), einfältig (1), kritiklos
gutheißen: befürworten · begrüßen · für gut befinden; → *auch* billigen (1)
Gutheißung, die: → Billigung (1)
gutherzig: → gutmütig (1)
gütig: 1. ⟨*von freundlich-hilfreichem Wesen*⟩ gut · grundgütig · warmherzig · herzensgut · lieb + väterlich · mitleidig; → *auch* freundlich (1), gutmütig (1), mild[e] (1) – **2.** → mild[e] (1) – **3.** g. sein: ⟨*ein*

freundlich-hilfreiches Wesen haben⟩ ein fühlend[es] Herz haben
Gütigkeit, die: → Güte (1)
gutlaunig: → gut (11)
gütlich: 1. → friedlich (1) – **2.** sich g. tun |an|: → entschädigen (II)
gutmachen: Boden g.: → aufholen (1)
Gutmensch, der: → Prachtmensch, Menschenfreund
gutmütig: 1. ⟨*nicht leicht in Zorn geratend*⟩ gutherzig · weich[herzig] · seelen[s]gut · engelsgut; → *auch* gütig (1), sanftmütig, nachgiebig – **2.** g. sein: ⟨*nicht leicht in Zorn geraten*⟩ *umg*: eine Seele von Mensch sein
gutnachbarlich: → freundschaftlich (1)
gutsagen: g. |für|: → bürgen
Gutsbesitzer, der: → Großgrundbesitzer
Gutschein, der: Bon · Wertmarke + Voucher
gutschreiben: gutbringen (*kaufm*); → *auch* anrechnen (1)
Gutschrift, die: → Bonus
Gutshof, der: → Gut (1)
Gutverdienende, der: → Großverdiener
Gymnasium, das: Penne (*schülerspr*) + College; → *auch* Schule

364

H

Haar: I. Haar, das: **1.** ⟨*fadenförmiges Horngebilde der Haut*⟩ salopp: Borste – **2.** ⟨*Vielzahl von Horngebilden*⟩ Haare ♦ umg: Wolle ♦ salopp: Pelz · Borsten; Loden (*landsch*); → *auch* Haarschopf – **3.** aufs H.: → völlig (1); aufs H. genau: → genau (1); um eines Haares Breite/um ein H.: → beinahe; nicht um ein H. abgehen |von|: → beharren (1); kein gutes H. lassen |an|: → verleumden (1); immer ein H. in der Suppe finden: → nörgeln; kein H./Härchen krümmen: → verschonen – **II.** Haare (*Pl*): **1.** → I, 2 – **2.** falsche H.: → Perücke; die H. machen: → frisieren (1); sich keine grauen H. wachsen lassen: → sorglos (2); sich die H. [aus]raufen: → verzweifeln (1); jmdm. sträuben sich die H., jmdm. stehen die H. zu Berge: → entsetzen (II, 1); H. auf den Zähnen haben: → herrschsüchtig (2); sich in die H. geraten/kriegen, sich in den Haaren haben/liegen: → streiten (II); H. lassen [müssen]: → Schaden (5); H. spalten: → spitzfindig (2); an den Haaren herbeigezogen: → gesucht (1)
Haarband, das: → Haarschleife
haardünn: → dünn (1)
Haarersatz, der: → Perücke
Haaresbreite, die: um H.: → beinahe
haarfein: → dünn (1)
haargenau: → genau (1)
haarig: → unangenehm (1)
Haarklammer, die: → Haarklemme
Haarkleid, das: → Fell (1)
haarklein: → genau (2)
Haarklemme, die: Haarklammer · Klammer · Klemme
Haarknoten, der: Knoten ♦ umg: Dutt · Kauz; Zwiebel (*scherzh*)
Haarkünstler, der: → Friseur
Haarlocke, die: → Locke
haarlos: → kahlköpfig
Haarnadelkurve, die: Spitzkehre; → *auch* Biegung (1)

Haarputz, der: → Frisur
Haarriss, der: → Riss (1)
haarscharf: → genau (1)
Haarschleife, die: Schleife + Haarband · Zopfband
Haarschneider, der: → Friseur
Haarschnitt, der: → Frisur
Haarschopf, der: Schopf ♦ umg: Tolle; → *auch* Haar (I, 2), Locke
Haarspalter, der: → Wortklauber
Haarspalterei, die: → Spitzfindigkeit
haarspalterisch: → spitzfindig (1)
haarsträubend: → unerhört (1)
Haarstylist, der: → Friseur
Haarteil, das: → Perücke
Haartracht, die: → Frisur
Haartrockner, der: → Föhn
Haarwuchs, der: Behaarung
Habe, die: **1.** → Besitz (1) – **2.** Hab und Gut: → Besitz (1)
haben: I. haben: **1.** → besitzen (1) – **2.** noch zu h.: → ledig (1); zu h. sein: → käuflich (2); es mit etw. h.: → leiden (3); es h. |mit|: → Freundin (3); noch zu h. sein: → vorrätig (2); Lust h. |zu|: → wünschen (1); ein Ende h.: → enden (1, b); zum Besten h.: **a)** → narren – **b)** → necken; haste nicht gesehen: → schnell (1, b); haste was kannste: → schnell (1, a) –**II.** haben, sich: **1.** → zieren (II, 2) – **2.** → aufregen (II)
Habenichts, der: → Arme
Haber, der: → Hafer (1)
Haberer, der: **1.** → Freund (I, 1) – **2.** → Liebhaber (1)
Habgier, die: Habsucht · Besitzgier · Gewinnsucht; Gier · Raffgier (*abwert*) + Geiz; → *auch* Geldgier
habgierig: 1. ⟨*rücksichtslos nach Besitz strebend*⟩ habsüchtig · gewinnsüchtig; gierig · raffgierig (*abwert*) ♦ umg: raffig; → *auch* geldgierig (1) – **2.** h. sein: ⟨*rücksichtslos nach Besitz streben*⟩ umg: den Rachen/Hals nicht voll [genug] kriegen [können]

Habgierige

Habgierige, der: *salopp*: Raffer · Raffzahn · Raffke (*abwert*); → *auch* Geizhals
Habicht, der: wie ein H.: → gierig (1)
Habit, das: → Amtstracht
Habitus, der: **1.** → Aussehen (1) – **2.** → Haltung (1)
hablich: → reich (1)
Habschaft, die: → Besitz (1)
Habseligkeit: I. Habseligkeit, die: → Besitz (1) – **II.** Habseligkeiten (*Pl*): → Besitz (1)
Habsucht, die: → Habgier
habsüchtig: → habgierig (1)
Hachel, die: → Granne
¹Hacke, die: **1.** → Ferse (1) – **2.** → Absatz (1) – **3.** auf die Hacken treten: → folgen (1); sich die Hacken ablaufen |nach|: → suchen (1); sich die Hacken ablaufen/schief laufen: → bemühen (II, 1); jmdm. nicht von den Hacken gehen: → verfolgen (1)
²Hacke, die: Haue (*landsch*)
hacken: 1. → zerstückeln (1) – **2.** → zerhacken (1)
Hacken, der: **1.** → Ferse (1) – **2.** → Absatz (1)
Hackepeter, der: **1.** → Gehackte – **2.** H. machen |aus|: → verprügeln
Hackerchen, das: → Zahn (I, 1)
hackern: → gerinnen
Hackfleisch, das: **1.** → Gehackte – **2.** H. machen |aus|: → verprügeln
Hackklotz, der: Hauklotz · Haublock; Hackstock (*österr*); Scheitstock (*schweiz*)
Hackstock, der: → Hackklotz
¹Hader, der: → Streit (1)
²Hader, der: **1.** → Lumpen (1) – **2.** → Scheuertuch
Haderlump, der: → Taugenichts
hadern: → grollen (1)
Hades, der: → Unterwelt (1)
hadrig: → streitsüchtig
¹Hafen, der: **1.** 〈*Schiffslandeplatz*〉 Überseehafen + Hafenbecken ♦ *dicht*: Port – **2.** in den H. der Ehe einlaufen, im H. der Ehe landen: → heiraten (1)
²Hafen, der: → Topf (1)
Hafenbecken, das: → ¹Hafen (1)
Häfenbruder, der: **1.** → Häftling – **2.** → Vorbestrafte
Hafendamm, der: Pier · Kai[mauer] · Hafenmauer · Bollwerk + Mole
Hafenmauer, die: → Hafendamm

Hafer, der: **1.** 〈*Getreideart*〉 Haber (*süddt österr schweiz*) – **2.** jmdn. sticht der H.: → übermütig (2)
Haferl, das: → Tasse (1)
Hafner, der: → Ofensetzer
Haft, die: **1.** 〈*das Eingesperrtsein, meist aufgrund eines gerichtl. Urteils*〉 Arrest · Gewahrsam + Gefangenschaft · Schutzhaft · Sicherungsverwahrung · Hausarrest; → *auch* Freiheitsstrafe – **2.** in H. nehmen: → verhaften; in H. halten: → gefangen (4); in H. sitzen: → gefangen (2)
Haftanstalt, die: → Strafvollzugsanstalt
Haftaussetzung, die: Haftunterbrechung + Hafturlaub
haftbar: 1. 〈*zur Leistung von Schadenersatz verpflichtet*〉 [schaden]ersatzpflichtig · haftpflichtig – **2.** → verantwortlich (1)
Haftbarkeit, die: → Verantwortlichkeit (1)
Haftel, das: → Haken (1)
haften: 1. → kleben (1) – **2.** h. |für|: **a)** 〈*zum Schadenersatz verpflichtet sein*〉 aufkommen |für| · die Kosten tragen – **b)** → verantworten (I) – **3.** h. bleiben: → hängen (4)
Haftglas, das: → Kontaktlinse
Häftling, der: Arrestant · der Inhaftierte · der Gefangene · der Strafgefangene · Insasse (*verhüll*); Sträfling (*abwert*); Häfenbruder (*österr umg*) + Zuchthäusler · der Kriegsgefangene ♦ *salopp*: Knastbruder · Knacki · Knasti; Knastologe (*scherzh*)
haftpflichtig: 1. → haftbar (1) – **2.** → verantwortlich (1)
Haftschale, die: → Kontaktlinse
Haftung, die: → Verantwortlichkeit (1)
Haftunterbrechung, die: → Haftaussetzung
Hafturlaub, der: → Haftaussetzung
Hag, der: **1.** → Hecke – **2.** → Wäldchen
Hagel, der: **1.** → Schrot (1) – **2.** → Menge (1)
Hagelkorn, das: Eiskorn · Graupel · Hagelschloße · Schloße (*landsch*)
hageln: 1. 〈*als Eisniederschlag zu Boden fallen*〉 schloßen · graupeln; kieseln (*landsch*) – **2.** → niederprasseln
Hagelschauer, der: → Hagelwetter
Hagelschlag, der: → Hagelwetter
Hagelschloße, die: → Hagelkorn
Hagelwetter, das: Hagelschlag · Hagelschauer
hager: → mager (1)
Hagestolz, der: → Junggeselle**

Hahn, der: 1. ⟨*männl. Vogel*⟩ Gockel[hahn] – 2. ⟨*Absperrvorrichtung an Rohren*⟩ Drossel (*Techn*); Kran (*landsch*) – 3. wie der H. auf dem Mist: → angeberisch; den roten H. aufs Dach setzen: → Feuer (7); den H. zudrehen: → knapp (6)

Hahnenschrei, der: beim/mit dem ersten H.: → morgens

Hahnrei, der: zum H. machen: → betrügen (2, b)

Hain, der: → Wäldchen

Hairstylist, der: → Friseur

Häkelei, die: 1. → Anspielung (1) – 2. → Streit (1)

häkeln: I. häkeln: → hängen (4) – II. häkeln, sich: → streiten (II)

haken: → hängen (4)

Haken, der: 1. ⟨*gebogene Haltevorrichtung*⟩ Haftel · Heftel (*landsch*) + Haspe · Krampe · Kleiderhaken – 2. → Schlag (I, 1) – 3. → Schwierigkeit (1)

halb: 1. ⟨*durch zwei geteilt*⟩ zur Hälfte – 2. ⟨*auf halbem Wege*⟩ halbwegs – 3. → unvollständig – 4. → beinahe – 5. h. tot: → erschöpft (1); h. und h.: → gleichmäßig (2); h. und h./halbe-halbe machen: → teilen (I, 1); h. so schlimm/wild sein: → schlimm (3); nichts Halbes und nichts Ganzes: → unvollständig; halbe Portion: → Schwächling; halbes Hemd: → schmalbrüstig (1), Schwächling

halbamtlich: inoffiziell · offiziös · halboffiziell

Halbblut, das: → Mischling

Halbbruder, der: → Stiefbruder

Halbdämmer, der: → Halbdunkel

halbdunkel: → dämmerig

Halbdunkel, das: Zwielicht · Halbdämmer · Halblicht; → *auch* Schatten (1), Morgendämmerung, Abenddämmerung

Halbe, das: → Hälfte (1)

halber: → wegen (1)

Halberzeugnis, das: → Halbfabrikat

Halbfabrikat, das: Halbzeug · Halberzeugnis

Halbgott, der: → Abgott (2)

halbherzig: → lustlos

halbieren: → durchschneiden (I)

Halbierung, die: → Teilung (1)

Halbinsel, die: → Landzunge

halblang: [nun] mach mal h.: → übertreiben (4)

halblaut: → leise (1)

Halblicht, das: → Halbdunkel

halbmilitärisch: → paramilitärisch

halboffiziell: → halbamtlich

halbpart: 1. → gleichmäßig (2) – 2. h. machen: → teilen (I, 1)

halbrund: → gebogen

Halbschlaf, der: Dämmerschlaf · Dämmerzustand · Halbschlummer + Schlummer ♦ *umg:* Dusel; → *auch* Schlaf (1, b)

Halbschlummer, der: → Halbschlaf

halbseiden: → weichlich (1)

Halbstarke, der: → Bursche (1)

Halbteil, der: → Hälfte (1)

halbwegs: 1. → erträglich – 2. → halb (2)

Halbwelt, die: Demimonde

Halbweltdame, die: → Prostituierte

halbwüchsig: → jung (1)

Halbwüchsige, der: → Bursche (1)

Halbzeit[pause], die: → ¹Pause (1)

Halbzeug, das: → Halbfabrikat

Halde, die: → Abhang (1)

Hälfte, die: 1. ⟨*einer von zwei gleichen Teilen eines Ganzen*⟩ Halbteil · das Halbe – 2. zur H.: → halb (1); schönere H.: → Ehefrau; bessere H.: **a)** → Ehefrau – **b)** → Ehemann; die H. geben: → teilen (I, 1)

Halfter, der: → Zaum (1)

Hall, der: → Schall (1)

Halle, die: 1. → Hotelhalle – 2. → Saal – 3. → Werkhalle

hallen: → schallen

Hallo, das: 1. → Geschrei (1, a) – 2. → Lärm (1)

Hallodri, der: → Leichtfuß (1)

Halluzination, die: → Sinnestäuschung

Halmfrucht, die: → Getreide

Hals, der: 1. ⟨*Körperteil*⟩ *umg:* Kragen · Gurgel; → *auch* Kehle (1), Nacken (1) – 2. → Rachen (1) – 3. aus vollem Halse: → laut (1, b); bis an/über den H.: → oben (3); barfuß bis an den H.: → nackt; es im H. haben: **a)** → Halsschmerzen (2) – **b)** → heiser (2); einen Frosch im H. haben: → heiser (2); H. geben: → bellen (1); um den H. fallen: → umarmen (I); sich um den H. fallen: → umarmen (II); sich den H. ausrenken/ausrecken: **a)** → ausschauen (1) – **b)** → neugierig (2); einen langen H. machen: → neugierig (2); H. über Kopf: **a)** → eilig (1) – **b)** → übereilt; sich den H. brechen: **a)** → verunglücken (1) – **b)** → scheitern (a); die Schlinge um den H. legen, den H. abdrehen/abschneiden/brechen: → ruinieren

Halsabschneider

(I, 1); den H. wagen: → wagen (1); den H. aus der Schlinge ziehen: → herauswinden, sich; vom Halse halten: → fern (5); vom Halse bleiben: → fern (4); es steht jmdm. bis an den/zum H., es hängt jmdm. [allmählich] zum Halse heraus: → überdrüssig (1); die Pest an den H. wünschen: → verwünschen (1); den H. kosten [können]: → gefährlich (2); einen Prozess an den H. hängen: → verklagen; sich jmdm. an den H. werfen/schmeißen: → aufdrängen (II, 1); auf den H. laden/schicken: → aufbürden (2); jmdm. hängt die Zunge zum Halse heraus: → dürsten (1); viel auf dem/am H. haben: → überlastet; sich vom Halse schaffen: **a)** → abwälzen (2) – **b)** → abschütteln (2); in den falschen H. bekommen/kriegen: → missverstehen (1); über den H. kommen: → überraschen (2); den H. nicht voll [genug] kriegen [können]: → habgierig (2)

Halsabschneider, der: → Wucherer

Halsausschnitt, der: → Ausschnitt (1)

halsbrecherisch: → gewagt

Halsschlagader, die: → Schlagader

Halsschmerzen (*Pl*): **1.** ⟨*Schmerzen im Hals aufgrund einer Entzündung*⟩ *umg*: Halsweh – **2.** H. haben: *umg*: es im Hals haben

halsstarrig: → eigensinnig (1)

Halsstarrigkeit, die: → Eigensinn

Halsweh, das: → Halsschmerzen (1)

halt: → eben (3)

Halt, der: **1.** ⟨*das Anhalten*[*müssen*]⟩ Stopp · Aufenthalt – **2.** → Stillstand (1) – **3.** → [1]Pause (1) – **4.** → Stütze (1) – **5.** ohne [jeden] H.: → haltlos (1); den H. verlieren: → fallen (1); H. geben/bieten: → stützen (I); H. machen: → anhalten (I, 1), rasten; H. gebieten: **a)** → hindern – **b)** → protestieren – **c)** → eindämmen (1)

haltbar: 1. ⟨*der* [*zu schnellen*] *Abnutzung widerstehend*⟩ beständig · verschleißfest · strapazierfähig · unverwüstlich · nicht totzukriegen · fest · massiv · solid[e] · stabil · robust · langlebig · durabel; strapazfähig (*österr*) + bruchfest · unzerbrechlich; → *auch* dauerhaft, widerstandsfähig (1, a) – **2.** h. sein: → halten (II, 1)

halten: I. halten: **1.** → festhalten (I, 1) – **2.** → anhalten (I, 1) – **3.** → beziehen (I, 1) – **4.** → erfüllen (I, 2) – **5.** → veranstalten (1) – **6.** → zurückhalten (I, 1) – **7.** h. |für|: ⟨*eine* *bestimmte Meinung über etw. bzw. jmdn. hegen*⟩ ansehen |für| · betrachten |als| · beurteilen |als| · auffassen |als| · verstehen |als| · einschätzen |als| · [er]achten |für| – **8.** zum Halten kommen: → anhalten (I, 1); zum Halten bringen: → anhalten (I, 2); den Schild/die Hand h. |über|: → schützen (I, 1); die Hand auf die Tasche h.: → geizig (2); jmdm. die Stange h.: → eintreten (7, a); vom Halse/Leibe h.: → fern (5); in Haft/Gewahrsam h.: → gefangen (4); für wahr h.: → glauben (1); gehalten werden |für|: → gelten (6); h. |auf|: → [1]Acht (1, a); große Stücke h. |auf|: → achten (1); auf Ordnung haltend: → ordentlich (1, b); in Ehren h.: → ehren; h. |zu|: → unterstützen (I, 1); zugute h.: → anrechnen (1); in Schach h.: → unterdrücken (1); zum Narren h.: → narren; zum Besten h.: **a)** → narren – **b)** → necken; eine Ansprache h.: → sprechen (2); einen Plausch/Schwatz/ein Plauderstündchen/Schwätzchen h.: → unterhalten (II, 1); eine Standpauke/Gardinenpredigt h.: → zurechtweisen; Rat h.: → beraten (II); nicht hinter dem Berg h. |mit|: → aussprechen (I, 5); den Mund/Rand/die Klappe/Fresse/Schnauze/das Maul h.: → schweigen (1 *u.* 2); reinen Mund h.: → schweigen (2); Rückschau h.: → erinnern (II); Rast h.: → rasten; Wache h.: → Wache (3); Schritt h.: → mitkommen (1); ein Schläfchen h.: → schlafen (1, c); Brautschau h.: → werben (2, a); Hochzeit h.: → heiraten (1); Abrechnung h. |mit|: → belangen (1) – **II.** halten, sich: **1.** ⟨*nicht verderben*⟩ haltbar sein · genießbar bleiben + dauern – **2.** → behaupten (II, 1) – **3.** → verhalten (II, 1) – **4.** sich h. |an|: **a)** → befolgen – **b)** → anlehnen (II, 2); an sich h., sich im Zaume h., sich in Schranken h.: → beherrschen (II); sich zur Verfügung h.: → bereithalten (II); sich fern h.: → fern (4)

Haltepunkt, der: → Haltestelle

Halter, der: → Hirt

Halterbub, der: → Hütejunge

Haltesignal, das: → Haltezeichen

Haltestelle, die: Haltepunkt · Station

Haltezeichen, das: Haltesignal · Stoppzeichen + Signal

haltlos: 1. ⟨*ohne charakterliche Festigkeit*⟩ charakterlos · [charakter]schwach · ohne [jeden] Halt · [psychisch] labil · haltungslos · ungefestigt ♦ *umg*: rückgratlos · ohne

Hand

Rückgrat; → *auch* nachgiebig – **2.** → gegenstandslos (1) – **3. h.** sein: ⟨*ohne charakterliche Festigkeit sein*⟩ umg: kein Rückgrat haben

Haltung, die: **1.** ⟨*Stellung des Körpers*⟩ Körperhaltung · Pose · Positur · Stellung · Habitus · Attitüde; Contenance (*veraltend*) – **2.** → Beherrschung (1) – **3.** → Benehmen (1) – **4.** → Gesinnung (1)

haltungslos: → haltlos (1)

Halunke, der: → Schurke

Hämatom, das: → Bluterguss

Häme, die: → Bosheit

hämisch: → schadenfroh (1)

Hammel, der: → Dummkopf (2)

Hammelbeine (*Pl*): die H. langziehen: → zurechtweisen

Hammelherde, die: → Menschenmenge

Hammer, der: **1.** ⟨*Werkzeug zum Zuschlagen*⟩ Fäustel · Schlägel (*fachspr*) – **2.** unter den H. bringen: → versteigern; einen H. haben: → dumm (6); ein H. sein: **a)** → großartig (3) – **b)** → unverschämt (2); zeigen, wo der H. hängt: → zurechtweisen

hämmern: 1. → klopfen (1), schlagen (I, 3) – **2.** kaltes Eisen h.: → reden (2)

Hämodialyse, die: → Blutwäsche

Hampel, der: → Dummkopf (2)

Hampelmann, der: → Versager (1)

hampeln: → zappeln (1)

hamstern: → horten

Hand, die: **1.** ⟨*Körperteil*⟩ Patsche · Patschhand (*kinderspr*) ♦ *umg:* Pranke (*oft scherzh*) ♦ *salopp:* Pfote · Flosse · Pratze · Tatze · Klaue – **2.** die H. geben: ⟨*seine Hand zur Begrüßung in die eines anderen legen*⟩ die Hand drücken / schütteln / reichen · mit Handschlag begrüßen + begrüßen · verabschieden ♦ *salopp:* die Flosse / Pfote drücken / schütteln – **3.** bei der / zur H. sein: → verfügbar (5); H. in H.: → gemeinsam (1); linker H., zur linken H.: → links (1); rechter H., zur rechten H.: → rechts (1); mit der linken H. machen: → mühelos (2); unter der H.: → heimlich (1); mit den Händen reden / fuchteln: → gestikulieren; in die H. nehmen: → anfassen (I, 1); die Hände regen: → arbeiten (1); die Hände in der Tasche haben, mit den Händen in der Tasche dastehen: → untätig (2); auf den Händen sitzen: → faulenzen (1); in die Hände spucken: → anstrengen (II, 1); alle Hände voll zu tun haben: → überlastet; von eigener H.

sterben, H. an sich legen: → Selbstmord (2); sich mit Händen und Füßen wehren: → verteidigen (II); H. ans Werk legen: → anfangen (1, a); letzte H. anlegen: → vollenden (I, 1); mit H. anlegen, an die / zur H. gehen, zur H. sein, in die Hände arbeiten: → helfen (1); H. anlegen: → zugreifen (1); H. in H. arbeiten: **a)** → helfen (4) – **b)** → zusammenarbeiten; an die H. nehmen: → anleiten (1); auf Händen tragen: → verwöhnen; aus der H. geben: → weggeben (1); nicht aus der H. geben: → behalten (1); aus der H. nehmen: → entziehen (I, 1); aus der H. gleiten: → Kontrolle (2); aus der H. reißen / ringen / winden: → entreißen (1); aus der H. lesen: → wahrsagen; seine Hände in Unschuld waschen: → herauswinden, sich; die H. legen |auf|: → beschlagnahmen; die H. halten |über|: → schützen (I, 1); in guten / sicheren Händen: → geborgen (1); die Hände heben: → ergeben (II, 1); die H. heben: → melden (II, 2); die H. aufheben |gegen|, die Hände ballen: → aufbegehren; die Hände in den Schoß legen: → resignieren; sich die H. geben / reichen: → versöhnen (II); die H. drücken: **a)** → 2 – **b)** → danken (1); die / seine H. ins Feuer legen |für|: → bürgen (2); die H. versprechen: → versprechen (I, 1); in die H. drücken: **a)** → geben (I, 1) – **b)** → zustecken (1); in die H. / die Hände geben: → übergeben (I, 1); jmdm. in die Hände fallen: → finden (I, 1); in jmds. Hände fallen / geraten: → geraten (3); seine Hände in fremde Taschen stecken: → stehlen (1); die H. [mit] im Spiel haben: → beteiligen (II); in die Hände spielen: → zuspielen (2); die H. füllen: → bestechen (1); eine hohle H. machen / haben: → bestechlich (2); eine hohle H. machen: → betteln (1); zum Bund reichen: → verbünden, sich (1); die Fäden in der H. haben: **a)** → regieren (1) – **b)** → herrschen (1); die Zügel in der H. haben: **a)** → regieren (1) – **b)** → herrschen (1) – **c)** → bestimmen (2); in der H. haben: → beherrschen (I, 1); das Heft aus der H. nehmen: → entmachten; jmdm. sind die Hände gebunden: → machtlos (2); aus der H. fressen: → zahm (2); sein Herz in die H. / in beide Hände nehmen: → ermannen, sich; von der H. gehen: → vorangehen; von H. zu H. / durch viele Hände gehen: → herumgehen (1); sich die Hände reiben: → schadenfroh (2); mit [den] Händen zu grei-

369

Handbesen

fen: → deutlich (1); nicht von der H. zu weisen sein: → möglich (3, a); [klar] auf der H. liegen: → offenkundig (2); die H. antragen, um jmds. H. anhalten: → werben (2, a); die H. fürs Leben reichen: → heiraten (1); ihre H. gewinnen: → heiraten (2); die H./die Hände ausstrecken |nach|: → Verlangen (4); mit geschmatzten Händen: → gern[e] (1); freie H. lassen: → überlassen (I, 1); in die Hände legen, zu treuen Händen übergeben: → anvertrauen (I, 1); eine offene H. haben: → freigebig (2); das/sein Geld mit vollen Händen [aus]geben: → verschwenderisch (3); die H. auf die Tasche halten: → geizig (2); eine geschickte/glückliche H. haben: → geschickt (2); zwei linke Hände haben: → ungeschickt (2); H. und Fuß haben: → einwandfrei (2); aus erster H.: → Erstbesitz; aus zweiter H.: → gebraucht; die/jmds. rechte H.: → Helfer (1)

Handbesen, der: → Handfeger

Handbuch, das: **1.** → Lehrbuch – **2.** → Nachschlagewerk

Händchen, das: ein H. haben |für|: → geschickt (2)

Händedruck, der: → Handschlag (1)

Händeklatschen, das: → Beifall (1)

Handel, der: **1.** ⟨*Kauf u. Verkauf von Waren im Großen*⟩ Warenaustausch · Güteraustausch · Warenverkehr · Güterverkehr · Handelsbeziehungen · Wirtschaftsbeziehungen + Geschäftsbeziehungen – **2.** → Geschäft (3) – **3.** → Vertrag (1) – **4.** H. treiben: → handeln (I, 1 u. 2); den/seinen H. verstehen: → beherrschen (I, 4); in den H. kommen: → Markt (4)

Händel (*Pl*): **1.** → Streit (1) – **2.** H. suchen/anfangen: → anlegen (II)

handeln: I. handeln: **1.** ⟨*Waren weiterverkaufen*⟩ verkaufen · Handel treiben ♦ *umg*: machen |in|; schachern · schieben (*abwert*); → *auch* anbieten (I, 3), hausieren – **2.** ⟨*wirtschaftl. Beziehungen im Großen unterhalten*⟩ Handel treiben · ein Geschäft/Geschäfte machen + ins Geschäft kommen |mit| – **3.** ⟨*in bestimmter Weise tätig werden bzw. sein*⟩ vorgehen · verfahren · agieren · operieren · machen · tun · zu Werke gehen + zur Tat schreiten – **4.** → meistern – **5.** h. |um|: → feilschen; h. |über/von|: → behandeln (4); rasches Handeln: → Geistesgegenwart – **II.** handeln, sich: sich h. |um|:

⟨*Gegenstand der Überlegungen usw. sein*⟩ gehen |um| · die Rede sein |von| ♦ *umg*: sich drehen |um|; → *auch* betreffen (1)

Handelsabkommen, das: → Vertrag (1)

Handelsagent, der: → Handelsvertreter

Handelsartikel, der: → Ware (1)

Handelsbeschränkung, die: → Ausfuhrverbot, Einfuhrverbot

Handelsbeziehungen (*Pl*): → Handel (1)

Handelsbilanz, die: → Bilanz (1)

handelseinig: 1. → einig (2) – **2.** h. werden: → einigen (II)

handelseins: 1. → einig (2) – **2.** h. werden: → einigen (II)

Handelsembargo, das: → Ausfuhrverbot

Handelsflotte, die: Flotte · Marine

Handelsgeschäft, das: → Geschäft (3)

Handelsmann, der: → Kaufmann (1)

Handelsmarke, die: → Marke (1)

Handelsobjekt, das: → Ware (1)

Handelsreisende, der: → Handelsvertreter

Handelsspanne, die: → Verdienstspanne

Handelsunternehmen, das: → Geschäft (2)

Handelsvertreter, der: Außendienstmitarbeiter · Handelsreisende · der Handlungsreisende · der Reisende · Vertreter; Handelsagent · Agent (*noch österr*) ♦ *umg*: Klinkenputzer · Reisefritze

Handeltreibende, der: → Kaufmann (1)

händeringend: → inständig

Händeschütteln, das: → Handschlag (1)

Handfeger, der: Handbesen; Eule (*landsch*); Kehrwisch (*süddt*); Bartwisch (*süddt österr*)

handfertig: → geschickt (1)

handfest: 1. → derb (1) – **2.** → nahrhaft

Handfeuerwaffe, die: → Schusswaffe

handgearbeitet: handgefertigt · handgemacht

handgefertigt: → handgearbeitet

Handgeld, das: Aufgeld · Angeld · Draufgeld · Draufgabe · Anzahlung + Zuwendung

Handgelenk, das: aus dem H. machen: → mühelos (2)

handgemacht: → handgearbeitet

handgemein: h. werden: → schlagen (I, 1)

Handgemenge, das: → Schlägerei, Rauferei

handgerecht: → handlich (1)

handgreiflich: 1. → deutlich (1) – **2.** h. werden: → schlagen (I, 1)

Handgriff, der: **1.** → Griff (1 u. 2) – **2.** keinen H. tun: → faulenzen (1); mit ein paar Handgriffen erledigen: → mühelos (2)

hängen

Handhabe, die: → Gelegenheit (1)
handhaben: → bedienen (I, 4), ausführen (3)
Handhabung, die: **1.** ⟨*die Art, etw. zu handhaben*⟩ Handling – **2.** → Bedienung (4)
Handharmonika, die: → Ziehharmonika
Handikap, das: → Behinderung (1)
Handkarre, die: → Schubkarre
Handkarren, der: → Schubkarre
Handkoffer, der: → Koffer (1)
Handkuss, der: mit H.: → gern[e] (1)
Handlanger, der: **1.** ⟨*bei der Arbeit zureichende Person*⟩ Zuarbeiter · Helfer + Hilfsarbeiter – **2.** → Mitschuldige
Handlauf, der: → Geländer
Händler, der: → Kaufmann (2)
handlich: 1. ⟨*leicht handhabbar*⟩ griffig · griffrecht · handgerecht + transportabel – **2.** → gewandt (1)
Handling, das: → Handhabung (1)
Handlung, die: **1.** ⟨*bestimmtes Tätig[gewesen]sein*⟩ Tun · Tat · Handlungsweise · Akt + Vorgang · Verhalten · Action – **2.** ⟨*der Ablauf in einer literarischen Handlung*⟩ Geschehen · Fabel; Plot (*fachspr*)
Handlungsdruck, der: → Zwangslage
Handlungsgehilfe, der: → Verkäufer
Handlungsreisende, der: → Handelsvertreter
Handlungsvollmacht, die: → Vollmacht (1)
Handlungsweise, die: **1.** → Verhalten – **2.** → Handlung (1)
Handpflege, die: → Maniküre
Handreichung, die: → Hilfe (1)
Handschelle, die: → Fessel (1)
Handschlag, der: **1.** ⟨*Begrüßungsgebärde*⟩ Händedruck · das Händeschütteln ♦ *umg*: Shakehands (*scherzh*) – **2.** mit H. begrüßen: → Hand (2); mit H. versprechen: → versprechen (I, 1)
Handschrift, die: **1.** ⟨*die charakterist. Schriftzüge eines Menschen*⟩ Schrift ♦ *salopp*: Klaue · Pfote (*abwert*) ♦ *derb*: Sauklaue · Saupfote · Sauschrift (*abwert*); → *auch* Schmiererei – **2.** ⟨*handgeschriebener Text des Mittelalters od. Altertums*⟩ Kodex + Pergament · Papyrus · Schriftrolle
Handschuh, der: den H. hinwerfen / ins Gesicht werfen / schleudern: → herausfordern
Handskizze, die: → Skizze (1)
Handstreich, der: → Überfall (1)
Handtelefon, das: → Handy

Handtuch, das: **1.** → Dürre (II) – **2.** schmales H.: → Dürre (II); das H. werfen: → aufgeben (3)
Handumdrehen, das: im H.: → schnell (1, c *u.* e)
handverlesen: → auserlesen (1)
Handvoll, die: eine H.: → einige (1)
Handwagen, der: *umg*: Ziehwagen; Bollerwagen (*landsch*); → *auch* Wagen (1)
handwarm: → lau (1)
Handwaschbecken, das: → Waschbecken
Handwerk, das: **1.** ⟨*gewerbl. Tätigkeit in einem handwerkl. Zweig*⟩ Gewerbe · Gewerk – **2.** → Tätigkeit (2) – **3.** sein H. verstehen: **a)** → beherrschen (I, 4) – **b)** → tüchtig (3); sich auf sein H. verstehen: → tüchtig (3); ins H. pfuschen: → einmischen (II); das H. legen: → unschädlich (2)
Handwerkszeug, das: → Werkzeug (1)
Handy, das: Handtelefon · Mobil[funk]telefon · schnurloses Telefon + Autotelefon · Funksprechgerät · Walkie-Talkie · Funktelefon
Handybanking, das: → Direktbanking
Handzeichnung, die: → Zeichnung (1)
hanebüchen: → unerhört (1)
Hanf, der: im H. sitzen: → schwelgen (1)
Hänfling, der: → Dürre (II)
Hanfseil, das: → Strick (1)
Hang, der: **1.** → Abhang (1) – **2.** → Abfahrtsstrecke – **3.** → Neigung (1) – **4.** → Vorliebe (1)
Hangabfahrt, die: → Abfahrt (2)
Hangar, der: → Flugzeughalle
Hängebahn, die: → Drahtseilbahn
Hängegleiten, das: → Drachenfliegen
Hängelampe, die: → ²Lampe (1)
hangen: 1. → hängen (I, 1) – **2.** mit Hangen und Bangen: → Mühe (3)
hängen: I. hängen: **1.** ⟨*schwebend befestigt sein*⟩ hangen (*landsch*) ♦ *gehoben*: schweben ♦ *umg*: baumeln ♦ *salopp*: bammeln; → *auch* schlottern (1) – **2.** → erhängen (I) – **3.** → zurückbleiben (1) – **4.** h. bleiben: **a)** ⟨*in der Bewegung gehemmt werden*⟩ häkeln · haften bleiben · haken – **b)** → sitzen (6, a), verfangen (II) – **5.** h. ⎪an⎪: **a)** → aufhängen (I, 1) – **b)** → lieben (1); sein Herz h. ⎪an⎪: → verlieren, sich; am Leibe h.: → schlottern (1); an den Nagel h.: → aufgeben (3); den Brotkorb höher h.: → knapp (6); an die große Glocke h.: → verbreiten (I, 1); den Kopf / die Nase / die Ohren / die Flügel h.

Hänger

lassen: → niedergeschlagen (2); einen Prozess an den Hals h.: → verklagen; die Fahne/den Mantel/sein Mäntelchen nach dem Wind h.: → anpassen (II, 2); an der Strippe h.: → telefonieren; an jmds. Lippen h.: → zuhören (1); am Geld h.: → geizig (2); mit Hängen und Würgen: → Mühe (3) – **II.** hängen, sich: **1.** → erhängen (II) – **2.** sich h. |an|: → aufdrängen (II, 1); sich ans Telefon/an die Strippe h.: → anrufen (2); sich an jmds. Fersen h.: → verfolgen (1)
Hänger, der: **1.** → Mantel (1) – **2.** → Anhänger (4)
Hängeschloss, das: → Schloss (2)
hängig: → unerledigt
Hängsel, das: → Aufhänger (1)
Hansdampf, der: H. in allen Gassen: → Tausendsasa
Hänselei, die: → Neckerei
hänseln: → necken
Hansnarr, der: → Dummkopf (2)
Hanswurst, der: → Spaßmacher, Dummkopf (2)
Hanswursterei, die: → Spaß (1)
Hanswurstiade, die: → Spaß (1)
hanswurstig: → albern (1)
hantieren: → arbeiten (1)
hantig: 1. → bitter (1) – **2.** → barsch
hapern: → fehlen (2)
happen: → beißen (I, 1)
Happen, der: **1.** → Bissen (1) – **2.** → Imbiss (1) – **3.** ein H. doof: → dumm (1)
happig: 1. → gierig (1) – **2.** → unerhört (1)
happy: → glücklich (2)
hapsen: → beißen (I, 1)
Harakiri, das: → Selbstmord (1)
Hardliner, der: Betonkopf (*abwert*) + Scharfmacher · Fundamentalist · der harte Kern
Harem, der: → Frauenhaus (1)
Häresie, die: → Irrlehre
Häretiker, der: → Abtrünnige
Harke, die: **1.** ⟨*Bodenbearbeitungsgerät mit Zinken*⟩ Rechen – **2.** zeigen, was eine H. ist: → zurechtweisen
harken: rechen
Harlekin, der: → Spaßmacher
Harlekinade, die: → Spaß (1)
Harm, der: → Kummer (1)
härmen, sich: → sorgen (II)
harmlos: 1. ⟨*keine Schädigung hervorrufend*⟩ gutartig · unschädlich – **2.** → einfältig (1)

Harmlosigkeit, die: → Einfalt
Harmonie, die: **1.** ⟨*optimales Verhältnis der Teile eines Ganzen*⟩ Gleichklang · Ausgeglichenheit · Ausgewogenheit; → *auch* Gleichmaß – **2.** → Eintracht
harmonieren: → vertragen (II, 1)
Harmonika, die: → Ziehharmonika
harmonisch: 1. ⟨*in optimalem Verhältnis zueinander*⟩ ausgeglichen · ausgewogen – **2.** → wohltönend – **3.** → einträchtig (1), gemütlich
harmonisieren: → vereinen (I, 2)
Harn, der: → Urin (1)
harnen: → austreten (1)
Harnisch, der: **1.** → Panzer (2) – **2.** in H. geraten/kommen: → erzürnen (2); in H. bringen: → erzürnen (1)
Harpagon, der: → Geizhals
harren: 1. → warten (1) – **2.** → hoffen – **3.** h. |auf|: → erwarten (1)
harsch: 1. → verharscht – **2.** → rau (2) – **3.** → barsch
hart: 1. ⟨*von Material gesagt: nicht weich*⟩ fest · steinhart · betonhart · stahlhart · knochenhart · glashart · felsenhart · eisenhart · steinern · stählern · eisern · beinhart · bretthart · knüppelhart – **2.** → erstarrt (1) – **3.** → derb (1), robust (1) – **4.** → streng (2), unnachgiebig (1) – **5.** h. gefroren: → verharscht; h. gesotten: **a)** → gefühllos (1) – **b)** → unverbesserlich (1); harter Schlag: → Unglück (1); ein harter Bissen/Brocken, eine harte Nuss: → Schwierigkeit (1); der harte Kern: → Hardliner; einen harten Schädel haben: → eigensinnig (2); h. bleiben: → aushalten (2); h. im Nehmen: → zäh (1)
Härte, die: **1.** → Festigkeit (1) – **2.** → Strenge – **3.** → Wucht (1)
härten: erhärten
Härtetest, der: → Bewährungsprobe
Hartgeld, das: → Münze (1)
hartherzig: 1. → rücksichtslos (1) – **2.** → streng (2)
Hartherzigkeit, die: **1.** → Rücksichtslosigkeit – **2.** → Strenge
harthörig: → verstockt (1)
hartköpfig: → eigensinnig (1)
Hartköpfigkeit, die: → Eigensinn
hartleibig: 1. → verstopft (1) – **2.** → geizig (1) – **3.** → eigensinnig (1)
Hartleibigkeit, die: → Stuhlverstopfung
hartmäulig: → eigensinnig (1)

hartnäckig: 1. → beharrlich (1) – **2.** → unnachgiebig (1)
Hartnäckigkeit, die: → Beharrlichkeit
Haruspex, der: → Wahrsager
harzig: → klebrig (1)
Hasard, das: H. spielen: → wagen (2)
Hasardeur, der: → Glücksspieler
hasardieren: → wagen (2)
Hasardspieler, der: → Glücksspieler
Hasch, das: → Rauschgift (1)
¹haschen: 1. → greifen (3), fangen (I, 1 u. 2) – **2.** h. ⏐nach⏐: → erstreben
²haschen: → Rauschgift (3)
Hascher, der: **1.** → Unglücksmensch – **2.** → Rauschgiftsüchtige
Häscher, der: → Verfolger
Hascherl, das: → Unglücksmensch
haschieren: → zerstückeln (1)
Haschisch, das: → Rauschgift (1)
Haschmich: einen H. haben: → verrückt (5)
Hase, der: **1.** ⟨nagetierähnl. Säugetier⟩ Feldhase; Langohr · Schlappohr · Meister Lampe · Löffelmann · Mümmelmann (scherzh) – **2.** → Feigling – **3.** alter H.: → Routinier; wissen, wie der H. läuft: → durchschauen (I)
Hasenfuß, der: → Feigling
hasenfüßig: → feig[e]
hasenhaft: → feig[e]
Hasenherz, das: → Feigling
hasenherzig: → feig[e]
Hasenherzigkeit, die: → Feigheit
Hasenpanier, das: das H. ergreifen: → fliehen (1)
hasig: 1. → feig[e] – **2.** → ängstlich (1)
Haspe, die: → Haken (1)
haspelig: → fahrig
haspeln: → aufrollen (2)
Hass, der: **1.** ⟨starkes Gefühl der Feindschaft u. Rachsucht⟩ Hassgefühl · Groll + Unmut · Missgunst · Verbitterung · Unausstehlichkeit; → auch Feindschaft – **2.** H. empfinden/hegen ⏐gegen⏐, H. haben ⏐auf/gegen⏐: → hassen; H. säen: → hetzen (1)
hassen: Hass empfinden/hegen ⏐gegen⏐ · Hass haben ⏐auf/gegen⏐ · übel gesinnt sein · schlecht/nicht gut zu sprechen sein ⏐auf⏐ · ein rotes Tuch sein ⏐für⏐ · nicht leiden/ausstehen können · nicht gewogen sein + zürnen · sich zanken ♦ umg: auf den Tod nicht leiden können · nicht ersehen/schmecken können · auf dem Strich haben · auf

dem Kieker haben · einen Pik haben ⏐auf⏐ · jmdm. nicht grün sein ♦ salopp: auf der Latte haben · nicht verknusen können · auf dem Zuge haben · nicht [er]riechen können · jmdn. gefressen haben; → auch grollen (1), verabscheuen
hassenswert: → böse (1)
hasserfüllt: 1. → feindlich (1) – **2.** → gehässig
Hassgefühl, das: → Hass (1)
hässlich: 1. ⟨nicht schön⟩ scheußlich · abstoßend · unschön · unansehnlich · fratzenhaft · unästhetisch · abschreckend; schiech (süddt österr) + grauenhaft · unförmig · alt ♦ salopp: potthässlich; → auch missgebildet, ekelhaft (1) – **2.** → unangenehm (1) – **3.** → geschmacklos (1) – **4.** → verwerflich
Hässlichkeit, die: **1.** → Gemeinheit (1) – **2.** → Widerwärtigkeit
Hassrede, die: → Hasstirade
Hasstirade, die: Hassrede
Hast, die: **1.** → Eile (1) – **2.** in fliegender/wilder H.: → eilig (1); ohne H.: → ruhig (1)
hasten: 1. → eilen (I, 1) – **2.** → laufen (1)
hastig: → eilig (1)
hätscheln: 1. → streicheln – **2.** → verweichlichen
hatschi: h. machen: → niesen
Hatz, die: **1.** → Hetzjagd (1) – **2.** → Eile (1) – **3.** → Verfolgung
Hau, der: einen H. [weg]haben: **a)** → verrückt (5) – **b)** → geisteskrank (2)
Haube, die: eins auf die H. geben: → zurechtweisen; unter die H. kommen: → heiraten (3); unter die H. bringen: → verheiraten (I)
Haubitze, die: **1.** → Geschütz (1) – **2.** voll wie eine H.: → betrunken (1)
Haublock, der: → Hackklotz
Hauch, der: **1.** → Duft (1) – **2.** → Anflug (2) – **3.** → Atem (1) – **4.** → Luftzug – **5.** ein H.: → wenig (2); den letzten H. von sich geben: → sterben (1)
hauchdünn: → dünn (1)
hauchen: → flüstern (1)
hauchfein: → dünn (1)
hauchzart: → zart (1)
Haudegen, der: → Draufgänger
Haue, die: **1.** → ²Hacke – **2.** → Prügel (II, 1)
hauen: I. hauen: **1.** → schlagen (I, 1) – **2.** → zerhacken (1) – **3.** → ¹mähen – **4.** in die

Hauer

Pfanne h.: **a)** → besiegen (I) – **b)** → ruinieren (I, 1) – **c)** → zurechtweisen; in die gleiche Kerbe h.: → übereinstimmen (1); in den Sack h.: → kündigen (1); übers Ohr h.: → betrügen (1); vom Stuhl gehauen werden: → entsetzen (II, 1); in die Tasten h.: → Klavier (2); einen aufs Parkett h.: → tanzen (1); auf den Kopf h.: → verschwenden – **II.** hauen, sich: **1.** → schlagen (II, 1) – **2.** sich aufs Ohr / in die Falle h.: → schlafen (5)

Hauer, der: **1.** ⟨*herausragender Eckzahn des männl. Wildschweins*⟩ Gewehr · Gewaff (*weidm*) – **2.** → Zahn (I, 1)

Häufchen, das: wie ein H. Elend / Unglück: → jämmerlich (1)

häufeln: → schichten

Haufen, der: **1.** ⟨*übereinander geschichtete Dinge*⟩ Stapel · Stoß · Berg; Hümpel (*norddt*) ♦ *umg*: Klacks; → *auch* Anhäufung (1) – **2.** → ¹Schar (1) – **3.** → Gruppe (1) – **4.** → Menschenmenge – **5.** → Menge (1) – **6.** → Scheißhaufen – **7.** ein H.: → viel (I, 1); über den H. rennen: → umlaufen (1); über den H. fahren: → überfahren (1); über den H. schießen / knallen: → erschießen (I), niederschießen (1); einen H. [hin]setzen / machen: → austreten (2); über den H. werfen: → verlegen (I, 3)

häufen: I. häufen: → aufhäufen (I, 1), ansammeln (I) – **II.** häufen, sich: **1.** → überhand – **2.** → ansammeln (II, a *u.* c)

haufenweise: → scharenweise, massenhaft

häufig: → oft

Häufung, die: **1.** → Anhäufung (1) – **2.** → Wiederholung

Hauklotz, der: → Hackklotz

Haupt, das: **1.** → Kopf (1) – **2.** graues / bemoostes H.: → Greis; gekröntes H.: → Herrscher; erhobenen Hauptes, mit erhobenem H.: → stolz (1); gesenkten Hauptes, mit gesenktem H.: → niedergeschlagen (1); entblößten Hauptes → barhäuptig, ehrfurchtsvoll; sein H. erheben: → aufsehen (1); sich Asche aufs H. streuen: → bereuen

Hauptansicht, die: → Vorderseite

Hauptanziehung, die: → Hauptattraktion

Hauptattraktion, die: Hauptanziehung · Zugpferd · Hauptsensation · Clou · Mekka · Attraktion · Sensation · Glanzpunkt ♦ *salopp*: Knaller; → *auch* Hauptsache, Höhepunkt, Zugstück, Blickfang

Hauptbedeutung, die: → Schwerpunkt

Haupteigenschaft, die: Charakteristikum · Hauptmerkmal · Grundzug; → *auch* Merkmal

Haupteinschaltzeit, die: → Hauptsendezeit

Häuptel, das: → Salatkopf

Hauptgedanke, der: → Leitgedanke

Hauptgehalt, der: → Wesen (1)

Hauptgewicht, das: → Schwerpunkt

Hauptgewinn, der: das große Los

Häuptling, der: **1.** ⟨*Führer eines Stammes*⟩ Stammeshäuptling · Stammesoberhaupt – **2.** → Anführer

häuptlings: → kopfüber (1)

Hauptmann, der: → Anführer

Hauptmasse, die: → Mehrheit

Hauptmerkmal, das: → Haupteigenschaft

Hauptnenner, der: Generalnenner

Hauptperson, die: **1.** → Hauptrolle (1) – **2.** → Anführer

Hauptprobe, die: → Generalprobe

Hauptrolle, die: **1.** ⟨*wichtigste Rolle eines Werkes der darstellenden Kunst*⟩ Hauptperson – **2.** die H. spielen: → führen (2)

Hauptsache, die: Kern[punkt] · Kardinalpunkt · das A und O · der springende Punkt · Angelpunkt · Hauptstück · Kernstück · Hauptteil · Nervus Rerum ♦ *umg*: Witz der Sache; → *auch* Hauptattraktion, Schwerpunkt, Wesen (1)

hauptsächlich: → besonders (2), überwiegend

Hauptschule, die: Volksschule (*veraltend*); Primarschule (*schweiz*)

Hauptsendezeit, die: Haupteinschaltzeit · Primetime

Hauptsensation, die: → Hauptattraktion

Hauptstadt, die: Metropole; Residenz (*veraltend*) · Kapitale (*veraltet*); → *auch* Großstadt

Hauptstraße, die: Hauptverkehrsstraße · Boulevard · Prunkstraße · Prachtstraße · Magistrale; → *auch* Straße (1)

Hauptstück, das: **1.** → Kapitel (1) – **2.** → Hauptsache

Hauptteil, der: → Hauptsache

Hauptverkehrsstraße, die: → Hauptstraße

Hauptverkehrszeit, die: Rushhour · Stoßzeit

Haus, das: **1.** ⟨*als Wohnstätte dienendes Gebäude*⟩ Wohnhaus · Wohnbau · Wohngebäude + Kate · Hochhaus · Reihenhaus · Typenhaus · Eigenheim · Einfamilienhaus · Mietskaserne · Villa · Blockhaus · Bunga-

374

Haushaltung

low · Wochenendhaus · Holzhaus · Gartenhaus ♦ *umg:* Kasten ♦ *salopp:* Bude; Bruchbude (*abwert*); → *auch* Gebäude (1), Mietshaus, Sommerhaus, Bude (1, a), Grundstück (I), Anwesen – **2.** → Geschäft (2) – **3.** → Geschlecht (2) – **4.** H. halten: ⟨*sparsam wirtschaften*⟩ sparen · wirtschaften · sein Geld/die Sachen zusammenhalten · mit jedem Gramm sparen ♦ *umg:* sich nach der Decke strecken; → *auch* sparsam (3), sparen (1), einschränken (II), geizen – **5.** H. und Hof: → Anwesen; öffentliches H.: → Bordell; ein offenes H. haben: → gastfreundlich (2); Herr des Hauses: → Gastgeber; Frau des Hauses: → Gastgeberin; fideles/vergnügtes H.: → Spaßvogel; gelehrtes H.: → Wissenschaftler; außer H.: → auswärts (1); nach Hause: → heim; zu Hause: → daheim (1); nach Hause gehen, sich nach Hause begeben: → heimgehen (1); nach Hause bringen: → begleiten; von H. aus: **a)** → ursprünglich (1) – **b)** → angeboren; Häuser bauen können ⌊auf⌋: → zuverlässig (3); das H. einlaufen/einrennen: → bedrängen (1); einen Schritt vors H. tun: → spazieren (2); zu Hause sein ⌊in⌋: → stammen (1); von H. zu H. gehen: → hausieren; aus dem H. weisen/werfen/jagen: → hinauswerfen (1); ins H. stehen: → bevorstehen; H. an H. wohnen: → benachbart (2); sich wie zu Hause fühlen: → wohl (4)

Hausangestellte: I. Hausangestellte, der: ⟨*angestellte, im Hause helfende männl. Person*⟩ Hausgehilfe; Hausbursche · Hausdiener · Dienstbote (*veraltend*); Faktotum · Mädchen für alles (*scherzh*); → *auch* Diener (1) – **II.** Hausangestellte, die: ⟨*angestellte, im Hause helfende weibl. Person*⟩ Hausgehilfin · Haus[halts]hilfe · Hauswirtschaftsgehilfin · Hausmädchen · Kraft · Stütze · Mädchen [für alles] · Faktotum · Dienstmädchen; Stubenmädchen (*veraltend*); Dienstmädel (*landsch veraltend*) ♦ *umg:* dienstbarer Geist · Perle (*scherzh*); Donja (*veraltend abwert*) + Haustochter ♦ *salopp:* Minna (*veraltend scherzh*); → *auch* Haushälterin, Putzfrau

Hausarbeit, die: → Aufgabe (3)

Hausarrest, der: → Freiheitsentzug (1)

Hausaufgabe, die: → Aufgabe (3)

Hausball, der: → Fest (1)

Hausbesitzer, der: Hauseigentümer · Besitzer · Eigentümer; Hauswirt · Wirt (*veral-*

tend); Hausherr (*süddt österr*); Hausmeister (*schweiz*)

Hausbesorger, der: → Hausmeister (1)

Hausbrand, der: → Heizmaterial

Hausbursche, der: → Hausangestellte (I)

Häuschen, das: aus dem H. bringen: → aufregen (I, 1); aus dem H. geraten: → aufregen (II)

Hausdame, die: → Haushälterin

Hausdiener, der: → Hausangestellte (I), Diener (1)

Hausdrachen, der: **1.** → Xanthippe – **2.** → Haushälterin

Hauseigentümer, der: → Hausbesitzer

Hauseinrichtung, die: → Hausrat

hausen: 1. → wohnen (1) – **2.** → wüten

Häuserblock, der: Wohnblock · Häuserviertel · Block; → *auch* Gebäudekomplex

Hauserin/Häuserin, die: → Haushälterin

Häuserviertel, das: → Häuserblock

Hausflur, der: → Flur (I)

Hausfrau, die: Hauspumpel[chen] (*abwert*); → *auch* Ehefrau

Hausfreund, der: → Geliebte (I)

Hausfriede[n], der: → Eintracht

Hausgeflügel, das: → Federvieh

Hausgehilfe, der: → Hausangestellte (I)

Hausgehilfin, die: → Hausangestellte (II)

Hausgeist, der: **1.** → Kobold (1) – **2.** → Haushälterin

hausgemacht: selbst verschuldet

Hausgeräte (*Pl*): weiße Ware

Haushalt, der: **1.** ⟨*Wirtschaft einer Familie*⟩ Haushaltung · Hausstand; Heimwesen (*schweiz*) – **2.** · Haushaltsplan – **3.** → Hauswirtschaft

Haushälterin, die: Wirtschafterin · Hausdame; Hausgeist (*scherzh*); Hauserin · Häuserin (*landsch*) ♦ *umg:* Hausdrachen (*scherzh*); → *auch* Hausangestellte (II)

haushälterisch: → sparsam (1)

Haushaltsdefizit, das (*Wirtsch*): *umg:* Etatloch · Loch · Haushaltsloch; → *auch* Fehlbetrag

Haushaltsführung, die: → Hauswirtschaft

Haushaltshilfe, die: → Hausangestellte (II)

Haushaltsloch, das: → Haushaltsdefizit

Haushaltsplan, der: Haushalt[ungsplan] · Staatshaushalt · Etat · Budget · Finanzen · Staatsetat + Rechenschaftsbericht · Voranschlag

Haushaltung, die: **1.** → Haushalt (1) – **2.** → Hauswirtschaft

375

Haushaltungsplan, der: → Haushaltsplan
Haushaltungsvorstand, der: → Familienoberhaupt
Hausherr, der: **1.** → Familienoberhaupt – **2.** → Gastgeber – **3.** → Hausbesitzer
Haushilfe, die: → Hausangestellte (II)
haushoch: → hoch (1)
Haushuhn, das: → Huhn (1)
hausieren (*veraltend*): von Haus zu Haus gehen + trödeln · anbieten · verkaufen; → *auch* handeln (I, 1)
Hauskatze, die: → Katze (1)
Hauskreuz, das: → Ehefrau
Hauslatschen (*Pl*): → Hausschuhe
Häuslebauer, der: → Bauherr
Häusler, der: → Kleinbauer
häuslich: 1. → sparsam (1) – **2.** → gemütlich
Hausmädchen, das: → Hausangestellte (II)
Hausmeister, der: **1.** ⟨*mit der Fürsorge für ein Haus Beauftragter*⟩ Hausverwalter · Hauswart; Hausbesorger (*österr*); Abwart (*schweiz*) – **2.** ⟨*für die Instandhaltung bzw. Reinigung einer Schule Verantwortlicher*⟩ Pedell · Schuldiener (*veraltend*); Schulmeister (*landsch*) – **3.** → Hausbesitzer
Hausmittel, das: → Heilmittel (1)
Hausmüll, der: → Müll
Hauspumpel[chen], das: → Hausfrau
Hausputz, der: das Großreinemachen · das Reinemachen; Großputz (*landsch*)
Hausrat, der: Hauseinrichtung · Hauswesen ♦ *salopp*: Klamotten
Hausschuhe (*Pl*): Filzschuhe ♦ *umg*: Filzlatschen · Hauslatschen; Puschen · Niedertreter (*landsch*); Patschen (*österr*); → *auch* Pantoffeln (II)
Hausschwein, das: → Schwein (1, a)
Hausse, die: → Hochkonjunktur, Kursanstieg
haußen: → draußen (1)
Hausstand, der: **1.** → Haushalt (1) – **2.** einen H. gründen: → heiraten (1)
Hausteufel, der: → Xanthippe
Haustochter, die: → Hausangestellte (II)
Hausvater, der: **1.** → Heimleiter – **2.** → Familienoberhaupt
Hausverwalter, der: → Hausmeister (1)
Hauswart, der: → Hausmeister (1)
Hauswesen, das: **1.** → Hausrat – **2.** → Wohnung (1)
Hauswirt, der: → Hausbesitzer

Hauswirtschaft, die: Haushaltsführung · Haushaltung · Haushalt
Hauswirtschaftsgehilfin, die: → Hausangestellte (II)
Hauszins, der: → ²Miete
Haut, die: **1.** ⟨*den* [*menschlichen*] *Körper nach außen abschließendes Gewebe*⟩ Epidermis (*fachspr*) ♦ *salopp:* Fell · Balg · Pelle · Schwarte; → *auch* Fell (1) – **2.** → Schicht (2) – **3.** nur noch H. und Knochen: → abgemagert; nass bis auf die H.: → nass (1); wunderliche H.: → Sonderling; sich in seiner H. nicht recht wohl fühlen: → unsicher (5, a); [vor Wut] aus der H. fahren: → aufbrausen (2); unter die H. gehen: → ergreifen (3); sich auf die faule H. legen, auf der faulen H. liegen: → faulenzen (1); seine H. zu Markte tragen: → gefährden (II); sich seiner H. wehren: → verteidigen (II); mit heiler H. davonkommen **a)** → straffrei – **b)** → davonkommen (2), glimpflich (2)
Hautabschürfung, die: → Schramme (1)
Hautausschlag, der: Ausschlag; Ekzem · Exanthem (*fachspr*) + Flechte · Hautflechte
häuten: I. häuten: → abhäuten – **II.** häuten, sich: ⟨*seine Haut abstoßen*⟩ sich schälen · sich schuppen
hauteng: → eng (2)
Hautevolee, die: → Oberschicht
hautfarben: → rosa (1)
Hautflechte, die: → Hautausschlag
Hautjucken, das: Ameisenlaufen · Kribbeln · Ameisenkribbeln
Hautkontakt, der: → Berührung (1)
Havarie, die: **1.** → Zusammenstoß (1) – **2.** → Störfall
havariert: → beschädigt (1)
Headhunter, der: → Abwerber
Headline, die: → Überschrift (1)
Hearing, das: → Anhörung
Hebamme, die: Geburtshelferin; Wehmutter · die weise Frau (*noch landsch*) + Hebammenschwester
Hebe, die: → Kellnerin
Hebearm, der: → Hebebaum
Hebebalken, der: → Hebebaum
Hebebaum, der: Hebearm · Hebebalken · Wuchtbaum; → *auch* Hebevorrichtung
Hebebock, der: → Hebevorrichtung
Hebebühne, die: → Hebevorrichtung
Hebekran, der: → Hebevorrichtung
Hebel, der: alle Hebel in Bewegung setzen: → versuchen (I, 4)

heben: I. heben: **1.** ⟨*in die Höhe bewegen*⟩ hochheben · emporheben · hochnehmen · hochbringen · liften · [hoch]wuchten + erheben; → *auch* ¹anheben, hochziehen (1) – **2.** → hochheben (1) – **3.** → stemmen (1) – **4.** → steigern (I, 2) – **5.** → verbessern (I, 2) – **6.** die Hand h.: → melden (II, 1); die Hände h.: → ergeben (II, 1); sich einen Bruch h.: → verheben, sich; einen h.: → trinken (1, b); aus den Angeln h.: → umstürzen (1); aus dem Sattel h.: → verdrängen (2); aus der Taufe h.: → gründen (I, 1); in den Himmel h.: **a)** → loben (1) – **b)** → verherrlichen – **II.** heben, sich: → ansteigen (1)

Hebevorrichtung, die: Hebekran · Hebebühne · Hebebock · Hebezeug; → *auch* Hebebaum

Hebezeug, das: → Hebevorrichtung

Hebung, die: **1.** → Steigerung (2) – **2.** → Verbesserung (2)

Hechel, die: unter die H. nehmen, durch die H. ziehen: → durchhecheln

Hecht, der: toller H.: → Draufgänger

hechten: → springen (1)

Hecke, die: lebender Zaun; Grünhag (*schweiz*) ♦ *dicht*: Hag; → *auch* Buschwerk, Zaun (1)

Heck[e]männchen, das: → Glückspfennig

hecken: 1. → vermehren (II, 1) – **2.** → begatten (2, a) – **3.** → werfen (I, 2)

Heckmeck, der: → Umstand (II, 1)

Heckpfennig, der: → Glückspfennig

Hedonist, der: → Genussmensch

Heer, das: **1.** → Landstreitkräfte – **2.** ein H. von: → viel (I, 1)

Heerbann, der: → Landstreitkräfte

Heereszug, der: → Feldzug (1)

Heerführer, der: Feldherr; Imperator (*hist*)

Heerlager, das: → Feldlager

Heerscharen (*Pl*): Herr der himmlischen H.: → Gott (I, a)

Heerschau, die: → Vorbeimarsch

Heerzug, der: → Feldzug (1)

Hefe, die: Backhefe; Germ (*süddt österr*)

Hefekloß, der: aufgehen wie ein H.: → zunehmen (2)

hefig: → trüb[e] (1)

Heft, das: **1.** ⟨*geheftete Papierblätter bzw. -bogen*⟩ Broschüre; Booklet · Faszikel (*fachspr*) – **2.** → Griff (1) – **3.** das H. aus der Hand nehmen: → entmachten

Heftel, das: → Haken (1)

Heftelmacher, der: aufpassen wie ein H.: → aufpassen (1)

heften: 1. ⟨*mit weiten Stichen lose befestigen*⟩ zusammenheften – **2.** ⟨*Druckbogen mittels Drahtklammern od. Faden verbinden*⟩ + broschieren – **3.** den Blick h. |auf|: → ansehen (I, 3); sich an jmds. Fersen h.: → verfolgen (1)

Hefter, der: → Ordner (1)

heftig: 1. ⟨*besonders starke Wirkung verursachend*⟩ **a)** ⟨*allgemein*⟩ stark · wuchtig · kraftvoll · kräftig · gewaltig – **b)** ⟨*Gemütsbewegung*⟩ unbändig · ungestüm · vehement · jäh + aufgebracht · wütend · rasend · toll; → *auch* hemmungslos (1), wild (1), leidenschaftlich – **c)** ⟨*Kälte- bzw. Schmerzempfindung*⟩ grimmig · schneidend · scharf – **2.** → aufbrausend – **3.** → rau (2) – **4.** h. werden: → wüten

Heftigkeit, die: → Wucht (1)

Heftpflaster, das: → Pflaster (1)

Heftzwecke, die: → Reißzwecke (1)

Hege, die: → Pflege (1, a)

Hegemon, der: → Herrscher

Hegemonialmacht, die: → Großmacht

Hegemonie, die: → Vorherrschaft

hegen: 1. → pflegen (I, 1, a) – **2.** [einen] Verdacht h.: → Verdacht (2); einen Verdacht h. |gegen|: → verdächtigen (1); Argwohn h. |gegen|: → misstrauen; Abscheu h.: → verabscheuen; Furcht h.: → ängstigen (II, 1); Groll h.: → grollen (1); Hass h. |gegen|: → hassen; die Hoffnung h.: → hoffen; Absicht h.: → beabsichtigen

Hehl, das *od.* der: kein[en] H. machen |aus|: → aussprechen (I, 5)

hehr: → würdevoll

Heia, die: **1.** → Bett (1) – **2.** in die H. gehen: → schlafen (5)

Heide, die: Heideland[schaft]

Heideland, das: → Heide

Heidelandschaft, die: → Heide

Heidenangst, die: **1.** → Angst (1) – **2.** eine H. haben: → ängstigen (II, 1)

Heidenarbeit, die: → Mühsal

Heidendreck, der: → Schmutz (1)

Heidengeld, das: ein H. kosten: → teuer (4)

Heidenlärm, der: → Lärm (1)

Heidenspektakel, der: → Lärm (1)

heidi: → schnell (1, a)

heikel: 1. ⟨*in der Behandlung große Vorsicht erfordernd*⟩ schwierig · delikat · prekär ♦ *umg*: kitzlig – **2.** → bedenklich (1), gewagt – **3.** → peinlich (1) – **4.** → wählerisch

heiklig: → bedenklich (1)

heil

heil: 1. → unverletzt – **2.** → unbeschädigt –
3. mit heiler Haut davonkommen: **a)** →
straffrei – **b)** → davonkommen (2), glimpf-
lich (2) ; h. machen: → reparieren
Heil, das: **1.** → Wohlergehen – **2.** → Selig-
keit (1)
Heiland, der: → Christus (1)
Heilanstalt, die: → Heilstätte, Klinik
Heilbad, das: → Bad (2)
heilbar: kurabel (*med*) + operabel
Heilbehandlung, die: → Behandlung (1 u. 2)
Heilbehelf, der: → Heilmittel (1), Arznei-
mittel
heilbringend: → heilkräftig
heilen: 1. ⟨*die Gesundheit wiedergeben*⟩
ausheilen · [aus]kurieren · gesund machen ·
[wieder]herstellen + sanieren · retten
♦ *umg:* durchbringen · durchkriegen · hoch-
bringen · wieder auf die Beine brin-
gen/helfen · über den Berg/in Ordnung/in
die Reihe bringen; → *auch* behandeln (3) –
2. → gesund (6)
heilend: → heilkräftig
heilfroh: → froh (1)
heilig: 1. ⟨*dem Göttlichen zugeordnet*⟩
geheiligt · sakrosankt · göttlich · hochheilig
– **2.** ⟨*voll göttlicher Gnade*⟩ [gott]selig ·
gnadenreich · geheiligt + rein · engelhaft;
→ *auch* fromm (1) – **3.** h. sprechen: ⟨*jmdn.
für heilig erklären*⟩ kanonisieren – **4.** Heili-
ger Abend, Heilige Nacht, der Heilige
Christ: → Weihnachten (1); der Heilige Va-
ter: → Papst (1); die Heilige Schrift:
→ Bibel; in den heiligen Stand der Ehe tre-
ten: → heiraten (1); hoch und h. verspre-
chen: → versprechen (I, 1); h. halten: →
heiligen
Heiligabend, der: → Weihnachten (1)
heiligen: 1. ⟨*als heilig achten*⟩ heilig halten
– **2.** → weihen (1)
Heiligenschein, der: Glorie · Glorienschein
· Gloriole · Aureole
Heiligsprechung, die: Kanonisation
heilkräftig: heilend · heilbringend · ge-
sundheitsfördernd · kräftigend; heilsam (*ver-
altend*); → *auch* gesund (2)
Heilkunde, die: → Medizin (1)
Heilkunst, die: → Medizin (1)
Heilkünstler, der: → Arzt
heillos: → sehr
Heilmittel, das: **1.** ⟨*Stoff mit heilender Wir-
kung*⟩ Hausmittel; Heilbehelf (*österr*) – **2.**
→ Arzneimittel

heilsam: 1. → nützlich – **2.** → heilkräftig –
3. heilsame Erkenntnis: → Lehre (3)
Heilsbotschaft, die: → Heilslehre
heilsgewiss: → fromm (1)
Heilslehre, die: Heilsbotschaft
Heilstätte, die: Sanatorium · Genesungs-
heim · Heim · Heilanstalt; → *auch* Kran-
kenhaus (1)
Heiltrank, der: Elixier
Heilung, die: **1.** → Behandlung (2) – **2.** →
Genesung (1)
heim: heimwärts · nach Hause ♦ *umg:* heim-
zu · Richtung Heimat; gen Heimat (*scherzh*)
Heim, das: **1.** → Wohnung (1) – **2.** → Zu-
hause – **3.** → Heilstätte – **4.** → Er-
ziehungsanstalt – **5.** → Gästehaus – **6.** H.
und Herd: → Zuhause
Heimarbeit, die: + Telearbeit · Tele-
work[ing] · Teleheimarbeit
Heimat, die: **1.** ⟨*Gebiet, aus dem man
stammt bzw. in dem man lebt u. in dem man
sich heimisch fühlt*⟩ Heimatland + Vaterland
· Heimatboden – **2.** gen H., Richtung H.: →
heim
Heimatboden, der: → Heimat (1)
Heimatland, das: → Heimat (1)
Heimatliebe, die: Vaterlandsliebe · Patrio-
tismus
heimatlos: heimatloser Geselle: → Land-
streicher
Heimatort, der: → Wohnsitz (1)
Heimatvertriebene, der: Flüchtling · Um-
siedler
heimbegeben, sich: → heimgehen (1)
heimbegleiten: → begleiten
heimbringen: 1. → begleiten – **2.** → ge-
winnen (1)
heimelig: → gemütlich
Heimfahrt, die: → Rückfahrt
heimfinden: → zurückkommen (1)
heimführen: → heiraten (2)
Heimgang, der: → Tod (1)
heimgeben: → vergelten (1)
Heimgegangene, der: → Verstorbene
heimgehen: 1. ⟨*zur eigenen Wohnung ge-
hen*⟩ sich heimbegeben · nach Hause gehen ·
sich nach Hause/auf den Heimweg begeben
· auf dem Heimweg sein ♦ *umg:* sich auf
den Heimweg machen; heimwärts ziehen
(*scherzh*) – **2.** → sterben (1)
heimgeigen: → zurechtweisen
heimgesucht: 1. → geplagt – **2.** h. werden:
→ hereindringen

378

heiser

heimisch: 1. → vertraut (1) – **2.** → ansässig (1) – **3.** → einheimisch – **4.** h. werden: ⟨*das Gefühl des Fremdseins überwinden*⟩ sich einleben · sich eingewöhnen · sich gewöhnen |an| · vertraut werden · [festen] Fuß fassen ♦ *umg:* warm werden; → *auch* anpassen (II, 1 *u.* 2) – **5.** sich h. fühlen: → wohl (4)
Heimkehr, die: → Rückkehr
heimkehren: → zurückkommen (1)
Heimkino, das: **1.** → Bildwerfer – **2.** → Fernsehapparat
heimkommen: → zurückkommen (1)
Heimleiter, der: Hausvater + Herbergsvater
heimleuchten: → zurechtweisen
heimlich: 1. ⟨*die Kenntnisnahme anderer vermeidend*⟩ insgeheim · im Geheimen · im Verborgenen · in aller Heimlichkeit · im Stillen · verstohlen · unter der Hand · hinter dem Rücken · still und leise · bei Nacht und Nebel + stillschweigend · allein ♦ *umg:* klammheimlich · hintenherum · durch die Hintertür; stiekum (*landsch*); → *auch* geheim (1), unbemerkt – **2.** → gemütlich – **3.** h. tun: ⟨*sich geheimniskrämerisch verhalten*⟩ geheim tun · geheimnisvoll tun
Heimlichkeit, die: **1.** → Heimlichtuerei – **2.** in aller H.: → heimlich (1)
Heimlichtuer, der: Geheimtuer · Geheimniskrämer
Heimlichtuerei, die: Geheimniskrämerei · Geheim[nis]tuerei · Heimlichkeit · Versteckspiel; → *auch* Gerede (1)
heimlos: → obdachlos (1)
Heimreise, die: → Rückfahrt
heimschaffen: 1. → begleiten – **2.** → gewinnen (1)
Heimstatt, die: → Wohnung (1)
Heimstätte, die: → Wohnung (1)
Heimsuchung, die: → Unglück (1)
Heimtrainer, der: Hometrainer + Übungsgerät
Heimtücke, die: **1.** → Bosheit – **2.** → Hinterlist
heimtückisch: 1. → hinterlistig – **2.** → gefährlich (1)
heimwärts: 1. → heim – **2.** h. ziehen: → heimgehen (1)
Heimweg, der: sich auf den H. begeben/machen, auf dem H. sein: → heimgehen (1)
Heimwerker, der: → Bastler
Heimwesen, das: → Haushalt (1)

heimzahlen: 1. → vergelten (1) – **2.** → mit gleicher Münze h.: → rächen (II)
Heimzahlung, 1. die: → Vergeltung (1) – **2.** → Rache (1)
heimzu: → heim
Hein: Freund H.: → Tod (2)
Heinrich, der: der flotte H.: → Durchfall (1)
Heinzelmännchen, das: **1.** → Kobold (1) – **2.** → Helfer (1)
Heirat, die: Verheiratung · Eheschließung · Hochzeit · Verehelichung · Vermählung + Ehe
heiraten: 1. ⟨*sich mit standesamtl.* [*u. kirchl.*] *Beurkundung zu einem Ehepaar verbinden*⟩ sich verheiraten · sich trauen lassen · Hochzeit halten/feiern/machen · sich [ver]binden · die Ehe/den Ehebund/eine Verbindung schließen/eingehen · in den Ehestand treten · sich das Jawort geben · die Hand fürs Leben reichen · den Bund der Ehe eingehen · den Bund fürs Leben schließen · die Ringe tauschen/wechseln · einen Hausstand/eine Familie gründen · vor den Altar treten |mit| · zum Traualtar gehen; in den heiligen Stand der Ehe treten · im Hafen der Ehe/Ehehafen landen · in den Hafen der Ehe/in den Ehehafen einlaufen (*scherzh*); sich verehelichen (*amtsspr, auch scherzh*) + sich verändern ♦ *gehoben:* sich vermählen – **2.** ⟨*zu seiner Ehefrau machen*⟩ ehelichen; zur Frau nehmen · zum Altar/Traualtar führen · heimführen · ihre Hand gewinnen (*veraltend*); freien (*landsch*); sich beweiben (*scherzh*) ♦ *dicht:* zum Weibe nehmen ♦ *salopp:* eine kriegen/nehmen – **3.** ⟨*zu seinem Ehemann machen*⟩ ehelichen · zum Mann nehmen ♦ *umg:* unter die Haube kommen (*scherzh*) ♦ *salopp:* einen kriegen/nehmen
Heiratsantrag, der: **1.** → Antrag (3) – **2.** einen H. machen: → werben (2, a)
Heiratsgut, das: → Mitgift
Heiratsschwindler, der: → Betrüger
Heiratsvermittlung, die: Ehevermittlung · Eheanbahnung
heischen: → fordern (1)
heiser: 1. ⟨[*fast*] *klanglos sprechen*⟩ rau – **2.** h. sein: ⟨*eine* [*fast*] *klanglose Stimme haben*⟩ eine raue Kehle/eine belegte Stimme haben ♦ *umg:* es im Hals haben; krächzen · mit Reißnägeln/Reißzwecken gegurgelt haben · einen Frosch im Hals haben (*scherzh*)

379

heiß

heiß: 1. ⟨*sehr warm*⟩ glühend · siedeheiß · kochend heiß · brühheiß · brütend heiß · glutheiß · wie in einem Brutofen + sommerlich · tropisch · sonnig ♦ *umg*: bullig; brüllheiß · brüllend heiß (*landsch*); brennheiß (*österr*); → *auch* warm (1), schwül (1) – **2.** → leidenschaftlich, lüstern (1) – **3.** → sommerlich (1) – **4.** → großartig (1) – **5.** h. geliebt: → geliebt; h. machen: → erhitzen (I, 1); heißes Blut: → Hitzkopf; heiße Ware: → Raub (1); heißer Draht: → Beziehung (II); ein heißes Eisen/[zu] heißes Pflaster sein: → gefährlich (2); zu h. gebadet: → verrückt (1); herumgehen wie die Katze um den heißen Brei: → zögern; die Hölle h. machen: → bedrängen (1); es ist jmdm. [abwechselnd] h. und kalt, es läuft jmdm. h. [und kalt] über den Rücken/den Rücken herunter: → schaudern (1); h. sein ⎢auf⎢: → erstreben

heißblütig: → leidenschaftlich

¹heißen: 1. ⟨*einen bestimmten Namen haben*⟩ genannt werden – **2.** ⟨*im Wortlaut sein*⟩ den Wortlaut haben · lauten – **3.** → nennen (1) – **4.** → bedeuten (1) – **5.** → beauftragen – **6.** das heißt: → Wort (5); mitgehen h.: → stehlen (1)

²heißen: 1. → hissen – **2.** die Flagge h.: → flaggen

Heißhunger, der: → Hunger (1)

heißhungrig: → hungrig (1)

Heißluftdusche, die: → Föhn

Heißsporn, der: → Hitzkopf

Heißwasserspeicher, der: → Boiler

heiter: 1. ⟨*in freundlich-unbeschwerter Stimmung*⟩ fröhlich · vergnügt · vergnüglich · stillvergnügt · frohgemut · frohmütig · strahlend · frohgestimmt · sonnig + humorvoll · humorig ♦ *umg*: seelenvergnügt; → *auch* froh (1), fröhlich (1), gut (11), lustig, sorgenfrei, freundlich (1) – **2.** → sonnig (2) – **3.** h. machen/stimmen: → aufheitern (I); wie der Blitz aus heiterem Himmel: → plötzlich (1); das ist ja h.: → unerhört (2)

Heiterkeit, die: **1.** ⟨*freundlich-unbeschwerte Stimmung*⟩ Vergnügtheit · Frohsinn · gute Laune + Humor – **2.** → Gelächter (1)

Heizapparat, der: → Heizgerät

heizen: 1. ⟨*einen Raum durch einen Ofen erwärmen*⟩ feuern · einheizen · Feuer machen + beheizen · befeuern ♦ *umg*: einfeuern (*landsch*) ♦ *salopp*: einkacheln; → *auch* anfeuern (1) – **2.** → wärmen (1)

Heizgerät, das: Heizapparat · Heizofen · Heizsonne + Heizstrahler · Konvektor · Heizlüfter; → *auch* Heizkörper, Heizung

Heizkörper, der: Radiator; → *auch* Heizgerät

Heizlüfter, der: → Heizgerät

Heizmaterial, das: Feuerung · Brennmaterial · Brennstoff + Hausbrand · Feuerholz

Heizofen, der: → Heizgerät

Heizsonne, die: → Heizgerät

Heizung, die: Heizungsanlage · Zentralheizung; → *auch* Heizgerät

Heizungsanlage, die: → Heizung

Hektik, die: **1.** → Erregung (1) – **2.** → Eile (1)

hektisch: 1. → aufgeregt (1) – **2.** → tuberkulös

hektographieren: → vervielfältigen (1)

Held, der: *gehoben*: Heros · Heroe · Recke; → *auch* Draufgänger

heldenhaft: → tapfer

Heldenhaftigkeit, die: → Tapferkeit

Heldenmut, der: → Tapferkeit

heldenmütig: → tapfer

Heldenstück, das: → Heldentat

Heldentat, die: Großtat · Mannestat ♦ *umg*: Heldenstück (*iron*)

Heldentod, der: den H. sterben: → fallen (3)

Heldentum, das: → Tapferkeit

helfen: 1. ⟨*jmdn. bei etw. durch Mitwirkung weiterbringen*⟩ behilflich sein · Beistand/Hilfe leisten · Hilfe geben · beistehen · beispringen · [mit Rat und Tat] zur Seite stehen · Hilfe/Unterstützung angedeihen lassen/erweisen/gewähren · zu Hilfe eilen/kommen · unter die Arme greifen · mit Hand anlegen · an die/zur Hand gehen · zur Hand sein · in die Hände arbeiten + assistieren · sekundieren · dienen ⎢mit⎢; → *auch* aushelfen, durchhelfen, unterstützen (I, 1), entgegenkommen (1), entlasten (1), ermutigen, fördern (1), heraushelfen, sorgen (I, 1, a), zugreifen (1) – **2.** ⟨*vor einem Misserfolg bewahren*⟩ Abhilfe/Rat schaffen ♦ *umg*: über Wasser halten; → *auch* heraushelfen, retten (1) – **3.** → nutzen (1) – **4.** einander h.: ⟨*durch gegenseitige Unterstützung vorankommen*⟩ Hand in Hand arbeiten – **5.** sich zu h. wissen: ⟨*immer*] *eine Lösung finden*⟩ Rat wissen – **6.** nicht h.: ⟨*seine Unterstützung ablehnen*⟩ im Regen stehen lassen · im Stich lassen; → *auch* verlassen (2)

her

– **7.** aus dem Dreck / aus der Patsche / Klemme h.: → heraushelfen; auf die Sprünge h.: **a)** → fördern (1) – **b)** → erinnern (I, 1)

Helfer, der: **1.** ⟨*Helfender*⟩ Hilfe · Stütze + Sekundant · die / jmds. rechte Hand · Assistent ♦ *umg:* Heinzelmännchen (*scherzh*); → *auch* Gehilfe, Assistent, Gönner, Retter – **2.** → Assistent – **3.** → Handlanger – **4.** H. in der Not: → Retter

Helfershelfer, der: → Mitschuldige

Heli, der: → Hubschrauber

Helikopter, der: → Hubschrauber

hell: 1. ⟨*reich an Licht*⟩ leuchtend · strahlend · helllicht · hell leuchtend · hell glänzend · glanzhell · lichterfüllt · lichtreich + sonnenhell ♦ *gehoben:* licht; → *auch* glänzend (1), sonnig (1) – **2.** ⟨*hoch u. klar tönend*⟩ glockenrein · glockenklar · silbern · silberhell – **3.** → klar (1, a) – **4.** → sonnig (1) – **5.** h. werden: → dämmern (1); h. machen: → erhellen (1); in hellen Scharen: → scharenweise; seine helle Freude haben | an |: → freuen (II, 2); h. leuchtend: → 1; h. glänzend : **a)** → 1 – **b)** → glänzend (1)

hellauf: → laut (1, b)

hellblau: → blau (1)

hellblond: → blond (1)

helle: → schlau (1), aufgeweckt

Helle, die: → Helligkeit

Heller, der: keinen [roten] H. wert: → wertlos (1); auf H. und Pfennig, bis auf den letzten H.: → vollständig (1)

hellgrün: → grün (1)

hellhörig: 1. ⟨*mit einem guten Gehör ausgestattet*⟩ feinhörig – **2.** → aufmerksam (1) – **3.** h. werden: → aufmerken (1), aufhorchen

Helligkeit, die: Lichtfülle · Lichtflut ♦ *gehoben:* Helle + Klarheit; → *auch* Licht (1)

helllicht: → hell (1)

hellrot: → rot (1)

hellsehen: Gedanken [er]raten / lesen; → *auch* wahrsagen

Hellseher, der: Spökenkieker (*norddt*); → *auch* Wahrsager

hellsichtig: → voraussehend

hellwach: → wach (1)

Hemd, das: bis aufs H. ausziehen: **a)** → ausrauben – **b)** → schröpfen (2); kein [ganzes] H. [mehr] auf dem / am Leib haben: → arm (4); halbes H.: → schmalbrüstig (1), Schwächling

Hemdenmatz, der: → Knirps

hemdsärmelig: → ungezwungen

hemmen: 1. ⟨*einer Entwicklung Widerstand entgegensetzen*⟩ abbremsen · [ab]drosseln · supprimieren · [ein]dämmen · behindern · lähmen; → *auch* bremsen (1) – **2.** → sabotieren

hemmend: 1. → kontraproduktiv – **2.** → hinderlich (1)

Hemmklotz, der: → Hemmschuh (1 u. 2)

Hemmnis, das: **1.** → Hindernis (1) – **2.** → Hemmschuh (2)

Hemmschuh, der: **1.** ⟨*vor die Räder eines Wagens zu legende Haltevorrichtung*⟩ Hemmklotz · Bremsklotz · Radschuh · Radsperre; → *auch* Bremse (1) – **2.** ⟨*erschwerend Wirkendes*⟩ Hemmnis · Hemmklotz ♦ *umg:* Klotz am Bein; → *auch* Behinderung (1) – **3.** einen H. anlegen: → behindern (1)

Hemmung, die: **1.** ⟨*zu verkrampftem Verhalten führende innere Unsicherheit*⟩ Gehemmtheit · das Gehemmtsein · Scheu; Verklemmtheit (*abwert*); → *auch* Schüchternheit (1), Gewissensbisse – **2.** → Hindernis (1) – **3.** ohne [jede] H.: → hemmungslos (1)

hemmungslos: 1. ⟨*keine Hemmungen empfindend*⟩ enthemmt · ungehemmt · ungebremst · ohne [jede] Hemmung + ungeniert · frei; → *auch* heftig (1, b), wild (1), zügellos (1) – **2.** → gewissenlos

Hemmvorrichtung, die: → Bremse (1)

Hengst, der: → Lüstling

Henkel, der: **1.** → Griff (1) – **2.** → Aufhänger (1)

henken: → erhängen (I)

Henker, der: **1.** ⟨*Vollstrecker der Todesstrafe*⟩ Scharfrichter – **2.** [nicht] den H. fragen | nach |: → gleichgültig (5); sich den H. scheren | um |: → rücksichtslos (1)

Henkersfrist, die: → Aufschub (2)

Henkersmahl, das: **1.** → Henkersmahlzeit (1) – **2.** → Abschiedsessen

Henkersmahlzeit, die: **1.** ⟨*Essen eines Verurteilten vor der Hinrichtung*⟩ Henkersmahl – **2.** → Abschiedsessen

Henne, die: → Huhn (1)

Hepatitis, die (*med*): Leberentzündung + Gelbsucht

her: 1. → hierher – **2.** von … her: → wegen (1); von unten her: → herauf; Hin und Her: **a)** → Gewoge (1) – **b)** → Durcheinander (2)

381

herab

herab: 1. → herunter (1) – **2.** von oben h.: → überheblich; von oben h. ansehen: → verachten (1)

herabblicken: 1. → hinunterblicken (1) – **2.** h. |auf|: → verachten (1)

herabfallen: 1. → fallen (1) – **2.** → abstürzen (1, a)

herablassen: I. herablassen: → herunterlassen – **II.** herablassen, sich: → herbeilassen, sich

herablassend: 1. → gönnerhaft – **2.** → überheblich

Herablassung, die: → Überheblichkeit

herabmindern: → herabwürdigen (I)

herabschauen: 1. → hinunterblicken (1) – **2.** h. |auf|: → verachten (1)

herabsehen: 1. → hinunterblicken (1) – **2.** h. |auf|: → verachten (1)

herabsetzen: I. herabsetzen: **1.** → senken (I, 1) – **2.** → herabwürdigen (I) – **II.** herabsetzen, sich: → demütigen (II)

Herabsetzung, die: **1.** → Preissenkung – **2.** → Herabwürdigung

herabspringen: → abspringen (1)

herabsteigen: → absteigen (1)

herabstürzen: → abstürzen (1, a *u.* b)

herabwürdigen: I. herabwürdigen: ⟨*sehr geringschätzig behandeln*⟩ herabsetzen · herabmindern · diskreditieren · diskriminieren · verunglimpfen · schlechtreden · verächtlich machen · verkleinern · kleinreden · beeinträchtigen · entwerten · ins Gemeine ziehen · kaputtreden + beleidigen · verleumden; → *auch* enthren (I, 1), verleumden (1), demütigen – **II.** herabwürdigen, sich: → demütigen (II)

Herabwürdigung, die: Herabsetzung · Diskriminierung · Verunglimpfung · Verächtlichmachung · Demütigung · Erniedrigung · Schmähung · Schimpf · Verkleinerung · Verlästerung ♦ *gehoben*: kaudinisches Joch; → *auch* Verleumdung

herabziehen: → verderben (1)

heran: → hierher

heranbilden: I. heranbilden: **1.** → entwickeln (I, 2) – **2.** → erziehen – **II.** heranbilden, sich: → bilden (II, 1)

heranbringen: 1. → bringen (1) – **2.** → anfahren (2)

herandrängen: → andrängen

heranfliegen: → anfliegen (1, a *u.* b)

heranfluten: → heranströmen

herangehen: h. |an|: **a)** → anfangen (1, a) – **b)** → nähern, sich (1)

herangewachsen: → erwachsen (1)

heranholen: 1. → bringen (1) – **2.** → beschaffen (1)

herankommen: 1. → nähern, sich (1), aufziehen (1) – **2.** an sich h. lassen: → abwarten (1); nicht h. lassen: → fern (5)

heranlassen: nicht h.: → fern (5)

heranmachen, sich: → nähern, sich (1)

heranmarschieren: → anmarschieren (1)

Herannahen, das: **1.** → Annäherung (1) – **2.** → Beginn (1)

herannehmen: → beanspruchen (2)

heranpirschen, sich: → nähern, sich (1)

heranreichen: h. |an|: → ebenbürtig (3)

heranreifen: → heranwachsen

heranreiten: → anreiten (1)

heranrufen: → herbeirufen (1)

heranschaffen: 1. → bringen (1) – **2.** → beschaffen (1) – **3.** → anfahren (2)

heranschleichen: I. heranschleichen: → nähern, sich (1) – **II.** heranschleichen, sich: → nähern, sich (1)

heranströmen: heranfluten · anströmen

herantragen: → bringen (1)

herantreten: → nähern, sich (1)

heranwachsen: aufwachsen · groß werden + [heran]reifen · sich entwickeln · aufschießen

heranziehen: 1. ⟨*jmds. Mitwirkung in Anspruch nehmen*⟩ [hin]zuziehen · herzuziehen · zu Rate ziehen · herbeiziehen · herzuholen · hinzuholen · bemühen; beiziehen (*süddt österr schweiz*) ♦ *umg*: einspannen – **2.** → entwickeln (I, 2) – **3.** → aufziehen (3, a)

heranzüchten: → züchten

herauf: von unten her / auf ♦ *umg*: hoch; → *auch* hinauf

heraufarbeiten, sich: → emporarbeiten, sich

heraufbeschwören: 1. → verursachen – **2.** Streit h.: → anlegen (II)

heraufkommen: 1. → aufgehen (1) – **2.** → aufziehen (1)

heraufsetzen: → erhöhen (2)

heraufziehen: 1. → hochziehen (1) – **2.** → aufziehen (1)

heraus: aus sich h.: → unaufgefordert (1); fein h. sein: → Glück (4)

herausangeln: → herausholen (1)

herausarbeiten: → verdeutlichen

herausbekommen: 1. → ergründen (1) – **2.** → lösen (I, 1)

herausbilden, sich: → entstehen (1)

herausbringen: 1. ⟨*von drinnen nach drau-ßen bringen*⟩ herausschaffen · hinausbringen · hinausschaffen – 2. → erbrechen (I, 1) – 3. → herausgeben (1), veröffentlichen – 4. → ergründen (1) – 5. → lösen (I, 1)

herausbuchstabieren: → entziffern

herausdestillieren: → verdeutlichen

herausdrücken: → ausdrücken (I, 1)

herausfahren: → entschlüpfen (1)

herausfinden: I. herausfinden: 1. → ergründen (1) – 2. → lösen (I, 1) – II. herausfinden, sich: → zurechtfinden, sich (1)

herausfingern: → herausholen (1)

herausfischen: 1. → herausholen (1 u. 2) – 2. → auswählen (1)

herausfordern: provozieren · reizen · den Kampf ansagen · [in die Schranken] fordern · den Fehdehandschuh / Handschuh hinwerfen / ins Gesicht werfen / schleudern

herausfordernd: provokant · provokativ · provokatorisch · provozierend

Herausforderung, die: Provokation · Reizung · Forderung

herausfühlen: → spüren (1)

herausfüttern: → mästen

Herausgabe, die: → Veröffentlichung (1)

herausgeben: 1. ⟨[*Bücher*] *erscheinen lassen*⟩ herausbringen · verlegen + edieren; → *auch* veröffentlichen – 2. → zurückgeben (1)

Herausgeber, der: + Editor

herausgehen: nur schwer aus sich h.: → zurückhaltend (3)

herausgehoben: → betont

Herausgeld, das: → Kleingeld

herausgreifen: → auswählen

heraushaben: den Bogen / Dreh / Pfiff / den richtigen Griff h.: → beherrschen (I, 4)

heraushalten, sich: nichts zu tun haben wollen ⏐mit⏐ · die Finger lassen ⏐von⏐ / davonlassen ♦ *umg:* sich die Finger nicht schmutzig machen; → *auch* distanzieren (II)

heraushängen: es hängt jmdm. [allmählich] zum Halse heraus: → überdrüssig (1)

heraushauen: → befreien (I, 1)

herausheben: 1. → loben (1) – 2. → betonen (2) – 3. → aushängen (2)

heraushelfen: + freikämpfen ♦ *umg:* herausreißen · aus der Patsche / Klemme helfen / ziehen ♦ *salopp:* herauspauken · aus dem Dreck helfen · die Karre aus dem Dreck ziehen; → *auch* helfen (1 u. 2), retten (1)

herausholen: 1. ⟨[*geschickt*] *aus einer Flüssigkeit bzw. einer Menge holen*⟩ herausangeln · herausfischen · fischen ⏐aus⏐ · angeln ⏐aus⏐ · auffischen · herausfingern + herausklauben · herausstochern · herauspulen – 2. ⟨*eine Person aus dem Wasser befördern*⟩ auffischen · herausfischen · bergen; → *auch* retten (1) – 3. → befreien (I, 1) – 4. → gewinnen (1) – 5. aus sich das Äußerste / das Letzte h.: → anstrengen (II, 1)

herauskehren: → betonen (2)

herausklauben: → herausholen (1)

herausklettern: → aussteigen (1)

herauskommen: 1. ⟨*zur Kenntnis der Öffentlichkeit gelangen*⟩ durchsickern · ruchbar / entdeckt / bekannt / offenbar werden · ans Licht / ans Tageslicht / an den Tag / an die Sonne kommen; aufkommen · auskommen (*landsch*); → *auch* bekannt (4, a) – 2. → erscheinen (2), Markt (4) – 3. groß h.: → Erfolg (2)

herauskriegen: 1. → ergründen (1) – 2. → lösen (I, 1) – 3. → zurückerhalten

herauslassen: 1. ⟨*von drinnen nach draußen lassen*⟩ freilassen · ins Freie lassen · hinauslassen – 2. → entlassen (1) – 3. → ablassen (1)

herauslesen: → auslegen (2)

herauslocken: → entlocken

herauslösen: [her]ausschälen; auslösen (*süddt österr*) ♦ *umg:* herausmachen

herauslügen, sich: → herausreden, sich

herausmachen: I. herausmachen: → herauslösen – II. herausmachen, sich: 1. → erholen, sich (1) – 2. sich [gut / schön] h.: → entwickeln (II, 2)

herausnehmen: 1. ⟨*aus einem Behältnis nehmen*⟩ entnehmen – 2. sich h.: → anmaßen (2)

herauspauken: → heraushelfen

herausplatzen: 1. → Lachen (3) – 2. → entschlüpfen (1)

herauspressen: → ausdrücken (I, 1)

herauspulen: → herausholen (1)

herausputzen: I. herausputzen: → schmücken (I) – II. herausputzen, sich: ⟨*Schmuck u. festl. Kleidung anlegen*⟩ sich [an]putzen · sich schmücken · sich schönmachen · sich feinmachen · sich zurechtmachen · Toilette machen · sich aufstaffieren; sich schniegeln · sich in Gala / Staat / Schale / Wichs werfen (*oft scherzh*); sich aufdonnern · sich auftakeln (*abwert*) ♦ *umg:* sich in

herausquetschen

Schale/Wichs schmeißen · sich aufbrezeln; → *auch* schminken (II)

herausquetschen: → ausdrücken (I, 1)

herausragen: hervorragen · hervorstechen · Format haben

herausragend: → hervorragend (1)

herausreden, sich: Ausflüchte machen · sich herauslügen · sich herausschwindeln · sich ausreden ♦ *umg:* [herum]eiern · fickfacken; → *auch* herauswinden, sich

herausreißen: 1. → ausreißen (1) – **2.** → heraushelfen – **3.** → ausgleichen (I, 2)

herausrücken: 1. → abgeben (I, 2) – **2.** wieder h.: → zurückgeben (1); nichts h.: → geizig (2); mit der Sprache/Wahrheit h.: → gestehen (1)

herausrupfen: → ausreißen (1)

herausrutschen: → entschlüpfen (1)

herausschaffen: → herausbringen (1)

herausschälen: I. herausschälen: → herauslösen – **II.** herausschälen, sich: → ergeben (II, 2)

herausschauen: → Gewinn (4)

herausschlagen: einen Gewinn h.: → gewinnen (1)

herausschwemmen: → ausspülen (1)

herausschwindeln, sich: → herausreden, sich

heraussetzen: → ausquartieren

heraussieben: → auswählen

herausspringen: → Gewinn (4)

herausspülen: → ausspülen (1)

herausstaffieren: → schmücken (I)

heraussteigen: → aussteigen (1)

herausstellen: I. herausstellen: **1.** → betonen (2) – **2.** → loben (1) – **II.** herausstellen, sich: ⟨als Folge od. Ergebnis erkennbar werden⟩ sich ergeben · sich zeigen · sich erweisen · sich ausweisen · sich entpuppen · sich finden

herausstochern: → herausholen (1)

herausstreichen: I. herausstreichen: → loben (1) – **II.** herausstreichen, sich: → aufspielen (II)

herauswinden, sich: sich einen guten Abgang verschaffen · sich aus der Affäre ziehen ♦ *umg:* seine Hände in Unschuld waschen · sich aus der Klemme/Schlinge ziehen · den Kopf/Hals aus der Schlinge ziehen ♦ *derb:* seinen Arsch retten; → *auch* herausreden, sich

herauswirtschaften: einen Gewinn h.: → gewinnen (1)

herausziehen: 1. → ausreißen (1) – **2.** → abziehen (1) – **3.** → ziehen (I, 10)

herauszupfen: → ausreißen (1)

herb: 1. → sauer (1) – **2.** → bitter (1) – **3.** → spröde (2)

herbei: → hierher

herbeibringen: → bringen (1)

herbeieilen: herzueilen · herbeilaufen · herbeistürmen · herbeistürzen · herzustürzen · herbeijagen · herbeirennen · hereilen; → *auch* anlaufen (9), hinlaufen

herbeiführen: 1. → verursachen – **2.** ein Ende h.: → beenden (1)

herbeiholen: 1. → bringen (1) – **2.** → beschaffen (1)

herbeijagen: → herbeieilen

herbeikommen: → kommen (1)

herbeilassen, sich: sich verstehen |zu| (*veraltend*); sich herablassen · sich bequemen (*abwert*); die Gnade haben · geruhen (*iron*)

herbeilaufen: → herbeieilen

herbeirennen: → herbeieilen

herbeirufen: 1. ⟨zu kommen veranlassen⟩ [her]rufen · schicken |nach| · herbestellen · herbeordern · heranrufen · hinzurufen – **2.** → zusammenrufen (1)

herbeischaffen: 1. → beschaffen (1) – **2.** → bringen (1) – **3.** → anfahren (2)

herbeisehnen: → erwarten (1)

herbeistürmen: → herbeieilen

herbeistürzen: → herbeieilen

herbeitragen: → bringen (1)

herbeiwünschen: → erwarten (1)

herbeiziehen: 1. → heranziehen (1) – **2.** an den Haaren herbeigezogen: → gesucht (1)

herbemühen, sich: → kommen (1)

herbeordern: → herbeirufen (1)

Herberge, die: 1. → Unterkunft (1) – **2.** → Hotel (1)

Herbergsvater, der: → Heimleiter

herbestellen: → herbeirufen (1)

herbeten: → aufsagen (1)

Herbheit, die: 1. → Bitterkeit (1) – **2.** → Sprödigkeit

Herbigkeit, die: → Bitterkeit (1)

herbitten: → ²einladen (a)

Herbizid, das: → Unkrautbekämpfungsmittel

herbringen: → bringen (1)

Herbst, der: 1. ⟨Jahreszeit⟩ + Nachsommer · Altweibersommer – **2.** → Ende (1, b) – **3.** H. des Lebens: → Alter (1)

Herrgott

Herd, der: **1.** ⟨*Gerät zum Kochen*⟩ Küchenherd · Kochherd · Feuerherd; Kochmaschine (*landsch*) – **2.** → Entstehungsherd – **3.** → Entzündungsherd – **4.** Heim und H.: → Zuhause

Herde, die: **1.** ⟨*Vielzahl bestimmter zusammengehöriger Tiere*⟩ + Schafherde · Rinderherde · Ziegenherde · Pferdeherde – **2.** → Menschenmenge

hereilen: → herbeieilen

hereinbekommen: 1. → beliefern (2) – **2.** → empfangen (2)

hereinbrechen: → anfangen (1, b)

hereinbringen: → einbringen (1)

hereindringen: eindringen · einfallen · hereinkommen · heimgesucht werden

hereinfallen: in die Falle / Schlinge / ins Garn / Netz gehen ♦ *umg:* hereinfliegen · hineinfliegen · hereinrasseln · aufsitzen · auf den Leim gehen / kriechen + anbeißen ♦ *salopp:* reinsausen · aufs Kreuz gelegt werden; → *auch* irren (II)

hereinfliegen: → hereinfallen

hereinkommen: 1. ⟨*von draußen kommen*⟩ [her]eintreten ♦ *umg:* hereinschneien – **2.** → hereindringen – **3.** h. lassen: → einlassen (I, 1)

hereinkriegen: → empfangen (2)

hereinlassen: → einlassen (I, 1)

hereinlegen: 1. ⟨*jmdm. durch einen Trick schaden*⟩ jmdm. eine Grube graben · jmdm. ein Bein stellen ♦ *umg:* linken ♦ *salopp:* aufs Kreuz legen · verladen · verschaukeln; → *auch* betrügen (1), überlisten, täuschen (I) – **2.** → betrügen (1)

hereinrasseln: → hereinfallen

hereinreiten: I. hereinreiten: → schaden (1) – **II.** hereinreiten, sich: → schaden (3)

hereinschneien: → hereinkommen (1)

hereintreten: → hereinkommen (1)

herfallen: h. |über|: → überfallen (2)

Hergang, der: **1.** → Verlauf (2) – **2.** → Ereignis (1)

hergeben: 1. → verschenken (1) – **2.** sein Letztes h.: → anstrengen (II, 1)

hergebracht: → alt (3)

hergehen: 1. → verlaufen (I, 2) – **2.** h. |über|: → durchhecheln

hergelaufen: → unbekannt (1)

herhalten: → büßen (1)

herholen: 1. → holen (1), bringen (1) – **2.** weit hergeholt: → gesucht (1)

Hering, der: → Dürre (II)

Heringsbändiger, der: **1.** → Verkäufer – **2.** → Kaufmann (2)

herkommen: 1. → kommen (1) – **2.** h. |von|: → herrühren

Herkommen, das: **1.** → Brauch (1) – **2.** → Gewohnheit (1)

herkömmlich: → alt (3)

Herkules, der: → Athlet

herkulisch: → kräftig (1)

Herkunft, die: **1.** → Abstammung – **2.** → Provenienz

herleiern: 1. → aufsagen (1) – **2.** → abbeten (1)

herleiten: I. herleiten: h. |von|: ⟨*den Ausgangspunkt bzw. die Ursache feststellen*⟩ ableiten |von / aus| · entwickeln |aus| · zurückführen |auf| · reduzieren |auf|; → *auch* folgern – **II.** herleiten, sich: sich h. |von|: **a)** → herrühren – **b)** → abstammen

Herleitung, die: Ableitung · Zurückführung · Reduktion + Beweisführung; → *auch* Folgerung (1)

hermachen: I. hermachen: etw. h.: → wirken (2) – **II.** hermachen, sich: sich h. |über|: **1.** → anfangen (1, a) – **2.** → überfallen (2)

hermetisch: → dicht (2)

hernach: → danach (1)

hernieder: → herunter (1)

Heroe, der: → Held

Heroin, das: → Rauschgift (1)

heroisch: → tapfer

Heroismus, der: → Tapferkeit

Heros, der: → Held

Herr, der: **1.** → Mann (I, 1) – **2.** → Herrscher – **3.** → Besitzer (1) – **4.** H. Sowieso / Soundso / Dings[da] / Dingsbums: → sowieso (2); H. des Hauses: → Gastgeber; alter H.: **a)** → Vater (I, 1) – **b)** → Greis; H. und Meister / Gebieter: → Ehemann; der H. [Zebaoth], H. der himmlischen Heerscharen: → Gott (1, a); geistlicher H.: → Geistliche; Tisch des Herrn: → Altar (1); sein eigener H. sein: → unabhängig (2); den [großen] Herrn spielen: → angeben (1); H. seiner selbst / über sich selbst sein / bleiben: → beherrschen (II); die Herren der Schöpfung: → Mann (II); H. werden |einer Sache|: → meistern; nicht mehr H. seiner Sinne sein: **a)** → Beherrschung (2) – **b)** → wüten

Herrenzimmer, das: → Wohnzimmer

Herrgott, der: → Gott (1, a)

385

Herrgottsfrühe, die: in aller H.: → morgens

herrichten: 1. → vorbereiten (I) – **2.** → reparieren

herrisch: 1. ⟨*mit Hochmut befehlend*⟩ gebieterisch · gebietend · befehlerisch · imperatorisch – **2.** → barsch – **3.** → herrschsüchtig (1)

herrje[mine]: → ach

herrlich: 1. ⟨*besonders schön*⟩ köstlich · wonnevoll · wonnig[lich] · wunderbar · himmlisch · paradiesisch · ambrosisch + eine wahre Pracht; → *auch* hervorragend (1) – **2.** → prächtig (1) – **3.** h. und in Freuden leben: → schwelgen (1)

Herrlichkeit, die: 1. → Glanz (2) – **2.** → Schönheit (1)

Herrschaft, die: 1. ⟨*das Innehaben der Macht, Regierungsgewalt*⟩ Regentschaft · Macht · Herrschaftsgewalt · Gewalt · Regierung · Regiment + Alleinherrschaft · Selbstherrschaft; → *auch* Befehlsgewalt (1), Führung (1), Leitung (1), Staatsmacht, Gewaltherrschaft – **2.** die H. ausüben/[inne]haben: → herrschen (1); die H. an sich reißen, zur H. gelangen: → Macht (4); die H. über sich verlieren: **a)** → Beherrschung (2, a) – **b)** → aufbrausen (2); die H. über sich [selbst] behalten/bewahren: → beherrschen (II)

herrschaftlich: → vornehm (1)

Herrschaftsbereich, der: Machtbereich · Machtsphäre; → *auch* Einflussbereich (2)

Herrschaftsgewalt, die: → Herrschaft (1)

herrschen: 1. ⟨*als Herrscher über ein Land bzw. ein Volk entscheidend bestimmen*⟩ gebieten │über│ · regieren · die Herrschaft ausüben/[inne]haben · die Macht ausüben/[inne]haben/besitzen · die Geschicke des Landes bestimmen ♦ *gehoben:* walten (*veraltend*) ♦ *umg:* am Ruder sein · das Ruder/Regiment führen · die Zügel/Fäden in der Hand haben; das Zepter schwingen (*scherzh*); → *auch* regieren (1) – **2.** ⟨*von bestimmtem Einfluss sein*⟩ walten · vorherrschen ♦ *gehoben:* obwalten – **3.** → gelten (1)

Herrscher, der: Gebieter · Oberhaupt · Regent · Herr · Hegemon · gekröntes Haupt; Gewalthaber · Machthaber · Potentat (*abwert*); Landesvater (*noch scherzh*); Führer (*nazist*) + Fürst · König · Kaiser · Imperator · Zar; → *auch* Diktator, Staatsoberhaupt, Alleinherrscher

herrschsüchtig: 1. ⟨*voller Herrschsucht*⟩ despotisch · machthaberisch · cäsarisch · selbstherrlich + Autokratisch · diktatorisch · herrisch – **2.** h. sein: ⟨*voller Herrschsucht sein*⟩ keinen Widerspruch vertragen [können] ♦ *umg:* Haare auf den Zähnen haben

herrufen: → herbeirufen (1)

herrühren: h. │von│: beruhen │auf│ · entspringen · sich herleiten │von│ · [her]stammen │von│ · [her]kommen │von│ · resultieren │aus│ · rühren │von│ · zurückgehen │auf│ · zugrunde liegen · basieren │auf│ · begründet sein │in│

hersagen: → aufsagen (1)

herschaffen: → bringen (1)

herschenken: → verschenken (1)

herstammen: h. │von│: **a)** → abstammen – **b)** → herrühren

herstellen: 1. ⟨*als Ware schaffen*⟩ produzieren · erzeugen · [ver]fertigen; erstellen (*amtsspr*) + ausführen · arbeiten · bauen · ausstoßen · auswerfen ♦ *umg:* fabrizieren · machen; → *auch* anfertigen (1), gewinnen (2) – **2.** → heilen (1)

Hersteller, der: Erzeuger · Herstellerfirma · Produzent + Producer · Fabrikant · Unternehmer

Herstellung, die: Produktion · Fabrikation · Erzeugung · Fertigung · Anfertigung + Erschaffung · Schaffung · Bau

Herstellungsart, die: Ausführung · Machart

Herstellungskosten (*Pl*): Gestehungskosten · Fertigungskosten · Fabrikationskosten · Erzeugungskosten + Selbstkosten

hertragen: → bringen (1)

herum: h. sein: **a)** → bekannt (3) – **b)** → abgelaufen (3); h. sein │um│: → sorgen (I, 1, a); um ... h.: **a)** → ringsum – **b)** → ungefähr (1)

herumalbern: albern ♦ *umg:* dalbern · herumkalbern · herumdummen · kaspern (*landsch*); dammeln (*norddt*); → *auch* Unsinn (2)

herumbasteln (*umg*): herummurksen · herummodeln · [herum]fummeln · herumhantieren · pusseln; knütern (*norddt*)

herumbeißen, sich: → streiten (II)

herumbekommen: → überreden

herumdoktern (*umg*): **1.** abwert ⟨*durch Probieren verschiedener Mittel bzw. Methoden zu heilen versuchen*⟩ doktern · kurpfuschen · quacksalbern – **2.** → versuchen (I, 1)

herumdrehen: 1. → wenden (I, 1) – **2.** den Pfennig [dreimal/zehnmal] h.: → geizig (2)
herumdrücken, sich: **1.** → herumtreiben, sich – **2.** sich h. ⌐um⌐: → ausweichen (2)
herumdrucksen: → zögern
herumdummen: → herumalbern
herumeiern: → herausreden, sich
herumerzählen: → verbreiten (I, 1)
herumfahren: h. ⌐um⌐: → umfahren
herumfuchteln: → gestikulieren
herumführen: an der Nase h.: → narren
herumfuhrwerken: → gestikulieren
herumfummeln: → herumbasteln
herumgammeln: → dahinleben, gammeln
herumgehen: 1. ⟨von einem zum andern weitergegeben werden⟩ umlaufen · kreisen · zirkulieren · kursieren · in/im Umlauf sein · von Hand zu Hand gehen + durch viele Hände gehen – **2.** h. ⌐um⌐: → ausweichen (1); h. wie die Katze um den heißen Brei: → zögern
herumgeistern: → schlafwandeln (1)
herumhantieren: → herumbasteln
herumhorchen: → erkundigen, sich
herumirren: → umherirren
herumkalbern: → herumalbern
herumkommen: h. ⌐um⌐: → davonkommen (1)
herumkrebsen: → abmühen, sich
herumkriegen: → überreden
herumkritteln: → nörgeln
herumlottern: → herumtreiben, sich
herumlungern: → herumtreiben, sich
herummäkeln: → nörgeln
herummeckern: → nörgeln
herummodeln: → herumbasteln
herummosern: → nörgeln
herummotzen: → nörgeln
herummurksen: → herumbasteln
herumnörgeln: → nörgeln
herumrätseln: → grübeln
herumrennen: 1. → umhertollen – **2.** → umherlaufen
herumscharwenzeln: h. ⌐um⌐: → einschmeicheln, sich
herumschlagen, sich: → schlagen (II, 1)
herumsprechen, sich: → bekannt (4, a)
herumspringen: → umhertollen
herumstehen: → untätig (2)
herumstöbern: → herumsuchen
herumstreichen: → herumtreiben, sich
herumstreunen: → herumtreiben, sich
herumstrolchen: → herumtreiben, sich

herumstromern: → herumtreiben, sich
herumsuchen: kramen · herumstöbern
herumtigern: → umherlaufen
herumtollen: → umhertollen
herumtragen: → verbreiten (I, 1)
herumtreiben, sich: umherstreichen · umherschwirren · umherstreifen · umherstreunen · umherschweifen · umherstrolchen · sich umhertreiben · [herum]vagabundieren; auf der Gasse liegen (meist abwert) ♦ umg: auf der Trebe sein · sich herumdrücken · herumlungern · herumlottern · herumstreichen · [herum]streunen · [herum]strolchen · [herum]stromern · [herum]zigeunern
Herumtreiber, der: → Gammler, Stadtstreicher
Herumtreiberin, die: leichtes Mädchen ♦ umg: Flittchen · Feger (abwert); → auch Prostituierte
herumvagabundieren: → herumtreiben, sich
herumwerfen: I. herumwerfen: mit Geld h.: → verschwenderisch (3) – **II.** herumwerfen, sich: → wälzen (II)
herumwirtschaften: → arbeiten (1)
herumzanken, sich: → streiten (II)
herumziehen: → umherziehen
herumzigeunern: → herumtreiben, sich
herunter: 1. ⟨von dort oben nach hier unten⟩ herab ♦ gehoben: hernieder; → auch hinunter – **2.** → erschöpft (1)
herunterbeten: 1. → aufsagen (1) – **2.** → abbeten (1)
herunterblasen: → abblasen (1)
herunterbringen: 1. → schlucken (1) – **2.** → herunterwirtschaften
herunterdrücken: den Preis h.: → unterbieten
herunterfahren: → senken (I, 1)
herunterfallen: 1. ⟨aus den Händen zu Boden fallen⟩ entfallen · entgleiten ♦ dicht: entsinken; → auch fallen (1) – **2.** → abstürzen (1, a), fallen (1)
herunterfliegen: → abstürzen (1, a)
heruntergehen: 1. → billig (6) – **2.** → fallen (2) – **3.** h. ⌐mit⌐: → senken (I, 1)
heruntergekommen: 1. → abgemagert – **2.** → verkommen (2) – **3.** h. sein: ⟨körperlich [u. geistig] völlig verbraucht sein⟩ umg: ein Wrack sein
herunterhandeln: → feilschen
herunterhaspeln: → aufsagen (1)
herunterhauen: eine h.: → ohrfeigen

herunterholen

herunterholen: → abschießen (2)
herunterkanzeln: → zurechtweisen
herunterkommen: 1. → verkommen (1) –
2. h. lassen: → vernachlässigen (1)
herunterladen: → downloaden
herunterlassen: herablassen · niederlassen ·
hinunterlassen · hinablassen · senken
herunterlaufen: es läuft jmdm. [eis]-
kalt/heiß [und kalt] den Rücken herunter:
→ schaudern (1)
herunterleiern: 1. → aufsagen (1) – **2.** →
abbeten (1)
herunterlügen: das Blaue vom Himmel h.:
→ lügen (1)
heruntermachen: 1. → ausschimpfen – **2.**
→ verleumden (1) – **3.** → verreißen
herunternehmen: → ¹abhängen (2)
herunterpurzeln: → abstürzen (1, a)
herunterputzen: → ausschimpfen
herunterrattern: → aufsagen (1)
herunterreden: → verharmlosen
herunterreißen: die Maske h.: → entlarven
(I)
heruntersagen: → aufsagen (1)
heruntersausen: → abstürzen (1, a u. b)
herunterschnurren: → aufsagen (1)
herunterschütteln: → abschütteln (1)
heruntersetzen: → senken (I, 1)
herunterspielen: → verharmlosen
herunterspringen: → abspringen (1)
heruntersteigen: → absteigen (1)
herunterstürzen: → abstürzen (1, a u. b)
herunterwälzen: → abwälzen (1)
herunterwirtschaften: herunterbringen · in
Grund und Boden wirtschaften · abwirt-
schaften + verderben ♦ *salopp:* die Kar-
re/den Karren in den Dreck fahren
herunterwürgen: → schlucken (1)
hervorbrechen: → hervorkommen (1)
hervorbringen: 1. ⟨*entstehen lassen*⟩ schaf-
fen · bilden · kreieren · entwickeln · aus
der Erde/dem Boden stampfen ♦ *gehoben:*
erschaffen · schöpfen – **2.** → hervorholen
hervorgehen: h. |aus|: → ergeben (II, 2);
als Sieger h. |aus|: → siegen
hervorheben: → betonen (2), verstärken
(I, 2)
Hervorhebung, die: → Betonung (3)
hervorholen: → auskramen · hervorbringen
hervorkommen: 1. ⟨[*plötzlich*] *aus einer
Deckung in Erscheinung treten*⟩ hervorbre-
chen · brechen |aus| – **2.** → aufgehen (1),
entstehen (1)

hervorlocken: → entlocken
hervorragen: → herausragen
hervorragend: 1. ⟨*weit über dem Durch-
schnitt liegend*⟩ einzig[artig] · vortrefflich ·
ausgezeichnet · vorzüglich · großartig ·
erstklassig · brillant · bestechend · erstrangig
· unübertrefflich · unübertroffen · unver-
gleichlich · unnachahmlich · meisterhaft ·
beispiellos · einmalig · überragend · heraus-
ragend · sondergleichen · bestens · fein ·
eins a · über alles Lob erhaben + eminent ·
virtuos · mit Glanz ♦ *umg:* bombig · pico-
bello · spitze · wie die Weltmeister · lässig ·
top · allererste Sahne ♦ *salopp:* super · alles
dran; → *auch* erstklassig (1), vorbildlich,
großartig (1), herrlich (1), vollkommen (1),
gut (1) – **2.** → großartig (1)
hervorrufen: → verursachen
hervorsprießen: entsprießen + entwachsen
♦ *dicht:* entkeimen · entknospen
hervorstechen: → hervorragen
hervorstechend: → auffallend
hervorstoßen: → ausstoßen (1)
hervortun, sich: sich auszeichnen · sich
verdient machen · sich einen Namen ma-
chen · sich profilieren · sich Meriten erwer-
ben · sich die Sporen verdienen
Herz, das: 1. ⟨*Organ des menschl. Körpers*⟩
umg: Pumpe; Kognakpumpe (*scherzh*) – **2.**
→ Gemüt (1) – **3.** → Mut (1) – **4.** → Mittel-
punkt – **5.** ein Kind unter dem Herzen tra-
gen: → schwanger (2); im Herzen von: →
inmitten (1); Dame des Herzens: → Ge-
liebte (II); h. hängen/verlieren/ver-
schenken |an|: → verlieben, sich; ins H.
schließen, ins H. geschlossen haben, im
Herzen tragen: → lieben (1); jmds. H. er-
obern/gewinnen, die Herzen brechen: →
erobern (2); ans H. drücken: → umarmen
(I); ein H. und eine Seele sein: → befreun-
det; ins H. treffen: → kränken; schweren
Herzens: → ungern; das H. abdrücken/
abschnüren/abpressen/brechen/zerreißen/
schwer machen: → bedrücken (1); ans H.
greifen, zu Herzen gehen: → ergreifen (3);
ein warmes H. haben: → gefühlvoll (2); ein
fühlend[es] H. haben: → gütig (3); ein gol-
denes H. haben: → treu (3); das H. auf der
Zunge haben/tragen, aus seinem Herzen
keine Mördergrube machen: → offenherzig
(2); das/sein H. erleichtern, seinem Herzen
Luft machen: → aussprechen (II, 1);
das/sein H. ausschütten: **a)** → aussprechen

388

(II, 1) – **b)** → anvertrauen (II, 2); in sein H. blicken lassen: → anvertrauen (II, 2); ans H. gewachsen: → vertraut (1); von Herzen gern: → gern[e] (1); jmdm. geht das H. auf/lacht das H. im Leibe/hüpft das H. vor Freude: → freuen (II, 1); etw. auf dem Herzen haben: → Anliegen (2); sein H. entdecken │für│: → interessieren (II); ans H. legen: → einschärfen (1); sich zu Herzen nehmen: → beherzigen; sein H. in die Hand/in beide Hände nehmen, sich in H. fassen, seinem Herzen einen Stoß geben: → ermannen, sich; das H. haben: → wagen (1); das H. fällt/rutscht jmdm. in die Hosen: → verzagen (1)

herzählen: → aufzählen (1)
Herzallerliebste: I. Herzallerliebste, der: → Geliebte (I) – **II.** Herzallerliebste, die: → Geliebte (II)
herzbeklemmend: → beängstigend
Herzbeklemmung, die: → Beklemmung
herzbetörend: → bezaubernd
herzbewegend: 1. → ergreifend – **2.** → Mitleid (2)
Herzblatt, das: → Geliebte (II)
Herzblut, das: sein H. geben: → hingeben (II, 1)
herzbrechend: → Mitleid (2)
Herzdrücken, das: nicht an H. sterben: → aussprechen (I, 5)
herzeigen: → zeigen (I, 2)
Herzeleid, das: → Leid (1)
herzen: → liebkosen
Herzensangst, die: → Angst (1)
Herzensbedürfnis, das: → Wunsch (1)
Herzensbrecher, der: → Frauenheld (1)
Herzensbruder, der: → Freund (I, 1)
Herzensdame, die: → Geliebte (II)
Herzensdieb, der: → Geliebte (II)
Herzensdiebin, die: → Geliebte (II)
Herzensergießung, die: → Geständnis (1)
Herzensfreude, die: → Freude (1)
Herzensfreund, der: → Geliebte (I)
Herzensfreundin, die: → Geliebte (II)
Herzensfreundschaft, die: → Freundschaft (1)
herzensgut: → gütig (1)
Herzensgüte, die: → Güte (1)
Herzenslust: nach H.: → gehörig (1)
herzensrein: → fromm (1)
Herzenswärme, die: → Güte (1)
Herzenswunsch, der: → Wunsch (1)
herzerfreuend: → wohl (5)

herzerfrischend: → wohl (5)
herzergreifend: → Mitleid (2), ergreifend
Herzflimmern, das: → Herzrhythmusstörung
herzhaft: 1. → gehörig (1) – **2.** → würzig (1)
herziehen: h. │über│: → durchhecheln
herzig: → reizend (1)
Herzklopfen: H. haben: → aufgeregt (2)
Herzkrankheit, die: Herzleiden
Herzleiden, das: → Herzkrankheit
herzlich: 1. → freundlich (1) – **2.** h. gern: → gern[e] (1)
Herzlichkeit, die: → Freundlichkeit (1)
herzlos: → gefühllos (1)
Herzlosigkeit, die: → Gefühllosigkeit
Herzrhythmusstörung, die: das Herzstolpern + das Herzflimmern
Herzschrittmacher, der: Schrittmacher; Pacemaker (*med*)
Herzstolpern, das: → Herzrhythmusstörung
Herzstück, das: → Mittelpunkt
herzu: → hierher
herzubringen: → bringen (1)
herzueilen: → herbeieilen
herzuholen: 1. → holen (1), bringen (1) – **2.** → heranziehen (1)
herzustürzen: → herbeieilen
herzuziehen: → heranziehen (1)
Herzweh, das: → Leid (1)
herzzerreißend: → Mitleid (2)
Hetäre, die: → Prostituierte
Heterodoxie, die: → Irrglaube[n]
heterogen: → verschiedenartig
Heterogenität, die: → Verschiedenartigkeit
Hetze, die: **1.** ⟨das Hervorrufen von Hassgefühlen⟩ Gräuelhetze · Gräuelpropaganda · Wühlarbeit · Wühltätigkeit · Wühlerei · Schmutzkampage + Stimmungsmache ♦ *umg:* Scharfmacherei · Stänkerei; → *auch* Volksverführung – **2.** → Eile (1) – **3.** → Hetzjagd (1)
hetzen: 1. ⟨Hassgefühle hervorrufen⟩ Hass säen · wühlen + empören ♦ *umg:* stänkern; → *auch* aufhetzen – **2.** → eilen (I, 1) – **3.** → jagen (1), antreiben (1) – **4.** mit allen Hunden gehetzt: → raffiniert (1)
Hetzer, der: Provokateur · Wühler + Querulant ♦ *umg:* Quertreiber · Scharfmacher · Stänker[er]; → *auch* Aufhetzer, Unruhestifter, Volksverführer
hetzerisch: aufwieglerisch ♦ *umg:* scharfmacherisch; → *auch* aufrührerisch

Hetzhund, der: → Jagdhund (I)

Hetzjagd, die: 1. ⟨*Jagd mit Hetzhunden*⟩ Hetze; Hatz (*weidm*) + Treibjagd; → *auch* Jagd (1) – 2. → Verfolgung

Hetzredner, der: → Volksverführer

Heu, das: 1. → Geld (1) – 2. Geld wie H. haben: → reich (5); H. und Stroh im Kopf haben: → dumm (6)

Heuchelei, die: Scheinheiligkeit · Verlogenheit · Doppelzüngigkeit · Doppelzüngelei · Doppelzünglerei · Falsch[heit] · Cant · Pharisäertum; Gleisnerei (*veraltend*) + Unaufrichtigkeit ♦ *umg*: Getue; → *auch* Verstellung

heucheln: 1. ⟨*in übler Absicht einen falschen Eindruck erwecken wollen*⟩ *umg*: mimen · Theater spielen · so tun, als ob … · Krokodilstränen weinen; → *auch* schmeicheln (1), lügen (1), verstellen (II), benehmen (II, 3) – 2. → verstellen (II)

Heuchler, der: der Scheinheilige · Biedermann · Tartüff · Pharisäer; Gleisner (*veraltend*) + Lügner · Wolf im Schaf[s]pelz ♦ *umg*: falscher Fuffziger (*abwert*) ♦ *salopp*: falscher Hund (*abwert*); → *auch* Schmeichler

Heuchlerin, die: die Scheinheilige; [falsche] Schlange (*abwert*) ♦ *salopp*: falsche Katze (*abwert*)

heuchlerisch: doppelzüngig · doppelzünglerisch · schlangenzüngig · vielzüngig · glattzüngig · falsch[herzig] · pharisäisch · scheinheilig; gleisnerisch (*veraltend*) + pfäffisch ♦ *derb*: scheißfreundlich; → *auch* schmeichlerisch, unaufrichtig (1), frömmelnd

heuer: 1. → Jahr (3) – 2. → gegenwärtig (1)

Heuer, die: → Lohn (1)

heuern: 1. → anwerben, anheuern (1) – 2. → ²mieten

Heule, die: → Kofferradio

heulen: 1. → weinen (1) – 2. mit den Wölfen h.: → anpassen (II, 2); Rotz und Wasser h., wie ein Schlosshund h.: → weinen (1)

Heuler, der: der letzte H. sein: a) → großartig (3) – b) → Enttäuschung (1)

heute: 1. ⟨*am Tag zwischen gestern u. morgen*⟩ am heutigen Tag – 2. → gegenwärtig (1) – 3. bis h.: → bisher; von h.: a) → frischbacken – b) → ²modern (1); lieber h. als morgen: → sofort

Heute, das: → Gegenwart (1)

heutig: 1. → jetzig – 2. die heutige Zeit: → Gegenwart (1); am heutigen Tag: → heute (1)

heutigentags: → gegenwärtig (1)

heutzutage: → gegenwärtig (1)

Hexaeder, der: → Würfel

hexaedrisch: → würfelförmig

Hexe, die: 1. ⟨*Fabelwesen*⟩ Zauberin + Weissagerin · weise Frau – 2. → Xanthippe

hexen: → zaubern

Hexenkessel, der: → Durcheinander (1)

Hexer, der: → Zauberkünstler

Hexerei, die: → Zauberei

Hickhack, der *od.* das: → Streit (1)

hie: 1. → hier (1) – 2. hie und da: a) → vereinzelt (1) – b) → manchmal

Hieb: I. Hieb, der: 1. → Schlag (I, 1) – 2. → Schluck (1) – 3. → Anspielung (1) – 4. auf den ersten H.: → sofort; auf einen H.: → gleichzeitig (1); einen H. [weg]haben: a) → verrückt (5) – b) → geisteskrank (2); einen H. versetzen: → kränken – II. Hiebe (*Pl*): → Prügel (II, 1)

hiebfest: hieb- und stichfest: → sicher (4)

hier: 1. ⟨*an diesem Ort*⟩ da; hie[selbst] · hierselbst (*noch süddt*); dahier (*österr schweiz*) + an Ort und Stelle ♦ *dicht*: allhier – 2. → diesseits – 3. → anwesend (1) – 4. h. sein: → anwesend (2); h. befindlich: → hiesig (1); von h.: → einheimisch; nicht von h.: a) → fremd (2) – b) → verrückt (1); h. und dort: → vereinzelt (1); h. und da: a) → vereinzelt (1) – b) → manchmal; bald h., bald dort: → überall (1); h. bleiben: → bleiben (1); h. behalten: → zurückhalten (I, 1)

hieran: → hierbei

Hierarchie, die: → Rangordnung (1)

hierauf[hin]: → darauf (1)

hieraus: → daraus (1)

hierbei: bei dieser Gelegenheit · an dieser Stelle + hieran · jetzt

hierdurch: → damit (2)

hierfür: → dafür (1)

hiergegen: → dagegen (2)

hierher: hierhin · her[an] · herbei · herzu

hierhin: → hierher

hierin: → darin (2)

hiermit: → damit (2)

hiernach: → danach (1)

hierneben: → außerdem (1)

Hieroglyphen (*Pl*): → Schmiererei

hieroglyphisch: → unverständlich (1)

Himmelsrichtung

hierselbst: → hier (1)
hierüber: → darüber (2)
hiervon: → darüber (2)
hierzu: → dazu (1)
hieselbst: → hier (1)
hiesig: 1. ⟨*an diesem Ort vorkommend*⟩ hier befindlich – **2.** → einheimisch
hieven: → hochziehen (1)
high: h. sein: → Rauschzustand (2)
Highflyer, der: → Senkrechtstarter (2)
Highlife, das: → Oberschicht
Highlight, das: → Höhepunkt
Highsociety, die: → Oberschicht
Hightech, das *od.* die: → Hochtechnologie
Hijacker, der: → Luftpirat
Hilfe, die: **1.** ⟨*das Mitwirken*⟩ Beistand · Hilfeleistung · Mithilfe · Unterstützung · Zutun · Dazutun + Assistenz · Handreichung · Hilfestellung · Dienst · Dienstleistung · Beihilfe · Hilfsdienst; Gehilfenschaft (*schweiz*); → *auch* Förderung (1), Hilfeleistung, Unterstützung (1) – **2.** ⟨*rettende Tat*⟩ Nothilfe · Samariterdienst; → *auch* Rettung (1) – **3.** → Helfer (1) – **4.** → Putzfrau – **5.** → Hilfsmittel – **6.** → Ausweg – **7.** H. suchend: → hilfsbedürftig; H. angedeihen lassen/leisten/geben/erweisen/gewähren, zu H. eilen/kommen: → helfen (1); erste H. leisten: → verbinden (I, 2); ohne [fremde] H.: → allein (2)
hilfebedürftig: → hilfsbedürftig
Hilfeleistung, die: → Hilfe (1)
Hilferuf, der: Notruf · Notschrei + Notsignal
Hilfestellung, die: → Hilfe (1)
hilflos: 1. ⟨*sich nicht zu helfen wissend*⟩ ratlos + verwirrt ♦ *umg*: bedeppert; kurlos (*landsch*) – **2.** → schutzlos (1) – **3.** → schwach (1, a) – **4.** h. sein: ⟨*sich nicht zu helfen wissen*⟩ nicht aus noch ein wissen ♦ *umg*: mit seinem Latein/seiner Kunst/seiner Weisheit am Ende sein; → *auch* Verlegenheit (2)
hilfreich: 1. → gefällig (1) – **2.** → nützlich
Hilfsarbeiter, der: → Handlanger (1)
hilfsbedürftig: hilfebedürftig + Not leidend · Hilfe suchend; → *auch* arm (1)
hilfsbereit: → gefällig (1)
Hilfsbereitschaft, die: Einsatzbereitschaft + Gefälligkeit · Entgegenkommen
Hilfsdienst, der: → Hilfe (1)
Hilfsheer, das: → Ersatztruppe
Hilfskraft, die: → Gehilfe

Hilfsmittel, das: Hilfe · Mittel · Rüstzeug + Ersatz
Hilfspolizistin, die: Politesse
Hilfstruppe, die: → Ersatztruppe
Himmel, der: **1.** ⟨*scheinbare Halbkugel über der Erde*⟩ Äther · Firmament · Himmelsgewölbe · Himmelskugel ♦ *dicht*: Azur · Himmelsbogen · Himmelsrund · Himmelsdach · Himmelsdom · Himmelszelt · Sternenzelt; → *auch* Weltall – **2.** → Jenseits (1, a) – **3.** unter freiem H.: → draußen (1); gen H. starren: → aufragen; um Himmels willen: → nein; wie der Blitz aus heiterem H.: → plötzlich (1); Schöpfer Himmels und der Erden, Vater im H.: → Gott (1, a); den H. heben: **a)** → loben (1) – **b)** → verherrlichen; wie im H. leben, den H. auf Erden haben: → schwelgen (1); den H. offen sehen, sich wie im [siebenten] H. fühlen: → glücklich (4); das schreit/stinkt zum/gen H.: → unerhört (2); das Blaue vom H. herunterlügen: → lügen (1); H. und Hölle in Bewegung setzen: → versuchen (I, 4); dafür sorgen, dass die Bäume nicht in den H. wachsen: → beschränken; H., Arsch und Zwirn/Wolkenbruch: → verflucht (1)
himmelab: → hinunter
himmelan: → hinauf
himmelangst: h. sein: → ängstigen (II, 1)
himmelauf: → hinauf
himmelblau: → blau (1)
Himmeldonnerwetter [noch einmal]: → verflucht (1)
himmelhoch: 1. → hoch (1) – **2.** h. jauchzend: → freudig (1)
Himmelhund, der: → Frechdachs
Himmelkruzitürken: → verflucht (1)
Himmelreich, das: → Jenseits (1, a)
Himmelsakrament: → verflucht (1)
Himmelsbogen, der: → Himmel (1)
Himmelsbote, der: → Engel (1)
Himmelsbraut, die: → Nonne (1)
himmelschreiend: → unerhört (1)
Himmelsdach, das: → Himmel (1)
Himmelsdom, der: → Himmel (1)
Himmelsgegend, die: → Himmelsrichtung
Himmelsgewölbe, das: → Himmel (1)
Himmelskugel, die: → Himmel (1)
Himmelskunde, die: → Astronomie
Himmelslicht, das: → Licht (1)
Himmelsraum, der: → Weltall
Himmelsrichtung, die: Himmelsgegend · Richtung

Himmelsrund

Himmelsrund, das: → Himmel (1)
Himmelsstrich, der: → Gegend (1)
Himmelszelt, das: → Himmel (1)
himmelwärts: → hinauf
himmlisch: 1. → überirdisch (1) – **2.** →
herrlich (1) – **3.** → schmackhaft – **4.** himm-
lisches Paradies: → Jenseits (1, a); der
himmlische Vater, Herr der himmlischen
Heerscharen: → Gott (1, a); himmlisches
Wesen: → Engel (1)
Himmlische, der: → Gott (1, a)
hin: 1. → entzwei – **2.** → tot (1) – **3.** → be-
geistert (1) – **4.** → verloren – **5.** an … hin:
→ entlang; auf … hin: → wegen; hin und
wieder: → manchmal
hinab: → hinunter
hinabblicken: 1. → hinunterblicken (1) – **2.**
h. |auf|: → verachten (1)
hinabklettern: → absteigen (1)
hinablassen: → herunterlassen
hinabschauen: 1. → hinunterblicken (1) –
2. h. |auf|: → verachten (1)
hinabsehen: → hinunterblicken (1)
hinabsteigen: → absteigen (1)
hinabziehen: → verderben (1)
hinaltern: → altern (1)
hinan: → hinauf
hinarbeiten: h. |auf|: → ausgehen (8)
hinauf: empor · aufwärts · nach oben · in
die Höhe ♦ *dicht:* hinan ♦ *gehoben:* him-
melan · himmelauf · himmelwärts ♦ *umg:*
hoch; → *auch* bergauf (1), herauf
hinaufarbeiten, sich: → emporarbeiten, sich
hinaufentern: → hinaufklettern
hinauffallen: die Treppe h.: → aufsteigen (2)
hinaufklettern: emporklettern; [hin]auf-
entern · entern (*seem*) ♦ *umg:* hochklettern ·
hochsteigen; → *auch* aufsteigen (1), klettern
(1)
hinaufschwingen, sich: **1.** → aufschwin-
gen, sich (1) – **2.** → aufsitzen (1)
hinaufziehen: → hochziehen (1)
hinaus: darüber h.: → außerdem (1); auf
Jahre h.: → lange (1)
hinausbefördern: → hinauswerfen (1)
hinausbringen: → herausbringen (1)
hinausfahren: 1. 〈*in die freie Natur fahren*〉
ins Grüne fahren – **2.** aufs Meer h.: 〈*eine
Seereise antreten*〉 auf Fahrt gehen · in See
stechen/gehen · die Anker lichten (*seem*);
unter Segel gehen (*seem veraltend*) + abfah-
ren; → *auch* ablegen (5)
hinausfenstern: → hinauswerfen (1)

hinausfeuern: 1. → hinauswerfen (1) – **2.**
das/sein Geld [zum Fenster] h.: → ver-
schwenderisch (3)
hinausgehen: → spazieren (2)
hinausjagen: 1. → hinauswerfen (1) – **2.**
zum Tempel h.: → vertreiben (1)
hinauskomplimentieren: 1. → verabschie-
den (I, 1) – **2.** → hinauswerfen (1)
hinauslassen: → herauslassen (1)
hinausposaunen: → ausplaudern
hinausreden: zum Fenster h.: → reden (2)
hinausschaffen: → herausbringen (1)
hinausscheuchen: → hinauswerfen (1)
hinausschieben: → aufschieben
hinausschmeißen: 1. → hinauswerfen (1) –
2. das/sein Geld [zum Fenster] h.: → ver-
schwenderisch (3)
hinaussetzen: → entlassen (2)
hinaustragen: → abdecken (1)
hinaustreiben: → hinauswerfen (1)
hinausweisen: → hinauswerfen (1)
hinauswerfen: 1. 〈*jmdn. zum Verlassen des
Hauses zwingen*〉 fortjagen · hinausweisen ·
hinausjagen · hinauskomplimentieren · die
Tür weisen · aus dem Haus weisen/werfen/
jagen ♦ *umg:* hinausbefördern · hinaus-
scheuchen · fortscheuchen · hinaustreiben ·
an die [frische] Luft/vor die Tür setzen · den
Stuhl vor die Tür setzen · ins Freie beför-
dern · zeigen, wo der Zimmermann das
Loch gelassen hat · kegeln |aus| ♦ *salopp:*
hinausschmeißen · hinausfeuern · hinaus-
fenstern – **2.** → entlassen (2) – **3.** → aus-
weisen (I, 1) – **4.** das/sein Geld [zum Fens-
ter] h.: → verschwenderisch (3)
hinauswollen: h. |auf|: → ausgehen (8);
hoch h.: → eingebildet (3)
hinausziehen: I. hinausziehen: → verzö-
gern (I) – **II.** hinausziehen, sich: → verzö-
gern (II)
hinauszögern: → verzögern (I)
hinbegleiten: → hinführen
hinbekommen: → meistern
hinbiegen: → bereinigen (1), bewerkstelli-
gen
hinblättern: → aufzählen (1)
Hinblick, der: **1.** → Gesichtspunkt (1) – **2.**
im H. auf: → hinsichtlich
hinbreiten: → ausbreiten (I, 1)
hinbringen: 1. 〈*an eine bestimmte Stelle
tragen*〉 hintragen · hinschaffen ♦ *umg:* hin-
schleppen; → *auch* bringen (1) – **2.** → hin-
führen – **3.** → verbringen (1)

392

hinderlich: 1. ⟨einer Bewegung entgegenwirkend⟩ hindernd · hemmend · störend – 2. h. sein: → behindern (1)

hindern: abhalten · zurückhalten · wehren · entgegentreten · sich entgegenstellen · in den Arm/die Zügel fallen · Halt gebieten · Einhalt gebieten/tun ♦ umg: in die Parade fahren · in die Quere kommen; → auch abschrecken, verhindern, stören (1)

hindernd: → hinderlich (1)

Hindernis, das: 1. ⟨einer Bewegung Entgegenwirkendes⟩ Behinderung · Hemmnis · Hemmung · Hürde + Schwierigkeit; → auch Widerstand (1) – 2. → Sperre (1) – 3. Hindernisse in den Weg legen: → behindern (1)

Hinderung, die: → Behinderung (1)

hindeuten: h. ⎪auf⎪: → hinweisen

hindonnern: → hinfallen

hindrehen, sich: → zuwenden (II, 1)

hindrücken: → vorhalten

hindurch: → durch (1)

hindurchdrängen, sich: → durchdrängen, sich

hindurchfahren: → durchfahren (I)

hindurchkriechen: 1. → durchkriechen (I, 1) – 2. → durchwinden, sich (1)

hindurchschauen: → durchsehen (1)

hindurchsehen: → durchsehen (1)

hindurchspähen: → durchsehen (1)

hindurchwinden, sich: 1. → durchwinden, sich (1) – 2. → durchkriechen (I, 1)

hineilen: → hinlaufen

hinein: 1. ⟨Richtung in einen Raum⟩ nach [dr]innen; darein (veraltend); → auch einwärts – 2. mitten h.: → dazwischen (2); in den Tag h. leben: → müßig (3)

hineinblicken: → einsehen (1)

hineinbuttern: → zuschießen (1)

hineindenken, sich: → hineinversetzen, sich

hineindeuten: hineininterpretieren · hineinlegen ♦ umg: hineingeheimnissen

hineinfliegen: → hereinfallen

hineingeheimnissen: → hineindeuten

hineingehen: 1. ⟨in einen Raum gehen⟩ betreten · eintreten ♦ umg: hineinlaufen ♦ dicht: eingehen – 2. → aufnehmen (5)

hineingeraten: 1. ⟨ungewollt bzw. unwissentlich zum Beteiligten werden⟩ dazwischengeraten · hineingezogen werden · hineinkommen · hineintappen · verwickelt werden ⎪in⎪ – 2. → hinzukommen

hineingießen: 1. → einfüllen (1) – 2. in sich h.: → trinken (1, a)

hineininterpretieren: → hineindeuten

hineinklettern: → einsteigen (1)

hineinkommen: → hineingeraten (1)

hineinkriechen: → hineinschlüpfen

hineinlassen: → einlassen (I, 1)

hineinlaufen: 1. → hineingehen (1) – 2. h. lassen: → einlassen (I, 2)

hineinlegen: → hineindeuten

hineinleuchten: → untersuchen (1)

hineinpassen: → aufnehmen (5)

hineinpraktizieren: → hineinstecken (1)

hineinpremsen: → hineinstopfen

hineinpressen: → hineinstopfen

hineinreiten: → gefährden (I, 1)

hineinschlagen: → einschlagen (1)

hineinschlüpfen: schlüpfen ⎪in⎪ · hineinkriechen · kriechen ⎪in⎪; schliefen ⎪in⎪ (südd österr) ♦ salopp: wutschen ⎪in⎪ · witschen ⎪in⎪ (landsch)

hineinschütten: → einfüllen (1)

hineinsehen: → einsehen (1)

hineinstecken: 1. ⟨in bestimmter Weise hineinbefördern⟩ einführen; eingeben (fachspr) ♦ umg: hineintun · hineinpraktizieren – 2. → hineinstopfen – 3. → zuschießen (1) – 4. → aufwenden – 5. seine Nase in alles h.: → einmischen (II)

hineinsteigen: → einsteigen (1)

hineinstopfen: hineinstecken · hineinpressen · hineinzwängen · zwängen ⎪in⎪ · pressen ⎪in⎪ · pferchen ⎪in⎪ ♦ umg: pfropfen ⎪in⎪ · stopfen ⎪in⎪; hineinpremsen (norddt)

hineinstürzen: in sich h.: → trinken (1, a)

hineintappen: → hineingeraten (1)

hineintreiben: → einschlagen (1)

hineintun: → hineinstecken (1)

hineinversetzen, sich: sich hineindenken · sich einfühlen · sich versetzen ⎪in⎪ · sich einleben ⎪in⎪

hineinweben: → einweben (1)

hineinwerfen: → einwerfen (1)

hineinziehen: hineingezogen werden: → hineingeraten (1)

hineinzwängen: → hineinstopfen

hinfahren: h. ⎪über⎪, darüber h.: → streichen (6)

hinfallen: fallen · [hin]stürzen · hinschlagen · niederstürzen · zu Fall kommen · zu Boden gehen · einen Fall tun; zusammenfallen (österr) + hinsinken ♦ umg: hinfliegen · hinpurzeln · hinplumpsen; sich auf seinen Allerwertesten setzen · den Fußboden/die Straße messen · eine Sülze bauen (oft scherzh)

hinfällig

♦ *salopp*: hinsausen · hinsegeln · hinhauen · hinknallen · hindonnern · hinschmieren ♦ *derb*: auf die Schnauze/Fresse fallen; → *auch* fallen (1)

hinfällig: 1. → gegenstandslos (1) – **2.** → ungültig (1) – **3.** → gebrechlich

hinfetzen: → ausführen (3)

hinfläzen, sich: → hinlümmeln, sich

hinflegeln, sich: → hinlümmeln, sich

hinfliegen: → hinfallen

hinfort: → künftig

hinfristen: → dahinleben

hinführen: hinbringen · hinschaffen · hinbegleiten ♦ *umg*: mit hinnehmen · hinlotsen ♦ *salopp*: hinschleifen

Hingabe, die: **1.** ⟨*größte persönl. Bereitschaft*⟩ Hingebung · Engagement · Einsatz[bereitschaft] · Aufopferung · Idealismus; → *auch* Eifer (1), Fleiß (1) – **2.** mit H.: → eifrig (1)

Hingang, der: → Tod (1)

hingeben: I. hingeben: → verschenken (1), opfern (I, 1, b) – **II.** hingeben, sich: **1.** ⟨*sich rückhaltlos einsetzen*⟩ sich [auf]opfern · sich ergeben · sein Herzblut geben · sich in Stücke reißen lassen |für| · sich in die Arme werfen |jmdm./einer Sache| ♦ *gehoben*: sein Leben hingeben |für|; → *auch* aufgehen (8, b) – **2.** ⟨*sich zum Koitus bereit finden*⟩ zu Willen sein ♦ *salopp*: mitmachen – **3.** ⟨*von einem Laster nicht mehr loskommen*⟩ frönen · huldigen · sich überlassen · verfallen sein – **4.** → aufgehen (8, b) – **5.** → festbleiben (1) – **6.** sich der Hoffnung h.: → hoffen, sich falschen Hoffnungen/einer Illusion h.: → irren (II); sich der Verzweiflung h.: → Kummer (3)

hingebend: → liebevoll (1)

Hingebung, die: **1.** → Hingabe (1) – **2.** mit H.: → liebevoll (1)

hingebungsvoll: 1. → eifrig (1) – **2.** → liebevoll (1)

hingegen: → dagegen (2)

hingehen: 1. → vergehen (I, 1) – **2.** → angehen (1) – **3.** h. lassen: → nachsehen (2)

hingelangen: → erreichen (1)

hingerissen: → begeistert (1)

hingeschieden: → tot (1)

Hingeschiedene, der: → Verstorbene

hinglotzen: → hinsehen

hingucken: → hinsehen

hinhalten: 1. ⟨*zum Warten veranlassen*⟩ vertrösten · Zeit gewinnen wollen · auf Zeit

spielen ♦ *umg*: zappeln lassen (*oft scherzh*) – **2.** → anbieten (I, 1) – **3.** den Buckel h.: → büßen (1)

hinhängen: h. lassen: → verzögern (I)

hinhauen: I. hinhausen: **1.** → hinfallen – **2.** → aufgeben (3) – **3.** → gedeihen (1) – **4.** → passen (1, a) – **5.** → beeilen, sich – **6.** den Laden h.: → aufgeben (3); den Kram/Krempel h.: **a)** → aufgeben (3) – **b)** → kündigen (1) – **II.** hinhauen, sich: → hinlegen (II)

hinhocken, sich: **1.** → kauern (II) – **2.** → setzen (II, 1)

hinhören: → zuhören (1)

hinjagen: → hinlaufen

hinkauern, sich: → kauern (II)

Hinkebein, das: → Lahme

Hinkefuß, der: → Lahme

hinkehren, sich: → zuwenden (II, 1)

hinken: humpeln · lahmen · lahm gehen

hinklotzen: → errichten (1)

hinknallen: → hinfallen

hinkommen: 1. → gelangen (1) – **2.** → ausreichen (1) – **3.** → passen (1, a) – **4.** h. |mit|: → auskommen (5, a)

hinkriegen: → bewerkstelligen

hinkünftig: → künftig

hinlangen: 1. → greifen (3) – **2.** → ausreichen (1)

hinlänglich: 1. → genug (1) – **2.** → erträglich

hinlaufen: hineilen · hinrennen · hinstürzen · hinstürmen · hinjagen; → *auch* herbeieilen

hinlegen: I. hinlegen: **1.** → betten (1) – **2.** nur so h.: → meistern; einen Tanz h.: → tanzen (1) – **II.** hinlegen, sich: ⟨*sich [zum Ausruhen] auf einem Lager ausstrecken*⟩ sich hinstrecken ♦ *salopp*: sich hinhauen · alle viere von sich strecken; → *auch* schlafen (5)

hinlotsen: → hinführen

hinlümmeln, sich (*umg*): sich hinflegeln · sich hinfläzen; → *auch* lümmeln, sich

hinmachen: 1. → beeilen, sich – **2.** → töten (I, 1)

hinmetzeln: → töten (I, 1)

hinmorden: → töten (I, 1)

hinnehmbar: → annehmbar

hinnehmen: 1. ⟨*duldend tragen*⟩ sich gefallen lassen · sich bieten lassen ♦ *umg*: [hinunter]schlucken + die/eine Kröte/die bittere Pille schlucken; → *auch* dulden (1), abfinden (II, 2) – **2.** → annehmen (1) – **3.** mit h.: → hinführen

hinneigen: h. |zu|: → neigen (2)

Hinneigung, die: → Neigung (1)

hinnen: von h.: → fort (1); von h. scheiden: → sterben (1); von h. gehen: **a)** → sterben (1) – **b)** → weggehen (1)

hinopfern: → opfern (I, 1, b)

hinplumpsen: → hinfallen

hinpurzeln: → hinfallen

hinreden: vor sich h.: → murmeln

hinreichen: 1. → ausreichen (1) – **2.** → anbieten (I, 1) – **3.** → hinstrecken (I, 1)

hinreichend: → genug (1)

hinreißen: → begeistern (I), bezaubern

hinreißend: → bezaubernd

hinrennen: → hinlaufen

hinrichten: 1. ⟨*entsprechend dem Todesurteil töten*⟩ die Todesstrafe vollstrecken · exekutieren ♦ *gehoben:* richten · vom Leben zum Tode bringen/befördern; → *auch* töten (I, 1), enthaupten, erhängen (I) – **2.** durch das Beil h.: → enthaupten

Hinrichtung, die: Exekution

Hinrichtungsplatz, der: → Richtstätte

hinsagen: vor sich h.: → murmeln

hinsausen: → hinfallen

hinschaffen: → hinbringen (1), hinführen

hinschauen: → hinsehen

hinschaukeln: → bewerkstelligen

hinscheiden: → sterben (1)

Hinscheiden, das: → Tod (1)

Hinschied, der: → Tod (1)

hinschlachten: → töten (I, 1)

Hinschlachten, das: → Blutbad

Hinschlachtung, die: → Blutbad

hinschlagen: → hinfallen

hinschleifen: → hinführen

hinschleppen: 1. → hinbringen (1) – **2.** → verzögern (I)

hinschmeißen: 1. → wegwerfen (I, 1) – **2.** → aufgeben (3) – **3.** den Laden h.: → aufgeben (3); den Kram/Krempel h.: **a)** → aufgeben (3) – **b)** → kündigen (1)

hinschmieren: → hinfallen

hinschwinden: → vergehen (I, 1)

hinsegeln: → hinfallen

hinsehen: hinschauen; hinstarren (*oft abwert*) ♦ *umg:* hingucken ♦ *salopp:* hinglotzen (*abwert*)

hinsetzen: I. hinsetzen: **1.** → absetzen (I, 1) – **2.** einen Haufen h.: → austreten (2) – **II.** hinsetzen, sich: → setzen (II, 1)

Hinsicht, die: **1.** → Gesichtspunkt (1) – **2.** in H. auf: → hinsichtlich; in jeder H.: → ganz (1)

hinsichtlich: betreffs · bezüglich · in Bezug auf · mit Bezug auf · unter/mit Bezugnahme/Beziehung auf · in Hinsicht auf · im Hinblick auf · in Anbetracht · mit Rücksicht auf; rücksichtlich · in puncto · in Sachen · in Betreff (*amtsspr*); → *auch* wegen (1)

hinsiechen: → Sterben

hinsinken: → hinfallen

hinspucken: wo man hinspuckt: → überall (1)

hinstarren: → hinsehen

hinstellen: 1. → absetzen (I, 1), aufstellen (I, 2), stellen (I, 1) – **2.** → darstellen (I, 1, a) – **3.** h. |als|: → bezeichnen (I, 3, a)

hinsterben: → sterben (1)

hinsteuern: h. |auf|: → ausgehen (8)

hinstrecken: I. hinstrecken: **1.** ⟨*zum Ergreifen hinhalten*⟩ [hin]reichen · entgegenstrecken – **2.** → töten (I, 1) – **II.** hinstrecken, sich: → hinlegen (II)

hinstreichen: h. |über|, darüber h.: → streichen (6)

hinstürmen: → hinlaufen

hinstürzen: 1. → hinfallen – **2.** → hinlaufen

hintan: → hintenan

hintanbleiben: → zurückbleiben (1)

hintanhalten: → aufhalten (I, 1)

hintanlassen: → auslassen (I, 1)

hintansetzen: 1. → benachteiligen – **2.** → zurückstellen (2)

Hintansetzung, die: unter H. der eigenen Person: → selbstlos

hintanstellen: 1. → benachteiligen – **2.** → zurückstellen (2)

hinten: 1. a) ⟨*im bzw. am od. beim letzten Teil*⟩ zuhinterst · am Ende/Schluss; rückwärts (*südd österr*); achtern · achteraus (*seem*) – **b)** ⟨*auf der Seite, die hinter einem liegt*⟩ dahinter · rückseitig · rückseits · im Rücken · auf der Rückseite/Kehrseite; rückwärts (*südd österr*) – **2.** → dahinten, hintenan – **3.** nach h.: **a)** ⟨*in Richtung auf den letzten Teil*⟩ hinterwärts; hinter (*landsch*) – **b)** → rückwärts (1) – **c)** → zurück (1); von h.: → hinterrücks (1); h. dran: → hint[en]an; von vorn bis h.: → ganz (1); dort h.: → dahinten

hint[en]an: hinten ♦ *umg:* hinten dran

hintenansetzen: 1. → benachteiligen – **2.** → zurückstellen (2)

hintenanstellen

hintenanstellen: 1. → benachteiligen – **2.** → zurückstellen (2)

hintenherum: 1. → heimlich (1) – **2.** → mittelbar

hintennach: → hinterher (1), danach (1)

hintenüber: → rückwärts (1)

hintenüberfallen: hintenüberschlagen · hintenüberkippen · hintenübersinken

hintenüberkippen: → hintenüberfallen

hintenüberlegen: → zurücklegen (2)

hintenüberschlagen: → hintenüberfallen

hintenübersinken: → hintenüberfallen

hinter: 1. → hinten (3, a) – **2.** eins h. dem anderen: → hintereinander (1); kommen ⌐h.⌐: → ergründen (1); stehen ⌐h.⌐: → unterstützen (I, 1); h. dem Rücken: → heimlich (1); h. sich bringen: **a)** → bestehen (2) – **b)** → überstehen (1) – **c)** → durchmachen (1); h. sich lassen: → überholen (I, 1); nicht h. dem Berg halten ⌐mit⌐: → aussprechen (I, 5)

Hinterbacken *(Pl)*: → Gesäß

Hinterbänkler, der: → Nebenfigur

Hinterbein, das: sich auf die Hinterbeine stellen: → widersetzen, sich

Hinterbliebene, der: → Erbe (I, 1)

hinterbringen: I. hinterbringen: **1.** → hintertragen – **2.** → schlucken (1) – **II.** hinterbringen: ⟨*heimlich informieren*⟩ verraten · zutragen · zubringen · zuflüstern + kolportieren ♦ *umg:* zublasen · stecken; → *auch* mitteilen (I)

Hinterdeck, das: Achterdeck *(seem)*

hinterdrein: 1. → hinterher (1) – **2.** h. jagen: → nacheilen; h. kommen/laufen: → folgen (1)

Hintere, der: → Gesäß

hintereinander: 1. ⟨*eins dem anderen folgend*⟩ eins hinter dem anderen · in Reih und Glied ♦ *umg:* im Gänsemarsch – **2.** → nacheinander – **3.** h. stellen: → aufreihen (2)

Hintereinander, das: → Reihenfolge

hintereinanderweg: 1. → ununterbrochen – **2.** flüssig (2)

hinterfragen: → prüfen (1)

Hinterfront, die: → Rückseite (1)

hintergehen: ein falsches Spiel treiben · falsch spielen · ein doppeltes Spiel spielen; → *auch* betrügen (1)

Hintergrund, der: **1.** ⟨*das Hintere des zu Sehenden*⟩ Fond; Prospekt *(veraltend)* + Background · Grund – **2.** → Ursache – **3.** in den H. drängen: → verdrängen (1); im H. bleiben, sich im H. halten: → zurückhalten (II, 1)

hintergründig: → geheimnisvoll (1)

hinterhaken: → nachforschen

Hinterhalt, der: in einen H. locken: → überlisten; im H. liegen: → lauern (1)

hinterhältig: → hinterlistig

Hinterhältigkeit, die: → Hinterlist

hinterher: 1. ⟨*ganz am Ende kommend*⟩ hinterdrein · [hinten]nach + hinten · nachstehend · nachträglich ♦ *umg:* als Schlusslicht – **2.** → danach (1) – **3.** → folgend (a) – **4.** h. sein: **a)** → Verlangen (4) – **b)** → verfolgen (1) – **c)** → Verzug (3, a)

hinterherblicken: → nachsehen (1)

hinterhergehen: → folgen (1)

hinterherhinken: 1. → Verzug (3, a) – **2.** → zurückbleiben (1)

hinterherjagen: 1. → verfolgen (1) – **2.** → nacheilen

hinterherlaufen: 1. → folgen (1) – **2.** → verfolgen (1)

hinterhermachen: → verfolgen (1)

hinterherrennen: → nacheilen

hinterherschauen: → nachsehen (1)

hinterhersehen: → nachsehen (1)

hinterhersetzen: → verfolgen (1)

hinterherstürzen: → nacheilen

hinterherziehen: → folgen (1)

hinterherzockeln: → folgen (1)

hinterherzuckeln: → folgen (1)

hinterkippen: → trinken (1, a)

Hinterland, das: Etappe · Etappengebiet *(milit)*

hinterlassen: 1. → vererben – **2.** → zurücklassen (1)

Hinterlassenschaft, die: Erbe · Erbschaft · Erblassenschaft · Erbteil · Nachlass · Nachlassenschaft

hinterlegen: deponieren · in Verwahrung geben + sicherstellen

Hinterlist, die: Heimtücke · Hinterhältigkeit · Arglist · Hinterlistigkeit · Verschlagenheit + Verstecktheit; → *auch* Bosheit, Intrige

hinterlistig: heimtückisch · hinterhältig · arglistig · verschlagen · bösartig; hintertückisch *(landsch)* + versteckt · aalglatt · falsch; → *auch* boshaft (1), intrigant

Hinterlistigkeit, die: → Hinterlist

Hintermann, der: **1.** ⟨*verborgen Handelnder*⟩ Anstifter · Einfädler · Auftraggeber; Drahtzieher *(abwert)* + graue Eminenz ·

396

Schattenmann ♦ *umg*: Strippenzieher · Macher (*abwert*) – **2.** → Zuträger

Hintern, der: **1.** → Gesäß – **2.** den H. versohlen: → züchtigen (1); in den H. kriechen: → einschmeicheln, sich; Zucker in den H. blasen: → verwöhnen; Feuer unter dem H. machen, Pfeffer in den H. blasen: → antreiben (2); sich den H. wegreißen: → übereifrig; sich in den H. beißen können: → ärgern (II, 1)

hinterrücks: von hinten · meuchlings

hinterschaffen: → hintertragen

hinterschlingen: → schlucken (1)

hinterschlucken: → schlucken (1)

Hinterseite, die: → Rückseite (1)

hintersinnig: → schwermütig

Hintersitz, der: → Rücksitz

Hinterste, der: → Gesäß

Hintersteven, der: → Gesäß

Hinterteil, das: → Gesäß

hintertragen (*landsch*): hinterbringen · hinterschaffen

Hintertreffen, das: ins H. geraten: → leer (4)

hintertreiben: → vereiteln

Hintertreibung, die: → Vereitelung

Hintertreppengeflüster, das: → Gerede (1)

hintertückisch: → hinterlistig

Hintertür, die: **1.** → Ausweg – **2.** durch die H.: → heimlich (1); sich [stets] eine H./ein Hintertürchen offen halten: → versichern (II, 2)

Hinterviertel, das: → Gesäß

hinterwäldlerisch: 1. → rückständig – **2.** → ländlich

hinterwärts: → hinten (3, a)

hinterziehen: → unterschlagen (1)

Hinterziehung, die: → Unterschlagung

hintragen: → hinbringen (1)

hintreten: wo man hintritt: → überall (1)

hinüber: 1. ⟨*über etw. Trennendes hinweg*⟩ nach drüben – **2.** → verbraucht (1) – **3.** → entzwei – **4.** → betrunken (1) – **5.** → tot (1)

hinüberdämmern: → einschlafen (1), sterben (1)

hinüberfahren: übersetzen · überholen

hinübergehen: → sterben (1)

hinüberhelfen: → überbrücken

hinüberschlummern: → sterben (1)

hinüberwechseln: → überschreiten

Hin und Her, das: **1.** → Gewoge (1) – **2.** → Durcheinander (2) – **3.** → Tauziehen

hinunter: hinab · abwärts · in die Tiefe · nach unten · nieder · erdwärts ♦ *gehoben*: niederwärts · himmelab; → *auch* bergab (1), herunter (1)

hinunterblicken: 1. ⟨*seinen Blick nach unten richten*⟩ hinabblicken · hinabschauen · hinunterschauen · hinabsehen · hinuntersehen · herabschauen · herabsehen · herabblicken – **2.** h. ⎸auf⎹: → verachten (1)

hinuntergießen: → trinken (1, a)

hintergleiten: → abgleiten (2)

hinunterkippen: → trinken (1, a)

hinunterlassen: → herunterlassen

hinunterrutschen: → abgleiten (2)

hinunterschauen: 1. → hinunterblicken (1) – **2.** h. ⎸auf⎹: → verachten (1)

hinunterschlingen: → schlucken (1)

hinunterschlucken: 1. → schlucken (1) – **2.** → hinnehmen (1) – **3.** → unterdrücken (2)

hinuntersehen: 1. → hinunterblicken (1) – **2.** h. ⎸auf⎹: → verachten (1)

hinuntersteigen: → absteigen (1)

hinunterstürzen: 1. → fallen (1) – **2.** → trinken (1, a)

hinuntertrinken: → trinken (1, a)

hinunterwürgen: 1. → schlucken (1) – **2.** → unterdrücken (2)

hinunterziehen: → verderben (1)

hinvegetieren: → dahinleben

hinweg: darüber h. sein: → überstanden

Hinweg, der: → Anfahrt (1)

hinwegfegen: → zerstören (2)

hinweggehen: h. ⎸über⎹: → übersehen (I, 1)

hinweghelfen: h. ⎸über⎹: → überbrücken

hinwegkommen: h. ⎸über⎹: → überwinden (I, 1)

hinwegsehen: h. ⎸über⎹: **a)** → übersehen (I, 1) – **b)** → absehen (4, a)

hinwegsetzen, sich: sich h. ⎸über⎹: → überwinden (I, 1)

Hinweis, der: Fingerzeig · Andeutung · Anspielung · Tipp · Wink · Bemerkung; Aviso (*österr*) + Geheimtipp ♦ *umg*: Wink mit dem Zaunpfahl/Laternenpfahl; → *auch* Rat (1)

hinweisen: h. ⎸auf⎹: hindeuten ⎸auf⎹ · hinzeigen ⎸auf⎹ · [ver]weisen ⎸auf⎹ · aufmerksam machen ⎸auf⎹ · ins Blickfeld rücken · mit den Fingern zeigen ⎸auf⎹ · den Finger auf die Wunde legen · ein Schlaglicht werfen ⎸auf⎹ + andeuten ♦ *umg*: mit

hinwelken

der Nase stoßen |auf|; → *auch* zeigen (I, 1)

hinwelken: → welken (1)

hinwenden, sich: → zuwenden (II, 1)

hinwerfen: 1. → zuwerfen (1) – **2.** → aufgeben (3) – **3.** den Fehdehandschuh/Handschuh h.: → herausfordern; ein paar Brocken h.: → abfinden (I, 1); den Laden h.: → aufgeben (3); den Kram/Krempel h.: **a)** → aufgeben (3) – **b)** → kündigen (1)

hinwieder[um]: → dagegen (2)

hinzeigen: h. |auf|: → hinweisen

hinziehen: I. hinziehen: → verzögern (I) – **II.** hinziehen, sich: → verzögern (II)

hinzielen: h. |auf|: → abzielen

hinzudrängen: → anschließen (II, 1)

hinzufügen: 1. ⟨*ergänzend sagen*⟩ ergänzen · hinzusetzen · zufügen · hinzutun – **2.** → beigeben (1)

Hinzufügung, die: → Ergänzung (1)

hinzugesellen, sich: → hinzukommen

hinzuholen: 1. → bringen (1) – **2.** → heranziehen (1)

hinzukommen: dazukommen · hinzutreten · sich dazugesellen · sich hinzugesellen + hineingeraten; → *auch* anschließen (II, 1)

Hinz und Kunz: → jedermann

hinzunehmen: → einbeziehen

hinzurechnen: → einbeziehen

hinzurufen: → herbeirufen (1)

hinzusetzen: → hinzufügen (1)

hinzustoßen: → anschließen (II, 1)

hinzuströmen: → anschließen (II, 1)

hinzutreten: → hinzukommen

hinzutun: → hinzufügen (1)

hinzuzählen: → einbeziehen

hinzuziehen: → heranziehen (1)

Hiobsbotschaft, die: → Schreckensnachricht

¹Hippe, die: → Sense (1)

²Hippe, die: → Xanthippe

³Hippe, die: → Ziege (1)

Hippie, der: Blumenkind; → *auch* Gammler

Hippodrom, der *od.* **das:** → Reitbahn

Hirn, das: 1. ⟨*Teil des Zentralnervensystems*⟩ Gehirn; Bregen (*norddt*) – **2.** → Verstand (1) – **3.** das/sein H. strapazieren/zermartern: → nachdenken (1)

Hirngespinst, das: → Einbildung (1), Erfindung (1)

Hirnhautentzündung, die: Meningitis (*med*)

Hirni, der: → Dummkopf (2)

hirnlos: → dumm (1)

hirnrissig: 1. → sinnlos (1) – **2.** → widersinnig (1) – **3.** → verrückt (1)

Hirnschlag, der: → Schlaganfall

hirnverbrannt: 1. → sinnlos (1) – **2.** → verrückt (1)

Hirsch, der: flink wie ein H.: → schnell (1, a)

Hirschfänger, der: → Dolch

Hirt, der: Hüter; Halter (*österr*) + Gaucho · Cowboy; → *auch* Hütejunge

Hirte, der: 1. → Beschützer – **2.** → Geistliche

hissen: aufhissen · [auf]heißen · hochziehen; → *auch* flaggen

Historie, die: → Geschichte (1)

historisch: → geschichtlich (1)

Hit, der: → Schlager (1), Verkaufsschlager

Hitliste, die: Charts

Hitsche, die: → Fußbank

Hitze, die: 1. ⟨*sehr hohe Temperatur*⟩ Siedehitze · Glut[hitze] · Sommerhitze; Bruthitze (*abwert*) + Wärme · Schwüle ♦ *gehoben:* Gluthauch · Brand ♦ *salopp:* Affenhitze · Bullenhitze (*abwert*) – **2.** in der H. des Gefechts: → versehentlich; in H. geraten: → erzürnen (2)

hitzig: → aufbrausend

Hitzkopf, der: Heißsporn · Brausekopf · Feuerkopf · Choleriker · heißes Blut + Draufgänger · Fanatiker · Enthusiast · Wirrkopf ♦ *umg:* Kribbelkopf · Rappelkopf

hitzköpfig: → aufbrausend

Hobby, das: → Liebhaberei

Hobbybastler, der: → Bastler

Hobbyhandwerker, der: → Bastler

Hobbywerker, der: → Bastler

hoch: 1. ⟨*sich weit nach oben erstreckend*⟩ hoch ragend · haushoch · turmhoch · himmelhoch · klafterhoch; → *auch* groß (2) – **2.** → herauf, hinauf – **3.** h. gestellt: ⟨*in gehobener Stellung*⟩ hoch stehend · hochrangig · von hohem Rang – **4.** h. stehend: → 3; h. achten: **a)** → achten (1) – **b)** → verehren (1); h. aufgeschossen: → groß (2); h. ragend: → 1; h. schätzen: **a)** → achten (1) – **b)** → verehren (1); von hohem Wuchs: → groß (2); höher machen: → erhöhen (I, 1); hohes Tier: → Hochgestellte; von hohem Rang: → 3; von hoher Abkunft: → adlig (1); in hohem Grade/Maße: → sehr; in hohem Alter: → alt (1); h. und heilig verspre-

Hochlautung

chen: → versprechen (I, 1); eine hohe Meinung haben |von|: → achten (1); h. im Kurs stehen: → angesehen (2); die Nase h. tragen, h. hinauswollen: → eingebildet (3); zu h.: → unverständlich (1); zu h. greifen: → verschätzen, sich; [sein Geld] auf die hohe Kante legen: → sparen (1); die Latte h. hängen: → erschweren; höhere Mathematik: → unverständlich (1)

Hoch, das: **1.** ⟨*Gebiet hohen Luftdrucks*⟩ Hochdruckgebiet · Hochdruckzone; Antizyklone (*Met*) – **2.** → Hochruf – **3.** ein H. ausbringen |auf|: → ehren

hochachtbar: → achtbar (1)

Hochachtung, die: **1.** → Achtung (1) – **2.** → Ehrfurcht

Hochadel, der: → Adel (1)

Hochamt, das (*kathol*): + Pontifikalamt; → *auch* Gottesdienst

hochanständig: → anständig (1)

Hochantenne, die: Freiluftantenne · Dachantenne

hocharbeiten, sich: → emporarbeiten, sich

hochbedeutend: → wichtig (1)

hochbedeutsam: → wichtig (1)

hochbegabt: → begabt

hochbejahrt: → alt (1)

hochbetagt: → alt (1)

Hochbetrieb, der: → Trubel (1)

hochbinden: → aufbinden (2)

hochblicken: → aufsehen (1)

Hochblüte, die: → Blütezeit

hochbringen: 1. → ärgern (I) – **2.** → fördern (1) – **3.** → heben (I, 1) – **4.** → heilen (1) – **5.** → aufziehen (3, b)

Hochdruck, der: → Anstrengung (1)

Hochdruckgebiet, das: → Hoch (1)

Hochdruckzone, die: → Hoch (1)

Hochebene, die: Hochfläche · Hochplateau · Plateau · Platte; → *auch* Gebirge

hochexplosiv: → explosiv

hochfahren: → auffahren (1)

hochfahrend: → überheblich

Hochfinanz, die: → Finanzkapital

Hochfläche, die: → Hochebene

Hochflut, die: **1.** → Flut (1) – **2.** → Andrang (1)

hochgebildet: → gebildet

Hochgebirgstouristik, die: → Alpinistik

hochgeboren: → adlig (1)

Hochgefühl, das: → Freude (1)

hochgehen: 1. → aufsteigen (1) – **2.** → aufgehen (2) – **3.** → explodieren (1) – **4.** →

aufbrausen (2) – **5.** h. lassen: → verraten (1); es ist um an den Wänden hochzugehen: → verzweifeln (2)

hochgelahrt: → gelehrt (1)

hochgemut: → fröhlich (1)

Hochgenuss, der: **1.** → Freude (2) – **2.** → Leckerbissen

Hochgericht, das: → Galgen (1)

hochgerüstet: waffenstarrend

hochgeschätzt: 1. → verehrt – **2.** → angesehen (1)

Hochgestellte, der: Großkopfete (*landsch abwert*) ♦ *umg:* hohes/großes Tier; → *auch* Persönlichkeit (I, 2)

hochgestochen: → überheblich

Hochglanz, der: **1.** → Glanz (3) – **2.** auf H. polieren: → polieren (1)

hochglänzend: → glänzend (1)

hochgradig: → stark (1)

hochhalten: 1. → ehren – **2.** die Fahne h.: → aushalten (2)

Hochhaus, das: + Wolkenkratzer · Punkthaus

hochheben: 1. ⟨*vom Damenrock, Kleid gesagt: ein wenig anheben*⟩ raffen · aufnehmen · [auf]schürzen · heben – **2.** → ¹anheben, heben (I, 1) – **3.** → aufheben (2)

hochheilig: → heilig (1)

hochhelfen: → aufhelfen (1)

hochherrschaftlich: → vornehm (1)

hochherzig: groß denkend · groß gesinnt · großherzig · großmütig · ritterlich · edel[mütig] · edelherzig · edelsinnig · edel denkend · hochsinnig · nobel + vornehm · adlig · aristokratisch; → *auch* selbstlos

Hochherzigkeit, die: Großmut · Großmütigkeit · Edelmut · Edelsinn · Hochsinn; → *auch* Selbstlosigkeit

hochhieven: → hochziehen (1)

hochjazzen: → übertreiben (2)

hochkarätig: → berühmt (1)

hochklappen: → aufschlagen (5)

hochklettern: → hinaufklettern

hochkommen: → Erfolg (2)

Hochkonjunktur, die: Prosperität · Aufschwung + Hausse · Rush · Boom · Wirtschaftsaufschwung

hochkonzentriert: → konzentriert (1)

hochkrempeln: 1. → aufkrempeln – **2.** die Ärmel h.: → zugreifen (1)

Hochlautung, die: Bühnenaussprache; → *auch* Hochsprache

hochleben

hochleben: h. lassen: → ehren
höchlich[st]: → sehr
hochmodern: → ²modern (1)
Hochmut, der: → Überheblichkeit
hochmütig: → überheblich
Hochmütigkeit, die: → Überheblichkeit
hochnäsig: → überheblich
hochnehmen: 1. → heben (I, 1) – **2.** → verspotten – **3.** → betrügen (1) – **4.** → unschädlich (2)
hochpäppeln: → auffüttern
Hochplateau, das: → Hochebene
hochpreisen: → loben (1)
hochpreisig: → teuer
hochprozentig: → konzentriert (1)
hochpushen: → fördern (1)
hochrangig: → hoch (3)
hochrappeln, sich: → erholen, sich (1)
hochreißen: → hochzerren
hochrichten: → aufrichten (I, 1)
hochrot: → rot (1)
Hochruf, der: Hoch · Lebehoch · Hurra; Vivat (*veraltet*); → *auch* Jubel
hochrund: → bauchig (1)
Hochschätzung, die: → Achtung (1)
Hochschaubahn, die: → Achterbahn
hochschauen: → aufsehen (1)
hochschaukeln: → übertreiben (2)
hochscheuchen: → aufscheuchen
hochschlagen: 1. → aufflammen (1) – **2.** → aufschlagen (5)
hochschnellen: → auffahren (1)
hochschrauben: → verteuern (I)
Hochschulabsolvent, der: → Akademiker (1)
Hochschule, die: → Universität
Hochschüler, der: → Student (1)
hochschwingen, sich: → aufschwingen, sich (1)
Hochsinn, der: → Hochherzigkeit
hochsinnig: → hochherzig
Hochsitz, der: Hochstand; Jagdkanzel · Kanzel (*weidm*); → *auch* ²Anstand
hochsommerlich: → sommerlich (1)
Hochspannung, die: → Spannung (1)
hochspielen: → übertreiben (1)
Hochsprache, die: + Schriftsprache · Standardsprache · Gemeinsprache; → *auch* Hochlautung
hochsprachlich: schriftsprachlich + dialektfrei
höchst: 1. ⟨*das Maximum erreichend*⟩ größtmöglich; → *auch* letztmöglich – **2.** →

sehr – **3.** aufs Höchste, in höchstem Grade: → sehr; höchste Zeit: → eilig (2); der höchste Richter: → Gott (1, a); das höchste Wesen: → Gott (1, b); in den höchsten Tönen loben: → loben (1)
Hochstand, der: → Hochsitz
Hochstapler, der: → Betrüger
Höchste: I. Höchste, der: → Gott (1, a) – **II. Höchste, das:** → Höchstmaß
hochstecken: → aufbinden (2)
hochstehen: → sträuben, sich (1)
hochsteigen: 1. → hinaufklettern – **2.** → emporfliegen, aufsteigen (1)
höchsteigen: → persönlich (1)
höchstens: → allenfalls (1)
Höchstfall, der: im H.: → allenfalls (1)
Höchstgeschwindigkeit, die: → Spitzengeschwindigkeit
Höchstleistung, die: → Spitzenleistung (1)
Höchstmaß, das: Maximum · Optimum · das Höchste + Höchstwert · Höchststand; → *auch* Höhepunkt
hochstrebend: → strebsam
hochstrecken: → aufheben (2)
hochstreifen: → aufkrempeln
höchstselbst: → persönlich (1)
Höchststand, der: → Höchstmaß
höchstwahrscheinlich: → wahrscheinlich
Höchstwert, der: → Höchstmaß
Hochtechnologie, die: Hightech
hochtönend: → prahlerisch, schwülstig
Hochtourist, der: → Bergsteiger
Hochtouristik, die: → Alpinistik
hochtrabend: → schwülstig
hochtragend: → trächtig
hochtreiben: → verteuern (I)
hochverehrt: → verehrt
Hochverrat, der: + Landesverrat; → *auch* Verrat (1)
hochverschuldet: → verschuldet (1)
Hochwasser, das: 1. → Flut (1) – **2.** → Überschwemmung
hochwerfen: emporwerfen · in die Höhe werfen
hochwertig: → wertvoll (1)
hochwillkommen: → willkommen (1)
hochwirksam: → wirksam (1)
hochwohlgeboren: → adlig (1)
hochwuchten: → heben (I, 1), stemmen (1)
hochwürdig: → verehrt
Hochzeit, die: 1. ⟨*Fest der Eheschließung*⟩ Hochzeitsfeier · Hochzeitsfest – **2.** → Heirat

400

Höhe

– **3.** H. feiern / halten / machen: → heiraten (1)

Hochzeiter, der: → Bräutigam

Hochzeiterin, die: → Braut

Hochzeitsfeier, die: → Hochzeit (1)

Hochzeitsfest, das: → Hochzeit (1)

hochzerren: hochreißen · hochziehen · aufreißen · aufzerren; → *auch* aufrichten (I, 1)

hochziehen: 1. ⟨*durch Ziehen nach oben befördern*⟩ nach oben / in die Höhe ziehen · hinaufziehen · heraufziehen · emporziehen + aufziehen · aufwinden · aufholen; [hoch]hieven (*seem*); → *auch* heben (I, 1) – **2.** → hissen – **3.** → bauen (1), errichten (1) – **4.** → hochzerren – **5.** → aufziehen (1)

Hochziel, das: → Ziel (3)

¹Hocke, die: **1.** ⟨*Körperstellung mit angezogenen Beinen*⟩ Hockstellung · Kauerstellung – **2.** in die H. gehen: → kauern (II)

²Hocke, die: → Puppe (3)

hocken: 1. → kauern (I) – **2.** → sitzen (1) – **3.** h. bleiben: → sitzen (6, a)

Hocker, der: Schemel · Sitz; Stockerl (*süddt österr*) + Dreibein · Puff

Höcker, der: → Buckel (1)

höckerig: 1. → bucklig (1) – **2.** → uneben (1)

Hockstellung, die: → ¹Hocke (1)

Hof, der: **1.** → Bauernhof – **2.** Haus und H.: → Anwesen; den H. machen: **a)** → flirten – **b)** → werben (2, a)

Hofadel, der: → Adel (1)

Hoffart, die: → Überheblichkeit

hoffärtig: → überheblich

hoffen: der [besten] Hoffnung sein · sich der Hoffnung hingeben · die Hoffnung / Erwartung hegen + harren; → *auch* wünschen (1)

Hoffnung, die: **1.** ⟨*das feste Glauben an das Eintreten des Gewünschten*⟩ Zuversicht · Erwartung · Glaube[n] + Blütentraum · Licht am Ende des Tunnels · Hoffnungsschimmer; → *auch* Optimismus, Vertrauen (1) – **2.** der [besten] H. sein, sich der H. hingeben, die H. hegen: → hoffen; die H. nicht aufgeben: → aushalten (2); seine H. begraben: → resignieren; die H. nehmen / rauben / erschüttern / zunichte machen: → entmutigen; guter H. / in H. sein: → schwanger (2); sich falschen Hoffnungen hingeben; → irren (II); sich keine falschen Hoffnung machen: → Illusion (3); seine H. setzen |auf|: → vertrauen; keine H. [mehr]

haben: → verzweifeln (1); ohne H.: → verzweifelt

hoffnungsfroh: → optimistisch (1)

hoffnungslos: 1. ⟨*ohne Aussicht auf ein gutes Ende*⟩ aussichtslos · ausweglos · verfahren · ohne Aussicht auf Erfolg · illusorisch – **2.** h. sein: ⟨*[von vornherein] keinen Erfolg versprechen*⟩ zu keinem Erfolg führen · keine Zukunft haben ♦ *umg*: der Ofen ist aus · da ist nichts zu wollen · daraus wird nichts ♦ *salopp*: Essig sein |mit| · sich abschminken können + schlechte Karten haben – **3.** ein hoffnungsloser Fall sein: → unverbesserlich (2)

Hoffnungslosigkeit, die: **1.** ⟨*die Gewissheit des Nichterfülltwerdens eigener Wünsche*⟩ Aussichtslosigkeit · Ausweglosigkeit – **2.** → Verzweiflung (1)

Hoffnungsschimmer, der: → Hoffnung (1)

Hoffnungsträger, der: → Vorbild (1)

hoffnungsvoll: → optimistisch (1)

Hoffront, die: → Rückseite (1)

Hofgesinde, das: → Gesinde

hofieren: → schmeicheln (1)

höflich: formgewandt · artig · galant · ritterlich · kavaliersmäßig · gentlemanlike · in aller Höflichkeit; chevaleresk (*veraltend*) + verbindlich; → *auch* freundlich (1), aufmerksam (2), umgänglich

Höflichkeit, die: **1.** ⟨*rücksichtsvoll-verbindl. Wesen*⟩ Galanterie · Ritterlichkeit · Courtoisie + Aufmerksamkeit · Gewandtheit · Verbindlichkeit; → *auch* ¹Anstand (1), Freundlichkeit (1) – **2.** in aller H.: → höflich

Höflichkeitsbesuch, der: Anstandsbesuch · Aufwartung + Antrittsbesuch · Visite; → *auch* Besuch (1)

Hofnarr, der: → Spaßmacher

Hofschranze, die: → Schmeichler

Hofseite, die: → Rückseite (1)

Hofzwerg, der: → Spaßmacher

Höhe, die: **1.** → Berg (I, 1), Hügel – **2.** → Ausmaß – **3.** in die H.: → hinauf; in die H. ziehen: → hochziehen (1); in die H. werfen: → hochwerfen; in die H. schießen: → wachsen (1); in die H. fahren: → auffahren (1), aufbrausen (2); das ist [ja] die H.: → unerhört (2); in die H. gehen: → aufbrausen (2); in die H. gehen / klettern: → steigen (1); in die H. schrauben: → verteuern (I); in die H. bringen: → fördern (1); nicht auf der H. sein, sich nicht auf der H. fühlen: → krank (2)

Hoheit

Hoheit, die: → Würde (1)
Hoheitsgebiet, das: → Staatsgebiet
hoheitsvoll: → würdevoll
Höhenflug, der: geistiger H.: → Gedankenflug
Höhenrücken, der: → Hügel
Höhenunterschied, der: → Gefälle (1)
Höhepunkt, der: Gipfel[punkt] · Glanzpunkt · Krönung · Kulmination · Nonplusultra · Highlight + Siedepunkt ♦ *umg:* Spitze; → *auch* Hauptattraktion, Höchstmaß
hohl: 1. ⟨*einen Hohlraum bzw. eine Einbuchtung aufweisend*⟩ ausgehöhlt · eingebogen + konkav *(fachspr)* – **2.** → dumpf (2) – **3.** → dumm (1) – **4.** h. machen: → aushöhlen (1); hohler Kopf: → Dummkopf (1); einen hohlen Schädel haben: → dumm (6); [nur] für den hohlen Zahn: → wenig (1); hohle Worte, hohle Phrase: → Phrase (1); eine hohle Hand haben: → bestechlich (2); eine hohle Hand machen: **a)** → bestechlich (2) – **b)** → betteln (1); h. klingend: → dumpf (2)
Höhle, die: **1.** ⟨*Hohlraum im Gestein, in der Erde*⟩ Grotte – **2.** → Wohnung (1), Bau (3) – **3.** sich in die H. des Löwen begeben: → gefährden (II)
höhlen: → aushöhlen (1)
Hohlheit, die: → Geistlosigkeit
Hohlkopf, der: → Dummkopf (1)
hohlköpfig: → dumm (1)
Hohlraum, der: + Vakuum
Höhlung, die: → Vertiefung (1)
Hohlweg, der: Engpass · Enge; → *auch* Schlucht
Hohn, der: **1.** → Spott (1) – **2.** voll[er] H.: → spöttisch; H. sprechen: → widersprechen (2); H. und Spott ernten: → blamieren (II); mit H. überschütten: → verhöhnen
höhnen: → spotten (1)
höhnisch: 1. → spöttisch – **2.** → schadenfroh (1)
Hokuspokus, der: **1.** → Unsinn (1, a) – **2.** → Zauberei – **3.** H. machen/treiben: → zaubern
hold: 1. → anmutig – **2.** → schön (1) – **3.** → wohlgesinnt – **4.** die holde Weiblichkeit: → Frau (1)
Holde: I. Holde, der: → Geliebte (I) – **II.** Holde, die: → Geliebte (II)
Holder, der: → Holunder
Holdrio, das: → Freudenruf (1)

holdselig: 1. → anmutig – **2.** → schön (1)
Holdseligkeit, die: **1.** → Anmut – **2.** → Schönheit (1)
holen: 1. ⟨*sich an einen anderen Ort begeben u. etw. von dort herbeibringen*⟩ herzuholen · abholen + fortholen · wegholen ♦ *umg:* herholen; → *auch* beschaffen (1), bringen (1) – **2.** → verhaften – **3.** sich h.: → zuziehen (I, 4); sich etw. h.: → anstecken (II); sich eine Abfuhr h.: → abblitzen (1); tief Luft h.: → aufatmen (1)
Hölle, die: **1.** ⟨*Ort der Qualen in der christl. Religion*⟩ Inferno · Ort der Finsternis / Verdammnis · ewige Finsternis / Verdammnis; → *auch* Unterwelt (1) – **2.** Fürst der H.: → Teufel (1); die H. heiß machen: → bedrängen (1); das Leben zur H. machen: → quälen (I, 2); Himmel und H. in Bewegung setzen: → versuchen (I, 4); zur H. wünschen: → verwünschen (1); die grüne H.: → Urwald; zur H. fahren: → sterben (1)
Höllenangst, die: → Angst (1)
Höllenbrand, der: → Durst (1)
Höllendurst, der: → Durst (1)
Höllenfürst, der: → Teufel (1)
Höllenlärm, der: → Lärm (1)
Höllenmaschine, die: → Bombe (1)
Höllenqual, die: → Qual (1)
Höllenspektakel, der: → Lärm (1)
Höllenspuk, der: → Gespenst (1)
höllisch: → sehr
Holper, der: **1.** → Erschütterung (1) – **2.** → Bodenerhebung
holperig: 1. → uneben (1) – **2.** → stockend
holpern: stoßen · rumpeln · rattern ♦ *umg:* stuckern · schuckeln *(landsch)*
Holperstraße, die: Buckelpiste
holterdiepolter: → eilig (1)
Holunder, der: → Holder ♦ Flieder *(landsch)*
Holz, das: **1.** → Wald (1) – **2.** aus H.: → hölzern (1); wie ein Stück H.: → steif (2); H. sägen: → schnarchen; viel H. vor der Hütte haben: → vollbusig (2)
Hölzchen, das: → Zündholz
Holzerei, die: **1.** → Schlägerei – **2.** → Regelwidrigkeit
hölzern: 1. ⟨*aus Holz bestehend bzw. hergestellt*⟩ aus Holz – **2.** → steif (2)
Holzklotz, der: → Klotz (1)
Holzkopf, der: → Dummkopf (1)
Holzlatschen *(Pl)*: → Holzpantoffeln
Holzmehl, das: → Sägespäne
Holzpantinen *(Pl)*: → Holzpantoffeln

402

hören

Holzpantoffeln (*Pl*): Holzschuhe; Holzpantinen (*landsch*) ♦ *umg*: Holzlatschen; Pantinen · Klumpen (*landsch*) ♦ *salopp*: Klotzkorken (*landsch*); → *auch* Pantoffeln (II)
Holzschuhe (*Pl*): → Holzpantoffeln
Holzspan, der: → Span (1)
Holzsplitter, der: Splitter; Schiefer (*bes. österr*)
Holzweg, der: auf dem H. sein, auf den H. geraten: → irren (II)
Homebanking, das: → Direktbanking
Homepage, die: → Webseite
Homeshopping, das: Internetshopping · Interneteinkauf · Onlineshopping · Onlineeinkauf
homo: → homosexuell (a)
Homo, der: → Homosexuelle (I)
Homoehe, die: Schwulenehe; homosexuelle Lebenspartnerschaft (*Rechtsw*)
homoerotisch: → homosexuell (a)
homogen: → einheitlich (1)
homophil: → homosexuell (a)
Homophile: I. Homophile, der: → Homosexuelle (I) – **II.** Homophile, die: → Homosexuelle (II)
homophon: → einstimmig (1)
Homo sapiens, der: → Mensch (I, 1)
homosexuell: ⟨*zum gleichen Geschlecht hinneigend*⟩ **a)** ⟨*allgemein*⟩ gleichgeschlechtlich · invertiert · homoerotisch · homophil ♦ *umg*: andersherum · vom anderen Ufer · homo ♦ *salopp*: tuntig – **b)** ⟨*unter Frauen*⟩ lesbisch · sapphisch – **c)** ⟨*unter Männern*⟩ schwul
Homosexuelle: I. Homosexuelle, der: ⟨*zum eigenen Geschlecht hinneigender Mann*⟩ Uranist · Urning · der Invertierte · der Homophile · Gayboy · Gay · der Schwule ♦ *umg*: warmer Bruder / Onkel + Strichjunge · Stricher · ♦ *salopp*: Schwuchtel · Tunte · Schwuli · Homo · Pupe · Hundertfünfundsiebziger ♦ *derb*: Arschficker; → *auch* Päderast – **II.** Homosexuelle, die: ⟨*zum eigenen Geschlecht hinneigende Frau*⟩ Urninde · Lesbierin · Tribade · die Invertierte · die Homophile ♦ *umg*: Lesbe
honett: → achtbar (1)
Honey, der: → Liebling (1)
Honig, der: süß wie H.: → schmeichlerisch; H. um den Bart / ums Maul schmieren: → schmeicheln (1)
Honiglecken, das: kein H. sein: → schwer (5)

Honigmonat, der: → Flitterwochen
Honigmond, der: → Flitterwochen
Honigschlecken, das: kein H. sein: → schwer (5)
honigsüß: 1. → süß (1) – **2.** → schmeichlerisch
Honigwochen (*Pl*): → Flitterwochen
Honneurs (*Pl*): **1.** → Ehrung – **2.** die H. machen: → willkommen (2)
honorabel: → ehrenvoll (1)
Honorar, das: → Vergütung (2)
Honoratioren (*Pl*): → Prominenz
honorieren: 1. → bezahlen (1) – **2.** → anrechnen (1)
honorig: → anständig (1)
Hooligan, der: → Raufbold
Hopfen, der: bei / an jmdm. ist H. und Malz verloren: → unverbesserlich (2)
Hopfenstange, die: → Lange
hopp: → vorwärts (1)
hoppeln: → hüpfen (1)
hopphopp: → schnell (2), vorwärts (1)
hoppla: → plump[s]
hoppnehmen: 1. → verhaften – **2.** → unschädlich (2)
hops: → **1.** tot (1) – **2.** → verloren (1)
Hops, der: → Sprung (1)
hopsen: → hüpfen (1), springen (1)
Hopser, der: → Sprung (1)
hopsgehen: 1. → sterben (1) – **2.** → verloren (4)
hopsnehmen: 1. → verhaften – **2.** → unschädlich (2)
Hörapparat, der: → Hörgerät
Horarium, das: → Gebetbuch
hörbar: vernehmlich · vernehmbar · ohrenfällig; → *auch* laut (1, a)
Hörbild, das: → Hörspiel
Hörbuch, das: → Audiobook
Horchaktion, die: → Abhöraktion
horchen: 1. → lauschen – **2.** an der Matratze h.: → schlafen (1, a)
Horcher, der: **1.** ⟨*horchende Person*⟩ Lauscher – **2.** → Ohr (1)
Horchlöffel, der: → Ohr (1)
¹Horde, die: → Obstgestell
²Horde, die: **1.** → ¹Schar (1) – **2.** → Bande
hören: 1. ⟨*Schall wahrnehmen*⟩ vernehmen · wahrnehmen – **2.** → erfahren (1) – **3.** → verstehen (I, 1) – **4.** → gehorchen (1) – **5.** h. | auf |: **a)** → gehorchen (1) – **b)** → beachten; h. lassen: → ausstoßen (1); läuten h.: → erfahren (1); jmdm. vergeht Hören und Se-

403

Hörensagen

hen: → staunen (1); sich h. lassen können: → beachtlich (5); die Flöhe husten/das Gras wachsen h.: → überklug (2)
Hörensagen, das: vom H.: → gerüchtweise
Hörer, der: → Student (1)
Hörerschaft, die: → Zuhörerschaft
Hörfolge, die: → Hörspiel
Hörfunk, der: → Rundfunk (1)
Hörgerät, das: Hörapparat
hörgeschädigt: → schwerhörig
hörig: 1. → verfallen (3) – 2. → leibeigen
Hörigkeit, die: Hörigkeitsverhältnis; → *auch* Knechtschaft (1), Unfreiheit
Hörigkeitsverhältnis, das: → Hörigkeit
Horizont, der: 1. ⟨*das Blickfeld begrenzende scheinbare Trennlinie zwischen Erde u. Himmel*⟩ Kimm[ung] · Sichtgrenze – 2. → Gesichtskreis (1) – 3. → Bildungsstand – 4. einen beschränkten H. haben: → beschränkt (4)
horizontal: 1. → waagerecht – 2. das horizontale Gewerbe: → Prostitution
Horizontale, die: → Prostituierte
Horn, das: 1. ⟨*tier. Substanz*⟩ Fischbein – 2. → Beule (1) – 3. → Gipfel (1) – 4. den Stier bei den Hörnern packen: → meistern; [mächtig] ins H. stoßen: → angeben (1); in dasselbe H. blasen/stoßen/tuten: → übereinstimmen (1); die Hörner zeigen: → verteidigen (II); Hörner aufsetzen: → betrügen (2, b)
Hornberger Schießen, das: ausgehen/enden wie das H.: → ergebnislos (2)
Hörnchen, das: Croissant; → *auch* Brötchen
hörnern: hornig ♦ *dicht*: hürnen
hornig: → hörnern
Hornochse, der: → Dummkopf (2)
Hornvieh, das: 1. → Vieh (1) – 2. → Dummkopf (2)
Hörorgan, das: → Ohr (1)
Horoskop, das: → Voraussage
horrend: → sehr
Horror, der: 1. → Abscheu (1) – 2. einen H. haben: **a)** → ängstigen (II, 1) – **b)** → ²grauen, sich
Horrorfilm, der: → Gruselfilm
Hörsaal, der: Auditorium · Vorlesungsraum · Vorlesungssaal
Horsd'œuvre, das: → Vorspeise
Hörspiel, das: Hörbild · Hörfolge + Feature
Horst, der: 1. → Nest (1) – 2. → Wäldchen
horsten: → nisten (1)

Hörsturz, der: → Taubheit
Hort, der: → Kinderhort
horten: aufhäufen · anhäufen · [auf]-speichern · stapeln ♦ *umg*: hamstern; → *auch* ansammeln (I), zusammentragen
Hortnerin, die: → Kindergärtnerin
Hortung, die: Anhäufung
Hörvermögen, das: → Gehör (1)
Hose: I. Hose, die: 1. ⟨*Kleidungsstück*⟩ Hosen; Beinkleid (*veraltet*) ♦ *umg*: Büx · Buxe (*norddt*) – 2. Jacke/Rock wie H.: → gleich (2); tote H.: **a)** → Langeweile (1) – **b)** → Trauerkloß; in die H. gehen: → scheitern (b) – II. Hosen (*Pl*): 1. → I, 1 – 2. die H. anhaben: → bestimmen (2); sich [tüchtig] auf die H. setzen: **a)** → fleißig (2) – **b)** → lernen (1); [sich] vor Angst [noch] in die H. machen, die H. [gestrichen] voll haben: → ängstigen (II, 1); die H. strammziehen: → züchtigen (1); das Herz fällt/rutscht jmdm. in die H.: → verzagen (1)
Hosenbein, das: Beinling ♦ *umg*: Bein
Hosenboden, der: sich [tüchtig] auf den H. setzen: **a)** → fleißig (2) – **b)** → lernen (1); den H. strammziehen/straffziehen: → züchtigen (1)
Hosenmatz, der: → Knirps
Hosenscheißer, der: → Feigling
Hosentasche, die: Sack (*süddt österr schweiz*)
Hosianna, das: → Freudenruf (1)
Hospital, das: → Krankenhaus
Hospitant, der: → Gast (2), Gasthörer
Hospitation, die: → Besuch (1)
Hospiz, das: → Hotel (1)
Hostel, das: → Jugendherberge
Hostess, die: → Prostituierte
Hotel, das: 1. ⟨*Haus für die Unterkunft Fremder*⟩ Gasthof · Gasthaus · Pension · Fremdenheim · Hospiz · Herberge · Fremdenherberge + Motel; → *auch* Unterkunft (1), Gästehaus – 2. → Gaststätte (1, a)
Hotelhalle, die: Halle · Vestibül · Empfangshalle · Lounge · Foyer
Hotelier, der: → Gastwirt
Hotte, die: → Korb (1)
Hottehü, das: → Pferd (1)
Hotto, das: → Pferd (1)
Hovercraft, das: → Luftkissenfahrzeug
Hübel, der: → Hügel
hüben: h. und/wie drüben: → beiderseits
hübsch: 1. ⟨*Gefallen weckend*⟩ niedlich · gefällig · ansprechend – 2. → schön (1)

404

Hundekälte

Hubschrauber, der: Helikopter; Heli (*schweiz*)

Hucke, die: 1. → Rückentrage – 2. die H. voll hauen: → verprügeln; die H. volllügen: → belügen

hucken: → kauern (I)

huckepack: h. tragen: → tragen (I, 1)

Hudelei, die: → Schlendrian (1), Pfuscherei

hudeln: → pfuschen (1)

Hudriwudri, der: → Schussel (I)

Hüftbild, das: → Bildnis

Hüftformer, der: → Hüfthalter

Hüftgürtel, der: → Hüfthalter

Hüfthalter, der: Hüftgürtel · Strumpfhaltergürtel · Hüftformer + Straps; → *auch* Korsett

Hügel, der: Erhebung · Anhöhe · Höhe · Höhenrücken; Hübel (*landsch*); Büh[e]l (*süddt österr*); → *auch* Berg (I, 1), Bodenerhebung

hügelig: gewellt · wellig + bucklig; → *auch* bergig

Huhn, das: 1. ⟨*Haustier*⟩ Haushuhn; Putput · Puthühnchen (*kinderspr*) + Henne – 2. → Ziege (2) – 3. fideles / lustiges H.: → Spaßvogel; da[rüber] lachen [ja] die Hühner: → lächerlich (3)

Hühnchen, das: ein H. rupfen |mit|: → belangen (1)

Hühnerauge, das: 1. ⟨*Hornhautverdickung auf den Zehen*⟩ Krähenauge · Leichdorn (*landsch*) – 2. auf die Hühneraugen treten: → kränken

Hühnerbrust, die: eine H. haben: → schmalbrüstig (2)

Hühnerglaube[n], der: → Aberglaube[n]

Hühnerleiter, die: → Treppe (1)

Hui, das: im H., in einem H.: → schnell (1, c)

Huld, die: → Wohlwollen (1)

huldigen: 1. ⟨*als Herrn anerkennen*⟩ Treue geloben – 2. → hingeben (II, 3) – 3. → verehren (1) – 4. → verschwören, sich (2)

Huldigung, die: 1. → Treuegelöbnis – 2. → Ehrung

huldreich: → wohlgesinnt

huldvoll: → wohlgesinnt

Hülle, die: 1. → Schutzhülle – 2. in H. und Fülle: → reichlich; die sterbliche H.: → Leiche (1); die sterbliche H. ablegen: → sterben (1)

hüllen: h. |in|: → einhüllen (1); sich in Schweigen h.: → schweigen (1 *u.* 2); in Dunkel gehüllt: → unklar (1)

hüllenlos: → nackt

Hülse, die: → ²Schale (1)

human: → menschlich

Humanismus, der: → Menschlichkeit

Humanist, der: → Menschenfreund

humanistisch: → menschlich

humanitär: 1. → menschlich – 2. → wohltätig

Humanitas, die: → Menschlichkeit

Humanität, die: → Menschlichkeit

Humbug, der: → Unsinn (1, a)

humid: → feucht (1)

Humidität, die: → Feuchtigkeit

Humor, der: 1. → Heiterkeit (1) – 2. → Witz (2) – 3. ohne H.: → humorlos (1); keinen H. haben: → humorlos (2)

humorig: → heiter (1)

Humorist, der: → Spaßmacher

humoristisch: → spaßig (1)

humorlos: 1. ⟨*nicht heiter-überlegen reagierend*⟩ ohne Humor ♦ *umg*: tierisch ernst – 2. h. sein: ⟨*nicht heiter-überlegen reagieren*⟩ keinen Humor haben · keinen Spaß verstehen

Humorlosigkeit, die: *umg*: tierischer Ernst

humorvoll: → heiter (1), spaßig (1)

Hümpel, der: → Haufen (1)

humpeln: → hinken

Humpen, der: → Glas (I, 1)

Hund, der: 1. ⟨*Haustier*⟩ Wauwau (*kinderspr*) ♦ *umg*: Vierbeiner; Promenadenmischung (*scherzh*); Kläffer (*abwert*); Blaffer (*landsch abwert*); Töle (*norddt abwert*) ♦ *salopp*: Hundevieh · Köter (*abwert*); → *auch* Jagdhund (I), Spürhund (1) – 2. → Schurke – 3. fauler H.: → Faulenzer (1); kein H.: → niemand; falscher H.: → Heuchler; das ist ein dicker H.: → unerhört (2); bekannt sein wie ein bunter / scheckiger H.: → verrufen (3); mit allen Hunden gehetzt: → raffiniert (1); wie H. und Katze: → unversöhnlich (1); treu wie ein H.: → treu (1); wie einen H. behandeln: → demütigen (I); auf den H. kommen: → verwahrlosen (1); auf den H. bringen: → ruinieren (I, 1); frieren wie ein junger H.: → frieren (1)

Hundearbeit, die: → Mühsal

hundeelend: 1. → elend (1) – 2. → unwohl (1)

Hundehütte, die: → Wohnung (1)

hundekalt: → kalt (1)

Hundekälte, die: → Kälte

405

Hundekoppel

Hundekoppel, die: → Jagdhund (II)
hundemäßig: → schlecht (1)
Hundemeute, die: → Jagdhund (II)
hundemüde: → müde (1)
Hundepack, das: → Gesindel
hundert: auf h. sein: → wütend (1)
hunderte: → viel (I, 1)
hunderterlei: → allerlei
hundertfach: → oft
Hundertfünfundsiebziger, der: → Homosexuelle (I)
hundertkarätig: → zuverlässig (1)
hundertmal: → oft
hundertprozentig: 1. → ganz (1) – 2. → sicher (4)
hundertste: vom Hundertsten ins Tausendste kommen: → abschweifen (1)
Hundeschnauze, die: kalt wie [eine] H.: → gefühllos (1)
Hundevieh, das: → Hund (1)
Hundewetter, das: → Wetter (I, 2)
hündisch: → unterwürfig
hundserbärmlich: → verwerflich
Hundsfott, der: → Schurke
hundsgemein: → gemein (1)
hundsmiserabel: 1. → schlecht (1) – 2. → unwohl (1)
Hüne, der: → Riese (1)
Hünengestalt, die: → Riese (1)
hünenhaft: → groß (2)
Hunger, der: 1. ⟨*Bedürfnis nach Nahrung*⟩ Heißhunger · Magenknurren ♦ *umg*: Kohldampf · Dampf · Bärenhunger · Mordshunger · Riesenhunger · Wolfshunger ♦ *salopp*: Knast · Qualm (*landsch*); → *auch* Appetit, Unersättlichkeit (1), Gefräßigkeit (1) – 2. → Verlangen (1) – 3. den H. stillen: → essen (1); H. fühlen: → hungrig (2); H. haben: **a)** → hungrig (2) – **b)** → hungern (1); H. leiden: → hungern (1); Hungers/an H. sterben: → verhungern
Hungerkur, die: → Entfettungskur
Hungerleider, der: → Arme
hungern: 1. ⟨*Mangel an Nahrung leiden*⟩ Hunger leiden/haben · nichts zu essen haben · schmachten + fasten ♦ *umg*: nichts zu knabbern/zu [brechen und zu] beißen haben · am Hungertuch nagen · Kohldampf schieben; → *auch* darben, hungrig (2) – 2. h. ⌈nach⌉: → Verlangen (4)
Hungertuch, das: am H. nagen: → hungern (1)
Hungerturm, der: → Strafvollzugsanstalt

hungrig: 1. ⟨*Nahrung verlangend*⟩ heißhungrig · ausgehungert · ungesättigt ♦ *umg*: mit knurrendem Magen; → *auch* unersättlich (1), gefräßig (1) – 2. h. sein: ⟨*etw. essen wollen*⟩ Hunger haben/fühlen · sich hungrig fühlen · nichts im Leibe/Magen haben ♦ *umg*: jmdm. knurrt der Magen · jmdm. hängt der Magen bis in die Kniekehlen · flau im Magen sein · Kohldampf/Dampf haben ♦ *salopp*: Knast/Qualm haben (*landsch*); → *auch* hungern (1) – 3. sich h. fühlen: → 2
hüpfen: 1. ⟨*kleine Sprünge machen*⟩ hoppeln ♦ *umg*: hopsen; huppen (*landsch*) – 2. → springen (1) – 3. gehüpft wie gesprungen: → gleich (2); jmdm. hüpft das Herz vor Freude: → freuen (II, 1)
Hüpfer, der: 1. → Sprung (1) – 2. junger H.: → Junge (I, 1)
huppen: → hüpfen (1)
Hürde, die: 1. → Obstgestell – 2. → Hindernis (1)
Hure, die: 1. → Prostituierte – 2. eine H. sein: → prostituieren, sich (1)
huren: → prostituieren, sich (1)
Hurenhaus, das: → Bordell
Hurerei, die: → Unzucht, Prostitution
hürnen: → hörnern
Hurra, das: → Hochruf
Hurrapatriotismus, der: → Nationalismus
Hurrastimmung, die: → Begeisterung (1)
hurren: → eilen (I, 1)
Hurrikan, der: → Wirbelsturm
hurtig: → schnell (1, c)
Husarenritt, der: → Wagnis
Husarenstreich, der: → Überfall (1)
Husarenstück, das: → Wagnis
Husch, der: im H.: → schnell (1, c); auf einen H. kommen: → besuchen
Husche, die: → Regenguss
Huschelei, die: → Pfuscherei
huschelig: → ungenau (1)
huscheln: → pfuschen (1)
huschen: → eilen (I, 1)
huschig: → ungenau (1)
hüsteln: → räuspern, sich
husten: 1. ⟨*die Luft stoßweise u. geräuschvoll ausstoßen*⟩ *umg*: bellen; quöchen (*norddt*) – 2. h. ⌈auf⌉: → verzichten; was h.: → ablehnen (1); die Flöhe h. hören: → überklug (2)
¹Hut, der: 1. ⟨*Kleidungsstück zum Bedecken des Kopfes*⟩ + Kopfbedeckung · Filzhut

hysterisch

♦ *umg*: Filz; Melone · Kalabreser (*scherzh*)
♦ *salopp*: Dohle · Deckel; Eiersieder ·
Dunstkiepe (*scherzh*) + Filzdeckel; → *auch*
Mütze (1) – **2.** ohne Hut: → barhäuptig; den
Hut ziehen/lüften: → grüßen (1); ein alter
Hut: **a)** → Bart (2) – **b)** → Gemeinplatz;
den Hut aufhaben: → bestimmen (2); den
Hut ziehen |vor|: → achten (1); seinen Hut
nehmen: → zurücktreten (1); eins auf den
Hut geben: → zurechtweisen; eins auf den
Hut bekommen/kriegen: → tadeln (2); aus
dem Hut machen/zaubern: → impro-
visieren; nichts am Hut haben |mit|: → dis-
tanzieren (II); unter einen Hut bringen: →
vereinen (I, 2)
²**Hut,** die: **1.** → Schutz (2, a) – **2.** auf der
Hut sein: → vorsehen (II); in seine Hut
nehmen: → schützen (I, 1)
Hütejunge, der: Halterbub (*österr*); → *auch*
Hirt
hüten: 1. → weiden (I, 1) – **2.** → pflegen
(I, 1, a) – **3.** → bewachen (1) – **4.** → schüt-
zen (I, 1) – **5.** das Bett h.: → krank (2);
seine Zunge h.: → schweigen (2)
Hüter, der: **1.** → Wächter – **2.** → Hirt
Hutmacherin, die: → Modistin
Hutrand, der: → Krempe
Hutsche, die: → Schaukel
Hutschlange, die: → Kobra
Hutschnur, die: das geht über die H.: →
unerhört (2)
Hütte, die: **1.** → Bude (1, a) – **2.** → Hüt-
tenwerk – **3.** Hütten bauen: → bleiben (1);
viel Holz vor der H. haben: → vollbusig (2)

Hüttenkäse, der: → Quark (1)
Hüttenwerk, das: Stahlwerk · Eisenhütte
· Eisen[hütten]werk · Hütte · Stahlschmie-
de
Hutung, die: → Weide (1)
hutzelig: → runzelig
Hutzelmännchen, das: → Kobold (1)
HwG-Mädchen, das: → Prostituierte
Hyäne, die: → Wucherer
hybrid: → überheblich
Hybridisation, die: → Kreuzung (1)
hybridisieren: → kreuzen (I, 1)
Hybridisierung, die: → Kreuzung (1)
Hybris, die: → Überheblichkeit
hygienisch: → sanitär
Hymne, die: → Lied (1)
Hymnus, der: → Lied (1)
Hype, der: → Werberummel
hypen: → fördern (1)
hyperklug: → überklug (1)
hypermodern: → ²modern (1)
hyperschlau: → überklug (1)
Hypertonie, die: → Bluthochdruck
Hypnotikum, das: → Schlafmittel
Hypochondrie, die: → Schwermut
hypochondrisch: → schwermütig
hypostasieren: → vergegenständlichen
Hypothek, die: **1.** ⟨*finanzielle Belastung
eines Grundstücks, Hauses*⟩ Grundstücks-
belastung · Grundschuld – **2.** → Last
(1)
Hypothese, die: → Annahme (1)
hypothetisch: → angenommen (1)
hysterisch: → aufbrausend

I

i: 1. → pfui (1) – **2.** i wo, i bewahre: → keineswegs
ICE, der: → Schnellzug
ich: meine Wenigkeit *(scherzh)*
Ich, das: **1.** ⟨*das eigene Selbst*⟩ Ego – **2.** das bessere Ich: → Gewissen (1)
ichbezogen: 1. ⟨*die eigene Person als Zentrum betrachtend*⟩ egozentrisch · egoman – **2.** i. sein: ⟨*die eigene Person als Zentrum betrachten*⟩ *umg:* auf dem Egotrip sein
Ichbezogenheit, die: → Selbstbespiegelung
Ichsucht, die: → Selbstsucht
ichsüchtig: → selbstsüchtig
Ickerchen, das: → Zahn (I, 1)
ideal: 1. ⟨*in bester Weise verwendbar*⟩ gegeben · [best]geeignet · wie geschaffen ⏐für⏐ – **2.** → vollkommen (1) – **3.** → großartig (1)
Ideal, das: → Vorbild (1)
idealisieren: → beschönigen
Idealismus, der: → Hingabe (1)
Idealist, der: → Schwärmer (1)
idealistisch: → weltfremd
Ideallösung, die: Königsweg · Wunschlösung; → *auch* Lösung (1)
Idee, die: **1.** → Gedanke (1) – **2.** → Einfall (1) – **3.** → Leitgedanke – **4.** fixe I.: → Einbildung (1); eine I.: → wenig (2); auf die I. kommen: → einfallen (1); an fixen Ideen leiden: → geisteskrank (2)
ideell: 1. → begrifflich – **2.** → gedacht
ideenarm: → geistlos
Ideenassoziation, die: → Gedankenverbindung
Ideenflucht, die: → Gedächtnisschwäche (1)
Ideenfolge, die: → Gedankengang
Ideengang, der: → Gedankengang
Ideengehalt, der: → Gedankengehalt
Ideenkette, die: → Gedankengang
Ideenkonferenz, die: Brainstorming
ideenlos: → geistlos

Ideenmanufaktur, die: → Denkfabrik
ideenreich: → einfallsreich
Ideenreichtum, der: → Gedankenreichtum (1)
Ideenverknüpfung, die: → Gedankenverbindung
identifizieren: → wiedererkennen (1)
identisch: → gleich (1)
Identität, die: → Übereinstimmung (1)
Identitätskarte, die: → Personalausweis
Ideologie, die: → Weltanschauung
Idiolatrie, die: → Götzendienst
Idiom, das: **1.** → Phraseologismus – **2.** → Mundart
idiomatisch: idiomatische Wendung / Redewendung: → Phraseologismus
Idiosynkrasie, die: → Widerwille
Idiot, der: **1.** → Schwachsinnige – **2.** → Dummkopf (2)
idiotenhaft: → dumm (1)
Idiotie, die: **1.** → Schwachsinn (1) – **2.** → Dummheit (1) – **3.** → Sinnlosigkeit
idiotisch: 1. → schwachsinnig (1) – **2.** → dumm (1) – **3.** → sinnlos (1)
Idiotismus, der: → Dummheit (1)
Idol, das: **1.** → Abgott (1 *u.* 2) – **2.** → Götzenbild
Idolatrie, die: → Götzendienst
idyllisch: 1. ⟨*einem Zustand ländl. Friedens entsprechend*⟩ bukolisch · friedvoll · friedlich · beschaulich + still – **2.** → gemütlich
Igelstellung, die: → Abwehrstellung
igitt[igitt]: → pfui (1)
Ignorant, der: → Dummkopf (1)
Ignorantentum, das: → Unwissenheit
Ignoranz, die: → Unwissenheit
ignorieren: 1. ⟨*absichtlich nicht beachten*⟩ übersehen · missachten · keine Beachtung schenken · keines Blickes würdigen · keiner Antwort für würdig halten ◆ *umg:* schneiden · links liegen lassen · wie Luft behandeln; → *auch* verachten (1) – **2.** → übersehen (I, 1)

408

Ikone, die: → Vorbild (1)
illegal: → ungesetzlich
Illegalität, die: → Ungesetzlichkeit
illegitim: 1. → ungesetzlich – **2.** → unehelich
illern: → spähen (1), Blick (4)
illiquid: → zahlungsunfähig (1)
Illiquidität, die: → Zahlungsunfähigkeit
illoyal: → untreu (1)
Illoyalität, die: → Untreue (1)
illuminieren: 1. → beleuchten (1) – **2.** → bebildern – **3.** → ausmalen (1)
illuminiert: → betrunken (1)
Illusion, die: **1.** → Wunschvorstellung – **2.** → Irrtum (1) – **3.** sich keine Illusionen machen: 〈sich nicht trügerischen Hoffnungen hingeben〉 sich keine falschen Hoffnungen machen · Realist sein ♦ umg: sich keine Schwächheiten einbilden – **4.** aus seinen Illusionen reißen, die Illusionen rauben/nehmen: → ernüchtern; Illusionen haben, sich einer I. hingeben: → irren (II)
illusionär: → scheinbar
Illusionist, der: **1.** → Schwärmer (1) – **2.** → Zauberkünstler
illusionistisch: → scheinbar
illusorisch: 1. → scheinbar – **2.** → hoffnungslos (1)
illuster: 1. → berühmt (1) – **2.** → glänzend (2)
Illustration, die: **1.** → Bebilderung – **2.** → Abbildung – **3.** → Veranschaulichung
Illustrator, der: → Erklärer
illustrieren: 1. → veranschaulichen – **2.** → bebildern
Illustrierte, die: → Zeitschrift
Illustrierung, die: → Veranschaulichung
imaginabel: → vorstellbar
imaginär: 1. → gedacht – **2.** → scheinbar
Imagination, die: → Einbildungskraft
imbezil[l]: → schwachsinnig (1)
Imbezillität, die: → Schwachsinn (1)
Imbiss, der: **1.** 〈kleine Mahlzeit〉 Stärkung · Snack; Brotzeit (landsch) ♦ umg: Bissen · Happen; → auch Frühstück, Nachmittagskaffee – **2.** → Mahlzeit (1)
Imbissbude, die: → Imbissstube
Imbissstube, die: Snackbar ♦ umg: Imbissbude · Frittenbude (abwert)
Imitation, die: → Nachahmung
Imitator, der: Nachahmer
imitieren: → nachahmen
imitiert: → unecht (1)

Imker, der: Bienenzüchter; Bienenvater (scherzh)
immanent: 1. → innewohnend – **2.** i. sein: → innewohnen
immateriel[l]: → übersinnlich
immens: → groß (1)
immer: 1. 〈zeitlich ohne Unterbrechung u. Begrenzung〉 stets · dauernd · ständig · fortgesetzt · fortwährend · all[e]zeit · immerzu · jederzeit · allemal · zu jeder Stunde/Zeit · früh und spät · tagaus, tagein · Tag für Tag · Sommer wie Winter; alleweil (landsch) ♦ gehoben: immerfort · fort und fort ♦ umg: egal (landsch) + all mein Lebtag; → auch ewig (1), jährlich (1), endlos (b), ununterbrochen – **2.** schon i.: 〈nicht erst seit heute〉 seit je · seit/von jeher · seit eh und je – **3.** noch i.: 〈auch jetzt noch geltend〉 nach wie vor – **4.** für/auf i.: → endgültig; i. wieder: → wiederholt (1); fast i.: → meist
immerdar: 1. → ewig (1) – **2.** jetzt und i.: → ewig (1)
immerfort: 1. → immer (1) – **2.** → ununterbrochen
immergrün: → dauerhaft
immerhin: 1. → freilich (1) – **2.** → jedenfalls
immerwährend: 1. → ewig (1) – **2.** → ununterbrochen – **3.** → endlos (b)
immerzu: → immer (1)
Immigrant, der: → Einwanderer
Immigration, die: → Einwanderung
immigrieren: → einwandern
Immobilie, die: → Grundstück (I)
immun: 1. 〈gegen Krankheitserreger unempfindlich〉 geschützt · gefeit; → auch widerstandsfähig (1, b) – **2.** → widerstandsfähig (1, b) – **3.** i. machen: → impfen
Immunisation, die: → Schutzimpfung
immunisieren: → impfen
Immunisierung, die: → Schutzimpfung
Impeachment, das: → Amtsenthebungsverfahren
Imperator, der: **1.** → Herrscher – **2.** → Heerführer
imperatorisch: → herrisch (1)
Imperialismus, der: Expansionsstreben · Expansionismus · Expansionspolitik · Weltmachtstreben · Vormachtstreben
imperialistisch: expansionistisch
Imperium, das: → Großmacht
impertinent: → frech (1)
Impertinenz, die: → Frechheit

Impetus, der: → Antrieb (1)
impfen: schutzimpfen · immunisieren · immun machen; vakzinieren (*med*)
Impfreis, das: → Pfropfreis
implantieren: einpflanzen · einoperieren; → *auch* transplantieren
implementieren: → einfügen (I)
implizieren: → einbeziehen
implizit[e]: → einschließlich
imponderabel: unwägbar · unberechenbar; → *auch* unerwartet
Imponderabilien (*Pl*): → Unwägbarkeiten
imponieren: → beeindrucken
imponierend: → eindrucksvoll
Imponiergehabe, das: → Angabe (I, 1)
Import: I. Import, der: → Einfuhr – **II.** Importe (*Pl*): → Einfuhrgut
Importartikel, der: → Einfuhrgut
importieren: → einführen (I, 1)
Importware, die: → Einfuhrgut
imposant: 1. → eindrucksvoll – **2.** → stattlich (1)
impotent: 1. → zeugungsunfähig (1) – **2.** → unfähig (1)
Impotenz, die: 1. → Zeugungsunfähigkeit – **2.** → Unvermögen
Impresario, der: → Betreuer
Impression, die: → Eindruck (1)
Impromptu, das: → Improvisation
Improvisation, die: Impromptu · Fantasie (*Mus*)
improvisieren: aus dem Hut machen/zaubern
improvisiert: → frei (3)
Impuls, der: → Antrieb (1)
impulsiv: → unüberlegt (1)
imstande: i. sein ⌊zu⌋: **1.** ⟨*die nötige Entschlusskraft zur Ausführung besitzen*⟩ vermögen · können · fähig sein ⌊zu⌋ – **2.** → können (1)
¹in: 1. → innerhalb – **2.** mitten in: → inmitten (1); in etwa: → ungefähr (1)
²in: in sein: → ²modern (2)
inadäquat: → unangemessen
inaktiv: → untätig (1)
Inaktivität, die: → Untätigkeit
inakzeptabel: → unannehmbar
Inangriffnahme, die: → Beginn (2)
Inanspruchnahme, die: 1. → Belastung (1) – **2.** → Verwendung (1)
Inaugenscheinnahme, die: → Einblick (2)
Inauguraldissertation, die: → Dissertation

Inauguration, die: → Amtseinführung
inaugurieren: → einweihen (1)
Inbegriff, der: Prototyp · Urbegriff · Musterfall · Bild; Ausbund (*iron*)
inbegriffen: 1. → einschließlich – **2.** nicht i.: → abzüglich
Inbesitznahme, die: → Besetzung (1), Besitzergreifung (1), Einverleibung
Inbrunst, die: → Leidenschaft
inbrünstig: → leidenschaftlich
in corpore: → insgesamt
indanthrenfarbig: → farbecht
indem: 1. → während – **2.** → unterdessen
independent: → unabhängig (1)
Independenz, die: → Unabhängigkeit
indes[sen]: 1. → unterdessen – **2.** → dagegen (2)
Index, der: → Verzeichnis
indezent: 1. → aufdringlich (2) – **2.** → ungehörig – **3.** → taktlos
Indianersommer, der: → Altweibersommer (1)
Indienststellung, die: → Anstellung (1)
indifferent: → gleichgültig (1)
Indifferenz, die: → Gleichgültigkeit
Indignation, die: → Entrüstung
indignieren: → entrüsten (I)
indigniert: → entrüstet
Indikator, der: → Merkmal
indirekt: → mittelbar, andeutungsweise
indiskret: → taktlos
Indiskretion, die: → Taktlosigkeit
indiskutabel: → unannehmbar
indisponiert: → unwohl (1)
Individualist, der: → Einzelgänger
Individualität, die: 1. → Wesensart – **2.** → Persönlichkeit (I, 1)
individuell: → besonders (1)
Individuum, das: Einzelwesen · Einzelmensch · Einzelperson; → *auch* Person (1)
Indiz, das: 1. → Verdachtsgrund – **2.** → Merkmal
indiziert: → empfehlenswert
Indizium, das: → Verdachtsgrund
indoktrinieren: → beeinflussen (1, a)
indolent: 1. → gleichgültig (1) – **2.** → träge
Indolenz, die: 1. → Gleichgültigkeit – **2.** → Trägheit
Indoor-Sport, der: → Sport (1)
Induktion, die: → Folgerung (1)
indulgent: → nachsichtig (1)
Indulgenz, die: → Nachsicht (1)
Industrieabgas, das: → Abgas

Initien

Industrialismus, der: → Industriekapitalismus

Industriearbeiter, der: → Arbeiter (I)

Industriebetrieb, der: → Fabrik

Industriedesign, das: → Gestaltung

Industrieerzeugnis, das: → Industrieprodukt

Industriekapitalismus, der: + Industrialismus · Turbokapitalismus · digitaler Kapitalismus; → *auch* Kapitalismus

Industriekapitän, der: → Großunternehmer

Industrielle, der: → Unternehmer (1)

Industriemagnat, der: → Großunternehmer

Industrieprodukt, das: Industrieerzeugnis · Fabrikware

Industriespionage, die: → Spionage (1)

induzieren: → folgern

ineffektiv: 1. → unwirksam (1) – **2.** → unwirtschaftlich

ineffizient: 1. → unwirtschaftlich – **2.** → unwirksam (1)

inexakt: → ungenau (1)

inexistent: → unwirklich

in extenso: → ausführlich (1)

infam: 1. → gemein (1) – **2.** → boshaft (1)

Infamie, die: **1.** → Gemeinheit – **2.** → Bosheit

Infanteriegewehr, das: → Gewehr (1)

Infanterist, der (*veraltend*): Fußsoldat ♦ *umg*: Landser; Sandhase (*scherzh*) ♦ *salopp*: Muschkote (*abwert*)

infantil: 1. → unreif (2) – **2.** → zurückgeblieben (1)

Infantilismus, der: → Unreife

Infekt, der: **1.** → Ansteckung – **2.** grippaler I.: → Grippe

Infektion, die: → Ansteckung

Infektionskrankheit, die: → Seuche

infektiös: → ansteckend

inferior: → minderwertig

infernal[isch]: → teuflisch (1)

Inferno, das: → Hölle (1)

infertil: → unfruchtbar (1)

infiltrieren: → einflößen (1)

infizieren: I. infizieren: → anstecken (I, 3) – **II.** infizieren, sich: → anstecken (II)

Infizierung, die: → Ansteckung

inflammabel: → brennbar

Inflation, die: → Geldentwertung

Influenza, die: → Grippe

infolge: 1. → dank – **2.** → wegen (1)

infolgedessen: → deshalb, folglich (1)

Infopoint, der: → Informationsstand

Information, die: **1.** → Mitteilung (1) – **2.** → Nachricht (I) – **3.** → Auskunft (1) – **4.** eine I. geben / erteilen: → unterrichten (1)

Informationsblatt, das: Flyer

Informationsgespräch, das: → Unterrichtung

Informationsstand, der: Infopoint

Informationsverbund, der: → Datenautobahn

informativ: → lehrreich

informatorisch: → lehrreich

informieren: 1. → unterrichten (1) – **2.** informiert sein |über|: → wissen (1)

ingeniös: 1. → schöpferisch – **2.** → geistreich

Ingeniosität, die: → Erfindungsgabe (1)

Ingenium, das: → Erfindungsgabe (1)

in globo: → insgesamt

Ingrediens, die: → Bestandteil (1)

Ingrimm, der: → Wut (1)

ingrimmig: → wütend (1)

Inhaber, der: → Besitzer (1)

inhaftieren: 1. → verhaften – **2.** inhaftiert sein: → gefangen (2)

Inhaftierte, der: → Häftling

Inhaftierung, die: → Verhaftung

Inhaftnahme, die: → Verhaftung

inhalieren: → einatmen

Inhalt, der: **1.** ⟨*das in einer Form Enthaltene*⟩ Füllung – **2.** → Gedankengehalt – **3.** zum I. haben: **a)** → enthalten (I) – **b)** → behandeln (4)

inhaltsleer: → geistlos

inhaltslos: → geistlos

inhaltsreich: 1. ⟨*einen bedeutenden geistigen Gehalt aufweisend*⟩ gehaltvoll · inhaltsvoll · gehaltreich · substanzreich; → *auch* geistreich – **2.** → bedeutungsvoll (1)

inhaltsschwer: → bedeutungsvoll (1)

inhaltsvoll: → inhaltsreich (1)

inhärent: → innewohnend

inhuman: → unmenschlich

Inhumanität, die: → Unmenschlichkeit

Initiale, die: → Anfangsbuchstabe

Initiativantrag, der: → Antrag (1)

Initiative, die: **1.** ⟨*die Fähigkeit, etw. aus eigenem Antrieb zu beginnen*⟩ Unternehmungsgeist; → *auch* Entschlusskraft, Fleiß (1) – **2.** die I. ergreifen: → anfangen (1, a)

initiatorisch: → einleitend

Initien (*Pl*): → Anfangsgründe

411

initiieren

initiieren: 1. → veranlassen (1) – **2.** →
einweihen (1)
Injektion, die: → Einspritzung
injizieren: → einspritzen (1)
Injurie, die: → Beleidigung (1)
Inkarnation, die: → Verkörperung
Inklination, die: → Neigung (1)
inklinieren: → Vorliebe (2)
inkludieren: → einbeziehen
inklusive: → einschließlich
inkognito: unter anderem/falschem Na-
men; → *auch* anonym
Inkognito, das: sein I. lüften: → vorstellen
(II)
inkommensurabel: → unvergleichbar
inkommodieren: → belästigen (1)
inkomparabel: → unvergleichbar
inkompatibel: → unvereinbar
Inkompatibilität, die: → Unvereinbarkeit
inkompetent: → unbefugt (1)
inkonsequent: 1. → widerspruchsvoll –
2. → widersinnig (1)
Inkorporation, die: → Einverleibung
inkorporieren: → einverleiben (1)
inkorrekt: → falsch (1)
Inkorrektheit, die: → Fehler (1)
Inkraftsetzung, die: → Ratifizierung
inkriminieren: → beschuldigen (1)
inkurabel: → todkrank (1)
inländisch: → einheimisch
Inlay, das: → Füllung (1, c)
inliegend: → beiliegend
Inliegende, das: → Beilage (1)
Inliner, der: → Rollschuh
Inlineskate, der: → Rollschuh
Inlineskaten, das: Inlineskating
Inlineskater, der: Skater
in memoriam: → Erinnerung (I, 5)
inmitten: 1. ⟨*von anderem umgeben*⟩ mitten
in · in der Mitte von · im Herzen von · im
Zentrum von; → *auch* dazwischen (1) – **2.**
→ während
in natura: → nackt
innehaben: 1. ⟨*mit einem Amt usw. betraut
sein*⟩ bekleiden · einnehmen – **2.** → besitzen
(1) – **3.** die Führung i.: → führen (2); die
Macht i.: **a)** → regieren (1) – **b)** → herr-
schen (1); die Herrschaft i.: → herrschen
(1)
innehalten: 1. → aussetzen (2) – **2.** → zö-
gern
innen: 1. → drinnen (1) – **2.** nach i.: **a)** →
einwärts – **b)** → hinein (1); nach i. gekehrt:

→ kehren (I, 1); sich von i. begucken: →
schlafen (1, a)
Innenleben, das: → Seele (1)
Innenraum, der: Fahrgastzelle (*Techn*)
Innenstadt, die: Zentrum · City · Stadt-
zentrum · Stadtkern · Stadtmitte · das Stadt-
innere
Innenwelt, die: → Seele (1)
inner: innere Stimme: **a)** → Ahnung (1) –
b) → Gewissen (1)
Innere, das: 1. → Seele (1) – **2.** im Inneren:
→ drinnen (1)
Innereien (*Pl*): **1.** ⟨*innere Organe von
Schlachttieren*⟩ Kaldaunen · Geschlinge ·
Gekröse; Kutteln (*südd österr schweiz*) +
Kuttelflecke · Flecke (*landsch*); → *auch*
Eingeweide – **2.** → Eingeweide
innerhalb: binnen · in; innert (*schweiz*)
innerlich: → drinnen (1)
Innerlichkeit, die: → Gemüt (1)
Innerste, das: → Seele (1)
innert: → innerhalb
innewerden: → bemerken (1)
innewohnen: immanent sein; → *auch* ent-
halten (I)
innewohnend: immanent · inhärent
innig: 1. ⟨*von menschl. Beziehungen gesagt*:
besonders freundschaftlich od. liebevoll⟩
eng – **2.** → leidenschaftlich
Innigkeit, die: → Leidenschaft
Innovation, die: → Erneuerung (1)
Innung, die: Gilde · Gildenschaft · Zunft
(*hist*)
inoffiziell: → halbamtlich
inoffiziös: → halbamtlich
inoperabel: → todkrank
inopportun: → ungelegen (1)
in persona: → persönlich (1)
in petto: i. haben: → bereithaben
in praxi: → tatsächlich (1)
in puncto: → hinsichtlich
inquirieren: → verhören (I)
Inquisition, die: → Verhör (I)
Insasse, der: 1. → Fahrgast – **2.** → Häftling
insbesondere: → besonders (2)
Insekt, das: Kerbtier · Kerf
Insektizid, das: → Schädlingsbekämp-
fungsmittel
Insel, die: 1. ⟨*von Wasser umgebenes Land-
stück*⟩ Eiland + Schäre · Atoll; → *auch*
Sandbank – **2.** reif für die I. sein: → ur-
laubsreif; I. der Seligen: → Jenseits (1, b)
Inselhüpfen, das: Inselhopping

intentionell

insensibel: → unempfindlich (1 *u.* 2)
Inserat, das: **1.** → Anzeige (1) – **2.** ein I. aufgeben: → anzeigen (1)
inserieren: → anzeigen (1), werben (1)
insgeheim: → heimlich (1)
insgesamt: zusammen · pauschal · im Ganzen · in Bausch und Bogen · en bloc · in globo · in toto · in corpore · alles in allem · summa summarum; gesamthaft (*schweiz*); → *auch* ganz (1)
Insider, der: der Eingeweihte
Insiegel, das: → Fährte (1)
Insignien (*Pl*): → Abzeichen (1)
insignifikant: → unwichtig (1)
insinuieren: → unterstellen (II, 1)
insistent: → beharrlich
Insistenz, die: → Beharrlichkeit
insistieren: i. │auf│: → bestehen (5, a)
inskribieren: → einschreiben (I)
inskünftig: → künftig
insolent: → unverschämt (1)
Insolenz, die: → Unverschämtheit
insolvent: → zahlungsunfähig (1)
Insolvenz, die: → Zahlungsunfähigkeit
in spe: → künftig
Inspekteur, der: → Kontrolleur
Inspektion, die: → Überprüfung
Inspektor, der: **1.** → Kontrolleur – **2.** → Verwalter
Inspiration, die: → Einfall (1), Einbildungskraft
inspirieren: → anregen (1)
Inspizient, der: → Kontrolleur
inspizieren: **1.** → kontrollieren (1) – **2.** → prüfen (3)
Installation, die: → Einbau
installieren: → einbauen (1)
instand: i. halten: → pflegen (I, 1, b); i. setzen: → ermöglichen (1); [wieder] i. setzen/bringen: → reparieren
Instandhaltung, die: → Pflege (1, b)
inständig: flehentlich · händeringend · kniefällig · fußfällig; → *auch* nachdrücklich
Inständigkeit, die: → Nachdruck (1)
Instandsetzung, die: → Reparatur
Instandstellung, die: → Reparatur
Instantkaffee, der: Kaffeeextrakt · Pulverkaffee · löslicher Kaffee
Instanz, die: → Behörde (1)
Instanzenweg, der: → Dienstweg
Instinkt, der: **1.** → Spürsinn – **2.** → Trieb (1)

instinktiv: 1. → gefühlsmäßig – **2.** → unbewusst
instinktmäßig: → unbewusst
Institut, das: → Einrichtung (3)
Institution, die: → Einrichtung (3)
instruieren: → unterrichten (1), anleiten (1)
Instruktion, die: **1.** → Richtlinie – **2.** → Anleitung (1 *u.* 2)
instruktiv: → lehrreich
Instrument, das: **1.** → Werkzeug (1) – **2.** als I. benutzen: → instrumentalisieren
instrumentalisieren: als Instrument/Werkzeug benutzen · zu seinem Werkzeug machen + manipulieren ♦ *umg*: vor seinen Karren spannen
Insubordination, die: → Ungehorsam
insuffizient: → unzureichend
Insult, der: **1.** → Beleidigung (1) – **2.** → Anfall (1)
Insultation, die: → Beleidigung (1)
insultieren: → beleidigen, beschimpfen
Insurgent, der: → Aufständische
Insurrektion, die: → Aufstand
inszenieren: 1. → veranstalten (1) – **2.** → anstiften (1)
intakt: 1. → unbeschädigt – **2.** → unverletzt
integer: 1. → fehlerlos – **2.** → rechtschaffen
Integration, die: → Vereinigung (1)
integrieren: 1. → einfügen (I) – **2.** → vereinigen (I, 1)
integrierend: wesentlich · notwendig · unerlässlich · unentbehrlich
Integrität, die: → Rechtschaffenheit
Intellekt, der: → Verstand (1)
intellektuell: → geistig (1)
Intellektuelle, der: **1.** → Verstandesmensch – **2.** → Wissenschaftler
intelligent: 1. → klug (1) – **2.** → begabt
Intelligenz, die: → Klugheit
Intelligenzler, der: → Wissenschaftler
Intelligenzprothese, die: → Brille (1)
intendieren: → beabsichtigen
Intension, die: → Anstrengung (1)
Intensität, die: → Stärke (3)
intensiv: 1. → nachdrücklich – **2.** → gründlich (1) – **3.** → stark (1)
intensivieren: → verstärken (I, 1)
Intensivierung, die: → Verstärkung (1)
Intention, die: → Absicht (1)
intentional: → absichtlich
intentionell: → absichtlich

Interaktion, die: → Wechselbeziehung
Intercity, der: → Schnellzug
Intercityexpress, der: → Schnellzug
interessant: 1. → sehenswert – 2. → lehrreich – 3. → lesenswert – 4. → anregend
Interesse, das: 1. ⟨*das persönl. Anteilnehmen an Problemen anderer*⟩ Anteilnahme · Anteil + Nachfrage; → *auch* Aufmerksamkeit (1) – 2. → Lerneifer – 3. → Kaufinteresse – 4. kein I. haben |an|: ⟨*sich für etw. nicht interessieren*⟩ nicht interessiert sein |an| · nichts übrig haben |für| ♦ *salopp:* sich wohin stecken können – 5. ohne I.: → interesselos; nicht von I.: → uninteressant (1); I. wecken: → interessieren (I); I. haben/zeigen |für|: → interessieren (II)
interesselos: desinteressiert · uninteressiert · ohne Interesse; → *auch* gleichgültig (1)
Interesselosigkeit, die: Desinteresse · Desinteressiertheit; → *auch* Gleichgültigkeit
Interessengemeinschaft, die: Interessengruppe · Interessenverband + Pressuregroup · Lobby · Zweckverband
Interessengruppe, die: → Interessengemeinschaft
Interessensphäre, die: →Einflussbereich (2)
Interessent, der: → Käufer
Interessenverband, der: → Interessengemeinschaft
Interessenvertreter, der: → Verteidiger (1)
interessieren: I. interessieren: ⟨*persönl. Anteilnahme hervorrufen*⟩ fesseln · gefangen nehmen · Interesse/Verständnis wecken · in seinen Bann ziehen – II. interessieren, sich: sich i. |für|: ⟨*seine Anteilnahme auf etw. richten*⟩ interessiert sein |an| · Interesse haben/zeigen |für| · sein Herz entdecken |für| + ein Auge werfen |auf|
interessiert: 1. → aufgeschlossen – 2. i. sein |an|: → interessieren (II); nicht i. sein |an|: → Interesse (4)
Interieur, das: → Einrichtung (2, a)
interimistisch: → vorläufig
Interimslösung, die: → Übergangslösung
Interimsregierung, die: → Übergangsregierung
Interludium, das: → Zwischenspiel
Intermezzo, das: → Zwischenspiel
intern: 1. → vertraulich (2) – 2. → drinnen (1)
internalisieren: → aneignen (2)
Internat, das: 1. → Erziehungsinstitut – 2. → Schülerwohnheim

international: + zwischenstaatlich · interterritorial · völkerumfassend · weltweit · staatenverbindend; → *auch* weltumfassend, überstaatlich
Internet, das: Net · Web · Netz; → *auch* Netzwerk (1)
Internetanbieter, der: → Provider
Internetbanking, das: → Direktbanking
Interneteinkauf, der: → Homeshopping
Internetprovider, der: → Provider
Internetseite, die: → Webseite
Internetshopping, das: → Homeshopping
Internetsurfer, der (*EDV*): Netsurfer · Netzsurfer
internieren: → einsperren (1)
Internierungslager, das: Anhaltelager (*österr*)
Interpellation, die: → Einspruch (1)
Interpret, der: 1. → Erklärer – 2. → Sänger (1)
Interpretation, die: 1. → Erklärung (1) – 2. → Auslegung
interpretieren: 1. → erklären (I, 1) – 2. → auslegen (2)
Interregio, der: → Schnellzug
Interruption, die: → Unterbrechung (1)
interterritorial: → international
Intervall, das: → Abstand (1)
intervenieren: → einmischen (II)
Intervention, die: → Einmischung
Interview, das: 1. ⟨*das Befragen einer Person*⟩ Befragung + Gespräch – 2. ein I. führen/machen |mit|: → interviewen
interviewen: ein Interview führen/machen |mit| · befragen; → *auch* ausfragen, fragen (I, 1 *u.* 2)
intim: 1. → vertraut (1) – 2. → vertraulich (1) – 3. → gemütlich
Intimus, der: → Freund (I, 1)
Intimverkehr, der: → Geschlechtsverkehr
intolerant: → unduldsam
intonieren: → anstimmen (1, b)
in toto: → insgesamt
intra muros: → geheim (1)
intransigent: → unnachgiebig (1)
intrigant: ränkesüchtig · ränkevoll (*veraltend*); → *auch* hinterlistig
Intrigant, der: Ränkeschmied (*veraltend*) ♦ *umg:* Giftmischer (*abwert*)
Intrige, die: Intrigenspiel · Intrigenstück; [dunkle] Machenschaften (*abwert*); Ränke · Ränkespiel (*veraltend*); Kabale (*veral-*

tet) ♦ *umg:* + Schliche; → *auch* Hinterlist

Intrigenspiel, das: → Intrige

Intrigenstück, das: → Intrige

intrigieren: Intrigen spinnen; Ränke schmieden *(veraltend)*

Introduktion, die: → Einleitung (1)

Introspektion, die: → Selbstbespiegelung

introvertiert: 1. → ¹kehren (I, 1) – **2.** → verschlossen (2)

Intuition, die: → Einfall (1)

intuitiv: → gefühlsmäßig

intus: es i. haben: → verstehen (I, 4); einen i. haben: → betrunken (2)

invalid[e]: 1. → behindert – **2.** → erwerbsunfähig (1)

invariabel: → unveränderlich (1)

Invasion, die: → Überfall (1)

Invektive, die: → Beleidigung (1)

Inventar, das: → Bestand (1)

Inventarisation, die: → Bestandsaufnahme

Inventur, die: → Bestandsaufnahme

Inventurausverkauf, der: → Ausverkauf

Inversion, die: → Umkehrung

invertiert: → homosexuell (a)

Invertierte: I. Invertierte, der: → Homosexuelle (I) – **II.** Invertierte, die: → Homosexuelle (II)

investieren: → anlegen (I, 1)

Investierung, die: → Investition

Investition, die: Kapitalanlage · Geldanlage · Anlage · Investierung · Investment + Kapitalspritze · Finanzspritze

Investment, das: → Investition

Investor, der: Kapitalanleger · Anleger

involvieren: → enthalten (I)

inwärts: → einwärts

inwendig: → drinnen (1)

inwiefern: → warum

Inzest, der: → Blutschande

inzidieren: → einkerben

inzwischen: 1. → unterdessen – **2.** → vorläufig

Ipsation, die: → Selbstbefriedigung

irdisch: 1. ⟨*zur realen Welt gehörig*⟩ diesseitig *(Rel)* + vergänglich ♦ *gehoben:* erdgeboren · erdgebunden – **2.** den Weg alles Irdischen gehen: → entzweigehen (1)

irgendeiner: 1. ⟨*eine ganz beliebige Person*⟩ [irgend]jemand · irgendwer · jeder [x-]Beliebige + gleichgültig wer – **2.** → jemand (1)

irgendeinmal: → irgendwann (1)

irgendetwas: → etwas (1)

irgendjemand: a) → irgendeiner (1) – **b)** → jemand (1)

irgendwann: 1. ⟨*zu einem ganz beliebigen Zeitpunkt*⟩ [irgend]einmal · eines [schönen] Tages + gleichgültig wann · dann und dann – **2.** → jemals

irgendwer: 1. → irgendeiner (1) – **2.** → jemand (1)

irgendwie: auf die eine oder andere Art · so oder so + gleichgültig wie · beliebig

irgendwo: an irgendeinem Ort + gleichgültig wo ♦ *umg:* wo

irisieren: → schillern

irisierend: → schillernd (1)

Ironie, die: → Spott (1)

Ironiker, der: → Spötter

ironisch: → spöttisch

ironisieren: → verspotten

irr: 1. → geisteskrank (1) – **2.** → verrückt (1)

irrational: → widersinnig (1)

irre: 1. → geisteskrank (1) – **2.** → verrückt (1) – **3.** → großartig (1)

Irre, die: in die I. gehen: **a)** → irren (II) – **b)** → verirren, sich

irreal: → unwirklich

Irrealität, die: → Unwirklichkeit

irreführen: → täuschen (I)

Irreführung, die: → Täuschung (1)

irregehen: 1. → verirren, sich – **2.** → irren (II)

irregulär: 1. → ungesetzlich – **2.** → ungewöhnlich

irreleiten: → täuschen (I)

irrelevant: → unwichtig (1)

irreligiös: → atheistisch

Irreligiosität, die: → Atheismus

irremachen: 1. → verwirren (2) – **2.** sich nicht i. lassen: → beharren (1)

irren: I. irren: **1.** → II – **2.** i. |durch|: → umherirren – **II.** irren, sich: ⟨*die Gegebenheiten nicht richtig beurteilen*⟩ irregehen · in die Irre gehen · fehlgehen · sich täuschen · sich versehen · sich verrechnen · sich verkalkulieren · sich verspekulieren · im Irrtum sein · sich im Irrtum befinden · einem Trugschluss unterliegen · auf der falschen Fährte sein · sich falschen Hoffnungen hingeben · sich einer Illusion hingeben · Illusionen haben ♦ *gehoben:* irren ♦ *umg:* danebengreifen · danebenschießen · fehlschießen · danebenhauen · danebenliegen · sich [in den

415

Irrenanstalt

Finger] schneiden · sich vergaloppieren · auf dem Holzweg sein · auf den Holzweg geraten · die Rechnung ohne den Wirt machen · aufs falsche Pferd setzen · auf die falsche Karte setzen + im falschen Film sein · im falschen Zug sitzen ♦ *salopp*: schief liegen · schief gewickelt sein · auf dem falschen Dampfer sein; → *auch* fehlplanen, hereinfallen, missverstehen (I)

Irrenanstalt, die: → Klinik (2)

Irrenhaus, das: **1.** → Klinik (2) – **2.** reif fürs I.: → verrückt (1)

irreparabel: → unumkehrbar

irrereden: fantasieren; delirieren (*med*)

Irresein, das: → Geisteskrankheit

irreversibel: → unumkehrbar

irrewerden: → zweifeln

Irrgarten, der: → Labyrinth

Irrglaube[n], der (*Rel*): Heterodoxie; → *auch* Irrlehre, Aberglaube[n]

irrgläubig: → abtrünnig

Irrgläubige, der: → Abtrünnige

irrig: abwegig · verfehlt; → *auch* falsch (1)

Irritation, die: → Verwirrung (1)

irritieren: → verwirren (2)

irritiert: → verwirrt (1)

Irrlehre, die (*Rel*): Häresie · Ketzerei; → *auch* Irrglaube

irrlichtern: → umherirren

Irrsinn, der: **1.** → Geisteskrankheit – **2.** → Unsinn (1, a)

irrsinnig: 1. → geisteskrank (1) – **2.** → sehr

Irrtum, der: **1.** ⟨*falsche Beurteilung eines Sachverhalts*⟩ Täuschung · Missverständnis · Versehen · Illusion + Missgriff · Fehlgriff ♦ *salopp*: Fehlzündung; typischer Fall von denkste (*scherzh*); → *auch* Fehler (1) – **2.** im I. sein, sich im I. befinden: → irren (II)

irrtümlich: fälschlich · zu Unrecht; → *auch* versehentlich

Irrweg, der: Abweg

Irrwitz, der: → Unsinn (1, a)

irrwitzig: → sinnlos (1)

Ische, die: → Geliebte (II)

Isegrim, der: → Griesgram

Isolation, die: **1.** → Abdichtung – **2.** → Absonderung (1)

isolieren: I. isolieren: **1.** → abdichten – **2.** → absondern (I, 1) – **II.** isolieren, sich: → absondern (II)

Isolierschicht, die: → Abdichtung

isoliert: abgesondert ♦ *umg*: für sich · im luftleeren Raum; → *auch* beziehungslos

Isolierung, die: **1.** → Abdichtung – **2.** → Absonderung (1)

Ist-Bestand, der: → Bestand (1)

Ist-Stärke, die: → Bestand (1)

J

ja: 1. ⟨*Ausdruck der Zustimmung*⟩ jawohl · o/aber ja · [ja] doch · freilich + natürlich · selbstredend · selbstverständlich · durchaus · auf jeden Fall · unbedingt ♦ *umg*: [na] klar · was denn sonst · genau; → *auch* einverstanden (1) – **2.** → eben (3) – **3.** o ja: → 1; Ja sagen: **a)** → bejahen (1) – **b)** → zustimmen (1); Ja und Amen sagen: → zustimmen (1); mit Ja [be]antworten: → *bejahen* (1)

Jacke, die: 1. ⟨*Herrenkleidungsstück*⟩ Jackett · Sakko · Blazer; Rock (*landsch*); Veston (*schweiz*) + Klubjacke · Blouson · Joppe; Janker (*süddt österr*) – **2.** J. wie Hose: → gleich (2); die J. voll hauen: → verprügeln; die J. volllügen: → belügen

Jackett, das: 1. → Jacke (1) – **2.** einen unter das J. brausen: → trinken (1, b)

Jagd, die: 1. ⟨*das Aufspüren u. Erlegen des Wildes*⟩ Jägerei · Weidwerk + Pirsch · Treibjagd; → *auch* Hetzjagd (1) – **2.** auf die J. gehen, J. machen |auf|: → jagen (1)

Jagdflieger, der: → Jagdflugzeug

Jagdflugzeug, das: Jäger ♦ *umg*: Jagdflieger; → *auch* Flugzeug

Jagdfrevel, der: Jagdvergehen · Wild[dieb]erei

jagdgemäß: jagdgerecht · weidmännisch; weidgerecht (*weidm*)

jagdgerecht: → jagdgemäß

Jagdgewehr, das: → Gewehr (1)

Jagdgründe (*Pl*): die ewigen J.: → Jenseits (1, b); in die ewigen J. eingehen: → sterben (1)

Jagdhund: I. Jagdhund, der: ⟨*für die Jagd abgerichteter Hund*⟩ + Vorstehhund · Hetzhund; Schweißhund (*weidm*); → *auch* Hund (1), Spürhund (1) – **II.** Jagdhunde (*Pl*): ⟨*für die Jagd gehaltene Anzahl von Hunden*⟩ Hundekoppel · Hundemeute · Meute

Jagdkanzel, die: → Hochsitz

Jagdschein, der: den J. haben → geisteskrank (2)

Jagdvergehen, das: → Jagdfrevel

jagen: 1. ⟨*erlegen wollen*⟩ auf die Jagd gehen · pirschen · auf [die] Pirsch gehen · Jagd machen |auf| + hetzen · nachstellen · beizen; → *auch* schießen (2) – **2.** → eilen (I, 1) – **3.** sich eine Kugel in/durch den Kopf j.: → erschießen (II); einen durch die Gurgel/Kehle j.: → trinken (1, b); durch die Gurgel/Kehle j.: → vertrinken; ins Bockshorn j.: → entmutigen; j. können |mit|: → ekeln (I); in die Luft j.: → sprengen (1); aus dem Haus j.: → hinauswerfen (1); zum Teufel j.: → entlassen (2)

Jäger, der: 1. ⟨*die Jagd Ausübender*⟩ Weidmann; Nimrod (*oft scherzh*); Grünrock (*scherzh*); Sonntagsjäger (*iron*); Trophäenjäger (*abwert*) + Wildhüter – **2.** → Jagdflugzeug

Jägerei, die: → Jagd (1)

Jägerlatein, das: → Lügengeschichte

jäh: 1. → heftig (1, b) – **2.** → plötzlich (1) – **3.** → steil (2)

jählings: 1. → plötzlich (1) – **2.** → steil (2)

Jahr, das: 1. ⟨*Zeitabschnitt*⟩ + Kalenderjahr – **2.** → Lebensjahr – **3.** dieses J.: ⟨*im laufenden Jahr*⟩ in diesem Jahr; heuer (*süddt österr schweiz*) – **4.** seit J. und Tag: → lange (2); in diesem J.: → 3; jedes J., alle Jahre [wieder], von J. zu J., J. für/um J.: → jährlich (1); im/pro J.: → jährlich (2); auf Jahre hinaus: → lange (1); seit [vielen] Jahren, viele Jahre: → jahrelang; vor seinen Jahren: → vorzeitig (2); jung an Jahren: → jung (1); in die Jahre kommen: → altern (1)

jahraus: j., jahrein: → jährlich (1)

jahrelang: seit [vielen] Jahren · viele Jahre · langjährig; → *auch* lange (1)

Jahresbericht, der: → Rechenschaftsbericht

Jahresring, der: Altersring · Baumring · Ring; Flader (*Forstw*)

Jahresweiser, der: → Kalender

Jahrgang, der: 1. ⟨*die in einem Jahr Geborenen*⟩ Geburtsjahr · Altersgruppe · Alters-

417

jährlich

klasse · Altersstufe – **2.** ⟨*Ernte eines bestimmten Jahres*⟩ Erntejahr
jährlich: 1. ⟨*sich jedes Jahr wiederholend*⟩ alljährlich · jedes Jahr · Jahr für/um Jahr · von Jahr zu Jahr · alle Jahre [wieder] · jahraus, jahrein; → *auch* immer (1) – **2.** ⟨*jeweils für den Zeitraum eines Jahres*⟩ im/pro Jahr
Jahrmarkt, der: → Markt (1)
Jahrweiser, der: → Kalender
Jahve, der: → Gott (1, a)
jähzornig: → aufbrausend
Jakobsleiter, die: → Strickleiter
Jalousette, die: → Jalousie
Jalousie, die: Jalousette · Rollladen; Rollbalken (*österr*) + Rollo; → *auch* Fensterladen
Jam, das: → Marmelade
Jammer, der: **1.** ⟨*lautes Klagen*⟩ Jammergeschrei · Wehgeschrei · Wehklage[n] · Geklage · Gewimmer · Gejammer; Jeremiade (*veraltend*) ♦ *umg*: Lamento (*abwert*); Gebarme (*landsch abwert*) – **2.** → Jammeranblick – **3.** → Leid (1)
Jammeranblick, der: Jammer[bild] · Elend
Jammerbild, das: **1.** → Jammeranblick – **2.** → Weichling
Jammergeschrei, das: **1.** → Jammer (1) – **2.** ein J. erheben: → jammern (1)
Jammerlappen, der: → Weichling
jämmerlich: 1. ⟨*einen bedauernswerten Anblick bietend*⟩ jammervoll · erbärmlich · kläglich ♦ *umg*: gottserbärmlich · gottsjämmerlich · zum Gotterbarmen · wie ein Häufchen Elend/Unglück; → *auch* elend (1), erbärmlich (1), Mitleid (2) – **2.** → elend (1), erbärmlich (1)
Jämmerling, der: → Feigling
jammern: 1. ⟨*lautes Klagen äußern*⟩ [weh]klagen · ein Jammergeschrei erheben · wimmern · winseln ♦ *umg*: ein Klagelied anstimmen; lamentieren · jaulen · zetern (*abwert*); knatschen · raunzen (*landsch*); barmen (*landsch abwert*); → *auch* weinen (1) – **2.** → Leid (2) – **3.** j. |um|: → beklagen (I, 1); j. |nach|: → Verlangen (4)
jammerschade: → bedauerlich (1)
Jammertal, das: → Welt (1)
jammervoll: → jämmerlich (1)
Janker, der: → Jacke (1)
Janmaat, der: → Seemann
jappen: → keuchen
japsen: → keuchen
jäten: ausjäten · Unkraut rupfen; krauten · wieten (*landsch*)

Jauche, die: **1.** ⟨*flüssiger Dünger*⟩ Gülle + Mist · Abwasser; → *auch* Dünger (1, b) – **2.** → Brühe (2)
jauchzen: → jubeln (1)
Jauchzer, der: → Freudenruf (1)
jaulen: → jammern (1)
Jause, die: → Nachmittagskaffee
jaus[n]en: → Kaffee (3, a)
jawohl: → ja (1)
Jawort, das: **1.** → Zustimmung (1) – **2.** das J. geben: → heiraten (1)
Jazzband, die: → ¹Kapelle
Jazzkapelle, die: → ¹Kapelle
je: 1. ⟨*auf ein Einzelnes bezogen*⟩ pro – **2.** → jeweils – **3.** → jemals – **4.** zu je: → ¹zu (2); seit [eh und] je: → immer (2); je nachdem: → möglicherweise
jeck: → verrückt (1)
Jeck, der: → Spaßmacher
jede: j. Menge: → viel (I, 1); zu jeder Stunde/Zeit: → immer (1); in jeder Hinsicht/Beziehung: → ganz (1)
jedenfalls: immerhin · wenigstens · schließlich
jeder: 1. → ¹alle (1), jedermann – **2.** j. Einzelne: → jedermann; j. [x-]Beliebige: → irgendeiner (1); auf jeden Fall/um jeden Preis: → unbedingt (1)
jederart: → jedes (1)
jederlei: → jedes (1)
jedermann: jeder [Einzelne] · alle Welt · Groß und Klein · Alt und Jung · Arm und Reich · Männlein und Weiblein; jedweder · [ein] jeglicher (*veraltend*) + Freund und Feind ♦ *umg*: Hinz und Kunz · Krethi und Plethi + alles, was Beine hat; → *auch* ¹alle (1)
jederzeit: → immer (1)
jedes: 1. von jedem: ⟨*keine Art bzw. Sorte ausgenommen*⟩ jederlei · jederart – **2.** j. Jahr: → jährlich (1)
jedesmal: → jeweils
jedoch: → dagegen (2)
jedweder: → jedermann
Jeep, der: → Geländewagen
jeglicher: 1. → jedermann – **2.** ein j.: → jedermann
jeher: seit/von j.: → immer (2)
Jehova, der: → Gott (1, a)
jemals: je · irgendwann
jemand: 1. ⟨*eine nicht näher bestimmte Person*⟩ irgendjemand · irgendeiner · irgendwer · man · eine Person ♦ *umg*: [sonst]

wer · sonst einer · sonst jemand – **2.** → irgendeiner (1)

Jemand, der: → Person (1)

jene: in / zu jener Zeit: → damals

jener: 1. ⟨*hinweisend*⟩ der dort · ebenjener + ersterer; → *auch* der (1) – **2.** in jenen Tagen: → damals; dieser und j.: → einige (1)

jenes: dieses und j.: → allerlei

jenseitig: 1. ⟨*auf der anderen Seite befindlich*⟩ gegenüberliegend – **2.** → übersinnlich

jenseits: 1. → drüben (1) – **2.** → gegenüber (1)

Jenseits, das: **1.** ⟨*überweltl. Sein*⟩ **a)** ⟨*im christl. Sprachgebrauch*⟩ Himmel[reich] · Ewigkeit + Gottesreich · [himmlisches] Paradies; → *auch* Paradies (1, b) – **b)** ⟨*im nichtchristl. Sprachgebrauch*⟩ Überwelt · Elysium · die elysischen Gefilde · die Insel / die Gefilde der Seligen; die ewigen Jagdgründe (*scherzh*); → *auch* Paradies (1, a) – **2.** ins J. befördern: → töten (I, 1)

Jeremiade, die: → Jammer (1)

jesuitisch: → spitzfindig (1)

Jesus, der: → Christus (1)

Jesuslatschen, der: → Sandale

Jet, der: → Düsenflugzeug

Jetset, der: → Oberschicht

jetten: → fliegen (2)

jetzig: derzeitig · augenblicklich · momentan · gegenwärtig · heutig · nunmehrig + diesmalig · gegeben; → *auch* gegenwärtig (1)

jetzo: → jetzt (1)

jetzt: 1. ⟨*zum gegenwärtigen Zeitpunkt*⟩ nun · nunmehr · augenblicklich · momentan · gegenwärtig · derzeit · zurzeit · im Augenblick / Moment · zur Stunde; jetzo (*noch scherzh*) + diesmal · eben · gerade; just (*veraltend*); → *auch* eben (2) – **2.** → gegenwärtig (1) – **3.** bis j.: → bisher; von j. an: → künftig; j. und immerdar: → ewig (1)

Jetzt, das: → Gegenwart (1)

Jetztzeit, die: → Gegenwart (1)

jeweilen: → jeweils

jeweils: je · jedesmal; jeweilen (*schweiz*)

Jieper, der: → Verlangen (1)

jieperig: → gierig (1)

Job, der: **1.** → Arbeit (3) – **2.** einen Job suchen: → Stellungssuche; einen Job verschaffen: → unterbringen (1); einen Job kriegen: → unterkommen (1)

jobben: → arbeiten (1)

Jobber, der: → Geschäftemacher

Jobhändler, der: → Arbeitsvermittler

Jobmakler, der → Arbeitsvermittler

Jobmaschine, die: → Arbeitsvermittlung

Jobnomade, der: + Wanderarbeiter · Mobilkraft

Jobsharing, das: → Arbeitsplatzteilung

Jobsuche, die: → Arbeitssuche

Jobsuchende, die: → Arbeitssuchende

Jobvermittler, der: → Arbeitsvermittler

Joch, das: **1.** → Geschirr (2) – **2.** → Gespann (1) – **3.** → Last (1) – **4.** → Bergsattel – **5.** → Knechtschaft (1) – **6.** kaudinisches J.: → Herabwürdigung; das J. abschütteln / abstreifen / abwerfen / sprengen / zerbrechen: → befreien (II, 2); das J. tragen / auf sich nehmen: → abfinden (II, 2); ins J. spannen: → unterdrücken (1)

Jodelei, die: → Lärm (1)

joggen: → laufen (1)

Johannisbeere, die: Ribisel (*österr*)

johlen: → schreien (1)

Joint, der: → Zigarette

Joke, der: ²Scherz (1)

Jokus, der: → ²Scherz (1)

Jolle, die: → Segelschiff

Joppe, die: → Jacke (1)

Jordan, der: über den J. gehen: → sterben (1)

Journaille, die: → Sensationspresse

Journal, das: **1.** → Zeitschrift – **2.** → Tagebuch

Journalismus, der: → Zeitungswesen

Journalist, der: Publizist · Zeitungsmann · Pressemann · Pressevertreter; Schmierfink (*abwert*) + Kolumnist ♦ *umg:* Zeitungsschreiber; Schmock · Schreiberling · Zeitungsfritze (*abwert*); → *auch* Berichterstatter

jovial: → gönnerhaft

Jovialität, die: → Wohlwollen (1)

Jubel, der: Freudenausbruch · Freudentaumel · Jubelgeschrei · Freudengeschrei · Jubelruf · Freudenruf · Gejubel · Gejauchze · Freudensturm · Freudengeheul · Freudengebrüll; Gejohle (*auch abwert*) + Beifall ♦ *gehoben:* Frohlocken; → *auch* Hochruf, Freude (1), Beifall (1)

Jubelfeier, die: → Jubiläum

Jubelgeschrei, das: → Jubel

Jubeljahre (*Pl*): alle J.: → selten (2)

jubeln: 1. ⟨*laut seine Freude kundtun*⟩ jauchzen + jodeln · triumphieren · lachen ♦ *gehoben:* jubilieren · frohlocken ♦ *umg:* juchzen; juhuen · juchen (*landsch*); → *auch*

Jubelruf

freuen (II, 1) – **2.** etw. unter die Weste j.: →
beschuldigen (2)
Jubelruf, der: → Jubel
Jubeltag, der: → Jubiläum
Jubiläum, das: Jubiläumsfeier; Jubeltag ·
Jubelfeier (*meist scherzh*)
Jubiläumsfeier, die: → Jubiläum
jubilieren: → jubeln (1)
juch[z]en: → jubeln (1)
Juchzer, der: → Freudenruf (1)
jucken: 1. ⟨*einen starken Reiz auf der Haut
verursachen*⟩ krabbeln · kribbeln · kratzen +
kitzeln · prickeln – **2.** → kratzen (1) – **3.**
jmdm. juckt das Fell: → übermütig (2)
Juckreiz, der: Kitzel
Judas, der: → Verräter (1)
Judenfeind, der: → Antisemit
Judengegner, der: → Antisemit
Jugend, die: **1.** ⟨*Zeit des Jungseins*⟩ Jugend-
alter · Jugendzeit · Jugendjahre ♦ *dicht*:
Lenz des Lebens ♦ *gehoben*: Lebensmai ·
Lebensfrühling · Frühling des Lebens · Ro-
senzeit; → *auch* Entwicklungsjahre, Kind-
heit (1) – **2.** ⟨*Zustand des Jungseins*⟩ Ju-
gendlichkeit ♦ *gehoben*: Jugendblüte – **3.**
⟨*die jungen Menschen* [*in ihrer Gesamt-
heit*]⟩ die Jugendlichen · junges Volk · das
junge Volk · die jungen Leute ♦ *gehoben*:
Blüte der Jugend ♦ *umg*: Kids; junges Ge-
müse (*scherzh*) – **4.** von J. an: ⟨*seit dem frü-
hesten Lebensalter*⟩ von früh/klein auf ·
von Kindheit/Kindesbeinen an – **5.** Blüte
der J.: → 3
Jugendalter, das: → Jugend (1)
Jugendblüte, die: → Jugend (2)
Jugendeselei, die: → Jugendtorheit
jugendfrisch: → jung (1)
Jugendherberge, die: Hostel · Back-
Packer-Hotel
Jugendjahre (*Pl*): **1.** → Jugend (1) – **2.** →
Entwicklungsjahre
jugendlich: → jung (1)
Jugendliche, der: **I.** → Bursche (I) – **II.** Ju-
gendliche (*Pl*): die Jugendlichen: → Jugend
(3)
Jugendlichkeit, die: → Jugend (2)
Jugendstrafanstalt, die: → Erziehungs-
anstalt
Jugendstreich, der: → Jugendtorheit
Jugendsünde, die: → Jugendtorheit
Jugendtorheit, die: Jugendsünde · Jugend-
streich ♦ *umg*: Jugendeselei
Jugendzeit, die: → Jugend (1)

juhuen: → jubeln (1)
Juice, der *od.* das: → Fruchtsaft
Julfest, das: → Weihnachten (1)
Julklapp, der: → Weihnachtsgeschenk
jumpen: → springen (1)
Jumper, der: → Pullover
jung: 1. ⟨*von geringem Lebensalter*⟩ blut-
jung · jugendlich · jung an Jahren; halb-
wüchsig (*meist abwert*); juvenil (*fachspr*) +
klein · wie Milch und Blut · blühend · ju-
gendfrisch; → *auch* jungenhaft – **2.** → uner-
fahren (1) – **3.** → neu (1) – **4.** Alt und Jung:
→ jedermann; junger Dachs: → Grün-
schnabel; junger Hüpfer: → Junge (I, 1);
junger Mann/Mensch/Kerl: → Bursche
(1); junges Gemüse/Volk, das junge Volk,
die jungen Leute: → Jugend (3); frieren wie
ein junger Hund: → frieren (1)
Jungchen, das: → Junge (I, 1)
Junge: I. Junge, der: **1.** ⟨*Kind männl.
Geschlechts*⟩ der Kleine; Knabe (*veraltend*);
junger Hüpfer · Jüngelchen (*oft abwert*);
Bengel (*lobend od. abwert*); Freundchen
(*drohend*); Bub (*südd österr schweiz*); But-
scher (*norddt*) ♦ *umg*: Bubi (*vertraul od.
Kosef*); Jungchen · Kerlchen (*auch abwert*);
Popel (*landsch, meist abwert*); → *auch*
Sohn, Kind (1), Knirps, Bursche (1), Frech-
dachs, Range, Flegel (1) – **2.** schwerer J.: →
Verbrecher; blaue Jungs/Jungen: → Matro-
se (II); wie ein J.: → jungenhaft – **II.** Junge,
das: Junge werfen/bekommen/kriegen: →
werfen (I, 2)
Jüngelchen, das: → Junge (I, 1)
jungen: → werfen (I, 2)
jungenhaft: wie ein Junge; knabenhaft
(*veraltend*); → *auch* jung (1)
Jungenstreich, der: → Streich (1)
Jünger, der: → Anhänger (3)
Jüngerschaft, die: → Gefolgschaft (1)
Jungfer, die: **1.** → Jungfrau – **2.** alte J.: ⟨*un-
verheiratet gebliebene ältere Frau*⟩ *umg*:
spätes/altes Mädchen (*scherzh*); → *auch*
Jungfrau – **3.** eine alte J. bleiben: → sitzen
(6, b)
jüngferlich: → altjüngferlich
Jungfernschaft, die: → Jungfräulichkeit
Jungfrau, die: Mädchen; Jungfer (*veraltet*);
→ *auch* Mädchen (2), Jungfer (2), Frau
(I, 1)
jungfräulich: unberührt · unschuldig; unbe-
fleckt (*Rel kathol*); unverdorben (*veraltend*)
+ mädchenhaft

Jungfräulichkeit, die: Unberührtheit · Virginität · Unschuld · Jungfernschaft; Ehre (*veraltet*)

Junggeselle, der: Hagestolz (*veraltend*) ♦ *umg*: Einspänner

Jungholz, das: → Buschwerk

Junglehrer, der: → Lehrer

Jüngling, der: → Bursche (1)

Jünglingsjahre (*Pl*): → Entwicklungsjahre

Jungpferd, das: → Fohlen

jüngst: 1. → neulich – **2.** das Jüngste Gericht, der Jüngste Tag: → Weltgericht

jüngstens: → neulich

Jungunternehmer, der: → Unternehmer (1)

Junker, der: → Großgrundbesitzer

junkerlich: → adlig (1)

Junkertum, das: → Adel (1)

Junkie, der: → Rauschgiftsüchtige

Juno, die: → Dicke (II, 1)

Junta, die: → Regierung (1)

Jupon, der: → Unterrock

Jura (*Pl*): → Rechtswissenschaft

juridisch: → rechtlich (1)

Jurisdiktion, die: → Rechtsprechung

Jurisprudenz, die: → Rechtswissenschaft

Jurist, der: → Rechtsanwalt

Juristerei, die: → Rechtswissenschaft

juristisch: → rechtlich (1)

Jury, die: → Preisgericht

¹Jus, das: → Rechtswissenschaft

²Jus, der: → Fruchtsaft

just: 1. → jetzt (1) – **2.** → eben (2)

justieren: → einstellen (I, 1)

Justierung, die: → Einstellung (1)

Justiz, die: → Rechtsprechung

Justiziar, der: → Rechtsbeistand

Justizvollzugsanstalt, die: → Strafvollzugsanstalt

juvenil: → jung (1)

Juwel, das: **1.** → Edelstein – **2.** → Wertstück – **3.** → Schmuck (1)

Jux, der: **1.** → ²Scherz (1) – **2.** aus J. [und Tollerei]: → ²Scherz (2); einen J. machen: → scherzen

juxen: → scherzen

j. w. d.: → fern (1)

K

Kabale, die: → Intrige
Kabarett, das: Kleinkunstbühne · Brettl
Kabäuschen, das: → Kammer (1)
kabbalistisch: → geheimnisvoll (1)
Kabbelei, die: → Streit (1)
kabbeln, sich: → streiten (II)
Kabel, das: **1.** → Seil (1) – **2.** → Leitung
(2) – **3.** → Telegramm
Kabeljau, der: → Dorsch
kabeln: → telegrafieren
Kabine, die: Kajüte + Koje
Kabinett, das: **1.** → Regierung (1) – **2.** →
Toilette (1) – **3.** → Zimmer
Kabinettstück, das: → Glanzstück (1)
Kabis, der: → Kohl (1)
Kabrio[lett], das: Roadster · Spider; →
auch Auto (1)
Kabuff, das: → Kammer (1)
Kabuse, die: → Kammer (1)
kachektisch: → abgemagert
Kachel, die: Fliese + Wandkachel · Ofenkachel
Kacke, die: → Kot (1)
kacken: → austreten (2)
Kacker, der: → Feigling
kackfidel: → lustig
Kackstelzen (*Pl*): → Bein (II, 1)
Kadaver, der: → Aas (1)
Kadavergehorsam, der: → Gehorsam (1)
Kadi, der: → Richter (1)
Käfer, der: → Mädchen (2)
¹Kaff, das: → Spreu
²Kaff, das: **1.** → Dorf (1) – **2.** → Kleinstadt
Kaffee, der: **1.** ⟨*Getränk aus Kaffeebohnen*⟩
Bohnenkaffee + Espresso · Mokka – **2.**
⟨*kaffeeähnl. Getränk*⟩ Kaffeeersatz · Ersatzkaffee · Malzkaffee ♦ *umg:* Muckefuck
♦ *salopp:* Lorke · Plempe · Plörre (*landsch
abwert*) – **3.** k. trinken: **a)** ⟨*am Nachmittag
eine Zwischenmahlzeit einnehmen*⟩ vespern
(*landsch*); jaus[n]en (*österr*); → *auch*
Abend (4) – **b)** → frühstücken – **4.** löslicher
K.: → Instantkaffee; kalter K.: → Bart (2)

Kaffeedick, das: → Kaffeesatz
Kaffeeersatz, der: → Kaffee (2)
Kaffeeextrakt, der: → Instantkaffee
Kaffeegrund, der: → Kaffeesatz
Kaffeehaus, das: → Café
Kaffeehausmusik, die: → Unterhaltungsmusik
Kaffeeklatsch, der: → Plauderei
Kaffeelöffel, der: → Teelöffel
Kaffeemühle, die: → Fahrrad
Kaffeesahne, die: → Kondensmilch
Kaffeesatz, der: Satz; Kaffeedick · Kaffeegrund · Grund (*landsch*)
Kaffeestube, die: → Café
Kaffeetrinken, das: → Nachmittagskaffee
Kaffeewirtschaft, die: → Café
Käfig, der: **1.** ⟨*vergitterter Raum für Tiere*⟩
Zwinger + Gatter · Gehege – **2.** → Vogelkäfig
Kafiller, der: → Abdecker
Käfter[chen], das: → Kammer (1)
kahl: 1. ⟨*ohne Bewuchs*⟩ unbewachsen
♦ *umg:* ratzekahl; → *auch* leer (1) – **2.** ⟨*ohne Blätter*⟩ unbelaubt · entblättert · entlaubt
– **3.** → kahlköpfig – **4.** k. fressen: → abfressen; k. schlagen: → abholzen
Kahlkopf, der: **1.** ⟨*Mensch ohne Kopfhaar*⟩
Glatzkopf – **2.** → Glatze
kahlköpfig: kahl · haarlos · glatzköpfig
kahmig: → schimmelig
Kahn: I. Kahn, der: **1.** → Boot, Schiff –
2. → Bett (1) – **3.** einen im K. haben: →
betrunken (2) – **II.** Kähne (*Pl*): → Schuhe
(1)
Kai, der: → Hafendamm
Kaiman, der: → Krokodil
Kaimauer, die: → Hafendamm
Kaiser, der: → Herrscher
Kaiserschnitt, der: → Schnittentbindung
Kajak, der *od.* das: → Paddelboot (1)
Kajüte, die: → Kabine
Kakao, der: durch den K. ziehen: → verspotten

kämmen

Kakelei, die: **1.** → Gerede (1) – **2.** → Geschwätz (1)

kakeln: → schwatzen (1)

Kakophonie, die: → Missklang

kakophonisch: → misstönend

Kaktus, der: einen K. pflanzen: → austreten (2)

Kalabreser, der: → ¹Hut (1)

Kalamität, die: → Verlegenheit (1)

Kalauer, der: → Witz (1)

Kalberei/Kälberei, die: → Albernheit

kalberig/kälberig: → albern (1)

kalbern: → umhertollen

kälbern: 1. → übergeben (II) – **2.** → umhertollen

Kalbskopf, der: → Dummkopf (2)

Kaldaunen (*Pl*): **1.** → Innereien (1) – **2.** → Eingeweide

kaleidoskopisch: → bunt (1)

Kalendarium, das: → Kalender

Kalender, der: Kalendarium (*veraltend*) + Abreißkalender · Umlegekalender · Terminkalender ♦ *gehoben*: Jahr[es]weiser

Kalenderjahr, das: → Jahr (1)

Kalesche, die: → Kutsche (1)

kalfatern: → abdichten

Kali, das: → Dünger (1, c)

Kaliber, das: **1.** → Größe (1) – **2.** → Stärke (1)

Kalk, der: bei jmdm. rieselt schon der K.: → verkalkt (2)

kalken: → weißen

kalkfarben: → blass (1)

kalkig: → blass (1)

Kalkül, das *od.* der: **1.** → Berechnung (3) – **2.** ins K. ziehen: → einbeziehen

Kalkulation, die: → Berechnung (1 u. 2)

kalkulieren: 1. → berechnen (I, 1) – **2.** → vermuten

kalkweiß: → blass (1)

Kalme, die: → Windstille

kalmieren: → beruhigen (I)

kalt: 1. ⟨*sehr kühl*⟩ eisig [kalt] · eiskalt · bitterkalt + frostig · winterlich ♦ *umg*: lausekalt ♦ *salopp*: hundekalt ♦ *derb*: saukalt; → *auch* kühl (1), gekühlt – **2.** → gefühlskalt (1) – **3.** → ungemütlich (1) – **4.** k. sein: → frieren (1); k. stellen/machen: → kühlen; k. werden: → erkalten (1); kälter werden: → abkühlen (II, 1); es ist jmdm. [abwechselnd] heiß und k., es läuft jmdm. k. über den Rücken/den Rücken herunter: → schaudern (1); kalte Dusche, kalter Wasserstrahl: →

Ernüchterung; kalter Kaffee: → Bart (2); auf kaltem Wege: → unauffällig (1); k. wie [eine] Hundeschnauze: → gefühllos (1); kalten Blutes: → gelassen (1); kaltes Blut bewahren, k. bleiben: → beherrschen (II); k. lächelnd: → rücksichtslos; etw. lässt jmdn. k.: → gleichgültig (4); die kalte Schulter zeigen: → abweisen (1)

kaltblütig: 1. → gelassen (1) – **2.** → gewissenlos

Kaltblütigkeit, die: → Gelassenheit

Kälte, die: Eis[es]kälte ♦ *umg*: Lausekälte ♦ *salopp*: Hundekälte ♦ *derb*: Saukälte; → *auch* Frost (1)

kaltherzig: → gefühllos (1)

kaltmachen: → töten (I, 1), ermorden

Kaltmamsell, die: → Köchin

kaltschnäuzig: → rücksichtslos (1)

kaltstellen: *umg*: ins Abseits stellen · abschieben · aufs Abstellgleis/tote Gleis schieben · zum alten Eisen werfen; auf den Aussterbeetat stellen (*oft scherzh*) ♦ *salopp*: abschießen · abhalftern · abservieren; → *auch* entlassen (2), verdrängen (2)

Kamarilla, die: → Clique

Kamel, das: **1.** ⟨*bes. in Wüsten lebender wiederkäuender Paarhufer*⟩ Wüstenschiff (*scherzh*) + Dromedar · Trampeltier – **2.** → Dummkopf (2)

Kamelle, die: 'ne alte/olle K., alte/olle Kamellen: → Bart (2)

Kamera, die: **1.** → Fotoapparat – **2.** → Filmkamera

Kamerad, der: Gefährte; Genosse (*veraltend*) + Bruder ♦ *umg*: Buddy · Kumpel; → *auch* Freund (I, 1), Schicksalsgefährte, Anhänger (3)

Kameradin, die: → Freundin (1)

Kameradschaft, die: → Freundschaft (1)

kameradschaftlich: → freundschaftlich (1)

Kamerun: → Nacktbadestrand

Kamin, der: **1.** → Schornstein (1) – **2.** → Schlucht – **3.** in den K. schreiben: → verloren (3)

Kaminfeger, der: → Schornsteinfeger

Kamm, der: **1.** ⟨*Gerät zum Ordnen der Haare*⟩ *salopp*: Läuseharke · Läuserechen (*scherzh*) – **2.** → Bergrücken – **3.** jmdm. schwillt der K.: **a)** → erzürnen (2) – **b)** → übermütig (2); über einen K. scheren: → gleichsetzen

kämmen: durchkämmen; strählen (*süddt schweiz*); → *auch* frisieren (1)

423

Kammer

Kammer, die: **1.** ⟨*kleiner Raum*⟩ Nebenraum; Nebengelass (*veraltend*) ♦ *umg*: Kabuff; Käfter[chen] (*landsch*); Kabuse · Kabäuschen (*norddt*) – **2.** → Zimmer – **3.** → Schlafzimmer

Kämmerchen, das: sich ins stille K. zurückziehen: → absondern (II)

Kammerdiener, der: → Diener (1)

Kammerfrau, die: → Zofe

Kammerjungfer, die: → Zofe

Kammerkätzchen, das: → Zofe

Kämmerlein, das: sich ins stille K. zurückziehen: → absondern (II)

Kammermädchen, das: → Zofe

Kammermäuschen, das: → Zofe

Kammerzofe, die: → Zofe

Kamp, der: **1.** → Baumschule – **2.** → Forstgarten

Kampagne, die: **1.** ⟨*zeitweise starke Bemühung mit bestimmter Zielrichtung*⟩ Aktion · Feldzug · Propagandafeldzug – **2.** → Feldzug (1)

Kämpe, der: → Draufgänger

kampeln, sich: → raufen (II, 1)

Kampf, der: **1.** ⟨*krieger. Auseinandersetzung*⟩ Feindseligkeiten · Kampfhandlung · Kampfgeschehen · Kampfgetümmel · Auseinandersetzung ♦ *gehoben*: Waffengang; → *auch* Gefecht (1), Schlacht – **2.** ⟨*angestrengtes Bemühen um etw.*⟩ das Ringen · Gerangel – **3.** → Wettkampf – **4.** K. ums Dasein/Brot: → Lebenskampf; den K. ansagen: **a)** → herausfordern – **b)** → bekämpfen (I, 2); einen K. führen: → kämpfen (1)

Kampfbahn, die: → Kampfstätte

kampfbereit: gefechtsbereit · einsatzbereit · kampfentschlossen

kämpfen: 1. ⟨*sich in einer krieger. Auseinandersetzung befinden*⟩ einen Kampf führen · aneinander geraten ♦ *gehoben*: fechten · streiten · sich schlagen · die Schwerter kreuzen; → *auch* ringen (1) – **2.** k. |gegen|: → bekämpfen (I, 1); mit sich k.: → unentschlossen (3)

kampfentschlossen: → kampfbereit

Kämpfer, der: *gehoben*: Fechter · Streiter; → *auch* Draufgänger

kämpferisch: kriegerisch · kampflustig · streitbar · streithaft · martialisch; → *auch* tapfer, aggressiv (1)

Kampfgefährte, der: → Schicksalsgefährte

Kampfgenosse, der: → Schicksalsgefährte

Kampfgeschehen, das: → Kampf (1)

Kampfgetümmel, das: → Kampf (1)

Kampfhahn, der: → Streitsüchtige

Kampfhandlung, die: → Kampf (1)

Kampfkraft, die: Kampfstärke · Schlagkraft

Kampflinie, die: → Front (1)

kampflustig: → kämpferisch

Kampfplatz, der: **1.** ⟨*Ort krieger. Auseinandersetzung*⟩ Kampfzone · Schlachtfeld; Walstatt (*veraltet*); → *auch* Front (1) – **2.** → Kampfstätte

Kampfrichter, der: → Schiedsrichter

Kampfstärke, die: → Kampfkraft

Kampfstätte, die: Kampfplatz · Arena · Kampfbahn; → *auch* Sportplatz

kampfunfähig: 1. ⟨*unfähig zum Weiterkämpfen*⟩ außer Gefecht – **2.** k. machen: ⟨*die Fähigkeit zum Weiterkämpfen nehmen*⟩ außer Gefecht setzen ♦ *salopp*: + abschießen · abknallen; → *auch* besiegen (I)

Kampfzone, die: → Kampfplatz (1)

kampieren: 1. → zelten – **2.** → übernachten

Kamuffel, das: → Dummkopf (2)

Kanaille, die: → Schurke

Kanal, der: **1.** ⟨*künstl. Wasserlauf zur Entwässerung*⟩ Fleet (*norddt*); → *auch* Wasserstraße – **2.** den K. wechseln: → umschalten (1); den K. voll haben: **a)** → überdrüssig (1) – **b)** → betrunken (2); sich den K. voll laufen lassen: → betrinken, sich

Kanalisation, die: → Entwässerung

kanalisieren: → entwässern (1)

Kanalisierung, die: → Entwässerung

Kanapee, das: → Sofa

kanariengelb: → gelb (1)

Kandare, die: an die K. nehmen, die K. anlegen: → zügeln (I, 1)

Kandel, die: → Dachrinne

Kandelaber, der: → Leuchter (1)

Kandidat, der: **1.** → Bewerber (1) – **2.** → Prüfling – **3.** ein unsicherer K.: → unzuverlässig

kandideln, sich: → betrinken, sich

kandidieren: k. |für|: → bewerben, sich (1)

kandieren: → zuckern

Kaninchen, das: **1.** ⟨*Haustier*⟩ *umg*: Karnickel; Stallhase (*scherzh*) – **2.** vor die K. gehen: → umkommen (1)

Kannä, das: → Niederlage (1)

Kannbestimmung, die: → Verordnung (1)

Kanne, die: **1.** ⟨*Henkelgefäß*⟩ Pinte (*schweiz*); → *auch* Krug (1) – **2.** wie mit/aus Kannen gießen: → gießen (2); in die K. gucken/steigen: → trinken (1, b)
Kannegießer, der: → Politikaster
kannegießern: → politisieren
Kännel, der: → Dachrinne
Kannibale, der: **1.** ⟨*Menschenfleisch Essender*⟩ Menschenfresser; Anthropophage (*fachspr*) – **2.** → Unmensch (1)
kannibalisch: → unmenschlich
Kannibalismus, der: **1.** ⟨*das Essen von Menschenfleisch*⟩ Menschenfresserei; Anthropophagie (*fachspr*) – **2.** → Unmenschlichkeit
Kannvorschrift, die: → Verordnung (1)
Kanon, der: → Regel (1)
Kanonade, die: → Beschuss (1)
Kanone, die: **1.** → Geschütz (1) – **2.** → Pistole (1) – **3.** → Revolver – **4.** → Meister (1) – **5.** → Spitzensportler – **6.** eine K. sein: → können (5); voll wie eine K.: → betrunken (1); unter aller K.: → schlecht (1)
Kanonenkugel, die: → Granate
Kanonenschlag, der: → Feuerwerkskörper
Kanonisation, die: → Heiligsprechung
kanonisieren: → heilig (3)
Kanossa: Gang nach K.: → Unterwerfung (2)
Kanossagang, der: **1.** → Unterwerfung (2) – **2.** einen K. antreten: → demütigen (II)
Kante, die: **1.** ⟨*Schnittlinie zweier Flächen*⟩ + Rand · Ecke – **2.** → Besatz (1) – **3.** an allen Ecken und Kanten: → überall (1); [sein Geld] auf die hohe K. legen: → sparen (1)
Kanten, der: → Brotkanten
kantenlos: → geschönt
Kanter, der: → Verschlag (1)
Kanthaken, der: beim K. kriegen: → ergreifen (2)
Kantholz, das: → Balken
kantig: → eckig (1)
Kantine, die: **1.** → Speisesaal – **2.** → Gaststätte (1, e)
Kanton, der: → Bezirk (1)
Kantonist, der: ein unsicherer K.: → unzuverlässig
Kantorei, die: → Kirchenchor (1)
Kantschu, der: → Peitsche (1)
Kantstein, der: → Bordkante
Kanu, das: → Paddelboot (1)
Kanzel, die: **1.** → Hochsitz – **2.** von der K. reden: → predigen (1)

Kanzelrede, die: → Predigt (1)
Kanzelsprung, der: → Aufgebot (1)
kanzerogen: → Krebs (2)
kanzerös: → krebsartig
Kanzlei, die: → Dienststelle (1)
Kanzler, der: → Regierungschef
Kanzone, die: → Lied (1)
Kaolin, das *od.* der: → ²Ton
Kap, das: Vorgebirge
Kapazität, die: **1.** → Aufnahmefähigkeit (2) – **2.** → Meister (1) – **3.** → Leistungsfähigkeit – **4.** geistige K.: → Aufnahmefähigkeit (1)
Kapee, das: schwer von K.: → begriffsstutzig (1)
¹Kapelle, die: Orchester · Klangkörper + Band · Tanzkapelle · Tanzorchester · Jazzkapelle · Jazzband · Unterhaltungsorchester; → *auch* Philharmonie
²Kapelle, die: → Kirche (1)
Kapellmeister, der: → Dirigent (1)
kapern: → aufbringen (2)
kapieren: → verstehen (I, 2)
kapital: → stattlich (1)
Kapital: I. Kapital, das: **1.** ⟨*die für ein Gewinn bringendes Agieren einsetzbaren Geld*[*- u. Sach*]*werte*⟩ Vermögen + Geld; → *auch* Vermögen (1) – **2.** flüssiges K.: → Bargeld; K. schlagen |aus|: → ausnutzen (1) – **II.** Kapitalien (*Pl*): → Geldmittel
Kapitalanlage, die: → Investition
Kapitalanleger, der: → Investor
Kapitale, die: → Hauptstadt
Kapitaleigner, der: → Geldmann
Kapitalfehler, der: → Fehler (1)
Kapitalismus, der: Monopolkapitalismus (*meist abwert*); → *auch* Industriekapitalismus
Kapitalist, der: Monopolkapitalist (*meist abwert*) + Großkapitalist · Plutokrat · Bankier
kapitalistisch: monopolkapitalistisch (*meist abwert*) + großkapitalistisch · plutokratisch
Kapitalkerl, der: → Kerl (1)
kapitalkräftig: → reich (1)
Kapitalspritze, die: → Investition, Subvention
Kapitalverbrechen, das: → Verbrechen (1)
Kapitel, das: **1.** ⟨*größerer Buchabschnitt*⟩ Hauptstück (*veraltend*) + Teil · Artikel; → *auch* Abschnitt (2) – **2.** ein trauriges K.: → unangenehm (1)
kapiteln: → ausschimpfen

kapitulieren

kapitulieren: 1. → ergeben (II, 1) – **2.** → aufgeben (3)
Kaplan, der: → Geistliche
kapores: → entzwei
Kappe, die: **1.** → Mütze – **2.** auf seine K. nehmen: → verantworten (I)
kappen: 1. → durchschlagen (I, 1, a) – **2.** → beschneiden (1) – **3.** → begatten (1) – **4.** → verhaften
Kappes, der: → Kohl (1)
Käppi, das: → Mütze
Kaprice, die: → Laune (1)
Kapriole, die: **1.** → Luftsprung (1) – **2.** → Laune (1)
Kaprize, die: → Laune (1)
kaprizieren: sich k. |auf|: → eigensinnig (2)
kapriziös: → eigensinnig (1)
Kapsel, die: **1.** ⟨*dünnwandiger, aber fester Behälter*⟩ Gehäuse + Hülse – **2.** → Raumschiff – **3.** → Tablette
kaputt: 1. → entzwei – **2.** → erschöpft (1)
kaputtgehen: 1. → platzen (1), entzweigehen (1) – **2.** → umkommen (1)
kaputtlachen, sich: → lachen (1)
kaputtmachen: I. kaputtmachen: → zerbrechen (1) – **II.** kaputtmachen, sich: → ruinieren (II)
kaputtreden: → herabwürdigen (I)
kaputtreißen: → zerreißen (I, 1)
Karabiner, der: → Gewehr (1)
Karacho, das: mit K.: → schnell (1, a)
Karaffe, die: → Flasche (1)
Karambolage, die: → Zusammenstoß (1)
karambolieren: → zusammenstoßen (1)
Karbatsche, die: → Peitsche (1)
karbatschen: → peitschen
Karbolmäuschen, das: → Krankenschwester
Karbonpapier, das: → Kohlepapier
Karbunkel, der: → Geschwür
Kardinalpunkt, der: → Hauptsache
Karenz[zeit], die: → Wartezeit
karessieren: 1. → liebkosen – **2.** → schmeicheln (1)
Karezza, die: → Koitus
karg: 1. ⟨*ziemlich wenig*⟩ kärglich · kümmerlich · mager · gering · schmal ♦ *umg*: mickerig; → *auch* ärmlich (1) – **2.** → ertragsarm – **3.** → knapp (1)
kargen: k. |mit|: → geizen
kärglich: → karg (1), arm (2)
Kargo, der: → Fracht

kariert: gewürfelt · gekästelt · würfelig · schachbrettartig
Karikatur, die: **1.** ⟨*bestimmte Merkmale übertreibende Zeichnung*⟩ Cartoon · Scherzzeichnung; Spottbild · Zerrbild (*veraltet*) – **2.** → Zerrbild (1)
karikieren: → verzerren (1)
Karitas, die: → Wohltätigkeit
karitativ: → wohltätig
Karma[n], das: → Schicksal (1)
Karneval, der: Fas[t]nacht · Fasching[szeit] (*landsch*)
Karnickel, das: **1.** → Kaninchen (1) – **2.** → Dummkopf (2) – **3.** → Prügelknabe
Karo, das: → Viereck
Karosse, die: **1.** → Kutsche (1) – **2.** → Karosserie
Karosserie, die: Wagenaufbau · Aufbau ♦ *umg*: Karosse
Karotte, die: → Möhre
Karre, die: **1.** → Schubkarre – **2.** → Fahrrad – **3.** → Fahrzeug (1), Auto (1) – **4.** die K. in den Dreck fahren: → herunterwirtschaften; an die K. fahren: → schaden (1); die K. aus dem Dreck ziehen: → heraushelfen
Karree, das: → Viereck
Karren, der: **1.** → Schubkarre – **2.** → Wagen (1) – **3.** den K. in den Dreck fahren: → herunterwirtschaften; an den K. fahren: → schaden (1); vor den K. spannen: → instrumentalisieren
Karrete, die: **1.** → Fahrrad – **2.** → Auto (1)
Karrette, die: → Schubkarre
Karriere, die: **1.** → Laufbahn (1) – **2.** K. machen: → Erfolg (2)
karrieregeil: → ehrgeizig
Karrieremacher, der: → Karrierist
Karrierist, der (*abwert*): Erfolgsmensch (*nicht abwert*); Karrieremacher · Postenjäger · Stellenjäger + Yuppie; → *auch* Streber
karriolen: → fahren (1)
Kärrner, der: → Fuhrmann (1)
Kärrnerarbeit, die: → Mühsal
Kartause, die: → Kloster (1)
Karte, die: **1.** → Fahrkarte (1), Eintrittskarte – **2.** → Landkarte – **3.** → Speisekarte – **4.** → Spielkarte – **5.** in die Karten gucken: → auskundschaften (1); nicht in die Karten passen: → missfallen (1); die/seine Karten aufdecken/auf den Tisch legen: → offenbaren (II); die Karten legen: → wahrsagen; schlechte Karten haben: → hoffnungslos (2); mit verdeckten Karten spielen: → un-

aufrichtig (2); alles auf eine K. setzen: →
wagen (2); auf die falsche K. setzen: → ir-
ren (II); mit K.: → bargeldlos
Kartei, die: Kartothek · Zettelkatalog ·
Zettelkartei
Kartell, das: → Konzern
Kartellierung, die: + Fusionierung · Kon-
zentrationsprozess
Kartenblatt, das: → Spielkarte
Kartoffel, die: 1. ⟨*Nahrungsmittel*⟩ Erdapfel
· Grundbirne (*landsch*) ♦ *umg*: Knolle – **2.**
→ Loch (1) – **3.** → Nase (1) – **4.** fallen las-
sen wie eine heiße K.: → aufgeben (4)
Kartoffelbrei, der: → Kartoffelmus
Kartoffelkloß, der: Erdapfelknödel (*österr*)
Kartoffelmus, das: Kartoffelbrei · Kartof-
felpüree; Quetschkartoffeln · Stampfkartof-
feln · Kartoffelstampf (*landsch*); Kartoffel-
stock (*schweiz*) + Kartoffelschnee
Kartoffelpuffer, der: Puffer; Plinse · Reibe-
kuchen (*landsch*)
Kartoffelpüree, das: → Kartoffelmus
Kartoffelschnee, der: → Kartoffelmus
Kartoffelstampf, der: → Kartoffelmus
Kartoffelstock, der: → Kartoffelmus
Kartoffelwasser, das: das K. abgie-
ßen / abschütten: → austreten (1)
Karton, der: 1. → Pappe (1) – **2.** →
Schachtel (1) – **3.** nicht alle im K. haben: →
verrückt (5); bei jmdm. rappelt's im K.: →
verrückt (5)
Kartonage, die: → Verpackung
Kartothek, die: → Kartei
Karussell, das: Reitschule · Ringelbahn
(*landsch*); Ringelspiel (*österr*)
Karzer, der: → Strafvollzugsanstalt
karzinogen: → Krebs (2)
Karzinom, das: → Krebs (1)
karzinomatös: → krebsartig
Kasack, der: → Bluse
Kasch, der: → Brei (1)
Kaschemme, die: → Gaststätte (1, a)
kaschen: 1. → ergreifen (2) – **2.** → ab-
fangen (1) – **3.** → verhaften
kaschieren: 1. → verbergen (I, 1) – **2.** →
bekleben
Käse, der: 1. → Unsinn (1, a) – **2.** weißer
K.: → Quark (1); K. reden: → schwafeln
Käsebeine (*Pl*): → Fuß (II, 1)
Käseblatt, das: → Zeitung (I, 1)
Käseblättchen, das: → Zeitung (I, 1)
käsebleich: → blass (1)
Käsemauken (*Pl*): → Fuß (II, 1)

käsen: 1. → schwafeln – **2.** → Wind (I, 3)
käseweiß: → blass (1)
käsig: → blass (1)
Kasino, das: 1. → Klubhaus – **2.** → Spiel-
kasino – **3.** → Speisesaal
Kaskade, die: 1. → Wasserfall – **2.** →
Sprung (1)
Kaskadeur, der: → Stuntman
Kasper[l], der: → Spaßmacher
Kasperle, das *od.* **der:** → Spaßmacher
Kasperletheater, das: → Puppenspiel
kaspern: → herumalbern
Kassa, die: 1. → Kasse (1) – **2.** → Kasse
(2)
Kassation, die: → Aufhebung (1)
Kasse, die: 1. ⟨*Geldbehälter*⟩ Kassette; Kas-
sa (*südd österr*) – **2.** ⟨*Auszahlungsstelle*⟩
Kassenschalter · Zahlschalter · Schalter;
Kassa (*südd österr*) – **3.** → ²Bank (1) – **4.**
→ Krankenkasse – **5.** schwarze K.: → Ge-
heimkonto; knapp / nicht bei K.: → zah-
lungsunfähig (1); K. machen: **a)** → verdie-
nen (1) – **b)** → abrechnen (1); zur K. bitten:
→ einziehen (3)
Kassenbon, der: → Kassenzettel
Kassenhüter, der: → Finanzminister
Kassenschalter, der: → Kasse (2)
Kassenschlager, der: → Verkaufsschlager
Kassenschrank, der: → Geldschrank
Kassenverwalter, der: → Kassierer
Kassenwart, der: 1. → Kassierer – **2.** →
Finanzminister
Kassenzettel, der: Bon · Kassenbon + Beleg
Kasserolle, die: → Schmortopf
Kassette, die: 1. ⟨*kleiner, verschließbarer*
Kasten⟩ Schatulle · Kästchen · Etui – **2.**
⟨*Magnetband im zugehörigen Behältnis*⟩
Tape – **3.** → Kasse (1)
Kassettenrekorder, der: Rekorder +
Walkman · Kassettenspieler; → *auch* Ton-
bandgerät
Kassiber, der: → Brief (1)
Kassier, der: → Kassierer
¹**kassieren:** abkassieren · einkassieren · ein-
nehmen · vereinnahmen; → *auch* einziehen
(3)
²**kassieren:** → aufheben (I, 3)
Kassierer, der: Kassenverwalter · Kassen-
wart; Kassier (*südd österr schweiz*)
Kästchen, das: → Kassette (1)
Kaste, die: → Gesellschaftsgruppe
Kastell, das: → Befestigung (2), Festung
(1)

Kasten, der: **1.** ⟨*rechtwinkl. Behälter*⟩ Kiste – **2.** → Briefkasten (1) – **3.** → Gebäude (1) – **4.** → Haus (1) – **5.** → Schiff – **6.** → Truhe – **7.** → Schrank (1) – **8.** → ¹Tor (2) – **9.** → Schubfach – **10.** → Fotoapparat – **11.** etw. auf dem K. haben: **a)** → klug (2) – **b)** → können (5); nicht alle im K. haben: → verrückt (5)

Kastor und Pollux: → Freundespaar
Kastrat, der: → Entmannte
kastrieren: → sterilisieren (1, a), verschneiden (1)
Kasuist, der: → Wortklauber
Kasuistik, die: → Spitzfindigkeit
kasuistisch: → spitzfindig (1)
Kasus, der: → ¹Fall (2)
Katalog, der: **1.** ⟨*Verzeichnis der Bücher einer Bibliothek*⟩ Bibliothekskatalog; → *auch* Sachkatalog – **2.** ⟨*Verzeichnis der Waren einer Firma*⟩ Warenkatalog + Versandkatalog – **3.** → Verzeichnis
Katamaran, der: Doppelrumpfboot
Katamenien (*Pl*): → Menstruation
Katapult, das *od.* der: → Schleuder (1)
Katarakt, der: **1.** → Stromschnelle – **2.** → Wasserfall
Katarrh, der: → Erkältung
Kataster, der *od.* das: → Grundbuch
katastrophal: 1. → verheerend – **2.** → verhängnisvoll
Katastrophe, die: **1.** → Unglück (1) – **2.** → Zusammenbruch (1)
Kate, die: → Haus (1)
Kategorie, die: → Begriff (1)
kategorisch: → bestimmt (1)
kategorisieren: → ordnen (1)
Kateridee, die: → Schnapsidee
Katheder, der *od.* das: → Pult
Kathedrale, die: → Kirche
Kathrine, die: die schnelle K.: → Durchfall (1)
Kätner, der: → Kleinbauer
kätschen: → kauen (1)
Kattun, der: **1.** → Beschuss (1) – **2.** K. geben: → verprügeln
katzbalgen, sich: → raufen (II, 1)
Katzbalgerei, die: → Rauferei
Katzbuckelei, die: → Unterwürfigkeit
katzbuckeln: → kriechen (2)
Katze, die: **1.** ⟨*Haustier*⟩ Hauskatze (*fachspr*); Mieze (*Kosef*); Miezekatze · Muschi (*kinderspr*) ♦ *umg*: Dachhase · Stubentiger (*scherzh*) – **2.** falsche K.: → Heuchle-

rin; neunschwänzige K.: → Peitsche (1); für die Katz[e]: → umsonst (1); die K. aus dem Sack lassen: → ausplaudern; das hat die K. gefressen: → verschwunden (2); herumgehen wie die K. um den heißen Brei: → zögern
katzenartig: → gewandt (1)
Katzenauge, das: → Rücklicht
katzenfalsch: → schmeichlerisch
katzenfreundlich: → schmeichlerisch
katzenhaft: → gewandt (1)
Katzenjammer, der: → Niedergeschlagenheit
Katzenkopf, der: → Kopfnuss
Katzensprung, der: ein K.: → nahe (1)
Kauderwelsch, das: → Unsinn (1, a)
kauderwelschen: → radebrechen
kauen: 1. ⟨*die Nahrung mit den Zähnen zerkleinern*⟩ durchkauen + mahlen ♦ *umg*: muffeln · malmen · kätschen · mampfen (*landsch*) + mümmeln – **2.** an einem harten Brocken k.: → abmühen, sich
kauern: I. kauern: ⟨*fast auf seinen Fersen sitzen*⟩ [da]hocken; hucken (*landsch*); → *auch* sitzen (1) – **II.** kauern, sich: ⟨*sich fast auf die Fersen setzen*⟩ sich hinkauern · sich hinhocken · niederhocken · in die Hocke / Kniebeuge gehen + sich bücken; → *auch* ducken (II, 1)
Kauerstellung, die: → ¹Hocke (1)
Kauf, der: **1.** ⟨*das Inbesitznehmen durch Bezahlung*⟩ Ankauf · Erwerb[ung] · Anschaffung + Abnahme · Erstehung · Bezug · Kaufabschluss; → *auch* Einkauf (1) – **2.** vorteilhafter K.: ⟨*der Erwerb zu einem relativ niedrigen Preis*⟩ günstiger Kauf ♦ *umg*: Schnäppchen – **3.** günstiger K.: → 2; einen K. tätigen: → kaufen (1); in K. nehmen: → abfinden (II, 2)
Kaufabschluss, der: → Kauf (1)
kaufen: 1. ⟨*durch Bezahlung in seinen Besitz bringen*⟩ ankaufen · käuflich erwerben · einen Kauf tätigen + erstehen · lösen ♦ *umg*: [mit]nehmen; → *auch* abkaufen (1), einkaufen (I, 1), erwerben (2), einhandeln, abhandeln (1) – **2.** → bestechen (1) – **3.** sich k.: → vornehmen (1); sich einen Affen k.: → betrinken, sich
Käufer, der: Kunde · Abnehmer · Interessent; Reflektant (*veraltend*); → *auch* Auftraggeber (1)
Kauffreude, die: → Kaufinteresse
Kaufhalle, die: → Geschäft (1)

Kaufhaus, das: → Geschäft (1)

Kaufinteresse, das: Nachfrage · Kauflust · Kaufneigung · Kauffreude · Interesse + Kaufrausch; → *auch* Bedarf (1)

kaufkräftig: → zahlungskräftig

Kaufladen, der: → Geschäft (1)

käuflich: 1. → bestechlich (1) – **2.** k. sein: ⟨*durch Bezahlung erwerbbar sein*⟩ zu haben/bekommen sein; feil sein (*veraltet*); → *auch* vorrätig (2) – **3.** k. erwerben: → kaufen (1)

Kauflust, die: → Kaufinteresse

Kaufmann, der: **1.** ⟨*jmd., der Handel treibt*⟩ Geschäftsmann · Business-Mann · der Handeltreibende; Handelsmann (*veraltend*) – **2.** ⟨*Besitzer eines Gemischtwarengeschäftes*⟩ Händler · Krämer · Ladenbesitzer · Ladeninhaber · Geschäftsinhaber; Greißler (*österr*) ♦ *umg*: Budiker; Heringsbändiger (*scherzh*); Tütendreher (*scherzh od. abwert*) ♦ *salopp*: Koofmich (*berlin abwert*)

kaufmännisch: kommerziell · merkantil

Kaufneigung, die: → Kaufinteresse

Kaufpreis, der: → Preis (1)

Kaufrausch, der: → Kaufinteresse

kaum: 1. ⟨*beinahe nicht*⟩ knapp · [nur] mit knapper/genauer Not · [nur] mit Mühe [und Not]; → *auch* Mühe (3) – **2.** ⟨*vermutlich nicht*⟩ schwerlich – **3.** → eben (2) – **4.** k. dass: → sobald; k. der Rede wert: → unwichtig (1)

kaupeln: → tauschen (1)

kausal: → ursächlich

Kausalität, die: → Ursächlichkeit

Kausalnexus, der: → Ursächlichkeit

Kausalzusammenhang, der: → Ursächlichkeit

kaustisch: → spöttisch

Kautabak, der: Priem[tabak]

Kautel, die: → Vorbehalt (1)

Kaution, die: → Bürgschaft (1)

Kautschuk, der: → Gummi (1)

Kauz, der: **1.** → Eule (1) – **2.** → Sonderling – **3.** → Haarknoten

kauzig: → schrullig (1)

Kavalier, der: **1.** → Liebhaber (1) – **2.** → Weltmann

kavaliersmäßig: → höflich

Kavallerie, die: **1.** → Reiterei (1) – **2.** → Welle (I)

Kaventsmann, der: **1.** → Riese (1) – **2.** → Welle (I)

Kebse, die: → Beischläferin

Kebsweib, das: → Beischläferin

keck: kess · ungeniert · unbefangen · ohne Scheu · dreist · respektlos ♦ *salopp*: frech wie Oskar; → *auch* frech (1), vorlaut, ungezwungen

Keeper, der: → Torwart

Kegel, der: mit Kind und K.: → Familie (3)

kegeln: 1. → fallen (1) – **2.** k. |aus|: → hinauswerfen (1)

Kehle, die: **1.** ⟨*vorderer Teil des Halses*⟩ Gurgel; → *auch* Hals (1) – **2.** eine raue K. haben: → heiser (2); aus voller K.: → laut (1, b); die K. zuschnüren: → erwürgen; trockene K.: → Durst (1); durch die K. jagen: → vertrinken; die K. anfeuchten/nass machen, einen durch die K. jagen: → trinken (1, b); in die falsche K. bekommen/kriegen: **a)** → verschlucken (II) – **b)** → missverstehen (1); das Messer an die K. setzen: → zwingen (1)

Kehlkopf, der: Adamsapfel ♦ *umg*: Griebs (*landsch*)

Kehraus, der: **1.** → Ende (1, b) – **2.** K. machen: → aufräumen (1)

Kehre, die: → Biegung (1)

¹kehren: I. kehren: **1.** nach innen gekehrt: ⟨*auf das eigene Seelenleben gerichtet*⟩ in sich gekehrt · introvertiert – **2.** den Rücken k.: → abwenden (II, 1); das Unterste zuoberst k.: → durchsuchen; die Waffe gegen sich k.: → erschießen (II); in sich gekehrt: **a)** → I, 1 – **b)** → nachdenklich – **II.** kehren, sich: sich nicht k. |um|: → kümmern, sich (1)

²kehren: → fegen (1)

Kehricht, der: **1.** → Müll – **2.** einen feuchten K. angehen: → angehen (6)

Kehrichtkübel, der: → Mülleimer

Kehrichtschaufel, die: Aufnehmer (*norddt*)

Kehrordnung, die: → Turnus (1)

Kehrschleife, die: → Windung (1)

Kehrseite, die: **1.** → Rückseite (1) – **2.** → Nachteil (1) – **3.** auf der K.: → hinten (1, b)

kehrtmachen: → umdrehen (II)

Kehrum: im K.: → schnell (1, e)

Kehrwisch, der: → Handfeger

keifen: → schimpfen (1)

Keil, der: einen K. treiben |zwischen|: → entzweien (1)

Keile, die: → Prügel (II, 1)

keilen, sich: → schlagen (II, 1)

Keilerei, die: → Schlägerei

Keim

Keim, der: 1. → Krankheitserreger – 2. → Schössling – 3. im K. ersticken: **a)** → unterdrücken (3) – **b)** → niederschlagen (2)
keimen: 1. → aufkeimen – 2. → sprießen (1)
keimfrei: 1. ⟨*frei von Krankheitserregern*⟩ aseptisch · steril – 2. k. machen: → entkeimen (1)
Keimling, der: 1. → Schössling – 2. → Embryo
Keimzelle, die: 1. ⟨*der Fortpflanzung dienende Zelle*⟩ Geschlechtszelle; Gamet (*fachspr*) + Eizelle · Ovum · Samenzelle · Samenfaden · Spermium; → *auch* Samen (2) – 2. → Grundlage (1)
kein: 1. ⟨*nicht irgendein*⟩ *umg*: null (*jugendspr*) – 2. k. Aas/Hund/Mensch/Schwanz/Schwein, keine Seele/Sau: → niemand; keinen Deut, k. Fünkchen/Stück: → nichts (1); um keinen Preis, unter [gar] keinen Umständen: → niemals; auf [gar] keinen Fall, k. Gedanke, in keinster Weise: → keineswegs
keiner: → niemand
keinesfalls: 1. → keineswegs – 2. → niemals
keineswegs: keinesfalls · durchaus nicht · auf [gar] keinen Fall · [ganz] im Gegenteil · beileibe nicht · ganz und gar nicht · nicht entfernt · nicht im Entferntesten/Geringsten · weit gefehlt · Gott bewahre · Gott behüte · das sei mir fern/fern von mir; mitnichten (*meist noch scherzh*) ♦ *umg*: kein Gedanke · woher denn · ach wo[her] · ach was · i bewahre · i wo · wo werd' ich denn; in keinster Weise (*scherzh*); → *auch* nein, niemals
Keks, der: auf den K. gehen: → belästigen (1)
Kelch, der: → Glas (I, 1)
Keller, der: 1. ⟨[*teilweise*] *tiefer als die Erdoberfläche liegender Raum*⟩ Kellerraum · Kellergewölbe – 2. in den K. rutschen: → billig (6)
Kellergeschoss, das: → Untergeschoss
Kellergewölbe, das: → Keller (1)
Kellerraum, der: → Keller (1)
Kellner, der: Ober · Bedienung; Ganymed (*scherzh*) + Oberkellner · Pikkolo · Steward · Garçon
Kellnerin, die: Serviererin · Servierfräulein · Serviermädchen · Bedienung; Hebe (*scherzh*); Serviertochter · Saaltochter (*schweiz*) + Stewardess ♦ *umg*: Fräulein

Kelter, die: Trotte (*schweiz*)
Kemenate, die: → Wohnzimmer
kennen: 1. ⟨*mit jmdm. bzw. etw.* [*oft*] *zusammengetroffen sein*⟩ kennen gelernt haben · bekannt sein |mit| · Bekanntschaft gemacht haben |mit| + ein Lied singen können |von|; → *auch* befreundet, auskennen, sich – 2. → wissen (1) – 3. k. lernen: ⟨*erstmals treffen*⟩ *umg*: aufgabeln · auffischen · aufreißen (*oft scherzh*) – 4. k. gelernt haben: → 1; sich k. lernen: → befreunden, sich (1); den Rummel k.: → auskennen, sich
Kenner, der: → Fachmann (1)
Kennerschaft, die: → Sachkenntnis
Kennkarte, die: → Ausweis (1)
kenntlich: → sichtbar (1)
Kenntnis: **I.** Kenntnis, die: 1. → Wissen (1) – 2. → Erfahrung (1) – 3. K. haben |von/über|: → wissen (1); K. geben |von|, zur K. bringen: → bekannt (5); in K. setzen: → unterrichten (1); K. erhalten: → erfahren (1); zur K. nehmen: → beachten – **II.** Kenntnisse (*Pl*): 1. → Wissen (1) – 2. K. vermitteln: → unterrichten (2)
Kenntnisnahme, die: → Einblick (2)
kenntnisreich: → gebildet
Kennwort, das: → Losung · Losungswort · Parole (*milit*); Passwort (*EDV*)
Kennzeichen, das: 1. → Merkmal, Eigenschaft – 2. polizeiliches K.: → Autonummer
kennzeichnen: → bezeichnen (I, 1)
kennzeichnend: charakteristisch · symptomatisch · typisch · signifikant · unverkennbar · bezeichnend; → *auch* eigentümlich (1), bezeichnend (1)
Kennzeichnung, die: → Bezeichnung (1)
kentern: → umkippen (2)
keppeln: → schimpfen (1)
Kerbe, die: 1. → Einschnitt (1) – 2. in die gleiche K. hauen: → übereinstimmen (1)
Kerbholz, das: etw. auf dem K. haben: → Schuld (I, 2)
Kerbtier, das: → Insekt
Kerf, der: → Insekt
Kerker, der: 1. → Strafvollzugsanstalt – 2. in den K. werfen: → einsperren (1); im K. sein/sitzen/schmachten: → gefangen (2)
Kerl, der (*umg*): 1. ⟨*tüchtige männl. Person*⟩ normalspr: Mann · Bursche ♦ *umg*: Kapitalkerl · Mordskerl; Malefizkerl (*landsch*); Bazi (*süddt österr*); → *auch* Tau-

430

Kind

sendsasa – **2.** → Mann (I, 1) – **3.** junger K.:
→ Bursche (1)
Kerlchen, das: → Junge (I, 1)
Kern, der: **1.** ⟨*der innere Teil einer Frucht*⟩
Samenkern + Stein – **2.** → Hauptsache, We-
sen (1) – **3.** des Pudels K.: → Ursache; der
harte K.: → Hardliner
Kernenergie, die: Atomenergie · Kernkraft ·
Atomkraft
kernfaul: → faul (1)
Kerngebiet, das: → Mittelpunkt
Kerngehäuse, das: Kernhaus · Gehäuse;
Griebs (*landsch*)
kerngesund: → gesund (1)
Kernhaus, das: → Kerngehäuse
kernig: → kräftig (1)
Kernkraft, die: → Kernenergie
Kernkraftwerk, das: Atomkraftwerk ·
AKW · KKW
Kernphysik, die: → Atomphysik
Kernpunkt, der: → Hauptsache
Kernreaktor, der: Atomreaktor · Reaktor ·
Pile · Atommeiler · Meiler
Kernsinn, der: → Gedankengehalt
Kernstück, das: → Hauptsache, Wesen (1)
Kerntruppe, die: → Elitetruppe
Kernwaffen (*Pl*): Atomwaffen
Kerosin, das: → Kraftstoff
Kerze, die: Licht + Wachskerze · Stearin-
kerze · Talglicht
kerzengerade: → aufrecht (1)
Kerzenhalter, der: → Leuchter (1)
Kerzenleuchter, der: → Leuchter (1)
Kerzenständer, der: → Leuchter (1)
kess: 1. → keck – **2.** → elegant (1) – **3.** eine
kesse Sohle abdrehen / aufs Parkett legen: →
tanzen (1)
Kessel, der: **1.** → Tal (1) – **2.** → Einkrei-
sung
Kette, die: **1.** → Reihe (1) – **2.** Ketten anle-
gen: → fesseln (1); an die K. legen: → an-
ketten; in Ketten legen: → gefangen (3);
die Ketten abschütteln / abstreifen / abwer-
fen / sprengen / zerbrechen / zerreißen: → be-
freien (II, 2); an den Ketten rütteln: → auf-
begehren
Kettenfahrzeug, das: → Panzer (1)
Ketzer, der: → Abtrünnige
Ketzerei, die: → Irrlehre
ketzerisch: → abtrünnig
keuchen: schnaufen · pusten; japsen · jap-
pen (*landsch*) + röcheln; → auch schnauben
(I, 1)

keulen: → töten (2)
keusch: → enthaltsam (1)
Keuschheit, die: → Enthaltsamkeit
Keuschler, der: → Kleinbauer
Kiberer, der: → Kriminalist
kichern: → lachen (1)
Kick, der: → Nervenkitzel
Kicker, der: → Fußballspieler
Kid: I. Kid, das: → Kind (1) – **II.** Kids (*Pl*):
→ Jugend (3)
kidnappen: → entführen (1)
Kidnapping, das: → Kindesentführung,
Entführung
kiebig: → frech (1)
Kiebitz, der: → Schaulustige
kiebitzen: → zusehen (1)
kiefeln: → nagen (1)
Kiefer, die: Föhre
kieken: → sehen (1)
Kieker, der: **1.** → Fernglas – **2.** auf dem K.
haben: → hassen
Kiekindiewelt, der: → Grünschnabel
Kien, der: auf dem K. sein: **a)** → aufpassen
(1) – **b)** → tüchtig (3)
Kiepe, die: → Korb (1)
Kies, der: → Geld (1)
kieseln: → hageln (1)
kiesig: → krümelig
kiewig: → frech (1)
Kif, der: → Rauschgift (1)
kiffen: → Rauschgift (3)
Kiffer, der: → Rauschgiftsüchtige
Kikelkakel, das: → Geschwätz (1)
Kiki, der: **1.** → Kram (1) – **2.** → Unsinn
(1, a)
killekille: k. machen: → kitzeln (1)
killen: → ermorden, töten (I, 1)
Killer, der: → Mörder
Kimm[ung], der: → Horizont (1)
Kind, das: **1.** ⟨*Mensch in seiner frühen Ju-
gend*⟩ das Kleine; Kleinchen (*Kosef*); Bébé
(*schweiz*) + Kleinkind · Schoßkind ♦ *umg*:
Kid · Krabbe · [kleines] Wurm; Matz ·
Mätzchen · Spatz · Pusselchen (*vertraul od.
Kosef*); Racker (*vertraul scheltend*); Krümel
(*scherzh*) · Balg · Blag (*abwert*); Fratz (*auch
abwert*); Murkel · Gör[e] (*landsch*); Gof
(*schweiz*); → *auch* Junge (I, 1), Mädchen
(1), Säugling, Knirps – **2.** ⟨*Sohn od. Tochter
[im Kindesalter]*⟩ Sprössling (*scherzh*) +
Nachkomme · Stammhalter · Erbe ♦ *ge-
hoben*: Spross; → *auch* Nachkomme (1),
Sohn – **3.** mit K. und Kegel: → Familie (3);

431

Kindbett

ein K. machen/in die Welt setzen: → zeugen (1); ein K. andrehen: → schwängern; ein K. in den Bauch reden: → einreden (1); ein K. erwarten/unter dem Herzen tragen: → schwanger (2); ein K. bekommen/kriegen: **a)** → schwanger (2) – **b)** → gebären; eines Kindes genesen: → gebären; an Kindes statt annehmen: → adoptieren; das K. mit dem Bade ausschütten: → weit (4); das K. beim [rechten] Namen nennen: → Wahrheit (2); sich lieb K. machen: → einschmeicheln, sich

Kindbett, das: → Wochenbett

Kinderei, die: **1.** → Albernheit – **2.** → Unsinn (1, a)

Kinderfrau, die: Tagesmutter · Nanny · Kindermädchen; Kinderfräulein (*veraltet*); → *auch* Kindergärtnerin

Kinderfräulein, das: → Kinderfrau

Kindergarten, der: Kindertagesstätte · Kita · Kindertagesheim · Tagesheim; Spielschule (*veraltend*) + Kinderladen; → *auch* Kinderhort

Kindergärtnerin, die: Tante (*kinderspr*) + Erzieherin · Hortnerin; → *auch* Kinderfrau

Kindergeld, das: Kinderzulage · Kinderzuschlag

Kinderhort, der: Hort; → *auch* Kindergarten

Kinderjahre (*Pl*): → Kindheit (1)

Kinderladen, der: → Kindergarten

Kinderlähmung, die: **1.** ⟨*Infektionskrankheit*⟩ spinale Kinderlähmung; Poliomyelitis · Polio (*med*) – **2.** spinale K.: → 1

kinderleicht: → mühelos (1)

Kindermädchen, das: → Kinderfrau

Kinderschänder, der: → Pädophile

Kindersegen, der: → Nachkommenschaft

Kinderspiel, das: **1.** → Kleinigkeit (1) – **2.** kein K. sein: → schwierig (4)

Kinderstube, die: → Erziehung (2)

Kindertagesheim, das: → Kindergarten

Kindertagesstätte, die: → Kindergarten

Kinderwagen, der: + Sportwagen · Buggy

Kinderzeit, die: → Kindheit (1)

Kinderzulage, die: → Kindergeld

Kinderzuschlag, der: →Kindergeld

Kindesalter, das: → Kindheit (1)

Kindesbeine (*Pl*): von Kindesbeinen an: → Jugend (4)

Kindesentführung, die: Kindesraub · Kidnapping; → *auch* Entführung

Kindesraub, der: → Kindesentführung

kindhaft: → unreif (2)

Kindheit, die: **1.** ⟨*die Zeit, in der man noch Kind ist*⟩ Kinderjahre · Kinderzeit · Kindesalter ♦ *gehoben:* Lebensmorgen; → *auch* Jugend (1) – **2.** von K. an: → Jugend (4)

kindisch: 1. → unreif (2) – **2.** → albern (1)

kindlich: → unreif (2)

Kindlichkeit, die: → Unreife

Kindskopf, der: → Dummkopf (2)

Kindstaufe, die: → Taufe (1)

Kinetose, die: → Reisekrankheit

King, der: → Anführer

Kinkerlitzchen (*Pl*): **1.** → Nichtigkeit (1) – **2.** → Unsinn (1, a)

Kinnhaken, der: → Schlag (I, 1)

Kino, das: **1.** ⟨*Einrichtung zur Vorführung von Filmen*⟩ Filmtheater · Filmbühne; Lichtspiele · Lichtspieltheater · Lichtspielhaus (*veraltend*) ♦ *umg:* Kintopp (*scherzh od. abwert*) ♦ *salopp:* Flimmerkiste (*scherzh od. abwert*) – **2.** ⟨*das Vorführen eines Films*⟩ Filmveranstaltung

Kintopp, der *od.* das: → Kino (1)

Kiosk, der: → Bude (1, b)

Kipfe[r]l, das: → Brötchen

¹Kippe, die: auf der K. stehen: → unsicher (5, b); K. machen: → teilen (I, 1)

²Kippe, die: → Zigarettenstummel

kippelig: → wackelig

kippeln: 1. → schaukeln (2) – **2.** → wackeln (1)

kippen: 1. ⟨*in eine schräge Lage bringen*⟩ ankippen – **2.** → umkippen (2) – **3.** → absetzen (I, 2) – **4.** → vereiteln – **5.** ein Glas/einen k.: → trinken (1, b); aus den Latschen/Pantinen k.: → bewusstlos (2)

Kirche, die: **1.** ⟨*Gebäude zum Abhalten der Gottesdienste*⟩ Gotteshaus · Münster · Dom[kirche] · Kathedrale + Kapelle · Synagoge · Moschee – **2.** → Gottesdienst – **3.** die K. im Dorf lassen: → übertreiben (4); die K. ums Dorf tragen, mit der K. ums Dorf fahren: → umständlich (2)

Kirchenbann, der: → Ausschluss (1)

Kirchenchor, der: **1.** ⟨*Chor einer Kirchengemeinde*⟩ Kantorei – **2.** → Chor (1)

Kirchendiener, der: Küster · Sakristan · Mesner

kirchenfromm: → fromm (1)

Kirchengemeinde, die: Gemeinde · Kirchspiel · Pfarre[i] · Parochie · Sprengel

Kirchenlicht, das: kein K.: → Dummkopf (1)

Kirchenmann, der: → Geistliche

Kirchenmaus, die: arm wie eine K.: → arm (1)

Kirchhof, der: → Friedhof

kirchlich: klerikal · christlich; → *auch* geistlich (1)

Kirchspiel, das: → Kirchengemeinde

Kirchtag, der: → Kirchweih

Kirchweih, die (*landsch*): Kirmes · Kirchtag · Kirtag ♦ *umg*: Kirmse

Kirmes, die: → Kirchweih

Kirmse, die: → Kirchweih

kirre: 1. → zahm (1) – **2.** k. machen: → zähmen (I, 1)

kirren: → zähmen (I, 1)

kirschrot: → rot (1)

Kirtag, der: → Kirchweih

Kismet, das: → Schicksal (1)

Kissen, das: Federkissen; Polster (*österr*) + Pfulmen (*schweiz*)

Kiste, die: **1.** → Kasten (1) – **2.** → Fahrzeug (1), Auto (1), Flugzeug – **3.** fertig ist die K.: → erledigt (1 *u.* 3, a); die K. schmeißen: → meistern

Kita, die: → Kindergarten

Kitchenette, die: → Küche (1)

Kitesurfen, das: → Drachenfliegen

Kitsch, der: Edelkitsch; → *auch* Schund (1)

kitschig: → geschmacklos (1)

Kitt, der: **1.** → Klebstoff – **2.** → Kram (1) – **3.** → Unsinn (1, a)

Kittchen, das: → Strafvollzugsanstalt

Kittel, der: → Rock (1)

kitten: → kleben (2)

Kitzel, der: **1.** → Juckreiz – **2.** → Verlockung – **3.** → Nervenkitzel

kitzeln: 1. (*durch streichelndes Berühren zum Lachen bringen*) *umg*: krabbeln; kille-kille machen (*vertraul*) – **2.** → jucken (1) – **3.** → verlocken

kitzlig: → heikel (1)

KKW, das: → Kernkraftwerk

Klacks, der: **1.** → Haufen (1) – **2.** → Fleck (I, 1) – **3.** → Kleinigkeit (1)

Kladde, die: **1.** (*Geschäftsbuch*) Diarium (*veraltet*); → *auch* Notizbuch – **2.** → Entwurf (2)

Kladderadatsch, der: **1.** → Zusammenbruch (1) – **2.** → Gerede (1)

klaffen: gähnen

kläffen: 1. → bellen (1) – **2.** → schimpfen (1)

Kläffer, der: → Hund (1)

klafterhoch: → hoch (1)

klaftertief: → abgrundtief

Klage, die: **1.** (*Beschuldigung vor Gericht*) Anklage · Beschwerde – **2.** → Beschuldigung (1) – **3.** K. führen: → beschweren (II); K. führen |gegen|: → verklagen

Klagelied, das: ein K. anstimmen: → jammern (1)

klagen: 1. → jammern (1) – **2.** k. |um|: → beklagen (I, 1); k. |gegen|: → verklagen

Kläger, der: → Staatsanwalt

kläglich: 1. → jämmerlich (1) – **2.** → beschämend, erbärmlich (1)

Klamauk, der: **1.** → Lärm (1) – **2.** → Unfug

klamm: 1. → feucht (1) – **2.** → zahlungsunfähig (1) – **3.** → eng (1)

Klamm, die: → Schlucht

Klammer, die: → Haarklemme

Klammerbeutel, der: mit dem K. gepudert: → verrückt (1)

klammern, sich: sich k. |an|: → festhalten (II)

Klammersack, der: mit dem K. gepudert: → verrückt (1)

klammheimlich: → heimlich (1)

Klamotten (*Pl*): **1.** → Kleidung (1) – **2.** → Hausrat

Klang: I. Klang, der: **1.** (*Art u. Weise des Klingens*) Ton · Klangart + Akustik; → *auch* Klangfarbe – **2.** → Klangfarbe – **3.** ohne Sang und K.: → unauffällig (1) – **II.** Klänge (*Pl*): → Musik (1)

Klangart, die: → Klang (I, 1)

Klangfarbe, die: Kolorit · Timbre · Klang + Sound; → *auch* Klang (I, 1)

Klangkörper, der: → ¹Kapelle

klanglich: akustisch

klangvoll: → wohltönend

Klappe, die: **1.** → Mund (1) – **2.** → Bett (1) – **3.** die K. halten: → schweigen (1 *u.* 2); die große K. schwingen: → aufspielen (II); in die K. gehen: → schlafen (5)

klappen: 1. → gelingen (1) – **2.** → gehen (9) – **3.** → ertappen (1) – **4.** wie am Schnürchen k.: → gehen (9)

Klapper, die: → Rassel

klapperdürr: → mager (1)

Klapperei, die: → Lärm (1)

klapperig: → alt (2), gebrechlich

Klapperkasten, der: **1.** → Klavier (1) – **2.** → Fahrzeug (1), Auto (1)

Klapperkiste

Klapperkiste, die: → Fahrzeug (1), Auto (1)
klappern: 1. ⟨*schnell aufeinander folgend harte Gegenstände aneinander schlagen*⟩ rappeln · raffeln · scheppern (*landsch*); → *auch* rasseln (1), lärmen – **2.** → zittern (1) – **3.** mit den Augen/Augendeckeln k.: → flirten
Klapperschlange, die: → Maschinenschreiberin
Klapperstorch, der: → Storch
Klappmesser, das: → Taschenmesser
Klappzylinder, der: → Zylinder
Klaps, der: **1.** → Schlag (I, 1) – **2.** einen K. haben: → verrückt (5)
klapsen: → schlagen (I, 1)
klapsig: → verrückt (1)
Klapsmühle, die: → Klinik (2)
klar: 1. ⟨*keine Trübung aufweisend*⟩ **a)** ⟨*Flüssigkeit od. Glas*⟩ rein · lauter · kristallklar · hell; → *auch* durchsichtig (1) – **b)** ⟨*Himmel*⟩ wolkenlos · unbewölkt · aufgeklärt + heiter; → *auch* sonnig (2) – **2.** → verständlich (1) – **3.** → deutlich (1, 2 *u.* 3) – **4.** → selbstverständlich (1) – **5.** → ja (1) – **6.** → ordentlich (1, a) – **7.** na k.: → ja (1); klipp und k.: → deutlich (3); k. werden: → aufklären (II); k. machen: → zerhacken (1); k. sehen: → überblicken; nicht k. sehen: → erkennen (5); k. denkend: → klug (1); k. auf der Hand liegen: → offenkundig (2); klarer Fall: → selbstverständlich (1); k. wie Kloßbrühe/wie dicke Tinte sein: → selbstverständlich (3); einen klaren Kopf behalten/bewahren: → beherrschen (II)
Klärchen: → Sonne (1)
Klare, der: → Branntwein
klären: 1. ⟨*eine Flüssigkeit von Verunreinigungen befreien*⟩ läutern · reinigen + filtern; → *auch* filtern – **2.** → aufklären (I, 1) – **3.** → berichtigen (I, 1)
klargehen: 1. → gehen (9) – **2.** geht klar: → einverstanden (1)
Klarheit, die: **1.** → Helligkeit – **2.** → Verständlichkeit – **3.** → Deutlichkeit (1, 2 *u.* 3)
klarieren: → verzollen
klarkommen: → zurechtkommen (2)
klarkriegen: → regeln (1)
klarlegen: 1. → erklären (I, 1) – **2.** → berichtigen (I, 1)
klarmachen: → erklären (I, 1)
klarstellen: → berichtigen (I, 1)
Klartext, der: im K.: → Wort (5); K. reden |mit|: → zurechtweisen

Klärung, die: → Aufklärung (1), Berichtigung (1)
Klas, der: → Dummkopf (2)
Klasse, die: **1.** ⟨*Raum für den Unterricht*⟩ Klassenzimmer · Klassenraum; Schulstube (*noch landsch*) – **2.** → Art (2) – **3.** → Gesellschaftsgruppe – **4.** [große] K. sein: **a)** → großartig (3) – **b)** → beachtlich (5); die politische K.: → Führungsschicht
Klassemann, der: → Spitzensportler
Klassenarbeit, die: → Prüfungsarbeit
Klassenbeste, der: Primus + Musterschüler
Klassenraum, der: → Klasse (1)
Klassenzimmer, das: → Klasse (1)
Klassifikation, die: → Einteilung (1)
klassifizieren: → einteilen (1)
klassisch: 1. → antik (1) – **2.** → vollkommen (1) – **3.** → großartig (1) – **4.** das klassische Altertum: → Altertum (I)
Klater, der: → Schmutz (1)
klaterig: → schmutzig (1)
kläterig: → elend (1)
Klatsch, der: **1.** → Schlag (I, 1) – **2.** → Gerede (1)
Klatschbase, die: → Schwätzerin
klatschbunt: → bunt (1)
Klatsche, die: → Schwätzerin
klatschen: 1. ⟨*zum Zeichen des Beifalls die Hände zusammenschlagen*⟩ applaudieren · Beifall klatschen/bekunden/spenden · Applaus spenden · akklamieren – **2.** ⟨[*über etw. od. jmdn.*] *gehässig reden*⟩ umg: schwatzen |über| · lästern · tratschen; ratschen (*landsch*) + breittreten · quatschen; → *auch* durchhecheln – **3.** Beifall k.: → 1; eine k.: → ohrfeigen
Klatschen, das: → Beifall (1)
Klatscherei, die: → Gerede (1)
Klatschgeschichte, die: → Gerede (1)
klatschhaft: → geschwätzig
Klatschmaul, das: **1.** → Schwätzerin – **2.** → Lästerer
klatschnass: → nass (1)
klatschsüchtig: → geschwätzig
Klatschtante, die: → Schwätzerin
Klatschtrine, die: → Schwätzerin
Klatschweib, das: → Schwätzerin
klauben: 1. → aufsammeln (1) – **2.** → pflücken
Klaue, die: **1.** → Hand (1) – **2.** → Pranke (1) – **3.** → Handschrift (1)
klauen: → stehlen (1)
Klause, die: → Zelle (1)

Kleunigkeit

Klausner, der: → Einsiedler
klausulieren: → verklausulieren
Klausur[arbeit], die: → Prüfungsarbeit
Klavier, das: **1.** ⟨*Tasteninstrument*⟩ Piano[forte] (*veraltet*) + Pianino · Flügel ♦ *salopp:* Klapperkasten · Klimperkasten · Drahtkommode (*abwert*) – **2.** K. spielen: ⟨*auf dem Klavier spielen*⟩ *umg:* klimpern (*abwert*) ♦ *salopp:* in die Tasten hauen (*scherzh*)
Klebe, die: → Klebstoff
Klebemittel, das: → Klebstoff
kleben: 1. ⟨[*wie*] *durch die Wirkung von Klebstoff zusammenhängen*⟩ haften · festkleben; backen (*landsch*) ♦ *umg:* pappen; picken (*österr*) – **2.** ⟨*mit Klebstoff verbinden*⟩ + leimen · kitten · kleistern ♦ *umg:* pappen; picken (*österr*) – **3.** k. bleiben: → sitzen (6, a); eine k.: → ohrfeigen
Kleber, der: → Klebstoff
klebrig: 1. ⟨*zäh haftend*⟩ kleistrig · leimig + harzig ♦ *umg:* pappig – **2.** → anhänglich – **3.** klebrige Finger haben: → stehlen (1)
Klebstoff, der: Klebemittel · Kleber + Kleister · Leim · Kitt · Alleskleber ♦ *umg:* Klebe; Pappe (*landsch*); Pick (*österr*)
Klecker, der: → Fleck (I, 1)
Kleckerfritze, der: → Schmutzfink
kleckern (*umg*): klecksen · sudeln ♦ *salopp:* schmaddern (*norddt*)
Klecks, der: → Fleck (I, 1)
klecksen: 1. → malen (1, a) – **2.** → kleckern
Kleckser, der: → Maler (1 *u.* 2)
Kledasche, die: → Kleidung (1)
Klee, der: über den grünen K. loben: → loben (1)
Kleid: I. Kleid, das: ⟨*Kleidungsstück für Frauen u. Mädchen*⟩ *umg:* Fahne · Fähnchen · Fummel · Fetzen (*abwert*) – **II.** Kleider (*Pl*): **1.** → Kleidung (1) – **2.** sich aus den Kleidern schälen, die K. von sich werfen: → ausziehen (II); sich in die K. werfen, in die K. fahren: → anziehen (II)
kleiden: I. kleiden: → passen (1, c) – **II.** kleiden, sich: → anziehen (II)
Kleiderablage, die: → Garderobe (1)
Kleiderbügel, der: Bügel
Kleiderhaken, der: → Garderobe (1)
Kleiderständer, der: → Garderobe (1)
Kleidung, die: **1.** ⟨*alle Kleidungsstücke zusammen*⟩ Garderobe · Outfit · Bekleidung · Kleider; Gewand (*süddt österr*) + Anzug ·

Kostüm · Tracht · Uniform ♦ *gehoben:* Gewandung ♦ *umg:* Sachen · Zeug + Aufzug · Kluft · Montur ♦ *salopp:* Klamotten (*meist abwert*); Kledasche (*landsch; meist abwert*) – **2.** in die K. schlüpfen: → anziehen (II); aus der K. schlüpfen: → ausziehen (II); die K. wechseln: → umziehen (II)
klein: 1. ⟨*räumlich von geringem Ausmaß*⟩ winzig; lütt (*norddt*) + kleingewachsen · zierlich ♦ *umg:* klitzeklein; fipsig (*landsch*) – **2.** → unbedeutend (1) – **3.** → jung (1) – **4.** → kurz (1) – **5.** von k. auf: → Jugend (4); Groß und Klein: → jedermann; kleiner Erdenbürger: → Säugling; etw. Kleines erwarten: → schwanger (2); kleines Geld: → Kleingeld; kleine Fische: → Kleinigkeit (1); kleiner Vati, kleine Mutti: → altklug; der kleine Mann [auf der Straße]: → Durchschnittsmensch; k. beigeben: → nachgeben (1); ein kleines Geschäft machen: → austreten (1); k. machen: **a)** → austreten (1) – **b)** → zerkleinern (1) – **c)** → wechseln (2); sich k. machen: **a)** → demütigen (II) – **b)** → einschränken (II) – **c)** → ducken (II, 1); k. hacken: → zerhacken (1); kurz und k. schlagen: → zerschlagen (I, 1); mit dem kleinen Finger machen: → mühelos (2); über ein Kleines: → bald (1)
Kleinbahn, die: Lokalbahn + Nebenbahn ♦ *umg:* Bimmelbahn (*scherzh*)
Kleinbauer, der: + Häusler (*veraltend*); Kätner · Kossäte · Büdner (*landsch veraltend*); Keuschler (*österr*)
Kleinchen, das: → Kind (1)
kleindenkend: → kleinlich
Kleine: I. Kleine, der: → Junge (I, 1) – **II.** Kleine, die: → Mädchen (1) – **III.** Kleine, das: → Kind (1)
Kleingarten, der: Schrebergarten; Familiengarten (*schweiz*)
Kleingärtner, der: Schrebergärtner · Gartenfreund ♦ *umg:* Laubenpieper (*landsch*)
Kleingeld, das: Wechselgeld · kleines Geld; Herausgeld (*schweiz*)
kleingewachsen: → klein (1)
kleingläubig: → misstrauisch (1)
Kleinhandel, der: → Einzelhandel
Kleinholz, das: in K. verwandeln / K. machen | aus | : → zerschlagen (I, 1)
Kleinigkeit, die: **1.** ⟨*mühelos zu Erledigendes*⟩ Lappalie · Kinderspiel · Spiel[erei] · Bagatelle; Lächerlichkeit (*abwert*) ♦ *umg:* Klacks · Sächelchen · kleine Fische + Pap-

Kleinigkeitskrämer

penstiel – **2.** → Nichtigkeit (1) – **3.** eine K.:
→ wenig (2)
Kleinigkeitskrämer, der: → Pedant
Kleinigkeitskrämerei, die: → Pedanterie
kleinkariert: → kleinlich
Kleinkind, das: → Kind (1)
Kleinkram, der: → Nichtigkeit (1)
kleinkrämerisch: → kleinlich
kleinkriegen: → verbrauchen (1)
Kleinkunstbühne, die: → Kabarett
kleinlaut: → niedergeschlagen (1)
kleinlich: engherzig · kleindenkend · klein-
krämerisch · pedantisch · übergenau; pedant
(*österr*); krämerhaft · päpstlicher als der
Papst (*abwert*) + schulmeisterlich ♦ *umg*:
kleinkariert (*abwert*); pinselig · pingelig
(*landsch abwert*); → *auch* bürokratisch (1),
spitzfindig (1)
Kleinlichkeit, die: → Pedanterie
Kleinmut, der: → Mutlosigkeit
kleinmütig: → mutlos
Kleinod, das: **1.** → Schmuck (1) – **2.** →
Wertstück
kleinreden: 1. → verharmlosen – **2.** → he-
rabwürdigen (I)
kleinst: bis ins Kleinste: → gründlich (2)
Kleinstadt, die: Städtchen; Krähwinkel
(*abwert*) + Marktflecken ♦ *umg*: Nest
(*abwert*) ♦ *salopp*: Kaff (*abwert*) ♦ *derb*:
Drecknest (*abwert*); → *auch* Großstadt, Ort
(2)
kleinstädtisch: → ländlich
Kleinstlebewesen, das: Mikroorganismus ·
Mikrobe
Kleinverdiener, der: Geringverdiener ·
Niedriglöhner
kleinwüchsig: → zwerg[en]haft
Kleinwüchsige, der: → Zwerg (2)
Kleister, der: → Klebstoff
kleistern: → kleben (2)
kleistrig: → klebrig (1)
Klemme, die: **1.** → Haarklemme – **2.** in der
K. sitzen / stecken / sein: → Verlegenheit (2);
aus der K. ziehen: → heraushelfen; sich
aus der K. ziehen: → herauswinden, sich
klemmen: → stehlen (1)
Klemmer, der: → Kneifer (1)
Klempner, der: Blechschmied · Spengler ·
Flaschner · Blechner (*landsch*)
Klepper, der: → Pferd (1)
Kleptomane, der: → Dieb
kleptomanisch: → diebisch (1)
klerikal: 1. → geistlich (1) – **2.** → kirchlich

Kleriker, der: → Geistliche
Klerus, der: → Geistlichkeit
Klette, die: wie eine K.: → anhänglich; wie
die Kletten zusammenhängen: → zu-
sammenhalten (2)
Kletterer, der: → Bergsteiger
klettern: 1. ⟨*sich mit Händen u. Füßen*
[*mühsam*] *an etw. hinaufbewegen*⟩ steigen ·
klimmen + bergsteigen ♦ *umg*: kraxeln +
krabbeln; → *auch* hinaufklettern – **2.** → stei-
gen (1) – **3.** → ranken, sich – **4.** es ist um auf
die Bäume zu k.: → verzweifeln (2); in die
Höhe k.: → steigen (1)
Klick, der (*EDV*): Mausklick
Klicker, der: → Murmel
klieben: → spalten (1)
Klient, der: → Auftraggeber (1)
Klientel[e], die: → ¹Kundschaft
klieren: → schmieren (1)
Klima, das: **1.** → Wetter (I, 1) – **2.** → At-
mosphäre (1)
Klimaanlage, die: Airconditioner · Aircon-
ditioning; → *auch* Entlüfter
Klimakterium, das: → Wechseljahre
Klimax, die: → Wechseljahre
Klimbim, der: **1.** → Kram (1) – **2.** → Auf-
wand (1)
klimmen: → klettern (1)
Klimperkasten, der: → Klavier (1)
klimpern: → Klavier (2)
Klinge, die: die Klingen kreuzen: → fech-
ten (1), messen (II, 1); über die K. springen
lassen: **a)** → töten (I, 1) – **b)** → ruinieren
(I, 1)
Klingel, die: Glocke; Schelle (*landsch*)
♦ *umg*: Bimmel
klingeln: läuten; schellen (*landsch*) ♦ *umg*:
bimmeln
klingen: 1. ⟨*einen Klang geben*⟩ tönen +
schmettern · schrillen · schallen; → *auch* er-
klingen (1), ertönen, schallen – **2.** ⟨*akustisch
in bestimmter Weise wirken*⟩ sich anhören –
3. mit den Gläsern k.: → anstoßen (3)
Klinik, die: **1.** → Krankenhaus (1) – **2.**
psychiatrische K.: ⟨*Institution zur stationä-
ren Behandlung Geistes- u. Gemütskranker*⟩
psychiatrisches Krankenhaus · Nervenheil-
anstalt · Heilanstalt · Anstalt + Pflegeanstalt
♦ *umg*: Psychiatrie; Irrenanstalt (*veraltend*);
Irrenhaus (*veraltet*) ♦ *salopp*: Klapsmühle ·
Verrücktenanstalt (*abwert*)
Klinke, die: **1.** ⟨*Handgriff zum Öffnen der
Tür*⟩ Türklinke · Türgriff · Türdrücker ·

436

Klysma

Griff · Drücker; Türschnalle · Schnalle (*österr*); Türfalle · Falle (*schweiz*) – **2.** Klinken putzen: **a)** → betteln (1) – **b)** → Stellungssuche

Klinkenputzer, der: **1.** → Bettler – **2.** → Handelsvertreter

Klinker, der: → Ziegelstein

Klinomobil, das: → Krankenwagen

Klinse, die: → Spalt (1)

Klinze, die: → Spalt (1)

klipp: k. und klar: → deutlich (3)

Klippe, die: **1.** → Felsklippe – **2.** → Schwierigkeit (1)

klirren: → rasseln (1)

Klischee, das: → Nachbildung (2)

klischieren: → nachbilden

Klistier, das: → Einlauf (1)

Klitsch, der: → Brei (1)

Klitsche, die: → Bauernhof

klitschig: → dickflüssig

klitschnass: → nass (1)

klittern: → schmieren (1)

klitzeklein: → klein (1)

Klo, das: → Toilette (1)

Kloake, die: → Senkgrube

Kloben, der: → Klotz (1)

klobig: → plump (1)

klönen: → unterhalten (II, 1), erzählen (1)

klopfen: 1. ⟨*wiederholt gegen etw. schlagen*⟩ pochen + trommeln · hämmern · ticken ♦ *umg:* ballern · wummern · bummern · bumsen; bullern · pumpern (*landsch*); → *auch* schlagen (I, 2) – **2.** → schlagen (I, 3) – **3.** Sprüche k.: → schwafeln; einen [Skat] k.: → Skat; auf den Busch k.: → ausfragen; auf die Finger / Pfoten k.: → zurechtweisen

Kloppe, die: → Prügel (II, 1)

kloppen: I. kloppen: → schlagen (I, 1) – **II.** kloppen, sich: → schlagen (II, 1)

Klops, der: → Fleischkloß

Klosett, das: → Toilette (1)

Kloß, der: **1.** ⟨*Speise*⟩ Knödel (*landsch*) + Krokette · Kartoffelkloß – **2.** → Dicke (I)

Kloßbrühe, die: klar wie K. sein: → selbstverständlich (3)

Klößchenheber, der: → Büstenhalter

kloßig: → dickflüssig

Kloster, das: **1.** ⟨*Wohnstätte von Mönchen od. Nonnen*⟩ Konvent; Stift (*österr*) + Abtei · Kartause – **2.** → Toilette (1) – **3.** ins K. gehen: **a)** → Mönch (2) – **b)** → Nonne (2)

Klosterbruder, der: → Mönch (1)

Klosterfrau, die: → Nonne (1)

klösterlich: → einsam (1)

Klotz, der: **1.** ⟨*grobes, unförmiges Holzstück*⟩ Holzklotz · Kloben – **2.** grober K.: → Grobian; K. am Bein: → Hemmschuh (2); wie ein K.: → schwer (1)

klotzig: 1. → plump (1) – **2.** → sehr

Klotzkorken (*Pl*): → Holzpantoffeln

Klub, der: **1.** → Organisation (1) – **2.** → Klubhaus

Klubhaus, das: Klub + Kasino · Heim

Klubjacke, die: → Jacke (1)

¹Kluft, die: **1.** → Schlucht – **2.** → Gegensatz (1)

²Kluft, die: **1.** → Kleidung (1) – **2.** → Uniform

klug: 1. ⟨*mit großer Verstandeskraft ausgestattet*⟩ [blitz]gescheit · intelligent · gelehrig · klar denkend · scharfsinnig + verständig · vernünftig · vernunftbegabt; → *auch* begabt, geistreich, weise (1), schlau (1), aufgeweckt – **2.** k. sein: ⟨*große Verstandeskraft besitzen*⟩ Grips haben / besitzen ♦ *umg:* etw. auf dem Kasten haben · Grütze im Kopf haben – **3.** nicht ganz k.: → verrückt (1); nicht k. werden │aus│: → erklären (I, 4)

Klügelei, die: → Spitzfindigkeit

klügeln: → spitzfindig (2)

Klugheit, die: Gescheitheit · Intelligenz · Gelehrigkeit · Scharfsinn · Weisheit · der gesunde Menschenverstand + Verständigkeit; → *auch* Denkvermögen, Verstand (1), Vernunft (1), Schlauheit, Begabung (1)

klüglich: → wohl (7)

Klugredner, der: → Angeber (1)

Klugscheißer, der: → Angeber (1)

Klump, der: **1.** → ¹Klumpen – **2.** in K. fahren: → ¹Bruch (6)

Klumpatsch, der: **1.** → Brei (1) – **2.** → Kram (1)

klumpen, sich: → ballen (II, 1)

¹Klumpen, der: Batzen; Klump (*norddt*) + Haufen · Klunker ♦ *umg:* Flatschen (*landsch*)

²Klumpen (*Pl*): → Holzpantoffeln

Klüngel, der: → Clique

Klunker: I. Klunker, der *od.* die: **1.** → Lumpen (1) – **2.** → ¹Klumpen – **II.** Klunkern (*Pl*): → Schmuck (1)

Kluten, der: → Erdscholle

Klutenpedder, der: → ¹Bauer

Klysma, das: → Einlauf (1)

knabbern

knabbern: 1. → beißen (I, 1), nagen (1) – **2.** → essen (1) – **3.** etw. zum Knabbern: → Gebäck; nichts zu k. haben: → hungern (1)
Knabe, der: **1.** → Junge (I, 1) – **2.** alter K.: → Greis
knabenhaft: → jungenhaft
Knabenschänder, der: → Päderast
knacken: 1. ⟨hartschalige Früchte öffnen⟩ aufknacken + aufbeißen – **2.** ⟨[mehrmals] ein kurzes, hartes Geräusch von sich geben⟩ knacksen + knistern – **3.** → aufbrechen (1) – **4.** → zerdrücken – **5.** → schlafen (1, a) – **6.** arbeiten, dass die Schwarte knackt: → schuften
Knacker, der: **1.** → Greis – **2.** alter K.: → Greis
knackerig: → gebrechlich
knackfrisch: → frischbacken
Knacki, der: **1.** → Häftling – **2.** → Vorbestrafte
Knackpunkt, der: → Entscheidende
Knacks, der: **1.** → Sprung (2) – **2.** → Schaden (2)
knacksen: → knacken (2)
Knall, der: **1.** ⟨kurzer, lauter Schall⟩ umg: Krach · Bums[er] ♦ salopp: Rums · Plauz – **2.** K. und/auf Fall: → plötzlich (1); einen K. haben: → verrückt (5)
Knallbüchse, die: → Gewehr (1)
knallbunt: → bunt (1)
Knalleffekt, der: → Wirkung (1)
knallen: 1. ⟨einen Knall ergeben⟩ krachen + knattern ♦ umg: schallern · bumsen · puffen ♦ salopp: rumsen · plauzen · einen Plauz tun; platschen (landsch) – **2.** → schießen (1) – **3.** eine k.: → ohrfeigen; eine/einen/eins vor den Latz k.: → schlagen (I, 1); die Korken/Pfropfen k. lassen: → trinken (1, b); über den Haufen k.: → erschießen (I, 1), niederschießen (1)
knalleng: → eng (2)
Knaller, der: **1.** → Knallkörper – **2.** → Hauptattraktion
Knallfrosch, der: → Knallkörper
knallhart: → rücksichtslos (1)
knallig: 1. → auffallend – **2.** → grell (2) – **3.** → eng (2)
Knallkopp, der: → Dummkopf (1)
Knallkörper, der: + Knallfrosch ♦ umg: Knaller · Kracher · → auch Feuerwerkskörper
knapp: 1. ⟨von materiellen Mitteln gesagt: fast nicht ausreichend⟩ karg · beschränkt · spärlich · rar; → auch wenig (1), unzureichend – **2.** ⟨unter Verwendung weniger Worte⟩ gedrängt · kurz · [kurz und] bündig · konzis · lapidar · lakonisch · summarisch · in/mit dürren Worten + kursorisch; → auch bestimmt (1), treffend (1), spärlich (1), schlicht (2) – **3.** → kaum (1) – **4.** → eng (2) – **5.** → kurz (1) – **6.** k. halten: ⟨nur das Nötigste zukommen lassen⟩ kurz halten ♦ umg: bremsen · den Daumen draufhalten · den Hahn zudrehen · den Brotkorb höher hängen – **7.** k. bei Kasse: → zahlungsunfähig (1); [nur] mit knapper Not: → kaum (1)
Knappheit: die: → ¹Mangel (1)
knapsen: → geizig (2)
Knarre, die: **1.** → Rassel – **2.** → Gewehr (1)
knarren: ächzen · schnarren; knarzen (landsch)
knarzen: → knarren
Knast, der: **1.** → Buckel (1) – **2.** → Freiheitsstrafe – **3.** Strafvollzugsanstalt – **4.** → Hunger (1) – **5.** K. schieben, im K. sitzen: → gefangen (2); K. haben: → hungrig (2)
Knastbruder, der: **1.** → Häftling – **2.** → Vorbestrafte
Knaster, der: **1.** → Tabak – **2.** → Brummbär
Knasterbart, der: → Brummbär
Knasterer, der: → Brummbär
Knasti, der: **1.** → Häftling – **2.** → Vorbestrafte
Knastologe, der: **1.** → Häftling – **2.** → Vorbestrafte
Knatsch, der: **1.** → Streit (1) – **2.** → Unannehmlichkeit
knatschen: → jammern (1)
knattern: → knallen (1)
Knäuel, der od. das: **1.** ⟨zu einer Kugel gewickelter Faden⟩ Knaul (landsch) + Garnknäuel · Fitz · Wollknäuel – **2.** → Durcheinander (1)
Knauf, der: → Griff (1)
Knaul, der: → Knäuel (1)
knaupelig: → schwierig (1)
knaupeln: 1. → nagen (1) – **2.** → tüfteln
Knauser, der: → Geizhals
Knauserei, die: → Geiz
knauserig: → geizig (2)
knausern: → geizig (2)
knautschen: 1. → knittern (1) – **2.** → zerknüllen

Knochen

knebeln: 1. → fesseln (1) – 2. → unterdrücken (1)

Knecht, der: Knechte und Mägde: → Gesinde

knechten: → unterdrücken (1)

knechtisch: → unterwürfig

Knechtschaft, die: 1. ⟨das Unterjochtsein⟩ Joch; → auch Hörigkeit, Unfreiheit – 2. die K. abschütteln / abstreifen / abwerfen: → befreien (II, 2)

Knechtung, die: → Unterdrückung

kneifen: 1. → zwicken – 2. → ausweichen (2)

Kneifer, der: 1. ⟨Brille ohne Bügel⟩ Klemmer · Zwicker; → auch Brille (1), Einglas – 2. → Feigling

Kneiferei, die: → Feigheit

Kneipbruder, der: → Trinkbruder

Kneipe, die: → Gaststätte (1, a)

kneipen: 1. → zwicken – 2. → zechen

Kneipenwirt, der: → Gastwirt

Kneiper, der: → Gastwirt

Kneiperei, die: → Gelage (b)

Kneipier, der: → Gastwirt

Kneiptour, die: → ¹Bummel (1)

knetbar: formbar · plastisch

Knete, die: 1. → Knetmasse – 2. → Geld (1) – 3. aus der K. kommen: → Schwung (5, b)

kneten: 1. ⟨durch wiederholtes Drücken bearbeiten⟩ durchkneten · [durch]walken · durcharbeiten; [durch]wirken (landsch u. fachspr); → auch drücken (I, 1) – 2. → massieren (1)

Knetmasse, die: Plastilin[a] ♦ umg: Knete

Knick, der: 1. → Biegung (1) – 2. → Falte (1) – 3. → Sprung (2) – 4. einen K. in der Optik haben: → schielen (1); aus dem K. kommen: → Schwung (5, b)

knicken: 1. ⟨ruckartig zur Seite biegen⟩ umknicken · einknicken · abknicken – 2. → anbrechen (1) – 3. → falten – 4. → entmutigen

Knicker, der: → Geizhals

Knickerei, die: → Geiz

knickerig: → geizig (1)

knickern: → geizig (2)

Knicks, der: → Verbeugung (1)

knicksen: → verbeugen, sich

Knie, das: 1. → Biegung (1) – 2. auf den Knien liegen: → knien (1); aufs K. / auf die Knie fallen: → niederknien; auf den Knien rutschen: → demütigen (II); auf / in die Knie zwingen: **a)** → besiegen (I) – **b)** → unterwerfen (1); übers K. brechen: → überstürzen; übers K. legen: → züchtigen (1); weich in den Knien werden / in die K. gehen: → nachgeben (1); weiche Knie haben: → ängstigen (II, 1)

Kniebeuge, die: in die K. gehen: → kauern (II)

Kniefall, der: 1. ⟨Geste der Unterwerfung⟩ Fußfall – 2. → Unterwerfung (2) – 3. einen K. machen: → demütigen (II)

kniefällig: 1. → inständig – 2. k. bitten: → beschwören (2)

Kniekehle, die: jmdm. hängt der Magen bis in die Kniekehlen: → hungrig (2)

knien: 1. ⟨sich mit den Knien am Boden befinden⟩ auf den Knien liegen – 2. → niederknien – 3. auf den Nähten k.: → bedrängen (1)

Kniescheibe, die: → Glatze

knietschig: → nörglig

Kniff, der: 1. → Falte (1) – 2. → Trick – 3. die / alle Kniffe kennen: → auskennen, sich

kniffen: → falten

knifflig: → schwierig (1)

Knilch, der: → Mann (I, 1)

knille: 1. → betrunken (1) – 2. → erschöpft (1)

knipsen: 1. → fotografieren – 2. → lochen – 3. → wegschnellen – 4. → schnalzen (b)

Knipser, der: → Lichtschalter

Knirps, der: umg: Dreikäsehoch · Wichtel · Pimpf · Matz · Mätzchen (vertraul od. Kosef); Steppke · Purzel · Butz (landsch) + Hemdenmatz · Hosenmatz; → auch Junge (I, 1), Kind (1), Zwerg (2)

knirschen: → rascheln

knistern: 1. → knacken (2) – 2. → rascheln

Knitter, der: 1. → Falte (1) – 2. Knitter bilden: → knittern (1)

knitterig: 1. → faltig – 2. k. werden: → knittern (1)

knittern: 1. ⟨leicht Druckfalten bilden⟩ knitterig werden · Knitter bilden + Falten machen ♦ umg: [ver]knautschen – 2. → zerknüllen

Knobelbecher, der: → Stiefel (1)

knobeln: 1. → tüfteln – 2. → losen

Knobler, der: → Erfinder

Knochen, der: nur noch Haut und Knochen: → abgemagert; die Knochen zusammennehmen: → anstrengen (II, 1); über die Knochen gehen: → anstrengend (2); in die

Knochenarbeit

Knochen fahren: → erschrecken (2); das Mark aus den Knochen saugen: → ausbeuten (1)
Knochenarbeit, die: → Mühsal
Knochenbau, der: → Skelett (1)
Knochenbruch, der: → ¹Bruch (1, b)
knochendürr: 1. → mager (1) – **2.** → trocken (2)
Knochenfraktur, die: → ¹Bruch (1, b)
Knochengerüst, das: → Skelett (1)
knochenhart: → hart (1)
Knochenjob, der: → Arbeit (1)
Knochenmann, der: → Tod (2)
Knochenmark, das: → ¹Mark (1)
knochentrocken: → trocken (1)
knochig: 1. → kräftig (1) – **2.** → mager (1)
knock-out: 1. → besiegt (1) – **2.** k. schlagen: → niederschlagen (I, 1)
Knock-out, der: → Niederschlag (1)
Knödel, der: → Kloß (1)
Knöllchen, das: → Strafmandat
Knolle, die: **1.** → Kartoffel (1) – **2.** → Nase (1)
Knopf: I. Knopf, der: komischer/ulkiger K.: → Sonderling; bei jmdm. geht der K. auf: → verstehen (I, 2) – **II.** Knöpfe (*Pl*): → Geld (1)
knorke: → großartig (1)
Knorren, der: → Ast (1)
knorzen: → geizig (2)
knorzig: → geizig (1)
Knospe, die: + Auge
knospen: → sprießen (1)
Knospenknall, der: → Frühling (1)
knoten: → binden (I, 1)
Knoten, der: **1.** → Verdickung – **2.** → Haarknoten – **3.** einen K. in der Leitung haben: → begriffsstutzig (2)
Knotenpunkt, der: **1.** → Verkehrsknotenpunkt – **2.** → Schnittpunkt
Know-how, das: → Wissen (1)
Knubbel, der: → Verdickung
Knuddel, der: → Verdickung
knuddeln: 1. → zerknüllen – **2.** → liebkosen
Knuff, der: → Stoß (1)
knuffen: → stoßen (I, 1)
knülle: 1. → betrunken (1) – **2.** → erschöpft (1)
knüllen: → zerknüllen
Knüller, der: **1.** → Verkaufsschlager – **2.** → Zugstück
knüpfen: → binden (I, 1)

Knüppel, der: **1.** → ¹Stock (1) – **2.** einen K. zwischen die Beine werfen: → behindern (1)
knüppeldick: es kommt k.: → schlimm (4)
knüppelhart: → hart (1)
knüppeln: 1. → schlagen (I, 1) – **2.** → abmühen, sich
knüppelvoll: → überfüllt
knurren: 1. → murren, brummen (1) – **2.** mit knurrendem Magen: → hungrig (1); jmdm. knurrt der Magen: → hungrig (2)
Knurrhahn, der: → Griesgram
knurrig: → mürrisch
Knusperchen, das: → Gebäck
knuspern: → essen (1)
knusprig: 1. ⟨*angenehm hart gebacken bzw. gebraten*⟩ scharf; kross (*norddt*); rösch (*süddt*); resch (*österr*) – **2.** → appetitlich (1) – **3.** jung und k.: → reizend (1)
Knust, der: → Brotkanten
Knute, die: **1.** → Peitsche (1) – **2.** unter der K.: → unterdrückt
knuten: → unterdrücken (1)
knütern: → herumbasteln
knutschen: → küssen
Knutscherei, die: → Küssen
Knüttel, der: → ¹Stock (1)
knütteln: → schlagen (I, 1)
k. o.: 1. → erschöpft (1), besiegt (1) – **2.** k. o. schlagen: → niederschlagen (I, 1)
K. o., der: → Niederschlag (1)
koagulieren: → gerinnen
Koalition, die: → Bündnis (1)
Koalitionär, der: → Koalitionspartner
Koalitionspartner, der: + Koalitionär
Koben, der: → Verschlag (2)
Kober, der: → Korb (1)
Kobold, der: **1.** ⟨*Fabelwesen*⟩ Gnom · Wichtel[männchen] · Heinzelmännchen · Hutzelmännchen + Hausgeist · Nöck · Schrat · Elf · Troll; → auch Zwerg (1), Gespenst (1) – **2.** → Spaßmacher
Kobolz, der: K. schießen: → überschlagen (II, 2, a)
Kobra, die: Brillenschlange · Hutschlange + Königskobra; → auch Schlange (1), Viper
Koch, der: **1.** ⟨*berufsmäßig Kochender*⟩ + Küchenchef · Gastronom ♦ salopp: Küchenbulle (*bes. soldatenspr*); → auch Schiffskoch – **2.** → Brei (1)
köcheln: 1. → kochen (1) – **2.** → kochen (2)
kochen: 1. ⟨*Speisen zum Essen vorbereiten*⟩ das Essen machen/zubereiten; köcheln

Kolben

(*scherzh*) ♦ *salopp*: etw. zusammenbrauen –
2. ⟨*bis zum Siedepunkt erhitzen*⟩ sieden;
wällen (*landsch*) + köcheln · garen – **3.** →
aufbrühen – **4.** → wütend (2)
kochend: 1. ⟨*den Siedepunkt erreicht ha-
bend*⟩ siedend · wallend – **2.** k. heiß: → heiß
(1)
Köcher, der: im K. haben: → bereithaben
Kochfrau, die: → Köchin
Kochherd, der: → Herd (1)
Köchin, die: + Beiköchin · Küchenfrau · Kü-
chenhilfe · Kochfrau · Kaltmamsell ♦ *umg*:
Küchenfee · Küchendragoner (*scherzh*)
Kochkunst, die: Gastronomie + Küche ·
Feinschmeckerei
Kochmaschine, die: → Herd (1)
Kochnische, die: → Küche (1)
Kochrezept, das: → Rezept (2)
Kochsalz, das: → Salz (1)
Kochtopf, der: → Topf (1)
Kochvorschrift, die: → Rezept (2)
kodderig: 1. → abgerissen (1) – **2.** → übel
(1) – **3.** eine kodderige Schnauze haben: →
frech (2)
Kode, der: → Geheimzeichen
Köder, der: → Lockmittel (1 u. 2)
ködern: 1. → anlocken (1) – **2.** Kunden k.:
→ werben (1)
Kodex, der: → Handschrift (2)
kodieren: → verschlüsseln
Koedukation, die: → Gemeinschaftser-
ziehung
Koffer, der: **1.** ⟨*Behälter für den Reisebe-
darf*⟩ Reisekoffer · Handkoffer + Abteilkof-
fer – **2.** → Granate – **3.** die Koffer packen:
a) → aufbrechen (3) – **b)** → abreisen; die
Koffer packen müssen: → entlassen (3); ei-
nen K. stehen lassen: → Wind (3)
Kofferempfänger, der: → Kofferradio
Koffergerät, das: → Kofferradio
Kofferradio, das: Kofferempfänger · Kof-
fergerät ♦ *umg*: Heule (*veraltend*); → *auch*
Rundfunkgerät
Kognak, der: → Weinbrand
Kognakpumpe, die: → Herz (1)
Kohabitation, die: → Geschlechtsverkehr
kohärent: → einheitlich (1)
Kohl, der: **1.** ⟨*Gemüseart*⟩ Kraut; Kappes
(*landsch*); Kabis (*schweiz*) – **2.** → Unsinn
(1, a) – **3.** aufgewärmter K.: → Bart (2)
Kohldampf, der: **1.** → Hunger (1) – **2.** K.
schieben: → hungern (1); K. haben: →
hungrig (2)

Kohle: I. Kohle, die: **1.** → Geld (1) – **2.** K.
haben: → reich (5) – **II.** Kohlen (*Pl*): **1.** →
Geld (1) – **2.** wie auf K. sitzen: → ungedul-
dig (1)
kohlen: → lügen (1)
Kohlendioxid, das: → Treibhausgas
Kohlepapier, das: Karbonpapier (*österr*) +
Blaupapier
Kohlkopf, der: → Dummkopf (2)
kohlrabenschwarz: 1. → schwarz (1) – **2.**
→ dunkel (1)
Kohlrabi, der: Rübkohl (*schweiz*)
Kohlrübe, die: Steckrübe (*landsch*); Wruke
(*norddt*); Bodenkohlrabi (*schweiz*)
Koinzidenz, die: → Zusammentreffen (1)
koitieren: Verkehr haben · den Beischlaf
vollziehen · sich begatten; kopulieren
(*fachspr*) · sich lieben · zusammenliegen
(*verhüll*) + die ehelichen Pflichten erfüllen
(*veraltend*) ♦ *gehoben*: sich vereinigen
(*verhüll*); beiwohnen (*veraltet verhüll*)
♦ *umg*: Liebe machen · ins Bett gehen
|mit| · schlafen |mit| · beschlafen · bestei-
gen (*verhüll*); sich paaren (*scherzh*) ♦ *sa-
lopp*: bumsen · es treiben |mit| ♦ *derb*: ei-
ne Nummer machen / schieben · pimpern ·
bürsten · vögeln · ficken + umlegen; →
auch zeugen (1)
Koitus, der: Geschlechtsakt · Akt · Begat-
tung; Kopulation (*fachspr*) + Karezza ·
Schäferstündchen · Petting ♦ *gehoben*:
Vereinigung (*verhüll*) ♦ *umg*: Paarung
(*scherzh*) + Onenightstand · Quickie
♦ *salopp*: Bums ♦ *derb*: Nummer · Fick; →
auch Geschlechtsverkehr
Koje, die: **1.** → Bett (1) – **2.** → Kabine
Kokain, das: → Rauschgift (1)
Kokarde, die: → Abzeichen (1)
kokeln: → Feuer (8)
kokett: → eitel (1)
Koketterie, die: → Flirt
kokettieren: → flirten
Kokolores, der: → Unsinn (1, a)
Kokotte, die: → Prostituierte
¹Koks, der: **1.** → Geld (1) – **2.** mit K. gur-
geln: → schnarchen
²Koks, der: → Unsinn (1, a)
³Koks, der: → Rauschgift (1)
koksen: 1. → schlafen (1, a) – **2.** →
Rauschgift (3)
Kokser, der: → Rauschgiftsüchtige
Kolatur, die: → Filtrat
Kolben, der: → Nase (1)

441

kolieren → filtern

kolieren: → filtern

Kolik, die: → Krampf (1)

kollabieren: einen Schwächeanfall erleiden/bekommen

Kollaborateur, der: Quisling + Verräter

Kollaboration, die: → Zusammenarbeit

kollaborieren: → zusammenarbeiten

Kollaps, der: **1.** → Schwächeanfall (1) – **2.** vor dem K. stehen: → Konkurs (2)

kollationieren: → vergleichen (I, 1)

Kolleg, das: → Vorlesung (1)

Kollege, der: Arbeitskollege · Berufskollege + Mitarbeiter · Amtsgenosse · Amtsbruder

Kollegialität, die: → Gemeinsamkeit

Kollekte, die: → Sammlung (1)

Kollektion, die: → Auswahl (2)

kollektiv: → gemeinsam (1)

Kollektiv, das: → Team (1)

Kollektivarbeit, die: → Teamarbeit

kollektivieren: → verstaatlichen

Koller, der: → Anfall (2)

kollerig: → aufbrausend

kollidieren: 1. → zusammenstoßen (1) – **2.** → überschneiden, sich

Kollision, die: → Zusammenstoß (1)

Kolloquium, das: **1.** ⟨*wissenschaftl. Veranstaltung*⟩ Fachgespräch; → *auch* Beratung (1), Aussprache (2), Tagung – **2.** → Tagung

Kölnischwasser, das: → Parfüm (1)

Kolonie, die: → Siedlung

Kolonist, der: → Siedler

Kolonne, die: **1.** → ¹Schar (1) – **2.** → Abteilung (II, 1 *u.* 2)

kolorieren: → ausmalen (1)

koloristisch: → bunt (1)

Kolorit, das: **1.** → Farbgebung – **2.** → Atmosphäre (1) – **3.** → Klangfarbe

Koloss, der: → Riese

kolossal: 1. → gewaltig (1) – **2.** → sehr

Kolporteur, der: → Zuträger

kolportieren: → hinterbringen (II)

Kolumne, die: → Spalte (1)

Kolumnist, der: → Journalist

Köm, der: → Branntwein

Koma, das: → Bewusstlosigkeit

Kombination, die: **1.** → Anzug (1), Schutzanzug – **2.** → Verbindung (I, 1)

kombinieren: → verbinden (I, 1)

Kombüse, die: → Küche (1)

kometenhaft: → schnell (1, d)

Komiker, der: → Spaßmacher

komisch: 1. ⟨*zum Lachen reizend*⟩ grotesk · possenhaft · spaßig · ulkig · skurril · närrisch · burlesk · schnurrig · putzig · zwerchfellerschütternd ♦ *umg:* göttlich · gottvoll · gediegen · zum Schießen · zum Brüllen · zum Schreien · zum Totlachen · zum Piepen + unmöglich · verboten; → *auch* spaßig (1), lächerlich (1) – **2.** → merkwürdig – **3.** komischer Knopf: → Sonderling

komischerweise: → merkwürdigerweise

Komitee, das: → Ausschuss (1)

Komma, das: in null K. nichts: → schnell (1, c *u.* e)

Kommandant, der: → Befehlshaber

Kommandeur, der: → Befehlshaber

kommandieren: → befehligen, befehlen (I, 1)

Kommanditist, der: → Teilhaber

Kommando, das: **1.** → Befehlsgewalt (1), Befehl (1) – **2.** → Abteilung (II, 1)

Kommandobrücke, die: → Brücke (2)

Kommandogewalt, die: → Befehlsgewalt (1)

kommassieren: → abrunden (3)

kommen: 1. ⟨*sich von einem entfernten Ort heranbewegen*⟩ her[bei]kommen · sich nähern · daherkommen · entgegenkommen + sich herbemühen ♦ *umg:* im Anmarsch sein (*oft scherzh*) ♦ *salopp:* anzittern (*landsch*); → *auch* ankommen (1), nähern, sich (1), anmarschieren (1) – **2.** → ankommen (1) – **3.** k. |zu|: **a)** → gelangen (1, a) – **b)** → erwerben (1); vom Fleck/von der Stelle k.: → vorwärts (2, a); k. |aus|: → stammen (1); k. |von|: → herrühren; der Richtung k.: → ²abweichen (1, b); aus dem Kurs k.: → abtreiben (1); zum Vorschein k.: → erscheinen (1, b); zur/auf die Welt k.: → geboren (2); ungelegen/zur Unzeit k.: → stören (2); k. lassen: → bestellen (2); k. sehen: → voraussehen; [wieder] zu Kräften k.: → erholen, sich (1); zu sich k.: → erholen, sich (2); in den Sinn k.: → einfallen (1); zu der Erkenntnis k.: → erkennen (1); zu Ohren k.: → erfahren (1); unter die Leute k.: → bekannt (4, a); ans Licht/an den Tag k.: → herauskommen (1); hinter/auf die Schliche k.: → durchschauen (I); k. |hinter|: → ergründen (1); k. |auf|: → entfallen (4); auf einen grünen Zweig k.: → Erfolg (2); unter die Räder k.: → scheitern (a); an den Bettelstab k.: → verarmen; zugute/zustatten k.: → nutzen (1); ins Stocken k.: → stecken (5, b); zu Schaden k.: → verunglücken (1); ums Leben/zu Tode k.: → umkommen (1);

442

Kompromiss

in die Rapus[ch]e/in Abgang/abhanden k.:
→ verloren (4); k. |um|: → verlieren (I, 2);
wenn's hoch kommt: → allenfalls (1)
Kommen, das: **1.** → Ankunft – **2.** → Besuch (1) – **3.** hier herrscht ein ständiges K.
und Gehen: ⟨*hier verkehren stets viele Menschen*⟩ *umg*: hier geht's zu wie in einem
Taubenschlag – **4.** im K. sein: → bekannt
(4, b)
kommensurabel: → vergleichbar
Kommentar, der: → Erklärung (1)
Kommentator, der: → Erklärer
kommentieren: → erklären (I, 1)
Kommers, der: → Gelage (b)
kommerziell: → kaufmännisch
Kommilitone, der: → Student (1)
Kommis, der: → Gehilfe
Kommiss, der: **1.** → Wehrdienst (1) – **2.**
beim K. sein: → Soldat (1); zum K. gehen:
→ Soldat (2)
Kommissar/Kommissär, der: → Bevollmächtigte
kommissarisch: → vertretungsweise
Kommission, die: → Ausschuss (1)
Kommissionär, der: → Bevollmächtigte
Kommittent, der: → Auftraggeber
kommittieren: → beauftragen
kommod: → bequem (1)
Kommode, die: → Truhe
Kommotion, die: → Erschütterung (2)
kommun: → gewöhnlich (1)
kommunal: → städtisch (1)
Kommune, die: **1.** → Gemeinde (1) – **2.** →
Wohngemeinschaft
Kommunikation, die: **1.** → Zusammenhang (1) – **2.** → Verständigung (1)
Kommunikator, der: → Gesprächspartner
Kommunion, die: → Abendmahl (1)
Kommuniqué, das: **1.** → Bekanntmachung
(1) – **2.** → Denkschrift
Kommunität, die: → Gemeinsamkeit
kommunizieren: 1. → zusammenhängen
(1) – **2.** → verständigen (II, 1) – **3.** → chatten
kommutabel: 1. → veränderlich – **2.** →
vertauschbar
Komödiant, der: → Schauspieler
Komödie, die: **1.** → Lustspiel – **2.** → Verstellung – **3.** K. spielen: → verstellen (II)
Kompagnon, der: → Teilhaber
kompakt: → untersetzt
Kompanie, die: → Truppeneinheit
komparabel: → vergleichbar

komparieren: → vergleichen (I, 1)
Komparse, der: → Statist (1)
Kompass, der: → Regel (1)
kompatibel: → vereinbar
Kompendium, das: **1.** → Lehrbuch – **2.** →
Nachschlagewerk
kompensieren: → ausgleichen (I, 2)
kompetent: 1. → sachkundig – **2.** → zuständig
Kompetenz, die: **1.** → Sachkenntnis – **2.** →
Zuständigkeit
kompilieren: → zusammentragen
Komplement, das: → Ergänzung (2)
Komplementär, der: → Teilhaber
komplementieren: → ergänzen (1)
komplett: 1. → vollständig (1) – **2.** → völlig (1)
komplettieren: → ergänzen (1)
Komplettierung, die: → Ergänzung (1)
komplex: 1. → zusammengesetzt – **2.** →
vollständig (1) – **3.** → vielschichtig
Komplex, der: → Gebäudekomplex
Komplikation, die: **1.** → Verwicklung – **2.**
→ Erschwerung
Kompliment, das: **1.** → Schmeichelei – **2.**
Komplimente machen: → schmeicheln (1)
Komplize, der: → Mitschuldige
komplizieren: → erschweren
kompliziert: 1. → verwickelt – **2.** →
schwierig (1)
Kompliziertheit, die: **1.** → Verwicklung –
2. → Schwierigkeit (1)
Komplott, das: **1.** → Verschwörung (1) –
2. ein K. schmieden: → verschwören, sich
(1)
Komponente, die: → Bestandteil (1)
komponieren: → anordnen (1)
Komponist, der: + Arrangeur ♦ *gehoben:*
Tondichter · Tonschöpfer
Komposition, die: **1.** ⟨*musikal. Werk*⟩ Musikwerk · Musikstück; Tonstück (*veraltend*)
♦ *gehoben:* Tondichtung – **2.** → Anordnung (1)
Kompost, der: → Dünger (1, b)
Kompott, das: → Obst
Kompresse, die: → Umschlag (1)
Kompression, die: → Verdichtung (1)
komprimieren: → verdichten (I)
Komprimierung, die: → Verdichtung (1)
Kompromiss, der: **1.** → Mittelweg – **2.** →
Zugeständnis (1) – **3.** einen K. schließen: →
einigen (II); zu Kompromissen bereit: →
kompromissbereit (1)

kompromissbereit

kompromissbereit: 1. ⟨*sich einer Lösung durch gegenseitiges Entgegenkommen nicht verschließend*⟩ zu Kompromissen/Zugeständnissen bereit · verständigungsbereit · verhandlungsbereit · gesprächsbereit · zugänglich – **2.** → versöhnlich (1) – **3.** k. sein: ⟨*zu Zugeständnissen bereit sein*⟩ Gesprächsbereitschaft zeigen ♦ *umg*: mit sich reden lassen; kein Unmensch sein (*scherzh*)
kompromisslos: unnachgiebig · unzugänglich · unerbittlich; → *auch* unversöhnlich (1), unnachgiebig (1)
kompromittieren: I. kompromittieren: → bloßstellen (I, 1) – **II.** kompromittieren, sich: → bloßstellen (II)
kondensieren: 1. → verflüssigen (1) – **2.** → verdampfen (1)
Kondensmilch, die: Büchsenmilch · Dosenmilch + Kaffeesahne
Kondition, die: **1.** → Zustand (1) – **2.** → Voraussetzung
Konditor, der: Zuckerbäcker (*noch österr*); Konfiseur (*schweiz*) + Kuchenbäcker · Feinbäcker
Konditorei, die: → Café
kondolieren: sein Beileid/Mitgefühl/seine Teilnahme/Anteilnahme ausdrücken/aussprechen/bezeigen/bezeugen/bekunden
Kondom, das *od.* der: → Präservativ
Kondukteur, der: → Schaffner
Konfekt, das: Naschwerk · Näschereien · Süßigkeiten · Pralinen · Fondant; Zuckerwerk (*veraltend*); Schleckwerk (*landsch*); Konfiserie (*schweiz*)
Konfektion, die: Fertig[be]kleidung ♦ *umg*: etw. von der Stange
Konferenz, die: **1.** → Sitzung (1) – **2.** → Tagung
konferieren: 1. → beraten (II) – **2.** → verhandeln (1) – **3.** → tagen (1)
Konfession, die: → Bekenntnis (1)
Konfident, der: → Spitzel
Konfiguration, die: → Gestaltung
Konfirmation, die: → Einsegnung
konfirmieren: → einsegnen
Konfiserie, die: → Konfekt
Konfiseur, der: → Konditor
Konfiskation, die: → Beschlagnahme
konfiszieren: → beschlagnahmen
Konfitüre, die: → Marmelade
Konflikt, der: **1.** → Zwiespalt (1) – **2.** → Streit (1) – **3.** → Krieg (1) – **4.** militärischer K.: → Krieg (1)

Konfliktstoff, der: → Zündstoff
Konföderation, die: → Bund (I, 1, b)
konföderieren: → verbünden, sich (1)
Konföderierte, der: → Verbündete
konform: 1. → gleich (1) – **2.** k. gehen: → übereinstimmen (1)
Konformität, die: → Übereinstimmung (1)
Konfrontationskurs, der: auf K. gehen: → angreifen (I, 2)
konfrontieren: → gegenüberstellen (1)
konfus: 1. → verworren (1) – **2.** → verwirrt (1)
Konfusion, die: **1.** → Verwirrung (1) – **2.** → Unordnung (1)
kongenial: → ebenbürtig (1)
kongenital: → angeboren
Konglomerat, das: → Mischung (1)
Kongregation, die: → Ordensgemeinschaft
Kongress, der: → Tagung
kongruent: → gleich (1)
Kongruenz, die: → Übereinstimmung (1)
kongruieren: → übereinstimmen (2)
König, der: **1.** → Herrscher – **2.** K. der Lüfte: → Adler; K. der Tiere: → Löwe (1)
Königin, die: → Dame (1)
königlich: → majestätisch
Königskobra, die: → Kobra
Königsweg, der: → Ideallösung
Konjugation, die: → Beugung (2)
konjugieren: → beugen (I, 2)
Konjunktur, die: K. haben: → gedeihen (1)
Konjunktureinbruch, der: → Rezession
Konjunkturflaute, die: → Rezession
Konjunkturrückgang, der: → Rezession
konkav: → hohl (1)
konkludieren: → folgern
Konklusion, die: → Folgerung (1)
Konkordat, das: → Vertrag (1)
konkret: → gegenständlich
konkretisieren: → verdeutlichen
Konkubinat, das: → Ehe (2)
Konkubine, die: → Beischläferin
Konkurrent, der: **1.** ⟨*jmd., der bei etw. mit jmdm. konkurriert*⟩ Wettbewerber · Mitbewerber · Rivale · Konkurrenz; → *auch* Nebenbuhler – **2.** → Gegner (1)
Konkurrenz, die: **1.** → Wettkampf – **2.** → Konkurrent (1) – **3.** K. machen: → konkurrieren
Konkurrenzdruck, der: → Wettbewerbsdruck
konkurrenzfähig: → wettbewerbsfähig

Konkurrenzkampf, der: Wettbewerb + Preiskampf

konkurrieren: k. |mit|: Konkurrenz machen · rivalisieren |mit|

Konkurs, der: **1.** → Bankrott (1) – **2.** in K. gehen: ⟨*nicht mehr in der Lage sein, Zahlungen zu leisten*⟩ Konkurs machen / gehen · Bankrott machen / gehen · fallieren · zahlungsunfähig sein · vor dem Kollaps stehen ♦ *umg:* jmdm. geht der Atem / die Puste aus ♦ *salopp:* Pleite gehen; → *auch* zahlungsunfähig (2) – **3.** K. machen / gehen: → 2

können: 1. ⟨*die Fähigkeit zur Bewerkstelligung besitzen*⟩ vermögen · fähig / imstande / in der Lage sein |zu| ♦ *umg:* es bringen – **2.** → beherrschen (I, 4) – **3.** → dürfen – **4.** → imstande (1) – **5.** etw. k.: ⟨[*auf einem Gebiet*] *sehr beschlagen sein*⟩ etw. verstehen · gut sein · ein Könner sein ♦ *umg:* etw. loshaben · etw. auf dem Kasten haben ♦ *salopp:* eine Kanone sein; → *auch* tüchtig (3) – **6.** gut k.: → beherrschen (I, 4); gut k. |mit|: → verstehen (II, 2); nicht k.: → außerstande; nicht mehr k.: → satt (3, a); haste was kannste: → schnell (1, a)

Können, das: → Leistungsfähigkeit

Könner, der: **1.** → Meister (1) – **2.** ein K. sein: → können (5)

Konnex, der: **1.** → Beziehung (I, 1), Bindung (1) – **2.** → Zusammenhang (1)

Konnexion, die: → Beziehung (I, 1)

Konnubium, das: → Ehe (1)

Konsekration, die: → Weihe (1)

konsekrieren: → weihen (1)

Konsens, der: → Zustimmung (1)

konsentieren: → zustimmen (1)

konsequent: 1. → folgerichtig – **2.** → beharrlich (1)

Konsequenz, die: **1.** → Folge (1) – **2.** → Folgerichtigkeit – **3.** → Beharrlichkeit

konservativ: fortschrittsfeindlich; stockkonservativ · erzkonservativ (*Polit; abwert*)

Konserve, die: → Konservenbüchse

Konservenbüchse, die: → Konservendose · Büchse · Dose + Konserve · Dauerware

Konservendose, die: → Konservenbüchse

konservieren: → einkochen, einlegen (1)

Konsilium, das: → Beratung (1)

konsistent: → dauerhaft

Konsole, die: → Träger (1)

Konsolidation, die: → Festigung (1)

konsolidieren: → festigen (1)

Konsolidierung, die: → Festigung (1)

Konsorten (*Pl*): → Mitschuldige

Konspekt, der: → Verzeichnis

Konspirant, der: → Verschwörer

Konspiration, die: → Verschwörung (1)

konspirieren: → verschwören, sich (1)

konstant: → unveränderlich (1)

konstatieren: → feststellen (1)

Konstatierung, die: → Feststellung (1)

Konstellation, die: → Lage (1)

Konsternation, die: → Bestürzung

konsterniert: → bestürzt, verwirrt (1)

Konstipation, die: → Stuhlverstopfung

konstituieren: I. → gründen (I, 1) – **II.** konstituieren, sich: ⟨*ein Gremium bilden*⟩ zusammentreten · sich zusammensetzen

Konstitution, die: → Verfassung (1)

konstitutiv: → grundlegend

konstruieren: → entwerfen (1)

Konstruktion, die: → Entwurf (1)

konstruktiv: → wegweisend

Konsultation, die: → Beratung (1)

konsultieren: → fragen (2)

Konsum, der: **1.** → Verbrauch (1) – **2.** → Konsumgenossenschaft

Konsumation, die: → Verzehr (1)

Konsument, der: → Verbraucher

Konsumflaute, die: → Umsatzrückgang

Konsumgenossenschaft, die: Konsum · Verbrauchergenossenschaft

Konsumgesellschaft, die: → Wohlstandsgesellschaft

Konsumgüter (*Pl*): → Gebrauchsgüter

konsumieren: → verbrauchen (1)

Konsumierung, die: → Verbrauch (1)

Konsumtempel, der: → Einkaufsparadies

Konsumtion, die: → Verbrauch (1)

Kontakt, der: **1.** ⟨*Berührungspunkt Strom führender Teile*⟩ Anschluss – **2.** → Berührung (1) – **3.** → Beziehung (I, 1) – **4.** K. aufnehmen |zu|: → kontakten

kontaktarm: → menschenscheu

Kontaktaufnahme, die: → Annäherung (2)

kontakten: → kontaktieren · Verbindung / Fühlung / Kontakt aufnehmen |zu| · sich in Verbindung setzen |mit|; → *auch* annähern (II, 1)

kontaktfreudig: → gesellig (1)

Kontaktglas, das: → Kontaktlinse

kontaktieren: → kontakten

Kontaktlinse, die: → Kontaktschale · Haftschale · Kontaktglas · Haftglas

Kontaktmann, der: → Verbindungsmann

Kontaktschale, die: → Kontaktlinse

kontaktscheu

kontaktscheu: → menschenscheu
kontaminieren: → verseuchen
Kontanten (*Pl*): → Bargeld
Kontemplation, die: → Betrachtung (2)
kontemplativ: → beschaulich (1)
kontemporär: → zeitgenössisch
Konterbande, die: → Schmuggelware
Konterfei, das: **1.** → Fotografie – **2.** →
Bildnis
konterfeien: 1. → fotografieren – **2.** →
malen (1, b)
konterkarieren: → vereiteln
kontern: 1. → antworten – **2.** → einwenden
konterrevolutionär: → umstürzlerisch
kontestieren: → bestreiten (1)
Kontext, der: → Zusammenhang (1)
Kontinent, der: → Erdteil
Kontingent, das: → Anteil (1)
kontingentieren: 1. → zuteilen – **2.** → bewirtschaften (1)
Kontingentierung, die: → Zuteilung (1)
kontinuierlich: → fortlaufend (1)
Kontinuität, die: → Beständigkeit (1)
Konto, das: **1.** → Bankkonto – **2.** auf dem
K. haben: → verschuldet (2)
Kontor, das: **1.** → Büro – **2.** ein Schlag ins
K.: → Überraschung (3)
kontra: → gegen (1)
Kontra, das: K. geben: → widersprechen (1)
Kontrabass, der: → Bassgeige (1)
Kontradiktion, die: → Widerspruch (1)
kontradiktorisch: → widerspruchsvoll
Kontrahent, der: → Gegner (2)
Kontrakt, der: → Vertrag (1)
kontraktlich: → vertraglich
kontraproduktiv: entgegenwirkend · [ent-
wicklungs]hemmend · zuwiderlaufend
konträr: → gegensätzlich
kontrasignieren: → gegenzeichnen
Kontrast, der: **1.** → Gegensatz (1) – **2.** →
Unterschied (1)
kontrastieren: → abzeichnen (II, 1)
Kontrazeption, die: → Empfängnisver-
hütung
Kontribution, die: → ¹Steuer
Kontrolle, die: **1.** → Aufsicht (1) – **2.** →
Überprüfung – **3.** außer K. geraten: ⟨nicht
mehr beherrscht werden können⟩ aus dem
Ruder laufen · aus der Hand gleiten – **4.**
unter K. bekommen: → eindämmen (1)
Kontrolleur, der: Kontrollor (*österr*); Su-
pervisor (*Wirtsch*) + Inspekteur · Inspektor ·
Inspizient

kontrollieren: 1. ⟨*sich von etw. überzeu-
gen*⟩ [ab]checken · inspizieren · nachse-
hen · sehen |nach| · nach dem Rechten
schauen / sehen; → *auch* prüfen (1 *u.* 3),
überprüfen, überwachen (1) – **2.** → über-
prüfen
Kontrollor, der: → Kontrolleur
kontrovers: → umstritten
Kontroverse, die: → Streit (1)
Kontur, die: → Umriss
Konvektor, der: → Heizgerät
Konvent, der: **1.** → Versammlung (1) – **2.**
→ Kloster (1)
Konvention, die: **1.** → Brauch (1) – **2.** →
Übereinkunft
konventionell: → alt (3)
konvergieren: 1. → übereinstimmen (2) –
2. → überschneiden, sich
Konversation, die: **1.** → Gespräch (1) – **2.**
K. machen: → unterhalten (II, 1)
konvertieren: → übertreten (I)
konvex: → erhaben (1)
Konvolut, das: → Bündel (1)
Konvulsion, die: → Krampf (1)
konvulsiv[isch]: → krampfartig
konzedieren: → zugestehen
Konzentration, die: **1.** ⟨*das Zusammenfüh-
ren an zentraler Stelle*⟩ Zusammenfassung ·
Konzentrierung · Zentralisation · Zentrali-
sierung · Zusammenziehung – **2.** → Auf-
merksamkeit (1) – **3.** → Anreicherung
Konzentrationslager, das: KZ + Massen-
vernichtungslager · Vernichtungslager · To-
deslager
konzentrieren: I. konzentrieren: **1.** → zu-
sammenfassen (1), zusammenziehen (I, 1) –
2. → anreichern (1) – **II.** konzentrieren, sich:
⟨*sein Denken intensiv auf etw. richten*⟩
sich sammeln · seine Gedanken / seinen Ver-
stand zusammennehmen + ganz Auge sein
♦ *umg*: seine fünf Sinne zusammennehmen;
→ *auch* aufpassen (1), versenken (II)
konzentriert: 1. ⟨*mit hohem Anteil des ge-
lösten Stoffes*⟩ gesättigt · hochprozentig ·
hochkonzentriert + angereichert – **2.** →
aufmerksam (1)
Konzentrierung, die: → Konzentration (1)
Konzept, das: **1.** → Entwurf (1) – **2.** →
Entwurf (2) – **3.** aus dem K. bringen: →
verwirren (2); ins K. schreiben: → ent-
werfen (2); ins K. passen: → gelegen (2)
Konzeption, die: **1.** → Entwurf (1) – **2.** →
Befruchtung (b)

kopiös

Konzern, der: Großunternehmen + Trust ·
Kartell · Syndikat ♦ *umg*: + Multi
Konzernchef, der: Konzernführer · Kon-
zernlenker
Konzernführer, der: → Konzernchef
Konzernlenker, der: → Konzernchef
Konzert, das: **1.** → Geschrei (1, b) – **2.** ein
K. geben: → konzertieren
konzertieren: ein Konzert geben · spielen;
→ *auch* musizieren
Konzession, die: **1.** → Genehmigung (1) –
2. → Zugeständnis (1)
Konzil, das: → Versammlung (1)
konziliant: → umgänglich
Konzilianz, die: → Umgänglichkeit
konzipieren: → entwerfen (1)
konzis: → knapp (2)
Koofmich, der: → Kaufmann (2)
Kooperation, die: → Zusammenarbeit
kooperieren: → zusammenarbeiten
koordinieren: k. |mit| : → abstimmen (2)
Kopf, der: **1.** ⟨*Körperteil*⟩ *gehoben*:
♦ *umg*: Schädel · Oberstübchen ♦ *salopp*:
Birne · Ballon · Rübe · Kürbis · Melone;
Dez · Kuller · Nischel · Grützkasten
(*landsch*) – **2.** → Titel (2) – **3.** → Person (1)
– **4.** → Spitze (1) – **5.** der führende K.: →
Kraft (6); bis über den K., von K. bis Fuß:
→ oben (3); K. an K.: → gedrängt (1); aus
dem K.: → auswendig (1); den/mit dem K.
schütteln: → verneinen (1); auf den K. stül-
pen: → aufsetzen (I, 2); sich eine Kugel
in/durch den K. schießen/jagen: → er-
schießen (II); den K. abschlagen, einen K.
kürzer machen: → enthaupten; den K. an-
strengen, sich den K. zerbrechen: → nach-
denken (1); sich durch den K. gehen lassen:
→ überlegen (I, 1); durch den K. schie-
ßen/fahren: → einfallen (1); nicht im K.
behalten: → vergessen (I, 1); nicht auf den
K. gefallen sein: → schlau (2); auf den K.
gefallen, schwach im K.: → dumm (1);
Stroh im K. haben: → dumm (6); Flau-
sen/Raupen im den K. setzen: → einreden
(1); sich in den K. setzen: → vornehmen
(2); [große] Rosinen im K. haben: → einge-
bildet (3); sich keinen K. machen: → sorg-
los (2); einen dicken/schweren K. haben:
→ Sorge (3); den K. hängen lassen: → nie-
dergeschlagen (2); einen kühlen/klaren K.
behalten/bewahren: → beherrschen (II);
den K. verlieren: → Beherrschung (2, a);
wie vor den K. geschlagen: → bestürzt; sei-

nen K. aufsetzen, auf seinem K. bestehen:
→ eigensinnig (2); nicht [ganz] richtig im
K.: **a)** → verrückt (1) – **b)** → geisteskrank
(1); sich aus dem K. schlagen: → ver-
zichten; sich die Augen aus dem K. weinen:
→ weinen (1); vor den K. stoßen: → krän-
ken; sich nicht auf den K. spucken lassen:
→ verteidigen (II); die Bude auf den K.
stellen: → toben (1); Nägel mit Köpfen ma-
chen: → erledigen (1); mit rotem K.: →
wütend (1); den K. waschen/zurechtsetzen:
→ zurechtweisen; sich um K. und Kragen
bringen: → ruinieren (II); den K. aus der
Schlinge ziehen: → herauswinden, sich;
Hals über K.: **a)** → übereilt – **b)** → eilig (1);
über den K. wachsen: **a)** → überhand – **b)**
→ überflügeln; auf den K. stellen: → durch-
einander (3, a); auf den K. hauen: → ver-
schwinden; kein Dach über dem K. haben;
→ obdachlos (2)
Kopfbahnhof, der: Sackbahnhof
Kopfbedeckung, die: **1.** → ¹Hut (1) – **2.** →
Mütze (1) – **3.** ohne K.: → barhäuptig
Köpfchen, das: K. haben: → schlau (2)
köpfen: → enthaupten
kopfgesteuert: → geistig (1)
kopflos: → verwirrt (1)
Kopflosigkeit, die: → Verwirrung (1)
Kopfnuss, die (*umg*): Katzenkopf; → *auch*
Schlag (I, 1)
kopfscheu: k. machen: → verwirren (2)
Kopfschmerz, der: **1.** ⟨*Schmerz im Kopf*⟩
Kopfweh + Migräne – **2.** sich keine Kopf-
schmerzen machen: → sorglos (2)
kopfüber: 1. ⟨*mit dem Kopf zuerst*⟩ häupt-
lings (*veraltend*) ♦ *umg*: koppheister
(*norddt*) – **2.** k. stürzen/rollen: → über-
schlagen (II, 2, a)
Kopfweh, das: → Kopfschmerz (1)
Kopfzerbrechen, das: **1.** → Überlegung (1)
– **2.** K. bereiten: → schwer (5)
Kopie, die: **1.** → Fotokopie – **2.** → Ab-
schrift – **3.** → Durchschlag (1) – **4.** →
Nachahmung – **5.** → Nachbildung (2)
kopieren: 1. ⟨*fotografisch ein Zweitexem-
plar herstellen*⟩ fotokopieren · ablichten; →
auch vervielfältigen (1) – **2.** → abschreiben
(I, 1) – **3.** → nachahmen – **4.** → nachbilden
Kopierer, der: → Kopiergerät
Kopiergerät, das: Kopierer · Vervielfäl-
tigungsapparat + Farbkopierer · Printer
Kopilot, der: → Flugzeugführer
kopiös: → reichlich

447

Kopist

Kopist, der: → Nachahmer (1)
¹Koppel, das: → Gürtel (1)
²Koppel, die: → Weide (1)
koppeln: → verbinden (I, 1)
Koppelung, die: → Verbindung (I, 1)
kopfheister: 1. → kopfüber (1) – **2.** k.
schießen: → überschlagen (II, 2, a)
Kopulation, die: **1.** → Begattung (1) – **2.** →
Koitus
kopulieren: 1. → begatten (2, a) – **2.** →
koitieren
Korb, der: **1.** ⟨*geflochtener Behälter*⟩ umg:
Kober · Hotte · Kiepe (*landsch*) – **2.** einen
K. geben: → abweisen (1); einen K. erhal-
ten/bekommen: → abblitzen (1)
Körbchen, das: → Bett (1)
Kordel, die: → Schnur (1)
Kordon, der: → Absperrung (2)
Korinthe, die: → Rosine (1)
Korinthenkacker, der: → Pedant
Korinthenkackerei, die: → Pedanterie
Kork[en], der: **1.** → Stöpsel – **2.** die Kor-
ken knallen lassen: → trinken (1, b)
Korn, das: **1.** → Getreide – **2.** → Brannt-
wein – **3.** von altem/echtem Schrot und K.:
→ rechtschaffen; aufs K. nehmen: **a)** →
zielen (1) – **b)** → beobachten (1); die Flinte
ins K. werfen: → aufgeben (3)
kornblumenblau: → blau (1)
körnen: → zerkleinern (1)
körnig: gekörnt · grusig · granulös
Korona, die: **1.** → Schar (1) – **2.** → Bande
Körper, der: **1.** ⟨*die materielle Ganzheit des
Menschen*⟩ Leib; Soma (*fachspr*) + Rumpf
♦ *umg:* Body; Korpus (*scherzh*) – **2.** → Ge-
genstand (1)
Körperbau, der: → Gestalt (1)
körperbehindert: → behindert
Körperbehinderte, der: → Schwerbehin-
derte
Körperertüchtigung, die: → Sport (1)
Körpererziehung, die: → Sport (1)
Körperform, die: → Gestalt (1)
Körperfülle, die: → Dicke (II, 2)
Körperhaltung, die: → Haltung (1)
Körperkraft, die: → Kraft (1)
Körperkultur, die: → Sport (1)
körperlich: physisch · leiblich; somatisch
(*fachspr*)
Körperschaft, die: → Vereinigung (2)
Körperstrafe, die: → Züchtigung
Körperverletzung, die: → Misshandlung
Korporation, die: → Vereinigung (2)

korpulent: → dick (1)
Korpulenz, die: → Dicke (II, 2)
Korpus, der: → Körper (1)
korrekt: 1. → fehlerlos (1) – **2.** [politisch]
k.: → loyal
Korrektheit, die: [politische] K.: → Loya-
lität
Korrektion, die: → Verbesserung (1)
Korrektur, die: → Verbesserung (1), Be-
richtigung (1)
Korrekturabzug, der: → Fahne (2)
Korrekturbogen, der: → ²Bogen (1)
korrelat: → wechselseitig
Korrelat, das: → Ergänzung (2)
Korrelation, die: → Wechselbeziehung
korrelativ: → wechselseitig
Korrespondent, der: → Berichterstatter
Korrespondenz, die: **1.** → Briefverkehr (1)
– **2.** → Übereinstimmung (1)
korrespondieren: 1. ⟨*brieflich in Verbin-
dung stehen*⟩ im Briefverkehr/Briefwech-
sel/Schriftverkehr/Schriftwechsel stehen
♦ |mit|: → übereinstimmen (1)
Korridor, der: → Flur (1)
korrigieren: I. korrigieren: → verbessern
(I, 1), berichtigen (I, 1) – **II.** korrigieren,
sich: → berichtigen (II)
korrumpieren: → bestechen (1)
korrupt: → bestechlich (1)
Korsage, die: → Korsett
Korsar, der: → Seeräuber
Korselett, das: → Korsett
Korsett, das: Korselett · Mieder + Korsage ·
Bustier · Leibchen; → *auch* Hüfthalter, Büs-
tenhalter
korybantisch: → zügellos (1)
Koryphäe, die: → Meister (1)
koscher: nicht ganz k.: → bedenklich (1)
K.-o.-Schlag, der: → Niederschlag (1)
kosen: → liebkosen
Kosmetik die: → Schönheitspflege
Kosmetikkoffer, der: Beauty-Case
kosmisch: kosmischer Raum: → Weltraum
Kosmonaut, der: → Astronaut
Kosmonautik, die: → Raumfahrt
Kosmopolit, der: → Weltbürger
Kosmos, der: → Weltall
Kossäte, der: → Kleinbauer
Kost, die: **1.** → Nahrung – **2.** vegetarische K.:
→ Pflanzenkost; in K. nehmen/haben: →
verpflegen (1); in K. geben: → verpflegen (2)
kostbar: → wertvoll (1)

448

Kraftfahrzeugschlosser

Kostbarkeit, die: → Wertstück

¹kosten: 1. ⟨*den Geschmack prüfen*⟩ probieren · versuchen · verkosten · schmecken · eine Kostprobe nehmen + nippen ♦ *umg:* gustieren (*österr*) – **2.** den Prügel zu k. geben: **a)** → verprügeln – **b)** → schlagen (I, 1)

²kosten: 1. ⟨*beim Kauf an Geld erfordern*⟩ *umg:* sich stellen |auf| – **2.** viel/ein Vermögen/eine Stange [Geld] k.: → teuer (4); koste es, was es wolle: → unbedingt (1); den Hals k. [können]: → gefährlich (2)

Kosten (*Pl*): die K. tragen |für|: **a)** → finanzieren – **b)** → haften (2, a)

Kostenerstattung, die: → Vergütung (1)

Kostenexplosion, die: → Preisanstieg

kostenfrei: → kostenlos

kostengünstig: billig · preiswert; → *auch* billig (1)

kostenlos: unentgeltlich · umsonst · gratis · [kosten]frei; um/für einen Gotteslohn (*veraltend*) + gebührenfrei ♦ *umg:* so · zum Nulltarif; für nass/lau (*landsch*); → *auch* portofrei

Kostenminimierung, die: → Kostensenkung

Kostenrückerstattung, die: → Vergütung (1)

Kostensenkung, die: Kostenminimierung

köstlich: 1. → herrlich (1) – **2.** → schmackhaft

Köstlichkeit, die: → Leckerbissen

Kostprobe, die: **1.** → Beweis (2) – **2.** eine K. nehmen: → ¹kosten (1)

kostspielig: aufwendig; → *auch* teuer (1)

Kostüm, das: → Kleidung (1)

kostümieren, sich: → verkleiden (II)

Kostümierung, die: → Verkleidung (1)

Kot, der: **1.** ⟨*Darmausscheidung*⟩ Stuhl · Exkremente; Unrat (*verhüll*); Fäkalien · Fäzes (*fachspr*) + Mist ♦ *umg:* Aa (*kinderspr*) ♦ *salopp:* Dreck + Fladen ♦ *derb:* Kacke · Scheiße · Schiss; Schiet (*norddt*); → *auch* Schmutz (1), Scheißhaufen – **2.** → Schmutz (1) – **3.** in/durch den K. ziehen, in den K. treten: → verleumden (II)

Kotau, der: K. machen: → demütigen (II)

Köter, der: → Hund (1)

Kotzbrocken, der: → Ekel (II)

Kotze, die: **1.** → Erbrochene – **2.** die K. kriegen: → ekeln (1)

kotzen: 1. → übergeben (II) – **2.** k. wie ein Reiher: → übergeben (II); zum Kotzen: → ekelhaft (1)

kotzübel: → übel (1)

Krabbe, die: **1.** → Kind (1) – **2.** → Range

krabbeln: 1. → klettern (1) – **2.** → kriechen (1) – **3.** → jucken (1) – **4.** → kitzeln (1) – **5.** → wimmeln

Krabbelwasser, das: **1.** → Mineralwasser – **2.** → Limonade (1)

Krach, der: **1.** → Lärm (1) – **2.** → Knall (1) – **3.** → Streit (1) – **4.** → Kursrückgang – **5.** → Wirtschaftskrise – **6.** K. machen: **a)** → lärmen – **b)** → beschweren (II); K. schlagen: → beschweren (II); K. haben: → streiten (II); mit Ach und K.: → Mühe (3)

krachen: I. krachen: **1.** → lärmen – **2.** → knallen (1), dröhnen (1) – **3.** → donnern (1) – **4.** eine k.: → ohrfeigen – **II.** krachen, sich: → streiten (II)

Krachen: I. Krachen, der: → Schlucht – **II.** Krachen, das: → Lärm (1)

Kracher, der: **1.** → Donner (1) – **2.** → Knallkörper

Kracherl, das: → Limonade (1)

krächzen: → heiser (2)

Kracke, die: → Pferd (1)

Krad, das: → Motorrad

kraft: → durch (2), dank

Kraft, die: **1.** ⟨*die Fähigkeit zu schwerer körperl. Arbeit*⟩ Körperkraft · Stärke ♦ *umg:* Mumm · Riesenkraft; Sthenie (*med*) – **2.** → Tatkraft (1), Lebenskraft (1) – **3.** → Leistungsfähigkeit – **4.** → Wucht (1) – **5.** → Hausangestellte (II) – **6.** die treibende K.: ⟨*die Person, die etw. anregt u. auch bei der Durchführung die nötigen Impulse gibt*⟩ der [führende] Kopf · Spiritus Rector – **7.** [wieder] zu Kräften kommen: → erholen, sich (1); unter/mit Aufgebot aller Kräfte: → angestrengt; K. verleihen: → ermutigen; ohne Saft und K.: → gehaltlos (1); in K. setzen: → ratifizieren; außer K. setzen: → aufheben (I, 3); außer K. treten: → verfallen (2)

Kraftaufwand, der: → Anstrengung (1)

Kraftbrühe, die: → Brühe (1)

Kraftdroschke, die: → Taxi

kräftezehrend: → anstrengend (1)

Kraftfahrer, der: → Fahrer

Kraftfahrzeug, das: → Auto (1)

Kraftfahrzeugnummer, die: → Autonummer

Kraftfahrzeugschlosser, der: Autospengler (*südd österr*)

449

kräftig

kräftig: 1. ⟨*einen gut ausgebildeten Körper mit der Fähigkeit zu schwerer Arbeit besitzend*⟩ stark · athletisch · herkulisch · muskulös · kraftstrotzend · stabil · stämmig · robust · kernig · markig · sehnig · drahtig · nervig; sthenisch (*med*) + rüstig · [derb]knochig ♦ *umg*: baumstark · bärenstark · riesenstark; → *auch* widerstandsfähig (1, b) – **2.** → heftig (1, a) – **3.** → gehörig (1) – **4.** → gehaltvoll – **5.** → würzig (1) – **6. k.** werden: → erstarken; ein kräftiges Wort: → Zurechtweisung
kräftigen, sich: 1. → stärken (II) – **2.** → erstarken
kräftigend: → heilkräftig
kraftlos: geschwächt · energielos · marklos · schlapp · matt · schlaff · lasch · lass ♦ *umg*: flügellahm; → *auch* schwach (1, a)
Kraftmeierei, die: → Angabe (I, 1)
kraftmeierisch: → angeberisch
Kraftmensch, der: → Athlet
Kraftprobe, die: → Machtprobe · Show-down; → *auch* Entscheidungskampf
Kraftprotz, der: → Muskelprotz
Kraftrad, das: → Motorrad
Kraftstoff, der: Treibstoff + Benzin · Kerosin · Diesel[kraftstoff] ♦ *umg*: Sprit
kraftstrotzend: → kräftig (1)
kraftvoll: 1. → energiegeladen – **2.** → heftig (1, a)
Kraftwagen, der: → Auto (1)
Kraftwerk, das: Elektrizitätswerk
Kraftwort, das: → Fluch (1)
Kragen, der: 1. → Hals (1) – **2. an den K.** fahren: → angreifen (1, b); beim / am K. nehmen / packen / kriegen: → ergreifen (2); sich um Kopf und K. bringen: → ruinieren (II); den K. umdrehen: → ermorden
Krähenauge, das: → Hühnerauge (1)
Krähenfuß, der: → Falte (2)
Krähwinkel, das: → Kleinstadt
Krakeel, der: 1. → Lärm (1) – **2.** → Streit (1)
krakeelen: 1. → lärmen – **2.** → streiten (I, 1)
Krakeeler, der: → Unruhestifter
Krakeelerei, die: 1. → Lärm (1) – **2.** → Streit (1)
Krakelei, die: → Schmiererei
krakeln: → schmieren (1)
krallen: → stehlen (1)
Kram, der: 1. abwert ⟨*wertlose bzw. unnütze Sachen*⟩ Zeug · Trödel · Ramsch · Plunder · Bettel ♦ *umg*: Krimskrams · Zeugs · Kitt · Krempel · Klimbim · Kiki · Zinnober · Zimt ♦ *salopp*: Gelumpe · Klumpatsch · Dreck · Dreck[s]zeug · Mist ♦ *derb*: Scheiße · Scheiß[dreck]; Schiet (*norddt*); → *auch* Gerümpel, Schund (1) – **2.** den K. hinwerfen / hinhauen / hinschmeißen: **a)** → aufgeben (3) – **b)** → kündigen (1); nicht in den K. passen: → ungelegen (2), missfallen (1)
kramen: → herumsuchen
Krämer, der: 1. → Kaufmann (2) – **2.** → Spießbürger
Krämerbude, die: → Geschäft (1)
krämerhaft: → kleinlich
Krämerladen, der: → Geschäft (1)
Krämerseele, die: → Pedant
Kramladen, der: → Geschäft (1)
Krampen, der: → Spitzhacke
Krampf, der: 1. ⟨*schmerzhafte Muskelzusammenziehung*⟩ Spasmus (*med*) + Konvulsion · Kolik – **2.** → Gehabe[n] (1)
krampfartig: krampfhaft · konvulsiv[isch]; spasm[od]isch (*med*)
krampfhaft: 1. → krampfartig – **2.** → verbissen
Kran, der: → Hahn (2)
krank: 1. ⟨*gesundheitlich* [*stark*] *beeinträchtigt*⟩ nicht gesund · kränklich · angekränkelt · morbid · leidend · schwer krank + bettlägerig · siech ♦ *umg*: malade; → *auch* todkrank (1), unwohl (1) – **2. k.** sein: ⟨*gesundheitlich* [*stark*] *beeinträchtigt sein*⟩ kränkeln · im / zu Bett liegen · das Bett hüten + ans Bett gefesselt sein · dahinsiechen; abserbeln (*schweiz*) ♦ *gehoben*: daniederliegen ♦ *umg*: angeschlagen sein · nicht auf Deck / auf dem Damm / Posten / auf der Höhe sein · sich nicht auf der Höhe fühlen · auf der Nase liegen ♦ *salopp*: auf der Plauze liegen (*landsch*) ♦ *derb*: auf der Schnauze liegen; → *auch* schlecht (10, b)
Kranke, der: + Patient
kränklich: → krank (1)
kränken: verletzen · wehtun · verwunden · Schmerz bereiten · schmerzen · jmds. Gefühle verletzen · zu nahe treten · ein Leid / Unrecht / einen Tort antun / zufügen · einen Stich versetzen + vor den Kopf stoßen · brüskieren ♦ *gehoben*: ins Herz treffen · [bis] ins Mark treffen + Wunden schlagen ♦ *umg*: einen Hieb versetzen ♦ *salopp*: auf die Zehen / Hühneraugen / den Schlips treten

krebsartig

· ans Bein pinkeln; → *auch* betrüben (I), anstoßen (2), beleidigen

Krankenanstalt, die: → Krankenhaus (1)
Krankenbahre, die: → Bahre
Krankenbesuch, der: + Arztvisite · Visite
Krankenfahrstuhl, der: → Rollstuhl
Krankenhaus, das: **1.** ⟨*Institution zur stationären Behandlung Kranker*⟩ Klinik · Hospital; Krankenanstalt (*noch amtsspr*); Spital (*noch landsch*); Lazarett (*milit*) + Ambulanz · Ambulatorium; → *auch* Heilstätte – **2.** psychiatrisches K.: → Klinik (2)
Krankenkassa, die: → Krankenkasse
Krankenkasse, die: Krankenversicherung; Krankenkassa (*österr*) + Sozialversicherung · Versicherung ♦ *umg*: Kasse
Krankenkost, die: → Diät
Krankenpfleger, der: Pfleger + Krankenwärter · Wärter; → *auch* Sanitäter (1)
Krankenpflegerin, die: → Krankenschwester
Krankenschwester, die: Schwester; Diakonisse · Diakonissin (*evang Kirche*) + Rotkreuzschwester · Krankenpflegerin ♦ *umg*: Karbolmäuschen (*veraltend scherzh*)
Krankenversicherung, die: → Krankenkasse
Krankenwagen, der: Sanitätswagen · Ambulanz[wagen] · Rettungswagen; Sank[r]a (*bes. soldatenspr*); Rettung (*österr*) + Klinomobil · Notarztwagen · Unfallwagen ♦ *umg*: Sanitätsauto · Rettungsauto; Sanität (*österr schweiz*)
Krankenwärter, der: → Krankenpfleger
krankfeiern: → faulenzen (1)
krankhaft: pathologisch (*med*)
Krankheit, die: Erkrankung · Beschwerden · Leiden · Übel · Gebrechen; Gebresten (*noch schweiz*); Wehwehchen (*scherzh od. iron*) + Siechtum; → *auch* Seuche, Unwohlsein
Krankheitserreger, der: Krankheitskeim · Erreger · Keim + Bakterie · Bazillus · Virus
Krankheitskeim, der: → Krankheitserreger
Krankheitsverhütung, die: → Vorbeugung
kranklachen, sich: → lachen (1)
kränklich: → krank (1), elend (1)
krankmachen: → faulenzen (1)
Kränkung, die: → Beleidigung (1)
Krapfen, der: → Pfannkuchen (1)
Kräppel[chen], das: → Pfannkuchen (1)
krass: → auffallend
Kratzbürste, die: → Xanthippe

kratzbürstig: → widerspenstig
Krätze, die: Skabies (*med*) + Räude
kratzen: **1.** ⟨*auf der Haut schaben*⟩ *umg*: scharren; schubbe[r]n (*landsch*) + jucken – **2.** → jucken (1) – **3.** → schaben (1) – **4.** → stehlen (1) – **5.** denken, der Affe kratzt einen: → staunen (1); die Kurve k.: → fliehen (1)
Kratzer, der: → Schramme (1 *u.* 2)
Kratzfuß, der: **1.** → Verbeugung (1) – **2.** einen K. machen: → verbeugen, sich
kratzig: **1.** → rau (1) – **2.** → widerspenstig
krauchen: → kriechen (1)
kraue[l]n: → streicheln
kraulen: **1.** → schwimmen (1) – **2.** → streicheln
kraus: **1.** → lockig – **2.** → faltig
kräuseln: → wellen (I)
krausen: → runzeln
Krauskopf, der: → Lockenkopf
Kraut, das: **1.** → Kohl (1) – **2.** → Tabak – **3.** ins K. schießen: **a)** → wuchern (2) – **b)** → überhand; wie K. und Rüben: → ungeordnet (2)
krauten: → jäten
Krauter, der: → Sonderling
Krauthexe, die: → Vogelscheuche (2)
Krautjunker, der: → Großgrundbesitzer
Krawall, der: **1.** → Lärm (1), Aufruhr (1) – **2.** K. machen: → lärmen
Krawallmacher, der: → Unruhestifter
Krawatte, die: **1.** ⟨*Kleidungsstück*⟩ Schlips; Selbstbinder · Binder (*veraltend*) + Fliege · Schleife · Plastron ♦ *salopp*: Kulturstrick (*scherzh*) – **2.** einen hinter die K. gießen: → trinken (1, b)
Krawattennadel, die: → Nadel (1)
kraxeln: → klettern (1)
Kraxler, der: → Bergsteiger
Kreation, die: **1.** → Modeschöpfung – **2.** → Erschaffung (1)
kreativ: → schöpferisch
Kreativität, die: → Schöpferkraft
Kreatur, die: **1.** → Lebewesen – **2.** → Schurke
Krebs, der: **1.** ⟨*Krankheit*⟩ Krebsgeschwulst · Krebsgeschwür + Karzinom · Sarkom · Melanom · Metastase · Tochtergeschwulst; → *auch* Geschwulst – **2.** K. erregend: ⟨*eine Krebserkrankung verursachend*⟩ Krebs erzeugend; kanzerogen · karzinogen (*med*) – **3.** K. erzeugend: → 2
krebsartig: kanzerös · karzinomatös (*med*)

krebsen

krebsen: → dahinleben
Krebsgang, der: → Rückschritt
Krebsgeschwulst, die: → Krebs (1)
Krebsgeschwür, das: → Krebs (1)
Krebsschaden, der: → Übel (1)
Kredenz, die: → Anrichte
kredenzen: → anbieten (I, 2)
Kredit, der: **1.** ⟨*zur Verfügung gestellte zu-rückzuzahlende Geldsumme*⟩ Darlehen – **2.** einen K. aufnehmen: ⟨*eine bestimmte Geld-summe leihen*⟩ ein Darlehen aufnehmen · Schulden machen · sich verschulden + an-schreiben lassen ♦ *umg:* eine Anleihe ma-chen / aufnehmen ♦ *salopp:* pumpen · einen Pump aufnehmen; → *auch* leihen (2) – **3.** auf K.: → leihweise
Kreditanstalt, die: → ²Bank (1)
Kreditgeber, der: → Gläubiger
Kreditinstitut, das: → ²Bank (1)
Kreditkarte, die: *umg:* Plastikgeld
Kreditnehmer, der: → Schuldner
Kreditor, der: → Gläubiger
Kredo, das: **1.** → Glaubensbekenntnis (1) – **2.** → Weltanschauung
kregel: → munter (1)
Kreide, die: in der K. stehen: → Schuld (II, 2); K. fressen: → bessern (II, I)
kreidebleich: → blass (1)
kreideweiß: → blass (1)
kreieren: → hervorbringen (1)
Kreis, der: **1.** ⟨*durch gleiche Interessen ver-bundene Menschengruppe*⟩ Zirkel · Runde · Ring · Personenkreis + Forum; → *auch* Gruppe (1), Arbeitsgemeinschaft (1) – **2.** im K. der Familie: → daheim (1); Kreise zie-hen: → verbreiten (II)
kreischen: → schreien (1)
kreiseln: → wirbeln (1)
kreisen: → herumgehen (1)
kreisförmig: → rund (1)
Kreislauf, der: **1.** ⟨*das Zirkulieren des Blu-tes*⟩ Blutkreislauf · Blutzirkulation – **2.** ⟨*zu ihrem Ausgangspunkt zurückkehrende Be-wegung*⟩ Zirkulation · Zyklus
kreisrund: → rund (1)
kreißen: → gebären
Kremation, die: → Einäscherung
Krematorium, das: Feuerhalle (*österr*)
kremieren: → einäschern (1)
Krempe, die: Hutrand · Rand + Schirm
Krempel, der: **1.** → Kram (1) – **2.** den K. hinhauen / hinschmeißen / hinwerfen: → kündigen (1)

Kremser, der: → Kutsche (1)
krepieren: 1. → explodieren (1) – **2.** → verenden – **3.** → sterben (1)
krepiert: → tot (1)
Krethi und Plethi (*Pl*): → jedermann
Kretin, der: → Schwachsinnige
kretinhaft: → schwachsinnig (1)
Kretinismus, der: → Schwachsinn (1)
Kretscham, der: → Gaststätte (1, a)
kreuz: k. und quer: → ziellos (1)
Kreuz, das: **1.** ⟨*Darstellung des gekreuzig-ten Christus*⟩ Kruzifix – **2.** → Rücken (1) – **3.** → Leid (1) – **4.** → Last (1) – **5.** über K.: → entzweit; aufs K. legen: **a)** → he-reinlegen (1) – **b)** → betrügen (1); aufs K. gelegt werden: → hereinfallen; zu Kreuze kriechen: → nachgeben (1); aus dem K. lei-ern: → abbetteln; sein K. haben | mit |: → Kummer (2); sein K. tragen / auf sich neh-men: → abfinden (II, 2); ein K. darunter machen: → beenden (1)
kreuzbrav: → rechtschaffen
kreuzdumm: → dumm (1)
kreuzen: I. kreuzen: **1.** ⟨*Tiere od. Pflanzen verschiedener Rassen bzw. Arten miteinan-der paaren*⟩ hybridisieren · bastardieren (*fachspr*); → *auch* züchten – **2.** die Klingen k.: → fechten (1), messen (II, 1); jmds. Weg k.: → begegnen (1); die Schwerter k.: → kämpfen (1) – **II.** kreuzen, sich: → über-schneiden, sich
Kreuzer (*Pl*): → Geld (1)
Kreuzesweg, der: → Leidensweg
Kreuzfahrtschiff, das: *umg:* Kreuzliner
kreuzfidel: → lustig
kreuzlahm: → lahm (1)
Kreuzliner, der: → Kreuzfahrtschiff
Kreuzung, die: **1.** ⟨*das Kreuzen von Tieren od. Pflanzen*⟩ Hybridisation · Hybridisie-rung · Bastardierung (*fachspr*) + Paarung – **2.** ⟨*Schnittpunkt zweier Verkehrswege*⟩ Stra-ßenkreuzung · Wegkreuzung · Kreuzweg; → *auch* Abzweigung – **3.** → Schnittpunkt
Kreuzungspunkt, der: → Schnittpunkt
Kreuzverhör, das: **1.** → Verhör (1) – **2.** ins K. nehmen: → verhören (I)
Kreuzweg, der: → Kreuzung (2)
kribbelig: → nervös
Kribbelkopf, der: → Hitzkopf
kribbeln: 1. → jucken (1) – **2.** → wimmeln
Kribbeln, das: → Hautjucken
Kribskrabs, der *od.* das: → Durcheinander (1)

452

Kritikus

krickelig: → nörglig
krickeln: → schmieren (1)
kriechen: 1. ⟨*sich an den Boden gedrückt fortbewegen*⟩ robben · krabbeln; krauchen (*landsch*) + rutschen – 2. *abwert* ⟨*sich unterwürfig zeigen*⟩ [liebe]dienern · [katz]buckeln · einen krummen Rücken machen · antichambrieren; sich bücken · den Staub von den Füßen/Schuhen lecken (*veraltend*) ◆ *umg*: einen [krummen] Buckel machen · auf dem Bauch liegen/kriechen/rutschen + leisetreten · Rad fahren; → *auch* schmeicheln (1), einschmeicheln, sich, demütigen (II) – 3. k. |in|: → hineinschlüpfen; zu Kreuze k.: → nachgeben (1); auf den Leim k.: → hereinfallen; in den Hintern/Arsch k.: → einschmeicheln, sich; auf allen vieren/auf dem Zahnfleisch k.: → erschöpft (4)
Kriecher, der (*abwert*): Liebediener · Lakai · Speichellecker ◆ *umg*: Krummbuckel (*landsch*) + Radfahrer ◆ *derb*: Arschkriecher · Arschlecker; → *auch* Duckmäuser
Kriecherei, die: → Unterwürfigkeit
kriecherisch: → unterwürfig
Krieg, der: 1. ⟨*militär. Auseinandersetzung*⟩ [militärischer] Konflikt; → *auch* Militärschlag – 2. → Streit (1) – 3. nicht aus dem K. heimkehren: → fallen (3)
kriegen: 1. → erhalten (I, 1) – 2. → ergreifen (2) – 3. ein Kind k.: **a)** → schwanger (2) – **b)** → gebären; Junge k.: → werfen (I, 2); eine k.: → heiraten (2); einen k.: → heiraten (3); in die falsche Kehle k.: **a)** → verschlucken (II) – **b)** → missverstehen (1); in den falschen Hals k.: → missverstehen (1); sich in die Haare/Wolle k.: → streiten (II)
kriegerisch: → kämpferisch
Kriegsbeil, das: das K. begraben: → versöhnen (II)
Kriegsdienst, der: → Wehrdienst (1)
Kriegsdienstverweigerer, der: → Pazifist
Kriegsentschädigung, die: → Reparationen
Kriegsflotte, die: → Seestreitkräfte
Kriegsfuß, der: auf [dem] K. stehen/leben |mit|: → Streit (2)
Kriegsgegner, der: → Pazifist
Kriegshetzer, der: → Kriegstreiber
kriegshetzerisch: → aggressiv (1)
Kriegskunst, die: + Strategie · Taktik
kriegslüstern: → aggressiv (1)
Kriegsmarine, die: → Seestreitkräfte
Kriegsschauplatz, der: → Front (1)

Kriegstreiber, der (*abwert*): Kriegshetzer + Friedensstörer · Zündler · Säbelrassler; → *auch* Aggressor
kriegstreiberisch: → aggressiv (1)
Kriegszug, der: → Feldzug (1)
Kriminal, das: → Strafvollzugsanstalt
Kriminalbeamte, der: → Kriminalist
Kriminale[r], der: → Kriminalist
Kriminalist, der: der Kriminalbeamte · Kriminalpolizist + Detektiv · Geheimpolizist ◆ *umg*: Kriminaler · der Kriminale; → *auch* Spitzel (*abwert*); Kiberer (*österr abwert*) ◆ *salopp*: Bulle (*abwert*); → *auch* Polizist, Fahnder, Ermittler
Kriminalpolizei, die: → Polizei (1)
Kriminalpolizist, der: → Kriminalist
kriminell: → verbrecherisch
Kriminelle, der: → Verbrecher
Krimskrams, der: → Durcheinander (1), Kram (1)
kringelig: sich k. lachen: → lachen (1)
kringeln, sich: sich vor Lachen k.: → lachen (1)
Kripo, die: → Polizei (1)
Krippe, die: 1. → Futterkrippe – 2. → Trog
Krippenbeißer, der: → Pferd (1)
Krippensetzer, der: → Pferd (1)
Krips, der: am/beim K. packen/fassen: → ergreifen (2)
Kris, der: → Dolch
Krise, die: 1. → Wirtschaftskrise – 2. die K. kriegen: → verzweifeln (1)
kristallin: → erstarrt (1)
kristallisiert: → erstarrt (1)
kristallklar: → klar (1, a)
Kriterium, das: 1. → Merkmal – 2. → Rennen (1)
Kritik, die: 1. ⟨*kritische Beurteilung*⟩ Beckmesserei · Krittelei (*abwert*) + Stellungnahme · Wertung · Verriss; → *auch* Nörgelei – 2. → Tadel (1) – 3. → Besprechung (1) – 4. K. üben |an|: → beanstanden; eine K. schreiben |über|: → besprechen (I, 1); unter aller K.: → schlecht (1)
Kritikaster, der: → Kritiker
kritikastern: → kritisieren
Kritiker, der: Kritikus · Kritikaster · Krittler · Beckmesscr (*abwert*) + Rezensent · Beurteiler; → *auch* Nörgler
kritiklos: blind[gläubig] · blindlings; → *auch* gutgläubig
Kritikus, der: → Kritiker

453

kritisch

kritisch: 1. → gefährlich (1) – **2.** → bedenklich (1) – **3.** die kritischen Tage: → Menstruation; das kritische Alter: → Wechseljahre; kritische Töne anschlagen: → kritisieren

kritisieren: [be]kritteln · kritikastern · beckmessern · bemäkeln (*abwert*) + kritische Töne anschlagen ♦ *umg*: zerpflücken; → *auch* verreißen, beanstanden, nörgeln, tadeln (1)

Krittelei, die: → Kritik (1), Nörgelei

kritteln: → kritisieren, nörgeln

Krittler, der: → Kritiker, Nörgler

Kritzelei, die: → Schmiererei

kritzeln: → schmieren (1)

Krokette, die: → Kloß (1)

Krokodil, das: Panzerechse + Alligator · Kaiman · Gavial

Krokodilstränen (*Pl*): K. weinen: → heucheln (1)

Krolle, die: → Locke

Krone, die: K. der Schöpfung: → Frau (I, 1); einen in der K. haben: → betrunken (2); das setzt allem die K. auf: → unerhört (2); sich keinen Zacken aus der K. brechen: → vergeben (6)

Kronleuchter, der: Lüster · Leuchter; Luster (*österr*); → *auch* ²Lampe (1)

Krönung, die: → Höhepunkt

Kröpfung, die: → Fütterung

Kroppzeug, das: → Gesindel

kross: → knusprig (1)

Krösus, der: → Geldmann

Kröte: I. Kröte, die: **1.** → Luder (1) – **2.** eine/die K. schlucken: → hinnehmen (1); dicke K.: → Unannehmlichkeit – **II.** Kröten (*Pl*): → Geld (1)

krötig: → boshaft (1)

Krücke: I. Krücke, die: ⟨*Stock zum Stützen*⟩ Krückstock – **II.** Krücken (*Pl*): → Bein (II, 1)

Krückstock, der: → Krücke (I)

krud[e]: → ungeschliffen

Krug, der: 1. ⟨*kannenähnl. Gefäß*⟩ Kruke (*landsch*); → *auch* Kanne (1) – **2.** → Gaststätte (1, a)

Krüger, der: → Gastwirt

Kruke, die: 1. → Krug (1) – **2.** → Sonderling

Krume, die: 1. ⟨*abgebröckeltes Stückchen*⟩ Krümel · Brösel + Brosame – **2.** → Erdscholle

Krümel, der: 1. → Krume (1) – **2.** → Kind (1)

krümelig: bröckelig · bröselig · kiesig

krümeln: 1. → zerkleinern (1) – **2.** → brocken (1)

krumm: 1. ⟨*nicht gerade*⟩ verkrümmt · verbogen + halbrund · wie ein Fragezeichen; → *auch* gebogen – **2.** → bucklig (1) – **3.** k. machen: → biegen (I, 1); k. nehmen: → verübeln; einen krummen Rücken/Buckel machen: → kriechen (2); krumme Sache: → Betrug (1); krumme Wege gehen, auf die krumme Tour reisen: → betrügen (1); krumme Finger machen: → stehlen (1); keinen Finger k. machen: → faulenzen (1); sich k. legen: → einschränken (II)

Krummbuckel, der: → Kriecher

Krumme, der: → Bucklige

Krümme, die: → Biegung (1)

krümmen: 1. → biegen (I, 1) – **2.** kein Haar/Härchen k.: → verschonen

krummlachen, sich: → lachen (1)

Krümmung, die: 1. → Biegung (1) – **2.** → Beugung (1)

krumpelig: → faltig

krumpfecht: → formbeständig

krumpffest: → formbeständig

krunkelig: → faltig

Krüppel, der: → Schwerbehinderte

krüppelig: → verkrüppelt

krüsch: → wählerisch

Kruste, die: → Schorf, Belag (1)

Kruzifix, das: → Kreuz (1)

Krypta, die: → Gruft

kryptisch: → geheim (1)

Kübel, der: 1. → Bottich – **2.** → Eimer (1) – **3.** wie mit/aus Kübeln gießen: → gießen (2); Kübel von Schmutz ausgießen |über|: → verleumden (1)

kübeln: → trinken (1, b)

kubisch: → würfelförmig

Kübler, der: → Böttcher

Kubus, der: → Würfel

Küche, die: 1. ⟨*Raum zum Kochen*⟩ Kombüse (*seem*) + Kochnische · Kitchenette · Wohnküche – **2.** → Kochkunst – **3.** in Teufels K. kommen: → Schwierigkeit (2)

Kuchen, der: → Gebäck

Kuchenbäcker, der: → Konditor

Küchenbulle, der: → Koch (1)

Küchenchef, der: → Koch (1)

Küchendragoner, der: → Köchin

Küchenfee, die: → Köchin

küchenfertig: → tischfertig

Küchenfrau, die: → Köchin

kulturvoll

Küchenherd, der: → Herd (1)
Küchenhilfe, die: → Köchin
Küchenmesser, das: Rüstmesser (*schweiz*)
Küchenzettel, der: → Speisezettel
Kuckuck, der: zum K. [noch einmal]: → verflucht (1); zum/beim K. sein: → verloren (2); [nicht] den K. fragen |nach|: → gleichgültig (5)
Kuddelmuddel, der *od.* das: → Durcheinander (1)
Kufe, die: → Eimer (1)
Küfer, der: → Böttcher
Kugel, die: 1. ⟨*aus einer Handfeuerwaffe abgeschossener Körper*⟩ Geschoss · Projektil + Gewehrkugel · Pistolenkugel · Revolverkugel ♦ *umg*: blaue Bohne (*veraltend*); → *auch* Granate – 2. → ¹Ball (1, b) – 3. → Dicke (I *u.* II, 1) – 4. sich eine K. in/durch den Kopf schießen/jagen: → erschießen (II); Kugeln wechseln: → schießen (1)
kugelfest: → kugelsicher
kugelförmig: → rund (2)
Kugelhagel, der: → Beschuss (1)
kugelig: 1. → rund (2) – 2. → dick (1)
kugeln: I. kugeln: → rollen (I, 1) – II. kugeln, sich: sich vor Lachen k.: → lachen (1)
Kugelregen, der: → Beschuss (1)
kugelrund: → rund (2)
kugelsicher: schussfest · schusssicher · kugelfest
Kuh, die: 1. ⟨*ausgewachsenes weibl. Rind*⟩ Färse; Sterke (*norddt*); Muh[kuh] (*landsch kinderspr*) – 2. als melkende K. betrachten: → ausnutzen (1); gucken wie die K., wenn's donnert: → überrascht (2); die K. vom Eis kriegen: → meistern
Kuhbläke, die: → Dorf (1)
Kuhdorf, das: → Dorf (1)
Kuhgeschmack, der: → Geschmacklosigkeit (1)
Kuhhaut, die: das geht auf keine K.: → unerhört (2)
kühl: 1. ⟨*mäßig kalt*⟩ frisch + schattig; → *auch* kalt (1), gekühlt – 2. ⟨*unpersönlich-abweisend*⟩ frostig · unterkühlt · distanziert · unfreundlich; → *auch* gefühllos (1), unfreundlich (1), verschlossen (2) – 3. → besonnen (1), gelassen (1) – 4. kühler werden: → abkühlen (II, 1); einen kühlen Kopf bewahren/behalten: → beherrschen (II)
Kühlanlage, die: → Kühlschrank

Kuhle, die: → Grube (1)
kühlen: abkühlen · kalt machen; überkühlen (*österr*) + kalt stellen · fächeln · fächern · abschrecken
Kühlschrank, der: Eisschrank (*veraltend*) + Kühltruhe · Kühlanlage; → *auch* Tiefkühlschrank
Kühltruhe, die: → Kühlschrank
kühn: verwegen · wagemutig · waghalsig · draufgängerisch · tollkühn · risikofreudig · risikobereit + schneidig · forsch; → *auch* mutig (1), tapfer
Kühnheit, die: Verwegenheit · Wagemut · Waghalsigkeit · Tollkühnheit · Tollheit · Risikobereitschaft + Schneid · Forschheit · Forsche; → *auch* Mut (1), Tapferkeit
kujonieren: → quälen (I, 2)
Küken, das: → Mädchen (1)
Kukuruz, der: → Mais
kulant: → gefällig (1)
Kulanz, die: → Gefälligkeit (1)
Kuli, der: → Arbeiter (I)
Kulinarier, der: → Feinschmecker
kulinarisch: → feinschmeckerisch
Kulisse, die: 1. → Bühnenbild – 2. → Täuschung (1) – 3. hinter den Kulissen: → geheim (1); hinter die Kulissen blicken: → durchschauen (1)
Kulissenreißer, der: → Schauspieler
Kuller, der: → Kopf (1)
kullern: → rollen (I, 1)
Kulmination, die: → Höhepunkt
Kult, der: 1. → Verehrung – 2. K. treiben |mit|: → verherrlichen
Kultfigur, die: → Vorbild (1)
kultivieren: 1. ⟨*den Boden für den Anbau vorbereiten*⟩ urbar machen; urbarisieren (*schweiz*) – 2. → bestellen (4), pflanzen (I, 1) – 3. → verbessern (I, 3)
kultiviert: 1. → gepflegt – 2. → gebildet – 3. → verfeinert
Kultivierung, die: → Verbesserung (3)
Kultur, die: 1. ⟨*die Gesamtheit der geschaffenen materiellen u. geistigen Werte*⟩ + Zivilisation – 2. → Bildung (1) – 3. → Zucht (1)
Kulturbanause, der (*abwert*): Banause · Barbar · Kunstbanause
Kulturbarbarei, die: Kulturlosigkcit · Barbarei; Banausentum (*abwert*)
Kulturlosigkeit, die: → Kulturbarbarei
Kulturstrick, der: → Krawatte (1)
kulturvoll: 1. → gepflegt – 2. → gebildet

455

Kumme

Kumme, die: → Schüssel (1)
kümmeln: einen k.: → trinken (1, b)
Kümmelspalter, der: → Pedant
Kümmelspalterei, die: → Pedanterie
Kummer, der: **1.** ⟨*starke seel. Belastung*⟩ Kümmernis · Betrübnis · Betrübtheit · Gram · Trübsal · Sorgenlast; Harm (*veraltend*); → *auch* Sorge (1), Leid (1) – **2.** K. haben |mit|: ⟨*durch jmdn. bzw. etw. ständig einer seel. Belastung ausgesetzt sein*⟩ gestraft sein |mit| · sein Kreuz haben |mit| – **3.** seinem K. nachhängen: ⟨*in tiefer Betrübnis verharren*⟩ sich der Verzweiflung hingeben ♦ *umg:* Trübsal blasen; → *auch* traurig (2, a)
kümmerlich: 1. → ärmlich (1) – **2.** → karg (1) – **3.** → erbärmlich (1) – **4.** → unzureichend – **5.** → spärlich (1)
Kümmerling, der: → Schwächling
kümmern, sich: **1.** sich nicht k. |um|: ⟨*keine Beachtung schenken*⟩ sich nicht kehren |um| · sich nicht scheren |um| – **2.** sich selbst k. |um|: ⟨*etw. selbst vorantreiben*⟩ zur Chefsache machen – **3.** sich k. |um|: → sorgen (I, 1, a)
Kümmernis, die: **1.** → Kummer (1) – **2.** → Sorge (1)
Kummerspeck, der: → Fett (2)
kummervoll: 1. → traurig (1) – **2.** → sorgenvoll
Kummet, das: → Geschirr (2)
Kumpan, der: **1.** → Freund (I, 1) – **2.** → Mitschuldige
Kumpanei, die: → Freundschaft (1)
Kumpel, der: → Kamerad, Freund (I, 1)
Kumt, das: → Geschirr (2)
Kumulation, die: → Anhäufung (1)
kumulieren: → ansammeln (I)
kund: 1. → bekannt (1) – **2.** k. und zu wissen tun: → bekannt (5)
kundbar: → bekannt (1)
¹Kunde: I. Kunde, der: **1.** → Käufer – **2.** → Landstreicher – **3.** → Freier (1) – **4.** Dienst am Kunden: → Kundendienst; Kunden fangen/anlocken/ködern: → werben (1) – **II.** Kunde, die: → ¹Kundschaft
²Kunde, die: → Nachricht
künden: k. |von|: → bekannt (5)
Kundendienst, der: Service · Bedienung · Dienst am Kunden
Kundenfang, der: → Werbung (1)
Kundenkarte, die: → Rabattkarte
Kundenkreis, der: → ¹Kundschaft

Kundenwerbung, die: → Werbung (1)
Kundgabe, die: → Bekanntmachung (1)
kundgeben: → bekannt (5)
Kundgebung, die: Großkundgebung · Massenversammlung + Demonstration · Manifestation ♦ *umg:* + Demo
kundig: 1. → beschlagen (3) – **2.** → erfahren (2)
kündigen: 1. ⟨*sein Arbeitsverhältnis lösen*⟩ aufsagen · aufkündigen; den Dienst quittieren (*veraltend*); demissionieren (*schweiz*) + sich verändern ♦ *gehoben:* aufkünden ♦ *umg:* gehen · den Kram/Krempel hinwerfen ♦ *salopp:* den Kram/Krempel hinhauen/hinschmeißen · in den Sack hauen; → *auch* ausscheiden (4), zurücktreten (1) – **2.** → entlassen (2)
Kündigung, die: **1.** ⟨*das Kündigen des Arbeitsverhältnisses*⟩ Aufkündigung ♦ *gehoben:* Aufsagung · Aufsage – **2.** → Entlassung (2)
Kündigungswelle, die: → Personalabbau
kundmachen: → bekannt (5)
¹Kundschaft, die: Kundenkreis · Klientel; Kunde (*österr*); Klientele (*schweiz*)
²Kundschaft, die: auf K. ausgehen: → erkunden (1)
Kundschafter, der: Späher
kundtun: I. kundtun: → bekannt (5) – **II.** kundtun, sich: → ankündigen (II)
kundwerden: → bekannt (4, a)
künftig: zukünftig · in [der] Zukunft · in spe · hinfort · fortab · fortan · forthin · künftighin · von jetzt/nun an; fürder[hin] (*noch scherzh*); hinkünftig (*österr*); inskünftig (*schweiz*); → *auch* weiterhin (1), einst (1)
künftighin: → künftig
kungeln: → Sache (I, 6)
Kunst, die: die schwarze K.: **a)** → Buchdruck – **b)** → Zauberei; mit seiner K. am Ende sein: → hilflos (4)
Kunstbanause, der: → Kulturbanause
Kunstdünger, der: → Dünger (1, c)
Künstelei, die: Manier[iertheit] · Manierismus
kunstempfänglich: → feinsinnig (1)
kunstfertig: → begabt
Kunstfertigkeit, die: → Begabung (1)
kunstgerecht: → fachmännisch
Kunstgriff, der: → Trick
Kunsthändler, der: Galerist
künstlerisch: → kunstvoll

456

Künstlername, der: → Deckname

künstlich: artifiziell · auf künstlichem Weg + synthetisch

kunstlos: → schlicht (1)

Kunstmaler, der: → Maler (2)

kunstreich: → kunstvoll

Kunstrichtung, die: → Stil (2)

kunstsinnig: → feinsinnig (1)

Kunststoff, der: Plastik; Plast *(fachspr u. landsch)*; Plaste *(landsch)*

kunstvoll: künstlerisch · kunstreich + stilvoll

Kunstwerk, das: → Werk (1)

kunterbunt: 1. → gemischt – 2. → ungeordnet (2)

Kunterbunt, das: 1. → Allerlei – 2. → Durcheinander (1)

Kupee, das: → Abteil

kupferrot: → rot (1)

kupieren: 1. → abschneiden (1) – 2. → beschneiden (1)

Kupon, der: 1. → Abschnitt (1) – 2. → Aktie

Kupon[ab]schneider, der: → Aktionär

Kuppe, die: → Gipfel (1)

kuppeln: 1. → verbinden (I, 1) – 2. → verkuppeln (1)

Kuppelpelz, der: sich einen K. verdienen: → verkuppeln (1)

kurabel: → heilbar

Kürass, der: → Panzer (2)

Kuratel, die: 1. → Vormundschaft (1) – 2. unter K. stellen: → entmündigen

Kurator, der: 1. → Vormund – 2. → Treuhänder

Kuratorium, das: → Ausschuss (1)

kurbeln: → drehen (I, 1), filmen

Kürbis, der: → Kopf (1)

küren: → auswählen

Kurier, der: → Bote (1)

kurieren: → heilen (1)

kurios: → merkwürdig

Kuriosität, die: → Merkwürdigkeit

Kuriosum, das: → Sehenswürdigkeit

Kurort, der: → Bad (2)

kurpfuschen: → herumdoktern (1)

Kurpfuscher, der *(abwert)*: Quacksalber · Scharlatan · Medikaster; Medizinmann *(meist scherzh)*

Kurs, der: 1. → Richtung (1) – 2. → Lehrgang – 3. aus dem K. kommen / geraten: → abtreiben (1); vom K. abkommen: **a)** → abtreiben (1) – **b)** → ²abweichen (1, a); hoch

im K. stehen: → angesehen (2); außer K. setzen: → aufheben (I, 3)

Kursanstieg, der *(Börsenw)*: Hausse · Kurssteigerung; → *auch* Hochkonjunktur

Kursbuch, das: → Fahrplan (1)

Kurseinbruch, der: → Kursrückgang

kursieren: → herumgehen (1)

kursiv: → schräg (1)

kursorisch: 1. → ungenau (1) – 2. → knapp (2)

Kursrückgang, der *(Börsenw)*: Baisse · Kursverfall · Kursverlust · Kurseinbruch · Einbruch · Kurssturz ♦ *umg*: Talfahrt + Krach · Börsenkrach

Kurssteigerung, die: → Kursanstieg

Kurssturz, der: → Kursrückgang

Kursus, der: → Lehrgang

Kursverfall, der: → Kursrückgang

Kursverlust, der: → Kursrückgang

Kurtisane, die: → Prostituierte

Kurve, die: 1. → Biegung (1) – 2. die K. kratzen: → fliehen (1); die K. kriegen: → meistern

kurvenreich: kurvig

kurvig: → kurvenreich

kurz: 1. ⟨*von sehr geringer Längenausdehnung*⟩ klein · knapp – 2. ⟨*von geringer Zeitdauer*⟩ nicht lange · kurzfristig · kurzzeitig – 3. ⟨*für einen kleinen Zeitraum*⟩ kurzzeitig · schnell · auf einen Augenblick · auf ein Stündchen ♦ *umg*: auf einen Sprung · auf die Schnelle – 4. → knapp (2) – 5. k. schneiden: → ¹scheren (1); kürzer machen: → kürzen (1); einen Kopf kürzer machen: → enthaupten; k. und klein schlagen: → zerschlagen (I, 1); es k. machen: → beschleunigen; k. halten: → knapp (6); k./kürzer treten: → schonen (II); k. und bündig: → knapp (2); binnen kurzem: → bald (1); für kurze Zeit: → vorübergehend; seit kurzem: → neuerdings (1); k. vor Toresschluss: → Augenblick (2); vor kurzem, vor kurzer Zeit: → neulich; k. und gut: → also (1); k. angebunden: → barsch; k. entschlossen: → kurzerhand; den Kürzeren ziehen: → unterliegen (1)

Kurzatmigkeit, die: → Atemnot (1)

Kürze, die: in K.: → bald (1)

Kürzel, das: → Sigel

kürzen: kürzer machen + abschneiden; → *auch* verkürzen

kurzerhand: kurzweg · kurz entschlossen · ohne weiteres · ohne Umschweife ♦ *umg*:

kurzfristig

mir nichts, dir nichts · schlankweg; → *auch* schnell (1, c)

kurzfristig: → kurz (2)

kurzlebig: → vergänglich

kürzlich: → neulich

kurzschließen, sich: sich k. |mit|: → verständigen (II, 1)

Kurzschluss, der: → Störung

Kurzschrift, die: Stenografie + Eilschrift ♦ *umg:* Steno

kurzsichtig: → beschränkt (1)

Kürzung, die: **1.** → Abkürzung (1) – **2.** Kürzungen vornehmen: → einsparen

kurzweg: → kurzerhand

Kurzweil, die: → Zeitvertreib (1)

kurzweilig: → unterhaltsam

Kurzwort, das: → Abkürzung (2)

kurzzeitig: → kurz (2 u. 3)

kuscheln, sich: sich k. |an/in|: → anschmiegen, sich (1)

kuschen: → gehorchen (1)

küseln: → wirbeln (1)

Kuss, der: **1.** ⟨*das Aufdrücken der Lippen [auf den Mund eines anderen]*⟩ *umg:* Schmatz · Schmätzchen; Busse[r]l (*süddt österr*); Mäulchen (*landsch*) + Dauerbrenner (*scherzh*) – **2.** einen K. geben: → küssen

küssen: einen Kuss geben ♦ *umg:* schmatzen · schnäbeln; busseln (*süddt österr*) ♦ *salopp:* knutschen · einen aufdrücken; → *auch* abküssen

Küssen, das: *umg:* Küsserei · Geküsse · Schnäbelei · Geschnäbel ♦ *salopp:* Knutscherei · Geknutsche; → *auch* Liebkosung

Küsserei, die: → Küssen

Kusshand, die: mit K.: → gern (1)

Küste, die: → Ufer (1)

Küster, der: → Kirchendiener

Kute, die: → Grube (1)

Kutsche, die: **1.** ⟨*gefederter Pferdewagen*⟩ + Kalesche · Karosse · Equipage · Chaise · Kremser – **2.** → Auto (1)

kutschen: → fahren (1 u. 3, a u. b)

Kutscher, der: Fuhrmann (*landsch*)

kutschieren: → fahren (1, 2 u. 3, a u. b)

Kuttelflecke (*Pl*): → Innereien (1)

Kutteln (*Pl*): → Innereien (1)

Kuttenträger, der: → Mönch (1)

Kutter, der: → Fangschiff

Kuvert, das: → Briefumschlag

KZ, das: → Konzentrationslager

L

labberig: → schal (1)
labbern: 1. → schlürfen (2) – **2.** → schwatzen (1)
Labe, die: → Erfrischung (1)
Label, das: → Aufschrift (1)
¹laben: I. laben: → erfrischen (I) – **II.** laben, sich: → erfrischen (II)
²laben: → gerinnen
labend: → erfrischend (1)
labern: → schwafeln
Labetrunk, der: → Erfrischungsgetränk
labil: 1. → wackelig (1) – **2.** → haltlos (1)
Labnis, die: → Erfrischung (1)
Labor, das: Laboratorium ♦ *umg:* Giftküche (*scherzh*)
Laboratorium, das: → Labor
Labsal, das: → Erfrischung (1)
Labung, die: → Erfrischung (1)
Labyrinth, das: Irrgarten
labyrinthisch: → verworren (1)
¹Lache, die: → Pfütze
²Lache, die: → Lachen (1), Gelächter (1)
lächeln: schmunzeln · grinsen + ein freundliches Gesicht machen ♦ *umg:* feixen · grienen · sich eins in den Bart lachen; → *auch* lachen (1)
lachen: 1. ⟨*durch Verziehen des Mundes und hörbares stoßweises Ausatmen Heiterkeit äußern*⟩ Tränen lachen · sich vor Lachen ausschütten/biegen + kichern ♦ *umg:* feixen · sich vor Lachen kringeln/kugeln · sich kringelig lachen · sich scheckig lachen · sich schieflachen · sich krummlachen · sich kranklachen · sich totlachen · sich kaputtlachen; gickern (*landsch*) + quietschen · quiek[s]en ♦ *salopp:* wiehern · sich einen Ast lachen · vor Lachen vom Stuhl fallen; → *auch* lächeln, Lachen (3) – **2.** da[rüber] l. [ja] die Hühner: → lächerlich (3)
Lachen, das: **1.** ⟨*die Art zu lachen*⟩ *salopp:* Lache · Brüller – **2.** → Gelächter (1) – **3.** in L. ausbrechen: ⟨*heftig zu lachen anfangen*⟩

in ein Gelächter ausbrechen · einen Lachkrampf bekommen ♦ *umg:* losplatzen · losprusten · losbrüllen · herausplatzen; → *auch* lachen (1) – **4.** sich vor L. ausschütten/kringeln/kugeln, vor L. vom Stuhl fallen: → lachen (1); sardonisches L.: → Spott (1)
lächerlich: 1. ⟨*nicht ernst zu nehmend*⟩ lachhaft · grotesk; ridikül (*veraltend*); → *auch* komisch (1) – **2.** → geringfügig – **3.** l. sein: ⟨*auf Grund nicht ernst zu nehmender Gegebenheiten zum Lachen reizen*⟩ *umg:* eine Lachnummer sein · da[rüber] lachen [ja] die Hühner – **4.** lächerliche Person: ⟨*lächerlich wirkender Mensch*⟩ Witzblattfigur · Witzfigur · Fuzzi (*abwert*) – **5.** l. wenig: → geringfügig; l. machen: → blamieren (I); sich l. machen: → blamieren (II)
Lächerlichkeit, die: → Kleinigkeit (1)
lachhaft: → lächerlich (1)
Lachkrampf, der: einen L. bekommen: → Lachen (3)
Lachnummer, die: eine L. sein: → lächerlich (3)
lachsfarben: → rosa (1)
Lackaffe, der: → Geck (1)
Lacke, die: → Pfütze
Lackel, der: → Flegel (1)
lackieren: → betrügen (1)
lackmeiern: → betrügen (1)
Lade, die: **1.** → Schubfach – **2.** → Truhe
Ladebühne, die: → Laderampe
Ladegut, das: → Fracht
Ladehemmung, die: L. haben: → begriffsstutzig (2)
¹laden: 1. ⟨*elektr. Energie speichern*⟩ aufladen – **2.** ⟨*Munition in eine Waffe einlegen*⟩ + durchladen – **3.** → beladen – **4.** l. |auf|: → aufladen (1); schief/schwer geladen haben: → betrunken (2)
²laden: 1. → vorladen – **2.** → ²einladen (a) – **3.** zu sich l.: → ²einladen (a)
Laden, der: **1.** → Geschäft (1) – **2.** → Fensterladen – **3.** → Verhältnis (II, 1) – **4.** den

459

Ladenbesitzer

L. schließen: → schließen (2); den L. schmeißen: → meistern; den L. hinwerfen/hinhauen/hinschmeißen: → aufgeben (3); den L. voll haben: **a)** → betrunken (2) – **b)** → überdrüssig (1)

Ladenbesitzer, der: → Kaufmann (2)

Ladenfräulein, das: → Verkäuferin

Ladenhüter, der: → Restant (I)

Ladeninhaber, der: → Kaufmann (2)

Ladenmädchen, das: → Verkäuferin

Ladenpreis, der: → Einzelhandelspreis

Ladenschwengel, der: → Verkäufer

Ladentheke, die: → Verkaufstisch

Ladentisch, der: → Verkaufstisch

Ladentochter, die: → Verkäuferin

Laderampe, die: Rampe · Verladerampe · Verladebühne · Ladebühne

Laderaum, der: Frachtraum + Bunker

lädieren: → beschädigen, verletzen (I, 1)

lädiert: → schadhaft, beschädigt (1)

Lädierung, die: → Beschädigung (1 u. 2)

Ladino, der: → Mischling

Ladnerin, die: → Verkäuferin

¹Ladung, die: **1.** → Fracht – **2.** eine ganze L.: → Menge (1)

²Ladung, die: → Vorladung

Ladyboy, der: → Transvestit

Ladykiller, der: → Verführer (1), Frauenheld (1)

ladylike: → damenhaft

Laffe, der: → Geck (1)

Lage, die: **1.** ⟨die gerade gegebenen Umstände⟩ Sachlage · Situation · Verhältnisse · Zustand · Status · Konstellation; → auch Sachverhalt, Verhältnis (II, 1) – **2.** → Schicht (1) – **3.** → Stimmlage – **4.** → Standort (1) – **5.** → Runde (1) – **6.** L. der Dinge: → Sachverhalt; in die L. versetzen: → befähigen, ermöglichen (1); in der L. sein |zu|: → können (1); nicht in der L. sein: → außerstande; die L. peilen: → orientieren (II, 2); in eine schwierige L. kommen: → Schwierigkeit (2); eine L. schmeißen: → spendieren (1)

Lager, das: **1.** ⟨zum Liegen dienende Unterlage⟩ Lagerstatt · Lagerstätte · Liegestatt · Ruhelager; → auch Bett (1), Schlafgelegenheit – **2.** ⟨Ort zum Rasten, Übernachten im Freien⟩ Lagerplatz · Lagerstelle · Campingplatz · Nachtlager · Biwak (bes. milit) – **3.** ⟨Raum zum Unterbringen von Waren⟩ Lagerraum · Magazin · Warenlager · Stock · Store · Depot + Lagerhaus · Vorratshaus ·

Lagerbestand; → auch Speicher (1) – **4.** → Gruppe (2) – **5.** sich vom L. erheben: → aufstehen (1); auf L. haben: → vorrätig (2)

Lagerarbeiter, der: Magaziner (schweiz); → auch Lagerverwalter

Lageraufnahme, die: → Bestandsaufnahme

Lagerbestand, der: → Lager (3)

Lagerhaus, das: **1.** → Speicher (1) – **2.** → Lager (3)

Lagerist, der: → Lagerverwalter

lagern: **1.** ⟨als Vorrat aufbewahren⟩ speichern · magazinieren + abhängen – **2.** → rasten – **3.** → zelten

Lagerplatz, der: → Lager (2)

Lagerraum, der: → Lager (3)

Lagerstatt, die: → Lager (1)

Lagerstätte, die: → Lager (1)

Lagerstelle, die: → Lager (2)

Lagerung, die: **1.** ⟨das Ablagern⟩ Ablagerung – **2.** → Verwahrung (1)

Lagerverwalter, der: Lagerist; Magazineur (österr); → auch Lagerarbeiter

lahm: **1.** ⟨durch körperl. Schaden gehunfähig bzw. gehbehindert⟩ gelähmt · lendenlahm · kreuzlahm – **2.** → schwerfällig (1) – **3.** → langweilig – **4.** → müde (1), unentschlossen (2) – **5.** l. gehen: → hinken; l. legen: → stilllegen; lahme Ente: → Phlegmatiker

Lahmarsch, der: → Trauerkloß

lahmarschig: **1.** → schwerfällig (1) – **2.** → träge

Lahme, der: umg: Hinkebein · Hinkefuß (meist scherzh)

lahmen: → hinken

lähmen: **1.** ⟨lahm machen⟩ paralysieren (med) – **2.** → hemmen (1)

lähmend: → bedrückend

Lähmung, die: Paralyse (med)

Laib, der: L. Brot: → Brot (1)

Laie, der: Nichtfachmann · der Nichtkundige · Dilettant + Anfänger · Pfuscher · Einfaltspinsel; → auch Amateur

laienhaft: dilettantisch · dilettantenhaft · unfachmännisch

Laienrichter, der: → Schöffe

Lakai, der: **1.** → Diener (1) – **2.** → Kriecher

lakaienhaft: → unterwürfig

Lake, die: Salzlake · Salzbrühe · Pökel; → auch Sole

Laken, das: → Betttuch

Landstreitkräfte

lakonisch: 1. → wortkarg – **2.** → knapp (2) – **3.** → treffend (1)

lala: 1. → mittelmäßig – **2.** so l.: → mittelmäßig

Lamäng, die: aus der L.: → frei (3)

lamentieren: → jammern (1)

Lamento, das: → Jammer (1)

Lamie, die: → Gespenst (1)

Lamm, das: frommes L.: → Unschuldsengel; geduldig wie ein L.: → geduldig (1)

Lämmchen, das: → Unschuldsengel

lammfromm: 1. → sanftmütig – **2.** → artig (1)

Lammsgeduld, die: → Geduld (1)

¹Lampe: Meister L.: → Hase (1)

²Lampe, die: **1.** ⟨*künstl. Lichtquelle*⟩ Beleuchtungskörper · Leuchte · Raumleuchte + Ampel · Deckenleuchte · Hängelampe · Laterne ◆ *umg:* Funzel (*abwert*); → *auch* Leuchter (1), Kronleuchter – **2.** einen auf die L. gießen: → trinken (1, b), betrinken, sich

Lampenfieber, das: L. haben: → aufgeregt (2)

lancieren: 1. → fördern (1) – **2.** → verbreiten (I, 1)

Land, das: **1.** ⟨*nicht vom Wasser bedeckter Teil der Erdoberfläche*⟩ Erde · festes Land · fester Boden + Festland – **2.** ⟨*das Gebiet außerhalb der großen Städte*⟩ Provinz · das platte/flache Land – **3.** → Grundstück (I) – **4.** → Staat (2) – **5.** an L. ziehen: → aneignen (1); an L. spülen: → anschwemmen; festes L.: → 1; das platte/flache L.: **a)** → 2 – **b)** → Flachland; aus dem L. weisen, des Landes verweisen: → ausweisen (I, 1); außer Landes gehen: **a)** → auswandern – **b)** → abfließen (2); die Geschicke des Landes bestimmen: **a)** → regieren (1) – **b)** → herrschen (1)

Landadel, der: → Adel (1)

Landarbeiter, der: Tagelöhner; → *auch* ¹Bauer

landauf: l., landab: → überall (1)

Landbebauung, die: → Ackerbau

Landbesitz, der: → Grundbesitz

Lände, die: → Landungsbrücke

Landebahn, die: → Piste (1)

Landei, das: → Dorfeinwohner

landen: 1. ⟨*zum Erdboden zurückkehren*⟩ niedergehen · aufsetzen + wassern – **2.** nicht l. können: → abblitzen (1); im Hafen der Ehe/im Ehehafen l.: → heiraten (1)

Landeplatz, der: **1.** → Landungsbrücke – **2.** → Glatze

Länderei, die: → Grundbesitz

Ländermannschaft, die: → Auswahl (4)

Landesgrenze, die: → Grenze (1, b)

Landeskinder (*Pl*): → Bürger (2)

Landessitte, die: → Brauch (1)

Landesvater, der: → Fürst (1), Herrscher

Landesverrat, der: → Hochverrat

Landesverweisung, die: → Ausweisung

landfremd: → zugewandert

Landgang, der: → Laufsteg

Landhaus, das: → Sommerhaus

Landkarte, die: Karte + Messtischblatt · Plan

landläufig: → üblich (1)

ländlich: dörflich · kleinstädtisch · rustikal; provinziell · hinterwäldlerisch (*abwert*)

Landmädchen, das: Dorfschönheit · Dorfschöne (*scherzh*) ◆ *umg:* Landpomeranze (*abwert*)

Landmann, der: → ¹Bauer

Landmesser, der: → Geodät

Landpartie, die: → Ausflug

Landpomeranze, die: → Landmädchen

Landrover, der: → Geländewagen

Landschaft, die: → Landschaftsgebiet

landschaftlich: 1. ⟨*in einem best. Gebiet geltend, vorkommend od. dgl.*⟩ gebietsweise · regional · strichweise · provinziell · zonal · territorial; → *auch* örtlich (1) – **2.** → mundartlich

Landschaftsgebiet, das: Landschaft · Landstrich · Gebiet · Zone · Region · Territorium · Bezirk · Distrikt · Gelände · Raum · Bereich · Revier ◆ *gehoben:* Gefilde; → *auch* Gegend (1)

Landser, der: → Infanterist

Landsitz, der: → Sommerhaus

Landsknecht, der: → Söldner

Landspitze, die: → Landzunge

Landstraße, die: Chaussee; → *auch* Straße (1)

Landstreicher, der: Tippelbruder · Tramp; Vagabund · heimatloser Geselle (*veraltend*) + Streuner ◆ *umg:* Stromer · Penner · Pennbruder · Kunde; → *auch* Stadtstreicher, Obdachlose

Landstreicherin, die: + Streunerin ◆ *salopp:* Tippelschickse

Landstreitkräfte (*Pl*): Bodentruppen · Heer · Landtruppen; Heerbann (*hist*); → *auch* Streitkräfte

461

Landstrich

Landstrich, der: → Gegend (1), Landschaftsgebiet

Landtruppen (*Pl*): → Landstreitkräfte

Landungsbrücke, die: Seebrücke · Anlegebrücke · Anlegestelle · Landungssteg · Anlegesteg · Landeplatz; Lände (*landsch*)

Landungssteg, der: → Landungsbrücke

Landvermesser, der: → Geodät

Landverweisung, die: → Ausweisung

Landvorsprung, der: → Landzunge

Landwirt, der: **1.** ⟨*wissenschaftlich ausgebildeter Fachmann der Landwirtschaft*⟩ Agronom; → *auch* ¹Bauer – **2.** → ¹Bauer

Landwirtschaft, die: **1.** ⟨*das Betreiben von Bodennutzung u. Viehhaltung*⟩ Agrikultur; → *auch* Ackerbau – **2.** → Agronomie – **3.** → Bauernhof

landwirtschaftlich: 1. ⟨*auf die Landwirtschaft bezogen*⟩ agrarisch – **2.** landwirtschaftliche Nutzfläche: → Acker

Landwirtschaftswissenschaft, die: → Agronomie

Landzunge, die: Landspitze · Landvorsprung + Halbinsel

lang: 1. ⟨*von großer räuml. Ausdehnung nach einer Richtung*⟩ + lang gestreckt · länglich ♦ *umg*: ellenlang – **2.** → groß (2) – **3.** länger machen: → auslassen (I, 3); l. gestreckt: **a)** → 1 – **b)** → ausgedehnt (1); l. gewohnt: → gewohnt (2); langes Leiden/Register/Laster: → Lange; l. wie eine Bohnenstange: → groß (2); lange Finger machen: → stehlen (1); lange Beine machen: → fliehen (1); l. und breit, des Langen und [des] Breiten: → ausführlich (1); auf die lange Bank schieben: → verzögern (I)

langatmig: 1. → ausführlich (1) – **2.** → umständlich (1)

Langbein, das: → Lange

lange: 1. ⟨*von großer zeitl. Dauer*⟩ ausgedehnt · auf Jahre hinaus + extensiv ♦ *umg*: eine [halbe] Ewigkeit + bis in die Puppen ♦ *salopp*: ewig und drei Tage; → *auch* ewig (1), jahrelang – **2.** seit langem: ⟨*seit langer Zeit*⟩ schon lange ♦ *umg*: schon ewig · seit ewigen Zeiten · seit Urzeiten · seit Jahr und Tag – **3.** nicht l.: → kurz (2); schon l.: **a)** → 2 – **b)** → schon (1); vor langem: → damals

Lange, der (*umg*): Bohnenstange · Hopfenstange · Langbein (*scherzh*) ♦ *salopp*: [lange] Latte · Spindel · langes Leiden/Register/Laster · Schlacks · [langer] Lulatsch; → *auch* Riese (1)

Länge, die: in die L. ziehen/strecken: **a)** → dehnen (I) – **b)** → verzögern (I); sich in die L. ziehen/strecken: → verzögern (II)

langen: 1. → geben (I, 1) – **2.** → ausreichen (1), auskommen (5, a) – **3.** l. |nach|: → greifen (3); eine l.: → ohrfeigen

längen: → dehnen (I)

Langeweile, die: **1.** ⟨*lästiges Gefühl des Unbeschäftigtseins*⟩ salopp: tote Hose – **2.** L. haben, vor L. umkommen: → langweilen (II)

langfädig: → ausführlich (1)

Langfinger, der: → Dieb

langfingrig: → diebisch (1)

langgehen: zeigen, wo's langgeht: → zurechtweisen

langjährig: → jahrelang

langlebig: → haltbar (1)

länglich: 1. → lang (1) – **2.** l. rund: → oval

langmachen, sich: → ausstrecken (II, 1)

Langmut, die: → Geduld (1)

langmütig: → geduldig (1)

Langohr, das: **1.** → Hase (1) – **2.** → Esel (1)

längs: → entlang

langsam: 1. ⟨*nicht schnell*⟩ gemächlich · bedächtig · in aller Gemütlichkeit · ruhig · sacht[e] · schleppend · im Schritttempo; trödelig (*abwert*) · gemach (*veraltend*) + behäbig ♦ *umg*: im Schneckentempo; bummlig · pomadig · wie Pomade (*abwert*); → *auch* allmählich – **2.** → schwerfällig (1) – **3.** l., aber sicher: → allmählich; l. von Begriff: → begriffsstutzig (1); l. begreifen/auffassen/verstehen/schalten: → begriffsstutzig (2)

Langschäfter, der: → Stiefel (1)

längst: 1. → schon (1) – **2.** schon l.: → schon (1)

langstielig: → langweilig

langweilen: I. langweilen: ⟨*durch fehlende Abwechslung Überdruss bereiten*⟩ umg: [an]öden – **II.** langweilen, sich: ⟨*durch fehlende Abwechslung Überdruss empfinden*⟩ Langeweile haben ♦ *umg*: sich öden · vor Langeweile umkommen · Däumchen/die Daumen drehen; sich fadisieren (*österr*) ♦ *salopp*: sich mopsen; sich bocken (*landsch*)

Langweiler, der: → Trauerkloß

langweilig: öd[e] · trocken · flau · fad[e] · uninteressant · geisttötend · sterbenslangweilig · grottenlangweilig · todlangweilig;

Lästerung

ennuyant (*veraltet*) + papieren · ledern
♦ *umg*: lahm · langstielig · tranig · nicht viel
los; schlaff (*jugendspr*) ♦ *salopp*: stinklangweilig · mopsig; doof · bockig (*landsch*); →
auch einförmig, nüchtern (3)
langwierig: → schwierig (1)
langziehen: die Ohren/Hammelbeine l.: →
zurechtweisen
Lanze, die: eine L. brechen/einlegen |für|:
→ eintreten (7, a)
lanzettförmig: → spitz (1)
lapidar: → knapp (2)
Lappalie, die: → Kleinigkeit (1)
lappen: → flicken (1)
Lappen: I. Lappen, der: **1.** → Lumpen (1) –
2. → Banknote – **II.** Lappen (*Pl*): **1.** → Führerschein – **2.** durch die L. gehen: → entkommen (1)
Läpperei, die: → Nichtigkeit (1)
läppern: → trinken (1, a)
lappig: → weich (1, a)
läppisch: → albern (1)
Laps, der: → Flegel (1)
Lapsus, der: **1.** → Fehler (1) – **2.** L. Linguae: → Versprecher
Laptop, der: → Computer
large: → freigebig (1)
Largeheit, die: → Freigebigkeit
larifari: → Unsinn (1, b)
Larifari, das: → Unsinn (1, a)
Lärm, der: **1.** ⟨[*sehr*] *starke u. störende Geräusche*⟩ Krach · das Krachen · Getöse ·
Ruhestörung · Hallo · Aufruhr · Trubel ·
Tumult · Gebraus[e] · Donner · Gepolter ·
Geklapper · Geknatter · Geratter · Gerassel ·
Geklirr · Stimmengewirr ♦ *umg*: Gelärme ·
Gekrache · Krawall · Radau · Spektakel ·
Klamauk · Krakeel[erei] · Rabatz · Skandal ·
Tamtam · Trara · Heidenlärm · Höllenlärm ·
Heidenspektakel · Höllenspektakel; Rumor
(*noch landsch*) + Randale · Rummel · Gebumse · Getobe · Klapperei · Rasselei · Gejodel · Jodelei ♦ *salopp*: Affenspektakel; →
auch Geschrei (1), Schall (1) – **2.** → Gerede
(1) – **3.** L. schlagen: → alarmieren (1)
lärmen: krachen · rumoren + donnern · rattern · randalieren ♦ *umg*: Krach/Krawall/
Radau/Spektakel/Rabatz machen · spektakeln · krakeelen; rasaunen · rummeln
(*landsch*) + Randale machen ♦ *salopp*: +
plauzen; → *auch* klappern (1), rasseln (1),
poltern (1), schallen, dröhnen (1)
lärmend: → laut (1, a)

larmoyant: → weinerlich
Lärmschutz, der: Schallschutz
Lärvchen, das: → Frau (I, 1)
Larve, die: → Maske (1)
lasch: 1. → kraftlos – **2.** → schal (1)
lass: → kraftlos
lassen: 1. → belassen (1) – **2.** → unterlassen – **3.** → abgeben (I, 2) – **4.** beiseite l.:
a) → auslassen (I, 1) – **b)** → unterlassen;
sein l.: → unterlassen; Wasser l.: → austreten (1); geschehen l.: → zulassen (1); freie
Hand l.: → überlassen (I, 1); schalten und
walten l.: → gewähren (2); zukommen l.: **a)**
→ abgeben (I, 2) – **b)** → schicken (I, 1) – **c)**
→ schenken (1) – **d)** → zugute (1) – **e)** →
zustecken (1); zuteil werden/angedeihen l.:
→ zugute (1); hinter sich l.: → überholen
(I, 1); im Stich l.: → verlassen (I, 2);
sich entgehen l.: → versäumen (1); zur Ader
l.: → schröpfen (1 *u.* 2); sich durch den
Kopf gehen l.: → überlegen (I, 1); mitgehen l.: → stehlen (1); nicht aus den Augen l.: → beobachten (1); fünf[e] gerade
sein l.: → nachsehen (2); keine [andere]
Wahl l.: → zwingen (1); sich Zeit l.: → trödeln (1); Federn/Haare l. [müssen]: →
Schaden (5); darauf kannst du einen l.: →
versichert
lässig: 1. → ungezwungen – **2.** → nachlässig (1) – **3.** → hervorragend (1)
Lässigkeit, die: → Ungezwungenheit
lässlich: → verzeihlich
Last, die: **1.** ⟨*etw. schwer zu Ertragendes*⟩
Bürde · Belastung · Hypothek · Joch · Kreuz
· Crux; → *auch* Leid (1) – **2.** → Fracht – **3.**
→ Druck (1) – **4.** zur L. legen: → beschuldigen (1); zur L. fallen: → belästigen (1)
Lastauto, das: → Lastkraftwagen
lasten: l. |auf|: → ²anhängen (1)
lastend: → schwer (1)
lastenfrei: → schuldenfrei
Lastenträger, der: → Gepäckträger
¹Laster, das: **1.** → Untugend – **2.** langes L.:
→ Lange
²Laster, der: → Lastkraftwagen
Lästerer, der: *umg*: Lästerzunge ♦ *salopp*:
Lästermaul · Klatschmaul · Schandmaul
(*abwert*)
lasterhaft: → verkommen (2)
Lasterhaftigkeit, die: → Verkommenheit
Lästermaul, das: → Lästerer
lästern: → klatschen (2)
Lästerung, die: → Beschimpfung

463

Lästerzunge

Lästerzunge, die: → Lästerer
lästig: 1. → mühsam – **2.** → unangenehm (1), aufdringlich (1) – **3.** l. fallen/werden/sein: → belästigen (1)
Lastkahn, der: → Schleppkahn
Lastkraftwagen, der: Lkw · Lastwagen · Lastauto · Truck; Camion (*schweiz*) + Transporter · Lastzug · Lieferwagen · Sattelschlepper ♦ *umg:* Laster; Brummi (*scherzh*) + Fernlaster; → *auch* Auto (1)
Lastschrifteinzugsverfahren, das: → Bankeinzug
Lasttier, das: Tragtier · Saumtier + Packesel · Muli
Lastwagen, der: → Lastkraftwagen
Lastzug, der: → Lastkraftwagen
lasurblau: → blau (1)
lasziv: → schlüpfrig (1)
Laszivität, die: → Schlüpfrigkeit
Latein, das: mit seinem L. am Ende sein: → hilflos (4)
Latenight-Show, die: Lateshow + Nightshow
latent: → ²verborgen (1)
lateral: → seitlich (1)
Laterne, die: → ²Lampe (1)
Laternenpfahl, der: Wink mit dem L.: → Hinweis
Lateshow, die: → Latenight-Show
Latinlover, der: → Geliebte (I)
Latrine, die: → Toilette (1)
Latrinengerücht, das: → Gerücht
Latrinenparole, die: → Gerücht
latschen: 1. → trotten – **2.** eine l.: → ohrfeigen
Latschen (*Pl*): **1.** → Pantoffel (II) – **2.** → Schuhe (1) – **3.** aus den L. kippen: → bewusstlos (2)
Latschenkino, das: → Fernsehapparat
latschig: → nachlässig (1)
Latte, die: **1.** → Stange (1) – **2.** → Lange – **3.** lange L.: → Lange; auf der L. haben: **a)** → hassen – **b)** → beherrschen (I, 4); einen auf der L. haben: → betrunken (2); [sie] nicht alle auf der L. haben: → verrückt (5)
Latz, der: eine/einen/eins vor den L. knallen: → schlagen (I, 1)
lau: 1. 〈*eine Temperatur zwischen warm u. kalt aufweisend*〉 lauwarm · mild[e] · lind + überschlagen · verschlagen · handwarm; → *auch* warm (1) – **2.** → unentschlossen (2) – **3.** für lau: → kostenlos
Laub, das: Blätter · Blattwerk · Laubwerk

Laube, die: **1.** → Bude (1, a) – **2.** → Gartenhäuschen – **3.** fertig ist die L.: → erledigt (1 u. 3, a)
Laubengang, der: → Bogengang
Laubenpieper, der: → Kleingärtner
Laubflecken, der: → Sommersprosse
Laubwerk, das: → Laub
Laudatio, die: → Lobrede
Lauer, die: auf der L. liegen: → lauern (1)
lauern: 1. 〈*in einem Hinterhalt warten*〉 im Hinterhalt liegen · auf der Lauer liegen + abpassen · spähen – **2.** → warten (1)
Lauf, der: **1.** → Rennen (1) – **2.** → Verlauf (1 u. 2), Richtung (1) – **3.** freien L. lassen: → gewähren (2); den Dingen ihren L. lassen: → resignieren; im Laufe [von]: → während; im Laufe der Zeit: → allmählich
Laufbahn, die: **1.** 〈*die berufl. Entwicklung*〉 Werdegang · Karriere ♦ *umg:* + Ochsentour (*scherzh*) – **2.** 〈*Strecke für Laufwettbewerbe*〉 + Aschenbahn · Tartanbahn
Laufbursche, der: → Bote (1)
laufen: 1. 〈*sich schnell auf den Beinen fortbewegen*〉 hasten · rennen · rasen · sausen · preschen; spurten · sprinten (*Sport*); springen (*süddt schweiz*) + joggen · traben ♦ *umg:* wetzen · pesen · wieseln; schesen (*landsch*) ♦ *salopp:* spritzen · socken; → *auch* eilen (I, 1) – **2.** 〈*von Motoren usw. gesagt: eingeschaltet sein*〉 arbeiten · in Betrieb/Gang sein – **3.** → gehen (1), verlaufen (I, 1) – **4.** → fließen (1) – **5.** → funktionieren (I, 1) – **6.** l. lassen: → entlassen (2); eine l. haben: → geisteskrank (2); in die Arme/den Weg/in die Meute/über den Weg l.: → begegnen (1); ins Geld l.: → teuer (4)
laufend: 1. → ununterbrochen – **2.** am laufenden Band: → ununterbrochen; auf dem Laufenden sein: → Stand (5)
Läufer, der: **1.** 〈*Sportler*〉 + Sprinter – **2.** 〈*bewegl. Maschinenteil*〉 Rotor – **3.** → Teppich (1)
Lauferei, die (*umg; meist abwert*): Gerenne · Rennerei ♦ *salopp:* Gelatsche
Lauffeuer, das: wie ein L.: → schnell (1, a)
läufig: → brünstig (1)
Läufigkeit, die: → Brunstzeit
Laufmasche, die: Fallmasche (*schweiz*) ♦ *umg:* Flohleiter (*scherzh*)
Laufpass, der: den L. geben: → entlassen (2)
Laufsteg, der: **1.** 〈*Verbindung zwischen Schiff und Ufer für Personen*〉 Steg + Gang-

464

Leben

way · Landgang – **2.** ⟨*für Modenschauen*⟩ Catwalk

laugenartig: → basisch

laugenhaft: → basisch

Laune, die: **1.** ⟨*augenblickl. Gemütsstimmung*⟩ Grille · Schrulle · Einfall · Kaprice · Kapriole · Stimmung · Anwandlung; Kaprize (*österr*) ♦ *umg:* Mucke – **2.** gute L.: → Heiterkeit (1); guter L.: **a)** → fröhlich (1) – **b)** → gut (11); bei [guter] L.: → gut (11); schlechte L.: → Missmut; L. machen/bei L. halten: → erfreuen (I)

launenhaft: → launisch

launig: 1. → geistreich – **2.** → unterhaltsam

launisch: launenhaft · wetterwendisch + unberechenbar · bizarr; → *auch* unbeständig

Laus, die: eine L. in den Pelz setzen: → ärgern (I); jmdm. ist eine L. über die Leber gelaufen: → ärgern (II, 1)

Lausbub, der: → Frechdachs

Lausbubenstreich, der: → Streich (1)

Lausbüberei, die: → Streich (1)

lausbübisch: → frech (1)

Lauschangriff, der: → Abhöraktion

lauschen: horchen · ganz Ohr sein ♦ *umg:* die Ohren spitzen · lange Ohren machen ♦ *salopp:* die Löffel aufsperren/spitzen; → *auch* aufhorchen, zuhören (1)

Lauscher, der: **1.** → Horcher (1) – **2.** → Ohr (1)

lauschig: → gemütlich

Lauseallee, die: → Scheitel (1)

Lausebengel, der: → Frechdachs

Läuseharke, die: → Kamm (1)

Lausejunge, der: → Frechdachs

lausekalt: → kalt (1)

Lausekälte, die: → Kälte

Lausekerl, der: → Frechdachs

lausen: denken, der Affe laust einen: → staunen (1)

Läuserechen, der: → Kamm (1)

lausig: 1. → sehr – **2.** → unangenehm (1)

laut: 1. ⟨*stark hörbar*⟩ **a)** ⟨*allgemein*⟩ lautstark · geräuschvoll · ohrenbetäubend · überlaut + lärmend · grell; → *auch* hörbar, schrill (1) – **b)** ⟨*beim Sprechen od. Singen*⟩ lauthals · lautstark · aus voller Brust/Kehle/Lunge · aus vollem Halse · mit erhobener Stimme · mit Stentorstimme + hellauf – **2.** → gemäß (I) – **3.** l. denken: → sprechen (1)

Laut, der: **1.** → ¹Ton (1) – **2.** L. geben: → bellen (1)

lauten: → ¹heißen (2)

läuten: 1. → klingeln – **2.** l. hören: → erfahren (1)

lauter: 1. → rein (1) – **2.** → klar (1, a) – **3.** → anständig (1), unschuldig (2)

Lauterkeit, die: → Anständigkeit, Unschuld (2)

läutern: I. läutern: → klären (1) – **II.** läutern, sich: → bessern (II, 1)

Läuterung, die: → Besserung (1)

lauthals: → laut (1, b)

lautlos: unhörbar · geräuschlos · leise + auf Zehenspitzen · auf Zehen; → *auch* still (1), leise (1)

Lautlosigkeit, die: → Stille

Lautschrift, die: → Umschrift (2)

lautstark: → laut (1, a u. b)

Lautung, die: → Aussprache (1)

lautwerden: → bekannt (4, a)

lauwarm: → lau (1)

Lavabo, das: → Waschbecken

lax: → nachlässig (1)

Laxans, das: → Abführmittel

Laxativ[um], das: → Abführmittel

Laxiermittel, das: → Abführmittel

Lay-out, das: → Entwurf (1)

Lazarett, das: → Krankenhaus (1)

Lazarettgehilfe, der: → Sanitätssoldat

Leader, der: → Spitzenreiter

leasen: → ²mieten

Lebehoch, das: → Hochruf

Lebemann, der: Bonvivant + Wüstling; → *auch* Genussmensch

leben: 1. ⟨*nicht gestorben sein*⟩ am Leben/lebendig sein + existieren · sein – **2.** → wohnen (1) – **3.** l. ⟨von⟩: ⟨*die Mittel zum Leben bekommen*⟩ seinen Lebensunterhalt bestreiten ⟨von⟩ · sich ernähren ⟨von⟩ · zehren ⟨von⟩ – **4.** l. wie eine Nonne/ein Mönch: → enthaltsam (2); der Gesundheit l.: → schonen (II); in den Tag hinein l.: → müßig (3); vom Gelde l.: → privatisieren (2); wie im Himmel l., l. wie ein Fürst, l. wie Gott in Frankreich, l. wie die Made im Speck, herrlich und in Freuden l., in Saus und Braus l.: → schwelgen (1); auf großem Fuß l., über seine Verhältnisse l.: → verschwenderisch (3); im Elfenbeinturm l.: → absondern (II); leb wohl: → Wiedersehen (1)

Leben, das: **1.** ⟨*Daseinsform der Lebewesen*⟩ Dasein · Sein · Existenz – **2.** ⟨*die Art u. Weise, das eigene Dasein zu gestalten*⟩ Lebensweise · Lebensart · Lebensführung · Lebensgestaltung · Lebensstil · Lifestyle ·

465

Lebende

Lebenswandel + Fasson; → *auch* Lebensform – **3.** ⟨*der Ablauf des Daseins bis zum Tode*⟩ Lebenslauf · Vita · Lebenszeit · Lebensdauer · Lebensweg · Lebenstage ♦ *gehoben*: Erdentage · Erdenleben · Lebensbahn · Lebensreise – **4.** → Wirklichkeit (1) – **5.** das süße L.: ⟨*Luxusleben*⟩ Dolce Vita – **6.** Abend/Herbst des Lebens: → Alter (1); Frühling/Lenz des Lebens: → Jugend (1); nie im L., im L. nicht: → niemals; am L. sein: → leben (1); am L. bleiben: → davonkommen (2); sein L. vollenden/verlieren/lassen, aus dem L. gehen, sein L. aushauchen/beschließen, von der Bühne des Lebens abtreten: → sterben (1); sich das L. nehmen, sich ums L. bringen, seinem L. ein Ende machen, das L. wegwerfen, freiwillig aus dem L. scheiden: → Selbstmord (2); ums L. kommen: → umkommen (1); ums L. bringen: → töten (I, 1); vom L. zum Tode bringen/befördern: → hinrichten (1); das L. schenken: → gebären; wieder ins L. rufen, ins L. zurückrufen: → wiederbeleben (1); ins L. rufen: → gründen (I, 1); sein L. in die Schanze schlagen: → wagen (1); sein L. hingeben |für|: → hingeben (II, 1); das L. genießen: → vergnügen (II); sich des Lebens freuen: → fröhlich (3); sich durchs L. schlagen: → durchschlagen (I, 2); sein L. fristen: → dahinleben; die Hand fürs L. reichen, den Bund fürs L. schließen: → heiraten (1); ein neues L. beginnen: → bessern (II, 1); L. in die Bude bringen: → beleben (I, 2); das L. sauer machen: → ärgern (I)

Lebende, der: nicht mehr unter den Lebenden weilen: → tot (4)

lebendig: 1. → lebhaft (1) – **2.** → anschaulich – **3.** l. sein: → leben (1)

Lebendigkeit, die: → Vitalität

Lebensabend, der: → Alter (1)

Lebensalter, das: → Alter (2)

Lebensangst, die: → Existenzangst

Lebensansicht, die: → Weltanschauung

Lebensart, die: **1.** → Lebensform, Leben (2) – **2.** → Benehmen (1) – **3.** L. zeigen: → benehmen (II, 1)

Lebensbahn, die: → Leben (3)

Lebensbalsam, der: → Branntwein

lebensbejahend: → optimistisch (1)

Lebensbejahung, die: → Optimismus

Lebensbereich, der: → Umwelt

Lebensbeschreibung, die: Biografie · Lebensgeschichte · Vita · Lebensbild + Lebenslauf; → *auch* Autobiografie, Lebenserinnerungen

Lebensbild, das: → Lebensbeschreibung

Lebensdauer, die: → Leben (3)

lebensdurstig: → lebenshungrig

lebensecht: aus Fleisch und Blut

Lebensende, das: → Tod (1)

lebenserfahren: → erfahren (2), weise (1)

Lebenserfahrung, die: → Erfahrung (1)

Lebenserinnerungen (*Pl*): Memoiren · Erinnerungen; → *auch* Autobiografie, Lebensbeschreibung

Lebensfaden, der: den L. abschneiden: → töten (I, 1)

lebensfähig: lebenskräftig · existenzfähig

lebensfern: → weltfremd

Lebensform, die: Daseinsweise · Daseinsform · Lebensart; → *auch* Leben (2)

lebensfremd: → weltfremd

Lebensfreude, die: Lebenslust · Daseinsfreude · Daseinslust + Urbehagen

Lebensfrühling, der: → Jugend (1)

Lebensführung, die: → Leben (2)

lebensgefährlich: → gewagt

Lebensgefährte, der: **1.** ⟨*Partner, mit dem man zusammenlebt, aber nicht verheiratet ist*⟩ Lebenspartner · Freund · Partner · Lebenskamerad – **2.** → Ehemann

Lebensgefährtin, die: **1.** ⟨*Partnerin, mit der man zusammenlebt, aber nicht verheiratet ist*⟩ Lebenspartnerin · Freundin · Partnerin · Lebenskameradin – **2.** → Ehefrau

Lebensgemeinschaft, die: → Ehe (1 *u.* 2)

Lebensgeschichte, die: → Lebensbeschreibung

Lebensgestaltung, die: → Leben (2)

lebensgierig: → lebenshungrig

Lebenshaltungskosten (*Pl*): → Lebensunterhalt (1)

lebenshungrig: lebensdurstig · lebensgierig · daseinshungrig + abenteuerlustig

Lebensjahr, das: Jahr; Altersjahr (*schweiz*); Lenz (*scherzh*)

Lebenskamerad, der: **1.** → Lebensgefährte (1) – **2.** → Ehemann

Lebenskameradin, die: **1.** → Lebensgefährtin (1) – **2.** → Ehefrau

Lebenskampf, der: Daseinskampf · Kampf ums Dasein/Brot · Existenzkampf

Lebenskraft, die: **1.** ⟨*auf feste Gesundheit gegründete Lebenstüchtigkeit*⟩ Vitalität · Kraft – **2.** voller L.: → lebenskräftig (1)

ledern

lebenskräftig: 1. ⟨*von Lebenskraft erfüllt*⟩ vital · voller Lebenskraft · vollblütig – 2. → lebensfähig
Lebenskreis, der: → Umwelt
lebenskundig: → erfahren (2)
Lebenslauf, der: 1. → Leben (3) – 2. → Lebensbeschreibung
Lebenslicht, das: das L. ausblasen/auslöschen/auspusten: → töten (I, 1)
Lebenslust, die: → Lebensfreude
lebenslustig: → leichtlebig
Lebensmai, der: → Jugend (1)
Lebensmittel (*Pl*): Nahrungsmittel · Esswaren; Nahrungsgüter (*veraltend*); Viktualien (*veraltet*) + Nährmittel ♦ *salopp*: Fressalien · Fresserei; → *auch* Nahrung
Lebensmorgen, der: → Kindheit (1)
lebensmüde: → lebensüberdrüssig
Lebensmüdigkeit, die: → Lebensüberdruss
lebensnah: → wirklichkeitsnah
Lebensneige, die: → Alter (1)
Lebenspartner, der: 1. → Lebensgefährte (1) – 2. → Ehemann
Lebenspartnerin, die: 1. → Lebensgefährtin (1) – 2. → Ehefrau
Lebenspartnerschaft, die: homosexuelle L.: → Homoehe
Lebensregel, die: → Regel (1)
Lebensreise, die: → Leben (3)
Lebenssaft, der: → Blut (1)
lebenssatt: → lebensüberdrüssig
Lebensstil, der: → Leben (2)
Lebenstage (*Pl*): → Leben (3)
lebenstüchtig: → tüchtig (1)
Lebensüberdruss, der: Lebensmüdigkeit · Lebensunlust + Trübsinn · Wertherstimmung
lebensüberdrüssig: lebensmüde · daseinsmüde · lebenssatt
Lebensunlust, die: → Lebensüberdruss
Lebensunterhalt, der: 1. ⟨*das zur Erhaltung des Lebens Nötige*⟩ Unterhalt · Lebenshaltungskosten · Ernährung · das tägliche Brot · Existenz – 2. seinen L. bestreiten |von|: → leben (3); für den L. sorgen: → unterhalten (I, 1)
lebensverneinend: → pessimistisch (1)
Lebensverneinung, die: → Pessimismus
Lebenswandel, der: → Leben (2)
Lebenswasser, das: → Branntwein
Lebensweg, der: → Leben (3)
Lebensweise, die: → Leben (2)
lebenswichtig: → entscheidend (1)
Lebenszeit, die: → Leben (3)

Leber, die: frisch/frei von der L. weg: → offen (3); jmdm. ist eine Laus über die L. gelaufen: → ärgern (II, 1)
Leberentzündung, die: → Hepatitis
Lebertran, der: L. sein: → gleichgültig (4)
Leberwurst, die: die beleidigte/gekränkte L. spielen: → schmollen
Lebewesen, das: Kreatur · Geschöpf · Wesen
Lebewohl, das: 1. → Abschied (1) – 2. L. sagen: → verabschieden (II, 1)
lebhaft: 1. ⟨*von besonderer Regsamkeit*⟩ [quick]lebendig · beweglich · agil · quecksilbrig · temperamentvoll · spritzig · vital · sanguinisch; quick · queck · vif (*landsch*) + geschäftig · betriebsam · sprudelnd ♦ *umg*: quirlig · wirbelig · wie aufgezogen/aufgedreht; → *auch* munter (1), schwungvoll – 2. l. sein: ⟨*besonders viel Temperament besitzen*⟩ Temperament haben ♦ *umg*: den Teufel im Leib haben
leblos: 1. → tot (1) – 2. → regungslos
Lebtag, der: all mein L.: → immer (1); mein L. nicht: → niemals
lechzen: 1. → dürsten (1) – 2. l. |nach|: → Verlangen (4)
leck: 1. → undicht – 2. l. sein: → ²lecken
Leck, das: 1. ⟨*Schaden an einem Gefäß, Behälter, durch den bes. eine Flüssigkeit austritt*⟩ Leckage – 2. ein L. haben: → ²lecken
Leckage, die: → Leck (1)
¹lecken: 1. ⟨*mit der Zunge über etw. streifen*⟩ schlecken (*landsch*) – 2. wie geleckt: → sauber (1); den Staub von den Füßen/Schuhen l.: → kriechen (2); [sich] alle zehn Finger l. |nach|: → Verlangen (4)
²lecken: leck sein · ein Leck haben
lecker: → schmackhaft, appetitlich (1)
Leckerbissen, der: Delikatesse · Köstlichkeit · Gaumenkitzel · Gaumenfreude · Leckerei · Schleckerei; Schleck (*süddt schweiz*); Schmankerl (*süddt österr*); Gustostückerl (*österr*) + Hochgenuss
Leckerei, die: → Leckerbissen
Leckermaul, das: Naschkatze ♦ *umg*: Schlecker[maul]; → *auch* Feinschmecker
leckern: → naschen
Leder, das: 1. → ¹Ball (1, b) – 2. vom L. ziehen, la. gehen: → angreifen (I, 1, b); das L. [ver]gerben: → verprügeln
lederartig: → zäh (2)
Lederfett, das: → Schuhcreme
ledern: → langweilig

ledig: 1. ⟨*nicht verheiratet*⟩ unverheiratet · unverehelicht · ehelos; einschichtig (*süddt österr*) ♦ *gehoben:* unvermählt ♦ *umg:* noch zu haben; → *auch* allein (1 *u.* 5) – **2.** ⟨*keine Ehefrau besitzend*⟩ *umg:* unbeweibt (*scherzh*) – **3.** ⟨*keinen Ehemann besitzend*⟩ *umg:* unbemannt (*scherzh*) – **4.** → unehelich – **5.** los und l.: → frei (1)
Ledige, der: → Alleinstehende
lediglich: → nur
ledrig: → zäh (2)
leer: 1. ⟨*nichts* [*mehr*] *enthaltend*⟩ entleert ♦ *umg:* ratzekahl; → *auch* kahl (1) – **2.** ⟨*von Wohnraum gesagt: nicht genutzt*⟩ leer stehend · unbesetzt · unbewohnt – **3.** → geistlos – **4.** l. ausgehen: ⟨[*bei einer Verteilung*] *nicht berücksichtigt werden*⟩ nichts abbekommen · das Nachsehen haben · zurückstehen müssen · beiseite stehen müssen · verzichten müssen + ins Hintertreffen geraten ♦ *umg:* nichts abkriegen · sich den Mund wischen können · schlecht wegkommen ♦ *salopp:* in den Mond / Eimer / die Röhre gucken · durch die Röhre gucken – **5.** l. machen: → leeren (1); l. stehend: → 2; l. blasen: → ausblasen; l. pumpen: → auspumpen (1); l. spachteln: → aufessen; leere Worte / Phrase: → Phrase (1); leeres Stroh / Gerede: → Geschwätz (1); leeres Stroh dreschen: → schwafeln
Leere, die: **1.** ⟨*das Leersein*⟩ Nichts · Vakuum – **2.** → Geistlosigkeit – **3.** → Einöde (2)
leeren: 1. ⟨*den Inhalt entfernen*⟩ entleeren · ausleeren ♦ *umg:* leer machen + herausnehmen · räumen; → *auch* ausgießen (1) – **2.** → austrinken
Leerung, die: → Entleerung (1)
Lefze, die: → Lippe (1)
legal: 1. → rechtmäßig – **2.** l. machen: → legalisieren (1)
legalisieren: 1. ⟨*durch Gesetz für rechtmäßig erklären*⟩ legal machen · legitimieren – **2.** → beglaubigen (1)
legen: 1. → pflanzen (I, 1) – **2.** → verlegen (I, 2) – **3.** → besiegen (I) – **4.** einen Brand l.: → Feuer (7); in Schutt und Asche l.: → niederbrennen (1); zur Last l.: → beschuldigen (1); sich ins Mittel l.: → vermitteln (1); das Handwerk l.: → unschädlich (3); auf die Matte l.: → besiegen (I); in Fesseln l.: → fesseln (1), gefangen (3); in Ketten l.: → gefangen (3); an die Kette l.: → anketten; Hand an sich l.: → Selbstmord (2); den Ton

l. |auf|: → betonen (1 *u.* 2); Gewicht / Wert l. |auf|: **a)** → betonen (2) – **b)** → ¹Acht (1, a); die / seine Hand ins Feuer l. |für|: → bürgen; in die Hände l.: → anvertrauen (I, 1); aufs Kreuz l.: **a)** → hereinlegen (1) – **b)** → betrügen (1); die Hand l. |auf|: → beschlagnahmen; auf die Seite / die hohe Kante l.: → sparen (1); beiseite l.: **a)** → sparen (1) – **b)** → zurücklegen (3); sich krumm l.: → einschränken (II); sich [tüchtig] in die Riemen / ins Geschirr l., sich ins Zeug l.: → anstrengen (II, 1); die Hände in den Schoß l.: → resignieren; zu den Akten l.: → ablegen (1); sich auf die faule Haut l.: → faulenzen (1); einen Tanz aufs Parkett l.: → tanzen (1)
legendär: → sagenhaft (1)
Legende, die: → Erfindung (1)
legendenhaft: → unwahr (1)
leger: 1. → ungezwungen – **2.** → passend (1, b)
Legion, die: → Menge (1)
legitim: → rechtmäßig
Legitimation, die: → Ausweis (1)
legitimieren: I. legitimieren: **1.** → beglaubigen (1) – **2.** → legalisieren (1) – **II.** legitimieren, sich: → ausweisen (II, 1)
Lehm, der: → ²Ton
lehmig: → schlammig
Lehne, die: → Abhang (1)
lehnen: I. lehnen: l. |gegen / an|: → anlehnen (I) – **II.** lehnen, sich: sich l. |gegen / an|: → anlehnen (II, 1); sich l. |auf|: → auflegen (II, 1); sich l. |über|: → beugen (II, 3)
Lehnsessel, der: → Lehnstuhl
Lehnsmann, der (*hist*): Vasall · Gefolgsmann
Lehnstuhl, der: Lehnsessel · Armstuhl · Armsessel; Fauteuil (*veraltend*) ♦ *umg:* Großvaterstuhl · Ohrensessel; Sorgenstuhl (*noch scherzh*)
Lehranstalt, die: → Schule (1)
Lehrbub, der: → Lehrling
Lehrbuch, das: → Kompendium · Handbuch · Leitfaden · Abriss; → *auch* Leitfaden (1)
Lehre, die: **1.** ⟨*zusammengefasste Darstellung von* [*wissenschaftl. begründeten*] *Denkergebnissen*⟩ Theorie + Doktrin · These · Behauptung; → *auch* Gedankengebäude, Lehrmeinung, Lehrsatz – **2.** ⟨*Zeit der Ausbildung*⟩ Lehrzeit · Lehrjahre + Berufsausbildung · Werdegang; → *auch* Ausbildung (1) – **3.** ⟨*schmerzl., aber notwendige Erfah-*

rung⟩ heilsame Erkenntnis · bittere Arznei / Lektion – **4.** in die L. gehen: → lernen (2); eine L. ziehen ⏐aus⏐: → lernen (4); eine L. erteilen: → zurechtweisen

lehren: 1. ⟨*an einer Hochschule unterrichten*⟩ Vorlesungen halten · lesen · dozieren; → *auch* anleiten (1), unterrichten (2) – **2.** → unterrichten (2) – **3.** → einprägen (I, 1) – **4.** Mores l.: → zurechtweisen

Lehrer, der: Pädagoge · Schulmann; Lehrkraft (*amtsspr*); Schullehrer (*landsch*) + Junglehrer · Lektor · Dozent · Mentor · Tutor · Erzieher ♦ *umg*: Schulmeister · Magister (*scherzh*); Pauker (*schülerspr abwert*)

Lehrgang, der: Kurs[us] + Vortragsfolge; → *auch* Unterricht (1)

Lehrgebäude, das: → Gedankengebäude

lehrhaft: belehrend · didaktisch · schulmäßig; schulmeisterlich · oberlehrerhaft · professorenhaft · professoral (*abwert*) + doktrinär · dogmatisch; → *auch* lehrreich

Lehrherr, der: → Lehrmeister

Lehrjahre (*Pl*): → Lehre (2)

Lehrjunge, der: → Lehrling

Lehrkraft, die: → Lehrer

Lehrling, der: der Auszubildende · Azubi · Lehrjunge; Lehrbub (*landsch*) + Praktikant · Eleve · Volontär ♦ *umg*: Stift; Bursche (*landsch*)

Lehrmeinung, die: + Dogma; → *auch* Lehre (1)

Lehrmeister, der: Meister; Lehrherr · Prinzipal (*veraltet*)

Lehrmittel, das: Unterrichtsmittel

lehrreich: instruktiv · informativ · informatorisch · aufschlussreich · interessant · wissenswert · belehrend; → *auch* lehrhaft

Lehrsatz, der: Theorem · Satz; → *auch* Lehre (1)

Lehrzeit, die: → Lehre (2)

Leib, der: **1.** → Körper (1) – **2.** → Bauch (1) – **3.** gut bei Leibe: → dick (1); gesegneten Leibes sein: → schwanger (2); seinen L. pflegen: → schonen (II); nichts im Leibe haben: → hungrig (2); auf dem L. haben: → tragen (I, 2); kein [ganzes] Hemd [mehr] auf dem / am L. / nichts auf dem L. haben: → arm (4); vom Leibe halten: → fern (5); vom Leibe bleiben: → fern (4); auf den L. rücken: → bedrängen (1); mit L. und Seele: → ganz (1); sich die Seele aus dem L. reden: → einreden (2); den Teufel im L. haben: → lebhaft (2)

Leibchen, das: → Korsett

Leibdiener, der: → Diener (1)

leibeigen: unfrei + hörig; → *auch* unfrei (1)

Leibeserziehung, die: → Sport (1)

Leibesfrucht, die: → Embryo

Leibesfülle, die: → Dicke (II, 2)

Leibesübungen (*Pl*): → Sport (1)

Leibhaftige, der: → Teufel (1)

leiblich: → körperlich

Leibrock, der: → Gehrock

Leibschmerz: I. Leibschmerz, der: → Bauchschmerz (II) – **II.** Leibschmerzen (*Pl*): → Bauchschmerz (II)

Leibschneiden, das: → Bauchschmerz (II)

Leibwache, die: → Wache (1)

Leibwächter, der: Bodyguard + Personenschützer ♦ *salopp*: Gorilla; → *auch* Begleiter (1)

Leibwäsche, die: → Unterwäsche (1)

Leichdorn, der: → Hühnerauge (1)

Leiche, die: **1.** ⟨*Körper eines toten Menschen*⟩ Leichnam · der Tote + Mumie ♦ *gehoben*: die sterbliche Hülle · die sterblichen Überreste; → *auch* Verstorbene, Aas (1) – **2.** über Leichen gehen: → rücksichtslos (2); wie eine [wandelnde] L.: → blass

Leichenbegängnis, das: → Begräbnis

Leichenbittermiene, die: → Leidensmiene

leichenblass: → blass (1)

Leichenfledderer, der: → Plünderer

Leichenöffnung, die: → Obduktion

Leichenverbrennung, die: → Einäscherung

Leichnam, der: → Leiche (1)

leicht: 1. ⟨*von geringem Gewicht*⟩ federleicht · gewichtlos + zart – **2.** → mühelos (1), unkompliziert – **3.** → geringfügig – **4.** → sorgenfrei – **5.** → bekömmlich – **6.** leichter Vogel: → Leichtfuß (1); leichtes Mädchen: → Herumtreiberin; l. angeschlagen: → angeheitert; l. verständlich: → verständlich (1); leichten Fußes: → gewandt (1); auf die leichte Schulter nehmen: → unterschätzen

leichtblütig: → leichtlebig

leichtfertig: oberflächlich · frivol · obenhin + pflichtvergessen · pflichtwidrig · abenteuerlich; → *auch* leichtsinnig, nachlässig (1), sorglos (1), unüberlegt (1)

Leichtfuß, der: **1.** ⟨*leichtsinniger u. oberflächl. Mensch*⟩ Bruder Leichtfuß / Leichtsinn; Hallodri (*südd österr*) ♦ *umg*: Luftikus · Windhund · Windbeutel · locke-

leichtfüßig

rer/leichter/loser Vogel · windiger Bursche · lockerer Zeisig + Schlot · Sausewind – **2.** Bruder L.: → 1

leichtfüßig: 1. → gewandt (1) – **2.** → flink (1)

leichtgläubig: → gutgläubig

leichtlebig: leichtblütig · lebenslustig · flatterhaft · flott · unsolide · locker + ausschweifend; → *auch* leichtsinnig, sorglos (1)

Leichtsinn, der: **1.** ⟨*gedankenlos-oberflächl. Verhaltensweise*⟩ Verantwortungslosigkeit · Fahrlässigkeit + ein Spiel mit dem Feuer ♦ *umg:* Windbeutelei; → *auch* Sorglosigkeit – **2.** Bruder L.: → Leichtfuß (1)

leichtsinnig: verantwortungslos · unverantwortlich · unvorsichtig · fahrlässig; → *auch* leichtfertig, leichtlebig, sorglos (1)

leid: 1. sein |einer Sache|: → überdrüssig (1); l. werden |einer Sache|: → überdrüssig (2)

Leid, das: **1.** ⟨*seelischer Schmerz*⟩ Jammer · Elend · Pein · Schmerz · Qual · Kreuz · Crux ♦ *gehoben:* Weh · Herzeleid · Herzweh; → *auch* Kummer (1), Last (1) – **2.** L. tun: ⟨*Mitleid erregen*⟩ dauern · jammern · erbarmen · in der Seele wehtun; barmen (*veraltend landsch*) + bewegen · berühren – **3.** L. tragen: → trauern (1); ein L. antun: → kränken (1); sich ein L. antun: → Selbstmord (2)

leiden: 1. ⟨[*seel.*] *Schmerz ertragen müssen*⟩ sich quälen · schmachten · die Hölle auf Erden haben; → *auch* sorgen (II) – **2.** → dulden (1), zulassen (1) – **3.** l. |an|: ⟨*Beschwerden, Leiden, Mängel haben*⟩ es mit etw. haben – **4.** Mangel/Not l.: → darben; Hunger l.: → hungern (1); [auf den Tod] nicht l. können: **a)** → verabscheuen – **b)** → hassen; keinen Aufschub l.: → eilen (I, 2)

Leiden, das: **1.** → Qual (1) – **2.** → Krankheit – **3.** → Übel (1) – **4.** langes L.: → Lange; wie das L. Christi: → elend (1)

leidend: → krank (1)

Leidenschaft, die: Feuer · Glut · Inbrunst + Pathos · Innigkeit; → *auch* Schwung (1), Begeisterung (1)

leidenschaftlich: glühend · feurig · stürmisch · heiß[blütig] · mit [innerem] Feuer · besessen · passioniert · inbrünstig; enragiert (*veraltend*) + innig · aufbrausend · flammend; → *auch* schwungvoll, wild (1), heftig (1, b)

leidenschaftslos: 1. → träge – **2.** l. sein: ⟨*durch nichts erregt werden*⟩ *umg:* Fisch-

blut/Froschblut haben; → *auch* gefühllos (3)

Leidensgefährte, der: → Schicksalsgefährte

Leidensgenosse, der: → Schicksalsgefährte

Leidensgesicht, das: → Leidensmiene

Leidensmiene, die: Leidensgesicht; Leichenbittermiene · Duldermiene (*scherzh od. iron*) + Leidenszug

Leidensweg, der: Dornenweg + Golgathaweg · Kreuzesweg · Passion ♦ *umg:* Durststrecke

Leidenszug, der: → Leidensmiene

leider: unglücklicherweise · bedauerlicherweise · fatalerweise · dummerweise · leider Gottes · Gott sei's geklagt · zu meinem Bedauern/Leidwesen · mit Bedauern

leidgeprüft: → geplagt

leidig: → unangenehm (1)

leidlich: → erträglich

leidvoll: qualvoll · schmerzvoll · peinvoll · dornenvoll · dornig · dornenreich · voll[er] Dornen + bejammernswert · beklagenswert

Leidwesen, das: zu meinem L.: → leider

Leier, die: die alte L.: → dasselbe (2)

Leierkasten, der: Drehorgel ♦ *umg:* Werkel (*österr*)

leiern: 1. → drehen (I, 1) – **2.** aus dem Kreuz l.: → abbetteln

Leihamt, das: → Leihhaus

Leihauto, das: → Leihwagen

Leihbibliothek, die: → Leihbücherei

Leihbücherei, die: Leihbibliothek · Buchverleih · Buchausleihe; → *auch* Bücherei

leihen: 1. ⟨*vorübergehend überlassen*⟩ verleihen · [ver]borgen · ausleihen · ausborgen · auf Borg geben + zur Verfügung stellen · verauslagen ♦ *salopp:* [ver]pumpen · auf Pump geben; → *auch* weggeben (1) – **2.** ⟨*sich vorübergehend geben lassen*⟩ sich leihen · [sich] borgen · [sich] entleihen · [sich] ausleihen · [sich] ausborgen ♦ *salopp:* [sich] pumpen; → *auch* Kredit (2) – **3.** sich l.: → 2; sein Ohr l.: → anhören (I, 1)

Leihgabe, die: als L.: → leihweise

Leihhaus, das: **1.** ⟨*gegen Pfänder Geld verleihende Institution*⟩ Leihamt · Pfandleihanstalt · Pfandleihe; Pfandhaus (*veraltend*); Versatzamt (*süddt österr*) – **2.** aufs/zum L. bringen/tragen: → verpfänden

Leihwagen, der: Leihauto · Mietwagen · Mietauto

leihweise: auf Borg · als Leihgabe + auf Kredit ♦ *salopp*: auf Pump

Leim, der: **1.** → Klebstoff – **2.** aus dem L. gehen: → entzweigehen (1); auf den L. locken: → überlisten; auf den L. gehen/kriechen: → hereinfallen

leimen: 1. → kleben (2) – **2.** → betrügen (1)

leimig: → klebrig (1)

Leine, die: **1.** → Zügel (1) – **2.** L. ziehen: → weggehen (1); an der L. haben: → beherrschen (I, 1)

leise: 1. ⟨*schwach hörbar*⟩ gedämpft · halblaut · verhalten + flüsternd · piano; → *auch* lautlos, dumpf (2) – **2.** → lautlos – **3.** l. weinend: → niedergeschlagen (1)

leisetreten: → kriechen (2)

Leisetreter, der: → Duckmäuser

leisetreterisch: → duckmäuserisch

leisten: 1. → erreichen (2) – **2.** → erweisen (I, 1) – **3.** sich l.: → gönnen (2); Folge/Gehorsam/Gefolgschaft l.: → gehorchen (1); Abbitte l.: → entschuldigen (II); Gesellschaft l.: → begleiten; Verzicht l.: → verzichten; Widerstand l.: → widersetzen, sich; den Wehrdienst l.: → Soldat (1); einen Eid/Schwur l.: → schwören (1); gute Dienste l.: → nutzen (1); Beistand/Hilfe l.: → helfen (1); Ersatz/Schadenersatz l.: → entschädigen (I); Garantie l.: **a)** → gewährleisten – **b)** → bürgen; Bürgschaft/Sicherheit/Gewähr l. ⌈für⌉: → bürgen

Leisten, der: über einen L. schlagen: → gleichsetzen

Leistung, die: **1.** → Tat (1) – **2.** → Verdienst (II, 1)

Leistungsdruck, der: → Stress

leistungsfähig: → tüchtig (1)

Leistungsfähigkeit, die: Leistungsvermögen · Leistungskraft · Arbeitskraft · Kraft · Potenz · Potenzial + Spannkraft · Fitness · Können · Kapazität ♦ *umg*: Power

Leistungskraft, die: → Leistungsfähigkeit

Leistungsprämie, die: → Prämie (1)

Leistungsstand, der: Niveau · Level; → *auch* Bildungsstand

leistungsstark: → tüchtig (1)

Leistungstief, das: → Formkrise

Leistungsvermögen, das: → Leistungsfähigkeit

Leitbild, das: → Vorbild (1)

leiten: 1. ⟨*die Richtlinien für die Arbeit bzw. bei der Ausführung eines Vorhabens erteilen*⟩ führen · lenken · managen · die Leitung haben · an der Spitze stehen + anleiten ♦ *umg*: regieren (*scherzh*); → *auch* vorstehen, verwalten (2) – **2.** in die Wege l.: → anbahnen (I)

¹Leiter, der: Chef · Manager · der Verantwortliche + Vorsteher · Direktor · Dienststellenleiter · Dirigent · Führer · Führungskraft · Führungsfigur · Patron ♦ *umg*: Boss ♦ *salopp*: der Alte · Macker; → *auch* Vorgesetzte (1), Funktionär, Vorsitzende

²Leiter, die: + Trittleiter

Leitergerüst, das: → Gerüst (1)

Leiterwagen, der: → Wagen (1)

Leitfaden, der: **1.** ⟨*kürzeres, die Hauptsachen enthaltendes Lehrwerk*⟩ Abriss · Vademekum; → *auch* Lehrbuch, Nachschlagewerk – **2.** → Lehrbuch

Leitgedanke, der: Hauptgedanke · Grundgedanke · Tenor · Leitmotiv · Grundmotiv · Leitidee · Grundidee · Idee · Grundvorstellung · roter Faden; → *auch* Leitlinie, Gerüst (2)

Leithammel, der: → Anführer

Leitidee, die: → Leitgedanke

Leitlinie, die (*Polit*): Zielvorgabe; → *auch* Leitgedanke

Leitmotiv, das: → Leitgedanke

Leitsatz, der: → Wahlspruch

Leitspruch, der: → Wahlspruch

Leitstern, der: → Vorbild (1)

Leitung, die: **1.** ⟨*das Leiten*⟩ Oberaufsicht · Supervision · Lenkung + Direktion · Direktorat · Regie · Ägide; → *auch* Führung (1), Herrschaft (1), Unternehmensführung – **2.** ⟨*Vorrichtung zum Weiterleiten*⟩ Draht[leitung] · Kabel + Lichtleitung · Rohrleitung – **3.** → Führung (2) – **4.** die L. haben: → leiten (1); eine lange L./einen Knoten in der L. haben, auf der L. stehen: → begriffsstutzig (2)

Leitungsnetz, das: Stromnetz · Netz + Verbundnetz

Lektion, die: **1.** → Unterrichtsstunde – **2.** → Strafpredigt – **3.** eine L. erteilen: → zurechtweisen; bittere L.: → Lehre (3)

Lektor, der: → Lehrer

Lemma, das: → Stichwort (1)

lendenlahm: 1. → lahm (1) – **2.** → zeugungsunfähig (1)

lendenschwach: → zeugungsunfähig (1)

lenken: 1. ⟨*eine bestimmte Richtung geben*⟩ dirigieren · bugsieren · manövrieren · lotsen – **2.** → steuern (1) – **3.** → leiten (1) – **4.** die

Lenker

Aufmerksamkeit auf sich l.: → Aufsehen (2); seine Schritte l. |nach|: → gehen (8)

Lenker, der: **1.** → Fahrer – **2.** → Lenkstange

Lenkrad, das: Steuer; Volant (*noch österr*)

Lenkstange, die: Lenker

Lenkung, die: **1.** ⟨*die Einrichtung zum Lenken eines Fahrzeugs*⟩ Steuerung – **2.** → Leitung (1)

Lenz, der: **1.** → Frühling (1) – **2.** → Lebensjahr – **3.** → Freizeit – **4.** L. des Lebens: → Jugend (1); sich einen sonnigen L. machen: → faulenzen

Leopard, der: Panther + schwarzer Panther

leptosom: → schlankwüchsig

lernbeflissen: → lerneifrig

Lernbegierde, die: → Lerneifer

lernbegierig: → lerneifrig

lernbehindert: lernschwach

Lerneifer, der: Lernbegierde · Wissensdurst · Wissensdrang · Wissbegier[de] · Interesse

lerneifrig: lernbegierig · lernbeflissen · wissensdurstig · wissbegierig + gelehrig · unersättlich; → *auch* strebsam

lernen: 1. ⟨*sich Kenntnisse od. Fähigkeiten aneignen*⟩ studieren · über den Büchern sitzen; einlernen (*meist abwert*) + memorieren · üben ♦ *umg:* büffeln · bimsen · [ein]pauken · die Nase ins Buch stecken · sich [tüchtig] auf die Hosen/den Hosenboden setzen; stucken (*österr*) ♦ *salopp:* [ein]ochsen; → *auch* einprägen (I, 1), erlernen, einüben – **2.** ⟨*eine Berufsausbildung durchmachen*⟩ in die Lehre gehen + sich fortbilden – **3.** → erlernen – **4.** l. |aus|: ⟨*gemachte Erfahrungen künftig berücksichtigen*⟩ eine Lehre ziehen |aus| – **5.** kennen l.: → kennen (3); kennen gelernt haben: → kennen (1); sich kennen l.: → befreunden, sich (1)

lernschwach: → lernbehindert

Lernstoff, der: → Wissensstoff

Lesart, die: Variante · Version

Lesbe, die: → Homosexuelle (II)

Lesbierin, die: → Homosexuelle (II)

lesbisch: → homosexuell (b)

Lese, die: → Weinlese

Lesebuch, das: → ¹Fibel

Leseholz, das: → Reisig

lesen: 1. ⟨*Schrift in Sprache umsetzen*⟩ ein Buch in die Hand/zur Hand nehmen + buchstabieren · studieren ♦ *umg:* schmökern · schwarten · verschlingen – **2.** → lehren (1) – **3.** → aufsammeln (1) – **4.** → aus-

sondern (1) – **5.** diagonal/quer l.: → überfliegen; die Leviten/den Text l.: → zurechtweisen; aus der Hand l.: → wahrsagen; von den Augen/Lippen/vom Gesicht l.: → erraten (1)

lesenswert: interessant

Leser, der: → Bezieher

Leseratte, die: → Bücherfreund

Lesezeichen, das (*EDV*): Bookmark · Marker

letal: → tödlich

Lethargie, die: → Trägheit

lethargisch: → träge

Letter, die: Type · Drucktype · Druckbuchstabe · Druckletter; → *auch* Schriftzeichen

letzt: 1. → letztmöglich – **2.** → vorig (1) – **3.** als Letzter, an letzter Stelle: → zuletzt (1); letzten Endes, zu guter Letzt: → schließlich (1); im letzten Augenblick, auf den letzten Drücker: → Augenblick (2); der letzte Wille: **a)** → Testament (1) – **b)** → Vermächtnis; die letzte Stunde: → Todeskampf; in den letzten Zügen liegen: → Sterben; den letzten Hauch von sich geben, den letzten Atem aushauchen, seinen/den letzten Seufzer tun, seinen letzten Gang/seine letzte Reise antreten, jmds. letzte Stunde ist gekommen, jmds. letztes Stündlein hat geschlagen: → sterben (1); zur letzten Ruhe betten: → begraben (1); der letzte Schrei: → Neuheit; die letzte Rettung: → Ausweg; bis ins Letzte: → gründlich (2); bis zum Letzten: → verbissen; den letzten Schliff geben: → vervollkommnen (I); letzte Hand anlegen: → vollenden (I, 1); sein Letztes hergeben, aus sich das Letzte herausholen: → anstrengen (II, 1); das Erste und das Letzte: → alles (1)

letztendlich: → schließlich (1)

letztens: → neulich

letzthin: → neulich

letztlich: → schließlich (1)

letztmöglich: letzt · äußerst; → *auch* höchst (1)

letztwillig: 1. → testamentarisch – **2.** letztwillige Verfügung: → Testament (1)

Leu, der: → Löwe (1)

Leuchte, die: **1.** → ²Lampe (1) – **2.** → Meister (1) – **3.** keine [große] L.: → Dummkopf (1)

leuchten: 1. ⟨*Licht aussenden*⟩ scheinen · strahlen + schimmern · blenden; → *auch* glänzen (1) – **2.** → glänzen (1)

leuchtend: → glänzend (1), hell (1)

Leuchter, der: 1. ⟨*Gestell für Kerzen*⟩ Kerzenleuchter · Kerzenhalter · Kerzenständer · Kandelaber · Armleuchter + Leuchte; → *auch* ²Lampe (1) – **2.** → Kronleuchter

Leuchtfeuer, das: Blinkfeuer · Feuer

leugnen: 1. ⟨*den wahren Sachverhalt nicht zugeben*⟩ abstreiten · bestreiten · negieren · ableugnen · in Abrede stellen · nicht wahrhaben wollen + verleugnen · verneinen – **2.** → bestreiten (1)

Leukämie, die: Blutkrebs

Leumund, der: 1. → Ruf (1) – **2.** einen schlechten L. haben: → verrufen (2)

Leute (*Pl*): 1. → Menge (2) – **2.** → Öffentlichkeit (1) – **3.** → Gesinde – **4.** die jungen L.: → Jugend (3); vor allen Leuten: → öffentlich (1); unter die L. kommen: → bekannt (4, a); unter die L. bringen: → verbreiten (I, 1); in den Mund der L. bringen: → verleumden (1)

Level, der: → Bildungsstand, Leistungsstand

Leviten (*Pl*): die L. lesen: → zurechtweisen

Lex, die: → Gesetz (2)

Lexem, das: → Wort (1)

Lexik, die: → Wortschatz

Lexikon, das: 1. → Nachschlagewerk – **2.** → Wörterbuch – **3.** → Wortschatz

Liaison, die: → Liebesverhältnis

liberal: → freigeistig (1)

Libertät, die: → Freiheit (1)

Libido, die: → Lüsternheit

Librettist, der: → Textdichter

Libretto, das: → Textbuch

licht: 1. → hell (1) – **2.** → offen (2) – **3.** → spärlich (1)

Licht, das: 1. ⟨*sichtbare Strahlung*⟩ Lichtschein · Schein + Himmelslicht · Strahlenkegel · Strahlung; → *auch* Schein (1), Sonnenschein (1), Helligkeit – **2.** → Kerze – **3.** → Glanz (1) – **4.** L. am Ende des Tunnels: → Hoffnung (1); im Licht von / des: → angesichts; ans L. bringen: **a)** → entdecken (I, 1) – **b)** → aufdecken (I, 1); L. bringen ⌊in⌋: → aufklären (I, 1); ans L. kommen: → herauskommen (1); ein L. aufstecken: → aufklären (I, 2); jmdm. geht ein L. auf: → erkennen (1); das L. der Welt erblicken: → geboren (2); ins rechte L. rücken / setzen: → berichtigen (I); grünes L. geben: → genehmigen (I); in ein schlechtes L. setzen / stellen / rücken: → verleumden (1); hinters L. führen: → täuschen (I); sein L.

unter den Scheffel stellen: → bescheiden (I, 8); alles in rosigem L. sehen: → optimistisch (2); kein großes L.: → Dummkopf (1)

lichtarm: → dämmerig

lichtbeständig: → farbecht

Lichtbild, das: → Fotografie

Lichtblick, der: 1. → Aussicht (2) – **2.** → Trost (1)

Lichtbote, der: → Engel (1)

lichtdurchlässig: → durchsichtig (1)

Lichtdurchlässigkeit, die: → Durchsichtigkeit

lichtecht: → farbecht

lichten: 1. ⟨*vom Schiffsanker gesagt: hochziehen*⟩ aufholen (*seem*) – **2.** die Anker l.: → hinausfahren (2)

Lichterbaum, der: Weihnachtsbaum

lichterfüllt: → hell (1)

lichterloh: → flammend (1)

Lichtflut, die: → Helligkeit

Lichtfülle, die: → Helligkeit

Lichtgestalt, die: → Abgott (2)

Lichtleitung, die: → Leitung (2)

lichtlos: → dunkel (1)

Lichtpunkt, der: → Aussicht (2)

lichtreich: → hell (1)

Lichtschalter, der: Schalter ♦ *umg:* Knipser

Lichtschein, der: → Licht (1)

lichtscheu: → zwielichtig (1)

Lichtspiele (*Pl*): → Kino (1)

Lichtspielhaus, das: → Kino (1)

Lichtspieltheater, das: → Kino (1)

lichtundurchlässig: → undurchsichtig (1)

Lichtung, die: Waldlichtung · Blöße + Schlag · Schwende · Rodung · Schneise

Lid, das: 1. ⟨*das Auge verschließende Hautfalte*⟩ Augenlid ♦ *umg:* Augendeckel – **2.** schwere Lider haben: → müde (2)

lieb: 1. → liebevoll (1), gütig (1) – **2.** → artig (1) – **3.** l. haben: **a)** → lieben (1) – **b)** → liebkosen; sich l. Kind machen: → einschmeicheln, sich

liebäugeln: → flirten

Liebchen, das: 1. → Liebling (1) – **2.** → Geliebte (II)

Liebe, die: 1. ⟨*starkes u. ständiges Gefühl des Hingezogenseins*⟩ Zuneigung · Liebesverlangen · Eros; Minne (*noch scherzh*) + Affenliebe · Verliebtheit; → *auch* Freundschaft (1), Wohlwollen (1) – **2.** sinnliche L.: → Sinnlichkeit; L. machen: → koitieren; vor L. auffressen wollen: → lieben (1)

liebebedürftig

liebebedürftig: anlehnungsbedürftig (*iron*)
Liebediener, der: → Kriecher
Liebedienerei, die: → Unterwürfigkeit
liebedienerisch: → unterwürfig
liebedienern: → kriechen (2)
liebeleer: → gefühllos (1)
Liebelei, die: → Flirt
lieben: 1. ⟨*sich stark zu jmdm. hingezogen fühlen*⟩ lieb haben · gern haben · zugeneigt/zugetan sein · jmdm. gut sein · hängen ⌐an⌐ · ins Herz schließen · im Herzen tragen · ins Herz geschlossen haben; minnen (*noch scherzh*) + verliebt sein ⌐in⌐ · vergöttern · schmachten ♦ *gehoben*: entbrannt sein ⌐für⌐ ♦ *umg*: vernarrt sein ⌐in⌐ · verrückt sein ⌐nach⌐ · vor Liebe auffressen wollen ♦ *salopp*: einen Affen/Narren gefressen haben ⌐an⌐; → *auch* mögen, verliebt (2), verlieben, sich – **2.** sich l.: → koitieren
liebend: 1. gern: → gern[e] (1)
Liebende (*Pl*): die Liebenden: → Liebespaar
liebenswürdig: → freundlich (1)
Liebenswürdigkeit, die: → Freundlichkeit (1), Wohlwollen (1)
lieber: eher · vielmehr
Liebesabenteuer, das: → Liebeserlebnis
Liebesbund, der: → Liebesverhältnis
Liebesdienst, der: → Gefälligkeit (1)
Liebeserklärung, die: Liebesgeständnis · Erklärung
Liebeserlebnis, das: Liebesabenteuer · Abenteuer; Amouren (*veraltend*); Affäre (*abwert*) + Tête-à-tête; → *auch* Liebesverhältnis
Liebesgeschichte, die: Lovestory; → *auch* Liebesverhältnis
Liebesgeständnis, das: → Liebeserklärung
Liebesinsel, die: → Bett (1)
Liebeskummer, der: Liebesschmerz · Liebesqual · Liebespein · Liebesnöte (*meist iron*)
Liebesleute (*Pl*): → Liebespaar
Liebesmüh, die: das ist vergebliche/verlorene L.: → reden (2)
Liebesnöte (*Pl*): → Liebeskummer
Liebespaar, das: Paar · Pärchen · die Liebenden; Liebesleute (*veraltend*)
Liebespein, die: → Liebeskummer
Liebesqual, die: → Liebeskummer
Liebesschmerz, der: → Liebeskummer
Liebestöter (*Pl*): → Schlüpfer (I), Unterhose (I)
Liebesverbindung, die: → Liebesverhältnis

Liebesverhältnis, das: Liebesverbindung · Liebesbund · Liebschaft · Liaison · [intime] Beziehung · Romanze ♦ *umg*: Verhältnis · Bettgeschichte; Gspusi (*landsch*) ♦ *salopp*: Beziehungskiste; → *auch* Liebeserlebnis, Liebesgeschichte, Ehe (2)
Liebesverlangen, das: → Liebe (1)
liebevoll: 1. ⟨*voller Liebe*⟩ lieb[reich] · fürsorglich · rührend · hingebungsvoll · hingebend · mit Hingebung – **2.** → zärtlich
Liebhaber, der: **1.** ⟨*eine Frau liebender bzw. umschwärmender Mann*⟩ Verehrer · Kavalier; Romeo · Troubadour (*iron*); Haberer (*österr*) ♦ *umg*: Freund ♦ *salopp*: Macker; Schmachtlappen · Schmachtfetzen (*iron*); → *auch* Geliebte (I) – **2.** → Geliebte (I) – **3.** → Amateur – **4.** → Sammler
Liebhaberei, die: Lieblingsbeschäftigung · Steckenpferd · Hobby · Freizeitbeschäftigung · Spezialität + Passion ♦ *umg*: Sport; → *auch* Spezialgebiet
Liebhaberin, die: → Geliebte (II)
liebkosen: kosen · herzen · zärteln; lieb haben (*kinderspr*); karessieren (*noch landsch*) ♦ *dicht*: buhlen ♦ *umg*: abdrücken · schmusen; knuddeln (*landsch*); → *auch* streicheln, umarmen (I)
Liebkosung, die: Zärtlichkeit + Gehätschel · Tätschelei ♦ *umg*: Gekose · Zärtelei · Streicheleinheit; → *auch* Küssen
lieblich: → anmutig
Lieblichkeit, die: → Anmut
Liebling, der: **1.** ⟨*die geliebte Person*⟩ Liebchen · der *bzw*. die Liebste · Schatz · Schätzchen · Darling; Honey (*Kosef*) ♦ *umg*: Goldkind · Goldstück (*vertraul od. scherzh*) + Puppe; → *auch* Geliebte (I u. II) – **2.** → Günstling – **3.** Mamas/Muttis L.: → Weichling
Lieblingsbeschäftigung, die: → Liebhaberei
lieblos: → gefühllos (1)
liebreich: 1. → liebevoll (1) – **2.** → zärtlich
Liebreiz, der: → Anmut
Liebschaft, die: **1.** → Liebesverhältnis – **2.** → Geliebte (II)
Liebste: I. Liebste, das: ⟨*das am meisten Geschätzte*⟩ Ein und Alles – **II.** Liebste, der: **1.** → Liebling (1) – **2.** → Geliebte (I) – **III.** Liebste, die: **1.** → Liebling (1) – **2.** → Geliebte (II)
Lied, das: **1.** ⟨*vertontes Gedicht*⟩ + Gesangstück · Vokalstück · Chanson · Schlager ·

Liquidität

Couplet · Song · Arie · Arioso · Kanzone · Hymne · Hymnus · Kanon · Psalm · Choral · Madrigal · Gesang; → *auch* Schlager (1) – **2.** das alte L.: → dasselbe (2); das Ende vom L.: → Folge (1); ein L. singen können |von|: → kennen (1)

liederlich: 1. → nachlässig (1) – **2.** → unordentlich – **3.** → unsittlich – **4.** liederliches Frauenzimmer: → Schlampe

Liedertafel, der: → Chor (I, 1)

liefern: 1. ⟨*auf Bestellung zusenden*⟩ zustellen · ausliefern · anliefern; → *auch* bringen (1), beliefern (1) – **2.** l. |an|: → beliefern (1); geliefert bekommen: → beliefern (2); ans Messer l.: → anzeigen (2)

Lieferung, die: **1.** ⟨*das Liefern von Waren*⟩ Zustellung · Auslieferung – **2.** → Warenmenge

Lieferwagen, der: → Lastkraftwagen

Liege, die: → Sofa

liegen: 1. ⟨*sich ausgestreckt in horizontaler Lage auf einer Unterlage befinden*⟩ ruhen; → *auch* schlafen (I, a) – **2.** → befinden (I, 1) – **3.** links l. lassen: → ignorieren (1); auf dem Bauch l.: → kriechen (2); am Boden l.: → besiegt (1); auf der Straße l.: → arbeitslos (2); auf der Lauer/im Hinterhalt l.: → lauern (1); zutage l., [klar] auf der Hand l.: → offenkundig (2); auf den Knien l.: → knien (1); auf der [faulen] Bärenhaut/faulen Haut l.: → faulenzen (1); im Magen l.: → bedrücken (1); im Sterben/in den letzten Zügen l.: → Sterben; sich in den Armen l.: → umarmen (II); in den Ohren l.: → einreden (2); im Streit l., sich in den Haaren l.: → streiten (II)

Liegenschaft: I. Liegenschaft, die: → Grundbesitz – **II.** Liegenschaften (*Pl*): → Grundbesitz

Liegestatt, die: **1.** → Bett (1) – **2.** → Lager (1)

Liegestuhl, der: *umg*: Faulenzer

Lifestyle, der: → Leben (2)

Lift, der: → Fahrstuhl (1)

liften: → heben (I, 1)

Liga, die: → Bündnis (1)

liieren, sich: → vereinigen (II, 2)

liiert: l. sein |mit|: → Freundin (3)

Likendeeler, der: → Seeräuber

lila: fliederfarben · fliederfarbig + violett

Lilienhügel, der: → Brust (I, 2)

Liliputaner, der: → Zwerg (2)

Limit, das: → Grenze (1, c)

limitieren: → beschränken

Limo, die: → Limonade (1)

Limonade, die: **1.** ⟨*Erfrischungsgetränk*⟩ Brause[limonade]; Sprudel · Bitzelwasser (*landsch*); Kracherl (*österr veraltend*) + Fassbrause ♦ *umg*: Limo ♦ *salopp*: Krabbelwasser; → *auch* Mineralwasser – **2.** wie L.: → schal (1)

Limousine, die: → Auto (1)

lind: → lau (1)

lindern: → mildern (1)

lindgrün: → grün (1)

Lindwurm, der: → Drache (1)

linear: → gerade (1)

Linie, die: **1.** → Umriss – **2.** → Strich (1) – **3.** → Reihe (1) – **4.** → Verkehrslinie – **5.** auf der ganzen L.: → völlig (1); in einer L.: → gerade (1); in erster L.: → besonders (2); in zweiter L.: → nebensächlich

link: 1. → betrügerisch – **2.** linker/zur linken Hand: → links (1); mit der linken Hand machen: → mühelos (2); zwei linke Hände haben: → ungeschickt (2)

Link, der: → Verbindung (I, 1)

Linke, die: zur Linken: → links (1)

linken: → hereinlegen (1)

linkisch: → ungeschickt (1)

links: 1. ⟨*auf der linken Seite befindlich*⟩ linksseitig · linkseits · zur Linken · linker Hand · zur linken Hand; backbord (*seem*) ♦ *umg*: an jmds. grüner Seite (*scherzh*) – **2.** mit l. machen: → mühelos (2); l. liegen lassen: → ignorieren (1); nach l.: → linksherum; nicht mehr wissen, was rechts und l. ist: → verwirrt (3)

linksherum: nach links · linkshin

linkshin: → linksherum

linksseitig: → links (1)

linkseits: → links (1)

linsen: 1. → blicken (1) – **2.** → Blick (4) – **3.** → aufpassen (1)

Lippe, die: **1.** ⟨*Mundrand*⟩ + Lefze – **2.** die Lippen nachziehen: → schminken (II); von den Lippen [ab]lesen: → erraten (1); an jmds. Lippen hängen: → zuhören (1); nicht über die Lippen bringen: → verschweigen

Liquidation, die: **1.** → Auflösung (1) – **2.** → Rechnung (1)

liquid[e]: 1. → flüssig (1) – **2.** → zahlungsfähig – **3.** → verfügbar (1)

liquidieren: 1. → auflösen (I, 2) – **2.** → töten (I, 1)

Liquidität, die: → Zahlungsfähigkeit

Liquiditätsengpass

Liquiditätsengpass, der: → Zahlungsunfähigkeit
Lispelei, die: → Geflüster
lispeln: 1. ⟨*s-Laute zwischen den Zähnen artikulieren*⟩ mit der Zunge anstoßen – **2.** → flüstern (1) – **3.** → rascheln
List, die: Winkelzug · Manöver · Schachzug; → *auch* Schlauheit, Trick
Liste, die: → Verzeichnis
listenreich: → listig (1)
listig: 1. ⟨*in der Anwendung von List erfahren*⟩ listenreich · fintenreich + schmitzt; → *auch* schlau (1) – **2.** l. sein: ⟨*sich durch List immer zu helfen wissen*⟩ umg: es [dick/faustdick] hinter den Ohren haben
Litanei, die: **1.** → Gebet (1) – **2.** dieselbe L.: → dasselbe (2)
literarisch: → dichterisch
Literat, der: → Dichter (a)
Literatur, die: **1.** ⟨*Gesamtheit der schriftl. Äußerungen [über ein Gebiet]*⟩ Schrifttum – **2.** → Dichtung (1, a) – **3.** die schöne/schöngeistige L.: → Belletristik
Literaturdenkmal, das: → Dichtung (1, b)
Litfaßsäule, die: → Anschlagsäule
Liturgie, die: → Ritual (1)
Litze, die: → Schnur (1)
Livesendung, die: Direktsendung · Direktübertragung · Originalübertragung
Livree, die: → Uniform
Lizenz, die: → Genehmigung (1)
Lizitation, die: → Versteigerung
lizitieren: → versteigern
Lkw, der: → Lastkraftwagen
Lob, das: **1.** ⟨*in Worten ausgedrückte positive Bewertung*⟩ Belob[ig]ung · Eloge; Lobeshymne (*iron*) + Huldigung ♦ *gehoben:* Lobpreisung · Preis ♦ *umg:* + Streicheleinheit (*scherzh*); → *auch* Anerkennung (1), Lobrede, Loblied (1) – **2.** L. spenden/zollen, ein L. erteilen, mit L. überschütten/bedenken, des Lobes voll sein |über|, jmds. L. singen: → loben (1); über alles L. erhaben: → hervorragend (1)
Lobby, die: **1.** → Interessengemeinschaft – **2.** → Wandelhalle
loben: 1. ⟨*jmdm. ein günstiges Urteil aussprechen*⟩ belob[ig]en · Lob spenden/zollen · ein Lob erteilen · mit Lob überschütten/bedenken · des Lobes voll sein |über| · herausstellen · herausheben · herausstreichen · rühmen + auszeichnen · huldigen · würdigen · ehren ♦ *gehoben:*

[lob]preisen · hochpreisen ♦ *umg:* ein Loblied anstimmen/singen |auf| · jmds. Lob singen · in den Himmel heben · in den höchsten Tönen loben · über den grünen Klee loben; → *auch* anerkennen (1), verherrlichen – **2.** in den höchsten Tönen l., über den grünen Klee l.: → 1
lobenswert: anerkennenswert · rühmenswert · rühmlich · löblich · beifallswürdig · verdienstvoll · achtenswert · dankenswert ♦ *gehoben:* preiswürdig
Lobeshymne, die: → Lob (1)
Lobgesang, der: → Loblied (1)
Lobhudelei, die: → Schmeichelei
lobhudeln: → schmeicheln (1)
löblich: → lobenswert
Loblied, das: **1.** ⟨*Lied zum Lobe einer Person od. eines Ereignisses*⟩ Lobgesang · Dithyrambe · Dithyrambus · Preislied; → *auch* Lob (1) – **2.** ein L. anstimmen/singen |auf|: → loben (1)
lobpreisen: → loben (1)
Lobpreisung, die: → Lob (1)
Lobrede, die: Laudatio; → *auch* Lob (1)
Location, die: → Ort (1)
Loch, das: **1.** ⟨*durch Zerreißen entstandene Öffnung im Strumpf*⟩ umg: Kartoffel (*scherzh*); Bolle (*landsch*); → *auch* Riss (1), Spalt (1) – **2.** → Bau (3) – **3.** → Zimmer – **4.** → Strafvollzugsanstalt – **5.** → Grube (1) – **6.** → Scheide (1) – **7.** → Haushaltsdefizit – **8.** den Riemen/Gürtel ein L. enger schnallen: → einschränken (II); auf dem letzten L. pfeifen: **a)** → erschöpft (4) – **b)** → zahlungsunfähig (2); zeigen, wo der Zimmermann das L. gelassen hat: → hinauswerfen (1); ins L. stecken: → einsperren (1); saufen wie ein L.: → trunksüchtig (2); ein L. in den Bauch fragen: → ausfragen
lochen: + perforieren ♦ *umg:* knipsen
löcherig: → durchlässig
löchern: → fragen (I, 1)
Locke, die: Haarlocke; Krolle (*landsch*) + Rolle ♦ *umg:* Schmachtlocke (*scherzh*); → *auch* Haarschopf
¹locken: 1. → anlocken (1) – **2.** in die Falle/in einen Hinterhalt l.: → überlisten
²locken: → wellen (I)
löcken: wider den Stachel l.: → widersetzen, sich
Lockenkopf, der: Krauskopf · Wuschelkopf
Lockenkopp, der: → Glatze

476

los

locker: 1. ⟨*mangelhaft befestigt*⟩ lose · wackelig · unfest · unbefestigt – **2.** → weich (1, b) – **3.** → leichtlebig – **4.** → gelassen (1) – **5.** → ungezwungen – **6.** l. machen: → lockern (1); bei jmdm. ist eine Schraube l.: → verrückt (5); lockerer Zeisig / Vogel: → Leichtfuß (1)
lockerlassen: 1. → nachgeben (1) – **2.** nicht l.: → bestehen (5, a)
lockermachen: 1. → abgeben (I, 2) – **2.** → aufbringen (1)
lockern: 1. ⟨*die Festigkeit verringern*⟩ locker machen · auflockern – **2.** → erleichtern (I, 1) – **3.** → entspannen (I, 1)
Lockerung, die: → Entspannung (1)
lockig: gelockt · wellig · gewellt · gekräuselt · wuschelig · kraus
Lockmittel, das: 1. ⟨*Mittel zum Fangen von Tieren*⟩ Köder · Lockspeise; Luder (*weidm*) + Angelbissen – **2.** ⟨*zum Anreiz dienendes Mittel*⟩ Köder · Zugmittel · Reizmittel
Lockspeise, die: → Lockmittel (1)
Lockung, die: → Verlockung
Loden (*Pl*): → Haar (I, 2)
lodern: → brennen (1)
lodernd: → flammend (1)
Lodge, die: → Ferienanlage
Löffel, der: 1. → Ohr (1) – **2.** über den L. balbieren / barbieren: → betrügen (1); sich hinter die Löffel schreiben: → merken (4); eins hinter die Löffel geben: → ohrfeigen; eins hinter die Löffel kriegen: → Ohrfeige (2); die Löffel aufsperren / spitzen: → lauschen; den L. abgeben / wegschmeißen: → sterben (1); die Weisheit mit Löffeln gefressen haben: → überklug (2); die Weisheit auch nicht mit Löffeln gegessen / gefressen haben: → dumm (6)
Löffelmann, der: → Hase (1)
löffeln: 1. → verstehen (I, 2) – **2.** eine l.: → ohrfeigen
Loft, die: → Wohnung
Logger, der: → Fangschiff
Loggia, die: 1. → Balkon (1) – **2.** → Bogengang
logieren: 1. → beherbergen – **2.** → wohnen (1)
Logik, die: → Folgerichtigkeit
Logis, das: 1. → Unterkunft (1) – **2.** → Wohnung (1)
logisch: 1. → folgerichtig – **2.** → selbstverständlich (1)
logischerweise: → folglich (1)

logo: → selbstverständlich (1)
Logo, das *od.* der: → Markenzeichen
Lohe, die: → Flamme (1)
lohen: → brennen (1)
lohend: → flammend (1)
Lohn, der: 1. ⟨*Entlohnung für Arbeiter*⟩ Verdienst · Arbeitseinkommen · Arbeitslohn · Arbeitsverdienst · Entlohnung; Heuer (*seem*); Salär (*schweiz*) + Einkünfte · Einnahme · Entgelt · Einkommen · Bezahlung · Erwerb; → *auch* Gehalt (I), Wehrsold – **2.** → Dank (1) – **3.** → Strafe (1) – **4.** in L. und Brot nehmen: → anstellen (I, 2); in L. und Brot stehen: → arbeiten (2); ohne L. und Brot: → arbeitslos (1)
lohnen: I. lohnen: → vergelten (2) – **II.** lohnen, sich: ⟨*mehr als den Einsatz einbringen*⟩ sich rentieren · rentabel sein · sich rechnen · sich bezahlt machen · sich verlohnen · sich auszahlen + der / die Mühe wert sein
lohnend: → ergiebig, einträglich
Lohnersatzzahlung, die: → Arbeitslosengeld
Lohnfuhrmann, der: → Fuhrmann (1)
Löhnung, die: → Wehrsold
Lok, die: → Lokomotive
lokal: → örtlich (1)
Lokal, das: → Gaststätte (1, a)
Lokalanästhesie, die: → Betäubung (1)
Lokalbahn, die: → Kleinbahn
lokalisieren: → begrenzen (1)
Lokalität, die: 1. → Ort (1) – **2.** → Gaststätte (1, a)
Lokation, die: → Wohnsiedlung
Lokomotive, die: Lok · Maschine; Dampfross (*scherzh veraltend*)
Lokus, der: → Toilette (1)
Lolli, der: → Lutscher (1)
Longseller, der: → Verkaufsschlager
Look, der: → Aussehen (1)
Lorbass, der: → Flegel (1)
Lorbeer, der: Lorbeeren ernten: → Ruhm (2)
Lorbeerkranz, der: → Siegerkranz
Lore, die: angeben wie eine L. [nackter] Affen: → angeben (1)
Lorgnette, die: → Brille (1)
Lorgnon, das: → Einglas
Lorke, die: 1. → Brühe (2) – **2.** → Kaffee (2)
los: 1. ⟨*Ruf zum Beginnen*⟩ *umg:* auf geht's ♦ *gehoben:* wohlan · wohlauf (*veraltet*); →

477

Los

auch vorwärts (1) – **2.** → frei (1) – **3.** l. sein: → geschehen (1); l. und ledig: → frei (1); nicht viel l.: → langweilig

Los, das: **1.** → Schicksal (1) – **2.** das große L.: → Hauptgewinn; das große L. gezogen haben: → Glück (4); durch L. entscheiden, das L. entscheiden lassen, durch das L. bestimmen: → losen

losballern: → abdrücken (I, 1)

losbinden: lösen · abbinden · losknüpfen + losketten · abschnallen ♦ *umg:* losmachen · abmachen

losbrechen: 1. → abbrechen (1) – **2.** → ausbrechen (1)

losbrüllen: → Lachen (3)

löschen: 1. ⟨einem Feuer ein Ende bereiten⟩ auslöschen + ersticken · ausgießen · austreten · ausdrücken · ausschlagen · ausblasen ♦ *umg:* ausmachen – **2.** → tilgen (1, 2 u. 3) – **3.** → entladen (I, 1)

Löschung, die: → Tilgung

losdampfen: → abfahren (1, a u. b)

losdrücken: → abdrücken (I, 1)

lose: 1. ⟨ohne Verpackung⟩ unverpackt – **2.** → locker (1) – **3.** loser Vogel: → Leichtfuß (1); ein loses Maul haben: → frech (2)

loseisen, sich: → befreien (II, 3)

losen: durch Los entscheiden · das Los entscheiden lassen · durch das Los bestimmen + knobeln

lösen: I. lösen: **1.** ⟨etw. Problematisches dem Verständnis erschließen bzw. einer Klärung zuführen⟩ auflösen · herausfinden · herausbekommen + erraten · ausrechnen ♦ *umg:* herausbringen · herauskriegen; → *auch* enträtseln (1) – **2.** → auflösen (I, 1), entwirren – **3.** → losbinden – **4.** → entspannen (I, 1) – **5.** die Zunge l.: → sprechen (3) – **II.** lösen, sich: **1.** → ablösen (II, 1) – **2.** → loslösen (II) – **3.** → lossagen, sich – **4.** → auflösen (II, 1) – **5.** → entspannen (II, 1)

Loser, der: → Verlierer (1)

losfahren: → abfahren (1, a u. b)

losgebunden: → frei (1)

losgehen: 1. → anfangen (1, b) – **2.** → aufbrechen (3) – **3.** → ablösen (II, 1)

losgondeln: → abfahren (1, b)

loshaben: etw. l.: → können (5)

loskaufen: freikaufen; auslösen (*süddt österr*)

losketten: → losbinden

losknallen: → abdrücken (I, 1)

losknüpfen: → losbinden

loskommen: freikommen · abkommen; → *auch* entkommen (1), abschütteln (2)

loslassen: auslassen (*süddt österr*) + weglassen ♦ *umg:* fahren lassen

loslegen: → anfangen (1, a)

löslich: 1. ⟨sich in einer Flüssigkeit auflösend⟩ solubel (*fachspr*) – **2.** löslicher Kaffee: → Instantkaffee

loslösen: I. loslösen: → ablösen (I, 1) – **II.** loslösen, sich: ⟨sich von etw. trennen⟩ sich lösen + sich absplittern · sich abspalten; → *auch* lossagen, sich

Loslösung, die: → Ablösung (1)

losmachen: 1. → losbinden – **2.** → ablösen (I, 1) – **3.** → anfangen (1, a)

losmarschieren: → abmarschieren

lospilgern: → aufbrechen (3)

losplatzen: → Lachen (3)

losprusten: → Lachen (3)

losreißen: → abreißen (1)

lossagen, sich: sich lösen · brechen |mit| · abfallen + abschwören ♦ *gehoben:* absagen ♦ *umg:* abspringen; → *auch* absondern (II), loslösen (II)

Lossagung, die: Abfall + Bruch

losschieben: → weggehen (1)

losschießen: → anfangen (1, a)

losschlagen: 1. → verkaufen (I, 1) – **2.** → schlagen (I, 1)

lossprechen: → absolvieren (1)

Lossprechung, die: **1.** → Freispruch – **2.** → Absolution (1)

lostrampeln: → abfahren (1, b)

lostrennen: → abtrennen (1)

Lostrennung, die: → Ablösung (1)

lostreten: → auslösen (1, b)

Losung, die: **1.** → Kennwort – **2.** → Wahlspruch

Lösung, die: **1.** ⟨Mittel od. Weg zum Überwinden einer Schwierigkeit⟩ Schlüssel · Ei des Kolumbus · Patentlösung · Patentrezept; → *auch* Ideallösung – **2.** → Entspannung (1)

Losungswort, das: → Kennwort

loswerden: 1. → abschütteln (2) – **2.** → verlieren (I, 2)

losziehen: → weggehen (1)

loszischen: → abfahren (1, a u. b)

loszittern: → weggehen (1)

Lot, das: **1.** ⟨Messgerät⟩ Senkblei · Senklot · Richtblei · Blei – **2.** im L. sein: → Ordnung (4); ins L. bringen: → bereinigen (1)

Lötkolben, der: → Nase (1)

478

lotrecht: → senkrecht (1)

lotsen: 1. ⟨[*einem Fahrzeugführer*] *den richtigen Weg zeigen*⟩ einweisen – **2.** → lenken (1)

Lotterbett, das: → Sofa

Lotterei, die: → Misswirtschaft

Lotterie, die: → Verlosung

Lotteriegewinn, der: Treffer · Gewinn

lotterig: → unordentlich, nachlässig (1)

Lotterwirtschaft, die: → Misswirtschaft

Louis, der: → Zuhälter

Lounge, die: → Hotelhalle

Lover, der: → Geliebte (I)

Lovestory, die: → Liebesgeschichte

Löwe, der: **1.** ⟨*Großkatze*⟩ Wüstenkönig · König der Tiere (*meist scherzh*) ♦ *dicht*: Leu – **2.** sich in die Höhle des Löwen begeben: → gefährden (II)

Löwenmut, der: → Mut (1)

loyal: [politisch] korrekt

Loyalität, die: Wohlverhalten · [politische] Korrektheit

LSD, das: → Rauschgift (1)

Luch, das *od.* die: → Sumpf (1)

Luchs, der: aufpassen wie ein L.: → aufpassen (1)

Luchsauge, das: mit Luchsaugen: → aufmerksam (1)

luchsen: → aufpassen (1)

Lücke, die: **1.** ⟨*leere Stelle*⟩ Zwischenraum + Bresche; → *auch* Spalt (1) – **2.** → Marktlücke – **3.** durch die Lücken schlüpfen: → entkommen (1)

Lückenbüßer, der: → Ersatzmann

lückenhaft: → unvollständig

lückenlos: → vollständig (1)

Lude, der: → Zuhälter

Luder, das: **1.** *salopp abwert* ⟨*niederträchtige Frau*⟩ Aas · Biest · Kröte · Miststück ♦ *derb*: Sauluder · Saumensch · Mistvieh; → *auch* Xanthippe, Rabenaas – **2.** → Aas (1) – **3.** → Lockmittel (1) – **4.** → Schlaukopf – **5.** → Frechdachs

Luft, die: **1.** ⟨*die Erde umgebendes Gasgemisch*⟩ Atmosphäre · Erdatmosphäre · Lufthülle ♦ *gehoben*: Luftozean · Luftmeer – **2.** → Wind (I, 1) – **3.** König der Lüfte: → Adler; durch die L. schießen: → fliegen (1); nach L. schnappen, keine L. haben / kriegen: → Atemnot (2); L. holen: → atmen (1); tief L. holen: → aufatmen (1); wie L. behandeln: → ignorieren (1); in die L. jagen: → sprengen (1); in die L.

fliegen / gehen: → explodieren (1); wie der Vogel in der L.: → frei (1); sich in L. auflösen: → verschwinden (1); an die [frische] L. setzen: **a)** → hinauswerfen (1) – **b)** → entlassen (2); [ein wenig] L. schnappen / schöpfen: → spazieren (2); gesiebte L. atmen: → gefangen (2); die L. ist raus: → Schwung (4); L. ablassen, seinem Herzen L. machen: → aussprechen (II, 1); sich L. machen: → schimpfen (1); in die L. gehen: → aufbrausen (2); in der L. zerfetzen: → verreißen; die L. abdrehen: → ruinieren (I, 1); in der L. schweben: ungewiss (2); es herrscht dicke L.: → Streit (2); aus der L. gegriffen: → gegenstandslos (1)

Luftangriff, der: Luftschlag

Luftballon, der: → Ballon (1)

Luftblase, die: → Blase (1)

Lüftchen, das: → Wind (I, 1)

luftdicht: → undurchlässig

lüften: 1. ⟨*frische Luft zuführen*⟩ durchlüften · belüften · auslüften · entlüften ♦ *umg*: Durchzug machen – **2.** den Hut l.: → grüßen (1); das Geheimnis / den Schleier l.: → enträtseln (1)

Lüfter, der: → Ventilator

Luftfahrt, die: → Flugwesen

Luftfahrzeug, das: **1.** → Flugzeug – **2.** → Luftschiff

Luftgeschäft, das: → Scheingeschäft

Lufthauch, der: → Luftzug

Lufthülle, die: → Luft (1)

Luftikus, der: → Leichtfuß (1)

Luftkissenfahrzeug, das: Hovercraft

Luftkrankheit, die: → Reisekrankheit

Luftkreuz, das: → Verkehrsknotenpunkt

luftleer: im luftleeren Raum: → isoliert

Luftmeer, das: → Luft (1)

Luftnummer, die: → Misserfolg (1)

Luftozean, der: → Luft (1)

Luftpassagier, der: → Fluggast

Luftpirat, der: Flugzeugentführer · Hijacker

Luftreise, die: → Flug (1, a)

Luftsack, der: → Airbag

Luftschiff, das: Zeppelin + Luftfahrzeug

Luftschlag, der: → Luftangriff

Luftschloss, das: → Wunschvorstellung

Luftschraube, die: Propeller + Rotor

Luftsprung, der: **1.** ⟨*Sprung in die Luft*⟩ Kapriole + Freudensprung – **2.** einen L. machen: → freuen (II, 1)

Luftstrom, der: → Luftzug

Lüftung

Lüftung, die: Ventilation · Frischluftzufuhr
Luftveränderung, die: Luftwechsel · Wechsel ♦ *umg:* Tapetenwechsel
Luftverkehr, der: → Flugverkehr
Luftverschmutzung, die: → Luftverunreinigung
Luftverunreinigung, die: Luftverschmutzung
Luftwechsel, der: → Luftveränderung
Luftzug, der: Luftstrom · Lufthauch · Hauch · Zug + Durchzug
Lug, der: → Ausguck (1)
Lugaus, der: → Ausguck (1)
Lüge, die: 1. ⟨*absichtlich falsche Aussage*⟩ Unwahrheit · Schwindel + Falschmeldung ♦ *umg:* Schwindelei · Flunkerei · Geflunker; Sohle (*landsch*); → *auch* Lügengeschichte, Täuschung (1) – 2. Lügen strafen: → widerlegen
lugen: → spähen (1)
lügen: 1. ⟨*absichtlich eine falsche Aussage machen*⟩ die Unwahrheit sagen · nicht bei der Wahrheit bleiben · schwindeln · falsches Zeugnis ablegen + erlügen · vorgaukeln · Ausflüchte machen ♦ *umg:* flunkern · das Blaue vom Himmel herunterlügen; kohlen · sohlen (*landsch*); → *auch* heucheln (1) – 2. die Jacke/Hucke voll l.: → belügen
Lügenbeutel, der: → Lügner
Lügenbold, der: → Lügner
Lügengeschichte, die: Märchen · Ammenmärchen · Münchhaus[en]iade · Fabel[ei] + Jägerlatein · Seemannsgarn; → *auch* Erfindung (1), Lüge (1)
lügenhaft: → unwahr (1)
Lügenmaul, das: → Lügner
Lügenpeter, der: → Lügner
Lügensack, der: → Lügner
Luginsland, der: → Ausguck (1)
Lügner, der: Lügenbold · Schwindler · Fabulant + Aufschneider · Schaumschläger ♦ *umg:* Schwindelgeist · Flunkerer · Fabelhans · Lügenpeter · Lügenbeutel ♦ *salopp:* Lügenmaul · Lügensack
lügnerisch: 1. → unwahr (1) – 2. → unaufrichtig (1)
Luke, die: 1. → Fenster (1) – 2. → Öffnung
lukrativ: → einträglich
lukullisch: 1. → üppig (1) – 2. → feinschmeckerisch
Lukullus, der: → Feinschmecker
Lulatsch, der: → Lange

Lulle, die: → Zigarette
lullen: in den Schlaf l.: → einschläfern (1)
Luller, der: → Schnuller
lullern: → austreten (1)
Lümmel, der: → Flegel (1)
lümmelhaft: → flegelhaft (1)
lümmeln, sich: sich flegeln ♦ *umg:* sich fläzen; → *auch* hinlümmeln, sich
Lump, der: → Schurke
lumpen: 1. → zechen – 2. sich nicht l. lassen: → freigebig (2)
Lumpen, der: 1. ⟨*zerfetztes od. abgetragenes Kleidungsstück*⟩ *umg:* Fetzen · Klunker · Hader · Lappen (*landsch*) – 2. in Lumpen: → abgerissen (1); aus den Lumpen schütteln: → ausschimpfen
Lumpengesindel, das: → Gesindel
Lumpenhändler, der: → Altstoffhändler
Lumpenhund, der: → Schurke
Lumpenkerl, der: → Schurke
Lumpenpack, das: → Gesindel
Lumpensammler, der: → Altstoffhändler
Lumpenwirtschaft, die: → Misswirtschaft
Lumperei, die: → Schurkerei
lumpig: a) → gemein (1) – b) → geringfügig
Luna: Frau L.: → Mond (1)
Lunatiker, der: → Schlafwandler
Lunch, der: → Mittagessen
Lunge, die: 1. ⟨*Atmungsorgan*⟩ *salopp:* Plauze (*landsch*) – 2. es auf/mit der L. haben: → lungenkrank; aus voller L.: → laut (1, b); grüne L.: → Park (1)
lungenkrank: l. sein: schwach auf der Brust sein ♦ *umg:* es auf/mit der Lunge haben ♦ *salopp:* die Motten haben; → *auch* tuberkulös
Lunte, die: 1. → Schwanz (1) – 2. L. riechen: a) → merken (1) – b) → Verdacht (2)
Lupe, die: 1. ⟨*Sammellinse zum Vergrößern*⟩ Vergrößerungsglas – 2. unter die L. nehmen: → prüfen (1)
Lusche, die: → Versager (1)
luschig: → nachlässig (1)
Luser, der: → Ohr (1)
Lust, die: 1. → Verlangen (1) – 2. → Freude (1) – 3. keine L. haben |zu/auf|: ⟨*ohne inneren Antrieb zu etw. sein*⟩ *umg:* keinen/null Bock haben |auf| (*bes. jugendspr*) – 4. L. haben |zu|: → wünschen (1)
Lustbarkeit, die: → Fest (1)
Luster, der: → Kronleuchter
Lüster, der: → Kronleuchter

lyrisch

lüstern: 1. 〈*geschlechtlich stark gereizt*〉 wollüstig · faunisch · begehrlich · begierig ♦ *gehoben*: gelüstig ♦ *umg*: scharf [wie eine Rasierklinge] · heiß · spitz; geil (*oft abwert*); → *auch* gierig (1), sinnlich (1) – **2. l. sein:** 〈*geschlechtlich stark gereizt sein*〉 *umg*: geilen (*abwert*)

Lüsternheit, die: Begier[de] · Libido; Fleischeslust (*noch scherzh*) ♦ *umg*: Geilheit · Geile (*abwert*); → *auch* Wollust (1), Sinnlichkeit, Geschlechtstrieb

Lustfahrt, die: → Ausflug

Lustgarten, der: → Park (1)

Lustgreis, der: → Lüstling

lustig: fidel · aufgeräumt · aufgeheitert · vergnügt · vergnüglich · [in] gehobener Stimmung ♦ *umg*: kreuzfidel · mopsfidel · quietschfidel · quietschvergnügt · pudelnärrisch · puppenlustig ♦ *derb*: kackfidel (*landsch*); → *auch* heiter (1), spaßig (1)

Lüstling, der: Wüstling · Wollüstling · Faun · Satyr + Blaubart · Casanova · Lustgreis ♦ *umg*: Lustmolch (*meist scherzh*); Hengst (*abwert*) ♦ *salopp*: [geiler] Bock (*abwert*)

lustlos: halbherzig

Lustlosigkeit, die: Unlust · Antriebslosigkeit

Lustmolch, der: → Lüstling

Lustmord, der: **1.** → Mord (1) – **2.** → Sexualstraftat

Lustreise, die: → Ausflug

Lustspiel, das: Komödie + Schwank · Burleske · Posse · Possenspiel · Farce; → *auch* Theaterstück

lustwandeln: → spazieren (2)

lutschen: 1. 〈*mit Lippen u. Zunge ziehen*〉 saugen ♦ *umg*: nutschen · zutschen (*landsch*) – **2.** am Daumen l.: → darben

Lutscher, der: **1.** 〈*großes Bonbon an einem Stiel*〉 *umg*: Lolli – **2.** → Schnuller

lütt: → klein (1)

luxuriös: → prunkvoll

Luxus, der: **1.** → Prunk (1) – **2.** → Wohlleben – **3.** → Wohlstand

luzid: → verständlich (1)

Luzidität, die: → Verständlichkeit (1)

Luzifer, der: → Teufel (1)

luziferisch: → teuflisch (1)

lynchen: → töten (I, 1)

Lyrik, die: [lyrische] Dichtung · Poesie; → *auch* Dichtung (1, a)

Lyriker, der: Dichter; Poet · Reimer (*oft spött*); Versemacher · Reimschmied · Verseschmied · Poetaster (*abwert*) + Minnesänger · Troubadour · Meistersänger · Anakreontiker ♦ *dicht*: Sänger; → *auch* Dichter (a)

lyrisch: → dichterisch

M

Machart, die: **1.** *umg:* ⟨*die Art u. Weise, wie etw. durchgeführt wird*⟩ Strickmuster – **2.** → Herstellungsart, ¹Fasson (1)
machbar: → durchführbar
Mache, die: **1.** → Ziererei – **2.** → Angabe (I, 1) – **3.** in die M. nehmen, in der M. haben: → bearbeiten (2)
machen: I. machen: **1.** → tun (1), handeln (I, 3) – **2.** → zubereiten (1) – **3.** → anfertigen (1) – **4.** → veranstalten (1) – **5.** → ablegen (2) – **6.** m. |in|: → handeln (I, 1); schnell/rasch/fix m.: → beeilen, sich; ganz/heil m.: → reparieren; das Rennen m.: → siegen; einen Rückzieher m.: → nachgeben (1); einen [großen] Bogen m. |um|: → meiden; ein Nickerchen/Schläfchen m.: → schlafen (1, c); lange Nacht m.: → durchfeiern; satt m.: → sättigen (1); zu Geld m.: → verkaufen (I, 1); zum Geschenk m.: → schenken (1); eine Erbschaft m.: → erben; eine Wette m.: → wetten; lange/krumme Finger m.: → stehlen (1); einen Strich durch die Rechnung m.: → vereiteln; lange Ohren m.: → lauschen; einen langen Hals m.: → neugierig (2); große Augen m.: → staunen (1); sich nichts m. |aus|: → ablehnen (2); sich Sorgen/Gedanken m. |um|: → sorgen (II); die Haare m.: → frisieren (1); ein Bächlein/einen Bach/ein kleines Geschäft/klein/Pipi m.: → austreten (1); Aa/groß/ein großes Geschäft/einen Haufen m.: → austreten (2); unter sich m.: **a)** → einnässen, austreten (1) – **b)** → austreten (2); den Prozess m.: → verklagen; dingfest m.: → verhaften; den Garaus m.: → töten (I, 1); einen Kopf kürzer m.: → enthaupten; unbrauchbar m.: → zerstören (1); Hochzeit m.: → heiraten (1); Schluss/Feierabend/Kehraus/ein Ende/einen Punkt m.: → aufhören (1); Urlaub/Ferien m.: → ausspannen (1, 2); eine Fuffzehn m.: **a)** → aussetzen (2) – **b)** → rasten; eine Reise m.: → reisen (1); mach's gut: → Wiedersehen (1); Mut m.: →

ermutigen; Komplimente m.: → schmeicheln (1); zur Sau/Minna m.: → ausschimpfen; Reklame/Propaganda m.: → werben (1); aus einer Mücke einen Elefanten m.: → übertreiben (1); Staat m.: → prunken (1); Spaß/Unsinn/Ulk/Flachs/einen Jux m.: → scherzen; Krach/Stunk m.: → beschweren (II); madig m.: **a)** → verleiden – **b)** → verleumden (1); Mitteilung/eine Meldung m.: → mitteilen (I); ein Geständnis m.: → gestehen (1); einen Vorschlag m.: → vorschlagen; einen Einwand [geltend] m.: → einwenden; Verse/Reime m.: → ²dichten (1, b) – **II.** machen, sich: sich wichtig/mausig m.: → aufspielen (II); sich rar m.: → zurückhalten (II, 1); sich lächerlich/zum Gespött [der Leute]/sich zum Gelächter/sich unmöglich m.: → blamieren (II); sich von dannen m., sich auf die Socken/Strümpfe m.: → weggehen (1); sich auf den Weg m.: **a)** → weggehen (1) – **b)** → aufbrechen (3) – **c)** → abreisen; sich aus dem Staub m.: **a)** → fliehen (1) – **b)** → entfliehen (1) – **c)** → wegschleichen (I); sich bezahlt m.: → lohnen (II)
Machenschaften (*Pl; abwert*): **1.** ⟨*rechtlich bzw. moralisch nicht ganz einwandfreie Handlungen*⟩ dunkle Machenschaften · Manipulationen · Schiebung ♦ *gehoben:* Machinationen ♦ *umg:* Macherei – **2.** → Intrige – **3.** dunkle M.: **a)** → 1 – **b)** → Intrige
Macher, der: → Hintermann (1)
Macherei, die: → Machenschaften (1)
Machinationen (*Pl*): → Machenschaften (1)
Macho, der: *umg:* Chauvi
machomäßig: → sexistisch
Macht, die: **1.** → Herrschaft (1) – **2.** → Staatsmacht – **3.** → Einfluss (2) – **4.** die M. übernehmen: ⟨*zur Ausübung der Staatsgewalt gelangen*⟩ an die Macht kommen/gelangen · die Macht ergreifen · usurpieren · die Herrschaft an sich reißen · zur

482

Herrschaft gelangen · die Zügel ergreifen ♦ *umg*: ans Ruder kommen / gelangen – **5.** die M. ergreifen, an die M. kommen / gelangen: → 4; die M. ausüben / [inne]haben / besitzen: **a)** → regieren (1) – **b)** → herrschen (1); die M. der Gewohnheit: → Gewohnheitstrieb

Machtapparat, der: → Staatsmacht

Machtbereich, der: **1.** → Herrschaftsbereich – **2.** → Einflussbereich (2)

Machtbesessenheit, die: → Machthunger

Machtgier, die: → Machthunger

Machthaber, der: → Herrscher

machthaberisch: → herrschsüchtig (1)

Machthunger, der: Machtbesessenheit · Machtgier · Machtversessenheit

mächtig: 1. ⟨*große Macht besitzend*⟩ einflussreich · potent; → *auch* allmächtig – **2.** → gewaltig (1) – **3.** → dick (1) – **4.** → groß (1) – **5.** m. sein │einer Sache│: → beherrschen (4); seiner nicht mehr m. sein: → Beherrschung (2)

Mächtigkeit, die: → Größe (1)

Machtkampf, der: → Politpoker

machtlos: 1. ⟨*keine Macht besitzend*⟩ einflusslos · ohnmächtig · schwach – **2.** m. sein: ⟨*nicht über die nötige Macht verfügen*⟩ keinen Einfluss haben · ohne Einfluss sein + jmdm. sind die Hände gebunden ♦ *umg*: machtlos vis-a-vis stehen (*scherzh*)

Machtpoker, das: → Politpoker

Machtprobe, die: → Kraftprobe

Machtsphäre, die: → Herrschaftsbereich

Machtversessenheit, die: → Machthunger

Machtwechsel, der: → Regierungswechsel

Machtwort, das: ein M. sprechen: → durchsetzen (I, 1)

machulle: → zahlungsunfähig (1)

Machwerk, das (*abwert*): Elaborat ♦ *umg*: Schmonzette · Geschreibsel

Macke, die: **1.** → Schrulle (1) – **2.** eine M. haben: → verrückt (5)

Macker, der: **1.** → Geliebte (I), Liebhaber (1) – **2.** → ¹Leiter

Madam, die: → Ehefrau

Mädchen, das: **1.** ⟨*Kind weibl. Geschlechts*⟩ die Kleine ♦ *umg*: Küken; → *auch* Kind (1) – **2.** ⟨*unverheiratete junge Person weibl. Geschlechts*⟩ junges Geschöpf; Tochter (*schweiz*); Maid (*noch scherzh*); Dirn (*noch landsch*); Dirndl (*süddt österr*) + Backfisch (*veraltend*) ♦ *umg*: Mädel · Girl · Girlie · Gänschen · Pflänzchen (*abwert*) ♦ *salopp*:

Käfer · Biene · Puppchen · [tolle] Puppe (*auch scherzh*); → *auch* Frau (I, 1), Jungfrau, Teenager (1) – **3.** → Jungfrau – **4.** → Hausangestellte (II) – **5.** M. für alles: → Hausangestellte (I u. II); spätes / altes M.: → Jungfer (2); leichtes M.: → Herumtreiberin

Mädchenhirt, der: → Zuhälter

Made, die: leben wie die M. im Speck: → schwelgen (1)

Mädel, das: → Mädchen (2)

madig: 1. ⟨*von Maden befallen*⟩ wurmig · wurmstichig; wurmfräßig (*landsch*) – **2.** m. machen: **a)** → verleiden – **b)** → verleumden (1)

Madrigal, das: → Lied (1)

Maestro, der: → Meister (1)

Mafia, die: → Verbrecherorganisation

Magazin, das: **1.** → Lager (3) – **2.** → Zeitschrift

Magaziner, der: → Lagerarbeiter

Magazineur, der: → Lagerverwalter

magazinieren: → lagern (1)

Magd, die (*veraltend*): Dirn (*süddt österr*) + Stallmagd

Magen, der: **1.** ⟨*Verdauungsorgan*⟩ *umg*: Bauch – **2.** mit knurrendem M.: → hungrig (1); nichts im M. haben, jmdm. knurrt der M., jmdm. hängt der M. bis in die Kniekehlen: → hungrig (2); sich den M. überladen: → überessen, sich; den M. auspumpen: → auspumpen (2); im M. liegen: → bedrücken (1)

Magenfahrplan, der: → Speisezettel

Magenknurren, das: → Hunger (1)

Magenweh, das: → Bauchschmerz (II)

mager: 1. ⟨*wenig Fleisch u. Fett am Körper aufweisend*⟩ dürr · hager · knochig · dünn · schmächtig ♦ *umg*: knochendürr · klapperdürr · spindeldürr · rappeldürr · [nur] ein Strich; wie eine Bohnenstange (*meist scherzh*); spillerig (*landsch*); → *auch* abgemagert, schlank (1) – **2.** → karg (1) – **3.** m. sein: ⟨*wenig Fleisch u. Fett am Körper haben*⟩ *umg*: nichts auf den Rippen haben · bei jmdm. kann man die / alle Rippen zählen – **4.** m. werden: → abmagern

Magerkeit, die: Dürre; → *auch* Abmagerung

Magersucht, die: Bulimie (*med*)

Magie, die: → Zauberei

Magier, der: → Zauberkünstler

magisch: zauberisch

Magister, der: → Lehrer

Magistrale

Magistrale, die: → Hauptstraße
Magnat, der: → Großunternehmer
Magnet, der: → Blickfang
Magneteisenbahn, die: Magnetgleiter
Magnetgleiter, der: → Magneteisenbahn
magnetisch: → anziehend (2)
Magnettongerät, das: → Tonbandgerät
Mähbinder, der: → Binder (1)
Mähder, der: → Mäher
¹mähen: abmähen · hauen · schneiden · sensen + [ab]sicheln
²mähen: blöken
Mäher, der: Schnitter (*veraltend*); Mähder (*landsch*)
Mahl, das: **1.** → Mahlzeit (1) – **2.** → Gericht (1)
mahlen: 1. → zermahlen – **2.** → kauen (1)
mählich: → allmählich
Mahlzeit, die: **1.** ⟨*das [gemeinsame] Einnehmen der Speisen*⟩ Essen; Schmaus (*noch scherzh*) + Imbiss · Picknick ♦ *gehoben:* Mahl; → *auch* Essen (1) – **2.** → Gericht (1) – **3.** die M. einnehmen: ⟨*kultiviert [u. ausgedehnt] Speisen zu sich nehmen*⟩ das Essen einnehmen; Mahlzeit halten (*veraltend*) ♦ *gehoben:* speisen · tafeln · dinieren; → *auch* essen (1), frühstücken, Abend (4), picknicken – **4.** M. halten: → 3
Mahnbescheid, der: → Zahlungsaufforderung
Mahnbrief, der: Mahnschreiben · Mahnung ♦ *umg:* Brandbrief; → *auch* Zahlungsaufforderung
mahnen: 1. ⟨*zur Erfüllung einer Verpflichtung auffordern*⟩ anmahnen · abmahnen; → *auch* erinnern (I, 1) – **2.** → ermahnen (1)
Mahnruf, der: → Mahnung (1)
Mahnschreiben, das: → Mahnbrief
Mahnung, die: **1.** ⟨*Aufforderung zum Erfüllen einer Verpflichtung*⟩ Anmahnung · Abmahnung · Erinnerung · Memento + Mahnruf – **2.** → Mahnbrief, Ermahnung (1)
Mahr, der: → Gespenst (1)
Mähre, die: → Pferd (1)
Maid, die: → Mädchen (2)
Maienzeit, die: → Frühling (1)
Mail, die: → E-Mail (1)
mailen: → E-Mail (2)
Mainliner, der: → Rauschgiftsüchtige
Mais, der: Kukuruz (*österr*) ♦ *umg:* Türken (*österr*)
Majestät, die: → Würde (1)

majestätisch: königlich · erhaben + gebieterisch
majorenn: → mündig
Majorität, die: → Mehrheit
makaber: 1. → unheimlich (1) – **2.** → gruselig (1)
Makel, der: **1.** → Schandfleck – **2.** → ¹Mangel (2)
Mäkelei, die: → Nörgelei
makellos: → fehlerlos (1), einwandfrei (1)
mäkeln: → nörgeln
Make-up, das: **1.** → Schönheitspflege – **2.** → Schminke (1) – **3.** M. auflegen / auftragen: → schminken (II)
Makler, der: → Vermittler (1)
Mäkler, der: → Nörgler
mäklig: 1. → nörglig – **2.** → wählerisch
Makrokosmos, der: → Weltall
Makulatur, die: **1.** → Altstoff – **2.** M. reden: → schwafeln
Mal, das: **1.** → Merkzeichen – **2.** → Abzeichen (2) – **3.** zu wiederholten Malen, ein um das andere M., einige / etliche / ein paar Mal[e]: → wiederholt (1); viele / unzählige / dutzende Mal[e]: → oft; zum anderen / zweiten Mal[e]: → wieder (1); das erste M., zum ersten Mal[e]: → erstmals; mit einem M.: → plötzlich (1); ein für alle M.: → endgültig
malade: → krank (1)
Malaise, die: → Unbehagen
Malefizkerl, der: **1.** → Kerl (1) – **2.** → Draufgänger
malen: 1. ⟨*mit Pinsel u. Farbe schaffen*⟩ **a)** ⟨*allgemein*⟩ pinseln; klecksen · schmieren (*abwert*) – **b)** ⟨*Bildnisse*⟩ porträtieren; konterfeien (*noch scherzh*) + zeichnen; → *auch* zeichnen (1), darstellen (I, 1, a) – **2.** → schreiben (1) – **3.** den Teufel an die Wand m.: → berufen (I, 2); mit Worten m.: → erzählen (2)
malenswert: → malerisch
Maler, der: **1.** ⟨*Handwerker*⟩ Anstreicher · Dekorationsmaler; Tüncher · Weißbinder (*landsch*) ♦ *umg:* Pinsler · Kleckser (*meist abwert*); Malerklecks (*landsch abwert*) – **2.** ⟨*Künstler*⟩ Kunstmaler ♦ *umg:* Schmierer (*abwert*); Kleckser · Pinsler (*scherzh od. abwert*)
malerisch: pittoresk · malenswert + farbig; → *auch* stimmungsvoll
Malerklecks, der: → Maler (1)
Malheur, das: → Missgeschick

Mannbarkeit

maligne: → bösartig (1)
maliziös: → boshaft (1)
mall: → verrückt (1)
Mall, die: → Einkaufsstraße
malmen: 1. → kauen (1) – 2. → zermahlen
malnehmen: → multiplizieren
malochen: → arbeiten (1)
Malocher, der: → Arbeiter (I)
Malstift, der: → Farbstift
malträtieren: → quälen (I, 1)
Malz, das: bei / an jmdm. ist Hopfen und M. verloren: → unverbesserlich (2)
Malzkaffee, der: → Kaffee (2)
Mama, die: 1. → Mutter (1) – 2. Mamas Liebling: → Weichling
Mamachen, das: → Mutter (1)
Mami, die: → Mutter (1)
Mammae (*Pl*): → Brust (I, 2)
Mammon, der: 1. → Geld (1) – 2. dem M. frönen: → geldgierig (2)
mampfen: → kauen (1)
man: → jemand (1)
Management, das: → Unternehmensführung
managen: 1. → leiten (1) – 2. → bewerkstelligen
Manager, der: 1. → Betreuer – 2. → ¹Leiter
manche: → einige (1)
mancherlei: → allerlei
mancherorts: → vereinzelt (1)
manchmal: bisweilen · zuweilen · mitunter · verschiedentlich · gelegentlich · okkasionell · vereinzelt · zuzeiten · von Zeit zu Zeit · dann und wann · hin und wieder · ab und an · ab und zu · hie[r] und da; etwa (*schweiz*); → *auch* vereinzelt (1), selten (1)
Mandant, der: → Auftraggeber (1)
Mandat, das: → Abgeordnetensitz
Mandatar, der: → Abgeordnete
Mandel, die: → Puppe (3)
Manege, die: → Reitbahn
¹Mangel, der: 1. ⟨*das Nichtvorhandensein von* [*genügend*] *notwendigen Mitteln*⟩ Knappheit · Beschränktheit · Verknappung · Engpass · Entbehrung; → *auch* Armut (1) – 2. ⟨*körperl. Fehler*⟩ Gebrechen · Makel · Defekt; → *auch* Schaden (2) – 3. M. leiden: → darben
²Mangel, die: 1. → Wäschemangel – 2. in die M. nehmen: → bearbeiten (2)
Mängelbeseitigung, die: → Reparatur
mangelhaft: → unzureichend

¹mangeln: → fehlen (2)
²mangeln: rollen; → *auch* bügeln (1)
mangels: in Ermangelung
Manie, die: → Sucht
Manier: I. Manier, die: 1. → Eigenart – 2. → Künstelei – II. Manieren (*Pl*): → Benehmen (1)
manieriert: → gekünstelt
Manieriertheit, die: → Künstelei
Manierismus, der: → Künstelei
manierlich: → wohlerzogen, anständig (1)
manifest: → deutlich (3)
Manifest, das: → Erklärung (2)
Manifestation, die: 1. → Darlegung (1) – 2. → Kundgebung
manifestieren: → darlegen
Maniküre, die: Handpflege
Manipulation: I. Manipulation, die: 1. → Trick – 2. → Volksverführung – II. Manipulationen (*Pl*): → Machenschaften (1)
manipulieren: → instrumentalisieren
Manko, das: → Fehlbetrag
Mann: I. Mann, der: 1. ⟨*erwachsener Mensch männl. Geschlechts*⟩ Herr; männliches Wesen (*oft scherzh*) ♦ *umg:* Mannsperson · Mannsbild · Männchen (*oft abwert*); Bursche (*auch abwert*); Mannsstück · Kerl (*abwert*); Männeken (*landsch*); Mannsen (*landsch; oft abwert*) ♦ *salopp:* Knilch (*abwert*); → *auch* Greis, Bursche (1), Flegel (1) – 2. → Kerl (1) – 3. → Ehemann – 4. alter M.: → Greis; M. und Frau: → Ehepaar; studierter M.: → Akademiker (1); ein gemachter M. sein: → reich (5); M. vom Fach / Bau: → Fachmann (1); An an M.: → gedrängt (1); M. für M.: → ¹alle (1); seinen M. stehen: **a)** → bewähren, sich – **b)** → tüchtig (3); keinen M. bekommen: → sitzen (6, b); an den M. bringen: **a)** → verkaufen (I, 1) – **b)** → verheiraten (II ein toter M. sein: → erledigt (3, b); der kleine M. [auf der Straße]: → Durchschnittsmensch; den lieben Gott einen frommen M. sein lassen: → faulenzen (1); den wilden M. spielen: → wüten; den starken M. markieren: → Muskeln – II. Männer (*Pl*): die Männer: ⟨*alle männl. Erwachsenen*⟩ Männerwelt; die Herren der Schöpfung (*spött*) ♦ *umg:* das starke Geschlecht (*scherzh*); Mannsleute · Mannsvolk (*veraltend*)
mannbar: → erwachsen (1), zeugungsfähig
Mannbarkeit, die: → Zeugungsfähigkeit

Männchen

Männchen, das: **1.** → Mann (I, 1) – **2.** nicht mehr wissen, ob man M. oder Weibchen ist: → verwirrt (3)

Männeken, das: → Mann (I, 1)

Mannequin, das: → Model (2)

Männerwelt, die: → Mann (II)

Manneskraft, die: → Zeugungsfähigkeit

Mannesmut, der: → Mut (1)

Mannestat, die: → Heldentat

Manneswort, das: → Ehrenwort

mannhaft: → mutig (1)

Mannhaftigkeit, die: → Mut (1)

mannigfach: → mannigfaltig

mannigfaltig: mannigfach · vielfältig · vielgestaltig · vielartig · vielfach · abwechslungsreich · reichhaltig + wechselvoll · vielstimmig · kunterbunt

Männlein, das: M. und Weiblein: → jedermann

männlich: 1. ⟨*dem befruchtenden Geschlecht zugehörig*⟩ maskulin · viril – **2.** → mutig (1) – **3.** männliches Wesen: → Mann (I, 1); männliches Model: → Dressman; männliches Glied: → Penis

Mannsbild, das: → Mann (I, 1)

Mannschaft, die: **1.** ⟨*gemeinsam einen Sportwettkampf ausführende Menschengruppe*⟩ Team · Equipe · Crew; → *auch* Auswahl (4) – **2.** → Besatzung (1)

Mannsen, das: → Mann (I, 1)

Mannsleute (*Pl*): → Mann (II)

Mannsperson, die: → Mann (I, 1)

Mannsstück, das: → Mann (I, 1)

Mannstollheit, die: Nymphomanie; Andromanie · Östromanie (*fachspr*)

Mannsvolk, das: → Mann (II)

Mannweib, das: Amazone (*veraltend*) ♦ *salopp*: Dragoner (*abwert*)

Manöver, das: **1.** ⟨*Probe von Kampfhandlungen*⟩ Übung – **2.** → List

manövrieren: → lenken (1)

Mansarde, die: → Dachkammer

Mansch, der: → Schlamm

manschen: → mischen

Manschette, die: **1.** → Fessel (1) – **2.** Manschetten haben: → ängstigen (II, 1)

Mantel, der: **1.** ⟨*Kleidungsstück*⟩ + Überzieher · Paletot · Slipon · Hänger · Ulster · Trenchcoat · Redingote – **2.** → Schutzhülle – **3.** den M./sein Mäntelchen nach dem Wind hängen/drehen: → anpassen (II, 2)

Manuskript, das: **1.** → Niederschrift (1) – **2.** → Satzvorlage – **3.** → Drehbuch

Mappe, die: → Aktentasche

Mär, die: → Erzählung (1)

Marbel, die: → Murmel

Märchen, das: **1.** → Erzählung (1) – **2.** → Lügengeschichte

Märchengestalt, die: → Fantasiegestalt

märchenhaft: 1. → wunderbar (1) – **2.** → prächtig (1) – **3.** → großartig (1)

Märchenland, das: Fabelland · Zauberland · Wunderland · Fabelwelt + Utopia

Märe, die: → Erzählung (1)

mären: → trödeln (1)

Märerei, die: → Trödelei

Marge, die: → Verdienstspanne

marginal: → nebensächlich

Marginale, das: → Anmerkung (1)

Marginalie, die: → Anmerkung (1)

Marie, die: → Geld (1)

Marihuana, das: → Rauschgift (1)

Marinade, die: → Salatsoße

Marine, die: **1.** → Handelsflotte – **2.** → Seestreitkräfte

marineblau: → blau (1)

marinieren: → einlegen (1)

Marionette, die: → Werkzeug (2)

Marionettentheater, das: → Puppenspiel

¹Mark, das: **1.** ⟨*Zellgewebe im Inneren von Knochen*⟩ Knochenmark – **2.** durch M. und Bein/Pfennig gehen: **a)** → schmerzen (1) – **b)** → ergreifen (3); das M. aus den Knochen saugen: → ausbeuten (1); [bis] ins M. treffen: → kränken

²Mark, die: keine müde M.: → Geld (2); die schnelle M. machen: → verdienen (1)

markant: → auffallend

Marke, die: **1.** ⟨*unter einem best. Namen hergestellte bzw. gehandelte Produkte*⟩ Fabrikat · Handelsmarke; → *auch* Markenzeichen – **2.** → Briefmarke – **3.** → Spaßvogel

Markenartikel, der: → Markenerzeugnis

Markenerzeugnis, das: Markenartikel · Markenfabrikat · Markenware · Qualitätsware · Qualitätserzeugnis

Markenfabrikat, das: → Markenerzeugnis

Markenware, die: → Markenerzeugnis

Markenzeichen, das: Firmenzeichen · Logo · Signet · Fabrikmarke · Schutzmarke · Warenzeichen · Trademark; → *auch* Marke (1)

Marker, der: → Lesezeichen

Märker (*Pl*): → Geld (1)

markerschütternd: → schrill (1)

Marketing, das: → Marktforschung

markieren: 1. ⟨*mit Kennzeichen versehen*⟩ abstecken · ausstecken · demarkieren; → *auch* bezeichnen (I, 1) – **2.** → vortäuschen – **3.** den starken Mann m.: → Muskeln

Markierung, die: **1.** → Merkzeichen – **2.** → Bezeichnung (1)

markig: → kräftig (1)

marklos: → kraftlos

Markscheide, die: → Grenze (1, c)

Markstein, der: → Wendepunkt

Markt, der: **1.** ⟨*öffentl. Warenverkauf*⟩ Jahrmarkt + Basar – **2.** ⟨*für den Verkauf von Waren geeignetes Gebiet*⟩ Absatzgebiet · Absatzmarkt – **3.** → Marktplatz – **4.** auf den M. kommen: ⟨*erstmals zum Verkauf gelangen*⟩ in den Handel kommen · herauskommen; → *auch* erscheinen (2) – **5.** schwarzer M.: → Schwarzhandel; auf den M. bringen/werfen: → anbieten (I, 3); vom M. nehmen: → zurückziehen (I, 1); seine Haut zu Markte tragen: → gefährden (II)

Marktanalyse, die: → Marktforschung

Marktbeobachtung, die: → Marktforschung

Marktbude, die: → Bude (1, b)

markten: → feilschen

marktfähig: → wettbewerbsfähig

Marktforschung, die (*Wirtsch*): Bedarfsforschung · Bedarfsermittlung · Absatzforschung · Marktbeobachtung · Marktanalyse; Research (*fachspr*) + Marketing; → *auch* Verkaufsförderung

marktgängig: → verkäuflich

Marktlücke, die: Lücke + Nische

Marktplatz, der: → Markt

Marktschreier, der: Ausrufer · Ausschreier + Werber ♦ *umg*: Anreißer · Schreier

marktschreierisch: *umg*: anreißerisch

Marktstand, der: → Bude (1, b)

Marmel, die: → Murmel

Marmelade, die: Konfitüre · Jam + Gelee · Fruchtmark

marode: → erschöpft (1)

Marodeur, der: → Plünderer

marodieren: → plündern

Marotte, die: → Schrulle (1)

Märsack, der: → Trödelfritz

marsch: → vorwärts (1)

Marsch, der: **1.** ⟨*das Marschieren in einer Kolonne od. Gruppe*⟩ + Zug – **2.** sich in M. setzen: → abmarschieren; den M. blasen: → zurechtweisen

marschbereit: → reisefertig

marschfertig: → reisefertig

Marschflugkörper, der: Cruisemissile

marschieren: *umg*: tigern · stiefeln; → *auch* gehen (1), stapfen, trotten, wandern (1)

Marschverpflegung, die: → Verpflegung (2)

Marter, die: **1.** → Qual (1) – **2.** → Folter (2)

Marterer, der: → Quälgeist

martern: 1. → quälen (I, 1) – **2.** → foltern (1)

Marterung, die: → Folter (2)

martervoll: → quälend

martialisch: → kämpferisch

Märtyrer, der: → Opfer (3)

Martyrium, das: → Qual (1)

Masche, die: **1.** → Trick – **2.** durch die Maschen schlüpfen: → entkommen (1); auf eine bestimmte M. reisen: → tricksen

Maschenwerk, das: → Geflecht

Maschine, die: **1.** → Flugzeug – **2.** → Motorrad – **3.** → Lokomotive – **4.** → Motor (1) – **5.** → Dicke (II, 1) – **6.** M. schreiben: ⟨*auf der Schreibmaschine schreiben*⟩ Schreibmaschine schreiben; maschinschreiben (*österr*) ♦ *umg*: tippen

Maschinensatz, der: → Aggregat

Maschinenschreiberin, die: Maschinschreiberin (*österr*); Daktylo[graphin] (*schweiz*) + Stenotypistin · Phonotypistin · Schreibkraft · Schreiberin ♦ *salopp*: Tippse (*abwert*); Klapperschlange (*veraltend scherzh*)

Maschinerie, die: → Getriebe (1)

maschinschreiben: → Maschine (6)

Maschinschreiberin, die: → Maschinenschreiberin

Maser, die: → Maserung

Maserung, die: Maser · Flaser · Flader · Äderung

Maske, die: **1.** ⟨*Gesichtshülle*⟩ Larve (*veraltend*); Schemen (*süddt österr*) – **2.** die M. vom Gesicht reißen, die M. herunterreißen/abreißen: → entlarven (1); die M. fallen lassen/abwerfen: → entlarven (II)

Maskenball, der: Maskenfest; Redoute (*österr*) + Kostümball · Kostümfest

Maskenfest, das: → Maskenball

maskenhaft: → steif (2)

Maskerade, die: → Verkleidung (1)

maskieren, sich: **1.** → tarnen, sich – **2.** → verkleiden (II)

Maskottchen

Maskottchen, das: → Talisman
maskulin: → männlich (1)
Maß, das: **1.** ⟨*durch Messen gewonnene Größe od. Masse*⟩ Quantum · Abmessung; → *auch* Dosis – **2.** M. halten: ⟨*ein gewisses Maß nicht überschreiten*⟩ das [rechte] Maß [ein]halten – **3.** ohne M. [und Ziel]: → maßlos; mit Maßen: → maßvoll (1); das [rechte] M. [ein]halten: → 2; in vollem Maße: → völlig (1); über alle Maßen, in hohem Maße: → sehr; in demselben Maße: → ebenso; das M. ist voll: → genug (2)
Massaker, das: → Blutbad
massakrieren: → töten (I, 1)
Masse, die: **1.** → Menge (1) – **2.** → Stoff (1) – **3.** eine M.: **a)** → reichlich – **b)** → viel (I, 1); eine ganze M.: → viel (I, 1); in Massen: → massenhaft; die breite M.: → Menge (2)
Maßeinheit, die: → Einheit (2)
Maßeinteilung, die: Skala; Skale (*fachspr*)
Massel, der: → Glück (1)
Massenansammlung, die: → Ansammlung (1)
Massenartikel, der: → Durchschnittsware
Massenentlassung, die: → Personalabbau
massenhaft: massenweise · in Massen · en masse · zuhauf · haufenweise · bergeweise · dutzendweise · scheffelweise · sackweise · schockweise + wie die Fliegen ♦ *umg*: in rauen Mengen; → *auch* viel (I, 1), reichlich
Massenmord, der: → Blutbad
Massenvernichtungslager, das: → Konzentrationslager
Massenversammlung, die: → Kundgebung
massenweise: → massenhaft
Maßgabe, die: nach M.: → gemäß (I)
maßgebend: maßgeblich · richtungweisend · richtunggebend · normativ · autoritativ; → *auch* wegweisend, entscheidend (1)
maßgeblich: → maßgebend
massieren: 1. ⟨*mit Massage behandeln*⟩ [durch]kneten; → *auch* abreiben (I, 1) – **2.** → zusammenziehen (I, 1)
massig: 1. → untersetzt – **2.** → viel (I, 1) – **3.** → dick (1)
mäßig: 1. → maßvoll (1) – **2.** → mittelmäßig – **3.** → enthaltsam (1)
mäßigen: I. mäßigen: → mildern (1) – **II.** mäßigen, sich: → beherrschen (II)
Mäßigkeit, die: → Enthaltsamkeit
Mäßigung, die: → Beherrschung (1)

massiv: 1. → haltbar (1) – **2.** → untersetzt – **3.** → barsch
maßlos: unmäßig · ohne Maß [und Ziel] · ausschweifend · ungezügelt · exzessiv · bis zum Exzess · unersättlich ♦ *umg*: wüst · bis dorthinaus; → *auch* übertrieben
Maßnahme, die: Regelung · Maßregel; Demarche (*Diplom*) + Sofortmaßnahme · Einrichtung · Schritt
Maßregel, die: → Maßnahme
maßregeln: 1. → zurechtweisen – **2.** → bestrafen
Maßregelung, die: **1.** → Zurechtweisung – **2.** → Bestrafung (1)
Maßstab, der: → Regel (1)
maßvoll: 1. ⟨*das rechte Maß nicht überschreitend*⟩ mäßig · mit Maßen · in Grenzen; → *auch* gemäßigt – **2.** → gemäßigt
¹Mast, der: Mastbaum
²Mast, die: Mästung + Mastkur
Mastbaum, der: → ¹Mast
mästen: fettfüttern + stopfen · nudeln · herausfüttern; → *auch* füttern (b)
Mastkur, die: → ²Mast
Mästung, die: → ²Mast
Masturbation, die: → Selbstbefriedigung
masturbieren: onanieren · sich selbst befriedigen ♦ *derb*: wichsen · sich einen runterholen · sich einen von der Palme schütteln
Match, das: → Wettkampf
Material, das: **1.** → Stoff (1) – **2.** → Rohstoff (1)
Materie, die: **1.** → Wirklichkeit (1) – **2.** → Stoff (1) – **3.** → Thema (1)
Mathematik, die: höhere M.: → unverständlich (1)
Matratze, die: an der M. horchen: → schlafen (1, a)
Mätresse, die: → Geliebte (II), Beischläferin
Matrone, die: → Frau (I, 1)
Matrose: I. Matrose, der: **1.** ⟨*Soldat der Seestreitkräfte*⟩ *umg*: Blaujacke; → *auch* Seemann – **2.** → Seemann – **II.** Matrosen (*Pl*): *umg*: blaue Jungs / Jungen
matsch: 1. → faul (1) – **2.** → erschöpft (1), besiegt (1)
Matsch, der: → Schlamm
matschig: 1. → schlammig – **2.** → faul (1)
matt: 1. → müde (1), kraftlos – **2.** → besiegt (1) – **3.** → glanzlos – **4.** m. setzen: → besiegen (I)

¹Matte, die: **1.** → Fußabtreter – **2.** auf der M. stehen: **a)** → bereithalten (II) – **b)** → erscheinen (1, a); auf die M. legen: → besiegen (I)

²Matte, die: → Wiese

Mattenrichter, der: → Schiedsrichter

Mattigkeit, die: → Erschöpfung, Schwäche (1)

Mattscheibe, die: **1.** → Fernsehapparat – **2.** M. haben: → benommen (2)

Matur, das: → Abitur

Matura, die: → Abitur

Maturant, der: → Abiturient

Maturität[sprüfung], die: → Abitur

Maturum, das: → Abitur

Matz, der: **1.** → Knirps – **2.** → Kind (1)

Mätzchen, das: **1.** → Knirps – **2.** → Kind (1)

mau: 1. → unwohl (1) – **2.** → mittelmäßig

Mauer, die: **1.** ⟨*Bauwerk zur Um- od. Abgrenzung*⟩ Wall; → *auch* Umzäunung – **2.** eine M. um sich errichten, sich mit einer M. umgeben: → absondern (II)

mauern: → Aussage (2)

Maul, das: **1.** ⟨*Mund der Tiere*⟩ Rachen · Schnauze + Schnabel; Äser · Schmecker (*weidm*) – **2.** → Mund (1) – **3.** das M. halten: → schweigen (1 *u.* 2); das M. stopfen: **a)** → Schweigen (2) – **b)** → befriedigen (1); das M aufmachen/auftun: → sprechen (1); das M. aufsperren/aufreißen: → staunen (1); das M. [weit] aufreißen: → aufspielen (II); das M. voll nehmen: → prahlen; ein loses/ungewaschenes M. haben: → frech (2); sich das M. zerreißen │über│: → durchhecheln; übers M. fahren: → unterbrechen (1); eine aufs M. geben: → ohrfeigen; Honig ums M. schmieren: → schmeicheln (1)

Maulaffe, der: Maulaffen feilhalten: **a)** → zusehen (1) – **b)** → untätig (2)

Mäulchen, das: → Kuss (1)

maulen: → schmollen

maulfaul: → wortkarg

Maulheld, der: → Angeber (1)

Maulschelle, die: **1.** → Ohrfeige (1) – **2.** eine M. geben: → ohrfeigen

Maulwerk, das: → Mundwerk

Maulwurf, der: → Ermittler

maunzen: → miauen

Maurer, der: pünktlich wie die Maurer: → pünktlich (1)

Maus: **I.** Maus, die: weiße M.: → Verkehrspolizist; graue M.: → unscheinbar (2); aus die M.!: → Schluss (4); da beißt die M. keinen Faden ab: → unabänderlich (2) – **II.** Mäuse (*Pl*): **1.** → Geld (1) – **2.** weiße M. sehen: → betrunken (2)

mäuschenstill: → still (1)

mausearm: → arm (1)

Mäusemelken: es ist zum M.: → verzweifeln (2)

mausen: → stehlen (1)

Mauser, die: [noch] in der M. sein: → entwickeln (II, 2)

Mauserei, die: → Diebstahl (1)

mausern, sich: → entwickeln (II, 2)

mausetot: → tot (1)

mausgrau: → unscheinbar (1)

mausig: sich m. machen: → aufspielen (II)

Mausklick, der: → Klick

Mauszeiger, der (*EDV*): Pfeil

mauzen: → miauen

Maxime, die: → Grundsatz (1)

Maximum, das: → Höchstmaß

Mäzen, der: → Gönner, Wohltäter

mechanisch: automatisch · gedankenlos · unwillkürlich · wie von selbst

mechanisieren: + automatisieren

Meckerei, die: → Nörgelei

Meckerer, der: → Nörgler

meckern: → nörgeln

Medaille, die: → Auszeichnung (2)

Medianwert, der: → Durchschnittswert

Mediation, die: → Vermittlung

Medienbericht, der: → Nachricht (1)

Medienrummel, der (*abwert*): Medienspektakel

Medienspektakel, das: → Medienrummel

Medikament, das: → Arzneimittel

Medikaster, der: → Kurpfuscher

Medikus, der: → Arzt

medioker: → mittelmäßig

meditieren: → nachdenken (1)

Medizin, die: **1.** ⟨*ärztl. Wissenschaft*⟩ Heilkunde · Heilkunst + Gesundheitswesen – **2.** → Arzneimittel

Mediziner, der: → Arzt

Medizinmann, der: **1.** → Arzt – **2.** → Kurpfuscher

Medley, das: → Potpourri (1)

Meduse, die: Qualle

Meer, das: See · Ozean · Weltmeer + die hohe/offene See ♦ *umg*: + der große Teich

Meerbusen, der: → ¹Bucht (1)

Meerenge, die: Sund

Meeresboden, der: Meeresgrund · Grund

Meeresbucht, die: → ¹Bucht (1)

489

Meeresforscher, der: → Unterwasserforscher

Meeresgrund, der: → Meeresboden

Meeresufer, das: → Ufer (1)

Meer[jung]frau, die: → Nixe

Meerweib, das: → Nixe

Meeting, das: → Zusammenkunft

mega: m. sein: → großartig (3)

mega-in: m. sein: → ²modern (2)

mega-out: m. sein: → veraltet (2)

Megäre, die: Furie · rasendes Weib; → *auch* Xanthippe

Megastar, der: → ¹Star

Mehl, das: → Pulver (1)

Mehlschwitze, die: Schwitze; Einbrenne (*landsch*)

mehr: m. oder minder / weniger: → gleichsam; einmal m.: → wiederholt (1); m. noch: → sogar (1); und dergleichen m.: → weiter (5)

Mehr, das: **1.** → Überschuss (1) – **2.** → Mehrheit

mehrdeutig: **1.** ⟨*mehrere Bedeutungen aufweisend*⟩ polysem[antisch] · äquivok (*fachspr*) – **2.** → vieldeutig, zweideutig (1)

Mehrehe, die: → Polygamie

Mehreinnahme, die: → Gewinn (1)

mehren: **I.** mehren: → vermehren (I, 1) – **II.** mehren, sich: → zunehmen (1)

mehrere: → einige (1)

mehrerlei: **1.** → allerlei – **2.** → einige (1)

Mehrerlös, der: → Gewinn (1)

Mehrertrag, der: → Gewinn (1)

mehrfach: → oft, wiederholt (1)

mehrfarbig: → bunt (1)

Mehrheit, die: Majorität · Überzahl · Mehrzahl · Hauptmasse · Gros · Großteil · die meisten · der überwiegende Teil; Mehr (*schweiz*)

mehrheitlich: in der Mehrheit

mehrmalig: → wiederholt (1)

mehrmals: → oft, wiederholt (1)

mehrseitig: → multilateral

mehrsprachig: vielsprachig · multilingual · polyglott

mehrstimmig (*Mus*): + polyphon

mehrteilig: → zusammengesetzt

Mehrvölkerstaat, der: → Nationalitätenstaat

Mehrzahl, die: **1.** → Mehrheit – **2.** in der M.: → meist

meiden: umgehen · aus dem Weg gehen · einen [großen] Bogen machen |um| · sich verstecken |vor| ♦ *gehoben*: fliehen; → *auch* ausweichen (2)

Meier: Tante M.: → Toilette (1)

Meierei, die: → Milchwirtschaft (1)

Meilenstein, der: → Wendepunkt

meilenweit: → weit (1)

Meiler, der: → Kernreaktor

mein: Mein und Dein verwechseln: → stehlen (1)

meinen: glauben · denken · finden · dafürhalten · der Meinung / Ansicht sein; → *auch* vermuten, urteilen (3)

meinethalben: → meinetwegen (1 *u.* 2)

meinetwegen: **1.** ⟨*mir zu Gefallen bzw. in meinem Interesse*⟩ um meinetwillen · meinethalben · für mich · mir zuliebe – **2.** ⟨*Ausdruck der Zustimmung*⟩ meinethalben · in Gottes Namen ♦ *umg*: von mir aus · wegen mir

meinetwillen: um m.: → meinetwegen (1)

Meinung, die: **1.** ⟨*das Ergebnis subjektiver Beurteilung bzw. Betrachtungsweise*⟩ Auffassung · Ansicht · Anschauung · Überzeugung · Urteil + Annahme · Dafürhalten; → *auch* Denkweise, Standpunkt (1), Weltanschauung – **2.** meiner M. nach: → Erachten (1); vorgefasste M.: → Vorurteil; die öffentliche M.: → Öffentlichkeit (1); der M. sein: → meinen; einer M. sein: → übereinstimmen (1); M. geigen: → zurechtweisen; die / seine M. sagen: **a)** → zurechtweisen – **b)** → aussprechen (I, 5); seine M. abgeben / zum Ausdruck bringen: → äußern (II, 1); eine hohe M. haben |von|: → achten (1)

Meinungsänderung, die: → Gesinnungswandel

Meinungsäußerung, die: → Bemerkung (1)

Meinungsaustausch, der: → Aussprache (2)

Meinungsforschung, die: Demoskopie; Research (*fachspr*); → *auch* Umfrage (1)

Meinungsstreit, der: → Streitgespräch

Meinungsumfrage, die: → Umfrage (1)

Meinungsunterschied, der: → Meinungsverschiedenheit

Meinungsverschiedenheit, die: Meinungsunterschied · Differenz · Divergenz · Dissens · Nichtübereinstimmung

Meise, die: eine M. haben: → verrückt (5)

meist: meistens · meistenteils · zumeist · fast immer · [für] gewöhnlich · gemeinhin ·

in der Mehrzahl · in der Regel + normalerweise · erfahrungsgemäß; → *auch* überwiegend

meiste: die meisten: → Mehrheit

meistens: → meist

meistenteils: → meist

Meister, der: 1. ⟨*ein Gebiet ausgezeichnet beherrschende u. Höchstleistungen vollbringende Person*⟩ Koryphäe · Kapazität · Könner · Größe; Leuchte (*oft scherzh*) + Virtuose · Maestro · Überflieger ♦ *umg:* Ass ♦ *salopp:* Kanone; → *auch* Fachmann (1), Altmeister, Routinier – 2. → Lehrmeister – 3. → Fachmann (1) – 4. → Spitzensportler – 5. M. Lampe: → Hase (1); Herr und M.: → Ehemann

meisterhaft: → hervorragend (1)

Meisterleistung, die: → Spitzenleistung (1)

meistern: bewältigen · Herr werden │einer Sache│ · [be]zwingen · beikommen · schaffen · schultern + in den Griff bekommen · gerecht werden │einer Sache│ · den Stier bei den Hörnern packen ♦ *umg:* packen · fertig werden │mit│ · auf die Reihe bringen / kriegen · [das Ding schon] schaukeln · hinbekommen · handeln + nur so hinlegen ♦ *salopp:* die Kurve kriegen · die Kuh vom Eis kriegen · den Laden / die Kiste schmeißen; → *auch* bewerkstelligen, zurechtkommen (2)

Meisterschaft, die: → Championat

Mekka, das: → Hauptattraktion

Melancholie, die: → Schwermut

melancholisch: → schwermütig

Melange, die: → Mischung (1)

Melanom, das: → Krebs (1)

melden: I. melden: 1. ⟨*einem militär. Vorgesetzten eine Information überbringen*⟩ Meldung machen / erstatten; → *auch* ankündigen (I) – 2. → mitteilen (I) – 3. → anzeigen (2) – 4. → bellen (1) – II. melden, sich: 1. ⟨*seine Bereitschaft* [*zur Mitwirkung*] *kundtun*⟩ sich anmelden · sich ansagen + sich bemerkbar machen; → *auch* ankündigen (II) – 2. ⟨*seine Absicht, etw. zu sagen, bekannt geben*⟩ sich zu Wort melden · die Hand heben

Meldung, die: 1. ⟨*Bekanntgabe der Absicht zur Mitwirkung*⟩ Anmeldung · Bereitschaftserklärung · Teilnahmeerklärung + Benachrichtigung · Verpflichtung – 2. → Nachricht (I), Mitteilung (1) – 3. → Anzeige (2) – 4. M. machen / erstatten: → melden (I, 1); eine M. machen: → mitteilen (I)

melieren: 1. → mischen – 2. → tüpfeln

Melioration, die: → Bodenverbesserung

melken: → ausnutzen (1)

Melker, der: Schweizer

Melodie, die: Weise · Tonfolge

Melodienstrauß, der: → Potpourri (1)

melodiös: → wohltönend

melodisch: → wohltönend

Melone, die: 1. → ¹Hut (1) – 2. → Kopf (1)

Memento, das: → Mahnung (1)

Memme, die: → Feigling

memmenhaft: → feig[e]

Memoire: I. Memoire, das: → Denkschrift – II. Memoiren (*Pl*): → Lebenserinnerungen

Memorandum, das: → Denkschrift

Memorial, das: → Tagebuch

memorieren: → lernen (1)

Menage, die: → Verpflegung (2)

Menetekel, das: → Warnzeichen

Menge, die: 1. ⟨*viele Einzeldinge bzw. Individuen*⟩ Masse · Vielzahl · Vielheit · Anzahl · Unzahl · Reihe · Zahl · Serie · Schar · Schwarm · Legion · Armee · Unmaß · Übermaß + Quantität · Schwall · Hagel ♦ *umg:* Unmenge · Unmasse · Haufen · Berg · Batzen · Schwung · Wust · eine ganze Ladung · ein ganzes Schock ♦ *salopp:* Wucht; → *auch* Flut (2), Anhäufung (1) – 2. ⟨*die Mehrzahl der Bevölkerung*⟩ die breite Masse · die Menschen · die Leute; → *auch* Öffentlichkeit (1) – 3. → Menschenmenge – 4. eine M.: → reichlich; jede M.: → viel (I, 1); in rauen Mengen: → massenhaft

mengen: I. mengen: → mischen – II. mengen, sich: sich m. │in│: → einmischen (II)

Mengsel, das: → Mischung (1)

Meningitis, die: → Hirnhautentzündung

Menkenke, die: 1. → Durcheinander (1) – 2. M. machen: → Umstand (II, 2)

Menorrhö, die: → Menstruation

Mensa, die: → Speisesaal

Mensch: I. Mensch, der: 1. ⟨*das höchstentwickelte Lebewesen der Erde*⟩ Erdenbürger · Erdbewohner; Zweibeiner · Zweifüßer (*meist scherzh*); Erdenwurm (*abwert*); Homo sapiens (*fachspr*) + Seele ♦ *gehoben:* Erdengast · Erdenkind · Erdensohn – 2. → Person (1) – 3. junger M.: → Bursche (1); kein M.: → niemand; kein M. mehr sein: → erschöpft (4); die Menschen: **a)** → Menge (2) – **b)** → Menschheit; ein anderer M. werden: → bessern (II, 1); wie der erste M.: →

Menschenansammlung

ungeschickt (1) – **II.** Mensch, das: →
Schlampe
Menschenansammlung, die: → Ansammlung (1)
Menschenauflauf, der: → Ansammlung (1)
Menschenfeind, der: Menschenhasser ·
Misanthrop · Menschenverächter
Menschenfresser, der: → Kannibale (1)
Menschenfresserei, die: → Kannibalismus (1)
Menschenfreund, der: Philanthrop · Gutmensch + Humanist
menschenfreundlich: philanthropisch; →
auch menschlich
Menschengeschlecht, das: → Menschheit
Menschenhasser, der: → Menschenfeind
menschenleer: einsam · vereinsamt · verlassen · entvölkert · verödet · öd[e] · ausgestorben · tot · unbelebt · unbevölkert
Menschenliebe, die: → Menschlichkeit
Menschenmasse, die: → Menschenmenge
Menschenmenge, die: Menschenmasse ·
Menge · Schar · Volksmenge ♦ *umg*: Haufen (*auch abwert*) ♦ *salopp*: Herde · Hammelherde (*abwert*); → *auch* Ansammlung (1), ¹Schar (1)
menschenmöglich: das Menschenmögliche
tun: **a)** → versuchen (I, 4) – **b)** → bemühen (II, 1)
Menschenpflicht, die: → Pflicht (1)
Menschenraub, der: → Entführung
menschenscheu: kontaktscheu · kontaktarm
· ungesellig; anthropophob · exanthropisch
(*fachspr*); → *auch* verschlossen (2), zurückhaltend (1)
Menschenseele, die: keine M.: → niemand
Menschenverächter, der: → Menschenfeind
Menschenverstand, der: der gesunde M.:
→ Klugheit
menschenwürdig: → menschlich
Menschheit, die: die Menschen · Erdbevölkerung + Völkerfamilie ♦ *gehoben*: Menschengeschlecht
menschlich: human[itär] · menschenwürdig
+ humanistisch; → *auch* menschenfreundlich
Menschlichkeit, die: Menschenliebe · Humanität + Humanismus ♦ *gehoben*: Humanitas
Menses (*Pl*): → Menstruation
Menstruation, die: Periode · Monatsblutung · Regel[blutung] · Monatsfluss · die

kritischen Tage; Menses · Menorrhö · Katamenien (*med*)
menstruieren: die/seine Regel haben
♦ *umg*: seine Tage haben (*verhüll*)
mental: → geistig (1)
Mentalität, die: → Denkweise
Mentor, der: **1.** → Berater – **2.** → Lehrer
Menü, das: → Gericht (1)
Mephisto[pheles], der: → Teufel (1)
mephistophelisch: → teuflisch (1)
Merchandising, das: → Verkaufsförderung
Mergel, der: → ²Ton
Meriten (*Pl*): **1.** → Verdienst (II, 1) – **2.**
sich M. erwerben: → hervortun, sich
merkantil: → kaufmännisch
merkbar: → merklich
Merkbuch, das: → Notizbuch
merken: **1.** 〈*zufällig bemerken bzw. erkennen*〉 *umg*: spitzbekommen · spitzkriegen ·
wegbekommen · wegkriegen · checken ·
Lunte riechen; spannen (*landsch*) ♦ *salopp*:
den Braten riechen; → *auch* bemerken (1) –
2. → spüren (1) – **3.** → fühlen (I, 1) – **4.**
sich M.: 〈*nicht aus dem Gedächtnis verlieren*〉 [im Gedächtnis/in der Erinnerung] behalten · nicht vergessen · sich einprägen +
bewahren ♦ *umg*: sich hinter die Ohren
schreiben · sich hinter den Spiegel stecken
♦ *salopp*: sich hinter die Löffel schreiben · in
der Optik behalten; → *auch* einprägen (I, 1)
merklich: merkbar · spürbar · fühlbar · bemerkbar · wahrnehmbar · sichtlich · zusehends; → *auch* empfindlich (2)
Merkmal, das: Kennzeichen · Charakteristikum · Charakterzug · Zug · Attribut · Symptom + Kriterium · Moment · Indikator ·
Eckpunkt · Indiz · Stigma; → *auch* Eigenschaft, Haupteigenschaft, Merkzeichen
Merkspruch, der: → Regel (1)
Merkwort, das: → Stichwort (2)
merkwürdig: eigenartig · eigentümlich ·
sonderbar · seltsam · [ver]wunderlich · absonderlich · erstaunlich · kurios · ominös · befremdend · befremdlich · eigen · sonderlich +
kraus ♦ *gehoben*: wundersam ♦ *umg*: ulkig ·
komisch · gediegen · drollig · närrisch
merkwürdigerweise: erstaunlicherweise ·
eigentümlicherweise · seltsamerweise · sonderbarerweise ♦ *umg*: komischerweise
Merkwürdigkeit, die: Kuriosität · Eigentümlichkeit · Seltsamkeit · Absonderlichkeit
Merkzeichen, das: Markierung · Zeichen ·
Mal + Signatur; → *auch* Merkmal

meschant: → boshaft (1)
meschugge: → verrückt (1)
Mesner, der: → Kirchendiener
Message, die: **1.** → Nachricht (I) – **2.** → Sinn (1)
Messdiener, der: → Ministrant
Messe, die: **1.** ⟨*große Ausstellung von Warenmustern*⟩ Mustermesse · Musterschau · Musterausstellung; → *auch* Ausstellung (1) – **2.** → Gottesdienst – **3.** → Speisesaal
Messemuster, das: → Ausstellungsstück
messen: **I.** messen: **1.** → abmessen – **2.** mit der gleichen Elle m.: → gleichsetzen; den Fußboden / die Straße m.: → hinfallen – **II.** messen, sich: **1.** ⟨*um die beste Leistung wetteifern*⟩ sich vergleichen · wettstreiten + die Klingen kreuzen; → *auch* wetteifern – **2.** sich m. können ⏐mit⏐: → gewachsen (2)
Messer, das: unter das M. nehmen: → operieren (1); das M. an die Kehle setzen: → zwingen (1); ans M. liefern: → anzeigen (2)
Messias, der: → Christus (1)
Messtischblatt, das: → Landkarte
Mestize, der: → Mischling
Metamorphose, die: → Verwandlung
Metapher, die: → Bild (3)
metaphorisch: → bildlich (1)
Metaphrase, die: → Umschreibung
metaphysisch: → übersinnlich
Metastase, die: → Krebs (1)
Methode, die: → Verfahren (1)
Methodik, die: → Vorgehensweise
methodisch: → planmäßig (1)
Methusalem, der: **1.** → Greis – **2.** alt wie M.: → alt (1)
Metier, das: → Beruf (1)
Metropole, die: → Hauptstadt
Metzelei, die: → Blutbad
metzeln: **1.** → morden (1) – **2.** → schlachten
metzgen: → schlachten
Metzger, der: → Fleischer
Meuchelmord, der: → Mord (1)
Meuchelmörder, der: → Mörder
meucheln: → ermorden
meuchlings: → hinterrücks (1)
Meute, die: **1.** → Jagdhund (II) – **2.** → Bande
Meuterei, die: → Aufstand
Meuterer, der: → Aufständische
meutern: → aufbegehren
miauen: mau[n]zen (*landsch*)
mickerig: **1.** → schwach (1) – **2.** → karg (1) – **3.** → verkümmert

Mieder, das: → Korsett
Mief, der: → Gestank
miefig: → stickig
Miefquirl, der: → Ventilator
Miene, die: **1.** ⟨*der Ausdruck der inneren Regungen im Gesicht*⟩ Gesichtsausdruck · Ausdruck + Gesichtszug · Zug; → *auch* Mimik – **2.** M. machen: → ansetzen (2); eine M. ziehen / machen / aufsetzen: → annehmen (11); keine M. verziehen: → beherrschen (II)
Mienenspiel, das: → Mimik
Mienensprache, die: → Mimik
mies: **1.** → schlecht (1) – **2.** m. gehen: → schlecht (10, a *u.* b); m. stehen / aussehen ⏐mit⏐: → schlecht (11); m. machen: **a)** → schwarz (6) – **b)** → verleiden
Miese (*Pl*): M. machen: → Verlust (2)
Miesepeter, der: → Pessimist, Griesgram
miesepetrig: → mürrisch
Miesmacher, der: → Pessimist
Miesmacherei, die: → Pessimismus
Mietauto, das: **1.** → Taxi – **2.** → Leihwagen
Mietdroschke, die: → Mietwagen (1)
¹Miete, die: → Schober
²Miete, die: Mietzins · Zins (*süddt österr schweiz*); Hauszins (*süddt österr*); Bestandzins (*österr amtsspr*) + Mieteinnahme; → *auch* Pachtzins
Mieteinnahme, die: → ²Miete
¹mieten: → einlagern
²mieten: anmieten · abmieten; chartern (*fachspr*); heuern (*seem veraltend*) + leasen; → *auch* ²einmieten, sich, pachten
Mieter, der: Bestandnehmer (*österr amtsspr*)
Mietfuhrmann, der: → Fuhrmann
Mietshaus, das: Mietskaserne (*abwert*); Zinshaus (*süddt österr schweiz*); Rendītenhaus (*schweiz*); → *auch* Haus (1)
Mietskaserne, die: → Mietshaus
Mietvertrag, der: Bestandsvertrag (*österr amtsspr*)
Mietwagen, der: **1.** ⟨*leichtes Fuhrwerk zur Personenbeförderung*⟩ Mietdroschke (*veraltend*); Fiaker (*österr*) – **2.** → Taxi – **3.** → Leihwagen
Mietzins, der: → ²Miete
Mieze[katze], die: → Katze (1)
Migräne, die: → Kopfschmerz (1)
Mikrobe, die: → Kleinstlebewesen
Mikroorganismus, der: → Kleinstlebewesen

Milch

Milch, die: wie M. und Blut: → jung (1); aussehen wie M. und Blut: → schön (7)

Milchbart, der: → Bursche (1)

Milchflasche, die: Flasche · Saugflasche

Milchgesicht, das: → Bursche (1)

milchig: → trüb[e] (1)

Milchladen, der: → Brust (I, 2)

Milchstraße, die: Galaxis · galaktisches System (*Astron*)

Milchwirtschaft, die: **1.** ⟨*Betrieb zur Produktion von Milch*⟩ Abmelkwirtschaft · Abmelkbetrieb + Molkerei · Meierei – **2.** → Brust (I, 2)

mild[e]: 1. ⟨*Schonung gewährend*⟩ mildherzig · gnädig · barmherzig + gütig; → *auch* gütig (1), nachsichtig (1) – **2.** → lau (1) – **3.** milde Gabe: **a)** → Almosen (1) – **b)** → Spende (1)

mildern: 1. ⟨*die Intensität vermindern*⟩ abmildern · abschwächen · [ab]dämpfen · mäßigen + temperieren · dämmen · lindern · abschirmen – **2.** → entschärfen (1)

mildherzig: → mild[e] (1)

mildtätig: → wohltätig

Mildtätigkeit, die: → Wohltätigkeit

Milieu, das: → Umwelt

militant: → aggressiv (1)

Militär: I. Militär, das: **1.** → Streitkräfte – **2.** beim M. sein: → Soldat (1); zum M. gehen: → Soldat (2) – **II.** Militär, der: → Offizier

militärähnlich: → paramilitärisch

Militäraktion, die: → Militärschlag

Militärdienst, der: → Wehrdienst (1)

Militäreinsatz, der: → Militärschlag

militärisch: militärischer Konflikt: → Krieg (1)

Militärjunta, die: → Regierung (1)

Militärschlag, der: Militäraktion · Militäreinsatz; → *auch* Angriff (1, a), Krieg (1)

Millionär, der: → Geldmann

Millionen (*Pl*): → Reichtum (1)

Mime, der: → Schauspieler

mimen: 1. → darstellen (I, 1, b) – **2.** → vortäuschen, heucheln (1)

Mimik, die: Mienenspiel · Mienensprache + Gebärdenspiel; → *auch* Miene (1)

mimisch: → schauspielerisch

mimosenhaft: → empfindsam (1)

minderbedeutend: → unwichtig (1)

minderbegütert: → arm (1)

minderbemittelt: 1. → arm (1) – **2.** → beschränkt (1), dumm (1) – **3.** geistig m.: → beschränkt (1), dumm (1)

Minderheit, die: **1.** ⟨*der kleinere Teil einer best. Anzahl von Personen*⟩ Minderzahl · Minorität – **2.** nationale M.: → Volksgruppe

minderjährig: unmündig; minorenn (*veraltet*)

mindern: → beeinträchtigen (1), vermindern (I)

Minderung, die: → Beeinträchtigung (1), Verminderung

minderwertig: zweitklassig · inferior · billig; miserabel (*abwert*) + schwach · elend · zweifelhaft · wertgemindert ♦ *umg:* dünn; → *auch* wertlos (1), schlecht (1)

Minderzahl, die: → Minderheit (1)

Mindeste, das: → Mindestmaß; nicht das M.: → nichts (1); zum Mindesten: → mindestens

mindestens: wenigstens · zumindest · geringstenfalls · zum Mindesten

Mindestlohn, der: Festlohn

Mindestmaß, das: Minimum · Mindestwert · das Mindeste + Untergrenze

Mindestwert, der: → Mindestmaß

Mine, die: → Bergwerk

Mineralwasser, das: Sauerbrunnen · Brunnen · Selters · Selter[s]wasser · Sodawasser · Tafelwasser · Wasser; Sprudel[wasser] (*landsch*) ♦ *salopp:* Krabbelwasser; → *auch* Limonade (1)

miniaturisieren: → verringern (I, 1)

Minibikini, der: → Badeanzug

minimieren: → vermindern (I)

Minimum, das: → Mindestmaß

Ministeriale, der: → Regierungsbeamte

Ministerpräsident, der: → Regierungschef

Ministerrat, der: → Regierung (1)

Ministrant, der (*kathol Kirche*): Messdiener · Altardiener

Minna, die: **1.** → Hausangestellte (II) – **2.** zur M. machen: → ausschimpfen

Minne, die: → Liebe (1)

minnen: → lieben (1)

minorenn: → minderjährig

Minorität, die: → Minderheit (1)

minus: → abzüglich

Minus, das: **1.** → Fehlbetrag – **2.** M. machen: → Verlust (2); im M. liegen: → Verlust (2)

Minute, die: **1.** → Augenblick (1) – **2.** auf die M. [genau]: → pünktlich (1); in allerletzter M.: → Augenblick (2)

494

minutiös: → genau (2)
Mirakel, das: → Wunder (1)
mirakulös: → wunderbar (1)
Misanthrop, der: → Menschenfeind
mischeln: → schielen (1)
mischen: vermischen · [ver]mengen · durchmischen · durchmengen · mixen · melieren · zusammenschütten + versetzen |mit| · verschneiden ♦ *umg*: zusammenbrauen · manschen (*auch abwert*); → *auch* anrühren (1)
Mischgetränk, das: Mixgetränk · Drink + Flip · Cocktail
Mischling, der: Bastard · Halbblut + Mestize · Ladino · Mulatte · Zambo
Mischmasch, der: → Durcheinander (1)
Mischpoke, die: 1. → Familie (1) – 2. → Verwandtschaft (1) – 3. → Clique
Mischung, die: 1. ⟨*durch Mischen entstandener Stoff*⟩ Gemisch · Gemenge · Konglomerat · Mixtur · Mixtum compositum · Melange · Gemengsel; Mengsel (*landsch*) + Emulsion ♦ *umg*: Mix – 2. ⟨*etw., was verschiedenartige Elemente in sich vereinigt*⟩ *umg*: Zwischending · Mittelding
miserabel: 1. → minderwertig, schlecht (1) – 2. → unwohl (1) – 3. → gemein (1) – 4. m. gehen: → schlecht (10, a *u.* b); m. stehen/aussehen |mit|: → schlecht (11)
Misere, die: → Not (1)
Misogyn, der: → Frauenfeind
missachten: 1. → ignorieren (1) – 2. → verachten (1)
Missachtung, die: 1. ⟨*das absichtl. Nichtbeachten*⟩ Nicht[be]achtung – 2. → Verachtung (1)
Missbehagen, das: → Unbehagen
Missbildung, die: Misswuchs · Deformierung · Deformation · Missgebilde; Difformität (*med*); Anomalie (*Biol*) + Auswuchs · Schaden
missbilligen: Anstoß nehmen |an|; → *auch* ablehnen (1), beanstanden, tadeln (1)
Missbilligung, die: 1. ⟨*das Missbilligen*⟩ Missfallen; → *auch* Ablehnung, Tadel (1) – 2. M. erregen: → anstoßen (2)
Missbrauch, der: M. treiben |mit|: → missbrauchen (1)
missbrauchen: 1. ⟨*bewusst falsch od. unerlaubt verwenden*⟩ Missbrauch treiben |mit| – 2. → vergewaltigen (1)
missbräuchlich: → verboten (1)
missdeuten: → missverstehen (1)

missen: → entbehren (1)
Misserfolg, der: 1. ⟨*das Misslingen eines Vorhabens*⟩ Fiasko · Fehlschlag · Flop · Rückschlag · Durchfall · Enttäuschung · ein Schlag ins Wasser · Rohrkrepierer · Luftnummer · Nullnummer + Zusammenbruch · Niete ♦ *umg*: Reinfall · ein Schuss in den Ofen ♦ *salopp*: Pleite; → *auch* Niederlage (1) – 2. M. haben: ⟨*bei einem Vorhaben nicht zum Erfolg kommen*⟩ kein Glück haben · Schiffbruch/einen Fehlschlag erleiden + sich die Zähne ausbeißen ♦ *umg*: Pech haben · auf die Nase fallen · auf keinen grünen Zweig kommen + auf Granit beißen ♦ *salopp*: einbrechen; → *auch* scheitern (a), verderben (2) – 3. M. gehabt haben: ⟨*sich bei einem Vorhaben verkalkuliert haben*⟩ *umg*: mit Zitronen gehandelt haben
Missetat, die: → Verbrechen (1)
Missetäter, der: → Übeltäter
missfallen: 1. ⟨*als unangenehm bzw. unerfreulich erscheinen*⟩ nicht zusagen · verdrießen · Missfallen erregen · ein Dorn im Auge sein ♦ *umg*: gegen/wider den Strich gehen · nicht [in den Kram/Streifen/in die Karten] passen ♦ *salopp*: stinken – 2. ⟨*nicht als schön od. gut empfunden werden*⟩ nicht gefallen/ankommen/ansprechen · keinen Gefallen finden |an| ♦ *umg*: sich nichts ersehen können |an| (*landsch*)
Missfallen, das: 1. → Unbehagen – 2. → Missbilligung (1) – 3. M. erregen: → anstoßen (2), missfallen (1)
missfällig: → abfällig (1)
Missgebilde, das: → Missbildung
missgebildet: missgestaltet · monströs; ungestalt (*veraltet*); difform (*med*); → *auch* hässlich (1), bucklig (1), verkrüppelt
Missgeburt, die: Missgestalt; Monstrum · Difformität (*med*) + Wechselbalg · Scheusal
missgelaunt: → missmutig
Missgeschick, das: Pech · Malheur · Panne · Fatalität + eine schöne Bescherung ♦ *salopp*: Mist ♦ *derb*: Scheiße · Scheiß · Scheißdreck; Schiet (*norddt*); → *auch* Unglück (1)
Missgestalt, die: → Missgeburt
missgestaltet: → missgebildet
missgestimmt: → missmutig
missglücken: → misslingen
missgönnen: → neiden
Missgriff, der: → Fehler (1), Irrtum (1)
Missgunst, die: → Neid (1)

missgünstig: → neidisch (1)

misshandeln: → quälen (I, 1)

Misshandlung, die: Körperverletzung · Quälerei · Schinderei; → *auch* Folter (2)

Misshelligkeit, die: → Zwietracht (1)

Mission, die: → Aufgabe (2)

Missionierung, die (*Rel*): Evangelisierung

Missklang, der: Misston · Dissonanz · Disharmonie; Kakophonie (*fachspr*) + Misslaut

Misskredit, der: in M. bringen: → verleumden (1)

misslaunig: → missmutig

Misslaut, der: → Missklang

missleiten: → verleiten

misslich: → unangenehm (1)

Misslichkeit, die: → Unannehmlickeit

missliebig: → unbeliebt (1)

misslingen: missglücken · fehlschlagen · floppen · missraten · schlecht abgehen/ablaufen/ausgehen/auslaufen/ausfallen · zum Schlechten ausschlagen ♦ *umg*: verunglücken · [ver]quer gehen · danebengehen · danebengeraten · danebengelingen · danebenglücken · vorbeigelingen · dumm gelaufen sein; überquer gehen (*österr*) + in die Brüche gehen; → *auch* scheitern (b)

Missmanagement, das: → Misswirtschaft

Missmut, der: Verdrossenheit · Verdrießlichkeit · Missstimmung · Verstimmtheit · Verstimmung · Unmut · Übellaunigkeit · schlechte Laune · Ärger + Unzufriedenheit · Unlust; → *auch* Groll (1)

missmutig: verdrießlich · verdrossen · missvergnügt · missgestimmt · verstimmt · unmutig · missgelaunt · misslaunig · übellaunig · übel gelaunt · schlecht gelaunt · [in] schlechter Stimmung + unzufrieden · unbefriedigt · unlustig ♦ *umg*: ungenießbar (*scherzh*); → *auch* mürrisch, ärgerlich (1), unfreundlich, unleidlich

missraten: 1. ⟨*von Menschen gesagt: sich zum Schlechten hin entwickeln*⟩ + aus der Art schlagen – **2.** → misslingen – **3.** → ungezogen

Missstand, der: → Übel (1)

Missstimmung, die: → Missmut

Misston, der: → Missklang

misstönend: dissonant; kakophonisch (*fachspr*)

misstrauen: beargwöhnen · Misstrauen/Argwohn hegen ⎮gegen⎮ · kein Vertrauen haben ⎮zu⎮ ♦ *umg*: nicht um die Ecke/über den Weg trauen; → *auch* verdächtigen (1)

Misstrauen, das: **1.** ⟨*die Neigung, ein unrechtes Vorhaben bzw. Tun zu vermuten*⟩ Argwohn · Skepsis; → *auch* Zweifel (1) – **2.** M. hegen ⎮gegen⎮: → misstrauen

misstrauisch: 1. ⟨*voller Misstrauen*⟩ argwöhnisch · skeptisch + ängstlich · vorsichtig · kleingläubig – **2.** m. werden: → Verdacht (2)

Missvergnügen, das: → Unbehagen

missvergnügt: → missmutig

Missverhältnis, das: Diskrepanz · Disproportion[alität] · Schieflage; → *auch* Widerspruch (1)

Missverständnis, das: → Irrtum (1)

missverstehen: 1. ⟨*nicht richtig auffassen*⟩ falsch verstehen/auffassen · missdeuten + übel nehmen ♦ *umg*: in die falsche Kehle/den falschen Hals bekommen/kriegen; → *auch* irren (II) – **2.** → verkennen – **3.** → verhören (II)

Misswirtschaft, die: Missmanagement · Lotterwirtschaft ♦ *umg*: Lotterei · Lumpenwirtschaft ♦ *derb*: Schweinewirtschaft · Sauwirtschaft; → *auch* Unordnung (1), Schlendrian (1)

Misswuchs, der: → Missbildung

Mist, der: **1.** → Dünger (1, b) – **2.** → Kot (1) – **3.** → Schund (1) – **4.** → Kram (1) – **5.** → Angelegenheit – **6.** → Missgeschick – **7.** M. bauen: → Fehler (2); wie der Hahn auf dem M.: → angeberisch

Mistfink, der: → Schmutzfink

mistig: 1. → schmutzig (1) – **2.** → gemein (1)

Mistigkeit, die: → Gemeinheit

Mistkerl, der: → Rabenaas

Miststück, das: → Rabenaas, Luder (1)

Mistvieh, das: → Rabenaas, Luder (1)

Mistwetter, das: → Wetter (I, 2)

mit: 1. ⟨*das Zusammensein bezeichnend*⟩ nebst · [mit]samt – **2.** → mittels – **3.** → einschließlich – **4.** mit sich führen: ⟨*bei sich tragen*⟩ bei sich haben/führen ♦ *umg*: mithaben · dabeihaben – **5.** zusammen/im Verein mit: → gemeinsam (1)

Mitarbeit, die: die M. aufkündigen: die Mitarbeit aufsagen ♦ *umg*: nicht mehr mitmachen; streiken (*meist scherzh*)

mitarbeiten: → mitwirken

Mitarbeiter, der: **1.** → Assistent – **2.** → Kollege

mitbekommen: → verstehen (I, 2)

Mitbewerber, der: → Konkurrent (1)

Mitbringsel, das: → Geschenk (1)
Mitbürger, der: → Bürger (1)
miteinander: 1. → gemeinsam (1) – **2.** m. wechseln: **a)** → abwechseln (I) – **b)** → ablösen (II, 2)
mitempfinden: → mitfühlen
Mitempfinden, das: → Mitgefühl
Mitesser, der: → ²Pickel
Mitfahrende, der: → Fahrgast
mitfühlen: mitempfinden · Anteil nehmen |an| · teilnehmen |an| · Teilnahme bezeigen · den Schmerz teilen + mitleiden
Mitfühlen, das: → Mitgefühl
mitfühlend: → mitleidig
Mitgefühl, das: **1.** ⟨das Anteilnehmen an jmds. Problemen⟩ das Mitfühlen · das Mitempfinden · Teilnahme · Anteilnahme · Anteil; → auch Mitleid (1) – **2.** → Mitleid (1) – **3.** ohne M.: → gefühllos (1); sein M. aussprechen: → kondolieren
mitgehen: 1. → begleiten – **2.** m. heißen/lassen: → stehlen (1)
mitgenommen: → schadhaft
Mitgift, die: Aussteuer · Ausstattung; Heiratsgut (noch österr)
Mitglied, das: M. werden: → eintreten (1)
mithaben: → mit (4)
mithalten: 1. → mitwirken – **2.** m. können: **a)** → ebenbürtig (3) – **b)** → mitkommen (1)
mithilfe: 1. → mittels – **2.** m. von: → mittels
Mithilfe, die: → Hilfe (1)
mithin: → deshalb
Mitinhaber, der: → Teilhaber
mitkommen: 1. ⟨den Anforderungen gewachsen sein⟩ Schritt halten · folgen/mithalten können ♦ umg: mitkönnen; → auch ebenbürtig (3) – **2.** → begleiten – **3.** nicht m.: → zurückbleiben (1)
mitkönnen: → mitkommen (1)
mitkriegen: → verstehen (I, 2)
mitlaufen: → mitwirken
Mitläufer, der: → Opportunist
Mitleid, das: **1.** ⟨starkes inneres Anteilnehmen an fremdem Leid⟩ Erbarmen · Anteilnahme · Mitgefühl + Barmherzigkeit; → auch Mitgefühl (1) – **2.** M. erregend: ⟨starke innere Anteilnahme an fremdem Leid hervorrufend⟩ herzergreifend · herzzerreißend · herzbewegend + zum Steinerweichen ♦ gehoben: herzbrechend; → auch jämmerlich (1), ergreifend

mitleiden: → mitfühlen
Mitleidenschaft, die: in M. ziehen: → beschädigen
mitleidig: barmherzig · erbarmungsvoll · mitfühlend
mitleid[s]los: → rücksichtslos (1)
mitmachen: 1. → mitwirken, beteiligen (II) – **2.** → hingeben (II, 2) – **3.** → dulden (1), durchmachen (1) – **4.** alles m.: ⟨bei jedem Streich mitwirken [wollen]⟩ für jeden Spaß zu haben sein; zu jeder Schandtat/allen Schandtaten bereit sein (scherzh) – **5.** nicht mehr m.: **a)** → Mitarbeit – **b)** → versagen (2)
mitmischen: → mitwirken
Mitnahmepreis, der: → Abholpreis
mitnehmen: 1. → stehlen (1) – **2.** → kaufen (1)
Mitnehmepreis, der: → Abholpreis
mitnichten: → keineswegs
mitrechnen: → einbeziehen
mitreden: mitsprechen ♦ salopp: seinen Senf dazugeben
mitreißen: → begeistern (1)
mitsammen: → gemeinsam (1)
mitsamt: → mit (1)
mitschreiben: → protokollieren
Mitschuldige, der: Mittäter · Helfershelfer · Mitwisser; Spießgeselle · Komplize · Kumpan · Konsorten (Pl) · Handlanger (abwert)
mitspielen: 1. → mitwirken – **2.** übel m.: → schaden (1); nicht m.: → widersetzen, sich
mitsprechen: → mitreden
Mitstreiter, der: → Anhänger (3)
Mittag[brot], das: → Mittagessen
Mittagessen, das: Mittagsmahlzeit; Mittagbrot (landsch) + Lunch · Diner ♦ gehoben: Mittagsmahl ♦ umg: Mittag
Mittagsmahl, das: → Mittagessen
Mittagsmahlzeit, die: → Mittagessen
Mittäter, der: → Mitschuldige
Mitte, die: die goldene M.: → Mittelweg; in der M. |von|: → inmitten (1); ab durch die M.: → fort (1); aus ihrer bzw. unserer M. gerissen werden: → sterben (1)
mitteilen: I. mitteilen: ⟨eine Information [weiter]geben⟩ sagen · wissen lassen · übermitteln · eröffnen · eine Mitteilung machen; vermelden (noch scherzh) + melden · eine Meldung machen ♦ umg: + auf die Nase binden; → auch beibringen (1), bekannt (5), berichten, hinterbringen (II), unterrichten (1) – **II.** mitteilen, sich: → anvertrauen (II, 2)

mitteilsam: → gesprächig (1)
Mitteilung, die: **1.** ⟨*das Mitgeteilte bzw. Mitzuteilende*⟩ Bescheid · Benachrichtigung · Information · Eröffnung + Meldung · Angabe; → *auch* Auskunft (1), Ankündigung, Bericht (1), Nachricht (I) – **2.** eine M. machen: → mitteilen (I)
mittel: → mittelmäßig
Mittel: I. Mittel, das: **1.** → Hilfsmittel – **2.** → Arzneimittel – **3.** → Durchschnittswert – **4.** sich ins M. legen: → vermitteln (1) – **II.** Mittel (*Pl*): → Geldmittel
mittelbar: indirekt · auf einem Umweg · auf Umwegen ♦ *umg:* hintenherum
Mittelding, das: → Mischung (2)
Mittelklasse, die: → Mittelschicht
mittellos: → arm (1)
Mittellosigkeit, die: → Armut (1)
Mittelmaß, das: → Durchschnitt (1)
mittelmäßig: durchschnittlich · alltäglich · mäßig ♦ *gehoben:* mediokar ♦ *umg:* [so] mittel · [so] lala · nicht besonders · soso · mittelprächtig · durchwachsen · nicht berauschend · nicht weit her · nicht gerade berühmt + mau; → *auch* erträglich
Mittelmäßigkeit, die: → Durchschnitt (1)
mittelprächtig: → mittelmäßig
Mittelpunkt, der: Zentrum · Fokus · Brennpunkt · Angelpunkt + Herz · Herzstück · Seele · Kerngebiet; → *auch* Schwerpunkt, Schnittpunkt
mittels: durch · mit · mithilfe [von] · per · anhand [von]; vermittels (*veraltend*) ♦ *gehoben:* vermöge
Mittelschicht, die: Mittelklasse · Mittelstand · Bürgertum; der dritte Stand (*hist*); → *auch* Bourgeoisie, Gesellschaftsgruppe
Mittelschichtler, der: → Bürger (3)
Mittelschule, die: → Realschule
Mittelsmann, der: → Vermittler (1), Verbindungsmann
Mittelsperson, die: → Vermittler (1)
Mittelstand, der: → Mittelschicht
mittelständisch: bürgerlich; → *auch* bourgeois
Mittelständler, der: → Bürger (3)
Mittelweg, der: **1.** ⟨*die Vorgehensweise zwischen zwei [sehr unterschiedl.] Möglichkeiten*⟩ Kompromiss · der goldene Mittelweg + die goldene Mitte – **2.** der goldene M.: → 1
Mittelwert, der: → Durchschnittswert
mitten: m. darin: → dazwischen (1); m. hinein: → dazwischen (2)

mittendrin: → dazwischen (1)
mittendrein: → dazwischen (2)
mittendurch: → durch (1)
mittenmang: → dazwischen (1)
Mittler, der: → Vermittler (1)
Mittlerrolle, die: → Vermittlung (1)
mittlerweile: → unterdessen
mittun: → mitwirken
mitunter: → manchmal
Mitwelt, die: → Umwelt
mitwirken: mitmachen · mittun · mitarbeiten + eingreifen ♦ *umg:* mitspielen + mithalten · mitlaufen ♦ *salopp:* mitmischen (*oft abwert*); → *auch* beteiligen (II)
Mitwisser, der: → Mitschuldige
mitzählen: → einbeziehen
Mitzecher, der: → Trinkbruder
Mix, der: → Mischung (1)
mixen: → mischen
Mixgetränk, das: → Mischgetränk
Mixtum compositum, das: → Mischung (1)
Mixtur, die: **1.** → Mischung (1) – **2.** → Arzneimittel
Mob, der: → Gesindel
mobben: → quälen (I, 1)
Möbel (*Pl*): → Einrichtung (2, b)
mobil: 1. → beweglich (1) – **2.** → munter (1)
Mobilfunktelefon, das: → Handy
Mobiliar, das: → Einrichtung (2, b)
mobilisieren: 1. → einberufen (2) – **2.** → aufwenden
Mobilisierung, die: **1.** → Einberufung (1) – **2.** → Einsatz (1)
Mobilkraft, die: → Jobnomade
mobilmachen: → einberufen (2)
Mobilmachung, die: → Einberufung (1)
Mobiltelefon, das: → Handy
möblieren: → einrichten (I, 1)
Möchtegern, der: → Angeber (1)
Modder, der: → Schlamm
modderig: → schlammig
Mode, die: **1.** ⟨*Geschmack einer bestimmten Zeit*⟩ Zeitgeschmack · Tagesgeschmack + Trend – **2.** [in] M. sein: → ²modern (2); M. werden, in M. kommen: → aufkommen (1); aus der M. kommen: → veralten; aus der M. gekommen: → altmodisch
Modedesigner, der: → Modeschöpfer
Modegeck, der (*abwert*): *umg:* Schickimicki
Model, das: **1.** ⟨*attraktive Frau, die als Modell für Werbefotos u. dgl. eingesetzt wird*⟩

molsch

Fotomodell · Modell – **2.** ⟨*attraktive Frau, die Damenbekleidung vorführt*⟩ Mannequin · Modell · Vorführdame – **3.** männliches M.: → Dressman

Modell, das: 1. → Muster (1) – **2.** → Modeschöpfung – **3.** → Model (1 *u.* 2)

modellieren: → formen (1)

Modellkleid, das: → Modeschöpfung

modeln: 1. → formen (1) – **2.** → umgestalten

Modemacher, der: → Modeschöpfer

Modepuppe, die (*abwert*): *umg:* Dämchen

Moder, der: 1. → Fäulnis (1) – **2.** → Schimmel (1)

moderat: → gemäßigt

Moderation, die: + Conférence · Ansage

Moderator, der: Anchor[man] + Conférencier; Ansager (*veraltend*)

moderig: 1. → faul (1) – **2.** → schimmelig, dumpf (1)

¹modern: 1. → faulen – **2.** → schimmeln

²modern: 1. ⟨*dem Geschmack der Zeit entsprechend*⟩ zeitgemäß · neuzeitlich · modisch · hochmodern · hypermodern; neumodisch (*meist abwert*) ♦ *umg:* von heute; *auch* elegant (1) – **2.** m. sein: ⟨*dem Zeitgeschmack entsprechen* [*wollen*]⟩ [in] Mode sein · en vogue sein + mit der Zeit gehen · up to date sein ♦ *umg:* [mega-]in sein · [voll] im Trend liegen

modernisieren: 1. → umgestalten – **2.** → neu (4) – **3.** → erneuern (1)

Modernisierung, die: 1. → Umgestaltung – **2.** → Neugestaltung

Modeschöpfer, der: Modemacher · [Haute] Couturier + Modedesigner

Modeschöpfung, die: Kreation · Modell + Modellkleid

Modifikation, die: → Abänderung

modifizieren: → abändern

Modifizierung, die: → Abänderung

modisch: → ²modern (1)

Modistin, die: Hutmacherin; Putzmacherin (*veraltet*)

Modulation, die: → Abänderung

modulieren: 1. → abändern – **2.** → aussprechen (I, 1)

Modus, der: → Art (1)

Mofa, das: → Motorrad

Mogelei, die: → Betrug (1)

mogeln: → betrügen (1)

mögen: angetan/eingenommen sein |von| · etw./viel übrig haben |für| · nicht abgeneigt/abhold sein · Geschmack finden/gewinnen |an| · Gefallen haben/finden |an| · Geschmack/Gefallen/einen Reiz abgewinnen |einer Sache| · ein Freund sein |von| + jmdm. wohl wollen · sympathisieren |mit|; → *auch* lieben (1)

möglich: 1. ⟨*das Eintreten od. Zustandekommen nicht ausschließend*⟩ nicht unmöglich/ausgeschlossen · im Bereich des Möglichen/der Möglichkeit · denkbar + etwaig · eventuell · potenziell · potenzial · virtuell · erdenklich · erdenkbar · erreichbar · erzielbar · erzwingbar · wahrscheinlich – **2.** → durchführbar – **3.** m. sein: **a)** ⟨*im Bereich der Möglichkeiten liegen*⟩ nicht von der Hand zu weisen sein ♦ *umg:* + in Reichweite sein ♦ *salopp:* drin sein – **b)** → angehen (1) – **4.** m. machen: → ermöglichen (1); für m. halten: → vermuten; alles Mögliche: → allerlei; alles nur Mögliche tun: → versuchen (I, 4); im Bereich des Möglichen: → 1

möglichenfalls: → möglicherweise

möglicherweise: eventuell · vielleicht · gegebenenfalls · allenfalls · womöglich · unter Umständen · möglichenfalls · eventual; allfällig (*österr schweiz*) + wahrscheinlich · vermutlich · je nachdem

Möglichkeit, die: 1. ⟨*das Möglichsein*⟩ Eventualität · Potenzialität + Chance · Weg · Virtualität – **2.** nach M.: → möglichst; im Bereich der M.: → möglich (1); die M. bieten/geben: → ermöglichen (1)

möglichst: tunlich[st] · nach Möglichkeit

Mohammedaner, der: → Moslem

Mohr, der: → Afrikaner

Möhre, die: Karotte; Mohrrübe · Wurzel (*bes. norddt*); gelbe Rübe (*süddt*)

Mohrrübe, die: → Möhre

mokant: → spöttisch

Mokick, das: → Motorrad

mokieren, sich: sich m. |über|: → spotten (1)

Mokka, der: → Kaffee (1)

Mole, die: → Hafendamm

Molkerei, die: → Milchwirtschaft (1)

Molle, die: 1. → Bier (b) – **2.** wie mit Mollen gießen: → gießen (2)

Mollenfriedhof, der: → Schmerbauch

mollig: 1. → dicklich (1) – **2.** → warm (1) – **3.** → weich (1, a)

Moloch, der: → Ungeheuer (1)

Molotowcocktail, der: → Sprengkörper

molsch: → faul (1)

molschen

molschen: → faulen
Moment: I. Moment, der: **1.** → Augenblick
(1) – **2.** im M.: → jetzt (1); im letzten M.:
→ Augenblick (2); vor einem M.: → eben
(2) – **II.** Moment, das: → Merkmal
momentan: 1. → jetzt (1) – **2.** → jetzig – **3.**
→ vorübergehend
Monarch, der: → Alleinherrscher
Monarchie, die: → Alleinherrschaft
Monat, der: alle drei Monate: → viertel-
jährlich
monatlich: allmonatlich · vierwöchentlich
Monatsblutung, die: → Menstruation
Monatsfluss, der: → Menstruation
Mönch, der: **1.** ⟨*Angehöriger eines Männer-
ordens*⟩ Ordensbruder · Klosterbruder ·
Frater; Kuttenträger (*auch abwert*); → auch
Nonne (1) – **2.** M. werden: ⟨*in einen Män-
nerorden eintreten*⟩ ins Kloster gehen – **3.**
leben wie ein M.: → enthaltsam (2)
Mond, der: **1.** ⟨*die Erde umkreisender
Himmelskörper*⟩ Erdtrabant + Himmelskör-
per ♦ *dicht:* [Frau] Luna – **2.** ⟨*einen Plane-
ten umkreisender Himmelskörper*⟩ Trabant ·
Satellit – **3.** → Glatze – **4.** hinter dem M.:
→ rückständig; in den M. gucken: → leer
(4); in den M. schreiben: → verloren (3)
mondän: → elegant (1)
Mondsüchtige, der: → Schlafwandler
monetär: → geldlich
Moneten (*Pl*): → Geld (1)
Moneymaker, der: → Großverdiener
monieren: → beanstanden
Monitor, der: → Bildschirm
Monitum, das: → Beanstandung
Monogamie, die: Einehe; → auch Ehe (1),
Bigamie, Polygamie
Monokel, das: → Einglas
monolingual: → einsprachig
Monopol, das: Alleinrecht; → auch Vor-
recht
Monopolkapitalismus, der: → Kapitalis-
mus
Monopolkapitalist, der: → Kapitalist
monopolkapitalistisch: → kapitalistisch
monoton: → einförmig
Monotonie, die: → Einförmigkeit
Monster, das: → Ungeheuer (1)
Monsterfilm, der: → Gruselfilm
monströs: 1. → gewaltig (1) – **2.** → miss-
gebildet
Monstrum, das: **1.** → Missgeburt – **2.** →
Ungeheuer (1)

Montag, der: blauen M. machen: → faulen-
zen (1)
Montage, die: Zusammenbau + Installation
Monteuranzug, der: *umg:* Blaumann
Montezuma: Montezumas Rache: → Durch-
fall (1)
montieren: zusammenbauen · zusammen-
setzen + installieren
Montur, die: **1.** → Kleidung (1) – **2.** →
Uniform
Monument, das: → Denkmal (1)
monumental: → gewaltig (1)
Moor, das: → Sumpf (1)
moorig: → sumpfig
Moos, das: **1.** → Sumpf (1) – **2.** → Geld (1)
moosartig: → weich (1)
moosig: 1. → sumpfig – **2.** → weich (1)
Moped, das: → Motorrad
Moppel, das: → Auto (1)
moppen: → fegen (1)
Mops: I. Mops, der: → Dicke (I *u.* II, 1) –
II. Möpse (*Pl*): → Geld (1)
mopsen: I. mopsen: → stehlen (1) – **II.**
mopsen, sich: → langweilen (II)
mopsfidel: → lustig
mopsig: 1. → dick (1) – **2.** → langweilig
Moral, die: **1.** → Sittlichkeit (1) – **2.** M.
predigen: → vorhalten
Moralapostel, der (*abwert*): Moralprediger
· Saubermann
moralisch: 1. → sittlich (1) – **2.** moralische
Bedenken: → Gewissensbisse (1); morali-
scher Niedergang: → Sittenverfall
Moralität, die: → Sittlichkeit (1)
Moralprediger, der: → Moralapostel
Moralpredigt, die: → Strafpredigt
Morast, der: **1.** → Schlamm – **2.** → Sumpf
(1)
morastig: 1. → schlammig – **2.** → sump-
fig
Moratorium, das: → Zahlungsaufschub
morbid: → krank (1)
Mord, der: **1.** ⟨*vorsätzl. Tötung eines Men-
schen aus niedrigen Beweggründen*⟩ Mord-
tat · Bluttat · Ermordung · Meuchelmord +
Raubmord · Ritualmord · Sexualmord ·
Lustmord; → auch Tötung, Blutbad – **2.** ei-
nen M. begehen: → morden (1); M. und
Totschlag: → Streit (1)
Mordanschlag, der: → Anschlag (2)
mordbegierig: → mordgierig
morden: 1. ⟨*einen Menschen aus niedrigen
Beweggründen vorsätzlich töten*⟩ einen

500

Mücken

Mord begehen · seine Hände mit Blut beflecken/besudeln + metzeln; → *auch* ermorden, töten (I, 1) – **2.** → ermorden – **3.** m. und brennen: → brandschatzen
Mörder, der: Meuchelmörder + Würger · Totschläger ♦ *salopp*: Killer; → *auch* Verbrecher
Mördergrube, die: aus seinem Herzen keine M. machen: → offenherzig (2)
mörderisch: 1. ⟨*mit viel Blutvergießen verbunden*⟩ blutig – **2.** → sehr – **3.** in mörderischem Tempo: → schnell (1, a)
mörderlich: → sehr
Mordgier, die: Mordlust · Blutgier · Blutdurst + das Amoklaufen
mordgierig: mordbegierig · blutgierig · blutdürstig · blutrünstig
Mordlust, die: → Mordgier
mordsdumm: → dumm (1)
Mordsdurst, der: → Durst (1)
Mordseifer, der: → Eifer (1)
Mordsgeschichte, die: → Abenteuer (1)
Mordshunger, der: → Hunger (1)
Mordskerl, der: → Kerl (1)
mordsmäßig: → sehr
Mordsstrapaze, die: → Anstrengung (2)
mordswenig: → wenig (1)
Mordtat, die: → Mord (1)
Mores (*Pl*): M. lehren: → zurechtweisen
morgen: lieber heute als m.: → sofort
Morgen, der: **1.** ⟨*Tageszeit*⟩ Frühe · Morgenstunde – **2.** am M.: → morgens; vom M. bis zum Abend: → ununterbrochen
Morgendämmerung, die: Morgengrauen · Dämmerung + Tagesanbruch · Dämmerlicht · Zwielicht; → *auch* Halbdunkel
Morgenessen, das: → Frühstück
Morgengrauen, das: → Morgendämmerung
Morgenimbiss, der: → Frühstück
Morgenkleid, das: → Morgenrock
Morgenland, das: → Orient
Morgenrock, der: Morgenkleid · Negligé; → *auch* Schlafanzug
morgens: früh[morgens] · am Morgen · in aller Frühe · beim/mit dem ersten Hahnenschrei + [früh]zeitig · vormittags · am Vormittag ♦ *umg:* in aller Herrgottsfrühe
Morgenstern, der: → Venus (1)
Morgenstunde, die: → Morgen (1)
Morpheus: in Morpheus' Armen liegen: → schlafen (1, a)
morsch: brüchig · mürbe · mulmig + vermodert

morsen: → telegrafieren, funken (1)
mörsern: → zerreiben
Mortalität, die: Sterblichkeit[srate] · Sterblichkeitsziffer
Mörtel, der: Pflaster (*schweiz*)
Mosch, der: → Abfall (I, 1)
Moschee, die: → Kirche (1)
moschen: → verschwenden
Möse, die: → Scheide (1)
mosern: → nörgeln
Moses, der: → Schiffsjunge
Moslem, der: Mohammedaner; Muslim[e] (*fachspr*)
Most, der: → Fruchtsaft
Moster, der: → Fruchtpresse
Mostert, der: → Senf (1)
Mostrich, der: → Senf (1)
Motel, das: → Hotel (1)
Motion, die: → Antrag (1)
Motionär, der: → Antragsteller (1)
Motiv, das: → Veranlassung
motivieren: 1. → anregen (1) – **2.** → begründen (1)
Motor, der: **1.** ⟨*Antriebsmaschine*⟩ Verbrennungsmotor + Triebwerk ♦ *umg:* Maschine – **2.** → Triebkraft
Motorrad, das: Krad · Maschine; Kraftrad (*amtsspr*) + Easyrider · Motorroller · Moped · Mokick · Mofa ♦ *umg:* heißer Ofen · Feuerstuhl · Töfftöff (*scherzh*)
Motorroller, der: → Motorrad
Motorschlepper, der: → Schlepper (1)
Motte, die: die Motten haben: → lungenkrank
Mottenkiste, die: in die M. gehören, aus der M. stammen: → veraltet (2)
Motto, das: → Wahlspruch
motzen: 1. → nörgeln – **2.** → schmollen
Motzerei, die: → Nörgelei
Mountainbike, das: → Fahrrad
moussieren: → sprudeln (1)
Mucke, die: **1.** → Laune (1) – **2.** → Schrulle (1) – **3.** die Mucken austreiben: → zurechtweisen
Mücke, die: **1.** ⟨*Blut saugendes Insekt*⟩ Stechmücke; Schnake (*landsch*); Gelse (*österr*) + Moskito – **2.** die/eine M. machen: → wegschleichen (I); aus einer M. einen Elefanten machen: → übertreiben (1)
Muckefuck, der: → Kaffee (2)
mucken: → aufbegehren
Mücken (*Pl*): → Geld (1)

Mucker

Mucker, der: **1.** → Duckmäuser – **2.** → Griesgram

muckerhaft: 1. → duckmäuserisch – **2.** → mürrisch

muckerisch: 1. → duckmäuserisch – **2.** → mürrisch

muckschen: → schmollen

mucksmäuschenstill: → still (1)

Mud, der: → Schlamm

muddeln: → trödeln (1)

muddig: → schlammig

müde: 1. ⟨*nach Ruhe od. Schlaf verlangend*⟩ ermüdet · schläfrig · ruhebedürftig · schlafbedürftig · todmüde · zum Umsinken müde + matt · [fuß]lahm · wegmüde · pflastermüde · schlaftrunken ♦ *umg:* bettreif ♦ *salopp:* hundemüde ♦ *derb:* saumüde; → *auch* erschöpft (1), schwach (1, a), unausgeschlafen – **2.** m. sein: ⟨*sich ausruhen wollen*⟩ Müdigkeit verspüren · schwere Lider haben · sich nicht mehr auf den Beinen halten können ♦ *umg:* vor Müdigkeit umfallen; nach dem Bettzipfel schielen (*scherzh*) – **3.** m. sein ⌐einer Sache⌐: → überdrüssig (1); sich m. arbeiten: → abmühen, sich

Müdigkeit, die: **1.** ⟨*das Müdesein*⟩ Ermüdung · Schläfrigkeit + Bettschwere; → *auch* Erschöpfung – **2.** M. verspüren, vor M. umfallen: → müde (2)

Muff, der: → Gestank

Muffe, die: jmdm. geht die M.: → ängstigen (II, 1)

Muffel, der: → Brummbär

muffelig: → mürrisch

muffeln: 1. → murren – **2.** → kauen (1)

Muffensausen, das: M. haben: → ängstigen (II, 1)

muffig: 1. → dumpf (1) – **2.** → faulig (1) – **3.** → mürrisch

Muh, die: → Kuh (1)

Mühe, die: **1.** ⟨*durch Schwierigkeiten bedingte Anstrengung*⟩ Beschwerlichkeit · Beschwernis · Beschwerde · Plage · Arbeit; Beschwer (*veraltend*); → *auch* Mühsal – **2.** → Anstrengung (1) – **3.** mit M.: ⟨*nur mit* [*größter*] *Anstrengung*⟩ gerade noch · eben noch · mit Hangen und Bangen ♦ *umg:* mit Hängen und Würgen · mit Ach und Krach; → *auch* kaum (1) – **4.** ohne M. erledigen/schaffen: → mühelos (2); [nur] mit M. [und Not]: → kaum (1); sich M. geben: **a)** → anstrengen (II, 1) – **b)** → bemühen (II, 1); M. machen: → schwer (5); keine M.

scheuen: → versuchen (I, 4); der/die M. wert sein: → lohnen (II)

mühelos: 1. ⟨*keine Anstrengung erfordernd*⟩ [kinder]leicht · einfach · easy · bequem + unproblematisch · unschwer – **2.** m. erledigen/schaffen: ⟨*ohne Anstrengung bewerkstelligen*⟩ spielend/ohne Mühe/ohne Schwierigkeiten erledigen/schaffen; sich spielen ⌐mit⌐ (*österr*) ♦ *umg:* aus dem Handgelenk/mit links/mit der linken Hand/dem kleinen Finger machen + mit einem Griff/ein paar Handgriffen erledigen

mühen, sich: → abmühen, sich

mühevoll: → mühsam

Muhkuh, die: → Kuh (1)

Mühle, die: → Fahrrad

Muhme, die: → Tante (1)

Mühsal, die: Plage · Kärrnerarbeit · Sklavenarbeit ♦ *gehoben:* Fron ♦ *umg:* Plackerei · Rackerei · Schinderei · Schufterei · Heidenarbeit · Pferdearbeit · Knochenarbeit ♦ *salopp:* Hundearbeit ♦ *derb:* Sauarbeit; → *auch* Anstrengung (2), Mühe (1)

mühsam: mühevoll · mühselig · beschwerlich + lästig; → *auch* anstrengend (1), schwierig (1)

mühselig: → mühsam

mukös: → schleimig (1)

Mulatte, der: → Mischling

Mulde, die: **1.** ⟨*flache Vertiefung im Gelände*⟩ Senke · Bodensenke · Bodenvertiefung · Geländesenkung · Gesenke · Talmulde · Talsenke; Delle (*landsch*); → *auch* Tal (1), Graben (2), Grube (1), Vertiefung (1) – **2.** → Trog

Muli, der: → Lasttier

Müll, der: Hausmüll · Abfall · Kehricht; → *auch* Abfall (I, 1)

Müllablageplatz, der: → Mülldeponie

Müllberg, der: → Mülldeponie

Müllcontainer, der: → Mülltonne

Mülldeponie, die: Müllkippe · Müllabladeplatz · Schuttabladeplatz · Müllgrube · Müllberg · Deponie

Mülleimer, der: Abfalleimer · Abfallbehälter; Kehrichtkübel (*schweiz*) ♦ *umg:* Dreckeimer; → *auch* Mülltonne

Müllgrube, die: → Mülldeponie

Müllkippe, die: → Mülldeponie

Müllkübel, der: → Mülltonne

Mülltonne, die: Abfalltonne + Abfallkübel · Müllkübel · Abfallfass · Müllcontainer · Container · Abfallbehälter; → *auch* Mülleimer

502

mulmig: 1. → morsch – **2.** → bedenklich (1), unbehaglich (1)
Multi, der: → Konzern
multidimensional: → vielschichtig
multikulturell: *umg:* multikulti
multilateral (*bes. Polit*): mehrseitig · vielseitig; → *auch* bilateral
multilingual: → mehrsprachig
multiplizieren: vervielfachen · malnehmen
Multitalent, das: Alleskönner · Allroundtalent · Allroundman · Allrounder
Mumifikation, die: → Einbalsamierung
mumifizieren: → einbalsamieren (1)
mumm: nicht m. sagen: → schweigen (1)
Mumm, der: **1.** → Mut (1) – **2.** → Kraft (1)
Mummelgreis, der: → Greis
Mümmelmann, der: → Hase (1)
mummeln: → murmeln
mümmeln: → kauen (1)
Mummenschanz, der: → Verkleidung (1)
Mumpitz, der: → Unsinn (1, a)
Mumps, der: Parotitis (*med*) ♦ *umg:* Ziegenpeter
Münchhaus[en]iade, die: → Lügengeschichte
Mund, der: **1.** ⟨*Teil des menschl. Gesichts*⟩ *umg:* Schnute · Schnabel ♦ *salopp:* Klappe · Rachen; Futterluke (*scherzh*); Flappe · Gosche · Gusche (*landsch*) ♦ *derb:* Maul · Schnauze · Fresse; → *auch* Mundwerk – **2.** den M. spülen: → gurgeln (1); ein Schloss vor dem M. haben: → schweigen (1); den M. halten: → schweigen (1 *u.* 2); reinen M. halten: → schweigen (2); den M. stopfen: → Schweigen (2); den M. auf dem rechten Fleck haben, nicht auf den M. gefallen sein: → schlagfertig (2); den M. auftun / aufmachen: → sprechen (1); sich jeden Bissen vom M. absparen: → sparsam (3); sich jeden Bissen vom M. absparen müssen: → arm (4); sich den M. wischen können: → leer (4); kein Blatt vor den M. nehmen: → aussprechen (I, 5); sich den M. fusselig / fransig / in Fransen reden: → einreden (2); den M. aufreißen: → aufspielen (II); den M. voll nehmen: → prahlen; nach dem M. reden: → schmeicheln (1); von M. zu M. gehen: → bekannt (4, a); in aller Munde sein: → bekannt (3); in den M. der Leute bringen: → verleumden (1); sich den M. verbrennen: → schaden (3); über den M. fahren: → unterbrechen (1); M. und Nase aufsperren / aufreißen: → staunen (1); den M. wässrig machen: → verlocken

Mundart, die: Idiom · Dialekt + Umgangssprache · Jargon
mundartlich: dialektal; dialektisch (*veraltend*) + umgangssprachlich · regional · landschaftlich
munden: → schmecken (1)
münden: m. |in|: einmünden · auslaufen |in| · ausmünden |in|; → *auch* zusammenfließen
mundfaul: → wortkarg
mundfertig: → schlagfertig
mündig: volljährig · großjährig; majorenn (*veraltet*); → *auch* erwachsen (1)
mundtot: m. machen: → Schweigen (2)
Mundtuch, das: → Serviette
Mundum, das: → Reinschrift
Mundvoll, der: → Bissen (1)
Mundvorrat, der: → Verpflegung (2)
Mundwerk, das: *umg:* Schlabber (*landsch, oft abwert*) ♦ *salopp:* Dreckschleuder (*abwert*); Gosche · Gusche (*landsch*) ♦ *derb:* Maulwerk · Schnauze; Schandmaul · Schandschnauze · Revolverschnauze (*abwert*); → *auch* Mund (1)
Munkelei, die: → Gerede (1)
munter: 1. ⟨*in fröhlich-lebhafter Verfassung*⟩ frisch · springlebendig · munter wie ein Fisch im Wasser · rege · regsam · mobil · alert ♦ *umg:* putzmunter · obenauf; kregel (*landsch*); resch (*südtt österr*); → *auch* lebhaft (1) – **2.** → wach (1) – **3.** m. wie ein Fisch im Wasser: → 1; m. werden: → aufwachen (1); m. sein: → wachen (1)
Münze, die: **1.** ⟨*Geld aus Metall*⟩ Geldstück + Hartgeld – **2.** → Münzstätte – **3.** für bare M. nehmen: → glauben (1); mit gleicher M. heimzahlen: → rächen (II)
Münzstätte, die: → Münze
mürbe: 1. → weich (1, b), morsch – **2.** → nachgiebig – **3.** m. machen: → zermürben (1 *u.* 2)
Murkel, der: → Kind (1)
Murks, der: → Ausschuss (2)
murksen: → stümpern
Murkser, der: → Stümper
Murkserei, die: **1.** → Stümperei – **2.** → Pfuscherei
Murmel, die: Glaskugel; Marmel · Marbel · Klicker · Schusser (*landsch*)
murmeln: vor sich hinsagen / hinreden ♦ *umg:* brabbeln · in den Bart brummen;

Murmeltier

mummeln (*landsch*); blubbern (*norddt*); → *auch* brummen (1)

Murmeltier, das: schlafen wie ein M.: → schlafen (1, b)

murren: knurren · brummen ♦ *umg*: muffeln; gnatzen (*norddt*); granteln (*süddt*)

mürrisch: griesgrämig · [gries]grämlich · bärbeißig · brummig · knurrig + verbittert ♦ *umg*: grätig · sauertöpfisch · miesepetrig · muff[el]ig; muckerisch · muckerhaft · murrköpfig (*landsch*); gnatzig (*norddt*); grantig (*süddt*); → *auch* missmutig

Murrkopf, der: → Brummbär

murrköpfig: → mürrisch

Mus, das: **1.** → Brei (1) – **2.** zu M. quetschen: → zerdrücken

musartig: → dickflüssig

Muschel, die: → Scheide (1)

Muschi, die: **1.** → Katze (1) – **2.** → Scheide (1)

Muschkote, der: → Infanterist

Musensohn, der: → Dichter (a)

Musentempel, der: → Theater (2)

Musical, das: → Operette

musig: → dickflüssig

Musik, die: **1.** ⟨*der akustische Eindruck des Musizierens*⟩ Klänge – **2.** M. machen: → musizieren

Musikant, der: → Musiker

Musikdrama, das: → Oper (1)

Musiker, der: Musikant; Musikus (*scherzh od. abwert*); Tonkünstler (*scherzh od. iron*)

Musikstück, das: → Komposition (1)

Musikus, der: → Musiker

Musikwerk, das: → Komposition (1)

musisch: → feinsinnig

musizieren: Musik machen · spielen · aufspielen; → *auch* konzertieren

Muskelmann, der: → Muskelprotz

Muskeln (*Pl*): die M. spielen lassen (*umg*): den starken Mann markieren

Muskelpaket, das: → Muskelprotz

Muskelprotz, der (*umg*): Kraftprotz + Muskelmann · Muskelpaket; → *auch* Rambo, Athlet

Muskeltraining, das: Bodybuilding

muskulös: → kräftig (1)

Muslim[e], der: → Moslem

Muss, das: → Zwang (1), Pflicht (1)

Mussbestimmung, die: → Vorschrift (1)

Muße, die: → Freizeit

müssen: 1. ⟨*einem Zwang unterliegen, etw. zu tun*⟩ sich gezwungen/genötigt sehen ·

gezwungen/genötigt sein · nicht umhinkönnen · keine [andere] Wahl haben · sich nicht enthalten können; sich bemüßigt sehen/fühlen (*oft iron*) + verurteilt sein ⎮zu⎮ – **2.** → sollen

Mußestunde, die: → Freizeit

Mußezeit, die: → Freizeit

müßig: 1. → untätig (1) – **2.** → unnötig – **3.** m. gehen: ⟨*keiner sinnvollen Tätigkeit nachgehen*⟩ in den Tag hinein leben; → *auch* faulenzen (1)

Müßiggang, der: Nichtstun · Dolcefarniente · Dolce Vita · Schlaraffenleben; → *auch* Faulheit, Faulenzerdasein

Müßiggänger, der: → Faulenzer (1)

Müßigkeit, die: → Faulheit

Mußspritze, die: → Regenschirm (1)

Muster, das: **1.** ⟨*als Vorbild dienendes Exemplar*⟩ Modell · Musterstück · Vorlage + Zeichnung · Musterzeichnung · Dessin · Schablone · Schema; → *auch* Vorbild (1) – **2.** ⟨*Ware zur Ansicht*⟩ Musterstück · Mustersendung · Warenprobe · Probe · Sample · Ansichtssendung; → *auch* Ausstellungsstück, Auswahl (2)

Musterausstellung, die: → Messe (1)

Musterbeispiel, das: → Musterfall (1)

Musterbetrieb, der: Vorzeigebetrieb · Vorzeigeunternehmen

Musterbild, das: → Vorbild (1)

Musterfall, der: **1.** ⟨*als Beispiel geeigneter bzw. geltender Fall*⟩ Präzedenzfall · Schulbeispiel · Musterbeispiel – **2.** → Inbegriff

mustergültig: → vorbildlich

musterhaft: → vorbildlich

Mustermesse, die: → Messe (1)

mustern: → ansehen (I, 3), anstarren, durchsehen (2)

Mustersammlung, die: → Auswahl (2)

Musterschau, die: → Messe (1)

Musterschüler, der: → Klassenbeste

Mustersendung, die: → Muster (2)

Musterstück, das: → Muster (1 u. 2)

Musterung, die: Durchsicht · Sichtung + Überprüfung

Musterzeichnung, die: → Muster (1)

Mustopf, der: aus dem M. kommen: → ahnungslos (3)

Mut, der: **1.** ⟨*die Fähigkeit, [in gefährl. Situationen] seine Angst zu unterdrücken*⟩ Furchtlosigkeit · Unerschrockenheit · Beherztheit · Mannhaftigkeit · Mannesmut · Löwenmut + Zivilcourage ♦ *umg*: Courage

504

mythisch

· Herz · Mumm; Traute (*landsch*); → *auch* Tapferkeit, Kühnheit – **2.** guten Mutes: → optimistisch (1); M. machen/verleihen: → ermutigen; M. fassen: → ermannen, sich; den M. haben: → wagen (1); M. zusprechen: → trösten; den M. nehmen: → entmutigen; den M. verlieren: → verzagen (1); nicht den M. verlieren: → verzagen (2)

mutabel: → veränderlich

Mutation, die: → Stimmwechsel

mutieren: m. |zu|: → ändern (II)

mutig: 1. 〈*Mut besitzend*〉 unerschrocken · beherzt · couragiert · mannhaft · mutvoll · todesmutig + männlich · standhaft; → *auch* entschlossen (1), kühn, tapfer, furchtlos – **2.** m. sein: 〈*seine Angst überwinden*〉 *salopp*: den inneren Schweinehund besiegen

mutlos: kleinmütig · zaghaft · verzagt; → *auch* entmutigt, niedergeschlagen (1)

Mutlosigkeit, die: Kleinmut · Zaghaftigkeit · Verzagtheit; → *auch* Pessimismus, Feigheit

mutmaßen: → vermuten

mutmaßlich: → wahrscheinlich

Mutmaßung, die: → Vermutung (1)

Muttchen, das: → Mutter (1)

Mutter, die: 1. 〈*Frau in Bezug auf ihre Kinder*〉 + Mutterherz ♦ *dicht:* Mütterlein ♦ *umg:* Mama · alte Dame; Mutti (*vertraul*); Muttchen · Mamachen (*Kosef*); Mami (*kinderspr*) ♦ *salopp:* die Alte – **2.** Vater und M.: → Eltern (1); M. werden, sich M.

fühlen: → schwanger (2); M. Natur: → Natur (1); bei M. Grün: → Natur (4); bei Muttern: → daheim (1)

Mutterfreuden (*Pl*): M. entgegensehen: → schwanger (2)

Mutterherz, das: → Mutter (1)

Mutterleib, der: *gehoben:* Schoß

Mütterlein, das: → Mutter (1)

mütterlich: → fürsorglich (1)

Mutterschwein, das: → Schwein (1, b)

mutterseelenallein: → allein (1)

Muttersöhnchen, das: → Weichling

Muttertier, das: Alttier · die Alte

Mutterwitz, der: → Witz (2)

Mutti, die: 1. → Mutter (1) – **2.** kleine M.: → altklug; Muttis Liebling: → Weichling

mutual: → wechselseitig

mutvoll: → mutig (1)

Mutwille, der: → Übermut

mutwillig: 1. → übermütig (1) – **2.** → absichtlich

Mütze, die: 1. 〈*auf dem Kopf getragenes Kleidungsstück ohne Krempe*〉 Kopfbedeckung + Baskenmütze · Pudelmütze · Kappe · Käppi ♦ *umg:* Deckel · Bibi (*scherzh*) + Blaser (*landsch*); → *auch* ¹Hut (1) – **2.** ohne M.: → barhäuptig

Mykose, die: → Pilzerkrankung

mysteriös: → geheimnisvoll (1)

Mysterium, das: → Geheimnis (1)

mystisch: → geheimnisvoll (1)

mythisch: → sagenhaft (1)

N

Nabelschau, die: → Selbstbespiegelung
Nabob, der: → Geldmann
nach: 1. 〈*das Folgen auf etw. bezeichnend*〉 im Anschluss an; → *auch* danach (1) – **2.** → gemäß (I) – **3.** → an (2) – **4.** n. hinten: **a)** → hinter (1) – **b)** → rückwärts (1) – **c)** → zurück (1); n. oben: → hinauf; n. unten: → hinunter; n. und n.: → allmählich; der Reihe n., n. der Reihe, einer *bzw.* eins n. dem anderen, eine nach der anderen: → nacheinander; n. wie vor: **a)** → immer (3) – **b)** → weiterhin (1)
nachäffen: → nachahmen
Nachäffer, der: → Nachbeter
Nachäffung, die: → Nachahmung
nachahmen: nachmachen · gleichtun · imitieren · kopieren; [nach]äffen (*abwert*); → *auch* nachbilden
nachahmenswert: → vorbildlich
Nachahmer, der: **1.** 〈*fremde schöpfer. Leistungen Kopierender*〉 Plagiator + Kopist · Abschreiber – **2.** → Epigone – **3.** → Imitator
Nachahmung, die: Imitation · Kopie · Plagiat; Nachäffung (*abwert*); → *auch* Nachbildung (2)
nacharbeiten: 1. 〈*durch nachträgliches Arbeiten einen Rückstand aufholen*〉 nachholen; → *auch* aufholen (1) – **2.** 〈*ein Werkstück usw. verbessern*〉 überarbeiten – **3.** → nachbilden
nacharten: → nachgeraten
nachbessern: → reparieren
nachbeten: → nachreden (1)
Nachbeter, der (*umg; abwert*): *normalspr:* Nachäffer ♦ *umg:* Nachplapperer · Papagei + Echo
nachbilden: nachschaffen · kopieren · reproduzieren · wiedergeben · nacharbeiten · nachformen; abklatschen · klischieren (*abwert*) + abformen · abdrücken · abgießen · abbilden · nachmalen; → *auch* nachahmen

Nachbildung, die: **1.** 〈*das Nachschaffen eines Werkes der bildenden Kunst*〉 Reproduktion · Wiedergabe + Abguss – **2.** 〈*das nachgeschaffene Werk*〉 Kopie · Reproduktion · Replik · Wiedergabe; Abklatsch · Klischee (*abwert*) + Abguss; → *auch* Nachahmung
nachbleiben: 1. → zurückbleiben (1) – **2.** → nachsitzen
nachblicken: → nachsehen (1)
nachdem: 1. → danach (1) – **2.** je n.: → möglicherweise
nachdenken: 1. 〈*sich gedanklich mit etw. beschäftigen*〉 denken · [nach]sinnen · nachgrübeln · reflektieren · meditieren · Überlegungen anstellen · seinen Geist / den Kopf anstrengen · sich den Kopf zerbrechen · das / sein Hirn strapazieren / zermartern + versunken sein · rätseln; → *auch* grübeln, überlegen (I, 1) – **2.** n. |über|: → überlegen (I, 1)
nachdenklich: gedankenvoll · versonnen · grüblerisch · grübelnd · tiefsinnig · besinnlich · versunken (1) · in sich gekehrt; → *auch* geistesabwesend (1), sorgenvoll
nachdichten: → ²dichten (1, a)
Nachdruck, der: **1.** → Nachdrücklichkeit – **2.** → Reprint – **3.** unveränderter N.: → Reprint
nachdrucken: → veröffentlichen
nachdrücklich: [ein]dringlich · dringend · energisch · ernstlich · ernst[haft] · ultimativ · emphatisch · mit Aplomb + intensiv; → *auch* bestimmt (1), inständig
Nachdrücklichkeit, die: Nachdruck · Eindringlichkeit · Dringlichkeit · Entschiedenheit · Bestimmtheit · Emphase + Energie · Inständigkeit
nachdrucksvoll: → betont
nacheifern: nachstreben · es gleichtun wollen + nachleben · nachfolgen
nacheifernswert: → vorbildlich
nacheilen: nachhetzen · nachjagen · hinterherjagen · nachrennen · hinterherrennen ·

506

nachlaufen

nachstürzen · hinterherstürzen; hinterdrein jagen (*veraltend*); → *auch* folgen (1), verfolgen (1)

nacheinander: hintereinander · der Reihe nach · nach der Reihe · einer *bzw.* eins nach dem anderen · eine nach der anderen ♦ *umg*: aufeinander

Nacheinander, das: → Reihenfolge

nachempfinden: → nachfühlen

Nachen, der: → Boot

nacherzählen: wiedererzählen

Nachfahr, der: → Nachkomme (1)

nachfolgen: 1. → folgen (1) – 2. → nacheifern

nachfolgend: 1. → danach (1) – 2. → folgend (a)

Nachfolger, der: Amtsnachfolger

nachformen: → nachbilden

nachforschen: forschen · nachsuchen · nachspüren · recherchieren · ermitteln · Recherchen/Ermittlungen/Nachforschungen anstellen; erheben (*südd österr amtsspr*) ♦ *umg*: hinterhaken ♦ *salopp*: baldowern (*landsch*); → *auch* suchen (1), auskundschaften (1)

Nachforschung, die: 1. → Suche (1) – 2. Nachforschungen anstellen: → nachforschen

Nachfrage, die: 1. → Kaufinteresse – 2. → Interesse (1)

nachfragen: → erkundigen, sich

nachfühlen: nachempfinden

nachgaffen: → nachsehen (1)

nachgeben: 1. ⟨seine Position nicht halten können⟩ sich beugen · sich fügen · einlenken · zurückweichen · [dem Zwang] weichen · zurückstecken · lockerlassen + Abstriche machen ♦ *umg*: klein beigeben · weich [in den Knien] werden · in die Knie gehen · wegknicken · einknicken · zu Kreuze kriechen · einen Rückzieher machen · zurückrudern ♦ *salopp*: Flötentöne anstimmen · den Schwanz einziehen; → *auch* abfinden (II, 2), gehorchen (1), unterliegen (1) – 2. nichts n.: → ebenbürtig (3); nicht n.: **a)** → aushalten (2) – **b)** → beharren (1)

nachgehen: → verfolgen (1)

nachgemacht: → unecht (1)

nachgeordnet: → nebensächlich

nachgerade: → ausgesprochen (1)

nachgeraten: nachschlagen ♦ *gehoben*: nacharten

nachgiebig: schwach · willensschwach · willenlos · weich · weichlich; weichmütig (*veraltend*) + mürbe; → *auch* gutmütig (1), gehorsam (1), haltlos (1)

Nachgiebigkeit, die: Schwäche · Willenlosigkeit · Weichheit + Versöhnlichkeit

nachgrübeln: → nachdenken (1)

nachgucken: → nachsehen (1)

Nachhall, der: → Echo (1)

nachhaltig: → dauernd (1)

nachhelfen: → beschleunigen

nachher: → danach (1)

Nachher, das: → Zukunft (1)

nachhetzen: → nacheilen

nachhinein: im Nachhinein: → danach (1)

nachhinken: → zurückbleiben (1)

nachholen: → nacharbeiten (1)

nachjagen: 1. → nacheilen – 2. → verfolgen (1)

nachjammern: → nachtrauern (1)

Nachkomme, der: 1. ⟨*Verwandter aus einer nachfolgenden Generation*⟩ Enkel · Nachfahr · Abkömmling + Erbe ♦ *gehoben*: Spross · Abkomme; → *auch* Kind (2) – 2. → Kind (2)

nachkommen: → folgen (1)

Nachkommenschaft, die: Nachwuchs; Kindersegen (*oft scherzh*) + Nachzucht

Nachkömmling, der: Spätling · Nachzügler

nachlallen: → nachreden (1)

Nachlass, der: 1. → Hinterlassenschaft – 2. → Rabatt

nachlassen: 1. ⟨*an Intensität bzw. Stärke verlieren*⟩ abnehmen · zurückgehen · sich abschwächen · im Rückgang begriffen sein · absinken · abklingen · abflauen · abebben · abschwellen + ermatten · erlahmen · abflachen · abbauen · erlöschen – 2. → senken (I, 1) – 3. → erleichtern (I, 1) – 4. nicht n.: → festbleiben (1)

Nachlassen, das: → Verringerung

Nachlassenschaft, die: → Hinterlassenschaft

nachlässig: 1. ⟨*ohne die nötige Sorgfalt*⟩ liederlich · unsorgfältig · lax; lässig (*veraltend*) + säumig · saumselig · salopp ♦ *umg*: schlampig; luschig (*landsch*) + lotterig; schlappig (*landsch*) ♦ *salopp*: + latschig; → *auch* leichtfertig, unordentlich, ungenau (1) – 2. n. sein: ⟨*nicht die nötige Sorgfalt walten lassen*⟩ es nicht so genau nehmen + die Zügel schleifen lassen

nachlaufen: 1. → folgen (1) – 2. → werben (2, a)

nachleben

nachleben: → nacheifern
nachlegen: → draufsetzen
nachlesen: → nachschlagen (1)
nachmachen: 1. → nachahmen – **2.** → fälschen
nachmalen: → nachbilden
nachmals: → danach (1)
Nachmittagskaffee, der: Vesper (*landsch*); Jause (*österr*) ♦ *umg*: das Kaffeetrinken; → *auch* Abendbrot (1), Imbiss (1)
Nachname, der: → Familienname
Nachplapperer, der: → Nachbeter
nachplappern: → nachreden (1)
nachprüfen: → überprüfen
Nachraum, der: → Abfall (I, 1)
Nachrede, die: **1.** → Nachwort – **2.** → Verleumdung – **3.** üble/böse N.: → Verleumdung
nachreden: 1. ⟨*die Meinung eines anderen gedankenlos übernehmen*⟩ nachsprechen · nachsagen ♦ *umg*: nachbeten · nachplappern (*abwert*) ♦ *salopp*: nachlallen (*abwert*) – **2.** Übles n.: → verleumden (1)
nachrennen: → nacheilen
Nachricht: I. Nachricht, die: ⟨*etw. Neues bzw. Wichtiges vermittelnde Mitteilung*⟩ Botschaft · Information · Meldung · Message · Medienbericht · Pressemitteilung · Neuigkeit + Post ♦ *gehoben*: Kunde; → *auch* Mitteilung (1) – **II.** Nachrichten (*Pl*): ⟨*Nachrichtensendung*⟩ News
Nachrichtendienst, der: → Geheimdienst
Nachrichtensprecher, der: Anchor[man] · Sprecher; Ansager (*veraltend*)
nachrücken: → aufschließen (2)
Nachruf, der: Nekrolog + Gedenkrede · Gedächtnisrede · Würdigung
nachsagen: → nachreden (1)
Nachsatz, der: → Nachschrift (2)
nachschaffen: → nachbilden
nachschauen: → nachsehen (1)
nachschlagen: 1. ⟨*in einem Buch suchen u. lesen*⟩ nachlesen · nachsehen – **2.** → nachgeraten
Nachschlagewerk, das: Lexikon · Enzyklopädie + Kompendium · Handbuch; → *auch* Wörterbuch, Leitfaden (1)
Nachschlüssel, der: + Dietrich
Nachschrift, die: **1.** ⟨*Niederschrift nach Ansage*⟩ Diktat – **2.** ⟨*Briefzusatz*⟩ Nachsatz · Postskript[um]
nachsehen: 1. ⟨*mit den Blicken folgen*⟩ hinterhersehen · nachschauen · hinterher-

schauen · nachblicken · hinterherblicken + nachspähen ♦ *umg*: nachgucken; nachgaffen (*abwert*) – **2.** ⟨*nicht bestrafen od. tadeln*⟩ Nachsicht üben · durchgehen/hingehen lassen · Gnade vor Recht ergehen lassen ♦ *umg*: durchlassen · ein Auge/beide Augen zudrücken · durch die Finger sehen + fünf[e] gerade sein lassen; → *auch* zulassen (1) – **3.** → kontrollieren (1) – **4.** → nachschlagen (1)
Nachsehen, das: das N. haben: → leer (4)
nachsetzen: → verfolgen (1)
Nachsicht, die: **1.** ⟨*verzeihende Haltung*⟩ Schonung · Indulgenz · Gnade; → *auch* Rücksicht (1) – **2.** → Toleranz – **3.** N. üben: → nachsehen (2)
nachsichtig: 1. ⟨*mit Nachsicht*⟩ indulgent · glimpflich; → *auch* mild[e] (1), rücksichtsvoll – **2.** → tolerant
nachsinnen: → nachdenken (1)
nachsitzen: nachbleiben ♦ *umg*: dableiben
Nachsommer, der: → Herbst (1)
nachspähen: → nachsehen (1)
Nachspann, der: → Abspann
Nachspeise, die: → Nachtisch
Nachspiel, das: **1.** ⟨*Abschluss eines Theaterstückes*⟩ Epilog – **2.** ⟨*später auftretende od. erkennbar werdende unangenehme Folgen*⟩ Nachwirkung ♦ *umg*: böses Ende; → *auch* Folge (1)
nachsprechen: → nachreden (1)
nachspüren: → nachforschen
nächst: 1. → folgend (a) – **2.** → neben (1) – **3.** in nächster Zeit: → bald (1)
nachstehen: 1. → zurückbleiben (1) – **2.** nicht n.: → ebenbürtig (3)
nachstehend: → folgend (b)
nachsteigen: → verfolgen (1)
nachstellen: → verfolgen (1), jagen (1)
Nachstellung, die: → Verfolgung
Nächstenliebe, die: → Wohltätigkeit
nächstens: → bald (1)
nachstreben: → nacheifern
nachstürzen: → nacheilen
nachsuchen: 1. → nachforschen – **2.** n. |um|: → bitten (2)
Nacht, die: **1.** → Dunkelheit – **2.** [mitten] in der N.: → nachts; N. werden: → dämmern (2); über N.: → plötzlich (1); wie Tag und N.: → verschiedenartig; bei N. und Nebel: → heimlich (1); zu[r] N. essen, zur N. speisen: → Abend (4); lange N. machen: → durchfeiern; sich die N. um die Ohren

508

schlagen: → wachen (1); schlaflose Nächte bereiten: **a)** → Sorge (4) – **b)** → beunruhigen (I); schlaflose Nächte haben: → Sorge (3)

Nachtasyl, das: → Obdachlosenasyl

Nachtbar, die: → Nachtlokal

Nachtbummler, der: → Nachtschwärmer

Nachteil, der: **1.** ⟨*negativer Aspekt einer im Übrigen positiven Sache*⟩ Schattenseite · Kehrseite + Ungunst – **2.** von N. sein, zum N. gereichen: → schaden (2)

nachteilig: → schädlich (2), ungünstig

nachten: → dämmern (2)

Nachtessen, das: → Abendbrot (1)

Nachtfalter, der: → Nachtschwärmer

Nachtgewand, das: → Schlafanzug

Nachthemd, das: → Schlafanzug

nächtig: → dunkel (1)

nächtigen: → übernachten

Nächtigung, die: → Übernachtung

Nachtisch, der: Dessert · Nachspeise

Nachtklub, der: → Nachtlokal

Nachtlager, das: → Lager (2)

nächtlich: zu nächtlicher Stunde: → nachts

Nachtlokal, das: Nachtbar · Nachtklub · Nightclub + Stripteaselokal; → *auch* Amüsierlokal

Nachtmahl, das: → Abendbrot (1)

nachtmahlen: → Abend (4)

Nachtmahr, der: → Angsttraum

Nachtmütze, die: → Schlafmütze (1 *u.* 2)

Nachtrabe, der: → Nachtschwärmer

Nachtrag, der: → Ergänzung (1 *u.* 2)

nachtragen: 1. → verübeln – **2.** → ergänzen (1)

nachtragend: → rachsüchtig

nachträglich: → hinterher (1)

nachtrauern: 1. ⟨*lange Zeit großes Bedauern über einen Verlust empfinden*⟩ nachweinen · nachjammern – **2.** nicht n. ⟨*kein Bedauern über einen Verlust empfinden*⟩ keine Träne nachweinen

Nachtruhe, die: → Schlaf (1, a)

nachts: [mitten] in der Nacht · nachtsüber · zur Nachtzeit · zur Schlafenszeit · zu nachtschlafender Zeit/Stunde ♦ *gehoben:* zu nächtlicher Stunde; → *auch* abends

nachtschlafend: zu nachtschlafender Zeit/ Stunde: → nachts

Nachtschwärmer, der: Nachtbummler; Nachtrabe · Nachtfalter (*landsch*); Drahrer (*österr umg*)

Nachtseite, die: → Schattenseite (1)

nachtsüber: → nachts

Nachtwächter, der: → Schlafmütze (2)

nachtwandeln: → schlafwandeln (1)

Nachtwandler, der: → Schlafwandler

nachtwandlerisch: mit nachtwandlerischer Sicherheit: → sicher (3)

Nachtzeit, die: zur N.: → nachts

nachvollziehen: → verstehen (I, 2)

nachwachsend: → regenerativ

nachweinen: 1. → nachtrauern (1) – **2.** keine Träne n.: → nachtrauern (2)

Nachweis, der: **1.** → Beweis (1 *u.* 2) – **2.** → Bescheinigung (1) – **3.** den N. führen |für|: → beweisen (1 *u.* 2); den N. erbringen |für|: → beweisen (1)

nachweisbar: → beweisbar

nachweisen: → beweisen (1 *u.* 2)

nachweislich: bewiesenermaßen · erwiesenermaßen

Nachwirkung, die: **1.** → Folge (1) – **2.** → Nachspiel (2)

Nachwort, das: Schlusswort · Epilog; Nachrede (*veraltend*)

Nachwuchs, der: → Nachkommenschaft

nachzeichnen: → abzeichnen (I, 1)

nachziehen: 1. → festziehen – **2.** → aufholen (1) – **3.** die Lippen n.: → schminken (II)

nachzotteln: → zurückbleiben (1)

Nachzucht, die: → Nachkommenschaft

Nachzügler, der: → Nachkömmling

Nackedei, der (*umg; scherzh*): Nacktfrosch

Nackedonien: → Nacktbadestrand

Nacken, der: **1.** ⟨*hinterer Teil des Halses*⟩ Genick; → *auch* Hals (1) – **2.** den N. beugen: → demütigen (II); den N. steif halten: → verzagen (2); auf dem/im N. sitzen: → bedrängen (1)

nackend: → nackt

Nackenschlag, der: → Unannehmlichkeit

nackert: → nackt

nackicht: → nackt

nackt: unbekleidet · bloß · hüllenlos · unverhüllt · entblößt · fasernackt · splitter[faser]nackt · unbedeckt; wie Gott jmdn. geschaffen hat (*scherzh*) ♦ *umg:* pudelnackt; im Naturzustand · in natura · im Adamskostüm · im Evakostüm · textilfrei · barfuß bis an den Hals (*scherzh*); nackend · nackicht · nackert (*landsch*)

Nacktbadestrand, der: FKK-Strand ♦ *umg:* Antitextilstrand · Nackedonien (*scherzh*); Abessinien · Kamerun (*veraltet scherzh*)

Nacktfrosch, der: → Nackedei
Nacktheit, die: Blöße · Nudität
Nadel, die: **1.** ⟨*Schmuckstück*⟩ Brosche · Anstecknadel · Vorstecknadel · Spange; Fibel (*hist*) + Krawattennadel – **2.** an der N. hängen: → rauschgiftsüchtig (2); wie auf Nadeln sitzen: → ungeduldig (1)
nadelspitz: → spitz (1)
Nagel, der: **1.** ⟨*Metallstift mit Kopf*⟩ Spieker (*seem*); Pinne (*landsch*) + Stift · Drahtstift – **2.** an den N. hängen: → aufgeben (3); nicht das Schwarze unterm N. gönnen: → neidisch (2); sich unter den N. reißen: → aneignen, sich (1); Nägel mit Köpfen machen: → erledigen (1); auf den Nägeln brennen: → eilen (I, 2)
nagelneu: → neu (1)
Nagelprobe, die: → Prüfung (1)
nagen: 1. ⟨*an etw. beißen*⟩ knabbern ♦ *umg*: knaupeln (*landsch*); kiefeln (*österr*) – **2.** am Hungertuch n.: → hungern (1)
nahe: 1. ⟨*nicht weit entfernt*⟩ nahebei · in der Nähe · zunächst · dicht bei · ein Steinwurf entfernt · in Reichweite · ein Katzensprung · zum Greifen nahe ♦ *salopp*: vor der Nase; → *auch* daneben (1), neben (1) – **2.** nah und fern: → überall (1); von/aus nah und fern: → überallher; n. kommen, näher kommen: → nähern, sich (1); sich n. kommen, sich näher kommen: → annähern (II, 1); nicht zu n. kommen: → fern (4); n. gehen: → ergreifen (3); n. legen: → raten (1); zu n. treten: → kränken
Nähe, die: **1.** → Umgebung (1) – **2.** in der N.: → nahe (1)
nahebei: → nahe (1), daneben (1)
nahen: I. nahen: → aufziehen (1) – **II.** nahen, sich: → nähern, sich (1)
nähen: 1. ⟨*durch Fadenstiche befestigen*⟩ sticheln + steppen – **2.** → schneidern
Näherin, die: → Schneiderin
Näherkommen, das: → Annäherung (1)
nähern, sich: **1.** ⟨*sich auf etw. oder jmdn. zubewegen*⟩ näher kommen · zukommen |auf| · herankommen · nahe kommen · sich annähern · zugehen |auf| · herangehen · herantreten; aufkommen (*seem*) + sich heranpirschen · [sich] heranschleichen · im Anzug sein ♦ *gehoben*: sich nahen ♦ *umg*: + sich heranmachen; → *auch* aufziehen (1), ankommen (1), kommen (1) – **2.** → kommen (1)
nahezu: → beinahe

Nähgarn, das: → Garn (1)
Nähkästchen, das: aus dem N. plaudern: → ausplaudern
nähren: → stillen (1)
nahrhaft: gehaltvoll · handfest ♦ *umg*: deftig
Nährmittel (*Pl*): → Lebensmittel
Nährmutter, die: → Amme
Nährstoff, der: → Nahrung
Nahrung, die: Ernährung · Essen · Speise · Kost; Atzung (*scherzh*) + Nährstoff · Fastfood · Slowfood; → *auch* Lebensmittel, Verpflegung (2), Futter (1)
Nahrungsgüter (*Pl*): → Lebensmittel
Nahrungsmittel (*Pl*): → Lebensmittel
Naht, die: auf den Nähten knien, auf die N. gehen: → bedrängen (1); auf die N. fühlen: → ausfragen; aus den/allen Nähten platzen: → dick (6); eine N. verpassen: → verprügeln
naiv: 1. → einfältig (1) – **2.** → gutgläubig
Naivität, die: → Einfalt
Najade, die: → Nixe
Name, der: falscher N.: → Deckname; unter anderem/falschem Namen: → inkognito; ohne Angabe des Namens: → anonym; seinen Namen setzen |unter|: → unterschreiben; dem Namen nach: → Schein (7); sich einen Namen machen: → hervortun, sich; einen guten Namen haben: → angesehen (2); das Kind beim [rechten] Namen nennen: → Wahrheit (2); in Gottes Namen: → meinetwegen (2)
namenlos: 1. → anonym – **2.** → unbekannt (1)
Namenszeichen, das: → Unterschrift
Namenszug, der: → Unterschrift
namentlich: → besonders (2)
namhaft: → berühmt (1)
Nanny, die: → Kinderfrau
Napf, der: **1.** → Schüssel (1) – **2.** → ¹Schale (1)
Napfkuchen, der: Topfkuchen; Aschkuchen · Bäbe (*landsch*); Gugelhupf (*süddt österr*); Gugelhopf (*schweiz*)
Naphtha, das: → Erdöl
Nappsülze, die: → Versager (1)
Narbe, die: Wundmal; Schmarre (*landsch*) + Schmiss
Narkose, die: Anästhesie (*med*) + Äthernarkose · Ätherrausch; → *auch* Betäubung (1)
narkotisch: → berauschend (1)

narkotisieren: → betäuben (I, 1)

Narr, der: **1.** → Dummkopf (2) – **2.** → Spaßmacher – **3.** → Grünschnabel – **4.** zum Narren halten: → narren; einen Narren gefressen haben |an|: → lieben (1)

narren: zum Besten haben/halten · zum Narren halten · anführen · nasführen · foppen · äffen + einen Aprilscherz machen |mit| ♦ *umg:* veralbern · veräppeln · veruzen · verulken · anulken · auf den Arm/auf die Schippe nehmen · an der Nase herumführen · am Narrenseil haben; pflanzen (*süddt österr*); am Schmäh halten (*österr*) + in den April schicken ♦ *salopp:* verkohlen · verklapsen · vergackeiern · auf den Besen laden ♦ *derb:* verscheißern · verarschen; → *auch* necken, täuschen (I)

Narrenpossen (*Pl*): → Narretei

Narrenseil, das: am N. haben: → narren

Narrenstreich, der: → Narretei

Narretei, die: Narrheit · Torheit · Narrenstreich · Narrenpossen + Donquichotterie · Kampf gegen Windmühlen[flügel]; → *auch* Unsinn (1, a), Widersinn (1)

Narrheit, die: → Narretei

närrisch: 1. → albern (1) – **2.** → verrückt (1) – **3.** → merkwürdig – **4.** → komisch (1) – **5.** → sehr

Narziss, der: → Egozentriker

naschen: schlecken · leckern (*landsch*)

Näschereien (*Pl*): → Konfekt

naschhaft: genäschig · vernascht; schleckig (*landsch*) + gefräßig

Naschkatze, die: → Leckermaul

Naschwerk, das: → Konfekt

Nase, die: **1.** ⟨Sinnesorgan⟩ Geruchsorgan · Riechorgan; Windfang (*weidm*) ♦ *umg:* Erker (*scherzh*) ♦ *salopp:* Riecher · Rüssel · Zinken · Riechkolben; Kartoffel · Knolle · Gurke · Kolben · Lötkolben (*meist scherzh*) ♦ *derb:* Rotznase · Rotzkolben – **2.** → Geruch (2) – **3.** [sich] die N. putzen/schnauben: → schnäuzen, sich; der N. nach: → geradeaus; vor der N.: → nahe (1); Mund und N. aufsperren/aufreißen: → staunen (1); eine feine N. haben |für|: → spüren (1); an der N. absehen: → erraten (1); an der N. ansehen: → anmerken (1); an der N. herumführen: → narren; eine N. drehen: → verladen; die N. voll haben: → überdrüssig (1); die N. vorn haben: → siegen; die N. hängen lassen: → niedergeschlagen (2); mit hängender N. abziehen: → abblitzen (1); die N.

hoch tragen: → eingebildet (3); die N. rümpfen |über|: → verachten (1); die N. ins Buch stecken: → lernen (1); seine N. in alles [hinein]stecken: → einmischen (II); auf die N. binden: → mitteilen (I); mit der N. stoßen |auf|: → hinweisen; die Würmer aus der N. ziehen: → ausfragen; unter die N. reiben: → vorhalten; die Faust unter die N. halten: → drohen (1); vor die N. setzen: → überordnen; sich die N. begießen: → betrinken, sich; auf der N. liegen: → krank (2); auf die N. fallen: → Misserfolg (2)

Nasenfahrrad, das: → Brille (1)

nase[n]lang: alle n.: → oft

Nasenschleim, der: *salopp:* Schnodder (*norddt*) + Popel ♦ *derb:* Rotz

Nasenspitze, die: an der N. ansehen: → anmerken (1)

Nasenstüber, der: → Stoß (1)

naseweis: → vorlaut

Naseweis, der: → Grünschnabel

nasführen: 1. → narren – **2.** → täuschen (I)

nass: 1. ⟨mit Flüssigkeit benetzt bzw. getränkt⟩ durchnässt · tropfnass · triefend · triefnass · nass bis auf die Haut + regennass ♦ *umg:* pudelnass · klatschnass · klitschnass · platschnass · quitschnass · quatschnass · patsch[e]nass · pitsch[e]nass · pitsch[e]patsch[e]nass; → *auch* feucht (1) – **2.** n. sein: ⟨völlig durchnässte Kleidung anhaben⟩ vor Nässe triefen ♦ *umg:* keinen trockenen Faden auf dem Leibe haben – **3.** die Kehle n. machen: → trinken (1, b); n. bis auf die Haut: → 1; ein nasses Grab finden: → ertrinken; das nasse Element: → Wasser (1); für n.: → kostenlos

Nass, das: **1.** → Wasser (1) – **2.** edles N.: → Wein (1)

Nassauer, der: → Schmarotzer (2)

nassauern: → schmarotzen (2), durchessen, sich

Nässe, die: **1.** → Feuchtigkeit – **2.** vor N. triefen: → nass (2)

nässen: → durchfeuchten (I, 1)

nassfest: → undurchlässig

nassforsch: → frech (1)

nässlich: → feucht (1)

Nastuch, das: → Taschentuch

Nates (*Pl*): → Gesäß

Nation, die: → Volk (1)

national: 1. ⟨die Nation betreffend⟩ vaterländisch; → *auch* patriotisch, nationalistisch – **2.** nationale Minderheit: → Volksgruppe

nationalisieren

nationalisieren: → verstaatlichen
Nationalismus, der: Chauvinismus · Hurra-
patriotismus (*abwert*)
Nationalist, der: Chauvinist (*abwert*)
nationalistisch: chauvinistisch (*abwert*); →
auch national (1)
Nationalitätenstaat, der: Mehrvölkerstaat ·
Vielvölkerstaat
Nationalmannschaft, die: → Auswahl (4)
Nationalsozialismus, der: → Faschismus
Natter, die: → Schlange (1)
Natur, die: **1.** ⟨*die nicht vom Menschen ge-
schaffene Umwelt*⟩ Feld und Wald; Physis
(*Philos*) ♦ *gehoben*: Naturreich · Mutter N.
– **2.** → Wesensart – **3.** die Stimme der N.:
→ Trieb (1) – **4.** in der freien N.: ⟨*außer-
halb der Häuser bzw. Siedlungen*⟩ im Grü-
nen/Freien; am Busen der N. (*scherzh*)
♦ *umg*: bei Mutter Grün; → *auch* draußen
(1) – **5.** Mutter N.: → 1
naturalisieren: → einbürgern (I)
naturbelassen: → rein (1)
Naturbursche, der: Naturkind · Natur-
mensch
Naturdünger, der: → Dünger (1, b)
Naturell, das: → Wesensart
Naturereignis, das: Naturerscheinung ·
Naturphänomen · Naturschauspiel · Natur-
wunder + Naturkatastrophe
Naturerscheinung, die: → Naturereignis
Naturfreund, der: Naturliebhaber · Natur-
mensch
naturgemäß: → natürlich (1)
Naturgesetz, das: → Gesetz (1)
naturgetreu: → natürlich (1)
Naturgewalt, die: Elementargewalt · Ele-
mentarkraft ♦ *gehoben*: Elemente
naturhaft: elementar[isch] · naturwüchsig ·
urwüchsig · urig · erdgebunden · erdverbun-
den · erdhaft; urchig (*schweiz*) + naturver-
bunden
Naturkatastrophe, die: → Naturereignis
Naturkind, das: → Naturbursche
Naturkost, die: → Biolebensmittel
Naturkostladen, der: → Bioladen
natürlich: 1. ⟨*der Natur entsprechend*⟩ na-
turgemäß · naturgetreu · ursprünglich +
ungekünstelt · unverbildet · unverfälscht ·
ungeziert · echt · genuin; → *auch* unge-
zwungen – **2.** → schlicht (2) – **3.** → selbst-
verständlich (1) – **4.** → ja (1)
natürlicherweise: → selbstverständlich (1)
Naturliebhaber, der: → Naturfreund

Naturmensch, der: **1.** → Naturfreund – **2.**
→ Naturbursche
Naturphänomen, das: → Naturereignis
Naturprodukt, das: → Rohstoff (1)
Naturreich, das: → Natur (1)
naturrein: → rein (1)
Naturschauspiel, das: → Naturereignis
Naturschützer, der: → Umweltschützer
Naturtheater, das: → Freilichtbühne
Naturtrieb, der: → Trieb (1)
naturverbunden: → naturhaft
naturwüchsig: → naturhaft
Naturwunder, das: → Naturereignis
Naturzustand, der: im N.: → nackt
Nazismus, der: → Faschismus
Nebbich, der: → Versager (1)
Nebel, der: **1.** ⟨*Lufttrübung durch kleins-
te Wassertröpfchen*⟩ Nebeldecke · Nebel-
schleier + Nebelbank · Nebelschwaden; →
auch Dunst (1) – **2.** → Dampf (1) – **3.** bei
Nacht und N.: → heimlich (1)
Nebelbank, die: → Nebel (1)
Nebeldecke, die: → Nebel (1)
nebelhaft: → unklar (1)
nebelig: → dunstig
Nebelschleier, der: → Nebel (1)
Nebelschwaden, der: → Nebel (1)
neben: 1. ⟨*örtlich*⟩ nächst · bei · zuseiten ·
seitlich |von|; → *auch* daneben (1), nahe
(1) – **2.** → gegenüber (2) – **3.** n. die Schule
gehen: → versäumen (2)
nebenan: 1. → daneben (1) – **2.** n. wohnen:
→ benachbart (2)
Nebenbahn, die: → Kleinbahn
Nebenbau, der: → Nebengebäude
nebenbei: 1. → beiläufig (1) – **2.** → daneben
(2) – **3.** n. bemerkt/gesagt: → übrigens
Nebenbuhler, der: Rivale; → *auch* Konkur-
rent (1)
nebeneinander: 1. → beieinander – **2.** n.
halten: → zusammenhalten (1)
Nebeneingang, der: → Seiteneingang
Nebenfigur, die: Randfigur · Statist + Hin-
terbänkler
Nebengebäude, das: Nebenbau; Stöckel
(*österr*); Dependance (*noch österr u.
schweiz*); → *auch* Anbau
Nebengelass, das: → Kammer (1)
nebenher: → daneben (2), beiläufig (1)
Nebenprodukt, das: Abfallprodukt · Ab-
fallerzeugnis
Nebenraum, der: **1.** → Kammer (1) – **2.** →
Abstellraum

Nebensache, die: Nebensächlichkeit + Beiwerk · Staffage; → *auch* Nichtigkeit (1)

nebensächlich: zweitrangig · sekundär · peripher · marginal · untergeordnet · akzessorisch · nachgeordnet · nachrangig · randständig · an zweiter Stelle · in zweiter Linie + ephemer; → *auch* unwichtig (1)

Nebensächlichkeit, die: → Nebensache

Nebenstelle, die: **1.** → Zweigstelle – **2.** → Vertretung (1)

Nebentür, die: → Seiteneingang

Nebenverdienst, der: Zusatzeinkünfte · Zuverdienst · Zusatzverdienst; Zubrot (*auch scherzh*)

nebst: → mit (1)

nebulos/nebulös: → unklar (1)

necken: foppen · föppeln · hänseln · zum Besten haben/halten · seinen Spaß machen/treiben |mit| · einen Streich/Possen spielen ♦ *umg*: frotzeln · uzen · aufziehen · verulken · anulken · auf den Arm/auf die Schippe nehmen; zecken · purren · zergen (*landsch*) ♦ *salopp*: anpflaumen; → *auch* narren, scherzen, verspotten

Neckerei, die: Schelmerei · Hänselei · Fopperei ♦ *umg*: Uz · Gehänsel · Frotzelei ♦ *salopp*: Anpflaumerei; → *auch* ²Scherz (1), Spott (1)

neckisch: → spaßig (1)

Neckname, der: → Spitzname

Negation, die: → Verneinung

negativ: → ablehnend (1)

Neger, der: **1.** → Afroamerikaner – **2.** → Afrikaner

negieren 1. → leugnen (1) – **2.** → verneinen (1)

Negierung, die: → Verneinung

Negligé, das: → Morgenrock

nehmen: I. nehmen: **1.** → ergreifen (1) – **2.** → kaufen (1) – **3.** → rauben (1), stehlen (1) – **4.** → erobern (1), wegnehmen (1) – **5.** zu sich n.: → essen (1); einen n.: **a)** → trinken (1, b) – **b)** → heiraten (3); eine n., zur Frau/zum Weibe n.: → heiraten (2); sich n.: **a)** → aneignen, sich (1) – **b)** → bedienen (II, 1); an sich/in Verwahrung n.: → aufbewahren; in Haft n.: → verhaften; in Empfang n.: → empfangen (1); Abschied n.: → verabschieden (II, 1); den/seinen Abschied/seinen Rücktritt n.: → zurücktreten (1); Abstand n. |von|: → verzichten; Platz n.: → setzen (II, 1); [einen] Anlauf n.: → ansetzen (2); in Angriff n.: → anfangen

(1, a); seinen Anfang n.: → anfangen (1, b); Reißaus n.: → fliehen (1); ein Ende n.: → enden (1, b); in Augenschein n.: → ansehen (I, 3); aufs Korn n.: **a)** → zielen (1) – **b)** → beobachten (1); sich zu Herzen n.: → beherzigen; nicht ernst/für voll n.: → unterschätzen; die Spitze/den Stachel n.: → entschärfen (1); die Hoffnung n.: → entmutigen; auf seine Kappe/seinen Buckel n.: → verantworten (I); sich zum Vorbild n.: → anlehnen (II, 2); sich zum Vorbild n. können: → Vorbild (2); für bare Münze n.: → glauben (1); zum Ausgangspunkt n.: → ausgehen (9, a); seinen Ausgang n. |von|: → ausgehen (9, b); Bezug/Beziehung n. |auf|: → berufen (II); Stellung n.: → äußern (II, 1); kein Blatt vor den Mund n.: → aussprechen (I, 5); Schaden n.: → verunglücken (1); hart im Nehmen: → zäh (1) – **II.** nehmen, sich: sich in Acht n.: → vorsehen (II)

Neid, der: **1.** ⟨*negative Empfindung Bevorzugten gegenüber*⟩ Missgunst; Scheelsucht (*veraltend*) + Brotneid · Futterneid; → *auch* Eifersucht – **2.** vor N. erblassen/bersten/platzen/gelb werden/grün werden: → neidisch (2)

neiden: missgönnen · nicht gönnen + beneiden; → *auch* neidisch (2)

Neider, der: Neidling (*landsch*) ♦ *umg*: Neidhammel · Neidkragen (*abwert*)

neiderfüllt: → neidisch (1)

Neidhammel, der: → Neider

neidig: → neidisch (1)

neidisch: 1. ⟨*Neid empfindend*⟩ missgünstig · neiderfüllt; neidig (*noch landsch*); scheelsüchtig (*veraltend*) ♦ *umg*: schiefmäulig (*veraltend*) – **2.** n. sein: ⟨*von Neid erfüllt sein*⟩ vor Neid erblassen/bersten · scheele Augen machen + beneiden ♦ *umg*: vor Neid platzen/gelb werden/grün werden · nicht das Schwarze unterm Nagel/das Salz in der Suppe/das Weiße im Auge gönnen; → *auch* neiden

Neidkragen, der: → Neider

Neidling, der: → Neider

Neige, die: **1.** → Rest (I, 1) – **2.** zur N. gehen: **a)** → ausgehen (2) – **b)** → enden (1, b)

neigen: I. neigen: **1.** → beugen (I, 1) – **2.** n. |zu|: ⟨*im Denken bzw. Handeln eine best. Richtung nehmen*⟩ hinneigen |zu| · tendieren |zu| – **3.** sein Ohr n.: → anhören (I, 1) – **II.** neigen, sich: → senken (II)

513

Neigung, die: **1.** ⟨*geistiges Hingezogensein*⟩ Hinneigung · Inklination · Hang; → *auch* Vorliebe (1), Tendenz (2) – **2.** → Gefälle (1)

nein: nein doch · nicht doch · nicht, dass ich wüsste ♦ *umg*: nichts da · das fehlte gerade noch · um Himmels willen ♦ *salopp*: + denkste; → *auch* keineswegs

Nein, das: 1. → Ablehnung – **2.** N. sagen, mit N. [be]antworten: **a)** → verneinen (1) – **b)** → ablehnen (1)

Nekrolog, der: → Nachruf

Nekropsie, die: → Obduktion

nennen: 1. ⟨*mit einer [kränkenden] Bezeichnung belegen*⟩ heißen · rufen · taufen · benennen · betiteln · titulieren · bezeichnen |als| · schimpfen ♦ *gehoben*: schelten ♦ *umg*: benamsen (*scherzh*) – **2.** → bezeichnen (I, 2) – **3.** → erwähnen (1), anführen (1) – **4.** sein Eigen n.: → besitzen (1); genannt werden: → ¹heißen (1)

nennenswert: → erwähnenswert (1)

Nennung, die: → Bezeichnung (2)

Nepotismus, der: → Vetternwirtschaft

Nepp, der: → Betrug (1)

neppen: → betrügen (1)

Nepperei, die: → Betrug (1)

Neptun: N. opfern: → seekrank

Nerv, der: den letzten N. töten / rauben, auf die Nerven fallen / gehen: → belästigen (1); die Nerven verlieren/die Nerven liegen blank: → Beherrschung (2, a); die Nerven behalten/Nerven zeigen: → beherrschen (II)

nerven: → belästigen (1)

nervenaufreibend: stressig; → *auch* anstrengend (1), nervtötend

Nervenbündel, das (*umg*): Flattermann

nervend: → nervtötend

Nervenheilanstalt, die: → Klinik (2)

Nervenkitzel, der: Kitzel · Prickel ♦ *umg*: Kick; → *auch* Spannung (1)

Nervensäge, die: → Quälgeist

Nervenschock, der: → Erschütterung (2)

nervenschwach: → nervös

Nervenschwäche, die: → Nervosität

nervenzerreißend: → erregend

nervig: 1. → kräftig (1) – **2.** → nervtötend

nervös: reizbar · überreizt + nervenschwach · überarbeitet ♦ *umg*: + kribbelig · fispelig; → *auch* aufgeregt (1), fahrig, unruhig (1)

Nervosität, die: Reizbarkeit · Überreiztheit + Nervenschwäche · Neurasthenie · Spannung

nervtötend: zermürbend · strapazierend ♦ *umg*: nervend · nervig; → *auch* nervenaufreibend

Nervtöter, der: → Quälgeist

Nervus Rerum, der: **1.** → Triebkraft – **2.** → Geld (1) – **3.** → Hauptsache

Nessel, die: sich in die Nesseln setzen: → schaden (3)

Nest, das: 1. ⟨*Brutstätte von Vögeln*⟩ Vogelnest + Horst; → *auch* Nistplatz – **2.** → Bett (1) – **3.** → Dorf (1) – **4.** → Versteck – **5.** ins N. gehen: → schlafen (5)

Nestor, der: → Altmeister

Net, das: → Internet, Netzwerk (1)

Netsurfer, der: → Internetsurfer

nett: → freundlich (1)

Nettigkeit, die: → Freundlichkeit (1)

Nettoertrag, der: → Ertrag

Netz, das: 1. ⟨*geknüpftes Maschenwerk*⟩ Netzwerk – **2.** → Leitungsnetz – **3.** → Internet, Netzwerk (1) – **4.** ins N. gehen: → hereinfallen; in sein N. locken / ziehen: → umgarnen

netzen: → anfeuchten (1)

Netzsurfer, der: → Internetsurfer

Netzwerk, das: 1. (*EDV*) ⟨*Verbund von Rechnern zum Austausch von Informationen*⟩ Netz · Net – **2.** → Netz (1)

neu: **1.** ⟨*noch nicht abgenutzt*⟩ neuwertig · fabrikneu · ungebraucht + frisch · jung ♦ *umg*: brandneu · [funkel]nagelneu – **2.** ⟨*wieder instand gesetzt*⟩ renoviert · erneuert · neu gemacht – **3.** → unerfahren (1) – **4.** neu gestalten: ⟨*eine neue Gestalt, Struktur od. dgl. geben*⟩ neu ordnen · reorganisieren · umbauen · umstrukturieren + modernisieren; → *auch* umgestalten – **5.** von neuem, aufs Neue: → wieder (1); nicht neu: **a)** → bekannt (1) – **b)** → gebraucht; aus Alt Neu machen: → ändern (I, 1); neu gemacht: → 2; neu ordnen: → 4; wie neu schaffen: → frisch (2); ein neues Leben beginnen: → bessern (II, 1); auf dem neuesten Stand sein: → Stand (5)

Neuanpflanzung, die: → Schonung (1)

neubacken: → frischbacken

Neubaugebiet, das: → Wohnsiedlung

Neubelebung, die: → Wiedergeburt

Neudruck, der: → Reprint

Neueinsteiger, der: → Anfänger (1)

neuerdings: 1. ⟨*seit kurzer Zeit*⟩ seit kurzem; → *auch* gegenwärtig (1) – **2.** → wieder (1)

Neuerer, der: → Wegbereiter
neuerlich: → wieder (1)
Neuerscheinung, die: → Neuheit
Neuerung, die: → Neugestaltung, Neuheit
Neufünfland, das: →Bundesland
neugeboren: wie n.: → frisch (2)
Neugeborene, das: → Säugling
Neugestaltung, die: Neuordnung · Reorganisation · Neuregelung · Umbau · Umstrukturierung · Umformung + Modernisierung · Neuerung; → *auch* Umgestaltung
Neugier[de], die: Spannung
neugierig: 1. ⟨*von Neugier erfüllt*⟩ + begierig; → *auch* gespannt (1) – **2.** n. sein: ⟨*seine Neugier befriedigen wollen*⟩ umg: + sich den Hals ausrenken / ausrecken · einen langen Hals machen; gaffen (*abwert*) – **3.** n. machen: ⟨*ein starkes Interesse wecken*⟩ in Spannung versetzen · auf die Folter spannen · foltern
Neuheit, die: Novum · Neuerung · Dernier Cri · Novität + Neuerscheinung ♦ *umg:* der letzte Schrei
Neuigkeit, die: → Nachricht (I)
neulich: unlängst · kürzlich · vor kurzem · vor kurzer Zeit · letztens · letzthin · dieser Tage · jüngst · jüngstens
Neuling, der: → Anfänger (1)
neumodisch: → ²modern (1)
Neun, die: du grüne Neune: → ach (1)
neunmalgescheit: → überklug (1)
Neunmalgescheite, der: → Rechthaber
neunmalklug: → überklug (1)
Neunmalkluge, der: → Rechthaber
neunschwänzig: neunschwänzige Katze: → Peitsche (1)
neunundneunzig: → auf n. sein: → wütend (2)
Neuordnung, die: → Neugestaltung
Neurasthenie, die: → Nervosität
Neuregelung, die: → Neugestaltung
Neureiche, der: → Emporkömmling
Neustarter, der: → Anfänger (1)
neutral: → unparteiisch
neutralisieren: → ausgleichen (I, 1)
neuwertig: → neu (1)
neuzeitlich: → ²modern (1)
Newcomer, der: → Anfänger (1)
News (*Pl*): → Nachricht (II)
Nexus, der: → Zusammenhang (1)
nicht: n. doch, n., dass ich wüsste: → nein; n. das Mindeste / Geringste: → nichts (1); n. ehelich: → unehelich; n. eheliche Gemein-

schaft: → Ehe (2); n. öffentlich: → geheim (1); n. sinnlich: → unsinnlich; im Leben n., mein Lebtag n., n. um alles in der Welt: → niemals
Nicht[be]achtung, die: → Missachtung (1)
Nichtfachmann, der: → Laie
nichtig: **1.** → unwichtig (1) – **2.** → ungültig (1) – **3.** null und n.: → ungültig (1); für [null und] n. erklären: → aufheben (I, 3)
Nichtigkeit, die: **1.** ⟨*etw. völlig Unwichtiges*⟩ Nichts · Belanglosigkeit · Kleinigkeit · Petitesse · Quisquilien ♦ *umg:* Läpperei · Quark · Kinkerlitzchen (*Pl*) · Kleinkram · Peanuts; → *auch* Nebensache – **2.** ⟨*etw. gegenüber der Größe des Seins bzw. Gottes völlig Unbedeutendes*⟩ gehoben: Eitelkeit (*veraltend*)
Nichtkundige, der: → Laie
nichts: **1.** ⟨*Bezeichnung für das Nichtvorhandensein von etw.*⟩ gar / überhaupt nichts · nicht das Mindeste / Geringste ♦ *umg:* nix · null Komma nichts · kein Stück · kein Funke · keinen Funken · kein Fünkchen · keine / nicht die Spur + nicht die Bohne · keinen / nicht einen Deut · keinen Fingerbreit · keine Silbe ♦ *salopp:* einen Dreck – **2.** n. sagen: → schweigen (1 *u.* 2); sich n. sagen lassen: → eigensinnig (2); n. sagend: **a)** → geistlos – **b)** → unbedeutend (1); n. ahnend: → ahnungslos (1); n. tun: → faulenzen (1); n. zu tun haben wollen │mit│: **a)** → heraushalten, sich – **b)** → distanzieren (II); n. unversucht lassen: → versuchen (I, 4); es zu n. bringen: → scheitern (a); n. da: → nein; mir n., dir n.: **a)** → kurzerhand – **b)** → plötzlich (1); gar / überhaupt n.: → 1; für n. und wieder n.: → umsonst (1); n. geben │auf│: → wichtig (4)
Nichts, das: **1.** → Leere (1) – **2.** → Nichtigkeit (1) – **3.** vor dem N. stehen: → ruiniert (2)
nichtsdestotrotz: → trotzdem (1)
nichtsdestoweniger: → trotzdem (1)
Nichtsesshafte, der: → Obdachlose
Nichtskönner, der: **1.** → Stümper – **2.** → Versager (1)
Nichtsnutz, der: → Taugenichts
nichtsnutzig: **1.** → ungezogen – **2.** → gemein (1)
Nichtstuer, der: → Faulenzer (1)
Nichtstun, das: → Müßiggang
Nichtswisser, der: → Dummkopf (1)
nichtswürdig: → gemein (1)

Nichtswürdigkeit

Nichtswürdigkeit, die: → Gemeinheit
Nichtübereinstimmung, die: → Meinungsverschiedenheit
nicken: → zustimmen (1)
Nickerchen, das: ein N. machen: → schlafen (1, c)
Nidel, der: → Sahne (1)
nie: 1. → niemals – **2.** nie und nimmer, nie im Leben: → niemals
nieder: 1. → niedrig (1) – **2.** → niedrig (2) – **3.** → gewöhnlich (2) – **4.** → hinunter
niederbeugen, sich: → bücken, sich (1)
niederbrennen: 1. ⟨*durch Feuer zerstören*⟩ abbrennen · einäschern · in Flammen aufgehen lassen · in Schutt und Asche legen; → *auch* Feuer (7) – **2.** → abbrennen (2) – **3.** → verbrennen (I, 2)
niederdrückend: → bedrückend
niederfallen: → fallen (1)
Niedergang, der: → **1.** Verfall (1) – **2.** → moralischer N.: → Sittenverfall
niedergebeugt: → niedergeschlagen (1)
niedergedrückt: → niedergeschlagen (1)
niedergehen: 1. → landen (1) – **2.** → untergehen (1)
niedergeschlagen: 1. ⟨*in einen Zustand der Enttäuschung u. Mutlosigkeit versetzt*⟩ [nieder]gedrückt · deprimiert · depressiv · niedergebeugt · niedergeschmettert + mit gesenktem Haupt · gesenkten Hauptes · kleinlaut ♦ *umg:* geknickt · down ♦ *salopp:* bedripst + leise weinend · wie bestellt und nicht abgeholt; → *auch* mutlos, verzweifelt – **2.** n. sein: ⟨*sich in einem Zustand von Enttäuschung u. Mutlosigkeit befinden*⟩ den Kopf hängen lassen ♦ *umg:* die Nase / die Ohren / die Flügel hängen lassen · am Boden zerstört sein + dastehen wie mit kaltem Wasser begossen / übergossen
Niedergeschlagenheit, die: Gedrücktheit · Bedrücktheit · Bedrückung · Depression · Verzagtheit + Tiefstand ♦ *umg:* Katzenjammer · graues Elend; → *auch* Verzweiflung (1)
niedergeschmettert: → niedergeschlagen (1)
niederhalten: → unterdrücken (1)
niederhocken: → kauern (II)
niederholen: → einziehen (2)
Niederholz, das: → Unterholz
niederkämpfen: → besiegen (I)
niederknallen: → niederschießen (1)

niederknien: knien · aufs Knie / auf die Knie fallen
niederkommen: → gebären
Niederkunft, die: → Geburt (1)
Niederlage, die: **1.** ⟨*das Unterliegen im Kampf*⟩ Abfuhr · Debakel · Waterloo · Kannä ♦ *umg:* Schlappe · Einbruch; Packung (*Sport*); → *auch* Misserfolg (1), Zusammenbruch (1) – **2.** → Zweigstelle
niederlassen: I. niederlassen: → herunterlassen – **II.** niederlassen, sich: **1.** ⟨*als ständigen Aufenthaltsort wählen*⟩ seinen Wohnsitz nehmen / aufschlagen · sich ansiedeln · ansässig / sesshaft werden · siedeln · sich etablieren · sich ansässig / sesshaft machen (*veraltend*) + sich ankaufen · sich anbauen ♦ *umg:* seine Zelte aufschlagen · Wurzeln schlagen · sich einnisten · sich festsetzen – **2.** → setzen (II, 1)
Niederlassung, die: **1.** → Siedlung – **2.** → Zweigstelle
niederlegen: I. niederlegen: **1.** → betten (1) – **2.** → abbrechen (2) – **3.** → absetzen (I, 1) – **4.** → aufschreiben (1) – **5.** die Arbeit n.: → streiken (1); sein Amt n.: → zurücktreten (1); die Waffen n.: → ergeben (II, 1) – **II.** niederlegen, sich: → schlafen (5)
niedermachen: → töten (I, 1)
niedermetzeln: → töten (I, 1)
niederprasseln: hageln
niederreißen: → abbrechen (2)
Niederreißung, die: → Abbruch (1)
niederringen: → besiegen (I)
niederschießen: 1. ⟨*durch einen Schuss od. Schüsse zu Boden strecken*⟩ niederstrecken ♦ *salopp:* umnieten · niederknallen · über den Haufen schießen / knallen; → *auch* erschießen (I) – **2.** → erschießen (I)
Niederschlag, der: **1.** ⟨*zu Boden zwingender Fausthieb*⟩ + K. o. · K.-o.-Schlag · Knockout (*Boxsp*) – **2.** → Bodensatz – **3.** → Regen (1)
niederschlagen: I. niederschlagen: **1.** ⟨*durch einen Schlag zu Boden zwingen*⟩ niederstrecken · niederschmettern · niederstoßen · zu Boden schlagen / strecken + k.o. / knock-out schlagen (*Boxsp*); → *auch* zusammenschlagen (1), schlagen (I, 1), verprügeln – **2.** ⟨*in Bezug auf einen Aufstand od. dgl.: ihn vereiteln*⟩ niederwerfen · unterdrücken · im Blut ersticken + im Keim ersticken – **II.** niederschlagen, sich: ⟨*Bodensatz bilden*⟩ sich ablagern · sich

nivellieren

[ab]setzen · sich abschlagen; sedimentieren (*Geol*)

Niederschlagung, die: → Unterdrückung

niederschmettern: 1. → niederschlagen (I, 1) – **2.** → erschüttern (1)

niederschmetternd: → bedrückend

niederschreiben: ♦ aufschreiben (1)

Niederschrift, die: **1.** ⟨*das Niedergeschriebene*⟩ Aufzeichnung + Protokoll · Manuskript – **2.** → Abfassung – **3.** → Aufsatz (1)

niedersetzen: I. niedersetzen: → absetzen (I, 1) – **II.** niedersetzen, sich: **1.** → ausruhen (I) – **2.** → setzen (II, 1)

niedersitzen: → setzen (II, 1)

niederstechen: → erstechen

niederstoßen: → umstoßen (1), niederschlagen (I, 1)

niederstrecken: 1. → niederschießen (1), erschießen (I) – **2.** → niederschlagen (I, 1)

niederstürzen: → hinfallen

Niedertracht, die: → Gemeinheit, Bosheit

niederträchtig: → gemein (1), boshaft (1)

Niederträchtigkeit, die: → Bosheit

Niedertreter (*Pl*): → Hausschuhe

Niederung, die: → Flachland

niederwärts: → hinunter

niederwerfen: 1. → besiegen (I) – **2.** → niederschlagen (I, 2)

niederzwingen: → besiegen (I)

niedlich: → hübsch (1)

niedrig: 1. ⟨*von geringer Höhe*⟩ flach; nieder (*landsch*) – **2.** ⟨*nicht von hoher Abkunft*⟩ nieder · gering · einfach + niedrig stehend – **3.** → gemein (1) – **4.** zu n. greifen: → verschätzen, sich; n. gesinnt: → gemein (1); n. stehend: → 2

Niedrigkeit, die: → Gemeinheit

Niedriglohn, der: Billiglohn

Niedriglohn-Anbieter, der: → Billiganbieter

Niedriglöhner, der: → Kleinverdiener

Niedriglohnjob, der: Bad-Job

Niedrigpreis-Anbieter, der: → Billiganbieter

niemals: nie [und nimmer] · keinesfalls · unter [gar] keinen Umständen · um keinen Preis; nimmer[mehr] (*noch landsch*) ♦ *umg*: nie im Leben · im Leben nicht · mein Lebtag nicht · nicht um alles in der Welt · nicht im Traum / Schlaf; am [Sankt-]Nimmerleinstag (*scherzh*) ♦ *derb*: nicht ums Verrecken; → *auch* keineswegs

niemand: [gar] keiner · kein Mensch · keine Seele / Menschenseele ♦ *salopp*: kein

Schwanz ♦ *derb*: kein Aas · keine Sau · kein Schwein · kein Hund

Niemand, der: Nobody ♦ *umg*: kleine Nummer; Würstchen (*abwert*)

Niere, die: an die Nieren gehen: **a)** → ergreifen (3) – **b)** → bedrücken (1); auf Herz und Nieren prüfen: → prüfen (1)

nieseln: sprühen + tröpfeln · tropfen ♦ *umg*: fusseln · fisseln (*landsch*); → *auch* regnen (1)

Nieselregen, der: → Regen (1)

niesen: hatschi machen (*kinderspr*) + prusten ♦ *umg*: pruschen (*norddt*)

Nießbrauch, der: → Nutzungsrecht, Anwendung (1)

nießbrauchen: → anwenden (1)

Nießnutz, der: → Nutzungsrecht

nießnutzen: → anwenden (1)

Niete, die: **1.** ⟨*nicht gewinnendes Los*⟩ Fehllos – **2.** → Versager (1)

Nigger, der: **1.** → Afrikaner – **2.** → Afroamerikaner

Nightclub, der: → Nachtlokal

Nihilismus, der: → Pessimismus

Nihilist, der: → Pessimist

nihilistisch: → pessimistisch (1)

Nimbus, der: → Ruhm (1)

nimmer: 1. → niemals – **2.** nie und n.: → niemals

Nimmerleinstag, der: am N.: → niemals

nimmermehr: → niemals

nimmermüde: → unermüdlich (1)

nimmersatt: → unersättlich (1)

Nimmersatt, der: → Vielfraß

Nimrod, der: → Jäger (1)

Nippel, der: →Brustwarze

nippen: → ¹kosten (1)

nirgend: → nirgends

nirgends: nirgendwo; nirgend (*veraltend*)

nirgendwo: → nirgends

Nische, die: → Ecke (1, b)

Nischel, der: → Kopf (1)

nisten: sich einnisten + horsten

Nisthöhle, die: → Nistplatz

Nistkasten, der: → Nistplatz

Nistplatz, der: Niststätte + Nisthöhle · Nistkasten; → *auch* Nest (1)

Niststätte, die: → Nistplatz

Niveau, das: → Bildungsstand, Leistungsstand

niveaulos: → ungebildet

niveauvoll: → gebildet

nivellieren: 1. → anpassen (I, 1) – **2.** → einebnen

Nivellierung

Nivellierung, die: **1.** → Gleichmacherei – **2.** → Einebnung
nix: → nichts (1)
Nixe, die: Seejungfrau · Meer[jung]frau · Meerweib + Nymphe · Najade
nobel: 1. → freigebig (1) – **2.** → vornehm (1) – **3.** → hochherzig
Nobilität, die: → Adel (1)
nobilitieren: → adeln (1)
Noblesse, die: → Vornehmheit
Nobody, der: → Niemand
noch: 1. → außerdem (1) – **2.** n. und n., n. und nöcher: → wiederholt (1); n. einmal: → wieder (1); gerade n.: **a)** → allenfalls (1) – **b)** → Mühe (3); eben n.: → Mühe (3)
nochmalig: → wiederholt (1)
nochmals: 1. → wieder (1) – **2.** n. tun: → wiederholen (I, 1, a); n. sagen: → wiederholen (I, 1, b)
Nöck, der: → Kobold (1)
nödeln: → trödeln (1)
nölen: 1. → trödeln (1) – **2.** → nörgeln
nolens volens: → notgedrungen
Nölpeter, der: → Trödelfritz
nomadisieren: → umherziehen
Nomenklatur, die: → Verzeichnis
nominieren: → aufstellen (I, 5)
Nominierung, die: → Aufstellung (3)
Nonchalance, die: → Ungezwungenheit
nonchalant: → ungezwungen
Nonne, die: **1.** ⟨Angehörige eines Frauenordens⟩ Ordensschwester · Schwester; Klosterfrau (*veraltet*) ♦ *dicht*: Himmelsbraut; → *auch* Mönch (1) – **2.** N. werden: ⟨in einen Frauenorden eintreten⟩ ins Kloster gehen ♦ *gehoben*: den Schleier nehmen – **3.** leben wie eine N.: → enthaltsam (2)
Nonplusultra, das: → Höhepunkt
Nonsens, der: → Unsinn (1, a)
Nonvalenz, die: → Zahlungsunfähigkeit
Nord: in N. und Süd: → überall (1)
Nörgelei, die: Mäkelei + Tadelsucht ♦ *umg*: Krittelei · Genörgel · Gemecker · Meckerei · Motzerei · Gemotze · Quengelei · Gequengel; Raunzerei (*landsch*); → *auch* Kritik (1)
Nörgelfritze, der: → Nörgler
nörgeln: mäkeln · querulieren · räsonieren + beanstanden ♦ *umg*: herumnörgeln · herummäkeln · [herum]kritteln · [herum-] meckern · [herum]motzen · ätzen · quengeln · [herum]mosern · immer ein Haar in der Suppe finden; nölen · raunzen (*landsch*); → *auch* kritisieren

Nörgler, der: Mäkler · Querulant · Räsonierer ♦ *umg*: Krittler · Meckerer; Raunzer (*landsch*) ♦ *salopp*: Nörgelfritze; → *auch* Kritiker
nörglig: mäklig + tadelsüchtig ♦ *umg*: quengelig; knietschig · krickelig (*landsch*)
Norm, die: **1.** → Soll (1) – **2.** → Regel (1)
normal: 1. ⟨geistig nicht beeinträchtigt⟩ zurechnungsfähig · gesund – **2.** → üblich (1), gewöhnlich (1)
normalerweise: → meist
normalisieren: → regeln (1)
Normalverdiener, der: Durchschnittsverdiener
normativ: → maßgebend
norm[ier]en: → vereinheitlichen
Norm[ier]ung, die: → Vereinheitlichung
nostrifizieren: → einbürgern (I)
Not, die: **1.** ⟨schwierige materielle Lage⟩ Notstand · Notlage · Notsituation · Misere · Bedrängnis · Drangsal + Druck ♦ *umg*: Dalles (*landsch*); → *auch* Zwangslage – **2.** → Armut (1) – **3.** zur N.: → notfalls; Helfer in der Not: → Retter; Not leiden: → darben; Not leidend: **a)** → arm (1) – **b)** → hilfsbedürftig; [nur] mit Mühe und Not, [nur] mit knapper/genauer Not: → kaum (1); ohne N.: → freiwillig (1)
notabene: → übrigens
Notar, der: → Rechtsanwalt
Notarztwagen, der: → Krankenwagen
Notausgang, der: Nottür · Feuertür + Feuerleiter · Feuertreppe · Fluchtweg
Notbehelf, der: → Behelf (1)
Notbremse, die: die N. ziehen: → verhindern
Notdurft, die: seine N. verrichten: → austreten (1 *u.* 2)
notdürftig: 1. → behelfsmäßig – **2.** → unzureichend
Note, die: **1.** → Banknote – **2.** → Zensur (1) – **3.** → Denkschrift
Notebook, das: → Computer
Notenaustausch, der: → Notenwechsel
Notenwechsel, der (*Diplom*): Notenaustausch; → *auch* Briefverkehr (1)
Notfall, der: **1.** → Zwangslage – **2.** im N.: → notfalls
notfalls: im Notfall · zur Not · nötigenfalls · erforderlichenfalls · schlimmstenfalls ♦ *umg*: im Fall der Fälle · wenn alle Stränge/Stricke reißen

notgedrungen: gezwungenermaßen · wohl oder übel · nolens volens + zwangsläufig

Notgroschen, der: → Ersparnis (1)

Nothilfe, die: → Hilfe (2)

notieren: 1. → aufschreiben (4) – **2.** sich n.: → aufschreiben (4)

nötig: 1. → notwendig (1) – **2.** n. haben [wie das liebe/tägliche Brot]: → brauchen (1)

nötigen: → zwingen (1)

nötigenfalls: → notfalls

Nötigung, die: → Zwang (1)

Notiz, die: **1.** ⟨*schriftlich festgehaltene Bemerkung*⟩ Vermerk · Aktenvermerk · Aktennotiz; → *auch* Anmerkung (1) – **2.** N. nehmen |von|: → bemerken (1)

Notizbuch, das: Merkbuch · Vormerkbuch · Taschenbuch + Terminkalender; → *auch* Kladde (1)

Notlage, die: **1.** → Not (1) – **2.** → Zwangslage

Notlösung, die: → Behelf (1)

Notlüge, die: → Ausrede

Notnagel, der: → Ersatzmann

notorisch: → verrufen (1)

Notpfennig, der: → Ersparnis (1)

Notruf, der: → Hilferuf

Notschrei, der: → Hilferuf

Notsignal, das: → Hilferuf

Notsituation, die: **1.** → Not (1) – **2.** → Zwangslage

Notstand, der: → Not (1)

Nottür, die: → Notausgang

notwendig: 1. ⟨*unbedingt zu fordernd bzw. auszuführend*⟩ nötig · erforderlich · unentbehrlich · unumgänglich · unerlässlich · unabdingbar · geboten · angesagt · vonnöten ♦ *gehoben*: obligat; → *auch* empfehlenswert – **2.** → integrierend – **3.** n. machen: → erfordern

notwendigerweise: zwangsläufig

Notzucht, die: **1.** → Vergewaltigung (1) – **2.** N. verüben |an|: → vergewaltigen (1)

notzüchtigen: → vergewaltigen (1)

Novelle, die: → Erzählung (1)

Novität, die: → Neuheit

Novum, das: → Neuheit

Nu, der: im Nu: → schnell (1, c *u.* e)

Nuance, die: → Abstufung (1)

nuancieren: 1. → abstufen (1) – **2.** → abschattieren

Nuancierung, die: → Abschattierung

nüchtern: 1. ⟨*ohne gegessen zu haben*⟩ *umg*: ungefrühstückt · ungegessen (*scherzh*)

– **2.** ⟨*nicht betrunken*⟩ *umg*: stocknüchtern – **3.** ⟨*ohne Fantasie*⟩ trocken · fantasielos · prosaisch · poesielos · amusisch · gemütsarm · dürr; drög (*norddt*); → *auch* langweilig, einförmig – **4.** → sachlich (1) – **5.** → schal (1)

Nuckel, der: → Schnuller

nuckeln: → saugen (1)

Nuckelpinne, die: → Auto (1)

Nudel, die: → Dicke (II, 1)

nudeldick: → dick (1)

Nudelholz, das: Teigrolle; Wälgerholz (*landsch*); Nudelwalker · Walker (*süddt österr*); Wallholz (*schweiz*)

nudeln: → mästen

Nudelwalker, der: → Nudelholz

Nudismus, der: → Freikörperkultur

Nudität, die: → Nacktheit

null: 1. → kein (1) – **2.** n. und nichtig: → ungültig (1); für n. und nichtig erklären: → aufheben (I, 3); gegen n. gehen: → vermindern (II); es ist unter n.: → frieren (2); n. Bock haben |auf|: → Lust (3); n. Komma nichts: → nichts (1); in n. Komma nichts: → schnell (1, c *u.* e)

Null, die: **1.** ⟨*Zahl*⟩ Zero – **2.** → Versager (1) – **3.** Nummer N.: → Toilette (1)

Nullnummer, der: → Misserfolg (1)

Nulltarif, der: zum N.: → kostenlos

Nulpe, die: → Dummkopf (1), Versager (1)

Numerus clausus, der: → Zugangsbeschränkung

Nummer, die: **1.** → Auftritt (1) – **2.** → Zahl (1) – **3.** → Spaßvogel, Person (1) – **4.** → Koitus – **5.** N. Null: → Toilette (1); N. Sicher: → Strafvollzugsanstalt; kleine N.: → Niemand; N. eins: → Spitzenreiter; auf N. Sicher sitzen: → gefangen (2); auf N. Sicher gehen: **a)** → versichern (II, 2) – **b)** → vergewissern, sich; eine N. abziehen: → angeben (1); eine N. haben |bei|: → beliebt (2, a); eine N. machen/schieben: → koitieren

nummerieren: durchnummerieren · beziffern · [be]nummern + [durch]paginieren

nummern: → nummerieren

nun: 1. → jetzt (1) – **2.** von nun an: → künftig; nun einmal: → eben (3)

nunmehr: → jetzt (1)

nunmehrig: → jetzig

Nuppel, der: → Schnuller

Nuppi, der: → Schnuller

nur: bloß · ausschließlich · lediglich · [einzig und] allein

nuscheln

nuscheln (*umg*): quakeln (*landsch*)
Nuss, die: eine harte N.: → Schwierigkeit (1); taube N.: → Trauerkloß; eins auf die N. kriegen: → tadeln (2)
nussbraun: → braun (1 *u.* 2)
Nussschale, die: → Boot
nutschen: → lutschen (1)
Nutte, die: → Prostituierte
Nuttenkunde, der: → Freier (1)
Nutzanwendung, die: → Verwendung (1)
nutzbar: 1. → verwendbar – **2.** n. machen: → verwenden (I, 1)
Nutzbarmachung, die: → Verwendung (1)
nutzbringend: → nützlich
nutzen: 1. ⟨*zur Erreichung eines Ziels od. Erlangung eines Vorteils beitragen*⟩ nützen · von Nutzen sein · zum Nutzen gereichen · Nutzen bringen · förderlich sein · helfen · fruchten · dienen · dienlich sein · gute Dienste leisten / tun · zugute / zustatten kommen; frommen (*veraltend*) – **2.** → anwenden (1), verwerten (1) – **3.** nichts n.: → vergeblich (2)
Nutzen, der: **1.** ⟨*das jmdm. aus etw. erwachsende positive Ergebnis*⟩ Vorteil · Gewinn · Profit + Wert; → *auch* Ertrag – **2.** von N. sein, zum N. gereichen, N. bringen: → nutzen (1); N. ziehen |aus|: → ausnutzen (1); zum eigenen N.: → eigen (5)
nützen: 1. → nutzen (1) – **2.** nichts n.: → vergeblich (2)
Nutzer, der: Anwender · User
nützlich: nutzbringend · förderlich · fördernd · dienlich · hilfreich · ersprießlich · gedeihlich + Gewinn bringend · fruchtbar · fruchtbringend · heilsam · sachdienlich · gut · wirksam
nutzlos: 1. ⟨*keinen Erfolg versprechend od. erbringend*⟩ unnütz · fruchtlos · zwecklos · sinnlos · witzlos · wertlos · unersprießlich + überflüssig; → *auch* unnötig, ergebnislos (1) – **2.** n. sein: ⟨*keinen Erfolg versprechen od. erbringen*⟩ keinen Zweck haben
Nutzung, die: **1.** ⟨*das Verwenden*⟩ Verwertung · Auswertung – **2.** → Anwendung (1) – **3.** → Ausnutzung (1)
Nutzungsrecht, das: Nießbrauch · Nießnutz (*Rechtsw*)
Nymphe, die: → Nixe
Nymphomanie, die: → Mannstollheit

O

ob: 1. → dank, durch (2) – **2.** → wegen (1)
Obacht, die: O. geben, sich in O. nehmen: → vorsehen (II)
Obdach, das: **1.** → Unterkunft (1) – **2.** O. finden: → unterkommen (2); O. bieten/geben/gewähren: → beherbergen
obdachlos: 1. ⟨*keine Wohnung besitzend*⟩ wohnungslos · heimlos · ohne Bleibe; unterstandslos (*österr*) – **2.** o. sein: ⟨*keine Wohnung [mehr] haben*⟩ kein Dach über dem Kopf haben
Obdachlose, der: der Wohnungslose · Berber; der Nichtsesshafte (*amtsspr*); → *auch* Landstreicher, Stadtstreicher
Obdachlosenasyl, das: Obdachlosenheim · Nachtasyl
Obdachlosenheim, das: → Obdachlosenasyl
Obduktion, die: Autopsie · Nekropsie · Sektion · Leichenöffnung
obduzieren: → sezieren
O-Beine (*Pl*): *umg*: Säbelbeine (*meist scherzh*)
oben: 1. ⟨*sich auf bzw. über etw. od. jmdm. befindend*⟩ droben (*süddt österr*) – **2.** o. erwähnt: ⟨*im Text vorher schon erwähnt*⟩ oben genannt; obig · vorerwähnt · vorgenannt · vorstehend (*amtsspr*); → *auch* bewusst (2) – **3.** von o. bis unten: ⟨*den ganzen Menschen betreffend*⟩ von Kopf bis Fuß · vom Scheitel bis zur Sohle · vom Wirbel bis zur Zehe · bis an/über den Hals · bis über den Kopf – **4.** o. ohne: → busenfrei; nach o.: → hinauf; nach o. ziehen: → hochziehen (1); von o. herab: → überheblich; es steht jmdm. bis o.: → überdrüssig (1); bis o. hin voll: → satt (1); von o. bis unten: → ganz (1); ganz o.: → obenauf (1); o. genannt: → 2; nicht mehr wissen, was o. und unten ist: → verwirrt (3); die da o: → Führungsschicht; sich o. halten: → behaupten (II, 1)
obenauf: 1. ⟨[*unmittelbar*] *über allem andern*⟩ zuoberst · ganz oben ♦ *umg*: obendrauf – **2.** → munter (1)

obendrauf: 1. → obenauf (1) – **2.** → außerdem (1)
obendrein: → außerdem (1)
obenhin: → leichtfertig
ober: die oberen Zehntausend: → Oberschicht
Ober, der: → Kellner
Oberaufsicht, die: → Leitung (1)
Oberbett, das: → Federbett
Oberbürgermeister, der: → Bürgermeister (b)
oberfaul: → bedenklich (1)
Oberfläche, die: → Äußere (1)
oberflächlich: 1. ⟨*keiner tieferen Gefühle od. Gedanken fähig*⟩ flach · seicht · äußerlich · verflacht · veräußerlicht + vordergründig – **2.** → leichtfertig – **3.** → ungenau (1) – **4.** o. werden: → verflachen
oberhalb: über; → *auch* darüber (1)
Oberhand, die: die O. gewinnen/behalten/ haben: → siegen
Oberhaupt, das: → Herrscher
Oberkellner, der: → Kellner
Oberklasse, die: → Oberschicht
oberlehrerhaft: → lehrhaft
Obers, das: → Sahne (1)
Oberschicht, die: Oberklasse · die oberen Zehntausend · Upperclass · Upperten · die [gute] Gesellschaft · Highsociety; Hautevolee · Creme (*oft iron od. abwert*) + Jetset · Schickeria · Highlife · Establishment; → *auch* Prominenz
oberschlau: → überklug (1)
Oberseite, die: → Äußere (1)
Oberstübchen, das: **1.** → Kopf (1) – **2.** nicht [ganz] richtig im O.: **a)** → verrückt (1) – **b)** → geisteskrank (1)
Oberwasser, das: O. haben: → Vorteil (2)
obgleich: obwohl · obschon · obzwar · wennschon · wenngleich · wenn auch · wiewohl · trotzdem
Obhut, die: → Schutz (2, a)

obig → oben (2)

Objekt, das: **1.** → Gegenstand (1) – **2.** → Einrichtung (3)

objektiv: → sachlich (1)

objektivieren: → versachlichen

Objektivität, die: → Sachlichkeit (1)

obliegen: etw. obliegt jmdm.: → sollen

Obliegenheit, die: → Aufgabe (2)

obligat: 1. → notwendig (1) – **2.** → üblich (1)

obligatorisch: → verbindlich (1)

Obligo, das: ohne O.: → unverbindlich

Obliteration, die: → Tilgung

Obolus, der: **1.** → Spende (1) – **2.** seinen O. entrichten: → spenden (1)

Obrigkeit, die: → Regierung (1)

obschon: → obgleich

observieren: → beobachten (1)

Obsession, die: → Besessenheit

obsiegen: → siegen

obskur: → verdächtig (1)

obsolet: → veraltet (1)

Obst, das: Früchte + Kompott

Obstgestell, das: Hürde · Horde · Stiege; Steige (landsch)

obstinat: → eigensinnig (1)

Obstipation, die: → Stuhlverstopfung

Obstpresse, die: → Fruchtpresse

Obstruktion, die: → Widerstand (1), Verhinderung

obszön: → schlüpfrig (1)

Obszönität, die: → Schlüpfrigkeit

obwalten: → herrschen (2)

obwohl: → obgleich

obzwar: → obgleich

Ochse, der: → Dummkopf (2)

ochsen: → lernen (1)

Ochsenauge, das: → Spiegelei

Ochsenkopf, der: → Dummkopf (2)

Ochsentour, die: → Laufbahn (1)

Ochsenziemer, der: → Peitsche (1)

Ode, die: → Gedicht (1)

öd[e]: 1. ⟨von Landschaften gesagt: keinen freundl. Anblick bietend⟩ wüst · trostlos · trist + wild · unwirtlich · ungastlich – **2.** langweilig – **3.** → menschenleer

Öde, die: → Einöde (1)

Odem, der: → Atem (1)

öden: I. öden: → langweilen (I) – **II.** öden, sich: → langweilen (II)

oder: 1. ⟨die Formulierung einer Alternative einleitend⟩ oder auch · oder vielmehr · beziehungsweise · respektive; → auch Wort

(5) – **2.** → alias – **3.** o. auch, o. vielmehr: → 1

Odeur, das: → Duft (1)

odiös: → unbeliebt (1)

Odium, das: → Schandfleck

Ödland, das: Brache · Brachland; → auch Einöde (1)

Œuvre, das: → Werk (1)

Ofen, der: **1.** → Auto (1) – **2.** immer hinterm O. hocken: → Stubenhocker; ein Schuss in den O.: → Misserfolg (1); der O. ist aus: → hoffnungslos (1); heißer O.: → Motorrad

Ofensetzer, der: Töpfer (landsch); Hafner (süddt österr schweiz) ♦ umg: Pötter (norddt)

offen: 1. ⟨nicht zugeschlossen⟩ geöffnet · unverschlossen ♦ umg: auf – **2.** ⟨freien Raum bietend⟩ frei · licht; raum (Forstw) – **3.** ⟨nicht mit seiner Meinung zurückhaltend⟩ aufrichtig · rückhaltlos · ohne Rückhalt · direkt · deutlich · freiheraus · geradeheraus · unumwunden · ohne Umschweife · unmissverständlich · ungeschminkt · unverblümt · unverhohlen · unverhüllt · geradezu · frank und frei ♦ umg: freiweg · rundweg · schlankweg · glattweg · rundheraus · frisch/frei von der Leber weg · auf [gut] Deutsch; → auch ehrlich (1), offenherzig (1) – **4.** → unerledigt – **5.** → unbesetzt (1) – **6.** o. bleiben: ⟨nicht geschlossen werden⟩ geöffnet bleiben ♦ umg: aufbleiben – **7.** o. halten: ⟨das Schließen verhindern⟩ umg: aufhalten – **8.** o. lassen: ⟨nicht weiter erörtern⟩ dahingestellt sein lassen – **9.** die Augen/Ohren o. halten, Augen und Ohren o. halten: **a)** → aufpassen (1) – **b)** → vorsehen (II); sich [stets] eine Hintertür/ein Hintertürchen o. halten: → versichern (II, 2); o. stehen: → freistehen; o. sprechen/sagen: → aussprechen (I, 2); o. legen: → öffentlich (2); auf offener Straße: → öffentlich (1); mit offenen Augen: → aufmerksam (1); ein offenes Ohr haben |für|: → anhören (I, 1); ein offenes Haus haben: → gastfreundlich (2); eine offene Hand haben: → freigebig (2)

offenbar: 1. → offenkundig (1) – **2.** → anscheinend – **3.** o. werden: → herauskommen (1)

offenbaren: I. offenbaren: → ausdrücken (I, 4) – **II.** offenbaren, sich: ⟨die Öffentlichkeit über [persönl.] Dinge informieren, die

man zuvor geheim gehalten hat⟩ sich outen ·
die/seine Karten aufdecken/auf den Tisch
legen ♦ *gehoben:* sich eröffnen · sich ent-
hüllen · sich erschließen · sich entdecken;
→ *auch* anvertrauen (II, 2), entlarven (II),
öffentlich (2)
Offenbarung, die: Enthüllung
Offenheit, die: Freimütigkeit · Freimut ·
Geradheit · Offenherzigkeit
offenherzig: 1. ⟨*anderen gegenüber* [*zu*]
offen u. mitteilsam⟩ freimütig; → *auch* offen
(3), ehrlich (1) – **2.** o. sein: ⟨*in Bezug auf
Äußerungen nicht sehr zurückhaltend sein*⟩
das Herz auf der Zunge haben/tragen
♦ *umg:* eine Lippe riskieren · aus seinem
Herzen keine Mördergrube machen
Offenherzigkeit, die: → Offenheit
offenkundig: 1. ⟨*allen deutlich erkennbar*⟩
offenbar · evident · augen-
scheinlich · eklatant · flagrant · ersichtlich ·
sichtbar · sichtlich ♦ *umg:* + ausgemacht ·
aufgelegt · blank; → *auch* deutlich (3) – **2.**
o. sein: ⟨*allen deutlich erkennbar sein*⟩ zu-
tage liegen · [klar] auf der Hand liegen
offensichtlich: 1. → offenkundig (1) – **2.** →
anscheinend
offensiv: o. werden/vorgehen: → angreifen
(I, 1, a)
Offensive, die: → Angriff (1, a)
öffentlich: 1. ⟨*allgemein hörbar bzw. sicht-
bar*⟩ coram publico · vor allen Leuten + auf
offener Straße; → *auch* bekannt (1) – **2.** ö.
machen: ⟨*der Allgemeinheit Einblick ge-
währen bzw. zur Kenntnis geben*⟩ offen le-
gen; → *auch* bekannt (5), verbreiten (I, 1),
offenbaren (II) – **3.** öffentliches Haus: →
Bordell; öffentlicher Ankläger: → Staats-
anwalt; die öffentliche Meinung: → Öffent-
lichkeit (1); nicht ö.: → geheim (1)
Öffentlichkeit, die: **1.** ⟨*die Gesamtheit der
Menschen außerhalb ihres privaten Be-
reichs*⟩ Allgemeinheit · die Leute · [das
breite] Publikum + die öffentliche Meinung
· Publizität; → *auch* Menge (2) – **2.** der Ö.
übergeben/zugänglich machen: → eröffnen
(I, 2); an die Ö. bringen: → veröffentlichen
Öffentlichkeitsarbeit, die: Publicrelations
offerieren: → anbieten (I, 3)
Offerte, die: → Angebot (1 *u.* 2)
Office, das: **1.** → Dienststelle (1) – **2.** →
Büro
offiziell: 1. → amtlich (1) – **2.** → förmlich
(1)

Offizier, der: + Militär · Truppenführer
offiziös: → halbamtlich
öffnen: I. öffnen: **1.** ⟨*bewirken, dass etw.
nicht mehr geschlossen ist*⟩ + aufstoßen ·
aufziehen · aufreißen · aufklappen ♦ *umg:*
aufmachen; auftun (*landsch*); → *auch* auf-
brechen (1), aufschließen (1) – **2.** → sezie-
ren – **3.** ö. können: ⟨*in der Lage sein, etw. zu
öffnen*⟩ *umg:* aufbekommen · aufkriegen ·
aufbringen – **4.** seinen Busen ö.: → anver-
trauen (II, 2) – **II.** öffnen, sich: ⟨*eine Öff-
nung freigeben*⟩ aufgehen · sich auftun +
aufspringen · auffliegen · aufschnappen; →
auch aufbrechen (2)
Öffnung, die: Luke + Einstieg · Auslass
Öffnungszeiten (*Pl*): + Sprechzeiten ·
Schalterstunden · Geschäftsstunden · Ge-
schäftszeit; → *auch* Dienststunden
oft: öfter[s] · des Öfteren · oftmals · oftma-
lig · häufig · mehrmals · mehrfach · vielmals
· vielfach · in vielen Fällen · viele/unzählige
Mal[e] · nicht selten ♦ *umg:* dutzende
Mal[e] · x-mal · hundertmal · dutzendfach ·
hundertfach · x-fach · doppelt und dreifach
♦ *salopp:* alle nase[n]lang; → *auch* wieder-
holt (1)
öfter: 1. → oft – **2.** des Öfteren: → oft
öfters: → oft
oftmalig: → oft
oftmals: → oft
ohne: 1. ⟨*das Nichtvorhandensein bezeich-
nend*⟩ bar · frei von; exklusive (*kaufm*); →
auch außer (1) – **2.** nicht o.: → beachtlich
· ohne o.: → busenfrei; o. Bedenken: →
anstandslos; o. weiteres: **a)** → anstandslos –
b) → kurzerhand; o. Umschweife: → kur-
zerhand; o. Skrupel/Gewissen: → gewis-
senlos; o. Kopfbedeckung/Hut/Mütze: →
barhäuptig
ohnedem: → sowieso (1)
ohnedies: → sowieso (1)
ohnehin: → sowieso (1)
Ohnmacht, die: **1.** → Bewusstlosigkeit – **2.**
→ Schwäche (1) – **3.** in O. fallen/sinken:
→ bewusstlos (2)
ohnmächtig: 1. → bewusstlos (1) – **2.** →
machtlos (1) – **3.** o. werden: → bewusstlos
(2)
Ohr, das: **1.** ⟨*Sinnesorgan*⟩ Hörorgan; Lau-
scher · Luser · Löffel (*weidm*) ♦ *umg:* Hor-
cher ♦ *salopp:* Horchlöffel · Löffel – **2.** tau-
ben Ohren predigen, auf taube Ohren sto-
ßen: → reden (2); einen Floh ins O. setzen:

ohrenbetäubend

→ einreden (1); in den Ohren liegen: **a)** → drängen (1) – **b)** → einreden (2); ein offenes O. haben |für|, sein O. leihen / schenken / neigen: → anhören (I, 1); ganz O. sein, lange Ohren machen: → lauschen; nichts für fremde Ohren: → geheim (1); eins hinter die Ohren geben: → ohrfeigen; die Ohren spitzen: **a)** → lauschen – **b)** → aufpassen (1); die Ohren auf Empfang stellen: → aufpassen (1); die Ohren auf Durchgang stellen: → überhören; die Ohren offen halten / aufmachen / aufsperren, Augen und Ohren offen halten / aufmachen / aufhalten: **a)** → aufpassen (1) – **b)** → vorsehen (II); zu Ohren kommen: → erfahren (1); sich hinter die Ohren schreiben: → merken (4); mit den Ohren schlackern: → staunen (1); übers O. hauen, das Fell über die Ohren ziehen: → betrügen (1); sich aufs O. legen / hauen: → schlafen (5); sich die Nacht um die Ohren schlagen: → wachen (1); die Ohren steif halten: **a)** → aushalten (2) – **b)** → verzagen (2); die Ohren hängen lassen: → niedergeschlagen (2); die Ohren langziehen: → zurechtweisen; mit hängenden Ohren abziehen: → abblitzen (1); es [dick / faustdick] hinter den Ohren haben: → listig (2); bis über die Ohren in Arbeit stecken: → überlastet; bis über die / beide Ohren verliebt: → verliebt (1); noch feucht / noch nicht trocken hinter den Ohren sein: → unreif (2)

ohrenbetäubend: → laut (1, a)

Ohrenbläser, der: → Zuträger

ohrenfällig: → hörbar

Ohrensessel, der: → Lehnstuhl

Ohrenzeuge, der: → Zeuge

Ohrfeige, die: **1.** ⟨*Schlag auf die Wange*⟩ Backenstreich (*veraltend*) ♦ *umg:* Maulschelle · Schelle · Backpfeife; Watsche[n] · Dachtel (*landsch*) ♦ *salopp:* Patsch; → *auch* Prügel (II, 1) – **2.** eine O. bekommen: ⟨*auf die Wange geschlagen werden*⟩ *umg:* eins hinter die Löffel kriegen ♦ *salopp:* eine fangen – **3.** eine O. verabreichen: → ohrfeigen

ohrfeigen: *umg:* backpfeifen · eine herunterhauen / aufbrennen · eine [Ohrfeige] verabreichen · eins hinter die Löffel / Ohren geben · Schellen geben · eine Backpfeife / Maulschelle geben · watschen · dachteln (*landsch*); abwatschen (*österr*) ♦ *salopp:* eine aufs Maul geben · eine kleben / knallen / klatschen / krachen / schmieren / latschen /

wienern / schallern / scheuern / löffeln / langen / pfeffern / pflastern / wischen; → *auch* schlagen (I, 1)

oje[mine]: → ach (1)

o. k. / okay: 1. → einverstanden (1) – **2.** o. k. sein: → Ordnung (4)

Okay, das: **1.** → Zustimmung (1) – **2.** sein O. geben: → zustimmen (1)

okkasionell: → manchmal

okkult: → geheimnisvoll (1)

Okkupation, die: → Besetzung (1)

okkupieren: → besetzen (2)

Ökofreak, der: → Umweltschützer

Ökoladen, der: → Bioladen

Ökolebensmittel (*Pl*): → Biolebensmittel

Ökonomie, die: → Wirtschaftlichkeit

ökonomisch: 1. → wirtschaftlich (2) – **2.** → sparsam (1)

Ökoschwein, das: → Umweltfrevler

oktroyieren: → aufzwingen (I)

okulieren: → veredeln (1)

Okzident, der: → Abendland

Öl, das: Öl ins Feuer gießen: → verschlimmern (I, 1); Öl auf die Wogen gießen: → beruhigen (I)

Oldie, der: → Alte (I, 1)

Oldtimer, der: → Alte (I, 1)

ölen: 1. ⟨*Schmieröl zuführen*⟩ einölen · schmieren; abschmieren (*fachspr*); → *auch* einfetten (1) – **2.** wie ein geölter Blitz: → schnell (1, a)

ölig: 1. → fettig (1) – **2.** → glatt (2 *u.* 3) – **3.** → salbungsvoll – **4.** → pomadig (1)

Oligarch, der: → Geldmann

Olim: zu Olims Zeiten: → damals

oliv[grün]: → grün (1)

oll: 1. → alt (2) – **2.** 'ne olle Kamelle, olle Kamellen: → Bart (2)

Olle: I. Olle, der: → Ehemann – **II.** Olle, die: → Ehefrau

Ölleitung, die: Erdölleitung + Pipeline · Rohrleitung · Trasse

Olympia, das: → Olympiade

Olympiade, die: Olympische Spiele ♦ *gehoben:* Olympia

olympiaverdächtig: → sportlich (1)

olympisch: Olympische Spiele: → Olympiade

Oma, die: **1.** → Großmutter (1) – **2.** → Greisin

Ombudsmann, der: → Bürgerbeauftragte

Omelett, das: → Eierkuchen

Omelette, die: → Eierkuchen

Orakel

Omen, das: → Vorzeichen
Omi, die: → Großmutter (1)
ominös: 1. → merkwürdig – **2.** → verdächtig (1)
Omnibus, der: → Autobus
omnipotent: → allmächtig
Omnipotenz, die: → Allmacht
Onanie, die: → Selbstbefriedigung
onanieren: → masturbieren
Ondit, das: → Gerücht
ondulieren: → wellen (I)
Onenightstand, der: → Koitus
Onkel, der: warmer O.: → Homosexuelle (I)
onkelhaft: → gönnerhaft
Onlinebanking, das: → Direktbanking
Onlineeinkauf, der: → Homeshopping
Onlineshopping, das: → Homeshopping
Opa, der: **1.** → Großvater (1) – **2.** → Greis
opak: → undurchsichtig (1)
opalisieren: → schillern
opalisierend: → schillernd (1)
Openair, das: Openair-Veranstaltung · Freiluftveranstaltung
Openair-Veranstaltung, die: → Openair
Oper, die: **1.** ⟨musikal. Bühnenwerk⟩ • Musikdrama; → auch Operette – **2.** ⟨Gebäude zur Aufführung großer musikal. Bühnenwerke⟩ Opernhaus; → auch Theater (2)
operabel: → heilbar
Operation, die: **1.** ⟨chirurg. Eingreifen⟩ [chirurgischer] Eingriff – **2.** → Unternehmung (1)
Operette, die: + Singspiel · Musical; → auch Oper (1)
operieren: 1. ⟨einen chirurg. Eingriff vornehmen⟩ umg: schneiden · unter das Messer nehmen – **2.** → handeln (I, 3)
Opernglas, das: → Fernglas
Operngucker, der: → Fernglas
Opernhaus, das: → Oper (2)
Opernkieker, der: → Fernglas
Opernsänger, der: → Sänger (1)
Opernsängerin, die: → Sängerin
Opfer, das: **1.** ⟨Gabe für eine Gottheit⟩ Opfergabe · Opferung + Schlachtopfer – **2.** ⟨das Opfern⟩ Opferung · Opferhandlung – **3.** ⟨durch Fremdeinwirkung zu Schaden gekommene Person⟩ der Geschädigte · der Betroffene + Märtyrer – **4.** → Verunglückte – **5.** Opfer bringen: → opfern (I, 1, a u. b)
opferbereit: opferwillig · opferfreudig · gebefreudig; → auch selbstlos
opferfreudig: → opferbereit

Opfergabe, die: → Opfer (1)
Opferhandlung, die: → Opfer (2)
opfern: I. opfern: **1.** ⟨aus eigenem Entschluss geben⟩ **a)** ⟨einer Gottheit⟩ Opfer bringen · darbringen ♦ gehoben: dahingeben · weihen – **b)** ⟨Menschenleben⟩ Opfer bringen · hinopfern · aufopfern · hingeben; darangeben (veraltend) ♦ umg: verheizen (abwert); drangeben (veraltend) – **2.** → spenden (1) – **3.** Neptun o.: → seekrank – **II.** opfern, sich: → hingeben (II, 1)
Opfertisch, der: → Altar (1)
Opferung, die: → Opfer (1 u. 2)
opferwillig: → opferbereit
Opi, der: → Großvater (1)
Opium, das: → Rauschgift (1)
Opponent, der: → Gegner (2)
opponieren: → widersetzen, sich
opportun: 1. → gelegen (1) – **2.** → passend (1, a)
Opportunismus, der: Prinzipienlosigkeit · Gesinnungslosigkeit; Gesinnungslumperei (abwert) + Populismus; → auch Gesinnungswandel
Opportunist, der: Gesinnungslump (abwert) + Mitläufer · Populist ♦ umg: Wendehals · Wetterfahne (abwert)
oppositär: → gegensätzlich
Opposition, die: → Gegner (2)
oppositionell: → gegensätzlich
oppositiv: → gegensätzlich
optieren: → entscheiden (II)
Optik, die: einen Knick in der O. haben: → schielen (1); in der O. behalten: → merken (4)
optimieren: → vervollkommnen (I)
Optimismus, der: Zuversicht[lichkeit] · Lebensbejahung + Zukunftsglaube · Fortschrittsglaube · Fortschrittsgläubigkeit; → auch Hoffnung (1)
optimistisch: 1. ⟨an eine Entwicklung zum Positiven glaubend⟩ zuversichtlich · lebensbejahend · voller Zuversicht · hoffnungsfroh · hoffnungsvoll · guten Mutes + zukunftsgläubig · fortschrittsgläubig – **2.** zu o. sein: ⟨nur die positiven Seiten sehen⟩ alles durch eine rosa[rote] Brille sehen · alles in rosigem Licht sehen · positiv denken
Optimum, das: → Höchstmaß
Option, die: → Entscheidung (1)
opulent: 1. → üppig (1) – **2.** → reichlich
Opus, das: → Werk (1)
Orakel, das: → Weissagung

525

orakelhaft → geheimnisvoll (1)
orakeln: → weissagen
orange: → orange[n]farben
Orange, die: → Apfelsine
orange[n]farben: orange · orange[n]farbig · orange[n]rot · orange[n]gelb; → *auch* gelb (1)
orange[n]farbig: → orange[n]farben
orange[n]gelb: → orange[n]farben
orange[n]rot: → orange[n]farben
oratorisch: → rednerisch
orbikular: → rund (1)
Orbit, der: → Umlaufbahn
Orbitalbahn, die: → Umlaufbahn
Orbitalstation, die: → Raumstation
Orchester, das: 1. → ¹Kapelle – **2.** philharmonisches O.: → Philharmonie
Orchesterleiter, der: → Dirigent (1)
Orden, der: 1. → Auszeichnung (2) – **2.** einen O. verleihen: → auszeichnen (I, 2)
Ordensbruder, der: → Mönch (1)
Ordensgemeinschaft, die (*kathol Kirche*): Kongregation
Ordensschwester, die: → Nonne (1)
ordentlich: 1. ⟨*Ordnungssinn erkennen lassend*⟩ **a)** ⟨*in einem geordneten* [*u. dadurch ansprechenden*] *Zustand*⟩ akkurat · wohl geordnet · aufgeräumt · proper · adrett · tadellos + sauber · klar; → *auch* sauber (1) – **b)** ⟨*im Bemühen um Ordnung*⟩ ordnungsliebend · auf Ordnung bedacht/achtend/haltend · akkurat + pedantisch · präzis[e]; → *auch* sorgfältig (1) – **2.** → sorgfältig (1) – **3.** → vorschriftsmäßig – **4.** → gehörig (1) – **5.** → rechtschaffen – **6.** es jmdm. o. geben: → schlagen (I, 1)
Ordentlichkeit, die: → Ordnungsliebe
Order, die: 1. → Befehl (1) – **2.** → Bestellung (1) – **3.** O. geben/erteilen: → befehlen (I, 1)
ordern: → bestellen (1)
ordinär: 1. → gewöhnlich (2) – **2.** → unanständig (1)
Ordination, die: 1. → Sprechstunde (1) – **2.** → Priesterweihe – **3.** → Amtseinführung
ordinieren: Sprechstunde halten/haben; → *auch* praktizieren (1)
ordnen: 1. ⟨*in eine ganz bestimmte Reihenfolge bringen*⟩ in [die/eine richtige] Ordnung bringen · sortieren · gruppieren · kategorisieren · reihen ♦ *umg*: rangieren (*landsch*); → *auch* einteilen (1), anordnen (1), zurechtrücken (1) – **2.** → regeln (1) – **3.** → aufräumen (1) – **4.** neu o.: → neu (4)

Ordner, der: 1. ⟨*Mappe zur geordneten Aufbewahrung von Schriftstücken*⟩ + Ablegemappe · Sammelmappe · Schnellhefter · Hefter · Schnellheftmappe; → *auch* Ablage (1) – **2.** → Aufseher
Ordnung, die: 1. ⟨*geregelter Zustand*⟩ Disziplin · Zucht + Regelung · Anordnung; → *auch* Strenge – **2.** → Einteilung (1) – **3.** → Verordnung (1) – **4.** in O. sein: ⟨*sich in geordnetem bzw. richtigem Zustand befinden*⟩ *umg*: o. k./okay sein · im Lot/in Schuss sein · [es ist] alles paletti · alles ist im grünen Bereich – **5.** auf O. bedacht/achtend/haltend: → ordentlich (1, b); O. schaffen/machen: → aufräumen (1); in die/eine richtige O. bringen: → ordnen (1); in O. bringen: **a)** → ordnen (1) – **b)** → bereinigen (1) – **c)** → regeln (1) – **d)** → heilen (1); wieder in O. bringen: → reparieren; zur O. rufen: → ermahnen (1); in O.: **a)** → richtig (1) – **b)** → einverstanden (1); geht in O.: → einverstanden (1)
Ordnungsgeld, das: → Geldstrafe
ordnungsgemäß: → vorschriftsmäßig
Ordnungshüter, der: → Polizist
Ordnungsliebe, die: Ordnungssinn · Ordentlichkeit
ordnungsliebend: → ordentlich (1, b)
Ordnungssinn, der: → Ordnungsliebe
ordnungswidrig: → ungesetzlich
Ordnungswidrigkeit, die: → Vergehen (1)
Organ, das: 1. → Stimme (1) – **2.** → Zeitung (I, 1) – **3.** ein O. haben ⏐für⏐: → spüren (1)
Organisation, die: 1. ⟨*zu einem bestimmten Zweck vereinigte Gruppe von Menschen*⟩ + Bund · Verein · Klub · Partei; → *auch* Vereinigung (2), Gruppe (2) – **2.** → Gliederung (1) – **3.** → Veranstaltung (1)
Organisator, der: → Veranstalter
organisieren: I. organisieren: **1.** → veranstalten (1) – **2.** → beschaffen (1) – **3.** → stehlen (1) – **II.** organisieren, sich: → vereinigen (II, 2)
organisiert: das organisierte Verbrechen: → Verbrecherorganisation
Organisierung, die: → Veranstaltung (1)
Organverpflanzung, die: → Transplantation (1)
orgeln: → röhren (1)
Orgie, die: 1. → Gelage (a u. b) – **2.** → Unzucht
Orient, der: Morgenland (*veraltet*)

orientieren: I. orientieren: → unterrichten (1), aufklären (I, 2) – **II.** orientieren, sich: **1.** 〈*seinen Standort feststellen*〉 sich zurechtfinden; → *auch* zurechtfinden (1) – **2.** 〈*sich Klarheit bzw. einen Überblick verschaffen*〉 das Terrain sondieren ♦ *salopp*: [die Lage] peilen; → *auch* auskundschaften (1)

Orientierung, die: die O. verlieren: → verirren, sich

orientierungslos: → verwirrt (1)

Orientierungssinn, der: → Ortssinn

Orientierungsvermögen, das: → Ortssinn

original: 1. → ursprünglich (1) – **2.** → echt (1)

Original, das: **1.** 〈*durch seine lustig-skurrile Art auffallender Mensch*〉 *umg*: Unikum · Type · Blüte · [putzige] Gurke ♦ *salopp*: Urvieh; → *auch* Sonderling – **2.** → Urfassung

Originalausgabe, die: → Urfassung

Originalität, die: **1.** → Ursprünglichkeit – **2.** → Eigentümlichkeit (1)

Originalübertragung, die: → Livesendung

originär: → ursprünglich (1)

originell: → eigentümlich (1)

Orkan, der: → Sturm (1)

Orkus, der: **1.** → Unterwelt (1) – **2.** in den O. kehren: → wegwerfen (1)

Ornament, das: → Verzierung (1)

ornamentieren: → verzieren

Ornat, der: → Amtstracht

Ort, der: **1.** 〈*lokalisierbarer, eng begrenzter Teil der Umwelt*〉 Stelle · Platz · Stätte · Örtlichkeit · Lokalität · Location · Punkt · Fleck + Standort ♦ *umg*: Winkel; → *auch* Standort (1) – **2.** 〈*besiedelter Platz*〉 Ortschaft · Flecken + Stadt · Örtlichkeit ♦ *salopp*: Quetsche (*abwert*); → *auch* Dorf (1), Kleinstadt, Siedlung, Wohnsiedlung – **3.** → Ahle – **4.** an irgendeinem O.: → irgendwo; an allen Orten: → überall (1); nicht am O.: → auswärts (1); an O. und Stelle: → hier (1); O. der Finsternis / Verdammnis: → Hölle (1); fehl am O.: → unangebracht

Örtchen, das: **1.** → Toilette (1) – **2.** stilles Ö.: → Toilette (1)

orthodox: strenggläubig · rechtgläubig; → *auch* fromm (1)

Orthodoxie, die: Strenggläubigkeit · Rechtgläubigkeit; → *auch* Frömmigkeit

Orthographie, die: → Rechtschreibung

örtlich: 1. 〈*auf ein eng begrenztes Gebiet bezogen*〉 lokal · räumlich · regional; entopisch (*fachspr*); → *auch* landschaftlich (1) – **2.** örtliche Betäubung: → Betäubung (1)

Örtlichkeit, die: **1.** → Ort (1 *u.* 2) – **2.** → Toilette (1)

ortsansässig: → ansässig (1)

Ortschaft, die: → Ort (2)

ortsfest: → ansässig (1)

ortsfremd: → fremd (2)

Ortsgedächtnis, das: → Ortssinn

Ortssinn, der: Orientierungssinn · Orientierungsvermögen · Ortsgedächtnis

Ortstein, der: → Eckstein (1)

ortsüblich: → üblich (1)

Ortsvorsteher, der: → Bürgermeister (a)

Oskar: frech wie O.: → keck

Ost: I. Ost: **1.** → Osten – **2.** in Ost und West: → überall (1) – **II.** Ost, der: → Ostwind

Osten, der: Ost (*fachspr*)

ostentativ: → betont

Östromanie, die: → Mannstollheit

Ostwind, der: Ost (*seem*)

Oszillation, die: → Schwingung

Otter, die: **1.** → Viper – **2.** → Schlange (1)

Otto, der: der flotte O.: → Durchfall (1); O. Normalverbraucher: → Durchschnittsmensch

Ottomane, die: → Sofa

out: out sein: **a)** → veraltet (2) – **b)** → altmodisch (2)

Outcast, der: → Geächtete

Outdoorjacke, die: → Anorak

outen, sich: **1.** → offenbaren (II) – **2.** → äußern (II, 1)

Outfit, das: **1.** → Kleidung (1) – **2.** → Aussehen (1)

Outlaw, der: → Verbrecher

Output, der: → Produktionsmenge

outrieren: → übertreiben (1)

Outsider, der: → Außenseiter

Outsourcing, das: → Auslagerung

Ouvertüre, die: → Vorspiel

oval: eiförmig · eirund · länglich rund · ellipsenförmig · elliptisch

Ovation, die: → Beifall (1)

Overall, der: → Schutzanzug

Overdrive, der: → Schnellgang

Overstatement, das: → Übertreibung (1)

Ovum, das: → Ei (I, 1), Keimzelle (1)

Ozean, der: → Meer

Ozeanaut, der: → Unterwasserforscher

P

paar: ein p.: → einige (1); ein p. Mal[e]: → wiederholt (1); um ein p. Ecken: → weitläufig (1); ein p. überziehen / draufhauen / draufgeben: → schlagen (I, 1); mit ein p. Handgriffen erledigen: → mühelos (2)
Paar, das: **1.** → Ehepaar – **2.** → Liebespaar – **3.** ein P.: → zwei (1)
paaren, sich: **1.** → begatten (2, a) – **2.** → koitieren
paarig: → paarweise
Paarung, die: **1.** → Begattung (1) – **2.** → Koitus – **3.** → Kreuzung (1)
Paarungszeit, die: → Brunstzeit
paarweise: paarig · zu zweit / zweien
Pacemaker, der: → Herzschrittmacher
Pacht, die: **1.** → Pachtzins – **2.** in P. nehmen: → pachten; in P. geben: → verpachten
pachten: in Pacht nehmen; → auch ²mieten
Pachtgeld, das: → Pachtzins
Pachtpreis, der: → Pachtzins
Pachtsumme, die: → Pachtzins
Pachtzins, der: Pacht[summe] · Pachtgeld · Pachtpreis; Bestand[zins] · Bestandgeld (süddt österr); → auch ¹Miete
Pachulke, der: → Flegel (1)
Pack: **I.** Pack, das: → Gesindel – **II.** Pack, der: → Bündel (1)
Päckchen, das: **1.** → Bündel (1) – **2.** sein P. zu tragen haben: → Sorge (3)
packen: **I.** packen: **1.** → einpacken (1) – **2.** → ergreifen (1) – **3.** → meistern – **4.** beim / am Kragen / Schlafittchen / Griebs / Krips p., bei / an der Gurgel p.: → ergreifen (2); die Koffer / sein Bündel p.: **a)** → aufbrechen (3) – **b)** → abreisen; die Koffer p. müssen: → entlassen (3) – **II.** packen, sich: → weggehen (1)
Packen, der: → Bündel (1)
packend: → spannend
Packesel, der: → Lasttier
Packung, die: **1.** → Schachtel (1) – **2.** → Umschlag (1) – **3.** → Niederlage (1)
Pädagoge, der: → Lehrer

pädagogisch: → erzieherisch
Paddelboot, das: **1.** ⟨mit Paddeln bewegtes Boot⟩ + Kajak · Kanu · Faltboot; → auch Boot – **2.** P. fahren: → rudern (1)
paddeln: **1.** → rudern (1) – **2.** → schwimmen (1)
Päderast, der: + Knabenschänder; → auch Pädophile, Homosexuelle (I), Sexualstraftäter
Pädophile, der: der Pädosexuelle + Kinderschänder; → auch Päderast, Sexualstraftäter
Pädosexuelle, der: → Pädophile
paffen: → rauchen (1)
Page, der: → Diener (1)
paginieren: → nummerieren
Paket, das: → Bündel (1)
paketieren: → verpacken (1)
Pakt, der: **1.** → Bündnis (1) – **2.** → Vertrag (1) – **3.** einen P. schließen: → verbünden, sich (1)
paktieren: → verbünden, sich (1)
Palais, das: → Schloss (1)
Palast, der: → Schloss (1)
Palastrevolution, die: → Verschwörung (1)
Palatschinke, die: → Eierkuchen
Palaver, das: → Geschwätz (1)
palavern: → schwatzen (1)
palen: → aushülsen
Paletot, der: → Mantel (1)
Palette, die: → Auswahl (2)
paletti: [es ist] alles p.: → Ordnung (4)
Palisade, die: Pfahlwerk · Schanzpfahl; → auch Sperre (1)
Pallawatsch, der: → Durcheinander (1)
Palme, die: **1.** → Preis (2) – **2.** die P. des Sieges erringen: → siegen; auf die P. bringen: → erzürnen (1); auf der P. sein: → wütend (2); sich einen von der P. schütteln: → masturbieren
Pamp, der: → Brei (1)
Pampelmuse, die: Grapefruit
pampen: → essen (1)
Pampf, der: → Brei (1)

pampfen: → essen (1)
Pamphlet, das: → Schmähschrift
pampig: 1. → frech (1) – **2.** → schlammig
Pamps, der: **1.** → Brei (1) – **2.** → Schlamm
pampsig: → schlammig
Pandemie, die: → Seuche
paneelieren: → täfeln
Panier, das: → Wahlspruch
Paniermehl, das: Semmelbrösel (*Pl*)
Panik, die: **1.** → Verwirrung (1) – **2.** → Schreck (1)
Panne, die: **1.** → Schaden (3) – **2.** → Reifenschaden – **3.** → Missgeschick
Pannendienst, der: Pannenhilfe + Straßenwacht
Pannenhilfe, die: → Pannendienst
Panorama, das: → Rundblick
panschen: 1. → verdünnen – **2.** → plan[t]schen
Pansen, der: sich den P. voll schlagen / voll hauen: → satt (4)
Panther, der: **1.** → Leopard – **2.** schwarzer P.: → Leopard
Pantinen (*Pl*): **1.** → Holzpantoffeln – **2.** aus den P. kippen: → bewusstlos (2)
Pantoffel: I. Pantoffel, der: unter dem P. haben: → beherrschen (I, 1) – **II.** Pantoffeln (*Pl*): ⟨fersenfreie Fußbekleidung fürs Haus⟩ + Filzpantoffeln ∙ Pantolette ♦ *umg*: Latschen ∙ Schlappen (*landsch*); Schlurren (*norddt*); Patschen (*österr*); → *auch* Hausschuhe, Holzpantoffeln
Pantoffelheld, der (*umg abwert*): Simandl (*österr*) ♦ *salopp*: Weiberknecht; → *auch* Weichling
Pantoffelkino, das: **1.** → Fernsehen – **2.** → Fernsehapparat
Pantoletten (*Pl*): → Pantoffel (II)
pantschen: 1. → verdünnen – **2.** → plan[t]schen
Panzen, der: → Schmerbauch
Panzer, der: **1.** ⟨gepanzertes Kampffahrzeug⟩ Panzer[kampf]wagen; Tank (*veraltet*) + Schützenpanzer ∙ Kettenfahrzeug – **2.** ⟨Teil der ritterl. Kampfkleidung⟩ Harnisch ∙ Rüstung + Kürass
Panzerechse, die: → Krokodil
Panzerkampfwagen, der: → Panzer (1)
Panzerschrank, der: → Geldschrank
Panzerwagen, der: → Panzer (1)
Papa, der: → Vater (I, 1)
Papagallo, der: → Geliebte (I)
Papagei, der: → Nachbeter

papal: → päpstlich (1)
Paparazzo, der: → Fotoreporter
Papeterie, die: → Schreibwarengeschäft
Papi, der: → Vater (I, 1)
Papier: I. Papier, das: **1.** → Schriftstück – **2.** → Wertpapier (I) – **3.** nur ein Fetzen P.: → wertlos (1); auf dem P. festhalten: → zeichnen (1); zu P. bringen, dem P. anvertrauen, aufs P. werfen: → aufschreiben (1) – **II.** Papiere (*Pl*): **1.** → Ausweis (1) – **2.** → Reisepass – **3.** seine P. vorzeigen: → ausweisen (II, 1); sich seine P. holen können: → entlassen (3)
papieren: → langweilig
Papiergeschäft, das: → Schreibwarengeschäft
Papierhandlung, die: → Schreibwarengeschäft
Papierkrieg, der: → Bürokratie
Papierwarenhandlung, die: → Schreibwarengeschäft
papp: nicht mehr p. sagen können: → satt (3, a)
Papp, der: → Brei (1)
Pappdeckel, der: → Pappe (1)
Pappe, die: **1.** ⟨dickes, steifes Papier⟩ Papp[en]deckel ∙ Karton – **2.** → Klebstoff – **3.** → Brei (1) – **4.** → Führerschein – **5.** nicht von P.: → beachtlich (1)
päppeln: → füttern (a)
pappen: 1. → essen (1) – **2.** → kleben (1 *u.* 2)
Pappendeckel, der: → Pappe (1)
Pappenstiel, der: **1.** → Kleinigkeit (1) – **2.** keinen P. wert: → wertlos (1)
papperlapapp: → Unsinn (1, b)
pappesatt: p. sein: → überdrüssig (1)
pappig: → klebrig (1)
Pappkamerad, der: → Schießscheibe
Pappschachtel, die: → Schachtel (1)
paprizieren: → würzen
Papst, der: **1.** ⟨Oberhaupt der römisch-kathol. Kirche⟩ der Heilige Vater ∙ Pontifex maximus ∙ Summus Episcopus ∙ Oberhaupt – **2.** päpstlicher als der P.: → kleinlich
päpstlich: 1. ⟨zum Papst gehörig⟩ papal; apostolisch (*kathol Kirche*) – **2.** päpstlicher als der Papst: → kleinlich
Parabel, die: → Bild (3)
Parabolantenne, die: *umg*: Satellitenschüssel
parabolisch: → bildlich (1)

Parade

Parade, die: **1.** → Vorbeimarsch – **2.** in die P. fahren: → hindern
Paradeiser, der: → Tomate
paradieren: 1. → vorbeimarschieren – **2.** → prunken (1)
Paradies, das: **1.** ⟨*Ort der Freude u. Glückseligkeit*⟩ **a)** ⟨*allgemein*⟩ Eldorado · Dorado; → *auch* Jenseits (1, b) – **b)** ⟨*nach dem Alten Testament der Lebensbereich der ersten Menschen*⟩ [Garten] Eden · Garten Gottes; → *auch* Jenseits (1, a) – **2.** → Jenseits (1, a) – **3.** himmlisches P.: → Jenseits (1, a)
Paradiesapfel: I. Paradiesapfel, der: → Tomate – **II.** Paradiesäpfel (*Pl*): → Brust (I, 2)
paradiesisch: → herrlich (1)
Paradigma, das: → Beispiel (1)
paradox: → widersinnig (1)
Paradoxie, die: → Widersinn (1)
Paragraphenreiter, der: → Bürokrat
paragraphieren: → einteilen (1)
Parallaxe, die: → Winkelabstand
parallel: → vergleichbar (1)
Parallele, die: **1.** → Gegenstück (1) – **2.** Parallelen ziehen: → vergleichen (I, 1)
Parallelismus, der: → Übereinstimmung (1)
Parallelität, die: → Übereinstimmung (1)
Paralyse, die: → Lähmung
paralysieren: 1. → lähmen (1) – **2.** → entkräften (1)
paramilitärisch: halbmilitärisch · militärähnlich
Paranoia, die: → Geisteskrankheit
paranoid: → geisteskrank (1)
paranoisch: → geisteskrank (1)
paranormal: → übersinnlich
Paraphe, die: → Unterschrift (1)
paraphieren: → unterschreiben
Paraphrase, die: → Umschreibung (1)
Parapluie, der *od.* das: → Regenschirm (1)
parapsychisch: → übersinnlich
Parasit, der: → Schmarotzer (1 *u.* 2)
parasitär: → schmarotzerhaft (1 *u.* 2)
parasitieren: → schmarotzen (1)
parasitisch: → schmarotzerhaft (1 *u.* 2)
parat: 1. → fertig (1) – **2.** → gegenwärtig (2), verfügbar (1) – **3.** p. haben: → bereithaben
Paravent, der *od.* das: → Wandschirm
Pärchen, das: → Liebespaar
pardauz: → plumps
Pardon, der: **1.** → Verzeihung (1) – **2.** P. geben: → verschonen

Parentel, die: → Verwandtschaft (1)
Parenthese, die: **1.** → Einschaltung (1) – **2.** in P.: → beiläufig (1)
parenthetisch: → beiläufig (1)
par excellence: → schlechthin
Parfüm, das: **1.** ⟨*Duftstoff*⟩ + Duftwasser · Eau de Toilette · Eau de Cologne · Kölnischwasser · Lavendel · Essenz – **2.** → Duft (1)
parfümieren: *umg*: einbalsamieren (*scherzh*)
Paria, der: → Geächtete
parieren: 1. → abwehren (1, b) – **2.** → gehorchen (1) – **3.** aufs Wort p.: → gehorchen (1)
Pariser, der: → Präservativ
Pariserbrot, das: → Baguette[brot]
Parität, die: → Gleichberechtigung
paritätisch: → gleichberechtigt
Park, der: **1.** ⟨*weiträumige gartenähnl. Anlage*⟩ Parkanlage[n] · Anlage[n] · Grünanlage + englischer Garten · Lustgarten · Wildgarten · Wildpark · grüne Lunge; → *auch* Vergnügungspark – **2.** → Wagenpark
Parka, der: → Anorak
Parkanlage: I. Parkanlage, die: → Park (1) – **II.** Parkanlagen (*Pl*): → Park (1)
parken: abstellen; parkieren (*schweiz*); → *auch* unterstellen (I), anhalten (I, 1)
Parkett, das: einen Tanz / eine kesse / saubere Sohle aufs P. legen, einen aufs P. hauen: → tanzen (1)
Parkhaus, das: → Garage
parkieren: → parken
Parkingmeter, der: → Parkuhr
Parkplatz, der: Abstellplatz · Einstellplatz · Parkraum; → *auch* Garage
Parkraum, der: → Parkplatz
Parkuhr, die: Parkingmeter (*schweiz*)
Parlament, das: [oberste] Volksvertretung + Bundestag
Parlamentär, der: → Unterhändler
Parlamentarier, der: → Abgeordnete
parlamentarisch: parlamentarische Demokratie: → Demokratie (1)
Parlamentarismus, der: → Demokratie (1)
Parlamentsmitglied, das: → Abgeordnete
parlieren: → schwatzen (1)
Parochie, die: → Kirchengemeinde
Parodie, die: → Spott (1)
parodieren: → verspotten
parodistisch: → spöttisch
Parole, die: **1.** → Kennwort – **2.** → Wahlspruch

Pate

Paroli, das: P. bieten: → widersetzen, sich
Parotitis, die: → Mumps
Paroxysmus, der: → Anfall (1)
Part, der: → Anteil (1)
Parte, die: → Todesanzeige
Partei, die: **1.** → Organisation (1) – **2.** → Gruppe (2) – **3.** P. nehmen / ergreifen |für|: → eintreten (7, a)
Parteienverkehr, der: → Dienststunden
Parteifreund, der: → Parteimitglied
Parteigänger, der: → Anhänger (3)
parteiisch: 1. → befangen (1) – **2.** → einseitig (1)
Parteimitglied, das: + Parteifreund · Genosse
parterre: → Erdgeschoss (2)
Parterre, das: → Erdgeschoss (1)
Partezettel, der: → Todesanzeige
Partie, die: **1.** → Ausflug – **2.** → Spiel (1) – **3.** → Teil (1) – **4.** → Rolle (2) – **5.** mit von der P. sein: → beteiligen (II)
partiell: → teilweise
partikular / partikulär: → einzeln (2)
Partisan, der: → Widerstandskämpfer
Partisanenkampf, der: → Widerstandskampf
partizipieren: 1. → beteiligen (II) – **2.** → teilhaben (2) – **3.** p. lassen: → beteiligen (I)
Partner, der: **1.** → Lebensgefährte (1) – **2.** → Ehemann – **3.** → Teilhaber
Partnerin, die: **1.** → Lebensgefährtin (1) – **2.** → Ehefrau
partout: → unbedingt (1)
Party, die: → Fest (1)
Partydroge, die: → Rauschgift (1)
Parvenü, der: → Emporkömmling
parzellieren: → aufteilen (1)
paschen: → schmuggeln
Pascher, der: → Schmuggler
Pascherei, die: → Schmuggel (1)
Paspel, die: → Besatz (1)
Pasquill, das: → Schmähschrift
Pass, der: **1.** → Reisepass – **2.** → Bergsattel – **3.** → Zuspiel – **4.** den P. vorzeigen: → ausweisen (II, 1)
passabel: 1. → erträglich – **2.** → annehmbar
Passage, die: **1.** → Durchgang (1) – **2.** → Abschnitt (2)
Passagier, der: **1.** → Fahrgast – **2.** → Fluggast – **3.** blinder P.: → Schwarzfahrer
Passant, der: → Fußgänger
passee: 1. → vorbei (1) – **2.** → veraltet (1)

passen: 1. ⟨*in Art u. Form auf etw. abgestimmt bzw. zugeschnitten sein*⟩ **a)** ⟨*allgemein*⟩ zusammenpassen · [zusammen]stimmen · entsprechen + sich eignen ◆ *umg:* hinkommen ◆ *salopp:* hinhauen – **b)** ⟨*von der Kleidung gesagt:* [*wie*] *nach Maß gearbeitet sein*⟩ [wie angegossen] sitzen · gut sitzen; → *auch* anliegen (1) – **c)** ⟨*von der Kleidung gesagt: beim Getragenwerden schön aussehen*⟩ kleiden · stehen + schmeicheln – **2.** → gelegen (2) – **3.** → aufgeben (3) – **4.** → geeignet (4) – **5.** nicht [in den Kram / Streifen / in die Karten] p.: → missfallen (1); nicht ins Bild p.: → ²abweichen (2); p. |zu|: → zuspielen (1)
passend: 1. ⟨*gut einem best. Zweck dienend*⟩ **a)** ⟨*allgemein*⟩ angebracht · angezeigt · opportun · adäquat · angemessen · entsprechend · recht; → *auch* richtig (1), annehmbar, verwendbar, zweckmäßig – **b)** ⟨*in Bezug auf die Kleidung*⟩ + bequem · leger · fußgerecht – **2.** → gelegen (1) – **3.** → abgezählt
Passform, die: → ¹Fasson (1)
passieren: 1. → überschreiten – **2.** → geschehen (1) – **3.** → zustoßen (1) – **4.** → durchsieben (I)
passim: → vereinzelt (1)
Passion, die: **1.** → Leidensweg – **2.** → Liebhaberei
passioniert: → leidenschaftlich
passiv: → untätig (1)
Passiva (*Pl*): → Schuld (II, 1)
Passivität, die: → Untätigkeit
Passus, der: → Abschnitt (2)
Passwort, das: → Kennwort
Pasta, die: → Paste
Paste, die: Pasta · Creme; → *auch* Salbe, Zahnpasta
Pastete, die: die ganze P.: → alles (1)
Pasteurisation, die: → Entkeimung
pasteurisieren: → entkeimen (1)
Pasteurisierung, die: → Entkeimung
Pastille, die: → Tablette
Pastor, der: → Geistliche
pastoral: 1. → seelsorgerisch – **2.** → salbungsvoll
Pastorentochter, die: unter uns Pastorentöchtern: → vertraulich (1)
pastös: → aufgeschwemmt
Patchen, das: → Patenkind
Pate: I. Pate, der: **1.** ⟨*männl. Person, die bei der Taufe als Zeuge anwesend ist*⟩ Taufpate

531

Patenkind

· Taufzeuge · Patenonkel; Gevatter[smann] (*veraltet*) – **2.** → Patenkind – **3.** die Paten sagen: → ausschimpfen – **II.** Pate, die: ⟨*weibl. Person, die bei der Taufe als Zeugin anwesend ist*⟩ Patin · Taufpatin · Taufzeugin · Patentante; Gevatterin (*veraltet*)

Patenkind, das: Pate · Patchen
Patenonkel, der: → Pate (I, 1)
patent: → tüchtig (1)
Patentante, die: → Pate (II)
Patentlösung, die: → Lösung (1)
Patentrezept, das: → Lösung (1)
Pater, der: → Geistliche
Paternoster: I. Paternoster, der: → Fahrstuhl (1) – **II.** Paternoster, das: → Gebet (1)
pathetisch: → ausdrucksvoll (1)
pathologisch: → krankhaft
Pathos, das: → Leidenschaft
Patient, der: → Kranke
Patientenkärtchen, das: → Versichertenkarte
Patin, die: → Pate (II)
Patina, die: P. ansetzen: → altern (1)
Patisserie, die: → Gebäck
patriarchalisch: → ehrwürdig
Patriot, der: Vaterlandsfreund
patriotisch: vaterlandsliebend · vaterländisch; → *auch* national (1)
Patriotismus, der: → Heimatliebe
Patrizier, der: → Bürger (1 *u.* 3)
patrizisch: → vornehm (1)
Patron, der: **1.** → Schutzpatron – **2.** → ¹Leiter
Patronat, das: → Schirmherrschaft
Patrouille, die: **1.** → Spähtrupp – **2.** → Streife – **3.** [auf] P. gehen: → erkunden (1)
patsch: → plumps
Patsch, der: **1.** → Schlag (I, 1) – **2.** → Ohrfeige (1)
¹Patsche, die: → Hand (1)
²Patsche, die: **1.** → Schlamm – **2.** aus der P. helfen/ziehen: → heraushelfen; in der P. sitzen: → Verlegenheit (2)
patschen: 1. → schlagen (I, 2) – **2.** → plan[t]schen
Patschen (*Pl*): **1.** → Hausschuhe – **2.** → Pantoffel (II)
patschenass: → nass (1)
patschert: → ungeschickt (1)
Patschhand, die: → Hand (1)
patschnass: → nass (1)
patt: → unentschieden (1)

patzen: → Fehler (2)
Patzer, der: → Fehler (1)
patzig: → frech (1)
Pauke, die: **1.** ⟨*Musikinstrument*⟩ + Trommel – **2.** die P. schlagen: → trommeln (1); auf die P. hauen: **a)** → feiern (1) – **b)** → prahlen
pauken: 1. → trommeln (1) – **2.** → lernen (1) – **3.** → fechten (1)
Pauker, der: → Lehrer
Pausback, der: → Dicke (I)
pausbackig/pausbäckig: → dick (1)
pauschal: → insgesamt
Pauschalbetrag, der: → Pauschale
Pauschale, die: Pausch[al]betrag · Pausch[al]summe
Pauschalreise, die: → All-inclusive-Reise
Pauschalsumme, die: → Pauschale
Pauschbetrag, der: → Pauschale
Pauschsumme, die: → Pauschale
¹Pause, die: **1.** ⟨*kürzere Unterbrechung einer Tätigkeit*⟩ Ruhepause · Erholungspause · Atempause · Auszeit · Break · Sabbatjahr · Verschnaufpause; Schnaufpause (*österr*) + Zigarettenpause · Rast · Unterbrechung · Halt; Halbzeit[pause] (*Sport*); → *auch* Stillstand (1), Ferien (1) – **2.** → Abstand (1) – **3.** ohne P.: → ununterbrochen; eine P. machen/einschieben/einlegen/einschalten: → rasten
²Pause, die: → Durchschlag (1)
pausen: → durchzeichnen
Pausenclown, der: den P. machen: → belustigen (I)
pausenlos: → ununterbrochen
pausieren: → aussetzen (2)
Pauspapier, das: → Durchschlagpapier
Pavillon, der: → Gartenhäuschen
Payback-Card, die: → Rabattkarte
Paycard, die: → Geldkarte
Payfernsehen, das: → Bezahlfernsehen
Pay-TV, das: → Bezahlfernsehen
Pazifist, der: Kriegsgegner + Friedensfreund · Kriegsdienstverweigerer · Wehrdienstverweigerer ♦ *salopp*: Peacenik
PC, der: → Computer
Peacenik, der: → Pazifist
Peanuts (*Pl*): **1.** → Pfennig (II, 1) – **2.** → Nichtigkeit (1)
Pech, das: **1.** → Missgeschick – **2.** P. haben: → Misserfolg (2); P. kaufen: → fliehen (1)
pechfinster: → dunkel (1)
pechrabenschwarz: → dunkel (1)

Pensionär

pechschwarz: 1. → schwarz (1) – **2.** → dunkel (1)
Pechvogel, der: → Unglücksmensch
Pedal, das: Fußhebel
Pedaleur, der: → Radfahrer (1)
Pedalritter, der: → Radfahrer (1)
pedant: → kleinlich
Pedant, der: Kleinigkeitskrämer · Schulmeister (*abwert*) ♦ *umg:* Prinzipienreiter · Federfuchser · Schreiberseele · Krämerseele · Kümmelspalter · Erbsenzähler (*abwert*) ♦ *derb:* Korinthenkacker (*abwert*); → *auch* Bürokrat, Wortklauber
Pedanterie, die: Kleinlichkeit; Kleinigkeitskrämerei (*abwert*) ♦ *umg:* Kümmelspalterei (*abwert*) ♦ *derb:* Korinthenkackerei (*abwert*); → *auch* Bürokratie, Spitzfindigkeit
pedantisch: → kleinlich
Pedell, der: → Hausmeister (2)
Pediküre, die: → Fußpflege
Pegasus, der: den P. satteln/reiten: → ²dichten (1, b)
Pegel[stand], der: → Wasserstand
peilen: 1. → orientieren (II, 2) – **2.** die Lage p.: → orientieren (II, 2); über den Daumen p.: → schätzen (1)
Pein, die: **1.** → Qual (1) – **2.** → Leid (1) – **3.** P. bereiten: → quälen (I, 1 *u.* 2)
peinigen: 1. → quälen (I, 1 *u.* 2) – **2.** → bedrücken (1)
peinigend: → quälend
Peiniger, der: **1.** ⟨*einen anderen peinigende Person*⟩ Schinder + Unterdrücker – **2.** → Qualgeist
peinlich: 1. ⟨*Verlegenheit auslösend*⟩ fatal · prekär · heikel; genant (*veraltend*) ♦ *umg:* genierlich; → *auch* unangenehm (1) – **2.** → gewissenhaft – **3.** → sorgfältig (1) – **4.** p. berührt: → betreten (2)
Peinlichkeit, die: **1.** ⟨*das Peinlichsein*⟩ Fatalität – **2.** → Gewissenhaftigkeit – **3.** → Sorgfalt (1)
peinvoll: → leidvoll
Peitsche, die: **1.** ⟨*Gerät zum Schlagen*⟩ Geißel (*landsch*) + Knute · Karbatsche · Kantschu · neunschwänzige Katze · Reitpeitsche · Reitgerte · Gerte · Ochsenziemer · Ziemer ♦ *umg:* Schwippe (*landsch*); Wippe (*norddt*); → *auch* Rute (1) – **2.** mit der P. hauen/schlagen, eins mit der P. überziehen: → peitschen
peitschen: mit der Peitsche hauen/schlagen; geißeln (*landsch*) + karbatschen

♦ *umg:* eins mit der Peitsche überziehen; → *auch* schlagen (I, 1)
pejorativ: → abfällig (1)
pekuniär: → geldlich
pekzieren: → verschulden (I, 1)
Pelemele, das: → Durcheinander (1)
Pelerine, die: → Umhang
Pelle, die: **1.** → ²Schale (1) – **2.** → Haut (1) – **3.** auf die P. rücken: → bedrängen (1); auf der P. sitzen, nicht von der P. gehen: → belästigen (1)
pellen: 1. → schälen (I) – **2.** → abhäuten – **3.** wie aus dem Ei gepellt: → sauber (1)
Peloton, das: → Abteilung (II, 1)
Pelz, der: **1.** → Fell (1) – **2.** → Haar (I, 2) – **3.** auf den P. rücken: → bedrängen (1); eins auf den P. brennen: → schießen (7); sich die Sonne auf den P. brennen lassen: → sonnen (II); eine Laus in den P. setzen: → ärgern (I)
pelzen: 1. → faulenzen (1) – **2.** → veredeln (1)
pelzig: → faserig
Pelzware, die: Pelzwerk · Rauchware; Rauware (*süddt österr*)
Pelzwerk, das: → Pelzware
Pendant, das: → Gegenstück (1)
Pendel, das: → Uhrpendel
Pendelbewegung, die: → Schwingung
pendeln: 1. → schwingen (I, 1) – **2.** → schlenkern (1)
Pendelverkehr, der: Shuttle
pendent: → schwebend (1)
penetrant: → aufdringlich (2)
Penetranz, die: → Aufdringlichkeit
penibel: 1. → gewissenhaft – **2.** → sorgfältig (1)
Penis, der: [männliches] Glied · Phallus; Piephahn · Schniepel (*kinderspr*) ♦ *umg:* Rute (*veraltend*); Schniedelwutz (*scherzh*) ♦ *salopp:* Pimmel ♦ *derb:* Schwanz · Pfeife; → *auch* Geschlechtsteil
Pennbruder, der: → Landstreicher, Stadtstreicher
Penne, die: **1.** → Unterkunft (1) – **2.** → Schule (1), Gymnasium
pennen: → schlafen (1, a)
Penner, der: → Landstreicher, Stadtstreicher
Pension, die: **1.** → Rente (1) – **2.** → Ruhestand (1) – **3.** → Hotel (1) – **4.** in P.: → pensioniert; in P. gehen: → zurückziehen (II, 1)
Pensionär, der: **1.** → Rentner – **2.** → Gast (1)

533

Pensionat

Pensionat, das: → Erziehungsinstitut
pensionieren: in den Ruhestand versetzen +
emeritieren
pensioniert: im Ruhestand · außer Dienst
+ emeritiert · entpflichtet ◆ *umg:* in Pension
Pensionist, der: → Rentner
Pensum, das: → Aufgabe (3)
Penunzen (*Pl*): → Geld (1)
penzen: → bedrängen (1)
Pep, der: → Schwung (1)
Pepmittel, das: → Aufputschmittel
Peppille, die: → Aufputschmittel
per: → mittels
perdu: 1. → verschwunden (1) – 2. →
verloren (1)
perfekt: → vollkommen (1)
Perfektion, die: → Vollkommenheit
perfektionieren: → vervollkommnen (I)
Perfektionierung, die: → Vervollkommnung (1)
perfid[e]: 1. → gemein (1) – 2. → untreu
(1)
Perfidie, die: 1. → Gemeinheit (1) – 2. →
Untreue (1)
Perfidität, die: 1. → Gemeinheit (1) – 2. →
Untreue (1)
Perforation, die: → Durchbruch (2)
perforieren: 1. → lochen – 2. → durchbrechen (II)
Performance, die: → Darbietung (1)
Pergament, das: → Handschrift (2)
Periode, die: 1. → Zeitraum – 2. → Menstruation
periodisch: regelmäßig wiederkehrend · in
gleichen Abständen auftretend
periodisieren: → einteilen (1)
Periodisierung, die: → Einteilung (1)
peripher: → nebensächlich
Peripherie, die: → Rand (1)
Periphrase, die: → Umschreibung
Peristase, die: → Umwelt
Perle, die: 1. → Glanzstück (2) – 2. →
Tropfen (1) – 3. → Hausangestellte (II)
perlen: 1. → tropfen (1) – 2. → sprudeln (1)
permanent: → dauernd (1)
Permanenz, die: → Dauer (2)
Permission, die: → Erlaubnis (1)
permittieren: → erlauben (1)
permutabel: → auswechselbar
perniziös: → bösartig (1)
per pedes: → Fuß (2)
Perpendikel, der *od.* das: → Uhrpendel

perplex: → überrascht (1)
Perron, das / der: → Bahnsteig
Perser, der: → Teppich (1)
Persiflage, die: → Spott (1)
persiflieren: → verspotten
Persilschein, der: → Unbedenklichkeitsbescheinigung
persistent: → beharrlich (1)
Persistenz, die: → Beharrlichkeit
Person, die: 1. ⟨*der einzelne Mensch*⟩
Mensch + Jemand · Nummer · Wesen · Geschöpf · Gestalt · Kopf; Figur · Element ·
Subjekt (*abwert*) ◆ *umg:* Pflanze (*scherzh
od. abwert*); → *auch* Persönlichkeit (I, 1),
Individuum – 2. → Frau (I, 1) – 3. → Rolle
(2) – 4. eine P.: → jemand (1); stumme P.:
→ Statist (1); in einer P.: → zugleich (2); in
[eigener] P.: → persönlich (1); ohne Ansehen / Ansehung der P.: → unparteiisch
Personal, das: 1. → Belegschaft – 2. →
Dienstpersonal
Personalabbau, der: Stellenabbau · Arbeitsplatzabbau · Beschäftigungsabbau ·
Personaleinsparung + Massenentlassung ·
Kündigungswelle; → *auch* Entlassung (2)
Personalausweis, der: Ausweis; Identitätskarte (*noch schweiz*) ◆ *umg:* Flebbe; →
auch Reisepass, Ausweis (1)
Personalchef, der: → Personalleiter
Personalcomputer, der: → Computer
Personaleinsparung, die: → Personalabbau
Personaler, der: → Personalleiter
personaliter: → persönlich (1)
Personalleiter, der: Personalchef ◆ *umg:*
Personaler
Personalvermittler, der: → Arbeitsvermittler
Persönchen, das: → Frau (I, 1)
Personenaufzug, der: → Fahrstuhl (1)
Personenbeschreibung, die: Signalement
(*österr schweiz*); Personsbeschreibung
(*österr*)
Personenkraftwagen, der: → Auto (1)
Personenkreis, der: → Kreis (1)
Personenmine, die: → Tretmine
Personenname, der: → Familienname
Personenschützer, der: → Leibwächter
Personenzug, der: Regionalbahn · Regionalzug + Vorortzug · Regionalexpress
◆ *umg:* Bummelzug; → *auch* Zug (1)
Personifikation, die: → Verkörperung
personifizieren: → verkörpern (1)
Personifizierung, die: → Verkörperung

persönlich: 1. ⟨*als Mensch in seiner Individualität*⟩ in [eigener] Person · selbst · in persona · privat[im]; höchstselbst · höchsteigen (*noch scherzh*); personaliter (*veraltet*) + eigenhändig ♦ *umg:* selber – **2.** → vertraulich (1) – **3.** → eigen (1) – **4.** → privat (1) – **5.** → beleidigend – **6.** p. p. werden: → beleidigen

Persönlichkeit: I. Persönlichkeit, die: **1.** ⟨*ein Mensch von ausgeprägter Eigenart*⟩ Charakter[figur] · Charaktergestalt · Respektsperson + Individualität; → *auch* Person (1) – **2.** ⟨*bedeutender u. allgemein bekannter Mensch*⟩ der Prominente + VIP · Gestalt ♦ *salopp:* Promi; → *auch* Hochgestellte – **II.** Persönlichkeiten (*Pl*): → Prominenz

Personsbeschreibung, die: → Personenbeschreibung

Perspektive, die: **1.** → Aussicht (2) – **2.** → Gesichtspunkt (1)

Perücke, die: Haarersatz · falsche Haare · Zweitfrisur + Haarteil · Toupet

pervers: → widernatürlich

pesen: → laufen (1)

Pessimismus, der: Schwarzseherei · Schwarzmalerei · Schwarzfärberei + Defätismus · Lebensverneinung · Nihilismus ♦ *umg:* Unkerei; Miesmacherei (*abwert*); → *auch* Mutlosigkeit

Pessimist, der: Schwarzseher · Schwarzmaler · Schwarzfärber + Defätist · Nihilist ♦ *umg:* Unke · Unker; Miesmacher · Miesepeter (*abwert*)

pessimistisch: 1. ⟨*von Pessimismus erfüllt*⟩ schwarzseherisch + defätistisch · lebensverneinend · nihilistisch; → *auch* traurig (1) – **2.** p. sein: → schwarz (6)

Pest, die: **1.** ⟨*Krankheit*⟩ Pestilenz (*veraltet*) ♦ *gehoben:* der schwarze Tod – **2.** wie die P.: **a)** → ekelhaft (1) – **b)** → sehr; die P. an den Hals wünschen: → verwünschen (1)

Pestilenz, die: → Pest (1)

Pestizid, das: → Schädlingsbekämpfungsmittel

Petent, der: → Bittsteller

Peter, der: langweiliger P.: → Trauerkloß; den schwarzen P. zuschieben: → beschuldigen (2)

Petitesse, die: → Nichtigkeit (1)

Petition, die: → Bittschrift

Petrol, das: → Petroleum

Petroleum, das: Petrol (*schweiz*); → *auch* Erdöl

Petticoat, der: → Unterrock

Petting, das: → Koitus

Petze, die: → Verräter (1)

petzen: → verraten (1)

Petzer, der: → Verräter (1)

peu à peu: → allmählich

Pfad, der: → Weg (1)

pfadlos: → unwegsam

Pfaffe, der: → Geistliche

Pfaffentum, das: → Geistlichkeit

pfäffisch: → geistlich (1)

Pfahl, der: **1.** ⟨*einseitig angespitzter bzw. in den Boden gerammter Balken*⟩ Pfosten; Steher (*österr*); Poller (*fachspr*); → *auch* Pfeiler (1), Pflock – **2.** in den eigenen vier Pfählen: → daheim (1)

Pfahlbürger, der: → Spießbürger

Pfahlwerk, das: → Palisade

Pfand, das: **1.** ⟨*für Leergut berechneter Betrag*⟩ Einsatz; Depot (*schweiz*) – **2.** → Bürgschaft (1) – **3.** als P. geben: → verpfänden

pfänden: exekutieren (*österr*); → *auch* beschlagnahmen

Pfandhaus, das: → Leihhaus (1)

Pfandleihanstalt, die: → Leihhaus (1)

Pfandleihe, die: → Leihhaus (1)

Pfändung, die: Exekution (*österr*)

Pfanne, die: **1.** ⟨*flaches Küchengerät*⟩ Bratpfanne · Tiegel – **2.** auf der P. haben: → bereithaben; in die P. hauen: **a)** → besiegen (I) – **b)** → ruinieren (I, 1) – **c)** → zurechtweisen

Pfannkuchen, der: **1.** ⟨*in siedendem Fett zubereitetes Gebäck*⟩ Krapfen · Kräppel[chen] (*landsch*) – **2.** → Eierkuchen

Pfarramt, das: Pfarre[i]

Pfarre[i], die: **1.** → Pfarramt – **2.** → Kirchengemeinde – **3.** → Pfarrhaus

Pfarrer, der: → Geistliche

Pfarrhaus, das: Pfarre[i]

pfauchen: → fauchen (1)

Pfeffer, der: P. geben: **a)** → erzürnen (1) – **b)** → schlagen (I, 1); P. in den Hintern blasen: → antreiben (2)

pfeffern: 1. → würzen (1) – **2.** → werfen (I, 1) – **3.** eine p.: → ohrfeigen

pfeffrig: → scharf (2)

Pfeife, die: **1.** ⟨*Rauchgerät*⟩ Tabakspfeife ♦ *derb:* Rotzkocher (*scherzh od. abwert*) – **2.** → Dummkopf (2) – **3.** → Versager (1) – **4.** → Penis – **5.** nach jmds. P. tanzen: → gehorchen (1)

pfeifen: 1. ⟨*einen Pfeifton ausstoßen*⟩ + fiepen ♦ *umg:* flöten (*landsch*) – **2.** → sin-

Pfeifenkopf

gen (2) – **3.** → stürmen (1) – **4.** → schieds-
richtern – **5.** einen p.: → trinken (1, b);
was p.: → ablehnen (1); p. |auf|: → ver-
zichten; auf dem letzten Loch p.: **a)** → er-
schöpft (4) – **b)** → zahlungsunfähig (2);
tanzen, wie jmd. pfeift: → gehorchen (1);
die Spatzen p. es von den/allen Dächern: →
bekannt (3)
Pfeifenkopf, der: → Dummkopf (2)
Pfeil, der: **1.** → Mauszeiger – **2.** wie ein P.:
→ schnell (1, a); von Amors P. getroffen:
→ verliebt (1)
Pfeiler, der: **1.** ⟨*massive Tragstütze*⟩ Säule +
Pilaster · Grundpfeiler · Eckpfeiler; → *auch*
Pfahl (1) – **2.** → Stütze (1)
pfeilgerade: → gerade (1)
pfeilgeschwind: → schnell (1, a)
pfeilschnell: → schnell (1, a)
Pfennig: I. Pfennig, der: den P. [dreimal,
zehnmal] umdrehen/herumdrehen: → gei-
zig (2); auf den P. sehen, jeden P. umdre-
hen, mit dem/jedem P. rechnen/sparen: →
sparsam (3); auf den P. aus sein: → geldgie-
rig (2); nicht einen P.: → Geld (2); kei-
nen/nicht einen P. wert: → wertlos (1); auf
Heller und P.: → vollständig (1); durch
Mark und P. gehen: **a)** → schmerzen (1) –
b) → ergreifen (3) – **II.** Pfennige (*Pl*): **1.**
⟨*unbedeutender Geldbetrag*⟩ *umg*: Peanuts ·
Trinkgeld – **2.** → Geld (1)
Pfennigfuchser, der: → Geizhals
Pferch, der: → Umzäunung
pferchen: p. |in|: → hineinstopfen
Pferd, das: **1.** ⟨*Haustier*⟩ Ross (*süddt österr
schweiz*); Gaul (*landsch, auch abwert*);
Mähre · Klepper · Schinder · Schindmähre
(*abwert*); Rosinante (*scherzh*); Hotto · Hot-
tehü (*kinderspr*) + Krippensetzer · Krippen-
beißer · Arbeitspferd · Reitpferd · Rennpferd
· Schimmel · Rappe · Fuchs · Falbe · Sche-
cke · Pony ♦ *dicht:* Ross ♦ *umg:* Kracke
(*landsch abwert*); → *auch* Fohlen – **2.** zu
Pferde sitzen: → reiten (1); wie ein P. ar-
beiten: → anstrengen (II, 1), schuften; die
[jungen] Pferde scheu machen: → verwirren
(2); aufs falsche P. setzen: → irren (II);
jmdm. gehen die Pferde durch: → Beherr-
schung (2, a)
Pferdeapfel, der: Rossbollen (*schweiz*)
Pferdearbeit, die: → Mühsal
Pferdefuß, der: → Schwierigkeit (1)
Pferdeherde, die: → Herde (1)
Pferdejunge, der: → Stallbursche

Pferdeknecht, der: → Stallbursche
Pferdekur, die: → Radikalkur
Pfiff, der: den P. kennen/heraushaben: →
beherrschen (I, 4)
Pfifferling, der: **1.** ⟨*gelber würziger Pilz*⟩
Eierschwamm (*süddt österr schweiz*) – **2.**
keinen P. wert: → wertlos (1)
pfiffig: → schlau (1)
Pfiffigkeit, die: → Schlauheit
Pfiffikus, der: → Schlaukopf
Pfingstochse, der: [geputzt] wie ein P.: →
aufgeputzt
Pflänzchen, das: → Mädchen (2)
Pflanze, die: **1.** ⟨*Lebewesen, das aus anor-
gan. Stoffen organ. Substanzen aufbauen
kann*⟩ Gewächs + Baum · Strauch · Staude ·
Blume – **2.** → Person (1)
pflanzen: I. pflanzen: **1.** ⟨*zum Wachsen in
die Erde bringen*⟩ einpflanzen · anpflanzen ·
[ein]setzen · [an]bauen; legen · stecken
(*landsch*) + kultivieren; → *auch* säen (1),
bestellen (4) – **2.** → narren – **3.** einen Kak-
tus p.: → austreten (2) – **II.** pflanzen, sich:
→ setzen (II, 1)
Pflanzengrün, das: → Blattgrün
Pflanzenkost, die: Vegetabilien · vegetari-
sche Kost
Pflanzenreich, das: → Pflanzenwelt
Pflanzentopf, der: → Blumentopf
Pflanzenwelt, die: Flora + Pflanzenreich;
→ *auch* Pflanzenwuchs
Pflanzenwuchs, der: Vegetation; → *auch*
Pflanzenwelt
Pflanzer, der: → Farmer
Pflanzgarten, der: → Baumschule
Pflänzling, der: → Schössling
Pflanzschule, die: → Baumschule
Pflanzung, die: Anpflanzung · Plantage;
Wuchs (*Forstw*) + Baumschule; → *auch*
Baumschule
Pflaster, das: **1.** ⟨*Belag zum Abdecken von
Wunden*⟩ Heftpflaster · Wundpflaster; Pfläs-
terchen (*auch scherzh*) + Schutzpflaster ·
Zugpflaster – **2.** ⟨*Steinbelag*⟩ Pflasterung –
3. → Entschädigung – **4.** → Mörtel – **5.** ein
[zu] heißes P. sein: → gefährlich (1)
Pflästerchen, das: → Pflaster (1)
Pflasterkasten, der: → Sanitäter (1)
Pflasterkocher, der: → Apotheker
pflastermüde: → müde (1)
pflastern: 1. ⟨*mit einem Steinbelag verse-
hen*⟩ bepflastern – **2.** eine p.: → ohrfeigen
Pflasterung, die: → Pflaster (2)

536

Pflatsch[en], der: → Regenguss

Pflaume, die: **1.** ⟨*Frucht des Pflaumenbaumes*⟩ Zwetsche (*landsch*); Zwetschge (*süddt schweiz*); Zwetschke (*österr*) – **2.** → Dummkopf (2)

pflaumen: → scherzen

Pflaumenaugust, der: → Dummkopf (2)

pflaumenweich: → weich (1)

Pflege, die: **1.** ⟨*fürsorgl. Behandlung*⟩ **a)** ⟨*von Kranken, Hilfsbedürftigen*⟩ Betreuung · Fürsorge + Behandlung · Hege · Schutz; → *auch* Sorge (2) – **b)** ⟨*von Gegenständen, Maschinen*⟩ Wartung · Instandhaltung · Erhaltung + Schonung – **2.** P. angedeihen lassen: → pflegen (I, 1, a)

Pflegeanstalt, die: **1.** → Pflegeheim – **2.** → Klinik (2)

Pflegebefohlene, der: → Schützling

Pflegeeltern (*Pl*): Zieheltern (*landsch*)

Pflegeheim, das: Pflegeanstalt · Pflegestätte; Siechenhaus (*veraltet*); → *auch* Altenheim

Pflegekind, das: Ziehkind (*landsch*)

pflegen: **I.** pflegen: **1.** ⟨*fürsorglich behandeln*⟩ **a)** ⟨*Kranke, Hilfsbedürftige*⟩ [um]hegen · betreuen · umsorgen · hüten · Pflege / Fürsorge angedeihen lassen; warten (*veraltend*); befürsorgen (*österr amtsspr*) + helfen · beistehen · schützen; → *auch* sorgen (I, 1, a) – **b)** ⟨*Gegenstände, Maschinen*⟩ instand halten · warten · pfleglich behandeln · pfleglich umgehen |mit| ; → *auch* schonen (I, 1) – **2.** Umgang p. |mit| : → verkehren (2); der Ruhe p.: → privatisieren (2); seinen Leib p.: → schonen (II) – **II.** pflegen, sich: → schonen (II)

Pfleger, der: **1.** → Krankenpfleger – **2.** → Vormund

Pflegestätte, die: → Pflegeheim

pfleglich: **1.** → schonend (1) – **2.** p. behandeln, p. umgehen |mit| : → pflegen (I, 1, b)

pflegsam: → schonend (1)

Pflegschaft, die: → Vormundschaft

Pflicht, die: **1.** ⟨*moralisch bedingter innerer Zwang zu einem bestimmten Handeln bzw. Verhalten*⟩ Verpflichtung + Menschenpflicht ♦ *umg:* Muss; → *auch* Aufgabe (2) – **2.** die P. haben, in der P. stehen, etw. ist jmds. P. und Schuldigkeit: → verpflichtet (1); die P. auferlegen, in die P. nehmen: → verpflichten (I, 1)

pflichtbewusst: pflicht[ge]treu · verantwortungsbewusst · pflichteifrig · verant-

wortungsfreudig + diensteifrig · dienstbeflissen · verantwortlich; → *auch* gewissenhaft, rechtschaffen, zuverlässig (1)

Pflichtbewusstsein, das: Pflichtgefühl · Verantwortungsbewusstsein · Verantwortungsgefühl · Pflichteifer · Pflichttreue + Pflichterfüllung · Verantwortlichkeit · Verantwortung · Diensteifer · Dienstbeflissenheit; → *auch* Gewissenhaftigkeit, Rechtschaffenheit, Zuverlässigkeit

Pflichteifer, der: → Pflichtbewusstsein

pflichteifrig: → pflichtbewusst

Pflichterfüllung, die: → Pflichtbewusstsein

Pflichtgefühl, das: → Pflichtbewusstsein

pflichtgemäß: + pflichtschuldig

pflichtgetreu: → pflichtbewusst

pflichtschuldig: → pflichtgemäß

pflichttreu: → pflichtbewusst

Pflichttreue, die: → Pflichtbewusstsein

pflichtvergessen: → leichtfertig

Pflichtverletzung, die: Dienstvergehen

pflichtwidrig: → leichtfertig

Pflock, der: Pricken (*norddt*) + Hering; → *auch* Pfahl (1)

Pflotsch, der: → Schlamm

pflücken: abpflücken · abreißen · abnehmen; brocken (*süddt österr*); klauben (*österr*) + abbeeren · rebeln · abzupfen · abstreifen ♦ *gehoben:* brechen ♦ *umg:* [ab]rupfen; → *auch* ernten (1)

pflügen: ackern · umpflügen · umbrechen · durchpflügen + [durch]furchen · grubbern

Pflugschar, die *od.* das: Schar

Pforte, die: **1.** → Tür (1) – **2.** → Durchbruch (1)

Pförtner, der: Portier; Türhüter · Torwächter (*veraltet*); Zerberus (*scherzh*); Concierge (*schweiz*); → *auch* Wächter

Pfosten, der: → Pfahl (1)

Pfote, die: **1.** → Pranke (1) – **2.** → Hand (1) – **3.** → Handschrift (1) – **4.** die P. drücken / schütteln: → Hand (2); seine Pfoten drinhaben: → beteiligen (II); sich die Pfoten verbrennen: → schaden (3); eins auf die Pfoten geben, auf die Pfoten klopfen: → zurechtweisen

Pfriem, der: → Ahle

Pfropf, der: → Stöpsel

pfropfen: **1.** → zukorken – **2.** → veredeln (1) – **3.** p. |in| : → hineinstopfen

Pfropfen, der: **1.** → Stöpsel – **2.** die Pfropfen knallen lassen: → trinken (1, b)

Pfröpfling

Pfröpfling, der: → Pfropfreis
Pfropfreis, das: Pfröpfling · Impfreis; → *auch* Schössling, Senker
Pfuhl, der: → Pfütze
pfui: 1. ⟨*Ausruf des Ekels*⟩ pfui Teufel ♦ *umg:* pfui Spinne · puh · i[gitt] · igittigitt ♦ *salopp:* äks · pfui Deibel – **2.** p. Teufel/Spinne/Deibel: → 1
Pfulmen, der: → Kissen
pfundig: 1. → tüchtig (1) – **2.** → großartig (1)
Pfundskerl, der: → Prachtmensch
Pfusch, der: → Ausschuss (2)
Pfuscharbeit, die: **1.** → Ausschuss (2) – **2.** → Pfuscherei
pfuschen: 1. *umg abwert* ⟨*achtlos u. schlecht arbeiten*⟩ *normalspr:* schludern · schlampen · sudeln · hudeln; huscheln (*landsch*) ♦ *umg:* schlunzen (*landsch*); → *auch* stümpern – **2.** → stümpern – **3.** → schwarzarbeiten – **4.** → zischen (1) – **5.** ins Handwerk p.: → einmischen (II)
Pfuscher, der: → Stümper
Pfuscherei, die (*umg abwert*): *normalspr:* Pfuscharbeit · Schluderarbeit ♦ *umg:* Schluderei · Murkserei · Flickschusterei · Sudelei · Hudelei; Huschelei (*landsch*); → *auch* Ausschuss (2), Stümperei
pfuscherhaft: → stümperhaft
pfutsch: → verloren (1)
Pfütze, die: Lache; Suhle (*weidm*); Lacke (*österr*) + Pfuhl
Pfützeimer, der: → Schöpfeimer
Phäake, der: → Genussmensch
Phallus, der: → Penis
Phänomen, das: **1.** → Erscheinung (1) – **2.** → Wunder (1) – **3.** → Genie (1)
phänomenal: → erstaunlich (1)
Phantasma, das: → Sinnestäuschung
Phantasmagorie, die: → Sinnestäuschung
Phantom, das: → Sinnestäuschung
Pharisäer, der: → Heuchler
Pharisäertum, das: → Heuchelei
pharisäisch: → heuchlerisch
Pharmahersteller, der: + pharmazeutisches Werk · Arzneimittelwerk
Pharmazeut, der: → Apotheker
Pharmazeutikum, das: → Arzneimittel
pharmazeutisch: pharmazeutisches Werk: → Pharmahersteller
Phase, die: **1.** → Entwicklungsstufe – **2.** → Zeitraum
Philanthrop, der: → Menschenfreund

philanthropisch: → menschenfreundlich
Philharmonie, die: philharmonisches Orchester · Philharmoniker (*Pl*); → *auch* ¹Kapelle
Philharmoniker (*Pl*): → Philharmonie
philharmonisch: philharmonisches Orchester: → Philharmonie
Philippika, die: → Strafpredigt
Philister, der: → Spießbürger
Philisterei, die: → Spießbürgertum
philisterhaft: 1. → spießbürgerlich – **2.** → beschränkt (1)
Philistertum, das: → Spießbürgertum
philiströs: 1. → spießbürgerlich – **2.** → beschränkt (1)
Philosophie, die: → Weltanschauung
philosophisch: → weise (1)
Phlegma, das: → Trägheit
Phlegmatiker, der: *umg:* Phlegmatikus (*scherzh*) ♦ *salopp:* lahme Ente; Dickhäuter (*scherzh*); → *auch* Faulenzer (1), Schlafmütze (2), Trauerkloß
Phlegmatikus, der: → Phlegmatiker
phlegmatisch: → träge
Phönix, der: wie ein P. aus der Asche steigen: → erstehen (1)
Phonotypistin, die: → Maschinenschreiberin
Photovoltaik, die: → Solarenergie
Phrase, die: **1.** ⟨*nichts sagende Redewendung*⟩ Schlagwort · allgemeine Redensart · leere/hohle Phrase · große/hohle/leere/schöne Worte + Worthülse; → *auch* Redensart (1), Gemeinplatz – **2.** → Geschwätz (1) – **3.** Phrasen dreschen/drechseln: → schwafeln
Phrasendrescher, der: → Schwätzer (2)
Phrasendrescherei, die: → Geschwätz (1)
phrasenhaft: → abgedroschen (1)
phrasenlos: → schlicht (2)
Phrasenmacher, der: → Schwätzer (2)
Phraseologismus, der: Idiom · idiomatische/feste Wendung/Redewendung · [sprichwörtliche] Redensart
Phrenesie, die: → Geisteskrankheit
phrenetisch: → geisteskrank (1)
Phthise, die: → Tuberkulose
Physikus, der: → Arzt
Physiognomie, die: → Gesicht (1)
Physis, die: → Natur (1)
physisch: → körperlich
Pi: Pi mal Daumen: → ungefähr (1)
Pianino, das: → Klavier (1)

Pinsel

Piano[forte], das: → Klavier (1)
picheln: → trinken (1, b)
Pichler, der: → Trinker
Pick, der: → Klebstoff
Picke, die: → Spitzhacke
¹Pickel, der: → Spitzhacke
²Pickel, der: Pustel · Eiterbläschen · Finne + Mitesser ♦ *umg:* Blüte; Wimmerl (*österr*); → *auch* Eiterblase
Pickelhering, der: → Spaßmacher
pickelig: finnig
¹picken: → essen (1)
²picken: → kleben (1 u. 2)
pickern: → essen (1)
Picknick, das: **1.** → Mahlzeit (1) – **2.** P. machen/halten: → picknicken
picknicken: Picknick machen/halten; → *auch* Mahlzeit (3)
picobello: 1. → sauber (1) – **2.** → hervorragend (1)
Piedestal, das: → Sockel
Piefke, der: → Dummkopf (1)
piekfein: → elegant (1)
pieksauber: → sauber (1)
piep: nicht p. sagen: → schweigen (1); nicht mehr p. sagen können: → tot (4)
Piep, der (*umg*): **1.** ⟨*kurzer [hoher] Ton*⟩ Pieps[er] – **2.** keinen P. sagen: → schweigen (1); keinen P. mehr sagen/machen/von sich geben können: → tot (4); einen P. haben: → verrückt (5)
piepe[gal]: p. sein: → gleichgültig (4)
piepen: 1. → singen (2) – **2.** zum Piepen: → komisch (1)
Piepen (*Pl*): → Geld (1)
Piephahn, der: → Penis
Piepmatz, der: **1.** → Vogel (1) – **2.** einen P. haben: → verrückt (5)
pieps: nicht p. sagen: → schweigen (1); nicht mehr p. sagen können: → tot (4)
Pieps, der: **1.** → Piep (1) – **2.** keinen P. sagen: → schweigen (1); keinen P. mehr sagen/machen/von sich geben können: → tot (4); einen P. haben: → verrückt (5)
piepsen: → singen (2)
Piepser, der: → Piep (1)
piepsig: → schwach (1, a u. b)
Piepvogel, der: → Vogel (1)
Pier, der *od.* die: → Hafendamm
Piercing, das: + Bodypiercing
piesacken: → quälen (I, 2)
pieseln: → regnen (1)
Pietät, die: → Ehrfurcht

pietätlos: → verwerflich
pietätvoll: → ehrfurchtsvoll
Pietsch, der: → Trinker
pietschen: → trinken (1, b)
Pik, der: einen Pik haben ⌊auf⌋: → hassen
pikant: 1. → würzig (1) – **2.** → schmackhaft – **3.** → reizend (1) – **4.** → schlüpfrig (1)
Pikanterie, die: → Schlüpfrigkeit
piken: → stechen (1)
pikieren: → verpflanzen (1), ¹verziehen (I, 1)
pikiert: → beleidigt (1)
piksen: → stechen (1)
Pilaster, der: → Pfeiler (1)
Pile, der: → Kernreaktor
Pilger, der: **1.** ⟨*zu einer religiösen Andachtsstätte Wandernder*⟩ Wallfahrer; Pilgrim (*veraltet*) – **2.** → Wanderer
pilgern: 1. ⟨*zu einer religiösen Andachtsstätte wandern*⟩ wallfahr[t]en; wallen (*veraltet*) – **2.** → wandern (1)
Pilgrim, der: → Pilger
Pille, die: **1.** → Tablette – **2.** → Antibabypille – **3.** eine bittere P.: → unangenehm (1); die bittere P. schlucken: → hinnehmen (1)
Pillendreher, der: → Apotheker
Pilot, der: → Flugzeugführer
Pilotprojekt, das: Versuchsprojekt
Pilz, der: Schwamm (*landsch*) ♦ *umg:* Schwammerl (*südd österr*)
Pilzerkrankung, die: Pilzkrankheit · Mykose
Pilzkrankheit, die: → Pilzerkrankung
Pimmel, der: → Penis
Pimpelhans, der: → Weichling
pimpelig: → weichlich (1)
Pimperlinge (*Pl*): → Geld (1)
pimpern: → koitieren
Pimpf, der: → Knirps
pingelig: → kleinlich
Pingpongspiel, das: → Tauziehen
pink: → rosa (1)
Pinke, die: → Geld (1)
Pinkelbude, die: → Toilette (1)
pinkeln: 1. → austreten (1) – **2.** → regnen (1) – **3.** ans Bein p.: → kränken (1)
Pinkepinke, die: → Geld (1)
Pinne, die: **1.** → Nagel (1) – **2.** → Reißzwecke (1)
Pinsel, der: → Dummkopf (2)

539

pinselig

pinselig: → kleinlich
pinseln: 1. → malen (1, a) – **2.** → schreiben (1)
Pinsler, der: → Maler (1 u. 2)
Pinte, die: **1.** → Gaststätte (1, c) – **2.** → Kanne (1)
Pionier, der: → Wegbereiter
Pionierleistung, die: → Spitzenleistung (1)
Pipapo, das: → Zubehör (1)
Pipeline, die: → Ölleitung
Pipette, die: Stechheber · Saugröhrchen
Pipi, das: **1.** → Urin (1) – **2.** P. machen: → austreten (1)
pipieinfach: → unkompliziert
Pipifax, der: → Unsinn (1, a)
Pirat, der: → Seeräuber
Piratentum, das: → Seeräuberei
Piraterie, die: → Seeräuberei
Pirsch, die: **1.** → Jagd (1) – **2.** auf [die] P. gehen: → jagen (1)
pirschen: → jagen (1)
pischen: → austreten (1)
pispeln: → flüstern (1)
pispern: → flüstern (1)
Piss, der: → Urin (1)
Pisse, die: → Urin (1)
pissen: → austreten (1)
Pissoir, das: → Toilette (1)
Piste, die: **1.** ⟨betonierte Bahn zum Starten bzw. Landen auf Flughäfen⟩ Startbahn · Landebahn · Landepiste · Start-und-Lande-Bahn; Runway (Flugw) + Rollbahn · Rollfeld – **2.** → Rennstrecke – **3.** → Abfahrtsstrecke
Pistole, die: **1.** ⟨kurze Handfeuerwaffe⟩ + Browning · Terzerol ♦ umg: Schießeisen ♦ salopp: Wumme · Kanone · Ballermann · Puste; → auch Revolver, Schusswaffe – **2.** die P. auf die Brust setzen: → zwingen (1); wie aus der P. geschossen: → sofort
Pistolenkugel, die: → Kugel (1)
pitsch[e]nass: → nass (1)
pitsch[e]patsch[e]nass: → nass (1)
pittoresk: → malerisch
Pkw, der: → Auto (1)
Placebo, das: Scheinmedikament
Plache, die: → Plane
placken, sich: → abmühen, sich
Plackerei, die: → Mühsal
pladdern: → gießen (1)
plädieren: p. ⌐auf⌐: → eintreten (7, a); p. ⌐für⌐: **a)** → eintreten (7, a) – **b)** → wählen (1)

Plafond, der: → Decke (2)
Plage, die: → Mühsal, Mühe (1)
Plagegeist, der: → Quälgeist
plagen: I. plagen: **1.** → quälen (I, 2) – **2.** → bedrücken (1) – **II.** plagen, sich: → abmühen, sich
Plagiat, das: → Nachahmung
Plagiator, der: → Nachahmer (1)
plagiieren: → entlehnen
Plaid, das: → Decke (1)
Plakat, das: → Anschlag (1)
plakatieren: → aushängen (1)
Plakatsäule, die: → Anschlagsäule
Plakette, die: → Abzeichen (1)
plan: → eben (1)
¹Plan, der: auf den P. treten: → erscheinen (1, a)
²Plan, der: **1.** ⟨auf die Verwirklichung eines Zieles gerichtete Überlegung⟩ Projekt · Vorhaben · Programm · Aktionsprogramm + Arbeitsplan · Urlaubsplan ♦ umg: Fahrplan; → auch Absicht (1) – **2.** → Vorschlag (1) – **3.** → Entwurf (1) – **4.** → Landkarte – **5.** nach P.: → planmäßig (1); ohne P.: → planlos (1); einen P. machen / aufstellen: → entwerfen (1)
Plane, die: Blache · Blahe (landsch); Plache (österr) + Verdeck
planen: 1. → beabsichtigen – **2.** → entwerfen (1) – **3.** → vorsehen (I)
Planet, der: **1.** → Stern (1) – **2.** der Blaue P.: → Erde (2)
plangemäß: planmäßig · programmgemäß · programmmäßig
planieren: → einebnen
Planierraupe, die: Bulldozer; → auch Traktor
Planierung, die: → Einebnung
Planke, die: → Brett (1)
Plänkelei, die: **1.** → Streit (1) – **2.** → Gefecht (1)
plänkeln: → streiten (I, 1)
planlos: 1. ⟨nicht nach einem Plan⟩ ohne Plan / Planung · unmethodisch · unsystematisch · auf gut Glück · aufs Geratewohl · ziellos ♦ umg: ins Blaue hinein – **2.** → ungeordnet (1)
planmäßig: 1. ⟨[wie] auf einem bestimmten Plan beruhend⟩ nach Plan · wie geplant · planvoll · methodisch · systematisch; → auch folgerichtig, richtig (1) – **2.** → plangemäß
planschen: → plantschen
Plantage, die: → Pflanzung

Plauderei

plantschen: planschen · plätschern + spritzen ♦ *umg:* pan[t]schen · p[l]atschen + plempern

Planung, die: ohne P.: → planlos (1)

planvoll: → planmäßig (1)

Plapperei, die: → Geschwätz (1)

Plapperer, der: → Schwätzer (1)

plapperhaft: → geschwätzig

Plapperhans, der: → Schwätzer (1)

plapperig: → geschwätzig

Plapperliese, die: → Schwätzerin

Plappermaul, das: → Schwätzer (1)

plappern: → schwatzen (1)

Plappertasche, die: → Schwätzerin

Plaque, die: → Zahnbelag

plärren: 1. → weinen (1) – **2.** → singen (1) – **3.** → schreien (1)

Pläsier, das: → Vergnügen (1)

pläsierlich: → unterhaltsam

Plasma, das: → Blutserum

Plast, der: → Kunststoff

Plaste, die: → Kunststoff

¹Plastik, die: **1.** ⟨Werk der Bildhauerkunst⟩ Skulptur · Figur · Bildwerk · Statue[tte] + Figurine · Büste · Torso · Herme · Denkmal – **2.** → Anschaulichkeit

²Plastik, das: → Kunststoff

Plastikbombe, die: → Sprengkörper

Plastikgeld, das: → Kreditkarte

Plastilin, das: → Knetmasse

Plastilina, die: → Knetmasse

plastisch: 1. → anschaulich – **2.** → deutlich (1) – **3.** → knetbar

Plastizität, die: → Anschaulichkeit

Plastron, der *od.* das: → Krawatte (1)

Plateau, das: → Hochebene

platonisch: → unsinnlich

Platsch, der: → ¹Fall (1)

platschen: 1. → plan[t]schen – **2.** → knallen (1)

plätschern: 1. ⟨von Flüssigkeiten gesagt: klatschende Geräusche machen⟩ schwadern (*südd*) + gluckern · glucksen · schwappen; → *auch* fließen (1) – **2.** → plan[t]schen

platschnass: → nass (1)

platt: 1. → eben (1) – **2.** → geistlos – **3.** [völlig/total] p. sein: **a)** → überrascht (2) – **b)** → erschöpft (4); das platte Land: **a)** → Land (2) – **b)** → Flachland; p. machen: → auflösen (2)

Plättbrett, das: → Bügelbrett

Platte: I. Platte, die: **1.** → Schallplatte – **2.** → Scheibe (1) – **3.** → Glatze – **4.** → Hoch-

ebene – **5.** → Plattenbau – **6.** auf die P. bannen: → fotografieren; eins auf die P. geben: → schlagen (I, 1); nicht auf die P. kommen: → ausscheiden (2) – **II.** Platte, der: → Reifenschaden

Plätte, die: → Bügeleisen

Plätteisen, das: → Bügeleisen

plätten: → bügeln (1)

Plattenbau, der: *umg:* Platte

Plattencover, das: → Schallplattenhülle

Plattenhülle, die: → Schallplattenhülle

platterdings: → schlechthin

Plattfuß, der: → Reifenschaden

Plattheit, die (*abwert*): Plattitüde · Banalität · Trivialität; → *auch* Geistlosigkeit, Gemeinplatz

Plattitüde, die: **1.** → Plattheit – **2.** → Gemeinplatz

Platz, der: **1.** ⟨die Möglichkeit zur Unterbringung⟩ Raum – **2.** → Ort (1) – **3.** → Sitzplatz – **4.** → Rang (2) – **5.** → Sportplatz, Spielfeld – **6.** wenig P.: → Platzmangel; P. lassen: → aussparen (1); P. greifen: → verbreiten (II); P. nehmen, seinen P./die Plätze einnehmen: → setzen (II, 1); den ersten P. einnehmen: → Spitzenleistung (2); nicht/fehl am P.: → unangebracht; auf dem P. bleiben: → verlieren (I, 3); P. behalten: → sitzen (6, c)

Platzangst, die: → Beklemmung

Platze, die: die P. kriegen: → erzürnen (2); sich die P. ärgern: → ärgern (II, 1)

platzen: 1. ⟨mit einem Knall plötzlich auseinander gehen⟩ zerplatzen · zerspringen · [zer]bersten ♦ *umg:* kaputtgehen; → *auch* entzweigehen (1), explodieren (1) – **2.** → aufbrechen (2) – **3.** → scheitern (b) – **4.** p. lassen: → vereiteln; vor Ärger p.: → ärgern (II, 1); vor Neid p.: → neidisch (2); aus den/allen Nähten p.: → dick (6); mitten in die Arbeit p.: → stören (2)

Platzhirsch, der: → Anführer

platzieren: I. platzieren: **1.** → aufstellen (I, 2) – **2.** → stellen (I, 1) – **3.** → anlegen (I, 1) – **II.** platzieren, sich: → setzen (II, 1)

Platzierung, die: → Aufstellung (1)

Platzmangel, der: Raummangel · Raumnot · Raumknappheit · wenig Platz + Enge

Platzregen, der: → Regenguss

Plauderei, die: Geplauder · Unterhaltung · Plausch; Causerie (*veraltet*) + Plauderstündchen ♦ *umg:* Schwatz · Schwätzchen ·

Plauderer

Talk; Schnack (*norddt*) + Kaffeeklatsch; →
auch Aussprache (2), Geschwätz (1), Ge-
spräch (1)
Plauderer, der: **1.** ⟨*unterhaltsamer Redner*⟩
Gesellschafter; Causeur (*veraltet*) – **2.** →
Schwätzer (1)
plaudern: 1. → unterhalten (II, 1), chatten
– **2.** → erzählen (1) – **3.** → ausplaudern – **4.**
aus der Schule p.: → ausplaudern
Plauderstündchen, das: **1.** → Plauderei –
2. ein P. halten: → unterhalten (II, 1)
Plaudertasche, die: → Schwätzerin
Plausch, der: **1.** → Plauderei – **2.** einen P.
halten: → unterhalten (II, 1)
plauschen: 1. → unterhalten (II, 1) – **2.** →
erzählen (1)
plausibel: → verständlich (1), überzeugend
plaustern, sich: → aufblähen (II, 1)
plauz: → plumps
Plauz, der: **1.** → Knall (1) – **2.** einen P. tun:
→ knallen (1)
Plauze, die: **1.** → Lunge (1) – **2.** → Schmer-
bauch – **3.** → Bett (1) – **4.** sich die P. voll är-
gern: → ärgern (II, 1); es auf der P. haben: →
erkältet (2); auf der P. liegen: → krank (2)
plauzen: 1. → knallen (1) – **2.** → lärmen
Plazet, das: **1.** → Erlaubnis (1) – **2.** sein P.
geben: → zustimmen (1)
plebejisch: → gewöhnlich (2)
Plebiszit, das: → Volksabstimmung
Plebs, der: → Gesindel
Pleinair, das: Pleinairmalerei · Freilicht-
malerei · Pleinairismus
Pleinairismus, der: → Pleinair
Pleinairmalerei, die: → Pleinair
pleite: 1. → ruiniert (1) – **2.** → zahlungs-
unfähig (1)
Pleite, die: **1.** → Bankrott (1) – **2.** → Ent-
täuschung (1) – **3.** → Misserfolg (1) – **4.** P.
gehen: → Konkurs (2)
Pleitier, der: → Bankrotteur
Plempe, die: **1.** → Brühe (2) – **2.** → Kaffee
(2)
plempern: → plan[t]schen
plemplem: a) → verrückt (1) – **b)** → geis-
teskrank (1)
Plenarsitzung, die: → Vollversammlung
Plenarversammlung, die: → Vollversamm-
lung
plentern: → ¹verziehen (I, 1)
Plenum, das: → Vollversammlung
Pli, der: **1.** → Gewandtheit (3) – **2.** → Be-
nehmen (1)

plieren: → zwinkern
plietsch: → schlau (1)
Plinse, die: **1.** → Eierkuchen – **2.** → Kar-
toffelpuffer
plinsen: → weinen (1)
plissieren: → fälteln
plitz, platz: → plötzlich (1)
Plombe, die: → Füllung (1, c)
plombieren: verplomben; → *auch* versie-
geln
Plörre, die: **1.** → Brühe (2) – **2.** → Kaffee
(2)
Plot, der: → Handlung (2)
plötzlich: 1. ⟨*unvorhergesehen u. überra-
schend geschehend*⟩ auf einmal · mit ei-
nem Mal · abrupt · jäh[lings] · urplötz-
lich · unvermittelt · unversehens · schlagar-
tig · mit einem Schlag · wie der Blitz aus
heiterem Himmel · ehe man sich's versieht
+ ruckartig · mit einem Ruck · über Nacht;
brüsk (*schweiz*) ♦ *umg*: mit eins · mir
nichts, dir nichts · plitz, platz · ratz, fatz ·
Knall und / auf Fall; auf den Stutz (*landsch*);
→ *auch* schnell (1, e), sofort, unerwartet –
2. ein bisschen p.: → schnell (2); p. ins
Haus schneien: → überraschen (2)
pludern: → aufblähen (I, 1)
Plumeau, das: → Federbett
plump: 1. ⟨*von massiger Gestalt*⟩ unförmig
· ungeschlacht · ungefüge · grobgliedrig ·
grobschlächtig · vierschrötig · grobschrötig ·
klobig · klotzig · ungraziös · derb; → *auch*
dick (1), schwerfällig (1) – **2.** → unge-
schickt (1), ungeschliffen – **3.** → unver-
schämt (1)
Plumpe, die: → Pumpe (1)
plumpen: → ¹pumpen (1)
plumps (*umg*): plauz · hoppla · patsch; par-
dauz (*veraltend*)
Plumps, der: → ¹Fall (1)
plumpsen: → fallen (1)
Plumpser, der: → ¹Fall (1)
Plumpsklo, das: → Toilette (1)
Plunder, der: **1.** → Kram (1) – **2.** →
Schund (1)
Plünderer, der: + Marodeur · Fledderer ·
Leichenfledderer; → *auch* Dieb, Räuber
plündern: + marodieren · brandschatzen ·
fleddern ♦ *umg*: räubern; → *auch* stehlen
(1), rauben (1), ausrauben
Plünderung, die: → Diebstahl (1)
pluriform: → vielgestaltig (1)
plus: 1. → und (1) – **2.** → zuzüglich

Plus, das: → Überschuss (1)

plustern, sich: → aufblähen (II, 1)

Plutokrat, der: → Kapitalist

Plutokratie, die: → Finanzkapital

plutokratisch: → kapitalistisch

Pneu[matik], der: → Reifen (2)

Po, der: → Gesäß

Pöbel, der: → Gesindel

Pöbelei, die: → Flegelei

pöbelhaft: → flegelhaft (1), gewöhnlich (2)

Poche, die: → Prügel (II, 1)

pochen: 1. → klopfen (1) – **2.** → schlagen (I, 3) – **3.** → verprügeln – **4.** aus dem Schlaf p.: → wecken (1); p. |auf| : → bestehen (5, a)

Podest, das. der: **1.** → Treppenabsatz – **2.** → Podium

Podex, der: → Gesäß

Podium, das: Podest

Poem, das: → Gedicht (1)

Poesie, die: **1.** → Dichtung (1, a) – **2.** → Lyrik

poesielos: → nüchtern (3)

Poet, der: **1.** → Dichter (a) – **2.** → Lyriker

Poetaster, der: → Lyriker

Poetik, die: → Dichtung (1, a)

poetisch: 1. → dichterisch – **2.** → stimmungsvoll

Pofel, der: → Ausschuss (2)

pofen: → schlafen (1, a)

Pogrom, der: → Gewalttätigkeit (1)

pointieren: → betonen (1)

pointiert: → betont

Pojatz, der: → Spaßmacher

Pokal, der: **1.** → Glas (I, 1) – **2.** → Preis (2)

Pökel, der: → Lake

Pökelfleisch, das: Solperfleisch (*landsch*)

pökeln: einpökeln · einsalzen · in Salz legen

pokern: hoch p.: → wagen (2)

Pol, der: → Angelpunkt (1)

polar: → gegensätzlich

Polarität, die: → Gegensätzlichkeit

Polemik, die: → Streitgespräch

Polente, die: → Polizei (1)

Police, die: → Versicherungsschein

polieren: 1. ⟨*glatt u. glänzend machen*⟩ auf Hochglanz polieren · blank reiben/putzen; politieren (*österr*); schwabbeln · rollieren (*fachspr*) + putzen ◆ *umg*: blank machen · flimmern; → *auch* bohnern, wichsen (1) – **2.** → überarbeiten (I, 1) – **3.** auf Hochglanz p.: → 1; die Fresse p.: → verprügeln

Poliermittel, das: → Politur (1)

Polio[myelitis], die: → Kinderlähmung (1)

Politesse, die: → Hilfspolizistin

politieren: → polieren (1)

Politik, die: **1.** ⟨*das dem Erreichen bestimmter Ziele dienende Handeln von staatl. Institutionen bzw. von Organisationen u. Parteien*⟩ + Staatskunst · Staatsführung – **2.** → Berechnung (3)

Politikaster, der (*abwert*): Stammtischpolitiker · Biertischpolitiker · Bierbankpolitiker; Kannegießer (*veraltend*); → *auch* Spießbürger, Wirrkopf

Politiker, der: + Staatsmann; → *auch* Staatsoberhaupt

politisch: die politische Klasse: → Führungsschicht

politisieren: kannegießern (*veraltend abwert*)

Politpoker, das: + Machtkampf · Machtpoker

Politur, die: **1.** ⟨*Mittel zum Polieren*⟩ Poliermittel – **2.** → Glanz (3) – **3.** → Erziehung (2), Benehmen (1)

Polizei, die: **1.** ⟨*Institution zur Wahrnehmung der öffentl. Sicherheit u. Ordnung*⟩ Exekutive (*österr*); Auge des Gesetzes (*scherzh*) + Kriminalpolizei · Kripo · Schutzpolizei · Verkehrspolizei · Sicherheitskräfte ◆ *salopp*: Polente – **2.** → Polizist – **3.** dümmer als die P. erlaubt: → dumm (1)

Polizeibeamte, der: → Polizist

Polizeihund, der: → Spürhund (1)

polizeilich: 1. → rechtlich (1) – **2.** polizeiliches Kennzeichen: → Autonummer

Polizeiposten, der: → Polizeirevier

Polizeirevier, das: Polizeiposten (*schweiz*)

polizeiwidrig: → ungesetzlich

Polizist, der: der Polizeibeamte; Wachmann (*österr*); Ordnungshüter · Gesetzeshüter (*meist scherzh*) + Gendarm · Wachtmeister ◆ *umg*: Schutzmann · Polizei · Schupo; Büttel (*abwert*) ◆ *salopp*: Bulle · Polyp (*abwert*); der Grüne (*veraltend*); → *auch* Verkehrspolizist, Kriminalist

Polizze, die: → Versicherungsschein

Poller, der: → Pfahl (1)

Pollution, die: → Samenerguss

Polster, das: **1.** ⟨*weiche Unterlage*⟩ Polsterung + Federung · Unterlage – **2.** → Kissen – **3.** → Fett (2)

Polsterer, der: Tapezierer (*südd österr*)

polstern: 1. ⟨*mit einem Polster versehen*⟩ + federn – **2.** ⟨*weich ausfüllen*⟩ auspolstern · wattieren; ausfilzen (*fachspr*)

Polsterung

Polsterung, die: → Polster (1)
poltern: 1. ⟨*ein dröhnendes, ratterndes Geräusch erzeugen*⟩ rumpeln · schollern ♦ *umg:* rummeln (*landsch*); → *auch* lärmen, rasseln (1) – **2.** → schimpfen (1)
poltrig: → aufbrausend
polychrom: → bunt (1)
Polygamie, die: Vielehe · Mehrehe; → *auch* Ehe (1), Bigamie, Monogamie
polyglott: → mehrsprachig
polymorph: → vielgestaltig
Polyp, der: → Polizist
polysem[antisch]: → mehrdeutig (1)
Pomade, die: wie P.: → langsam (1); P. sein: → gleichgültig (4)
Pomadenhengst, der: → Geck (1)
pomadig: 1. ⟨*mit Haarfett eingerieben*⟩ ölig · pomadisiert – **2.** → langsam (1) – **3.** → träge
pomadisiert: → pomadig (1)
Pomeranze, die: → Apfelsine
Pommes frites (*Pl*): *umg:* Pommes · Fritten; → *auch* Bratkartoffeln
Pomp, der: → Prunk (1)
pompös: → prunkvoll
Pomuchelskopp, der: → Dummkopf (2)
Poncho, der: → Umhang
Pontifex maximus, der: → Papst (1)
Pontifikalamt, das: → Hochamt
Pony, das: → Pferd (1)
Pool, der: → Swimmingpool
Popanz, der: → Schreckgespenst
Popel, der: **1.** → Nasenschleim – **2.** → Junge (I, 1)
popelig: 1. → erbärmlich (1) – **2.** → gewöhnlich (2)
popeln: → bohren (4)
Popo, der: → Gesäß
poppig: 1. → bunt (1) – **2.** → auffallend
populär: 1. → volkstümlich – **2.** → beliebt (1) – **3.** p. sein: → beliebt (2, a)
popularisieren: → verbreiten (I, 2)
Popularität, die: **1.** → Volkstümlichkeit – **2.** → Beliebtheit (1)
Population, die: → Bevölkerung
Populismus, der: → Opportunismus
Populist, der: → Opportunist
porig: → durchlässig
pornografisch: → unzüchtig
Pornoladen, der: → Sexshop
porös: → durchlässig
Port, der: **1.** → ¹Hafen (1) – **2.** sicherer P.: → Zuflucht

Portal, das: → ¹Tor (1)
Portefeuille, das: → Aktentasche
Portepee, das: → Troddel
Porteur, der: → Gepäckträger
Portier, der: **1.** ⟨*jmd., der in einem Hotel am Eingang auf die Personen achtet*⟩ Doorman – **2.** → Pförtner
Portiere, die: Vorhang
Portion, die: **1.** → Anteil (1) – **2.** halbe P.: → Schwächling; eine P. Prügel: → Prügel (II, 1)
Portjuchhe, das: → Geldbörse
Portmonee, das: **1.** → Geldbörse – **2.** jmdm. sitzt das P. locker: → verschwenderisch (3); ein dickes P. haben: → reich (5)
Porto, das: Postgebühr
portofrei: gebührenfrei · franko + freigemacht; → *auch* kostenlos
Porträt, das: → Bildnis
porträtieren: 1. → malen (1, b) – **2.** → fotografieren
Porzellan, das: **1.** → Geschirr (1) – **2.** wie aus / von P.: → zierlich (1)
posaunen: → prahlen
Posaunenengel, der: → Dicke (II, 1)
Pose, die: → Haltung (1)
Poseur, der: → Angeber (1)
posieren: → zeigen (II, 1)
Position, die: **1.** → Arbeit (3) – **2.** → Standort (1) – **3.** → Standpunkt (1) – **4.** → Betrag
positionieren: → einordnen (I)
positiv: 1. → bejahend – **2.** → glücklich (1) – **3.** p. denken: → optimistisch (2)
Positiv, das: → Abzug (3)
Positur, die: → Haltung (1)
Posse, die: → Lustspiel
Possen, der: **1.** → ²Scherz (1) – **2.** Possen treiben / reißen: → scherzen; einen P. spielen: → necken
possenhaft: → komisch (1)
Possenmacher, der: → Spaßmacher
Possenreißer, der: → Spaßmacher
Possenspiel, das: → Lustspiel
possierlich: → spaßig (1)
Post, die: **1.** → Postamt – **2.** → Postsendung – **3.** → Nachricht (I) – **4.** die P. geht ab: → anfangen (1, a)
Postament, das: → Sockel
Postamt, das: Post + Poststelle
Postanweisung, die: → Zahlschein
Postbote, der: → Briefträger
Posteingang, der: → Eingang (2)

prahlen

Posten, der: **1.** → Arbeit (3) – **2.** → Wache (1) – **3.** → Betrag – **4.** → Warenmenge – **5.** → Schrot (1) – **6.** auf dem P. sein: → gesund (5); nicht auf dem P. sein: → krank (2); P. schieben, [auf] P. stehen: → Wache (3); seinen P. verlassen: → desertieren

Postendienst, der: → Wache (2)

Postenjäger, der: → Karrierist

Postenkette, die: → Absperrung (2)

Postenstand, der: → Wache (1)

post festum: → danach (1)

Postgebühr, die: → Porto

Postgut, das: → Postsendung

postieren: I. postieren: → aufstellen (I, 2) – **II.** postieren, sich: → aufstellen (II)

Postierung, die: → Aufstellung (1)

Postkasten, der: → Briefkasten

Posto: P. fassen: → aufstellen (II)

Postschalter, der: → Schalter (1)

Postsendung, die: Post[gut] + Briefsendung · Paketsendung · Sendung

Postskript[um], das: → Nachschrift (2)

Poststelle, die: → Postamt

Postulant, der: → Prätendent

Postulat, das: → Forderung (1)

postulieren: → fordern (1)

postwendend: → sofort

Postwertzeichen, das: → Briefmarke

Pot, das: → Rauschgift (1)

potemkinsche Dörfer (*Pl*): → Vorspiegelung

potent: 1. → zeugungsfähig – **2.** → mächtig (1) – **3.** → tüchtig (1) – **4.** → zahlungskräftig – **5.** → reich (1)

Potentat, der: → Herrscher

Potenz, die: **1.** → Zeugungsfähigkeit – **2.** → Leistungsfähigkeit

potenzial: → möglich (1)

Potenzial, das: → Leistungsfähigkeit

Potenzialität, die: → Möglichkeit (1)

potenziell: → möglich (1)

potenzieren: → steigern (I, 1)

Potenzierung, die: → Steigerung (1)

Potenzpille, die: Viagra (*Wz*)

Potpourri, das: **1.** 〈*Zusammenstellung verschiedener Melodien*〉 Medley · Melodienstrauß – **2.** → Allerlei

Pott, der: **1.** → Topf (1) – **2.** → Schiff – **3.** zu Potte kommen: → zurechtkommen (2)

Pötter, der: → Ofensetzer

potthässlich: → hässlich (1)

potztausend: → Donnerwetter (II, 1)

poussieren: → flirten

Poussierstängel, der: → Frauenheld (1)

power: → ärmlich (1)

Power, die: **1.** → Leistungsfähigkeit – **2.** → Tatkraft (1) – **3.** → Wucht (1)

Prä, das: → Vorrang (1)

Präambel, die: **1.** → Einleitung (1) – **2.** Präambeln machen: → Umschweife (1)

Pracher, der: → Bettler

Pracherjochen, der: → Bettler

prachern: → betteln (1)

Pracht, die: **1.** → Prunk (1) – **2.** eine wahre P.: → herrlich (1); P. entfalten: → prunken (1)

Prachtentfaltung, die: → Prunk (1)

Prachtexemplar, das: **1.** → Glanzstück (1) – **2.** → Prachtmensch

prächtig: 1. 〈*große Pracht aufweisend*〉 prachtvoll · glanzvoll · herrlich · fürstlich · märchenhaft · schön; *auch* glänzend (2), prunkvoll – **2.** → sonnig (2) – **3.** → großartig (1)

Prachtkerl, der: → Prachtmensch

Prachtmensch, der (*umg*): Gutmensch · Prachtkerl · Pfundskerl · Staatskerl; Prachtstück · Prachtexemplar (*scherzh*); → *auch* Glanzstück (2)

Prachtstraße, die: → Hauptstraße

Prachtstück, das: **1.** → Glanzstück (1) – **2.** → Prachtmensch

prachtvoll: → prächtig (1)

prädestiniert: → geeignet (1)

Prädikat, das: **1.** → Zensur (1) – **2.** → Titel (1)

Prädomination, die: → Vorherrschaft

prädominieren: → vorherrschen (1)

präferieren: → bevorzugen

prägen: 1. 〈*Münzen herstellen*〉 schlagen (*veraltend*) – **2.** → formen (1) – **3.** p. |in|: → eindrücken (I, 1)

pragmatisch: → sachlich (1)

prägnant: → treffend (1)

Prägnanz, die: → Genauigkeit (1)

Prägung, die: **1.** 〈*das Aufgeprägte*〉 + Aufdruck – **2.** → Gestaltung

Prähistorie, die: → Vorgeschichte

prähistorisch: → vorgeschichtlich

prahlen: sich rühmen · sich brüsten · sich aufspielen · renommieren · bramarbasieren · schwadronieren · den Mund voll nehmen · Schaum schlagen + in Superlativen reden ◆ *umg*: aufschneiden · auftrumpfen + po-

545

Prahler

saunen · mit gelehrten Brocken um sich werfen ♦ *salopp*: auf die Pauke/den Pudding/Putz hauen ♦ *derb*: das Maul voll nehmen; → *auch* angeben (1), aufspielen (II)

Prahler, der: → Angeber (1)

Prahlerei, die: Großsprecherei · Schaumschlägerei · Renommisterei ♦ *gehoben*: Rodomontade ♦ *umg*: Aufschneiderei · Geprahle; → *auch* Angabe (I, 1)

prahlerisch: hochtönend · ruhmredig · prahlsüchtig · großsprecherisch ♦ *umg*: großmäulig ♦ *salopp*: großschnäuzig · großkotzig; → *auch* angeberisch

Prahlhans, der: → Angeber (1)

prahlsüchtig: → prahlerisch

Prahm, der: → Schleppkahn

Praktik, die: → Trick

praktikabel: 1. → verwendbar – **2.** → zweckmäßig

Praktikant, der: → Lehrling

Praktiker, der: *umg*: Praktikus (*oft scherzh*)

Praktikus, der: → Praktiker

praktisch: 1. → verwendbar – **2.** → geschickt (1) – **3.** → zweckmäßig – **4.** → tatsächlich (1)

praktizieren: 1. ⟨*seinen Beruf [als Arzt] ausüben*⟩ eine Praxis haben; → *auch* ordinieren – **2.** → ausüben (1) – **3.** p. |in|: → wegstecken (1)

Präliminarien (*Pl*): → Einleitung (1)

Pralinen (*Pl*): → Konfekt

prall: 1. → straff (3) – **2.** → dick (1) – **3.** → voll (1)

prallen: p. |gegen|: → anstoßen (1)

Prallhang, der: → Böschung

Prallsack, der: → Airbag

Prallstein, der: → Eckstein (1)

prallvoll: → voll (1)

Präludium, das: → Vorspiel

Prämie, die: **1.** ⟨*geldl. Anerkennung für besondere Leistungen*⟩ Geldprämie · Leistungsprämie – **2.** → Versicherungsbeitrag

präm[i]ieren: → auszeichnen (I, 2)

Präm[i]ierung, die: → Auszeichnung (1)

Prämisse, die: → Voraussetzung

prangen: 1. → blühen (1) – **2.** → grünen

Pranger, der: an den P. stellen: → anprangern (1)

Pranke, die: **1.** ⟨*Pfote eines großen Raubtiers*⟩ Tatze; Pratze (*landsch*) + Pfote · Klaue – **2.** → Hand (1)

Pranz, der: → Angabe (I, 1)

pranzen: → angeben (1)

Pranzer, der: → Angeber (1)

Präparat, das: → Arzneimittel

Präparation, die: → Vorbereitung

präparieren: I. präparieren: → vorbereiten (I) – **II.** präparieren, sich: → vorbereiten (II)

präpeln: → essen (1)

präsent: 1. → anwesend (1) – **2.** → gegenwärtig (2) – **3.** → verfügbar (1)

Präsent, das: **1.** → Geschenk (1) – **2.** zum P. machen: → schenken (1)

Präsentation, die: → Darbietung (1)

präsentieren: I. präsentieren: **1.** → geben (I, 1) – **2.** → vorlegen (1) – **II.** präsentieren, sich: → zeigen (II, 1)

Präsenz, die: → Anwesenheit (1)

Präser, der: → Präservativ

Präservativ, das: Kondom · Gummischutz ♦ *umg*: Gummi; Verhüterli (*scherzh*) ♦ *salopp*: Präser · Pariser · Überzieher

Präses, der: → Vorsitzende

Präsident, der: **1.** → Staatsoberhaupt – **2.** → Vorsitzende

präsidieren: → vorstehen

Präsidium, das: → Vorstand

prasseln: → gießen (2)

prassen: → schwelgen (1)

Prasser, der: → Verschwender

Prasserei, die: **1.** → Verschwendung – **2.** → Schwelgerei

präsumieren: → vermuten

präsumtiv: → wahrscheinlich

Prätendent, der (*Polit*): + Postulant

prätentiös: → überheblich

präterpropter: → ungefähr (1)

Pratze, die: **1.** → Pranke (1) – **2.** → Hand (1)

prävalent: → vorherrschend

Prävalenz, die: → Vorherrschaft

prävalieren: → vorherrschen (1)

Prävention, die: → Vorbeugung

präventiv: → vorbeugend

Praxis, die: **1.** → Erfahrung (1) – **2.** → Wirklichkeit (1) – **3.** → Sprechstunde (1) – **4.** eine P. haben: → praktizieren (1)

Praxishelferin, die: → Arzthelferin

Präzedenzfall, der: → Musterfall (1)

präzis[e]: → genau (1)

präzisieren: → verdeutlichen

Präzision, die: → Genauigkeit (1)

predigen: 1. ⟨*vom Geistlichen gesagt: in der Kirche eine Ansprache halten*⟩ die Predigt halten · von der Kanzel reden – **2.** →

preziös

ermahnen (1) – **3.** tauben Ohren p., in der Wüste p.: → reden (2)
Prediger, der: → Geistliche
Predigt, die: **1.** ⟨*Ansprache des Geistlichen in der Kirche*⟩ Kanzelrede + Leichenpredigt – **2.** → Rede (1) – **3.** → Strafpredigt – **4.** die P. halten: → predigen (1)
preien: → anrufen (1)
Preis, der: **1.** ⟨*beim Kauf zu bezahlender Betrag*⟩ Kaufpreis + Wert · Gegenwert · Kosten · Gebühr · Taxe · Preislage; → *auch* Einzelhandelspreis – **2.** ⟨*Belohnung für den Sieger eines Wettkampfes*⟩ Siegespreis · Trophäe · Siegestrophäe + Pokal · Cup ♦ *gehoben:* Siegespalme · Palme; → *auch* Auszeichnung (2) – **3.** → Lob (1) – **4.** zum halben P., [weit] unter dem P.: → billig (1); im P. sinken: → billig (6); den P. [herunter]drücken: → unterbieten; um jeden P.: → unbedingt (1); um keinen P.: → niemals; den P. davontragen / gewinnen: → siegen
Preisabbau, der: → Preissenkung
Preisabschlag, der: → Preissenkung
Preisanstieg, der: Teuerung · Verteuerung · Preisexplosion + Kostenexplosion; → *auch* Preiserhöhung
Preisaufgabe, die: Preisrätsel · Preisfrage; → *auch* Rätsel (1)
preisbewusst: → sparsam (1)
Preiseinbruch, der: → Preisverfall
preisen: → loben (1), ehren
Preiserhöhung, die: Preissteigerung; Preistreiberei · Preiswucher (*abwert*); → *auch* Preisanstieg
Preisermäßigung, die: → Preissenkung
Preisexplosion, die: → Preisanstieg
Preisfrage, die: → Preisaufgabe
Preisgabe, die: → Auslieferung (1)
preisgeben: **1.** → ausliefern (I, 1) – **2.** → ausplaudern – **3.** dem Gelächter p.: → verspotten
preisgekrönt: → siegreich
Preisgericht, das: Jury · Preisrichter (*Pl*)
preisgünstig: → billig (1)
Preiskampf, der: → Konkurrenzkampf
Preislage, die: → Preis (1)
Preislied, das: –→ Loblied (1)
Preisliste, die: Preisverzeichnis · Preistafel + Prospekt; → *auch* Preisschild
Preisnachlass, der: → Rabatt
Preisrätsel, das: → Preisaufgabe
Preisrichter (*Pl*): → Preisgericht

Preisrückgang, der: → Preisverfall
Preisschild, das: Etikett; Etikette (*noch österr schweiz*); → *auch* Preisliste
Preissenkung, die: Preisermäßigung · Preisabschlag · Preisabbau · Verbilligung · Senkung · Herabsetzung · Ermäßigung · Abschlag · Abbau; → *auch* Preisverfall
Preissteigerung, die: → Preiserhöhung
Preissturz, der: → Preisverfall
Preistafel, die: → Preisliste
Preistreiberei, die: → Preiserhöhung
Preisverfall, der: Preisrückgang · Preiseinbruch · Preissturz; → *auch* Preissenkung
Preisverzeichnis, das: → Preisliste
preiswert: → billig (1)
Preiswucher, der: → Preiserhöhung
preiswürdig: 1. → billig (1) – **2.** → lobenswert
prekär: 1. → peinlich (1) – **2.** → heikel (1) – **3.** → unangenehm (1)
prellen: 1. → betrügen (1) – **2.** p. |gegen|: → anstoßen (1)
Prellerei, die: → Betrug (1)
Prellstein, der: → Eckstein (1)
Premier, der: → Regierungschef
Premiere, die: + Uraufführung · Erstaufführung
Premierminister, der: → Regierungschef
Prepaidcard, die: → Telefonkarte
preschen: 1. → eilen (I, 1) – **2.** → laufen (1)
Preshave, das: → Rasierwasser
Preshavelotion, die: → Rasierwasser
pressant: → eilig (2)
Presse, die: **1.** → Fruchtpresse – **2.** → Zeitung (II) – **3.** → Zeitungswesen – **4.** → Erziehungsinstitut
Pressefotograf, der: → Fotoreporter
Pressemann, der: → Journalist
Pressemitteilung, die: → Nachricht (1)
pressen: 1. → drücken (I, 1) – **2.** → ausdrücken (I, 1) – **3.** → zwingen (1) – **4.** p. |in|: → hineinstopfen
Presseorgan, das: → Zeitung (I, 1)
Pressevertreter, der: → Journalist
Pressewesen, das: → Zeitungswesen
pressieren: → eilen (I, 2)
Pression, die: → Zwang (1)
Pressuregroup, die: → Interessengemeinschaft
Prestige, das: → Ansehen (1)
presto: → schnell (1, c)
preziös: 1. → wertvoll (1) – **2.** → geziert

547

Preziosen

Preziosen (*Pl*): **1.** → Wertstück – **2.** → Schmuck (1)
Prickel, der: → Nervenkitzel
prickeln: 1. → sprudeln (1) – **2.** → jucken (1)
prickelnd: → spannend
Pricken, der: → Pflock
Priem[tabak], der: → Kautabak
Priester, der: → Geistliche
priesterhaft: → salbungsvoll
Priesterweihe, die (*kathol*): Ordination · Weihe
prima: 1. → großartig (1) – **2.** → erstklassig (1)
Primadonna, die: → Sängerin
primär: 1. → ursprünglich (1) – **2.** → wesentlich
Primar[arzt], der: → Chefarzt
Primarius, der: → Chefarzt
Primarschule, die: → Hauptschule
Primarstufe, die: → Grundschule
Primat, der *od.* das: → Vorrang (1)
Primetime, die: → Hauptsendezeit
primitiv: 1. → einfach (1) – **2.** → unzivilisiert (1) – **3.** → unzureichend
Primus, der: → Klassenbeste
Printer, der: → Kopiergerät
Printmedien (*Pl*): → Zeitung (II)
Prinzip, das: **1.** → Grundsatz (1) – **2.** → Regel (1) – **3.** im P.: → grundsätzlich
Prinzipal, der: → Lehrmeister
prinzipiell: → grundsätzlich
Prinzipienlosigkeit, die: → Opportunismus
Prinzipienreiter, der: → Pedant
Priorität, die: **1.** → Vorrang (1) – **2.** → Vorrecht – **3.** P. haben: → Vorrang (2)
Prise, die: **1.** → Raub (1) – **2.** eine P.: → wenig (2)
Prismenfeldstecher, der: → Fernglas
Prismenfernrohr, das: → Fernglas
Prismenglas, das: → Fernglas
Pritsche, die: → Bett (1)
Pritschmeister, der: → Spaßmacher
privat: 1. (*nicht im Dienst*) außerdienstlich · privatim · auf privatem Weg + inoffiziell · persönlich – **2.** → persönlich (1) – **3.** → eigen (1) – **4.** → zivil – **5.** auf privatem Weg: → 1
Privateigentum, das: in P. überführen: → privatisieren (1)
Privatier, der: → Rentner
privatim: 1. → persönlich (1) – **2.** → privat (1) – **3.** → vertraulich (2)

privatisieren: 1. (*staatl. Vermögen in privates Vermögen umwandeln*) in Privateigentum überführen + reprivatisieren – **2.** (*vom eigenen Vermögen leben*) vom Gelde leben · ein Rentnerdasein führen; der Ruhe pflegen (*scherzh*)
Privatschule, die: → Erziehungsinstitut
Privatstunden (*Pl*): → Privatunterricht
Privatunterricht, der: Privatstunden
Privileg, das: → Vorrecht
privilegiert: → bevorrechtet
Privilegium, das: → Vorrecht
pro: 1. → für (1) – **2.** → je (1)
Proband, der: → Versuchsperson
probat: → bewährt
Probe, die: **1.** → Versuch (1) – **2.** → Muster (2) – **3.** → Beweis (2) – **4.** auf P.: → versuchsweise; die P. machen: → versuchen (I, 1)
Probeaufnahme, die: Fotoshooting
proben: 1. (*die Aufführung eines Bühnenwerkes vorbereiten*) üben · probieren · durchproben; → *auch* einüben – **2.** → versuchen (I, 1)
probeweise: → versuchsweise
probieren: 1. → versuchen (I, 1) – **2.** → proben (1) – **3.** → ¹kosten (1)
Probierstube, die: → Gaststätte (1, c)
Problem, das: **1.** (*nicht leicht zu lösender Fragenkomplex*) Problematik · Frage + Schicksalsfrage; → *auch* Angelegenheit, Aufgabe (2) – **2.** → Schwierigkeit (1)
Problematik, die: **1.** → Problem (1) – **2.** → Schwierigkeit (1)
problematisch: 1. → schwierig (1) – **2.** → zweifelhaft (1)
Procedere, das: → Vorgehensweise
pro domo: → eigen (5)
Producer, der: → Hersteller
Produkt, das: **1.** → Erzeugnis – **2.** → Ergebnis – **3.** → Werk (1)
Produktenhändler, der: → Altstoffhändler
Produktion, die: → Herstellung
Produktionsbetrieb, der: → Fabrik
Produktionsleistung, die: → Produktionsmenge
Produktionsmenge, die: Produktionsvolumen · Produktionsleistung · Ausstoß; Output (*Wirtsch*)
Produktionsvolumen, das: → Produktionsmenge
produktiv: → schöpferisch

prononciert

Produktivität, die: **1.** → Ertragskraft – **2.** → Schöpferkraft

Produzent, der: → Hersteller

produzieren: I. produzieren: → herstellen (1) – **II.** produzieren, sich: → zeigen (II, 1)

profan: 1. → weltlich – **2.** → gewöhnlich (1)

Profanation, die: → Entweihung

profanieren: → entweihen

Profanierung, die: → Entweihung

Profession, die: → Beruf (1)

Professional, der: → Berufssportler

professionell: → berufsmäßig

professioniert: → berufsmäßig

Professionist, der: **1.** → Facharbeiter – **2.** → Fachmann (1)

professionsmäßig: → berufsmäßig

professoral: → lehrhaft

professorenhaft: → lehrhaft

Profi, der: **1.** → Fachmann (1) – **2.** → Berufssportler

Profil, das: **1.** → Seitenansicht (1) – **2.** → Aufriss (1) – **3.** → Umriss – **4.** P. gewinnen: → ankündigen (II)

profilieren, sich: → hervortun, sich

Profit, der: **1.** → Nutzen (1) – **2.** → Gewinn (1) – **3.** P. bringend: → einträglich

profitabel: → einträglich

Profiteur, der: → Ausbeuter

Profitgier, die: Profitstreben; → *auch* Geldgier

profitieren: → gewinnen (1)

Profitmacher, der: → Ausbeuter

Profitstreben, das: → Profitgier

pro forma: → Schein (7)

profund: → gründlich (1)

Prognose, die: → Voraussage

prognostizieren: → voraussagen

Programm, das: **1.** ⟨die Folge der Darbietungen⟩ **a)** ⟨für eine Veranstaltung⟩ Ablauf · Spielfolge + Tagesordnung – **b)** ⟨für einen längeren Zeitraum⟩ + Rundfunkprogramm · Fernsehprogramm · TV-Programm · Sendefolge · Spielplan · Repertoire · Festordnung · Festplan – **2.** → ²Plan (1)

programmatisch: → wegweisend

programmgemäß: → plangemäß

programmiert: → sicher (2)

programmmäßig: → plangemäß

Progress, der: → Fortschritt (1)

Progression, die: → Steigerung (1)

progressiv: → fortschrittlich

Prohibition, die: → Verbot

Projekt, das: **1.** → ²Plan (1) – **2.** → Entwurf (1)

Projektgruppe, die: → Team (1)

projektieren: → entwerfen (1)

Projektierung, die: → Entwurf (1)

Projektil, das: → Kugel (1)

Projektionsapparat, der: → Bildwerfer

Projektionsgerät, das: → Bildwerfer

Projektor, der: → Bildwerfer

Proklamation, die: **1.** → Bekanntmachung (1) – **2.** → Aufruf (1)

proklamieren: → ausrufen (1)

Prokrustesbett, das: **1.** → Folter (1) – **2.** → Zwangslage

Prokura, die: → Vollmacht (1)

Prokurator, der: → Bevollmächtigte

Prolet, der (*abwert*): Proll · Prolo · Prolltyp

Proletariat, das: → Arbeiterklasse

proletenhaft (*abwert*): prollig

Proll, der: → Prolet

prollig: → proletenhaft

Prolltyp, der: → Prolet

Prolo, der: → Prolet

pro loco: → statt

Prolog, der: **1.** → Einleitung (1) – **2.** → Vorspiel

Prolongation, die: → Verlängerung (2)

prolongieren: 1. → verlängern (1) – **2.** → aufschieben

Prolongierung, die: → Verlängerung (2)

Promenade, die: → Spaziergang (1)

Promenadenmischung, die: → Hund (1)

promenieren: → spazieren (2)

prometheisch: → übermenschlich

Promi: I. Promi, der: → Persönlichkeit (I, 2) – **II.** Promis (*Pl*): die P.: → Prominenz

prominent: → berühmt (1)

Prominente: I. Prominente, der: → Persönlichkeit (I, 2) – **II.** Prominente (*Pl*): die Prominenten: → Prominenz

Prominenz, die: die Prominenten; die Stützen der Gesellschaft (*meist iron*) + Honoratioren · Persönlichkeiten ♦ *salopp*: die Promis; → *auch* Oberschicht

promoten: → werben (1)

Promotion, die: → Werbung (1)

Promotor, der: → Betreuer

promovieren: den Doktorgrad erwerben · die Doktorwürde erlangen + dissertieren ♦ *umg*: den Doktor machen

prompt: 1. → sofort – **2.** → sofortig

prononciert: → betont

Propaganda

Propaganda, die: **1.** ⟨*die Verbreitung polit. u. anderer Ideen u. Meinungen*⟩ Agitation (*meist abwert*) + Werbung – **2.** → Werbung (1) – **3.** P. machen/treiben |für|: → werben (1)

Propagandafeldzug, der: → Kampagne (1)

Propagandamacher, der: → Propagandist

Propagandist, der: **1.** ⟨*jmd., der polit. od. andere Ideen u. Meinungen verbreitet*⟩ Agitator (*meist abwert*) ♦ *umg*: Propagandamacher (*abwert*) – **2.** → Werbefachmann

propagieren: 1. → verbreiten (I, 2) – **2.** → werben (1)

Propeller, der: → Luftschraube

Propellerturbinenflugzeug, das: → Düsenflugzeug

proper: 1. → sauber (1) – **2.** → ordentlich (1, a)

Prophet, der: **1.** → Weissager – **2.** beim Bart des Propheten schwören: → schwören (2)

Prophetie, die: → Weissagung

prophetisch: → voraussehend

prophezeien: 1. → weissagen – **2.** → voraussagen

Prophezeiung, die: **1.** → Weissagung – **2.** → Voraussage

prophylaktisch: → vorbeugend

Prophylaxe, die: → Vorbeugung

Proportion, die: **1.** → Verhältnis (I, 1) – **2.** → Gleichmaß

proportional: → gleichmäßig (1)

proportioniert: gut p.: → wohlgestaltet

proppenvoll: → voll (1)

Propst, der: → Superintendent

Prosa, die: **1.** ⟨*Sprache in ungebundener Form*⟩ ungebundene Rede – **2.** in P.: → prosaisch (1)

Prosaiker, der: → Prosaist

prosaisch: 1. ⟨*in ungebundener Sprachform*⟩ in Prosa – **2.** → nüchtern (3)

Prosaist, der: Prosaiker · Prosaschriftsteller · Prosaschreiber · Erzähler + Epiker · Romancier · Romanschriftsteller · Romanschreiber · Publizist · Schriftsteller · Dichter; → *auch* Dichter (a)

Prosaschreiber, der: → Prosaist

Prosaschriftsteller, der: → Prosaist

prosit: wohl bekomm's · zum Wohl ♦ *umg*: prost; prösterchen (*scherzh*)

proskribieren: → ächten (1)

Prospekt, der: **1.** → Werbeschrift – **2.** → Preisliste – **3.** → Hintergrund (1)

prosperieren: → gedeihen (1)

Prosperität, die: **1.** → Wohlstand – **2.** → Hochkonjunktur

prost: → prosit

prösterchen: → prosit

Prösterchen, das: P. machen: → aufstoßen (1)

prostituieren, sich: **1.** ⟨*gewerbsmäßig Geschlechtsverkehr ausüben*⟩ sich verkaufen · auf die Straße gehen; huren · eine Hure sein (*abwert*) ♦ *umg*: auf den Strich gehen · anschaffen [gehen] · auf die Anschaffe gehen – **2.** → bloßstellen (II)

Prostituierte, die: Dirne · Straßenmädchen; Freudenmädchen · Hostess (*verhüll*); Hure (*abwert*); Gunstgewerblerin (*scherzh*); HwG-Mädchen (*amtsspr*); Kokotte (*veraltend*) + Callgirl · Hetäre · Kurtisane · Halbweltdame ♦ *umg*: Strichmädchen · eine von der Straße (*abwert*) ♦ *salopp*: Rennpferd; die Horizontale · Schnepfe · Schnecke (*abwert*) ♦ *derb*: Nutte · Fose (*abwert*); → *auch* Beischläferin, Herumtreiberin

Prostitution, die: Hurerei (*abwert*); das älteste Gewerbe der Welt (*verhüll scherzh*) ♦ *umg*: das horizontale Gewerbe (*scherzh*) + Strich · Anschaffe

Protagonist, der: → Vorkämpfer

Protegé, der: → Günstling

protegieren: → fördern (1)

Protektion, die: → Förderung (1)

Protektor, der: **1.** → Beschützer – **2.** → Schirmherr

Protektorat, das: **1.** → Schutzherrschaft – **2.** → Schirmherrschaft

Protest, der: **1.** → Einspruch (1) – **2.** P. erheben/einlegen: → protestieren

protestieren: Einspruch erheben · Protest erheben/einlegen · sich verwahren |gegen| · Verwahrung/Rekurs einlegen · rekurrieren · widersprechen · Sturm laufen |gegen| + Einhalt/Halt gebieten; → *auch* ablehnen (1), einwenden

Prothese, die: → Zahnprothese

Protokoll, das: **1.** → Niederschrift (1) – **2.** zu P. nehmen, ein P. aufnehmen: → protokollieren

Protokollant, der: Protokollführer + Schriftführer · Sekretär

Protokollführer, der: → Protokollant

protokollieren: zu Protokoll nehmen · ein Protokoll aufnehmen · mitschreiben

Prototyp, der: → Inbegriff

Protz, der: → Angeber (1)
protzen: → angeben (1)
protzenhaft: → angeberisch
Protzentum, das: → Angabe (I, 1)
Protzerei, die: → Angabe (I, 1)
protzig: → angeberisch
Provenienz, die: Herkunft · Ursprung
Proviant, der: → Verpflegung (2)
Provider, der (*EDV*): Anbieter + Internetprovider · Internetanbieter
Provinz, die: → Land (2)
provinziell: 1. → ländlich – **2.** → landschaftlich (1)
Provision, die: → Vermittlungsgebühr
provisorisch: 1. → vorläufig – **2.** → behelfsmäßig
Provisorium, das: → Behelf (1)
Provo, der: → Gammler
provokant: → herausfordernd
Provokateur, der: **1.** → Hetzer – **2.** → Unruhestifter
Provokation, die: → Herausforderung
provokativ: → herausfordernd
provokatorisch: → herausfordernd
provozieren: → herausfordern
provozierend: → herausfordernd
Prozedur, die: → Verfahren (1)
Prozente (*Pl*): → Rabatt
Prozess, der: **1.** ⟨*die für die gerichtl. Entscheidung eines Rechtsfalles erforderl. Rechtshandlungen*⟩ Rechtsstreit · Gerichtsverfahren · Verfahren · Gerichtsverhandlung · Verhandlung · Rechtsverfahren + Sensationsprozess · Skandalprozess ♦ *umg:* Rechtshandel – **2.** → Verlauf (2) – **3.** → Entwicklung (1) – **4.** einen P. anstrengen/führen |gegen|, einen P. an den Hals hängen, einen P. anhängig machen |gegen|, den P. machen: → verklagen; kurzen P. machen: → durchgreifen
prozessieren: → verklagen
Prozession, die: → Umzug (2)
prüde: 1. ⟨*übertrieben schamhaft*⟩ zimperlich (*abwert*) ♦ *umg:* zickig (*abwert*); → *auch* schamhaft, altjüngferlich, spröde (2) – **2.** → spröde (2) – **3.** p. tun: → zieren (II, 2)
Prüderie, die: **1.** ⟨*übertriebene Schamhaftigkeit*⟩ Zimperlichkeit – **2.** → Scham (3)
prüfen: 1. ⟨*die Leistungsfähigkeit bzw. den Zustand untersuchen*⟩ erproben · [durch]testen · [durch]checken · einer Prüfung/einem Test unterziehen/unterwerfen + hinterfragen · durchsehen · einsehen ♦ *umg:* auf Herz und Nieren prüfen · unter die Lupe nehmen · auf den Zahn fühlen; → *auch* überprüfen, kontrollieren (1) – **2.** ⟨*jmds. Wissen festzustellen suchen*⟩ examinieren + zensieren; → *auch* abfragen – **3.** ⟨*sich durch Besichtigung vom ordnungsgemäßen Verlauf überzeugen wollen*⟩ visitieren · inspizieren; → *auch* kontrollieren (1), überprüfen – **4.** → versuchen (I, 1) – **5.** auf Herz und Nieren p.: → 1
Prüfende, der: → Prüfer
Prüfer, der: der Prüfende · Examinator
Prüfling, der: Examinand · Kandidat · Examenskandidat + Absolvent
Prüfstein, der: → Bewährungsprobe
Prüfung, die: **1.** ⟨*Untersuchung der Leistungsfähigkeit bzw. des Zustandes*⟩ Erprobung · Test + Nagelprobe · Durchsicht – **2.** ⟨*Feststellung des Wissens*⟩ Examen – **3.** einer P. unterziehen/unterwerfen: → prüfen (1); durch die P. rasseln/rauschen: → durchfallen
Prüfungsarbeit, die: Klausur[arbeit] · Klassenarbeit; Schularbeit (*österr*); Extemporale (*veraltet*)
Prügel: I. Prügel, der: **1.** → ¹Stock (1) – **2.** den P. zu kosten geben: **a)** → schlagen (1) – **b)** → verprügeln – **II.** Prügel (*Pl*): **1.** ⟨*körperl. Züchtigung*⟩ Schläge + Bastonade · Auspeitschung ♦ *umg:* Hiebe · eine Tracht/Portion Prügel; Haue (*kinderspr*) ♦ *salopp:* Dresche · Keile · Senge · Wichse · Kloppe · Bimse · Abreibung · Zunder; Schmiere · Schwumse · Poche (*landsch*); → *auch* Ohrfeige (1) – **2.** eine Tracht/Portion P.: → II, 1; eine Tracht P. geben/verpassen: → verprügeln; P. austeilen: → schlagen (I, 1)
Prügelei, die: → Schlägerei
Prügelknabe, der: + schwarzes/räudiges Schaf ♦ *umg:* Buhmann · Blitzableiter · Sündenbock · Watschenmann ♦ *salopp:* Karnickel
prügeln: I. prügeln: **1.** → schlagen (I, 1) – **2.** → verprügeln – **II.** prügeln, sich: → schlagen (II, 1)
Prunk, der: **1.** ⟨*[aufdringlich] zur Schau gestellter Reichtum*⟩ Gepränge · Pracht [entfaltung] · Prunkentfaltung; Pomp (*abwert*) + Luxus; → *auch* Aufwand (1), Glanz (2), Reichtum (1) – **2.** P. entfalten: → prunken (1)

prunken: 1. ⟨*seinen Reichtum [auf-dringlich] zur Schau stellen*⟩ Pracht/Prunk entfalten · paradieren ♦ *umg*: Staat machen – **2.** → angeben (1)
Prunkentfaltung, die: → Prunk (1)
prunkhaft: → prunkvoll
prunklos: → schlicht (1)
Prunkstraße, die: → Hauptstraße
Prunkstück, das: → Glanzstück (1)
Prunksucht, die: → Verschwendung
prunksüchtig: → verschwenderisch (1)
prunkvoll: prunkhaft · luxuriös; pomphaft · pompös (*abwert*) ♦ *umg*: mit allen Schika-nen; → *auch* prächtig (1)
pruschen: 1. → niesen – 2. → schnauben (I, 1)
prusten: 1. → schnauben (I, 1) – 2. → nie-sen – 3. was p.: → ablehnen (1)
Psalm, der: → Lied (1)
psalmodieren: → singen (1)
Pseudonym, das: → Deckname
Psyche, die: → Seele (1)
psychiatrisch: psychiatrische Klinik: → Klinik (2)
psychisch: 1. → seelisch – 2. p. labil: → haltlos (1)
Psychopathie, die: → Geisteskrankheit
psychopathisch: → geisteskrank (1)
PTL-Flugzeug, das: → Düsenflugzeug
Pub, das *od.* der: → Gaststätte (1, b)
Pubertät, die: → Entwicklungsjahre
Publicity, die: → Werbung (1)
Publicrelations (*Pl*): → Öffentlichkeits-arbeit
publik: → bekannt (1)
Publikation, die: 1. → Veröffentlichung (1) – **2.** → Bekanntmachung (1)
Publikum, das: 1. → Zuhörerschaft – **2.** → Öffentlichkeit (1) – **3.** das breite P.: → Öf-fentlichkeit (1)
publikumswirksam: → wirkungsvoll (1)
publizieren: → veröffentlichen
Publizist, der: 1. → Journalist – **2.** → Pro-saist
Publizität, die: → Öffentlichkeit (1)
puckern: → schlagen (I, 3)
puddeln: → arbeiten (1)
Pudding, der: 1. → Süßspeise – **2.** auf den P. hauen: → prahlen
Pudel, der: des Pudels Kern: → Ursache; wie ein begossener P.: **a)** → betreten (2) – **b)** → beschämt
Pudelmütze, die: → Mütze (1)

pudelnackt: → nackt
pudelnärrisch: → lustig
pudelnass: → nass (1)
pudelwohl: → wohl (1)
Puder, der: → Pulver (1)
puderig: → pulverig
pudern: 1. ⟨*mit Puder bestreuen*⟩ einpudern · einstäuben; stuppen (*österr*); → *auch* be-streuen – **2.** mit dem Klammerbeutel/Klam-mersack gepudert: → verrückt (1)
Puderzucker, der: Staubzucker · Farinade · Farin[zucker]; → *auch* Zucker (1)
pueril: → unreif (2)
Puff, der: 1. → Stoß (1) – **2.** → Schlag (I, 1) – **3.** → Hocker – **4.** → Wäschekorb – **5.** → Bordell – **6.** einen P. aushalten/vertragen: → aushalten (1)
puffen: 1. → stoßen (I, 1) – **2.** → schlagen (I, 1) – **3.** → knallen (1) – **4.** → antreiben (2)
Puffer, der: → Kartoffelpuffer
puh: → pfui (1)
pulen: → bohren (4)
Pulk, der: 1. → Gruppe (1) – **2.** → Abtei-lung (II, 2)
Pulle, die: → Flasche (1)
pullen: 1. → rudern (1) – **2.** → austreten (1)
pullern: → austreten (1)
Pulli, der: → Pullover
Pullover, der: Sweater (*veraltend*) + Pul-lunder · Westover · Sweatshirt · Jumper ♦ *umg*: Pulli
Pullstängel, der: → Ruder (1)
Pullunder, der: → Pullover
Puls, der: 1. ⟨*das stoßweise fließende Blut*⟩ Pulsschlag – **2.** den P. fühlen: → untersu-chen (2)
Pulsader, die: → Schlagader
puls[ier]en: 1. → schlagen (I, 3) – **2.** → fließen (2)
Pulsschlag, der: → Puls (1)
Pult, das: 1. → Katheder – **2.** am P. stehen: → dirigieren (1)
Pulver, das: 1. ⟨*fein zerteilter fester Stoff*⟩ Staub · Mehl + Puder; → *auch* Staub (1) – **2.** → Arzneimittel – **3.** → Schießpulver – **4.** → Geld (1) – **5.** keinen Schuss P. wert: → wertlos (1); P. haben: → reich (5); das P. nicht erfunden haben: → dumm (6)
pulverartig: → pulverig
Pülverchen, das: → Arzneimittel
pulverförmig: → pulverig
pulverig: pulverartig · pulverförmig + pu-derig

Puschen

pulverisieren: → zerreiben
Pulverkaffee, der: → Instantkaffee
pulvern: → schießen (1)
pulverscheu: → feig[e]
Pummel, der: → Dicke (II, 1)
Pummelchen, das: → Dicke (II, 1)
pummelig: → dicklich (1)
Pump, der: **1.** → Borg (1) – **2.** auf P.: → leihweise; einen P. aufnehmen: → Kredit (2); auf P. geben: → leihen (1)
Pumpe, die: **1.** ⟨*Vorrichtung zum Bewegen von Flüssigkeiten bzw. Gasen*⟩ *umg*: Plumpe (*landsch*) – **2.** → Herz (1)
¹pumpen: 1. ⟨*eine Pumpe betätigen*⟩ *umg*: plumpen (*landsch*) – **2.** leer p.: → auspumpen (1)
²pumpen: 1. → leihen (1 *u.* 2) – **2.** → Kredit (2) – **3.** sich p.: → leihen (2)
Pumpenheimer, das: → Wasser (1)
pumperlgesund: → gesund (1)
pumpern: 1. → klopfen (1) – **2.** → dröhnen (1)
Pumpgenie, das: → Schuldenmacher
Punch, der: → Schlagkraft (1)
Punkt, der: **1.** ⟨*Bewertungseinheit in sportl. Wettkämpfen*⟩ Wertungspunkt · Zähler – **2.** → Tupfen – **3.** → Ort (1) – **4.** → Angelegenheit – **5.** → Abschnitt (2) – **6.** der springende P.: **a)** → Hauptsache – **b)** → Entscheidende; P. ... Uhr: → pünktlich (2); in diesem P.: → darin (2); P. für P.: → einzeln (2); Punkte machen: → Erfolg (2); einen P. machen: → aufhören (1); der wunde/dunkle P.: → Achillesferse; den P. aufs i setzen: → vollenden (1, 1); auf den/zum P. kommen: → Sache (I, 7); auf den P. bringen: → verdeutlichen
pünkteln: → punktieren
punkten: 1. → punktieren – **2.** → Erfolg (2)
punktgleich: → unentschieden (1)
Punkthaus, das: → Hochhaus
punktieren: punkten · pünkteln; → *auch* tüpfeln
pünktlich: 1. ⟨*genau zum festgesetzten Zeitpunkt*⟩ auf die Minute/Sekunde [genau] · mit dem Glockenschlag · zur rechten/richtigen Zeit · ohne Verspätung · fristgemäß + exakt · genau · fahrplanmäßig ♦ *umg*: pünktlich wie die Maurer (*scherzh*); → *auch* rechtzeitig – **2.** p. ... Uhr: ⟨*genau zur angegebenen Uhrzeit*⟩ Punkt ... Uhr · Schlag ... Uhr
Punktrichter, der: → Schiedsrichter

punktuell: → einzeln (2)
Punktum: 1. → genug (2) – **2.** und damit P.: → genug (2)
punktweise: → einzeln (2)
punz[ier]en: → eingravieren
Pup, der: → Wind (I, 2)
Pupe, der *od.* die: → Homosexuelle (I)
pupen: → Wind (I, 3)
Pupille, die: Pupillen machen: → staunen (1)
Puppchen, das: **1.** → Mädchen (2) – **2.** → Geliebte (II)
Püppchen, das: **1.** → Puppe (1) – **2.** → Geliebte (II)
Puppe, die: **1.** ⟨*Spielzeug*⟩ Püppchen; Docke (*landsch*) – **2.** ⟨*Nachbildung des Oberkörpers*⟩ Schneiderpuppe · Büste · Schneiderbüste – **3.** ⟨*zusammengestellte Getreidegarben*⟩ Getreidepuppe · Hocke · Mandel – **4.** → Mädchen (2) – **5.** → Geliebte (II), Liebling (1) – **6.** tolle P.: → Mädchen (2); schlafen bis in die Puppen: → durchschlafen; die Puppen tanzen lassen: → feiern (1)
puppenlustig: → lustig
Puppenspiel, das: Puppentheater · Marionettentheater + Kasperletheater
Puppentheater, das: → Puppenspiel
puppern: 1. → schlagen (I, 3) – **2.** → zittern (1)
Pups, der: → Wind (I, 2)
pupsen: → Wind (I, 3)
pur: → rein (1)
Püree, das: → Brei (1)
Purgans, das: → Abführmittel
Purgativ, das: → Abführmittel
purgieren: → abführen (1)
puritanisch: 1. → sittenstreng – **2.** → einfach (1)
purpurfarben: → rot (1)
purpurfarbig: → rot (1)
purpurn: → rot (1)
purpurrot: → rot (1)
purren: 1. → necken – **2.** → wecken (1)
purulent: → eitrig
Purzel, der: → Knirps
Purzelbaum, der: **1.** → Überschlag (1) – **2.** einen P. machen/schlagen/schießen: → überschlagen (II, 2, a)
purzeln: 1. → fallen (1) – **2.** → billig (6)
Puschel/Püschel, der: → Troddel
puschelig: → wollig
puschen: → austreten (1)
Puschen (*Pl*): → Hausschuhe

pushen

pushen: 1. → beleben (I, 2) – **2.** → beschleunigen – **3.** → Rauschgift (2)
Pusher, der: → Rauschgifthändler
Push-up-BH, der: → Büstenhalter
Pusselchen, das: → Kind (1)
pusseln: → herumbasteln
Puste, die: **1.** → Atem (1) – **2.** → Pistole (1), Revolver – **3.** → Geld (1) – **4.** außer P.: → atemlos (1); jmdm. geht die P. aus: **a)** → Konkurs (2) – **b)** → zurückbleiben (1)
Pustekuchen!: → denkste (1)
Pustel, die: → ²Pickel
pusten: 1. → blasen (1) – **2.** → keuchen – **3.** → schnauben (I, 1) – **4.** was p.: → ablehnen (1)
Püsterich, der: → Wind (I, 1)
Pute, die: → Ziege (2)
puterrot: p. werden: → erröten (1)
Puthühnchen, das: → Huhn (1)
Putput, das: → Huhn (1)
Putsch, der: → Aufstand
Putschist, der: → Aufständische
Putte, die: → Amorette
Putz, der: **1.** → Verputz – **2.** → Verzierung (1) – **3.** auf den P. hauen: → prahlen
Pütz, die: → Schöpfeimer
Putze, die: → Putzfrau
Pütze, die: → Schöpfeimer

putzen: I. putzen: **1.** → reinigen (1) – **2.** → sauber (7, a) – **3.** → schmücken (I) – **4.** → wichsen (1) – **5.** blank p.: → polieren (1); [sich] die Nase p.: → schnäuzen, sich; Klinken p.: → betteln (1) – **II.** putzen, sich: → herausputzen (II)
Putzfrau, die: Rein[e]machefrau · Raumpflegerin; Scheuerfrau (*veraltend*); Aufwartefrau · Aufwartung · Stundenfrau (*landsch*); Zugehfrau · Zugeherin (*süddt österr*); Bedienung · Bedienerin (*österr*) + Hilfe ♦ *umg*: Putze (*abwert*); → *auch* Hausangestellte (II)
putzig: 1. → spaßig (1) – **2.** → komisch (1) – **3.** putzige Gurke: → Original (1)
Putzmacherin, die: → Modistin
Putzmittel, das: → Reinigungsmittel
putzmunter: → munter (1)
Putzsucht, die: → Eitelkeit (1)
putzsüchtig: → eitel (1)
Putzzeug, das: → Reinigungsmittel
pygmäenhaft: → zwerg[en]haft
pygmäisch: → zwerg[en]haft
Pyjama, der *od.* das: → Schlafanzug
pyknisch: → untersetzt
pyramidal: → gewaltig (1)
pythisch: → geheimnisvoll (1)
Python, der: → Riesenschlange

Q

quabb[el]ig: 1. → weich (1, b *u.* c) – **2.** → dick (1)

Quackeler, der: → Schwätzer (1)

Quackelfritze, der: → Schwätzer (1)

Quackelhans, der: → Schwätzer (1)

Quackelliese, die: → Schwätzerin

quackeln: → schwatzen (1)

Quackelsuse, die: → Schwätzerin

Quacksalber, der: → Kurpfuscher

quacksalbern: → herumdoktern (1)

Quader, der *od.* die: → Steinblock

Quaderstein, der: → Steinblock

Quadrat, das: → Viereck

Quadratesel, der: → Dummkopf (2)

quadratisch: → viereckig

Quadratlatschen (*Pl*): → Schuhe (1)

Quadratschädel, der: → Starrkopf

quakeln: → nuscheln

quaken: → sprechen (1)

quäken: 1. → schreien (1) – **2.** → weinen (1)

Qual, die: **1.** ⟨*große körperl. Schmerzen*⟩ Leiden · Pein · Folter · Marter · Tortur · Drangsal · Martyrium ♦ *umg*: Quälerei · Höllenqual; → *auch* Schmerz (1), Folter (2) – **2.** → Leid (1) – **3.** Q. bereiten: → quälen (I, 1 *u.* 2)

quälen: I. quälen: **1.** ⟨*auf grausame Weise Schmerzen zufügen*⟩ peinigen · martern · schinden · misshandeln · malträtieren · traktieren · wehtun · Qual/Pein/Schmerz bereiten ♦ *umg*: bearbeiten · zwiebeln; → *auch* foltern (1) – **2.** ⟨*böswillig immer wieder Ungemach bereiten*⟩ plagen · peinigen · drangsalieren · mobben · schikanieren · Qual/Pein/Schmerz bereiten · das Leben zur Hölle machen; sekkieren (*noch österr*) + tyrannisieren · wehtun ♦ *umg*: schurigeln · kujonieren · triezen · zwiebeln · piesacken · striegeln; striezen (*landsch*) + einhacken |auf|; → *auch* bedrängen (1), belästigen (1) – **3.** → bedrücken (1) – **II.** quälen, sich: **1.** → abmühen, sich – **2.** → leiden (1)

quälend: qualvoll · quälerisch · peinigend ♦ *gehoben*: martervoll; → *auch* schmerzlich

Quälerei, die: **1.** → Misshandlung – **2.** → Qual (1)

quälerisch: → quälend

Quälgeist, der: Plagegeist; Marterer · Peiniger (*scherzh*) + Störenfried ♦ *umg*: Nervensäge · Nervtöter (*scherzh*) + Quengler

Qualifikation, die: **1.** → Eignung (1) – **2.** → Recht (1)

qualifizieren: I. qualifizieren: → entwickeln (I, 2) – **II.** qualifizieren, sich: → bilden (II, 1)

qualifiziert: → gebildet

Qualifizierung, die: **1.** → Eignung (1) – **2.** → Recht (1) – **3.** → Weiterbildung

Qualität, die: **1.** → Beschaffenheit (1) – **2.** → Güte (2) – **3.** → Eigenschaft – **4.** von bester Q.: → erstklassig (1)

Qualitätsarbeit, die: → Wertarbeit

Qualitätserzeugnis, das: → Markenerzeugnis

Qualitätsware, die: → Markenerzeugnis

Qualle, die: **1.** → Meduse – **2.** → Auswurf (1)

quallig: → schleimig (1)

Qualm, der: **1.** → Rauch (1) – **2.** → Hunger (1) – **3.** Q. haben: → hungrig (2)

qualmen: 1. → rauchen (1 *u.* 2) – **2.** → rußen (1) – **3.** q. wie ein Schlot/Schornstein: → rauchen (1)

qualmig: → rauchig

Qualster, der: → Auswurf (1)

qualsterig: → schleimig (1)

qualstern: → spucken (1)

qualvoll: → quälend, leidvoll

Quäntchen, das: ein Q.: → wenig (2)

Quanten (*Pl*): **1.** → Schuhe (1) – **2.** → Fuß (II, 1)

Quantität, die: → Menge (1)

Quantum, das: **1.** → Maß (1) – **2.** → Betrag – **3.** → Ration (1) – **4.** → Dosis

Quark

Quark, der: **1.** ⟨*Nahrungsmittel*⟩ Weißkäse · weißer Käse · Glumse (*landsch*); Topfen · Schotten (*süddt österr*) + Frischkäse · Hüttenkäse – **2.** → Nichtigkeit (1) – **3.** → Unsinn (1, a)

quarkig: → dickflüssig

quarren: → weinen (1)

Quartal, das: → Vierteljahr (1)

Quartalssäufer, der: → Trinker

quartal[s]weise: → vierteljährlich

Quartier, das: **1.** → Unterkunft (1) – **2.** → Wohnung (1) – **3.** Q. geben: → beherbergen; Q. nehmen: → ²einmieten, sich

Quartiersfrau, die: → Vermieterin

Quartierswirt, der: → Vermieter

quasi: → gleichsam

Quasselei, die: → Geschwätz (1)

Quasselkopf, der: → Schwätzer (1)

Quasselmichel, der: → Schwätzer (1)

quasseln: → schwatzen (1)

Quasselstrippe, die: **1.** → Telefon (1) – **2.** → Schwätzer (1) – **3.** → Schwätzerin

Quaste, die: → Troddel

Quatsch, der: **1.** → Unsinn (1, a) – **2.** → Albernheit

quatschen: 1. → schwatzen (1) – **2.** → unterhalten (II, 1) – **3.** → ausplaudern

Quatscherei, die: → Geschwätz (1)

quatschig: 1. → albern (1) –**2.** → dickflüssig

Quatschkopf, der: → Schwätzer (1)

Quatschliese, die: → Schwätzerin

Quatschmichel, der: → Schwätzer (1)

quatschnass: → nass (1)

queck: → lebhaft (1)

Quecksilber, das: unruhiger Geist ♦ *umg*: Quirl · Wirbelwind · Zappelphilipp · Zappler · Sausewind

quecksilbrig: → lebhaft (1)

Quell, der: **1.** → Quelle (1) – **2.** → Bach (1)

Quelle, die: **1.** ⟨*Ursprung eines fließenden Gewässers*⟩ Spring (*landsch*) ♦ *gehoben*: Quell; Born (*veraltet*); → *auch* Brunnen (1) – **2.** → Ursprung (1) – **3.** → Urfassung

quellen: → anschwellen (1, a)

Quengelei, die: → Nörgelei

quengelig: → nörglig

quengeln: 1. → drängen (1) – **2.** → weinen (1) – **3.** → nörgeln

Quengler, der: → Quälgeist

quer: 1. → schräg (1) – **2.** → gegensätzlich – **3.** kreuz und q.: → ziellos (1); q. lesen: → überfliegen; q. gehen: **a)** → misslingen – **b)**

→ scheitern (b); sich q. legen: → widersetzen, sich; q. schießen: → stören (1); Quer durch den Garten: → Eintopfgericht

Querdenker, der: → Wegbereiter

querdurch: → durch (1)

Quere, die: in die Q. kommen: **a)** → hindern – **b)** → stören (1); der Q. nach: → schräg (1)

Quereinsteiger, der: → Seiteneinsteiger

Querele, die: → Streit (1)

querfeldein: feldein

Querfrage, die: → Zwischenfrage

Querkopf, der: → Starrkopf

querköpfig: → widerspenstig

Querschnitt, der: → Überblick (1)

Quertreiber, der: → Hetzer

Querulant, der: **1.** → Nörgler – **2.** → Hetzer

querulieren: → nörgeln

Quetsche, die: **1.** → Ort (2), Dorf (1) – **2.** → Gut (1) – **3.** → Geschäft (1)

quetschen: → drücken (I, 1)

Quetschkartoffeln (*Pl*): → Kartoffelmus

Quetschkommode, die: → Ziehharmonika, Akkordeon

quick: → lebhaft (1)

Quickie, das: → Koitus

quicklebendig: → lebhaft (1)

quiek[s]en: 1. ⟨*schrill schreien*⟩ quietschen – **2.** → lachen (1)

Quietiv[um], das: → Beruhigungsmittel

quietschen: 1. → quiek[s]en (1) – **2.** → lachen (1)

quietschfidel: → lustig

quietschvergnügt: → lustig

quinkelieren: → singen (2)

Quintessenz, die: **1.** → Wesen (1) – **2.** → Ergebnis

Quirl, der: → Quecksilber

quirlen: 1. → umrühren – **2.** → wirbeln (1)

quirlig: → lebhaft (1)

Quisling, der: → Kollaborateur

Quisquilien (*Pl*): → Nichtigkeit (1)

quitschnass: → nass (1)

quitte[n]gelb: → gelb (1)

quittieren: 1. → bescheinigen – **2.** den Dienst q.: **a)** → ausscheiden (4) – **b)** → kündigen (1)

Quittung, die: **1.** ⟨*schriftl. Beleg*⟩ Empfangsbestätigung · Empfangsbescheinigung · Empfangsschein + Einzahlungsschein · Ausgabenbeleg – **2.** → Antwort (3) – **3.** → Bescheinigung (1)

Quote

Quivive, das: auf dem Q. sein: → vorsehen (II)
Quiz, das: Frage-und-Antwort-Spiel; → *auch* Rätsel (1)

quöchen: → husten (1)
Quodlibet, das: → Allerlei
Quote, die: → Anteil (1)

R

Rabatt, der: Preisnachlass · Nachlass · Prozente + Skonto · Dekort; → *auch* Abzug (2)
Rabattkarte, die: Bonus-Card · Payback-Card · Kundenkarte + City-Card
Rabatz, der: **1.** → Lärm (1) – **2.** R. machen: → lärmen
Rabauke, der: → Flegel (1)
Räbchen, das: → Frechdachs
Rabe, der: **1.** → Frechdachs – **2.** weißer R.: → Seltenheit
Rabenaas, das (*salopp*): Mistkerl · Miststück ♦ *derb*: Mistvieh · Sauhund · Saukerl; → *auch* Flegel (1), Luder (1)
rabenschwarz: 1. → schwarz (1) – **2.** → dunkel (1)
rabiat: → brutal
Rabulist, der: → Wortklauber
Rabulistik, die: → Spitzfindigkeit
rabulistisch: → spitzfindig (1)
Rache, die: **1.** ⟨*das Rächen [eines erlittenen Unrechts]*⟩ Vergeltung · Revanche + Blutrache · Heimzahlung; → *auch* Vergeltung (1) – **2.** R. nehmen/üben: → rächen (II)
rachedurstig: → rachsüchtig
Rachegöttin, die: Furie · Erinnye · Eumenide
rächen: I. rächen: → vergelten (1) – **II.** rächen, sich: ⟨*[auf ein erlittenes Unrecht] mit einer Vergeltungsmaßnahme antworten*⟩ Rache nehmen/üben · Vergeltung üben · mit gleicher Münze heimzahlen · sich revanchieren · Gleiches mit Gleichem vergelten ♦ *umg*: den Spieß umdrehen
Rachen, der: **1.** ⟨*an Mund- u. Nasenhöhle anschließende trichterförmige Erweiterung*⟩ Rachenhöhle · Schlund ♦ *umg*: Hals – **2.** → Maul (1) – **3.** → Mund (1) – **4.** den R. stopfen: → befriedigen (I); den R. nicht voll [genug] kriegen [können]: → habgierig (2)
Rachenhöhle, die: → Rachen (1)
Rachenputzer, der: → Branntwein
racheschnaubend: → rachsüchtig

rachgierig: → rachsüchtig
Rachitis, die: englische Krankheit (*veraltet*)
rachsüchtig: rachgierig · rachedurstig · racheschnaubend + nachtragend · feindselig
Racker, der: **1.** → Kind (1) – **2.** → Range, Frechdachs
Rackerei, die: → Mühsal
rackern: → schuften
Rad, das: **1.** → Wagenrad – **2.** → Fahrrad – **3.** Rad fahren: **a)** ⟨*mit dem Fahrrad fahren*⟩ *umg*: radeln – **b)** → kriechen (2) – **4.** [ein] Rad schlagen: → überschlagen (II, 2, a); aufs Rad flechten: → foltern (1); unter die Räder kommen: → scheitern (a); das fünfte Rad am Wagen sein: → überflüssig (4)
Radabweiser, der: → Eckstein (1)
Radar, der *od.* das: Radargerät · Funkmessgerät
Radargerät, das: → Radar
Radarkontrolle, die: *umg*: Blitzer
Radau, der: **1.** → Lärm (1) – **2.** R. machen: → lärmen
Radaubruder, der: → Unruhestifter
Radaumacher, der: → Unruhestifter
Rädchen, das: ein R. zu viel [im Kopf] haben, bei jmdm. ist ein R. locker: → verrückt (5)
radebrechen: kauderwelschen · ein paar Brocken können; → *auch* stottern (1)
radeln: → Rad (3, a)
Rädelsführer, der: → Anführer
rädern: 1. → foltern (1) – **2.** wie gerädert: → erschöpft (1)
Räderwerk, das: → Getriebe (1)
Radfahrer, der: **1.** ⟨*mit dem Fahrrad Fahrender*⟩ Biker; Pedaleur (*schweiz*) ♦ *umg*: Radler; Pedalritter (*scherzh*) – **2.** → Kriecher
Radfahrweg, der: → Radweg
radial: → strahlenförmig
radiär: → strahlenförmig
Radiation, die: → Strahlung
Radiator, der: → Heizkörper
Radierer, der: → Radiergummi

Radiergummi, der: Gummi ♦ *umg:* Radierer; Ratzefummel (*schülerspr*)

Radieschen, das: sich die Radieschen von unten ansehen/betrachten: → tot (4)

radikal: 1. 〈*bis zum Äußersten gehend*〉 extrem[istisch] – **2.** → rücksichtslos (1) – **3.** → gründlich (2)

Radikale, der: → Radikalist

Radikalinski, der: → Radikalist

Radikalismus, der: **1.** 〈*bis zum Äußersten gehende polit. Richtung*〉 Extremismus – **2.** → Rücksichtslosigkeit

Radikalist, der: Extremist · der Radikale ♦ *umg:* Radikalinski (*abwert*)

Radikalkur, die: Gewaltkur ♦ *umg:* Pferdekur · Rosskur

Radio, das: **1.** → Rundfunkgerät – **2.** → Rundfunk (1)

Radioapparat, der: → Rundfunkgerät

Radioempfänger, der: → Rundfunkgerät

Radiogerät, das: → Rundfunkgerät

Radkranz, der: → Felge

Radler, der: → Radfahrer (1)

Radschuh, der: → Hemmschuh (1)

Radsperre, die: → Hemmschuh (1)

Radweg, der: Fahrradweg · Radfahrweg

Raffel, die: **1.** → Reibeisen (1) – **2.** → Xanthippe – **3.** → Schwätzerin

raffeln: 1. → reiben (I, 2) – **2.** → klappern (1)

raffen: 1. → aneignen, sich (1) – **2.** → hochheben (1)

Raffer, der: → Habgierige

Raffgier, die: → Habgier

raff[gier]ig: → habgierig (1)

Raffinade, die: → Zucker (1)

Raffinement, das: **1.** → Feinheit (1) – **2.** → Gerissenheit

Raffinesse, die: **1.** → Feinheit (1) – **2.** → Gerissenheit

raffiniert: 1. 〈*mit außerordentl. Schlauheit zu Werke gehend*〉 clever · smart; durchtrieben · abgefeimt (*abwert*); gefinkelt (*österr*) + geschäftstüchtig ♦ *umg:* [aus]gefuchst · gerieben · gerissen · gewiegt · gewieft · ausgekocht · ausgepicht · schlitzohrig · mit allen Wassern gewaschen · mit allen Hunden gehetzt; ausgebufft (*landsch*); gehaut (*österr*); → *auch* schlau (1), glatt (3), trickreich – **2.** → bezaubernd – **3.** → verfeinert

Raffke, der: → Habgierige

Raffzahn, der: → Habgierige

Rafting, das: + Riverrafting

Rage, die: **1.** → Wut (1) – **2.** in R. sein: → wütend (2); in R. bringen: → erzürnen (1)

Ragout, das: → Durcheinander (1)

Rahm, der: **1.** → Sahne (1) – **2.** den R. abschöpfen: **a)** → absahnen (1) – **b)** → abschöpfen (2)

rahmen: einrahmen + fassen; → *auch* einfassen

Rahmen, der: **1.** 〈*ein Bild od. dgl. umgrenzende Leisten*〉 Einrahmung + Fassung · Umgrenzung · Rand; → *auch* Einfassung (a) – **2.** → Fahrgestell (1) – **3.** aus dem R. fallen: **a)** → ²abweichen (2) – **b)** → vorbeibenehmen (1)

rahmig: → sahnig (1)

Rain, der: **1.** → Feldrain – **2.** → Abhang (1)

Rakete, die: **1.** → Feuerwerkskörper – **2.** wie eine R.: → schnell (1, a)

Rambo, der (*umg*): Brutalo (*abwert*); → *auch* Muskelprotz, Raufbold

Rammbär, der: → Rammklotz

Rammbock, der: **1.** → Rammklotz – **2.** → Ramme

rammdösig: → benommen (1)

Ramme, die: Rammmaschine · Rammbock; → *auch* Rammklotz

Rammelei, die: → Gedränge (1)

rammelig: → brünstig (1)

rammeln: 1. → begatten (2, a) – **2.** → drängen (2)

rammelvoll: → überfüllt

rammen: 1. → anstoßen (1) – **2.** r. |in| : → einschlagen (1)

Rammhammer, der: → Rammklotz

Rammklotz, der: Rammbär · Rammhammer · Rammbock; → *auch* Ramme

Rammmaschine, die: → Ramme

Rampe, die: **1.** → Laderampe – **2.** → Auffahrt

ramponieren: → beschädigen

ramponiert: → schadhaft

Ramsch, der: **1.** → Schund (1) – **2.** → Kram (1)

Ramschladen, der: → Geschäft (1)

Ramschware, die: → Schund (1)

Rancher, der: → Farmer

Rand, der: **1.** 〈*begrenzender Streifen*〉 Saum · Umgrenzung + Peripherie · Bord · Kante – **2.** → Einfassung (b) – **3.** → Kante (1) – **4.** → Krempe – **5.** → Ufer (1) – **6.** am Rande: → beiläufig (1); am Rande des Grabes stehen: → todkrank (2); sich am Rande verstehen: → selbstverständlich (3); außer R. und

Randale

Band sein: → übermütig (2); den R. halten: → schweigen (1 *u.* 2); zu Rande kommen: → zurechtkommen (2)

Randale, die: **1.** → Lärm (1) – **2.** R. machen: → lärmen

randalieren: → lärmen

Randalierer, der: → Chaot (1)

Randanmerkung, die: → Anmerkung (1)

Randbemerkung, die: → Anmerkung (1)

Randbezirk, der: Außenbezirk

Rande, die: → Bete

rändern: → umranden

Randfigur, die: → Nebenfigur

Randglosse, die: → Anmerkung (1)

randständig: → nebensächlich

Randnotiz, die: → Anmerkung (1)

Randvermerk, der: → Anmerkung (1)

randvoll: → voll (1)

Ranft, der: **1.** → Brotkanten – **2.** → Brotrinde

Ränftchen, das: **1.** → Brotkanten – **2.** → Brotrinde

Rang, der: **1.** ⟨*Stufe in einer gesellschaftl. Hierarchie*⟩ Grad · Stellung · Dienstrang · Dienstgrad · Dienststellung · Rangstufe; Charge (*milit*) + Stand · Status · Rangbezeichnung – **2.** ⟨*Platzierung bei einem sportl. Wettkampf*⟩ Platz · Stelle – **3.** → Bedeutung (1) – **4.** von hohem R.: → hoch (3); den R. ablaufen: → überflügeln

Rangbezeichnung, die: → Rang (1)

Range, die: Wildfang ◆ *umg*: Fratz · Racker · Krabbe; → *auch* Frechdachs, Junge (I, 1), Flegel (1)

Rangelei, die: → Rauferei

rangeln: 1. → ringen (1) – **2.** → raufen (II, 1)

Rangerhöhung, die: → Beförderung (2)

Rangfolge, die: → Rangordnung

ranggleich: → ebenbürtig (2)

rangieren: → ordnen (1)

Rangordnung, die: **1.** ⟨*abstufende Gliederung*⟩ Rangfolge · Hierarchie · Stufenleiter – **2.** → Gliederung (1)

Rangstufe, die: → Rang (1)

ranhalten, sich: → beeilen, sich

rank: 1. → schlank (1) – **2.** r. und schlank: → schlank (1)

Rank: I. Rank, der: **1.** → Biegung (1) – **2.** → Trick – **II.** Ränke (*Pl*): **1.** → Intrige – **2.** R. schmieden: → intrigieren

ranken, sich: sich emporranken · klettern · sich winden · sich schlingen · sich ringeln

Rankenwerk, das: → Verzierung (1)

Ränkeschmied, der: → Intrigant

Ränkespiel, das: → Intrige

ränkesüchtig: → intrigant

ränkevoll: → intrigant

ranklotzen: → arbeiten (1)

Ranküne, die: → Feindschaft

ranschmeißen, sich: → aufdrängen (II, 1)

Ränzel, das: sein R. schnüren: → aufbrechen (3)

ranzen: 1. → brünstig (2) – **2.** → begatten (2, a)

Ranzen, der: **1.** → Schulranzen – **2.** → Rucksack – **3.** → Buckel (1) – **4.** → Bauch (1) – **5.** den R. voll hauen: → verprügeln

Ranzer, der: → Tadel (1)

ranzig: → verdorben (1)

Ranzzeit, die: → Brunstzeit

rapid[e]: → schnell (1, d)

Rappe, der: **1.** → Pferd (1) – **2.** auf Schusters Rappen: → Fuß (I, 2)

Rappel, der: **1.** → Anfall (2) – **2.** einen R. haben: → verrückt (5); einen R. kriegen: → Beherrschung (2, a)

rappeldürr: → mager (1)

rappelig: a) → verrückt (1) – **b)** → geisteskrank (1)

Rappelkopf, der: **1.** → Starrkopf – **2.** → Hitzkopf

rappelköpfig: → verrückt (1)

rappeln: 1. → klappern (1) – **2.** → geisteskrank (2) – **3.** → verrückt (5)

rappeltrocken: → trocken (1)

rappelvoll: → überfüllt

Rappenspalter, der: → Geizhals

Rapport, der: → Bericht (1)

Raptus, der: **1.** → Anfall (2) – **2.** einen R. haben: → verrückt (5)

Rapuse, die: in die R. gehen/kommen: → verloren (4)

rar: 1. → selten (1) – **2.** → knapp (1) – **3.** → wertvoll – **4.** sich r. machen: → zurückhalten (II, 1)

Rarität, die: → Seltenheit

rasant: → schnell (1, a *u.* d)

Rasanz, die: → Geschwindigkeit (1)

rasaunen: → lärmen

rasch: 1. → schnell (1, c) – **2.** r. machen: → beeilen, sich; rasches Handeln: → Geistesgegenwart

rascheln: + rauschen · lispeln · wispern · wispeln · säuseln · knistern · knirschen

Raschheit, die: → Schnelligkeit (1)

Ratsche

rasen: 1. → fahren (1) – **2.** → laufen (1) – **3.** → wüten

Rasen, der: **1.** ⟨mit Gras bewachsene Fläche⟩ Rasenfläche · Grünfläche · Grasfläche · Rasenplatz · Grasplatz · Grasstück + Grünstreifen · Wiese; → auch Wiese – **2.** → Spielfeld – **3.** jmdn. deckt der grüne R.: → tot (4)

rasend: 1. ⟨von Jubel od. Beifall gesagt: außerordentlich lebhaft⟩ stürmisch · ungestüm · toll · wild · frenetisch – **2.** → wütend (1) – **3.** → wild (1) – **4.** → sehr – **5.** rasendes Weib: → Megäre; in rasender Eile: → eilig (1)

Rasenfläche, die: → Rasen (1)

Rasenmäher, der + Rasentrimmer · Rasentraktor

Rasenplatz, der: → Rasen (1)

Raser, der: → Temposünder

Raserei, die: Tobsucht · Furor · Wildheit · Berserkerwut; → auch Wut (1)

rasieren: den Bart schaben/scheren (veraltend); barbieren · balbieren (noch scherzh)

Rasierklinge, die: scharf wie eine R.: → lüstern (1)

Rasierwasser, das: + Aftershave[lotion] · Preshave[lotion]

Räson, die: zur R. bringen: → zurechtweisen

räsonieren: 1. → schimpfen (1) – **2.** → nörgeln

Räsonierer, der: → Nörgler

Raspel, die: → Reibeisen (1)

raspeln: 1. → reiben (I, 2) – **2.** Süßholz r.: → schmeicheln (1)

Rassel, die: Knarre · Klapper; Ratsche (landsch)

Rasselei, die: → Lärm (1)

rasseln: 1. ⟨ein Geräusch wie beim Bewegen von Ketten hervorbringen⟩ klirren ♦ umg: scheppern; → auch klappern (1), poltern (1), lärmen – **2.** mit dem Säbel r.: → drohen (1); durch die Prüfung r.: → durchfallen

rassig: → elegant (1)

Rast, die: **1.** → ¹Pause (1) – **2.** R. halten/machen: → rasten; ohne R. und Ruh: → unermüdlich (1)

rasten: Rast halten/machen · Halt machen · kurz ruhen/verschnaufen · eine Pause/Ruhepause machen/einschieben/einlegen; [sich] ausrasten (süddt österr) + lagern;

♦ salopp: eine Fuffzehn machen; → auch ausruhen (I), aussetzen (2)

Rasthaus, das: → Gaststätte (1, a)

Rasthof, der: → Autobahnraststätte

rastlos: 1. → unermüdlich (1) – **2.** → unruhig (1)

Raststätte, die: **1.** → Autobahnraststätte – **2.** → Gaststätte (1, a)

Rat, der: **1.** ⟨helfende Mitteilung⟩ Ratschlag · Empfehlung; → auch Hinweis – **2.** → Ausschuss (1) – **3.** einen R. geben/erteilen: → raten (1); R. wissen: → helfen (5); R. schaffen: → helfen (2); mit R. und Tat zur Seite stehen: → helfen (1); um R. fragen: → fragen (I, 2); zu Rate ziehen: **a)** → fragen (I, 2) – **b)** → heranziehen (1); zu Rate gehen: → überlegen (1, I); mit sich zu Rate gehen: → besinnen, sich (1); R. halten: → beraten (II)

Rate, die: auf Raten kaufen: → Teilzahlung (2); in Raten: → ratenweise; in Raten [be]zahlen: → abzahlen (1); in Raten sprechen: → stottern (1)

raten: 1. ⟨durch eine Meinungsäußerung jmdm. helfen, eine Entscheidung zu treffen⟩ [an]empfehlen · anraten · einen Rat geben/erteilen · einen Tipp geben · nahe legen · raten |zu| · zuraten · zureden; → auch beraten (I, 1), beibringen (1), vorschlagen, einschärfen (1) – **2.** → erraten (1) – **3.** r. |zu|: → 1

ratenweise: in Raten ♦ salopp: auf Stottern

Ratenzahlung, die: → Teilzahlung (1)

Ratgeber, der: → Berater

Ratifikation, die: → Ratifizierung

ratifizieren (Völkerrecht): in Kraft setzen

Ratifizierung, die (Völkerrecht): Ratifikation; Inkraftsetzung (amtsspr)

Ratio, die: → Vernunft (1)

Ration, die: **1.** ⟨für die Verpflegung festgelegte Menge⟩ Verpflegungssatz · Zuteilung · Quantum – **2.** → Anteil (1)

rational: → vernunftmäßig

rationalisieren: durchrationalisieren · straffen + vereinheitlichen · verschlanken · schlank[er] machen

rationell: → zweckmäßig

rationieren: → bewirtschaften (1)

rätlich: → empfehlenswert

ratlos: → hilflos

ratsam: → empfehlenswert

Ratsche, die: **1.** → Rassel – **2.** → Schwätzerin

561

ratschen

ratschen: 1. → klatschen (2) – **2.** → unterhalten (II, 1)
Ratschlag, der: **1.** → Rat (1) – **2.** → Vorschlag (1) – **3.** [gute] Ratschläge geben/erteilen, mit Ratschlägen bedenken: → beraten (I, 1)
ratschlagen: → beraten (II)
Ratschluss, der: → Beschluss (1)
Rätsel, das: **1.** ⟨zu lösende spieler. Aufgabe⟩ Denkaufgabe · Denkspiel · Denksportaufgabe; → auch Preisaufgabe, Quiz – **2.** → Geheimnis (1) – **3.** ein R.: → unbegreiflich
rätselhaft: 1. → geheimnisvoll (1) – **2.** → unbegreiflich
rätseln: 1. → nachdenken (1) – **2.** → grübeln
rätselvoll: → geheimnisvoll (1)
Rattenfänger, der: → Volksverführer
Rattenschwanz, der: **1.** → Zopf – **2.** → Folge (1)
rattern: 1. → lärmen – **2.** → holpern
ratz, fatz: → plötzlich (1)
Ratz, der: schlafen wie ein R.: → schlafen (1, b)
Ratzefummel, der: → Radiergummi
ratzekahl: 1. → kahl (1) – **2.** → leer (1)
ratzen: → schlafen (1, b)
rau: 1. ⟨bes. von der Haut gesagt: viele kleine Unebenheiten aufweisend⟩ rissig; rubbelig (landsch) ♦ kratzig · aufgesprungen · spröde; → auch uneben (1) – **2.** ⟨vom Wind gesagt: kalt u. stark wehend⟩ scharf · harsch · schneidend · heftig – **3.** → unfreundlich (2) – **4.** → struppig – **5.** → barsch, derb (1) – **6.** → heiser (1) – **7.** r. werden: → aufspringen (1); in rauen Mengen: → massenhaft; eine raue Kehle haben: → heiser (2)
Raub, der: **1.** ⟨geraubte Gegenstände⟩ Beute · Raubgut · Diebesbeute · Diebesgut ♦ Prise · Eroberung ♦ umg: Fang · Sore · heiße Ware – **2.** → Diebstahl (1) – **3.** → Entführung – **4.** ein R. der Flammen werden: → verbrennen (I, 2)
raubauzig: → barsch
Raubbau, der: **1.** → Ausnutzung (1) – **2.** R. treiben: → überbeanspruchen
Raubein, das: → Grobian
raubeinig: → barsch
rauben: 1. ⟨gewaltsam in seinen Besitz bringen⟩ wegnehmen · [ab]nehmen · entreißen; → auch plündern, stehlen (1) – **2.** entführen (1) – **3.** den letzten Nerv r.: →

belästigen (1); die Illusionen r.: → ernüchtern; die Hoffnung r.: → entmutigen; den Schlaf r.: → Sorge (4)
Räuber, der: Straßenräuber · Wegelagerer; Strauchritter · Strauchdieb; Schnapphahn · Raubritter · Brigant (hist); → auch Seeräuber, Plünderer, Dieb, Verbrecher
Räuberbande, die: → Bande
Räuberhöhle, die: **1.** → Zimmer – **2.** → Wohnung (1)
räuberisch: raubgierig · raublustig · beutegierig + freibeuterisch; → auch diebisch (1)
räubern: → plündern
Räuberpistole, die: → Schauergeschichte
Raubgesindel, das: → Gesindel
raubgierig: → räuberisch
Raubgut, das: → Raub (1)
raublustig: → räuberisch
Raubmord, der: → Mord (1)
rauborstig: → barsch
Raubritter, der: → Räuber
Raubtierbändiger, der: → Dompteur
Raubüberfall, der: räuberischer Angriff (fachspr); → auch Überfall (2)
Rauch, der: **1.** ⟨durch Feuer entstehendes Gewölk⟩ Qualm · Rauchwolke · Rauchschwaden ♦ Rauchfahne; Schmauch (landsch) ♦ Schmok (norddt) – → auch Dampf (1), Dunst (1) – **2.** in R. aufgehen: **a)** → verbrennen (I, 2) – **b)** → scheitern (b); sich in R. auflösen: → scheitern (b); Schall und R.: → bedeutungslos (1); in den R. schreiben: → verloren (3)
Rauchabzug, der: → Rauchfang (1)
rauchen: 1. ⟨Tabakrauch einziehen u. wieder ausstoßen⟩ schmauchen ♦ umg: qualmen · paffen · rauchen/qualmen wie ein Schlot/Schornstein; schmöken (norddt) – **2.** ⟨Rauch entwickeln bzw. ausstoßen⟩ qualmen + schwelen · räuchern; → auch dampfen (1), rußen (1) – **3.** r. wie ein Schlot/ Schornstein: → 1; die Friedenspfeife r.: → versöhnen (II)
raucherfüllt: → rauchig
räucherig: → rauchig
räuchern: 1. ⟨durch Rauch haltbar machen⟩ durchräuchern · anräuchern; selchen (süddt österr) – **2.** → rauchen (2)
Rauchfahne, die: → Rauch (1)
Rauchfang, der: **1.** ⟨Vorrichtung zum Ableiten des Rauches⟩ Rauchabzug; → auch Schornstein (1) – **2.** → Schornstein (1) – **3.** in den R. schreiben: → verloren (3)

rauschen

Rauchfangkehrer, der: → Schornsteinfeger
rauchfarben: → grau (1)
rauchfarbig: → grau (1)
Rauchfleisch, das: Selchfleisch · das Geselchte (*süddt österr*)
rauchgeschwängert: → rauchig
rauchgeschwärzt: angeraucht (*veraltend*); → *auch* rauchig
rauchgrau: → grau (1)
rauchig: verraucht · räucherig · qualmig · raucherfüllt · rauchgeschwängert ♦ *umg*: verräuchert · verqualmt; → *auch* dunstig, rauchgeschwärzt
Rauchschwaden, der: → Rauch (1)
Rauchware, die: → Pelzware
Rauchwaren (*Pl*): → Tabakwaren
Rauchwolke, die: → Rauch (1)
Rauchzeug, das: → Tabakwaren
Räude, die: → Krätze
räudig: räudiges Schaf: → Prügelknabe
rauen: → aufrauen
Raufbold, der: Rowdy · Hooligan · Schläger · Raufer ♦ *umg*: Raufbruder; → *auch* Rambo, Streitsüchtige
Raufbruder, der: → Raufbold
Raufe, die: → Futterkrippe
raufen: I. raufen: → ausreißen (1) – **II.** raufen, sich: **1.** ⟨[*aus Übermut*] ringend miteinander kämpfen⟩ sich balgen · rangeln ♦ *umg*: sich katzbalgen; sich kampeln (*landsch*); → *auch* ringen (1) – **2.** → schlagen (II, 1)
Raufer, der: → Raufbold
Rauferei, die: Handgemenge · Balgerei · Rangelei · Gerangel ♦ *umg*: Geraufe · Gebalge · Katzbalgerei; → *auch* Schlägerei
Raufrost, der: → Raureif
raum: → offen (2)
Raum, der: **1.** ⟨*von Wänden umschlossener Teil eines Gebäudes*⟩ Räumlichkeit + Zimmer; → *auch* Saal – **2.** → Zimmer – **3.** → Platz (1) – **4.** → Landschaftsgebiet – **5.** → Bereich (1) – **6.** → Weltraum – **7.** kosmischer R.: → Weltraum; im luftleeren R.: → isoliert; in den R. stellen: → ansprechen (2)
räumen: 1. → abräumen (1) – **2.** → leeren (1) – **3.** → verlassen (I, 1) – **4.** → abernten (1) – **5.** beiseite/auf die Seite r.: → wegräumen (1); aus dem Wege r.: **a)** → wegräumen (1) – **b)** → ermorden; das Feld r.: → zurückziehen (II, 2)
Raumfähre, die: Spaceshuttle · Shuttle · Weltraumfähre · Raumtransporter · Welt-

raumtransporter · Raumgleiter; → *auch* Raumschiff
Raumfahrer, der: → Astronaut
Raumfahrt, die: Astronautik · Kosmonautik · Weltraumfahrt
Raumfahrzeug, das: → Raumschiff
Raumflugkörper, der: → Raumschiff
Raumgleiter, der: → Raumfähre
Rauminhalt, der: Volumen
Raumkapsel, die: → Raumschiff
Raumknappheit, die: → Platzmangel
Raumlabor, das: Weltraumlaboratorium · Spacelab · Skylab; → *auch* Raumstation
Raumleuchte, die: → ²Lampe (1)
räumlich: → örtlich (1)
Räumlichkeit, die: **1.** → Raum (1) – **2.** → Zimmer
Raummangel, der: → Platzmangel
Raumnot, die: → Platzmangel
Raumpflegerin, die: → Putzfrau
Raumschiff, das: Weltraumschiff · Raumfahrzeug + Raumkapsel · Kapsel · Raumsonde · Raumflugkörper · Satellit · Sputnik; → *auch* Raumfähre
Raumsonde, die: → Raumschiff
Raumstation, die: Weltraumstation · Orbitalstation; → *auch* Raumlabor
Raumtransporter, der: → Raumfähre
Räumung, die: → Rückzug (1)
Räumungsverkauf, der: → Ausverkauf
raunen: → flüstern (1)
raunzen: 1. → nörgeln – **2.** → jammern (1)
Raunzer, der: → Nörgler
Raunzerei, die: → Nörgelei
Raupe, die: **1.** → Raupenkette – **2.** Raupen in den Kopf setzen: → einreden (1)
Raupenband, das: → Raupenkette
Raupenkette, die: Raupe · Gleiskette · Raupenband
Raupenschlepper, der: → Traktor
Raureif, der: Reif; Raufrost (*landsch*)
Rausch, der: **1.** ⟨*das Betrunkensein*⟩ *umg*: Schwips; Dusel · Schwiemel (*landsch*); Dulliäh (*österr*) ♦ *salopp*: Affe; → *auch* Säuferwahn[sinn] – **2.** ⟨*Zustand nach Drogeneinnahme*⟩ Rauschzustand ♦ *umg*: Dröhnung · Trip · Turn + Kick – **3.** → Erregung (1) – **4.** → Begeisterung (1) – **5.** sich einen R. antrinken: → betrinken, sich; einen R. haben: → betrunken (2)
rauschen: 1. → brausen (I, 1) – **2.** → rascheln – **3.** → brünstig (2) – **4.** → wehen (1) – **5.** durch die Prüfung r.: → durchfallen

563

Rauschgift, das: **1.** ⟨*einen Rausch erzeugender Stoff*⟩ Rauschmittel · Droge + Partydroge · Heroin · Kokain · Opium · Haschisch · Marihuana · LSD · Designerdroge · Ecstasy ♦ *umg*: Stoff · Dope · Schnee + Koks · Hasch · Tea · Pot · Kif · Grass · Acid; → *auch* Aufputschmittel – **2.** mit R. handeln: ⟨*illegal Rauschgift verkaufen*⟩ *umg*: dealen · pushen – **3.** R. nehmen: ⟨*sich Rauschgift zuführen*⟩ *umg*: dröhnen · einen Trip einwerfen + haschen · kiffen · koksen · fixen · drücken · schießen · einen Schuss setzen / drücken; → *auch* rauschgiftsüchtig (2)

Rauschgifthändler, der: *umg*: Dealer · Pusher

Rauschgiftmilieu, das: *umg*: Drogenszene

rauschgiftsüchtig: 1. ⟨*dem Rauschgift verfallen*⟩ drogenabhängig · drogensüchtig · süchtig – **2.** r. sein: ⟨*vom Rauschgift nicht mehr loskommen*⟩ *umg*: + an der Nadel hängen; → *auch* Rauschzustand (2), Rauschgift (3)

Rauschgiftsüchtige, der: der Drogensüchtige · der Drogenabhängige ♦ *umg*: Junkie · User; Giftler (*österr*) + Kokser · Hascher · Kiffer · Fixer · Schießer · Mainliner

Rauschmittel, das: → Rauschgift (1)

Rauschzeit, die: → Brunstzeit

Rauschzustand, der: **1.** → Rausch (2) – **2.** in einem R. sein: ⟨*sich in einem Drogenrausch befinden*⟩ unter Drogen stehen ♦ *umg*: high sein; → *auch* rauschgiftsüchtig (2)

rausfliegen: → entlassen (3)

raushalten, sich: → distanzieren (II)

rauslassen: die Sau r.: → austoben, sich (1)

räuspern, sich: hüsteln

rausschmeißen: → entlassen (2)

Rausschmiss, der: → Entlassung (2)

rauswerfen: → entlassen (2)

Rauswurf, der: → Entlassung (2)

Raute, die: → Rhombus

Rauware, die: → Pelzware

Rave, das *od*. der: → Tanzveranstaltung

Rayon, der: → Abteilung (II, 3)

reagieren: 1. → verhalten (II, 1) – **2.** r. |auf|: ⟨*auf einen Impuls eine Wirkung zeigen*⟩ ansprechen |auf| + gehorchen ♦ *umg*: anspringen |auf| – **3.** sauer r. |auf|: → ablehnen (1)

Reaktion, die: Rückwirkung · Gegenwirkung · Wirkung + Gegenbewegung

reaktionär: → rückschrittlich

reaktionsschnell: → geistesgegenwärtig

Reaktionsschnelligkeit, die: → Geistesgegenwart

Reaktor, der: → Kernreaktor

real: 1. → wirklich (1) – **2.** → sachlich (1)

Realisation, die: **1.** → Verwirklichung – **2.** → Verkauf (1)

realisierbar: → durchführbar

realisieren: 1. → verwirklichen – **2.** → verkaufen (I, 1) – **3.** → verstehen (I, 2) – **4.** → erkennen (1)

Realisierung, die: **1.** → Verwirklichung – **2.** → Verkauf (1)

Realismus, der: Wirklichkeitssinn · Realitätssinn · Sachlichkeit + Wirklichkeitstreue

Realist, der: R. sein: → Illusion (3)

realistisch: → wirklichkeitsnah

Realität: I. Realität, die: **1.** → Wirklichkeit (1) – **2.** → Tatsache (1) – **II.** Realitäten (*Pl*): → Grundstück (II)

realitätsfern: → weltfremd

Realitätsferne, die: → Weltfremdheit

Realitätsfernsehen, das: Realityfernsehen + Realityshow

Realitätssinn, der: → Realismus

realiter: → tatsächlich (1)

Realkatalog, der: → Sachkatalog

Realschule, die: Mittelschule; Sekundarschule (*schweiz*)

Realityfernsehen, das: → Realitätsfernsehen

Realityshow, die: → Realitätsfernsehen

reanimieren: → wiederbeleben (1)

Rebe, die: **1.** → Weinstock – **2.** Blut der Reben: → Wein (1)

Rebell, der: → Aufständische

rebellieren: → aufbegehren

Rebellion, die: → Aufstand

rebellisch: → aufrührerisch

rebeln: → pflücken

Rebensaft, der: → Wein (1)

Rebstock, der: → Weinstock

rechen: → harken

Rechen, der: → Harke (1)

Rechenaufgabe, die: Rechenexempel · Rechnung

Rechenautomat, der: → Computer

Rechenexempel, das: → Rechenaufgabe

Rechenfehler, der: einen R. machen: → verrechnen (II, 1)

Rechenschaft, die: R. ablegen: → verantworten (II); zur R. ziehen: → belangen (1)

Rechenschaftsbericht, der: Tätigkeitsbericht + Jahresbericht
Recherche, die: Recherchen anstellen: → nachforschen
recherchieren: → nachforschen
rechnen: I. rechnen: **1.** → sparsam (3) – **2.** mit dem/jedem Pfennig r.: → sparsam (3); r. ⌐auf⌐: → vertrauen; r. ⌐mit⌐: → vorbereitet (2); gerechnet werden ⌐zu⌐: → gehören (I, 3, b) – **II.** rechnen, sich: → lohnen (II)
Rechner, der: → Computer
Rechnung, die: **1.** ⟨schriftl. Kostenforderung⟩ Faktur (kaufm veraltend); Faktura (noch österr; kaufm) + Liquidation · Zeche – **2.** → Rechenaufgabe – **3.** → Berechnung (2) – **4.** die R. aufmachen/aufstellen: → abrechnen (1); in R. stellen: **a)** → berechnen (I, 2) – **b)** → berücksichtigen (1); R. tragen, in R. ziehen: → berücksichtigen (1); die R. ohne den Wirt machen: → irren (II); einen Strich durch die R. machen: → vereiteln; eine [alte] R. begleichen: → vergelten (1)
Rechnungslegung, die: → Bilanz (1)
recht: 1. → richtig (1) – **2.** → passend (1, a) – **3.** r. sein: → behagen (1); r. und billig: → gerecht (1); r. und schlecht: → behelfsmäßig; die rechte Hand: → Helfer (1); rechter/zur rechten Hand: → rechts (1); zur rechten Zeit: **a)** → pünktlich (1) – **b)** → rechtzeitig; ins rechte Gleis bringen: **a)** → regeln (1) – **b)** → bereinigen (1); nicht r. gescheit/bei Verstand/bei Trost: → verrückt (1); den Mund auf dem rechten Fleck haben: → schlagfertig (2); nach dem Rechten sehen: → kontrollieren (1)
Recht, das: **1.** ⟨gesetzlich begründete Freiheit, etw. zu tun⟩ Berechtigung · Befugnis + Freibrief · Qualifikation · Qualifizierung – **2.** → Genehmigung (1) – **3.** → Anspruch (1) – **4.** → Gesetz (2) – **5.** → Rechtswissenschaft – **6.** mit R.: ⟨mit voller Berechtigung⟩ zu Recht · mit Fug und Recht · mit [gutem] Grund · aus guten Gründen · berechtigterweise · begründeterweise · füglich; → auch verdientermaßen – **7.** R. haben: ⟨etw. richtig beurteilen⟩ Recht behalten · im Recht sein ♦ umg: richtig liegen + [stets] das letzte Wort haben – **8.** das R. haben: → dürfen; ohne R.: → unbefugt (1); seiner Rechte beraubt: → rechtlos; R. sprechen: → Urteil (4); nach R. und Gesetz: **a)** → rechtlich (1) – **b)** → rechtmäßig; zu R.: **a)** → rechtmäßig

– **b)** → 6; R. behalten, im R. sein: → 7; von Rechts wegen: → eigentlich (1)
Rechte, die: zur Rechten: → rechts (1)
Rechteck, das: → Viereck
rechteckig: → viereckig
rechten: → streiten (I, 1)
rechtens: → rechtmäßig
rechterseits: → rechts (1)
rechtfertigen: I. rechtfertigen: ⟨von einem Verdacht befreien⟩ rehabilitieren · entlasten ♦ gehoben: entsühnen ♦ umg: reinwaschen · weißwaschen; → auch entschuldigen (I, 1) – **II.** rechtfertigen, sich: ⟨sich von einem Verdacht befreien⟩ sich rehabilitieren + sich wehren ♦ umg: sich reinwaschen · sich weißwaschen; → auch verantworten (II)
Rechtfertigung, die: **1.** ⟨das Entkräften einer Anschuldigung⟩ Rehabilitierung · Rehabilitation · Entlastung; → auch Entschuldigung (1) – **2.** → Ehrenrettung
rechtgläubig: → orthodox
Rechtgläubigkeit, die: → Orthodoxie
Rechthaber, der: Besserwisser · Allesbesserwisser · der Neunmalkluge · der Neunmalgescheite · Schlaumeier
Rechthaberei, die: → Eigensinn
rechthaberisch: → eigensinnig (1)
rechtlich: 1. ⟨dem Gesetz entsprechend⟩ gesetzlich · juristisch · de jure · nach Recht und Gesetz; juridisch (noch österr) + rechtskräftig · polizeilich; → auch zulässig, rechtmäßig – **2.** → rechtschaffen
rechtlos: entrechtet · seiner Rechte beraubt + schutzlos; → auch geächtet
rechtmäßig: legitim · legal · gesetzmäßig · gesetzlich · rechtens · zu Recht · nach Recht und Gesetz; → auch rechtlich (1)
rechts: 1. ⟨auf der rechten Seite befindlich⟩ rechtsseitig · rechterseits · zur Rechten · rechter Hand · zur rechten Hand; steuerbord (seem) – **2.** nach r.: → rechtsherum; nicht mehr wissen, was r. und links ist: → verwirrt (3)
Rechtsangelegenheit, die: → Rechtssache
Rechtsanwalt, der: Anwalt; Advokat (noch landsch u. schweiz); Fürsprech (schweiz); Winkeladvokat (abwert) + Jurist · Notar · Verteidiger · Rechtsvertreter · Sachwalter ♦ umg: Rechtsverdreher (scherzh); → auch Fürsprecher, Rechtsbeistand
Rechtsbeistand, der: Beistand · Rechtsberater · Syndikus · Justiziar; → auch Rechtsanwalt

Rechtsberater

Rechtsberater, der: → Rechtsbeistand
Rechtsbeugung, die: → Ungesetzlichkeit
Rechtsbrecher, der: → Verbrecher
Rechtsbruch, der: → Ungesetzlichkeit
rechtschaffen: integer · redlich · ordentlich · kreuzbrav · von altem / echtem Schrot und Korn; wacker · brav · bieder (*veraltend*); senkrecht (*schweiz*) + vertrauenswürdig · unbescholten · solid[e] · unbestechlich; → *auch* achtbar (1), angesehen (1), anständig (1), ehrlich (1), pflichtbewusst, zuverlässig (1)
Rechtschaffenheit, die: Integrität · Redlichkeit; Biederkeit (*veraltend*) + Vertrauenswürdigkeit · Unbescholtenheit; → *auch* Ehrlichkeit, Pflichtbewusstsein, Zuverlässigkeit
Rechtschreibung, die: Orthographie + Schreibweise · Schreibung
Rechtseinwendung, die: → Einspruch (1)
Rechtsfall, der: → Rechtssache
Rechtsfrage, die: → Rechtssache
rechtsgelehrt: → rechtskundig
rechtsgültig: rechtskräftig · rechtsverbindlich · rechtswirksam + authentisch
Rechtsgültigkeit, die: Rechtskraft · Gesetzeskraft · Gültigkeit
Rechtshandel, der: → Prozess (1)
rechtsherum: nach rechts; rechtshin (*veraltet*)
rechtshin: → rechtsherum
Rechtskraft, die: → Rechtsgültigkeit
rechtskräftig: 1. → rechtsgültig – 2. → rechtlich (1)
rechtskundig: gesetz[es]kundig + rechtsgelehrt
Rechtslehre, die: → Rechtswissenschaft
rechtsliebend: → gerecht (2)
Rechtspflege, die: → Rechtsprechung
Rechtsprechung, die: Rechtspflege · Rechtswesen · Justiz · Jurisdiktion · Gerichtsbarkeit
Rechtssache, die: Rechtsangelegenheit · Rechtsfall · Rechtsfrage · Fall · Sache
rechtsseitig: → rechts (1)
Rechtsspruch, der: → Urteil (1)
Rechtsstreit, der: → Prozess (1)
rechtsverbindlich: → rechtsgültig
Rechtsverdreher, der: → Rechtsanwalt
Rechtsverdrehung, die: → Ungesetzlichkeit
Rechtsverfahren, das: → Prozess (1)
Rechtsverletzung, die: → Ungesetzlichkeit

Rechtsvertreter, der: → Rechtsanwalt
Rechtswesen, das: → Rechtsprechung
rechtswidrig: → ungesetzlich
Rechtswidrigkeit, die: → Ungesetzlichkeit
rechtswirksam: → rechtsgültig
Rechtswissenschaft, die: Jurisprudenz · Rechtslehre + Jura · Jus · Recht · *umg:* Juristerei (*scherzh, auch abwert*)
rechtzeitig: zur [rechten] Zeit · beizeiten; zeitgerecht (*österr schweiz*); → *auch* pünktlich (1)
Recke, der: → Held
recken: I. recken: → dehnen (I) – II. recken, sich: 1. → strecken (II, 1) – 2. → dehnen (II, 1)
recyceln: → verwerten (2)
recycelbar: → verwertbar
Recycling, das: Altstoffwiederverwertung · Wiederverwertung
Rede, die: 1. ⟨zusammenhängende mündl. Darlegung vor Zuhörern⟩ Ansprache · Speech + Festrede · Wahlrede ♦ *umg:* Predigt (*scherzh od. abwert*); → *auch* Vortrag (2) – 2. → Sprache (1) – 3. ungebundene R.: → Prosa (1); eine R. halten / schwingen / vom Stapel lassen: → sprechen (2); die R. bringen ⎮auf⎮: → ansprechen (2); in die R. fallen: → unterbrechen (1); R. und Antwort stehen: → verantworten (II); nicht / kaum der R. wert: **a)** → geringfügig – **b)** → unwichtig (1); die R. sein ⎮von⎮: → handeln (II); zur R. stellen: → belangen (1)
Rededuell, das: → Streitgespräch
Redefluss, der: → Redeschwall
redefreudig: → gesprächig (1)
redegewaltig: → redegewandt
redegewandt: sprachgewandt · wortgewandt · sprachgewaltig · sprachmächtig · redegewaltig · beredt · beredsam · zungenfertig · wortgewaltig · wortreich · eloquent + geläufig; → *auch* schlagfertig (1)
Redekunst, die: → Rhetorik
Redekünstler, der: Rhetoriker + Rhetor; → *auch* Redner
redelustig: → gesprächig (1)
reden: 1. → sprechen (1) – 2. vergeblich r.: ⟨mit seinen Worten keinen Erfolg haben⟩ vergebens / umsonst reden · in den Wind / gegen eine Wand reden · zum Fenster hinausreden · in der Wüste predigen · tauben Ohren predigen · auf taube Ohren stoßen · kaltes Eisen hämmern · das ist vergebliche / verlorene Liebesmüh – 3. r. ⎮mit⎮: →

Regellosigkeit

unterhalten (II, 1); mit sich r. lassen: →
kompromissbereit (3); vergebens / umsonst
r., in den Wind / gegen eine Wand r.: → 2;
von der Kanzel r.: → predigen (1); wie ein
Buch r.: → schwatzen (1); Stuss / Käse / un-
gewaschenes Zeug r.: → schwafeln; große
Töne / Worte r.: → aufspielen (II); von sich
r. machen: → bekannt (4, b); jmdm. das
Wort r.: → eintreten (7, a); sich etw. von der
Seele r.: → anvertrauen (II, 2); sich alles
von der Seele r.: → aussprechen (II, 1); ins
Gewissen r.: → ermahnen (1); sich den
Mund fusselig / fransig / in Fransen r., sich
die Seele aus dem Leib r.: → einreden (2);
deutsch / Fraktur / Klartext / Tacheles r. |mit|:
→ zurechtweisen; ins Gewissen r.: → er-
mahnen (1); nach dem Munde / zu Gefallen
r.: → schmeicheln (1); schlecht / abfällig r.
|von / über|: → verleumden (1); zum Reden
bringen: → sprechen (3)

Redensart, die: **1.** ⟨*abgegriffene Redewen-
dung*⟩ Floskel · Formel; → *auch* Phrase (1),
Gemeinplatz, Redewendung (1) – **2.** →
Phraseologismus – **3.** allgemeine R.: →
Phrase (1); sprichwörtliche R.: → Phraseo-
logismus

Rederei, die: **1.** → Geschwätz (1) – **2.** →
Gerede (1)

redescheu: → schweigsam

Redeschlacht, die: → Streitgespräch

Redeschwall, der: Wortschwall · Suada ·
Tirade · Erguss + Redefluss

Redestreit, der: → Streitgespräch

Redeweise, die: **1.** → Redewendung (1) – **2.**
→ Ausdrucksweise (1)

Redewendung, die: **1.** ⟨[*feste*] *Verbindung
von Wörtern*⟩ Wendung · Fügung · Aus-
druck + Formulierung · Redeweise · Figur;
→ *auch* Redensart (1) – **2.** idiomatische /
feste R.: → Phraseologismus

redigieren: → überarbeiten (I)

Redingote, die: → Mantel (1)

redlich: 1. → rechtschaffen – **2.** → ehrlich
(1)

Redlichkeit, die: **1.** → Rechtschaffenheit –
2. → Ehrlichkeit

Redner, der: Referent · der Vortragende; →
auch Redekünstler, Sprecher (1)

rednerisch: oratorisch

Redoute, die: → Maskenball

redselig: → gesprächig (1)

Reduktion, die: **1.** → Verminderung – **2.** →
Herleitung

redundant: → überflüssig (1)

Redundanz, die: → Überfluss (1)

reduzieren: 1. → vermindern (I) – **2.** r.
|auf|: → herleiten (I)

Reduzierung, die: → Verminderung

Reede, die: → Ankerplatz

reell: 1. → ehrlich (1) – **2.** → wirklich (1)

Reep, das: → Seil (1)

Reet, das: → Schilf (a *u.* b)

Ref, der: → Schiedsrichter

Refektorium, das: → Speisesaal

Referat, das: **1.** → Vortrag (2) – **2.** → Be-
richt (1) – **3.** → Arbeitsgebiet – **4.** ein R.
halten: → sprechen (2)

Referee, der: → Schiedsrichter

Referendum, das: → Volksabstimmung

Referent, der: **1.** → Redner – **2.** → Bericht-
erstatter – **3.** → Gutachter – **4.** → Sachbear-
beiter

Referenz, die: → Empfehlung (1)

referieren: 1. → vortragen (1) – **2.** → be-
richten – **3.** → beurteilen (1)

Reff, das: → Rückentrage

reffen: → einziehen (2)

Reflektant, der: → Käufer

reflektieren: 1. → widerspiegeln (I) – **2.** →
nachdenken (1) – **3.** r. |auf|: → erstre-
ben

Reflex, der: → Rückstrahlung, Widerschein

Reflexion, die: **1.** → Rückstrahlung – **2.** →
Überlegung (1)

Reform, die: → Umgestaltung

reformieren: → umgestalten

Reformierung, die: → Umgestaltung

Refrigerator, der: → Tiefkühlschrank

Refugium, das: → Zuflucht

regalieren: → bewirten (1)

Regal, das: Bücherregal + Gestell · Stellage;
Etagere (*veraltend*); → *auch* Wandbrett

rege: → munter (1)

Regel, die: **1.** ⟨*das für etw. Festgelegte,
Geltende*⟩ Norm · Standard · Prinzip · Richt-
schnur · Maßstab · Kanon · Kompass · Re-
gelung + Spielregel · Lebensregel · Fauste-
gel · Merkspruch; → *auch* Grundsatz (1),
Richtlinie, Satzung (1), Vorschrift (1) – **2.**
→ Menstruation – **3.** nach der R.: → vor-
schriftsmäßig; in der R.: → meist; die / seine
R. haben: → menstruieren

Regelblutung, die: → Menstruation

regelgemäß: → vorschriftsmäßig

regellos: → ungeordnet (1)

Regellosigkeit, die: → Unordnung (1)

567

regelmäßig: 1. → gewöhnlich (1) – **2.** → vorschriftsmäßig – **3.** → wohlgestaltet – **4.** r. wiederkehrend: → periodisch

regeln: 1. ⟨*in ein bestimmtes sinnvolles Verhältnis bringen*⟩ ordnen · regulieren · normalisieren · in Ordnung / in die Reihe bringen · ins rechte Gleis bringen · ins Gleiche bringen ♦ *umg:* klarkriegen · ins Geschick bringen – **2.** → bereinigen (1) – **3.** im Guten r.: → bereinigen (1)

regelrecht: 1. → ausgesprochen (1) – **2.** → vorschriftsmäßig

Regelung, die: 1. → Regel (1) – **2.** → Maßnahme – **3.** → Erledigung (1) – **4.** einvernehmliche R.: → Zugeständnis (1)

Regelverstoß, der: → Regelwidrigkeit

regelwidrig: → falsch (1)

Regelwidrigkeit, die: Regelverstoß · Verstoß; Foul · Unsauberkeit (*Sport*) ♦ *salopp:* + Holzerei (*bes. Fußball*)

regen: I. regen: **1.** → bewegen (I, 1) – **2.** die Hände r.: → arbeiten (1) – **II.** regen, sich: **1.** → bewegen (II, 1) – **2.** → arbeiten (1)

Regen, der: 1. ⟨*aus den Wolken zur Erde fallende Wassertropfen*⟩ Niederschlag + Nieselregen · Landregen; → *auch* Regenguss – **2.** warmer R.: → Gewinn (1); im R. stehen lassen: → helfen (6)

regenbogenfarbig: → bunt (1)

Regenbogenpresse, die: → Sensationspresse

regendicht: → undurchlässig

Regeneration, die: → Erneuerung (1)

regenerativ (*fachspr*): + nachwachsend

regenerieren: I. regenerieren: → erneuern (1) – **II.** regenerieren, sich: → erholen, sich (1)

Regenguss, der: Regenschauer · Schauer · Guss · Platzregen · Sturzregen · Wolkenbruch + Unwetter · Regenwetter ♦ *umg:* Dusche; Husche · Pflatsch[en] (*landsch*); → *auch* Regen (1)

Regenhaut, die: → Regenmantel

Regenmantel, der: Regenhaut · Wettermantel · Waterproof

regennass: → nass (1)

Regenrinne, die: → Dachrinne

Regenschauer, der: → Regenguss

Regenschirm, der: 1. ⟨*aufspannbarer Regenschutz*⟩ Schirm; Parapluie (*veraltet*) + Taschenschirm · Knirps (*Wz*) ♦ *umg:* Musspritze (*scherzh*); Gewitterflinte (*landsch*

scherzh) – **2.** gespannt wie ein R.: → gespannt (1)

Regent, der: → Herrscher

Regentschaft, die: → Herrschaft (1)

Regenwald, der: → Urwald

Regie, die: → Leitung (1)

regieren: 1. ⟨*die Regierungsgewalt ausüben*⟩ die Macht ausüben / [inne]haben / besitzen · die Geschicke des Landes bestimmen + die Zügel / Fäden in der Hand haben ♦ *umg:* am Ruder sein; → *auch* herrschen – **2.** → herrschen (1) – **3.** → leiten (1) – **4.** → verwalten (1)

Regierung, die: 1. ⟨*oberstes Exekutivorgan eines Staates bzw. Landes*⟩ Kabinett · Ministerrat · Staatsführung; Regime (*meist abwert*) + Junta · Militärjunta · Obrigkeit; → *auch* Staatsmacht – **2.** → Herrschaft (1)

Regierungsbeamte, der: Ministeriale + Ministerialdirigent · Ministerialdirektor · Ministerialrat

Regierungsbündnis, das: → Regierungskoalition

Regierungschef, der: + Bundeskanzler · Kanzler · Premier[minister] · Ministerpräsident

Regierungsform, die: Regierungssystem · System; Regime (*meist abwert*) + Staatsform

Regierungsgegner, der: → Regimegegner

Regierungskoalition, die: Regierungsbündnis · Koalition

Regierungskritiker, der: → Regimegegner

Regierungssystem, das: → Regierungsform

Regierungswechsel, der: Machtwechsel

Regime, das: 1. → Regierungsform – **2.** → Regierung (1)

Regimegegner, der: Regimekritiker · Regierungsgegner ♦ *gehoben:* Frondeur + Dissident

Regimekritiker, der: → Regimegegner

Regiment, das: 1. → Herrschaft (1) – **2.** → Truppeneinheit – **3.** das R. führen: **a)** → bestimmen (2) – **b)** → herrschen (1)

Region, die: 1. → Gegend (1), Landschaftsgebiet – **2.** → Bereich (1)

regional: 1. → landschaftlich (1) – **2.** → örtlich (1) – **3.** → mundartlich

Regionalbahn, die: → Personenzug

Regionalexpress, der: → Personenzug

Regionalzug, der: → Personenzug

Regisseur, der: *umg:* + Filmemacher

Register, das: **1.** → Verzeichnis – **2.** langes R.: → Lange; alle Register ziehen: → versuchen (I, 4)

registrieren: 1. → einschreiben (I) – **2.** → erfassen (1) – **3.** → feststellen (1)

Registrierung, die: **1.** → Erfassung – **2.** → Feststellung (1)

Reglement, das: **1.** → Vorschrift (1) – **2.** → Dienstvorschrift

reglementarisch: 1. → vorschriftsmäßig – **2.** → reglementierend

reglementieren: → anordnen (2)

reglementierend: reglementarisch; dirigistisch (*Wirtsch*)

reglementmäßig: → vorschriftsmäßig

reglementwidrig: → falsch (1)

reglos: → regungslos

regnen: 1. ⟨*als Regen niedergehen*⟩ *salopp*: pinkeln · pieseln ♦ *derb*: schiffen · seichen; → *auch* nieseln, gießen (2) – **2.** Schusterjungen / Strippen / in Strömen r.: → gießen (2)

Regress, der: → Entschädigung

regsam: 1. → munter (1) – **2.** → eifrig (1)

Regsamkeit, die: → Eifer (1)

regulär: 1. → vorschriftsmäßig – **2.** → üblich (1)

regulieren: 1. → regeln (1) – **2.** → einstellen (I, 1) – **3.** → bedienen (I, 4)

Regulierung, die: → Bedienung (4)

Regung, die: **1.** → Bewegung (1) – **2.** → Gefühlsregung – **3.** keine R. zeigen: ⟨*sich keine Empfindung anmerken lassen*⟩ nicht mit der Wimper zucken

regungslos: reglos · bewegungslos · unbeweglich · unbewegt · ohne Bewegung · erstarrt · starr · ruhig · still · wie angewurzelt · wie in / aus Erz gegossen ✦ leblos

Rehabilitation, die: → Ehrenrettung, Rechtfertigung (1)

rehabilitieren: I. rehabilitieren: → rechtfertigen (I) – **II.** rehabilitieren, sich: → rechtfertigen (II)

Rehabilitierung, die: → Ehrenrettung, Rechtfertigung (1)

rehbraun: → braun (1)

Rehposten, der: → Schrot (1)

Reibach, der: → Gewinn (1)

Reibe, die: → Reibeisen (1)

Reibeisen, das: **1.** ⟨*Küchengerät*⟩ Reibe · Raspel; Raffel (*landsch*) – **2.** Xanthippe – **3.** altes R.: → Xanthippe

Reibekuchen, der: → Kartoffelpuffer

reiben: I. reiben: **1.** ⟨*an etw. hin- u. herbewegen*⟩ schaben · scheuern · wetzen; rubbeln (*landsch*); schamfilen (*seem*) – **2.** ⟨*mit einem Reibeisen zerkleinern*⟩ raspeln; raffeln (*landsch*) – **3.** → abreiben (I, 1) – **4.** → waschen (I, 1) – **5.** blank r.: **a)** → wichsen (1) – **b)** → polieren (1); unter die Nase r.: → vorhalten; [sich] den Schlaf aus den Augen r.: → aufwachen (1); sich die Hände r.: → schadenfroh (2) – **II.** reiben, sich: → streiten (II)

Reiberei, die: → Streit (1)

Reibtuch, das: → Scheuertuch

Reibung, die: → Widerstand (2)

reibungslos: glatt · ohne Zwischenfall + in Ruhe ♦ *umg*: wie geschmiert

Reibungswiderstand, der: → Widerstand (2)

reich: 1. ⟨*viel Geld u. materielle Güter besitzend*⟩ vermögend · wohlhabend · bemittelt · betucht · gut situiert · begütert · steinreich · finanzkräftig · finanzstark · kapitalkräftig · potent; mit [allen] Glücksgütern gesegnet (*scherzh*); vermöglich (*süddt schweiz*); hablich · behäbig (*schweiz*); geldig (*süddt österr*) + einkommensstark; → *auch* zahlungskräftig – **2.** → ergiebig – **3.** → umfangreich (1) – **4.** → wertvoll (1) – **5.** r. sein: ⟨*viel Geld u. materielle Güter besitzen*⟩ *umg*: ein dickes Portmonee haben · Geld wie Heu haben · im Geld schwimmen · im Geld [fast] ersticken · ein gemachter Mann sein ♦ *salopp*: Kohle / Pulver haben · nach Geld stinken · im Fett sitzen / schwimmen – **6.** Arm und Reich: → jedermann; reicher machen: → bereichern (I)

Reich, das: **1.** → Staat (2) – **2.** → Bereich (1) – **3.** ins R. der Fabel gehören: → unwahr (2)

reichen: 1. → geben (I, 1) – **2.** → anbieten (I, 1 *u.* 2) – **3.** → hinstrecken (I, 1) – **4.** → ausreichen (1) – **5.** → erstrecken, sich (1 *u.* 2) – **6.** die Brust r.: → stillen (1); die Hand r.: → Hand (2); die Hand zum Bund r.: → verbünden, sich (1); die Hand fürs Leben r.: → heiraten (1); den kleinen Finger r.: → entgegenkommen (1); nicht das Wasser r. können: → unterlegen (2); r. |mit|: → auskommen (5, a); r. |bis|: → erstrecken, sich (1 *u.* 2); es reicht: **a)** → genug (2) – **b)** → überdrüssig (1)

reichhaltig: 1. → reichlich – **2.** → mannigfaltig

reichlich: ausgiebig · reichhaltig · eine Menge/Masse · übergenug · à gogo · mehr als genug · in Hülle und Fülle; kopiös (*med*) + opulent · viel zu viel ♦ *umg*: satt; → *auch* massenhaft, viel (I, 1), unerschöpflich, üppig (1)

Reichtum, der: **1.** ⟨*der Besitz von viel Geld u. anderen Werten*⟩ Wohlhabenheit + Millionen · Geld · Wohlstand; → *auch* Vermögen (1), Geld (1), Prunk (1) – **2.** → Üppigkeit

Reichweite, die: **1.** ⟨*Entfernung, bis zu der etw. reicht bzw. fliegen kann*⟩ Aktionsradius – **2.** in R.: → nahe (1); in R. sein: → möglich (3)

reif: 1. ⟨*von Früchten gesagt: voll entwickelt*⟩ erntereif – **2.** → erwachsen (1), gereift – **3.** → vollendet (1) – **4.** r. werden: → reifen (1); r. fürs Tollhaus/Irrenhaus: → verrückt (1); r. für die Insel sein: → urlaubsreif

¹Reif, der: → Raureif

²Reif, der: **1.** → Ring (1) – **2.** → Fingerring – **3.** → Reifen (1)

Reife, die: **1.** ⟨*Stadium des Reifseins*⟩ Reifheit · Vollreife + Reifezeit – **2.** → Vollkommenheit – **3.** zur R. gelangen: → reifen (1)

reifen: 1. ⟨*von Früchten gesagt: zur vollen Entwicklung kommen*⟩ reif werden · ausreifen · zur Reife gelangen; → *auch* ablagern (I, 1) – **2.** → heranwachsen – **3.** → vollenden (II)

Reifen, der: **1.** ⟨*kreisförmiges Band*⟩ Ring + Stirnreifen · Halsreifen · Armreifen ♦ *gehoben*: Reif – **2.** ⟨*Bereifung eines Rades*⟩ Pneu[matik] (*bes. österr*) + Decke · Mantel · Schlauch; → *auch* Autoreifen

Reifenpanne, die: → Reifenschaden

Reifenschaden, der: Reifenpanne · Panne ♦ *umg*: + Plattfuß · der Platte

Reifeprüfung, die: → Abitur

Reifezeit, die: **1.** → Reife (1) – **2.** → Entwicklungsjahre

Reifheit, die: **1.** → Reife (1) – **2.** → Vollkommenheit

reiflich: → eingehend (1)

Reigen, der: **1.** ⟨*Tanz*⟩ Reihen (*veraltet*) – **2.** den R. eröffnen: → anfangen (1, a)

Reihe, die: **1.** ⟨*hinter- bzw. nebeneinander angeordnete Einzelstücke*⟩ Linie · Zeile · Kette – **2.** → Schlange (2) – **3.** → Serie (1), Glied (I, 1) – **4.** → Menge (1) – **5.** an der R. sein: ⟨*etw. nach anderen tun sollen*⟩ an die Reihe kommen · am Zuge sein + zum Zuge kommen ♦ *umg*: dran sein · drankommen; am dransten sein (*scherzh*) – **6.** außer der R.: → zwischendurch (1); in Reih und Glied: → hintereinander; der R. nach, nach der R.: → nacheinander; an der R. sein, an die R. kommen: → 5; aus der R. tanzen/fallen: → ²abweichen (2); auf die R. bringen/kriegen: → meistern; in die R. bringen: **a)** → heilen (1) – **b)** → regeln (1)

reihen: 1. → aufreihen (2) – **2.** → ordnen (1) – **3.** r. ⌜auf⌝: → aufreihen (1)

Reihen, der: → Reigen (1)

Reihenfolge, die: Abfolge · Aufeinanderfolge · Folge · Reihung · Aneinanderreihung; Sequenz (*fachspr*) + Turnus · Hintereinander · Nacheinander · Ordnung · Stufenleiter · Rangfolge; → *auch* Wechsel (1)

Reiher, der: speien/spucken/kotzen wie ein R.: → übergeben (II)

reihern: → übergeben (II)

reihum: → ringsum

Reihung, die: → Reihenfolge

Reim, der: Reime machen/schmieden, in Reime bringen/setzen: → ²dichten (1, b); sich keinen R. machen können ⌜auf⌝: → erklären (I, 4)

reimen: → ²dichten (1, b)

Reimer, der: → Lyriker

Reimschmied, der: → Lyriker

rein: 1. ⟨*frei von andersartigen Bestandteilen*⟩ unvermischt · unverfälscht · naturbelassen · pur · lauter · gediegen · naturrein; schier (*landsch*) + eitel (*noch scherzh*) – **2.** → echt (1) – **3.** → sauber (1) – **4.** → klar (1, a) – **5.** → unschuldig (2) – **6.** → völlig (1) – **7.** rein[e] machen: → sauber (7, a); ins Reine bringen: → bereinigen (1); ins Reine kommen: → einigen (II); reinen Tisch/reine Wirtschaft machen: → aufräumen (1); reinen Wein einschenken: → Wahrheit (2); reinen Mund halten: → schweigen (2); ins Reine schreiben: → abschreiben (I, 1); eine reine Weste haben: → unschuldig (4); von aller/einer Schuld r.: → unschuldig (1)

Rein, die: → Schmortopf

reinbuttern: 1. → aufwenden – **2.** → zuschießen (1)

Reindel, das: → Schmortopf

Reine, die: **1.** → Sauberkeit (1) – **2.** → Unschuld (2)

Reineinkünfte (*Pl*): → Ertrag

Reineinnahme, die: → Ertrag

reißen

Reinemachefrau, die: → Putzfrau
Reinemachen, das: → Hausputz
Reinerlös, der: → Ertrag
Reinertrag, der: → Ertrag
reineweg: → völlig (1)
Reinfall, der: → Misserfolg (1), Enttäuschung (1)
Reingewinn, der: → Ertrag
reinhängen, sich: **1.** → bemühen (II, 1) – **2.** → einmischen (II)
Reinheit, die: **1.** → Sauberkeit (1) – **2.** → Unschuld (2)
reinigen: 1. ⟨*vom Schmutz befreien*⟩ säubern · sauber machen · putzen + abputzen · abwaschen · abreiben · abseifen · abwischen ♦ *umg*: wienern; → *auch* abspritzen, abstauben (1), abtreten, ausklopfen, bürsten (1), fegen (1), sauber (7, a), scheuern (1) – **2.** ⟨*den Fußboden mit Wasser u. Scheuerlappen säubern*⟩ wischen · aufwischen · scheuern; feudeln (*norddt*) – **3.** → klären (1)
Reiniger, der: → Reinigungsmittel
Reinigungsmittel, das: Putzmittel · Reiniger · Putzzeug + Scheuermittel
reinlich: → sauber (1)
Reinlichkeit, die: → Sauberkeit (1)
Reinmachefrau, die: → Putzfrau
reinsausen: → hereinfallen
Reinschrift, die: → Abschrift
reinstecken: → aufwenden
reinwaschen: I. reinwaschen: → rechtfertigen (I) – **II.** reinwaschen, sich: → rechtfertigen (II)
reinweg: → völlig (1)
reinziehen: sich r.: **a)** → essen (1) – **b)** → trinken (1, a); sich einen r.: → trinken (1, b)
Reis, das: → Schössling
Reise, die: **1.** ⟨*das Fahren zu einem vom eigenen Wohnsitz* [*weit*] *entfernten Ort*⟩ Fahrt · Trip + Dienstreise · Geschäftsreise · Erholungsreise · Ferienreise · Schiffsreise · Seereise; → *auch* Abstecher (1), Ausflug – **2.** eine R. antreten: → aufbrechen (3); sich auf die R. begeben / machen: → abreisen; eine R. machen, auf Reisen sein, auf der R. sein: → reisen (1); seine letzte R. antreten: → sterben (1)
Reiseanbieter, der: → Touristikunternehmen
Reisebegleiter, der: → Reiseleiter
Reisebüro, das: → Touristikunternehmen
reisefertig: marschbereit · marschfertig (*scherzh*) ♦ *umg*: startbereit

Reisefritze, der: → Handelsvertreter
Reiseführer, der: **1.** ⟨*Informationsbuch für Reisende*⟩ Führer · Guide – **2.** → Reiseleiter
Reisegepäck, das: → Gepäck
Reisekoffer, der: → Koffer (1)
Reisekrankheit, die: Kinetose (*med*) + Luftkrankheit · Seekrankheit
Reiseleiter, der: Reisebegleiter · Guide · Reiseführer; Reisemarschall (*scherzh*); → *auch* Fremdenführer
reiselustig: → unternehmungslustig
Reisemarschall, der: → Reiseleiter
reisen: 1. ⟨*sich mit einem Verkehrsmittel an einen entfernten Ort begeben*⟩ eine Reise machen · auf Reisen sein · auf der Reise sein + verreisen – **2.** r. |nach|: ⟨*sich mit einem Verkehrsmittel an einen entfernten Ort begeben*⟩ fahren |nach| ♦ *salopp*: rutschen |nach| – **3.** auf die krumme Tour r.: → betrügen (1)
Reisende, der: **1.** → Fahrgast – **2.** → Handelsvertreter
Reisepass, der: Pass · Papiere; → *auch* Personalausweis, Ausweis (1)
Reiseproviant, der: → Verpflegung (2)
Reiseroute, die: → Route
Reisescheck, der: Travellerscheck
Reisespesen (*Pl*): → Spesen
Reiseveranstalter, der: → Touristikunternehmen
Reiseweg, der: → Route
Reiseziel, das: Ziel · Bestimmungsort; Destination (*bes. fachspr*)
Reisezug, der: → Zug (1)
Reisig, das: Reisigholz · Leseholz + Dürrholz (*landsch*)
Reisigholz, das: → Reisig
Reißaus: R. nehmen: → fliehen (1)
Reißbrett, das: → Zeichenbrett
Reißbrettstift, der: → Reißzwecke (1)
reißen: I. reißen: **1.** → zerreißen (I, 1) – **2.** → ziehen (I, 2) – **3.** → ausreißen (1) – **4.** → stemmen (1) – **5.** in Stücke / Fetzen r.: → zerreißen (I, 1); aus der Hand / den Fängen / Zähnen r.: → entreißen (1); an sich r., sich unter den Nagel r.: → aneignen, sich (1); die Maske vom Gesicht r.: → entlarven (I); aus ihrer *bzw.* unserer Mitte gerissen werden: → sterben (1); ins Verderben r.: → Unglück (3); aus seinen Illusionen r.: → ernüchtern; Witze / Possen r.: → scherzen – **II.** reißen, sich: **1.** → ritzen (II) – **2.** sich r. |um|: → erstreben; sich am Riemen r.: → ermannen, sich

571

Reißen

Reißen, das: → Rheumatismus
reißend: r. abgehen: → begehrt (2)
reißerisch: → aufdringlich (2)
Reißnagel, der: **1.** → Reißzwecke (1) – **2.**
mit Reißnägeln gurgeln: → schnarchen; mit
Reißnägeln gegurgelt haben: → heiser (2)
Reißverschluss, der: Zipp (*Wz*) · Zippverschluss (*österr*)
Reißzwecke, die: **1.** ⟨*kurzer Nagel mit breitem Kopf*⟩ Reißnagel · Heftzwecke · Reißbrettstift; Zwecke (*veraltend*); Pinne (*landsch*) – **2.** mit Reißzwecken gurgeln: → schnarchen; mit Reißzwecken gegurgelt haben: → heiser (2)
Reitbahn, die: Hippodrom · Reitschule + Manege
reiten: 1. ⟨*sich auf einem Reittier fortbewegen*⟩ im Sattel / zu Pferde sitzen + galoppieren · traben · sprengen – **2.** den Pegasus r.: → ²dichten (1, b)
¹Reiter, der: **1.** ⟨*reitender Mann*⟩ dicht: Reitersmann – **2.** spanischer R.: → Drahthindernis
²Reiter, die: → Sieb (1)
Reiterei, die: **1.** ⟨*Truppe zu Pferd*⟩ Kavallerie · Reitertruppe – **2.** → Reitkunst
Reitersmann, der: → ¹Reiter (1)
Reitertruppe, die: → Reiterei (1)
Reitknecht, der: → Stallbursche
Reitkunst, die: *umg:* Reiterei
Reitpeitsche, die: → Peitsche (1)
Reitpferd, das: → Pferd (1)
Reitschule, die: **1.** → Reitbahn – **2.** → Karussell
Reiz, der: **1.** ⟨*etw. von außen auf den Organismus Einwirkendes*⟩ Reizung · Sinnesreiz · Stimulus – **2.** ⟨*von einem schönen Menschen ausgehende angenehme Wirkung*⟩ Charme · Zauber · Anziehungskraft · das gewisse Etwas + Duft; → *auch* Anmut, Anziehung (2), Schönheit (1), Sexappeal – **3.** → Verlockung, Anziehung (2) – **4.** einen R. abgewinnen ⌈einer Sache⌉: → mögen
reizbar: 1. → nervös – **2.** → aufbrausend – **3.** → erogen – **4.** sexuell r.: → erogen
Reizbarkeit, die: → Nervosität
reizen: 1. → erzürnen – **2.** → herausfordern – **3.** → verlocken – **4.** → anlocken (1) – **5.** [bis] zur Weißglut r.: → erzürnen (1)
reizend: 1. ⟨*besonders von Frauen gesagt: Gefallen erregend, sehr nett*⟩ entzückend · charmant · reizvoll · zauberhaft · süß · gol-

dig · allerliebst · ansprechend · angenehm · apart; pikant (*veraltend*); fesch (*österr*) + hübsch · herzig · schön ◆ *umg:* schnuckelig; jung und knusprig (*scherzh*) + sexy; → *auch* anmutig, bezaubernd, schön (1) – **2.** das ist ja r.: → unerhört (2)
reizlos: 1. → uninteressant (1) – **2.** → einförmig
Reizmittel, das: **1.** → Anregungsmittel – **2.** → Lockmittel (2)
Reizung, die: **1.** → Reiz (1) – **2.** → Herausforderung
reizvoll: → reizend (1)
Reizwäsche, die: → Dessous
Rekapitulation, die: → Wiederholung
rekapitulieren: → wiederholen (I, 1, a *u.* b)
rekeln, sich: → ausstrecken (II, 1)
Reklamation, die: → Beanstandung
Reklame, die: **1.** → Werbung (1) – **2.** → Werbeschrift – **3.** R. machen ⌈für⌉: → werben (1)
Reklamefachmann, der: → Werbefachmann
reklamehaft: → aufdringlich (2)
Reklamemacherei, die: → Werbung (1)
Reklametrommel, die: die R. rühren ⌈für⌉: → werben (1)
Reklamezettel, der: Flyer
reklamieren: 1. → beanstanden – **2.** für sich r.: → beanspruchen (1)
rekompensieren: → entschädigen (I)
rekonstruieren: → wiederherstellen (1)
Rekonstruierung, die: → Wiederherstellung (1)
Rekonstruktion, die: → Wiederherstellung (1)
Rekonvaleszenz, die: → Genesung (1)
Rekord, der: **1.** ⟨*erstmals erreichte Höchstleistung*⟩ Bestmarke · Rekordmarke – **2.** R. haben: → ängstigen (II, 1)
Rekorder, der: → Kassettenrekorder
Rekordmarke, die: → Rekord (1)
rekrutieren: I. rekrutieren: → einberufen (2) – **II.** rekrutieren, sich: sich r. ⌈aus⌉: → zusammensetzen (II, 2)
Rekrutierung, die: → Einberufung (1)
Rektor, der: → Direktor (1)
rekurrieren: → protestieren
Rekurs, der: **1.** → Einspruch (1) – **2.** R. einlegen: → protestieren
Relaps, der: → Rückfall (1)
Relation, die: → Zusammenhang (1)

reparaturbedürftig

relativ: 1. → verhältnismäßig – **2.** → bedingt (1)

Relativität, die: → Bedingtheit

relaxed: → entspannt

relaxen: → entspannen (II, 1)

Relaxing, das: → Entspannung (1)

Relegation, die: → Ausschluss (1)

relegieren: → ausschließen (I, 3)

relevant: → wichtig (1)

Relevanz, die: → Bedeutung (1)

reliefartig: → erhaben (1)

Religion, die: → Bekenntnis (1)

religionslos: → atheistisch

Religionslosigkeit, die: → Atheismus

religiös: → fromm (1)

Religiosität, die: → Frömmigkeit

Relikt, das: → Überbleibsel (1)

Reling, die: → Geländer

Reliquiar, das: Reliquienbehälter · Reliquienschrein · Sanktuar[ium]

Reliquienbehälter, der: → Reliquiar

Reliquienschrein, der: → Reliquiar

Remedium, das: → Arzneimittel

Reminiszenz, die: → Erinnerung (1)

remis: → unentschieden (1)

Remise, die: → Schuppen (1)

Remmidemmi, das: → Trubel (1)

Rempelei, die: → Stoß (1)

rempeln: → stoßen (I, 1)

Renaissance, die: → Wiedergeburt

Rendezvous, das: → Verabredung (1)

Rendite, die: → Einkünfte (1)

Renditenhaus, das: → Mietshaus

Renegat, der: → Abtrünnige

renitent: → widerspenstig

Renitenz, die: → Widerspenstigkeit

Rennbahn, die: Hippodrom; → *auch* Rennstrecke

rennen: I. rennen: **1.** → laufen (1) – **2.** r. | gegen j.: → anstoßen (1); in die Arme/den Weg r.: → begegnen (1); über den Haufen r.: → umlaufen (1); um die Wette r.: → wettlaufen – **II.** rennen, sich: → stoßen (II)

Rennen, das: **1.** ⟨*sportl. Veranstaltung*⟩ Wettrennen · Lauf; Kriterium (*Sport*) + Wettlauf · Wettfahrt – **2.** das R. machen: → siegen

Renner, der: → Verkaufsschlager

Rennerei, die: → Lauferei

Rennpferd, das: **1.** → Pferd (1) – **2.** → Prostituierte

Rennstallbesitzer, der: → Zuhälter

Rennstrecke, die: Bahn · Piste; → *auch* Rennbahn

Renommee, das: → Ruf (1)

renommieren: → prahlen

renommiert: 1. → angesehen (1) – **2.** → berühmt (1)

Renommist, der: → Angeber (1)

Renommisterei, die: → Prahlerei

renovieren: 1. → erneuern (1) – **2.** → wiederherstellen (1)

renoviert: → neu (2)

Renovierung, die: **1.** → Erneuerung (1) – **2.** → Wiederherstellung (1)

renovierungsbedürftig: → sanierungsbedürftig

rentabel: 1. → wirtschaftlich (2), einträglich – **2.** r. sein: → lohnen (II)

Rentabilität, die: → Wirtschaftlichkeit

Rente, die: **1.** ⟨*regelmäßiges Einkommen nach dem Ausscheiden aus dem Arbeitsleben*⟩ Altersrente · Altersruhegeld · Altersbezüge · Ruhegeld · Pension · Ruhegehalt + Betriebsrente · Sozialrente · Unfallrente · Altersversorgung – **2.** in R.: → pensioniert

Rentenempfänger, der: → Rentner

Rentier, der: → Rentner

rentieren, sich: → lohnen (II)

rentierlich: 1. → einträglich – **2.** → ergiebig

Rentner, der: Rentenempfänger · Ruheständler · Pensionär; Rentier (*veraltend*); Privatier (*veraltet*); Pensionist (*österr schweiz*) + Senior

Rentnerdasein, das: ein R. führen: → privatisieren (2)

Rentnerdomizil, das: → Seniorenresidenz

Reorganisation, die: → Neugestaltung

reorganisieren: → neu (4)

reparabel: → umkehrbar (1)

Reparationen (*Pl*): Reparationsleistungen · Reparationszahlungen · Kriegsentschädigung · Wiedergutmachung; → *auch* Entschädigung

Reparationsleistungen (*Pl*): → Reparationen

Reparationszahlungen (*Pl*): → Reparationen

Reparatur, die: Instandsetzung · Mängelbeseitigung; Instandstellung (*schweiz*) + Erneuerung; → *auch* Ausbesserung, Erneuerung (1), Wiederherstellung (1)

reparaturbedürftig: → sanierungsbedürftig

reparieren

reparieren: [wieder] instand setzen/bringen · herrichten · ausbessern · den Schaden beheben · wieder in Ordnung bringen; vorrichten · wieder richten (*landsch*); instand stellen (*schweiz*) + nachbessern ♦ *umg*: ganz/heil machen; → *auch* erneuern (1), wiederherstellen (1)
repatriieren: → entlassen (1)
Repatriierung, die: → Entlassung (1)
Repertoire, das: → Programm (1, b)
repetieren: → wiederholen (I, 1, a *u*. b)
Repetition, die: → Wiederholung
Replik, die: 1. → Antwort (1) – 2. → Nachbildung (2)
replizieren: → antworten
Report, der: → Bericht (1)
Reportage, die: Bericht[erstattung] · Tatsachenbericht + Augenzeugenbericht
Reporter, der: → Berichterstatter
repräsentabel: 1. → würdig (1) – 2. → wirkungsvoll (1)
Repräsentant, der: 1. → Vertreter (1) – 2. → Abgeordnete
Repräsentanz, die: → Vertretung (1)
Repräsentation, die: → Aufwand (1)
repräsentativ: 1. → würdig (1) – 2. → wirkungsvoll (1) – 3. → stattlich (1)
Repräsentativbefragung, die: → Umfrage (1)
Repräsentativerhebung, die: → Umfrage (1)
repräsentieren: → vertreten (1)
Repressalie, die: → Vergeltung (1)
Repression, die: → Unterdrückung
Reprint, der (*Buchw*): Neudruck · Wieder[ab]druck · [unveränderter] Nachdruck; → *auch* Druckwerk
Reprise, die: → Wiederholung
reprivatisieren: → privatisieren (1)
Reproduktion, die: 1. → Nachbildung (1 *u.* 2) – 2. → Druckwerk
reproduzieren: 1.→ nachbilden – 2. → vervielfältigen (1)
Republik, die: + Freistaat · Volksrepublik · Demokratie
republikweit: → bundesweit
Reputation, die: → Ruf (1)
reputierlich: → achtbar (1)
Requiem, das: → Totenmesse
requirieren: → beschlagnahmen
Requisit, das: → Zubehör (1)
resch: 1. → munter (1) – 2. → knusprig (1)

Research, das: 1. → Marktforschung – 2. → Meinungsforschung
Reservat, das: 1. → Schutzgebiet – 2. → Vorbehalt (1)
Reservation, die: 1. → Schutzgebiet – 2. → Vorbehalt (1)
Reserve, die: 1. → Vorrat – 2. → Zurückhaltung (1) – 3. → Ersatztruppe – 4. eiserne R.: → Ersparnis (1); sich R. auferlegen: → zurückhalten (II, 1)
Reservebank, die (*Sport*): Ersatzbank
Reservefonds, der: → Vorrat
Reservemann, der: → Ersatzmann
Reservespieler, der: R. sein: auf der Bank sitzen
reservieren: 1. → zurücklegen (4) – 2. → besetzen (1)
reserviert: → zurückhaltend (1)
Reserviertheit, die: → Zurückhaltung (1)
Reservoir, das: 1. → Wasserbecken – 2. → Vorrat
Residenz, die: → Hauptstadt
residieren: → wohnen (1)
resignieren: den Dingen ihren Lauf lassen · seine Hoffnung begraben · sich in sein Schicksal fügen · sich d[a]reinschicken · sich d[a]reinfinden · sich d[a]reingeben + die Hände in den Schoß legen; → *auch* abfinden (II, 2), aufgeben (3), verzagen (1), verzichten
resigniert: → entmutigt
Résistance, die: → Widerstandskampf
resistent: → widerstandsfähig (1, b)
Resistenz, die: → Widerstand (1)
resolut: → entschlossen (1)
Resolution, die: 1. → Beschluss (1) – 2. eine R. fassen: → beschließen (1)
Resonanz, die: 1. → Echo (1) – 2. → Gefallen (II, 1)
resorbieren: → aufnehmen (3)
Resorption, die: → Aufnahme (2)
resozialisieren: wieder [in die Gesellschaft/Gemeinschaft] eingliedern
Respekt, der: 1. → Achtung (1) – 2. R. einflößend: ⟨*so geartet, dass man Respekt bekommt*⟩ Respekt/Achtung gebietend · respektabel – 3. R. gebietend: → 2
respektabel: 1. → angesehen (1) – 2. → Respekt (2) – 3. → beträchtlich (1)
respektieren: anerkennen · ernst nehmen ♦ *umg*: für voll nehmen; → *auch* achten (1)
respektierlich: → beträchtlich (1)

reversibel

respektive: 1. → beziehungsweise (1) – **2.** → oder (1)

respektlos: 1. → ungehorsam – **2.** → keck

Respektsperson, die: → Persönlichkeit (I, 1)

respektvoll: achtungsvoll · ehrerbietig · ehrfürchtig + höflich; → *auch* ehrfurchtsvoll

Ressentiment, das: → Abneigung

Ressort, das: → Amtsbereich

Ressourcen (*Pl*): **1.** → Rohstoffquellen – **2.** → Geldmittel

Rest: I. Rest, der: **1.** ⟨*etw., was übrig geblieben ist*⟩ Überrest · Überbleibsel + Rückstand · Bodensatz · Satz · Neige ♦ *umg*: trauriger Rest / schäbiger Rest; → *auch* Abfall (I, 1), Überbleibsel (1) – **2.** → Überbleibsel (1) – **3.** den R. geben: → töten (I, 1) – **II.** Reste[n] *bzw.* Rester (*Pl*): → Restbestand

Restant: I. Restant, der: ⟨*liegen gebliebene Ware*⟩ Auslaufmodell; Ladenhüter (*abwert*) – **II.** Restanten (*Pl*): → Restbestand

Restaurant, das: → Gaststätte (1, a)

Restaurateur, der: → Gastwirt

Restauration, die: **1.** → Wiederherstellung (1) – **2.** → Gaststätte (1, a)

restaurativ: → rückschrittlich

restaurieren: I. restaurieren: → wiederherstellen (1) – **II.** restaurieren, sich: → erholen, sich (1)

Restaurierung, die: → Wiederherstellung (1)

Restbestand, der: Restposten (*Pl*) · Reste[r] · Restanten (*kaufm*); Resten (*schweiz*)

Restitution, die: → Wiederherstellung (1)

restlich: → übrig (1)

restlos: → vollständig (1)

Restposten (*Pl*): → Restbestand

Restriktion, die: → Beschränkung (1)

restringieren: → beschränken

Resultat, das: **1.** → Ergebnis – **2.** → Folge (1)

resultieren: r. | aus |: **a)** → ergeben (II, 2) – **b)** → herrühren

Resümee, das: → Überblick (1)

resümieren: → zusammenfassen (2)

Retardation, die: → Verzögerung (1)

retardieren: → verzögern (I)

retirieren: → zurückziehen (II, 2)

retour: → zurück (1)

Retourkutsche, die: → Vergeltung

retournieren: 1. → zurücksenden – **2.** → zurückgeben

retrospektiv: → rückblickend

Retrospektive, die: → Rückblick

retten: 1. ⟨*aus einer Gefahr befreien*⟩ in Sicherheit bringen · bergen · Rettung bringen | für | · der Gefahr / dem Untergang entreißen + erlösen ♦ *gehoben*: erretten; → *auch* befreien (I, 1), helfen (2), heraushelfen, herausholen (2) – **2.** → heilen (1) – **3.** rettender Engel: → Retter; der rettende Strohhalm: → Ausweg; nicht mehr zu r. sein: → verrückt (5); seinen Arsch r.: → herauswinden, sich

Retter, der: Helfer in der Not · rettender Engel + Befreier · Erlöser ♦ *gehoben*: Erretter; → *auch* Helfer (1)

Rettung, die: **1.** ⟨*das Retten*⟩ Bergung + Erlösung · Notanker ♦ *gehoben*: Errettung; → *auch* Hilfe (2) – **2.** → Ausweg – **3.** → Krankenwagen – **4.** die letzte R.: → Ausweg; R. bringen | für |: → retten (1)

Rettungsanker, der: → Ausweg

Rettungsauto, das: → Krankenwagen

rettungslos: → unrettbar

Rettungssignal, das: → Alarm (1)

Rettungswagen, der: → Krankenwagen

Reue, die: **1.** ⟨*schmerzlich empfundenes Bedauern eigenen Tuns*⟩ Reuegefühl · Reumütigkeit · Zerknirschung · Zerknirschtheit · Selbstanklage · Selbstverurteilung · Selbstvorwurf · Selbstverdammung; Bußfertigkeit (*Rel*); → *auch* Gewissensbisse (1), Sühne (1) – **2.** R. empfinden: → bereuen

Reuegefühl, das: → Reue (1)

reuen: → bereuen

reuevoll: reumütig · reuig · zerknirscht · schuldbewusst; bußfertig (*Rel*) ♦ *umg*: zerknittert

reuig: → reuevoll

reumütig: → reuevoll

Reumütigkeit, die: → Reue (1)

reüssieren: → Erfolg (2)

Revanche, die: → Rache (1)

revanchieren, sich: **1.** → rächen (II) – **2.** → vergelten (2)

Revenue, die: → Einkünfte (1)

Reverenz, die: **1.** → Achtung (1) – **2.** → Verbeugung (1) – **3.** seine R. machen: → verbeugen, sich; seine R. erweisen: → grüßen (1)

Revers, das: → Aufschlag (3)

reversibel: → umkehrbar (1)

575

Reversion

Reversion, die: → Umkehrung
revidieren: I. revidieren: → überprüfen –
II. revidieren, sich: → berichtigen (II)
Revier, das: **1.** → Bereich (1) – **2.** → Landschaftsgebiet
Revision, die: → Überprüfung
Revisor, der: → Steuerprüfer
Revival, das: → Wiedergeburt
Revokation, die: → Widerruf (1)
Revolte, die: → Aufstand
revoltieren: → aufbegehren
Revolution, die: Umwälzung · Umbruch; →
auch Aufstand, Aufruhr (1), Umschwung
(1)
revolutionär: 1. → fortschrittlich – **2.** →
umwälzend
revolutionieren: → umgestalten
Revoluzzer, der: → Aufständische
Revolver, der: Trommelrevolver · Colt (*Wz*)
♦ *umg*: Schießeisen ♦ *salopp*: Kanone ·
Ballermann · Puste; → *auch* Pistole (1),
Schusswaffe
Revolverblatt, das: → Zeitung (I, 1)
Revolverkugel, die: → Kugel (1)
Revolverpresse, die: → Sensationspresse
Revolverschnauze, die: **1.** → Mundwerk –
2. → Angeber (1)
revozieren: → widerrufen
Revue, die: **1.** ⟨*Bühnendarbietung*⟩ + Show
· Varietee – **2.** → Zeitschrift
Rezensent, der: → Kritiker
rezensieren: → besprechen (I, 1)
Rezension, die: **1.** → Besprechung (1) –
2. eine R. schreiben ⌐über⌐: → besprechen
(I, 1)
Rezept, das: **1.** ⟨*schriftl. ärztl. Anweisung
an den Apotheker*⟩ Arzneiverordnung · Verordnung – **2.** ⟨*Vorschrift für die Zubereitung
einer Speise*⟩ Kochrezept · Kochvorschrift –
3. nur gegen R.: → rezeptpflichtig
Rezeption, die: → Anmelderaum
rezeptiv: → aufnahmefähig
Rezeptivität, die: → Aufnahmefähigkeit
(1)
rezeptpflichtig: verschreibungspflichtig ·
nur gegen Rezept + apothekenpflichtig
Rezession, die (*Wirtsch*): Abschwung · Konjunkturrückgang · Konjunktureinbruch ·
Konjunkturflaute · Flaute · Depression +
Stagflation
rezidiv: → rückfällig (1)
Rezidiv, das: → Rückfall (1)
rezipieren: → aufnehmen (4)

reziprok: → wechselseitig
Rezitation, die: → Vortrag (1)
Rezitator, der: → Vortragskünstler
rezitieren: → vortragen (1)
Rhetor, der: → Redekünstler
Rhetorik, die: Redekunst · Sprechkunst ·
Beredsamkeit
Rhetoriker, der: → Redekünstler
Rheuma, das: → Rheumatismus
Rheumatismus, der: Rheuma · Gliederschmerzen · Gliederreißen ♦ *umg*: Reißen
Rhombus, der: Raute; → *auch* Viereck
Rhythmus, der: → Turnus (1)
Ribisel, die: → Johannisbeere
Richtblei, das: → Lot (1)
richten: I. richten: **1.** → ausrichten (1) – **2.**
→ zubereiten (1) – **3.** → vorbereiten (I) – **4.**
→ zurechtrücken (1) –
6. → bewerkstelligen – **7.** → hinrichten (1)
– **8.** → Urteil (4) – **9.** wieder r.: → reparieren; zugrunde r.: → ruinieren (I, 1); den
Blick r. ⌐auf⌐: → ansehen (I, 3); eine Frage
r. ⌐an⌐: → fragen (I, 1) – **II.** richten, sich: **1.**
→ Selbstmord (2) – **2.** sich r. ⌐nach⌐: **a)** →
befolgen – **b)** → anlehnen (II, 2); sich selbst
r.: → Selbstmord (2); sich zugrunde r.: →
ruinieren (II)
Richter, der: **1.** ⟨*Recht sprechende Person*⟩
umg: Kadi; → *auch* Schöffe – **2.** der höchste
R.: → Gott (1, a); vor den R. bringen: →
anzeigen (2)
Richterspruch, der: → Urteil (1)
Richtfest, das: Dachgleiche · Dachgleichenfeier (*österr*)
richtig: 1. ⟨*wie es sein soll*⟩ grundrichtig ·
recht · in Ordnung · fehlerfrei · fehlerlos +
zutreffend · stichhaltig · logisch · passend ·
sehr wahr ♦ *umg*: goldrichtig; → *auch* gebührend (1), vorschriftsmäßig, passend
(1, a), planmäßig (1), fehlerlos (1), einwandfrei (1) – **2.** → wirklich (1) – **3.** → echt (1) –
4. → fachmännisch – **5.** → zweckmäßig –
6. r. sein: → stimmen (1); r. stellen: → berichtigen (I, 1); r. liegen: → Recht (7); in
die/eine richtige Ordnung bringen: → ordnen (1); nicht r.: **a)** → falsch (1) – **b)** → verrückt (1); nicht ganz r., nicht [ganz] r. im
Kopf/Oberstübchen: **a)** → verrückt (1) – **b)**
→ geisteskrank (1); zur richtigen Zeit: →
pünktlich (1)
Richtigkeit, die: **1.** → Wahrheit (1) – **2.**
seine R. haben: → stimmen (1)
Richtigstellung, die: → Berichtigung (1)

Richtlinie, die: Direktive · Instruktion + Richtsatz; → *auch* Anordnung (2), Regel (1), Vorschrift (1)

Richtplatz, der: → Richtstätte

Richtsatz, der: → Richtlinie

Richtschnur, die: → Regel (1)

Richtstätte, die: Richtplatz · Hinrichtungsplatz

Richtung, die: **1.** ⟨*das Auf-ein-Ziel-Gerichtetsein einer [gedachten] Bewegung*⟩ Kurs · Fahrtrichtung · Wegrichtung + Bahn · Lauf – **2.** → Himmelsrichtung – **3.** → Strömung (2) – **4.** → Seite (1) – **5.** aus dieser R.: → dorther; nach dieser/in diese R.: → dorthin; in jeder R.: → ringsum; die R. ändern: → ²abweichen (1, b); aus der R. kommen: → ²abweichen (1, a)

richtunggebend: 1. → maßgebend – **2.** → wegweisend

Richtungsänderung, die: → Wendung (1)

Richtungsanzeiger, der: → Blinkleuchte

richtungslos: → ziellos (1)

Richtungsschild, das: → Wegweiser (1)

richtungweisend: 1. → maßgebend – **2.** → wegweisend

ridikül: → lächerlich (1)

riechen: 1. ⟨*einen Geruch wahrnehmen [wollen]*⟩ **a)** ⟨*Menschen*⟩ umg: schnüffeln · schnuppern; schnobern (*landsch*) – **b)** ⟨*Tiere*⟩ schnüffeln · schnuppern · wittern; winden (*weidm*) – **2.** → duften (1) – **3.** → stinken (1) – **4.** → spüren (1) – **5.** gut/angenehm r.: → duften (1); schlecht/übel r.: → stinken (1); nicht r. können: → hassen; Lunte/den Braten r.: **a)** → merken (1) – **b)** → Verdacht (2); r. ⎮nach⎮: → aussehen (2)

Riecher, der: **1.** → Nase (1) – **2.** → Spürsinn – **3.** einen [guten] R. haben ⎮für⎮: → spüren (1)

Riechkolben, der: → Nase (1)

Riechorgan, das: → Nase (1)

Ried, das: → Schilf (a u. b)

Riefe, die: **1.** → Rille (1) – **2.** mit Riefen versehen: → rillen

riefe[l]n: → rillen

Riegel, der: **1.** ⟨*Schließvorrichtung*⟩ Sperre – **2.** → Balken – **3.** den R. vorschieben/vormachen/vorlegen: → abschließen (I, 1); einen R. vorschieben: → unterbinden; hinter Schloss und R. bringen/setzen: → einsperren (1); hinter Schloss und R. sitzen: → gefangen (2)

¹Riemen, der: **1.** → Gürtel (1) – **2.** den R. [ein Loch] enger schnallen: → einschränken (II); sich am R. reißen: → ermannen, sich; der R. ist runter: → Schwung (4)

²Riemen, der: **1.** → Ruder (1) – **2.** sich in die Riemen legen: → rudern (1); sich [tüchtig] in die Riemen legen: **a)** → anstrengen (II, 1) – **b)** → einsetzen (II)

Riemenzeug, das: → Geschirr (2)

Riese, der: **1.** ⟨*sehr groß gewachsener Mensch*⟩ Hüne · Hünengestalt · Gigant ♦ umg: Schlagetot · Goliath; Kaventsmann (*landsch*) + Koloss · Bulle; → *auch* Ungeheuer (1), Lange · **2.** abgebrochener R.: → Zwerg (2)

rieseln: 1. → fließen (1) – **2.** bei jmdm. rieselt schon der Kalk: → verkalkt (2)

Riesenbrand, der: → Feuersbrunst

Riesendurst, der: → Durst (1)

riesengroß: → groß (1)

riesenhaft: 1. → groß (1) – **2.** → gewaltig (1)

Riesenhunger, der: → Hunger (1)

Riesenkraft, die: → Kraft (1)

Riesenschlange, die: + Boa · Python; → *auch* Schlange (1)

riesenstark: → kräftig (1)

riesig: 1. → groß (1 u. 2) – **2.** → gewaltig (1) – **3.** → sehr

Riff, das: → Felsklippe

rigid[e]: → unnachgiebig (1)

rigoros: 1. → streng (1) – **2.** → rücksichtslos (1)

Rigorosität, die: **1.** → Strenge – **2.** → Rücksichtslosigkeit

Rille, die: **1.** ⟨*lange u. schmale Vertiefung*⟩ Riefe; → *auch* Vertiefung (1) – **2.** mit Rillen versehen: → rillen

rillen: riefe[l]n · mit Rillen/Riefen versehen

Rinde, die: **1.** ⟨*Außenschicht an Stamm u. Ästen der Bäume*⟩ Borke – **2.** → Brotrinde

Rinderherde, die: → Herde (1)

Rinderwahn, der: → Rinderwahnsinn

Rinderwahnsinn, der: Rinderwahn · BSE

Rindsuppe, die: → Brühe (1)

Rindvieh, das: **1.** → Vieh (1) – **2.** → Dummkopf (2)

Ring, der: **1.** ⟨*Schmuckstück*⟩ gehoben: Reif – **2.** ⟨*kreisförmiges Gebilde*⟩ Gürtel + Zone – **3.** → Reifen (1) – **4.** → Fingerring – **5.** → Jahresring – **6.** → Kreis (1) – **7.** → Vereinigung (2) – **8.** → Verbrecherorganisation –

ringartig

9. die Ringe wechseln / tauschen: → heiraten (1)

ringartig: → rund (1)

Ringelbahn, die: → Karussell

ringelig: → rund (1)

ringeln, sich: → ranken, sich

Ringelpiez, der: 1. → Tanzveranstaltung – **2. R.** mit Anfassen: → Tanzveranstaltung

Ringelspiel, das: → Karussell

ringen: 1. ⟨*mittels Körpergriffen kämpfen*⟩ rangeln; → *auch* kämpfen (1), raufen (II, 1) – **2.** aus der Hand r.: → entreißen (1); nach Atem r.: → Atemnot (2); mit dem Tode r.: → Sterben

Ringen, das: → Kampf (2)

ringförmig: → rund (1)

Ringrichter, der: → Schiedsrichter

rings: 1. → ringsum – **2.** r. in der Runde: → ringsum

ringsherum: → ringsum

ringsum: rings[herum] · ringsumher · rundherum · um … herum · rundum[her] · im ganzen Umkreis · [rings] in der Runde + reihum · im Kreise · in jeder Richtung · überall; → *auch* überall (1)

ringsumher: → ringsum

Rinne, die: 1. → Rinnstein – **2.** → Graben (1)

rinnen: → fließen (1)

Rinnsal, das: Bächlein; Gerinnsel · Gerinne (*veraltend*); → *auch* Bach (1)

Rinnstein, der: Gosse + Rinne

Rippe, die: 1. ⟨*Teil des Blattes*⟩ Ader · Blattader · Blattrippe · Blattnerv – **2.** eins in die Rippen geben: → stoßen (I, 1); Speck auf den Rippen haben: → dick (6); nichts auf den Rippen haben, bei jmdm. kann man die / alle Rippen zählen: → mager (3)

Rippenstoß, der: → Stoß (1)

Risiko, das: 1. → Wagnis – **2.** → Gefahr (1) – **3.** ein R. eingehen: → wagen (1)

risikobereit: → kühn

Risikobereitschaft, die: → Kühnheit

risikofrei: → ungefährlich

risikofreudig: → kühn

risikolos: → ungefährlich

risikoreich: → gewagt

riskant: → gewagt

riskieren: 1. → wagen (1) – **2.** alles r.: → wagen (2); einen r.: → trinken (1, b); einen Blick r.: → Blick (4); eine Lippe r.: → offenherzig (2)

Riss, der: 1. ⟨*durch äußere Einflüsse od. Materialveränderung entstandene längl.*

Öffnung⟩ Spalt[e] + Dreiangel · Haarriss · Mauerriss · Einriss; → *auch* ¹Bruch (1, b), Loch (1), Spalt (1), Sprung (2) – **2.** → Schramme (1 u. 2) – **3.** → Sprung (2) – **4.** Risse bekommen: → aufspringen (1)

rissig: 1. → rau (1) – **2.** r. werden: → aufspringen (1)

Rist, der: → Fußrücken

Ritt, der: auf einen / in einem R.: → ununterbrochen

Ritterdienst, der: → Gefälligkeit (1)

ritterlich: 1. → höflich – **2.** → hochherzig

Ritterlichkeit, die: → Höflichkeit (1)

Ritual, das: 1. ⟨*festgelegter Ablauf religiöser Handlungen*⟩ Ritus · Zeremoniell + Liturgie – **2.** → Brauch (1)

Ritualmord, der: → Mord (1)

Ritus, der: 1. → Ritual (1) – **2.** → Brauch (1)

Ritz, der: 1. → Spalt (1) – **2.** → Schramme (1 u. 2)

Ritze, die: → Spalt (1)

ritzen: I. ritzen: r. |in|: → einritzen (1) – **II.** ritzen, sich: ⟨*sich leicht verletzen*⟩ sich reißen · sich schrammen · sich aufritzen · sich aufreißen · sich [auf]schürfen

Ritzer, der: → Schramme (1 u. 2)

Rivale, der: 1. → Nebenbuhler – **2.** → Konkurrent (1) – **3.** → Gegner (1)

rivalisieren: r. |mit|: → wetteifern, konkurrieren

Riverrafting, das: → Rafting

Rivalität, die: → Wetteifer (1)

Roadster, der: → Kabrio[lett]

robben: → kriechen (1)

Robe, die: → Amtstracht

Robinsonade, die: → Abenteuergeschichte

roboten: → arbeiten (1)

Roboter, der: → Arbeitspferd (1)

robust: 1. ⟨*psychisch belastbar*⟩ stark · hart ◆ *umg:* taff – **2.** → kräftig (1) – **3.** → haltbar (1)

röcheln: → keuchen

Rock, der: 1. ⟨*Frauenkleidungsstück*⟩ Schoß · Kittel (*österr*) – **2.** → Jacke (1) – **3.** schwarzer R.: → Gehrock; R. wie Hose: → gleich (2)

Rodel, der: → Schlitten (1)

Rodelbahn, die: Schlittenbahn + Bobbahn; → *auch* Abfahrtsstrecke

rodeln: Schlitten fahren; schlitten (*landsch*); schlitteln (*schweiz*)

Rodelschlitten, der: → Schlitten (1)

roden: 1. ⟨*Wurzelstöcke gefällter Bäume entfernen*⟩ ausroden + urbar machen; urbarisieren (*schweiz*) – **2.** *landsch* ⟨*Knollen- u. Wurzelgewächse ernten*⟩ ausroden ♦ *umg*: ausmachen · ausbuddeln · buddeln

Rodomontade, die: → Prahlerei

Rodung, die: **1.** ⟨*das Roden*⟩ + Urbarmachung – **2.** → Lichtung

Roggenbrot, das: Schwarzbrot · Grobbrot · dunkles Brot + Vollkornbrot

roh: 1. ⟨*noch nicht zubereitet*⟩ ungekocht · ungebraten – **2.** → brutal – **3.** → ungeschliffen – **4.** wie ein rohes Ei anfassen / behandeln: → schonen (I, 1)

Rohertrag, der: → Ertrag

Rohheit, die: → Brutalität

Rohling, der: → Gewaltmensch (1)

Rohmaterial, das: → Grundstoff

Rohöl, das: → Erdöl

Rohr, das: **1.** ⟨*langer Hohlzylinder*⟩ Röhre + Wasserrohr · Schlauch – **2.** → Schilf (a)

Rohrdickicht, das: → Schilf (b)

Röhre, die: **1.** → Rohr (1) – **2.** → Bau (3) – **3.** in die R. gucken: **a)** → fernsehen – **b)** → leer (4); durch die R. gucken: → leer (4)

röhren: 1. ⟨*von Hirschen gesagt: in der Brunft schreien*⟩ orgeln (*weidm*) + brüllen – **2.** → schreien (1)

Röhricht, das: → Schilf (b)

Rohrkrepierer, der: → Misserfolg (1)

Rohrleitung, die: → Ölleitung, Leitung (2)

Rohrspatz, der: schimpfen wie ein R.: → schimpfen (1)

Rohrstock, der: → ¹Stock (1)

Rohstoff, der: **1.** ⟨*Naturstoff vor der Verarbeitung*⟩ + Material · Werkstoff · Naturprodukt – **2.** → Grundstoff

Rohstoffquellen (*Pl*): Rohstoffvorkommen · Ressourcen

Rohstoffvorkommen (*Pl*): → Rohstoffquellen

Rohzeichnung, die: → Skizze (1)

rojen: → rudern (1)

Rollback, das: → Verringerung

Rollbahn, die: → Piste (1)

Rollbalken, der: → Jalousie

Rollbrett, das: → Skateboard

Röllchen, das: → Rolle (1)

Rolle, die: **1.** ⟨*kleines Rad bzw. kleine Walze*⟩ Spule + Röllchen – **2.** ⟨*darzustellende Gestalt in einem Bühnenwerk*⟩ Partie · Person · Figur + Hauptrolle · Nebenrolle ·

Charge – **3.** ⟨*der vom Schauspieler zu sprechende Wortlaut*⟩ Text · Rollentext – **4.** → Wäschemangel – **5.** → Überschlag (1) – **6.** → Locke – **7.** eine R. spielen: → wichtig (3); keine R. spielen: → wichtig (4); aus der R. fallen: → vorbeibenehmen, sich; die Rollen tauschen: → abwechseln (I); völlig von der R. sein: → verwirrt (3)

rollen: I. rollen: **1.** ⟨*drehend auf einer Fläche bewegen*⟩ kugeln · wälzen + drehen ♦ *umg*: kullern · trudeln (*landsch*); → *auch* drehen (I, 1) – **2.** → aufrollen (2) – **3.** → ausrollen – **4.** → ²mangeln – **5.** → befördern (1) – **6.** → fahren (1) – **7.** → schlingern – **8.** r. ⎪in⎪: → einwickeln (1); kopfüber r.: → überschlagen (II, 2, a); ins Rollen kommen: → anfangen (1, b); [den Stein] ins Rollen bringen: → auslösen (1, b) – **II.** rollen, sich: → wälzen (II)

Rollentext, der: → Rolle (3)

Roller, der: Tretroller; Trottinett (*schweiz*) + Cityroller

Rollerblade, das: → Rollschuh

Rollerbrett, das: → Skateboard

Rollerskate, das: → Rollschuh

Rollfeld, das: → Piste (1)

Rollfuhrunternehmen, das: → Spedition

rollieren: → polieren (1)

Rollkutscher, der: **1.** → Fuhrmann (1) – **2.** → Flegel (1)

Rollladen, der: → Jalousie

Rollo, das: → Jalousie

Rollschuh, der: Rollerskate · Diskoroller + Inliner · Inlineskate · Rollerblade · Skate

Rollstuhl, der: Fahrstuhl; Krankenfahrstuhl (*amtsspr*)

Rolltreppe, die: Fahrtreppe

Romancier, der: → Prosaist

romanhaft: → wunderbar (1)

Romanschreiber, der: → Prosaist

Romanschriftsteller, der: → Prosaist

Romantik, die: → Schwärmerei (1)

Romantiker, der: → Schwärmer (1)

romantisch: 1. → schwärmerisch – **2.** → gefühlvoll (1) – **3.** → stimmungsvoll

Romanze, die: **1.** → Gedicht (1) – **2.** → Liebesverhältnis

Romeo, der: → Liebhaber (1)

Römer, der: → Glas (I, 1)

Römertopf, der: → Schmortopf

röntgen[isieren]: → durchleuchten (I, 1)

Röntgenuntersuchung, die: → Durchleuchtung

rosa: 1. ⟨*Farbe*⟩ pink · rosig · rosafarben · rosafarbig · rosarot · rosenrot · rosenfarben · rosenfarbig + lachsfarben · fleischfarben · hautfarben · frais[farben] · blassrosa – **2.** alles durch eine r. Brille sehen: → optimistisch (2)

rosafarben: → rosa (1)

rosafarbig: → rosa (1)

rosarot: 1. → rosa (1) – **2.** alles durch eine rosarote Brille sehen: → optimistisch (2)

rösch: → knusprig

Rose, die: nicht auf Rosen gebettet sein: → arm (4)

rosenfarben: → rosa (1)

rosenfarbig: → rosa (1)

Rosenhügel, der: → Brust (I, 2)

Rosenkrieg, der: → Scheidungskampf

rosenrot: → rosa (1)

Rosenzeit, die: → Jugend (1)

rosig: 1. → rosa (1) – **2.** alles in rosigem Licht sehen: → optimistisch (2)

Rosinante, die: → Pferd (1)

Rosine, die: **1.** ⟨*getrocknete Weinbeere*⟩ + Sultanine · Korinthe – **2.** [große] Rosinen im Kopf haben: → eingebildet (3)

Ross, das: **1.** → Pferd (1) – **2.** → Dummkopf (2)

Rossbollen, der: → Pferdeapfel

rossen: → brünstig (2)

rossig: → brünstig (1)

Rosskur, die: → Radikalkur

¹Rost, der: → Bratrost

²Rost, der: R. ansetzen: → rosten

rostbraun: → rostfarben

rosten: Rost ansetzen · verrosten + einrosten

rösten: 1. ⟨*trocken erhitzen u. dabei bräunen*⟩ toasten; bähen (*süddt österr schweiz*) – **2.** → dörren – **3.** → braten

Röster: I. Röster, der: → Toaster – **II.** Röster (*Pl*): → Bratkartoffeln

rostfarben: rostfarbig · rostbraun · rostrot + rostig; → *auch* braun (1)

rostfarbig: → rostfarben

Rösti, die: → Bratkartoffeln

rostig: 1. ⟨*mit Rost bedeckt*⟩ verrostet + zerfressen – **2.** → rostfarben

Röstkartoffeln (*Pl*): → Bratkartoffeln

rostrot: → rostfarben

rot: 1. ⟨*Farbe*⟩ + hochrot · hellrot · blassrot · dunkelrot · kupferrot · weinrot · kirschrot · ziegelrot · scharlachrot · blutrot · rubinrot · feuerrot · feuerfarben · feurig · purpurrot · purpurfarben · purpurfarbig · purpurn · tizianrot · rötlich – **2.** eine rote Färbung annehmen: → röten, sich; rot werden: **a)** → röten, sich – **b)** → erröten (1) – **c)** → schämen, sich (1); Rote Bete: → Bete; der rote Saft: → Blut (1); roter Faden: → Leitgedanke; sich die Augen rot weinen: → weinen (1); den roten Hahn aufs Dach setzen: → Feuer (7); rote Zahlen schreiben: → Verlust (2); ein rotes Tuch sein |für|: → hassen

Rotation, die: **1.** → Drehung (1) – **2.** → Fruchtfolge

rotblond: → rothaarig

rotbraun: → braun (1)

röten, sich: rot werden · eine rote Färbung annehmen

Rotfuchs, der: → Rothaarige

rothaarig: rotblond · fuchsig

Rothaarige, der *od.* die: *umg*: Rotkopf · Rotfuchs · Fuchs

rotieren: → drehen (II, 1)

Rotkabis, der: → Rotkohl

Rotkohl, der: Rotkabis (*schweiz*)

Rotkopf, der: → Rothaarige

Rotkreuzmann, der: → Sanitäter (1)

Rotkreuzschwester, die: → Krankenschwester

rötlich: → rot (1)

Rotlichtmilieu, das: Dirnenmilieu · Rotlichtszene

Rotlichtszene, die: → Rotlichtmilieu

Rotor, der: **1.** → Läufer (2) – **2.** → Luftschraube

rotsehen: → wütend (2)

Rotstift, der: den R. ansetzen: → einsparen

Rotte, die: → Bande

rotten: → faulen

Rotz, der: **1.** → Nasenschleim – **2.** R. und Wasser heulen: → weinen (1)

Rotzbengel, der: → Frechdachs

Rotzbube, der: → Frechdachs

rotzen: 1. → spucken (1) – **2.** → schnäuzen, sich

Rotzer, der: → Frechdachs

Rotzfahne, die: → Taschentuch

rotzfrech: → frech (1)

Rotzgöre, die: → Frechdachs

rotzig: 1. → frech (1) – **2.** → schleimig (1)

Rotzjunge, der: → Frechdachs

Rotzkocher, der: → Pfeife (1)

Rotzkolben, der: → Nase (1)

Rotzlöffel, der: → Frechdachs

Rotznase, die: **1.** → Nase (1) – **2.** → Frechdachs

Rouge, das: **1.** → Schminke (1) – **2.** R. auf legen/auftragen: → schminken (I u. II)

Route, die: Reiseweg · Reiseroute

Routine, die: → Fertigkeit (1)

routinemäßig: → gewohnheitsmäßig

Routinier, der: *umg:* alter Fuchs/Hase; → *auch* Fachmann (1), Meister (1)

routiniert: → erfahren (2)

Routiniertheit, die: → Gewandtheit (3)

Rowdy, der: **1.** → Flegel (1) – **2.** → Raufbold

rubbelig: → rau (1)

rubbeln: I. rubbeln: **1.** → reiben (I, 1), abreiben (II, 1) – **2.** → waschen (I, 1) – **II.** rubbeln, sich: → abreiben (II, 1)

Rübe, die: **1.** → Kopf (1) – **2.** → Frechdachs – **3.** gelbe R.: → Möhre; die R. abhacken: → enthaupten; wie Kraut und Rüben: → ungeordnet (2)

rüberbringen: → vermitteln (2)

rubinrot: → rot (1)

Rübkohl, der: → Kohlrabi

Rubrik, die: **1.** → Abschnitt (2) – **2.** → Spalte (1)

rubrizieren: → einordnen (I)

Ruch, der: → Geruch (1)

ruchbar: r. werden: → herauskommen (1)

ruchlos: → gemein (1)

Ruchlosigkeit, die: → Gemeinheit

Ruck, der: mit einem R.: → plötzlich (1); sich einen R. geben: → ermannen, sich

Rückantwort, die: → Antwort (2)

ruckartig: 1. → plötzlich (1) – **2.** → stoßweise

Rückberufung, die: → Abberufung (1)

Rückbildung, die: Verkümmerung · Degeneration + Rückentwicklung · Rückgang

Rückblende, die: → Rückblick

Rückblick, der: Rückschau · Retrospektive + Rückerinnerung · Rückblende; → *auch* Erinnerung (I, 1)

rückblickend: [zu]rückschauend · zurückblickend · retrospektiv · rückwärts blickend

rucken: → gurren

rücken: 1. → abrücken (1) – **2.** beiseite/zur Seite r.: → abrücken (1); in ein schlechtes Licht r.: → verleumden (1); auf den Leib/den Pelz/die Pelle/den Balg r.: → bedrängen (1); auf die Bude r.: **a)** → bedrängen (1) – **b)** → aufsuchen (1)

Rücken, der: **1.** ⟨*Körperteil*⟩ + Kreuz ♦ *umg:* Buckel ♦ *salopp:* Ast (*landsch*) – **2.** → Bergrücken – **3.** → Rückseite (1) – **4.** krummer R.: → Buckel (1); einen krummen R. machen: → kriechen (2); den R. zeigen: **a)** → abweisen (1) – **b)** → abwenden (II, 1); den R. zukehren/zudrehen/zuwenden: → abwenden (II, 1); den R. kehren: **a)** → abwenden (II, 1) – **b)** → weggehen (1); verlängerter R.: → Gesäß; im R.: → hinten (1, b); hinter dem R.: → heimlich (1); in den R. fallen: → verraten (2); den R. stärken/steifen: → unterstützen (I, 1); den R. decken: → schützen (I, 1); den R. steif halten: → standhalten (1); einen breiten R. haben: → dulden (1); mit dem R. zur Wand stehen: → schlecht (10, a); es läuft jmdm. [eis]kalt/heiß [und kalt] über den R./den R. herunter: → schaudern (1)

Rückendeckung, die: → Unterstützung (1)

Rückenstärkung, die: → Unterstützung (1)

Rückenteil, das: → Rückseite (1)

Rückentrage, die: Reff · Hucke (*landsch*)

Rückentwicklung, die: **1.** → Rückschritt – **2.** → Rückbildung

Rückerinnerung, die: → Rückblick

Rückerstattung, die: → Rückzahlung

Rückfahrt, die: Rückreise · Heimfahrt · Heimreise; → *auch* Rückkehr

Rückfall, der: **1.** ⟨*das Wiederauftreten eines früheren Zustandes*⟩ Rezidiv · Relaps (*med*) – **2.** → Rückschritt

rückfällig: 1. ⟨*erneut einsetzend bzw. zu einem früheren Zustand zurückkehrend*⟩ rezidiv (*med*) – **2.** r. sein: ⟨*wieder frühere Gewohnheiten aufnehmen*⟩ zurückfallen |in| – **3.** r. werden: ⟨*sich wieder strafbar machen*⟩ erneut straffällig werden

Rückgabe, die: **1.** → Zurückgabe – **2.** → Rückzahlung

Rückgang, der: **1.** → Verringerung, Verminderung – **2.** → Rückbildung – **3.** im R. begriffen sein: → nachlassen (1)

rückgängig: r. machen: **a)** → ungeschehen – **b)** → abbestellen

Rückgrat, das: **1.** ⟨*Körperteil*⟩ Wirbelsäule – **2.** → Stütze – **3.** ohne R.: → haltlos (1); kein R. haben: → haltlos (3); R. haben/zeigen: → charakterfest (2); das R. brechen: → ruinieren (I, 1); das R. stärken/steifen: → unterstützen (I, 1)

rückgratlos: → haltlos (1)

Rückhalt

Rückhalt, der: **1.** → Unterstützung (1) – **2.** R. geben: → unterstützen (I, 1); ohne R.: → offen (3)

rückhaltlos: → offen (3)

Rückkehr, die: Heimkehr · Wiederkehr · Rückkunft · Wiederkunft; → *auch* Rückfahrt

Rückkunft, die: → Rückkehr

Rücklage, die: **1.** → Ersparnis (1) – **2.** → Vorrat

rückläufig: → schwindend

Rückleuchte, die: → Rücklicht

Rücklicht, das: Schlusslicht · Schlussleuchte · Rückleuchte + Rückstrahler · Katzenauge

rücklings: → rückwärts (1)

Rückprall, der: → Rückstoß

Rückreise, die: → Rückfahrt

Rucksack, der: Ranzen; Schnappsack (*veraltet*)

Rückschau, die: **1.** → Rückblick – **2.** R. halten: → erinnern (II)

rückschauend: → rückblickend

Rückschlag, der: **1.** → Rückstoß – **2.** → Misserfolg (1)

Rückschritt, der: Rückentwicklung · Rückfall · Krebsgang

rückschrittlich: fortschrittsfeindlich · rückwärts gewandt; [ewig] gestrig · zopfig · verzopft (*abwert*); restaurativ (*bes. Polit*); [stock]reaktionär · erzreaktionär (*Polit; abwert*); → *auch* rückständig

Rückseite, die: **1.** ⟨nach hinten gelegene Seite⟩ Hinterseite · Kehrseite + Rücken[teil] · Hoffront · Hinterfront · Hofseite – **2.** auf der R.: → hinten (1, b)

rückseitig: → hinten (1, b)

rückseits: → hinten (1, b)

rucksen: → gurren

Rücksicht, die: **1.** ⟨taktvoll-achtsames Verhalten anderen gegenüber⟩ Rücksichtnahme · Schonung + Diskretion · Vorsicht · Behutsamkeit; → *auch* Nachsicht (1) – **2.** → Berücksichtigung (1) – **3.** R. nehmen |auf|: **a)** → berücksichtigen (1) – **b)** → schonen (I, 1); R. üben |mit|: → schonen (I, 1); mit R. |auf|: → hinsichtlich; ohne [jede] R., ohne R. auf Verluste: → rücksichtslos (1)

rücksichtlich: → hinsichtlich

Rücksichtnahme, die: → Rücksicht (1), Berücksichtigung (1)

rücksichtslos: 1. ⟨ohne jede Rücksichtnahme⟩ ohne [jede] Rücksicht · mitleid[s]los · erbarmungslos · unbarmherzig · hartherzig ·

gnadenlos · schonungslos · rigoros · radikal + bedenkenlos · ohne Bedenken · kalt lächelnd · hemdsärmelig ♦ *umg*: knallhart · kaltschnäuzig · ohne Rücksicht auf Verluste; → *auch* brutal, selbstsüchtig – **2.** r. sein: ⟨keinerlei Rücksicht nehmen⟩ über Leichen gehen · seine Ell[en]bogen gebrauchen · sich den Teufel/Henker scheren |um| · mit harten Bandagen kämpfen

Rücksichtslosigkeit, die: Erbarmungslosigkeit · Unbarmherzigkeit · Hartherzigkeit · Schonungslosigkeit · Rigorosität · Radikalismus + Bedenkenlosigkeit · Willkür · Willkürakt; → *auch* Brutalität, Selbstsucht

rücksichtsvoll: taktvoll · schonungsvoll · schonend · diskret · zartfühlend · behutsam + vorsichtig; → *auch* nachsichtig (1)

Rücksitz, der: Fond · Hintersitz

Rücksprache, die: → Gespräch (1)

Rückstand: I. Rückstand, der: **1.** → Rest (I, 1) – **2.** → Verzug (1) – **3.** im R. sein: → Verzug (3, a) – **II.** Rückstände (*Pl*): → Schuld (II, 1)

rückständig: zurückgeblieben · unterentwickelt · hinterwäldlerisch ♦ *umg*: von gestern (*abwert*) ♦ *salopp*: hinter dem Mond (*abwert*); → *auch* rückschrittlich

Rückstoß, der: Rückschlag · Rückprall

Rückstrahler, der: → Rücklicht

Rückstrahlung, die: Reflex[ion] · Spiegelung; → *auch* Widerschein

Rücktritt, der: **1.** ⟨Aufgabe eines Amtes⟩ Demission · Abdankung · Amtsniederlegung · Amtsabtretung – **2.** seinen R. erklären: → zurücktreten (1)

rückübertragen: → zurückgeben (1)

rückvergüten: → zurückzahlen (1), entschädigen (I)

Rückvergütung, die: → Rückzahlung

rückversichern, sich: → versichern (II, 2)

rückwärts: 1. ⟨mit der Rückseite voran⟩ hintenüber · nach hinten + rücklings – **2.** → zurück (1) – **3.** → hinten (1, a u. b) – **4.** r. gehen: → verschlechtern (II); r. blickend: → rückblickend; r. gewandt: → rückschrittlich

ruckweise: → stoßweise

Rückwirkung, die: → Reaktion

Rückzahlung, die: Rückerstattung · Wiedererstattung · Erstattung · Rückvergütung · Rückgabe; → *auch* Entschädigung

Rückzieher, der: einen R. machen: **a)** → widerrufen – **b)** → nachgeben (1)

ruck, zuck: → schnell (1, c)

Rückzug, der: **1.** ⟨*Aufgabe einer militär. Position*⟩ Räumung; → *auch* Abzug (1) – **2.** den R. antreten: → zurückziehen (II, 2)

rüde: → barsch

Rudel, das: → Bande

Ruder, das: **1.** ⟨*Gerät zum Fortbewegen von Booten*⟩ Skull · Riemen; Pullstängel (*scherzh*) + Paddel – **2.** ans R. kommen/gelangen: → Macht (4); am R. sein: **a)** → regieren (1) – **b)** → herrschen (1); das R. führen: → herrschen (1); aus dem R. laufen: → Kontrolle (3)

rudern: 1. ⟨*mit Rudern fortbewegen*⟩ pullen · skullen · sich in die Riemen legen; rojen (*seem*) + paddeln · Paddelboot fahren · staken · wricken – **2.** → schlenkern (1)

Rudiment, das: → Überbleibsel (1)

Ruf, der: **1.** ⟨*die [positive] Bewertung [des Lebenswandels] einer Person durch die anderen*⟩ Leumund · Reputation · Renommee · Standing + Achtung · Ehre · Ruhm; → *auch* Ansehen (1), Achtung (1), Ruhm (1) – **2.** → Schrei (1) – **3.** → Aufforderung (1) – **4.** → Telefonnummer – **5.** einen guten R. haben: → angesehen (2); einen schlechten R. haben, in üblem R. stehen: → verrufen (3); in üblen/schlechten R. bringen: → verleumden (1)

rufen: 1. → herbeirufen (1) – **2.** → schreien (1) – **3.** → nennen (1) – **4.** ins Leben r.: **a)** → eröffnen (I, 2) – **b)** → gründen (I, 1); wieder ins Leben r.: → wiederbeleben (1); zu den Fahnen/Waffen r.: → einberufen (2); wie gerufen: → willkommen (1); zur Ordnung r.: → ermahnen (1); ins Gedächtnis r.: → erinnern (I, 1); sich ins Gedächtnis r.: → erinnern (II)

Rüffel, der: **1.** → Tadel (1) – **2.** einen R. verpassen: → tadeln (1)

rüffeln: → tadeln (1)

Rufmord, der: → Verleumdung

Rufnummer, die: → Telefonnummer

Rufschädigung, die: → Verleumdung

Rüge, die: **1.** → Tadel (1) – **2.** eine R. erteilen: → tadeln (1)

rügen: → tadeln (1)

Ruhe, die: **1.** ⟨*inneres Ausgeglichensein*⟩ Seelenruhe · Gemütsruhe · Frieden · Seelenfrieden + Gemächlichkeit ♦ *gehoben:* Friede · Seelenfriede – **2.** → Gelassenheit – **3.** → Friede[n] (1) – **4.** → Schlaf (1, a) – **5.** → Erholung (1) – **6.** → Freizeit (1) – **7.** →

Stille – **8.** → still (2) – **9.** in [aller] R.: → ruhig (1); ohne Rast und Ruh: → unermüdlich (1); zur R. bringen: **a)** → ruhig (6, a) – **b)** → beruhigen (I); sich zur R. begeben: → schlafen (5); sich zur R. setzen: → zurückziehen (II, 1); zur ewigen R. eingehen: → sterben (1); zur [letzten] R. betten: → begraben (1); der R. pflegen: → privatisieren (2); keine R. geben/lassen, nicht in R. lassen: → bedrängen (1)

ruhebedürftig: 1. → erholungsbedürftig – **2.** → müde (1)

Ruhegehalt, das: → Rente (1)

Ruhegeld, das: → Rente (1)

Ruhelager, das: → Lager (1)

ruhelos: → unruhig (1)

Ruhelosigkeit, die: → Unruhe (I, 1)

ruhen: 1. → ausruhen (I) – **2.** → schlafen (1, a) – **3.** → liegen (1) – **4.** → aussetzen (2) – **5.** kurz r.: → rasten

Ruhepause, die: **1.** → ¹Pause (1) – **2.** eine R. einlegen: → rasten

Ruheraum, der: Chill-out-Raum · Chill-out-Room

Ruhesitz, der: → Alterssitz

Ruhestand, der: **1.** ⟨*Status des nicht mehr Berufstätigen*⟩ Pension – **2.** im R.: → pensioniert; in den R. versetzen: → pensionieren; in den R. treten: → zurückziehen (II, 1)

Ruheständler, der: → Rentner

Ruhestatt, die: → Grab (1)

Ruhestätte, die: → Grab (1)

Ruhestörung, die: → Lärm (1)

ruhevoll: → ruhig (1)

ruhig: 1. ⟨*frei von innerer Erregung*⟩ in [aller] Ruhe · ohne Hast · unaufgeregt · geruhsam · seelenruhig · in aller Seelenruhe/Gemütsruhe + gemächlich ♦ *gehoben:* ruhevoll ♦ *umg:* cool; → *auch* beherrscht (1), gelassen (1), sanft – **2.** → still (2) – **3.** → regungslos – **4.** → langsam (1) – **5.** → wortkarg – **6.** r. stellen (*med*): **a)** ⟨*durch Medikamente beruhigen*⟩ zur Ruhe bringen; → *auch* beruhigen (I) – **b)** ⟨*unbeweglich machen*⟩ fixieren + schienen – **7.** r. sein: → schweigen (1); r. Blut behalten/bewahren: → beherrschen (II)

Ruhm, der: **1.** ⟨*große allgemeine Wertschätzung einer Person*⟩ Weltruhm · Weltgeltung · Weltruf · Glorie · Glanz · Nimbus; → *auch* Achtung (1), Ansehen (1), Ruf (1) – **2.** R. ernten: ⟨*[in der Öffentlichkeit] ge-*

Ruhmbegier[de]

rühmt werden⟩ Lorbeeren ernten (*scherzh*) – **3.** sich nicht [gerade] mit R. bekleckern: → versagen (1)

Ruhmbegier[de], die: → Ehrgeiz

ruhmbegierig: → ehrgeizig

rühmen: I. rühmen: → loben (1) – **II.** rühmen, sich: → prahlen

rühmenswert: 1. → lobenswert – **2.** → ruhmvoll

rühmlich: 1. → lobenswert – **2.** → ruhmvoll

ruhmredig: → prahlerisch

ruhmreich: → ruhmvoll

Ruhmsucht, die: → Ehrgeiz

ruhmsüchtig: → ehrgeizig

ruhmvoll: ruhmreich · ehrenvoll; glorreich · glorios (*oft iron*) + rühmenswert · rühmlich · glanzvoll · glänzend

Ruhr, die: → Durchfall (1)

rühren: I. rühren: **1.** → bewegen (I, 1) – **2.** → umrühren – **3.** → ergreifen (3) – **4.** r. |von|: → herrühren; r. |an|: → berühren (I, 1); die Trommel r.: → trommeln (1); die Werbetrommel/Trommel r. |für|: → werben (1); keinen Finger r.: → faulenzen (1); wie vom Donner gerührt: → erschrocken (1) – **II.** rühren, sich: **1.** → bewegen (II, 1) – **2.** → arbeiten (1)

rührend: 1. → ergreifend – **2.** → liebevoll (1)

rührig: 1. → eifrig (1) – **2.** → fleißig (1)

Rührigkeit, die: → Eifer (1)

rührselig: 1. ⟨*Rührung hervorrufend*⟩ sentimental · empfindsam; tränenselig · gefühlsduselig · gefühlsselig · schmalzig (*abwert*); → *auch* gefühlvoll (1) – **2.** → weinerlich – **3.** r. sein: ⟨*Rührung hervorrufen*⟩ *umg*: auf die Tränendrüsen drücken

Rührseligkeit, die: Sentimentalität · Gefühlsüberschwang · Empfindsamkeit; Tränenseligkeit · Gefühlsduselei · Gefühlsseligkeit · Schmalz (*abwert*)

Rührung, die: → Ergriffenheit

Ruin, der: **1.** → Verderben (1) – **2.** → Zusammenbruch (1)

ruinieren: I. ruinieren: **1.** ⟨*jmds. Existenz zerstören*⟩ zugrunde richten · vernichten · erledigen · das Rückgrat brechen · den Todesstoß versetzen · die Schlinge um den Hals legen · den Boden unter den Füßen wegziehen · an den Bettelstab bringen + in den Abgrund führen · das Wasser abgraben ♦ *umg*: fertig machen · die Luft abdrehen ·

das Genick brechen · den Hals brechen/abschneiden ♦ *salopp*: auf den Hund bringen · den Hals/die Gurgel abdrehen · über die Klinge springen lassen · in die Pfanne hauen; → *auch* Unglück (3) – **2.** → zerstören (1) – **II.** ruinieren, sich: ⟨*seine eigene Existenz zerstören*⟩ sich zugrunde richten · abwirtschaften · sich um Kopf und Kragen bringen ♦ *umg*: sich kaputtmachen; → *auch* scheitern (a)

ruiniert: 1. ⟨*in seiner Existenz zugrunde gerichtet*⟩ bankrott + überschuldet ♦ *umg*: fertig ♦ *salopp*: pleite; → *auch* zahlungsunfähig (1) – **2.** r. sein: ⟨*existenziell am Ende sein*⟩ vor dem Nichts stehen

ruinös: → schädlich (2)

Rülps, der: → Flegel (1)

rülpsen: → aufstoßen (1)

rum: r. wie num: → gleich (2)

rumgammeln: → gammeln

rumhängen: → gammeln

rumkommen: drum r.: → davonkommen (1)

Rummel, der: **1.** → Trubel (1), Vergnügungspark – **2.** → Lärm (1) – **3.** den R. kennen: → auskennen, sich

rummeln: 1. → lärmen – **2.** → poltern (1)

Rummelplatz, der: → Vergnügungspark

Rumor, der: **1.** → Lärm (1) – **2.** → Trubel (1)

rumoren: → lärmen

Rumpel, der: → Gerümpel

rumpelig: → uneben (1)

Rumpelkammer, die: → Abstellraum

rumpeln: 1. → holpern – **2.** → poltern (1) – **3.** → donnern (1) – **4.** → waschen (I, 1)

rümpfen: die Nase r. |über|: → verachten (1)

rumprobieren: → tüfteln

rumreden: drum r.: → Umschweife (1)

Rums, der: → Knall (1)

rumsen: → knallen (1)

Run, der: → Andrang (1)

rund: 1. ⟨*die Form eines Kreises aufweisend*⟩ kreisrund · kreisförmig · ringartig · ringförmig; orbikular (*fachspr*) + rundlich · ringelig – **2.** ⟨*die Form einer Kugel aufweisend*⟩ kugel[förm]ig · kugelrund + rundlich – **3.** → dick (1) – **4.** → ungefähr (1) – **5.** r. machen: → abrunden (1); nicht ganz r. laufen: **a)** → geisteskrank (2) – **b)** → verrückt (5); dick und r.: → dick (1); sich dick und r. essen: → anessen; r. um die Uhr: →

584

rustikal

Tag (2); r. um den Globus: → weltumfassend
Rundblick, der: Rundsicht · Rundschau · Panorama; Rundumsicht (*fachspr*)
Rundbrief, der: → Rundschreiben
Runde, die: **1.** ⟨*Getränke für eine Anzahl [um den Tisch sitzender] Personen*⟩ Lage – **2.** → Kreis (1) – **3.** → Gesellschaft (1) – **4.** eine R. geben / spendieren / schmeißen: → spendieren (1); die R. machen: → Wache (3); [rings] in der R.: → ringsum; letzte R.: → Endkampf; über die Runden kommen: → überstehen (1); über die Runden bringen: → erreichen (2)
runden: I. runden: **1.** → abrunden (1 *u.* 2) – **2.** → aufrunden – **3.** → vollenden (I, 1) – **II.** runden, sich: **1.** → wölben (II) – **2.** → vervollkommen (II, 2)
Runderlass, der: → Erlass (1)
Rundfrage, die: → Umfrage (1)
Rundfunk, der: **1.** ⟨*[Einrichtung zur] Übertragung von Ton- und Wortsendungen*⟩ Hörfunk · Radio · Funk; Rundspruch (*schweiz*) + Rundfunkwesen – **2.** → Rundfunkgerät
Rundfunkapparat, der: → Rundfunkgerät
Rundfunkempfänger, der: → Rundfunkgerät
Rundfunkgerät, das: Radio[apparat] · Rundfunkempfänger · Radiogerät · Radioempfänger · Rundfunkapparat · Apparat · Empfänger · Empfangsgerät · Gerät; Rundfunk (*veraltet*); Rundspruchgerät (*schweiz*) + Portable; → *auch* Kofferradio
Rundfunkprogramm, das: → Programm (1, b)
Rundfunksender, der: → Sender
Rundfunksendung, die: → Sendung (1)
Rundfunkwesen, das: → Rundfunk (1)
rundheraus: 1. → offen (3) – **2.** r. sagen: → aussprechen (I, 5)
rundherum: → ringsum
rundlich: 1. → rund (1 *u.* 2) – **2.** → dicklich (1)
Rundschau, die: → Rundblick
Rundschlag, der: Rundumschlag
Rundschreiben, das: Umlauf[schreiben] · Rundbrief; Zirkular (*noch schweiz*); Enzyklika (*kathol. Kirche*); → *auch* Bekanntmachung (1), Verordnung (1)
Rundsicht, die: → Rundblick
Rundspruch, der: → Rundfunk (1)
Rundspruchgerät, das: → Rundfunkgerät
Rundstück, das: → Brötchen

rundum[her]: → ringsum
Rundumschlag, der: → Rundschlag
Rundumsicht, die: → Rundblick
Rundung, die: **1.** → ¹Bogen (1) – **2.** → Wölbung (1)
Rundverfügung, die: → Erlass (1)
rundweg: 1. → offen (3) – **2.** → durchweg
Runks, der: **1.** → Flegel (1) – **2.** → Brotkanten
runksen: → vorbeibenehmen, sich
runterholen: sich einen r.: → masturbieren
runterladen: → downloaden
Runway, die *od.* der: → Piste (1)
Runzel, die: → Falte (2)
runzelig: zerfurcht · durchfurcht · verrunzelt · welk + zerschründet · zerklüftet
♦ *umg:* hutzelig · verhutzelt · schrumpelig · verschrumpelt · zerknittert; → *auch* faltig
runzeln: krausen · in Falten legen / ziehen + finster dreinschauen
Rüpel, der: → Flegel (1)
Rüpelei, die: → Flegelei
rüpelhaft: → flegelhaft (1)
Rüpelhaftigkeit, die: → Flegelei
rüpelig: → flegelhaft (1)
rupfen: 1. → ziehen (I, 2) – **2.** → ausreißen (1) – **3.** → pflücken – **4.** → schröpfen (2) – **5.** ein Hühnchen r. │mit│: → belangen (1)
ruppig: → flegelhaft (1)
Ruppsack, der: → Flegel (1)
Rüsche, die: → Besatz (1)
Ruschel, die: → Schlampe
ruschelig: → unordentlich
Rush, der: → Hochkonjunktur
Rushhour, die: → Hauptverkehrszeit
Ruß, der: voller R.: → rußgeschwärzt; R. machen: → Umstand (II, 2), widersetzen, sich
Rüssel, der: → Nase (1)
rußen: 1. ⟨*Ruß entwickeln*⟩ blaken (*norddt*) + schwelen · qualmen; → *auch* rauchen (2) – **2.** → schwärzen
rußfarben: → schwarz (1)
rußfarbig: → schwarz (1)
rußgeschwärzt: voller Ruß · rußig · rußschwarz; → *auch* schwarz (1)
rußig: → rußgeschwärzt
rußschwarz: → rußgeschwärzt
Rüste, die: zur R. gehen: **a)** → untergehen (1) – **b)** → enden (1, b)
rüsten: 1. ⟨*Kriegsvorbereitungen treffen*⟩ aufrüsten – **2.** → bewaffnen (I)
rüstig: 1. → kräftig (1) – **2.** → gesund (1)
rustikal: → ländlich

585

Rüstkammer

Rüstkammer, die: → Waffenlager
Rüstmesser, das: → Küchenmesser
Rüstung, die: **1.** ⟨*das Vorbereiten auf einen Krieg*⟩ Aufrüstung – **2.** → Panzer (2)
Rüstungshändler, der: → Waffenhändler
Rüstzeug, das: → Hilfsmittel
Rute, die: **1.** ⟨*biegsamer Stock*⟩ Gerte; → *auch* Peitsche (1) – **2.** → Zweig (1) – **3.** → Schwanz (1) – **4.** → Penis
Rutsch, der: → Abstecher (1)
Rutschbahn, die: → Schlitterbahn
Rutsche, die: **1.** → Schlitterbahn – **2.** → Fußbank

rutschen: 1. ⟨*sich gleitend auf einer glatten Fläche bewegen*⟩ *umg*: schurren (*landsch*); → *auch* schlittern – **2.** → abgleiten (1) – **3.** → kriechen (1) – **4.** r. |nach| : → reisen (1); auf dem Bauch r.: → kriechen (2); auf den Knien r.: → demütigen (II); in den Keller r.: → billig (6)
Rutscher, der: → Abstecher (1)
rutschig: → glatt (2)
Rutschpartie, die: → Abfahrt (2)
rütteln: 1. → schütteln (I, 1) – **2.** aus dem Schlaf r.: → wecken (1); an den Ketten r.: → aufbegehren

S

Saal, der: + Festsaal · Halle; → *auch* Raum (1)

Saaltochter, die: → Kellnerin

Saat, die: **1.** → Aussaat – **2.** → Saatgut

Saatgut, das: Saat · Samen · Sämerei · Einsaat

Sabbatjahr, das: → ¹Pause (1)

Sabbel, der: → Speichel

sabbeln: 1. → geifern (1) – **2.** → schwatzen (1)

Sabber, der: → Speichel

sabbern: 1. → geifern (1) – **2.** → schwatzen (1)

Säbel, der: mit dem S. rasseln: → drohen (1)

Säbelbeine (*Pl*): → O-Beine

säbeln: s. |von|: → abschneiden (1)

Säbelrassler, der: → Kriegstreiber

Sabotage, die: **1.** 〈*vorsätzl. u. versteckte gegen polit., wirtschaftl. od. militär. Institutionen bzw. Vorhaben gerichtete zerstörer. Aktivität*〉 Sabotageakt; Diversion[stätigkeit] · Diversionsakt (*bes. ehem. DDR*) – **2.** S. treiben: → sabotieren

Sabotageakt, der: → Sabotage (1)

Saboteur, der: Diversant (*bes. ehem. DDR*); → *auch* Agent (1)

sabotieren: Sabotage treiben · entgegenarbeiten · entgegenwirken · Sand ins Getriebe streuen · desorganisieren · hemmen; → *auch* stören (1)

Sachbearbeiter, der: Referent

Sachbeschädigung, die: → Beschädigung (2)

sachdienlich: → nützlich

Sache: I. Sache, die: **1.** → Angelegenheit – **2.** → Ding (1) – **3.** → Gegenstand (1) – **4.** → Rechtssache – **5.** → Sachverhalt – **6.** gemeinsame S. machen: 〈*mit jmdm. etw. Übles ausführen*〉 *umg*: unter einer Decke stecken + kungeln – **7.** zur S. kommen: 〈*auf das Eigentliche zu sprechen kommen*〉 auf den/zum Punkt kommen – **8.** krumme S.: → Betrug (1); 'ne tolle S. sein: → großartig (3); bei der S.

bleiben: → abschweifen (2); nicht bei der S. sein: → unaufmerksam (2); nichts zur S. tun: → wichtig (4); sagen, was S. ist: → aussprechen (I, 5) – **II.** Sachen (*Pl*): **1.** → Besitz (1) – **2.** → Kleidung (1) – **3.** in die S. schlüpfen/fahren: → anziehen (II); aus den S. schlüpfen: → ausziehen (II); mit [acht]zig S.: → schnell (1, a); in S.: → hinsichtlich

Sächelchen (*Pl*): → Kleinigkeit (1)

Sachgebiet, das: **1.** → Arbeitsgebiet – **2.** → Fach (1, b)

sachgemäß: → fachmännisch

sachgerecht: → fachmännisch

Sachkatalog, der: Realkatalog; → *auch* Katalog (1), Sachverzeichnis

Sachkenner, der: → Fachmann (1)

Sachkenntnis, die: Sachkunde · Sachverstand · Kompetenz · Sachkompetenz · Kennerschaft + Erfahrung

Sachkompetenz, die: → Sachkenntnis

Sachkunde, die: → Sachkenntnis

sachkundig: sachverständig · kompetent + erfahren; → *auch* fachmännisch

Sachlage, die: **1.** → Sachverhalt – **2.** → Lage (1)

sachlich: 1. 〈*auf die Sache selbst gerichtet, ohne persönl. Voreingenommenheit*〉 objektiv · sachorientiert · vorurteilslos · vorurteilsfrei · unbefangen · unvoreingenommen · nüchtern + pragmatisch · real; → *auch* unparteiisch – **2.** s. bleiben: 〈*objektiv bleiben*〉 *umg*: auf dem Teppich bleiben

Sachlichkeit, die: **1.** 〈*sachl. Verhalten*〉 Objektivität · Vorurteilslosigkeit – **2.** → Realismus

sachorientiert: → sachlich (1)

Sachregister, das: → Sachverzeichnis

Sachschaden, der: → Beschädigung (2)

sacht[e]: 1. → sanft – **2.** → langsam (1) – **3.** → behutsam – **4.** → unmerklich

Sachverhalt, der: Sachlage · Situation · Lage/Stand der Dinge · Sache + Tatbestand; → *auch* Umstand (I), Lage (1)

Sachverstand, der: → Sachkenntnis
sachverständig: → sachkundig
Sachverständige, der: → Fachmann (1)
Sachverzeichnis, das: Sachregister; → *auch* Sachkatalog, Verzeichnis
Sachwalter, der: **1.** → Bevollmächtigte – **2.** → Verteidiger (1) – **3.** → Rechtsanwalt
Sack, der: **1.** 〈*Behältnis aus Stoff, Plastik od. Papier*〉 Säckel (*landsch*) + Beutel – **2.** → Geldbörse – **3.** → Hosentasche – **4.** → Tasche (1) – **5.** → Dicke (I) – **6.** ein ganzer S. voll: → viel (I, 1); voll wie ein S.: → betrunken (1); schlafen wie ein S.: → schlafen (1, b); fauler S.: → Faulenzer (1); auf den S. gehen: → belästigen (1); in S. und Asche gehen: → bereuen; in S. und Tüten sein: → sicherstellen (4); in den S. stecken: **a)** → überflügeln – **b)** → betrügen (1); die Katze aus dem S. lassen: → ausplaudern; in den S. hauen: → kündigen (1)
Sackbahnhof, der: → Kopfbahnhof
Säckel, das: **1.** → Sack (1) – **2.** → Geldbörse
sacken: 1. → senken (II) – **2.** → sinken (1)
sackerlot: → Donnerwetter (II, 1)
sackerment: → Donnerwetter (II, 1)
Sackgasse, die: in einer S. sein: → Verlegenheit (2)
Sackgeld, das: → Taschengeld
sackgrob: → barsch
Sackmesser, das: → Taschenmesser
Sackpfeife, die: → Dudelsack
Sacktuch, das: → Taschentuch
sackweise: → massenhaft
sadistisch: → brutal
säen: 1. 〈*Samen in die Erde bringen*〉 aussäen · einsäen + drillen · dibbeln · legen; → *auch* pflanzen (I, 1) – **2.** Zwietracht s.: → aufhetzen; Hass s.: → hetzen (1); dünn gesät: → selten (1)
Safe, der: **1.** → Geldschrank – **2.** → Bankschließfach
Saft, der: **1.** → Fruchtsaft – **2.** → Soße (1) – **3.** voll[er] S.: → saftig (1); der rote S.: → Blut (1); ohne S. und Kraft: → gehaltlos (1)
saftig: 1. 〈*viel Saft enthaltend*〉 saftreich · voll[er] Saft + dickfleischig – **2.** → derb (2)
saftlos: 1. → trocken (1) – **2.** saft- und kraftlos: → gehaltlos (1)
Saftpresse, die: → Fruchtpresse
saftreich: → saftig (1)
Saftsack, der: → Versager (1)
Saftschubse, die: → Flugbegleiterin

Sage, die: → Gerücht
Sägemehl, das: → Sägespäne
sagen: 1. → mitteilen (I) – **2.** → äußern (I, 1) – **3.** → erzählen (2) – **4.** → bedeuten (1) – **5.** Ja s.: **a)** → bejahen (1) – **b)** → zustimmen (1); Nein s.: **a)** → verneinen (1) – **b)** → ablehnen (1); etw. s.: → sprechen (1); offen s., s., was Sache ist, freiheraus/freiheraus s.: → aussprechen (I, 5); die/seine Meinung s.: **a)** → aussprechen (I, 5) – **b)** → zurechtweisen; Bescheid s.: → zurechtweisen; die Paten s.: → ausschimpfen; Guten Tag s.: → grüßen (1); Lebewohl/Valet/Auf Wiedersehen s.: → verabschieden (II, 1); Dank s.: → danken (1); die Unwahrheit s.: → lügen (1); nicht piep[s]/keinen Piep[s] s., nicht mumm s.: → schweigen (1); nichts/kein Sterbenswort s.: → schweigen (1 *u.* 2); nochmals s.: → wiederholen (1, 1, b); du s. |zu|: → duzen (I, 1); durch die Blume s.: **a)** → beibringen (1) – **b)** → andeuten (I, 1); sich nichts s. lassen: → eigensinnig (2); das Sagen haben: → bestimmen (2); nichts zu s. haben: → wichtig (4); nichts mehr zu s. haben: → gelten (7); s. wir: → ungefähr (1); das kann ich dir s.: → versichert; besser gesagt: → Wort (5); sage und schreibe: → tatsächlich (1)
sägen: 1. 〈*mit der Säge zerkleinern*〉 schneiden – **2.** → schnarchen – **3.** Holz/Bretter s.: → schnarchen
sagenhaft: 1. 〈*in Sagen überliefert*〉 legendär · mythisch – **2.** → wunderbar (1)
Sägespäne 〈*Pl*〉: Sägemehl · Holzmehl
Sahne, die: **1.** 〈*fettreichster Teil der Milch*〉 Rahm; Schmant (*landsch*); Flott (*norddt*); Schmetten · Obers (*österr*); Nidel (*schweiz*); → *auch* Schlagsahne – **2.** die S. abschöpfen: **a)** → absahnen (1) – **b)** → abschöpfen (2); allererste S.: → hervorragend (1)
Sahnehäubchen, das: → Tüpfelchen
sahnig: 1. 〈[viel] *Sahne enthaltend*〉 rahmig – **2.** → fettig (1)
Saison, die: → Spielzeit
Saisonschlussverkauf, der: → Ausverkauf
Saite, die: andere Saiten aufziehen: → energisch (3)
Sakko, der *od.* das: → Jacke (1)
sakra: → verflucht (1)
sakral: → geistlich (1)
Sakrileg, das: → Gotteslästerung
sakrilegisch: → gotteslästerlich
sakrisch: → sehr

588

Sand

Sakristan, der: → Kirchendiener
sakrosankt: 1. → heilig (1) – **2.** → unantastbar
säkular: 1. → weltlich – **2.** → außergewöhnlich (1)
säkularisieren: → verstaatlichen
Salär, das: **1.** → Lohn (1) – **2.** → Gehalt (I)
salarieren: → entlohnen
Salatkopf, der: Häuptel (*süddt österr*)
Salatsoße, die: Marinade · Dressing
Salbader, der: → Schwätzer (1)
Salbaderei, die: → Geschwätz (1)
salbadern: → schwatzen (1)
Salbe, die: Creme + Gel ♦ *salopp:* Schmiere (*meist abwert*); → *auch* Paste
salben: 1. → einreiben – **2.** → weihen (1) – **3.** → betrügen (1)
salbungsvoll: pastoral · priesterhaft + ölig
Salesmanager, der: → Verkaufsleiter
Salespromotion, die: → Verkaufsförderung
Salettl, das: → Gartenhäuschen
Salon, der: → Empfangsraum
salonfähig: 1. → wohlerzogen – **2.** → anständig (1) – **3.** nicht s.: → derb (2)
Salonlöwe, der: → Weltmann
Salontiroler, der: → Geck (1)
salopp: 1. → ungezwungen – **2.** → nachlässig (1)
Salto, der: **1.** → Überschlag (1) – **2.** einen S. machen/schlagen: → überschlagen (II, 2, a)
Salto mortale, der: → Überschlag (1)
Salut, der: → Gruß (1)
salutieren: → grüßen (1)
Salz, das: **1.** ⟨*Würzmittel*⟩ Speisesalz · Kochsalz + Jodsalz – **2.** in S. legen: → pökeln; ohne S.: **a)** → schal (1) – **b)** → geistlos; attisches S.: → Witz (2); nicht das S. zum Brot/zur/in die Suppe haben: → arm (4); nicht das S. in der Suppe gönnen: → neidisch (2)
Salzbrühe, die: → Lake
salzen: → würzen
salzig: + versalzen · scharf
Salzlake, die: → Lake
salzlos: → schal (1)
Salzlösung, die: → Sole
Salzsäule, die: zur S. erstarren: → erstarren (1, b)
Samariterdienst, der: → Hilfe (2)
Same, der: → Samen (1)
Samen, der: **1.** ⟨*nach der Befruchtung entstandenes Gebilde, aus dem eine neue*

Pflanze entsteht⟩ Samenkorn + Keim ♦ *gehoben:* Same – **2.** ⟨*die Samenzellen enthaltende Substanz*⟩ Sperma · Samenflüssigkeit + Ejakulat; → *auch* Keimzelle (1) – **3.** → Saatgut
Samenerguss, der: Ejakulation + Pollution
Samenflüssigkeit, die: → Samen (2)
Samenkern, der: → Kern (1)
Samenkorn, das: → Samen (1)
Samenzelle, die: → Keimzelle (1)
Sämerei, die: → Saatgut
sämig: 1. → dickflüssig – **2.** s. machen: → andicken
Sammelbecken, das: Sammelpunkt; → *auch* Sammelstelle
Sammelmappe, die: → Ordner (1)
sammeln: I. sammeln: **1.** ⟨*in ein Behältnis fließen lassen*⟩ auffangen – **2.** → einsammeln – **3.** → zusammenfassen (1) – **4.** → zusammentragen – **II.** sammeln, sich: **1.** → versammeln (II, 1) – **2.** → vereinigen (II, 2) – **3.** → konzentrieren (II)
Sammelort, der: → Sammelstelle
Sammelplatz, der: → Sammelstelle
Sammelpunkt, der: **1.** → Sammelbecken – **2.** → Sammelstelle
Sammelstelle, die: Sammelplatz · Sammelort · Sammelpunkt + Treffpunkt; → *auch* Sammelbecken
Sammelsurium, das: → Durcheinander (1)
Sammler, der: + Liebhaber
Sammlung, die: **1.** ⟨*das Sammeln von gespendetem Geld*⟩ Geldsammlung; Kollekte (*Kirche*) – **2.** → Anhäufung (1) – **3.** → Aufmerksamkeit (1)
Sample, das: → Muster (2)
samt: 1. → mit (1), einschließlich – **2.** s. und sonders: **a)** → durchweg – **b)** → ¹alle (1)
samtartig: → weich (1, a)
samten: → weich (1, a)
Samthandschuh, der: mit Samthandschuhen anfassen: → schonen (I, 1)
samtig: → weich (1, a)
sämtlich: → ¹alle (1)
samtweich: → weich (1, a)
Sanatorium, das: → Heilstätte
Sand, der: S. drauf: → ²verziehen; auf S. bauen: → fehlplanen; in den S. setzen: → verderben (2); im Sande verlaufen: → ergebnislos (2); S. in die Augen streuen: → täuschen (I); S. ins Getriebe streuen: → sabotieren

Sandale

Sandale, die: + Sandalette ♦ *umg:* Jesuslatschen (*scherzh*)
Sandalette, die: → Sandale
Sandbank, die: Bank · Barre · Untiefe; Flach (*seem*); → *auch* Insel (1)
Sandhase, der: → Infanterist
Sandkasten, der: → Spielplatz (1)
Sandpapier, das: → Schleifpapier
sanforisiert: → formbeständig
sanft: weich · sacht[e] · zart + gelinde; → *auch* behutsam, schonend (1), ruhig (1)
sänftigen: → beruhigen (I)
sanftmütig: lammfromm; → *auch* gutmütig (1), zahm (1)
Sang, der: ohne S. und Klang: → unauffällig (1)
Sänger, der: **1.** ⟨*Gesangskünstler*⟩ Interpret + Opernsänger; → *auch* Chorsänger – **2.** → Lyriker
Sängerchor, der: → Chor (I, 1)
Sängerin, die: + Opernsängerin · Primadonna
Sängerkreis, der: → Chor (I, 1)
Sängervereinigung, die: → Chor (I, 1)
Sangesbruder, der: → Chorsänger
sanglos: sang- und klanglos: → unauffällig (1)
sanguinisch: → lebhaft (1)
Sani, der: → Sanitäter, Sanitätssoldat
sanieren: I. sanieren: **1.** → heilen (1) – **2.** → aufbessern (1) – **3.** → wiederherstellen (1) – **II.** sanieren, sich: → gewinnen (1)
sanierungsbedürftig: + reparaturbedürftig · erneuerungsbedürftig · renovierungsbedürftig
sanitär: sanitarisch (*schweiz*) + hygienisch · gesundheitlich
sanitarisch: → sanitär
Sanität, die: → Krankenwagen
Sanitäter, der: **1.** ⟨*in erster Hilfe Ausgebildeter*⟩ *umg:* Rotkreuzmann · Sani ♦ *salopp:* Pflasterkasten (*landsch scherzh*); → *auch* Krankenpfleger, Sanitätssoldat – **2.** → Sanitätssoldat
Sanitätsauto, das: → Krankenwagen
Sanitätssoldat, der: Sanitäter + Lazarettgehilfe ♦ *umg:* Sani; → *auch* Sanitäter (1)
Sanitätswagen, der: → Krankenwagen
Sank[r]a, der: → Krankenwagen
Sanktion: I. Sanktion, die: → Bestätigung (1) – **II.** Sanktionen (*Pl*): → Zwangsmaßnahme

sanktionieren: → bestätigen (1)
Sankt-Nimmerleins-Tag, der: am S.: → niemals
Sanktuar[ium], das: → Reliquiar
sapperlot: → Donnerwetter (II, 1)
sapperment: → Donnerwetter (II, 1)
sapphisch: → homosexuell (b)
sardonisch: sardonisches Lachen: → Spott (1)
Sarg, der: Totenschrein · Totenlade (*noch landsch*) + Sarkophag · Urne
Sargnagel, der: → Zigarette
Sarkasmus, der: → Spott (1)
sarkastisch: → spöttisch
Sarkom, das: → Krebs (1)
Sarkophag, der: → Sarg
Satan, der: **1.** → Teufel (1) – **2.** → Unmensch (1)
Satanas, der: → Teufel (1)
satanisch: → teuflisch (1)
Satanskerl, der: → Draufgänger
Satellit, der: **1.** → Mond (2) – **2.** → Raumschiff – **3.** → Begleiter (1)
Satellitenbahn, die: → Umlaufbahn
Satellitenschüssel, die: → Parabolantenne
Satellitenstadt, die: → Trabantenstadt
satinieren: → glätten (1)
Satire, die: → Spott (1)
Satiriker, der: → Spötter
satirisch: → spöttisch
Satisfaktion, die: → Genugtuung (1)
Satrapenwirtschaft, die: → Behördenwillkür
satt: 1. ⟨*nicht mehr hungrig*⟩ gesättigt · übersatt ♦ *umg:* wie genudelt · [bis oben hin] voll ♦ *salopp:* dick und voll ♦ *derb:* voll gefressen – **2.** → zufrieden (1) – **3.** → reichlich – **4.** s. sein: **a)** ⟨*keinen Hunger mehr verspüren*⟩ *umg:* nicht mehr [papp sagen] können – **b)** → betrunken (2) – **5.** sich s. essen: ⟨*so viel essen, wie man kann*⟩ *umg:* sich voll essen · sich den Bauch füllen / voll schlagen · sich voll stopfen ♦ *salopp:* sich voll hauen · sich den Bauch voll hauen · sich den Pansen voll schlagen / voll hauen ♦ *derb:* sich voll fressen; → *auch* essen (1), anessen, überessen, sich – **6.** s. machen: → sättigen (1); s. haben: → überdrüssig (1); s. bekommen / kriegen: → überdrüssig (2)
sattblau: → blau (1)
Satte, die: → Schüssel (1)
Sattel, der: **1.** → Bergsattel – **2.** sich in den S. schwingen: → aufsitzen (1); im S. sitzen:

saugen

→ reiten (1); fest im S. sitzen: → sicher (8, a); sich im S. halten: → behaupten (II, 1); in den S. heben: → fördern (1); aus dem S. heben: → verdrängen (2); in allen Sätteln gerecht: → geschickt (1)
sattelfest: → beschlagen (3)
satteln: 1. ⟨*ein Pferd mit dem Sattelzeug versehen*⟩ aufsatteln – **2.** den Pegasus s.: → ²dichten (1, b)
Sattelschlepper, der: → Lastkraftwagen
sattgelb: → gelb (1)
sattgrün: → grün (1)
sättigen: 1. ⟨*von Speisen gesagt: schnell zur Sättigung führen*⟩ satt machen ♦ *umg:* stopfen – **2.** → anreichern (1)
Sättigung, die: → Anreicherung
sattsam: → genug (1)
saturiert: → zufrieden (1)
Satyr, der: → Lüstling
Satz, der: **1.** → Ausspruch – **2.** → Lehrsatz – **3.** → Sprung (1) – **4.** → Serie (1) – **5.** → Rest (I, 1) – **6.** → Kaffeesatz
Satzung, die: **1.** ⟨*schriftlich niedergelegte Ordnung*⟩ Statut; → *auch* Regel (1) – **2.** → Vorschrift (1)
Satzvorlage, die: Manuskript · Skript · Typoskript + Druckvorlage
Sau, die: **1.** → Schwein (1, a u. b) – **2.** → Schmutzfink – **3.** → Zotenreißer – **4.** keine S.: → niemand; unter aller S.: → schlecht (1); zur S. machen: → ausschimpfen; die S. rauslassen: → austoben, sich (1)
Sauarbeit, die: → Mühsal
sauber: 1. ⟨*frei von Schmutz*⟩ rein[lich] · blitzsauber · [blitz]blank · schmutzfrei · fleckenlos + schmuck · adrett · proper · hygienisch · frisch ♦ *umg:* pieksauber · wie geleckt + picobello · wie aus dem Ei gepellt; → *auch* gepflegt, ordentlich (1, a) – **2.** → ordentlich (1, a) – **3.** → sorgfältig (1) – **4.** → anständig (1 *u.* 2) – **5.** → böse (1) – **6.** → schön (1) – **7.** s. machen: **a)** ⟨*den Schmutz aus einer Wohnung od. dgl. entfernen*⟩ rein[e] machen · putzen; stöbern (*süddt*); → *auch* auskehren (1), reinigen (1) – **b)** → reinigen (1); eine saubere Weste haben: → unschuldig (4); eine saubere Sohle aufs Parkett legen: → tanzen (1)
Sauberkeit, die: **1.** ⟨*das Freisein von Schmutz*⟩ Reinheit · Reinlichkeit ♦ *gehoben*: Reine – **2.** → Anständigkeit
säuberlich: → genau (1)
Saubermann, der: → Moralapostel

säubern: 1. → reinigen (1) – **2.** s. |von|: → befreien (I, 3)
saublöd[e]: 1. → dumm (1) – **2.** → unangenehm (1)
Saudreck, der: → Schmutz (1)
saudumm: → dumm (1)
sauen: 1. → beschmutzen (II, 1) – **2.** → Zote (2)
sauer: 1. ⟨*nicht süß, bitter od. salzig*⟩ herb · säuerlich · essigsauer + unreif – **2.** ⟨*von Milch u. anderen Getränken gesagt: nicht mehr einwandfrei*⟩ angesäuert; stichig (*landsch*) – **3.** → ärgerlich (1) – **4.** s. sein: ⟨*nicht mehr einwandfrei sein*⟩ einen Stich haben – **5.** s. reagieren |auf|: → ablehnen (1); s. ankommen: → schwer (5); s. aufstoßen: → ärgern (I); es sich s. werden lassen: → abmühen, sich; das Leben s. machen: → ärgern (I); in den sauren Apfel beißen: → abfinden (II, 2); Saures geben: → verprügeln
Sauerbrunnen, der: → Mineralwasser
Sauerei, die: **1.** → Zote (1), Unanständigkeit (2) – **2.** → Schmutz (1) – **3.** → Gemeinheit (1)
säuerlich: 1. → sauer (1) – **2.** → ärgerlich (1)
Sauermilch, die: Dickmilch; Schlickermilch · Schlippermilch (*landsch*)
Sauertopf, der: → Griesgram
sauertöpfisch: → mürrisch
Saufaus, der: → Trinker
Saufbold, der: → Trinker
Saufbruder, der: → Trinkbruder
saufen: 1. → trinken (1, a u. b) – **2.** → zechen – **3.** einen s.: → trinken (1, b); s. wie ein Loch / ein Bürstenbinder: → trunksüchtig (2); Tinte gesoffen haben: → verrückt (5)
Säufer, der: → Trinker
Sauferei, die: → Gelage (b)
Säuferwahn[sinn], der: Delirium tremens (*med*); → *auch* Rausch (1)
Saufgelage, das: → Gelage (b)
Saufkumpan, der: → Trinkbruder
Saufraß, der: → Gericht (1)
Saufsack, der: → Trinker
Sauftour, die: → ¹Bummel (1)
saugen: 1. ⟨*Muttermilch aus der Brust trinken*⟩ die Brust nehmen ♦ *umg:* nuckeln; suckeln · zullen · zulpen · schnullen (*landsch*); → *auch* trinken (1, a) – **2.** → einsaugen (1) – **3.** → lutschen (1) – **4.** das Mark aus den Knochen s.: → ausbeuten (1)

591

säugen

säugen: → stillen (1)
Sauger, der: → Schnuller
Saugflasche, die: → Milchflasche
Säugling, der: Baby · das Neugeborene · Brustkind; kleiner Erdenbürger (*scherzh*); Wickelkind (*veraltend*); → *auch* Kind (1)
saugrob: → barsch
Saugröhrchen, das: → Pipette
Sauhund, der: → Rabenaas
Sauigelei, die: → Unanständigkeit (2)
sauigeln: 1. → beschmutzen (II, 1) – **2.** → Zote (2)
säuisch: 1. → schmutzig (1) – **2.** → unanständig (1)
saukalt: → kalt (1)
Saukälte, die: → Kälte
Saukerl, der: → Rabenaas
Sauklaue, die: **1.** → Handschrift (1) – **2.** eine S. haben: → schmieren (1)
Säule, die: **1.** → Pfeiler (1) – **2.** → Stütze (1)
Sauluder, das: → Luder (1)
Saum, der: **1.** → Einfassung (b) – **2.** → Rand (1)
saumäßig: → schlecht (1)
säumen: 1. → einfassen – **2.** → zögern
Saumensch, das: → Luder (1)
säumig: → nachlässig (1)
Säumnis, die: → Versäumnis
Saumpfad, der: → Weg (1)
saumselig: → nachlässig (1)
Saumtier, das: → Lasttier
saumüde: → müde (1)
Saumweg, der: → Weg (1)
Sauna, die: in die S. gehen: → saunen
saunen: saunieren · in die Sauna gehen
saunieren: → saunen
Saupfote, die: **1.** → Handschrift (1) – **2.** eine S. haben: → schmieren (1)
Sauregurkenzeit, die: → Zeit (9)
Saus, der: in S. und Braus leben: → schwelgen (1)
Sauschrift, die: → Handschrift (1)
Sause, die: **1.** → ¹Bummel (1) – **2.** eine S. machen: → feiern (1)
säuseln: 1. → rascheln – **2.** → flüstern (1) – **3.** → wehen (1)
sausen: 1. → brausen (I, 1) – **2.** → laufen (1) – **3.** s. lassen: → verzichten; einen s. lassen: → Wind (I, 3); jmdm. saust der Frack: → ängstigen (II, 1)
Sauser, der: **1.** → Wind (I, 2) – **2.** → ¹Bummel (1)

Sauseschritt, der: im S.: → schnell (1, d)
Sausewind, der: → Quecksilber
Saustall, der: → Zimmer
Sauwetter, das: → Wetter (I, 2)
Sauwirtschaft, die: → Misswirtschaft
sauwohl: → wohl (1)
Sauzote, die: → Zote (1)
Schabefleisch, das: → Gehackte
schaben: 1. ⟨*von einer Fläche mit einem scharfen Werkzeug entfernen*⟩ kratzen; schrap[p]en (*norddt*) + schuppen – **2.** → reiben (I, 1) – **3.** den Bart s.: → rasieren
Schabernack, der: **1.** → ²Scherz (1) – **2.** → Streich (1)
schäbig: 1. → abgetragen – **2.** → geizig (1) – **3.** → erbärmlich (1) – **4.** → gemein (1) – **5.** schäbiger Rest: → Rest (I, 1)
Schäbigkeit, die: **1.** → Geiz – **2.** → Gemeinheit (1)
Schablone, die: **1.** → Muster (1) – **2.** nach der S.: → gleichförmig (1)
schablonenhaft: → gleichförmig (1)
schablonenmäßig: → gleichförmig (1)
Schach, das: S. bieten: → widersetzen, sich; in S. halten: → unterdrücken (1)
schachbrettartig: → kariert
Schacherer, der: → Geschäftemacher
schachern: → feilschen, handeln (I, 1)
Schachfigur, die: → Werkzeug (2)
schachmatt: 1. → besiegt (1) – **2.** → erschöpft (1)
Schachtel, die: **1.** ⟨*Behältnis aus Pappe od. dgl.*⟩ Pappschachtel + Karton · Packung · Box; → *auch* Dose (1) – **2.** → Frau (I, 1) – **3.** alte S.: → Frau (I, 1)
Schachzug, der: → List
schade: → bedauerlich (1)
Schädel, der: **1.** → Kopf (1) – **2.** dicker S.: → Eigensinn; einen harten/dicken S. haben: → eigensinnig (2); einen hohlen S. haben: → dumm (6); den S. einschlagen: → erschlagen (1)
schaden: 1. ⟨*zu jmds. Nachteil wirken*⟩ schädigen · Schaden zufügen/bereiten · Böses zufügen · übel mitspielen · Schindluder treiben ⎸mit⎹ · Unheil stiften + übel wollen ♦ *umg*: ein Bein stellen · einen Strick drehen ⎸aus⎹ · an die Karre/den Karren fahren · hereinreiten ♦ *salopp*: eins auswischen; → *auch* benachteiligen – **2.** ⟨*sich ungünstig auswirken*⟩ von Schaden/Nachteil sein · zum Schaden/Nachteil gereichen ♦ *umg*: Gift sein ⎸für⎹ – **3.** sich s.: ⟨*zum eigenen*

592

Nachteil handeln⟩ sich schädigen · sich Schaden zufügen + sich sein eigenes Grab schaufeln ♦ *umg:* sich ins eigene Fleisch schneiden · ein Eigentor schießen · den Ast absägen, auf dem man sitzt · sich hereinreiten · sich in die Nesseln / in ein Wespennest setzen · sich den Mund / die Zunge / die Finger verbrennen – **4.** nicht s. können: ⟨*nicht in der Lage sein, jmdm. zu schaden*⟩ nichts anhaben können · nicht beikommen können · nichts ausrichten können |gegen|
Schaden, der: **1.** ⟨*sich nachteilig auswirkende Folge von Handlungen od. Ereignissen*⟩ Unheil ♦ *gehoben:* Unbill; → *auch* Beeinträchtigung (1) – **2.** ⟨*bleibende körperl. Beeinträchtigung*⟩ *umg:* Knacks; → *auch* Verletzung (1), ¹Mangel (2) – **3.** ⟨*teilweise Zerstörung*⟩ Defekt · Panne – **4.** → Verlust (1) – **5.** S. erleiden: ⟨*Nachteile bzw. Einbußen hinnehmen müssen*⟩ Schaden davontragen · nicht ungeschoren bleiben ♦ *gehoben:* Abbruch erleiden ♦ *umg:* Federn / Haare lassen [müssen] · nicht ungerupft davonkommen; → *auch* verlieren (I, 2) – **6.** S. nehmen, zu S. kommen: **a)** → verunglücken (1) – **b)** → verletzen (II); sich S. tun: → verletzen (II); S. davontragen: → 5; S. zufügen / bereiten: → schaden (1); von S. sein, zum S. gereichen: → schaden (2); sich S. zufügen: → schaden (3); den S. beheben: → reparieren
Schadenersatz, der: **1.** → Entschädigung – **2.** S. leisten: → entschädigen (I)
schadenersatzpflichtig: → haftbar (1)
Schadenfeuer, das: → Feuersbrunst
schadenfroh: 1. ⟨*über den Schaden eines anderen Freude empfindend*⟩ hämisch + höhnisch; → *auch* boshaft (1) – **2.** s. sein: ⟨*sich über den Schaden eines anderen freuen*⟩ frohlocken · sich weiden |an| · sich die Hände reiben ♦ *umg:* sich [eins] ins Fäustchen lachen
Schadensbegrenzung, die: → Verhinderung
schadhaft: defekt · lädiert · brüchig · angestoßen · baufällig ♦ *umg:* ramponiert · mitgenommen; → *auch* beschädigt (1), entzwei
schädigen: I. schädigen: → schaden (1) – **II.** schädigen, sich: → schaden (3)
Schädigung, die: **1.** → Beeinträchtigung (1) – **2.** → Verlust (1)

schädlich: 1. ⟨*als Nahrung nicht geeignet*⟩ unbekömmlich · unzuträglich · abträglich · schlecht · ungesund · gesundheitsschädlich · gesundheitsschädigend · gesundheitsgefährdend; → *auch* gefährlich (1), giftig (1) – **2.** ⟨*Nachteile bringend*⟩ unzuträglich · abträglich · nachteilig · schlecht · verderblich + ruinös; → *auch* ungünstig
Schädlingsbekämpfungsmittel, das: Schädlingsvernichtungsmittel · Schädlingsvertilgungsmittel + Pestizid · Fungizid · Insektizid
Schädlingsvernichtungsmittel, das: → Schädlingsbekämpfungsmittel
Schädlingsvertilgungsmittel, das: → Schädlingsbekämpfungsmittel
schadlos: sich s. halten: → entschädigen (II)
Schaf, das: **1.** → Dummkopf (2) – **2.** schwarzes / räudiges S.: → Prügelknabe; geduldig wie ein S.: → geduldig (1)
Schäfchen, das: seine Schäfchen ins Trockene bringen: → gewinnen (1)
Schäferstündchen, das: → Koitus
Schaff, das: **1.** → Bottich – **2.** → Schrank (1)
schaffen: 1. → arbeiten (1) – **2.** → hervorbringen (1) – **3.** → meistern – **4.** → aufbekommen (2) – **5.** → erreichen (2) – **6.** → zurücklegen (1) – **7.** → befördern (1) – **8.** → anordnen (2) – **9.** → ermüden (1) – **10.** zu s. machen: → schwer (5); schwer zu s. machen: → bedrängen (1); zu s. haben |mit|: → zusammenhängen (1); Rat s.: → helfen (2); aus der Welt s.: **a)** → beseitigen (1) – **b)** → ermorden; aus den Augen s.: **a)** → wegbringen (1) – **b)** → wegräumen (1); beiseite / auf die Seite s.: → wegräumen (1); sich vom Halse s.: **a)** → abwälzen (2) – **b)** → abschütteln (2); wie geschaffen |für|: → ideal (1)
Schaffen, das: → Arbeit (1)
Schaffensdrang, der: → Tatkraft (1)
Schaffensfreude, die: → Fleiß (1)
schaffensfreudig: → fleißig (1)
schaffig: → fleißig (1)
Schäffler, der: → Böttcher
Schaffner, der: Kondukteur (*noch schweiz*) + Zugbegleiter
Schaffung, die: → Herstellung
Schafherde, die: → Herde (1)
schafig: → dumm (1)
Schafleder, das: ausreißen wie S.: → fliehen (1)

Schafott

Schafott, das (*hist*): Blutgerüst + Guillotine

Schafpelz, der: Wolf im S.: → Heuchler

Schafskopf, der: → Dummkopf (2)

Schafspelz, der: Wolf im S.: → Heuchler

Schaft, der: 1. → Stiel (2) – 2. → Griff (1)

schäften: → veredeln (1)

Schäker, der: → Spaßvogel

Schäkerei, die: → Flirt

schäkern: 1. → scherzen – 2. → flirten

schal: 1. ⟨*ohne rechten Geschmack*⟩ fad[e] · nüchtern · abgestanden · geschmacklos · würzlos · ungewürzt · ungesalzen · salzlos · ohne Salz + wässrig ♦ *umg*: [sch]labberig; lasch · flau (*landsch*) + wie Wasser/Limonade – 2. → geistlos

¹Schale, die: 1. ⟨*flaches Gefäß*⟩ + Napf · Becken · Trinkschale; → *auch* Schüssel (1) – 2. → Tasse (1)

²Schale, die: 1. ⟨*Außenschicht von Früchten*⟩ Pelle · Schelfe · Schilfe · Schlaube (*landsch*) + Hülse · Kruste – 2. sich in S. werfen/schmeißen: → herausputzen (II)

schalen: → verschalen

schälen: I. schälen: ⟨*von der Schale befreien*⟩ abschälen; [ab]pellen (*landsch*) – II. schälen, sich: 1. → häuten (II) – 2. sich aus den Kleidern s.: → ausziehen (II)

Schälhengst, der: → Zuchthengst

Schalk, der: → Spaßmacher

schalkhaft: → schelmisch

Schall, der: 1. ⟨*das Schallen*⟩ Hall; → *auch* Echo (1), Lärm (1), ¹Ton (1) – 2. S. und Rauch, leerer S.: → bedeutungslos (1)

schalldicht: schallsicher + schallschluckend

schallen: hallen · gellen; → *auch* klingen (1), dröhnen (1), lärmen

schallern: 1. → knallen (1) – 2. eine s.: → ohrfeigen

Schallplatte, die: Platte + Langspielplatte · CD

Schallplattenhülle, die: Plattenhülle · Cover · Plattencover

Schallschutz, der: → Lärmschutz

schallsicher: → schalldicht

Schalotte, die: → Zwiebel (1)

Schaltbrett, das: → Schalttafel

schalten: 1. → verstehen (I, 2) – 2. → langsam s.: → begriffsstutzig (2); s. und walten lassen: → gewähren (2)

Schalter, der: 1. ⟨*Platz [mit Schiebefenster] zur Kundenabfertigung*⟩ Abfertigungsschalter + Auskunftsschalter · Postschalter ·

Bankschalter · Counter; → *auch* Fahrkartenschalter – 2. → Fahrkartenschalter – 3. → Lichtschalter – 4. → Kasse (2)

Schalterstunden (*Pl*): → Öffnungszeiten

Schaltpult, das: → Schalttafel

Schalttafel, die: Schaltbrett · Armaturenbrett + Schaltpult · Schalttisch

Schalttisch, der: → Schalttafel

Schalung, die: → Verschalung

Schaluppe, die: → Boot

Scham, die: 1. ⟨*die Fähigkeit, Bloßgestelltsein zu empfinden*⟩ Schamgefühl – 2. ⟨*Gefühl des Bloßgestelltseins*⟩ Beschämung – 3. ⟨*schamhaftes Wesen*⟩ Schamhaftigkeit · Prüderie; → *auch* Schüchternheit – 4. → Geschlechtsteil – 5. weibliche S.: → Vulva; voll[er] S.: → beschämt; S. empfinden, vor S. erröten/erglühen/vergehen, jmd. würde vor S. am liebsten im Boden/Erdboden/in die Erde versinken: → schämen, sich (1)

schämen, sich: 1. ⟨*wegen einer [moralisch] mutmaßlich anfechtbaren Handlungsweise od. Gegebenheit eine quälende Empfindung haben*⟩ Scham empfinden · [vor Scham] erröten · [scham]rot werden · die Schamröte steigt jmdm. ins Gesicht · sich in Grund und Boden schämen · jmd. würde vor Scham am liebsten im Boden/Erdboden/in die Erde versinken + sich genieren ♦ *gehoben*: vor Scham erglühen/vergehen – 2. sich in Grund und Boden s.: → 1

schamfilen: → reiben (I, 1)

Schamgefühl, das: → Scham (1)

schamhaft: verschämt · genierlich; genant (*veraltend*) · schämig (*landsch*) + zurückhaltend ♦ *umg*: gschamig (*südd österr*); → *auch* schamrot (1), schüchtern, spröde (2), prüde (1)

Schamhaftigkeit, die: → Scham (3)

schämig: → schamhaft

schamlos: 1. → unzüchtig – 2. → unverschämt (1) – 3. → verkommen (2)

Schamlosigkeit, die: → Unverschämtheit

Schamott, der: → Schund (1)

Schampus, der: → Champagner

schamrot: 1. ⟨*vor Scham rot im Gesicht*⟩ wie mit Blut übergossen; → *auch* beschämt, schamhaft – 2. s. werden: → schämen, sich (1)

Schamröte, die: die S. steigt jmdm. ins Gesicht: → schämen, sich (1)

schandbar: 1. → verwerflich – 2. → abscheulich (1)

594

Schande, die: **1.** ⟨*etw., dessen man sich schämen muss*⟩ Schmach · Bloßstellung · Blamage · Skandal · Entehrung · Unehre; Schimpf (*veraltend*) – **2.** eine Sünde und S.: → verwerflich

schänden: 1. → entehren (I, 1), entweihen – **2.** → vergewaltigen (1)

schande[n]halber: → anstandshalber

Schandfleck, der: Makel · Odium · Schandmal · Fleck

schändlich: 1. → verwerflich – **2.** → entehrend – **3.** → sehr

Schandmal, das: → Schandfleck

Schandmaul, das: **1.** → Mundwerk – **2.** → Lästerer

Schandschnauze, die: → Mundwerk

Schandtat, die: **1.** → Verbrechen (1) – **2.** zu jeder S. / allen Schandtaten bereit sein: → mitmachen (4)

Schändung, die: **1.** → Entweihung – **2.** → Vergewaltigung (1)

Schänke, die: → Gaststätte (1, a u. b)

Schankstube/Schänkstube, die: → Gaststätte (1, b)

Schanktisch/Schänktisch, der: → Theke

Schankwirt/Schänkwirt, der: → Gastwirt

Schankwirtschaft/Schänkwirtschaft, die: → Gaststätte (1, b)

Schanze, die: **1.** → Sprungschanze – **2.** → Schutzwall (1) – **3.** → Befestigung (2) – **4.** sein Leben in die S. schlagen: → wagen (1)

schanzen: → arbeiten (1)

Schanzpfahl, der: → Palisade

Schapp, der od. das: → Schrank (1)

¹**Schar,** die: **1.** ⟨*ungeordnete größere Anzahl von Menschen*⟩ Trupp ♦ *umg*: Schwarm · Haufen · Truppe · Kolonne · Horde · Korona; → *auch* Menschenmenge – **2.** → Gruppe (1) – **3.** → Abteilung (II, 1) – **4.** → Menschenmenge, Menge (1) – **5.** in [hellen] Scharen: → scharenweise

²**Schar,** die od. das: → Pflugschar

Schäre, die: → Insel (1)

scharen: I. scharen: um sich s.: → zusammenrufen (1) – **II.** scharen, sich: → versammeln (II, 1)

scharenweise: in [hellen] Scharen · haufenweise · zuhauf; → *auch* viel (I, 1)

scharf: 1. ⟨*sehr gut schneidend*⟩ geschliffen + scharfkantig – **2.** ⟨*viel Gewürz enthaltend*⟩ [stark] gewürzt + pfeffrig · gepfeffert; → *auch* würzig (1) – **3.** → salzig – **4.** → eckig (1) – **5.** → heftig (1, c) – **6.** → deutlich

(1) – **7.** → streng (2) – **8.** → bissig (1) – **9.** → lüstern (1) – **10.** → knusprig (1) – **11.** → rau (2) – **12.** s. sein | auf |: **a)** → Verlangen (4) – **b)** → Vorliebe (2) – **c)** → erstreben; s. machen: → schärfen: s. wie eine Rasierklinge: → lüstern (1)

Scharfblick, der: → Vorausschau

Schärfe, die: **1.** → Deutlichkeit (1) – **2.** → Strenge

schärfen: scharf machen · abziehen · schleifen · wetzen; → *auch* anspitzen (1), dengeln

scharfkantig: 1. → eckig (1) – **2.** → scharf (1)

scharfmachen: → aufhetzen

Scharfmacher, der: → Hetzer

Scharfmacherei, die: → Hetze (1)

scharfmacherisch: → hetzerisch

Scharfrichter, der: → Henker (1)

scharfsichtig: → voraussehend

Scharfsinn, der: → Klugheit

scharfsinnig: → klug (1)

scharlachrot: → rot (1)

Scharlatan, der: **1.** → Kurpfuscher – **2.** → Betrüger

Scharmützel, das: → Gefecht (1)

scharren: → kratzen (1)

Scharte, die: **1.** → Schramme (2) – **2.** die S. auswetzen: → aufholen (1)

Scharteke, die: **1.** → Buch (1) – **2.** → Frau (I, 1)

schartig: → stumpf (1)

Scharwenzel, der: → Bube

scharwenzeln: → schmeicheln (1)

schassen: → entlassen (2)

Schatten, der: **1.** ⟨*die dunkle Fläche hinter beleuchteten undurchsichtigen Körpern*⟩ Schlagschatten; → *auch* Halbdunkel – **2.** ständiger S.: → Begleiter (1); in den S. stellen: → überflügeln; nur noch ein S. [seiner selbst]: → elend (1); seine Schatten vorauswerfen: → ankündigen (II); über seinen S. springen: → überwinden (II, 1)

Schattenbild, das: Schattenriss · Silhouette

Schattendasein, das: Schattenleben + Scheindasein

schattenhaft: 1. → verschwommen (1) – **2.** → gespenstisch

Schattenleben, das: → Schattendasein

Schattenmann, der: → Hintermann (1)

Schattenreich, das: → Unterwelt (1)

Schattenriss, der: **1.** → Schattenbild – **2.** → Umriss

Schattenseite

Schattenseite, die: **1.** ⟨*der Sonne abgewandte Seite eines Planeten*⟩ Nachtseite – **2.** → Nachteil (1)
Schattenwelt, die: → Unterwelt (1)
schattieren: → abschattieren
Schattierung, die: **1.** → Abschattierung – **2.** → Strömung (2)
schattig: 1. → kühl (1) – **2.** → dämmerig
Schatulle, die: → Kassette (1)
Schatz, der: **1.** → Wertstück – **2.** → Glanzstück (1) – **3.** → Geliebte (I u. II), Liebling (1)
Schätzchen, das: → Liebling (1)
schätzen: 1. ⟨*ungefähr zu bestimmen versuchen*⟩ abschätzen · taxieren · taxen · abwägen + überschlagen ♦ *gehoben*: wägen ♦ *umg*: abtaxieren ♦ *salopp*: über den Daumen peilen; → *auch* veranschlagen – **2.** → vermuten – **3.** → achten (1) – **4.** s. |auf|: → veranschlagen
schätzenswert: → angesehen (1)
schätzenswürdig: → angesehen (1)
Schätzer, der: Taxator · Taxierer
Schätzung, die: **1.** ⟨*ungefähre Bestimmung*⟩ Abschätzung · Taxierung; → *auch* Veranschlagung – **2.** → Achtung (1)
schätzungsweise: → ungefähr (1)
schau: → großartig (1)
Schau, die: **1.** → Ausstellung (1) – **2.** → Darbietung (1) – **3.** → Standpunkt (1) – **4.** zur S. stellen: **a)** → ausstellen (2) – **b)** → zeigen (I, 3); zur S. tragen: → zeigen (I, 3); 'ne S. sein: → großartig (3); eine S. abziehen: → angeben (1); die S. stehlen: → überflügeln
schaubar: → sichtbar (1)
Schaubude, die: → Bude (1, b)
Schauder, der: **1.** → Abscheu (1) – **2.** → ¹Schauer (1) – **3.** S. erregend: → Entsetzen (2)
schauderbar: → abscheulich (1)
schauderhaft: → abscheulich (1)
schaudern: 1. ⟨*Schauder empfinden*⟩ erschaudern · [er]schauern · eine Gänsehaut bekommen · es ist jmdm. [abwechselnd] heiß und kalt · es läuft jmdm. [eis]kalt/heiß [und kalt] über den Rücken/den Rücken herunter; → *auch* ängstigen (II, 1), ekeln (II), ²grauen, sich – **2.** → ²grauen, sich – **3.** → frieren (1)
schauderös: → abscheulich (1)
schaudervoll: → Entsetzen (2)
schauen: 1. → blicken (1) – **2.** → sehen (1) – **3.** → erblicken (1), erkennen (2) – **4.** nach

dem Rechten s.: → kontrollieren (1); in die Zukunft s.: → wahrsagen
¹Schauer, der: **1.** ⟨*plötzl. Frösteln*⟩ Schauder – **2.** → Abscheu (1) – **3.** → Regenguss – **4.** → Schüttelfrost
²Schauer, der *od.* das: → Schuppen (1)
Schauergeschichte, die: Schauermärchen · Gruselgeschichte · Gespenstergeschichte · Spukgeschichte · Schauerroman ♦ *umg*: Räuberpistole (*scherzh*)
schauerlich: 1. → gruselig (1) – **2.** → Entsetzen (2)
Schauermärchen, das: → Schauergeschichte
schauern: 1. → schaudern (1) – **2.** → frieren (1) – **3.** → gießen (2)
Schauerroman, der: → Schauergeschichte
schauervoll: 1. → gruselig (1) – **2.** → Entsetzen (2)
Schaufel, die: Schippe (*landsch*); → *auch* Spaten
schaufeln: 1. → graben (1) – **2.** sich sein eigenes Grab s.: → schaden (3)
Schaufenster, das: **1.** ⟨*zur Ausstellung von Waren dienendes großes Fenster*⟩ Auslage (*süddt österr*) – **2.** → Ausschnitt (1)
Schaugeschäft, das: → Unterhaltungsindustrie
Schaukasten, der: Vitrine
Schaukel, die: Wippe; Hutsche (*österr*)
schaukeln: 1. ⟨*sich auf einer Schaukel hin- und herbewegen*⟩ schwingen · wippen; schunkeln (*landsch*); hutschen (*österr*) – **2.** ⟨*sich mit einem Stuhl schaukelnd bewegen*⟩ kippeln · wippen – **3.** ⟨*jmdn. hin- und herbewegen*⟩ wiegen; wiegeln (*landsch*) – **4.** → schwingen (I, 1) – **5.** → schlingern – **6.** → schwanken (1) – **7.** → meistern
Schaukelpferd, das: ein Gemüt wie ein S. haben: → dulden (1)
Schaulustige, der: Zuschauer + Zaungast · der Umstehende ♦ *umg*: Zugucker · Gucker + Kiebitz ♦ *salopp*: Gaffer (*abwert*); → *auch* Beobachter, Zeuge
Schaum, der: **1.** ⟨*lockere Masse aus sehr kleinen Luftbläschen*⟩ + Gischt – **2.** → Speichel – **3.** S. schlagen: → prahlen
schäumen: 1. ⟨*Schaum bilden*⟩ *gehoben*: gischten; gischen (*veraltet*) – **2.** → sprudeln (1) – **3.** → ²wallen – **4.** → wüten
Schaumschläger, der: → Blender
Schaumschlägerei, die: → Prahlerei
Schaumwein, der: → Champagner

596

Schaupackung, die: → Attrappe

Schauplatz, der: **1.** ⟨*Ort des Geschehens*⟩ Arena · Bühne · Szenerie – **2.** vom S. abtreten: → sterben (1)

schaurig: 1. → gruselig (1) – **2.** → Entsetzen (2)

Schauspiel, das: **1.** → Drama (1) – **2.** → Ereignis (1)

Schauspieler, der: Akteur · Darsteller · Bühnenkünstler · Mime + Komödiant ♦ *salopp:* Kulissenreißer (*abwert*)

Schauspielerei, die: → Verstellung

Schauspielerin, die: Aktrice (*veraltend*) + Diva

schauspielerisch: darstellerisch · mimisch

schauspielern: → verstellen (II)

Schauspielhaus, das: → Theater (2)

Schaustellung, die: → Darbietung (1)

Schaustück, das: **1.** → Ausstellungsstück – **2.** → Glanzstück (1)

Scheck, der: **1.** → Zahlungsanweisung – **2.** mit/per/durch S.: → bargeldlos

Schecke, der *od.* die: → Pferd (1)

scheckig: 1. → gefleckt – **2.** sich s. ärgern: → ärgern (II, 1); sich s. lachen: → lachen (1); bekannt wie ein scheckiger Hund: → verrufen (3)

scheel: scheele Augen machen: → neidisch (2)

Scheelsucht, die: → Neid (1)

scheelsüchtig: → neidisch (1)

Scheffel, der: sein Licht unter den S. stellen: → bescheiden (I, 8)

scheffeln: → zusammenraffen (I, 2)

scheffelweise: → massenhaft

Scheibe, die: **1.** ⟨*flacher u. runder Gegenstand*⟩ Platte – **2.** → Fensterscheibe – **3.** → Schießscheibe – **4.** → Schnitte – **5.** S. Brot: → Schnitte; in Scheiben schneiden: → aufschneiden (1); sich eine S. abschneiden können ⏐von⏐: → Vorbild (2)

Scheibengardine, die: → Gardine (1)

Scheibtruhe, die: → Schubkarre

Scheich, der: → Geliebte (I)

Scheide, die: **1.** ⟨*Teil der weibl. Geschlechtsorgane*⟩ Vagina · Vulva ♦ *salopp:* Muschel · Muschi ♦ *derb:* Spalte · Schlitz · Möse · Fotze · Loch; → *auch* Geschlechtsteil, Vulva – **2.** → Grenze (1, c)

Scheidelinie, die: → Grenze (1, c)

scheiden: 1. → verabschieden (II, 1) – **2.** → trennen (I, 1 *u.* II) – **3.** → abreisen – **4.** sich s. lassen: → trennen (II); aus dem Leben/aus der Welt/von hinnen s.: → sterben (1); freiwillig aus dem Leben/aus der Welt s.: → Selbstmord (2)

Scheiden, das: → Abschied (1)

Scheidewand, die: Trennwand · Abteilungswand

Scheidung, die: **1.** → Ehescheidung – **2.** → Trennung (1)

Scheidungskampf, der: Rosenkrieg · Scheidungskrieg

Scheidungskrieg, der: → Scheidungskampf

Schein, der: **1.** ⟨*Lichterscheinung*⟩ Schimmer + Feuerschein; → *auch* Licht (1) – **2.** ⟨*das die wirkl. Gegebenheiten bzw. das Wesen verbergende äußere Bild*⟩ Anschein · Eindruck; → *auch* Sinnestäuschung – **3.** ⟨*nach außen gezeigter Anstand*⟩ Schicklichkeit; Dehors · Dekorum (*veraltend*); → *auch* ¹Anstand (1) – **4.** → Licht (1) – **5.** → Bescheinigung (1) – **6.** → Banknote – **7.** zum S.: ⟨*nur den Eindruck erweckend, nicht in Wirklichkeit*⟩ dem Scheine nach · pro forma · dem Namen nach – **8.** dem Scheine nach: **a)** → 7 – **b)** → scheinbar

scheinbar: dem Scheine nach · imaginär · eingebildet · virtuell; illusionär · illusionistisch (*Kunst*) + illusorisch; → *auch* anscheinend, trügerisch

Scheindasein, das: → Schattendasein

scheinen: 1. ⟨*sich jmdm. in bestimmter Weise darstellen*⟩ erscheinen · den Anschein haben · vorkommen · anmuten; dünken (*veraltend*) – **2.** → leuchten (1) – **3.** wie es scheint: → anscheinend

Scheinfirma, die: Briefkastenfirma

scheinfromm: → frömmelnd

Scheingeschäft, das: Luftgeschäft ♦ *umg:* Luftnummer + Luftbuchung

scheinheilig: → heuchlerisch, frömmelnd

Scheinheilige: I. Scheinheilige, der: → Heuchler – **II.** Scheinheilige, die: → Heuchlerin

Scheinheiligkeit, die: → Heuchelei

Scheinmedikament, das: → Placebo

Scheinname, der: → Deckname

Scheiß, der: **1.** → Kram (1) – **2.** → Schund (1) – **3.** → Missgeschick – **4.** → Angelegenheit – **5.** S. erzählen: → schwafeln

Scheißdreck, der: **1.** → Kram (1) – **2.** → Schund (1) – **3.** → Missgeschick – **4.** einen S. angehen: → angehen (6)

Scheiße, die: **1.** → Kot (1) – **2.** → Kram (1) – **3.** → Schund (1) – **4.** → Missgeschick – **5.**

scheißegal

→ Angelegenheit – **6.** durch die S. ziehen: **a)** → verleumden (1) – **b)** → verspotten; S. bauen: → Fehler (2)

scheißegal: s. sein: → gleichgültig (4)

scheißen: 1. → austreten (2) – **2.** → Wind (I, 3) – **3.** s. |auf|: → verzichten; was s.: → ablehnen (1)

Scheißer, der: → Feigling

Scheißerei, die: → Durchfall (1)

Scheißeritis, die: → Durchfall (1)

scheißfreundlich: → schmeichlerisch, heuchlerisch

Scheißhaufen, der (*derb*): *normalspr:* Haufen; Tretmine (*scherzh verhüllend*)

Scheißhaus, das: → Toilette (1)

Scheißhausparole, die: → Gerücht

Scheißkerl, der: → Feigling

scheißvornehm: → vornehm (1)

Scheißwetter, das: → Wetter (I, 2)

Scheitel, der: **1.** ⟨*Trennlinie der Frisur*⟩ salopp: Lauseallee (*scherzh*) – **2.** → Schnittpunkt – **3.** vom S. bis zur Sohle: → oben (3)

Scheitelpunkt, der: → Schnittpunkt

scheitern: ⟨*ohne Erfolg bleiben*⟩ **a)** ⟨*Personen in ihren Bemühungen insgesamt*⟩ Schiffbruch erleiden · es zu nichts bringen · es weit bringen (*iron*) + aus dem Gleis kommen · aus dem Gleis geworfen werden ♦ *gehoben:* stranden ♦ *umg:* unter die Räder kommen · sich den Hals brechen · auf den Bauch fallen |mit| · sich das Genick brechen · nicht durchkommen · Fiasko machen ♦ *salopp:* baden gehen; → *auch* Misserfolg (2), ruinieren (II) – **b)** ⟨*Pläne, Unternehmungen*⟩ fehlschlagen · sich zerschlagen · zunichte werden · in Rauch aufgehen · sich in Rauch auflösen · wie eine Seifenblase zerplatzen + zusammenbrechen · nicht zustande kommen ♦ *umg:* platzen · zu Wasser werden · den Bach hinuntergehen · quer gehen · danebengehen · schief gehen/laufen · in die Hose gehen · in die Brüche gehen; bachab gehen (*schweiz*) + auffliegen; → *auch* misslingen

Scheitstock, der: → Hackklotz

Schelch, der *od.* das: → Boot

Schelfe, die: → ²Schale (1)

schelfern: s. |von|: → ablösen (II, 1)

Schelle, die: **1.** → Klingel – **2.** → Ohrfeige (1) – **3.** Schellen geben: → ohrfeigen

schellen: → klingeln

Schellfisch, der: → Dorsch

Schelm, der: **1.** → Frechdachs – **2.** → Spaßvogel – **3.** → Spaßmacher

Schelmenstreich, der: → Streich (1)

Schelmenstück, das: → Streich (1)

Schelmerei, die: **1.** → Spaß (1) – **2.** → Neckerei

schelmisch: schalkhaft · spitzbübisch · verschmitzt; → *auch* spaßig (1)

Schelte, die: Scheltrede ♦ *umg:* Schimpfe; → *auch* Tadel (1)

schelten: 1. → ausschimpfen – **2.** → schimpfen (1) – **3.** → tadeln (1) – **4.** → nennen (1)

Scheltrede, die: → Schelte

Schema, das: **1.** → Muster (1) – **2.** nach S. F: → gleichförmig (1)

schematisch: → gleichförmig (1)

schematisieren: → vereinfachen

Schematismus, der: → Vereinfachung

Schemel, der: → Hocker

Schemen, der: **1.** → Gespenst (1) – **2.** → Maske (1)

schemenhaft: 1. → verschwommen (1) – **2.** → gespenstisch

Schenk, der: → Gastwirt

Schenke, die: → Gaststätte (1, a *u.* b)

schenken: 1. ⟨*als Gabe überreichen*⟩ zum Geschenk/Präsent machen · geben · verehren · zukommen lassen · zustecken; vergaben (*schweiz*) + zuwenden · stiften · dedizieren · zueignen · bescheiden ♦ *umg:* vermachen · spendieren ♦ *gehoben:* darbringen · darreichen; → *auch* abgeben (I, 2), zustecken (1), spenden (1), verschenken (1) – **2.** → erlassen (1) – **3.** Glauben s.: → glauben (1); Vertrauen s.: → vertrauen; Aufmerksamkeit/Beachtung s.: → beachten; keine Beachtung s.: → ignorieren; Gehör/sein Ohr s.: → anhören (I, 1); einen Blick s.: → ansehen (I, 1); das Leben s.: → gebären; die Freiheit s.: → entlassen (1); halb geschenkt: → billig (1)

schenkfreudig: → freigebig (1)

Schenkstube, die: → Gaststätte (1, b)

Schenktisch, der: → Theke

Schenkung, die: Zuwendung · Stiftung · Dotation; → *auch* Geschenk (1), Sonderzuwendung

Schenkwirt, der: → Gastwirt

Schenkwirtschaft, die: → Gaststätte (1, b)

scheppern: 1. → klappern (1) – **2.** → rasseln (1)

Scherbe, die: **1.** ⟨*Bruchstück eines Gegenstandes aus Glas od. Keramik*⟩ Splitter; Scherbel (*landsch*); Scherben (*süddt*) – **2.** in Scherben gehen: → zerbrechen (2)

598

Scherbel, der: 1. → Scherbe (1) – 2. → Blumentopf

scherbeln: → tanzen (1)

Scherben, der: 1. → Scherbe (1) – 2. → Blumentopf

Scherbenhaufen, der: → Trümmerhaufen

¹scheren: 1. ⟨durch Schneiden Haare entfernen bzw. stark kürzen⟩ abschneiden · kurz schneiden · stutzen; → auch beschneiden (1) – **2.** den Bart s.: → rasieren; über einen Kamm s.: → gleichsetzen

²scheren, sich: sich nicht s. |um|: → kümmern, sich (1); sich den Teufel/Henker s. |um|: → rücksichtslos (2)

Schererei, die: → Unannehmlichkeit

Scherflein, das: 1. → Spende (1) – 2. sein S. beitragen: → spenden (1)

Scherge, der: → Verfolger

¹Scherz, der: → Brotkanten

²Scherz, der: 1. ⟨nicht ernst gemeinte [lustige] Äußerung bzw. Handlung⟩ Spaß · Ulk · Schabernack; Possen (veraltend) + Schnurre ♦ umg: Jux · Jokus · Joke; → auch Neckerei, Spaß (1), Spott (1), Witz (1) – **2.** zum S.: ⟨nur aus Spaß⟩ umg: aus Jux [und Tollerei]; aus Daffke (berlin) – **3.** einen S./Scherze machen, sich einen S. erlauben: → scherzen

Scherzbold, der: → Spaßvogel

scherzen: spaßen · ulken · Spaß/Unsinn/Ulk machen · einen Scherz/Scherze machen · sich einen Scherz/[kleinen] Spaß erlauben · schäkern · Possen treiben/reißen + witzeln · Witze machen ♦ umg: juxen · flachsen / Flachs machen · einen Jux machen + Witze reißen; einen Schmäh führen (österr) ♦ salopp: blödeln + pflaumen; → auch necken

scherzhaft: → spaßig (1)

Scherzname, der: → Spitzname

Scherzzeichnung, die: → Karikatur (1)

schesen: → laufen (1)

scheu: 1. → schüchtern – **2.** s. werden: → durchgehen (3); die [jungen] Pferde s. machen: → verwirren (2)

Scheu, die: **1.** → Schüchternheit (1) – **2.** → Hemmung (1) – **3.** → Ehrfurcht – **4.** → Widerwille – **5.** ohne S.: → keck; die/seine S. verlieren: → Schüchternheit (2)

Scheuche, die: → Vogelscheuche (1)

scheuchen: 1. → antreiben (2) – **2.** → vertreiben (1)

scheuen: I. scheuen: **1.** → durchgehen (3) – **2.** keine Mühe s.: → versuchen (I, 4) – **II.**

scheuen, sich: ⟨nicht den Mut zu etw. haben⟩ zurückscheuen · zurückschrecken

Scheuer, die: → Scheune

Scheuerbürste, die: Fegbürste (schweiz)

Scheuerfrau, die: → Putzfrau

Scheuerhader, der: → Scheuertuch

Scheuerlappen, der: → Scheuertuch

Scheuermittel, das: → Reinigungsmittel

scheuern: 1. ⟨durch [kräftiges] Reiben [mit einer Bürste] reinigen⟩ ausreiben (österr); fegen (süddt schweiz) + wischen ♦ umg: schrubben; → auch reinigen (1) – **2.** → reinigen (2) – **3.** → reiben (I, 1) – **4.** eine s.: → ohrfeigen

Scheuertuch, das: Scheuerlappen · Aufwischlappen · Aufwischtuch; Feudel (norddt); Reibtuch · Ausreibtuch (österr) ♦ umg: Hader · Scheuerhader (landsch); Fetzen (süddt österr); Ausreibfetzen (österr)

Scheuklappe, die: Scheuklappen haben: → beschränkt (4)

Scheune, die: Scheuer (landsch); Stadel (süddt österr schweiz) + Feldscheune

Scheunendrescher, der: fressen wie ein S.: → essen (1)

Scheusal, das: **1.** → Ungeheuer (1) – **2.** → Unmensch (1) – **3.** → Ekel (II) – **4.** → Missgeburt

scheußlich: 1. → abscheulich (1) – **2.** → ekelhaft (1) – **3.** → verwerflich – **4.** → Entsetzen (2) – **5.** → hässlich – **6.** → unfreundlich (2)

Scheußlichkeit, die: → Gräuel (1)

Schi, der: **1.** → Ski (1) – **2.** S. laufen/fahren: → Ski (2)

Schicht, die: **1.** ⟨flächig ausgebreitete Masse aus einem einheitl. Stoff⟩ Lage; Schichte (österr) – **2.** ⟨flächenhafte Bedeckung von relativ großer Ausdehnung⟩ Decke · Haut; Schichte (österr); → auch Belag (1) – **3.** → Gesellschaftsgruppe – **4.** → Arbeitszeit

Schichte, die: → Schicht (1 u. 2)

schichten: stapeln · türmen · häufeln; beigen (schweiz); → auch aufhäufen (I, 1), aufschichten

Schichtgestein, das: → Sedimentgestein

schick: → elegant (1)

Schick, der: **1.** → Eleganz (1) – **2.** → Gewandtheit (3)

schicken: I. schicken: **1.** ⟨etw. zu einem entfernten Empfänger bringen lassen⟩ senden · zuschicken · übersenden · zusenden ·

599

Schickeria

zuleiten · zukommen / zugehen lassen; →
auch abschicken – **2.** ⟨*jmdn. zum Aufsuchen eines bestimmten Ortes veranlassen*⟩ [ent]senden · beordern · bescheiden · berufen · verweisen |an| · weisen; → *auch* delegieren, befehlen (I, 2) – **3.** s. |nach|: → herbeirufen (1); in die Wüste s.: → entlassen (2); auf den Hals s.: → aufbürden (2); in den April s.: → narren – **II.** schicken, sich: **1.** → gehören (II) – **2.** sich s. |in|: → abfinden (II, 2)

Schickeria, die: → Oberschicht
Schickimicki, der: → Modegeck
schicklich: → anständig (1)
Schicklichkeit, die: **1.** → Schein (3) – **2.** → ¹Anstand (1)
Schicksal, das: **1.** ⟨*das dem Menschen im Leben Bestimmte bzw. Widerfahrende*⟩ Geschick · Los · Fatum · Bestimmung + Vorsehung · Kismet · Karma[n]; → *auch* Schicksalsfügung – **2.** seinem S. überlassen: → verlassen (I, 2); sich in sein S. fügen: → resignieren
schicksalhaft: 1. ⟨*von tief greifendem Einfluss auf das weitere Leben*⟩ gehoben: schicksalsschwer · schicksalsschwanger · schicksalsvoll – **2.** → vorbestimmt
Schicksalsfrage, die: → Problem (1)
Schicksalsfügung, die: → Fügung ♦ *gehoben*: Schickung; → *auch* Schicksal (1)
Schicksalsgefährte, der: Schicksalsgenosse · Leidensgefährte · Leidensgenosse + Kampfgefährte · Kampfgenosse; → *auch* Kamerad
Schicksalsgenosse, der: → Schicksalsgefährte
Schicksalsglaube, der: → Fatalismus
schicksalsgläubig: → fatalistisch
Schicksalsschlag, der: → Unglück (1)
schicksalsschwanger: → schicksalhaft (1)
schicksalsschwer: → schicksalhaft (1)
schicksalsvoll: → schicksalhaft (1)
Schickse, die: **1.** → Frau (I, 1) – **2.** → Geliebte (II)
Schickung, die: → Schicksalsfügung
Schiebebock, der: → Schubkarre
schieben: 1. → handeln (I, 1) – **2.** → drängen (2) – **3.** → abrücken (1) – **4.** beiseite s.: **a)** → abrücken (1) – **b)** → abwälzen (2) – **c)** → verdrängen (1) – **d)** → unwichtig (2); zur Seite s.: **a)** → abrücken (1) – **b)** → verdrängen (1); auf die lange B. s.: → verzögern (I); die Schuld s. |auf|, die Schuld in die

Schuhe s., etw. unter die Weste s.: → beschuldigen (2); aufs Abstellgleis / tote Gleis s.: → kaltstellen; Kohldampf s.: → hungern (1); Posten / Wache s.: → Wache (3); Knast s.: → gefangen (2); eine Nummer s.: → koitieren
Schieber, der: **1.** → Geschäftemacher – **2.** → Betrüger
Schiebfach, das: → Schubfach
Schiebkarre, die: → Schubkarre
Schiebkarren, der: → Schubkarre
Schiebkasten, der: → Schubfach
Schieblade, die: → Schubfach
Schiebung, die: → Betrug (1), Machenschaften
schiech: 1. → hässlich (1) – **2.** → wütend (1)
schiedsen: → schiedsrichtern
Schiedsrichter, der (*Sport*): der Unparteiische · Referee; Ref (*schweiz*) + Kampfrichter · Ringrichter · Mattenrichter · Punktrichter ♦ *umg*: Schiri
schiedsrichtern: + pfeifen ♦ *umg*: schiedsen
Schiedsspruch, der: → Urteil (1)
schief: 1. ⟨*nicht senkrecht od. waagerecht*⟩ geneigt ♦ *umg*: windschief (*meist abwert*); → *auch* schräg (1) – **2.** → unförmig (1) – **3.** → falsch (1) – **4.** → einseitig (1) – **5.** s. gehen / laufen: → scheitern (b); sich die Hacken s. laufen: → bemühen (II, 1); s. geladen haben: → betrunken (2); s. liegen, s. gewickelt sein: → irren (II); auf die schiefe Bahn / Ebene geraten: → verkommen (1)
Schiefe, die: → Schräge
Schiefer, der: → Holzsplitter
schieferig: → spröde (1)
schiefern: s. |von|: → ablösen (II, 1)
schieflachen, sich: → lachen (1)
schiefmäulig: → neidisch (1)
schielen: 1. ⟨*eine fehlerhafte Augenstellung haben*⟩ *umg*: schräg gucken · einen Silberblick haben (*scherzh*) ♦ *salopp*: mischeln · einen Knick in der Optik haben (*landsch scherzh*) – **2.** → Blick (4)
schienen: → ruhig (6, b)
Schienen (*Pl*): **1.** → Gleis (1) – **2.** aus den S. springen: → entgleisen (1)
Schienenstrang, der: **1.** → Gleis (1) – **2.** → Schienenweg
Schienenweg, der: Bahn[strecke] · Schienenstrang · Eisenbahnstrecke · Strecke · Eisenbahnschienen · Eisenbahngleis + Verkehrsweg

schier: 1. → beinahe – **2.** → rein (1)
Schießeisen, das: **1.** → Schusswaffe – **2.** → Pistole (1) – **3.** → Revolver – **4.** → Gewehr (1)
schießen: 1. ⟨*mittels einer Schusswaffe ein Geschoss abfeuern*⟩ einen Schuss abgeben / abfeuern · Schüsse abgeben / abfeuern · einen Schuss abgehen lassen / auslösen · feuern · Feuer geben + Kugeln wechseln · böllern ♦ *umg:* knallen · ballern; pulvern (*landsch*); → *auch* beschießen, abdrücken (I, 1) – **2.** ⟨*ein Stück Wild mit einem Schuss töten*⟩ erlegen · zur Strecke bringen · auf die Decke legen + abschießen · treffen ♦ *salopp:* abknallen (*abwert*); → *auch* jagen (1), erschießen (I) – **3.** → sprengen (1) – **4.** → werfen (I, 1) – **5.** → wachsen (1) – **6.** → Rauschgift (3) – **7.** s. ⎮auf⎮: ⟨*einen Schuss auf ein Lebewesen abgeben*⟩ *umg:* eins aufbrennen · eins auf den Pelz / das Fell brennen – **8.** über den Haufen s.: **a)** → erschießen (I) – **b)** → niederschießen (1); sich eine Kugel in / durch den Kopf s.: → erschießen (II); durch den Kopf s.: → einfallen (1); durch die Luft s.: → fliegen (1); übers Ziel s.: → weit (4); einen Bock s.: → Fehler (2); Kobolz / einen Purzelbaum s.: → überschlagen (II, 2, a); ins Kraut s.: **a)** → wuchern (2) – **b)** → überhand; s. lassen: → verzichten; zum Schießen: → komisch (1)
Schießen, das: ausgehen / enden wie das Hornberger S.: → ergebnislos (2)
Schießer, der: → Rauschgiftsüchtige
Schießerei, die: → Gefecht (1)
Schießgewehr, das: → Gewehr (1)
Schießhund, der: aufpassen wie ein S.: → aufpassen (1)
Schießprügel, der: **1.** → Schusswaffe – **2.** → Gewehr (1)
Schießpulver, das: Pulver · Schwarzpulver
Schießscheibe, die: Zielscheibe · Scheibe ♦ *umg:* + Pappkamerad
Schießwaffe, die: → Schusswaffe
Schiet, der: **1.** → Kot (1) – **2.** → Kram (1) – **3.** → Schund (1) – **4.** → Angelegenheit – **5.** → Missgeschick
Schiff, das: *umg:* Kahn · Pott · Kasten; alter Kasten · Seelenverkäufer (*abwert*); → *auch* Boot, Dampfer (1), Frachter
Schiffbruch, der: S. erleiden: **1.** → scheitern (a) – **2.** → Misserfolg (2)
schiffen: 1. → austreten (1) – **2.** → regnen (1)

Schiffer, der: → Seemann
Schifferklavier, das: → Akkordeon
Schifffahrtsstraße, die: → Wasserstraße
Schifffahrtsweg, der: → Wasserstraße
Schiffsbesatzung, die: → Besatzung (1)
Schiffsjunge, der: Moses (*seem*); → *auch* Seemann
Schiffskoch, der: Smutje (*seem*); → *auch* Koch (1)
Schiffsmannschaft, die: → Besatzung (1)
schiften: → verschieben (II, 1)
Schikane, die: **1.** → Bosheit – **2.** mit allen Schikanen: → prunkvoll
schikanieren: → quälen (I, 2)
schikanös: → boshaft (1)
Schild: I. Schild, das: → Wegweiser (1) – **II.** Schild, der: den S. halten ⎮über⎮: → schützen (I, 1); im Schilde führen: → beabsichtigen
Schildbürger, der: → Spießbürger
Schilderer, der: → Erzähler (1)
schildern: 1. → erzählen (2), berichten – **2.** → beschreiben (1)
Schilderung, die: **1.** → Bericht (1) – **2.** → Beschreibung (1)
Schildwache, die: → Wache (1)
Schilf, das: ⟨*an Ufern wachsendes hohes Gras*⟩ **a)** ⟨*die einzelnen Pflanzen*⟩ Teichrohr · Ried · Schilfrohr · Schilfgras · Rohr; Reet (*norddt*) – **b)** ⟨*größerer Bestand*⟩ Röhricht · Ried · Schilfdickicht · Rohrdickicht; Reet (*norddt*)
Schilfdickicht, das: → Schilf (b)
Schilfe, die: → ²Schale (1)
schilferig: → spröde (1)
schilfe[r]n: s. ⎮von⎮: → ablösen (II, 1)
Schilfgras, das: → Schilf (a)
Schilfrohr, das: → Schilf (a)
schillerig: → schillernd (1)
schillern: changieren · irisieren · opalisieren
schillernd: 1. ⟨*in wechselnden Farben glänzend*⟩ schillerig · changeant · irisierend · opalisierend – **2.** → unbeständig
schilpen: → singen (2)
Schimäre, die: → Sinnestäuschung
schimärisch: → trügerisch
Schimmel, der: **1.** ⟨*von best. Pilzen gebildeter Überzug*⟩ Schimmelbelag + Schimmelpilz · Moder – **2.** → Pferd (1) – **3.** S. ansetzen: → schimmeln
Schimmelbelag, der: → Schimmel (1)
schimmelig: verschimmelt; kahmig · sporig (*landsch*); spakig (*norddt*) + moderig

schimmeln

schimmeln: verschimmeln · Schimmel ansetzen + modern; → *auch* faulen
Schimmelpilz, der: → Schimmel (1)
Schimmer, der: **1.** → Schein (1) – **2.** → Glanz (1) – **3.** → Anflug (2) – **4.** keinen [blassen] S. haben: **a)** → ahnungslos (3) – **b)** → dumm (6)
schimmerlos: → ahnungslos (1)
schimmern: 1. → leuchten (1) – **2.** → glänzen (1)
Schimpf, der: **1.** → Herabwürdigung – **2.** → Schande (1) – **3.** einen S. antun/zufügen: → demütigen (I); mit S. und Schande davonjagen: → entlassen (2)
Schimpfe, die: → Schelte
schimpfen: 1. ⟨*seinem Unwillen in zornigen Worten Ausdruck geben*⟩ schelten · zanken · räsonieren · poltern ♦ *umg:* wettern · sich Luft machen · schimpfen wie ein Rohrspatz; kläffen · keifen · zetern · geifern (*abwert*); keppeln (*österr*) ♦ *salopp:* bullern · fauchen; → *auch* ausschimpfen, schnauzen, fluchen (1), aufbrausen (2) – **2.** → nennen (1) – **3.** s. wie ein Rohrspatz: → 1
Schimpfen, das: *umg:* Schimpferei · Geschimpfe · Gezeter · Gekeife (*abwert*)
Schimpferei, die: → Schimpfen
schimpflich: 1. → entehrend – **2.** → verwerflich
Schinakel, das: → Boot
schinden: I. schinden: **1.** → quälen (I, 1) – **2.** → drillen (1) – **II.** schinden, sich: → abmühen, sich
Schinder, der: **1.** → Abdecker – **2.** → Peiniger (1) – **3.** → Pferd (1)
Schinderei, die: **1.** → Misshandlung – **2.** → Mühsal
schindern: → schlittern
Schindluder, das: S. treiben |mit|: → schaden (1)
Schindmähre, die: → Pferd (1)
Schinken, der: **1.** ⟨*Hinterkeule des Schweins*⟩ Schweinskeule · Keule – **2. a)** → Buch (1) – **b)** → Bild (1) – **c)** → Theaterstück
Schippe, die: **1.** → Schaufel – **2.** eine S. machen/ziehen: → schmollen; auf die S. nehmen: **a)** → necken – **b)** → narren; dem Tod von der S. springen: → davonkommen (2)
schippen: → graben (1)
Schiri, der: → Schiedsrichter
Schirm, der: **1.** → Regenschirm (1) – **2.** → Krempe – **3.** → Wandschirm – **4.** → Schutz (2, c) – **5.** Schutz und S.: → Schutz (2, a);

einen [alten] S. stehen lassen, einen S. in die Ecke stellen: → Wind (I, 3)
Schirmbilduntersuchung, die: → Durchleuchtung
schirmen: → schützen (I, 1)
Schirmherr, der: Protektor; → *auch* Beschützer, Schutzpatron
Schirmherrschaft, die: Patronat · Protektorat
Schismatiker, der: → Abtrünnige
Schiss, der: **1.** → Kot (1) – **2.** → Angst (1) – **3.** S. haben: → ängstigen (II, 1)
Schisser, der: → Feigling
Schizophrenie, die: → Bewusstseinsspaltung
Schlabber, die: → Mundwerk
Schlabberei, die: → Geschwätz (1)
schlabberig: → schal (1)
schlabbern: 1. → schlürfen (2) – **2.** → schwatzen (1)
Schlabberschnute, die: → Schwätzer (1)
Schlabberwasser, das: S. getrunken haben: → gesprächig (2)
Schlacht, die: Feldschlacht; → *auch* Gefecht (1), Kampf (1), Blutbad
schlachten: metzgen (*landsch u. schweiz*); metzeln (*landsch*) + abschlachten · abstechen; abtun (*landsch*); → *auch* töten (I, 2)
Schlachtenbummler, der: → Zuschauer (1)
Schlachter/Schlächter, der: → Fleischer
Schlächterei, die: → Blutbad
Schlachtfeld, das: → Kampfplatz (1)
Schlachtopfer, das: → Opfer (1)
Schlacke, die: → Abfall (I, 1)
schlackern: 1. → schlenkern (1) – **2.** mit den Ohren s.: → staunen (1)
Schlaf, der: **1.** ⟨*Ruhezustand des Körpers*⟩ **a)** ⟨*allgemein*⟩ Ruhe + Nachtruhe – **b)** ⟨*leichter Schlaf*⟩ Schlummer · Schläfchen; → *auch* Halbschlaf – **2.** in den S. wiegen/lullen/singen: → einschläfern (1); in S. sinken/fallen, vom S. übermannt werden: → einschlafen (1); im S. liegen: → schlafen (1, a); in tiefem/im tiefsten S. liegen, den S. des Gerechten schlafen: → schlafen (1, b); [sich] den S. aus den Augen reiben, aus dem S. auffahren/aufschrecken: → aufwachen (1); aus dem S. rütteln/pochen: → wecken (1); keinen S. finden: → wachen (1); den S. rauben, um den S. bringen: → Sorge (4); der letzte/ewige S.: → Tod (1); nicht im S.: → niemals
Schlafanzug, der: Pyjama + Nachthemd ♦ *gehoben:* Nachtgewand; → *auch* Morgenrock

schlafbedürftig: → müde (1)
Schläfchen, das: **1.** → Schlaf (1, b) – **2.** ein
S. machen/halten: → schlafen (1, c)
Schlafcouch, die: → Sofa
schlafen: 1. ⟨*nicht wach sein*⟩ **a)** ⟨*allgemein*⟩
im Schlaf liegen · ruhen; in Morpheus' Armen
liegen (*meist scherzh*) ♦ *umg*: pofen; an der
Matratze horchen · sich von innen begucken
(*scherzh*) ♦ *salopp*: pennen · koksen · kna-
cken · einen einziehen; → *auch* liegen (1),
schnarchen – **b)** ⟨*fest u. lange*⟩ in tiefem/im
tiefsten Schlaf liegen; den Schlaf des Gerech-
ten schlafen (*scherzh*) ♦ *umg*: schlafen wie
ein Toter/Ratz/Sack/Murmeltier; ratzen
(*landsch*); → *auch* schnarchen – **c)** ⟨*leicht,
sanft*⟩ schlummern · ein Schläfchen ma-
chen/halten · dämmern ♦ *umg*: duseln · dösen
· ein Nickerchen machen; druseln (*norddt*) –
2. → übernachten – **3.** → unaufmerksam (2) –
4. → geistesabwesend (2) – **5.** s. gehen: ⟨*sich
auf ein Ruhelager begeben, um einzuschla-
fen*⟩ ins/zu Bett gehen · sich schlafen legen ·
sich niederlegen · sich zur Ruhe begeben ♦
umg: in die Federn/in die Klappe/Falle ge-
hen · sich aufs Ohr legen · sich verrollen; in die
Heia gehen (*kinderspr*) ♦ *salopp*: ins Nest ge-
hen · sich aufs Ohr/in die Falle hauen; → *auch*
hinlegen (II) – **6.** sich s. legen: → 5; s. |mit|:
→ koitieren; s. wie ein Toter/Ratz/Sack/
Murmeltier: → 1, b; s. bis in die Puppen: →
durchschlafen; mit offenen Augen s.: → geis-
tesabwesend (2); etw. zum Schlafen: →
Schlafgelegenheit
Schlafenszeit, die: zur S.: → nachts
Schläfer, der: → Agent (1)
schlaff: 1. → erschöpft (1) – **2.** → kraftlos –
3. → langweilig
Schlaffheit, die: → Schwäche (1)
Schlafgelegenheit, die: → Schlafstelle · Über-
nachtungsmöglichkeit ♦ *umg*: etw. zum
Schlafen; → *auch* Schlafzimmer, Unter-
kunft (1), Bett (1), Lager (1)
Schlafgemach, das: → Schlafzimmer
Schlafhaube, die: → Schlafmütze (1)
Schlafittchen, das: beim/am S. fassen/
kriegen/nehmen/packen: → ergreifen (2)
Schlafkammer, die: → Schlafzimmer
Schlaflied, das: → Wiegenlied
schlaflos: schlaflose Nächte haben: → Sor-
ge (3); schlaflose Nächte bereiten: **a)** →
Sorge (4) – **b)** → beunruhigen (I)
Schlafmittel, das: Hypnotikum + Schlaf-
pulver · Schlaftabletten

Schlafmütze, die: **1.** ⟨*früher beim Schlafen
getragene Mütze*⟩ Schlafhaube · Nachtmütze
– **2.** *umg abwert* ⟨*langsamer u. unaufmerk-
samer Mensch*⟩ *normalspr*: Träumer ♦ *umg*:
Nachtwächter · Nachtmütze ♦ *salopp*: Dös-
kopp · Transuse; → *auch* Phlegmatiker,
Trauerkloß
schlafmützig: → träge
Schlafmützigkeit, die: → Trägheit
Schlafpulver, das: → Schlafmittel
Schlafraum, der: → Schlafzimmer
schläfrig: 1. → müde (1) – **2.** → träge – **3.**
→ verschlafen (2)
Schläfrigkeit, die: **1.** → Müdigkeit (1) – **2.**
→ Trägheit
Schlafsaal, der: → Schlafzimmer
Schlafstatt, die: → Bett (1)
Schlafstelle, die: → Schlafgelegenheit
Schlafstube, die: → Schlafzimmer
Schlaftabletten (*Pl*): **1.** → Schlafmittel – **2.**
S. nehmen: → vergiften (II)
schlaftrunken: 1. → müde (1) – **2.** → ver-
schlafen (2)
schlafwandeln: 1. ⟨*im Schlaf umhergehen*⟩
nachtwandeln · somnambulieren · umgehen
♦ *umg*: herumgeistern – **2.** → umherirren
Schlafwandler, der: Nachtwandler ·
Traumwandler · der Mondsüchtige · der
Somnambule; Lunatiker (*med*)
Schlafzimmer, das: Schlafkammer · Schlaf-
stube · Kammer (*landsch*) + Schlafraum ·
Schlafsaal ♦ *gehoben*: Schlafgemach; →
auch Schlafgelegenheit
Schlag: I. Schlag, der: **1.** ⟨*durch Ausholen
herbeigeführte kurze, aber heftige Berüh-
rung eines Körpers od. Gegenstandes*⟩ Hieb
· Klaps; Schmitz (*landsch*) + Puff · Haken ·
Kinnhaken · Schwinger ♦ *gehoben*: Streich
♦ *umg*: Patsch · Klatsch; → *auch* Stoß (2),
Kopfnuss – **2.** → Schlaganfall – **3.** → Art
(2) – **4.** → Lichtung – **5.** → Wagentür – **6.**
→ Verschlag (1) – **7.** → Donner (1), Blitz
(1) – **8.** → Enttäuschung (1), Unglück – **9.**
einen S. versetzen: → schlagen (I, 1); harter
S.: → Unglück; ein S. ins Kontor: → Über-
raschung (3); ein S. ins Wasser: → Misser-
folg (1); S. auf S.: → ununterbrochen; wie
vom S. getroffen: → erschrocken (1); auf
einen S.: → gleichzeitig (1); mit einem S.:
→ plötzlich (1); S. ... Uhr: → pünktlich (2)
– **II.** Schläge (*Pl*): **1.** → Prügel (II, 1) – **2.** S.
versetzen: → schlagen (I, 1)
Schlagabtausch, der: → Streitgespräch

Schlagader, die: Arterie · Pulsader + Halsschlagader · Aorta; → *auch* Ader (1), Blutader

Schlaganfall, der: Hirnschlag · Gehirnschlag; Schlagfluss (*veraltet*); Apoplexie (*med*) + Gehirnblutung ♦ *umg*: Schlag

schlagartig: → plötzlich (1)

Schlagbaum, der: → Schranke (1)

Schlägel, der: → Hammer (1)

schlagen: I. schlagen: 1. ⟨*einen Schlag bzw. mehrere Schläge gegen jmdn. ausführen*⟩ einen Schlag *bzw.* Schläge versetzen · einschlagen |auf| · zuschlagen · prügeln · Prügel austeilen · einprügeln |auf| · einknüppeln |auf| · hauen · einhauen |auf| · zuhauen · losschlagen · knüppeln · knütteln + puffen · klapsen · handgemein/handgreiflich werden ♦ *umg*: Hiebe aufzählen · den Prügel zu kosten/Pfeffer geben · es jmdm. [ordentlich/feste] geben · jmdm. rutscht die Hand aus ♦ *salopp*: dreschen · eine/einen/eins versetzen/verpassen · ein Ding verpassen · eins auf die Platte geben · ein paar/eins überziehen/überbraten/verplätten/draufhauen/draufgeben · eine/einen/eins vor den Latz knallen; kloppen · wichsen (*landsch*); → *auch* ohrfeigen, peitschen, verprügeln, züchtigen (1), niederschlagen (I, 1) – 2. ⟨*einen Schlag gegen bzw. auf etw. ausführen*⟩ schmettern + nageln ♦ *umg*: patschen; → *auch* klopfen (1) – 3. ⟨*vom Herz gesagt: tätig sein*⟩ puls[ier]en · pochen · klopfen · hämmern ♦ *umg*: puppern · bubbern · puckern – 4. → züchtigen (1) – 5. → besiegen (I) – 6. → überflügeln – 7. → fällen (1) – 8. → prägen (1) – 9. → branden (1) – 10. → singen (2) – 11. s. |in|: a) → einschlagen (1) – b) → einwickeln (1); mit der Peitsche s.: → peitschen; grün und blau/zu Brei s.: → verprügeln; die Pauke/Trommel s.: → trommeln (1); auf die Finger s.: → zurechtweisen; mit der Faust auf den Tisch s.: → aufbrausen (2); Krach s.: → beschweren (II); Alarm/Lärm s.: → alarmieren (1); ins Gesicht s.: → widersprechen (2); ein Schnippchen s.: → überlisten; in den Wind s.: → unterschätzen; s. |nach|, in jmds. Art s.: → geraten (4); aus der Art s.: → missraten (1); aus dem Feld s.: → verdrängen (2); sich aus dem Kopf/Sinn s.: → verzichten; eine Bresche s. |für|: → fördern (1); sein Leben in die Schanze s.: → wagen (1); über die Stränge s.: → übermütig (2); wie vor den Kopf geschlagen: → bestürzt; über einen Leisten s.: → gleichsetzen; einen Purzelbaum/Salto/[ein] Rad s.: → überschlagen (II, 2, a) – II. schlagen, sich: 1. ⟨*einen Streit mit Schlägen austragen*⟩ sich prügeln · sich raufen ♦ *umg*: sich herumschlagen · sich hauen ♦ *salopp*: sich keilen; sich kloppen (*landsch*) – 2. → kämpfen (1) – 3. → fechten (1) – 4. sich an die Brust s.: → bereuen; sich durchs Leben s.: → durchschlagen (I, 2); sich [seitwärts] in die Büsche s.: → wegschleichen (I)

schlagend: 1. → überzeugend – 2. schlagende Wetter: → Wetter (II, 1)

Schlager, der: 1. ⟨*viel gespieltes bzw. gesungenes Tanzlied*⟩ + Evergreen · Gassenhauer ♦ *umg*: Schnulze (*abwert*) + Hit ♦ *salopp*: Schmachtfetzen (*abwert*); → *auch* Lied (1) – 2. → Zugstück – 3. → Verkaufsschlager

Schläger, der: → Raufbold

Schlägerbande, die: → Schlägertrupp

Schlägerei, die: Prügelei · Handgemenge · Tätlichkeiten ♦ *umg*: Holzerei (*landsch*) ♦ *salopp*: Keilerei; → *auch* Rauferei

Schlägerkolonne, die: → Schlägertrupp

Schlägertrupp, der: Schlägertruppe · Schlägerkolonne · Schlägerbande

Schlägertruppe, die: → Schlägertrupp

Schlagetot, der: → Riese (1)

schlagfertig: 1. ⟨*sehr einfallsreich u. schnell beim Antworten*⟩ zungenfertig · flinkzüngig · mundfertig; → *auch* redegewandt – 2. s. sein: ⟨*einfallsreich u. schnell antworten*⟩ nicht auf den Mund gefallen sein · den Mund auf dem rechten Fleck haben · um eine Antwort nicht verlegen sein

Schlagfluss, der: → Schlaganfall

Schlagkraft, die: 1. (*Boxsp*) ⟨*die Fähigkeit, hart zu schlagen*⟩ Punch – 2. → Kampfkraft – 3. → Wirksamkeit (1)

Schlaglicht, das: ein S. werfen |auf|: → hinweisen

Schlagobers, der: → Schlagsahne

Schlagrahm, der: → Schlagsahne

Schlagsahne, die: Schlagrahm (*südtt schweiz*); Schlagobers (*österr*); → *auch* Sahne (1)

Schlagschatten, der: → Schatten (1)

Schlagseite, die: S. haben: a) → betrunken (2) – b) → schwanken (1)

Schlagwort, das: 1. → Phrase (1) – 2. → Stichwort (1)

Schlagzeile, die: 1. → Überschrift (1) – **2.** Schlagzeilen machen: → bekannt (4, a)
Schlaks, der: → Lange
Schlamassel, der: → Unannehmlichkeit
Schlamastik, die: → Unannehmlichkeit
Schlamm, der: Morast · Schlick; Modder · Mud (*norddt*); Pflotsch (*schweiz*) ♦ *umg*: Matsch · Mansch · Brei · Brühe; Pamp[s] · Schmant (*landsch*) ♦ *salopp*: Patsche · Soße; → *auch* Sumpf (1)
schlammig: verschlammt · morastig · schlickerig; modderig · muddig (*norddt*) + lehmig ♦ *umg*: matschig · pamp[s]ig; → *auch* sumpfig, dickflüssig
Schlammschlacht, die: → Streit (1)
schlampampen: → schwelgen (1)
Schlampe, die (*umg abwert*): liederliches Frauenzimmer · Vettel · (*Schmutzliese* · das Mensch; Schlumpe · Schlunze · Ruschel · Zaupe (*landsch*); → *auch* Schmutzfink, Frau (I, 1)
schlampen: → pfuschen (1)
Schlamperei, die: → Schlendrian (1)
schlampert: → unordentlich
schlampig: 1. → unordentlich – **2.** → nachlässig (1)
Schlange, die: 1. ⟨*beinloses Kriechtier*⟩ *umg*: Otter · Natter (*landsch*); → *auch* Riesenschlange, Viper, Kobra – **2.** ⟨*hintereinander stehende wartende Menschen*⟩ Warteschlange + Reihe – **3.** → Heuchlerin – **4.** → Reihe (2) – **5.** S. stehen: → anstehen (1); falsche S.: → Heuchlerin; falsch wie eine S.: → unaufrichtig (1)
schlängeln, sich: → ¹winden (II, 1)
schlangenartig: 1. → gewandt (1) – **2.** → glatt (3)
Schlangenbrut, die: → Gesindel
Schlangenfraß, der: → Gericht (1)
Schlangengezücht, das: → Gesindel
Schlangengrube, die: → Gefahr (1)
schlangenhaft: 1. → gewandt (1) – **2.** → glatt (3)
schlangenzüngig: → heuchlerisch
schlank: 1. ⟨*nicht dick*⟩ gertenschlank · rank [und schlank] · schmal · schmächtig; schlankwüchsig (*fachspr*) + grazil; → *auch* dünn (1), mager (1), schmalbrüstig (1), zartgliedrig, schlankwüchsig – **2.** rank und s.: → 1; s./schlanker machen: → rationalisieren
Schlankheitskur, die: → Entfettungskur
schlankweg: 1. → offen (3) – **2.** → kurzerhand

schlankwüchsig (*fachspr*): leptosom; → *auch* schlank (1)
schlapp: 1. → erschöpft (1) – **2.** → kraftlos
Schlappe, die: 1. → Niederlage (1) – **2.** eine S. erleiden: → verlieren (I, 3)
schlappen: 1. → schlottern (1) – **2.** → schlürfen (1)
Schlappen (*Pl*): → Pantoffel (II)
schlappern: 1. → schlürfen (2) – **2.** → schwatzen (1)
Schlappheit, die: → Schwäche (1)
schlappig: 1. → erschöpft (1) – **2.** → nachlässig (1)
schlappmachen: 1. → erlahmen (1) – **2.** → zusammenbrechen (1) – **3.** → versagen (1 *u.* 2)
Schlappmacher, der: → Schwächling
Schlappohr, das: → Hase (1)
Schlappsack, der: → Schwächling
Schlappschwanz, der: → Schwächling
Schlaraffenleben, das: → Müßiggang
schlarpen: → schlürfen (1)
schlau: 1. ⟨*mit prakt. Verstand ausgestattet*⟩ findig · pfiffig · clever · gewitz[ig]t; anschlägig · vigilant (*landsch*); bauernschlau (*veraltend*); plietsch (*norddt*); gefinkelt (*österr*) + geschmeidig ♦ *umg*: ausgeschlafen · helle; → *auch* klug (1), überklug (1), listig (1), raffiniert (1) – **2.** s. sein: ⟨*mit prakt. Verstand ausgestattet sein*⟩ *umg*: Köpfchen haben · nicht auf den Kopf gefallen sein · nicht von gestern sein – **3.** schlauer Fuchs: → Schlaukopf; sich s. fühlen: → wohl (4); nicht s. werden ⌊aus⌉: → erklären (I, 4)
Schlaube, die: → ²Schale (1)
schlauben: → aushülsen
Schlauberger, der: → Schlaukopf
Schlaubergerei, die: → Schlauheit
Schlauch, der: ein S. sein: → anstrengend (2); auf dem S. stehen: **a)** → Verlegenheit (2) – **b)** → begriffsstutzig (2)
schlauchen: → anstrengend (2)
Schlaue, der: ein ganz Schlauer: → Schlaukopf
Schläue, die: → Schlauheit
Schlaufe, die: → Schleife (1)
Schlaufuchs, der: → Schlaukopf
Schlauheit, die: Schläue · Findigkeit · Pfiffigkeit · Cleverness · Gewitztheit · Gewiegtheit; Vigilanz · Bauernschläue · Bauernschlauheit · Bauernpfiffigkeit (*veraltend*) +

Schlaukopf

Finesse ♦ *umg*: Schlaubergerei; → *auch*
Gerissenheit, Klugheit, List
Schlaukopf, der: [alter] Fuchs · schlauer
Fuchs; Filou (*oft abwert*) ♦ *umg*: Pfiffikus ·
Schlitzohr · Cleverle · ein ganz Schlauer ·
Schlauberger · Schlaumeier · Schlaufuchs;
Schlawiner (*auch abwert*); Schlemihl
(*landsch*) ♦ *salopp*: Luder · Aas (*meist ab-
wert*)
Schlaumeier, der: 1. → Schlaukopf – 2. →
Rechthaber
Schlawiner, der: → Schlaukopf
schlecht: 1. ⟨*gar nicht gut*⟩ miserabel · er-
bärmlich · unter aller Würde ♦ *umg*: mies ·
grottenschlecht · unter aller Kritik/Kano-
ne · unter dem Strich · zum Davonlaufen ·
zum Erbarmen · belämmert; bescheiden
(*verhüll*); ätzend (*jugendspr*) ♦ *salopp*:
nichts dran · hundemäßig · hundsmiserabel
♦ *derb*: schweinemäßig · saumäßig · unter
aller Sau · beschissen; → *auch* wertlos (1),
minderwertig – 2. → verdorben (1) – 3. →
ungünstig – 4. → elend (1) – 5. → schädlich
(1 *u.* 2) – 6. → unsittlich – 7. → böse (1) –
8. → unangenehm (1) – 9. → übel (1) – 10.
s. gehen: ⟨*sich in einer schlimmen Lage be-
finden*⟩ **a)** ⟨*vorw. in Bezug auf die wirt-
schaftl. Verhältnisse*⟩ miserabel gehen · in
einem Tief stecken ♦ *umg*: mies/belämmert
gehen · in Schwierigkeiten stecken · mit
dem Rücken zur Wand stehen; bescheiden
gehen (*verhüll*) ♦ *salopp*: dreckig gehen ·
das Wasser steht jmdm. bis an den Hals/die
Gurgel · im Dreck stecken ♦ *derb*: schwei-
nemäßig/beschissen gehen; → *auch* zah-
lungsunfähig (2), Verlegenheit (2) – **b)** ⟨*in
Bezug auf die Gesundheit*⟩ schlimm dran
sein · miserabel gehen ♦ *umg*: mies gehen;
bescheiden gehen (*verhüll*) ♦ *salopp*: be-
lämmert/dreckig gehen ♦ *derb*: schweine-
mäßig/beschissen gehen; → *auch* krank (2)
– 11. s. stehen |mit|: ⟨*gar nicht zur Zufrie-
denheit verlaufen*⟩ im Argen liegen · sehr zu
wünschen übrig lassen · schlecht aussehen
|mit| · übel/miserabel stehen/aussehen
|mit| ♦ *umg*: mies stehen/aussehen |mit|
♦ *salopp*: zappenduster aussehen |mit| –
12. nicht s.: → gut (1); recht und s.: → be-
helfsmäßig; schlechtes Wetter: → Wetter
(I, 2); s. gelaunt: → missmutig; s. abgehen/
ablaufen/ausgehen/auslaufen/ausfallen,
zum Schlechten ausschlagen: → misslingen;
s. wegkommen: → leer (4); s. ankommen:

→ abblitzen (1); s. zu sprechen sein |auf|:
→ hassen; schlechte Karten haben: → hoff-
nungslos (2); s. werden: → verderben (3);
s. riechen: → stinken (1); s. aussehen |mit|:
→ 11; s. machen, in schlechten Ruf bringen,
in ein schlechtes Licht setzen/stellen/
rücken, s. reden |von/über|: → verleumden
(1); einen schlechten Ruf/Leumund haben:
→ verrufen (2); s. beleumdet: → verrufen
(1)
schlechterdings: → schlechthin
schlechthin: schlechterdings · schlechtweg ·
schlichtweg · glatterdings · platterdings · par
exellence + gänzlich
Schlechtigkeit, die: 1. → Gemeinheit – 2.
→ Bosheit – 3. → Unsittlichkeit
Schlechtmacherei, die: → Verleumdung
schlechtreden: → herabwürdigen (I)
schlechtweg: → schlechthin
Schleck, der: → Leckerbissen
schlecken: 1. → naschen – 2. → ¹lecken
(1)
Schlecker, der: → Leckermaul
Schleckerei, die: → Leckerbissen
Schleckermaul, das: → Leckermaul
schleckig: → naschhaft
Schleckwerk, das: → Konfekt
Schleicher, der: → Duckmäuser
Schleichhandel, der: → Schwarzhandel
Schleichhändler, der: → Schwarzhändler
Schleichware, die: → Schmuggelware
Schleier, der: den S. lüften: → enträtseln
(1); den S. nehmen: → Nonne (2)
schleierhaft: → unbegreiflich
Schleife, die: 1. ⟨*Verknüpfung eines Bandes
od. einer Schnur*⟩ + Schlaufe · Schlinge ·
Masche – 2. → Haarschleife – 3. → Kra-
watte (1) – 4. → Biegung (1) – 5. →
Schlitterbahn
schleifen: 1. ⟨*von Sachen gesagt: in der
Bewegung unbeabsichtigt den Boden berüh-
ren*⟩ + schleppen – 2. → schärfen – 3. →
schlittern – 4. → abbrechen (2) – 5. → dril-
len (1) – 6. → glätten (1) – 7. die Zügel s.
lassen: → nachlässig (2)
Schleifer, der: → Schleifmaschine
Schleifmaschine, die: + Winkelschleifer ·
Dreieckschleifer · Deltaschleifer ♦ *umg*:
Schleifer
Schleifpapier, das: Schmirgelpapier · Sand-
papier
Schleifstein, der: Wetzstein · Abziehstein
Schleim, der: → Geschwätz (1)

schleimen: → schwafeln
Schleimer, der: → Schmeichler
schleimig: 1. ⟨[wie] mit bzw. aus Schleim⟩ schmierig · schlüpfrig · quallig; mukös (med) + seifig ♦ umg: schlierig · qualsterig (landsch) ♦ derb: rotzig; → auch dickflüssig – **2.** → schmeichlerisch
Schleimscheißer, der: → Schmeichler
Schleiße, die: → Span (1)
schleißig: → abgetragen
Schlemihl, der: **1.** → Unglücksmensch – **2.** → Schlaukopf
schlemmen: → schwelgen (1)
Schlemmer, der: → Genussmensch
Schlemmerei, die: → Schwelgerei
schlemmerhaft: schlemmerisch · schwelgerisch
schlemmerisch: → schlemmerhaft
schlendern: 1. ⟨ungezwungen u. ohne Eile [umher]gehen⟩ flanieren · umherschlendern ♦ umg: gondeln · trudeln; schlenkern (landsch); → auch spazieren (2) – **2.** → trödeln (1)
Schlendrian, der: **1.** ⟨[träges u.] nachlässiges Arbeiten⟩ Schlamperei · Trott; Hudelei (landsch) + Unordnung ♦ umg: Schluderei · Wirtschaft; → auch Misswirtschaft – **2.** → Trödelei
schlenkern: 1. ⟨ungezwungen hin- und herbewegen⟩ schwingen · schwenken · pendeln · rudern ♦ umg: schlackern (norddt) – **2.** → schwenken (1), schlottern (1) – **3.** → schlendern (1)
Schlenkrich, der: → Stoß (1)
Schlepp, der: im S. haben, in S. nehmen: → schleppen (I, 1)
Schleppdampfer, der: → Schlepper (1)
schleppen: I. schleppen: **1.** ⟨ein Fahrzeug mittels eines Seiles vom eigenen Fahrzeug ziehen lassen⟩ im Schlepp/Schlepptau haben · in Schlepp/ins Schlepptau nehmen + bugsieren · abschleppen; → auch ziehen (I, 1) – **2.** → tragen (I, 1) – **3.** → schleifen (1) – **II.** schleppen, sich: → schlürfen (1)
schleppend: → langsam (1)
Schlepper, der: **1.** ⟨Wasserfahrzeug zum Schleppen von Schiffen⟩ Schleppschiff + Motorschlepper · Schleppdampfer; → auch Schleppkahn – **2.** → Traktor – **3.** → Fluchthelfer
Schlepperei, die (umg): Geschleppe ♦ salopp: Geaste

Schleppkahn, der: Lastkahn; Zille (landsch) + Prahm · Schute ♦ umg: Äppelkahn (scherzh); → auch Schlepper (1)
Schleppschiff, das: → Schlepper (1)
Schlepptau, das: im S. haben: → schleppen (I, 1); ins S. nehmen: **a)** → schleppen (I, 1) – **b)** → ziehen (I, 1) – **c)** → durchhelfen
Schleuder, die: **1.** ⟨einfaches Wurfgerät⟩ Katapult; Zwille (landsch) – **2.** → Zentrifuge
schleudern: → werfen (I, 1)
Schleuderware, die: → Schund (1)
schleunig: → sofortig
schleunigst: → sofort
Schleuser, der: → Fluchthelfer
Schlich: I. Schlich, der: → Trick – **II.** Schliche (Pl): **1.** → Intrige – **2.** die/alle S. kennen: → auskennen, sich; hinter/auf die S. kommen: → durchschauen (I)
schlicht: 1. ⟨ohne viel Aufwand bzw. Beiwerk ausgeführt⟩ prunklos · kunstlos · schmucklos · schnörkellos; simpel (abwert); → auch einfach (1), einfältig (1), bescheiden (I, 1) – **2.** ⟨in einfacher, nicht gekünstelter Sprache gehalten⟩ ungekünstelt · schnörkellos · phrasenlos + natürlich; → auch knapp (2) – **3.** → einfach (1)
schlichten: 1. → bereinigen (1) – **2.** → glätten (1)
Schlichtung, die: → Bereinigung (1)
schlichtweg: → schlechthin
Schlick, der: → Schlamm
schlickerig: 1. → schlammig – **2.** → glatt (2)
Schlickermilch, die: → Sauermilch
schliefen: s. |in|: **a)** → hineinschlüpfen – **b)** → einfahren (1)
schlierig: → schleimig (1)
Schließe, die: → Schnalle
schließen: I. schließen: **1.** ⟨nicht offen lassen⟩ **a)** ⟨Tür⟩ einklinken · zuklinken · zumachen · zuklappen · die Tür [hinter sich] ins Schloss fallen lassen/werfen/schmettern ♦ umg: dichtmachen; → auch zuschlagen (1) – **b)** ⟨Fenster, Behälter⟩ zumachen · zuklappen ♦ umg: dichtmachen; → auch zuschlagen (1) – **c)** ⟨Heft, Buch⟩ zuschlagen · zuklappen · zumachen; → auch zuschlagen (1) – **2.** ⟨die Geschäftszeit beenden⟩ den Laden schließen ♦ umg: Feierabend machen ♦ umg: Schluss machen · dichtmachen – **3.** ⟨den Betrieb einstellen⟩ umg: dichtmachen – **4.** → abschließen (I, 1) – **5.** → been-

Schließer

den (1) – **6.** → eingehen (2) – **7.** → enden (1, b) – **8.** den Laden s.: → I, 2; s. |aus|: → folgern; s. |in|: → wegschließen; einen Pakt/ein Bündnis s.: → verbünden, sich (1); die Ehe/den Ehebund/den Bund fürs Leben s.: → heiraten (1); Freundschaft s.: → befreunden, sich (1); ins Herz s., ins Herz geschlossen haben: → lieben (1); in die Arme s.: → umarmen (I); die Augen [für immer] s.: → sterben (1) – **II.** schließen, sich: → zufallen (1)

Schließer, der: → Aufseher

Schließfach, das: → Bankschließfach

schließlich: 1. ⟨*nach einiger Zeit, einigem Warten bzw. Zögern*⟩ [schließlich und] endlich · zuletzt · letzt[end]lich · letzten Endes · zu guter Letzt · am Ende · zum Schluss · in der Endkonsequenz · im Endeffekt · glücklich; schlussendlich (*bes. schweiz*) – **2.** → jedenfalls – **3.** s. und endlich: → 1

Schliff, der: **1.** → Erziehung (2), Benehmen (1) – **2.** S. haben: → benehmen (II, 1); S. beibringen: → erziehen; den letzten S. geben: → vervollkommnen (I); S. backen: → Fehler (2)

schlimm: 1. → unangenehm (1) – **2.** → böse (1) – **3.** nicht so s. sein: ⟨*keine schwerwiegenden Folgen haben*⟩ *umg*: halb so schlimm sein · nicht/halb so wild sein · kein Beinbruch/Unglück sein · nicht so tragisch sein – **4.** es wird s. ⟨*Unangenehmes ist zu erwarten*⟩ *umg:* es kommt knüppeldick – **5.** s. dran sein: → schlecht (10, b); halb so s. sein: → 3

Schlimme, der: → Frauenheld (1)

schlimmstenfalls: → notfalls

Schlinge, die: **1.** → Schleife (1) – **2.** → Binde (1) – **3.** den Kopf/Hals/sich aus der S. ziehen: → herauswinden, sich; die S. um den Hals legen: → ruinieren (I, 1); in die S. gehen: → hereinfallen

Schlingel, der: → Frechdachs

schlingen: I. schlingen: **1.** → schlucken (1) – **2.** → essen (1) – **3.** die Arme s. |um|: → umarmen (I) – **II.** schlingen, sich: → ranken, sich

schlingern: schaukeln · rollen; dümpeln (*seem*) + stampfen; → *auch* schwanken (1)

Schlipf, der: → Erdrutsch (1)

Schlippe, die: → Durchgang (1)

Schlippermilch, die: → Sauermilch

Schlips, der: **1.** → Krawatte (1) – **2.** auf den S. treten: → kränken; beim S. erwischen: →

ergreifen (2); einen hinter den S. gießen: → trinken (1, b)

schlitte[l]n: → rodeln

Schlitten, der: **1.** ⟨*Fahrzeug mit Kufen*⟩ Rodel[schlitten] – **2.** → Fahrrad – **3.** → Auto (1) – **4.** S. fahren: → rodeln; S. fahren |mit|: → ausschimpfen

Schlittenbahn, die: → Rodelbahn

Schlitterbahn, die: Eisbahn · Rutschbahn ♦ *umg*: Rutsche · Schussel · Schleife · Glitschbahn · Glitsche (*landsch*)

schlittern: *umg*: schusseln · schindern · glitschen · schurren · schleifen (*landsch*); → *auch* rutschen (1)

Schlittschuhlauf, der: Eislauf

Schlitz, der: **1.** → Spalt (1) – **2.** → Scheide (1)

Schlitzohr, das: → Schlaukopf

schlitzohrig: → raffiniert (1)

schlohweiß: 1. → weiß (1) – **2.** → grauhaarig

Schloss, das: **1.** ⟨*prächtiges Wohngebäude*⟩ Palast · Palais + Burg – **2.** ⟨*Vorrichtung zum Verschließen*⟩ + Sicherheitsschloss · Hängeschloss · Vorhängeschloss – **3.** ins S. fallen/schnappen: → zufallen (1); die Tür [hinter sich] ins S. fallen lassen/werfen/schmettern: → schließen (I, 1, a); das S. vorlegen/vormachen: → abschließen (I, 1); hinter S. und Riegel bringen/setzen: → einsperren (1); hinter S. und Riegel sitzen: → gefangen (2); ein S. vor dem Mund haben: → schweigen (1)

Schloße, die: → Hagelkorn

schloßen: → hageln (1)

Schlosshund, der: wie ein S. heulen: → weinen (1)

Schlot, der: **1.** → Schornstein (1) – **2.** → Leichtfuß (1) – **3.** rauchen/qualmen wie ein S.: → rauchen (1)

Schlotbaron, der: → Großunternehmer

Schlotfeger, der: → Schornsteinfeger

schlottern: 1. ⟨*schlaff herunterhängen u. sich hin- und herbewegen*⟩ baumeln · schlenkern · schlappen · am Leibe hängen ♦ *umg*: bammeln; → *auch* hängen (I, 1) – **2.** → zittern (1)

Schlucht, die: Klamm; Tobel (*südd österr schweiz*); Krachen (*schweiz*) + Cañon · Spalte · Kamin · Schrund · Schrunde · Kluft · Schlund · Abgrund; → *auch* Hohlweg, Tal (1)

schluchzen: → weinen (1)

Schluchzer, der: → Seufzer (1)
Schluck, der: **1.** ⟨*Flüssigkeitsmenge, die man auf einmal schluckt*⟩ Zug ♦ *umg:* Hieb (*landsch veraltend*) – **2.** S. für S., in Schlucken: → schluckweise
Schluckauf, der: Schlucken; Schnackerl (*österr*) ♦ *umg:* Schluckser
schlucken: 1. ⟨*Nahrung vom Mund in die Speiseröhre befördern*⟩ verschlucken · hinunterschlucken ♦ *umg:* [ver]schlingen · hinunterschlingen · hinunterbringen · herunterbringen · hinunterwürgen · herunterwürgen; hinterschlucken · hinterschlingen · hinterbringen · hinterwürgen (*landsch*) – **2.** → einnehmen (1) – **3.** → hinnehmen (1) – **4.** → einverleiben (2, a) – **5.** die bittere Pille s.: → hinnehmen (1)
Schlucken, der: → Schluckauf
Schlucker, der: armer S.: → Arme
Schluckser, der: → Schluckauf
Schluckspecht, der: → Trinker
schluckweise: Schluck für Schluck · in Schlucken
Schluderarbeit, die: **1.** → Ausschuss (2) – **2.** → Pfuscherei
Schluderei, die: **1.** → Pfuscherei – **2.** → Schlendrian (1)
schluderig: → unordentlich
schludern: → pfuschen (1)
Schlummer, der: → Schlaf (1, b)
Schlummermutter, die: → Vermieterin
schlummern: → schlafen (1, c)
Schlumpe, die: → Schlampe
Schlund, der: **1.** → Rachen (1) – **2.** → Schlucht
Schlunze, die: → Schlampe
schlunzen: → pfuschen (1)
schlunzig: → unordentlich
schlüpfen: 1. → ausschlüpfen – **2.** s. |in|: → hineinschlüpfen; durch die Finger/Lücken/Maschen s.: → entkommen (1); in die Sachen/die Kleidung s.: → anziehen (II); aus den Sachen/der Kleidung s.: → ausziehen (II)
Schlüpfer: I. Schlüpfer, der: ⟨*Kleidungsstück für Frauen*⟩ Schlüpfer (*Pl*) · Slip; Liebestöter (*Pl; scherzh*) + Tanga – **II.** Schlüpfer (*Pl*): → I
Schlupfloch, das: **1.** → Durchgang (1) – **2.** → Versteck
schlüpfrig: 1. ⟨*die Schamhaftigkeit missachtend*⟩ lasziv · obszön · zweideutig · pikant · frivol; → *auch* unanständig (1), un-

sittlich, unzüchtig – **2.** → schleimig (1) – **3.** → glatt (2)
Schlüpfrigkeit, die: Laszivität · Obszönität · Zweideutigkeit · Pikanterie · Frivolität; → *auch* Unanständigkeit (2), Unsittlichkeit, Unzucht
Schlupfwinkel, der: → Versteck
schlurfen: → schlürfen (1)
schlürfen: 1. ⟨*mit schleifenden Füßen gehen*⟩ schlurfen · schlappen + sich schleppen ♦ *umg:* schlurren · schlurpen · schlarpen (*landsch*); → *auch* gehen (1), trotten – **2.** ⟨*geräuschvoll essen od. trinken*⟩ *umg:* schlabbern · schlappern · labbern (*landsch*); → *auch* essen (1), trinken (1, a)
schlurpen: → schlürfen (1)
schlurren: → schlürfen (1)
Schlurren (*Pl*): → Pantoffel (II)
Schluss, der: **1.** → Ende (1, a *u.* b), Dienstschluss – **2.** → Folgerung (1) – **3.** → genug (2) – **4.** Schluss!: ⟨*Aufforderung aufzuhören*⟩ Ende! · aus! ♦ *umg:* Feierabend!; aus die Maus! (*scherzh*) – **5.** am S.: **a)** → hinten (1, a) – **b)** → zuletzt (1); zum S.: **a)** → zuletzt (1) – **b)** → abschließend – **c)** → schließlich (1); zum S. kommen: → aufhören (1); S. machen: **a)** → aufhören (1) – **b)** → Selbstmord (2) – **c)** → schließen (I, 2); einen S./Schlüsse ziehen: → folgern; und damit S.: → genug (2)
Schlussakt, der: → Ende (1, b)
Schlüssel, der: → Lösung (1)
Schlüsseldienst, der: Aufsperrdienst (*österr*)
schlüsselfertig: → bezugsfertig
schlussendlich: → schließlich (1)
Schlussergebnis, das: → Ergebnis
Schlussfolge, die: → Folgerung (1)
schlussfolgern: → folgern
Schlussfolgerung, die: → Folgerung (1)
schlüssig: 1. → folgerichtig – **2.** → überzeugend – **3.** sich s. werden: → entschließen, sich
Schlusskampf, der: → Endkampf
Schlussleuchte, die: → Rücklicht
Schlusslicht, das: **1.** → Rücklicht – **2.** → Tabellenletzte – **3.** als S.: → hinterher (1)
Schlussmann, der: → Torwart
Schlusspunkt, der: **1.** → Ende (1, a *u.* b) – **2.** einen S. setzen: → beenden (1)
Schlussrechnung, die: **1.** → Bilanz (1) – **2.** die S. aufstellen: → abrechnen (1)
Schlussrunde, die: → Endkampf

Schlussstrich

Schlussstrich, der: einen S. ziehen: → beenden (1)
Schlussteil, der: → Ende (1, a *u.* b)
Schlussverkauf, der: → Ausverkauf
Schlusswort, das: → Nachwort
Schmach, die: → Schande (1)
schmachten: 1. → darben – **2.** → leiden (1) – **3.** → dürsten (1) – **4.** → hungern (1) – **5.** s. |nach| : → Verlangen (4) – **6.** im Kerker s.: → gefangen (2)
Schmachten, das: → Sehnsucht (1)
Schmachtfetzen, der: **1.** → Schlager (1) – **2.** → Film (2) – **3.** → Liebhaber (1)
schmächtig: 1. → schlank (1) – **2.** → mager (1)
Schmachtlappen, der: → Liebhaber (1)
Schmachtlocke, die: → Locke
Schmachtriemen, der: **1.** → Gürtel (1) – **2.** den S. anziehen/enger schnallen: → einschränken (II)
schmachvoll: → entehrend
schmackhaft: wohlschmeckend · lecker · köstlich · delikat · deliziös · gut · fein + pikant · würzig ♦ *umg*: himmlisch; geschmackig (*österr*); → *auch* appetitlich (1)
Schmadder, der: → Schmiere (1)
schmaddern: → kleckern
Schmäh, der: **1.** → Trick – **2.** am S. halten: → narren; einen S. führen: → scherzen
schmähen: 1. → demütigen (I) – **2.** → beschimpfen
schmählich: → verwerflich
Schmährede, die: → Beschimpfung
Schmähschrift, die: Pamphlet; Pasquill (*veraltend*)
Schmähung, die: **1.** → Herabwürdigung – **2.** → Beschimpfung
schmal: 1. → eng (1) – **2.** → schlank (1) – **3.** → dünn (1) – **4.** → karg (1) – **5.** schmales Handtuch: → Dürre (II)
schmalbrüstig: 1. ⟨*einen schmalen Brustkorb besitzend*⟩ engbrüstig ♦ *salopp*: halbes Hemd; → *auch* schlank (1) – **2.** s. sein: ⟨*einen schmalen Brustkorb haben*⟩ *umg*: eine Hühnerbrust haben
schmälen: 1. → tadeln (1) – **2.** → demütigen (I)
schmälern: → verringern (I, 1)
Schmälerung, die: → Beeinträchtigung (1)
Schmalz, der: → Rührseligkeit
schmalzig: → rührselig (1)
Schmankerl, das: → Leckerbissen

Schmant, der: **1.** → Sahne (1) – **2.** → Schlamm
schmarotzen: 1. ⟨*von best. Organismen gesagt: auf Kosten eines anderen Lebewesens existieren*⟩ parasitieren (*fachspr*) – **2.** abwert ⟨*auf Kosten anderer leben bzw. andere ausnutzen*⟩ sich durchbetteln ♦ *umg*: nassauern · schnorren; sich durchfechten (*veraltend*); → *auch* durchessen, sich
Schmarotzer, der: **1.** ⟨*Lebewesen, das auf Kosten eines anderen lebt*⟩ Parasit – **2.** abwert ⟨*auf Kosten anderer lebender bzw. andere ausnutzender Mensch*⟩ Parasit ♦ *umg*: Nassauer · Schnorrer; → *auch* Faulenzer (1)
schmarotzerhaft: 1. ⟨*auf Kosten eines anderen Lebewesens existierend*⟩ schmarotzerisch · parasitär · parasitisch – **2.** abwert ⟨*andere Menschen ausnutzend*⟩ schmarotzerisch · parasitär · parasitisch
schmarotzerisch: → schmarotzerhaft (1 *u.* 2)
Schmarre, die: **1.** → Narbe – **2.** → Schramme (1)
Schmarren, der: → Unsinn (1, a)
Schmatz, der: → Kuss (1)
Schmätzchen, das: → Kuss (1)
schmatzen: 1. → essen (1) – **2.** → küssen – **3.** → schnalzen (a) – **4.** mit geschmatzten Händen: → gern[e] (1)
Schmauch, der: → Rauch (1)
schmauchen: → rauchen (1)
Schmaus, der: → Mahlzeit (1)
schmausen: → essen (1)
Schmauserei, die: → Essen (1)
schmecken: 1. ⟨*angenehm auf den Geschmackssinn wirken*⟩ + zusagen ♦ *gehoben*: munden – **2.** → ¹kosten (1) – **3.** → gefallen (1) – **4.** nicht s. können: → hassen
Schmecker, der: **1.** → Feinschmecker – **2.** → Maul (1)
Schmeichelei, die: Geschmeichel · Kompliment · Artigkeit · schöne Worte; Lobhudelei (*abwert*) ♦ *umg*: Schöntuerei · Schönred[n]erei · Schwänzelei · Schmus · Geschmuse (*abwert*); → *auch* Unterwürfigkeit
schmeichelhaft: → ehrenvoll (1)
Schmeichelkatze, die: → Schmeichler
schmeicheln: 1. ⟨*in übertriebener Weise loben, um sich beliebt zu machen*⟩ umschmeicheln · hofieren · Komplimente/schöne Worte machen · nach dem Munde/zu Gefallen reden · um den Bart gehen; flattieren (*veraltend*); karessieren (*veraltet*); schönre-

den · schöntun · lobhudeln (*abwert*) + vor Liebenswürdigkeit überfließen · Süßholz raspeln · schweifwedeln ♦ *umg*: Honig um den Bart schmieren · Brei um den Mund schmieren; scharwenzeln · schwänzeln (*abwert*); schmusen · Schmus machen (*auch abwert*) ♦ *salopp*: Honig ums Maul schmieren; → *auch* heucheln (1), kriechen (2) – **2.** → passen (1, c)

Schmeichler, der: Charmeur; Schönredner · Schöntuer (*abwert*) + Hofschranze · Schmeichelkatze ♦ *umg*: Schleimer (*abwert*); Schmuser · Schmusepeter (*auch abwert*) ♦ *derb*: Schleimscheißer (*abwert*); → *auch* Heuchler

schmeichlerisch: schönrednerisch; katzenfreundlich · katzenfalsch · schleimig · schmierig (*abwert*) ♦ *umg*: honigsüß · süß wie Honig ♦ *derb*: scheißfreundlich; → *auch* heuchlerisch, unterwürfig

schmeißen: I. schmeißen: **1.** → werfen (I, 1) – **2.** → bewerkstelligen – **3.** → aufgeben (3) – **4.** → verderben (2) – **5.** den Laden/die Kiste s.: → meistern; eine Runde/Lage s.: → spendieren (1) – **II.** schmeißen, sich: sich in Schale/Wichs s.: → herausputzen (II); sich jmdm. an den Hals s.: → aufdrängen (II, 1)

Schmelz, der: **1.** → Glasur – **2.** → Glanz (1)

Schmelze, die: → Schneeschmelze

schmelzen: 1. ⟨flüssig machen⟩ zum Schmelzen bringen · zerschmelzen + aufschmelzen; → *auch* auflösen (I, 1), auftauen (1) – **2.** ⟨flüssig werden⟩ zerschmelzen · zerrinnen · zergehen · zerfließen · zerlaufen · auseinander fließen · aufschmelzen · wegschmelzen; → *auch* auftauen (2) – **3.** → auftauen (1 u. 2) – **4.** → vermindern (II) – **5.** zum Schmelzen bringen: → 1

Schmer, der od. das: → Fett (2)

Schmerbauch, der: Bauch; Embonpoint (*veraltet scherzh*) ♦ *umg*: Dickbauch · Spitzbauch · Fettbauch; Bierbauch (*scherzh*); Mollenfriedhof (*berlin scherzh*); Panzen (*landsch*) ♦ *salopp*: Anhänger · Spitzkühler (*scherzh*); Wampe · Fettwampe · Fettwanst · Schmerwanst · Plauze (*abwert*); Wamme (*landsch*); → *auch* Dicke (II, 2)

schmerbäuchig: → dick (1)

Schmerwanst, der: → Schmerbauch

Schmerz, der: **1.** ⟨sehr unangenehme körperl. Empfindung⟩ + Stich ♦ *gehoben*: Weh;

→ *auch* Qual (1) – **2.** → Leid (1) – **3.** S. empfinden: ⟨eine sehr unangenehme körperl. Empfindung haben⟩ *umg*: die Engel singen hören – **4.** S. bereiten: **a)** → quälen (I, 1 u. 2) – **b)** → kränken; den S. teilen: → mitfühlen

schmerzdurchdrungen: → schmerzerfüllt

schmerzen: 1. ⟨Schmerzen hervorrufen⟩ wehtun · durch Mark und Bein gehen + stechen · brennen · bohren · ziehen · schneiden · beißen ♦ *umg*: ziepen · durch Mark und Pfennig gehen (*scherzh*) – **2.** → kränken – **3.** → bedrücken (1)

Schmerzensruf, der: → Seufzer (1)

schmerzerfüllt: *gehoben*: schmerzdurchdrungen; → *auch* traurig (1)

schmerzfrei: → beschwerdefrei

Schmerzgrenze, die: → Äußerste

schmerzlich: schmerzvoll · bitter[lich]; → *auch* quälend

schmerzvoll: → leidvoll, schmerzlich

Schmetten, der: → Sahne (1)

Schmetterling, der: Falter

schmettern: 1. → werfen (I, 1) – **2.** → singen (1) – **3.** → klingen (1) – **4.** → blasen (2) – **5.** → schlagen (I, 2) – **6.** einen s.: → trinken (1, b); die Tür [hinter sich] ins Schloss s.: → schließen (I, 1, a)

schmieden: Verse/Reime s.: → ²dichten (1, b); Ränke s.: → intrigieren; ein Komplott s.: → verschwören, sich (1)

schmiegen, sich: sich s. ⎸an⎹: → anschmiegen, sich (1)

schmiegsam: 1. → geschmeidig (1) – **2.** → weich (1, a)

Schmierage, die: → Schmiererei

Schmiere, die: **1.** ⟨feuchtklebriger od. fettiger Schmutz⟩ Schmadder (*landsch*); → *auch* Schmutz (1) – **2.** → Salbe – **3.** → Prügelei (II, 1) – **4.** → Theater (2), Wanderbühne – **5.** die ganze S.: → alles (1); in der S. sitzen: → Verlegenheit (2); S. stehen: → aufpassen (1)

schmieren: 1. *abwert* ⟨liederlich bzw. unleserlich schreiben⟩ kritzeln; klieren · klittern (*landsch*) ♦ *umg*: sudeln · krakeln; krickeln (*landsch*) ♦ *derb*: eine Saupfote/Sauklaue haben; → *auch* schreiben (1) – **2.** → malen (1, a) – **3.** → streichen (1) – **4.** → bestechen (1) – **5.** → ölen, einfetten (1) – **6.** s. ⎸auf⎹: → einreiben; sich s. lassen: → bestechlich (2); eine s.: → ohrfeigen; Honig um den Bart/ums Maul s.: →

Schmierer

schmeicheln (1); aufs Butterbrot/Brot s.: →
vorhalten

Schmierer, der: **1.** → Schmierfink (1) – **2.**
→ Maler (2)

Schmiererei, die (*abwert*): Gekritzel · Kritzelei ♦ *umg:* Geschreibsel · Geschmiere ·
Schmierage · Sudelei · Gekrakel · Krakelei;
Hieroglyphen (*scherzh*); → *auch* Handschrift (1)

Schmierfink, der: **1.** *abwert* ⟨*Mensch mit
schlechter Handschrift*⟩ Schmierer – **2.** →
Schmutzfink – **3.** → Journalist

Schmiergeld, das: → Bestechungsgeld

Schmiergeldzahlung, die: → Bestechung

schmierig: 1. ⟨*mit feuchtklebrigem bzw. fettigem Schmutz überzogen*⟩ fettig · fettfleckig
♦ *umg:* speckig · schmuddelig (*abwert*); →
auch schmutzig (1) – **2.** → schleimig (1) –
3. → schmeichlerisch

Schminke, die: **1.** ⟨*kosmet. Mittel zum Auftragen auf die Haut*⟩ Make-up + Rouge –
2. S. auflegen/auftragen: → schminken
(I u. II)

schminken: I. schminken: ⟨*für den Auftritt
auf der Bühne usw. mit Schminke behandeln*⟩ Schminke auflegen/auftragen +
Rouge auflegen/auftragen · zurechtmachen
♦ *umg:* anmalen (*meist scherzh*) – **II.**
schminken, sich: ⟨*Schminke verwenden*⟩
Schminke/Make-up auflegen/auftragen +
Rouge auflegen/auftragen · die Lippen
nachziehen · sich zurechtmachen ♦ *umg:*
sich anmalen · sich bemalen (*meist
scherzh*); → *auch* herausputzen (II)

schmirgeln: → glätten (1)

Schmirgelpapier, das: → Schleifpapier

Schmiss, der: **1.** → Narbe – **2.** → Schramme (1) – **3.** → Schwung (1)

schmissig: → schwungvoll

Schmitz, der: **1.** → Schlag (I, 1) – **2.** →
Fleck (I, 1)

Schmock, der: → Journalist

Schmok, der: → Rauch (1)

schmöken: → rauchen (2)

Schmöker, der: → Buch (1)

schmökern: → lesen (1)

schmollen: beleidigt tun · ein Gesicht ziehen/aufstecken/aufsetzen/machen ♦ *umg:*
einschnappen · eingeschnappt sein · im
Schmollwinkel sitzen · eine Schippe machen/ziehen · die beleidigte/gekränkte Leberwurst spielen; eine Schnute machen/
ziehen · muckschen · motzen (*landsch*)

♦ *salopp:* maulen · eine Flappe/einen
Flunsch ziehen; → *auch* grollen (1)

Schmollwinkel, der: im S. sitzen: →
schmollen

Schmonzes, der: → Geschwätz (1)

Schmonzette, die: → Machwerk

schmoren: 1. → braten – **2.** → schwitzen
(1) – **3.** s. lassen: → Ungewisse (3)

Schmorpfanne, die: → Schmortopf

Schmortopf, der: Schmorpfanne; Kasserolle (*landsch*); Rein[del] (*südd österr*) +
Bräter · Römertopf (*Wz*); → *auch* Topf (1)

Schmu, der: **1.** → Betrug (1) – **2.** S. machen: → betrügen (1)

schmuck: 1. → sauber (1) – **2.** → schön (1)

Schmuck, der: **1.** ⟨*zur Verschönerung getragene Gegenstände*⟩ Schmucksachen ·
Geschmeide · Preziosen · Bijouterie ·
Schmuckstück · Juwel · Kleinod · Kette
♦ *umg:* Klunkern; → *auch* Anhänger (1),
Wertstück – **2.** → Verzierung (1)

schmücken: I. schmücken: ⟨*mit verschönernden Gegenständen versehen*⟩ verschöne[r]n · schönmachen · [heraus]putzen ·
aufputzen · anputzen · herausstaffieren · zieren · drapieren + anmalen ♦ *salopp:* aufbrezeln; → *auch* ausschmücken (1), verzieren
– **II.** schmücken, sich: → herausputzen (II)

schmucklos: → schlicht (1)

Schmucksachen (*Pl*): → Schmuck (1)

Schmuckstein, der: → Edelstein

Schmuckstück, das: → Schmuck (1)

Schmuddel, der: → Schmutz (1)

Schmuddelei, die: → Unsauberkeit (1)

schmuddelig: 1. → schmierig (1) – **2.** →
schmutzig (1) – **3.** s. werden: → schmutzen

Schmuddeligkeit, die: → Unsauberkeit (1)

schmuddeln: → schmutzen

Schmuggel, der: **1.** ⟨*ungesetzl. Ein- od.
Ausfuhr*⟩ Schmuggelei ♦ *umg:* Pascherei –
2. S. treiben: → schmuggeln

Schmuggelei, die: → Schmuggel (1)

schmuggeln: Schmuggel treiben ♦ *umg:*
paschen

Schmuggelware, die: Bannware · Konterbande (*veraltend*) + Schleichware

Schmuggler, der: *umg:* Pascher

schmulen: → Blick (4)

schmunzeln: → lächeln

schmurgeln: → braten

Schmus, der: **1.** → Schmeichelei – **2.** →
Geschwätz (1) – **3.** S. machen: → schmeicheln (1)

schmusen: 1. → schmeicheln (1) – **2.** →
liebkosen

Schmusepeter, der: → Schmeichler

Schmuser, der: → Schmeichler

Schmutz, der: 1. ⟨*verunreinigender Stoff*⟩
Unrat; Kot (*veraltend*); Sudel (*landsch*)
♦ *gehoben:* Unflat (*veraltend*) ♦ *umg:*
Dreck · Heidendreck · Schmuddel · Sudelei ·
Schweinigelei; Aa (*kinderspr*); Gatsch ·
Klater (*norddt*) ♦ *salopp:* Schweinerei
♦ *derb:* Sauerei · Saudreck; → *auch* Kot
(1), Schmiere (1) – **2.** einen feuchten S.
angehen: → angehen (6); vor S. starren:
→ schmutzig (5); in den S. treten, in/
durch den S. ziehen, mit S. bewerfen, Kübel
von S. ausgießen ⏐über⏐: → verleumden (1)

schmutzen: schmutzig werden ♦ *umg:* dre-
ckig / schmuddelig werden · eindrecken ·
schmuddeln

Schmutzfink, der (*umg abwert*): Schmier-
fink · Ferkel · Dreckspatz · Schweinigel
♦ *salopp:* Kleckerfritze · Dreckfink · Mist-
fink ♦ *derb:* Dreckschwein · Schwein ·
Drecksau · Sau; → *auch* Schlampe

Schmutzfleck, der: → Fleck (I, 1)

schmutzfrei: → sauber (1)

schmutzig: 1. ⟨*mit Schmutz bedeckt*⟩ be-
schmutzt · verschmutzt · unsauber · un-
rein[lich] · angeschmutzt + speckig ♦ *umg:*
dreckig · verdreckt · eingedreckt · schmud-
delig · angeschmuddelt · sudelig; schnudde-
lig (*landsch*); gatschig · klaterig (*norddt*) ♦
salopp: schweinisch · versifft; mistig
(*landsch*) ♦ *derb:* säuisch; → *auch* fleckig
(1), schmierig (1), staubig – **2.** → gemein
(1) – **3.** → unanständig (1) – **4.** → trüb[e]
(1) – **5.** s. sein: ⟨*mit Schmutz bedeckt sein*⟩
vor Schmutz starren – **6.** s. werden: →
schmutzen; s. machen: → beschmutzen (I,
1); sich s. machen: → beschmutzen (II, 1);
sich die Finger nicht s. machen: → heraus-
halten, sich

Schmutzigkeit, die: 1. → Unsauberkeit (1)
– **2.** → Gemeinheit (1) – **3.** → Unanständig-
keit (1)

Schmutzkampagne, die: → Hetze (1)

Schmutzliese, die: → Schlampe

Schmutzliteratur, die: → Schundliteratur

Schmutzwasser, das: Abwasser

Schnabel, der: 1. → Mund (1) – **2.** → Maul
(1) – **3.** → Tülle – **4.** den S. halten: →
schweigen (1 *u.* 2)

Schnäbelei, die: → Küssen

schnäbeln: → küssen

schnabulieren: → essen (1)

Schnack, der: 1. → Geschwätz (1) – **2.** →
Unsinn (1, a)

schnackeln: 1. → schnalzen (a *u.* b) – **2.** bei
jmdm. hat es geschnackelt: → verstehen
(I, 4)

schnacken: → unterhalten (II, 1), erzählen
(1)

Schnackerl, das *od.* **der:** → Schluckauf

Schnake, die: → Mücke (1)

Schnalle, die: Verschluss · Schließe

¹schnallen: 1. → verstehen (I, 2) – **2.** s. ⏐an⏐:
→ anschnallen (I); den Riemen / Gürtel [ein
Loch] / den Schmachtriemen enger s.: →
einschränken (II)

²schnallen: → schnalzen (a *u.* b)

schnalzen: ⟨*ein knallendes Geräusch erzeu-
gen*⟩ **a)** ⟨*mit der Zunge*⟩ schnallen · schna-
ckeln (*südd*) + schmatzen – **b)** ⟨*mit den
Fingern*⟩ schnipsen · schnippen; knipsen
(*landsch*); schnallen · schnackeln (*südd*)

Schnäppchen, das: → Kauf (2)

Schnäppchenangebot, das: Billigangebot

Schnäppchenpreis, der: + Vorteilspreis

schnappen: 1. → beißen (I, 1) – **2.** → er-
tappen (1), ergreifen (2) – **3.** → verhaften –
4. → erhaschen (1) – **5.** → wegnehmen (1)
– **6.** nach Luft s.: → Atemnot (1); [ein we-
nig] Luft s.: → spazieren (2); ins Schloss s.:
→ zufallen (1)

Schnapper, der: → Biss (1)

schnappern: → zittern (1)

Schnapphahn, der: → Räuber

Schnappsack, der: → Rucksack

Schnappschuss, der: einen S. machen: →
fotografieren

Schnaps, der: → Branntwein

Schnapsbruder, der: → Trinker

schnäpseln: → trinken (1, b)

schnapsen: → trinken (1, b)

Schnapsidee, die (*salopp*): Kateridee · blö-
der / verrückter Einfall; → *auch* Einfall (1)

schnarchen: *umg:* [Holz / Bretter] sägen ·
einen Ast durchsägen · mit Koks / Reiß-
zwecken / Reißnägeln gurgeln (*scherzh*); →
auch schlafen (1, a *u.* b)

schnarren: → knarren

Schnatterei, die: → Geschwätz (1)

Schnatterente, die: → Schwätzerin

Schnattergans, die: → Schwätzerin

schnatterig: → geschwätzig

Schnatterliese, die: → Schwätzerin

Schnattermaul

Schnattermaul, das: **1.** → Schwätzer (1) – **2.** → Schwätzerin

schnattern: 1. → schwatzen (1) – **2.** → zittern (1)

Schnattertasche, die: → Schwätzerin

schnauben: I. schnauben: **1.** ⟨*geräuschvoll durch die Nase atmen*⟩ schnaufen · prusten · pusten + blasen · fauchen ♦ *umg:* schniefen · schnieben (*landsch*); pruschen (*norddt*); → *auch* atmen (1), keuchen – **2.** → wüten – **3.** [sich] die Nase s.: → schnäuzen, sich – **II.** schnauben, sich: → schnäuzen, sich

schnaufen: 1. → keuchen – **2.** → schnauben (I, 1)

Schnaufer, der: **1.** → Atemzug (1) – **2.** → Bursche (1) – **3.** den letzten S. tun: → sterben (1)

Schnaufpause, die: → ¹Pause (1)

Schnaupe, die: → Tülle

Schnauzbart, der: → Bart (1)

Schnauze, die: **1.** → Maul (1) – **2.** → Mund (1) – **3.** → Mundwerk – **4.** → Gesicht (1) – **5.** → Tülle – **6.** die S. halten: → schweigen (1 *u.* 2); die S. polieren / voll hauen: → verprügeln; die S. voll haben: → überdrüssig (1); die S. weit aufreißen, die große S. haben / schwingen: → aufspielen (II); freche S.: → Frechdachs; eine koddrige S. haben: → frech (2); auf die S. fallen: → hinfallen; auf der S. liegen: → krank (2)

schnauzen (*umg*): *normalspr:* brüllen ♦ *umg:* bellen · belfern · donnern; blaffen · bläffen (*landsch*); → *auch* schimpfen (1), schreien (1)

schnäuzen, sich: [sich] die Nase putzen · sich ausschnäuzen · sich [aus]schnauben · [sich] die Nase schnauben ♦ *umg:* trompeten (*scherzh*) ♦ *salopp:* + einen Charlottenburger machen (*berlin*) ♦ *derb:* rotzen

Schnauzer, der: **1.** → Bart (1) – **2.** → Tadel (1)

schnauzig: → barsch

Schnecke, die: **1.** → Spirale – **2.** → Prostituierte – **3.** → Vulva – **4.** zur S. machen: → zurechtweisen

schneckenförmig: → gewunden

Schneckengang, der: → Trödelei

Schneckenhaus, das: sich in sein S. zurückziehen: → absondern (II)

Schneckentempo, das: **1.** → Trödelei – **2.** im S.: → langsam (1)

Schnee, der: **1.** ⟨*Niederschlag aus zu Flocken verbundenen Eiskristallen*⟩ + Firn-[schnee] ♦ *gehoben:* das Weiß – **2.** → Rauschgift (1) – **3.** weiß wie S.: → weiß (1)

Schneebrett, das: → Ski (1)

schneefarben: → weiß (1)

schneefrei: aper (*südd österr schweiz*)

Schneegestöber, das: Schneetreiben · Flockentreiben · Flockentanz · Flockenwirbel · Gestöber

Schneeglätte, die: → Glätte

Schneekönig, der: sich freuen wie ein S.: → freuen (II, 1)

Schneeschmelze, die: Schmelze · Eisschmelze

Schneeschuh, der: **1.** → Ski (1) – **2.** S. laufen / fahren: → Ski (2)

Schneetreiben, das: → Schneegestöber

Schneewehe, die: Wehe + Wechte

schneeweiß: → weiß (1)

Schneid, der: **1.** → Kühnheit – **2.** → Forschheit (1) – **3.** den S. abkaufen: → entmutigen

schneiden: I. schneiden: **1.** → zerkleinern (1) – **2.** → abschneiden (1) – **3.** → beschneiden (1) – **4.** → ¹mähen – **5.** → operieren (1) – **6.** → schnitzen – **7.** → sägen (1) – **8.** → ignorieren (1) – **9.** → schmerzen (1) – **10.** in Scheiben s.: → aufschneiden (1); wie aus dem Gesicht geschnitten: → ähnlich (1); Gesichter s.: → Grimasse (2); die Cour s.: → werben (2, a) – **II.** schneiden, sich: **1.** → verletzen (II) – **2.** → irren (II) – **3.** → überschneiden, sich – **4.** sich in den Finger s.: → irren (II); sich ins eigene Fleisch s.: → schaden (3)

schneidend: 1. → heftig (1, c) – **2.** → rau (2)

Schneider, der: frieren wie ein S.: → frieren (1); aus dem S.: → sorgenfrei

Schneiderbüste, die: → Puppe (2)

Schneiderin, die: + Näherin

schneidern: + nähen

Schneiderpuppe, die: → Puppe (2)

schneidig: 1. → kühn – **2.** → forsch (1) – **3.** → elegant (1)

schneien: plötzlich ins Haus s.: → überraschen (2); in die Bude s.: → aufsuchen (1)

Schneise, die: **1.** ⟨*von Bäumen freier Streifen im Wald*⟩ Durchhieb (*Forstw*) – **2.** → Lichtung

schnell: 1. ⟨*mit großer Geschwindigkeit*⟩ **a)** ⟨*bes. in Bezug auf eine Fortbewegung*⟩ geschwind · pfeilschnell · pfeilgeschwind · superschnell · wie ein Pfeil / der Wind · flink

schnobern

wie ein Hirsch + mit Siebenmeilenstiefeln · wie ein Lauffeuer ♦ *gehoben*: wie auf Adlerflügeln ♦ *umg*: rasant · wie die Feuerwehr/der Teufel/eine Rakete · in mörderischem Tempo · mit [acht]zig Sachen · mit Karacho · wie ein geölter Blitz · haste was kannste + heidi ♦ *salopp*: mit einem Affenzahn · wie ein vergifteter Affe · wie angestochen – **b)** ⟨*bes. in Bezug auf eine Körperbewegung*⟩ blitzschnell · blitzartig · mit Blitzesschnelle · wie ein/der Blitz ♦ *umg*: haste nicht gesehen · mit affenartiger Geschwindigkeit + wie von der Tarantel gestochen; → *auch* flink (1) – **c)** ⟨*bes. in Bezug auf eine Tätigkeit*⟩ rasch · flott · in Windeseile · im Nu · im Handumdrehen; hurtig (*veraltend*); presto (*Mus*) ♦ *umg*: subito · fix · in null Komma nichts · ruck, zuck · im Husch/Hui · in einem Hui · eins, zwei, drei; → *auch* eilig (1), sofort, kurzerhand – **d)** ⟨*bes. in Bezug auf eine Veränderung od. Entwicklung*⟩ rapid[e] + im Fluge · kometenhaft ♦ *umg*: rasant + im Sauseschritt (*scherzh*) – **e)** ⟨*bes. in Bezug auf das Eintreten eines Geschehnisses*⟩ im Nu · im Handumdrehen/Umsehen; im Kehrum (*schweiz*) ♦ *umg*: in null Komma nichts; → *auch* plötzlich (1) – **2.** ⟨*als nachdrückl. Aufforderung*⟩ *umg*: dalli · Tempo, Tempo · nun aber Tempo; tross (*landsch*) ♦ *salopp*: hopp[hopp] · ein bisschen plötzlich – **3.** → kurz (3) – **4.** s. machen: → beeilen, sich; auf schnellstem Wege: → eilig (1); die schnelle Kathrine: → Durchfall (1); die schnelle Mark machen: → verdienen (1)

Schnellabitur, das: Expressabitur · Turboabitur (*oft spött*)

Schnelle, die: **1.** → Geschwindigkeit (1) – **2.** auf die S.: **a)** → behelfsmäßig – **b)** → kurz (3)

schnellen: → wegschnellen

schnellfüßig: 1. → flink (1) – **2.** → gewandt (1)

Schnellfüßigkeit, die: → Gewandtheit (1)

Schnellgang, der (*Techn*): Schongang · Overdrive

Schnellgaststätte, die: → Gaststätte (1, e)

Schnellhefter, der: → Ordner (1)

Schnellheftmappe, die: → Ordner (1)

Schnelligkeit, die: **1.** ⟨*das Schnellsein im Handeln*⟩ Flinkheit · Raschheit · Geschwindigkeit ♦ *umg*: Fixigkeit; → *auch* Gewandtheit (1) – **2.** → Geschwindigkeit (1)

Schnellkraft, die: → Elastizität (1)

Schnellreinigung, die: → Expressreinigung

Schnellschuss, der: → vorschnell (2)

Schnellzug, der: D-Zug · Express[zug] + Interregio · Intercity · Eurocity · Intercityexpress · ICE; → *auch* Zug (1)

Schnepfe, die: → Prostituierte

Schneppe, die: → Tülle

Schnickschnack, der: **1.** → Geschwätz (1) – **2.** → Tand (1)

schnieben: → schnauben (I, 1)

Schniedelwutz, der: → Penis

schniefen: → schnauben (I, 1)

schniegeln, sich: → herausputzen (II)

schnieke: → elegant (1)

Schniepel, der: **1.** → Frack (1) – **2.** → Penis

Schnippchen, das: ein S. schlagen: → überlisten

Schnippel, der *od.* das: → Fetzen (1)

schnippeln: → zerschneiden

schnippen: 1. → wegschnellen – **2.** → schnalzen (b)

schnippisch: → frech (1)

Schnipsel, der *od.* das: → Fetzen (1)

schnipseln: → zerschneiden

schnipsen: 1. → wegschnellen – **2.** → schnalzen (b)

Schnitt, der: **1.** ⟨*das In-etw.-Schneiden*⟩ Einschnitt – **2.** → Einschnitt (1) – **3.** → Schnittmuster – **4.** → ¹Fasson (1) – **5.** → Durchschnittswert – **6.** → Trennung (1) – **7.** im S.: → durchschnittlich (1); einen [guten/großen] S. machen: → gewinnen (1); einen harten S. machen: → eingreifen (1)

Schnitte, die: Scheibe · Brotschnitte · Brotscheibe · [Scheibe] Brot ♦ *umg*: Bemme · Stulle (*landsch*); → *auch* Butterbrot (1)

Schnittentbindung, die: Kaiserschnitt; → *auch* Geburt (1)

Schnitter, der: → Mäher

schnittig: → elegant (1)

Schnittmeister, der: Cutter

Schnittmuster, das: Schnitt

Schnittpunkt, der: Kreuzungspunkt + Knotenpunkt · Kreuzung · Scheitel[punkt]; → *auch* Mittelpunkt

Schnitz, der: → Stück (1)

Schnitzel, das *od.* der: → Stück (1)

schnitzeln: 1. → zerschneiden – **2.** → schnitzen

schnitzen: schnitzeln (*landsch*) + schneiden

Schnitzer, der: → Fehler (1)

schnobern: → riechen (1, a)

Schnodder

Schnodder, der: → Nasenschleim
schnodderig: → frech (1)
Schnodderigkeit, die: → Frechheit
schnöde: → gemein (1)
Schnörkel, der: → Verzierung (1)
schnörkelhaft: → verschnörkelt
schnörkelig: → verschnörkelt
schnörkellos: → schlicht (1 u. 2)
schnorren: 1. → schmarotzen (2) – **2.** → betteln (1)
Schnorrer, der: **1.** → Schmarotzer (2) – **2.** → Bettler
Schnösel, der: → Flegel (1)
schnöselig: → flegelhaft (1)
schnuckelig: 1. → appetitlich (1) – **2.** → reizend (1)
schnuddelig: 1. → schmutzig (1) – **2.** → appetitlich (1)
Schnüffelei, die: → Spitzelei
schnüffeln: 1. → riechen (1, a u. b) – **2.** → spionieren (1)
Schnüffler, der: **1.** → Kriminalist – **2.** → Spitzel
schnullen: → saugen (1)
Schnuller, der: Sauger; Luller (*süddt österr schweiz*) ◆ *umg:* Lutscher; Nuckel · Nuppel · Nuppi · Zutscher · Zulp (*landsch*); Zuzel (*österr*)
Schnulze, die: → Schlager (1)
Schnupftuch, das: → Taschentuch
schnuppe: s. sein: → gleichgültig (4)
schnuppern: → riechen (1, a u. b)
Schnur, die: **1.** 〈*zur Zierde verwendeter gedrehter dicker Faden*〉 Kordel + Litze – **2.** → Bindfaden – **3.** nach der S.: → genau (1); über die S. hauen: → übermütig (2)
Schnürband, das: → Schnürsenkel
Schnürchen, das: wie am S. gehen/klappen: → gehen (9)
schnüren: 1. → binden (I, 1) – **2.** → verschnüren – **3.** sein Bündel s.: **a)** → aufbrechen (3) – **b)** → abreisen
schnurgerade: → gerade (1)
schnurlos: schnurloses Telefon: → Handy
schnurpsen: → gehen (9)
Schnurrbart, der: → Bart (1)
Schnurre, die: → ²Scherz (1)
schnurren: → gehen (9)
Schnürriemen, der: → Schnürsenkel
schnurrig: 1. → schrullig (1) – **2.** → komisch (1)
Schnürsenkel, der: Senkel · Schnürband · Schnürriemen · Schuhband · Schuhriemen

◆ *umg:* Schuhbandel (*süddt österr*); Schuhbändel (*schweiz*)
schnurstracks: 1. → sofort – **2.** → direkt (1)
schnurz[piepe]: s. sein: → gleichgültig (4)
schnurzpiepegal: s. sein: → gleichgültig (4)
Schnute, die: **1.** → Mund (1) – **2.** eine S. machen/ziehen: → schmollen
Schober, der: Feim[en] · Feime (*landsch*); Dieme · Diemen (*norddt*) + Getreideschober · Getreidediemen · Miete
¹Schock, das: ein ganzes S.: → Menge (1)
²Schock, der: **1.** → Erschütterung (2) – **2.** → Schreck (1) – **3.** einen S. versetzen: → erschüttern (1)
schockant: → anstößig (1)
schocken: → erschrecken (1)
schockieren: → entrüsten (I)
schockierend: → anstößig (1)
schockiert: → entrüstet
schockweise: → massenhaft
schofel: → gemein (1)
Schofel, der: **1.** → Schund (1) – **2.** → Schurke
schofelig: → gemein (1)
Schöffe, der: Laienrichter + der Geschworene; → *auch* Richter (1)
schokoladenbraun: → braun (1)
schokolade[n]farben: → braun (1)
schokolade[n]farbig: → braun (1)
Schokoladenstück, das: → Beste (2)
scholastisch: → spitzfindig (1)
Scholastizismus, der: → Spitzfindigkeit
Scholle, die: → Erdscholle
schollern: → poltern (1)
schon: 1. 〈*früher als gedacht*〉 bereits · [schon] lange/längst – **2.** s. ewig: → lange (2); s. lange: **a)** → lange (2) – **b)** → 1; s. längst: → 1
schön: 1. 〈*einen überaus angenehmen Anblick bietend*〉 bildschön · wunderschön · [bild]hübsch · wie aus dem/im Bilderbuch · ästhetisch · schmuck · blendend; sauber (*süddt österr schweiz*) + formvollendet · fotogen · blühend ◆ *dicht:* hold[selig] ◆ *gehoben:* engelschön; → *auch* anziehend (1), reizend (1), wohlgestaltet, stattlich (1) – **2.** → sonnig (2) – **3.** → geschmackvoll – **4.** → gut (1) – **5.** → prächtig (1) – **6.** → gehörig (1) – **7.** s. aussehen: 〈*einen schönen Anblick bieten*〉 ein Augenschmaus sein (*scherzh*) + aussehen wie Milch und Blut –

616

8. schönere Hälfte: → Ehefrau; schöne Augen machen: → flirten; die schöne Literatur: → Belletristik; schöne Bescherung: → Überraschung (3); schöne Worte: → Schmeichelei; schöne Worte machen: → schmeicheln (1); schön[er] werden: → bessern (II, 2); eines schönen Tages: → irgendwann (1)

Schöne, die: → Schönheit (1)

schonen: I. schonen: **1.** ⟨*nicht zu sehr in Anspruch nehmen*⟩ schonend / sorgsam umgehen |mit| / behandeln · Rücksicht nehmen |auf| · Rücksicht üben |mit| ♦ *umg*: + mit Glacéhandschuhen / Samthandschuhen anfassen · wie ein rohes Ei anfassen / behandeln; → *auch* pflegen (I, 1, b) – **2.** → verschonen – **II.** schonen, sich: ⟨*sich nicht überanstrengen*⟩ sich pflegen · der Gesundheit leben · kurz / kürzer treten ♦ *umg*: seinen Leib pflegen (*scherzh*)

schönen: → beschönigen

schonend: 1. ⟨*mit besonderer Vorsicht*⟩ pfleglich · pflegsam · sorgsam · sorgfältig · schonungsvoll; sorglich (*veraltend*); → *auch* behutsam, sanft – **2.** → rücksichtsvoll – **3.** s. umgehen |mit| / behandeln: → schonen (I, 1)

Schoner, der: → Schutzhülle

schönfärben: → beschönigen

Schonfrist, die: → Aufschub (2)

Schongang, der: → Schnellgang

schöngeistig: die schöngeistige Literatur: → Belletristik

Schönheit, die: **1.** ⟨*das Schönsein*⟩ Herrlichkeit + Stattlichkeit ♦ *dicht*: Schöne · Holdseligkeit; → *auch* Anmut, Reiz (2) – **2.** ⟨*schöne Frau*⟩ Venus; → *auch* Frau (I, 1)

Schönheitsfarm, die: Beautyfarm

Schönheitspflege, die: Kosmetik · Make-up

Schönheitssinn, der: → Geschmack (2)

Schonkost, die: → Diät

Schönling, der: → Geck (1)

schönmachen: I. schönmachen: → schmücken (I) – **II.** schönmachen, sich: → herausputzen (II)

schönrechnen: → verschleiern

schönreden: 1. → beschönigen – **2.** → schmeicheln (1)

Schönredner, der: → Schmeichler

Schönred[n]erei, die: → Schmeichelei

schönrednerisch: → schmeichlerisch

Schöntuer, der: → Schmeichler

Schöntuerei, die: → Schmeichelei

schöntun: → schmeicheln (1), flirten

Schonung, die: **1.** ⟨*junger, geschützter Waldbestand*⟩ + Neuanpflanzung · Anpflanzung – **2.** → Nachsicht (1) – **3.** → Rücksicht (1) – **4.** → Pflege (1, b)

schonungslos: → rücksichtslos (1)

Schonungslosigkeit, die: → Rücksichtslosigkeit

schonungsvoll: 1. → rücksichtsvoll – **2.** → schonend (1), behutsam

Schopf, der: **1.** → Haarschopf – **2.** → Schuppen (1) – **3.** beim S. fassen / packen / nehmen: → ergreifen (2)

Schöpfeimer, der: Pfützeimer (*bergm*); Pütz · Pütze (*seem*); → *auch* Eimer (1)

schöpfen: 1. → hervorbringen (1) – **2.** Verdacht s.: → Verdacht (2); [frische] Luft s.: → atmen (1); Atem s.: **a)** → atmen (1) – **b)** → aufatmen (I); → ausruhen (I); [ein wenig] Luft s.: → spazieren (2); aus dem Vollen s.: → schwelgen (1)

Schöpfer, der: **1.** → Urheber – **2.** → Gott (1, a) – **3.** S. Himmels und der Erden / aller Dinge: → Gott (1, a)

schöpferisch: kreativ · produktiv · erfinderisch · ingeniös · gestalterisch + fruchtbar; → *auch* einfallsreich

Schöpferkraft, die: Kreativität · Produktivität

Schöpfung, die: **1.** → Erschaffung (1) – **2.** → Werk (1) – **3.** → Erzeugnis – **4.** Krone der S.: → Frau (I, 1); die Herren der S.: → Mann (II)

schoppen: → füllen (I, 1)

Schoppen, der: → Schuppen (1)

Schorf, der: Grind · Wundschorf; Kruste (*landsch*); Borke (*norddt*)

Schornstein, der: **1.** ⟨*Schacht zum Abziehen von Rauchgasen*⟩ Schlot · Kamin · Esse · Feueresse (*landsch*); Rauchfang (*österr*); → *auch* Rauchfang (1) – **2.** rauchen / qualmen wie ein S.: → rauchen (1); in den S. schreiben: → verloren (3)

Schornsteinfeger, der: Essenkehrer · Kaminfeger · Schlotfeger (*landsch*); Rauchfangkehrer (*österr*)

¹Schoß, der: **1.** → Mutterleib – **2.** in den S. fallen: → zufallen (3); die Hände in den S. legen: → resignieren; wie in Abrahams S.: → geborgen (1); im S. der Familie: → daheim (1)

²Schoß, die: → Rock (1)

Schoss, der: → Schössling

Schoßkind

Schoßkind, das: 1. → Kind (1) – 2. → Weichling

Schössling, der: Schoss · Reis · Keim[ling] · Pflänzling + Ableger; → *auch* Pfropfreis, Senter, Trieb (3)

Schoßrock, der: → Frack (1)

¹Schote, der: → Dummkopf (1)

²Schote, die: → Geschichte (2)

Schotten, der: → Quark (1)

schräg: 1. ⟨*von einer senkrechten od. waagerechten Bezugslinie abweichend*⟩ quer · der Quere nach; kursiv (*fachspr*) ♦ *umg:* zwerch (*landsch*); → *auch* schief (1) – 2. s. gucken: → schielen (1)

Schräge, die: Schrägheit · Schräglage · Schiefe

schrägen: → abschrägen

Schrägheit, die: → Schräge

Schräglage, die: → Schräge

Schramme, die: 1. ⟨*kleine Hautverletzung*⟩ Kratzer · Riss · Ritz · Schrunde · Schürfung · Hautabschürfung ♦ *umg:* Schmarre · Schmiss · Ritzer; → *auch* Verletzung (1) – 2. ⟨*kleine Beschädigung an einem Gegenstand*⟩ Kratzer · Riss · Ritz · Scharte ♦ *umg:* Ritzer

schrammen, sich: → ritzen (II)

Schrank, der: 1. ⟨*Möbelstück*⟩ Schaff (*landsch*); Kasten (*südtt österr schweiz*); Schapp (*seem*) + Spind ♦ *gehoben:* + Schrein – 2. nicht alle Tassen im S. haben: → verrückt (5)

Schranke, die: 1. ⟨*als Absperrung dienende quer liegende Stange*⟩ Schlagbaum; Barriere (*schweiz*) – 2. → Grenze (1, a) – 3. Schranken setzen: → beschränken; vor die Schranken des Gerichts zitieren: → verklagen; in die Schranken fordern: → herausfordern; in die Schranken treten |für|: a) → einsetzen (II) – b) → eintreten (7, a); in seine Schranken weisen: → zurechtweisen; sich in Schranken halten: → beherrschen (II)

schrankenlos: 1. → uneingeschränkt (1) – 2. → unbeschrankt

Schrankenwärter, der: → Bahnwärter

Schrankfach, das: → Fach (2)

Schrankwand, die: Anbauwand · Anbauschrank + Bücherwand

schrap[p]en: → schaben (1)

Schrat, der: → Kobold (1)

Schraube, die: alte S.: → Frau (I, 1); eine S. ohne Ende: → endlos (b); bei jmdm. ist

eine S. locker: → verrückt (5); die S. überdrehen: → weit (4)

schrauben: in die Höhe s.: → verteuern (I)

schraubenförmig: → gewunden

Schraubenlinie, die: → Spirale

schraubig: → gewunden

Schrebergarten, der: → Kleingarten

Schrebergärtner, der: → Kleingärtner

Schreck, der: 1. ⟨*durch eine plötzl. Bedrohung od. dgl. ausgelöste heftige Gemütserschütterung*⟩ Schrecken · Entsetzen · Erschrecken · Schock + Panik; → *auch* Angst (1), Bestürzung – 2. einen S. einflößen/einjagen: → erschrecken (1); einen S. bekommen, der S. fährt jmdm. in die Glieder: → erschrecken (2); starr vor S.: → erschrocken (1)

Schreckbild, das: → Schreckgespenst

schrecken: → erschrecken (1)

Schrecken, der: 1. → Schreck (1) – 2. S. erregend: → Entsetzen (2); einen S. einflößen/einjagen, in S. versetzen: → erschrecken (1); einen S. bekommen: → erschrecken (2)

Schreckensbotschaft, die: → Schreckensnachricht

Schreckensherrschaft, die: → Gewaltherrschaft

Schreckensherrscher, der: → Diktator

Schreckensmeldung, die: → Schreckensnachricht

Schreckensnachricht, die: Schreckensmeldung · Schreckensbotschaft · Unglücksbotschaft · Hiobsbotschaft + Tatarennachricht

Schreckgespenst, das: Schreckgestalt · Schreckbild · Popanz

Schreckgestalt, die: → Schreckgespenst

schreckhaft: → ängstlich (1)

schrecklich: 1. → Entsetzen (2) – 2. → unangenehm (1) – 3. → sehr

Schreckschraube, die: → Frau (I, 1)

Schreckschuss, der: → Drohung (1)

schreddern: → zerkleinern

Schrei, der: 1. ⟨*weithin hörbarer Laut eines Lebewesens*⟩ + Ruf · Aufschrei – 2. einen S. ausstoßen: → schreien (1); der letzte S.: → Neuheit

Schreibart, die: → Stil (1)

Schreibe, die: → Stil (1)

schreiben: 1. ⟨*Sprache schriftlich fixieren*⟩ zur Feder greifen ♦ *umg:* pinseln · malen; → *auch* schmieren (1) – 2. ⟨*sich schriftlich an*

618

Schrot

jmdn. wenden⟩ anschreiben (*amtsspr*) – **3.** →
aufschreiben (1) – **4.** → verfassen – **5.** →
²dichten (1, a) – **6.** ins Konzept / Unreine s.: →
entwerfen (2); ins Reine s.: → abschreiben (I,
1); Schreibmaschine s.: → Maschine (5); in
die Esse / den Kamin / Schornstein / Rauch-
fang s.: → verloren (3); sich / einander s.: →
korrespondieren (1); sich hinter die Ohren /
Löffel s.: → merken (4)
Schreiben, das: **1.** → Schriftstück – **2.** →
Brief (1)
Schreiber, der: **1.** → Verfasser – **2.** →
Dichter (a)
Schreiberling, der: **1.** → Dichter (a) – **2.** →
Journalist
Schreiberseele, die: → Pedant
Schreibfeder, die: → Feder (I, 2)
Schreibkraft, die: Maschinenschreiberin
Schreibmaschine, die: S. schreiben: → Ma-
schine (5)
Schreibstube, die: → Büro
Schreibung, die: → Rechtschreibung
Schreibwarengeschäft, das: Schreibwa-
renladen · Papiergeschäft · Papier[waren]-
handlung; Papeterie (*schweiz*)
Schreibwarenladen, der: → Schreibwaren-
geschäft
Schreibweise, die: **1.** → Rechtschreibung –
2. → Stil (1)
schreien: 1. ⟨*die Stimme sehr laut ertönen
lassen*⟩ rufen · brüllen · einen Schrei aussto-
ßen · ein Geschrei erheben; grölen · johlen ·
plärren (*abwert*) + kreischen · röhren
♦ *salopp*: quäken (*meist abwert*), bläken
(*landsch*); → *auch* schnauzen – **2.** → wei-
nen (1) – **3.** s. ⌐nach⌐: → Verlangen (4);
das schreit zum / gen Himmel: → unerhört
(2); zum Schreien: → komisch (1)
schreiend: → auffallend, grell (2)
Schreier, der: → Unruhestifter
Schreierei, die: → Geschrei (1, a)
Schreihals, der: → Unruhestifter
Schrein, der: **1.** → Schrank (1) – **2.** → Truhe
Schreiner, der: → Tischler
schreiten: 1. → gehen (1) – **2.** s. ⌐zu⌐: →
anfangen (1, a); zur Tat s.: → handeln (I, 3)
Schrieb[s], der: **1.** → Brief (1) – **2.** →
Schriftstück
Schrift, die: **1.** → Schriftzeichen – **2.** →
Handschrift (1) – **3.** → Denkschrift – **4.** →
Druckwerk – **5.** → Buch (1) – **6.** die
[Heilige] S.: → Bibel
Schriftführer, der: → Protokollant

schriftlich: s. geben: → bescheinigen
Schriftsprache, die: → Hochsprache
schriftsprachlich: → hochsprachlich
Schriftsteller, der: → Dichter (a)
schriftstellerisch: → dichterisch
schriftstellern: → ²dichten (1, a)
Schriftstück, das: Schreiben · Papier + Do-
kument · Urkunde · Aktenstück · Akte ·
Unterlage ♦ *umg*: Schrieb[s] (*oft abwert*)
♦ *salopp*: Wisch (*abwert*) ♦ *derb*: Arsch-
wisch (*abwert*); → *auch* Brief (1)
Schrifttum, das: **1.** → Literatur (1) – **2.** →
Dichtung (1, a)
Schriftverkehr, der: **1.** → Briefverkehr – **2.**
im S. stehen: → korrespondieren (1)
Schriftwechsel, der: **1.** → Briefverkehr (1)
– **2.** im S. stehen: → korrespondieren (1)
Schriftzeichen, das: Buchstabe · Type +
Schrift; → *auch* Letter
Schriftzug, der: Duktus
schrill: 1. ⟨*unangenehm hoch u. hell klin-
gend*⟩ grell · gell[end] · durchdringend ·
markerschütternd; → *auch* laut (1, a) – **2.** →
auffallend
schrillen: → klingen (1)
Schrippe, die: → Brötchen
Schritt, der: **1.** ⟨*das Vorsetzen eines Fußes*⟩
Tritt + Gang – **2.** → Maßnahme – **3.** seine
Schritte lenken / wenden ⌐nach⌐: → gehen
(8); einen S. vors Haus tun: → spazieren
(2); ein S. vom Wege: → Fehltritt (1); S.
halten: → mitkommen (1); einen S. zule-
gen: → beeilen, sich; S. für / um S.: → all-
mählich; auf S. und Tritt: → überall (1); den
ersten S. tun: → anfangen (1, a)
Schrittmacher, der: → Wegbereiter
Schritttempo, das: im S.: → langsam (1)
schrittweise: → allmählich
Schrofen, der: → Felsklippe
schroff: 1. → barsch – **2.** → steil (1 *u.* 2)
schröpfen: 1. ⟨*Blut absaugen*⟩ + Blut ab-
nehmen / abzapfen; zur Ader lassen (*veral-
tet*) – **2.** *umg* ⟨*jmdm. durch Betrug od.
mit List viel Geld abnehmen*⟩ rupfen · aus-
nehmen · abzocken · ausräubern · ausputzen
· bis aufs Hemd ausziehen; erleichtern · zur
Ader lassen (*scherzh*); [aus]beuteln (*land-
sch*) ♦ *salopp*: flöhen
Schrot, das *od.* der: **1.** weidm ⟨*kleine Blei-
kugeln für die Munition best. Jagdwaffen*⟩ +
Hagel · Posten · Rehposten · Dunst · Vogel-
dunst – **2.** von altem / echtem S. und Korn:
→ rechtschaffen

schroten: → zermahlen

Schrott, der: **1.** ⟨*unbrauchbare Metallgegenstände*⟩ Altmetall + Alteisen; → *auch* Altstoff, Abfall (I, 1) – **2.** → Schund (1)

schrubben: 1. → scheuern (1) – **2.** → abreiben (I, 1) – **3.** → bürsten (1)

Schrulle, die: **1.** ⟨*wunderl. Angewohnheit*⟩ Marotte · Spleen · Absonderlichkeit ♦ *umg:* Fimmel · Mucke · Tick ♦ *salopp:* Macke – **2.** → Laune (1) – **3.** → Frau (I, 1)

schrullenhaft: → schrullig (1)

schrullig: 1. ⟨*befremdende, oft lächerlich wirkende Angewohnheiten habend*⟩ schrullenhaft · wunderlich · kauzig · schnurrig · verschroben · eigenartig · seltsam · sonderbar · sonderlich · skurril · bizarr · spleenig · grillig · grillenhaft + eigenbrötlerisch; → *auch* überspannt – **2.** s. sein: ⟨*eine befremdende, oft lächerlich wirkende Angewohnheit haben*⟩ einen Spleen haben ♦ *umg:* einen Span haben

Schrumpel, die: → Falte (2)

schrumpelig: → runzelig

schrumpeln: → schrumpfen

schrumpfbeständig: → formbeständig

schrumpfecht: → formbeständig

schrumpfen: sich zusammenziehen · zusammenschrumpfen · einschrumpfen · eintrocknen · zusammentrocknen · eindorren + einlaufen · eingehen ♦ *umg:* [ein]schrumpeln · zusammenschrumpeln (*landsch*); → *auch* vermindern (II)

schrumpffest: → formbeständig

Schrund, der: → Schlucht

Schrunde, die: **1.** → Schramme (1) – **2.** → Schlucht

schrundig: → uneben (1)

Schrutz, der: **1.** → Abfall (I, 1) – **2.** → Schund (1)

Schub, der: **1.** *Techn* ⟨*Kraft, die etw. nach vorn treibt*⟩ Schubkraft · Schubleistung · Vortrieb – **2.** → Stoß (1)

schubben: → kratzen (1)

schubbern: 1. → kratzen (1) – **2.** → frieren (1)

Schubfach, das: Schublade · Schubkasten; Schiebkasten · Schieblade · Schiebfach · Kasten · Lade (*landsch*) + Tischkasten

Schubiack, der: → Schurke

Schubkarre, die: Schubkarren; Schiebkarre[n] · Schiebebock (*landsch*); Scheibtruhe (*süddt österr*); Karrette (*schweiz*) + Karre[n] · Handkarre[n]

Schubkarren, der: → Schubkarre

Schubkasten, der: → Schubfach

Schubkraft, die: → Schub (1)

Schublade, die: → Schubfach

schubladisieren: → verzögern (I)

Schubleistung, die: → Schub (1)

Schübling, der (*umg*): + Abschiebehäftling *gehoben:* Deportee ♦ *umg:* Abschübling

Schubs, der: → Stoß (1)

schubsen: → stoßen (I, 1)

schüchtern: scheu · befangen · verschüchtert · geduckt ♦ *umg:* gschamig (*süddt österr*); → *auch* ängstlich (1), schamhaft, gehemmt

Schüchternheit, die: **1.** ⟨*das Schüchternsein*⟩ Scheu · Befangenheit · Ängstlichkeit · Verschüchterung; → *auch* Angst (1), Scham (3), Hemmung (1) – **2.** die/seine S. ablegen/überwinden: ⟨*seine Zurückhaltung aufgeben*⟩ die/seine Scheu verlieren ♦ *umg:* auftauen

schuckeln: → holpern

schuddern: → frieren (1)

Schuft, der: → Schurke

schuften (*umg*): rackern · arbeiten, dass die Schwarte knackt · wie ein Pferd arbeiten; wurzeln (*landsch*) + wuchten; → *auch* abmühen, sich, anstrengen (II, 1), arbeiten (1)

¹Schufterei, die: → Mühsal

²Schufterei, die: → Gemeinheit

schuftig: → gemein (1)

Schuftigkeit, die: → Gemeinheit

Schuhband[el], das: → Schnürsenkel

Schuhbändel, der: → Schnürsenkel

Schuhcreme, die: + Lederfett ♦ *umg:* Wichse · Schuhwichse

Schuhe (*Pl*): **1.** ⟨*Fußbekleidung*⟩ Schuhwerk ♦ *umg:* Treter (*meist abwert*); Galoschen (*abwert od. scherzh*); Botten (*landsch, meist abwert*) ♦ *salopp:* Latschen · Quanten (*auch abwert*); Gurken · Kähne (*abwert*); Quadratlatschen (*scherzh*) – **2.** die Schuld in die S. schieben: → beschuldigen (2); den Staub von den Schuhen lecken: → kriechen (2)

Schuhmacher, der: → Schuster (1)

Schuhriemen, der: → Schnürsenkel

Schuhsohle, die: **1.** ⟨*unterster Teil des Schuhes*⟩ Sohle – **2.** sich die Schuhsohlen ablaufen: → bemühen (II, 1); sich die Schuhsohlen ablaufen |nach|: → suchen (1); an den Schuhsohlen abgelaufen/abgelatscht haben: → wissen (1)

Schuhwerk, das: → Schuhe (1)
Schuhwichse, die: → Schuhcreme
Schulanfänger, der: Abc-Schütze · Erst-
klässer (*landsch*); Erstklässler (*süddt
schweiz*); Erstklassler (*österr*)
Schularbeit, die: 1. → Aufgabe (3) – 2. →
Prüfungsarbeit
Schulaufgabe, die: → Aufgabe (3)
Schulbank, die: die S. drücken: → Schule
(5)
Schulbeispiel, das: → Musterfall (1)
Schulbub, der: → Schüler (1)
schuld: s. sein: → schuldig (3, a)
Schuld: I. Schuld, die: 1. 〈*das Verantwort-
lichsein für etw. Schlimmes*〉 Verschulden;
→ *auch* Fehler (1), Verbrechen (1) – 2. mit
einer S. beladen sein: 〈*etw. Unrechtes be-
gangen haben*〉 umg: Dreck am Stecken ha-
ben · etw. auf dem Kerbholz haben – 3. →
II, 1 – 4. in S. verstrickt: → schuldig (1); S.
haben, [die] S. tragen: → schuldig (3, a);
frei von S./von aller/einer S. sein: → un-
schuldig (1); seine S. bekennen/gestehen:
→ beichten (1); die S. geben: → beschuldi-
gen (1 *u.* 2); die S. aufbürden, die S. schie-
ben ⌐auf⌐, die S. in die Schuhe schieben: →
beschuldigen (2) – II. Schulden (*Pl*): 1. 〈*zu-
rückzuzahlender Geldbetrag*〉 Schuld; Passiva · Verbindlichkeiten (*kaufm*) + Ver-
pflichtungen · Rückstände – 2. S. haben:
〈*zum Zurückzahlen einer Geldsumme ver-
pflichtet sein*〉 [bis über die Ohren/tief] in
Schulden stecken ♦ umg: in der Kreide ste-
hen – 3. ohne S.: → schuldenfrei; S. ma-
chen: → Kredit (2); [bis über die Oh-
ren/tief] in S. stecken: → II, 2
schuldbeladen: → schuldig (1)
schuldbewusst: → reuevoll
Schuldbewusstsein, das: → Gewissensbisse
(1)
schulden: 1. 〈*zur Rückzahlung bzw. Rück-
gabe verpflichtet sein*〉 schuldig sein + ver-
pflichtet sein – 2. → verdanken
schuldenfrei: lastenfrei · ohne Schulden ·
unverschuldet
Schuldenmacher, der: umg: Pumpgenie
(*abwert*)
schuldfrei: → unschuldig (1)
Schuldgefühl, das: → Gewissensbisse (1)
schuldhaft: → schuldig (1)
Schuldiener, der: → Hausmeister (2)
schuldig: 1. 〈*die Schuld an etw. tragend*〉 in
Schuld verstrickt; fehlbar (*schweiz*) +

schuldhaft ♦ gehoben: schuldbeladen ·
schuldvoll; → *auch* sündig – 2. → gebüh-
rend (1) – 3. s. sein: a) 〈*die Schuld an etw.
tragen*〉 schuld sein · Schuld haben · [die]
Schuld tragen + auf dem Gewissen haben ·
sich belasten – b) → schulden (1) – 4. s.
werden: → vergehen (II, 1); s. sprechen, für
s. erklären/befinden: → verurteilen (2);
nichts s. bleiben: → vergelten (1)
Schuldigkeit, die: etw. ist jmds. Pflicht und
S.: → verpflichtet (1); seine S. getan haben:
→ ausgedient (3)
schuldlos: → unschuldig (1)
Schuldlosigkeit, die: → Unschuld (1)
Schuldner, der: Kreditnehmer; Debitor
(*Bankw*)
schuldvoll: → schuldig (1)
Schuldzuweisung, die: → Beschuldigung
(1)
Schule, die: 1. 〈*Institution für die Erziehung
u. Ausbildung*〉 Lehranstalt · Bildungsanstalt
· Bildungsstätte · Anstalt; Penne (*schü-
lerspr*); → *auch* Gymnasium, Universität –
2. 〈*Gebäude für den Unterricht*〉 Schul-
gebäude · Schulhaus – 3. → Unterricht (1) –
4. → Strömung (2) – 5. zur S. gehen: 〈*eine
Bildungseinrichtung besuchen*〉 die Schule
besuchen ♦ umg: die Schulbank drücken –
6. in die S. nehmen: → erziehen; die S. be-
suchen: → 5; die S. schwänzen, hin-
ter/neben die S. gehen: → versäumen (2);
S. machen: → durchsetzen (I, 2, b); aus der
S. plaudern/schwatzen: → ausplaudern
schulen: 1. → ausbilden (1) – 2. → dressie-
ren (1)
Schüler, der: 1. 〈*die Schule Besuchender*〉
Schuljunge · Schulkind; Eleve (*veraltet*);
Schulbub (*süddt österr*) + Zögling – 2. 〈*An-
hänger einer Person und von ihm geförderd,
Anhänger einer Lehre*〉 Ziehsohn; Adept
(*veraltend*); → *auch* Anhänger (3)
schülerhaft: → unreif (2)
Schülerwohnheim, das: Internat
schulfrei: unterrichtsfrei
Schulgebäude, das: → Schule (2)
Schulhaus, das: → Schule (2)
schulisch: → erzieherisch
Schuljunge, der: → Schüler (1)
Schulkenntnisse (*Pl*): → Wissensstoff
Schulkind, das: → Schüler (1)
Schullehrer, der: → Lehrer
Schulleiter, der: → Direktor (1)
Schulmann, der: → Lehrer

Schulmappe, die: → Schultasche
schulmäßig: → lehrhaft
Schulmeister, der: 1. → Lehrer – **2.** → Pedant – **3.** → Hausmeister (2)
schulmeisterlich: 1. → kleinlich – **2.** → lehrhaft
schulmeistern: → belehren (1)
Schulranzen, der: Ranzen; Tornister (*landsch*); Schulsack (*schweiz*) + Schulrucksack; → *auch* Schultasche
Schulrucksack, der: → Schulranzen
Schulsack, der: → Schulranzen
Schulstube, die: → Klasse (1)
Schultasche, die: Schulmappe; → *auch* Schulranzen
Schulter, die: 1. ⟨*Körperteil*⟩ umg: Achsel – **2. S. an S.: a)** → gedrängt (1) – **b)** → gemeinsam (1); die kalte S. zeigen: → abweisen (1); auf die Schultern laden: → aufbürden (1); auf die leichte S. nehmen: → unterschätzen; über die S. ansehen: → verachten (1)
Schulterklappe, die: Achselklappe · Achselstück · Schulterstück + Epaulette
schultern: → meistern
Schulterschluss, der: → Zusammenhalten
Schulterstück, das: → Schulterklappe
Schultheiß, der: → Bürgermeister (a)
Schulung, die: 1. → Unterricht (1), Ausbildung (1) – **2.** → Dressur
Schulze, der: → Bürgermeister (a)
Schulzeugnis, das: → Zeugnis (1)
Schummel, der: → Betrug (1)
Schummelei, die: → Betrug (1)
schummeln: → betrügen (1)
Schummer, der: → Abenddämmerung
schummerig: → dämmerig
schummern: → dämmern (1 u. 2)
Schummerstunde, die: → Abenddämmerung
Schund, der (*abwert*)**: 1.** ⟨*wertlose Erzeugnisse*⟩ Plunder · Tand · Ramsch · Schundware · Ramschware · Schofel + Billigware · Schleuderware ♦ *umg*: Tinnef · Kiki; Schrott · Schamott · Schrutz (*landsch*) ♦ *salopp*: Mist ♦ *derb*: Scheiß[dreck] · Scheiße; Schiet (*norddt*); → *auch* Ausschuss (2), Kitsch, Kram (1) – **2.** → Schundliteratur
Schundliteratur, die: Schmutzliteratur; Schund (*abwert*) + Dreigroschenheft · Groschenheft · Groschenroman
Schundware, die: → Schund (1)

schunkeln: → schaukeln (1)
Schupf, der: → Stoß (1)
schupfen: → stoßen (I, 1)
Schupfen, der: → Schuppen (1)
Schupfer, der: → Stoß (1)
Schupo, der: → Polizist
Schuppe, die: es fällt wie Schuppen von den Augen: → erkennen (1)
¹schuppen: → stoßen (I, 1)
²schuppen: I. schuppen: 1. → schaben (1) – **2. s.** ⎡von⎤**:** → ablösen (II, 1) – **II. schuppen, sich:** → häuten (II)
Schuppen, der: 1. ⟨*einfacher Bau zum Abstellen von Geräten u. dgl.*⟩ Remise (*veraltend*); Schauer · Schoppen (*landsch*) · Schupfen (*süddt österr*); Schopf (*süddt schweiz*) – **2.** → Tanzlokal
Schur, der: einen S./es zum S. tun: → ärgern (I)
schüren: 1. → anschüren (1) – **2.** → aufhetzen – **3.** das Feuer s.: → verschlimmern (I, 1)
schürfen: I. schürfen: → graben (1) – **II. schürfen, sich:** → ritzen (II)
Schürfung, die: → Schramme (1)
schurigeln: → quälen (I, 2)
Schurke, der (*abwert*): Schuft · Lump · Halunke · Gauner · Spitzbube · Ganove · Kreatur · Kanaille · Strolch · Schofel; Hundsfott (*veraltet*) + Erzlump · Erzgauner · Erzhalunke · Erzspitzbube ♦ *umg*: Lumpenkerl · Lumpenhund · Schubiack; Falott (*österr*) · Fötzel (*schweiz*) ♦ *salopp*: Dreckskerl · Drecksack · Dreckstück · Hund ♦ *derb*: Schwein · Schweinehund; → *auch* Übeltäter, Verbrecher, Unmensch (1)
Schurkenstreich, der: → Schurkerei
Schurkentat, die: → Schurkerei
Schurkerei, die (*abwert*): Schurkenstreich · Schurkentat · Lumperei; Bubenstreich · Bubenstück · Büberei (*veraltend*); → *auch* Gemeinheit
schurkisch: → gemein (1)
schurren: 1. → schlittern – **2.** → rutschen (1)
Schurrmurr, der: 1. → Durcheinander (1) – **2.** → Gerümpel
Schürze, die: an jmds. S. hängen: → unselbständig (2)
schürzen: 1. → hochheben (1) – **2.** → aufwerfen (I, 1)
Schürzenband, das: an jmds. S. hängen: → unselbständig (2)
Schürzenjäger, der: → Frauenheld (1)

schutzimpfen

Schürzenkind, das: → Weichling

Schürzenzipfel, der: an jmds. S. hängen: → unselbständig (2)

Schuss, der: **1.** → Wurf (1) – **2.** ein S.: → wenig (2); ein S. in den Ofen: → Misserfolg (1); in S. sein: → Ordnung (4); in S. bringen: → aufräumen (1); weit[ab] vom S.: **a)** → fern (1) – **b)** → abgelegen; keinen S. Pulver wert: → wertlos (1); einen S. abgeben/abfeuern/auslösen, Schüsse abgeben/abfeuern, einen S. abgehen lassen: → schießen (1); einen S. setzen/drücken: → Rauschgift (3); einen S. haben: → verrückt (5)

Schussel: I. Schussel, der (*umg*): ⟨*schusseliger Mensch*⟩ Hudriwudri (*österr*) – **II.** Schussel, die: → Schlitterbahn

Schüssel, die: **1.** ⟨*Gefäß für Speisen*⟩ Terrine · Napf; Asch (*landsch*); Kumme · Satte (*norddt*) + Suppenschüssel; → *auch* ¹Schale (1) – **2.** einen Sprung in der S. haben: → verrückt (5)

schusselig: → zerstreut (1)

schusseln: 1. → zerstreut (2) – **2.** → schlittern

Schusser, der: → Murmel

Schussfahrt, die: → Abfahrt (2)

schussfest: → kugelsicher

schusssicher: → kugelsicher

Schusswaffe, die: Handfeuerwaffe; Schießwaffe (*schweiz*) ♦ *umg*: Schießeisen + Schießprügel; → *auch* Gewehr (1), Pistole (1), Revolver

Schuster, der: **1.** ⟨*Schuhe herstellender u. reparierender Handwerker*⟩ Schuhmacher; Flickschuster (*abwert*) – **2.** → Stümper – **3.** auf Schusters Rappen: → Fuß (2)

Schusterei, die: → Stümperei

Schusterjunge, der: Schusterjungen regnen: → gießen (2)

schustern: → stümpern

Schute, die: → Schleppkahn

Schutt, der: **1.** ⟨*Anhäufung von Gesteinstrümmern*⟩ Geschiebe · Geröll · Grus – **2.** → Trümmer (1) – **3.** in S. und Asche legen: **a)** → niederbrennen (1) – **b)** → zerstören (2)

Schuttablageplatz, der: → Mülldeponie

Schüttelfrost, der: Fieberschauer · Fieberfrost · Schauer

schütteln: I. schütteln: **1.** ⟨*kräftig hin- u. herbewegen*⟩ rütteln; beuteln (*süddt österr*) – **2.** → durchschütteln – **3.** s. ⎸von⎹: → abschütteln (1); sich den Staub von den Füßen s.: **a)** → weggehen (1) – **b)** → aufbrechen (3); sich einen von der Palme s.: → masturbieren; die Hand/Flosse/Pfote s.: → Hand (2); den/mit dem Kopf s.: → verneinen (1); aus dem Anzug/den Lumpen s.: → ausschimpfen – **II.** schütteln, sich: → ekeln (II)

schütten: 1. → gießen (1 *u.* 2) – **2.** → werfen (2) – **3.** s. ⎸in⎹: → einfüllen (1); sich einen in die Figur s.: → trinken (1, b)

schütter: → spärlich (1)

schüttern: → beben (1)

Schüttstein, der: → Ausguss (1)

Schutz, der: **1.** ⟨*das Schützen*⟩ Sicherung · Abschirmung · Deckung – **2.** ⟨*das Schützende*⟩ **a)** ⟨*Aufsicht*⟩ Obhut · Ägide ♦ *gehoben:* Hut; Schutz und Schirm (*veraltend*); → *auch* Zuflucht – **b)** ⟨*Personen*⟩ Bedeckung · Bewachung · Geleit – **c)** ⟨*Einrichtung*⟩ Schutzschild · Schutzschirm · Schirm · Schutzvorrichtung; → *auch* Schutzwall (1), Schutzgebiet – **3.** S. gewähren: → schützen (I, 1); ohne S.: → schutzlos (1); in S. nehmen: → verteidigen (I, 1); S. und Schirm: → 2, a

Schutzanzug, der: Overall · Kombination

Schutzbefohlene, der: → Schützling

Schutzbuhne, die: → Buhne

schützen: I. schützen: **1.** ⟨*etw. Unangenehmes fern halten*⟩ abschirmen · beschützen · [ab]sichern · bewahren · bewachen · [be]hüten · die Hand halten ⎸über⎹ · Schutz gewähren + unter seine Fittiche nehmen · den Rücken decken · verteidigen ♦ *gehoben:* [be]schirmen · den Schild halten ⎸über⎹ · in seine Hut nehmen; → *auch* verteidigen (I, 1) – **2.** schützendes Dach: → Unterkunft (1) – **II.** schützen, sich: ⟨*sich vor einer Gefahr bewahren*⟩ sich absichern

Schutzengel, der: → Schutzpatron

Schützengraben, der: Graben + Laufgraben

Schützenhilfe, die: **1.** → Unterstützung (1) – **2.** S. leisten: → unterstützen (I, 1)

Schützer, der: → Beschützer

Schutzgebiet, das: Reservat · Reservation; → *auch* Schutz (2, c)

Schutzgemeinschaft, die: Schutzvereinigung

Schutzhaft, die: → Haft (1)

Schutzheilige, der: → Schutzpatron

Schutzherrschaft, die: Protektorat

Schutzhülle, die: → Schoner · Überzug · Hülle · Mantel · Futteral

schutzimpfen: → impfen

623

Schutzimpfung, die: Immunisation · Immunisierung
Schützling, der: der Schutzbefohlene · der Pflegebefohlene
schutzlos: 1. ⟨keinen Schutz genießend⟩ ungeschützt · ohne Schutz · unbeschützt · unbehütet + hilflos – 2. → rechtlos
Schutzmann, der: → Polizist
Schutzmarke, die: → Markenzeichen
Schutzpatron, der (Rel): der Schutzheilige · Patron + Schutzengel; → auch Beschützer, Schirmherr
Schutzpolizei, die: → Polizei (1)
Schutzschild, der: → Schutz (2, c)
Schutzschirm, der: → Schutz (2, c)
Schutzvereinigung, die: → Schutzgemeinschaft
Schutzvorrichtung, die: → Schutz (2, c)
Schutzwall, der: 1. ⟨Verteidigungsbau⟩ Brustwehr; Schanze (hist); → auch Schutz (2, c) – 2. → Damm (1)
Schutzweg, der: → Fußgängerschutzweg
Schwabbelei, die: → Geschwätz (1)
Schwabbelfritze, der: → Schwätzer (1)
schwabbelig: 1. → dick (1) – 2. → weich (1, b u. c)
schwabbeln: 1. → schwatzen (1) – 2. → polieren (1)
schwabbern: → verschütten (2)
schwach: 1. ⟨ohne genügend Kraft⟩ a) ⟨Körper⟩ schwächlich; asthenisch (med) + hilflos ♦ umg: mickerig; piepsig (landsch); → auch kraftlos, weichlich (1), müde (1), erschöpft (1) – b) ⟨Stimme⟩ dünn · zart ♦ umg: piepsig – 2. → dünn (1) – 3. → machtlos (1) – 4. → nachgiebig – 5. → unsicher (1), haltlos (1) – 6. → minderwertig – 7. das schwache Geschlecht: → Frau (II); jmds. schwache Seite: → Schwäche (2); s. im Kopf: → dumm (1); s. auf der Brust: → zahlungsunfähig (1); s. auf der Brust sein: → lungenkrank
Schwäche, die: 1. ⟨Mangel an körperl. Kraft⟩ Schwachheit · Schwächezustand · Entkräftung · Schlaffheit · Schlappheit · Mattigkeit; Asthenie (med); → auch Erschöpfung, Unwohlsein – 2. ⟨Unzulänglichkeit in best. Hinsicht⟩ Schwachpunkt · Schwachstelle · Schwachheit + Fehler · Mangel ♦ umg: jmds. schwache Seite (meist scherzh) – 3. → Nachgiebigkeit – 4. → Vorliebe (1) – 5. eine S. haben |für|: → Vorliebe (2)

Schwächeanfall, der: 1. ⟨plötzlich auftretende Schwäche⟩ Kollaps; → auch Anfall (1) – 2. einen S. erleiden/bekommen: → kollabieren
schwächen: → entkräften (1)
Schwächezustand, der: → Schwäche (1)
Schwachheit, die: 1. → Schwäche (1 u. 2) – 2. sich keine Schwachheiten einbilden: → Illusion (3)
schwachherzig: → feig[e]
Schwachherzigkeit, die: → Feigheit
Schwachkopf, der: → Dummkopf (1)
schwachköpfig: → dumm (1)
schwächlich: 1. → schwach (1, a) – 2. → gebrechlich
Schwächling, der: umg: Schlappmacher · Kümmerling · halbe Portion; Schwachmatikus (scherzh) ♦ salopp: halbes Hemd · Schlappschwanz · Schlappsack; → auch Weichling
Schwachmatikus, der: → Schwächling
Schwachpunkt, der: → Schwäche (2)
Schwachsinn, der: 1. ⟨krankhafter Mangel an Intelligenz⟩ Geistesschwäche · Schwachsinnigkeit · Blödheit; Imbezillität · Debilität · Kretinismus · Idiotie (med) + Stumpfsinn; → auch Geisteskrankheit – 2. → Unsinn (1, a)
schwachsinnig: 1. ⟨an Schwachsinn leidend⟩ geistesschwach; blödsinnig · blöd[e] (veraltend); imbezill · debil · kretinhaft · idiotisch (med); → auch geisteskrank (1), verrückt (1), dumm (1) – 2. → sinnlos (1) – 3. s. sein: ⟨an Schwachsinn leiden⟩ salopp: einen weghaben · eine weiche Birne haben (meist scherzh)
Schwachsinnige, der: Kretin · Idiot (med)
Schwachsinnigkeit, die: → Schwachsinn (1)
Schwachstelle, die: → Schwäche (2)
schwadern: 1. → plätschern (1) – 2. → schwatzen (1)
Schwadroneur, der: 1. → Angeber (1) – 2. → Schwätzer (1)
schwadronieren: 1. → prahlen – 2. → schwatzen (1)
Schwafelei, die: → Geschwätz (1)
schwafeln (umg abwert): labern · daherreden · Sprüche klopfen/machen · Phrasen dreschen/drechseln · leeres Stroh dreschen · dummes/ungewaschenes Zeug reden · Stuss/Unsinn/Makulatur/Blech reden; seihern (landsch) ♦ salopp: sülzen · schleimen

· Käse reden · Scheiß erzählen; käsen · seichen (*landsch*); → *auch* erzählen (1), faseln (1), schwatzen (1), unterhalten (II, 1)

Schwaiger, der: → Senner

Schwalbenschwanz, der: → Frack (1)

Schwall, der: **1.** → Menge (1) – **2.** ein S. von: → Flut (2)

Schwamm, der: **1.** → Pilz – **2.** S. drüber: → ²verziehen

schwammartig: → weich (1, a)

Schwammerl, das: → Pilz

schwammig: 1. → aufgeschwemmt – **2.** → weich (1, a u. c)

schwanen: → ahnen (1)

schwanenweiß: → weiß (1)

Schwang, der: im Schwange: → üblich (1)

schwanger: 1. ⟨*ein Kind im Leib tragend*⟩ gravid (*med*) ♦ *derb:* dick – **2.** s. sein: ⟨*ein Kind im Leib tragen*⟩ ein Kind/Baby/etw. Kleines erwarten/bekommen · in anderen Umständen sein · Mutter werden · Mutterfreuden entgegensehen; in die Wochen kommen (*veraltend*) ♦ *gehoben:* sich Mutter fühlen · ein Kind unter dem Herzen tragen · guter Hoffnung/in Hoffnung sein · gesegneten Leibes sein ♦ *umg:* ein Kind kriegen · Zuwachs erwarten/bekommen ♦ *derb:* einen dicken Bauch haben – **3.** s. gehen |mit|: → beschäftigen (II, 2)

schwängern: *salopp:* ein Kind andrehen ♦ *derb:* dickmachen · anbuffen; → *auch* zeugen (1)

Schwangerschaft, die: Gravidität (*med*)

Schwangerschaftsabbruch, der: → Abtreibung (1)

Schwangerschaftsunterbrechung, die: → Abtreibung (1)

schwank: → biegsam

Schwank, der: → Lustspiel

schwanken: 1. ⟨*unsicher gehen od. stehen, sich unregelmäßig hin- u. herbewegen*⟩ wanken · torkeln · taumeln · wackeln ♦ *umg:* schaukeln; Schlagseite haben (*scherzh*); → *auch* schlingern – **2.** ⟨*in der Anzahl abwechselnd ab- und zunehmen*⟩ fluktuieren – **3.** ⟨*von Bereichen od. dgl. gesagt: unfeste Grenzen haben*⟩ fließen – **4.** → unentschlossen (3)

schwankend: 1. → wackelig (1) – **2.** unsicher (1) – **3.** → unbeständig

Schwanz, der: **1.** ⟨*der beweg. Fortsatz der Wirbelsäule bei Tieren*⟩ Zagel (*landsch*); Sterz (*norddt*); Wedel · Blume · Rute · Fah-

ne · Lunte · Standarte (*weidm*) ♦ *gehoben:* Schweif – **2.** → Ende (1, a) – **3.** → Penis – **4.** kein S.: → niemand; den S. einziehen: → nachgeben (1); Feuer unter den S. machen: → antreiben (2)

Schwänzelei, die: → Schmeichelei

schwänzeln: 1. → wedeln (1) – **2.** → schmeicheln (1)

schwänzen: die Schule s.: → versäumen (2)

schwappen: → plätschern (1)

Schwäre, die: → Geschwür

schwären: → eitern

schwärig: → eitrig

Schwarm, der: **1.** → Menge (1) – **2.** → ¹Schar (1) – **3.** → Abgott (2)

schwärmen: 1. ⟨*leidenschaftl. Begeisterung für jmdn. od. etw. zeigen*⟩ fantasieren · träumen – **2.** → ausfliegen – **3.** → ausschwärmen (1) – **4.** s. |für|: → anbeten

Schwärmer, der: **1.** ⟨*sich leidenschaftlich für jmdn. od. etw. begeisternder Mensch*⟩ Schwarmgeist · Fantast · Träumer · Traumtänzer · Romantiker · Idealist · Weltverbesserer · Illusionist; → *auch* Fanatiker – **2.** → Feuerwerkskörper

Schwärmerei, die: **1.** ⟨*leidenschaftl., aber nicht anhaltende Begeisterung für jmdn. od. etw.*⟩ Fantasterei · Träumerei · Romantik · Überschwang; → *auch* Begeisterung (1) – **2.** → Überschwang

schwärmerisch: 1. ⟨*übertrieben für jmdn. od. etw. begeistert*⟩ fantasievoll · träumerisch · romantisch + überschwänglich; → *auch* begeistert (1), weltfremd – **2.** → überschwänglich

Schwarmgeist, der: → Schwärmer (1)

schwarmweise: → scharenweise

Schwarte, die: **1.** → Haut (1) – **2.** → Fell (1) – **3.** → Buch (1) – **4.** arbeiten, dass die S. knackt: → schuften

schwarten: 1. → lesen (1) – **2.** → abhäuten

schwarz: 1. ⟨*Farbe*⟩ + schwärzlich · pechschwarz · [kohl]rabenschwarz · rußfarben · rußfarbig; → *auch* rußgeschwärzt – **2.** → dunkel (1 u. 2) – **3.** → dunkelhaarig – **4.** → unheilvoll – **5.** → verboten (1) – **6.** s. sehen: ⟨*als sehr ungünstig einschätzen*⟩ pessimistisch sein ♦ *umg:* schwarz [aus]malen · durch eine schwarze Brille [an]sehen/betrachten · miese machen + unken – **7.** s. machen: → schwärzen; sich s. machen: → beschmutzen (II, 1); sich s. ärgern: → ärgern (II, 1); s. gehen, Schwarz tragen: → trauern

625

schwarzarbeiten

(2); jmdm. wird [es] s. vor [den] Augen: →
bewusstlos (2); aus Schwarz Weiß / aus Weiß
Schwarz machen: → verdrehen (1); s.
[aus]malen, durch eine schwarze Brille
[an]sehen / betrachten: → 6; den schwarzen
Peter zuschieben: → beschuldigen (2);
schwarzer Tag: → Unglückstag; die schwar-
ze Kunst: **a)** → Buchdruck – **b)** → Zauberei;
schwarze Zahlen schreiben: → Gewinn (5);
schwarzer Markt: → Schwarzhandel; schwar-
ze Kasse: → Geheimkonto; schwarzer Rock:
→ Geistliche; das schwarze Brett: → An-
schlagtafel; der schwarze Tod: → Pest (1);
schwarzes Schaf: → Prügelknabe
schwarzarbeiten: pfuschen (*österr*)
Schwarzbrot, das: → Roggenbrot
¹Schwarze, der: **1.** → Afrikaner – **2.** →
Afroamerikaner
²Schwarze, das: ins S. treffen: → treffen
(I, 1); nicht das S. unter dem Nagel gönnen:
→ neidisch (2)
schwärzen: schwarz machen + rußen
Schwarzfahren, das: Beförderungserschlei-
chung (*amtsspr*)
Schwarzfahrer, der: blinder Passagier
(*scherzh*)
Schwarzfärber, der: → Pessimist
Schwarzfärberei, die: → Pessimismus
Schwarzgeldkonto, das: → Geheimkonto
schwarzhaarig: → dunkelhaarig
Schwarzhandel, der: schwarzer Markt ·
Schwarzmarkt + Schleichhandel
Schwarzhändler, der: + Schleichhändler
Schwarzkittel, der: **1.** → Wildschwein – **2.**
→ Geistliche
Schwarzkonto, das: → Geheimkonto
Schwarzkünstler, der: → Zauberkünstler
schwärzlich: → schwarz (1)
Schwarzmaler, der: → Pessimist
Schwarzmalerei, die: → Pessimismus
Schwarzmarkt, der: → Schwarzhandel
Schwarzpulver, das: → Schießpulver
Schwarzrock, der: → Geistliche
Schwarzseher, der: → Pessimist
Schwarzseherei, die: → Pessimismus
schwarzseherisch: → pessimistisch (1)
Schwatz, der: **1.** → Plauderei – **2.** einen S.
halten / machen: → unterhalten (II, 1)
Schwatzbase, die: → Schwätzerin
Schwätzchen, das: **1.** → Plauderei – **2.** ein S.
halten / machen: → unterhalten (II, 1)
schwatzen: 1. ⟨viel u. lange [über unwichti-
ge Dinge] sprechen⟩ schwadronieren; sal-

badern (*abwert*); parlieren (*veraltend*)
♦ *umg*: wie ein Buch reden; plappern · pa-
lavern · schnattern · sabbern · sabbeln
(*abwert*); [daher]schwätzen · schwabbeln ·
schwabbern · schlabbern · schlappern · bab-
beln · labbern · kakeln · quackeln (*landsch*);
schwadern (*süddt*); dröhnen (*norddt*) ♦ *sa-
lopp*: quatschen · quasseln; → *auch* erzäh-
len (1), faseln (1), schwafeln, unterhalten
(II, 1) – **2.** → ausplaudern – **3.** s. |über|: →
klatschen (2); aus der Schule s.: → ausplau-
dern
schwätzen: 1. → schwatzen (1) – **2.** →
ausplaudern
Schwätzer, der: **1.** ⟨Mensch, der meist wort-
reich [u. ohne Sachkenntnis] über etw. re-
det⟩ Schwadroneur; Salbader (*abwert*) +
Plauderer ♦ *umg*: Sprücheklopfer · Worte-
macher · Plapperer · Plapperhans (*abwert*)
♦ *salopp*: Quatschkopf · Quatschmichel ·
Quasselkopf · Quasselstrippe · Quasselmi-
chel · Schnattermaul · Plappermaul (*ab-
wert*); Quackelhans · Quackelfritze · Qua-
ckeler · Schlabberschnute · Schwabbelfritze
(*landsch abwert*) – **2.** ⟨über alles nur ober-
flächlich redender Mensch⟩ Fabulant (*ver-
altend*) ♦ *umg*: Phrasenmacher · Phrasen-
drescher (*abwert*)
Schwatzerei, die: → Geschwätz (1)
Schwätzerin, die: *umg*: Klatschbase · Plau-
dertasche · Plapperliese · Plappertasche ·
Schwatzbase · Waschfrau (*abwert*); Raffel
(*landsch*) ♦ *salopp*: Klatsche · Klatschtante
· Klatschtrine · Klatschmaul · Klatschweib ·
Quatschliese · Quasselstrippe · Schnatter-
ente · Schnattergans · Schnattertasche ·
Schnatterliese · Schnattermaul · Waschweib
(*abwert*); Quackelliese · Quackelsuse
(*landsch abwert*); Ratsche (*süddt österr ab-
wert*)
schwätzerisch: → geschwätzig
schwatzhaft: → geschwätzig
Schwebe, die: in der S.: → schwebend (1)
Schwebebahn, die: → Drahtseilbahn
schweben: 1. → fliegen (1) – **2.** → hängen
(I, 1) – **3.** → schwebend (2) – **4.** im sieben-
ten Himmel s.: → verliebt (2)
schwebend: 1. ⟨noch nicht entschieden⟩ in
der Schwebe; pendent (*schweiz*); anhängig
(*Rechtsw*) – **2.** s. sein: ⟨noch nicht entschie-
den sein⟩ schweben
schwedisch: hinter schwedischen Gardinen
sitzen: → gefangen (2)

Schwefelbande, die: → Bande
schwefelgelb: → gelb (7)
Schweif, der: → Schwanz (1)
schweifwedeln: → schmeicheln (1)
Schweigegeld, das: → Bestechungsgeld
schweigen: 1. ⟨*nicht sprechen, nicht antworten*⟩ nichts sagen · sich in Schweigen hüllen · ruhig/still/stumm sein · den Mund halten · kein Sterbenswort sagen · stillschweigen ♦ *umg:* keinen Ton sagen/von sich geben · ein Schloss vor dem Mund haben · den Schnabel halten; nicht mumm sagen (*landsch*); stad sein (*süddt österr*) ♦ *salopp:* den Rand/die Klappe halten · die Luft anhalten · nicht piep[s]/keinen Piep[s] sagen · Sendepause haben ♦ *derb:* das Maul/die Schnauze/Fresse halten – **2.** ⟨*ein Geheimnis für sich behalten*⟩ nichts sagen · sich in Schweigen hüllen · sich ausschweigen · schweigen wie das/ein Grab · Stillschweigen bewahren · keine Silbe verraten · seine Zunge hüten/zügeln/im Zaum halten · den/reinen Mund halten · kein Sterbenswort sagen · kein Wort verlieren + sich lieber auf die Zunge beißen · sich lieber die Zunge abbeißen · verschweigen · geheim halten ♦ *umg:* dichthalten · den Schnabel halten ♦ *salopp:* den Rand/die Klappe halten ♦ *derb:* das Maul/die Schnauze/Fresse halten; → *auch* verschweigen – **3.** s. wie das/ein Grab: → 2
Schweigen, das: **1.** → Stille – **2.** zum S. bringen: ⟨*dafür sorgen, dass jmd. nichts weiter verlauten lässt*⟩ mundtot machen ♦ *umg:* den Mund stopfen ♦ *derb:* das Maul stopfen – **3.** sich in S. hüllen: → schweigen (1 *u.* 2), Aussage (2)
schweigend: wortlos · stumm · stillschweigend + tonlos ♦ *umg:* stumm wie ein Fisch
Schweigepflicht, die: → Verheimlichung
schweigsam: redescheu + verschwiegen; → *auch* wortkarg, zurückhaltend (1), verschlossen (2)
Schwein, das: **1.** ⟨*Haustier*⟩ **a)** ⟨*allgemein*⟩ Hausschwein; Borstenvieh · Borstentier (*scherzh*); Sau (*landsch*) – **b)** ⟨*das weibl. Tier*⟩ Sau + Mutterschwein – **2.** → Schmutzfink – **3.** → Zotenreißer – **4.** → Schurke – **5.** → Glück (1) – **6.** kein S.: → niemand; schwitzen wie ein S.: → schwitzen (1); S. haben: → Glück (4)
Schweinefraß, der: → Gericht (1)

Schweinehund, der: **1.** → Schurke – **2.** den inneren S. besiegen: **a)** → mutig (2) – **b)** → überwinden (II, 1)
Schweinekerl, der: → Zotenreißer
schweinemäßig: 1. → unanständig (1) – **2.** → schlecht (1) – **3.** s. gehen: → schlecht (10, a *u.* b)
Schweinerei, die: **1.** → Schmutz (1) – **2.** → Unanständigkeit (2) – **3.** → Gemeinheit
schweinern: → beschmutzen (II, 1)
Schweinewirtschaft, die: → Misswirtschaft
Schweinigel, der: **1.** → Schmutzfink – **2.** → Zotenreißer
Schweinigelei, die: **1.** → Schmutz (1) – **2.** → Unanständigkeit (2)
schweinigeln: 1. → beschmutzen (II, 1) – **2.** → Zote (2)
schweinisch: 1. → schmutzig (1) – **2.** → unanständig (1)
Schweinkram, der: → Unanständigkeit (2)
Schweinskeule, die: → Schinken (1)
Schweiß, der: **1.** → Blut (1) – **2.** in S. geraten: → schwitzen (1); S. vergießen: → abmühen, sich; im Schweiße seines Angesichts: → angestrengt; jmdm. den S. auf die Stirn treiben: → ängstigen (I)
schweißen: → bluten (1)
schweißfeucht: → verschwitzt
Schweißhund, der: → Jagdhund (I)
schweißig: → verschwitzt
schweißnass: → verschwitzt
Schweißquanten (*Pl*): → Fuß (II, 1)
schweißtriefend: → verschwitzt
Schweizer, der: **1.** ⟨*Einwohner der Schweiz*⟩ Eidgenosse – **2.** → Melker
schweizerisch: eidgenössisch
schwelen: 1. → rauchen (2) – **2.** → rußen (1) – **3.** → glimmen – **4.** → gären (2)
schwelgen: 1. ⟨*üppig u. gut essen u. trinken*⟩ schlemmen · prassen · in Saus und Braus/wie im Himmel leben · herrlich und in Freuden leben · leben wie ein Fürst + aus dem Vollen schöpfen · den Himmel auf Erden haben ♦ *umg:* schlampampen · leben wie Gott in Frankreich · leben wie die Made im Speck; Fettlebe machen (*landsch scherzh*) + im Fett schwimmen · im Fett/Hanf sitzen – **2.** → genießen (1)
Schwelger, der: → Genussmensch
Schwelgerei, die: Schlemmerei · Prasserei
schwelgerisch: 1. → schlemmerhaft – **2.** → genießerisch – **3.** → üppig (1)

Schwelle

Schwelle, die: 1. → Türschwelle – **2.** → Bodenerhebung

schwellen: 1. → anschwellen (1, a) – **2.** → aufblähen (I, 1) – **3.** mit geschwellter Brust: → stolz (1); jmdm. schwillt der Kamm: **a)** → erzürnen (2) – **b)** → übermütig (2)

Schwellenländer (*Pl*): → Entwicklungsländer

Schwellung, die: 1. ⟨*geschwollene Stelle*⟩ Anschwellung – **2.** → Geschwulst – **3.** → Wölbung (1)

Schwemme, die: → Gaststätte (1, b)

schwemmen: → spülen (1)

Schwende, die: → Lichtung

Schwengel, der: → Bursche (1)

Schwenk, der: → Wendung (1)

schwenken: 1. ⟨*hin- u. herbewegen*⟩ schwingen · schlenkern · wedeln – **2.** → schlenkern (1) – **3.** → wenden (I, 1) – **4.** → spülen (1)

Schwenker, der: → Frack (1)

Schwenkung, die: → Wendung (1)

schwer: 1. ⟨*von großem Gewicht*⟩ bleischwer · [schwer] wie Blei · wie ein Klotz; gewichtig (*veraltend*) + bleiern · lastend · drückend – **2.** → schwierig (1) – **3.** → schwerfällig (1) – **4.** → berauschend (1) – **5.** s. fallen: ⟨*erhebl. Anstrengungen erfordern*⟩ Mühe machen · zu schaffen machen · Kopfzerbrechen bereiten ♦ *umg*: schwer / sauer ankommen · kein Honig[sch]lecken / Zucker[sch]lecken sein – **6.** s. ankommen: → 5; s. behindert / beschädigt: → behindert; s. wie Blei → 1; s. wiegen: → wichtig (3); eine schwere Geburt sein: → schwierig (4); die schwere Stunde: → Geburt (1); schweres Geschütz auffahren: → anfahren (3); s. von Begriff / Kapee: → begriffsstutzig (1); s. begreifen / auffassen / verstehen: → begriffsstutzig (2); schweren Herzens: → ungern; einen schweren Kopf haben: → Sorge (3); schwere Lider haben: → müde (2); das Herz s. machen: → bedrücken (1); s. zu schaffen machen: → bedrängen (1); schwerer Junge: → Verbrecher; schwere Sitzung: → Gelage (b); s. geladen haben: → betrunken (2); s. geladen sein: → wütend (2)

Schwerbehinderte, der: der Körperbehinderte · der Versehrte; Krüppel (*oft abwert*); der Schwerbeschädigte (*veraltend*)

Schwerbeschädigte, der: → Schwerbehinderte

schwerblütig: → schwerfällig (1)

Schwere, die: 1. → Gewicht (1) – **2.** → Schwerkraft – **3.** → Druck (1) – **4.** → Bedeutung (1)

Schwerenöter, der: → Frauenheld (1)

schwerfällig: 1. ⟨*nicht schnell in den Bewegungen*⟩ langsam · unbeholfen + schwer[blütig] ♦ *umg*: lahm + tranig ♦ *derb*: lahmarschig; → *auch* plump · träge, ungeschickt (1) – **2.** ⟨*geistig nicht wendig*⟩ unbeweglich; → *auch* begriffsstutzig (1)

schwerflüssig: → dickflüssig

Schwergewicht, das: → Schwerpunkt

schwergewichtig: → dick (1)

schwerhörig: hörgeschädigt · gehörgeschädigt; → *auch* taub (1)

Schwerkraft, die: Anziehungskraft · Gravitation · Erdgravitation · Erdanziehung; Schwere (*Phys*); → *auch* Anziehung (1)

schwerlich: → kaum (1)

Schwermut, die: Melancholie · Trübsinn · Tristesse; Hypochondrie (*med*) + Weltschmerz ♦ *umg*: Grillenfängerei

schwermütig: melancholisch · trübsinnig; tiefsinnig (*veraltend*); hypochondrisch (*med*) ♦ *umg*: grillenfängerisch

Schwerpunkt, der: Schwergewicht · Hauptgewicht + Hauptbedeutung; → *auch* Mittelpunkt, Hauptsache

Schwert, das: 1. ⟨*Hieb- u. Stichwaffe*⟩ dicht: Eisen – **2.** ein zweischneidiges S. sein: → unsicher (5, b); die Schwerter kreuzen: → kämpfen (1); mit Feuer und S. wüten: → brandschatzen

Schwerverbrecher, der: → Verbrecher

schwerwiegend: → wichtig (1)

Schwester, die: 1. → Krankenschwester – **2.** → Arzthelferin – **3.** → Nonne (1)

Schwiemel, der: 1. → Schwindel (1) – **2.** → Trinker – **3.** → Rausch (1)

Schwiemelei, die: → Gelage (b)

schwiemelig: → schwindlig (1)

Schwiemelkopf, der: → Trinker

schwiemeln: 1. → schwindlig (3) – **2.** → trinken (1, b)

schwierig: 1. ⟨*nicht leicht ausführbar*⟩ schwer · problematisch · diffizil · kompliziert · mit Schwierigkeiten verbunden + langwierig ♦ *gehoben*: dornig · steinig ♦ *umg*: knifflig · vertrackt · verzwackt · verzwickt · verteufelt; knaupelig (*landsch*); → *auch* mühsam, verwickelt – **2.** → verwickelt – **3.** → heikel (1) – **4.** s. sein: ⟨*nicht leicht auszuführen sein*⟩ kein Kinderspiel sein · seine Tücken haben ♦ *umg*: eine schwere Geburt sein – **5.** in eine schwierige Lage kommen: → Schwierigkeit (2)

Schwierigkeit, die: **1.** 〈*erschwerender Umstand*〉 Problem · Problematik · Kompliziertheit · Klippe · Stolperstein · eine harte Nuss + Weiterung · Pferdefuß ♦ *umg*: ein [dicker/harter/schwerer] Brocken · ein harter Bissen + Haken; → *auch* Zwangslage – **2.** in Schwierigkeiten kommen: 〈*[plötzlich] mit nicht leicht zu bewältigenden Problemen konfrontiert werden*〉 in Bedrängnis geraten · in eine schwierige Lage kommen ♦ *umg*: ins Gedränge kommen/geraten · in Teufels Küche kommen – **3.** ohne Schwierigkeiten erledigen/schaffen: → mühelos (2); mit Schwierigkeiten verbunden: → schwierig (1); in einer S. sein: → Verlegenheit (2); in Schwierigkeiten stecken: → schlecht (10, a); Schwierigkeiten machen: **a)** → Umstand (II, 2) – **b)** → behindern (1); Schwierigkeiten bereiten/in den Weg legen: → behindern (1)

Schwimmbad, das: → Badeanstalt

Schwimmbassin, das: → Swimmingpool

Schwimmbecken, das: → Swimmingpool

schwimmen: 1. 〈*sich im Wasser selbständig fortbewegen*〉 + kraulen ♦ *umg*: paddeln – **2.** 〈*von Wasserfahrzeugen gesagt: keine Grundberührung [mehr] haben*〉 flott sein (*seem*) – **3.** → unsicher (5, a) – **4.** im Fett s.: **a)** → schwelgen (1) – **b)** → reich (5); im Geld s.: → reich (5); in Tränen s.: → weinen (1); mit dem Strom s.: → anpassen (II, 2); gegen/wider den Strom s.: → widersetzen, sich; ins Schwimmen geraten/kommen: → stecken (5, b)

Schwimmen, das: + Aquajogging

Schwindel, der: **1.** 〈*Störung des Gleichgewichtssinns*〉 Taumel · Schwindelanfall · Schwindelgefühl · Schwindligkeit; Torkel (*landsch*) ♦ *umg*: Dusel; Schwiemel (*norddt*) – **2.** → Betrug (1) – **3.** → Lüge (1) – **4.** S. erregend: 〈*ein Schwindelgefühl hervorrufend*〉 schwindelhaft · schwindlig

Schwindelanfall, der: → Schwindel (1)

Schwindelei, die: **1.** → Betrug (1) – **2.** → Lüge (1)

Schwindelgefühl, das: → Schwindel (1)

Schwindelgeist, der: → Lügner

schwindelhaft: 1. → unwahr (1) – **2.** → Schwindel (4)

schwindeln: 1. → lügen (1) – **2.** jmdm. schwindelt: → schwindlig (3)

schwinden: 1. → vermindern (II) – **2.** → verschwinden (1) – **3.** → ausgehen (2) – **4.** → vergehen (I, 1) – **5.** → verklingen – **6.** aus dem Gedächtnis s.: → vergessen (I, 1)

schwindend: abnehmend · rückläufig · sich vermindernd; degressiv (*fachspr*)

Schwindler, der: **1.** → Betrüger – **2.** → Lügner

schwindlerisch: → betrügerisch

schwindlig: 1. 〈*von einem Schwindelgefühl befallen*〉 ♦ *umg*: dumm · duselig · schwummerig; schwirbelig (*landsch*); schwiemelig (*norddt*); → *auch* benommen (1) – **2.** → Schwindel (4) – **3.** s. sein: 〈*von einem Schwindelgefühl befallen sein*〉 jmdm. schwindelt · taumeln; jmdm. schwirbelt (*landsch*) ♦ *umg*: den Drehwurm haben (*scherzh*); schwiemeln (*norddt*)

Schwindligkeit, die: → Schwindel (1)

Schwindsucht, die: → Tuberkulose

schwindsüchtig: → tuberkulös

Schwinge, die: **1.** → Flügel (1 *u.* 2) – **2.** stählerne S.: → Flügel (2)

schwingen: I. schwingen: **1.** 〈*sich frei in der Luft hin- u. herbewegen*〉 pendeln · schaukeln · sich wiegen + wippen · flattern ♦ *umg*: baumeln ♦ *salopp*: bammeln – **2.** → schaukeln (1) – **3.** → federn (1) – **4.** → schlenkern (1) – **5.** → schwenken (1) – **6.** eine Rede s.: → sprechen (2); das Zepter s.: → herrschen (1); das Tanzbein s.: → tanzen (1); die große Klappe/Schnauze/das große Wort s., große/dicke Töne s.: → aufspielen (II) – **II.** schwingen, sich: **1.** → wölben (II) – **2.** sich nach oben s.: → aufschwingen, sich (1)

Schwinger, der: → Schlag (I, 1)

Schwingung, die: Pendelbewegung; Oszillation (*Phys*); → *auch* Bewegung (1)

Schwippe, die: → Peitsche (1)

Schwips, der: → Rausch (1)

schwirbelig: → schwindlig (1)

schwirbeln: jmdm. schwirbelt: → schwindlig (3)

schwirren: → fliegen (1)

Schwitze, die: → Mehlschwitze

schwitzen: 1. 〈*Schweiß absondern*〉 transpirieren · in Schweiß geraten ♦ *salopp*: dampfen + schmoren ♦ *derb*: schwitzen wie ein Schwein – **2.** → beschlagen (1) – **3.** s. wie ein Schwein: → 1; Blut [und Wasser] s.: → ängstigen (II, 1)

schwitzig

schwitzig: → verschwitzt
Schwof, der: → Tanzveranstaltung
schwofen: → tanzen (1)
schwören: 1. ⟨*durch Eid versichern*⟩ einen Eid / Schwur ablegen · einen Eid / Schwur leisten · beschwören · beeiden ♦ *gehoben:* beeidigen – **2.** ⟨*nachdrücklich versichern bzw. versprechen*⟩ geloben · bei Gott schwören ♦ *umg:* Stein und Bein / beim Bart des Propheten schwören; → *auch* versichern (I) – **3.** bei Gott / beim Bart des Propheten / Stein und Bein s.: → 2; s. |auf|: → glauben (1)
Schwuchtel, die: → Homosexuelle (I)
schwul: → homosexuell (c)
schwül: 1. ⟨*feucht u. warm zugleich*⟩ drückend [heiß] · feuchtwarm + gewitterschwül · gewittrig · föhnig ♦ *umg:* demsig (*landsch*); → *auch* heiß (1), warm (1) – **2.** → beängstigend
Schwule, der: → Homosexuelle (I)
Schwüle, die: → Beklemmung
Schwulenehe, die: → Homoehe
Schwuli, der: → Homosexuelle (I)
Schwulibus: in S. sein: → Verlegenheit (2)
Schwulität, die: **1.** → Verlegenheit (1) – **2.** in Schwulitäten sein: → Verlegenheit (2)
Schwulst, der: **1.** ⟨*überladene Fülle des Ausdrucks, überladener Stil*⟩ Schwülstigkeit · Bombast + Geschwollenheit – **2.** → Geschwulst
schwülstig/schwulstig: bombastisch · geschwollen · geschraubt · hochtönend · hochtrabend · großtönend + blumig · barock · verschnörkelt; → *auch* gekünstelt
Schwülstigkeit, die: **1.** → Schwulst (1)
schwummerig: → schwindlig (1)
Schwumse, die: → Prügel (II, 1)
Schwund, der: → Verminderung
Schwung, der: **1.** ⟨*innere Beschwingtheit, mitreißende Kraft*⟩ Elan · Temperament · Dynamik · Drive · Verve · Impetus ♦ *umg:* Pep · Zug · Schmiss; → *auch* Begeisterung (1), Leidenschaft – **2.** → Bewegung (1) – **3.** → Menge (1) – **4.** der S. ist weg (*umg*): ⟨*es ist keine Begeisterung bzw. keine Tatkraft mehr vorhanden*⟩ die Luft ist raus ♦ *salopp:* der Riemen ist runter (*landsch*) – **5.** in S. kommen (*umg*): **a)** ⟨*richtig zu funktionieren beginnen*⟩ in Gang kommen – **b)** ⟨*endlich tätig werden bzw. mit etw. anfangen*⟩ in Gang kommen ♦ *salopp:* in die Gänge

kommen · aus der Knete / dem Knick kommen (*landsch*) – **c)** → Stimmung (5) – **6.** in S. geraten: → Stimmung (5); in S. bringen: **a)** → antreiben (2) – **b)** → beleben (I, 2); in S. setzen: → anlassen (I, 1)
schwunglos: → träge
schwungvoll: temperamentvoll · mit Elan + beschwingt ♦ *umg:* schmissig; → *auch* energiegeladen, begeistert (1), lebhaft (1), leidenschaftlich
Schwur, der: **1.** → Eid (1) – **2.** einen S. leisten / ablegen: → schwören (1)
Scoop, der: → Exklusivmeldung
Screen, der: → Bildschirm
sechs: um s. Ecken: → weitläufig (1)
Secondhandgeschäft, das: → Gebrauchtwarenladen
Secondhandladen, der: → Gebrauchtwarenladen
Secondhandshop, der: → Gebrauchtwarenladen
Sedativ[um], das: → Beruhigungsmittel
Sediment, das: **1.** → Bodensatz – **2.** → Sedimentgestein
Sedimentgestein, das (*Geol*): Sediment · Absatzgestein · Schichtgestein
sedimentieren: → niederschlagen (II)
See: I. See, der: ⟨*großes stehendes Gewässer*⟩ Binnensee · Binnenmeer + Gewässer; → *auch* Teich (1) – **II.** See, die: **1.** → Meer – **2.** → Welle (1) – **3.** auf S. bleiben: → ertrinken; in S. stechen / gehen: → hinausfahren (2)
Seebär, der: → Seemann
Seebrücke, die: → Landungsbrücke
Seebuhne, die: → Buhne
Seefahrer, der: → Seemann
Seegang, der: Dünung · Wellengang · Wellenschlag · Wellen + Gewoge
seekrank: s. sein: *umg:* Neptun / den Fischen opfern · die Fische füttern (*scherzh*); → *auch* übergeben (II)
Seekrankheit, die: → Reisekrankheit
Seele, die: **1.** ⟨*das Geistig-Gefühlsmäßige des Menschen*⟩ Psyche · das Inner[st]e · Innenleben · Seelenleben · Innenwelt · Herz + Wesen; → *auch* Gemüt (1) – **2.** → Bürger (1) – **3.** keine S.: → niemand; ein Herz und eine S. sein: → befreundet; eine S. von Mensch sein: → gutmütig (2); auf die S. binden: → einschärfen (1); sich die S. aus dem Leib reden: → einreden (2); seine S.

630

ausschütten, sich etw. von der S. reden: →
anvertrauen (II, 2); sich alles von der S. re-
den: → aussprechen (II, 1); auf der S. knien:
→ bedrängen (1); seine S. aushauchen: →
sterben (1); in der S. wehtun: → Leid (2);
auf der S. brennen: → bedrücken (1); mit
Leib und S.: → ganz (1)
Seelenamt, das: → Totenmesse
Seelenbräutigam, der: → Christus (1)
Seelenfriede[n], der: → Ruhe (1)
seelengut: → gutmütig (1)
Seelenhirte, der: → Geistliche
Seelenlage, die: → Stimmung (1)
Seelenleben, das: → Seele (1)
seelenlos: 1. ⟨*ohne innere Anteilnahme*⟩
automatenhaft · wie ein Automat – **2.** → ge-
fühllos (1)
Seelenmesse, die: → Totenmesse
Seelenruhe, die: **1.** → Ruhe (1) – **2.** in aller
S.: → ruhig (1)
seelenruhig: → ruhig (1)
seelensgut: → gutmütig (1)
seelenvergnügt: → heiter (1)
Seelenverkäufer, der: → Schiff
seelenvoll: beseelt ♦ *gehoben*: durchseelt;
→ *auch* gefühlvoll (1)
seelisch: psychisch
Seelsorger, der: → Geistliche
seelsorgerisch: pastoral
Seemann, der: Matrose; Seefahrer (*veral-
tend*); Fahrensmann (*seem*); Janmaat
(*scherzh*) + Schiffer ♦ *umg*: Seebär
(*scherzh*); → *auch* Matrose (I, 1), Schiffs-
junge
Seemannsgarn, das: **1.** → Lügengeschichte
– **2.** S. spinnen: → erzählen (2)
Seemannspudding, der: → Auswurf (1)
Seeräuber, der: Pirat; Freibeuter · Korsar ·
Flibustier · Bukanier · Likendeeler (*hist*); →
auch Räuber
Seeräuberei, die: Piratentum · Piraterie;
Freibeuterei (*hist*)
Seestraße, die: → Wasserstraße
Seestreitkräfte (*Pl*): Kriegsflotte · Flotte ·
Kriegsmarine · Marine; Armada (*hist*); →
auch Streitkräfte
Seeufer, das: → Ufer (1)
seewärts: + ablandig (*seem*)
Segel, das: unter Segel gehen: → hinausfah-
ren (2); die Segel streichen: → ergeben
(II, 1)
Segelboot, das: → Segelschiff
Segeljacht, die: → Segelschiff

segeln: → fliegen (1)
Segelschiff, das: Segler · Windjammer +
Segeljacht · Segelboot · Jolle
Segen, der: **1.** *Rel* ⟨*die Bitte um Gottes Gna-
de für jmdn. od. etw.*⟩ Benediktion (*kathol.
Kirche*) – **2.** → Glück (1) – **3.** den S. ge-
ben / erteilen / spenden / sprechen: → segnen
(1); seinen S. geben: → zustimmen (1); der
ganze S.: → alles (1)
segensreich: → einträglich
segensvoll: → einträglich
Segler, der: → Segelschiff
Segment, das (*Math*): Abschnitt + Kreisab-
schnitt · Kugelabschnitt
segnen: 1. *Rel* ⟨*Gottes Gnade für jmdn. od.
etw. erbitten*⟩ den Segen geben / erteilen /
spenden / sprechen; benedeien (*veraltet*); →
auch weihen (1) – **2.** das Zeitliche s.: →
sterben (1)
sehen: 1. ⟨*den Blick irgendwohin richten
bzw. gerichtet halten*⟩ schauen (*bes. süddt
österr schweiz*) ♦ *umg*: gucken; kieken
(*norddt*); → *auch* ansehen (I, 3), blicken
(1), spähen (1) – **2.** → erblicken (1) – **3.** →
erkennen (2) – **4.** → feststellen (1) – **5.** →
bemerken (1) – **6.** zu s. bekommen: → er-
blicken (1); s. ⎪nach⎪, nach dem Rechten s.:
→ kontrollieren (1); auf die Finger s.: →
überwachen (1); kommen s.: → voraus-
sehen; durch die Finger s.: → nachsehen
(2); weiße Mäuse s.: → betrunken (2); alles
durch eine rosa[rote] Brille s., alles in rosi-
gem Licht s.: → optimistisch (2); durch eine
schwarze Brille s.: → schwarz (6); ähnlich
s.: → ähneln; s. lassen: → zeigen (I, 3); sich
s. lassen: → zeigen (II, 1); sich s. lassen
⎪bei⎪: → besuchen; sich s. lassen können:
→ beachtlich (5); nicht mehr s. können: →
überdrüssig (1); jmdm. vergeht Hören und
Sehen: → staunen (1); haste nicht gesehen:
→ schnell (1, b)
sehenswert: sehenswürdig · ansehenswert ·
interessant
sehenswürdig: → sehenswert
Sehenswürdigkeit, die: + Kuriosum
Seher, der: → Weissager
seherisch: → voraussehend
Sehfähigkeit, die: → Sehvermögen
Sehkraft, die: → Sehvermögen
Sehkreis, der: → Gesichtskreis (1)
sehnen, sich: **1.** ⟨*sich schmerzlich hingezo-
gen fühlen*⟩ Sehnsucht haben · von Sehn-
sucht erfüllt sein; vor Sehnsucht verge-

631

Sehnen

hen / verschmachten (*oft scherzh*) – **2.** sich s.
|nach|: → Verlangen (4), erwarten (1)
Sehnen, das: → Sehnsucht (1)
sehnig: 1. → kräftig (1) – **2.** → zäh (2)
sehnlich: → sehnsüchtig
Sehnsucht, die: **1.** ⟨*schmerzl. Gefühl des Hingezogenseins*⟩ Sehnen · Verlangen; Schmachten (*meist scherzh*) + Heimweh · Fernweh · Drang; → *auch* Verlangen (1), Wunsch (1) – **2.** → Verlangen (1) – **3.** mit / voll[er] S.: → sehnsüchtig; S. haben, von S. erfüllt sein, vor S. vergehen / verschmachten: → sehnen, sich (1)
sehnsüchtig: sehnlich · sehnsuchtsvoll · verlangend · mit / voll[er] Sehnsucht / Verlangen
sehnsuchtsvoll: → sehnsüchtig
Sehorgan, das: → Auge (1)
sehr: recht · arg · beachtlich · beträchtlich · bedeutend · ungemein · ausnehmend · denkbar · stark · äußerst · außerordentlich · außergewöhnlich · ungeheuer · überaus · eminent · unsagbar · unsäglich · unbeschreiblich · höchst · zutiefst · aufs Höchste · in hohem Maße · über alle Maßen · in hohem / höchstem Grade; bass (*meist nur noch scherzh od. iron*) + viel · nicht wenig · gar · höchlich[st] · unbändig · abgöttisch · närrisch · bitter[lich] · heillos · horrend · abscheulich · wie die Pest · ohne Grenzen · grenzenlos ♦ *umg:* so · kolossal · riesig · rasend · unheimlich · unsinnig · irrsinnig · wahnsinnig · doll · schrecklich · furchtbar · fürchterlich · entsetzlich · schändlich · verteufelt · verflixt; bannig (*norddt*) + klotzig · lausig · diebisch · sündhaft · mordsmäßig · mörderisch · mörderlich · höllisch · ekelhaft · aasig ♦ *salopp:* verdammt · verflucht; sakrisch (*süddt*)
Sehvermögen, das: Sehkraft · Sehfähigkeit · Augenlicht · Gesichtssinn; Gesicht (*veraltend*)
Seich, der: **1.** → Urin (1) – **2.** → Geschwätz (1)
Seiche, die: → Urin (1)
seichen: 1. → austreten (1) – **2.** → regnen (1) – **3.** → schwafeln
seicht: 1. → flach (1) – **2.** → oberflächlich (1)
seidenweich: → weich (1, a)
Seifenblase, die: wie eine S. zerplatzen: → scheitern (b)
Seifensieder, der: jmdm. geht ein S. auf: → erkennen (1)

Seihe, die: → Filter
seihen: → durchsieben (I)
Seiher, der: → Filter
seihern: → schwafeln
Seihpapier, das: → Filter
Seihtuch, das: → Filter
Seil, das: **1.** ⟨*sehr dicke Schnur*⟩ Leine · Strick · Tau · Strang; Reep · Fall · Trosse (*seem*) + Kabel · Drahtseil · Stahlseil – **2.** am gleichen / selben S. ziehen: → zusammenarbeiten
Seilbahn, die: → Drahtseilbahn
Seilschaft, die: → Clique
seimig: → dickflüssig
sein: 1. → bestehen (1) – **2.** → bilden (I, 1) – **3.** → leben (1) – **4.** → aufhalten (II, 1), befinden (II, 1) – **5.** → stattfinden – **6.** → geschehen (1) – **7.** s. lassen: → unterlassen; nicht mehr s.: → tot (4)
Sein, das: **1.** → Dasein (1) – **2.** → Leben (1)
Seine: I. Seine, das: → Besitz (1) – **II.** die Seinen: → Verwandtschaft (1)
seinerzeit: → damals
seinerzeitig: → ehemalig
seinethalben: → seinetwegen
seinetwegen: seinethalben · um seinetwillen
seinetwillen: um s.: → seinetwegen
Seinige: I. Seinige, das: → Besitz (1) – **II.** die Seinigen: → Verwandtschaft (1)
seit: 1. → seitdem (1 *u.* 2) – **2.** s. dieser Zeit, s. damals: → seitdem (1); s. je[her], s. eh und je: → immer (2); s. kurzem: → neuerdings (1); s. langem: → lange (2)
seitab: → abseits
seitdem: 1. ⟨*von einer bestimmten Zeit an*⟩ seit · seither · seit jener / dieser Zeit · seit damals · von da an; von Stund an (*veraltend*) + seitherig; → *auch* danach (1) – **2.** ⟨*zeitl. Konjunktion*⟩ seit
Seite, die: **1.** ⟨*linke od. rechte Begrenzung*⟩ Seitenteil + Richtung – **2.** → Eigenschaft – **3.** auf / an der S.: → seitlich (1); auf dieser S.: → diesseits; zur S. hin, nach der S.: → seitwärts (1); auf beiden Seiten: → beiderseits; an jmds. grüner S.: → links (1); schwache S.: → Schwäche (2); jmds. starke S.: → Stärke (2); S. an S.: → gemeinsam (1); auf die / zur S. bringen: → stehlen (1); auf die S. schaffen: a) → ermorden – b) → wegräumen (1); auf die S. räumen: → wegräumen (1); auf die S. legen: → sparen (1); von der S. ansehen: → verachten (1); [mit Rat und Tat] zur S. stehen: → helfen (1);

632

zur S. rücken: → abrücken (1); zur S. schieben: **a)** → abrücken (1) – **b)** → verdrängen (1); zur S. drängen: → verdrängen (1); zur S. treten: → bescheiden (I, 8)

Seitenairbag, der: → Seitenaufprallschutz

Seitenansicht, die: **1.** ⟨*Ansicht eines Kopfes od. Körpers von der Seite*⟩ Profil · Seitenbild – **2.** ⟨*Ansicht eines Gebäudes od. Gegenstandes von der Seite*⟩ Seitenbild + Seitenriss

Seitenaufprallschutz, der (*Techn*): Sidebag · Seitenairbag; → *auch* Airbag

Seitenbild, das: → Seitenansicht (1 *u.* 2)

Seiteneingang, der: Nebentür · Nebeneingang · Seitenpforte · Seitenportal

Seiteneinsteiger, der (*umg*): Quereinsteiger

Seitengewehr, das: Bajonett

Seitenhieb, der: → Anspielung (1)

Seitenpforte, die: → Seiteneingang

Seitenportal, das: → Seiteneingang

Seitenriss, der: → Seitenansicht (2)

seitens: 1. → aufseiten – **2.** → vonseiten

Seitensprung, der: → Untreue (2)

Seitenteil, der: → Seite (1)

seitenverkehrt: 1. → spiegelbildlich – **2.** → verkehrt (1)

Seitenwagen, der: → Beiwagen

seither: 1. → seitdem (1) – **2.** → bisher

seitherig: → seitdem (1)

seitlich: 1. ⟨*örtlich*⟩ auf / an der Seite; lateral (*fachspr*); → *auch* seitwärts (1) – **2.** → daneben (1) – **3.** s. ⎪von⎪: → neben (1)

seitwärts: 1. ⟨*in Richtung auf eine Seite*⟩ zur Seite hin · nach der Seite; → *auch* seitlich (1) – **2.** sich s. in die Büsche schlagen: → wegschleichen (I)

sekkant: → aufdringlich (1)

sekkieren: → quälen (I, 2)

sekret: → geheim (1)

Sekret, das: Ausscheidung

Sekretär, der: → Protokollant

Sekretariat, das: → Büro (1)

Sekretärin, die: Vorzimmerdame

sekretieren: → ausscheiden (1)

Sekretion, die: → Ausscheidung (1)

Sekt, der: → Champagner

Sektierer, der: → Abtrünnige

sektiererisch: → abtrünnig

Sektion, die: **1.** → Obduktion – **2.** → Gruppe (2) – **3.** → Ausschuss (1) – **4.** → Abteilung (II, 3)

Sektor, der: **1.** → Ausschnitt (2) – **2.** → Bereich (1)

Sekundant, der: → Helfer (1)

sekundär: → nebensächlich

Sekundärrohstoff, der: → Altstoff

Sekundarschule, die: → Realschule

Sekunde, die: **1.** → Augenblick (1) – **2.** auf die S. [genau]: → pünktlich (1)

sekundieren: → helfen (1)

am selben Strang / Seil ziehen: → zusammenarbeiten

selber: 1. → persönlich (1) – **2.** von s.: **a)** → unaufgefordert (1) – **b)** → selbsttätig; sich von s. verstehen: → selbstverständlich (3)

selbst: 1. → persönlich (1) – **2.** → sogar (1) – **3.** von s.: **a)** → unaufgefordert (1) – **b)** → selbsttätig; wie von s.: → mechanisch; für sich s.: → eigen (5); sich s. besiegen: → überwinden (II, 1); sich s. nicht mehr kennen: → Beherrschung (2, a); sich s. richten / töten / umbringen: → Selbstmord (2); s. verschuldet: → hausgemacht; an sich s. arbeiten: → vervollkommnen (II, 1); sich s. überlassen: → verlassen (I, 2); sich von s. verstehen, für sich s. sprechen: → selbstverständlich (3)

Selbstachtung, die: **1.** → Ehre (1) – **2.** → Selbstbewusstsein

selbständig: 1. ⟨*nicht [mehr] auf anderer Hilfe angewiesen*⟩ eigenverantwortlich · eigenständig; flügge (*scherzh*) + in Eigenregie · souverän; → *auch* unabhängig (1), eigenmächtig – **2.** → unabhängig (1) – **3.** → souverän (1) – **4.** s. sein: ⟨*ohne fremde Hilfe auskommen*⟩ auf eigenen Beinen / Füßen stehen – **5.** sich s. machen: **a)** ⟨*einen Betrieb bzw. ein Geschäft ins Leben rufen*⟩ ein Unternehmen gründen · Unternehmer werden · sich auf eigene Füße stellen ♦ *umg*: ein Unternehmen aufmachen – **b)** → verloren (4)

Selbständigkeit, die: **1.** ⟨*das Selbständigsein*⟩ Eigenverantwortlichkeit · Eigenständigkeit – **2.** → Unabhängigkeit – **3.** → Souveränität (1)

Selbstanklage, die: → Reue (1)

Selbstaufopferung, die: → Selbstlosigkeit

Selbstbefleckung, die: → Selbstbefriedigung

Selbstbefriedigung, die: Masturbation · Ipsation · Onanie; Selbstbefleckung (*veraltend*)

Selbstbeherrschung, die: **1.** ⟨*die Fähigkeit, sich selbst in der Gewalt zu haben*⟩ Selbstdisziplin · Selbstzucht · Selbstbezähmung · Selbstbezwingung + Zügelung; → *auch* Beherrschung (1) – **2.** die S. behalten / bewah-

Selbstbesinnung

ren: → beherrschen (II); die S. verlieren: → Beherrschung (2, a)

Selbstbesinnung, die: *gehoben:* Einkehr

Selbstbespiegelung, die: Introspektion · Nabelschau + Ichbezogenheit

Selbstbestimmung, die: → Selbstbestimmungsrecht

Selbstbestimmungsrecht, das: Selbstbestimmung + Souveränität · Autonomie

Selbstbetrug, der: Selbsttäuschung · frommer Betrug

selbstbewusst: selbstsicher · [erfolgs-] sicher; → *auch* stolz (1), überheblich, siegessicher (1)

Selbstbewusstsein, das: Selbstsicherheit · Selbstvertrauen · Selbstgefühl · Sicherheit + Selbstachtung · Stolz

Selbstbezähmung, die: → Selbstbeherrschung (1)

Selbstbezwingung, die: → Selbstbeherrschung (1)

Selbstbinder, der: → Krawatte (1)

Selbstbiografie, die: → Autobiografie

Selbstdisziplin, die: → Selbstbeherrschung (1)

Selbstentäußerung, die: → Selbstlosigkeit

Selbstentleibung, die: → Selbstmord (1)

selbstgefällig: 1. → eitel (1) – **2.** → eingebildet (1), überheblich

Selbstgefälligkeit, die: **1.** → Eitelkeit (1) – **2.** → Überheblichkeit

Selbstgefühl, das: → Selbstbewusstsein

Selbstgeißelung, die: → Selbstkritik

selbstgerecht: → überheblich

selbstherrlich: 1. → eigenmächtig – **2.** → herrschsüchtig (1) – **3.** → überheblich

Selbstherrschaft, die: → Alleinherrschaft

Selbstherrscher, der: → Alleinherrscher

Selbsthilfe, die: Eigenhilfe · Eigeninitiative + Faustrecht

selbstisch: → selbstsüchtig

Selbstkasteiung, die: → Selbstkritik

Selbstkosten (*Pl*): → Herstellungskosten

Selbstkritik, die: Selbstgeißelung · Selbstkasteiung

Selbstlob, das: → Eigenlob

selbstlos: uneigennützig · altruistisch · unter Hintansetzung der eigenen Person; → *auch* hochherzig, opferbereit, entsagungsvoll

Selbstlosigkeit, die: Uneigennützigkeit · Altruismus · Selbstverleugnung · Selbstaufopferung ♦ *gehoben:* Selbstentäußerung; → *auch* Hochherzigkeit, Verzicht (1)

Selbstmord, der: **1.** ⟨*das freiwillige Aus-dem-Leben-Scheiden*⟩ Freitod · Suizid; Selbsttötung (*amtsspr*) + Harakiri ♦ *gehoben:* Selbstentleibung – **2.** S. begehen: ⟨*sein eigenes Leben auslöschen*⟩ Selbstmord verüben · den Freitod wählen · Suizid begehen / verüben · sich [selbst] töten / umbringen · sich das Leben nehmen · sich ums Leben bringen · Hand an sich legen · von eigener Hand sterben · sich etw. antun · das Leben wegwerfen · seinem Leben ein Ende machen + sich [selbst] richten ♦ *gehoben:* sich ein Leid antun · sich entleiben · freiwillig aus dem Leben / aus der Welt scheiden · freiwillig aus der Welt gehen ♦ *umg:* Schluss machen; → *auch* erhängen (II), erschießen (II), ertränken (II), vergiften (II) – **3.** S. verüben: → 2

selbstredend: 1. → selbstverständlich (1) – **2.** → ja (1)

selbstsicher: → selbstbewusst

Selbstsicherheit, die: → Selbstbewusstsein

Selbstsucht, die: Egoismus · Ichsucht · Eigennutz · Eigennützigkeit · Eigensucht + Eigenliebe; → *auch* Rücksichtslosigkeit

selbstsüchtig: egoistisch · ichsüchtig · eigennützig · eigensüchtig · selbstisch; → *auch* rücksichtslos (1)

selbsttätig: automatisch · von selbst ♦ *umg:* von selber

Selbsttäuschung, die: → Selbstbetrug

Selbsttötung, die: → Selbstmord (1)

Selbstüberhebung, die: **1.** → Überheblichkeit – **2.** → Größenwahn

Selbstverdammung, die: → Reue (1)

Selbstvergötterung, die: → Eigenlob

Selbstverherrlichung, die: → Eigenlob

Selbstverleugnung, die: → Selbstlosigkeit

selbstverständlich: 1. ⟨*keiner Erklärung od. Begründung bedürfend*⟩ selbstredend · natürlich · natürlicherweise · was für eine Frage! · ohne Frage · freilich + allerdings · anstandslos ♦ *umg:* klar · logisch + klarer Fall · eisern · Ehrensache ♦ *salopp:* logo (*jugendspr*) ♦ *derb:* arschklar; → *auch* sicher (4) – **2.** → ja (1) – **3.** s. sein: ⟨*keiner Erklärung od. Begründung bedürfen*⟩ sich von selbst verstehen · für sich selbst sprechen · sich am Rande verstehen ♦ *umg:* sich von selber verstehen ♦ *salopp:* klar wie Kloßbrühe / wie dicke Tinte sein (*scherzh*)

Selbstverständlichkeit, die: → Gemeinplatz

Selbstvertrauen, das: → Selbstbewusstsein

Selbstverurteilung, die: → Reue (1)

Selbstvorwurf, der: → Reue (1)

Selbstwertgefühl, das: → Ehre (1)

Selbstzucht, die: → Selbstbeherrschung (1)

selchen: → räuchern (1)

Selcher, der: → Fleischer

Selchfleisch, das: → Rauchfleisch

selegieren: → aussuchen (1)

selektieren: → aussuchen (1)

Selektion, die: → Auswahl (1)

selektionieren: → aussuchen (1)

selig: 1. → glücklich (2) – **2.** → verstorben – **3.** → heilig (2) – **4.** die Insel/Gefilde der Seligen: → Jenseits (1, b); seligen Angedenkens: → verstorben

Seligkeit, die: **1.** *Rel* ⟨*ewige Glückseligkeit nach dem Tode*⟩ Heil – **2.** → Glück (3)

Seller, der: → Verkaufsschlager

selten: 1. ⟨*kaum noch irgendwo existierend*⟩ rar ♦ *umg:* dünn gesät; → *auch* spärlich (1), vereinzelt (1) – **2.** ⟨*kaum je geschehend*⟩ fast nie ♦ *umg:* alle Jubeljahre; → *auch* manchmal – **3.** nicht s..: → oft

Seltenheit, die: Rarität · weißer Rabe/Sperling + Ausnahme · Besonderheit

Selters, das: → Mineralwasser

Selter[s]wasser, das: → Mineralwasser

seltsam: 1. → merkwürdig – **2.** → schrullig (1) – **3.** seltsamer Vogel: → Sonderling; s. anmuten: → wundern (I)

seltsamerweise: → merkwürdigerweise

Seltsamkeit, die: → Merkwürdigkeit

Semester, das: altes S.: → Greis

Semmel, die: **1.** → Brötchen – **2.** weggehen/abgehen wie warme Semmeln: → begehrt (2)

semmelblond: → blond (1)

Semmelbrösel (*Pl*): → Paniermehl

Sendbote, der: → Bote (1)

Sendbrief, der: → Brief (2)

Sendeanlage, die: → Sender

Sendefolge, die: → Programm (1, b)

senden: 1. ⟨*durch Rundfunk od. Fernsehen verbreiten*⟩ ausstrahlen · übertragen · bringen – **2.** → schicken (I, 1 *u.* 2) – **3.** einen Gruß/Grüße s..: → grüßen (2)

Sendepause, die: S. haben: → schweigen (1)

Sender, der: Sendeanlage · Sendestation + Rundfunksender · Fernsehsender · Funkstation

Sendestation, die: → Sender

Sendschreiben, das: → Brief (2)

Sendung, die: **1.** ⟨*von Rundfunk od. Fernsehen ausgestrahltes Programm*⟩ Übertragung + Rundfunksendung · Fernsehsendung – **2.** → Übersendung – **3.** → Postsendung – **4.** → Bestimmung (2)

Seneszenz, die: → Altwerden

Senf, der: **1.** ⟨*Gewürz*⟩ Mostrich · Mostert (*landsch*) – **2.** seinen S. dazugeben: → mitreden

Senge, die: **1.** → Prügel (II, 1) – **2.** S. geben: → verprügeln

sengen: s. und brennen: → brandschatzen

sengerig: → brenzlig (1)

senil: 1. → alt (1) – **2.** → verkalkt (1) – **3.** s. werden: → altern (1)

Senior, der: → Altmeister

Seniorenheim, das: → Altenheim

Seniorenresidenz, die: Rentnerdomizil · Wohnstift · Altenappartments; → *auch* Altenheim

Senkblei, das: → Lot (1)

Senke, die: → Mulde (1)

Senkel, der: **1.** → Schnürsenkel – **2.** auf den S. gehen: → belästigen (1)

senken: I. senken: **1.** ⟨*die Preise niedriger machen*⟩ herabsetzen · heruntersetzen · ermäßigen · nachlassen · verbilligen · absenken · abbauen · heruntergehen ⏐mit⏐; zurücksetzen (*landsch*) + ablassen ♦ *umg:* herunterfahren – **2.** → herunterlassen – **3.** mit gesenktem Haupt, gesenkten Hauptes: → niedergeschlagen (1) – **II.** senken, sich: ⟨*sinken u. dadurch niedriger werden*⟩ sich setzen · sich absenken · absinken · einsinken · zusammensinken + sich neigen ♦ *umg:* [ab]sacken · einsacken · zusammensacken; → *auch* sinken (1), abfallen (2)

Senker, der: Ableger · Absenker + Steckling · Steckreis; → *auch* Pfropfreis, Schössling

Senkgrube, die: Sickergrube + Kloake

Senkloch, das: → Gully

Senklot, das: → Lot (1)

senkrecht: 1. ⟨*im rechten Winkel zu einer Ebene*⟩ lotrecht · vertikal; → *auch* steil (2) – **2.** → rechtschaffen – **3.** immer s.: → standhaft (1)

Senkrechtstarter, der: **1.** ⟨*senkrecht startendes u. landendes Flugzeug*⟩ Coleopter · VTOL-Flugzeug – **2.** ⟨*jmd., der sehr schnell großen Erfolg hat*⟩ Shootingstar · Highflyer + Erfolgsmensch

Senkung, die: **1.** → Preissenkung – **2.** → Gefälle (1)

Senn

Senn, der: → Senner
Senne: I. Senne, der: → Senner – **II.** Senne, die: → Alm
Senner, der: Senn (*süddt österr schweiz*); Senne · Schwaiger (*süddt österr*); Almer (*österr*)
Sensation, die: **1.** → Aufsehen (1) – **2.** → Hauptattraktion
sensationell: Aufsehen erregend · spektakulär · eklatant; → *auch* eindrucksvoll, bedeutsam (1)
Sensationsblatt, das: → Zeitung (I, 1)
Sensationspresse, die (*abwert*): Boulevardpresse · Regenbogenpresse · Revolverpresse · Skandalpresse · Journaille; Asphaltpresse (*veraltend*); → *auch* Zeitung (I, 1)
Sensationsprozess, der: → Prozess (1)
Sense, die: **1.** 〈*Mähwerkzeug*〉 + Sichel · Hippe – **2.** → genug (2) – **3.** jetzt ist S.: → genug (2)
sensen: → ¹mähen
Sensenmann, der: → Tod (2)
sensibel: 1. → empfindsam (1) – **2.** → gefühlvoll (1)
Sensibilität, die: → Empfindsamkeit (1)
sensitiv: 1. → empfindsam (1) – **2.** → gefühlvoll (1)
Sentenz, die: **1.** → Sinnspruch – **2.** → Ausspruch
sentimental: → rührselig (1)
Sentimentalität, die: → Rührseligkeit
separat: 1. → besonders (1) – **2.** → einzeln (1)
Separation, die: **1.** → Trennung (1 *u.* 2) – **2.** → Absonderung (1)
Separator, der: → Zentrifuge
separieren: I. separieren: **1.** → trennen (I, 1) – **2.** → absondern (I, 1) – **II.** separieren, sich: → absondern (II)
sepia: → braun (1)
Sepsis, die: → Blutvergiftung
Sequenz, die: → Reihenfolge
Sequestration, die: → Zwangsverwaltung
Serie, die: **1.** 〈*Gruppe gleichartiger Dinge*〉 Satz · Reihe; Charge (*pharm*) + Garnitur – **2.** → Menge (1)
seriös: 1. → ernst (2) – **2.** → zuverlässig (1)
Seriosität, die: **1.** → Ernst (1) – **2.** → Zuverlässigkeit
Sermon, der: → Geschwätz (1)
Serpentine, die: **1.** 〈*in Windungen ansteigender Weg*〉 Zickzackweg – **2.** → Windung (1)

Serum, das: → Blutserum
¹Service, das: → Tafelgeschirr
²Service: I. Service, der *od.* das: → Kundendienst – **II.** Service, der: → Bedienung (3)
servieren: → auftischen (1)
Serviererin, die: → Kellnerin
Servierfräulein, das: → Kellnerin
Serviermädchen, das: → Kellnerin
Serviertisch, der: → Anrichtetisch
Serviertochter, die: → Kellnerin
Servierwagen, der: → Anrichtetisch
Serviette, die: → Mundtuch
servil: → unterwürfig
Servilität, die: → Unterwürfigkeit
servus: → Wiedersehen (1)
Sessel, der: → Stuhl (1)
sesshaft: 1. → ansässig (1) – **2.** s. werden, sich s. machen: → niederlassen (II, 1)
Session, die: → Sitzung (1)
Setzei, das: → Spiegelei
setzen: I. setzen: **1.** → stellen (I, 1) – **2.** → werfen (I, 2) – **3.** → pflanzen (I, 1) – **4.** → wetten – **5.** auf den/zu Boden s.: → absetzen (I, 1); einen Fuß vor den anderen s.: → gehen (1); s. |über|: → springen (1); seinen Namen s. |unter|: → unterschreiben; die Flagge s.: → flaggen; ein Kind in die Welt s.: → zeugen (1); in Verse/Reime s.: → ²dichten (1, b); in Umlauf s.: → verbreiten (I, 1); unter Wasser s.: → überschwemmen; in Brand s.: **a)** → anzünden (1, a) – **b)** → Feuer (7); in Flammen s., den roten Hahn aufs Dach s.: → Feuer (7); in Betrieb/Gang/Bewegung/Schwung s.: → anlassen (I, 1); hinter Schloss und Riegel s.: → einsperren (1); in Freiheit/auf freien Fuß s.: → entlassen (1); auf die Straße s.: → entlassen (2); an die [frische] Luft/vor die Tür s., den Stuhl vor die Tür s.: **a)** → entlassen (2) – **b)** → hinauswerfen (1); außer Gefecht s.: **a)** → kampfunfähig (2) – **b)** → besiegen (I); matt s.: → besiegen (I); in den Sand s.: → Misserfolg (2); unter Druck s.: **a)** → bearbeiten (2) – **b)** → zwingen (1); den Daumen aufs Auge/die Pistole auf die Brust/das Messer an die Kehle s.: → zwingen (1); instand s.: **a)** → ermöglichen (1) – **b)** → reparieren; wieder instand s.: → reparieren; den Punkt aufs i s.: → vollenden (I, 1); Himmel und Hölle in Bewegung s.: **a)** → versuchen (I, 4) – **b)** → bemühen (II, 1); über andere s.: → bevorzugen; sich zum Ziel/in den Kopf s.:

636

→ vornehmen (2); alles aufs Spiel/auf eine Karte s.: → wagen (2); in Kenntnis s.: → unterrichten (1); einen Floh ins Ohr/Flausen in den Kopf s.: → einreden (1); eine Laus in den Pelz s.: → ärgern (I); in ein schlechtes Licht s.: → verleumden (1); in Erstaunen/Verwunderung s.: → wundern (I); aufs falsche Pferd s.: → irren (II) – **II.** setzen, sich: **1.** ⟨*sitzende Stellung einnehmen*⟩ Platz nehmen · sich hinsetzen · sich niedersetzen · sich niederlassen · seinen Platz/die Plätze/Sitze einnehmen; niedersitzen (*landsch*) + es sich bequem machen ♦ *umg*: sich platzieren · sich auf seine vier Buchstaben/seinen Allerwertesten setzen (*scherzh*) + sich pflanzen ♦ *salopp*: sich hinhocken – **2.** → niederschlagen (II) – **3.** → beruhigen (II, 1, b) – **4.** → senken (II) – **5.** sich auf seine vier Buchstaben s.: → II, 1; sich auf seinen Allerwertesten s.: **a)** → II, 1 – **b)** → hinfallen; sich [tüchtig] auf die Hosen/den Hosenboden s.: → lernen; sich in die Sonne s.: → sonnen (II); sich in Bewegung s.: → abfahren (1, a), anfahren (1); sich in Marsch s.: → abmarschieren; sich zur Wehr s.: → verteidigen (II); sich zur Ruhe s.: → zurückziehen (II, 1); sich in die Nesseln/in ein Wespennest s.: → schaden (3)

Seuche, die: Epidemie + Pandemie · Infektionskrankheit; → *auch* Krankheit

seufzen: 1. ⟨*tief u. hörbar ein- u. ausatmen*⟩ einen Seufzer ausstoßen; → *auch* aufstöhnen – **2.** s. |nach|: → Verlangen (4)

Seufzer, der: **1.** ⟨*einmaliges Seufzen*⟩ Stoßseufzer · Ächzer + Schluchzer · Schmerzensruf – **2.** einen S. ausstoßen: → seufzen (1); seinen/den letzten S. tun: → sterben (1)

Sex, der: **1.** → Sexappeal – **2.** → Sexualität – **3.** → Geschlechtsverkehr

Sexappeal, der: *umg*: Sex; → *auch* Reiz (2)

Sexboutique, die: → Sexshop

sexistisch: machomäßig

Sexladen, der: → Sexshop

Sexshop, der: Sexboutique · Erotikshop ♦ *umg*: Sexladen; Pornoladen (*meist abwert*)

Sexualdelikt, das: → Sexualstraftat

Sexualgangster, der: → Sexualstraftäter

Sexualität, die: Geschlechtlichkeit · Sexus ♦ *umg*: Sex; → *auch* Sinnlichkeit

Sexualleben, das: → Geschlechtsleben

Sexualmord, der: **1.** → Sexualstraftat – **2.** → Mord (1)

Sexualstraftat, die: Sexualverbrechen · Sittlichkeitsverbrechen · Triebverbrechen · Sexualdelikt · Sittlichkeitsdelikt + Sexualmord · Lustmord; → *auch* Vergewaltigung (1)

Sexualstraftäter, der: Sexualverbrecher · Sittlichkeitsverbrecher · Triebtäter · Triebverbrecher; Sexualgangster · Sittenstrolch (*abwert*); → *auch* Pädophile, Päderast

Sexualtrieb, der: → Geschlechtstrieb

Sexualverbrechen, das: → Sexualstraftat

Sexualverbrecher, der: → Sexualstraftäter

Sexualverkehr, der: → Geschlechtsverkehr

sexuell: 1. → geschlechtlich – **2.** s. reizbar: → erogen

Sexus, der: → Sexualität

sexy: → reizend (1)

sezernieren: → absondern (I, 1)

Sezession, die: → Trennung (1)

sezieren: zerlegen + obduzieren · öffnen

Shakehands, das: → Handschlag (1)

Share, der: → Aktie

Shareholder, der: → Aktionär

Shareholdervalue, der: → Aktie

Shirt, das: → T-Shirt

shocking: → anstößig (1)

Shootingstar, der: → Senkrechtstarter (2)

Shop, der: → Geschäft (1)

shoppen: → einkaufen (I, 1)

Shopping, das: → Einkaufsbummel

Shoppingcenter, das: → Einkaufszentrum (1)

Shoppingmall, die: → Einkaufsstraße

Show, die: **1.** → Revue (1) – **2.** → Darbietung (1)

Showbusiness, das: → Unterhaltungsindustrie

Show-down, der *od.* das: **1.** → Kraftprobe – **2.** → Entscheidungskampf

Showgeschäft, das: → Unterhaltungsindustrie

Showman, der: → Werbefachmann

Shuttle, der: **1.** → Pendelverkehr – **2.** → Zubringer (1) – **3.** → Raumfähre

Shuttle-Bus, der: → Zubringer (1)

Shylock, der: → Wucherer

sibyllinisch: → geheimnisvoll (1)

sic: → so (1)

sich: 1. → einander – **2.** nicht bei s.: → bewusstlos (1); von s. aus, aus s. heraus: → unaufgefordert (1); für s.: **a)** → allein (1) – **b)** → einzeln (1)

Sichel, die: → Sense (1)

sicheln

sicheln: → ¹mähen

sicher: 1. ⟨*keiner Gefahr [mehr] ausgesetzt*⟩ ungefährdet · gesichert · in Sicherheit · geschützt · außer Gefahr; → *auch* geborgen (1), ungefährlich – **2.** ⟨*sich bestimmt als Folge ergebend*⟩ [vor]programmiert · unweigerlich · unfehlbar; → *auch* unvermeidlich – **3.** ⟨*bei einem Tun keine Unsicherheit zeigend*⟩ mit nachtwandlerischer Sicherheit – **4.** ⟨*nicht den geringsten Zweifel zulassend*⟩ unbestreitbar · unbestritten · unstreitig · unstrittig · unanfechtbar · unangreifbar · unwiderlegbar · unwiderleglich · unzweifelhaft · unbezweifelbar · zweifelsfrei · außer Zweifel · hieb- und stichfest · zuverlässig · unleugbar · authentisch · verbürgt · erwiesen + fundiert · ausgemacht · untrüglich · hundertprozentig ♦ *umg:* garantiert · fugenlos · wasserdicht ♦ unter Garantie · todsicher · bombensicher · sicher wie das Amen in der Kirche; → *auch* gewiss (1), selbstverständlich (1) – **5.** → selbstbewusst – **6.** → fest (1) – **7.** → wahrscheinlich – **8.** s. sein: a) ⟨*eine Position sicher behaupten*⟩ fest im Sattel sitzen – **b)** → feststehen – **9.** s. wie das Amen in der Kirche: → 4; in sicheren Händen: → geborgen (1); langsam, aber s.: → allmählich; Nummer Sicher: → Strafvollzugsanstalt; auf Nummer Sicher sitzen: → gefangen (2); auf Nummer Sicher gehen: **a)** → versichern (II, 2) – **b)** → vergewissern, sich

sichergehen: a) → versichern (II, 2) – **b)** → vergewissern, sich

Sicherheit, die: **1.** ⟨*das Ungefährdetsein*⟩ Geborgenheit · Geborgensein – **2.** ⟨*das eine Forderung Sichernde*⟩ Deckung (*Finanzw*) – **3.** → Bürgschaft (1) – **4.** → Überzeugung (1) – **5.** → Selbstbewusstsein – **6.** S. leisten: → bürgen; mit nachtwandlerischer S.: → sicher (3); in S.: → sicher (1); in S. bringen: → retten (1)

Sicherheitsbedürfnis, das: + Vollkasko-Mentalität

Sicherheitskräfte (*Pl*): → Polizei (1)

Sicherheitsleistung, die: → Bürgschaft (1)

Sicherheitsmaßnahme, die: Sicherheitsvorkehrung · Sicherung

Sicherheitsrisiko, das: → Gefahr (1)

Sicherheitsschloss, das: → Schloss (2)

Sicherheitsvorkehrung, die: → Sicherheitsmaßnahme

sicherlich: → gewiss (1)

sichern: 1. → schützen (I, 1) – **2.** → sicherstellen (1) – **3.** → gewährleisten – **4.** → spähen (1)

sicherstellen: 1. ⟨*vor drohender Wegnahme od. Vernichtung bewahren*⟩ sichern · in Verwahrung / Gewahrsam nehmen · sich versichern │einer Sache│; → *auch* aufbewahren – **2.** → zurücklegen (3) – **3.** → gewährleisten – **4.** sichergestellt sein: ⟨*so weit erledigt bzw. gediehen sein, dass das gewünschte Ergebnis nicht mehr gefährdet ist*⟩ unter Dach und Fach sein ♦ *umg:* in trockenen Tüchern sein · in Sack und Tüten sein

Sicherung, die: **1.** → Schutz (1) – **2.** → Sicherheitsmaßnahme – **3.** → Bürgschaft (1)

Sicherungsübereignung, die: → Verpfändung

Sicherungsverwahrung, die: → Haft (1)

Sicht, die: **1.** ⟨*Sehmöglichkeit über eine größere Entfernung*⟩ Sichtverhältnisse – **2.** → Standpunkt (1) – **3.** in S.: → sichtbar (1); auf lange / weite S.: → weitblickend

sichtbar: 1. ⟨*mit den Augen aufnehmbar*⟩ erkennbar + in Sicht · kenntlich ♦ *gehoben:* schaubar; → *auch* wahrnehmbar (1) – **2.** → deutlich (1) – **3.** → offenkundig (1) – **4.** s. machen: **a)** → zeigen (I, 2) – **b)** → freilegen

sichten: 1. → erspähen – **2.** → bemerken (1) – **3.** → durchsehen (2)

Sichtgrenze, die: → Horizont (1)

sichtlich: 1. → offenkundig (1) – **2.** → merklich

Sichtung, die: → Musterung

Sichtverhältnisse (*Pl*): → Sicht (1)

Sichvornehmen, das: → Absicht (1)

Sickerbrunnen, der: → Brunnen (1)

Sickergraben, der: → Entwässerungsgraben

Sickergrube, die: → Senkgrube

sickern: → fließen (1)

Sidebag, das: → Seitenaufprallschutz

Sieb, das: **1.** ⟨*Gerät zum Trennen von Bestandteilen*⟩ Reiter (*süddt österr*) + Durchschlag; → *auch* Filter – **2.** ein Gedächtnis wie ein S. haben: → vergesslich (2)

¹sieben: 1. → durchsieben (I) – **2.** → aussondern (1) – **3.** gesiebte Luft atmen: → gefangen (2)

²sieben: die s. Zwetschgen: **a)** → Besitz (1) – **b)** → Gepäck; ein Buch mit s. Siegeln: → unverständlich (1)

Sieben, die: böse S.: → Xanthippe

siebengescheit: → überklug (1)

Siebenmeilenstiefel (*Pl*): mit Siebenmeilenstiefeln: → schnell (1, a)

Siebensachen (*Pl*): **1.** → Besitz (1) – **2.** → Gepäck

siebente: im siebenten Himmel schweben: → verliebt (2); sich wie im siebenten Himmel fühlen: → glücklich (4)

siech: → krank (1)

Siechenhaus, das: → Pflegeheim

Siechtum, das: → Krankheit

Siedegrad, der: → Siedepunkt (1)

siedeheiß: → heiß (1)

Siedehitze, die: **1.** → Hitze (1) – **2.** → Siedepunkt (1) – **3.** zur S. treiben: → aufregen (I, 1)

siedeln: → niederlassen (II, 1)

sieden: → kochen (2)

siedend: → kochend (1)

Siedepunkt, der: **1.** ⟨*Temperatur, bei der eine Flüssigkeit siedet*⟩ Siedetemperatur · Siedegrad · Siedehitze – **2.** → Höhepunkt

Siedetemperatur, die: → Siedepunkt (1)

Siedler, der: Ansiedler · Kolonist; → *auch* Farmer

Siedlung, die: Ansiedlung · Niederlassung · Kolonie; → *auch* Ort (2), Wohnsiedlung

Sieg, der: den S. davontragen/erkämpfen/erringen/erfechten/erlangen, die Palme des Sieges erringen: → siegen

Siegel, das: **1.** ⟨*Abdruck eines Stempels in einer Masse*⟩ Amtssiegel + Stempel – **2.** Brief und S. geben: → versichern (I); ein Buch mit sieben Siegeln: → unverständlich (1); unter dem S. der Verschwiegenheit: → vertraulich (1)

siegeln: → versiegeln

siegen: den Sieg davontragen/erkämpfen/erringen/erfechten/erlangen · Sieger bleiben · als Sieger hervorgehen ⌈aus⌉ · gewinnen · die Oberhand gewinnen/behalten/haben · auf der Gewinnerstraße sein · den Preis davontragen/gewinnen · triumphieren ♦ *gehoben*: die Palme des Sieges erringen; obsiegen (*veraltend*) ♦ *umg*: die Nase vorn haben · das Rennen machen; → *auch* besiegen (I)

Sieger, der: **1.** ⟨*Person, die gesiegt hat*⟩ Gewinner + Besieger · Überwinder – **2.** S. bleiben, als S. hervorgehen ⌈aus⌉: → siegen; zweiter S. sein: → unterliegen (1)

Siegerkranz, der: Lorbeerkranz · Eichenkranz + Ehrenkranz · Ehrenkrone

siegesbewusst: → siegessicher

siegesgewiss: 1. → siegessicher – **2.** → unerschütterlich

Siegespalme, die: → Preis (2)

Siegespreis, der: → Preis (2)

siegessicher: siegesbewusst · siegesgewiss; → *auch* selbstbewusst

Siegestrophäe, die: → Preis (2)

sieggekrönt: → siegreich

siegreich: erfolgreich + preisgekrönt ♦ *gehoben*: erfolgskrönt · sieggekrönt

sielen, sich: **1.** → wälzen (II) – **2.** → faulenzen (1)

Sigel, das: Abkürzungszeichen · Kürzel

Sightseeingtour, die: → Besichtigungsfahrt

Signal, das: **1.** → Zeichen (1), Haltezeichen – **2.** S. geben: → signalisieren (1)

Signalement, das: → Personenbeschreibung

signalisieren: 1. ⟨*durch Zeichen verständigen*⟩ Signal/Zeichen geben + winken · blinken – **2.** → ankündigen (I)

Signatur, die: **1.** → Merkzeichen – **2.** → Unterschrift (1)

Signet, das: → Markenzeichen

signieren: → unterschreiben

signifikant: 1. → kennzeichnend – **2.** → wesentlich

Signum, das: **1.** → Zeichen (2) – **2.** → Unterschrift (1)

Silage, die: → Gärfutter

Silbe, die: keine S.: → nichts (1); keine S. verraten: → schweigen (2)

Silbenstecher, der: → Wortklauber

Silbenstecherei, die: → Spitzfindigkeit

Silbentrennung, die: → Abteilung (I, 1)

Silber, das: **1.** → Silbergeschirr – **2.** → Glanz (1)

Silberblick, der: einen S. haben: → schielen (1)

silberfarben: silberfarbig · silbern

silberfarbig: → silberfarben

Silbergeschirr, das: Silber · Tafelsilber

silberhaarig: → grauhaarig

silberhell: 1. → wohltönend – **2.** → hell (2)

silbern: 1. → silberfarben – **2.** → hell (2)

silberweiß: → weiß (1)

Silentium: → still (2)

Silhouette, die: **1.** ⟨*Umriss, der sich vom Hintergrund abhebt*⟩ + Skyline; → *auch* Umriss – **2.** → Schattenbild

silieren (*Landw*): einsilieren · einsäuern

Silo, der *od.* das: → Speicher (1)

Silofutter, das: → Gärfutter
Silvester, der *od.* das: Altjahrsabend · Altjahrstag (*landsch*)
Simandl, das: → Pantoffelheld
simpel: 1. → unkompliziert – **2.** → einfältig (1), dumm (1) – **3.** → schlicht (1)
Simpel, der: → Dummkopf (2)
simpelhaft: → dumm (1)
Simplifikation, die: → Vereinfachung
simplifizieren: → vereinfachen
Simplizität, die: → Einfalt
simulieren: 1. → grübeln – **2.** → verstellen (II) – **3.** → vortäuschen
simultan: → gleichzeitig (1)
Singakademie, die: → Chor (I, 1)
singen: 1. ⟨*mit der Stimme eine Melodie hervorbringen*⟩ summen · trällern · trillern · schmettern; grölen · plärren (*abwert*) + tremolieren · psalmodieren · jodeln · anstimmen – **2.** ⟨*von Vögeln gesagt: die Stimme ertönen lassen*⟩ tirilieren · quinkelieren · trillern · pfeifen · schlagen · zwitschern · [t]schilpen · ziepen · piep[s]en – **3.** → ²dichten (1, b) – **4.** → ausplaudern – **5.** die Engel s. hören: → Schmerz (3); ein Lob. lied s. ⌐auf⌐, jmds. Lob s.: → loben (1); ein Lied s. können ⌐von⌐: → kennen (1); in den Schlaf s.: → einschläfern (1)
Singkreis, der: → Chor (I, 1)
Single, der: → Alleinstehende
Singsang, der: → Gesang (1)
Singspiel, das: → Operette
Singstimme, die: → Stimme (1)
singulär: → vereinzelt (1)
Singularität, die: → Eigentümlichkeit (1)
sinken: 1. ⟨*sich im Wasser nach unten bewegen*⟩ untergehen · untersinken · versinken · absinken · in den Fluten/Wellen verschwinden ♦ *umg*: absacken · versacken · [weg]sacken ♦ *derb*: absaufen · wegsaufen; → *auch* senken (II) – **2.** → fallen (2) – **3.** → billig (5) – **4.** → untergehen (1) – **5.** im Preis s.: → billig (6); in Schlaf s.: → einschlafen (1); in Ohnmacht s.: → bewusstlos (2); ins Grab s.: → sterben (1)
Sinkkasten, der: → Gully
Sinn, der: **1.** ⟨*geistiger Gehalt*⟩ Sinngehalt · Bedeutung · Gehalt ♦ *umg*: Message – **2.** → Wesen (1) – **3.** → Wesensart – **4.** → Verständnis (1) – **5.** → Zweck (1) – **6.** dem Sinne nach, dem S. entsprechend: → sinngemäß; im wahrsten Sinne des Wortes: → tatsächlich (2); eines Sinnes sein: → über-

einstimmen (1); im S. haben: → beabsichtigen; in den S. kommen: → einfallen (1); [völlig] von Sinnen sein: → verwirrt (3); S. machen: → sinnvoll (3); keinen S. machen, weder S. noch Verstand haben: → sinnlos (3); keinen/wenig S. haben ⌐für⌐: → verständnislos (2); nicht mehr Herr seiner Sinne sein: **a)** → Beherrschung (2, a) – **b)** → wüten; sich aus dem S. schlagen: → verzichten; seine fünf Sinne woanders haben/nicht beisammenhaben: → unaufmerksam (2); die fünf Sinne zusammen[be]halten/beieinander behalten: → beherrschen (II); seine fünf Sinne zusammennehmen: → konzentrieren (II)
sinnähnlich: → synonym
Sinnbild, das: **1.** → Symbol (1) – **2.** → Bild (I, 3)
sinnbildlich: → bildlich (1)
sinnen: 1. → nachdenken (1) – **2.** s. ⌐auf⌐: → beabsichtigen
Sinnenfreude, die: → Sinnlichkeit
Sinnenlust, die: → Sinnlichkeit
Sinnenrausch, der: → Wollust (1)
Sinnenreiz, der: → Wollust (1)
Sinnesart, die: **1.** → Gesinnung (1) – **2.** → Denkweise – **3.** → Wesensart
Sinnesreiz, der: → Reiz (1)
Sinnestaumel, der: → Wollust (1)
Sinnestäuschung, die: Halluzination · Trugbild · Täuschung · Schimäre · Phantom · Phantasma · Erscheinung · Vision · Bilder · Gesicht + Fieberfantasie · Wahnvorstellung · Wahnbild · Fata Morgana · Phantasmagorie; → *auch* Einbildung (1), Schein (2), Vorspiegelung
sinnfällig: → anschaulich
Sinngehalt, der: → Sinn (1)
sinngemäß: dem Sinne nach · [dem Sinn] entsprechend · analog
sinngleich: → synonym
sinnieren: → grübeln
Sinnierer, der: → Grübler
sinnig: → sinnvoll (1)
sinnlich: 1. ⟨*auf sexuellen Genuss ausgerichtet*⟩ erotisch · triebhaft · wollüstig · animalisch; fleischlich (*noch scherzh*) + genussfreudig; → *auch* lüstern (1) – **2.** → wahrnehmbar – **3.** sinnliche Liebe: → Sinnlichkeit
Sinnlichkeit, die: Sinnenlust · Sinnenfreude · Erotik · Eros · Triebhaftigkeit; Fleischlichkeit · Fleischeslust (*noch scherzh*) + sinnli-

640

che Liebe · Genussfreude; → *auch* Wollust (1), Lüsternheit, Sexualität

sinnlos: 1. ⟨*ohne Sinn, der Vernunft zuwiderlaufend*⟩ töricht · unsinnig · widersinnig · wahnwitzig · irrwitzig + ungereimt ♦ *umg*: blöd[e] · blödsinnig · hirnrissig · hirnverbrannt · schwachsinnig · idiotisch; → *auch* unvernünftig, widersinnig (1) – **2.** → nutzlos (1) – **3.** s. sein: ⟨*ohne Sinn sein*⟩ weder Sinn noch Verstand haben ♦ *umg*: keinen Sinn machen ♦ *salopp*: Asche sein

Sinnlosigkeit, die: Unsinnigkeit · Torheit · Widersinn + Lächerlichkeit ♦ *umg*: Blödsinnigkeit · Idiotie; → *auch* Widersinn (1)

sinnreich: 1. → sinnvoll (1) – **2.** → zweckmäßig

Sinnspruch, der: Sentenz · Denkspruch

sinnverwandt: → synonym

sinnverwirrend: → berauschend

sinnvoll: 1. ⟨*gut überlegt bzw. ausgedacht*⟩ sinnreich · sinnig · vernünftig · mit Verstand; → *auch* zweckmäßig – **2.** → zweckmäßig – **3.** s. sein: ⟨*gut überlegt sein*⟩ *umg*: Sinn machen

sinnwidrig: → falsch (1)

sintemal: → weil

Sintflut, die: → Überschwemmung

Sippe, die: 1. → Verwandtschaft (1) – **2.** → Familie (1)

Sippschaft, die: 1. → Clique – **2.** → Gesindel – **3.** → Verwandtschaft (1) – **4.** → Familie (1)

Sirene, die: → Verführerin

sistieren: → verhaften

Sitte, die: 1. → Gewohnheit (1) – **2.** → Brauch (1) – **3.** → Benehmen (1) – **4.** gegen die gute S.: → anstößig (1)

sittenlos: → unsittlich

Sittenlosigkeit, die: → Unsittlichkeit

sittenstreng: puritanisch · sittlich; → *auch* anständig (1), sittlich (1)

Sittenstrenge, die: → Tugendhaftigkeit

Sittenstrolch, der: → Sexualstraftäter

Sittenverfall, der: Demoralisation · Demoralisierung · moralischer Niedergang

sittlich: 1. ⟨*der Sittlichkeit entsprechend*⟩ moralisch · ethisch; → *auch* sittenstreng – **2.** → sittenstreng

Sittlichkeit, die: 1. ⟨*Inbegriff des allgemein als gut u. anständig Angesehenen*⟩ Moral · Moralität – **2.** → ¹Anstand (1)

Sittlichkeitsdelikt, das: → Sexualstraftat

Sittlichkeitsverbrechen, das: → Sexualstraftat

Sittlichkeitsverbrecher, der: → Sexualstraftäter

sittsam: → tugendhaft

Sittsamkeit, die: → Tugendhaftigkeit

Situation, die: 1. → Lage (1) – **2.** → Sachverhalt

Sitz, der: 1. → Sitzplatz – **2.** → Hocker – **3.** → Abgeordnetensitz – **4.** → Wohnsitz (1) – **5.** die Sitze einnehmen: → setzen (II, 1); auf einen S.: → ununterbrochen

sitzen: 1. ⟨*auf dem Gesäß ruhen*⟩ *umg*: hocken + dahocken; → *auch* ausruhen (I), kauern (I) – **2.** → passen (1, b) – **3.** → gefangen (2) – **4.** → wohnen (1) – **5.** → tagen (1) – **6.** s. bleiben: **a)** ⟨*das Klassenziel nicht erreichen*⟩ nicht versetzt werden ♦ *umg*: hängen / kleben / hocken bleiben – **b)** *umg*: ⟨*von Frauen gesagt: nicht geheiratet werden*⟩ *normalspr*: keinen Mann bekommen + eine alte Jungfer bleiben ♦ *salopp*: den Anschluss verpassen ♦ keinen abbekommen / abkriegen – **c)** ⟨*nicht aufstehen*⟩ Platz behalten – **7.** s. lassen: → verlassen (I, 2); einen s. haben: → betrunken (2); wie angegossen s., gut s.: → passen (1, b); auf den Eiern s.: → brüten (1); auf dem / seinem Geld s.: → geizig (2); wie auf Nadeln / [glühenden] Kohlen s.: → ungeduldig (1); auf der Pelle s.: → belästigen (1); fest im Sattel s.: → sicher (8, a); auf der Straße s.: → arbeitslos (2); im Trockenen s.: → geborgen (2); in der Patsche / Schmiere / Tinte s.: → Verlegenheit (2); zu Gericht s. |über|: → verhandeln (2); in Arrest / Haft / im Gefängnis / Zuchthaus / Kerker / Knast / auf Nummer Sicher / bei Wasser und Brot / hinter Gittern / hinter Schloss und Riegel / hinter schwedischen Gardinen s.: → gefangen (2)

Sitzgelegenheit, die: → Sitzplatz

Sitzplatz, der: Sitz · Platz · Sitzgelegenheit

Sitzung, die: 1. ⟨*das Zusammensein einer Gruppe von Personen zur Behandlung bestimmter Fragen*⟩ Besprechung · Konferenz · Session; → *auch* Beratung (1), Versammlung (1), Tagung – **2.** eine S. haben: → tagen (1); lange / schwere S.: → Gelage (b)

Skabies, die: → Krätze

Skala, die: → Maßeinteilung

Skalde, der: → Dichter (a)

Skale

Skale, die: → Maßeinteilung
Skandal, der: **1.** → Schande (1) – **2.** →
Lärm (1) – **3.** → Aufsehen (1) – **4.** das ist
[ja] ein S.: → unerhört (2)
Skandalblatt, das: → Zeitung (I, 1)
skandalös: 1. → unerhört (1) – **2.** → ver-
werflich
Skandalpresse, die: → Sensationspresse
Skandalprozess, der: → Prozess (1)
Skat, der: S. spielen: *umg:* skaten · einen
[Skat] klopfen ♦ *salopp:* Skat dreschen
Skate, das: → Rollschuh
Skateboard, das: Roll[er]brett
skaten: → Skat
Skater, der: → Inlineskater
Skelett, das: **1.** ⟨*aus Knochen bestehender
Stützapparat des Körpers*⟩ Knochengerüst ·
Gerippe + Knochenbau ♦ *gehoben:* Gebein
– **2.** → Gerüst (2)
Skepsis, die: **1.** → Zweifel (1) – **2.** →
Misstrauen
Skeptiker, der: → Zweifler
skeptisch: 1. → zweiflerisch – **2.** → miss-
trauisch (1)
Ski, der: **1.** ⟨*Sportgerät zur Fortbewegung
auf Schnee*⟩ Schi · Brett; Schneeschuh
(*veraltend*); Brettl (*südd österr*) + Snow-
board · Schneebrett – **2.** Ski laufen: ⟨*sich auf
Skiern fortbewegen*⟩ Ski fahren · Schi lau-
fen/fahren; Schneeschuh laufen/fahren
(*veraltend*)
Skiabfahrt, die: → Abfahrt (2)
Skizze, die: **1.** ⟨*flüchtige, ungenaue Zeich-
nung*⟩ Handskizze · Faustskizze · Rohzeich-
nung – **2.** → Entwurf (2) – **3.** → Erzählung
(1) – **4.** → Zeichnung (1)
Skizzenblock, der: → Zeichenblock
skizzieren: 1. → entwerfen (1 *u.* 2) – **2.** →
darlegen – **3.** → zeichnen (1)
Sklavenarbeit, die: → Mühsal
sklavisch: → unterwürfig
Skonto, der *od.* das: → Rabatt
Skribent, der: → Dichter (a)
Skribifax, der: → Dichter (a)
Skript, das: **1.** → Satzvorlage – **2.** → Dreh-
buch
Skritzler, der: → Dichter (a)
Skrupel (*Pl*): **1.** → Gewissensbisse (1) – **2.**
ohne S.: → gewissenlos
skrupellos: → gewissenlos
skrupulös: → gewissenhaft
Skull, das: → Ruder (1)
skullen: → rudern (1)

Skulptur, die: → ¹Plastik (1)
skurril: → schrullig (1), komisch (1)
Skylab, das: → Raumlabor
Skyline, die: → Silhouette (1)
Skysurfer, der: → Drachenflieger
Sleeper, der: **1.** → Agent (1) – **2.** → Ermitt-
ler
Slip, der: **1.** → Schlüpfer (I) – **2.** → Unter-
hose (I)
Slipon, der: → Mantel (1)
Slogan, der: → Werbespruch
Slum, der: Elendsviertel + Elendsquartier ·
Favela
Smalltalk, der: → Gespräch (1)
smart: 1. → raffiniert (1) – **2.** → gewandt
(3) – **3.** → elegant (1)
Smoking, der: → Gesellschaftsanzug
Smutje, der: → Schiffskoch
Snack, der: → Imbiss (1)
Snackbar, die: → Imbissstube
Snob, der: → Geck (1)
Snobismus, der: → Geckenhaftigkeit (1)
snobistisch: 1. → eingebildet (1) – **2.** →
geckenhaft (1)
Snowboard, das: → Ski (1)
so: 1. ⟨*eine bestimmte Weise bezeichnend*⟩
auf diese [Art und] Weise · in dieser/der
Weise · auf folgende Weise · dahin gehend ·
derart · derartig · folgendermaßen · folgen-
derweise · dergestalt · folgendergestalt ·
dementsprechend · demgemäß · solcherma-
ßen · solcherweise · solcherart · solcherge-
stalt · dieserart + wie folgt · sic – **2.** ⟨*den
Grad bezeichnend*⟩ dermaßen · derart · der-
artig ♦ *umg:* solch – **3.** → ebenso – **4.** →
ungefähr (1) – **5.** → deshalb – **6.** → kos-
tenlos – **7.** → sehr – **8.** nur so: → zufällig;
so weit: → fertig (1); so wie: → wie (1); so
oder so: **a)** → beliebig (1), irgendwie – **b)**
→ unbedingt (1); und so weiter/fort: →
weiter (5)
sobald: kaum dass · sowie · gerade als +
wenn; → *auch* sofort
Socke, die: von den Socken sein: → über-
rascht (2); sich auf die Socken machen: **a)**
→ aufbrechen (3) – **b)** → weggehen (1)
Sockel, der: Fuß · Piedestal · Postament
socken: → laufen (1)
sodann: 1. → danach (1) – **2.** → dazu (2)
Sodawasser, das: → Mineralwasser
soeben: → eben (2)
Sofa, das: Couch · Ottomane · Liege; Kana-
pee · Chaiselongue · Diwan (*veraltend*);

Sommer

Lotterbett (*noch scherzh*) + Schlafcouch · Bettcouch; Bettbank (*österr*)

sofern: → wenn (1)

Söffel, der: → Trinker

sofort: [so]gleich · unverzüglich · augenblicklich · augenblicks · im Augenblick · [schnur]stracks · spornstreichs · schleunigst · prompt · umgehend · postwendend · eilenden/stehenden Fußes · auf der Stelle · ohne Verzögerung/Verzug/Aufschub/Aufenthalt; unverweilt · ungesäumt (*veraltend*) + alsbald · direkt · flugs · flink · wie aus der Pistole geschossen · im Umsehen · auf Anhieb · auf den ersten Hieb · lieber heute als morgen · unmittelbar danach ♦ *umg*: a tempo; stante pede (*scherzh*); → *auch* plötzlich (1), schnell (1, c), eilig (1), sobald

sofortig: augenblicklich · unverzüglich · prompt · schleunig + alsbaldig

Softeis, das: → Speiseeis

Softie, der: → Weichling

Sog, der: **1.** → Strömung (1) – **2.** → Wirbel (1)

sogar: 1. ⟨*über das hinaus*⟩ selbst · mehr noch · ja [sogar] · auch ♦ *umg*: dreist (*landsch*) – **2.** ja s.: → 1

sogleich: → sofort

sohin: → folglich (1)

Sohlbank, die: → Fensterbrett

Sohle, die: **1.** → Schuhsohle (1) – **2.** → Lüge (1) – **3.** vom Scheitel bis zur S.: → oben (3); sich an jmds. Sohlen heften: → verfolgen (1); eine saubere S. aufs Parkett legen, eine kesse S. abdrehen/aufs Parkett legen: → tanzen (1)

sohlen: 1. → besohlen – **2.** → lügen (1)

Sohn, der: Sohnemann (*vertraul*); Filius (*scherzh*); Stammhalter (*meist scherzh*); → *auch* Junge (I, 1), Kind (2)

Sohnemann, der: → Sohn

soigniert: → gepflegt

Soiree, die: **1.** → Abendgesellschaft – **2.** → Abendveranstaltung

solange: 1. → während – **2.** → unterdessen

Solarenergie, die: Solarstrom; Photovoltaik (*fachspr*)

Solarstrom, der: → Solarenergie

solch: 1. ⟨*von dieser Art bzw. Gestalt, so geartet*⟩ dementsprechend · dergleichen · derlei · derartig · solcherlei · ebensolch – **2.** → so (2)

solcherart: → so (1)

solchergestalt: → so (1)

solcherlei: → solch (1)

solchermaßen: → so (1)

solcherweise: → so (1)

Sold, der: → Wehrsold

Soldat, der: **1.** S. sein: ⟨*Angehöriger der Streitkräfte sein*⟩ den Wehrdienst [ab]leisten · seine Dienstzeit ableisten ♦ *umg*: beim Bund sein · bei der Armee sein · bei den Soldaten/beim Militär sein; beim Kommiss/Barras sein (*soldatenspr*) ♦ *salopp*: Soldat spielen (*scherzh*) – **2.** S. werden: ⟨*seinen Wehrdienst antreten*⟩ einrücken (*veraltend*) ♦ *umg*: zum Bund gehen · zur Armee gehen; zum Militär gehen (*veraltend*); zum Kommiss gehen (*soldatenspr*) – **3.** bei den Soldaten sein, S. spielen: → 1

soldatisch: → straff (1)

Söldling, der: → Söldner

Söldner, der: Söldling · Landsknecht (*abwert*)

Sole, die: Salzlösung; → *auch* Lake

solenn: → feierlich (1)

Soli, der: → Solidaritätszuschlag

Solidarität, die: Gemeinschaftsgeist · Gemeinschaftsgefühl · Zusammengehörigkeitsgefühl · Zusammengehörigkeit · Verbundenheit; → *auch* Gemeinsamkeit

Solidaritätszuschlag, der: Solidarzuschlag · Solizuschlag ♦ *umg*: Soli

Solidarzuschlag, der: → Solidaritätszuschlag

solid[e]: 1. → gediegen (1) – **2.** → haltbar (1) – **3.** → rechtschaffen – **4.** → anständig (1)

Solizuschlag, der: → Solidaritätszuschlag

Soll, das: **1.** ⟨*die zu erbringende Leistung*⟩ Norm – **2.** ⟨*linke Seite eines Kontos in der Buchführung*⟩ Sollseite · Debet

Sollbestimmung, die: → Gesetz (2)

sollen: → müssen · etw. obliegt jmdm.; → *auch* verpflichtet (1)

Söller, der: **1.** → Balkon (1) – **2.** → Dachboden – **3.** → Fußboden (1)

Sollseite, die: → Soll (2)

solo: → allein (1)

Solperfleisch, das: → Pökelfleisch

solubel: → löslich (1)

solvent: → zahlungsfähig

Solvenz, die: → Zahlungsfähigkeit

Soma, der: → Körper (1)

somatisch: → körperlich

somit: 1. → deshalb – **2.** → folglich (1)

Sommer, der: **1.** ⟨*die warme Jahreszeit*⟩ Sommer[s]zeit – **2.** im S.: ⟨*in der warmen*

643

Sommeraufenthalt

Jahreszeit⟩ sommers · zur Sommer[s]zeit
♦ *gehoben*: des Sommers – **3.** der fliegende
S.: → Altweibersommer (1); S. wie Winter:
→ immer (1); des Sommers: → 2
Sommeraufenthalt, der: → Erholungsort
Sommerfrische, die: → Erholungsort
Sommerfrischler, der: → Urlauber
Sommerhaus, das: Bungalow · Wochenend-
haus · Landhaus · Landsitz · Datsche; →
auch Haus (1)
Sommerhitze, die: → Hitze (1)
sommerlich: 1. ⟨*den im Sommer herrschen-
den Temperaturen entsprechend*⟩ hoch-
sommerlich · heiß · tropisch · südlich; →
auch sonnig (2) – **2.** → warm (1)
sömmern: → sonnen (I)
sommers: → Sommer (2)
Sommerschlussverkauf, der: → Ausver-
kauf
Sommersprosse, die: Laubflecken (*schweiz*)
Sommer[s]zeit, die: **1.** → Sommer (1) – **2.**
zur S.: → Sommer (2)
Somnambule, der: → Schlafwandler
somnambulieren: → schlafwandeln
sonach: 1. → deshalb – **2.** → folglich (1)
sonderbar: 1. → merkwürdig – **2.** →
schrullig (1)
sonderbarerweise: → merkwürdigerweise
Sonderfall, der: → Ausnahme (1)
Sondergebiet, das: → Spezialgebiet
sondergleichen: → hervorragend (1)
Sonderheit, die: in S.: → besonders (2)
sonderlich: 1. → merkwürdig – **2.** →
schrullig (1) – **3.** → besonders (2)
Sonderling, der: Eigenbrötler · Kauz + Ha-
gestolz · Junggeselle ♦ *umg*: Krauter · ko-
mischer/ulkiger Knopf · seltsamer Vogel ·
wunderliche Haut; Kruke (*norddt*); → *auch*
Original (1), Einzelgänger
sondern: 1. ⟨*entgegensetzend*⟩ vielmehr; →
auch dagegen (2) – **2.** → trennen (I, 1) – **3.**
→ unterscheiden (I)
Sonderrecht, das: → Vorrecht
sonders: samt und s.: **a)** → durchweg – **b)**
→ ¹alle (1)
Sonderung, die: → Trennung (1)
Sondervergütung, die: → Bonus
Sonderzuwendung, die: Gratifikation; →
auch Schenkung
sondieren: 1. → erkunden (1) – **2.** das Ter-
rain s.: **a)** → vorfühlen – **b)** → orientieren
(II, 2) – **c)** → erkunden (1)
Sondierung, die: → Erkundung (1)

Sonett, das: → Gedicht (1)
Song, der: → Lied (1)
Sonne, die: **1.** ⟨*zentraler Himmelskörper
unseres Planetensystems*⟩ *umg*: Klärchen
(*landsch scherzh*); → *auch* Stern (1) – **2.** →
Stern (1) – **3.** → Sonnenschein (1) – **4.** in
die S. legen: → sonnen (I); in der S. liegen,
sich in die S. setzen/legen, sich die S. auf
den Pelz brennen lassen: → sonnen (II); an
die S. kommen: → herauskommen (1)
sonnen: I. sonnen: ⟨*von der Sonne be-
strahlen lassen*⟩ in die Sonne legen; söm-
mern (*landsch*) – **II.** sonnen, sich: ⟨*sich von
der Sonne bestrahlen lassen*⟩ ein Sonnenbad
nehmen · in der Sonne liegen · sich in die
Sonne setzen/legen ♦ *salopp*: sich die Son-
ne auf den Pelz brennen lassen
Sonnenbad, das: ein S. nehmen: → sonnen
(II)
sonnenbraun: → braun (2)
sonnendurchflutet: → sonnig (1)
sonnengebräunt: → braun (2)
sonnenhell: 1. → hell (1) – **2.** → sonnig (1)
sonnenklar: → deutlich (3)
Sonnenlicht, das: → Sonnenschein (1)
Sonnenschein, der: **1.** ⟨*das von der Sonne
ausgestrahlte Licht*⟩ Sonne · Sonnenlicht ·
Sonnenstrahlen + Strahlen · Lichtstrahlen;
→ *auch* Licht (1) – **2.** → Glück (3)
Sonnenstich, der: einen S. haben: → ver-
rückt (5)
Sonnenstrahlen (*Pl*): → Sonnenschein (1)
sonnenverbrannt: → braun (2)
sonnig: 1. ⟨*vom Sonnenlicht durchflutet*⟩
sonnendurchflutet · durchsonnt · sonnenhell
· hell; → *auch* hell (1) – **2.** ⟨*vom Wetter ge-
sagt: mit viel Sonnenschein*⟩ heiter · schön ·
prächtig · freundlich · strahlend; → *auch*
klar (1, b), sommerlich (1) – **3.** → heiter (1)
– **4.** ein sonniges Gemüt haben: → sorglos
(2); sich einen sonnigen Lenz machen: →
faulenzen
sonntäglich: + feiertäglich · festtäglich
Sonntagsjäger, der: → Jäger
Sonntagskind, das: → Glückskind
sonor: → wohltönend
sonst: 1. → andernfalls – **2.** → außerdem
(1) – **3.** → früher (1) – **4.** → alias – **5.** s. ei-
ner, s. jemand, s. wer: → jemand (1); s.
was: → etwas (1); was denn s.: → ja (1)
sonstig: 1. → anderweitig – **2.** → ehemalig
Sophismus, der: → Fehlschluss
Sophist, der: → Wortklauber

souverän

Sophisterei, die: → Spitzfindigkeit
Sophistik, die: → Spitzfindigkeit
sophistisch: → spitzfindig (1)
Sopor, der: → Bewusstlosigkeit
Sore, die: → Raub (1)
Sorge, die: **1.** ⟨*von Furcht u. Hoffnung zugleich verursachtes Gefühl der Unruhe*⟩ Besorgnis · Befürchtung · Bedenken · Beunruhigung · Unruhe · Kümmernis · Bekümmernis; → *auch* Angst (1), Kummer (1) – **2.** ⟨*das helfende Bemühen zu jmds. Nutzen*⟩ Fürsorge; → *auch* Pflege (1, a) – **3.** Sorgen haben: ⟨*durch etw. sehr beunruhigt sein*⟩ schlaflose Nächte haben ♦ *umg:* einen dicken/schweren Kopf haben + sein Päckchen zu tragen haben; → *auch* sorgen (II) – **4.** Sorgen bereiten: ⟨*sehr beunruhigen*⟩ Sorgen machen · den Schlaf rauben · um den Schlaf bringen · schlaflose Nächte bereiten + bedrücken – **5.** aller Sorgen ledig, ohne/frei von Sorgen: → sorgenfrei; Sorgen machen: → **4**; sich keine Sorgen machen: → sorglos (2); sich Sorgen machen, in S. sein: → sorgen (II); S. tragen, dass …: → veranlassen (1)
sorgen: I. sorgen: **1.** s. |für|: **a)** ⟨*mit Fürsorge, Pflege umgeben*⟩ sich bemühen |um| · sich [be]kümmern |um| · betreuen · umsorgen · versorgen · besorgen · bemuttern ♦ *umg:* herum sein |um| ♦ *salopp:* befummeln (*landsch*); → *auch* helfen (1), pflegen (I, 1, a), benähen – **b)** → unterhalten (I, 1) – **c)** → beschaffen (1) – **2.** für den Lebensunterhalt s.: → unterhalten (I, 1); dafür s., dass …: → veranlassen (1); dafür s., dass die Bäume nicht in den Himmel wachsen: → beschränken – **II.** sorgen, sich: ⟨*etw. fürchtend u. hoffend zugleich in seinen Gedanken bewegen*⟩ sich Sorgen/Gedanken machen · in Sorge sein · besorgt sein · bangen |um| · fürchten |für| · sich ängstigen |um| · sich abängstigen · sich [ab]härmen · sich [ab]grämen; sich bekümmern (*veraltend*) + beben |um|; → *auch* leiden (1), Sorge (3)
sorgenbeladen: → sorgenvoll
Sorgenbrecher, der: → Wein (1)
sorgenfrei: sorgenlos · aus dem Schneider · aller Sorgen ledig · ohne/frei von Sorgen · unbeschwert · leicht; → *auch* heiter (1), sorglos (1)
Sorgenlast, die: → Kummer (1)
sorgenlos: → sorgenfrei

Sorgenstuhl, der: → Lehnstuhl
sorgenvoll: kummervoll · sorgenbeladen · gramerfüllt · vergrämt · verhärmt · bedenklich; → *auch* nachdenklich, besorgt (1), ängstlich (1)
Sorgfalt, die: **1.** ⟨*das Genauseinwollen*⟩ Sorgfältigkeit · Sorgsamkeit · Akkuratesse · Peinlichkeit + Geschliffenheit; → *auch* Gewissenhaftigkeit, Genauigkeit (1) – **2.** mit S.: → sorgfältig (1)
sorgfältig: 1. ⟨*genau sein wollend*⟩ sorgsam · mit Sorgfalt · akkurat · ordentlich · penibel · sauber · peinlich + ängstlich · geschliffen · gefeilt; → *auch* gewissenhaft, ordentlich (1, b) – **2.** → schonend (1)
Sorgfältigkeit, die: → Sorgfalt (1)
sorglich: → schonend (1)
sorglos: 1. ⟨*sich keine Sorgen machend*⟩ unbekümmert · unbesorgt; → *auch* leichtfertig, leichtsinnig, leichtlebig, sorgenfrei – **2.** s. sein: ⟨*sich nicht von Sorgen quälen lassen*⟩ sich keine Sorgen/Gedanken machen; ein sonniges Gemüt haben (*spött*) ♦ *umg:* sich keine grauen Haare wachsen lassen · sich keine Kopfschmerzen machen ♦ *salopp:* sich keinen Kopf machen
Sorglosigkeit, die: Unbekümmertheit · Unbesorgtheit; → *auch* Leichtsinn (1)
sorgsam: 1. → sorgfältig (1) – **2.** → schonend (1) – **3.** s. umgehen |mit|/behandeln: → schonen (I, 1)
Sorgsamkeit, die: → Sorgfalt (1)
Sorte, die: **1.** ⟨*Gruppe einer Ware*⟩ + Güteklasse – **2.** → Art (2)
sortieren: → ordnen (1)
Sortiment, das: **1.** → Warenangebot – **2.** → Buchhandlung
Sortimentsbuchhandlung, die: → Buchhandlung
soso: 1. → aha – **2.** → mittelmäßig
Soße, die: **1.** ⟨*flüssiger Teil mancher Speisen*⟩ Tunke · Stippe (*landsch*) + Saft; → *auch* Brühe (1) – **2.** → Schlamm
Souffleur, der: → Vorsager
soufflieren: → vorsagen
Sound, der: → Klangfarbe
soundso: Herr Soundso: → sowieso (2)
Souper, das: → Abendbrot (1)
soupieren: → Abend (4)
Souterrain, das: → Untergeschoss
Souvenir, das: → Andenken (1)
souverän: 1. ⟨*die Souveränität besitzend*⟩ eigenstaatlich + selbständig · autonom; →

645

Souverän

auch unabhängig (1) – **2.** → selbständig (1) – **3.** → überlegen (I, 2)

Souverän, der: → Alleinherrscher

Souveränität, die: **1.** ⟨*das Recht eines Staates, nach eigenem Ermessen über seine Angelegenheiten zu entscheiden*⟩ Eigenstaatlichkeit + Selbständigkeit · Autonomie; → *auch* Unabhängigkeit – **2.** → Selbstbestimmungsrecht

sowie: 1. → und (2) – **2.** → sobald

sowieso: 1. ⟨*nicht nur dadurch verursacht, unter allen Umständen geschehend*⟩ ohnehin · ohnedies · auf jeden Fall · auf alle Fälle; ohnedem (*veraltend*) ♦ *umg:* eh (*süddt österr*) – **2.** Herr Sowieso: ⟨*Bezeichnung für einen Mann, den man nicht näher bezeichnen kann*⟩ Herr Soundso ♦ *umg:* [Herr] Dings[da] ♦ *salopp:* [Herr] Dingsbums; → *auch* Fremde (I, 1)

soziabel: → gesellig (1)

sozial: 1. → gesellschaftlich (1) – **2.** → gemeinnützig

Sozialabbau, der: Sozialdumping

Sozialamt, das: → Fürsorge (1)

Sozialarbeiter, der: + Streetworker · Bewährungshelfer

Sozialbetrug, der: Sozialmissbrauch

Sozialdumping, das: → Sozialabbau

Sozialhilfe, die: + Sozialleistung · Fürsorgeunterstützung · Fürsorge; → *auch* Arbeitslosengeld

sozialisieren: → verstaatlichen

Sozialleistung, die: → Sozialhilfe

Sozialmissbrauch, der: → Sozialbetrug

Sozialrente, die: → Rente (1)

Sozialversicherung, die: → Krankenkasse

soziieren, sich: → vereinigen (II, 2)

Sozius, der: **1.** → Teilhaber – **2.** → Beifahrer

Soziusfahrer, der: → Beifahrer

sozusagen: → gleichsam

Spacelab, das: → Raumlabor

Spaceshuttle, das: → Raumfähre

spachteln: 1. → essen (1) – **2.** leer s.: → aufessen

spack: → abgemagert

Spagat, der: → Bindfaden

spähen: 1. ⟨*vorsichtig u. angespannt schauen*⟩ äugen (*meist scherzh*); lugen (*veraltend*); sichern · verhoffen (*weidm*) ♦ *umg:* illern (*landsch*); → *auch* blicken (1), sehen (1), starren (1) – **2.** → aufpassen (1)

Späher, der: **1.** → Kundschafter – **2.** → Beobachter – **3.** → Agent (1)

Spähtrupp, der: [Späh]patrouille

spakig: → schimmelig

Spalt, der: **1.** ⟨*lange, schmale Öffnung*⟩ Spalte · Schlitz · Ritz · Ritze · Fuge; Klinse · Klinze (*landsch*) + Loch; → *auch* Lücke (1), Einschnitt (1), Riss (1), Loch (1) – **2.** → Riss (1)

Spalte, die: **1.** ⟨*Streifen des Schriftsatzes*⟩ + Rubrik · Kolumne; → *auch* Abschnitt (2) – **2.** → Riss (1) – **3.** → Spalt (1) – **4.** → Schlucht – **5.** → Scheide (1)

spalten: 1. ⟨*in zwei Teile zerteilen*⟩ aufspalten · durchspalten · durchhacken; spleißen (*bes. seem*); klieben (*süddt österr landsch*); → *auch* trennen (I, 1) – **2.** → zerhacken (1) – **3.** Haare s.: → spitzfindig (2)

Spaltpilz, der: → Bakterie (1)

Spaltung, die: → Teilung (1)

Spaltungsirresein, das: → Bewusstseinsspaltung

Span, der: **1.** ⟨*abgespaltenes Holzblättchen*⟩ Holzspan · Splitter; Spleiß · Spliss (*landsch*); Schleiße (*süddt*); Spreißel (*österr*) – **2.** Späne machen: → Umstand (II, 2); einen S. haben: → schrullig (2)

spänen: → entwöhnen (1, a)

Spanferkel, das: → Ferkel (1)

Spange, die: → Nadel (1)

spanisch: spanischer Reiter: → Drahthindernis; spanische Wand: → Wandschirm; s. vorkommen: → wundern (I)

Spann, der: → Fußrücken

Spanndienst, der: → Frondienst (1)

Spanne, die: → Zeitraum

spannen: I. spannen: **1.** ⟨*mit Spannung versehen*⟩ straffen · straffziehen · strammen · anziehen · strammziehen · anspannen – **2.** → dehnen (I) – **3.** → aufpassen (1) – **4.** → merken (1) – **5.** vor den Wagen s.: → anspannen (1); auf die Folter s.: → neugierig (3) – **II.** spannen, sich: sich s. |bis/über|: → erstrecken, sich (1)

spannend: packend · fesselnd · dramatisch · aufregend · atemberaubend · prickelnd; → *auch* erregend

Spanner, der: → Voyeur

Spannkraft, die: **1.** → Elastizität (1) – **2.** → Leistungsfähigkeit

Spannteppich, der: → Teppichboden

Spannung, die: **1.** ⟨*durch ein packendes Geschehen hervorgerufene innere Erregung*⟩ Gespanntheit · Hochspannung; → *auch* Nervenkitzel – **2.** ⟨*innere Erregung*

Spätling

hervorrufende Beschaffenheit bzw. Art u. Weise⟩ Dramatik + Spannungsmoment – **3.** → Neugier[de] – **4.** → Nervosität – **5.** → Zwietracht (1) – **6.** in S. versetzen: → neugierig (3)

Spannungsmoment, das: → Spannung (2)

Spannweite, die: → Breite (1)

Sparauto, das: Sparmobil + Dreiliterauto · Einliterauto

sparen: 1. ⟨*Geld für einen späteren Zeitpunkt ansammeln*⟩ aufsparen · zurücklegen · weglegen · beiseite legen · auf die Seite legen · [sein Geld] auf die hohe Kante legen · Ersparnisse machen ♦ *umg*: wegtun · abzweigen; in den Strumpf stecken (*scherzh*); → *auch* Haus (4), absparen, geizen, zusammenraffen (I, 2), ansammeln (I), einsparen – **2.** → einschränken (II) – **3.** mit dem/jedem Pfennig s.: → sparsam (3); mit jedem Gramm s.: → Haus (4); sich s.: → unterlassen

Sparfanatiker, der: → Geizhals

Sparflamme, die: auf S. schalten: → einschränken (II)

Spargeld, das: → Ersparnis (1)

Spargroschen, der: → Ersparnis (1)

Sparguthaben, das: → Ersparnis (1)

Sparkasse, die: → ²Bank (1)

spärlich: 1. ⟨*vom Haar od. von der Vegetation gesagt: keinen üppigen Wuchs zeigend*⟩ dünn · licht · schütter · kümmerlich · dürftig; sparsam (*scherzh*) ♦ *umg*: dünn gesät; → *auch* selten (1), wenig (1), vereinzelt (1), knapp (2) – **2.** → knapp (1)

Sparmaßnahmen (*Pl*): → Einsparungsmaßnahmen

Sparmobil, das: → Sparauto

Sparpfennig, der: → Ersparnis (1)

Sparren, der: 1. → Balken – **2.** einen S. haben: → verrückt (3)

sparsam: 1. ⟨*jede Verschwendung vermeidend*⟩ haushälterisch · wirtschaftlich · ökonomisch + preisbewusst · häuslich; → *auch* geizig (1) – **2.** → spärlich (1) – **3.** s. sein: ⟨*jede Verschwendung vermeiden*⟩ rechnen · mit dem/jedem Pfennig rechnen/sparen · auf den Pfennig sehen · jeden Pfennig umdrehen · sich jeden Bissen vom Mund absparen; → *auch* Haus (4)

spartanisch: 1. → einfach (1) – **2.** → streng (2)

Sparte, die: 1. → Abteilung (II, 3) – **2.** → Fach (1, b)

spasm[od]isch: → krampfartig

Spasmus, der: → Krampf (1)

Spaß, der: 1. ⟨*die Erregung von Heiterkeit bezweckende Äußerung od. Handlung*⟩ Ulk · Witz · Schelmerei · Spaßerei · Blödelei · Hanswursterei · Hanswurstiade · Harlekinade · Clownerie + Drolerie · Witzelei ♦ *umg*: Jux · Fez; → *auch* ²Scherz (1), Witz (1), Streich (1) – **2.** → ²Scherz (1) – **3.** → Vergnügen (1) – **4.** ohne S., S. beiseite: → ernstlich (1); seinen S. mit jmdm. machen/treiben: → necken; S. machen: **a)** → erfreuen (I) – **b)** → scherzen; sich einen [kleinen] S. erlauben: → scherzen; keinen S. verstehen: → humorlos (2); für jeden S. zu haben sein: → mitmachen (4)

Spaßbad, das: → Freizeitbad

spaßen: → scherzen

Spaßerei, die: → Spaß (1)

Spaßgesellschaft, die: Fungesellschaft

spaßhaft: → spaßig (1)

spaßig: 1. ⟨*Heiterkeit erregend*⟩ spaßhaft · ulkig · witzig · putzig · drollig · possierlich + neckisch · humorvoll · humoristisch · scherzhaft; → *auch* komisch (1), lustig, unterhaltsam, schelmisch – **2.** → komisch (1)

Spaßmacher, der: Possenmacher · Possenreißer · Komiker · Humorist · Clown · dummer August · Hanswurst · Harlekin · Bajazzo; Hofzwerg · Hofnarr (*hist*); Pritschmeister · Pojatz (*landsch*); Wurstel (*süddt österr*) + Narr · Geck · Jeck · Schelm · Schalk · Eulenspiegel · Kasper · Kasperl[e] · Pickelhering · Kobold ♦ *umg*: Faxenmacher; → *auch* Spaßvogel

Spaßvogel, der: Schelm · Schäker · Scherzbold · Witzbold ♦ *umg*: Flausenmacher · Nummer · Marke · fideles/vergnügtes Haus · fideles/lustiges Huhn; → *auch* Spaßmacher

spät: 1. ⟨*[fast] am Ende eines Zeitraumes*⟩ in elfter/zu vorgerückter Stunde – **2.** → abends – **3.** früh und s.: → immer (1); von früh bis s.: → ununterbrochen; spätes Mädchen: → Jungfer (2)

spätabends: → abends

Spaten, der: Grabscheit (*landsch*); Stechschaufel (*schweiz*); → *auch* Schaufel

Spatenstich, der: der erste S.: → Baubeginn

später: 1. → einst (1) – **2.** → danach (1) – **3.** s. kommen: → folgen (1)

späterhin: → einst (1)

Spätling, der: → Nachkömmling

647

Spatz, der: 1. → Kind (1) – **2.** → Sperling (1) – **3.** die Spatzen pfeifen es von den/allen Dächern: → bekannt (3)
Spatzengehirn, das: → Dummkopf (1)
spazieren: 1. → 2 – **2.** s. gehen: ⟨[zur Entspannung] im Freien umhergehen⟩ spazieren · einen Spaziergang machen · ausgehen · promenieren + sich die Beine vertreten · hinausgehen · einen Schritt vors Haus tun · einen Gang machen · [ein wenig] Luft schnappen/schöpfen · sich bewegen · sich Bewegung verschaffen ♦ gehoben: sich ergehen; [lust]wandeln ♦ umg: bummeln; → auch schlendern (1) – **3.** s. führen: → ausführen (1)
Spazierfahrt, die: → Ausfahrt (1)
Spaziergang, der: 1. ⟨das Spazierengehen⟩ Spaziergang · Gang; Promenade (veraltet) ♦ umg: Walk · Bummel; → auch Ausflug – **2.** einen S. machen: → spazieren (2)
Spazierhölzer (Pl): → Bein (II, 1)
Spazierstock, der: Stock; Stecken (landsch) + Knotenstock · Stab
Spazierweg, der: → Spaziergang (1)
Speck, der: 1. → Fett (2) – **2.** S. ansetzen: → zunehmen (2); S. auf den Rippen haben: → dick (6); leben wie die Made im S.: → schwelgen (1)
speckig: 1. → schmutzig (1) – **2.** → schmierig (1) – **3.** → dick (1)
spedieren: → befördern (1)
Spedition, die: Speditionsbetrieb · Speditionsgeschäft · Transportfirma · Transportunternehmen · Fuhrunternehmen; Camionnage (schweiz) + Rollfuhrunternehmen
Speditionsbetrieb, der: → Spedition
Speditionsgeschäft, das: → Spedition
speditiv: → flüssig (2)
Speech, der: → Rede (1)
Speed: I. Speed, der: → Geschwindigkeit (1) – **II.** Speed, das: → Aufputschmittel
Speichel, der: + Geifer · Schaum · Wasser ♦ umg: Spucke + Sabber; Sabbel (norddt); → auch Erbrochene
Speichellecker, der: → Kriecher
Speichelleckerei, die: → Unterwürfigkeit
speichelleckerisch: → unterwürfig
speicheln: → geifern (1)
Speicher, der: 1. ⟨Gebäude zur Aufbewahrung von Lagergut⟩ Lagerhaus · Depot · Silo; → auch Lager (3) – **2.** → Wasserbecken
speichern: 1. → lagern (1) – **2.** → horten

Speicherung, die: → Anhäufung (1)
speien: 1. → spucken (1) – **2.** → übergeben (II) – **3.** → erbrechen (I, 1) – **4.** → auswerfen (1) – **5.** s. wie ein Reiher: → übergeben (II); Gift und Galle s.: → wütend (2)
Speis, die: → Speisekammer
Speise, die: 1. → Nahrung – **2.** → Gericht (1) – **3.** → Süßspeise
Speiseeis, das: Eis · das Gefrorene; Glace (schweiz) + Softeis · Eisbombe
Speisegaststätte, die: → Gaststätte (1, e)
Speisekammer, die: Vorratskammer; Speis (süddt österr)
Speisekarte, die: Speisenkarte · Karte; → auch Speisezettel
speisen: 1. → Mahlzeit (3) – **2.** → essen (1) – **3.** → verpflegen (1)
Speisenkarte, die: → Speisekarte
Speiseraum, der: → Speisesaal
Speisesaal, der: Speiseraum · Kantine · Kasino; Messe (seem) + Mensa · Refektorium
Speisesalz, das: → Salz (1)
Speisewirtschaft, die: → Gaststätte (1, e)
Speisezettel, der: Küchenzettel ♦ umg: Magenfahrplan (scherzh); → auch Speisekarte
Speisung, die: → Verpflegung (1)
speiübel: → übel (1)
Spektakel, der: 1. → Lärm (1) – **2.** → Ereignis (1) – **3.** S. machen: → lärmen
spektakeln: → lärmen
spektakulär: → sensationell
Spektrum, das: → Auswahl (2)
Spekulant, der: → Geschäftemacher
Spekulation, die: 1. → Berechnung (3) – **2.** → Geschäft (3) – **3.** → Einbildung (1)
spekulativ: → eigennützig (1)
Spekuliereisen, das: → Brille (1)
spekulieren: s. ⏐über⏐: → Vermutung (2)
Spelt, der: → Weizen
Spelunke, die: → Gaststätte (1, a)
spendabel: → freigebig (1)
Spende, die: 1. ⟨etw. für einen bestimmten Zweck Gegebenes⟩ Obolus · Scherflein · Gabe · Beitrag · Almosen · milde Gabe; → auch Geschenk (1), Unterstützung (2) – **2.** → Unterstützung (2)
spenden: 1. ⟨etw. zu einem bestimmten Zweck geben⟩ stiften · seinen Obolus entrichten · sein Scherflein beitragen + zeichnen · opfern ♦ umg: spendieren; → auch schenken (1) – **2.** → ausstrahlen (1) – **3.** Lob s.: → loben (1); Applaus/Beifall s.: → klat-

schen (1); Freude s.: → erfreuen (I); Trost s.: → trösten; den Segen s.: → segnen (1)

Spender, der: → Wohltäter

spendieren: 1. ⟨*[alkohol.] Getränke für jmdn. bezahlen*⟩ eine Runde geben / spendieren ♦ *umg:* ausgeben · springen lassen ♦ *salopp:* eine Runde / Lage schmeißen; → *auch* ²einladen (b), auftischen (1) – **2.** → schenken (1) – **3.** → spenden (1) – **4.** eine Runde s.: → 1

Spendierhosen (*Pl*): die S. anhaben: → freigebig (2)

Spendierlaune, die: in S. sein: → freigebig (2)

Spengler, der: → Klempner

Sperenzchen (*Pl*): S. machen: → Umstand (II, 2)

Sperling, der: **1.** ⟨*Vogel*⟩ Spatz – **2.** weißer S.: → Seltenheit

Sperma, das: → Samen (2)

Spermium, das: → Keimzelle (1)

Sperrbezirk, der: → Sperrgebiet

Sperrbuhne, die: → Buhne

Sperre, die: **1.** ⟨*Anlage zur Verhinderung des Zuganges*⟩ Absperrung · Barriere · Wegsperre · Hindernis; → *auch* Palisade – **2.** → Riegel (1) – **3.** → Verbot – **4.** → Sperrfrist

sperren: I. sperren: **1.** ⟨*den Durch- bzw. Zugang verhindern*⟩ absperren · abriegeln · abschließen · versperren · blockieren; → *auch* versperren (1) – **2.** → unterbinden – **3.** → verbieten (1) – **4.** → abstellen (1) – **5.** → entziehen (I, 2) – **6.** → ausschließen (I, 3) – **II.** sperren, sich: → widersetzen, sich

Sperrfrist, die: Sperre · Sperrzeit

Sperrgebiet, das: Sperrbezirk · Sperrzone

Sperrzeit, die: → Sperrfrist

Sperrzone, die: → Sperrgebiet

Spesen (*Pl*): Reisespesen; → *auch* Tagegeld

Spezi, der: → Freund (I, 1)

Spezialarbeiter, der: → Facharbeiter

Spezialarzt, der: → Facharzt

Spezialgebiet, das: Spezialität · Sondergebiet · Domäne ♦ *umg:* Spezialstrecke; → *auch* Fach (1, b), Liebhaberei

spezialisieren: → bestimmen (3)

Spezialist, der: **1.** → Fachmann (1) – **2.** → Facharzt

Spezialität, die: **1.** → Eigenart – **2.** → Spezialgebiet – **3.** → Liebhaberei

Spezialstrecke, die: **1.** → Spezialgebiet – **2.** → Stärke (2)

speziell: 1. → besonders (2) – **2.** → einzeln (2)

Spezies, die: → Art (2), Geschlecht (1)

Spezifikum, das: → Eigenart

spezifisch: → eigentümlich (1)

Sphäre, die: **1.** → Umwelt – **2.** → Bereich (1)

spicken: 1. → bestechen (1) – **2.** → abschreiben (I, 2) – **3.** s. |mit|: → ausstatten (I, 3)

Spider, der: → Kabrio[lett]

Spiegel, der: **1.** → Aufschlag (3) – **2.** sich hinter den S. stecken: → merken (4)

Spiegelbild, das: **1.** ⟨*von einem Spiegel od. dgl. reflektiertes Bild*⟩ Spiegelung – **2.** → Abbild

spiegelbildlich: seitenverkehrt · spiegelverkehrt

spiegelblank: → glänzend (1)

Spiegelei, das: Setzei ♦ *umg:* Ochsenauge (*landsch*)

Spiegelfechterei, die: → Täuschung (1)

spiegelglatt: → glatt (1)

spiegeln: I. spiegeln: **1.** → glänzen (1) – **2.** → widerspiegeln (I) – **II.** spiegeln, sich: **1.** ⟨*sich im Spiegel ansehen*⟩ sich bespiegeln – **2.** → widerspiegeln (II)

Spiegelung, die: **1.** → Rückstrahlung – **2.** → Spiegelbild (1) – **3.** → Widerschein

spiegelverkehrt: → spiegelbildlich

Spieker, der: → Nagel (1)

spiekern: → annageln

Spiel, das: **1.** ⟨*zur Unterhaltung u. nach bestimmten Regeln ausgeübte Tätigkeit*⟩ Partie – **2.** → Wettkampf – **3.** → Darbietung (1) – **4.** → Flirt – **5.** → Kleinigkeit (1) – **6.** Olympische Spiele: → Olympiade; ein S. machen: → spielen (1); ein falsches S. treiben, ein doppeltes S. spielen: → hintergehen; die Hand / die Finger [mit] im S. haben: → beteiligen (II); das S. verderben: → vereiteln; alles aufs S. setzen: → wagen (2); ein S. mit dem Feuer sein: → gefährlich (2); auf dem S. stehen: → gefährdet (2); freies S. lassen: → gewähren (2)

Spielart, die: → Abart

Spielbank, die: → Spielkasino

Spielchen, das: ein S. machen: → spielen (1)

spielen: 1. ⟨*ein Spiel ausführen*⟩ *umg:* ein Spiel[chen] machen + zocken – **2.** → darstellen (I, 1, b), aufführen (I, 1) – **3.** → musizieren, konzertieren – **4.** sich s. |mit|: →

spielend

mühelos (2); Skat s.: → Skat; den [großen] Herrn/den dicken Wilhelm s.: → angeben (1); den wilden Mann s.: → wüten; die Muskeln s. lassen: → Muskeln; Soldat s.: → Soldat (1); ein doppeltes Spiel s.: → hintergehen; einen Streich/Possen s.: → necken; in die Hand s.: → zuspielen (2)
spielend: s. erledigen/schaffen: → mühelos (2)
Spieler, der: → Glücksspieler
Spielerei, die: 1. → Flirt – 2. → Kleinigkeit (1)
spielerisch: verspielt
Spielernatur, die: → Glücksspieler
Spielfeld, das: Spielfläche · Spielplatz · Feld · Platz + Rasen; → *auch* Sportplatz
Spielfläche, die: → Spielfeld
Spielfolge, die: → Programm (1, a)
Spielfreund, der: → Spielkamerad
Spielgefährte, der: → Spielkamerad
Spielhölle, die: → Spielkasino
Spielkamerad, der: Spielgefährte · Spielfreund; Gespiele (*veraltend*); → *auch* Freund (I, 1)
Spielkarte, die: Karte · Blatt · Kartenblatt
Spielkasino, das: Kasino · Spielbank; Spielhölle (*abwert*)
Spielplan, der: → Programm (1, b)
Spielplatz, der: 1. ⟨*Platz zum Spielen für Kinder*⟩ Tummelplatz · Spielwiese + Sandkasten · Abenteuerspielplatz ♦ *umg*: + Buddelkasten (*landsch*) – 2. → Spielfeld
Spielsachen (*Pl*): → Spielzeug
Spielschule, die: → Kindergarten
Spielwiese, die: 1. → Spielplatz (1) – 2. → Glatze
Spielzeit, die: Theatersaison · Saison
Spielzeug, das: Spielsachen
Spieß, der: den S. umdrehen: → rächen (II)
Spießbürger, der (*abwert*): Spießer · Philister · Schildbürger · Kleinbürger · Biedermann; Pfahlbürger (*veraltend*) + Banause · Krämer; → *auch* Bürger (3), Politikaster
spießbürgerlich (*abwert*): spießerhaft · spießig · philisterhaft · philiströs · engstirnig; → *auch* beschränkt (1)
Spießbürgertum, das (*abwert*): Philistertum · Philisterei
Spießer, der: → Spießbürger
spießerhaft: → spießbürgerlich
Spießgeselle, der: → Mitschuldige
spießig: → spießbürgerlich
spillerig: → mager (1)

spinal: spinale Kinderlähmung: → Kinderlähmung
Spinatwachtel, die: → Frau (I, 1)
Spind, der: → Schrank (1)
Spindel, die: → Lange
spindeldürr: → mager (1)
Spinne, die: pfui S.: → pfui (1)
spinnefeind: → böse (2)
spinnen: 1. → faseln (1) – 2. → geisteskrank (2) – 3. → verrückt (5) – 4. Garn/ Seemannsgarn s.: → erzählen (2); keinen guten Faden miteinander s.: → streiten (II)
Spinner, der: 1. → Grübler – 2. → Faselhans
spinnert: → verrückt (1)
spinnig: → verrückt (1)
spintisieren: 1. → grübeln – 2. → faseln (1)
Spintisierer, der: 1. → Grübler – 2. → Faselhans
Spion, der: 1. → Agent (1) – 2. → Spitzel – 3. als S. tätig sein: → Spionage (2)
Spionage, die: 1. ⟨*Erkundung polit., wirtschaftl. od. militär. Geheimnisse für einen Auftraggeber*⟩ Agententätigkeit + Industriespionage – 2. S. treiben: ⟨*polit., wirtschaftl. od. militär. Geheimnisse erkunden*⟩ als Spion/Agent tätig sein · spionieren + auskundschaften
spionieren: 1. ⟨*heimlich versuchen, etw. herauszubekommen*⟩ auskundschaften ♦ *umg*: schnüffeln (*meist abwert*); → *auch* auskundschaften (1) – 2. → Spionage (2)
spiral: → gewunden
Spirale, die: Schraubenlinie · Schnecke + Windung
spiralförmig: → gewunden
spiralig: → gewunden
spiritual: 1. → geistlich (1) – 2. → übersinnlich
spiritualisieren: → vergeistigen
spirituell: 1. → geistig (1) – 2. → übersinnlich
Spirituosen (*Pl*): alkoholische Getränke
Spiritus, der: → Alkohol (1)
Spiritus Rector, der: → Kraft (6)
Spital, das: → Krankenhaus (1)
spitz: 1. ⟨*in einer Spitze auslaufend*⟩ spitzig · nadelspitz + lanzettförmig – 2. → boshaft (1) – 3. → abgemagert – 4. s. ausgehen/ auslaufen/zugehen/zulaufen: → verjüngen (II); eine spitze Zunge haben: → boshaft (2)
Spitzbauch, der: → Schmerbauch
spitzbekommen: → merken (1)

650

Spitzbube, der: **1.** → Dieb – **2.** → Betrüger – **3.** → Schurke

Spitzbüberei, die: → Betrug (1)

spitzbübisch: → schelmisch

spitze: → hervorragend (1)

Spitze, die: **1.** ⟨*vorderster Teil einer Kolonne od. eines Zuges*⟩ Kopf – **2.** → Führung (2) – **3.** → Gipfel (1) – **4.** → Höhepunkt – **5.** → Dorn (1) – **6.** → Anspielung (1) – **7.** S. sein: **a)** → beachtlich (5) – **b)** → großartig (3); an der S. stehen: **a)** → führen (2) – **b)** → leiten (1) – **c)** → Spitzenleistung (2); die S. halten: → Spitzenleistung (2); auf die S. treiben: → übertreiben (2); die S. abbrechen/nehmen: → entschärfen (1); Spitzen austeilen: → sticheln (1)

Spitzel, der (*abwert*): Aufpasser · Spion; Konfident (*österr*) ♦ *umg*: Schnüffler · Spürhund; Achtgroschenjunge (*veraltend*); → *auch* Agent (1), Zuträger

Spitzelei, die (*abwert*): Bespitzelung ♦ *umg*: Schnüffelei

spitzen: 1. → anspitzen (1) – **2.** die Ohren s.: **a)** → aufpassen (1) – **b)** → lauschen; die Löffel s.: **a)** → lauschen – **b)** → hören (1)

Spitzengeschwindigkeit, die: Höchstgeschwindigkeit ♦ *umg*: Topspeed

Spitzenkraft, die: Topmann

Spitzenleistung, die: **1.** ⟨*besonders hervorragende Leistung*⟩ Höchstleistung · Bestleistung · Meisterleistung · Gipfelleistung · Glanzleistung · Pionierleistung ♦ *umg*: Topleistung – **2.** Spitzenleistungen erzielen: ⟨*besonders hervorragende Leistungen vollbringen*⟩ die Spitze halten · den ersten Platz/die erste Stelle einnehmen · vorn[e] liegen · an erster Stelle stehen · an der Spitze stehen · führen · führend sein; → *auch* führen (2)

Spitzenreiter, der: der Führende · Nummer eins; Leader (*Sport*)

Spitzensportler, der: Crack + Meister · Champion · Favorit ♦ *umg*: Klassemann · Ass ♦ *salopp*: Kanone

spitzfindig (*abwert*): **1.** ⟨*auf besonders ausgefallene Argumentation gestützt*⟩ haarspalterisch · wortklauberisch · rabulistisch · kasuistisch · sophistisch · jesuitisch · ausgeklügelt · scholastisch · talmudistisch · subtil; → *auch* kleinlich – **2.** s. sein: ⟨*besonders ausgefallene Argumente suchen*⟩ klügeln · vernünfteln · Haare spalten

Spitzfindigkeit, die (*meist abwert*): Haarspalterei · Wortklauberei · Rabulistik · Kasuistik · Sophisterei · Sophistik · Scholastizismus · Klügelei · Vernünftelei · Subtilität; Silbenstecherei (*veraltend*) + Finesse; → *auch* Pedanterie

Spitzhacke, die: Picke · Pickel; Krampen (*süddt österr*)

spitzig: → spitz (1)

Spitzkehre, die: → Haarnadelkurve

spitzkriegen: → merken (1)

Spitzkühler, der: → Schmerbauch

Spitzname, der: Spottname · Neckname · Scherzname; Übername (*fachspr*); Ekelname (*landsch*) + Beiname; → *auch* Deckname

spitzzüngig: → boshaft (1)

Spleen, der: **1.** → Schrulle (1) – **2.** einen S. haben: → schrullig (2)

spleenig: → schrullig (1)

Spleiß, der: → Span (1)

spleißen: → spalten (1)

splendid: 1. → freigebig (1) – **2.** → glänzend (2)

Splendidität, die: → Freigebigkeit

Spliss, der: → Span (1)

Splitter, der: **1.** → Span (1) – **2.** → Holzsplitter – **3.** → Scherbe (1)

splitterfasernackt: → nackt

splitterig: → spröde (1)

splitternackt: → nackt

Spökenkieker, der: → Hellseher

sponsern: finanziell unterstützen + finanzieren; → *auch* unterstützen (I, 2)

Sponsor, der: → Gönner

Sponsoring, das: → Förderung (1)

spontan: 1. → freiwillig (1) – **2.** → unaufgefordert (1)

sporadisch: → vereinzelt (1)

Sporen (*Pl*): sich die S. verdienen: → hervortun, sich

sporig: → schimmelig

spornstreichs: → sofort

Sport, der: **1.** ⟨*das Ausführen körperl. Übungen*⟩ Leibesübungen · Leibeserziehung · Körperertüchtigung; Körpererziehung · Körperkultur (*veraltend*) + Indoor-Sport · Turnen – **2.** → Liebhaberei

Sportanlage, die: → Sportplatz

Sportdress, der: → Sportkleidung

Sportevent, das: → Sportveranstaltung

Sportfeld, das: → Sportplatz

sportiv: → sportlich (2 *u.* 3)

Sportkleidung

Sportkleidung, die: Sportdress · Dress + Turnanzug · Turnzeug · Trikot
Sportler, der: Sportsmann · der Sporttreibende + Turner · Wettkämpfer · Youngster; → *auch* Berufssportler
sportlich: 1. ⟨*von seiner Betätigung im Sport geprägt*⟩ durchtrainiert · athletisch; olympiaverdächtig (*scherzh*) – **2.** ⟨*in seinem Äußeren wie ein Sportler wirkend*⟩ sportiv – **3.** ⟨*von der Kleidung gesagt: einfach u. zweckmäßig im Schnitt*⟩ sportiv
Sportplatz, der: Sportfeld · Übungsplatz · Platz + Sportanlage · Stadion; → *auch* Spielfeld, Kampfstätte
Sportsmann, der: → Sportler
Sportswear, der *od.* das: → Freizeitkleidung
Sporttreibende, der: → Sportler
Sportveranstaltung, die: + Sportevent
Sportwagen, der: → Kinderwagen
Spott, der: **1.** ⟨*das Spotten*⟩ Spöttelei · Spötterei · Witzelei · Gewitzel · Ironie · Hohn · Sarkasmus · Zynismus + Satire · Parodie · Persiflage · sardonisches Lachen; → *auch* ²Scherz (1), Neckerei, Verspottung – **2.** mit S. überschütten: → verspotten; Hohn und S. ernten: → blamieren (II); ohne S.: → wahrhaftig
Spottbild, das: **1.** → Zerrbild (1) – **2.** → Karikatur (1)
spottbillig: → billig (1)
Spottdrossel, die: → Spötter
Spöttelei, die: → Spott (1)
spötteln: → spotten (1)
spotten: 1. ⟨*sich heiter-verächtlich bzw. ein wenig boshaft äußern*⟩ spötteln · witzeln · höhnen · sich mokieren |über|; → *auch* verspotten – **2.** s. |über|: → verspotten; das spottet jeder Beschreibung: → unerhört (2)
Spötter, der: Spottvogel · Spottdrossel · Ironiker · Zyniker + Satiriker
Spötterei, die: → Spott (1)
spöttisch: ironisch · mokant · höhnisch · voller Hohn · sarkastisch · kaustisch · zynisch + satirisch · parodistisch
Spottname, der: → Spitzname
Spottvogel, der: → Spötter
Sprache, die: **1.** ⟨*das Ausdrücken der Gedanken in Worten bzw. Sätzen*⟩ Rede ♦ *dicht:* Zunge; → *auch* Sprechfähigkeit – **2.** die S. bringen |auf|: → ansprechen (2); zur S. bringen: → vorbringen; mit der S.

herausrücken: → gestehen (1); jmdm. verschlägt es die S.: → überrascht (2)
sprachgewaltig: → redegewandt
sprachgewandt: → redegewandt
Sprachgut, das: → Wortschatz
sprachlos: 1. → stumm (1) – **2.** → überrascht (1)
sprachmächtig: → redegewandt
Sprachmittler, der: Übersetzer · Dolmetscher; Dolmetsch (*österr*)
Sprachschatz, der: → Wortschatz
Spraydose, die: Sprühdose + Sprühflasche
sprayen: sprühen · versprühen · besprühen
sprechen: 1. ⟨*mündlich Worte formen*⟩ reden · etw. sagen ♦ *umg:* den Mund aufmachen/auftun + tönen · laut denken ♦ *salopp:* quaken (*landsch*) ♦ *derb:* das Maul aufmachen/auftun; → *auch* brummen (1), flüstern (1), unterhalten (II, 1) – **2.** ⟨*sich vor einem Publikum [über ein Thema] äußern*⟩ eine Ansprache/Rede/einen Vortrag/ein Referat halten · das Wort ergreifen ♦ *umg:* eine Rede schwingen · eine Rede vom Stapel lassen – **3.** zum Sprechen bringen: ⟨*zu einer Äußerung veranlassen*⟩ zum Reden bringen · die Zunge lösen ♦ *umg:* gesprächig machen – **4.** offen s.: → aussprechen (I, 5); s. |mit|: → unterhalten (II, 1); zu s. kommen |auf|: → ansprechen (2); schlecht/nicht gut zu s. sein |auf|: → hassen; Recht s., das Urteil s.: → Urteil (4); schuldig s.: → verurteilen (2); für sich selbst s.: → selbstverständlich (3)
sprechend: 1. → ausdrucksvoll (1) – **2.** → viel (3, a)
Sprecher, der: **1.** ⟨*für eine Gruppe Sprechender*⟩ Wortführer; → *auch* Vorsitzende – **2.** → Nachrichtensprecher
Sprechfähigkeit, die: Sprechvermögen; → *auch* Sprache (1)
sprechfaul: → wortkarg
Sprechkunst, die: → Rhetorik
Sprechstunde, die: **1.** ⟨*die Zeit, in der Patienten den Arzt aufsuchen können*⟩ Ordination ♦ *umg:* Praxis – **2.** S. halten/haben: → ordinieren
Sprechstundenhilfe, die: → Arzthelferin
Sprechvermögen, das: → Sprechfähigkeit
Sprechweise, die: → Ausdrucksweise (1)
Sprechzeiten (*Pl*): → Öffnungszeiten
Spreißel, das: → Span (1)
spreizen: I. spreizen ⟨*von den Beinen gesagt: auseinander stellen*⟩ grätschen – **II.**

652

Sprungschanze

spreizen, sich: **1.** → angeben (1) – **2.** → zieren (II)

Sprengbombe, die: → Bombe (1)

Sprengel, der: → Kirchengemeinde

sprengen: 1. ⟨*Sprengstoff einsetzen*⟩ schießen (*bergm*) ♦ *umg:* in die Luft jagen – **2.** → aufbrechen (1) – **3.** → bespritzen (I, 1) – **4.** → begießen (1) – **5.** → reiten (1) – **6.** → zerstreuen (I, 2) – **7.** die Fesseln / Ketten / das Joch s.: → befreien (II, 2)

Sprengkörper, der: Sprengsatz · Plastikbombe + Briefbombe · Sprengstoffpaket · Molotowcocktail; → *auch* Bombe (1)

Sprengsatz, der: → Sprengkörper

Sprengstoff, der: S. bergen: → gefährlich (2)

Sprengstoffanschlag, der: → Anschlag (2)

Sprengstoffpaket, das: → Sprengkörper

Sprenkel, der: → Tupfen

sprenkelig: → gepunktet

sprenkeln: → tüpfeln

Spreu, die: Kaff (*norddt*)

sprichwörtlich: sprichwörtliche Redensart: → Phraseologismus

sprießen: 1. ⟨*junge Triebe bzw. Knospen zeigen*⟩ sprossen · treiben · knospen · ausschlagen · austreiben · keimen; → *auch* aufkeimen (1) – **2.** → wachsen (1)

Spring, der: → Quelle (1)

Springbrunnen, der: Fontäne

springen: 1. ⟨*sich vom Boden wegschnellen*⟩ einen Sprung machen · hüpfen + setzen | über | · hechten ♦ *umg:* jumpen · hopsen – **2.** → zerbrechen (2) – **3.** → laufen (1) – **4.** aus den Schienen / aus dem Gleis s.: → entgleisen (1); [vor Freude] an die Decke s.: → freuen (II, 1); über seinen Schatten s.: → überwinden (II, 1); über die Klinge s. lassen: → töten (I, 1); dem Tod von der Schippe s.: → davonkommen (2); s. lassen: → spendieren (1); der springende Punkt: **a)** → Hauptsache – **b)** → Entscheidende

springlebendig: → munter (1)

sprinten: → laufen (1)

Sprinter, der: → Läufer (1)

Sprit, der: **1.** → Alkohol (1) – **2.** → Kraftstoff

Spritze, die: → Einspritzung

spritzen: 1. → plan[t]schen – **2.** → laufen (1) – **3.** → verzieren – **4.** s. | in | : → einspritzen (1)

Spritzfahrt, die: → Abstecher (1)

spritzig: 1. → geistreich – **2.** → lebhaft (1)

Spritztour, die: → Abstecher (1)

spröde: 1. ⟨*nicht biegsam od. elastisch*⟩ splitterig · unelastisch + schieferig · schieferig – **2.** ⟨*bes. von Frauen gesagt: dem andern Geschlecht gegenüber ablehnend*⟩ abweisend · herb · prüde; → *auch* prüde (1), schamhaft – **3.** → rau (1) – **4.** s. tun: → zieren (II, 2)

Sprödheit, die: → Sprödigkeit

Sprödigkeit, die: Sprödheit · Herbheit

Spross, der: **1.** → Trieb (3) – **2.** → Nachkomme (1), Kind (1)

sprossen: → wachsen (1), sprießen (1)

Sprössling, der: → Kind (2)

Sprossung, die: → Wachstum (1)

Spruch, der: **1.** → Gedicht (1) – **2.** einen S. fällen: → Urteil (4); Sprüche klopfen / machen: → schwafeln

Spruchband, das: → Transparent

Sprücheklopfer, der: → Schwätzer (1)

spruchreif: nicht s.: *umg:* ungelegte Eier

Sprudel, der: **1.** → Mineralwasser – **2.** → Limonade (1)

sprudeln: 1. ⟨*von Getränken gesagt: im Glas perlend u. leicht spritzend [bzw. unter Schaumbildung] nach oben steigen*⟩ perlen · prickeln · schäumen · moussieren; bitzeln (*landsch*) – **2.** → ²wallen – **3.** → umrühren

sprudelnd: 1. → geistreich – **2.** → lebhaft (1)

Sprudelwasser, das: → Mineralwasser

Sprühdose, die: → Spraydose

sprühen: 1. ⟨*in kleinen Teilchen davonfliegen*⟩ stieben + stöbern (*landsch*) – **2.** → nieseln – **3.** → sprayen

Sprung, der: **1.** ⟨*das einmalige Springen*⟩ Satz; Flucht (*weidm*) + Kaskade ♦ *umg:* Hops[er] · Hüpfer – **2.** ⟨*defekte Stelle im Glas od. Porzellan*⟩ Riss + Knick ♦ *umg:* Knacks; → *auch* Riss (1) – **3.** einen S. machen: → springen (1); einen S. in der Schüssel haben: → verrückt (5); auf einen S.: → kurz (3); auf einen S. kommen: → besuchen; auf dem S. sein, auf dem Sprunge stehen, sich auf die Sprünge machen: → aufbrechen (3); auf die Sprünge helfen: **a)** → fördern (1) – **b)** → erinnern (I, 1); hinter / auf die Sprünge kommen: → durchschauen (I)

sprunghaft: → unbeständig

Sprungschanze, die: Schanze; Bakken (*Sport*)

653

Spucke

Spucke, die: **1.** → Speichel – **2.** jmdm. bleibt die S. weg: → überrascht (2)
spucken: 1. ⟨*Speichel durch den Mund auswerfen*⟩ speien ♦ *derb*: rotzen; qualstern (*landsch*) – **2.** → übergeben (II) – **3.** → wüten – **4.** s. wie ein Reiher: → übergeben (II); Gift und Galle s.: → wütend (2); große Töne/Bogen/einen großen Bogen s.: → aufspielen (II); s. ⎜auf⎜: → verzichten; in die Hände s.: → anstrengen (II, 1); sich nicht auf den Kopf s. lassen: → verteidigen (II); in die Suppe s.: → vereiteln
Spukgeschichte, die: → Schauergeschichte
Spukgestalt, die: → Gespenst (1)
spukhaft: → gespenstisch
Spülautomat, der: → Geschirrspülmaschine
Spülbecken, das: → Ausguss (1)
Spule, die: → Rolle (1)
spülen: 1. ⟨*Wäsche in klarem Wasser vom Seifenschaum befreien*⟩ durchspülen; schwenken (*landsch*); schwemmen (*österr*) – **2.** [das] Geschirr s.: → abwaschen (1); den Mund s.: → gurgeln (1); die Gurgel s.: → trinken (1, b); ans Ufer/an Land s.: → anschwemmen
Spülicht, das: → Spülwasser
Spülmaschine, die: → Geschirrspülmaschine
Spülmittel, das: → Geschirrspülmittel
Spülstein, der: → Ausguss (1)
Spültrog, der: →Ausguss (1)
Spülwasser, das: Aufwaschwasser · Abwaschwasser; Spülicht (*veraltend*)
Spund, der: **1.** → Bursche (1) – **2.** → Stöpsel
Spur, die: **1.** ⟨*eine Reihe von Fußabdrücken*⟩ Fußspur · Fuß[s]tapfen (*Pl*) · Tapfen (*Pl*) · Stapfen (*Pl*); → *auch* Fährte (1), Eindruck (2) – **2.** → Fährte (1) – **3.** → Fahrbahn – **4.** → Gleis (1) – **5.** → Anflug (2) – **6.** auf der S. sein/bleiben: → verfolgen (1); keine/nicht die S.: → nichts (1); eine S.: → wenig (2)
spürbar: 1. → merklich – **2.** → empfindlich (2)
spuren: → gehorchen (1)
spüren: 1. ⟨*das Vorhandensein von etw. gefühlsmäßig wahrnehmen*⟩ merken · fühlen · herausfühlen · durchfühlen · durchspüren · im Gefühl haben · ein Gespür/Organ/eine feine Nase haben ⎜für⎜ ♦ *gehoben*: erfühlen ♦ *umg*: wittern · riechen · einen [guten] Riecher haben ⎜für⎜ · eine Antenne haben

⎜für⎜ · im kleinen Zeh spüren ♦ *salopp*: im Urin haben (*scherzh*); → *auch* ahnen (1), voraussehen – **2.** → fühlen (I, 1) – **3.** s. ⎜nach⎜: → suchen (1)
Spürhund, der: **1.** ⟨*auf die Verfolgung einer Spur dressierter Hund*⟩ Suchhund · Fährtenhund · Polizeihund; → *auch* Hund (1), Jagdhund (I) – **2.** → Fahnder – **3.** → Spitzel
Spürnase, die: → Spürsinn
Spürsinn, der: Gespür · Instinkt · Spürnase · Witterung; Flair (*bes. schweiz*) + Scharfsinn ♦ *umg*: Riecher
Spurt, der (*Sport*): Endspurt · Finish
spurten: → laufen (1)
sputen, sich: → beeilen, sich
Sputnik, der: → Raumschiff
Sputum, das: → Auswurf (1)
Staat, der: **1.** ⟨*auf einem abgegrenzten Gebiet nach best. Grundsätzen organisiertes polit. Gemeinwesen*⟩ Staatswesen; Vater Staat (*scherzh*) – **2.** ⟨*politisch-geograph. Einheit*⟩ Land · Reich – **3.** Vater S.: → 1; S. machen: → prunken (1); sich in S. werfen: → herausputzen (II)
Staatenbund, der: → Bund (I, 1, b)
staatenverbindend: → international
staatlich: → gemeineigen
Staatsangehörige, der: → Bürger (2)
Staatsanwalt, der: Anklagevertreter · öffentlicher Ankläger + Kläger
Staatsbedienstete, der: → Beamte
Staatsbürger, der: → Bürger (2)
Staatschef, der: → Staatsoberhaupt
Staatsdiener, der: → Beamte
Staatseigentum, das: → Staatsvermögen
Staatseinnahmen (*Pl*): → ¹Steuer
Staatsetat, der: → Haushaltsplan
Staatsform, die: → Regierungsform
Staatsführung, die: **1.** → Regierung (1) – **2.** → Politik (1)
Staatsgebiet, das: Territorium · Hoheitsgebiet · Gebiet
Staatsgewalt, die: → Staatsmacht
Staatsgrenze, die: → Grenze (1, b)
Staatshaushalt, der: → Haushaltsplan
Staatshilfe, die: → Subvention
Staatskasse, die: Fiskus; Staatssäckel (*scherzh*); Ärar (*österr*)
Staatskerl, der: → Prachtmensch
Staatskunst, die: → Politik (1)
Staatsmacht, die: Staatsgewalt · Macht + Machtapparat; → *auch* Herrschaft (1), Regierung (1)

654

Staatsmann, der: → Politiker

Staatsoberhaupt, das: Präsident · Staatspräsident · Staatschef + Bundespräsident; → *auch* Politiker, Herrscher

Staatspräsident, der: → Staatsoberhaupt

Staatssäckel, das: → Staatskasse

Staatsstreich, der: → Umschwung (1)

Staatsvermögen, das: Staatseigentum; Ärar (*österr*)

Staatszuschuss, der: → Subvention

Stab, der: **1.** → Spazierstock, Stange (I, 1) – **2.** → Führung (2) – **3.** den S. führen: → dirigieren (1); den S. brechen |über|: → verurteilen (2)

Stäbchen, das: → Zigarette

stabil: 1. → haltbar (1) – **2.** → kräftig (1) – **3.** → widerstandsfähig (1, a) – **4.** → gesund (1)

stabilisieren: → festigen (1)

Stabilisierung, die: → Festigung (1)

Stabilität, die: → Festigkeit (1)

Stachel, der: **1.** → Dorn (1) – **2.** wider den S. löcken: → widersetzen, sich; den S. nehmen: → entschärfen (1)

stachelig: 1. ⟨*Stacheln tragend*⟩ dornig · borstig; → *auch* struppig – **2.** → widerspenstig

stad: s. sein: → schweigen (1)

Stadel, der: → Scheune

Staden, der: → Ufer (1)

stadial: → allmählich

Stadion, das: → Sportplatz

Stadium, das: → Entwicklungsstufe

Stadt, die: → Ort (2)

Stadtbewohner, der: Städter · Stadteinwohner

Stadtbibliothek, die: → Bücherei

Stadtbücherei, die: → Bücherei

Städtchen, das: → Kleinstadt

Städter, der: → Stadtbewohner

Stadtgespräch, das: → Aufsehen (1)

Stadtinnere, das: → Innenstadt

städtisch: 1. ⟨*eine Stadt betreffend, zu ihr gehörend*⟩ kommunal – **2.** ⟨*für das Leben in den Städten charakteristisch*⟩ urban

Stadtkern, der: → Innenstadt

Stadtklatsch, der: → Gerede (1)

Stadtmitte, die: → Innenstadt

Stadtoberhaupt, das: → Bürgermeister (b)

Stadtrand, der: → Vorort

Stadtrundfahrt, die: → Besichtigungsfahrt

Stadtstreicher, der: Clochard ♦ *umg:* Penner · Pennbruder (*abwert*) + Treber · Trebe-

gänger · Herumtreiber; → *auch* Landstreicher, Obdachlose

Stadtzentrum, das: → Innenstadt

Stafel, der: → Alm

Staffage, die: → Nebensache

staffeln: → abstufen (1)

Staffelung, die: → Gliederung (1)

Stagflation, die: → Rezession

Stagnation, die: → Stillstand (2)

stagnieren: → stillstehen (1)

Stahlarbeiter, der: *umg:* Stahlwerker · Stahlkocher

Stahlbeton, der: → Beton

stählen, sich: → stärken (II), abhärten, sich

stählern: 1. → eisern (1) – **2.** → hart (1) – **3.** → unerschütterlich – **4.** stählerne Schwinge: → Flügel (2)

Stahlfach, das: → Geldschrank

stahlhart: 1. → hart (1) – **2.** → unerschütterlich

Stahlkocher, der: → Stahlarbeiter

Stahlross, das: → Fahrrad

Stahlschmiede, die: → Hüttenwerk

Stahlwerk, das: → Hüttenwerk

Stahlwerker, der: → Stahlarbeiter

Staketenzaun, der: → Zaun (1)

staksen: → trotten

Stallbursche, der: Pferdejunge · Pferdeknecht · Reitknecht (*veraltend*)

Stallhase, der: → Kaninchen (1)

Stallmagd, die: → Magd

Stamm, der: **1.** → Stiel (1) – **2.** → Volksstamm – **3.** → Geschlecht (2) – **4.** vom Stamme Nimm sein: → geldgierig (2)

Stammbaum, der: Abstammungstafel · Ahnentafel · Stammtafel + Geschlechtsregister

Stammbuch, das: → Familienbuch

stammeln: → stottern (1)

stammelnd: → stockend

stammen: 1. s. |aus|: ⟨*zum Geburtsort haben*⟩ kommen |aus| · zu Hause / geboren sein |in| · gebürtig sein |aus| – **2.** s. |von|: **a)** → abstammen – **b)** → herrühren; aus alter Zeit stammend: → altertümlich

stammern: → stottern (1)

Stammeshäuptling, der: → Häuptling (1)

Stammesoberhaupt, das: → Häuptling (1)

Stammgericht, das: → Eintopfgericht

Stammhalter, der: → Sohn

stämmig: → kräftig (1), untersetzt

Stammmutter, die: → Vorfahrin

Stammtafel, die: → Stammbaum

Stammtischpolitiker, der: → Politikaster

Stammvater, der: → Vorfahr[e] (I)
stammverwandt: → verwandt (1)
Stammzahn, der: → Geliebte (II)
Stampe, die: → Gaststätte (1, b)
stampfen: 1. → zerdrücken – **2.** → festtreten – **3.** → stapfen – **4.** → trampeln – **5.** → schlingern – **6.** aus der Erde/dem Boden s.: → hervorbringen (1)
Stampfkartoffeln (*Pl*): → Kartoffelmus
Stand, der: **1.** → Standort (1) – **2.** → Bude (1, b) – **3.** → Beruf (1) – **4.** → Rang (1) – **5.** auf dem neusten S. sein: ⟨*über das Neueste informiert sein*⟩ auf dem Laufenden sein · up to date sein – **6.** S. der Dinge: → Sachverhalt; der dritte S.: → Mittelschicht; von gleichem S.: → ebenbürtig (2); einen guten S. haben |bei|: → beliebt (2, a); in den S. setzen: → ermöglichen (1); in den heiligen S. der Ehe treten: → heiraten (1); aus dem S. [heraus]: → frei (3)
Standard, der: → Regel (1)
standardisieren: → vereinheitlichen
Standardisierung, die: → Vereinheitlichung
Standardsprache, die: → Hochsprache
Standarte, die: **1.** → Fahne (1) – **2.** → Schwanz (1)
Standbein, das: → Zweigstelle
Standbild, das: → Denkmal (1)
Stander, der: → Fahne (1)
Standfestigkeit, die: → Stehvermögen
standhaft: 1. ⟨*allen widrigen Einflüssen trotzend*⟩ unbeugsam · eisenhart · [felsen]fest · wie ein Fels in der Brandung ♦ *gehoben:* ehern ♦ *umg:* immer senkrecht (*scherzh*); → *auch* unerschütterlich, unnachgiebig (1) – **2.** s. bleiben: → beharren (1)
Standhaftigkeit, die: → Beständigkeit (2)
standhalten: 1. ⟨*nicht weichen*⟩ widerstehen · den Rücken steif halten · das Feld behaupten; → *auch* aushalten (2), widersetzen, sich – **2.** → aushalten (1)
ständig: → immer (1), ununterbrochen
Standing, das: → Ruf (1)
Standingovations (*Pl*): → Beifall (1)
Standort, der: **1.** ⟨*Platz, an dem sich jmd. od. etw. zeitweilig befindet*⟩ Position · Stand[punkt] · Standplatz + Stellung · Lage; → *auch* Ort (1) – **2.** → Ort (1)
Standpauke, die: **1.** → Strafpredigt – **2.** eine S. halten: → zurechtweisen
Standplatz, der: → Standort (1)

Standpunkt, der: **1.** ⟨*Einstellung, mit der man etw. beurteilt*⟩ Position · Warte · Sicht · Blickpunkt · Blickwinkel · Gesichtspunkt ♦ *gehoben:* Schau; → *auch* Meinung (1), Gesichtspunkt (1) – **2.** → Standort (1) – **3.** den S. klarmachen: → zurechtweisen
Stange: **I.** Stange, die: **1.** ⟨*langer Stock*⟩ Stab · Latte – **2.** → Dürre (II) – **3.** bei der S. bleiben: → festbleiben (1); jmdm. die S. halten: → eintreten (7, a); etw. von der S.: → Konfektion; eine S. [Geld] kosten: → teuer (4); eine S. Wasser in die Ecke stellen: → austreten (1); eine S. angeben: → angeben (1) – **II.** Stangen (*Pl*): Geweih (1)
Stängel, der: **1.** → Stiel (1) – **2.** vom S. fallen: → überrascht (2)
Stangenbrot, das: → Baguette[brot]
Stank, der: **1.** → Gestank – **2.** → Streit (1)
Stänker, der: **1.** → Streitsüchtige – **2.** → Hetzer
Stänkerei, die: **1.** → Streit (1) – **2.** → Hetze (1)
Stänkerer, der: **1.** → Streitsüchtige – **2.** → Hetzer
stänkern: 1. → streiten (I, 1) – **2.** → hetzen (1)
stante pede: → sofort
Stapel, der: **1.** → Haufen (1) – **2.** eine Rede vom S. lassen: → sprechen (2)
stapeln: 1. → schichten – **2.** → horten
stapfen: stampfen · t[r]appen ♦ *umg:* t[r]apsen · stiefeln; → *auch* gehen (1), marschieren, trotten, trampeln
Stapfen (*Pl*): → Spur (1)
¹Star, der: + Sternchen · Starlet · Filmstar · Filmgröße · Filmheld · Diva ♦ *umg:* + Topstar · Superstar · Megastar
²Star, der: den S. stechen: → aufklären (I, 2)
stark: 1. ⟨*von besonderer Wirksamkeit*⟩ intensiv · hochgradig – **2.** → kräftig (1) – **3.** → robust (1) – **4.** → heftig (1, a) – **5.** → dick (1) – **6.** → sehr – **7.** → großartig (1) – **8.** s. werden: → erstarken; sich s. machen |für|: → eintreten (7, a); den starken Mann markieren: → Muskeln; jmds. starke Seite: → Stärke (2); starker Tobak/ein starkes Stück sein: → unverschämt (2)
Stärke, die: **1.** ⟨*innerer Durchmesser*⟩ Kaliber – **2.** ⟨*besondere Fähigkeit*⟩ *umg:* Spezialstrecke · jmds. starke Seite (*oft scherzh*) – **3.** ⟨*Stufe der Wirksamkeit*⟩ Grad · Intensität

staubig

– **4.** ⟨*Mittel zum Stärken von Wäsche*⟩ Stärkemittel + Imprägnierung – **5.** → Kraft (1), Wucht (1) – **6.** → Dicke (II, 2)

Stärkemittel, das: → Stärke (4)

stärken: I. stärken: **1.** ⟨*der Wäsche durch Stärkemittel Steifheit verleihen*⟩ steifen (*landsch*) – **2.** → festigen (1) – **3.** → ermutigen, aufrichten (I, 2) – **4.** → erfrischen (I) – **II.** stärken, sich: **1.** ⟨*seine körperl. Verfassung verbessern*⟩ sich stählen · sich kräftigen · sich ertüchtigen – **2.** → essen (1) – **3.** → erfrischen (II)

Stärkezucker, der: → Traubenzucker

starkherzig: → tapfer

starkleibig: → dick (1)

Stärkung, die: **1.** → Imbiss (1) – **2.** → Festigung (1)

Starlet, das: → ¹Star

starr: 1. ⟨*geistig keiner Wandlung fähig*⟩ verknöchert + dogmatisch · doktrinär; → *auch* steif (2), unduldsam – **2.** → unnachgiebig (1) – **3.** → stier – **4.** → regungslos – **5.** → steif (1) – **6.** → erstarrt (1) – **7.** s. vor Schreck: → erschrocken (1)

Starre, die: **1.** → Starrheit (1) – **2.** → Steifheit (1)

starren: 1. ⟨*unentwegt auf einen Punkt sehen*⟩ stieren; gaffen · glotzen (*abwert*) ♦ *umg:* Stielaugen machen; glup[sch]en · gludern (*norddt*); → *auch* spähen (1) – **2.** vor Schmutz s.: → schmutzig (5)

Starrheit, die: **1.** ⟨*Mangel an geistiger Wandlungsfähigkeit*⟩ Starre · Verknöcherung + Dogmatismus · Dogmatik – **2.** → Steifheit (1)

Starrkopf, der (*abwert*): Dickkopf · Querkopf ♦ *umg:* Dickschädel · Quadratschädel · Rappelkopf ♦ *salopp:* sturer Bock; Dicknischel (*landsch*)

starrköpfig: → eigensinnig (1)

Starrköpfigkeit, die: → Eigensinn

Starrkrampf, der: → Wundstarrkrampf

Starrsinn, der: → Eigensinn

starrsinnig: → eigensinnig (1)

Start, der: **1.** ⟨*Ausgangspunkt eines Wettrennens*⟩ Startplatz · Ablauf · Abfahrt – **2.** ⟨*Beginn einer Laufbahn*⟩ Debüt; → *auch* Beginn (1) – **3.** → Abflug (1) – **4.** → Eröffnung (1)

Startbahn, die: → Piste (1)

startbereit: 1. → reisefertig – **2.** s. sein: ⟨*bereit sein, mit etw. zu beginnen*⟩ *umg:* in den Startlöchern sitzen

starten: 1. → anlassen (I, 1) – **2.** → anfahren (1) – **3.** → anlaufen (1) – **4.** → anfangen (1, a) – **5.** → eröffnen (I, 1)

Starthilfe, die: → Gründerhilfe

Startloch, das: in den Startlöchern sitzen: → startbereit (2)

Startplatz, der: → Start (1)

Startseite, die: → Webseite

Start-und-Lande-Bahn, die: → Piste (1)

Start-up, der: → Anfänger (1)

stät: → ununterbrochen

Statement, das: → Erklärung (2)

Station, die: **1.** → Entwicklungsstufe – **2.** → Haltestelle

Statist, der: **1.** *Theat, Film* ⟨*Darsteller einer Nebenrolle ohne Text*⟩: Komparse · stumme Person; Figurant (*veraltet*) – **2.** → Nebenfigur

statt: anstatt · anstelle [von] · für; pro loco (*veraltet*)

Stätte, die: → Ort (1)

stattfinden: erfolgen · sein · vonstatten gehen; → *auch* geschehen (1), verlaufen (I, 2)

stattgeben: → erlauben (1)

statthaft: → zulässig

stattlich: 1. ⟨*durch seine Größe u. Gestalt besonders wirkend*⟩ ansehnlich · imposant · stolz · repräsentativ + kapital (*weidm*); → *auch* schön (1), groß (2), eindrucksvoll – **2.** → beträchtlich (1)

Stattlichkeit, die: → Schönheit (1)

Statue, die: → ¹Plastik (1)

Statuette, die: → ¹Plastik (1)

statuieren: ein Exempel s.: → abschrecken (1)

Statur, die: → Gestalt (1)

Status, der: **1.** → Lage (1) – **2.** → Rang (1)

Statut, das: → Satzung (1)

Stauanlage, die: Stauwerk · Staudamm · Talsperre · Wehr

Staub, der: **1.** ⟨*kleinste Schmutzteilchen*⟩ Dust (*norddt*); → *auch* Pulver (1) – **2.** → Pulver (1) – **3.** → Erde (1) – **4.** S. machen: → stauben; S. aufwirbeln: **a)** → stauben – **b)** → Aufsehen (2); sich aus dem S. machen: → fliehen (1), entfliehen (1), wegschleichen (1); sich den S. von den Füßen schütteln: **a)** → aufbrechen (3) – **b)** → weggehen (1), von den Füßen/Schuhen lecken: → kriechen (2)

stauben: Staub machen/aufwirbeln

staubig: verstaubt · angestaubt · bestaubt + aschig; → *auch* schmutzig (1)

staubtrocken: → trocken (1)

Staubtuch, das: Fetzen (*österr*); Staublumpen (*schweiz*)

Staubzucker, der: → Puderzucker

stauchen: → stoßen (I, 1)

Staucher, der: **1.** → Aufschlag (1) – **2.** → Tadel (1)

Staudamm, der: → Stauanlage

Staude, die: **1.** → Pflanze (1) – **2.** → Busch (1)

stauen: anstauen · aufstauen · abdämmen

staunen: 1. ⟨*mit großer Verwunderung betrachten bzw. zur Kenntnis nehmen*⟩ sich [ver]wundern · erstaunen · in Erstaunen geraten · große Augen machen · seinen Augen nicht trauen ♦ *umg*: Mund und Nase aufsperren/aufreißen + jmdm. vergeht Hören und Sehen · sein blaues Wunder erleben ♦ *salopp*: glotzen · Pupillen machen · Bauklötze staunen · gucken wie ein Auto · mit den Ohren schlackern · denken, der Affe laust/kratzt einen ♦ *derb*: das Maul aufsperren/aufreißen; → *auch* überrascht (2) – **2.** Bauklötze s.: → 1

Staunen, das: S. erregen: → Aufsehen (2)

staunenswert: → erstaunlich (1)

stäupen: → züchtigen (1)

Stauwerk, das: → Stauanlage

Steadyseller, der: → Verkaufsschlager

Steamer, der: → Dampfer (1)

stechen: 1. ⟨*mit einem kleinen spitzen Gegenstand leicht verletzen*⟩ *umg*: pik[s]en – **2.** → verletzen (I, 1) – **3.** → schmerzen (1) – **4.** in See s.: → hinausfahren (2); sich in den Darm s.: → Wind (I, 3); in die Augen s.: → gefallen (1); jmdn. sticht der Hafer: → übermütig (2); wie von der Tarantel gestochen: → schnell (1, b); den Star s.: → aufklären (I, 2)

Stechheber, der: → Pipette

Stechmücke, die: → Mücke (1)

Stechschaufel, die: → Spaten

Steckdose, die: Anschlussdose · Anschlussbuchse · Dose · Buchse

stecken: 1. → pflanzen (I, 1) – **2.** → hinterbringen (II) – **3.** → aufhalten (II, 1) – **4.** → befinden (II, 1) – **5.** s. bleiben: **a)** ⟨*nicht weiter vorwärts kommen*⟩ [sich] festfahren · auf der Strecke bleiben + festlaufen · festsitzen · festliegen – **b)** ⟨*nicht* [*zügig*] *weitersprechen können*⟩ stocken · ins Stocken/Schwimmen geraten/kommen · sich festfahren · den Faden verlieren; → *auch* ver-

heddern, sich (1) – **6.** seine Hände in fremde Taschen s.: → stehlen (1); sich wohin s. können: → Interesse (4); in die eigene Tasche s.: → unterschlagen (1); in die Tasche s.: → überflügeln; in den Sack s.: **a)** → überflügeln – **b)** → betrügen (1); ins Loch s.: → einsperren (1); die Nase ins Buch s.: → lernen (1); seine Nase in alles s.: → einmischen (II); in den Strumpf s.: → sparen (1); in Brand s.: → anzünden (1, a); in Schwierigkeiten/im Dreck s.: → schlecht (10, a)

Stecken, der: **1.** → Spazierstock – **2.** → ¹Stock (1) – **3.** Dreck am S. haben: → Schuld (I, 2)

Steckenpferd, das: → Liebhaberei

Steckling, der: → Senker

Steckreis, das: → Senker

Steckrübe, die: → Kohlrübe

Steg, der: **1.** → Weg (1) – **2.** → Brücke (1) – **3.** → Laufsteg – **4.** auf Weg und S.: → überall (1)

Stegreif, der: aus dem S.: → frei (3)

Stehbierhalle, die: → Gaststätte (1, b)

stehen: 1. → befinden (II, 1) – **2.** → passen (1, c) – **3.** → steif (7) – **4.** s. bleiben: **a)** ⟨*in der Fortbewegung innehalten*⟩ anhalten · stoppen · stocken – **b)** → stillstehen (1) – **c)** → enden (1, b) – **d)** → aussetzen (3) – **e)** → anhalten (I, 1) – **5.** zum Stehen kommen: → anhalten (I, 1); zum Stehen bringen: → anhalten (I, 2); s. lassen: → zurücklassen (1); nicht s. lassen: → widersprechen (1); einen [alten] Schirm s. lassen: → Wind (I, 3); [auf] Posten/auf Wacht s.: → Wache (3); Rede und Antwort s.: → verantworten (II); hoch im Kurs s.: → angesehen (2); s. |auf|: → Vorliebe (2); s. |mit|: → verhalten (II, 2); beiseite s.: → leer (4); an der Spitze s.: → führen (2), leiten (1); in Lohn und Brot s.: → arbeiten (2); gut/günstig s. |mit|: → gut (10); schlecht/übel/miserabel/mies s. |mit|: → schlecht (11); es steht jmdm. bis an den/zum Hals/bis oben: → überdrüssig (1); wo man geht und steht: → überall (1); stehenden Fußes: → sofort

Steher, der: → Pfahl (1)

stehlen: 1. ⟨*widerrechtlich u. heimlich in seinen Besitz bringen*⟩ entwenden · wegnehmen · einen Diebstahl begehen/verüben · sich an fremdem Eigentum vergreifen/vergehen · sich vergreifen |an| · [mit]nehmen · beiseite bringen · auf die/zur Seite bringen

stellen

♦ *umg:* wegstehlen · mitgehen heißen/lassen · verschwinden lassen · seine Hände in fremde Taschen stecken · klebrige Finger haben · lange/krumme Finger machen · Mein und Dein verwechseln · mopsen · [weg]stibitzen; striezen (*landsch*); strenzen (*süddt*); fladern (*österr*); besorgen · organisieren · abstauben · entführen · anschaffen (*verhüll*) ♦ *salopp:* mausen · klauen · klemmen · krallen · wegschleppen; kratzen (*landsch*); → *auch* einbrechen (1), plündern, rauben (1), wegnehmen (1) – **2.** dem lieben Gott den Tag s.: → faulenzen (1); die Schau s.: → überflügeln

Stehvermögen, das: Durchhaltevermögen · Standfestigkeit

steif: 1. ⟨*von Gliedmaßen gesagt: nicht [sehr] beweglich*⟩ starr · ungelenkig + stelzbeinig ♦ *umg:* eingerostet + bocksteif – **2.** ⟨*im Benehmen unnatürlich wirkend*⟩ hölzern · wie ein Stück Holz/ein Stock + maskenhaft; → *auch* starr (1), ungeschickt (1), gehemmt – **3.** → erstarrt (1) – **4.** → dickflüssig – **5.** → förmlich (1) – **6.** → gestärkt – **7.** s. sein: ⟨*von feuchter Wäsche gesagt: durch Frosteinwirkung fest geworden sein*⟩ stehen – **8.** steife Brise: → Wind (I, 1); die Ohren/den Nacken s. halten: **a)** → aushalten (2) – **b)** → verzagen (2); den Rücken s. halten: → standhalten (1)

Steife, die: **1.** → Steifheit (1) – **2.** → Strebe

steifen: → stärken (I, 1)

Steifheit, die: **1.** ⟨*Unbeweglichkeit der Gliedmaßen*⟩ Steife · Starre · Starrheit – **2.** ⟨*Unnatürlichkeit im Benehmen*⟩ Förmlichkeit

Steig, der: → Weg (1)

Steigbügel, der: → Bügel

Steige, die: → Obstgestell

steigen: 1. ⟨*von Preisen gesagt: höher werden*⟩ ansteigen · anziehen · [hoch] klettern · in die Höhe gehen/klettern + sich verteuern – **2.** → klettern (1) – **3.** → anschwellen (1, b) – **4.** → zunehmen (1) – **5.** aufs Dach s.: → zurechtweisen; in die Kanne s.: → trinken (1, b)

steigern: I. steigern: **1.** ⟨*zu größerer Wirkung bringen*⟩ vergrößern · verstärken · potenzieren; → *auch* verstärken (I, 1) – **2.** ⟨*die Leistung verbessern*⟩ heben · erhöhen; → *auch* verbessern (I, 2) – **3.** → verstärken (I, 1) – **II.** steigern, sich: **1.** → verbessern (II, 2) – **2.** → zunehmen (1)

Steigerung, die: **1.** ⟨*das Herbeiführen einer größeren Wirkung*⟩ Vergrößerung · Verstärkung · Potenzierung; Crescendo (*Mus*) + Progression; → *auch* Verstärkung (1) – **2.** ⟨*das Verbessern der Leistung*⟩ Hebung · Erhöhung; → *auch* Verbesserung (2) – **3.** → Verstärkung (1) – **4.** → Zunahme

Steigung, die: Anstieg

steil: 1. ⟨*stark ansteigend*⟩ schroff ♦ *gehoben:* aufragend – **2.** ⟨*stark nach unten geneigt*⟩ abfallend · abschüssig · schroff · jäh[lings]; → *auch* senkrecht (1) – **3.** → eindrucksvoll

Steilhang, der: → Abhang (1)

Stein, der: **1.** ⟨*Stück aus natürl. anorgan. Material*⟩ + Feldstein · Felstrümmer – **2.** → Kern (1) – **3.** Steine in den Weg legen: → behindern (1); den S. ins Rollen bringen: → auslösen (1, b); einen S. werfen ⌐auf⌐: → verurteilen (2); keinen S. auf dem anderen lassen: → zerstören (2); einen S. im Brett haben ⌐bei⌐: → beliebt (2, a); S. und Bein frieren: → frieren (2); S. und Bein schwören: → schwören (2); ein Tropfen auf den heißen S.: → wenig (3)

steinalt: → alt (1)

Steinblock, der: Block · Quader · Quaderstein

steinern: → hart (1)

Steinerweichen, das: zum S.: → Mitleid (2); zum S. weinen: → weinen (1)

steinhart: → hart (1)

steinig: felsig

steinreich: → reich (1)

Steinwurf, der: ein S. entfernt: → nahe (1)

Steiß, der: → Gesäß

Stellage, die: → Regal

Stelldichein, das: → Verabredung (1)

Stelle, die: **1.** → Ort (1) – **2.** → Rang (2) – **3.** die empfindliche S.: → Achillesferse; an dieser S.: → hierbei; an Ort und S.: → hier (1); auf der S.: → sofort; an erster S.: → zuerst; an letzter S.: → zuletzt (1); an zweiter S.: → nebensächlich; den ersten S. einnehmen, an erster S. stehen: → Spitzenleistung (2); zur S. sein: → anwesend (2); von der S. kommen: → vorwärts (2, a); von der S. bringen: → fortbewegen; auf der S. treten: → stillstehen (1); eine S. bekommen: → unterkommen (1)

stellen: I. stellen: **1.** ⟨*an einen bestimmten Platz bringen*⟩ platzieren · setzen · hinstellen – **2.** s. ⌐gegen/an⌐: → anlehnen (I); beiseite

Stellenabbau

s.: → zurücklegen (3); voll s.: → bedecken (I, 2); auf die Beine s.: → aufstellen (I, 4); zur Schau s.: **a)** → ausstellen (2) – **b)** → zeigen (I, 3); an den Pranger s.: → anprangern (1); zur Rede s.: → belangen (1); in Abrede s.: → leugnen (1); eine Stange Wasser in die Ecke s.: → austreten (1); einen Schirm in die Ecke s.: → Wind (I, 3); in den Schatten s.: → überflügeln; in ein schlechtes Licht s.: → verleumden (1); einen Antrag s.: → beantragen; auf den Aussterbeetat s.: → kaltstellen – **II.** stellen, sich: **1.** → ausliefern (II) – **2.** sich s. ⏐gegen/an⏐: → anlehnen (II, 1); sich s. ⏐auf⏐: → ²kosten (1); sich s., als ob …: → verstellen (II)

Stellenabbau, der: → Personalabbau

Stellenjäger, der: → Karrierist

stellenlos: → arbeitslos (1)

stellenweise: → vereinzelt (1)

Stellung, die: **1.** → Haltung (1) – **2.** → Arbeit (3) – **3.** → Standort (1) – **4.** → Rang (1) – **5.** in S. bringen: → aufstellen (I, 3); in S. sein: → dienen (1); S. nehmen: → äußern (II, 1)

stellungslos: → arbeitslos (1)

Stellungssuche, die: auf S. sein: Arbeit suchen ♦ *umg:* einen Job suchen · Klinken putzen

stellvertretend: in Vertretung

Stellvertreter, der: Vertreter; Verweser (*hist*); → *auch* Ersatzmann

stelzbeinig: → steif (1)

stelzen: → gehen (1)

Stelzen (*Pl*): **1.** → Bein (II) – **2.** auf S. gehen: → zieren (II)

stemmen: 1. ⟨*über den Kopf in die Höhe bringen*⟩ heben + stoßen · reißen (*Sport*) ♦ *umg:* hochwuchten – **2.** einen s.: → trinken (1, b)

Stempel, der: → Siegel (1)

stempeln: 1. s. ⏐zu/als⏐: ⟨*jmdm. ungerechtfertigt eine negative Eigenschaft nachsagen*⟩ abstempeln ⏐als/zu⏐; → *auch* bezeichnen (I, 3, a) – **2.** s. gehen: → arbeitslos (2)

Steno[grafie], die: → Kurzschrift

Stenotypistin, die: → Maschinenschreiberin

Stentorstimme, die: mit S.: → laut (1, b)

Stenz, der: **1.** → Geck (1) – **2.** → Zuhälter

Steppe, die: → Einöde (1)

steppen: → nähen (1)

Steppke, der: → Knirps

Sterbchen, das: sein S. machen: → sterben (1)

Sterbefall, der: → Todesfall

sterben: 1. ⟨*vom Menschen gesagt: zu leben aufhören*⟩ ableben · enden · zugrunde gehen · die Augen [für immer] schließen/zumachen · sein Leben/den letzten Atem aushauchen · seinen/den letzten Seufzer tun · aus dem Leben gehen · aus ihrer *bzw.* unserer Mitte gerissen werden · jmds. letzte Stunde ist gekommen · jmds. letztes Stündlein hat geschlagen; endigen (*veraltend*); einschlafen · einschlummern · hinüberschlummern · hinüberdämmern · hinübergehen · seinen letzten Gang/seine letzte Reise antreten · über den Jordan gehen (*verhüll*) + sein Leben verlieren/lassen · den Tod erleiden · seinen Verletzungen/Wunden erliegen ♦ *dicht:* erblassen · [v]erbleichen (*veraltet*) ♦ *gehoben:* versterben · verscheiden · [da]hinscheiden · ins Grab sinken · seine Tage beschließen · sein Leben/Dasein beschließen/vollenden · die Welt verlassen · aus der Welt gehen/scheiden · vom Schauplatz/von der Bühne des Lebens abtreten · abberufen/erlöst werden · [da]hinsterben · erlöschen · abscheiden · aus dem Leben scheiden · heimgehen · seinen Geist aufgeben · seine Seele aushauchen · die sterbliche Hülle ablegen · das Zeitliche segnen · zur ewigen Ruhe/in die Ewigkeit/in den ewigen Frieden eingehen · den Weg allen Fleisches gehen; dahingehen · davongehen · gehen ⏐von⏐ · entschlafen · entschlummern (*verhüll*); dahinfahren · von dannen/hinnen gehen/scheiden (*veraltet*) + verröcheln ♦ *umg:* eingehen · dran glauben müssen · den Löffel abgeben · den letzten Schnaufer tun · in die Grube fahren · den letzten Hauch von sich geben; sich davonmachen (*verhüll*); sein Sterbchen machen (*landsch*); sich zu den Vätern versammeln · zu seinen Vätern versammelt werden · in die ewigen Jagdgründe gehen (*scherzh*) ♦ *salopp:* abfahren · abkratzen · abschnappen · hopsgehen · ins Gras beißen · die [große] Grätsche machen · ausröcheln · den Löffel wegschmeißen · zur Hölle fahren · den Teufel gehen; abschrammen · abnibbeln (*landsch*) ♦ *derb:* draufgehen · krepieren · verrecken · den Arsch zukneifen · einen kalten Arsch kriegen; → *auch* umkommen (1), fallen (3), verenden, Sterben – **2.**

660

→ verenden – **3.** von eigener Hand s.: → Selbstmord (2)

Sterben, das: im S. liegen: in Agonie liegen · mit dem Tode ringen + hinsiechen ♦ *umg:* in den letzten Zügen liegen; → *auch* sterben (1)

sterbenskrank: → todkrank (1)

sterbenslangweilig: → langweilig

Sterbenswort, das: kein S. sagen: → schweigen (1 *u.* 2)

sterblich: die sterbliche Hülle, die sterblichen Überreste: → Leiche (1); die sterbliche Hülle ablegen: → sterben (1)

Sterbliche, der: ein gewöhnlicher Sterblicher: → Durchschnittsmensch

Sterblichkeit, die: **1.** → Mortalität – **2.** → Vergänglichkeit

Sterblichkeitsrate, die: → Mortalität

Sterblichkeitsziffer, die: → Mortalität

stereo: → bisexuell (1)

steril: 1. → keimfrei (1) – **2.** → unfruchtbar (1) – **3.** → unschöpferisch – **4.** s. machen: → entkeimen (1)

Sterilisation, die: → Entkeimung

sterilisieren: 1. ⟨*fortpflanzungsunfähig machen*⟩ **a)** ⟨*Männer*⟩ kastrieren · entmannen · unfruchtbar / zeugungsunfähig machen; → *auch* verschneiden (1) – **b)** ⟨*Frauen*⟩ unfruchtbar machen – **2.** → entkeimen (1)

Sterilisierung, die: → Entkeimung

Sterke, die: → Kuh (1)

Stern, der: **1.** ⟨*Himmelskörper*⟩ Gestirn + Fixstern · Sonne · Planet; → *auch* Sonne (1) – **2.** das steht in den Sternen [geschrieben]: → ungewiss (2); guter S.: → Glück (2)

Sternchen, das: → ¹Star

Sterndeuterei, die: → Astrologie

Sterndeutung, die: → Astrologie

Sternenzelt, das: → Himmel (1)

sternhagelvoll: → betrunken (1)

Sternkunde, die: → Astronomie

Sterz, der: → Schwanz (1)

stet: 1. → ununterbrochen – **2.** in steter Folge: → ununterbrochen

stetig: 1. → beharrlich (1) – **2.** → ununterbrochen – **3.** → fortlaufend (1)

Stetigkeit, die: **1.** → Beharrlichkeit – **2.** → Dauer (2) – **3.** → Beständigkeit (1)

stets: → immer (1)

¹Steuer, die: Abgabe · Abzug · Akzise + Staatseinnahmen · Kontribution; der Zehnt[e] (*hist*)

²Steuer, das: → Lenkrad

Steuerberater, der: + Steuerfachangestellte (*amtsspr*)

Steuerbetrug, der: + Steuerhinterziehung

steuerbord: → rechts (1)

steuern: 1. ⟨*das Steuer eines Fahrzeugs bedienen*⟩ lenken · fahren · führen – **2.** → bedienen (I, 4) – **3.** → bewerkstelligen

Steueroase, die: → Steuerparadies

Steuerparadies, das: Steueroase

Steuerprüfer, der: Buchprüfer · Bücherrevisor · Revisor · Wirtschaftsprüfer

Steuerung, die: **1.** → Lenkung (1) – **2.** → Bedienung (4)

Stewardess, die: → Flugbegleiterin

Sthenie, die: → Kraft (1)

sthenisch: → kräftig (1)

stibitzen: → stehlen (1)

Stich, der: **1.** → Verletzung (1) – **2.** → Schmerz (1) – **3.** → Anspielung (1) – **4.** einen S. versetzen: **a)** → anstechen (1) – **b)** → kränken; einen S. haben: **a)** → verrückt (5) – **b)** → sauer (4); im S. lassen: **a)** → verlassen (I, 2) – **b)** → helfen (6)

Stichelei, die: → Anspielung (1)

sticheln: 1. ⟨*ständig boshafte u. aufreizende Bemerkungen machen*⟩ Anspielungen machen · Spitzen austeilen · Giftpfeile abschießen ♦ *umg:* sein Gift verspritzen – **2.** → nähen (1)

stichhaltig/stichhältig: → überzeugend

stichig: → sauer (2)

Stichtag, der: **1.** → Zeitpunkt – **2.** → Termin (2)

Stichwort, das: **1.** ⟨*mit Erklärungen usw. versehenes Wort in Nachschlagewerken*⟩ Lemma (*fachspr*) + Schlagwort – **2.** ⟨*Wort, das einem Schauspieler seinen Auftritt anzeigt*⟩ Merkwort

Sticker, der: → Aufkleber

stickig: *umg:* miefig · vermieft (*abwert*)

stieben: → sprühen (1)

Stiefbruder, der: Halbbruder

Stiefel, der: **1.** ⟨*Schuh mit langem Schaft*⟩ Langschäfter; Knobelbecher (*soldatenspr*) – **2.** einen [ganzen / gehörigen / tüchtigen] S. vertragen [können]: → trinkfest; etw. haut jmdn. aus den Stiefeln: → überraschen (1)

stiefeln: 1. → marschieren – **2.** → stapfen

stiefmütterlich: → unfreundlich (1)

Stiege, die: **1.** → Treppe (1) – **2.** → Obstgestell

stiekum: → heimlich (1)

Stiel

Stiel, der: **1.** ⟨*Teil mancher Pflanzen*⟩ Stängel + Stamm – **2.** ⟨*stabförmiger Griff*⟩ Schaft; → *auch* Griff (1) – **3.** mit Stumpf und S. ausrotten: → vernichten (1, b)

Stielaugen (*Pl*): S. machen: → starren (1)

stier: gläsern · glasig · starr · verglast

Stier, der: **1.** → ¹Bulle (1) – **2.** den S. bei den Hörnern packen: → meistern

¹stieren: → brünstig (2)

²stieren: → starren (1)

stierig: → brünstig (1)

stierköpfig: → eigensinnig (1)

Stiesel, der: → Dummkopf (2)

stieselig: → einfältig (2)

¹Stift, der: **1.** → Nagel (1) – **2.** → Lehrling

²Stift, das: **1.** → Kloster (1) – **2.** → Altenheim

¹stiften: 1. → schenken (1) – **2.** → spenden (1) – **3.** → gründen (I, 1) – **4.** Unheil s.: → schaden (1)

²stiften: s. gehen: **a)** → entfliehen (1) – **b)** → desertieren

Stifter, der: **1.** → Gründer – **2.** → Wohltäter

Stiftung, die: **1.** → Schenkung – **2.** → Gründung (1) – **3.** S. Warentest: → Verbraucherschützer

Stigma, das: → Merkmal

Stil, der: **1.** ⟨*die Art, einen Text zu formulieren*⟩ Ausdruck · Ausdrucksform · Ausdrucksweise · Schreibart · Schreibweise · Diktion ♦ *umg*: Schreibe – **2.** ⟨*einheitl. Gepräge von Kunstwerken*⟩ Kunstrichtung – **3.** → Verhalten

Stilett, das: → Dolch

stilgemäß: → stilgerecht

stilgerecht: stilgemäß; → *auch* stilvoll

still: 1. ⟨*kein Geräusch machend*⟩ geräuschlos · totenstill ♦ *umg*: [mucks]mäuschenstill; → *auch* lautlos – **2.** ⟨*als Aufforderung*⟩ ruhig · Ruhe; Silentium (*noch scherzh*) + aufhören – **3.** → regungslos – **4.** → idyllisch (1) – **5.** s. sein: → schweigen (1); s. und leise, im Stillen: → heimlich (1); stilles Örtchen: → Toilette (1)

Stille, die: Ruhe · Schweigen · Lautlosigkeit · Totenstille · Grabesstille

stillen: 1. ⟨*an der Mutterbrust trinken lassen*⟩ nähren · die Brust geben/reichen + säugen – **2.** den Hunger s.: → essen (1)

stilllegen: außer Betrieb setzen · lahm legen · zum Erliegen bringen; auflassen (*landsch*)

stillos: stilwidrig; → *auch* geschmacklos (1)

Stillosigkeit, die: Stilwidrigkeit; → *auch* Geschmacklosigkeit (1)

stillschweigen: → schweigen (1)

Stillschweigen, das: S. bewahren: → schweigen (2)

stillschweigend: 1. → heimlich (1) – **2.** → schweigend

stillsitzen: nicht s.: → zappeln (1)

Stillstand, der: **1.** ⟨*das Aufhören einer Bewegung*⟩ Halt · Stockung; → *auch* ¹Pause (1) – **2.** ⟨*das Zuendegehen einer Entwicklung*⟩ Stagnation + Rückgang – **3.** zum S. bringen: → anhalten (I, 2); zum S. kommen: **a)** → stillstehen (1) – **b)** → anhalten (I, 1)

stillstehen: 1. ⟨*in seiner Entwicklung nicht weiter vorankommen*⟩ stehen bleiben · stagnieren · zum Stillstand/Erliegen kommen · auf der Stelle treten ♦ *umg*: + von der Substanz zehren – **2.** → aussetzen (3)

stillvergnügt: → heiter (1)

stilvoll: formvollendet; → *auch* geschmackvoll, stilgerecht

stilwidrig: → stillos

Stilwidrigkeit, die: → Stillosigkeit

Stimmabgabe, die: → Abstimmung (1)

Stimmbruch, der: → Stimmwechsel

Stimme, die: **1.** ⟨*das, was beim Sprechen bzw. Singen als Lautäußerung des Menschen zu hören ist*⟩ Organ · Singstimme – **2.** mit erhobener S.: → laut (1, b); die S. dämpfen/senken: → flüstern (1); innere S.: **a)** → Ahnung (1) – **b)** → Gewissen (1); die S. der Natur: → Trieb (1); die/seine S. abgeben: → abstimmen (1); seine S. geben |für|: → wählen (1)

stimmen: 1. ⟨*der Wahrheit entsprechen*⟩ richtig/wahr sein · zutreffen · zutreffend/der Fall sein · seine Richtigkeit haben – **2.** ⟨*die richtige Höhe der einzelnen Töne eines Musikinstrumentes einstellen*⟩ einstimmen (*Mus*) – **3.** → passen (1, a) – **4.** → aufgehen (3) – **5.** s. |für|: → wählen (1); heiter/froh s.: → aufheitern (I)

Stimmengewirr, das: → Lärm (1)

Stimmlage, die: Tonlage · Lage + Tonhöhe

Stimmung, die: **1.** ⟨*das augenblickl. seel. Gestimmtsein*⟩ Gemütsstimmung · Gemütslage · Gemütszustand · Gefühlslage · Seelenlage · Gemütsverfassung · Verfassung – **2.** → Gefühl (1) – **3.** → Laune (1) – **4.** → Atmosphäre (1) – **5.** in S. geraten: ⟨*lustig u. lebhaft werden*⟩ *umg*: in Fahrt/Schwung kommen/geraten · auf Touren kommen – **6.**

stopfen

[in] gehobener S.: → lustig; [in] schlechter S.: → missmutig

Stimmungsmache, die: → Hetze (1)

Stimmungsumschwung, der: → Stimmungswechsel

stimmungsvoll: poetisch · romantisch; → *auch* malerisch

Stimmungswechsel, der: Stimmungsumschwung

Stimmwechsel, der: Stimmbruch; Mutation (*med*)

Stimulans, das: → Anregungsmittel

stimulieren: → anregen (1)

stimulierend: → anregend

Stimulus, der: 1. → Antrieb (1) – 2. → Reiz (1)

stinkbesoffen: → betrunken (1)

stinken: 1. ⟨*von üblem Geruch sein*⟩ [schlecht/übel] riechen; duften (*iron*) + dünsten – 2. → missfallen (1) – 3. das stinkt zum/gen Himmel: → unerhört (2); nach Geld s.: → reich (5); stinkend faul: → faul (2)

stinkfaul: → faul (2)

stinkfein: → vornehm (1)

stinkig: → faulig (1)

stinklangweilig: → langweilig

stinksauer: → ärgerlich (1)

Stinkstiefel, der: → Griesgram

stinkvornehm: → vornehm (1)

Stinkwut, die: → Wut (1)

Stint, der: sich freuen wie ein S.: → freuen (II, 1)

Stipendium, das: *umg:* + Bafög

Stippe, die: → Soße (1)

stippen: s. |in|: → eintauchen (1)

Stippvisite, die: → Besuch (1)

Stipulation, die: → Vertrag (1)

stipulieren: → festlegen (I, 1)

Stirn, die: die S. bieten: → widersetzen, sich; die S. haben: → unterstehen (II)

Stirnseite, die: → Vorderseite

stöbern: 1. → sprühen (1) – 2. → sauber (7, a) – 3. s. |in|: → durchsuchen

¹Stock, der: 1. ⟨*Stab zum Schlagen*⟩ Knüppel · Knüttel · Prügel; Rohrstock (*veraltend*); Stecken (*landsch*) – 2. → Spazierstock – 3. → Stockwerk – 4. wie ein S.: → steif (2); am S. gehen: → erschöpft (4)

²Stock, der: → Lager (3)

stockbesoffen: → betrunken (1)

stockbetrunken: → betrunken (1)

stockblind: → blind (1)

stockdumm: → dumm (1)

stockdunkel: → dunkel (1)

Stöckel: I. Stöckel, der: → Absatz (1) – **II.** Stöckel, das: → Nebengebäude

stocken: 1. → stehen (4, a) – 2. → stecken (5, b) – 3. ins Stocken geraten/kommen: → stecken (5, b)

stockend: stammelnd · holperig · stotterig · abgehackt · in Absätzen

Stockerl, das: → Hocker

stockfinster: → dunkel (1)

stockkonservativ: → konservativ

Stöckli, das: → Altenteil (1)

stockreaktionär: → rückschrittlich

stocksauer: → ärgerlich (1)

stocktaub: → taub (1)

Stockung, die: 1. → Stillstand (1) – 2. → Störung

Stockwerk, das: Etage · Geschoss · Stock; Geschoß (*süddt österr*); → *auch* Erdgeschoss (1), Untergeschoss

Stoff, der: 1. ⟨*nicht näher bestimmbares od. bestimmtes Gegenständliches*⟩ Substanz · Materie · Material + Masse – 2. → Gewebe (1) – 3. → Thema (1) – 4. → Branntwein – 5. → Rauschgift (1)

Stoffel, der: → Tollpatsch

stoffelig: 1. → ungeschliffen – 2. → ungeschickt (1)

stöhnen: + ächzen; → *auch* aufstöhnen

Stöhnen, das: Gestöhn[e] (*oft abwert*) + Geächze · Geseufze (*oft abwert*)

stoisch: 1. → gelassen (1) – 2. stoische Ruhe: → Gelassenheit

Stoizismus, der: → Gelassenheit

Stolper, der: → Fehltritt (1)

stolpern: straucheln

Stolperstein, der: → Schwierigkeit (1)

stolz: 1. ⟨*erfüllt von [berechtigtem] Selbstgefühl*⟩ mit erhobenem Haupt; mit geschwellter Brust (*meist scherzh*) ♦ gehoben: erhobenen Hauptes; → *auch* selbstbewusst, überheblich – 2. → überheblich – 3. → stattlich (1) – 4. s. sein |auf|: ⟨*sich über etw. Eigenes besonders befriedigt zeigen*⟩ sich etw. einbilden |auf| · sich etw. zugute halten/tun |auf|

Stolz, der: 1. → Selbstbewusstsein – 2. → Überheblichkeit – 3. den S. brechen: → demütigen (I)

stolzieren: → gehen (1)

Stomatologe, der: → Zahnarzt

stopfen: 1. → mästen – 2. → sättigen (1) – 3. → ausbessern (1) – 4. s. |in|: → hinein-

Stopfen

stopfen; den Mund s.: → Schweigen (2); das Maul s.: **a)** → Schweigen (2) – **b)** → befriedigen (1); den Rachen s.: → befriedigen (1)

Stopfen, der: → Stöpsel

Stopp, der: → Halt (1)

Stoppelbart, der: → Bart (1)

stoppelbärtig: → unrasiert

stoppelig: 1. → unrasiert – **2.** → struppig

stoppen: 1. → anhalten (I, 1 u. 2), stehen (4, a) – **2.** → aufhören (1)

Stopplicht, das: → Bremslicht

Stoppzeichen, das: → Haltezeichen

Stöpsel, der: Kork[en] · Pfropf[en]; Stopfen (*landsch*) + Zapfen · Spund

Storch, der: Adebar (*scherzh*); Klapperstorch (*kinderspr*)

storchen: → gehen (1)

¹Store, der: → Gardine (1)

²Store, der: → Lager (3)

stören: 1. ⟨*beeinträchtigend od. hemmend einwirken*⟩ ins Gehege kommen · in die Quere kommen ♦ *umg:* quer schießen · verquer kommen; → *auch* sabotieren, hindern – **2.** ⟨*zu einem unpassenden Zeitpunkt kommen*⟩ ungelegen / zur Unzeit kommen; unpass kommen (*landsch*) ♦ *umg:* angekleckert kommen + mitten in die Arbeit platzen · angeschlichen kommen ♦ *derb:* angeschissen kommen; → *auch* belästigen (1)

störend: → hinderlich (1)

Störenfried, der: → Unruhestifter

Störfall, der: Havarie + GAU

stornieren: → abbestellen

Stornierung, die: → Abbestellung

Storno, der *od.* das: → Abbestellung

störrisch: 1. → widerspenstig – **2.** s. sein: → bocken (I, 1)

Störrischkeit, die: → Widerspenstigkeit

Störung, die: Stockung · Unterbrechung + Kurzschluss

Story, die: **1.** → Geschichte (2) – **2.** → Erzählung (1)

Stoß, der: **1.** ⟨*heftige [u. gezielte] Bewegung eines Menschen nach einem anderen*⟩ Schub + Rippenstoß · Nasenstüber · Tritt · Rempelei ♦ *umg:* Puff · Knuff · Schubs · Stups[er]; Schlenkrich (*landsch*); Schupf (*südd schweiz*); Schupfer (*österr*); → *auch* Schlag (I, 1), Erschütterung (1) – **2.** → Haufen (1) – **3.** → Erdbeben – **4.** einen S. geben / versetzen: → stoßen (I, 1); seinem Herzen einen S. geben: → ermannen, sich

stoßen: I. stoßen: **1.** ⟨*eine od. mehrere heftige [u. gezielte] Bewegungen gegen jmdn. ausführen*⟩ einen Stoß geben / versetzen + stauchen · rempeln ♦ *umg:* puffen · knuffen · schubsen · stupsen; schuppen (*landsch*); schupfen (*südd österr schweiz*) + eins in die Rippen geben; gicksen (*landsch*) – **2.** holpern – **3.** → stemmen (1) – **4.** beiseite s.: → verdrängen (1); vor den Kopf s.: → kränken; ins Elend s.: → entlassen (2); Bescheid s.: → zurechtweisen; [mächtig] ins Horn s.: → angeben (1) – **II.** stoßen, sich: ⟨*sich durch heftige Berührung eines harten Gegenstandes Schmerz zufügen*⟩ anecken · sich wehtun ♦ *umg:* sich rennen (*landsch*)

Stoßkraft, die: → Wirksamkeit (1)

Stoßseufzer, der: → Seufzer (1)

stoßweise: ruckartig · ruckweise

Stoßzeit, die: → Hauptverkehrszeit

stotterig: → stockend

stottern: 1. ⟨*stockend sprechen*⟩ stammeln · stammern (*norddt*) ♦ *umg:* in Raten sprechen (*scherzh*); → *auch* radebrechen – **2.** auf Stottern: → ratenweise; auf Stottern kaufen: → Teilzahlung (2)

stracks: 1. → sofort – **2.** → direkt (1)

Strafanstalt, die: → Strafvollzugsanstalt

strafbar: 1. → ungesetzlich – **2.** → strafwürdig – **3.** sich s. machen: → vergehen (II, 1)

Strafbefehl, der: → Strafe (1)

Strafbescheid, der: → Strafmandat

Strafe, die: **1.** ⟨*fühlbare Erziehungsmaßnahme für einen Übeltäter*⟩ Bestrafung · Buße; Lohn (*iron*); Strafbefehl (*Rechtsw*); → *auch* Züchtigung – **2.** in S. nehmen: → bestrafen; eine S. auferlegen / aufbrummen: **a)** → bestrafen – **b)** → verurteilen (1); mit S. belegen, eine S. verhängen: → verurteilen (1); die S. erlassen: → begnadigen

strafen: 1. → bestrafen – **2.** Lügen s.: → widerlegen; mit Verachtung s.: → verachten (1)

Straferlass, der: Amnestie · Begnadigung + Straffreiheit

straff: 1. ⟨*von der Körperhaltung gesagt: nicht weichlich-schlaff*⟩ fest · stramm; soldatisch (*veraltend*); → *auch* aufrecht (1) – **2.** ⟨*von einem Seil od. dgl. gesagt: nicht locker od. durchhängend*⟩ straffgezogen · gespannt · stramm – **3.** ⟨*von der Haut od. einer gewölbten Oberfläche gesagt: keine Falten aufweisend*⟩ prall · stramm

Straßendamm

straffällig: s. werden: → vergehen (II, 1); erneut s. werden: → rückfällig (3)
straffen: 1. → spannen (I, 1) – **2.** → rationalisieren
straffgezogen: → straff (2)
straffrei: s. ausgehen: ungeschoren bleiben ♦ *umg:* [mit einem blauen Auge] davonkommen · mit heiler Haut davonkommen; → *auch* glimpflich (2)
Straffreiheit, die: → Straferlass
straffziehen: 1. → spannen (I, 1) – **2.** die Hosen / den Hosenboden s.: → züchtigen (1)
Strafgefangene, der: → Häftling
Strafgericht, das: → Bestrafung (1)
sträflich: → strafwürdig
Sträfling, der: → Häftling
Strafmandat, das: Bußgeldbescheid; Strafbescheid *(schweiz)* ♦ *umg:* Strafzettel; Knöllchen *(scherzh)*
Strafpredigt, die: Strafrede · Philippika · Lektion; Epistel *(veraltend)* + ein reinigendes Gewitter ♦ *umg:* Standpauke · Gardinenpredigt · Moralpredigt · Predigt · Donnerwetter; → *auch* Zurechtweisung, Tadel (1)
Strafrede, die: → Strafpredigt
Straftat, die: **1.** → Vergehen (1) – **2.** schwere S.: → Verbrechen (1); eine S. begehen: → vergehen (II, 1)
straftätig: → verbrecherisch
Strafvollstreckung, die: → Strafvollzug
Strafvollzug, der: Strafvollstreckung
Strafvollzugsanstalt, die: Strafanstalt · Justizvollzugsanstalt · Vollzugsanstalt · Haftanstalt · Anstalt; Zuchthaus · Gefängnis *(veraltend)*; Kriminal *(österr veraltend)*; Hungerturm · Verlies · Kerker *(hist)* + Arrestlokal *(veraltend)*; Karzer *(hist)* ♦ *umg:* Nummer Sicher; Bau *(soldatenspr)* ♦ *salopp:* Kittchen · Knast · Loch; Bunker *(soldatenspr)*
strafwürdig: sträflich + strafbar
Strafzettel, der: → Strafmandat
Strahl: I. Strahl, der: → Wasserstrahl (1) – **II.** Strahlen *(Pl)*: → Sonnenschein (1)
strahlen: 1. → glänzen (1), leuchten (1) – **2.** → ausstrahlen (1) – **3.** → freuen (II, 1)
strählen: → kämmen
strahlend: 1. → glänzend (1) – **2.** → sonnig (2) – **3.** → hell (1) – **4.** → heiter (1)
strahlenförmig: strahlig; radiär · radial *(fachspr)*

Strahlenmüll, der: → Atommüll
Strahlflugzeug, das: → Düsenflugzeug
strahlig: → strahlenförmig
Strahlung, die: Radiation *(fachspr)*
stramm: 1. → straff (1, 2 *u.* 3) – **2.** → angestrengt
strammen: → spannen (I, 1)
strammziehen: 1. → spannen (I, 1) – **2.** die Hosen / den Hosenboden s.: → züchtigen (1)
Strand, der: → Ufer (1)
stranden: 1. ⟨von Schiffen gesagt: *durch Grundberührung festfahren*⟩ auflaufen · auffahren · auf Grund laufen / geraten; aufsitzen *(seem)* ♦ *umg:* aufbrummen *(seem)* – **2.** → scheitern (a)
Strandvolleyball, der: → Beachvolleyball
Strang, der: **1.** → Seil (1) – **2.** → Strick (1) – **3.** wenn alle Stränge reißen: → notfalls; an einem / am gleichen / selben S. ziehen: → zusammenarbeiten; über die Stränge schlagen: → übermütig (2)
strangulieren: → erwürgen
Strapaze, die: → Anstrengung (2)
strapazfähig: → haltbar (1)
strapazieren: I. strapazieren: **1.** → anstrengen (I, 2), überbeanspruchen – **2.** → abnutzen (I) – **3.** das / sein Hirn s.: → nachdenken (1) – **II.** strapazieren, sich: → überanstrengen (II)
strapazierend: 1. → anstrengend (1) – **2.** → nervtötend
strapazierfähig: → haltbar (1)
strapaziös: → anstrengend (1)
Straps, der: → Strumpfhalter, Hüfthalter
Straße, die: **1.** ⟨*befestigter breiter Weg für den Verkehr*⟩ Fahrstraße · Fahrweg · Verkehrsweg + Achse · Ring · Trasse; → *auch* Fahrbahn, Hauptstraße, Fernverkehrsstraße, Landstraße, Allee – **2.** → Fahrbahn – **3.** eine von der S.: → Prostituierte; auf die S. gehen: **a)** → prostituieren, sich (1) – **b)** → demonstrieren (1); auf offener S.: → öffentlich (1); die S. messen: → hinfallen; auf die S. setzen / werfen: → entlassen (2); auf der S. liegen / sitzen: → arbeitslos (2)
Straßenanzug, der: → Freizeitanzug
Straßenauflauf, der: → Ansammlung (1)
Straßenbahn, die: Bahn; Trambahn *(süddt)*; Tramway *(österr)*; Tram *(süddt; österr veraltend; schweiz)* ♦ *umg:* Elektrische *(veraltet)*
Straßendamm, der: → Fahrbahn

665

Straßenfeger

Straßenfeger, der: **1.** → Straßenkehrer – **2.** → Fernsehkrimi
Straßenkehrer, der: Straßenfeger; Gassenkehrer (*landsch*); Straßenwischer (*schweiz*)
Straßenkreuzer, der: → Auto (1)
Straßenkreuzung, die: → Kreuzung (2)
Straßenmädchen, das: → Prostituierte
Straßenraub, der: → Diebstahl (1)
Straßenräuber, der: → Räuber
Straßenwacht, die: → Pannendienst
Straßenwischer, der: → Straßenkehrer
Strategie, die: **1.** → Vorgehensweise – **2.** → Kriegskunst
sträuben, sich: **1.** ⟨*von den Haaren mancher Tiere gesagt: sich unwillkürlich aufrichten*⟩ umg: zu Berge stehen · hochstehen – **2.** → widersetzen, sich – **3.** jmdm. s. sich die Haare: → entsetzen (II, 1)
straubig: → struppig
Strauch, der: → Busch (1)
Strauchdieb, der: → Räuber
straucheln: 1. → stolpern – **2.** → vergehen (II, 1)
Strauchritter, der: → Räuber
Strauchwerk, das: → Buschwerk
Strauß, der: → Blumenstrauß
Strebe, die: Steife (*fachspr*) + Stützbalken · Träger
streben: s. │nach│: → erstreben
Streben, das: Bestreben · Trachten + Wetteifer ♦ *gehoben*: Dichten und Trachten; → *auch* Ehrgeiz
Streber, der (*abwert*): Ehrgeizling; → *auch* Karrierist
streberhaft: → ehrgeizig
streberisch: → ehrgeizig
strebsam: aufstrebend · hochstrebend; → *auch* beharrlich (1), fleißig (1), ehrgeizig, lerneifrig, zielstrebig
Strebsamkeit, die: → Ehrgeiz
Strecke, die: **1.** ⟨*Teilstück eines Weges*⟩ Wegstrecke · Etappe; Distanz (*Sport*) ♦ *umg*: Ende · Ecke; → *auch* Entfernung (1) – **2.** → Schienenweg, Verkehrslinie – **3.** → Anfahrtsweg – **4.** auf der S. bleiben: **a)** → stecken (5, a) – **b)** → versagen (1) – **c)** → verlieren (I, 3); zur S. bringen: → schießen (2)
strecken: I. strecken: **1.** → dehnen (I) – **2.** → verdünnen – **3.** in die Länge s.: **a)** → dehnen (I) – **b)** → verzögern (I); alle viere von sich s.: **a)** → hinlegen (II) – **b)** → ausstrecken (II, 1); zu Boden s.: → nieder-

schlagen (I, 1); die Waffen s.: → ergeben (II, 1) – **II.** strecken, sich: **1.** ⟨*seine Gestalt hoch aufrichten od. langmachen*⟩ sich recken – **2.** → dehnen (II, 1) – **3.** sich s. │bis│: → erstrecken, sich (1 *u.* 2); sich in die Länge s.: → verzögern (II); sich nach der Decke s.: → Haus (4)
Streckenwärter, der: → Bahnwärter
streckenweise: → vereinzelt (1)
Streetworker, der: → Sozialarbeiter
Streich, der: **1.** ⟨*gegen jmdn. gerichtetes übermütig-scherzhaftes Tun*⟩ Schabernack · Jungenstreich · Bubenstreich · Dummejungenstreich · Lausbubenstreich · Lausbüberei · Eulenspiegelei · Dummheit · Schelmenstreich · Schelmenstück; → *auch* Spaß (1) – **2.** → Schlag (I, 1) – **3.** einen S. spielen: → necken
Streicheleinheit, die: → Lob (1)
streicheln: krau[l]en · krauen · tätscheln + hätscheln; [ei,] ei machen (*kinderspr*); → *auch* liebkosen
streichen: 1. ⟨*von Brotschnitten gesagt: mit Aufstrich versehen*⟩ bestreichen · [be]schmieren – **2.** ⟨*die Tätigkeit eines Dekorationsmalers ausführen*⟩ anstreichen + [über]tünchen ♦ *umg*: anmalen · bemalen; anpinseln · bepinseln (*auch abwert*); anschmieren (*abwert*) – **3.** ⟨*aus einem Text Teile herausnehmen*⟩ weglassen; → *auch* tilgen (3) – **4.** ⟨*nicht auf der Tagesordnung stehen lassen*⟩ absetzen – **5.** → einziehen (2) – **6.** s. │über│: ⟨*die Hand od. einen Gegenstand leicht über etw. hinführen*⟩ hinstreichen │über│ · hinfahren │über│ · darüber hinstreichen · darüber hinfahren – **7.** die Flagge/die Segel s.: → ergeben (II, 1); einen s. lassen: → Wind (I, 3); aufs Butterbrot/Brot s.: → vorhalten
Streichholz, das: → Zündholz
Streichkonzert, das: → Einsparungsmaßnahmen
Streife, die: Patrouille
streifen: 1. → berühren (I, 2) – **2.** → erwähnen (1) – **3.** → abhäuten – **4.** s. │an│: → berühren (I, 1); s. │durch│: → durchwandern
Streifen, der: **1.** ⟨*strichförmiger Bluterguss*⟩ Striemen · Strieme – **2.** → Stück (1) – **3.** → Film (2) – **4.** nicht in den S. passen: → missfallen (1)
streifig: gestreift + zebraartig · tigroid
Streifzug, der: → Wanderung

Streik, der: **1.** ⟨*Maßnahme eines Arbeits-kampfes*⟩ Ausstand · Arbeitseinstellung · Arbeitsniederlegung + Warnstreik · Bummelstreik · Arbeitskampf – **2.** in den S. treten: → streiken (1)
streiken: 1. ⟨*einen Streik durchführen*⟩ in den Streik / Ausstand treten · die Arbeit niederlegen / einstellen · sich im Ausstand befinden · im Ausstand stehen – **2.** → Mitarbeit – **3.** → versagen (2)
Streit, der: **1.** ⟨*das [heftige] Austragen von Meinungsverschiedenheiten*⟩ Streitigkeit · Auseinandersetzung · Wortwechsel · Konflikt · Kontroverse · Zwistigkeit · Querele · Zank · Auftritt · Zusammenstoß · Reiberei; Gezänk (*abwert*); Hader · Fehde (*hist*) + Plänkelei · Häkelei · Grabenkampf · Schlammschlacht ♦ *gehoben*: Händel · Friktion ♦ *umg*: Krach · Zoff; Streiterei · Zänkerei · Gestreite · Gezanke · Krakeel · Krakeelerei · Stunk · Stank (*abwert*); Krieg · Mord und Totschlag (*scherzh*); Kabbelei (*norddt*) + Hickhack · Gezerre · Stänkerei (*abwert*) ♦ *salopp*: Knatsch (*landsch*); → *auch* Zwietracht (1), Streitgespräch – **2.** in S. leben |mit|: ⟨*ständig Meinungsverschiedenheiten mit jmdm. haben*⟩ auf [dem] Kriegsfuß stehen / leben |mit| · auf gespanntem Fuß leben |mit| · im Clinch liegen |mit| + es herrscht dicke Luft; → *auch* streiten (II) – **3.** S. suchen / anfangen / heraufbeschwören / vom Zaune brechen: → anlegen (II); in S. geraten / liegen: → streiten (II)
streitbar: → kämpferisch
streiten: I. streiten: **1.** ⟨*seine Meinung heftig od. provozierend gegen eine andere vertreten*⟩ rechten + eine Szene machen · plänkeln ♦ *umg*: krakeelen · stänkern · Stunk machen (*abwert*) – **2.** → kämpfen (1) – **II.** streiten, sich: ⟨*eine Meinungsverschiedenheit mit jmdm. austragen*⟩ sich zanken · in Streit geraten / liegen + sich häkeln ♦ *umg*: sich reiben · keinen guten Faden miteinander spinnen · sich in die Haare geraten / kriegen · sich in die Wolle kriegen · sich in den Haaren haben / liegen · einen Tanz haben |mit| · sich krachen · Krach haben; sich herumzanken · sich herumbeißen (*abwert*); sich kabbeln (*norddt*); → *auch* zusammenstoßen (2), anlegen (II), Streit (2)
Streiter, der: → Kämpfer
Streiterei, die: → Streit (1)

Streitgegenstand, der: → Streitobjekt
Streitgespräch, das: Rededuell · Wortgefecht · Redeschlacht · Redestreit · Schlagabtausch · Wortstreit · Disput · Polemik + Meinungsstreit · Disputation · Plänkelei; → *auch* Erörterung, Streit (1)
streithaft: → kämpferisch
Streithahn, der: → Streitsüchtige
Streithammel, der: → Streitsüchtige
Streithansl, der: → Streitsüchtige
streitig: → umstritten, bestreitbar
Streitigkeit, die: → Streit (1)
Streitkräfte (*Pl*): Armee · Militär + Bundeswehr · Wehrmacht · Streitmacht; → *auch* Landstreitkräfte, Seestreitkräfte
Streitmacht, die: → Streitkräfte
Streitobjekt, das: Streitgegenstand · Streitpunkt · Zankapfel
Streitpunkt, der: → Streitobjekt
streitsüchtig: zänkisch · zanksüchtig · hadrig · unverträglich · aggressiv · angriffslustig + böse
Streitsüchtige, der: Zänker (*meist abwert*) + Geiferer · Geiferling ♦ *umg*: Streithammel · Streithahn · Kampfhahn · Wadenbeißer (*auch scherzh*); Streithansl (*süddt österr, auch scherzh*); Zankteufel · Stänker[er] (*abwert*); → *auch* Unruhestifter, Raufbold
streng: 1. ⟨*von Maßnahmen gesagt: sehr wirksam gegen Übeltäter*⟩ disziplinarisch · rigoros · drakonisch – **2.** ⟨*keine Weichlichkeit od. Nachlässigkeit duldend*⟩ unerbittlich · unnachsichtig · hart[herzig] · eisern · scharf · spartanisch; gestreng (*noch scherzh*) + strikt – **3.** → anstrengend (1) – **4.** s. genommen: → eigentlich (1)
Strenge, die: Unerbittlichkeit · Unnachsichtigkeit · Härte · Hartherzigkeit · Rigorosität · Schärfe; → *auch* Ordnung (1)
strenggläubig: → orthodox
Strenggläubigkeit, die: → Orthodoxie
strenzen: → stehlen (1)
Stress, der: Leistungsdruck
stressen: → überbeanspruchen
stressig: → nervenaufreibend
Streu, die: Strohlager; Einstreu (*Landw*); Streue (*schweiz*)
Streue, die: → Streu
streuen: 1. → zerstreuen (I, 1) – **2.** → verbreiten (I, 1) – **3.** Sand in die Augen s.: → täuschen (I); sich Asche aufs Haupt s.: → bereuen

streunen: → herumtreiben, sich
Streuner, der: → Landstreicher
Streunerin, die: → Landstreicherin
Strich, der: **1.** ⟨*Spur eines Schreibgerätes*⟩ Linie – **2.** → Gegend (1) – **3.** [nur] ein S.: → mager (1); nach S. und Faden: → gehörig (1); unter dem S.: → schlecht (1); einen S. darunter machen: → beenden (1); einen dicken S. machen |unter|: → vergessen (I, 3); einen S. durch die Rechnung machen: → vereiteln; auf den S. gehen: → prostituieren, sich (1); auf dem S. haben: → hassen; gegen/wider den S. gehen: → missfallen (1)
Strichmädchen, das: → Prostituierte
strichweise: → landschaftlich (1)
Strick, der: **1.** ⟨*zum Hinrichten verwendetes Seil*⟩ Strang · Hanfseil – **2.** → Seil (1) – **3.** → Frechdachs – **4.** den S. nehmen: → erhängen (II); einen S. drehen |aus|: → schaden (1); fauler S.: → Faulenzer (1); wenn alle Stricke reißen: → notfalls
Strickarbeit, die: → Strickerei
Strickerei, die: Strickarbeit; Gestrick (*fachspr*)
Strickleiter, die: Jakobsleiter · Fallreep (*seem*)
Strickmuster, das: → Machart (1)
striegeln: 1. → bürsten (1) – **2.** → quälen (I, 2)
Strieme, die: → Streifen (1)
Striemen, der: → Streifen (1)
Striezel, der: → Frechdachs
striezen: 1. → quälen (I, 2) – **2.** → stehlen (1)
strikt: → streng (2)
stringent: → folgerichtig
Strip, der: → Striptease
Strippe, die: **1.** → Bindfaden – **2.** → Telefon (1) – **3.** an der S. hängen: → telefonieren; sich an die S. hängen: → anrufen (2); Strippen regnen: → gießen (2)
Strippenzieher, der: → Hintermann (1)
Stripperin, die: → Stripteasetänzerin
Striptease, der *od.* das: Strip · Entkleidungsnummer
Stripteaselokal, das: → Nachtlokal
Stripteasetänzerin, die: Entkleidungskünstlerin ♦ *umg:* Stripperin; Stripteuse (*meist scherzh*)
Stripteuse, die: → Stripteasetänzerin
strittig: → umstritten, bestreitbar
Strizzi, der: → Zuhälter
strobelig: → struppig

Stroh, das: leeres S.: → Geschwätz (1); leeres S. dreschen: → schwafeln; [Heu und] S. im Kopf haben: → dumm (6)
strohdumm: → dumm (1)
strohgelb: → blond (1)
Strohhalm, der: der rettende S.: → Ausweg
Strohkopf, der: → Dummkopf (1)
strohköpfig: → dumm (1)
Strohlager, das: → Streu
Strohmann, der: → Werkzeug (2)
Strohwitwe, die: → Ehefrau
Strohwitwer, der: → Ehemann
Strolch, der: **1.** → Schurke – **2.** → Taugenichts
Strom, der: **1.** → Fluss (1) – **2.** → Strömung (1) – **3.** → Elektrizität – **4.** gegen/wider den S. schwimmen: → widersetzen, sich; mit dem S. schwimmen: → anpassen (II, 2); in Strömen regnen: → gießen (2)
Stromausfall, der: Blackout
Strombett, das: → Flussbett
strömen: sich ergießen · fluten + wogen; → *auch* fließen (1)
Stromer, der: **1.** → Landstreicher – **2.** → Taugenichts
stromern: → herumtreiben, sich
Stromerzeugung, die: Energieerzeugung · Energiegewinnung
stromlinienförmig: → windschlüpfig
Stromnetz, das: → Leitungsnetz
Stromrinne, die: → Flussbett
Stromschnelle, die: Katarakt
Strömung, die: **1.** ⟨*gerichtete Bewegung des Wassers*⟩ Drift · Trift · Strom + Sog – **2.** ⟨*geistige Bewegung*⟩ Richtung · Schule + Schattierung
strubbelig: → struppig
Strudel, der: **1.** → Wirbel (1) – **2.** → Trubel (1)
strudeln: → wirbeln (1)
Struktur, die: **1.** → Aufbau (2) – **2.** → Gliederung (1)
Strukturänderung, die: → Strukturwandel
strukturieren: → einteilen (1)
Strukturplan, der: **1.** → Aufbau (2) – **2.** → Gliederung (1)
Strukturreform, die: → Strukturwandel
Strukturwandel, der: Strukturänderung + Strukturreform
strulle[r]n: → austreten (1)
Strumpf, der: sich auf die Strümpfe machen: **a)** → aufbrechen (3) – **b)** → weg-

gehen (1); in den S. stecken: → sparen (1)

Strumpfhalter, der: Straps

Strumpfhaltergürtel, der: → Hüfthalter

strunzen: → austreten (1)

struppig: borstig · zerzaust · strubbelig · stoppelig · zottig; strobelig · straubig (*landsch*); zausig (*österr*) + rau · ungepflegt; → *auch* stachelig (1), unrasiert

Stubben, der: → Baumstumpf

Stube, die: 1. → Zimmer – 2. die gute S.: → Wohnzimmer

Stubenhocker, der (*umg*): ein S. sein: immer hinterm Ofen hocken

Stubenmädchen, das: → Hausangestellte (II)

Stubentiger, der: → Katze (1)

Stück, das: 1. ⟨*Teil von einem Ganzen*⟩ Bruchstück · Brocken · Bruchteil; Trumm (*landsch*) + Schnitzel · Streifen; Schnitz (*bes. süddt*) ♦ *umg*: Ende · Ecke (*landsch*); → *auch* Bissen (1), Fetzen (1) – 2. ⟨*einzelnes Buch einer Auflage*⟩ Exemplar – 3. → Theaterstück – 4. kein S.: → nichts (1); S. Land: → Grundstück (I); ein starkes S. sein: → unverschämt (2); freches S.: → Frechdachs; S. für/um S.: → allmählich; aus freien Stücken: → freiwillig (1); in einzelnen Stücken: → stückweise; große Stücke halten |auf|: → achten (1); sich in Stücke reißen lassen |für|: → hingeben (II, 1)

Stückarbeit, die: 1. → Akkord (2) – 2. → Ausschuss (2)

stucken: → lernen (1)

stuckern: → holpern

Stückgut, das: → Fracht

Stücklohn, der: → Akkordlohn

stückweise: brockenweise · in Brocken · in einzelnen Stücken

Stückwerk, das: → Stümperei

Student, der: 1. ⟨*jmd., der an einer Hochschule studiert*⟩ Hochschüler · der Studierende; Studiosus (*scherzh*) + Kommilitone · Hörer ♦ *umg*: Studiker (*scherzh veraltend*) – 2. S. sein: → studieren (1)

Studie, die: → Untersuchung (1)

studieren: 1. ⟨*an einer Hochschule ausgebildet werden*⟩ Student sein – 2. → lernen (1) – 3. → lesen (1) – 4. studierter Mann: → Akademiker (1)

Studierende, der: → Student (1)

studiert: → gelehrt (1)

Studierte, der: → Akademiker (1)

Studiker, der: → Student (1)

Studio, das: Atelier + Fotoatelier · Filmatelier · Fotostudio · Filmstudio; → *auch* Werkstatt

Studiosus, der: → Student (1)

Stufe, die: 1. → Treppenstufe – 2. → Entwicklungsstufe

Stufenleiter, die: → Rangordnung (1)

stufenweise: → allmählich

Stuhl, der: 1. ⟨*Sitzmöbel mit Rückenlehne*⟩ Sessel (*österr*) – 2. → Kot (1) – 3. den S. vor die Tür setzen: **a)** → hinauswerfen (1) – **b)** → entlassen (2); vom S. gehauen werden: → entsetzen (II, 1); vom S. fallen: → überrascht (2); vor Lachen vom S. fallen: → lachen (1); zu Stuhle kommen: → zurechtkommen (2)

Stuhlentleerung, die: → Stuhlgang (1)

Stuhlgang, der: 1. ⟨*das Ausscheiden des Kotes*⟩ Stuhlentleerung · Darmentleerung · Entleerung – 2. keinen S. haben: → verstopft (2)

Stuhlverstopfung, die: Verstopfung · Hartleibigkeit · Darmträgheit; Obstipation · Konstipation (*med*)

Stulle, die: → Schnitte

Stülpe, die: → Deckel (1)

stülpen: auf den Kopf s.: → aufsetzen (I, 2)

stumm: 1. ⟨*ohne die Fähigkeit des Sprechens*⟩ sprachlos – 2. → schweigend – 3. stummer Diener: → Anrichtetisch; stumme Person: → Statist (1); s. wie ein Fisch: → schweigend; s. sein: → schweigen (1); s. machen: → ermorden

Stummel, der: → Zigarettenstummel

Stumpen, der: 1. → Zigarre (1) – 2. → Baumstumpf

Stümper, der (*abwert*): Dilettant · Nichtskönner ♦ *umg*: Pfuscher · Murkser · Flickschuster · Schuster

Stümperei, die (*abwert*): Dilettantismus · Gestümper + Stückwerk ♦ *umg*: Murkserei · Flickschusterei · Schusterei; → *auch* Pfuscherei

stümperhaft (*abwert*): dilettantenhaft · dilettantisch ♦ *umg*: pfuscherhaft

stümpern (*abwert*): dilettieren ♦ *umg*: pfuschen · murksen · schustern; → *auch* pfuschen (1)

stumpf: 1. ⟨*nicht scharf geschliffen*⟩ abgestumpft + schartig – 2. → gefühllos (1) – 3. → unempfindlich (2) – 4. → stumpfsinnig

Stumpf

(1) – **5.** → glanzlos – **6.** s. werden: → abstumpfen (1)

Stumpf, der: **1.** → Baumstumpf – **2.** mit S. und Stiel ausrotten: → vernichten (1, b)

Stumpfheit, die: → Unempfindlichkeit

Stumpfsinn, der: **1.** ⟨geistiges Abgestumpftsein⟩ Dumpfheit · Stupidität + Langeweile; → auch Teilnahmslosigkeit – **2.** → Geistlosigkeit

stumpfsinnig: 1. ⟨geistig träge u. gleichgültig [geworden]⟩ stumpf · stupid[e] · abgestumpft · dumpf; torpid (fachspr); → auch teilnahmslos – **2.** → geistlos

Stündchen, das: auf ein S.: → kurz (3)

Stunde, die: **1.** → Unterrichtsstunde – **2.** zur S.: → jetzt (1); zu jeder S.: → immer (1); von Stund an: → seitdem (1); in elfter/zu vorgerückter S.: → spät (1); zu nächtlicher/nachtschlafender S.: → nachts; die schwere S.: → Geburt (1); die blaue S.: → Abenddämmerung; die letzte S.: → Todeskampf; jmds. letzte S. ist gekommen: → sterben (1); Stunden geben/erteilen: → unterrichten (2)

stunden: → verlängern (1)

Stundenbuch, das: → Gebetbuch

Stundenfrau, die: → Putzfrau

Stündlein, das: jmds. letztes S. hat geschlagen: → sterben (1)

Stundung, die: → Verlängerung (2)

Stunk, der: **1.** → Streit (1) – **2.** S. machen: **a)** → beschweren (II) – **b)** → streiten (I, 1)

Stuntman, der: + Kaskadeur

stupend: → erstaunlich (1)

stupid[e]: 1. → stumpfsinnig (1) – **2.** → dumm (1) – **3.** → beschränkt (1)

Stupidität, die: **1.** → Stumpfsinn (1) – **2.** → Dummheit (1) – **3.** → Beschränktheit (1)

stuppen: → pudern (1)

stuprieren: → vergewaltigen (1)

Stuprum, das: → Vergewaltigung (1)

Stups, der: → Stoß (1)

stupsen: → stoßen (I, 1)

Stupser, der: → Stoß (1)

stur: 1. → eigensinnig (1) – **2.** → beharrlich (1) – **3.** sturer Bock: → Starrkopf

Sturheit, die: **1.** → Eigensinn – **2.** → Beharrlichkeit

Sturm, der: **1.** ⟨sehr starker Wind⟩ Orkan + Blizzard ♦ dicht: Sturmwind · Windsbraut; → auch Wirbelsturm, Wind (I, 1), Unwetter – **2.** → Angriff (1, a) – **3.** S. laufen |gegen|: → protestieren

Sturmangriff, der: → Angriff (1, a)

stürmen: 1. ⟨sehr stark wehen⟩ brausen · tosen · toben · fegen · fauchen · pfeifen; → auch wehen (1), brausen (I, 1) – **2.** ⟨im Laufschritt angreifen⟩ vorstürmen; → auch angreifen (I, 1, a) – **3.** → eilen (I, 1)

stürmisch: 1. → windig (1) – **2.** → leidenschaftlich – **3.** → wild (1) – **4.** → rasend (1)

Sturmschritt, der: im S.: → eilig (1)

Sturmwind, der: → Sturm (1)

Sturz, der: **1.** → ¹Fall (1) – **2.** → Absetzung (1)

sturzbesoffen: → betrunken (1)

sturzbetrunken: → betrunken (1)

Stürze, die: → Deckel (1)

stürzen: I. stürzen: **1.** → hinfallen – **2.** → absetzen (I, 2), entmachten – **3.** kopfüber s.: → überschlagen (II, 2, a) – **II.** stürzen, sich: sich s. |auf|: **a)** → anfangen (1, a) – **b)** → angreifen (I, 1, b)

Sturzregen, der: → Regenguss

Sturzsee, die: → Welle (I)

Stuss, der: **1.** → Unsinn (1, a) – **2.** S. reden: → schwafeln

Stutz, der: auf den S.: → plötzlich (1)

Stützbalken, der: → Strebe, Träger (1)

Stütze, die: **1.** ⟨die Hauptlast tragende Person od. Sache⟩ Eckpfeiler · Pfeiler · Säule · Rückgrat · Eckstein · Halt · Widerhalt – **2.** → Hausangestellte (II), Helfer – **3.** → Arbeitslosengeld – **4.** die Stützen der Gesellschaft: → Prominenz

stutzen: 1. → beschneiden (1) – **2.** → ¹scheren (1) – **3.** → aufmerken (1) – **4.** die Flügel s.: → beschränken

Stutzen, der: → Gewehr (1)

stützen: I. stützen: ⟨jmdn. in bestimmter Körperstellung halten⟩ Halt geben/bieten · unterstützen – **II.** stützen, sich: sich s. |auf|: **a)** → auflegen (II, 1) – **b)** → beruhen (1) – **c)** → anlehnen (II, 2)

Stutzer, der: → Geck (1)

stutzerhaft: → eitel (1)

Stutzerhaftigkeit, die: → Eitelkeit (1)

stutzig: s. werden: **a)** → aufmerken (1) – **b)** → Verdacht (1)

Stützpunkt, der (milit): Basis

stylen: → formen (1)

Styling, das: → Gestaltung

Suada, die: → Redeschwall

subaltern: 1. → unterstellt (1) – **2.** → unterwürfig

subito: → schnell (1, c)

Subjekt, das: → Person (1)
subjektiv: → einseitig (1)
sublim: → verfeinert
sublimieren: → vergeistigen
Subordination, die: → Gehorsam (1)
subsidiär: 1. → unterstützend – 2. → behelfsmäßig
Subsidien (*Pl*): → Unterstützung (2)
subskribieren: → vorbestellen
Subskription, die: → Vorbestellung
Substanz, die: 1. → Wesen (1) – 2. → Gedankengehalt – 3. → Stoff (1) – 4. an die S. gehen: 〈*an den Kräften zehren*〉 die Substanz angreifen ♦ *umg:* ans Eingemachte gehen – **5.** die S. angreifen: → 4; von der S. zehren: → stillstehen (1)
substanziell: → wesentlich
substanzreich: → inhaltsreich (1)
substituieren: → ersetzen (1)
subsumieren: → einbeziehen
subtil: 1. → zart (1) – 2. → spitzfindig (1)
Subtilität, die: 1. → Feinheit (1) – 2. → Spitzfindigkeit
subtrahieren: → abziehen (2)
Subvention, die: Staatszuschuss · Staatshilfe · Beihilfe + Finanzspritze · Kapitalspritze; → *auch* Unterstützung (2), Gründerhilfe
subventionieren: → unterstützen (I, 2)
Subversion, die: → Umschwung (1)
subversiv: → umstürzlerisch
Suche, die: 1. 〈*das Suchen*〉 Nachforschung · Fahndung + Erkundung – 2. auf die S. gehen, auf der S. sein: → suchen (1)
suchen: 1. 〈*zu finden trachten*〉 auf die Suche gehen · auf der Suche sein · sich umsehen |nach| · sich umschauen |nach| · spüren |nach| + fahnden |nach| ♦ *umg:* sich umgucken |nach| · sich die Beine/Schuhsohlen/Hacken/Absätze ablaufen |nach|; → *auch* nachforschen – 2. das Weite s.: → weglaufen; Streit/Händel s.: → anlegen (II)
Suchhund, der: → Spürhund (1)
Sucht, die: Manie; → *auch* Verlangen (1), Vorliebe (1), Trieb (2)
süchtig: → rauschgiftsüchtig (1)
suckeln: → saugen (1)
Sud, der: Abkochung; Dekokt (*pharm*)
Süd: in Nord und Süd: → überall (1)
Sudel, der: 1. → Schmutz (1) – 2. → Entwurf (1)
Sudelei, die: 1. → Unsauberkeit (1) – 2. → Schmutz (1) – 3. → Pfuscherei – 4. → Schmiererei

sudelig: → schmutzig (1)
sudeln: 1. → pfuschen (1) – 2. → kleckern – 3. → schmieren (1)
südlich: → sommerlich (1)
Suff, der: 1. → Trunksucht – 2. dem S. verfallen/ergeben sein: → trunksüchtig (2)
Süffel, der: → Trinker
süffeln: → trinken (1, a)
süffisant: → überheblich
Süffisanz, die: → Überheblichkeit
Süffler, der: → Trinker
Süffling, der: → Trinker
suggerieren: → einreden (1 *u.* 2)
Suggestion, die: → Beeinflussung
Suhle, die: → Pfütze
Sühne, die: 1. 〈*Handlung aktiver Reue*〉 Buße (*Rel*) ♦ *gehoben:* Sühnung; → *auch* Entschädigung, Reue (1) – 2. → Vergeltung (1)
Sühnemaßnahme, die: → Vergeltung (1)
sühnen: büßen · Buße tun (*Rel*)
Sühnung, die: → Sühne (1)
Suite, die: 1. *Mus* 〈*Folge von verschiedenen Sätzen gleicher Tonart*〉 + Divertissement · Divertimento – 2. → Begleitung (1)
Suizid, der: 1. → Selbstmord (1) – 2. S. begehen/verüben: → Selbstmord (2)
Sujet, das: → Thema (1)
sukzessiv: → allmählich
Sultanine, die: → Rosine (1)
Sülze, die: eine S. bauen: → hinfallen; S. im Kopf haben: → dumm (6)
sülzen: → schwafeln
summarisch: → knapp (2)
summa summarum: → insgesamt
Summation, die: → Zusammenzählung
Summe, die: 1. → Betrag – 2. → Ergebnis
summen: 1. → singen (1) – 2. → surren
summieren: I. summieren: → zusammenzählen – II. summieren, sich: → anwachsen (2)
Summus Episcopus, der: → Papst (1)
Sumpf, der: 1. 〈*durch stehendes Wasser ständig feuchtes Gebiet*〉 Moor · Morast · Bruch; Fenn · Luch (*landsch*); Moos (*süddt österr schweiz*); → *auch* Schlamm – 2. → Filzokratie
sumpfen: → zechen
sumpfig: morastig · moorig; moosig (*süddt österr schweiz*); → *auch* schlammig
Sums, der: 1. → Aufwand (1) – 2. → Umstand (II, 1)
Sund, der: → Meerenge

Sünde

Sünde, die: **1.** → Fehltritt (1) – **2.** eine S. und Schande: → verwerflich; eine S. begehen: → sündigen; seine Sünden bekennen/gestehen: → beichten (1); faul wie die S.: → faul (2)

Sündenbock, der: → Prügelknabe

Sündenerlass, der: → Absolution (1)

sündhaft: 1. → sündig – **2.** → sehr

sündig (*Rel*): sündhaft · frevelhaft; → *auch* schuldig (1)

sündigen (*Rel*): eine Sünde begehen · freveln; → *auch* vergehen (II, 1)

super: → großartig (1), hervorragend (1)

superb: → erstklassig (1)

Superintendent, der (*evang Kirche*): Dekan (*süddt*) + Propst

Superiorität, die: → Überlegenheit (1)

superklug: → überklug (1)

Superlativ, der: in Superlativen reden: → prahlen

Supermacht, die: → Großmacht

Supermarkt, der: → Geschäft (1)

superschlau: → überklug (1)

superschnell: → schnell (1, a)

Superstar, der: → ¹Star

Supervision, die: **1.** → Leitung (1) – **2.** → Aufsicht (1)

Supervisor, der: → Kontrolleur

Suppe, die: **1.** → Brühe (1) – **2.** die S. versalzen, in die S. spucken: → vereiteln; die S. auslöffeln: → büßen (1); nicht das Salz zur/in die S. haben: → arm (4); nicht das Salz in der S. gönnen: → neidisch (2)

suppen: → eitern

Suppenschüssel, die: → Schüssel (1)

suppig: → dickflüssig

Suppleant, der: → Ersatzmann

supponieren: → annehmen (2)

supprimieren: → hemmen (1)

supranational: → überstaatlich

Surfen, das: → Surfing

Surfer, der: Brettsegler

Surfing, das: Surfen · Wellenreiten · Brandungsreiten · Surfriding

Surfriding, das: → Surfing

Surplus, das: → Gewinn (1)

surren: summen; burren (*landsch*)

Surrogat, das: → Ersatz (1)

Survey, der: → Umfrage (1)

suspekt: → verdächtig (1)

suspendieren: 1. → beurlauben – **2.** → entlassen (2) – **3.** seines/des Amtes s., von seinem Amt/seiner Funktion s.: **a)** → entlassen (2) – **b)** → absetzen (I, 2)

Suspension, die: **1.** → Befreiung (3) – **2.** → Entlassung (2)

süß: 1. ⟨*nach Zucker schmeckend*⟩ zuckerig · zuckersüß · honigsüß – **2.** → reizend (1)

Süße, die: → Anmut

süßen: → zuckern

Süßholz, das: S. raspeln: → schmeicheln (1)

Süßigkeiten (*Pl*): → Konfekt

Süßmost, der: → Fruchtsaft

Süßspeise, die: + Flammeri · Pudding · Creme · Götterspeise · Speise

Süßstoff, der: Süßungsmittel

Süßungsmittel, das: → Süßstoff

Sweater, der: → Pullover

Sweatshirt, das: → Pullover

Swimmingpool, der: Pool · Schwimmbecken · Schwimmbassin

Swinging, das: → Gruppensex

Syllogismus, der: → Folgerung (1)

Symbol, das: **1.** ⟨*einen bestimmten Sinn ausdrückendes Zeichen*⟩ Sinnbild · Zeichen · Wahrzeichen + Farbe · Fackel; → *auch* Geheimzeichen – **2.** → Bild (I, 3)

symbolisch: → bildlich (1)

symbolisieren: → verkörpern (1)

Symmetrie, die: → Gleichmaß

symmetrisch: → gleichmäßig (1)

Sympathie, die: → Vorliebe (1)

Sympathisant, der: + Fellowtraveller

sympathisch: 1. → gefällig (2) – **2.** s. sein: → behagen (1)

sympathisieren: s. |mit|: → mögen (1)

Symposion, das: → Tagung

Symposium, das: → Tagung

Symptom, das: → Merkmal

symptomatisch: → kennzeichnend

Synagoge, die: → Kirche (1)

synchron: → gleichzeitig (1)

Syndikat, das: **1.** → Konzern – **2.** → Verbrecherorganisation

Syndikus, der: → Rechtsbeistand

Synode, die: → Versammlung (1)

synonym: sinnverwandt · bedeutungsähnlich · sinnähnlich · bedeutungsverwandt · gleichbedeutend · bedeutungsgleich · sinngleich

Synopse, die: → Überblick (1)

Synthese, die: → Verbindung (I, 1)

synthetisch: → künstlich

Szenerie

System, das: **1.** → Gedankengebäude – **2.** → Regierungsform – **3.** galaktisches S.: → Milchstraße

systematisch: → planmäßig (1)

systemkonform: → angepasst

Szenario, das: **1.** → Drehbuch – **2.** → Bild (4)

Szenarium, das: → Drehbuch

Szene, die: **1.** → Auftritt (1) – **2.** in S. setzen: → veranstalten (1); eine S. machen: → streiten (I, 1)

Szenerie, die: **1.** → Bühnenbild – **2.** → Schauplatz (1)

673

T

Tab, die *od.* das: → Tablette
Tabak, der: *umg:* Kraut · Knaster (*abwert*)
Tabakspfeife, die: → Pfeife (1)
Tabakwaren (*Pl*): Rauchwaren; Rauchzeug (*bes. schweiz*)
Tabelle, die: → Übersicht · Aufstellung; → *auch* Verzeichnis, Überblick (1)
Tabellenletzte, der (Fußball): Schlusslicht (*abwert*)
Tablette, die: + Pille · Pastille · Dragee · Kapsel · Tab
tabu: → verboten (1)
Tabu, das: **1.** → Verbot – **2.** Tabus aufbauen: → tabuisieren
tabuisieren: Tabus aufbauen
Tacheles: T. reden |mit|: → zurechtweisen
tachinieren: → faulenzen (1)
Tadel, der: **1.** ⟨*an jmdn. gerichtete Äußerung der Missbilligung*⟩ Rüge · Verweis · Kritik ♦ *umg:* Rüffel · Zigarre · Abputzer · Anfuhr · Anpfiff; Staucher · Wischer (*landsch*) ♦ *salopp:* Anranzer · Anschnauzer; Ranzer · Schnauzer (*landsch*) ♦ *derb:* Anschiss; → *auch* Schelte, Strafpredigt, Zurechtweisung, Vorwurf (1), Missbilligung (1) – **2.** einen T. erteilen: → tadeln (1)
tadellos: → ordentlich (1, a), einwandfrei (1), fehlerlos (1)
tadeln: 1. ⟨*jmdm. seine Missbilligung aussprechen*⟩ rügen · schelten · verweisen · eine Rüge / einen Tadel erteilen · einen Verweis geben / erteilen; schmälen (*veraltend*) ♦ *umg:* anmeckern · rüffeln; abbürsten (*landsch*) ♦ *salopp:* einen Rüffel / eine Zigarre verpassen; → *auch* ausschimpfen, zurechtweisen, kritisieren, missbilligen – **2.** getadelt werden: ⟨*jmds. Missbilligung ausgesprochen bekommen*⟩ *umg:* eins auf den Hut / aufs Dach bekommen / kriegen · sein Fett kriegen ♦ *salopp:* eins auf die Nuss kriegen
Tadelsucht, die: → Nörgelei

tadelsüchtig: → nörglig
Tafel, die: **1.** → Tisch (1) – **2.** → Fläche
Tafelgeschirr, das: Service ♦ *umg:* Tafelzeug; → *auch* Geschirr (1)
Tafelland, das: → Flachland
tafeln: → Mahlzeit (3)
täfeln: verkleiden · vertäfeln; paneelieren (*fachspr*); täfern (*schweiz*) + austäfeln; → *auch* auslegen (1)
Tafelsilber, das: → Silbergeschirr
Tafeltuch, das: → Tischtuch
Tafelwasser, das: → Mineralwasser
Tafelzeug, das: → Tafelgeschirr
täfern: → täfeln
taff: → robust (1)
Tag, der: **1.** → Datum (I) – **2.** T. und Nacht: ⟨*24 Stunden lang*⟩ *umg:* rund um die Uhr; → *auch* ganztags – **3.** T. werden: → dämmern (1); T. für T.: **a)** → immer (1) – **b)** → täglich; jeden T.: → täglich; den ganzen T.: → ganztags; dieser Tage: **a)** → bald (1) – **b)** → neulich; eines [schönen] Tages: → irgendwann (1); am heutigen T.: → heute (1); in jenen / fernen / verflossenen Tagen: → damals; seit Jahr und T.: → lange (2); schwarzer T.: → Unglückstag; die kritischen Tage: → Menstruation; seine Tage haben: → menstruieren; an den T. legen: → entwickeln (I, 1); an den T. bringen: → aufdecken (I, 1); an den T. kommen: → herauskommen (1); Guten T. sagen: → grüßen (1); in den T. hinein leben: → müßig (3); sich einen faulen T. machen, dem lieben Gott den T. stehlen: → faulenzen (1); die alten Tage: → Alter (1); seine Tage beschließen: → sterben (1); T. und Nacht: → 2; wie T. und Nacht: → verschiedenartig
tagaus: t., tagein: **a)** → immer (1) – **b)** → täglich
Tageblatt, das: → Zeitung (I, 1)
Tagebuch, das: Diarium; Memorial (*veraltet*) + Journal
Tagedieb, der: → Faulenzer (1)

tanzen

Tagegeld, das: Aufwandsentschädigung · Diäten; → *auch* Spesen

Tagelöhner, der: → Landarbeiter

tagen: 1. ⟨*an einem bestimmten Ort gemeinsam beraten*⟩ konferieren · eine Sitzung haben ♦ *umg:* sitzen (*meist scherzh*); → *auch* beraten (II) – **2.** → dämmern (1)

Tagesanbruch, der: → Morgendämmerung

Tagesende, das: → Abend (1)

Tagesgeschmack, der: → Mode (1)

Tagesheim, das: → Kindergarten

Tageslicht, das: ans T. kommen: → herauskommen (1)

Tagesmutter, die: → Kinderfrau

Tagesordnung, die: **1.** → Programm (1, a) – **2.** an der T.: → üblich (1)

Tageszeitung, die: → Zeitung (I, 1)

täglich: Tag für Tag · tagaus, tagein · jeden Tag

tagsüber: untertags (*österr schweiz*)

Tagtraum, der: → Wachtraum

Tagung, die: Konferenz · Symposion · Symposium + Kongress · Kolloquium; → *auch* Sitzung (1), Versammlung (1), Beratung (1), Kolloquium (1)

Taifun, der: → Wirbelsturm

Take-off, das *od.* der: → Abflug (1)

Takt, der: **1.** → ¹Anstand (1) – **2.** ein paar Takte sagen/erzählen: → zurechtweisen; den T. angeben: → bestimmen (2); aus dem T. bringen: → verwirren (2)

Taktgefühl, das: → ¹Anstand (1)

Taktik, die: **1.** → Berechnung (3) – **2.** → Vorgehensweise – **3.** → Kriegskunst

taktlos: indiskret · indezent · unhöflich · geschmacklos; → *auch* aufdringlich (1), ungehörig

Taktlosigkeit, die: Indiskretion · Entgleisung · Geschmacklosigkeit

taktvoll: → rücksichtsvoll

Tal, das: **1.** ⟨[*langgestreckter*] *Geländeeinschnitt*⟩ Bergeinschnitt · Kessel; Grund (*veraltend*) + Cañon · Becken · Talsohle · Talgrund; → *auch* Mulde (1), Schlucht – **2.** zu T.: → bergab (1)

Talar, der: → Amtstracht

Talent, das: → Begabung (1 *u.* 2)

talentiert: → begabt

talentvoll: → begabt

Taler (*Pl*): → Geld (1)

Talfahrt, die: **1.** → Abfahrt (2) – **2.** → Kursrückgang

talgig: → fettig (1)

Talglicht, das: **1.** → Kerze – **2.** jmdm. geht ein T. auf: → erkennen (1)

Talgrund, der: → Tal (1)

Talhang, der: → Abhang (1)

Talisman, der: Amulett · Glücksbringer + Maskottchen

Talk, der: → Plauderei

talken: → unterhalten (II, 1)

Talmi, das: → Tand (1)

talmudistisch: → spitzfindig (1)

Talmulde, die: → Mulde (1)

Talon, der: → Abschnitt (1)

Talsenke, die: → Mulde (1)

Talsohle, die: → Tal (1)

Talsperre, die: → Stauanlage

talwärts: → bergab (1)

Tamtam, das: **1.** → Trubel (1), Lärm (1) – **2.** → Aufwand (1)

Tand, der (*abwert*): **1.** ⟨*wertloses Zeug*⟩ Talmi · Flitter ♦ *umg:* Firlefanz · Schnickschnack – **2.** → Schund (1)

Tändelei, die: → Flirt

Tandelmarkt, der: → Trödelmarkt

tändeln: → flirten

Tandler, der: → Trödler

Tanga, der: **1.** → Badeanzug – **2.** → Schlüpfer (I), Unterhose (I)

tangieren: → berühren (I, 2)

Tank, der: → Panzer (1)

tanken: 1. → auftanken – **2.** → trinken (1, b)

Tann, der: → Wald (1)

Tannenbaum, der: → Weihnachtsbaum

Tante, die: **1.** ⟨*Verwandte*⟩ Muhme (*veraltet*) – **2.** → Kindergärtnerin – **3.** alte T.: → Greisin; T. Meier: → Toilette (1)

tantenhaft: → altjüngferlich

Tantieme, die: → Vergütung (2)

Tanz, der: **1.** → Tanzveranstaltung – **2.** sich im Tanze drehen, einen T. hinlegen/aufs Parkett legen: → tanzen (1); einen T. aufführen: → aufregen (II); einen T. haben |mit|: → streiten (II)

Tanzbar, die: → Tanzlokal

Tanzbein, das: T. schwingen: → tanzen (1)

Tänzchen, das: ein T. machen: → tanzen (1)

Tanzdiele, die: → Tanzlokal

tanzen: 1. ⟨*sich im Rhythmus der Musik bewegen*⟩ sich im Tanze drehen + hopsen · hüpfen ♦ *umg:* das Tanzbein schwingen ·

Tänzerin

ein Tänzchen machen · eine Tour drehen · einen Tanz aufs Parkett legen; scherbeln (*landsch*) ♦ *salopp*: einen Tanz hinlegen · schwofen · eine saubere Sohle aufs Parkett legen · eine kesse Sohle abdrehen/aufs Parkett legen · einen aufs Parkett hauen – **2.** t., wie jmd. pfeift, nach jmds. Pfeife/Flöte/Geige t.: → gehorchen (1); die Puppen t. lassen: → feiern (1)

Tänzerin, die: Balletttänzerin · Balletteuse · Ballerina · Tanzgirl · Girl ♦ *umg*: Ballettratte (*scherzh*)

Tanzgirl, das: → Tänzerin

Tanzgruppe, die: Ballett · Balletttruppe

Tanzkapelle, die: → ¹Kapelle

Tanzlokal, das: Tanzdiele; Diele (*veraltend*) + Tanzbar · Disko[thek] ♦ *salopp*: Schuppen (*abwert*); → *auch* Amüsierlokal

Tanzorchester, das: → ¹Kapelle

Tanzveranstaltung, die: Tanz · Tanzvergnügen · Ball + Technoparty · Rave ♦ *salopp*: Ringelpiez [mit Anfassen] (*scherzh*); Schwof (*meist abwert*); Bums (*abwert*)

Tanzvergnügen, das: → Tanzveranstaltung

Tape, das: **1.** → Kassette (2) – **2.** → Tonband

taperig: 1. → gebrechlich – **2.** → zittrig

Tapet, das: aufs T. bringen: → vorbringen

Tapete, die: Wandbelag

Tapetenwechsel, der: → Luftveränderung

Tapezierer, der: → Polsterer

Tapfen (*Pl*): → Spur (1)

tapfer: heldenmütig · heldenhaft · heroisch · mit Bravour + stark[herzig] · unverzagt; → *auch* furchtlos, kühn, mutig (1), kämpferisch, entschlossen (1)

Tapferkeit, die: Heldenhaftigkeit · Heldenmut · Heldentum · Heroismus + Unverzagtheit; → *auch* Kühnheit, Mut (1)

Tapisserie, die: → Wandteppich

tappen: 1. ⟨*unsicher gehen*⟩ tapsen + tasten – **2.** → stapfen – **3.** → tasten (1) – **4.** im Dunkeln t.: → Ungewisse (2)

tappig: → ungeschickt (1)

täppisch: → ungeschickt (1)

Taps, der: → Tollpatsch

tapsen: 1. → tappen (1) – **2.** → stapfen – **3.** → tasten (1)

tapsig: → ungeschickt (1)

Tarantel, die: wie von der T. gestochen: → schnell (1, b); wie von der T. gestochen auffahren/aufspringen: → auffahren (1)

tarnen, sich: sich verkappen · sich maskieren + sich vermummen; → *auch* verkleiden (II)

Tarnname, der: → Deckname

Tarnung, die: Verhüllung · Verschleierung + Feigenblatt (*scherzh*); → *auch* Verheimlichung

Tartanbahn, die: → Laufbahn (2)

Tartüff, der: → Heuchler

Tasche, die: **1.** ⟨*in ein Kleidungsstück eingenähter Beutel*⟩ Sack (*südd österr schweiz*) + Hosentasche – **2.** die Hände in der T. haben, mit den Händen in der T. dastehen: → untätig (2); in die T. stecken: → überflügeln; in die eigene T. stecken: → unterschlagen (1); seine Hände in fremde Taschen stecken: → stehlen (1); sich die eigenen Taschen füllen: → bereichern (II); die Hand auf die T. halten: → geizig (2); auf der T. liegen, das Geld aus der T. ziehen: → ausnutzen (1); einen toten Vogel in der T. haben: → Wind (I, 3)

Taschenbuch, das: → Notizbuch

Taschendieb, der: → Dieb

Taschengeld, das: Sackgeld (*südd österr schweiz*)

Taschenmesser, das: Federmesser · Klappmesser; Sackmesser (*südd schweiz*) ♦ *umg*: Feitel (*südd österr*)

Taschenschirm, der: → Regenschirm (1)

Taschenspieler, der: **1.** → Zauberkünstler – **2.** → Artist

Taschenspielerei, die: → Zauberei

Taschentuch, das: Sacktuch (*südd österr schweiz*); Nastuch (*südd schweiz*) ♦ *umg*: Schnupftuch ♦ *derb*: Rotzfahne

Tasse, die: **1.** ⟨*Trinkgefäß*⟩ Schale (*südd österr*) – **2.** trübe T.: → Trauerkloß; nicht alle Tassen im Schrank haben: → verrückt (5)

Taste, die: in die Tasten hauen: → Klavier (2)

tasten: 1. ⟨*mit den Händen [ohne Hilfe der Augen] zu finden od. erkennen suchen*⟩ fühlen ♦ *umg*: tappen · tapsen; grabbeln (*norddt*); → *auch* befühlen – **2.** → tappen (1)

Tastsinn, der: + Gefühl

Tat, die: **1.** ⟨*etw., was vollbracht wird*⟩ Leistung · Werk + Großtat · Mannestat – **2.** → Handlung (1) – **3.** in der T.: → tatsächlich (1); in die T. umsetzen: → verwirklichen; mit Rat und T. zur Seite stehen: → helfen (1); zur T. schreiten: → handeln (I, 3); auf frischer T. ertappen: → ertappen (1)

Tatarennachricht, die: → Schreckensnachricht

täuschen

Tatbestand, der: → Sachverhalt
Tatendrang, der: → Unternehmungslust
Tatendurst, der: → Unternehmungslust
tatendurstig: → unternehmungslustig
tatenlos: → untätig (1)
Tatenlosigkeit, die: → Untätigkeit
Tatenlust, die: → Unternehmungslust
Täter, der: **1.** → Übeltäter – **2.** → Verbrecher
tätig: 1. t. sein: **a)** ⟨*bei der Ausübung einer Tätigkeit sein*⟩ in Aktion sein ♦ *umg:* in Funktion sein · auf den Beinen sein – **b)** → arbeiten (1) – **c)** → wirken (1) – **2.** t. werden: → eingreifen (1)
tätigen: einen Kauf t.: → kaufen (1)
Tätigkeit, die: **1.** ⟨*das Tätigsein allgemein*⟩ Beschäftigung · Betätigung · Verrichtung ♦ *gehoben:* Wirken – **2.** ⟨*das gewerbsmäßige Tätigsein*⟩ Geschäft · Handwerk · Gewerbe; → *auch* Arbeit (1)
Tätigkeitsbereich, der: → Arbeitsgebiet
Tätigkeitsbericht, der: → Rechenschaftsbericht
Tatkraft, die: **1.** ⟨*die Fähigkeit zu sehr aktivem Wirken*⟩ Energie · Schaffensdrang · Kraft · Aktivität + Tüchtigkeit ♦ *umg:* Power; → *auch* Entschlusskraft – **2.** → Wille[n] (1)
tatkräftig: → fleißig (1)
tätlich: t. werden: → schlagen (I, 1)
Tätlichkeiten (*Pl*): → Schlägerei
Tatsache, die: **1.** ⟨*etw. wirklich Gegebenes*⟩ Fakt · Faktum · Realität · Gegebenheit · Grundwahrheit + Gewissheit – **2.** → tatsächlich (2) – **3.** den Tatsachen entsprechend: → wahrheitsgemäß
Tatsachenbericht, der: → Reportage
tatsächlich: 1. ⟨*den Tatsachen entsprechend*⟩ faktisch · de facto · in der Tat · wirklich · in Wirklichkeit · realiter · praktisch · in praxi · effektiv ♦ *umg:* sage und schreibe; → *auch* wirklich (1) – **2.** ⟨*beteuernder Ausruf*⟩ bestimmt · wirklich · doch · buchstäblich · im vollsten/wahrsten Sinne des Wortes ♦ *umg:* Tatsache · darauf kannst du Gift nehmen; → *auch* wahrhaftig – **3.** → wirklich (1)
Tätschelei, die: → Liebkosung
tätscheln: → streicheln
Tattergreis, der: → Greis
tatterig: → zittrig
tattern: → zittern (1)
Tatze, die: **1.** → Pranke (1) – **2.** → Hand (1)

Tatzeuge, der: → Zeuge
Tau, das: → Seil (1)
taub: 1. ⟨*ohne Gehör*⟩ gehörlos · stocktaub; → *auch* schwerhörig – **2.** → unbefruchtet – **3.** → unempfindlich (1) – **4.** t. werden: → ertauben; taube Nuss: → Trauerkloß
Taubenschlag, der: hier geht's zu wie in einem T.: → Kommen (3)
Taubheit, die: Gehörlosigkeit + Hörsturz
Tauchboot, das: → Unterseeboot
tauchen: 1. ⟨*sich unter Wasser begeben*⟩ untertauchen + eintauchen – **2.** t. |in|: → eintauchen (1)
Tauchstation, die: auf T. gehen: → verschwinden (2)
tauen: → auftauen (1 *u.* 2)
Taufakt, der: → Taufe (1)
Taufe, die: **1.** ⟨*christl. Namengebung*⟩ Kindstaufe · Taufakt + Erwachsenentaufe – **2.** → Einweihung – **3.** aus der T. heben: → gründen (I, 1)
taufen: 1. → nennen (1) – **2.** → einweihen (1) – **3.** → verdünnen
Taufpate, der: → Pate (I, 1)
Taufpatin, die: → Pate (II)
taufrisch: → frisch (1)
Taufzeuge, der: → Pate (I, 1)
Taufzeugin, die: → Pate (II)
Taugenichts, der (*abwert*): Nichtsnutz · Tunichtgut · Strolch; Haderlump (*österr*) ♦ *umg:* Galgenvogel · Galgenstrick · Stromer · Früchtchen · verkrachtes/verbummeltes Genie ♦ *salopp:* versoffenes Genie; → *auch* Faulenzer (1)
tauglich: 1. → geeignet (1) – **2.** → verwendbar
Tauglichkeit, die: → Eignung (1)
Taumel, der: **1.** → Erregung (1) – **2.** → Schwindel (1)
taumelig: → schwindlig (1)
taumeln: 1. → schwindlig (3) – **2.** → schwanken (1)
Tausch, der: im T. gegen: → gegen (2); einen T. machen: → tauschen (1)
tauschen: 1. ⟨*etw. für etw. anderes geben*⟩ einen Tausch machen ♦ *umg:* kaupeln (*landsch*); → *auch* einhandeln – **2.** → wechseln (1) – **3.** die Ringe t.: → heiraten (1); die Rollen t.: → abwechseln (I)
täuschen: I. 1. ⟨*bei jmdm. einen nicht der Wahrheit entsprechenden Eindruck erwecken*⟩ irreführen · irreleiten · düpieren · nasführen · Sand in die Augen

677

täuschend

streuen + trügen · Winkelzüge machen ◆ *umg*: hinters Licht führen · ein X für ein U vormachen · für dumm verkaufen + aufs Glatteis führen; → *auch* hereinlegen (1), vorspiegeln (1), betrügen (1), überlisten, narren, belügen – **II.** täuschen, sich: → irren (II)

täuschend: → trügerisch

Täuschung, die: **1.** ⟨*bewusstes Täuschen*⟩ Irreführung · Spiegelfechterei + Tünche · Farce · Kulisse ◆ *gehoben*: Camouflage · Trug; → *auch* Betrug (1), Lüge (1) – **2.** → Irrtum (1) – **3.** → Sinnestäuschung – **4.** → Vorspiegelung

Täuschungsmanöver, das: Finte · Verwirrspiel

tausende: → viel (I, 1)

Tausendsasa, der: Hansdampf in allen Gassen · Teufelskerl ◆ *umg*: Wundertier · Allerweltskerl ◆ *salopp*: Aas; ein Aas auf der Bassgeige (*scherzh*); → *auch* Draufgänger, Kerl (1)

tausendste: vom Hundertsten ins Tausendste kommen: → abschweifen (1)

Tauziehen, das: Hin und Her · Pingpongspiel

Taverne, die: → Gaststätte (1, d)

Taxator, der: → Schätzer

Taxe, die: **1.** → Preis (1) – **2.** → Taxi

taxen: → schätzen (1)

Taxi, das: Taxe · Mietwagen · Mietauto · Autodroschke · Kraftdroschke (*veraltet*); → *auch* Mietwagen (1)

taxieren: → schätzen (1)

Taxierer, der: → Schätzer

Taxierung, die: → Schätzung (1)

Tb[c], die: → Tuberkulose

T-Card, die: → Telefonkarte

Tea, der *od.* das: → Rauschgift (1)

Team, das: **1.** ⟨*gemeinsam an einer Aufgabe arbeitende Personengruppe*⟩ Arbeitsgruppe · Arbeitsteam · Arbeitsgemeinschaft · Kollektiv + Projektgruppe · Arbeitsstab · Gespann; → *auch* Arbeitsgemeinschaft (1), Gruppe (1), Gemeinschaft (1) – **2.** → Mannschaft (1) – **3.** im T.: → gemeinsam (1)

Teamarbeit, die: Teamwork · Gemeinschaftsarbeit · Kollektivarbeit; → *auch* Zusammenarbeit

Teamfähigkeit, die: + Kooperationsfähigkeit

Teamgeist, der: Zusammengehörigkeitsgefühl

Teamwork, das: → Teamarbeit

Tearoom, der: → Gaststätte (2)

Technik, die: → Fertigkeit (1)

Techno, der: → Technomusik

Technobeat, der: → Technomusik

Technomusik, die: Techno · Technobeat + Technosound

Technoparty, die: → Tanzveranstaltung

Techtelmechtel, das: → Flirt

Teckel, der: → Dackel

Tee, der: abwarten und T. trinken: → gedulden, sich; einen im T. haben: → betrunken (2)

Teelöffel, der: + Kaffeelöffel

Teen, der: **1.** → Bursche (1) – **2.** → Teenager (1)

Teenager, der: **1.** ⟨*Jugendliche[r] zwischen 13 u. 19 Jahren*⟩ Teen[ie] · Teeny; → *auch* Mädchen (2) – **2.** → Bursche (1)

Teenie, der: → Teenager (1)

Teeny, der: → Teenager (1)

Teestube, die: → Gaststätte (2)

Teich, der: **1.** ⟨*kleines stehendes Gewässer*⟩ Weiher · Tümpel (*auch abwert*); → *auch* See (I) – **2.** der große T.: → Meer

Teichrohr, das: → Schilf (a)

teigig: → dickflüssig

Teigrolle, die: → Nudelholz

Teil, der *od.* das: **1.** ⟨*Stück eines Ganzen*⟩ Abschnitt · Ausschnitt · Bruchteil · Bruchstück · Partie – **2.** → Anteil (1) – **3.** zum T.: → teilweise; zu gleichen Teilen: → gleichmäßig (2); der überwiegende T.: → Mehrheit

teilen: I. teilen: **1.** ⟨*jeder von zwei Personen einen von zwei gleichen Teilen zuordnen*⟩ halbpart/halb und halb machen · die Hälfte geben ◆ *umg*: halbe-halbe/fifty-fifty machen ◆ *salopp*: Kippe machen – **2.** → dividieren – **3.** → trennen (I, 1) – **4.** → zerlegen (1) – **5.** → durchschneiden (I) – **6.** den Schmerz t.: → mitfühlen – **II.** teilen, sich: → gabeln (II)

Teilgebiet, das: Disziplin

Teilhabe, die: → Anteil (1)

teilhaben: 1. → teilnehmen (1) – **2.** t. |an|: ⟨*einen Teil von etw. für sich in Anspruch nehmen können*⟩ partizipieren · beteiligt sein · Anteil haben |an| – **3.** t. lassen |an|: → beteiligen (I)

Teilhaber, der: Mitinhaber · Geschäftspartner · Partner · Sozius · Gesellschafter · Kompagnon · Komplementär · Kommanditist; Associé (*veraltet*)

Teilnahme, die: **1.** → Mitgefühl (1) – **2.** T. bezeigen: → mitfühlen; seine T. aussprechen: → kondolieren

Teilnahmeerklärung, die: → Meldung (1)

teilnahmslos: apathisch + leidenschaftslos · interesselos; → auch gleichgültig (1), stumpfsinnig (1)

Teilnahmslosigkeit, die: Apathie + Interesselosigkeit · Leidenschaftslosigkeit; → auch Gleichgültigkeit, Stumpfsinn (1)

teilnehmen: 1. ⟨bei etw. anwesend sein [u. mitwirken]⟩ dabei sein · teilhaben ♦ gehoben: beiwohnen ♦ umg: mit von der Partie sein · mit am Tisch sitzen; → auch beteiligen (II) – **2.** t. |an|: → mitfühlen

Teilnehmer, der: der Anwesende · der Beteiligte + Besucher

teils: 1. → teilweise – **2.** t., t.: → teilweise

Teilung, die: **1.** ⟨Zerlegung in mehrere Teile⟩ Spaltung + Halbierung; → auch Trennung (1) – **2.** → Division

teilweise: partiell · [teils,] teils · zum Teil

Teilzahlung, die: **1.** ⟨Zahlung in Raten⟩ Ratenzahlung · Ab[schlags]zahlung · Akontozahlung · Abschlag – **2.** auf T. kaufen: ⟨bei einem Kauf Ratenzahlung vereinbaren⟩ auf Raten / Abschlag kaufen ♦ salopp: auf Stottern kaufen

Teilzeitarbeit, die: Teilzeitbeschäftigung · Zeitarbeit ♦ umg: Teilzeitjob

Teilzeitbeschäftigung, die: → Teilzeitarbeit

Teilzeitjob, der: → Teilzeitarbeit

Teint, der: → Gesichtsfarbe

Telearbeit, die: → Heimarbeit

Telebanking, das: → Direktbanking

Telefax, das: **1.** → Fax (1) – **2.** → Fax (2)

telefaxen: → faxen

Telefon, das: **1.** ⟨Apparat zum Telefonieren⟩ Telefonapparat · Fernsprecher · Fernsprechapparat · Apparat · Fon ♦ salopp: Quasselstrippe · Strippe (scherzh) – **2.** schnurloses T.: → Handy; sich ans T. hängen: → anrufen (2)

Telefonapparat, der: → Telefon (1)

Telefonat, das: → Telefongespräch

Telefonbuch, das: Telefonverzeichnis · Fernsprechbuch · Fernsprechverzeichnis

Telefongespräch, das: Telefonat · Gespräch + Anruf · Ferngespräch · Ortsgespräch

telefonieren: fernsprechen (veraltend) ♦ salopp: an der Strippe hängen; → auch anrufen (2)

telefonisch: fernmündlich

Telefonistin, die: umg: Fräulein vom Amt (veraltet)

Telefonkarte, die: T-Card · Chipkarte · Calling Card + Prepaidcard

Telefonnummer, die: Fernruf · Ruf · Fernsprechnummer · Rufnummer

Telefonsäule, die: Telestation

Telefonverzeichnis, das: → Telefonbuch

Telefonzelle, die: Fernsprechzelle · Zelle

Telefonzentrale, die: Zentrale · Vermittlung

telegrafieren: drahten · kabeln (veraltend); depeschieren (veraltet) + morsen; → auch Fernschreiben (2), funken (1)

telegrafisch: + fernschriftlich

Telegramm, das: Fernspruch; Drahtnachricht (veraltend); Kabel · Depesche (veraltet); → auch Fernschreiben (1)

Telegrammwort, das: → Abkürzung (2)

Teleheimarbeit, die: → Heimarbeit

Telespiel, das: Videospiel

Telestation, die: → Telefonsäule

Television, die: → Fernsehen

Telework[ing], das: → Heimarbeit

Telex, das: → Fernschreiben (1)

telexen: → Fernschreiben (2)

Telexogramm, das: → Fernschreiben (1)

Tellereisen, das: → Fangeisen

Tempel, der: zum T. hinausjagen: → vertreiben (1)

Temperament, das: **1.** → Schwung (1) – **2.** T. haben: → lebhaft (2)

temperamentlos: → träge

temperamentvoll: → schwungvoll, lebhaft (1)

Temperatur, die: **1.** → Fieber (1) – **2.** erhöhte T.: → Fieber (1)

Temperenz, die: → Enthaltsamkeit

temperieren: → mildern (1)

Tempo, das: **1.** → Geschwindigkeit (1), Eile (1) – **2.** in mörderischem T.: → schnell (1, a); nun aber T.: → schnell (2); T., T.: → schnell (2); T. machen, aufs T. drücken: → beschleunigen

temporär: → vorübergehend, zeitweilig

Temposünder, der: Raser

Tendenz, die: **1.** ⟨durchscheinende Zielrichtung⟩ Färbung · Einschlag · Schattierung – **2.** ⟨Richtung einer bestimmten Entwicklung⟩ Trend · Zug; → auch Neigung (1)

tendenziös: → gefärbt, einseitig (1)

tendieren: t. |zu|: → neigen (2)

Tenor, der: → Leitgedanke

Tension

Tension, die: → Druck (1)
Tepp, der: **1.** → Dummkopf (2) – **2.** →
Tollpatsch
teppert: → dumm (1)
Teppich, der: **1.** ⟨*Fußbodenbelag*⟩ + Vorle-
ger · Läufer · Perser – **2.** auf dem T.
bleiben: **a)** → sachlich (2) – **b)** → übertreiben (4);
unter den T. kehren: → verschleiern
Teppichboden, der: Spannteppich (*schweiz*);
+ Auslegware · Fußbodenbelag
Termin: der: **1.** → Zeitpunkt – **2.** der letzte
T.: ⟨*der letzte noch mögliche Zeitpunkt*⟩
Deadline + Stichtag
terminieren: → befristen
Terminkalender, der: → Notizbuch
Terminus, der: **1.** → Fachausdruck – **2.** T.
technicus: → Fachausdruck
Terrain, das: **1.** → Gelände (1) – **2.** das T.
sondieren: **a)** → vorfühlen – **b)** → orientie-
ren (II, 2) – **c)** → erkunden (1)
Terrine, die: → Schüssel (1)
territorial: → landschaftlich (1)
Territorialgewalt, die: Territorialhoheit ·
Gebietshoheit
Territorialhoheit, die: → Territorialgewalt
Territorium, das: **1.** → Staatsgebiet – **2.** →
Landschaftsgebiet
Terror, der: **1.** → Gewaltherrschaft – **2.** →
Gewalttätigkeit (1)
terrorisieren: → bedrohen (1)
Terrorismus, der: → Gewaltherrschaft
Terrorist, der: + Desperado · Bombenleger
Terzerol, das: → Pistole (1)
Test, der: **1.** → Prüfung (1) – **2.** einem T.
unterziehen / unterwerfen: → prüfen (1)
Testament, das: **1.** ⟨*Bestimmung über den
Nachlass im Falle des Todes*⟩ letztwillige
Verfügung · der letzte Wille – **2.** das Alte /
Neue T.: → Bibel
testamentarisch: letztwillig
Testat, das: → Bescheinigung (1)
testen: → prüfen (1)
testieren: → bescheinigen
Testperson, die: → Versuchsperson
Tetanus, der: → Wundstarrkrampf
Tête-à-tête, das: → Liebeserlebnis
Tetrapak, das: → Getränkekarton
teuer: 1. ⟨*im Preis sehr hoch*⟩ hochpreisig +
unbezahlbar · unerschwinglich ♦ *umg*: ge-
salzen · gepfeffert; → *auch* kostspielig – **2.**
→ wertvoll (1) – **3.** → verehrt, geliebt – **4.** t.
sein: ⟨*eine große Summe Geldes erfordern*⟩
viel kosten ♦ *umg*: ins Geld gehen / laufen ·

ein Vermögen / Heidengeld / eine Stange
[Geld] kosten – **5.** nicht t.: → billig (1); t.
[be]zahlen: → büßen (1)
Teuerung, die: → Preisanstieg
Teufel, der: **1.** ⟨*Personifikation des Bösen*⟩
Urian; der Leibhaftige · Gottseibeiuns
(*verhüll*); Antichrist · Satan[as] · Beelzebub
· Luzifer · der Böse · Verderber · Versucher
· Feind (*Rel*) ♦ *dicht*: Mephisto[pheles] ·
Höllenfürst · Fürst der Finsternis / der Hölle
♦ *salopp*: Deibel · Deiwel · Deixel · Deubel
(*landsch*) – **2.** → Unmensch (1) – **3.** pfui T.:
→ pfui (1); wie der T.: → schnell (1, a); des
Teufels sein: → verrückt (5); ein [kleiner]
T. sein: → boshaft (2); [nicht] den T. fragen
⌊nach⌋: → gleichgültig (5); den T. im Leib
haben: → lebhaft (2); vom T. geritten wer-
den: → übermütig (2); den T. an die Wand
malen: → berufen (I, 2); in Teufels Küche
kommen: → Schwierigkeit (2); zum T.: →
entzwei; zum / beim T. sein: → verloren (2);
zum T. gehen: **a)** → verloren (4) – **b)** →
sterben (1); zum T. wünschen: → verwün-
schen (1); zum T. jagen: **a)** → entlassen (2)
– **b)** → vertreiben (1); sich zum T. scheren:
→ weggehen (1); sich den T. scheren ⌊um⌋:
→ rücksichtslos (2)
Teufelei, die: → Gemeinheit, Bosheit
Teufelsbraten, der: → Draufgänger
Teufelsbrut, die: → Bande
Teufelskerl, der: **1.** → Draufgänger – **2.** →
Tausendsasa
Teufelskreis, der: Circulus vitiosus
Teufelskunst, die: → Zauberei
teuflisch: 1. ⟨*wie vom Teufel ersonnen*⟩ dä-
monisch · diabolisch · infernalisch · mephis-
tophelisch · satanisch · luziferisch – **2.** →
gemein (1)
Text, der: **1.** ⟨*einen Inhalt ausdrückende
Wortfolge*⟩ Wortlaut + Wort – **2.** → Rolle
(3) – **3.** weiter im T.: → vorwärts (1); aus
dem T. bringen: → verwirren (2)
Textbuch, das: Libretto
Textdichter, der: Librettist · Texter · Text-
verfasser; → *auch* Bühnenautor
Texter, der: → Textdichter
textilfrei: → nackt
Textverfasser, der: → Textdichter
Tezett: bis ins / zum T.: → gründlich (2)
Theater, das: **1.** ⟨*die Gesamtheit aller In-
stitutionen zur Pflege der Bühnenkunst*⟩
Bühne · die Bretter, die die Welt bedeuten –
2. ⟨*Gebäude zur Aufführung von Bühnen-*

werken⟩ Bühne; Musentempel (*scherzh*) + Schauspielhaus ♦ *umg*: Schmiere (*abwert*); → *auch* Wanderbühne, Oper (2) – **3.** → Vorstellung – **4.** → Gehabe[n] (1) – **5.** T. machen: → zieren (II, 2); T. spielen: → heucheln (1), verstellen (II)

Theaterautor, der: → Bühnenautor

Theaterdekoration, die: → Bühnenbild

Theaterdichter, der: → Bühnenautor

Theatersaison, die: → Spielzeit

Theaterstück, das: Bühnenstück · Stück · Bühnenwerk · Bühnendichtung ♦ *salopp*: Schinken (*abwert*); → *auch* Drama (1), Lustspiel, Trauerspiel

theatralisch: → gekünstelt

Theke, die: Ausschank · Schanktisch / Schänktisch / Schenktisch; Tresen · Tonbank (*norddt*); Zapf (*süddt*)

Thema, das: **1.** ⟨*das in einem Gespräch, einer Untersuchung od. dgl. zu Behandelnde bzw. Wiederzugebende*⟩ Gegenstand · Stoff · Materie · Sujet + Vorwurf; → *auch* Thematik – **2.** beim T. bleiben: → abschweifen (2)

Thematik, die: Themenkreis · Themenkomplex; → *auch* Thema (1)

Themenkomplex, der: → Thematik

Themenkreis, der: → Thematik

Theologe, der: → Geistliche

theologisch: → geistlich (1)

Theorem, das: → Lehrsatz

Theorie, die: → Lehre (1)

Therapie, die: → Behandlung (1)

Therme, die: → Boiler

Thesaurus, der: → Wörterbuch

These, die: → Lehre (1)

Thespiskarren, der: → Wanderbühne

Thomas, der: ungläubiger T.: → Zweifler

Thorax, der: → Brust (I, 1)

Thrombus, der: → Blutgerinnsel

Tick, der: → Schrulle (1)

ticken: 1. → klopfen (1) – **2.** nicht richtig t.: → verrückt (5)

Ticker, der: → Fernschreiber

Ticket, das: **1.** → Eintrittskarte – **2.** → Fahrkarte (1)

Ticktack, die: → Uhr (1)

Tiden (*Pl*): → Gezeiten

tief: 1. → abgrundtief – **2.** t. gehend: → eindrucksvoll; t. greifend: → empfindlich (2); t. schürfend: → gründlich (1); zu t. ins Glas gucken: → betrinken, sich; in tiefem / im tiefsten Schlaf liegen: → schlafen (1, b)

Tief, das: **1.** ⟨*Gebiet mit niedrigem Luftdruck*⟩ Tiefdruckgebiet · Tiefdruckzone; Depression · Zyklone (*Met*) – **2.** → Tiefstand (1) – **3.** in einem T. stecken: → schlecht (10, a)

Tiefdruckgebiet, das: → Tief (1)

Tiefdruckzone, die: → Tief (1)

Tiefe, die: **1.** → Ausmaß – **2.** → Bedeutung (1) – **3.** in der T.: → unten (1); in die T.: → hinunter

Tiefebene, die: → Flachland

Tiefgarage, die: → Garage

Tiefkühlschrank, der: Gefrierschrank + Tiefkühltruhe · Gefriertruhe · Deepfreezer · Gefrieranlage · Refrigerator; → *auch* Kühlschrank

Tiefkühltruhe, die: → Tiefkühlschrank

Tiefland, das: → Flachland

Tiefpunkt, der: → Tiefstand (1)

Tiefseeforscher, der: → Unterwasserforscher

tiefsinnig: 1. → schwermütig – **2.** → nachdenklich

Tiefstand, der: **1.** ⟨*sehr niedrige Stufe in einer Entwicklung*⟩ Tief · Tiefpunkt · Flaute ♦ *umg*: Ebbe – **2.** → Niedergeschlagenheit

Tiegel, der: → Pfanne (1)

Tier, das: **1.** ⟨*nicht menschl. od. pflanzl. Lebewesen*⟩ Raubtier · Bestie ♦ *umg*: Vieh · Biest (*oft abwert*) ♦ *salopp*: Viech (*meist abwert*) – **2.** → Unmensch (1) – **3.** König der Tiere: → Löwe (1); hohes / großes T.: → Hochgestellte

Tierarzt, der: Veterinär (*fachspr*) ♦ *umg*: Viehdoktor (*scherzh*)

Tierbändiger, der: → Dompteur

Tiergarten, der: → Zoo

tierhaft: → tierisch (1)

tierisch: 1. ⟨*sich wie ein Tier verhaltend*⟩ tierhaft · animalisch – **2.** → brutal – **3.** t. ernst: → humorlos (1); tierischer Ernst: → Humorlosigkeit

Tierlehrer, der: → Dresseur

Tierleiche, die: → Aas (1)

Tierpark, der: → Zoo

Tierreich, das: → Tierwelt

Tierwelt, die: Fauna + Tierreich

tigern: → marschieren

tigroid: → streifig

tilgbar: amortisierbar · amortisabel

tilgen: 1. ⟨*in Bezug auf Verbindlichkeiten: sie durch eine entsprechende Leistung aus der Welt schaffen*⟩ löschen · bereinigen · ab-

Tilgung

gelten · abdecken · abstoßen · ablösen · ausgleichen · begleichen · bezahlen · amortisieren · abarbeiten + annullieren; → *auch* abzahlen, zurückzahlen (1) – **2.** ⟨*in Bezug auf eine Schmach: sie beseitigen*⟩ löschen ♦ *gehoben*: abwaschen – **3.** ⟨*in Bezug auf Schriftzeichen: sie entfernen*⟩ [ab]löschen; → *auch* streichen (3)

Tilgung, die: Löschung · Abdeckung · Ablösung · Abschreibung · Amortisation; Obliteration (*Wirtsch*) + Abtragung · Abzahlung; → *auch* Bezahlung (1)

Timbre, das: → Klangfarbe

timen: → abstimmen (3)

Timing, das: → Abstimmung (3)

Tingeltangel, der: → Amüsierlokal

Tinktur, die: → Extrakt (1)

Tinnef, der: **1.** → Schund (1) – **2.** → Unsinn (1, a)

Tinte, die: T. gesoffen haben: → verrückt (5); in der T. sitzen: → Verlegenheit (2); klar wie dicke T. sein: → selbstverständlich (3)

tintenblau: → blau (1)

Tipp, der: **1.** → Hinweis – **2.** einen T. geben: → raten (1)

Tippelbruder, der: → Landstreicher

tippeln: 1. → gehen (1) – **2.** → trippeln

Tippelschickse, die: → Landstreicherin

tippen: 1. → Maschine (5) – **2.** → vermuten – **3.** → wetten – **4.** t. |an|: → berühren (I, 1)

Tippse, die: → Maschinenschreiberin

tipptopp: → einwandfrei (1)

Tirade, die: → Redeschwall

tirilieren: → singen (2)

Tisch, der: **1.** ⟨*Möbelstück*⟩ + Tafel – **2.** T. des Herrn: → Altar (1); reinen T. machen: → aufräumen (1); mit der Faust auf den T. schlagen: → aufbrausen (2); die/seine Karten auf den T. legen: → offenbaren (II); über den T. ziehen: → betrügen (1); die Beine unter den T. stecken: → faulenzen (1); unter den T. kehren/fallen lassen: → auslassen (I, 1); mit am T. sitzen: → teilnehmen (1); vom T. sein: → erledigt (3, a); vom T. bringen: → erledigen (1); vom T. wischen: → unwichtig (2)

Tischdecke, die: → Tischtuch

tischfertig: fertig · zubereitet + küchenfertig

Tischkasten, der: → Schubfach

Tischler, der: Schreiner (*landsch*)

Tischtennis, das: *umg*: Pingpong

Tischtuch, das: Tischdecke · Decke + Tafeltuch

titanenhaft: → übermenschlich

titanisch: → übermenschlich

Titel, der: **1.** ⟨*jmds. Würde bzw. Rang angebende Bezeichnung*⟩ Prädikat + Ehrentitel – **2.** ⟨*kennzeichnender Name einer schriftl. Arbeit*⟩ Überschrift + Kopf – **3.** → Buch (1)

titschen: t. |in|: → eintauchen (1)

Titten (*Pl*): → Brust (I, 2)

Titulatur, die: → Anrede

titulieren: 1. → anreden (1) – **2.** → nennen (1)

Titulierung, die: → Anrede

tizianrot: → rot (1)

Toast, der: **1.** → Trinkspruch (1) – **2.** einen T. ausbringen: → toasten (1)

toasten: 1. ⟨*vor dem Zutrinken ein paar [huldigende] Worte sagen*⟩ einen Trinkspruch/Toast ausbringen; → *auch* zutrinken – **2.** → rösten (1)

Toaster, der: Brotröster · Röster

Tobak, der: starker T. sein: → unverschämt (2)

Tobel, der *od.* das: → Schlucht

toben: 1. ⟨*von Kindern gesagt: sehr lebhaft spielen*⟩ tollen · sich tummeln ♦ *salopp*: die Bude auf den Kopf stellen; → *auch* umhertollen – **2.** → stürmen (1) – **3.** → wüten

Tobsucht, die: → Raserei

tobsüchtig: → wütend

Tochtergeschwulst, die: → Krebs (1)

Tod, der: **1.** ⟨*das Ende des Lebens*⟩ Ableben · Ende · Lebensende; Abgang (*bes. milit*); Exitus (*med*); Hinscheid (*schweiz*) + Erlösung ♦ *gehoben*: Hingang · Hinscheiden · Heimgang · Abberufung + der letzte/ewige Schlaf; → *auch* Todeskampf – **2.** ⟨*Personifikation des Lebensendes*⟩ Knochenmann · Sensenmann · Freund Hein – **3.** Anwärter des Todes: → Todgeweihte; der schwarze T.: → Pest (1); auf den T. krank, vom T. gezeichnet: → todkrank (1); mit dem Tode ringen: → sterben; den T. erleiden: → sterben (1); zu Tode kommen, den T. finden: → umkommen; den T. in den Wellen finden: → ertrinken; vom Leben zum Tode bringen/befördern: → hinrichten (1); dem T. von der Schippe springen: → davonkommen (2); auf den T. nicht leiden können: **a)** → verabscheuen – **b)** → hassen; zu Tode erschrocken: → erschrocken (1)

todbleich: → blass (1)

Tonstück

todbringend: → tödlich
todernst: → ernst (1)
Todesanzeige, die: Traueranzeige; Parte ·
Partezettel (*österr*)
Todesfall, der: Sterbefall · Trauerfall
Todeskampf, der: Agonie + Todesnot · Todesqual · die letzte Stunde; → *auch* Tod (1)
Todeskandidat, der: → Todgeweihte
Todeslager, das: → Konzentrationslager
todesmutig: → mutig (1)
Todesnot, die: → Todeskampf
Todesqual, die: → Todeskampf
Todesstoß, der: **1.** ⟨*der ein Tier tötende Stoß mit einer Stichwaffe*⟩ Fangstoß · Genickfang (*weidm*) – **2.** den T. versetzen: **a)** → töten (I, 2) – **b)** → ruinieren (I, 1)
Todesstrafe, die: die T. vollstrecken: → hinrichten (1)
todfeind: → unversöhnlich (1)
Todfeind, der: → Feind (1)
todgeweiht: → todkrank (1)
Todgeweihte, der: Todeskandidat ♦ *gehoben*: Anwärter des Todes
todkrank: 1. ⟨*an einer zum Tode führenden Krankheit leidend*⟩ sterbenskrank · auf den Tod krank · vom Tod gezeichnet · unheilbar [krank]; inkurabel (*med*) + todgeweiht · inoperabel; → *auch* krank (1) – **2.** t. sein: ⟨*an einer Krankheit [bald] sterben müssen*⟩ mit einem Bein/Fuß im Grabe stehen · am Rande des Grabes stehen
todlangweilig: → langweilig
tödlich: todbringend; letal (*med*)
todmüde: → müde (1)
todschick: → elegant (1)
todsicher: → sicher (4)
todunglücklich: → traurig (1)
Toffel, der: → Tollpatsch
Töfftöff, das: **1.** → Motorrad – **2.** → Auto (1)
Tohuwabohu, das: → Durcheinander (1)
Toilette, die: **1.** ⟨*Raum zur Verrichtung der Notdurft*⟩ Klosett; Abort (*veraltend*) + WC · Pissoir ♦ *umg*: Klo; Abtritt (*noch landsch*); [stilles] Örtchen · Örtlichkeit · Kabinett · Tante Meier · Kloster (*verhüll*); Latrine (*soldatenspr*) ♦ *salopp*: Lokus · Nummer Null + Plumpsklo ♦ *derb*: Scheißhaus + Pinkelbude – **2.** T. machen: → herausputzen (II)
Töle, die: → Hund (1)
tolerant: duldsam · großzügig · nachsichtig · weitherzig; → *auch* versöhnlich (1), geduldig (1)

Toleranz, die: Duldsamkeit · Nachsicht; → *auch* Geduld (1)
toll: 1. → unerhört (1), großartig (1) – **2.** → rasend (1) – **3.** tolle Puppe: → Mädchen (2)
tolldreist: → unverschämt (1)
Tolle, die: → Haarschopf
tollen: → toben (1)
Tollhaus, das: reif fürs T.: → verrückt (1)
Tollheit, die: → Kühnheit
tollkühn: → kühn
Tollkühnheit, die: → Kühnheit
Tollpatsch, der: Tölpel ♦ *umg*: Toffel · Stoffel · Taps · Trampel · Trampeltier; Torkel (*landsch*); Tepp · Depp (*süddt österr schweiz*); → *auch* Dummkopf (2)
tollpatschig: → ungeschickt (1)
Tölpel, der: **1.** → Dummkopf (1) – **2.** → Tollpatsch
Tölpelei, die: → Einfalt
tölpelhaft: 1. → einfältig (2) – **2.** → ungeschickt (1)
tölpisch: → ungeschickt (1)
Tomate, die: Paradiesapfel (*landsch*); Paradeiser (*österr*)
Tombola, die: → Verlosung
¹Ton, der: **1.** ⟨*hörbare Luftschwingung*⟩ Laut; → *auch* Schall (1) – **2.** → Klang (I, 1) – **3.** → Betonung (2) – **4.** → Färbung (1) – **5.** den T. legen ⌐auf⌐: → betonen (1 *u.* 2); den T. angeben: → bestimmen (2); große Töne reden/spucken, große/dicke Töne schwingen: → aufspielen (II); kritische Töne anschlagen: → kritisieren; keinen T. sagen/von sich geben: → schweigen (1); in den höchsten Tönen loben: → loben (1)
²Ton, der: + Mergel · Lehm · Kaolin
tonangebend: → führend (1)
Tonband, das: Band · Tape
Tonbandgerät, das: Magnettongerät · Bandgerät; → *auch* Kassettenrekorder
Tondichter, der: → Komponist
Tondichtung, die: → Komposition (1)
tönen: 1. → klingen (1), sprechen (1) – **2.** → färben (I, 2)
Tonfall, der: → Aussprache (1)
Tonfolge, die: → Melodie
Tonkünstler, der: → Musiker
Tonlage, die: → Stimmlage
tonlos: → schweigend
Tonne, die: **1.** → Fass (1) – **2.** → Dicke (I *u.* II, 1)
Tonschöpfer, der: → Komponist
Tonstück, das: → Komposition (1)

683

Tonsur

Tonsur, die: → Glatze
Tönung, die: → Färbung (1)
Tonzeichen, das: Akzent; → *auch* Betonung (2)
top: → hervorragend (1)
Top-Etage, die: → Führungsetage
Topf, der: **1.** ⟨*tiefes Haushaltsgefäß*⟩ Hafen (*süddt*) + Kochtopf · Kasserolle ♦ *umg*: Pott (*norddt*); → *auch* Schmortopf – **2.** in einen T. werfen: → gleichsetzen
Topfdeckel, der: → Deckel (1)
Topfen, der: → Quark (1)
Töpfer, der: → Ofensetzer
topfit: → fit
Topfkuchen, der: → Napfkuchen
Topform, die: → Bestform
Toplader, der: → Waschmaschine
Topleistung, die: → Spitzenleistung (1)
topless: → busenfrei
Topmann, der: → Spitzenkraft
toppen: → überflügeln
topsecret: → geheim (1)
Topseller, der: → Verkaufsschlager
Topspeed, der: → Spitzengeschwindigkeit
Topstar, der: → ¹Star
¹Tor, das: **1.** ⟨*großer türartiger Durchlass*⟩ Portal + Torweg; → *auch* Tür (1), Einfahrt – **2.** ⟨*Ziel bei Ballspielen*⟩ Gehäuse · Kasten (*Sport*) + Fußballtor – **3.** ⟨*Torwurf bzw. Torschuss*⟩ Treffer; Goal (*österr schweiz*)
²Tor, der: **1.** → Dummkopf (2) – **2.** → Grünschnabel
Toreinfahrt, die: → Einfahrt
Toresschluss, der: [kurz] vor T.: → Augenblick (2)
Torheit, die: **1.** → Einfalt – **2.** → Unvernunft, Sinnlosigkeit – **3.** → Narretei
Torhüter, der: → Torwart
töricht: 1. → einfältig (2) – **2.** → unvernünftig, sinnlos (1)
Torkel, der: **1.** → Schwindel (1) – **2.** → Tollpatsch
torkeln: → schwanken (1)
Tormann, der: → Torwart
Tornado, der: → Wirbelsturm
Tornister, der: **1.** ⟨*Soldatengepäck*⟩ *umg*: Affe – **2.** → Schulranzen
torpedieren: 1. → versenken (I, 2) – **2.** → vereiteln
torpid: → stumpfsinnig (1)
Torschluss, der: → Ende (1, b)
Torschütze, der (*Fußball*): Goalgetter (*österr*)

Torso, der: → Bruchstück (1)
Torsteher, der: → Torwart
Tort, der: einen T. antun/zufügen: → kränken
Tortur, die: **1.** → Folter (2) – **2.** → Qual (1)
Torwächter, der: → Pförtner
Torwart, der (*Sport*): Torhüter · Torsteher · Tormann; Goalkeeper · Keeper · Goalmann (*bes. österr schweiz*) ♦ *umg*: Schlussmann
Torweg, der: → Einfahrt, ¹Tor (1)
tosen: 1. → brausen (I, 1) – **2.** → stürmen (1)
tot: 1. ⟨*nicht mehr lebendig*⟩ leblos · gestorben ♦ *gehoben*: verschieden · abgeschieden · hingeschieden · entseelt ♦ *umg*: dahin · hinüber · mausetot ♦ *salopp*: hin · hops ♦ *derb*: krepiert; → *auch* verstorben – **2.** → verstorben – **3.** → menschenleer – **4.** t. sein: ⟨*nicht mehr leben*⟩ ausgelitten haben · unter der Erde liegen ♦ *gehoben*: nicht mehr sein · nicht mehr unter den Lebenden/unter uns weilen · jmdn. deckt der grüne Rasen ♦ *umg*: nicht mehr piep[s] sagen können · keinen Piep[s] mehr sagen/machen/von sich geben können ♦ *salopp*: sich die Radieschen von unten ansehen/betrachten ♦ *derb*: einen kalten Arsch haben – **5.** tote Hose: **a)** → Langeweile (1) – **b)** → Trauerkloß; aufs tote Gleis schieben: → kaltstellen; ein toter Mann sein: → erledigt (3, b)
total: 1. → vollständig (1) – **2.** → ganz (1) – **3.** → völlig (1)
totalitär: → absolut (1)
Totalitarismus, der: → Gewaltherrschaft
Totalität, die: → Gesamtheit (1)
totdrücken: → erdrücken (1)
Tote, der: **1.** → Verstorbene – **2.** → Leiche (1) – **3.** schlafen wie ein Toter: → schlafen (1, b)
töten: I. töten: ⟨*den Tod herbeiführen*⟩ **1.** ⟨*von Menschen*⟩ umbringen · ums Leben bringen · beseitigen · unter die Erde bringen + Blut vergießen · lynchen · niedermetzeln · niedermachen · abschlachten · liquidieren ♦ *gehoben*: den Lebensfaden abschneiden · hinstrecken + hinmorden · hinmetzeln · hinschlachten ♦ *umg*: erledigen · ins Jenseits befördern · das Lebenslicht ausblasen/auslöschen; den Garaus machen (*meist scherzh*) ♦ *salopp*: killen · abmurksen · das Lebenslicht auspusten · abservieren · fertig machen · alle machen · über die Klinge springen lassen · den Rest geben · massak-

684

rieren ♦ *derb*: kaltmachen · umlegen · hinmachen; → *auch* ermorden, morden (1), erwürgen, erhängen (I), erschlagen (1), erschießen (I), erstechen, enthaupten, hinrichten (1), vernichten (1, a) – **2.** ⟨*von Tieren*⟩ einschläfern · den Todesstoß versetzen; abfangen · den Fang[schuss]/Fangstoß geben · abnicken · den Genickfang geben (*weidm*) + keulen · den Gnadenstoß versetzen · den Gnadenschuss geben ♦ *umg*: totmachen; → *auch* schlachten, vernichten (1, b) – **3.** den letzten Nerv t.: → belästigen (1) – **II.** töten, sich: → Selbstmord (2)

Totenamt, das: → Totenmesse

totenblass: → blass (1)

totenbleich: → blass (1)

Totenfeier, die: → Trauerfeier

Totenlade, die: → Sarg

Totenmesse, die (*kathol*): Requiem · Seelenamt · Seelenmesse · Totenamt; → *auch* Gottesdienst

Totenreich, das: → Unterwelt (1)

Totenschrein, der: → Sarg

totenstill: → still (1)

Totenstille, die: → Stille

totgehen: → verenden

totkriegen: nicht totzukriegen: → haltbar (1)

totlachen, sich: → lachen (1)

Totlachen: zum T.: → komisch (1)

totmachen: I. totmachen: → töten (I, 2) – **II.** totmachen, sich: → überanstrengen (II)

totprügeln: → erschlagen (1)

totquetschen: → erdrücken (1)

totreden: → einreden (1)

totschießen: → erschießen (I)

Totschlag, der: **1.** → Tötung – **2.** Mord und T.: → Streit (1)

totschlagen: 1. → erschlagen (1) – **2.** die Zeit t.: → gammeln

Totschläger, der: → Mörder

totschweigen: → verschweigen

Tötung, die: Totschlag; Tötungsdelikt (*Rechtsw*) + Abtötung · Abschlachtung; → *auch* Mord (1), Blutbad

Tötungsdelikt, das: → Tötung

Touch, der: → Anflug (2)

touchieren: → berühren (I, 1)

Toupet, das: → Perücke

Tour, die: **1.** → Ausflug, Wanderung – **2.** → Drehung (1) – **3.** in einer T.: → ununterbrochen; eine T. drehen: → tanzen (1); auf die krumme T. reisen: → betrügen (1); auf

Touren kommen: → Stimmung (5); auf Touren bringen: → antreiben (2)

Tourist, der: → Urlauber

Touristikunternehmen, das: Reiseveranstalter · Reiseanbieter + Reisebüro

Toxikum, das: → Gift (1)

Toxin, das: → Gift (1)

toxisch: → giftig (1)

Trab, der: auf/in T. bringen: → antreiben (2); sich in T. setzen: → aufbrechen (3)

Trabant, der: **1.** → Mond (2) – **2.** → Begleiter (1) – **3.** → Anhänger (3)

Trabantenstadt, die: Satellitenstadt; → *auch* Vorort

traben: 1. → reiten (1) – **2.** → laufen (1)

Tracht, die: **1.** → Kleidung (1) – **2.** eine T. Prügel: → Prügel (II, 1); eine T. Prügel geben/verpassen: → verprügeln

trachten: t. ⎮nach⎮: → erstreben

Trachten, das: → Streben

trächtig: tragend; beschlagen (*weidm*) + hochtragend

Trademark, die: → Markenzeichen

Tradition, die: **1.** → Überlieferung (1) – **2.** → Gewohnheit (1)

traditionell: → alt (3)

Tragbahre, die: → Bahre

tragbar: → erträglich

Trage, die: → Bahre

träge: schwunglos · leidenschaftslos · temperamentlos · lethargisch · phlegmatisch · indolent · bequem + schläfrig · verschlafen ♦ *umg*: pomadig · schlafmützig ♦ *derb*: lahmarschig; → *auch* faul (2), schwerfällig (1)

tragen: I. tragen: **1.** ⟨*etw. vom Boden Aufgenommenes* [*mit Mühe*] *fortbewegen*⟩ schleppen + huckepack tragen ♦ *umg*: buckeln ♦ *salopp*: asten – **2.** ⟨*am Körper haben*⟩ bekleidet sein ⎮mit⎮ ♦ *umg*: anhaben · auf dem Leib haben – **3.** ⟨*auf dem Kopf haben*⟩ *umg*: aufhaben – **4.** ein Kind unter dem Herzen t.: → schwanger (2); zu Grabe t.: **a)** → begraben (1) – **b)** → aufgeben (3); im Herzen t.: → lieben (1); auf Händen t.: → verwöhnen; zur Schau t.: → zeigen (I, 3); das Herz auf der Zunge t.: → offenherzig (2); sein Päckchen zu t. haben: → Sorge (3); Sorge t., dass …: → veranlassen (1); die Kirche ums Dorf t.: → umständlich (2); die Kosten t. ⎮für⎮: **a)** → finanzieren – **b)** → haften (2, a); das Joch/sein Kreuz t.: → abfinden (II, 2); zum Tragen kommen: →

tragend

auswirken, sich – **II. tragen, sich:** sich mit dem Gedanken/der Absicht t.: → beabsichtigen

tragend: → trächtig

Träger, der: **1.** ⟨*tragendes Bauteil*⟩ Tragpfosten + Stützbalken · Konsole – **2.** → Gepäckträger

Tragfläche, die: → Flügel (2)

Tragflächenboot, das: Tragflügelboot · Gleitboot

Tragflügel, der: → Flügel (2)

Tragflügelboot, das: → Tragflächenboot

Trägheit, die: Lethargie · Phlegma · Indolenz · Bequemlichkeit + Schläfrigkeit ♦ *umg:* Schlafmützigkeit; → *auch* Faulheit

Tragik, die: → Unglück (1)

tragisch: 1. → verhängnisvoll – **2.** nicht so t. sein: → schlimm (3)

Tragödie, die: → Trauerspiel

Tragpfosten, der: → Träger (1)

Tragtier, das: → Lasttier

Tragweite, die: → Bedeutung (1)

Trainer, der: Coach (*Sport*)

trainieren: 1. ⟨*als Trainer betreuen*⟩ coachen (*Sport*) – **2.** → üben (1)

Training, das: → Übung (1)

Trajekt, der: → Fähre

Trakt, der: → Gebäudekomplex

Traktat, der *od.* das: → Abhandlung (1)

traktieren: 1. → quälen (I, 1) – **2.** → bewirten (1)

Traktor, der: Trecker · Schlepper + Zugmaschine · Raupenschlepper · Bulldog (*Wz*); → *auch* Planierraupe

trällern: → singen (1)

¹Tram, die, *schweiz* das: → Straßenbahn

²Tram, der: → Balken

Trambahn, die: → Straßenbahn

Tramen, der: → Balken

Tramp, der: → Landstreicher

Trampel, der: → Tollpatsch

trampeln: stampfen; → *auch* stapfen

Trampeltier, das: **1.** → Kamel (1) – **2.** → Tollpatsch

Tramper, der: als T.: → Anhalter

Tramway, die: → Straßenbahn

Tran, der: im T.: → benommen (1)

Träne, die: **1.** ⟨*aus den Augen rinnender Tropfen*⟩ *dicht:* Zähre + Wasser – **2.** Tränen vergießen, in Tränen schwimmen/zerfließen, sich der Tränen nicht erwehren können: → weinen (1); keine T. nachweinen:

→ nachtrauern (2); Tränen lachen: → lachen (1)

tranen: → unaufmerksam (2)

Tränendrüse, die: auf die Tränendrüsen drücken: → rührselig (3)

tränenselig: → rührselig (1)

Tränenseligkeit, die: → Rührseligkeit

tranig: 1. → langweilig – **2.** → fettig (3)

Trank, der: → Getränk (1)

Tranksame, die: → Getränk (1)

Tranquilizer, der: → Beruhigungsmittel

Transaktion, die: → Geschäft (3)

transatlantisch: → überseeisch

transchieren: → zerlegen (2)

transferieren: 1. → versetzen (I, 1) – **2.** → überweisen

Transformation, die: **1.** → Umformung (1) – **2.** → Umwandlung

transformieren: 1. → umformen (1) – **2.** → umwandeln

Transfusion, die: → Blutübertragung

Transit, der: → Durchfuhr

Transkription, die: → Umschrift (1)

Translation, die: → Übersetzung

Transliteration, die: → Umschrift (1)

transluzent: → durchsichtig (1)

transluzid: → durchsichtig (1)

transmarin: → überseeisch

Transmutation, die: → Umwandlung

transozeanisch: → überseeisch

transparent: → durchsichtig (1)

Transparent, das: Spruchband

Transparenz, die: → Durchsichtigkeit

transpirieren: → schwitzen (1)

Transplantation, die **1.** ⟨*das Transplantieren*⟩ Organverpflanzung – **2.** eine T. vornehmen/durchführen: → transplantieren

transplantieren: eine Transplantation vornehmen/durchführen · verpflanzen · überpflanzen; → *auch* implantieren

Transport, der: **1.** → Beförderung (1) – **2.** → Fracht

transportabel: → beweglich (1)

Transporter, der: **1.** → Frachter – **2.** → Lastkraftwagen

Transportfirma, die: → Spedition

transportierbar: → beweglich (1)

transportieren: → befördern (1)

Transportunternehmen, das: → Spedition

Transuse, die: → Schlafmütze (2)

Transvestit, der: Ladyboy

transzendent[al]: → übersinnlich

trappeln: → trippeln

treffen

trappen: → stapfen

trapsen: → stapfen

Trara, das: **1.** → Lärm (1) – **2.** → Gehabe[n] (1)

Trasse, die: **1.** → Ölleitung – **2.** → Straße (1)

Tratsch, der: → Gerede (1)

tratschen: → klatschen (2)

Tratscherei, die: → Gerede (1)

tratschig: → geschwätzig

Traualtar, der: zum T. gehen: → heiraten (1); zum T. führen: → heiraten (2)

Traube, die: → Weintraube

Traubenernte, die: → Weinlese

Traubenlese, die: → Weinlese

Traubenzucker, der: Dextrose · Glukose · Stärkezucker

trauen: I. trauen: **1.** → vertrauen – **2.** dem Frieden nicht recht t.: → Verdacht (2); nicht um die Ecke/über den Weg t.: → misstrauen; seinen Augen nicht t.: → staunen (1); sich t. lassen: → heiraten (1) – **II.** trauen, sich: → wagen (1)

Trauer, die: → Traurigkeit

Traueranzeige, die: → Todesanzeige

Trauerfall, der: → Todesfall

Trauerfeier, die: Totenfeier; → *auch* Begräbnis, Einäscherung

Trauerflor, der: Florband · Flor

Trauerkloß, der (*umg*): Langweiler · Gähner · langweiliger Peter · trübe Tasse · tote Hose · taube Nuss ♦ *derb*: Lahmarsch; → *auch* Schlafmütze (2), Phlegmatiker

trauern: 1. 〈*Trauer empfinden*〉 traurig sein · betrübt sein + Leid tragen – **2.** 〈*Trauerkleidung tragen*〉 Schwarz tragen · schwarz gehen – **3.** t. |um|: → beklagen (I, 1)

Trauerspiel, das: Tragödie; → *auch* Theaterstück

Traufe, die: → Dachrinne

träufeln: → tropfen (2)

traulich: → gemütlich

Traum, der: **1.** 〈*im Schlaf auftretende Vorstellungen*〉 + Traumbild · Traumgebilde · Traumgesicht; → *auch* Wachtraum – **2.** → Wunsch (1) – **3.** einen T. haben: → träumen (1); ein wahrer T.: → wunderbar (1); nicht im T.: → niemals

Trauma, das: **1.** → Verletzung (1) – **2.** → Erschütterung (2)

Traumbild, das: **1.** → Traum (1) – **2.** → Wunschvorstellung

träumen: 1. 〈*im Schlaf Vorstellungen haben*〉 einen Traum haben – **2.** → unaufmerksam (2) – **3.** → schwärmen (1)

Träumer, der: **1.** → Schlafmütze (2) – **2.** → Schwärmer (1)

Träumerei, die: → Schwärmerei (1)

träumerisch: 1. → schwärmerisch (1) – **2.** → geistesabwesend (1), verträumt (1)

Traumgebilde, das: → Traum (1)

Traumgesicht, das: → Traum (1)

traumhaft: 1. 〈*wie in einem Traum*〉 visionär – **2.** → unwirklich – **3.** → wunderbar (1)

Trauminet, der: → Feigling

Traumtänzer, der: → Schwärmer (1)

traumverloren: → geistesabwesend (1)

traumversunken: → verträumt (1)

Traumwandler, der: → Schlafwandler

traurig: 1. 〈*in gedrückter Stimmung*〉 [tod]unglücklich · untröstlich · kummervoll · bekümmert · betrübt · weh[mütig] · wehmutsvoll · elegisch · trüb[e] · trübselig + betrüblich; → *auch* pessimistisch (1), schmerzerfüllt – **2.** t. sein: **a)** 〈*sich in einer gedrückten Stimmung befinden*〉 betrübt sein · sich grämen ♦ *gehoben*: sich betrüben · sich bekümmern; → *auch* Kummer (3) – **b)** → trauern (1) – **3.** t. machen: **a)** → bedrücken (1) – **b)** → betrüben (I); trauriger Rest: → Rest (I, 1); ein trauriges Kapitel: → unangenehm (1)

Traurigkeit, die: Trauer · Trübsal · Wehmut · Wehmütigkeit · Wehgefühl · Tristesse

Traute, die: → Mut (1)

Trautheit, die: → Gemütlichkeit (1)

Travellerscheck, der: → Reisescheck

Trawler, der: → Fangschiff

Treatment, das: → Drehbuch

Trebe, die: auf der T. sein: → herumtreiben, sich

Trebegänger, der: → Stadtstreicher

Treber, der: → Stadtstreicher

Trecker, der: → Traktor

Treff, der: → Zusammenkunft

treffen: I. treffen: **1.** 〈*das Ziel erreichen*〉 ins Schwarze treffen – **2.** → begegnen (1) – **3.** ins Herz/Mark t.: → kränken; jmds. Geschmack t.: → gefallen (1); [s]eine Wahl t.: → entscheiden (II); eine Verfügung t.: → anordnen (2) – **II.** treffen, sich: **1.** 〈*miteinander eine Begegnung haben*〉 sich begegnen · sich finden · zusammenkommen · zusammentreffen; → *auch* versammeln (II, 1) – **2.** sich auf halbem Wege t.: → einigen (II)

687

Treffen

Treffen, das: **1.** → Zusammenkunft – **2.** → Gefecht (1) – **3.** → Wettkampf – **4.** ins T. führen: → vorbringen
treffend: 1. ⟨*kurz u. genau ausgedrückt*⟩ prägnant · lakonisch · epigrammatisch; → *auch* knapp (2) – **2.** → genau (1)
Treffer, der: **1.** → Lotteriegewinn – **2.** → ¹Tor (3)
trefflich: → gut (1)
Treffpunkt, der: → Sammelstelle
treiben: 1. ⟨*durch die Strömung des Wassers fortbewegt werden*⟩ driften – **2.** → drängen – **3.** → tun (1) – **4.** → sprießen (1) – **5.** → gären (1) – **6.** es t. |mit|: → koitieren; in die Enge t.: → bedrängen (1); auf die Spitze t.: → übertreiben (2); in die Arme t.: → ausliefern (I, 1); in den Furor t.: → erzürnen (1); Handel t.: → handeln (I, 1); Schmuggel t.: → schmuggeln; ein doppeltes Spiel t.: → hintergehen; die treibende Kraft: → Kraft (6); jmdm. den Schweiß auf die Stirn t.: → ängstigen (I)
Treibhaus, das: Gewächshaus · Warmhaus · Glashaus
Treibhausgas, das: Kohlendioxid
Treibjagd, die: → Jagd (1)
Treibstoff, der: → Kraftstoff
tremolieren: → singen (1)
Trenchcoat, der: → Mantel (1)
Trend, der: **1.** → Tendenz (2) – **2.** → Mode (1) – **3.** [voll] im T. liegen: → ²modern (2); im T. liegend: → gegenwartsnah[e]
trendig: → gegenwartsnah[e]
Trendsetter, der: → Wegbereiter
trendy: → gegenwartsnah[e]
trennen: I. trennen: **1.** ⟨*eine Verbindung lösen*⟩ scheiden · teilen · sondern; separieren (*veraltend*); → *auch* spalten (1), durchschneiden (I), absondern (I, 1) – **2.** → zertrennen – **II.** trennen, sich: ⟨*von Menschen gesagt: nicht beieinander bleiben*⟩ auseinander gehen + sich scheiden lassen ♦ *gehoben:* scheiden ♦ *umg:* auseinander laufen; → *auch* verabschieden (II, 1)
Trennung, die: **1.** ⟨*das Trennen bzw. Sichtrennen*⟩ Scheidung · Sonderung; Separation (*veraltend*) + Absonderung · Schnitt · Bruch · Disengagement · Sezession; → *auch* Teilung (1) – **2.** ⟨*das Nichtbeieinandersein*⟩ Getrenntsein; Separation (*veraltend*) – **3.** → Abschied (1) – **4.** → Abteilung (I, 1)
Trennwand, die: → Scheidewand
Trense, die: → Zaum (1)

Treppe, die: **1.** ⟨*Stufen zur Überwindung eines Höhenunterschiedes*⟩ Stiege (*bes. süddt österr*) ♦ *umg:* Hühnerleiter (*abwert*); → *auch* Aufgang (1) – **2.** die T. hinauffallen: → aufsteigen (2)
Treppenabsatz, der: Absatz · Podest
Treppenaufgang, der: → Aufgang (1)
Treppengeländer, das: → Geländer
Treppenstufe, die: Stufe
Tresen, der: → Theke
Tresor, der: → Geldschrank
treten: 1. → begatten (1) – **2.** t. |auf|: → betreten (1); auf den Plan t.: → erscheinen (1, a); in Erscheinung t.: → erscheinen (1, a *u.* b); zutage t.: → erscheinen (1, b); auf die Hühneraugen/Zehen/den Schlips t.: → kränken; in den Dreck/Schmutz/Kot t.: → verleumden; mit Füßen t.: → verachten (1); ins Fettnäpfchen t.: → anstoßen (2); in den Streik/Ausstand t.: → streiken (1); außer Kraft t.: → verfallen (2); über die Ufer t.: → anschwellen (1, b); zur Seite t.: → bescheiden (I, 8)
Treter (*Pl*): → Schuhe (1)
Tretmine, die: **1.** ⟨*flach in der Erde vergrabene Mine*⟩ Personenmine · Antipersonenmine (*fachspr*) – **2.** → Scheißhaufen
Tretroller, der: → Roller
treu: 1. ⟨*unwandelbar fest mit jmdm. verbunden u. zu ihm haltend*⟩ treu gesinnt · treu wie Gold/wie ein Hund ♦ *gehoben:* getreu[lich]; → *auch* anhänglich, ergeben (I, 1), zuverlässig (1) – **2.** → einfältig (1) – **3.** t. sein: ⟨*keiner Untreue fähig sein*⟩ + ein goldenes Herz haben – **4.** t. gesinnt: → 1; t. [ergeben] sein: → ²anhängen (2); t. bleiben |einer Sache|: → festbleiben (1); zu treuen Händen übergeben: → anvertrauen (I, 1)
Treubruch, der: → Verrat (2)
Treue, die: **1.** ⟨*die feste Bindung an jmdn. od. etw.*⟩ + Anhänglichkeit – **2.** → Genauigkeit (1) – **3.** T. geloben: → huldigen (1)
Treuebruch, der: → Verrat (2)
Treuegelöbnis, das (*hist*): Treueid · Huldigung
Treueid, der: → Treuegelöbnis
Treuhänder, der: Fiduziar (*Rechtsw*); Kurator (*österr*)
treuherzig: → einfältig (1), gutgläubig
Treuherzigkeit, die: → Einfalt
treulos: → untreu (1 *u.* 2)

688

Treulosigkeit, die: 1. → Untreue (1 *u.* 2) –
2. → Verrat (2)
Tribade, die: → Homosexuelle (II)
Tribunal, das: → Gericht (2)
Tribut, der: 1. → Abgabe (2) – 2. T. zollen:
→ achten (1)
Trichter, der: auf den T. kommen: → verstehen (I, 2)
Trick, der: Kunstgriff · Finesse · Volte ·
Manipulation · Kniff; Rank (*schweiz*) +
Praktik ♦ *umg*: Dreh · Schlich · Masche;
Schmäh (*österr*); → *auch* List
trickreich: finessenreich ♦ *umg*: tricky; →
auch raffiniert (1)
tricksen: *umg*: auf eine bestimmte Masche
reisen
tricky: → trickreich
Trieb, der: 1. ⟨*bestimmte angeborene u.
zielgerichtete Form der Lebenstätigkeit*⟩
Naturtrieb + Instinkt ♦ *dicht*: die Stimme
der Natur – 2. ⟨*starkes Verlangen, etw. zu
tun*⟩ Drang ♦ *salopp*: Drall; → *auch* Sucht
– 3. ⟨*Pflanzentrieb*⟩ Spross; → *auch*
Schössling – 4. → Geschlechtstrieb
Triebfeder, die: → Triebkraft
triebhaft: → sinnlich (1)
Triebhaftigkeit, die: → Sinnlichkeit
Triebkraft, die: Motor · Triebfeder · Agens
· Dynamik · Nervus Rerum; → *auch* Antrieb (1)
Triebtäter, der: → Sexualstraftäter
Triebverbrechen, das: → Sexualstraftat
Triebverbrecher, der: → Sexualstraftäter
Triebwerk, das: → Motor (1)
triefen: 1. → tropfen (1) – 2. vor Nässe t.:
→ nass (2)
triefend: → nass (1)
triefnass: → nass (1)
triezen: → quälen (I, 2)
Trift, die: 1. → Strömung (1) – 2. → Weide
(1)
triftig: → überzeugend
Trikot, das: → Sportkleidung
Triller, der: einen T. haben: → verrückt (5)
trillern: → singen (1 *u.* 2)
trimmen: → beschneiden (1)
trinkbar: genießbar
Trinkbranntwein, der: → Branntwein
Trinkbruder, der: Zechbruder · Mitzecher
♦ *gehoben*: Bacchusbruder ♦ *umg*: Zechkumpan · Kneipbruder ♦ *salopp*: Saufbruder · Saufkumpan (*meist abwert*); → *auch*
Trinker

trinken: 1. ⟨*Flüssigkeit zu sich nehmen*⟩
a) ⟨*allgemein*⟩ hinuntergießen · in sich
hineingießen / hineinstürzen · hinunterstürzen + genießen ♦ *umg*: hinuntertrinken ·
hin[un]terkippen · süffeln; läppern · gluckern (*landsch*) ♦ *salopp*: saufen · sich reinziehen; → *auch* schlürfen (2), saugen (1) –
b) ⟨*Alkohol*⟩ *umg*: picheln · süffeln · einen
heben / nehmen / kümmeln · [sich] einen
genehmigen · sich einen zu Gemüte führen · die Kehle anfeuchten / nass machen ·
einen zur Brust nehmen · einen auf die
Lampe gießen · einheizen; schwiemeln ·
pietschen (*landsch*) + schnäpseln ·
schnapsen · die Korken / Pfropfen knallen
lassen ♦ *salopp*: tanken · kübeln · [einen]
saufen · einen schmettern / stemmen / zischen / zwitschern / pfeifen / riskieren / abbeißen / kippen · ein Glas kippen · die Gurgel
spülen · einen durch die Gurgel / Kehle
jagen · sich einen reinziehen / in die Figur schütten · einen unter das Jackett brausen · einen hinter die Binde / Krawatte /
den Schlips gießen · in die Kanne gucken / steigen; → *auch* zechen, betrinken,
sich – 2. Kaffee t.: → frühstücken; abwarten
und Tee t.: → gedulden, sich; ein Gläschen
zu viel t., einen über den Durst t.: → betrinken, sich
Trinker, der: Gewohnheitstrinker · Alkoholiker · der Alkoholkranke · der Alkoholsüchtige; Zecher (*veraltend*); Trunkenbold (*abwert*) ♦ *umg*: Süffel · Pichler;
Schluckspecht (*scherzh*); Schnapsbruder
(*abwert*); Süffling · Süffler · Söffel · Pietsch
· Schwiemel[kopf] (*landsch*) ♦ *salopp*: Säufer; Saufbold · Saufbruder · Saufsack ·
Saufaus (*veraltend abwert*) + Quartalssäufer; → *auch* Trinkbruder
trinkfest: t. sein: allerhand / viel / eine ganze
Menge vertragen [können] ♦ *umg*: einen
[ganzen / gehörigen / tüchtigen] Stiefel vertragen [können]; ein gutes Gefälle haben
(*scherzh*)
Trinkgeld, das: 1. ⟨*freiwillig für einen erwiesenen Dienst gegebene kleine Geldsumme*⟩ Bakschisch (*scherzh*) – 2. → Pfennig
(II, 1)
Trinkglas, das: → Glas (I, 1)
Trinkspruch, der: 1. ⟨*[huldigender] Ausspruch, nach dem ein Schluck Alkohol getrunken wird*⟩ Toast – 2. einen T. ausbringen: → toasten (1)

Trip, der: **1.** → Reise (1) – **2.** → Ausflug – **3.** → Rausch (2) – **4.** einen T. einwerfen: → Rauschgift (3)
trippeln: tippeln + trappeln
trischacken: → verprügeln
trist: 1. → öd[e] (1) – **2.** → trostlos (1)
Tristesse, die: → Traurigkeit, Schwermut
Tritt, der: **1.** → Schritt (1) – **2.** → Stoß (1) – **3.** auf Schritt und T.: → überall (1); einen T. bekommen / kriegen: → entlassen (3)
Trittleiter, die: → ²Leiter
Triumph, der: → Erfolg (1)
triumphieren: 1. → jubeln (1) – **2.** → siegen
trivial: 1. → geistlos – **2.** → gewöhnlich (1)
Trivialität, die: **1.** → Geistlosigkeit – **2.** → Plattheit
trocken: 1. ⟨keine Feuchtigkeit enthaltend⟩ ausgetrocknet · ausgedörrt · staubtrocken ♦ *umg:* knochentrocken; rappeltrocken (*landsch*) ♦ *derb:* furztrocken – **2.** ⟨von Pflanzen gesagt: abgestorben⟩ dürr · vertrocknet · verdorrt + saftlos ♦ *umg:* knochendürr; → *auch* welk (1) – **3.** → nüchtern (3) – **4.** → langweilig – **5.** t. werden: → trocknen (1); noch nicht t. hinter den Ohren: → unreif (2); in trockenen Tüchern sein: → sicherstellen (4); im Trockenen sitzen: → geborgen (2); seine Schäfchen ins Trockene bringen: → gewinnen (1)
Trockenheit, die: Dürre; Tröckne (*schweiz*); → *auch* Wassermangel
trockenlegen: 1. ⟨die Windeln wechseln⟩ windeln · wickeln – **2.** → entwässern (1)
Trockenlegung, die: → Entwässerung
trockenreiben: I. trockenreiben: → abtrocknen (I, 1) – **II.** trockenreiben, sich: → abtrocknen (II)
Tröckne, die: → Trockenheit
trocknen: 1. ⟨die Feuchtigkeit verlieren⟩ trocken werden · austrocknen · durchtrocknen · [aus]dorren + eintrocknen · auftrocknen; → *auch* dörren – **2.** ⟨die Feuchtigkeit aus den Haaren entfernen⟩ föhnen – **3.** → dörren – **4.** → abtrocknen (2)
Trockner, der: → Wäschetrockner
Troddel, die: Quaste + Portepee ♦ *umg:* Bummel · Bommel · Puschel · Püschel (*landsch*)
Trödel, der: → Kram (1)
Trödelei, die: Schlendrian ♦ *umg:* Bummelei; Märerei (*landsch*) + Wurstelei · Schneckengang · Schneckentempo

Trödelfritz[e], der (*umg*): Bummelfritz[e] ♦ *salopp:* Märsack (*landsch*); Nölpeter (*norddt*)
trödelig: → langsam (1)
Trödelladen, der: → Altwarenhandlung
Trödelmarkt, der: Flohmarkt; Tandelmarkt (*österr*)
trödeln: 1. ⟨sich zu viel Zeit bei etw. nehmen⟩ sich Zeit lassen + schlendern ♦ *umg:* bummeln; mären (*landsch*); nödeln · nölen (*norddt*) + wursteln · muddeln · zotteln – **2.** → hausieren
Trödler, der: Alt[waren]händler; Tandler (*österr*); → *auch* Altstoffhändler
Trog, der: Mulde (*landsch*) + Krippe
Troll, der: → Kobold (1)
trollen, sich: → weggehen (1)
Trombe, die: → Windhose
Trommel, die: **1.** → Pauke (1) – **2.** die T. rühren / schlagen: → trommeln (1); die T. rühren | für |: → werben (1)
trommeln: 1. ⟨mit den Trommelstöcken auf die Trommel schlagen⟩ die Trommel rühren / schlagen + wirbeln · pauken · die Pauke schlagen – **2.** → klopfen (1)
Trommelrevolver, der: → Revolver
trompeten: 1. → blasen (2) – **2.** → schnäuzen, sich
Trope, die: → Bild (I, 3)
Tropf, der: **1.** → Dummkopf (2) – **2.** am T. hängen: → ²abhängen (2)
tröpfeln: 1. → nieseln – **2.** → tropfen (1 u. 2)
tropfen: 1. ⟨in Tropfen herunterfallen bzw. -laufen⟩ tröpfeln · triefen + perlen – **2.** ⟨tropfenweise gießen⟩ träufeln · tröpfeln – **3.** → nieseln
Tropfen, der: **1.** ⟨kugeliges Flüssigkeitsteilchen⟩ + Perle – **2.** ein T. auf den heißen Stein: → wenig (3)
tropfnass: → nass (1)
Trophäe, die: → Preis (2)
Trophäenjäger, der: → Jäger
tropisch: → sommerlich (1)
Tropus, der: → Bild (I, 3)
tross: → schnell (2)
Trosse, die: → Seil (1)
Trost, der: **1.** ⟨im Leid aufrichtende Worte od. helfender Beistand⟩ Tröstung · Zuspruch + Beruhigung · Lichtblick ♦ *gehoben:* Aufrichtung + Balsam; → *auch* Aufheiterung (1) – **2.** T. spenden / zusprechen: → trösten; nicht [ganz / recht] bei T.: → verrückt (1)

Truppenführer

trösten: Trost spenden / zusprechen · Mut zusprechen; → *auch* aufrichten (I, 2)
tröstend: → tröstlich
tröstlich: tröstend · trostreich + ermutigend · lindernd
trostlos: 1. ⟨*von bedrückender Wirkung*⟩ freudlos · freudenarm · desolat · trist + düster · dunkel – **2.** → öd[e] (1)
trostreich: → tröstlich
Tröstung, die: → Trost (1)
Trott, der: 1. → Gangart (1) – **2.** → Schlendrian (1) – **3.** der alte / gleiche T.: → dasselbe (2)
Trotte, die: → Kelter
Trottel, der: → Dummkopf (2)
trotten: + watscheln · waten ♦ *umg*: latschen · zockeln · zuckeln + staksen; → *auch* gehen (1), marschieren, schlürfen (1), stapfen
Trottinett, das: → Roller
Trottoir, das: → Gehweg
trotz: → ungeachtet
Trotz, der: 1. → Widerspenstigkeit – **2.** T. bieten: → widersetzen, sich
trotzdem: 1. ⟨*entgegensetzend*⟩ dennoch · doch · des[sen] ungeachtet · gleichwohl · nichtsdestoweniger · nun gerade; dem unerachtet · dem ungeachtet (*veraltend*) ♦ *umg*: nichtsdestotrotz (*oft scherzh*) – **2.** → obgleich
trotzen: 1. ⟨*sich widersetzlich-abweisend verhalten*⟩ trotzig sein · bocken · bock[bein]ig sein · einen Bock haben · seinen Trotzkopf aufsetzen – **2.** → widersetzen, sich
trotzig: 1. → widerspenstig – **2.** t. sein: → trotzen (1)
Trotzkopf, der: seinen T. aufsetzen: → trotzen (1)
trotzköpfig: → widerspenstig
Troubadour, der: → Liebhaber (1)
Trouble, der: → Unannehmlichkeit
Troubleshooter, der: → Friedensstifter
Troupier, der: → Anhänger (3)
trüb[e]: 1. ⟨*von Flüssigkeiten gesagt: nicht [ganz] durchsichtig*⟩ unklar · schmutzig; hefig (*fachspr*) + milchig; → *auch* undurchsichtig (1) – **2.** → bewölkt, dunstig – **3.** → beschlagen (2) – **4.** → traurig (1) – **5.** trübe Tasse: → Trauerkloß
Trubel, der: 1. ⟨*lebhaftes Durcheinander von Menschen*⟩ Betrieb · Hochbetrieb · Unruhe + Strudel ♦ *umg*: Rummel · Remmi-

demmi · Tamtam; Rumor (*noch landsch*) – **2.** → Lärm (1)
trüben: I. trüben: **1.** ⟨*die Freude od. Heiterkeit beeinträchtigen*⟩ beschatten · überschatten – **2.** kein Wässerchen t. können: → unschuldig (4) – **II.** trüben, sich: → eintrüben, sich
Trübsal, die: 1. → Kummer (1), Traurigkeit – **2.** T. blasen: → Kummer (3)
trübselig: → traurig (1)
Trübsinn, der: → Schwermut
trübsinnig: → schwermütig
Truck, der: → Lastkraftwagen
trudeln: 1. → rollen (I, 1) – **2.** → schlendern (1)
Trudeln, das: ins T. kommen: → abstürzen (1, b)
Trug, der: → Täuschung (1)
Trugbild, das: → Sinnestäuschung
trügen: → täuschen (I)
trügerisch: schimärisch · täuschend + falsch; → *auch* scheinbar
Trugschluss, der: 1. → Fehlschluss – **2.** einem T. unterliegen: → irren (II)
Truhe, die: Kasten; Lade (*noch landsch*) + Kommode ♦ *gehoben*: Schrein (*veraltend*)
Trumm, das: → Stück (1)
Trümmer (*Pl*): **1.** ⟨*Teile von Felsen bzw. Mauern*⟩ Schutt + Ruinen – **2.** in T. sinken: → einstürzen
Trümmerhaufen, der: + Scherbenhaufen
Trumpf, der: *gehoben*: Atout
Trunk, der: 1. → Getränk (1) – **2.** dem T. verfallen / ergeben sein: → trunksüchtig (2)
trunken: 1. → betrunken (1) – **2.** → begeistert (1) – **3.** t. machen: → begeistern (I)
Trunkenbold, der: → Trinker
Trunksucht, die: Alkoholismus + Alkoholmissbrauch ♦ *derb*: Suff
trunksüchtig: 1. ⟨*gewohnheitsmäßig sehr viel Alkohol trinkend*⟩ alkoholkrank · alkoholsüchtig ♦ *derb*: versoffen – **2.** t. sein: ⟨*ein Gewohnheitstrinker sein*⟩ dem Trunk verfallen / ergeben sein ♦ *salopp*: saufen wie ein Bürstenbinder / ein Loch · dem Suff verfallen / ergeben sein
Trupp, der: → ¹Schar (1)
Truppe, die: 1. → Truppeneinheit – **2.** → ¹Schar (1)
Truppeneinheit, die: Einheit · Formation · Truppenteil · Truppe + Regiment · Bataillon · Kompanie
Truppenführer, der: → Offizier

691

Truppenteil, der: → Truppeneinheit
Trust, der: → Konzern
tschau: → Wiedersehen (1)
Tschick, der: **1.** → Zigarettenstummel – **2.** → Zigarette
tschilpen: → singen (2)
tschüs: → Wiedersehen (1)
T-Shirt, das: Shirt + Poloshirt
Tube, die: auf die T. drücken: → beschleunigen
tuberkulös: schwindsüchtig (*veraltend*) + hektisch; → *auch* lungenkrank
Tuberkulose, die: Tb[c]; Schwindsucht (*veraltend*); Auszehrung (*veraltet*); Phthise (*med*)
Tuch, das: ein rotes T. sein |für|: → hassen; in trockenen Tüchern sein: → sicherstellen (4)
Tuchent, die: → Federbett
tüchtig: 1. ⟨*allen Aufgaben gewachsen*⟩ [leistungs]fähig · leistungsstark · potent + lebenstüchtig ♦ *umg:* patent · famos · pfundig – **2.** → gehörig (1) – **3.** t. sein: ⟨*allen Anforderungen gerecht werden*⟩ seinen Mann stehen · mit beiden Beinen im Leben stehen · [sich auf] sein Handwerk verstehen ♦ *umg:* auf dem Kien/auf Draht sein; → *auch* können (5)
Tüchtigkeit, die: → Tatkraft (1)
Tücke, die: **1.** → Bosheit **2.** seine Tücken haben: → schwierig (4)
tückisch: → boshaft (1)
tückschen: → grollen (1)
tüdelig: → zerstreut (1)
Tuerei, die: → Ziererei
tüfteln (*umg*): knobeln · rumprobieren; knaupeln (*landsch*)
Tüftler, der: → Erfinder
Tüftlergenie, das: → Erfinder
Tugend, die: → Tugendhaftigkeit
tugendhaft: sittsam · tugendsam · tugendreich · tugendrein · züchtig (*veraltend*); → *auch* anständig (1)
Tugendhaftigkeit, die: Tugend · Sittsamkeit · Züchtigkeit (*veraltend*) + Sittenstrenge; → *auch* ¹Anstand (1)
tugendreich: → tugendhaft
tugendrein: → tugendhaft
tugendsam: → tugendhaft
Tugendwächter, der: → Begleiter (2)
Tülle, die: Ausguss · Ausgießer · Schnabel; Schneppe · Schnaupe (*landsch*) ♦ *umg:* Schnauze

tummeln, sich: **1.** → beeilen, sich – **2.** → toben (1)
Tummelplatz, der: → Spielplatz (1)
Tumor, der: → Geschwulst
Tümpel, der: → Teich (1)
Tumult, der: **1.** → Lärm (1) – **2.** → Aufruhr (1)
tumultartig: → wild (2)
tumultuarisch: → wild (2)
tumultuös: → wild (2)
tun: 1. ⟨*in bestimmter Weise aktiv sein*⟩ machen · unternehmen · verrichten · vollführen · beginnen ♦ *umg:* treiben · anstellen; → *auch* verüben (1) – **2.** → handeln (I, 3) – **3.** → verwirklichen – **4.** sein Bestes/das Menschenmögliche tun: → bemühen (II, 1); wichtig tun: → aufspielen (II); zu tun haben |mit|: → zusammenhängen (1); nichts zu tun haben wollen |mit|: → distanzieren (II); einen Gefallen tun: → gefällig (5); es noch/wieder tun: → funktionieren (1); so tun, als ob ...: **a)** → verstellen (II) – **b)** → heucheln (1) – **c)** → benehmen (II, 3); Bescheid tun: → zutrinken
Tun, das: → Handlung (1)
Tünche, die: → Täuschung (1)
tünchen: → weißen, streichen (2)
Tüncher, der: → Maler (1)
Tunell, das: → Tunnel (1)
tunen: → frisieren (2)
Tunichtgut, der: → Taugenichts
Tunke, die: → Soße (1)
tunken: t. |in|: → eintauchen (1)
tunlich[st]: → möglichst
Tunnel, der: **1.** ⟨*röhrenartiger Verkehrsweg*⟩ Tunell (*südd österr schweiz*) + Röhre – **2.** Licht am Ende des Tunnels: → Hoffnung (1)
Tunte, die: **1.** → Frau (I, 1) – **2.** → Homosexuelle (1)
tuntenhaft: → altjüngferlich
tuntig: 1. → altjüngferlich – **2.** → homosexuell (a)
Tupf, der: → Tupfen
Tüpfel, der *od.* das: → Tupfen
Tüpfelchen, das: das T. auf dem i: Sahnehäubchen
tüpfelig: → gepunktet
tüpfeln: tupfen · sprenkeln · melieren; → *auch* punktieren
tupfen: → tüpfeln
Tupfen, der: Punkt · Tüpfel · Sprenkel; Tüttel (*noch landsch*); Tupf (*südd österr schweiz*) ♦ *umg:* Tupfer

Tupfer, der: → Tupfen

Tür, die: **1.** ⟨*Vorrichtung zum Verschließen einer Durchgangsöffnung*⟩ Pforte + Ausgang · Eingang; → *auch* ¹Tor (1) – **2.** hinter verschlossenen Türen: → geheim (1); T. an T. wohnen: → benachbart (2); zwischen T. und Angel: → vorübergehen (2); die T. weisen: → hinauswerfen (1); [den Stuhl] vor die T. setzen: **a)** → hinauswerfen (1) – **b)** → entlassen (2); vor der T. stehen: → bevorstehen; die T. hinter sich ins Schloss fallen lassen / werfen / schmettern: → schließen (I, 1, a)

Turboabitur, das: → Schnellabitur

Turbokapitalismus, der: → Industriekapitalismus

Turbopropflugzeug, das: → Düsenflugzeug

turbulent: → wild (2)

Türdrücker, der: → Klinke (1)

Türfalle, die: → Klinke (1)

Türgriff, der: → Klinke (1)

Türhüter, der: → Pförtner

türken: → vortäuschen

Türken, der: → Mais

Türklinke, die: → Klinke (1)

türmen: 1. → schichten – **2.** → fliehen (1)

Turmhahn, der: → Wetterfahne (1)

turmhoch: → hoch (1)

Turn, der: → Rausch (2)

Turnanzug, der: → Sportkleidung

Turnen, das: → Sport (1)

Turnier, das: → Wettkampf

Turnschuh, der: fit wie ein T.: → fit

Turnus, der: **1.** ⟨*der regelmäßige Wechsel in einer Reihenfolge*⟩ Rhythmus + Kehrordnung (*schweiz*); → *auch* Wechsel (1) – **2.** → Reihenfolge

Turnzeug, das: → Sportkleidung

Türschwelle, die: Schwelle

turteln: → flirten

Tuschelei, die: → Gerede (1)

tuscheln: → flüstern (1)

Tussi, die: **1.** → Geliebte (II) – **2.** → Frau (I, 1)

Tüte, die: Tüten kleben: → gefangen (2); nicht in die T. kommen: → ausscheiden (2); in Sack und Tüten sein: → sicherstellen (4)

Tutel, die: → Vormundschaft (1)

tuten: 1. → blasen (2) – **2.** in dasselbe Horn t.: → übereinstimmen (1)

Tütendreher, der: → Kaufmann (2)

tüterig: → zerstreut (1)

Tutor, der: **1.** → Lehrer – **2.** → Vormund

Tüttel, der *od.* das: → Tupfen

TV-Programm, das: → Programm (1, b)

Twen, der: → Bursche (1)

Tycoon, der: → Großunternehmer

Typ, der: **1.** → Eigenart – **2.** → Art (2) – **3.** → Aussehen (1) – **4.** → Bursche (1) – **5.** jmds. T. sein: → gefallen (2)

Type, die: **1.** → Letter – **2.** → Schriftzeichen – **3.** → Original (1)

typen: → vereinheitlichen

typisch: 1. → kennzeichnend – **2.** → bezeichnend (1) – **3.** → eigentümlich (1)

Typografie, die: → Buchdruck

Typoskript, das: → Satzvorlage

Typung, die: → Vereinheitlichung

Tyrann, der: → Diktator

Tyrannei, die: → Gewaltherrschaft

tyrannisieren: 1. → unterdrücken (1) – **2.** → quälen (I, 2)

U

U, das: ein X für ein U vormachen: → täuschen (I)

übel: 1. ⟨*zum Erbrechen unwohl*⟩ schlecht · speiübel + flau ♦ *umg*: blümerant; kodderig (*norddt*) ♦ *derb*: kotzübel; → *auch* unwohl (1) – **2.** → böse (1) – **3.** → unangenehm (1) – **4.** → ekelhaft (1) – **5.** nicht ü.: → gut (1); ü. stehen/aussehen ⎥mit⎥: → schlecht (11); ü. riechen: → stinken (1); ü. wollend: **a)** → feindlich (1) – **b)** → boshaft (1); ü. wollen/mitspielen: → schaden (1); ü. nehmen: → verübeln; ü. ankommen: → abblitzen (1); wohl oder ü.: → notgedrungen; ü. gelaunt: → missmutig; ü. gesinnt: → boshaft (1); ü. gesinnt sein: → hassen; ü. beleumdet: → verrufen (1); in üblem Ruf/Geruch stehen: → verrufen (2); üble Nachrede: → Verleumdung; Übles nachreden: → verleumden (1)

Übel, das: 1. ⟨*schlimmer Zustand*⟩ Übelstand · Missstand · Krebsschaden + Leiden ♦ *gehoben*: Ungemach – **2.** → Krankheit – **3.** von Ü.: → ungünstig

Übelbefinden, das: → Übelkeit

Übelkeit, die: Brechreiz · Übelbefinden; → *auch* Unwohlsein

übellaunig: → missmutig

Übellaunigkeit, die: → Missmut

übelnehmerisch: → empfindsam (1)

Übelstand, der: → Übel (1)

Übeltat, die: → Verbrechen (1)

Übeltäter, der: Täter; Missetäter (*veraltend*); → *auch* Verbrecher, Schurke, Unmensch (1)

üben: 1. ⟨*sich durch ständiges Wiederholen eine Fertigkeit aneignen wollen*⟩ durchüben; trainieren (*Sport*) ♦ *umg*: [durch]exerzieren – **2.** → proben (1) – **3.** → lernen (1) – **4.** Geduld ü.: → gedulden, sich

über: 1. → oberhalb – **2.** → während – **3.** ü. und ü.: → völlig (1)

überall: 1. ⟨*an allen Stellen bzw. in allen Gegenden*⟩ allerorts · an allen Orten · weit und breit · nah und fern · landauf, landab · in der ganzen/aller Welt · auf Weg und Steg · gassaus, gassein · auf Schritt und Tritt · wo man hintritt · wo man geht und steht; allerorten · allenthalben (*veraltend*) + vielerorts · bald hier, bald dort ♦ *gehoben*: in Nord und Süd · in Ost und West ♦ *dicht*: allüberall ♦ *umg*: an allen Ecken und Enden/Kanten ♦ *salopp*: wo man hinspuckt; → *auch* ringsum – **2.** die Augen ü. haben: **a)** → aufpassen (1) – **b)** → vorsehen (II)

überallher: von/aus nah und fern · aus aller Welt

überallhin: in alle Welt · in alle [vier] Winde

überanstrengen: I. überanstrengen: → anstrengen (I, 2) – **II.** überanstrengen, sich: ⟨*mehr von sich verlangen, als man zu leisten imstande ist*⟩ sich übernehmen · sich überfordern · sich überladen · sich zu viel zumuten · sich überarbeiten ♦ *umg*: sich strapazieren ♦ *salopp*: sich umbringen · sich totmachen; → *auch* erschöpfen (II, 1)

überantworten: 1. → anvertrauen (I, 1) – **2.** → ausliefern (I, 1)

überarbeiten: I. überarbeiten: **1.** ⟨*den Text verbessern*⟩ durchfeilen · feilen ⎥an⎥ · ausfeilen · die letzte Feile anlegen + redigieren ♦ *umg*: polieren; → *auch* vervollkommnen (I) – **2.** → nacharbeiten (2) – **II.** überarbeiten, sich: → überanstrengen (II)

überarbeitet: → nervös

überaus: → sehr

überbacken (*Kochk*): gratinieren · überkrusten

überbeanspruchen: überfordern · strapazieren · überlasten · Raubbau treiben ♦ *gehoben*: überbürden ♦ *umg*: stressen

überbekommen: → überdrüssig (2)

überbesetzt: → überfüllt

überbevölkert: → übervölkert

überbewerten: → überschätzen (I)

überbieten: → überflügeln

Überfall

überbleiben: → übrig (3, a u. b)
Überbleibsel, das: 1. ⟨aus früherer Zeit erhalten gebliebener Teil⟩ Relikt · Rudiment · Überrest · Rest + Spur; → auch Rest (I, 1) – **2.** → Rest (I, 1)
Überblick, der: 1. ⟨übersichtl. Darstellung⟩ Abriss · Aufriss · Querschnitt · Übersicht · Überschau · Resümee · Zusammenfassung · Zusammenschau; Synopse (fachspr); → auch Tabelle – **2.** → Aussicht (1) – **3.** einen Ü. haben: → überblicken; einen Ü. geben: → umreißen (I, 1)
überblicken: übersehen · überschauen · einen Überblick haben + ermessen · klar sehen
überborden: → ausarten
überbraten: ein paar/eins ü.: → schlagen (I, 1)
überbringen: 1. → bestellen (3) – **2.** → übergeben (I, 1) – **3.** seinen Glückwunsch/seine Glückwünsche ü.: → beglückwünschen
Überbringer, der: → Bote (1)
Überbringung, die: → Übergabe (1)
überbrücken: ausfüllen · hinweghelfen |über| · hinüberhelfen
Überbrückungszeit, die: → Wartezeit
überbürden: → überbeanspruchen
Überdachung, die: → Dach (1)
überdauern: überstehen · überleben + überwintern; → auch weiter (6)
überdecken: → bedecken (I, 1)
überdenken: → überlegen (I, 1)
überdies: → außerdem (1), dazu (2)
überdrehen: die Schraube ü.: → weit (4)
Überdruss, der: bis zum Ü.: umg: bis zum Gehtnichtmehr · bis zum Abwinken · bis zur Vergasung · bis zur Verdünnung
überdrüssig: 1. ü. sein |einer Sache|: ⟨etw. nicht mehr mögen⟩ leid/müde sein |einer Sache| ♦ umg: genug haben · überhaben · bedient sein · satt haben · nicht mehr sehen können · es steht jmdm. bis an den/zum Hals/bis oben ♦ salopp: pappesatt sein · es dick haben · es hängt jmdm. [allmählich] zum Halse heraus · es reicht · die Nase/den Kanal/den Laden voll haben ♦ derb: die Schnauze voll haben; → auch anwidern – **2.** ü. werden |einer Sache|: ⟨allmählich Widerwillen gegen etw. empfinden⟩ leid werden |einer Sache| + sich übersehen ♦ umg: überbekommen · überkriegen · satt bekommen/kriegen

übereifrig: ü. sein: umg: sich zerreißen
♦ salopp: sich den Hintern wegreißen
♦ derb: sich den Arsch wegreißen/aufreißen
Übereifrige, der: umg: Gschaftlhuber (süddt österr)
Übereignung, die: Überlassung · Übertragung + Auflassung
übereilen: → überstürzen
übereilt: voreilig · vorschnell · eilfertig · überstürzt · Hals über Kopf; → auch unüberlegt (1)
übereinander: aufeinander
übereinkommen: → vereinbaren (1), einigen (II)
Übereinkommen, das: → Übereinkunft
Übereinkunft, die: Übereinkommen · Konvention; → auch Vereinbarung (1), Vertrag (1)
übereinstimmen: 1. ⟨keine unterschiedl. Ansichten haben⟩ eins/[sich] einig/einer Meinung/eines Sinnes sein · in Einklang stehen/sein |mit| · konform gehen · korrespondieren |mit| · einig gehen |mit| ♦ umg: in die gleiche Kerbe hauen · in dasselbe Horn blasen/stoßen ♦ salopp: in dasselbe Horn tuten; → auch entsprechen (1) – **2.** ⟨im Ergebnis völlige Gleichheit aufweisen⟩ sich decken · kongruieren · zusammenfallen · zusammenstimmen + konvergieren; → auch gleichen (1) – **3.** ü. |in|: ⟨zum Teil gleich sein⟩ gemein haben
übereinstimmend: → gleich (1)
Übereinstimmung, die: 1. ⟨das völlige Gleichsein⟩ Identität · Parallelismus · Parallelität · Konformität · Kongruenz; Korrespondenz (veraltend) + Deckung – **2.** → Einigkeit
überempfindlich: → empfindlich (1)
überessen, sich: sich den Magen überladen
♦ derb: sich überfressen; → auch satt (4)
überfahren: 1. ⟨mit einem Fahrzeug über jmdn. od. etw. hinwegfahren⟩ überrollen + umfahren ♦ salopp: über den Haufen fahren – **2.** → überrumpeln (1)
Überfall, der: 1. ⟨plötzl. gewaltsames Vorrücken auf das Territorium eines anderen Staates⟩ Aggression · Angriff · Einfall · Invasion + Einmarsch · Gewaltstreich · Husarenstreich · Handstreich; → auch Angriff (1, a) – **2.** ⟨plötzl. Angriff auf jmdn.⟩ Überrumpelung; → auch Anschlag (2), Angriff (1, b), Raubüberfall – **3.** → Besuch (1)

695

überfallen

überfallen: 1. ⟨*plötzlich mit Gewalt auf das Territorium eines anderen Staates vorrücken*⟩ einfallen |in| · einbrechen |in| · eindringen |in| + einmarschieren |in|; → *auch* angreifen (I, 1, a) – **2.** ⟨*jmdn. plötzlich mit Gewalt angreifen*⟩ überrumpeln · herfallen |über| ♦ *umg:* sich hermachen |über|; → *auch* angreifen (I, 1, b) – **3.** → besuchen – **4.** → überraschen (2) – **5.** → überkommen (1)

überfällig: → verschollen (1)

überfliegen: überlesen · diagonal / quer lesen · durchfliegen + anblättern · anlesen; → *auch* durchblättern

Überflieger, der: → Meister (1)

überfließen: 1. ⟨*über den Gefäßrand treten*⟩ überlaufen · überströmen · überquellen · überschwappen · überwallen · übersprudeln + überfluten – **2.** vor Liebenswürdigkeit ü.: → schmeicheln (1)

überflügeln: übertreffen · übertrumpfen · überbieten · schlagen · ausstechen · überragen · in den Schatten stellen · die Schau stehlen · überrunden · den Rang ablaufen; distanzieren (*Sport*) + den Vogel abschießen · über den Kopf wachsen ♦ *umg:* toppen · einstecken · in die Tasche / den Sack stecken

Überfluss, der: **1.** ⟨*viel zu reichl. Vorhandensein*⟩ Überfülle; Redundanz (*fachspr*); → *auch* Üppigkeit – **2.** zu allem Ü.: → außerdem (1)

Überflussgesellschaft, die: → Wohlstandsgesellschaft

überflüssig: 1. ⟨*die erforderl. Menge übersteigend*⟩ überzählig; redundant (*fachspr*) – **2.** → unnötig – **3.** → nutzlos (1) – **4.** ü. sein: ⟨*nicht [mehr] erforderlich sein*⟩ sich erübrigen ♦ *umg:* + das fünfte Rad am Wagen sein

überfluten: I. überfluten: → überfließen (1) – **II.** überfluten: → überschwemmen

überfordern: I. überfordern: → überbeanspruchen – **II.** überfordern, sich: → überanstrengen (II)

überfressen, sich: → überessen, sich

überfrieren: → zufrieren

Überfuhr, die: → Fähre

überführen: → ertappen (1)

Überführung, die: **1.** → Brücke (1) – **2.** → Auslieferung (1)

Überfülle, die: → Überfluss (1)

überfüllen: → überladen (I, 1)

überfüllt: übervoll · überbesetzt · brechend / zum Brechen voll + überlaufen

♦ *umg:* gestopft voll · voll gestopft · knüppelvoll · gerammelt voll · rammelvoll · rappelvoll · gepfropft voll · voll gepfropft

Übergabe, die: **1.** ⟨*das Übergeben*⟩ Aushändigung · Überbringung – **2.** → Auslieferung (1)

Übergang, der: **1.** → Brücke (1) – **2.** → Abstufung (1)

Übergangslösung, die: Zwischenlösung · Interimslösung; → *auch* Behelf (1)

Übergangsregierung, die: Interimsregierung

Übergangszeit, die: → Wartezeit

Übergardine, die: → Gardine (1)

übergeben: I. übergeben: **1.** ⟨*in jmds. Verfügung bzw. jmdm. zum Verbleib geben*⟩ aushändigen · überreichen · überbringen · in die Hand / die Hände geben; → *auch* weitergeben – **2.** zu treuen Händen ü.: → anvertrauen (I, 1); dem Feuer / den Flammen ü.: → verbrennen (I, 1); der Erde ü.: → begraben (I, 1) – **II.** übergeben, sich: ⟨*den Mageninhalt durch den Mund nach außen bringen*⟩ sich erbrechen · speien; vomieren (*med*) + sich erleichtern ♦ *umg:* brechen · spucken ♦ *salopp:* kälbern · reihern · speien / spucken wie ein Reiher ♦ *derb:* kotzen [wie ein Reiher]; → *auch* erbrechen (I, 1), seekrank

übergehen: I. übergehen: zum Angriff ü.: → angreifen (I, 1, a); mit fliegenden Fahnen ü. |zu| → desertieren; in Fleisch und Blut ü.: → Gewohnheit (3) – **II.** übergehen: **1.** → übersehen (I, 1), auslassen (I, 1) – **2.** → benachteiligen

übergenau: → kleinlich

übergenug: → reichlich

übergescheit: → überklug (1)

Übergewicht, das: → Vorherrschaft

übergießen: → begießen (1)

überglücklich: → glücklich (2)

übergreifen: → überschlagen (I)

Übergriff, der: Eigenmächtigkeit

überhaben: 1. → übrig (2) – **2.** → überdrüssig (1)

überhand: ü. nehmen: sich häufen · zu viel werden · ins Kraut schießen · über den Kopf wachsen; → *auch* verbreiten (II)

überhängen: I. überhängen: → umhängen – **II.** überhängen: → bedecken (I, 1)

überhasten: → überstürzen

überhaupt: ü. nichts: → nichts (1)

überheben, sich: **1.** ⟨*sich für besser bzw. fähiger halten als andere*⟩ sich überschätzen · sich etw. einbilden · sich erheben |über| · sich etw. Besseres dünken ♦ *umg:* erhaben tun · großtun – **2.** → verheben, sich

überheblich: arrogant · hochmütig · dünkelhaft · süffisant · [dumm]stolz · herablassend · von oben herab · hochnäsig · selbstgefällig · selbstherrlich · selbstgerecht · blasiert · prätentiös · hybrid; hoffärtig (*veraltend*) + hochfahrend · großspurig · großtuerisch ♦ *umg:* aufgeblasen · aufgeplustert + geschwollen · hochgestochen; → *auch* selbstbewusst, anmaßend, stolz (1), eingebildet (1)

Überheblichkeit, die: Arroganz · Hochmut · Hochmütigkeit · Dünkel · Dünkelhaftigkeit · Süffisanz · Einbildung · Eingebildetheit · Selbstgefälligkeit · Selbstüberhebung · Eigendünkel · Stolz · Blasiertheit · Herablassung · Hybris; Hoffart (*veraltend*) ♦ *umg:* Aufgeblasenheit + Geschwollenheit; → *auch* Angabe (I, 1), Anmaßung

überholen: I. überh<u>o</u>len: **1.** ⟨*an jmdm. od. einem Fahrzeug mit größerer Geschwindigkeit vorbeifahren bzw. -laufen*⟩ hinter sich lassen; abfangen (*Sport*) + überrunden – **2.** → erneuern (1) – **II.** überholen: → hinüberfahren

überholt: → veraltet (1)

Überholung, die: → Erneuerung (1)

überhören: *salopp:* die Ohren auf Durchgang stellen

überirdisch: 1. ⟨*wie aus einer anderen Welt*⟩ himmlisch · engelgleich · engelhaft + beseligend; → *auch* übersinnlich – **2.** → übersinnlich

überkandidelt: → überspannt

überkleben: → bekleben

überkleiden: → überziehen (I)

überklug (*oft iron*): **1.** ⟨*besonders klug [scheinend]*⟩ übergescheit ♦ *umg:* neunmalgescheit · neunmalklug · oberschlau · superklug · hyperklug · superschlau · hyperschlau · überweise; siebengescheit (*landsch*); → *auch* schlau (1) – **2.** ü. sein: ⟨*besonders klug wirken*⟩ *umg:* die Flöhe husten/das Gras wachsen hören ♦ *salopp:* die Weisheit mit Löffeln gefressen haben

überkommen: 1. ⟨*von Empfindungen gesagt: [stark] zu wirken beginnen*⟩ befallen · überfallen · beschleichen · ergreifen · erfassen · anwandeln · übermannen · sich bemächtigen ♦ *gehoben:* ankommen · anfliegen · anfassen · anwehen; → *auch* überwältigen, erfüllen (I, 1) – **2.** → alt (3)

überkreuzen, sich: → überschneiden, sich

überkriegen: → überdrüssig (2)

überkrusten: → überbacken

überkugeln, sich: → überschlagen (II, 2)

überkühlen: → kühlen

überladen: I. überladen: **1.** ⟨*zu viel laden*⟩ überlasten · überfüllen – **2.** → geschmacklos (1) – **3.** sich den Magen ü.: → überessen, sich – **II.** überladen, sich: → überanstrengen (II)

überlassen: I. überlassen: **1.** ⟨*jmdn. selbst entscheiden lassen*⟩ freistellen · anheim geben · anheim stellen · freie Hand lassen · in jmds. Ermessen stellen + einräumen – **2.** → abgeben (2) – **3.** → verkaufen (I, 1) – **4.** sich selbst ü., seinem Schicksal ü.: → verlassen (I, 2); ü. sein: → freistehen – **II.** überlassen, sich: → hingeben (II, 3)

Überlassung, die: **1.** → Verzicht (1) – **2.** → Übereignung

überlasten: → überbeanspruchen, überladen (I, 1)

überlastet: ü. sein: alle Hände voll zu tun haben ♦ *umg:* viel auf dem/am Hals haben · in Arbeit ersticken · bis über die Ohren in Arbeit stecken

überlaufen: I. überlaufen: **1.** → desertieren – **2.** → überfließen (1) – **3.** die Galle läuft jmdm. über: → erzürnen (2) – **II.** überl<u>au</u>fen: → überfüllt

Überläufer, der: → Deserteur

überlaut: → laut (1)

überleben: → überdauern, überstehen (1)

überlebt: → veraltet (1)

überlegen: I. überl<u>e</u>gen: **1.** ⟨*sich Gedanken über etw. machen*⟩ überdenken · sich überlegen · bedenken · durchdenken · nachdenken |über| · ventilieren · erwägen · sich besinnen · sich durch den Kopf gehen lassen · zu Rate gehen + abwägen · abzirkeln · sich fragen · überrechnen · überschlagen ♦ *umg:* beschlafen ♦ *salopp:* beschnarchen; → *auch* denken (1), nachdenken (1), grübeln – **2.** ⟨*jede Situation meisternd*⟩ souverän + erhaben – **3.** sich ü.: → 1 – **II.** überlegen: → züchtigen (1)

Überlegenheit, die: **1.** ⟨*größere Leistungsfähigkeit*⟩ Superiorität + Führung · Meisterschaft – **2.** → Gelassenheit

überlegt: 1. → besonnen (1) – **2.** → durchdacht

Überlegung

Überlegung, die: 1. ⟨*das Überlegen*⟩ Erwägung + Abwägung · Kopfzerbrechen · Reflexion; → *auch* Berechnung (2), Gedankengang – **2.** → Besonnenheit – **3.** ohne Ü.: → unüberlegt (1); Überlegungen anstellen: → nachdenken (1)
überlesen: 1. → überfliegen – **2.** → übersehen (I, 2)
überliefert: → alt (3)
Überlieferung, die: 1. ⟨*das seit Generationen Überlieferte*⟩ Erbe · Tradition – **2.** ⟨*das Überliefern*⟩ Weitergabe
überlisten: übertölpeln · in die Falle/in einen Hinterhalt locken + fangen ♦ *umg*: austricksen · einwickeln · ins Garn/auf den Leim locken + ein Schnippchen schlagen; → *auch* hereinlegen (1), täuschen (I)
übermachen: → vererben
übermächtig: → überwältigend (1)
übermannen: 1. → überkommen (1) – **2.** vom Schlaf übermannt werden: → einschlafen (1)
Übermaß, das: → Menge (1)
übermäßig: überproportional + unverhältnismäßig; → *auch* übertrieben
übermenschlich: titanisch · titanenhaft · prometheisch
übermitteln: 1. → bestellen (3) – **2.** → mitteilen (I) – **3.** einen Gruß/Grüße ü.: → grüßen (2)
übermüdet: → unausgeschlafen
Übermüdung, die: → Erschöpfung
Übermut, der: Ausgelassenheit · Mutwille
übermütig: 1. ⟨*vor Fröhlichkeit zu lustigen Streichen aufgelegt*⟩ ausgelassen · mutwillig; → *auch* wild (1) – **2.** ü. sein: ⟨[*über das Vertretbare hinausgehende*] *Streiche ausführen*⟩ außer Rand und Band sein · über die Stränge schlagen ♦ *umg*: über die Schnur hauen · jmdn. sticht der Hafer · jmdm. schwillt der Kamm · jmdm. juckt das Fell · vom Teufel geritten werden
übernachten: nächtigen · schlafen ♦ *umg*: kampieren; → *auch* zelten
übernächtig[t]: → unausgeschlafen
Übernachtung, die: Nächtigung
Übernachtungsmöglichkeit, die: → Schlafgelegenheit
Übernahme, die: 1. ⟨*das Aufnehmen von Amtsgeschäften*⟩ Antritt – **2.** → Empfang (1)
Übernahmsstelle, die: → Annahmestelle
Übername, der: → Spitzname
übernational: → überstaatlich

übernatürlich: → übersinnlich
übernehmen: I. übernehmen: **1.** → empfangen (1) – **2.** → entlehnen – **3.** die Bürgschaft/Garantie ü. |für|: → bürgen; die Verantwortung ü.: → verantworten (I) – **II.** übernehmen, sich: → überanstrengen (II)
überneigen, sich: → beugen (II, 3)
überordnen: zum Vorgesetzten machen ♦ *umg*: vor die Nase setzen
überpflanzen: → transplantieren
überproportional: → übermäßig
überprüfen: durchprüfen · nachprüfen [ab]checken · durchchecken · kontrollieren · revidieren; → *auch* kontrollieren (1), prüfen (1 u. 3)
Überprüfung, die: Kontrolle · Inspektion · Revision + Visitation · Besichtigung
überquellen: → überfließen (1)
überquer: ü. gehen: → misslingen
überqueren: → überschreiten
überragen: → überflügeln
überragend: → hervorragend (1)
überraschen: 1. ⟨*unerwartet in Erstaunen versetzen*⟩ frappieren · verblüffen · eine Überraschung bereiten ♦ *salopp*: etw. haut jmdn. aus den Stiefeln; → *auch* überrumpeln (1) – **2.** ⟨*unerwartet aufsuchen*⟩ überfallen · überrumpeln ♦ *umg*: über den Hals kommen + plötzlich ins Haus schneien – **3.** ⟨*unerwartet mit etw. erfreuen*⟩ eine Überraschung bereiten – **4.** → ertappen (1)
überraschend: 1. ⟨*Überraschung auslösend*⟩ verblüffend · frappierend · frappant – **2.** → unerwartet
überrascht: 1. ⟨*völlig unvorbereitet in Erstaunen versetzt*⟩ verblüfft · sprachlos · verwundert · erstaunt ♦ *umg*: perplex; → *auch* bestürzt – **2.** ü. sein: ⟨*plötzlich in großes Erstaunen versetzt sein*⟩ keine Worte finden · aus den/allen Wolken fallen · jmdm. verschlägt es die Sprache ♦ *umg*: gebügelt sein · baff sein · [völlig/total] platt sein · geplättet/von den Socken sein · vom Stängel/Stuhl fallen ♦ *salopp*: gucken wie die Gans/Kuh, wenn's donnert · jmdm. bleibt die Spucke weg; → *auch* staunen (1)
Überraschung, die: 1. ⟨*das Überraschtsein*⟩ Verblüffung; → *auch* Verwunderung (1) – **2.** ⟨*unerwartete erfreul. Mitteilung*⟩ freudige Nachricht – **3.** böse Ü.: ⟨*unerwartetes unangenehmes Geschehnis*⟩ *umg*: ein Schlag ins Kontor; [schöne] Bescherung (*iron*) – **4.** eine Ü. bereiten: → überraschen (1 u. 3)

Übersendung

überrechnen: → überlegen (I, 1)
überreden: bereden + umstimmen ♦ *umg:* beschwatzen · breitschlagen; beschwätzen (*landsch*) + einwickeln · herumkriegen · herumbekommen ♦ *salopp:* bequatschen; belatschern (*landsch*); → *auch* überzeugen (I)
überreichen: 1. → übergeben (I, 1) – 2. → geben (I, 1)
überreichlich: üppig · verschwenderisch
überreizt: → nervös
Überreiztheit, die: → Nervosität
überrennen: → umlaufen (1)
Überrest, der: 1. → Überbleibsel (1) – 2. → Rest (I, 1) – 3. die sterblichen Überreste: → Leiche (1)
überrieseln: → bewässern
überrollen: → überfahren (1)
überrumpeln: 1. ⟨*jmdn. so überraschen, dass eine Gegenreaktion unterbleibt*⟩ *umg:* überfahren; → *auch* überraschen (1) – 2. → überraschen (2) – 3. → überfallen (2)
Überrumpelung, die: → Überfall (2)
überrunden: 1. → überholen (I, 1) – 2. → überflügeln
übersatt: → satt (1)
Überschallflugzeug, das: → Düsenflugzeug
überschatten: → trüben (I, 1)
überschätzen: I. überschätzen: ⟨*zu hoch einschätzen*⟩ über[be]werten + eine zu hohe Meinung haben |von| – II. überschätzen, sich: → überheben, sich (1)
Überschau, die: → Überblick (1)
überschaubar: 1. ⟨*mit den Augen bzw. dem Verstand insgesamt erfassbar*⟩ übersehbar · absehbar – 2. → übersichtlich
überschauen: → überblicken
Überschlag, der: 1. ⟨*Turnübung*⟩ + Flickflack · Salto [mortale] · Rolle · Purzelbaum – 2. ⟨*vom Fahrzeug gesagt*⟩ Rollover – 3. → Berechnung (1) – 4. einen Ü. machen: → berechnen (I, 1)
überschlagen: I. überschlagen: ⟨*vom Feuer gesagt: durch den Wind auf andere Gebäude übergehen*⟩ überspringen · übergreifen – II. 1. überschlagen: a) → überlegen (I, 1) – b) → berechnen (I, 1) – c) → schätzen (1) – d) → auslassen (I, 1) – 2. überschlagen, sich: a) ⟨*sich bei einem Sturz od. beim Turnen um seine Querachse drehen*⟩ sich überkugeln · kopfüber stürzen/rollen · Kobolz schießen · einen Purzelbaum machen/ schlagen/schießen; koppheister schießen

(*norddt*) + einen Salto machen/schlagen · [ein] Rad schlagen – **b)** → bemühen (II, 1)
überschlägig: → ungefähr (1)
überschläglich: → ungefähr (1)
überschnappen: → geisteskrank (3)
überschneiden, sich: sich [über]kreuzen · sich schneiden + zusammenlaufen · konvergieren · kollidieren
überschreiben: umschreiben · übertragen · zuschreiben + abgeben; → *auch* überweisen, vererben
überschreiten: überqueren · hinüberwechseln · passieren
Überschrift, die: 1. ⟨*hervorgehobene, über einem Text stehende Zeile*⟩ Schlagzeile; Headline (*fachspr*) – 2. → Titel (2)
Überschuhe (*Pl*): Gummischuhe; Galoschen (*veraltend*)
überschuldet: → ruiniert (1)
Überschuss, der: 1. ⟨*über das Notwendige hinausgehende Menge*⟩ Mehr · Plus · Zuviel – 2. → Gewinn (1)
überschüssig: → übrig (1)
überschütten: 1. → begießen (1) – 2. mit Fragen ü.: → fragen (I, 1); mit Lob ü.: → loben (1); mit Spott ü.: → verspotten
Überschwang, die: → Überschwänglichkeit + Schwärmerei; → *auch* Begeisterung (1)
überschwänglich: schwärmerisch; → *auch* überspannt, übertrieben
Überschwänglichkeit, die: → Überschwang
überschwappen: → überfließen (1)
überschwemmen: überfluten · überspülen · überströmen · unter Wasser setzen
Überschwemmung, die: Hochwasser + Sintflut
überseeisch: transatlantisch · transozeanisch; transmarin (*veraltet*)
übersehbar: → überschaubar (1)
übersehen: I. übersehen: 1. ⟨*Fehler od. Schwächen anderer absichtlich nicht beachten*⟩ hinwegsehen |über| · hinweggehen |über| · übergehen · ignorieren · die Augen verschließen |vor| – 2. ⟨*in einem Text nicht bemerken*⟩ überlesen · außer Acht lassen – 3. → ignorieren – 4. → überblicken – II. übersehen: sich ü.: → überdrüssig (2)
überselig: → glücklich (2)
übersenden: → schicken (I, 1)
Übersendung, die: Zusendung · Sendung

699

übersetzen

übersetzen: I. übersetzen: ⟨*in einer anderen Sprache wiedergeben*⟩ übertragen · dolmetschen + verdeutschen ◆ *umg:* verdolmetschen · den Dolmetscher machen – **II.** übersetzen: → hinüberfahren

Übersetzer, der: → Sprachmittler

Übersetzung, die: Translation · Übertragung ◆ *umg:* Verdolmetschung

Übersicht, die: **1.** → Tabelle – **2.** → Überblick (1)

übersichtlich: überschaubar

übersiedeln: → umziehen (I)

Übersiedelung, die: → Umzug (1)

übersinnlich: metaphysisch · transzendent[al] · spiritual · übernatürlich · überirdisch · unirdisch · jenseitig · parapsychisch · paranormal + immateriell; → *auch* überirdisch (1)

überspannen: den Bogen ü.: → weit (4)

überspannt: verstiegen · exaltiert · exzentrisch · extravagant · fantastisch ◆ *umg:* überkandidelt; → *auch* überschwänglich, schrullig (1)

Überspanntheit, die: Exaltation · Exaltiertheit · Exzentrizität · Extravaganz

überspitzt: → übertrieben

überspringen: I. überspringen: → überschlagen (I) – **II.** überspringen: → auslassen (I, 1)

übersprudeln: → überfließen (1)

überspülen: → überschwemmen

überstaatlich: übernational · supranational; → *auch* international

überstanden: es ü. haben: darüber hinweg sein · über den Berg sein · aus dem Gröbsten heraus sein

überstehen: 1. ⟨*in einer Zeit der Gefahr od. Not nicht zugrunde gehen*⟩ durchstehen · überleben · durchkommen · hinter sich bringen ◆ *umg:* sich über Wasser halten · über die Runden kommen; → *auch* überwinden (I, 1) – **2.** → überdauern

überstreifen: [sich] ü.: → anziehen (I, 12)

überströmen: I. überströmen: → überfließen (1) – **II.** überströmen: → überschwemmen

überstülpen: 1. → aufsetzen (I, 2) – **2.** → aufzwingen (I)

überstürzen: übereilen · überhasten · übers Knie brechen · vorpreschen + unüberlegt handeln / tun

überstürzt: → eilig (1), übereilt

übertölpeln: → überlisten

übertragbar: → ansteckend

übertragen: 1. → anvertrauen (I, 1) – **2.** → übersetzen (I) – **3.** → senden (1) – **4.** → überschreiben – **5.** → anstecken (I, 3) – **6.** → bildlich (1) – **7.** → abgetragen, gebraucht

Übertragung, die: **1.** → Übersetzung – **2.** → Sendung (1) – **3.** → Übereignung – **4.** → Ansteckung

übertreffen: → überflügeln

übertreiben: 1. ⟨*etw. schlimmer darstellen, als es ist*⟩ aufbauschen · dramatisieren · hochspielen · zu viel Aufheben[s] machen |von| ◆ *gehoben:* outrieren ◆ *umg:* [faust]dick auftragen · aus einer Mücke einen Elefanten machen ◆ *salopp:* eine [lange] Brühe machen ◆ *derb:* aus einem Furz einen Donnerschlag machen – **2.** ⟨*bis zum Äußersten gehen*⟩ auf die Spitze treiben · hochschaukeln · hochjazzen – **3.** → weit (4) – **4.** nicht ü.: ⟨*auf dem Boden der Tatsachen bleiben*⟩ *umg:* die Kirche im Dorf lassen · auf dem Teppich bleiben · [nun] mach mal halblang

Übertreibung, die: Overstatement

übertreten: I. übertreten: ⟨*von einer Glaubensgemeinschaft in die andere überwechseln*⟩ konvertieren – **II.** übertreten: das Gesetz ü.: → zuwiderhandeln

Übertretung, die: **1.** → Zuwiderhandlung – **2.** → Vergehen (1)

übertrieben: überzogen · überspitzt · extrem · exorbitant · über Gebühr; → *auch* übermäßig, maßlos, überschwänglich

übertrumpfen: → überflügeln

übertun: → umhängen

übertünchen: 1. → streichen (2) – **2.** → verbergen (I, 1)

übervölkert: überbevölkert · zu dicht besiedelt / bevölkert + volkreich

übervoll: → überfüllt

übervorteilen: → betrügen (1)

überwachen: 1. ⟨*jmdn. bei einer Tätigkeit ständig kontrollieren*⟩ ein wachsames Auge haben |auf| ◆ *umg:* auf die Finger sehen; → *auch* bewachen (1), kontrollieren (1) – **2.** ⟨*jmdn. ständig unter Beobachtung halten*⟩ beschatten; bespitzeln (*abwert*); → *auch* beobachten (1)

Überwachung, die: → Aufsicht (1)

Überwachungskamera, die: Alarmkamera (*österr*)

überwallen: → überfließen (1)

Ufer

überwältigen: 1. ⟨*einen sehr starken Eindruck machen*⟩ erdrücken; → *auch* überkommen (1) – **2.** → besiegen (I)
überwältigend: 1. ⟨*zu stark bzw. groß*⟩ erdrückend · übermächtig – **2.** → großartig (1)
überweise: → überklug (1)
überweisen: anweisen · transferieren + zuweisen; → *auch* überschreiben
Überweisung, die: 1. ⟨*unbare Geldübermittlung*⟩ Anweisung + Zuweisung – **2.** durch Ü.: → bargeldlos
Überwelt, die: → Jenseits (1, b)
überwerfen: I. überwerfen: → umhängen – **II.** überwerfen, sich: → verfeinden, sich
überwerten: → überschätzen (I)
überwiegen: → vorherrschen (1)
überwiegend: vorwiegend · hauptsächlich · größerenteils · größtenteils · zum größten Teil + großenteils · weitgehend; → *auch* meist
überwinden: I. überwinden: **1.** ⟨*sich von einer starken psychischen Belastung befreien*⟩ hinwegkommen |über| · sich hinwegsetzen |über| · verwinden · verkraften + verschmerzen ♦ *umg:* wegstecken · verdauen · wegkommen |über|; → *auch* überstehen (1) – **2.** → besiegen (I) – **3.** die / seine Schüchternheit ü.: → Schüchternheit (2) – **II.** überwinden, sich: **1.** ⟨*gegen seine eigene Neigung bzw. seinen Vorteil handeln*⟩ sich [selbst] besiegen · sich bezwingen · über seinen Schatten springen ♦ *salopp:* den inneren Schweinehund besiegen – **2.** → beherrschen (II) – **3.** → entschließen, sich
Überwinder, der: → Sieger (1)
überwintern: 1. ⟨*über den Winter bringen*⟩ durchwintern – **2.** → überdauern
Überzahl, die: → Mehrheit
überzählen: → zählen (1)
überzählig: → überflüssig (1)
überzart: → zart (1)
überzeugen: I. überzeugen: ⟨*zur Anerkennung einer Ansicht bringen*⟩ bekehren · belehren · zur Einsicht bringen + beeinflussen · begeistern; → *auch* überreden – **II.** überzeugen, sich: → vergewissern, sich
überzeugend: stichhaltig · zwingend · triftig · schlagend · schlüssig · bündig · einleuchtend · plausibel · einsichtig; stichhältig (*österr*) + bestechend; → *auch* beweiskräftig, glaubwürdig (1)
überzeugt: → bewusst (3)

Überzeugung, die: 1. ⟨*das Überzeugtsein*⟩ + Gewissheit · Sicherheit – **2.** → Meinung (1)
überziehen: I. überziehen: ⟨*mit einem Überzug versehen*⟩ bespannen · umkleiden · überkleiden – **II.** überziehen: [sich] ü.: → anziehen (I, 12); eins / ein paar ü.: → schlagen (I, 1); eins mit der Peitsche ü.: → peitschen
Überzieher, der: 1. → Mantel (1) – **2.** → Präservativ
Überziehungskredit, der: → Dispositionskredit
überzogen: → übertrieben
überzuckern: → zuckern
Überzug, der: 1. ⟨*dünne auf etw. aufgetragene Schicht*⟩ **a)** ⟨*süße Masse*⟩ Guss – **b)** ⟨*Metall*⟩ Auflage – **2.** → Schutzhülle – **3.** → Belag (1)
üblich: 1. ⟨*den allgemeinen Gepflogenheiten entsprechend*⟩ gebräuchlich · usuell · landläufig · alltäglich · normal · regulär · gang und gäbe · im Schwange · an der Tagesordnung; obligat (*meist iron*) + ortsüblich · konventionell; → *auch* gewöhnlich (1), gewohnt (1 *u.* 2) – **2.** nicht ü.: → ungebräuchlich
U-Boot, das: → Unterseeboot
übrig: 1. ⟨*als Rest verblieben bzw. verbleibend*⟩ restlich · überschüssig; vorig (*schweiz*) + entbehrlich – **2.** ü. haben: ⟨*von einer Menge einen Teil nicht benötigen*⟩ *umg:* überhaben (*landsch*) – **3.** ü. bleiben: **a)** ⟨*allein noch am Leben sein*⟩ zurückbleiben ♦ *umg:* überbleiben – **b)** ⟨*als Rest bleiben*⟩ abfallen ♦ *umg:* überbleiben – **c)** → bleiben (2) – **4.** ü. sein: → bleiben (2); etw. / viel ü. haben |für|: → mögen; im Übrigen: → außerdem (2)
übrigens: apropos · notabene · nebenbei bemerkt / gesagt
Übung, die: 1. ⟨[*regelmäßiges*] *Wiederholen zur Steigerung der Leistung*⟩ Training (*Sport*) – **2.** → Fertigkeit (1) – **3.** → Manöver (1) – **4.** → Brauch (1)
Übungsplatz, der: → Sportplatz
Ufer, das: 1. ⟨*unmittelbar an einem Gewässer liegender Teil des Landes*⟩ + Küste · Strand · Meeresufer · Seeufer · Flussufer · Rand; Staden (*landsch*); Bord (*noch schweiz*) ♦ *dicht:* Gestade – **2.** über die Ufer treten: → anschwellen (1, b); ans U. spülen: → anschwemmen; vom anderen U.: → homosexuell (a)

701

uferlos

uferlos: 1. → endlos (a *u.* b) – **2.** ins Uferlose gehen: → andauern
UFO, das: fliegende Untertasse
Uhr, die: **1.** ⟨*Instrument zur Zeitangabe*⟩ Chronometer (*fachspr od. scherzh*); Ticktack (*kinderspr*) + Taschenuhr · Armbanduhr ♦ *salopp*: + Zwiebel · Wecker (*scherzh*); → *auch* Wecker (1) – **2.** pünktlich/Punkt/Schlag … Uhr: → pünktlich (2); rund um die Uhr: → Tag (2)
Uhrpendel, das: Pendel · Perpendikel
Uhrzeit, die: Zeit
Uhu, der: → Eule (1)
Ukas, der: → Verordnung (1)
Ulk, der: **1.** → ²Scherz (1), Spaß (1) – **2.** Ulk machen: → scherzen
ulken: → scherzen
ulkig: 1. → spaßig (1) – **2.** → komisch (1) – **3.** → merkwürdig – **4.** ulkiger Knopf: → Sonderling
Ulkus, das: → Geschwür
Ulster, der: → Mantel (1)
ultimativ: → nachdrücklich
um: 1. → ungefähr (1) – **2.** → vorbei (1) – **3.** um … herum: → ringsum; um … willen: → wegen (1); um … zu: → damit (1); um sein: → abgelaufen (3)
umändern: 1. → umgestalten, abändern – **2.** → ändern (I, 1)
Umänderung, die: **1.** → Umgestaltung, Abänderung – **2.** → Änderung (1)
umarbeiten: → ändern (I, 1)
Umarbeitung, die: → Änderung (1)
umarmen: I. umarmen: ⟨*seine Arme um jmdn. legen*⟩ umfangen · umfassen · umschlingen · umhalsen · in die Arme nehmen/schließen · [ans Herz] drücken · die Arme schlingen |um| · um den Hals fallen; → *auch* liebkosen – **II.** umarmen, sich: ⟨*gegenseitig die Arme umeinander legen*⟩ sich in die Arme/um den Hals fallen · sich in den Armen liegen
Umbau, der: → Neugestaltung
umbauen: → neu (4)
umbiegen: → falten
umbilden: 1. → umformen (1) – **2.** → umgestalten
Umbildung, die: **1.** → Umformung (1) – **2.** → Umgestaltung
umbinden: *gehoben*: umschlingen · umwinden + umgürten; → *auch* umwickeln
Umblick, der: → Rundblick
umblicken, sich: → umsehen, sich (1)

umbrechen: → pflügen
umbringen: I. umbringen: → ermorden, töten (I, 1) – **II.** umbringen, sich: **1.** → Selbstmord (2) – **2.** → überanstrengen (II)
Umbruch, der: **1.** → Revolution – **2.** → Umschwung (1)
Umbruchabzug, der: → ²Bogen (1)
umdirigieren: → umleiten
umdisponieren: → verlegen (3)
umdrehen: I. umdrehen: **1.** ⟨*auf die andere Seite legen*⟩ umwenden · umkehren · umstülpen · umklappen – **2.** → wenden (I, 1) – **3.** den Spieß u.: → rächen (II); den Pfennig [dreimal/zehnmal] u.: → geizig (2); jeden Pfennig u.: → sparsam (3); das Wort im Munde u.: → unterstellen (II, 1) – **II.** umdrehen, sich: ⟨*sich um 180° drehen*⟩ sich [um]wenden · [auf dem Absatz] kehrtmachen; → *auch* abwenden (II, 1), umsehen, sich (1)
Umdrehung, die: **I.** Umdrehung: → Drehung (1) – **II.** Umdrehung: → Umkehrung
umfahren: herumfahren |um| · einen Bogen machen |um|
Umfall, der: → Gesinnungswandel
umfallen: 1. → umkippen (2) – **2.** → zusammenbrechen (2) – **3.** nicht u.: → charakterfest (2)
Umfang, der: **1.** → Dicke (II, 2) – **2.** → Ausmaß – **3.** in vollem U.: → ganz (1), völlig (1)
umfangen: → umarmen (I)
umfänglich: → umfangreich (1)
umfangreich: 1. ⟨*sehr viel in sich einschließend*⟩ [all]umfassend · umfänglich · groß · reich + enzyklopädisch · universell · bedeutend – **2.** → dick (1)
umfassen: 1. → enthalten (I) – **2.** → umarmen (I) – **3.** → einfassen
umfassend: 1. → umfangreich (1) – **2.** → gründlich (1), vollständig (1)
Umfeld, das: → Umwelt
umformen: 1. ⟨*in eine andere Form bringen*⟩ umbilden; transformieren (*fachspr*) – **2.** → umgestalten
Umformung, die: **1.** ⟨*das Umformen*⟩ Umbildung; Transformation (*fachspr*) – **2.** → Umgestaltung
Umfrage, die: **1.** ⟨*Feststellung der Meinungen durch Befragen*⟩ Befragung · Erhebung · Meinungsumfrage · Rundfrage · demoskopische Untersuchung · Repräsentativbefragung · Repräsentativerhebung · Enquete;

702

Survey · Fieldresearch (*fachspr*); → *auch* Meinungsforschung – **2.** eine U. halten/veranstalten: → befragen (1)

umfragen: → befragen (1)

umfried[ig]en: → umzäunen

Umfried[ig]ung, die: → Umzäunung

Umgang, der: 1. → Beziehung (I, 1) – **2.** U. haben/pflegen |mit|: → verkehren (2)

umgänglich: konziliant; → *auch* höflich

Umgänglichkeit, die: Konzilianz

Umgangsformen (*Pl*): → Benehmen (1)

Umgangssprache, die: → Mundart

umgangssprachlich: → mundartlich

umgarnen: bestricken · umstricken · in sein Netz locken/ziehen ♦ *umg:* bezirzen (*scherzh*); → *auch* bezaubern, verführen

umgeben: 1. ⟨*in die Mitte nehmen bzw. in der Mitte haben*⟩ umrahmen · einrahmen · einschließen · umringen + umkreisen; → *auch* einfassen – **2.** ⟨*von Nebel, Dampf usw. gesagt: sich völlig um etw. od. jmdn. ausbreiten*⟩ einhüllen · umhüllen

Umgebung, die: 1. ⟨*einen bestimmten Ort umgebende Landschaft*⟩ Umland · Umgegend · Umkreis + Gegend · Nähe – **2.** → Umwelt

umgedreht: → verkehrt (1)

Umgegend, die: → Umgebung (1)

umgehen: I. ụmgehen: **1.** → schlafwandeln (1) – **2.** u. |mit|: **a)** → beschäftigen (II, 2) – **b)** → behandeln (1) – **3.** pfleglich u. |mit|: → pflegen (I, 1, b); mit dem Gedanken u.: → beabsichtigen – **II.** umgẹhen: → meiden

umgehend: → sofort

umgekehrt: → verkehrt (1)

umgestalten: [ver]ändern · umändern · umformen · reformieren · umbilden · [um]modeln · revolutionieren + modernisieren · verwandeln ♦ *umg:* umkrempeln; → *auch* neu (4), abändern, umstürzen

Umgestaltung, die: Veränderung · Änderung · Umänderung · Umformung · Reform[ierung] · Umbildung + Modernisierung; → *auch* Neugestaltung, Abänderung, Veränderung (1)

umgreifen: → enthalten (I)

Umgrenzung, die: → Rand (1)

umgucken, sich: 1. → umsehen, sich (1) – **2.** sich u. |nach|: → suchen (1)

umgürten: → umbinden

umhalsen: → umarmen (I)

Umhang, der: Cape · Pelerine + Poncho

umhängen: überhängen · überwerfen · umlegen · umnehmen ♦ *umg:* umtun · übertun; → *auch* anziehen (I, 12)

umhauen: 1. → fällen (1) – **2.** → umstoßen (1) – **3.** das haut einen um: → unerhört (2)

umhegen: → pflegen (I, 1, a)

umherirren: irren |durch| + schlafwandeln · gespenstern · irrlichtern ♦ *umg:* umherirren; biestern |durch| (*landsch*)

umherlaufen: *umg:* umherrennen · umherrennen · herumtigern

umherrennen: → umherlaufen

umherschlendern: → schlendern (1)

umherschweifen: 1. → umherziehen – **2.** → herumtreiben, sich

umherschwirren: → herumtreiben, sich

umherspringen: → umhertollen

umherstreichen: → herumtreiben, sich

umherstreifen: → herumtreiben, sich

umherstreuen: → zerstreuen (I, 1)

umherströmen: → herumtreiben, sich

umherstrolchen: → herumtreiben, sich

umhertollen: umherspringen · herumspringen · herumtollen ♦ *umg:* herumrennen · kalbern · kälbern; → *auch* toben (1)

umhertreiben, sich: → herumtreiben, sich

umherziehen: nomadisieren · umherschweifen; vagieren (*veraltend*) ♦ *umg:* herumziehen

umhinkönnen: nicht u.: → müssen (1)

umhören, sich: → erkundigen, sich

umhüllen: 1. → einhüllen (1) – **2.** → umgeben (2)

Umhüllung, die: → Verpackung

umkehrbar: 1. ⟨*die Umkehr einer Entwicklung zulassend*⟩ reversibel (*fachspr*) + reparabel – **2.** nicht u.: → unumkehrbar

umkehren: → umdrehen (I, 1), wenden (I, 1)

Umkehrung, die: Ụmdrehung; Reversion · Inversion (*fachspr*)

umkippen: 1. ⟨*gewaltsam auf die Seite bzw. Rückseite bewegen*⟩ umstürzen · umwerfen · umstoßen; → *auch* umstoßen (1) – **2.** ⟨*das Übergewicht bekommen u. auf die Seite bzw. Rückseite fallen*⟩ umschlagen · umstürzen · umfallen; kentern (*seem*) + kippen – **3.** → bewusstlos (2) – **4.** → zusammenbrechen (2)

Umklammerung, die: → Einkreisung

umklappen: 1. → umdrehen (I, 1) – **2.** → bewusstlos (2)

umkleiden

umkleiden: I. umkl<u>ei</u>den: → überziehen (I)
– **II.** <u>u</u>mkleiden, sich: → umziehen (II)
Umkleidung, die: → Verpackung
umknicken: 1. → knicken (1) – **2.** → falten
umkommen: 1. ⟨*durch einen unglückl. Umstand sein Leben verlieren*⟩ ums Leben / zu Tode kommen · den Tod finden · enden; endigen (*veraltend*) + bleiben ♦ *umg*: kaputtgehen ♦ *salopp*: vor die Hunde gehen; vor die Kaninchen gehen (*landsch*); → *auch* sterben (1) – **2.** in den Fluten u.: → ertrinken; in der Gosse u.: → verkommen (1); vor Langeweile u.: → langweilen (II)
Umkreis, der: **1.** → Umgebung (1) – **2.** im ganzen U.: → ringsum
umkreisen: → umgeben (1)
umkrempeln: 1. → aufkrempeln – **2.** → umgestalten
Umland, das: → Umgebung (1)
umlauern: → beobachten (1)
Umlauf, der: **1.** → Drehung (1) – **2.** → Rundschreiben – **3.** in U. setzen / bringen: **a)** → verbreiten (I) – **b)** → ausgeben (I, 2); in / im U. sein: → herumgehen (1)
Umlaufbahn, die (*Raumf*): Orbit · Orbitalbahn + Satellitenbahn
umlaufen: 1. ⟨*im Laufen zu Fall bringen*⟩ *umg*: umrennen · überrennen ♦ *salopp*: über den Haufen rennen – **2.** → herumgehen (1) – **3.** → drehen (II, 1) – **4.** → Umweg (1)
Umlaufschreiben, das: → Rundschreiben
umlegen: 1. → verlegen (3) – **2.** → töten (I, 1), ermorden, erschießen (I) – **3.** → koitieren – **4.** → umhängen (1) – **5.** den Gürtel u.: → Gürtel (3)
umleiten: umdirigieren
umlenken: → wenden (I, 1)
umliegend: → benachbart (1)
ummodeln: → umgestalten
ummünzen: → verdrehen (1)
umnachtet: 1. → geisteskrank (1) – **2.** geistig u.: → geisteskrank (1)
Umnachtung, die: **1.** → Geisteskrankheit – **2.** geistige U.: → Geisteskrankheit
umnebelt: → benommen (1)
umnehmen: → umhängen (1)
umpflanzen: → verpflanzen (1)
umpflügen: → pflügen
umrahmen: → umgeben (1)
Umrahmung, die: → Einfassung (a)
umranden: [um]rändern + einkreisen ♦ *umg*: einkästeln · einrändern (*landsch*) + einringeln

umrändern: → umranden
Umrandung, die: → Einfassung (a)
umreißen: I. umr<u>ei</u>ßen: **1.** ⟨*in großen Zügen darstellen*⟩ einen Überblick geben – **2.** → entwerfen (1) – **II.** <u>u</u>mreißen: → umstoßen (1)
umrennen: → umlaufen (1)
umringen: → umgeben (1)
Umriss, der: Kontur · Schattenriss + Profil · Linie; → *auch* Silhouette
umrühren: [durch]rühren · quirlen; sprudeln (*österr*)
umsacken: → bewusstlos (2)
Umsatzanstieg, der: → Umsatzsteigerung
Umsatzeinbruch, der: → Umsatzrückgang
Umsatzeinbuße, die: → Umsatzrückgang
Umsatzminus, das: → Umsatzrückgang
Umsatzplus, das: → Umsatzsteigerung
Umsatzrückgang, der: Umsatzeinbuße · Umsatzeinbruch · Umsatzminus · Einbuße + Ertragsrückgang · Gewinneinbruch · Absatzflaute · Konsumflaute; → *auch* Verlust (1)
Umsatzsteigerung, die: Umsatzanstieg · Umsatzzuwachs · Umsatzplus; → *auch* Gewinn (1)
Umsatzzuwachs, der: → Umsatzsteigerung
umschalten: 1. ⟨*beim Fernsehen einen anderen Sender wählen*⟩ den Kanal / Sender wechseln ♦ *umg*: zappen · wegzappen – **2.** u. |auf|: → umstellen (II, 2)
umschauen, sich: **1.** → umsehen, sich (1) – **2.** sich u. |nach|: → suchen (1)
umschichtig: → wechselseitig
Umschlag, der: **1.** ⟨*der Heilung dienendes, auf den Körper zu legendes [feuchtes] Tuch*⟩ Kompresse · Wickel · Packung; → *auch* Verband (1) – **2.** → Briefumschlag – **3.** → Wetteränderung
umschlagen: 1. ⟨*in Bezug auf Kleidungsteile: durch Umlegen eines Randes kürzen*⟩ einschlagen – **2.** ⟨*vom Wetter gesagt: sich [plötzlich] ändern*⟩ wechseln – **3.** → aufkrempeln – **4.** → umkippen (2)
umschließen: → enthalten (I)
umschlingen: I. <u>u</u>mschlingen: → umbinden – **II.** umschl<u>i</u>ngen: → umarmen (I)
umschmeicheln: → schmeicheln (1)
umschmeißen: → umstoßen (1)
umschnallen: den Gürtel u.: → Gürtel (3)
umschreiben: → überschreiben
Umschreibung, die: Paraphrase · Periphrase · Metaphrase (*fachspr*)
Umschrift, die: **1.** ⟨*Wiedergabe in einem anderen Schriftsystem*⟩ Transkription +

umwälzend

Transliteration – **2.** ⟨*phonetische Schrift*⟩ Lautschrift – **3.** → Abschrift
umschubsen: → umstoßen (1)
umschwärmen: → anbeten
Umschweife (*Pl*): **1.** U. machen: ⟨*sich sehr umständlich ausdrücken*⟩ umg: drum rumreden • Präambeln machen – **2.** ohne U.: **a)** → offen (3) – **b)** → kurzerhand
umschwenken: → wenden (I, 1)
Umschwung, der: **1.** ⟨*grundlegende Änderung der polit. Verhältnisse durch [gewaltsame] Ablösung der Regierung*⟩ Umbruch • Umwälzung • Umsturz • Staatsstreich • Wechsel • Wende • Wendung • Wandel + Erdrutsch • Subversion; → *auch* Revolution – **2.** → Wetteränderung
umsehen, sich: **1.** ⟨*hinter sich sehen*⟩ sich umblicken • sich umschauen • zurücksehen • zurückblicken • zurückschauen ♦ umg: sich umgucken; → *auch* umdrehen (II) – **2.** sich u. ⎮nach⎮: → suchen (1)
Umsehen, das: im U.: **1.** → schnell (1, e) – **2.** → sofort
umsetzen: 1. → verpflanzen (1) – **2.** → umwandeln – **3.** → verkaufen (I, 1) – **4.** in die Tat u.: → verwirklichen
Umsicht, die: → Besonnenheit, Aufmerksamkeit (1)
umsichtig: → besonnen (1), aufmerksam (1)
umsiedeln: evakuieren • aussiedeln • verpflanzen
Umsiedler, der: → Heimatvertriebene
umsinken: → bewusstlos (2)
Umsinken, das: zum U. müde: → müde (1)
umsonst: 1. ⟨*ohne den angestrebten Erfolg zu bringen*⟩ vergeblich • vergebens • für nichts und wieder nichts ♦ umg: für die Katz[e] • für den alten Fritzen; → *auch* ergebnislos (1) – **2.** → kostenlos – **3.** u. reden: → reden (2)
umsorgen: → pflegen (I, 1, a), sorgen (I, 1, a)
umspannen: → enthalten (I)
umspringen: u. ⎮mit⎮: → behandeln (1)
Umstand: I. Umstand, der: ⟨*[hauptsächlich] mitwirkende Gegebenheit*⟩ Faktor; → *auch* Sachverhalt – **II.** Umstände (*Pl*): **1.** ⟨*übertriebene Aktivität od. unnötige Bemühungen*⟩ salopp: viel/große Brühe • Sums • Zirkus • Heckmeck (*abwert*) – **2.** U. machen: ⟨*sich zunächst gegen etw. sträuben*⟩ Schwierigkeiten machen ♦ umg: Sperenzchen/Fisimatenten machen; Menkenke

machen (*landsch*) ♦ salopp: Ruß/Zirkus/Späne machen; → *auch* widersetzen, sich – **3.** ohne Umstände: → anstandslos; unter Umständen: → möglicherweise; unter [gar] keinen Umständen: → niemals; unter allen Umständen: → unbedingt (1); in anderen Umständen sein: → schwanger (2)
umständlich: 1. ⟨*nicht zweckmäßig u. schnell vorgehend*⟩ langatmig • zeitraubend – **2.** u. sein: ⟨*nicht zweckmäßig u. schnell handeln*⟩ umg: die Kirche ums Dorf tragen • mit der Kirche ums Dorf fahren
Umstandskasten, der (*umg*): Umstandskrämer (*abwert*)
Umstandskrämer, der: → Umstandskasten
Umstehende, der: → Schaulustige
umstellen: I. umstellen: ⟨*einen Ring um jmds. Versteck od. dgl. bilden*⟩ umzingeln • einschließen • einkreisen • einzingeln + einkesseln – **II.** umstellen, sich: **1.** → anpassen (II, 2) – **2.** sich u. ⎮auf⎮: ⟨*sich auf neue Bedingungen einstellen*⟩ sich gewöhnen ⎮an⎮ ♦ umg: umschalten ⎮auf⎮
umstimmen: 1. → überreden – **2.** → ausreden (I, 2)
umstoßen: 1. ⟨*durch Anstoßen zum Umbzw. Hinfallen bringen*⟩ umstürzen • umreißen • umwerfen • niederstoßen ♦ umg: umschubsen ♦ salopp: umschmeißen • umhauen; → *auch* umkippen (1) – **2.** → umkippen (1) – **3.** → verlegen (3)
umstricken: → umgarnen
umstritten: streitig • strittig • kontrovers; → *auch* ungewiss (1), zweifelhaft (1)
umstrukturieren: → neu (4)
Umstrukturierung, die: → Neugestaltung
umstülpen: → umdrehen (I, 1)
Umsturz, der: → Umschwung (1)
umstürzen: 1. ⟨*gegebene Verhältnisse gewaltsam ändern*⟩ umwälzen • das Blatt wenden • aus den Angeln heben; → *auch* umgestalten – **2.** → umkippen (1 *u.* 2), umstoßen (1)
umstürzlerisch: subversiv + konterrevolutionär
umtauschen: → wechseln (1)
umtopfen: → verpflanzen (1)
umtriebig: → eifrig (1)
umtun: I. umtun: → umhängen – **II.** umtun, sich: **1.** → erkundigen, sich
umwälzen: → umstürzen (1)
umwälzend: bahnbrechend • Epoche machend • revolutionär; → *auch* wegweisend

705

Umwälzung

Umwälzung, die: **1.** → Revolution – **2.** → Umschwung (1)

umwandeln: transformieren · umsetzen · verwandeln

Umwandlung, die: Transformation + Transmutation

umwechseln: → wechseln (1)

Umweg, der: **1.** einen U. machen: ⟨*nicht den kürzesten Weg gehen*⟩ *umg*: umlaufen – **2.** auf einem U., auf Umwegen: → mittelbar

Umwelt, die: Umgebung · Umfeld · Milieu · Lebenskreis · Lebensbereich · Sphäre · Mitwelt · Außenwelt; Peristase (*fachspr*)

umweltfeindlich: umweltschädlich

umweltfreundlich: umweltschonend · umweltverträglich · umweltgerecht

Umweltfrevler, der: *umg*: Umweltsünder ♦ *derb*: Ökoschwein

umweltgerecht: → umweltfreundlich

umweltschädlich: → umweltfeindlich

umweltschonend: → umweltfreundlich

Umweltschützer, der: + Naturschützer · der Grüne · Ökofreak

Umweltsünder, der: → Umweltfrevler

umweltverträglich: → umweltfreundlich

umwenden: I. umwenden: → umdrehen (I, 1), wenden (I, 1) – **II.** umwenden, sich: → umdrehen (II)

umwerben: → werben (2, a)

umwerfen: → umkippen (1), umstoßen (1)

umwickeln: bewickeln; → *auch* umbinden

umwinden: → umbinden

umwohnend: → benachbart (1)

umzäunen: einzäunen · einhegen · eingrenzen + abzäunen · vergattern · eingittern ♦ *gehoben*: einfried[ig]en · umfried[ig]en; → *auch* einfassen

Umzäunung, die: Einzäunung · Einhegung · Eingrenzung + Pferch · Abzäunung ♦ *gehoben*: Einfried[ig]ung · Umfried[ig]ung; → *auch* Zaun (1), Gitter (1), Mauer (1)

umziehen: I. umziehen: ⟨*eine andere Wohnung beziehen*⟩ den Wohnsitz wechseln · seinen Wohnsitz verlegen · wegziehen · fortziehen · weggehen · zügeln (*schweiz*) + übersiedeln; → *auch* ausziehen (I, 2) – **II.** umziehen, sich: ⟨*sich anders anziehen*⟩ sich umkleiden · die Kleidung wechseln

umzingeln: → umstellen (I)

Umzingelung, die: → Einkreisung

Umzug, der: **1.** ⟨*das Umziehen in eine andere Wohnung*⟩ Wohnungswechsel + Übersiedelung – **2.** ⟨*das feierliche Umherziehen*⟩ Festzug · Aufzug · Zug · Prozession

unabänderlich: 1. → endgültig – **2.** u. sein: ⟨*keine Änderung zulassen*⟩ *umg*: da beißt die Maus keinen Faden ab

unabdingbar: → notwendig (1)

unabhängig: 1. ⟨*nicht von anderen abhängig*⟩ selbständig; independent (*veraltet*) + autark; → *auch* frei (2), selbständig (1), souverän (1) – **2.** u. sein: ⟨*nicht von anderen abhängig sein*⟩ sein eigener Herr sein

Unabhängigkeit, die: Selbständigkeit; Independenz (*veraltet*) + Autarkie; → *auch* Freiheit (1), Souveränität (1)

unablässig: → ununterbrochen

unabsehbar: → endlos (a)

unabsichtlich: → versehentlich

unabweisbar: unabweislich · unleugbar

unabweislich: → unabweisbar

unabwendbar: 1. → unvermeidlich – **2.** → vorbestimmt

unachtsam: → unaufmerksam (1)

Unachtsamkeit, die: → Unaufmerksamkeit

unähnlich: → verschiedenartig

unanfechtbar: → sicher (4)

unangebracht: unpassend · deplatziert · nicht am Platz · fehl am Platz / Ort

unangemessen: inadäquat · unverhältnismäßig

unangenehm: 1. ⟨*Unbehagen hervorrufend*⟩ ärgerlich · leidig · misslich · unerfreulich · unerquicklich · unliebsam · lästig · hässlich · widrig · prekär · schlimm · böse · übel · schlecht · unerwünscht · verwünscht; arg (*landsch*) + bedauerlich · kein Vergnügen · eine Crux · ein trauriges Kapitel ♦ *umg*: dumm · blöd[e] · schrecklich · lausig · haarig · eklig + eine bittere Pille ♦ *derb*: saublöd[e]; → *auch* peinlich (1) – **2.** → ekelhaft (1) – **3.** → unfreundlich (2)

unangepasst: → eigensinnig (1)

unangreifbar: → sicher (4), unantastbar

unannehmbar: inakzeptabel · indiskutabel ♦ *umg*: unmöglich

Unannehmlichkeit, die: Ärger · Ärgernis · Widrigkeit · Misslichkeit · Verdruss + Nackenschlag ♦ *gehoben*: Ungemach ♦ *umg*: Schererei · dicke Kröte · Schlamassel · Trouble · G[e]frett (*südtd österr*); Schlamastik (*österr*) ♦ *salopp*: Knatsch

unansehnlich: → hässlich (1)

unanständig: 1. ⟨*die guten Sitten verletzend*⟩ anstößig · gemein · ordinär · schmutzig · unflätig · zotig · zotenhaft + pornografisch ♦ *umg:* dreckig ♦ *salopp:* schweinemäßig · schweinisch ♦ *derb:* säuisch; → *auch* schlüpfrig (1), unsittlich, unzüchtig, derb (2) – **2.** sich u. benehmen: → Wind (I, 3)

Unanständigkeit, die: **1.** ⟨*das Unanständigsein*⟩ Anstößigkeit · Schmutzigkeit – **2.** ⟨*etw. Unanständiges*⟩ *umg:* Schweinigelei · Schweinkram ♦ *salopp:* Sauigelei · Schweinerei ♦ *derb:* Sauerei; → *auch* Schlüpfrigkeit, Unzucht

unantastbar: sakrosankt · unangreifbar

unappetitlich: → ekelhaft (1)

Unart, die: → Ungezogenheit

unartig: → ungezogen

unästhetisch: → hässlich (1)

unaufdringlich: dezent · unauffällig

unauffällig: 1. ⟨*kein Aufsehen erregend*⟩ verstohlen · ohne Aufsehen · ohne großes Aufheben + auf kaltem Wege ♦ *umg:* + sang- und klanglos · ohne Sang und Klang – **2.** → unscheinbar (1) – **3.** → unaufdringlich

unauffindbar: → verschwunden (1)

unaufgefordert: 1. ⟨*nicht durch eine Aufforderung bewirkt*⟩ spontan · aus sich heraus · von sich aus · von selbst · aus eigenem Antrieb ♦ *umg:* von selber · von allein – **2.** → freiwillig (1)

unaufgeregt: → ruhig (1)

unaufhörlich: → ununterbrochen

unaufmerksam: 1. ⟨*keine Konzentration zeigend*⟩ unkonzentriert · unachtsam · achtlos; → *auch* geistesabwesend (1), zerstreut (1), benommen (1) – **2.** u. sein: ⟨*sich nicht konzentrieren [können]*⟩ nicht aufpassen · seine Gedanken woanders haben/nicht beisammenhaben · in Gedanken/nicht bei der Sache sein ♦ *umg:* schlafen · träumen · seine fünf Sinne woanders haben/nicht beisammenhaben ♦ *salopp:* tranen (*landsch*); → *auch* geistesabwesend (2)

Unaufmerksamkeit, die: Unachtsamkeit; → *auch* Zerstreutheit

unaufrichtig: 1. ⟨*nicht die [volle] Wahrheit sagend*⟩ unehrlich · unlauter · unwahrhaftig · lügnerisch · verlogen · falsch [wie eine Schlange]; → *auch* heuchlerisch – **2.** u. sein: ⟨*etw. verheimlichen*⟩ mit verdeckten Karten spielen

Unaufrichtigkeit, die: **1.** ⟨*das Unaufrichtigsein*⟩ Falschheit · Falsch · Unehrlichkeit · Verlogenheit – **2.** → Heuchelei

unausbleiblich: → unvermeidlich

unausführbar: undurchführbar · unrealisierbar; → *auch* unmöglich (1)

unausgeführt: → unerledigt

unausgeglichen: unharmonisch · disharmonisch ♦ *umg:* mit sich selber uneins

unausgeschlafen: übernächtig[t] · übermüdet; → *auch* müde (1)

unausgesetzt: → ununterbrochen

Unausgewogenheit, die: Ungleichgewicht

unauslöschbar: 1. → unvergesslich – **2.** → eindrucksvoll

unauslöschlich: 1. → unvergesslich – **2.** → eindrucksvoll

unausstehlich: → unleidlich

unausweichlich: → unvermeidlich

unautoritär: → antiautoritär

unbändig: 1. → sehr – **2.** → heftig (1, b)

unbar: → bargeldlos

unbarmherzig: → rücksichtslos (1)

Unbarmherzigkeit, die: → Rücksichtslosigkeit

unbeabsichtigt: → versehentlich

unbeachtet: → unbemerkt

unbearbeitet: → unbestellt

unbeaufsichtigt: aufsichtslos · unbeobachtet · unkontrolliert · unbewacht + selbständig; → *auch* frei (1)

unbebaut: → unbestellt

unbedacht: → unüberlegt (1)

unbedarft: → unerfahren (1)

unbedeckt: → nackt, bloß (1)

unbedenklich: → ungefährlich

Unbedenklichkeitsbescheinigung, die: *umg:* Persilschein (*scherzh*)

unbedeutend: 1. ⟨*nicht einmal mittelmäßig*⟩ nichts sagend · klein · wesenlos ♦ *umg:* nichts dahinter – **2.** → unwichtig (1) – **3.** → geringfügig – **4.** u. sein: ⟨*nicht einmal Mittelmäßigkeit aufweisen*⟩ kein Format haben + ohne Gewicht sein

unbedingt: 1. ⟨*trotz Hindernissen u. Schwierigkeiten*⟩ auf alle Fälle · auf jeden Fall · um jeden Preis · unter allen Umständen · durchaus · absolut · so oder so · koste es, was es wolle · auf Biegen oder Brechen ♦ *umg:* partout – **2.** → ausgerechnet – **3.** → bedingungslos

unbeeindruckt: → gleichgültig (2)

unbefahrbar: → unwegsam

unbefangen: 1. → keck, ungezwungen – **2.** → sachlich (1)

unbefleckt: → jungfräulich

unbefriedigend: → unzureichend

unbefriedigt

unbefriedigt: → missmutig

unbefruchtet: taub

unbefugt: 1. ⟨*keine Befugnis besitzend*⟩ inkompetent · unberechtigt · ohne Recht – **2.** → eigenmächtig

unbegabt: untalentiert · unfähig; → *auch* dumm (1), unfähig (1)

unbegehbar: → unwegsam

unbegreifbar: → unbegreiflich

unbegreiflich: unverständlich · unbegreifbar · unfassbar · unerfindlich · unerklärlich · unerklärbar · rätselhaft · ein Rätsel ♦ *umg:* schleierhaft; → *auch* unergründlich (1), geheimnisvoll (1)

unbegrenzt: 1. → uneingeschränkt (1) – **2.** → endlos (a) – **3.** → unerschöpflich

unbegründet: → grundlos (1)

Unbehagen, das: Missbehagen · Missfallen · Missvergnügen · Malaise

unbehaglich: 1. ⟨*eine innere Unsicherheit hervorrufend bzw. fühlend*⟩ ungemütlich · unwohl ♦ *umg:* mulmig – **2.** → ungemütlich (1)

unbehelligt: → ungestört

unbeherrscht: → aufbrausend

unbehindert: → frei (1)

unbeholfen: 1. → ungeschickt (1) – **2.** → schwerfällig (1)

Unbeholfenheit, die: → Ungeschicklichkeit

unbehütet: → schutzlos (1)

unbeirrbar: → beharrlich (1)

unbeirrt: → beharrlich (1), unerschütterlich

unbekannt: 1. ⟨*nicht bekannt*⟩ namenlos ♦ *umg:* + [da]hergelaufen (*abwert*); → *auch* anonym, fremd (1) – **2.** u. sein: ⟨*nicht [näher] bekannt sein*⟩ ein unbeschriebenes Blatt sein

Unbekannte, der: → Fremde (I, 1)

unbekehrbar: → fanatisch

unbekleidet: → nackt

unbekömmlich: → schädlich (1)

unbekümmert: → sorglos (1)

Unbekümmertheit, die: → Sorglosigkeit

unbelaubt: → kahl (2)

unbelebt: → menschenleer

unbelehrbar: 1. ⟨*keinen Rat beherzigend*⟩ beratungsresistent (*scherzh*) – **2.** → fanatisch

unbelesen: → ungebildet

unbeliebt: 1. ⟨*gar nicht geschätzt*⟩ missliebig · unpopulär · verhasst · odiös ♦ *umg:* schlecht/nicht gut angeschrieben – **2.** u. sein |bei|: → Wohlwollen (2)

unbemannt: → ledig (3)

unbemerkt: unbeachtet · unbeobachtet · im Verborgenen; → *auch* heimlich (1)

unbemittelt: → arm (1)

Unbemitteltheit, die: → Armut (1)

unbenommen: u. sein: → freistehen

unbeobachtet: 1. → unbemerkt – **2.** → unbeaufsichtigt

unberechenbar: 1. → unmessbar – **2.** → imponderabel – **3.** → launisch

unberechtigt: 1. → unbefugt (1) – **2.** → eigenmächtig

unberücksichtigt: 1. u. bleiben: ⟨*nicht berücksichtigt werden*⟩ außen vor bleiben – **2.** u. lassen: → absehen (4, a)

unberührt: → jungfräulich

Unberührtheit, die: → Jungfräulichkeit

unbeschadet: → ungeachtet

unbeschädigt: unversehrt · heil · intakt ♦ *umg:* ganz

unbeschäftigt: → untätig (1)

unbescheiden: → anmaßend

unbescholten: → rechtschaffen

Unbescholtenheit, die: → Rechtschaffenheit

unbeschrankt: schrankenlos

unbeschränkt: 1. → frei (1) – **2.** → uneingeschränkt (1) – **3.** → absolut (1)

unbeschreiblich: 1. → unerhört (1) – **2.** → erstaunlich – **3.** → sehr

unbeschrieben: ein unbeschriebenes Blatt sein: **a)** → unbekannt (2) – **b)** → unerfahren (2)

unbeschützt: → schutzlos (1)

unbeschwert: → sorgenfrei

unbesetzt: 1. ⟨*von einem Arbeitsplatz od. dgl. gesagt: noch nicht an jmdn. vergeben*⟩ frei · vakant · offen · verfügbar – **2.** → leer (2)

unbesiegbar: unbezwingbar · unüberwindbar · unbezwinglich · unüberwindlich + uneinnehmbar

unbesonnen: → unüberlegt (1)

unbesorgt: → sorglos (1)

Unbesorgtheit, die: → Sorglosigkeit

unbeständig: flatterhaft · flatterig · schwankend · sprunghaft · unstet · wechselhaft · wechselnd · wetterwendisch + flackerig · flackernd · schillernd; → *auch* launisch, unruhig (1)

unbestechlich: → rechtschaffen

unbestellt: brach · unbebaut · unbearbeitet

unbestimmt: 1. → ungewiss (1) – **2.** → unklar (1)

unempfindlich

unbestreitbar: → sicher (4)
unbestritten: → sicher (4)
unbeteiligt: → gleichgültig (1)
unbeträchtlich: → geringfügig
unbeugsam: → standhaft (1)
unbevölkert: → menschenleer
unbewachsen: → kahl (1)
unbewacht: → unbeaufsichtigt
unbewaffnet: waffenlos + wehrlos
unbewandert: → unerfahren (1)
unbewegbar: → unbeweglich (1)
unbeweglich: 1. ⟨*sich nicht bewegen lassend*⟩ unbewegbar + starr – **2.** → fest (1) – **3.** → regungslos – **4.** → schwerfällig (2)
unbewegt: → regungslos
unbeweibt: → ledig (2)
unbewohnt: → leer (2)
unbewölkt: → klar (1, b)
unbewusst: instinktiv · instinktmäßig · dumpf + unterschwellig · unterbewusst; → *auch* gefühlsmäßig
unbezahlbar: 1. → teuer (1) – **2.** → unersetzlich
unbezähmbar: 1. ⟨*unbedingt Befriedigung erstrebend*⟩ unstillbar · unbezwingbar · unbezwinglich – **2.** → wild (1)
unbezweifelbar: → sicher (4)
unbezwingbar: 1. → unbesiegbar – **2.** → unbezähmbar (1)
unbezwinglich: 1. → unbesiegbar – **2.** → unbezähmbar (1)
Unbill, die: 1. → Unrecht (1) – **2.** → Schaden (1)
unbillig: → ungerecht
unbotmäßig: → ungehorsam
Unbotmäßigkeit, die: → Ungehorsam
unbrauchbar: 1. → wertlos (1) – **2.** → dienstunfähig – **3. u. machen:** → zerstören (1)
unbrennbar: → feuerfest
unbußfertig: → unverbesserlich (1)
und: 1. ⟨*zuzählend*⟩ plus (*Math*) – **2.** ⟨*anreihend*⟩ sowie – **3.** → außerdem (1) – **4. und so weiter:** → weiter (5)
undefinierbar: → unklar (1)
undenkbar: → unmöglich (1)
Undercover[agent], der: → Ermittler
Underdog, der: → Unterprivilegierte
Understatement, das: → Untertreibung
Underwear, das *od.* der: → Unterwäsche (1)
undeutlich: 1. → unklar (1) – **2.** → verschwommen (1) – **3. u. fühlen:** → ahnen (1)
undicht: leck; → *auch* durchlässig

undiplomatisch: → ungeschickt (1)
undiszipliniert: → zuchtlos (1)
unduldsam: intolerant; → *auch* starr (1)
undurchdringlich: 1. → dicht (1) – **2.** → geheimnisvoll (1) – **3.** → verschlossen (2)
undurchführbar: → unausführbar
undurchlässig: dicht + wasserdicht · regendicht · luftdicht · fest
undurchschaubar: → zwielichtig (1)
undurchsichtig: 1. ⟨*nicht durchsichtig*⟩ lichtundurchlässig; opak (*fachspr*); → *auch* trüb[e] (1) – **2.** → unklar (1)
uneben: 1. ⟨*Unebenheiten aufweisend*⟩ zerklüftet · zerschründet · zerschrammt · schrundig · holperig · rumpelig · höckerig; → *auch* rau (1) – **2. nicht u.: a)** → gut (1) – **b)** → annehmbar
unebenmäßig: → ungleichmäßig
unecht: 1. ⟨*nicht echt*⟩ falsch · gefälscht · nachgemacht · imitiert – **2.** → gekünstelt
unehelich: nicht ehelich · außerehelich · illegitim + vorehelich ♦ *umg*: ledig (*veraltend*)
Unehre, die: → Schande (1)
unehrenhaft: → ehrlos
unehrlich: 1. → unaufrichtig (1) – **2.** → betrügerisch
Unehrlichkeit, die: → Unaufrichtigkeit (1)
uneigennützig: → selbstlos
Uneigennützigkeit, die: → Selbstlosigkeit
uneingerechnet: → abzüglich
uneingeschränkt: 1. ⟨*ohne jede Einschränkung*⟩ unbeschränkt · unbegrenzt + schrankenlos – **2.** → bedingungslos – **3.** → absolut (1)
uneinig: → entzweit
Uneinigkeit, die: → Zwietracht (1)
uneinnehmbar: → unbesiegbar
uneins: 1. → entzweit – **2. u. machen:** → entzweien (I); **mit sich selber u.:** → unausgeglichen
uneinsichtig: 1. → verstockt (1) – **2.** → unverbesserlich (1)
unelastisch: → spröde (1)
unempfindlich: 1. ⟨*körperlich nichts spürend*⟩ empfindungslos · gefühllos · taub · ohne Gefühl; insensibel (*med*) + abgestorben – **2.** ⟨*[fast] keiner Gefühlsregung fähig*⟩ gefühllos · unsensibel · insensibel · stumpf + robust ♦ *gehoben*: fühllos (*veraltend*) ♦ *umg*: dickfellig; → *auch* gefühllos (1) – **3. u. sein:** ⟨*[fast] keiner Gefühlsregung fähig sein*⟩ *umg*: ein dickes Fell haben

709

unendlich

unendlich: → endlos (a)
Unendlichkeit, die: 1. → Dauer (2) – **2.** →
Weltall
unentbehrlich: 1. → notwendig (1) – **2.** →
integrierend
unentgeltlich: 1. → kostenlos – **2.** → ehrenamtlich
unentschieden: 1. ⟨*von keinem Spieler bzw.
keiner Mannschaft gewonnen*⟩ + remis ·
punktgleich · patt – **2.** → ungewiss (1) – **3.**
→ unentschlossen (1)
Unentschiedenheit, die: → Unentschlossenheit
unentschlossen: 1. ⟨*noch nicht zu einem
Entschluss gekommen*⟩ unschlüssig · unentschieden – **2.** ⟨*sich schwer entschließen
könnend*⟩ entschlusslos · zaghaft · wankelmütig · lau ♦ *gehoben*: zag ♦ *umg*: lahm
(*abwert*); → *auch* zwiespältig, ängstlich (1)
– **3.** u. sein: ⟨*noch nicht zu einem Entschluss
gekommen sein*⟩ unschlüssig sein · schwanken · mit sich kämpfen · sich bedenken; →
auch besinnen, sich (1), zögern
Unentschlossenheit, die: Unschlüssigkeit ·
Unentschiedenheit · Zaghaftigkeit · Wankelmut · Wankelmütigkeit · Gezauder
♦ *umg*: Zauderei
unentschuldbar: → unverzeihlich
unentwegt: → beharrlich (1)
unentwickelt: → zurückgeblieben (1)
unerbittlich: → streng (2), kompromisslos
Unerbittlichkeit, die: → Strenge
unerfahren: 1. ⟨*ohne Erfahrung*⟩ unbewandert · unwissend · unkundig + jung · neu
♦ *umg*: unbedarft; grün (*scherzh od. abwert*); → *auch* unreif (2) – **2.** u. sein: ⟨*keine
Erfahrung haben*⟩ ein unbeschriebenes Blatt
sein
unerfindlich: → unbegreiflich
unerforschlich: 1. → unergründlich (1) – **2.**
→ geheimnisvoll (1)
unerfreulich: → unangenehm (1)
unergiebig: → ertragsarm
unergründlich: 1. ⟨*einer Ergründung entgegenstehend*⟩ unerforschlich; → *auch* unbegreiflich – **2.** → geheimnisvoll (1)
unerheblich: 1. → geringfügig – **2.** → unwichtig (1)
unerhört: 1. ⟨*alles Dagewesene an Niedertracht od. Frechheit übersteigend*⟩ ungeheuerlich · empörend · beispiellos · unglaublich · unbeschreiblich · bodenlos · himmelschreiend · skandalös · haarsträubend ·

hanebüchen · noch nicht da gewesen ♦ *umg*:
toll · happig · nicht mehr feierlich; doll
(*norddt*) – **2.** das ist u.: ⟨*Ausdruck der Empörung*⟩ das ist wirklich allerhand · das geht
zu weit · das ist [ja] ein Skandal · das ist
keine Art und Weise · das spottet jeder Beschreibung · das schreit zum/gen Himmel ·
das setzt allem die Krone auf · das schlägt
dem Fass den Boden aus ♦ *umg*: das ist [ja]
die Höhe · das geht über die Hutschnur · das
geht auf keine Kuhhaut; das ist ja heiter/
reizend (*iron*) ♦ *salopp*: das stinkt zum/gen
Himmel · das ist eine Affenschande · das ist
ein dicker Hund + das haut einen um
unerklärbar: → unbegreiflich
unerklärlich: → unbegreiflich
unerlässlich: 1. → notwendig (1) – **2.** →
integrierend
unerlaubt: 1. → verboten (1) – **2.** → eigenmächtig
unerledigt: unausgeführt · offen; hängig
(*schweiz*)
unermesslich: 1. → unerschöpflich – **2.** →
endlos (a) – **3.** → groß (1)
Unermesslichkeit, die: → Größe (1)
unermüdlich: 1. ⟨*in seinem Eifer nicht
nachlassend*⟩ rastlos · nimmermüde ♦ *gehoben*: ohne Rast und Ruh; → *auch* fleißig
(1) – **2.** → beharrlich (1)
Unermüdlichkeit, die: → Beharrlichkeit
unerquicklich: → unangenehm (1)
unerreichbar: → abgelegen
unerreicht: → vollkommen (1)
unersättlich: 1. ⟨*gern u. viel essend*⟩ unmä
ßig · nimmersatt + esslustig ♦ *salopp*: gefräßig ♦ *derb*: verfressen; → *auch* gefräßig
(1), hungrig (1) – **2.** → gefräßig (1) – **3.** →
maßlos – **4.** → lerneifrig
Unersättlichkeit, die: 1. ⟨*starkes Verlangen
nach viel Nahrung*⟩ Essgier · Esssucht ·
Unmäßigkeit ♦ *salopp*: Gefräßigkeit
♦ *derb*: Verfressenheit; → *auch* Gefräßigkeit (1), Hunger (1), Appetit – **2.** → Gefrä
ßigkeit (1)
unerschöpflich: unversiegbar · unbegrenzt ·
unermesslich + ein Fass ohne Boden; →
auch reichlich
unerschrocken: → mutig (1)
Unerschrockenheit, die: → Mut (1)
unerschütterlich: eisern · stählern · stahlhart · [felsen]fest · fest verwurzelt · unbeirrt
+ beherrscht · willensstark · siegesgewiss;
→ *auch* standhaft (1), charakterfest (1)

unerschwinglich: → teuer (1)
unersetzbar: → unersetzlich
unersetzlich: unersetzbar · unbezahlbar · Goldes wert · nicht mit Gold bezahlbar; → *auch* wertvoll (1)
unersprießlich: → nutzlos (1)
unerträglich: 1. ⟨*von einer Sache*⟩ nicht zum Aushalten – **2.** → unleidlich
unerwartet: unverhofft · unvermutet · unvorhergesehen · überraschend + ungeahnt; → *auch* plötzlich (1), imponderabel, zufällig
unerwünscht: → unangenehm (1)
unfachmännisch: → laienhaft
unfähig: 1. ⟨*nicht imstande, gestellten Anforderungen zu genügen*⟩ untüchtig · impotent; unvermögend (*veraltend*); → *auch* dumm (1), unbegabt – **2.** → unbegabt – **3.** u. sein: ⟨*zu etw. nicht imstande sein*⟩ kein Geschick haben; → *auch* außerstande
Unfähigkeit, die: → Unvermögen
unfair: → unkameradschaftlich
Unfall, der: 1. ⟨*Missgeschick mit Schadensfolge*⟩ Unglücksfall; → *auch* Unglück (1) – **2.** einen U. haben / erleiden / bauen: → verunglücken (1)
Unfallstation, die: Notfallstation (*schweiz*)
Unfallwagen, der: → Krankenwagen
unfassbar: → unbegreiflich
unfehlbar: → sicher (2)
unfein: 1. → ungehörig – **2.** → gewöhnlich (2) – **3.** → derb (1)
unfertig: 1. → unreif (2) – **2.** → unvollständig
Unflat, der: → Schmutz (1)
unflätig: → unanständig (1)
Unflätigkeit, die: → Zote (1)
unflott: nicht u.: → gut (1)
unfolgsam: → ungehorsam
unförmig: 1. ⟨*keine schöne Form aufweisend*⟩ ungefüge + schief; → *auch* formlos (1) – **2.** → plump (1)
unförmlich: → ungezwungen
unfrankiert: unfrei
unfrei: 1. ⟨*nicht frei in seinen Entscheidungen*⟩ abhängig · gebunden; → *auch* leibeigen, unterdrückt – **2.** → leibeigen – **3.** → gehemmt – **4.** → unfrankiert
Unfreiheit, die: Abhängigkeit · Gebundenheit; → *auch* Knechtschaft (1), Hörigkeit, Zwang (1)
unfreiwillig: 1. ⟨*gegen den eigenen Willen*⟩ gezwungen · gezwungenermaßen · wider Willen – **2.** → versehentlich

unfreundlich: 1. ⟨*ungefällig-abweisend*⟩ unwirsch · unhöflich · ungnädig · grob · düster · finster + ungalant · unritterlich · stiefmütterlich ♦ *umg:* ungenießbar (*scherzh*); → *auch* barsch, kühl (2), missmutig, unleidlich – **2.** ⟨*vom Wetter gesagt: kalt u. regnerisch*⟩ unangenehm · scheußlich · abscheulich + rau · unwirtlich – **3.** → kühl (2)
Unfriede, der: → Zwietracht (1)
unfruchtbar: 1. ⟨*zur Fortpflanzung unfähig*⟩ infertil · steril (*med*); → *auch* zeugungsunfähig (1) – **2.** → ertragsarm – **3.** → unschöpferisch – **4.** u. machen: → sterilisieren (1, a *u.* b)
Unfug, der: 1. ⟨*andere belästigendes Treiben*⟩ Allotria · Klamauk – **2.** → Unsinn (1, a) – **3.** U. treiben: → Unsinn (2)
ungalant: → unfreundlich (1)
ungastlich: → öd[e] (1)
ungeachtet: trotz · unbeschadet
ungeahnt: → unerwartet
ungebärdig: → wild (1)
ungebildet: unwissend · unbelesen · niveaulos + unkundig · unzivilisiert
ungebraten: → roh (1)
ungebräuchlich: unüblich · nicht üblich; → *auch* veraltet (1)
ungebraucht: → neu (1)
ungebremst: → hemmungslos (1)
ungebührend: → ungehörig
ungebührlich: → ungehörig
ungebunden: 1. → frei (1) – **2.** ungebundene Rede: → Prosa (1)
Ungebundenheit, die: → Freiheit (1)
ungedämpft: → grell (1)
ungeduldig: 1. u. sein: ⟨*fast keine Geduld mehr aufbringen können*⟩ wie auf Nadeln / [glühenden] Kohlen sitzen · von einem Bein aufs andere treten – **2.** u. werden: ⟨*nicht länger warten wollen*⟩ die Geduld verlieren ♦ *umg:* jmdm. reißt die Geduld / der Geduldsfaden
ungeeignet: 1. ⟨*ohne Eignung für etw.*⟩ untauglich · unzweckmäßig · unpassend + unpraktisch – **2.** → ungünstig
ungefähr: 1. ⟨*nicht genau festlegbar*⟩ annähernd · rund · zirka · [in] etwa · präterpropter · gegen · überschlägig · überschläglich · schätzungsweise · annäherungsweise · beiläufig (*österr*) + in Bausch und Bogen ♦ *umg:* um [… herum] · an · sagen wir · so · vielleicht · um den Dreh · Pi mal Daumen; → *auch* beinahe – **2.** von u.: → zufällig

ungefährdet

ungefährdet: → sicher (1)
ungefährlich: gefahrlos · risikolos · risikofrei + unbedenklich; → *auch* sicher (1)
ungefärbt: → farblos (1)
ungefestigt: → haltlos (1)
ungeformt: → formlos (1)
ungefrühstückt: → nüchtern (1)
ungefüge: 1. → unförmig (1) – **2.** → plump (1)
ungegessen: → nüchtern (1)
ungehalten: → ärgerlich (1)
ungeheißen: → freiwillig (1)
ungehemmt: → hemmungslos (1)
ungeheuer: 1. → gewaltig (1) – **2.** → sehr – **3.** → groß (1)
Ungeheuer, das: **1.** ⟨*riesiges bzw. schreckl. Wesen*⟩ Scheusal · Monster · Monstrum · Untier · Ungetüm + Moloch; → *auch* Riese (1), Drache – **2.** → Unmensch (1) – **3.** → Drache
ungeheuerlich: → unerhört (1)
ungehobelt: → ungeschliffen
ungehörig: unfein · ungebührlich · indezent; ungebührend · unschicklich (*veraltend*) ♦ *gehoben:* unziemlich · un[ge]ziemend; → *auch* taktlos
ungehorsam: unfolgsam · aufsässig · aufmüpfig · widersetzlich · unbotmäßig + respektlos; → *auch* ungezogen
Ungehorsam, der: Insubordination · Unbotmäßigkeit
ungeklärt: → ungewiss (1)
ungekocht: → roh (1)
ungekünstelt: 1. → natürlich (1) – **2.** → schlicht (2)
ungelegen: 1. ⟨*zu einem ungünstigen Zeitpunkt*⟩ unpassend · inopportun + unzeitig · außer der Zeit – **2.** u. sein: ⟨*für seine Pläne zeitlich nicht günstig sein*⟩ ungelegen kommen; unpass kommen (*landsch*) ♦ *umg:* nicht in den Kram passen – **3.** u. kommen: **a)** → 2 – **b)** → stören (2)
ungelenk: → ungeschickt (1)
ungelenkig: → steif (1)
ungelogen: → wahrhaftig
Ungemach, das: **1.** → Unannehmlichkeit – **2.** → Übel (1)
ungemein: → sehr
ungemütlich: 1. ⟨*nicht anheimelnd*⟩ unbehaglich · unwohnlich + kalt – **2.** → unbehaglich (1) – **3.** u. werden: → anfahren (3)
ungenannt: → anonym
Ungenannte, der: Anonymus

ungenau: 1. ⟨*nicht in allen Einzelheiten richtig*⟩ inexakt · unpräzis[e] · flüchtig · oberflächlich + kursorisch ♦ *umg:* husch[el]ig (*landsch*); → *auch* nachlässig (1), unordentlich – **2.** → verschwommen (1)
ungeniert: 1. → ungezwungen – **2.** → hemmungslos (1) – **3.** → keck
ungenießbar: 1. ⟨*nicht ess- od. trinkbar*⟩ nicht zu genießen + unverdaulich – **2.** → unfreundlich (1), missmutig – **3.** u. werden: → verderben (3)
ungenügend: → unzureichend
ungenutzt: u. sein: brachliegen
ungeordnet: 1. ⟨*von Verhältnissen gesagt: keine Ordnung erkennen lassend*⟩ chaotisch · wirr · wild · wüst · planlos · regellos · verworren; wirrig (*landsch*) ♦ *umg:* drunter und drüber; → *auch* gesetzlos – **2.** ⟨*von Sachen gesagt: keine Ordnung aufweisend*⟩ wild · wüst · [kunter]bunt · durcheinander · drunter und drüber ♦ *salopp:* wie Kraut und Rüben; → *auch* unordentlich
ungepflegt: 1. → unordentlich – **2.** → struppig
Ungepflegtheit, die: → Unsauberkeit (1)
ungeraten: → ungezogen
ungerecht: unbillig
ungereimt: → sinnlos (1)
ungern: widerwillig · widerstrebend · schweren Herzens
ungerührt: → gleichgültig (2)
ungerupft: nicht u. davonkommen: → Schaden (5)
ungesalzen: → schal (1)
ungesättigt: → hungrig (1)
ungesäumt: → sofort
ungeschehen: u. machen: rückgängig machen
Ungeschick, das: → Ungeschicklichkeit
Ungeschicklichkeit, die: Unbeholfenheit · Ungeschick · Ungeschicktheit
ungeschickt: 1. ⟨*ohne Geschicklichkeit*⟩ ungewandt · ungelenk · unbeholfen · unpraktisch · plump · täppisch · linkisch · eckig · tollpatschig · tölpelhaft · tölpisch + undiplomatisch ♦ *umg:* stoffelig · tapsig · tappig · wie der erste Mensch · wie ein Elefant [im Porzellanladen]; patschert (*österr*); → *auch* schwerfällig (1), steif (2), zittrig – **2.** u. sein: ⟨*sich zu keiner praktischen Arbeit eignen*⟩ kein Geschick haben ♦ *umg:* zwei linke Hände haben
Ungeschicktheit, die: → Ungeschicklichkeit

Unglück

ungeschlacht: → plump (1)
ungeschliffen: unmanierlich · ungesittet · unkultiviert · unzivilisiert · ungehobelt · roh · krud[e]; plump · bäurisch · dörfisch (*abwert*) ♦ *umg*: unpoliert · stoffelig; → *auch* derb (1), proletenhaft
ungeschminkt: → offen (3)
ungeschmückt: → schlicht (1)
ungeschoren: 1. → ungestört – **2.** u. bleiben: → straffrei; nicht u. bleiben: → Schaden (5)
ungeschützt: → schutzlos (1)
ungesellig: → menschenscheu
ungesetzlich: gesetzwidrig · illegal · widerrechtlich · rechtswidrig · unrechtmäßig · illegitim · irregulär + ordnungswidrig · polizeiwidrig · strafbar; → *auch* verboten (1)
Ungesetzlichkeit, die: Gesetzwidrigkeit · Illegalität · Rechtsbruch · Rechtsverletzung · Rechtswidrigkeit · Unrechtmäßigkeit + Rechtsbeugung · Rechtsverdrehung
ungesichert: → ungewiss (1)
ungesittet: → ungeschliffen
ungestalt: → missgebildet
ungestaltet: → formlos (1)
ungestört: unbehelligt · ungeschoren + in Ruhe
ungestüm: 1. → heftig (1, b) – **2.** → wild (1) – **3.** → rasend (1)
ungesund: → schädlich (1)
ungetreu: → untreu (1)
Ungetüm, das: → Ungeheuer (1)
ungewandt: → ungeschickt (1)
ungewaschen: ungewaschenes Zeug reden: → schwafeln
ungewiss: 1. ⟨*ohne Gewissheit*⟩ unsicher · unbestimmt · fraglich · ungeklärt · ungesichert · unentschieden · unverbürgt · zweifelhaft + dunkel; → *auch* zweifelhaft (1), umstritten – **2.** u. sein: ⟨[*noch*] *nicht feststehen*⟩ in der Luft schweben · das steht in den Sternen [geschrieben] · das wissen die Götter
Ungewisse, das: 1. → Ungewissheit – **2.** im Ungewissen sein: ⟨*nichts Genaues wissen*⟩ im Dunkeln tappen – **3.** im Ungewissen lassen: ⟨*jmdn.* [*über längere Zeit*] *auf eine Klärung warten lassen*⟩ im Unklaren lassen ♦ *salopp*: schmoren lassen
Ungewissheit, die: Unsicherheit · das Ungewisse + Dunkel; → *auch* Zweifel (1)
ungewöhnlich: absonderlich · ausgefallen · unüblich · abnorm · anomal · anormal · unnormal · atypisch · irregulär; abnormal (*bes.*

österr schweiz) + bizarr · ungewohnt · unkonventionell; → *auch* außergewöhnlich (1)
ungewohnt: → ungewöhnlich
ungewollt: → versehentlich
ungewürzt: → schal (1)
ungezählte: → viel (I, 1)
ungezähmt: → wild (3, a)
Ungeziefer, das: Geziefer (*veraltet*)
ungeziemend: → ungehörig
ungeziert: → natürlich (1)
ungezogen: unartig · missraten · ungeraten + nichtsnutzig; → *auch* frech (1), ungehorsam
Ungezogenheit, die: Unart; → *auch* Frechheit
ungezügelt: 1. → maßlos, zügellos (1) – **2.** → wild (1)
ungezwungen: zwanglos · leger · nonchalant · lässig · salopp · burschikos · unkonventionell · unverkrampft · ungeniert · unzeremoniell · unförmlich · formlos · aufgelockert · familiär + unbefangen · frei ♦ *umg*: locker · hemdsärmelig; → *auch* natürlich (1), keck
Ungezwungenheit, die: Zwanglosigkeit · Nonchalance · Lässigkeit
Unglaube, der: 1. → Atheismus – **2.** → Zweifel (1)
unglaubhaft: → zweifelhaft (1)
ungläubig: 1. → atheistisch – **2.** ungläubiger Thomas: → Zweifler
Ungläubigkeit, die: → Atheismus
unglaublich: 1. ⟨*außergewöhnlich groß, gut usw.*⟩ unwahrscheinlich – **2.** → unerhört (1)
unglaubwürdig: → zweifelhaft (1)
ungleich[artig]: → verschiedenartig
Ungleichartigkeit, die: → Verschiedenartigkeit
Ungleichgewicht, das: → Unausgewogenheit
ungleichmäßig: unebenmäßig · asymmetrisch · unsymmetrisch
Unglück, das: 1. ⟨*großen Schaden* [*u. Trauer*] *bewirkendes Ereignis*⟩ Unheil · Katastrophe · Schicksalsschlag · Desaster · Verhängnis · [harter] Schlag · Heimsuchung + Elend · Tragik; → *auch* Unfall (1), Missgeschick – **2.** → Verderben (1) – **3.** ins U. stürzen: ⟨*die Vernichtung der bestehenden Lebensumstände herbeiführen*⟩ ins Verderben reißen/stürzen/bringen/führen · in den Abgrund reißen; → *auch* ruinieren (I, 1) – **4.** wie ein Häufchen U.: → jämmerlich (1);

713

unglücklich

zu allem U.: → außerdem (1); kein U. sein: → schlimm (3)

unglücklich: 1. → verhängnisvoll – **2.** → bedauernswert – **3.** → traurig (1)

unglücklicherweise: → leider

Unglücksbotschaft, die: → Schreckensnachricht

unglückselig: 1. → verhängnisvoll – **2.** → bedauernswert

Unglücksfall, der: → Unfall

Unglücksmensch, der ⟨umg⟩: Pechvogel · Unglücksrabe · Unglückswurm · Schlemihl + Hascher (österr); Hascherl (süddt österr)

Unglücksrabe, der: → Unglücksmensch

Unglückstag, der: schwarzer Tag + [Freitag] der Dreizehnte

Unglückswurm, der: → Unglücksmensch

Ungnade, die: in U. gefallen sein |bei|: → Wohlwollen (2)

ungnädig: → unfreundlich (1)

ungraziös: → plump (1)

ungültig: 1. ⟨nicht [mehr] geltend⟩ [null und] nichtig · unwirksam · hinfällig · verfallen – **2.** u. werden: → verfallen (2); u. machen, für u. erklären: → aufheben (I, 3)

Ungunst, die: → Nachteil (1)

ungünstig: nachteilig · schlecht · unzweckmäßig · ungeeignet · unzuträglich · abträglich · Verlust bringend · von Übel + unratsam; → auch schädlich (2)

ungut: → böse (1)

unhaltbar: → falsch (1)

unharmonisch: → unausgeglichen

Unheil, das: **1.** → Unglück (1) – **2.** → Schaden (1) – **3.** U. stiften: → schaden (1); U. bringend: → gefährlich (1)

unheilbar: 1. → todkrank (1) – **2.** u. krank: → todkrank (1)

unheildrohend: → unheilvoll (1)

unheilschwanger: → unheilvoll (1)

unheilvoll: 1. ⟨Schlimmes verheißend⟩ unheilschwanger · unheildrohend + finster · schwarz; → auch gefährlich (1) – **2.** → gefährlich (1), verhängnisvoll

unheimlich: 1. ⟨ein unbestimmtes Furchtgefühl hervorrufend⟩ dämonisch · geisterhaft · gespensterhaft + makaber; → auch gespenstisch, gruselig (1) – **2.** → gewaltig (1) – **3.** → sehr

unhöflich: 1. → unfreundlich (1) – **2.** → flegelhaft (1) – **3.** → taktlos

Unhold, der: → Unmensch (1)

unhörbar: → lautlos

Uni, die: → Universität

uni[farben]: → einfarbig

unifizieren: → anpassen (I, 1)

uniform: → gleichförmig (1)

Uniform, die: Dienstanzug · Dienstkleidung; Montur (noch landsch) + Livree · Tracht · Kostüm · Einheitskleidung ♦ umg: Kluft

uniformieren: → anpassen (I, 1)

Unikum, das: → Original (1)

unilateral: → einseitig (2)

unintelligent: → dumm (1)

uninteressant: 1. ⟨nicht interessierend⟩ nicht von Interesse · reizlos ♦ umg: das Allerletzte – **2.** → langweilig

uninteressiert: → interesselos

Uninteressiertheit, die: → Gleichgültigkeit

Union, die: → Vereinigung (2)

unirdisch: → übersinnlich

Unität, die: → Einheit (1)

universal: 1. → vielseitig (1) – **2.** → allgemein (1)

Universalerbe, der: → Alleinerbe

Universalmittel, das: Allheilmittel

universell: 1. → vielseitig (1) – **2.** → allgemein (1) – **3.** → umfangreich (1)

Universität, die: Alma Mater + Hochschule · College ♦ umg: Uni; → auch Schule (1)

Universum, das: → Weltall

unkalkulierbar: → unmessbar

unkameradschaftlich: unkollegial · unfair

Unke, die: → Pessimist

unken: → schwarz (6)

Unkenntnis, die: → Unwissenheit

Unkenruf, der: → Ermahnung (2)

Unker, der: → Pessimist

Unkerei, die: → Pessimismus

unkeusch: → unzüchtig

Unkeuschheit, die: → Unzucht

unklar: 1. ⟨nicht ohne weiteres verständlich bzw. erkennbar⟩ nebulos · nebulös · nebelhaft · unscharf · unpräzis[e] · undeutlich · vage · undefinierbar · unbestimmt · undurchsichtig · unverständlich · verschwommen · verwaschen · dunkel · düster · wolkig · finster · in Dunkel gehüllt + zusammenhanglos; → auch verworren (1) – **2.** → trüb[e] (1) – **3.** → verschwommen (1) – **4.** im Unklaren lassen: → Ungewisse (3)

unklug: → unvernünftig

unkollegial: → unkameradschaftlich

unkompliziert: einfach · simpel · leicht · elementar ♦ salopp: pipieinfach

Unordnung

unkontrolliert: → unbeaufsichtigt
unkonventionell: 1. → ungezwungen – **2.**
→ ungewöhnlich
unkonzentriert: → unaufmerksam (1)
unkörperlich: → unsinnlich
unkorrekt: → falsch (1)
Unkosten (*Pl*): **1.** → Ausgabe (2) – **2.** sich
in U. stürzen: → verschwenderisch (3)
Unkrautbekämpfungsmittel, das: Un-
krautvertilgungsmittel · Herbizid
Unkrautvertilgungsmittel, das: → Un-
krautbekämpfungsmittel
unkultiviert: → ungeschliffen
unkundig: 1. → unerfahren (1) – **2.** → un-
gebildet
unlängst: → neulich
unlauter: → unaufrichtig (1)
unleidlich: unausstehlich · unerträglich; →
auch unfreundlich (1), missmutig
unlenksam: → eigensinnig (1)
unleugbar: 1. → unabweisbar – **2.** → si-
cher (4)
unlieb: nicht u. sein: → gelegen (2)
unliebsam: → unangenehm (1)
Unlogik, die: → Widersinn (1)
unlogisch: 1. → widersinnig (1) – **2.** → wi-
derspruchsvoll
unlösbar: → fest (1)
Unlust, die: **1.** → Lustlosigkeit – **2.** →
Missmut
unlustig: → missmutig
unmanierlich: → ungeschliffen
unmännlich: → weichlich (1)
Unmaß, das: → Menge (1)
Unmasse, die: → Menge (1)
unmäßig: 1. → maßlos – **2.** → unersättlich (1)
Unmäßigkeit, die: → Unersättlichkeit (1)
Unmenge, die: → Menge (1)
Unmensch, der: **1.** ⟨*grausamer, gefühlloser
Mensch*⟩ Ungeheuer · Unhold · Scheusal ·
Bestie · Satan · Teufel · Tier · Vieh · Blut-
hund + Kannibale · Wandale; → *auch* Ge-
waltmensch (1), Schurke, Übeltäter, Ver-
brecher – **2.** kein U. sein: → kompromissbe-
reit (3)
unmenschlich: inhuman · barbarisch · bes-
tialisch · viehisch + kannibalisch; → *auch*
brutal
Unmenschlichkeit, die: Inhumanität · Bes-
tialität · Kannibalismus; → *auch* Brutalität
unmerkbar: → unmerklich
unmerklich: unmerkbar + sacht[e]; → *auch*
allmählich

unmessbar: + unwägbar · unkalkulierbar ·
unberechenbar · unzählbar
unmethodisch: → planlos (1)
unmissverständlich: 1. → deutlich (3) – **2.**
→ offen (3)
Unmissverständlichkeit, die: → Deutlich-
keit (3)
unmittelbar: 1. ⟨*ohne Zwischenraum*⟩ di-
rekt · dicht[auf] – **2.** u. danach: → sofort
unmodern: 1. → altmodisch (1) – **2.** →
veraltet (1) – **3.** u. werden: → veralten
unmöglich: 1. ⟨*in der Wirklichkeit nicht ge-
geben od. eintretend*⟩ nicht möglich · ausge-
schlossen · undenkbar · utopisch; → *auch*
unausführbar, keineswegs – **2.** → unan-
nehmbar – **3.** u. sein: ⟨*nicht zu verwirkli-
chen sein*⟩ umg: ein Ding der Unmöglichkeit
sein ♦ *salopp*: nicht drin sein – **4.** sich u.
machen: → blamieren (II)
Unmöglichkeit, die: ein Ding der U. sein:
→ unmöglich (3)
Unmoral, die: → Unsittlichkeit
unmoralisch: → unsittlich
unmotiviert: → grundlos (1)
unmündig: 1. → unreif (2) – **2.** → minder-
jährig
Unmut, der: **1.** → Missmut – **2.** → Hass (1)
unmutig: → missmutig
unnachahmlich: → hervorragend (1)
unnachgiebig: 1. ⟨*keine Abweichung zulas-
send*⟩ fest · hart[näckig] · starr · intransigent
· rigid[e] + erbittert · unbeirrt; → *auch*
standhaft, unversöhnlich (1), kompro-
misslos – **2.** → kompromisslos
unnachsichtig: → streng (2)
Unnachsichtigkeit, die: → Strenge
unnahbar: → verschlossen (2)
unnatürlich: 1. → geziert – **2.** → wider-
natürlich
unnormal: 1. → abnorm (1) – **2.** → unge-
wöhnlich
unnötig: entbehrlich · überflüssig + müßig ·
zwecklos; → *auch* nutzlos (1)
unnütz: → nutzlos (1)
unökonomisch: → unwirtschaftlich
unordentlich: liederlich · ungepflegt; lotte-
rig · schlampig · schluderig (*abwert*) ♦ *umg*:
ruschelig · schlunzig (*landsch abwert*);
schlampert (*österr abwert*); → *auch* nach-
lässig (1), ungeordnet (2), ungenau (1)
Unordnung, die: **1.** ⟨*Zustand fehlender
Ordnung*⟩ Chaos · Regellosigkeit · Wirrwarr
· Wirrnis · Wirrsal · Durcheinander · Konfu-

unparteiisch

sion + Desorganisation; → *auch* Durcheinander (1), Misswirtschaft, Gesetzlosigkeit – **2.** → Schlendrian (1) – **3.** in U. bringen: → durcheinander (3, a)

unparteiisch: neutral + ohne Ansehen/Ansehung der Person; → *auch* sachlich (1), gerecht (2)

Unparteiische, der: → Schiedsrichter

unpass: u. kommen: **a)** → ungelegen (2) – **b)** → stören (2)

unpassend: 1. → ungelegen (1) – **2.** → unangebracht – **3.** → ungeeignet (1)

unpassierbar: → unwegsam

unpässlich: → unwohl (1)

Unpässlichkeit, die: → Unwohlsein

unpersönlich: → förmlich (1)

unpoliert: → ungeschliffen

unpolitisch: apolitisch

unpopulär: → unbeliebt (1)

unpraktisch: 1. → ungeeignet (1) – **2.** → ungeschickt (1)

unprätentiös: → bescheiden (I, 1)

unpräzis[e]: 1. → ungenau (1) – **2.** → unklar (1)

unproblematisch: → mühelos (1)

unproduktiv: → unschöpferisch

unrasiert: stoppelbärtig · stoppelig; → *auch* struppig

Unrast, die: → Unruhe (I, 1)

Unrat, der: 1. → Abfall (I, 1) – **2.** → Schmutz (1) – **3.** → Kot (1) – **4.** U. wittern: → Verdacht (2)

unratsam: → ungünstig

unreal: → unwirklich

unrealisierbar: → unausführbar

unrealistisch: → weltfremd

unrecht: 1. → falsch (1) – **2.** u. tun: → vergehen (II, 1); an den Unrechten kommen/geraten: → abblitzen (1)

Unrecht, das: 1. 〈*ungerechte Behandlung*〉 *gehoben:* Unbill – **2.** → Vergehen (1) – **3.** zu U.: → irrtümlich; ein U. antun/zufügen: → kränken

unrechtmäßig: → ungesetzlich

Unrechtmäßigkeit, die: → Ungesetzlichkeit

unredlich: → betrügerisch

unreell: → betrügerisch

Unregelmäßigkeit, die: → Unterschlagung

unreif: 1. 〈*von Früchten gesagt: nicht voll entwickelt*〉 grün + noch nicht reif – **2.** 〈*von [jungen] Menschen gesagt: noch nicht ausgereift*〉 kindhaft · kindlich · infantil · pueril · unmündig · unfertig · schülerhaft · kindisch

♦ *umg:* noch feucht/noch nicht trocken hinter den Ohren; → *auch* zurückgeblieben (1), unerfahren (1)

Unreife, die: Kindlichkeit · Infantilismus

unrein: 1. → schmutzig (1) – **2.** ins Unreine schreiben: → entwerfen (2)

Unreinheit, die: → Unsauberkeit (1)

unreinlich: → schmutzig (1)

Unreinlichkeit, die: → Unsauberkeit (1)

unreligiös: → atheistisch

unrentabel: → unwirtschaftlich

unrettbar: rettungslos

unrichtig: → falsch (1)

unritterlich: → unfreundlich (1)

Unruhe: I. Unruhe, die: **1.** 〈*Zustand innerer Erregung*〉 Ruhelosigkeit · Unrast · Unstetigkeit ♦ *umg:* Flattermann – **2.** → Trubel (1) – **3.** → Sorge (1) – **4.** in U. versetzen: → beunruhigen (I) – **II.** Unruhen (*Pl*): → Aufruhr (1)

Unruhestifter, der: Störenfried · Provokateur ♦ *umg:* Krawallmacher · Radaumacher · Radaubruder · Krakeeler · Schreier · Schreihals (*abwert*); → *auch* Hetzer, Streitsüchtige

unruhig: 1. 〈*innerlich erregt*〉 ruhelos · unstet · flatterig + bewegt · rastlos ♦ *gehoben:* friedlos ♦ *umg:* fickrig (*landsch*); → *auch* aufgeregt (1), nervös, fahrig, unbeständig – **2.** → besorgt (1) – **3.** u. machen/stimmen: → beunruhigen (I); unruhiger Geist: → Quecksilber

unsachlich: → befangen (1)

unsagbar: → sehr

unsäglich: → sehr

unsauber: → schmutzig (1)

Unsauberkeit, die: 1. 〈*unsaubere Beschaffenheit*〉 Unreinheit · Unreinlichkeit · Schmutzigkeit · Sudelei + Ungepflegtheit ♦ *umg:* Schmuddelei · Schmuddeligkeit – **2.** → Regelwidrigkeit

unschädlich: 1. → harmlos (1) – **2.** u. machen: 〈[*gewaltsam*] *jmds. schädl. Aktivitäten beenden*〉 das Handwerk legen + ausheben ♦ *umg:* + hochnehmen ♦ *salopp:* + hoppnehmen · hopsnehmen; → *auch* ergreifen (2)

unscharf: 1. → verschwommen (1) – **2.** → unklar (1)

unschätzbar: → wertvoll (1)

unscheinbar: 1. 〈*kaum in Erscheinung tretend*〉 unauffällig · unspektakulär · farblos; mausgrau (*spött*); → *auch* einfach (1) – **2.** unscheinbare Person, Gruppe: graue Maus

unschicklich: → ungehörig
unschlüssig: 1. → unentschlossen (1) – **2.**
u. sein: → unentschlossen (3)
Unschlüssigkeit, die: → Unentschlossenheit
unschön: → hässlich (1), geschmacklos (1)
unschöpferisch: unfruchtbar · steril · unproduktiv · blutleer + eklektisch · epigonenhaft · epigonal
Unschuld, die: 1. ⟨*das Freisein von Schuld*⟩ Schuldlosigkeit – **2.** ⟨*Unfähigkeit, Böses zu wollen od. von anderen zu erwarten*⟩ Lauterkeit · Reinheit ♦ *dicht:* Reine – **3.** → Jungfräulichkeit – **4.** seine U. beteuern: → verteidigen (II); seine Hände in U. waschen: → herauswinden, sich; die U. rauben: → entjungfern
unschuldig: 1. ⟨*nicht mit einer Schuld belastet*⟩ schuldlos · schuldfrei · frei von Schuld · von aller/einer Schuld rein – **2.** ⟨*nicht fähig, Böses zu wollen od. von anderen zu erwarten*⟩ unschuldsvoll · engel[s]rein · rein · lauter · arglos · ohne Arg + ahnungslos – **3.** → jungfräulich – **4.** u. sein: ⟨*sich nicht mit einer Schuld beladen* [*haben*]⟩ *umg:* eine reine/saubere/weiße Weste haben + kein Wässerchen trüben können
Unschuldsengel, der (*spött*): Unschuldslamm · Lämmchen · frommes Lamm
Unschuldslamm, das: → Unschuldsengel
Unschuldsmiene, die: Engelsmiene + Armesündermiene
unschuldsvoll: → unschuldig (2)
unschwer: → mühelos (1)
unselbständig: 1. ⟨*der führenden Unterstützung anderer bedürfend*⟩ anlehnungsbedürftig – **2.** u. sein: ⟨*nichts selbständig tun* [*können*]⟩ *umg:* an jmds. Schürze/Schürzenzipfel/Schürzenband hängen
unselig: → verhängnisvoll
unsensibel: → unempfindlich (2)
unsicher: 1. ⟨*nicht fest auf den Beinen stehend*⟩ schwankend + schwach ♦ *umg:* wackelig – **2.** ⟨*von Arbeitsplätzen od. dgl. gesagt: nicht gesichert*⟩ gefährdet + bedroht ♦ *umg:* wackelig – **3.** → ungewiss (1) – **4.** → zweifelhaft (1) – **5.** u. sein: **a)** ⟨*sich nicht sicher fühlen*⟩ *umg:* sich in seiner Haut nicht recht wohl fühlen + schwimmen – **b)** ⟨*weder ein positives noch ein negatives Ergebnis ausschließen*⟩ ein zweischneidiges Schwert sein · nicht zum Besten stehen ⌊mit⌋ ♦ *umg:* auf der Kippe stehen · auf

wackeligen Beinen stehen · auf wackeligen/schwachen Füßen stehen; → *auch* bedenklich (3) – **6.** ein unsicherer Kandidat/Kantonist: → unzuverlässig; u. machen: → verwirren (2)
Unsicherheit, die: → Ungewissheit
unsichtbar: 1. → ²verborgen (1) – **2.** sich u. machen: → verschwinden (2)
Unsinn, der: 1. a) ⟨*Plan od. Gedanke, der keinen Sinn hat; unsinnige Äußerung*⟩ Nonsens · Unfug · Wahnwitz · Irrwitz · Aberwitz ♦ *umg:* Blödsinn · Quatsch · Stuss · Humbug · Mumpitz · Kiki · Tinnef · Kohl · Blech · Koks · Quark · Larifari · Kokolores · Kitt · Firlefanz · Pipifax · Flausen · Faxen · Hokuspokus · Kinderei · Kinkerlitzchen (*Pl*) · Zinnober · dummes Zeug · Schwachsinn · Irrsinn · Wahnsinn; Schnack (*norddt*); Schmarren (*süddt österr*) + fauler Zauber · Kauderwelsch ♦ *salopp:* Bockmist · Käse; → *auch* Aberglaube, Widersinn (1), Narretei – **b)** ⟨*Erwiderung auf eine unsinnige Äußerung*⟩ Geschwätz · papperlapapp ♦ *umg:* larifari – **2.** U. machen: ⟨*törichte Späße machen*⟩ Unfug treiben · Dummheiten/Geschichten machen ♦ *umg:* Zicken/Faxen machen; → *auch* herumalbern – **3.** U. reden: → schwafeln
unsinnig: 1. → sinnlos (1), widersinnig (1) – **2.** → sehr
Unsinnigkeit, die: → Sinnlosigkeit
unsinnlich: nicht sinnlich · unkörperlich · platonisch · geistig
Unsitte, die: → Untugend
unsittlich: amoralisch · unmoralisch · sittenlos · zuchtlos · liederlich + schlecht; → *auch* unanständig (1), unzüchtig, schlüpfrig (1)
Unsittlichkeit, die: Amoralität · Unmoral · Sittenlosigkeit · Zuchtlosigkeit + Schlechtigkeit; → *auch* Schlüpfrigkeit, Unzucht
unsolide: → leichtlebig
unsorgfältig: → nachlässig (1)
unspektakulär: → unscheinbar (1)
unstatthaft: → verboten (1)
unsterblich: unvergänglich ♦ *gehoben:* im Buch der Geschichte eingetragen
unstet: → fahrig, unbeständig, unruhig (1)
Unstetigkeit, die: → Unruhe (I, 1)
unstillbar: → unbezähmbar (1)
unstimmig: → widerspruchsvoll
Unstimmigkeit, die: → Widerspruch (1)
unstreitig: → sicher (4)

unstrittig: → sicher (4)
unsühnbar: → unverzeihlich
unsymmetrisch: → ungleichmäßig
unsympathisch: u. sein: *umg:* nicht jmds. Blutgruppe sein (*meist scherzh*); → *auch* Wohlwollen (2)
unsystematisch: → planlos (1)
untadelig: → einwandfrei (1)
untalentiert: → unbegabt
Untat, die: → Verbrechen (1)
Untätchen, das: an etw. ist kein U.: → einwandfrei (2)
untätig: 1. ⟨*nichts tuend*⟩ passiv · tatenlos · inaktiv · müßig · unbeschäftigt; → *auch* faul (2) – **2.** u. sein: ⟨*sich nicht betätigen*⟩ *umg:* die Hände in der Tasche haben · mit den Händen in der Tasche dastehen · mit verschränkten Armen dastehen · Maulaffen feilhalten; ein Arbeiterdenkmal machen (*scherzh*) + herumstehen; → *auch* faulenzen (1)
Untätigkeit, die: Passivität · Tatenlosigkeit · Inaktivität; → *auch* Faulheit
untauglich: 1. → ungeeignet (1) – **2.** → dienstunfähig
unteilbar: → einheitlich (1)
Unteilbarkeit, die: → Einheit (1)
unten: 1. ⟨*sich unter etw. od. jmdm. befindend*⟩ drunten (*bes. südd österr*) + in der Tiefe – **2.** nach u.: → hinunter; von oben bis u.: → ganz (1); von u. auf: → herauf; u. durch sein: → erledigt (3, b); u. durch sein │bei│: → Wohlwollen (2); nicht mehr wissen, was oben und u. ist: → verwirrt (3)
unter: u. der Hand: → heimlich (1); nicht mehr u. uns/u. den Lebenden weilen: → tot (4); u. sich machen: **a)** → einnässen, austreten (1) – **b)** → austreten (2)
Unter, der: → Bube
Unterbau, der: → Grundlage (1)
Unterbekleidung, die: → Unterwäsche (1)
unterbelichtet: 1. → beschränkt (1), dumm (1) – **2.** geistig u.: → beschränkt (1), dumm (1)
unterbewusst: → unbewusst
unterbieten: den Preis [herunter]drücken
Unterbilanz, die: → Fehlbetrag
unterbinden: ausschalten · sperren ♦ *umg:* einen Riegel vorschieben; → *auch* verhindern
unterbleiben: → wegfallen (1)
Unterbodenwäsche, die: *umg:* Unterwäsche

unterbrechen: 1. ⟨*am Weitersprechen hindern*⟩ dazwischenreden · ins Wort/in die Rede fallen · das Wort abschneiden · nicht ausreden lassen · über den Mund fahren ♦ *derb:* übers Maul fahren – **2.** → abstellen (1)
Unterbrechung, die: **1.** ⟨*das Unterbrechen eines Ablaufs od. der Berufstätigkeit*⟩ Auszeit; Interruption (*veraltend*); Unterbruch (*schweiz*) – **2.** → Pause (1) – **3.** → Störung
unterbreiten: 1. → vorlegen (1) – **2.** ein Angebot u.: → vorschlagen
unterbringen: 1. ⟨*zu einer Arbeitsstelle verhelfen*⟩ *umg:* anbringen · einen Job verschaffen – **2.** → beherbergen – **3.** → verheiraten (I)
Unterbruch, der: → Unterbrechung (1)
unterbügeln: → unterdrücken (1)
unterbuttern: → unterdrücken (1)
unterdes: → unterdessen
unterdessen: unterdes · mittlerweile · inzwischen · derweil[en] · währenddessen · währenddem · zwischendurch · zwischenzeitlich · zwischenhin · in der Zwischenzeit · indes[sen] · solange · einstweilen · dazwischen; derweile (*landsch*); indem (*veraltend*) + dabei
unterdrücken: 1. ⟨*gewaltsam an der freien Entfaltung hindern*⟩ niederhalten · ducken · knebeln · knechten · knuten · tyrannisieren · versklaven · unterjochen · ins Joch spannen + in Schach halten ♦ *umg:* unterbuttern · unterbügeln – **2.** ⟨*in Bezug auf Stimmungen od. Gefühle: sich ihnen nicht hingeben*⟩ nicht aufkommen lassen · bezwingen · sich verbeißen · betäuben + hinunterwürgen · hinunterschlucken · im Wein/Alkohol ersäufen/ertränken · abtöten – **3.** ⟨*in Bezug auf widersetzliche Bestrebungen: [mit Gewalt] gegen sie vorgehen*⟩ [im Keim] ersticken; abdrehen (*österr*) ♦ *umg:* abwürgen; → *auch* niederschlagen (I, 2) – **4.** → zurückhalten (I, 2) – **5.** → niederschlagen (I, 2)
Unterdrücker, der: **1.** → Diktator – **2.** → Peiniger (1)
unterdrückt: geknechtet · geknebelt · versklavt · fremdbestimmt · unter der Knute; → *auch* unfrei (1)
Unterdrückte, der: → Unterprivilegierte
Unterdrückung, die: Knechtung · Versklavung · Fremdbestimmung · Repression + Niederschlagung; → *auch* Zwang (1)

unterentwickelt: 1. → rückständig – **2.** → zurückgeblieben (1)

unterernährt: → elend (1)

unterfangen, sich: → unterstehen (II)

Unterfangen, das: → Wagnis

unterfassen: → unterhaken

unterfertigen: → unterschreiben

Unterfertiger, der: → Unterzeichner

Unterfertigte, der: → Unterzeichner

Untergang, der: 1. → Verfall (1) – **2.** → Verderben (1)

untergeben: 1. → unterstellt (1) – **2. u. sein:** → unterstehen (I)

untergefasst: → untergehakt

untergehakt: eingehängt · eingehakt · untergefasst · Arm in Arm; eingehenkelt (*landsch*)

untergehen: 1. ⟨*von Gestirnen gesagt: hinter dem Horizont verschwinden*⟩ [ver]sinken · niedergehen ♦ *gehoben:* zur Rüste gehen – **2.** ⟨*von Kulturen od. Reichen gesagt: zu bestehen aufhören*⟩ zugrunde gehen + absterben ♦ *gehoben:* dahinschwinden; → *auch* aussterben, zerfallen (2), verfallen (1) – **3.** → ertrinken – **4.** → sinken (1)

untergeordnet: 1. → unterstellt (1) – **2.** → nebensächlich – **3. u. sein: a)** → unterstehen (I) – **b)** → ²abhängen (1)

Untergeschoss, das: Kellergeschoss · Unterstock · Souterrain; → *auch* Stockwerk, Erdgeschoss (1)

Untergestell, das: → Bein (II, 1)

untergliedern: I. untergliedern: → einteilen (1) – **II. untergliedern, sich:** → gliedern (II)

untergraben: I. untergraben: ⟨*vorsichtig u. unmerklich zerstören*⟩ aufweichen · unterminieren · unterhöhlen · aushöhlen · unterwühlen · durchlöchern – **II.** untergraben: → eingraben (I, 1)

Untergrenze, die: → Mindestmaß

unterhaken: sich einhaken · sich einhängen · unterfassen · unter den Arm fassen · jmds. Arm nehmen; sich einhenkeln (*landsch*)

unterhalb: am Fuß des/von ♦ *umg:* unterwärts (*landsch*); → *auch* darunter (1)

Unterhalt, der: 1. → Lebensunterhalt (1) – **2.** → Alimente

unterhalten: I. unterhalten: 1. ⟨*jmds. Existenz finanzieren*⟩ ernähren · durchbringen · sorgen |für| · für den Lebensunterhalt sorgen ♦ *umg:* durchfüttern – **2.** → belustigen (I) – **II. unterhalten, sich: 1.** ⟨*sich mit jmdm. in einem Gespräch befinden*⟩ reden/sprechen |mit| · ein Gespräch/ eine Unterhaltung führen · Worte wechseln · plaudern · Konversation machen; plauschen · einen Plausch machen (*bes. südd österr*) ♦ *umg:* talken · einen Schwatz/ein Plauderstündchen/Schwätzchen halten/machen; klönen · schnacken (*norddt*); ratschen (*südd österr*) ♦ *salopp:* quatschen; → *auch* verständigen (II, 1), sprechen (1), erzählen (1), schwatzen (1), schwafeln – **2.** → vergnügen (1)

Unterhalter, der: Entertainer · Alleinunterhalter + Unterhaltungskünstler · Animateur · Reisebegleiter

unterhaltsam: amüsant · vergnüglich · ergötzlich · gesellig · kurzweilig; pläsierlich (*noch landsch*) + launig · angenehm; → *auch* gesellig (1), anregend, spaßig (1)

Unterhaltsbeitrag, der: → Alimente

Unterhaltsgeld, das: → Alimente

Unterhaltszahlung, die: → Alimente

Unterhaltung, die: 1. → Gespräch (1), Plauderei, Entertainment – **2.** → Versorgung – **3.** → Belustigung (1) – **4. eine U. führen:** → unterhalten (II, 1)

Unterhaltungsbranche, die: → Unterhaltungsindustrie

Unterhaltungsindustrie, die: Vergnügungsindustrie · Unterhaltungsbranche + Schaugeschäft · Showgeschäft · Showbusiness

Unterhaltungskünstler, der: → Unterhalter

Unterhaltungsmusik, die: Kaffeehausmusik (*abwert*)

Unterhaltungsorchester, das: → ¹Kapelle

unterhandeln: → verhandeln (1)

Unterhändler, der: + Parlamentär

Unterhandlung, die: → Verhandlung (1)

unterhöhlen: → untergraben (I)

Unterholz, das: Niederholz; → *auch* Buschwerk

Unterhose: I. Unterhose, die: ⟨*Kleidungsstück für Männer*⟩ Unterhosen + Slip · Tanga; Liebestöter (*Pl; scherzh*) – **II.** Unterhosen (*Pl*): → I

unterjochen: → unterdrücken (1)

Unterkleid, das: → Unterrock

Unterkleidung, die: → Unterwäsche (1)

unterkommen: 1. ⟨*in einem Betrieb od. einer Institution Mitarbeiter werden*⟩ eine Anstellung finden · eine Stelle bekommen ♦ *umg:* ankommen · einen Job kriegen – **2.**

unterkriechen

⟨in jmds. Haus aufgenommen werden⟩ Unterkunft / Obdach / Unterschlupf finden + unterschlüpfen ♦ umg: unterkriechen
unterkriechen: → unterkommen (2)
unterkriegen: 1. → besiegen (I) – 2. sich nicht u. lassen: → verzagen (2)
unterkühlt: → kühl (2)
Unterkunft, die: 1. ⟨Ort zum Schlafen od. Wohnen⟩ Quartier · Bleibe · Obdach · Logis · schützendes Dach · Behausung; Absteige · Absteigequartier (abwert); Herberge (veraltet); Unterstand (österr) + Asyl ♦ salopp: Penne; → auch Wohnung (1), Hotel (1), Schlafgelegenheit – 2. U. gewähren/bieten: → beherbergen; U. finden: → unterkommen (2)
Unterlage, die: 1. → Grundlage (1) – 2. → Schriftstück
Unterland, das: → Flachland
Unterlass, der: ohne U.: → ununterbrochen
unterlassen: absehen |von| · Abstand nehmen |von| · sich [er]sparen · [bleiben] lassen · sich enthalten + vermeiden · beiseite lassen · ablehnen · nicht dergleichen tun ♦ gehoben: abstehen |von| ♦ umg: sein lassen · sich verkneifen; → auch belassen (1)
Unterlassungssünde, die: → Versäumnis
unterlaufen: 1. ⟨von einem Fehler od. Versehen gesagt: nicht bemerkt werden⟩ sich einschleichen ♦ umg: durchrutschen – 2. → zustoßen (1)
unterlegen: 1. → besiegt (1) – 2. u. sein: ⟨in seinen Fähigkeiten bzw. Leistungen nicht an einen anderen heranreichen⟩ nicht ebenbürtig sein · nicht das Wasser reichen können ♦ umg: sich verstecken müssen/können |vor| · ein/der reinste Waisenknabe sein |gegen|
Unterleib, der: → Bauch (1)
unterliegen: 1. ⟨bei einem Kampf od. Vergleich nicht siegen⟩ den Kürzeren ziehen · nicht ankommen |gegen| · der Verlierer sein ♦ umg: zweiter Sieger sein (scherzh); → auch verlieren (I, 3), nachgeben (1) – 2. keinem Zweifel u.: → feststehen
untermauern: fundieren · erhärten
unterminieren: → untergraben (I)
unternehmen: 1. → tun (1) – 2. einen Angriff u.: → angreifen (I, 1, a)
Unternehmen, das: 1. → Unternehmung (1) – 2. → Geschäft (2) – 3. ein U. gründen/aufmachen: → selbständig (5, a)

unternehmend: → unternehmungslustig
Unternehmensberater, der: Braintruster
Unternehmensführung, die: Unternehmensleitung · Management; → auch Leitung (1)
Unternehmenskonkurs, der: → Bankrott (1)
Unternehmenskonzept, das: + Unternehmensphilosophie · Unternehmensstrategie
Unternehmensleitung, die: → Unternehmensführung
Unternehmensphilosophie, die: → Unternehmenskonzept
Unternehmensstrategie, die: → Unternehmenskonzept
Unternehmer, der: 1. ⟨Eigentümer eines Unternehmens⟩ Arbeitgeber · der Industrielle · Fabrikant · Fabrikbesitzer; Dienstgeber (österr) + Jungunternehmer ♦ umg: Brötchengeber (scherzh); → auch Großunternehmer – 2. U. werden: → selbständig (5, a)
Unternehmung, die: 1. ⟨ein zweckbestimmtes wichtiges Tun⟩ Unternehmen · Vorhaben · Aktion · Operation + Coup ♦ gehoben: Beginnen – 2. → Geschäft (3)
Unternehmungsgeist, der: 1. → Unternehmungslust – 2. → Initiative (1)
Unternehmungslust, die: Tatendurst · Tatendrang · Unternehmungsgeist · Tatenlust; → auch Abenteuerlust
unternehmungslustig: tatendurstig · unternehmend + reiselustig; → auch abenteuerlustig
unterordnen, sich: → anpassen (II, 2)
Unterordnung, die: → Gehorsam (1)
Unterpfand, das: → Gewähr (1)
Unterprivilegierte, der: der Benachteiligte · Underdog + der Unterdrückte
unterreden, sich: → beraten (II)
Unterredung, die: → Gespräch (1)
Unterricht, der: 1. ⟨das regelmäßige Lehren⟩ Schule + Schulung; → auch Lehrgang – 2. U. geben: → unterrichten (2)
unterrichten: 1. ⟨jmdm. einen Sachverhalt vermitteln⟩ instruieren · briefen · ins Bild setzen · in Kenntnis setzen · orientieren · informieren · eine Information geben/erteilen · verständigen · benachrichtigen; → auch mitteilen (I), einweihen (2) – 2. ⟨regelmäßig Lehrstoff vermitteln⟩ lehren · beibringen · Kenntnisse vermitteln · Stunden/Unterricht geben/erteilen; → auch lehren (1), ausbilden (1)

720

Unterstützung

Unterrichtsfach, das: → Fach (1, a)
unterrichtsfrei: → schulfrei
Unterrichtsmittel, das: → Lehrmittel
Unterrichtsstunde, die: Stunde + Lektion
Unterrichtung, die: Informationsgespräch · Briefing
Unterrock, der: Unterkleid; Jupon (*schweiz*) + Petticoat
untersagen: → verbieten (1)
untersagt: → verboten (1)
Untersagung, die: → Verbot
Untersatz, der: fahrbarer U.: → Auto (1)
unterschätzen: nicht ernst nehmen · nicht für voll nehmen / ansehen · auf die leichte Schulter nehmen + in den Wind schlagen; → *auch* verkennen
unterscheiden: I. unterscheiden: 〈*trennende Merkmale feststellen bzw. hervorheben*〉 einen Unterschied machen · differenzieren · auseinander halten · abheben | von | + sondern – **II.** unterscheiden, sich: → abweichen (2)
unterscheidend: → distinktiv
unterschieben: → unterstellen (II, 1)
Unterschied, der: **1.** 〈*unterscheidendes Merkmal*〉 Abweichung · Differenz · Kontrast · Verschiedenheit + Divergenz – **2.** → Gegensatz (1) – **3.** einen U. machen: → unterscheiden (I)
unterschiedlich: → verschiedenartig
unterschiedslos: 1. → gleich (1) – **2.** → einheitlich (2)
unterschlagen: 1. 〈*unrechtmäßig vorenthalten*〉 veruntreuen · hinterziehen · in die eigene Tasche stecken – **2.** → verschweigen
Unterschlagung, die: Veruntreuung · Untreue · Hinterziehung · Unregelmäßigkeit
Unterschlupf, der: **1.** → Zuflucht – **2.** U. finden: → unterkommen (2)
unterschlüpfen: → unterkommen (2)
unterschreiben: [unter]zeichnen · seinen Namen setzen | unter | · seine Unterschrift geben; unterfertigen (*amtsspr*) + signieren · paraphieren · abzeichnen; → *auch* gegenzeichnen
Unterschrift, die: **1.** 〈*der Schriftzug des eigenen Namens unter einem Text*〉 Namenszug + Namenszeichen · Signatur · Signum · Paraphe · Autogramm ♦ *umg*: [Friedrich] Wilhelm (*scherzh*) – **2.** seine U. geben: → unterschreiben
unterschwellig: → unbewusst
Unterseeboot, das: U-Boot · Tauchboot

untersetzt: gedrungen · stämmig · kompakt · massiv · bullig · massig; pyknisch (*med*) + dick · derb
untersinken: → sinken (1)
Unterstand, der: → Unterkunft (1)
unterstandslos: → obdachlos (1)
Unterste, das: das U. zuoberst kehren: → durchsuchen
unterstehen: I. unterstehen: 〈*jmdm. zum Vorgesetzten haben*〉 unterstellt / untergeordnet / untergeben sein – **II.** unterstehen, sich: 〈*trotz Verbot bzw. drohender Strafe tun*〉 sich erdreisten · die Stirn haben; sich erkecken · sich nicht entblöden (*veraltend*) ♦ *gehoben*: sich unterfangen · sich vermessen · sich die Freiheit nehmen; sich erfrechen · sich erkühnen (*veraltend*); → *auch* erlauben (3), anmaßen (2)
unterstellen: I. unterstellen: 〈*in Bezug auf Fahrzeuge: sie unter ein schützendes Dach bringen*〉 einstellen; garagieren (*österr schweiz*) + abstellen; → *auch* parken – **II.** unterstellen: **1.** 〈*von jmdm. etw. ohne Beweis behaupten*〉 unterschieben · insinuieren + das Wort im Munde [her]umdrehen – **2.** → annehmen (2)
unterstellt: 1. 〈*zum Befolgen von jmds. Anweisungen verpflichtet*〉 untergeordnet · untergeben; untertan (*veraltend*) + subaltern – **2.** u. sein: → unterstehen (I)
Unterstock, der: → Untergeschoss
unterstreichen: → betonen (2)
Unterstreichung, die: → Betonung (3)
unterstützen: I. unterstützen: **1.** 〈*durch Zustimmung bzw. fördernde Aktivitäten helfen*〉 Rückhalt geben · den Rücken / das Rückgrat stärken / steifen · dahinter stehen · stehen | hinter | · halten | zu | ♦ *umg*: Schützenhilfe leisten; → *auch* helfen (1), eintreten (7, a) – **2.** 〈*wirtschaftl. Hilfe leisten*〉 Geld zuwenden · zuschießen; alimentieren · subventionieren (*Wirtsch*); → *auch* sponsern, beisteuern (1) – **3.** → fördern (1) – **4.** finanziell u.: → sponsern – **II.** unterstützen: → stützen (I)
unterstützend: subsidiär
Unterstützung, die: **1.** 〈*Hilfe durch Zustimmung bzw. fördernde Aktivitäten*〉 Rückhalt · Rückenstärkung · Rückendeckung ♦ *umg*: Schützenhilfe; → *auch* Hilfe (1) – **2.** 〈*finanzielle Hilfe*〉 Beihilfe · Zuschuss · Zuwendung; Alimentierung (*Wirtsch*); Subsidien (*veraltet*) + Spende; → *auch* Subvention, Spende (1), Vergütung (1) – **3.** → Hil-

untersuchen

fe (1) – **4.** → Förderung (1) – **5.** U. ange-
deihen lassen / erweisen / gewähren: → hel-
fen (1)
untersuchen: 1. 〈*unter bestimmten Aspek-
ten u. mit bestimmten Methoden genau
prüfen*〉 analysieren · zergliedern · auf den
Grund gehen · durchleuchten + hinein-
leuchten; → *auch* durchforschen (1) – **2.**
〈*den Gesundheitszustand feststellen*〉 explo-
rieren (*med*) + den Puls fühlen; → *auch* ab-
hören (1)
Untersuchung, die: 1. 〈*wissenschaftlich er-
arbeitetes u. schriftlich fixiertes Ergebnis*〉
Analyse · Arbeit · Abhandlung · Studie ·
Fallstudie + Beobachtung – **2.** demoskopi-
sche U.: → Umfrage (1)
untertags: → tagsüber
untertan: 1. → unterstellt (1) – **2.** sich u.
machen: → unterwerfen (1)
untertänig: → unterwürfig
Untertänigkeit, die: → Unterwürfigkeit
Untertasse, die: 1. 〈*Teller, auf dem die Tas-
se steht*〉 Unterteller (*schweiz*) – **2.** fliegende
U.: → UFO
untertauchen: 1. → tauchen (1) – **2.** → ver-
schwinden (2)
unterteilen: I. → einteilen (1) – **II.** unter-
teilen, sich: → gliedern (II)
Unterteller, der: → Untertasse (1)
Untertreibung, die: Understatement
unterwärts: → unterhalb
Unterwäsche, die: 1. 〈*unmittelbar auf dem
Körper getragene Wäsche*〉 Leibwäsche ·
Unter[be]kleidung · Underwear ♦ *umg:*
Unterzeug – **2.** → Unterbodenwäsche
Unterwasserforscher, der: Aquanaut · Oze-
anaut · Tiefseeforscher + Meeresforscher
unterwegs: auf dem Weg · auf den Beinen
♦ *umg:* auf [der] Achse
unterweisen: → anleiten (1)
Unterweisung, die: → Anleitung (1)
Unterwelt, die: 1. 〈*in der Mythologie das
Reich der Toten*〉 Totenreich · Schattenwelt ·
Schattenreich · Geisterwelt · Hades · Orkus;
→ *auch* Hölle (1) – **2.** 〈*das organisierte
Verbrecherwesen*〉 Verbrechertum · Verbre-
cherwelt · Gangstertum; → *auch* Verbre-
cherorganisation
Unterweltler, der: → Verbrecher
unterwerfen: 1. 〈[*mit Gewalt*] *unter seine
Herrschaft bringen*〉 auf / in die Knie zwin-
gen; sich untertan machen · unter seine
Botmäßigkeit bringen (*veraltend*) + beugen;

→ *auch* besiegen (I) – **2.** einer Prüfung /
einem Test u.: → prüfen (1)
Unterwerfung, die: 1. 〈*das Unterwerfen*〉 +
Eroberung – **2.** 〈*das Sichunterwerfen*〉 Knie-
fall · Kanossagang · Gang nach Kanossa
unterwühlen: → untergraben (I)
unterwürfig: ergeben · untertänig · devot ·
subaltern · servil; knechtisch · sklavisch ·
lakaienhaft · liebedienerisch · speichelhecke-
risch · kriecherisch · hündisch (*abwert*) ♦
gehoben: byzantinisch; buhlerisch (*ver-
altet*); → *auch* schmeichlerisch, duckmäu-
serisch
Unterwürfigkeit, die: Ergebenheit · Unter-
tänigkeit · Devotion · Servilität; Katzbu-
ckelei · Speichelleckerei · Kriecherei · Lie-
bedienerei · Dienerei (*abwert*) ♦ *gehoben:*
Byzantinismus; → *auch* Schmeichelei
unterzeichnen: → unterschreiben
Unterzeichner, der: der Unterzeichnete ·
der Unterfertigte · Unterfertiger (*amtsspr*);
der Endesunterzeichnete · der Endesunter-
fertigte (*amtsspr veraltend*)
Unterzeichnete, der: → Unterzeichner
Unterzeug, das: → Unterwäsche (1)
unterziehen: einem Verhör u.: → verhören
(I); einer Prüfung / einem Test u.: → prüfen
(1)

untief: → flach (1)
Untiefe, die: → Sandbank
Untier, das: → Ungeheuer (1)
untreu: 1. 〈*sich nicht mehr redlich gegen-
über jmdm. verhaltend*〉 treulos · illoyal ·
wortbrüchig · perfid[e] ♦ *gehoben:* unge-
treu; → *auch* gemein (1) – **2.** 〈*nicht die
eheliche Treue haltend*〉 treulos · ehebreche-
risch – **3.** → abtrünnig – **4.** u. sein: →
betrügen (2, a)
Untreue, die: 1. 〈*unredliches Verhalten ge-
genüber jmdm.*〉 Treulosigkeit · Illoyalität ·
Perfidie · Perfidität + Falschheit · Fahnen-
flucht; → *auch* Gemeinheit – **2.** 〈*Verletzung
der ehelichen Treue*〉 Treulosigkeit · Ehe-
bruch · Seitensprung – **3.** → Unterschlagung
untröstlich: → traurig (1)
untrüglich: → sicher (4)
untüchtig: → unfähig (1)
Untüchtigkeit, die: → Unvermögen
Untugend, die: Laster · Unsitte + Schwäche
unüberbrückbar: → unversöhnlich (5)
unüberlegt: 1. 〈*nicht vorher durchdacht*〉
gedankenlos · unbedacht · unbesonnen · oh-
ne Bedacht / Überlegung · impulsiv · blind-

unvernünftig

[lings]; → *auch* unvernünftig, übereilt, leichtfertig – **2.** u. handeln/tun: → überstürzen

unübersichtlich: → verworren (1)

unübertrefflich: → hervorragend (1)

unübertroffen: → vollkommen (1), hervorragend (1)

unüberwindbar: → unbesiegbar

unüberwindlich: → unbesiegbar

unüblich: 1. → ungewöhnlich – **2.** → ungebräuchlich – **3.** u. werden: → veralten

unumgänglich: → notwendig (1), unvermeidlich

unumkehrbar: nicht umkehrbar; irreversibel (*fachspr*) + irreparabel

unumschränkt: → absolut (1)

unumstößlich: → endgültig

unumwunden: → offen (3)

ununterbrochen: [an]dauernd · anhaltend · [be]ständig · fortwährend · fortdauernd · auf Dauer · fortgesetzt · [fort]laufend · immerwährend · immerfort · in einem fort · unaufhörlich · unablässig · unausgesetzt · unverwandt · pausenlos · ohne Pause · am laufenden Band · alle Augenblicke · stet[ig] · in steter Folge · in einem Zug · ohne Unterlass; stät (*schweiz*) + von früh bis spät · vom Morgen bis zum Abend · zügig · Zug um Zug ♦ *umg:* hintereinanderweg · in einem weg · in einer Tour · auf einen/in einem Ritt · auf einen Sitz + Schlag auf Schlag; → *auch* immer (1), dauernd (1), fortlaufend (1), endlos (b)

unveränderlich: 1. ⟨*keine Veränderungen zeigend*⟩ gleich bleibend · konstant · invariabel – **2.** → dauerhaft

unverändert: unveränderter Nachdruck: → Reprint

unverantwortlich: → leichtsinnig

unverbesserlich: 1. ⟨*nicht fähig od. willens, sich zu bessern*⟩ uneinsichtig · unbußfertig ♦ *umg:* hart gesotten – **2.** u. sein ⟨*sich nicht bessern können od. wollen*⟩ *umg:* bei/an jmdm. ist Hopfen und Malz verloren · ein hoffnungsloser Fall sein (*oft scherzh*)

unverbildet: → natürlich (1)

unverbindlich: ohne Gewähr; ohne Obligo (*Wirtsch*)

unverblümt: → offen (3)

unverbrennbar: → feuerfest

unverbrüchlich: → dauerhaft

unverbunden: → getrennt

unverbürgt: → ungewiss (1)

unverdaulich: → ungenießbar (1)

unverdorben: 1. → frisch (1) – **2.** → jungfräulich

unverdrossen: → beharrlich (1)

unverehelicht: → ledig (1)

unvereinbar: disparat; inkompatibel (*fachspr*); → *auch* verschiedenartig

Unvereinbarkeit, die: Disparität; Inkompatibilität (*fachspr*); → *auch* Verschiedenartigkeit

unverfälscht: 1. → echt (1) – **2.** → rein (1) – **3.** → natürlich (1)

unverfroren: → unverschämt (1)

Unverfrorenheit, die: → Unverschämtheit

unvergänglich: → unsterblich

unvergesslich: unauslöschlich · unauslöschbar ♦ *gehoben:* unverlöschlich

unvergleichbar: unvergleichlich · inkommensurabel · inkomparabel; → *auch* vollkommen (1)

unvergleichlich: 1. → unvergleichbar – **2.** → hervorragend (1)

unverhältnismäßig: 1. → unangemessen – **2.** → übermäßig

unverheiratet: → ledig (1)

unverhofft: → unerwartet

unverhohlen: → offen (3)

unverhüllt: 1. → offen (3) – **2.** → nackt, bloß (1)

unverkennbar: → kennzeichnend

unverkrampft: → ungezwungen

unverlässlich: → unzuverlässig

unverletzt: unversehrt · heil · wohlbehalten · intakt · ganz (*scherzh*) + gesund

unverlöschlich: → unvergesslich

unvermählt: → ledig (1)

unvermeidbar: → unvermeidlich

unvermeidlich: unvermeidbar · unabwendbar · unausbleiblich · unausweichlich · unumgänglich · zwangsläufig + gottgegeben; → *auch* vorbestimmt, sicher (2)

unvermischt: 1. → rein (1) – **2.** → echt (1)

unvermittelt: → plötzlich (1)

Unvermögen, das: Unfähigkeit · Untüchtigkeit · Impotenz

unvermögend: 1. → unfähig (1) – **2.** → arm (1)

unvermutet: → unerwartet

Unvernunft, die: Torheit · Vernunftlosigkeit ♦ *umg:* Dusselei · Blödheit; → *auch* Einfalt

unvernünftig: töricht · unklug · vernunftlos · ohne Vernunft; → *auch* unüberlegt

unverpackt

(1), sinnlos (1), beschränkt (1), einfältig (2)

unverpackt: → lose (1)

unverrichteterdinge: → ergebnislos (1)

unverrichtetersache: → ergebnislos (1)

unverrückbar: → dauerhaft, fest (1)

unverschämt: 1. ⟨*provozierend respektlos*⟩ unverfroren · insolent · dreist · schamlos; tolldreist (*veraltend*) + plump; → *auch* frech (1) – **2. u.** sein: ⟨*von provozierender Respektlosigkeit zeugen*⟩ *umg*: starker Tobak / ein starkes Stück sein · ein Hammer sein

Unverschämtheit, die: Unverfrorenheit · Insolenz · Dreistigkeit · Schamlosigkeit + Beleidigung; → *auch* Frechheit, Zumutung

unverschlossen: → offen (1)

unverschuldet: → schuldenfrei

unversehens: → plötzlich (1)

unversehrt: 1. → unbeschädigt – **2.** → unverletzt

unversiegbar: → unerschöpflich

unversöhnbar: → unversöhnlich (1)

unversöhnlich: 1. ⟨*von Menschen gesagt: zu keiner Versöhnung bereit*⟩ unversöhnbar · todfeind + unverträglich ♦ *umg*: wie Hund und Katze; → *auch* unnachgiebig (1), kompromisslos – **2.** ⟨*in Bezug auf Gegensätze: nicht zu überbrücken*⟩ unüberbrückbar · wie Feuer und Wasser

Unverstand, der: → Dummheit (1)

unverständig: → dumm (1)

unverständlich: 1. ⟨*nicht verstehbar*⟩ hieroglyphisch · ein Buch mit sieben Siegeln ♦ *umg*: zu hoch; böhmische Dörfer · höhere Mathematik (*scherzh*) – **2.** → unbegreiflich – **3.** → unklar (1)

unversucht: nichts u. lassen: → versuchen (I, 4)

unverträglich: 1. → streitsüchtig – **2.** → unversöhnlich (1)

unverwandt: → ununterbrochen

unverwehrt: u. sein: → freistehen

unverweilt: → sofort

unverwüstlich: → haltbar (1)

unverzagt: → tapfer

Unverzagtheit, die: → Tapferkeit

unverzeihbar: → unverzeihlich

unverzeihlich: unverzeihbar · unentschuldbar ♦ *gehoben*: unsühnbar

unverzüglich: 1. → sofort – **2.** → sofortig

unvollendet: → unvollständig

unvollkommen: → unvollständig

unvollständig: lückenhaft · defektiv · unvollkommen · unvollendet · unfertig · halb · nichts Halbes und nichts Ganzes + defekt; → *auch* bruchstückhaft

unvorbereitet: → frei (3)

unvoreingenommen: → sachlich (1)

unvorhergesehen: → unerwartet

unvorsichtig: → leichtsinnig

unvorstellbar: u. sein: nicht auszudenken sein

unwägbar: 1. → unmessbar – **2.** → imponderabel

Unwägbarkeiten (*Pl*): Imponderabilien

unwahr: 1. ⟨*nicht der Wahrheit entsprechend*⟩ lügenhaft · lügnerisch · schwindelhaft · [von A bis Z] erlogen + legendenhaft ♦ *salopp*: erstunken und erlogen **2. u.** sein: ⟨*nicht der Wahrheit entsprechen*⟩ ins Reich der Fabel gehören

unwahrhaftig: → unaufrichtig (1)

Unwahrheit, die: **1.** → Lüge (1) – **2.** die U. sagen: → lügen (1)

unwahrscheinlich: 1. → zweifelhaft (1) – **2.** → unglaublich (1)

Unwandelbarkeit, die: → Beständigkeit (1)

unwegsam: unzugänglich · weglos · pfadlos · unbegehbar · unbefahrbar · unpassierbar

unweigerlich: → sicher (2)

unwesentlich: → unwichtig (1)

Unwetter, das: Wetter ♦ *gehoben*: Aufruhr der Elemente; → *auch* Sturm (1)

unwichtig: 1. ⟨*nicht von Wichtigkeit*⟩ bedeutungslos · unbedeutend · unwesentlich · insignifikant · unerheblich · belanglos · ohne / nicht von Belang · irrelevant · nichtig · akzident[i]ell · gleichgültig · minderbedeutend · nicht / kaum der Rede wert · nicht erwähnenswert; → *auch* nebensächlich – **2.** als u. abtun: ⟨*als nicht wichtig ansehen u.*⟩ *deshalb nicht berücksichtigen*⟩ vom Tisch wischen · beiseite schieben – **3. u.** sein: → wichtig (4)

unwiderlegbar: 1. → sicher (4) – **2.** → beweisbar

unwiderleglich: 1. → sicher (4) – **2.** → beweisbar

unwiderruflich: → endgültig

unwiderstehlich: → bezaubernd, anziehend (1)

Unwille, der: **1.** → Entrüstung – **2.** Unwillen erregen: → entrüsten (I)

unwillkürlich: → mechanisch

urbanisieren

unwirklich: irreal · unreal · inexistent · traumhaft
Unwirklichkeit, die: Irrealität
unwirksam: 1. ⟨*keine Wirkung zeigend*⟩ wirkungslos · ineffektiv · ineffizient – **2.** → ungültig (1)
unwirsch: → unfreundlich (1)
unwirtlich: 1. → öd[e] (1) – **2.** → unfreundlich (2)
unwirtschaftlich: ineffizient · ineffektiv · unökonomisch · unrentabel
unwissend: 1. → unerfahren (1) – **2.** → ungebildet
Unwissenheit, die: Unkenntnis · Ignorantentum · Ignoranz
unwohl: 1. ⟨*[leicht] in seiner Gesundheit beeinträchtigt*⟩ indisponiert · unpässlich · elend · miserabel ♦ *salopp:* hundsmiserabel · hundeelend; → *auch* elend (1), übel (1), krank (1) – **2.** → unbehaglich (1)
Unwohlsein, das: Unpässlichkeit; → *auch* Übelkeit, Krankheit, Schwäche (1)
unwohnlich: → ungemütlich (1)
unwürdig: → ehrlos
Unzahl, die: → Menge (1)
unzählbare: → viel (I, 1)
unzählige: 1. → viel (I, 1) – **2.** u. Mal[e]: → oft
Unzeit, die: zur U. kommen: → stören (2)
unzeitgemäß: → veraltet (1)
unzeitig: → ungelegen (1)
unzerbrechlich: → haltbar (1)
unzeremoniell: → ungezwungen
unzerstörbar: → dauerhaft
unzertrennlich: u. sein: → zusammenhalten (2)
unziemend: → ungehörig
unziemlich: → ungehörig
unzivilisiert: 1. ⟨*von der Zivilisation noch unberührt*⟩ primitiv · urtümlich; wild (*veraltend*) – **2.** → ungeschliffen – **3.** → ungebildet
Unzucht, die: Hurerei (*abwert*); Unkeuschheit (*veraltend*); Buhlerei (*veraltet*) + Ausschweifung · Orgie; → *auch* Unsittlichkeit, Unanständigkeit (2), Schlüpfrigkeit
unzüchtig: schamlos; unkeusch (*veraltend*); buhlerisch (*veraltet*) + ausschweifend · pornografisch; → *auch* unsittlich, unanständig (1), schlüpfrig (1)
unzufrieden: → missmutig
Unzufriedenheit, die: → Missmut

unzugänglich: 1. → abgelegen – **2.** → unwegsam – **3.** → verschlossen (2) – **4.** → verstockt (1)
unzukömmlich: → unzureichend
unzulänglich: → unzureichend
unzulässig: → verboten (1)
unzurechnungsfähig: → geisteskrank (1)
unzureichend: ungenügend · unzulänglich · mangelhaft · insuffizient · kümmerlich · [not]dürftig · primitiv · unbefriedigend · ärmlich · armselig; unzukömmlich (*österr*); → *auch* knapp (1)
unzusammenhängend: → zusammenhanglos (1)
unzuträglich: 1. → schädlich (1 *u.* 2) – **2.** → ungünstig
unzutreffend: → falsch (1)
unzuverlässig: 1. ⟨*nicht verlässlich*⟩ unverlässlich – **2.** unzuverlässige Person: ein unsicherer Kandidat / Kantonist · Wackelkandidat
unzweckmäßig: 1. → ungünstig – **2.** → ungeeignet (1)
unzweideutig: → deutlich (3)
Unzweideutigkeit, die: → Deutlichkeit (3)
unzweifelhaft: → sicher (4)
Upperclass, die: → Oberschicht
Upperten (*Pl***):** → Oberschicht
üppig: 1. ⟨*von Mahlzeiten gesagt: sehr reichlich u. gut*⟩ opulent · schwelgerisch · lukullisch; → *auch* reichlich – **2.** ⟨*von Pflanzen gesagt: stark wuchernd*⟩ geil – **3.** → dick (1) – **4.** → überreichlich – **5.** ü. bebust: → vollbusig (1)
Üppigkeit, die: Fülle · Reichtum; → *auch* Überfluss (1)
up to date: 1. → gegenwartsnah[e] – **2.** u. sein: **a)** → Stand (5) – **b)** → ²modern (2)
Urahn, der: 1. → Vorfahr[e] (I) – **2.** → Urgroßvater
Urahne: I. Urahne, der: **1.** → Vorfahr[e] (I) – **2.** → Urgroßvater – **II.** Urahne, die: **1.** → Vorfahrin – **2.** → Urgroßmutter
uralt: → alt (1 *u.* 2)
Uranist, der: → Homosexuelle (I)
Uraufführung, die: → Premiere
urban: 1. → städtisch (2) – **2.** → weltoffen – **3.** → gebildet
Urbanisation, die: Urbanisierung · Verstädterung
urbanisieren: verstädtern

725

Urbanisierung

Urbanisierung, die: → Urbanisation
urbar: u. machen: → kultivieren (1), roden (1)
urbarisieren: → kultivieren (1), roden (1)
Urbarmachung, die: → Rodung (1)
Urbegriff, der: → Inbegriff
Urbehagen, das: → Lebensfreude
Urbewohner, der: → Ureinwohner
Urbild, das: Archetyp · Urtyp · Urform · Urgestalt + Urgestein
urchig: → naturhaft
ureigen: → eigen (1)
Ureinwohner, der: der Eingeborene · Urbewohner
Urfassung, die: Grundtext · Urschrift · Original · Quelle + Originalausgabe
Urform, die: → Urbild
urgemütlich: → gemütlich
Urgeschichte, die: → Vorgeschichte
urgeschichtlich: → vorgeschichtlich
Urgestalt, die: → Urbild
Urgestein, das: → Urbild
urgieren: → drängen (1)
Urgroßmutter, die: Urahne (*noch landsch*) ◆ *umg*: Uroma
Urgroßvater, der: Urahn[e] (*noch landsch*) ◆ *umg*: Uropa
Urheber, der: Schöpfer + Vater; → *auch* Verfasser
Urheberrecht, das: Copyright
Urian, der: → Teufel (1)
urig: → naturhaft
Urin, der: **1.** ⟨*über die Nieren ausgeschiedene Flüssigkeit*⟩ Harn · Wasser ◆ *umg*: Pipi (*kinderspr*) ◆ *derb*: Pisse · Piss; Brunze · Seiche · Seich (*landsch*) – **2.** U. lassen: → austreten (1); im U. haben: → spüren (1)
urinieren: → austreten (1)
Urkunde, die: Dokument + Akte · Charta · Diplom
urkundlich: → beweiskräftig
Urlaub, der: **1.** → Ferien (1) – **2.** → Erholung (1) – **3.** U. geben/gewähren: → beurlauben; U. machen: → ausspannen (I, 2)
urlauben: → ausspannen (I, 2)
Urlauber, der: Feriengast · Urlaubsgast · der Erholungssuchende · Tourist; Sommerfrischler (*veraltend*) + der Vergnügungsreisende
Urlaubsgast, der: → Urlauber
Urlaubsort, der: → Erholungsort
urlaubsreif: u. sein: + reif für die Insel sein

Urne, die: **1.** → Sarg – **2.** zur U. gehen: → wählen (1)
Urnengang, der: → Wahl (1)
Urninde, die: → Homosexuelle (II)
Urning, der: → Homosexuelle (I)
Uroma, die: → Urgroßmutter
Uropa, der: → Urgroßvater
urplötzlich: → plötzlich (1)
Urquell, der: → Ursprung
Ursache, die: Anlass · Grund · Auslöser · Wurzel · Warum + Hintergrund · des Pudels Kern; → *auch* Veranlassung
ursächlich: kausal
Ursächlichkeit, die: Kausalität · Kausalzusammenhang · Kausalnexus
Urschel, die: → Frau (I, 1)
Urschrift, die: → Urfassung
Ursprung, der: **1.** ⟨*der erste Anfang*⟩ Quelle · Wiege · Wurzel · Ausgangspunkt ◆ *gehoben*: Urquell; → *auch* Beginn (1) – **2.** → Provenienz
ursprünglich: 1. ⟨*ohne Veränderungen seit dem Entstehen*⟩ eigentlich · primär · original · originär · von Haus aus – **2.** → natürlich (1)
Ursprünglichkeit, die: Originalität
urst: → großartig (1)
Urständ, die: fröhliche U. feiern: → aufleben (1)
Urteil, das: **1.** ⟨*Entscheidung eines Gerichts*⟩ Richterspruch · Urteilsspruch · Rechtsspruch; Verdikt (*Rechtsw veraltet*) + Schiedsspruch – **2.** → Meinung (1) – **3.** → Beurteilung – **4.** das U. fällen: ⟨*als Richter entscheiden*⟩ das Urteil sprechen · einen Spruch fällen · urteilen · richten + Recht sprechen · befinden ⎸über⎸; → *auch* verurteilen (1) – **5.** das U. sprechen: → 4; sich ein U. bilden: → urteilen (1)
urteilen: 1. ⟨*zu einem Urteil gelangen*⟩ sich ein Urteil bilden – **2.** → Urteil (4) – **3.** u. ⎸über⎸: ⟨*eine Meinung über etw. od. jmdn. haben*⟩ denken ⎸über⎸ · beurteilen; → *auch* meinen
Urteilsfähigkeit, die: → Urteilsvermögen
Urteilskraft, die: → Urteilsvermögen
Urteilslosigkeit, die: → Dummheit (1)
Urteilsspruch, der: → Urteil (1)
Urteilsvermögen, das: Urteilsfähigkeit · Urteilskraft; → *auch* Denkvermögen
urtümlich: → unzivilisiert (1)
Urtyp, der: → Urbild
Urvieh, das: → Original (1)

Urwald, der: Dschungel; die grüne Hölle (*veraltend*) + Regenwald · Busch; → *auch* Wald (1)
urweltlich: → versteinert
urwüchsig: → naturhaft
Urzeit, die: **1.** → Vorzeit (1) – **2.** seit Urzeiten: → lange (2); vor Urzeiten: → damals
urzeitlich: → vorzeitlich
Usance, die: → Gewohnheit (1)
User, der: **1.** → Rauschgiftsüchtige – **2.** → Nutzer

usuell: → üblich (1)
usurpieren: → Macht (4)
Usus, der: → Gewohnheit (1)
Utensil: I. Utensil, das: → Gebrauchsgegenstand – **II.** Utensilien (*Pl*): → Zubehör (1)
Utopia, das: → Märchenland
utopisch: → unmöglich (1)
Uz, der: → Neckerei
uzen: → necken

V

Vabanquespiel, das: → Wagnis
Vademekum, das: → Leitfaden (1)
Vagabund, der: → Landstreicher
vagabundieren: → herumtreiben, sich
vage: 1. → unklar (1) – **2.** → verschwommen (1)
vagieren: → umherziehen
Vagina, die: → Scheide (1)
vakant: → unbesetzt (1)
Vakuum, das: **1.** → Hohlraum – **2.** → Leere (1)
vakzinieren: → impfen
Valet, das: das V. geben: → verabschieden (I, 1); V. sagen: **1.** → verabschieden (II, 1) – **2.** → aufgeben (3)
Valuta, die: → Währung
valutieren: → veranschlagen
Vampir, der: → Wucherer
Varia (*Pl*): → Allerlei
variabel: → veränderlich
Variante, die: **1.** → Abart – **2.** → Lesart
Variation, die: → Abänderung
Varietät, die: → Abart
variieren: 1. → abändern – **2.** → abweichen (2)
Variierung, die: → Abänderung
Vasall, der: **1.** → Lehnsmann – **2.** → Anhänger (3)
Vater: I. Vater, der: **1.** ⟨*Mann in Bezug auf seine Kinder*⟩ Erzeuger; Alter Herr (*veraltend scherzh*); Vati · Papa · Papi (*kinderspr*) ♦ *salopp*: der Alte; → *auch* Familienoberhaupt – **2.** V. und Mutter: → Eltern (1); der Heilige V.: → Papst (1); der himmlische V., V. im Himmel: → Gott (1, a); V. Staat: → Staat (1) – **II.** Väter (*Pl*): **1.** → Vorfahr[e] (II) – **2.** zu seinen Vätern versammelt werden, sich zu den Vätern versammeln: → sterben (1)
Vaterland, das: → Heimat (1)
vaterländisch: 1. → patriotisch – **2.** → national (1)
Vaterlandsfreund, der: → Patriot

Vaterlandsliebe, die: → Heimatliebe
vaterlandsliebend: → patriotisch
väterlich: → gütig (1)
Väterlichkeit, die: → Güte (1)
Vater[s]name, der: → Familienname
Vaterunser, das: → Gebet
Vati, der: **1.** → Vater (I, 1) – **2.** kleiner V.: → altklug
Veganer, der: → Vegetarier
Vegetabilien (*Pl*): → Pflanzenkost
Vegetarianer, der: → Vegetarier
Vegetarier, der: Vegetarianer · Veganer
vegetarisch: vegetarische Kost: → Pflanzenkost
Vegetation, die: → Pflanzenwuchs
vegetieren: → dahinleben
vehement: → heftig (1, b)
Vehemenz, die: → Wucht (1)
Vehikel, das: **1.** → Fahrzeug (1) – **2.** → Auto (1)
Veilchen, das: blau wie ein V.: → betrunken (1)
veilchenblau: 1. → blau (1) – **2.** → betrunken (1)
Velo, das: → Fahrrad
Vene, die: → Blutader
Ventilation, die: → Lüftung
Ventilator, der: Lüfter ♦ *salopp*: Miefquirl (*scherzh*); → *auch* Entlüfter
ventilieren: → überlegen (I, 1)
Venus, die: **1.** ⟨*Planet*⟩ Abendstern · Morgenstern – **2.** → Schönheit (2)
veraasen: → verschwenden
verabfolgen: 1. → abgeben (I, 1) – **2.** → ausgeben (I, 1)
Verabfolgung, die: → Ausgabe (1)
verabreden: → vereinbaren (1)
verabredet: wie v.: → verabredetermaßen
verabredetermaßen: absprachegemäß · vereinbarungsgemäß · wie vereinbart/verabredet
Verabredung, die: **1.** ⟨*vereinbartes Zusammentreffen*⟩ Rendezvous; Stelldichein

veranschlagen

(*veraltend*) ♦ *umg*: Date; → *auch* Zusammenkunft – **2.** → Vereinbarung (1)
verabreichen: einen Denkzettel v.: → bestrafen; eine [Ohrfeige] v.: → ohrfeigen
verabsäumen: → versäumen (1)
verabscheuen: Abscheu empfinden/hegen · von Abscheu ergriffen sein · nicht leiden können ♦ *umg*: nicht verknusen können · auf den Tod nicht leiden können; → *auch* verachten (1), hassen
verabscheuenswert: → verwerflich, ehrlos
verabscheuungswürdig: → verwerflich, ehrlos
verabschieden: I. verabschieden: **1.** ⟨*zum Weggehen veranlassen*⟩ hinauskomplimentieren ♦ *gehoben*: das Valet geben (*veraltet*) – **2.** → entlassen (2) – **II.** verabschieden, sich: **1.** ⟨*sich mit einem Gruß von jmdm. trennen*⟩ sich empfehlen · Abschied nehmen · Lebewohl/Auf Wiedersehen sagen; Valet sagen (*veraltet*) ♦ *gehoben*: scheiden; → *auch* trennen (II) – **2.** sich v. ⎮von⎮: → aufgeben (3)
verachten: 1. ⟨*als verachtenswert ansehen u. behandeln*⟩ gering achten/schätzen · missachten · nicht achten · hinabblicken ⎮auf⎮ · hinabschauen ⎮auf⎮ · herabblicken ⎮auf⎮ · herabschauen ⎮auf⎮ · herabsehen ⎮auf⎮ · hinunterblicken ⎮auf⎮ · hinunterschauen ⎮auf⎮ · hinuntersehen ⎮auf⎮ · gering denken ⎮von⎮ · von oben herab ansehen · mit Verachtung strafen · über die Achsel/Schulter ansehen · von der Seite ansehen · die Nase rümpfen ⎮über⎮ + herabwürdigen · nicht für voll ansehen/nehmen · mit Füßen treten; → *auch* verabscheuen, ignorieren (1) – **2.** nicht zu v.: → gut (1)
verächtlich: 1. → entehrend – **2.** → ehrlos – **3.** → geringschätzig – **4.** v. machen: → herabwürdigen (I)
Verächtlichmachung, die: → Herabwürdigung
Verachtung, die: **1.** ⟨*das Verachten*⟩ Geringachtung · Missachtung · Geringschätzung · Geringschätzigkeit + Hass · Widerwille – **2.** mit V. strafen: → verachten (1)
verachtungswürdig: → ehrlos
veralbern: → narren
verallgemeinern: generalisieren
veralten: unmodern/unüblich werden · aus der Mode/aus dem Gebrauch kommen · abkommen + vergehen

veraltet: 1. ⟨*nicht mehr zeitgemäß*⟩ überholt · überlebt · unzeitgemäß · unmodern · obsolet; fossil · vorweltlich · vorsintflutlich (*scherzh*) + rückständig ♦ *gehoben*: abgelebt ♦ *umg*: passee; → *auch* altmodisch, ungebräuchlich – **2.** v. sein: ⟨*nicht mehr üblich sein*⟩ der Vergangenheit angehören ♦ *umg*: [mega-]out sein · in die Mottenkiste gehören · aus der Mottenkiste stammen
Veranda, die: → Brust (I, 2)
veränderbar: → veränderlich
veränderlich: wandelbar · veränderbar · variabel; mutabel · kommutabel (*fachspr*)
verändern: I. verändern: → umgestalten – **II.** verändern, sich: **1.** → ändern (II) – **2.** → heiraten (1) – **3.** → kündigen (1)
Veränderung, die: **1.** ⟨*das Sichändern*⟩ Änderung · Wechsel · Wandel · Wandlung · Umänderung; → *auch* Umgestaltung, Abänderung – **2.** → Umgestaltung
verängstigen: → ängstigen (I)
verängstigt: → ängstlich (1)
verankern: → festlegen (I, 1)
veranlagen: 1. → veranschlagen – **2.** → anlegen (I, 1)
veranlagt: beschaffen · disponiert ♦ *umg*: gebaut
Veranlagung, die: Anlage[n] · Beschaffenheit · Art[ung] · Disposition; → *auch* Begabung (1), Wesensart
veranlassen: 1. ⟨*bewirken, dass etw. ausgeführt wird*⟩ anhalten ⎮zu⎮ · bewegen ⎮zu⎮ · antreiben · anregen · initiieren · den Anstoß geben · ins Werk setzen · anschieben · Sorge tragen, dass … · dafür sorgen, dass … · dazu bringen + befehlen · bestimmen · durchsetzen · erzwingen; → *auch* auslösen (1, b), einreden (2), verursachen – **2.** → anordnen (2)
Veranlassung, die: Anlass · Grund · Beweggrund · Motiv; → *auch* Antrieb (1), Ursache
veranschaulichen: verbildlichen · verlebendigen · illustrieren · erläutern · deutlich machen · vor Augen führen · [ad oculos] demonstrieren + erklären · beleuchten · hervorheben; → *auch* verdeutlichen, vergegenständlichen, zeigen (I, 2)
Veranschaulichung, die: Verbildlichung · Illustration · Illustrierung · Verdeutlichung · Demonstration; → *auch* Beispiel (1)
veranschlagen: ansetzen · anschlagen · schätzen ⎮auf⎮ · einschätzen; in Ansatz/An-

729

Veranschlagung

schlag bringen (*kaufm bzw. amtsspr*); veranlagen · valutieren (*fachspr*); → *auch* berechnen (I, 2), schätzen (1)
Veranschlagung, die: Anschlag · Ansatz (*kaufm*); → *auch* Schätzung (1)
veranstalten: 1. ⟨*stattfinden lassen*⟩ abhalten · ausrichten · durchführen · ins Werk setzen · inszenieren · in Szene setzen · organisieren · zur Durchführung bringen + halten · arrangieren ♦ *umg*: machen – **2.** eine Umfrage v.: → befragen (1)
Veranstalter, der: Organisator
Veranstaltung, die: **1.** ⟨*das Veranstalten*⟩ Organisation · Organisierung · Abhaltung · Abwicklung · Durchführung + Bewerkstelligung; → *auch* Ausführung (1) – **2.** → Fest (1)
verantworten: I. verantworten: ⟨*für etwaige Folgen aufkommen* [*wollen*]⟩ die Verantwortung übernehmen / tragen · verantwortlich sein / zeichnen · einstehen |für| · geradestehen |für| · haften |für| · auf seine Kappe nehmen ♦ *umg*: auf seinen Buckel nehmen – **II.** verantworten, sich: ⟨*eine* [*rechtfertigende*] *Begründung geben*⟩ Rede und Antwort stehen · Rechenschaft ablegen; → *auch* rechtfertigen (II)
verantwortlich: 1. ⟨*zum Tragen der Folgen verpflichtet*⟩ haftbar · haftpflichtig – **2.** ⟨*für das Handeln einer best. Gruppe von Menschen maßgebend*⟩ federführend · zuständig – **3.** → verantwortungsvoll – **4.** → pflichtbewusst – **5.** v. sein / zeichnen: → verantworten (I); v. machen: → belangen (1)
Verantwortliche, der: → ¹Leiter
Verantwortlichkeit, die: **1.** ⟨*das Verantwortlichsein für etwaige Folgen*⟩ Verantwortung + Haftbarkeit · Haftung – **2.** → Verantwortung (1) – **3.** → Pflichtbewusstsein
Verantwortung, die: **1.** ⟨*das Verantwortlichsein für das Handeln einer best. Gruppe von Menschen*⟩ Verantwortlichkeit · Federführung · Zuständigkeit – **2.** → Verantwortlichkeit (1) – **3.** → Pflichtbewusstsein – **4.** die V. übernehmen / tragen: → verantworten (I); zur V. ziehen: → belangen (1)
verantwortungsbewusst: → pflichtbewusst
Verantwortungsbewusstsein, das: → Pflichtbewusstsein
verantwortungsfreudig: → pflichtbewusst
Verantwortungsgefühl, das: → Pflichtbewusstsein

verantwortungslos: → leichtsinnig
Verantwortungslosigkeit, die: → Leichtsinn (1)
verantwortungsvoll: verantwortlich + schwer · belastend · ehrenvoll
veräppeln: → narren
verarbeiten: 1. ⟨*zur Produktion verwenden*⟩ verwerten – **2.** ⟨*geistig bewältigen*⟩ aufarbeiten + überlegen – **3.** → verdauen (1)
verarbeitet: → verbraucht (1)
verargen: → verübeln
verärgern: ärgerlich machen · verstimmen · verprellen · erbittern ♦ *umg*: verschnupfen; vergnatzen · vergrätzen (*landsch*); → *auch* betrüben (I)
verärgert: → ärgerlich (1)
verarmen: arm werden · in Armut / in die Armutsfalle geraten · verelenden; an den Bettelstab kommen (*veraltend*)
verarmt: → arm (1)
Verarmung, die: Verelendung; → *auch* Armut (1)
verarschen: → narren
verarzten: → behandeln (2)
verästeln: → gliedern (II)
verästelt: → verzweigt
verasten: → verprügeln
verauktionieren: → versteigern
verausgaben: I. verausgaben: → ausgeben (I, 3) – **II.** verausgaben, sich: **1.** → verschwenderisch (3) – **2.** → erschöpfen (II, 1)
verauslagen: → leihen (1), auslegen (3)
veräußerlich: → verkäuflich
veräußerlichen: → verflachen
veräußerlicht: → oberflächlich (1)
veräußern: → verkaufen (I, 1)
Veräußerung, die: → Verkauf (1)
Verbalinjurie, die: → Beleidigung (1)
verbalisieren: → ausdrücken (I, 2)
verbaliter: → wörtlich
verballhornen: → verschlechtern (I)
Verband, der: **1.** ⟨*Abdeckung einer Wunde*⟩ Wundverband + Bandage · Binde · Pflaster; → *auch* Umschlag (1) – **2.** → Vereinigung (2) – **3.** → Abteilung (II, 1 *u.* 2) – **4.** einen V. anlegen: → verbinden (I, 2)
verbannen: 1. ⟨*zwangsweise an einen fremden Ort schicken*⟩ deportieren · in die Verbannung schicken; verschicken (*verhüll*); → *auch* ausweisen (I, 1) – **2.** → verstoßen (1)

730

Verbindung

Verbannung, die: **1.** ⟨*das Verbannen*⟩ Deportation; → *auch* Ausweisung – **2.** in die V. schicken: → verbannen (1)
verbarrikadieren: I. verbarrikadieren: → versperren (1) – **II.** verbarrikadieren, sich: → einschließen (II)
verbauen: → versperren (1)
verbeißen: I. verbeißen: sich v.: → unterdrücken (2) – **II.** verbeißen, sich: sich v. |in|: ⟨*hartnäckig bei etw. bleiben*⟩ sich festbeißen |an| · sich versteifen |auf| · sich verrennen |in| ◆ *umg:* sich festrennen |in| · sich verbohren |in| · sich verbiestern |in|
verbergen: I. verbergen: **1.** ⟨*nicht sichtbar bzw. erkennbar werden lassen*⟩ verdecken · kaschieren · übertünchen + decken; → *auch* bedecken (I, 1), verschleiern – **2.** → verstecken (I, 1) – **3.** seine Gesinnung v.: → verstellen (II) – **II.** verbergen, sich: **1.** → verstecken (II, 1) – **2.** sich v. |hinter|: ⟨*der wahre Grund sein*⟩ dahinter stecken · dahinter stehen
verbessern: I. verbessern: **1.** ⟨*Fehler beseitigen*⟩ berichtigen · korrigieren; emendieren ⟨*fachspr*⟩ + ergänzen – **2.** ⟨*das Niveau heben*⟩ heben · [auf]bessern ◆ *umg:* aufhelfen; → *auch* steigern (I, 2) – **3.** ⟨*feiner u. besser machen*⟩ veredeln · verfeinern · kultivieren + adeln; → *auch* vervollkommnen (I) – **II.** verbessern, sich: **1.** ⟨*die Qualität seiner Leistungen heben*⟩ sich bessern · besser werden · sich steigern · zu großer Form auflaufen – **2.** ⟨*von gegebenen Bedingungen gesagt: sich günstiger gestalten*⟩ sich bessern · besser werden + es geht bergan/bergauf – **3.** → berichtigen (II), bessern (II, 2)
Verbesserung, die: **1.** ⟨*das Beseitigen von Fehlern*⟩ Berichtigung · Korrektur; Korrektion ⟨*veraltet*⟩; Emendation ⟨*fachspr*⟩ – **2.** ⟨*das Heben des Niveaus*⟩ Besserung · Hebung; → *auch* Steigerung (2) – **3.** ⟨*das Feinermachen*⟩ Veredelung · Verfeinerung · Kultivierung; → *auch* Vervollkommnung (1)
verbeugen, sich: sich verneigen · eine Verbeugung machen · seine Reverenz machen; dienern ⟨*abwert*⟩; einen Kratzfuß machen ⟨*noch scherzh*⟩; einen Diener machen ⟨*kinderspr*⟩ + grüßen · knicksen ◆ *umg:* einen Bückling machen ⟨*scherzh*⟩
Verbeugung, die: **1.** ⟨*das Sichverbeugen*⟩ Verneigung · Reverenz; Kratzfuß ⟨*noch scherzh*⟩; Diener ⟨*veraltend*⟩ + Knicks

◆ *umg:* Bückling ⟨*scherzh*⟩; → *auch* Gruß (1) – **2.** eine V. machen: → verbeugen, sich
verbeulen: eindrücken · einbeulen · einbuchten; eindellen ⟨*landsch*⟩
verbiestern, sich: **1.** → verirren, sich – **2.** sich v. |in|: → verbeißen (II)
verbiestert: → verwirrt (1)
verbieten: 1. ⟨*nicht zulassen*⟩ untersagen · verwehren · sich verbitten + sperren · verhindern – **2.** den Mund v.: ⟨*nicht zu sprechen gestatten*⟩ das Wort verbieten
verbildet: → verkrüppelt
verbildlichen: → veranschaulichen
Verbildlichung, die: → Veranschaulichung
verbilligen: I. → senken (I, 1) – **II.** verbilligen, sich: → billig (6)
Verbilligung, die: → Preissenkung
verbimsen: → verprügeln
verbinden: I. verbinden: **1.** ⟨*Teile [fest] zusammenbringen*⟩ zusammenfügen · zusammenschalten · aneinander fügen · verknüpfen · verknoten · verketten · verflechten · vernetzen · [ver]koppeln · [ver]kuppeln; fugen ⟨*fachspr*⟩ + vereinigen · verquicken · kombinieren ◆ *gehoben:* fügen · verweben; → *auch* ¹anhängen (I, 1), zusammenhängen (2) – **2.** ⟨*eine Wunde fest abdecken*⟩ einen Verband anlegen + bandagieren · erste Hilfe leisten – **3.** → vereinigen (I, 1) – **II.** verbinden, sich: **1.** *Chem* ⟨*eine Verbindung bilden*⟩ eine Verbindung eingehen – **2.** → heiraten (1) – **3.** → vereinigen (II, 1 *u.* 2)
verbindlich: 1. ⟨*für jmds. Handeln bestimmend*⟩ obligatorisch · bindend · fest · verpflichtend – **2.** → höflich – **3.** v. sein: → gültig (2) – **4.** v. zusagen: → verpflichten (II)
Verbindlichkeit: I. Verbindlichkeit, die: **1.** → Gültigkeit (1) – **2.** → Höflichkeit (1) – **II.** Verbindlichkeiten ⟨*Pl*⟩: **1.** → Schuld (II, 1) – **2.** V. erfüllen: → zurückzahlen (1)
Verbindung: I. Verbindung, die: **1.** ⟨*das Verbundensein*⟩ Verknüpfung · Verkettung · Verflechtung · Koppelung + Synthese · Link · Verquickung · Kombination · Beziehung · Fäden; → *auch* Zusammenhang (1) – **2.** → Bund (I, 1, a) – **3.** → Beziehung (I, 1) – **4.** eine V. eingehen: **a)** → verbinden (II, 1) – **b)** → heiraten (1); eine V. schließen: → heiraten (1); V. aufnehmen |zu|, sich in V. setzen |mit|: → kontakten; in V. stehen: → zusammenhängen (1) – **II.** Verbindungen ⟨*Pl*⟩: → Beziehung (II, 1)

731

Verbindungsglied

Verbindungsglied, das: Bindeglied · Verbindungsstück + Zwischenglied · Zwischenstück

Verbindungsmann, der: Mittelsmann · Vermittler · Kontaktmann · Bindeglied

Verbindungsstück, das: → Verbindungsglied

verbissen: krampfhaft · bis zum Letzten; → *auch* beharrlich (1)

verbitten: sich v.: → verbieten (1)

verbittert: → mürrisch (1)

Verbitterung, die: → Groll (1)

verblassen: ausbleichen · [ver]bleichen · verschießen · ausziehen · ausblassen; ausschießen (*süddt österr*) + verfärben · abfärben · ausgehen · verlöschen ♦ *gehoben*: abblassen; → *auch* vergilben (1)

verbläuen: → verprügeln

Verbleib, der: → Wohnsitz (1)

verbleiben: → bleiben (1 *u.* 2)

verbleichen: 1. → verblassen – **2.** → sterben (1)

Verblichene, der: → Verstorbene

verblöden: → verdummen (2)

verblödet: → dumm (1)

verblüffen: 1. → überraschen (1) – **2.** → verwirren (2)

verblüffend: 1. → überraschend (1) – **2.** → erstaunlich (1)

verblüfft: → überrascht (1)

Verblüfftheit, die: → Verwirrung (1)

Verblüffung, die: → Überraschung (1)

verblühen: 1. ⟨*aufhören zu blühen*⟩ abblühen · ausblühen + vergehen; → *auch* welken (1), vertrocknen (1) – **2.** → vergehen (I, 1)

verblüht: → alt (1)

verblümt: → andeutungsweise

verbocken: 1. → verschulden (I, 1) – **2.** → anrichten (1)

verbockt: → widerspenstig

verbogen: → krumm (1)

verbohren, sich: sich v. |in|: → verbeißen (II)

verbohrt: 1. → beschränkt (1) – **2.** → fanatisch

Verbohrtheit, die: → Fanatismus

¹verborgen: → leihen (1)

²verborgen: 1. ⟨*nicht bemerkbar*⟩ versteckt · unsichtbar · latent – **2.** → geheim (1) – **3.** im Verborgenen: **a)** → heimlich (1) – **b)** → unbemerkt

Verbot, das: Untersagung + Sperre · Tabu · Prohibition · Interdikt

verboten: 1. ⟨*nicht zu tun erlaubt*⟩ unstatthaft · untersagt · unerlaubt · unzulässig + verpönt · tabu · missbräuchlich · schwarz; → *auch* ungesetzlich – **2.** → komisch (1) – **3.** verbotener Eingriff: → Abtreibung (1)

verbrämen: → verzieren

verbrannt: → brenzlig (1)

verbraten: → verbrauchen (1)

Verbrauch, der: **1.** ⟨*das Verwenden zur Bedürfnisbefriedigung*⟩ Konsum · Konsumierung · Konsumtion + Verzehr – **2.** ⟨*die Wertminderung durch ständigen Gebrauch*⟩ Verschleiß · Abnutzung

verbrauchen: 1. ⟨[*vollständig*] *für die Bedürfnisbefriedigung verwenden*⟩ aufbrauchen · konsumieren · verwirtschaften · aufzehren ♦ *umg*: verkonsumieren · kleinkriegen ♦ *salopp*: verbraten · verbuttern – **2.** ⟨*durch ständigen Gebrauch wertlos machen*⟩ verschleißen · abnutzen – **3.** → ausgeben (I, 3)

Verbraucher, der: Konsument

Verbrauchergenossenschaft, die: → Konsumgenossenschaft

Verbraucherpreis, der: → Einzelhandelspreis

Verbraucherschützer, der: Stiftung Warentest (*Wz*)

verbraucht: 1. ⟨*durch sein Alter geschwächt u. in der Leistungsfähigkeit eingeschränkt*⟩ abgearbeitet · verarbeitet + verlebt ♦ *gehoben*: abgelebt ♦ *umg*: zum alten Eisen gehörend ♦ *salopp*: hinüber; → *auch* alt (1), verkalkt (1) – **2.** → abgedroschen (1) – **3.** → aufgebraucht – **4.** v. werden: ⟨*durch ständiges Wegnehmen weniger werden*⟩ sich aufzehren ♦ *umg*: draufgehen

verbrechen: etw. v.: → vergehen (II, 1)

Verbrechen, das: **1.** ⟨*schlimme strafbare Handlung*⟩ schwere Straftat · schweres Vergehen · Schandtat · Untat · Entsetzenstat · Kapitalverbrechen; Übeltat · Missetat (*veraltend*) + Mord ♦ *gehoben*: + Frevelei · Freveltat · Frevel; → *auch* Anschlag (2), Gewalttat, Gräuel (1), Schuld (I, 1), Vergehen (1) – **2.** das organisierte V.: → Verbrecherorganisation; ein V. begehen: → vergehen (II, 1)

Verbrecher, der: Bandit · Gangster · der Kriminelle · Unterweltler · Outlaw · Gewohnheitsverbrecher · Schwerverbrecher · Gewaltverbrecher · Gewalttäter + Rechtsbrecher · Gesetzesbrecher · Täter · Allein-

732

Verdacht

täter · Überzeugungstäter · Gesinnungstäter · Delinquent · Gewaltmensch; Apache (*veraltet*) ♦ *gehoben*: Bösewicht (*veraltend*) + Frevler ♦ *umg*: schwerer Junge; → *auch* Schurke, Mörder, Räuber, Unmensch (1), Übeltäter

verbrecherisch: straftätig (*Rechtsw*); kriminell ♦ *gehoben*: frevlerisch · frevelhaft; freventlich (*veraltend*)

Verbrecherorganisation, die: Mafia · Syndikat · Verbrechersyndikat · Connection · Ring + das organisierte Verbrechen; → *auch* Unterwelt (2)

Verbrechersyndikat, das: → Verbrecherorganisation

Verbrechertum, das: → Unterwelt (2)

Verbrecherwelt, die: → Unterwelt (2)

verbreiten: I. verbreiten: **1.** ⟨*in Bezug auf Informationen: überall bekannt machen*⟩ ausbreiten · streuen · ausstreuen · lancieren · weiterverbreiten · in Umlauf setzen / bringen ♦ *gehoben*: aussprengen ♦ *umg*: herumtragen · herumerzählen · unter die Leute bringen · an die große Glocke hängen; → *auch* veröffentlichen, öffentlich (2), bekannt (5) – **2.** ⟨*in Bezug auf Neuerungen: für die allgemeine Anwendung sorgen*⟩ propagieren · popularisieren + einführen · aufbringen – **II.** verbreiten, sich: ⟨*in die Weite wirken*⟩ sich ausbreiten · sich weiterverbreiten · Platz greifen · um sich greifen · Verbreitung finden · grassieren · vordringen · Kreise ziehen · [an] Boden gewinnen ♦ *umg*: auf dem Vormarsch sein; → *auch* durchsetzen (I, 2, b), überhand

Verbreitung, die: V. finden: → aufkommen (1), verbreiten (II)

verbrennen: I. verbrennen: **1.** ⟨*vom Feuer verzehren lassen*⟩ *gehoben*: dem Feuer / den Flammen übergeben · in Asche verwandeln – **2.** ⟨*vom Feuer verzehrt werden*⟩ niederbrennen + verschwelen ♦ *gehoben*: in Flammen / Rauch aufgehen · ein Raub der Flammen werden; → *auch* brennen (1) – **3.** → einäschern – **4.** sich den Mund / die Zunge / die Finger / Flügel / Pfoten v.: → schaden (3) – **II.** verbrennen, sich: → verbrühen, sich

Verbrennung, die: → Einäscherung

Verbrennungsmotor, der: → Motor (1)

Verbrennungsrückstand, der: → Asche (1)

verbringen: 1. ⟨*die Zeit durchleben*⟩ hinbringen · zubringen · verleben – **2.** → verschwenden – **3.** → befördern (1)

verbrüdern, sich: fraternisieren · sich verschwistern · Brüderschaft schließen; → *auch* duzen (II), verbünden, sich (1)

Verbrüderung, die: Fraternisation

verbrühen, sich: sich verbrennen

verbuchen: → einschreiben (I)

verbuddeln: → vergraben (I, 1)

verbumfeien: → verlieren (I, 1)

verbumfiedeln: 1. → verlieren (I, 1) – **2.** → verschwenden

verbummeln: 1. → vergessen (I, 1) – **2.** → versäumen (1) – **3.** → verlieren (I, 1)

verbunden: 1. → dankbar (1) – **2.** mit Schwierigkeiten v.: → schwierig (1); v. sein, sich v. fühlen: → ²anhängen (2)

verbünden, sich: 1. ⟨*einen Bund bilden*⟩ sich zusammentun · sich zusammenschließen · konföderieren · sich alliieren · einen Pakt / ein Bündnis schließen; paktieren (*meist abwert*) + föderalisieren ♦ *gehoben*: einen Bund eingehen · die Hand zum Bund reichen; → *auch* anschließen (II, 1), verbrüdern, sich, vereinigen (II, 2) – **2.** → verschwören, sich (1)

Verbundenheit, die: 1. → Dankbarkeit (1) – **2.** → Einheit (1) – **3.** → Solidarität

Verbündete, der: Bundesgenosse · Bündnispartner · der Alliierte · der Föderierte · der Konföderierte

Verbundnetz, das: → Leitungsnetz

verbunkern, sich: → absondern (II)

verbürgen, sich: sich v. |für|: **a)** → bürgen – **b)** → gewährleisten – **c)** → versichern (I)

verbürgt: → sicher (4)

verbüßen: abbüßen ♦ *gehoben*: absühnen ♦ *umg*: absitzen · abbrummen ♦ *salopp*: abreißen; → *auch* büßen (1)

verbuttern: → verbrauchen (1)

Verdacht, der: 1. ⟨*das Vermuten einer Verfehlung od. einer unangenehmen Gegebenheit*⟩ Argwohn + Befürchtung · Vermutung · Zweifel – **2.** V. schöpfen: ⟨*eine Verfehlung od. etw. Unangenehmes zu vermuten beginnen bzw. vermuten*⟩ misstrauisch / argwöhnisch / stutzig werden · [einen] Verdacht fassen · argwöhnen · Argwohn / [einen] Verdacht hegen · etw. / Unrat wittern · dem Frieden nicht recht trauen ♦ *salopp*: Lunte / den Braten riechen – **3.** in V. haben, einen V. hegen |gegen|: → verdächtigen (1); in V. geraten / V. erregen / [er]wecken: → verdächtig (3); auf V.: → vorbeugend

733

verdächtig

verdächtig: 1. ⟨*Verdacht erweckend*⟩ suspekt · ominös · obskur · nicht geheuer ◆ *umg*: dunkel · finster; → *auch* bedenklich (1) – **2.** → zwielichtig (1) – **3.** v. sein: ⟨*zum Entstehen eines Verdachtes führen*⟩ Verdacht erregen/[er]wecken · in den Verdacht geraten ◆ *umg*: in den Geruch geraten + da steckt/ist der Wurm drin
verdächtigen: 1. ⟨*von jmdm. glauben, dass er etw. Unrechtes getan hat*⟩ in Verdacht haben · einen Verdacht hegen |gegen|; → *auch* misstrauen – **2.** → verleumden (1)
Verdächtigung, die: → Verleumdung
Verdachtsgrund, der: Verdachtsmoment · Indiz
Verdachtsmoment, das: → Verdachtsgrund
verdaddeln: → verderben (2)
verdammen: 1. → verurteilen (2) – **2.** → verwünschen (1) – **3.** v. |zu|: → verurteilen (1); in Grund und Boden v.: → verurteilen (2); Gott verdamm mich [noch einmal]: → verflucht (1)
verdammenswert: → verwerflich
Verdammnis, die: 1. → Fluch (2) – **2.** ewige V., Ort der V.: → Hölle (1)
verdammt: 1. → verflucht (1) – **2.** → sehr
verdammungswürdig: → verwerflich
verdampfen: 1. ⟨*die Flüssigkeit von etw. [teilweise] in den gasförmigen Zustand überführen*⟩ eindampfen · eindicken · verdicken · verkochen · kondensieren; evaporieren (*fachspr*) – **2.** → verflüchtigen, sich
verdanken: danken ◆ *gehoben*: schulden
verdattert: → verwirrt (1), bestürzt
verdauen: 1. ⟨*in Bezug auf die Nahrung: sie im Körper auflösen*⟩ verarbeiten – **2.** → überwinden (I, 1)
verdaulich: → bekömmlich
Verdeck, das: → Plane
verdecken: 1. → bedecken (I, 1) – **2.** → verbergen (I, 1)
verdeckt: 1. → geheim (1) – **2.** verdeckter Ermittler: → Ermittler
verdenken: → verübeln
Verderb, der: 1. → Verderben (1) – **2.** auf Gedeih und V.: → bedingungslos; dem V. anheim fallen: → verderben (3)
verderben: 1. ⟨*moralisch negativ beeinflussen*⟩ herabziehen · hinabziehen · hinunterziehen – **2.** ⟨[*durch falsches Handeln*] *wertlos bzw. unbrauchbar machen*⟩ verpatzen ◆ *umg*: in den Sand setzen · gegen den

Baum/die Wand fahren · vergeigen · versaubeuteln · vermasseln · verpfuschen · vermurksen · verschludern · verstolpern · verdaddeln · verkorksen · verhunzen; verhudeln (*landsch*); verfuhrwerken (*schweiz*) + schmeißen · versalzen · verhageln ◆ *derb*: versauen; → *auch* vereiteln, Misserfolg (2) – **3.** ⟨*in einen Zustand der Ungenießbarkeit übergehen*⟩ verkommen · schlecht/ungenießbar werden · dem Verderb anheim fallen ◆ *umg*: vergammeln · gammelig werden; → *auch* faulen – **4.** → verkommen (1) – **5.** die Freude v.: → betrüben (I); das Spiel v.: → vereiteln; es verdorben haben |mit|: → Wohlwollen (2)
Verderben, das: 1. ⟨*schlimmes Ende*⟩ Untergang · Unglück · Ruin · Abgrund ◆ *gehoben*: Verderb – **2.** ins V. reißen/stürzen/bringen/führen: → Unglück (3)
Verderber, der: → Teufel (1)
verderblich: → schädlich (2)
Verderbnis, die: → Verkommenheit
verderbt: → verkommen (2)
Verderbtheit, die: → Verkommenheit
verdeutlichen: konkretisieren · präzisieren · herausarbeiten · herausdestillieren · auf den Punkt bringen; → *auch* veranschaulichen
Verdeutlichung, die: 1. → Veranschaulichung – **2.** → Erklärung (1)
verdeutschen: 1. → übersetzen (I) – **2.** → erklären (I, 1)
verdichten: I. verdichten (*Techn*): ⟨*Gas od. Dampf zusammendrücken*⟩ komprimieren; → *auch* verflüssigen (1) – **II.** verdichten, sich: → zunehmen (1)
Verdichtung, die: 1. *Techn* ⟨*das Verdichten*⟩ Kompression · Komprimierung – **2.** → Zunahme
verdicken: I. verdicken: → verdampfen (1) – **II.** verdicken, sich: → anschwellen (1, a)
Verdickung, die: Knoten · Wulst + Verhärtung ◆ *umg*: Knubbel · Knuddel (*landsch*)
verdienen: 1. ⟨*durch seine Tätigkeit Geld erwerben*⟩ einnehmen + ein Geschäfte/Geschäfte machen ◆ *umg*: Geld/Kasse machen + die schnelle Mark machen – **2.** ⟨[*eigentlich*] *bekommen müssen*⟩ gebühren ◆ *umg*: gehören – **3.** sich die Sporen v.: → hervortun, sich; sich einen Kuppelpelz v.: → verkuppeln (1)
Verdiener, der: → Ernährer
Verdienst: I. Verdienst, der: **1.** → Lohn (1) – **2.** → Gehalt (I) – **II.** Verdienst, das: **1.** ⟨*an-*

734

erkennenswerte Tat⟩ Leistung · Meriten – **2.** nach V.: → gebührend (1)
verdienstlich: → lobenswert
Verdienstmöglichkeit, die: Einnahmequelle + Geldquelle
Verdienstspanne, die: Gewinnspanne; Marge (*Wirtsch*) + Handelsspanne
verdienstvoll: → lobenswert
verdient: 1. → verdientermaßen – **2.** sich v. machen: → hervortun, sich
verdientermaßen: verdienterweise · verdient; → *auch* Recht (6)
verdienterweise: → verdientermaßen
Verdikt, das: → Urteil (1)
verdingen, sich (*veraltend*): Arbeit nehmen
verdinglichen: → vergegenständlichen
verdolmetschen: → übersetzen (I)
Verdolmetschung, die: → Übersetzung
verdonnern: 1. → verurteilen (1) – **2.** → beauftragen
verdonnert: → verwirrt (1)
verdoppeln: duplieren · duplizieren; dublieren (*fachspr*); → *auch* vervielfachen (1)
verdorben: 1. ⟨*in den Zustand der Ungenießbarkeit übergegangen*⟩ schlecht [geworden] · angegangen + verfault · faul · ranzig ♦ *umg*: gammelig; → *auch* faul (1) – **2.** → verkommen (2)
Verdorbenheit, die: → Verkommenheit
verdorren: → vertrocknen (1)
verdorrt: → trocken (1)
verdösen: → vergessen (I, 1)
verdrängen: 1. ⟨*von seinem Platz drängen*⟩ beiseite drängen · beiseite schieben · beiseite stoßen · wegdrängen · wegschieben · zurückdrängen · zur Seite drängen/schieben · abdrängen + in den Hintergrund drängen – **2.** ⟨*[übertreffen u.] aus seiner Stellung bzw. seinem Amt drängen*⟩ ausstechen · aus dem Feld schlagen · aus dem Sattel heben · an die Wand drängen/drücken ♦ *umg*: ausbooten; → *auch* kaltstellen
verdrecken: → beschmutzen (I, 1)
verdreckt: → schmutzig (1)
verdrehen: 1. ⟨*absichtlich falsch darstellen*⟩ entstellen · verfälschen · ummünzen · ins Gegenteil verwandeln · [ins Gegenteil] verkehren · aus Schwarz Weiß/aus Weiß Schwarz machen · verzeichnen · beugen; → *auch* verschleiern, verzerren (1) – **2.** den Kopf v.: → verwirren (2)
verdreht: → verrückt (1)

Verdrehung, die: Entstellung · Verfälschung · Verkehrung + Beugung
verdreifachen: → vervielfachen (1)
verdreschen: → verprügeln
verdrießen: → missfallen (1)
verdrießlich: → missmutig
Verdrießlichkeit, die: → Missmut
verdrossen: → missmutig
Verdrossenheit, die: → Missmut
verdrücken: I. verdrücken: → aufessen – **II.** verdrücken, sich: → wegschleichen (I)
Verdruss, der: **1.** → Unannehmlichkeit – **2.** V. machen/bereiten/bringen: → ärgern (I)
verduften: 1. → fliehen (1) – **2.** → verflüchtigen, sich – **3.** → wegschleichen (I)
verdummen: 1. ⟨*Unwahres glauben machen*⟩ vernebeln – **2.** ⟨*seine geistige Leistungsfähigkeit verlieren*⟩ ♦ *umg*: vertrotteln · verblöden
verdunkeln: I. verdunkeln: **1.** ⟨*kein Licht nach außen dringen lassen*⟩ abdunkeln – **2.** ⟨*dunkler machen*⟩ verfinstern · verdüstern · abblenden + abschirmen – **3.** → verschleiern – **II.** verdunkeln, sich: → verfinstern (II)
Verdunkelung, die: **1.** ⟨*Abschirmung des Lichtes*⟩ Abdunkelung – **2.** → Verfinsterung
verdünnen: → verwässern · pan[t]schen · strecken · verlängern · verfälschen ♦ *umg*: taufen (*scherzh*)
verdünnisieren, sich: **1.** → fliehen (1) – **2.** → wegschleichen (I)
Verdünnung, die: bis zur V.: → Überdruss
verdunsten: → verflüchtigen, sich
verdursten: verschmachten
verdusseln: → vergessen (I, 1)
verdüstern: I. verdüstern: → verdunkeln (I, 2) – **II.** verdüstern, sich: → verfinstern (II)
verdutzen: → verwirren (2)
verdutzt: → verwirrt (1)
Verdutztheit, die: → Verwirrung (1)
verebben: → enden (1, b)
veredeln: 1. ⟨*Obstbäume in ihren Eigenschaften verbessern*⟩ pfropfen · okulieren; pelzen (*landsch*); schäften (*fachspr veraltend*) – **2.** ⟨*in der Qualität besser machen*⟩ vergüten (*fachspr*) – **3.** → verbessern (I, 3)
Veredelung, die: → Verbesserung (3)
verehelichen, sich: → heiraten (1)
verehelicht: → verheiratet (1)
Verehelichung, die: → Heirat
verehren: 1. ⟨*größte Achtung entgegenbringen*⟩ aufblicken ⌐zu⌐ · aufschauen ⌐zu⌐

Verehrer

· aufsehen |zu| · hoch achten · hoch schätzen · huldigen · vergöttern · jmdm. zu Füßen liegen + lieben ♦ *umg:* verhimmeln; → *auch* anbeten, achten (1) – **2.** → schenken (1) – **3.** → widmen (I)

Verehrer, der: **1.** ⟨*jmdn. Verehrender*⟩ Bewunderer · Anbeter – **2.** → Liebhaber (1)

verehrt: geehrt · geschätzt · wert · teuer · hochverehrt · hochwürdig · hochgeschätzt

Verehrung, die: Bewunderung · Vergötterung · Anbetung + Kult · Liebe ♦ *umg:* Verhimmelung; → *auch* Achtung (1), Ehrfurcht

verehrungswürdig: 1. → ehrwürdig – **2.** → anbetungswürdig

Verein, der: **1.** → Organisation (1) – **2.** im V. mit: → gemeinsam (1)

vereinbar: → zusammenpassend; kompatibel · assoziabel (*fachspr*)

vereinbaren: 1. ⟨*sich mit jmdm. auf etw. festlegen*⟩ übereinkommen · abmachen · ausmachen · aushandeln · verabreden · absprechen · abreden / eine Abmachung / Absprache / Vereinbarung treffen · Vereinbarungen treffen · abschließen · akkordieren + ausbedingen ♦ *umg:* abkarten (*abwert*); → *auch* beschließen (1) – **2.** wie vereinbart: → verabredetermaßen

Vereinbarung, die: **1.** ⟨*gemeinsame Festlegung*⟩ Abmachung · Verabredung · Absprache · Abrede · Agreement · Abschluss; → *auch* Vertrag (1), Übereinkunft – **2.** eine V. / Vereinbarungen treffen: → vereinbaren (1)

vereinbarungsgemäß: → verabredetermaßen

vereinen: I. vereinen: **1.** ⟨*zu einer [festen] Einheit machen*⟩ [ver]einigen ♦ *gehoben:* einen – **2.** ⟨*Widersprüchlichkeiten ausgleichen*⟩ harmonisieren · unter einen Hut bringen – **3.** → vereinigen (I, 1) – **II.** vereinen, sich: → vereinigen (II, 1)

vereinfachen: simplifizieren; versimpeln (*abwert*) + vergröbern · schematisieren

Vereinfachung, die: Simplifikation + Vergröberung · Schematismus

vereinheitlichen: norm[ier]en · standardisieren · gleichmachen · auf eine Formel bringen + typen

Vereinheitlichung, die: Norm[ier]ung · Standardisierung + Typung

vereinigen: I. vereinigen: **1.** ⟨*zu einem Ganzen zusammenfügen*⟩ verbinden · integ-

rieren · zusammenschließen · verschmelzen · vereinen + zusammenlegen; → *auch* einverleiben (1) – **2.** → vereinen (I, 1) – **3.** → verbinden (I, 1) – **II.** vereinigen, sich: **1.** ⟨*sich zu einem Ganzen verbinden*⟩ sich zusammenschließen · sich vereinen · sich verbinden · sich zusammentun · verschmelzen; fusionieren (*bes. Wirtsch*) – **2.** ⟨*zur Verfolgung best. Ziele eine Gruppierung bilden*⟩ sich zusammenschließen · sich verbinden · sich zusammentun · sich assoziieren · sich organisieren · sich liieren · sich soziieren (*bes. Wirtsch*) + sich die Hand reichen · sich sammeln; → *auch* verbünden, sich (1), verbinden (II, 1) – **3.** → koitieren

vereinigt: 1. → gemeinsam (1) – **2.** → einig (1)

Vereinigung, die: **1.** ⟨*das Sichvereinigen*⟩ Zusammenschluss · Verschmelzung · Einigung · Assoziation · Integration; Firmenehe · Fusion (*bes. Wirtsch*) ♦ *umg:* + Elefantenhochzeit (*Wirtsch*) – **2.** ⟨*zum gemeinsamen Verfolgen bestimmter Ziele gebildete Gruppierung*⟩ Körperschaft · Korporation · Union · Verband · Bund · Assoziation · Ring; Bruderschaft · Brüderschaft (*Kirche*); → *auch* Organisation (1) – **3.** → Bund (I, 1, a) – **4.** → Koitus

vereinnahmen: → kassieren (1)

vereinsamt: → einsam (1)

vereint: → gemeinsam (1)

vereinzeln: → ¹verziehen (I, 1)

vereinzelt: 1. ⟨*an wenigen bestimmten Stellen vorhanden*⟩ sporadisch · stellenweise · streckenweise · verstreut · gelegentlich · mancherorts · singulär · hie[r] und da · hier und dort · da und dort + passim; → *auch* selten (1), spärlich (1) – **2.** → manchmal

vereist: → verharscht

vereiteln: durchkreuzen · hintertreiben · torpedieren · aushebeln · konterkarieren · zunichte machen · einen Strich durch die Rechnung machen · ausbremsen · zuschanden machen · zu Fall bringen + das Handwerk legen ♦ *umg:* [die Suppe] versalzen · platzen lassen · kippen · das Spiel verderben ♦ *salopp:* in die Suppe spucken; → *auch* verderben (2), verhindern

Vereitelung, die: Durchkreuzung · Hintertreibung + Vorbeugung; → *auch* Verhinderung

verekeln: → verleiden

verelenden: → verarmen

736

verelendet: → arm (1)

Verelendung, die: → Verarmung

verenden: eingehen; fallen (*weidm*) ♦ *gehoben*: sterben ♦ *umg*: draufgehen; totgehen (*landsch*) ♦ *salopp*: krepieren · verrecken; → *auch* sterben (1)

verengen, sich: → verjüngen (II)

vererben: hinterlassen · vermachen; übermachen (*veraltend*) + zurücklassen; → *auch* überschreiben

vererbt: → ererbt (1)

verewigen, sich: → austreten (2)

verewigt: → verstorben

Verewigte, der: → Verstorbene

verfahren: 1. → handeln (I, 3) – 2. → hoffnungslos (1) – 3. v. |mit|: → behandeln (1)

Verfahren, das: 1. ⟨*Art u. Weise, wie etw. ausgeführt bzw. hergestellt wird*⟩ Methode · Verfahrensweise · Prozedur + Verfahrenstechnik; → *auch* Vorgehensweise – 2. → Prozess (1)

Verfahrenstechnik, die: → Verfahren (1)

Verfahrensweise, die: → Verfahren (1)

Verfall, der: 1. ⟨*das Verfallen*⟩ Niedergang · Abstieg · Untergang + Fäulnis · Dekadenz; → *auch* Zerfall (2), Entartung – 2. in V. geraten: → verfallen (1)

verfallen: 1. ⟨*allmählich zerstört werden*⟩ verkommen · in Verfall geraten; → *auch* untergehen (2) – 2. ⟨*seine Gültigkeit verlieren*⟩ ablaufen · außer Kraft treten · ungültig werden + verjähren – 3. ⟨*völlig an jmdn. od. etw. gefesselt*⟩ hörig – 4. → ungültig (1) – 5. , v. lassen: → vernachlässigen (1); v. sein: → hingeben (II, 3); dem Trunk / Suff v. sein: → trunksüchtig (2)

verfälschen: 1. → fälschen – 2. → verdünnen – 3. → verdrehen (1)

Verfälschung, die: → Verdrehung

verfangen: I. verfangen: nicht v.: → vergeblich (2) – II. verfangen, sich: ⟨*ungewollt in etw. [immer weiter] hineingeraten*⟩ sich verwickeln · sich verstricken ♦ *umg*: sich verheddern · sich verfitzen · hängen bleiben

verfänglich: → gefährlich (1)

verfärben, sich: 1. ⟨*eine andere Farbe annehmen*⟩ anlaufen – 2. → verblassen – 3. → erblassen (1) – 4. → erröten (1)

verfassen: abfassen · schreiben + formulieren · aufsetzen · anfertigen ♦ *umg*: verzapfen · zusammenschreiben · zusammenschmieren (*abwert*)

Verfasser, der: Autor · Schreiber; → *auch* Urheber

Verfassung, die: 1. ⟨*das die Form eines Staates u. die Rechte u. Pflichten seiner Bürger festlegende Gesetz*⟩ Grundgesetz · Konstitution – 2. → Zustand (1) – 3. → Stimmung (1) – 4. → Gesundheitszustand – 5. in bester V. sein: ⟨*geistig u. körperlich voll leistungsfähig sein*⟩ *umg*: voll / gut drauf sein

verfaulen: → faulen

verfault: → faul (1), verdorben (1)

verfechten: → verteidigen (I, 1)

Verfechter, der: → Verteidiger (1)

verfehlen: 1. ⟨*[beim Schießen] nicht treffen*⟩ fehlschießen · vorbeischießen · daneben schießen · daneben treffen · vorbeitreffen + daneben gehen ♦ *umg*: daneben hauen – 2. den Weg v.: → verirren, sich

verfehlt: → irrig

Verfehlung, die: 1. → Vergehen (1) – 2. → Fehltritt (1)

verfeinden, sich: sich entzweien · sich überwerfen · sich verzanken · sich zerstreiten ♦ *umg*: sich verkrachen

verfeindet: → entzweit

Verfeindung, die: → Zerwürfnis (1)

verfeinern: → verbessern (I, 3)

verfeinert: sublim · kultiviert + raffiniert

Verfeinerung, die: → Verbesserung (3)

verfemen: → ächten (1)

verfemt: → geächtet

Verfemung, die: → Ächtung (1)

verfertigen: → herstellen (1)

verfilzen: → verwirren (1)

verfinstern: I. verfinstern: → verdunkeln (I, 2) – II. verfinstern, sich: ⟨*seine Helligkeit verlieren*⟩ sich verdunkeln · sich verdüstern; → *auch* dämmern (2)

Verfinsterung, die: Verdunkelung

verfitzen: I. verfitzen: → verwirren (1) – II. verfitzen, sich: → verfangen (II)

verflachen: veräußerlichen · oberflächlich werden + verwässern

verflacht: → oberflächlich (1)

Verflachung, die: Boulevardisierung

verflackern: → erlöschen (1)

verflechten: → verbinden (I, 1)

Verflechtung, die: → Verbindung (I, 1)

verfliegen: 1. → verflüchtigen, sich – 2. → vergehen (I, 1)

verfließen: 1. → verwischen (II) – 2. → vergehen (I, 1)

verflixt

verflixt: 1. → verflucht (1) – **2.** → sehr – **3.** v. und zugenäht: → verflucht (1)
verflossen: → ehemalig, vergangen (1)
verfluchen: → verwünschen (1)
verfluchenswert: → verwerflich
verflucht (*salopp*): **1.** ⟨*Ausruf des Ärgers*⟩ *umg*: verwünscht · verflixt [und zugenäht] ◆ *salopp*: verdammt · verflucht und zugenäht · Himmeldonnerwetter/zum Donnerwetter/zum Kuckuck [noch einmal] · Himmelkruzitürken · Himmelsakrament; sakra (*süddt*) ◆ *derb*: Himmel, Arsch und Zwirn/Wolkenbruch · Gott verdamm mich [noch einmal] – **2.** → sehr – **3.** v. und zugenäht: → 1
verflüchtigen, sich: verfliegen · verduften · verdunsten · verdampfen · sich auflösen |in|
verflüssigen: 1. ⟨*in den flüssigen Zustand übergehen lassen*⟩ flüssig machen · kondensieren; → *auch* verdichten (I) – **2.** → auflösen (I, 1)
Verfolg, der: im V. [von]: → während
verfolgen: 1. ⟨*zum Zweck der Festnahme folgen*⟩ jagen · hinterherjagen · nachjagen · hinterhersetzen · nachsetzen · nachstellen · hinterher sein · auf der Spur/Fährte/den Fersen sein/bleiben · jmdm. nicht von den Hacken gehen · sich an jmds. Fersen hängen/heften · sich an jmds. Sohlen heften · hinterherlaufen · nachgehen · nachsteigen ◆ *umg*: hinterhermachen (*landsch*); → *auch* nacheilen, folgen (1) – **2.** → beobachten (1) – **3.** → bedrängen (1)
Verfolger, der: + Scherge (*abwert*); Häscher (*veraltet*)
Verfolgung, die: Nachstellung · Verfolgungsjagd · Hetzjagd · Hatz
Verfolgungsjagd, die: → Verfolgung
verfrachten: 1. → befördern (1) – **2.** → wegbringen (1) – **3.** → verladen (1)
Verfrachtung, die: → Versand
verfranzen, sich: → verirren, sich
verfressen: 1. → gefräßig (1) – **2.** → unersättlich (1)
Verfressenheit, die: **1.** → Gefräßigkeit (1) – **2.** → Unersättlichkeit (1)
verfroren: durchgefroren; durchkältet (*veraltend*) + frostig
verfrüht: → vorzeitig (1)
verfügbar: 1. ⟨*zur Verfügung stehend*⟩ greifbar · disponibel · parat; präsent (*veraltend*); liquid[e] (*Wirtsch*) – **2.** → vorrätig (1) – **3.** → erreichbar – **4.** → unbesetzt

(1) – **5.** v. sein: ⟨*jederzeit zur Verwendung bereit sein*⟩ zur Verfügung/zu Gebote/zu Diensten stehen · bei der/zur Hand sein · zur Disposition stehen
verfugen: → abdichten
verfügen: I. verfügen: **1.** → anordnen (2) – **2.** → entscheiden (I, 1) – **3.** v. |über|: → besitzen (1) – **II.** verfügen, sich: sich v. |nach/in|: → gehen (8)
Verfügung, die: **1.** ⟨*das Recht, über etw. bestimmen zu können*⟩ Verfügungsgewalt · Disposition – **2.** → Verordnung (1) – **3.** letztwillige V.: → Testament (1); eine V. erlassen/treffen: → anordnen (2); zur V. haben: **a)** → besitzen (1) – **b)** → bereithalten (I); zur V. halten: → bereithalten (I); sich zur V. halten: → bereithalten (II); zur V. stehen: → verfügbar (5); zur V. stellen: → leihen (1); sein Amt zur V. stellen: → zurücktreten (1)
Verfügungsgewalt, die: → Verfügung (1)
verführen: auf Abwege bringen/führen; versuchen · in Versuchung führen (*meist scherzh*); → *auch* umgarnen, verleiten, verlocken
Verführer, der: **1.** ⟨[*gewissenloser*] *Liebhaber vieler Frauen*⟩ Don Juan · Casanova · Frauenheld · Ladykiller (*scherzh*); → *auch* Frauenheld – **2.** → Anstifter (1)
Verführerin, die: Circe · Sirene
verführerisch: 1. → bezaubernd – **2.** → verlockend
Verführung, die: → Verlockung
verfuhrwerken: → verderben (2)
Vergabe, die: **1.** → Verteilung (1) – **2.** → Ausgabe (1)
vergaben: → schenken (1)
vergackeiern: → narren
vergaffen, sich: sich v. |in|: → verlieben, sich
vergällen: 1. ⟨*ungenießbar machen*⟩ denaturieren – **2.** → verleiden (1)
vergaloppieren, sich: → irren (II)
vergammeln: → verderben (3)
vergangen: 1. ⟨*der Zeit vor der Gegenwart zugehörig*⟩ verflossen · zurückliegend + fern – **2.** → ehemalig – **3.** → vorig (1)
Vergangenheit, die: **1.** ⟨*vergangene Zeit*⟩ das Gestern + Ferne · Vorwelt – **2.** → Geschichte (1) – **3.** graue V.: → Vorzeit (1); der V. angehören: → veraltet (2)
vergänglich: flüchtig · zeitgebunden · endlich · von kurzer Dauer; zeitlich (*Rel*) +

738

Vergessenheit

kurzlebig · veränderlich · begrenzt · sterblich · verweslich; → *auch* vorübergehend
Vergänglichkeit, die: Flüchtigkeit · Endlichkeit + Kürze · Begrenztheit · Sterblichkeit
verganten: → versteigern
Vergantung, die: → Versteigerung
vergasen: → vergiften (I, 1)
Vergasung, die: bis zur V.: → Überdruss
vergattern: 1. → umzäunen – **2.** → beauftragen
vergeben: 1. → verzeihen – **2.** → absolvieren (1) – **3.** → verschenken (1) – **4.** → ausgeben (I, 1) – **5.** → verteilen (I, 1) – **6.** sich nichts v.: ⟨seinem Ansehen keinen Abbruch tun⟩ *umg:* sich keinen Zacken aus der Krone brechen ♦ *salopp:* sich keine Verzierung abbrechen – **7.** sich etw. v.: → bloßstellen (II); v. und vergessen: → ²verziehen
vergebens: 1. → umsonst (1) – **2.** v. sein: → vergeblich (2); v. reden: → reden (2)
vergeblich: 1. → umsonst (1) – **2.** v. sein: ⟨ohne den erhofften Erfolg bleiben⟩ vergebens sein · nichts nutzen / nützen · nicht verfangen – **3.** das ist vergebliche Liebesmüh: → reden (2)
Vergebung, die: **1.** → Verzeihung (1) – **2.** → Absolution (1) – **3.** → Verteilung (1)
vergegenständlichen: verdinglichen · hypostasieren; → *auch* veranschaulichen
vergegenwärtigen: sich v.: → vorstellen (I, 3)
vergehen: I. vergehen: **1.** ⟨zur Vergangenheit werden⟩ verstreichen · verrinnen · vorbeigehen · vorübergehen · verfliegen; dahinschleichen (*abwert*) + verrauchen · verblühen · welken ♦ *gehoben:* [da]hingehen · dahinschwinden · [hin]schwinden · entschwinden · entrinnen · entfliehen · enteilen · entfliegen · verwehen · verfließen – **2.** → aussterben – **3.** → veralten – **4.** jmdm. vergeht Hören und Sehen: → staunen (1); vor Scham v.: → schämen, sich (1) – **II.** vergehen, sich: **1.** ⟨gegen ein Gesetz od. eine Vorschrift verstoßen⟩ sich etw. zuschulden kommen lassen · sich strafbar machen · straffällig / schuldig werden · eine Straftat begehen · das Gesetz brechen / verletzen · etw. verbrechen · ein Verbrechen begehen · unrecht tun · einen Fehltritt tun / begehen · straucheln; sich versündigen (*Rel*) ♦ *gehoben:* delinquieren · fehlen · freveln + abirren; → *auch* sündigen ♦ *umg:* Retourkut-

sche – **2.** sich an fremdem Eigentum v.: → stehlen (1); sich v. |an| : → vergewaltigen (1)
Vergehen, das: **1.** ⟨kleinere strafbare Handlung⟩ Delikt · Straftat · Verstoß · Ordnungswidrigkeit · Verfehlung · Unrecht · Übertretung; → *auch* Fehltritt (1), Verbrechen (1), Zuwiderhandlung – **2.** schweres V.: → Verbrechen (1)
vergeigen: → verderben (2)
vergeistigen: spiritualisieren + sublimieren
vergelten: 1. ⟨mit einer Vergeltungsmaßnahme beantworten⟩ rächen · heimzahlen · zurückzahlen · eine [alte] Rechnung begleichen; heimgeben (*landsch*) + nichts schuldig bleiben ♦ *dicht:* gelten ♦ *umg:* anstreichen · besorgen ♦ *salopp:* eintränken – **2.** ⟨als Dank eine Gegenleistung erbringen⟩ [be]lohnen · danken · sich revanchieren · sich erkenntlich zeigen; sich abfinden (*landsch*)
Vergeltung, die: **1.** ⟨die eine Tat bestrafende Gegenaktion⟩ Vergeltungsmaßnahme · Repressalie · Gegenschlag · Abrechnung; Vergeltungsschlag · Gegenangriff · Gegenstoß (*milit*) + Sühne[maßnahme] · Heimzahlung ♦ *umg:* Retourkutsche – **2.** → Rache (1) – **3.** → Dank (1) – **4.** V. üben: → rächen (II)
Vergeltungsmaßnahme, die: → Vergeltung (1)
Vergeltungsschlag, der: → Vergeltung (1)
vergerben: 1. → verprügeln – **2.** das Fell / Leder v.: → verprügeln
vergesellschaften: → verstaatlichen
vergesellschaftet: → gemeineigen
vergessen: I. vergessen: **1.** ⟨aus der Erinnerung verlieren⟩ entfallen · aus den Augen / dem Gedächtnis verlieren · nicht im Gedächtnis / Kopf behalten + ein[en] Blackout haben · verlernen ♦ *umg:* verschwitzen · verbummeln · verdösen · verdusseln · verschusseln – **2.** v. werden: ⟨nicht im Gedächtnis bleiben⟩ in Vergessenheit geraten / kommen · der Vergessenheit anheim fallen · vergessen gehen ♦ *gehoben:* aus dem Gedächtnis schwinden – **3.** v. wollen: ⟨nicht mehr daran denken wollen⟩ begraben · abhaken · Gras wachsen lassen |über| · einen dicken Strich machen |unter| ; → *auch* ²verziehen – **4.** nicht v.: → merken (4); v. gehen: → 2 – **II.** vergessen, sich: → aufbrausen (2)
Vergessenheit, die: in V. geraten / kommen, der V. anheimfallen: → vergessen (I, 2)

739

vergesslich

vergesslich: 1. ⟨*leicht vergessend*⟩ gedächtnisschwach; → *auch* zerstreut (1) – **2.** v. sein: ⟨*leicht vergessen*⟩ *umg*: ein kurzes Gedächtnis haben · ein Gedächtnis wie ein Sieb haben
Vergesslichkeit, die: Gedächtnisschwäche; → *auch* Zerstreutheit
vergeuden: → verschwenden
Vergeudung, die: → Verschwendung
vergewaltigen: 1. ⟨*zum Koitus zwingen*⟩ Gewalt antun · missbrauchen · sich vergehen |an| · sich vergreifen |an| · stuprieren; notzüchtigen · Notzucht verüben |an| · schänden (*veraltend*) + verführen; entehren (*veraltet*) – **2.** → zwingen (1)
Vergewaltigung, die: **1.** ⟨*erzwungener Koitus*⟩ Stuprum; Notzucht · Schändung (*veraltend*); → *auch* Sexualstraftat – **2.** → Zwang (1)
vergewissern, sich: sich überzeugen · sich versichern · sichergehen · sich Gewissheit verschaffen ♦ *umg*: auf Nummer Sicher gehen
vergießen: 1. → verschütten (2) – **2.** Tränen v.: → weinen (1); Schweiß v.: → abmühen, sich; Blut v.: → töten (I, 1)
vergiften: I. vergiften: **1.** ⟨*durch Gift töten*⟩ Gift geben + vergasen – **2.** wie ein vergifteter Affe: → schnell (1, a) – **II.** vergiften, sich: ⟨*sich durch Einnehmen von Gift töten*⟩ Gift nehmen + Schlaftabletten nehmen ♦ *umg*: + den Gashahn aufdrehen/aufmachen; → *auch* Selbstmord (2)
vergilben: 1. ⟨*mit der Zeit eine gelbl. Färbung annehmen*⟩ gelb werden ♦ *gehoben*: gilben; → *auch* verblassen – **2.** → welken (1)
vergilbt: angegilbt
verglast: → stier
Vergleich, der: **1.** ⟨*vergleichende Betrachtung*⟩ Vergleichung · Gegenüberstellung – **2.** → Bereinigung (1) – **3.** im V. mit/zu: → gegenüber (2); im V. dazu: → dagegen (1); einen V. ziehen/anstellen: → vergleichen (I, 1); einen V. schließen/zustande bringen: → einigen (II)
vergleichbar: komparabel · kommensurabel + analog · parallel; → *auch* ähnlich (1)
vergleichen: I. vergleichen: **1.** ⟨*prüfend gegeneinander abwägen*⟩ einen Vergleich ziehen/anstellen · gegenüberstellen · komparieren · Parallelen ziehen + messen · heranziehen; kollationieren (*fachspr*); → *auch*

zusammenhalten (1) – **II.** vergleichen, sich: **1.** → messen (II, 1) – **2.** → einigen (II)
vergleichsweise: → verhältnismäßig
Vergleichung, die: → Vergleich (1)
verglichen: v. |mit|: → gegenüber (2)
verglimmen: → erlöschen (1)
verglühen: → erlöschen (1)
vergnatzen: → verärgern
vergnatzt: → ärgerlich (1)
vergnügen: I. vergnügen: → belustigen (I) – **II.** vergnügen, sich: ⟨*angenehm u. kurzweilig die Zeit verbringen*⟩ sich amüsieren · sich unterhalten · sich zerstreuen; sich belustigen (*veraltend*); sich verlustieren (*scherzh*) + sich die Zeit vertreiben · das Leben genießen
Vergnügen, das: **1.** ⟨*das Vergnügtsein*⟩ Vergnüglichkeit · Ergötzen · Spaß · Fun; Gaudium (*veraltend*); Pläsier (*noch scherzh*) + Freude · Frohsinn · Fidelitas · Fidelität ♦ *umg*: Gaudi (*bes. süddt*); → *auch* Belustigung (1), Freude (1) – **2.** → Fest (1) – **3.** mit [dem größten] V.: → gern[e] (1); kein V.: → unangenehm (1); V. machen/bereiten: → erfreuen (I); das V. rauben: → betrüben (I)
vergnüglich: 1. → unterhaltsam – **2.** → heiter (1), lustig
Vergnüglichkeit, die: → Vergnügen (1)
vergnügt: 1. → heiter (1), lustig – **2.** vergnügtes Haus: → Spaßvogel
Vergnügtheit, die: → Heiterkeit (1)
Vergnügung, die: **1.** → Belustigung (1) – **2.** → Fest (1)
Vergnügungsfahrt, die: → Ausflug
Vergnügungsindustrie, die: → Unterhaltungsindustrie
Vergnügungspark, der: *umg*: Rummel[platz]; → *auch* Park (1)
Vergnügungsreisende, der: → Urlauber
Vergnügungsstätte, die: → Amüsierlokal
Vergnügungstour, die: → ¹Bummel (1)
vergöttern: 1. → verehren (1) – **2.** → verherrlichen
vergöttert: → geliebt
Vergötterung, die: → Verehrung
vergraben: I. vergraben: **1.** ⟨*etw. durch Graben in die Erde versenken*⟩ eingraben; verscharren · einscharren (*meist abwert*) ♦ *umg*: verbuddeln · einbuddeln (*landsch*); → *auch* eingraben (I, 1) – **2.** → verstecken (1) – **II.** vergraben, sich: sich v. |in|: → versenken (II)

740

Verhängnis

vergrämen: 1. → betrüben (I) – **2.** → verscheuchen
vergrämt: → sorgenvoll
vergrätzen: → verärgern
vergrätzt: → ärgerlich (1)
vergraulen: → verleiden
vergreifen, sich: sich v. |an|: → vergewaltigen (1); sich an fremdem Eigentum v.: → stehlen (1)
vergreisen: → altern (1)
vergreist: → verkalkt (1)
vergröbern: → vereinfachen
Vergröberung, die: → Vereinfachung
vergrößern: I. vergrößern: **1.** ⟨*umfänglicher machen*⟩ ausdehnen · ausweiten · ausbreiten · erweitern – **2.** → steigern (I, 1) – **3.** → ausbauen (2) – **II.** vergrößern, sich: **1.** ⟨*umfänglicher werden*⟩ sich ausdehnen · sich ausweiten · sich ausbreiten · sich erweitern · expandieren – **2.** → zunehmen (1)
Vergrößerung, die: 1. ⟨*das Vergrößern*⟩ Ausdehnung · Ausweitung · Ausbreitung · Erweiterung; → *auch* Zunahme – **2.** → Steigerung (1) – **3.** → Ausbau (1)
Vergrößerungsglas, das: → Lupe (1)
vergucken, sich: sich v. |in|: → verlieben, sich
Vergünstigung, die: → Vorrecht
vergüten: 1. → bezahlen (1) – **2.** → entschädigen (I) – **3.** → veredeln (2)
Vergütung, die: 1. ⟨*die Erstattung von Unkosten*⟩ Kosten[rück]erstattung; → *auch* Unterstützung (2) – **2.** ⟨*Bezahlung für eine freiberufl. Tätigkeit*⟩ Honorar + Tantieme – **3.** → Gehalt (I) – **4.** → Vermittlungsgebühr
verhaften: festnehmen · inhaftieren · in Haft nehmen · dingfest machen · gefangen nehmen · aufgreifen · abführen · [ab]holen; sistieren (*Rechtsw*); arretieren (*veraltend*) ♦ *umg:* greifen · schnappen · wegbringen ♦ *salopp:* hoppnehmen · hopsnehmen · kaschen; kappen (*landsch*); → *auch* ergreifen (2), einsperren (1), gefangen (3)
Verhaftung, die: Festnahme · Inhaftierung · Inhaftnahme · Ergreifung · Abführung; Arretierung (*veraltend*)
verhageln: → verderben (2)
verhallen: → verklingen
verhalten: I. verhalten: **1.** → zurückhalten (I, 2) – **2.** → leise (1) – **II.** verhalten, sich: **1.** ⟨*eine Verhaltensweise zeigen*⟩ sich benehmen · sich bewegen · sich geben · sich gebärden · sich betragen · auftreten; sich

aufführen (*oft abwert*); sich gebaren (*veraltet*) + sich halten · reagieren ♦ *gehoben:* sich gerieren ♦ *umg:* sich anstellen – **2.** sich v. |mit|: ⟨*in einer best. Weise beschaffen sein*⟩ stehen |mit| · bestellt sein |um| · damit hat es folgende Bewandtnis
Verhalten, das: Verhaltensweise · Benehmen · Gehaben · Gebaren · Gebarung · Handlungsweise · Stil · Betragen · Führung; Gehabe (*abwert*); Allüren (*meist abwert*) + Reaktion
Verhaltenheit, die: → Zurückhaltung (1)
Verhaltens[maß]regel, die: → Vorschrift (1)
Verhaltensweise, die: → Verhalten
Verhältnis: I. Verhältnis, das: **1.** ⟨*messbares bzw. vergleichbares Aufeinanderbezogensein*⟩ Proportion; → *auch* Beziehung (I, 1) – **2.** → Liebesverhältnis – **3.** → Geliebte (I *u.* II) – **4.** im V. dazu: → dagegen (1); ein V. haben: → Freundin (3) – **II.** Verhältnisse (*Pl*): **1.** ⟨*die unmittelbar auf jmdn. einwirkenden Gegebenheiten*⟩ Bedingungen · Zustand ♦ *umg:* Betrieb (*meist abwert*) ♦ *salopp:* Laden · Saftladen (*abwert*); → *auch* Lage (1) – **2.** → Lage (1) – **3.** über seine V. leben: → verschwenderisch (3); den Verhältnissen entsprechend: → erträglich
verhältnismäßig: relativ · vergleichsweise ♦ *umg:* ziemlich; → *auch* bedingt (1)
Verhaltungsmaßregel, die: → Vorschrift (1)
verhandeln: 1. ⟨*zum Zweck einer Übereinkunft beraten*⟩ unterhandeln · eine Verhandlung / Verhandlungen führen · in Verhandlungen stehen + konferieren · beraten · diskutieren – **2.** ⟨*in einem Gerichtsverfahren behandeln*⟩ Gericht halten / zu Gericht sitzen |über| – **3.** → verkaufen (I, 1)
Verhandlung, die: 1. ⟨*das Beraten zum Zweck einer Übereinkunft*⟩ Unterhandlung – **2.** → Prozess (1) – **3.** eine V. / Verhandlungen führen, in Verhandlungen stehen: → verhandeln (1)
verhandlungsbereit: → kompromissbereit (1)
verhandlungsfähig: → diskutabel
verhangen: → bewölkt
verhängen: 1. → bedecken (I, 1) – **2.** eine Strafe v.: → verurteilen (1); die Acht v. |über|: → ächten (1)
Verhängnis, das: → Unglück (1)

verhängnisvoll: folgenschwer · fatal · tragisch · un[glück]selig · unglücklich · katastrophal · unheilvoll

verharmlosen: bagatellisieren · herunterspielen · herunterreden · kleinreden · verniedlichen · verlieblichen · verkleinern; → *auch* beschönigen

verhärmt: → sorgenvoll

verharren: → bleiben (1)

verharscht: harsch · hart gefroren + vereist

verhärten, sich: → verstockt (2)

verhaspeln, sich: → verheddern, sich (1)

verhasst: → unbeliebt (1)

verhätscheln: → verweichlichen

verhatscht: → ausgetreten (1)

Verhau, der: → Drahthindernis

verhauen: I. verhauen: → verprügeln – **II.** verhauen, sich: **1.** → Fehler (2) – **2.** → verrechnen (II, 1)

verheben, sich: sich überheben + sich einen Bruch heben

verheddern, sich: **1.** ⟨*beim Sprechen* [*mehrmals*] *hängen bleiben*⟩ sich versprechen ♦ *umg:* sich verhaspeln; → *auch* stecken (5, b), versprechen (II, 1) – **2.** → verfangen (II)

verheeren: → brandschatzen, verwüsten

verheerend: katastrophal · furchtbar · entsetzlich ♦ *gehoben:* desaströs

verhehlen: → verschweigen

verheilen: abheilen · zuheilen · vernarben · verwachsen · verschorfen + gesunden

verheimlichen: → verschweigen

Verheimlichung, die: Verschweigung · Geheimhaltung + Schweigepflicht; → *auch* Tarnung

verheiraten: I. verheiraten: ⟨*jmdm. eine Frau zur Ehe geben*⟩ antrauen (*veraltend*) ♦ *gehoben:* vermählen ♦ *umg:* unterbringen · an den Mann bringen · unter die Haube bringen – **II.** verheiraten, sich: → heiraten (1)

verheiratet: 1. ⟨*einen Ehepartner besitzend*⟩ verehelicht (*amtsspr, auch scherzh*) ♦ *gehoben:* vermählt ♦ *umg:* in festen Händen ♦ *salopp:* unter Dach und Fach (*scherzh*) – **2.** ⟨*eine Ehefrau besitzend*⟩ *umg:* beweibt (*scherzh*) – **3.** ⟨*einen Ehemann besitzend*⟩ *umg:* bemannt (*scherzh*)

Verheiratung, die: → Heirat

verheißen: 1. ⟨*das baldige Eintreten von etw. erkennen lassen*⟩ versprechen · erwarten lassen – **2.** → versprechen (I, 1)

Verheißung, die: → Versprechen (1)

verheißungsvoll: → Erfolg (3)

verheizen: → opfern (I, 1, b)

verhelfen: v. |zu| : → beschaffen (1)

verherrlichen: feiern · glorifizieren · vergöttern; Kult treiben ⌈mit⌉ (*abwert*) + lobsingen ♦ *umg:* in den Himmel heben; beweihräuchern (*abwert*); → *auch* loben (1)

verhetzen: → aufhetzen

verhexen: → verzaubern (1)

verhimmeln: → verehren (1)

Verhimmelung, die: → Verehrung

verhindern: verhüten · abwenden · abwehren; verunmöglichen (*bes. schweiz*) + blockieren · abhalten ♦ *umg:* in die Bremsen steigen · die Notbremse ziehen · abbiegen; → *auch* vereiteln, hindern, unterbinden

Verhinderung, die: Verhütung · Abwendung · Obstruktion · Abwehr; Verunmöglichung (*bes. schweiz*) + Abhaltung · Schadensbegrenzung · Vorbeugung; → *auch* Vereitelung

verhoffen: → spähen (1)

verhöhnen: mit Hohn überschütten; aushöhnen (*landsch*); → *auch* verspotten

verhohnepipeln: → verspotten

Verhöhnung, die: → Verspottung

verhökern: → verkaufen (I, 1)

Verhökerung, die: → Verkauf (1)

Verhör, das: 1. ⟨*polizeil. od. richterl. Befragung*⟩ Vernehmung; Einvernehmung · Einvernahme (*österr schweiz*) + Kreuzverhör · Ausfragung · Inquisition – **2.** ins V. nehmen, einem V. unterziehen, ein V. anstellen |mit| : → verhören (I)

verhören: I. verhören: ⟨*polizeilich od. richterlich befragen*⟩ vernehmen · ins Verhör nehmen · einem Verhör unterziehen · ein Verhör anstellen |mit| · inquirieren; einvernehmen (*österr schweiz*); befragen (*schweiz*) + ausfragen · ins Kreuzverhör nehmen – **II.** verhören, sich: ⟨*falsch hören*⟩ falsch verstehen · missverstehen

verhudeln: → verderben (2)

verhüllen: 1. → bedecken (I, 1) – **2.** → verschleiern

Verhüllung, die: → Tarnung

verhundertfachen: → vervielfachen (1)

verhungern: Hungers / an Hunger sterben

verhunzen: 1. → verderben (2) – **2.** → verunstalten

verhüten: → verhindern

Verhüterli, das: → Präservativ

Verhütung, die: **1.** → Verhinderung – **2.** → Empfängnisverhütung

verhutzelt: → runzelig

verifizieren: → bestätigen (I, 1)

verinnerlichen: → aneignen (2)

verirren, sich: sich verlaufen · fehlgehen · die Orientierung verlieren · den Weg verfehlen · vom Wege abkommen / abirren · irregehen · in die Irre gehen + sich verfahren · sich verfliegen ♦ *umg:* sich verfranzen; sich verbiestern (*landsch*)

verjagen: → vertreiben (1)

verjähren: → verfallen (2)

verjubeln: → verschwenden

verjuchheien: → verschwenden

verjuckeln: → verschwenden

verjüngen: I. verjüngen: → erneuern (1) – **II.** verjüngen, sich: ⟨*nach einer Seite hin schmaler od. dünner werden*⟩ sich verengen · sich zuspitzen · spitz ausgehen / auslaufen / zugehen / zulaufen

Verjüngung, die: → Erneuerung (1)

verjuxen: → verschwenden

verkalken: → altern (1)

verkalkt: 1. ⟨*durch Alterung in der geistigen Beweglichkeit stark eingeschränkt*⟩ senil · vergreist; → *auch* alt (1), verbraucht (1) – **2.** v. sein: ⟨*in geistiger Hinsicht starke Alterserscheinungen zeigen*⟩ *umg:* bei jmdm. rieselt schon der Kalk

verkalkulieren, sich: → irren (II)

verkappen, sich: → tarnen, sich

verkasematuckeln: → erklären (I, 1)

Verkauf, der: **1.** ⟨*das Abgeben für Geld*⟩ Veräußerung · Abgabe; Realisation · Realisierung (*fachspr*) + Absatz · Vertrieb · Handel ♦ *umg:* Verhökerung (*abwert*) – **2.** zum V. bringen: → verkaufen (I, 1)

verkaufen: I. verkaufen: **1.** ⟨*für Geld abgeben*⟩ veräußern · abgeben; zum Verkauf bringen (*amtsspr*); realisieren (*fachspr*) + absetzen · vertreiben · abstoßen · losschlagen · überlassen · ablassen · umsetzen · verschieben ♦ *umg:* versilbern · zu Geld machen · anbringen · an den Mann bringen; verhökern (*abwert*); verhandeln (*veraltend*) + verschachern ♦ *salopp:* verscheuern · verkloppen · verscherbeln; verkitschen · verklitschen (*landsch*); → *auch* anbieten (I, 3), verschleudern (1) – **2.** → handeln (I, 1) – **3.** meistbietend v.: → versteigern; für dumm v.: → täuschen (I) – **II.** verkau-

fen, sich: **1.** → ausliefern (II) – **2.** → prostituieren, sich (1)

Verkäufer, der: + Handlungsgehilfe · Händler · Lieferant · Markthelfer · Marktschreier · Vertreter ♦ *umg:* Ladenschwengel (*abwert*) + Heringsbändiger (*scherzh*)

Verkäuferin, die: Ladenmädchen · Ladenfräulein (*noch landsch*); Ladnerin (*süddt österr veraltend*); Ladentochter (*schweiz*)

verkäuflich: absetzbar · veräußerlich; marktgängig (*Wirtsch*)

Verkaufsförderung, die: Salespromotion · Merchandising (*Wirtsch*); → *auch* Marktforschung

Verkaufshit, der: → Verkaufsschlager

Verkaufsleiter, der: Salesmanager (*Wirtsch*) + Salespromoter (*Wirtsch*)

Verkaufspreis, der: → Einzelhandelspreis

Verkaufsraum, der: → Geschäft (1)

Verkaufsschlager, der: Schlager · Topseller · Bestseller · Seller + Dauerseller · Longseller · Steadyseller ♦ *umg:* Kassenschlager · Renner · Knüller · Hit · Verkaufshit

Verkaufsstelle, die: → Geschäft (1)

Verkaufstisch, der: Ladentisch · Ladentheke; Budel (*süddt österr*)

Verkehr, der: **1.** → Beziehung (I, 1) – **2.** → Geschlechtsverkehr – **3.** V. haben: → koitieren; in V. bringen: → ausgeben (I, 2); aus dem V. ziehen: **a)** → zurückziehen (I, 1) – **b)** → einsperren (1)

verkehren: 1. → verdrehen (1) – **2.** v. |mit / bei|: ⟨*sich öfter besuchen*⟩ Umgang haben / pflegen |mit| · zusammenkommen |mit| · Kontakt haben |mit| ♦ *umg:* + sich einlassen |mit| (*abwert*) – **3.** ins Gegenteil v.: → verdrehen (1)

Verkehrsknotenpunkt, der: Knotenpunkt · Drehscheibe + Luftkreuz

Verkehrslinie, die: Linie · Strecke

Verkehrsmittel, das: → Fahrzeug (1)

Verkehrspolizei, die: → Polizei (1)

Verkehrspolizist, der: + Verkehrsposten ♦ *umg:* weiße Maus (*scherzh*); → *auch* Polizist

Verkehrsposten, der: → Verkehrspolizist

verkehrstauglich: → verkehrstüchtig

verkehrstüchtig: verkehrstauglich · fahrtüchtig · fahrtauglich

Verkehrsunfall, der: Autounfall · Autounglück

Verkehrsweg, der: **1.** → Schienenweg – **2.** → Straße (1)

verkehrt

verkehrt: 1. ⟨*die falsche Seite zeigend*⟩ umgedreht · umgekehrt · seitenverkehrt – **2.** → falsch (1) – **3.** an die verkehrte Adresse kommen/geraten: → abblitzen (1)
Verkehrung, die: → Verdrehung
verkeilen: → verprügeln
verkennen: falsch beurteilen · nicht gerecht werden · missverstehen; → *auch* unterschätzen
verketten: → verbinden (I, 1)
Verkettung, die: → Verbindung (I, 1)
verketzern: → verleumden (1)
verkitschen: → verkaufen (I, 1)
verklagen: anklagen · Anklage erheben |gegen| · klagen |gegen| · Klage führen |gegen| · auf die Anklagebank bringen · unter Anklage stellen · vor Gericht fordern · einen Prozess anstrengen/anhängig machen |gegen| · vor die Schranken des Gerichts zitieren + beschuldigen · belangen · prozessieren · einen Prozess führen |gegen| · den Prozess machen ♦ *umg:* vor Gericht ziehen |gegen| ♦ *salopp:* einen Prozess an den Hals hängen; → *auch* anzeigen (2), beschuldigen (1)
Verklagte, der: → Angeklagte
verklammen: → frieren (1)
verklapsen: → narren
verklaren: → erklären (I, 1)
verklatschen: → verraten (1)
verklauseln: → verklausulieren
verklausulieren: verklauseln · klausulieren; → *auch* beschränken
verkleben: → zukleben
verkleckern: I. verkleckern: → verschwenden – **II.** verkleckern, sich: → verlieren (II, 1)
verklecksen: → beschmutzen (I, 1)
verkleiden: I. verkleiden: **1.** → täfeln – **2.** → verschalen – **II.** verkleiden, sich: ⟨*sich durch entsprechende Kleidung unkenntlich machen*⟩ sich kostümieren; sich maskieren (*landsch*) + sich vermummen; → *auch* tarnen, sich
Verkleidung, die: 1. ⟨*unkenntlich machende Kleidung*⟩ Kostümierung; Maskerade · Mummenschanz (*veraltend*) + Vermummung · Karnevalskostüm · Fastnachtskleid · Faschingskleid – **2.** → Verschalung
verkleinern: I. verkleinern: **1.** → verkürzen – **2.** → verringern (I, 1) – **3.** → vermindern (I) – **4.** → verharmlosen – **5.** → herabwürdigen (I) – **II.** verkleinern, sich: → einschränken (II)

Verkleinerung, die: → Herabwürdigung
verkleistern: → zukleben
verklemmt: → gehemmt
Verklemmtheit, die: → Hemmung (1)
verklickern: → erklären (I, 1)
verklingen: verhallen · ausklingen · abklingen · verstummen · aushallen + verrollen · aufhören ♦ *gehoben:* verwehen · ersterben · schwinden
verklitschen: → verkaufen (I, 1)
verkloppen: 1. → verprügeln – **2.** → verkaufen (I, 1)
verknacken: → verurteilen (1)
verknacksen: → verstauchen
verknallen, sich: sich v. |in| : → verlieben, sich
verknallt: → verliebt (1)
Verknappung, die: → ¹Mangel (1)
verknasten: → verurteilen (1)
verknautschen: → knittern (1)
verkneifen: 1. → verzerren (2) – **2.** sich v.: **a)** → unterlassen – **b)** → abgewöhnen (2) – **c)** → verzichten – **d)** → zurückhalten (I, 2)
verknittern: → zerknüllen
verknöchern: → altern (1)
verknöchert: → starr (1)
Verknöcherung, die: → Starrheit (1)
verknoten: → verbinden (I, 1)
verknüllen: → zerknüllen
verknüpfen: → verbinden (I, 1)
Verknüpfung, die: → Verbindung (I, 1)
verknusen: nicht v. können: **a)** → verabscheuen – **b)** → hassen
verkochen: → verdampfen (1)
verkohlen: 1. → narren – **2.** → belügen
verkommen: 1. ⟨*aller sittlich-menschl. Werte u. Normen entraten*⟩ abgleiten · verderben · herunterkommen · auf die schiefe Bahn/Ebene geraten/kommen · auf Abwege geraten/kommen · in der Gosse enden/umkommen ♦ *umg:* versacken · versumpfen; → *auch* verwahrlosen (1) – **2.** ⟨*ein Leben ohne sittlich-menschl. Werte u. Normen führend*⟩ verdorben · verworfen · lasterhaft · heruntergekommen; verderbt (*veraltend*) + schamlos · dreckig – **3.** → verderben (3) – **4.** → verfallen (1) – **5.** v. lassen: → vernachlässigen (1)
Verkommenheit, die: Verdorbenheit · Verworfenheit · Lasterhaftigkeit; Verderbtheit (*veraltend*) ♦ *gehoben:* Verderbnis
verkonsumieren: → aufessen, verbrauchen (1)

Verlassenheit

verkoppeln: → verbinden (I, 1)
verkorken: → zukorken
verkorksen: → verderben (2)
verkörpern: 1. ⟨*in seiner Gestalt bzw. Form zum Ausdruck bringen*⟩ symbolisieren · versinnbildlichen · darstellen + personifizieren – **2.** → darstellen (I, 1, b)
Verkörperung, die: Inkarnation + Personifizierung · Personifikation
verkosten: → ¹ kosten (1)
verköstigen: → verpflegen (1)
Verköstigung, die: → Verpflegung (1)
verkrachen, sich: → verfeinden, sich
verkracht: verkrachtes Genie: → Taugenichts
verkraften: 1. → aushalten (1) – **2.** → überwinden (I, 1)
verkramen: → verlegen (I, 1)
verkrampft: → gehemmt
verkratzen: → zerkratzen
verkriechen, sich: → verstecken (II, 1)
verkrümeln, sich: **1.** → auflösen (II, 2) – **2.** → wegschleichen (I)
verkrümmt: → krumm (1)
verkrüppelt: verwachsen · verbildet · krüppelig + verkümmert; → *auch* bucklig (1), missgebildet, behindert
verkühlen, sich: → erkälten, sich
verkühlt: → erkältet (1)
verkümmern: → zurückbilden, sich
verkümmert: *umg:* vermickert · mickerig
Verkümmerung, die: → Rückbildung
verkünd[ig]en: → bekannt (5), erklären (I, 2)
Verkünd[ig]ung, die: → Bekanntmachung (1), Erklärung (2)
verkuppeln: 1. *abwert* ⟨*mit einer Person anderen Geschlechts zusammenbringen*⟩ kuppeln (*veraltend*); sich einen Kuppelpelz verdienen (*auch scherzh*) – **2.** → verbinden (I, 1)
verkürzen: abkürzen · verkleinern + abschneiden; → *auch* kürzen
Verkürzung, die: → Abkürzung (1)
verlachen: auslachen · belachen · belächeln ♦ *umg:* eine Nase drehen; → *auch* verspotten
Verladebühne, die: → Laderampe
verladen: 1. ⟨*in bzw. auf ein Transportmittel laden*⟩ verfrachten · einladen · aufladen + umladen · abladen – **2.** → hereinlegen (1)
Verladerampe, die: → Laderampe
verlangen: 1. → fordern (1) – **2.** → erfordern – **3.** v. ❘nach❘: → Verlangen (4)

Verlangen, das: **1.** ⟨*das Habenwollen*⟩ Sehnsucht · Bedürfnis · Gier[igkeit] · Begehrlichkeit · Begier[de] · Begehren · Gelüst[e] · Lust + Durst · Hunger ♦ *gehoben:* Begehr ♦ *umg:* Gieper · Jieper (*landsch*); → *auch* Appetit, Wunsch (1), Sehnsucht (1), Sucht – **2.** → Sehnsucht (1) – **3.** → Forderung (1) – **4.** V. haben ❘nach❘: ⟨*ein starkes Gefühl des Habenwollens empfinden*⟩ verlangen ❘nach❘ · zumute sein ❘nach❘ · sich sehnen ❘nach❘ · begehren · gieren ❘nach❘ · gierig sein ❘nach/auf❘ · fiebern ❘nach❘ · es gelüstet jmdn. ❘nach❘ · seufzen ❘nach❘ · schreien ❘nach❘ · jammern ❘nach❘ · lechzen ❘nach❘ · hungern ❘nach❘ · dürsten ❘nach❘ · durstig sein ❘nach❘ · die Hand / die Hände ausstrecken ❘nach❘ ♦ *gehoben:* schmachten ❘nach❘ · sich verzehren ❘nach❘ ♦ *umg:* hinterher sein · erpicht / versessen / scharf sein ❘auf❘; giepern ❘nach❘ (*landsch*) ♦ *salopp:* [sich] alle zehn Finger lecken ❘nach❘; → *auch* wünschen (1) – **5.** mit / voll[er] V.: → sehnsüchtig
verlangend: → sehnsüchtig
verlängern: 1. ⟨*einen längeren Zeitraum zum Begleichen finanzieller Verpflichtungen zubilligen*⟩ stunden; prolongieren (*kaufm*) – **2.** → verdünnen
verlängert: verlängerter Rücken: → Gesäß
Verlängerung, die: **1.** ⟨*das Vergrößern eines Zeitraumes*⟩ Ausdehnung – **2.** ⟨*Zubilligung eines längeren Zeitraumes zum Begleichen finanzieller Verpflichtungen*⟩ Stundung; Prolongierung · Prolongation (*kaufm*)
verlangsamen: → verzögern (I)
Verlangsamung, die: → Verzögerung (1)
verläppern: → verschwenden
Verlass, der: auf jmdn. ist V.: → zuverlässig (3)
verlassen: I. verlassen **1.** ⟨*sich von etw. entfernen*⟩ räumen – **2.** ⟨*böswillig nicht bei jmdm. bleiben*⟩ allein lassen · im Stich lassen · sich selbst überlassen · seinem Schicksal überlassen + desertieren ♦ *umg:* sitzen lassen · aufsitzen lassen; → *auch* verraten (2), helfen (6) – **3.** → einsam (1) – **4.** → menschenleer – **5.** → abgelegen – **6.** den Weg v.: → abbiegen (1); die Welt v.: → sterben (1); von allen guten Geistern v.: → verrückt (1) – **II.** verlassen, sich: sich v. ❘auf❘: → vertrauen; darauf kannst du dich v.: → versichert
Verlassenheit, die: → Einsamkeit (1)

745

verlässlich

verlässlich: → zuverlässig (1)
Verlässlichkeit, die: → Zuverlässigkeit
verlästern: → verleumden (1)
Verlästerung, die: **1.** → Verleumdung – **2.**
→ Beschimpfung – **3.** → Herabwürdigung
Verlaub: mit V.: → erlauben (4)
Verlauf, der: **1.** ⟨*die Form einer Linie*⟩ Lauf
– **2.** ⟨*das zeitl. Ablaufen*⟩ Ablauf · Gang ·
Lauf · Hergang · Prozess · Fortgang; →
auch Entwicklung (1) – **3.** im V. [von]: →
während; seinen V. nehmen: → verlaufen
(I, 1 *u.* 2)
verlaufen: I. verlaufen: **1.** ⟨*die Form einer
Linie bilden*⟩ gehen · laufen · seinen Verlauf
nehmen – **2.** ⟨*in bestimmter Weise gesche-
hen*⟩ ablaufen · vor sich gehen · seinen Ver-
lauf nehmen · [ab]gehen · abrollen · sich
abwickeln ♦ *umg:* über die Bühne gehen ·
hergehen; → *auch* geschehen (1), stattfin-
den – **3.** wie gewohnt v.: ⟨*erwartungsgemäß
verlaufen*⟩ seinen Gang gehen – **4.** im Sande
v.: → ergebnislos (2) – **II.** verlaufen, sich:
1. → verirren, sich – **2.** → auflösen (II, 2) –
3. → versickern
verlautbaren: → bekannt (5)
Verlautbarung, die: → Bekanntmachung
(1)
verlauten: → bekannt (5)
verleben: → verbringen (1)
verlebendigen: → veranschaulichen
verlebt: → verbraucht (1)
verlegen: I. verlegen: **1.** ⟨*an den falschen
Platz legen*⟩ + verstellen ♦ *umg:* verkramen
· versieben · verwühlen · verwursteln; ver-
schusseln (*landsch*) ♦ *salopp:* verschmei-
ßen – **2.** ⟨*in Bezug auf Leitungen: sie an-
bringen*⟩ legen – **3.** ⟨*auf einen anderen Zeit-
punkt festsetzen*⟩ verschieben · umlegen +
umstoßen · umdisponieren · über den Hau-
fen werfen – **4.** → herausgeben (1) – **5.** →
betreten (2) – **6.** seinen Wohnsitz v.: →
umziehen (I); den Weg v.: → Weg (4); v.
machen: → verwirren (2); um eine Antwort
nicht v. sein: → schlagfertig (2) – **II.** verle-
gen, sich: sich v. |auf|: → beschäftigen
(II, 2)
Verlegenheit, die: **1.** ⟨*üble Lage*⟩ Kalamität
· Bedrängnis + Ratlosigkeit ♦ *umg:*
Schwulität; → *auch* Zwangslage – **2.** in V.
sein: ⟨*in eine üble Lage geraten sein*⟩ in ei-
ner Schwierigkeit sein · in einer Sackgasse
sein ♦ *umg:* in der Bredouille sein · in der
Klemme sitzen/stecken/sein · in der Pat-

sche/Tinte sitzen · in Schwulitäten sein; in
Schwulibus sein (*scherzh*) ♦ *salopp:* aufge-
schmissen sein · auf dem Schlauch stehen ·
in der Schmiere sitzen; → *auch* hilflos (4),
schlecht (10, a)
Verlegenheitslösung, die: → Behelf (1)
verleiden: verekeln · vergällen · vergraulen
♦ *umg:* vermiesen · mies machen · madig
machen
Verleih, der: Ausleihe
verleihen: 1. → leihen (1) – **2.** Ausdruck v.:
→ ausdrücken (I, 2); seinem Dank Aus-
druck v.: → danken (1); Kraft/Mut v.: →
ermutigen; einen Orden/eine Auszeichnung
v.: → auszeichnen (I, 2); den Adel v.: →
adeln (1)
Verleihung, die: → Auszeichnung (1)
verleimen: → zukleben
verleiten: missleiten · anstiften |zu| · auf-
reizen |zu| ; → *auch* verführen
verlesen: → aussuchen (1)
verletzbar: → empfindsam (1)
verletzen: I. verletzen: **1.** ⟨*eine Beschädi-
gung an jmds. Körper verursachen*⟩ lädieren
· eine Verletzung/Wunde beibringen/zu-
fügen; versehren (*veraltend*); blessieren
(*veraltet*) + verwunden · stechen – **2.** →
kränken – **3.** das Gesetz v.: → vergehen
(II, 1); jmds. Gefühle v.: → kränken – **II.**
verletzen, sich: ⟨*sich unabsichtlich eine
Verletzung beibringen*⟩ sich eine Verlet-
zung/Wunde zuziehen · zu Schaden kom-
men · Schaden nehmen · sich Schaden tun +
sich schneiden; → *auch* abschürfen, sich
verletzend: → entehrend, beleidigend
verletzlich: → empfindsam (1)
verletzt: 1. ⟨*eine Verletzung aufweisend*⟩
versehrt + verwundet – **2.** → beleidigt (2)
Verletzung, die: **1.** ⟨*Beschädigung am Kör-
per*⟩ Wunde; Trauma (*med*) + Verwundung ·
Stich; → *auch* Schaden (2), Schramme (1) –
2. → Beleidigung (1) – **3.** sich eine V. zu-
ziehen: → verletzen (II); eine V. beibrin-
gen/zufügen: → verletzen (I, 1); seinen
Verletzungen erliegen: → sterben (1)
verleugnen: → leugnen (1)
verleumden: 1. ⟨*Unwahres über jmdn. ver-
breiten, um dessen Ansehen zu schaden*⟩
schlecht machen · diffamieren · diskreditie-
ren · verunglimpfen · verlästern · verketzern
· anschwärzen · verschreien · verteufeln · die
Ehre abschneiden · Übles nachreden ·
schlecht/abfällig reden |von/über| · in ein

verloren

schlechtes Licht setzen / stellen / rücken · in Misskredit / Verruf bringen · in den übeln / schlechten Ruf bringen · in den Mund der Leute / ins Gerede bringen · mit Schmutz bewerfen · in / durch den Schmutz / Kot ziehen · in den Schmutz / Kot treten + verdächtigen ♦ *umg*: heruntermachen · madig machen · begeifern · keinen guten Faden / kein gutes Haar lassen |an| · durch den Dreck ziehen · in den Dreck ziehen / treten · mit Dreck bewerfen / besudeln · durch die Gosse ziehen · Kübel von Schmutz ausgießen |über|; ausrichten (*süddt österr*) ♦ *derb*: durch die Scheiße ziehen · in Verschiss bringen; → *auch* entehren (I, 1), demütigen (I), herabwürdigen (I), andichten – **2.** → herabwürdigen (I)

Verleumder, der: Ehrabschneider · Brunnenvergifter + böse Zungen; → *auch* Zuträger

verleumderisch: diffamierend · diffamatorisch · ehrenrührig ♦ *gehoben*: ehrenschänderisch

Verleumdung, die: Diffamie[rung] · Diffamation · Diskreditierung · Verunglimpfung · Brunnenvergiftung · Anschwärzung · [üble / böse] Nachrede · Ehrverletzung · Rufmord · Rufschädigung · Verlästerung; Afterrede (*veraltet*) + Verdächtigung · Ehrenkränkung ♦ *umg*: Schlechtmacherei; → *auch* Herabwürdigung, Beleidigung (1)

verlieben, sich: sich v. |in|: entflammen |für| · sein Herz hängen / verlieren / verschenken |an| ♦ *umg*: Feuer fangen · sich vergucken |in| · sich vernarren |in| ♦ *salopp*: sich verknallen |in| · sich vergaffen |in|; → *auch* lieben (1), verliebt (2)

verlieblichen: → verharmlosen

verliebt: 1. ⟨einem Menschen [anderen Geschlechts] innig zugetan⟩ bis über die / beide Ohren verliebt; von Amors Pfeil getroffen (*scherzh*) ♦ *umg*: verschossen ♦ *salopp*: verknallt – **2.** v. sein: ⟨von Liebe erfüllt u. glücklich sein⟩ im siebenten Himmel schweben (*scherzh*); → *auch* lieben (1), verlieben, sich – **3.** v. sein |in|: → lieben (1)

Verliebtheit, die: → Liebe (1)

verlieren: I. verlieren: **1.** ⟨aus Unachtsamkeit abhanden kommen lassen⟩ *umg*: verbummeln · verschludern · versieben; verbumfiedeln · verbumfeien (*landsch*); → *auch* verloren (4) – **2.** ⟨preisgeben müssen⟩

einbüßen · kommen |um|; verlustig gehen |einer Sache| (*amtsspr*) + einen Verlust erleiden / haben · verwirken ♦ *umg*: loswerden · ans Bein binden; → *auch* Schaden (5), verspielen (1) – **3.** ⟨nicht gewinnen⟩ verspielen + auf dem Platz / auf der Strecke bleiben · eine Schlappe erleiden; → *auch* unterliegen (1) – **4.** sein Leben v.: → sterben (1); das Bewusstsein v.: → bewusstlos (2); das Gehör v.: → ertauben; das Augenlicht v.: → erblinden; das Gesicht v.: → bloßstellen (II); den Verstand v.: → geisteskrank (3); die Geduld v.: → ungeduldig (2); die Nerven / den Kopf v.: → Beherrschung (2, a); die Beherrschung v., die Herrschaft über sich v.: **a)** → Beherrschung (2, a) – **b)** → aufbrausen (2); die / seine Scheu v.: → Schüchternheit (2); aus den Augen / dem Gedächtnis v.: → vergessen (I, 1); den Faden v.: → stecken (5, b); kein Wort v.: → schweigen (2); die Orientierung v.: → verirren, sich; den Halt v.: → fallen (1); sein Herz v. |an|: → verlieben, sich; den Mut v.: → verzagen (1); nicht den Mut v.: → verzagen (2) – **II.** verlieren, sich: **1.** sich v. |in|: ⟨sich zu lange mit unwichtigen Dingen aufhalten⟩ sich verzetteln ♦ *umg*: sich verkleckern · sich verplempern – **2.** sich ins Weite v.: → abschweifen (1)

Verlierer, der: **1.** ⟨ständig erfolgloser Mensch⟩ Verlierertyp ♦ *umg*: Loser; → *auch* Versager (1) – **2.** der V. sein: → unterliegen (1)

Verlierertyp, der: → Verlierer (1)

Verlies, das: → Strafvollzugsanstalt

Verlöbnis, das: → Verlobung

Verlobte: I. Verlobte, der: → Bräutigam – **II.** Verlobte, die: → Braut

Verlobung, die: *gehoben*: Verlöbnis

verlocken: reizen ♦ *umg*: kitzeln · den Mund wässrig machen; → *auch* verführen

verlockend: verführerisch · einladend; → *auch* bezaubern

Verlockung, die: Versuchung · Verführung · Lockung · Reiz · Kitzel; → *auch* Anziehung (2)

verlogen: → unaufrichtig (1)

Verlogenheit, die: **1.** → Unaufrichtigkeit (1) – **2.** → Heuchelei

verlohnen, sich: → lohnen (II)

verloren: 1. ⟨nicht mehr vorhanden⟩ *gehoben*: zerronnen ♦ *umg*: weg · perdu ♦ *salopp*: futsch[ikato] · hops · hin; pfutsch

747

Verlorenheit

(*österr*) – **2. v.** sein: ⟨*nicht mehr gerettet werden können*⟩ es ist geschehen │um│ ♦ *umg*: geliefert sein · zum/beim Teufel/Kuckuck sein ♦ *salopp*: im Eimer sein · verratzt sein ♦ *derb*: im Arsch sein – **3. v.** geben: ⟨*sich mit dem Verlust abfinden*⟩ *umg*: in die Esse/den Kamin/Schornstein/Rauch/Rauchfang/Wind/Mond schreiben – **4. v.** gehen: ⟨*[unbemerkt] aus seinem Besitz verschwinden*⟩ abhanden kommen · wegkommen; verlustig gehen │einer Sache│ · in Verlust geraten · in Abgang kommen (*amtsspr*); in Verstoß geraten (*österr veraltend*) ♦ *umg*: fortkommen · verschütt gehen · in die Binsen/Wicken gehen · über die Wupper gehen · zum Teufel gehen; sich selbständig machen · Beine kriegen/bekommen (*scherzh*); in die Rapuse gehen/kommen (*landsch*) ♦ *salopp*: flöten gehen · hopsgehen; → *auch* verlieren (I, 1) – **5.** in Gedanken v.: → geistesabwesend (1); das ist verlorene Liebesmüh: → reden (2)

Verlorenheit, die: → Einsamkeit (1)

verlöschen: 1. → erlöschen (1) – **2.** → verblassen

Verlosung, die: Tombola · Auslosung · Lotterie; Glückshafen (*süddt österr*)

verloten: einen v.: → betrinken, sich

verlottern: 1. → verwahrlosen (1) – **2. v.** lassen: → vernachlässigen (1)

verludern: 1. → verschwenden – **2.** → verwahrlosen (1) – **3. v.** lassen: → vernachlässigen (1)

verlumpen: 1. → verschwenden – **2.** → verwahrlosen (1)

Verlust, der: **1.** ⟨*das Verlorengegangene*⟩ Einbuße · Ausfall · Schaden · Schädigung · Aderlass; Abgang (*noch kaufm*) + Verlustgeschäft; → *auch* Umsatzrückgang – **2.** Verluste machen: ⟨*mit Verlust arbeiten*⟩ rote Zahlen schreiben ♦ *umg*: Minus machen · im Minus liegen · in der Verlustzone arbeiten · Verluste einfahren ♦ *salopp*: Miese machen – **3.** V. bringend: **a)** → verlustreich – **b)** → ungünstig; einen V. erleiden/haben: → verlieren (I, 2); in V. geraten: → verloren (4); Verluste machen/einfahren: → 2

Verlustgeschäft, das: → Verlust (1)

verlustieren, sich: → vergnügen (II)

verlustig: v. gehen │einer Sache│: **a)** → verlieren (I, 2) – **b)** → verloren (4)

verlustlos: → vollständig (1)

verlustreich: Verlust bringend + defizitär

Verlustzone, die: in der V. arbeiten: → Verlust (2)

vermachen: 1. → vererben – **2.** → schenken (1)

Vermächtnis, das: der letzte Wille

vermählen: I. vermählen: → verheiraten (I) – **II.** vermählen, sich: → heiraten (1)

vermählt: → verheiratet (1)

Vermählte: I. Vermählte, der: → Ehemann – **II.** Vermählte, die: → Ehefrau

Vermählung, die: → Heirat

vermahnen: → ermahnen (1)

vermaledeien: → verwünschen (1)

vermarkten: → anbieten (I, 3)

vermasseln: → verderben (2)

vermauern: → einmauern (1)

vermehren: I. vermehren: **1.** ⟨*umfangreicher machen*⟩ mehren; äufnen (*schweiz*) + steigern – **2.** → vervielfachen (1) – **II.** vermehren, sich: **1.** ⟨*durch Nachkommenschaft an Zahl zunehmen*⟩ sich fortpflanzen + die Art erhalten · hecken – **2.** → zunehmen (1)

Vermehrung, die: **1.** ⟨*Zunahme durch Nachkommenschaft*⟩ Fortpflanzung + Erhaltung der Art – **2.** → Zunahme

vermeiden: → unterlassen

vermelden: → mitteilen (I)

vermengen: → mischen

Vermerk, der: → Notiz (1), Anmerkung (1)

vermerken: 1. → aufschreiben (4) – **2.** übel v.: → verübeln

vermessen: I. vermessen: → anmaßend – **II.** vermessen, sich: → unterstehen (II)

Vermessenheit, die: → Anmaßung

Vermessungsingenieur, der: → Geodät

vermickert: → verkümmert

vermiefen: → verpesten

vermieft: → stickig

vermiesen: → verleiden

vermieten: [Zimmer] abgeben; ausmieten (*schweiz*) + abvermieten; → *auch* verpachten

Vermieter, der: Wirt; Quartierswirt (*veraltend*); Bestandgeber (*österr amtsspr*)

Vermieterin, die: Wirtin; Quartiersfrau (*veraltend*) ♦ *umg*: Schlummermutter (*scherzh*)

vermindern: I. vermindern: ⟨*in der Anzahl bzw. der Menge geringer machen*⟩ verringern · minimieren · reduzieren · verschlanken · dezimieren · [ab]mindern · verkleinern; → *auch* verringern (I, 1) – **II.** vermin-

748

verneinen

dern, sich: ⟨*geringer werden*⟩ sich verringern · abnehmen · schwinden · gegen null gehen · [dahin]schmelzen; → *auch* schrumpfen
vermindernd: sich .: → schwindend
Verminderung, die: Reduzierung · Reduktion · Minderung · Dezimierung · Schwund · Rückgang · Abnahme + Deeskalation; → *auch* Verringerung
vermischen: → mischen
vermissen: → entbehren (1)
vermisst: → verschollen (1)
Vermisstenanzeige, die: Abgängigkeitsanzeige (*österr*)
vermitteln: 1. ⟨*als Außenstehender eine Einigung zwischen Streitenden herbeiführen*⟩ sich ins Mittel legen; → *auch* bereinigen (1) – **2.** ⟨*durch entsprechendes Darbieten in jmds. Bewusstsein bringen*⟩ *umg*: rüberbringen – **3.** → beschaffen (1)
vermittels: → mittels
Vermittler, der: 1. ⟨*jmd., der einen Kauf vermittelt*⟩ Mittler · Mittelsmann · Mittelsperson + Makler – **2.** → Verbindungsmann
Vermittlung, die: 1. ⟨*das Vermitteln*⟩ Mediation (*fachspr*) + Mittlerrolle – **2.** → Telefonzentrale
Vermittlungsgebühr, die: Provision + Vergütung
vermöbeln: → verprügeln
vermodern: → faulen
vermodert: → faul (1)
vermöge: → durch (2), mittels
vermögen: → können (1), imstande (1)
Vermögen, das: 1. ⟨*in Geldwert schätzbarer Besitz*⟩ Vermögenswerte; Gut (*veraltend*) + Wohlstand; → *auch* Besitz (1), Reichtum (1), Kapital (I, 1) – **2.** → Kapital (I, 1) – **3.** → Fähigkeit (1) – **4.** ein V. kosten: → teuer (4)
vermögend: → reich (1)
vermögenslos: → arm (1)
Vermögensverhältnisse (*Pl*): Finanzlage ♦ *umg*: Finanzen; Etat (*scherzh*)
Vermögensverwalter, der: → Finanzdienstleister
Vermögenswerte (*Pl*): → Vermögen (1)
vermöglich: → reich (1)
vermummeln: → einhüllen (1)
vermummen: I. vermummen: → einhüllen (1) – **II.** vermummen, sich: **1.** → tarnen, sich – **2.** → verkleiden (II)
Vermummung, die: → Verkleidung (1)

vermurksen: → verderben (2)
vermuten: annehmen · glauben · schätzen · mutmaßen · unterstellen · präsumieren · für möglich halten · die Vermutung haben / aufstellen · eine Vermutung haben · auf die Vermutung kommen ♦ *gehoben*: wähnen ♦ *umg*: kalkulieren · tippen; → *auch* ahnen (1), meinen, Vermutung (2)
vermutlich: → wahrscheinlich
Vermutung, die: 1. ⟨*das Für-möglich-Halten*⟩ Annahme · Mutmaßung + Hoffnung · Verdacht – **2.** Vermutungen anstellen ⎸über⎸: ⟨*überlegen, welche Möglichkeit die richtige ist*⟩ spekulieren ⎸über⎸; → *auch* vermuten – **3.** die V. haben / aufstellen, eine V. haben, auf die V. kommen: → vermuten; Vermutungen anstellen ⎸über⎸: → 2
vernachlässigen: 1. ⟨*nicht mit der nötigen Aufmerksamkeit bzw. Sorge behandeln*⟩ verwahrlosen / herunterkommen / verfallen / verkommen / verlottern lassen ♦ *umg*: verschlampen / verludern lassen; verschlampern / verschlumpern lassen (*landsch*) – **2.** → benachteiligen – **3.** → absehen (4, a)
vernagelt: 1. → fanatisch – **2.** → beschränkt (1)
vernarben: → verheilen
vernarren, sich: sich v. ⎸in⎸: → verlieben, sich
vernarrt: v. sein ⎸in⎸: → lieben (1)
vernascht: → naschhaft
vernebeln: 1. ⟨*mit Nebel einhüllen*⟩ einnebeln + einräuchern – **2.** → verdummen (1) – **3.** → verschleiern
vernehmbar: → hörbar
vernehmen: 1. → erfahren (1) – **2.** → hören (1) – **3.** → verhören (I) – **4.** → verstehen (I, 1)
Vernehmen, das: dem V. nach: → gerüchteweise
Vernehmlassung, die: → Bekanntmachung (1)
vernehmlich: → hörbar
Vernehmung, die: → Verhör (1)
vernehmungsfähig: einvernahmsfähig (*österr*)
verneigen, sich: → verbeugen, sich
Verneigung, die: → Verbeugung (1)
verneinen: 1. ⟨*das Nichtzutreffen ausdrücken*⟩ mit Nein [be]antworten · Nein sagen · den / mit dem Kopf schütteln; negieren (*fachspr*) – **2.** → leugnen (1) – **3.** → bestreiten (1) – **4.** → ablehnen (1)

749

Verneinung

Verneinung, die: Negation · Negierung (*fachspr*)

vernetzen: → verbinden (I, 1)

vernichten: 1. 〈*die Vernichtung von Lebewesen herbeiführen*〉 **a)** 〈*bes. Menschen*〉 aufreiben (*milit*) + atomisieren ♦ gehoben: auslöschen · der Vernichtung anheim geben; → *auch* töten (I, 1), brandschatzen, verwüsten, zerstören (2) – **b)** 〈*Tiere allgemein*〉 [mit Stumpf und Stiel] ausrotten · ausmerzen ♦ *gehoben:* der Vernichtung anheim geben; → *auch* töten (I, 2) – **c)** 〈*Mikroben, Ungeziefer*〉 abtöten · vertilgen · austilgen – **2.** → ruinieren (I, 1)

Vernichtung, die: der V. anheim geben: → vernichten (1, a u. b)

Vernichtungslager, das: → Konzentrationslager

verniedlichen: → verharmlosen

Vernunft, die: **1.** 〈*der bewusst u. sinnvoll gebrauchte Verstand*〉 Verstand · Ratio; → *auch* Klugheit – **2.** ohne V.: → unvernünftig; zur V. kommen, V. annehmen: → vernünftig (5); zur V. bringen: → zurechtweisen

vernunftbegabt: → klug (1)

Vernunftehe, die: → Ehe (1)

Vernünftelei, die: → Spitzfindigkeit

vernünfteln: → spitzfindig (2)

vernünftig: 1. 〈*sich von Vernunft leiten lassend*〉 rational · mit Vernunft · mit Augenmaß – **2.** → annehmbar – **3.** → sinnvoll (1) – **4.** → verständnisvoll – **5.** v. werden: 〈*von unvernünftigem Tun wieder Abstand nehmen*〉 zur Vernunft/Besinnung kommen · Vernunft annehmen ♦ *umg:* + keine Geschichten machen; → *auch* einsehen (2)

vernunftlos: → unvernünftig

Vernunftlosigkeit, die: → Unvernunft

vernunftmäßig: rational

vernunftwidrig: → widersinnig (1)

verödet: → menschenleer

veröffentlichen: publizieren · [ab]drucken · herausbringen + nachdrucken · an die Öffentlichkeit bringen; → *auch* herausgeben (1), verbreiten (I, 1)

Veröffentlichung, die: **1.** 〈*das Veröffentlichen durch Abdrucken*〉 Publikation · Druck · Drucklegung · Abdruck · Herausgabe; → *auch* Druckwerk – **2.** → Bekanntmachung (1)

verordnen: 1. → anordnen (2) – **2.** → verschreiben (I)

Verordnung, die: **1.** 〈*für das Verhalten verbindl. Festlegung*〉 Anordnung · Bestimmung · Verfügung · Dekret · Weisung + Ukas · Ordnung · Entscheid · Entscheidung · Kannbestimmung · Kannvorschrift; → *auch* Erlass (1), Gesetz (2), Rundschreiben, Vorschrift (1) – **2.** → Rezept (1) – **3.** eine V. erlassen: → anordnen (2)

verpachten: in Pacht geben; → *auch* vermieten

verpacken: 1. 〈*mit einer Verpackung versehen*〉 emballieren · paketieren (*fachspr*) + abpacken · versandfertig machen · verschnüren; → *auch* einpacken (1), einwickeln (1) – **2.** → einpacken (1)

Verpackung, die: Umkleidung · Umhüllung; Emballage (*fachspr*) + Kartonage

verpäppeln: → verweichlichen

verpassen: 1. → versäumen (1) – **2.** den Anschluss v.: → sitzen (6, b); einen Rüffel/eine Zigarre v.: → tadeln (1); eine Wucht/Naht/eine Tracht Prügel v.: → verprügeln; eine/einen/eins/ein Ding v.: → schlagen (I, 1); einen Denkzettel v.: → bestrafen

verpatzen: → verderben (2)

verpennen: 1. → verschlafen (1) – **2.** → versäumen (1) – **3.** es v.: → verschlafen (1)

verpesten (*abwert*): umg: verstänkern · verräuchern · vermiefen · voll stänkern ♦ *salopp:* voll miefen

verpetzen: → verraten (1)

verpfänden: versetzen · aufs/zum Leihhaus bringen/tragen · als Pfand geben

Verpfändung, die: Versatz; Sicherungsübereignung (*Wirtsch*)

verpfeifen: → verraten (1)

verpflanzen: 1. 〈*an einer anderen Stelle einpflanzen*〉 umsetzen · umpflanzen · aussetzen · auspflanzen; pikieren · verschulen (*fachspr*) + umtopfen – **2.** → transplantieren – **3.** → umsiedeln

verpflegen: 1. 〈*zu essen u. zu trinken geben*〉 verköstigen · beköstigen · in Kost nehmen/haben · versorgen · bewirten; abspeisen (*auch abwert*); bekochen · atzen (*scherzh*); furagieren (*milit veraltet*) ♦ *gehoben:* speisen ♦ *umg:* abfüttern – **2.** v. lassen: 〈*von jmdm. für jdms. regelmäßige Verpflegung sorgen lassen*〉 in Kost geben

Verpflegung, die: **1.** 〈*das Versorgen mit Essen u. Trinken*〉 Verköstigung · Beköst-

750

gung ♦ *gehoben*: Speisung – 2. ⟨*Vorrat an Essen u. Trinken für unterwegs*⟩ Proviant · Mundvorrat · Marschverpflegung · Reiseproviant · Wegzehrung; Furage (*milit veraltet*); Menage (*österr veraltend*) + eiserne Ration ♦ *umg*: Futterage; → *auch* Nahrung – **3.** → Versorgung

Verpflegungssatz, der: → Ration (1)

verpflichten: I. verpflichten: **1.** ⟨*bindend für jmdn. festlegen*⟩ die Pflicht auferlegen · als Verpflichtung auferlegen · in die Pflicht nehmen · einschwören + befehlen – **2.** → beauftragen – **3.** → anstellen (I, 2) – **II.** verpflichten, sich: ⟨*sich fest zu etw. bereit erklären*⟩ verbindlich zusagen · die Verpflichtung eingehen; → *auch* versprechen (I, 1)

verpflichtend: → verbindlich (1)

verpflichtet: 1. v. sein: ⟨*etw. unbedingt tun müssen*⟩ gehalten sein · die Verpflichtung/Pflicht haben · in der Pflicht stehen · etw. ist jmds. Pflicht und Schuldigkeit; → *auch* sollen – **2.** zu [großem] Dank v.: → dankbar (1)

Verpflichtung: I. Verpflichtung, die: **1.** → Pflicht (1) – **2.** als V. auferlegen: → verpflichten (I, 1); die V. eingehen: → verpflichten (II); die V. haben: → verpflichtet (1); seiner V. enthaben: → befreien (I, 2) – **II.** Verpflichtungen (*Pl*): → Schuld (II, 1)

verpfuschen: → verderben (2)

verpieseln: I. verpieseln: → versickern – **II.** verpieseln, sich: → wegschleichen (I)

verpimpeln: → verweichlichen

verpissen, sich: → wegschleichen (I)

verplappern, sich (*umg*): *normalspr*: sich verplaudern ♦ *salopp*: sich verquatschen; → *auch* versprechen (II, 1)

verplätten: ein paar/eins v.: → schlagen (I, 1)

verplaudern: I. verplaudern: → verreden (1) – **II.** verplaudern, sich: → verplappern, sich

verplauschen: → verreden (1)

verplempern: I. verplempern: **1.** → verschwenden – **2.** → verschütten (2) – **II.** verplempern, sich: → verlieren (II, 1)

verplomben: → plombieren

verpönt: → verboten (1)

verprassen: → verschwenden

verprellen: 1. → verärgern – **2.** → verscheuchen

verproviantieren, sich: → versorgen (II)

verprügeln: [durch]prügeln · verhauen ♦ *umg*: verwalken · durchwalken · aufmischen · das Fell/Leder gerben · den Buckel/die Jacke voll hauen · eine Tracht Prügel geben · den Prügel zu kosten geben · windelweich schlagen · grün und blau schlagen · Saures/Zunder/Kattun geben · aus dem Anzug boxen; frikassieren · Frikassee machen ⏐aus⏐ (*scherzh*); pochen · verrollen · verkeilen · [das Fell/Leder] vergerben · vertobaken (*landsch*) ♦ *salopp*: [ver]dreschen · durchdreschen · [ver]wamsen · durchwamsen · verbläuen · durchbläuen · vermöbeln · versohlen · [ver]bimsen · vertrimmen · die Hucke/den Ranzen voll hauen · Senge geben · eine Wucht/Naht verpassen · eine Tracht Prügel verpassen · Hackfleisch/Hackepeter machen ⏐aus⏐ · zu Brei schlagen; verkloppen · verwichsen · durchwichsen · verasten (*landsch*); trischacken (*österr*) ♦ *derb*: die Fresse/Schnauze polieren/voll hauen; → *auch* schlagen (I, 1), niederschlagen (I, 1), zusammenschlagen (1), züchtigen (1)

verpuffen: → ergebnislos (2)

verpulvern: → verschwenden

verpumpen: → leihen (1)

verpuppen, sich: → einpuppen (1)

verpusten: I. verpusten: → ausruhen (I) – **II.** verpusten, sich: → ausruhen (I)

Verputz, der: Putz · Bewurf; Anwurf (*veraltend*) + Anstrich

verputzen: 1. ⟨*mit Putz bedecken*⟩ abputzen · bewerfen + verschmieren · verstreichen – **2.** → aufessen

verqualmt: → rauchig

verquasen: → verschwenden

verquatschen: I. verquatschen: → verreden (1) – **II.** verquatschen, sich: **1.** → verplappern, sich – **2.** → versprechen (II, 1)

verquer: v. kommen: → stören (1); v. gehen: → misslingen

verquicken: → verbinden (I, 1)

Verquickung, die: → Verbindung (I, 1)

verquisten: → verschwenden

verquollen: → verschlafen (2)

verrammeln: → versperren (1)

verramschen: → verschleudern (1)

verrannt: → fanatisch

Veranntheit, die: → Fanatismus

Verrat, der: **1.** ⟨*das Preisgeben von Geheimnissen*⟩ *umg*: Verräterei; → *auch* Hochverrat – **2.** ⟨*das Zerstören eines Vertrauens-*

verraten

verhältnisses⟩ Vertrauensbruch · Treu[e]-bruch · Treulosigkeit · Wortbruch; Felonie (*hist*) – **3.** V. begehen/üben: → verraten (2)
verraten: 1. ⟨[*von jmdm.*] *etw. preisgeben, was geheim bleiben sollte*⟩ angeben ♦ *umg*: [ver]petzen · verklatschen (*bes. schülerspr abwert*) ♦ *salopp*: hochgehen lassen; verpfeifen · verzinken (*abwert*); → *auch* anzeigen (2) – **2.** ⟨*ein Vertrauensverhältnis zerstören*⟩ Verrat begehen/üben + in den Rücken fallen; → *auch* verlassen (I, 2) – **3.** → hinterbringen (II) – **4.** → ausdrücken (I, 4) – **5.** keine Silbe v.: → schweigen (2)
Verräter, der: **1.** ⟨*jmd., der* [*von jmdm.*] *ein Geheimnis preisgibt*⟩ Angeber; Denunziant · Judas (*abwert*) ♦ *umg*: Petze · Petzer (*bes. schülerspr abwert*); → *auch* Zuträger – **2.** ⟨*jmd., der ein Vertrauensverhältnis zerstört hat*⟩ Wortbrecher; → *auch* Abtrünnige – **3.** → Kollaborateur
Verräterei, die: → Verrat (1)
verräterisch: → abtrünnig
verratzt: v. sein: → verloren (2)
verrauchen: → vergehen (I, 1)
verräuchern: → verpesten
verräuchert: → rauchig
verraucht: → rauchig
verrechnen: I. verrechnen: ⟨*rechnerisch ausgleichen*⟩ aufrechnen · anrechnen – **II.** verrechnen, sich: **1.** ⟨*falsch rechnen*⟩ einen Rechenfehler machen + sich verzählen ♦ *salopp*: sich verhauen – **2.** → irren (II) – **3.** → fehlplanen
verrecken: 1. → verenden – **2.** → sterben (1) – **3.** nicht ums Verrecken: → niemals
verreden: 1. ⟨*mit Reden zubringen*⟩ verplaudern ♦ *umg*: verschwätzen (*bes. süddt*); verplauschen (*bes. süddt österr*) ♦ *salopp*: verquatschen (*abwert*) – **2.** → berufen (I, 2) – **3.** → zerreden
verreiben: → auftragen (1)
verreißen: *umg*: heruntermachen ♦ *salopp*: auseinander nehmen · [in der Luft] zerfetzen · durch den Wolf drehen; → *auch* kritisieren
verrennen, sich: sich v. |in|: → verbeißen (II)
verrichten: 1. → tun (1) – **2.** [s]ein Bedürfnis v.: → austreten (1 *u.* 2); ein großes Geschäft v.: → austreten (2); ein kleines Geschäft v.: → austreten (2)
Verrichtung, die: → Tätigkeit (1)
verriegeln: → abschließen (I, 1)

verringern: I. verringern: **1.** ⟨*im Umfang bzw. in der Wirkung einschränken*⟩ verkleinern · diminuieren · miniaturisieren · schmälern – **2.** → vermindern (I) – **II.** verringern, sich: → vermindern (II)
Verringerung, die: Rückgang · Abnahme · das Nachlassen · Rollback + Abbau; → *auch* Verminderung
verrinnen: 1. → versickern – **2.** → vergehen (I, 1) – **3.** im Sande v.: → ergebnislos (2)
Verriss, der: → Kritik (1)
verröcheln: → sterben (1)
verrollen: I. verrollen: **1.** → verprügeln – **2.** → verklingen – **II.** verrollen, sich: → schlafen (5)
verrosten: → rosten
verrostet: → rostig (1)
verrotten: → faulen
verrottet: → faul (1)
verrucht: → gemein (1)
Verruchtheit, die: → Gemeinheit
verrückbar: → beweglich (1)
verrückt (*umg*): **1.** ⟨*in seinen Ansichten bzw. seinem Verhalten stark vom Normalen abweichend*⟩ hirnverbrannt · hirnrissig · anstaltsreif · irr[e] · reif fürs Irrenhaus/Tollhaus · nicht [ganz] richtig [im Kopf/Oberstübchen] · nicht ganz/recht gescheit · nicht [ganz/recht] bei Verstand/bei Trost · von allen guten Geistern verlassen · plemplem · verdreht · dumm · nicht ganz klug · närrisch · klapsig · zu heiß gebadet · mit dem Klammerbeutel/Klammersack gepudert · nicht von hier · rappelig · rappelköpfig · spinnig; spinnert (*süddt*) ♦ *salopp*: behämmert · meschugge · vom wilden Affen gebissen; jeck (*landsch*); damisch (*süddt österr*); beballert · mall (*norddt*); → *auch* geisteskrank (1), schwachsinnig (1), abnorm (1) – **2.** → geisteskrank (1) – **3.** → widersinnig (1) – **4.** → ausgefallen (1) – **5.** v. sein: ⟨*in seinen Ansichten bzw. seinem Verhalten vom Normalen stark abweichen*⟩ nicht alle beisammenhaben · nicht mehr zu retten sein · einen Klaps/Knall/Rappel/Raptus haben · bei jmdm. ist eine Schraube/ein Rädchen locker · ein Rädchen zu viel [im Kopf] haben · einen Stich/Sonnenstich/Sparren haben · spinnen; rappeln (*österr*) + des Teufels sein ♦ *salopp*: einen Hau/Hieb [weg]haben · nicht richtig ticken · nicht ganz rund laufen · nicht alle im Kasten/Karton haben · nicht

alle Tassen im Schrank haben · [sie] nicht alle auf der Latte haben · nicht ganz dicht sein · bei jmdm. rappelt's im Karton · einen an der Waffel haben · einen Webfehler/ Dachschaden / Vogel / Piep[s] / Piepmatz / Triller/Schuss/Haschmich/eine Macke/ Meise haben · einen Sprung in der Schüssel haben · eine weiche Birne haben; einen Flitz haben (*landsch*) ♦ *derb*: Tinte gesoffen haben · einen Furz gefrühstückt haben · den Arsch offen haben – **6.** v. werden: → geisteskrank (3); v. machen: → aufregen (I, 1); v. sein ⎰auf⎱: → Vorliebe (2); v. sein ⎰nach⎱: → lieben (1); verrückter Einfall: → Schnapsidee

Verrücktenanstalt, die: → Klinik (2)

Verruf, der: in V. bringen: → verleumden (1)

verrufen: 1. ⟨*mit schlechtem Leumund behaftet*⟩ berüchtigt · notorisch · anrüchig · übel/schlecht beleumdet – **2.** → berufen (I, 2) – **3.** v. sein: ⟨*mit einem schlechten Leumund behaftet sein*⟩ einen schlechten Ruf/Leumund haben · in üblem Ruf/Geruch stehen ♦ *umg*: bekannt sein wie ein bunter/scheckiger Hund

Verrufserklärung, die: → Ächtung (2)

verrühren (*Kochk*): abziehen · abquirlen; abreiben · abrühren (*landsch*)

verrunzelt: → runzelig

verrutschen: → verschieben (II, 1)

Vers: I. Vers, der: **1.** ⟨*Gedichtzeile*⟩ Verszeile + Zeile – **2.** sich keinen V. machen können ⎰auf⎱: → erklären (I, 4) – **II.** Verse (*Pl*): **1.** → Gedicht (1) – **2.** V. machen/schmieden, in V. bringen/setzen: → ²dichten (1, b)

versachlichen: objektivieren

versacken: 1. → sinken (1) – **2.** → verkommen (1)

versagen: 1. ⟨*Erwartetes nicht leisten*⟩ ein Versager sein · auf der Strecke bleiben + unterliegen ♦ *umg*: schlappmachen · sich nicht [gerade] mit Ruhm bekleckern; → *auch* durchfallen – **2.** ⟨*von Maschinen u. Geräten gesagt: zu funktionieren aufhören*⟩ *umg*: streiken · schlappmachen · nicht mehr mitmachen · seinen Geist aufgeben – **3.** → verweigern (1) – **4.** sich v.: → verzichten; sich nichts v.: → austoben, sich (2); den Gehorsam v.: → aufbegehren

Versager, der (*abwert*): **1.** ⟨*nicht die erwarteten Leistungen vollbringende Person*⟩

Nichtskönner ♦ *umg*: Null · Blindgänger · Nulpe · Hampelmann · Nebbich ♦ *salopp*: Flasche · Saftsack · Pfeife · Niete; Nappsülze · Lusche (*landsch*); → *auch* Dummkopf (2), Verlierer (1) – **2.** ein V. sein: → versagen (1)

versalzen: 1. → salzig – **2.** → verderben (2) – **3.** → vereiteln – **4.** die Freude v.: → betrüben (I); die Suppe v.: → vereiteln

versammeln: I. versammeln: **1.** → zusammenrufen (1) – **2.** zu seinen Vätern versammelt werden: → sterben (1) – **II.** versammeln, sich: **1.** ⟨*sich an einem Ort für eine kurze Zeit mit anderen treffen*⟩ zusammenkommen · zusammenströmen · zusammentreten · sich zusammenfinden · sich sammeln; sich besammeln (*schweiz*) ♦ *gehoben*: sich scharen + zuhauf kommen; → *auch* treffen (II, 1), ansammeln (II, b) – **2.** sich zu den Vätern v.: → sterben (1)

Versammelte (*Pl*): die Versammelten: → Anwesende (II)

Versammlung, die: **1.** ⟨*auf Einberufung stattfindende Zusammenkunft einer größeren Anzahl Menschen*⟩ Konzil · Synode · Konvent (*Kirche*) + Beratung; → *auch* Zusammenkunft, Sitzung (1), Tagung – **2.** → Ansammlung (1)

Versand, der: Verfrachtung · Versendung; Expedition (*kaufm*) + Transport

versanden: → ergebnislos (2)

versandfertig: v. machen: → verpacken (1)

Versandgut, das: → Fracht

Versandkatalog, der: → Katalog (2)

Versatz, der: → Verpfändung

Versatzamt, das: → Leihhaus (1)

versaubeuteln: → verderben (2)

versauen: 1. → verderben (2) – **2.** → beschmutzen (I, 1)

versaufen: 1. → vertrinken – **2.** → ertrinken

versäumen: 1. ⟨*ungenutzt vorübergehen lassen*⟩ verpassen · verabsäumen · sich entgehen lassen + unterlassen · vergessen · versitzen ♦ *umg*: verbummeln · verschlafen ♦ *salopp*: verpennen – **2.** die Schule v.: ⟨*nicht zum Unterricht gehen*⟩ *umg*: die Schule schwänzen; hinter/neben die Schule gehen (*veraltend scherzh*) – **3.** versäumte Gelegenheit: → Versäumnis

Versäumnis, das: Versäumung + versäumte Gelegenheit ♦ *gehoben*: Säumnis ♦ *umg*: Unterlassungssünde

Versäumung

Versäumung, die: → Versäumnis
verschachern: → verkaufen (I, 1)
verschaffen: 1. → beschaffen (1) – **2.** sich
Bewegung v.: → spazieren (2); sich Ge-
wissheit v.: → vergewissern, sich; sich ei-
nen guten Abgang v.: → herauswinden, sich
verschalen: einschalen · verkleiden; scha-
len (*fachspr*); → *auch* auslegen (1)
Verschalung, die: Verkleidung; Schalung
(*fachspr*)
verschämt: → schamhaft
verschandeln: → verunstalten
verschanzen, sich: **1.** ⟨*zur Verteidigung ei-
nen Erdwall errichten*⟩ sich eingraben – **2.**
→ verstecken (II, 1)
Verschanzung, die: → Befestigung (2)
verschärfen, sich: sich zuspitzen
verscharren: → vergraben (I, 1)
verschätzen, sich: zu hoch *bzw.* zu niedrig
greifen ♦ *umg:* danebenschätzen
verschaukeln: → hereinlegen (1)
verscheiden: → sterben (1)
verscheißern: → narren
verschenken: 1. ⟨*als Geschenk geben*⟩ weg-
schenken · zum Geschenk machen · wegge-
ben · fortgeben; herschenken (*süddt österr*)
+ hingeben · hergeben · vergeben · sich ent-
äußern; → *auch* schenken (1), abgeben (I,
2) – **2.** → ausgeben (I, 1) – **3.** sein Herz v.
⌈an⌉: → verlieben, sich
verscherbeln: → verkaufen (I, 1)
verscheuchen: wegscheuchen · fortscheu-
chen · fortjagen · vertreiben; vergrämen ·
verprellen (*weidm*); → *auch* vertreiben (1)
verscheuern: → verkaufen (I, 1)
verschicken: 1. → versenden – **2.** → ver-
bannen (1)
verschieben: I. verschieben: **1.** → auf-
schieben, verlegen (I, 3) – **2.** → verkaufen
(I, 1) – **II.** verschieben, sich: **1.** ⟨*sich von
seinem Platz wegbewegen*⟩ verrutschen;
schiften (*seem*) – **2.** → ändern (II)
Verschiebung, die: → Aufschub (1)
¹verschieden: → verschiedenartig
²verschieden: → tot (1)
verschiedenartig: ungleich[artig] · anders-
[artig] · unterschiedlich · [grund]verschie-
den · abweichend · unähnlich · heterogen ·
different · disparat · zweierlei · wie Tag und
Nacht · divergierend · wesensfremd; →
auch gegensätzlich, unvereinbar
Verschiedenartigkeit, die: Verschiedenheit
· Ungleichartigkeit · Heterogenität · Dispa-

rität; → *auch* Gegensätzlichkeit, Unverein-
barkeit
verschiedene: → einige (1)
Verschiedene, der: → Verstorbene
verschiedenerlei: → allerlei
verschiedengestaltig: → vielgestaltig (1)
Verschiedenheit, die: → Unterschied (1),
Verschiedenartigkeit, Gegensatz (1)
verschiedentlich: → manchmal
verschießen: → verblassen
verschimmeln: → schimmeln
verschimmelt: → schimmelig
Verschiss, der: in V. bringen: → verleum-
den (1); in V. geraten sein ⌈bei⌉: → Wohl-
wollen (2)
verschissen: es v. haben: → gelten (7); es
v. haben ⌈bei⌉: → Wohlwollen (2)
verschlafen: 1. ⟨*nicht zum vorgesehenen
Zeitpunkt aufwachen*⟩ es/die Zeit verschla-
fen ♦ *salopp:* [es] verpennen – **2.** ⟨*noch
vom Schlaf gezeichnet*⟩ schläfrig · schlaf-
trunken · dösig + verquollen – **3.** → träge –
4. → versäumen (1) – **5.** es/die Zeit v.: → 1
Verschlag, der: **1.** ⟨*mit Brettern abge-
grenzter kleiner Raum*⟩ Bretterverschlag ·
Kanter; Abteilung (*noch landsch*) + Schlag
– **2.** ⟨*Raum für Haustiere*⟩ Bucht · Koben
verschlagen: 1. → hinterlistig – **2.** → lau
(1) – **3.** jmdm. verschlägt es die Sprache: →
überrascht (2)
Verschlagenheit, die: → Hinterlist
verschlammt: → schlammig
verschlampen: 1. → verwahrlosen (1) – **2.**
v. lassen: → vernachlässigen (1)
verschlampern: 1. → verwahrlosen (1) – **2.**
v. lassen: → vernachlässigen (1)
verschlanken: 1. → vermindern (I) – **2.** →
rationalisieren
verschlechtern: I. verschlechtern: ⟨*in einen
schlechteren Zustand versetzen*⟩ verschlimm-
mern + verballhornen · verschlimmbessern
– **II.** verschlechtern, sich: ⟨*in einen
schlechteren Zustand übergehen*⟩ sich ver-
schlimmern · rückwärts gehen + sich ab-
kühlen ♦ *umg:* es geht bergab · auf dem
Aussterbeetat stehen · sich auf dem Aus-
sterbeetat befinden
verschleiern: vertuschen · verhüllen · ver-
dunkeln · verwischen · vernebeln + schön-
rechnen ♦ *umg:* frisieren · unter den Tep-
pich kehren; → *auch* verdrehen (1), verber-
gen (I, 1)
Verschleierung, die: → Tarnung

Verschleiß, der: **1.** → Verbrauch (2) – **2.** → Abnutzung

verschleißen: 1. → verbrauchen (2) – **2.** → abnutzen (I)

verschleißfest: → haltbar (1)

verschleppen: 1. → entführen (1) – **2.** → verzögern (I)

Verschleppung, die: **1.** → Entführung – **2.** → Verzögerung (1)

verschleudern: 1. ⟨*sehr billig verkaufen*⟩ verramschen · abstoßen; → *auch* verkaufen (I, 1) – **2.** → verschwenden

verschließen: I. verschließen: **1.** → abschließen (I, 1) – **2.** → wegschließen – **3.** → bewahren (1) – **4.** die Augen v. |vor|: → übersehen (I, 1); im Busen v.: → verschweigen – **II.** verschließen, sich: **1.** → absondern (II) – **2.** sich v. |vor|: → ablehnen (1)

verschlimmbessern: → verschlechtern (I)

verschlimmern: I. verschlimmern: **1.** ⟨*noch mehr entfachen*⟩ Öl ins Feuer gießen · das Feuer schüren · ins Feuer blasen + hetzen – **2.** → verschlechtern (I) – **II.** verschlimmern, sich: → verschlechtern (II)

verschlingen: 1. → aufessen – **2.** → lesen (1) – **3.** mit [den] Blicken / mit den Augen v.: → anstarren

verschlissen: → abgetragen

verschlossen: 1. ⟨*nicht offen*⟩ abgeschlossen · zugeschlossen; abgesperrt · zugesperrt (*landsch*) ♦ *umg*: zu – **2.** ⟨*durch sein Verhalten kaum eine Annäherung zulassend*⟩ unnahbar · unzugänglich · undurchdringlich · abweisend + introvertiert ♦ *umg*: zugeknöpft; → *auch* zurückhaltend (1), menschenscheu, kühl (2), schweigsam – **3.** hinter verschlossenen Türen: → geheim (1)

Verschlossenheit, die: → Zurückhaltung (1)

verschlucken: I. verschlucken: **1.** → schlucken (1) – **2.** wie vom Erdboden verschluckt: → verschwunden (1) – **II.** verschlucken, sich: *umg*: in die falsche Kehle bekommen / kriegen

verschludern: 1. → verderben (2) – **2.** → verlieren (I, 1)

verschlumpern: 1. → verwahrlosen (1) – **2.** v. lassen: → vernachlässigen (1)

verschlungen: → verworren (1)

Verschluss, der: **1.** → Schnalle – **2.** unter V. bringen: → wegschließen

verschlüsseln: chiffrieren · kodieren; enkodieren (*fachspr*)

Verschlussstreifen, der: → Banderole

verschmachten: → verdursten

verschmähen: → ablehnen (2)

verschmausen: → aufessen

verschmeißen: → verlegen (I, 1)

verschmelzen: 1. → vereinigen (I, 1 *u.* II, 1) – **2.** → einverleiben (1) – **3.** v. |mit|: → aufgehen (8, a)

Verschmelzung, die: → Vereinigung (1)

verschmerzen: → überwinden (I, 1)

verschmieren: 1. → verputzen (1) – **2.** → auftragen (1) – **3.** → beschmutzen (I, 1)

verschmitzt: → schelmisch

verschmutzen: → beschmutzen (I, 1)

verschmutzt: → schmutzig (1)

verschnaufen: 1. → ausruhen (I) – **2.** kurz v.: → rasten

Verschnaufpause, die: → ¹Pause (1)

verschneiden: 1. ⟨*einem Tier die Keimdrüsen entfernen*⟩ kastrieren; → *auch* sterilisieren (1, a) – **2.** → beschneiden (1) – **3.** → mischen

verschneien: → zuschneien

Verschnittene, der: → Entmannte

verschnörkeln: → verzieren

verschnörkelt: schnörkelig · schnörkelhaft + barock

Verschnörkelung, die: → Verzierung (1)

verschnupfen: → verärgern

verschnupft: → beleidigt (1)

verschnüren: [zu]schnüren · zubinden · zuknüpfen + verpacken

verschollen: 1. ⟨*schon sehr lange abwesend u. vielleicht nicht mehr am Leben*⟩ vermisst + überfällig ♦ *umg*: verschütt gegangen – **2.** → verschwunden (1)

verschonen: schonen · nichts antun / zuleide tun · kein Haar / Härchen krümmen · leben lassen ♦ *gehoben*: Pardon geben

verschöne[r]n: → schmücken (I)

Verschönerung, die: Ausschmückung

verschorfen: → verheilen

verschossen: → verliebt (1)

verschreiben: I. verschreiben: ⟨*ärztlich anweisen*⟩ verordnen + anordnen ♦ *umg*: aufschreiben – **II.** verschreiben, sich: → verschwören, sich (2)

verschreibungspflichtig: → rezeptpflichtig

verschreien: → verleumden (1)

verschroben: → schrullig (1)

verschrotten: abwracken

verschrumpelt: → runzelig

verschüchtern: → ängstigen (I)

verschüchtert

verschüchtert: → schüchtern
Verschüchterung, die: → Schüchternheit (1)
verschulden: I. verschulden: **1.** ⟨etw. Böses verursachen⟩ pekzieren (landsch) ♦ salopp: verzapfen · verbocken; → auch verursachen – **2.** → verursachen – **II.** verschulden, sich: → Kredit (2)
Verschulden, das: → Schuld (I, 1)
verschuldet: 1. ⟨viele Schulden habend⟩ hochverschuldet – **2.** v. haben: ⟨schuldhaft verursacht haben⟩ umg: auf dem Konto haben – **3.** selbst v.: → hausgemacht
verschulen: → verpflanzen (1)
verschusseln: 1. → verlegen (I, 1) – **2.** → vergessen (I, 1)
verschütt: v. gehen: → verloren (4); v. gegangen: → verschollen (1), verschwunden (1)
verschütten: 1. ⟨mit etw. völlig bedecken⟩ begraben – **2.** ⟨versehentlich ausschütten⟩ vergießen ♦ umg: verplempern · [ver-]schwabbern (landsch) – **3.** es verschüttet haben |bei|: → Wohlwollen (2)
verschwabbern: → verschütten (2)
verschwägert: → verwandt (2)
verschwätzen: → verreden (1)
verschweigen: verheimlichen · verhehlen · für sich behalten · geheim halten · unterschlagen · totschweigen · unter der Decke halten + nicht über die Lippen bringen ♦ dicht: im Busen verschließen/bewahren; → auch bewahren (1), schweigen (2)
Verschweigung, die: → Verheimlichung
verschwelen: → verbrennen (I, 2)
verschwenden: vergeuden · verschleudern · verprassen · vertun · wüsten |mit|; verbringen (landsch) ♦ umg: durchbringen · verjubeln · verjuxen · verplempern · verpulvern · verwichsen · auf den Kopf hauen; verbumfiedeln · verjuchheien · verjuckeln · verlumpen · verludern · moschen (landsch); verquasen (norddt); verquisten (norddt veraltend) · verkleckern · verläppern ♦ salopp: [ver]aasen; → auch verschwenderisch (3), ausgeben (I, 3)
Verschwender, der: Prasser
verschwenderisch: 1. ⟨überreichlich Geld ausgebend⟩ verschwendungssüchtig; [recht] großzügig (iron) + prunksüchtig; → auch freigebig (1) – **2.** → überreichlich – **3.** v. sein: ⟨überreichlich Geld ausgeben⟩ mit Geld um sich werfen · das/sein Geld [zum Fenster] hinauswerfen · das/sein Geld mit

vollen Händen ausgeben · auf großem Fuß leben · über seine Verhältnisse leben · das Geld nicht ansehen · sich verausgaben ♦ umg: in die Vollen gehen · mit Geld herumwerfen · jmdm. sitzt das Portmonee locker + sich in Unkosten stürzen ♦ salopp: das/sein Geld [zum Fenster] hinausschmeißen; → auch verschwenden
Verschwendung, die: Vergeudung · Aufwand · Prasserei + Prunksucht ♦ salopp: Aaserei · Geaase
verschwendungssüchtig: → verschwenderisch (1)
verschwiegen: → schweigsam
Verschwiegenheit, die: **1.** ⟨das Verschwiegensein⟩ Diskretion – **2.** unter dem Siegel der V.: → vertraulich (2)
verschwimmen: → verwischen (II)
verschwinden: 1. ⟨unsichtbar werden⟩ schwinden · entweichen · sich in Luft auflösen ♦ gehoben: entschwinden – **2.** ⟨sich jmds. Zugriff entziehen⟩ untertauchen ♦ umg: sich unsichtbar machen · abtauchen · auf Tauchstation gehen · von der Bildfläche verschwinden; → auch entfliehen (1), wegschleichen (I), verstecken (II, 1) – **3.** → wegschleichen (I) – **4.** → aussterben – **5.** v. lassen: → stehlen (1); in den Fluten/Wellen v.: → sinken (1); von der Bildfläche v.: **a)** → 2 – **b)** → weggehen (1)
verschwistern, sich: → verbrüdern, sich
verschwistert: → verwandt (1)
verschwitzen: → vergessen (I, 1)
verschwitzt: [schweiß]feucht · schweißig · schweißnass · schweißtriefend; schwitzig (landsch)
verschwommen: 1. ⟨nicht scharf erkennbar⟩ unscharf · ungenau · undeutlich · unklar · diffus · schattenhaft · schemenhaft · vage – **2.** → unklar (1)
verschwören, sich: **1.** ⟨sich mit jmdm. heimlich [gegen jmdn.] verbinden⟩ konspirieren · eine Verschwörung beginnen · ein Komplott schmieden · sich verbünden; → auch aufbegehren – **2.** ⟨sich einer Person bzw. Sache völlig widmen⟩ sich verschreiben · sich ergeben · huldigen
Verschwörer, der: Konspirant
Verschwörung, die: **1.** ⟨heiml. Zusammenschluss gegen jmdn.⟩ Konspiration · Komplott + Geheimbündelei · Palastrevolution; → auch Anschlag (2) – **2.** eine V. beginnen: → verschwören, sich (1)

verschwunden: 1. ⟨*sich an einem unbekannten Ort befindend*⟩ verschollen · unauffindbar · wie vom Erdboden verschluckt · wie vom Wind verweht; abgängig (*amtsspr*) ♦ *umg*: weg · perdu · wie weggeblasen · verschütt gegangen ♦ *salopp*: futsch[ikato]; → *auch* abwesend (1) – **2.** v. sein: ⟨*sich an einem unbekannten Ort befinden*⟩ *salopp*: das hat die Katze gefressen

Verse (*Pl*): **1.** → Gedicht (1) – **2.** V. machen/schmieden, in V. bringen/setzen: → ²dichten (1, b)

versehen: I. versehen: **1.** → ausüben (1) – **2.** v. |mit|: → ausstatten (I, 3) – **II.** versehen, sich: **1.** → irren (II) – **2.** sich v. |mit|: → ausstatten (II); ehe man sich's versieht: → plötzlich (1)

Versehen, das: 1. → Fehler (1), Irrtum (1) – **2.** aus V.: → versehentlich

versehentlich: unabsichtlich · unbeabsichtigt · ungewollt · unfreiwillig · aus Versehen ♦ *umg*: + in der Hitze des Gefechts; → *auch* irrtümlich, absichtslos

versehren: → verletzen (I, 1)

versehrt: 1. → verletzt (1) – **2.** → behindert

Versehrte, der: → Schwerbehinderte

Versemacher, der: → Lyriker

versenden: verschicken

Versendung, die: → Versand

versengen: ansengen

versenken: I. versenken: **1.** ⟨*im Wasser untersinken lassen*⟩ *gehoben*: den Fluten übergeben – **2.** ⟨*zum Sinken bringen*⟩ + torpedieren ♦ *gehoben*: in den Grund bohren – **3.** → eingraben (I, 1) – **II.** versenken, sich: sich v. |in|: ⟨*sich intensiv mit etw. befassen*⟩ sich vergraben |in| · sich vertiefen |in|; → *auch* konzentrieren (II), beschäftigen (II, 2)

Verseschmied, der: → Lyriker

versessen: 1. → faltig – **2.** v. sein |auf|: **a)** → Vorliebe (2) – **b)** → Verlangen (4)

versetzbar: → beweglich (1)

versetzen: I. versetzen: **1.** ⟨*an eine andere Dienststelle beordern*⟩ transferieren (*österr*) – **2.** → verpfänden – **3.** → antworten – **4.** v. |mit|: → mischen; eine/einen/eins v.: → schlagen (I, 1); den Gnadenstoß v.: → töten (I, 2); den Todesstoß v.: → töten (I, 2) – **b)** → ruinieren (I, 1); einen Hieb v.: → kränken; nicht versetzt werden: → sitzen (6, a); in den Ruhestand v.: → pensionieren; in die Lage v.: **a)** → befähigen – **b)** → er-

möglichen (1); in Begeisterung v.: → begeistern (I); in Erstaunen/Verwunderung v.: → wundern (I); in Angst/Furcht v.: → ängstigen (I); in Schrecken v.: → erschrecken (1); in Unruhe v.: → beunruhigen (I) – **II.** versetzen, sich: sich v. |in|: → hineinversetzen, sich

verseuchen: durchseuchen + verstrahlen · kontaminieren; → *auch* anstecken (I, 3)

versichern: I. versichern: ⟨*als sicher bezeichnen*⟩ beteuern · sich verbürgen |für| · die Versicherung abgeben · Brief und Siegel geben; → *auch* versprechen (I, 1), schwören (2), behaupten (I, 1) – **II.** versichern, sich: **1.** ⟨*sich durch Abschluss einer Versicherung schützen*⟩ eine Versicherung abschließen/eingehen – **2.** ⟨*sich Sicherheit verschaffen*⟩ sichergehen · sich rückversichern ♦ *umg*: auf Nummer Sicher gehen · sich [stets] eine Hintertür/ein Hintertürchen offen halten – **3.** → vergewissern, sich – **4.** sich v. |einer Sache|: → sicherstellen (1)

versichert: da kannst du v. sein: darauf kannst du dich verlassen ♦ *umg*: darauf kannst du Gift nehmen · das kann ich dir sagen/flüstern ♦ *derb*: darauf kannst du einen lassen

Versichertenkarte, die: Chipkarte ♦ *umg*: Patientenkärtchen

Versicherung, die: 1. → Krankenkasse – **2.** → Versprechen (1) – **3.** eidesstattliche V., V. an Eides statt: → Eid (1); die V. abgeben: → versichern (I); eine V. abschließen/eingehen: → versichern (II, 1)

Versicherungsbeitrag, der: Versicherungsprämie · Prämie

Versicherungspolice, die: → Versicherungsschein

Versicherungsprämie, die: → Versicherungsbeitrag

Versicherungsschein, der: Versicherungspolice · Police; Polizze (*österr*)

versickern: einsickern · verrinnen + sich verlaufen ♦ *umg*: verpieseln (*landsch*)

versieben: 1. → verlegen (I, 1) – **2.** → verlieren (I, 1)

versiegeln: siegeln; → *auch* plombieren

versiegen: 1. ⟨*zu fließen aufhören*⟩ vertrocknen · austrocknen · eintrocknen – **2.** → enden (1, b)

versiert: → erfahren (2)

versifft: → schmutzig (1)

versilbern: → verkaufen (I, 1)

versimpeln

versimpeln: → vereinfachen
versinken: 1. → sinken (1) – **2.** → untergehen (1) – **3.** jmd. würde vor Scham am liebsten im Boden/Erdboden/in die Erde v.: → schämen, sich (1)
versinnbildlichen: → verkörpern (1)
Version, die: → Lesart
versippt: → verwandt (2)
versklaven: → unterdrücken (1)
versklavt: → unterdrückt
Versklavung, die: → Unterdrückung
versoffen: → trunksüchtig (1)
versohlen: 1. → verprügeln – **2.** den Hintern v.: → züchtigen (1)
versöhnen: I. versöhnen: ⟨*die Feindschaft zwischen Personen beseitigen*⟩ aussöhnen + einigen; → *auch* beruhigen (I) – **II.** versöhnen, sich: ⟨*eine Feindschaft beenden*⟩ sich aussöhnen · sich wieder vertragen · Frieden schließen/machen · sich die Hand geben/reichen + die Freundeshand bieten ♦ *umg*: die Friedenspfeife rauchen · das Kriegsbeil begraben (*scherzh*); → *auch* einigen (II)
versöhnend: → versöhnlich (2)
versöhnlich: 1. ⟨*geneigt, Frieden zu schließen*⟩ kompromissbereit; → *auch* friedlich (1), tolerant – **2.** ⟨*als Versöhnung wirkend*⟩ versöhnend
Versöhnung, die: Aussöhnung; Befriedung (*veraltend*) + Verständigung · Einigung
versonnen: → nachdenklich, verträumt (1)
versorgen: I. versorgen: **1.** → beschaffen (1) – **2.** → sorgen (I, 1, a) – **3.** → verpflegen (1) – **II.** versorgen, sich: ⟨*das Benötigte beschaffen*⟩ sich verprovantieren · sich eindecken
Versorger, der: → Ernährer
Versorgung, die: Unterhaltung · Erhaltung + Verpflegung
verspachteln: → aufessen
verspäten, sich: → verzögern (II)
Verspätung, die: ohne V.: → pünktlich (1)
verspeisen: → aufessen
verspekulieren, sich: 1. → irren (II) – **2.** → fehlplanen
versperren: 1. ⟨*durch Hindernisse den Zugang unmöglich machen*⟩ verbarrikadieren · verbauen + *salopp*: verrammeln; → *auch* sperren (I, 1) – **2.** → abschließen (I, 1) – **3.** → sperren (I, 1) – **4.** → wegschließen – **5.** den Weg v.: → Weg (4)
verspielen: 1. ⟨*beim Spielen verlieren*⟩ + verwetten · verwürfeln; → *auch* verlieren

(I, 2) – **2.** → verlieren (I, 3) – **3.** verspielt haben |bei|: → Wohlwollen (2)
verspielt: → spielerisch
verspotten: spotten |über| · bespötteln · bespotten · bewitzeln · sein Gespött treiben |mit| · dem Gelächter preisgeben · mit Spott überschütten; ausspotten (*bes. österr schweiz*) + nachäffen · parodieren · persiflieren · ironisieren ♦ *umg*: hochnehmen · verhohnepipeln · durch den Kakao ziehen ♦ *derb*: durch die Scheiße ziehen; → *auch* spotten (1), verhöhnen, verlachen, necken
Verspottung, die: Verhöhnung ♦ *umg*: Geläster; → *auch* Spott (1)
versprechen: I. versprechen: **1.** ⟨*eine verbindl. Zusage geben*⟩ zusagen · zusichern · das Versprechen [ab]geben/ablegen · die Zusage machen · Versprechungen machen · sein Wort geben · in die Hand/mit Handschlag/hoch und heilig versprechen · garantieren · die Garantie geben + ein Gelübde ablegen/leisten/tun · in Aussicht stellen ♦ *gehoben*: [an]geloben · verheißen; → *auch* bieten (I, 1), versichern (I), verpflichten (II) – **2.** → verheißen (1) – **3.** in die Hand/mit Handschlag/hoch und heilig v.: → I, 1; sich v. |von|: → erhoffen (1) – **II.** versprechen, sich: **1.** ⟨*aus Versehen etw. Falsches sagen*⟩ salopp: sich verquatschen; → *auch* verplappern, sich – **2.** → verheddern, sich (1)
Versprechen, das: 1. ⟨*zusagende Äußerung*⟩ Zusage · Zusicherung · Versicherung · Versprechung + Beteuerung · Gelöbnis · Gelübde ♦ *gehoben*: Verheißung; → *auch* Ehrenwort, Eid (1) – **2.** das V. [ab]geben/ablegen: → versprechen (I, 1)
Versprecher, der: falscher Zungenschlag · Lapsus Linguae ♦ *umg*: Ausrutscher
Versprechung, die: 1. → Versprechen (1) – **2.** Versprechungen machen: → versprechen (I, 1)
versprengen: → verspritzen (1)
verspritzen: 1. ⟨*spritzend verbreiten*⟩ versprühen · versprengen – **2.** sein Gift v.: → sticheln (1)
versprühen: 1. → sprayen – **2.** verspritzen (1)
verspüren: → fühlen (I, 1)
verstaatlichen: nationalisieren · sozialisieren · vergesellschaften + kollektivieren · säkularisieren · verweltlichen
verstaatlicht: → gemeineigen

758

versteckt

verstädtern: → urbanisieren

Verstädterung, die: → Urbanisation

Verstand, der: 1. ⟨*die Fähigkeit des Auffassens, Erkennens u. Beurteilens*⟩ Intellekt · Geist · Geisteskraft · Geistesgaben + Esprit · Witz ♦ *umg:* Hirn; Gehirnschmalz (*scherzh*) ♦ *salopp:* Grips · Grütze; → *auch* Denkvermögen, Auffassungsgabe, Klugheit, Begabung (1) – **2.** → Vernunft (1) – **3.** → Verständnis (1) – **4.** ohne V.: → dumm (1); mit V.: → sinnvoll (1); mit klarem V.: → bewusst (1); bei [vollem] V.: → absichtlich; weder Sinn noch V. haben: → sinnlos (3); nicht [ganz/recht] bei V.: → verrückt (1); den V. verlieren, um den V. kommen: → geisteskrank (3); den V. gebrauchen: → denken (1); seinen V. zusammennehmen: → konzentrieren (II); mehr Glück als V. haben: → Glück (4); zu V. kommen lassen/bringen: → ernüchtern; den V. behalten: → beherrschen (II)

verstandesmäßig: → geistig (1)

Verstandesmensch, der: der Intellektuelle

verständig: 1. → verständnisvoll – **2.** → klug (1)

verständigen: I. verständigen: → unterrichten (1) – **II.** verständigen, sich: **1.** ⟨*zu gegenseitigem Verständnis gelangen* [*wollen*]⟩ sich ins Benehmen/Einvernehmen setzen |mit| + kommunizieren · sich verständlich machen · sich kurzschließen |mit| · Brücken schlagen; → *auch* unterhalten (II, 1) – **2.** → einigen (II)

Verständigkeit, die: 1. → Verständnis (1) – **2.** → Klugheit

Verständigung, die: 1. ⟨*das Sichverständigen*⟩ + Kommunikation · Brückenschlag – **2.** → Versöhnung – **3.** V. erzielen: → einigen (II)

verständigungsbereit: → kompromissbereit (1)

verständlich: 1. ⟨*mit dem Verstand erfassbar*⟩ klar · eingängig · fassbar · luzid · [gemein]fasslich · gemeinverständlich · allgemein verständlich · leicht verständlich · verstehbar + hörbar ♦ *umg:* plausibel; → *auch* anschaulich, deutlich (3) – **2.** ⟨*nicht schwer verstehbar*⟩ erklärlich · begreiflich – **3.** → deutlich (2) – **4.** v. machen: → erklären (I, 1); sich v. machen: → verständigen (II, 1)

Verständlichkeit, die: 1. ⟨*verstandesmäßige Erfassbarkeit*⟩ Fasslichkeit · Ver-

stehbarkeit · Klarheit · Deutlichkeit · Luzidität; → *auch* Deutlichkeit (3) – **2.** → Deutlichkeit (2)

Verständnis, das: 1. ⟨*das Verstehenkönnen*⟩ Verständigkeit · Einsicht · Einsehen · Sinn ♦ *umg:* Verstand; → *auch* Einfühlungsvermögen – **2.** mit/voll[er] V.: → verständnisvoll; V. wecken: → interessieren (I); V. haben/aufbringen: → einsehen (2); kein[erlei]/wenig V. haben/aufbringen: → verständnislos (2)

verständnisinnig: → verständnisvoll

verständnislos: 1. ⟨*kein Verständnis zeigend*⟩ einsichtslos – **2.** v. sein: ⟨*ohne Verständnis sein*⟩ kein[erlei]/wenig Verständnis haben/aufbringen · keinen/wenig Sinn haben |für|

verständnisvoll: einsichtig · einsichtsvoll · verständig · vernünftig · mit/voll[er] Verständnis + verständnisinnig

verstänkern: → verpesten

verstärken: I. verstärken: **1.** ⟨[*in der Wirksamkeit*] *stärker machen*⟩ intensivieren · aktivieren · steigern · eskalieren + vertiefen; → *auch* steigern (I, 1) – **2.** ⟨*deutlicher machen*⟩ hervorheben – **3.** → steigern (I, 1) – **4.** → bewehren (1) – **II.** verstärken, sich: → zunehmen (1)

Verstärkung, die: 1. ⟨*das Stärkermachen* [*in der Wirksamkeit*]⟩ Intensivierung · Aktivierung · Steigerung · Eskalation; → *auch* Steigerung (1) – **2.** → Zunahme – **3.** → Steigerung (1)

verstauben: einstauben · voll stauben

verstaubt: 1. → altmodisch (1) – **2.** → staubig

verstauchen: + verzerren ♦ *umg:* verknacksen

verstauen: → einpacken (1)

Versteck, das: Schlupfwinkel · Schlupfloch · Nest (*abwert*); → *auch* Zuflucht

verstecken: I. verstecken: ⟨*etw. so platzieren, dass es nicht gefunden wird*⟩ verbergen + vergraben ♦ *umg:* bunkern – **II.** verstecken, sich: **1.** ⟨*sich nicht finden lassen*⟩ sich verbergen · sich verkriechen · sich im Dunkeln halten + sich verschanzen; → *auch* verschwinden (2) – **2.** sich v. |vor|: → meiden; sich v. müssen/können |vor|: → unterlegen (2); sich nicht v. müssen/zu v. brauchen: → ebenbürtig (3)

versteckt: 1. → ²verborgen (1) – **2.** → hinterlistig

Versrecktheit

Versrecktheit, die: → Hinterlist
verstehbar: 1. → verständlich (1) – **2.** →
deutlich (2)
Verstehbarkeit, die: **1.** → Verständlichkeit
(1) – **2.** → Deutlichkeit (2)
verstehen: I. verstehen: **1.** ⟨*akustisch auf-
nehmen*⟩ hören · vernehmen – **2.** ⟨*geistig
aufnehmen*⟩ begreifen · [er]fassen · realisie-
ren · auffassen · ermessen + nachvollziehen
♦ *umg:* kapieren · checken · löffeln · einge-
hen · schalten · mitbekommen · mitkriegen ·
wegbekommen · wegkriegen · auf den
Trichter kommen · bei jmdm. fällt der Gro-
schen; bei jmdm. geht der Knopf auf
(*landsch*) ♦ *salopp:* schnallen · fressen ·
durchsteigen; → *auch* erkennen (1) – **3.** →
beherrschen (I, 4) – **4.** verstanden haben:
⟨*mit dem Verstand erfasst haben*⟩ *umg:* es
intus haben · es weghaben · es hat gezün-
det/gefunkt · bei jmdm. ist der Groschen
gefallen; bei jmdm. hat es geschnackelt
(*süddt*) ♦ *salopp:* es gefressen haben – **5.**
falsch v.: → missverstehen (1); schwer/
langsam v.: → begriffsstutzig (2); nicht v.:
→ erklären (I, 4); v. |als|: → halten (I, 7);
zu v. geben: → beibringen (1); keinen Spaß
v.: → humorlos (2); etw. v.: → können (5);
etw. v. |von|, den/seinen Handel v., seine
Sache v.: → beherrschen (I, 4); sein Hand-
werk v.: **a)** → beherrschen (I, 4) – **b)** →
tüchtig (3) – **II.** verstehen, sich: **1.** → ver-
tragen (II, 1) – **2.** sich v. |mit|: ⟨[*in Bezug
auf eine Zusammenarbeit*] *ein gutes per-
sönl. Verhältnis zu jmdm. haben*⟩ gut aus-
kommen |mit| ♦ *umg:* gut können |mit| ·
die Chemie stimmt · auf der gleichen Wel-
lenlänge liegen · die gleiche Wellenlänge
haben – **3.** sich v. |auf|: → beherrschen
(I, 4); sich v. |zu|: → herbeilassen, sich;
sich von selbst/selber/am Rande v.: →
selbstverständlich (3); sich auf sein Hand-
werk v.: → tüchtig (3)
versteifen: I. versteifen: → abstützen – **II.**
versteifen, sich: sich v. |auf|: **a)** → beste-
hen (5, a) – **b)** → verbeißen (II)
versteigern: verauktionieren · meistbietend
verkaufen, lizitieren (*österr*); [ver]ganten
(*noch schweiz*) ♦ *umg:* unter den Hammer
bringen
Versteigerung, die: Auktion; Lizitation
(*österr*); Vergantung · Gant (*noch schweiz*)
versteinert: fossil · urweltlich
Versteinerung, die: Fossil

verstellen: I. verstellen: → verlegen (I, 1) –
II. verstellen, sich: ⟨*einen nicht der Wirk-
lichkeit entsprechenden Eindruck von sich
erwecken wollen*⟩ simulieren · sich stellen
als ob … · heucheln + seine Gesinnung ver-
bergen · täuschen ♦ *umg:* schauspielern ·
Komödie/Theater spielen · so tun, als ob
…; → *auch* heucheln (1), benehmen (II, 3)
Verstellung, die: + Verstellungskunst
♦ *umg:* Schauspielerei · Theater · Komödie;
→ *auch* Heuchelei
Verstellungskunst, die: → Verstellung
versterben: → sterben (1)
verstiegen: 1. → überspannt – **2.** → ausge-
fallen (1)
verstimmen: → verärgern
verstimmt: → missmutig
Verstimmtheit, die: → Missmut
Verstimmung, die: → Missmut
verstocken: → verstockt (2)
verstockt: 1. ⟨*keine Einsicht aufbringend*⟩
unzugänglich · uneinsichtig; harthörig (*ver-
altend*) + trotzig; → *auch* widerspenstig – **2.**
v. werden: ⟨*sich anderen immer mehr ver-
schließen*⟩ sich verhärten; verstocken (*ver-
altend*)
verstohlen: 1. → heimlich (1) – **2.** → un-
auffällig (1)
verstolpern: → verderben (2)
verstopfen: → abdichten
verstopft: 1. ⟨*an Darmträgheit leidend*⟩
hartleibig – **2.** v. sein: an Verstopfung lei-
den · keinen Stuhlgang haben
Verstopfung, die: **1.** → Stuhlverstopfung –
2. an V. leiden: → verstopft (2)
verstöpseln: → zukorken
verstorben: tot; selig · seligen Angeden-
kens (*veraltend*) ♦ *gehoben:* verewigt; →
auch tot (1)
Verstorbene, der: der Tote + der Gefallene
♦ *gehoben:* der Verschiedene · der Hinge-
schiedene · der Abgeschiedene · der Verbli-
chene · der Verewigte · der Heimgegangene;
der Entschlafene (*verhüll*); → *auch* Lei-
che (1)
verstören: → verwirren (2)
verstört: 1. → verwirrt (1) – **2.** → bestürzt
Verstoß, der: **1.** → Regelwidrigkeit – **2.** →
Zuwiderhandlung, Vergehen (1) – **3.** in V.
geraten: → verloren (4)
verstoßen: 1. ⟨*nicht mehr bei sich dulden*⟩
ausstoßen · verbannen · fortjagen; → *auch*
ächten (1), ausschließen (I, 3) – **2.** → aus-

760

weisen (I, 1) – **3.** v. |gegen|: **a)** ⟨*im Widerspruch zu etw. verlaufen*⟩ zuwiderlaufen · zuwider sein · abweichen |von| ♦ *umg:* gehen |gegen| – **b)** → zuwiderhandeln

verstrahlen: → verseuchen

verstreben: → abstützen

verstreichen: 1. → auftragen (1) – **2.** → verputzen (1) – **3.** → vergehen (I, 1)

verstreuen: 1. → ausbreiten (I, 1) – **2.** → zerstreuen (I, 1)

verstreut: → vereinzelt (1)

verstricken, sich: → verfangen (II)

verstümmeln: → verunstalten

verstummen: → verklingen

Versuch, der: 1. ⟨*das einmalige Ausprobieren*⟩ Probe · Experiment + Prüfung · Nachweis ♦ *umg:* Versuchsballon – **2.** als V.: → versuchsweise; Versuche anstellen: → experimentieren; einen V. anstellen / machen, es auf einen V. ankommen lassen: → versuchen (I, 1)

versuchen: I. versuchen: 1. ⟨*durch einen Versuch feststellen* [*wollen*]⟩ [aus]probieren · einen Versuch anstellen / machen · sich versuchen |an| · durchprobieren · [durch-]prüfen · die Probe machen + es auf einen Versuch ankommen lassen · proben · durchkosten ♦ *umg:* austesten · einen Versuchsballon steigen lassen / loslassen + herumdoktern – **2.** → ¹kosten (1) – **3.** → verführen – **4.** alles v.: ⟨*alle Möglichkeiten ausschöpfen*⟩ alles nur Mögliche / das Menschenmögliche tun · nichts unversucht lassen · alle Register ziehen · alle Hebel / Himmel und Hölle in Bewegung setzen · keine Mühe scheuen; → *auch* bemühen (II, 1) – **II. versuchen, sich:** sich v. |an|: → I, 1

Versucher, der: → Teufel (1)

Versuchsballon, der: 1. → Versuch (1) – **2.** einen V. steigen lassen / loslassen: → versuchen (I, 1)

Versuchskaninchen, das: → Versuchsperson

Versuchsperson, die: Testperson · Proband ♦ *umg:* Versuchskaninchen (*abwert*)

Versuchsprojekt, das: → Pilotprojekt

versuchsweise: probeweise · auf Probe · als Versuch + vorläufig

versucht: v. sein: in [die] Versuchung kommen · in Versuchung sein

Versuchung, die: 1. ⟨*verführerischer Reiz*⟩ Anfechtung – **2.** → Verlockung – **3.** in [die] V. kommen, in V. sein: → versucht; in V. führen: → verführen

versumpfen: → verkommen (1)

versündigen, sich: → vergehen (II, 1)

versunken: 1. → nachdenklich – **2.** → andächtig – **3.** in Gedanken v.: → geistesabwesend (1)

Versunkenheit, die: → Andacht (1)

versus: → gegen (1)

Verszeile, die: → Vers (I, 1)

vertäfeln: → täfeln

vertagen: → aufschieben

Vertagung, die: → Aufschub (1)

vertäuen: → festbinden

vertauschbar: kommutabel

vertauschen: → verwechseln (1)

vertausendfachen: → vervielfachen (1)

verteidigen: I. verteidigen: 1. ⟨*mit Argumenten rechtfertigen*⟩ verfechten · vertreten · in Schutz nehmen; → *auch* eintreten (7, a) – **2.** → schützen (I, 1) – **II. verteidigen, sich:** ⟨*gegen sich gerichtete Aktivitäten abzuwehren suchen*⟩ sich wehren · sich zur Wehr setzen · Widerstand leisten / entgegensetzen / bieten · sich seiner Haut wehren · sich mit Händen und Füßen wehren · sich nichts gefallen lassen + seine Unschuld beteuern ♦ *umg:* sich nicht auf den Kopf spucken lassen; die Hörner zeigen (*veraltend*); → *auch* abwehren (1, a u. b)

Verteidiger, der: 1. ⟨*jmd., der einen Standpunkt od. Interessen vertritt*⟩ Verfechter · Sachwalter · Apologet + Interessenvertreter – **2.** ⟨*Spieler, der das Tor verteidigt*⟩ Back (*schweiz österr*)

Verteidigung, die: → Abwehr · Defensive · Gegenwehr

Verteidigungsanlage, die: → Befestigung (2)

Verteidigungsminister, der: + Wehrminister

verteilen: I. verteilen: 1. ⟨*gliedernd zuordnen*⟩ aufteilen · austeilen · vergeben; distribuieren (*bes. fachspr*); → *auch* aufteilen (1 *u.* 2), zuteilen – **2.** → ausgeben (I, 1) – **II. verteilen, sich:** → auflösen (II, 2)

Verteiler, der: → Verteilerdose

Verteilerdose, die: Abzweigdose · Verteiler

Verteilung, die: 1. ⟨*das gliedernde Zuordnen*⟩ Aufteilung · Austeilung · Vergabe · Vergebung; Distribution (*bes. fachspr*); → *auch* Zuteilung (1) – **2.** → Ausgabe (1)

verteuern: I. verteuern: ⟨*im Preis teurer machen*⟩ hochtreiben · hochschrauben · in

Verteuerung

die Höhe schrauben – **II. verteuern, sich:** → steigen (1)

Verteuerung, die: → Preisanstieg

verteufeln: → verleumden (1)

verteufelt: 1. → schwierig (1) – **2.** → sehr

vertiefen: I. vertiefen: **1.** → verstärken (I, 1) – **2.** → ausbauen (3) – **II.** vertiefen, **sich:** sich v. |in|: → versenken (II)

Vertiefung, die: 1. ⟨*nach innen gewölbte Stelle bzw. Fläche*⟩ Einsenkung · Höhlung · Furche · Graben; → *auch* Einbuchtung, Mulde (1), Grube (1), Rille (1) – **2.** → Ausbau (2)

vertikal: → senkrecht (1)

vertilgen: 1. → vernichten (1, c) – **2.** → aufessen

vertobaken: → verprügeln

vertrackt: 1. → verwickelt – **2.** → schwierig (1)

Vertrag, der: 1. ⟨*rechtsverbindl. Vereinbarung zwischen mehreren Partnern*⟩ Kontrakt · Abkommen · Pakt; Stipulation (*fachspr*) + Handel · Handelsabkommen · Konkordat; → *auch* Vereinbarung (1), Übereinkunft, Bündnis (1) – **2.** befristeter V.: → Zeitvertrag; durch V.: → vertraglich

vertragen: I. vertragen: **1.** → aushalten (1) – **2.** → austragen (1) – **3.** allerhand/viel/ eine ganze Menge/einen [ganzen/gehörigen/tüchtigen] Stiefel v. [können]: → trinkfest; keinen Widerspruch v. [können]: → herrschsüchtig (2); keinen Aufschub v.: → eilen (I, 2) – **II.** vertragen, **sich: 1.** ⟨*sich nicht zanken*⟩ sich verstehen · harmonieren · auskommen |mit| · zurechtkommen |mit| · in Frieden [miteinander] leben – **2.** sich wieder v.: → versöhnen (II)

vertraglich: vertragsmäßig · durch Vertrag · kontraktlich

verträglich: 1. → bekömmlich – **2.** friedlich (1)

vertragsmäßig: → vertraglich

vertrauen: trauen · Vertrauen haben |zu| · Vertrauen schenken/entgegenbringen/erweisen · sich verlassen |auf| · bauen |auf| · rechnen |auf| · zählen |auf| · seine Hoffnung setzen |auf| ♦ *gehoben*: seines Vertrauens würdigen · sich getrösten

Vertrauen, das: 1. ⟨*fester Glaube*⟩ Zutrauen · Zuversicht; → *auch* Hoffnung (1) – **2.** voll V.: → vertrauensvoll; im V.: → vertraulich (2); V. haben |zu|, V. schenken/entgegenbringen/erweisen, seines Vertrauens würdi-

gen: → vertrauen; kein V. haben |zu|: → misstrauen; ins V. ziehen: → einweihen (2); V. erweckend: → zuverlässig (1)

Vertrauensbruch, der: → Verrat (2)

vertrauensselig: → gutgläubig

vertrauensvoll: gläubig · voll Vertrauen · getrost + auf Treu und Glauben

vertrauenswürdig: 1. → zuverlässig (1) – **2.** → rechtschaffen

Vertrauenswürdigkeit, die: 1. → Zuverlässigkeit – **2.** → Rechtschaffenheit

vertraulich: 1. ⟨*eine enge Verbundenheit mit jmdm. erkennen lassend*⟩ intim · vertraut · persönlich + familiär; → *auch* vertraut (1) – **2.** ⟨*nur für einen kleinen Personenkreis bestimmt*⟩ diskret · intern · privatim · im Vertrauen · unter vier Augen · unter dem Siegel der Verschwiegenheit ♦ *umg*: unter uns Pastorentöchtern (*scherzh*); → *auch* geheim (1)

verträumt: 1. ⟨*wach träumend*⟩ träumerisch · versonnen · traumversunken – **2.** → geistesabwesend (1)

vertraut: 1. ⟨*nicht fremd*⟩ altvertraut · wohlbekannt · geläufig · heimisch · alltäglich · intim + ans Herz gewachsen; → *auch* vertraulich (1), gewohnt (1) – **2.** → vertraulich (1) – **3.** v. werden: → heimisch (4); v. machen |mit|: → anleiten (1)

Vertraute, der: → Freund (I, 1)

Vertrautheit, die: → Freundschaft (1)

vertreiben: 1. ⟨*mit Gewalt zum Weggehen veranlassen*⟩ forttreiben · fortjagen · davonjagen · wegjagen · wegtreiben · verjagen · [fort]scheuchen · wegscheuchen + in die Flucht schlagen ♦ *umg*: Beine machen · zum Teufel jagen · zum Tempel hinausjagen + schassen; → *auch* verscheuchen – **2.** → ausweisen (1, 1) – **3.** → verscheuchen – **4.** → verkaufen (1, 1) – **5.** sich die Zeit v.: → vergnügen (II); die Grillen v.: → aufheitern (I)

vertretbar: 1. → annehmbar – **2.** v. sein: → angehen (1)

vertreten: 1. ⟨*für einen anderen handeln*⟩ die Vertretung haben/übernehmen |für| · einspringen |für| + Vertreter sein |für| · repräsentieren – **2.** → verteidigen (I, 1) – **3.** → eintreten (7, a) – **4.** sich die Beine v.: → spazieren (2)

Vertreter, der: 1. ⟨*jmd., der eine Gruppe von Personen od. eine bestimmte Richtung [nach außen] vertritt*⟩ Repräsentant · Expo-

vervollkommnen

...nent; → *auch* Bevollmächtigte – **2.** →
Stellvertreter – **3.** → Vertretung (2) – **4.** →
Handelsvertreter – **5.** V. sein |für|: → ver-
treten (1)
Vertretung, die: **1.** ⟨*die Interessen eines
Unternehmens bzw. einer Institution an ei-
nem anderen Ort wahrnehmende Stelle*⟩
Repräsentanz · Agentur · Geschäftsstelle ·
Nebenstelle; → *auch* Zweigstelle – **2.** ⟨*zeit-
weilig für einen anderen Arbeitender*⟩ Aus-
hilfe · Vertreter; → *auch* Ersatzmann – **3.** →
Delegation – **4.** in V.: → stellvertretend; die
V. haben/übernehmen |für|: → vertre-
ten (1)
vertretungsweise: kommissarisch
Vertrieb, der: → Verkauf (1)
vertrimmen: → verprügeln
vertrinken: verzechen ♦ *salopp*: durch die
Gurgel/Kehle jagen ♦ *derb*: versaufen
vertrocknen: 1. ⟨*trocknen u. dürr werden*⟩
verdorren · abdorren; → *auch* welken (1),
verblühen (1) – **2.** → versiegen (1)
vertrocknet: → trocken (2)
vertrösten: → hinhalten (1)
vertrotteln: → verdummen (2)
vertüdern: → verwirren (1)
vertun: I. vertun: → verschwenden – **II.**
vertun, sich: → Fehler (2)
vertuschen: → verschleiern
verübeln: übel nehmen · verargen · verden-
ken · nachtragen · übel vermerken ♦ *umg*:
ankreiden · krumm nehmen
verüben: 1. ⟨*in Bezug auf ein Verbrechen
od. dgl.: es ausführen*⟩ begehen; → *auch* tun
(1) – **2.** Notzucht v. |an|: → vergewaltigen
(1); einen Einbruch v.: → einbrechen (1);
einen Diebstahl v.: → stehlen (1); Selbst-
mord/Suizid v.: → Selbstmord (2)
verulken: 1. → narren – **2.** → necken
veruneinigen: → entzweien (I)
verunfallen: → verunglücken (1)
Verunfallte, der: → Verunglückte
verunglimpfen: 1. → herabwürdigen (I) –
2. → verleumden (1)
Verunglimpfung, die: **1.** → Herabwürdi-
gung – **2.** → Verleumdung
verunglücken: 1. ⟨*sich durch einen Unfall
körperl. Schaden zuziehen*⟩ einen Unfall ha-
ben/erleiden; verunfallen (*amtsspr, bes.
schweiz*) ♦ Schaden nehmen · zu Schaden
kommen · sich den Hals/das Genick bre-
chen · überfahren werden ♦ *umg*: einen Un-
fall bauen – **2.** → misslingen

Verunglückte, der: Opfer; der Verunfallte
(*amtsspr, bes. schweiz*)
verunmöglichen: → verhindern
Verunmöglichung, die: → Verhinderung
verunreinigen: → beschmutzen (I, 1)
verunsichern: → verwirren (2)
Verunsicherung, die: → Verwirrung (1)
verunstalten: entstellen · deformieren · ver-
stümmeln · verunzieren + verderben ♦ *umg*:
verschandeln · verhunzen (*abwert*)
veruntreuen: → unterschlagen (1)
Veruntreuung, die: → Unterschlagung
verunzieren: → verunstalten
verursachen: herbeiführen · hervorrufen ·
mit sich bringen · bewirken · auslösen · he-
raufbeschwören · verschulden + bedingen ·
[er]wecken · erregen ♦ *gehoben*: zeitigen ♦ *umg*: einbrocken · einrühren
(*abwert*); → *auch* anrichten (1), anstiften
(1), auslösen (1, b), veranlassen (1), ver-
schulden (I, 1), Folge (3)
verursacht: v. sein |durch|: geschuldet
sein |einer Sache|
verurteilen: 1. ⟨*gerichtlich eine Strafe
zuerkennen*⟩ aburteilen · mit Strafe belegen ·
eine Strafe verhängen · eine Strafe auferle-
gen ♦ *umg*: eine Strafe aufbrummen · ver-
dammen |zu| ♦ *salopp*: verdonnern · ver-
knacken · verknasten; → *auch* Urteil (4) –
2. ⟨*zum Schuldigen erklären*⟩ schuldig spre-
chen · für schuldig erklären/befinden · den
Stab brechen |über| · einen Stein werfen
|auf| + [in Grund und Boden] verdammen
– **3.** verurteilt sein |zu|: → müssen (1)
veruzen: → narren
Verve, die: → Schwung (1)
vervielfachen: 1. ⟨*in der Anzahl stark ver-
größern*⟩ vermehren · vervielfältigen + ver-
tausendfachen · verhundertfachen · verzehn-
fachen · verdreifachen; → *auch* verdoppeln
– **2.** → multiplizieren
vervielfältigen: 1. ⟨*vielfach herstellen*⟩
hektographieren · abziehen + ablichten · re-
produzieren; → *auch* kopieren (1) – **2.** →
vervielfachen (1)
Vervielfältigungsapparat, der: → Kopier-
gerät
vervollkommnen: I. vervollkommnen: ⟨*der
Vollkommenheit annähern*⟩ perfektionieren ·
zur Vervollkommnung bringen + optimie-
ren · abrunden ♦ *umg*: den letzten Schliff
geben; → *auch* ergänzen (1), überarbeiten
(I, 1), verbessern (I, 3) – **II.** vervollkomm-

763

Vervollkommnung

nen, sich: **1.** ⟨*sich bemühen, noch besser zu werden*⟩ an sich [selbst] arbeiten; → *auch* bilden (II, 1) – **2.** ⟨*sich der Vollkommenheit annähern*⟩ + sich runden

Vervollkommnung, die: **1.** ⟨*das Vollkommenwerden bzw. -machen*⟩ Perfektionierung; → *auch* Ergänzung (1), Verbesserung (3) – **2.** zur V. bringen: → vervollkommnen (I)

vervollständigen: → ergänzen (1)

Vervollständigung, die: → Ergänzung (1)

verwachsen: 1. → verheilen – **2.** → verkrüppelt – **3.** → bucklig (1)

Verwachsene, der: → Bucklige

verwahren: I. verwahren: **1.** → aufbewahren – **2.** → bewahren (1) – **II.** verwahren, sich: sich v. |gegen|: → protestieren

verwahrlosen: 1. ⟨*unordentlich werden*⟩ verlottern + verwildern · verfallen ♦ *umg:* verschlampen · verlumpen · verludern · auf den Hund kommen; verschlampern · verschlumpern (*landsch*); → *auch* verkommen (1) – **2.** v. lassen: → vernachlässigen (1)

Verwahrung, die: **1.** ⟨*das Aufbewahren*⟩ Aufbewahrung · Lagerung · Gewahrsam + Verschluss – **2.** → Einspruch (1) – **3.** in V. nehmen: **a)** → aufbewahren – **b)** → sicherstellen; in V. geben: → hinterlegen; V. einlegen: → protestieren

verwalken: → verprügeln

verwalten: 1. ⟨*alle mit etw. verbundenen Angelegenheiten besorgen bzw. regeln*⟩ + betraut sein |mit| ♦ *umg:* regieren – **2.** ⟨*leiten u. selbst [mit] bearbeiten*⟩ bewirtschaften · wirtschaften; → *auch* leiten (1)

Verwalter, der: Wirtschafter + Inspektor

Verwaltungsbezirk, der: → Bezirk (1)

verwamsen: → verprügeln

verwandeln: 1. → umwandeln – **2.** ins Gegenteil v.: → verdrehen (1); in Asche v.: → verbrennen (I, 1)

Verwandlung, die: Metamorphose (*fachspr*)

verwandt: 1. ⟨*durch die gleiche Abstammung zu einer Familie gehörig*⟩ blutsverwandt · stammverwandt · verschwistert – **2.** ⟨*durch Heirat zu einer Familie gehörig*⟩ versippt · verschwägert + angeheiratet – **3.** → ähnlich (1)

Verwandte: I. Verwandte, der: ⟨*Glied einer Familie*⟩ der Angehörige · der Anverwandte – **II.** Verwandte (*Pl*): die Verwandten: → Verwandtschaft (1)

Verwandtenkreis, der: → Verwandtschaft (1)

Verwandtschaft, die: **1.** ⟨*alle Glieder einer Familie*⟩ die Verwandten · die Anverwandten · die Angehörigen · Verwandtenkreis; Parentel (*fachspr*); Sippe (*scherzh*); Sippschaft (*abwert od. scherzh*) ♦ *umg:* Mischpoke (*abwert*); → *auch* Familie (1) – **2.** → Ähnlichkeit

verwarnen: → ermahnen (2)

Verwarnung, die: → Ermahnung (2)

verwaschen: → unklar (1)

verwässern: 1. → verflachen – **2.** → verdünnen

verweben: → verbinden (I, 1)

verwechseln: 1. ⟨*irrtümlich das Falsche nehmen*⟩ vertauschen · durcheinander bringen · durcheinander werfen – **2.** zum Verwechseln [ähnlich]: → ähnlich (1); Mein und Dein v.: → stehlen (1)

verwegen: → kühn

Verwegenheit, die: → Kühnheit

verwehen: 1. → vergehen (I, 1) – **2.** → verklingen – **3.** wie vom Wind verweht: → verschwunden (1)

verwehren: 1. → verweigern (1) – **2.** → verbieten (1)

verweichlichen: verzärteln · [ver]hätscheln + verziehen ♦ *umg:* verpäppeln · verpimpeln; → *auch* verwöhnen

verweichlicht: → weichlich (1)

verweigern: 1. ⟨*nicht zubilligen*⟩ versagen · verwehren · vorenthalten + entziehen; → *auch* ablehnen (1) – **2.** den Gehorsam v.: → aufbegehren

Verweigerung, die: → Ablehnung

verweilen: → bleiben (1)

Verweis, der: **1.** → Tadel (1) – **2.** einen V. geben/erteilen: → tadeln (1)

verweisen: 1. → tadeln (1) – **2.** v. |auf|: **a)** → hinweisen – **b)** → berufen (II); v. |an|: → schicken (I, 2); v. |aus|, des Landes v.: → ausweisen (I, 1)

Verweisung, die: → Ausweisung

verwelken: → welken (1)

verwelkt: → welk (1)

verweltlichen: → verstaatlichen

verwendbar: brauchbar · anwendbar · nutzbar · praktikabel · praktisch · tauglich · geeignet · applikabel; → *auch* passend (1, a)

verwenden: I. verwenden: **1.** ⟨*zur [ständigen] Benutzung wählen*⟩ einsetzen · nutzbar machen; in Verwendung nehmen (*österr*);

→ *auch* gebrauchen (1), anwenden (1) – **2.** v. können: → brauchen (1) – **II.** verwenden, sich: sich v. |für|: ⟨*bei jmdm. zu jmds. Gunsten sprechen*⟩ bitten |für| · Fürsprache / ein gutes Wort einlegen |für| · Fürbitte tun / einlegen |für|; → *auch* einsetzen (II), eintreten (7, a)

Verwendung, die: **1.** ⟨*das Verwenden*⟩ Einsatz · Gebrauch · Nutzbarmachung · Nutzanwendung · Inanspruchnahme; → *auch* Anwendung (1) – **2.** V. haben |für|: → brauchen (1); in V. nehmen: → verwenden (I, 1)

verwendungsfähig: nicht v.: → dienstunfähig

verwerfen: I. verwerfen: → ablehnen (1) – **II.** verwerfen, sich: → ¹verziehen (II, 1)

verwerflich: abscheulich · schändlich · schandvoll · schandbar · skandalös · schimpflich · schmählich · erbärmlich · elend · Abscheu erregend · ekelhaft · hässlich · scheußlich · verabscheuenswert · verabscheuungswürdig · verdammenswert · verfluchenswert · eine Sünde und Schande; elendig (*landsch*) + pietätlos ♦ *gehoben*: elendiglich · fluchwürdig · verdammungswürdig; ekel (*veraltend*) ♦ *salopp*: hundserbärmlich; → *auch* gemein (1), anstößig (1)

verwertbar: wieder v.: recycelbar

verwerten: 1. ⟨*nutzbringend verwenden*⟩ nutzen; der Verwertung zuführen (*amtsspr*) ♦ *umg*: ausschlachten – **2.** → verarbeiten (1) – **3.** wieder v.: recyceln

Verwertung, die: **1.** → Nutzung (1) – **2.** der V. zuführen: → verwerten (1)

verwesen: → faulen

Verweser, der: → Stellvertreter

verweslich: → vergänglich

verwest: → faul (1)

Verwesung, die: → Fäulnis (1)

verwetten: → verspielen (1)

verwichsen: 1. → verprügeln – **2.** → verschwenden

verwickeln: I. verwickeln: **1.** → verwirren (1) – **2.** verwickelt werden |in|: → hineingeraten (1) – **II.** verwickeln, sich: **1.** → verfangen (II) – **2.** sich in Widersprüche v.: → widersprechen (4)

verwickelt: kompliziert · schwierig ♦ *umg*: verzwickt · vertrackt · eine Wissenschaft für sich; → *auch* schwierig (1)

Verwicklung, die: Komplikation · Kompliziertheit

verwiegen: → ²wiegen (1)

verwildern: → verwahrlosen (1)

verwinden: → überwinden (I, 1)

verwirken: → verlieren (I, 2)

verwirklichen: realisieren · wahr machen · tun · in die Tat umsetzen · Ernst machen |mit| + zustande bringen; → *auch* ausführen (3), erfüllen (I, 2)

Verwirklichung, die: Realisierung · Realisation; → *auch* Ausführung (1), Erfüllung (1)

verwirren: 1. ⟨*in Bezug auf Fäden od. dgl.: sie durcheinander schlingen*⟩ verfilzen · verwickeln ♦ *umg*: verfitzen · verzotteln; vertüdern (*norddt*) – **2.** ⟨*jmds. Gedanken in Unordnung bringen*⟩ durcheinander bringen · irremachen · irritieren · beirren · verdutzen · unsicher / kopfscheu machen · verunsichern · in Verwirrung bringen · aus der Fassung / dem Konzept / Text / Takt bringen · derangieren · desorientieren + ablenken · verblüffen · verstören · verlegen machen · betören ♦ *umg*: die [jungen] Pferde scheu machen + den Kopf verdrehen

verwirrend: → bezaubernd

Verwirrspiel, das: → Täuschungsmanöver

verwirrt: 1. ⟨*keines klaren Gedankens mehr fähig*⟩ kopflos · durcheinander · konfus · wirr · konsterniert · irritiert · orientierungslos · verdutzt · verstört ♦ *umg*: durchgedreht · verdattert; verdonnert (*veraltend*); verbiestert (*landsch*); dasig (*südd österr*); → *auch* bestürzt – **2.** → verworren (1) – **3.** v. sein: ⟨*keinen klaren Gedanken mehr fassen können*⟩ in Verwirrung sein · [völlig] von Sinnen sein ♦ *umg*: nicht mehr wissen, was rechts und links ist / was oben und unten ist / ob man Männchen oder Weibchen ist · völlig von der Rolle sein + Kopf stehen

Verwirrung, die: **1.** ⟨*das Verwirrtsein*⟩ Kopflosigkeit · Konfusion · Wirrheit · Irritation · Verdutztheit · Verblüfftheit · Desorientierung · Verunsicherung + Aufregung · Auflösung · Panik – **2.** in V. sein: → verwirrt (3); in V. bringen: → verwirren (2)

verwirtschaften: → verbrauchen (1)

verwischen: I. verwischen: → verschleiern – **II.** verwischen, sich: ⟨*in den Konturen undeutlich werden*⟩ verfließen · verschwimmen · auslaufen + verblassen

verwohnen: → abwohnen

verwöhnen: auf Händen tragen ♦ *derb:* Zucker in den Arsch/Hintern blasen (*abwert*); → *auch* verweichlichen

verwohnt: abgewohnt; eingewohnt (*landsch*)

verwöhnt: anspruchsvoll; → *auch* wählerisch

verworfen: → verkommen (2)

Verworfenheit, die: → Verkommenheit

verworren: 1. ⟨*in der Gedankenführung sehr durcheinander gehend*⟩ verwirrt · konfus · abstrus · wirr · unübersichtlich · verschlungen + labyrinthisch; → *auch* unklar (1) – **2.** → ungeordnet (1)

verwühlen: → verlegen (I, 1)

verwundbar: → empfindsam (1)

verwunden: 1. → verletzen (I, 1) – **2.** → kränken

verwunderlich: → merkwürdig

verwundern: I. verwundern: → wundern (I) – **II.** verwundern, sich: → staunen (1)

verwundert: → überrascht (1)

Verwunderung, die: **1.** ⟨*das Sichwundern*⟩ Erstaunen · Befremden + Augenreiben; → *auch* Überraschung (1) – **2.** in V. [ver]setzen: → wundern (I)

verwundet: → verletzt (1)

Verwundung, die: → Verletzung (1)

verwünschen: 1. ⟨*aus starker Verärgerung jmdm. Schlechtes wünschen*⟩ verfluchen · verdammen; vermaledeien (*veraltend*) + beschimpfen ♦ *gehoben:* fluchen ♦ *umg:* zur Hölle/zum Teufel wünschen ♦ *salopp:* die Pest an den Hals wünschen – **2.** → verzaubern (1)

verwünscht: 1. → verflucht (1) – **2.** → unangenehm (1)

Verwünschung, die: **1.** → Fluch (1) – **2.** Verwünschungen ausstoßen: → fluchen (1)

verwürfeln: → verspielen (1)

verwursteln: → verlegen (I, 1)

verwuscheln: → zerzausen

verwüsten: verheeren; → *auch* beschädigen, vernichten (1, a), zerstören (2)

verzagen: 1. ⟨*in einer schwierigen Lage die Hoffnung aufgeben*⟩ den Mut verlieren ♦ *umg:* das Herz fällt/rutscht jmdm. in die Hosen (*oft scherzh*); → *auch* resignieren, verzweifeln (1) – **2.** nicht v.: ⟨*in einer schwierigen Lage nicht aufgeben*⟩ nicht den Mut verlieren · sich nicht unterkriegen lassen ♦ *umg:* die Ohren/den Nacken steif halten

verzagt: → mutlos

Verzagtheit, die: → Mutlosigkeit

verzählen, sich: → verrechnen (II, 1)

verzanken, sich: → verfeinden, sich

verzapfen: 1. → verschulden (I, 1) – **2.** → verfassen

verzärteln: → verweichlichen

verzärtelt: → weichlich (1)

verzaubern: 1. ⟨*durch Zauberei verwandeln*⟩ verhexen ♦ *dicht:* verwünschen – **2.** → bezaubern

verzechen: → vertrinken

verzehnfachen: → vervielfachen (1)

Verzehr, der: **1.** ⟨*das, was man verzehrt*⟩ Konsumation (*österr schweiz*) – **2.** → Verbrauch (1)

verzehren: I. verzehren: → aufessen – **II.** verzehren, sich: **1.** → erschöpfen (II, 1) – **2.** sich v. ⌐nach⌐: → Verlangen (4)

verzeichnen: 1. → aufschreiben (4), einschreiben (I) – **2.** → erfassen (1) – **3.** → verdrehen (1)

Verzeichnis, das: Register · Index · Liste + Katalog · Nomenklatur · Konspekt; → *auch* Sachverzeichnis, Tabelle

Verzeichnung, die: → Erfassung

verzeigen: → anzeigen (2)

Verzeigung, die: → Anzeige (2)

verzeihbar: → verzeihlich

verzeihen: vergeben · entschuldigen · Verzeihung gewähren + in Gnaden aufnehmen; → *auch* begnadigen

verzeihlich: verzeihbar · entschuldbar · verkneiflich – *umg:* lässlich (*kathol*)

Verzeihung, die: **1.** ⟨*das Verzeihen*⟩ Vergebung · Entschuldigung; Pardon (*veraltend*) – **2.** V. gewähren: → verzeihen; um V. bitten: → entschuldigen (II)

verzerren: 1. ⟨*in mancher Hinsicht übertreibend darstellen*⟩ karikieren; → *auch* verdrehen (1) – **2.** ⟨*vom Gesicht od. Mund gesagt: in eine andere Form ziehen*⟩ verziehen · verkneifen – **3.** → verstauchen

verzerrt: 1. ⟨*vom Gesicht gesagt: unnatürlich verzogen*⟩ fratzenhaft + hässlich – **2.** → einseitig (1)

verzetteln, sich: → verlieren (II, 1)

Verzicht, der: **1.** ⟨*das Aufgeben eines Anspruchs*⟩ Abtretung · Überlassung · Verzichtleistung ♦ *gehoben:* Entsagung · Entäußerung + Bescheidung; → *auch* Selbstlosigkeit – **2.** V. leisten/üben: → verzichten

verzichten: sich versagen · Abstand nehmen |von| · Verzicht leisten/üben · zurückstehen ♦ *gehoben:* entsagen · sich enthalten · sich entäußern · sich entschlagen · sich begeben ♦ *umg:* sich verkneifen · sich aus dem Kopf/Sinn schlagen ♦ *salopp:* pfeifen |auf| · husten |auf| · spucken |auf| · sausen/schießen lassen ♦ *derb:* scheißen |auf|; → *auch* abgewöhnen (2), aufgeben (3), resignieren

Verzichtleistung, die: → Verzicht (1)

¹verziehen: I. verziehen: **1.** ⟨*zwischen zu dicht stehenden Jungpflanzen mehr Platz schaffen*⟩ vereinzeln · ausdünnen · pikieren + plentern – **2.** → verzerren (2) – **3.** → verweichlichen – **4.** keine Miene v.: → beherrschen (II) – **II.** verziehen, sich: **1.** ⟨*aus der Form geraten*⟩ sich wellen · sich [ver]werfen · arbeiten – **2.** → wegschleichen (II)

²verziehen: vergeben und vergessen ♦ *umg:* Schwamm drüber · Sand drauf; → *auch* vergessen (3)

verzieren: ornamentieren · verbrämen · garnieren · verschnörkeln + spritzen; → *auch* schmücken (I)

Verzierung, die: **1.** ⟨*schmückendes Beiwerk*⟩ Schmuck · Putz · Zierrat · Zierde · Dekor · Arabeske · Ornament · Rankenwerk · Schnörkel · Verschnörkelung; Zier (*veraltet*); Ausputz (*landsch*); Manier (*Mus*) – **2.** → Ausschmückung – **3.** sich keine V. abbrechen: → vergeben (6)

verzinken: → verraten (1)

verzögern: I. verzögern: ⟨*bewirken, dass etw. langsamer vor sich geht*⟩ hin[aus]ziehen · hinauszögern · verlangsamen · verschleppen · hinschleppen · retardieren · hinhängen lassen · anstehen lassen · in die Länge ziehen/strecken · auf die lange Bank schieben; schubladisieren (*schweiz*) + ausdehnen; → *auch* aufschieben – **II.** verzögern, sich: ⟨*nicht zum vorgesehenen Zeitpunkt fertig werden*⟩ sich hin[aus]ziehen · sich in die Länge ziehen/strecken · in Verzug geraten/kommen + dauern · anstehen · sich verspäten

Verzögerung, die: **1.** ⟨*das Verzögern*⟩ Verlangsamung · Verschleppung · Verzug · Retardation · Aufhaltung · Aufenthalt · Aufschub – **2.** → Verzug (1) – **3.** ohne V.: → sofort

verzollen: + klarieren (*seem*)

verzopft: → rückschrittlich

verzotteln: → verwirren (1)

verzuckern: → zuckern

verzückt: → begeistert (1)

Verzücktheit, die: → Begeisterung (1)

Verzückung, die: → Begeisterung (1)

Verzug, der: **1.** ⟨*das Zurückliegen hinter dem Zeitplan*⟩ Verzögerung · Rückstand – **2.** → Verzögerung (1) – **3.** im V. sein: a) ⟨*seinen Verpflichtungen nicht ganz termingerecht nachgekommen sein*⟩ im Rückstand sein ♦ *umg:* hinterher sein · hinterherhinken – b) → aufziehen (1) – **4.** ohne V.: → sofort; in V. geraten/kommen: → verzögern (II)

verzwackt: → schwierig (1)

verzweifeln: 1. ⟨*jede Hoffnung verlieren*⟩ in Verzweiflung geraten · zur Verzweiflung gebracht werden · keine Hoffnung [mehr] haben ♦ *umg:* das heulende/graue/große Elend kriegen · die Krise kriegen + sich die Haare [aus]raufen; → *auch* verzagen (1) – **2.** es ist zum Verzweifeln: ⟨*die Geduld wird auf eine allzu harte Probe gestellt*⟩ *umg:* es ist um auf die Bäume zu klettern/an den Wänden hochzugehen · es ist zum Mäusemelken

verzweifelt: desperat · gebrochen · ohne Hoffnung; → *auch* niedergeschlagen (1)

Verzweiflung, die: **1.** ⟨*das Verzweifeltsein*⟩ Hoffnungslosigkeit + Mutlosigkeit; → *auch* Niedergeschlagenheit – **2.** in V. geraten, zur V. gebracht werden: → verzweifeln (1); sich der V. hingeben: → Kummer (3)

verzweigen, sich: → gabeln (II)

verzweigt: verästelt · geästelt · vielarmig

verzwickt: → verwickelt, schwierig (1)

Vesper, die: → Nachmittagskaffee

vespern: → Kaffee (3, a)

Vestibül, das: → Hotelhalle, Wandelhalle

Veston, der: → Jacke (1)

Veteran, der: → Alte (I, 1)

Veteranenbetreuung, die: → Altersversorgung (1)

Veterinär, der: → Tierarzt

Veto, das: → Einspruch (1)

Vettel, die: → Schlampe

Vetter, der: Cousin

Vetterliwirtschaft, die: → Vetternwirtschaft

Vetternwirtschaft, die: Nepotismus · Günstlingswirtschaft · Cliquenwirtschaft; Vetterliwirtschaft (*schweiz*); Freunderlwirtschaft (*österr umg*)

Viadukt

Viadukt, der: → Brücke (1)
Viagra: → Potenzpille
Vibration, die: → Erschütterung (1)
vibrieren: → zittern (1)
Videoshop, der: + Videothek
Videospiel, das: → Telespiel
Videothek, die: → Videoshop
Viech, das: → Tier (1)
Vieh, das: **1.** ⟨*Nutztiere der Landwirtschaft*⟩ + Rindvieh · Hornvieh – **2.** → Tier (1) – **3.** → Unmensch (1)
Viehdoktor, der: → Tierarzt
viehisch: → brutal, unmenschlich
Viehweide, die: → Weide (1)
viel: I. viel: **1.** ⟨*eine große Anzahl*⟩ viele · nicht wenig[e] · zahlreiche · zahllose · unzählige · ungezählte · unzählbare · dutzende · hunderte · tausende · ein Heer von · eine Fülle von ♦ *dicht*: ohne Zahl · sonder Zahl ♦ *umg*: massig · ein Haufen · ein Berg / Berge von · eine [ganze] Masse · jede Menge · ein ganzer Sack voll ♦ *salopp*: eine ganze Wucht ♦ *derb*: ein ganzer Arsch voll; → *auch* reichlich, massenhaft, scharenweise – **2.** → sehr – **3.** v. sagend: **a)** ⟨*vieles ausdrückend*⟩ beredt · sprechend · aufschlussreich – **b)** → bedeutungsvoll (1) – **4.** v. versprechend: → Erfolg (3); nicht v.: → wenig (1); v. zu v.: → reichlich; zu v. werden: → überhand; sich zu v. zumuten: → überanstrengen (II); v. geben |auf|: → achten (1); nicht v. dran: → wertlos (1); nicht v. los: → langweilig – **II.** viele (*Pl*): **1.** → I, 1 – **2.** v. Mal[e], in vielen Fällen: → oft
vielarmig: → verzweigt
vielartig: → mannigfaltig
vieldeutig: mehrdeutig · dehnbar; → *auch* zweideutig (1)
Vielehe, die: → Polygamie
vielerlei: → allerlei
vielerorts: → überall (1)
vielfach: 1. → mannigfaltig – **2.** → oft
vielfältig: → mannigfaltig
vielfarbig: → bunt (1)
vielförmig: → vielgestaltig (1)
Vielfraß, der (*umg*): Nimmersatt · Gierschlund ♦ *salopp*: Fresser · Fresssack
vielgestaltig: 1. ⟨*viele unterschiedl. Formen aufweisend*⟩ pluriform · polymorph · vielförmig · verschiedengestaltig · formenreich + facettenreich – **2.** → mannigfaltig
Vielheit, die: → Menge (1)

vielleicht: 1. → möglicherweise – **2.** → ungefähr (1)
vielmals: → oft
vielmehr: 1. → lieber – **2.** → sondern (1) – **3.** → Wort (5) – **4.** oder v.: → oder (1)
vielschichtig: komplex · differenziert; multidimensional (*fachspr*)
vielseitig: 1. ⟨*viele Seiten betreffend*⟩ universal · universell · allseitig – **2.** → multilateral – **3.** → begabt
Vielseitigkeit, die: → Begabung (1)
vielsprachig: → mehrsprachig
Vielverdiener, der: → Großverdiener
Vielvölkerstaat, der: → Nationalitätenstaat
Vielzahl, die: → Menge (1)
vielzüngig: → heuchlerisch
vier: in alle v. Winde: → überallhin; sich auf seine v. Buchstaben setzen: → setzen (II, 1); unter v. Augen: → vertraulich (2); auf allen vieren kriechen: → erschöpft (4); alle viere von sich strecken: **a)** → hinlegen (II) – **b)** → ausstrecken (II, 1)
Vierbeiner, der: → Hund (1)
Viereck, das: Geviert · Karree + Karo · Quadrat · Rechteck; → *auch* Rhombus
viereckig: + quadratisch · rechteckig
vierschrötig: → plump (1)
Vierteljahr, das: **1.** ⟨*der vierte Teil eines Jahres*⟩ Quartal – **2.** alle[r] Vierteljahre: → vierteljährlich
vierteljährlich: quartal[s]weise · alle Vierteljahre · alle drei Monate ♦ *umg*: aller Vierteljahre (*landsch*)
vierwöchentlich: → monatlich
vif: → lebhaft (1)
vigilant: → schlau (1)
Vigilanz, die: → Schlauheit
Viktualien (*Pl*): → Lebensmittel
Villa, die: → Haus (1)
Viola, die: → Bratsche
violett: → lila
Violine, die: → Geige (1)
Violinist, der: → Geigenspieler
VIP, die: → Persönlichkeit (I, 2)
Viper, die: Otter; → *auch* Schlange (1), Kobra
Virginität, die: → Jungfräulichkeit
viril: → männlich (1)
Virilität, die: → Zeugungsfähigkeit
Virtualität, die: → Möglichkeit (1)
virtuell: 1. → scheinbar – **2.** → möglich (1), gedacht
virtuos: → hervorragend (1)

virulent: → ansteckend
Virus, das *od.* der: → Krankheitserreger
Visage, die: → Gesicht (1)
vis-a-vis: 1. → gegenüber (1) – **2.** machtlos
v. stehen: → machtlos (2)
Visier, das: mit offenem V.: → ehrlich (1);
im V. haben: → beabsichtigen
visieren: → zielen (1)
Vision, die: **1.** ⟨*geistige Vorwegnahme eines
zukünftigen Geschehens*⟩ Zukunftsvorstel-
lung · Zukunftsbild + Zukunftstraum – **2.** →
Sinnestäuschung
visionär: 1. → voraussehend – **2.** → traum-
haft (1)
Visitation, die: → Überprüfung
Visite, die: **1.** → Höflichkeitsbesuch – **2.** →
Krankenbesuch
visitieren: → prüfen (3)
viskos / viskös: → dickflüssig
Visualizer, der: → Werbefachmann
Vita, die: **1.** → Leben (3) – **2.** → Lebens-
beschreibung
vital: 1. → lebenskräftig (1) – **2.** → lebhaft
(1)
vitalisieren: → beleben (I, 3)
Vitalität, die: **1.** → Lebenskraft (1) – **2.** →
Lebendigkeit
Vitamin, das: V. B: → Beziehung (II, 1)
Vitrine, die: → Schaukasten
Vivat, das: → Hochruf
V-Mann, der: → Ermittler
Vogel, der: **1.** ⟨*befiedertes Wirbeltier*⟩ Piep-
vogel · Piepmatz (*kinderspr*) – **2.** lockerer /
leichter / loser V.: → Leichtfuß (1); seltsa-
mer V.: → Sonderling; einen V. haben: →
verrückt (5); einen toten V. in der Tasche
haben: → Wind (I, 3); den V. abschießen:
→ überflügeln; wie der V. in der Luft: →
frei (1)
Vogelbauer, der: → Vogelkäfig
Vogeldunst, der: → Schrot (1)
vogelfrei: 1. → geächtet – **2.** für v. erklä-
ren: → ächten (1)
Vogelhaus, das: → Vogelkäfig
Vogelkäfig, der: Vogelbauer · Bauer · Käfig
+ Voliere · Vogelhaus
vögeln: → koitieren
Vogelnest, das: → Nest (1)
Vogelscheuche, die: **1.** ⟨*mit Kleidern be-
hängtes Gestell zum Abschrecken von Vö-
geln*⟩ Scheuche – **2.** *umg abwert* ⟨*hässlich
gekleidete Frau*⟩ *salopp*: Krauthexe
(*landsch*); → *auch* Frau (I, 1)

Vokabel, die: → Wort (1)
Vokabular, das: **1.** → Wortschatz – **2.** →
Wörterverzeichnis
Vokalstück, das: → Lied (1)
Vokation, die: → Berufung (1)
Volant, der: **1.** → Besatz (1) – **2.** → Lenk-
rad
Voliere, die: → Vogelkäfig
Volk, das: **1.** ⟨*durch gemeinsame Ge-
schichte u. Kultur verbundene Gesamtheit
von Menschen*⟩ Völkerschaft + Nation; →
auch Volksgruppe, Volksstamm – **2.** → Be-
völkerung – **3.** junges V., das junge V.: →
Jugend (3)
Völkerschaft, die: → Volk (1)
völkerumfassend: → international
volkreich: → übervölkert
Volksabstimmung, die: Volksentscheid ·
Volksbefragung · Plebiszit · Referendum +
Wahl
Volksauflauf, der: → Ansammlung (1)
Volksaufstand, der: → Aufstand
Volksbefragung, die: → Volksabstimmung
Volksbibliothek, die: → Bücherei
Volksbücherei, die: → Bücherei
Volkseinkommen, das: + Bruttosozialpro-
dukt
Volksentscheid, der: → Volksabstimmung
Volkserhebung, die: → Aufstand
Volksfeind, der: → Feind (1)
Volksglaube[n], der: → Aberglaube[n]
Volksgruppe, die: ethnische Gruppe · na-
tionale Minderheit; Ethnie (*fachspr*); →
auch Volk (1)
Volksmenge, die: → Menschenmenge
volksnah: → bürgernah
Volksrepublik, die: → Republik
Volksschule, die: → Hauptschule
Volksstamm, der: ethnische Gruppe ·
Stamm; Ethnie (*fachspr*); → *auch* Volk (1)
volkstümelnd: → volkstümlich
volkstümlich: populär; volkstümelnd (*ab-
wert*); → *auch* beliebt (1)
Volkstümlichkeit, die: Popularität; → *auch*
Beliebtheit (1)
Volksverdummung, die: → Volksverfüh-
rung
Volksverführer, der: Demagoge; Ratten-
fänger (*abwert*) + Hetzredner; → *auch* Het-
zer
Volksverführung, die: Demagogie · Volks-
verdummung · Volksverhetzung + Manipu-
lation; → *auch* Hetze (1)

Volksverhetzung

Volksverhetzung, die: → Volksverführung
Volksvertreter, der: → Abgeordnete
Volksvertretung, die: **1.** → Parlament – **2.** oberste V.: → Parlament
Volkswirtschaft, die: → Wirtschaft (1)
volkswirtschaftlich: → wirtschaftlich (1)
voll: 1. ⟨*keinen freien Raum mehr aufweisend*⟩ gefüllt · randvoll · prall[voll] ♦ *umg:* proppenvoll – **2.** → vollständig (1) – **3.** → völlig (1) – **4.** → dicklich (1) – **5.** → betrunken (1) – **6.** v. gepfropft / gestopft, brechend / gepfropft / gestopft / gerammelt / zum Brechen v.: → überfüllt; v. füllen / machen / schütten / gießen / stopfen: → füllen (I, 1); v. werden: → füllen (II); v. laden / packen: → beladen; v. tanken: → auftanken; v. stellen: → bedecken (I, 2); in vollem Umfang: **a)** → ganz (1) – **b)** → völlig (1); in vollem Maße: → völlig (1); v. und ganz: **a)** → völlig (1) – **b)** → vollständig (1); v. gefressen, bis oben hin v.: → satt (1); sich v. essen / fressen / hauen / stopfen, sich den Bauch / Pansen v. hauen / schlagen: → satt (4); die Hosen [gestrichen] v. haben: → ängstigen (II, 1); die Nase / Schnauze v. haben: → überdrüssig (1); den Kanal / Laden v. haben: **a)** → überdrüssig (1) – **b)** → betrunken (2); v. wie ein Sack / eine Kanone / Haubitze: → betrunken (1); sich v. saufen, sich den Kanal / sich v. laufen lassen: → betrinken, sich; in die Vollen gehen: → verschwenderisch (3); aus dem Vollen schöpfen: → schwelgen (1); den Buckel / Ranzen / die Jacke / Hucke / Fresse / Schnauze v. hauen: → verprügeln; v. machen / schmieren: → beschmutzen (I, 1); v. spritzen: → bespritzen (I, 1); v. stauben: → verstauben; v. miefen / stänkern: → verpesten; für v. nehmen: → respektieren; nicht für v. nehmen: → unterschätzen; nicht für v. ansehen: **a)** → unterschätzen – **b)** → verachten (1); des Lobes v. sein ⎪über⎪: → loben (1); v. drauf sein: → Verfassung (5)
vollauf: → völlig (1)
Vollbad, das: → Bad (3)
Vollbart, der: → Bart (1)
vollblütig: → lebenskräftig (1)
vollbringen: → erreichen (2)
vollbusig: 1. ⟨*mit einem großen Busen ausgestattet*⟩ *umg:* üppig bebust (*scherzh*) – **2.** v. sein: ⟨*einen großen Busen haben*⟩ *umg:* viel Holz vor der Hütte haben (*scherzh*)
vollenden: I. vollenden: **1.** ⟨*eine Arbeit zu Ende bringen*⟩ fertig stellen · fertig machen ·

abschließen · beenden · zu Ende bringen / führen · unter Dach und Fach bringen · letzte Hand anlegen · den Punkt aufs i setzen + runden – **2.** sein Leben / Dasein v.: → sterben (1) – **II.** vollenden, sich: ⟨*seinen [krönenden] Abschluss finden*⟩ [aus]reifen · zur Reife kommen
vollendet: 1. ⟨*zu Ende gebracht*⟩ fertig [gestellt] · beendet + reif · ausgereift – **2.** → vollkommen (1)
vollends: → völlig (1)
Vollendung, die: → Vollkommenheit
Völlerei, die: → Gelage (a)
vollführen: 1. → tun (1) – **2.** → beenden (1)
Vollgas, das: mit V. fahren: *umg:* mit Bleifuß fahren
vollgültig: → gültig (1)
Vollidiot, der: → Dummkopf (2)
völlig: 1. ⟨*im höchsten Grade*⟩ vollständig · vollkommen · vollends · vollauf · voll [und ganz] · ganz [und gar] · gänzlich · absolut · in vollem Maße · in vollem Umfang · auf der ganzen Linie; vollumfänglich (*schweiz*) + in der Wolle gefärbt · über und über · aufs Haar ♦ *umg:* total · komplett · rein · rein[e]weg · durch und durch; → *auch* ganz (1) – **2.** → vollständig (1)
volljährig: → mündig
Vollkasko-Mentalität, die: → Sicherheitsbedürfnis
vollkommen: 1. ⟨*allen Forderungen bzw. Erwartungen gerecht werdend*⟩ vollendet · perfekt · unerreicht · unübertroffen + klassisch · göttlich · köstlich ♦ *umg:* fertig · ideal + aus einem Guss ♦ *salopp:* ausgewachsen; → *auch* einwandfrei (1), unvergleichbar, hervorragend (1), vorbildlich – **2.** → völlig (1)
Vollkommenheit, die: Vollendung · Perfektion + Reifheit · Reife
Vollkornbrot, das: → Roggenbrot
vollleibig: → dick (1)
volllügen: die Jacke v.: → belügen
Vollmacht, die: **1.** ⟨*Befugnis, bestimmte Handlungen für jmdn. vorzunehmen*⟩ Bevollmächtigung · Ermächtigung · Generalvollmacht · Handlungsvollmacht; Prokura (*kaufm*) + Befugnis · Auftrag · Genehmigung – **2.** [die] V. erteilen: → bevollmächtigen
Vollreife, die: → Reife (1)
vollschlank: → dicklich (1)

770

Voraussicht

vollständig: 1. ⟨*alles erfassend bzw. enthaltend*⟩ vollzählig · komplett · total · umfassend · exhaustiv · restlos · lückenlos · völlig · voll [und ganz] · zur Gänze + komplex · erschöpfend · verlustlos · bis auf den letzten Buchstaben/Heller/Pfennig · auf Heller und Pfennig; → *auch* ganz (1) – **2.** → völlig (1)
vollstrecken: 1. → ausführen (3) – **2.** die Todesstrafe v.: → hinrichten (1)
Vollstreckung, die: → Ausführung (1)
Volltreffer, der: **1.** ⟨*Ausruf bei einem Gewinnspiel*⟩ bingo! – **2.** → Erfolg (1)
Volltrottel, der: → Dummkopf (2)
volltrunken: → betrunken (1)
vollumfänglich: → völlig (1)
Vollversammlung, die: Plenarversammlung · Plenum · Plenarsitzung
vollwertig: → gleichwertig (1)
vollzählig: **1.** ⟨*die festgelegte Anzahl aufweisend*⟩ ausnahmslos · ohne Ausnahme · in voller Zahl; → *auch* ¹alle (1) – **2.** → vollständig (1)
Vollzeitbeschäftigung, die: → Ganzzeitbeschäftigung
vollziehen: **I.** vollziehen: **1.** → ausführen (3) – **2.** den Beischlaf v.: → koitieren – **II.** vollziehen, sich: → geschehen (1)
Vollziehung, die: → Ausführung (1)
Vollzug, der: → Ausführung (1)
Vollzugsanstalt, die: → Strafvollzugsanstalt
Volontär, der: → Lehrling
Volte, die: → Trick
Volumen, das: **1.** → Rauminhalt – **2.** → Dicke (II, 2) – **3.** → ¹Band (II, 1)
voluminös: → dick (1)
vomieren: → übergeben (II)
von: von … her: → wegen (1); von … an: → ab (1 *u.* 2); von … ab: → ab (1); von wo: → woher (1); von sich geben: → erbrechen (I, 1)
vonnöten: → notwendig (1)
vonseiten: seitens
vonstatten: v. gehen: → stattfinden; glücklich v. gehen: → gelingen (1)
vor: nach wie vor: → weiterhin (1); vor allem: **a)** → besonders (2) – **b)** → zuerst; vor sich gehen: **a)** → verlaufen (1, 2) – **b)** → geschehen (1)
vorab: → zuerst
Vorahnung, die: → Ahnung (1)
voran: → vorwärts (1)

voranbringen: → fördern (1)
vorangehen: vorwärts gehen · von der Hand gehen ♦ *umg*: flecken · flutschen; buttern · fluschen (*landsch*); → *auch* vorankommen (1), vorwärts (2, a), gehen (9)
vorangehend: → vorherig
vorankommen: **1.** ⟨*sich nach vorwärts bewegen*⟩ vorwärts kommen · [an] Boden/an Fahrt gewinnen; → *auch* vorangehen, vorwärts (2, a) – **2.** → vorwärts (2, a)
voranpushen: → fördern (1)
voranschreiten: **1.** → entwickeln (II, 1) – **2.** → vorwärts (2, a)
vorantreiben: → beschleunigen
voraus: im/zum Voraus: → vorher; im Voraus fühlen: → ahnen (1)
vorausahnen: → ahnen (1)
vorausberechnen: → berechnen (I, 1)
Vorausberechnung, die: → Berechnung (1)
vorausbestellen: → vorbestellen
Vorausbezahlung, die: → Vorkasse
Vorausbuchung, die: → Frühbuchung
vorausgehend: → vorherig
vorausgesetzt: v., dass: → wenn (1)
Vorauskasse, die: → Vorkasse
Voraussage, die: Vorhersage · Prognose · Prophezeiung + Horoskop; → *auch* Weissagung
voraussagen: vorhersagen · prognostizieren · prophezeien; → *auch* voraussehen, weissagen
Vorausschau, die: Weitblick · Scharfblick
vorausschauend: → voraussehend
voraussehbar: vorhersehbar · berechenbar
voraussehen: vorhersehen · kommen sehen · absehen ♦ *umg*: sich an den [fünf] Fingern abzählen · sich selbst ausrechnen · sich zusammenreimen ♦ *salopp*: sich an den [fünf] Fingern abklavieren ♦ *derb*: sich am Arsch abfingern/abklavieren; → *auch* ahnen, spüren (1), voraussagen
vorausschend: vorausschauend · hellsichtig · scharfsichtig + seherisch · prophetisch · visionär; → *auch* weitblickend
voraussetzen: **1.** ⟨*zur Voraussetzung machen*⟩ zugrunde legen + bedingen – **2.** → annehmen (2)
Voraussetzung, die: Vorbedingung · Bedingung · Kondition · Prämisse + Grundlage · Plattform
Voraussicht, die: **1.** → Berechnung (2) – **2.** aller V. nach: → wahrscheinlich

voraussichtlich

voraussichtlich: → wahrscheinlich
vorauswerfen: seine Schatten v.: → ankündigen (II)
vorauszahlen: vorschießen · vorstrecken; bevorschussen (*amtsspr*)
Vorauszahlung, die: → Vorkasse
Vorbau, der: **1.** → Balkon (1) – **2.** → Erker (1) – **3.** → Anbau – **4.** → Brust (I, 2)
vorbauen: → vorsorgen
vorbedacht: → wohl (7)
Vorbedacht, der: mit V.: → wohl (7); ohne V.: → absichtslos
vorbedenken: → berücksichtigen (1)
Vorbedingung, die: → Voraussetzung
Vorbehalt, der: **1.** ⟨einschränkende Bedingung⟩ Bedenken · Einschränkung · Reservat · Reservation; Kautel (*Rechtsw*) + Reservatio mentalis – **2.** mit V.: → bedingt (1); ohne V.: → bedingungslos
vorbehalten: sich v.: sich ausbedingen
vorbehaltlos: → bedingungslos
vorbei: 1. ⟨zeitlich⟩ vorüber · um + zu spät · vergangen ♦ *gehoben*: dahin ♦ *umg*: passee · gewesen – **2.** → vorüber (1) – **3.** v. sein: → abgelaufen (3)
vorbeibenehmen, sich (*umg*): *normalspr*: einen Fauxpas begehen · sich flegelhaft benehmen · aus dem Rahmen fallen ♦ *umg*: sich danebenbenehmen · entgleisen · aus der Rolle fallen ♦ *salopp*: runksen (*landsch*)
vorbeigehen: 1. → besuchen – **2.** → vergehen (I, 1)
vorbeigelingen: → misslingen
vorbeikommen: 1. → besuchen – **2.** → durchkommen (1)
Vorbeimarsch, der: Defilee · Parade; Heerschau (*veraltend*) + Aufmarsch
vorbeimarschieren: defilieren · paradieren + aufmarschieren
vorbeimogeln, sich: sich v. |an|: → ausweichen (2)
vorbeischießen: → verfehlen (1)
vorbeitreffen: → verfehlen (1)
Vorbemerkung, die: **1.** → Vorwort – **2.** → Einleitung (1)
vorbereiten: I. vorbereiten ⟨die Bedingungen für die Ausführung bzw. die Benutzung schaffen⟩ bereitmachen · präparieren · fertig machen · zurechtlegen · [her]richten · zurüsten; vorrichten (*landsch*) ♦ *gehoben*: bereiten ♦ *umg*: zurechtmachen; → *auch* anbahnen (I), zubereiten (1) – **II.** vorbereiten, sich: ⟨sich in die Lage versetzen, etw. aus-

zuführen⟩ sich bereitmachen · sich fertig machen · sich präparieren · sich einstellen |auf| · sich einrichten |auf| · sich einstimmen |auf/für| · sich wappnen · sich gefasst machen |auf|
Vorbereiter, der: → Wegbereiter
vorbereitet: 1. → fertig (1) – **2.** v. sein |auf|: ⟨sich auf ein kommendes Ereignis eingestellt haben⟩ gefasst sein |auf| · gewärtig sein · gewärtigen · rechnen |mit|
Vorbereitung, die: Präparation + Einstimmung
vorbestellen: vorausbestellen + buchen · subskribieren; → *auch* bestellen (1)
Vorbestellung, die: + Subskription; → *auch* Bestellung (1)
vorbestimmt: schicksalhaft · unabwendbar; → *auch* unvermeidlich
Vorbestrafte, der: *salopp*: Knacki · Knastbruder · Knasti; Knastologe (*scherzh*); Häfenbruder (*österr umg*)
Vorbeugehaft, die: → Haft (1)
vorbeugen: → vorsorgen
vorbeugend: präventiv · prophylaktisch ♦ *umg*: auf Verdacht (*oft scherzh*)
Vorbeugung, die: Prävention · Prophylaxe + Krankheitsverhütung
Vorbild, das: **1.** ⟨beispielgebende Person od. Sache⟩ Beispiel · Ideal · Leitbild · Musterbild + Hoffnungsträger ♦ *gehoben*: Kultfigur · Ikone · Leitstern; → *auch* Muster (1) – **2.** sich zum V. nehmen können: ⟨sich ein Beispiel an jmdm. nehmen können⟩ *umg*: sich eine Scheibe abschneiden können |von| – **3.** sich zum V. nehmen: → anlehnen (II, 2)
vorbildlich: beispielhaft · beispielgebend · nacheifernswert · nachahmenswert · mustergültig · musterhaft · exemplarisch ♦ *gehoben*: comme il faut ♦ *umg*: wie es im Buch steht; → *auch* hervorragend (1), vollkommen (1)
vorblasen: → vorsagen
Vorbote, der: → Vorzeichen
vorbringen: zur Sprache bringen · zur Debatte/Diskussion stellen · in die Diskussion werfen · ins Feld/Gefecht/Treffen führen ♦ *umg*: anbringen · aufs Tapet bringen; → *auch* vortragen, berichten, ansprechen (2)
vordem: 1. → früher (1) – **2.** → vorher
Vorderfront, die: → Vorderseite
vordergründig: 1. → durchschaubar – **2.** → oberflächlich (1)

Vorherrschaft

vorderhand: → vorläufig
Vordermann, der: auf V. bringen: **a)** → erneuern (1) – **b)** → zurechtweisen
Vorderseite, die: Vorderfront · Front[seite] · Frontwand · Fassade · Vorderteil · vordere Ansicht · Hauptansicht · Stirnseite
Vorderteil, der: → Vorderseite
vordringen: 1. → verbreiten (II) – **2.** → bekannt (4, b)
vordringlich: 1. → wichtig (1) – **2.** → vorrangig
Vordruck, der: → Formular
vorehelich: → unehelich
voreilig: → übereilt
voreingenommen: → befangen (1)
Voreingenommenheit, die: → Befangenheit (1)
Voreltern (*Pl*): → Vorfahr[e] (II)
vorenthalten: → verweigern (1)
vorerst: → vorläufig
vorerwähnt: → oben (2)
Vorfahr[e]: I. Vorfahr[e], der: ⟨*längst verstorbener Verwandter, von dem man abstammt*⟩ Ahn[e] · Urahn[e] + Ahnherr · Stammvater – **II.** Vorfahren (*Pl*): ⟨*die Menschen früherer Zeiten*⟩ Voreltern · Vorväter · Väter · die Alten ♦ *gehoben:* die Altvordern (*veraltend*)
vorfahren: anfahren · auffahren
Vorfahrin, die: Ahne · Ahnin · Urahne + Ahnfrau · Stammmutter
Vorfall, der: → Ereignis (1)
vorfallen: → geschehen (1)
Vorfeld, das: im V.: → vornherein (1)
vorfinden: antreffen · erreichen · begegnen · finden; betreffen (*veraltend*); → *auch* finden (I, 1)
vorfühlen: sich vortasten · seine Fühler ausstrecken · das Terrain sondieren
Vorführdame, die: → Model (2)
vorführen: 1. → darbieten (I, 1) – **2.** → zeigen (I, 2) – **3.** → bloßstellen (I, 1)
Vorführung, die: → Darbietung (1)
Vorgang, der: → Ereignis (1)
vorgaukeln: → vortäuschen, vorspiegeln (1)
vorgeben: 1. → vortäuschen – **2.** → festlegen (I, 1)
Vorgebirge, das: **1.** → Kap – **2.** → Brust (I, 2)
vorgeblich: → angeblich
vorgefasst: vorgefasste Meinung: → Vorurteil
Vorgefühl, das: → Ahnung (1)

vorgehen: 1. → geschehen (1) – **2.** → handeln (I, 3) – **3.** → Vorrang (2) – **4.** v. ⎮gegen⎮: → bekämpfen (I, 2); zum Angriff v., offensiv v.: → angreifen (I, 1, a)
Vorgehen, das: → Vorgehensweise
Vorgehensweise, die: Methodik · Strategie · Taktik · Vorgehen · Procedere; → *auch* Verfahren (1)
vorgenannt: → oben (2)
Vorgericht, das: → Vorspeise
vorgerückt: zu vorgerückter Stunde: → spät (1)
Vorgeschichte, die: Prähistorie + Urgeschichte; → *auch* Geschichte (1), Vorzeit (1)
vorgeschichtlich: prähistorisch + urgeschichtlich; → *auch* geschichtlich (1), vorzeitlich
Vorgesetzte, der: **1.** ⟨*übergeordneter Mitarbeiter*⟩ Chef ♦ *umg:* Boss ♦ *salopp:* der Alte; → *auch* ¹Leiter – **2.** zum Vorgesetzten machen: → überordnen
vorgestellt: → gedacht
vorgreifen: → vorwegnehmen
Vorgriff, der: → Vorwegnahme
vorhaben: → beabsichtigen
Vorhaben, das: **1.** → Unternehmung (1) – **2.** → ²Plan (1)
Vorhalle, die: → Wandelhalle
vorhalten: vorwerfen · Vorhaltungen / Vorwürfe machen ⎮wegen⎮; Vorstellungen machen ⎮wegen⎮ (*veraltend*) ♦ *umg:* unter die Nase reiben · Moral predigen · aufs Butterbrot / Brot schmieren / streichen; hindrücken · aufmutzen (*landsch*); → *auch* beschuldigen (1)
Vorhaltung, die: **1.** → Vorwurf (1) – **2.** Vorhaltungen machen ⎮wegen⎮: → vorhalten
vorhanden: 1. → vorrätig (1) – **2.** v. sein: **a)** → bestehen (1) – **b)** → vorkommen (1)
Vorhandensein, das: → Dasein (1)
Vorhang, der: **1.** → Gardine (1) – **2.** → Portiere
Vorhängeschloss, das: → Schloss (2)
vorher: zuvor · vordem · davor · im Voraus; zum Voraus (*bes. schweiz*); im Vorhinein (*bes. österr*); → *auch* früher (1)
vorhergehend: → vorherig
vorherig: vorhergehend · vorangehend · vorausgehend
Vorherrschaft, die: Hegemonie · Vormachtstellung · Übergewicht · Dominanz · Prädomination · Prävalenz

vorherrschen

vorherrschen: 1. ⟨*am stärksten in Erscheinung treten*⟩ überwiegen · vorwiegen · [prä]dominieren · prävalieren; vorwalten (*veraltend*) – **2.** → herrschen (2)
vorherrschend: dominant · prävalent
Vorhersage, die: → Voraussage
vorhersagen: → voraussagen
vorhersehbar: → voraussehbar
vorhersehen: → voraussehen
Vorhersicht, die: → Berechnung (2)
vorhinein: im Vorhinein: → vorher
Vorhut, die: Vortrupp
vorig: 1. ⟨*unmittelbar vorangehend*⟩ letzt · vergangen – **2.** → übrig (1)
Vorkämpfer, der: Avantgardist · Protagonist ♦ *gehoben*: Bannerträger; → *auch* Wegbereiter
Vorkasse, die: (*kaufm*): Vorauskasse · Vorausbezahlung · Vorauszahlung
Vorkehrung, die: Vorkehrungen treffen: → vorsorgen
vorknöpfen: sich v.: → vornehmen (1)
vorkommen: 1. ⟨*an einem Ort existieren*⟩ auftreten · begegnen · sich finden · vorhanden sein; aufscheinen (*südd österr*) – **2.** → geschehen (1) – **3.** → scheinen (1) – **4.** spanisch v.: → wundern (I)
Vorkommnis, das: → Ereignis (1)
vorkosten: → abschmecken
vorladen: laden · zitieren; evozieren (*Rechtsw*)
Vorladung, die: Ladung · Zitierung; Evokation (*Rechtsw*)
Vorlage, die: **1.** → Muster (1) – **2.** → Antrag (1) – **3.** → Zuspiel – **4.** eine V. geben: → zuspielen (1)
Vorläufer, der: → Wegbereiter
vorläufig: einstweilig · provisorisch · interimistisch · einstweilen · zunächst · vorerst · vorderhand · inzwischen · fürs Erste · zum Ersten · bis auf weiteres; → *auch* zeitweilig
vorlaut: vorwitzig · naseweis; fürwitzig (*veraltend*); → *auch* altklug, keck
vorlegen: 1. ⟨*zur Ansicht hinlegen*⟩ unterbreiten · präsentieren + einbringen · auflegen · auslegen – **2.** → auftischen (1) – **3.** eine Frage v.: → fragen (I, 1); ein Angebot v.: → vorschlagen; den Riegel / das Schloss v.: → abschließen (I, 1)
Vorleger, der: → Teppich (1)
vorleiern: → aufsagen (1)
vorlesen: ablesen

Vorlesung, die: **1.** ⟨*Unterrichtsform an Hochschulen*⟩ Kolleg – **2.** Vorlesungen halten: → lehren (1)
Vorlesungsraum, der: → Hörsaal
Vorlesungssaal, der: → Hörsaal
vorlieb: v. nehmen: → begnügen, sich (1)
Vorliebe, die: **1.** ⟨*starke Neigung*⟩ Faible · Sympathie · Schwäche · Hang; → *auch* Neigung (1), Sucht – **2.** eine V. haben |für|: ⟨*eine besondere Neigung für etw. haben*⟩ ein Faible/eine Schwäche haben |für|; inklinieren (*veraltet*) ♦ *umg*: fliegen |auf| · stehen |auf| · scharf / wild / verrückt / versessen sein |auf| – **3.** mit V.: → gern[e] (1)
vorlügen: → belügen
vormachen: 1. → vortäuschen, vorspiegeln (1) – **2.** blauen Dunst v.: → vorspiegeln (1); ein X für ein U v.: → täuschen (I); sich v.: → einbilden (1); den Riegel / das Schloss v.: → abschließen (I, 1)
Vormachtstellung, die: → Vorherrschaft
Vormachtstreben, das: → Imperialismus
vormalig: → ehemalig
vormals: → früher (1)
Vormarsch, der: auf dem V. sein: **a)** → bekannt (4, b) – **b)** → verbreiten (II)
Vormerkbuch, das: → Notizbuch
Vormittag, der: am V.: → morgens
vormittags: → morgens
Vormund, der: Tutor · gesetzlicher Vertreter; Kurator (*veraltet*) + Pfleger · der Erziehungsberechtigte
Vormundschaft, die: **1.** ⟨*gesetzl. Vertretung für Minderjährige bzw. entmündigte Erwachsene*⟩ Tutel (*veraltend*); Kuratel (*veraltend Rechtsw*) + Pflegschaft – **2.** unter V. stellen: → entmündigen
vorn: 1. ⟨*an vorderster Stelle bzw. in vorderster Reihe*⟩ ganz vorn · zuvorderst – **2.** ganz v.: → 1; von v.: → wieder (1); von v. bis hinten: → ganz (1); von v. anfangen: → wiederholen (I, 1, a *u.* b); nach v. bringen: → fördern (1); v. liegen: → Spitzenleistung (2)
vornehm: 1. ⟨*von erlesenem Geschmack u. kultiviertem Lebensstil zeugend*⟩ fein · nobel · distinguiert · exklusiv; [hoch]herrschaftlich (*auch iron od. scherzh*) + patrizisch · adlig ♦ *umg*: feudal (*scherzh*) ♦ *salopp*: stinkfein · stinkvornehm; wie Graf Koks (*spött*) ♦ *derb*: scheißvornehm; → *auch* damenhaft – **2.** → hochherzig

vornehmen: sich v.: **1.** ⟨*zur Ermahnung herbeiholen*⟩ umg: sich vorknöpfen · sich greifen · sich kaufen · [sich] zur Brust nehmen; → *auch* zurechtweisen – **2.** ⟨*etw. zu tun beschließen*⟩ einen Vorsatz fassen · ins Auge fassen · sich zum Ziel setzen ♦ umg: sich in den Kopf setzen; → *auch* vorsehen (I), beabsichtigen

Vornehmheit, die: Feinheit · Noblesse · Distinktion; → *auch* Würde (1)

vornehmlich: → besonders (2)

Vornehmtuer, der: → Angeber (1)

vornherein: 1. von v.: ⟨*von Anfang an*⟩ im Vorfeld; im Vornhinein (*landsch*); im/zum Vornherein (*schweiz*) ♦ umg: vorweg – **2.** im/zum Vornherein: → 1

vornhinein: im Vornhinein: → vornherein (1)

Vorort, der: Vorstadt + Stadtrand · Außenbezirk; → *auch* Trabantenstadt

Vorortzug, der: → Personenzug

vorpreschen: → überstürzen

vorprogrammiert: → sicher (2)

Vorrang, der: **1.** ⟨*die größere Wichtigkeit gegenüber etw. anderem*⟩ Primat · Priorität ♦ umg: Prä – **2.** V. haben: ⟨*als wichtiger angesehen werden*⟩ vorgehen · Priorität haben

vorrangig: erstrangig · vordringlich

Vorrat, der: Reserve · Rücklage; Reservefonds (*Wirtsch*) + Reservoir · Fettpolster

vorrätig: 1. ⟨*als Vorrat zur Verfügung stehend*⟩ verfügbar · vorhanden · disponibel + flüssig – **2.** v. haben: ⟨*für den Verkauf zur Verfügung haben*⟩ führen · auf Lager haben · noch zu haben sein; → *auch* käuflich (2)

Vorratshaus, das: → Lager (3)

Vorratskammer, die: → Speisekammer

Vorrecht, das: Privileg · Sonderrecht · Vergünstigung · Priorität; Privilegium (*veraltet*) + Freiheit; → *auch* Monopol

Vorrede, die: → Vorwort

Vorreiter, der: → Wegbereiter

vorrichten: 1. → vorbereiten (I) – **2.** → reparieren

Vorruheständler, der: Frühpensionär

vorsagen: vorsprechen · einflüstern · einhelfen; soufflieren (*Theat*); einsagen (*süddt österr*); einblasen · vorblasen (*schülerspr*)

Vorsager, der: Einhelfer; Souffleur (*Theat*); Einsager (*süddt österr*); Einbläser (*schülerspr*)

Vorsatz, der: **1.** → Absicht (1) – **2.** ohne V.: → absichtslos; einen V. fassen: → vornehmen (2)

vorsätzlich: → absichtlich

vorsatzlos: → absichtslos

Vorschein, der: zum V. kommen: → erscheinen (1, b)

vorschieben: den Riegel v.: → abschließen (I, 1); einen Riegel v.: → unterbinden

vorschießen: → vorauszahlen

Vorschlag, der: **1.** ⟨*zur Beeinflussung von jmds. Handeln vorgebrachte Meinungsäußerung*⟩ Anregung · Ratschlag + Plan; → *auch* Angebot (1) – **2.** einen V. machen, in V. bringen: → vorschlagen

vorschlagen: anregen · einen Vorschlag machen · eine Anregung geben · in Vorschlag bringen + eingeben · antragen · anbieten · ein Angebot machen/vorlegen/unterbreiten; → *auch* raten (1)

vorschnell: 1. → übereilt – **2.** vorschnelle Aktion: Schnellschuss (*meist spött*)

vorschreiben: → anordnen (2)

Vorschrift, die: **1.** ⟨*für eine bestimmte Tätigkeit verbindl. Anordnung*⟩ Verhaltens-[maß]regel · Verhaltungsmaßregel · Mussbestimmung + Reglement · Satzung · Formalität · Ordnung; → *auch* Regel (1), Richtlinie, Verordnung (1) – **2.** nach V.: → vorschriftsmäßig

vorschriftsgemäß: → vorschriftsmäßig

vorschriftsmäßig: vorschriftsgemäß · nach Vorschrift · ordnungsgemäß · regelgemäß · regulär · regelrecht · nach der Regel · reglementarisch · reglementmäßig · regelmäßig · ordentlich; → *auch* richtig (1)

vorschriftswidrig: → falsch (1)

Vorschub, der: V. leisten: → fördern (1)

vorschützen: → vortäuschen

vorschwindeln: → belügen

vorsehen: I. vorsehen: ⟨*die spätere Berücksichtigung festlegen*⟩ [ein]planen · in Aussicht nehmen; → *auch* bestimmen (1, a u. b), vornehmen (2) – **II.** vorsehen, sich: ⟨*seine Aufmerksamkeit auf etwaige Gefahren richten*⟩ sich in Acht nehmen · auf der Hut sein · die Augen/Ohren offen halten/aufmachen; Augen und Ohren offen halten/aufmachen; Obacht geben · sich in Obacht nehmen (*bes. süddt*) ♦ umg: die Augen/Ohren aufsperren · Augen und Ohren aufhalten · die Augen überall haben · auf dem Quivive sein

Vorsehung

Vorsehung, die: → Schicksal (1)
vorsetzen: → auftischen (1)
Vorsicht, die: Wachsamkeit · Achtsamkeit
vorsichtig: 1. ⟨etwaige Gefahren od. Folgen bedenkend⟩ wachsam · achtsam · bedächtig – **2.** → behutsam
vorsintflutlich: → veraltet (1), altmodisch (1)
Vorsitz, der: den V. führen: → vorstehen
vorsitzen: → vorstehen
Vorsitzende, der: Vorsitzer · Präsident + Vorständler · der Vorstandsvorsitzende · Präses; → auch ¹Leiter, Sprecher (1)
Vorsitzer, der: → Vorsitzende
Vorsorge, die: V. treffen: → vorsorgen
vorsorgen: vorbeugen · vorbauen · Vorsorge treffen · Vorkehrungen treffen + zwei / mehrere Eisen im Feuer haben
Vorsorgeuntersuchung, die: Gesundheitscheck · Check
Vorspann, der: → Einleitung (1)
vorspannen: → anspannen (1)
Vorspeise, die: Vorgericht · Hors-d'œuvre
vorspiegeln: 1. ⟨etw. nicht Gegebenes als wirklich darstellen⟩ vorgaukeln · blenden · bluffen ♦ umg: [blauen Dunst] vormachen; → auch täuschen (I), vortäuschen – **2.** sich v.: → einbilden (1)
Vorspiegelung, die: Gaukelei · Gauklerei · Gaukelspiel · Täuschung · Blendwerk · Bluff · potemkinsche Dörfer; → auch Sinnestäuschung
Vorspiel, das: Ouvertüre · Präludium · Prolog
vorsprechen: 1. → vorsagen – **2.** v. |bei|: → besuchen
Vorsprung, der: → Absatz (2)
Vorstadt, die: → Vorort
Vorstand, der: Präsidium; → auch Führung (2)
Vorständler, der: → Vorsitzende
Vorstandsvorsitzende, der: → Vorsitzende
Vorstecknadel, die: → Nadel (1)
vorstehen: den Vorsitz führen · vorsitzen · präsidieren; → auch leiten (1)
vorstehend: → oben (2)
Vorsteher, der: → ¹Leiter
Vorstehhund, der: → Jagdhund (I)
vorstellbar: [er]denkbar · ausdenkbar · erdenklich · imaginabel
vorstellen: I. vorstellen: **1.** ⟨jmdm. den Namen einer Person zum ersten Mal nennen⟩ bekannt machen + einführen – **2.** → dar-

stellen (I, 1, b) – **3.** sich v.: ⟨sich geistig vor Augen führen⟩ sich vergegenwärtigen · sich einen Begriff / ein Bild machen |von| · sich ausmalen – **II.** vorstellen, sich: ⟨jmdm. seinen eigenen Namen nennen⟩ sich bekannt machen + sich einführen · sein Inkognito lüften
vorstellig: v. werden: → beschweren (II)
Vorstellung, die: **1.** ⟨namentl. Bekanntmachung von Personen⟩ + Einführung – **2.** ⟨gedankl. Abbild bzw. gedankl. Konstruktion⟩ Anschauung · Begriff · Bild – **3.** → Gedanke (1) – **4.** → Bild (4) – **5.** → Darbietung (1) – **6.** Vorstellungen machen |wegen|: → vorhalten
Vorstoß, der: → Angriff (1, a)
vorstrecken: → vorauszahlen
vorstürmen: → stürmen (2)
vortasten, sich: → vorfühlen
vortäuschen: vorgeben · vorschützen · vorgaukeln · vorzaubern · simulieren · fingieren + heucheln ♦ umg: vormachen · mimen · markieren · türken; → auch vorspiegeln
Vorteil, der: **1.** → Nutzen (1) – **2.** im V. sein: ⟨eine bessere Position als der Gegenspieler innehaben⟩ umg: Oberwasser haben – **3.** V. ziehen |aus|: → ausnutzen (1)
vorteilhaft: 1. → einträglich – **2.** → glücklich (1) – **3.** vorteilhafter Kauf: → Kauf (2)
Vorteilspreis, der: → Schnäppchenpreis
Vortrag, der: **1.** ⟨das künstler. Vortragen⟩ Darbietung · Rezitation · Deklamation – **2.** ⟨[lehrhafte] mündl. Darlegung vor Zuhörern⟩ Referat; → auch Rede (1) – **3.** einen V. halten: → sprechen (2)
vortragen: 1. ⟨einem Publikum künstlerisch vermitteln⟩ rezitieren · deklamieren · wiedergeben + referieren ♦ gehoben: zu Gehör bringen; → auch aufsagen (1), vorbringen – **2.** → berichten – **3.** einen Angriff v.: → angreifen (I, 1, a)
Vortragende, der: → Redner
Vortragskünstler, der: Rezitator · Diseur
vortrefflich: → hervorragend (1)
Vortrieb, der: → Schub (1)
Vortrupp, der: → Vorhut
vorüber: 1. ⟨örtlich⟩ vorbei – **2.** → vorbei (1) – **3.** v. sein: → abgelaufen (3)
vorübergehen: 1. → vergehen (I, 1) – **2.** im Vorübergehen: ⟨ohne sich lange damit aufzuhalten⟩ en passant ♦ umg: zwischen Tür und Angel

Vulva

vorübergehend: augenblicklich · momentan · episodisch · ephemer · temporär · zwischenzeitlich · für kurze Zeit; → *auch* zeitweilig, vergänglich
vorüberkommen: → durchkommen (1)
Vorurteil, das: vorgefasste Meinung; → *auch* Befangenheit (1)
vorurteilsfrei: → sachlich (1)
vorurteilslos: → sachlich (1)
Vorurteilslosigkeit, die: → Sachlichkeit (1)
Vorväter (*Pl*): → Vorfahr[e] (II)
vorwalten: → vorherrschen (1)
Vorwand, der: Finte · Deckmantel · Behelf; → *auch* Ausrede
vorwärts: 1. ⟨*Aufforderung, in seinem Vorhaben fortzufahren*⟩ weiter · voran · marsch ♦ *umg:* weiter im Text · avanti · drauflos; → *auch* los (1) – **2.** v. kommen: **a)** ⟨*in seinem Vorhaben Fortschritte machen*⟩ vorankommen · weiterkommen · voranschreiten · vom Fleck / von der Stelle kommen; → *auch* vorangehen, vorankommen (1) – **b)** → vorankommen (1) – **c)** → aufsteigen (2) – **d)** → Erfolg (2) – **3.** v. bringen: → fördern (1); v. gehen: **a)** → vorangehen – **b)** → angreifen (I, 1, a); v. treiben: → antreiben (1)
vorweg: 1. → vornherein (1) – **2.** → zuerst
Vorwegnahme, die: Vorgriff · Antizipation
vorwegnehmen: vorgreifen · antizipieren + zuvorkommen
Vorweihnachtszeit, die: → Advent (1)
vorweisen: → zeigen (I, 2)
Vorwelt, die: → Vergangenheit (1)
vorweltlich: → veraltet (1)
vorwerfen: → vorhalten
vorwiegen: → vorherrschen (1)
vorwiegend: 1. → überwiegend – **2.** → besonders (2)
vorwitzig: → vorlaut
Vorwort, das: Vorrede (*veraltend*) + Vorbemerkung · Geleitwort; → *auch* Einleitung (1)

Vorwurf, der: **1.** ⟨*das Vorhalten einer* [*vermeintlichen*] *Schuld*⟩ Vorhaltung; → *auch* Tadel (1) – **2.** → Thema (1) – **3.** Vorwürfe machen │wegen│: → vorhalten
vorzaubern: → vortäuschen
Vorzeichen, das: Anzeichen · Omen · Vorbote ♦ *gehoben:* Bote; → *auch* Zeichen (1)
Vorzeigebetrieb, der: → Musterbetrieb
vorzeigen: 1. → zeigen (I, 2) – **2.** seine Papiere / den Pass v.: → ausweisen (II, 1)
Vorzeigeunternehmen, das: → Musterbetrieb
Vorzeit, die: **1.** ⟨*vorgeschichtl. Zeit*⟩ Urzeit · graue Vorzeit / Vergangenheit; → *auch* Geschichte (1), Vorgeschichte – **2.** graue V.: → 1
vorzeiten: → früher (1)
vorzeitig: 1. ⟨*früher als zur vorgesehenen Zeit*⟩ verfrüht · zu früh · vor der Zeit – **2.** ⟨*in verhältnismäßig jungen Jahren*⟩ zu früh · vor der Zeit · vor seinen Jahren
vorzeitlich: urzeitlich · frühzeitlich · archaisch; → *auch* vorgeschichtlich
vorziehen: → bevorzugen
Vorzimmerdame, die: → Sekretärin
Vorzug, der: den V. geben: → bevorzugen
vorzüglich: → hervorragend (1)
vorzugsweise: → besonders (2)
votieren: 1. → abstimmen (1) – **2.** v. │für│: → wählen (1)
Votum, das: **1.** → Abstimmung (1) – **2.** → Entscheidung (1)
Voucher, der: → Gutschein
Voyeur, der: *umg:* Spanner
VTOL-Flugzeug, das: → Senkrechtstarter (1)
vulgär: 1. → gewöhnlich (2) – **2.** → derb (2)
Vulkan, der: → Berg (I, 1)
Vulva, die: weibliche Scham ♦ *salopp:* Schnecke ♦ *derb:* Fotze; → *auch* Geschlechtsteil, Scheide (1)

W

Waage, die: **1.** → Gleichgewicht (1) – **2.** das Zünglein an der W. sein: → entscheiden (I, 2)

waagerecht: horizontal

Waagschale, die: sein Gewicht in die W. werfen: → einsetzen (II); in die W. fallen: → wichtig (3); nicht in die W. fallen: → wichtig (4)

wabbelig: → weich (1, b *u.* c)

wach: 1. ⟨*nicht schlafend*⟩ munter + hellwach – **2.** → aufgeweckt – **3.** w. werden: → aufwachen (1); w. sein, w. liegen: → wachen (1)

Wachdienst, der: → Wache (2)

Wache, die: **1.** ⟨*Wache haltende Person od. Gruppe*⟩ Wachposten · Posten · Wachmannschaft + Schildwache · Postenstand · Leibwache · Garde; → *auch* Bewachung (1) – **2.** ⟨*das Wachehalten*⟩ Wachdienst · Postendienst – **3.** [auf] W. stehen: ⟨*als Wachposten Dienst tun*⟩ Wache haben/halten · [auf] Posten stehen + die Runde machen ♦ *dicht:* auf Wacht stehen ♦ *salopp:* Posten/Wache schieben – **4.** W. haben/halten/schieben: → 3

wachen: 1. ⟨*nicht schlafen*⟩ wach/munter sein + wach liegen · keinen Schlaf finden ♦ *umg:* auf sein + kein Auge zutun können · sich die Nacht um die Ohren schlagen – **2.** → aufpassen (1)

wachmachen: → wecken (1)

Wachmann, der: → Polizist

Wachmannschaft, die: → Wache (1)

Wachposten, der: → Wache (1)

wachrufen: 1. → wecken (1) – **2.** → aufrütteln (2)

wachrütteln: 1. → wecken (1) – **2.** → aufrütteln (1 *u.* 2)

wachsam: 1. → aufmerksam (1) – **2.** → vorsichtig (1)

Wachsamkeit, die: **1.** → Aufmerksamkeit (1) – **2.** → Vorsicht

wachsbleich: → blass (1)

wachsen: 1. ⟨*größer werden*⟩ im Wachstum begriffen sein + sprießen · sprossen · [empor]schießen · in die Höhe schießen · wie Pilze aus der Erde schießen; → *auch* grünen, wuchern (2), entwickeln (II, 2) – **2.** über den Kopf w.: **a)** → überflügeln – **b)** → überhand; sich keine grauen Haare w. lassen: → sorglos (2); dafür sorgen, dass die Bäume nicht in den Himmel w.: → beschränken; das Gras w. hören: → überklug (2)

Wachstum, das: **1.** ⟨*das Wachsen*⟩ Wuchs + Sprossung · Gedeihen – **2.** im W. begriffen sein: → wachsen (1)

Wachstumsjahre (*Pl*): → Entwicklungsjahre

Wacht, die: auf W. stehen: → Wache (3)

Wächter, der: Hüter; → *auch* Aufseher, Pförtner

Wachtmeister, der: → Polizist

Wachtraum, der: Tagtraum; → *auch* Traum (1)

wackelig: 1. ⟨*nicht fest stehend*⟩ kipplig · schwankend · labil – **2.** → unsicher (1 *u.* 2) – **3.** → locker (1) – **4.** auf wackeligen Beinen/Füßen stehen: → unsicher (5, b)

Wackelkandidat, der: → unzuverlässig

wackeln: 1. ⟨*nicht fest stehen*⟩ kippeln – **2.** → schwanken (1) – **3.** → zappeln (1)

wacker: → rechtschaffen

Wadenbeißer, der: → Streitsüchtige

Wädli, das: → Eisbein

Waffe, die: die W. gegen sich kehren: → erschießen (II); zu den Waffen rufen: → einberufen (2); die Waffen niederlegen/strecken: → ergeben (II, 1)

Waffel, die: einen an der W. haben: → verrückt (5)

Waffengang, der: → Kampf (1)

Waffenhändler, der: Rüstungshändler

Waffenlager, das: Arsenal + Rüstkammer · Zeughaus (*hist*)

waffenlos: → unbewaffnet

Wahrheitsliebe

waffenstarrend: → hochgerüstet
waffnen: → bewaffnen (I)
Wagemut, der: → Kühnheit
wagemutig: → kühn
wagen: 1. ⟨*sich entschließen, etw. Gefährliches zu tun*⟩ riskieren · sich [ge]trauen · den Mut / das Herz haben · ein Risiko eingehen · es ankommen lassen |auf| · sich einlassen |auf / zu| + sein Leben in die Schanze schlagen · den Hals wagen – **2.** alles w.: ⟨*etw. trotz Gefährdung seiner Existenz tun*⟩ alles riskieren · alles aufs Spiel / auf eine Karte setzen · aufs Ganze gehen · hoch pokern · Hasard spielen; hasardieren (*veraltend*)
Wagen, der: **1.** ⟨*Fahrzeug ohne eigenen Antrieb*⟩ Gefährt · Karren + Leiterwagen · Gespann · Fuhrwerk · Waggon; → *auch* Handwagen – **2.** → Auto (1) – **3.** vor den W. spannen: → anspannen (1); das fünfte Rad am W. sein: → überflüssig (4)
wägen: 1. → schätzen (1) – **2.** → ²wiegen (1)
Wagenaufbau, der: → Karosserie
Wagenichts, der: → Feigling
Wagenladung, die: Fuhre · Fuder
Wagenpark, der: Fuhrpark · Park
Wagenrad, das: Rad
Wagentür, die: Schlag (*veraltend*)
Wagestück, das: → Wagnis
Waggon, der: → Wagen (1)
waghalsig: → kühn
Waghalsigkeit, die: → Kühnheit
Wagnis, das: Risiko · Wagestück · Vabanquespiel · Gratwanderung · Drahtseilakt · Experiment · Unterfangen · Abenteuer + Husarenstück · Husarenritt
Wahl, die: **1.** ⟨*die Ausübung seines Wahlrechts*⟩ Urnengang; → *auch* Abstimmung (1) – **2.** → Auswahl (1) – **3.** → Entscheidung (1) – **4.** [s]eine W. treffen: **a)** → wählen (1) – **b)** → entscheiden (II); keine [andere] W. lassen: → zwingen (1); keine andere W. haben: → müssen (1); nach W.: → beliebig (1); erste W.: → erstklassig (1)
Wahlakt, der: → Abstimmung (1)
wählen: 1. ⟨*sich für jmdn. od. etw. entscheiden*⟩ stimmen / votieren |für| · seine Stimme geben |für| · [s]eine Wahl treffen + zur Urne gehen · plädieren |für| ; → *auch* abstimmen (1) – **2.** → auswählen – **3.** → entscheiden (II) – **4.** den Freitod w.: → Selbstmord (2)

wählerisch: anspruchsvoll · mäklig; heikel (*landsch*); krüsch (*norddt*) + eklig; → *auch* verwöhnt
Wahlgang, der: → Abstimmung (1)
wahllos: → beliebig (1)
Wahlspruch, der: Leitsatz · Leitspruch · Motto · Devise · Parole · Losung ◆ *gehoben*: Panier
Wahn, der: → Einbildung (1)
Wahnbild, das: → Sinnestäuschung
wähnen: → vermuten
Wahnsinn, der: **1.** → Geisteskrankheit – **2.** → Unsinn (1, a)
wahnsinnig: 1. → geisteskrank (1) – **2.** → sehr
Wahnvorstellung, die: → Sinnestäuschung
Wahnwitz, der: → Unsinn (1, a)
wahnwitzig: → sinnlos (1)
wahr: 1. ⟨*der Wirklichkeit entsprechend*⟩ wirklich + richtig – **2.** → wirklich (1) – **3.** w. sein: → stimmen (1); w. machen: → verwirklichen; für w. halten: → glauben (1); eine wahre Pracht: → herrlich (1)
wahren: 1. → bewahren (2) – **2.** das / sein Gesicht w.: → beherrschen (II); Zurückhaltung / Abstand w.: → zurückhalten (II, 1)
währen: → ¹dauern (1)
während: solange · derweil · indem · über · im Laufe / Verlauf / Verfolg [von] + inmitten
währenddem: → unterdessen
währenddessen: → unterdessen
wahrhaben: nicht w. wollen: → leugnen (1)
wahrhaft: → wirklich (1)
wahrhaftig: wirklich · weiß Gott · auf Ehre und Gewissen · bei meiner Ehre + beileibe · ohne Spott ◆ *gehoben*: wahrlich · fürwahr ◆ *umg*: ehrlich · ungelogen · ohne Flachs; → *auch* tatsächlich (2)
Wahrheit, die: **1.** ⟨*das dem tatsächl. Sachverhalt Entsprechende*⟩ Wirklichkeit + Richtigkeit – **2.** die W. sagen: ⟨*nicht lügen, nicht beschönigen*⟩ reinen Wein einschenken · das Kind beim [rechten] Namen nennen – **3.** nicht bei der W. bleiben: → lügen (1); mit der W. herausrücken: → gestehen (1); der W. entsprechend: → wahrheitsgemäß
wahrheitsgemäß: wahrheitsgetreu · der Wahrheit / den Tatsachen entsprechend
wahrheitsgetreu: 1. → wahrheitsgemäß – **2.** → wirklichkeitsnah
Wahrheitsliebe, die: → Ehrlichkeit

wahrheitsliebend

wahrheitsliebend: → ehrlich (1)
wahrlich: → wahrhaftig
wahrnehmbar: 1. ⟨mit den Sinnen wahrzu-nehmend⟩ sinnlich; → auch sichtbar (1) – **2.** → merklich
wahrnehmen: 1. → bemerken (1) – **2.** → fühlen (I, 1) – **3.** → erblicken (1), erkennen (2)
wahrsagen: die Zukunft deuten · in die Zukunft schauen + aus der Hand lesen · die Karten legen; → auch hellsehen, weissagen
Wahrsager, der: Zeichendeuter + Haruspex; → auch Hellseher, Weissager
währschaft: 1. → zuverlässig (1) – **2.** → dauerhaft
Währschaft, die: → Bürgschaft (1)
wahrschauen: → warnen (1)
wahrscheinlich: voraussichtlich · mutmaßlich · vermutlich · präsumtiv · höchstwahrscheinlich · aller Wahrscheinlichkeit / Voraussicht nach · nach menschlichem Ermessen + sicher; → auch anscheinend
Wahrscheinlichkeit, die: aller W. nach: → wahrscheinlich
Währung, die: + Valuta; → auch Geld (1)
Wahrzeichen, das: → Symbol (1)
Waisenknabe, der: ein / der reinste W. sein │gegen│: → unterlegen (2)
Wald, der: **1.** ⟨großes mit Bäumen bestandenes Gebiet⟩ Waldung · Forst; Holz (noch landsch) + Dickung ♦ dicht: Tann; → auch Wäldchen, Urwald – **2.** Feld und W.: → Natur (1)
Wäldchen, das: Gehölz + Horst ♦ dicht: Hag ♦ gehoben: Hain; → auch Wald (1)
Waldlichtung, die: → Lichtung
Waldung, die: → Wald (1)
Wälgerholz, das: → Nudelholz
Walk, der: → Spaziergang (1)
walken: → kneten (1)
Walker, der: → Nudelholz
Walkie-Talkie, das: → Handy
Walking, das (Sport): Gehen · Power-Walking
Walkman, der: → Kassettenrekorder
Wall, der: **1.** → Damm (1) – **2.** → Mauer (1)
¹wallen: → pilgern (1)
²wallen: sprudeln · brodeln · brausen + schäumen · zischen ♦ dicht: brauen
wällen: → kochen (2)
wallend: → kochend (1)
Wallfahrer, der: → Pilger (1)

wallfahr[t]en: → pilgern (1)
Wallholz, das: → Nudelholz
Wallung, die: **1.** → Erregung (1) – **2.** das Blut in W. bringen: **a)** → aufregen (I, 1) – **b)** → begeistern (I)
Walstatt, die: → Kampfplatz (1)
walten: 1. → herrschen (1 u. 2) – **2.** schalten und w. lassen: → gewähren (2); seines Amtes w.: → ausführen (3)
Walz[e], die: auf die W. gehen, auf der W. sein: → wandern (2)
walzen: → wandern (2)
wälzen: I. wälzen: → rollen (I, 1) – **II.** wälzen, sich: ⟨sich im Liegen immer wieder herumdrehen⟩ sich herumwerfen · sich rollen ♦ umg: sich sielen (landsch); → auch drehen (II, 1)
Wälzer, der: → Buch (1)
Wamme, die: → Schmerbauch
Wampe, die: → Schmerbauch
wampert: → dick (1)
wamsen: → verprügeln
Wand, die: spanische W.: → Wandschirm; die eigenen vier Wände: → Zuhause; in den eigenen vier Wänden: → daheim (1); W. an W. wohnen: → benachbart (2); es ist um an den Wänden hochzugehen: → verzweifeln (2); an die W. drängen / drücken: → verdrängen (2); gegen die W. fahren: → verderben (2); an die W. spielen: → ausmanövrieren; den Teufel an die W. malen: → berufen (I, 2); an die W. stellen: → erschießen (I); gegen eine W. reden: → reden (2); mit dem Rücken zur W. stehen: → schlecht (10, a)
Wandale, der: → Unmensch (1)
wandalisch: → zerstörungswütig
Wandalismus, der: → Zerstörungswut
Wandbord, das: → Wandbrett
Wandbrett, das: Wandbord · Bord · Bücherbord · Bücherbrett; → auch Regal
Wandel, der: **1.** → Veränderung (1) – **2.** → Umschwung (1)
wandelbar: → veränderlich
Wandelhalle, die: Foyer · Vestibül · Vorhalle + Lobby
wandeln: I. wandeln: → spazieren (2) – **II.** wandeln, sich: **1.** → ändern (II) – **2.** → bessern (II, 1)
Wanderarbeiter, der: → Jobnomade
Wanderbühne, die: Wandertheater; Thespiskarren (scherzh) ♦ umg: Schmiere (abwert); → auch Theater (2)

Wanderer, der: Pilger (*scherzh*) ♦ *dicht:* Wandersmann; → *auch* Wandergeselle
Wandergeselle, der (*hist*): fahrender Geselle; → *auch* Wanderer
wandern: 1. ⟨*zu Fuß eine längere Strecke durch die Natur gehen*⟩ ziehen ♦ *umg:* pilgern (*scherzh*); → *auch* gehen (1), marschieren – **2.** *hist* ⟨*als Handwerker durch das Land ziehen*⟩ auf die Wanderschaft gehen · auf der Wanderschaft sein · auf die Walz[e] gehen · auf der Walz[e] sein · walzen
Wanderschaft, die: auf die W. gehen, auf der W. sein: → wandern (2)
Wandersmann, der: → Wanderer
Wandertheater, das: → Wanderbühne
Wanderung, die: Tour · Streifzug + Fahrt; → *auch* Ausflug
Wandlung, die: → Veränderung (1)
Wandschirm, der: Schirm · Paravent · spanische Wand
Wandteppich, der: Tapisserie + Gobelin
Wange, die: Backe; Backen (*landsch*); → *auch* Gesicht (1)
Wankelmut, der: → Unentschlossenheit
wankelmütig: → unentschlossen (2)
Wankelmütigkeit, die: → Unentschlossenheit
wanken: 1. → schwanken (1) – **2.** nicht w. und weichen: → aushalten (2)
wann: dann und w.: → manchmal
Wanne, die: in die W. gehen / steigen: → baden (1)
Wanst, der: → Bauch (1)
Wanstrammeln, das: → Bauchschmerz (II)
wappnen, sich: **1.** → bewaffnen (II) – **2.** → vorbereiten (II)
Ware, die: **1.** ⟨*etw. für den Verkauf Produziertes*⟩ Handelsartikel · Handelsobjekt; → *auch* Erzeugnis – **2.** heiße W.: → Raub (1); weiße W.: → Hausgeräte
Warenangebot, das: Warenauswahl · Warensortiment · Sortiment · Angebot; → *auch* Auswahl (2)
Warenaustausch, der: → Handel (1)
Warenauswahl, die: → Warenangebot
Warenhaus, das: → Geschäft (1)
Warenkatalog, der: → Katalog (2)
Warenlager, das: → Lager (3)
Warenmenge, die: Posten · Lieferung
Warenprobe, die: → Muster (2)
Warensortiment, das: → Warenangebot
Warenverkehr, der: → Handel (1)

Warenzeichen, das: → Markenzeichen
warm: 1. ⟨*eine Temperatur zwischen heiß u. lau aufweisend*⟩ + mollig · sommerlich; → *auch* heiß (1), lau (1), schwül (1) – **2.** w. werden: **a)** → heimisch (4) – **b)** → erwärmen (II, 1); w. machen: → wärmen (1), erwärmen (I); warmer Bruder / Onkel: → Homosexuelle (I); warmer Regen: → Gewinn (1); weggehen / abgehen wie warme Semmeln: → begehrt (2)
Warmduscher, der: → Weichling
Wärme, die: **1.** → Hitze (1) – **2.** → Freundlichkeit (1)
wärmen: 1. ⟨*Wärme zuführen*⟩ warm machen · anwärmen · heizen; → *auch* erwärmen (I) – **2.** → erwärmen (I)
Wärmflasche, die: Bettflasche (*schweiz*)
Warmhaus, das: → Treibhaus
warmherzig: → gütig (1)
Warmherzigkeit, die: → Güte (1)
Warmwasserbereiter, der: → Boiler
Warmwasserspeicher, der: → Boiler
Warnanlage, die: → Alarmanlage
warnen: 1. ⟨*zur Vorsicht mahnen*⟩ eine Warnung zukommen lassen; warnschauen (*seem*) + alarmieren – **2.** → ermahnen (2)
warnend: abschreckend · exemplarisch
Warnruf, der: → Alarm (1)
Warnsignal, das: → Alarm (1)
Warnstreik, der: → Streik (1)
Warnung, die: **1.** → Ermahnung (2) – **2.** eine W. zukommen lassen: → warnen (1)
Warn[ungs]zeichen, das: Menetekel + Drohkulisse
Warte, die: **1.** → Ausguck (1) – **2.** → Standpunkt (1)
Wartehalle, die: → Wartehäuschen
warten: 1. ⟨*verweilen, bis bzw. ob etw. geschieht*⟩ harren ♦ *umg:* lauern; → *auch* abwarten (1), ausschauen (1), zögern – **2.** → gedulden, sich – **3.** → pflegen (I, 1 *u.* 2) – **4.** w. |auf| : → erwarten (1)
Wärter, der: **1.** → Aufseher – **2.** → Krankenpfleger
Warteschlange, die: → Schlange (2)
Wartezeit, die: Karenz[zeit] + Überbrückungszeit · Übergangszeit
Wartung, die: → Pflege (1, b)
warum: weshalb · wieso · weswegen · wozu · inwiefern · aus welchem Grund · zu welchem Zweck / Ende
Warum, das: → Ursache

was

was: 1. → etwas (1) – **2.** ach was: → keineswegs; was denn sonst: → ja (1)
Waschautomat, der: → Waschmaschine
Waschbecken, das: Lavabo (*schweiz*) + Handwaschbecken
Wäsche, die: dumm aus der W. gucken / sehen: → dumm (6); an die W. gehen: → angreifen (I, 1, b)
waschecht: → farbecht
Wäschekorb, der: Puff · Wäschepuff
Wäschemangel, die: Wäscherolle · Mangel · Rolle
waschen: I. waschen: **1.** ⟨[*Wäsche*] *mit Wasser reinigen*⟩ durchwaschen + durchdrücken · durchziehen · reiben · rumpeln · rubbeln; → *auch* auswaschen (1) – **2.** den Kopf w.: → zurechtweisen; seine Hände in Unschuld w.: → herauswinden, sich – **II.** waschen, sich: ⟨*sich mit Wasser reinigen*⟩ sich abseifen
Wäschepuff, der: → Wäschekorb
Wäscherin, die: Waschfrau (*veraltend*)
Wäscherolle, die: → Wäschemangel
Wäschetrockner, der: Trockner; → *auch* Waschmaschine
Waschfrau, die: **1.** → Wäscherin – **2.** → Schwätzerin
Waschlappen, der: → Weichling
Waschmaschine, die: Waschautomat · Waschtrockner · Trockner + Frontlader · Toplader; → *auch* Wäschetrockner
Waschtrockner, der: → Waschmaschine
Waschweib, das: → Schwätzerin
Wasen, der: → Dunst (1)
Wasenmeister, der: → Abdecker
Wasser, das: **1.** ⟨*eine farblose u. durchsichtige Flüssigkeit*⟩ das feuchte / nasse Element (*scherzh*) ♦ *gehoben*: Nass ♦ *umg*: Gänsewein · Pumpenheimer (*scherzh*) – **2.** → Mineralwasser – **3.** → Urin (1) – **4.** → Träne (1) – **5.** → Speichel – **6.** wie W.: → schal (1); ins W. gehen: → ertränken (II); unter W. setzen: → überschwemmen; W. lassen, das W. abschlagen, eine Stange W. in die Ecke stellen: → austreten (1); Rotz und W. heulen: → weinen (1); mit allen Wassern gewaschen: → raffiniert (1); dastehen wie mit kaltem W. übergossen / begossen: → niedergeschlagen (2); bei W. und Brot sitzen: → gefangen (1); W. in den Wein gießen: → ernüchtern; nicht das W. reichen können: → unterlegen (2); das W. abgraben: → ruinieren (I, 1); das W.

steht jmdm. bis an den Hals / die Gurgel: → schlecht (10, a); über W. halten: → helfen (2); sich über W. halten: → überstehen (1); zu W. werden: → scheitern (b); ein Schlag ins W.: → Misserfolg (1); ins W. fallen: → ausfallen (1)
Wasserader, die: → Fluss (1)
Wasserarmut, die: → Wassermangel
Wasserbecken, das: Reservoir · Speicher
Wässerchen, das: kein W. trüben können: → unschuldig (4)
Wasserdampf, der: → Dampf (1)
wasserdicht: 1. → undurchlässig – **2.** → sicher (4)
Wasserfall, der: Katarakt + Kaskade
wasserhaltig: → wässrig (1)
Wasserhose, die: → Windhose
Wasserkopf, der: → Dummkopf (1)
Wasserlauf, der: **1.** → Bach (1) – **2.** → Fluss (1)
Wassermangel, der: Wasserarmut · Wassernot; → *auch* Trockenheit
wassern: → landen (1)
wässern: 1. ⟨*eine Zeit lang in Wasser legen*⟩ einwässern – **2.** → begießen (1)
Wassernot, die: → Wassermangel
Wasserstand, der: Pegel[stand]
wasserstoffblond: → blond (1)
Wasserstoffbombe, die: → Bombe (1)
Wasserstrahl, der: **1.** ⟨*herausschießender Wasserstrom*⟩ Strahl – **2.** kalter W.: → Ernüchterung
Wasserstraße, die: Wasserweg · Schifffahrtsweg · Schifffahrtsstraße · Seestraße; → *auch* Kanal (1)
Wasserweg, der: → Wasserstraße
wässrig: 1. ⟨*viel Wasser enthaltend*⟩ wasserhaltig · dünn[flüssig] – **2.** → schal (1) – **3.** den Mund w. machen: → verlocken
waten: → trotten
Waterloo, das: → Niederlage (1)
Waterproof, der: → Regenmantel
Watsche, die: → Ohrfeige (1)
watscheln: → trotten
watschen: → ohrfeigen
Watschen, die: → Ohrfeige (1)
Watschenmann, der: → Prügelknabe
wattieren: → polstern (2)
Wauwau, der: → Hund (1)
WC, das: → Toilette (1)
Web, das: → Internet
Webfehler, der: einen W. haben: **a)** → verrückt (5) – **b)** → geisteskrank (2)

Webpage, die: → Webseite

Webseite, die (*EDV*): Website · Internetsite · Internetseite · Homepage · Webpage + Startseite

Website, die: → Webseite

Wechsel, der: **1.** ⟨*das Wechseln*⟩ Austausch + Rotationsprinzip (*Polit*); → *auch* Reihenfolge, Turnus (1) – **2.** → Ablösung (2) – **3.** → Veränderung (1) – **4.** → Luftveränderung – **5.** → Umschwung (1) – **6.** → Zahlungsanweisung – **7.** im W.: → wechselseitig

Wechselbalg, der: → Missgeburt

Wechselbeziehung, die: Wechselseitigkeit · Gegenseitigkeit; Korrelation · Interaktion (*fachspr*)

Wechselgeld, das: → Kleingeld

Wechselgesang, der: → Duett

wechselhaft: → unbeständig

Wechseljahre (*Pl*): das gefährliche/kritische Alter; Klimakterium · Klimax (*med*)

wechseln: 1. ⟨*Geld in eine andere Währung tauschen*⟩ einwechseln · umwechseln · [um]tauschen – **2.** ⟨*Geld gegen kleinere Münzen od. Scheine eintauschen*⟩ *umg*: klein machen – **3.** → auswechseln (1) – **4.** → abwechseln (I) – **5.** → umschlagen (2) – **6.** die Ringe w.: → heiraten (1); Kugeln w.: → schießen (1); den Kanal/Sender w.: → umschalten (1); den Wohnsitz w.: → umziehen (I); die Kleidung w.: → umziehen (II); die Farbe w.: **a)** → erblassen (1) – **b)** → erröten (1) – **c)** → anpassen (II, 2); die Gesinnung w.: → anpassen (II, 2); Worte w.: → unterhalten (II, 1); miteinander w.: → ablösen (II, 2)

wechselnd: → unbeständig

wechselseitig: wechselweise · abwechselnd · im Wechsel · umschichtig · gegenseitig · korrelat[iv] · mutual · mutuell · reziprok

Wechselseitigkeit, die: → Wechselbeziehung

wechselvoll: → mannigfaltig

wechselweise: → wechselseitig

Wechte, die: → Schneewehe

wecken: 1. ⟨*zum Aufwachen bringen*⟩ aufwecken · wachmachen · wachrufen · wachrütteln · aus dem Schlaf rütteln/pochen; purren (*seem*) ♦ *dicht*: erwecken ♦ *umg*: aus dem Bett holen/jagen – **2.** → verursachen – **3.** Interesse/Verständnis w.: → interessieren (I)

Wecken, der: → Brötchen

Wecker, der: **1.** ⟨*Uhr zum Wecken*⟩ Weck[er]uhr; → *auch* Uhr (1) – **2.** → Uhr (1) – **3.** auf den W. gehen: → belästigen (1)

Weck[er]uhr, die: → Wecker (1)

Weckglas, das: Einmachglas · Einweckglas; Einsiedeglas (*süddt österr*)

Wedel, der: → Schwanz (1)

wedeln: 1. ⟨*den Schwanz hin- u. herbewegen*⟩ schwänzeln – **2.** → fächeln (1) – **3.** → schwenken (1) – **4.** → wehen (2)

Weekend, das: → Wochenende

weg: 1. → fort (1) – **2.** → abwesend (1) – **3.** → verschwunden (1) – **4.** → verloren (1) – **5.** w. sein: → fehlen (1); ganz w. sein: → begeistert (2); weit w.: → fern (1); in einem w.: → ununterbrochen

Weg, der: **1.** ⟨*hauptsächlich Fußgängern vorbehaltene schmale Verkehrsbahn*⟩ Fußweg · Pfad · Fußpfad · Fußsteig · Gehsteig · Steig · Steg + Hohlweg · Feldweg · Waldweg · Bergpfad · Gebirgspfad · Saumpfad · Saumweg; → *auch* Gehweg – **2.** → Anfahrtsweg – **3.** → Möglichkeit (1) – **4.** den W. abschneiden: ⟨*jmdm. auf kürzerer Strecke zuvorkommen u. sich ihm entgegenstellen*⟩ den Weg verlegen + den Weg versperren – **5.** auf dem W.: → unterwegs; seiner Wege gehen: **a)** → weitergehen (1) – **b)** → weggehen (1); sich auf den W. begeben/machen: **a)** → weggehen (1) – **b)** → aufbrechen (3) – **c)** → abreisen; sich einen W. bahnen ⌊durch⌋: → durchdrängen, sich; den W. verlassen: → abbiegen (1); den W. verfehlen, vom Wege abkommen/abirren: → verirren, sich; in/über den W. laufen, jmds. W. kreuzen: → begegnen (1); sich auf halbem Wege treffen: → einigen (II); den W. verlegen/versperren: → 4; Steine/Hindernisse/Schwierigkeiten in den W. legen: → behindern (1); Wege erledigen: → einkaufen (I, 1); aus dem W. gehen: → meiden; der Arbeit aus dem Wege gehen: → faul (6); aus dem Wege räumen: **a)** → ermorden – **b)** → wegräumen (1); in die Wege leiten: → anbahnen (I); den W. ebnen/bahnen/frei machen: → fördern (1); seinen W. machen: → Erfolg (2); krumme Wege gehen: → betrügen (1); nicht über den W. trauen: → misstrauen; auf dem Wege der Besserung sein: → gesund (6); gut bei Wege sein: → gesund (5); den W. allen Fleisches gehen: → sterben (1); ein Schritt

wegarbeiten

vom Wege: → Fehltritt (1); auf W. und Steg: → überall (1); auf schnellstem Wege: → eilig (1); auf privatem W.: → privat (1); auf künstlichem W.: → künstlich

wegarbeiten: → aufarbeiten (1)

wegätzen: → abätzen

wegbegeben, sich: → weggehen (1)

wegbekommen: 1. → zuziehen (I, 4) – **2.** → verstehen (I, 2) – **3.** → bemerken (1), merken (1) – **4.** → beseitigen (1)

Wegbereiter, der: Bahnbrecher · Schrittmacher · Pionier · Neuerer · Vorläufer · Vorreiter · Vorbereiter · Trendsetter + Querdenker ♦ *gehoben:* Fackelträger; → *auch* Vorkämpfer

wegblasen: 1. → abblasen (1) – **2.** wie weggeblasen: → verschwunden (1)

wegbleiben: fernbleiben · fortbleiben · ausbleiben + nicht kommen; → *auch* abwesend (1)

wegbrechen: → abbrechen (1)

wegbringen: 1. ⟨*an einen anderen Ort bringen*⟩ fortbringen · fortschaffen · wegschaffen + aus den Augen schaffen ♦ *umg:* abschleppen · verfrachten; → *auch* wegräumen (1) – **2.** → verhaften – **3.** → wegräumen (1)

wegbügeln: → bereinigen (1)

wegdrängen: → verdrängen (1)

wegeilen: → weglaufen

Wegelagerer, der: → Räuber

wegen: 1. ⟨*den Grund angebend*⟩ aufgrund · infolge · auf … hin · halber · von … her · um … willen; ob (*veraltend*) ♦ *umg:* von wegen; → *auch* anlässlich, dank, durch (2), hinsichtlich, zwecks – **2.** w. mir: → meinetwegen (2)

wegfahren: 1. → abfahren (1, a *u.* b) – **2.** → abreisen

Wegfall, der: **1.** ⟨*das Wegfallen*⟩ Ausfall – **2.** in W. kommen: → wegfallen (1)

wegfallen: 1. ⟨*nicht in Betracht kommen u. weggelassen werden*⟩ unterbleiben · entfallen · fortfallen · in Fortfall/Wegfall kommen ♦ *umg:* flachfallen; → *auch* ausfallen (1) – **2.** → ausfallen (1)

wegfegen: → wegkehren

wegfenstern: → wegwerfen (I, 1)

wegfischen: → wegnehmen (1)

wegfliegen: fortfliegen · davonfliegen · abfliegen · abziehen · wegziehen; abstreichen (*weidm*); entschweben (*scherzh*) + entfliegen; entfleuchen · entflattern (*scherzh*) ♦ *umg:* abschwirren · absegeln

Weggabelung, die: → Abzweigung

Weggang, der: **1.** → Abgang (1) – **2.** → Ausgang (1) – **3.** → Abschied (1)

weggeben: 1. ⟨*vorübergehend in fremde Hände geben*⟩ aus der Hand geben; → *auch* leihen (1) – **2.** → verschenken (1)

Weggefährte, der: → Begleiter (1)

weggehen: 1. ⟨*sich von seiner bisherigen Umgebung trennen*⟩ [fort]gehen · davongehen · abgehen · sich entfernen · sich wegbegeben · sich fortbegeben · seiner Wege gehen · sich aufmachen/auf den Weg machen · sich empfehlen · den Rücken kehren · sich den Staub von den Füßen schütteln · abwandern; entschreiten (*scherzh*) + abtreten · von der Bildfläche verschwinden ♦ *gehoben:* sich auf den Weg begeben; von dannen/hinnen gehen (*veraltet*) ♦ *umg:* sich davonmachen · sich fortmachen · sich wegmachen · sich trollen · abrücken · abziehen · losziehen · sich von dannen machen · sich auf die Socken/Strümpfe machen ♦ *salopp:* abhauen · abschieben · losschieben · abschwirren · abzwitschern · abzittern · loszittern · absocken · abtrotten · abzotteln · abdampfen · abrauschen · absegeln · abtanzen · abspazieren · abfahren · abstinken · Leine ziehen · sich abseilen · den Abflug machen · sich packen · sich zum Teufel scheren; abschrammen · abschießen (*landsch*); → *auch* abfahren (1, b), aufbrechen (3), entfliehen (1), weglaufen, wegschleichen (I) – **2.** → ausgehen (1) – **3.** → umziehen (I) – **4.** w. wie warme Semmeln: → begehrt (1)

Weggenosse, der: → Begleiter (1)

weggießen: fortgießen · abgießen · ausgießen

Weggli, das: → Brötchen

weghaben: es w.: → verstehen (I, 4); einen w.: **a)** → schwachsinnig (3) – **b)** → geisteskrank (2) – **c)** → betrunken (2); einen Hau/Hieb w.: **a)** → verrückt (5) – **b)** → geisteskrank (2)

weghauen: → wegwerfen (I, 1)

wegholen: → holen (1)

wegjagen: → vertreiben (1)

wegkehren: fortkehren · wegfegen; → *auch* wegräumen (1)

wegknicken: → nachgeben (1)

wegkommen: 1. → verloren (4) – **2.** schlecht w.: → leer (4); w. |über|: → überwinden (I, 1); so w.: → davonkommen (1)

784

wegschmelzen

Wegkreuzung, die: → Kreuzung (2)
wegkriegen: 1. → bemerken (1), merken (1) – **2.** → verstehen (I, 2)
weglassen: 1. ⟨*nicht zum Bleiben veranlassen*⟩ fortlassen · gehen lassen – **2.** → streichen (3) – **3.** → auslassen (I, 1)
Weglassung, die: → Auslassung (1)
weglaufen: fortlaufen · davonlaufen · davonrennen · fortrennen · wegrennen · davoneilen · forteilen · wegeilen · davonhasten · davonspringen · fortstürmen · fortstürzen · fortsausen · davonsausen · davonjagen · fortjagen · davonstieben · das Weite suchen ♦ *gehoben:* enteilen ♦ *umg:* eine Biene machen · davonspritzen; → *auch* weggehen (1), wegschleichen (I), fliehen (1), entfliehen (1), entkommen (1)
weglegen: 1. ⟨*an eine andere Stelle legen*⟩ fortlegen · beiseite legen – **2.** → sparen (1) – **3.** → ablegen (1)
Wegleitung, die: → Anleitung (1)
weglocken: abwerben · abspenstig machen · wegnehmen + abziehen ♦ *umg:* ausspannen
weglos: → unwegsam
wegmachen: I. wegmachen: → entfernen (I, 1) – **II.** wegmachen, sich: **1.** → weggehen (1) – **2.** → wegschleichen (I)
wegmarschieren: → abmarschieren
wegmüde: → müde (1)
Wegnahme, die: → Diebstahl (1)
wegnehmen: 1. ⟨*von einem bestimmten Platz nehmen* [*u. behalten*]⟩ nehmen ♦ *umg:* wegstibitzen ♦ *salopp:* wegfischen · [weg-] schnappen; → *auch* aneignen, sich (1), entreißen (1), erbeuten, stehlen (1) – **2.** → weglocken – **3.** → rauben (1) – **4.** → stehlen (1) – **5.** Gas w.: → drosseln (1)
wegpacken: 1. → wegräumen (1) – **2.** → einpacken (1)
wegpraktizieren: → wegstecken (1)
wegputzen: → aufessen
wegradieren: → ausradieren (1)
wegräumen: 1. ⟨*in Bezug auf etw. Störendes: es an eine andere Stelle bringen*⟩ forträumen · fortschaffen · wegschaffen · fortbringen · wegbringen · fortnehmen · entfernen · auf die Seite schaffen/räumen · beiseite/aus dem Wege räumen · beiseite/aus den Augen schaffen + wegsetzen · fortsetzen · wegstellen · abfahren · abtransportieren ♦ *umg:* wegtun · wegpacken · wegschleppen; → *auch* wegbringen (1),

wegkehren, wegstecken (1), abräumen (1), aufräumen (1) – **2.** → abdecken (1)
wegreisen: → abreisen
wegreißen: 1. → abbrechen (2), abreißen (1) – **2.** → entreißen (1) – **3.** sich den Hintern/Arsch w.: → übereifrig
wegreiten: fortreiten · davonreiten · abreiten + fortsprengen · davonsprengen
wegrennen: → weglaufen
wegrücken: → abrücken (1)
wegrufen: abrufen
wegsacken: 1. → sinken (1) – **2.** → bewusstlos (2)
wegsaufen: → sinken (1)
wegschaffen: 1. → wegbringen (1) – **2.** → wegräumen (1)
wegschenken: → verschenken (1)
wegscheuchen: → verscheuchen, vertreiben (1)
wegschicken: 1. → abschicken – **2.** → abweisen (1)
wegschieben: 1. → abrücken (1) – **2.** → verdrängen (1)
wegschießen: → abschießen (1)
wegschleichen: I. wegschleichen: ⟨*sich heimlich wegbegeben*⟩ sich wegschleichen · [sich] fortschleichen · sich davonstehlen · sich fortstehlen · sich wegstehlen ♦ *umg:* sich davonmachen · sich wegmachen · sich aus dem Staub machen · verschwinden · sich auf Französisch empfehlen; sich [seitwärts] in die Büsche schlagen (*oft scherzh*); sich verpieseln (*landsch*) ♦ *salopp:* verduften · sich verziehen · sich verkrümeln · sich verdrücken · sich verdünnisieren · sich dünn[e]machen · die/eine Fliege/Mücke machen · die Flatter machen ♦ *derb:* sich verpissen; → *auch* weggehen (1), weglaufen, fliehen (1), entfliehen (1), verschwinden (2) – **II.** wegschleichen, sich: → I
wegschleppen: 1. → wegräumen (1) – **2.** → entführen (1) – **3.** → stehlen (1)
wegschleudern: fortschleudern · fortwerfen · wegwerfen ♦ *salopp:* wegschmeißen · fortschmeißen; → *auch* wegwerfen (I, 1)
wegschließen: abschließen · einschließen · verschließen · einsperren · versperren · schließen |in| · unter Verschluss bringen
wegschmeißen: 1. → wegwerfen (I, 1) – **2.** → wegschleudern – **3.** den Löffel w.: → sterben (1)
wegschmelzen: 1. → schmelzen (2) – **2.** → auftauen (1 *u.* 2)

785

wegschnappen: → wegnehmen (1)

wegschnellen: schnellen ♦ *umg:* knipsen · schnippen · schnipsen

wegschubsen: → wegstoßen

wegsetzen: → wegräumen (1)

Wegsperre, die: → Sperre (1)

wegstecken: 1. ⟨*an einen anderen Ort stecken*⟩ *umg:* wegtun · wegpraktizieren + praktizieren |in|; → *auch* wegräumen (1) – **2.** → überwinden (I, 1)

wegstehlen: I. wegstehlen: → stehlen (1) – **II.** wegstehlen, sich: → wegschleichen (I)

wegstellen: → wegräumen (1)

wegstibitzen: 1. → wegnehmen (1) – **2.** → stehlen (1)

wegstoßen: zurückstoßen + abstoßen ♦ *umg:* wegschubsen

Wegstrecke, die: → Strecke (1), Anfahrtsweg

wegtauen: → auftauen (1 *u.* 2)

wegtreiben: 1. → vertreiben (1) – **2.** → abtreiben (1)

wegtreten: [geistig] völlig weggetreten sein: → geistesabwesend (2)

wegtun: 1. → wegwerfen (I, 1) – **2.** → wegstecken (1) – **3.** → wegräumen (1) – **4.** → sparen (1)

wegwälzen: → abwälzen (1)

wegweisend: richtungweisend · richtunggebend · programmatisch + konstruktiv; → *auch* maßgebend, umwälzend

Wegweiser, der: 1. ⟨*den Weg zu einem Ort angebende Tafel*⟩ Schild + Richtungsschild – **2.** → Anleitung (2)

wegwenden: I. wegwenden: → abwenden (I, 1) – **II.** wegwenden, sich: → abwenden (II, 1)

wegwerfen: I. wegwerfen: **1.** ⟨*in Bezug auf nicht* [*mehr*] *benötigte Dinge: sich ihrer entledigen*⟩ fortwerfen · von sich werfen + ausmerzen · ausrangieren ♦ *umg:* wegtun · zum alten Eisen werfen ♦ *salopp:* weghauen · wegschmeißen · fortschmeißen; wegfenstern (*landsch*) + in den Orkus kehren · hinschmeißen; → *auch* wegschleudern – **2.** → wegschleudern – **3.** das Leben w.: → Selbstmord (2) – **II.** wegwerfen, sich: → entehren (II)

wegwerfend: → abfällig (1)

Wegwerfflasche, die: → Einwegflasche

Wegwerfgesellschaft, die: → Wohlstandsgesellschaft

wegwischen: → abwischen (1)

wegzappen: → umschalten (1)

Wegzehrung, die: → Verpflegung (2)

wegziehen: 1. → abmarschieren – **2.** → umziehen (I), ausziehen (I, 2) – **3.** → wegfliegen – **4.** den Boden unter den Füßen w.: → ruinieren (I, 1)

Wegzug, der: 1. → Abzug (1) – **2.** → Abwanderung

weh: → traurig (1)

Weh, das: 1. → Schmerz (1) – **2.** → Leid (1) – **3.** Wohl und Wehe: → Wohlergehen

Wehe, die: → Schneewehe

wehen: 1. ⟨*eine Luftbewegung spüren lassen*⟩ blasen · ziehen + rauschen · säuseln; → *auch* stürmen (1) – **2.** ⟨*sich flatternd bewegen*⟩ flattern · fliegen · wedeln + baumeln – **3.** merken / wissen, woher der Wind weht: → auskennen, sich

Wehgefühl, das: → Traurigkeit

Wehgeschrei, das: → Jammer (1)

Wehklage, die: → Jammer (1)

wehklagen: → jammern (1)

Wehklagen, das: → Jammer (1)

wehleidig: → weinerlich

Wehmut, die: → Traurigkeit

wehmütig: → traurig (1)

Wehmütigkeit, die: → Traurigkeit

wehmutsvoll: → traurig (1)

Wehmutter, die: → Hebamme

Wehr: I. Wehr, die: **1.** → Befestigung (2) – **2.** sich zur W. setzen: → verteidigen (II) – **II.** Wehr, das: → Stauanlage

Wehrdienst, der: 1. ⟨*der Dienst in den Streitkräften*⟩ Militärdienst · Kriegsdienst ♦ *umg:* Barras · Kommiss (*soldatenspr veraltend*) – **2.** den W. [ab]leisten: → Soldat (1); zum W. einberufen / einziehen: → einberufen (2)

Wehrdienstverweigerer, der: → Pazifist

wehren: I. wehren: → hindern – **II.** wehren, sich: **1.** → verteidigen (II) – **2.** rechtfertigen (II) – **3.** sich seiner Haut w., sich mit Händen und Füßen w.: → verteidigen (II)

wehrlos: → unbewaffnet

Wehrmacht, die: → Streitkräfte

Wehrminister, der: → Verteidigungsminister

Wehrsold, der: Sold · Löhnung; → *auch* Lohn (1)

wehtun: 1. → schmerzen (1) – **2.** → kränken – **3.** → quälen (I, 1 *u.* 2) – **4.** in der Seele w.: → Leid (2); sich w.: → stoßen (II)

Wehwehchen, das: → Krankheit
Weib, das: **1.** → Frau (I, 1) – **2.** → Ehefrau – **3.** → Feigling – **4.** → Weichling – **5.** rasendes W.: → Megäre; altes W.: → Feigling; zum Weibe nehmen: → heiraten (2)
Weibchen, das: **1.** → Frau (I, 1) – **2.** nicht mehr wissen, ob man Männchen oder W. ist: → verwirrt (3)
Weiberfeind, der: → Frauenfeind
Weiberhasser, der: → Frauenfeind
Weiberheld, der: → Frauenheld (1)
Weiberknecht, der: → Pantoffelheld
Weibervolk, das: → Frau (II)
weibisch: → weichlich (1)
Weiblein, das: **1.** → Greisin – **2.** Männlein und W.: → jedermann
weiblich: 1. ⟨*dem weibl. Geschlecht entsprechend*⟩ feminin · fraulich · frauenhaft – **2.** weibliches Wesen: → Frau (I, 1); weibliche Scham: → Vulva
Weiblichkeit, die: die holde W.: → Frau (II)
Weibsbild, das: → Frau (I, 1)
Weibsen, das: → Frau (I, 1)
Weibsperson, die: → Frau (I, 1)
Weibsstück, das: → Frau (I, 1)
weich: 1. ⟨*einem Druck leicht nachgebend*⟩ **a)** ⟨*allgemein*⟩ daunenweich · federweich · flaumig · samten · samt[art]ig · samtweich · seidenweich · schmiegsam · moos[art]ig · mollig · schwamm[art]ig · butterweich · wie Butter · pflaumenweich ♦ *umg:* lappig; → *auch* elastisch (1) – **b)** ⟨*Speisen*⟩ mürbe · locker ♦ *umg:* [sch]wabbelig · quabb[el]ig (*abwert*) – **c)** ⟨*Körperform*⟩ schwammig (*abwert*) ♦ *umg:* [sch]wabbelig · quabb[el]ig (*abwert*) – **2.** → sanft – **3.** → weichlich (1) – **4.** → nachgiebig – **5.** → wohltönend – **6.** → gar (1) – **7.** → gutmütig (1) – **8.** → empfindsam (1) – **9.** w. werden: → nachgeben (1); nicht w. werden: → charakterfest (2); weiche Knie haben: → ängstigen (II, 1); w. machen: → bearbeiten (2); eine weiche Birne haben: **a)** → schwachsinnig (3) – **b)** → verrückt (5)
Weiche, die: **1.** → Flanke (1) – **2.** die Weichen stellen |für|: → anbahnen (I)
Weichei, das: → Weichling
¹weichen: 1. → zurückziehen (II, 2) – **2.** → nachgeben (1) – **3.** nicht [wanken und] w.: → aushalten (2); dem Zwang w.: → nachgeben (1)
²weichen: → einweichen

Weichheit, die: → Nachgiebigkeit
weichherzig: → gutmütig (1)
weichlich: 1. ⟨*bes. von Männern gesagt*: *wenig widerstandsfähig*⟩ verweichlicht · verzärtelt · unmännlich · feminin · weich · empfindlich; weibisch · zimperlich (*abwert*) ♦ *umg:* pimpelig · halbseiden (*abwert*); → *auch* empfindsam (1), feig[e], schwach (1, a) – **2.** → nachgiebig
Weichling, der: Muttersöhnchen (*abwert*) + Schoßkind · Schürzenkind · Nesthäkchen · Nesthocker · traurige Gestalt ♦ *umg:* Softie · Pimpelhans · Waschlappen · Jammerlappen · Jammerbild · Weib (*abwert*); Mamis / Muttis Liebling (*scherz abwert*) ♦ *salopp:* Weichei (*abwert*); → *auch* Duckmäuser, Feigling, Pantoffelheld, Schwächling
weichmütig: → nachgiebig
Weichspüler, der: Weichspülmittel
Weide, die: **1.** ⟨*Grasfläche, auf der Vieh weiden kann*⟩ Weideplatz · Weideland · Viehweide · Hutung · Trift + Koppel; → *auch* Alm, Wiese – **2.** zur W. führen: → weiden (I, 1)
Weideland, das: → Weide (1)
weiden: I. weiden: **1.** ⟨*in Bezug auf das Vieh: es grasen lassen*⟩ hüten + zur Weide führen – **2.** → grasen – **II.** weiden, sich: sich w. |an|: → schadenfroh (2)
Weideplatz, der: → Weide (1)
weidgerecht: → jagdgemäß
weidlich: → gehörig (1)
Weidloch, das: → After
Weidmann, der: → Jäger (1)
weidmännisch: → jagdgemäß
Weidwerk, das: → Jagd (1)
weifen: → aufrollen (2)
weigern, sich: **1.** → ablehnen (1) – **2.** → widersetzen, sich
Weigerung, die: → Ablehnung
Weihe, die: **1.** ⟨*kirchl. Segnung*⟩ Weihung; Konsekration (*kathol*) – **2.** → Einweihung – **3.** → Priesterweihe – **4.** → Feierlichkeit (1)
weihen: 1. ⟨*die Weihe erteilen*⟩ heiligen; konsekrieren (*kathol*) + salben; → *auch* segnen (1) – **2.** → einweihen (1) – **3.** → widmen (I) – **4.** → opfern (I, 1, a)
Weiher, der: → Teich (1)
weihevoll: → feierlich (1)
Weihnacht, die: → Weihnachten (1)
Weihnachten, das: **1.** ⟨*das Fest der Geburt Christi*⟩ Weihnachtsfest; Christfest · Julfest ·

787

Weihnachtsabend

der Heilige Christ (*noch landsch*) + Heiliger Abend · Heilige Nacht · Heiligabend · Weihnachtsabend · Christnacht ♦ *gehoben*: Weihnacht – **2.** → Weihnachtsgeschenk

Weihnachtsabend, der: → Weihnachten (1)

Weihnachtsbaum, der: Christbaum · Lichterbaum · Tannenbaum ♦ *umg*: Baum

Weihnachtsbescherung, die: Bescherung

Weihnachtsfest, das: → Weihnachten (1)

Weihnachtsgans, die: ausnehmen wie eine W.: → schröpfen (2)

Weihnachtsgeschenk, das: Christgeschenk (*veraltend*) + Julklapp ♦ *umg*: Weihnachten; Christkind[e]l (*süddt österr*)

Weihung, die: → Weihe (1)

weil: da · zumal; sintemal (*noch scherzh*)

weiland: → früher (1)

Weilchen, das: → Augenblick (1)

Weile, die: **1.** → Augenblick (1) – **2.** W. haben: → Zeit (10); erst vor einer W.: → eben (2)

weilen: 1. → aufhalten (II, 1) – **2.** → bleiben (1) – **3.** nicht mehr unter uns / unter den Lebenden w.: → tot (4)

Weiler, der: → Dorf (1)

Wein, der: **1.** ⟨*alkohol. Getränk*⟩ Rebensaft; Sorgenbrecher (*scherzh*) + Weißwein · Rotwein · Dessertwein ♦ *gehoben*: Blut der Reben · edles Nass; → *auch* Champagner – **2.** → Weinstock – **3.** reinen W. einschenken: → Wahrheit (2); Wasser in den W. gießen: → ernüchtern; im W. ersäufen / ertränken: → unterdrücken (2)

Weinbauer, der: → Winzer

Weinbrand, der: Kognak · Brandy; → *auch* Branntwein

weinen: 1. ⟨*beim Empfinden von Schmerzen od. Leid Tränen aus den Augen fließen lassen*⟩ Tränen vergießen · in Tränen zerfließen / schwimmen · feuchte Augen bekommen · sich der Tränen nicht erwehren können · sich die Augen rot / aus dem Kopf weinen + wimmern · schluchzen · schreien ♦ *umg*: zum Steinerweichen weinen · [wie ein Schlosshund] heulen; greinen · flennen (*abwert*); quarren · blarren · plinsen (*norddt*) + plärren · brüllen · quengeln ♦ *salopp*: quäken (*abwert*) ♦ *derb*: Rotz und Wasser heulen; → *auch* jammern (1) – **2.** sich die Augen rot / aus dem Kopf w., zum Steinerweichen w.: → 1; w. |um|: → beklagen (I, 1)

Weinen, das: *umg*: Geweine · Geheule (*abwert*) + Geflenne · Geschluchze · Gewinsel · Geplärre ♦ *salopp*: Gequäke (*abwert*); → *auch* Geschrei (1, b)

weinerlich: wehleidig · rührselig · larmoyant; → *auch* gefühlvoll (1)

Weingärtner, der: → Winzer

Weingeist, der: → Alkohol (1)

Weinhauer, der: → Winzer

Weinkeller, der: → Gaststätte (1, d)

Weinlese, die: Traubenlese · Beerenlese · Lese · Traubenernte; Wimmer (*schweiz*)

Weinrebe, die: → Weinstock

weinrot: → rot (1)

Weinstock, der: Rebstock · Weinrebe · Rebe · Wein

Weinstube, die: → Gaststätte (1, d)

Weintraube, die: Traube

weise: 1. ⟨*durch lange Erfahrung gereift u. einsichtig*⟩ philosophisch · lebenserfahren; → *auch* erfahren (2), klug (1) – **2.** die w. Frau: → Hebamme

Weise, die: **1.** → Art (1) – **2.** → Melodie – **3.** auf diese [Art und] W., in dieser / der W., auf folgende W.: → so (1); auf welche W., in welcher W.: → wie (2); in gleicher W.: → ebenso; das ist keine Art und W.: → unerhört (2); in keinster W.: → keineswegs

weisen: 1. → zeigen (I, 1) – **2.** → schicken (I, 2) – **3.** w. |auf|: → hinweisen; die Tür w., aus dem Haus w.: → hinauswerfen (1); aus dem Land w.: → ausweisen (I, 1); in seine Schranken w.: → zurechtweisen; von sich w.: → ablehnen (2); nicht von der Hand zu w. sein: → möglich (3, a)

Weisheit, die: **1.** → Klugheit – **2.** → Erfahrung (1) – **3.** die W. mit Löffeln gefressen haben: → überklug (2); die W. auch nicht mit Löffeln gegessen / gefressen haben: → dumm (6); mit seiner W. am Ende sein: → hilflos (4)

weislich: 1. → wohl (7) – **2.** → absichtlich

weismachen: → einreden (1)

weiß: 1. ⟨*Farbe*⟩ blütenweiß · federweiß · schlohweiß · schwanenweiß · schneeweiß · schneefarben · weiß wie Schnee + silberweiß · weißlich – **2.** → blass (1) – **3.** → grauhaarig – **4.** weiße Ware: → Hausgeräte; w. wie Schnee: → 1; w. wie die Wand: → blass (1); w. machen: → weißen; aus Schwarz Weiß / aus Weiß Schwarz machen: → verdrehen (1); weißer Rabe / Sperling: → Seltenheit; weiße Maus: → Verkehrspolizist; weiße Mäuse sehen: → betrunken (2); die weiße Fahne zeigen: → ergeben (II, 1); eine weiße Weste haben: → unschuldig (4); nicht das Weiße im Auge gönnen: → neidisch (2)

Weiß, das: → Schnee (1)

weissagen: prophezeien · orakeln; → *auch* wahrsagen, voraussagen

Weissager, der: Prophet · Seher; → *auch* Wahrsager

Weissagung, die: Prophezeiung · Prophetie · Orakel; → *auch* Voraussage

Weißbinder, der: → Maler (1)

weißeln: → weißen

weißen: tünchen · kalken · weiß machen; weißeln (*südd österr schweiz*)

Weißglut, die: [bis] zur W. reizen, zur W. bringen: → erzürnen (1)

weißhaarig: → grauhaarig

Weißkabis, der: → Weißkohl

Weißkäse, der: → Quark (1)

Weißkohl, der: Weißkabis (*schweiz*)

weißlich: → weiß (1)

weißwaschen: I. weißwaschen: → rechtfertigen (I) – **II.** weißwaschen, sich: → rechtfertigen (II)

Weisung, die: 1. → Befehl (1) – **2.** → Anordnung (2) – **3.** → Verordnung (1)

weit: 1. ⟨*von großer Entfernung*⟩ meilenweit – **2.** → ausgedehnt (1) – **3.** → fern (1) – **4.** zu w. gehen: ⟨*die noch vertretbaren Grenzen überschreiten*⟩ übertreiben · zu weit treiben · übers Ziel [hinaus]schießen · den Bogen überspannen · die Schraube überdrehen + das Kind mit dem Bade ausschütten – **5.** die weite Welt: → Ferne (1); w. weg, w. davon: → fern (1); w. vom Schuss: **a)** → fern (1) – **b)** → abgelegen; das Weite suchen: → weglaufen; sich ins Weite verlieren: → abschweifen (1); w. und breit: → überall (1); allein auf weiter Flur: → allein (1); auf weite Sicht: → weitblickend; nicht w. her: → mittelmäßig; bei weitem: → weitaus; w. gefehlt: → keineswegs; w. unter dem Preis: → billig (1); w. hergeholt: → gesucht (1); zu w. treiben: → 4; das geht zu w.: → unerhört (2); w. kommen: → Erfolg (2); es w. bringen: **a)** → Erfolg (2) – **b)** → scheitern (a)

weitab: 1. → fern (1) – **2.** w. vom Schuss: **a)** → fern (1) – **b)** → abgelegen

weitaus: bei weitem · mit Abstand

Weitblick, der: → Vorausschau

weitblickend: weitsichtig + auf lange / weite Sicht; → *auch* voraussehend

Weite, die: 1. → Ferne (1) – **2.** → Ausmaß – **3.** → Entfernung (1)

weiten: I. weiten: → dehnen (I), ausweiten (I, 1) – **II.** weiten, sich: → ausweiten (II, 2)

weiter: 1. → weiterhin (1) – **2.** → dazu (2) – **3.** → außerdem (1) – **4.** → vorwärts (1) – **5.** und so w.: ⟨*Ausdruck, mit dem man auf das Folgen von Gleichartigem hinweist*⟩ und so fort · und dergleichen mehr · et cetera ♦ *umg*: und, und, und – **6.** w. bestehen: ⟨*weiterhin vorhanden sein*⟩ fortbestehen · fortleben · fortdauern · bestehen bleiben · Bestand haben · sich erhalten · von Bestand / Dauer sein; → *auch* andauern, überdauern – **7.** des Weiteren: → dazu (2); im Weiteren: → weiterhin (1); ohne weiteres: **a)** → anstandslos – **b)** → kurzerhand; bis auf weiteres: → vorläufig; w. im Text: → vorwärts (1)

weiterbilden, sich: → bilden (II, 1)

Weiterbildung, die: Fortbildung · Qualifizierung

weitereilen: → weitergehen (1)

Weiterentwicklung, die: → Fortschritt (1)

weitererzählen: → ausplaudern

weiterführen: weitermachen · fortführen · fortsetzen · fortschreiben · fortfahren ⎜mit⎟ + wieder aufnehmen; → *auch* fortfahren (1)

Weitergabe, die: → Überlieferung (2)

Weitergang, der: → Fortgang (1)

weitergeben: weiterleiten · weiterreichen; → *auch* übergeben (I, 1)

weitergehen: 1. ⟨*seinen Weg fortsetzen*⟩ weiterlaufen · seiner Wege gehen + weitereilen ♦ *umg*: zugehen · fortgehen – **2.** → fortfahren (1)

weiterhelfen: → fördern (1)

weiterhin: 1. ⟨*auch in der kommenden Zeit*⟩ weiter · nach wie vor · fernerhin · im Weiteren; fürder[hin] (*noch scherzh*); weiters (*österr*); → *auch* künftig – **2.** → dazu (2)

weiterkommen: 1. → vorwärts (2, a) – **2.** → Erfolg (1)

weiterlaufen: → weitergehen (1)

weiterleiten: → weitergeben

weitermachen: 1. → weiterführen – **2.** → fortfahren (1) – **3.** → festbleiben (1)

weiterreichen: → weitergeben

weiters: → weiterhin (1)

weitersagen: → ausplaudern

Weiterung

Weiterung, die: **1.** → Schwierigkeit (1) – **2.** → Folge (1)

weiterverbreiten: I. weiterverbreiten: → verbreiten (I, 1) – **II.** weiterverbreiten, sich: → verbreiten (II)

weitgehend: → überwiegend

weitherzig: → tolerant

weitläufig: 1. ⟨*als Bezeichnung für einen nicht engen Verwandtschaftsgrad*⟩ entfernt; weitschichtig (*landsch*) ♦ *salopp*: um die Ecke · um ein paar / sechs Ecken (*scherzh*) – **2.** → ausgedehnt (1) – **3.** → ausführlich (1)

weitreichend: → folgenreich

weitschichtig: 1. → ausgedehnt (1) – **2.** → weitläufig (1)

weitschweifig: → ausführlich (1)

weitsichtig: → weitblickend

weittragend: → folgenreich

Weizen, der: + Spelt · Dinkel

welche: 1. → die (2) – **2.** → einige (1) – **3.** auf w. Art / Weise, in welcher Art / Weise: → wie (2)

welcher: → der (2)

welcherart: welchergestalt · welcherlei · welcherweise

welchergestalt: → welcherart

welcherlei: → welcherart

welcherweise: → welcherart

welches: → das (2)

welk: 1. ⟨*nicht mehr grünend u. blühend*⟩ verwelkt; → *auch* trocken (2) – **2.** → runzelig

welken: 1. ⟨*nicht mehr grünen u. blühen*⟩ verwelken · abwelken · hinwelken · eingehen + vergilben · verdorren · vertrocknen; → *auch* verblühen (1), vertrocknen (1) – **2.** → altern (1)

Welle: I. Welle, die: ⟨*Bewegung der Wasseroberfläche*⟩ Woge; See (*seem*) + Wellenberg · Brecher · Sturzsee · Kaventsmann – **II.** Wellen (*Pl*): **1.** → Seegang – **2.** in den W. verschwinden: → sinken (1); den Tod / sein Grab in den W. finden: → ertrinken; W. schlagen: → Aufsehen (2)

wellen: I. wellen: ⟨*die Haare lockig machen*⟩ locken · kräuseln; ondulieren (*veraltend*) – **II.** wellen, sich: → ¹verziehen (II, 1)

Wellenberg, der: → Welle (I)

Wellengang, der: → Seegang

Wellenlänge, die: auf der gleichen W. liegen, die gleiche W. haben: → verstehen (II, 2)

Wellenreiten, das: → Surfing

Wellenschlag, der: → Seegang

wellig: 1. → lockig – **2.** → hügelig

Wellnessoase, die: → Freizeitbad

welsch: → ausländisch (1)

Welt, die: **1.** ⟨*die Gesamtheit des irdischen Lebensbereiches*⟩ Erde; Diesseits (*Rel*) ♦ *gehoben*: Erdkreis · Erdenrund + Jammertal; → *auch* Erde (2) – **2.** die weite W.: → Ferne (1); die alte W.: → Altertum (I, 1); die Dritte W.: → Entwicklungsländer; alle W.: → jedermann; am Ende / Arsch der W.: → abgelegen; in der ganzen / aller W.: → überall (1); in alle W.: → überallhin; aus aller W.: → überallher; ein Kind in die W. setzen: **a)** → zeugen (1) – **b)** → gebären; auf die / zur W. bringen: → gebären; zur / auf die W. kommen, das Licht der W. erblicken: → geboren (2); aus der W. gehen / scheiden, die W. verlassen: → sterben (1); freiwillig aus der W. gehen / scheiden: → Selbstmord (2); aus der W. schaffen: **a)** → ermorden – **b)** → beseitigen (1); durch die W. kommen: → durchschlagen (I, 2); die Bretter, die die W. bedeuten: → Theater (1); nicht um alles in der W.: → niemals

weltabgewandt: → weltfremd

Weltall, das: All · Kosmos · Universum · Makrokosmos + Unendlichkeit; → *auch* Weltraum, Himmel (2)

Weltanschauung, die: Philosophie + Weltbild · Ideologie · Lebensansicht · Kredo; → *auch* Anschauungsweise, Meinung (1)

weltbekannt: → berühmt (1)

weltberühmt: → berühmt (1)

weltbewegend: → welterschütternd

Weltbild, das: → Weltanschauung

Weltbürger, der: Kosmopolit

Weltenbummler, der: → Weltreisende

weltenfern: → fern (1)

Weltenlenker, der: → Gott (1, a)

weltentrückt: → weltfremd

welterfahren: → erfahren (2)

welterschütternd: weltbewegend

weltfern: → weltfremd

weltfremd: wirklichkeitsfern · lebensfremd · lebensfern · realitätsfern · weltfern · unrealistisch · weltabgewandt; akademisch (*abwert*); idealistisch (*oft abwert*) ♦ *gehoben*: weltenfern · weltentrückt · weltverloren; → *auch* einsam (1), schwärmerisch (1)

Weltfremdheit, die: Realitätsferne

Weltgeltung, die: **1.** → Ruhm (1) – **2.** von W.: → berühmt (1)

Weltgericht, das (*Rel*): das Jüngste Gericht · der Jüngste Tag

weltgewandt: → gewandt (3)

weltklug: → erfahren (2)

Weltkugel, die: → Globus (1)

weltkundig: → erfahren (2)

weltläufig: 1. → gewandt (3) – **2.** → bekannt (1)

weltlich (*Rel*): profan · säkular

Weltmacht, die: → Großmacht

Weltmachtstreben, das: → Imperialismus

Weltmann, der: + Kavalier · Gentleman ♦ *umg*: + Salonlöwe (*scherzh od. abwert*); → *auch* Ehrenmann

weltmännisch: → gewandt (3)

Weltmeer, das: → Meer

Weltmeister, der: wie die W.: → hervorragend (1)

weltoffen: extravertiert · extrovertiert · urban; → *auch* gesellig (1)

Weltrang, der: von W.: → berühmt (1)

Weltraum, der: [kosmischer] Raum; → *auch* Weltall

Weltraumfähre, die: → Raumfähre

Weltraumfahrer, der: → Astronaut

Weltraumfahrt, die: → Raumfahrt

Weltraumlaboratorium, das: → Raumlabor

Weltraumschiff, das: → Raumschiff

Weltraumstation, die: → Raumstation

Weltraumtransporter, der: → Raumfähre

Weltreich, das: → Großmacht

Weltreisende, der: Weltenbummler · Globetrotter

Weltruf, der: **1.** → Ruhm (1) – **2.** von W.: → berühmt (1)

Weltruhm, der: **1.** → Ruhm (1) – **2.** von W.: → berühmt (1)

Weltschmerz, der: → Schwermut

Weltstadt, die: → Großstadt

Weltteil, der: → Erdteil

weltumfassend: weltumspannend · weltweit · global · erdumspannend · rund um den Globus; → *auch* international

weltumspannend: → weltumfassend

Weltverbesserer, der: → Schwärmer (1)

weltverloren: 1. → weltfremd – **2.** → einsam (1)

weltweit: 1. → weltumfassend – **2.** → international

Wende, die: **1.** → Wendung (1) – **2.** → Biegung (1) – **3.** → Umschwung (1) – **4.** → Wendepunkt

Wendehals, der: → Opportunist

wenden: I. wenden: **1.** 〈*in die Gegenrichtung bringen*〉 [herum]drehen · umdrehen · umwenden · umkehren + umlenken · [um]schwenken – **2.** → ändern (I, 1) – **3.** seine Schritte w. |nach|: → gehen (8) – **II.** wenden, sich: **1.** → ändern (II) – **2.** → abwenden (II, 1) – **3.** → umdrehen (II) – **4.** sich w. |von|: → abwenden (II, 2); sich w. |an|: **a)** → bitten (2) – **b)** → fragen (I, 1); sich drehen und w.: → ausweichen (2); sich zur Flucht w.: → fliehen (1)

Wendepunkt, der: Markstein · Meilenstein · Wende

wendig: → gewandt (1 *u.* 2)

Wendigkeit, die: → Gewandtheit (1, 2 *u.* 3)

Wendung, die: **1.** 〈*das Ändern der Richtung*〉 Richtungsänderung · Schwenk · Drehung · Schwenkung + Wende; → *auch* Biegung (1) – **2.** → Änderung (1) – **3.** → Redewendung (1) – **4.** → Umschwung (1) – **5.** feste W.: → Phraseologismus

wenig: 1. 〈*in kleiner Zahl bzw. Menge*〉 nicht viel · gering · blutwenig ♦ *umg*: mordswenig · ein Fingerhut voll; [nur] für den hohlen Zahn (*scherzh*); → *auch* knapp (1), spärlich (1) – **2.** ein w.: 〈*eine kleine Menge*〉 etwas · ein bisschen · ein Quäntchen · eine Prise · ein Hauch · eine Kleinigkeit · eine Spur/Idee · ein Schuss + ein Bissen ♦ *umg*: ein bissel (*landsch*) – **3.** zu w.: 〈*eine nicht ausreichende Menge*〉 ein Tropfen auf den heißen Stein – **4.** nicht w.: **a)** → sehr – **b)** → viel (I, 1); wenige: → viel (I, 1); [nur] wenige: → einige (1)

weniger: → abzüglich

Wenigkeit, die: meine W.: → ich

wenigstens: 1. → jedenfalls – **2.** → mindestens

wenn: 1. 〈*konditional*〉 falls · für den Fall/im Falle, dass · sofern · vorausgesetzt, dass – **2.** → sobald – **3.** w. auch: → obgleich; wie w.: → als (4); das Wenn und Aber: → Zweifel (1)

wenngleich: → obgleich

wennschon: → obgleich

Wenzel, der: → Bube

wer: → jemand (1)

Werbeberater, der: → Werbefachmann

Werbeblatt, das: → Werbeschrift

Werbefachmann, der: Werbeberater · Reklamefachmann · Propagandist · Showman

Werbefeldzug

+ Akquisiteur · Werbetexter · Werbegestalter; Visualizer (*fachspr*) ♦ *umg*: Werber
Werbefeldzug, der: → Werbung (1)
Werbegeschenk, das: Giveaway
Werbegestalter, der: → Werbefachmann
Werbekampagne, die: → Werbung (1)
werbekräftig: → zugkräftig
werben: 1. w. |für|: ⟨*für etw. Interesse wecken wollen*⟩ propagieren · Propaganda machen/treiben |für| · Reklame machen |für| · Kunden anlocken · promoten + akquirieren · agitieren · inserieren ♦ *umg*: die Werbetrommel/Reklametrommel/Trommel rühren |für|; anreißen · Kunden fangen/ködern (*abwert*) – **2.** w. |um|: **a)** ⟨*ein Mädchen od. eine Frau gewinnen wollen*⟩ umwerben · sich bewerben |um| · sich bemühen |um| · den Hof machen · die Cour machen/schneiden · freien |um| · anhalten |um| · um jmds. Hand anhalten · die Hand/Ehe antragen · einen Heiratsantrag/Antrag machen; Brautschau halten · auf Brautschau/Freiersfüßen gehen (*scherzh*); buhlen |um| (*abwert*) ♦ *umg*: nachlaufen · auf die Freite gehen; → *auch* flirten – **b)** → bewerben, sich (1)
Werber, der: → Werbefachmann
Werberummel, der: Hype
Werbeschrift, die: Werbeblatt · Prospekt ♦ *umg*: Reklame
Werbeslogan, der: → Werbespruch
Werbespruch, der: Werbeslogan · Slogan
Werbetätigkeit, die: → Werbung (1)
Werbetexter, der: → Werbefachmann
Werbetrommel, die: die W. rühren |für|: → werben (1)
werbewirksam: → zugkräftig
Werbung, die: **1.** ⟨*das Werben für etw.*⟩ Werbetätigkeit · Propaganda · Reklame · Advertising · Promotion + Publicity · Kundenwerbung · Akquisition · Werbefeldzug · Werbekampagne ♦ *umg*: Reklamemacherei · Anreißerei · Kundenfang (*abwert*); → *auch* Angebot (2) – **2.** → Propaganda (1)
Werdegang, der: **1.** → Entwicklung (1) – **2.** → Laufbahn (1)
werden: 1. → entstehen (1) – **2.** → entwickeln (II, 2) – **3.** → geraten (1) – **4.** etw. w.: → aufsteigen (2); wo werd' ich denn: → keineswegs
werfen: I. werfen: **1.** ⟨*mit der Hand kräftig u. weit von sich fortbewegen*⟩ schleudern ♦ *umg*: schmettern; schießen (*landsch*)

♦ *salopp*: schmeißen · pfeffern · feuern – **2.** ⟨*von Tieren gesagt: gebären*⟩ Junge werfen/bekommen · jungen · hecken; setzen · frischen (*weidm*) + [ab]ferkeln · fohlen · kalben · schütten ♦ *umg*: Junge kriegen – **3.** in die Höhe w.: → hochwerfen; zum alten Eisen w., von sich w.: → wegwerfen (I, 1); die Kleider von sich w.: → ausziehen (II); auf die Straße w.: → entlassen (2); aus dem Haus w.: → hinauswerfen (1); ins Gefängnis/in den Kerker w.: → einsperren (1); die Tür [hinter sich] ins Schloss w.: → schließen (I, 1, a); [den] Anker w.: → ankern (1); einen Blick w. |auf|: → ansehen (I, 1 *u.* 3); ein Auge w. |auf|: → interessieren (II); auf den Markt w.: → anbieten (I, 3); aufs Papier w.: → aufschreiben (1); einen Stein w. |auf|: → verurteilen (2); in die Diskussion w.: → vorbringen; in einen Topf w.: → gleichsetzen; das Handtuch w., über Bord w., die Flinte ins Korn w.: → aufgeben (3); aus dem Gleis geworfen werden: → scheitern (a); mit Geld um sich w.: → verschwenderisch (2) – **II.** werfen, sich: **1.** → ¹verziehen (II, 1) – **2.** sich w. |auf|: **a)** → angreifen (I, 1, b) – **b)** → anfangen (I, 1, a); sich in die Kleider w.: → anziehen (II); sich in Gala/Staat/Schale/Wichs w.: → herausputzen (II); sich jmdm. an den Hals w.: → aufdrängen (II, 1); sich in die Brust w.: → angeben (1); sich in die Bresche w.: → eintreten (7, a)
Werk, das: **1.** ⟨*Ergebnis künstler. Schaffens*⟩ Kunstwerk · Schöpfung · Arbeit · Œuvre; Opus · Produkt (*auch iron*) + Denkmal; → *auch* Buch (1) – **2.** → Buch (1) – **3.** → Fabrik – **4.** → Arbeit (4) – **5.** → Tat (1) – **6.** → Dichtung (1, b) – **7.** ans W. gehen, sich ans W. machen, Hand ans W. legen: → anfangen (1, a); ins W. setzen: **a)** → veranlassen (1) – **b)** → veranstalten (1); zu Werke gehen: → handeln (I, 3)
Werkanlage, die: → Anlage (II)
Werkel, das: → Leierkasten
werkeln: → arbeiten (1)
werken: → arbeiten (1)
werkgerecht: → fachmännisch
Werkhalle, die: Fabrikhalle · Halle; → *auch* Arbeitsraum, Werkstatt
Werkkantine, die: → Gaststätte (1, e)
Werkküche, die: → Gaststätte (1, e)
Werkstatt, die: Werkstätte · Atelier + Reparaturwerkstatt; → *auch* Werkhalle, Studio, Fabrik

West

Werkstätte, die: → Werkstatt
Werkstoff, der: → Rohstoff (1)
Werkswohnung, die: → Dienstwohnung
Werktag, der: Arbeitstag · Wochentag + Alltag
werktags: wochentags · alltags · in / unter der Woche
werktätig: → berufstätig
Werktätige, der: → Arbeiter (I)
Werkzeug, das: **1.** ⟨*Gerät zum Bearbeiten von Werkstücken usw.*⟩ Handwerkszeug · Gerätschaften · Gerät · Instrument · Arbeitsgerät · Arbeitsinstrument · Arbeitswerkzeug + Apparat ♦ *umg:* Arbeitszeug – **2.** ⟨*von jmdm. für seine Zwecke ausgenutzte Person*⟩ Schachfigur · Marionette + Strohmann – **3.** als W. benutzen, zu seinem W. machen: → instrumentalisieren
wert: 1. → verehrt – **2.** viel w.: → wertvoll (1); nichts / keinen / nicht einen Pfennig / keinen Dreier / [roten] Heller / keinen Pfifferling / Schuss Pulver w.: → wertlos (1); nicht / kaum der Rede w.: **a)** → geringfügig – **b)** → unwichtig (1)
Wert, der: **1.** → Bedeutung (1) – **2.** → Güte (2) – **3.** → Preis (1) – **4.** → Nutzen (1) – **5.** ohne W.: → wertlos (1); W. haben, von W. sein: → wertvoll (2); W. legen │auf│: **a)** → Acht (1, a) – **b)** → betonen (2); W. beimessen: → betonen (2)
Wertarbeit, die: Qualitätsarbeit
werten: → beurteilen (1)
Wertgefühl, das: → Ehre (1)
Wertgegenstand, der: → Wertstück
wertgemindert: → minderwertig
werthaltig: → wertvoll (1)
Wertherstimmung, die: → Lebensüberdruss
wertlos: 1. ⟨*keinen Wert besitzend*⟩ nichts wert · unbrauchbar · ohne Wert · keinen / nicht einen Pfennig wert ♦ *umg:* keinen Dreier / [roten] Heller wert · keinen Pappenstiel / Pfifferling / Schuss Pulver wert · nicht viel dran + nur ein Fetzen Papier; → *auch* minderwertig, schlecht (1) – **2.** → nutzlos (1)
Wertmarke, die: → Gutschein
Wertpapier: I. Wertpapier, das: ⟨*Vermögensrechte verbriefende Urkunde*⟩ Papier; Wertschrift (*schweiz*); → *auch* Aktie – **II.** Wertpapiere (*Pl*): ⟨*Vermögensrechte verbriefende Urkunden*⟩ Effekten (*Bankw*)
Wertsache, die: → Wertstück

Wertschätzung, die: → Achtung (1)
Wertschrift, die: → Wertpapier (I)
Wertstoffsammlung, die: → Altstoffsammlung
Wertstück, das: Wertgegenstand · Wertsache · Kostbarkeit · Schatz · Kleinod · Juwel · Preziosen; → *auch* Schmuck (1)
Werttransport, der: → Geldtransport
Wertung, die: **1.** → Bewertung (1) – **2.** → Beurteilung – **3.** → Kritik (1)
wertungsgleich (*Sport*): gleichauf
Wertungspunkt, der: → Punkt (1)
wertvoll: 1. ⟨*großen materiellen Wert besitzend*⟩ kostbar · teuer · hochwertig · edel · viel wert · werthaltig · unschätzbar · nicht mit Geld zu bezahlen; preziös (*veraltet*) + rar; → *auch* erstklassig (1), unersetzlich – **2.** w. sein: ⟨*großen materiellen Wert besitzen*⟩ Wert haben · von Wert sein
Wesen, das: **1.** ⟨*die bestimmenden Eigenschaften*⟩ Kern · Kernstück · Substanz · das Wesentliche · das Wichtigste · Quintessenz · Extrakt · Essenz · Hauptgehalt · Wesenheit · Sinn; → *auch* Hauptsache – **2.** → Person (1) – **3.** → Lebewesen – **4.** → Wesensart – **5.** weibliches W.: → Frau (I, 1); männliches W.: → Mann (I, 1); das höchste W.: → Gott (1, b); ein einnehmendes W. haben: → geldgierig (2)
wesenhaft: → eigentümlich (1)
Wesenheit, die: **1.** → Wesen (1) – **2.** → Wesensart
wesenlos: → unbedeutend (1)
Wesensart, die: Natur · Naturell · Charakter · Wesen · Sinnesart · Sinn · Gemütsart · Gemütsrichtung · Individualität; Wesenheit (*veraltend*); → *auch* Eigenart, Veranlagung
wesenseigen: → eigentümlich (1)
wesensfremd: → verschiedenartig
wesensgleich: → gleich (6)
Wesensmerkmal, das: → Eigenschaft
Wesenszug, der: → Eigenschaft
wesentlich: wichtig · signifikant · substanziell · essenziell · primär; → *auch* wichtig (1), bedeutsam (1)
Wesentliche, das: → Wesen (1)
weshalb: → warum
Wespennest, das: sich in ein W. setzen: → schaden (3)
West: I. West: **1.** → Westen (1) – **2.** in Ost und W.: → überall (1) – **II.** West, der: → Westwind

793

Weste

Weste, die: eine reine/saubere/weiße W. haben: → unschuldig (4); etw. unter die W. schieben/jubeln: → beschuldigen (2)
Westen, der: **1.** ⟨*Himmelsrichtung*⟩ West (*fachspr*) – **2.** → Abendland
Westover, der: → Pullover
Westwind, der: West (*seem*)
weswegen: → warum
Wettbewerb, der: **1.** ⟨*Kampf um die besten Ergebnisse*⟩ Wettstreit – **2.** → Wettkampf – **3.** → Konkurrenzkampf
Wettbewerber, der: → Konkurrent (1)
Wettbewerbsdruck, der: Konkurrenzdruck
wettbewerbsfähig: konkurrenzfähig · marktfähig
Wette, die: eine W. machen/abschließen: → wetten; um die W. laufen/rennen: → wettlaufen
Wetteifer, der: **1.** ⟨*das Bemühen andere zu übertreffen*⟩ + Rivalität – **2.** → Streben
wetteifern: w. |mit|: + rivalisieren |mit|; → *auch* messen (II, 1)
wetten: eine Wette machen/abschließen + setzen · tippen · losen · würfeln
Wetter: I. Wetter, das: **1.** ⟨*der Zustand der irdischen Lufthülle zu einer bestimmten Zeit*⟩ Witterung · Wetterlage + Klima – **2.** schlechtes W.: ⟨*als unangenehm empfundene Witterung*⟩ salopp: Mistwetter · Hundewetter · Dreckwetter (*abwert*) ♦ *derb:* Sauwetter · Scheißwetter (*abwert*) – **3.** → Gewitter (1), Unwetter – **4.** um gutes W. bitten: → entschuldigen (II) – **II.** Wetter (*Pl*): **1.** *bergm* ⟨*explosives Gasgemisch*⟩ schlagende Wetter – **2.** schlagende W.: → II, 1
Wetteränderung, die: Witterungsumschlag · Wetterumschlag · Wetterumschwung · Wettersturz · Umschlag · Umschwung
Wetterbeobachtungsstelle, die: → Wetterwarte
Wetterbericht, der: → Wettervorhersage
Wetterdienststelle, die: → Wetterwarte
wetterecht: → farbecht
Wetterfahne, die: **1.** ⟨*Windrichtungsanzeiger*⟩ Wetterhahn · Turmhahn – **2.** → Opportunist
Wetterhahn, der: → Wetterfahne (1)
Wetterlage, die: → Wetter (I, 1)
wetterleuchten: → blitzen (1)
Wettermantel, der: → Regenmantel
Wettermeldung, die: → Wettervorhersage

wettern: 1. → donnern (1) – **2.** → schimpfen (1)
Wetterprognose, die: → Wettervorhersage
Wetterstation, die: → Wetterwarte
Wetterstelle, die: → Wetterwarte
Wetterstrahl, der: → Blitz (1)
Wettersturz, der: → Wetteränderung
Wetterumschlag, der: → Wetteränderung
Wetterumschwung, der: → Wetteränderung
Wettervorhersage, die: Wetterbericht · Wettermeldung · Wetterprognose
Wetterwarte, die: Wetterstelle · Wetterstation · Wetterbeobachtungsstelle · Wetterdienststelle
wetterwendisch: 1. → launisch – **2.** → unbeständig
Wettfahrt, die: → Rennen (1)
Wettkampf, der: Wettbewerb · Konkurrenz · Begegnung · Treffen · Wettstreit · Wettspiel · Spiel · Match · Kampf + Turnier
Wettlauf, der: → Rennen (1)
wettlaufen: wettrennen · um die Wette laufen/rennen
wettmachen: 1. → ausgleichen (I, 2) – **2.** → büßen (1) – **3.** Boden w.: → aufholen (1)
wettrennen: → wettlaufen
Wettrennen, das: → Rennen (1)
Wettspiel, das: → Wettkampf
Wettstreit, der: **1.** → Wettbewerb (1) – **2.** → Wettkampf
wettstreiten: → messen (II, 1)
wetzen: 1. → schärfen – **2.** → reiben (I, 1) – **3.** → laufen (1)
Wetzstein, der: → Schleifstein
WG, die: → Wohngemeinschaft
Whisky, der: → Branntwein
Wichs, der: sich in W. werfen/schmeißen: → herausputzen (II)
Wichse, die: **1.** → Schuhcreme – **2.** → Prügel (II, 1)
wichsen: 1. ⟨*glänzend machen*⟩ putzen · blank reiben ♦ *umg:* wienern; *auch* polieren (1) – **2.** → schlagen (I, 1) – **3.** → masturbieren
Wichtel, der: **1.** → Zwerg (1) – **2.** → Kobold (1) – **3.** → Knirps
Wichtelmännchen, das: **1.** → Zwerg (1) – **2.** → Kobold (1)
wichtig: 1. ⟨*besondere Aufmerksamkeit verdienend bzw. erfordernd*⟩ bedeutend · beachtlich · belangvoll · relevant · schwerwiegend · gewichtig · gravierend · [vor-]

dringlich · dringend · akut · ernst[haft] · ernstlich · brennend · von Wichtigkeit/Bedeutung/Belang/Gewicht · hochbedeutend · hochbedeutsam · inhaltsschwer; belangreich (veraltet); → auch bedeutsam (1), erwähnenswert (1), wesentlich, folgenreich, entscheidend (1) – **2.** → wesentlich – **3.** w. sein: ⟨von Wichtigkeit sein⟩ von Bedeutung/Belang sein · etw. bedeuten/gelten/zählen/ausmachen · Gewicht haben · ins Gewicht/in die Waagschale fallen · eine Rolle spielen · schwer wiegen – **4.** nicht w. sein: ⟨nicht von Wichtigkeit sein⟩ unwichtig sein · nicht ins Gewicht/in die Waagschale fallen · keine Rolle spielen · ohne/nicht von Bedeutung/Belang sein · nichts zur Sache tun · nichts zu sagen haben · nichts ausmachen + nichts geben |auf| – **5.** w. tun, sich w. machen: → aufspielen (II)

Wichtigkeit, die: **1.** → Bedeutung (1) – **2.** von W.: → wichtig (1); W. beimessen: → betonen (2)

Wichtigste, das: → Wesen (1)

Wichtigtuer, der: → Angeber (1)

Wichtigtuerei, die: → Angabe (I, 1)

wichtigtuerisch: → angeberisch

Wicke, die: in die Wicken gehen: **a)** → entzweigehen (1) – **b)** → verloren (4)

Wickel, der: **1.** → Umschlag (1) – **2.** beim/am W. kriegen/nehmen/fassen: → ergreifen (2)

Wickelkind, das: → Säugling (1)

wickeln: 1. → aufrollen (2) – **2.** → trockenlegen (1) – **3.** w. |aus|: → auspacken (1); w. |in|: → einwickeln (1); schief gewickelt sein: → irren (II)

wider: 1. → gegen (1) – **2.** w. Willen: → unfreiwillig; w. den Stachel löcken: → widersetzen, sich; w. den Strich gehen: → missfallen (1); das Für und Wider: → Zweifel (1)

widerborstig: → widerspenstig

Widerborstigkeit, die: → Widerspenstigkeit

widerfahren: → zustoßen (1)

Widerhall, der: → Echo (1)

widerhallen: echoen · widerschallen · widerklingen

Widerhalt, der: → Stütze (1)

Widerklang, der: → Echo (1)

widerklingen: → widerhallen

widerlegen: entkräften · ad absurdum führen · das Gegenteil beweisen · Lügen strafen

Widerlegung, die: Entkräftung · Gegenbeweis

widerlich: 1. → ekelhaft (1) – **2.** → abscheulich (1)

Widerlichkeit, die: → Widerwärtigkeit

widernatürlich: abartig · pervers · unnatürlich; → auch abnorm (1)

Widerpart, der: **1.** → Gegner (2) – **2.** W. bieten/geben: → widersetzen, sich

widerraten: → abraten

widerrechtlich: → ungesetzlich

Widerrede, die: → Einspruch (1)

widerreden: → widersprechen (1)

Widerruf, der: **1.** ⟨das Zurücknehmen einer Erklärung⟩ Zurücknahme · Dementi · Revokation · Gegenerklärung – **2.** → Echo (1)

widerrufen: zurücknehmen · zurückziehen · dementieren · revozieren ♦ umg: einen Rückzieher machen

Widersacher, der: **1.** → Gegner (2) – **2.** → Feind (1)

Widerschall, der: → Echo (1)

widerschallen: → widerhallen

Widerschein, der: Spiegelung · Reflex · Abglanz; → auch Rückstrahlung

widerscheinen: → widerspiegeln (II)

widersetzen, sich: sich entgegenstellen · sich dagegenstellen · sich dagegenstemmen · sich weigern · sich sperren · sich sträuben · widerstehen · opponieren · trotzen · gegenhalten · Widerstand leisten/entgegensetzen/bieten · Paroli/Trotz/die Stirn bieten · wider den Stachel löcken · Widerpart bieten/geben · gegen/wider den Strom schwimmen; widerstreiten (veraltet) + Schach bieten ♦ gehoben: widerstreben ♦ umg: sich sperren · nicht mitspielen · sich auf die Hinterbeine stellen · die Zähne zeigen ♦ salopp: Ruß machen; → auch aufbegehren, standhalten (1), Umstand (II, 2)

widersetzlich: 1. → widerspenstig – **2.** → ungehorsam

Widersetzlichkeit, die: → Widerspenstigkeit

Widersinn, der: **1.** ⟨das vernünftigem Denken Zuwiderlaufende⟩ Paradoxie · Absurdität · Unlogik; → auch Unsinn (1, a), Sinnlosigkeit, Narretei – **2.** → Sinnlosigkeit

widersinnig: 1. ⟨dem vernünftigen Denken zuwiderlaufend⟩ paradox · unsinnig · absurd · vernunftwidrig · irrational · unlogisch · folgewidrig · inkonsequent ♦ umg: ver-

widerspenstig

rückt; → *auch* sinnlos (1), widersprüchlich
– **2.** → sinnlos (1)
widerspenstig: widerborstig · widersetzlich
· renitent · trotz[köpf]ig · bock[bein]ig · ver-
bockt · störrisch · kratzbürstig ♦ *umg:* krat-
zig · stachelig · querköpfig; → *auch* eigen-
sinnig (1), verstockt (1)
Widerspenstigkeit, die: Widerborstigkeit ·
Widersetzlichkeit · Trotz · Störrischkeit ·
Renitenz · Bock[bein]igkeit; → *auch* Eigen-
sinn
widerspiegeln: I. widerspiegeln: ⟨*auftref-*
fende Lichtstrahlen zurückwerfen⟩ [ab]spie-
geln · zurückwerfen · reflektieren – **II.** wi-
derspiegeln, sich: ⟨*zurückgeworfen werden*⟩
sich spiegeln · widerscheinen
widersprechen: 1. ⟨*eine entgegengesetzte*
Meinung äußern⟩ widerreden + entgegnen ·
erwidern ♦ *umg:* Kontra geben · nicht ste-
hen lassen – **2.** ⟨*mit etw. unvereinbar sein*⟩
ins Gesicht schlagen · Hohn sprechen · im
Widerspruch / Gegensatz sein / stehen │zu│–
3. → protestieren – **4.** sich w.: ⟨*das Gegen-*
teil des vorher Gesagten bzw. etw. davon
Abweichendes äußern⟩ sich in Widersprü-
che verwickeln
widersprechend: → widerspruchsvoll
Widerspruch, der: 1. ⟨*Unvereinbarkeit*
zweier Gegebenheiten⟩ Kontradiktion · An-
tinomie (*Philos*) + Widerstreit · Unstimmig-
keit · Missverhältnis; → *auch* Gegensatz
(1), Missverhältnis – **2.** → Einspruch (1) –
3. im W. stehen / stehen │zu│: → widerspre-
chen (2); sich in Widersprüche verwickeln:
→ widersprechen (4); keinen W. vertragen
[können]: → herrschsüchtig (2)
widersprüchlich: → widerspruchsvoll
widerspruchsvoll: widersprüchlich · wider-
sprechend · kontradiktorisch · disparat · un-
logisch · inkonsequent · folgewidrig · un-
stimmig; → *auch* gegensätzlich, widersin-
nig (1)
Widerstand, der: 1. ⟨*das Sichentgegenstel-*
len⟩ Resistenz · Gegenwehr · Gegendruck +
Obstruktion · Abneigung; → *auch* Hinder-
nis (1) – **2.** ⟨*Kraft, die einer Bewegung ent-*
gegenwirkt⟩ Gegendruck · Reibungswider-
stand · Reibung – **3.** W. leisten / entgegen-
setzen / bieten: **a)** → widersetzen, sich – **b)**
→ verteidigen (II)
widerstandsfähig: 1. ⟨*Widerstandskraft be-*
sitzend⟩ **a)** ⟨*Sachen*⟩ beständig · stabil · be-
lastbar; → *auch* haltbar (1) – **b)** ⟨*Lebewe-*

sen⟩ resistent + abgehärtet; → *auch* immun
(1), kräftig (1), zäh (1) – **2.** sich w. machen:
→ abhärten, sich
Widerstandskampf, der: Partisanenkampf
+ Résistance · Guerillakampf; → *auch* Frei-
heitskampf
Widerstandskämpfer, der: Partisan + Gue-
rilla[kämpfer]; → *auch* Freiheitskämpfer
widerstehen: 1. → widersetzen, sich – **2.** →
standhalten (1)
widerstreben: → widersetzen, sich
widerstrebend: → ungern
Widerstreit, der: 1. → Widerspruch (1) – **2.**
→ Zwiespalt (1)
widerstreiten: → widersetzen, sich
widerwärtig: 1. → abscheulich (1) – **2.** →
ekelhaft (1)
Widerwärtigkeit, die: Widerlichkeit ·
Hässlichkeit
Widerwille, der: Ekel · Abscheu · Ekelge-
fühl · Degout; Idiosynkrasie (*Psych*) +
Scheu; → *auch* Abneigung, Abscheu (1)
widerwillig: → ungern
widmen: I. widmen: ⟨*ein künstler. Werk für*
jmdn. bestimmen⟩ zueignen · dedizieren ·
zudenken; verehren (*auch scherzh*) +
schenken ♦ *gehoben:* weihen – **II.** widmen,
sich: **1.** → beschäftigen (II, 2) – **2.** → auf-
gehen (8, b)
Widmung, die: Zuneigung · Dedikation
widrig: → unangenehm (1)
widrigenfalls: → andernfalls
Widrigkeit, die: → Unannehmlichkeit
wie: 1. ⟨*gleichsetzend*⟩ so wie · gleichwie ·
nach Art; → *auch* gleichsam – **2.** ⟨*fragend*⟩
auf welche Art / Weise · in welcher Art /
Weise + wodurch – **3.** → als (2 *u.* 3) – **4.** so
wie: → 1; wie wenn: → als (4); nach wie
vor: → weiterhin (1)
wiebeln: 1. → ausbessern (1) – **2.** → wim-
meln
wieder: 1. ⟨*eine Wiederholung ausdrü-*
ckend⟩ wiederum · abermals · erneut · noch-
mals · noch einmal · von neuem · aufs Neue
· von vorn · neuerlich · zum anderen Mal[e]
· zum zweiten Mal[e]; neuerdings (*süddt*
österr schweiz); → *auch* wiederholt (1) – **2.**
w. aufbauen: ⟨*neu aufbauen*⟩ gehoben: wie-
der errichten; → *auch* wiederherstellen (1) –
3. immer w.: → wiederholt (1); hin und w.:
→ manchmal; w. da: → zurückgekommen;
w. tun: → wiederholen (I, 1, a); w. aufbau-
en / errichten: → 2; w. herrichten: → wie-

796

Wiederverwertung

derherstellen (1); w. gutmachen: **a)** → entschädigen (I) – **b)** → bereinigen (1) – **c)** → büßen (1); w. aufnehmen: → weiterführen; w. einfallen: → erinnern (II); w. ins Leben rufen: → wiederbeleben (1); w. auf die Beine/auf den Damm kommen: → gesund (6); w. zu Kräften kommen: → erholen, sich (1); w. [in die Gesellschaft/Gemeinschaft] eingliedern: → resozialisieren; sich w. geben: → beruhigen (II, 1, b); für nichts und w. nichts: → umsonst (1)
Wiederabdruck, der: → Reprint
Wiederaufbau, der: Wiedererrichtung; → *auch* Wiederherstellung (1)
wiederbekommen: → zurückerhalten
wiederbeleben: 1. ⟨*Atmung u. Kreislauf wieder in Gang bringen*⟩ wieder ins Leben rufen · ins Leben zurückrufen; reanimieren (*med*) – **2.** → erneuern (1)
Wiederbelebung, die: → Erneuerung (1), Wiedergeburt
wiederbringen: → zurückgeben (1)
Wiederdruck, der: → Reprint
wiedererhalten: → zurückerhalten
wiedererinnern, sich: → erinnern (II)
wiedererkennen: 1. ⟨*als ein u. dasselbe feststellen*⟩ identifizieren; agnoszieren (*österr amtsspr*) – **2.** → erinnern (II)
wiedererlangen: → zurückerhalten
Wiedererrichtung, die: → Wiederaufbau
wiedererstatten: → zurückzahlen (1)
Wiedererstattung, die: → Rückzahlung
wiedererzählen: 1. → ausplaudern **2.** → nacherzählen
wiederfordern: → zurückfordern
Wiedergabe, die: **1.** → Nachbildung (1 *u.* 2) – **2.** → Darstellung (1)
wiedergeben: 1. → nachbilden – **2.** → darbieten (I, 1) – **3.** → darstellen (I, 1, a *u.* b) – **4.** → vortragen (1) – **5.** → berichten – **6.** → zurückgeben (1)
Wiedergeburt, die: Renaissance · Neubelebung · Wiederbelebung + Revival; → *auch* Erneuerung (1)
wiedergewinnen: die Fassung w.: → fassen (II, 1)
Wiedergutmachung, die: **1.** → Entschädigung – **2.** → Reparationen
wiederhergestellt: → genesen (1)
Wiederherrichtung, die: → Wiederherstellung (1)
wiederherstellen: 1. ⟨*in den früheren Zustand versetzen*⟩ renovieren · sanieren · res-

taurieren · rekonstruieren · wieder herrichten; → *auch* erneuern (1), reparieren, wieder (2) – **2.** → heilen (1)
Wiederherstellung, die: **1.** ⟨*das Versetzen in den früheren Zustand*⟩ Renovierung · Rekonstruktion · Rekonstruierung · Restauration · Restaurierung · Wiederherrichtung · Restitution; → *auch* Erneuerung (1), Reparatur, Wiederaufbau – **2.** → Genesung (1)
wiederholen: I. 1. wiederholen: ⟨*noch einmal ausführen*⟩ **a)** ⟨*allgemein*⟩ nochmals/wieder tun · von vorn anfangen · erneuern · repetieren · rekapitulieren – **b)** ⟨*dasselbe nochmals sprechen*⟩ nochmals sagen · von vorn anfangen · repetieren · rekapitulieren ♦ *salopp:* wiederkäuen – **2.** wiederholen: ⟨*wieder in seinen Besitz bringen*⟩ zurückholen – **II.** wiederholen, sich: ⟨*noch einmal geschehen*⟩ wiederkehren · wiederkommen
wiederholt: 1. ⟨*nicht nur einmal*⟩ mehrfach · mehrmalig · gehäuft · wiederkehrend · abermalig · nochmalig · mehrmals · einige/etliche Mal[e] · ein paar Mal[e] · einmal mehr · einmal übers/ums andere · ein um das andere Mal · immer wieder · zu wiederholten Malen ♦ *umg:* noch und noch; noch und nöcher (*scherzh*); → *auch* oft, wieder (1) – **2.** zu wiederholten Malen: → 1
Wiederholung, die: Repetition · Rekapitulation · Häufung · Erneuerung · Wiederkehr; Reprise (*Mus*) + Übung
wiederkäuen: → wiederholen (I, 1, b)
Wiederkehr, die: **1.** → Rückkehr – **2.** → Wiederholung
wiederkehren: 1. → zurückkommen (1) – **2.** → wiederholen (II)
wiederkehrend: 1. → wiederholt (1) – **2.** regelmäßig w.: → periodisch
wiederkommen: 1. → zurückkommen (1) – **2.** → wiederholen (II)
wiederkriegen: → zurückerhalten
Wiederkunft, die: → Rückkehr
wiedersagen: → ausplaudern
Wiedersehen, das: **1.** auf W.: ⟨*Abschiedsgruß*⟩ leb wohl · gehab dich wohl; ade · adieu (*noch landsch*); servus · habe die Ehre (*süddt österr*); Gott befohlen (*Rel*); behüt dich Gott (*Rel; süddt österr*) ♦ *umg:* bis bald · mach's gut · tschüs · tschau – **2.** Auf W. sagen: → verabschieden (II, 1)
wiederum: 1. → wieder (1) – **2.** → dagegen (2)
Wiederverwertung, die: → Recycling

797

Wiege

Wiege, die: **1.** → Ursprung (1) – **2.** in die W. gelegt: → angeboren
wiegeln: → schaukeln (3)
¹wiegen: I. wiegen: **1.** → schaukeln (3) – **2.** → zerkleinern (1) – **3.** in den Schlaf w.: → einschläfern (1) – **II.** wiegen, sich: → schwingen (I,1)
²wiegen: 1. ⟨*das Gewicht feststellen*⟩ verwiegen · wägen (*fachspr*); → *auch* abwiegen – **2.** schwer w.: → gelten (2)
Wiegenfest, das: → Geburtstag
Wiegenlied, das: Schlaflied; Eiapopeia (*kinderspr*)
wiehern: → lachen (1)
wienern: 1. → wichsen (1) – **2.** → reinigen (1) – **3.** eine w.: → ohrfeigen
Wiese, die: Wiesenfläche; Anger (*landsch*); Wiesland (*schweiz*) + Grasgarten · Aue · Matte · Grasland; → *auch* Rasen (1), Weide (1)
wieseln: → laufen (1)
Wiesenfläche, die: → Wiese
Wiesland, das: → Wiese
wieso: → warum
wieten: → jäten
wiewohl: → obgleich
wild: 1. ⟨*nicht zu bezähmend*⟩ ungebärdig · ungestüm · ungezügelt · unbezähmbar · stürmisch · furios · rasend + wütend ♦ *salopp*: durchgeknallt; → *auch* heftig (1, b), leidenschaftlich, hemmungslos (1), aufbrausend, wütend (1), übermütig (1) – **2.** ⟨*großes Durcheinander aufweisend*⟩ turbulent · tumultartig · tumultuarisch · tumultuös – **3.** ⟨*im Naturzustand befindlich*⟩ **a)** ⟨*Tiere*⟩ ungezähmt – **b)** ⟨*Pflanzen*⟩ wild wachsend · wildwüchsig – **4.** → rasend (1) – **5.** → unzivilisiert (1) – **6.** → ungeordnet (1 *u.* 2) – **7.** → öd[e] (1) – **8.** sich wie w. gebärden, den wilden Mann spielen: → wüten; w. werden: **a)** → wüten – **b)** → durchgehen (3); nicht/halb so w. sein: → schlimm (3); w. wachsend: → 3, b; in wilder Hast: → eilig (1); w. sein |auf|: → Vorliebe (2); wilde Ehe: → Ehe (2); vom wilden Affen gebissen: → verrückt (1)
Wild, das: → Wildbret
Wildbach, der: → Bach (1)
Wildbret, das: Wild
Wilddieb, der: Wilderer; Wildschütz (*veraltet*)
Wilddieberei, die: → Jagdfrevel
Wilderei, die: → Jagdfrevel

Wilderer, der: → Wilddieb
Wildfang, der: → Range
wildfremd: → fremd (2)
Wildgarten, der: → Park (1)
Wildheit, die: → Raserei
Wildhüter, der: → Jäger (1)
Wildnis, die: → Einöde (1)
Wildpark, der: → Park (1)
Wildsau, die: → Wildschwein
Wildschütz, der: → Wilddieb
Wildschwein, das: Wildsau · Schwarzkittel + Keiler · Bache · Frischling
Wildwuchs, der: Anflug[wald]
wildwüchsig: → wild (3, b)
Wilhelm, der: **1.** → Unterschrift (1) – **2.** Friedrich W.: → Unterschrift (1); den dicken W. spielen: → angeben (1)
Wille, der: → Wille[n]
willen: um … w.: → wegen (1)
Wille[n], der: **1.** ⟨*das feste Wollen*⟩ Willenskraft · Willensstärke · Tatkraft; → *auch* Entschlusskraft – **2.** mit [Wissen und] Willen: → absichtlich; aus/mit freiem Willen: → freiwillig (1); wider Willen: → unfreiwillig; böser Wille: → Bosheit; der letzte Wille: **a)** → Testament (1) – **b)** → Vermächtnis; zu Willen sein: **a)** → gehorchen (1) – **b)** → hingeben (II, 2); den Willen lassen: → gewähren (2)
willenlos: → nachgiebig
Willenlosigkeit, die: → Nachgiebigkeit
willens: → gewillt (1)
Willenskraft, die: → Wille[n] (1)
willensschwach: → nachgiebig
willensstark: → entschlossen (1)
Willensstärke, die: → Wille[n] (1)
willentlich: → absichtlich
willfahren: → gehorchen (1)
willfährig: → gehorsam (1)
Willfährigkeit, die: → Gehorsam (1)
willig: 1. → bereit (1) – **2.** → gehorsam (1)
Willigkeit, die: → Bereitschaft (1)
willkommen: 1. ⟨*den Wünschen entsprechend*⟩ hochwillkommen · erwünscht · gern gesehen · genehm · begrüßenswert · wie gerufen + erfreulich · wohl tuend ♦ *salopp*: ein gefundenes Fressen – **2.** w. heißen: ⟨*herzlich aufnehmen*⟩ begrüßen · bewillkommnen · mit offenen Armen aufnehmen/empfangen + die Honneurs machen
Willkommenstrunk, der: Antrinket (*schweiz*)

798

winterlich

Willkür, die: → Rücksichtslosigkeit
Willkürakt, der: → Rücksichtslosigkeit
willkürlich: → beliebig (1)
wimmeln: kribbeln · krabbeln; wiebeln (*landsch*)
Wimmer, die: → Weinlese
Wimmerholz, das: → Geige (1)
Wimmerl, das: → ²Pickel
wimmern: 1. → jammern (1) – **2.** → weinen (1)
Wimpel, der: → Fahne (1)
Wimper, die: nicht mit der W. zucken: → Regung (3)
Wind: I. Wind, der: **1.** 〈*Luftbewegung*〉 Windhauch · Luft · Lüftchen; [steife] Brise (*seem*) + Bö · Sturm[wind] · Wirbelwind ♦ *dicht*: Zephir ♦ *umg*: Püsterich (*scherzh*); → *auch* Sturm (1), Windhose, Wirbelsturm – **2.** 〈*abgehende Blähung*〉 Darmwind · Blähung · Flatus ♦ *salopp*: Pup[s]; Sauser (*landsch*); Fluser (*norddt*) ♦ *derb*: Furz; Fist (*landsch*) – **3.** einen W. lassen: 〈*eine Blähung abgehen lassen*〉 sich unanständig benehmen (*verhüll*) ♦ *umg*: einen fahren lassen · einen fliegen lassen · einen abgehen lassen ♦ *salopp*: pup[s]en · einen sausen / streichen / ziehen lassen; sich in den Darm stechen · einen Koffer / einen [alten] Schirm stehen lassen · einen Schirm in die Ecke stellen · einen toten Vogel in der Tasche haben (*scherzh*); käsen (*landsch*); flusen (*norddt*) ♦ *derb*: furzen · scheißen – **4.** wie der W.: → schnell (1, a); wie vom W. verweht: → verschwunden (1); W. bekommen |von|: → erfahren (1); W. machen: **a)** → angeben (1) – **b)** → aufspielen (II); in den W. schlagen: → unterschätzen; in den W. reden: → reden (2); in den W. schreiben: → verloren (3); die Fahne nach dem W. hängen, den Mantel / sein Mäntelchen nach dem W. hängen / drehen: → anpassen (II, 2); merken / wissen, woher der W. weht: → auskennen, sich – **II.** Winde (*Pl*): in alle [vier] W.: → überallhin
Windbeutel, der: → Leichtfuß (1)
Windbeutelei, die: **1.** → Leichtsinn (1) – **2.** → Angabe (I, 1)
Windbluse, die: → Anorak
windeln: → trockenlegen (1)
windelweich: w. schlagen: → verprügeln
¹winden: I. winden: **1.** → binden (I, 2) – **2.** aus der Hand w.: → entreißen (1) – **II.** winden, sich: **1.** 〈*sich in Kurven erstrecken bzw.*

bewegen〉 sich schlängeln – **2.** → ranken, sich – **3.** → ausweichen (2)
²winden: → riechen (1, b)
Windenergie, die: Windkraft
Windeseile, die: in W.: → schnell (1, c)
Windfang, der: → Nase (1)
Windhauch, der: → Wind (I, 1)
Windhose, die: Trombe · Wirbelwind + Wasserhose; → *auch* Wirbelsturm, Wind (I, 1)
Windhund, der: → Leichtfuß (1)
windig: 1. 〈*mit viel Luftbewegung*〉 böig · zugig + stürmisch – **2.** → zweifelhaft (1) – **3.** windiger Bursche: → Leichtfuß (1)
Windjacke, die: → Anorak
Windjammer, der: → Segelschiff
Windkraft, die: → Windenergie
Windkraftwerk, das: *umg*: Windmühle (*scherzh*)
Windmühle, die: → Windkraftwerk
Windmühlen[flügel] (*Pl*): Kampf gegen W.: → Narretei
Windsbraut, die: → Sturm (1)
windschief: → schief (1)
windschlüpfig: windschnittig + stromlinienförmig · aerodynamisch
windschnittig: → windschlüpfig
Windstille, die: Flaute; Kalme (*Met*)
Windstoß, der: Bö
Windung, die: **1.** 〈*starke Krümmung der Straße*〉 Kehrschleife · Serpentine; → *auch* Biegung (1) – **2.** → Spirale
Wink, der: **1.** → Hinweis – **2.** → Zeichen (1) – **3.** W. mit dem Zaunpfahl / Laternenpfahl: → Hinweis
Winkel, der: **1.** → Ecke (1, b) – **2.** → Ort (1)
Winkelabstand, der (*Astron*): Deklination + Parallaxe
Winkeladvokat, der: → Rechtsanwalt
Winkelzug, der: **1.** → List – **2.** Winkelzüge machen: → täuschen (I)
winken: 1. 〈*den erhobenen Arm hin- u. herbewegen*〉 zuwinken; winke, winke machen (*kinderspr*) + schwenken · wedeln – **2.** → signalisieren (1) – **3.** winke, winke machen: → 1
winseln: → jammern (1)
Winter, der: **1.** 〈*die kalte Jahreszeit*〉 Winter[s]zeit – **2.** im W.: 〈*in der kalten Jahreszeit*〉 winters · zur Winter[s]zeit – **3.** Sommer wie W.: → immer (1)
Winterkälte, die: → Frost (1)
winterlich: → kalt (1)

winters

winters: → Winter (2)
Winterschlussverkauf, der: → Ausverkauf
Winter[s]zeit, die: **1.** → Winter (1) – **2.** zur W.: → Winter (2)
Winzer, der: Weinbauer · Weingärtner; Weinhauer (*österr*)
winzig: → klein (1)
Winzling, der: → Zwerg (2)
Wipfel, der: Baumwipfel + Baumkrone · Blätterkrone
Wippe, die: **1.** → Schaukel – **2.** → Peitsche (1)
wippen: 1. → schaukeln (2) – **2.** → schwingen (I, 1)
Wirbel, der: **1.** ⟨*schnelle drehende Bewegung des Wassers*⟩ Strudel + Sog – **2.** → Durcheinander (2) – **3.** vom W. bis zur Zehe: → oben (3)
wirbelig: → lebhaft (1)
wirbeln: 1. ⟨*bes. vom Wasser gesagt: sich schnell um einen Mittelpunkt drehen*⟩ strudeln · kreiseln · quirlen; küseln (*norddt*) – **2.** → trommeln (1)
Wirbelsäule, die: → Rückgrat (1)
Wirbelsturm, der: Zyklon · Taifun · Tornado · Hurrikan; → *auch* Sturm (1), Windhose, Wind (I, 1)
Wirbelwind, der: **1.** → Windhose, Wind (I, 1) – **2.** → Quecksilber
wirken: 1. ⟨*in einem bestimmten Bereich eine Tätigkeit ausüben*⟩ arbeiten · tätig/aktiv sein – **2.** ⟨*einen guten Eindruck erwecken*⟩ umg: etw. hermachen · eine gute Figur abgeben/machen · Effekt machen; → *auch* aussehen (1), beeindrucken – **3.** ⟨*zu einem bestimmten Effekt führen*⟩ seine Wirkung tun · Wirkung zeigen · zur Geltung kommen · greifen · einschlagen · anschlagen · fruchten · zu Buche schlagen · Wunder wirken ♦ *gehoben*: eine Wirkung zeitigen ♦ *umg*: ziehen; → *auch* auswirken, sich – **4.** → beeindrucken – **5.** → kneten (1) – **6.** w. |als|: ⟨*in bestimmter Weise tätig sein*⟩ fungieren/amtieren |als| – **7.** Wunder w.: → 3
Wirken, das: → Tätigkeit (1)
wirklich: 1. ⟨*in der Wirklichkeit bestehend*⟩ tatsächlich · real · echt · greifbar · existent · richtig + reell · feststehend ♦ *gehoben*: wahr[haft]; → *auch* tatsächlich (1) – **2.** → tatsächlich (1 *u.* 2) – **3.** → echt (1) – **4.** → wahr (1), wahrhaftig
Wirklichkeit, die: **1.** ⟨*die Gesamtheit des Existierenden*⟩ Realität; Materie (*Philos*) + Praxis · Leben – **2.** → Wahrheit (1)

wirklichkeitsfern: → weltfremd
wirklichkeitsgetreu: → wirklichkeitsnah
wirklichkeitsnah: realistisch · wirklichkeitsgetreu · wahrheitsgetreu · lebensnah
Wirklichkeitssinn, der: → Realismus
Wirklichkeitstreue, die: → Realismus
wirksam: 1. ⟨*von nachhaltiger Wirkung*⟩ hochwirksam · drastisch · durchschlagend · durchgreifend · effektiv · effizient – **2.** → nützlich
Wirksamkeit, die: **1.** ⟨*das Wirksamsein*⟩ Stoßkraft · Durchschlagskraft · Schlagkraft · Effektivität · Effizienz; → *auch* Wirkung (1) – **2.** → Wirkung (1) – **3.** → Tätigkeit (1)
Wirkung, die: **1.** ⟨*das Bewirkte*⟩ Effekt · Ergebnis + Wirksamkeit ♦ *umg*: Knalleffekt; → *auch* Wirksamkeit (1) – **2.** → Reaktion – **3.** → Einfluss (1) – **4.** → Folge (1) – **5.** seine W. tun, W. zeigen, eine W. zeitigen: → wirken (3); mit W. vom: → ab (2); eine W. ausüben: → beeinflussen (1, a)
Wirkungsbereich, der: → Einflussbereich (1)
Wirkungskreis, der: → Arbeitsgebiet
wirkungslos: → unwirksam (1)
wirkungsvoll: 1. ⟨*bes. Wirkung erzielend*⟩ effektvoll · dekorativ · repräsentativ · repräsentabel · farbig + publikumswirksam; → *auch* eindrucksvoll – **2.** wirkungsvoller machen: ⟨*die Wirkung verbessern*⟩ effektvoller/attraktiver machen + zurechtmachen ♦ *umg*: aufpeppen · aufmotzen · aufpolieren
wirr: 1. → ungeordnet (1) – **2.** → verwirrt (1) – **3.** → verworren (1)
Wirren (*Pl*): → Aufruhr (1)
Wirrheit, die: → Verwirrung (1)
wirrig: → ungeordnet (1)
Wirrkopf, der: *umg*: Chaot; → *auch* Politikaster
Wirrnis, die: → Durcheinander (1), Unordnung (1)
Wirrsal, das: → Unordnung (1)
Wirrwarr, der: → Durcheinander (1), Unordnung (1)
wirsch: → ärgerlich (1)
Wirt, der: **1.** → Gastwirt – **2.** → Gastgeber – **3.** → Vermieter – **4.** → Hausbesitzer – **5.** die Rechnung ohne den W. machen: → irren (II)
Wirtin, die: → Vermieterin
wirtlich: → gastfreundlich (1)
Wirtschaft, die: **1.** ⟨*Gesamtheit von Produktion, Handel u. Konsumtion*⟩ Volkswirt-

wo

schaft + Wirtschaftsleben · Geschäftsleben · Handel und Gewerbe · Industrie – **2.** → Gaststätte (1, a) – **3.** → Bauernhof – **4.** → Schlendrian (1) – **5.** reine W. machen: → aufräumen (1)

wirtschaften: 1. → Haus (4) – **2.** → arbeiten (1) – **3.** → verwalten (2) – **4.** in Grund und Boden w.: → herunterwirtschaften

Wirtschafter, der: → Verwalter

Wirtschafterin, die: → Haushälterin

wirtschaftlich: 1. ⟨*die Wirtschaft betreffend*⟩ volkswirtschaftlich – **2.** ⟨*einen hohen Nutzen erbringend*⟩ effizient · effektiv · ökonomisch · rentabel – **3.** → sparsam (1)

Wirtschaftlichkeit, die: Effizienz · Effektivität · Rentabilität · Ökonomie

Wirtschaftsaufschwung, der: → Hochkonjunktur

Wirtschaftsbeziehungen (*Pl*): → Handel (1)

Wirtschaftsboss, der: → Großunternehmer

Wirtschaftskapitän, der: → Großunternehmer

Wirtschaftskrise, die: Krise ♦ *umg*: Krach

Wirtschaftsleben, das: → Wirtschaft (1)

Wirtschaftsprüfer, der: → Steuerprüfer

Wirtschaftszweig, der: Geschäftszweig · Branche

Wirtshaus, das: → Gaststätte (1, a)

Wirtsstube, die: → Gaststätte (2)

Wisch, der: **1.** → Schriftstück – **2.** → Brief (1)

wischen: 1. → scheuern (1) – **2.** → reinigen (2) – **3.** eine w.: → ohrfeigen; sich den Mund w. können: → leer (4); vom Tisch w.: → unwichtig (2)

Wischer, der: → Tadel (1)

Wischiwaschi, das: → Geschwätz (1)

wispeln: 1. → flüstern (1) – **2.** → rascheln

wispern: 1. → flüstern (1) – **2.** → rascheln

Wissbegier[de], die: → Lerneifer

wissbegierig: → lerneifrig

wissen: 1. ⟨*in seinem geistigen Besitz haben*⟩ kennen · Kenntnis haben · Kenntnis haben · von/über · Bescheid wissen über · informiert/unterrichtet sein über · im Bilde sein ♦ *salopp*: an den Schuhsohlen abgelaufen/abgelatscht haben – **2.** w. lassen: → mitteilen (I); nicht aus noch ein w.: → hilflos (4); Rat w.: → helfen (5); nicht mehr w., was rechts und links ist/was oben und unten ist/ob man Männchen oder Weibchen ist: → verwirrt (3); nicht, dass ich wüsste: → nein; nichts

w. wollen │von│: → ablehnen (1); w., wie der Hase läuft: → durchschauen (I); w., woher der Wind weht, Bescheid w.: → auskennen, sich; wie man weiß: → bekanntlich; das w. die Götter: → ungewiss (2)

Wissen, das: **1.** ⟨*die Gesamtheit dessen, was man weiß*⟩ Kenntnis · Kenntnisse · Gelehrsamkeit · Gelehrtheit + Faktenwissen · Know-how; → *auch* Fachkenntnisse – **2.** mit W. und Willen: → absichtlich; mit W.: → bewusst (1)

Wissenschaft, die: eine W. für sich: → verwickelt

Wissenschaftler, der: Forscher · der Gelehrte · der Geistesschaffende · der Intellektuelle · Geistesarbeiter; Intelligenzler (*oft abwert*) ♦ *umg*: gelehrtes Haus (*scherzh*); → *auch* Akademiker (1)

Wissensdrang, der: → Lerneifer

Wissensdurst, der: → Lerneifer

wissensdurstig: → lerneifrig

Wissensgebiet, das: → Fach (1, a)

Wissensstoff, der: Lernstoff + Schulkenntnisse

wissenswert: → lehrreich

wissentlich: → absichtlich, bewusst (1)

witschen: w. │in│: → hineinschlüpfen

wittern: 1. → riechen (1, b) – **2.** → spüren (1) – **3.** etw./Unrat w.: → Verdacht (2)

Witterung, die: **1.** → Wetter (I, 1) – **2.** → Geruch (1) – **3.** → Spürsinn

Witterungsumschlag, der: → Wetteränderung

Witz, der: **1.** ⟨*kurz u. geschickt formulierte, mit einer Pointe endende Geschichte*⟩ Kalauer (*abwert*); → *auch* ²Scherz (1), Spaß (1), Zote (1) – **2.** ⟨*witzige Art*⟩ Mutterwitz · Humor · attisches Salz + Schlagfertigkeit – **3.** → Spaß (1) – **4.** → Verstand (1) – **5.** W. der Sache: → Hauptsache; ein alter W.: → Bart (2); Witze machen/reißen: → scherzen

Witzblattfigur, die: → lächerlich (4)

Witzbold, der: → Spaßvogel

Witzelei, die: **1.** → Spaß (1) – **2.** → Spott (1)

witzeln: 1. → scherzen – **2.** → spotten (1)

Witzfigur, die: → lächerlich (4)

witzig: 1. → spaßig (1) – **2.** → geistreich

witzlos: 1. → geistlos – **2.** → nutzlos (1)

witzsprühend: → geistreich

wo: 1. ⟨*räumlich u. zeitlich*⟩ dicht: da – **2.** → irgendwo – **3.** von wo: → woher (1)

woanders: 1. → anderswo – **2.** seine Gedanken w. haben: **a)** → geistesabwesend (2) – **b)** → unaufmerksam (2); seine fünf Sinne w. haben: → unaufmerksam (2)

Woche, die: in/unter der W.: → werktags; jede W.: → wöchentlich; in die Wochen kommen: → schwanger (2)

Wochenbett, das: Kindbett

Wochenende, das: Weekend; → *auch* Freizeit

Wochenendgrundstück, das: → Freizeitgrundstück

Wochenendhaus, das: → Sommerhaus

Wochentag, der: → Werktag

wochentags: → werktags

wöchentlich: allwöchentlich · jede Woche

Wodka, der: → Branntwein

wodurch: → wie (2)

Woge, die: **1.** → Welle (I) – **2.** die Wogen glätten, Öl auf die Wogen gießen: → beruhigen (I)

wogen: 1. → branden (1) – **2.** → strömen

Wogenprall, der: → Brandung

Wogenschlag, der: → Brandung

woher: 1. ⟨*Richtung*⟩ von wo – **2.** w. denn, ach w.: → keineswegs

wohl: 1. ⟨*in sehr zufriedener Stimmung*⟩ *umg:* pudelwohl ♦ *salopp:* sauwohl – **2.** → gesund (1) – **3.** → freilich (1) – **4.** sich w. fühlen: ⟨*in zufriedener Stimmung sein*⟩ + sich heimisch fühlen · sich wie zu Hause fühlen ♦ *umg:* gut drauf sein; sich schlau fühlen (*landsch*) – **5.** w. tuend: ⟨*angenehm auf das Gemüt wirkend*⟩ angenehm · erquicklich · erfreulich · gut · herzerfrischend · herzerfreuend · freudenreich – **6.** w. tun: ⟨*angenehm wirken*⟩ gut tun + helfen · dienen – **7.** w. überlegt: ⟨*sorgfältig abgewogen*⟩ [wohl] bedacht · wohlerwogen · wohlweislich · vorbedacht · mit Vorbedacht · mit/voll Bedacht; weislich · klüglich (*veraltend*); → *auch* durchdacht – **8.** w. oder übel: → notgedrungen; w. bekomm's: → prosit; leb w., gehab dich w.: → Wiedersehen (1); w. bedacht/überlegt: → 7; w. tuend: **a)** → 5 – **b)** → erfrischend (1); w. tun: → 6; w. geordnet: → ordentlich (1, a); jmdm. w. wollen: → mögen

Wohl, das: **1.** → Wohlergehen – **2.** W. und Wehe: → Wohlergehen; zum W.: → prosit

wohlan: → los (1)

wohlanständig: → anständig (1)

wohlauf: 1. → gesund (1) – **2.** → los (1)

Wohlbefinden, das: **1.** → Wohlergehen – **2.** → Gesundheit (1)

Wohlbehagen, das: → Zufriedenheit

wohlbehalten: → unverletzt

wohlbekannt: → vertraut (1)

wohlbeleibt: → dick (1)

Wohlergehen, das: Wohl[befinden] · Heil · Wohlsein · Wohl und Wehe + Wohlfahrt

wohlerwogen: → wohl (7)

wohlerzogen: manierlich · gesittet · salonfähig · gesellschaftsfähig · gesellschaftlich firm; → *auch* anständig (1)

Wohlfahrt, die: **1.** → Wohlergehen – **2.** → Fürsorge (1)

wohlfeil: → billig (1)

wohlgebaut: → wohlgestaltet

Wohlgefallen, das: **1.** → Zufriedenheit – **2.** sein W. haben │an│: → freuen (II, 2); sich in W. auflösen: → zerfallen (1)

wohlgefällig: → gefällig (2)

Wohlgefühl, das: → Zufriedenheit

wohlgelitten: → angesehen (1)

wohlgemeint: → wohlwollend (1)

wohlgemut: 1. → fröhlich (1) – **2.** → gut (11)

wohlgenährt: → dick (1)

Wohlgeruch, der: → Duft (1)

wohlgesinnt: wohlwollend · wohlmeinend · gut gesinnt · geneigt · gewogen; hold (*veraltend*); huldreich · huldvoll (*noch iron*) + freundlich · gnädig · günstig · gönnerhaft · leutselig · jovial; → *auch* freundlich (1), gönnerhaft

wohlgestalt: → wohlgestaltet

wohlgestaltet: wohlgebaut · wohlproportioniert · gut proportioniert · ebenmäßig · regelmäßig; wohlgestalt (*veraltend*); → *auch* schön (1)

wohlhabend: → reich (1)

Wohlhabenheit, die: → Reichtum (1)

wohlig: → gemütlich

Wohlklang, der: Wohllaut; Euphonie (*fachspr*) + Zusammenklang; → *auch* Akkord (1)

wohlklingend: → wohltönend

Wohllaut, der: → Wohlklang

wohllautend: → wohltönend

Wohlleben, das: + Luxus; → *auch* Wohlstand

wohlmeinend: → wohlgesinnt

wohlproportioniert: → wohlgestaltet

wohlriechend: balsamisch · ätherisch · aromatisch; → *auch* duftreich

802

Wolf

wohlschmeckend: → schmackhaft
Wohlsein, das: → Wohlergehen
Wohlstand, der: Prosperität + Überfluss ·
Luxus; → *auch* Wohlleben
Wohlstandsgesellschaft, die: Überflussgesellschaft · Konsumgesellschaft · Wegwerfgesellschaft
Wohltat, die: → Erfrischung (1)
Wohltäter, der: Mäzen · Spender · Geber ·
Stifter; → *auch* Gönner
wohltätig: humanitär · mildtätig · barmherzig · karitativ
Wohltätigkeit, die: Mildtätigkeit · Barmherzigkeit · Nächstenliebe · Karitas
Wohltätigkeitsveranstaltung, die: Fundraising · Benefizveranstaltung
wohltönend: wohlklingend · wohllautend ·
klangvoll · melodisch · melodiös · harmonisch · sonor + einschmeichelnd · weich ·
zart · silberhell
Wohlverhalten, das: → Loyalität
wohlweislich: → wohl (7)
Wohlwollen, das: **1.** ⟨*wohlwollende Gesinnung*⟩ Gewogenheit · Geneigtheit · Gunst ·
Jovialität · Liebenswürdigkeit · Gnade; Huld
(*noch iron*); → *auch* Freundlichkeit (1),
Liebe (1), Güte (1) – **2.** jmds. W. verloren
haben: ⟨*sich für dauernd jmds. Unwillen zugezogen haben*⟩ es verdorben haben |mit| ·
in Ungnade gefallen sein |bei| + unbeliebt
sein |bei| ♦ *umg:* es verschüttet haben
|bei| · verspielt haben |bei| ♦ *salopp:* unten durch sein |bei| ♦ *derb:* es verschissen
haben |bei| · in Verschiss geraten sein
|bei| ; → *auch* unsympathisch
wohlwollend: 1. ⟨*von guten Absichten bestimmt*⟩ gut gemeint · freundschaftlich ·
wohlgemeint – **2.** → wohlgesinnt
Wohnanhänger, der: → Wohnwagen
Wohnanschrift, die: → Adresse (1)
Wohnbau, der: → Haus (1)
Wohnblock, der: → Häuserblock
wohnen: 1. ⟨*seine Wohnung haben*⟩ leben · wohnhaft / ansässig / daheim / beheimatet sein · seinen Wohnsitz haben; einwohnen
· logieren (*veraltend*); domizilieren (*meist
scherzh*); residieren (*scherzh*); hausen
(*abwert od. scherzh*) + sitzen · weilen · siedeln · sich aufhalten; → *auch* aufhalten
(II, 1) – **2.** nebenan / Haus an Haus / Tür an
Tür / Wand an Wand w.: → benachbart (2)
Wohngebäude, das: → Haus (1)
Wohngebiet, das: → Wohnsiedlung

Wohngemeinschaft, die: Kommune ♦ *umg:*
WG
wohnhaft: 1. → ansässig (1) – **2.** w. sein:
→ wohnen (1)
Wohnhaus, das: → Haus (1)
Wohnküche, die: → Küche (1)
wohnlich: → gemütlich
Wohnmobil, das: → Wohnwagen
Wohnort, der: → Wohnsitz (1)
Wohnpark, der: → Wohnsiedlung
Wohnsiedlung, die: Wohngebiet · Wohnpark · Lokation + Neubaugebiet; → *auch*
Ort (2), Siedlung
Wohnsitz, der: **1.** ⟨*Ort der Wohnung*⟩
Wohnort · Aufenthalt[sort] · Domizil · Heimatort + Sitz · Verbleib – **2.** seinen W. haben: → wohnen (1); seinen W. nehmen / aufschlagen: → niederlassen (II, 1);
den W. wechseln: → umziehen (I)
Wohnstätte, die: → Wohnung (1)
Wohnstift, das: → Seniorenresidenz
Wohnstube, die: → Wohnzimmer
Wohnung, die: **1.** ⟨*die Räume, in denen
man wohnt*⟩ Wohnstätte · Heim · Heimstatt ·
Heimstätte · Quartier · Behausung · Apartment · Appartement; Logis (*veraltend*) +
Loft · Hauswesen ♦ *salopp:* Bau · Bunker ·
Höhle (*auch abwert*); Räuberhöhle · Hundehütte (*abwert*); → *auch* Unterkunft (1),
Zuhause – **2.** W. nehmen: → ²einmieten,
sich; die W. aufgeben: → ausziehen (I, 2)
Wohnungsangabe, die: → Adresse (1)
Wohnungseinrichtung, die: → Einrichtung
(2, b)
wohnungslos: → obdachlos (1)
Wohnungslose, der: → Obdachlose
Wohnungswechsel, der: → Umzug (1)
Wohnwagen, der: Wohnanhänger · Campingwagen · Campinganhänger · Caravan +
Wohnmobil
Wohnzimmer, das: Wohnstube; Kemenate
(*scherzh*); die gute Stube (*meist scherzh*) +
Herrenzimmer · Wohnraum
wölben: I. wölben ⟨*leicht runden*⟩ ausbuchten · ausbauchen + runden – **II.** wölben, sich: ⟨*eine leichte Rundung bilden*⟩ sich
bauchen · sich runden · sich schwingen
Wölbung, die: **1.** ⟨*gewölbte Fläche*⟩ Rundung · Bauchung · Schwellung · Ausbuchtung – **2.** → ¹Bogen (1)
Wolf, der: **1.** → Fleischwolf – **2.** durch den
W. drehen: **a)** → durchdrehen (1) – **b)** →
verreißen; wie durch den W. gedreht sein:

803

Wolfsgrube

→ erschöpft (4); W. im Schaf[s]pelz: → Heuchler; mit den Wölfen heulen: → anpassen (II, 2)

Wolfsgrube, die: → Fallgrube

Wolfshunger, der: → Hunger (1)

Wolke, die: 'ne W. sein: → großartig (3); auf W. sieben schweben: → glücklich (4); aus den / allen Wolken fallen: → überrascht (2)

Wolkenbruch, der: **1.** → Regenguss – **2.** Himmel, Arsch und W.: → verflucht (1)

Wolkenkratzer, der: → Hochhaus

wolkenlos: → klar (1, b)

wolkig: 1. → bewölkt – **2.** → unklar (1)

Wolle, die: **1.** → Haar (I, 2) – **2.** in [die] W. geraten: → erzürnen (2); in [die] W. bringen: → erzürnen (1); sich in die W. kriegen: → streiten (II); in der W. gefärbt: → völlig (1)

¹wollen: 1. → beabsichtigen – **2.** → erstreben – **3.** → wünschen (1) – **4.** → fordern (1) – **5.** da ist nichts zu w.: → hoffnungslos (2); nichts wissen w. |von|: → ablehnen (1); nichts zu tun haben w. |mit|: → heraushalten, sich; koste es, was es wolle: → unbedingt (1)

²wollen: → wollig

Wollen, das: → Wunsch (1)

wollig: wollen · flauschig ♦ *umg:* puschelig (*landsch*)

Wollknäuel, das: → Knäuel (1)

Wollust, die: **1.** ⟨*sexuell bedingtes Lustgefühl*⟩ Sinnenrausch · Sinnestaumel + Sinnenreiz; → *auch* Lüsternheit, Sinnlichkeit – **2.** → Freude (1)

wollüstig: 1. → lüstern (1) – **2.** → sinnlich (1)

Wollüstling, der: → Lüstling

womöglich: → möglicherweise

Wonderbra, der: → Büstenhalter

Wonne, die: **1.** → Freude (1) – **2.** → Glück (3)

wonnetrunken: → glücklich (2)

wonnevoll: → herrlich (1)

wonnig[lich]: → herrlich (1)

Workaholic, der: → Arbeitspferd (1)

Workshop, der: → Erfahrungsaustausch

Wort, das: **1.** ⟨*kleinste selbständige Einheit in einem Satz*⟩ Vokabel · Ausdruck · Bezeichnung + Lexem · Begriff ♦ *umg:* Brocken; → *auch* Fachausdruck – **2.** → Ausspruch – **3.** → Text (1) – **4.** → Ehrenwort – **5.** mit anderen Worten: ⟨*eine andere For-*

mulierung einleitend⟩ besser gesagt · anders ausgedrückt · das heißt · vielmehr ♦ *umg:* im Klartext; → *auch* oder (1) – **6.** W. für W.: → wörtlich; im wahrsten Sinne des Wortes: → tatsächlich (2); das Wort Gottes: → Bibel; ein kräftiges W.: → Zurechtweisung; große / hohle / leere / schöne Worte: → Phrase (1); sich zu W. melden: → melden (II, 2); das W. ergreifen: → sprechen (2); Worte wechseln: → unterhalten (II, 1); kein W. verlieren: → schweigen (2); keine Worte finden: → überrascht (2); in Worte fassen: → ausdrücken (I, 2); mit Worten malen: → erzählen (2); mit anderen Worten: → 5; sein W. geben: → versprechen (I, 1); ins W. fallen, das W. abschneiden: → unterbrechen (1); das W. verbieten: → verbieten (2); gute Worte geben |wegen|: → bitten (2); jmdm. das W. reden: → eintreten (7, a); ein gutes W. einlegen |für|: → verwenden (II); große Worte reden, das große W. führen / schwingen: → aufspielen (II); beim W. nehmen: → festlegen (I, 2); das W. im Munde [her]umdrehen: → unterstellen (II, 1); aufs W. parieren: → gehorchen (1); [stets] das letzte W. haben: → Recht (7)

wortarm: → wortkarg

Wortbestand, der: → Wortschatz

Wortbrecher, der: → Verräter (2)

Wortbruch, der: → Verrat (2)

wortbrüchig: → untreu (1)

Wortemacher, der: → Schwätzer (1)

Wörterbuch, das: Lexikon + Thesaurus; → *auch* Nachschlagewerk, Wörterverzeichnis

Wörterverzeichnis, das: Wortverzeichnis · Vokabular · Wortindex; → *auch* Wörterbuch

Wortführer, der: → Sprecher (1)

Wortgefecht, das: → Streitgespräch

wortgetreu: → wörtlich

wortgewaltig: → redegewandt

wortgewandt: → redegewandt

Wortheld, der: → Angeber (1)

Worthülse, die: → Phrase (1)

Wortindex, der: → Wörterverzeichnis

wortkarg: einsilbig; sprechfaul (*abwert*) + lakonisch · ruhig · wortarm ♦ *umg:* mundfaul (*abwert*) ♦ *salopp:* maulfaul (*abwert*); → *auch* schweigsam

Wortklauber, der (*meist abwert*): Haarspalter · Rabulist · Kasuist · Sophist; Silbenstecher (*veraltend*); → *auch* Pedant

Wortklauberei, die: → Spitzfindigkeit

wortklauberisch: → spitzfindig (1)

Wortkunst, die: → Dichtung (1, a)

Wortlaut, der: 1. → Text (1) – **2.** im W.: → wörtlich; den W. haben: → ¹heißen (2)

wörtlich: wortgetreu · wortwörtlich · im Wortlaut · Wort für Wort · buchstäblich; verbaliter (*veraltend*)

wortlos: → schweigend

wortreich: 1. → redegewandt – **2.** → ausführlich (1)

Wortschatz, der: Wortbestand · Vokabular; Lexik · Lexikon (*fachspr*) + Sprachschatz · Sprachgut

Wortschwall, der: → Redeschwall

Wortstreit, der: → Streitgespräch

Wortverzeichnis, das: → Wörterverzeichnis

Wortwechsel, der: → Streit (1)

wortwörtlich: → wörtlich

wozu: → warum

wrack: → beschädigt (1)

Wrack, das: ein W. sein: → heruntergekommen (3)

Wrasen, der: → Dampf (1)

wricken: → rudern (1)

Wruke, die: → Kohlrübe

Wucher, der: 1. ⟨*das Erzielen eines unverhältnismäßig hohen Gewinns unter Ausnutzung der Zwangslage anderer*⟩ *umg*: Geldschneiderei · Beutelschneiderei (*abwert*) – **2.** W. treiben: → wuchern (1)

Wucherer, der: Vampir · Shylock · Hyäne (*abwert*) ♦ *umg*: Halsabschneider · Geldschneider · Beutelschneider · Blutsauger (*abwert*); → *auch* Ausbeuter, Geschäftemacher

wuchern: 1. ⟨*unverhältnismäßig hohen Gewinn für eine Leistung beanspruchen*⟩ Wucher treiben – **2.** ⟨*üppig wachsen*⟩ ins Kraut schießen; → *auch* wachsen (1)

Wucherung, die: → Geschwulst

Wuchs, der: 1. → Wachstum (1) – **2.** → Gestalt (1) – **3.** → Pflanzung – **4.** von hohem W.: → groß (2)

Wucht, die: 1. ⟨*die Energie einer Bewegung*⟩ Gewalt · Stärke · Kraft · Druck · Heftigkeit · Vehemenz · Wuchtigkeit · Härte ♦ *umg*: Power – **2.** → Menge (1) – **3.** eine ganze W.: → viel (I, 1); eine W. [in Tüten] sein: → großartig (3); eine W. verpassen: → verprügeln

Wuchtbaum, der: → Hebebaum

wuchten: 1. → heben (I, 1) – **2.** → schuften

wuchtig: 1. → gewaltig (1) – **2.** → heftig (1, a)

Wuchtigkeit, die: → Wucht (1)

Wühlarbeit, die: → Hetze (1)

wühlen: → hetzen (1)

Wühler, der: → Hetzer

Wühlerei, die: → Hetze (1)

Wühltätigkeit, die: → Hetze (1)

Wulst, der *od.* **die:** → Verdickung

Wumme, die: → Gewehr (1), Pistole (1)

wummern: 1. → dröhnen (1) – **2.** → klopfen (1)

wund: 1. a) sich (*Dativ*) w. laufen: ⟨*sich beim Laufen eine Körperstelle wund reiben*⟩ sich auflaufen – **b)** sich (*Akkusativ*) w. laufen: ⟨*sich beim Laufen wund reiben*⟩ sich auflaufen – **2.** sich w. liegen: ⟨*durch längere Bettlägerigkeit wund werden*⟩ sich durchliegen · sich aufliegen – **3. a)** sich (*Dativ*) w. reiben: ⟨*sich eine Körperstelle durch Reiben verletzen*⟩ sich aufreiben · sich durchscheuern · sich aufscheuern – **b)** sich (*Akkusativ*) w. reiben: ⟨*sich durch Reiben verletzen*⟩ sich aufreiben · sich aufscheuern – **4.** der wunde Punkt: → Achillesferse

Wunde, die: 1. → Verletzung (1) – **2.** eine W. beibringen/zufügen: → verletzen (I, 1); sich eine W. zuziehen: → verletzen (II); seinen Wunden erliegen: → sterben (1); den Finger auf die W. legen: → hinweisen; Wunden schlagen: → kränken

Wunder, das: 1. ⟨*unerhörtes, den Naturgesetzen widersprechendes Ereignis*⟩ Wundererscheinung · Wunderwerk · Phänomen + Zeichen und Wunder ♦ *gehoben*: Mirakel ♦ *umg*: Wunderding – **2.** Wunder wirken: → wirken (3); sein blaues W. erleben: → staunen (1); Zeichen und Wunder: → 1

wunderbar: 1. ⟨*wie ein Wunder anmutend*⟩ märchenhaft · traumhaft · zauberhaft · romanhaft ♦ *gehoben*: zauberisch · mirakulös ♦ *umg*: sagenhaft · ein wahrer Traum – **2.** → großartig (1) – **3.** → herrlich (1)

Wunderding, das: → Wunder (1)

Wundererscheinung, die: → Wunder (1)

Wunderland, das: → Märchenland

wunderlich: 1. → schrullig (1) – **2.** → merkwürdig – **3.** wunderliche Haut: → Sonderling

wundern: I. wundern: ⟨*zum Staunen bringen*⟩ verwundern · erstaunen · wundernehmen · in Erstaunen/Verwunderung [ver]setzen + seltsam anmuten · befremden · spa-

wundernehmen

nisch vorkommen – **II. wundern, sich:** →
staunen (1)
wundernehmen: → wundern (I)
wundersam: → merkwürdig
wunderschön: → schön (1)
Wundertäter, der: → Zauberer (1)
Wundertier, das: → Tausendsasa
wundervoll: → großartig (1)
Wunderwerk, das: → Wunder (1)
Wundmal, das: → Narbe
Wundpflaster, das: → Pflaster (1)
Wundschorf, der: → Schorf
Wundstarrkrampf, der: Starrkrampf; Tetanus (*med*)
Wundverband, der: → Verband (1)
Wunsch, der: **1.** ⟨*das Erfülltsehenwollen*⟩
das Wollen · Herzenswunsch · Wunschtraum · Traum + Herzensbedürfnis · Anliegen; → *auch* Verlangen (1), Sehnsucht (1),
Forderung (1) – **2.** → Glückwunsch (1) – **3.**
nach W.: → beliebig (1); nach W. gehen: →
gelingen (1); den W. hegen/äußern: →
wünschen (1)
Wunschbild, das: → Wunschvorstellung
wünschen: 1. ⟨*einen Wunsch haben*⟩ wollen
· den Wunsch hegen/äußern · erträumen +
Lust haben |zu|; → *auch* Verlangen (4),
fordern (1), hoffen, Anliegen (2) – **2.** Glück
w.: → beglückwünschen; zur Hölle/zum
Teufel w.: → verwünschen (1); sehr zu w.
übrig lassen: → schlecht (11)
wünschenswert: → erstrebenswert
wunschgemäß: → beliebig (1)
wunschlos: 1. → zufrieden (1) – **2.** w.
glücklich: → zufrieden (1)
Wunschlösung, die: → Ideallösung
Wunschtraum, der: → Wunsch (1)
Wunschvorstellung, die: Wunschbild ·
Traumbild · Blütentraum · Illusion · Luftschloss; → *auch* Einbildung (1)
Wupper, die: über die W. gehen: → verloren (4)
Würde, die: **1.** ⟨*Ehrerbietung fordernde
Haltung*⟩ Erhabenheit · Würdigkeit · Hoheit
· Majestät · Grandezza; Dignität (*kathol Kirche*); Gravität (*veraltet*); → *auch* Feierlichkeit (1), Vornehmheit – **2.** → Bedeutung (1)
– **3.** → Feierlichkeit (1) – **4.** → Ehre (1) – **5.**
unter aller W.: → schlecht (1)
würdelos: → ehrlos
würdevoll: hoheitsvoll · würdig · erhaben ·
gravitätisch · gemessen · gesetzt ♦ *gehoben:*
hehr; → *auch* feierlich (1), würdig (1)

würdig: 1. ⟨*der Würde entsprechend*⟩ repräsentativ · repräsentabel; → *auch* ehrwürdig,
würdevoll – **2.** → würdevoll – **3.** → feierlich (1) – **4.** keiner Antwort für w. halten: →
ignorieren (1)
würdigen: 1. → anerkennen (1) – **2.** keines
Blickes w.: → ignorieren (1); seines Vertrauens w.: → vertrauen
Würdigkeit, die: → Würde (1)
Würdigung, die: → Anerkennung (1)
Wurf, der: **1.** ⟨*das einmalige Werfen*⟩ umg:
Schuss – **2.** → Erfolg (1) – **3.** großer/glücklicher W.: → Erfolg (1)
Würfel, der: Kubus · Hexaeder
würfelförmig: kubisch · würfelig · hexaedrisch
würfelig: 1. → würfelförmig – **2.** → kariert
würgen: 1. → erwürgen – **2.** mit Hängen
und Würgen: → Mühe (3)
Würger, der: → Mörder
Wurm: I. Wurm, der: **1.** → Drache – **2.** den
W. baden: → angeln (1); die Würmer aus der
Nase ziehen: → ausfragen; da steckt/ist der
W. drin: → verdächtig (3) – **II.** Wurm, das: **1.**
→ Kind (1) – **2.** kleines W.: → Kind (1)
Würmchen, das: ein W. abtreiben: → belästigen (1)
wurmen: → ärgern (I)
Wurmfortsatz, der: → Blinddarm
wurmfräßig: → madig (1)
wurm[stich]ig: → madig (1)
Wurscht, die: W. sein: → gleichgültig (4)
Wurstblatt, das: → Zeitung (I, 1)
Würstchen, das: → Niemand
Wurstel, der: → Spaßmacher
Wurstelei, die: → Trödelei
wursteln: → trödeln (1)
Wurster, der: → Fleischer
wurstig: → gleichgültig (1)
Wurstler, der: → Fleischer
Würze, die: Würzmittel · Würzstoff + Würzung · Aroma
Wurzel, die: **1.** ⟨*Pflanzenteil*⟩ Wurzelstock
+ Wurzelknolle · Knolle · Zwiebel – **2.** →
Ursache – **3.** → Ursprung (1) – **4.** → Möhre
– **5.** W. fassen: → anwachsen (1); Wurzeln
schlagen: → niederlassen (II, 1); seine
Wurzeln haben |in|: → ausgehen (9, b)
Wurzelknolle, die: → Wurzel (1)
wurzeln: → schuften
Wurzelstock, der: → Wurzel (1)
würzen: + pfeffern · salzen · aromatisieren;
paprizieren (*österr*)

806

Wutzelchen

würzig: 1. ⟨*gut mit Würze versehen*⟩ [gut] gewürzt · gewürzig · pikant + herzhaft · kräftig; → *auch* aromatisch (1), scharf (2) – **2.** → schmackhaft
würzlos: → schal (1)
Würzmittel, das: → Würze
Würzstoff, der: → Würze
Würzung, die: → Würze
wuschelig: → lockig
Wuschelkopf, der: → Lockenkopf
wuselig: → fahrig
wüst: 1. → öd[e] (1) – **2.** → ungeordnet (1 u. 2)
Wust, der: **1.** → Durcheinander (1) – **2.** → Menge (1)
Wüste, die: **1.** → Einöde (1) – **2.** in die W. schicken: → entlassen (2); in der W. predigen: → reden (2)
wüsten: w. ⏐mit⏐: → verschwenden
Wüstenei, die: → Einöde (1)
Wüstenkönig, der: → Löwe (1)
Wüstenschiff, das: → Kamel (1)
Wüstheit, die: → Einöde (1)
Wüstling, der: **1.** → Lüstling – **2.** → Gewaltmensch (1)
Wut, die: **1.** ⟨*heftiger Unwille*⟩ Zorn · Aufgebrachtheit · Raserei · Furor; Grimm · Ingrimm (*veraltet*) ♦ *umg*: Rage ♦ *salopp*: Stinkwut; → *auch* Erregung (1), Entrüstung – **2.** W. [im Bauch] haben, vor W. bersten/platzen: → wütend (2); in W. versetzen: → erzürnen (1); in W. geraten: → erzürnen (2)
wüten: rasen · toben · schäumen · schnauben · heftig werden · sich wie wild gebärden · nicht mehr Herr seiner Sinne sein + schimpfen · schreien ♦ *umg*: wild werden; den wilden Mann spielen (*oft spött*) + hausen · spucken; → *auch* wütend (2), aufbrausen (2), aufregen (II)
wütend: 1. ⟨*voller Wut*⟩ zornig · böse · erzürnt · aufgebracht · gereizt · grimmig · zähneknirschend · wutentbrannt · zornentbrannt · wutschäumend · wutschnaubend · blindwütig · rasend; wütig (*veraltend*); ingrimmig · grimm (*veraltet*); wirsch (*landsch*); schiech (*süddt österr*) + wie eine Furie · wie ein Berserker · mit rotem Kopf · tobsüchtig · geharnischt ♦ *gehoben*: zornmütig ♦ *umg*: fuchsig · fuchtig · grätig · fuchsteufelswild; → *auch* entrüstet, wild (1) – **2.** w. sein: ⟨*voller Wut sein*⟩ Wut haben · vor Wut bersten ♦ *umg*: rotsehen · kochen · in Rage sein · auf achtzig/neunundneunzig/hundert sein · [schwer] geladen sein · Wut im Bauch haben · vor Wut platzen ♦ *salopp*: auf der Palme/in Fahrt sein · Gift und Galle spucken/speien; → *auch* grollen (1), wüten – **3.** w. machen: → erzürnen (1); w. werden: → erzürnen (2)
wutentbrannt: → wütend (1)
Wüterich, der: Berserker + Amokläufer; → *auch* Gewaltmensch (1)
wütig: → wütend (1)
wutschäumend: → wütend (1)
wutschen: w. ⏐in⏐: → hineinschlüpfen
wutschnaubend: → wütend (1)
Wutzelchen, das: → Ferkel (1)

X

X, das: ein X für ein U vormachen: → täuschen (I)

Xanthippe, die (*umg abwert*): Drachen · Ehedrachen · Hausdrachen · Hausteufel · böse Sieben · Hexe · Besen · Kratzbürste · [altes] Reibeisen · Giftnudel · Giftspritze · Giftzahn · Giftkröte · Zankteufel; Zanktippe (*scherzh*); Fuchtel (*österr*) ♦ *salopp*: Hippe; Raffel (*landsch*); → *auch* Frau (I, 1), Ehefrau, Luder (1), Megäre

x-beliebig: jeder x-Beliebige: → irgendeiner (1)

Xenophobie, die: → Fremdenangst

x-fach: → oft

x-mal: → oft

Y

Yankee, der: → Amerikaner
Youngster, der: → Sportler

Yuppie, der: → Karrierist

Z

zach: 1. → geizig (1) – **2.** → zäh (1)
Zacke, die: Zacken · Zinke · Zahn; Ende (*weidm*) + Spitze
Zacken, der: 1. → Zacke – **2.** einen Z. weghaben: → betrunken (2); sich keinen Z. aus der Krone brechen: → vergeben (6)
zackig: 1. → gezackt – **2.** → forsch (1)
Zackigkeit, die: → Forschheit (1)
zag: → unentschlossen (2)
Zagel, der: → Schwanz (1)
zagen: 1. → zögern – **2.** mit Zittern und Zagen: → ängstlich (1)
zaghaft: 1. → unentschlossen (2) – **2.** → mutlos
Zaghaftigkeit, die: 1. → Unentschlossenheit – **2.** → Mutlosigkeit
zäh: 1. ⟨*von Lebewesen gesagt: widrigen Einflüssen trotzend*⟩ zählebig; zach (*süddt*) ♦ *umg*: hart im Nehmen; → *auch* widerstandsfähig (1, b) – **2.** ⟨*weich u. biegsam, aber in sich fest*⟩ ledrig · lederartig + sehnig – **3.** → beharrlich (1) – **4.** → dickflüssig
zähflüssig: → dickflüssig
Zähheit, die: → Festigkeit (1)
Zähigkeit, die: 1. → Festigkeit (1) – **2.** → Beharrlichkeit
Zahl, die: 1. ⟨*Bezeichnung einer bestimmten Menge*⟩ Nummer + Ziffer – **2.** → Menge (1) – **3.** ohne/sonder Z.: → viel (I, 1); in voller Z.: → vollzählig (1); schwarze Zahlen schreiben: → Gewinn (5); rote Zahlen schreiben: → Verlust (2)
zahlbar: fällig
zählebig: → zäh (1)
zahlen: 1. → bezahlen (1 *u.* 2) – **2.** in Raten z.: → abzahlen; teuer z., die Zeche z.: → büßen (1)
zählen: 1. ⟨*die Anzahl feststellen*⟩ durchzählen · abzählen · überzählen – **2.** → gelten (2) – **3.** etw. z.: → wichtig (3); z. ⌈auf⌉: → vertrauen; z. ⌈zu⌉: → gehören (I, 3, b); nicht bis drei z. können: → dumm (6); bei jmdm. kann man die/alle Rippen z.: → mager (3)

Zähler, der: → Punkt (1)
Zahlfernsehen, das: → Bezahlfernsehen
Zahlkarte, die: → Zahlschein
zahllose: → viel (I, 1)
zahlreiche: → viel (I, 1)
Zählreim, der: → Abzählreim
Zahlschalter, der: → Kasse (2)
Zahlschein, der: Zahlkarte; Erlagschein (*österr*); Einzahlungsschein (*schweiz*) + Postanweisung; → *auch* Zahlungsanweisung
Zahlung, die: → Bezahlung (1)
Zahlungsanweisung, die: + Scheck · Wechsel; → *auch* Zahlschein
Zahlungsaufforderung, die: Zahlungsbefehl; Mahnbescheid (*Rechtsw*); → *auch* Mahnbrief
Zahlungsaufschub, der: Moratorium
Zahlungsbefehl, der: → Zahlungsaufforderung
zahlungsfähig: flüssig; liquid[e] · solvent (*Wirtsch*); → *auch* zahlungskräftig
Zahlungsfähigkeit, die: Liquidität · Bonität · Solvenz (*Wirtsch*)
zahlungskräftig: kaufkräftig · potent; → *auch* reich (1), zahlungsfähig
zahlungsunfähig: 1. ⟨*nicht in der Lage, fällige Zahlungen zu leisten*⟩ illiquid · insolvent (*Wirtsch*) ♦ *umg*: abgebrannt · blank · klamm · knapp/nicht bei Kasse ♦ *salopp*: pleite · machulle · schwach auf der Brust; → *auch* ruiniert (1) – **2.** z. sein, werden: ⟨*kaum noch zahlen können*⟩ salopp: den Dalles haben · auf dem letzten Loch pfeifen; → *auch* Konkurs (2), schlecht (10, a) – **3.** z. sein: → Konkurs (2)
Zahlungsunfähigkeit, die: Geldverlegenheit · Geldnot · Geldmangel · Geldschwierigkeiten · Geldsorgen; Illiquidität · Nonvalenz · Insolvenz · Liquiditätsengpass (*Wirtsch*) + Liquiditätsschwierigkeiten; → *auch* Bankrott (1)
zahm: 1. ⟨*von Tieren gesagt: nicht mehr wild, an Menschen gewöhnt*⟩ zutraulich ·

zaserig

gezähmt ♦ *umg*: kirre; → *auch* sanftmütig – **2.** z. sein: ⟨*von Tieren gesagt: nicht mehr wild, an Menschen gewöhnt sein*⟩ aus der Hand fressen – **3.** z. machen: → zähmen (I, 1)
zähmen: I. zähmen: **1.** ⟨*in Bezug auf Tiere: die Wildheit nehmen*⟩ zahm machen · bändigen + domestizieren ♦ *umg*: kirre machen · kirren – **2.** → eindämmen (1) – **II.** zähmen, sich: → beherrschen (II)
Zähmung, die: Bändigung + Domestikation
Zahn: I. Zahn, der: **1.** ⟨*knochenähnl. Gebilde zum Kauen*⟩ *umg*: Beißerchen · Hackerchen · Ickerchen (*landsch kinderspr*) ♦ *salopp*: Hauer – **2.** → Zacke – **3.** → Geschwindigkeit (1) – **4.** → Geliebte (II) – **5.** Z. der Zeit: → Zeit (1); [nur] für den hohlen Z.: → wenig (1); auf den Z. fühlen: **a)** → prüfen (1) – **b)** → ausfragen; einen Z. zulegen: → beschleunigen; den Z. ziehen: → ernüchtern – **II.** Zähne (*Pl*): **1.** → Gebiss (1) – **2.** die dritten Z.: → Zahnprothese; mit den Zähnen klappern: → frieren (1); die Z. zusammenbeißen: → aushalten (2); die Z. zeigen: → widersetzen, sich; sich die Z. ausbeißen: → Misserfolg (2); aus den Zähnen reißen: → entreißen (1); Haare auf den Zähnen haben: → herrschsüchtig (1)
Zahnarzt, der: + Stomatologe · Dentist ♦ *umg*: Zahnkünstler · Zahnklempner (*scherzh*)
Zahnbelag, der: Plaque
Zahncreme, die: → Zahnpasta
Zähneklappern, das: → Angst (1)
zähneknirschend: → wütend (1)
Zahnersatz, der: → Zahnprothese
Zahnfleisch, das: auf dem Z. kriechen: → erschöpft (4)
Zahnfüllung, die: → Füllung (1, c)
Zahnklempner, der: → Zahnarzt
Zahnkünstler, der: → Zahnarzt
zahnlos: → Biss (3)
Zahnpasta, die: Zahncreme; → *auch* Paste
Zahnprothese, die: Prothese · Zahnersatz · [künstliches] Gebiss ♦ *umg*: die dritten Zähne (*auch scherzh*)
Zähre, die: → Träne (1)
Zambo, der: → Mischling
Zampano, der: → Angeber (1)
Zange, die: **1.** ⟨*Werkzeug zum Greifen u. zum Kneifen*⟩ Zwicke (*landsch*) – **2.** in die Z. nehmen: → bearbeiten (2)
Zank, der: → Streit (1)

Zankapfel, der: → Streitobjekt
Zankeisen, das: → Xanthippe
zanken: I. zanken: → schimpfen (1) – **II.** zanken, sich: → streiten (II)
Zänker, der: → Streitsüchtige
Zänkerei, die: → Streit (1)
zänkisch: → streitsüchtig
zanksüchtig: → streitsüchtig
Zankteufel, der: **1.** → Streitsüchtige – **2.** → Xanthippe
Zanktippe, die: → Xanthippe
Zapf, der: → Theke
zapfen: → abziehen (1, a)
Zapfen, der: → Stöpsel
zappelig: → fahrig
zappeln: 1. ⟨*sich unruhig hin- u. herbewegen*⟩ hampeln; zwatzeln (*landsch*) + strampeln · wackeln · nicht stillsitzen – **2.** z. lassen: → hinhalten (1)
Zappelphilipp, der: → Quecksilber
zappen: → umschalten (1)
zappenduster: 1. → dunkel (1) – **2.** z. aussehen |mit|: → schlecht (11)
Zappler, der: → Quecksilber
zart: 1. ⟨*von besonderer Feinheit*⟩ subtil · fein [gegliedert] · fein geschnitten · filigran · fragil · zerbrechlich · ätherisch · durchsichtig · duftig · hauchzart · überzart + elfenhaft · elfisch · weich; → *auch* dünn (1), zierlich (1), zartgliedrig – **2.** → schwach (1, b) – **3.** → leicht (1) – **4.** → zärtlich – **5.** → sanft – **6.** → empfindlich (1) – **7.** → wohltönend – **8.** das zarte Geschlecht: → Frau (II); von zarter Gesundheit: → empfindlich (1)
zartbesaitet: → empfindsam (1)
Zärte, die: → Feinheit (1)
Zärtelei, die: → Liebkosung
zärteln: → liebkosen
zartfühlend: 1. → empfindsam (1) – **2.** → rücksichtsvoll
Zartgefühl, das: **1.** ⟨*einfühlend-taktvolles Verhalten*⟩ Feingefühl · Fingerspitzengefühl · Delikatesse; → *auch* Einfühlungsvermögen, [1]Anstand (1) – **2.** → [1]Anstand (1)
zartgliedrig: feingliedrig · grazil · zerbrechlich; → *auch* zierlich (1), zart (1), schlank (1)
Zartheit, die: → Feinheit (1)
zärtlich: liebevoll · liebreich · zart
Zärtlichkeit, die: → Liebkosung
Zasel, die: → Faser
Zaser, die: → Faser
zaserig: → faserig

Zaster

Zaster, der: → Geld (1)
Zäsur, die: → Einschnitt (2)
Zauber, der: **1.** → Anziehung (2) – **2.** → Zauberei – **3.** → Reiz (2) – **4.** fauler Z.: **a)** → Betrug (1) – **b)** → Unsinn (1, a)
Zauberei, die: Hexerei · Magie · Zauberkunst · Gaukelkunst · die schwarze Kunst · Taschenspielerei · Hokuspokus · Zauber; Teufelskunst (*abwert*); Eskamotage (*veraltet*)
Zauberer, der: **1.** ⟨*angeblich mit magischen Kräften ausgestattete Person*⟩ Wundertäter – **2.** → Zauberkünstler
zauberhaft: 1. → wunderbar (1) – **2.** → reizend (1)
Zauberin, die: → Hexe (1)
zauberisch: 1. → magisch – **2.** → wunderbar (1)
Zauberkunst, die: → Zauberei
Zauberkünstler, der: Zauberer · Magier · Hexer · Schwarzkünstler · Taschenspieler · Illusionist · Gaukler; Eskamoteur (*veraltet*)
Zauberland, das: → Märchenland
zaubern: hexen · Hokuspokus machen/treiben
Zauderei, die: → Unentschlossenheit
zaudern: → zögern
zaudernd: → zögernd
Zaum, der: **1.** ⟨*Riemenzeug am Kopf von Reit- u. Zugtieren*⟩ Zaumzeug + Halfter · Trense – **2.** den Z. anlegen: → aufzäumen; im Z. halten: → zügeln (I, 1); seine Zunge im Z. halten: → schweigen (2); sich im Z. halten: → beherrschen (II)
zäumen: → aufzäumen
Zaumzeug, das: → Zaum (1)
Zaun, der: **1.** ⟨*aus Holz od. Draht errichtete Abgrenzung eines Grundstückes*⟩ Gatter + Staketenzaun; → *auch* Hecke, Umzäunung – **2.** lebender Z.: → Hecke; Streit vom Zaune brechen: → anlegen (II)
Zaungast, der: → Schaulustige
Zaunpfahl, der: Wink mit dem Z.: → Hinweis
Zaupe, die: → Schlampe
Zausel, der: → Greis
zausig: → struppig
Zebaoth: der Herr Z.: → Gott (1, a)
zebraartig: → streifig
Zebrastreifen, der: → Fußgängerschutzweg
Zechbruder, der: → Trinkbruder
Zeche, die: **1.** → Rechnung (1) – **2.** → Bergwerk – **3.** die Z. [be]zahlen: → büßen (1)

zechen: bechern ♦ *umg*: kneipen · sumpfen · lumpen ♦ *derb*: saufen; → *auch* trinken (1, b)
Zecher, der: → Trinker
Zecherei, die: → Gelage (b)
Zechgelage, das: → Gelage (b)
Zechkumpan, der: → Trinkbruder
Zechtour, die: → ¹Bummel (1)
zecken: → necken
Zeh, der: → Zehe (1)
Zehe, die: **1.** ⟨*Fußglied*⟩ Zeh – **2.** auf Zehen: → lautlos; vom Wirbel bis zur Z.: → oben (3); auf den Zehen treten: → kränken; im kleinen Zeh spüren: → spüren (1)
Zehenspitze, die: auf Zehenspitzen: → lautlos
zehn: [sich] alle z. Finger lecken |nach|: → Verlangen (4)
Zehner, der: → Zehnpfennigstück
Zehnpfennigstück, das: *umg*: Zehner · Groschen
zehntausend: die oberen Zehntausend: → Oberschicht
Zehnt[e], der: → ¹Steuer
zehren: 1. → entkräften (1) – **2.** z. |von|: → leben (3)
Zeichen, das: **1.** ⟨*sicht- od. hörbarer Hinweis*⟩ Signal · Wink; → *auch* Geheimzeichen, Vorzeichen – **2.** ⟨*für etw. gebrauchte kurze Kennzeichnung*⟩ Signum – **3.** → Merkzeichen – **4.** → Symbol (1) – **5.** → Beweis (2) – **6.** Zeichen und Wunder: → Wunder (1); seines Zeichens: → Beruf (3); Z. geben: → signalisieren (1)
Zeichenblock, der: Skizzenblock · Block
Zeichenbrett, das: Reißbrett
Zeichendeuter, der: → Wahrsager
Zeichenfeder, die: → Feder (I, 2)
zeichnen: 1. ⟨*in Strichen bildlich darstellen*⟩ skizzieren · auf dem Papier festhalten; → *auch* malen (1, b), darstellen (I, 1, a), anzeichnen (1) – **2.** → unterschreiben – **3.** → spenden (1) – **4.** verantwortlich z.: → verantworten (I)
Zeichnung, die: **1.** ⟨*in Strichen ausgeführte bildl. Darstellung*⟩ Skizze · Handzeichnung + Grafik · Bild · Radierung – **2.** → Muster (1)
zeigen: I. zeigen: **1.** ⟨*jmds. Augenmerk in eine Richtung lenken*⟩ deuten · weisen; → *auch* hinweisen – **2.** ⟨*jmdm. etw. vor die Augen bringen*⟩ vorzeigen · vorweisen · herzeigen · vorführen · vor Augen führen ·

812

sichtbar machen · ad oculos demonstrieren · dartun; → *auch* veranschaulichen – **3.** 〈*nicht verbergen*〉 erkennen/sehen lassen · zur Schau stellen/tragen – **4.** 〈*deutlich hervortreten lassen*〉 aufzeigen · dokumentieren · demonstrieren · aufweisen · zeugen |von| – **5.** → beweisen (2) – **6.** → ausdrücken (I, 4) – **7.** → entwickeln (I, 1) – **8.** mit den Fingern z. |auf|: → hinweisen; den Rücken z.: **a)** → abwenden (II, 1) – **b)** → abweisen (1); die kalte Schulter z.: → abweisen (1); sein wahres Gesicht z.: → entlarven (II); Lebensart z.: → benehmen (II, 1); Wirkung z.: → wirken (3); z., was eine Harke ist: → zurechtweisen; z., wo der Zimmermann das Loch gelassen hat: → hinauswerfen (1) – **II.** zeigen, sich: **1.** 〈*in Erscheinung treten*〉 sich bieten · sich präsentieren · sich sehen lassen + sich produzieren · sich darstellen · posieren – **2.** → herausstellen (II), bieten (II, 1) – **3.** sich z. |an|: → ausdrücken (II, 2)

zeihen: → beschuldigen (1)

Zeile: I. Zeile, die: → Reihe (1) – **II.** Zeilen (*Pl*): → Brief (1)

Zeisig, der: lockerer Z.: → Leichtfuß (1)

Zeit, die: 1. 〈*der Ablauf alles Geschehens*〉 + Zahn der Zeit – **2.** → Dauer (1) – **3.** → Zeitraum, Zeitalter – **4.** → Zeitpunkt – **5.** → Frist (1) – **6.** → Uhrzeit – **7.** → Freizeit – **8.** → Zeitrechnung – **9.** schlechte Z.: 〈*ungünstiger Zeitabschnitt*〉 *umg*: + Sauregurkenzeit (*scherzh*) – **10.** Z. haben 〈*nicht eilig sein*〉 Weile haben – **11.** Zahn der Z.: → 1; unsere Z.: → Gegenwart (1); auf Z., eine Z. lang: → zeitweilig; vor der Z.: → vorzeitig (1 *u.* 2); zur [rechten] Z.: **a)** → rechtzeitig – **b)** → pünktlich (1); zur richtigen Z.: → pünktlich (1); zur [rechten] Z. kommen: → zurechtkommen (1); zur gleichen Z.: → gleichzeitig (1); für kurze Z.: → vorübergehend; zu jeder Z.: → immer (1); für alle Z.: → ewig (1); aus alter Z. stammend: → altertümlich; in/zu jener Z., vor undenklichen Zeiten, zu Olims Zeiten: → damals; in nächster/absehbarer Z.: → bald (1); zu nachtschlafender Z.: → nachts; vor kurzer Z.: → neulich; von Z. zu Z.: → manchmal; seit jener/dieser Z.: → seitdem (1); seit ewigen Zeiten: → lange (2); mit der/im Laufe der Z.: → allmählich; außer der Z.: → ungelegen (1); an der Z.: → fällig (1); höchste Z.: → eilig (2); sich Z. lassen: → trödeln (1); Z. gewinnen

wollen, auf Z. spielen: → hinhalten (1); die Z. totschlagen: → gammeln; dem lieben Gott die Z. stehlen: → faulenzen (1); sich die Z. vertreiben: → vergnügen (II); die Z. verschlafen: → verschlafen (1); mit der Z. gehen: → ²modern (2)

Zeitabschnitt, der: → Zeitraum, Zeitalter

Zeitalter, das: Epoche · Zeit · Zeitabschnitt · Ära; → *auch* Zeitraum

Zeitarbeit, die: → Teilzeitarbeit

Zeitbezogenheit, die: → Gegenwartsnähe

Zeitdauer, die: → Dauer (1)

Zeitdruck, der: unter Z. stehen: 〈*etw. in kurzer Zeit bewältigen müssen*〉 unter Dampf stehen · es eilig haben

zeitgebunden: → vergänglich

zeitgemäß: 1. → gegenwartsnah[e] – **2.** → ²modern (1)

zeitgenössisch: kontemporär; → *auch* gegenwärtig (1)

zeitgerecht: → rechtzeitig

Zeitgeschmack, der: → Mode (1)

zeitgleich: → gleichzeitig (1)

zeitig: → früh (1), morgens

zeitigen: 1. → verursachen – **2.** eine Wirkung z.: → wirken (3)

zeitlich: → vergänglich

Zeitliche, das: das Z. segnen: **a)** → sterben (1) – **b)** → entzweigehen (1)

zeitnahe: → gegenwartsnah[e]

Zeitpunkt, der: Termin · Frist · Zeit + Stichtag

zeitraubend: → umständlich (1)

Zeitraum, der: Zeit[spanne] · Zeitabschnitt · Periode · Phase · Spanne · Abschnitt; → *auch* Zeitalter

Zeitrechnung, die: Zeit

Zeitschrift, die: Journal · Illustrierte · Magazin · Revue + Wochenschrift · Monatsschrift; → *auch* Zeitung (I, 1)

Zeitspanne, die: → Zeitraum

Zeitung: I. Zeitung, die: **1.** 〈*täglich od. wöchentlich erscheinendes Druckerzeugnis*〉 Blatt · Presseorgan · Organ; Blättchen (*scherzh*) · Gazette · Boulevardzeitung · Boulevardblatt · Groschenblatt · Sensationsblatt · Skandalblatt (*abwert*) + Tageszeitung · Tageblatt ◆ *umg*: Revolverblatt (*abwert*) ◆ *salopp*: Wurstblatt · Käseblatt · Käseblättchen (*abwert*); → *auch* Sensationspresse, Zeitschrift – **2.** → Zeitungswesen – **II.** Zeitungen (*Pl*): 〈*die Gesamtheit der täglich od. wöchentlich erscheinenden Druck-*

Zeitungsanzeige

erzeugnisse⟩ Presse; Blätterwald (*scherzh*) + Printmedien

Zeitungsanzeige, die: → Anzeige (1)

Zeitungsente, die: → Falschmeldung

Zeitungsfritze, der: → Journalist

Zeitungsmann, der: → Journalist

Zeitungsschreiber, der: → Journalist

Zeitungswesen, das: Presse · Pressewesen · Journalismus · Zeitung

Zeitvertrag, der: befristeter Vertrag · befristete Anstellung

Zeitvertreib, der: **1.** ⟨*Langeweile verhindernde Beschäftigung*⟩ Zerstreuung · Ablenkung · Abwechslung · Kurzweil + Beschäftigung · Unterhaltung – **2.** → Belustigung (1)

zeitweilig: zeitweise · temporär · eine Zeit lang · auf Zeit; → *auch* vorübergehend, vorläufig

zeitweise: → zeitweilig

zelebrieren: → feiern (1)

Zelle, die: **1.** ⟨*kleiner Raum im Kloster*⟩ Klause; → *auch* Zimmer – **2.** ⟨*Raum für Gefangene*⟩ Gefangenenzelle · Gefängniszelle – **3.** → Telefonzelle – **4.** die kleinen grauen Zellen: → Denkvermögen

Zellgewebe, das: → Gewebe (2)

Zelluloid, das: → Film (1)

Zelot, der: → Fanatiker

Zelt, das: seine Zelte aufschlagen: → niederlassen (II, 1); seine Zelte abbrechen: → aufbrechen (3)

zelten: lagern · kampieren · campen; biwakieren (*milit*); → *auch* übernachten

Zelten, das: → Camping

Zeltlager, das: → Camping

zementieren: → festigen (1)

Zementierung, die: → Festigung (1)

zensieren: **1.** ⟨*mit einer Note bewerten*⟩ benoten; → *auch* beurteilen (1) – **2.** → prüfen (2)

Zensur, die: **1.** ⟨*in einer Note ausgedrückte Bewertung*⟩ Note · Prädikat – **2.** → Aufsicht (1)

Zentrale, die: **1.** ⟨*Zentrum einer Macht*⟩ Schaltzentrale – **2.** → Telefonzentrale

Zentralheizung, die: → Heizung

Zentralisation, die: → Konzentration (1)

zentralisieren: → zusammenfassen (1)

Zentralisierung, die: → Konzentration (1)

Zentrifuge, die: Schleuder · Separator

Zentrum, das: **1.** → Mittelpunkt – **2.** → Innenstadt – **3.** im Z. von: → inmitten (1)

Zephir, der: → Wind (I, 1)

Zeppelin, der: → Luftschiff

Zepter, das: das Z. schwingen: → herrschen (1)

zerarbeiten, sich: → abmühen, sich

zerbeißen: **1.** ⟨*durch Beißen öffnen bzw. trennen*⟩ entzweibeißen · aufbeißen – **2.** → zerkauen

zerbersten: **1.** → zerbrechen (2) – **2.** → platzen (1) – **3.** → explodieren (1)

Zerberus, der: → Pförtner

zerbomben: → zerstören (2)

zerbrechen: **1.** ⟨*in Stücke brechen*⟩ entzweibrechen ♦ *umg:* kaputtmachen · entzweimachen; → *auch* zerschlagen (I, 1), zerstören (1), durchbrechen (I, 1) – **2.** ⟨*in Stücke zerfallen*⟩ zerplatzen · [zer]springen · [zer]bersten · zersplittern · entzweigehen · in die Brüche / zu Bruch gehen · in Stücke / Scherben gehen ♦ *salopp:* zerknallen; → *auch* zerfallen (1) – **3.** die Fesseln / Ketten / das Joch z.: → befreien (II, 2)

zerbrechlich: **1.** ⟨*leicht brechend*⟩ brüchig · fragil – **2.** → zart (1), zartgliedrig – **3.** → zierlich (1)

zerbröckeln: **1.** → zerfallen (1) – **2.** → zerkleinern (1) – **3.** → brocken (1)

zerbröseln: **1.** → zerkleinern (1) – **2.** → brocken (1)

zerdeppern: → zerschlagen (I, 1)

zerdrücken: zerquetschen · zermalmen · breitdrücken · breitquetschen + breitschlagen · stampfen · eindrücken · knacken ♦ *umg:* zu Mus quetschen ♦ *salopp:* zermanschen · zermatschen; → *auch* zerklopfen (1)

Zeremonie, die: Akt · Zeremoniell

zeremoniell: → feierlich (1)

Zeremoniell, das: → Ritual (1), Zeremonie

zeremoniös: → förmlich (1)

zerfahren: → zerstreut (1)

Zerfahrenheit, die: → Zerstreutheit

Zerfall, der: **1.** ⟨*das Zerfallen in kleine Teilchen*⟩ Zersetzung · Auflösung; Dissoziation (*Chem*); → *auch* Fäulnis (1) – **2.** ⟨*von menschl. Organisationsformen gesagt: das Nichtfortbestehen*⟩ Auflösung · Zersetzung; → *auch* Verfall (1)

zerfallen: **1.** ⟨*zu kleinen Teilchen werden*⟩ sich zersetzen · auseinander fallen · zerbröckeln · in seine Bestandteile zerfallen · sich in seine Bestandteile auflösen; dissoziieren (*Chem*) ♦ *umg:* in Fetzen gehen; sich in Wohlgefallen auflösen (*scherzh*); → *auch*

814

zerreißen

zerbrechen (2) – **2.** ⟨*von menschl. Organisationsformen gesagt: langsam zu bestehen aufhören*⟩ sich auflösen · sich zersetzen · auseinander fallen · in [voller] Auflösung begriffen sein + zusammenbrechen; → *auch* untergehen (2) – **3.** → entzweit – **4.** z. |in| : **a)** → gliedern (II) – **b)** → zusammensetzen (II, 2); z. lassen: → zersetzen (I, 1); in seine Bestandteile z.: → 1
zerfetzen: 1. → zerreißen (I, 1 *u.* 2) – **2.** → verreißen – **3.** in der Luft z.: → verreißen
zerfetzt: → abgerissen (1)
zerfleddern: → zerreißen (I, 1)
zerfleischen: → zerreißen (I, 2)
zerfließen: 1. → schmelzen (2) – **2.** in Tränen z.: → weinen (1)
zerfressen: → zersetzen (I, 1)
zerfurcht: → runzelig
zergehen: 1. → schmelzen (2) – **2.** z. lassen: → auflösen (I, 1)
zergen: → necken
zergliedern: 1. → untersuchen (1) – **2.** → zerlegen (1)
zergliedernd: → analytisch
zerhacken: 1. ⟨*mit einem Beil zerkleinern*⟩ hacken · [zer]hauen · [zer]spalten + klein hacken ♦ *umg:* klar machen (*landsch*) – **2.** → zerstückeln (1)
zerhauen: 1. → zerschlagen (I, 1) – **2.** → zerhacken (1)
zerkauen: + zerbeißen · zermalmen · zerkleinern
zerkleinern: 1. ⟨*in Stücke teilen*⟩ zerstückeln · zerbröckeln · [zer]krümeln · zerbröseln · schreddern + wiegen · schneiden · [zer]körnen · granulieren ♦ *umg:* klein machen; → *auch* zermahlen, brocken (1) – **2.** → zerkauen
zerklopfen: 1. ⟨*durch Klopfen in kleine Stücke teilen*⟩ + zerstoßen · zerstampfen; → *auch* zerdrücken, zermahlen – **2.** → zerschlagen (I, 1)
zerklüftet: 1. → uneben (1) – **2.** → runzelig
zerknallen: 1. → zerbrechen (2) – **2.** → explodieren (1)
zerknautschen: → zerknüllen
zerknautscht: → faltig
zerknirscht: → reuevoll
Zerknirschtheit, die: → Reue (1)
Zerknirschung, die: → Reue (1)
zerknittern: → zerknüllen
zerknittert: 1. → faltig – **2.** → runzelig – **3.** → reuevoll

zerknüllen: knüllen · [zer]knittern · zusammendrücken; verknüllen · verknittern (*landsch*) ♦ *umg:* [zer]knautschen; knuddeln (*landsch*); → *auch* ballen (I, 1)
zerkörnen: → zerkleinern (1)
zerkratzen: verkratzen
zerkrümeln: 1. → zerkleinern (1) – **2.** → brocken (1)
zerlassen: → auslassen (I, 2)
zerlaufen: → schmelzen (2)
zerlegen: 1. ⟨*in seine Bestandteile trennen*⟩ auseinander nehmen · auseinander legen · zergliedern · [zer]teilen; analysieren (*Chem*); → *auch* abbrechen (2) – **2.** ⟨*Braten in Einzelteile schneiden*⟩ [zer]teilen · tranchieren – **3.** → sezieren
zerlegend: → analytisch
Zerlegung, die: Analyse (*Chem*)
zerlumpt: → abgerissen (1)
zermahlen: mahlen · [zer]schroten · zerstoßen + malmen; → *auch* zerklopfen (1), zerkleinern (1), zerreiben
zermalmen: 1. → zerdrücken – **2.** → zerkauen
zermanschen: → zerdrücken
zermartern: das / sein Hirn z.: → nachdenken (1)
zermatschen: → zerdrücken
zermürben: 1. ⟨*durch längere Einwirkung leicht zerfallbar machen*⟩ mürbe machen – **2.** ⟨*jmds. Widerstandskraft mit der Zeit brechen*⟩ mürbe machen · aufreiben · zerrütten · aufzehren ♦ *salopp:* auffressen
zermürbend: → nervtötend
Zero, die: → Null (1)
zerpflücken: → kritisieren
zerplatzen: 1. → platzen (1) – **2.** → explodieren (1) – **3.** → zerbrechen (2) – **4.** wie eine Seifenblase z.: → scheitern (b)
zerquetschen: → zerdrücken
Zerrbild, das: **1.** ⟨*ins Lächerliche od. Negative verzerrte Darstellung einer Gegebenheit*⟩ Spottbild · Karikatur – **2.** → Karikatur (1)
zerreden: verreden
zerreiben: mörsern · pulverisieren; aufreiben (*landsch*); → *auch* zermahlen
zerreißen: I. zerreißen: **1.** ⟨*durch Reißen trennen*⟩ entzweireißen · zerfetzen · zerrupfen · [in Stücke / Fetzen] reißen ♦ *umg:* kaputtreißen · entzweifetzen + zerfleddern; → *auch* durchreißen (1) – **2.** ⟨*durch Auseinanderreißen töten*⟩ zerfetzen · in Stücke reißen

815

Zerreißprobe

· zerfleischen – **3.** die Fesseln / Ketten z.: → befreien (II, 2); das Herz z.: → bedrücken (1); sich das Maul z. |über|: → durchhecheln – **II.** zerreißen, sich: → übereifrig
Zerreißprobe, die: Belastungsprobe
zerren: → ziehen (I, 1 u. 2)
zerrinnen: → schmelzen (2)
zerrissen: 1. → abgerissen (1) – **2.** → zwiespältig
zerronnen: → verloren (1)
zerrupfen: → zerreißen (I, 1)
zerrütten: 1. ⟨*völlig in Unordnung bringen*⟩ desorganisieren – **2.** → zermürben (2)
zerschießen: zusammenschießen · einschießen · in Grund und Boden schießen; → *auch* zerstören (2)
zerschlagen: I. zerschlagen: **1.** ⟨*durch Schläge zerstören*⟩ entzweischlagen · zertrümmern · zerschmettern · zerhauen · zerklopfen + eintreten · einschlagen ♦ *umg:* zusammenschlagen · zusammenhauen · kurz und klein schlagen · in Kleinholz verwandeln · Kleinholz machen |aus| ♦ *salopp:* zerdeppern · zerteppern · zerschmeißen; → *auch* zerbrechen (1), zerstören (1), einwerfen (2), einstoßen – **2.** → erschöpft (1) – **II.** zerschlagen, sich: → scheitern (b)
zerschleißen: → abnutzen (I)
zerschlissen: → abgetragen
zerschmeißen: → zerschlagen (I, 1)
zerschmelzen: 1. → schmelzen (1 u. 2) – **2.** → auftauen (1 u. 2)
zerschmettern: → zerschlagen (I, 1)
zerschneiden: entzweischneiden + schnitzeln ♦ *umg:* [zer]schnippeln · [zer]schnipseln; → *auch* zerstückeln (1), durchschneiden (I)
zerschnippeln: → zerschneiden
zerschnipseln: → zerschneiden
zerschrammt: → uneben (1)
zerschroten: → zermahlen
zerschründet: 1. → uneben (1) – **2.** → runzelig
zersetzen: I. zersetzen: **1.** ⟨*durch chemische Einwirkung zerstören*⟩ auflösen · zerfressen · zerfallen lassen; → *auch* zerstören (1) – **2.** ⟨*im Hinblick auf die Moral zerstörend wirken*⟩ demoralisieren · entsittlichen – **II.** zersetzen, sich: → zerfallen (1 u. 2)
zersetzend: destruktiv
Zersetzung, die: **1.** ⟨*die Zerstörung der Moral*⟩ Demoralisation · Demoralisierung · Entsittlichung – **2.** → Zerfall (1 u. 2)

zerspalten: → zerhacken (1)
zersplittern: → zerbrechen (2)
zersprengen: → zerstreuen (I, 2)
zerspringen: 1. → zerbrechen (2) – **2.** → platzen (1), explodieren (1)
zerstampfen: 1. → zertreten – **2.** → zerklopfen (1)
zerstören: 1. ⟨*bis zur Unbrauchbarkeit beschädigen*⟩ demolieren · zertrümmern · unbrauchbar machen · ruinieren; → *auch* zerschlagen (I, 1), zerbrechen (1), zersetzen (I, 1) – **2.** ⟨*[durch krieger. Mittel] beseitigen*⟩ keinen Stein auf dem anderen lassen · dem Erdboden gleichmachen · in Schutt und Asche legen · ausradieren · atomisieren + zerbomben · hinwegfegen; → *auch* vernichten (1, a), verwüsten, zerschießen
zerstört: am Boden z. sein: **a)** → erschöpft (4) – **b)** → niedergeschlagen (2)
Zerstörungswut, die: Wandalismus
zerstörungswütig: wandalisch
zerstoßen: 1. → zerklopfen (1) – **2.** → zermahlen
zerstreiten, sich: → verfeinden, sich
zerstreuen: I. zerstreuen: **1.** ⟨*[durch Werfen] locker verteilen*⟩ [ver]streuen · umherstreuen – **2.** ⟨*zum Auseinandergehen zwingen*⟩ auflösen · auseinander treiben · auseinander jagen · [zer]sprengen – **3.** → ablenken (I, 2) – **4.** → belustigen (I) – **II.** zerstreuen, sich: **1.** → auflösen (II, 2) – **2.** → ablenken (II, 2) – **3.** → vergnügen (II)
zerstreut: 1. ⟨*wenig konzentrationsfähig u. oft etw. vergessend*⟩ zerfahren · faselig; tüdelig (*norddt*) ♦ *umg:* schusselig; tüterig (*norddt*); → *auch* vergesslich (1), unaufmerksam (1) – **2.** z. sein: ⟨*unkonzentriert u. daher fehlerhaft handeln*⟩ faseln ♦ *umg:* schusseln
Zerstreutheit, die: Zerfahrenheit · Faselei · Geistesabwesenheit · Abwesenheit; → *auch* Vergesslichkeit, Unaufmerksamkeit
Zerstreuung, die: **1.** → Zeitvertreib (1) – **2.** → Belustigung (1)
zerstritten: → entzweit
zerstückeln: 1. ⟨*etw. in Stücke teilen*⟩ [zer]hacken + frikassieren · haschieren; → *auch* zerschneiden – **2.** → zerkleinern (1)
zerteilen: → zerlegen (1 u. 2)
zerteppern: → zerschlagen (I, 1)
Zertifikat, das: → Bescheinigung (1)
zertifizieren: → bescheinigen

ziehen

zertrampeln: → zertreten
zertrennen: [auf]trennen · auseinander trennen
zertreten: zerstampfen; zertrampeln (*abwert*)
zertrümmern: 1. → zerschlagen (I, 1) – **2.** → zerstören (1)
Zerwürfnis, das: **1.** ⟨*durch Meinungsverschiedenheiten verursachte Beendigung eines guten Verhältnisses*⟩ Bruch · Entzweiung · Verfeindung – **2.** → Zwietracht (1)
zerzausen: *umg:* verwuscheln
zerzaust: → struppig
zetern: 1. → schimpfen (1) – **2.** → jammern (1)
Zettel, der: → Blatt (I, 1)
Zettelkartei, die: → Kartei
Zettelkatalog, der: → Kartei
Zeug, das: **1.** → Kleidung (1) – **2.** → Kram (1) – **3.** → Begabung (1) – **4.** dummes Z.: → Unsinn (1, a); dummes / ungewaschenes Z. reden: → schwafeln; was das Z. hält: → angestrengt; ins Z. gehen, sich ins Z. legen: → anstrengen (II, 1); etw. am Z. flicken: → beschuldigen (1)
Zeuge, der: Augenzeuge · Ohrenzeuge · Tatzeuge + Kronzeuge · der Anwesende; → *auch* Schaulustige
zeugen: 1. ⟨*durch den Koitus eine Befruchtung herbeiführen*⟩ ein Kind in die Welt setzen ♦ *salopp:* ein Kind machen; → *auch* koitieren, schwängern – **2.** z. |für|: → bezeugen (1); z. |von|: → zeigen (I, 4)
Zeugenaussage, die: Bezeugung; Zeugnis (*veraltend*)
Zeughaus, das: → Waffenlager
Zeugnis, das: **1.** ⟨*Urkunde über den Leistungs- u. Ausbildungsgrad*⟩ Schulzeugnis · Abschlusszeugnis · Abgangszeugnis · Diplom – **2.** → Bescheinigung (1) – **3.** → Beweis (1) – **4.** → Zeugenaussage – **5.** Z. ablegen |für|: → bezeugen (1); falsches Z. ablegen: → lügen (1)
Zeugs, das: → Kram (1)
Zeugung, die: → Begattung (1)
zeugungsfähig: potent; mannbar (*veraltend*)
Zeugungsfähigkeit, die: Potenz · Zeugungskraft · Virilität; Manneskraft · Mannbarkeit (*veraltend*)
Zeugungskraft, die: → Zeugungsfähigkeit
zeugungsunfähig: 1. ⟨*nicht fähig, Kinder zu zeugen*⟩ impotent; zeugungsschwach · lenden-

lahm (*abwert*); → *auch* unfruchtbar (1) – **2.** z. machen: → sterilisieren (1, a)
Zeugungsunfähigkeit, die: Impotenz
Zicke, die: **1.** → Ziege (1 u. 2) – **2.** Zicken machen: → Unsinn (2)
zickig: → prüde (1)
Zickzackweg, der: → Serpentine (1)
Zieche, die: → Bettbezug
Ziefer, das: → Federvieh
Ziege, die: **1.** ⟨*Haustier*⟩ Geiß (*süddt österr schweiz*) ♦ *umg:* Hippe · Zicke (*landsch*) – **2.** *salopp abwert* ⟨*dumme od. alberne weibl. Person*⟩ Zicke · Zimtzicke · Zimtziege · Gans · Pute · Huhn · Schnepfe; Doofschote (*landsch*)
Ziegel, der: → Ziegelstein
ziegelrot: → rot (1)
Ziegelstein, der: Ziegel · Backstein + Baustein · Klinker
Ziegenherde, die: → Herde (1)
Ziegenpeter, der: → Mumps
Zieheltern (*Pl*): → Pflegeeltern
ziehen: I. ziehen: **1.** ⟨*auf sich zu- bzw. hinter sich herbewegen*⟩ zerren + ins Schlepptau nehmen; → *auch* schleppen (I, 1) – **2.** ⟨*Zug ausüben*⟩ reißen · zerren · zupfen; rupfen (*landsch*) ♦ *umg:* ziepen – **3.** → wandern (1) – **4.** → wehen (1) – **5.** → ausziehen (I, 2) – **6.** → auslösen (1) – **7.** → schmerzen (1) – **8.** → wirken (3) – **9.** → abnehmen (1) – **10.** z. |aus|: ⟨*aus einer Tasche od. dgl. nehmen*⟩ herausziehen + zücken – **11.** nach oben / in die Höhe z.: → hochziehen (1); in die Länge z.: **a)** → dehnen (I) – **b)** → verzögern (I); z. |auf|, auf einen Faden z.: → aufreihen (1); auf Flaschen z.: → abziehen (1, b); z. |nach / in|: → gehen (8); heimwärts z.: → heimgehen (1); Leine z.: → weggehen (1); einen z. lassen: → Wind (I, 3); nach z.: → Folge (3); einen Schluss / Schlüsse / eine Folgerung / Folgerungen z.: → folgern; eine Lehre z. |aus|: → lernen (4); ins Vertrauen z.: → einweihen (2); in Zweifel z.: → bezweifeln; zu Rate z.: → heranziehen (1); alle Register z.: → versuchen (I, 4); die Würmer aus der Nase z.: → ausfragen; die Notbremse z.: → verhindern; zur Verantwortung / Rechenschaft z.: → belangen (1); vor Gericht z.: → verklagen; in den Schmutz / Kot / Dreck / durch die Gosse z.: → verleumden (1); durch die Scheiße z.: **a)** → verleumden (1) – **b)** → verspotten; durch den Kakao z.: → verspotten; vom Leder z.: → angreifen (I, 1,

817

Ziehharmonika

b); zu Felde z. |gegen|: → angreifen (I, 2); den Kürzeren z.: → unterliegen (1); den Zahn z.: → ernüchtern; den Hut z.: → grüßen (1); den Hut z. |vor|: → achten (1); das Geld aus der Tasche z.: → ausnutzen (1); das große Los gezogen haben: → Glück (4); an einem/am gleichen/selben Strang/Seil z.: → zusammenarbeiten; aus dem Verkehr z.: **a)** → zurückziehen (I, 1) – **b)** → einsperren (1); aus der Patsche/Klemme z., die Karre aus dem Dreck z.: → heraushelfen; den Kopf/Hals aus der Schlinge z.: → herauswinden, sich; in seinen Bann z.: → interessieren (I); einen Vergleich/Parallelen z.: → vergleichen (I, 1); in Betracht/Erwägung/Rechnung z.: → berücksichtigen (1); das Fazit z.: → zusammenfassen (2); Bilanz z.: → abrechnen (1); einen Schlussstrich z.: → beenden (1); die Aufmerksamkeit/den Blick/die Blicke/Augen auf sich z.: → auffallen (1); eine Schnute/Flappe/einen Flunsch z.: → schmollen; ein Gesicht z.: **a)** → schmollen – **b)** → annehmen (11); eine Miene z.: → annehmen (11); Kreise z.: → verbreiten (II); in Mitleidenschaft z.: → beschädigen – **II.** ziehen, sich: **1.** → dehnen (II, 1) – **2.** sich in die Länge z.: → verzögern (II); sich aus der Klemme/Schlinge z.: → herauswinden, sich

Ziehharmonika, die: Harmonika · Handharmonika + Bandoneon ♦ *salopp*: Quetschkommode (*meist scherzh*); → *auch* Akkordeon

Ziehkind, das: → Pflegekind

Ziehsohn, der: → Schüler (2)

Ziehwagen, der: → Handwagen

Ziel, das: **1.** ⟨*zu treffender Punkt*⟩ Zielpunkt – **2.** ⟨*Endpunkt einer Wettkampfstrecke*⟩ Einlauf – **3.** ⟨*angestrebter Zustand bzw. angestrebtes Ergebnis*⟩ Endabsicht · Endziel · Endzweck · Hochziel; → *auch* Absicht (1), Zweck (1) – **4.** → Reiseziel – **5.** ohne Z.: → ziellos (1); ohne Maß und Z.: → maßlos; sich zum Z. setzen: → vornehmen (2); übers Z. [hinaus]schießen: → weit (4); ans Z. kommen: → durchsetzen (I, 2, a)

Zielbahnhof, der: → Bestimmungsbahnhof

zielbewusst: 1. → zielstrebig – **2.** → entschlossen (1)

zielen: 1. ⟨*die Schusswaffe auf ein Ziel richten*⟩ anlegen · anschlagen · in Anschlag gehen · [an]visieren · aufs Korn nehmen – **2.** z. |auf|: → abzielen

zielführend: → zielgerichtet

zielgerichtet: zielführend

ziellos: 1. ⟨*ohne ein festes Ziel*⟩ richtungslos · ohne Ziel · kreuz und quer – **2.** → planlos (1)

Zielpunkt, der: → Ziel (1)

Zielscheibe, die: → Schießscheibe

zielstrebig: zielbewusst; → *auch* beharrlich (1), strebsam

Zielvorgabe, die: → Leitlinie

ziemen, sich: → gehören (II)

Ziemer, der: → Peitsche (1)

ziemlich: 1. → verhältnismäßig – **2.** → beträchtlich (1)

ziepen: 1. → singen (2) – **2.** → ziehen (I, 2) – **3.** → schmerzen (1)

Zier, die: → Verzierung (1)

Zierde, die: → Verzierung (1)

zieren: I. zieren: → schmücken (I) – **II.** zieren, sich: **1.** ⟨*sich unnatürlich-gekünstelt benehmen*⟩ sich spreizen · auf Stelzen gehen – **2.** ⟨*sich übertrieben zurückhaltend zeigen*⟩ *umg*: sich anstellen · sich haben · sich betun · Theater machen · zimperlich/spröde/prüde tun

Ziererei, die: Gespreiztheit · Geziere · Gehabe[n] · Affektiertheit ♦ *umg*: Affigkeit · Tuerei · Getue · Mache

zierlich: 1. ⟨*von anmutig-zarter Erscheinung*⟩ grazil · fein · zerbrechlich · wie aus/von Porzellan; → *auch* zart (1), zartgliedrig – **2.** → klein (1)

Zierrat, der: → Verzierung (1)

Ziffer, die: → Zahl (1)

zig: mit zig Sachen: → schnell (1, a)

Zigarette, die: *umg*: Stäbchen; Glimmstängel · Giftstäbchen · Giftstängel · Giftnudel · Sargnagel (*scherzh*); Tschick (*österr*) · Joint ♦ *salopp*: Lulle

Zigarettenpause, die: → ¹Pause (1)

Zigarettenstummel, der: Stummel ♦ *umg*: Kippe; Tschick (*österr*)

Zigarre, die: **1.** ⟨*aus Tabakblättern gewickelte Rauchware*⟩ *umg*: Glimmstängel · Giftnudel (*scherzh*) ♦ Havanna · Brasil · Virginia · Stumpen – **2.** → Tadel (1) – **3.** eine Z. verpassen: → tadeln (1)

zigeunern: → herumtreiben, sich

Zille, die: **1.** → Schleppkahn – **2.** → Boot

Zimmer, das: Raum · Räumlichkeit · Stube · Kammer; Kabinett (*österr*) ♦ *gehoben*: Gemach · Gelass ♦ *umg*: Räuberhöhle (*abwert*) ♦ *salopp*: Bude · Loch (*abwert*)

818

zopfig

♦ *derb*: Saustall (*abwert*); → *auch* Zelle (1)

Zimmerdecke, die: → Decke (2)

Zimmermann, der: zeigen, wo der Z. das Loch gelassen hat: → hinauswerfen (1)

zimperlich: 1. → prüde (1) – **2.** → weichlich (1) – **3.** z. tun: → zieren (II, 2)

Zimperlichkeit, die: → Prüderie (1)

Zimt, der: → Kram (1)

Zimtzicke, die: → Ziege (2)

Zimtziege, die: → Ziege (2)

Zinke, die: → Zacke

Zinken, der: → Nase (1)

Zinnober, der: **1.** → Kram (1) – **2.** → Unsinn (1, a)

Zins, der: → ²Miete

Zinsabschnitt, der: **1.** → Aktie – **2.** → Abschnitt (1)

zinsfrei: zinslos

Zinshaus, das: → Mietshaus

zinslos: → zinsfrei

Zinsschein, der: → Aktie

Zipfel, der: → Ende (1, a)

Zipp, der: → Reißverschluss

Zipperlein, das: → Gicht

Zippverschluss, der: → Reißverschluss

zirka: → ungefähr (1)

Zirkel, der: → Kreis (1)

Zirkelschluss, der: → Fehlschluss

Zirkular, das: → Rundschreiben

Zirkularerlass, der: → Erlass (1)

Zirkulation, die: → Kreislauf (2)

zirkulieren: → herumgehen (1)

Zirkus, der: **1.** → Gehabe[n] (1) – **2.** → Umstand (II, 1) – **3.** Z. machen: → Umstand (II, 2)

Zirkuskunst, die: → Artistik

Zirkuskünstler, der: → Artist

Zischelei, die: → Geflüster

zischeln: → flüstern (1)

zischen: 1. ⟨*von manchen Tieren gesagt: einen scharfen Laut von sich geben*⟩ + fauchen – **2.** ⟨*lautmalend für das Bratgeräusch in der Pfanne*⟩ pfuschen (*landsch*) – **3.** → ²wallen – **4.** → flüstern (1) – **5.** einen z.: → trinken (1, b)

Zitadelle, die: **1.** → Befestigung (2) – **2.** → Festung (1)

Zitat, das: + Dichterwort; → *auch* Ausspruch, Anführung (1)

zitieren: 1. → anführen (2) – **2.** → vorladen – **3.** → befehlen (I, 2) – **4.** vor die Schranken des Gerichts z.: → verklagen

Zitierung, die: **1.** → Anführung (1) – **2.** → Vorladung

Zitrone, die: ausquetschen wie eine Z.: → ausfragen; mit Zitronen gehandelt haben: → Misserfolg (3)

zittern: 1. ⟨[*vor Kälte*] *unwillkürlich anhaltende zuckende Bewegungen machen*⟩ beben · schlottern · zittern wie Espenlaub; schnappern (*österr*) + erzittern · erbeben · vibrieren · flattern ♦ *umg*: klappern · bibbern · tattern; schnattern · puppern (*landsch*) – **2.** → ängstigen (II, 1) – **3.** z. wie Espenlaub: → 1; mit Zittern und Zagen: → ängstlich (1)

zittrig: *umg*: tatterig; taperig (*landsch*); → *auch* ungeschickt (1)

zivil: bürgerlich + privat

Zivilcourage, die: → Mut (1)

Zivilisation, die: → Kultur (1)

Znüni, der *od.* das: → Frühstück

zockeln: → trotten

zocken: → spielen (1)

Zocker, der: → Glücksspieler

Zofe, die (*hist*): Kammerzofe · Kammerfrau · Kammerjungfer · Kammermädchen; Kammerkätzchen · Kammermäuschen (*scherzh*)

Zoff, der: → Streit (1)

zögerlich: → zögernd

zögern: zaudern + innehalten ♦ *gehoben*: zagen · säumen ♦ *umg*: fackeln + [herum-]drucksen · herumgehen wie die Katze um den heißen Brei; → *auch* unentschlossen (3), warten (1)

zögernd: zaudernd · zögerlich

Zögling, der: → Schüler (1)

Zoll, der: Douane (*veraltet*)

zollen: Anerkennung / Beifall z.: → anerkennen (1); Achtung / Tribut z.: → achten (1); Aufmerksamkeit / Beachtung z.: → beachten; Lob z.: → loben (1); Dank z.: → danken (1)

zombig: → großartig (1)

zonal: → landschaftlich (1)

Zone, die: **1.** → Landschaftsgebiet – **2.** → Ring (2)

Zoo, der: zoologischer Garten + Tiergarten · Tierpark

zoologisch: zoologischer Garten: → Zoo

Zopf, der: *umg*: Rattenschwanz (*landsch scherzh*)

Zopfband, das: → Haarschleife

zopfig: 1. → rückschrittlich – **2.** → altertümelnd

Zorn

Zorn, der: **1.** → Wut (1) – **2.** in Z. geraten: → erzürnen (2); in Z. versetzen: → erzürnen (1)

zornentbrannt: → wütend (1)

zornig: 1. → wütend (1) – **2.** z. machen: → erzürnen (1); z. werden: → erzürnen (2)

zornmütig: → wütend (1)

Zote, die: **1.** ⟨obszöner Witz⟩ Unflätigkeit ♦ umg: Ferkelei ♦ derb: Sauzote · Sauerei; → auch Witz (1) – **2.** Zoten reißen (umg): ⟨obszöne Witze machen⟩ normalspr: zoten ♦ umg: ferkeln · schweinigeln ♦ derb: sauigeln · sauen

zoten: → Zote (2)

zotenhaft: → unanständig (1)

Zotenreißer, der: umg: Ferkel · Schweinigel ♦ derb: Schweinekerl · Schwein · Sau

zotig: → unanständig (1)

zotteln: → trödeln (1)

zottig: → struppig

¹zu: 1. ⟨zeitlich in Verbindung mit Festtagen⟩ an (süddt) – **2.** ⟨in Verbindung mit Zahlenangaben⟩ zu je; à (kaufm) – **3.** → allzu – **4.** bis zu: **a)** ⟨auf den Endpunkt eines Vorganges weisend⟩ bis an – **b)** → an (2); zu je: → 2; ab und zu: → manchmal; gar zu: → allzu; zu wenig: → wenig (3); viel zu viel: → reichlich; zu viel werden: → überhand; sich zu viel zumuten: → überanstrengen (II)

²zu: 1. → geschlossen (1) – **2.** → verschlossen (1)

zuallererst: → zuerst

zuallerletzt: → zuletzt (1)

Zuarbeiter, der: → Handlanger (1)

zuballern: → zuschlagen (1)

Zubau, der: → Anbau

zubauen: → anbauen (I, 1)

Zubehör, der od. das: **1.** ⟨das [notwendig] zu etw. Gehörende⟩ das Zugehörige; Zugehör (österr schweiz) + Accessoires · Utensilien · Requisit · Extra ♦ umg: Drum und Dran ♦ salopp: Pipapo – **2.** → Bestandteil (1) – **3.** → Einrichtung (2, a)

zubeißen: → beißen (I, 1)

zubekommen: → zubringen (1)

Zuber, der: → Bottich

zubereiten: 1. ⟨Speisen essfertig herrichten⟩ anrichten · zurichten + dressieren ♦ gehoben: richten ♦ umg: [an]machen; → auch vorbereiten (I) – **2.** das Essen z.: → kochen (1)

zubereitet: → tischfertig

zubilligen: → zugestehen

zubinden: → verschnüren

zublasen: → hinterbringen (II)

Zubläser, der: → Zuträger

zublinzeln: anblinzeln; zublinzen · anblinzen (landsch)

zublinzen: → zublinzeln

zubringen: 1. umg ⟨etw. schließen können⟩ zubekommen · zukriegen – **2.** → aufhalten (II, 1), verbringen (1) – **3.** → hinterbringen (II)

Zubringer, der: **1.** ⟨Verkehrsmittel, mit dem Personen zur Weiterbeförderung an einen bestimmten Ort gebracht werden⟩ Shuttle + Zubringerbus · Shuttle-Bus – **2.** → Zuträger

Zubrot, das: → Nebenverdienst

Zubuße, die: → Zulage (1)

zubuttern: → zuschießen (1)

Zucht, die: **1.** ⟨das Züchten u. Aufziehen von Pflanzen od. Tieren⟩ Aufzucht · Züchtung + Kultur – **2.** → Erziehung (2) – **3.** → Ordnung (1) – **4.** ohne Z.: → zuchtlos (1)

züchten: heranzüchten + domestizieren; → auch kreuzen (I, 1)

Zuchthaus, das: **1.** → Strafvollzugsanstalt – **2.** → Freiheitsstrafe – **3.** im Z. sitzen: → gefangen (2)

Zuchthengst, der: Schälhengst · Beschäler

züchtig: → tugendhaft

züchtigen: 1. ⟨mit Schlägen bestrafen⟩ schlagen · durchhauen + auspeitschen · durchpeitschen; stäupen (hist) ♦ umg: durchgerben · eins aufmessen · überlegen · übers Knie legen · die Hosen/den Hosenboden strammziehen/straffziehen; aushauen (landsch) ♦ salopp: den Hintern versohlen; → auch schlagen (I, 1), verprügeln – **2.** → bestrafen

Züchtigkeit, die: → Tugendhaftigkeit

Züchtigung, die: Körperstrafe; → auch Strafe (1)

zuchtlos: 1. ⟨jede Zucht vermissen lassend⟩ disziplinlos · undiszipliniert · disziplinwidrig · ohne Zucht + zügellos · liederlich – **2.** → unsittlich

Zuchtlosigkeit, die: → Unsittlichkeit

Züchtung, die: **1.** ⟨das Züchten⟩ + Domestikation – **2.** → Zucht (1)

zuckeln: → trotten

zucken: 1. → flackern – **2.** nicht mit der Wimper z.: → Regung (3)

zücken: 1. → ziehen (I, 10) – **2.** den Beutel z.: → bezahlen (2)

Zucker, der: **1.** ⟨*Stoff zum Süßen*⟩ Raffinade; → *auch* Puderzucker – **2.** Z. in den Arsch/Hintern blasen: → verwöhnen

Zuckerbäcker, der: → Konditor

Zuckerglasur, die: → Zuckerguss

Zuckerguss, der: Zuckerglasur; Glace (*Kochk*)

Zuckerharnruhr, die: → Zuckerkrankheit

zuckerig: → süß (1)

Zuckerkrankheit, die: Zuckerharnruhr · Diabetes [mellitus] (*med*)

Zuckerl, das: → Bonbon

Zuckerlecken, das: kein Z. sein: → schwer (5)

zuckern: einzuckern · verzuckern · überzuckern · kandieren + süßen

Zuckerschlecken, das: kein Z. sein: → schwer (5)

zuckersüß: → süß (1)

Zuckerwerk, das: → Konfekt

zudämmen: → eindämmen (1)

Zudecke, die: **1.** → Decke (1) – **2.** → Federbett

zudecken: 1. → bedecken (I, 1) – **2.** → zuschneien

Zudeckung, die: → Bedeckung (1)

zudem: → außerdem (1), dazu (2)

zudenken: 1. → widmen (I) – **2.** → bestimmen (1, a)

zudiktieren: → aufbürden (2)

zudrehen: den Hahn z.: → knapp (6); den Rücken z.: → abwenden (II, 1)

zudringlich: 1. → aufdringlich (1) – **2.** z. sein: → aufdrängen (II, 1)

Zudringlichkeit, die: → Aufdringlichkeit

zudrücken: ein Auge/beide Augen z.: → nachsehen (2); die Kehle/Gurgel z.: → erwürgen

zueignen: 1. → schenken (1) – **2.** → widmen (I)

Zueignung, die: → Widmung

zueinander: z. halten: → zusammenhalten (2)

zuerkennen: 1. → zusprechen (1) – **2.** → zuschreiben (1)

zuerst: erst · zuallererst · erst einmal · an erster Stelle · zunächst · vor allem · als Erstes · vorab · zuvor · vorweg; zuvörderst (*veraltend*); → *auch* anfänglich, erstens

zuerteilen: 1. → zuteilen – **2.** → zusprechen (1)

Zufahrt, die: **1.** → Auffahrt – **2.** → Einfahrt

Zufahrtsstraße, die: Auffahrt[sstraße] · Zufahrtsweg

Zufahrtsweg, der: → Zufahrtsstraße

Zufall, der: durch Z.: → zufällig

zufallen: 1. ⟨*sich von allein schließen*⟩ sich schließen · ins Schloss fallen/schnappen · zuschlagen · zuklappen · zuschnappen · einschnappen ♦ *umg:* zufliegen – **2.** ⟨*in jmds. Eigentum übergehen*⟩ anheim fallen · zufließen · zuströmen · zuteil werden + verfallen; → *auch* erhalten (I, 1), abbekommen (1) – **3.** ⟨*mühelos erhalten*⟩ zufliegen · zufließen · in den Schoß fallen

zufällig: durch Zufall · von ungefähr; akzident[i]ell (*fachspr*) ♦ *umg:* nur so; → *auch* unerwartet

zufassen: → zugreifen (1)

zufleiß: → absichtlich

zufliegen: → zufallen (1 *u.* 3)

zufließen: → zufallen (2 *u.* 3)

Zuflucht, die: Unterschlupf · Freistätte · Freistatt · Zufluchtsstätte · Zufluchtsort · Refugium · Asyl ♦ *gehoben:* sicherer Port; → *auch* Versteck, Schutz (2, a)

Zufluchtsort, der: → Zuflucht

Zufluchtsstätte, die: → Zuflucht

Zufluss, der: → Zugang (1)

zuflüstern: → hinterbringen (II)

zufolge: → gemäß (I)

zufrieden: 1. ⟨*keine [weiteren] Wünsche habend*⟩ befriedigt · zufrieden gestellt + beruhigt ♦ *umg:* satt · saturiert; wunschlos [glücklich] (*auch iron*) – **2.** z. sein, sich z. geben: **a)** → begnügen, sich (1) – **b)** → abfinden (II, 2); z. stellen: → befriedigen (I); z. stellend: → annehmbar; z. gestellt: → 1

Zufriedenheit, die: Befriedigung · Behagen · Wohlgefallen · Wohlgefühl · Wohlbehagen

Zufriedenstellung, die: → Befriedigung (1)

zufrieren: überfrieren · gefrieren

zufügen: 1. ⟨*jmdm. etw. Unangenehmes fühlbar machen*⟩ bereiten · beibringen · antun · zuleide tun – **2.** → hinzufügen (1) – **3.** eine Beleidigung z.: → beleidigen; einen Schimpf z.: → demütigen (I); ein Leid/Unrecht/einen Tort z.: → kränken; Böses/Schaden z.: → schaden (1); sich Schaden z.: → schaden (3)

Zug, der: **1.** ⟨*Wagenreihe mit Lokomotive*⟩ Eisenbahnzug · Reisezug ♦ *umg:* Eisenbahn · Bahn; → *auch* Personenzug, Schnellzug – **2.** → Atemzug (1) – **3.** → Luftzug – **4.** → Abteilung (II, 1) – **5.** → Flug (1, b) – **6.** →

Zugabe

Marsch (1) – **7.** → Bewegung (1) – **8.** → Umzug (2) – **9.** → Miene (1) – **10.** → Merkmal – **11.** → Tendenz (2) – **12.** → Schwung (1) – **13.** im falschen Z. sitzen: → irren (II); am Zuge sein, zum Zuge kommen: → Reihe (5); auf dem Zuge haben: → hassen; in den letzten Zügen liegen: → Sterben; in einem Z., Z. um Z.: → ununterbrochen

Zugabe, die: Beigabe · Beilage · Zulage · Zusatz · Zutat · Einlage; Dreingabe (*süddt schweiz*) ♦ *umg*: Extra; Draufgabe (*landsch*); → *auch* Ergänzung (2)

Zugabteil, das: → Abteil

Zugang, der: **1.** ⟨*das Hinzukommende*⟩ Zufluss · Zustrom · Zulauf + Zuwachs ♦ *gehoben*: Einstrom; → *auch* Zunahme – **2.** → Eingang (1)

zugange: z. sein |mit|: → beschäftigen (II, 2)

zugänglich: 1. ⟨*das Betreten zulassend*⟩ betretbar – **2.** → erreichbar – **3.** → aufgeschlossen – **4.** → kompromissbereit (1)

Zugangsbeschränkung, die: Numerus clausus

zugeben: 1. → gestehen (1) – **2.** → beisteuern (1) – **3.** → zulassen (1) – **4.** → zuschießen (1)

zugegebenermaßen: eingestandenermaßen

zugegen: 1. → anwesend (1) – **2.** nicht z.: → abwesend (1); z. sein: → anwesend (2)

zugehen: 1. → weitergehen (1) – **2.** z. |auf|: → nähern, sich (1); z. lassen: → schicken (I, 1); spitz z.: → verjüngen (II); hier geht's zu wie in einem Taubenschlag: → Kommen (3)

Zugeherin, die: → Putzfrau

Zugehfrau, die: → Putzfrau

Zugehör, das (*schweiz*: die): → Zubehör (1)

zugehören: → gehören (I, 3, a)

zugehörig: → eigen (1)

Zugehörige, das: → Zubehör (1)

zugeknöpft: → verschlossen (2)

Zügel, der: **1.** ⟨*Teil des Pferdegeschirrs*⟩ + Leine – **2.** Zügel anlegen: → zügeln (I, 1); sich Zügel anlegen: → beherrschen (II); die Zügel schleifen lassen: → nachlässig (2); die Zügel ergreifen: → Macht (4); die Zügel in der Hand haben: **a)** → regieren (1) – **b)** → herrschen (1) – **c)** → bestimmen (2); die Zügel in der Hand behalten: → behaupten (II, 1); in die Zügel fallen: → hindern

zugelassen: approbiert

zügellos: 1. ⟨*sich keinerlei Beherrschung auferlegend*⟩ ungezügelt · ausschweifend · exzessiv + korybantisch · bacchantisch; → *auch* hemmungslos (1) – **2.** → zuchtlos (1)

Zügellosigkeit, die: *gehoben*: Libertinage

zügeln: I. zügeln: **1.** ⟨*jmds. Ungezügeltheit Einhalt gebieten*⟩ bändigen · im Zaum halten · Zügel / die Kandare anlegen · an die Kandare nehmen ♦ *umg*: bremsen – **2.** → beherrschen (I, 2) – **3.** → umziehen (I) – **4.** seine Zunge z.: → schweigen (2) – **II.** zügeln, sich: → beherrschen (II)

Zügelung, die: → Selbstbeherrschung (1)

zugeneigt: z. sein: → lieben (1)

zugereist: → zugewandert

zugeschlossen: → verschlossen (1)

zugesellen: I. zugesellen: → beigesellen (I) – **II.** zugesellen, sich: → anschließen (II, 1)

zugesperrt: → verschlossen (1)

Zugeständnis, das: **1.** ⟨*Anerkennung eines Anspruchs*⟩ Entgegenkommen · Einräumung · Konzession + Kompromiss · einvernehmliche Regelung – **2.** Zugeständnisse machen: → zugestehen; zu Zugeständnissen bereit: → kompromissbereit (1)

zugestehen: zubilligen · einräumen · konzedieren · Zugeständnisse machen + gönnen; → *auch* gewähren (1)

zugetan: z. sein: → lieben (1)

zugewandert: eingewandert · zugereist + landfremd; → *auch* fremd (2)

zugfähig: → elastisch (1)

Zuggeschirr, das: → Geschirr (2)

zugig: → windig (1)

zügig: → ununterbrochen, flüssig (2)

Zugkraft, die: → Anziehung (2)

zugkräftig: werbekräftig · werbewirksam

zugleich: 1. ⟨*mehrerlei auf einmal*⟩ gleichzeitig · zusammen; unter einem (*österr amtsspr*) – **2.** ⟨*gleichzeitig auch seiend*⟩ in einer Person – **3.** → außerdem (1)

Zugmaschine, die: → Traktor

Zugmittel, das: → Lockmittel (2)

Zugnummer, die: → Zugstück

Zugpferd, das: **1.** → Hauptattraktion – **2.** → Zugstück

zugreifen: 1. ⟨*sich mit den eigenen Händen helfend beteiligen*⟩ zufassen · zupacken · anfassen · anpacken · angreifen · zulangen + die Ärmel hochkrempeln · Hand anlegen; → *auch* helfen (1) – **2.** → bedienen (II, 1)

zugriffig: → fleißig (1)

zugrunde: z. gehen: **a)** → untergehen (2) – **b)** → sterben (1); z. legen: → voraussetzen (1); z. liegen: → herrühren; z. richten: → ruinieren (I, 1); sich z. richten: → ruinieren (II)

Zugstück, das: Zugnummer · Zugpferd · Glanzstück · Galanummer · Glanznummer · Attraktion ♦ *umg*: Schlager · Knüller; → *auch* Hauptattraktion

zugucken: → zusehen (1)

Zugucker, der: → Schaulustige

zugunsten: → für (1)

zugute: **1.** z. kommen lassen: ⟨*als Vergünstigung gewähren*⟩ zukommen lassen · angedeihen lassen · zuteil werden lassen · zuwenden – **2.** z. halten: → anrechnen (1); z. kommen: → nutzen (1); sich etw. z. tun |auf|: → stolz (4); sich z. tun: → gönnen (2)

Zuhälter, der: Mädchenhirt (*schweiz*) + Mädchenhändler ♦ *umg*: Lude · Louis · Stenz; Rennstallbesitzer (*scherzh*); Strizzi (*südd österr*)

zuhappen: → beißen (I, 1)

zuhauen: → schlagen (I, 1)

zuhauf: **1.** → massenhaft, scharenweise – **2.** z. kommen: → versammeln (II, 1)

Zuhause, das: Daheim · Heim ♦ *umg*: die eigenen vier Wände ♦ *dicht*: Heim und Herd; → *auch* Wohnung (1)

zuheilen: → verheilen

zuhinterst: → hinten (1, a)

zuhorchen: **1.** → zuhören (1) – **2.** → aufpassen (1)

zuhören: **1.** ⟨*Worten od. Tönen aufmerksam folgen*⟩ sich anhören · hinhören; zuhorchen (*landsch*) + an jmds. Lippen hängen; → *auch* lauschen – **2.** → aufpassen (1)

Zuhörer (*Pl*): die Z.:→ Zuhörerschaft

Zuhörerschaft, die: die Zuhörer · Publikum · Auditorium · Hörerschaft

zukehren: **I.** zukehren: den Rücken z.: → abwenden (II, 1) – **II.** zukehren, sich: → zuwenden (II, 1)

zuklappen: **1.** → schließen (I, 1, a, b *u.* c) – **2.** → zufallen (1)

zukleben: verkleben + verleimen ♦ *umg*: verkleistern · zukleistern

zukleistern: → zukleben

zuklinken: → schließen (I, 1, a)

zuknallen: → zuschlagen (1)

zukneifen: den Arsch z.: → sterben (1)

zuknüpfen: → verschnüren

zukommen: **1.** → zustehen – **2.** z. |auf|: → nähern, sich (1); z. lassen: **a)** → abgeben (I, 2) – **b)** → schicken (I, 1) – **c)** → zugute (1) – **d)** → schenken (1) – **e)** → zustecken (1); die Dinge auf sich z. lassen: → abwarten (1); eine Warnung z. lassen: → warnen (1)

zukommend: → gebührend (1)

zukorken: verkorken · zustöpseln · verstöpseln · [zu]pfropfen

Zukunft, die: **1.** ⟨*die kommende Zeit*⟩ + Folgezeit · das Nachher · Ferne – **2.** → Aussicht (2) – **3.** in [der] Z.: → künftig; keine Z. haben: → hoffnungslos (2); die Z. deuten, in die Z. schauen: → wahrsagen

zukünftig: → künftig

Zukünftige: I. Zukünftige, der: → Bräutigam – **II.** Zukünftige, die: → Braut

Zukunftsaussicht, die: → Aussicht (2)

Zukunftsbild, das: → Vision (1)

zukunftsgerichtet: → fortschrittlich

Zukunftsglaube, der: → Optimismus

zukunftsgläubig: → optimistisch (1)

zukunftsorientiert: → fortschrittlich

Zukunftsvorstellung, die: → Vision (1)

zukunftsweisend: 1. → fortschrittlich – **2.** → geschichtlich (2)

zulächeln: → anlächeln

Zulage, die: **1.** ⟨*finanzielle Mehrleistung*⟩ Zuschlag · Geldzulage; Zubuße (*veraltend*); Draufgeld (*landsch*) – **2.** → Zugabe

zulangen: 1. → zugreifen (1) – **2.** → ausreichen (1) – **3.** → bedienen (II, 1)

zulassen: 1. ⟨*nicht verbieten*⟩ dulden · leiden · zugeben · geschehen lassen · mit ansehen [können] + zusehen; → *auch* erlauben (1), nachsehen (2) – **2.** → beglaubigen (1) – **3.** → freigeben (1)

zulässig: erlaubt · statthaft · gestattet · angängig; → *auch* rechtlich (1)

Zulassung, die: Approbation (*fachspr*); → *auch* Erlaubnis (1), Genehmigung (1)

Zulauf, der: **1.** → Andrang (1) – **2.** → Zugang (1)

zulaufen: spitz z.: → verjüngen (II)

zulegen: 1. → beigeben (1) – **2.** → beisteuern (1) – **3.** → zuschießen (1) – **4.** sich z.: **a)** → erwerben (2) – **b)** → beilegen (3) – **c)** → anmaßen (1); einen Schritt z.: → beeilen, sich; einen Zahn z.: **a)** → beeilen, sich – **b)** → beschleunigen

zuleide: z. tun: → zufügen (1); nichts z. tun: → verschonen

zuleiten

zuleiten: → schicken (I, 1)
zuletzt: 1. ⟨*in einer Reihe*[*nfolge*] *ganz hinten*⟩ als Letzter · an letzter Stelle · zum/am Schluss · am Ende · zuallerletzt – **2.** → schließlich (1)
zuliebe: 1. → für (1) – **2.** mir z.: → meinetwegen (1)
zullen: → saugen (1)
Zulp, der: → Schnuller
zulpen: → saugen (1)
zumachen: 1. → schließen (I, 1, a, b *u.* c *u.* I, 2) – **2.** → abschließen (I, 1) – **3.** → beeilen, sich – **4.** die Augen [für immer] z.: → sterben (1)
zumal: 1. → weil – **2.** → besonders (2)
zumeist: → meist
zumessen: → zuteilen
Zumessung, die: → Zuteilung (1)
zumindest: → mindestens
zumute: z. sein/werden: → fühlen (II, 1); z. sein |nach|: → Verlangen (4)
zumuten: 1. ⟨*Ungebührliches abverlangen*⟩ ein Ansinnen stellen/richten |an| + bieten; → *auch* abfordern – **2.** sich zu viel z.: → überanstrengen (II)
Zumutung, die: Ansinnen; → *auch* Frechheit, Unverschämtheit
zunächst: 1. → zuerst – **2.** → vorläufig – **3.** → nahe (1)
Zunahme, die: Vermehrung · Zuwachs · Steigerung · Anstieg · Verstärkung · Verdichtung; → *auch* Vergrößerung (1), Zugang (1)
Zuname, der: → Familienname
zündeln: → Feuer (8)
zünden: es hat gezündet: → verstehen (I, 4)
Zunder, der: **1.** → Prügel (II, 1) – **2.** → Beschuss (1) – **3.** → Geld (1) – **4.** Z. geben: → verprügeln
Zündholz, das: Streichholz ♦ *umg*: Hölzchen
Zündler, der: → Kriegstreiber
Zündstoff, der: Konfliktstoff
zunehmen: 1. ⟨*an Umfang, Ausdehnung od. Dichte größer werden*⟩ sich [ver]mehren · sich vergrößern · anwachsen · [an]steigen · sich erhöhen · sich ausdehnen · an Ausdehnung gewinnen · sich steigern · sich verstärken · sich verdichten; → *auch* anschwellen (1, a), ausweiten (II, 1) – **2.** ⟨*eine größere Leibesfülle bekommen*⟩ dick werden · Speck/Fett/einen Bauch ansetzen ♦ *umg*: einen Bauch kriegen · auseinander gehen ·

in die Breite gehen; aufgehen wie ein Pfannkuchen/Hefekloß/eine Dampfnudel (*scherzh*); auslegen (*landsch*)
Zuneigung, die: → Liebe (1)
Zunft, die: → Innung
zunftgemäß: → fachmännisch
zünftig: 1. → geübt – **2.** → fachmännisch – **3.** → gehörig (1)
Zunge, die: **1.** → Sprache (1) – **2.** mit der Z. anstoßen: → lispeln (1); jmdm. klebt die Z. am Gaumen, jmdm. hängt die Z. zum Halse heraus: → dürsten (1); die Z. lösen: → sprechen (3); seine Z. hüten/zügeln/im Zaum halten, sich lieber auf die Z. beißen, sich lieber die Z. abbeißen: → schweigen (2); das Herz auf der Z. haben/tragen: → offenherzig (2); böse Zungen: → Verleumder; eine spitze Z. haben: → boshaft (2); sich die Z. verbrennen: → schaden (3)
züngeln: → flackern
zungenfertig: 1. → redegewandt – **2.** → schlagfertig (1)
Zungenschlag, der: falscher Z.: → Versprecher
Zünglein, das: das Z. an der Waage sein: → entscheiden (I, 2)
zunicken: → grüßen (1)
zünseln: → Feuer (8)
zunutze: sich z. machen: → ausnutzen (1)
zuoberst: 1. → obenauf (1) – **2.** das Unterste z. kehren: → durchsuchen
zuordnen: 1. → einordnen (I) – **2.** → beigesellen (I) – **3.** zugeordnet werden: → gehören (I, 3, b)
Zuordnung, die: → Einordnung
zupacken: → zugreifen (1)
zupass: z. kommen: → gelegen (2)
zupfen: → ziehen (I, 2)
zupfropfen: → zukorken
zuplauzen: → zuschlagen (1)
zuprosten: → zutrinken
zurammen: → versperren (1)
zuraten: → raten (1)
zurechnungsfähig: → normal (1)
zurechtbiegen: 1. → bereinigen (1) – **2.** → biegen (1, 1)
zurechtfinden, sich: **1.** ⟨*den richtigen Weg finden*⟩ sich durchfinden + sich herausfinden; → *auch* orientieren (II, 1) – **2.** → orientieren (II, 1) – **3.** → zurechtkommen (2)

zurückerhalten

zurechtkommen: 1. ⟨*zum richtigen Zeitpunkt eintreffen*⟩ zur [rechten] Zeit kommen – **2.** ⟨*die Schwierigkeiten meistern*⟩ sich zurechtfinden ♦ *umg:* klarkommen · zu Rande/Potte/Stuhle kommen · sich behelfen; zu Fache kommen (*landsch*); → *auch* bewerkstelligen, meistern – **3.** z. |mit|: **a)** → auskommen (5, a) – **b)** → vertragen (II, 1)
zurechtlegen: 1. → zurechtrücken (1) – **2.** → vorbereiten – **3.** sich z.: → ausdenken (1)
zurechtmachen: I. zurechtmachen: **1.** → bereitmachen (I) – **2.** → vorbereiten (I) – **3.** → zurechtrücken (1) – **4.** → schminken (I) – **5.** → wirkungsvoll (2) – **II.** zurechtmachen, sich: **1.** → herausputzen (II) – **2.** → schminken (II)
zurechtrücken: 1. ⟨*in die richtige Lage bzw. an die richtige Stelle bringen*⟩ zurechtlegen · zurechtsetzen · zurechtstellen · gerade stellen · richten ♦ *umg:* zurechtmachen; → *auch* ordnen (1) – **2.** → bereinigen (1)
zurechtsetzen: 1. → zurechtrücken (1) – **2.** den Kopf z.: → zurechtweisen
zurechtstellen: → zurechtrücken (1)
zurechtstutzen: → beschneiden (1)
zurechtweisen: maßregeln · jmdm. die/seine Meinung sagen · eine Lektion/Lehre erteilen · Bescheid sagen/geben · Mores lehren + zur Vernunft/Räson bringen · in seine Schranken weisen · ins Gebet nehmen ♦ *umg:* abkanzeln · herunterkanzeln · deckeln · heimleuchten · es jmdm. [gründlich] geben · deutsch/Fraktur/Klartext/Tacheles reden |mit| · zeigen, was eine Harke ist · aufs Dach steigen · eins aufs Dach geben · den Kopf waschen/zurechtsetzen · den Standpunkt klarmachen · zeigen, wo's langgeht · eine Standpauke/Gardinenpredigt halten · die Leviten/den Text lesen · ein paar Takte sagen/erzählen · den Marsch blasen · auf die Finger klopfen/schlagen · eins auf den Hut/Deckel/auf die Haube geben; abputzen (*landsch*) + einen Dämpfer aufsetzen · zeigen, wo der Hammer hängt · moralisch fertig machen · die Grillen austreiben ♦ *salopp:* zusammenstauchen · zusammenfalten · zur Schnecke machen · Bescheid stoßen · die Flötentöne beibringen · auf Vordermann bringen · die Ohren/Hammelbeine langziehen · die Mucken austreiben · heimgeigen · die Meinung/was geigen · es

jmdm. geigen · auf die Pfoten klopfen/schlagen · eins auf die Pfoten geben + in die Pfanne hauen ♦ *derb:* zusammenscheißen; → *auch* tadeln (1), ausschimpfen, vornehmen (1)
Zurechtweisung, die: Maßregelung + Abfuhr · Abfertigung · ein kräftiges Wort ♦ *umg:* Abreibung · Abkanzelung; Abputzer (*landsch*); → *auch* Strafpredigt, Tadel (1)
zurechtziehen: → glatt (8)
zurechtzupfen: → glatt (8)
zureden: → raten (1)
zureichen: 1. → ausreichen (1) – **2.** → geben (I, 1)
zureichend: → genug (1)
Zureiter, der: → Dresseur
zurichten: 1. → zubereiten (1) – **2.** → bearbeiten (1) – **3.** → beschädigen
zuriegeln: → abschließen (I, 1)
zürnen: 1. → grollen (1) – **2.** → erzürnen (2)
zurren: → festbinden
zurück: 1. ⟨*in Richtung zum Ausgangspunkt*⟩ rückwärts; retour (*noch landsch u. österr schweiz*) + nach hinten – **2.** → zurückgekommen – **3.** → zurückgeblieben (1)
zurückbauen: → abbrechen (2)
zurückbehalten: → behalten (1)
zurückbekommen: → zurückerhalten
zurückbeordern: → abberufen (1)
zurückberufen: → abberufen (1)
Zurückberufung, die: → Abberufung (1)
zurückbilden, sich: degenerieren · verkümmern · zurückgehen
zurückbleiben: 1. ⟨*nicht mehr Schritt halten [können]*⟩ zurückfallen · nicht mitkommen · abfallen · hintanbleiben · nachbleiben + nachstehen ♦ *umg:* nachhinken · hinterherhinken · hängen · jmdm. geht der Atem/die Puste aus ♦ *salopp:* nachzotteln – **2.** → bleiben (2) – **3.** → übrig (3, a)
zurückblicken: 1. → umsehen, sich (1) – **2.** → erinnern (II)
zurückblickend: → rückblickend
zurückbringen: → zurückgeben (1)
zurückdämmen: → eindämmen (1)
zurückdenken: → erinnern (II)
zurückdrängen: → verdrängen (1)
zurückerhalten: zurückerlangen · wiedererhalten · wiedererlangen · zurückbekommen · wiederbekommen ♦ *umg:* zurückkrie-

825

zurückerinnern

gen · wiederkriegen · herauskriegen; sich anfinden (*norddt*)
zurückerinnern, sich: → erinnern (II)
zurückerlangen: → zurückhalten
zurückerstatten: 1. → zurückzahlen (1) – **2.** → zurücksenden
zurückfahren: → zurückschrecken (1)
zurückfallen: 1. → zurückbleiben (1) – **2.** z. |in| : → rückfällig (2)
zurückfedern: → federn (1)
zurückfinden: → zurückkommen (1)
zurückfordern: zurückverlangen · wiederfordern
zurückführen: z. |auf| : → herleiten (I)
Zurückführung, die: → Herleitung
Zurückgabe, die: Rückgabe · Erstattung
zurückgeben: 1. ⟨*jmdm. etw.* geben, *was man von ihm erhalten hat*⟩ wiedergeben · zurückbringen · wiederbringen; zurückstellen · retournieren (*österr*) + rückübertragen · herausgeben ♦ *umg:* wieder herausrücken; → *auch* zurücksenden – **2.** → zurückzahlen (1) – **3.** → antworten
zurückgeblieben: 1. ⟨*geistig nicht voll entwickelt*⟩ un[ter]entwickelt · infantil ♦ *umg:* zurück; → *auch* unreif (2) – **2.** → rückständig
zurückgehen: 1. → zurückziehen (II, 2) – **2.** → zurückbilden, sich – **3.** → nachlassen (1) – **4.** z. |auf| : → herrühren; z. lassen: → zurücksenden
zurückgekommen: zurück · wieder da
zurückgezogen: → einsam (1)
Zurückgezogenheit, die: → Einsamkeit (1)
zurückgreifen: z. |auf| : → zurückkommen (2)
zurückhalten: I. zurückhalten: **1.** ⟨*nicht weggehen lassen bzw. weggeben*⟩ dabehalten · hier behalten · halten · bei sich behalten/belassen + behalten – **2.** ⟨*in Bezug auf ein Bedürfnis: ihm nicht nachgeben*⟩ unterdrücken · verhalten ♦ *umg:* sich verkneifen – **3.** → behalten (1) – **4.** → aufhalten (I, 1) – **5.** → hindern – **II.** zurückhalten, sich: **1.** ⟨*sich einer Sache bzw. Personen gegenüber abwartend verhalten*⟩ Abstand wahren/halten · Zurückhaltung üben/wahren/beobachten · sich Zurückhaltung/Reserve auferlegen + im Hintergrund bleiben · sich im Hintergrund halten ♦ *umg:* + sich rar machen – **2.** → beherrschen (II)
zurückhaltend: 1. ⟨*wenig umgänglich, nicht kontaktfreudig*⟩ distanziert · reserviert;

→ *auch* schweigsam, verschlossen (2), menschenscheu – **2.** → bescheiden (I, 1) – **3.** z. sein: ⟨*wenig umgänglich, nicht kontaktfreudig sein*⟩ nur schwer aus sich herausgehen
Zurückhaltung, die: 1. ⟨*das Sichzurückhalten*⟩ Distanz · Reserviertheit · Reserve · Verhaltenheit + Verschlossenheit – **2.** → Bescheidenheit – **3.** Z. üben/wahren/beobachten, sich Z. auferlegen: → zurückhalten (II, 1)
zurückholen: → wiederholen (I, 2)
zurückkehren: → zurückkommen (1)
zurückkommen: 1. ⟨*wieder an den Ausgangspunkt kommen*⟩ wiederkommen · zurückkehren · wiederkehren + heimkehren · heimkommen · heimfinden · zurückfinden – **2.** z. |auf| : ⟨*aufs Neue von etw. sprechen*⟩ wieder aufgreifen · zurückgreifen |auf|
zurückkriegen: → zurückerhalten
zurücklassen: 1. ⟨*an einem Ort lassen*⟩ hinterlassen · dalassen + stehen lassen – **2.** → vererben
zurücklegen: 1. ⟨*eine Wegstrecke hinter sich bringen*⟩ schaffen · bewältigen – **2.** ⟨*mit der Rückseite voran legen*⟩ hintenüberlegen + zurücklegen – **3.** ⟨*für die Verwendung zu einem späteren Zeitpunkt bestimmen*⟩ [sich] aufheben · [sich] aufsparen · beiseite legen · beiseite stellen + sicherstellen – **4.** ⟨*für jmdn. zum späteren Kauf aufbewahren*⟩ aufheben · reservieren · zurückstellen ♦ *umg:* zurücktun; → *auch* aufbewahren – **5.** → sparen (1)
zurücklehnen: I. zurücklehnen: → zurücklegen (2) – **II.** zurücklehnen, sich: → anlehnen (II, 1)
zurückliegend: → vergangen (1)
Zurücknahme, die: → Widerruf (1)
zurücknehmen: 1. → widerrufen – **2.** → abbestellen
zurückpfeifen: 1. → abberufen (1) – **2.** → zurückrufen (1)
zurückprallen: 1. ⟨*nach dem Aufschlagen zurückgeworfen werden*⟩ zurückspringen · abprallen – **2.** → zurückschrecken (1)
zurückrudern: → nachgeben (1)
zurückrufen: 1. ⟨*noch einmal zu sich rufen*⟩ *umg:* zurückpfeifen – **2.** → abberufen (1) – **3.** → zurückziehen (I, 1) – **4.** ins Gedächtnis z.: → erinnern (I, 1); sich ins Gedächtnis z.: → erinnern (II); ins Leben z.: → wiederbeleben (1)

826

zusammenbeißen

zurückschaudern: → zurückschrecken (1)
zurückschauen: 1. → erinnern (II) – **2.** → umsehen, sich (1)
zurückschauend: → rückblickend
zurückscheuen: → scheuen (II)
zurückschicken: → zurücksenden
zurückschlagen: → abwehren (1, a)
zurückschrecken: 1. ⟨erschreckt zurückweichen⟩ zurückprallen · zurückfahren · zurückschaudern; → auch erschrecken (2) – **2.** → scheuen (II) – **3.** → abschrecken (1)
zurücksehen: → umsehen, sich (1)
zurücksenden: zurückschicken · zurückgehen lassen · zurückerstatten; retournieren (kaufm); → auch zurückgeben (1)
zurücksetzen: 1. ⟨ein Stück rückwärts fahren⟩ zurückstoßen – **2.** → benachteiligen – **3.** → senken (I, 1)
zurückspringen: → zurückprallen (1)
zurückstecken: → nachgeben (1)
zurückstehen: 1. → verzichten – **2.** z. |gegen|: ⟨weniger leisten als⟩ abfallen |gegen| – **3.** z. müssen: → leer (4)
zurückstellen: 1. ⟨für die Erledigung zu einem späteren Zeitpunkt aufheben⟩ umg: auf Eis legen – **2.** ⟨zunächst nicht berücksichtigen⟩ hint[en]ansetzen · hint[en]anstellen – **3.** → befreien (I, 2) – **4.** → zurücklegen (4) – **5.** → benachteiligen – **6.** → zurückgeben (1)
zurückstoßen: 1. → wegstoßen – **2.** → zurücksetzen (1) – **3.** → ekeln (I)
zurücktreten: 1. ⟨eine Funktion aufgeben⟩ von seiner Funktion/seinem Amt zurücktreten · sein Amt niederlegen/zur Verfügung stellen · seinen Rücktritt erklären · seinen Hut nehmen · demissionieren · [von der Bühne] abtreten; den/seinen Abschied nehmen · abdizieren (veraltet) + abdanken; → auch ausscheiden (1), kündigen (1), zurückziehen (II, 1) – **2.** z. |von|: **a)** → aufgeben (3) – **b)** → abbestellen; von seiner Funktion/seinem Amt z.: → 1
zurücktun: → zurücklegen (4)
zurückverlangen: → zurückfordern
zurückweichen: 1. → nachgeben (1) – **2.** → zurückziehen (II, 2)
zurückweisen: 1. → ablehnen (1 u. 2) – **2.** → abweisen (1) – **3.** → abwehren (1, a)
Zurückweisung, die: → Ablehnung
zurückwerfen: → widerspiegeln (I)
zurückzahlen: 1. ⟨Schulden begleichen⟩ zurückerstatten · zurückgeben · [wieder]er-

statten · Verbindlichkeiten erfüllen + rückvergüten; → auch entschädigen (I), tilgen (1) – **2.** → vergelten (1)
zurückziehen: I. zurückziehen: **1.** ⟨nicht länger für den Verbrauch zulassen⟩ aus dem Verkehr ziehen · vom Markt nehmen · einziehen + zurückrufen – **2.** → abberufen (1) – **3.** → widerrufen – **II.** zurückziehen, sich: **1.** ⟨das Berufsleben aufgeben⟩ in den Ruhestand treten · sich zur Ruhe setzen · in Pension gehen · sich aufs Altenteil setzen; → auch zurücktreten (1) – **2.** ⟨[im Kriege] ein Gebiet aufgeben⟩ zurückgehen · [zurück-] weichen · das Feld räumen · das Feld überlassen · den Rückzug antreten; retirieren (veraltet) – **3.** → absondern (II) – **4.** sich z. |von|: → abwenden (II, 2); sich in sein Schneckenhaus/sich ins stille Kämmerchen/Kämmerlein z.: → absondern (II)
Zuruf, der: → Anruf (1)
zurüsten: → vorbereiten (I)
zurzeit: 1. → gegenwärtig (1) – **2.** → jetzt (1)
Zusage, die: **1.** → Versprechen (1) – **2.** die Z. machen: → versprechen (I, 1)
zusagen: 1. → versprechen (I, 1) – **2.** → gefallen (1) – **3.** → schmecken (1) – **4.** → behagen (1) – **5.** nicht z.: → missfallen (1)
zusagend: 1. → gefällig (1) – **2.** → annehmbar
zusammen: 1. → gemeinsam (1) – **2.** → insgesamt – **3.** → beieinander – **4.** → zugleich (1) – **5.** z. mit: → gemeinsam (1)
Zusammenarbeit, die: Kooperation; Kollaboration (auch abwert) + Erfahrungsaustausch; → auch Teamarbeit
zusammenarbeiten: zusammenwirken · kooperieren · Hand in Hand arbeiten · an einem gleichen/selben Strang/Seil ziehen; kollaborieren · sich [gegenseitig] die Bälle zuwerfen/zuspielen (auch abwert)
zusammenbacken: → ballen (II, 1)
zusammenballen: I. zusammenballen: → ballen (I, 1) – **II.** zusammenballen, sich: **1.** → ballen (II, 1) – **2.** → ansammeln (II, a) – **3.** → aufziehen (1)
Zusammenbau, der: → Montage
zusammenbauen: → montieren
zusammenhalten: die fünf Sinne z.: → beherrschen (II)
zusammenbeißen: I. zusammenbeißen: die Zähne z.: → aushalten (2) – **II.** zusammenbeißen, sich: → gewöhnen, sich (1)

827

zusammenbetteln: → erbetteln (1)

zusammenbinden: → binden (I, 1 u. 2)

zusammenbleiben: → zusammenhalten (2)

zusammenbrauen: I. zusammenbrauen: **1.** → mischen – **2.** etw. z.: → kochen (1) – **II.** zusammenbrauen, sich: **1.** → aufziehen (1) – **2.** → ankündigen (II)

zusammenbrechen: 1. ⟨*infolge zu großer Überlastung nicht mehr weiterkönnen*⟩ umg: schlappmachen · zusammenklappen · zusammenrutschen; → *auch* bewusstlos (2) – **2.** ⟨*infolge erdrückender Beweise seinen Widerstand aufgeben*⟩ umg: umfallen ♦ *salopp:* umkippen; → *auch* gestehen (1) – **3.** → einstürzen – **4.** → scheitern (b) – **5.** → zerfallen (2)

zusammenbringen: 1. ⟨*Menschen zueinander führen*⟩ zusammenführen · miteinander bekannt machen – **2.** → aufbringen (1)

Zusammenbruch, der: 1. ⟨*plötzliches, völlige Vernichtung bringendes Ende*⟩ Fiasko · Katastrophe · Ruin · Kladderadatsch · Breakdown · Debakel · Bankrott · Crash · Aus · Ende; → *auch* Niederlage (1) – **2.** → Einsturz – **3.** → Misserfolg (1)

zusammendrängen: zusammenpressen · zusammenpferchen ♦ *umg:* zusammenquetschen

zusammendreschen: → zusammenschlagen (1)

zusammendrücken: → zerknüllen

zusammenfahren: 1. → zusammenstoßen (1) – **2.** → erschrecken (2)

Zusammenfall, der: → Zusammentreffen (1)

zusammenfallen: 1. → einstürzen – **2.** → hinfallen – **3.** → übereinstimmen (2) – **4.** → abmagern

zusammenfalten: → zurechtweisen

zusammenfassen: 1. ⟨*an einem Ort vereinigen*⟩ konzentrieren · zentralisieren · zusammenziehen · sammeln – **2.** ⟨*das Wichtigste noch einmal wiedergeben*⟩ resümieren · das Fazit ziehen – **3.** → bündeln (2)

Zusammenfassung, die: 1. → Konzentration (1) – **2.** → Überblick (1)

zusammenfegen: → auffegen

zusammenfinden, sich: → versammeln (II, 1)

zusammenfließen: zusammenströmen · zusammenlaufen; → *auch* münden

zusammenfügen: 1. → verbinden (I, 1) – **2.** → binden (I, 2) – **3.** → bündeln (1)

zusammenführen: → zusammenbringen (1)

Zusammengehörigkeit, die: 1. → Einheit (1) – **2.** → Solidarität

Zusammengehörigkeitsgefühl, das: 1. → Solidarität – **2.** → Teamgeist

zusammengesetzt: komplex · mehrteilig; → *auch* gemischt

zusammenhalten: 1. ⟨*zwei Dinge so halten, dass man sie vergleichen kann*⟩ aneinander halten · nebeneinander halten · daneben halten · dagegen halten + nebeneinander stellen; → *auch* vergleichen (I, 1) – **2.** ⟨*sich nicht trennen lassen*⟩ zusammenbleiben · zueinander halten · zusammenstehen · unzertrennlich sein ♦ *umg:* wie die Kletten zusammenhängen – **3.** ⟨*von Bindemitteln gesagt: sich nicht wieder lösen*⟩ binden (*fachspr*) – **4.** → zusammenraffen (I, 1) – **5.** die Sachen z.: → Haus (4); die fünf Sinne z.: → beherrschen (II)

Zusammenhalten, das: das Zusammenstehen · Schulterschluss

Zusammenhang, der: 1. ⟨*Verbindung zwischen Sachverhalten*⟩ Bezug · Relation · Kommunikation · Nexus · Konnex + Kontext; → *auch* Beziehung (I, 1), Verbindung (I, 1) – **2.** ohne Z.: **a)** → zusammenhanglos (1) – **b)** → beziehungslos

zusammenhängen: 1. ⟨*eine bestimmte Beziehung zueinander haben*⟩ in Verbindung stehen · kommunizieren · zu tun/schaffen haben |mit| · sich beziehen |auf| · Bezug haben |auf| – **2.** ⟨*Wagen fest miteinander verbinden*⟩ zusammenkoppeln · zusammenkuppeln · aneinander hängen · aneinander koppeln; → *auch* verbinden (I, 1) – **3.** wie die Kletten z.: → zusammenhalten (2)

zusammenhängend: → einheitlich (1)

zusammenhanglos: 1. ⟨*keine sinnvolle Beziehung habend bzw. erkennen lassend*⟩ unzusammenhängend · ohne Zusammenhang – **2.** → beziehungslos – **3.** → unklar (1)

zusammenhauen: 1. → zusammenschlagen (1) – **2.** → zerschlagen (I, 1) – **3.** → anfertigen (1)

zusammenheften: → heften (1)

Zusammenklang, der: → Akkord (1)

zusammenklappen: → zusammenbrechen (1)

zusammenklauben: → aufsammeln (1)

zusammenknoten: → binden (I, 1)

zusammenknüpfen: → binden (I, 1)

zusammensetzen

zusammenkommen: 1. → ansammeln (II, a u. b) – **2.** → versammeln (II, 1) – **3.** → treffen (II, 1) – **4.** z. |mit| : → verkehren (2)
zusammenkoppeln: → zusammenhängen (2)
zusammenkrachen: 1. → einstürzen – **2.** → zusammenstoßen (1)
zusammenkratzen: → zusammenraffen (I, 2)
Zusammenkunft, die: Zusammentreffen · Begegnung · Meeting · Treffen · Treff; → *auch* Versammlung (1), Verabredung (1)
zusammenkuppeln: → zusammenhängen (2)
Zusammenlauf, der: → Ansammlung (1)
zusammenlaufen: 1. → zusammenfließen – **2.** → gerinnen – **3.** → überschneiden, sich
zusammenlegen: 1. → abrunden (3) – **2.** → vereinigen (I, 1) – **3.** → bündeln (2)
zusammenlesen: → aufsammeln (1)
zusammenliegen: → koitieren
zusammennehmen: I. zusammennehmen: **1.** → aufsammeln (1) – **2.** → zusammenraffen (I, 1) – **3.** die Knochen z.: → anstrengen (II, 1); seine Gedanken/seinen Verstand/seine fünf Sinne z.: → konzentrieren (II) – **II.** zusammennehmen, sich: **1.** → beherrschen (II) – **2.** → anstrengen (II, 1) – **3.** → ermannen, sich
zusammenpacken: 1. → einpacken (1) – **2.** → bündeln (1)
zusammenpassen: → passen (1, a)
zusammenpassend: → vereinbar
zusammenpferchen: → zusammendrängen
Zusammenprall, der: → Zusammenstoß (1)
zusammenprallen: → zusammenstoßen (1)
zusammenpressen: 1. → zusammendrängen – **2.** → ballen (I, 1)
zusammenquetschen: → zusammendrängen
zusammenraffen: I. zusammenraffen: **1.** ⟨*[unordentlich] in Falten legen*⟩ zusammenhalten · zusammennehmen · zusammenziehen – **2.** abwert ⟨*in Bezug auf Geld: anhäufen*⟩ umg: zusammenkratzen · zusammenscharren · [ein]scheffeln; → *auch* zusammentragen, aufbringen (1), sparen (1) – **3.** → aufsammeln (1) – **II.** zusammenraffen, sich: **1.** → beherrschen (II) – **2.** → anstrengen (II, 1) – **3.** → ermannen, sich
zusammenrasseln: → zusammenstoßen (2)

zusammenraufen, sich: → gewöhnen, sich (1)
zusammenreimen: sich z.: → voraussehen
zusammenreißen, sich: 1. → beherrschen (II) – **2.** → anstrengen (II, 1) – **3.** → ermannen, sich
zusammenrollen: → aufrollen (2)
zusammenrotten, sich: → ansammeln (II, b)
Zusammenrottung, die: → Ansammlung (1)
zusammenrufen: 1. ⟨*zu einer Zusammenkunft auffordern*⟩ herbeirufen · versammeln + um sich scharen ♦ umg: zusammentrommeln – **2.** → einberufen (1)
zusammenrumpeln: → zusammenstoßen (1)
zusammenrutschen: → zusammenbrechen (1)
zusammensacken: 1. → bewusstlos (2) – **2.** → senken (II)
zusammenschalten: → verbinden (I, 1)
zusammenscharen, sich: → ansammeln (II, b)
zusammenscharren: 1. → zusammenraffen (I, 2) – **2.** → zusammentragen
Zusammenschau, die: → Überblick (1)
zusammenscheißen: → zurechtweisen
zusammenschießen: → zerschießen
zusammenschlagen: 1. ⟨*bis zum Zusammenbrechen verprügeln*⟩ umg: zusammenhauen · zusammendreschen; → *auch* niederschlagen (I, 1), verprügeln – **2.** → zerschlagen (I, 1)
zusammenschleppen: → zusammentragen
zusammenschließen: I. zusammenschließen: → vereinigen (I, 1) – **II.** zusammenschließen, sich: → verbünden, sich (1), vereinigen (II, 1 u. 2)
Zusammenschluss, der: 1. → Bündnis (1) – **2.** → Vereinigung (1)
zusammenschmieren: → verfassen
zusammenschnüren: 1. → bündeln (1) – **2.** → binden (I, 1)
zusammenschrecken: → erschrecken (2)
zusammenschreiben: → verfassen
zusammenschrumpeln: → schrumpfen
zusammenschrumpfen: → schrumpfen
zusammenschütten: → mischen
Zusammensein, das: → Gesellschaft (1)
zusammensetzen: I. zusammensetzen: **1.** → montieren – **2.** → anordnen (1) – **3.** → bilden (I, 2) – **II.** zusammensetzen, sich: **1.**

829

Zusammensetzung

→ konstituieren (II) – **2.** sich z. |aus|: ⟨*als Einzelteile od. -glieder in sich enthalten*⟩ bestehen |aus| · zerfallen |in| · sich rekrutieren |aus|

Zusammensetzung, die: → Gliederung (1)

zusammensinken: → senken (II)

zusammenstauchen: → zurechtweisen

zusammenstehen: → zusammenhalten (2)

Zusammenstehen, das: → Zusammenhalten

zusammenstellen: 1. → aufstellen (I, 4) – **2.** → bilden (I, 2) – **3.** → anordnen (1)

Zusammenstellung, die: **1.** → Aufstellung (2) – **2.** → Anordnung (1) – **3.** → Auswahl (2)

zusammenstimmen: 1. → übereinstimmen (2) – **2.** → passen (1, a)

zusammenstoppeln: → zusammentragen

Zusammenstoß, der: **1.** ⟨*das heftige Gegeneinanderstoßen*⟩ Zusammenprall · Kollision · Crash · Karambolage + Havarie; → *auch* Anprall, Aufschlag (1) – **2.** → Streit (1)

zusammenstoßen: 1. ⟨*heftig aufeinander treffen*⟩ zusammenprallen · aufeinander prallen · aufeinander stoßen · gegeneinander prallen · kollidieren · karambolieren · zusammenfahren ♦ *umg:* zusammenrumpeln ♦ *salopp:* zusammenkrachen; → *auch* anstoßen (1), aufschlagen (1), ¹Bruch (6) – **2.** ⟨*mit jmdm. in eine heftige Auseinandersetzung geraten*⟩ *umg:* aneinander geraten ♦ *salopp:* zusammenrasseln; → *auch* streiten (II) – **3.** → zusammentreffen (1)

zusammenströmen: 1. → zusammenfließen – **2.** → versammeln (II, 1)

Zusammensturz, der: → Einsturz

zusammenstürzen: → einstürzen

zusammentragen: sammeln + kompilieren ♦ *umg:* zusammenschleppen; zusammenscharren (*abwert*) + zusammenstoppeln; → *auch* ansammeln (I), zusammenraffen (I, 2), horten

zusammentreffen: 1. ⟨*einander bis zur Berührung nahe kommen*⟩ zusammenstoßen · sich berühren – **2.** → treffen (II, 1)

Zusammentreffen, das: **1.** ⟨*das zeitl. Zusammenkommen mehrerer Ereignisse*⟩ Zusammenfall · Koinzidenz – **2.** → Zusammenkunft

zusammentreten: 1. → versammeln (II, 1) – **2.** → konstituieren (II)

zusammentrocknen: → schrumpfen

zusammentrommeln: → zusammenrufen (1)

zusammentun, sich: → verbünden, sich (1), vereinigen (II, 1 *u.* 2)

zusammenwerfen: → gleichsetzen

zusammenwirken: → zusammenarbeiten

zusammenzählen: addieren · zusammenziehen · summieren ♦ *umg:* aufaddieren

Zusammenzählung, die: Addition · Summation

zusammenziehen: I. zusammenziehen: **1.** ⟨*Truppen versammeln*⟩ konzentrieren · massieren; besammeln (*schweiz*) – **2.** → zusammenfassen (1) – **3.** → zusammenzählen – **4.** → zusammenraffen (I, 1) – **II.** zusammenziehen, sich: **1.** → aufziehen (1) – **2.** → schrumpfen

Zusammenziehung, die: → Konzentration (1)

zusammenzucken: → erschrecken (2)

Zusatz, der: **1.** → Anhang (1) – **2.** → Zugabe

Zusatzeinkünfte (*Pl*): → Nebenverdienst

zusätzlich: → außerdem (1)

Zusatzverdienst, der: → Nebenverdienst

zuschanden: z. machen: → vereiteln

zuschanzen: → zustecken (1)

zuschauen: → zusehen (1)

Zuschauer, der: **1.** ⟨*jmd., der sich eine Aufführung od. dgl. ansieht*⟩ Zuseher (*österr*) + Schlachtenbummler – **2.** → Schaulustige

zuschicken: → schicken (I, 1)

zuschieben: 1. → zustecken (1) – **2.** den schwarzen Peter z.: → beschuldigen (2)

zuschießen: 1. ⟨*finanziell zusätzlich unterstützen*⟩ zugeben · zulegen + hineinstecken ♦ *umg:* zuschustern · draufzahlen · draufgeben · drauflegen · zubuttern + hineinbuttern · reinbuttern · buttern |in|; → *auch* zuzahlen – **2.** → beisteuern (1) – **3.** → unterstützen (I, 2)

Zuschlag, der: **1.** → Zulage (1) – **2.** → Aufschlag (2)

zuschlagen: 1. ⟨*heftig schließen*⟩ zuwerfen · zustoßen · zuschleudern · zuschmettern ♦ *umg:* zuknallen ♦ *salopp:* zuballern · zuschmeißen; zuplauzen (*landsch*); → *auch* schließen (I, 1, a, b *u.* c) – **2.** ⟨*einen Betrag erhöhen*⟩ aufschlagen |auf| + ein Aufgeld verlangen – **3.** → schlagen (I, 1) – **4.** → zusprechen (1) – **5.** → zufallen (1) – **6.** → schließen (I, 1, c)

830

zustöpseln

zuschleudern: → zuschlagen (1)
zuschließen: → abschließen (I, 1)
zuschmeißen: → zuschlagen (1)
zuschmettern: → zuschlagen (1)
zuschnappen: 1. → beißen (I, 1) – **2.** → zufallen (1)
zuschneien: einschneien · verschneien + zudecken
Zuschnitt, der: → Form (1)
zuschnüren: 1. → verschnüren – **2.** die Kehle / Gurgel z.: → erwürgen
zuschreiben: 1. ⟨*meinen, dass jmdm. od. einer Sache etw. eigentümlich ist*⟩ zusprechen · beimessen · zuerkennen – **2.** → überschreiben – **3.** sich z.: → beilegen (3)
Zuschrift, die: → Brief (1)
zuschulden: sich etw. z. kommen lassen: → vergehen (II, 1)
Zuschuss, der: → Unterstützung (2)
zuschustern: → zuschießen (1)
zusehen: 1. ⟨*einen Vorgang betrachten*⟩ zuschauen ♦ *umg:* zugucken; gaffen · Maulaffen feilhalten (*abwert*) + kiebitzen · ein Auge riskieren; → *auch* ansehen (I, 3) – **2.** → zulassen (1)
zusehends: → merklich
Zuseher, der: → Zuschauer (1)
zuseiten: → neben (1)
zusenden: → schicken (I, 1)
Zusendung, die: → Übersendung
zusetzen: 1. → bedrängen (1) – **2.** → bearbeiten (2) – **3.** → beschwören (1) – **4.** → beimischen
zusichern: → versprechen (I, 1)
Zusicherung, die: → Versprechen (1)
zusperren: → abschließen (I, 1)
Zuspiel, das (*Sport*): Abspiel · Abgabe · Pass · Vorlage + Flanke · Eingabe
zuspielen: 1. *Sport* ⟨*einen anderen Spieler in den Besitz des Balles bzw. Pucks bringen*⟩ anspielen · abgeben · abspielen · bedienen · passen |zu| · eine Vorlage geben – **2.** ⟨*wie unbeabsichtigt zukommen lassen*⟩ in die Hand spielen – **3.** sich [gegenseitig] die Bälle z.: → zusammenarbeiten
zuspitzen: I. zuspitzen: → anspitzen (1) – **II.** zuspitzen, sich: **1.** → verjüngen (II) – **2.** → verschärfen, sich
zusprechen: 1. ⟨*die Übergabe an jmdn. verbindlich [bekannt] machen*⟩ zuerteilen · zuerkennen + zuschlagen – **2.** → zuschreiben (1) – **3.** → bedienen (II, 1) – **4.** Trost / Mut z.: → trösten

Zuspruch, der: **1.** → Gefallen (II, 1) – **2.** → Trost (1) – **3.** Z. finden: → gefallen (1)
Zustand, der: **1.** ⟨*das physische bzw. psychische Beschaffensein*⟩ Kondition · Verfassung; → *auch* Beschaffenheit (1) – **2.** → Gesundheitszustand – **3.** → Verhältnis (II, 1) – **4.** → Lage (1) – **5.** Zustände kriegen: → aufregen (II)
zustande: z. bringen: **a)** → bewerkstelligen – **b)** → erreichen (2); z. kommen: → gelingen (1); nicht z. kommen: → scheitern (b)
zuständig: 1. ⟨*zu etw. befugt bzw. für etw. verantwortlich*⟩ kompetent – **2.** → verantwortlich (2)
Zuständigkeit, die: **1.** ⟨*das Für-etw.-Verantwortlichsein*⟩ Kompetenz – **2.** → Verantwortung (1)
zustatten: z. kommen: → nutzen (1)
zustecken: 1. ⟨*heimlich übergeben [lassen]*⟩ zuschieben · in die Hand drücken · zukommen lassen ♦ *umg:* zuschanzen (*meist abwert*); → *auch* schenken (1) – **2.** → schenken (1)
zustehen: zukommen · ein Anrecht / einen Anspruch haben |auf|
zustehend: → gebührend (1)
zustellen: 1. → austragen (1) – **2.** → liefern (1)
Zusteller, der: → Briefträger
Zustellung, die: → Lieferung (1)
zusteuern: 1. → beisteuern (1) – **2.** z. |auf|: **a)** → ansteuern (1) – **b)** → ausgeben (8)
zustimmen: 1. ⟨*die gleiche Meinung zu etw. ausdrücken*⟩ beistimmen · beipflichten · einwilligen · Ja sagen · einverstanden sein · dafür sein · folgen · sich anschließen; konsentieren (*veraltet*) + nicken · einschlagen · sich bereit erklären · akklamieren ♦ *umg:* Ja und Amen sagen · sein Okay / Amen / Plazet geben · seinen Segen geben; → *auch* bejahen (1), billigen (1) – **2.** → billigen (1)
zustimmend: → bejahend
Zustimmung, die: **1.** ⟨*bejahende Äußerung*⟩ Bejahung · Einverständnis · Einwilligung · Konsens · Affirmation + Akklamation · Jawort · Gegenliebe ♦ *umg:* Okay; → *auch* Billigung (1), Anerkennung (2) – **2.** → Billigung (1) – **3.** seine Z. geben |zu|: → billigen (1)
zustimmungsfähig: → annehmbar
zustopfen: → abdichten
zustöpseln: → zukorken

831

zustoßen

zustoßen: 1. ⟨*in Bezug auf etw. Unangenehmes: es erleiden*⟩ widerfahren · geschehen · passieren · begegnen · zuteil werden · unterlaufen ♦ *gehoben:* betreffen – **2.** → zuschlagen (1)
Zustrom, der: 1. → Andrang (1) – **2.** → Zugang (1) – **3.** → Zuwanderung
zuströmen: → zufallen (2)
zutage: z. treten: → erscheinen (1, b); z. bringen: **a)** → aufdecken (I, 1) – **b)** → entdecken (I, 1); z. fördern: → entdecken (I, 1); z. liegen: → offenkundig (2)
Zutat, die: → Zugabe
zuteil: z. werden: **a)** → erhalten (I, 1) – **b)** → zufallen (2) – **c)** → zustoßen (1); z. werden lassen: → zugute (1); eine Abfuhr z. werden lassen: → abweisen (1)
zuteilen: zumessen · zuweisen · zuerteilen + dosieren · kontingentieren; → *auch* verteilen (I, 1), bewirtschaften (1), ausgeben (I, 1)
Zuteilung, die: 1. ⟨*das Zuteilen*⟩ Zumessung + Dosierung · Kontingentierung; → *auch* Verteilung (1) – **2.** → Ration (1)
zutiefst: → sehr
zutragen: I. zutragen: → hinterbringen (II) – **II.** zutragen, sich: → geschehen (1)
Zuträger, der: Zwischenträger · Zubringer + Kolporteur · Hintermann ♦ *umg:* Zubläser · Ohrenbläser; → *auch* Verleumder, Verräter (1), Spitzel
zuträglich: → bekömmlich, gesund (2)
Zutrauen, das: → Vertrauen (1)
zutraulich: 1. ⟨*keine Scheu empfindend*⟩ anschmiegsam · zutu[n]lich + arglos; → *auch* gutgläubig – **2.** → zahm (1)
zutreffen: 1. → stimmen (1) – **2.** → bestätigen (II, 1)
zutreffend: 1. → richtig (1) – **2.** z. sein: → stimmen (1)
zutrinken: zuprosten · anprosten · Bescheid tun; → *auch* toasten (1)
Zutritt, der: Eintritt · Einlass + Eingang
zutschen: → lutschen (1)
Zutscher, der: → Schnuller
zutulich: → zutraulich (1)
Zutun, das: → Hilfe (1)
zutunlich: → zutraulich (1)
Zuverdienst, der: → Nebenverdienst
zuverlässig: 1. ⟨*Vertrauen verdienend*⟩ verlässlich · vertrauenswürdig · glaubwürdig · hundertkarätig · seriös; währschaft (*schweiz*) + Vertrauen erweckend; → *auch* gewissenhaft, rechtschaffen, pflichtbewusst,

bewährt, treu (1) – **2.** → sicher (4) – **3.** z. sein: ⟨*Vertrauen verdienen*⟩ Häuser bauen können |auf| · auf jmdn. ist Verlass
Zuverlässigkeit, die: Verlässlichkeit · Vertrauenswürdigkeit · Glaubwürdigkeit · Seriosität; → *auch* Pflichtbewusstsein, Rechtschaffenheit
Zuversicht, die: 1. → Vertrauen (1) – **2.** → Hoffnung (1) – **3.** → Optimismus – **4.** voller Z.: → optimistisch (1)
zuversichtlich: → optimistisch (1)
Zuversichtlichkeit, die: → Optimismus
Zuviel, das: → Überschuss (1)
zuvor: 1. → vorher – **2.** → zuerst
zuvorderst: → vorn (1)
zuvörderst: → zuerst
zuvorkommend: 1. → gefällig (1) – **2.** → aufmerksam (1)
Zuwachs, der: 1. → Zugang (1) – **2.** → Zunahme – **3.** Z. erwarten/bekommen: → schwanger (2)
zuwandern: → zuziehen (I, 1)
Zuwanderung, die: Zustrom; → *auch* Einwanderung
zuwarten: → gedulden, sich
zuwege: z. bringen: **a)** → bewerkstelligen – **b)** → erreichen (2)
zuweilen: → manchmal
zuweisen: 1. → zuteilen – **2.** → überweisen
Zuweisung, die: → Überweisung
zuwenden: I. zuwenden: **1.** → zugute (1) – **2.** → schenken (1) – **3.** Geld z.: → unterstützen (I, 2); den Rücken z.: → abwenden (II, 1) – **II.** zuwenden, sich: **1.** ⟨*sich so drehen, dass man sich von vorn zeigt*⟩ sich hinwenden · sich hinkehren · sich zukehren · sich hindrehen – **2.** → beschäftigen (II, 2)
Zuwendung, die: 1. → Unterstützung (2) – **2.** → Schenkung
zuwerfen: 1. ⟨*in jmds. Richtung werfen*⟩ hinwerfen – **2.** → zuschlagen (1) – **3.** sich [gegenseitig] die Bälle z.: → zusammenarbeiten
zuwider: z. sein: **a)** → anwidern – **b)** → verstoßen (3, a)
zuwiderhandeln: entgegenhandeln · verstoßen |gegen| + das Gesetz übertreten
Zuwiderhandlung, die: Verstoß · Übertretung; → *auch* Vergehen (1)
zuwiderlaufen: → verstoßen (3, a)
zuwiderlaufend: → kontraproduktiv
zuwinken: → winken (1)

832

zuzahlen: *umg*: draufzahlen · drauflegen; → *auch* zuschießen (1)

zuzeiten: → manchmal

Zuzel, der: → Schnuller

zuziehen: I. zuziehen: 1. ⟨*an einen Ort ziehen*⟩ zuwandern – 2. → heranziehen (1) – 3. → festziehen – 4. sich z.: ⟨*[durch eigenes Verschulden] erleiden*⟩ davontragen · bekommen ♦ *umg*: sich holen · wegbekommen; → *auch* anstecken (II) – II. zuziehen, sich: → eintrüben, sich

Zuzüger, der: → Zuzügler

Zuzügler, der: Zuzüger (*schweiz*); → *auch* Einwanderer

zuzüglich: plus; → *auch* einschließlich

zuzwinkern: anzwinkern

zwacken: → zwicken

Zwang, der: 1. ⟨*die Wirkung von Druckmitteln*⟩ Druck · Nötigung · Diktat · Vergewaltigung · Pression · Muss · Fessel; → *auch* Gewalt (1), Unterdrückung, Unfreiheit – 2. unter Z.: → gewaltsam; ohne Z.: → frei (1); dem Z. weichen: → nachgeben (1); Z. antun: → zwingen (1); sich Z. antun: → beherrschen (II); sich keinen Z. auferlegen: → zwanglos (2)

zwängen: 1. → drängen (2) – 2. z. |in|: → hineinstopfen

zwanglos: 1. → ungezwungen – 2. sich z. verhalten: ⟨*sich ungezwungen u. natürlich benehmen*⟩ sich keinen Zwang antun/auferlegen ♦ sich gehen lassen

Zwanglosigkeit, die: → Ungezwungenheit

Zwangsarbeit, die: Fronarbeit · Frondienst (*hist*)

Zwangsjacke, die: → Zwangslage

Zwangslage, die: Notlage · Notsituation · Notfall · Dilemma · Zwickmühle + Handlungsdruck · Prokrustesbett · Zwangsjacke; → *auch* Not (1), Schwierigkeit (1), Verlegenheit (1)

zwangsläufig: 1. → unvermeidlich – 2. → notgedrungen – 3. → notwendigerweise

Zwangsmaßnahme, die: Gewaltmaßnahme · Sanktionen

Zwangsräumung, die: Exmittierung · Exmission; Delogierung (*österr*)

Zwangsverwaltung, die: Sequestration (*Rechtsw*)

Zwangsvorstellung, die: → Einbildung (1)

zwangsweise: → gewaltsam

Zwangswirtschaft, die: Dirigismus

zwar: → freilich (1)

zwatzelig: → fahrig

zwatzeln: → zappeln (1)

Zweck, der: 1. ⟨*die eine Handlung bestimmende Zielvorstellung*⟩ Bestimmung · Sinn; → *auch* Ziel (3), Absicht (1) – 2. zu welchem Z.: → warum; zum Zwecke [von]: → zwecks; keinen Z. haben: → nutzlos (2)

zweckdienlich: → zweckmäßig

Zwecke, die: → Reißzwecke (1)

zweckentfremdet: → zweckwidrig

zweckentsprechend: → zweckmäßig

zweckfremd: → zweckwidrig

zweckgemäß: → zweckmäßig

zwecklos: 1. → unnötig – 2. → nutzlos (1)

zweckmäßig: zweckdienlich · zweckentsprechend · zweckgemäß · zweckvoll · sinnvoll · sinnreich · rationell · praktisch · praktikabel · richtig; → *auch* passend (1, a), sinnvoll (1)

zwecks: zum Zwecke [von]; behufs · zu dem/diesem Behuf (*veraltend*); → *auch* wegen (1)

Zweckverband, der: → Interessengemeinschaft

zweckvoll: → zweckmäßig

zweckwidrig: zweckentfremdet · zweckfremd

zwei: 1. ⟨*eins u. noch eins bzw. eine[r] u. noch eine[r]*⟩ ein Paar – 2. → beide (2) – 3. alle z., die z.: → beide (1); zu zweien: → paarweise; z. linke Hände haben: → ungeschickt (2)

Zweibeiner, der: → Mensch (I, 1)

zweideutig: 1. ⟨*zwei Deutungen zulassend*⟩ doppeldeutig · doppelsinnig · doppelbödig · mehrdeutig; amphibolisch · ambig · äquivok (*fachspr*); → *auch* vieldeutig – 2. → schlüpfrig (1)

Zweideutigkeit: die: 1. ⟨*zweideutige Beschaffenheit*⟩ Doppeldeutigkeit · Doppelsinn[igkeit]; Amphibolie · Ambiguität · Äquivokation (*fachspr*) – 2. → Schlüpfrigkeit

zweierlei: → verschiedenartig

zweifach: → doppelt (1)

Zweifel, der: 1. ⟨*Unsicherheit bei der Beurteilung*⟩ Bedenken · Skepsis + Unglaube · das Wenn und Aber · das Für und Wider; → *auch* Einwand (1), Misstrauen, Ungewissheit – 2. → Zwiespalt (1) – 3. → Verdacht (1) – 4. außer Z.: → sicher (4); ohne Z.: → gewiss (1); außer Z. stehen, keinem Z. unterliegen: → feststehen; Z. he-

zweifelhaft

gen/anmelden: → zweifeln; in Z. ziehen: → bezweifeln

zweifelhaft: 1. ⟨*nicht ganz sicher*⟩ fraglich · fragwürdig · problematisch · dubios · windig · unsicher · unglaubwürdig · unglaubhaft · kaum glaublich · unwahrscheinlich; → *auch* ungewiss (1), umstritten – **2.** → ungewiss (1) – **3.** → minderwertig

zweifellos: → gewiss (1)

zweifeln: Zweifel hegen · Zweifel anmelden + irrewerden

zweifelnd: → zwiespältig

zweifelsfrei: → sicher (4)

zweifelsohne: → gewiss (1)

Zweifler, der: Skeptiker ♦ *umg:* ungläubiger Thomas (*scherzh*)

zweiflerisch: skeptisch

Zweifüßer, der: → Mensch (I, 1)

Zweig, der: **1.** ⟨*Teil des Baumes*⟩ Ast + Rute – **2.** → Fach (1, b) – **3.** auf einen grünen Z. kommen: → Erfolg (2); auf keinen grünen Z. kommen: → Misserfolg (2)

zweigeschlechtig: zwittrig · zwitterhaft · doppelgeschlechtig; bisexuell · androgyn (*fachspr*)

Zweiggeschäft, das: → Zweigstelle

zweigleisig: doppelgleisig · zweispurig; doppelspurig (*schweiz*)

Zweigniederlassung, die: → Zweigstelle

Zweigstelle, die: Zweiggeschäft · Filiale · Außenstelle · Niederlassung · Zweigniederlassung · Nebenstelle · Standbein · Agentur; Niederlage · Dependance (*veraltend*); Faktorei (*veraltet*); Expositur (*österr*); Ablage (*schweiz*); → *auch* Vertretung (1)

Zweiheit, die: Doppelheit · Duplizität · Dualismus

Zweikampf, der: Duell

zweischneidig: 1. → bedenklich (1) – **2.** ein zweischneidiges Schwert sein: → unsicher (5, b)

zweiseitig: → bilateral

zweisprachig: bilingual (*Sprachw*)

zweispurig: → zweigleisig

zweit: zu z.: → paarweise; an zweiter Stelle, in zweiter Linie: → nebensächlich; zum zweiten Mal[e]: → wieder (1); zweiter Sieger sein: → unterliegen (1)

Zweiteiler, der: → Badeanzug

Zweitfrisur, die: → Perücke

zweitklassig: → minderwertig

zweitrangig: → nebensächlich

Zweitschrift, die: → Abschrift

zwerch: → schräg (1)

zwerchfellerschütternd: → komisch (1)

Zwerg, der: **1.** ⟨*Fabelwesen*⟩ Wichtel · Wichtelmännchen · Erdmännchen · Gnom; → *auch* Kobold (1) – **2.** ⟨*sehr kleiner Mensch*⟩ der Kleinwüchsige · Winzling · Liliputaner ♦ *umg:* abgebrochener Riese (*scherzh*); → *auch* Knirps

zwerg[en]haft: zwergwüchsig · kleinwüchsig · gnomenhaft · pygmäenhaft · pygmäisch

zwergwüchsig: → zwerg[en]haft

Zwetsche, die: → Pflaume (1)

Zwetschge, die: **1.** → Pflaume (1) – **2.** die sieben Zwetschgen: **a)** → Besitz (1) – **b)** → Gepäck

Zwetschke, die: → Pflaume (1)

Zwicke, die: → Zange (1)

zwicken: kneifen; kneipen (*landsch*) ♦ *umg:* zwacken

Zwicker, der: → Kneifer (1)

Zwickmühle, die: → Zwangslage

Zwiebel, die: **1.** ⟨*Frucht zum Würzen*⟩ + Schalotte – **2.** → Haarknoten – **3.** → Uhr (1)

zwiebeln: 1. → quälen (I, 1 *u.* 2) – **2.** → drillen (1)

zwiefach: → doppelt (1)

Zwiegesang, der: → Duett

Zwiegespräch, das: → Gespräch (1)

Zwielicht, das: **1.** → Morgendämmerung – **2.** → Abenddämmerung – **3.** → Halbdunkel

zwielichtig: 1. ⟨*von unklarer Haltung*⟩ verdächtig · doppelgesichtig · doppelgleisig · mit doppeltem Boden + undurchschaubar · lichtscheu – **2.** → dämmerig

Zwiespalt, der: **1.** ⟨*inneres Zerrissensein*⟩ Konflikt · Widerstreit · Ambivalenz + Zweifel – **2.** → Zwietracht (1)

zwiespältig: zerrissen · gespalten · ambivalent + zweifelnd; → *auch* unentschlossen (2)

Zwietracht, die: **1.** ⟨[*andauerndes u. tiefgehendes*] *Uneinigsein*⟩ Zerwürfnis · Unfriede · Zwist · Uneinigkeit · Zwiespalt · Misshelligkeit + Spannung · Drachensaat; → *auch* Streit (1) – **2.** Z. säen: → aufhetzen

Zwille, die: → Schleuder (1)

zwingen: 1. ⟨*gewaltsam zu etw. veranlassen*⟩ nötigen · vergewaltigen · [er]pressen · Druck ausüben · unter Druck setzen · Gewalt anwenden/antun · Zwang antun · gefügig machen · keine [andere] Wahl lassen ♦ *umg:* Daumenschrauben anlegen · den Daumen aufs Auge setzen · das Messer an

834

die Kehle setzen · die Pistole auf die Brust
setzen; → *auch* bearbeiten (2) – **2.** → auf-
bekommen (2) – **3.** → meistern – **4.** auf/in
die Knie z.: **a)** → besiegen (I) – **b)** → un-
terwerfen (1)
zwingend: → überzeugend
Zwinger, der: → Käfig (1)
zwinkern: blinzeln; blinzen · blinkern
(*landsch*); plieren (*norddt*)
Zwirn, der: **1.** → Garn (1) – **2.** → Geld (1)
– **3.** Himmel, Arsch und Z.: → verflucht (1)
Zwirnsfaden, der: → Faden (I, 1)
Zwischenbemerkung, die: → Anmerkung
(1)
Zwischending, das: → Mischung (2)
zwischendrein: → dazwischen (2)
zwischendrin: → dazwischen (1)
zwischendurch: 1. ⟨*nicht in der Reihenfol-*
ge⟩ außer der Reihe + dazwischen – **2.** →
unterdessen
Zwischenfall, der: **1.** → Ereignis (1) – **2.**
ohne Z.: → reibungslos
Zwischenfrage, die: Querfrage
Zwischenglied, das: → Verbindungsglied
zwischenher: → unterdessen
zwischenhinein: → dazwischen (2)
Zwischenlösung, die: → Übergangslösung
Zwischenraum, der: **1.** → Entfernung (1) –
2. → Lücke (1) – **3.** → Abstand (1)

Zwischenruf, der: → Einwurf (1)
zwischenschieben: → einschieben (1)
Zwischenspiel, das: Intermezzo · Interludi-
um
zwischenstaatlich: 1. → international – **2.**
zwischenstaatlicher Handel: → Außen-
handel
Zwischenstück, das: **1.** → Einlage (1) –
2. → Verbindungsglied
Zwischenträger, der: → Zuträger
Zwischenzeit, die: **1.** → Abstand (1) – **2.** in
der Z.: → unterdessen
zwischenzeitlich: 1. → unterdessen – **2.** →
vorübergehend
Zwist, der: → Zwietracht (1)
Zwistigkeit, die: → Streit (1)
zwitschern: 1. → singen (2) – **2.** einen z.:
→ trinken (1, b)
zwitterhaft: → zweigeschlechtig
zwittrig: → zweigeschlechtig
Zyklon, der: → Wirbelsturm
Zyklone, die: → Tief (1)
Zyklus, der: → Kreislauf (2)
Zylinder, der: Klappzylinder · Chapeau
claque ♦ *umg*: Esse · Angströhre (*scherzh*)
Zyniker, der: → Spötter
zynisch: → spöttisch
Zynismus, der: → Spott (1)

Abenteuer Sprache

Klaus Bartels
Veni vidi vici
Geflügelte Worte aus dem
Griechischen und Lateinischen
ISBN 3-423-20167-3

**Etymologisches Wörterbuch
des Deutschen**
Hg. v. Wolfgang Pfeifer
ISBN 3-423-32511-9

Deutsches Wörterbuch
von Jacob und Wilhelm Grimm
33 Bände
ISBN 3-423-59045-9

Steven R. Fischer
**Eine kleine Geschichte der
Sprache**
Übers. v. A. Simon
ISBN 3-423-34030-4

Werner König
dtv-Atlas Deutsche Sprache
ISBN 3-423-03025-9

Helen Leuninger
**Reden ist Schweigen,
Silber ist Gold**
Gesammelte Versprecher
ISBN 3-423-20118-5

Ludwig Reiners
Stilfibel
Der sichere Weg zum guten
Deutsch
ISBN 3-423-30005-1

Reinhold Schaffrath
**Ein Ochse ist nicht sehr für
Züchtungen geeignet**
Lehrer-Stilblüten
ISBN 3-423-20735-3

Hans Joachim Störig
Abenteuer Sprache
Ein Streifzug durch die
Sprachen der Erde
ISBN 3-423-30863-X

**WAHRIG Wörterbuch der
deutschen Sprache**
Auf der Grundlage der neuen
amtlichen Rechtschreibregeln
ISBN 3-423-03366-5

**WAHRIG
Fremdwörterlexikon**
ISBN 3-423-34136-X

**WAHRIG Universalwörter-
buch Rechtschreibung**
Von Renate Wahrig-Burfeind
ISBN 3-423-32524-0

Wörterbuch Synonyme
Von Herbert Görner und
Günter Kempcke
ISBN 3-423-34006-1

Bitte besuchen Sie uns im Internet: www.dtv.de

Wissen zum Nachschlagen:
dtv-Wörterbücher

Wörterbuch der Chemie
Fachbegriffe, Abbildungen,
Tafeln
ISBN 3-423-03360-6

Wörterbuch zur Astronomie
Von Joachim Herrmann
Zahlreiche Grafiken und
Tabellen
ISBN 3-423-03362-2

Wörterbuch Geschichte
Von Konrad Fuchs und
Heribert Raab
ISBN 3-423-03364-9

**WAHRIG – Wörterbuch der
deutschen Sprache**
Auf der Grundlage der neuen
amtlichen Rechtschreibregeln
ISBN 3-423-03366-5

**WAHRIG
Fremdwörterlexikon**
Von Renate Wahrig-Burfeind
ISBN 3-423-34136-X

**WAHRIG Universalwörter-
buch Rechtschreibung**
Von Renate Wahrig-Burfeind
ISBN 3-423-32524-0

**DIERCKE-Wörterbuch
Allgemeine Geographie**
Von Hartmut Leser
ISBN 3-423-03422-X

Wörterbuch Medizin
Mit farbigen Abbildungen
ISBN 3-423-32505-4

**Etymologisches Wörterbuch
des Deutschen**
Hrsg. von Wolfgang Pfeifer
ISBN 3-423-32511-9

Wörterbuch Physik
Von Pedro Waloschek
ISBN 3-423-32512-7

Wörterbuch Psychologie
Von Werner D. Fröhlich
ISBN 3-423-32514-3

Wörterbuch Synonyme
Von Herbert Görner und
Günter Kempcke
ISBN 3-423-34006-1

Wörterbuch Musik
Von Gerhard Dietel
ISBN 3-423-32519-4

Wörterbuch Pädagogik
Von Horst Schaub und
Karl G. Zenke
ISBN 3-423-32521-6

Bitte besuchen Sie uns im Internet: www.dtv.de

WAHRIG Wörterbücher im dtv

Wörterbuch der deutschen Sprache
Herausgegeben von Gerhard Wahrig
Neu herausgegeben und bearbeitet von
Renate Wahrig-Burfeind
ISBN 3-423-03366-5

Mit 20 000 Stichwörtern in der alten und neuen Schreibweise zu allen Fragen der Rechtschreibung, Worttrennung, Grammatik und Aussprache. Beispiele für die Verwendung in Sätzen, Wendungen, Redensarten und Sprichwörtern, Bedeutungserklärungen und Angaben zur Silbentrennung (alt und neu). Mit dem amtlichen Regelwerk zur Rechtschreibreform.

Fremdwörterlexikon
Von Renate Wahrig-Burfeind
ISBN 3-423-34136-X

Aktualisiertes Nachschlagewerk mit rund 55 000 Einträgen. Alle Stichwörter haben exakte Bedeutungserklärungen und detaillierte Angaben zur Rechtschreibung, Aussprache, Betonung, Worttrennung, Grammatik, zu Synonymen und Gegensätzen. Mit Anwendungsbeispielen und Info-Kästen zur Neuregelung der Fremdwortschreibung.

Universalwörterbuch Rechtschreibung
Herausgegeben von Renate Wahrig-Burfeind
Mit einem kommentierten Regelwerk von Peter Eisenberg
ISBN 3-423-32524-0

Über 120 000 Stichwörter mit Worterklärungen, Trennungen, Aussprache, Stilebene, Etymologie und Grammatik.

Bitte besuchen Sie uns im Internet: www.dtv.de

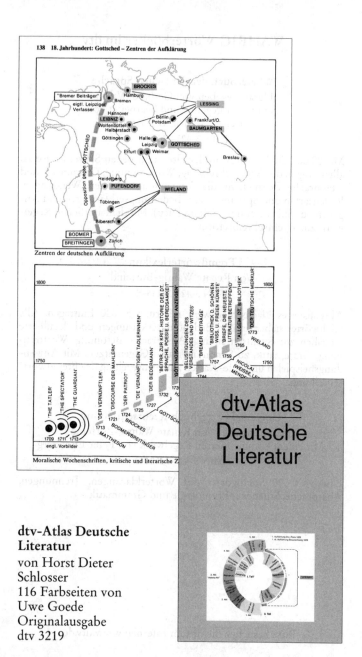

dtv-Atlas Deutsche Literatur
von Horst Dieter Schlosser
116 Farbseiten von Uwe Goede
Originalausgabe
dtv 3219

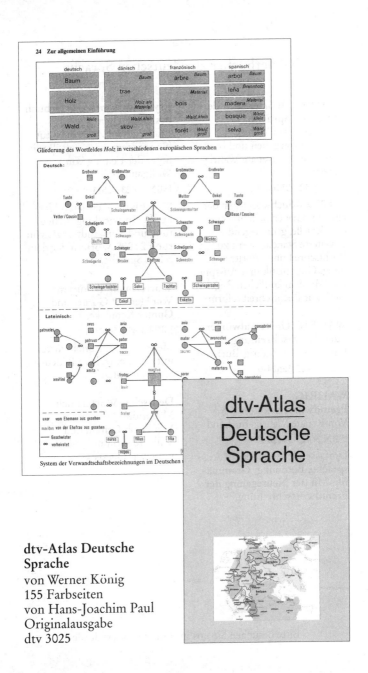

dtv-Atlas Deutsche Sprache
von Werner König
155 Farbseiten
von Hans-Joachim Paul
Originalausgabe
dtv 3025

dtv
Wörterbücher zur deutschen Sprache

WAHRIG Wörterbuch der deutschen Sprache
Hg. v. Gerhard Wahrig
Neu herausgegeben und bearbeitet von Dr. Renate Wahrig-Burfeind
ISBN 3-423-03366-5

Mit 20 000 Stichwörtern in der alten und neuen Schreibweise das aktuelle, grundlegend erweiterte Standardwerk zu Rechtschreibung, Worttrennung, Grammatik und Aussprache. Mit dem amtlichen Regelwerk zur Rechtschreibreform.

WAHRIG Universalwörterbuch Rechtschreibung
Hg. v. Renate Wahrig-Burfeind
ISBN 3-423-32524-0

WAHRIG Fremdwörterlexikon
Von Renate Wahrig-Burfeind
ISBN 3-423-34136-X

Umfassende Angaben zu Aussprache, Betonung, Grammatik. Mit der Neuregelung der Fremdwortschreibung.

Etymologisches Wörterbuch des Deutschen
Erarbeitet im Zentralinstitut für Sprachwissenschaft, Berlin, unter der Leitung von Wolfgang Pfeifer
ISBN 3-423-32511-9

8000 Einträge erklären Herkunft, Entwicklung, Bedeutung und Verwandtschaft von rund 22 000 Wörtern der deutschen Sprache.

Wörterbuch Synonyme
Von Herbert Görner und Günter Kempcke
ISBN 3-423-34006-1

Mehr als 30 000 Stichwörter mit ihren einzelnen Bedeutungsvarianten.

Deutsches Wörterbuch 33 Bände
Von Jacob Grimm und Wilhelm Grimm
ISBN 3-423-59045-9

Bitte besuchen Sie uns im Internet: www.dtv.de

Literatenleben

Elizabeth Gaskell
Das Leben der
Charlotte Brontë
Übers. v. J. u. P. Schmitt
ISBN 3-423-20048-0

Ulrich Greiwe
Graham Greene und der
Reichtum des Lebens
ISBN 3-423-24417-8

Wolfgang Hädecke
Theodor Fontane
ISBN 3-423-30819-2

Volker Hage, Mathias Schreiber
Marcel Reich-Ranicki
Ein biographisches Porträt
ISBN 3-423-12426-1

Sven Hanuschek
»Keiner blickt dir hinter das
Gesicht«
Das Leben Erich Kästners
ISBN 3-423-30871-0

Jean-Francois Lyotard
Gezeichnet: Malraux
Ein genialer Philosoph
beschreibt einen großen
Schriftsteller und Politiker
Übers. v. R. Werner
ISBN 3-423-30825-7

Elsemarie Maletzke
Jane Austen
Eine Biographie
ISBN 3-423-30740-4

Donald A. Prater
Thomas Mann
Deutscher und Weltbürger
Eine Biographie
ISBN 3-423-30660-2

Jörg W. Rademacher
James Joyce
ISBN 3-423-24413-5

Marcel Reich-Ranicki
Mehr als ein Dichter
Über Heinrich Böll
ISBN 3-423-11907-1

Marcel Reich-Ranicki
Mein Leben
Eine Autobiographie
ISBN 3-423-13056-3

Albert von Schirnding
Alphabet meines Lebens
ISBN 3-423-24202-7

Armin Strohmeyr
Annette Kolb
Eine Biographie
ISBN 3-423-30868-0

Stephen Tree
Isaac Bashevis Singer
ISBN 3-423-24415-1

Sigrid Weigel
Ingeborg Bachmann
Hinterlassenschaften unter
Wahrung des Briefgeheimnisses
ISBN 3-423-34035-5

Bitte besuchen Sie uns im Internet: www.dtv.de

Literaturwissenschaft im dtv

Michael von Albrecht
Geschichte der römischen Literatur
Von Andronicus bis Boëthius
2 Bände
ISBN 3-423-30099-X

Heinz Ludwig Arnold
Heinrich Detering
Grundzüge der Literaturwissenschaft
ISBN 3-423-30171-6

Klaus Michael Bogdal
Hermann Korte (Hg.)
Grundzüge der Literaturdidaktik
ISBN 3-423-30798-6

Joachim Bumke
Höfische Kultur
Literatur und Gesellschaft im hohen Mittelalter
ISBN 3-423-30170-8

Umberto Eco
Zwischen Autor und Text
Interpretation und Überinterpretation
Übers. v. H. G. Holl
ISBN 3-423-04682-1

Die Grenzen der Interpretation
Übers. v. G. Memmert
ISBN 3-423-30168-6

Lector in fabula
Die Mitarbeit der Interpretation in erzählenden Texten
Übers. v. H. G. Held
ISBN 3-423-30141-4

Umberto Eco
Die Suche nach der vollkommenen Sprache
Übers. v. B. Kroeber
ISBN 3-423-30829-X

Herbert A. und
Elisabeth Frenzel
Daten deutscher Dichtung
Chronologischer Abriß der deutschen Literaturgeschichte in 2 Bänden
Band 1
Von den Anfängen bis zum jungen Deutschland
ISBN 3-423-03003-8
Band 2
Vom Realismus bis zur Gegenwart
ISBN 3-423-03004-6

Geschichte der deutschen Literatur im Mittelalter

Dieter Kartschoke
Frühes Mittelalter
ISBN 3-423-30777-3

Joachim Bumke
Hohes Mittelalter
ISBN 3-423-30778-1

Thomas Cramer
Spätes Mittelalter
ISBN 3-423-30779-X

Bitte besuchen Sie uns im Internet: www.dtv.de

Literaturwissenschaft im dtv

Hansers Sozialgeschichte der deutschen Literatur

Die Literatur des 17. Jahrhunderts
Hg. v. Albert Meier
ISBN 3-423-04344-X

Deutsche Aufklärung bis zur Französischen Revolution 1680–1789
Hg. v. Rolf Grimminger
2 Bände
ISBN 3-423-04345-8

Zwischen Revolution und Restauration 1815–1848
Hg. v. Gert Sautermeister und Ulrich Schmid
ISBN 3-423-04347-4

Naturalismus, Fin de siècle, Expressionismus 1890–1918
Hg. v. York-Gothart Mix
ISBN 3-423-04349-0

Literatur in der Bundesrepublik Deutschland bis 1967
Hg. v. Ludwig Fischer
ISBN 3-423-04352-0

Heinz Schlaffer
Die kurze Geschichte der deutschen Literatur
ISBN 3-423-34022-3

Peter von Matt
Liebesverrat
Über die Treulosen in der Literatur
ISBN 3-423-30143-0

Verkommene Söhne, mißratene Töchter
Familiendesaster in der Literatur
ISBN 3-423-30647-5

…fertig ist das Angesicht
Zur Literaturgeschichte des menschlichen Gesichts
ISBN 3-423-30769-2

Die verdächtige Pracht
Über Dichter und Gedichte
ISBN 3-423-30826-5

Die tintenblauen Eidgenossen
Über die literarische und politische Schweiz
ISBN 3-423-34094-0

Volker Meid (Hg.)
Sachlexikon der Literatur
ISBN 3-423-32522-4

Horst Dieter Schlosser
dtv-Atlas Deutsche Literatur
116 Farbseiten
ISBN 3-423-03219-7

Bitte besuchen Sie uns im Internet: www.dtv.de

Die deutsche Literatur seit 1945

Herausgegeben von Heinz Ludwig Arnold

»Eine eindrucksvolle, spannende, vielfältige Sammlung, die
eine gezielte Auswahl, ein zufälliges Erblättern oder
enthusiastische Leseabende erlaubt.«
Offener Kanal Berlin

»Draußen vor der Tür«
1945–1948
ISBN 3-423-12081-9

»Doppelleben«
1949–1952
ISBN 3-423-12082-7

Im Treibhaus
1953–1956
ISBN 3-423-12083-5

Die Wunderkinder
1957–1960
ISBN 3-423-12084-3

Geteilte Himmel
1961–1966
ISBN 3-423-12369-9

Deutschstunden
1967–1971
ISBN 3-423-12441-5

Unvollendete Geschichten
1972–1977
ISBN 3-423-12442-3

Seelenarbeiten
1978–1983
ISBN 3-423-12596-9

Letzte Welten
1984–1989
ISBN 3-423-12636-1

Augenblicke des Glücks
1990–1995
ISBN 3-423-12697-3

Flatterzungen
1996–1999
ISBN 3-423-12827-5

Bitte besuchen Sie uns im Internet: www.dtv.de

Deutsche Literaturgeschichte bei dtv

Deutsche Literaturgeschichte vom Mittelalter bis
zur Gegenwart in 12 Bänden

Ernst von Borries
**Mittelalter, Humanismus,
Reformationszeit, Barock**
ISBN 3-423-03341-X

**Aufklärung und Empfind-
samkeit, Sturm und Drang**
ISBN 3-423-03342-8

**Die Weimarer Klassik,
Goethes Spätwerk**
ISBN 3-423-03343-6

**Zwischen Klassik und
Romantik:
Hölderlin, Kleist, Jean Paul**
ISBN 3-423-03344-4

Romantik
ISBN 3-423-03345-2

Annemarie und Wolfgang
van Rinsum
Frührealismus: 1815–1848
ISBN 3-423-03346-0

Realismus und Naturalismus
ISBN 3-423-03347-9

Hermann Stadler
**Wege in die Moderne
1890–1918**
ISBN 3-423-03348-7

Ingo Leiß
Hermann Stadler
**Weimarer Republik
1918–1933**
ISBN 3-423-03349-5

Paul Riegel
Wolfgang van Rinsum
**Drittes Reich und Exil
1933–1945**
ISBN 3-423-03350-9

Heinz Forster
Paul Riegel
Nachkriegszeit 1945–1968
ISBN 3-423-03351-7

Gegenwart 1968–1990
ISBN 3-423-03352-5

Bitte besuchen Sie uns im Internet: www.dtv.de